国家出版基金项目
NATIONAL PUBLICATION FOUNDATION

中国考古学大辞典

zhongguo kaoguxue dacidian

王巍总主编

上海辞书出版社

蓝田人复原塑像

蓝田公王岭蓝田人遗址外景

马坝人复原塑像

韶关马坝人遗址外景

北京山顶洞人遗址外景

山顶洞人复原塑像

彩版1 旧石器时代遗址及人头骨复原塑像

兴隆洼文化敖汉旗兴隆洼遗址外景

屈家岭文化应城门板湾大型建筑F1

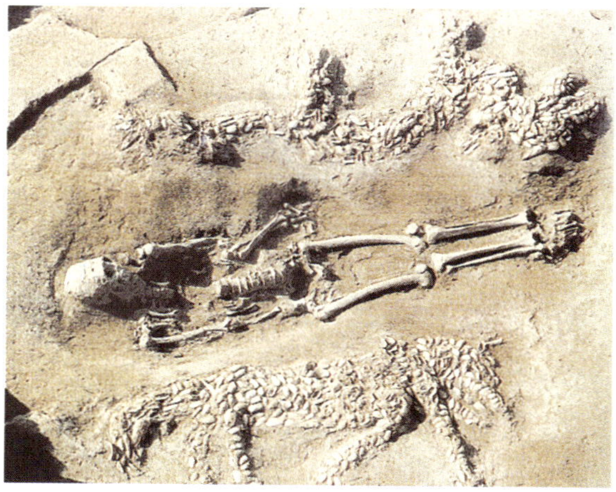

仰韶文化濮阳西水坡蚌塑图形遗迹

红山文化凌源牛河梁遗址第二地点

彩版2 新石器时代遗迹

大汶口文化蒙城尉迟寺14号建筑基址

良渚文化余杭良渚遗址群反山M23

良渚文化余杭良渚遗址群瑶山祭坛和墓葬

陶寺文化襄汾陶寺墓地

彩版3 新石器时代遗迹

大地湾文化彩陶三足钵（临潼白家村出土）

磁山文化陶平底盂和支座（武安磁山出土）

裴李岗文化石镰（新郑裴李岗出土）

裴李岗文化石磨盘和石磨棒
（新郑裴李岗文化）

兴隆洼文化玉玦（敖汉旗兴隆洼出土）

裴李岗文化骨笛（舞阳贾湖出土）

彩版4 新石器时代遗物

鹳鱼石斧图陶缸（汝州阎村采集）

人面鱼纹盆（西安半坡出土）

彩陶盆（三门峡庙底沟出土）

鱼纹、鸟纹彩陶瓶（临潼姜寨出土）

鹰鼎（华县太平庄出土）

彩版5 新石器时代仰韶文化陶器

左上 陶大口尊（蒙城尉迟寺出土）
右上 象牙梳（泰安大汶口出土）

左下 嵌绿松石骨筒（泰安大汶口出土）
右下 彩陶豆（泰安大汶口出土）

彩版6 新石器时代大汶口文化遗物

蛙纹彩陶钵（天水师赵村出土）

几何纹彩陶罐（乐都柳湾出土）

彩陶瓮（武山傅家门出土）

人像彩陶罐（天水师赵村出土）

多人舞蹈纹彩陶盆（同德宗日出土）

彩版7 新石器时代马家窑文化彩陶

左上 红山文化三星他拉玉龙
（翁牛特旗三星他拉出土）
右上 红山文化女神像
（凌源牛河梁出土）
左中 凌家滩文化玉龙（含山凌家滩出土）
左下 红山文化玉凤（凌源牛河梁出土）
下中 红山文化玉人（凌源牛河梁出土）
下右 凌家滩文化玉人（含山凌家滩出土）

彩版8 新石器时代遗物

大溪文化薄胎彩陶碗（枝江关庙山出土）

大溪文化印纹白陶圈足盘（安乡汤家岗出土）

河姆渡文化骨耜（余姚河姆渡出土）

河姆渡文化象牙蝶形器（余姚河姆渡出土）

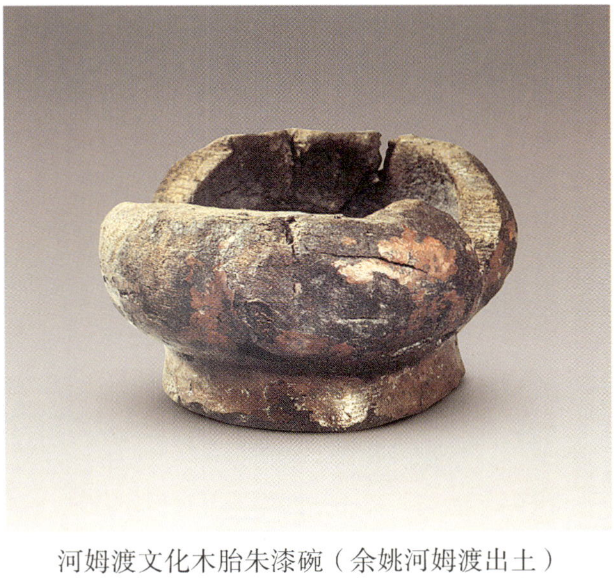

河姆渡文化木胎朱漆碗（余姚河姆渡出土）

彩版9 新石器时代遗物

左上 铜铃
左中 齿轮形铜器
左下 玉璧
右上 蟠龙纹陶盘
右下 彩绘陶簋

彩版10 新石器时代陶寺文化襄汾陶寺遗物

石家河文化玉凤形佩（天门肖家屋脊出土）

龙山文化蛋壳黑陶高柄杯（胶州三里河出土）

石家河文化玉人头像（天门肖家屋脊出土）

良渚文化玉琮（余杭瑶山出土）

龙山文化白陶鬶（潍坊姚官庄出土）

彩版11 新石器时代遗物

偃师二里头宫殿区发掘现场

偃师商城宫城4号宫殿基址发掘现场

安阳洹北商城1号宫殿基址（局部）

安阳小屯晚商宫殿宗庙区（今“殷墟博物苑”及其周围）

彩版12 夏商遗址

铜鼎

铜爵

石璋

石钺

嵌绿松石铜牌饰

绿松石龙形器

彩版13 二里头文化偃师二里头遗物

卣（郭家庄M160出土）

妇好三联甗（妇好墓出土）

司母戊鼎（武官村出土）

妇好方斝（妇好墓出土）

方尊（郭家庄M160出土）

妇好偶方彝（妇好墓出土）

彩版14 安阳殷墟青铜器

玉人像（妇好墓出土）

卜甲（花园庄东地出土）

象牙杯（妇好墓出土）

玉凤（妇好墓出土）

彩版15 安阳殷墟遗物

三门峡虢国墓地M2001

包山楚墓M2

印山越王陵墓室

易县燕下都遗址西城南垣西段

彩版16 周代遗址和墓葬

利簋（临潼零口铜器窖藏出土）

铜象尊（宝鸡茹家庄強国墓地M1出土）

凤鸟纹刺绣棺罩印痕（绛县横水西周墓地出土）

克盉（房山琉璃河燕侯克墓出土）

牺尊（长安张家坡墓地出土）

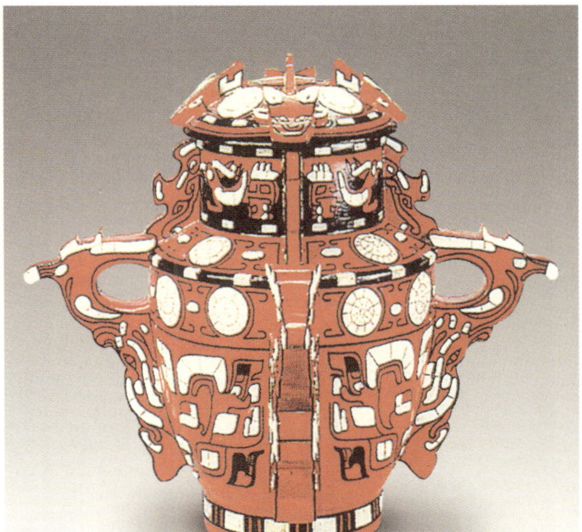

漆罍复制品（房山琉璃河燕侯克墓出土）

彩版17 周代遗物

左上 王子午鼎（淅川下寺春秋墓地M2出土）
左中 鉴缶（随州战国曾侯乙墓出土）
右上 方壶（平山战国中山王墓出土）
下 透雕云纹禁（淅川下寺春秋墓地M2出土）

彩版18 春秋、战国时期铜器

左上 “女子升仙图”（长沙陈家大山楚墓出土）

右上 “男子升仙图”（长沙子弹库楚墓出土）

中 彩绘漆棺挡板（荆门包山楚墓M2出土）

下 彩绘漆棺侧板（荆门包山楚墓M2出土）

彩版19 战国遗物

铜双面神人头像（新干大洋洲大墓出土）

铜面具（广汉三星堆二号祭祀坑出土）

太阳神鸟金饰（成都金沙遗址出土）

铜人面方鼎（宁乡黄材出土）

铜龙纹觥（石楼桃花庄出土）

金冠饰（杭锦旗阿鲁柴登出土）

彩版20 商周时期周边地区遗物

上 咸阳秦宫殿1号宫殿遗址
中 咸阳秦宫殿3号宫殿遗址
长廊东壁第4间中组壁画
（局部）
下 咸阳阿房宫前殿遗址

彩版21 秦代遗迹

秦始皇陵1号兵马俑坑

秦始皇陵1号铜车马

彩版22 秦代遗迹和遗物

未央宫椒房殿遗址

直城门遗址

霸城门北侧城墙遗址

杜陵陵园遗址东门门道

彩版23 西安汉长安城遗址

咸阳景帝阳陵陪葬坑铠甲武士俑出土现场

塑衣式跽坐拱手俑（咸阳景帝阳陵出土）

章丘洛庄汉墓群11号陪葬坑1号马车出土现场（局部）

彩版24 西汉陵墓遗迹和遗物

上 彩绘漆棺（长沙马王堆1号汉墓出土）
中左 素纱单衣（长沙马王堆1号汉墓出土）
中右 彩绘漆盘、漆卮、漆杯及漆案（长沙马王堆1号汉墓出土）
下 金缕玉衣（满城中山靖王刘胜墓出土）

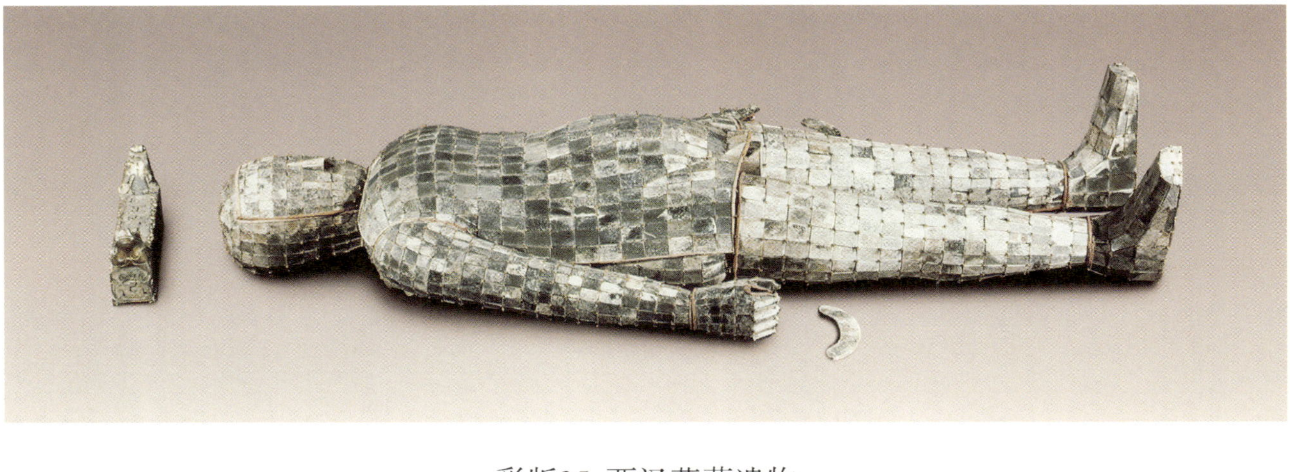

彩版25 西汉墓葬遗物

左上 铜壶（满城汉墓1号墓出土）
右上 长信宫灯（满城汉墓1号墓出土）
左下 盘舞形鎏金铜扣饰（晋宁石寨山西汉墓出土）
右下 杀人祭祀场面铜贮贝器（晋宁石寨山西汉墓出土）

彩版26 西汉墓葬遗物

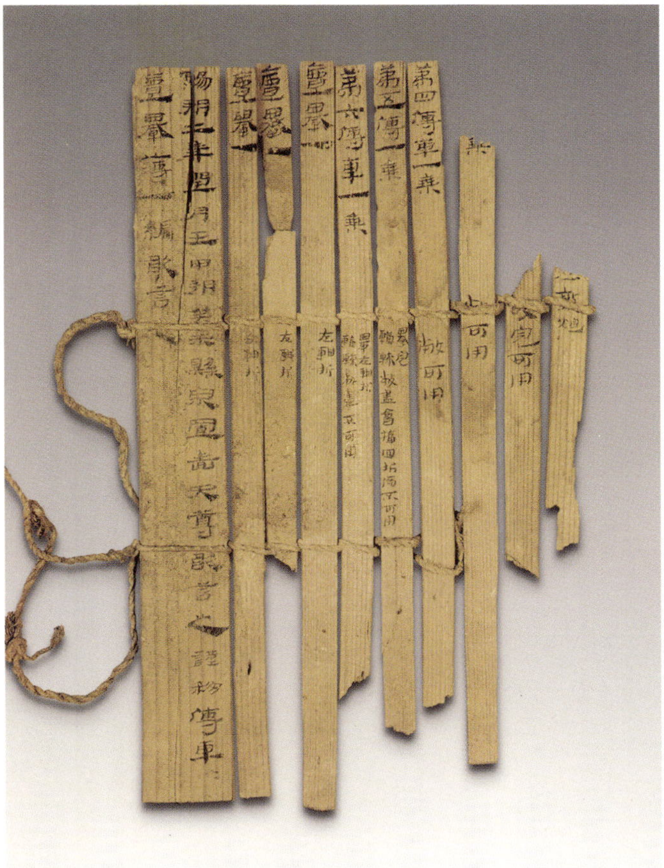

阳朔二年《传车簿》木简（敦煌悬泉置遗址出土）

“五星出东方利中国”织锦护肩
（民丰尼雅遗址95MN Ⅰ号墓地M8出土）

印花棉布（民丰尼雅东汉墓M1出土）

密县打虎亭2号东汉墓中室东段北壁上部壁画（局部）

彩版27 汉代遗物

临漳邺城遗址邺南城朱明门遗址

安阳高陵墓道

集安高句丽积石墓

彩版28 魏晋南北朝时期遗址和墓葬

贵族生活图案漆盘（马鞍山东吴朱然墓出土）

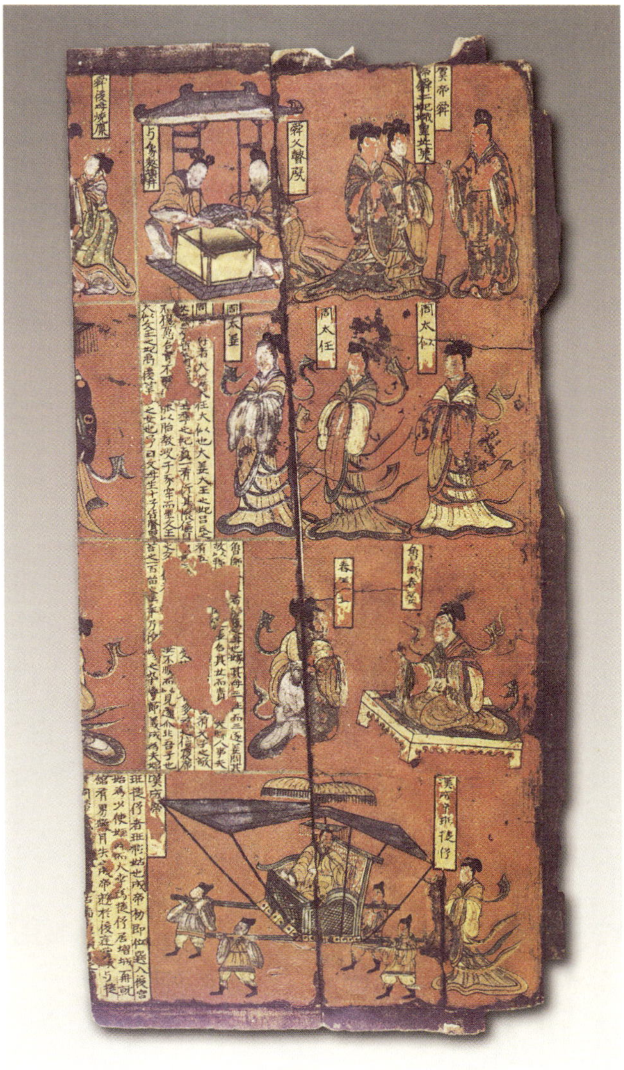

漆屏风（大同北魏司马金龙墓出土）

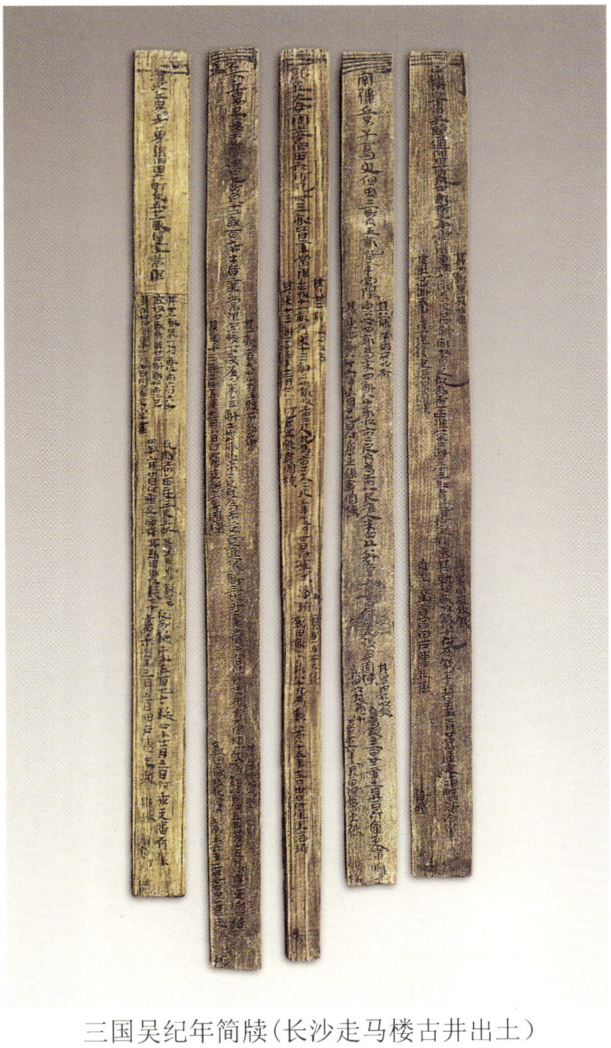

三国吴纪年简牍(长沙走马楼古井出土)

彩色画像砖（邓州学庄南朝墓出土）

彩版29　魏晋南北朝时期遗物

西安大明宫含元殿遗址

麟游九成宫37号殿址

洛阳天堂遗址

洛阳应天门遗址东阙

彩版30 唐代遗址

金项链（西安李静训墓出土）

镶金玛瑙牛首杯（西安何家村出土）

三彩仕女俑（西安郊区墓葬出土）

三彩载驼俑（西安郊区墓葬出土）

彩版31 唐代遗物

高足银杯（西安沙坡村窖藏出土）

鎏金铺首（西安大明宫遗址出土）

刻花赤金碗（西安何家村窖藏出土）

金银平脱双鸟纹镜（洛阳杏园唐墓出土）

舞马衔杯纹皮囊式银壶（西安何家村出土）

掐丝花卉金杯（西安何家村出土）

彩版32 唐代遗物

张议潮统军出行图（敦煌莫高窟第156窟）

永泰公主墓宫女图（乾县永泰公主墓）

观无量寿经变图（敦煌莫高窟第217窟）

客使图（乾县章怀太子墓）

舞乐图（敦煌莫高窟第154窟）

彩版33 唐代壁画

琉璃盘

八棱秘色瓷净瓶

鎏金捧真身菩萨

供奉第一枚佛指舍利纯金塔

彩版34 扶风法门唐代法门寺遗物

左上 云冈石窟第9窟明窗骑象菩萨
右上 龙门奉先寺大像龛大卢舍那佛
左下 巩县石窟第1窟前壁皇帝礼佛图像
右下 敦煌莫高窟第45窟西壁龛内塑像

彩版35 北魏、唐代石窟寺

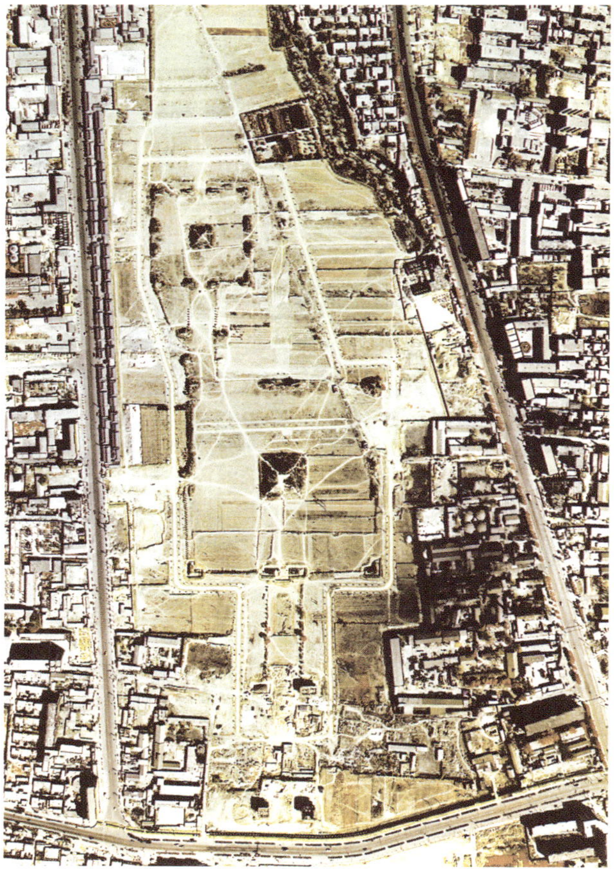

巩县宋陵永昭陵

巴林左旗林东辽上京遗址

银川西夏王陵三号陵

北京明十三陵定陵玄宫

彩版36 宋至明代遗址和墓葬

竹雀双兔图（叶茂台7号辽墓出土）

夫妇端坐图（白沙1号宋墓西壁壁画）

杨贵妃教鹦鹉诵经图（宝山2号辽墓壁画局部）

深山会棋图（叶茂台7号辽墓出土）

戴浩《秋江唤渡图》（淮安明王镇墓出土）

彩版37 宋至明代绘画

金面具和银丝头网（通辽陈国公主墓出土）

金壶（钟祥明梁庄王墓出土）

紫檀龙纹壶（上海宝山明朱守诚墓出土）

七宝塔（辽朝阳北塔出土）

彩版38 宋至明代遗物

左上 钧釉红斑碗（禹州钧窑址出土）

左下 白釉绘黑花瓷瓶（彭城磁州窑址出土）

右上 青瓷鹅颈瓶（宝丰清凉寺宝丰窑址出土）

右中 白釉瓷碗（察右前旗集宁路城址瓷器窖藏出土）

右下 黑釉兔毫碗（建阳建窑址出土）

彩版39 宋至明代瓷器

五足洗（哥窑传世品）

青瓷盘（铜川黄堡耀州窑址出土）

青瓷香炉（龙泉市龙泉窑址出土）

青花梅瓶（北京明定陵出土）

青白釉观音菩萨像（北京元大都遗址出土）

彩版40 宋至明代瓷器

中国考古学大辞典编辑委员会

文平	方向明	石自社	石应平	叶万松	叶茂林
付永旭	付仲杨	白彬	印群	冯时	巩文
吕鹏	朱乃诚	朱延平	朱岩石	朱学文	刘方
刘涛	刘煜	刘建国	刘振东	刘慧姝	齐乌云
许宏	孙新民	纪仲庆	严志斌	杜金鹏	李淼
李永强	李存信	李志鹏	李春林	李裕群	李新伟
杨东亚	吴小红	吴春明	何努	何岁利	何利群
何毓灵	谷飞	汪勃	汪盈	沈欣	沈允宁
沈丽华	宋江宁	张成	张君	张蕾	张兴兆
张建峰	张海燕	张雪莲	陈凌	陈卫东	陈良伟
陈国梁	陈淑梅	林秀贞	林继来	易西兵	罗明
罗宗真	季连琪	岳占伟	岳洪彬	金文馨	金英熙
金敏求	周振宇	郑君雷	赵超	赵庆华	赵志军
赵春青	赵春燕	赵海涛	钟健	施劲松	姜波
洪石	洪梅	袁靖	聂菲	钱国祥	徐义华
徐龙国	徐良高	徐亮工	高炜	高江涛	郭晓涛
唐际根	唐锦琼	涂栋栋	黄卫东	黄益飞	黄蕴平
曹淑琴	曹慧奇	龚国强	常怀颖	崔勇	梁中合
彭小军	董新林	蒋廷瑜	韩建华	韩慧君	程蓓
傅宪国	赖彦融	蔡莲珍	谭白明	翟胜利	缪雅娟
潘其风					

前　　言

经过中国社会科学院考古研究所的广大同仁和上海辞书出版社编辑们的共同努力,《中国考古学大辞典》终于要面世了。

这部辞书的编写是上海辞书出版社方面提出的倡议。那是在2007年,上海辞书出版社前社长张晓敏和文博编辑室主任王圣良先生造访我们的研究所,在和我会见时提出希望合作出版《中国考古学大辞典》。这对我来说,真可谓是不谋而合,"正中下怀"。

中国考古学自20世纪20年代兴起以来,已经走过了90多个年头。几代考古人薪火相传,前仆后继,使中国考古学由小到大,逐渐发展,成果不断增加,队伍日益壮大,在国际学术界的地位也不断提高。随着我国改革开放的深入和国力的增强,进入新世纪以来,中国考古学迎来了她的黄金时代。随着我国经济的发展和人们生活水平的提高,社会公众的文化素质不断提升,对考古的兴趣日益浓厚,对考古知识的需求不断增加,从事中国古代史和其他相关学科研究的学者对考古资料的重视程度也与日俱增。然而,考古学是一门专业性很强的学问,从其专业术语,到研究的手段和方法都是一般人所不甚了解的。加之中国考古学自诞生以来经过了近百年的长足发展,考古资料如汗牛充栋,不仅业外人士很难了解其全貌,就连从事考古学研究的学者,对自己研究领域之外的考古成果也往往知之不多。以上这些状况,都迫切呼唤一部《中国考古学大辞典》的问世。放眼世界,欧美、日本等发达国家都早已编纂出版多部大部头的考古学辞典。作为文明古国和考古大国的我们,至今还没有一部这样的大辞典。这与我国历史悠久、古代文化遗存丰富、考古研究成果丰硕的国情和在国际考古学界的地位很不相称。因此,我一直在考虑,作为国家级的考古研究机构,有责任和义务编纂一部较大体量的考古学辞典。于是,我们双方一拍即合,商定共同努力来完成这项工作。

由于我国迄今没有编纂出版过类似的考古学大辞典,因此,在这项工作启动之初,我们遇到的首要问题是,究竟如何编纂这部大辞典?编写体例如何确定?词条如何设置?编纂工作如何组织?最重要的是,如何与迄今已经出版的《中国大百科全书·考古学》等工具书有所区别,真正体现出大辞典的特色?当时,我的心里是没有多少谱的。面对这种情况,我的对策是,群策群力,充分发动和依靠全所学者,齐心协力,共同来完成这一艰巨而光荣的任务。

我们首先组织了《中国考古学大辞典》编委会,负责制订整个大辞典编纂的方针、体例,讨论辞典编纂工作中遇到的带有全局性的问题,协调各个分编之间在文字撰写和插图与图版配置之间的衔接,并最终审定全书。为了保证编纂任务的顺利完成,我们按照中国考古学的时代,设置了史前、夏商周、秦汉至元明清三个分编,加上以各个时代考古的通用名词为主的概论编,以及遗址与文物保护、科技考古,共六个分编,每个分编设置主编一人、副主编若干人。这些分编主编、副主编主要是我们研究所各个研究室的主任和副主任，各个分编的词目设置、撰稿人的确定，词目的收集和修改、定稿，插图的选配等，都由分编主编和副主编们负责。各分编主编十分尽职尽责，全所科研人员都积极参与。为了保证体例的统一，我们在启动之初就撰写了若干样条，以作示范之用。在全所科研人员的共同努力下，用了六年多的时间，终于完成了大辞典的编纂任务。

这部《中国考古学大辞典》共收词5 000余条。基本涵盖了中国考古学主要的专业词汇，包括各个时代的代表性遗迹和遗物、重要的遗址和墓葬，以及各种考古学研究的技术手段和方法，还有文化遗产保护方面的词汇。

中国考古学具有其他国家考古学所不具备的特点。中国是文明古国，具有悠久的历史和灿烂的古代文明，文物资源十分丰富。大量保存在地下的遗迹、遗物是中华民族历史和文明的载体与实物证据。中华文明又是世界几大古老文明中唯一未曾中断、延续至今的文明。今天的中国是过去中国的延续，我们的中华文化、中华民族的精神，是继承了中华民族优秀的基因。中国考古学的每一点收获，都有助于学术界和广大民众加深对我们民族祖先们创造的中华文明的了解、对中华传统文化的了解、对中华民族精神的了解，从而可以增强民族自信心和自豪感。这是中国考古学得天独厚的特点，也是中国考古人最引以为自豪和庆幸的事。

希望这部辞书的出版能够为相关领域的学者、大专院校的考古和文物、博物馆专业的学生以及对考古学有兴趣的社会公众提供一个了解中国考古学知识的渠道。通过这部大辞典，可以对中国考古学的概况有一个大体的了解，从而加深对中国历史和古代文化的了解，加深对中华民族、中华文化的热爱，为拥有如此辉煌灿烂的中华古代文明而感到由衷的骄傲和自豪！若能如此，作为主编，我会感到十分的欣慰和荣幸！

最后，我要向所有参加这部辞书编纂的同仁和上海辞书出版社付出辛勤劳动的编辑表示最真诚的谢意！

2014 年元月

凡　例

一、本书收录中国考古学词目 5 000 余条，选收范围涉及考古学基本概念、理论与方法，文博考古人物，考古遗迹，考古遗物，考古遗址与遗物保护，考古学史，考古学文化，以及古城址，宫殿遗址，村落遗址，窖藏，墓葬，石窟寺，古建筑等。

二、本书按概论编、史前编、夏商周编、秦汉至元明清编、遗址与文物保护编、科技考古编六大编分类编排。其中，概论编以考古学分支学科，考古学时代划分，考古学理论，考古学方法，考古遗迹，考古遗物，文字学，中国考古学史编排；史前编以旧石器时代，新石器时代编排；夏商周编以二里头时代，商代，周代，南方地区商周时期文化编排；秦汉至元明清编以遗址，陵墓，遗物，古建筑，石窟寺及石刻编排；遗址与文物保护编以考古资源与文化遗产管理，文物保护与考古资源处置，遗产机构、相关法律法规与重要文件编排；科技考古编以科技考古，考古勘探、测绘和地理信息系统，年代学，树木年轮研究，环境考古，人骨研究，动物考古，植物考古，食性分析和锶同位素分析等各种分析，化学分析与仪器分析，古陶瓷，冶金、铸造，考古绘图和摄影编排。所分类别仅从便于查检考虑，并不代表某种学科体系。

三、词目释文以解释及说明性为主，只表述结论性内容，不作考证、论述，并注重体现最新的研究成果。对学术上有争议的观点，已有定论的，取用定论；未有定论的，以主流观点为主，其他诸说并存。

四、词目有一词数名的，以常见的为正条，习见的别称、简称、异译条为参见条。参见条一般不作诠释。参见条或需参见其他条目的，若不在同一页，均注明正条或他条页码。

五、外国人名采用通用译名，后附原文。中国人物词目括注生卒年。古地名或旧地名括注今地名，如“唐长安（今陕西西安）”。历史纪年括注公元年，如熹平四年（公元 175 年）、宣和三年（1121 年）。释文中的尺寸和重量，一般采用公制。

六、本书行政区划资料（包括古旧地名括注今地名），以中华人民共和国民政部编《中华人民共和国行政区划简册》（2013）为准。

七、为帮助读者理解词义，重要词目酌配黑白线描图或彩色图版。全书附有图版 700 余幅，黑白线描图和示意图图文夹排，书前为彩图。

八、本书附有中国考古学大事记（1899—2012）、全国重点文物保护单位名录、第一批国家考古遗址公园名单和立项名录、全国各省区考古学会名录、全国考古发掘单位名录（不包括港澳台地区）等 5 个附录。

九、本书前面刊有目录、分类词目表，书末附有词目笔画索引，以提供多种检索方法。

目　　录

分类词目表

概论编

考古学分支学科

考古学时代划分

考古学理论

地层学

类型学

年代学

考古学文化理论

聚落形态考古理论

考古学文化传播理论

考古学方法

方 法 论

田野考古基本概念

田野考古成果公布形式

考古遗迹

遗 址

事　象

墓　葬

考古遗物

工具与兵器

车 器

马 具

玉 器

漆 器

陶质建筑构件

其 他

文 字 学

甲骨与甲骨文

青铜器铭文

简牍帛书文字

其他文字资料

中国考古学史

金石学家和古文字学家

中国考古文博学家

外国考古学家

金石学与古文字著作

综合性著作与工具书

考古机构与团体

重要刊物

中国考古学期刊

中国考古学丛刊

史　前　编

旧石器时代

旧石器时代早期

旧石器时代中期

旧石器时代晚期

新石器时代

新石器时代早期

华北地区

长江以南及华南地区

西北地区

新石器时代中期

黄河流域

燕山南北和东北地区

长江流域

华南地区

新石器时代晚期

黄河中游地区

黄河下游和黄淮之间

黄河上游地区

燕山南北和东北地区

内蒙古中南部和冀晋陕北部地区

长江中游地区

长江下游地区

华南地区

新石器时代末期

黄河中游地区

黄河下游和黄淮之间

黄河上游地区

东北地区

长江中游地区

长江下游地区

新疆地区史前遗存

四川和三峡地区史前遗存

华南地区史前遗存

云贵地区史前遗存

西藏地区史前遗存

港澳地区史前遗存

夏 商 周 编

二里头时代

二里头文化

其他同时代文化

商 代

商文化

其他地区商代文化

周　代

地域文化

城邑与长城

墓地与窖藏

器 物

北方地区商周时期文化

南方地区商周时期文化

秦汉至元明清编

遗　址

陵 墓

遗 物

古 建 筑

石窟寺及石刻

遗址与文物保护编

考古资源与文化遗产管理

文物保护与考古资源处置

遗产机构、相关法律法规与重要文件

科 技 考 古 编

科技考古

考古勘探、测绘和地理信息系统

年代学

树木年轮研究

环境考古

人骨研究

动物考古

植物考古

食性分析和锶同位素分析等各种分析

化学分析与仪器分析

古陶瓷

冶金、铸造

学科

名词

矿冶和铸造遗址

文献资料

考古绘图和摄影

概　论　编

考古学分支学科

【考古学】 是主要根据古代人类活动所遗留下来的实物遗存研究当时人们的生活及其社会的状况,并进而解析人类文化与社会发展的历史过程,探索其发展变化的背景、原因和规律的一门科学。考古学属于广义历史学的一部分,与文献历史学共同承担着研究人类历史的任务。考古学的研究对象主要是古代人类活动遗留下来的遗迹和遗物,由于它是以研究人类的文化和社会为目的,故属于人文学科的范畴。又由于获取和研究这些遗迹和遗物需要利用多种自然科学的技术手段(包括地质学、生物学、物理学、化学、医学、环境科学、农学、计算机科学等),而通过这些遗存解释过去人们的意识、行为以及社会状况还需要运用各种人文社会科学的方法(包括文献历史学、语言学、社会学、民族学与民俗学、人类学、宗教学、经济学、政治学、法学等),因此,考古学属于最大的一个交叉学科。随着当代考古学的发展,各种自然科学技术手段被越来越广泛地应用于考古学研究的各个环节,使考古学交叉学科的特点愈加凸显,科技含量不断提高。考古学家从考古资料中获取的信息量大为增加,因此,对考古学家知识结构和多学科结合的要求也越来越高。考古学的基本研究方法考古层位学和考古类型学分别来自地质学的地层学和生物学的分类学。其基本的研究步骤为:考古调查、考古发掘、调查发掘所获田野资料的整理,各种标本的测试分析(如科学测年、物理结构和化学成分的分析等),编写考古调查或发掘报告、进行专题研究或综合研究,撰写学术论文或专著。考古学可分为多个分支学科。如根据其研究的物质遗存的时代特征,可分为旧石器时代考古、新石器时代考古、青铜时代考古、铁器时代考古、近代考古等;根据其研究的地域可分为欧洲考古、美洲考古、东亚考古、地中海考古等;根据其研究的国度可分为埃及考古、印度考古、中国考古等;根据其研究的领域和方法可分为田野考古、环境考古、农业考古、冶金考古、动物考古、社会考古、认知考古、航空考古、水下考古等。考古学并非只是研究过去的学问。它还可以通过研究阐述人类所走过的道路、所积累的历史经验,为人类社会面临的各种重大问题提供历史经验的借鉴和参考。例如,人类生存环境的保护和人类社会的可持续发展、不同文化和文明之间的相互交流、文化多样性的尊重与保护、人类文化遗产的保护等。(王巍)

【中国考古学】 在中国领土和领海范围内,以古代人类活动遗留下来的实物遗存为研究对象,通过实施考古调查、发掘,以及运用各种自然科学和人文科学的研究方法和手段,探究中华民族的历史及其文化内涵和社会发展脉络的科学。中国考古学是20世纪初在金石学基础上,受到西方考古学的影响而发展起来的。1921年,北洋政府聘请的瑞典考古学家安特生对河南省渑池县仰韶村遗址的发掘,标志着中国考古学的诞生。1928年,新成立的中央研究院历史语言研究所组建考古组并开展有目的、有计划的安阳殷墟考古发掘,标志着中国考古学开始了由中国学术机构专门从事考古发掘工作的初创时期。1950年,中国科学院考古研究所的成立并开展一系列考古发掘,标志着中国考古学进入了由独立的考古研究机构主导考古发掘研究的全面发展时期。1979年,中国考古学会的成立,以及各省、自治区相继成立独立的考古研究机构在全国各个地区开展考古发掘研究,建立中国考古学学术体系,标志着中国考古学进入成熟发展阶段。进入21世纪以来,中国考古学进入全新的发展时期。国家对考古学的支持与投入,社会公众对考古学的关注与参与,多学科参与的现代考古发掘研究的深入,文化遗产保护的加强,公众考古的开展,国家级遗址公园和遗址博物馆的兴建，尤其是中国考古学的研究手段不断丰富，研究成果层出不穷，国际地位显著提高，中国考古学的发展正在迎来黄金时代。中国考古学是世界考古学的重要组成部分。中国是文明古国，历史悠久，古代文明辉煌灿烂，中华民族先民们的许多发明创造对于人类文明的发展做出了突出的贡献。中国考古学，正以其世界瞩目的学术成就，在世界考古学中占据举足轻重的地位。（王巍）

【金石学】 中国考古学的前身。考古学传入之前以古代铜器与石刻为研究对象的学问。注重铭文的著录考证，旨在证经补史。北宋曾巩最早使用“金石”一词，清代始有“金石之学”的名称。北宋仁宗朝，刘敞提出古器研究方法，并著《先秦古器图碑》（已佚）著录图像铭文，金石学始具雏形。现存最早的金石学著作为北宋元祐七年（1092 年）吕大临《考古图》，其后又有宋人所著《宣和博古图》、《历代钟鼎彝器款识法帖》、《集古录》、《金石录》、《隶释》等，金石研究渐盛。元《河朔访古记》为实地调查记录。清乾嘉以降，金石学达到鼎盛，《西清古鉴》等著作推动了古器物研究，《考工创物小记》、《积古斋钟鼎彝器款识》、《攈古录金文》、《愙斋集古录》、《缀遗斋彝器款识考释》、《寰宇访碑录》、《金石萃编》、《古泉汇》、《金石索》等则于鉴别及考释水平大为提高，研究范围扩大至镜鉴、兵符、砖瓦、封泥等专门领域。及至晚清，甲骨、简牍大量出土，丰富了金石学的研究内容。（冯时）

【古文字学】 考古学分支学科。在中国，指以先秦时期铸刻或书写于遗迹、遗物的古体汉字为研究对象的学问，涉及甲骨学、殷周金文研究、战国文字研究和简牍帛书研究。任务在于识读文字，考释辞意，确定文字的时代和地域特点，进而阐释古代遗迹、遗物的性质和意义，证经补史。汉传六书学为分析字形的基本理论，训诂学与音韵学为古文字学研究的基础知识。古文字研究始于汉代，长期被纳入传统文字学的“小学”和以铜器碑刻研究为主的“金石学”。现代考古学的形成，古器物学成为考古学的重要部分，古文字学遂作为独立的学科，并在考古学、语言学等学科的影响下发生了巨大变化。东汉许慎著《说文解字》，是古文字研究的津梁。唐兰著《古文字学导论》，为中国第一部古文字学的理论著作。（冯时）

【铭刻学】 考古学分支学科。在中国，指以古代铸刻在金属、甲骨、石器、陶器上的文字为研究对象的学问。主要研究商周时代的甲骨刻辞（即“甲骨文”）和铜器铭文（即“金文”），战国、秦、汉以来的印章、封泥、简牍、帛书、盟书、石刻、货币、陶器、漆木器和金银铜器上的文字等，包括古文字、今文字、符箓及非汉字系统的文字。目的在于识别和解释文字及文意，研究铭刻的体例，阐释其史料价值以证经补史，对考古学和历史学研究具有重要意义。（冯时）

【甲骨学】 考古学分支学科。以商周甲骨文为研究对象的学问。包括整理缀合、文字考释、卜法文例、分期断代和历史考证等，对古代史、科技史、古文字和语言学研究具有重要意义。甲骨文于清光绪二十五年（1899 年）始被认识，迄今出土刻辞甲骨约 15 万片，著录著作逾百种。刘鹗《铁云藏龟》开甲骨文著录之先河，孙诒让《契文举例》则为首部甲骨文考释著作，王国维《殷卜辞中所见先公先王考》及《续考》使甲骨文的学术价值大为提高，董作宾《甲骨文断代研究例》始建甲骨文断代标准，为甲骨学的形成奠定了基础。1928 年后，甲骨文进入科学发掘时期，先后有小屯 H127 坑、小屯南地甲骨、殷墟花园庄东地甲骨等重要发现，甲骨文出土地点也扩大到殷墟以外。陕西周原等地则屡有西周甲骨出土，丰富了甲骨学的研究内容。《甲骨文合集》、《小屯南地甲骨》、《殷墟花园庄东地甲骨》为甲骨文资料的集成之作。罗振玉、王国维、郭沫若、董作宾、胡厚宣等对甲骨学研究贡献尤著。国外学者亦有致力斯学。甲骨学的发展与田野考古关系密切，考古地层学对甲骨文的分期断代具有重要价值，而甲骨学研究又使古代遗迹、遗物性质和年代的判定成为可能。（冯时）

【简牍学】 考古学分支学科。以出土古代简牍及其文字为主要研究对象的学问。内容包括文字考释、简册复原、文献勘校、简册制度和相关历史的研究等，对古代史、古文字学、语言学、古典哲学和古文献学研究具有重要意义。中国古代以竹木为主要书写材料流行于魏晋以前，后为纸所取代。迄今所见时代最早的简属战国早期的曾侯乙墓竹简，最晚则为甘肃、新疆等地所出唐简，数量已逾 27 万枚。西汉前期发现的孔壁古文经及西晋太康二年（公元 281 年）出土的汲冢竹书均属先秦简册，惜皆散佚。现代简牍学研究始于 20 世纪初，简牍的发现集中于西北地区，尤以 1930 年发现的万枚居延汉简最为重要，内容为屯戍士卒的簿籍和信札、契约等。王国维、罗振玉于1914年出版《流沙坠简》，王国维又作《简牍检署考》，奠定了简牍学研究的基础。1950年以后发现的简牍资料多为科学发掘获得，出土地点已不限于西北地区，战国简牍大量发现，内容也逐渐丰富，涉及卜筮祭祷记录、屯戍及法律文书、公文契约、信札、遣册、纪年记事文书、诏令档案以及经、史与儒、道、墨、兵、农、杂、数术、方技各家典籍佚籍、文赋、律谱等，殊为珍异，是古史研究的重要史料。（冯时）

【印章学】 考古学分支学科。以古代印章及其制度为研究对象的学问。主要研究古代文书制度、官制、姓氏制度、历史地理、印章的起源及其形制变化以及文字与篆刻艺术，对于鉴别历史文献的真伪也有重要价值。宋王厚之著《汉晋印章图谱》，为中国现存最早的印章学专著。清代随着金石学的复兴，学人所编印谱已逾百种，而近代考古发掘所获印章资料也有汇集。（冯时）

【古钱学】 亦称"古泉学"。考古学分支学科。以古代钱币为研究对象的学问。主要是对钱币资料的搜集、鉴别和考订，包括古钱形制、轻重、质料、文字、标记、制作年代、通行地区及真伪，对于先秦货币更涉及古文字学的考证，对古代经济史及历史地理的研究具有重要价值。南朝梁顾烜著《钱谱》，为迄今所知中国最早的古钱学著作。唐、宋两代续有钱谱编辑，惜多亡佚，惟南宋洪遵所著《泉志》流传至今。清乾嘉以降，金石学鼎盛，古钱学著作益增，重要者如初尚龄《吉金所见录》、李佐贤《古泉汇》、李佐贤与鲍康合著《续泉汇》等。民国后收藏和研究范围从铜钱扩大到纸币和银锭、银圆。1936年丁福保著《古钱大辞典》，将有清以来古钱谱汇于一编。新中国成立后出版的《中国历代货币大系》则为古钱资料的集大成之作。（冯时）

【古泉学】 即"古钱学"。

考古学时代划分

【石器时代】 考古学上人类历史的最初阶段。当时以石器为主要劳动工具。从人类出现直到青铜时代开始为止，历时二三百万年。在人类历史上属于原始社会时期。根据石质工具的特点所反映的不同发展阶段，可分为旧石器时代、中石器时代和新石器时代。（朱乃诚）

【旧石器时代】 考古学上石器时代的早期阶段。共历时二三百万年。当时人类使用打制石器，过着采集和渔猎的生活。相当于人类历史上从原始群到母系氏族公社出现的阶段。中国已发现的旧石器时代人类化石，重要的有元谋猿人、蓝田猿人、北京猿人、郧县人、南京人、大荔人、金牛山人、马坝人、丁村人、柳江人、山顶洞人等。有的人类化石与文化遗物同出。此外，还有小长梁、许家窑、观音洞、小南海、下川等文化遗址。（朱乃诚）

【中石器时代】 旧石器时代向新石器时代过渡的一个阶段。开始于全新世初期，大约距今1万年。经济生活主要是渔猎和采集，使用的工具以细石器为主要特征，也有局部磨光的石器，并发明了弓箭，使狩猎的生产效率大为提高。各地区并不是普遍存在中石器时代这一过渡阶段。中国的西藏、青海等第一级地，因新石器时代发生较晚，存在着中石器时代。（朱乃诚）

【新石器时代】 考古学分期中石器时代的最后一个阶段。开始于八九千年以前。发明农作物的栽培，逐步开始饲养家畜，生活资料有较可靠的来源，开始定居生活，广泛使用磨制石器与陶器，发明纺织。中国各地已发现六七十种新石器时代文化，如裴李岗文化、兴隆洼文化、仰韶文化、马家窑文化、红山文化、大汶口文化、龙山文化、良渚文化等。（朱乃诚）

【青铜时代】 考古学上继新石器时代之后的一个时代。以青铜器的使用为主要特征。青铜是红铜和锡的合金，较红铜的熔点低、硬度高，便于铸造。中国在商代（公元前16—前11世纪）已是高度发达的青铜时代。在青铜时代，尚不能排斥石器的使用，有的地区处于原始社会末期，有的地区已进入文明社会。中国在青铜时代已建立国家，有相当发达的农业、手工业，并已有文字。（朱乃诚）

【铁器时代】 考古学上继青铜时代之后的一个时代。以铁器的使用为主要特征。由于铁矿分布较广，铁的硬度和韧性较高，铁器的出现最终排除了石器，促进生产力的提高，并导致社会的快速发展。有的地区在史前时期已使用铁器，称为早期铁器时代。有的地区在早期铁器时代进入文明社会。个别地区不存在铁器时代。中国在春秋晚期（公元前5世纪），大部分地区已使用铁器。（朱乃诚）

考古学理论

地 层 学

【地层学】 亦称“层位学”。考古学获取考古资料的基本方法论。从地质学借用而来,在发掘现场按照土质、土色划分过去人们活动形成的土层和房子、垃圾坑、墓穴、窖穴、窑、井、活动面等废弃遗迹以及人为堆积地层单位之间的自然间歇层等各个地层单位,厘清这些地层单位在堆积顺序里的上下叠压或打破、时间顺序里的早晚(底层早于上层)、共存时段里的空间关系,是解决遗址实物遗存相对年代、研究遗址文化谱系、探索遗址微观聚落形态变迁最核心的手段之一。(何驽)

【层位学】 即“地层学”。

【地层】 指过去人类活动形成不同土质、土色的土层堆积和这些人为堆积层之间的自然间歇层(以淤沙或淤泥层最为常见)。因绝大多数人为堆积层都或多或少地包含人工遗物,故也将这部分人为堆积层称为“文化层”。考古学家通常将一个遗址文化层堆积的厚度作为判断遗址遗存丰富度的直观标准。自然间歇层夹在文化层之间,意味着遗址全部或局部曾经历过一个时段的废弃或灾害,而后又重新被人们占据使用。(何驽)

【堆积】 借自地质学,指遗址中由人工建筑的倒塌,人为垫土、填埋,间歇洪水的沉积等形成的土层的叠加。堆积通常是由遗址上发生的废弃行为所造成的结果。(何驽)

【二次堆积】 因人为或自然营力破坏原生地层堆积经搬运位移后进行第二次堆积所形成的次生堆积。例如挖来遗址里文化层堆积建造的建筑夯土层、壕沟里或滩涂冲刷形成的人工遗物堆积等。二次堆积内人工遗物的信息可信度和准确度大打折扣,考古学家一般慎用。(何驽)

【文化层】 亦称“文化地层”。特指遗址中人为活动所形成的土层堆积。土层中包含人工遗迹和遗物,故称之为“文化层”。相对于遗址堆积层中自然营力堆积层而言。在考古田野调查中,文化层是判定遗址最重要的要件。参见“地层”。(何驽)

【文化地层】 即“文化层”。

【表土层】 遗址现今所覆盖着的最上层土层,通常为农田耕作层,故又称为“耕土层”。表土层中包含物十分杂乱,早期遗物混杂进来,导致原生重要信息丧失。因此在考古实践中,除个别极为重要的早期遗物作为参考标本外,其他遗物一律不予采信。(何驽)

【耕土层】 即“表土层”。

【界面】 遗址内地层堆积之间的临界面,包括建筑和坑的底面和立面,通常是遗址使用行为作用面。由一组建筑、坑等设施共用所连接的一个界面,即遗址某时期使用的相对稳定的地面。而建筑和坑的界面则将建筑和坑的使用行为和建造使用年代与其废弃行为和年代区别开来,是探索遗址微观聚落形态布局变化的钥匙。(何驽)

【原始地面】 部分考古学家将遗址考古地层中的界面定义为当时使用的原始地面,对探讨遗址微观聚落形态布局变化具有重要意义。(何驽)

【生土】 没有人工扰动过的原生自然堆积土层,意味着没有人为活动作用其中,通常不属于考古学探索和研究的范围。(何驽)

【原生地层】 未经扰动的人为堆积行为和自然营力形成的堆积地层。原生地层中包含的遗迹与遗物信息属于原生态,未经后来人为或自然活动的干扰,其信息的可信度甚高,是考古学家考古信息的主要来源。(何驽)

【次生地层】 由人为或自然营力二次或多次搬运造成的堆积土层。次生地层中包含的遗物信息属于次生状态,原始信息会出现丢失、改变、混乱等问题,其信息的可信度较低,尤其是次生地层内很难保留遗迹,故考古学家通常只将次生地层内的遗物作为参考。(何驽)

【间歇层】 “遗址文化层堆积间歇层”的简称。遗址地层堆积中文化层之间所夹自然营力形成的堆积层,意味着人们的堆积行为停止。(何驽)

【遗址文化层堆积间歇层】 即“间歇层”。

【倒装地层】 因崩岸倾覆造成遗址地层整体上下颠倒堆积形成的一种次生地层,早期堆积在上,晚期堆积在下,颠倒了正常堆积的早晚顺序。倒装地层在河谷台地遗址比较常见,在考古发掘与研究中需特别加以辨别,以免造成误判。(何驽)

【扰乱层】 旧时中国考古界惯于使用的术语,指遗址早期文化层因后代人为活动翻动所形成的近代

地层,使大量早期遗物与近代遗物相混杂,被认为学术价值不大。现在考古界认为“扰乱层”概念有失严谨,基本不用。(何驽)

【近代层】 史前至唐代遗址里宋、元、明、清时期形成的耕土层堆积,有时比较难以准确判定哪个朝代,笼统称之为“近代层”。近代层表明遗址最后使用的时期。近代层包含遗物较为混杂,早期遗物的信息大多丧失,仅供考古学家参考。近代层的大致年代段标志着遗址作为耕地有人活动的大时代,有助于判读遗址使用的间歇时段。(何驽)

【遗物脱层】 由于各种原因导致遗物失去了地层关系信息,不知出自哪个地层单位,其相对年代信息也几乎丧失殆尽。对于这类遗物也可称之为“脱层遗物”,一般作为采集品对待,仅供参考。(何驽)

【脱层遗物】 见“遗物脱层”。

【洪积层】 遗址地层堆积里因洪水导致的沉积层,据其所在层位、分选粒度、分布面积、流水方向可以判断洪水毁坏遗址的时代、次数、流量、来水方向等,是研究遗址微环境灾害的重要资料。(何驽)

【夯土层】 用木板做夹板,中间空隙填土,用木、石夯锤将土层夯实,提高土层的密实度,夯完一层再夯上一层,直至完成直立建筑体。田野考古中,通常通过夯土层的辨认以确定人工大型建筑如宫殿基础、城墙等。夯土层一般厚5~15厘米,密实度一般在1.6~2.1吨/立方米。(何驽)

【红烧土堆积层】 通常指遗址中发现的以红烧土块为主要构成的特殊堆积,一般与重要建筑有关。(何驽)

【泥炭层】 通常指遗址中壕沟、水塘底包含大量有机腐殖质的淤泥层,多呈饱水状态,因此能够完好保存大量炭化植物、动物骨骼,是富集动物考古、植物考古资料的宝库。(何驽)

【化石层】 旧石器时代遗址中富集化石遗物的自然地层堆积。是古脊椎动物与古人类考古研究的主要资料来源。(何驽)

【埋藏学】 是指研究分析过去物质文化遗存废弃、埋藏、风化、搬运、堆积整个过程的科学。借用自古生物学,如今开始在考古学中应用,试图了解考古遗迹和遗址堆积的形成过程,从而探索遗址微观聚落形态动态变化的重要细节信息,以管窥遗址内部社会组织动态变化的详细过程。(何驽)

【层位关系】 简称“层位”。遗存以及包含该遗存地层单位在地层堆积序列中的关系,包括叠压、打破、共用界面三种类型。(何驽)

【层位】 “层位关系”的简称。

【地层单位】 能够辨别的最小地层堆积单元。可分为堆积层、遗迹两大类。堆积层包括大面积的土层堆积和各坑、沟、房子内的废弃堆积。遗迹则包括房子地表、坑、墓葬和沟底界面、遗址某一时段地面。(何驽)

【叠压关系】 描述堆积单位之间累积型关系的术语。遗址地层堆积或遗迹的上层覆盖下层,称为“叠压关系”。下层形成在先,上层形成在后,于是决定了时间逻辑顺序上下层绝对早于上层,是判断遗存相对年代或时间逻辑顺序先后的重要依据之一(见“地层叠压关系示意图”)。(何驽)

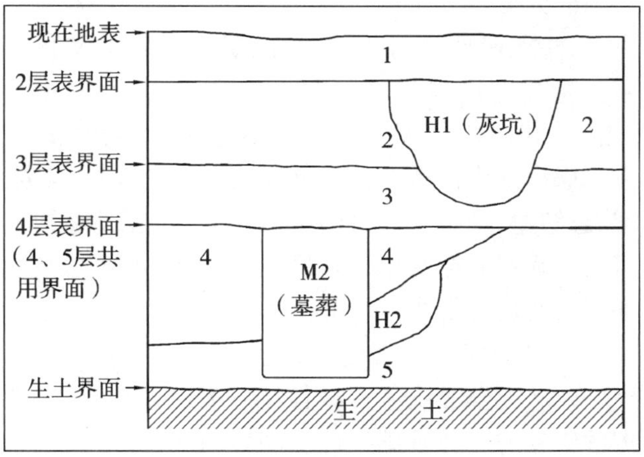

地层叠压关系示意图

【打破关系】 描述遗迹单位之间破坏型地层关系的术语。遗址地层堆积序列中,后来营建的房基、坑、沟、窑、墓穴、墙槽等向下挖破先前的地层堆积单位,称为“打破关系”。被打破的地层堆积单位的相对年代或时间逻辑顺序必定早于打破它的单位,成为判断遗存相对年代或时间逻辑顺序先后的重要依据之一。如“地层叠压关系示意图”中,灰坑H1打破第2、3层,墓葬M2打破第4层和H2,H2打破第5层,又被M2打破。(何驽)

【遗迹开口】 描述遗迹单位口部所在地层关系的术语。从平面或剖面上判断出下嵌型遗迹如房基、坑、沟、窑、墓穴、墙槽等现存最高口部,被叠压在×堆积层下,称之为“开口在×层下”,是判断这些遗迹营建和使用年代的早晚时段限定,其年代不早于被它打破的最晚地层单位年代，不晚于叠压它的地层单位年代。如“地层叠压关系示意图”中，灰坑 H1 开口在第 1 层下，H2 开口在第 4 层下，墓葬 M2 开口在第 3 层下。仅凭遗迹的开口是不能确定遗迹准确年代的，需要遗迹所包含的遗物的考古分期和年代学测定数据来确定。（何驽）

类型学

【类型学】 旧称“标型学”、“形态学”。考古学最基本的方法论。从生物形态分类学理论借鉴而来。20 世纪初瑞典人蒙特留斯（Oskar Montelius，1843—1921）归纳总结了类型学理论，20 世纪 30 年代梁思永和李济的考古研究都尝试使用类型学分析方法，40 年代苏秉琦的陶鬲研究标志着中国考古类型学研究方法的成熟。类型学是通过研究考古遗存外在形态的分类、变化的逻辑序列，判断遗存的相对年代早晚，建立遗址相对年代序列，确立考古学文化谱系。遗存在同时期内不同形制的差别通常标为“型”，随时间变化产生形制的变化通常标为“式”。主要操作方式就是先分型再分式，俗称“排队”。发现、总结遗存形态变化的逻辑序列后，根据遗存的地层关系确定形态变化逻辑序列的首尾，进而总结遗存形态变化阶段性特征和遗存组合特征划分变化阶段，俗称“分期”，最终建立遗址的文化谱系相对年代序列。类型学使考古材料经分类而系统化，是考古学研究的一种基础手段。陶器因数量多，时代和文化特征明显，通常被选用为排比研究的典型器物。（何驽）

【标型学】 “类型学”的旧称。

【形态学】 “类型学”的旧称。

【标型器】 亦称“典型器”。类型学分析的术语。指最能代表某考古学文化、文化类型或遗址某一分期文化特征的器物，成为判断该文化、文化类型或遗址某一期别的指征性器物。（何驽）

【典型器】 即“标型器”。

【器物组合】 考古器物群分析的术语。通常指同时存在的器物按照一定功能集成规律组合成一套用具。不同的器物组合反映人们不同目的、不同场合、不同时代甚至不同族属的行为方式，因此可以用于判断社会等级、功能区划、时代分期、族属差别。（何驽）

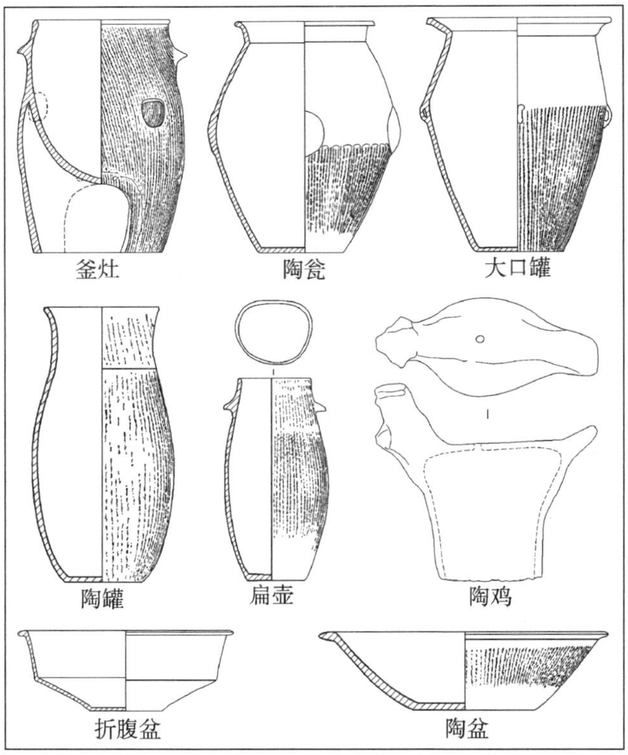

器物组合示意图

【形制】 描述考古遗存外在形态和内部结构的术语。形制是否相同是考古类型学将遗存归类的依据。器物的形制描述通常包括器物的造型和外表装饰。遗迹的形制描述通常包括遗迹的外形和内部结构。（何驽）

【陶质】 陶器的质地。大致分为泥质和夹砂两大类。通常情况下，夹砂陶多用于炊器和缸类，泥质陶多用于盛贮器和陶礼器。陶质的具体细微变化，有时与陶色律动反映文化和时代变化，因此必须注意观察、统计和分析。（何驽）

【陶色】 陶器的颜色。多以陶器表面颜色而定。主要分为红陶和灰陶两大色系：红色表明陶器在氧化环境下烧成，灰色则说明在还原环境下烧成，标志着不同的烧造技术传统。窑内火候不均，会造成陶器表面红灰颜色斑驳，是烧造技术不高的表征。有时与陶质律动反映文化和时代变化，因此必须注意观察、统计和分析。（何驽）

【陶系】 在类型学分析时，陶质、陶色合称为“陶系”，如夹砂红陶、夹砂灰陶、夹砂褐陶、泥质灰陶、泥质黑陶等。（何驽）

【器物纹饰】 考古遗物表面的装饰纹样。其中往往蕴含着文化、时代特征，有时也表现出人们的认知概念。考古学家通常不从纯美学装饰视角

来看待纹饰,而注重探究其文化、时代和认知内涵。(何努)

【陶器制法】 陶器的制作方法。可分为纯手工(亦称"手制")和借助机械两大类。手制还可细分为泥条盘筑、泥片贴筑等,借助机械类可分为手制轮修、快轮拉坯等。不同的制法有时反映不同的技术传统或文化传统,有时则反映技术的进步。当这些差异和进步与时代变化相伴随,则制法也反映时代特征。(何努)

年代学

【相对年代】 相对于绝对年代的考古年代学术语。考古学家根据类型学分型分式的分析结果结合地层关系,对一个遗址使用年代、考古学文化内涵进行分期,建立表达文化遗存相对早晚的年代序列,作为考古学文化谱系、社会考古、精神文化考古、古史研究等更深层次考古学研究的相对年代框架基础。通常以考古学文化的××期为表述,如庙底沟二期文化早期、陶寺文化早期等。相对年代是根据类型学和地层学分析得到的年代早晚序列,不论其测定的绝对年代有怎样的偏差,其年代早晚的序列不会错误逆转,因此具有一定的绝对性。在实际研究中,相对年代序列用以判定绝对年代数据结果出现的倒置错误。(何努)

【绝对年代】 相对于相对年代的考古年代学术语。指根据碳十四、热释光、光释光、铀系裂变、钾氩法等物理、化学年代测定手段得到的测定数据,确定相对年代或考古遗存比较精确的年代段,通常以"约公元前×××年"或"约距今×××年"表述,如约公元前1750年或约距今4 100年。现今的自然科学年代测定手段尚达不到精确到某年的水平,通常存在着某年代数值的前后误差值,故绝对年代只是一个比较精确的年代段。测定的年代数据的前后误差值与不同的测定技术手段的误差程度相关。因此,绝对年代具有一定的相对性。(何努)

考古学文化理论

【考古学文化】 考古学研究的重要内涵。是指存在于一定的时间和空间的一组具有特征的实物遗存,用以表示考古遗存中(主要是史前时期)属于同一时期、有地方特征的文化共同体。这里所说的"实物遗存"一般是指具有鲜明自身特征的一组陶器,也包括具有自身特征的石器等生产工具,以及各种材质的装饰品,还包括独特的建筑形式、墓葬结构和埋葬习俗等。考古学文化的命名方式,通常是以第一次发现该文化遗存的遗址命名,如"仰韶文化"、"龙山文化"等。一个考古学文化所代表的文化共同体可能与某一个人们共同体相联系,是该人们共同体创造的物质文化和精神文化的实物遗留。通过研究考古学文化,可以了解创造该考古学文化的人们共同体的社会生活状况以及与其他人们共同体的文化关系。(王巍)

【文化谱系】 考古学文化研究中使用的术语。指一定区域内考古学文化随时间变化而发生的分化与变迁。文化谱系是考古学家对一定区域内考古学文化发展源流脉络的系统总结,并成为对该地区社会发展考古研究、精神文化考古研究的时空框架基础。(何努)

【考古学文化区系类型理论】 由中国考古学家苏秉琦于1975年提出、1981年完善的中国新石器时代考古学文化谱系总体框架理论。将全国分为六大区:以燕山南北长城地带为中心的北方,以山东为中心的东方,以关中(陕西)、晋南、豫西为中心的中原,以环太湖为中心的东南部,以环洞庭湖与四川盆地为中心的西南部,以鄱阳湖-珠江三角洲为中轴的南方。每个大区内都有一个相对自成体系的考古学文化系列,每个考古学文化系列之下又划分为若干考古学文化类型。这些区系类型是解释各区域文明起源进程和区域历史文化发展趋势的文化基础,为探索中国文明起源多元一体化过程提供了必要的时空框架基础。(何努)

聚落形态考古理论

【聚落形态考古】 通过考古研究过去人们的居住形式、埋葬的空间布局形态及其变化,从而探索古代社会的组织结构和人与人之间的关系,是社会考古最重要的手段。微观聚落形态研究注重遗址内部布局的划分及其动态变化,以探索遗址内部村社的组织结构和人与人之间的关系。宏观聚落形态则研究整个文化区内聚落之间的关系,探索文化区内超越单个村社聚落之上的社会组织结构状况。

（何努）

【聚落层级制】 社会复杂化进入到分层的不平等社会后，聚落之间便会出现聚落层级制。中心聚落统辖下属的小聚落，统辖与从属关系是不平等的，中心聚落在规模、大型公共建筑、贵族居住区、功能区划、生活器用等诸多方面的等级明显高于从属小聚落。聚落层级制是不平等社会最显著的标志，聚落层级制的分层级数与社会形态的进步程度不一定有必然的对应关系。（何努）

【中心聚落】 一个考古学文化分布区内，在聚落层级制中处于中心地位的聚落即为中心聚落。中心聚落通常以规模、防御设施、高等级的宗教和政治甚至经济中心功能设施而体现出其中心地位。一般来说，一个考古学文化分布范围内，有一个文化区中心和若干个地方中心聚落与该考古学文化的聚落层级制相对应。中心聚落往往成为剖析一个考古学文化社会形态的关键遗址点。（何努）

考古学文化传播理论

【考古学文化传播论】 借用文化传播论的理论探讨考古学文化的传播。考古学文化的传播主要是文化因素的传播，有波链式传播和线性穿越式传播两种形式。通过中介的文化传播可能会造成文化因素内涵的衰减和形态的变异。分层社会中文化因素的传播可能会选择适合的各层级受众中传播，而并非整个社会都接受。考古学文化传播论在探讨考古学文化之间关系时发挥着重要作用。（何努）

考古学方法

方 法 论

【文化因素分析法】 建立在考古学文化传播理论基础上的考古学文化谱系分析的重要方法论之一。通过分析一个考古学文化内部所包含的不同来源文化因素的面貌及其在该文化中所占的比重，以判定该文化主体文化面貌和属性，探索该文化的主流来源、形成机制和流变，最终判定其在文化谱系中的位置。其中判断文化因素变体是一个关键点，即文化传播受体根据自己本文化的意愿对外来文化因素加以部分改变，形成文化因素变体，既不同于文化传播源地的原型，又不是本文化固有的传统形制。（何努）

【实验考古】 考古学研究分析的一种模拟方法论。根据考古资料提出解释的假设，尽量按照考古资料时代的技术条件，进行复原模拟实验，以得到的实验结果验证假设，从而推断考古遗存的功能与性质。（何努）

【二重证据法】 王国维首先提出的新史学论证方法论。即利用地下出土的考古资料和传世文献相互印证，来论证中国历史问题。对推动中国历史学和考古学研究具有积极意义，对中国学者影响巨大。（何努）

【标准器断代法】 商周青铜器断代的科学方法。首先根据铜器铭文中具有确切纪年的内容确定某一时代的标准器，再以标准器所涉及的人物事迹、文字特征、书体风格，以及器物的形制和纹饰作为时代标尺，推定其他没有明确纪年的器物时代。郭沫若于《两周金文辞大系》中首先建立并使用这一方法进行青铜器断代研究，影响深远，至今仍为学者所遵循。（张海燕）

【民族考古】 亦称“民族志考古”。多数学者所称“民族考古”，实质上并非对某个民族文化的历史进行考古溯源研究，而是通过对当代现存的民族志资料的利用和以考古学的眼光进行现代民族志调查，以探求人们的特定行为模式或生存方式与所遗留下的遗存之间的关系、模式，供考古学家参考，试图透过考古遗存看到造就遗存的古人行为和生存方式。（何努）

【民族志考古】 即“民族考古”。

【公众考古】 “公众考古”（public archaeology）一词最早出现于 1972 年麦克吉米西（Charilesr McGimsey）同名著作。其使用语境与文化资源考古（CRM archaeology）直接相关。包括文化资源管理合规过程、考古教育、公众阐释等行为，其发生场所包括学校、公园、博物馆等。包括考古行为中所有与公众互动的内容或可能存在互动潜力的内容。针对公众与考古职业者之间的关系问题，公众考古研究持两种基本态度，早期为“灌输模式”，随后的看法则趋于尊重公众视角的多元化，即“多元模式”。前者认为公众只有在专业者指导下才能认知考古知识，专业者与非专业公众之间的关系是教育与被教育的关系。后者则更多强调公众的能动性，认为考古行业应当改变从考古“本位”出发来对待公众的态度，而应当努力去满足公众的教育、社会、文化等方面的需求。这两种对于公众考古的基本认识框架构成了公众考古研究的主体。基于后面的多元模式，目前的公众考古研究更加关注“公众”群体的构成、公众对于“过去”的看法、使其形成现有看法的现当代社会背景因素、公众对于考古职业者所提供材料的“再解释”（古物在公众头脑中的意义生成过程）以及公众利用“过去”的方式等。同时，公众考古研究还致力于提高考古行业本身的社会化程度，即研究如何使其更好地为社会和公众服务，以及解决或缓解由行业特征所引发的社会冲突问题，如遗产权利问题、遗产归还问题、文化认同问题等伦理困境，从而在了解社会的过程中，寻找和调整考古学本身所处的社会和文化位置。中国近年来对公众考古的解读方式较为分散，但从总体上，开始出现由国家通过考古遗址公园、宣传日、遗产实践、媒体转播和相关社会活动促进考古资源社会化的尝试。中国遗产机构、研究机构所面临的基本问题是如何界定遗产资源管理的各级主体及职能、界定具体资源的利益相关社会群体、了解社会群体的基本构成及其需求等问题，故“公众考古”观念，或可被视为文化资源管理者在处理文化资源社会化问题及调整社群与文化资源关切程度时须考虑的一系列问题的总和。（王刃余）

【景观考古学】 考古学重要分支之一，或可看作一个学派。以强调遗址与周边地理和地貌的相互关联为主要学术特征。较为公认的景观考古学先声可追溯到19世纪，如瑞典学者杨斯·沃尔索（Jens Worsaae）的研究。这一阶段，罗伯特·格莱德曼（Robert Gladmann）针对黄土与新石器时代聚落之间关联性的研究被公认是景观考古学的先驱性研究。此阶段中，景观考古学家的观点被称作“环境功能论”。20世纪对于景观的关注逐渐广泛，尤其是当空间分析、航拍技术以及后期的地理信息系统技术得到普及之后，景观考古学逐渐成为考古学的重要研究方法。20世纪60年代末克劳迪欧·维塔-芬奇（Claudio Vita-Finzi）与埃里克·希格斯（Eric Higgs）将“遗址资源域分析”引入考古学研究，从而使景观考古学研究的资源涉猎层面得到进一步扩展。20世纪70年代阿斯顿（Aston）和罗利（Rowley）将景观考古学方法引入英格兰中世纪土地边界和农田系统的研究中，博文（Bowen）和福勒（Fowler）则将类似的方法引入铁器时代地用模式的考古学研究之中，景观考古学正式成为考古学的重要分支。20世纪90年代以来，针对景观在经济和地用功能方面的研究出现了一定程度的弱化，人们开始更加侧重对自然景观与人居关联性的研究，对古代人类“景观改造”行为背后所蕴含的精神（信仰）动力也更为看重。（王刃余）

【多学科综合研究】 21世纪中国考古学研究发展的新趋势，根据具体课题研究的需要，组合所有适用学科如考古学、历史学、文献学、自然科学的技术和手段等，对研究对象进行综合研究，以获得更加全面和具体的信息，从而提高对研究对象深度和广度的了解，使中国考古研究水平达到前所未有的高度。（何努）

田野考古基本概念

【田野考古】 以科学方法进行实地考察，获取实物资料以研究历史的考古学工作方法。是考古学的基础，主要内容包括田野调查、田野发掘、室内整理和编写田野发掘报告。中国的田野考古工作，始于1921年瑞典考古学家安特生在河南省渑池县仰韶村的发掘。1926年，考古学家李济开始发掘山西芮城西阴村遗址，是中国人第一次以探索本土文化为目的的科学考古发掘。现今，田野考古水平日益提高，技术手段日益丰富，调查发掘过程更加科学、规范，极大地促进了考古学的发展与繁荣。（高江涛）

【考古发掘申请】 考古发掘申请合法手续的行为。考古发掘单位在考古发掘之前向国家文物行政主管部门以书面形式提交发掘工作申请。发掘单位首先填写中华人民共和国考古发掘申请书，再向省级、国家文物局逐级申报审批，并征求社会科学研究机构及其他科研机构和有关专家意见，以获取考古发掘许可证照。每一个文物点的每一次发掘前均需提交考古发掘申请以获得发掘许可，方可进行正式考古发掘工作。短期项目当年申报，连续项目每年重新申报。（高江涛）

【考古发掘执照】 “中华人民共和国考古发掘证照”的简称。由国家文物局颁发。是各省、自治区、直辖市文物机构、考古研究机构、高等学校等进行考古发掘的法定证照。有效期一年。（高江涛）

【中华人民共和国考古发掘证照】 即“考古发掘执照”。

【考古发掘类别】 对考古发掘不同情况的划分。依据发掘性质的不同,一般分为主动性发掘和抢救性发掘:主动性发掘主要是为了科学研究的需要,而抢救性发掘主要是配合国家基础建设的需要。依据发掘程序的区别,可简单分为试掘与正式发掘:试掘是为了解遗址文化堆积情况进行的试探性的小规模发掘,正式发掘是正式展开的有一定规模的发掘。依据发掘次数及时间长短的不同,可分为首次发掘、二次发掘、多次发掘。(高江涛)

【考古发掘领队】 制订考古发掘方案,主持考古发掘工作,确保各项工作顺利展开的考古人员或单位。在中国只有取得考古发掘领队资格,并进行领队培训合格者才能从事考古发掘领队的工作。按照取得资格的个人与集体的差别,分为个人领队和团体领队。考古发掘工作实行领队负责制。(高江涛)

【考古发掘方法】 考古工作者获取遗址文化遗存的作业手段或方法。考古发掘一般采用探方(沟)法,要求依据土质、土色及包含物区分相关地层和遗迹单位的叠压打破关系,按照由晚到早的顺序逐层逐单位地揭露清理各类遗迹、遗物。在具体的发掘中对不同的堆积单位又有一些细化的不同的作业方法,如灰坑找边、刮平面、剖面解剖、过筛等。(高江涛)

【考古调查】 发现并初步勘察古代遗址以及遗迹、遗物的考古方法,是与考古发掘互相补充的研究方法。一般分为区域普查和专题调查。区域普查又称为“文物普查”,指由政府文物管理部门组织的摸清当地文物资源状况的调查;专题调查通常是指由学术机构组织的为解决某一学术问题而进行的调查。(高江涛)

【文物普查】 见“考古调查”。

【考古测绘】 是指田野考古中对遗址地形和发掘探方及各类遗迹、遗物的测量与绘图工作。主要包括遗址测绘和发掘测绘两个重要组成部分。遗址测绘是对遗址的位置、地形、范围、文化堆积断面以及重要遗存现象的记录与测绘,最重要的是形成反映遗址环境地貌特征的地形图。发掘测绘主要是对发掘过程中各类遗迹单位包括遗物的测绘与数据记录,如平面图、剖面图、遗迹图等。随着现代测绘手段的发展,考古工作中已普遍使用全站仪、RTK 等测绘仪器,使得野外测绘工作更快捷、准确和科学。(高江涛)

【遗址测绘】 见“考古测绘”。

【发掘测绘】 见“考古测绘”。

【考古勘探】 考古调查的重要手段之一。主要是通过钻探、物探等手段来了解、确认和研究文化遗存,并为考古发掘和文化遗产保护提供基础材料与依据。使用探铲(又称“洛阳铲”)来钻探是考古勘探最常用方便的工作方法,勘探中提倡各种无损伤探测新技术的应用,如物探。考古勘探中要求准确详细地记录勘探获取的资料数据信息,并及时撰写考古工作报告。(高江涛)

【钻探】 指初步确定遗址地下埋藏文物遗迹的野外考古手段,是田野考古工作内容之一。主要是通过探铲向地下打孔带上来的泥土及其包含物来判断地下遗迹、遗物堆积状况。多数情况下使用洛阳铲钻探;在遗迹埋藏过深的情况下,偶然使用小型地质机械钻来完成。(高江涛)

【探铲】 亦称“洛阳铲”。一种考古学钻探工具。一端为半圆柱形铲头,另一端有柄,可接长木杆或钢管。使用时垂直向下冲击地面,利用半圆柱形的铲头将地下的泥土带出,根据这些泥土的土质、土色及包含物判断地下遗迹、遗物堆积状况。传说为洛阳一带盗墓者发明,后广泛使用于田野考古,成为中国考古钻探工具的主流工具,并传至国外。(高江涛)

【洛阳铲】 即“探铲”。

【区域系统调查】 亦称“系统区域考古调查”(Systematic Regional Archaeological Survey),俗称“拉网式调查”。是为了满足宏观聚落形态研究的需要,对某一研究区域进行全面的、系统的、拉网式的一种考古调查方法。一般由多名调查队员组成,队员间隔 20 米左右,拉网式地踏勘调查区域的所有地面,采集可供断代的陶片,简单处理裸露的灰坑、墓葬、文化断面等,并将发现的遗物和遗迹现象标注于大比例尺的地图上。调查中使用全球定位仪(GPS)确定遗址准确位置。同时,通过调查初步了解遗址分布范围、文化堆积以及遗址存在状况等。这种调查方法近年在中国开始被普遍采用,典型的例子有河南巩义聚落考古调查、洹河流域区域考古调查、伊洛河地区考古调查、洛阳盆地考古调查、山东日照两城镇地区调查等。(高江涛)

【系统区域考古调查】 即“区域系统调查”。

【拉网式调查】 “区域系统调查”的俗称。

【探方】 考古人员发掘作业的工作单元。一般为正方形,正方向,普通规格是边长5米,面积为5米×5米。发掘都城大遗址或大型建筑时则通常采用10米×10米的大探方。在实际操作中根据发掘对象的情况,亦可适当增大或缩小。发掘完毕的探方由发掘主体部分、隔梁、关键柱三部分组成。探沟则根据实际需要灵活布置,方向与尺寸皆没有特定的约束,但是必须做好每条探沟的方向与尺寸的详细记录。每个探方或探沟的发掘应自始至终指定专人负责。(高江涛)

【探沟】 见"探方"。

【布方】 亦称"开方"。在发掘区域布置探方的考古工作。其位置、规格、数量等都应根据发掘的目的和需要确定。(高江涛)

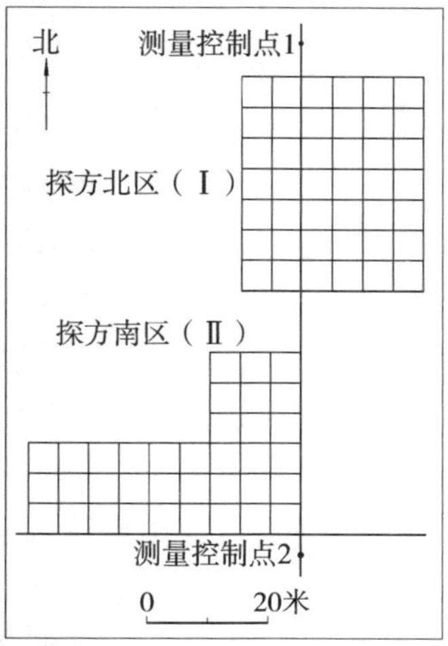

布方示意图

【开方】 即"布方"。

【背景关系】 人们生前的行为将所使用的器物和造就的遗迹连缀起一套相对固定的配套组合关系,这种关系遗留在遗址堆积或墓葬里被考古人员发掘出来即成为考古存在背景关系,表现为在发掘现场呈现出来的遗物与遗物、遗迹与遗迹、遗物与遗迹之间的空间关系。并非所有发现的存在背景关系都有意义,只有那些有一定重复几率的匹配关系,才能够反映过去的行为方式。因此,有意义的存在背景关系是探索过去行为和遗存功能的重要途径。(何驽)

【发掘日志】 亦称"发掘日记"。是考古人员对每天发掘工作情况的记录。一般分为发掘总日记和探方发掘日记两种。发掘总日记由工地领队记录,内容主要包括遗址概况、工作方法计划、当天用工情况、当天发掘堆积情况、当天新见遗迹遗物及出土文物、已发掘遗迹遗物的认识、当天工作总结等,是对整个发掘工地的全面记录。探方发掘日记由各探方具体考古负责人员记录,内容包括当天用工、当天发掘的堆积与遗迹、当天新发现遗迹遗物、当天遗迹遗物的平剖面图绘制摄影等,是对各探方发掘工作的记录。(高江涛)

【发掘日记】 即"发掘日志"。

【探方记录】 考古工地各个探方或探沟发掘工作的总结性记录。一般包括探方位置、方向、面积、起止时间及用工、参加工作人员、地层堆积与时代、收获与存在问题、探方遗存层位关系示意图、各遗迹单位的图表等内容。探方记录是考古发掘记录工作最重要的基础资料。(高江涛)

【基点】 指探方测量的坐标基准点。一般是探方的西南角。(高江涛)

【探方隔梁】 探方内预留不发掘的部分以便通行、测绘和出土。因探方发掘区为4米×4米,故规定在探方的东边和北边留下宽1米的不发掘部分,称为隔梁。隔梁又是文化堆积和一些遗存的剖面,是探方十分重要的组成部分。(高江涛)

【关键柱】 各探方打掉隔梁后剩余的未发掘部分。因均呈长、宽各1米的立体柱状,且是相邻各探方唯一能看文化堆积剖面衔接的地方,十分关键,故名。(高江涛)

【柱状采样】 为了采集遗址中一个系列比较完整、内容比较全面的分析样品,考古人员在遗址合适的剖面上向内雕掏出一个保留原始地层叠压原状(自表土至生土)的正方形土柱子,将其完整切下,并搬运回实验室内逐层分析各层内包含物的类别、大小、质地、形态、数量等,进而通过概率统计的方法进行一些遗址相关问题的复原推测。(何驽)

【回填】 田野发掘工作结束后将各探方出土填回掩埋的考古工作。回填是田野考古不可缺少的一环,也是一定程度上保护遗址的一项措施。(高江涛)

【考古发掘出土文物标签】 简称"标签"。主要记录出土文物的信息、数据资料等项内容,一般包括名称、数量、地点、时间、记录者、备注等。(高江涛)

【标签】 "考古发掘出土文物标签"的简称。

【套箱提取】 考古发掘过程中对于内容十分重要而现场又不能及时清理的出土文物给予一种整体提取的处理方法。一般根据出土文物体积大小做一个木质箱子,然后设法套在文物之外将文物及其周围泥土完整地取出,以便在室内清理,故有"套箱提取"的名称。(高江涛)

【采集点】 遗址中采集文物的具体地点或位置。遗址调查工作中的采集点多是地面或剖面裸露出的遗迹,考古发掘中所有出土文物的地点都是文物采集点。(高江涛)

【手铲】 一种考古发掘常用工具。铲形，有刃，带把，手可握，故称“手铲”。主要用于清理遗迹、遗物，刮平剖面，弄清各类遗迹单位及其关系。（高江涛）

【田野绘图仪器】 田野考古工作中使用的绘图器具。常见的工具有皮尺、罗盘、水平仪、垂球、标杆、塔尺等，还有小平板测绘仪、大平板测绘仪等较为复杂的仪器，被使用于早期的考古绘图工作中，现已基本淘汰。现今多使用全站型电子速测仪（Electronic Total Station）和实时动态差分测量（Real-time Kinematic），大大提高了考古绘图工作效率和精确度，是考古学数字化的重要工具。（高江涛）

【遗迹平面图】 亦称“平面图”。是考古人员测绘的用来记录遗迹平面形状和结构特征的图形。一般采用1∶20或1∶50的比例尺，并注明图名、图号、比例、绘者、日期、方向等内容。平面图与剖面图是一个遗迹图最基本的两个组成部分。（高江涛）

【平面图】 即“遗迹平面图”。

【遗迹剖面图】 亦称“剖面图”。是考古人员测绘的用来记录遗迹剖面形状和结构特征的图形。一般采用1∶10或1∶20的比例尺，并注明图名、图号、比例、绘者、日期、方向等内容。剖面图与平面图是一个遗迹图最基本的两个组成部分。（高江涛）

【剖面图】 即“遗迹剖面图”。

【遗迹图】 考古人员绘制的关于各类遗迹具体形状、结构和尺寸的图形。主要包括遗迹平面图和遗迹剖面图两类，较为复杂的遗迹图根据需要可再加绘透视图、展开图或示意图等。是田野发掘绘图的重要内容之一，常见的有灰坑图、墓葬图、房址图、窖穴图等。（高江涛）

【器物图】 亦称“遗物图”。按正投影原理绘制的关于各类发掘出土遗物的图形。一般要表现出器物的形状、结构、尺寸、纹饰、制作痕迹和使用痕迹。为了画出器物内部复杂的结构，在考古器物绘图中经常使用剖面及剖视图，根据剖面将所见内部构造画出的图形称为“剖视图”，故器物图往往带有剖面，又是剖面图。器物图是室内绘图的主要内容，也是室内绘图工作的主体。（高江涛）

【遗物图】 即“器物图”。

【剖视图】 见“器物图”。

【草图】 考古发掘现场为了记录某些重要遗迹、遗物而临时绘制的示意性遗迹图和器物图。显示一些重要遗迹、遗物的原始信息，是绘制正式图的重要参考与补充。（高江涛）

【室内整理】 田野发掘结束后，将所有出土文物运回室内按照一定的技术要求进行整理的考古工作。是为了建立有关出土文物的完整系统的资料库，包括各类记录资料和实物资料，同时检验田野发掘文字记录，确认遗存的相对关系。具体包括出土器物的清洗、拼对、修复、分类统计、登记绘图、分期排队等流程。是田野考古工作的重要组成部分，也是田野发掘的后续。（高江涛）

【小件】 考古发掘出土以及遗址采集的较为完整的各类遗物。小件一般都是保存较好的重要遗物，既包括由人类制造、加工或使用的人工遗物，如陶瓷器、玉石器、骨角器、金属器、漆木器等；也包括人类遗骸、动植物遗存等自然遗存。在发掘中，小件要求全部编号提取，并详细记录三维坐标、埋藏状态等信息。（高江涛）

【陶瓷粘对】 指把原属于同一器物的零散陶瓷碎片粘对起来以尽可能复原陶瓷器原貌的室内整理工作。考古发掘出土的陶瓷器大多不是完整的器物，而是破碎后的陶片和瓷片，为了展现出原来器物的形态特征，就需要按照陶瓷片的胎质、色系、纹饰、断茬口等标准拣选出原属于同一器物的陶瓷片并将它们拼对粘合起来，以尽可能地复原器物。（高江涛）

【器物修复】 亦称“复原”。指把发掘出土的有破损的器物以及拼对起来的较完整器物，根据器物形制、纹饰等特征修补复原成完整器物的室内整理工作。器物修复具有一定的技术含量，一般由专门的技术工人操作完成。（高江涛）

【复原】 即“器物修复”。

【考古统计】 指各出土单位陶器陶片等遗物的各种物质特征方面的数量统计，诸如陶器的器类、陶质、陶色、纹饰等陶片数量的统计。通过对出土遗物的统计可以大体看出该遗迹单位所代表的考古学文化遗存的基本特征，使遗存的某些属性和对比关系数量化，为研究提供数据资料。（高江涛）

【分类】 指各出土单位陶器陶片等遗物按照其器类、陶质、陶色、纹饰等可观察的物质特征区分类别的整理工作。分类是整理资料的基本手段，可使一批资料从混乱无序状态中变得井然有序。（高江涛）

【甲骨缀合】 甲骨整理与研究的一项重要内容。

甲骨质地较脆，再经钻凿，覆埋地下，经历数千年，出土时大部分均有破损。要了解甲骨破碎前的存在状况以及完整的卜辞信息，就必须将一些破碎的甲骨依照其齿缝、兆纹、边缘、盾沟、骨色、字体、内容等特征拼缀起来以复原。根据甲骨出土的方式，可把缀合分为科学发掘的甲骨缀合和私掘甲骨缀合。按缀合的方法，可分为密接缀合与遥缀，密接缀合就是将甲骨从碎、折之处紧密地拼接在一起；遥缀是根据碎片所在甲骨的部位、卜兆、字体、内容等把不能密接的甲骨按其在原版上的部位缀合在一起。甲骨缀合主要是人工缀合，近年开始尝试使用计算机缀合。(高江涛)

【石器拼合】 考古学研究石器制造工艺流程的一种反推式研究方法。具体操作方法是将考古发掘清理出石器加工现场采集到的石片，逐步拼合复原成原始的石料，进而反推石器加工的工序、步骤和技法。(何驽)

【操作链研究】 将石器加工视为一个技术系统的动态过程，通过对动态过程的研究来分析工具的生命轨迹，重现其技术程序，包括原料获得，工具生产、使用、维修直至废弃等全过程。器物不仅仅是静态的类型标本，而是动态过程中的某一环节的产物，它所反映的应该是这个工艺流程的具体环节。操作链的研究主要是通过拼合、分析打片程序和实验等步骤来实现。(周振宇)

田野考古成果公布形式

【考古发掘简讯】 一种篇幅较短的田野发掘情况的报道。多以简讯的形式发表于一些报纸和期刊。主要是简单介绍遗址的地点、发掘经过、发掘收获、初步认识等内容。是通过社会媒体向大众公布时常用的一种方式。(高江涛)

【考古发掘简报】 一种篇幅较短的田野考古报告。一般发表于考古学术期刊。主要内容为：简要地报道遗址的自然地理环境、历史沿革、既往工作、发掘经过与方法、文化堆积与分期、遗迹与遗物、编写者的初步认识等。是考古资料公布的基本手段和形式。(高江涛)

【考古发掘报告】 亦称“正式报告”。一种篇幅较长的田野考古报告。一般多以专著的形式公开发表。考古报告属于综合报告，主要内容为：详细全面地报道遗址的自然地理环境、历史沿革、既往工作、发掘经过与方法、文化堆积与分期、遗迹与遗物、编写者的重要认识、有关专业检测报告等。(高江涛)

考古遗迹

【遗迹】 考古学研究的主要对象之一。遗迹即遗剩之痕迹。在考古学中，遗迹是遗存的一个重要组成部分，特指古代人类在生产、生活等社会实践中所遗留的痕迹。遗迹通常不可移动，如洞穴、城址、聚落址、居址、墓葬、贝丘、窖藏、窑址、矿坑、灰坑、灰沟、道路等。遗迹可具有时代性、地域性及民族性，以揭示古代社会的生产、生活、社会结构、意识形态等方面。(印群)

遗　址

【岩画】 古代人类描绘和凿刻在岩壁或岩石上的图案的总称。包括彩画、线刻、浮雕、阴雕等多种形式，内容大多反映当时的狩猎、游牧、战争、祭祀、图腾等生活场景和精神世界。一般具有粗犷、朴素的特点。产生于旧石器时代，历史时期亦有发现，主要分布在黑龙江、内蒙古、青海、新疆、西藏、广西、云南、贵州、四川、江苏等地。(王鹏)

【贝丘】 考古学研究的重要遗迹之一。指文化层中包含有大量人类食余弃置贝壳的古代遗址。所含贝类分为海洋和淡水两种，分布在沿海和内陆滨湖、临河地带。堆积中常包含房址、灰坑、墓葬等遗迹，以及各种文化遗物和鱼骨、兽骨等食物残渣。年代主要为新石器时代，少数可延续至青铜时代或稍晚。详“贝丘遗址”(682页)(王鹏)

【聚落址】 考古学研究的重要遗迹之一。古代人类各种聚居地的总称。聚落的位置多经过选择，与地形、地貌以及周围的自然资源等有密切的关系，布局经过规划，一般可分为居住区、生产区、埋葬区等。依据规模和内涵，聚落址可分为不同的等级，既包括一般的村落，又包括超大规模的城市。(王鹏)

【居址】 考古学研究的重要遗迹之一。古代人类居住的遗迹。由于时代、地域的不同，居址种类多样,可分为自然岩穴、半地穴式、地面式、干栏式等。旧石器时代的居址多为自然岩穴,新石器时代中国北方地区多半地穴式,南方地区多干栏式,地面式居址自旧石器时代到历史时期均常见。(王鹏)

【环壕】 田野考古中的一种遗迹现象。很可能是一种防御设施。在以防御为目的的城出现以前,或在建城的技术出现之前,为防御洪水、猛兽以及敌对势力的侵袭等,在居住的聚落周围挖出围沟作为防御设施。或是整个聚落全部由人工的壕沟环绕,或是利用地势,部分是人工壕沟围绕。至仰韶文化、良渚文化、龙山文化等时期,则出现以城墙与壕沟相配合的防御体系。(付永旭)

【干栏式建筑】 中国古代建筑形式之一。在木(竹)柱底架上建筑的高出地面的房屋。即以木柱和连接其间的木梁为骨架,于木梁上铺垫地板,形成高出地面的建筑基础,再在此基础上架设房屋梁柱,以木、竹席等围墙盖顶。木构件之间以榫卯接合,地板间以企口拼接。河姆渡遗址的干栏式建筑是迄今中国发现最早、最完整的该类建筑,为史前时代中国南方干栏式建筑的代表。通过河姆渡遗址成排的桩木和木构件,可近似地复原当地流行的一种干栏式长屋。其功用在于不使居住面直接接触地表,以便房屋下面通风防潮;同时,还可以避免虫、蛇及其他野兽的侵扰。至迟在进入新石器时代之时,不同的地区就已形成风格各异的建筑形式,这类独具特色的干栏式建筑是与南方多湿的环境条件相适应的,至今仍在华南的一些少数民族地区流行使用。其与北方的土木建筑一样,也成为一种源远流长的中国传统建筑形式。(付永旭)

【白灰面】 田野考古中的一种建筑遗迹。属于房址的一种附属遗存,它的发现和确认可作为判断房址的一种证据。在房址墙壁或地面敷抹白灰面现象最早出现于仰韶文化鼎盛之时,经研究,这种白灰面系用石灰敷抹。石灰是一种以氧化钙为主要成分的无机胶结材料,也是人类最早应用的胶结材料,系将石灰石、白云石、白垩或蚌壳等碳酸钙含量较高的物质,通过900℃以上的高温煅烧而成。只要有专门的窑炉,以石灰石等原料与燃材混合堆放的原始煅烧方法也能烧制。大地湾F901主室地面铺敷的混凝土,抗压强度相当于100号水泥,其烧制所需的温度超过一般石灰,应在1 000℃以上。在房址的墙壁和地面上敷抹白灰面的主要目的是为了防潮,同时也可能具备装饰的作用。(付永旭)

【草拌泥】 田野考古发掘中常见的一种遗物。通常认为是建筑材料。实质是用黏土和柔韧性较强的草本植物混合而成,可以有效增加合成物的韧性。古人一般用来涂抹房址的墙壁等,经火烤后,可用来防潮。(付永旭)

【柱洞】 田野考古中的一种遗迹现象。通常是房址的组成部分。古人建房,无论是半地穴式房屋,还是地面建筑(包括宫殿等),为了承重,一般会在地面或地基上挖洞埋柱。房子废弃后,洞内的柱子腐朽成灰,其颜色也与周围不同。柱洞底部或夯打,或垫石块等,称为"柱础"。在发现疑似柱洞遗迹时,常规操作方法是进行解剖,当发现柱础时,即可确认是柱洞。考古发掘中,可以通过柱洞进而认识整个建筑的面貌。(付永旭)

【柱础】 亦称"柱顶石"。中国传统土木建筑构件之一。多为石质,少量陶质、土质。石质柱础一般为覆盆式、鼓式、复合式等。主要作用为承接木柱重量和防潮。最早的柱础发现于新石器时代仰韶文化,早期柱础一般为低于地表的柱础坑;秦汉以降大型建筑柱础基本升至地面以上。随着柱础制作技术的发展,宋代石柱础形式多样,雕饰精美,艺术价值明显增加。(文平)

【柱顶石】 即"柱础"。

【木骨泥墙】 田野考古中的一种遗迹现象。亦系古代建筑方式。古人建房时,在房屋四周开挖沟槽,在沟槽中挖掘柱洞以立柱,在木柱之间编缀竹条、木条等,并在其两面抹草拌泥,最后经火烤以增加硬度。它的出现表明,建筑开始由地下或半地穴式,转到地面上。(付永旭)

【散水】 古代建筑中铺设于房屋基础四周地面上的防水层。用以承接屋檐上流下的雨水,防止雨水侵蚀房基。最早的建筑中可能会在房基四周铺草、芦苇等起着散水作用。以后铺砌散水的材料有卵石、石块、砖等。(赵超)

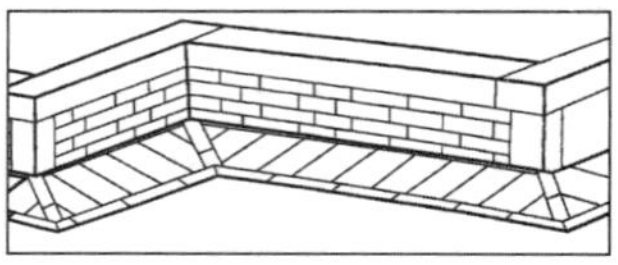

散水示意图

【灶址】 亦称"灶台"、"灶坑"。田野考古中常见的一种遗迹现象。不同考古学文化中,或者不同地域中,灶址的形状等有所区别。灶址或位于房址中部,正对门道的位置;或位于房址最内侧,与后墙连为一体。灶址或高于居住面,或与居住面平齐。灶址中部呈紫红色,与周围颜色略有不同,应是反复用火形成的,称之为“烧结面”。灶址是房址内部的主要生活设施,是烧火做饭的处所,常与房址伴出。灶址的发现通常可作为房址出现的证据。(付永旭)

【灶台】 即“灶址”。

【灶坑】 即“灶址”。

【城垣基址】 古代城墙设施的建筑基础。平面布局多近方形或长方形,也有因地势曲折而呈不规则形的。城垣的传统作法为:先在地表挖基槽,然后自基槽底部开始层层夯筑。夯筑时多采用分段版筑的方法:用夹棍连接、固定城墙内外两侧的挡板,然后在挡板内分层夯筑。城墙立面自下而上有一定的收分,城垣的高度和厚度各历史时期均有不同。早期城垣多为素面,唐、宋以降开始包砖。城垣上通常还有城门、马面等设施。在北方长城沿线和高句丽地区,也有用石头垒砌城垣的。广义上,秦汉至明清时期的长城、金代的金界壕、湖南等地发现的苗寨长城也可以看作城垣基址。(姜波)

【瓮城】 建造于城门外侧的辅助性建筑。系以夯土或砖石建成平面为半圆形或方形的空间环护在城门外侧。瓮城由汉代以后的雍门发展而来;北宋时称方形者为方城,瓮城门开于正面;南宋时皆称瓮城,城门皆开在侧面。城门上设有闸板,可放下封门。南宋以后在瓮城正面墙上建战棚,设箭窗,至明代发展成为有多层箭窗的箭楼。瓮城具有加大防御纵深、增强城池防御能力的功用。(文平)

【角楼】 建造在城池和大型院落高墙四角的辅助性的单体建筑。城墙角楼以城墙为基,一般为土木建筑。平面呈曲尺形、方形或长方形等。主要用以弥补城墙转角处防御功能的不足,增强整体防御能力。大型院落的角楼规模虽小,功能、形制却与城池角楼大体相同。较早的文字记载见于《墨子·备蛾傅》:“隅为楼,楼必再重。”现存较著名的角楼有北京明清紫禁城角楼等。(文平)

【马面】 亦称“墙垛”、“墩台”。系凸出于城墙外侧与城墙一体建造的防御性设施。多为长方形,少数为方形或半圆形。一般宽度为 12～20 米,凸出于城墙 8～12 米,间距 50～120 米不等。有些马面上建有敌楼;相邻马面与城墙形成了三面合围的防御体系。马面作为城防设施,最早见于内蒙古自治区夏家店下层文化城址,三国以后在中原地区逐渐流行。唐宋时多为夯土版筑,明清时随着城墙夯土包砖,马面外皮包砌城砖。(文平)

【墙垛】 即“马面”。

【墩台】 即“马面”。

【甬路】 亦称“甬道”或“通道”。一般指古代在建筑之间敷设的通道,或是庭院里居中敷设的通道。地面用砖石铺砌,有的在路面两侧还铺设石子图案、砑子砖。(沈丽华)

【宫殿基址】 古代帝王宫殿建筑的基础。宫殿按使用功能可分为处理政事的朝堂、用于休息的寝宫、作为宴享之所的殿宇等,用于礼仪祭祀的庙寝建筑和修建于都城之外的离宫别馆也常被视作宫殿。多为夯土台基,台基上有承载殿柱的石础,形成柱网,决定建筑的开间和进深。建筑物的开间和进深与建筑等级和规格密切相关。著名的宫殿基址有二里头 1 号、2 号基址,殷墟小屯宫殿建筑基址群,秦阿房宫前殿,汉长安城未央宫前殿,唐长安城大明宫含元殿等。(姜波)

【斗拱】 亦称“枓栱”。中国古代木结构建筑中承接屋檐的独特木构件。最早的斗拱是为加大屋檐伸出的长度,保护夯土台基而产生的。它同时要解决木构架中梁、柱、枋三者更好地搭接在一起的问题。最初采用斜撑和栌斗来解决,栌斗是外形与量器中的斗相似的一种木构件。以后在栌斗上加放一根横木,在横木两端上再加散斗,形成早期的斗拱。汉代使用的平叠拱、重拱、一斗三升式拱等,在汉代建筑明器上也都有所反映。如 1983 年河南焦作白庄 41 号墓出土的一座五层陶楼,就大量运用了由一斗二升拱组成的平叠拱。(赵超)

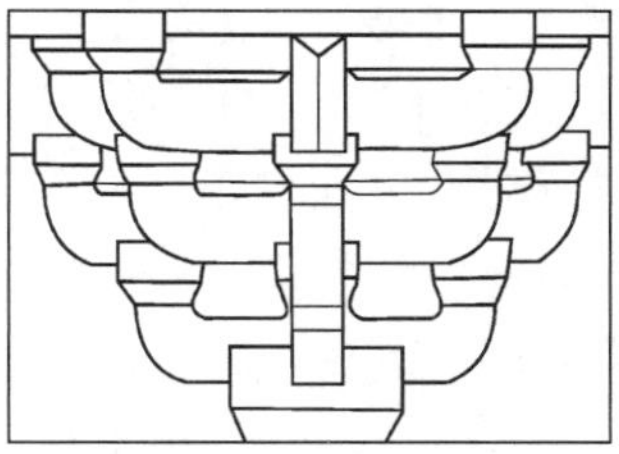

斗拱示意图

【枓栱】 即“斗拱”。

【庑殿顶】 中国古代建筑的屋顶样式之一。通常可分为单檐庑殿顶和重檐庑殿顶两种形式。单檐庑殿顶的殿宇平面呈矩形,面宽大于进深,前后两坡相交处是正脊,左右两坡有四条垂脊,分别交于正脊的一端,故这种建筑形式又被称作“五脊殿”、“五脊四坡顶”或“四阿顶”。重檐庑殿顶是在单檐庑殿顶基础上形成的，即在单檐庑殿顶下方，又有短檐，四角各出一条较短的垂脊，形成九脊，故又被称作“九脊顶”。在中国古代建筑中，庑殿顶出现的年代最早，至迟先秦时期已出现。稍后才开始出现悬山顶和歇山顶。在商代甲骨文、周代铜器、汉画像石和明器、北朝石窟中，都对庑殿顶有所反映。在中国北方，屋顶式样不同还与等级有关。一般而言，重檐庑殿顶等级最高，其次是重檐歇山顶，再次是单檐庑殿顶，最后是单檐歇山顶和悬山顶。在现存古建筑物中，清代的太和殿、武当山金顶殿和明十三陵长陵祾恩殿等，都是比较典型的重檐庑殿顶。（陈良伟）

庑殿顶示意图

【歇山顶】 中国古代建筑的屋顶样式之一。外形为庑殿顶下半部和悬山顶上部的组合。宋代称“九脊殿”、“曹殿”、“厦两头造”，清代称“九脊顶”。歇山顶共有九条屋脊，即一条正脊、四条垂脊和四条戗脊，又被称作“发九脊顶”。因正脊两端至屋檐处中间折断了一次，分为垂脊和戗脊，好像“歇”了一歇，故名“歇山顶”。其出现晚于庑殿顶，样式最早可见于汉阙石刻。在汉代明器、北朝石窟壁画上均可见到。通常可以分为单檐歇山顶、重檐歇山顶、四面歇山顶、卷棚歇山顶等式样。单檐歇山顶仅有一重屋顶，迄今所见年代最早的单檐歇山顶为五台山唐代南禅寺大殿。重檐歇山顶则是在单檐歇山顶的下方再加上一层屋檐，与庑殿顶第二檐大致相同。如天安门，故宫太和门、保和殿、乾清门等，都是典型的重檐歇山顶。四面歇山顶是由两个歇山顶用十字脊的方式相交所构成的屋顶，亦称“歇山式十字脊顶”。北京故宫角楼是典型代表。卷棚歇山顶是指没有正脊，而采用卷棚脊的方式建造的歇山顶，又称“歇山式卷棚顶”。这种屋顶比较柔和，富于变化，常用于非正式皇室离宫。如承德避暑山庄宫殿，就多卷棚歇山顶。在中国古代，建筑屋顶的样式有严格的等级限制。其中重檐歇山顶等级高于单檐庑殿顶，仅低于重檐庑殿顶，而单檐歇山顶则低于单檐庑殿顶，只有五品以上官吏的住宅正堂才能使用，后来有些民宅也开始使用歇山顶。歇山式的屋顶两侧形成的三角形墙面，叫做“山花”。歇山顶屋脊上有各种脊兽装饰。其中正脊上有吻兽或望兽，垂脊上有垂兽，戗脊上有戗兽和仙人走兽，其数量和用法均有严格等级限制。（陈良伟）

歇山顶示意图

【悬山顶】 中国古代建筑的屋顶样式之一。是两面坡屋顶的早期样式，宋代称“不厦两头造”，清代称“悬山”、“挑山”。悬山顶为两坡出水的五脊二坡式，一般由一条正脊和四条垂脊构成，但也有无正脊的卷棚悬山式，其特点为建筑两侧的山墙凹进屋顶，屋顶的木檩悬伸，外挑于山墙之外，再加博风板保护，故名悬山顶或挑山顶。悬山顶在规格上低于庑殿顶和歇山顶，高于硬山顶，一般用于民间建筑。（郭薛）

悬山顶示意图

【硬山顶】 中国古代建筑的屋顶样式之一。与悬山顶同属于两坡出水的五脊二坡式。硬山顶房屋的左右两侧山墙同屋面齐平或略高出屋面，两侧山墙把檩头全部包封住，因其屋檐不出山墙，故名硬山。硬山顶出现较晚，是等级最低的一种屋顶样式，在北宋《营造法式》中未见记载，可能随着明清时广泛使用砖石构建房屋才得以大量采用。硬山顶有利于防风防火，高出的山墙称风火山墙，其主要作用是防止火灾发生时，火势顺房蔓延，而悬山顶有利于防雨透

风，因此北方民居多用硬山顶，南方则多用悬山顶。（郭薛）

硬山顶示意图

【重檐顶】 中国古代建筑中等级较高的一种屋顶样式。可细分为重檐庑殿顶和重檐歇山顶，其中前者是所有殿顶中的最高等级。庑殿顶又称四阿顶，是“四出水”的五脊四坡式，又称五脊殿。重檐庑殿顶即在庑殿顶之下，又有短檐，四角各有一条短垂脊，共九脊，现存古建筑物中如北京故宫的太和殿即是此种殿顶。重檐歇山顶亦称九脊殿，即除正脊、垂脊外，还有四条戗脊，正脊的前后两坡是整坡，左右两坡是半坡，其第二檐与重檐庑殿顶的第二檐基本相同。重檐歇山顶在等级上仅次于重檐庑殿顶，现存古建筑中如明清北京城的天安门、太和门、保和殿、乾清宫等均为此种形式。（郭薛）

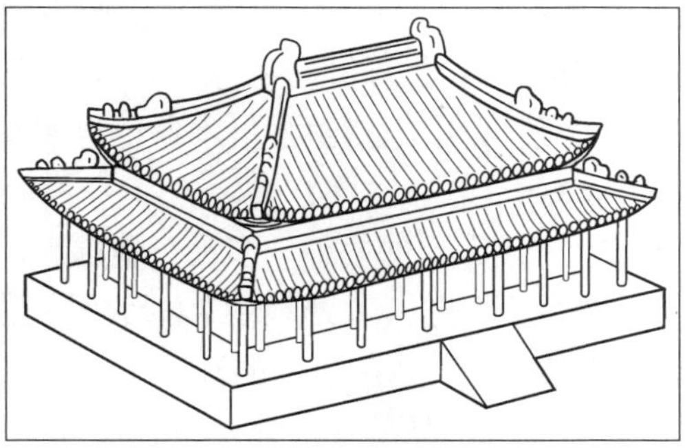

重檐顶示意图

【三出阙】 古代门阙建筑形式之一。为门阙中规格最高、形制布局最复杂的门阙建筑。多为在母阙朝外两侧分别附两出子阙，有的仅在母阙朝外两侧的其中一侧附两出子阙。子阙规模较母阙依次缩小。汉代就已出现，用于城门、宫门，陵墓的陵园门、墓门和祠庙及其他礼制建筑，汉景帝阳陵陵园的南门阙即为三出阙形制。隋唐时期以及其后宫门阙和陵墓陵园门阙基本上都是三出阙形制，成为代表皇权的专用建筑形式。（石自社）

【金厢斗底槽】 宋代《营造法式》中列举的四种空间（单槽、双槽、分心斗底槽、金厢斗底槽）划分方法之一。作为极其重要的承重构件，柱子必须形成一定的网络结构，才能支撑起建筑物的重量。因建筑物的规模和功能不同，柱网结构也有所不同。在平面上，两个矩形柱网结构相套者，就被称为“金厢斗底槽”。实例有山西省五台山佛光寺东大殿、日本奈良唐招提寺金殿。（陈良伟）

【平棋】 亦称“承尘”。即室内吊顶，俗称“天花板”。防止屋顶尘土掉落的设施之一，也有装饰作用。在屋顶上，在大梁之下，以方木条相交构成方形、长方形或者多边形的格子，然后在其上覆盖以稍大的木板。板下施彩绘，或者贴以有彩色图案的纸。这种形式，宋代称作“平綦”。在敦煌壁画中，平棋最早出现于北魏前后。稍后一直沿用。在民间，也有用竹、高粱秆等轻材料作框架，然后糊纸。（陈良伟）

平棋（綦）示意图

【雀替】 亦称“角替”、“插角”、“托木”、“牛腿”。中国古代建筑中的特殊构件。通常安置于梁或阑额与柱交接处，用以承托梁枋的木构件，可以缩短梁枋的净跨距离。有时也用于柱间的落挂下，但为纯粹性的装饰构件。雏形可见之于北魏时期，宋代仍未正式成为重要建筑构件。明代以后广泛使用，并且在构图上不断得到发展。清代前后已十分成熟，并发展成为一种风格独特的建筑构件。以其功能可分为七类，即大雀替、龙门雀替、雀替、小雀替、通雀替、骑马雀替和花子牙。以其式样有龙、凤、仙鹤、花鸟、花篮、金蟾等。雀替制法有三种，即圆雕、浮雕、透雕。雀替也有等级意味。等级较高的大门上，譬如广亮大门、金柱大门等，通常都装有雀替。等级较低的大门上，譬如蛮子门上通常都无雀替。（陈良伟）

【藻井】 中国传统建筑中宫殿或厅堂天花板上的一种独特的覆斗形窟顶装饰。一般做成向上隆起的井状，有方形、多边形或圆形凹面，周围饰以各种花纹、雕刻和彩绘。在传统观念上，藻井是一种具有神圣意义的象征，只能在帝王或者宗教建筑中应用。迄今所见藻井多出现在皇家宫殿、寺庙宝座、佛坛上方等最重要的部位。现存最早的木构藻井是天津蓟县独乐寺观音阁上的藻井，建于北宋雍熙元年（公元984年），为方形抹去四角，上加斗八。北京故宫太和殿上的蟠龙藻井，是在八角井上设一个圆井，中间为一突雕蟠龙，垂首衔珠，称为“龙井”，是清代建筑中最华贵的藻井。（陈良伟）

藻井示意图

【窑址】 古代烧制陶瓷器的窑炉遗址。按功能分为陶窑址、瓷窑址、砖瓦窑址、三彩窑址等。按窑炉结构可分为馒头窑、龙窑、阶梯式窑等。按生产性质又可分为民窑、官窑和御窑。窑炉结构一般可分为火膛、窑床（窑室）、烟道三部分。考古发现的著名窑址有磁州窑、耀州窑、越窑、龙泉窑、南宋官窑、建窑、景德镇窑等。（姜波）

【手工作坊址】 古代制造生产工具和生活用具的场所。按生产类别可分制陶、制骨、制铜，以及制造石器和武器的作坊等。按生产性质可分为私营（民间）手工作坊址和官营手工作坊址。唐、宋以后的陶瓷窑址也可看作规模化的手工作坊遗址。河南稍柴二里头文化石器加工场、殷墟的制骨和制铜作坊遗址、秦咸阳手工作坊遗址、汉长安城西市遗址、唐长安城金银器作坊遗址、明清景德镇御窑址等可看作古代手工作坊址的代表性遗址。（姜波）

【灰坑】 田野考古中常见的一种遗迹现象。是中国考古学最常用的名词之一，常用英文字母“H”表示，用于指称遗址中填充有文化堆积的坑状遗迹。其内的文化堆积较为丰富，包含了同一时期或不同时期在此生活的人们有意或无意留下的废弃物，如破碎的陶器等。因中国考古学家最初认识这一遗迹现象时，坑内的堆积往往呈灰色，故名“灰坑”。实际上，并非所有坑的堆积均呈灰色。灰坑的形状多种多样，根据开口形状可分为方形、圆形、不规则形等；根据下部形状可分为锅底形、袋状、方形等。灰坑形成的原因有多种，主要是废弃的水井、窖穴、祭祀坑等形成的，也有专门用来填埋垃圾的坑。（付永旭）

【灰沟】 田野考古中常见的一种遗迹现象。是中国考古学最常用的名词之一，常用英文字母“G”表示，用于指称遗址中填充有文化堆积的沟状遗迹。其内的文化堆积较为丰富，包含了同一时期或不同时期在此生活的人们有意或无意留下的废弃物，如破碎的陶器等。灰沟的形成原因有多种，或是排水沟废弃形成的，或是废弃的壕沟，或是雨水冲刷等原因自然形成的。（付永旭）

事　象

【木乃伊】 即“人工干尸”。此词源自波斯语mumiai，意为“沥青”。在世界许多地区都有用防腐香料处理尸体的做法，这些尸体年久干瘪即形成木乃伊。埃及发现的木乃伊数量最多、时间最早。古埃及人相信，躯体是灵魂栖身之处，只要躯体保存完好，便可以转世再生。因此，古埃及人不论贫富贵贱，死后都要被制成木乃伊。古埃及由此发展出一套比较完整的制作木乃伊的程序。由于特殊的地理、气候等因素，在中国新疆塔里木盆地也发现过一些自然形成的干尸。（陈凌）

【干尸】 古代人尸的一种。多见于新疆地区。它既不同于古埃及经过人工处理的“木乃伊”，也不同于“蜡尸”和“鞣尸”，是在干旱的环境中自然形成的人体标本。出土时，除没有水分外，衣冠服饰以及人体的细部特征等均与入葬时保持一致，充分反映了古代居民的种族特征、身体状况、衣冠服饰和宗教信仰等，具有重要的科学价值。（沈丽华）

【阙】 汉代成对地建在城门或建筑群大门外表示威仪等第的建筑物。因左右分列，中间形成缺口，故称“阙”。其雏形为古代墙门豁口两侧的岗楼。据文献记载，西周时已有阙，现存最早的遗物为汉代。汉代盛行建阙，都城、宫殿、陵墓、祠庙、衙署、官邸以及有一定地位的官民墓地，都可按等级建阙。阙可有单阙、子母阙两类，又各有单檐和重檐之别。子母阙

尊于单阙，重檐尊于单檐。阙的结构又可分为仿木构型和土石型两种。（陈凌）

【翁仲】 中国古代陵墓前面及神道两侧的文武官员石像。最初指的是匈奴的祭天神像。约在秦汉时代就被引入中原，作为宫殿的装饰物。初为铜制，号为金人、铜人、金狄、长狄、遐狄等。东汉以后专指陵墓神道两侧列立的作为仪卫的石刻武士像，或文武官员像。（陈凌）

【石像生】 亦称“石翁仲”。即立于帝王或贵族陵墓神道两侧成对的石雕人物、动物像。始于秦汉，兴于唐宋，盛于明清。《封氏闻见记》卷六称：“秦汉以来，帝王陵前有石麒麟、石辟邪、石象、石马之属，人臣墓前有石羊、石虎、石人、石柱之属。皆所以表饰坟垄，如生前之像仪卫耳。”唐宋时期的石像生中又增加了文臣武将、外国使臣、侍女等。唐太宗昭陵后司马门内，始立十四蕃臣石像，并刻其官名。唐高宗乾陵蕃臣像增至六十四尊。唐代对石像生的使用已有等级规定，三品以上官员用石兽六，四、五品以上官员用石兽四。明清时对石像生的使用有严格的规定。清代规定，二、三品官准立石马、石虎、石羊各一对；四、五品官准立石马、石虎各一对；六品官以下一律不准立石兽。（陈凌）

【天禄辟邪】 汉至南北朝墓葬茔域中安放在神道两侧的石质神兽。外形类似狮子，昂首挺胸，肋生羽翼，头顶有角。造型中有大量显示西来文化影响的因素。制作天禄辟邪的风气约兴起于东汉，使用期直至南北朝末年。江苏南京一带的南朝帝王陵墓中保存有较多的精美天禄辟邪遗物。河北、河南等地也发现过汉代的天禄辟邪。（赵超）

【神道】 中国古代帝王陵墓前所建的通道。一般在神道两侧还列立代表仪卫的武士、文武官员石像，以及石雕瑞兽等。（陈凌）

【神道柱】 竖立在大型陵园茔域中神道两旁的石质标识柱。在东汉官员、贵族等大型墓葬中已形成使用墓碑、石人石兽、神道柱、石阙等大型纪念性石刻组合的风习。一般为多棱形圆柱，下面有柱础和底座，上部为一块长方形碑版，刻写墓主姓名或其他有关文字。对于圆柱外形的来源，曾有学者认为是受到古希腊、古罗马文化的影响，也有学者认为是模仿中国古代用竹筒绑成的凶门柏历。北京石景山出土的东汉幽州书佐墓石柱就是汉代神道柱的一个典型例证。（赵超）

【遣册】 亦称“遣策”。古代葬仪中安放在墓葬内用以记录陪葬器物名目数量的簿册。现已发现的大多是战国与汉代墓葬中书写在简牍上的遣册，尤以南方地区西汉墓葬中发现居多，如湖南长沙马王堆汉墓、湖北江陵高台汉墓、江苏东海尹湾汉墓等处出土的遣册。书体多为隶书，内容对了解墓葬中陪葬品的情况与当时的礼俗颇具价值。（赵超）

【窖藏】 古代出于特殊原因，一批器物被埋藏于窖穴中。窖藏器物的原因多种多样，或为避免战祸，或是物主一时迁居他处等。比较常见的有青铜器窖藏、金银器窖藏、瓷器窖藏等。窖藏器物因有共存关系，通常有助于器物断代研究。（陈凌）

【石窟寺】 简称“石窟”。古代开凿于河畔山崖的佛教寺院。石窟寺源于印度，中国的石窟寺则约于3世纪始建于新疆，随后逐渐向东、向南传播，至5—8世纪时臻于繁盛，分布于国内各地区，此后渐趋衰落。但个别地方至16世纪仍有开凿。形制分为塔庙窟、佛殿窟、僧房窟三大类。据洞窟形制和造像风格分为新疆、中原北方、南方三大地区。其中新疆地区开凿较早；中原北方地区数量多，内容复杂，是中国石窟遗迹的主要部分，敦煌石窟、云冈石窟、龙门石窟为其代表；南方地区石窟分布较为分散，多数地点摩崖龛像多于洞窟。中国境内石窟寺分布范围较广，内容丰富，是研究中古时代社会经济、政治、文化艺术、宗教信仰、建筑等方面的重要资料。（陈凌）

【石窟】 即“石窟寺”。

【塔庙窟】 亦称“支提窟”、“中心柱窟”。石窟建筑。系模拟寺院佛塔而开凿，是石窟寺中主要礼拜窟之一。支提（Caitya），梵语译音，初指保存骨灰的塔式建筑，原意是“塔庙”或是“舍利殿”，译为“塔庙”。（李裕群）

【支提窟】 即“塔庙窟”。

【中心柱窟】 即“塔庙窟”。

【大像窟】 石窟建筑。石窟寺中主要礼拜窟之一。以窟内正壁雕造大型佛像为特点，洞窟规模大，形制有平面马蹄形、穹窿顶形式；也有从中心柱窟衍生出来的形制，只是将窟内中心柱加高，中心柱正壁雕塑大佛。（李裕群）

【佛殿窟】 石窟建筑。系模仿寺院佛殿建筑形制而开凿，是石窟寺中主要礼拜窟之一。洞窟一般有仿木建筑样式的外观，包括立柱、斗拱和屋檐。窟内

开龛造像。(李裕群)

【禅窟】 石窟建筑。系模仿寺院禅房而开凿,是石窟寺中僧侣坐禅修行的场所。(李裕群)

【僧房窟】 亦称“毗诃罗窟”。石窟建筑。系模拟寺院僧房而开凿,是石窟寺中僧侣起居的场所。“毗诃罗”(Vihara),或称“精舍”,意为“智德精练者之所在”,可释为“僧房”。(李裕群)

【毗诃罗窟】 即“僧房窟”。

【牺牲】 是指用人或动物当作祭品,奉献于祖宗或神灵之前,以供“食用”。以活人作为祭品的牺牲称为“人牲”或“人祭”,以动物作为祭品的牺牲称为“祭牲”。牺牲的对象多为牛、羊、猪等圈养动物,也有一些鹿、虎等野生动物。用牲多为动物的肢体,也有少数使用全尸的现象。商代常用战争俘虏的羌人作为牺牲,采用砍头等形式使身首分离。牺牲习俗起源于新石器时代,殷商时期达到鼎盛,至今不少地区还用动物牺牲来祭祀祖先或神灵。(岳占伟)

【人牲】 见“牺牲”。

【人祭】 见“牺牲”。

【祭牲】 见“牺牲”。

墓　葬

【墓地】 古代埋葬死者形成的区域性场所。史前时期墓地一般位于居址和聚落附近,并逐步出现有规划的区域性墓地,典型者如元君庙墓地、陶寺墓地等。城市出现以后,墓地最初位于城内,春秋战国时期,墓地开始移往城外,并出现家族式墓地。典型者如河北封氏墓地、安徽亳州曹操家族墓地等。墓地的规划与管理,至迟在周代出现了专门管理墓地的人员与机构,如冢人、墓大夫等。此外,四川彭山东汉以来的家族式崖洞墓、武夷山地区的悬棺墓群、云南地区的家族式洞穴墓也可看作地域形态的墓地。(姜波)

【陵园】 古代以帝王墓为中心形成的墓园。历史上有名的陵园包括汉唐关中陵区、洛阳邙山陵园、巩义宋陵、明十三陵、清东陵与西陵等。陵园一般以帝王陵墓为中心,周围有墙垣,陵园内外有祭祀建筑、陪葬墓、陪葬坑、吏舍、石像生等设施。汉代及其以前帝后多为同茔异穴,唐宋以降则多为帝后同穴合葬。殷墟西北冈王陵区可以看作早期陵园的雏形,由多座十字形大墓和陪葬墓、殉葬墓和宫庙建筑组成。战国中山王陵兆域图铜版可以看作古代陵园规划的重要遗物。秦始皇陵包括封土、园墙、陪葬坑(包括兵马俑坑等)、陪葬墓、殉人墓、寝庙建筑等,是中国古代陵园的典型代表。西汉时期,帝陵附近往往建陵邑,迁富商大户以实之,成为控制地方豪强的有力手段。南朝以降,神道石像生成为陵墓的重要组成部分,尤以唐高宗与武则天合葬的乾陵最富代表性。(姜波)

【竖穴土坑墓】 古代墓葬形式之一。中国丧葬习俗中最常见、最流行的一种埋葬方式。典型特征为墓穴是由地面向下垂直挖成的竖穴,死者置于坑内葬具之中,周边摆放随葬品,墓穴回填土往往经过夯实。墓坑的形制有长方形、方形、圆形、亚字形、中字形、甲字形等多种。主要流行于新石器时代至铁器时代早期,分布遍及黄河流域、淮河流域、长江流域及沿海、西北、东北等地区,华夏诸族及一些少数民族都曾使用。(徐良高)

【土墩墓】 古代墓葬形式之一。典型特征为平地之上修建土墩,土墩内埋墓葬。主要流行于西周至春秋时期的长江中下游地区和闽北地区,随葬品多为印纹陶器、原始瓷器和带有地方特征的青铜器,研究者多认为属吴越文化葬俗。此外,早期的良渚文化、晚期的汉代也有此类墓葬。(徐良高)

【木椁墓】 古代墓葬形式之一。在土坑中用大型木材构建长方形等平面形状的椁室,在椁室中安放棺木和陪葬品的墓葬形式。大型木椁墓中还分隔成多个不同用途的椁室。商代已有,主要流行于周代至西汉时期,东汉以降则少见。(赵超)

【砖室墓】 古代墓葬形式之一。指用砖(空心砖、实心长方砖)建造的墓葬。是古代墓葬构筑的主要形式之一。空心砖墓流行于战国晚期至西汉,进入西汉时期长方形小砖成为建造砖室墓的主要材料,东汉以降普遍流行。砖室墓分为单室墓和多室墓,甬道、墓室等部分多用砖筑。五代、北宋以降,出现仿木建筑结构的砖室墓。(文平)

【石棚】 亦称“石桌坟”、“支石墓”。古代墓葬形式之一。流行于新石器时代晚期至铁器时代早期。主要有三种形式。第一种,在地面上竖立三四块石板,上面盖一块大石板构成墓室,如辽东半岛发现的桌式石棚(北方式支石墓);第二种,在巨大石板的下面,支以小石块,很少构成室状,如在朝鲜半岛南部发现的棋盘式石棚(南方式支石墓);第三种,在地下用巨石构成墓室，上面加盖不止一块的巨石，如欧洲发现的巨石墓。中国的石棚属于第一种形式，主要分布在辽东半岛一带。出土的陶器、石镞、石纺轮和模仿青铜器的多瘤状石器等遗物表明，中国的石棚属于青铜时代遗存。（陈凌）

【石桌坟】 即“石棚”。

【支石墓】 即“石棚”。

【大石墓】 古代墓葬形式之一。用天然巨石建成的墓葬。主要分布于四川安宁河流域，时代相当于春秋中期至西汉末年。大石墓多为狭长方形，一般长6～8米，最长可达14米。墓室挖在地下，两壁和后壁用长方形大石竖立排列而成，一般宽0.8～1.2米，深1.5～2米。墓室顶部用巨石覆盖，墓门用碎石封闭。有些巨石墓前还立有一块巨石作为标识。墓室内无葬具，人骨堆积于墓底，少则四五十人，多则百余人。随葬器物主要有流壶、深腹瓶、大口尊、单耳罐、双耳罐、刀、剑、钺、镞、铃、笄、镯、带钩、扣饰，以及骨、牙、金、玛瑙、绿松石等小饰品。个别墓室内还发现有稻谷的痕迹。（陈凌）

【石棺葬】 亦称“石棺墓”。古代墓葬形式之一。以石棺为葬具的墓葬。棺以石板或石块构成。主要流行于新石器时代至铁器时代早期，分布范围广，中国、蒙古国、朝鲜、日本、印度，以及西伯利亚等地都有发现。在中亚、欧亚草原使用石棺墓的多为游牧民族。迄今所知，至少14世纪仍有一些游牧民族使用石棺葬。（陈凌）

【石棺墓】 即“石棺葬”。

【石板墓】 古代墓葬形式之一。用石板做墓底、墓壁并封顶。始于新石器时代晚期，盛行于春秋战国时期。渤海国（公元7—10世纪）墓葬中也多见石板墓。（陈凌）

【画像石墓】 古代墓葬形式之一。使用画像石作为装饰的墓葬。中国古代墓室、祠堂，以及墓阙上常用带图案的石刻作为装饰。画像石墓出现于西汉时期，至东汉较为盛行。画像石的题材内容有仕宦、日常生活、生产劳动、历史、神话故事、祥瑞、天象等。雕刻的方式有阴刻、浅浮雕、透雕等手法。（陈凌）

【画像砖墓】 古代墓葬形式之一。墓壁镶嵌模印画像砖的墓葬。盛行于东汉，魏晋南北朝以降逐渐衰落。画像砖墓在甘肃、四川、河南、江苏等地区都有发现。画像砖采用浅浮雕、阴线刻方式，有的还加以彩绘。砖画题材广泛，内容丰富，包括播种、收割、舂米、酿酒、盐井、桑园、采莲、市井、宴饮、庖厨、庭院、车骑出巡、讲学授经、杂技、乐舞、百戏等主题。画像砖是研究古代历史、政治、经济、文化、艺术等的重要实物资料。（陈凌）

【壁画墓】 古代墓葬形式之一。以彩绘壁画为装饰的砖石结构和土坑墓。兴起于西汉晚期，东汉、魏晋南北朝、隋、唐、宋、辽、金、元各时代都有，分布范围较广。壁画的题材涉及社会生活、宗教神话、天文、建筑、山水花鸟等多个方面，是研究古代社会历史文化的重要资料。（陈凌）

【迁葬墓】 在第一次下葬以后又改迁地点重新安葬的墓葬。此类墓葬改迁的原因有多种，或是因二次葬俗；或因夫妻合葬，如洛阳发掘的唐代安菩夫妇墓；或因家族合葬迁葬祖茔，如洛阳发掘的唐豆卢贵妃墓；也有因政治原因迁葬的，如唐乾陵陪葬墓懿德太子墓和永泰公主墓等。（姜波）

【陪葬墓】 古代陪葬于高等级墓的墓葬。大规模数量的陪葬墓始见于殷墟西北冈王陵区，一般认为西北冈所见的中小型墓有可能为西北冈王陵的陪葬墓。秦始皇陵园发现有不少规格较高的陪葬墓，包括上焦村发现的秦公子与公主墓。西汉时期，陪葬帝陵成为重要制度，著名的卫青墓、霍去病墓即为汉武帝茂陵的陪葬墓。唐代帝陵陪葬制度进一步发展，以宗室、功臣陪葬皇陵成为唐代皇室埋葬制度的重要组成部分。著名陪葬墓有陪葬唐太宗昭陵的李靖墓、李勣墓，陪葬唐高宗乾陵的章怀太子墓、懿德太子墓、永泰公主墓等。（姜波）

【陪葬坑】 古代高等级墓葬用于埋藏陪葬器具的墓葬设施。一般位于墓葬周围，用于埋藏陶俑、车马、庖厨、乐器、兵器等。以秦始皇陵为例，迄今已发现兵马俑坑、甲胄坑、珍禽异兽坑等陪葬坑多座，生动展示了秦始皇陵的丰富内涵。山东洛庄汉墓也发现有为数众多的陪葬坑，出土陶俑、乐器、车马器等。（姜波）

【车马坑】 古代高等级墓葬用于埋葬陪葬用马车的陪葬坑。包括车坑、马坑、车马合葬坑三种。流行于商周至秦汉时期。车马坑一般为长方形土坑竖穴，位于墓葬附近，按照墓葬等级的高低，在坑内放置数量不等的陪葬用马车和马匹，也有发现殉葬车夫的。早期多用真车、真马，后来逐步用模型明器替代，或者用车轮等马车构件代替马车。此外，考古发现也有将车马置于墓道的，如山东长清双乳山汉墓

墓道。秦始皇陵西墓道发现的铜车马,约为真车、真马之半,这些都可以看作是商周时期车马坑陪葬制度的延续。(姜波)

【崖墓】 古代墓葬形式之一。主要流行于四川巴蜀地区。此类墓葬多开凿于山壁崖洞中,往往形成家族式合葬墓地。其墓道多为狭长横穴或小型竖井,墓中一般有排水设施。出现于西汉,盛行于东汉至南北朝时期。四川地区的崖墓在长江、岷江等流域都有分布,以乐山、宜宾、彭山等地最为集中。(姜波)

【船棺葬】 古代墓葬形式之一,是以独木舟形棺木为葬具的一种葬俗,既有土葬的,又有顺水任其漂流的。国内考古发现多见于古代巴蜀人聚居的四川成都、广元、新都以及重庆地区,时代为战国至西汉前期。四川发现的船棺,常用长 5 米、直径 1 米以上的楠木制成。墓坑为土坑竖穴,随葬品多铜器和陶器,后期出现少量铁器和漆器。2000—2001 年成都商业街发掘的船棺葬墓地可能为古蜀国王族墓地。(姜波)

【悬棺葬】 古代墓葬形式之一,是古代流行于南方少数民族地区的一种葬俗。其做法通常是将木棺悬置于悬崖绝壁的木桩上,或置于崖洞中、崖缝内。江西贵溪仙岩,福建武夷山,重庆忠县卧马函、奉节县夔峡和风箱峡,四川珙县麻塘坝螃蟹溪山崖等地,都曾发现战国至秦汉之际的悬棺葬。据研究,在四川、云南、贵州、广西、福建、台湾、湖北、湖南、江西等地均有此种葬俗。悬棺葬在三国吴时沈莹《临海水土异物志》和唐代张鷟《朝野佥载》等文献中有记载。(姜波)

【瓮棺葬】 古代墓葬形式之一。以瓮、罐一类陶器作葬具墓葬。流行于新石器时代直到汉代。通常用来埋葬幼儿和少年。新石器时代遗址常有儿童瓮棺葬,个别成人也有用瓮棺,一般用两三件较大的陶器扣合在一起,多数埋在居住区内房屋附近或室内居住面下,也曾发现专门的儿童瓮棺葬墓地。(姜波)

【灰坑葬】 古代墓葬形式之一。以灰坑埋葬死者的一种方式。下葬时,死者尸体被放置在已遭废弃或仍在使用的灰坑内。此类墓葬死者骨架多随意摆置,甚至可见外伤,随葬品很少或没有。一般认为此类墓葬死者身份较低,或为俘虏。(姜波)

【享堂】 汉代用于祭祀祖先神灵的小型建筑。以石质为主,又称“食堂”、“祠堂”等。外形模仿殿堂式房屋建筑,室内往往雕刻各种图像。如山东省济南市长清区孝堂山石室,为双开间单檐悬山式建筑,内有祭台,后壁正中刻有车骑出行图、拜谒图与孔子见老子图像等,东、西壁及立柱等处刻有神话人物、胡汉战争、历史故事和各种纹饰、题记。一般位于墓葬的地面上,供时人拜谒和祭祀使用。山东、江苏、安徽等地曾多次发现东汉石享堂及享堂的画像石构件。(赵超)

【墓坑】 埋葬死者的地下空间。按形式可分为长方形竖井式墓坑、土洞式墓坑、崖洞墓坑等。史前时期墓坑多为距地表较浅的长方形竖坑,坑仅容身,内置死者及随葬品。陶寺文化开始出现墓坑长度超过 5 米的大墓。商周时期墓坑之内开始出现腰坑(多置殉狗)、二层台、壁龛(多置随葬品)。木椁墓出现以后,墓坑被用木料分隔成不同的空间,如楚墓的头厢、边厢等。秦汉时期开始流行一侧带墓道的土洞墓,同时期的帝王墓多因山为葬,将整个墓室开凿于山体之中。汉代开始,墓坑开始出现仿地面建筑的多室墓,以满足夫妻合葬或家族合葬的需要。(姜波)

【封土】 墓葬地表如土丘状的堆积。《周礼·春官·冢人》郑玄注:“冢,封土为丘垄,像冢而为之。”一般认为,中原古俗并无封土的形式,即所谓的“不封不树”。东周时期出现封土。秦始皇陵和西汉帝陵,陵墓封土底边多作方形,形如覆斗。现存的秦始皇陵封土呈覆斗形,高 51.3 米(以封土北边沿中部为基点),底部南北长 350 米、东西宽 345 米;顶部是长方形平台,东西长 24 米、南北宽 10.4 米。东汉帝陵封土别具一格,圆如馒头形。唐宋帝陵仍为覆斗形。明清帝陵封土称“宝顶”,四周围以砖墙,顶部则为圆形。(姜波)

【积炭】 古代墓葬用于防潮的特别设施。流行于战国秦汉时期。通行的做法是,在木椁的周围以木炭填充,形成一道防潮的隔墙,以保持墓室内部的干燥。此类墓葬通常还在墓室之外填充积石以防盗,或者填灌青膏泥以达到密封的效果,故称“积石积炭墓”。典型墓葬如曾侯乙墓、大葆台汉墓等。(姜波)

【穹窿顶】 墓室顶部的一种构筑方式。内表面呈半球形或近乎半球形的曲面体顶盖。大多使用在砖室墓的主室建筑。建造时从墓室四壁向上逐渐内收,形成顶端尖、四面成弧形的墓室顶。形状类似尖顶帐幕或天穹,故称“穹窿顶”。分为拱壳穹窿和叠涩穹窿两类。具有较强承压能力,并有表现天穹的直观效果。在西汉晚期以后历代墓葬建筑中被大量使用。(赵超　王睿)

【拱顶】 古代墓葬墓室与甬道等建筑构筑顶部的一种方式。建造时从两侧墓壁向上逐渐平行内收,形成圆拱形的墓室顶。汉代以降的砖石墓葬乃至土洞墓中曾普遍运用。(赵超)

【玄宫】 古代帝王陵的地下核心建筑。主要由墓道、墓门、过洞、前后三进的陵室和多个耳室组成,通常不少于四个耳室。唐代称“玄宫”。宋代避讳改称“皇堂”。明代多称“玄宫”、“皇堂”、“玄堂”等。清代因避讳,通称“地宫”。(董新林)

【皇堂】 即“玄宫”。

【玄堂】 即“玄宫”。

【地宫】 即“玄宫”。

【攒宫】 南宋陵是权殡,建造较为简单,称为“攒宫”。攒宫的建造,无陵台和石像生、神墙,只是将棺椁放置在一个大石椁内,称为“石藏子”,讲究密封。石藏子在厢壁之上,铺有一层柏木板,其上再盖顶石,石上铺砖,与地面齐。石藏子之上直接盖献殿,呈凸字形,称“龟头献殿”。还有下宫,由前后殿和东西廊构成。《思陵录》详细记载攒宫和石藏子制度。元初,南宋帝陵就被盗掘,攒宫遗迹也遭破坏。元末,吴王张士诚依据宋帝陵制度埋葬其母曹氏,提供了石藏子考古实例。(董新林)

【方城明楼】 明清帝陵“宝城”前城楼式建筑。下面为方形城台,上建明楼,楼中立庙谥碑。此种建制始见于南京明孝陵。即在圆形封土堆“宝城”南侧正中,有长方形城楼式建筑。方城正中辟一券门,门内到宝顶间为一夹城,两侧有台阶可达明楼。此种建制为后来明清诸皇陵所承继。(董新林)

【墓道】 古代墓葬构造的一部分用于递送棺木、进入墓葬的通道设施。史前墓葬多为竖穴墓,没有墓道。安阳殷墟出现带四个墓道的十字形墓、两个墓道的中字形墓、一个墓道的甲字形墓,以及不带墓道的竖坑墓,显示墓主身份的不同。秦汉时期土洞墓出现以后,先是在墓室一侧出现竖井式墓道,后又出现斜坡式墓道和阶梯式墓道,成为下葬时递送棺木和入墓祭奠的通道。北朝以迄隋唐,墓道成为墓葬的重要设施,高等级的墓葬,墓道有长过百米者,墓道还有天井、壁龛,乃至壁画,显示墓主身份的等级与差别。(姜波)

【甬道】 古代墓葬构造的一部分。通常指连接墓道与墓室之间的通道。多以砖石砌筑。某些洞室墓甬道则直接开挖于土中。砖石构造者以拱券顶居多,亦有平顶等。墓门多设置于甬道中。有的甬道内设有小龛、封门墙等,有的甬道内绘制壁画、放置墓志等。(文平)

【天井】 古代墓葬构造的一部分。在长斜坡墓道与洞室墓之间的水平隧道顶部开挖而成。流行于北方地区。战国时期出现带一个天井的墓葬。西晋至北朝时期,带天井墓葬逐渐流行。唐代大型贵族墓中盛行多天井墓,通常墓主人的身份、地位与天井多寡有一定联系。至唐代晚期长斜坡墓道、带天井墓葬逐渐消失。(文平)

【回廊】 汉代墓葬中环绕在墓室四周的连通空间,类似地面实用建筑中的廊道。大型木椁墓在外层题凑与内室之间构成回廊,如北京丰台大葆台汉墓等。大型洞室墓在墓室外开凿洞窟回廊,如河南永城芒砀山西汉墓。大型画像石墓也有在墓室外用石材构建回廊的,如山东沂南汉画像石墓等。(赵超)

【棺椁】 古代装殓死者的葬具。多为木质,也有用石质的。棺为盛放死者的贴身葬具;椁为套在棺外的外棺。木棺出现于仰韶文化时期,至龙山文化已出现木椁。殷墟王陵多用大木条叠压成方形或亚字形的椁室,其中安放商王棺木。至周代,棺椁制度化,规定:天子棺椁四重,上公、侯伯子男、大夫,以等差分别为三重、二重、一重。士不重,仅用棺。按古俗,中原汉族多用木质棺椁,胡族习用石质棺椁,后者唐代以降少见。又“大唐制:诸彝不得以石为棺椁及石室,其棺椁皆不得镂彩画,施户牖栏槛,棺内又不得有金宝珠玉。”(姜波)

【棺床】 墓室中放置棺木的台子。北朝以前,墓室内一般在棺椁之下垫以木板,称为“茵木”,故没有棺床的设置。北朝以迄隋唐以降,多在墓中用砖块或石头搭建长方形台子,以便放置棺椁,称为“棺床”。(姜波)

【梓宫】 中国古代帝王棺椁的代称。因多以梓木制成而得名。西汉时期诸侯王葬具中,梓宫通常与黄肠题凑同用,较早的文字记载见于《汉书·霍光传》中,“赐金钱……梓宫、便房、黄肠题凑各一具”,可见西汉重臣的梓宫可由皇帝赏赐使用。此后的帝

王棺椁虽不一定用梓木制作，却沿用了梓宫的称谓。（文平）

【黄肠题凑】 汉代的一种葬制。即在棺椁以外用黄心柏木堆垒一圈。“黄肠”，即黄心柏木；“题凑”，即在棺椁周围用木头垒起一圈墙。颜师古注引苏林曰：“以柏木黄心致累棺外，故曰黄肠。木头皆内向，所以为固也。”此种葬制专为天子所用，但经天子特许，作为一种荣耀，诸侯王和重臣死后也可用黄肠题凑。如霍光死，汉宣帝“赐梓宫、便房、黄肠题凑各一具”。考古发掘的北京大葆台刘建墓、扬州神居山刘胥墓等汉代王陵均为“黄肠题凑”葬制。东汉洛阳邙山曾发现自铭“黄肠石”的造墓石料，应是黄肠题凑葬制的一种孑遗。东汉以降黄肠题凑葬制绝迹。（姜波）

【外藏椁】 对汉墓内相对于正藏（棺房和前室）以外椁室部分的称谓。关于外藏椁的文字记载首见于《汉书·霍光传》，霍光死后，宣帝赐予“梓宫、便房、黄肠题凑各一具，枞木外藏椁十五具”。东汉服虔注：“在正藏外，婢妾藏也。或曰厨、厩之属也。”即在正藏之外，凡放置俑、车马和厨具的椁、室、回廊、坑等，均为外藏部分。考古资料所见，西汉诸侯王、列侯的墓葬有明确的正藏、外藏之分。（牛世山）

【边厢】 古代木构椁室的一部分。椁室被分隔开之后，形成数个相对独立、大小不一的空间，即分成为几个格，一般把位于旁侧的称为“边厢”，也有人把四侧的统称为“边厢”。（印群）

【头厢】 古代木构椁室的一部分。椁室被分隔为若干个格，位于墓主头顶端的称为“头厢”，其中多见礼器等较重要的随葬品。（印群）

【耳室】 古代墓葬构造的一部分。附设于墓道、侧室之侧，属于比侧室更小的墓葬空间，里面通常放置随葬品。有砖、石等材料建造者，亦有直接开挖于土中者。结顶方式多样，有券顶、平顶等，一般呈对称分布。多见于汉晋及以后各历史时期的墓葬，数量多寡不等。（文平）

【券顶】 一种建筑顶部结构。顶部呈近半圆的拱形，具有良好的承重和装饰作用。一般由砖、石等材料砌成，有的砖石具有特殊形状以利发券，如楔形砖、子母榫口砖等。发券方法有纵列券、并列券之分，断面有单层、多层券之别。每层券之间平砌的一层条砖或石，称为“缴背”或“伏”。券顶技术形成于西汉时期，多用于墓葬建造，唐宋以降开始应用于地面建筑。（文平）

【壁龛】 一种遗迹现象。在遗迹的纵向壁面上掏挖的小龛，用于放置造像、物品等。壁龛见于各个历史时期的众多遗迹。在宗教建筑中，龛内常凿或放置有佛像，大小不一。墓葬的壁龛在新石器时代中期就已存在，数量多不限于一个。（牛世山）

【屈肢葬】 古代葬式之一。分仰身屈肢和侧身屈肢两种。最早的屈肢葬见于北京东胡林遗址，时代距今1万年左右。战国秦汉时期关中和中原地区的屈肢葬，一般认为是秦人丧葬习俗。新疆地区发现的屈肢葬，下肢屈曲向上支起，膝下常有支架，与中原葬俗有明显差别，应是西域民族的特有葬俗。（姜波）

【仰身直肢葬】 古代葬式之一。死者仰身朝上，四肢伸直平放，头向以南北向多见，也有东西向的。中原地区墓葬自新石器时代开始采用此种葬式，其后一直延续。（姜波）

【俯身葬】 古代葬式之一。死者面部朝下俯身而葬。有人认为俯身葬可能与性别有关。此种葬式在新石器时代墓葬中有所发现，但秦汉以降罕见。（姜波）

【一次葬】 亦称“原葬”。古代的一种埋葬方式，是相对于“二次葬”而言的。实质是死者埋入地下之后，不再经过第二次处理的墓葬。（付永旭）

【原葬】 即“一次葬”。

【二次葬】 亦称“迁葬”。古代曾经普遍存在的一种古老葬俗。指的是死者在入土安葬之后若干年，出于某种原因、风俗或习惯，人们将腐烂后的死者骨骸重新起取，或原地埋葬或异地安葬。二次葬的显著特征是将死者的尸骨进行两次和两次以上的安葬。二次葬能在一定程度上反映人们的宗教信仰、风俗习惯乃至社会组织状况，是研究古代社会的一个重要方面。二次葬习俗在中国延续时间很长，最早在新石器时代中期的裴李岗文化，就已经出现单人二次葬、多人二次葬，甚至一次与二次混合的多人合葬。（付永旭）

【迁葬】 即“二次葬”。

【合葬】 一种掩埋死者尸体或尸体残余的方式。指将两位以上的死者汇集到一起予以埋葬。可分为同穴合葬与异穴合葬。（印群）

【祔葬】 一种异穴合葬方式。指将两位墓主分置于两个相互紧靠之墓坑内，一般为夫妻关系。祔即

"合葬"之意。(印群)

【陪葬】 一种古老的丧葬习俗。是指人死后,用物品、动物、人等进行随葬。陪葬产生于史前时代,最初是用物品来随葬,后来加入了动物和人。秦汉以降,多用俑和偶来替代真人和动物来随葬。陪葬除同墓随葬外,还包括单独的陪葬坑和陪葬墓,陪葬坑内主要埋葬物品和动物;陪葬墓中主要埋葬妻室和重臣,陪葬墓多埋在帝王陵附近,是一种荣誉的象征。"陪葬"与"殉葬"或通用。(岳占伟)

【殉葬】 一种古老的丧葬习俗。是指氏族首领、君主或高层贵族死后,他们的妻妾、奴仆、马、狗等生前曾侍奉他们的人或动物随其同葬,以便在地下继续侍奉他们。殉葬的人或动物多是被迫的,或活埋,或被杀,或自杀后埋入。殉葬作为一种制度产生于史前时代后期,盛行于商周时期,秦汉以降多用俑和偶来替代真人进行殉葬,明清时期被废除。"殉葬"与"陪葬"或通用。(岳占伟)

【殉人】 亦称"人殉"。是指那些为死去的氏族首领、君主或高层贵族殉葬的人,是供死去的主人"役使"的,多为近亲、近臣、近侍。殉者与被殉者的关系应是生前关系的继续。他们生前的一切都属于主人,主人死后,他们有义务从死,在地下继续侍奉主人。一般来说,他们都得以保全尸体,而且多数被安葬在墓主人的墓室内,有的还殓以棺木,甚至还有随葬品。殉人开始于新石器时代的齐家文化,当时用女子为男子殉葬。及至商代,殉人成为一种制度广泛流行,殷墟大墓内即发现大量的殉人。西周时期此种制度仍保留,直到东周逐渐衰落。(岳占伟)

【人殉】 即"殉人"。

考古遗物

【遗物】 考古学研究的主要对象之一。遗物即遗剩之物品。在考古学中,遗物是遗存的另一个重要组成部分,特指古代人类所遗留的可移动之实物,包括各种工具、礼乐器、家具、武器、生活用具、艺术品、装饰品、货币以及人类与动物遗骸、农作物等。遗物的质料、形状、制作方法等具有时代性、地域性和民族性,可反映古代社会生产和生活以及科技、文化的发展状况等。依据生产工具之不同,可划分为不同的时代。(印群)

工具与兵器

【斧】 古代砍伐工具或农具。多为石质和铜质、铁质。基本形制为长条形,一端有平刃或弧刃,另一端装横柄。石斧出现于新石器时代,装柄方式一般为捆绑式。青铜斧出现于商代,一端有方銎或管銎,用于安柄。东周以降铁斧流行。(王鹏)

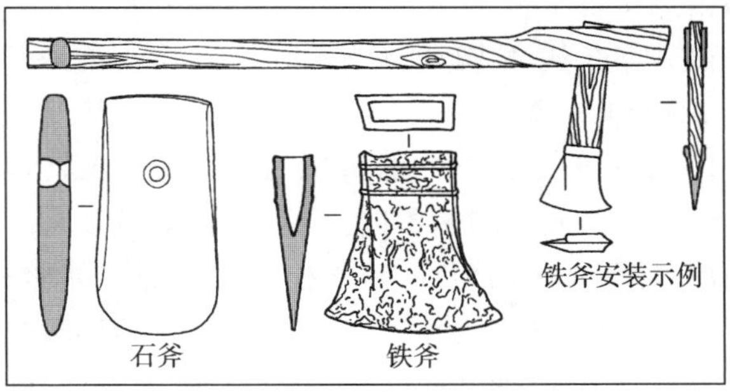

石斧和铁斧

【斤】 古代砍伐工具。多为铜质。基本形制为长条形,体比斧窄,一端有单面刃或双面刃,另一端有方形或多边形銎,用于装横柄。流行于商周时期。(王鹏)

【锛】 古代开垦土地或刨修木料的工具。多为石质、铜质和铁质。基本形制为长条形,一面较平,另一面微拱,一端有单面刃,另一端用于安柄。石锛出现于新石器时代,铜锛始见于商代,素面居多,个别表面或有兽面纹、三角纹等,春秋战国以降出现铁锛,且数量增多。(王鹏)

【削】 古代刮削工具。多为铜质和铁质。基本形制为凸背凹刃,把端有圆环或穿孔,便于携带。铜削始见于商代,战国以降出现铁削。(王鹏)

【臿】 亦称"锸"、"锹"。古代农具。一般为木柄铁头,形制和使用方法与"锹"相似,前端有刃,后端有扁銎口,套在木板的前部,木板后部连着木柄,使用时双手握柄,用左脚踩肩部使之插入土中,再向后

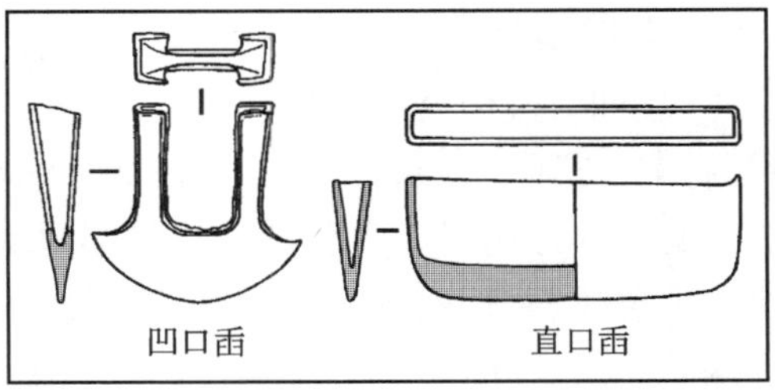

铁 臿

扳动,使土层剥离。青铜臿始见于商代早期,战国时期开始出现铁臿,两汉以降铁臿刃部逐渐加大,并取消木板,直接通过銎口与木柄连接。(沈丽华)

【凿】 古代凿孔或挖槽的工具。有铜、铁、石等质地。凿体一般呈扁平长条状,上宽下窄,顶部有直口梯形銎,直銎内置木柄,刃部有尖刃、弧刃、平刃三种,使用时用锤子等工具锤击凿刻。商代开始出现青铜凿,春秋战国时期较多见,细小的凿常用做凿刻甲骨卜辞的专用工具。战国以降普遍使用铁凿,是古代木构建筑榫卯技术出现的基础。(沈丽华)

【刀】 古代砍杀兵器,或手工业、农业工具。多为铜质和铁质。用途不同,形制多样。铜刀流行于商周时期,有短柄翘首刀、长柲卷首刀等多种形式。同时期西北、华北地区流行一种凸背弯柄刀,柄首常见兽头等装饰,别具特色。汉代以降铁刀流行,形制丰富。(王鹏)

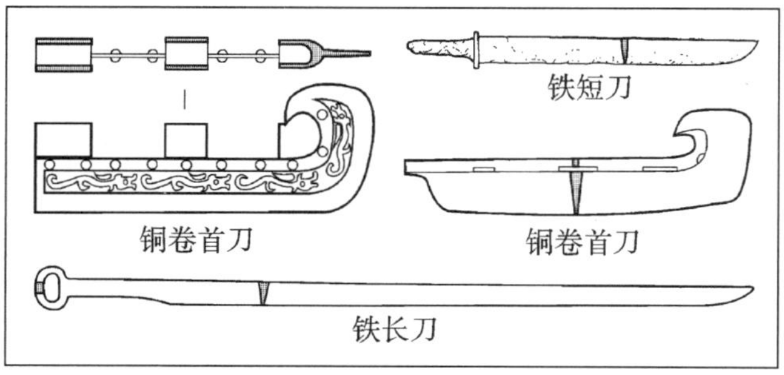

铜刀和铁刀

【钺】 古代砍杀武器和刑具。常用于仪仗。形似斧,体宽扁,前有弧刃,后有直内和穿,用于绑缚木柄。亦见管銎钺、半环形钺等。钺面上常装饰有兽面、人面等狰狞图案。新石器时代出现石钺、玉钺。青铜钺最早见于商代早期,盛行至周代。(王鹏)

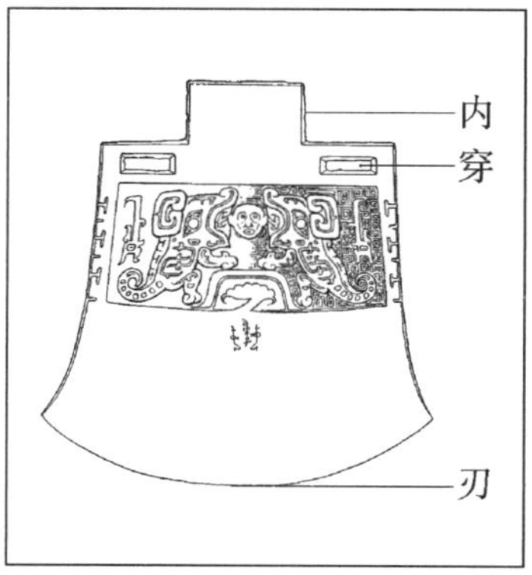

铜　钺

【靴形钺】 亦称"不对称形铜钺"。广泛分布于南方地区的一种青铜器。典型特征是刃部两端呈不对称状。主要发现于云南、广西、广东、湖南等地。年代范围可能在战国至西汉时期,即公元前 5 世纪—公元 1 世纪。其用途可能是一种武器,从一般的斧钺分化而来;亦有可能是宗教活动中的一种道具,常与盾牌一起表演战舞或举行宗教仪式。其来源可能有两种:一是从某种磨制石器演变而来,二是从同类青铜器派生出来。(付永旭)

【戈】 古代钩杀兵器。戈头多为铜质,由援、内、胡、穿组成,常见铭文和纹饰。戈头的持杆称为柲,多为木质和竹质,柲上端一般有用以加固柲端、防止劈裂的青铜柲帽,下端一般有容纳柲体的青铜镈(圆锥形柄套)或镦。迄今所见铜戈最早出现于二里头文化时期,盛行于商周时期,秦汉以降逐渐衰落。石戈、玉戈多为礼仪用器或明器。(王鹏)

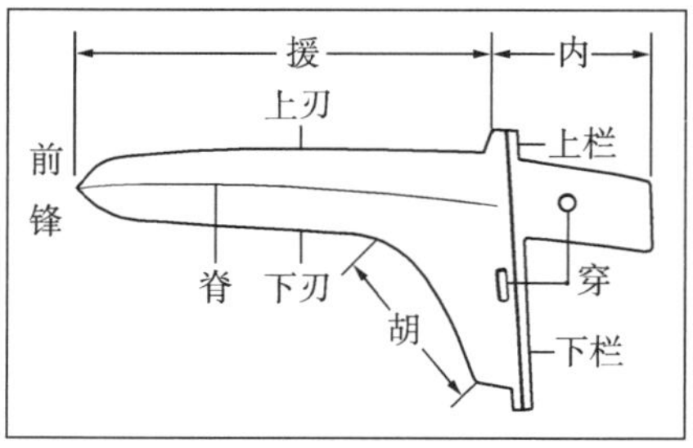

铜　戈

【矛】 古代刺杀兵器。矛头一般为铜质和铁质,由身、骹两部分组成,常见铭文和纹饰,骹下一般有环钮,可穿系缨络。矛头的持杆称为柲,一端直接插于骹内,另一端常有铜镈或镦。铜矛迄今最早见于商代早期,一直沿用至汉代开始出现铁矛。(王鹏)

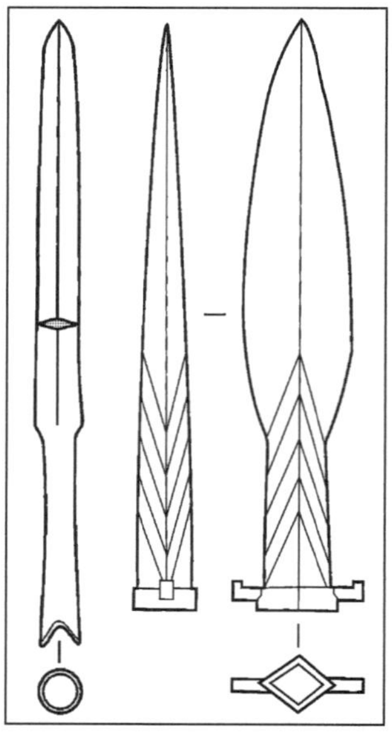

铜　矛

【剑】 古代斩杀和刺杀兵器。多为铜质和铁质。由剑身和剑把两部分组成,剑身前端有锋,双面刃,可砍可刺;剑把前有格、后有首,可单手持握。迄今铜剑最早见于商代,流行于西周时期,春秋战国时期盛行,汉代以降铁剑开始取代铜剑。"铜剑和铁剑"图见 27 页。(王鹏)

【戟】 古代刺杀和钩杀兵器。多为铜质。基本形制为戈和矛的结合体,矛头在上可刺杀,戈头在下可

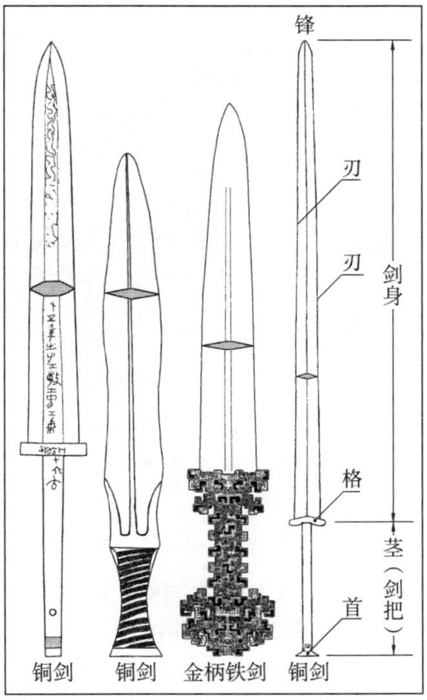

铜剑和铁剑

钩杀，一矛一戈的组合常见，亦见有一矛多戈组合的多戈戟。铜戟始见于商代，两周时期盛行。（王鹏）

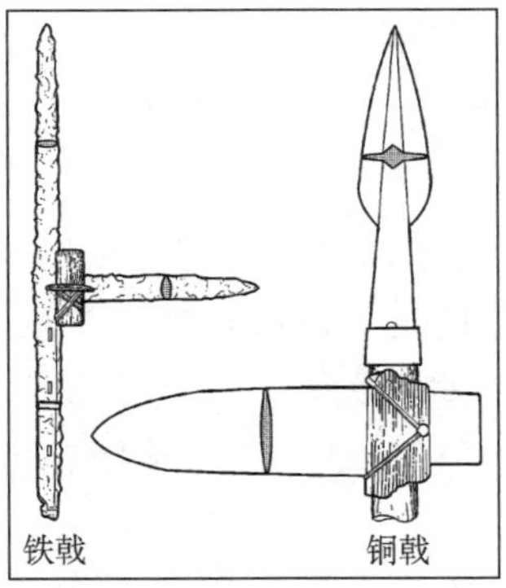

铜戟和铁戟

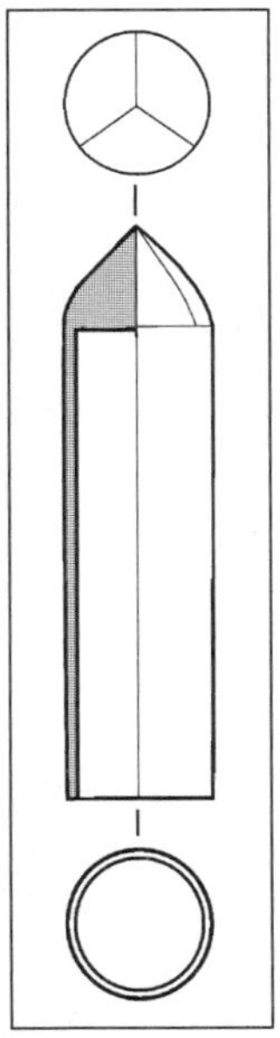

铜　殳

【殳】 古代捶击和冲刺兵器。形似杖，无锋刃。基本形制为竹或木质柲，前端套有铜质殳头和铜箍，迄今出土数量较少，曾侯乙墓出土殳头作三棱矛形，其下二铜箍作棘刺状。主要流行于战国时期。（王鹏）

【镞】 古代远射武器。多石质、骨质、铜质和铁质。安装在箭杆前端，主要由尖锋、翼组成，或有插入箭杆的铤或容纳箭杆的銎。石镞出现于旧石器时代，新石器时代多石质和骨质镞，铜镞出现于夏代，流行至春秋战国时期，后逐渐被铁镞取代。（王鹏）

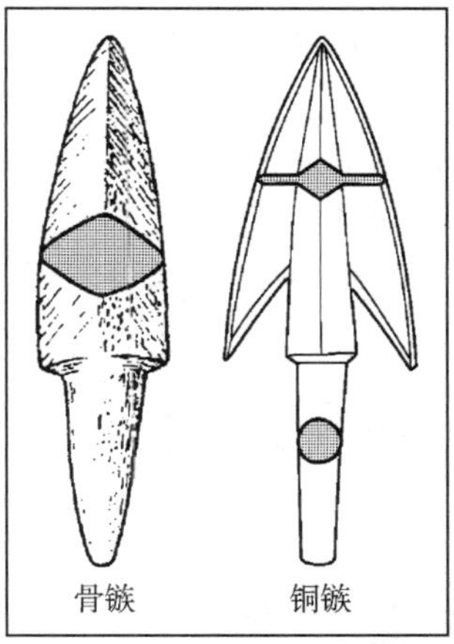

骨镞和铜镞

【弩】 古代远射武器。由木质弩臂和铜质弩机组成，利用机械原理发射箭，满弦时可自由操控发射时间，射程远于弓。弩机的主要构件有钩挂弓弦的“牙”、瞄准器“望山”，以及扳机“悬刀”，三者由穿轴固定于机身“郭”内。迄今最早见于战国时期，盛行于汉、晋。（王鹏）

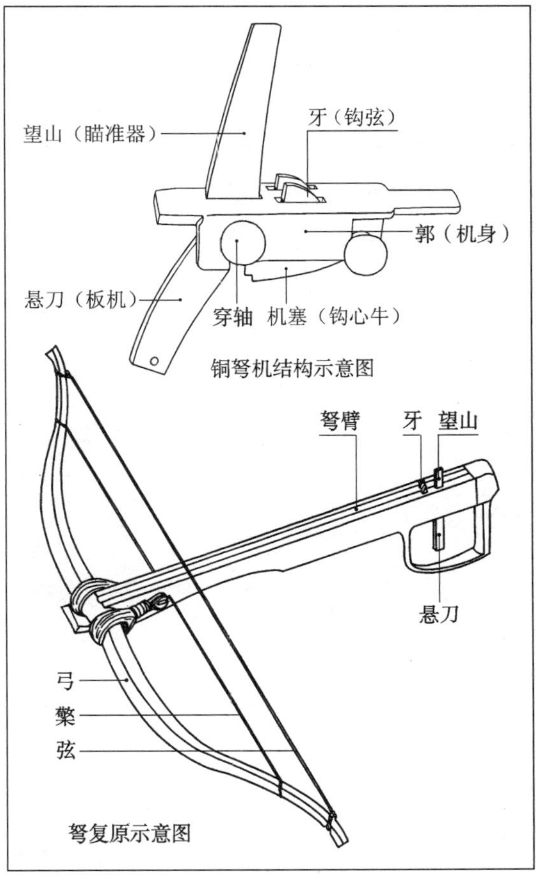

弩机结构及弩复原示意图

【镦】 古代矛、戟、斧钺等兵器木杆底端的装饰物。多为铜质，呈筒状，平底，套于柲下端，起加固和

装饰作用。圆锥状锐底者称为“镈”。(王鹏)

【镈】 见“镦”。

【盾】 古代防御性武器。有木、竹、皮革、藤、铜、铁等多种材

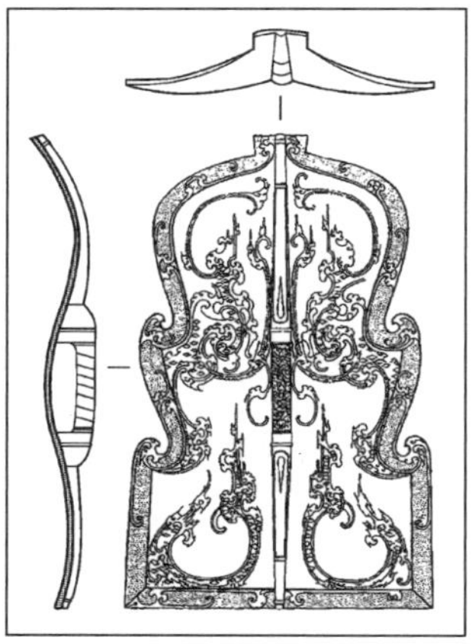

盾

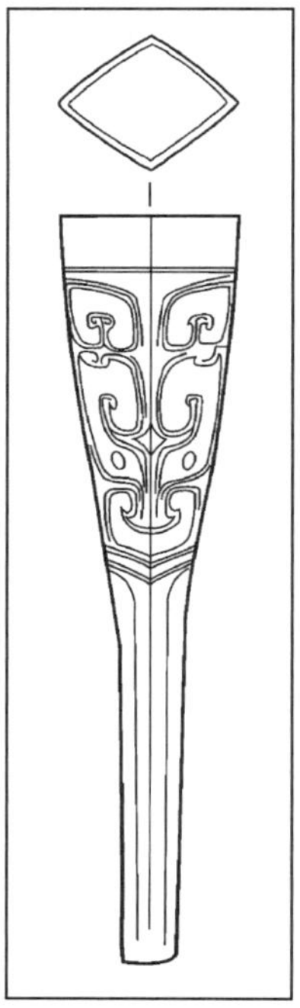

铜 镦

质。一般为长方形或梯形,亦有圆形、燕尾形等,表面通常有精美的纹饰。作战时一手持盾,一手持攻击性武器,两者配合使用。盛行于冷兵器时代。(王鹏)

【盔】 亦称“胄”。古代防御性武器。多铜质、铁质和皮质。圆形顶,两侧向下延伸,作战时以保护头顶及侧面,顶端多有可插缨络的管。最早的铜盔见于商代,战国以降铁盔开始出现。(王鹏)

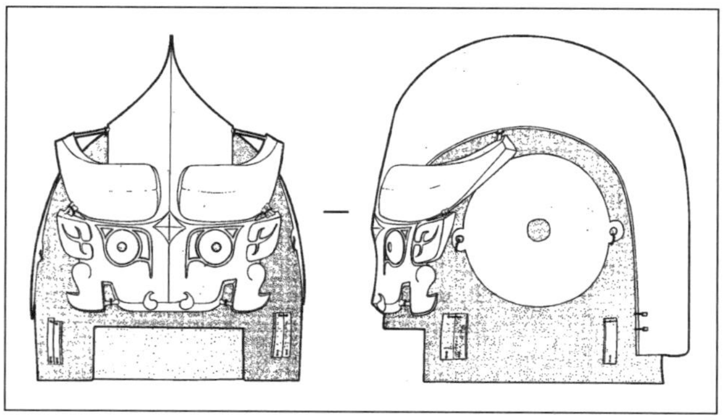

铜 盔

【胄】 即“盔”。

【甲】 古代防御性武器。有藤木、皮革、铜和铁等多种材质。作战时披挂或穿戴于身体外部,用以防护身体免遭伤害。盛行于冷兵器时代。迄今最早的金属甲发现于东周时期,由细小的甲片连缀而成,亦发现有非实用的用石片连缀的石甲。(王鹏)

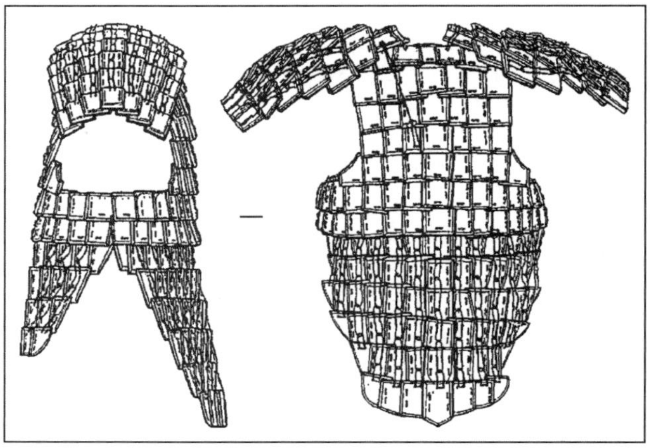

甲复原示意图

【钺戟】 汉代兵器的一种。河南浚县、郑州等地曾经有出土。其构造为在钺(长柄大斧)上装有一根长刺,形制比较特殊。古文献中无有关记载,名称为今人所定。在古乐浪遗物中也发现过类似器物,日本学者梅原末治等称之为“鏚鉾”。(赵超)

【钩镶】 汉代的一种勾、推两用兵器。为一根两端有钩的长棒,中部有小型盾牌,盾牌后边有把手,用以抵御敌方的兵刃。河南洛阳、鹤壁,河北定州,四川等地均有出土。江苏徐州铜山、陕西绥德等地汉代画像石中也有武士使用钩镶格斗的图像。(赵超)

【兰锜】 汉代用于存放兵器的器物。根据汉代画像石中的图像来看,兰锜是一种长方形的木架。《文选·西京赋》中引用刘逵注文称:“受他兵曰兰,受弩曰锜。”即存放弩的架子称“锜”,存放其他兵器的架子称“兰”。(赵超)

【明光铠】 古代铠甲的一种。一般为铁铠。最早出现于三国时期曹植的《先帝赐臣铠表》,属当时较名贵的铠甲,但具体形制不明。北魏晚期明光铠陶俑显示,其主要特征为铠甲胸前、背后左右各有一块金属圆护,如同镜鉴,圆护在阳光下反射即发“明光”。隋唐时期盛行,具体形象见于相关陶俑、壁画。(沈丽华)

车 器

【车马器】 即车马用具,可分为车器和马具。在考古学中,车马器一般特指古代车器和马具上的青铜部件及饰件,如用于车上的軎、辖等以及用于马上的马镳等。在古代墓葬制度中,随葬车马器的状况

与墓主人生前的地位有一定的关联。青铜车马器不仅有助于研究古代尤其是先秦时期的交通史、冶金史，也是探讨当时社会等级秩序和军事考古的重要资料。（印群）

【车器】 古代车上的构件和饰件。多为铜质，主要包括辖、軎、轭、辕饰、衡饰、轴饰、舆饰、轮饰等。迄今最早的车器见于商代晚期，历代一直流行。（王鹏）

【车轼】 古代车厢前面用做扶手的横木。在车上行礼时，须伏轼以示敬。对于乘车者而言，轼的距离越近则凭伏越方便，故后来也有在车厢中部偏前之处横装另一条轼，而将车前轸向后斜接在此条轼上。汉代将此部分用布帛蒙覆，称为“屏泥”或“屏星”。（沈丽华）

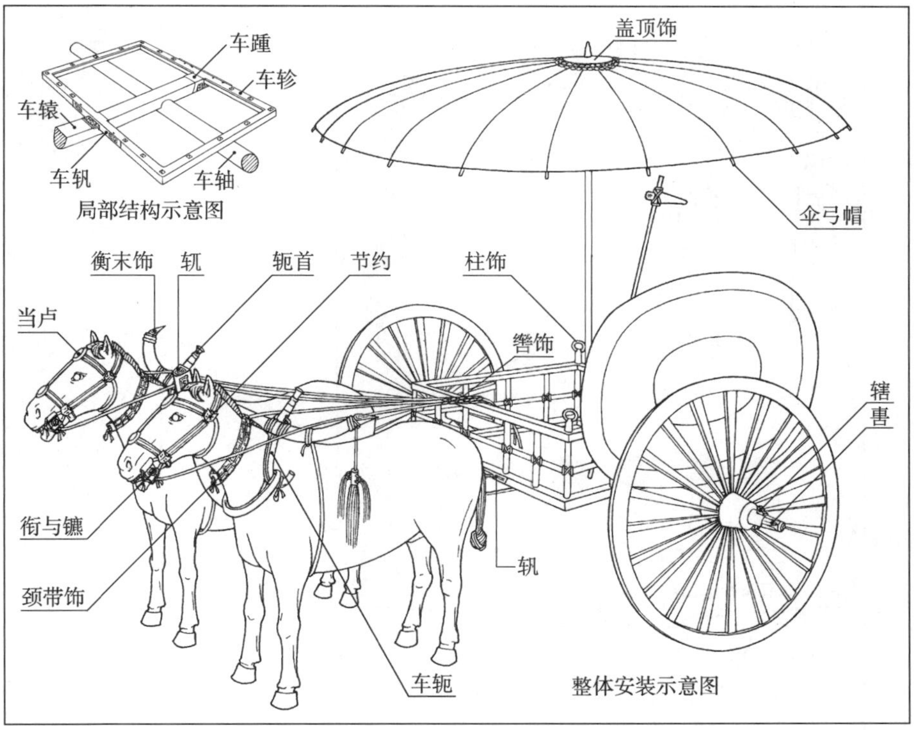

车马器安装示意图

车轭 古代车辕前端用以扼牛马之颈的器具。多为木质或铜质，也有铜木复合者。形制一般为“人”形。商周时期的车轭顶端（轭首）有的配置銮铃。（严志斌）

车𫐄 古代车器。古代车上置于辕前端与车横木衔接的金属包头。多作动物、人等立体造型。（严志斌）

车轙 古代车器。位于车衡上，轭的两边，用以穿辔。轙多为铜制，呈U字形或环形。汉代也有少数较为讲究的鎏金铜轙，在U形弧顶上周镂山峦、龙、兽等纹饰。（严志斌）

车踵 古代车器。安于车辕后端从车舆下露出以供人踩踏上下车时起保护与装饰车辕的青铜部件。断面多呈梯形或圆弧形，有凹槽以套接车辕末段。外表常有纹样装饰。（严志斌）

【軎】 古代车器。多为铜质和铁质。基本形制为长筒形，套在车轴两端，用以加固轴头，軎上开有长方形孔，辖可插入孔内，将其与轴固定，以防车轮脱落。铜軎出现于商代晚期，汉代以降开始出现铁軎。（王鹏）

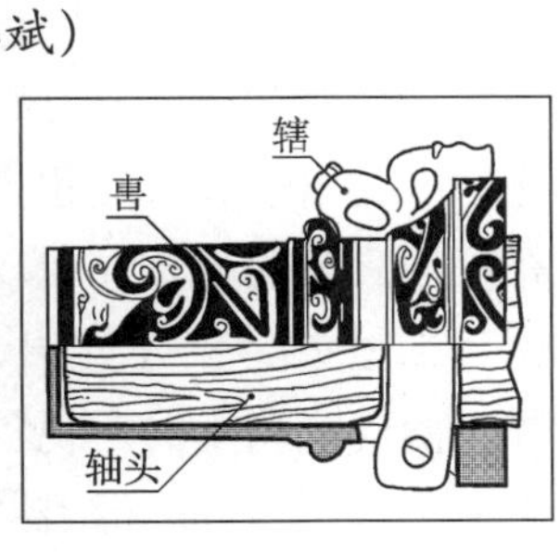

軎与辖结构示意图

【辖】 古代车器。多为铜质和铁质，亦有玉质、石质。长条形，顶部多有兽头或人形装饰，可插于軎内，将軎与轴固定，以防车轮脱落。铜辖出现于西周早期，汉代以降开始出现铁辖。（王鹏）

【銮铃】 亦称“鸾铃”。古代车器。多为铜质。基本形制为镂空扁圆球形，内含铃丸，下有方形基座，可安装在车衡和轭顶部。西周时期出现，流行至战国时期。“铜銮铃及安装示意图”见30页。（王鹏）

【伞弓帽】 古代车舆上伞盖构件。多为铜质。一

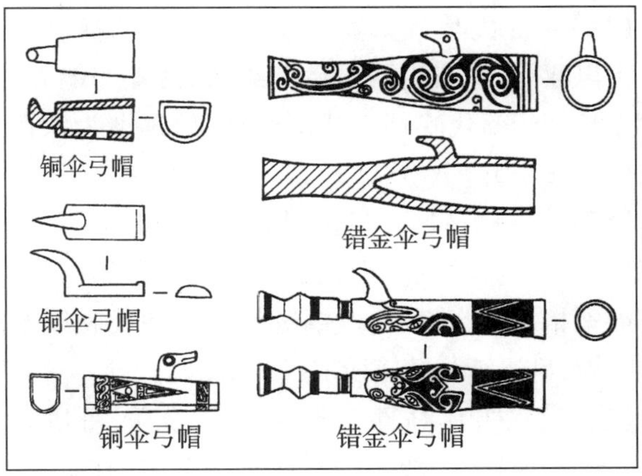

伞 弓 帽

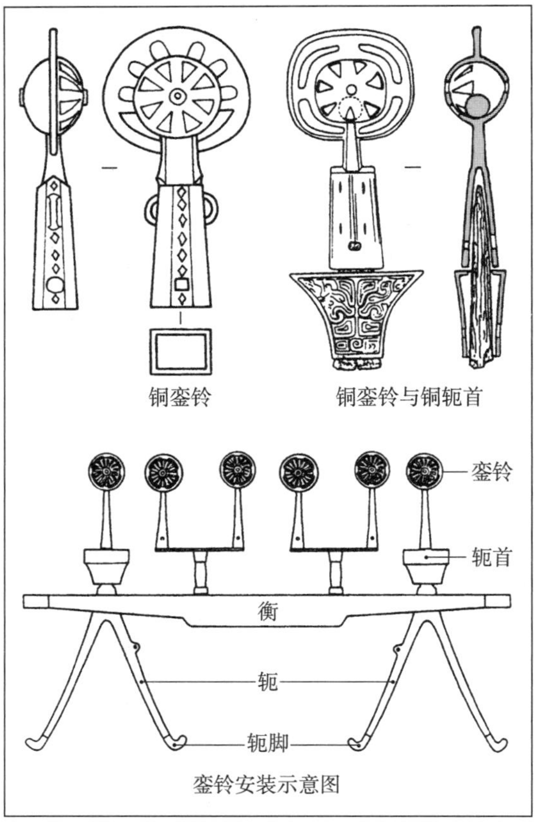

铜銮铃及安装示意图

般呈筒状,形制多样,位于伞盖边缘,套于伞弓头上,用于牵拉和固定伞布,也可起装饰作用。盛行于战国、秦汉时期。(王鹏)

马　具

【马具】 附着于马体上的器具,包括马首与马身上的饰物。主要有衔、镳、当卢、节约等。出现于商代晚期。骑马术出现后又增有镫、鞍等。(王鹏)

【衔】 古代马具。多为铜质和铁质。横勒在马口中以驭马,一般由两节链条组成,两端与镳相连。铜衔流行于商代晚期至战国时期,后逐渐为铁衔所取代。(王鹏)

【镳】 古代马具。多为铜质、铁质和骨质。形制多样,可分为圆形、方形、长条形等,位于衔两侧,上有绳索相系,用于驭马。铜镳流行于商代晚期至战国时期,后逐渐为铁镳所取代。(王鹏)

【当卢】 古代马具。多为铜质,金质、骨质等少见。形制多样,一般呈圆形或长条形,背有钮,可穿于皮革之上,垂在马额中央作为装饰。当卢最初盛行于商周时期,历代一直沿用。(王鹏)

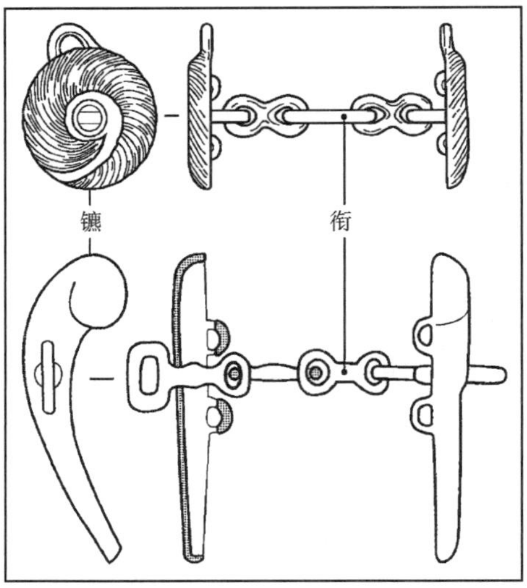

衔与镳示意图

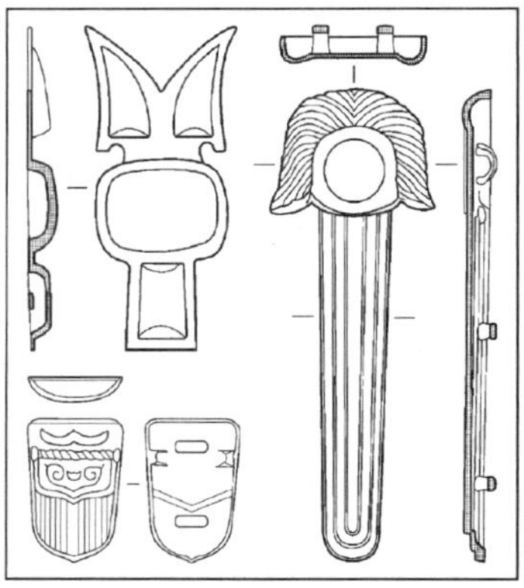

铜当卢

节约 古代马具。多为青铜或骨质。形制多为十字形、×形。节约中间均为空心,用以绑系马具上的带子,将马使用的缰绳或皮条穿其而过,使缰绳和皮条连为一体,以达到控制马的目的。(严志斌)

玉　器

【玉器】 亦称“玉雕”。中国新石器时代至清代的玉制器物。包括工具、装饰品、日用器皿、陈设品、礼仪用品、祭器等。古代玉器主要包括角闪石和辉石两种,前者为软玉,后者为硬玉。古代所见玉器多为软玉,但一般讲“美石为玉”,蛇纹石等一些角闪石以外的材质制作的器物也称为玉器。玉器最早出现于旧石器时代,新石器时代多有发现,尤其以良渚文化、红山文化、齐家文化为多。红山文化的玉器多为礼仪用具或简单饰品,良渚文化常见玉璧、玉琮和玉钺。二里头文化开始出现大型玉器,如玉刀、牙璋等。商代晚期玉器发现较多,包括礼器、仪仗、工具、生活用具、装饰品和杂器六大类,并出现了仿青铜器的玉器如簋等。动物、人物形玉器超过几何形玉器的数量，有了大量圆雕作品。西周玉器在继承殷商玉器双线勾勒技艺的同时，独创一面坡粗线或细阴线镂刻的琢玉技艺。玉器在古代除了装饰功能外，还有礼器的功能，西周以降曾被赋予道德和文化的功能，这是中国玉器有别于其他文化圈玉器的主要特征。（陈国梁）

【玉雕】 即“玉器”。

【玉璧】 古代玉器的一种形制。“六瑞”之一。多为扁平状圆形，中央有穿孔。新石器时代晚期开始出现，良渚文化、红山文化，以及齐家文化中盛行，因受切割工具的限制，形制不甚规整。商周时期玉璧尺寸小于新石器时代，均为圆形，璧面平滑，内外缘厚度相当。商代玉璧多素面无纹；西周大璧无纹，小璧则有雕琢精美的纹饰，题材主要是龙、凤、鸟纹。常用一宽阴线与一细阴线相结合的手法刻出璧面纹饰，所用玉材多为新疆青、碧、白玉及南阳玉、岫岩玉。春秋战国时代，玉璧开始被大量用来作佩饰和殓葬用玉，还有作为礼仪场合手执的信物。多采用新疆青、白、碧玉。春秋璧璧体较薄。战国璧表面分成一、二或三区同心圆纹带，内外区琢成一首双身龙纹，中区保留传统谷纹。内外边沿用阴线刻出，剖面呈三角立棱状。这时期出现了出廓玉璧等创新制作。雕刻技法普遍运用粗细阴线结合法。刀工锋利挺拔，刀痕较深，转角尖锐。谷纹乳突饱满匀称，谷纹是在乳钉纹上加刻阴线而成。汉代玉璧沿袭了战国的风格而又略有变化。玉质仍以青、白、碧玉为主，但璧的形体加大，有的直径达50厘米以上。透雕的龙、凤、鸟纹较多。璧上的谷纹、蒲纹颗粒大而稀疏。玉璧边缘加宽，立缘剖面呈方形。同时组合纹饰更为流行，有的饰有吉祥文字。及至东汉，璧体加厚，外缘立面略有弧度，但数量渐少。唐宋以降玉璧多为仿制古代玉璧的形制。（陈国梁）

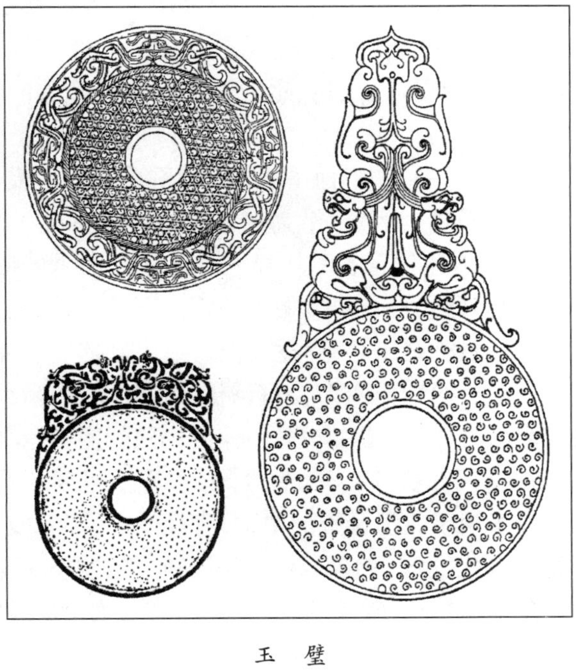

玉 璧

【玉琮】 古代玉器的一种形制。“六瑞”之一。一般为四方柱形，中空作圆筒状，外围呈若干节，每节多饰以人面或兽面纹；亦有内外俱圆者，较少见。据《周礼·大宗伯》中“苍璧礼天，黄琮礼地”之说，一般认为玉琮是祭地之器，同时反映了古人“天圆地方”的朴素观念。考古发现的早期玉琮，大量出现于良渚文化、石峡文化、陶寺文化及齐家文化等。尤以良渚文化的玉琮最为发达（见彩版11“良渚文化玉琮”），有高达12节者，反山遗址M12中出土者则重达6.5千克。商周时期的玉琮数量减少，形体偏小，多素面。至汉代及以后则少见。宋代以降又出现供赏玩用的仿古玉琮，然已失其为礼器之本义。（王成伟）

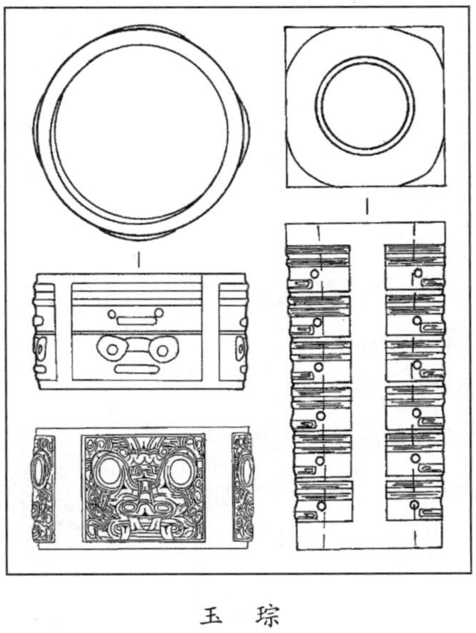

玉 琮

【玉圭】 亦称“珪”。古代玉器的一种形制。“六瑞”之一。多为长条形，上尖下方。圭可能起源于新石器时代的工具石铲和石斧，考古学界将新石器时代至商周时期的许多玉铲及方首长条形玉器都定名为圭。此种长条形、平首带穿的玉器多见于龙山文化，以素面为多，少数在下端饰有阴线弦纹，精美者刻有兽面纹。真正的玉圭见于商代，有两种形式，一种平首，圭身饰双钩弦纹，另一种尖首平端，近似后代的圭。周代玉圭，以尖首长条形为多，圭身素面，尺寸一般长15～20厘米。战国时期出土的圭数量较多，圭身宽窄大小不一，均为光素。汉代玉圭已从社会日常生活中消失，惟王公贵族为了显示其地位，才特制少量的玉圭。宋以降，历代都有不少仿制品。明代玉圭呈尖首平底状，器表或满布浮雕的谷纹或蒲纹，或阴刻出四山纹，寓安定四方。（陈国梁）

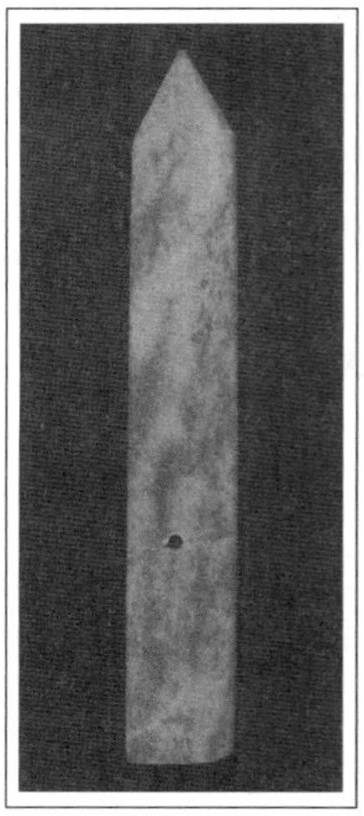

玉 圭

【珪】 即“玉圭”。

【玉璋】 亦称“牙璋”。古代玉器的一种形制。“六瑞”之一。盛行于新石器时代晚期至商代晚期。一般认为是铲（或耜）形松土工具的仿制品。全器由器身和柄部，以及两者之间的阑组成，器身前端有微斜而内凹的刃，柄部及其上的圆孔均无装柄的痕迹。在河南巩义花地嘴发现了阑与扉牙尚未发展成熟的牙璋，可能是早期的形制。在陕北神木石峁遗址中发现的玉璋以单阑为特色。二里头文化晚期和二里冈文化时期，中原地区出现了阑部与扉牙呈张嘴兽头式的璋。商代中晚期，与中原地区相似的玉璋陆续出现于长江流域的三星堆遗址，岭南的福建、广东、香港，甚至直抵越南红河三角洲。在晚商阶段，各地基本不见玉璋。玉璋多出土于墓葬和祭祀坑中，可能是具有多种功能的礼器。（赵海涛）

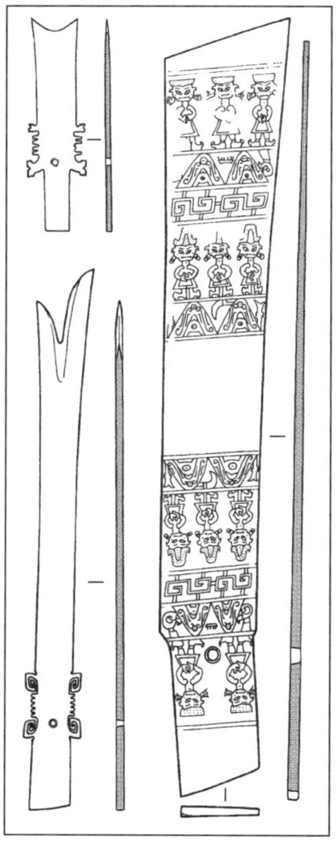

玉 璋

【牙璋】 即“玉璋”。

【玉琥】 古代玉器的一种形制。“六瑞”之一。雕刻成虎形。关于其用途，据《周礼·春官·大宗伯》：“以白琥礼西方”，其为用以祭祀西方之神的礼器。战国中山王墓出土的玉琥有自铭，呈虎形，扁平状，其上有穿，或已变为佩饰之用。（王成伟）

【玉璜】 古代玉器的一种形制。“六瑞”之一。大多呈弧形的扁平状，两端有穿孔，便于系绳佩戴；形体大致分两种：一种是半圆形片状，圆心处略缺形似半璧；另一种是较窄的弧形。最早出现于新石器时代早期浙江余姚河姆渡文化。从商代起玉璜成为人们流行的佩戴物，纹饰和式样体现出了多样性，有人形璜、鸟形璜、鱼形璜、兽形璜等。战国时期出现镂雕玉璜，纹饰多为变形龙纹。唐代以降玉璜被后期的各种玉佩饰品所取代而逐渐消亡。（曹慧奇）

玉 璜

【玉玦】 一种形似玉环而环体上有缺口的玉器。形制上按纹饰分为两种：一种窄环状素面磨光无纹，体形较小，在新石器时代、西周晚期和春秋战国墓葬中常有发现，多放置于死者的耳旁，作耳饰玉器。最早发现于兴隆洼文化，距今约有8 000年。另一种片状饰有纹饰或呈动物形象，如龙形玦，商周时期多饰弦纹、云雷纹；春秋战国时期玉玦的数量最多，纹饰主要是当时流行的蟠螭纹、蟠虺纹，宋代至明清玉玦纹饰多仿古制，此类玉玦为随身佩戴的玉饰。（曹慧奇）

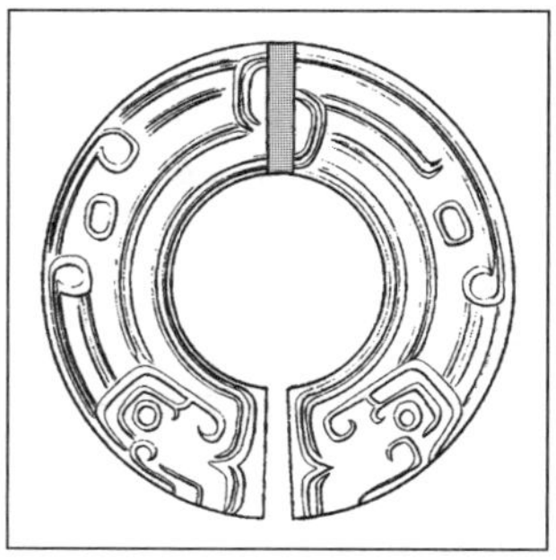

玉 玦

【玉环】 一种圆形而中间带有穿孔的玉器。最早出现于新石器时代，一直流行至明清。《尔雅·释器》：“肉（器体）好（穿孔）若一谓之环。”肉是器体，好是穿孔，即孔径与器体相等的是玉环；后来孔径大于器体的也称之玉环，并逐渐演变成玉制环的统称。玉环古时一般用作佩饰，新石器时代制作较为精致，器表多为素面；战国时期玉环种类达到鼎盛，有丝束环、云纹环、谷纹环、三龙外蟠环、重环及玛瑙环；汉代玉环多用于成组佩玉的中部，直径较小，环表面饰典型的汉代纹饰，如勾云纹、四灵纹、螭纹等。明清两代多雕团龙纹、蟠螭纹及竹节形玉环，龙身多饰鱼鳞纹，旁衬卷云纹。（曹慧奇）

【玉瑗】 一种扁平圆形中间带有大孔的玉器。一般佩戴于臂部或腕部。《尔雅·释器》载:“肉(器体)倍好(穿孔)谓之璧,好倍肉谓之瑗,肉好若一谓之环。”即孔径大于器体的是玉瑗,现在通常用“玉环”来统称。器形从新石器时代开始出现,器面多素面无纹;商周之际流行装饰谷纹和蒲纹;战国玉瑗纹饰渐多,有些作扭丝纹的玉瑗,肉部中央加厚,两边变薄,剖面如枣核形,纹饰多为卷云纹。(曹慧奇)

【玉柄形器】 二里头文化至春秋时代常见的玉质礼器。器形大多为扁平长方体或扁圆锥体,由柄首和柄身构成。二里头文化早期开始出现于二里头遗址,二里冈文化、殷墟文化和西周时期逐渐盛行,春秋早期以后基本不见。出土地点集中于二里头遗址、二里冈遗址、殷墟遗址、丰镐遗址等三代王都、近畿地区,及与王室关系密切的河南三门峡虢国墓地、平顶山应国墓地、鹿邑太清宫长子口墓,山西垣曲商城、曲沃晋侯墓地、绛县横水墓地,河北藁城台西、邢台葛庄,北京平谷刘家河、房山琉璃河,山东青州苏埠屯、滕州前掌大、济阳刘台子,湖北盘龙城,江西新干大洋洲,甘肃灵台白草坡等重要遗址,其他地点基本不见。常见于有青铜或陶礼器的墓葬中,也有少量出土于祭祀坑中者。墓葬中通常出土于墓主的胸部和腰、腹部,也有的放于头部、手部和足部附近,还有一些置于棺或椁盖上与棺椁之间。在祭祀坑中常与青铜或玉石祭器、人牲同埋。(赵海涛)

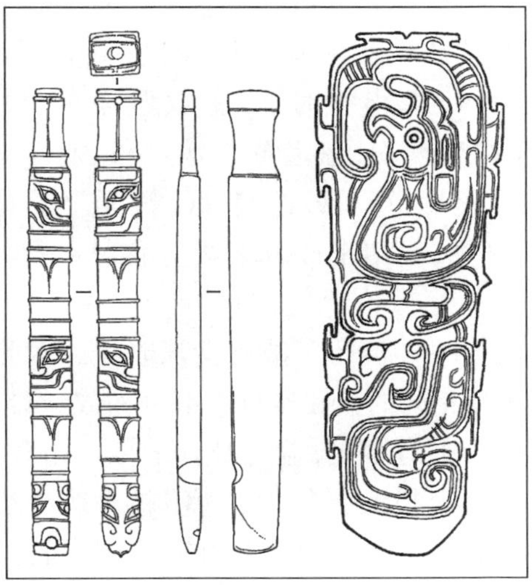

玉柄形器

漆　器

【漆器】 以生漆涂在胎骨表面而制成的器物。具有耐潮、耐高温、耐腐蚀等优点,亦因有悦目的光泽而颇具观赏性。主要是日常用器、家具、乐器、文房用具以及工艺品等。考古发现的最早漆器为河姆渡文化的木胎朱漆碗,胎骨较厚,工艺朴拙。商代漆器工艺已趋发达,出现了镶嵌、螺钿、彩绘等技法。西周至春秋时期,漆器种类不断丰富,产量日渐增多。战国至汉代,漆器工艺突飞猛进,其产量之多、品种之丰富、制作之精美、分布之广泛都远超前代,出现皮胎、竹胎、砂胎、陶胎、卷木胎、夹纻胎等多种胎骨漆器,纹饰丰富,美观大方,成为中国漆器生产史上的第一次高峰。汉代以降,漆器日趋华美瑰丽。隋唐时期出现了堆漆和雕漆等新工艺,各种主要的髹饰种类基本齐备。明清时期是中国漆器生产史上的第二次高峰,工艺成熟,采用多种髹饰法相结合,从实用器上升为艺术品;同时制漆名家辈出,地域特色明显,出现苏州、北京、云南、扬州、福州等极具地方特色的漆器样式。(王成伟)

【夹纻胎】 夹纻胎一般是在薄木胎上加裱麻布,然后髹漆。长期以来,学术界一直存在误解,就是将夹纻胎和布胎(纻胎)混为一谈。夹纻胎可用木胎夹纻髹漆,也可用陶胎或其他胎骨夹纻髹漆。(洪石)

【纻胎】 即布胎,其制作方法是先以木或泥做成器形,作为内胎,然后以麻布或缯帛若干层附于内胎上,等麻布或缯帛干实后去掉内胎,这种制法也就是“脱胎”,则所存麻布或缯帛与原来器形的轮廓一样,仅稍大一些。(洪石)

【漆具器】 主要流行于战国秦汉时期,分器身与器盖两部分,分别由整木凿成,形状基本相同,以子母口相扣合,内装杯、酒壶等酒食用具。有的发掘报告或简报称之为酒具箱、酒具盒、双耳长盒、耳杯盒等。根据出土物疏简牍上的文字记载可知其名为“具器”。(洪石)

【螺钿漆器】 在漆器上镶嵌蚌饰以组成花纹的技法通称为螺钿工艺,制作成的漆器称为螺钿漆器。琉璃河 M1043 出土漆罍上作为主体纹饰的凤鸟、饕餮纹、兽头等,其细部如口、眼、耳、角等用小蚌片镶成,蚌片表面和边缘光滑平整,接缝严密。彩绘与蚌片的有机结合是西周漆器装饰图案中最具特色的装饰手法。以往的研究者大多认为螺钿漆器始于唐代。这件罍的出土表明,在西周早期螺钿漆器制作工艺已

相当娴熟(见彩版17“漆橐复制品”)。(洪石)

【锥画】 即在已涂漆的器物上用针、锥等工具加以刻画,考古发掘简报或报告多称之为“针刻”。“锥画”一名来源于湖南长沙马王堆3号汉墓出土的物疏简,简文称之为“锥画”。至迟在西汉文帝时期锥画技法已经产生。这一时期漆器上的锥画花纹有单独施加的,如湖北江陵凤凰山M168锥画流云纹间以禽兽纹的圆奁及湖北荆州高台M6出土的锥画流云纹间以禽兽纹的双层圆奁。也有锥画花纹与漆绘相结合,如湖北荆州高台M2出土大型漆盘上的花纹。还有在锥画花纹中夹杂油彩,如湖南长沙马王堆M1出土的双层九子奁和单层五子奁中的一部分小奁上的花纹。(洪石)

【釦器】 古代用金属加固和装饰器物口沿的器具。首先产生于漆器,用金属加固器口的漆器最初出现在战国时期,到汉代开始大量生产。分为黄金釦器、白银釦器和铜釦器三大类,其中铜釦器又可分为鎏金铜釦和不鎏金铜釦,绝大部分釦器是漆器,但也有少量是玉器、象牙器、玳瑁器、琉璃器。东汉许慎在《说文解字·金部》中说:“釦,金饰器口。”汉代一些铜釦漆器,其铜釦加固不仅限于口沿,在边沿、转角处或器身上加上几道铜箍,更为结实、美观。如耳杯双耳是使用时触摸最多的部位,为加固多用铜釦。(石自社)

【工官漆器】 官方作坊生产的漆器。《汉书·贡禹传》记载:“蜀广汉主金银器”,注引如淳(魏时人)曰:“《地理志》河内怀、蜀郡成都、广汉皆有工官。工官,主作漆器物者也。”此处“金银器”应指金银釦器。迄今考古发现的蜀郡和广汉郡工官制作的漆器,年代最早的为西汉昭帝始元二年(公元前85年),最晚的为东汉和帝永元十四年(公元102年),其间凡187年,基本上没有间断制作漆器。蜀郡和广汉郡工官漆器铭文内容一般包括纪年、工官名、器物名、容量、工名、官名等。蜀郡、广汉郡工官漆器主要供御用,并由不同级别的官吏进行管理、监督,其产品以金银釦器为主,在同期漆器产品中最为精良,制作工序也最为复杂。按工种不同,分为素工、髹工、上工、铜耳黄涂工或铜釦黄涂工、画工、丹工、清工、造工。(洪石)

【漆奁】 主要流行于战国秦汉时期,有些研究者称为“盒”,根据出土物疏简牍上的文字记载可知其名为“奁”。从出土实物看,奁有圆奁、椭圆奁和方奁之分。圆奁数量较多,整体形状为圆筒形,直壁,平底,由器身和盖扣合而成。分单层和双层,又分单独一器和大奁内置多子的成套器。从出土情况看,奁主要盛放铜镜等化妆用具及化妆品,也可盛放食品等。(洪石)

【漆屏风】 用木材做胎,外面多次涂漆制作的日用器具。屏风是古代广泛使用的日用家具,墓葬中也有出土。一般有单屏与多扇屏两种。单屏为横置的长方形,附有支架。多扇屏由6～8扇单屏连接组成,每扇单屏为竖立的长方形漆版,上面绘制图画。使用时竖立在床榻上。保存较好的如湖北战国楚墓中出土的漆屏风、大同北魏司马金龙墓出土的多扇人物画漆屏风等。(赵超)

【漆卮】 用木材或麻布作胎,外面多次涂漆制作的盛水器具。其外形为圆筒形,有盖,底部有足,并附有环形把手。代表器物如1973年在湖北省光化县(今老河口市)五座坟3号西汉墓出土的戗金漆卮,口径9.6厘米,通高10.5厘米。装饰有龙、凤、立虎、仙鹤、玉兔、仙人等图案。图案均用针画出线条,内填金彩。为现存最早的戗金漆器。(赵超)

【漆案】 主要流行于战国秦汉时期。木胎,多为长方形,四沿上翘,平底,有足。其中带四蹄足的称为“案”,而带曲尺形足的案根据出土物疏简牍上的文字记载可知其名为“方平盘”或“其末”。其用途直接从出土实物可以看出,例如湖南长沙马王堆M1:382出土时,其上放置漆盘、漆杯、漆卮,漆盘内盛食物,盘上放竹串一件,杯上放竹箸一双(见彩版25“彩绘漆盘、漆卮、漆杯及漆案”)。可见,案用来放置杯盘等食具,类似餐桌。(洪石)

【漆盛】 主要流行于战国秦汉时期。木胎较厚,由形制大致相同的盖和器身两部分构成。器盖上有凸棱,圜底,下有圈足,盖与身以子母口扣合。在多数考古发掘简报或报告中,“盛”被称为“圆盒”或“盒”。根据出土物疏简牍上的文字记载可知其名为“盛”,属食器。(洪石)

陶质建筑构件

【砖】 古代建筑材料。由黏土烧制而成,一般呈

块状，表面上通常刻有图案、装饰性或纪年文字等。因用途不同而种类多样。迄今最早见于战国时期，历代一直沿用。（王鹏）

【小砖】 古代陶质建筑材料。由黏土烧制而成，一般呈长方形，多为青灰色。考古发现中明确的小砖始于战国时期，汉唐时期小砖成为营建墓葬的主要材料，十六国时期后赵在邺城首次用小砖包砌城墙，可见当时已大规模地运用于地面建筑。小砖上常模印有绳纹，有的还有文字、图案等，是汉唐都市考古研究的重要遗物，以及研究具体遗迹年代、性质的实物资料。（文平）

【瓦当】 古代建筑檐上筒瓦的瓦头。有遮挡风雨侵蚀和装饰作用。由黏土烧制而成，一般呈半圆形或圆形。当面纹饰多样，有云纹、莲花纹、动物纹、兽面纹以及吉祥文字纹等。迄今最早见于西周时期，历代一直沿用。（王鹏）

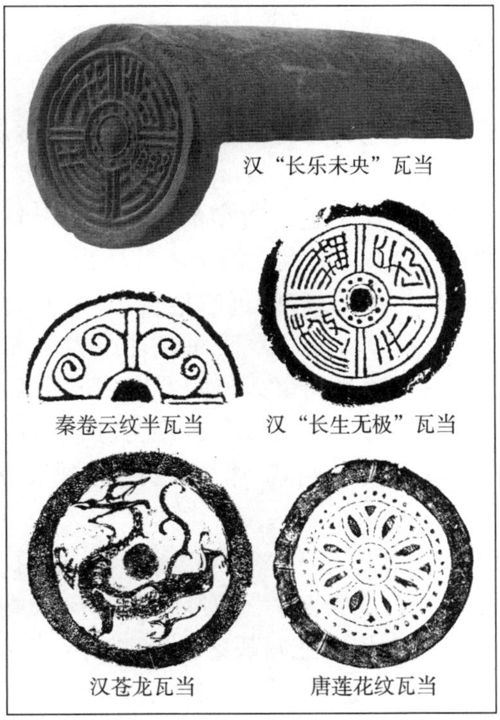

瓦当及当面纹饰拓本

【板瓦】 古代建筑覆盖屋顶瓦的一种。用于阻挡雨水渗透。板状，略有弧度，由筒形坯四剖或六剖之后烧造而成，使用时仰置在屋顶上，缝隙间可覆盖筒瓦，构成筒瓦屋顶，或覆盖板瓦，构成仰合瓦屋顶。以往认为最早见于西周时期，历代一直沿用。最近在陶寺文化中有发现。（王鹏）

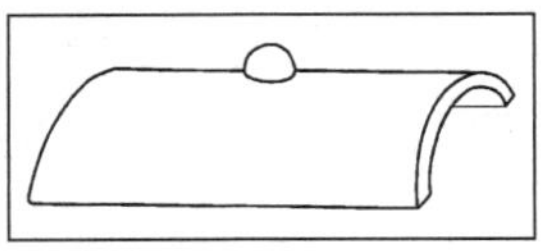

板　瓦

【筒瓦】 古代建筑覆盖屋顶的瓦的一种。用于阻挡雨水渗透。瓦呈半圆筒形，由筒形坯剖对之后烧制而成，使用时覆盖在板瓦的交界处，构成筒瓦屋顶，檐端的筒瓦称为勾头，上有瓦当。迄今最早见于西周时期，历代一直沿用。（王鹏）

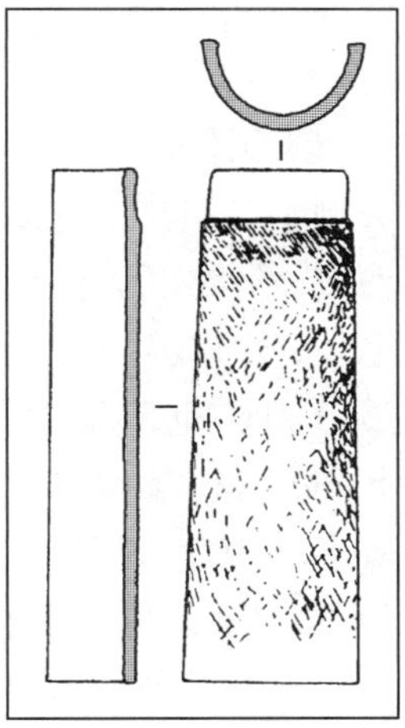

筒　瓦

【兽面瓦件】 北朝时期大型建筑顶部的构件。平面多呈竖长方形或近似长方形，上端弯曲呈弧形，下端有拱形缺口，正面模制出高浮雕的兽面。通常使用于大型建筑屋顶正脊或垂脊端部的装饰。北魏洛阳城、东魏北齐邺城均有此类出土遗物。（沈丽华）

其　他

【石器】 以石块为原料制作的生产工具，是人类早期发展阶段的创造，直至青铜时代仍有使用。根据制作技术的变化，又分为打制石器和磨光石器两大类。考古学以石器打制和磨光技术为依据将人类早期历史划分为旧石器时代和新石器时代两个发展阶段，作为两者之间的过渡阶段，还有一种以压剥方法制作小石器的细石器技术，有些学者据此又划分出一个中石器时代。（王仁湘）

【旧石器】 以砾石和小石块使用打制方法制作的简单石器。多为斧类砍斫器、球状敲砸器和片状切割器。晚期成熟的打制石器形状规整，出现预加工成型、琢孔和磨刃技术。旧石器时代因之命名。（王仁湘）

【新石器】 琢制成型后采用水磨技术将坯体磨光的精致石器。多为斧、锛、刀、镞类器形。普遍采用切割和钻孔技术，部分玉石器还采用线割、雕刻、管钻和抛光技术，器形十分规整。新石器时代因之命名。（王仁湘）

【细石器】 石器种类。是一种特殊的技术工艺所产生的石制品。原则上以间接打法所剥离的细石核、细石叶以及用细石叶加工的石器为代表，一般是

为了装备骨质、木质刀、矛、箭等复合工具而专门制作的石刃。细石器出现于旧石器时代最晚阶段。(周振宇)

【砍砸器】 亦称“砍斫器”。旧石器时代的一种大型生产工具。主要以石块、石核、砾石为毛坯加工而成,少数以大石片为毛坯,以其钝厚曲折的刃口和厚重的器身,可起到砍劈、锤砸和挖掘等多种用途。形状有圆形、方形和不规则多边形等。砍砸器基本上用锤击法修理而成。(周振宇)

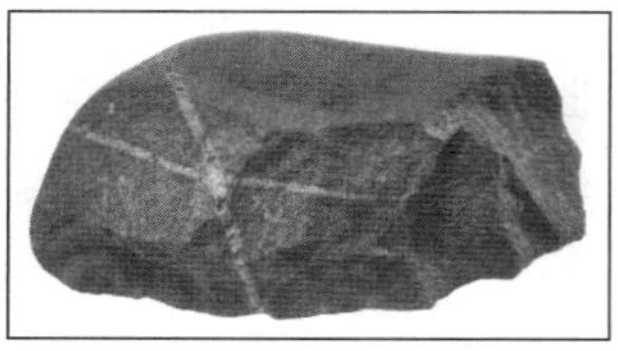
砍砸器

【砍斫器】 即“砍砸器”。

【尖状器】 旧石器时代的一种小型生产工具。主要以石片为毛坯加工而成。一般毛坯的两个边缘经过修理并使其相交,形成一个尖刃,大多以石片制成扁平形,用砾石、石核制成三角棱形。其功能偏重于锥割。(周振宇)

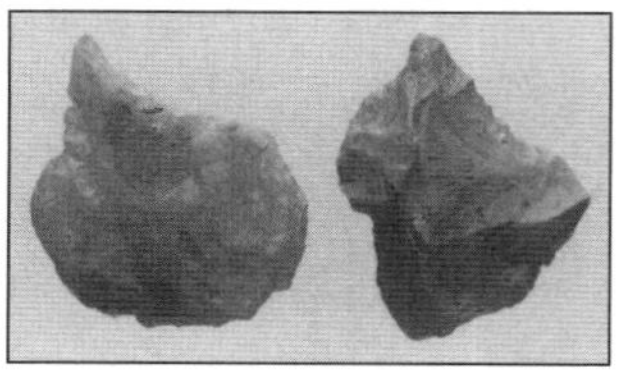
尖状器

【刮削器】 旧石器时代的一种小型生产工具。主要以石片为毛坯加工而成,少数以小石块或石核为毛坯。刮削器至少有一个以上的边缘经过修理,形成不同形状的刃口,可供切割、刮削之用。形状有长条形、方形和圆形等。刮削器是旧石器时代遗址中出土数量最多、类型多样的工具。(周振宇)

刮削器

【石片】 指因力的作用从石块上剥下来的碎片,在考古学上特指制作石器时由石块上击打下来的石片。根据长宽比例与大小,可被分为普通石片及石叶等。打击石片的方法包括直接打击法和间接打击法。(印群)

【石叶】 从预制有平直脊的石核上剥制的两侧边中上部平行或近平行,背面有平直的脊,长度一般为宽度的两倍或两倍以上的石片。(周振宇)

石叶

【有肩石斧】 亦称“有肩石器”、“双肩石器”。新石器时代遗物。器形特征为宽扁,上部有双肩,以肩为界,上部装柄,下部为刃部。主要分布在广东、香港、广西、云南、海南等地。

【有肩石器】 即“有肩石斧”。

【双肩石器】 即“有肩石斧”。

【石球】 狩猎工具。是表面分布人工痕迹,直径在4～15厘米范围内,整体呈球形的石制品。分大小两种。大者用作敲砸和投掷,小者用于飞石索。(周振宇)

【薄刃斧】 通常是以大型的长石片为毛坯加工而成的石片工具。使用刃口为石片的远端,且使用刃一般不经系统的修理,近端把柄部(石片台面一端部分)和侧刃部分通常两面修理或者单面修理以便于手握。典型的薄刃斧的器形一般呈U形或者V形,但也有一些薄刃斧表现为其他不规则形态,主要作为大型的切割、砍伐或劈裂类工具。(周振宇)

【手镐】 重型工具。多以粗长砾石或大石片制成。器身窄长,横断面呈三角形或四边形,尖端厚实粗大,刃口呈尖锥状或圆弧状;腹面略平,背面因两侧陡直修整而隆起。“大尖状器”、“厚尖状器”、“三棱大尖状器”都属于此类。(周振宇)

【废石片】 古人类在石核剥片和工具修理过程中产生的石片、碎屑等副产品。主要包括除石核、工具、使用石片、断块以外的石制品,包括非工具类石片和碎屑。(周振宇)

【手斧】 两面打制加工,两面、两侧基本对称,一端窄薄,另一端宽厚的重型工具。因形态变异和不同阶段演变,手斧可分为以下亚型:形态近似手镐,只有部分器体被加工,一端尖锐另一端粗厚,器身

厚、修疤深短的原型手斧；轮廓匀称，通体加工，两端呈舌形或弧形，器身薄锐、修疤平远的典型阿舍利手斧。（周振宇）

【锤击法】 使用石锤直接作用于原料进行剥片的生产方法。一般手握石锤，另一手握原料或将原料置于地上，用石锤敲击，获取石片。锤击法最重要的是控制力度与角度，因此锤击法石片角接近或超过直角。（周振宇）

【砸击法】 使用石锤垂直用力作用于原料的生产方法。制作时地上放置一块石砧，将原料的一端抵于石砧上，并用手扶握，然后使用石锤垂直用力于原料的上端，反复砸击，直到产生出合乎要求的石片。（周振宇）

【碰砧法】 直接打片方法的一种，制作时在地面放一大型石块作为石砧，而后手持原料，用力将原料边缘猛碰石砧，这样可以生产石片。这种方法产生的石片台面较大，石片角多在 120 度以上。（周振宇）

【压制法】 使用鹿角等坚硬材料，将一段修成尖状，另一端用手直接持握，或加柄依靠手臂或胸部的压力产生巨大压强，直接作用于被加工的原料上，进行剥片或修整。这种技术直到旧石器时代晚期才出现。（周振宇）

【陶器】 以黏土或加入羼和料作胎，经成型、干燥、焙烧等工序制成的器物。烧成温度一般为 800℃以上。器物主要分为汲水器、炊器、食器、盛储器等。早期以泥片贴筑法或泥条盘筑法制作陶坯，器壁厚拙；在龙山文化中则出现以陶车进行修整的轮制法，不仅器壁较薄、器形规整，而且极大地提高了生产能力。陶质主要有夹砂和泥质两种，陶色有红、灰、褐、黑、白等。新石器时代的陶器具有鲜明的地方特色，红陶主要流行于裴李岗文化、仰韶文化、马家浜文化、大汶口文化等；灰陶主要盛行于屈家岭文化后期、石峡文化及昙石山文化等；黑陶则为龙山文化的鲜明特征。器表多修饰以拍印花纹、附加堆纹、剔刻纹、镂刻纹及彩绘等。商代已出现釉陶和原始瓷。此后随着瓷器的日趋发达，陶器中明器日渐增多，实用器的应用逐渐萎缩。（王成伟）

【蚌器】 古代蚌壳制品。多为农业生产工具如镰、刀等，利用蚌壳制成的装饰品亦常见。新石器时代和夏商周时期盛行。（王鹏）

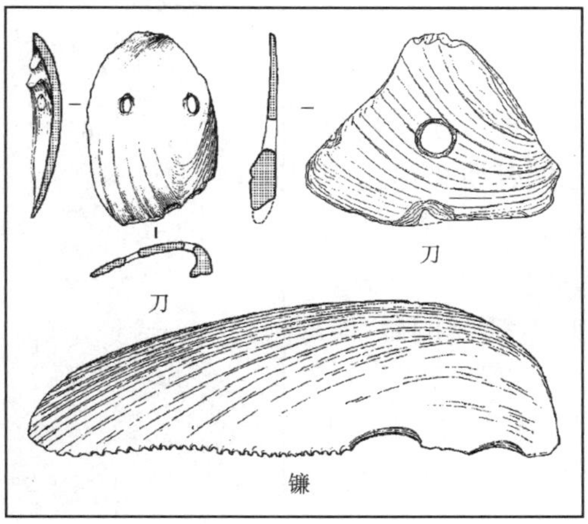

蚌刀和蚌镰

【骨器】 古代利用动物骨骼或人骨制成的工具、武器、乐器和饰物等。最早见于旧石器时代，历代一直沿用。（王鹏）

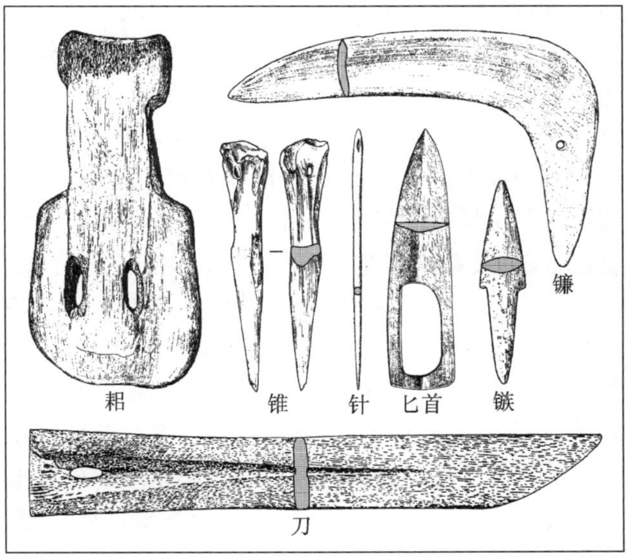

骨 器

【骨签】 汉长安城出土的标签状骨片，多数正面刻有文字。1979 年最早出土于武库第四号建筑遗址，1986 年在未央宫中央官署遗址大量出土（共 60 000 多片，其中 5 700 多片有刻文），2002 年城墙西南角遗址出土 2 片。骨签以动物骨骼（牛骨为主）制成，一般长 5.8～7.2 厘米，厚 0.2～0.4 厘米，上、下两端呈圆弧形，下端稍尖，正面上部磨光，阴刻文字。刻文内容包括弩的编号、强度、射程及制作的时间、地点、负责官吏和工匠名字等情况。关于骨签性质，目前有三种观点，一种观点认为骨签主要是有关郡国向中央政府“供进之器”的档案记录；一种观点认为是登记弓弩编号、强度、射程及制作

信息以加强管理的标签；还有一种观点认为是弩上所配弓体或复合型弓上的骨质弓饵或骨饵残片。（张建锋）

骨 签

【铜器】 以铜为基本原料加工制成的器物。包括工具、武器、器皿、日常用具、乐器、车马器、装饰品、艺术品等。在中国古代多指青铜器。青铜，古称“金”或“吉金”，是红铜与其他化学元素锡、铅等的合金，其铜锈呈青绿色，故名。青铜器的使用流行于新石器时代晚期至秦汉时期，以商周时期的器物最为精美。最初出现的是小型工具或饰物。夏代始有青铜容器和兵器。商中期，青铜器品种已很丰富，并出现了铭文和精细的花纹。商晚期至西周早期是青铜器发展的鼎盛时期，器形多种多样，浑厚凝重，铭文逐渐加长，花纹繁缛富丽。随后，青铜器胎体开始变薄，纹饰逐渐简化。春秋晚期至战国，因铁器的推广使用，铜制工具逐渐减少。秦汉时期，随着瓷器和漆器进入日常生活，铜制容器品种减少，装饰简单，多为素面，胎体也更为轻薄。历史学上所称的“青铜时代”是指大量使用青铜礼器与武器的时期。此时期主要从夏商周直至秦汉，时间跨度约有2 000年，此也是青铜器从发展、成熟乃至鼎盛的辉煌期。从现有考古资料来看，中国铜器的出现不是最早的，但就铜器的使用规模、铸造工艺、造型艺术及品种而言，是独步世界的，因此中国古代铜器在世界文明史上占有独特地位。（严志斌）

【青铜器】 见“铜器”。

【铁器】 以铁矿石冶炼加工制成的器物。世界上最早进行人工炼铁的是公元前1400年左右的小亚细亚赫梯人。中国铁器的使用始于春秋时期，大多发现于湖南长沙地区。战国中期以后冶铁业得到迅速发展，出土的铁器遍及当时的七国地区，在农业、手工业部门中占据重要地位。西汉时期，使用铁器的地域更为辽阔，器类和数量显著增加，质量更有提高。东汉时期完全取代青铜器，到南北朝时期杂炼生鍒灌钢工艺出现，形成具有中国特色的古代冶炼技术体系。铁器的出现使人类历史产生了划时代的进步。（沈丽华）

【金花银器】 古代鎏金银器的一种。属于局部鎏金，即只在银器花纹部分鎏金，形成黄、白相映的立体装饰效果。鎏金方法有两种：一是先錾刻花纹再鎏金，一是鎏金后再錾刻花纹。前者主要流行于唐代前期，后者多见于唐代中晚期。金花银器多见于唐代，陕西西安何家村出土的舞马衔杯纹银壶及法门寺地宫内出土的金花银盘可为其代表。金花银器的制作方法唐以后一直沿用，是金银器常见的类型和装饰方法。其制作方法集中体现出中国古代金银器制作发展的高度。（刘涛）

【釉陶】 古代一种表面施釉但烧造温度低于瓷器的陶器。据测试，釉陶的烧造温度一般在800℃左右，陶胎胎土是未经淘洗的陶土，与烧造瓷器所使用的经过淘洗的瓷土（高岭土）有别。一般认为，成熟的釉陶技术出现于汉代，在西安与洛阳地区发掘的汉墓中，有黄褐釉和青绿釉两种釉陶器，前者多见于西汉墓，后者多见于东汉墓。唐三彩是釉陶发展的高峰，形成了造型生动、釉色斑斓的艺术特色，釉陶作品也从一般的实用容器扩展到人物雕塑、动物造型、建筑构件、玩具物什，乃至墓葬明器和家具模型等。（姜波）

【三彩】 古代釉陶器。唐高宗时期在墓葬中开始大量出现，盛唐时达到极盛。民国以来，此种釉陶器在河南洛阳等地大量出土，因于史无载，其釉色以黄、白、绿三色多见，人称“唐三彩”。实际上其釉色远不止三种，而是黄、白、绿、蓝、赭、黑等各色纷呈。红色陶胎者以普通陶土为原料，白色陶胎者系用瓷土制作，烧成温度800℃～1 100℃。唐三彩是釉陶发展的高峰，形成了造型生动、釉色斑斓的艺术特色，釉陶作品也从实用容器扩展到人物雕塑、动物造型、建筑构件、墓葬明器乃至玩具物什等（见彩版31“三彩仕女俑”、“三彩载驼俑”）。代表性的唐三彩作品有陕西西安鲜于庭诲墓出土的载乐骆驼俑、西安中堡村唐墓出土的唐三彩庭院和河南洛阳关林59号唐墓出土的天王俑等。唐三彩渊源于汉代单色釉陶器，极盛于唐代，宋、辽、金乃至元、明时期，三彩器仍然沿用。宋代、辽代继承唐三彩工艺，其产品称为“宋三彩”、“辽三彩”。唐三彩对外影响到东北亚地区，出现了新罗三彩和奈良三彩。（姜波）

【唐三彩】 见"三彩"。

【宋三彩】 宋金时期的低温彩色铅釉。陶胎体用刻划方法装饰,第一次烧成涩胎后,再填入彩色釉,经二次烧成。已知窑口有河南登封曲河窑、禹州扒村窑和河北观台窑等。釉色有黄、绿、白三种主色,还有酱、艳红、黑等色,并创出色泽明艳的翡翠色。与唐三彩相比,宋三彩不见蓝釉。(王睿)

【辽三彩】 辽代生产的低温彩色铅釉。技术上受唐三彩影响,多用黄、绿、白三种颜色。在陶胎上施化妆土,再施彩釉。器形较少,多为生活用器,随葬明器罕见。辽三彩为黄沙胎,无蓝色,施釉不交融,缺少斑驳华丽等特点。内蒙古自治区赤峰市缸瓦窑、林东窑及辽宁省辽阳市江官屯窑、北京市龙泉务窑等均生产辽三彩器。(王睿)

【宜兴窑紫砂器】 明清时期一种由特殊泥土烧制的陶器。约源于明代中期。紫砂是产于江苏省宜兴丁蜀的一种特殊矿土,含铁量高,透气性强,材质性能介于瓷器与陶器之间。紫砂制品分别呈天青、栗色、暗肝、梨皮、朱砂紫、海棠红、青灰、墨绿等色,造型多样,产品主要有茶具、花盆等,以茶具制作成就最突出。(王睿)

【原始瓷器】 瓷器的原始形态。用高岭土制胎,胎厚薄不均匀,施石灰釉,经过 1 200℃的高温烧造而成,胎体无吸水性或吸水性很弱,呈灰白色或褐色,釉一般呈青绿色或黄绿色、灰青色,故又称"原始青瓷"、"青釉器"。最早出现于商代,至西周有较大发展,产区以江南为主,东汉时期发展为成熟的瓷器。(王鹏)

【原始青瓷】 即"原始瓷器"。

【青釉器】 即"原始瓷器"。

【瓷器】 以高岭土为原料,经制胎、上釉之后在 1 200℃高温下烧造而成的器物。具有胎质坚硬、胎釉结合紧密和不透水的特点,品种繁多,器类包罗万象。大多为日用器物,也有艺术品和工业用瓷。在陶器制作技术的基础上发展而来,脱胎于原始瓷器,产生于东汉时期,至明清时期达到鼎盛,是中国古代的伟大发明之一,唐宋以降大量运销海外。(王鹏)

【绞胎】 亦称"搅胎"、"绞泥"。瓷器制作中的特殊工艺。始见于唐代,宋代流行,元代后衰亡。指把配制好的深色和白色泥切成薄片,按造型要求堆叠成雏形,然后放到刻好形体的陶范中挤压成型。层层不同颜色的泥片扭曲掺和,形成类似树木年轮、岩石纹理、禽鸟羽毛等各种各样纹理,再罩淡黄铅釉或白釉,经 800℃~900℃的窑温烧制,便形成绞胎。绞胎制成的器物有碗、盘、杯、瓶、钵、枕等,还有人俑和动物俑等陶瓷塑像。河南巩义窑、河南修武当阳峪窑等窑址烧造绞胎制品。宋代以降较少出现。(石自社 王睿)

【芒口】 采用覆烧等法的碗、盘、杯、碟等瓷器口部无釉,露出胎骨,称"芒口"。成因一是对口烧,见于南朝洪州窑、辽代部分窑址及金、元磁州窑等;二是多级盘式、钵式或碗式覆烧,见于北宋中期定窑、北宋后期至南宋早期的湖田窑;三是组合支圈覆烧,见于北宋后期定窑、南宋后期湖田窑;四是挂烧、仰烧,造成盘、碗口外沿较宽的无釉边。(王睿)

【匣钵】 烧瓷窑具。瓷器焙烧时置放坯件并对坯件起保护作用的匣状窑具,以耐火黏土制作,形状一般为筒形或漏斗形。最早出现于南朝,唐代开始普遍使用。匣钵的使用避免了烟火与坯件直接接触和窑顶落砂等侵扰,使坯件受热均匀,釉面洁净,提高了产品质量。匣钵耐高温,胎体结实,承重能力强,又可层层叠烧以充分利用窑室空间,增加装烧量,提高烧造产量。是中国制瓷工艺的一大进步,为瓷器的优质高产创造了条件。(石自社)

【青花】 白地青花瓷器的专称。瓷器高温釉下彩之一。用钴为原料,在瓷坯体上绘纹饰,再罩层透明釉,经高温还原焰一次烧成。钴料烧成后呈蓝色,发色鲜艳,呈色稳定。元代成熟,明代成为主流,清康熙年间达到顶峰。迄今发现最早的青花瓷标本是 1975 年江苏省扬州市唐城遗址出土的青花瓷枕残片。(王睿)

【唐青花】 唐代高温釉下彩之一。白地青花瓷器的专称。指用含氧化钴的钴矿土为原料,在瓷器胎体上描绘纹饰,再罩上一层透明釉,经高温还原焰一次烧成。青花所使用的钴原料经高温烧成后呈蓝色,具有着色力强、发色鲜艳的特点。唐青花瓷迄今在国内已有多处发现,仅扬州唐城遗址已发现多件标本,经科学测试,其原料为钴,胎、釉、彩与河南巩县窑产品相同。河南巩县窑址考古发掘中出土有多件青花瓷标本,证明唐代巩县窑已开始烧造青花瓷器。(石自社)

【秘色瓷】 唐五代越窑烧造的青瓷或青瓷中的精品。唐陆龟蒙《秘色越器》中有:"九秋风露越窑开,夺得千峰翠色来。”最早描写了秘色越窑器的釉色。1987 年发掘陕西扶风法门寺塔唐代地宫,出土一批越窑青瓷精品,器形有瓶、碗、盘、碟等,还有 2 件漆平脱银釦秘色瓷碗。这批越窑青瓷,是唐懿宗用来供奉释迦真身舍利的众多珍宝中的一种,在《监运真身使随真身供养道具及金银器衣物账》中记载道:“瓷秘色碗七口,内二口银棱;瓷秘色盘子叠(碟)子共六枚。”明确注明其为“秘色瓷”,有力地证明秘色瓷即越州窑青瓷。这些器物制作精良,以青绿釉器为主,与陆龟蒙《秘色越器》所描述的相契合。这一发现提供了秘色瓷的标准器物,并因法门寺塔地宫闭封于唐懿宗咸通十五年(公元 874 年),表明秘色瓷烧造时间上限不迟于此时,较之浙江临安晚唐钱宽夫妇墓出土的越窑青瓷要早。杭州和临安墓葬出土的越窑青瓷以青黄釉为主,青绿釉所占比重直至五代时才逐渐增大。法门寺出土的时代较早的越窑青瓷,以青绿釉器为主,包括少数青黄釉,并出现银釦加金银装饰,说明早期秘色瓷包括青绿色釉、青黄色釉两种。唐代越窑青瓷为当时各地青瓷之冠,秘色瓷又是其中佼佼者,据法门寺的发现,唐五代时秘色瓷实为越州窑烧造的贡瓷,是宫廷专用品。因其名声大、影响广,各个时代、不少地区都有仿制,并也以“秘色瓷”相称,故后来所谓“秘色瓷”,已是青瓷中釉色上乘者的代名词。(汪勃)

【梅瓶】 北宋创烧的一种瓷瓶。因口小仅容梅枝而得名,亦称“经瓶”。造型为小口,短颈,丰肩,敛腹。瓶体修长,有直口、唇口、梯形折沿口等。可用于盛酒、插花或观赏陈设,又可做祭祀或随葬器物,还可做精神含义上辟邪消灾的风水宝瓶。(王睿)

【釉里红】 瓷器釉下彩绘之一。以氧化铜在瓷坯上绘图,然后施透明釉,高温还原焰烧成。江西景德镇窑元代创烧,明代达到成熟,清代有所发展。元代釉里红瓷器色彩不正,色偏黑,花纹晕散,明宣德时期烧制较纯熟,清雍正时期最为精美。迄今纪年最早的青花釉里红瓷器出土于元惠宗至元四年(1338 年)的江西丰城凌氏墓。(王睿)

【外销瓷】 专门销往国外的瓷器。至迟始于唐代,中国瓷器作为特产随丝绸输往国外。在今朝鲜、日本、菲律宾、马来西亚、泰国、印度、伊朗、叙利亚和埃及、苏丹、坦桑尼亚等国都有出土唐或五代时期陶瓷器。宋元时期外销陶瓷呈现空前繁荣局面,在广州、明州(治今宁波)、杭州、泉州等地设立“市舶司”,管理对外贸易。陶瓷销往亚洲、非洲等地,以日本、菲律宾、马来西亚、埃及和伊朗发现居多。明代晚期瓷器开始销往欧洲。19 世纪 20 年代以后,外销瓷器生产开始衰落。(王睿)

【枢府瓷】 元代景德镇窑的卵白釉瓷器。印花纹饰中多有“枢府”铭,故名。景德镇湖田窑专供元代最高军事机构“枢密院”定烧。其色白微青,呈失透状,颇似鸭蛋壳色,故又称“卵白釉”。枢府瓷在元代宫廷各类用瓷中占首位,多有印花装饰,以云龙和缠枝花卉纹为常见。北京元大都遗址多有出土。(王睿)

【浮梁瓷局】 元代统辖全国贡瓷的唯一官方管理机构。元世祖至元十五年(1278 年)创设于景德镇。设大使、副使各一员。掌烧造瓷器,并漆造马尾、棕藤笠帽等事。瓷局掌管创烧有枢府瓷、青花、釉里红、蓝釉、蓝地白花、孔雀蓝釉瓷器等。(王睿)

【克拉克瓷】 明万历至清初主要供外销的青花瓷器。因葡萄牙“kraak”商船上的中国青花瓷在荷兰阿姆斯特丹被拍卖,在欧洲大受欢迎,故音译称“克拉克”瓷。日本陶瓷学者称这类瓷器为“芙蓉手”。克拉克瓷图案虽是中国传统画法,但纹饰布局已非中国风格,可能是专门为外销而设计。(王睿)

【明器】 亦称“冥器”、“盟器”。中国古代专门制作的随葬物品。模仿各种礼器、工具、兵器、日用器皿的形状,人和动物的形象,车船、建筑物等制作而成的模型。质料以陶、瓷、竹、木为主,也有金属、纸质者。最早出现于新石器时代墓葬,以后历代墓葬中皆有发现。商周时期常见仿青铜礼器的陶质明器;秦汉时期,明器的种类和数量增多,陶质明器更为流行。三国以后出现青瓷明器;唐代出现三彩明器,同时对明器的使用按官阶高低和死者的身份作了规定。北宋时期纸制明器逐渐流行,其他质料的明器日益减少,但明代王公贵族墓中仍随葬大量陶、木质明器。明器是考察中国古代社会生活和雕塑艺术有价值的考古实物。(文平)

【冥器】 即“明器”。

【盟器】 即“明器”。

【随葬品】 古代埋葬死者时放置在墓室、墓道、陪葬坑或墓葬填土中的器具或其他物品。包括实用器具、模型明器以及动物等。其来源既有死者生前所用的生产工具、生活用品、玩物物什、武器等,也有亲

友或官府赙赠的丧葬用品。随葬品的组合与多寡,显示出墓主人的身份与等级,但在不同的历史时期有不同的礼仪规定。(姜波)

【尖底瓶】 仰韶文化代表性器物。通常呈红色,器形为小直口、细颈、长圆腹、尖底,肩部或腹部有对称的双系,用以穿绳。器表多有绳纹。烧结程度较好,质地坚实。可能是取水器。(付永旭)

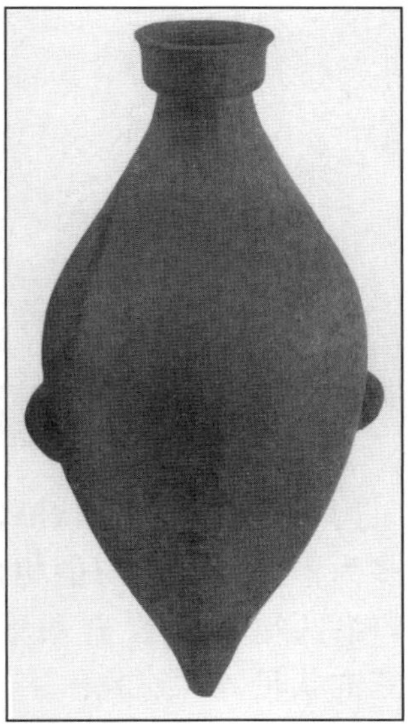

陶尖底瓶

【刻槽盆】 新石器时代至商代常见陶器。基本器形是在陶盆的内壁从底部到口部之间,刻划或纵横交错,或放射线状的深浅不一的沟槽。最早仅有一件出现于属于裴李岗文化的贾湖遗址第三期,后来直到仰韶文化晚期和马家浜文化晚期才分别在黄河流域和长江流域重新出现,并被后来的考古学文化所继承,在众多遗址得到长足发展。二里头文化时期,刻槽盆的形制逐渐规范、稳定,成为该文化的典型器物,一直延续存在至商代早期的二里冈文化,二里冈文化之后基本不见。(赵海涛)

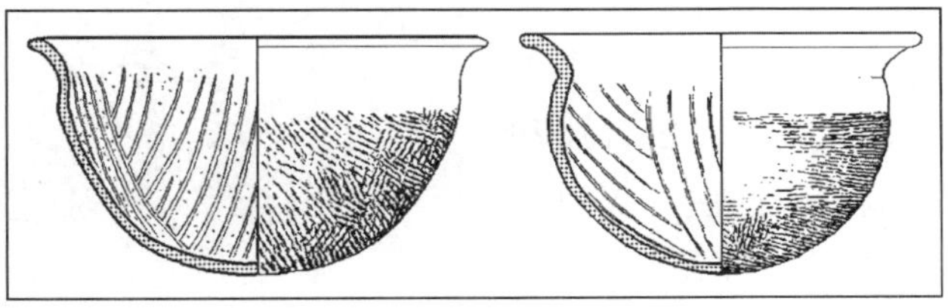

陶刻槽盆

【鼎】 新石器时代至历史时期炊器、盛食器。多为陶质和铜质。陶鼎出现于新石器时代,多圆形,三足,一般作为炊具。铜鼎出现于二里头文化时期,仿自新石器时代的陶鼎,多圆形,三足两耳,也有长方形四足者,器身、耳、足等部位常见有饕餮纹等精美的纹饰,具烹煮、宴享、祭祀等多种用途,商周时期盛行,并逐渐转化成为一种最重要的青铜礼器。西周时代产生列鼎制度,在数量上与簋配合,标明等级。礼乐制度崩坏以后,鼎的礼器地位有所下降。(王鹏)

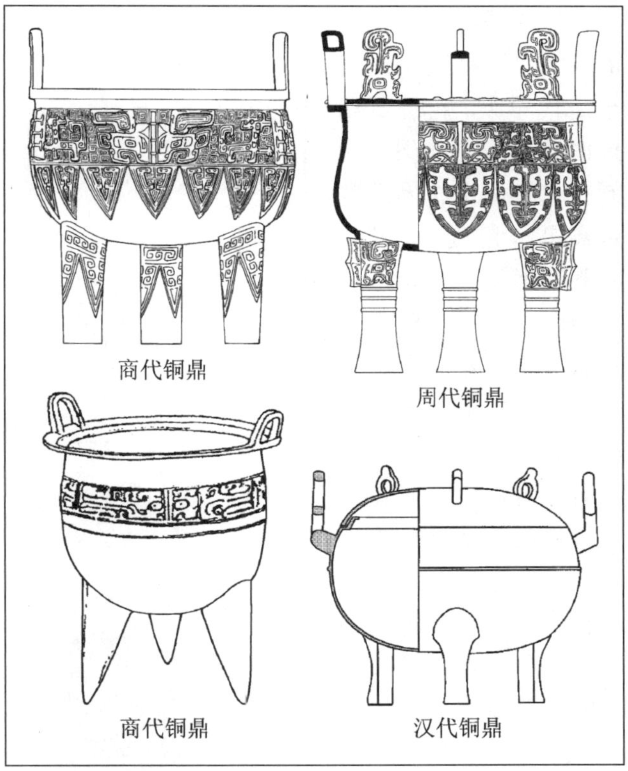

商代铜鼎　周代铜鼎　商代铜鼎　汉代铜鼎

铜　鼎

【簋】 商周时期盛食器。多为陶质和铜质。一般形制为侈口、圆腹、圈足,铜簋器身等部位常见有精美的纹饰。始见于商代早期,多无耳或双耳,商代中晚期以后铜簋数量增多,西周时期出现了三耳、四耳簋、方座簋、带盖簋、三足簋等多种形式,成为列鼎制度的重要组成部分。春秋以降,簋的形式趋于简化,并逐渐衰落。(王鹏)

铜　簋

【鬲】 新石器时代至商周时期炊器。多为陶质和铜质。一般形制为圆口、深腹、三袋状足。陶鬲出现于新石器时代,少数口沿或腹部有鋬。铜鬲仿自新石器时代的陶鬲,口部多有二直耳,器身、耳、足等部

陶　鬲

位常见有饕餮纹等精美的纹饰。铜鬲最早出现于商代早期,盛行于西周时期,常见大小、形制、纹饰、铭文相同的数件铜鬲成组随葬,或具有礼制意义。(王鹏)

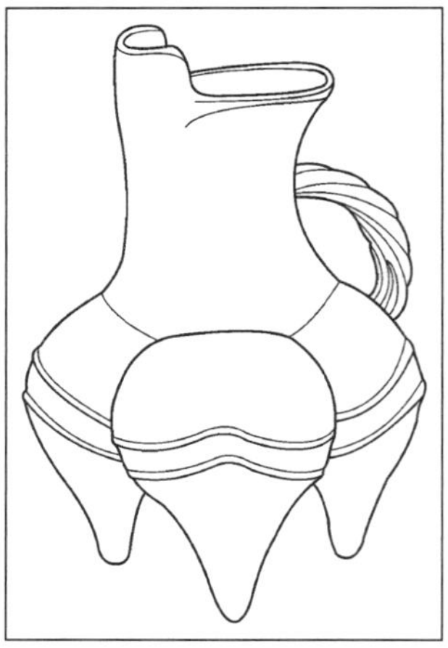
陶　鬶

【鬶】 新石器时代至商代炊器、酒器。多为陶质。基本形制为口部带流,颈、腹间有鋬,腹下有三足。流行于黄河下游地区。始见于大汶口文化,龙山文化时期盛行,并由炊器转化为酒器,延续至二里头文化时期至商代。(王鹏)

铜　甗

【甗】 新石器时代至商周时期炊器。多为陶质和铜质。全器分为上下两部分,下半部为鬲,用以盛水加热;上半部为甑,用以盛放食物;中间以箅相隔。流行于黄河流域。陶甗出现于新石器时代。铜甗器身等部位常见有饕餮纹等纹饰,始见于商代早期,西周时期盛行。(王鹏)

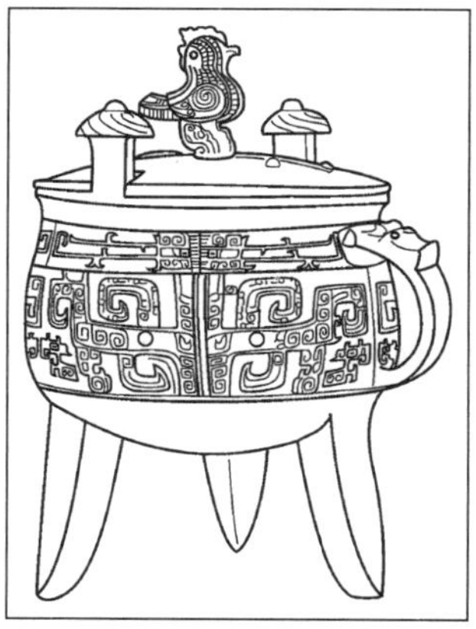
铜　斝

【斝】 新石器时代至商周时期酒器。多为陶质和铜质。一般形制为侈口、束颈,深腹下有三足。陶斝出现于新石器时代。铜斝多有鋬,口沿上有双柱,器身等部位常见有饕餮纹等精美纹饰,流行于商周时期。主要用于温酒和盛酒,也用作祭祀时盛酒灌地降神的灌器。(王鹏)

【豆】 新石器时代至汉代食器。多为陶质和铜质。基本形制为浅盘下有细柄,喇叭形圈足。陶豆出现于新石器时代。铜豆仿自陶豆,出现于商代,器身等部位常见有纹饰。春秋战国时期开始盛行带盖豆,秦汉以降衰落。(王鹏)

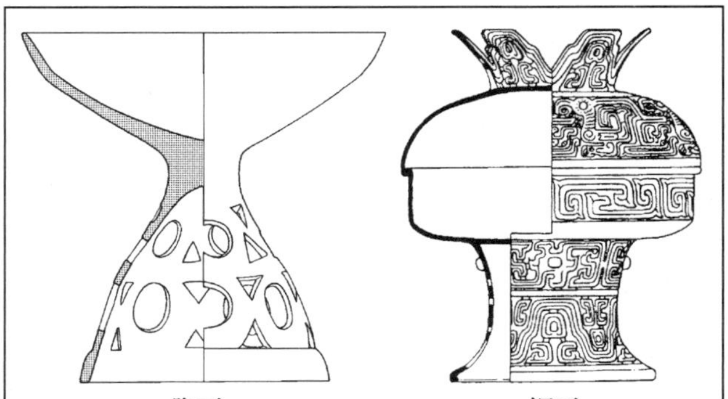
陶豆　　铜豆

陶豆和铜豆

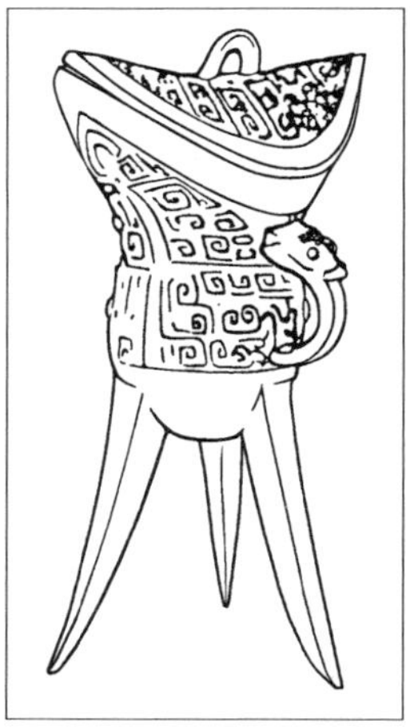
铜　角

【角】 商周时期饮酒器。多为铜质。器形与爵相似,口沿两端有尖尾,深腹下有三锥状足,少数带盖。器身等部位常见有精美的纹饰。用以温酒和饮酒。最早见于二里头文化时期,商代和西周时期盛行。(王鹏)

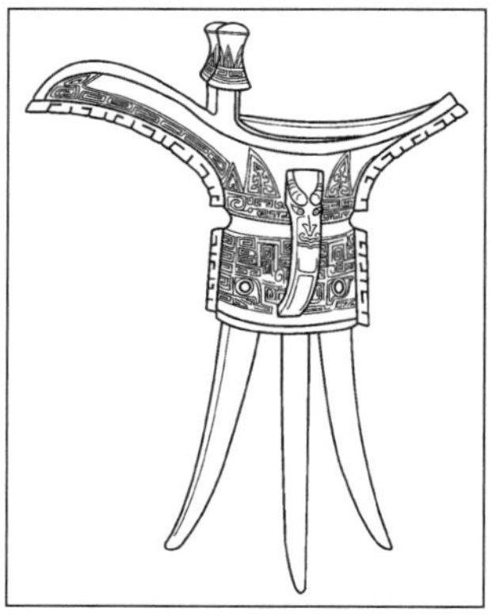
铜　爵

【爵】 夏商周时期饮酒器。多为陶质和铜质。一般形制为口一侧有流,另一侧有尾或无尾,深圆腹一侧有鋬,三锥状足,流与口之间有两柱,亦有单柱或无柱者。商早期的以平底为多,商后期和西周的多凸底。铜爵器身等部位常见有纹饰。始见于二里头文化时期,流行于商代,在商墓中常与觚组合出土,西周早期以降逐渐衰落。(王鹏)

【觚】 新石器时代至商周时期饮酒器。多为陶质和铜质。基本形制为喇叭口,细腰,长桶形。陶觚出现于新石器时代,青铜觚多有纹饰,流行于商代和西周。在商代墓葬中常与爵组合出土。“铜觚”图见43页。(王鹏)

【觯】 商周时期酒器。多为铜质。分为圆体和扁体两类,一般形制为侈口、束颈、深腹、圈足,或带盖。

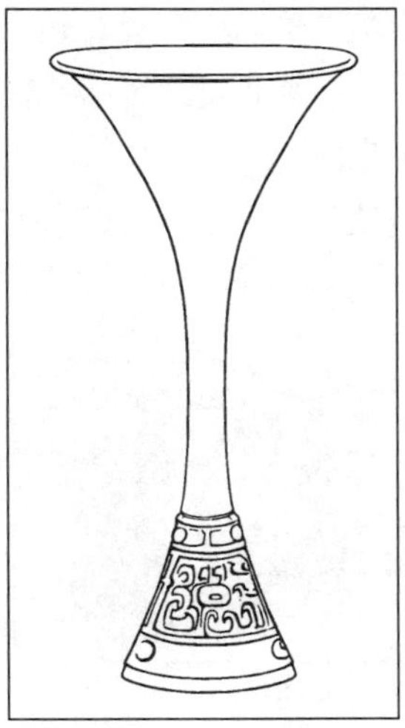

铜 觚

铜 觯

用于饮酒。器身等部位常见简单纹饰。出现于商代,西周早、中期流行。西周时期有的作方柱形而四角圆浑。春秋时期演化成长身、侈口、圈足,形似觚。(王鹏)

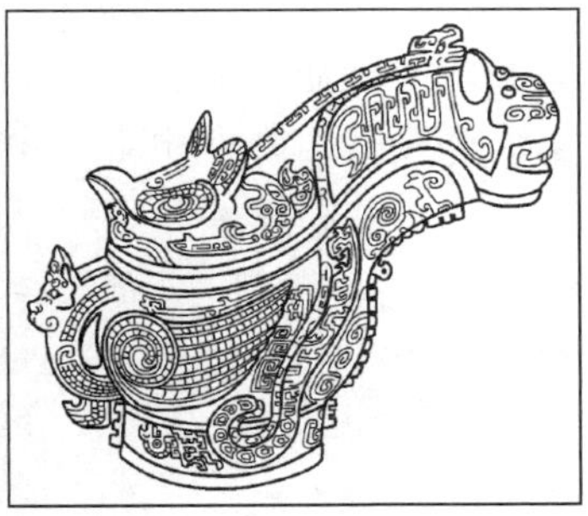

铜 觥

【觥】 商周时期酒器。多为铜质。一般形制为短流上翘,深腹一侧有鋬与流相对,圈足或四足,兽首形盖。用以盛酒和饮酒。器身等部位常见复杂的纹饰。最早见于商代晚期,流行至西周早期。(王鹏)

【尊】 新石器时代至商周时期盛酒器。多为陶质和铜质。一般形制为侈口有肩、深腹、圈足,分为圆形尊、方形尊,动物造型的尊如鹰形尊、鸭形尊、犀尊等亦常见。陶尊始见于新石器时代,青铜尊器身多有纹饰,流行于商周时期,是一种重要的礼器。"尊"、"彝"两字联用时,则是礼器共名。(王鹏)

铜 尊

【大口尊】 二里头文化至二里冈文化常见陶器,一般形制为泥质陶,个体较大,器形为大口、长颈、广肩、深腹。肩部饰一周附加堆纹,下腹部多饰有绳纹。有的口沿部位可见有刻划符号。最早出现于二里头文化并成为该文化代表性器物,至殷墟一期文化以后基本不见。其用途或为盛储器,也有认为是陶质量器或酿酒之器。(赵海涛)

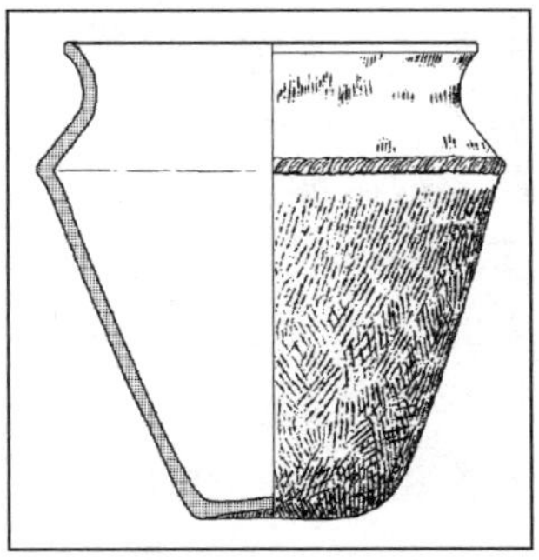

陶大口尊

【瓿】 商周时期盛水器、盛酒器。多为陶质和铜质。一般形制为敛口、斜肩、深腹、圈足,少数有盖。肩部或装饰有浮雕兽首,铜瓿器身、足等部位常见有复杂的纹饰。出现于商代,流行至西周早期。(王鹏)

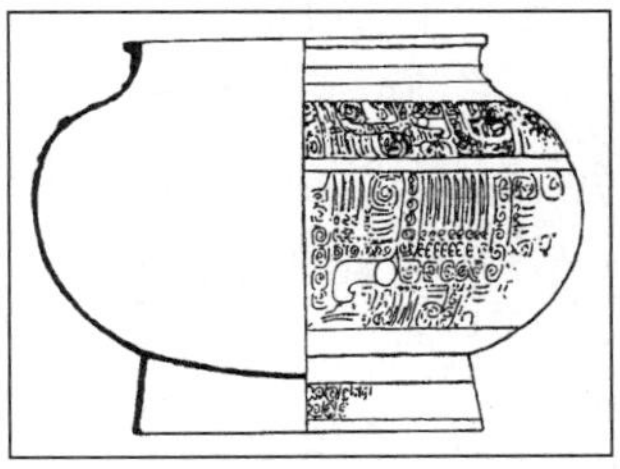

铜 瓿

【敦】 东周时期盛食器。多为铜质。器形分为器、盖两部分,上下相扣合成球形或椭球形,器、盖相同或大致相同,各有两耳、三足。器身等部位多有纹饰。出现于春秋时期,流行至战国时期。(王鹏)

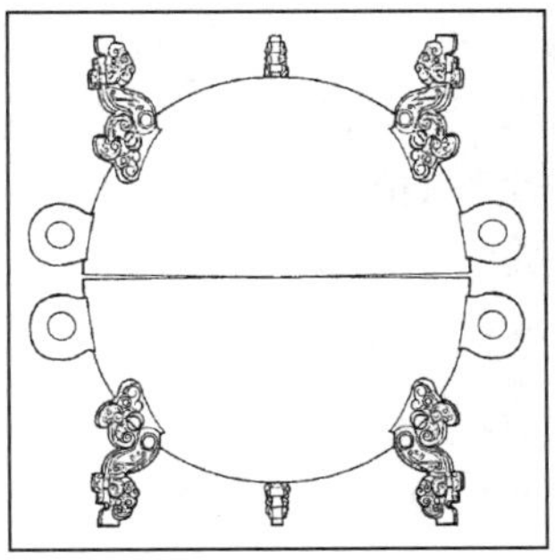

铜 敦

【缶】 春秋时期至秦汉时期盛水器、盛酒器(一说可用作打击乐器)。多为陶质和铜质。一般形制为小口、圆腹、有盖,肩上有环耳,亦有方形者。有的器身有铭文,自称为"缶",如栾书缶、蔡侯缶等。春秋战国时期盛行,秦汉以降衰落。(王鹏)

【罍】 商周时期盛酒器、盛水器。多为铜质和陶质。分为圆体和方体两种,基本形制为小口、斜肩、深腹、小平底或圈足,肩上带双耳者常见。铜罍器身、盖等部位常见复杂的纹饰。始见于商代,流行至春秋时期。(王鹏)

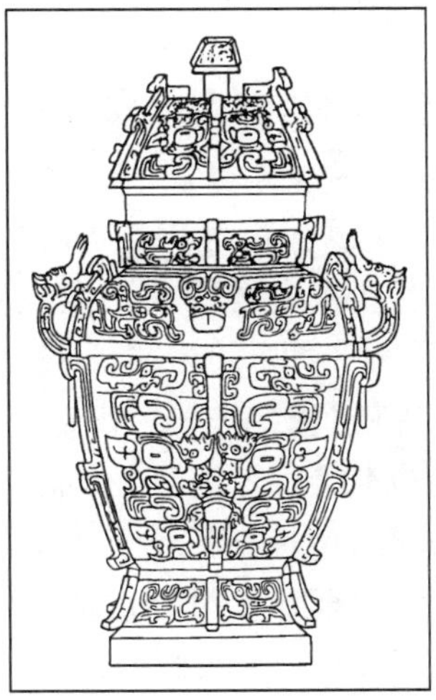

铜 罍

【盨】 两周时期盛食

器。多为铜质。一般形制为椭方形，敛口、鼓腹、双耳、圈足。器盖上多带四个曲尺形钮，仰置时作为四足，盖内亦可盛放食物。盖、身多装饰瓦楞纹。出现于西周中期，流行于西周晚期，春秋以降衰落。（王鹏）

铜 盨

【卣】 商周时期盛酒器。多为铜质。一般形制为椭圆体或圆体，大口、长颈、垂腹、圈足、有盖，多带提梁。此外还有筒形卣、方体卣、鸟兽形卣等多种。盖、身多有复杂的纹饰，提梁两端常装饰立体的兽首。出现于商代早期，商代晚期至西周早期盛行，西周中期以降开始衰落。（王鹏）

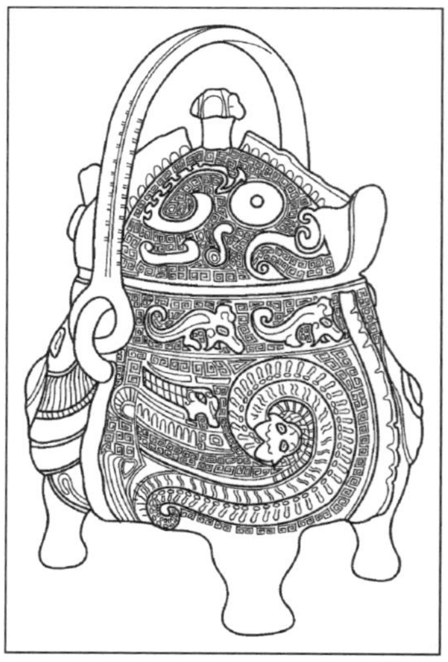
铜 卣

【方彝】 商周时期盛酒器。多为铜质。全器由盖、身组成，整体呈四阿攒尖屋形，盖上有钮，钮亦呈屋顶形，身下有圈足，个别者器身两侧有耳。盖、身、圈足均有花纹装饰，四角各有一道扉棱。出现于商代晚期，流行至西周早期，西周中期以降稀见。（王鹏）

铜方彝

【簠】 商周时期食器。多为铜质或陶质。自名作“𥮉”、“铺”、“甫”、“庯”、“𠤱”或“𠥰”等，皆从“甫”声，应为“簠”的本字。青铜簠始见于西周中期，流行于西周晚期至春秋早期。似豆而大，上为浅腹平底的圆盘，下为喇叭形镂空高圈足，或有盖。《说文·竹部》：“簠，黍稷圜器也。从竹皿，甫声。”可知簠本圆形的盛黍稷之器。宋人误定簠为方器，今人多因从。（张海燕）

铜 簠

【盬】 古代食器。用以盛稻粱等食物。多为铜质或陶质。宋人定名为“簠”，但铜器自名常作“匿”、“𠥔”、“𠤷”、“钴”、“𥁰”、“𠥞”、“匫”、“𥬛”，知“古”声当是其基本读音，其他字形则为同音通假所形成的异体字。《说文·皿部》：“盬，器也。从缶皿，古声。”文献中常见的“胡”或“瑚”即为这种器物。长方形斗状，大口外侈，有四短足，盖器同形，可互相扣合，盖口四周多有垂兽小钮，盖器两端均有环耳或半环耳。流行于西周晚期至战国时期。（张海燕）

铜 盬

【钫】 古代酒器。多为铜质或陶质。钫的形制承袭战国中晚期出现的方形壶，流行于战国中晚期至秦汉时期，但在战国时代仍自名曰“壶”（中山王譽方壶），至西汉始自名“钫”（元始钫）。“钫”于汉金文或作“方”，知器名直取器形本呈方口、方腹、方足的形制。此器器身任一横截面均呈正方形，束颈，弧腹，双环耳，间有盖或链梁。（张海燕）

铜 钫

【锺】 古代酒器。多为铜质或陶质。形似圆壶，战国晚期已自名“重”（锺）（安邑下官锺），知汉代称“锺”，实际即继承了战国的器名。侈口或直口，长颈，圆鼓腹，圈足，或有盖，肩腹部有铺首衔环。流行于战国、秦汉时期。（张海燕）

铜 锺

【盘】 新石器时代至商周时期盛食器、盛水器、盥洗器。多为陶质和铜质。基本形制为大敞口、浅腹、平底或圈足,少数有分足,方形盘少见。陶盘始见于新石器时代,多用于盛食。铜盘出现于商代,流行至东周时期,多用作盛水、盥洗等。宴飨时与匜配合用于行沃盥之礼,是一种重要的礼器。(王鹏)

铜 盘

【匜】 新石器时代至商周时期盥洗器。多为陶质和铜质。一般形制为敞口、浅腹,前有流,后有鋬,带四足或三足者常见。陶匜出现于新石器时代,是一种舀水用具。铜匜出现于西周时期,流行至春秋时期,足、鋬等多作兽形,常与铜盘相配合,是一种重要的礼器。(王鹏)

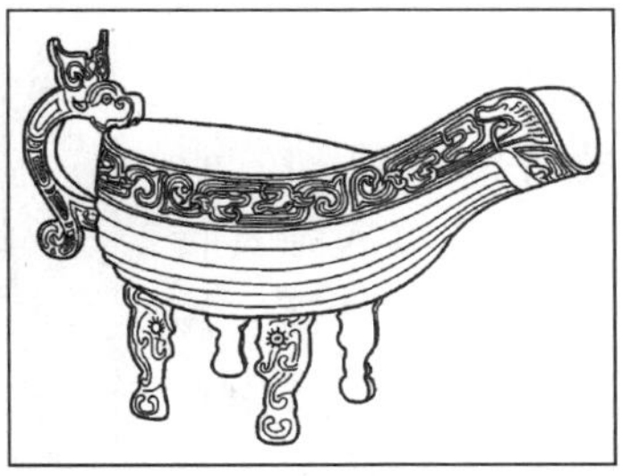

铜 匜

【鉴】 春秋时期至秦汉时期盛水器、储冰器。多为铜质。体形较大,一般形制为广口、双耳或四耳、深腹、平底或圈足。多用作沐浴的器皿,或用来盛水照容,亦有盛放冰块以保存食物者。出现于春秋时期,沿用至秦汉时期。(王鹏)

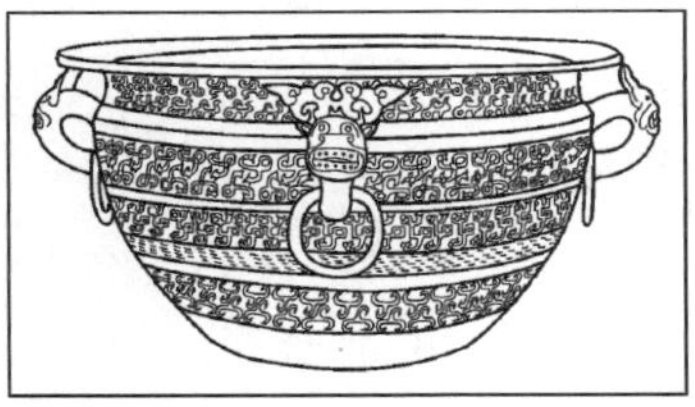

铜 鉴

铜 洗

【洗】 战国和秦汉时期盥洗器。多为铜质。器形似盆,敞口,直腹或斜腹,平底,带盖者常见。腹部两侧多装饰有铺首衔环,内底常见纹饰或铭文。出现于战国时期,流行于汉代。(王鹏)

【杯】 新石器时代至历史时期饮器。质地多样,多为陶质、铜质等。一般分为直筒杯、高足杯两种。陶杯出现于新石器时代,铜杯流行于商周至战国时期。(王鹏)

黑 陶 杯

【斗】 古代挹注器。用以挹酒,兼而挹水。多为铜质。盛行于商周时期,东周以降逐渐流行漆斗。圆形斗魁,口或侈或敛,底或圜或平。魁腹一侧有柄,柄或扁平且长,或细长弯曲,或短而粗圆,并以兽首与魁首腹部相接,柄或有銎,魁前或有兽首半环耳,形制各异。考古发现的商周铜斗常与尊、罍、卣、觥等青铜酒器配套使用。(张海燕)

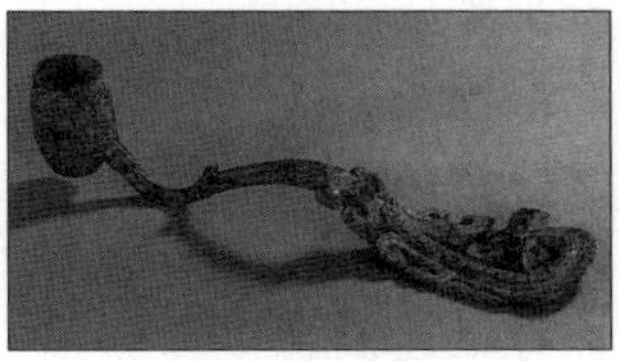

铜 斗

【耳杯】 亦称“羽觞”、“羽杯”。战国至魏晋时期饮酒器。多为漆木质和铜质,陶质者一般为明器。基本形制为椭圆形直口,口沿两侧各附一半月形耳,浅腹,小平底。战国时期出现,秦汉至魏晋时期盛行。汉代漆木耳杯有的在双耳上镶鎏金铜釦,称为“釦器”。(王鹏)

【羽觞】 即“耳杯”。

【羽杯】 即“耳杯”。

【壶】 古代盛酒器、盛水器。多为陶质和铜质。一般形制为侈口、束颈、鼓腹、圈足、有盖,多带双耳,圆壶、方壶、椭方壶、扁壶、瓠形壶等均常见。陶壶出现于新石器时代,铜壶出现于商代,器身多见纹饰,春秋战国时期盛行,沿用至汉魏时期。以后又出现三彩壶、紫砂壶等,形制多样。(王鹏)

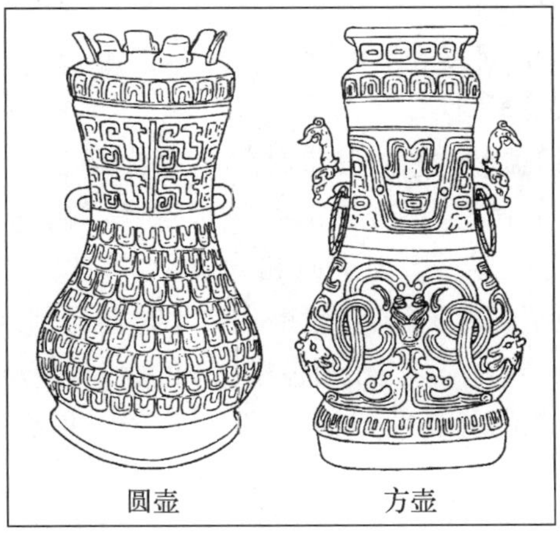

铜 壶

【扁壶】 古代容器。多为铜质,或陶瓷、漆木质。宋人据其形而名曰“扁壶”,先秦时则常自名“錍”或“鈚”。流行于东周至秦汉时期。形制不一,早期为椭圆腹,长颈,平底,矮直圈足;或呈扁方形,平底。

至战国而大变，器身趋圆，器口渐小，圈足或方足，虽与早期口身浑为一体的造型迥异，但器身扁平的特征却一脉相承。（张海燕）

铜 扁 壶

【蒜头壶】 战国、秦汉时期的一种壶。有陶质和铜质两种。一般形制为圈足、圆腹、细长颈，口作蒜瓣形。战国中晚期秦国出现的一种秦文化典型器物。后随着秦国的扩张逐渐流行于中原和楚国等地。汉初仍能见到。（宋江宁）

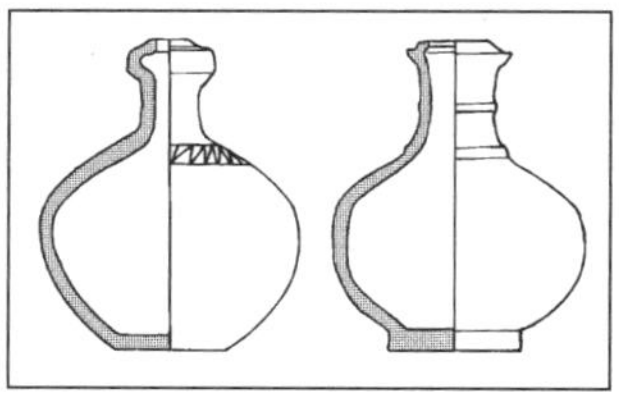

陶蒜头壶

【盉】 新石器时代至商周时期的水器，也为盛酒器。多为陶质和铜质。基本形制为圆口、深腹，前有管状长流，后有鋬，上有盖，下有三足或四足，鋬、盖之间有链相连，个别者有提梁。陶盉产生于新石器时代晚期。铜盉出现于二里头文化时期，商代晚期至西周早期盛行，沿用至春秋战国时期。（王鹏）

铜 盉

【封口盉】 龙山文化时代至商代酒器。基本形制为顶部封闭，顶盖前部有管状流、后部有口，空袋状足，有单鋬。多为陶质和铜质。封口陶盉在龙山文化晚期出现于河南，二里头文化时期形制规范、稳定，质地多为高岭土，颜色多为白色和灰色两种，成为该文化的代表性器物，主要发现于二里头遗址及其所在的郑洛地区，一直延续到二里冈下层文化时期。在陕西、湖北、四川、安徽、上海、内蒙古、河北等地发现的一些封口陶盉，时代相当于二里头文化或二里冈下层文化，大多是受二里头文化影响而产生。二里冈上层文化至殷墟文化时期仅见于四川盆地，殷墟文化以降消失。发掘出土的封口铜盉共10余件，最早出现于二里头文化第四期，殷墟文化二期以降消失。主要出土于二里头遗址、郑州商城、安阳殷墟，河南中牟黄店、湖北黄陂盘龙城、北京平谷刘家河等遗址也有发现。封口陶盉多与陶爵或铜爵一起，封口铜盉亦多与铜爵一起同时出土，其用途应为温酒器。（赵海涛）

【贮贝器】 云南滇人贵族盛放货币的青铜用器。盛行于两汉。形似铜鼓，平盖，束腰，两侧常有虎形钮，平底，三足或四足。器盖上铸有人物或动物形象，反映滇人独具特色的生活场面。20世纪50年代云南晋宁石寨山滇人墓曾出土数十件贮贝器。（宋江宁）

铜贮贝器

【熏炉】 亦称“香熏”。古代焚香用具。多为铜质，亦有陶、瓷质。上有镂孔圆球状炉体，用于盛放香料。带镂孔盖，焚香时烟气从镂孔中散出。下有圆盘形底座，中有柱与炉体相连。汉晋时期流行。（王鹏）

铜 熏 炉

【香熏】 即“熏炉”。

【魂瓶】 亦称“皈依瓶”、“谷仓罐”、“堆塑罐”。古代随葬明器。六朝时期主要流行于长江中下游地区。多为青瓷，也有部分红陶制品。魂瓶来源于汉代五联罐，由上下两部分组成。下半部为平底鼓腹罐，罐腹或素面，或模印、堆塑出鸟兽、佛像、铺首等。上半部为屋宇楼阁、鸟兽、人物、佛像等各种堆塑，或有纪年铭文。（陈凌）

【皈依瓶】 即“魂瓶”。

【谷仓罐】 即“魂瓶”。

【堆塑罐】 即“魂瓶”。

【堆塑龙虎瓶】 宋元时期具有赣闽地区特色的陶瓷明器。堆塑龙瓶和虎瓶多成对出土于墓中，故名。

是断代的典型器之一。南宋墓龙虎瓶多瘦高,肩上托十二立俑,两瓶各立文武俑,左右各饰鸡、犬、鹿、马、玄武和朱雀等,龙虎纹环绕其间,并有朵云托日月点缀其上。有的瓶内盛有稻谷。(董新林)

【禁】 商周时期安放酒器的器座。目前所见数量较少,分属西周和春秋时期,均为铜质,扁平长方几案形,面上有椭圆形口,用于安放尊、卣等酒器。(王鹏)

【案】 亦称“俎”。古代厨具。切肉用的案板,亦可用于盛放牺牲。迄今所见均为铜质。案面为长方形,中部略凹,案下有足用于支撑。发现数量较少,迄今所见者最早为商代晚期,春秋战国时期亦有出土。(王鹏)

【俎】 即“案”。

【铜镜】 亦称“照子”、“铜鉴”。古代照容用具。多呈圆形,正面磨砺光亮以鉴人,背面铸有纹饰及钮,用于穿系(见彩版32“金银平脱双鸟纹镜”)。迄今中国最早的铜镜见于齐家文化,商至春秋时期出土数量不多,战国到唐代为兴盛期,唐代还出现了葵花形镜、八棱形镜、有柄镜等多种式样。流行至宋元时期,明后铸镜技术衰退,至清乾隆时逐渐为玻璃镜取代。铜镜是考古研究中有价值的断代物。(王鹏)

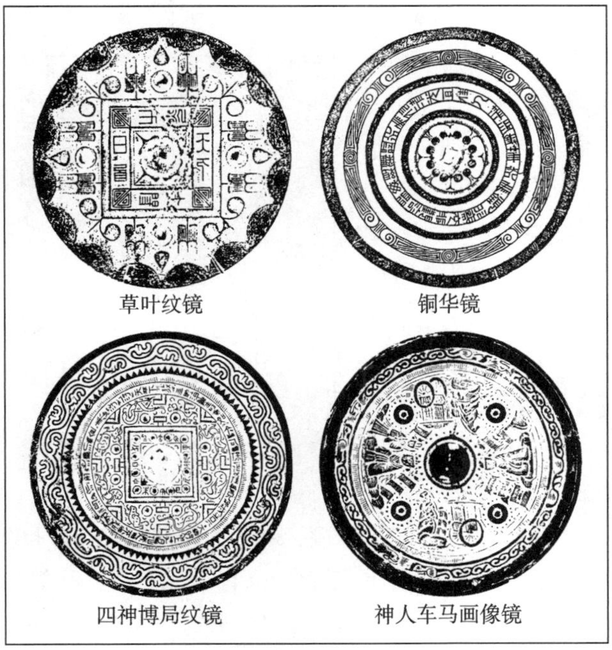

汉代铜镜(拓本)

【照子】 即“铜镜”。

【铜鉴】 即“铜镜”。

【湖州铜镜】 宋代湖州(今属浙江)铸造的铜镜。始于北宋后期,盛行于南宋,多称为“照子”。明清时期也造镜。多作葵花形,亦有圆形和方形。一般素背,背上铸有商标性质铭记,如宋代“湖州真石家念二叔照子”、清代“湖州薛晋侯造”等。远销各地,广东、四川、内蒙古等地以及朝鲜和日本等国都有发现。(王睿)

【錞于】 古代青铜打击乐器。基本形制为圆筒形,上粗下细,顶有一浅盘,上置环钮或动物形钮(以虎形钮最多),用以悬挂。多与鼓配合,用于指挥军事征战中的进退等。最早见于春秋时期,战国、西汉时期盛行,长江流域及以南的四川、湖北、安徽、湖南、贵州出土较多。(王鹏)

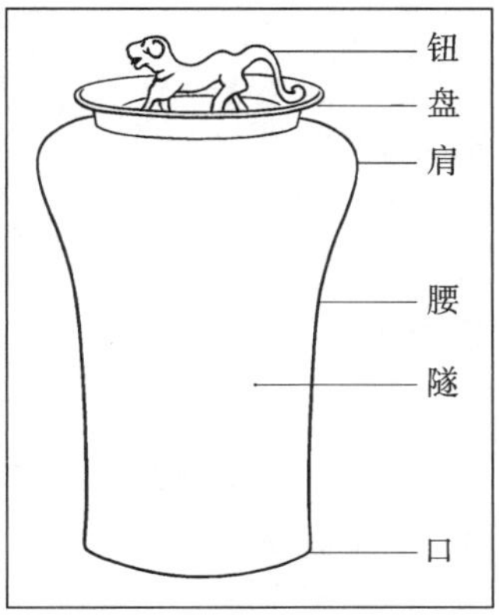

铜錞于

【铜鼓】 古代青铜打击乐器。商代铜鼓迄今仅发现一例,仿自皮面木鼓,为横置的两面鼓,下有方座。另一种铜鼓主要分布于云南、贵州、广西、广东等南方地区,分鼓面和鼓身两部分,鼓身胴部突出,腰内束,足外侈。鼓面或鼓身上常有几何纹和舞蹈、竞渡等写实性图像。最早约见于公元前5世纪或稍早,部分民族现今仍在使用。(王鹏)

铜鼓

【钟】 古代打击乐器。多为铜质和铁质。基本形制为圆筒形,上部封闭,下部有口,顶部有系用于悬挂。先秦时期甬钟、钮钟以及镈等钟体均作合瓦形。佛教传入以后,开始出现钟体圆形的佛钟,用于宗教仪式和报时等。(王鹏)

【编钟】 古代青铜打击乐器。大小不同的钟类乐

编钟示意图

器按音调高低相次悬挂，用木槌击奏，称为“编钟”。甬钟、钮钟以及镈均可分别成编，数量从几个到几十个不等，用于祭祀、宴享等场合演奏复杂的旋律。迄今最早的编钟见于西周时期，流行至春秋战国时期。（王鹏）

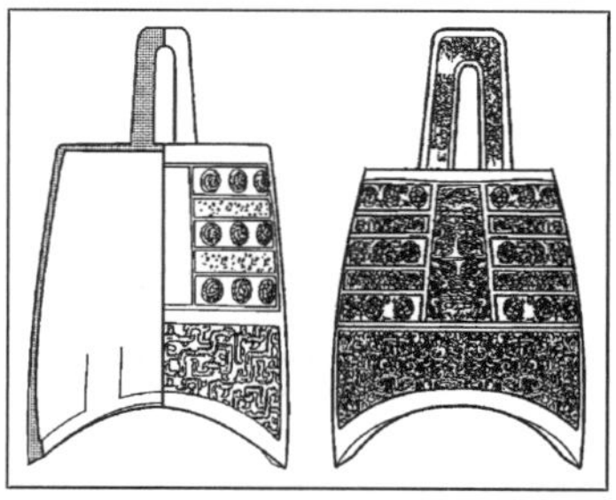

铜钮钟

【钮钟】 古代青铜打击乐器。钟体呈合瓦形，顶有环钮可竖直悬挂，底端两侧尖锐，口部呈凹弧形。钟体上常见有精美的纹饰，并铸有36枚柱状突。通常成编使用。迄今已知最早的钮钟出现于西周、春秋之交。战国、西汉时期西南地区还流行一种双角形钮钟，别具地方特色。（王鹏）

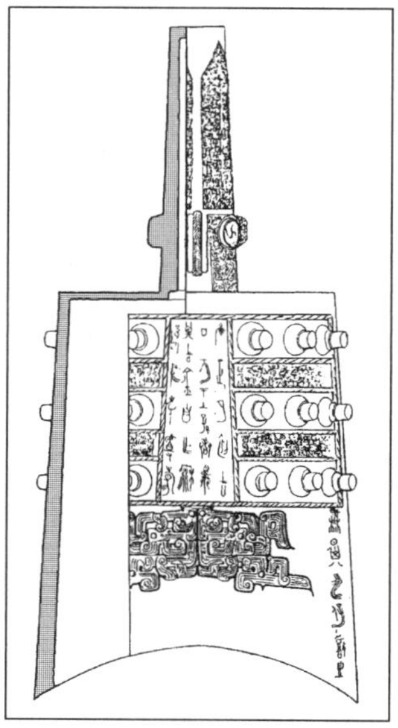

铜甬钟

【甬钟】 古代青铜打击乐器。钟体呈合瓦形，顶部正中有柄，柄侧有钮，悬挂时钟体倾斜，底端两侧尖锐，口部呈凹弧形。钟体上常有精美的纹饰，并铸有36枚柱状突。通常成编使用。甬钟出现于西周时期，流行至春秋时期。（王鹏）

铜铙

【铙】 古代青铜打击乐器。基本形制为合瓦形铙体，凹弧形口，两侧角尖锐，底部一短銎，与铙体相通，内可植入木柄。铙体表面常装饰有兽面纹。可单独或成组使用于军旅、祭祀等场合。始见于商代晚期，沿用至周代初期。（王鹏）

铜镈

【镈】 古代青铜打击乐器。基本形制为合瓦形或扁椭圆形体，平口，顶部有环钮或兽形钮，器身常装饰有精美纹饰，或带扉棱。可单独或成组使用于宴享、祭祀等场合。商代晚期首先出现于南方地区，盛行于春秋战国时期。（王鹏）

【铎】 古代青铜打击乐器。形似铙，体宽阔，内有舌，顶部有銎以装木柄，摇柄振舌可以发声。通常用于军旅和田猎。流行于春秋战国时期，汉代亦有发现。（王鹏）

铜鐎斗

【鐎斗】 亦称“刁斗”。古代炊器。多为铜质和铁质。基本形制为盆形体，带长柄，柄端多有兽头装饰，三足，口部或有流。流行于汉晋时期。（王鹏）

【刁斗】 即“鐎斗”。

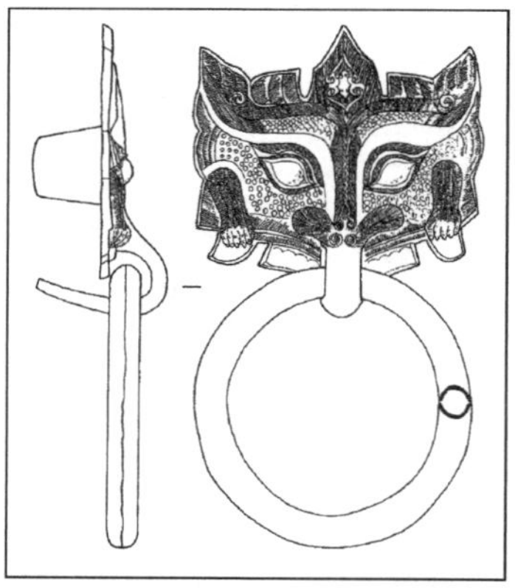

铜铺首

【铺首】 古代建筑构件。多为铜质。门扉上门环的底座，多作兽首衔环形。壶、罍等器上亦常见铺首衔环装饰。（王鹏）

【带钩】 古称“钩”。束腰带具上的构件，用于束带或佩系。多为铜质、铁质，也有金、银、玉、石等质地。一般由钩首、钩体、钩钮三部分组成，侧视如“S”形，钩钮固定于带具上，钩首用于钩住带具的一端，或用于钩挂器物、佩饰等。造型各异，常见水禽形、兽形、琵琶形、竹节形等。出现于春秋时期，流行至魏晋。（王鹏）

【钩】 “带钩”的古称。

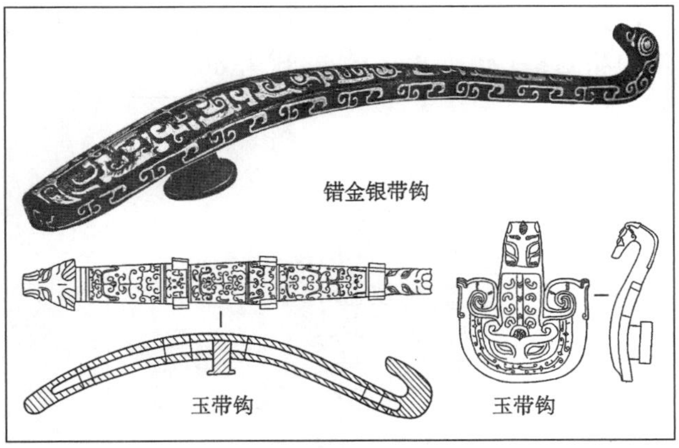

错金银带钩和玉带钩

【带扣】 古称“鲜卑”、“师比”。马具或人身带具的带头,装于带具的一端,用于解结。多铜质、铁质,亦有金、银、骨质者。一般由环孔和舌针两部分构成,扣舌分为活舌和死舌两种,死舌固定于扣环一端,活舌可自由转动。出现于春秋时期,历代一直沿用。(王鹏)

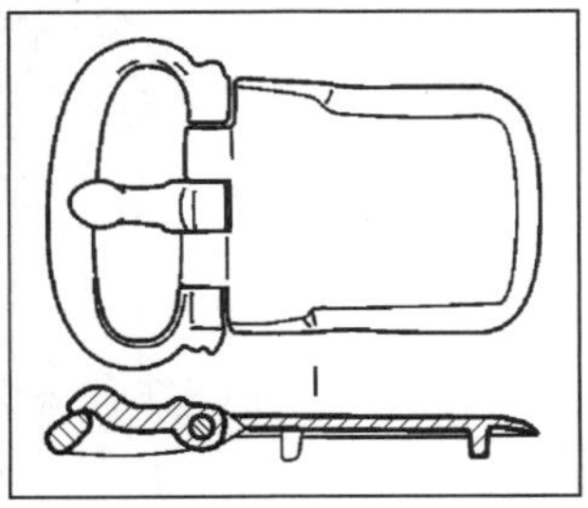

铜 带 扣

【鲜卑】 “带扣”的古称。

【师比】 “带扣”的古称。

【带具】 古代腰带上的构件或饰物。多为铜质、铁质,包括带钩、带扣,以及各种牌饰、泡饰等。出现于春秋时期,历代一直沿用,流行于北方民族地区。(王鹏)

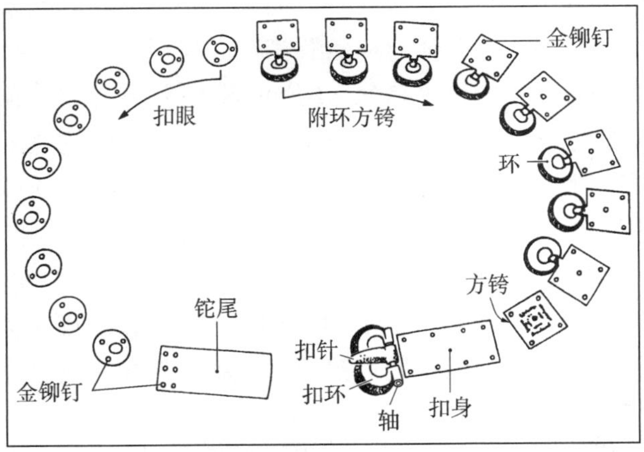

带具示意图

【虎符】 古代帝王授予臣属兵权和调发军队的信物。多以青铜铸成,个别以黄金铸成。外观作伏虎形,背有铭文,沿虎背分为左右两半,右半留存朝廷,左半发给地方官吏或统兵将帅。调发军队时须由使臣持符验合,遇燔燧事则无需合符。盛行于战国及秦汉时期,唐初废除。迄今见有新郪虎符、阳陵虎符、杜虎符等,是研究中国古代军事制度的重要史料。(张海燕)

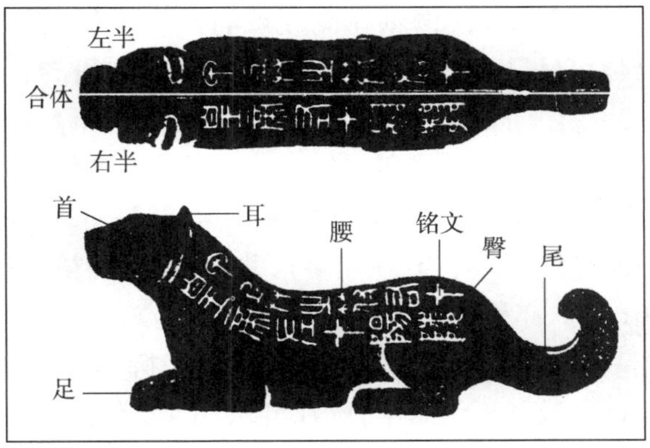

虎符示意图

【墓志】 埋入墓中的记载死者姓名、家世、仕宦,以及生平事迹的文字。志文之后一般附有韵文写成的铭,故又称为“墓志铭”。中国墓志约起源于东汉,魏晋时期严禁在墓前立碑,而埋入墓中的小型墓碑的数量增多,墓志由此开始盛行。墓志一般多刻于石上,也有刻于砖上的,还有个别的是用铁铸或瓷土烧成的。南北朝后期,墓志逐渐定型,上盖下志,志盖多呈盝顶形,也有个别作龟形,志石多为方形。隋唐以降,志盖相合成为定制,志文也逐渐形成固定的格式。南北朝至隋的墓志上皆不署撰者、书者姓名,唐以降才在志文标题下署撰者、书者的职衔与姓名。墓志往往能补充、订正古代文献的不足,是研究古代历史文化的重要资料,又是古代墓葬可靠的断代物。(陈凌)

【墓志铭】 即“墓志”。

【买地券】 亦称“墓别”、“地券”。古代墓葬中的一种地契形式随葬品。东汉至明清各代皆有,多置于墓室,也有置于甬道或近墓门处。买地券是从现实生活中的买地契约演变而来,虽历代有所不同,但券文主要内容是向“后土”等神祇买地安葬。有的买地券还绘有道教符箓。各代买地券的用材有所不同。东汉地券仿简策之形,多刻于长条形铅板上,也有用玉板或陶柱。三国、西晋开始,多刻于砖上。自南朝至明、清,除砖外还常用石,形制、大小和墓志相像,有的还带盖。新疆吐鲁番曾出土纸质的唐代地券。南宋还有铁铸的地券。南宋周密《癸辛杂识》记

载，当时造墓必用买地券，券以梓木为之，朱书其上。买地券的使用，反映出土地私有制的发展和土地买卖的盛行。（陈凌）

【墓别】 即“买地券”。

【地券】 即“买地券”。

【石经】 古代镌刻在摩崖或石碑上的儒、释、道经典。自汉代起，历代均有刊刻。儒家典籍的石经主要有熹平石经（东汉熹平四年，公元 175 年）、正始石经（三国魏正始二年，241 年。亦称《三体石经》）、开成石经（唐大和七年至开成二年，833—837 年）、后蜀石经（广政七年，944 年）、北宋石经（嘉祐六年，1061 年。亦称《汴学石经》、《二体石经》）、南宋石经（绍兴十三年，1143 年。亦称《宋高宗御书石经》）、清石经（乾隆五十六年，1791 年）。佛教石经约始于北魏末年，盛于北齐、北周。山东泰山、河南响堂山都有北朝佛教石经，北京房山云居寺石经最有名。道教石经约始于唐中叶，盛于宋、元，以《道德经》最常见。（陈凌）

【造像碑】 古代一种宗教石刻。形状似碑，其上开龛，多数为佛教造像，少数与道教有关。大多发现于陕西、甘肃、河南、山西等地。盛行于北朝时期，至隋代日趋衰落，唐代偶有发现。赵明诚《金石录》记载，前赵光初五年（公元 322 年）浮图澄造释迦像碑，为见诸著录的年代最早的例子。道教造像碑多见于陕西耀县，常与佛教造像合雕。保定二年（公元 562 年）李昙信造像碑称“敬造释迦、太上老君诸其菩萨石像一区”，是佛、道像合雕造像碑的典型例证。造像碑有扁体碑形和四面体柱状两类，以前者居多。扁体碑形造像碑又分有碑额和无碑额两式。主要像龛雕于碑体正面，碑阴及碑侧有的也雕像龛，但多为造像人题名及供养人像等。四面体柱状造像碑四面均有雕刻。造像碑多系高浮雕，其题材和造型风格一般接近于同期的石窟寺艺术，是研究古代宗教及宗教艺术的重要资料。（陈凌）

造像碑

【经幢】 古代一种宗教石刻。系仿照在佛前所立纺织品的幢（梵语 dhvaja，巴利语 dhaja。音译为驮

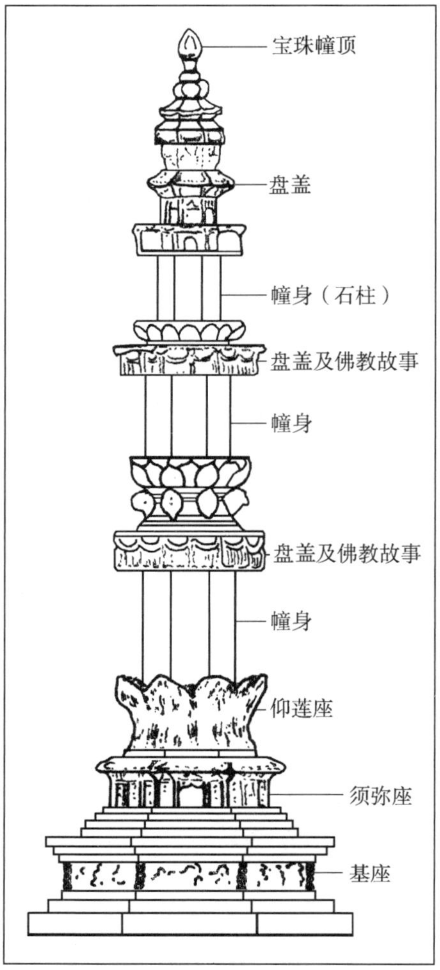

石经幢结构示意图

缚若、脱阇。用以庄严佛菩萨及道场，象征佛陀以智慧之幢，抵御一切烦恼魔军）而来。始于初唐，唐、宋时期较盛行。明清时期仍有雕造。现存最早的实物是陕西富平的唐永昌元年（公元 689 年）八月立佛顶尊胜陀罗尼经幢。石经幢通常由幢顶、幢身、幢座三部分组合而成。幢顶多为仿木结构攒尖顶，上托摩尼宝珠；幢身多刻经文（如《佛顶尊胜陀罗尼经》、《心经》、《楞严经》等）、佛像。也有少数道教经幢，幢身刻《道德经》；幢座一般作仰莲状，下设须弥座。经幢是研究中国古代宗教信仰和雕塑艺术的重要资料。（陈凌）

【镇墓俑】 古代墓葬中用于驱邪镇墓的人俑。有陶质、石质和木质之分，多为人面兽身或兽面人身。战国楚墓中墓门两侧常见木偶一对，有守护墓室之意，实为镇墓俑之滥觞。北朝墓葬中，常见有兽面人身或人面兽身的镇墓俑。逮及唐代，墓葬中常出现

天王俑一对，面目狰狞，堪称镇墓俑之典型。直至明代，墓葬中还有镇墓俑的存在。（姜波）

【镇墓兽】 古代墓葬中的随葬明器。多为陶质，也有木质、瓷质等。主要功能是驱魅辟邪、守护墓

镇墓兽

门。始见于战国楚墓，流行于汉晋隋唐时期。早期镇墓兽由座、身、角三部分组成，座皆为方形，逐渐演变为西晋南北朝时期的蹲伏镇墓兽，又分人首和兽首镇墓兽两种。至初唐演变为头生角、肩附飞翼或手握蛇的怪兽。镇墓兽多以夸张的手法突出狞厉恐怖的特点，一般成对随葬，放置于墓室入口两侧。宋代以降逐渐衰微。（文平）

【镇墓神瓶】 东汉墓葬中出土的一种陶瓶（或陶罐）。形制与同时期墓葬出土的陶瓶（或陶罐）相同，仅在外壁上用朱砂或墨书写表现方术内容的镇墓铭文并画有符咒图像，反映出汉代社会流行的驱鬼避邪方术思想。具有代表性的发现如河南洛阳邙山出土的东汉延光元年朱书陶罐、陕西户县出土的东汉阳嘉二年曹氏陶瓶、陕西宝鸡铲车厂出土的朱书陶瓶、陕西长安（今西安市长安区）南李王村出土的朱书陶瓶等。这些陶器以前多被称作“镇墓陶瓶”，或称为“解谪瓶”，今则称作“解除瓶”。（赵超）

【解谪瓶】 见“镇墓神瓶”。

【解除瓶】 见“镇墓神瓶”。

【镇墓券】 古代墓葬中出土的一种铭刻材料。汉代已有所发现，现存世的镇墓券多为东汉以后制品。早期常用长条形的铅券制作，在上面刻写铭文并画有符咒，以达到驱除鬼怪、护佑死者与生者安宁的目的。也有在砖瓦或石板上书写的。这是古代解除方术在丧葬礼仪中的具体表现，对研究古代宗教思想颇具价值。（赵超）

【玉衣】 亦称“玉匣”。战国至秦汉时期的一种葬具。为皇帝和高级贵族死后穿用的以玉片编制的殓服。盛行于两汉时期。完整的玉衣包括玉面具、玉衣裤、足具，外观与人体形状相似。玉衣的编缀材料用金线、银线、铜线，金缕玉衣为皇帝所专用，银缕玉衣和铜缕玉衣按身份等级的高低为诸侯王或大臣所用。河北满城中山靖王刘胜墓出土品为金缕玉衣，由皇帝特赐（见彩版25“金缕玉衣”）。广州南越王墓发现的丝缕玉衣则较为稀见。（姜波）

【玉匣】 即“玉衣”。

【辽金属面具和网络】 辽代契丹贵族特有的葬服。金属面具是指覆扣在死者脸部的假面，有金、银、铜和铅质，其中银质和铜质有采用鎏金工艺者。金属网络是指罩在死者尸体上的网衣，主要有银丝、鎏金铜丝和铜丝三种。陈国公主墓是典型墓例。男女墓主均见用面具和网络者，还有儿童面具。完整的网络通常是由头网、臂网、手网、胸背网、腿网和足网分别编缀组合而成。墓葬中有面具与全身网络共存者，也有穿网络而无面具者，还有的墓有面具而无网络。与《虏廷事实》所载契丹人“用金银为面具，铜丝络其手足”相吻合。（董新林）

【墓碑】 古代立于墓前的石碑。由碑首、碑身和碑座组成。碑首有圭形、圆形和方形；碑座亦称为趺，有方形、龟形等。建立墓碑之风始于汉代，东汉末期墓碑碑身上记述墓主的姓名、籍贯、家世、生平等，为历史学研究提供了可信的资料，如“鲜于璜碑”、“袁安碑”等。魏晋时期严禁在墓前立碑，墓碑一时不存。南北朝以降墓碑再度流行，成为墓园内地面的重要标志。（文平）

【式盘】 古代用于天文历算与占卜的工具。漆木质。由上下两个占盘组成。上盘为圆形，象征天，盘面上自内向外依次书写北斗、十二月名与二十八宿等。下盘为方形，象征地，盘面上按东南西北方位分别书写八天干名、十二地支名与二十八宿等。上下盘的中心用木轴连接，使上盘可以转动以进行推算。

安徽阜阳双古堆汉墓中出土的两件漆木式盘是迄今发现的最早的式盘。甘肃武威磨嘴子汉墓、朝鲜乐浪石岩里汉墓等也出土过漆木式盘;故宫博物院收藏有西汉末期象牙式天盘、中国国家博物馆收藏有东汉铜式地盘,都反映出古代广泛使用式盘的事实。(赵超)

【塔式罐】 古代带有佛教特征的一种罐式。流行于唐代,以三彩陶瓷罐最为常见。器物一般由三部分组成:上部是高耸的圆锥形盖;中部器身作罐形,鼓腹,平底;下部为高大的底座,承托罐身。陕西铜川黄堡镇出土的黑釉塔式罐,罐形为翻沿唇口,短颈,溜肩,圆腹,腹下部渐收,贴有模印叶纹。镂空多边形底座饰有佛像、花卉等。罐盖为七级空形塔,顶端塑有屈腿直身、抚首按膝、极目远眺的小猴。唐代墓葬出土随葬品中以三彩塔式罐较为常见。(石自社)

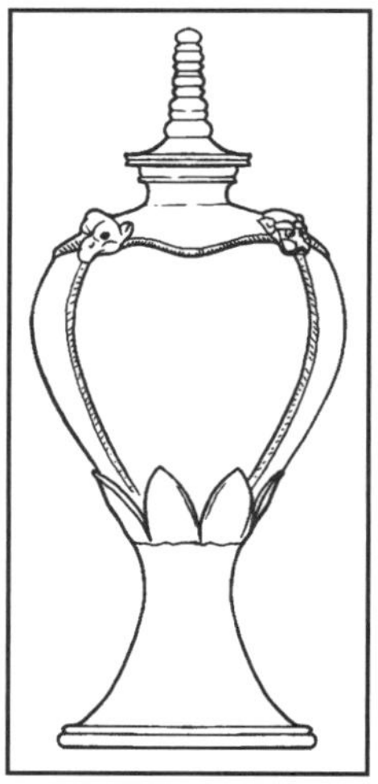

塔 式 罐

【寿山石俑】 宋元时期福州左海以寿山石雕刻而成的石俑。主要出土于宋元明墓葬中。寿山石是中国传统的“四大印章”材料之一。始见于南朝,宋代寿山石大量开采,并用于雕刻,精美者作为贡品发运汴梁(今河南开封),成为宫廷的玩赏品。(王睿)

【倭堕髻】 亦称“堕马髻”。古代妇女发髻式样。是一种偏垂在一边的发髻形式,流行于魏晋南北朝。汉乐府《陌上桑》:“头上倭堕髻,耳中明月珠。”《玉台新咏·日出南隅行》:“头上倭堕髻,耳中明月珠。”晋崔豹《古今注·杂注》:“堕马髻今无复作者。倭堕髻,一云堕马之余形也。”作为一种已婚中年妇女所喜尚发式,虽各代略有不同,但其大致式样至清代仍流行不衰。(刘涛)

【堕马髻】 即“倭堕髻”。

【惊鹄髻】 亦称“回鹘髻”。古代妇女发髻式样。出现于东汉末三国时期,唐代流行。发髻朝天高挽,呈螺旋形向上高举,象征鹄健翮凌云之意。新疆吐鲁番阿斯塔那230号墓即张礼臣墓出土的绢画舞女图中有惊鹄髻的具体形象。(刘涛)

惊鹄髻示意图

【回鹘髻】 即“惊鹄髻”。

【抛家髻】 古代妇女发髻式样。唐代后期较为流行。在头顶挽椎成髻,两鬓缓长,以泽胶贴而抱面,状如椎髻。《新唐书·五行志》、唐段成式《髻环品》中均有关于长安城中流行抛家髻的记载。今京剧旦角仍有沿用。(刘涛)

抛家髻示意图

【半翻髻】 古代妇女发髻式样。为朝一侧并向前倾斜半翻的发式,为高髻的一种,尤其流行于初唐时期的宫中。初唐时期的墓葬女俑和石椁线雕中都可见到此种发式。(龚国强)

半翻髻示意图

【簪花髻】 古代妇女发髻式样。即先将头发梳理成某种发髻,然后将花插于发顶。尤其是唐代开元时期,女子在头顶盛插象征富贵的牡丹、荷

簪花髻示意图

花、海棠等花朵。著名的传世画作唐代《簪花仕女图》中贵族妇女所梳的就是这种发式。清代女子多插小花、香花。(龚国强)

【胡旋舞】 唐代盛行舞蹈之一。由西域康国等地传来的富有民族特色的舞蹈,是唐代最为流行、最为时髦的胡舞。节拍鲜明,奔腾欢快,多旋转蹬踏,故名“胡旋”。伴奏音乐以打击乐为主,与其快速节奏、刚劲风格相适应。传入中原后历久不衰,作为舞蹈本身融化于中华艺术大动脉之中,为中华民族舞蹈艺术奉献了养料,促进了中国音乐舞蹈的发展。(石自社)

【幞头】 亦称“襆头”。古代包头用的巾帛。始于北朝,一直流行到明末清初才被满式冠帽取代。古人以皂绢三尺裹发,有四带,二带系脑后垂之,二带反系头上,令曲折附项,称“四脚”或“折上巾”。《隋书·礼仪志七》载:“故事,用全幅皁而向后襆发,俗人谓之襆头。”隋以桐木作骨子,使顶高起。裹幞头时除在额前打两结外,又在脑后扎成两脚,自然下垂,称为“幞头脚”,开始称为“垂脚”或“软脚”。后取消前面的结,又用铜、铁丝为干,将软脚撑起,成为硬脚。唐代皇帝所用幞头硬脚上曲,人臣则下垂。五代时,两脚渐变平直。宋代幞头,以藤织草巾子作里,用纱作表,涂漆,称“幞头帽子”,可随意脱戴。皇帝或官僚的展脚幞头,两脚向两侧平直伸长,身份低的公差、仆役则多戴无脚幞头。因幞头所用纱罗通常为青黑色,亦称“乌纱”,故后代俗称“乌纱帽”。(汪勃)

幞头示意图

【襆头】 即“幞头”。

【金兽】 1982年江苏省盱眙县南窑庄古代窖藏中出土一批装在铜壶中的楚汉时期金币与金器,重达20余千克。其中放在壶口的一件金兽最为珍贵。金兽全部用黄金铸造,并在身上捶打出斑纹,全长16厘米,宽17.8厘米,高10.2厘米,重9千克。兽身底面刻有“黄六”两字,可推断为西汉时期的器物。有人认为此器物是用于博局的镇压之器。(赵超)

【平底沙船】 平底方艏、方艉沙船。起源于有海沙淤积的上海市崇明岛一带。殷商时期已有方头、方艄平底船,唐代逐渐定型,宋代称为“防沙平底船”,元代称“平底船”,明代以降则通称“沙船”。可航行于江河湖海,是中国历代南粮北运的主要运输船舶,也是南、北各口岸货物贸易的主要运输船种,又是执行王朝遣使、册封小国的特使遣船。(王睿)

【尖底海船】 包括福船、广船等。福船以行驶于南洋和远海著称。明代水师以福船为主要战船。福船高大如楼,底尖上阔,首尾高昂,两侧有护板。全船分四层,下层装土石压舱,二层住兵士,三层是主要操作场所,四层是作战场所。福船是深海优良战舰,郑和下西洋船队的宝船就属此类。广船产于广东,头尖体长,梁拱小,甲板脊弧不高,结构坚固,有较好适航性能和续航能力。(王睿)

【箕形砚】 砚的一种。唐代开始流行。因形似长方形箕而得名;又因砚尾端两侧向外撇似风字形,亦称“风字形砚”。周围有沿,砚底箕口一端有二足或一足,使无沿的箕口端升高以便于储墨。多为质地细腻的澄泥砚,宋代以降开始流行石质箕形砚。米芾《砚史》中“有如风字两足者”即指此砚。(石自社)

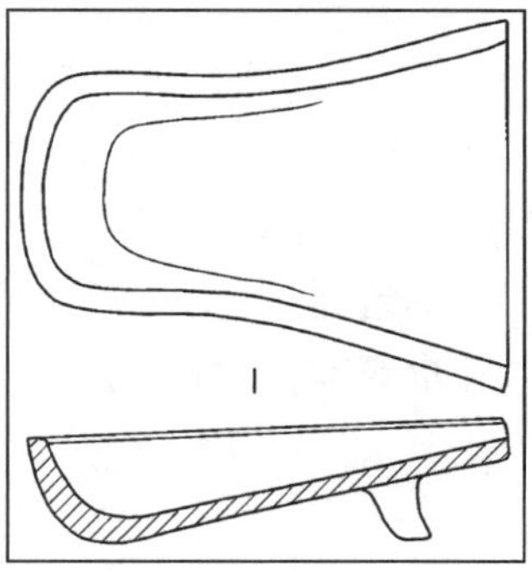

箕 形 砚

【辟雍砚】 砚的一种。一般为陶瓷砚,少量为石砚。始见于南朝,由南北朝时期多足圆盘形陶瓷砚发展演变而来,隋唐时期开始盛行,后世广为流行。圆盘形,砚面高凸,四周围以凹槽,注水后若环水之辟雍台建筑,故称“辟雍砚”。通常砚面不施釉,足有水滴状足(俗称“乳状足”、“珠形足”)、蹄形足和兽形足,有的足下还带有圈足。(石自社)

【注子】 亦称“执壶”、“注壶”或“偏提”。酒器。常用瓷或金属制成。盛行于唐中期至宋代。基本形制为敞口、溜肩、弧腹、平底或带圈足,肩腹部置一个流口,口部和腹部之间装有一柄。唐中期的壶流较短,作六角形、八角形或圆形。五代时壶流与柄加长。宋代器身变得瘦长,以瓜棱形最为常见,部分制品常有配套的温碗。唐宋时,越窑、长沙窑、耀州窑、磁州窑、景德镇窑、繁昌窑、磁灶窑等窑口均大量烧造。元明时,以景德镇窑烧制的青花器为多见,龙泉窑也生产部分青釉制品,日本、韩国等地皆有发现。

（刘涛）

【执壶】 即“注子”。

【注壶】 即“注子”。

【偏提】 即“注子”。

【渣斗】 亦称“奓斗”、“唾壶”、“唾盂”。古代日用器皿，用于盛装唾吐物。多为大口漏斗形，喇叭口，敞口束腰鼓腹，形如尊。晋代开始使用，多为瓷质，也有银器或漆器等。唐宋时期许多窑场都烧制渣斗，北宋越窑、耀州窑和南宋官窑的渣斗都很著名。明清时期景德镇窑也有制作。明清两代渣斗也被放置于床边或几案上，以备存纳微小废弃之物，用途有所拓宽，材质也日渐多样。（石自社）

【鸡冠壶】 亦称“马镫壶”、“皮囊壶”。辽代陶瓷器。模仿契丹族的皮囊容器烧制。壶上部有鸡冠状的穿孔，故名。常见扁身单孔式和扁身双孔式两类，流行于辽代早中期。有的壶底出现划刻“官”字款。陕西省西安市等唐墓中曾发现与鸡冠壶类似的器物。（王睿）

【马镫壶】 即“鸡冠壶”。

【皮囊壶】 即“鸡冠壶”。

文字学

甲骨与甲骨文

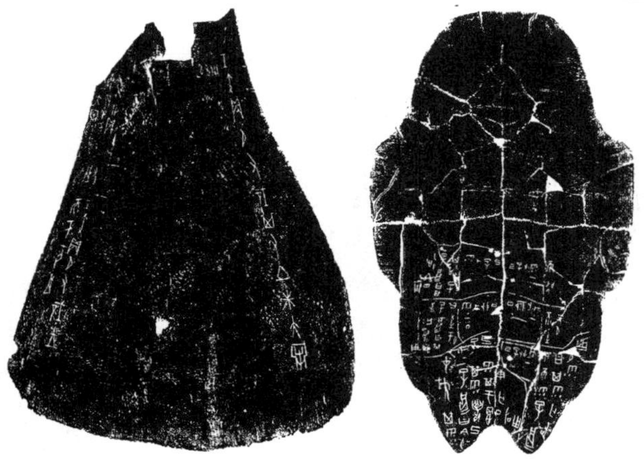

卜骨（小屯南地）　卜甲（花园庄东地）

殷墟出土的甲骨

【甲骨】 古代占卜使用的龟甲和兽骨。甲指卜甲，包括龟腹甲和背甲（见彩版15“卜甲”）；骨是卜骨，多用牛、羊、猪的肩胛骨。占卜时先对甲骨进行修治，再用工具在甲骨上施钻，钻旁施凿，尔后灼之，正面呈现卜兆，占卜者根据裂纹以定吉凶。新石器时代开始出现，商代鼎盛，春秋以降衰落。以殷墟出土数量最多，其次为周原，其他地区也有出土，其中相当一部分甲骨上刻有卜辞。（张海燕）

【卜甲】 见“甲骨”。

【卜骨】 见“甲骨”。

【钻凿】 古代占卜方法。为易于施灼呈兆而在甲骨上用工具挖作的具有一定规律的窠槽，通常钻为圆形，凿为梭形或长方形。以龟甲中线为轴呈左右对称分布，在兽骨则常施于外缘较厚处一侧，数量不定。或钻凿并施，或有凿无钻，或有钻无凿。钻凿形态及其分布排列具有一定的时代特色及族属特点。（张海燕）

【甲骨文】 亦称“契文”、“贞卜文字”。古汉字书体名称。指商代中晚期刻写于龟甲和兽骨上的古文字。1899年始被世人认识并收藏研究。主要出土于河南安阳殷墟，周原、郑州、济南等地也有发现。内容以商王及其宗族的占卜记录为主，少量为记事刻辞。迄今所见单字近5 000字，可识并公认者约1 000字，为中国最早的成系统的汉字，是研究商代历史的重要资料。新石器时代及西周时期的甲骨文也有发现。甲骨文考释成就突出的学者有孙诒让、罗振玉、王国维、郭沫若、唐兰、于省吾、董作宾、杨树达等。（张海燕）

【契文】 即“甲骨文”。

【贞卜文字】 即“甲骨文”。

【西周甲骨文】 西周早中期刻写于龟甲和兽骨上的古文字，极少数早至商代晚期。集中出土于陕西周原和岐山周公庙，河北、河南、山西等地也有发现，数量近千片，字数逾2 000字。是商代甲骨文的继承与延续，具有文字纤细、行款随意等特点，是研究商周关系及西周早中期政治、经济、地理、职官、历法的重要资料，拓展了甲骨学的研究内涵。（张海燕）

【贞人】 亦称“卜人”。商周占卜活动中的贞卜命龟之人。在商代卜辞中，贞人之名通常出现于“卜”、“贞”两字之间。贞人的身份包括王、卜官、工官、史官、小臣及其他臣僚及宗子，十分复杂。迄今所定商代贞人已有一百多位，其所属时代或同或异，可作为甲骨文分期断代研究的重要标准。（张海燕）

【卜人】 即“贞人”。

【卜辞】 商周时期刻写于甲骨上的占卜记录，是甲骨刻辞的主体。商周王室与贵族行事，常以龟甲和兽骨占卜吉凶，并在其上刻写卜辞。完整的卜辞由前辞、命辞、占辞和验辞四部分组成，包括占卜时间、贞人、占卜内容、吉凶判断及占验结果等。通常依占卜次序于卜兆旁逐段刻写，内容涉及商周社会生活的各个方面，是研究商周历史的重要史料。（张海燕）

【记事刻辞】 甲骨文中刻写于甲骨上的非卜辞类的记事文字。包括刻于甲桥、甲尾、背甲、骨臼、骨面的五种贡纳刻辞和史官签名，部分位居验辞的位置但与卜辞无关的记事文字，以及铭功旌纪或颁事信凭类文字（如牛头骨刻辞、牛距骨刻辞、牛肋骨刻辞、虎骨刻辞、鹿头骨刻辞、兕骨刻辞、兕头骨刻辞、人头骨刻辞和骨符等）。（张海燕）

【五种刻辞】 商代甲骨文记事刻辞。包括甲桥刻辞、甲尾刻辞、背甲刻辞、骨臼刻辞和骨面刻辞。主要见于武丁时期。内容为对占卜所用甲骨的贡检记录，并常有贞人签名。胡厚宣著《武丁时五种记事刻辞考》，对此有系统研究。（赖彦融）

【表谱刻辞】 甲骨文中纯记录性的文字。包括干支表谱、周祭祀谱、家谱等。或为习刻，或为备忘，或为偶然附刻。（张海燕）

【家谱刻辞】 商代晚期甲骨刻辞。牛胛骨。殷墟出土，1903—1908 年英美传教士库寿龄、方法敛于山东潍县购藏。著录于《库方二氏藏甲骨卜辞》。契刻 14 行 54 字，系贵族兒氏家族十一世谱牒，形式为某祖曰某、某子曰某及某弟曰某。是研究商代宗法制度的珍贵史料，但学术界对其真伪持论不一。原骨现藏英国伦敦不列颠图书馆。另有《甲骨文合集》14925 版为家谱刻辞残片。（冯时）

【四方风名刻辞】 甲骨文中记有东南西北四方名和四方风名的占卜与记事刻辞。四方与四风为殷人祈雨求年的神祇。殷墟甲骨文中所见四方风名刻辞以《甲骨文合集》14294、14295 版所录内容最为完备，证明殷商时代已具有四方与四气的观念，是研究商代时空观和原始宗教的珍贵史料。原骨分藏中国国家图书馆及台湾“中央研究院”历史语言研究所。（张海燕）

四方风名刻辞拓本

【小臣墙刻辞】 商代晚期甲骨刻辞。牛肋骨。殷墟出土，著录于《殷虚卜辞综述》。时代属帝乙、帝辛时期。残长 6.7 厘米，残宽 3.9 厘米。刻辞 5 行，存 56 字，直书左行，记墙随商王征伐危方，虏获伯酋战俘及车马兵器，并用人牲物品致祭祖先，以旌功庆典，是研究商代历史的重要史料。原骨现藏中国国家博物馆。（张海燕）

【宰丰骨刻辞】 商代晚期甲骨刻辞。兕肋骨。殷墟出土，著录于《殷契佚存》。时代属帝乙、帝辛时期。制为骨柶，长约 28 厘米，正面镂兽面及龙纹图案，镶嵌绿松石。背面刻辞 2 行 27 字，直书左行，记商王于麦麓田猎而获大兕，以御宾客，宰丰得赐，故铭纪旌功，书法俊秀。是研究商代历史的重要资料。原骨现藏中国国家博物馆。（张海燕）

宰丰骨刻辞及铭文拓本

【牛距骨刻辞】 商代晚期甲骨刻辞。1936 年河南安阳小屯村北 H6 坑出土。著录于《殷虚文字乙编》。时代属帝乙、帝辛时期。长 7.3 厘米，宽 5.5 厘米，骨凸面及内外边缘均被锯平。骨面涂饰呈绿色，字口涂朱。刻辞 3 行 12 字，直书左行，内容为宰丰所记殷王之言，事关田猎礼俗。是研究商代田猎制度的重要史料。原骨现藏台湾“中央研究院”历史语言研究所。（张海燕）

【虎骨刻辞】 商代晚期甲骨刻辞。虎右上膊骨。

商王帝辛之物。1930年前河南安阳殷墟出土，加拿大传教士怀履光旧藏，著录于《中国古代的骨文化》。制为雕花骨柶，长15厘米，最宽2.5厘米，花纹及文字皆镶嵌绿松石。刻辞2行20字，直书右行，记纣王田猎获虎，可与文献言其“手格猛兽”的记载相印证。此骨系以田猎所获铭刻旌功，是研究商代历史的重要史料。原骨现藏加拿大多伦多皇家安大略博物馆。（张海燕）

【鹿头骨刻辞】 商代晚期甲骨刻辞。1929年、1931年河南安阳小屯村北出土，共两件，埋藏相距百米。著录于《殷虚文字甲编》。时代属帝乙、帝辛时期。其一长10.5厘米，宽12厘米，刻辞2行，存12字，直书左行，记商王田猎事；其二带角长23厘米，头骨宽10厘米，刻辞3行，存12字，直书左行，记商王征伐归而田猎并行祭祀事，遂以田猎所获铭纪旌功，书法俊秀，是研究商代历史的重要史料。原骨现藏台湾“中央研究院”历史语言研究所。（张海燕）

【兕头骨刻辞】 商代晚期甲骨刻辞。1929年河南安阳小屯村北出土，著录于《殷虚文字甲编》。时代属帝乙、帝辛时期。长54厘米，宽22厘米，厚13厘米。刻辞两行，存23字，直书左行，记商王征盂方归来，田猎而获白兕，故以田猎所获铭纪旌功，具有重要的史料价值。原骨现藏台湾“中央研究院”历史语言研究所。（张海燕）

【人头骨刻辞】 商代晚期甲骨刻辞。系被俘方伯酋长献祭殷先祖后于其头骨所刻旌功文字。殷墟出土刻辞人头骨迄今所见共15片，时代多属帝乙、帝辛时期。残存字数不等，刻辞简明。是研究商代历史与祭祀制度的重要资料。（张海燕）

【大龟四版】 商代刻辞甲骨。1929年殷墟小屯村北大连坑南段一长方形储藏坑出土。时代属武丁时期。四版均为卜用龟腹甲，版大且相对完整，刻辞密集，为甲骨出土以来之首见，对于卜法、文例、钻凿形态等研究均极具价值。董作宾据此考订“干支卜”下一字为贞人名，并由此提出贞人断代的方法。（赖彦融）

【大龟七版】 商代刻辞甲骨。1934年殷墟侯家庄南地一灰坑出土。时代属廪辛、康丁时期。包括六版龟腹甲及一版龟背甲。七版的主要贞人为狄，刻辞内容包括卜旬、卜夕、祭祀、畋游、风雨等。（赖彦融）

【小屯YH127甲骨坑】 商代甲骨窖藏。1936年发现于殷墟小屯村东北地。圆形，直径约2米，深约4.4米。出土甲骨17 096片，除8片牛骨外，皆为龟甲。坑内葬有一人，埋藏时代为武丁时期。此坑出土甲骨数量之丰为迄今考古发掘所见之最，其刻辞内容丰富，价值极高，是甲骨学、商史研究的珍贵资料。（赖彦融）

【小屯南地甲骨】 当代科学发掘的商代甲骨。1973年殷墟小屯村南地出土。共5 335片，除75片卜甲外，全为卜骨，时代纵跨武丁至帝乙、帝辛时期，大部分为康丁时代及学术界称为“历组”的卜辞。内容丰富，为商史研究提供了许多前所未见的新材料。此批甲骨经科学发掘出土，有明确的地层记录和伴出器物，为甲骨文分期断代研究提供了新证据。（赖彦融）

【殷墟花园庄东地甲骨】 当代科学发掘的商代甲骨。1991年殷墟花园庄东地H3坑出土。共1 583片，其中刻辞甲骨689片，以大块及完整卜甲为多，卜骨仅25片。时代属殷墟文化一期晚段，约当武丁前期。此批甲骨文的占卜主体为“子”，属非王系统，与传统的王卜辞及非王卜辞相比，在字体、贞人、祭祀对象、文例、行款等方面均具有鲜明特点，是甲骨学、商史研究新的重要资料。（赖彦融）

【周原甲骨】 陕西周原遗址所出周人用以占卜的龟甲和兽骨。1977年岐山凤雏遗址出土1.7万余片，有字者289片。1979年扶风齐家村又发现22片，有字者6片。少数甲骨的时代早至商代晚期。刻辞内容多与占卜有关，在甲骨的整治、钻凿形态、书体特点等方面均显示出独特风格，是研究西周族属及商周关系的重要史料。（张海燕）

青铜器铭文

【金文】 旧称“钟鼎文”。古汉字书体名称。指铸或刻于古代钟鼎及其他铜器上的古文字。流行于商周和秦汉时期。清吴式芬辑商周铜器铭文成《攈古录金文》，金文一词始有界说，但仍指整篇的铭文而言。今人容庚撰《金文编》，将商周铜器铭文中的字编为字典，至此金文遂成为一种书体名称。迄今所见最早的金文材料出现于商代中期。《殷周金文集成》是商周金文的集成之作。容庚另有《金文续编》，专收秦汉金文。（冯时）

【钟鼎文】 “金文”的旧称。泛指古代一切铜器上铸刻的古文字，以区别于小篆。古代以钟鼎为重器，言钟鼎则包括礼器、乐器、兵器、车马器与其他铜器，故曰钟鼎文。宋张耒《张右史文集》五八《答李推官书》：“足下之文，……瑰奇险怪，务欲使人读之，如见数千岁前蝌蚪鸟迹，所记弦匏之歌、钟鼎之文也。”（冯时）

【𠨘其三卣】 商代晚期青铜器。二祀𠨘其卣、四祀𠨘其卣和六祀𠨘其卣三器的通称，系纣王时期贵族𠨘其为祖癸父丁所作祭器。传河南安阳出土。二祀、六祀两卣形制基本相同，椭圆体，短颈，圈足，有盖，饰兽面纹和夔纹。四祀卣圆体长颈。盖器均有铭文，记述𠨘其伴王祭祀并行赏赐事。是研究商代政治制度的重要资料。现藏北京故宫博物院。（张海燕）

【小臣艅犀尊】 商代晚期青铜器。传清道光、咸丰年间山东寿张梁山出土。梁山七器之一。高22.9厘米，长37厘米。器作犀牛状，体态丰腴，四肢粗壮，吻部前伸，后背开口，光素无纹，造型逼真。内底铭有27字，记述商王赏赐小臣艅贝及征人方事。是研究商代历史、祭祀制度及商夷关系的重要资料。现藏美国旧金山亚洲美术博物馆。（张海燕）

小臣艅犀尊及铭文拓本

【保定三句兵】 商代晚期青铜器。大祖日己戈、祖日乙戈、大兄日乙戈三器的合称。传清末直隶（今河北）保定或易县出土。三器形制基本相同，通长26.1～27.6厘米，直援微胡，有上下阑，内作镂雕歧冠鸟形，故又称“鸟纹三戈”。三器均于援上铸铭，共65字，记祖、父、兄三代世系，皆以日名为庙号。是研究商代祭祀制度的珍贵史料。现藏辽宁省博物馆。（张海燕）

【鸟纹三戈】 即“保定三句兵”。

【天亡簋】 亦称“大丰簋”、“朕簋”。西周早期青铜器。传清道光末年陕西岐山出土。高24厘米，口径21厘米。圆体，方座，四兽耳有珥。器饰卷体兽纹，稳重大方。内腹铭77字，记周武王于灭商后升陟中岳举行致祭上帝的大礼，天亡助祭，颂扬文武二王功德而受赏，作器以为纪念。是研究西周历史和祭祀制度的重要资料。现藏中国国家博物馆。（张海燕）

天亡簋及铭文拓本

【大丰簋】 即“天亡簋”。

【朕簋】 即“天亡簋”。

【利簋】 亦称“武王征商簋”。西周早期青铜器。西周初年有司“利”所作祭器。1976年陕西临潼零口铜器窖藏出土（见彩版17“利簋”）。通高28厘米，口径22厘米。深腹，圈足下附方座，双兽耳垂珥。器饰兽面纹和龙纹，雷纹衬地。器内铭32字，记述武王征商而于甲子灭纣之事，可与文献记载相印证，为西周历史及铜器断代研究提供了重要资料。现藏陕西临潼博物馆。（张海燕）

利簋及铭文拓本

【武王征商簋】 即“利簋”。

【何尊】 西周早期青铜器。迄今所见西周最早的纪年铜器，周成王五年宗小子何所作祭器。1963年陕西宝鸡贾村塬出土。高38.8厘米，口径28.6厘米，重14.6千克。圆口方体，圈足。器饰夔形蕉叶纹、兽面纹和外卷牛角，雷纹衬地，精美雄奇。器内铭122字，记成王于五年迁宅成周而祭天，并于京室训诰宗小子及对何的赏赐。铭文追述武王遗志及营成周事，是研究西周历史的重要资料。现藏宝鸡市博物馆。（张海燕）

何尊及铭文拓本

【克盉】 西周早期青铜器。1986年北京房山琉璃河燕国遗址1193号墓出土。通高26.8厘米，口径14厘米。鼓腹有流，平裆柱足。器饰连尾长鸟纹，雷纹衬地。盖器同铭43字，述周王对召公辅弼王室的褒奖，册封召公之子克为燕侯并授民授土。是研究燕国始封历史和西周分封制度的重要资料。另出有同铭克罍。现藏北京市文物研究所。（张海燕）

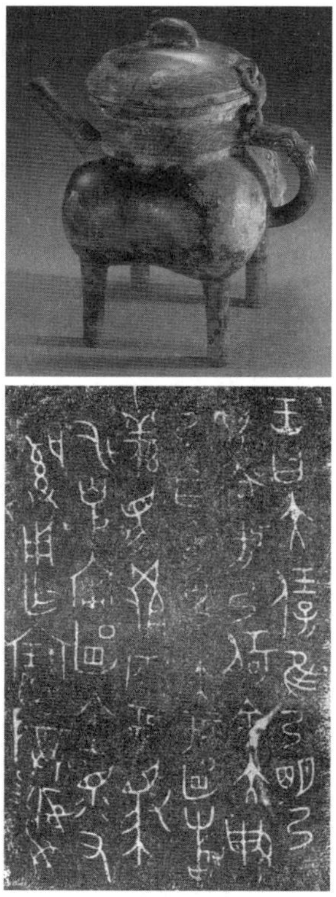

克盉及铭文拓本

【梁山七器】 商末周初青铜器。传清道光、咸丰年间山东寿张梁山出土。同出七器，《涵清阁金石记》谓有鼎三、彝一、盉一、尊一、甗一，即大保方鼎两件及大保簋、害鼎、伯害盉、大史友甗、小臣艅犀尊各一件。七器作于不同时期，除犀尊外，铭见太保、召伯、召公，为召公奭世家所作。铭记商王征人方和召公受命平定录子叛乱事，是研究商末周初历史的重要资料。现分藏天津博物馆及美国、日本等国。（张海燕）

【叔夨方鼎】 西周早期青铜器。2001年山西曲沃北赵晋侯墓地114号墓出土。叔夨即唐叔虞。鼎通高27厘米，腹深约11.2厘米，口长18.5厘米、宽16.5厘米。立耳，器身饰兽面纹，中央与四角有扉棱，足上饰蕉叶纹，雷纹衬地。腹内壁铭48字，记周成王于某年十又四月在成周大祀并殷见王士，对叔虞厚赏，叔虞作器以为纪念。是研究西周及晋国历史的重要史料。现藏山西省考古研究所。（张海燕）

【宜侯夨簋】 西周早期青铜器。夨为虞公父丁所作祭器。1954年江苏丹徒烟墩山西周墓出土。通高15.7厘米，口径22.5厘米，腹深10.5厘米，足径18厘米。圆腹，四兽耳，高圈足。器饰大旋涡纹和扉棱。内底铭128字，记述周康王巡省东国，举行社祀，改封虞侯夨为宜侯并授民授疆土。是研究西周分封制度及对江南开发情况的重要史料。现藏中国国家博物馆。（张海燕）

宜侯夨簋及铭文拓本

【柞伯簋】 西周早期青铜器。1993年河南平顶山应国墓地242号墓出土。通高16.5厘米，口径17

柞伯簋及铭文拓本

厘米。圆体,兽首耳垂珥,矮圈足下附喇叭形支座。器饰兽面纹、龙纹和蝉纹,雷纹衬地,造型奇特。器内底铭74字,记述周王行大射礼,柞伯作为王士与小臣竞射,获胜得赏,作器以祭其先祖周公。是研究中国古代射礼的珍贵史料。现藏河南省文物考古研究所。(张海燕)

【盂鼎】 亦称“大盂鼎”。西周早期青铜器。周康王二十三年大臣盂为其祖南公所作祭器。清道光初年陕西岐山礼村出土。通高100.8厘米,口径78.3厘米,器深49.4厘米,重153.5千克。器饰兽面纹,雷纹衬地,造型古朴厚重,铸造精良。器内壁铭291字,内容为康王对盂的册命,并颂扬周文武二王盛德,追述殷纵酒亡国的历史教训,是研究西周历史的重要资料。现藏中国国家博物馆。同出小盂鼎,为同人所作,已佚,仅传铭文拓本,记康王二十五年命盂伐鬼方且俘馘告庙事,也有重要的史料价值。(张海燕)

【大盂鼎】 即“盂鼎”。

大盂鼎及铭文拓本

【令方彝】 亦称“作册令方彝”。西周早期青铜器。传1929年河南洛阳马坡出土。通高34.1厘米、宽24.6厘米,器口长19.3厘米、宽17.7厘米。长方体,四阿式盖和盖钮。器饰兽面纹、龙纹和鸟纹,自盖钮至足座皆附钩形扉棱,雷纹衬地,器形凝重。盖、器同铭187字,述周公子明保于成周举行祭祀,并受命尹“三事四方”。是研究西周政治制度的重要史料。现藏美国华盛顿弗利尔美术馆。(张海燕)

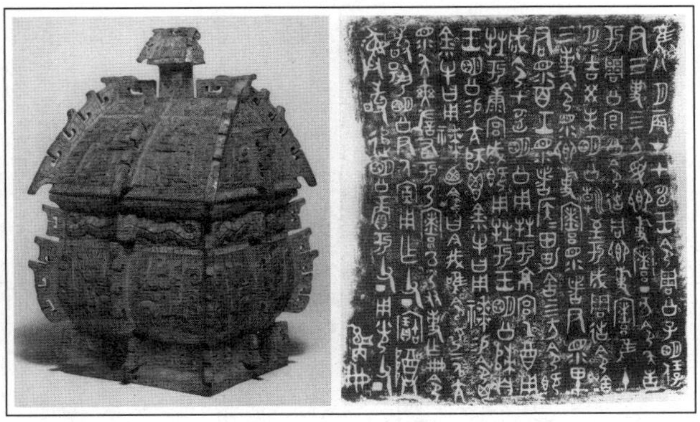

令方彝及铭文拓本

【作册令方彝】 即“令方彝”。

【麦方尊】 亦称“作册麦方尊”、“邢侯尊”。西周早期青铜器。清内府旧藏,原器已佚,今仅存铭文摹刻本。《西清古鉴》著录高8.4寸,腹深6.5寸,口径6.8寸,腹围12.8寸。侈口,方腹微鼓,方圈足。器饰鸟纹与扉棱。铭文166字,记邢侯至宗周觐见周王,参加于辟雍举行的大礼,并得到周王厚赐,作册麦襄赞邢侯有功,作器以为纪念。是研究西周礼制与邢国历史的重要资料。(张海燕)

【作册麦方尊】 即“麦方尊”。

【邢侯尊】 即“麦方尊”。

【麦四器】 西周早期青铜器。为麦方尊、麦方彝、麦方盉、麦方鼎四器的通称。尊、彝、盉皆清内府旧藏,鼎为孙诒让旧藏,同为麦一人所作之器。铭文记麦襄赞邢侯并得恩宠之事。是研究邢国历史及西周礼制的珍贵资料。麦方鼎现藏浙江省博物馆,麦方盉现藏日本京都泉屋博古馆,余两器已佚,仅铭文摹刻本行世。(张海燕)

【安州六器】 西周早期青铜器。传北宋重和戊戌年(1118年)安州孝感(今属湖北)出土。同出方鼎三、圆鼎二、甗一,史称“安州六器”。初载于《金石录》、《宣和博古图》及《钟鼎款识》,原器已佚,仅存器影及铭文摹本。铭记周王谋伐虎方事,命中巡省南国及小大邦,设王之行所并予封赏,或记卦象。是研究西周历史、地理、数术的重要资料。(张海燕)

【静方鼎】 西周早期青铜器。口长25.6～25.8厘米,宽20.3～20.5厘米,足高12厘米,通高32.7厘米。方体直腹,倒U形立耳,柱足上粗下细。器饰兽面纹、夔龙纹和扉棱,形体厚重敦实。器内壁铭79字,内容为周王命师中及静省南国并予静以封赏,月相语词或见于《周易》,对于西周册命制度、月相及铜器断代的研究均具有重要价值。现藏日本出光美术馆。(张海燕)

【班簋】 亦称“毛伯彝”、“毛伯班簋”。西周中期青铜器。清廷旧藏,《西清古鉴》著录。1972年北京市文物局自废旧物资回收站拣得。通高 22.5 厘米，口径 25.7 厘米。四兽首环耳，下垂长珥呈内卷象鼻状作支柱，低圈足，饰兽面纹和涡纹，造型奇特。器内铭 197 字，记述毛伯班奉周穆王之命征伐东国痟戎，三年后告捷之事，具有重要的史料价值。现藏首都博物馆。(张海燕)

班簋及铭文拓本

【毛伯彝】 即“班簋”。

【毛伯班簋】 即“班簋”。

【裘卫四器】 西周中期青铜器。1975 年陕西岐山董家村铜器窖藏出土。同出廿七年卫簋、三年卫盉、五祀卫鼎和九年卫鼎四器，因器主同为裘卫而得名。四器均有铭文，分别记载周王对裘卫的赏赐以及裘卫与矩伯之间有关田地和林地的交易之事。是研究西周土地制度与社会经济的重要史料。卫盉现藏周原博物馆，余三器现藏陕西历史博物馆。(张海燕)

【卫鼎】 西周中期青铜器。包括五祀卫鼎与九年卫鼎，为裘卫四器中的两器。1975 年陕西岐山董家村铜器窖藏出土。两器形制与纹饰相同，大小略异。立耳，柱足，平沿外折，下腹倾垂。器饰窃曲纹，细雷纹衬地。五祀卫鼎铭 207 字，九年卫鼎铭 195 字，记裘卫与邦君厉、矩伯交易土地、林地事。对研究西周社会经济及土地制度具有重要价值。现藏陕西历史博物馆。(张海燕)

五祀卫鼎及铭文拓本

【卫盉】 西周中期青铜器。裘卫四器之一。1975 年陕西岐山董家村铜器窖藏出土。通高 29 厘米，口径 20.2 厘米，重 7.1 千克。鼓腹束颈，口微外侈，连裆，柱足，管状流，兽首鋬。器饰夔纹、雷纹。盖内铭 132 字，记恭王三年行建旂礼之际，裘卫以礼器服饰与矩伯换取土地，并以贝作为计量价值的交易经过。是研究西周中期土地与经济制度的重要史料。现藏周原博物馆。(张海燕)

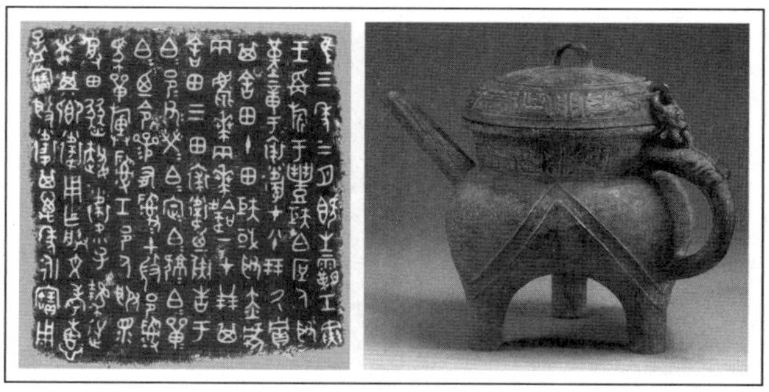

卫盉及铭文拓本

【盠驹尊】 西周中期青铜器。1955 年陕西眉县李村铜器窖藏出土。通高 32.4 厘米，长 34 厘米，重 5.68 千克。器作驹形，昂首挺立，腹腔中空，背一兽钮盖，装饰简洁，造型逼真。胸前铭 94 字，盖铭 12

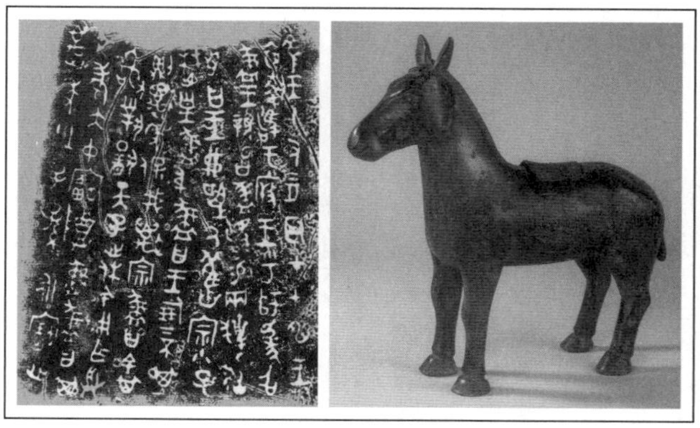

盠驹尊及铭文拓本

字，记周王于盠处行执驹礼并赐盠驹，是研究西周官制及马政的重要史料。现藏中国国家博物馆。同出一盖，铭 12 字，记周王于豆行执驹礼并赐盠驹，现藏陕西历史博物馆。（张海燕）

【史墙盘】 西周中期青铜器。1976 年陕西扶风庄白村铜器窖藏出土。微史家族铜器，周恭王史官墙所作彝器。通高 16.2 厘米，口径 47.3 厘米，深 8.6 厘米。双附耳，圈足。器饰鸟纹和云纹，器型宏大。盘内底铭 284 字。墙为微子启之后，仕周为史官，铭颂周文、武、成、康、昭、穆、恭各王功业，并自述史墙先祖功德及历事周王朝的历史。是研究微氏家族和西周历史的重要史料。现藏周原博物馆。（张海燕）

史墙盘及铭文拓本

【曶鼎】 亦称“舀鼎”。西周中期青铜器。传清乾隆四十三年（1778 年）学者毕沅得于陕西长安。据录“鼎高二尺，围四尺，深九寸，款足作牛首形”。原器晚清毁于兵火，今仅有拓本传世，其中剔字本存铭 409 字，分三节记述周王对曶的册命和赏赐以及曶与效父和匡季之间的两起诉讼，对事件的起因、过程及结果详为记载，铭文同时记月相与纪年，是研究西周政治、经济、法律制度和历日的重要史料。（张海燕）

【舀鼎】 即“曶鼎”。

【师同鼎】 西周中晚期青铜器。1981 年陕西扶风下务子村铜器窖藏出土。通高 35 厘米，口径 34 厘米，腹深 20.5 厘米，重 10.5 千克。平口，折沿，立耳，深腹，圜底，蹄足。器饰重环纹与弦纹。腹内铭 54 字，记师同随军征伐鬼方，以俘馘车马献王，并取戎金鼎铺等战利品铸器，是研究西周历史及周王朝与北方强族关系的重要史料。现藏周原博物馆。（张海燕）

【史密簋】 西周晚期青铜器。1986 年陕西安康王家坝出土。残高 11.65 厘米，口沿外径 20.5 厘米，器深 11.4 厘米。圈足下附四小足，无盖。器饰窃曲纹、方格纹和弦纹。内底铭 93 字，记述史密与师俗率齐师、遂人、族人等御伐入侵的南淮夷、卢、虎、杞、舟诸夷之事，是研究西周军事制度与周夷关系的重要史料。现藏安康历史博物馆。（张海燕）

【多友鼎】 西周晚期青铜器。1980 年陕西长安斗门镇下泉北村出土。通高 51.5 厘米，口径 50 厘米，重 37 千克。深腹，立耳，蹄足，口下饰弦纹，造型朴素大方。腹内壁铭 277 字，记玁狁犯周京师，多友奉武公之命率兵车逐伐之，多所俘获，立功受奖，铭文详述玁狁入侵和周人反击所经地点，是研究西周历史及地理的重要史料。现藏陕西历史博物馆。（张海燕）

多友鼎及铭文拓本

【燹公盨】 西周中期青铜器。传河南出土。高 11.8 厘米，口径 24.8 厘米，重 2.5 千克。直口，鼓腹，圈足，兽首耳，饰鸟纹和瓦纹。内底铭 98 字，系燹公所作诰词，追颂大禹功绩及古代先王明德治天下事迹，阐述西周道德观，所述可与《诗》、《书》等文献相互印证，是研究中国古史的重要资料。现藏保利艺术博物馆。（张海燕）

燹公盨及铭文拓本

【㝬簋】 西周晚期青铜器。1978 年陕西扶风法门寺齐村铜器窖藏出土。周厉王十二年自作之器。通高 59 厘米，口径 43 厘米，腹深 23 厘米，重 60 千克，为迄今所见西周铜簋中形体最大者。鼓腹，圈足，方座，高耸兽首耳，附夔形珥。颈与圈足饰窃曲纹，腹和方座饰直棱纹，造型雄伟壮丽。腹底铭 124 字，系周厉王㝬（胡）自颂功业、祈福祝嘏之词。现藏扶风县博物馆。（张海燕）

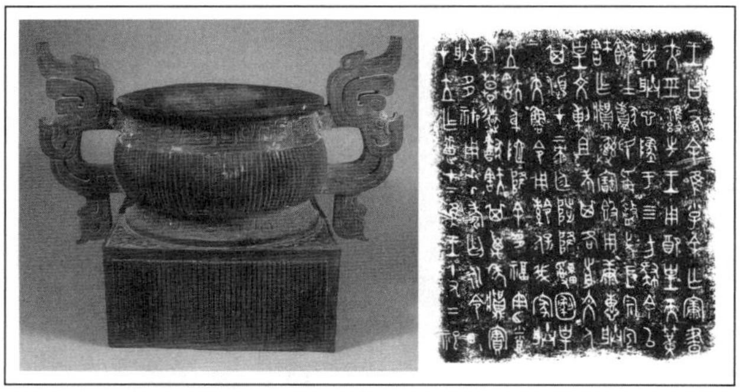

㝬簋及铭文拓本

【㝬钟】 亦称“宗周钟”。西周晚期青铜器。原为清内府所藏。周厉王㝬（胡）自作之器。通高65.6 厘米。全器饰兽面纹、雷纹及 36 枚长乳钉纹，造型精致华美，音质浑厚宏亮。钲鼓间共铭 122 字，记厉王勤劳疆土，败服子并使其降，同时南夷与东夷二十六邦尽臣服觐见周王，厉王称述功业且祈福长生。是研究周夷关系的重要史料。现藏台北“故宫博物院”。“㝬钟及铭文拓本”图见右栏。（张海燕）

【宗周钟】 即“㝬钟”。

【琱生三器】 西周晚期青铜器。琱生三种铜器

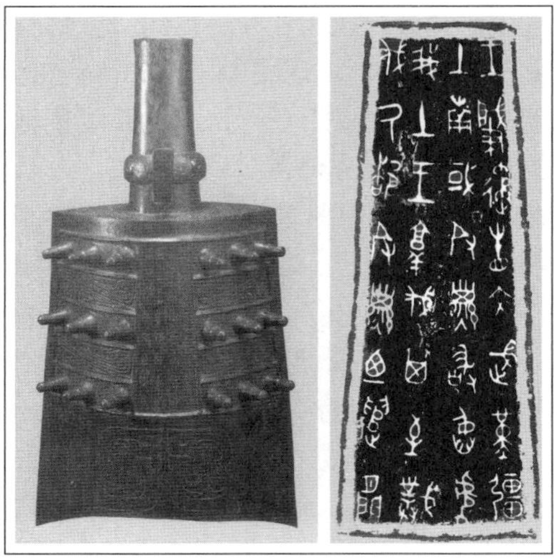

㝬钟及铭文拓本

的通称，凡四件，包括一件五年琱生簋、两件五年琱生虘、一件六年琱生簋。二簋为传世器，二虘为 2006 年陕西扶风五郡西村铜器窖藏出土。二虘同铭，可与簋铭联读，记述琱生家族分配仆庸土地事务，是研究西周宗法和礼仪制度的重要史料。四器分藏美国耶鲁大学博物馆、中国国家博物馆和陕西扶风县博物馆。（张海燕）

六年琱生簋及铭文拓本

【克鼎】 亦称“善夫克鼎”。西周晚期青铜器。传清光绪十六年（1890 年）陕西扶风法门寺任村出土。同出者尚有小鼎 7 件，世又称大鼎为大克鼎，小鼎为小克鼎。大克鼎通高 93.1 厘米，口径 75.6 厘米，腹径 74.9 厘米，重 201.5 千克。立耳，蹄足。器饰窃曲纹、环带纹和兽面纹。腹内铭 290 字，记述克祖师华父臣事恭王及命克出纳王命，赐以命服、土地和臣妾等，是研究西周官制和土地制度的重要资料。小克鼎中最大的一件铭 72 字，记周王命克巡视整顿成周八师，也有重要的史料价值。同藏上海博物馆。“小克鼎及铭文拓本”图见 63 页。（张海燕）

【善夫克鼎】 即“克鼎”。

【禹鼎】 西周晚期青铜器。《历代钟鼎彝器款识

小克鼎及铭文拓本

法帖》称“穆公鼎”。1942年陕西岐山任家村铜器窖藏出土。通高54.6厘米,口径46.7厘米,重37.25千克。浅腹,立耳,蹄足。器饰兽面纹、环带纹和弦纹。器内壁铭205字,记述鄂侯率南淮夷、东夷反周,周王曾以西六师和殷八师御之未果,禹则以武公兵车徒御参与作战,俘获鄂侯。是研究西周历史的重要史料。现藏中国国家博物馆。(张海燕)

【穆公鼎】 即“禹鼎”。

【𤼈钟】 西周中期青铜器。1976年陕西扶风庄白村铜器窖藏出土。微史家族铜器。微伯𤼈所作编钟,全套14件。器饰鸟纹、兽面纹和云纹。共分为五组,甲组4件各铭104字,乙组3件各铭8字,丙组2件联铭67字,丁组4件联铭42字,戊组1件铭103字。𤼈为史墙之子。铭文称颂微史先祖辅弼周王功业,是研究西周历史的珍贵资料。现藏周原博物馆。(张海燕)

【毛公鼎】 亦称“毛公厝鼎”。西周晚期青铜器。传清道光末年陕西岐山出土。通高53.8厘米,口径47.9厘米,重34.7千克。高立耳,半球腹,圜底,兽蹄足。器饰弦纹和重环纹。腹内铭499字,记周宣王委毛公以重任并训勉其勤王事,系一篇完整的册命,具书史性质,是研究西周晚期政治、经济与社会历史的珍贵资料。现藏台北“故宫博物院”。“毛公鼎及铭文拓本”图见右栏。(张海燕)

【毛公厝鼎】 即“毛公鼎”。

【虢季子白盘】 西周晚期青铜器。传清道光年间陕西宝鸡虢川司出土。口长130.2厘米,宽82.7厘米,通高39.5厘米。长方形,四面各有两兽首衔环,矩形四足,口沿下饰窃曲纹,腹环带纹,造型质朴雄伟。腹内铭111字,记述虢季子白奉周宣王命征伐𤞤狁而获褒奖,于周庙宣榭行献禽、饮至之礼,并受周王仪仗使征蛮方之事。是研究西周晚期政治、军事及其与北方民族关系的重要史料。现藏中国国家博物馆。(张海燕)

毛公鼎及铭文拓本

虢季子白盘及铭文拓本

【趞鼎】 西周晚期青铜器。高38.9厘米,口径38厘米。深腹,立耳,兽蹄足。器饰二道弦纹。腹内壁铭97字,记周宣王十九年于康邵宫对趞的册命与赏赐,史留受王命而记事。史留即文献所记宣王之太史籀。对西周史官制度及历法的研究具有重要价

值。现藏中国国家博物馆。（张海燕）

【晋侯稣钟】 西周晚期青铜器。编钟，全套16件，由西周不同时期的铜钟配选而成。1992年山西曲沃北赵村晋侯墓地8号墓出土2件，其余14件购回。形制略异，大小相次，高22～52厘米。刻铭355字，记述晋侯稣受周宣王命伐夙夷事，为史籍所缺载，是研究晋国和西周历史及历法的重要史料。现分藏上海博物馆、山西省考古研究所。（张海燕）

晋侯稣钟及铭文拓本

【楚公逆钟】 西周晚期青铜器。1993年山西曲沃北赵村晋侯墓地64号墓出土。编钟，全套8件，形制相同，大小相次，饰穿山甲纹、宽带卷云纹、蝉纹和雷纹等。6件铭文基本相同，各铸68字，记楚公逆为祭先高祖考而出征，有所俘获，并铸钟祈福。楚公逆即熊咢，当周宣王及晋穆侯时。是器铭文为研究晋、楚历史提供了重要资料。现藏山西省考古研究所。（张海燕）

【虞逨鼎】 西周晚期青铜器。2003年陕西眉县杨家村铜器窖藏出土。共2件。形制大体相同。敛口，平沿外折，方形立耳微外撇，下腹向外倾垂，阔圜底，三蹄状足内侧扁平。沿下周饰窃曲纹，以6道高凸扉棱分为6组，腹部周饰环带纹，足膝部饰兽面纹。四十二年虞逨鼎通高51厘米，口径43.5厘米，重35.5千克，腹内壁铭25行282字；四十三年虞逨鼎通高27厘米，口径26.5厘米，重7.3千克，腹内壁铭31行316字，记述虞逨两次受天子册命事，是研究西周历史的重要资料。现藏宝鸡青铜器博物院。（张海燕）

【散氏盘】 亦称“散盘”、“矢人盘”。西周中晚期青铜器。传清乾隆初年陕西凤翔出土。通高20.6厘米，深9.8厘米，口径54.6厘米，底径41.4厘米，重21.31千克。浅腹，双附耳，高圈足。器饰夔纹、兽面纹和窃曲纹。腹内底铭357字，系一篇土地转让契约，记矢、散两国土地纠纷的裁决结果并举行盟誓。是研究西周土地制度与盟誓制度的重要史料。现藏台北“故宫博物院”。（张海燕）

散氏盘及铭文拓本

【散盘】 即“散氏盘”。

【矢人盘】 即“散氏盘”。

【逨盘】 西周晚期青铜器。2003年陕西眉县杨

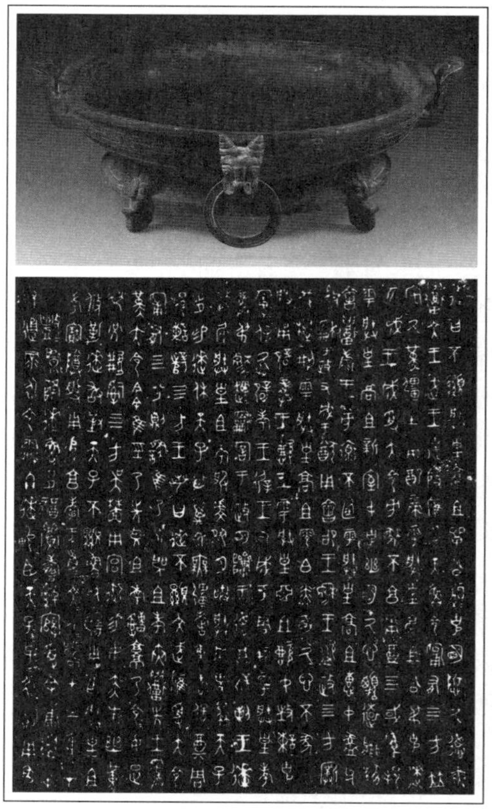

逨盘及铭文拓本

家村铜器窖藏出土。通高 20.4 厘米，口径 50.3 厘米，重 18.5 千克。敛口，方唇，宽平沿外折，浅腹，底近平，“U”形附耳，两耳间有龙首衔环。高圈足，圈足下附四兽足。腹和圈足周饰窃曲纹，耳与衔环饰重环纹。内底铭 21 行 372 字，记周文王至宣王时期单氏家族从皇高祖单公到逨的八代世系，是研究西周历史的珍贵资料。现藏宝鸡青铜器博物院。（张海燕）

【㑹匜】 西周晚期青铜器。1975 年陕西岐山董家村与裘卫四器同一窖藏出土。通高 20.5 厘米，腹宽 17.5 厘米，重 3.85 千克。宽流，直口，虎头平盖，曲舌兽首鋬，羊蹄状足。器饰窃曲纹，造型别致，自名为盉。盖、器联铭 157 字，系伯阳父因牧牛与其师㑹诉讼所作之谳词，内容涉及鞭刑、墨刑和赎刑，是研究西周刑法及法律制度的重要史料。现藏陕西岐山县博物馆。（张海燕）

㑹匜及铭文拓本

【晋公盦】 亦称“晋公𥂴”。春秋晚期青铜器。瞿氏清吟阁旧藏。晋国国君嫁女于楚所作媵器，为迄今仅见春秋时期晋国国君所作器。器饰细密蟠螭纹。铭文 145 字，追颂晋先祖唐公因辅佐周武王有功而得以封疆建国之史迹，昭明其秉承先祖懿德勤勉国事之志。是研究晋国历史及其与周边民族关系的重要资料。（张海燕）

【晋公𥂴】 即“晋公盦”。

【栾书缶】 春秋中晚期青铜器。容庚购藏。通高 40.8 厘米，口径 16.5 厘米。小口，短颈，广肩，圆鼓腹，矮圈足下附三楔形小足，覆钵式盖，腹与盖各铸对称四环耳，耳上饰云雷纹。通体漆黑光素。器身错金 40 字，盖内刻铭 8 字，记晋大夫栾书祭祖祈福而作器。也有认为器主为书巳。此器造型及错金铭文精美，对研究春秋时期青铜铸造技术具有重要价值。现藏中国国家博物馆。（张海燕）

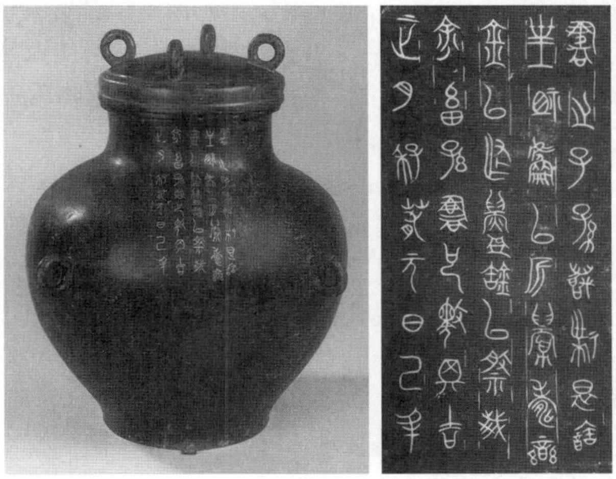

栾书缶及铭文影本

【𠫑羌钟】 亦称“𠫑氏钟”。战国早期青铜器。传 1931 年河南洛阳太仓出土。见于著录者共 14 器，大小相次，长腔，长钮，饰螺旋纹、云雷纹等。钲间铸铭两种，或 4 字或 61 字，记三晋伐齐入长城，𠫑羌因作战有功同时得到韩宗、晋公和周天子的褒奖，是研究战国历史及长城的重要资料。现分藏于日本京都泉屋博古馆和加拿大多伦多皇家安大略博物馆。（张海燕）

【𠫑氏钟】 即“𠫑羌钟”。

【叔夷镈】 春秋晚期青铜器。《宣和博古图》等著录。传北宋宣和五年（1123 年）青州临淄齐故城出土。10 件，扁体平口，交龙脊，饰蟠虺纹。原器已佚，仅存铭文摹本。联铭共计 500 字。叔夷为宋穆公之后，仕齐而有戎功。铭记齐侯赞叔夷勋劳，反复加封，自都县、军寮至佐正卿而主内外国事及车马家臣，勉其恪尽职守，叔夷则追述其先祖商汤伐夏事，具有重要的史料价值。（张海燕）

【国差罎】 亦称“国差瓿”、“齐侯罎”、“工师佸罎”。春秋中期青铜器。国差即齐大夫国佐。高 34.6 厘米。敛口，短颈，阔唇，斜肩，鼓腹，圜底。肩饰四兽首衔环。肩铭 52 字，唇上 1 字，记述国差执政时期工师铸罎

国差罎及铭文拓本

献与齐侯,用盛旨酒,祈求福佑。此器系迄今所见传世器中唯一一件自铭为𦉜者,对研究春秋历史及青铜器均具有重要价值。现藏台北“故宫博物院”。(张海燕)

【国差甔】 即“国差𦉜”。

【齐侯𦉜】 即“国差𦉜”。

【工师俉𦉜】 即“国差𦉜”。

【王子午鼎】 春秋晚期青铜器。1979 年河南淅川下寺 2 号楚墓出土。共七器,形制相同,尺寸略异,高 60～69 厘米,口径 58～66 厘米。侈口立耳,束腰平底,蹄足。器饰夔龙纹、窃曲纹等,腹周蟠附六条夔龙。制作精美,花纹瑰丽。七器同铭 84 字,述王子午作器之意,自颂功德。王子午即楚令尹子庚。此器后转为倗所有,故于鼎盖加刻 4 字以明归属。是研究列鼎制度和楚史的重要史料。现藏河南博物院。(张海燕)

王子午鼎及铭文拓本

【子禾子釜】 战国早期齐国青铜量器。清咸丰七年(1857 年)山东胶县灵山卫古城出土。子禾子即田和,釜为田和列为齐国诸侯前所作。高 38.5 厘米,口径 22.3 厘米,腹径 31.8 厘米,容量 20 460 毫升。侈口,鼓腹,附双耳,平底。腹外壁铭 109 字,记述子禾子在左关官署中使用标准量器的命令。是研究战国时期度量衡制度的重要资料。现藏中国国家博物馆。(张海燕)

【陈纯铜釜】 战国时期齐国青铜量器。传清咸丰七年(1857 年)山东胶县灵山卫古城出土。高 39 厘米,口径 23 厘米,腹径 32.6 厘米,底径 18 厘米,容量 20 580 毫升。双耳罐形,平口束颈,圆肩深腹,平底,光素无纹。外壁铭 7 行 34 字,记左关师发奉命督造左关所用之釜,并要求以仓廪的标准釜进行校量,陈纯则为制器者。是研究中国古代度量衡制度的重要史料。现藏上海博物馆。(张海燕)

陈纯铜釜及铭文拓本

【楚王酓忎鼎】 战国时期楚国青铜器。1933 年安徽寿县朱家集李三孤堆楚墓出土。大小两件,大者通高 55.6 厘米,现藏天津博物馆;小者通高 51.8 厘米,现藏中国国家博物馆。两器皆平底有盖,双附耳,盖上三鼻,正中二兽首衔环。饰斜方格纹及兽面纹。器主酓忎即楚幽王熊悍,铭文记其以战争所获之铜作鼎以奉祭事。(冯时)

【王命传】 亦称“传赁龙节”、“王命龙节”。战国中期楚国青铜器。1946 年湖南长沙东郊黄泥坑墓葬出土。通长 20.5 厘米,头端宽 2.7 厘米,重 0.5 千克。直尺形,头端作龙首状。正反面共铭 9 字,系使者往来驿传食宿之凭证。是研究中国古代传遽传信与符节制度的重要史料。现藏湖南省博物馆。另有传世品五枚,分藏北京故宫博物院和上海博物馆。(张海燕)

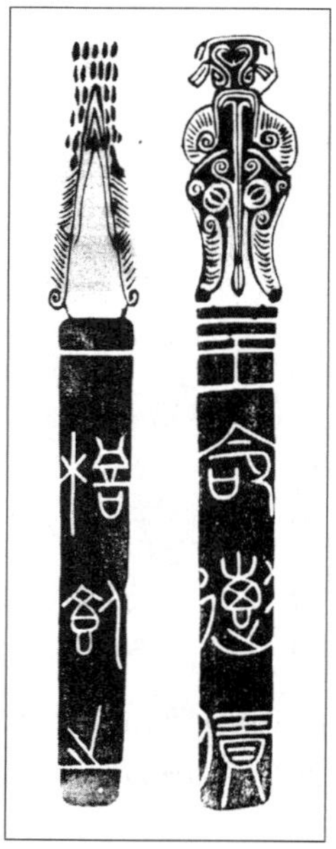

王命传拓本

【传赁龙节】 即“王命传”。

【王命龙节】 即“王命传”。

【鄂君启节】 战国时期楚王颁发给鄂君启行商的免税通行凭证。1957 年安徽寿县丘家花园出土，计车节 3 枚，长 29.6 厘米，铭 150 字；舟节 2 枚，长 31 厘米，铭 165 字。青铜质，剖竹形，形制相同。铭文错金，分别记载自鄂至郢水陆所经城邑，详细规定车船数目、行程期限、运载物类等。是研究楚国历史地理、商业交通和符节制度的珍贵资料。现分藏于安徽省博物馆和中国国家博物馆。（张海燕）

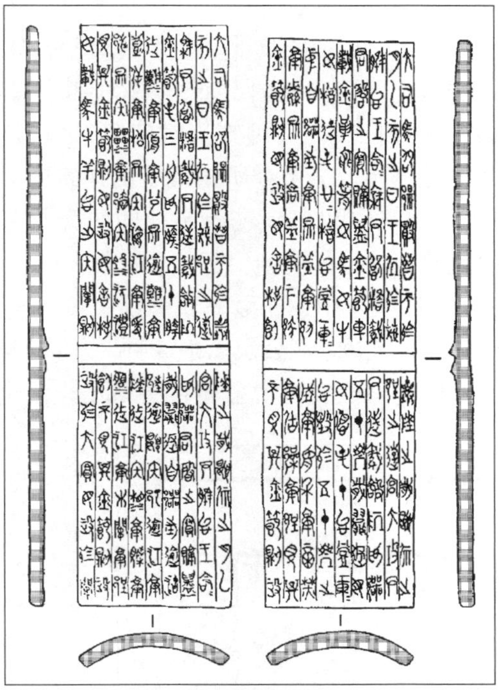

鄂君启节摹本

【曾侯乙编钟】 战国早期青铜乐器。1978 年湖北随州擂鼓墩曾侯乙墓出土。包括钮钟 19 件、甬钟 45 件及楚王所赠镈钟 1 件。通高 20.4～153.4 厘米，重 2.4～203.6 千克，为迄今所见最雄伟庞大且保存完好的编钟。每钟均有篆体铭文，共 2 800 余字，主要为标音及乐律内容，其中 35 个乐律名称为今所不知，并有楚、晋、齐、申、周与曾国律名、阶名及变化音名的对应记录。编钟音律准确，音色优美，音域包括五个八度，中心音域十二个半音齐备，可以旋宫转调，至今仍能演奏。编钟设计精巧，铸造水平极高，是研究先秦音乐史及青铜铸造工艺的珍贵资料。现藏湖北省博物馆。“曾侯乙编钟”图见右栏。（张海燕）

【吴王光鉴】 春秋晚期吴国青铜器。1955 年安徽寿县蔡侯墓出土。共两器，形制相同。高 35.7 厘米，口径 60 厘米，底径 32 厘米，腹深 35 厘米。圆腹

曾侯乙编钟

平底，两兽形耳附环。器饰密形云点和垂叶纹，出土时各附一小铜瓢。两器内底同铭 53 字，记述吴王光（阖闾）为嫁女儿叔姬于蔡而作媵器。是研究中国古代同姓通婚之制及吴蔡两国关系的重要史料。现藏中国国家博物馆。（张海燕）

吴王光鉴及铭文拓本

【越王句践剑】 春秋晚期青铜兵器。1965 年湖北江陵望山一号楚墓出土。通长 55.7 厘米，宽 4.6 厘米，柄长 8.4 厘米。剑首外翻作圆箍形，内铸 11 道同心圆，剑格镶嵌蓝色琉璃和绿松石，剑身饰菱形暗纹。近格处错金鸟虫书 2 行 8 字，记越王句践自作用剑。铸造工艺极高，锋利异常，装饰精美，是研究中国古代青铜冶铸技术的珍贵资料。现藏湖北省博物馆。“越王句践剑及铭文拓本”图见 68 页。（张海燕）

【中山三器】 战国中期中山国青铜器。中山王䜌鼎、中山王䜌方壶、妾蚉圆壶三器的合称。1977 年河

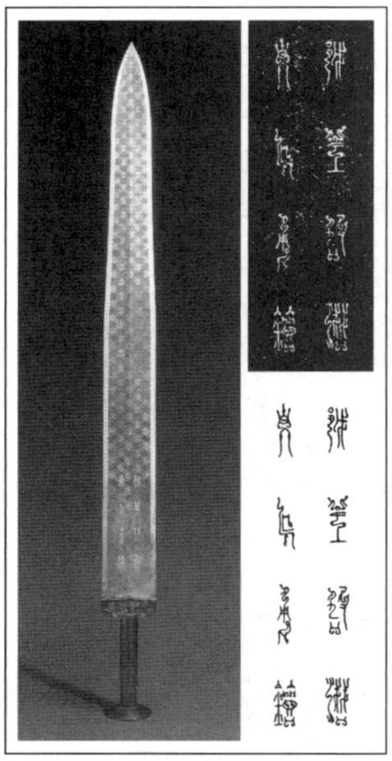

越王句践剑及铭文拓本

中山王嚳方壶铭文拓本

北平山中山王墓出土。鼎高51.5厘米，铜身圜底，兽蹄铁足，盖、器环刻铭文469字。方壶高63厘米，盖有四云形钮，肩饰四翼龙，腹有衔环铺首，器铭450字。圆壶高44.5厘米，短颈圈足，鼓腹两侧有铺首，腹铭182字，圈足立面铭22字。三器铭文记述中山国世系及相邦賙伐燕事，是研究战国时期中山国历史的重要史料。现藏河北省文物研究所。（张海燕）

【中山王陵兆域图铜版】 亦称“兆法图”。战国中期中山国国君嚳陵园平面规划图铜版。为中山王嚳生前亲自审定制成。1977年河北平山中山王墓出土。长方形，长约94厘米，宽48厘米，厚1厘米。以金银镶错出陵园平面图，包括五座墓葬及其名称、尺寸，并有中山王诏令，可知当时帝王、诸侯均有专官为其设计陵园。为迄今所知最早的建筑规划设计图，对古代建筑史和东周丧葬制度的研究具有重要价值。现藏河北省文物研究所。（张海燕）

【兆法图】 即“中山王陵兆域图铜版”。

【秦公钟】 亦称“秦公及王姬编钟”。春秋早期青铜器。1978年陕西宝鸡太公庙村窖藏出土。全套共

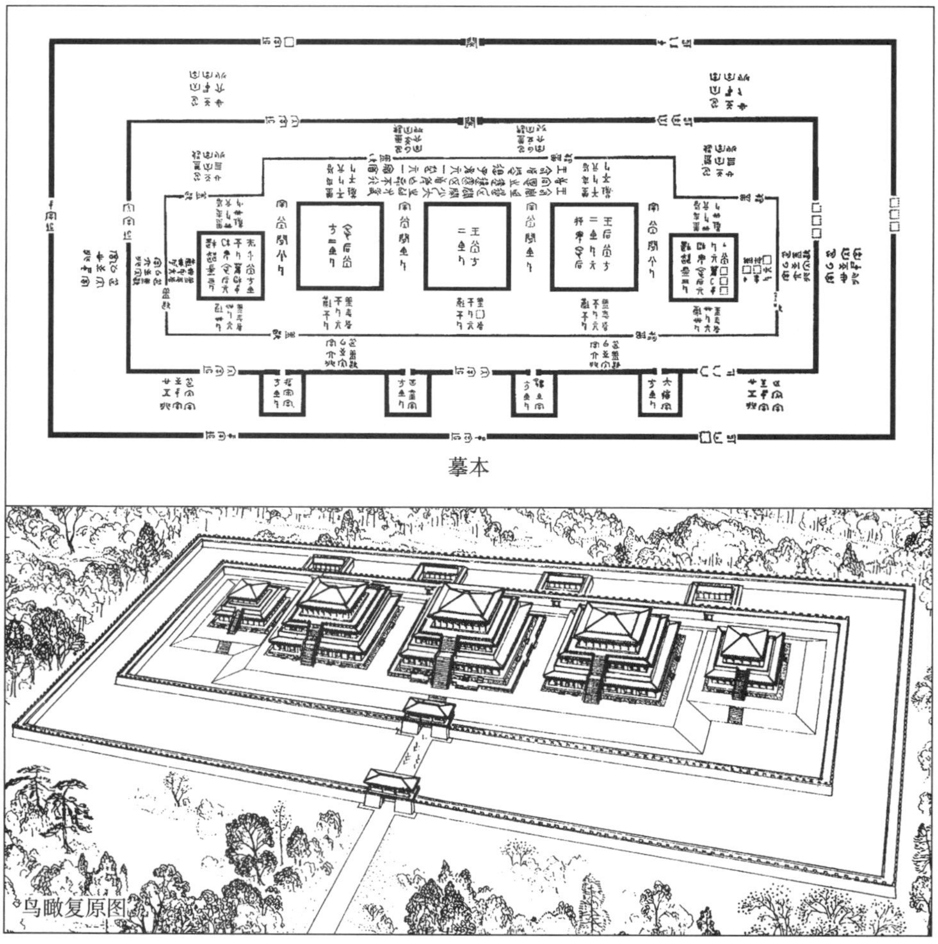

中山王陵兆域图铜版摹本及鸟瞰复原图

5件，形制与纹饰相同，大小相异，通高27.6～48厘米，重6～24千克。器饰变形雷纹、重环纹、变形夔纹和凤鸟纹等。铭文分两组联读，各135字，内容相同，追颂襄文静宪四世先祖建国功业及秦公勤劳国事之志。是研究春秋时期秦国历史的重要资料。同出镈钟3件，铭文相同。现藏宝鸡市博物馆。（张海燕）

【秦公及王姬编钟】 即"秦公钟"。

秦公钟及铭文拓本

【秦公簋】 春秋晚期青铜器。传1921年甘肃天水出土。为秦景公作以奉祀其西垂宗庙的祭器。高19.8厘米，口径18.5厘米。腹附兽首双耳。器饰瓦纹、蟠虺纹和环带纹。盖、器同铭104字，字体近石鼓文，追颂秦先祖和十二公建国与开疆拓土之功绩，明秦公禀祖先懿德勤勉国事并祈福佑之志。是研究秦国历史的重要资料。盖与器另各有秦汉间刻款9字。现藏中国国家博物馆。（张海燕）

秦公簋及铭文拓本

【新郪虎符】 战国晚期青铜器。传世器。伏虎形，两竖耳，卷尾，中脊处对剖为二，两半相合，造型圆润。虎背铸错金铭文39字，内容为对此符持有者、使用方法、调兵人数及合符事宜所作的规定。新郪本属魏地，此符系秦略魏地后发给守将的兵符，是研究战国时期符节制度与军事制度的珍贵资料。现藏法国巴黎。（张海燕）

简牍帛书文字

【简牍】 中国古代用竹、木制成的书写材料。简牍的内容广泛，包括官方的各种文书档案、私人信件、各种书籍抄件、历谱，以及随葬遣册等，具有很高的史料价值和艺术研究价值。包括简、牍、觚、检、楬五类。简，是简牍的最基本形式，或称札，用竹或木削制而成。简在书写以前，必须经过修治。竹简事先还要经过杀青处理（又称汗简）。简一般长约23厘米，相当于汉尺一尺。通常每简抄写一行字，宽度约在0.5～1厘米。另外还有一种简，宽约2厘米，每简上抄写两行字，简称"两行"。单个的简用帛带或丝绳编联即可成册。有些简还在编联处刻三角形小槽以防编绳松动。商代青铜器上"册父乙"、"册父丁"铭文，以及《尚书·多士》"惟殷先人，有典有册"的说法，表明商周时期已经出现简册。牍，多为木质，长度与普通简相同，是一种比"两行"还要宽的简。《说文》解释为"书版"。牍多用以写书信、契约，或抄录医方、历谱。觚，是一种用于书写的多棱形木棍。长度大多在30厘米以上，有的可达82厘米。居延、敦煌发现的觚多用以抄写檄书、小学字书，或作临时记事起草之用，有时也用以练习写字。检，是传递文书、信件和物品的木质封检。楬，是一种短而宽的木牌，多系于簿册或器物之上，功用如同标签。简牍主要流行于东周至魏晋时期。纸普遍使用后，简牍逐渐停用。（陈凌）

【战国简牍】 战国时期写有文字的竹简和木牍，为迄今发现时代最早的简牍实物。历史上曾有多次发现，近半个世纪则主要出土于湖北、湖南、河南、四川、甘肃等地。数量已逾万枚，存字20余万。形制、性质各异。其中以楚简数量最多，另有秦简和曾简，时代以曾侯乙墓竹简为战国早期，其他简牍则皆属战国中晚期。简牍文字内容广博，涉及先秦典籍、文书、占卜祭祷文字及遣册，是研究战国历史及文字的

重要史料。（张海燕）

【遣策】 即“遣册”（19页）。

【楚简】 战国时期写有文字的楚国竹简。战国楚墓出土，以具有商周金文大篆向秦汉隶书转折期风格的楚文字书写。迄今所见实物共20余批，出土地点集中于河南、湖北和湖南地区，内容主要涉及先秦典籍、司法文书、卜筮祭祷记录、日书和遣策等，足补文献之阙，对于先秦历史及文字的研究具有重要价值。其中郭店楚墓竹简、上海博物馆藏楚竹书及清华大学藏楚竹书史料价值尤高。（冯时）

【包山楚简】 战国竹简。1987年湖北荆门包山2号楚墓出土。时代为战国中晚期。有字简278枚，墨书楚文字12 472字，内容为卜筮祭祷记录、司法文书与遣册。司法文书简中自书篇题者有《集箸》、《集箸言》、《受期》和《疋狱》四种，另有竹牍一枚，也为赗方之属。简的规格因书写内容不同而略有差别，长55～69.5厘米、宽0.6～0.85厘米不等。这些竹简内容丰富，纪年明确，是研究战国楚史的珍贵资料。（张海燕）

【郭店楚简】 战国竹简。1993年湖北荆门郭店1号楚墓出土。时代为战国中期。共计804枚，墨书楚文字13 000余字。形制不一，内容为先秦典籍，其中兼及儒道学说的佚籍有《语丛》四种；道家著作有《老子》三种抄本及《太一生水》；儒家著作包括《缁衣》、《性自命出》、《忠信之道》、《唐虞之道》、《穷达以时》、《五行》、《成之闻之》、《尊德义》、《六德》、《鲁穆公问子思》十种。是研究中国古典哲学、古代文献、古文字学、简册制度和书法艺术的重要史料。（张海燕）

【九店楚简】 战国竹简。1981年和1989年湖北江陵九店楚墓出土。时代为战国中晚期。有字简296支，墨书楚文字。内容包括《𥬇》、《日书》及先秦佚籍，《𥬇》的性质尚不清楚，但文中涉及许多楚国量名，有益于研究楚国的度量衡制度；《日书》则为迄今所见最早的选择时日吉凶的数术著作。是研究楚国政治、思想、历法、宗教及文字的重要资料。（张海燕）

【新蔡葛陵楚简】 战国竹简。1994年河南新蔡葛陵平夜君成墓出土。时代为战国中期。全部残断，总计1 500余枚。多墨书于篾黄面，少数书于篾青面。内容丰富，大部分为卜筮祭祷记录，少量为遣册，系墓主平夜君成生前求问病情的占卜祭祷之辞及登记随葬器物的赗书，纪年资料丰富，对于研究楚国历史文化、宗教信仰及文字均具有重要价值。（张海燕）

【上海博物馆藏战国楚竹书】 战国竹简。1994年上海博物馆由香港购归及获赠入藏的两批战国楚简。总数约1 700枚，墨书35 000余字，长23.8～57.2厘米，宽0.6厘米。内容为战国古籍，包括儒、道、兵、杂各家著作近百种，如《诗论》、《缁衣》、《子羔》、《孔子闲居》、《曾子》、《彭祖》、《恒先》、《易经》等，多为古佚书，今传者也有内容的差异。是研究先秦思想、古典哲学、文献学及楚文字的重要史料。迄今已整理出版九册。（张海燕）

【清华大学藏战国竹简】 战国竹简。2008年由海外回归入藏北京清华大学。约计2 388枚。墨书，形制不一。内容为先秦典籍，多为经、史类古佚书，如《尹诰》、《保训》、《系年》、《楚居》等。对先秦经学、历史学、地理学、考古学、古文字学及文献学研究均具有重要价值。现已结集为《清华大学藏战国竹简》陆续出版。（张海燕）

【曾侯乙墓竹简】 战国竹简。1978年湖北随州擂鼓墩曾侯乙墓出土。时代为战国早期。计240余枚，墨书近7 000字，颇近楚文字风格。简长72～75厘米，宽约1厘米。上下两道编，先编联后书写。内容为遣册，记载用于葬仪的车马兵器，或为曾侯乙宫廷自备，或为楚国贵族赙赗。所见官名多与楚国相同。是研究曾楚关系、先秦制度史及文字的重要史料。（张海燕）

【秦简】 战国及秦代写有文字的秦国竹简。秦遗址出土，以秦隶书写。迄今所见实物共10批，出土地点集中于湖北云梦和江陵地区，湖南、四川、甘肃也有发现。内容主要有秦编年记、秦律文书、官署档案、日书、星占书、算数书及遣策等，足补文献之阙，对于研究秦史及中国法制史具有重要的史料价值。其中尤以云梦秦简、里耶秦简及北京大学所藏秦简价值弥重。（冯时）

【青川木牍】 战国木牍。1979—1980年四川青川郝家坪50号战国秦墓出土。保存完好，修治平整，长46厘米，宽2.5厘米，厚0.4厘米。两面墨书秦隶，字体古拙。内容为秦武王二年（公元前309年）命丞相甘茂、内史匽更修《为田律》及相关记事。是秦国土地制度和开发蜀地历史研究的重要资料。（张海燕）

【帛书】 亦称“缯书”。古代书写于白色丝帛上的典籍资料。至迟出现于春秋时期,流行于战国至魏晋时期,后因纸的广泛使用而废止。湖南长沙子弹库出土战国楚帛书为迄今所见最早的实物;长沙马王堆3号汉墓出土帛书则计12万余字,内容涉及六艺、诸子、兵书、数术、方技和地图六类;甘肃敦煌马圈湾和悬泉置遗址也有零星出土。对于研究中国古代历史文献与文字具有重要价值。(张海燕)

【缯书】 即“帛书”。

【楚帛书】 战国帛书。1942年湖南长沙子弹库楚墓盗掘出土。时代为战国中晚期。长47厘米,宽38.7厘米。墨书楚文字900余字。内容分三部分,内层为方向互逆的两篇文字,分别为创世神话与天文星占;外层彩绘四木与十二月神将,其间书月令用事宜忌,月名系统同于《尔雅·释天》。以创世神话为始,自内而外旋读。是研究先秦思想史、科技史及文字的珍贵史料。现藏美国赛克勒美术馆。(张海燕)

楚帛书摹本

其他文字资料

【战国文字】 春秋晚期及战国时代的古体汉字。包括铜器、简牍、帛书、盟书、石刻、玺印、封泥、货币、金银器、漆木器和陶器上的文字。书体的地域特点明显,大致可分为齐、燕、晋、楚、秦等不同系统,吴、越、蔡、楚等国则流行鸟虫书;文字因用途的不同也大有差异。是研究先秦历史和文字的重要资料。战国文字的系统研究始于20世纪50年代,其后随着考古学的发展,战国文字资料大量出土,战国文字研究成为古文字学的一个独立分支。(冯时)

【鸟虫书】 亦称“鸟书”、“鸟篆”、“鱼书”。古汉字书体名称。流行于春秋战国时期南方吴、越、蔡、楚、宋、徐等国。其于秦书八体称为虫书,王莽六书称为鸟虫书。是一种在篆书结构中改造原有笔画,使之盘曲如鸟虫形,或加以鸟虫形装饰的美术字体,通常施于青铜器、玺印及石刻上,并有错金形式,精美华丽。以越国所作兵器最为多见。(张海燕)

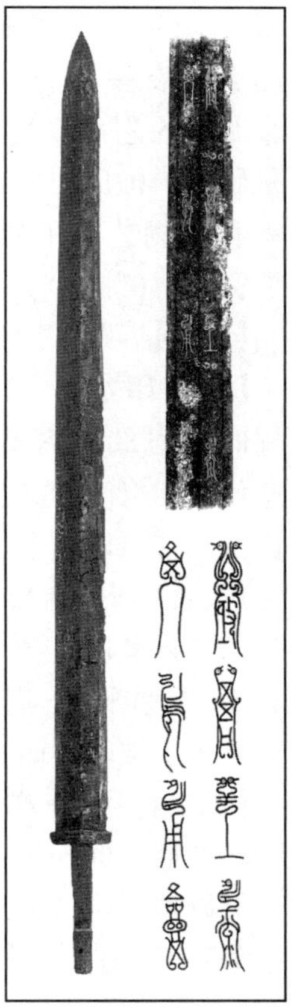

攻吾(吴)王光剑及鸟虫书铭文拓本、摹本

【鸟书】 即“鸟虫书”。

【鸟篆】 即“鸟虫书”。

【鱼书】 即“鸟虫书”。

【陶文】 古代刻写或戳印于陶器上的文字。新石器时代已经出现,夏、商及两周时期仍有广泛使用,数量丰富。清陈介祺《簠斋藏陶》始有著录,顾廷龙《古陶文舂录》则为早期陶文字汇,至高明《古陶文汇编》,收拓已积2 600余纸,陶文单字1 800余字。内容多涉及姓名、官名、地名、器名等。是研究中国文字起源及先秦姓氏、地理、工官制度的重要资料。(张海燕)

【吴城陶文】 商代中晚期文字。江西清江吴城遗址出土。刻写于陶器和石范上,共计文字或符号150个,风格草率急就,其结构有些与汉字相似,有些则自具特点。多为单字,也有由2~12个字集合成组,能够表达或记录完整的语意,应具有文字的性质,但至今无法识读。是古代南方地区早于殷墟的重要文字资料。(张海燕)

【玺印】 亦称“印章”。约起源于商代,官印、私印通称为玺。唐、宋以前以铜印为主,也有金、银、骨、玉石、木、陶、琉璃及琥珀等材质;元以降盛行石印。汉以前,玺印主要用于封发物件和简牍。官印是权力的象征,主要行用于官文书。不同等级的官印材质、印钮、印绶均有所区别。私印还用于书画题识、鉴藏等。金属材质的玺印多为铸造而成。石质印章盛行，尤其明代以降刻印逐渐发展成为一个专门的艺术门类。是研究中国历史、文字和篆刻艺术的重要资料。（陈凌）

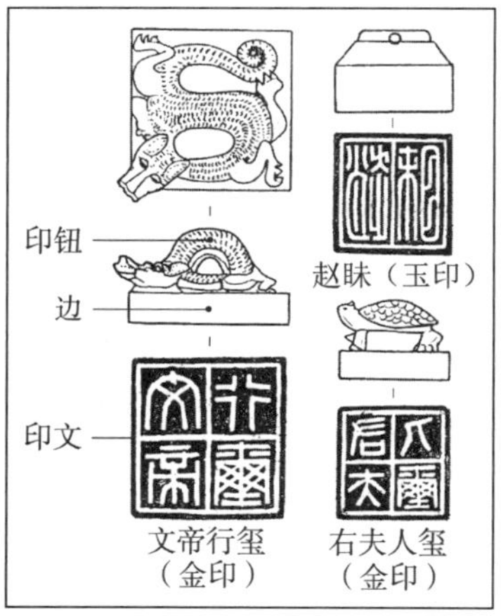

西汉南越王墓出土玺印

【印章】 即“玺印”。

【巴蜀印章】 东周时期巴蜀地区普遍使用的以巴蜀文字镌刻的印章。至汉代仍在家族内部流传。以铜制为主，石制与陶制并存。形制有方形、长方形、圆形、椭圆形、山形等，钮有鼻形、觿形、管形、兽形、錾形等，以鼻钮圆形印为主。大者直径3～5厘米，小者直径约0.8厘米。印文不识。有些系仿汉文印章而成。（张海燕）

【巴蜀符号】 亦称“巴蜀文字”。东周时期流行于巴蜀地区的一种地方文字。字形结构分为两类：一类以象形符号为主，称为巴蜀文字甲；另一类相对抽象草率，称为巴蜀文字乙。多铸刻于铜兵器、乐器、工具和玺印上。巴蜀文字甲迄今已见约150个单字，以虎、鸟、手、心等图形常见，或单独出现，或多个符号组合出现。两种文字均未能识读。（张海燕）

【巴蜀文字】 即“巴蜀符号”。

【封泥】 亦称“泥封”、“芝泥”。中国古代封缄简牍并加盖印章的泥块。商代出现了玺印，封泥也随之产生。流行于秦汉魏晋时代，唐以降消失。中国古代在封缄公文或书信时，在简外再加上一检（即刻有横向小木槽的木片），用绳索捆绑之后，用湿泥在检槽内将绳结封住，并钤盖印章。文书用简较多时，则将简用绢囊盛放，囊口绳扎后加检封缄。湖南长沙马王堆汉墓和安徽阜阳汉墓出土文物表明，西汉时盛物的陶器或笥箧也可以用木检封缄。汉代以降，简牍逐渐退出使用，而代之以纸张，与之配套使用的封泥封文书、杂物的办法也随之消失。（陈凌）

封泥及拓本

【泥封】 即“封泥”。

【芝泥】 即“封泥”。

【相家巷秦封泥】 战国晚期至秦代封泥遗物。2000年陕西西安相家巷遗址出土。较完整或字迹较清楚者共100余种325枚。正面有印文，背面有封缄遗痕。印面多呈圆形或椭圆形。印文2～4字，多有田字或日字界格。职官分属中央官署与地方官署，许多未见于史籍。是研究秦职官制度与历史地理的重要资料。（张海燕）

【盟书】 亦称“载书”。东周盟誓的文书。《周礼·秋官·大司寇》：“凡邦之大盟约，涖其盟书而登之于天府。”古代盟书皆有数本，一本埋于盟所或沉于河，与盟者则各持一本，归藏于祖庙或司盟之府。迄今考古发现的东周盟书实物有侯马盟书与温县盟书，是研究中国古代盟誓制度的重要史料。（张海燕）

【载书】 即“盟书”。

【侯马盟书】 东周晋国及其同盟者举行盟誓的约信文书。1965年山西侯马晋城遗址出土。朱书或墨书于圭形石片上，个别写于石璜上。长18～32厘米，宽2～4厘米。共5 000余件，形制完整、字迹清楚者600余件，每件10～200字不等，据内容分为宗盟、委质、纳室、诅咒、卜筮等类，是研究中国古代盟誓制度和晋国历史的重要资料。其盟主和年代，学术界尚有不同看法。资料辑为《侯马盟书》。现藏山西博物院。（张海燕）

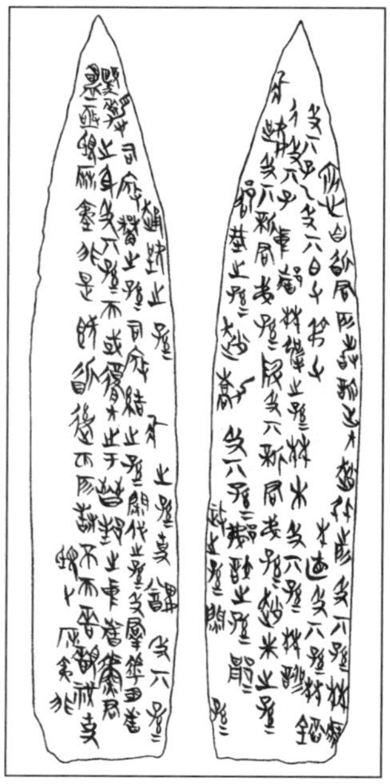

侯马盟书摹本

【温县盟书】 东周盟誓活动的约信文书。1980年河南温县武德镇州城遗址出土。共1万余片，墨书于圭形石片，多已残缺，字迹大多模糊脱落，其参盟人物或见于侯马盟书，所诏晋公也同，是继侯马盟书之后的又一重大发现，对研究东周盟誓制度与晋

国历史具有重要价值。其盟主与年代，学术界尚有争论。现藏河南省文物考古研究所。（张海燕）

【石刻】 刻有文字、图画的碑碣或石壁，亦指在石质器物上镌刻的文字。商周时期出现，汉、唐达到鼎盛。品类众多，题材丰富，包括刻石、石经、摩崖、碑碣、墓志、造像题记、题名、画像石、舍利函、经幢等，用途各异，体现着明显的时代特征和地域特色，对古代历史与文化的研究具有重要价值。（张海燕）

【石鼓】 东周时期秦国刻石。其形似鼓而得名。所镌文字称“石鼓文”，因文记狩猎事，又名“猎碣”。共10件，花岗石质，圆顶平底，高约90厘米，直径约60厘米。唐初发现于陕西天兴（今凤翔）三畤原，文献已有记载，北宋移至汴京（今河南开封），金人携至燕京，元、明、清皆置于北京太学，现藏北京故宫博物院。每鼓刻四言诗一首，书体近籀文，为秦国特有风格。原有700字以上，今仅存356字。杜甫、韩愈等有诗题咏，欧阳询、虞世南、褚遂良推崇其书法。对其时代，学术界则有春秋、战国等说。（冯时）

石鼓及石鼓文拓本

【石鼓文】 见“石鼓”。

【安国三拓】 石鼓文的三种北宋拓本。明嘉靖年间锡山安国十鼓斋所藏。安氏亲作篆跋，并命名为《先锋本》、《中权本》和《后劲本》，为稀世之宝。时代以《先锋本》最古，《后劲本》次之，《中权本》稍晚。三本均经剪装，但《中权本》残字多被保留，存501字，《后劲本》存496字，《先锋本》剪夺最甚，存480字。虽互有优劣，然皆为迄今所见石鼓文善本，具有重要价值。现藏日本。（张海燕）

【诅楚文】 战国时期秦国刻石。为秦王祈求神明制克楚师，复其边城之祷文。北宋时，先后于不同地点出土三石，欧阳修、苏轼等曾有记载。石上镌文，书体在篆籀之间，每文以所祀神名名之。巫咸文323字，大沈厥湫文318字，亚驼文325字。时代约当秦惠文王和楚怀王时。原石和拓本已佚，唯存翻刻本，《绛帖》、《汝帖》两刻本较流行，元至正中吴刊本三石俱全，各自成文。是研究战国思想史、秦楚关系史及古文字的重要史料。（张海燕）

【秦刻石】 秦始皇统一六国后巡行各地所立纪功石刻。包括峄山、泰山、琅玡、芝罘、东观、碣石和会稽七石。除峄山刻石外，皆见于《史记·秦始皇本纪》。其辞为四字韵文，字体为小篆，传为丞相李斯所书。每石前为对始皇颂辞，后附秦二世诏。今实物仅存泰山刻石的部分秦二世刻辞（“泰山十字”）和中国国家博物馆所藏琅玡刻石残石，芝罘、碣石、会稽刻石拓本及峄山刻石皆为后世仿写、仿刻，东观刻石未见流传。（张海燕）

【泰山刻石】 亦称“封泰山碑”。秦代刻石。秦始皇二十八年（公元前219年）东巡，登泰山封祀，立石刻辞，颂扬始皇统一大业，系秦代垂世的重要文献。四面环刻文字，后有秦二世增刻的元年诏书与从臣名录。秦相李斯以小篆书，字体整齐，笔画流畅劲健。原石久经漫漶，明代尚存29字，清乾隆时遇火，仅存10字，为秦二世诏的部分内容。现藏山东泰安岱庙。传世拓本以明代安国藏本最佳，存165字。（张海燕）

【封泰山碑】 即“泰山刻石”。

【峄山刻石】 秦代刻石。秦始皇统一六国后，从次年开始，曾五次巡省。峄山刻石为秦始皇于始皇二十八年（公元前219年）出巡登邹峄山（亦称“峄山”）所立的第一块刻石。刻石原在山东邹县（今邹城）东南，秦相李斯以小篆书，内容为颂扬始皇废分封立郡县的功绩。原石已佚，北宋淳化四年（公元993年）郑文宝据南唐徐铉摹本重刻一石于长安，元至正元年（1341年）申屠驷又据郑刻本重刻于绍兴。现藏陕西西安碑林博物馆。（张海燕）

【琅玡刻石】 亦称“琅玡台刻石”。秦代刻石。秦始皇二十八年（公元前219年）巡行至琅玡台（今山东胶南南）时所立，歌颂始皇统一功业，秦相李斯以小篆书。原石已裂残，字迹漫漶，现存残文87字，主要为秦二世补刻的诏书及从臣名录。现藏中国国家博物馆。（张海燕）

【琅玡台刻石】 即“琅玡刻石”。

中国考古学史

金石学家和古文字学家

【吕大临】（1040—1092） 北宋金石学家。字与叔。其先汲郡（今河南卫辉）人，后徙居京兆蓝田（今属陕西）。曾就学于程颐，与游酢、杨时、谢良佐并称程门四先生。以荫入仕，元祐中为太学博士，迁秘书省正字。通六经，尤精于礼，与兄吕大防等切磋古礼，时有“关中言礼学者推吕氏”之称。所著《考古图》十卷，为基于“掇习三代遗文旧制以行于世”的论道考记之作。其序云：“观其器，诵其言，形容仿佛，以追三代之遗风，如见其人矣。”在著录古器物的体例方面有开创之功。《考古图释文》一卷据考证亦系其所著。（金文馨）

【赵明诚】（1081—1129） 宋代金石学家。字德父。密州诸城（今属山东）人，徽宗崇宁间宰相赵挺之第三子。少时为太学生，历官至知湖州军州事。与其妻词人李清照平生酷爱金石书画，以二十年之力搜集商周青铜器及汉唐石刻拓本，数量甚富，并于徽宗宣和末年得李清照之助，仿欧阳修《集古录》体例，编成《金石录》三十卷。（金文馨）

【薛尚功】（生卒年不详） 宋代金石学家。字用敏。钱塘（今浙江杭州）人。高宗绍兴中，以通直郎佥书定江军节度判官厅事。善古篆，尤好钟鼎文字。所著《历代钟鼎彝器款识法帖》二十卷，著录考证作者所见商周铜器铭文及石鼓、玺印、石磬、玉琥文字，为当时收集极富、条理完善之作。又著有《广钟鼎篆韵》七卷，已不传。（金文馨）

【洪适】（1117—1184） 宋代金石学家。初名造，字景伯，晚年自号盘洲老人。饶州鄱阳（今属江西）人。累官至尚书左仆射同中书门下平章事。与弟遵、迈并称“三洪”。喜好收藏金石拓本，据以正史。尤善汉碑，穷数十年之力，搜罗靡遗，著有《隶释》、《隶续》、《隶韵》、《隶缵》、《隶图》等。今传仅《隶释》二十七卷和《隶续》二十一卷两种。（金文馨）

【王昶】（1725—1806） 清代金石学家。字德甫，号述庵，又号兰泉。江苏青浦朱家角（今属上海）人。乾隆十九年（1754 年）进士，官至刑部右侍郎。工诗文，与王鸣盛、吴泰来、钱大昕、赵升之、曹仁虎、黄文莲并称“吴中七子”。穷半生精力搜罗商周铜器及历代碑刻拓本，于嘉庆十年（1805 年）撰成《金石萃编》一百六十卷。另著有《明词综》、《春融堂集》、《湖海诗传》等。（金文馨）

【刘喜海】（1793—1852） 清代金石学家。字燕庭。山东诸城人。嘉庆举人，累官至浙江布政使。嗜金石，精鉴赏，工诗文，善书法。在陕西、四川为官时曾搜集到大量古代文物和碑刻拓本，收藏甚丰。所著《金石苑》将所收碑刻等物绘出缩小的图形，刻文按原款式、书体摹写，为比较科学的著录古代石刻文字的方法。所著还有《古泉苑》、《清爱堂家藏钟鼎彝器款识法帖》，以及后人刻印成书的《长安获古编》、《海东金石苑》等。另有未刊遗稿多部。（金文馨）

【吴式芬】（1796—1856） 清代金石学家。字子苾，号诵孙。山东海丰（今无棣）人。道光进士，累官至内阁学士兼礼部侍郎。精音韵训诂及金石之学，长于考订，所撰《攈古录金文》为集录铜器铭文的专著。《攈古录》对孙星衍《寰宇访碑录》删正补遗，增录商周秦汉以来吉金，为清代金石目录图书中资料最丰富的一种。又著有《金石汇目分编》，并与陈介祺合撰《封泥考略》。（金文馨）

【陈介祺】（1813—1884） 清代金石学家。字寿卿、酉生，号伯潜、簠斋，晚号海滨病史、齐东匋父。山东潍县（今潍坊）人。道光进士。曾任翰林院编修，咸丰四年（1854 年）弃官归里。酷爱金石文字的搜集考证，尤精鉴别，善墨拓，时与潘祖荫并称“南潘北陈”。收藏铜器、玺印、石刻、陶器、砖瓦、造像、书画等精品逾万件，是清代金石学家收藏最富的一位。因集三代及秦汉印 7 000 余方而名“万印楼”。所藏铜器以毛公鼎最著，又藏十余件商周古钟，遂名“十钟山房”。著有《簠斋金石文考释》、《簠斋尺牍》、《陈簠斋写东武刘氏款识》、《簠斋古陶文考释》、《簠斋传古别录》、《十钟山房印举》，并与吴式芬合著《封泥考略》。后人集其所藏铜器拓本为《簠斋吉金录》八卷。（金文馨）

【吴大澂】（1835—1902） 清末金石学家、古文字学家。原名大淳，后避同治帝讳改名大澂。字止敬，又字清卿，号恒轩，别号愙斋、白云山樵，晚年又署白樵病叟。江苏吴县（今苏州）人。同治进士，官至广东、湖南巡抚。中日甲午战争中兵败革职。精于金石文字之学，善于将出土实物与历史文献相参证，成果卓著。著有《恒轩所见所藏吉金录》、《愙斋集古录》、《愙斋集古录释文賸稿》、《说文古籀补》、《字说》、《古玉图考》、《权衡度量实验考》、《十六金符斋印存》、《千玺斋古鉨选》、《周秦两汉名人印考》、《续百家姓印谱》、《愙斋砖瓦录》及《吴愙斋尺牍》等。未刊遗稿尚有《三代秦汉古陶文字考》、《簠斋藏封泥考释》等多种。（金文馨）

【孙诒让】（1848—1908） 清末经学家、古文字学家。字仲容，又作仲颂，号籀膏。浙江瑞安人。同治六年(1867年)举浙江补甲子科乡试,后官刑部主事,晚年曾任温州府中学堂、温州师范学堂总理、浙江省教育会会长。精研经史,旁及诸子百家及金石小学,有朴学大师之誉。著述甚丰,所著《周礼正义》为《周礼》研究的集大成之作。1904年又著《契文举例》,为第一部考释甲骨文的著作。又著有《墨子闲诂》、《逸周书斠补》、《尚书骈枝》、《札迻》、《名原》、《古籀拾遗》、《古籀余论》、《籀高述林》、《温州古甓记》等。(金文馨)

【王国维】(1877—1927)　近代历史学家、金石学家。字静安,又字伯隅,号礼堂,又号观堂。浙江海宁人。1901年秋赴日留学,不久病归,相继在上海、南通及苏州任教。1922年应聘为北京大学研究所国学门通信导师。1924年任清华国学研究院导师。1925年任退位清帝的南书房行走。早年从事文学研究,辛亥革命后随罗振玉旅居日本京都,并在罗的影响下转治经史金石之学。对于甲骨文、金文和简牍研究均有卓越贡献。提倡二重证据法,强调以地下的文字资料与文献材料互相印证,具有开创性。主要著作收入《观堂集林》、《海宁王静安先生遗书》等。(金文馨)

【罗振玉】(1866—1940)　近代历史学家、金石学家。字叔蕴,又字叔言,号雪堂,又号贞松老人。原籍浙江上虞,生于江苏山阳(今淮安)。出身上虞县学,甲午战争后曾与人在上海创办农学社及《农学报》、东文学社。后任清政府学部参事官、京师大学堂农科监督等职。倾力搜集、整理古代遗物及文献,贡献卓越,成果甚富。所著《殷商贞卜文字考》、《殷虚书契考释》,率先正确判明甲骨文性质及出土地,首创对卜辞的研究方法,并据其考史。《三代吉金文存》则集商周铭文之大成,影响深远。与王国维合著《流沙坠简》,开中国近代简牍研究之先河。其他关于甲骨文、铜器铭文、古器物范、镜鉴砖瓦、玺印封泥、符牌钞币、石刻墓志、敦煌文书等资料的汇集均有多种专门别录,并曾两度抢救内阁大库档案。所著题跋校订文字及其他论著汇为《雪堂校刊群书叙录》、《永丰乡人稿》、《辽居杂著》及《贞松老人遗稿》等。(金文馨)

【马衡】(1881—1955)　现代金石学家、考古学家、书法篆刻家。字叔平,别署无咎、凡将斋主。浙江鄞县(今宁波)人。早年肄业于南洋公学,1922年被聘为北京大学研究所国学门考古学研究室主任兼导师,兼任西泠印社社长、故宫博物院院长。毕生致力于经史、金石学研究,精于汉魏石经,注重文献研究与实地实物考察的结合。曾于1930年主持燕下都遗址的考古发掘,对中国考古学由传统的金石考证到田野发掘的过渡有推动之功。著有《汉石经集存》、《中国金石学概要》、《凡将斋金石丛稿》等。(金文馨)

【杨树达】(1885—1956)　现代语言文字学家。字遇夫,号积微,晚号耐林翁。湖南长沙人。1897年考入时务学堂。1905年官费赴日本留学。曾任北京高等师范学校(今北京师范大学)、清华大学教授,中国科学院哲学社会科学部学部委员,苏联科学院通讯院士。在古典文献、古汉语语法、文字、训诂、音韵和方言学领域均有重要贡献。著有《汉书窥管》、《高等国文法》、《词诠》、《积微居金文说》、《积微居甲文说·卜辞琐记》、《耐林廎甲文说·卜辞求义》、《汉代婚丧礼俗考》、《积微居文录》等。(金文馨)

【王献唐】(1896—1960)　现代金石学家、考古学家。原名琯,号凤笙,以字行。山东日照人。毕业于青岛高等专门学校土木工程科及礼贤书院文科。曾任山东省立图书馆馆长、山东省文物管理委员会副主任等职。精于金石文字、版本目录之学,善诗文、书画和印章。对山东地区的文物保护、古物收集和考古发掘有重要贡献。著述甚丰,主要有《中国古代货币通考》、《山东古国考》等。编有《两汉印帚》、《邹滕古陶文字》、《临淄封泥文字》等。遗稿多未刊行。(金文馨)

【董作宾】(1895—1963)　现代甲骨学家。字彦堂,又作雁堂,别署平庐。河南南阳人。1923年为北京大学研究所国学门研究生。曾任中央研究院历史语言研究所研究员及代理所长。1948年选为中央研究院院士。又先后任美国芝加哥大学、台湾大学、香港大学教授或研究员。对于甲骨学、古史年代学研究成就卓著。1928—1934年曾先后八次参加或主持殷墟发掘,所作《甲骨文断代研究例》创立甲骨文分期的理论与方法,对甲骨学研究具有划时代意义。又据甲骨研究商代历史,著有《殷历谱》。主编有《殷虚文字甲编》、《殷虚文字乙编》。学术成果辑为《董作宾先生全集》甲、乙编。(金文馨)

【王襄】(1876—1965)　现代金石学家、甲骨学家。字纶阁,别号簠室。祖籍浙江绍兴,世居天津。

1910年毕业于北京农工商部高等实业学堂矿科，1913年又毕业于天津民国法政讲习所政治经济科。曾任职于天津、福建等盐务稽核所，1953年任天津市文史研究馆馆长。工篆刻，熟悉经史词章，嗜好金石甲骨，为最早搜集和研究甲骨文的学者之一。所著《簠室殷契类纂》为第一部甲骨文字典。又刊自藏甲骨为《簠室殷契征文》，并作考释。另著有《古文流变臆说》等。（金文馨）

【陈梦家】（1911—1966） 现代考古学家、古文字学家。原籍浙江上虞，生于江苏南京。1932年中央大学法律系毕业，为新月派后期的代表诗人。1936年燕京大学古文字学研究生毕业。先后执教于昆明西南联合大学、美国芝加哥大学、清华大学。1952年后任中国科学院考古研究所研究员、《考古通讯》副主编。在甲骨学、殷周铜器断代及铭文研究、汉简和古代文献的综合研究方面有卓越贡献。著有《殷虚卜辞综述》、《西周铜器断代》、《汉简缀述》、《尚书通论》、《西周年代考》、《六国纪年》等。（金文馨）

【郭沫若】（1892—1978） 现代文学家、历史学家、古文字学家。原名开贞，字鼎堂。四川乐山人。1923年毕业于日本九州帝国大学医科。“五四”时期投身新文化运动，为中国新诗运动的奠基人。参加北伐和南昌起义。1928年旅居日本，开始以马克思主义观点研究中国古代史和古文字学，作出划时代贡献。抗战后回国，从事抗日救亡运动，继续进行先秦社会形态和诸子思想研究。新中国成立后任政务院副总理、全国人大常委会副委员长及全国文联主席、中国科学院院长兼历史研究所所长等职。曾利用甲骨文探索商代历史，建树卓越。始创标准器断代法，使传世铜器成为科学史料，影响深远。研究先秦诸子思想、秦刻石也颇有成绩。著有《甲骨文字研究》、《卜辞通纂》、《殷契粹编》、《殷周青铜器铭文研究》、《金文丛考》、《两周金文辞大系图录考释》、《石鼓文研究》、《中国古代社会研究》、《青铜时代》等。今人辑有《郭沫若全集》文学、历史、考古三编。（金文馨）

【唐兰】（1901—1979） 现代古文字学家、考古学家。号立厂、立庵、立盦。浙江嘉兴人。1923年毕业于无锡国学专修馆。曾执教于东北大学、燕京大学、北京大学、清华大学，讲授《尚书》、《诗经》、“三礼”和古文字学。又任西南联合大学教授，北京大学教授兼代理中文系主任，故宫博物院研究员、副院长等职。涉猎学术领域广泛，建树颇多。在古文字学理论、文字起源、甲骨学、商周铜器铭文研究与断代以及古代文献等方面均有重要贡献。著作颇丰，主要有《殷虚文字记》、《中国文字学》、《古文字学导论》、《天壤阁甲骨文存》、《甲骨文自然分类简编》、《西周青铜器铭文分代史证》等。今人辑有《唐兰先生金文论集》。（金文馨）

【容庚】（1894—1983） 现代金石学家、古文字学家。字希白，号颂斋。广东东莞人。自幼在乡间随舅父邓尔雅学书。1922年，经罗振玉介绍入北京大学研究所国学门为研究生。历任燕京大学、岭南大学、中山大学教授。所作《金文编》是继吴大澂《说文古籀补》之后的第一部金文字典。《商周彝器通考》为商周彝器研究的奠基著作。又著有《殷契卜辞》、《殷周青铜器通论》（合著）、《宝蕴楼彝器图录》、《秦汉金文录》、《颂斋吉金图录》、《武英殿彝器图录》、《海外吉金图录》、《善斋彝器图录》等。在书画、碑帖领域也有研究。（金文馨）

【于省吾】（1896—1984） 现代古文字学家、古器物学家。字思泊，号双剑誃主人、泽螺居士、夙兴叟。辽宁海城人。1919年毕业于沈阳国立高等师范学校。曾任奉天萃升书院院监，辅仁大学、北京大学、东北人民大学（今吉林大学）教授，燕京大学名誉教授，故宫博物院专门委员。毕生致力于中国古文字和古代经典的研究。研究古文字注意形、音、义三者的结合，对中国文字的起源提出过突破传统“六书说”的创见。对甲骨文、金文的考释多有贡献。著有《双剑誃殷契骈枝》、《甲骨文字释林》、《双剑誃吉金文选》等，并以古文字校订《尚书》、《诗经》、《楚辞》、诸子等，被誉为“新证派”代表。（金文馨）

【陈邦怀】（1897—1986） 现代古文字学家、考古学家。字保之，室名嗣朴斋。祖籍江苏丹徒，生于江苏东台。曾任天津市社会科学院历史研究所研究员、顾问，天津市文史研究馆副馆长。对甲骨文、金文多有研究。著有《殷墟书契考释小笺》、《殷契拾遗》、《甲骨文零拾》、《殷代社会史料征存》、《嗣朴斋金文跋》等。主要论文辑入《一得集》。（金文馨）

【商承祚】（1902—1991） 现代古文字学家、金石篆刻家、书法家。字锡永，号驽刚、蠖公、契斋。广东番禺（今广州市番禺区）人。幼承家学，早年从罗振玉研治甲骨文，1923年入北京大学国学门为研究生。曾任中山大学教授。毕生致力于甲骨文、金文、碑刻文的搜集、整理和考释,为中国古文字研究的开拓者之一。著有《殷虚文字类编》、《福氏所藏甲骨文字》、《殷契佚存》、《说文中之古文考》、《石刻篆文编》、《十二家吉金图录》、《浑源彝器图》等。(金文馨)

【朱德熙】(1920—1992) 现代古文字学家、语言学家。江苏苏州人。1939年就读于昆明西南联合大学物理系,后转入中文系,师从唐兰学习古文字学。曾任北京大学教授、北京大学副校长兼研究生院院长。毕生致力于汉语语法和古文字研究。擅长运用西方结构主义语言学原理探讨汉语语法,带来该研究领域的重大突破。著有《语法讲义》、《语法修辞讲话》(合著)。对于战国文字研究也多有创见,曾参与马王堆1号汉墓遣策、银雀山竹简、马王堆3号汉墓帛书、望山简和中山王墓铜器铭文的整理研究。学术成果辑入《朱德熙古文字论集》。(金文馨)

【周法高】(1915—1994) 现代语言文字学家。字子范,号汉堂。江苏东台人。1939年毕业于中央大学文学系,1941年获北京大学中国语言学硕士学位。曾任"中央研究院"历史语言研究所研究员、台湾大学教授、美国华盛顿州立大学及耶鲁大学客座教授。在语言学、音韵学、训诂学、文字学领域成绩卓著。著有《经典释文反切考》、《玄应音研究》、《中国古代语法》、《周秦名字新诂汇释及补编》、《颜氏家训汇注》、《金文零释》等,兼治商周年代学。主编有《金文诂林》、《金文诂林补》、《金文诂林附录》,又著有《汉学论集》、《中国语言学论文集》、《中国音韵学论文集》等。(金文馨)

【胡厚宣】(1911—1995) 现代甲骨学家、殷商史学家。幼名福林。河北望都人。1934年毕业于北京大学史学系,同年入中央研究院历史语言研究所。后转任成都齐鲁大学、复旦大学教授。1956年调任中国科学院历史研究所研究员。早年参加殷墟发掘,并致力于甲骨文资料的搜集与研究,擅长结合遗址、遗物和殷商史进行甲骨研究。著有《甲骨学商史论丛》(四集)、《古史研究的史料问题》、《五十年甲骨文发现的总结》、《战后宁沪新获甲骨集》四种、《甲骨续存》等。主编《甲骨文合集》,对甲骨学研究有重要贡献。(金文馨)

【李孝定】(1918—1997) 现代古文字学家。字陆琦。湖南常德人。1939年毕业于南京大学,1944年获北京大学文科研究所硕士学位。曾任"中央研究院"历史语言研究所、台湾大学、新加坡南洋大学、台湾东海大学教授、研究员。在甲骨学、金文及文字起源研究领域多有建树。著有《甲骨文字集释》、《金文诂林附录》(合编)等。(金文馨)

【张政烺】(1912—2005) 现代古文字学家、古器物学家、历史学家。字苑峰。山东荣成人。1936年毕业于北京大学史学系。同年入中央研究院历史语言研究所。曾任北京大学历史系教授、中华书局副总编辑、中国科学院历史研究所研究员。对于中国古文字学、中国古代历史及版本目录学等均有开创性研究,并解决了许多疑难问题。提出卜辞和金文中由3个或6个数目构成的字组为最早的易卦。曾主持或参与银雀山汉简、马王堆帛书和云梦秦简的整理。著有《猎碣考释初稿》、《六书古义》、《中国古代的十进制氏族组织》等。主要学术成果辑为《张政烺文集》。(金文馨)

【李学勤】(1933—) 现代历史学家、古文字学家。北京人。早年就读于清华大学哲学系。历任中国社会科学院历史研究所研究员兼所长、清华大学教授。在甲骨学、青铜器及铭文、战国文字、简牍帛书及相关领域均有重要建树。曾主持和参与马王堆帛书、银雀山汉简、定县汉简、云梦秦简、张家山汉简的整理,注重甲骨文、金文资料的搜集。著有《殷墟文字缀合》(合著)、《殷代地理简论》、《东周与秦代文明》、《新出青铜器研究》、《比较考古学随笔》、《周易经传溯源》、《走出疑古时代》、《简帛佚籍与学术史》、《四海寻珍》、《夏商周年代学札记》等。(金文馨)

【裘锡圭】(1935—) 现代古文字学家。祖籍浙江宁波,生于上海。1956年毕业于复旦大学历史系,1960年研究生毕业。历任北京大学、复旦大学教授。在甲骨学、金文、战国文字、简牍帛书等方面有深湛造诣。在历史学、考古学和语言学等领域也有精深研究。曾参与银雀山汉简、云梦秦简、马王堆帛书、曾侯乙墓文字资料、望山楚简、郭店楚简和尹湾汉简等出土文献的整理工作。著有《文字学概要》、《古文字论集》、《古代文史研究新探》、《裘锡圭学术文集》等。(金文馨)

【甲骨四堂】 中国近代四位研究甲骨文的著名学者,即罗振玉(号雪堂)、王国维(号观堂)、郭沫若(字鼎堂)、董作宾(字彦堂)。唐兰曾评价他们的殷

墟卜辞研究“自雪堂导夫先路，观堂继以考史，彦堂区其时代，鼎堂发其辞例，固已极一时之盛”。（金文馨）

中国考古文博学家

【施昕更】（1911—1939）　中国考古学家。浙江余杭人。1926年毕业于杭州第一中学，考入浙江省高级工艺学校攻读绘图专业。1931年进浙江省立西湖博物馆（浙江博物馆前身）任绘图员。1935年参加杭州古荡遗址发掘。1936年、1937年主持开展良渚遗址发掘。著有《良渚—杭州第二区黑陶文化遗址初步报告》。（谷丛）

【吴金鼎】（1901—1948）　中国考古学家。龙山文化的发现者。字禹铭。山东安丘人。1926年考入清华学校国学研究院攻读人类学专业，1930年后参加安阳殷墟和浚县辛村考古发掘，1933—1937年赴英国伦敦大学留学，获博士学位。先后在中央博物院筹备处、中央研究院历史语言研究所、齐鲁大学任职。1928年在山东历城（今章丘）城子崖发现龙山文化遗存。主要著作有《山东人体质之研究》（英文）、《中国史前的陶器》（英文）、《城子崖》（合著）、《云南苍洱境考古报告》（合著）。（谷丛）

【梁思永】（1904—1954）　中国考古学家。广东新会人，生于日本横滨。梁启超次子。1923年毕业于清华学校留美预备班，1930年获哈佛大学考古学和人类学硕士学位。归国后在中央研究院历史语言研究所任职，1950年后任中国科学院考古研究所副所长，主持日常工作，对中国田野考古走上科学轨道有推进之功。他在中国考古学发展上的主要贡献是：通过后冈遗址的发掘，第一次从地层学上判定仰韶文化、龙山文化和殷商文化的相对年代关系；主持殷墟王陵区的发掘（未完稿的侯家庄王陵区发掘报告，后由高去寻辑补《侯家庄》一书多册在台湾省出版）；主持编写中国第一部田野考古报告集《城子崖》。主要学术论文收入《梁思永考古论文集》。（谷丛）

【郑振铎】（1898—1958）　中国现代作家、文学史家、考古学家，中华人民共和国文物事业的主要奠基人和开拓者。福建长乐人，生于浙江温州。1928年避难欧洲时编写《近百年古城古墓发掘史》，1931年就任燕京大学、清华大学中文系教授，出版插图本《中国文学史》；1940—1947年陆续编印了《中国版画史图录》（5辑20册）；后又编纂中国第一部大型《中国历史参考图谱》（24辑）。1950年任文化部文物局局长，兼任中国科学院考古研究所所长和文学研究所所长，1954年任文化部副部长。他在文物、考古学研究、文物保护、博物馆建设以及宣传与出版等方面作出了重要贡献。（谷丛）

【林惠祥】（1901—1958）　中国现代人类学家、考古学家。福建晋江人。1926年毕业于厦门大学社会学系。1927年赴菲律宾大学学习人类学，获硕士学位。1929年在中央研究院民族学组任职。1931年任厦门大学历史社会学系主任、教授。1947年起历任厦门大学历史系教授、主任、人类博物馆馆长、南洋研究所副所长。毕生致力于人类学的研究、教学和博物馆工作，在中国东南地区和东南亚从事考古发掘和民族调查。1929年和1935年两次调查台湾高山族和圆山新石器，是对台湾高山族最早进行调查研究的学者。倡导考古学、民族学和历史学综合研究方法，最早论证台湾史前文化源头在中国大陆东南地区。1951年曾将个人收藏的科学资料捐献给厦门大学，成立人类博物馆。著有《台湾番族之原始文化》、《民俗学》、《世界人种志》、《神话论》、《文化人类学》、《中国民族史》、《苏门答腊民族志》等。（王新天）

【曾昭燏】（1909—1964）　中国考古学家、博物馆学家。湖南湘乡人。女。1933年毕业于中央大学中文系。1935年赴英国伦敦大学学习考古学，获硕士学位。1938年回国，在中央博物院筹备处任职。1950年后任南京博物院副院长、院长。曾参与大理南诏国遗址调查和彭山汉代崖墓发掘，又主持发掘南唐二陵和沂南画像石墓。曾与严焕章合作，首次提出“湖熟文化”的名称。主要著作有《博物馆》（合著）、《云南苍洱境考古报告》（合著），主编《南唐二陵》和《沂南古画像石墓发掘报告》等。（谷丛）

【黄文弼】（1893—1966）　中国考古学家。字仲良。湖北汉川人。1918年毕业于北京大学哲学系。先后在北京大学、四川大学、西北大学、北平研究院史学研究所、中国科学院考古研究所任教或任职。1927—1930年参加中瑞西北科学考察团在内蒙古、新疆的考察活动。曾四次去新疆考察，论证了楼兰、龟兹、于阗、焉耆等古国及许多古城的地理位置和历史演变，判明了麴氏高昌的纪年顺序和茔域分布；提出了古代塔里木盆地南北两河的变迁问题。著作有《高昌陶集》、《高昌砖集》、《罗布淖尔考古记》、《吐鲁番考古记》、《塔里木盆地考古记》、《新疆考古发掘报告》、《西北史地论丛》等。(谷丛)

【陈万里】(1892—1969) 中国古陶瓷学家。江苏吴县(今苏州)人。1917年毕业于北京医学专门学校。1928年起先后赴龙泉、绍兴等地搜集瓷片标本作排比研究。1930年赴欧洲考察,了解现代科学研究方法。1946年撰著《瓷器与浙江》,开古窑窑址调查之先河。1949年调任故宫博物院研究员。20世纪五六十年代,遍访中国各地调查窑址。著有《中国青瓷史略》、《1949—1959年对于古代窑址的调查》、《中国历代烧制瓷器的成就与特点》和《陈万里陶瓷考古文集》等。(沈欣)

【尹焕章】(1909—1969) 中国考古学家。河南南阳人。1929年河南大学肄业,进入中央研究院历史语言研究所史学组,参加明清内阁大库档案的整理。1933年转入考古组,参加河南安阳殷墟发掘。1950年任南京博物院保管部主任,后又任治淮文物工作队副队长、安徽组组长、华东文物工作队副队长。主要从事华东地区新石器时代考古研究,主持或参与主持了邳县刘林、大墩子、南京金锁村等遗址的发掘。曾与曾昭燏合作,首次提出"湖熟文化"的名称。主要论著汇入《尹焕章文集·考古卷》。(谷丛)

【张云鹏】(1925—1970) 中国考古学家。山东济南人。1952年浙江大学人类学专业研究生毕业,入中国科学院考古研究所任职,曾任该所长江队副队长。1961年调入湖北省博物馆,任文物考古研究室主任。主要从事江汉地区考古。曾主持京山屈家岭、黄冈螺蛳山、武昌放鹰台、黄陂盘龙城、蕲春毛家嘴遗址、张家山楚墓的考古发掘,开展楚都纪南城的测绘等考古工作。著有《京山屈家岭》、《江汉地区新石器时代考古收获(1955—1965)》(遗稿)等。(谷丛)

【郭宝钧】(1893—1971) 中国考古学家。字子衡。河南南阳人。1922年毕业于北京师范大学国文系。1928年参加中央研究院历史语言研究所在安阳殷墟进行的第一次发掘,后任该所研究员。1950年后任中国科学院考古研究所研究员。毕生从事商周时期的考古发掘与研究,先后参与或主持过河南安阳殷墟,山东章丘城子崖,河南浚县辛村、汲县(今卫辉)山彪镇和辉县琉璃阁等遗址或墓地的发掘。对中国考古学发展的主要贡献是:深入考察两周时期的埋葬制度,特别是礼器制度的发展变化,率先提出"列鼎"问题,并对商周铜器群、青铜武器、车制和玉器进行了综合研究。主要著作有《山彪镇与琉璃阁》、《浚县辛村》、《中国青铜器时代》、《商周铜器群综合研究》等。(谷丛)

【韩寿萱】(1899—1974) 中国博物馆学家。陕西神木人。1930年毕业于北京大学。1931年留学美国,攻读博物馆学,获硕士学位后于1937—1946年在纽约大都会艺术博物馆任职。1947年归国,任北京大学教授。次年筹办北京大学博物馆专科,任主任,兼北平历史博物馆馆长。1949年后历任北京历史博物馆馆长、中国历史博物馆副馆长。毕生从事博物馆学与文物藏品保管的研究。主要论文有《北京大学五十周年纪念博物馆展览概略》、《略论实物史料与历史教学》等。(谷丛)

【冯汉骥】(1899—1977) 中国考古学家。字伯良。湖北宜昌人。1923年毕业于武昌文华图书馆专科学校。1931年赴美留学,先后在哈佛大学人类学系、宾夕法尼亚大学学习,获人类学哲学博士学位。1937年归国,先后在四川大学、四川省博物馆、华西大学、西南博物院任教或任职。他是运用现代民族学和社会学研究中国古代社会的先驱者之一,在中国西南地区的民族学与考古学方面有较深的研究。主要著作有《中国亲属制》、《前蜀王建墓发掘报告》、《冯汉骥考古学论文集》等。(谷丛)

【李济】(1896—1979) 中国考古学家。中国最早独立进行田野考古的学者。字济之。湖北钟祥人。1918年毕业于清华学校,1923年获美国哈佛大学哲学博士学位。先后在南开大学、清华学校国学研究院任教。1926年作为中国学者第一次主持在山西夏县西阴村进行的考古发掘。1929年任中央研究院历史语言研究所考古组主任。1948年被选为中央研究院第一届院士。1949年在台湾大学创建考古人类学系,1955—1972年任历史语言研究所所长等职。对中国考古学发展的主要贡献是:重视田野调查发掘,亲自主持殷墟的早期发掘,以殷墟发掘资料为中心,进行专题和综合研究,尤其是对殷墟陶器和青铜器的系统研究。主要著作有《殷墟器物甲编:陶器》上辑、《中国文明的起源》(英文)、《古器物研究专刊》第1～5本(合著)、《李济考古学论

文集》等。(谷丛)

【杨钟健】(1897—1979) 中国古生物学家。字克强。陕西华县人。1923年毕业于北京大学地质学系,1927年获德国慕尼黑大学博士学位。历任中央地质调查所新生代研究室主任、中央研究院院士、中国科学院古脊椎动物与古人类研究所所长、北京自然博物馆馆长,中国科学院生物学地学部委员,中国地质学会、中国古生物学会理事长。毕生从事古脊椎动物学、地层学研究,是中国古脊椎动物学的创始人与奠基人。20世纪20年代曾主持周口店第一地点(北京猿人洞)的发掘。著有《中国北部之啮齿动物化石》、《周口店第一地点之偶蹄类化石》、《禄丰晰龙动物群》、《中国的假鳄类》等。(谷丛)

【陈直】(1901—1980) 中国考古学家、历史学家。原名邦直,字进宧,号摹庐。江苏镇江人。1918年到扬州宜之斋碑店当学徒,1925年撰成《史汉问答》,1934年出版《汉晋木简考略》等。1950年开始执教于西北大学历史系,任西北大学历史系考古研究室及秦汉史研究室主任。是中国考古学会第一届理事会理事。主要从事秦汉考古与历史的研究。著有《关中秦汉陶录》、《三辅黄图校正》、《居延汉简研究》、《文史考古丛书》、《敦煌汉简释文评议》、《摹庐丛书》等。(谷丛)

【李文信】(1903—1982) 中国考古学家。原籍河北乐亭,生于辽宁复县(今瓦房店)。20世纪20年代后期开始从事考古调查工作。曾任东北博物馆和辽宁省博物馆副馆长、馆长。是中国考古学会第一届理事会理事、辽宁省考古与博物馆学会和辽宁省历史学会名誉理事长。毕生从事东北地区的考古研究,曾主持赤峰、围场一带燕、秦、汉长城的考古调查,辽宁三道壕西汉遗址、辽阳北园与棒台子等地汉魏壁画墓群、依兰倭肯哈达洞穴、辽上京窑及南山窑、赤峰缸瓦窑辽代窑址的考古调查与发掘。著有《辽瓷简述》、《辽瓷选集》(合编)、《李文信考古文集》等。(谷丛)

【裴文中】(1904—1982) 中国考古学家、古人类学家。北京人第一个完整头盖骨化石的发现者、中国古人类学的主要创始人。字明华。河北丰润(今唐山市丰润区)人。1927年毕业于北京大学地质系,后参加周口店遗址的发掘。曾留学法国学习旧石器时代考古学,1937年获巴黎大学博士学位。归国后,先后在中国地质调查所新生代研究室、北京大学、燕京大学、中法大学、文化部文物局、中国科学院古脊椎动物与古人类研究所任职或任教。1955年任中国科学院生物学地学部委员。是中国考古学会第一届理事会副理事长。毕生从事古人类学、旧石器考古学、第四纪哺乳动物学、第四纪地层学的研究,为这些学科的发展奠定了基础。多年主持周口店的发掘工作,曾在山西、陕西、广西等10余个省区进行地质学、古生物学和考古学调查。代表性著作有《周口店洞穴层采掘记》、《周口店山顶洞之文化》、《中国史前时期之研究》、《中国猿人石器研究》(合著)等。(谷丛)

【尹达】(1906—1983) 中国考古学家。原名刘燿,字照林,又名刘虚谷。河南滑县人。1930年毕业于河南大学国学系后,任职于中央研究院历史语言研究所考古组。1931年起先后参加安阳小屯和后冈遗址、侯家庄商王陵区、浚县辛村卫国墓地,以及山东日照两城镇遗址的发掘。1938年赴延安。1949年后曾在中国人民大学、北京大学、中国科学院历史研究所与考古研究所任职。1955年任中国科学院哲学社会科学部学部委员会常务委员。1959—1962年兼任考古研究所所长。是中国考古学会第一、二届理事会副理事长。主要学术成就是第一次详细论证了瑞典考古学家安特生在中国新石器时代分期问题上的错误观点。在考古学方面的代表性成果汇集于《中国新石器时代》(1979年再版时改名为《新石器时代》),并具体主持郭沫若主编的《中国史稿》的编写工作。(谷丛)

【饶惠元】(1907—1983) 中国考古学家。江西清江人。1932年结业于上海新华艺术专科学校。1953—1955年先后在江西省立樟树中学、樟树农校任教。1955年调入中国科学院考古研究所(1977年改属中国社会科学院),曾任《考古通讯》编辑组组长。1971年回江西,历任江西省文物管理委员会委员、江西省历史学会名誉理事长。早年开展江西省田野考古工作,调查新石器时代至两汉时期遗址40多处,指导发掘清江营盘里遗址、筑卫城遗址。主要论著有《江西清江新石器时代遗址》、《也谈印纹陶的几个问题》等。(谷丛)

【吴仲超】(1902—1984) 中国博物馆学家。上海南汇(今浦东新区)人。曾任山东省文物管理委员会主任。1954年起任故宫博物院院长30年。主持建立了故宫古建管理部和古建修缮工程队,充实加强了对故宫宫殿建筑群的管理、研究、设计和修缮力量;对故宫藏数百万件文物、物品进行了彻底的清理、鉴别、分级,并按文物类别建立了专库;组建文物修复厂;开辟了历代艺术、书画、陶瓷、青铜、织绣、明清工艺等专馆陈列;先后组织学术委员会、编辑出版委员会、绘画委员会、保管工作委员会、征集委员会、处理非文物委员会等指导业务工作,完善了故宫的管理、研究等体制。(谷丛)

【夏鼐】(1910—1985) 中国考古学家,中华人民共和国考古事业的主要指导者和组织者。字作铭。浙江温州人。1934年毕业于清华大学历史系。1935—1939年留学英国伦敦大学,获埃及考古学博士学位。1941年回国后先后任职于中央博物院筹备处、中央研究院历史语言研究所,1950—1982年任中国科学院考古研究所(1977年改属中国社会科学院)副所长、所长。1982年任中国社会科学院副院长兼考古研究所名誉所长。次年兼任国家文物委员会主任委员。是中国考古学会第一、二届理事会理事长。曾被选为中国科学院哲学社会科学部学部委员、英国学术院通讯院士、德意志考古研究所通讯院士、瑞典皇家文学历史考古科学院外籍院士、美国全国科学院外籍院士、第三世界科学院院士、意大利中东远东研究所通讯院士。在中国新石器时代和商周考古学研究,以及中西交通史与中国科技史研究方面作出了重要贡献。著有《考古学论文集》、《考古学和科技史》,其学术成果收入《夏鼐文集》。(谷丛)

【王冶秋】(1909—1987) 中华人民共和国文物博物馆事业的主要开拓者和奠基人之一。安徽霍邱人。1932年参加"左联"。北平(今北京)解放后任北平军事管制委员会文物部副部长,完成对北平文物、博物馆、各图书馆的接管工作。新中国成立后任文化部文物局副局长,1954年任文物局局长,1979年被选为中国考古学会第一届理事会名誉理事。他在主持中国文物保护方针原则的研究与实践、博物馆建设、开展文物研究以及出版与宣传等方面作出了重要贡献。(谷丛)

【梁钊韬】(1916—1987) 中国考古学家、民族学家。广东顺德人。1941年毕业于中山大学研究生院,先后在华西大学、四川大学、中山大学执教。1981年中山大学复办人类学系,任首届系主任。是中国考古学会第一、二届理事会理事、中国人类学会常务理事、中国民族学会副理事长。最早对"马坝人"头骨化石进行研究。主要考古学研究领域为原始社会史、百越民族考古和民族考古学。主要著作有《中国古代巫术——宗教的起源和发展》等,主要学术论文收入《梁钊韬文集》。(郑君雷)

【杨子范】(1926—1988) 中国考古学家。山东莱州人。1949年任山东省文物管理处文物组组长,1953年参加第二届考古工作人员训练班。历任山东省文物考古研究所所长,山东省博物馆馆长、名誉馆长。是中国考古学会第二届理事会理事。曾主持大汶口墓地的考古发掘。主编有《大汶口》、《临沂凤凰岭东周墓》,著有《试谈龙山文化》(合著)等。(谷丛)

【殷涤非】(1920—1989) 中国考古学家。安徽桐城人。1953年参加第二届考古工作人员训练班,1981年任安徽省文物工作队副队长,1984年任安徽省文物考古研究所名誉所长。是中国考古学会第二届理事会理事。主要从事夏商周考古和古文字研究,开展安徽地区的考古工作。主要论著有《商周考古简编》、《寿县出土的鄂君启金节》、《安徽舒城出土的铜器》、《青铜器研究与安徽古代史》等。(程蓓)

【邓少琴】(1897—1990) 中国考古学家。四川江津(今属重庆)人。1910年毕业于聚奎书院。1936年参与筹建中国西部博物馆。1948年受聘四川大学历史系,开设川康历史、地理、金石、西南民族历史等课程。1951年参加西南博物院的筹建工作,西南博物院分为四川省博物馆和重庆博物馆后,任重庆博物馆副馆长。毕生从事金石学与巴蜀史研究。主要著作有《益部汉隶集录》、《重庆市博物馆藏四川汉画像砖选集》、《巴蜀史迹探索》。(谷丛)

【顾铁符】(1908—1990) 中国考古学家。江苏无锡人。20世纪40年代参加民族调查与海丰新石器时代遗址的调查发掘,先后在中山大学文学院、中南军政委员会文化部文物科、武汉大学、文化部文物局、故宫博物院任职。是中国考古学会第一、二届理事会理事。长期从事文物古迹的野外考察工作,曾参加和指导湖南长沙楚墓和汉墓、曾侯乙墓、侯马晋都新田遗址的考察、发掘、整理与研究,并倡导楚文化研究。主要著作有《楚国民族述略》和学术论文集《夕阳刍稿》。(谷丛)

【沈之瑜】(1916—1990) 中国美术考古及古文

字学家、博物馆学家。浙江杭州人。1935 年毕业于上海美术专科学校西洋画系。1952 年任上海市文化局社会文化管理处处长，负责接管亚洲文会博物馆、震旦博物院，筹建上海自然博物馆，并接办华东文化部移交的文物仓库。1958 年任上海博物馆副馆长、馆长，并在复旦大学开设《中国博物馆概论》课程。1979 年起任中国考古学会第一、二届理事会理事、中国文物保护科学技术协会常务理事、中国博物馆学会副理事长。主要论著有《萝轩变古笺谱》、《大梁司寇鼎考释》、《殷墟卜辞新获》等。（谷丛）

【徐中舒】（1898—1991） 中国历史学家、古文字学家和考古学家。初名道威，安徽怀宁（今安庆）人。1926 年毕业于清华学校研究院国学门，师从王国维、梁启超、李济。1929 年进入中央研究院历史语言研究所，参与殷墟考古十余次发掘，次年发表《再论小屯与仰韶》一文，首次利用田野发掘的考古资料研究夏文化。1934 年在北平与容庚等共同发起成立金石学会，创办《考古》社刊。1938 年初受聘于四川大学历史系任教授，直至去世。曾先后在暨南大学、复旦大学、北京大学、武汉大学、燕京大学、华西协和大学和中央大学任教。1951 年初受西南军政委员会文教部委托筹建西南博物院（今中国三峡博物院），次年任院长。1979 年中国考古学会第一次年会上被推选为名誉理事，并兼任四川省博物馆馆长、四川省文物管理委员会副主任。毕生致力于先秦史和古文字学研究，对明清史和四川地方史的研究也有重要贡献。主编《汉语大字典》、《殷周金文集录》、《汉语古文字字形表》、《甲骨文字典》。其主要研究成果收入《徐中舒历史论文选辑》。（徐亮工）

【武伯纶】（1902—1991） 中国博物馆学家、考古学家。陕西临潼（今西安市）人。1950 年以来主管陕西省文博考古工作，曾任西北历史博物馆馆长、陕西省文化局副局长、陕西省考古研究所所长、中国科学院考古研究所西安研究室主任。是中国考古学会第一、二届理事会理事。主要著作有《传播友谊的丝绸之路》、《西安历史述略》、《古城集》等。（谷丛）

【高振西】（1907—1991） 中国地质学家、地质博物馆学家。河南荥阳人。1931 年北京大学地质学系毕业，留校任教，并负责地质陈列。1937—1949 年任职于中央地质调查所，1943 年兼任中央研究院地质研究所研究员。1953 年主持筹建地质部地质博物馆，长期任馆长、总工程师。是中国地质学会常务理事、中国博物馆学会常务理事、中国科学院地学部委员（1980 年）、中国地质博物馆名誉馆长。毕生从事地层、区域地质等领域的调查和研究。主要论文有《华北震旦系地层》、《福建之山脉水系及海岸》等。（谷丛）

【庄为玑】（1909—1991） 中国考古学家、海外交通史学家。字文山。福建泉州人。1933 年毕业于厦门大学史学系，并留校任教。是中国考古学会第一、二届理事。毕生从事海港考古、海外交通史迹研究，是泉州后渚港宋元沉船的主要发掘者。主要著作有《安溪唐墓发掘研究报告》、《福建历史地理》（主编）、《泉州港考古研究》（主编）、《泉州地方志论集》、《晋江新志》、《泉州湾宋代海船发掘与研究》（合著）、《海上丝绸之路的著名港口——泉州》、《古刺桐港》、《海上集》（遗著）等。（吴春明）

【高去寻】（1909—1991） 中国考古学家。河北安新人。1935 年北京大学毕业后，任职于中央研究院历史语言研究所考古组，参加安阳殷墟第 12～15 次发掘。曾任台湾“中央研究院”院士、历史语言研究所所长。毕生致力于殷墟考古与报告的编写以及台湾大学的考古教学。以二十年之功校订辑补完成了梁思永未完稿《侯家庄》（第2～9 册）。主要论著有《殷墟铜器之探讨》、《李峪出土铜器及相关之问题》等。（谷丛）

【王振铎】（1911—1992） 中国博物馆学家、科技史学家。河北保定人。燕京大学肄业。1936 年任北平研究院史学研究会编辑，1938 年受聘于中央研究院历史语言研究所。新中国成立后，历任文化部博物馆处处长、中国历史博物馆研究员。是中国考古学会第一、二届理事会理事。主要研究领域为中国古代科技史。研究复原了指南车、记里鼓车、地动仪、水运仪象台等百余种古代科技模型。主要著作有《指南车、记里鼓车之考证及模制》、《张衡候风地动仪的复原研究》、《科技考古论丛》等。（翟胜利）

【于杰】（1927—1992） 中国考古学家。北京人。1955 年毕业于北京大学历史系考古专业。曾任北京市文物研究所所长。主持编写卢沟桥与宛平县城、北海与团城、昌平银山宝塔等勘察报告，组织开展平谷上宅新石器时代遗址、延庆山戎墓地、房山金陵等考古发掘和勘察。（谷丛）

【冯先铭】（1921—1993） 中国古陶瓷学家。湖北汉口(今武汉)人。早年肄业于北平辅仁大学西语系。1947 年供职于故宫博物院。1956 年后专门从事中国陶瓷史研究。是中国考古学会第一、二届理事会理事,中国古陶瓷研究会、中国古外销陶瓷研究会会长。主要从事中国古陶瓷的研究、整理、收购、编目、陈列,古窑地的调查、鉴定等。20 世纪 70 年代后主持故宫博物院古窑址调查工作,初步整理了该院自 20 世纪 50 年代以来采集的古代窑址标本。著有《中国陶瓷史》(主编,执笔宋金部分)、《中国陶瓷——定窑》、《中国古代窑址调查发掘报告集》(主编)等。(沈欣)

【常书鸿】(1904—1994) 敦煌艺术研究家。生于浙江杭县(今杭州)。满族。1918 年考入浙江省立甲种工业学校(浙江大学前身)预科,学习染织专业,毕业后留校任教。1927 年赴法国里昂美术专科学校留学,学习油画。1931 年回国。1936 年任国立北平艺术专科学校教授,1942 年起任敦煌艺术研究所副主任、所长,敦煌文物研究所所长、名誉所长。是中国考古学会第一、二届理事会理事。毕生致力于敦煌艺术研究,临摹了一批重要的敦煌壁画。主要论著有《敦煌艺术的源流与内容》、《论敦煌图案》、《敦煌莫高窟艺术》、《新疆石窟艺术》,主编《敦煌彩塑》、《敦煌唐代图案选》等。(谷丛)

【赵青芳】(1912—1994) 中国考古学家。河南南阳人。1932 年毕业于洛阳师范学校。先后在河南古迹研究会、国立中央博物院筹备处任职。新中国成立后,历任南京博物院考古部主任、副院长。是中国考古学会第一、二届理事会理事,江苏省考古学会理事长。曾主持安徽寿县战国蔡侯墓、南京北阴阳营遗址、苏州越城和涟水三里墩西汉墓等考古发掘,首次发现草鞋山遗址,提出“青莲岗文化”的命名。著有《南京市北阴阳营第一、二次的发掘》、《四川彭山汉代崖墓》(合著)、《北阴阳营》(合著)等。(赵庆华)

【阎文儒】(1912—1994) 中国考古学家。字述祖,号真斋主人,晚号三万老人。辽宁义县人。1938 年毕业于东北大学历史地理系,1939 年入北京大学文科研究所,1944 年参加西北科学考察团,1947 年起先后在沈阳博物院、北京大学任职或任教。是中国考古学会第一、二届理事会理事。主要研究领域为石窟寺考古,是中国石窟寺考古的开拓者之一。主要著作有《两京城坊考补》、《中国石窟艺术总论》等。(谷丛)

【蒋若是】(1920—1994) 中国考古学家。安徽萧县人。齐鲁大学肄业。1952 年参加第一届考古工作人员训练班。1953 年以来长期从事河南洛阳地区考古工作,历任洛阳市文物管理委员会副主任、洛阳市文化局副局长、洛阳市博物馆名誉馆长。是中国考古学会第一、二、三届理事会理事。主要著作有《洛阳烧沟汉墓》(合著)、《中国钱币大辞典·秦汉编》(主编)等。(谷丛)

【黄增庆】(1918—1995) 中国考古学家。广西武鸣人。壮族。1947 年毕业于桂林师范学院史地系。1954 年进广西壮族自治区博物馆任职,曾参加第三届考古工作人员训练班。是中国考古学会第一、二届理事会理事。主要从事广西地区田野考古工作。对左江岩画和古代铜鼓有专门研究。著有《壮族通史》(合著)。(蒋廷瑜)

【赵善桐】(1924—1995) 中国文物、博物馆学家。1953 年任黑龙江省地志博物馆(黑龙江博物馆前身)筹备处主任。长期从事黑龙江省的田野考古工作。是中国考古学会第二届理事会理事。曾主持参与松花江、牡丹江、嫩江沿岸的文物普查,主持发掘宁安莺歌岭、东康遗址,以及中苏边境地区的小南山、新开流、团结等一系列重要遗址与墓葬,开展以渤海上京为中心的宁安县全境和牡丹江莲花水库淹没区的考古调查。(谷丛)

【常任侠】(1904—1996) 中国艺术考古学家。安徽颍上人。1931 年毕业于南京国立中央大学文学院,留校任教。1935 年赴日本,在东京帝国大学文学部大学院研究东方艺术史。1949 年任国立北平艺术专科学校特级教授。新中国成立后,先后执教于北京大学、北京师范大学、中国佛学院、中国美术学院。毕生致力于中国及中亚、东亚、东南亚诸国美术史,以及音乐、舞蹈史研究。艺术史著作有《西域乐舞百戏东渐史》、《民俗艺术考古论集》、《汉画艺术研究》、《印度与东南亚美术发展史》、《常任侠艺术考古论文集》、《中国美术全集》第十八卷(主编)等。(谷丛)

【王健群】(1927—1996) 中国考古学家。辽宁海城人。1950 年毕业于东北师范大学历史系,1959 年获硕士学位。1962 年到吉林省博物馆任职,1983 年任吉林省文物考古研究所所长。曾任吉林省考古学会副理事长。长期从事东北史、东北考古,尤其是

高句丽考古研究。主要著作有《库伦辽墓发掘报告》(合著)、《好太王碑研究》等。(金敏求)

【王承礼】(1928—1996) 中国历史学家、考古学家、博物馆学家。辽宁兴城人。1952年毕业于东北师范大学历史系。1966年以来历任吉林省博物馆副馆长、吉林省文物局局长、吉林省社会科学院副院长。是中国考古学会第一、二、三届理事会理事,吉林省考古学会理事长,东北史研究会会长。主要从事高句丽、渤海、辽代历史和考古以及东北沦陷十四年史研究。主要著作有《渤海简史》、《吉林省历史概要》、《中国东北沦陷十四年纲要》等。(金敏求 刘慧姝)

【苏秉琦】(1909—1997) 中国考古学家,中华人民共和国考古事业的指导者和大学考古学教育的创始人之一。河北高阳人。1934年毕业于北平师范大学历史系。先后在北平研究院史学研究所、中国科学院考古研究所(1977年改属中国社会科学院)任职。1952—1982年主持北京大学历史系考古专业教学工作。是中国考古学会第一、二届理事会副理事长,第二、三届理事会理事长。注重田野考古调查与发掘工作,参加与主持的宝鸡斗鸡台沟东区墓葬、洛阳中州路(西工段)沿线的发掘及相关研究,以及开创的考古学文化区系类型理论、对中国文明起源的研究等成果,在学术界有广泛的影响,为中国考古学的发展作出了重要贡献。主要著作有《瓦鬲之研究》、《中国文明起源新探》等,主要论文收入《苏秉琦考古学论述选集》、《华人·龙的传人·中国人——考古寻根记》和《苏秉琦文集》。(谷丛)

【刘敦愿】(1918—1997) 中国考古学家。湖北汉阳人。1944年毕业于国立艺术专科学校西画科。1947年应聘至山东大学执教。1972年在山东大学历史系创建考古专业。是中国考古学会第一、二届理事会理事,山东考古学会副理事长。早年致力于山东地区的田野考古调查和发掘,建立山东早期考古学文化序列,侧重于中国古代史、史前考古学和商周考古学,晚年专注于美术考古研究,发表有关史前陶器艺术、商周青铜器、东周与汉代绘画等论文40余篇。(谷丛)

【朱活】(1921—1997) 中国古钱币学家。浙江湖州人。1943年毕业于重庆国立中央大学历史系。1954年以后在山东省博物馆任职。是中国考古学会第一、二届理事会理事,中国先秦史学会顾问,山东省考古学会副理事长,中国钱币学会第二届理事会常务理事。主要从事古钱币研究。主要著作有《古钱新探》、《古钱新典》、《古钱新谭》等,主编有《中国钱币大辞典·先秦编》。(谷丛)

【裴明相】(1921—1997) 中国考古学家。河南镇平人。1946年毕业于重庆国立中央大学历史系,后到重庆相溪河南博物馆任职。1952年参加第一届考古工作人员训练班。1949年以来相继任职于河南省博物馆、河南省文物管理委员会、河南省文化局文物工作队、河南省文物研究所。曾先后参与和主持郑州二里冈遗址、信阳长台关1号和2号楚墓、南阳北关汉代冶铁遗址等20多处遗址和墓葬的发掘。主要研究领域为商代考古和楚文化研究。主要著作有《郑州二里冈》(合著)、《信阳楚墓》(主编)、《河南信阳长台关楚墓出土器物图录》(主编)、《楚文化考古大事记》(合著)、《河南出土商周青铜器》(合著)等。(孙新民)

【童恩正】(1935—1997) 中国考古学家。湖南宁乡人。1961年毕业于四川大学历史系首届考古专门化班。次年起在四川大学历史系考古教研室任教,并任冯汉骥教授助手。1984年任四川大学博物馆馆长。是中国考古学会第三届理事会理事。1990年被聘为德国科学院考古研究所通讯院士。主要从事中国西南民族考古、古代铜鼓与南方文明体系研究。著有《古代的巴蜀》、《昌都卡若》(合著)、《文化人类学》等,《我国西南地区青铜剑的研究》、《我国西南地区青铜戈的研究》、《试论早期铜鼓》、《试论我国从东北至西南的边地半月形文化传播带》等论文收入《童恩正文集》之《南方文明》、《人类与文化》。(石应平)

【秦学圣】(1917—1998) 中国古人类学家。湖北光化(今老河口市)人。1943年毕业于成都华西大学社会学系,1950年毕业于美国西北大学研究生院人类学系,先后任职于重庆西南师范大学、四川省博物馆,1982年起在四川省文物管理委员会工作。主要从事人类学、民族学研究。主要论著有《关于资阳人的年龄和性别问题》、《僰人的几个体质特征与傣族和川苗的比较》、《"僰人悬棺"人骨初窥》,以及译著《印第安人的房屋建筑与家室生活》等。(陈卫东)

【王士伦】(1932—1998) 中国考古学家。浙江黄岩人。1953年进浙江省文物管理委员会工作,次年参加第三届考古工作人员训练班。1984年任浙江省文物考古研究所所长。主要从事浙江出土铜镜和浙江文化遗产研究。主要著作有《金华万佛塔出土文物》、《浙江出土铜镜选集》、《浙江出土铜镜》、《西湖石窟》(主编)。(方向明)

【傅振伦】(1906—1999)　中国博物馆学家、历史学家、方志学家与档案学家。河北新河人。1929年毕业于北京大学史学系。先后任教于北京大学、北平大学女子文理学院、东北大学等。1949年后任中国历史博物馆研究员。是中国考古学会第一、二届理事会理事。主要从事中国文物考古、地方史志、博物馆学、文献学等研究。著作有《明代陶瓷工艺》、《博物馆学概论》、《中国陶瓷文献学》、《傅振伦文存》等。(翟胜利)

【沈仲常】(1921—2000)　中国考古学家。四川成都人。1946年毕业于齐鲁大学历史社会系,1951年毕业于四川大学文科研究所,1953年参加第二届考古工作人员训练班,进四川省文物管理委员会任职。曾任四川省文物考古研究所考古队队长。是中国考古学会第一、二届理事会理事等。主要从事巴蜀考古研究。曾主持四川巫山大溪遗址第一、二次发掘等。主要论著有《三星堆二号祭祀坑青铜人像初记》、《王建、孟知祥墓的棺床为佛座说试证》等,主编有《四川古陶瓷研究》第一、二辑,《四川考古论文集》等。(沈允宁)

【刘观民】(1931—2000)　中国考古学家。天津人。1954年毕业于北京大学历史系考古专业,入中国科学院考古研究所(1977年改属中国社会科学院)工作。是中国考古学会第三、四届理事会理事。长期在内蒙古赤峰从事田野考古工作,先后主持赤峰夏家店、药王庙、宁城南山根、巴林左旗富河沟门、赤峰西水泉、敖汉旗大甸子等遗址的考古发掘。先后命名了富河文化、夏家店下层文化和夏家店上层文化。著有《大甸子》(合编)等。(谷丛)

【郑德坤】(1907—2001)　中国考古学家。福建厦门人。师从顾颉刚、容庚等。1931年获燕京大学硕士,留任燕京大学哈佛燕京学社研究员,1941年获美国哈佛大学博士。先后执教于厦门大学、华西协和大学、英国剑桥大学、香港中文大学,曾任华西协和大学博物馆馆长、香港中文大学副校长。主要从事中国考古学研究。主要著作有《中国明器》(合著)、《四川古代文化史》、《中国文化人类学:中国文化对人类的贡献》、《郑德坤古史论集选》等。(谷丛)

【贾兰坡】(1908—2001)　中国考古学家、第四纪地质学家。河北玉田人。北京汇文中学毕业。1931年入中国地质调查所新生代研究室,参加周口店北京人遗址的考古发掘。1935年主持周口店的发掘,次年11月接连发现三个比较完整的北京人头盖骨。1949年后任中国科学院古脊椎动物与古人类研究所副研究员、研究员。是中国考古学会第一届理事会常务理事、第二届理事会副理事长。先后当选为中国科学院生物学地学部委员、美国全国科学院外籍院士、第三世界科学院院士、中国科学院院士。在中国旧石器时代考古研究方面作出了重要贡献。主要著作有《中国猿人》、《中国人类化石的发现和研究》、《中国大陆上的远古居民》、《中国的旧石器时代》等。主要学术论文收入《贾兰坡旧石器时代考古论文集》。(谷丛)

【安金槐】(1921—2001)　中国考古学家。河南登封人。1948年毕业于河南大学历史系。1950年进河南省文物保护管理委员会,1952年参加第一届考古工作人员训练班。1981年任河南省文物研究所所长。是中国考古学会第一、二、三届理事会理事。主要研究领域为夏商考古和古陶瓷研究。主要著作有《郑州二里冈》(合著)、《登封王城岗与阳城》(主编)、《密县打虎亭汉墓》(主编)、《郑州商城》(主编)、《安金槐考古文集》等。(谷丛)

【张学正】(1930—2002)　中国考古学家。生于甘肃景泰。1951年毕业于兰州师范学校师范科。次年参加第一届考古工作人员训练班。历任甘肃省文物管理委员会文物组成员、甘肃省文物工作队副队长、甘肃省文物考古研究所副所长。是中国考古学会第三届理事会理事。长期从事甘肃省的田野考古工作。主要论著有《甘肃古文化遗存》、《武威雷台汉墓》、《甘谷汉简考释》、《甘肃彩陶》(合著)等。(谷丛)

【李逸友】(1931—2002)　中国考古学家。四川高县人。1951年北京大学历史系肄业。次年参加第一届考古工作人员训练班,1953年开始负责筹建绥远省博物馆。1954年以来历任内蒙古自治区文物工作组副组长、文物工作队副队长、文物考古研究所副所长。长期从事田野考古工作,致力于北方民族考古研究,侧重于辽金元代考古。曾主持辽中京遗址和额济纳旗黑城(西夏黑水城元亦集乃路遗址)

的考古发掘。主要著作有《西辽河上游的青铜器文化》、《黑城出土文书》、《内蒙古历史文化名城》、《东北亚研究(一)· 北方考古研究》等。(蒙所)

【李遇春】(1921—2003) 中国考古学家、画家。陕西西安人。20世纪40年代初参加“西北艺术文物考察团”,从西安出发考察敦煌莫高窟壁画,1952年调新疆从事文物考古工作。曾任新疆维吾尔自治区博物馆副馆长。是中国考古学会第一、二届理事会理事。主要从事新疆地区的文物考古与博物馆工作。曾参加尼雅遗址发掘。主要论著有《新疆吐鲁番发现古银币》、《新疆发现的彩陶》,《新疆乌恰县发现金条和大批波斯银币》、《尼雅遗址和东汉合葬墓》等。(谷丛)

【俞伟超】(1933—2003) 中国考古学家。江苏江阴人。1954年毕业于北京大学历史系考古专业,进入中国科学院考古研究所(1977年改属中国社会科学院)工作。1957年攻读北京大学历史系考古专业研究生,1961年获副博士学位,并留北京大学任教。1985年进中国历史博物馆,1987年任馆长。是中国考古学会第一、二届理事会理事,第三届理事会常务理事,第四届理事会副理事长。主要研究领域为先秦两汉考古和考古学理论与方法,并主持开展中国水下考古和航空考古。主要著作有《三门峡漕运遗迹》(主编)、《先秦两汉考古学论集》、《中国古代公社组织的考察》、《考古类型学的理论与实践》(主编)、《考古学是什么》、《古史的考古学探索》等。(谷丛)

【石璋如】(1902—2004) 中国考古学家。河南偃师人。1932年毕业于河南大学文学院,进入中央研究院历史语言研究所考古组任职,参加了安阳殷墟第4~15次发掘,致力于殷墟考古研究。1945年去台湾,曾任台湾“中央研究院”院士。主要著作有《小屯·第一本乙编》、《小屯·第一本丙编》、《小屯·第一本丁编(一)》、《侯家庄·第十本》、《莫高窟形》,以及《殷墟最近之重要发现附论小屯地层》、《圆山贝冢之发掘与发现》、《殷代的建筑》、《殷代的车》等论文百余篇。(谷丛)

【陈公柔】(1919—2004) 中国考古学家。辽宁沈阳人。1951年毕业于燕京大学历史系,进入中国科学院考古研究所(1977年改属中国社会科学院)工作。主要从事商周和汉代考古研究。曾参加湖南长沙近郊古墓、河南洛阳“王城”遗址等项发掘,参与整理马衡遗稿《汉石经遗存》,编撰《居延汉简甲乙编》等,并在编纂《殷周金文集成》工作中发挥重要作用。著有《先秦两汉考古学论丛》。(世民)

【马承源】(1927—2004) 中国考古学家、博物馆学家。浙江镇海人。1952年毕业于上海大夏大学历史系。1954年调入上海博物馆任职,1985年任馆长。是中国考古学会第一、二、三届理事会理事,中国博物馆学会副理事长。毕生从事青铜器与铭文,以及简牍的鉴定和研究。主编有《上海博物馆藏青铜器》、《商周青铜器纹饰》、《商周青铜器铭文选》、《中国青铜器全集》,主要论文收入《马承源文博论集》和《中国青铜器研究》。(谷丛)

【孙守道】(1931—2004) 中国考古学家。生于辽宁旅顺。前关东文法专科学校政经班毕业。1948年进入旅大行政公署文物保管委员会从事文物考古工作,1950年调入东北博物馆(今辽宁省博物馆),1955年参加第四届考古工作人员训练班,1984年任辽宁省博物馆副馆长,1986年以来任辽宁省文物考古研究所副所长、名誉所长。主要论著有《汉代辽东长城列燧遗迹考》、《论辽河流域的原始文明与龙的起源》(合著)、《牛河梁红山文化女神头像的发现与研究》(合著)等。(谷丛)

【陈国强】(1931—2004) 中国考古学家、人类学家。福建厦门人。1951年毕业于厦门大学历史系,留校任教。历任厦门大学历史系主任、人类学系主任、人类学研究所所长、人类博物馆馆长。主要从事考古学、人类学、民族学的调查研究和教学科研。著有《台湾高山族研究》、《百越民族史》(合著)、《简明文化人类学词典》(主编)、《闽台考古》(合编)、《中国人类学》等。(王新天)

【杨虎】(1938—2004) 中国考古学家。北京人。1962年毕业于北京大学历史系考古专业,进入黑龙江省博物馆任职。1978年调入中国社会科学院考古研究所工作。研究领域为北方地区新石器时代至青铜时代考古。先后主持新开流、兴隆洼、西台、小山、周家地等遗址的考古发掘和赤峰敖汉旗文物普查。主要论著有《试论兴隆洼文化及相关问题》、《关于红山文化的几个问题》、《辽西地区新石器-铜石并用时代文化序列与分期》。(林秀贞)

【陈乔】(1912—2005) 中国博物馆学家、书法家。河北安新人。1936年毕业于南京国立戏剧学校。曾任职于华北联合大学戏剧研究室。1953年起历任故宫博物院副院长、中国历史博物馆副馆长。是中国考古学会第一届理事会理事。主要研究领域为中国书画理论及艺术史。(翟胜利)

【安志敏】(1924—2005) 中国考古学家。山东烟台人。1948年毕业于中国大学史学系,1952年毕业于北京大学史学研究部。1950年任职于中国科学院考古研究所(1977年改属中国社会科学院)。是中国考古学会第一、二、三届理事会常务理事。1985年当选为德意志考古研究院通讯院士。学术贡献主要体现在探索中国史前文化的渊源和发展关系,以及建立中国史前考古学体系等方面。主要著作有《庙底沟与三里桥》(主编)、《双砣子与岗上——辽东史前文化的发现和研究》(主编)、《碳-14断代和中国新石器时代》等,主要学术论文收入《中国新石器时代论集》、《东亚考古论集》。(谷丛)

【邹衡】(1927—2005) 中国考古学家。湖南澧县人。1952年北京大学史学系毕业后攻读本系研究生,1955年获副博士学位。1956年起在北京大学任教。是中国考古学会第一、二届理事会理事,第三、四届理事会常务理事。主要研究领域为夏商周考古。他最早提出并论证了河南二里头遗址为夏文化,首次对殷墟进行了文化分期,发现了西周燕国与晋国的都城遗址,指导并参与西周晋侯墓地等遗址的考古发掘。著有《商周考古》、《天马——曲村》(主编)等,《试论郑州新发现的殷商文化遗址》、《试论殷墟文化分期》等学术论文收入《夏商周考古学论文集》与《夏商周考古学论文集(续集)》。(谷丛)

【方起东】(1939—2005) 中国考古学家。浙江仙居人。1960年毕业于西北大学历史系考古专业。1983年起任吉林省文物考古研究所副所长、所长。是吉林省考古学会副理事长。主要研究方向为高句丽考古。曾参与组织编写《中国文物地图集·吉林分册》。主要论著有《集安高句丽壁画中的舞蹈》、《集安高句丽墓研究》(合著)、《高句丽石墓研究》等。(金敏求)

【吴汝康】(1916—2006) 中国古人类学家。江苏武进(今常州)人。1940年毕业于国立中央大学生物系,进入中央研究院历史语言研究所任职。1949年获美国华盛顿大学医学院博士学位。回国后任大连医学院解剖教研组主任。1953年调中国科学院古脊椎动物与古人类研究所,1977年任副所长。1980年当选为中国科学院学部委员。曾先后参与对蓝田人、和县人、南京人等直立人化石,金牛山人早期智人化石,马坝、丁村、资阳、柳江、河套人等晚期智人化石,以及开远、禄丰古猿化石的鉴定研究。参与制作《中国猿人》电影。主要著作有《资阳人》、《周口店北京猿人遗址综合研究》(主编)、《中国远古人类》(合著、主编)、《古人类学》等。(谷丛)

【李炎贤】(1936—2006) 中国考古学家。广东梅县(今梅州市梅县区)人。1958年毕业于北京大学历史系考古专业,进入中国科学院古脊椎动物与古人类研究所工作,曾任国际古人类学研究会常务理事、法国国立自然历史博物馆客座教授。主要从事中国旧石器时代考古研究。曾主持和参加了贵州黔西观音洞、普定白岩脚洞、宁夏灵武水洞沟、四川汉源、湖北郧县人等遗址的考古发掘。著有《观音洞》以及60余篇论文。(谷丛)

【田广金】(1938—2006) 中国考古学家。辽宁瓦房店人。1965年毕业于北京大学历史系考古专业,进入内蒙古自治区文物工作队工作。1989年任内蒙古自治区文物考古研究所所长。是中国考古学会第三、四届理事会理事。主要致力于鄂尔多斯青铜器、早期牧业文明起源探索及建立先秦时期内蒙古中南部考古学文化序列和谱系研究。曾先后主持过伊克昭盟桃红巴拉、西沟畔、凉城毛庆沟等古代北方墓群,伊克昭盟哈劳柴登汉代城址、朱开沟遗址和凉城岱海遗址群的考古发掘。主要著作有《鄂尔多斯式青铜器》(合著)、《中国青铜器全集·北方民族》(合著)、《北方考古论文集》(合著)、《岱海考古》(合著)、《早期中国文明——北方文化与匈奴文明》(合著)等。(蒙所)

【史树青】(1922—2007) 中国文物鉴定学家、历史学家。河北乐亭人。1945年毕业于北平辅仁大学中文系,后攻读本校史学研究生。1949年进入中国历史博物馆任职,1955年参加第四届考古工作人员训练班。是中国考古学会第一、二届理事会理事。主要从事中国文物考古及博物馆学研究。著有《长沙仰天湖出土楚简研究》、《应县木塔辽代秘藏》(合著)、《小莽苍苍斋清代学者法书选》、《中国文物精华大辞典·金银玉石卷》(主编)、《鉴古一得》、《中国历史博物馆藏法书大观》等。(翟胜利)

【董增凯】(1924—2007) 中国考古学家。河北石家庄人。1951年毕业于辅仁大学。次年参加第一届考古工作人员训练班,1953年任河北省文化局文物科科长,组建河北省文物管理委员会,开展河北省的文物考古工作。1979年以后任河北省文物处处长。是中国考古学会第一、二届理事会理事。长期主持河北省的考古发掘与古建筑维修。主要论著有《河北省曲阳县发现彩陶遗址》等。(谷丛)

【张彦煌】(1927—2007) 中国考古学家。四川成都人。1952年毕业于华西大学社会学系古代社会专业,分配到川北行政公署,参加配合成渝、宝成铁路的考古工作。1956年调入中国科学院考古研究所(1977年改属中国社会科学院)。主要从事中原地区新石器时代晚期和夏商周三代考古研究。1959—1989年任该所山西工作队队长,参与主持侯马东周铸铜遗址发掘,主持晋西南考古调查和芮城西王村、夏县东下冯、曲沃方城和临猗程村发掘。主编并参与撰写《夏县东下冯》、《晋南考古调查报告》、《临猗程村东周墓地》等。(高炜)

【赵生琛】(1930—2007) 中国考古学家。青海西宁人。1952年参加第一届考古工作人员训练班。1975年任青海省文物管理处副处长兼考古队队长。是中国考古学会第二届理事会理事。主要从事青海地区的考古发掘和文物普查工作。曾参加并主持乐都柳湾墓地、大通上孙家寨墓地等的发掘。主要著作有《青海柳湾》(合著)、《青海古代文化》(合著)等。(谷丛)

【张森水】(1931—2007) 中国考古学家。浙江仙居人。1956年毕业于北京大学历史系考古专业,进入中国科学院古脊椎动物与古人类研究所任职。是中国考古学会第三、四届理事会理事,第四届理事会常务理事。长期从事中国旧石器时代考古。曾主持过鸽子洞、金牛山、富林、穿洞、大荔、马鞍山、孟家泉等多处重要旧石器时代遗址的考古发掘,并在晚年主持了对浙江省旧石器考古的调查与研究工作。主要著作有《中国猿人石器研究》(合著)、《中国远古人类》(合著)、《中国旧石器文化》,以及论文集《步迹录》等。(谷丛)

【乌恩岳斯图】(1937—2008) 中国考古学家。内蒙古哲里木盟人。1962年毕业于北京大学历史系考古专业,同年考取夏鼐研究生,攻读中国北方地区考古。1966年毕业后进入中国科学院考古研究所(1977年改属中国社会科学院)工作,历任科研处处长、常务副所长、《考古》主编。1997年获德意志考古研究院通讯院士称号。毕生致力于北方青铜时代至早期铁器时代与欧亚草原相关的考古学文化研究。主要著作有《百川归海:中国古代少数民族与汉文化的交流》、《欧亚东部草原青铜器》(合著,英文版)、《北方草原考古学文化研究》、《北方草原考古学文化比较研究——青铜时代至早期匈奴时期》等。(陈淑梅)

【宋伯胤】(1921—2009) 中国博物馆学家、考古学家。陕西耀县人。1948年毕业于北京大学历史系。同年进入南京博物院,曾任南京博物院副院长。是中国考古学会第一届理事会理事,江苏省博物馆学会副会长、名誉会长。早年参加民族文物调查和田野考古发掘,后又从事博物馆学和古陶瓷研究。主要著作有《剑川石窟》、《博物馆人丛语·宋伯胤博物馆学论著选》、《宋伯胤说陶瓷》等。(谷丛)

【朱伯谦】(1925—2010) 中国考古学家。浙江诸暨人。1953年参加第二届考古工作人员训练班,进入浙江省文物管理委员会工作。1982年任浙江省文物考古研究所副所长。是中国考古学会第一、二届理事会理事。长期从事陶瓷考古调查、发掘和研究,尤擅长中国青瓷研究。主要著作有《中国陶瓷史》(合著)、《龙泉青瓷研究》(合著)、《朱伯谦论文集》、《揽翠集》。(方向明)

【赵其昌】(1926—2010) 中国考古学家。河北安国人。1952年参加第一届考古工作人员训练班。次年毕业于北京大学历史系考古专业,先后任职于北京市文物调查研究组、北京市文物工作队、首都博物馆,历任首都博物馆馆长、北京史研究会副会长、明十三陵明代帝陵研究会名誉会长。长期从事北京地区考古、历史学研究。1956年参加明定陵的发掘,并发挥重要作用。主要著作有《明实录北京史料》(摘编)、《定陵》(主编)、《京华集》。(谷丛)

【方酉生】(1934—2010) 中国考古学家。浙江建德人。1956年毕业于北京大学历史系考古专业,进入中国科学院考古研究所(1977年改属中国社会科学院)工作,1986年调入武汉大学历史系考古专业任教。是湖北省考古学会副理事长。主要从事夏商周考古研究与教学。1959年参与豫西"夏墟"的考古调查,曾主持二里头遗址的发掘,参加随州曾侯乙墓、荆门包山二号楚墓的发掘。著有《洛阳发掘报告》(合著)、《西花园与庙台子》(合著)、《湖北考古发现与研究》(合著)等。(谷丛)

【徐苹芳】(1930—2011) 中国考古学家。山东招远人。1955 年毕业于北京大学历史系考古专业。次年调入中国科学院考古研究所(1977 年改属中国社会科学院)任职,1988 年任该所所长。是中国考古学会第三届理事会副理事长、第四届理事会理事长。2006 年当选为中国社会科学院荣誉学部委员。毕生从事中国历史考古学的研究。曾主持隋唐扬州、金中都、元大都等城址的考古勘察和发掘。著有《居延汉简甲乙编》(合著)、《明清北京城图》和《中国历史考古学论丛》等。(谷丛)

【佟柱臣】(1920—2012) 中国考古学家。辽宁黑山人。满族。1941 年毕业于吉林高等师范学校历史地理系,1945 年进入国立沈阳博物馆任副研究员,1949 年后相继在国立北京历史博物馆(今中国国家博物馆)、中国科学院考古研究所(1977 年改属中国社会科学院)任职。是中国考古学会第一、二届理事会理事。2006 年当选为中国社会科学院荣誉学部委员。主要从事博物馆学、中国新石器时代考古研究,侧重于中国东北地区考古与边疆民族考古研究。主要著作有《龙山文化》、《中国边疆民族物质文化史》、《中国新石器研究》等,主编《西团山考古报告集》,主要论文收入《中国东北地区和新石器时代考古论集》。(谷丛)

【孙太初】(1925—2012) 中国考古学家、书法家。云南鹤庆人。白族。1952 年参加第一届考古工作人员训练班。长期任职于云南省博物馆。是中国考古学会第一、二届理事会理事。主要从事云南西汉时期及南诏、大理国时期的文物考古研究。曾主持或参加滇池地区贝丘遗址、石寨山滇王墓群、昭通汉晋古墓的发掘,系统调查研究了云南历代重要碑刻。著有《云南晋宁石寨山古墓群发掘报告》(合著)、《云南古代石刻丛考》等。(谷丛)

【周本雄】(1931—2012) 中国动物考古学家。祖籍安徽合肥,生于江苏南京。1962 年中国科学院古脊椎动物与古人类研究所研究生毕业,次年进入中国科学院考古研究所(1977 年改属中国社会科学院)工作。主要研究领域为更新世的古哺乳动物与古环境的变迁、新石器时代遗址出土的动物遗骸及家畜起源。主要论著有《河南安阳小南海旧石器时代洞穴遗址脊椎动物化石研究》、《河北武安磁山遗址的动物遗骸》、《山东兖州王因新石器时代遗址中的扬子鳄遗骸》、《考古工作手册 · 兽骨鉴定》、《武威雷台东汉铜奔马三题》等。(吕鹏)

【黄宣佩】(1930—2013) 中国考古学家。浙江鄞县(今宁波市鄞州区)人。1950 年毕业于上海水产学校(今上海海洋大学)渔捞科。1952 年分配进上海博物馆筹备处工作。1954 年参加第三届考古工作人员训练班。曾任上海市文物管理委员会委员、上海博物馆副馆长。是中国考古学会第三、四届理事会理事。主要从事上海地区新石器时代考古发掘和研究。曾主持了上海马桥、青浦崧泽与福泉山、金山亭林等遗址的发掘。主要著作有《崧泽》(主编)、《福泉山》(主编),以及《关于良渚文化若干问题的认识》、《从考古发现谈上海成陆年代及港口发展》(合著)、《略论崧泽文化的分期》、《福泉山遗址发现的文明迹象》等论文。(谷丛)

【钟侃】(1938—2013) 中国考古学家。江西定南人。1960 年毕业于西北大学历史系考古专业,进入宁夏回族自治区博物馆任职。曾任宁夏回族自治区文物考古研究所所长、宁夏回族自治区博物馆馆长。是中国考古学会第二、三届理事会理事。主要从事宁夏地区文物考古与历史研究。曾主持开展西夏王陵与宁夏地区仰韶文化遗存的调查。著有《宁夏文物述略》、《宁夏通史》(合著)、《西夏简史》(合著)等。(谷丛)

【汪宁生】(1930—2014) 中国民族考古学家。江苏灌云人,生于南京。1959 年毕业于北京大学历史系考古专业,留校任教。次年转入中央民族学院历史系,参加四川茂汶、凉山、黔西北、滇东北的民族调查。1964 年调到云南省历史研究所。1979 年调入云南民族学院。长期从事民族考古学和文化人类学的研究。主要著作有《云南考古》、《沧源崖画的发现与研究》、《民族考古学论集》、《铜鼓与南方民族》、《中国西南民族的历史与文化》等。(谷丛)

【郑笑梅】(1931—2014) 中国考古学家。浙江温州人。女。1956 年毕业于北京大学历史系考古专业,进入中国科学院考古研究所任职,后调至山东省博物馆考古部(后组建为山东省文物考古研究所)工作。是中国考古学会第三届理事会理事。先后主持了第一至九届国家文物局考古领队培训班的教学工作。主持了大汶口、野店、东海峪、西河、西吴寺、西山等重要史前遗址的发掘。著有《邹县野店》(合著)、《大汶口续集》(合著)等。(鲁所)

【张颔】(1920—) 中国考古学家、古文字学家。山西介休人。曾任山西省文物工作委员会副主任，山西省考古研究所所长、名誉所长。是中国考古学会第一、二届理事会理事。主要从事古文字、晋国史、钱币研究。1965年主持山西侯马东周晋国遗址发掘。著有《侯马盟书》、《侯马盟书丛考续》、《张颔学术文集》、《古币文编》等。（谷丛）

【吴汝祚】（1921— ） 中国考古学家。浙江嘉兴人。1949年毕业于浙江大学史地系。1952年浙江大学人类学系研究生毕业，进入中国科学院考古研究所（1977年改属中国社会科学院）工作。长期从事田野考古。主要研究领域为中国新石器时代考古。主要著作有《胶县三里河》（合著）、《长江文化史》（合著）、《炎黄汇典·考古卷》、《良渚文化兴衰史》（合著）、《中原地区中华古代文明发展史》等。（谷丛）

【容观夐】（1922— ） 中国民族学家、考古学家。广东中山人。1946年毕业于中山大学社会学系，1947—1950年就读于中山大学文科研究所人类学部和美国德克萨斯州立大学人类学研究所。考古学研究领域为南方民族考古和民族考古学。主要著作有《文化人类学与南方少数民族》、《民族考古学初论》（合著）等，主要学术论文收入《容观夐人类学民族学文集》。（郑君雷）

【宿白】（1922— ） 中国考古学家。辽宁沈阳人。1944年毕业于北京大学史学系，1948年北京大学文科研究所研究生肄业，并任职于该所考古学研究室。1952年任教于北京大学历史系考古教研室。1983年任北京大学考古系主任。是中国考古学会第一、二届理事会常务理事，第三届理事会副理事长，1999年当选为中国考古学会名誉理事长。曾主持白沙宋墓和涧沟齐村龙山商周遗址的发掘，并对响堂山石窟、敦煌石窟、龙门石窟、克孜尔石窟进行测绘、记录和研究。学术贡献主要体现在建立魏晋南北朝隋唐考古体系和中国佛教遗迹研究的学术新体系等方面。主要著作有《白沙宋墓》、《中国石窟寺研究》、《藏传佛教寺院考古》、《唐宋时期的雕版印刷》等。（谷丛）

【谢辰生】（1922— ） 中国文物学家。江苏武进（今常州）人。是中国考古学会第一届理事会理事，第三、四届理事会常务理事，中国文物学会名誉会长。《中华人民共和国文物保护法》主要起草人，《中国大百科全书·文物卷》编委会主任。曾倡导创办景德镇古陶瓷制作博物馆、铜绿山古铜冶遗址博物馆，主持复制随县编钟，并负责开拓水文、地震考古新领域，协助郑振铎编撰24辑《中国历史参考图谱》、《甲午以后留存日本文物目录》。著有《谢辰生先生往来书札》、《谢辰生文博文集》等。（谷丛）

【马得志】（1923— ） 中国考古学家。山东莒县人。1941年毕业于奉天日语学院（沈阳）。1947年任职于中央研究院历史语言研究所，1950年成为中国科学院考古研究所（1977年改属中国社会科学院）研究人员。1951年参加安阳殷墟发掘、大司空村唐墓发掘。1956年任唐长安城发掘队队长。曾先后主持过唐长安城、大明宫、青龙寺和九成宫等遗址的考古发掘。著有《唐长安大明宫》、《隋仁寿宫·唐九成宫》（合著）等。（谷丛）

【石兴邦】（1923— ） 中国考古学家。陕西耀县人。1949年毕业于南京大学边政系，后为浙江大学人类学研究所研究生。1950年起先后在中国科学院考古研究所（1977年改属中国社会科学院）和陕西省考古研究所、陕西省博物馆、陕西省文物管理委员会任职。1984年任陕西省考古研究所所长，次年任陕西省社会科学院副院长兼陕西省考古研究所名誉所长。是中国考古学会第一、二届理事会理事，第三、四届理事会常务理事。学术贡献主要体现在建立中国史前考古学体系和中国氏族社会的考古学研究等方面。曾主持西安半坡遗址、山西沁水下川遗址等重要遗址的考古发掘。主要著作有《西安半坡——原始氏族公社聚落遗址》（主编）、《黄河流域原始社会考古研究上的若干问题》、《临潼白家村》（主编）等。（谷丛）

【宋文薰】（1924— ） 中国考古学家。台湾省人。1954年毕业于台湾大学人类学系，1959年始执教台湾大学人类学系，累任至台湾大学名誉教授，被评为台湾“中央研究院”院士。主要从事台湾地区史前考古发掘与研究以及东南亚考古研究。主要论著有《台中县番仔圆贝塚之墓葬》、《圆山文化的年代》（合著）、《卑南考古》（合著）、《台湾地区史前考古文献目录》（合著）、《都兰考古学研究报告》（合著）等。（谷丛）

【金维诺】（1924— ） 中国美术史学家。湖北鄂州人。1946年毕业于武昌艺术专科学校艺术教育系。曾任中央美术学院第一任美术史系主任，参加《美术研究》、《世界美术》的创办和主编工作。是中国考古学会第一届理事会理事，敦煌吐鲁番学会常务理事、副会长。长期从事美术史研究和教学。著有《龙门石窟》、《中国美术史论集》、《中国古代佛雕》,主编《中国美术全集》中的《隋唐五代绘画》、《寺观壁画》、《原始社会至战国雕塑》、《中国壁画全集·藏传佛教雕塑全集》等。(谷丛)

【王仲殊】(1925—) 中国考古学家。浙江宁波人。1950年毕业于北京大学历史系,同年进入中国科学院考古研究所(1977年改属中国社会科学院)任职,1982年任所长。是中国考古学会第一、二届理事会秘书长。1988年当选为德意志考古研究院通讯院士,1996年获日本福冈亚洲文化奖大奖,2006年当选为中国社会科学院荣誉学部委员。学术贡献主要体现在汉唐考古学,以及日本考古学与日本古代史研究方面。主要著作有《汉代考古学概说》、《三角缘神兽镜》(日文)、《从中国看古代日本》(日文)、《六顶山与渤海镇——唐代渤海国的贵族墓地与都城遗址》(主编)等。有关学术论文收入《中日两国考古学·古代史论文集》。(谷丛)

【贾峨】(1925—) 中国考古学家。河南光山人。1946年就读于西北师范学院地理系。1950年进入河南省洛阳市文物组工作,1954年调河南省文化局文物工作队工作至今,曾任《华夏考古》主编。主要从事中国文明起源与早期发展、汉唐丝绸之路、先秦玉器研究。主要著作有《巩县石窟寺》(合著)、《中国玉器全集·第三集·春秋战国卷》、《河南出土商周青铜器(一)》(合著)、《信阳楚墓》(合著)、《贾峨考古文集》等。(孙新民)

【王劲】(1926—) 中国考古学家。湖北武汉人。女。1954年参加第三届考古工作人员训练班,进入湖北省文物管理委员会考古队任职,历任副队长、队长,湖北省博物馆副馆长。是中国考古学会第一、二、三届理事会理事。主要从事史前考古研究,开展江汉地区的田野考古工作。著有《盘龙城》(合著)、《铜绿山古矿冶遗址》(合著)、《武昌放鹰台》(主编)、《房县七里河》(主编)等。(谷丛)

【周永珍】(1926—) 中国考古学家。江苏淮安人。女。1952年毕业于燕京大学中文系,进入中国科学院考古研究所(1977年改属中国社会科学院)任职。1953—1958年在安阳、洛阳、西安、黄河水库等地从事考古调查和发掘工作。1958年调《考古》编辑组,任副组长。主要编辑《考古通讯》(1959年改为《考古》)。著有《一九五三年安阳大司空村发掘报告》(合著)、《夏商龙虎纹举例(2010)》等。(谷丛)

【高明】(1926—) 中国考古学家。天津人。1956年毕业于北京大学历史系考古专业,留校任教。是中国古文字研究会理事、中国殷商文化学会理事。主要研究领域为古文字学。著有《中国古文字学通论》、《古文字类编》、《古陶文汇编》、《古陶文字征》、《帛书老子校注》、《战国陶铭》、《中国历代王朝兴亡四字歌》、《高明论著选集等》等。(于成龙)

【黄展岳】(1926—) 中国考古学家。福建南安人。1954年毕业于北京大学历史系考古专业,进入中国科学院考古研究所(1977年改属中国社会科学院)任职。主要从事汉唐考古学研究,多次参加或主持洛阳、黄河水库、西安、昆明、广州等地的田野考古发掘。曾任《考古学报》副主编。2011年当选为中国社会科学院荣誉学部委员。主要著作有《西汉礼制建筑遗址》、《古代人牲人殉通论》、《先秦两汉考古论丛》、《西汉南越王墓》(合著)、《长沙马王堆一号汉墓》(合著)。(谷丛)

【卢兆荫】(1927—) 中国考古学家。福建莆田人。1949年毕业于福建协和大学历史系。1957年进入中国科学院考古研究所(1977年改属中国社会科学院)任职。主要从事汉唐考古和汉代玉器研究。曾参与发掘唐长安城大明宫、兴庆宫和西市遗址,以及满城汉墓。主要著作有《西安郊区隋唐墓》(主编)、《满城汉墓发掘报告》(主编)、《中国玉器全集》第四卷、《玉振金声——玉器·金银器考古学研究》等。(谷丛)

【陈志达】(1927—) 中国考古学家。浙江鄞县(今宁波市鄞州区)人。1956年毕业于云南大学历史系,进入中国科学院考古研究所(1977年改属中国社会科学院)任职。长期从事河南安阳殷墟的考古发掘与研究。主要著作有《殷墟妇好墓》(合著)、《殷墟玉器》(合著)、《殷墟青铜器》(合著)、《殷墟发掘报告(1958—1961)》(合著)、《中国玉器全集·第二集·商·西周》(合著)、《殷墟的发现与研究》(合著)、《安阳小屯》(合著)、《殷墟》等。(谷丛)

【蒋赞初】(1927—) 中国考古学家。江苏宜兴人。1950年毕业于南京大学,留校任教。是中国考古学会第一、二、三届理事会理事,南京历史学会名誉会长。主要从事长江中下游地区考古研究。曾亲自主持发掘或实地考察上千座六朝遗址和墓葬。

主要论著有《南京城的历史变迁》、《南京东晋帝陵考》、《关于长江下游六朝墓葬的分期和断代问题》、《长江中下游历史考古论文集》等。（谷丛）

【吕遵谔】（1928— ） 中国考古学家。山东烟台福山人。1953年毕业于北京大学历史系考古专业，留校任教。是中国考古学会第一、二、三、四届理事。主要从事旧石器时代考古和古人类学的教学和研究。1982—1996年指导和参加山东沂源直立人、辽宁金牛山古智人、河北涞水智人以及南京直立人化石的发现和研究。主要论著有《金牛山人的时代及其演化的地位》、《山东沂源猿人化石》、《金牛山人髋骨的研究》、《南京人化石研究》和《中国考古学研究的世纪回顾·旧石器时代考古卷》（主编）等。（黄蕴平）

【许顺湛】（1928— ） 中国考古学家。山西芮城人。1949年参加工作，1952年调河南省文物管理委员会，次年参加第二届考古工作人员训练班。历任河南省文物工作队队长，河南省博物馆馆长、名誉馆长，河南省文物考古学会名誉会长等。主要论著有《灿烂的郑州商代文化》、《商代社会经济基础初探》、《中国奴隶社会》、《中原远古文化》、《黄河文明的曙光》、《许顺湛考古论集》、《五帝时代研究》、《中原文化大典·文物典》（主编）、《史海荡舟》、《豫晋陕史前聚落研究》等。（豫博）

【吴新智】（1928— ） 中国古人类学家。安徽合肥人。1953年毕业于上海医学院医学本科，进入大连医学院任教。1961年毕业于中国科学院研究生院，进入中国科学院古脊椎动物与古人类研究所任职，曾任该所副所长。是中国解剖学会副理事长、名誉理事长。1999年被评为中国科学院院士。主要从事古人类调查发掘与研究。1998年提出中国人类是连续进化附带杂交的假说。主要论著有《中国远古人类》（合编）、《周口店山顶洞人化石的研究》、《中国化石人类对澳大利亚人类进化的影响》、《中国和欧洲早期智人的比较》等。（谷丛）

【罗宗真】（1928— ） 中国考古学家。江西吉安人。1950年毕业于南京金陵大学历史系。1953年参加第二届考古工作人员训练班。曾任南京博物院研究员。长期从事文物考古和历史研究及考古教学工作。著有《六朝考古》、《探索历史的真相》、《考古生涯五十年》。（宗真）

【赵芝荃】（1928— ） 中国考古学家。北京人。1955年毕业于北京大学历史系考古专业，入中国科学院考古研究所（1977年改属中国社会科学院）任职。长期从事田野考古工作，先后主持洛阳东周城、偃师二里头、偃师商城、临汝煤山、永城王油坊、密县新寨等遗址的发掘，试掘、调查古遗址百余处。主要著作有《偃师二里头》（合著）、《赵芝荃考古文集》。（谷丛）

【孙机】（1929— ） 中国文物学家、考古学家。山东青岛人。1960年毕业于北京大学历史系考古专业，留系工作。1979年调中国历史博物馆考古部任职。是中国考古学会第三届理事会理事、中央文史研究馆馆员、国家文物鉴定委员会副主任委员。主要研究领域为中国古代物质文化史。主要著作有《汉代物质文化资料图说》、《中国古舆服论丛》、《中国圣火——中国古文物与东西文化交流中的若干问题》、《孙机谈文物》等。（洪梅）

【纪仲庆】（1929— ） 中国考古学家。江苏宿迁人。1958年毕业于北京大学历史系考古专业，进入中国科学院考古研究所长江考古队任职。1962年调入南京博物院考古部。曾任南京博物院考古部主任等职。是中国考古学会第三、四届理事会理事，江苏省考古学会理事长。主持过多项重要考古发掘。主要论著有《略论青莲岗文化》、《扬州古城址变迁初探》、《广陵王玺和中日交往》、《良渚文化的影响与古史传说》等。（仲庆）

【麦英豪】（1929— ） 中国考古学家。广东番禺（今广州）人。1951年广州大学教育系肄业。1953年参加第二届考古工作人员训练班。历任广州市文物管理委员会考古队队长、广州博物馆馆长、广州市文物管理委员会副主任。是中国考古学会第一、二、三届理事会理事。长期从事广州地区的考古发掘和研究。先后主持或参加广州西村窑、广州秦代造船遗址、西汉南越王墓、南越国宫署遗址等的发掘。主要著作有《广州出土汉代陶屋》（合编）、《广州汉墓》（合著）、《广州西村窑》（合著）、《西汉南越王墓》（合著），以及《汉代番禺——广州秦汉考古举要》等论文。（易西兵）

【杨建芳】（1929— ） 中国考古学家。广东梅县（今梅州市梅县区）人。1954年毕业于北京大学历史系考古专业，进入中国科学院考古研究所任职，1957年就读北京大学历史系考古专业研究生，1961年获副博士学位。1961年起在四川大学历史系任教,1979年转往香港中文大学中国文化研究所考古艺术研究中心进行研究与教学。早期主要从事中国新石器时代考古研究,曾参加或主持陕西西安半坡遗址和华县泉护村遗址的发掘。1978年后专门从事中国古代玉器的考古学研究。著有《西安半坡》(合著)、《安阳殷墟》,《中国古玉书目》、《中国出土古玉》(第一册)、《玉器之美》、《华县泉护村》(合著)、《长江流域玉文化》等,有关论文收入《中国古玉研究论文集》与《中国古玉研究论文集续集》。(林继来)

【张长寿】(1929—) 中国考古学家。上海人。1952年毕业于北京燕京大学历史系,1956年进入中国科学院考古研究所(1977年改属中国社会科学院)任职。1988年当选为德意志考古研究院通讯院士,2006年当选为中国社会科学院荣誉学部委员。主要从事商周时期考古研究,侧重于以陕西长安丰镐遗址为中心的西周考古研究。著有《张家坡西周墓地》(主编)、《西周青铜器分期断代研究》(合著)、《中国考古学·两周卷》(主编)、《张家坡西周玉器》、《商周考古论集》等。(谷丛)

【郑振香】(1929—) 中国考古学家。河北东光人。女。1954年毕业于北京大学历史系考古专业,次年攻读研究生,1959年毕业后进入中国科学院考古研究所(1977年改属中国社会科学院)任职。是中国考古学会第二、三届理事会理事。长期从事河南安阳殷墟的考古发掘与研究。1976年主持发掘了河南安阳妇好墓,对中国殷商考古具有重大意义。主要著作有《殷墟妇好墓》(合著),《殷墟青铜器》(合著),《殷墟的发现与研究》(合著),《安阳小屯》(合著),《小屯殷墟建筑遗存》。(谷丛)

【蔡莲珍】(1929—) 中国科技考古学家。江苏吴县(今苏州)人。女。1955年毕业于复旦大学物理系,进入中国科学院原子能研究所,1959年调入考古研究所任职。与仇士华合作,于1965年建成中国第一个碳十四(^{14}C)实验室,并在国内首创利用碳十四测定研究古代食谱。在"夏商周断代工程"中任常规^{14}C年代测定课题负责人。主要著作有《中国考古学中碳十四年代数据集(1965—1991)》(合著);《中国^{14}C年代学研究》(合著);《^{14}C测年及科技考古论集》(合著)等。(莲珍)

【胡谦盈】(1930—) 中国考古学家。广东恩平人。1953年毕业于中山大学历史系,进入中国科学院考古研究所(1977年改属中国社会科学院)任职。长期从事田野考古,开展丰镐周都、先周文化、仰韶文化东庄类型、常山下层文化等领域的考古发掘与研究。著有《胡谦盈周文化考古研究选集》、《徐家碾寺洼文化墓葬》、《南邠州·碾子坡》、《三代都址考古纪实——丰、镐周都的发掘与研究》和《周文化及相关遗存的发掘与研究》。(许宏)

【徐元邦】(1930—) 中国考古学家。生于北京。1956年毕业于北京大学历史系考古专业,进入中国科学院考古研究所(1977年改属中国社会科学院考古研究所)任职。曾任该所编辑室副主任,长期从事《考古》、《考古学集刊》等的编辑工作。曾参加江西青江营盘里遗址发掘,进行汉简研究。主要论著有《居延出土的"侯史广德坐不循部"檄》、《青海大通马良墓出土汉简的整理与研究》、《简牍资料论著目录》等。(谷丛)

【黄景略】(1930—) 中国考古学家。福建惠安人。1956年毕业于北京大学历史系考古专业,进入文化部文物局工作,1988年任国家文物局副局长,1990年任国家文物局考古专家组组长,次年任中国文物研究所副所长并主持工作。是中国考古学会第二届理事会理事,第三届理事会副理事长,第四届理事会常务理事。主要研究领域为先秦考古和历代陵墓考古。主要著作有《晋都新田》(主编)、《丧葬陵墓志》(合著)、《中国历代帝王陵墓》(合著)等。(谷丛)

【谭维四】(1930—) 中国考古学家。湖南长沙人。1949年毕业于长沙师范学校,1954年参加第三届考古工作人员训练班。1952年起长期从事文物考古与博物馆工作,历任湖北省文物考古队队长,湖北省博物馆副馆长、馆长。是中国考古学会第一、二届理事会理事。曾主持江陵楚都纪南城、江陵望山与沙冢楚墓、随州曾侯乙墓等考古发掘与研究。1979年主持曾侯乙墓编钟复制研究。著作有《曾侯乙墓》(合编)、《曾侯乙墓文物艺术》(主编)。(谭白明)

【杨鸿勋】(1931—) 中国建筑考古、建筑历史与理论学家。河北蠡县人。1955年毕业于清华大学建筑学系,进入中国科学院土木建筑研究所任职,任梁思成助手。1973年调入中国科学院考古研究所(1977年改属中国社会科学院)。1993年任中国建筑学会建筑史学分会理事长,1996年任联合国教科文组织顾问,2005年当选为俄国建筑遗产科学院院士。主要从事中国古代建筑与建筑史研究，主攻建筑历史与理论，创立建筑考古学，对从原始社会到封建社会晚期的一系列重要建筑遗址进行了科学的复原研究。主要著作有《建筑考古学论文集》、《中国园林艺术研究——江南园林论》。(崔勇)

【郑乃武】(1931—) 中国考古学家。福建福州人。1955年毕业于厦门大学历史系，进入中国科学院考古研究所(1977年改属中国社会科学院)任职。主要从事中国新石器时代考古。曾参加黄河三门峡、刘家峡水库和辽宁、内蒙古等地10余处遗址、墓地的考古发掘，以及长江宜渝段和嘉陵江水文考古调查。1979—1991年率河南第一考古发掘队从事裴李岗文化遗址的发掘。主要著作有《庙底沟与三里桥》(合著)、《中国陶瓷史》(合著)、《双砣子与岗上——辽东史前文化的发现和研究》(合著)等。(谷丛)

【郑绍宗】(1931—) 中国考古学家。河北承德人。1952年参加第一届考古工作人员训练班，1956年任热河省博物馆考古组组长。1957年调至河北省文物管理委员会，1981年后任河北省文物研究所副所长、所长。是中国考古学会第三届理事会理事。主要从事北方民族历史考古和北方考古学文化研究。主要著作有《河北省出土文物选集》、《北方考古研究·三》、《宣化辽墓1974—1993年发掘报告》、《宣化辽墓壁画》、《满城汉墓发掘报告》(合编)，《明蓟镇长城1981—1987年考古报告》1—10卷(主编)。(冀所)

【仇士华】(1932—) 中国考古测年学家。江苏如皋人。1955年毕业于复旦大学物理系，进入中国科学院物理研究所(1958年改称原子能研究所)任职。1959年到中国科学院考古研究所(1977年改属中国社会科学院)，1965年建成碳十四测年实验室，开展考古测年工作。2006年当选为中国社会科学院荣誉学部委员。主要研究领域为中国考古学中碳十四测年研究。曾研究应用考古系列样品碳十四测年方法缩小考古年代误差。主要著作有《中国考古学中碳十四年代数据集(1965—1991)》(合著)、《中国^{14}C年代学研究》(合著)，主要论文收入《^{14}C测年及科技考古论集》(合著)。(谷丛)

【严文明】(1932—) 中国考古学家。湖南华容人。1958年毕业于北京大学历史系考古专业，留校任教。1988年任北京大学考古系主任，2005年被聘为北京大学人文社会科学资深教授。是中国考古学会第三届理事会常务理事、第四届理事会副理事长。主要研究领域为中国新石器时代考古和考古学理论与方法以及中国农业起源与文明起源研究。主要著作有《仰韶文化研究》、《走向21世纪的考古学》、《史前考古论集》、《农业发生和文明起源》、《胶东考古》(主编)、《稻作、陶器和都市的起源》(主编)、《长江文明的曙光》、《中华文明史·第1卷》(主编)等。(谷丛)

【李仰松】(1932—) 中国考古学家。陕西临潼(今西安市)人。1954年毕业于北京大学历史系考古专业，留校任教。主要研究领域为民族考古和中国新石器时代考古。著有《民族考古学论文集》、《洛阳王湾》(合著)，以及《从河南龙山文化的几个类型谈夏文化的若干问题》等论文。(赵春青)

【杨式挺】(1932—) 中国考古学家。福建泉州人。1958年毕业于北京大学历史系考古专业，进入广州哲学社会科学研究所考古组任职。1963年调入广东省博物馆文物工作队，历任副队长、副馆长。是中国考古学会第三届理事会理事。主要从事广东以至华南新石器时代考古调查、发掘，以及岭南先秦考古研究。曾参与广州西汉南越王墓的考古发掘。主要著作有《岭南文物考古论集》、《岭南文物考古论集续集》，《广州西汉南越王墓》等。(谷丛)

【林向】(1932—) 中国考古学家。浙江宁波人。1959年四川大学历史系毕业，1962年考古学副博士研究生毕业，留校任教。1965年起历任四川大学历史系考古教研室主任、四川大学巴蜀文化研究中心主任。主要从事夏商周考古与西南考古教学、巴蜀地区的考古调查发掘和研究。曾主持广汉三星堆遗址、西昌东坪遗址等多项巴蜀地区田野考古及研究工作。主编有《巴蜀历史民族考古》、《三星堆与巴蜀文化》等。主要论著收入《童心求真集——林向考古文物选集》和《清江深居集——近三十年来考古文物的研究与札记》。(谷丛)

【袁仲一】(1932—) 中国考古学家。江苏铜山人。1963年毕业于华东师范大学历史系，获硕士学位。次年分配到陕西省考古研究所工作。1988年任秦始皇兵马俑博物馆馆长兼陕西省考古研究所副所长。主要从事秦陵秦俑考古及秦文化研究。曾主持参与对秦始皇陵进行勘探和试掘，发现了1号、2号、3号兵马俑坑和铜车马坑。主要著作有《秦始

皇陵兵马俑研究》、《秦始皇陵考古发现与研究》、《秦陶文新编》等。(朱学文)

【高广仁】(1932—) 中国考古学家。山东济南人。1959年北京大学历史系考古专业毕业,进入中国科学院考古研究所(1977年改属中国社会科学院)任职。历任安阳工作队副队长、山东队队长、考古研究所副所长。是中国考古学会第三届理事会理事。主要从事海岱地区的考古发掘与研究。曾主持曲阜西夏侯、兖州王因等遗址的发掘。著有《山东王因》(合著)、《海岱区先秦考古论集》、《海岱文化与齐鲁文明》(合著)等。(谷丛)

【高至喜】(1932—) 中国考古学家。湖南桃江人。1954年参加第三届考古工作人员训练班。1986年任湖南省博物馆馆长。是中国考古学会第一、二、三届理事会理事,湖南省考古学会理事长,湘鄂豫皖楚文化研究会副理事长。主要从事楚文化和商周青铜器研究。主要著作有《中国南方出土商周铜铙概论》、《楚文化的南渐》、《商周青铜器与楚文化研究》、《楚文物图典》(主编)、《长沙楚墓》(主编)等。(聂菲)

【谢端琚】(1932—) 中国考古学家。福建闽清人。1955年毕业于厦门大学历史系,进入中国科学院考古研究所(1977年改属中国社会科学院)任职。历任原始社会考古研究室主任、甘青考古队队长。主要从事史前时期考古研究。曾主持甘肃秦魏家、师赵村与青海柳湾等遗址的发掘。主要著作有《庙底沟与三里桥》(合著)、《新中国的考古发现和研究》(合著)、《青海柳湾》(主编)、《师赵村与西山坪》(主编)、《甘青地区史前考古》等。(叶万松)

【叶小燕】(1933—) 中国考古学家。浙江温州人。女。1956年毕业于北京大学历史系考古专业,进入中国科学院考古研究所(1977年改属中国社会科学院)任职。主要从事战国秦汉时期考古研究。曾参与陕县庙底沟、洛阳东周王城等遗址发掘,主持宁夏青铜峡水库区的考古调查与《中国文物地图集》丛书的审编。主要著作有《满城汉墓发掘报告》(合著)、《陕县东周秦汉墓》(主编)、《河南陕县刘家渠汉墓》、《长城史话》等。(叶万松)

【牟永抗】(1933—) 中国考古学家。浙江黄岩人。1953年进入浙江省文物管理委员会工作,次年参加第三届考古工作人员训练班。是中国考古学会第三届理事会理事。主要从事浙江新石器时代考古、先秦考古和瓷窑址考古研究。曾主持绍兴306号大墓、余杭反山、瑶山等重要遗址的发掘。主要论著收入《牟永抗考古学文集》。(方向明)

【李辉柄】(1933—) 中国古陶瓷学家。湖南临澧人,生于湖北沙市。1952年起任职于故宫博物院。20世纪50年代起跟从陈万里研习陶瓷,调查中国各地窑址,并结合窑址考古调查资料,研究清宫旧藏官窑瓷器的窑口与断代问题。著有《磁州窑遗址调查》、《调查浙江鄞县窑址的收获》、《论定窑烧瓷工艺的发展与历史分期》和《宋代官窑瓷器》等。(沈欣)

【李德金】(1934—) 中国考古学家。上海人。女。1959年毕业于北京大学历史系考古专业,进入中国科学院考古研究所(1977年改属中国社会科学院)任职。曾任考古所浙江工作队、福建建窑考古工作队队长。从事历史考古中古城遗址及古代瓷窑遗址的勘探、发掘及研究。参加或主持发掘了西安唐长安城、杭州南宋临安城、北京元大都城、浙江龙泉窑、杭州乌龟山南宋官窑、福建建窑遗址,勘探了全国14个省的古窑址。主要论著有《南宋官窑》(合著)、《瓷窑遗址的调查与发掘》、《中国古代瓷器》、《龙泉窑的装烧工艺》(英文版)等。(谷丛)

【张忠培】(1934—) 中国考古学家。湖南长沙人。1956年北京大学历史系考古专业毕业后,留校任教,次年攻读本系考古专业研究生,1961年获副博士学位后分配到吉林大学历史系任教。1972年创办吉林大学考古专业,1982年任吉林大学历史系主任,1987年任故宫博物院院长。是中国考古学会第一、二届理事会理事,第三届理事会常务理事,第四届理事会副理事长,第五届理事会理事长。主要研究领域为中国新石器时代考古和考古学理论与方法。曾先后在陕西、吉林、黑龙江、河南、山西、湖北、内蒙古等地主持大规模的考古工作。主要著作有《元君庙仰韶墓地》、《晋中考古》(主编)、《中国北方考古论集》、《中国考古学:实践理论方法》、《中国考古学:走近历史真实之道》、《中国考古学:走向与推进文明的历程》、《中国考古学九十年代的思考》等。(谷丛)

【张勋燎】(1934—) 中国考古学家。重庆江津人。1957年毕业于四川大学历史系,留校任教。主要研究领域为汉唐考古、道教考古和金石学史。著有《古文献论丛》、《中国道教考古》(6卷,合作),

《新疆吐鲁番阿斯塔那216号唐墓壁画考释》、《四川成都东御街出土汉碑为汉代文翁石室学堂遗存》等50多篇论文收入《中国历史考古学论集》(3卷)。(白彬)

【张学海】(1934—) 中国考古学家,浙江青田人。1961年毕业于北京大学历史系考古专业,进入山东省博物馆考古部(后组建为山东省文物考古研究所)任职,历任副主任、副所长、所长。是中国考古学会第三、四届理事会理事。长期从事山东地区先秦考古发掘与研究。曾主持了明鲁荒王墓、大汶口、东海峪等遗址的发掘和齐、鲁、薛故城,城子崖遗址的探掘。主要论著有《曲阜鲁国故城》、《张学海考古论集》、《龙山文化》、《考古学反映的山东古史演进》等。(鲁所)

【徐秉琨】(1934—) 中国考古学家、博物馆学家。江苏徐州人。1949年山东工业大学肄业。1952年参加第一届考古工作人员训练班,任职于辽宁省博物馆。曾任辽宁省博物馆馆长。是中国考古学会第二届理事会理事、中国博物馆学会理事暨辽宁省博物馆学会理事长。曾主持和参与主持鞍山与辽阳汉墓、辽阳三道壕西汉遗址、北票北燕冯素弗墓、法库叶茂台辽墓等项考古发掘。著有《鲜卑·三国·古坟——中国朝鲜日本古代的文化交流》、《东北文化——白山黑水中的农牧文明》(合主编)等。(谷丛)

【王世民】(1935—) 中国考古学家。江苏徐州人。1956年毕业于北京大学历史系考古专业,进入中国科学院考古研究所(1977年改属中国社会科学院)任职。是中国考古学会第三届理事会理事。主要从事中国考古学史和商周铜器研究。曾参与编撰《中国大百科全书·考古学》卷、《中国青铜器全集》等,主持编纂《殷周金文集成》。著有《商周铜器与考古学史论集》。(谷丛)

【王克林】(1935—) 中国考古学家。四川邛崃人。1956年毕业于北京大学历史系考古专业,进入中国科学院古脊椎动物与古人类研究所任职。1961年调入山西省文物管理委员会工作,任山西省考古研究所所长、名誉所长。是中国考古学会第三届理事会理事、山西省考古学会副理事长。长期从事中国新石器时代考古、夏文化、晋文化的研究,开展山西地区的考古发掘与研究。曾主持和参加了侯马晋国遗址、榆次秦汉墓地、右玉汉代匈奴鲜卑墓地等的发掘。主要论著有《北齐库狄回洛墓》、《晋国探源》、《晋文化研究》、《华夏文明论集》等。(谷丛)

【巩启明】(1935—) 中国考古学家。河南临颍人。1959年毕业于西北大学历史系考古专业。1972年调入西安半坡博物馆,曾任副馆长。1983年任陕西省文物局副局长,1986年任陕西省考古研究所所长。是中国考古学会第二、三届理事会理事,陕西省考古学会副会长兼秘书长。主要从事中国史前考古和唐代帝陵的研究。曾主持临潼姜寨、渭南史家、蓝田怀珍坊、铜川瓦窑沟等数十处遗址的发掘。主要著述有《中国原始社会》、《姜寨——新石器时代遗址发掘报告》(合著)、《仰韶文化》、《唐睿宗桥陵调查、勘探、测绘报告》等。(巩文)

【孙秉根】(1935—) 中国考古学家。江苏无锡人。1962年毕业于北京大学历史系考古专业,进入中国科学院考古研究所(1977年改属中国社会科学院)任职。主要从事隋唐、渤海和新疆考古研究。曾主持新疆北庭高昌回鹘佛寺遗址与和静察吾呼沟口墓地等的发掘。著有《北庭高昌回鹘佛寺遗址》(合著)、《六顶山与渤海镇——唐代渤海国的贵族墓地与都城遗址》(合著)、《中国古代俑》(合著、主编)、《中国民族建筑·陕西篇》(主编),以及《西安隋唐墓葬的形制》、《渤海墓葬的类型与分期》等论文。(谷丛)

【杨泓】(1935—) 中国考古学家。北京人。满族。1958年毕业于北京大学历史系考古专业,进入中国科学院考古研究所(1977年改属中国社会科学院)任职。主要从事中国历史考古学研究,并研究中国美术考古学和中国古代兵器考古。著有《中国古兵器论丛》、《汉唐美术考古和佛教艺术》、《中国古兵与美术考古论集》等。曾任《中国军事百科全书》古代兵器学科主编。(谷丛)

【杨锡璋】(1935—) 中国考古学家。江苏无锡人。1958年毕业于北京大学历史系考古专业,进入中国科学院考古研究所(1977年改属中国社会科学院)任职。长期在河南安阳殷墟从事考古发掘及研究。主要著作有《殷墟青铜器》(合著)、《殷墟的发现与研究》(合著)、《中国青铜器全集·二、三》(合著)、《安阳殷墟郭家庄商代墓葬》(合著)、《中国考古学·夏商卷》(合主编,合著)等。(谷丛)

【陈铁梅】(1935—) 中国科技考古学家。上海人。1959年毕业于苏联列宁格勒大学物理系。

1973—1999 年任北京大学考古系科技考古实验室主任。是中国科技考古学会理事长、《Quarternary Geochronology》和《文物保护和考古科学》等杂志编委。长期从事科技考古与定量考古的教学和研究。曾主持建立了国内第一个液体闪烁法的碳十四测年实验室，开展通过铀系和电子自旋共振测年方法建立中国古人类与旧石器时代考古年表的工作。主要著作有《定量考古学》、《科技考古学》。（小红）

【徐光冀】（1935— ） 中国考古学家。安徽歙县人。1959 年毕业于北京大学历史系考古专业，进入中国科学院考古研究所（1977 年改属中国社会科学院）任职，1988 年任常务副所长。是中国考古学会第三、四、五届理事会常务理事，第三届理事会秘书长。主要研究领域为北方地区新石器时代文化、青铜时代文化和魏晋南北朝考古与三峡考古。长期从事田野考古调查、发掘和研究工作。主要著作有《大甸子——夏家店下层文化住址和墓地发掘报告》（合著）、《魏晋南北朝文化》（合著）、《磁县湾漳北朝壁画墓》（主编）、《永不逝落的文明》（主编）、《长江三峡工程淹没区及迁建区文物古迹保护规划报告》（主编）、《中国出土壁画全集》（主编）等。（谷丛）

【韩康信】（1935— ） 中国考古人类学家。生于江苏镇江。1962 年毕业于复旦大学人类学专业，进入中国科学院考古研究所（1977 年改属中国社会科学院）任职。主要从事骨骼人类学的鉴定与研究。著有《中国远古开颅术》（合著）、《丝绸之路古代种族研究》、《宁夏古人类学研究报告集》（合著），以及《骨骼人类学的鉴定对考古研究的作用》、《中国新石器时代种族人类学研究》等数十篇论文。（谷丛）

【潘其风】（1935— ） 中国考古人类学家。江苏苏州人。1959 年毕业于北京大学历史系考古专业，进入中国科学院考古研究所（1977 年改属中国社会科学院）任职。1961 年起师从颜訚先生研究体质人类学，致力于考古学与体质人类学相结合的研究。主要论著有《从颅骨资料看匈奴族的人种》、《关于中国古代人种和族属的考古学研究》、《20 世纪我国古人类学研究的历史回顾》等。（欣父）

【任式楠】（1936— ） 中国考古学家。江苏无锡人。1959 年毕业于北京大学历史系考古专业，进入中国科学院考古研究所（1977 年改属中国社会科学院）任职，1993 年任所长。1999 年任中国社会科学院学术（咨询）委员会委员。2011 年当选为中国社会科学院荣誉学部委员。主要研究领域为中国新石器时代考古。长期致力于田野考古，曾先后在陕西、河南、云南、山东、湖北等地开展新石器时代遗存的发掘和研究。主要著作有《山东曲阜西夏侯遗址第一次发掘报告》（合著）、《从文明起源到现代化》（合编）、《任式楠文集》、《中国考古学・新石器时代卷》（合主编）等。（谷丛）

【宋兆麟】（1936— ） 中国民族文物学家、考古学家。辽宁灯塔人。1960 年毕业于北京大学历史系考古专业，留校任教。1961 年调入中国历史博物馆工作。长期从事民族学与考古学的比较研究，侧重于史前文化和民间文化的研究。开展民族田野调查数十年，征集了大量民族文物。是中国民俗学会首席顾问。发表论文数百篇。主要著作有《巫与巫术》、《民族文物通论》、《中国风俗史・原始社会卷》、《中国远古文化》等。（翟胜利）

【殷玮璋】（1936— ） 中国考古学家。上海人。1959 年毕业于北京大学历史系考古专业，进入中国科学院考古研究所（1977 年改属中国社会科学院）任职。曾主持河南二里头、湖北铜绿山、北京琉璃河遗址的发掘。从事夏商周三代考古、科技史、考古方法论的研究。著有《考古工作手册》（合著）、《新中国的考古发现和研究》（合著）、《中国远古暨三代科技史》（合著）、《中国考古学・两周卷》（合编著）等。（曹淑琴）

【李伯谦】（1937— ） 中国考古学家。河南郑州人。1961 年毕业于北京大学历史系考古专业，留校任教。1992 年任北京大学考古系主任，1998 年任考古文博院院长。是中国考古学会第三届理事会理事，第四、五届理事会常务理事。主要研究领域为夏商周考古、中国文明起源研究以及考古学理论与方法。曾参加和主持河南偃师二里头、安阳小屯殷墟、山西曲沃晋侯墓地等多处遗址的发掘。主要著作有《中国青铜器文化结构体系研究》、《揭阳考古》（主编）、《新密新砦》（主编）等。（谷丛）

【邵望平】（1937— ） 中国考古学家。山东济南人。女。1959 年毕业于北京大学历史系考古专业，进入中国科学院考古研究所（1977 年改属中国社会科学院）任职。主要从事中国新石器时代考古研究。从事田野考古 40 年，曾先后主持和参加安阳殷墟、长江西陵峡、山东三里河等遗址的发掘和考古调查。参加编写《新中国的考古收获》、《新中国的考古发现和研究》，著有《中国文明的形成》（合著）、《海岱文化与齐鲁文明》（合著），以及《远古文明的火花》、《史前陶鬶初论》（合著）、《中华文明发祥地之一——海岱历史文化区》（合著）、《〈禹贡〉“九州”的考古学研究》等数十篇论文。（谷丛）

【黄慰文】（1937— ） 中国考古学家。江西东乡人。1958年毕业于中山大学历史系，转入中国科学院古脊椎动物与古人类研究所任职。主要从事中国旧石器时代的考古发掘与研究。是国际史前及原史科学协会常委兼执行委员。曾作为发掘队队长参加蓝田公王岭遗址考古发掘，主持中外合作的广西百色盆地和贵州盘县大洞旧石器时代考古发掘与研究项目。主要论著有《周口店发掘记》（合著）、《中国的手斧》、《中国旧石器文化序列的地层学基础》、《中国旧石器文化的“西方元素”与早期人类文化进化格局》（合著）等。（谷丛）

【彭适凡】（1937— ） 中国考古学家。江西乐安人。1960年毕业于江西师范学院历史系，长期从事文物考古和博物馆工作。1984年起历任江西省博物馆馆长兼江西省文物考古研究所所长。是江西省考古学会理事长，中国考古学会第三、四届理事会理事，中国先秦史学会理事，中国百越史研究会副会长，江西省博物馆名誉馆长。主持发掘了江西新干商代大墓。主要著作有《中国南方古代印纹陶》、《江西先秦考古》、《新干古玉》、《江西通史·先秦卷》、《中国南方考古与百越民族研究》和《中国南方青铜器研究》等。（谷丛）

【沙比提】（1938— ） 中国考古学家。新疆伊宁人。1956年进入新疆维吾尔自治区文物管理委员会筹备处考古队工作，1958年转入新疆维吾尔自治区博物馆考古队，1962年起先后任新疆维吾尔自治区博物馆考古队副队长、新疆维吾尔自治区博物馆副馆长兼考古研究所所长、馆长。是中国考古学会第一、二届理事会理事。主要从事新疆地区的考古与博物馆工作。先后参加和主持哈密、吐鲁番、伊犁、库尔勒、和田等50多个地县的文物普查，以及高昌故城、阿斯塔那、和田山普拉等古墓群的发掘。主要论著有《从考古发掘资料看新疆古代的棉花种植和纺织》、《沙漠中的尼雅遗址调查》、《库木吐拉沟区第二十、二十一窟研究》等 。（谷丛）

【高炜】（1938— ） 中国考古学家。河北安次人。原名高家鑫。1962年毕业于北京大学历史系考古专业，进入中国科学院考古研究所（1977年改属中国社会科学院）任职。主要从事中国新石器时代晚期和夏商时期考古，早年也曾涉及东周、秦汉考古研究。参与主持山西襄汾陶寺遗址1978—1985年的发掘。主要论著有《新中国的考古发现和研究》（合著）、《晋南考古调查报告》（合著）、《龙山时代的礼制》、《中国考古学·夏商卷》（合主编，合著）。（谷丛）

【郭大顺】（1938— ） 中国考古学家。河北张家口人。1965年北京大学历史系考古专业研究生毕业，1968年到辽宁省博物馆工作，1986年任辽宁省文物考古研究所所长，1990年任辽宁省文物考古研究所名誉所长。是中国考古学会第三届理事会理事，第四、五届理事会常务理事。主要研究领域为北方地区新石器时代和青铜时代考古。主要著作有《东北亚考古学研究——中日合作研究报告书》（主编）、《大南沟——后红山文化墓地发掘报告》（定稿人）、《追寻五帝》、《东北文化与幽燕文明》（合著）、《红山文化》等。（谷丛）

【林沄】（1939— ） 中国考古学家、古文字学家。上海人。1962年毕业于北京大学历史系考古专业，1965年吉林大学历史系甲骨文金文专业研究生毕业。1973年起在吉林大学任教。是中国考古学会第三、四、五届理事会理事，中国古文字研究会理事长。主要从事商周考古、东北考古、古文字学方向的教学与研究。著有《古文字研究简论》、《林沄学术文集》、《林沄学术文集（二）》等。（谷丛）

【王宇信】（1940— ） 中国历史学家。北京平谷人。1964年毕业于北京大学历史系考古专业，进入中国科学院历史研究所（1977年改属中国社会科学院）任职，2011年当选为中国社会科学院荣誉学部委员。是中国殷商文化学会名誉会长。主要从事甲骨学、殷商史、商周考古学研究。参编《甲骨文合集》，总审校《甲骨文合集释文》，主持《甲骨学一百年》等项目。著有《建国以来甲骨文研究》、《西周甲骨探论》、《甲骨学通论》，及百余篇学术论文。（徐义华）

【刘一曼】（1940— ） 中国考古学家、甲骨学家。广东佛冈人。女。1962年毕业于北京大学历史系考古专业，同年考入中国科学院考古研究所（1977年改属中国社会科学院）研究生班，毕业后留所。长期从事安阳殷墟考古和甲骨文研究。曾先后参与或主持1973年小屯南地和1991年花园庄东地甲骨的发掘。主要著作有《小屯南地甲骨》(合著)、《殷墟花园庄东地甲骨》(合著)、《殷墟小屯村中村南甲骨》(合著)、《殷墟的发现与研究》(合著)以及《中国古代铜镜》(合著)等。(谷丛)

【何介均】(1940—) 中国考古学家。湖南华容人。1961年毕业于北京大学历史系考古专业,进入湖南省博物馆任职。1986年任湖南省文物考古研究所所长。是中国考古学会第三届理事会理事,第四届理事会常务理事。主要研究领域为长江中游地区新石器时代文化和楚文化。主要著作有《湖南先秦考古学研究》、《长沙马王堆二、三号汉墓》(主编)、《长江中游新石器时代文化》、《澧县城头山——新石器时代遗址发掘报告》(主编)等。(谷丛)

【宋世坤】(1940—) 中国考古学家。四川永川人。1964年毕业于四川大学历史系考古专业,到贵州从事考古工作。曾任贵州省文物考古研究所副所长。是中国考古学会第二、三、四届理事会理事。主要从事夜郎的考古探索。曾参加和主持了赫章可乐墓群、普安铜鼓山遗址、平坝马场墓地,以及兴仁交乐、黔西甘棠、务川大坪汉墓的发掘。《贵州赫章可乐"西南夷"墓族属试探》等论文收入《贵州考古文集》。(谷丛)

【刘庆柱】(1943—) 中国考古学家。河南南乐人,生于天津。1967年毕业于北京大学历史系考古专业,1978年进入中国社会科学院考古研究所任职,1998年任所长。是中国考古学会第四届理事会秘书长。1999年当选为德国考古研究院通讯院士,2006年当选为中国社会科学院学部委员。主要研究领域为秦汉考古、古代帝王陵墓考古和中国古代都城考古。曾先后参加并主持过秦都咸阳遗址、西汉十一陵、关中唐十八陵、唐长安城青龙寺遗址、秦汉栎阳故城遗址、汉杜陵遗址、汉长安城遗址的考古勘探和发掘。主要著作有《西汉十一陵》,主编《汉杜陵陵园遗址》、《汉长安城未央宫——1980—1989年考古发掘报告》、《汉长安城》、《汉长安城桂宫——1996—2001年考古发掘报告》、《中国考古发现与研究(1949—2009)》,主要论文收入《古代都城与帝陵考古学研究》。(谷丛)

【宋镇豪】(1949—) 中国历史学家。江苏江阴人,生于苏州。1969年毕业于武汉河运专科学校。1981年中国社会科学院研究生院毕业后进入历史研究所任职。2011年当选为中国社会科学院学部委员。现任先秦史研究室主任暨甲骨学殷商史研究中心主任。学术专长古文字学、历史文献学、先秦史。著有《夏商社会生活史》、《中国春秋战国习俗史》、《中国法书全集·先秦秦汉》,主编《商代史》、《中国社会科学院历史研究所藏甲骨集》、《百年甲骨学论著目》、《甲骨文献集成》等。(张兴兆)

【王巍】(1954—) 中国考古学家。山东荣成人。1982年毕业于吉林大学历史系考古专业,进入中国社会科学院考古研究所任职。1987—1990年赴日本留学,先后获日本九州大学文学(人文)博士和中国社会科学院研究生院历史学博士学位,2006年任考古研究所所长。2002年当选为德国考古研究院通讯院士,2007年当选为美洲考古协会终身外籍荣誉院士,2011年当选为中国社会科学院学部委员。是中国考古学会第五届理事会副理事长、第六届理事会理事长。主要研究领域为夏商周考古、中国以及东亚地区古代文明起源和古代文化交流的考古学研究。曾主持偃师商城宫殿区、周原西周大型建筑基址和安阳孝民屯的发掘,以及国家"十五"和"十一五"重点科技攻关项目——"中华文明探源工程"。主要著作有《从中国看邪马台国和倭政权》(日文)、《东亚地区古代铁器和冶铁术的传播与交流》等。(谷丛)

外国考古学家

【汤姆森】(Christian Jürgensen Thomsen, 1788—1865) 丹麦考古学家。生于富商家庭。自幼爱好收集古钱和其他文物,并有志于史前考古学的研究。提出在史前考古学中以石器时代、青铜时代、铁器时代分期法作为欧洲技术发展的三个阶段。1816年被任命为丹麦皇家文物收藏所秘书,后出任丹麦皇家北方(北欧)古物博物馆馆长。首先在古物陈列中应用上述的三段分期法,并在所著《北方文物陈列指南》中介绍了这种陈列法。三段分期法科学性较强,后普遍为考古学者所接受。(谷丛)

【勒科克】(Albert von, Le Coq, 1860—1930) 德国东方学家。1900年到柏林民俗博物馆任职,晚年任该馆东方部主任。1902—1907年、1913—1914年先后四次到中国新疆吐鲁番、喀什、哈密、库车、焉耆等地考察，搜集、掠走了大量壁画、雕刻和多种文字的文书、文献，其中约半数在第二次世界大战中被毁。主要著作有《高昌》、《新疆地下宝藏》、《中亚的佛教晚期古典艺术品》、《新疆的地与人》等。（谷丛）

【步达生】（Davidson Black, 1884—1934） 加拿大解剖学家。北京人化石学名的命名人。1906 年多伦多大学毕业并获医学学士学位，后又攻读比较解剖学。1919 年来华，任北京协和医学院解剖科神经学和胚胎学教授，1921 年任该科主任。1929 年与翁文灏等筹办周口店的大规模发掘，并组建中国地质调查所新生代研究室，任名誉主任。在华期间曾研究华北、东北等地的新石器时代人骨。1927 年后致力于周口店北京人化石的研究。（谷丛）

【科兹洛夫】（Пётр Кузъмиу, Козлов, 1863—1935） 苏联中亚考察家。1887 年毕业于彼得堡军事学校。1928 年起为乌克兰科学院院士。1883—1885、1888—1890、1893—1895 年曾三次参加中亚考察队，进入中国新疆、青海、西藏等地进行地理考察。1899—1901、1907—1909、1923—1926 年又三次率领考察队到中国上述地区及蒙古国境内进行地理学、考古学、民族学和动物资源的考察。在第五、第六次考察中发现并盗掘了黑城遗址，窃取近 2 000 册用西夏文、汉文及其他文字书写的文书和刻本，以及许多绘画、雕刻等珍贵文物。著有《蒙古和喀木》、《蒙古、阿木道和哈拉和卓域址》等。（谷丛）

【滨田耕作】（Hamada Kosaku, 1881—1938） 日本考古学家，日本现代考古学的创导人。号青陵。1918 年获东京帝国大学文学博士学位，1937 年任京都帝国大学校长。他将欧洲诸国尤其是英国的考古学理论、方法引进日本，并在京都大学创建考古研究室，开设考古学讲座。除了在日本国内进行考古外，还在朝鲜境内从事考古工作。曾参与“东亚考古学会”的活动，在中国东北一带进行考古调查和发掘。主要著作有《通论考古学》、《东亚文明之黎明》、《东亚考古学研究》等。（谷丛）

【斯坦因】（Mark Aurel Stein, 1862—1943） 英国考古学家。出生于匈牙利。曾就学于德累斯顿、维也纳、莱比锡、蒂宾根等地，后又留学牛津大学和伦敦大学，1883 年获博士学位后在牛津大学、不列颠博物馆继续深造，1889 年任拉合尔东方学院院长等职。1900 年 5 月至 1901 年 7 月、1906 年 4 月至 1908 年 11 月、1913—1916 年共三次到中国新疆、甘肃进行大规模的地理测量和考古调查，在岳特干、丹丹乌里克、米兰、楼兰、北庭都护府城址、高昌古城、敦煌汉代烽燧遗址、敦煌石窟、居延烽燧遗址、黑城遗址等进行盗掘，掠走了包括敦煌藏经洞写经和幡画在内的大批珍贵文物和文献。著有《古代和阗》、《西域》、《亚洲腹地》、《斯坦因西域考古记》等。（谷丛）

【伯希和】（Paul Pelliot, 1878—1945） 法国东方学家。毕业于法国政治学院和国立东方语言学院，1899 年成为印度支那古迹调查会（后改为河内法国远东学院）的资助生。1900 年来北京搜集图书、资料。1905—1908 年受法国金石铭文与文艺学院和法国中亚考察委员会的委派，到中国新疆喀什地区和库车托木舒克的脱库孜萨来，以及甘肃的敦煌石窟进行考察，盗掘、掠走包括敦煌写卷精华部分在内的大批珍贵文物和文献资料。1911 年后在法兰西学院任教。1921 年被选为法国金石铭文与文艺学院院士，1939 年被聘为中国中央研究院历史语言研究所研究员。著有《敦煌洞窟》、《敦煌洞窟——伯希和笔记》等。（谷丛）

【魏敦瑞】（Franz Weiden reich, 1873—1948） 德国解剖学家和体质人类学家。北京人化石的研究者之一。1899 年在施特拉斯堡大学获医学学位，1903—1934 年先后在该校、海德堡大学、法兰克福大学和美国芝加哥大学任教，1935—1941 年来华任北京协和医学院解剖学教授，并接替步达生任中国地质调查所新生代研究室名誉主任，负责研究北京人化石。1942 年后在纽约美国自然史博物馆任职，继续研究北京人、爪哇人和巨猿牙齿化石等。主要著作有《中国猿人与其他人种及高等猿类脑型之比较的研究》、《中国猿人之下颚》、《中国猿人之牙齿》、《中国猿人之头骨》、《猿、巨人和人》，相关学术论文收入《人类学论文集》。（谷丛）

【斯文·赫定】（Hedin Sven Anders, 1865—1952） 瑞典地理学家和探险家。早年曾游历高加索、波斯、两河流域和南俄等地。1886 年后在乌普萨拉大学就学，1891 年留学德国柏林大学。1893—1935 年多次到中国西部沙漠高原地区考察，足迹遍及新疆、西藏、青海、甘肃、宁夏、内蒙古等地。1899—1902 年曾在罗布泊发现古楼兰遗址，搜集到佉卢文和汉文文书,绘制了500多幅地图。1927—1935年与中国学术团体联合会共同组成"中瑞西北科学考察团",任瑞方团长,进行了气象学、古生物学、考古学、地理学等领域的大规模综合考察。主要著作有《穿过亚洲》,《1899—1902年中亚考察报告》、《横越喜马拉雅》、《南西藏》等。(谷丛)

【鸟居龙藏】(Torii Ryuzo, 1870—1953) 日本考古学家。1921年获东京帝国大学文学博士学位,次年任该校人类学教研室主任。1939—1951年来华,任燕京大学客座研究教授。除了在日本国内进行考古外,还在西伯利亚东部、千岛群岛、库页岛、朝鲜及中国内蒙古、东北、云贵、台湾等地进行考古调查和发掘。晚年致力于中国辽代文化的研究。著有《从考古学上看辽的文化》等。全部论著收入十二卷本《鸟居龙藏全集》。(谷丛)

【安特生】(Johan Gunnar Andersson, 1874—1960) 瑞典地质学家、考古学家。较早从事中国新石器时代考古研究的学者之一。毕业于乌普萨拉大学,1902年获博士学位。早年多次赴北极和南极探险,1906—1914年任瑞典地质调查所所长,1914—1924年任中国北洋政府农商部矿政顾问,1926—1939年任瑞典远东古物馆馆长。在中国期间着重于新生代地质的研究,后来转向考古学研究,调查周口店化石地点,发掘河南渑池仰韶村遗址,调查发掘青海、甘肃的大批新石器时代至青铜时代遗址。主要著作有《中华远古之文化》、《奉天锦西沙锅屯洞穴层》、《甘肃考古记》、《黄土的儿女》、《远东地质学与考古学研究》、《中国史前史研究》、《朱家寨遗址》、《河南的史前遗址》等。(谷丛)

【步日耶】(Henri-Édouard-Prosper Breuil, 1877—1961) 法国考古学家。史前考古尤其是研究欧洲和非洲洞穴绘画的权威。早年在大学学习过地质学、植物学、地貌学和生理学。1905年起先后在瑞士费里堡、巴黎人类古生物学研究所和法兰西学院任教,1938年当选为法兰西研究院院士。20世纪20年代曾参加中国萨拉乌苏遗址和水洞沟的旧石器文化研究,1928年与法国古生物学家M.步勒(1861—1942)等合著出版了《中国之旧石器》。1931年、1935年两次来华,参与了北京人文化遗物的研究,对周口店的考古发掘和研究有推动之功。著有《周口店的用火遗迹及石、骨器物》、《周口店猿人产地之骨角器物》等。(谷丛)

【原田淑人】(Harada Yoshito, 1885—1974) 日本考古学家。1908年毕业于东京帝国大学文科大学史学科,1939年获文学博士学位。除了在日本国内进行考古外,1918年后在朝鲜各地进行考古调查和发掘,1925年后在中国参加"东亚考古学会"的活动,在黑龙江、山西、河北、山东等地进行考古调查和发掘。致力于东亚古代文化研究,尤其擅长结合文献进行考证。主要著作有《东亚古文化研究》、《东亚古文化论考》、《东亚古文化说苑》、《汉六朝的服饰》、《唐代的服饰》等。(谷丛)

【高本汉】(Klas Bernhard Johannes Karlgren, 1889—1978) 瑞典汉学家。1910—1912年曾来中国,随后从学于法国汉学家沙畹(1865—1918)。1939—1959年任瑞典远东古物馆馆长。在汉学方面主要是综合语言学和中国青铜器的研究。曾翻译和注释《尚书》、《左传》等古代文献,尤以《左传真伪考》最具影响。主要著作有《中国青铜器中的殷与周》、《中国青铜器新论》、《记古代青铜器的花纹规律》、《中国古镜》、《殷代艺术的若干特征》、《淮与汉》等。(谷丛)

【梅原末治】(Umehara Sueji, 1893—1983) 日本考古学家。1939年获京都大学文学博士学位。主要致力于日本古坟、铜镜的研究和以青铜器为中心的东亚古代文化研究。在中国考古学方面,侧重于商周青铜器、战国至南北朝的铜镜、汉代漆器的研究。有关中国考古的著作主要有《汉以前古镜的研究》、《汉三国六朝纪年镜图说》、《中国汉代纪年铭漆器图说》、《战国式铜器的研究》,以及欧美、日本所藏中国古代铜器精品的大型图集等。(谷丛)

【张光直】(1931—2001) 美籍华裔考古学家。台湾省人,生于北京。1954年获台湾大学人类学学士学位,1960年获美国哈佛大学人类学博士学位。先后在耶鲁大学、哈佛大学执教。曾任耶鲁大学人类学系主任与东亚评议会主任、哈佛大学人类学系主任与东亚评议会主任。当选为美国科学院院士、美国文理科学院院士、台湾"中央研究院"院士,并兼任"中央研究院"副院长、北京大学客座教授。曾在台湾、香港、北美、法国南部从事田野考古。20世纪90年代作为中美合作的美方代表主持开展豫东商丘一带早商文化探索的田野考古发掘。著有《中国古代考古学》、《聚落考古学》、《商代文明》、《中国青铜时代》、《美术、神话与祭祀》、《考古学专题六讲》、

《中国考古学论文集》等。（谷丛）

【杰西卡·罗森】（Jessica Rawson，1943— ）英国艺术考古学家。1975—1994年任大英博物馆东方部主任，1994年以来任英国牛津大学中国艺术考古专业教授，牛津大学副校长、墨顿学院院长。1990年当选为英国学术院院士。长期致力于中国古代青铜器、玉器、墓葬结构发展的研究，以及中国与亚洲内陆地区的文化交流研究。著有《祖先与永恒——杰西卡·罗森中国考古艺术文集》（中译本）等。（谷丛）

金石学与古文字著作

【集古录】 亦称"集古录跋尾"。宋代金石学著作。欧阳修撰。十卷。北宋嘉祐八年（1063年）成书。此书乃欧阳修为其搜集的周秦至五代铜器铭文及碑版拓本所作跋记，随得随跋，计四百余篇，旨在补经证史。后世刻本以拓本时代为序，并于每条下存原卷次第。是书为现存最早研究金石铭刻之专著。熙宁二年（1069年），子欧阳棐为之作《集古录目》二十卷，俱出所藏。久佚。通行本以清行素草堂金石丛书本为佳。（赖彦融）

【集古录跋尾】 即"集古录"。

【考古图】 宋代金石学著作。吕大临撰。十卷。北宋元祐七年（1092年）成书。著录公私所藏古代青铜器和玉器234件，每器均摹绘器形、款识，记录尺寸、容量、重量，并附考证。其中出土地及收藏处可考者则加以说明。书前又列"所藏姓氏"。是书为现存最早且较有系统的古器物图录，启后世著录体例。通行本有明泊如斋本、宝古堂本及清四库钱曾影宋钞本。另有《考古图》释文一卷。其时李公麟（伯时）也有《考古图》，已佚。（赖彦融）

【宣和博古图】 简称"博古图"。宋代金石学著作。宋徽宗敕撰，王黼编纂。三十卷。北宋大观初年始修，宣和五年（1123年）后成书。著录宣和殿所藏商至唐铜器菁华839件，依器形立二十目，每目有总说。每器均摹绘器形、款识，记录形制、尺寸、容量、重量，间附考证。所定器名，如鼎、罍、尊、爵等大多沿用至今。通行本有明嘉靖七年（1528年）蒋旸翻刻元至大重修本及清乾隆十七年（1752年）亦政堂重修宝古堂本。（赖彦融）

【博古图】 "宣和博古图"的简称。

【啸堂集古录】 宋代金石学著作。王俅撰。二卷。约成书于《宣和博古图》后。著录商周秦汉以来青铜器及印、镜凡345器的铭文。按器分类，专收铭文摹本，下附释文，或有缺释，并杂有伪器。是书保存许多宋人所见而后不传的铜器铭文，且摹刻较精，优于宋代其他著录之作。传世以萧山朱氏藏宋淳熙本为佳。（赖彦融）

【金石录】 宋代金石学著作。赵明诚撰。三十卷。成书于徽宗宣和末年。仿《集古录》体例，前十卷著录铜器铭文和先秦至北宋1 900余种石刻目录，碑目下多注明碑文撰书者、立石日期。后二十卷乃赵氏为部分器物、碑刻所作题跋502条。是书为现存最早的碑刻目录和研究专著之一。现存版本以宋刊龙舒郡斋本为佳。（赖彦融）

【历代钟鼎彝器款识法帖】 宋代金石学著作。薛尚功著。二十卷。南宋绍兴十四年（1144年）成书并刻石。全书不录器形，专辑铭文款识，摹写著录商周铜器铭文及少量石鼓、石磬、玺印、玉琥文字，计511件。考释精允，为宋代金文著录之作中资料最丰富的一部，编次也较合理。今存石刻本仅宋拓残叶，木刻本则以明崇祯六年（1633年）朱谋垔本为佳。（赖彦融）

【隶释】 宋代金石学著作。洪适撰。二十七卷。南宋乾道二年（1166年）成书。为现存最早的辑录考释汉晋石刻文字专著。续作《隶续》二十一卷。两书释汉晋石刻文字275种，始载碑刻全文，兼采汉画像石、汉青铜铁器铭文及砖文，后附考证，并绘图以示汉碑的不同式样，堪称精博。传世本仅明万历王云鹭刻本，《隶续》唯存抄本。清乾隆年间汪氏刻印两书不全，已非原书之旧。同治年间洪氏覆刻汪本，兼收黄丕烈《隶释刊误》。（赖彦融）

【宝刻丛编】 宋代金石学著作。理宗时，临安书商陈思编辑。二十卷。辑石鼓文、诅楚文至五代石刻目录，兼采铜钲、铜钟、铁器铭文及法帖。至清修《四库全书》时仅余残卷。是书据《元丰九域志》所载北宋行政区域编排，以石刻年代为序，地点未详者则入末卷。目下辑诸家题跋，其中不少原书今已亡佚，其跋语因此书而得存留。现有清道光末吴式芬刻本和陆氏十万卷楼刻本，俱为残卷。（赖彦融）

【河朔访古记】 元代考察古迹、碑刻的著作。葛逻禄廼贤（清人译为"郭啰洛纳新"）撰。十六卷。至正二十三年（1363年）成书。作者于至正五年出游黄河流域及北方各地，考察古城、宫苑、寺观、陵墓等，搜集古代碑刻加以考订，附以感怀，遂成此书。早佚，清四库馆臣将散存于《永乐大典》之134条辑为三卷，常山郡、魏郡、河南郡各一卷，仅存全书十之一二，由武英殿聚珍版印行。是书注重考古遗迹实地调查，是中国考古学史的重要著作。（赖彦融）

【古玉图】 元代金石学著作。朱德润撰。二卷。著录朱氏于燕京诸王公家及秘府所见古玉器40件。上卷17器为璧、环、带钩等，下卷23器为佩、瑱、充耳、琀、瓍等。每器均摹绘器形，注明尺寸、形状、玉色，间出藏家。是书为中国现存最早的玉器著录专著。较早的刊本有明万历三十年（1602年）吴氏宝古堂刻本及清乾隆二十八年（1763年）黄晟亦政堂补刻本。（赖彦融）

【格古要论】 中国现存最早的古物鉴定专著。曹昭撰。三卷。明洪武二十一年（1388年）成书。内容包括古铜器、古画、古墨迹、古碑帖、古琴、古砚、珍奇、金铁、古窑器、古漆器、锦绮、异木、异石十三论，为继南宋赵希鹄《洞天清录》等书之后更完备的鉴别古物书籍，系当时收藏买卖古物之风盛行的产物。明景泰、天顺间王佐增补此书为十三卷，名《新增格古要论》。明万历间胡文焕刻《格致丛书》，内有五卷本《格古要论》，但编排异于前两书。（赖彦融）

【新增格古要论】 见“格古要论”。

【西清古鉴】 清代金石学著作。梁诗正等奉敕编纂。四十卷，附《钱录》十六卷。乾隆十六年（1751年）成书，乾隆二十年内府刊行。仿《宣和博古图》体例，收录清宫廷所藏商周至唐铜器1 529件，多为商周彝器。皆摹绘器形及铭文，间出考释。惜摹写不精，伪器约占十分之三，考证疏陋，但仍可窥皇室旧藏，别具价值。后王杰等奉命编纂《西清续鉴甲编》二十卷、《西清续鉴乙编》二十卷，清廷又编《宁寿鉴古》十六卷，亦真伪杂糅。四书合称“西清四鉴”。（赖彦融）

【西清四鉴】 见“西清古鉴”。

【积古斋钟鼎彝器款识】 清代金石学著作。阮元编录，朱为弼助为编定审释。十卷。嘉庆初年成书。嘉庆九年（1804年）自刻刊行。著录铜器铭文550件，其中商器173件，周器273件，秦器5件，汉晋器99件。铭文后附释文考证。书前有《商周铜器说》两篇、《商周兵器说》一篇，综论铭文价值及彝器的发现研究。是书乃续薛（尚功）书之作，为清代著录考释传世铜器铭文著述中年代较早且内容较好的一部，对后世影响很大。（赖彦融）

【寰宇访碑录】 清代金石学著作。孙星衍、邢澍合撰。二十卷。嘉庆七年（1802年）成书。载录周秦至元代碑刻目录8 000余种，其中包括部分文字瓦当。全书按年代序列，注明存石地点、拓本藏家、书体及立石年月。传世有嘉庆、光绪刊本。后赵之谦《补寰宇访碑录》五卷，罗振玉《再续寰宇访碑录》二卷及刘声木《续补寰宇访碑录》二十五卷，均对是书有所增补。（赖彦融）

【金石萃编】 清代金石学著作。王昶撰。一百六十卷。嘉庆十年（1805年）成书。所收以石刻为主，兼录铜器及其他铭刻，计1 500余种，时代自先秦以迄辽金。书中先为石刻、铜器标目，下记形制、存地，摹录原文，继以汇集诸家考释及王氏考释或按语。后世多有续补，其中清人陆耀遹《金石续编》二十一卷最著。罗振玉于1918年刊印《金石萃编未刻稿》三卷，为王氏未竟之作。（赖彦融）

【金石索】 清代金石学著作。冯云鹏、冯云鹓兄弟合辑。十二卷。嘉庆末年成书。道光元年（1821年）自刻刊行。金索六卷收录钟鼎、兵器、权量杂器、钱币、玺印和镜鉴等。石索六卷收录历代石刻及铭文砖瓦。上自商周，下迄宋元。每器多附器形及铭文拓本，后附释文考证。内容丰富，选材尚精，是一部综合性古器物大全，但鉴别间有不当。（赖彦融）

【八琼室金石补正】 清代金石学著作。陆增祥著。一百三十卷。1925年吴兴刘氏希古楼刊行。是书乃为补订《金石萃编》而作，袭其体例，著录东周至辽、夏、金石刻和少量器物铭文3 500余种，兼采朝鲜、越南、日本碑刻十余种。以年代次序。《金石萃编》未收者俱录全文，已收者仅正误补遗，选材考证尤精。书末附《八琼室金石札记》四卷，《八琼室金石祛伪》、《八琼室金石偶存》各一卷，存有许多珍贵资料掌故和陆氏金石研究的见解。（赖彦融）

【攈古录金文】 清代金石学著作。吴式芬撰。书未成而卒，由其子孙共同校订，三卷九册。光绪二十一年（1895年）刊行。著录商周铜器铭文1 334款。摹写精善，于木刻金文堪称首屈，且多见新器。铭文按器分类，并创以字数为序的著录体例，铭下附释文，间有考释，内容丰富。书中所收铜器、拓本之藏家与出处，载于作者另著之《攈古录》。（赖彦融）

【封泥考略】 清代金石学著作。吴式芬、陈介祺合撰。十卷。光绪三十年(1904 年)刊行。著录战国秦汉封泥 849 方,以官印、私印、闲印为序,官印又分中朝、王国、侯国和郡县官。以秦汉为主,出自四川、西安和山东临淄。均附钤本及考释,考释主要由翁大年所撰。无序言、凡例、跋文,为未定稿而付梓之作。系中国最早的封泥资料汇编,对研究秦汉官制与行政地理具有重要价值。1928 年周明泰仿其体例,编有《续封泥考略》六卷及《再续封泥考略》四卷。(*赖彦融*)

【缀遗斋彝器款识考释】 清代金石学著作。方浚益著。三十卷。方氏于同治八年(1869 年)始收集拓本,后作释文考证,历 31 年身殁,从孙方燕年整理原稿,并补目三卷,1935 年涵芬楼影印出版。卷首《彝器说》三篇,分别考订古人对器形的解释、文字书体的演变及汉晋后发现与收藏古铜器的传闻掌故。正编著录商周金文、陶文拓本 1 382 款,体例仿《积古斋钟鼎彝器款识》,每器精摹文字,并附释文及考释。论证翔实,多正前人之阙。北京大学图书馆所藏草稿本,增多 351 器。(*赖彦融*)

【说文古籀补】 清代古文字学著作。吴大澂著。十四卷。光绪九年(1883 年)刊行。收录铜器、石鼓、钱币、玺印、陶器上的古文字 3 500 余字,依《说文解字》部首类次,每字皆注明出处。光绪二十一年重刊时又增补 1 200 余字。选字审慎,旨在订正《说文》阙误,考溯制字源流,对后世古文字研究有较大影响。后有丁佛言著《说文古籀补补》,强运开著《说文古籀三补》。(*冯时*)

【愙斋集古录】 清代金石学著作。吴大澂未竟之作,后由其门人整理成书。二十六卷。1917 年影印出版。总目收录商周器 1 048、秦器 19、汉器 76、晋器 1,共 1 144 器铭文拓本,但盖、器每分为二,又有重出和漏目者,实得铭文拓本 1 029 器,间有考释。是书墨拓精良,释论确当,是清代金文拓本书中较好的一种。另有《愙斋集古录释文賸稿》二卷,为金文考释遗稿,1919 年辑印刊行。(*冯时*)

【古籀拾遗】 清代金石学著作。孙诒让著。三卷。同治十一年(1872 年)成书,光绪十四年(1888 年)校定雕版,光绪十六年刊行。孙氏自薛尚功《历代钟鼎彝器款识法帖》、阮元《积古斋钟鼎彝器款识》和吴荣光《筠清馆金文》中选取 66 器,分析文字结构,并根据史实和制度加以考释,创见颇丰。附有《宋政和礼器文字考》一篇。(*冯时*)

【古籀余论】 清代金石学著作。孙诒让著。二卷。光绪二十九年(1903 年)成书。1926 年容庚以王国维所得抄本付燕京大学国学研究所刊刻,改为三卷,并校补 500 余字,后戴家祥据孙氏稿本又补阙千余字,1929 年印行。孙氏据吴式芬《攈古录金文》选取重要彝铭 105 器加以考证,其说多有创获。(*冯时*)

【语石】 清代金石学著作。叶昌炽著。十卷。宣统元年(1909 年)刊行。叙述碑刻制度、文字内容、书法演变、摹拓技术、收藏辨伪等,兼采有关石刻的遗闻逸事,凡 484 条,研究对象从传统的碑志扩大至桥柱、井栏、石人、石狮题字,为中国第一部通论古代石刻文字的综合研究著作。后有柯昌泗著《语石异同评》,对此书多所补正。(*冯时*)

【周金文存】 现代金石学著作。邹安辑。六卷,附补遗。1916 年仓圣明智大学出版。著录清世所见周代彝器铭文拓本,以邹氏自藏为主。按器序列,其中乐器 86、炊器 284、食器 449、水器 134、酒器 264、兵器 232、用器 96,合 1 545 器。又以字数多少次第先后。目下记器名、铭文字数及藏家,卷末有附说,杂记得拓经过、铭文勘误等,无考释。(*赖彦融*)

【铁云藏龟】 清代甲骨学著作。刘鹗编著。光绪二十九年(1903 年)抱残守缺斋石印出版。精选刘氏所藏商代刻辞甲骨 1 058 片,墨拓一函六册。书前有罗振玉、吴昌绶文及刘鹗自序。是书为中国第一部甲骨文资料汇编。此后罗振玉《铁云藏龟之余》、叶玉森《铁云藏龟拾遗》、李旦丘《铁云藏龟零拾》皆其继踵之作。1931 年上海蟫隐庐重印吴、刘两序本,1975 年台北严一萍编《铁云藏龟新编》,则是对是书的重新整理。(*赖彦融*)

【契文举例】 清代甲骨学著作。孙诒让著。二卷。光绪三十年(1904 年)写成。1917 年编入《吉石盦丛书》。书分月日、贞卜、卜事、鬼神、卜人、官氏、方国、典礼、文字、杂例十类考释甲骨文字,为第一部甲骨文研究专著。其时甲骨文发现不久,所据仅《铁云藏龟》一书,但不少见解至今仍为不易之论,契文分类也对后世产生影响,对于甲骨文研究有首创之功。(*冯时*)

【殷虚书契】 现代甲骨学著作。罗振玉编。为作者编纂的系列甲骨文著录之作的首部,故也称《殷虚书契前编》。罗氏原将甲骨文拓本分编二十卷,清宣统三年(1911年)《国学丛刊》石印刊行其中三卷,收拓292片。此本流传甚少。1913年又影印八卷本,收拓2 229片。1932年修订重版。所录甲骨多为罗氏自藏,少有刘鹗及日人三井氏听冰阁所藏。印刷工致,拓本清晰,是继《铁云藏龟》之后的第二部甲骨文著录之作。(冯时)

【殷虚书契前编】 即“殷虚书契”。

【殷虚书契考释】 现代甲骨学著作。罗振玉著。1914年王国维手写石印刊行,为罗氏在其《殷商贞卜文字考》的基础上增补而成,1927年又有增订本三卷行世。全书分都邑、帝王、人名、地名、文字、卜辞、礼制、卜法八章,初印本考释485字,增订本考释571字,其考定甲骨文发现地为殷墟,审类殷帝王名号,多有发明,奠定了甲骨文研究的基础。或言是书为王国维代作,实为诬词。(赖彦融)

【戬寿堂所藏殷虚文字】 现代甲骨学著作。王国维编著,因姬佛陀主广仓学宭事,故以类次之名归之。1917年《艺术丛编》第三集石印出版。收录刘鹗旧藏刻辞甲骨655片,王氏为其考释,颇有创获,如缀合卜辞而正报乙、报丙、报丁次序,以中宗祖乙即祖乙滕,殷人祭先公先王,皆以其名之日卜祭。释字方面也多有新见。沈之瑜、郭若愚《戬寿堂所藏殷虚文字补正》重新整理了此书部分甲骨。(赖彦融)

【殷卜辞中所见先公先王考】 现代甲骨学著作。王国维著。并《续考》于1917年收入《学术丛书》,又入《观堂集林》卷九。文分十二章,《续考》分六章,系统考证了殷卜辞中先公先王名号,基本梳理出一个可靠的商王世系,证明《世本》、《史记》所记商代历史实为信史,并纠正了文献记载的失误。对推动甲骨学商史研究有重要贡献。(赖彦融)

【卜辞通纂】 现代甲骨学著作。郭沫若著。初版为1933年日本东京文求堂石印本,今收为《郭沫若全集·考古编》第二册。书中精选甲骨影拓800片,按内容分入干支、数字、世系、天象、食货、征伐、畋游、杂纂八章。又辑新出及郭氏于日本访得甲骨129片,立为别录。每片均附释文考释,创获颇多,开创了甲骨文辞例的系统研究,对甲骨学及殷商史研究具有重要价值。(赖彦融)

【殷契粹编】 现代甲骨学著作。郭沫若著。初版为1937年日本东京文求堂石印本,今收为《郭沫若全集·考古编》第三册。是书循《卜辞通纂》体例,粹选刘体智所藏甲骨1 595片,先辑拓本,复于每片作释文考证,又别设缀合一项,多有创获,对甲骨学及殷商史研究极具价值。(赖彦融)

【殷虚文字甲编】 现代甲骨文资料汇编。董作宾编著。1948年中央研究院历史语言研究所出版。收录殷墟第一至九次发掘所得有字甲骨拓影,计龟甲2 513片、牛骨1 425片,并有三件兽头骨刻辞及一件鹿头骨刻辞,共3 942片。每拓附发掘次数与原编号。书前有董作宾序,对甲骨文断代、埋葬情况、旧出甲骨文出土地点推求等有详细阐述。后有李济跋语。屈万里于1961年出版《殷虚文字甲编考释》,为是书作释文、考证及缀合。(赖彦融)

【殷虚文字乙编】 现代甲骨文资料汇编。董作宾编著。三辑,1948—1953年“中央研究院”历史语言研究所出版。收录殷墟第十三至十五次发掘所得有字甲骨拓影9 105片,每片编号下皆附坑位登记号,其中YH127坑所出资料即收入此编。书前有董作宾序,对甲骨学的相关问题作全面阐述,并提出文武丁卜辞的新见解。是书著录坑位明确,内容新颖丰富,史料价值极富,为早期出土甲骨文的重要著录。(赖彦融)

【殷虚文字丙编】 当代甲骨学著作。张秉权撰。三辑六册,1957—1972年台湾省“中央研究院”历史语言研究所出版。对《殷虚文字乙编》及其编余的甲骨缀合复原,重新传拓。先出拓本图版,每版覆以图绘龟甲,按刻辞原位隶定文字,注明缀合部位。后附甲骨出土及形制的说明,并对卜辞内容详为考证。是书对《乙编》进行了全面整理,又对成套卜辞及同文卜辞加以分析,对甲骨学研究具有重要意义。(赖彦融)

【甲骨文合集】 当代甲骨文集成性资料汇编。郭沫若主编,胡厚宣总编辑,中国社会科学院历史研究所《甲骨文合集》编辑工作组编辑。十三册。1978—1982年中华书局出版。收录甲骨文拓片,末册收录摹本。分期分类编排,汇集殷墟出土刻辞甲骨41 956片,几尽20世纪70年代以前公私所藏重要的甲骨文材料,为商代甲骨文资料的集大成之作,对甲骨学和商史研究具有重要价值。后出版有《甲骨文合集材料来源表》,可配合检索。(赖彦融)

【甲骨文合集补编】 当代甲骨文资料汇编。彭邦炯、谢济、马季凡编纂。七册。1999年语文出版社出版。是书为《甲骨文合集》拾遗订正,体例亦与之相沿,收录殷墟及其以外出土商周刻辞甲骨13 766

片,近 7 000 片属首次著录,同时辑有学者的缀合成果。书末附释文、来源表及索引。(赖彦融)

【英国所藏甲骨集】 当代甲骨文资料汇编。李学勤、齐文心、艾兰编著。二编四册。1985—1992 年中华书局出版。甲骨文早年出土之后,或流散海外。是书收录英国公私所藏 11 批甲骨文资料,共 2 674 片。上编为照片、拓本,按甲骨文时代及类别次第;下编为释文、材料来源表、研究论文及字词索引等。所汇不乏重要资料,如著名的庚申月食刻辞和家谱刻辞,为甲骨学和商史研究提供了有价值的史料。(赖彦融)

【小屯南地甲骨】 当代甲骨文资料汇编。中国社会科学院考古研究所编著。二册,共五分册。1980—1983 年中华书局出版。辑录 1973 年小屯南地发掘出土的刻辞甲骨 4 589 片,并以 1971 年以来小屯一带发掘或采集的刻辞甲骨 23 片作为附录。上册为文字拓本,依发掘单位为序;下册为释文考释、字词索引、甲骨钻凿资料及研究。前言详述出土甲骨的地层、坑位及共存陶器情况,为甲骨学和商史研究提供了重要资料。(赖彦融)

【殷墟花园庄东地甲骨】 当代甲骨文资料汇编。中国社会科学院考古研究所编著。六册。2003 年云南人民出版社出版。著录 1991 年殷墟花园庄东地 H3 甲骨坑所出刻辞甲骨 689 片,每片甲骨均附文字拓本、摹本及照片图版(见彩版 15“卜甲”)。末册为释文考释、字词索引、钻凿形态研究及甲骨种属鉴定,前言详述甲骨出土情况及断代分析。是书著录体例完备,印制精良,为甲骨学及商史研究的重要资料集录。(赖彦融)

【甲骨文断代研究例】 现代甲骨学著作。董作宾著。1933 年发表。文中全面论证了甲骨文断代学说,建立了世系、称谓、贞人、坑位、方国、人物、事类、文法、字形、书体十项断代标准,并将殷墟甲骨文分为五个时期,为甲骨年代学的奠基之作,使甲骨文研究进入了新阶段,成为甲骨学形成的重要标志。(冯时)

【殷虚卜辞综述】 当代甲骨学著作。陈梦家著。1956 年科学出版社出版。全书分二十章,其中总编、文字、文法、断代、年代、历法天象、政治区域、先公旧臣、先王先妣、庙号(上下)、亲属、百官、农业及其他、宗教、身份各章,总论甲骨的发现、甲骨文内容、研究经过、文字文法、断代方法及甲骨文商史研究,附录汇集甲骨文材料及论著书目。是书系统总结了甲骨文自发现以来的资料整理和研究成果,提出了作者的精到见解,为甲骨学及商史研究的重要著作。(赖彦融)

【甲骨文字集释】 当代甲骨文释字汇编。李孝定编述。1965 年台湾“中央研究院”历史语言研究所出版。收字约 1 800 个,按《说文》体例,分正文十四卷,另有补遗、存疑和待问各一卷。每字先出小篆,随列异体,再博举诸家考释之说,末附李氏按语。是书有利于读者了解甲骨文字义和用法,开创以字书体例集释甲骨文字义的先河。(赖彦融)

【甲骨文字释林】 当代甲骨学著作。于省吾著。三卷。1979 年中华书局出版。为于氏考释殷墟甲骨文字成果的汇集。收录新作、旧文 190 篇,多为甲骨文字词的考释,少为综论文章。作者考释古文字审慎严谨,多发前人所未发,贡献尤显。(赖彦融)

【三代吉金文存】 现代金文资料汇编。罗振玉撰,子罗福颐助编。二十卷。1937 年影印刊行。集录罗氏所藏商周铜器铭文拓本 4 831 器,按器物分为二十余类,每类依字数编次,于其时所见铭文资料大致完备。是书搜罗颇富,鉴别严谨,印制精良,便于查检。但分类不当,且无图像及说明。(冯时)

【殷周金文集成】 当代商周金文集成性资料汇编。中国社会科学院考古研究所编。十八册。1984—1994 年中华书局出版。按器类分编,汇集宋代以降著录及未及著录的商周有铭青铜器 11 983 件,鉴别精审。各类器物铭文以精拓、善拓制版,间附摹本,依字数多少为序,并详列每器的时代、著录、出土、流传等资料,殊便检索。2006 年又有修订本八册出版。是书系商周青铜器铭文的集成之作,对商周金文与商周史研究具有重要价值。(赖彦融)

【两周金文辞大系】 现代青铜器铭文研究著作。郭沫若著。初版 1932 年于日本印行,仅有考释,未附图版,1934 年汇集铭文器影为《两周金文辞大系图录》五册,次年又成《两周金文辞大系考释》三册,均在日本出版,初版遂废。其后作者又有修订补充,于 1957 年科学出版社出版,名为《两周金文辞大系图录考释》。全书图编收器 263 件,考释铭文 511 款,各以分代、分域编次。作者将中国青铜器的发展分为四期,并提出“标准器断代法”,以金文阐释古代社会史,为周代青铜器以及利用金文史料研究古代史奠定了基础,影响深远,为青铜器铭文研究的划时

代著作。今收入《郭沫若全集·考古编》第七、八册。(赖彦融)

【西周铜器断代】 当代西周有铭青铜器研究著作。陈梦家著,中国社会科学院考古研究所整理。二册。2004年中华书局出版。上册三编,上编为西周器铭考释,按王世序列铜器246件(组),详证铭文;下编为西周铜器总论,利用金文研究西周地理、制度等;外编收录西周年代考和中国青铜器的形制两文。下册为青铜器及铭文图版。是书体大精深,见解独到,为研究西周青铜器和铭文的重要著作。惜为未完之作,书中许多内容与构想唯有存目。(赖彦融)

【商周彝器通考】 现代青铜器研究著作。容庚著。二册。1941年哈佛燕京学社出版。上册二编,上编十五章通论中国青铜器之原起、发见、类别、时代、铭文、花纹、铸法、价值、去锈、拓墨、仿造、辨伪、销毁、收藏和著录;下编四章论述食器、酒器、水器和杂器、乐器。下册收录器物图片1 009帧。书中对宋以来考订铜器的著作以及铭文、花纹、器物用途等进行系统讨论和考释,资料丰富,为中国青铜器综合研究的重要著作。(赖彦融)

【金文丛考】 现代青铜器铭文研究著作。郭沫若著。1932年日本东京文求堂出版,与《两周金文辞大系》为姊妹篇。内容包括金文丛考、金文余释、新出四器铭考释及金文韵读补。1954年,作者又以是书与《金文余释之余》、《古代铭刻汇考》及《古代铭刻汇考续编》中有关金文的部分汇为一帙,删订补充。是书利用金文资料研究周代历史,考证详明,创获丰硕,是金文及古史研究的重要著作。(赖彦融)

【积微居金文说】 当代青铜器铭文研究著作。杨树达著。1952年中国科学院出版。全书为杨氏1941—1951年间铜器铭文考释文集,共286篇,涉器239件,按撰写时间析为七卷。其考释铭文,广征经史,寻音求义,用力甚勤,不乏超逸前人之说。又于卷首作"新识字之由来",归纳考释古文字十四法,于今之治斯学者仍有重要的参考价值。是书于1959年增订《积微居金文余说》二卷,由科学出版社出版。(赖彦融)

【流沙坠简】 现代简牍学著作。罗振玉、王国维合著。三册。1914年出版,1934年校正重刊。据法国汉学家沙畹书中照片选录英人斯坦因于甘肃敦煌和新疆罗布淖尔等地获取的汉晋简牍、抄本、帛书等共588枚,并作释文及考释。首收小学数术方技书,次收屯戍丛残,终为简牍遗文。尤以汉代屯戍、烽燧等制度的考证最为重要。补遗及附录分载斯坦因于尼雅获取晋初木简及日人橘瑞超于罗布淖尔获取的简牍及抄本。是书为中国近代简牍研究奠基之作。(冯时)

【郭店楚墓竹简】 战国楚墓出土竹简资料汇编。荆门市博物馆编撰。1998年文物出版社出版。此书为湖北荆门郭店1号战国楚墓于1993年出土竹简的整理资料。全书收录有字竹简的原大图版730枚,内容包括《老子》、《缁衣》及多种久已散佚的儒道典籍。整理者为竹简重新编缀,分篇立目,并作释文及注释。为研究先秦史及中国古典哲学的重要资料。(赖彦融)

【望山楚简】 战国楚墓出土竹简资料汇编。湖北省文物考古研究所、北京大学中文系合作编著。1995年中华书局出版。全书对1965年湖北江陵望山1号、2号墓出土楚简进行编联整理,内容为卜筮祭祷记录和遣策。先录原简照片,旁附摹本。次为释文及考释,并有专文介绍竹简的出土概况、竹简性质和内容、墓主身份和时代以及竹简缀联顺序与出土号码的对照。(赖彦融)

【包山楚简】 战国楚墓出土竹简资料汇编。湖北省荆沙铁路考古队编著。1991年文物出版社出版。全书对1987年湖北荆门包山2号战国楚墓出土简牍进行整理,内容为楚官府文书、遣策及卜筮祭祷记录。先作简牍释文及考释,再附遗物照像图版及字表。此批简牍保存完好,字迹清晰,为研究楚国官制、司法、名物制度及文字提供了重要材料。(赖彦融)

【九店楚简】 战国楚墓出土竹简资料汇编。湖北省文物考古研究所、北京大学中文系合作编著。2000年中华书局出版。全书对20世纪80年代湖北江陵九店战国中晚期56、621号楚墓出土的楚简进行编联整理,内容为《日书》和古佚书。先录竹简照像图版,继以释文和考释,末附墓葬的发掘报告。(赖彦融)

【睡虎地秦墓竹简】 秦墓出土竹简资料汇编。睡虎地秦墓竹简整理小组编著。1990年文物出版社出版。全书收录1975年湖北云梦睡虎地11号秦墓出土秦竹书10种,时代为战国晚期至秦始皇时期。先录全部竹简的照像图版,次作释文和注释,并对其中 6 种竹书附有语译。为睡虎地竹简整理的完本。同名之作于 1977 年曾出版有 8 开线装本,1978 年又出版有 32 开平装本,但都未收有两种《日书》。(赖彦融)

【龙岗秦简】 秦代墓葬出土简牍资料汇编。中国文物研究所、湖北省文物考古研究所编著。2001 年中华书局出版。全书对 1989 年湖北云梦龙岗 6 号秦墓所出简牍进行整理,内容为秦律及法律文书。先收录简牍照片及摹本,后有释文、注释及校正,并有 6 号秦墓出土简牍情况的概述、有关墓主身份、墓葬年代和简牍内容及相关制度的研究论文。(赖彦融)

【古玺汇编】 当代古玺印谱。罗福颐主编。1981 年文物出版社出版。辑录先秦玺印 5 708 方,按内容分为官玺、姓名私玺、复姓私玺、吉语玺、单字玺五类,另有补遗。每品均有朱色钤本、楷体隶定、来源及序号。是书集古印之精,尤以故宫博物院藏品为主,可配合《古玺文编》使用。(赖彦融)

【古陶文汇编】 当代古陶文资料汇编。高明编著。1990 年中华书局出版。收录新石器时代至秦代陶文拓本 2 500 种,计重出者共 2 622 种,按时代分编,其中商代和西周陶文分代归类,春秋战国及秦代陶文则分域汇集,山东大汶口文化晚期图形文字附为专类。所收陶文包括传世及出土者,资料翔实。凡出土地点明确者皆详为注释,便于利用。(赖彦融)

【古文字学导论】 中国古文字学通论。唐兰著。原为作者于北京大学讲授古文字学的讲义,1934—1935 年撰,手写石印出版。书分二编:上编介绍古文字的研究范围和历史、汉字的起源与演变;下编论述古文字研究方法。创见极富,如提出古文字的划分体系,创建“三书说”,破除《说文》部首系统以及对释字方法的归纳等,影响广泛。1981 年齐鲁书社重新影印,补齐图版,并附作者 1936 年的改订稿及 1963 年跋。是书为首部系统构建中国古文字学理论的著作。(赖彦融)

【殷虚文字类编】 现代甲骨文字典。商承祚编。1923 年决定不移轩刊行。前有王国维序及商氏自序。正文十四卷,收已识字 790 字;待问编十三卷,收未识字 785 字,共 1 575 字。后附罗振玉《殷虚书契考释》前四章为一卷。所用材料取自《铁云藏龟》、《殷虚书契》、《殷虚书契后编》、《殷虚书契菁华》、《铁云藏龟之余》和《龟甲兽骨文字》。按《说文》体例类次,兼录异体,每字注明出处,并附罗振玉、王国维考释及商氏案语。(赖彦融)

【甲骨文编】 当代甲骨文字汇。孙海波初编,1934 年燕京大学哈佛燕京学社出版;后由中国科学院考古研究所委托孙氏增订,1965 年中华书局出版。按《说文》体例,分正编十四卷,另附合文及附录。新版收录甲骨文单字 4 672 字,其中正编收 1 723 字,附录收 2 949 字,每字皆注明出处。后有引用书目和笔画检字。又金祥恒编有《续甲骨文编》,以订补孙作。(赖彦融)

【金文编】 当代金文字汇。容庚编著。1925 年初版,其后续有增订,最新版为 1985 年中华书局所出第四版,由容氏与马国权、张振林共同增订。收殷周金文 2 420 字,附录存 1 352 字。是书按《说文》体例,每字条下有容氏考释,并列同文异体。书后附采用彝器目录及书目,且有笔画检索。容氏另有《金文续编》,专辑秦汉金文。(赖彦融)

【古文字类编】 当代古文字字汇。高明编著。1980 年中华书局出版。全书分古文字、合体文字及徽号文字三编。收单字 3 056 字,合体文字 304 种,徽号文字 598 种,兼采异体和重文。第一、二编仅收已定论之字,分甲骨文、铜器铭文、简书及其他刻辞三栏归字。全书以偏旁摄字,每字依时代编排,罗列具有代表性的字形,并与秦篆对照,便于了解古文字的形体演变。是书于 2008 年增订出版,所收单字增广近倍。(赖彦融)

【战国文字编】 当代战国古文字字汇。汤余惠主编。一册。2001 年福建人民出版社出版。辑录战国铜器、兵器、货币、玺印、封泥、刻石、简帛及金银器文字。全书分三编,正编十四卷依《说文》体例,收字 5 618 字,合文收字 338 字,附录收待问字 959 字,各种字形 20 036 字。每字以影拓本辑入,字形准确,且注明出处,厘析国属。是书为继《甲骨文编》、《金文编》之后的又一部断代文字编。(赖彦融)

【石刻篆文编】 当代石刻文字字汇。商承祚编著。1957 年科学出版社出版。辑录商至魏、晋石刻篆文 2 921 字,所用碑刻、碑额、题字等共 93 种。全书依《说文解字》体例编排,条目先以楷体作字头,下附石刻原大双钩或摹写本,旁注出处及原文。是书于 1996 年中华书局重版时增有《石刻篆文编字说》一文,考释书中部分文字。(赖彦融)

【古玺文编】 当代古玺字汇。罗福颐主编。1981年文物出版社出版。全书以罗福颐《古玺文字征》为基础，辑先秦玺印文字。书分三编，正编收字1 432字，合文31字，附录收未识字1 310字，多附异体。全书依《说文》体例，字形以照像复制，间附说明，可与《古玺汇编》配合使用。（赖彦融）

【古陶文字征】 当代古陶文字汇。高明、葛英会编著。一册。1991年中华书局出版。全书纂集先秦陶文，分三编，正编收1 196字，合文收64字，附录收待问字563字。正编凡见于《说文》者先出篆体，次列摹写陶文，并采异体。楷体陪末。每字皆标明来源，间附考释，是书与《古陶文汇编》相互配合，为研究古陶文的重要工具书。（赖彦融）

【古泉汇】 清代古钱学著作。李佐贤撰。六十四卷。咸丰年间成书。收古布、古刀、圆钱、异泉杂品和泉范共5 003品，并附诸家考释。李氏精于古泉学，其选材严谨，但仍杂有伪币。李氏又于清光绪初年与鲍康合著《续泉汇》十四卷、《补遗》二卷，尽罗乾嘉以来诸藏家之精品，有古钱谱录善本之誉。两书分别于同治三年（1864年）和光绪元年（1875年）刊行。（赖彦融）

【古钱大辞典】 现代古钱学大型资料汇编。丁福保辑。1938年上海医学书局刊行。分为总论、正文和通检三部分。正文两编，上编图谱辑录历代古钱拓本或照片，并附比例尺；下编以钱名立目，辑录古钱文献。共收古刀、布、圆钱与压胜吉语支钱马钱等8 000余品。是书拓片收集详尽，资料齐备，是中国历代古钱币研究集成之作，极便检索利用，具有极高的学术价值。丁氏另著有《古钱大辞典拾遗》一册，以补前书遗漏。（张海燕）

综合性著作与工具书

【中国大百科全书·考古学】 中国第一部大型综合性考古学科全书。夏鼐主编。夏鼐、贾兰坡、安志敏、张政烺、王仲殊、宿白、林志纯分别担任概论、旧石器时代考古、新石器时代考古、商周考古、秦汉考古、三国两晋南北朝至明考古、国外考古等各分支学科编写组主编；王世民、吕遵谔、佟柱臣、张长寿、卢兆荫与黄展岳、徐苹芳、石兴邦与朱龙华分别担任各分支学科编写组副主编。1986年中国大百科全书出版社出版。（谷丛）

【新中国的考古发现和研究】 中国现代考古学综合性研究著作。中国社会科学院考古研究所编，夏鼐主编。全面系统地综述了1950—1980年共31年的中国考古发现与研究成果，首次成体系地阐述了中国考古学，标志着中国考古学学术体系的建立。1984年文物出版社出版。（谷丛）

【中华人民共和国重大考古发现（1949—1999）】 中国现代考古重大发现的汇集性著作。宿白主编，张森水、张忠培、邹衡、俞伟超、宿白、杨泓、徐苹芳分别担任旧石器时代、新石器时代、夏商周、秦汉、魏晋南北朝、隋唐、宋辽金元明的各时段主编。全面介绍中华人民共和国成立50年来的重大考古发掘研究成果。1999年文物出版社出版。（谷丛）

【二十世纪中国考古大发现】 中国现代考古重大发现的汇集性著作。刘庆柱主编。作为中国社会科学院考古研究所建所50周年结集图书，遴选20世纪中国100项重大考古发现，介绍发现内容与学术价值。2000年四川大学出版社出版。（谷丛）

【二十世纪中国百项考古大发现】 中国现代考古重大发现的汇集性著作。刘庆柱主编，白云翔副主编，中国社会科学院考古研究所20位学者分别编著。选录经112位评委参评选出的20世纪中国100项重大考古发现的发掘经过和发现内容，评述其学术价值与意义。2002年中国社会科学出版社出版。（谷丛）

【中国考古60年（1949—2009）】 中国现代考古学综述性著作。国家文物局主编，中国社会科学院考古研究所王巍、朱乃诚等6位学者撰写“中国考古研究60年”，全国34个省、自治区、直辖市的文物考古研究机构的学者分省区撰写“中国考古工作60年”，系统介绍新中国成立60年来的中国考古发现与研究的成就。2009年文物出版社出版。（谷丛）

【中国考古学·新石器时代卷】 中国现代考古学综合性研究著作。中国社会科学院考古研究所编，任式楠、吴耀利主编。全面系统、突出重点地介绍20世纪20年代初以来80余年中国新石器时代考古发现与研究成果，比较完整地阐述了约公元前10000年至前2000年的中国新石器时代考古学。2010年中国社会科学出版社出版。（谷丛）

【中国考古学·夏商卷】 中国现代考古学综合性研究著作。中国社会科学院考古研究所编，杨锡璋、高炜主编。全面系统、突出重点地介绍1928年以来

约70年夏商时期考古发现与研究成果,比较完整地阐述了夏商考古学术体系。2003年中国社会科学出版社出版。(谷丛)

【中国考古学·两周卷】 中国现代考古学综合性研究著作。中国社会科学院考古研究所编,张长寿、殷玮璋主编。全面系统、突出重点地介绍20世纪两周时期考古发现与研究成果,比较完整地阐述了两周考古学。2004年中国社会科学出版社出版。(谷丛)

【中国考古学·秦汉卷】 中国现代考古学综合性研究著作。中国社会科学院考古研究所编,刘庆柱、白云翔主编。全面系统、突出重点地介绍20世纪初以来90余年秦汉时期考古发现和研究成果,比较完整地阐述了秦汉考古学。2010年中国社会科学出版社出版。(谷丛)

【中国文明的形成】 中国现代考古学综述性研究著作。中国文化与文明丛书之一。张光直、徐苹芳主编。分别由徐苹芳、严文明、王幼平、张忠培、邵望平、张光直、卢连成综述中国早期人类至秦汉帝国形成与统一的社会和文化发展的历程,以及中国文明的形成及其在世界文明史上的地位。2004年由中国新世界出版社出版中文版,美国耶鲁大学出版社出版英文版。(谷丛)

【中国考古学文献目录(1949—1966)】 中国现代考古学文献目录工具书。中国社会科学院考古研究所图书资料室编。辑录1949年至1966年发行的中国考古学及有关论著537种,184种期刊、50种报纸、39种论文集与资料集的论文和报告、简报7 000余条。1978年文物出版社出版。(谷丛)

【中国考古学文献目录(1971—1982)】 中国现代考古学文献目录工具书。中国社会科学院考古研究所资料信息中心编。辑录1971年至1982年发行的中国考古学及有关论著500余种,各种期刊、报纸、论文集与资料集的论文和报告、简报7 000余条。1998年文物出版社出版。(谷丛)

【中国考古学文献目录(1983—1990)】 中国现代考古学文献目录工具书。中国社会科学院考古研究所资料信息中心编。辑录1983年至1990年发行的中国考古学及有关论著1 884种,654种期刊、21种报纸、185种论文集与资料集的论文和报告、简报21 400余条。2001年文物出版社出版。(谷丛)

【中国考古学年鉴】 中国现代考古学年鉴性工具书。中国考古学会编,中国社会科学院考古研究所考古资料信息中心具体实施组稿、编辑,文物出版社出版,1984年以来每年编辑出版一部。1984—2007年由历届学会秘书长王仲殊、徐光冀、刘庆柱任主编,王世民、朱乃诚任副主编;2008—2012年由王巍任主编、陈星灿任副主编,朱乃诚任执行主编。每部年鉴综述上一年度的中国考古学研究、考古文物新发现、考古学术活动动态、考古教学,并收录上一年的考古学文献资料目录。截至2012年,已编辑出版28部。(谷丛)

考古机构与团体

【中国社会科学院考古研究所】 中国考古学界的中心科研机构。前身为中国科学院考古研究所。1950年8月1日成立于北京,是中国科学院建院伊始组建的研究所之一,1955年属中国科学院哲学社会科学部,1977年改为今名。其基本任务是:有重点地进行田野调查发掘,系统地整理研究取得的各种实物资料,探索中国古代社会的发展历史。历任所长为郑振铎(1950年)、尹达(1959年)、夏鼐(1962年)、王仲殊(1982年)、徐苹芳(1988年)、任式楠(1992年)、刘庆柱(1998年)、王巍(2006年)。先后在全国31个省、自治区、直辖市及香港特别行政区、澳门特别行政区,200多个市、县开展田野考古工作。下设业务机构有史前考古研究室、夏商周考古研究室、汉唐考古研究室、边疆民族宗教考古研究室、文化遗产保护研究中心、考古科技实验研究中心、考古资料信息中心、考古杂志社。另在西安设有研究室,在洛阳和安阳设有工作站。主管的研究中心有中国社会科学院古代文明研究中心,挂靠的学术团体有中国考古学会。主办的期刊有《考古学报》、《考古》、《考古学集刊》、《中国考古学》(英文版),编写出版各种考古学专刊110余种。(谷丛)

【中国考古学会】 中国考古学界的群众性学术团体。1979年4月6日成立于陕西西安,会址设在北京。由中国社会科学院主管,办事机构设在考古研究所。其任务是:促进全国考古工作者之间的学术交流,定期组织专题讨论,提升考古研究的科学水平,推动中国考古学的全面发展。夏鼐、苏秉琦、徐苹芳、张忠培先后任理事长。现有团体会员100余个,个人会员2 000余人。先后在西安、武汉、杭州、郑州、北京、沈阳、长沙、呼和浩特、济南、成都、北京、哈尔滨、武汉、嘉兴、石家庄召开了15次年会，编辑出版有14部年会论文集。自1984年起，每年编辑出版《中国考古学年鉴》。（谷丛）

【中瑞西北科学考察团】（The Sino-Swedisk Scientific Expedition to the North-Western Prorince of China） 考察中国西北地区的现代学术团体。1927年4月由中国学术团体协会与瑞典探险家斯文赫定联合组成，简称“西北科学考察团”，在国外则简称“中瑞考察团”（The Sino-Swedish Expedition）。由北京大学教务长徐炳昶（旭生）和斯文赫定分任中瑞双方团长，团员有中方人员10人、外方人员7人。1927年5月从北京出发，经包头、百灵庙至额济纳河流域，于1928年2月抵达乌鲁木齐，实地考察持续至1933年。考察内容包括地质学、地磁学、气象学、天文学、人类学、考古学、民俗学等方面。考古方面的主要收获有：在内蒙古沿途327个地点采集细石器；在新疆乌鲁木齐柴窝堡、吐鲁番辛格尔、哈密庙儿沟等地采集新石器时代遗物；在额济纳河流域调查居延烽燧遗址，采集约1万支汉代简牍，以及在罗布淖尔（罗布泊）、吐鲁番和塔里木盆地的考古调查和部分试掘。（谷丛）

【西北科学考察团】 即“中瑞西北科学考察团”。

【中央研究院历史语言研究所】 中国现代学术研究机构。新中国成立前进行田野考古最多的机构。1928年10月22日在广州成立，傅斯年为首任所长。1929年6月迁至北平（今北京），1933年3月迁至上海，1934年10月迁至南京。抗日战争时期，先迁湖南长沙，再迁云南昆明，1940年9月迁至四川省南溪县李庄，1946年11月回迁江苏南京。1948年底迁往台湾。成立之初分设三组，第一组为史学组、第二组为语言学组、第三组为考古学组，1934年增设第四组，即人类学组。考古组主任为李济。1949年以前的田野考古工作主要有：1928—1937年在安阳殷墟的15次发掘；在山东、河南、云南、四川和河西走廊与关中地区开展考古调查与考古发掘工作。1949年以前主办的刊物有《历史语言研究所集刊》、《安阳发掘报告》4册（1929—1933）、《田野考古报告》4册（1936—1949，1947年改刊名为《中国考古学报》），另发表有《城子崖》等考古报告。（谷丛）

【中国地质调查所新生代研究室】 中国第一个从事新生代地质、古生物和人类学研究的专门机构。由中国农商部地质调查所和北京协和医院为进一步合作发掘周口店北京人遗址，于1929年在北平（今北京）成立。1952年划归中国科学院。主要人员有：名誉学术主持人丁文江，名誉主任为加拿大解剖学家步达生，副主任杨钟健，顾问兼研究员为法国古生物学家德日进，1934年名誉主任由德国体质人类学家魏敦瑞接替。在该室工作过的学者还有裴文中、卞美年、贾兰坡和李捷等。其学术研究主要在北京人遗址的发掘和综合研究的基础上，围绕人类起源、文化发展及其古环境研究为中心，开展以华北第三纪晚期和第四纪的地质、地貌、古生物为重点的考察和发掘。其学术成果主要发表在《中国古生物志》、《中国地质学会志》和《地质专报》等刊物上。（谷丛）

【中国科学院古脊椎动物与古人类研究所】 中国第一个古脊椎动物和古人类研究的独立机构。所址设在北京。前身是1929年成立的中国地质调查所新生代研究室，1952年划归中国科学院，1957年扩充为研究所，1959年改称今名。历任所长为杨钟健（1952年）、周明镇（1979年）、张弥曼（1984年）、邱占祥（1991年）、邱铸鼎（1995年）、朱敏（1999—2007年）。现设有古低等脊椎动物研究室、古哺乳动物研究室、古人类及旧石器研究室和周口店古人类研究中心。挂靠的学术团体有中国古脊椎动物学分会、中国第四纪科学研究会古人类-旧石器专业委员会、中国第四纪科学研究会地层专业委员会。主办的刊物有《中国古生物志》（丙、丁种）、《古脊椎动物学报》、《人类学学报》、《中国科学院古脊椎动物与古人类研究所集刊》、《化石》、《恐龙》。（谷丛）

【北平研究院史学研究会】 中国现代历史学和考古学研究机构。1929年11月在北平（今北京）成立，设有考古组，徐炳昶（旭生）为主任。1934年设立史学组，顾颉刚为主任。1936年在研究会基础上建立史学研究所，由徐炳昶任所长。抗日战争期间迁往云南昆明，后回迁北平。1949年11月由中国科学院接收。曾先后对燕下都、宝鸡斗鸡台、西安唐中书省遗址、响堂山石窟等开展考古调查与发掘工作。（谷丛）

【北京大学考古文博学院】 中国高等学校中最早设置的考古教学单位。1952年由文化部、中国科学院和北京大学共同创办考古专业，属北京大学历史系，由中国科学院考古研究所研究员苏秉琦长期兼任考古专业的主任。1983年扩充为考古系,由宿白任主任,续任主任为严文明(1988年)、李伯谦(1992年)。1998年北京大学与国家文物局联合办学成立中国文物博物馆学院(北京大学考古文博院),李伯谦任院长,续任院长为高崇文(2000年)。2002年正式成立北京大学考古文博学院,由高崇文任院长,现任院长为赵辉。现下设考古学系、文化遗产学系、信息资料中心。考古学系下分旧石器考古、新石器商周考古、历史时期考古、科技考古、外国考古五个教研室。文化遗产学系下分博物馆学、古代建筑、文物保护三个教研室。(谷丛)

【中国文化遗产研究院】 中国文物保护科学技术研究的中心机构。前身是1990年8月在国家文物局文物保护科学技术研究所与文化部古文献研究室基础上组建的中国文物研究所,隶属国家文物局。2007年改为今名。第一任院长为张廷皓。现下设古代建筑与古迹保护中心、文物保护科技中心、古文献与文物研究中心、文物资料信息中心、文物保护修复培训中心、文物保护基础理论研究室。主办的刊物有《中国文物科学研究》。(谷丛)

重要刊物

中国考古学期刊

【安阳发掘报告】 中国现代考古学刊物。1929年中央研究院历史语言研究所创办,李济任总编辑。1929年12月至1933年6月共出4册。刊发了安阳殷墟第1～7次发掘简报及有关研究成果。1936年改名为《田野考古报告》。(谷丛)

【考古学专刊】 考古学论著丛刊。中国科学院考古研究所(1977年改属中国社会科学院)编辑。分为甲、乙、丙、丁四种。甲种为研究性著作,乙种为资料性著作,丙种为通论性著作,丁种为田野考古报告。截至2012年底已经出版的,分别为37、42、4、85号。另以"考古学特刊"的名义,出版了18卷本的《殷周金文集成》(1984—1994)。(谷丛)

【中国田野考古报告集】 中国田野考古报告丛刊。中国科学院考古研究所(1977年改属中国社会科学院)编辑。属考古学专刊丁种。截至2012年底已经出版的田野考古报告有85号。(谷丛)

【CHINESE ARCHAEOLOGY】 英文学术性刊物。中国社会科学院考古研究所主办。为《中国考古学》英文版。主要刊载中国考古新发现和专题研究成果。2001年创刊,每年出版1期。截至2012年已出版12期。(谷丛)

【考古】 考古学期刊。中国社会科学院考古研究所主办。月刊。主要刊布田野考古调查发掘报告、考古学研究的一般性论述、考古工作简讯、考古技术工作、书刊评介、学术动态等。1955年创刊,原名《考古通讯》,双月刊,1958年改月刊;1959年改为今名,1966年停刊;1972年复刊,双月刊,1983年改月刊。截至2012年底出版至总第543期。(王景霞)

【考古学报】 考古学期刊。中国社会科学院考古研究所主办。季刊。主要刊布田野考古调查与发掘报告、考古学研究专题论文,以及与考古学关系密切的其他重要论著。1936年创刊,原名《田野考古报告》,1947年更名为《中国考古学报》。1953年更为今名,半年刊,1956年为季刊;1960年为半年刊,1966年停刊;1972年复刊,半年刊,1978年改季刊。截至2012年底出版至总第187期。(王景霞)

【文物】 学术性期刊。原由文化部文物局主办、后由文物出版社主办。月刊。主要刊布考古与文物的发现与研究文章,以及碑帖、书画、版刻和各种传世文物等。1950年创刊,原名《文物参考资料》,月刊,1952年不定期发行,1959年改为今名。1966年停刊,1972年复刊。截至2012年底出版至总第679期。(王景霞)

【人类学学报】 学术性期刊。中国唯一报道人类学研究的国家级核心刊物。中国科学院古脊椎动物与古人类研究所主办。季刊。主要刊布人类学、旧石器考古和其他相关学科的原始研究报告及综合性学术论文,包括研究论文、发掘报告、简报、综述、书刊评介、消息与动态等。1982年创刊。截至2012年底出版至总第31卷第4期。(王景霞)

【中国国家博物馆馆刊】 学术性期刊。中国国家博物馆主办。月刊。主要刊布中国古代文物、考古的学术研究成果和资料,以及博物馆学理论研究、古代史与文物研究。1979年创刊,原名《中国历史博物馆馆刊》,不定期出版,1991年改为半年刊;2002年更名为《中国历史文物》,为双月刊。2011年《中国历史文物》与《近代中国与文物》(原为中国革命博物馆1979年创刊的内部刊物《党史研究资料》)合并,改为今名。截至2012年底出版至总第107期。(王景霞)

【故宫博物院院刊】 学术性期刊。故宫博物院主办。双月刊。主要刊布故宫博物院的历史文化、古代建筑及历代艺术品研究。现设有明清历史、文物研究(包括古书画、古器物、古文字研究、佛教美术等)、古建筑、考古学研究、文保科技、博物馆工作等栏目。1958 年创刊,不定期出版,1961 年停刊。1979 年复刊,为季刊,2000 年改为双月刊。截至 2012 年底出版至总第 164 期。(王景霞)

【中国文物科学研究】 学术性期刊。中国文物学会、中国文化遗产研究院共同主办。季刊。主要刊布文物学科理论和文物保护科学技术的文章。每期内容分为学科论坛和文保科技两大版块。2006 年创刊。截至 2012 年底出版至总第 28 期。(王景霞)

【中国文化遗产】 学术性期刊。中国文物报社主办。双月刊。主要刊布文化遗产保护、研究、利用和管理等方面的文章。2004 年创刊。截至 2012 年底出版至总第 52 期。(王景霞)

【文物天地】 文物艺术收藏类期刊。中国文物报社主办。月刊。主要刊布国家文物方针政策、收藏文化及艺术品投资。1981 年创刊。截至 2012 年底出版至总第 258 期。(王景霞)

【中国钱币】 学术性期刊。中国钱币博物馆、中国钱币学会主办。季刊。刊布内容以中国古今钱币学、货币史为主,兼及外国钱币学史,旨在推进中国钱币学、货币史的研究。1983 年创刊。截至 2012 年底出版至总第 119 期。(王景霞)

【中国博物馆】 学术性期刊。中国博物馆协会主办。季刊。主要刊布博物馆学研究成果和博物馆事业的发展动态。1984 年创刊,初名《博物馆》,1985 年改为今名。截至 2012 年底出版至总第 110 期。(王景霞)

【文物春秋】 学术性期刊。河北省文物局主办。双月刊。主要刊布河北省文物、考古、博物馆工作的新发现、新成果。1989 年 6 月创刊,1999 年改为双月刊。截至 2012 年底出版至总第 128 期。(王景霞)

【文物世界】 学术性期刊。山西省文物局主办。双月刊。主要刊布山西省及其周围省区的文物考古研究成果。1989 年创刊,原名《文物季刊》,出版至 1999 年第三期起改为今名,2000 年改为双月刊。截至 2012 年底出版至总第 113 期。(王景霞)

【草原文物】 学术性期刊。内蒙古考古博物馆学会、内蒙古文物考古研究所主办。半年刊。主要刊布文物考古方面的学术问题及内蒙古地区文物考古工作的新成果。1981 年创刊,原名《内蒙古文物考古》,1987 年停刊,1991 年复刊,共出版 43 期,2011 年改为今名。截至 2011 年底出版至总第 2 期。(王景霞)

【辽海文物学刊】 学术性期刊。辽宁省考古博物馆学会、辽宁省博物馆、辽宁省文物考古研究所主办。半年刊。主要刊布辽河两岸和大海之滨地区的古代文明发展、辽海地区的古代文化遗存和东北历史考古方面的内容。1986 年创刊。截至 1997 年出版至总第 24 期,已停刊。(王景霞)

【博物馆研究】 综合性学术刊物。吉林省博物馆学会、吉林省考古学会主办。季刊。主要刊布吉林地区的文物与考古、博物馆学、民族学、历史学等方面的论著和研究文章。1982 年创刊。截至 2012 年底出版至总第 120 期。(王景霞)

【北方文物】 学术性期刊。《北方文物》杂志社主办。季刊。主要刊布中国北方地区的文物考古、民族史和地方史的研究成果和学术动态。1981 年创刊,原名《黑龙江文物丛刊》,1985 年改为今名。截至 2012 年底出版至总第 112 期。(王景霞)

【文物保护与考古科学】 综合性学术期刊。上海博物馆主办。季刊。主要刊布中国文物保护和考古科学技术的研究和应用成果,以及国内外文物保护与考古科学技术的进展和动向。1989 年创刊,半年刊,2003 年改为季刊。截至 2012 年底出版至第 24 卷第 4 期(总第 68 期)。2002 年、2008 年、2009 年分别出版了增刊《上海博物馆建馆 50 周年纪念学术论文》、《创刊二十周年纪念专辑》、《馆藏文物保存环境应用技术研究》。(王景霞)

【东南文化】 学术性期刊。南京博物院主办。双月刊。主要刊布考古学、博物馆学、民俗学等研究文章。1975 年创刊,原名《文博通讯》,1985 年改为今名。季刊。1987 年改为双月刊,1995 年改为季刊,1999 年改为双月刊,2000 年改为月刊,2004 年改为双月刊。截至 2012 年底出版至总第 230 期。(王景霞)

【福建文博】 文物博物馆专业刊物。福建省考古博物馆学会、福建博物院主办。季刊。主要刊布福建地区文物考古调查、发掘简报和文物保护、科技考

古等领域的学术论文。1979 年创刊。截至 2012 年底出版至总第 81 期。(王景霞)

【南方文物】 学术性期刊。江西省文化厅主办。季刊。主要刊布中国南方地区考古调查、发掘报告与研究论文。1958 年创刊,原名《文物工作资料》(内部资料),1979 年扩编为《江西历史文物》;1989 年《江西历史文物》与 1985 年创刊的《江西革命文物》合刊为《江西文物》,1992 年改为今名。截至 2012 年底出版至总第 84 期。(王景霞)

【农业考古】 学术性期刊。江西省社会科学院主办。双月刊。主要刊布从考古学和民族学角度阐述中国古代农业或与之相关的研究成果。1981 年创刊,原为半年刊,1991 年改为季刊,2005 年改为双月刊。截至 2012 年底出版至总第 120 期。(王景霞)

【华夏考古】 学术性期刊。河南省文物考古研究所、河南省文物考古学会主办。季刊。主要刊布各地田野考古发掘报告和简报、考古研究论文、译文等。1987 年创刊。截至 2012 年底出版至总第 102 期。(王景霞)

【中原文物】 学术性期刊。河南博物院主办。双月刊。主要刊布中原文化和考古学研究的学术成果。1977 年创刊,原名《河南文博通讯》;1981 年改为今名,季刊,2000 年改为双月刊。截至 2012 年底出版至总第 168 期。(王景霞)

【江汉考古】 学术性期刊。湖北省文物考古研究所主办。季刊。主要刊布长江中游及南方地区文物考古新发现与学术研究文章。1980 年创刊。截至 2012 年底出版至总第 127 期。(王景霞)

【四川文物】 学术性期刊。四川省文物局主办。双月刊。主要刊布西南地区的考古新发现与研究、考古发掘简报,以及考古学文化研究专辑。1984 年创刊。截至 2012 年底出版至总第 166 期。(王景霞)

【考古与文物】 学术性期刊。陕西省考古研究院主办。双月刊。主要刊布考古调查发掘简报、研究论文、译文等,侧重于周、秦、汉、唐四大盛世朝代的内涵积淀研究。1980 年创刊。截至 2012 年底出版至总第 194 期。(王景霞)

【文博】 学术性期刊。陕西省文物局主办。双月刊。主要刊布历史文物、古代建筑、考古发掘及科学保护等领域的学术文章。1984 年创刊。截至 2012 年底出版至总第 171 期。(王景霞)

【敦煌研究】 学术性期刊。敦煌研究院主办。双月刊。主要刊布敦煌学研究的新成果和新资料,并反映中国佛教史、美术史、古汉语、古代民俗学、古代科技和古代音乐舞蹈等研究成果。1981—1982 年试刊,1983 年创刊,不定期出版;1986 年改为季刊,2002 年改为双月刊。截至 2012 年底出版至总第 136 期。(王景霞)

【西域研究】 学术性刊物。新疆社会科学院主办。季刊。主要刊布新疆民族史、文化史、历史地理及文物考古等方面的最新研究成果,兼及丝绸之路和吐鲁番学研究。1991 年创刊。截至 2012 年底出版至总第 90 期。(王景霞)

【吐鲁番学研究】 学术性期刊。新疆吐鲁番学研究院、新疆吐鲁番学会主办。半年刊。主要刊布吐鲁番历史文化、文物保护及国际吐鲁番学研究论著。前身为 2000 年创办的内部刊物,2008 年正式创刊。截至 2012 年底出版至总第 10 期。(王景霞)

【故宫学术季刊】 学术性期刊。台北故宫博物院主办。季刊。主要刊布文物、历史、考古研究方面的学术论文及博物馆学、文物维护等其他相关文章。1966 年创刊,原名《故宫季刊》,1983 年秋改为今名,另设卷期号。截至 2012 年底出版至总第 29 卷第 4 期。(王景霞)

【故宫文物月刊】 学术性期刊。台北故宫博物院主办。月刊。主要刊布台北故宫博物院的藏品及藏品研究的相关论文。1983 年创刊。截至 2012 年底出版至总第 357 期。(王景霞)

【考古人类学刊】 学术性期刊。台湾大学人类学系主办。不定期出版。主要刊布台湾省人类学、民族学、考古学等相关领域的研究论文及报告。1953 年创刊。截至 2011 年底出版至总第 75 期。(王景霞)

中国考古学丛刊

【考古学集刊】 学术性丛刊。中国社会科学院考古研究所主办。不定期出版。主要刊布中型田野发掘与调查报告,兼收考古简报及研究论文、科技考古等。1981 年创刊。截至 2011 年底共出版 18 集。(王景霞)

【科技考古】 学术性丛刊。中国社会科学院考古研究所科技中心编辑。不定期出版。主要刊布

自然科学方法和技术在考古学中的应用等内容。2005年创刊。截至2011年底出版至总第3辑。(王景霞)

【文物资料丛刊】 学术性资料丛刊。文物编辑委员会编辑。不定期出版。主要刊布考古发掘报告、重要传世文物介绍,以及文物与考古等方面的研究论文。1977年创刊。截至1987年出版至总第10辑,今已停刊。(王景霞)

【故宫学刊】 学术性丛刊。年刊。故宫博物院编辑。主要刊布故宫学研究、故宫学学科建设研究、考古研究、文物鉴赏与研究等文章。2002年创刊。截至2011年底出版至总第7辑。(王景霞)

【北京文物与考古】 综合性学术刊物。先后由北京历史考古丛书编辑组、北京文物研究所编辑。不定期出版。主要刊布北京市文物研究所的考古发掘成果和北京历史文物遗迹及相关研究文章。1983年创刊。截至2011年底出版至总第6辑。(王景霞)

【北京文博文丛】 学术性丛刊。北京市文物局主办。季刊。主要刊布北京地区的文物工作和考古成果、博物馆学的发展和研究。1995年创刊,原名《北京文博》,2011年起改为今名。截至2011年底出版至总第66期。(王景霞)

【首都博物馆论丛】 博物馆资料丛刊。首都博物馆主办。不定期出版。主要刊布博物馆陈列介绍、工作心得和经验交流、研究成果和专题论述等内容。1982年创刊,原名《首都博物馆丛刊》,2011年改为今名。截至2011年底出版至总第25辑。(王景霞)

【辽宁省博物馆馆刊】 学术性丛刊。辽宁省博物馆主办。不定期出版。主要刊布辽河地区考古学与古代文化、辽宁博物馆馆藏文物、博物馆学与文物保护等研究成果。2006年创刊。截至2011年底出版至总第5辑。(王景霞)

【上海博物馆集刊】 学术性丛刊。上海博物馆主办。不定期出版。主要刊布文物与考古发现、出土文物研究、出土文献资料研究等内容。1981年创刊,原名《上海博物馆馆刊》,1983年总第二期起改为今名。截至2011年底出版至总第11期。(王景霞)

【上海文博论丛】 学术性丛刊。上海市文物管理委员会主办。季刊。主要刊布考古、文物、博物馆学研究成果。2002年创刊。截至2011年底出版至总第37辑。(王景霞)

【浙江省文物考古研究所学刊】 学术性丛刊。浙江省文物考古研究所主办。不定期出版。主要刊布浙江省考古研究所文物考古及文化遗产保护研究进展等方面的成果。1993年创刊,前身为1981年创刊的《浙江省文物考古所学刊》。截至2011年底出版至总第9辑。(王景霞)

【东方博物】 综合性学术刊物。浙江省博物馆主办。季刊。主要刊布国内外学者在考古学、文物和博物馆学领域的学术论文和科研成果。1996年创刊。截至2011年底出版至总第41辑。(王景霞)

【文物研究】 学术性刊物。安徽省考古学会、安徽省文物考古研究所主办。不定期出版。主要刊布安徽考古学范畴的历史文化及考古报告、考古学及与相邻学科的研究、出土资料介绍与研究等。1985年创刊。截至2011年底出版至总第18辑。(王景霞)

【湖南考古辑刊】 资料丛刊。先后由湖南省博物馆、湖南省博物馆与湖南省考古学会、湖南省文物考古研究所主办。不定期出版。主要刊布湖南考古工作的成果、探讨并解决考古学研究各方面问题。1982年11月创刊。截至2011年底出版至总第9辑。(王景霞)

【湖南省博物馆馆刊】 综合性学术刊物。湖南省博物馆主办。年刊。主要刊布长江以南的考古新发现和长沙马王堆汉墓专题研究、文物及博物馆学研究等。2004年创刊,前身为1982年及1986年创刊的《湖南考古辑刊》、《湖南省博物馆文集》。截至2011年底出版至总第7辑。(王景霞)

【华南考古】 学术性丛刊。广东省文物考古研究所、广州市文物考古研究所、深圳博物馆主办。不定期出版。主要刊布广东、广西、海南、福建等地的旧石器时代文化和人类化石及新石器时代至秦汉及以后的考古研究成果。2004年创刊。截至2011年底出版至总第2辑。(王景霞)

【陕西历史博物馆馆刊】 学术性丛刊。陕西历史博物馆主办。不定期出版。主要刊布周秦汉唐时期的历史文化和考古学研究及国内外学者在古文字学、文物博物馆学、美术史等领域的研究和交流等内容。1994年创刊。截至2011年底出版至总第17辑。(王景霞)

【史前研究】 学术性丛刊。西安半坡博物馆主办。不定期出版。主要刊布史前考古、史前社会、民族学、历史学及相关学科的研究成果。1983 年创刊,1987 年底停刊。后又陆续出版《史前研究》(专号 1990)、《史前研究》(专号 1995)及《史前研究:西安半坡博物馆建馆四十周年纪念文集》。2000 年正式复刊,截至 2011 年底共出版 10 集。(王景霞)

【环境考古研究】 学术性丛刊。周昆叔、莫多闻等主编。不定期出版。主要刊布环境考古学的历史、内容与作用、古环境考古的方法等文章。1991 年创刊。截至 2011 年底出版至总第 4 辑。(王景霞)

【古代文明】 学术性丛刊。北京大学中国考古学研究中心、北京大学震旦古代文明研究中心主办。不定期出版。主要刊布中国古代文明研究、多学科探讨中国以及东方和西方古代文明等。2002 年创刊。截至 2011 年底出版至总第 8 卷。(王景霞)

【边疆考古研究】 综合性学术期刊。吉林大学边疆考古研究中心主办。不定期出版。主要刊布以中国边疆地区的古代文化、人类与环境等问题为核心的考古学专论、发掘报告和研究文章。2002 年创刊。截至 2011 年底出版至总第 10 辑。(王景霞)

【东方考古】 学术性丛刊。山东大学东方考古研究中心主办。不定期出版。主要刊布中国东方和东亚地区的考古学及相关学科的研究成果和新思路、新方法等。2004 年创刊。截至 2011 年底出版至总第 8 辑。(王景霞)

【东南考古研究】 学术性丛刊。厦门大学历史系考古教研室、香港中文大学中国考古艺术研究中心主办。不定期出版。主要刊布中国东南地区古代历史与民族文化研究成果。1996 年创刊。截至 2011 年底出版至总第 3 辑。(王景霞)

【岭南考古研究】 学术性丛刊。中山大学岭南考古研究中心、广东省珠江文化研究会岭南考古研究专业委员会主办 。不定期出版。主要刊布岭南历史文化与环境、人类社会结构变迁与自然生态环境的关系、原始农业起源等考古学研究成果。2001 年创刊,原名《岭南考古论文集》,2002 年改为今名。截至 2011 年底出版至总第 7 辑。(王景霞)

【南方民族考古】 学术性丛刊。先后由四川大学博物馆、中国古代铜鼓研究学会及四川大学博物馆、四川大学考古学系、成都文物考古研究所主办。不定期出版。主要刊布中国南方及东南亚地区民族学、考古学及相邻学科的研究成果和新理论、新方法。1987 年创刊。截至 2011 年底出版至总第 7 辑。(王景霞)

【周秦汉唐文化研究】 学术性丛刊。西北大学文博学院、三秦出版社主办 。年刊。主要刊布周秦汉唐历史、考古及文学研究的最新成果及先秦到唐宋时期的历史与考古学术论文。2002 年创刊。截至 2011 年底出版至总第 7 辑。(王景霞)

【西部考古】 学术性丛刊。西北大学文化遗产与考古学研究中心、文化遗产研究与保护技术教育部重点实验室主办。年刊。主要刊布中国西部的考古学、文物学、文化遗产管理与保护规划、环境与历史地理、理论方法与中型考古发掘报告等。2006 年创刊。截至 2011 年底出版至总第 5 辑。(王景霞)

史　前　编

旧石器时代

旧石器时代早期

【马圈沟遗址】 旧石器时代遗址。位于河北省阳原县岑家湾村西南。从1992年开始经过数次发掘,获得了一批石制品和动物化石。石制品原料以燧石为主,系石锤直接打击而成,少有加工修理痕迹。动物化石的种类有象、犀牛与鹿类等。遗址共分六个文化层,根据遗址剖面的磁性地层年代学结果,马圈沟第一文化层(MJG-1)至第六文化层(MJG-6)的年代分别为距今155万、164万、166万、169万、174万和175万年。马圈沟遗址提供了较早时期人类在泥河湾盆地的生存信息,是泥河湾盆地迄今发现的最为重要的旧石器时代早期遗址之一。(涂栋栋)

【半山遗址】 旧石器时代遗址。位于河北省阳原县岑家湾村泥河湾盆地东缘。1990年发现并试掘。发现有石制品和一些哺乳动物化石。石制品与马圈沟遗址的类似,其中有2件刮削器和18件带有修理或使用痕迹的石制品。动物化石的种类也与马圈沟遗址的近似。遗址年代为距今175万~155万年。(涂栋栋)

【小长梁遗址】 旧石器时代遗址。位于河北省阳原县官厅村泥河湾盆地东缘。20世纪70年代以来经过数次考古调查发掘。出土的石器多为小型器,种类有刮削器、尖状器和砍砸器等。出土的动物化石种类有鬣狗、古菱齿象、三趾马、三门马、披毛犀和羚羊等。遗址年代为距今约100万年。(涂栋栋)

【东谷坨遗址】 旧石器时代遗址。位于河北省阳原县东谷坨西北侧的许家坡,与小长梁遗址相距约1千米。遗址总面积达40万平方米以上。1981年首次发掘45平方米,共发现1 000余件石制品和大量哺乳动物化石。与小长梁遗址类似,石器基本为小型器。种类有刮削器、钻具、尖状器、雕刻器和小砍砸器等,有学者认为是北京人石器文化的先驱。动物化石的种类也与小长梁遗址基本一致。遗址年代据古地磁法测定为距今约100万年。(涂栋栋)

【霍家地遗址】 旧石器时代遗址。位于河北省阳原县泥河湾盆地内,距离东谷坨遗址不远处。1997年进行试掘。出土有石制品以及少量的哺乳动物化石。石制品中石器所占比例很高,种类有刮削器、尖状器、石锥、雕刻器等。遗址年代为距今约100万年。(涂栋栋)

【岑家湾遗址】 旧石器时代遗址。位于河北省阳原县泥河湾盆地内距离东谷坨遗址北约700米处的岑家湾村南。1986年进行发掘,发掘面积45平方米,出土石制品近千件。石制品的种类有刮削器、尖状器等,以小型器为主。在文化面貌上与东谷坨遗址相近。遗址年代为距今97万~90万年。(涂栋栋)

【青磁窑遗址】 旧石器时代遗址。位于山西省大同市西郊云冈镇青瓷窑村西十里河北岸第二阶地后缘。1975年发现。1976年、1977年经过了两次发掘,发现近千件石制品和一批哺乳动物化石。石器种类有石锤、石凿、刮削器、尖状器、砍砸器等,动物化石的种类有狼、古菱齿象、披毛犀、三门马、羚羊、羊和扭角羊等。遗址年代为距今10余万年。(涂栋栋)

【西侯度遗址】 旧石器时代遗址。全国重点文物保护单位。位于山西省芮城县西侯度村。1960年发现。1961年、1962年经过了两次发掘。发现有石制品及动物化石。石器种类有刮削器、砍砸器和三棱大尖状器等,动物化石的种类有巨河狸、剑齿象、长鼻三趾马、三门马等。遗址年代为距今约180万年。1978年出版有《西侯度——山西更新世早期古文化遗址》。(涂栋栋)

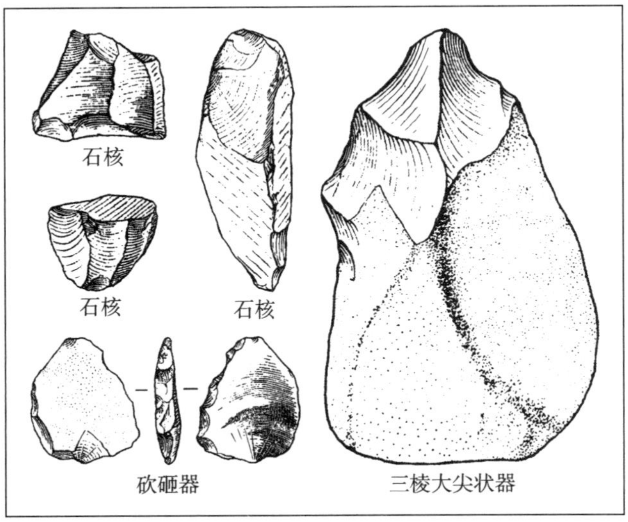

西侯度遗址石器

【蓝田人化石地点】 泛指曾发现旧石器时代早期直立人化石的陕西省蓝田县公王岭和陈家窝两处地点。全国重点文物保护单位。公王岭地点出土的直立人头盖骨形态与北京猿人相似,又具有更为原始的形态(见彩版1"公王岭蓝田人遗址外景"、"蓝田人复原塑像")。与人类化石共出土的有以三棱大尖状器为代表的石器和哺乳动物化石,还发现了用火遗迹。年代测定为距今115万~110万年。陈家窝地点发现了直立人下颌骨化石、一些石制品和哺乳动物化石。年代测定为距今约65万~60万年。有学者指出"蓝田人"应专用于公王岭发现的直立人化石。(涂栋栋)

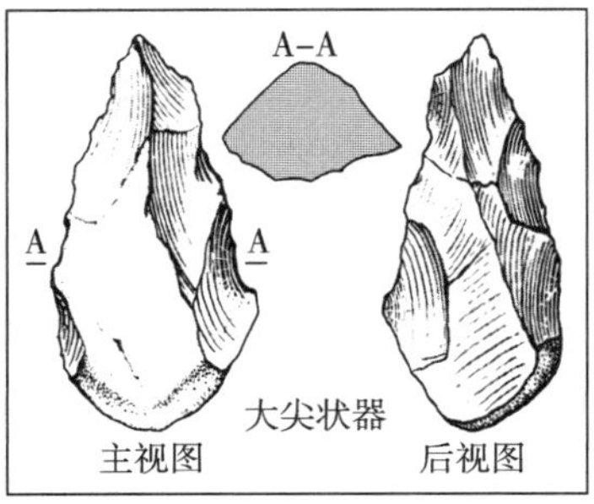

蓝田人化石地点石器

【周口店遗址第1地点】 亦称"北京人遗址"、"猿人洞"。旧石器时代遗址。全国重点文物保护单位。位于北京市房山区周口店镇龙骨山北坡。1921年发现。1927年开始进行大规模系统发掘。1929年发现了第一个完整的北京人头盖骨化石。此后又经过多次发掘,出土了极为丰富的人类化石、石制品、骨角器、动物化石等,还发现了丰富的人类用火遗迹。北京人的体质特征较为原始,属于典型的直立人。石制品以小型器为主。用锤击法、碰砧法和砸击法打制石片。用砸击法打制的两极石核和两极石片颇具特色。石器种类有砍砸器、刮削器、雕刻器、石锤和石砧等。动物化石的种类有洞熊、扁角大角鹿、披毛犀、竹鼠等,反映了遗址的气候环境经历了数种不同的变化。遗址年代为距今70万~20万年。(涂栋栋)

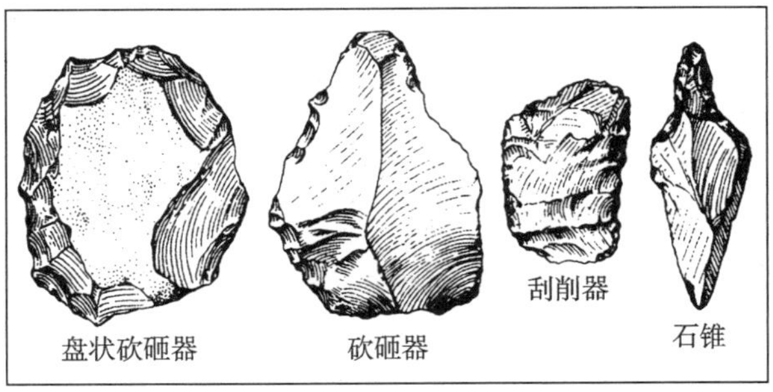

周口店遗址第1地点石器

【北京人遗址】 即"周口店遗址第1地点"。

【猿人洞】 即"周口店遗址第1地点"。

【匼河旧石器地点群】 泛指位于山西省芮城县匼河村附近,分布于中条山南麓黄河左岸的11处旧石器地点。全国重点文物保护单位。1957年发现。后经多次发掘。发现有石制品和哺乳动物化石。石制品以大型器为主。打片方法以锤击法为主,兼用碰砧法。石器种类有砍砸器、刮削器、大尖状器和石球等,以砍砸器和刮削器为主。是华北两大石器传统"匼河-丁村"传统的重要组成部分。动物化石的种类有象类、马、水牛、野牛、披毛犀、肿骨鹿、扁角鹿、斑鹿等。(涂栋栋)

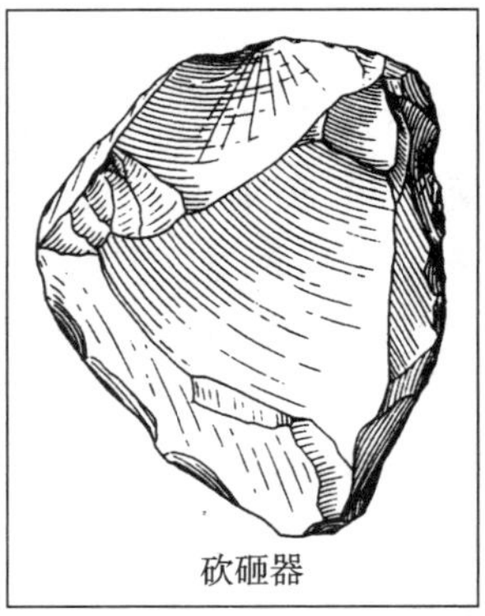

匼河遗址石器

【古交遗址】 旧石器时代遗址。全国重点文物保护单位。位于山西省太原市古交市古交镇后梁村。遗址分为王家沟和后梁两处地点,迄今已发现有旧石器时代早、中、晚期文化遗存多处。早期遗存两处,是太原地区发现最早的文化遗存,一处位于王家沟,发现石制品18件,均以角岩砾石作原料,器形甚大,有石核、砍砸器等。石核多数为单台面,砍砸器多由扁平砾石制作,刃缘最长者有80毫米。另一处是后梁,发现石制品459件,有石核、砍砸器、刮削器、尖状器等。其中砍砸器、刮削器最多。砍砸器器形颇具地方特色。中期遗存两处,一处位于古交镇以东的长峪沟，发现石制品8件；另一处位于古交钢厂附近，采集12件石制品，原料均为角页岩。其种类有石核、石片、砍砸器、尖状器。晚期遗存一处，属石器制造场，分布在东起古交镇、西至屯村、北到西曲、南达李家社的南北长约7千米，东西宽约4千米的范围内。采得石制品205件，原料以角页岩为主，种类有石核、石片、砍砸器、刮削器、尖状器等。（周振宇）

【南海峪遗址】 旧石器时代遗址。位于山西省垣曲县南海峪山坡的洞穴中。1957年发现。1958年首次进行局部发掘。出土有石制品和哺乳动物化石。石器种类有尖状器和刮削器，形体较小，与北京猿人石器工业接近。动物化石的种类有犀牛、鹿、豪猪、猕猴等。还发现了用火遗迹。遗址地质年代属中更新世或稍晚。（涂栋栋）

【三门峡地区旧石器地点群】 指20世纪60年代河南省三门峡地区发现的6处旧石器地点。分布地点、埋藏情况与匼河旧石器地点相似。石制品以大型器为主，主要采用锤击法剥片，以砍砸器的数量最多，多数是用砾石或石核直接加工而成。遗址地质年代属更新世中期。（涂栋栋）

【大窑石器制造场】 旧石器时代遗址。全国重点文物保护单位。位于内蒙古自治区呼和浩特市东郊大窑村，是一处历经旧石器时代早、中、晚期的石器制造场。1973年发现。1976年和1979—1983年分别对大窑南山二道沟和四道沟进行了发掘，获得了一批石制品和动物化石。石制品精致者少，多为半成品和废品，石器以大型器居多，种类有砍砸器、刮削器、石球、尖状器等，尤以龟背形刮削器最具特色。（涂栋栋）

【沂源猿人化石地点】 旧石器时代遗址。全国重点文物保护单位。位于山东省沂源县土门镇骑子鞍山，是一处裂隙堆积。1981年于此发现了一件人类头盖骨残片和一些动物化石。此后又经过两次发掘，发现了一些人类牙齿和更多的动物化石。头盖骨显示了与北京猿人相似的特征，牙齿也与典型直立人的牙齿有相似之处。动物化石的种类有大河狸、三门马、鬣狗、肿骨鹿等，与周口店遗址第1地点的动物群类似。（涂栋栋）

【庙后山遗址】 旧石器时代洞穴遗址。全国重点文物保护单位。位于辽宁省本溪满族自治县山城子村东庙后山南坡。1978年发现，至1982年间经过多次发掘。洞穴堆积由上、下两部分组成，上部堆积属晚更新世，下部堆积属中更新世晚期。出土有石制品、哺乳动物化石及人类化石。还发现了用火遗迹。石器多属大型器，种类有刮削器、尖状器和砍砸器等，以刮削器最多。打片方法多用锤击法和碰砧法，与时代较晚的华北丁村文化类似。下部堆积出土的哺乳动物化石种类有三门马、肿骨大角鹿等。遗址年代为距今40万~14万年。（涂栋栋）

【金牛山人遗址】 旧石器时代遗址。全国重点文物保护单位。位于辽宁省大石桥市西田屯村。1984年发现。共有四处旧石器文化地点，金牛山A地点和C地点发现有石制品、用火遗迹和哺乳动物化石，B地点和D地点仅发现动物化石。A地点发现的人骨化石被称作“金牛山人”。石器种类有刮削器和尖状器，用锤击法或砸击法打片制成，有少量两极石核，与“北京猿人”石器文化类似。动物化石的种类有变种狼、三门马、肿骨大角鹿等。A地点上部堆积的年代为距今20万~16万年，下部堆积的年代为距今31万~20万年。（涂栋栋）

【甜水沟遗址】 旧石器时代遗址。全国重点文物保护单位。位于陕西省大荔县段家乡解放村东的甜水沟内。出土遗物有人类头骨化石、石制品和哺乳动物化石。出土的人类头骨化石被称作“大荔人”，显示出由直立人向早期智人的过渡特征。石器主要是小型的石片石器，种类有刮削器、尖状器、石锥和雕刻器等。哺乳动物化石的种类有古菱齿象、三门马和犀牛等。遗址年代为距今约20万年。（涂栋栋）

【元谋猿人遗址】 旧石器时代遗址。全国重点文物保护单位。位于云南省元谋县上那蚌村。1965年发现了两枚上内侧门齿人牙化石、少量石制品、大量的炭屑和哺乳动物化石。人牙化石具有明显的原始性质，被命名为“元谋猿人”。石制品包括石核和刮削器等，人工痕迹清晰。哺乳动物化石种类有泥河湾剑齿虎、云南马、爪蹄兽、中国犀等。遗址年代为距今约170万年。（涂栋栋）

【巫山人遗址】 旧石器时代遗址。全国重点文物保护单位。位于重庆市巫山县龙坪村龙骨坡。面积约700平方米。1984年发现。1986年进行发掘。发现了古人类门齿和带犬齿的颌骨化石，以及数十件与人类化石同一层次的巨猴、剑齿虎、双角犀等化石。地质年代为距今约204万年。“巫山人”是迄今为止中国境内发现的最早人类化石。这一重大发现，填补了中国早期人类化石空白，对于人类起源和三河谷发育史的研究具有极为重要的科学价值。1991年出版有《巫山猿人遗址》。（涂栋栋）

【虎爪山遗址】 旧石器时代遗址。全国重点文物保护单位。位于湖南省常德市津市市。面积1万平方米。1988年调查发现。同年进行发掘，揭露面积60平方米，出土石制品7件。1994年和1997年在砖厂取土过程中又采集石制品及石料126件。石制品有石核、石片和石球三大类。石器有石片石器和砾石石器，器形有砍斫器、切割器、刮削器、尖状器、薄刃斧、石球、石锤等。此遗址总体上属华南砾石石器文化传统，因其有一批特色鲜明的砾石砍斫器—砾石尖状器，而又具有一定的地域性，故称为“澧水文化类群”。虎爪山遗址旧石器出土于澧水右岸三四级阶地网纹红土中，地质时代为中更世早中期，文化时代为旧石器时代早期晚段。为湖南省发现的时代最早的旧石器时代遗址，对于研究华南旧石器文化的形成、文化特点，探索远古人类的生产、生活方式与当时的地形地貌等都具有很高的价值。（周振宇）

【百色旧石器地点群】 旧石器时代遗址。位于广西壮族自治区百色盆地诸多旧石器地点的集合处。从20世纪70年代于宋村发现两件砾石石器至今，百色盆地发现的旧石器地点已近百处。石器有砍砸器、刮削器、大尖状器等几大类，以砍砸器的数量最多，还发现了数量较多的两面器。最具特色的石器是舌形尖刃器。主要采用砾石直接加工而成，大型工具占主导地位。百色旧石器地点群的年代有颇多争议，但从华南第四纪地层的特点来看，发现于高阶地网纹红土堆积中的百色旧石器的时代应不晚于中更新世。（涂栋栋）

【百谷和高岭坡遗址】 旧石器时代遗址。全国重点文物保护单位。百谷遗址位于广西壮族自治区百色市那毕乡大和村百谷屯东北。遗址原始地貌保存完好，石制品埋藏丰富，已发现数量较多的石制品，及可供年代测定的玻璃陨石标本，遗址表面还发现更多的大型砾石石器。高岭坡遗址出土石制品69件和玻璃陨石等，随后又发现石制品90余件，证实砖红壤是石器的原生地层，推断距今约70万年，把人类在广西活动的历史大大提前。百色盆地的众多发现是研究中国南方以及东南亚地区更新世人类发展史以及环境变迁最丰富的一批资料，百谷和高岭坡遗址是这些地点中保存最好的代表。（周振宇）

【观音洞遗址】 旧石器时代遗址。全国重点文物保护单位。位于贵州省黔西县沙井乡观音洞村。1964年发现，至1973年经过了多次发掘。出土有大量的石制品和哺乳动物化石。石器多为石片石器，采用锤击法直接打制，形状多不规则，以长、宽在3～5厘米者最多。石器种类有刮削器、尖状器、砍砸器、雕刻器、石锥等，以刮削器的数量最多。动物化石中以水牛和剑齿象的数量最多。遗址年代属中更新世。（涂栋栋）

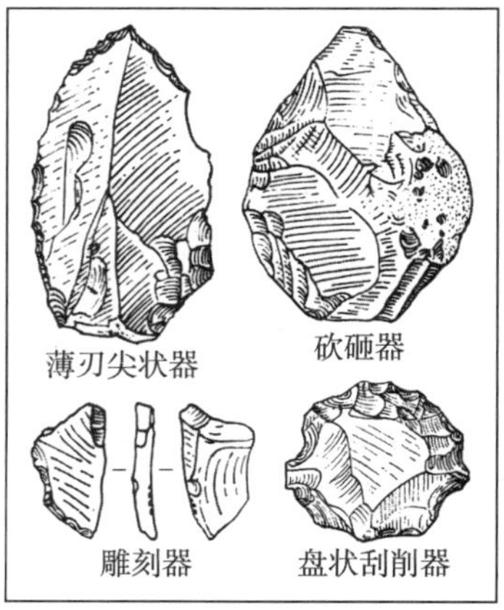

观音洞遗址石器

【石龙头遗址】 旧石器时代遗址。位于湖北省大冶县章山乡。1971—1972年进行发掘。出土有石制品和哺乳动物化石。石制品形体粗大，加工粗糙，打片以锤击法为主，石器类型较少，砍砸器与刮削器并存，多系砾石加工。动物化石属于典型的大熊猫-剑齿象动物群。遗址年代为距今约20万年。（涂栋栋）

【梅铺猿人遗址】 旧石器时代遗址。全国重点文物保护单位。位于湖北省郧县梅铺镇西寺沟龙骨洞。1975年中科院古脊椎动物与古人类考古研究所进行两次发掘。发现有猿人牙齿4颗，以及少量石制品，包括人工打击痕迹清楚的石核，20余种伴生动物化石，其中一部分属熊猫、剑齿象动物群，还有距今100万～60万年的更新世初期的桑氏鬣狗和第三纪残存的较为古老的动物嵌齿象。龙骨洞遗址距今100万～50万年，它的发现，提供了人类起源研究的珍贵资料，对于研究中国古气候的发展变化也有科学价值。（周振宇）

【郧县人遗址】 旧石器时代遗址。位于湖北省郧县弥陀村汉江北岸曲远河口的学堂梁子上。1989年调查发现了一枚人类头骨化石，以后数次发掘面积超过500平方米。出土了一具人类头骨、一批石制品和哺乳动物化石。人类头骨化石的原始性状明显，属于直立人。石制品多用锤击法直接剥片，包括砍砸器、刮削器和大尖状器三类，多用砾石加工而成。动物化石多为古老性物种。遗址年代为距今约93.6万年。（涂栋栋）

【建始直立人遗址】 原名“巨猿化石洞”。旧石器时代遗址。全国重点文物保护单位。位于湖北省建始县高坪镇麻扎坪村七组与金塘村交界的山坡上，小地名窑场湾。1970—2002年中国科学院古脊椎动物与古人类研究所进行九次调查与发掘。发现早期直立人牙化石5枚，以及石制品632件、骨制品65件，同时发现包括步氏巨猿在内的哺乳动物化石9目、37科、68属、87种，距今约200万年，是首次发现的直立人与巨猿共生的化石地点，是中国迄今发现的最早的古人类遗址之一。（周振宇）

【大洞遗址】 旧石器时代洞穴遗址。全国重点文物保护单位。位于贵州省盘县，地处贵州高原西部喀斯特丛沟谷地带，十里坪谷地西部边缘，是一个巨大的石灰岩溶洞。洞口宽55米，高约40米。从1992年开始进行多次发掘，获得古人类牙齿化石、石制品和大量的动物化石，发现一批灰烬、灰屑、烧骨等遗物。石制品多采用锤击法直接打片，种类有刮削器、钻具等。与华南地区的砾石加工相比，大洞的石器工业独具特色，且已证明有勒瓦娄哇技术的存在。动物化石主要是华南大熊猫-剑齿象动物群。盘县大洞遗址具有较完整的旧石器时代文化堆积，为建立华南地区第四纪洞穴堆积的标准提供了珍贵的实物资料。（涂栋栋）

【岩灰洞遗址】 旧石器时代洞穴遗址。位于贵州省桐梓县柴山冈南坡。1971年发现。1971年、1972年进行两次发掘。出土有石制品、动物化石和两枚人类牙齿化石。人类牙齿化石显示了较为原始的特征，可能属于早期直立人或智人。石制品使用锤击法打片并以单向加工为主，石器属刮削器类型。动物化石均属华南地区常见的大熊猫-剑齿象动物群。发现用火遗迹。遗址年代为距今约18万年。（涂栋栋）

【和县人化石地点】 旧石器时代人类化石地点。全国重点文物保护单位。位于安徽省和县陶店镇汪家山北坡的龙潭洞。1980年发现，其后经过了两次发掘。发现人类头骨化石、一些牙齿化石和破碎的人类骨骼化石。头骨、下颌骨和牙齿的形态既具有直立人的典型特征，又有一些进步特征。与北京猿人的头骨相比既有相似性，又有一定区别，可能反映了直立人进化的地区差异。与人类化石共出的哺乳动物化石种类有剑齿虎、肿骨鹿、大熊猫、剑齿象等，体现了南北混合的特点。和县人的地质时代为中更新世。遗址年代为距今19万～15万年。（涂栋栋）

【官山、毛竹山遗址】 旧石器时代遗址。全国重点文物保护单位。位于安徽省宁国市城区西北罗溪村。官山遗址于1987年发现。1993年和1996年安徽省考古研究所进行两次发掘。出土石器有石片、石核、砍砸器、刮削器、手镐等。毛竹山遗址于1986年底由安徽省考古研究所调查发现，1997年发掘。遗址略呈半圆形分布，长10米、宽6米，发掘出1 100多件砾石和石制品，其类型主要有砍砸器、刮削器、尖状砍砸器、石球和尖刃器。遗址中间部分是一处面积四五平方米的空白区。遗址埋藏在网纹红土的底部，地质时代为中更新世中期。官山、毛竹山遗址的发现，对于研究水阳江流域远古人类的生活具有极其重要的意义，对研究长江流域的旧石器文化也有不可或缺的贡献。（周振宇）

【巢县人化石地点】 亦称“银山人化石地点”。旧石器时代人类化石地点。全国重点文物保护单位。位于安徽省巢湖市银山村洞穴中。1982年发现。人骨化石有枕骨和上颌骨各一块。与直立人相比差别大，应属于早期智人。与人骨化石共生的动物群与和县人、北京人晚期的情况近似。年代为距今20万～16万年。（涂栋栋）

【银山人化石地点】 即“巢县人化石地点”。

【水阳江旧石器地点群】 从20世纪80年代后期开始在安徽省宣州市水阳江流域发现的10余处旧石器地点的集合。这些地点集中分布在水阳江中上游及其支流的两岸，宁国至宣州间长约70千米、宽约20千米的范围内。各处地点出土石制品数量不一，大部分仅有零星发现，位于中心部位的陈山遗址发现了千余件。石制品多用锤击法打片，石器风格浑厚粗犷，种类相对简单，最多为砍砸器。年代跨度较大，陈山遗址的年代为距今90万～15万年。（涂栋栋）

【上马坎遗址】 旧石器时代遗址。全国重点文物保护单位。位于浙江省安吉县溪龙乡溪龙村。2004年进行发掘，揭露面积100平方米，发掘深度达9米。出土石制品430余件，包括石核、石片、刮削器、砍砸器、石球、石锥、手镐、尖状物等。石制品原料主要为石英砂岩和砂岩，砍砸器、石球和手镐常见，这些石器制作工艺比较原始、粗糙，打片技术基本上使用锤击法和转向打击法，石器的修理都用锤击法。石制品个体粗大，属南方旧石器时代砾石石器文化。上马坎遗址的地层分布很清晰，自表土以下的褐色黏土层、稀网纹红土层、网纹红土层、砾石层都发现有人工打制的石器，据出土遗物地层推测，遗址年代从距今40万年延续至几万年。上马坎遗址的发现，填补了浙江旧石器时代考古的空白，其发掘成果为研究现代人起源与文化的关系提供了非常重要的资料，对中国南方旧石器的研究具有重大意义。（周振宇）

【七里亭遗址】 旧石器时代遗址。全国重点文物保护单位。位于浙江省长兴县泗安镇白莲村。2005—2006年发掘，发掘面积600余平方米。共发现石核、石片、砍砸器、刮削器、手镐、尖状器、石球、石砧等遗物600余件。遗址年代距今不晚于100万年。（周振宇）

【南京猿人化石地点】 旧石器时代人类化石地点。全国重点文物保护单位。位于江苏省南京市江宁区汤山镇雷公山葫芦洞。1993年发现了第一枚人类颅骨化石。1993—1994年经过了正式发掘。出土的人类骨骼化石被称作“南京猿人”。南京猿人的头骨特征比较原始，与北京人化石相似，应属于时代较晚的直立人。发现的动物化石种类有棕熊、中国鬣狗、肿骨鹿、梅氏犀、马与剑齿象等，与周口店北京人动物群类似。年代为距今约35万年。也有学者认为距今60万～40万年。1996年出版有《南京人化石地点(1993—1994)》。（涂栋栋）

【万寿岩遗址】 旧石器时代遗址。全国重点文物保护单位。位于福建省三明市岩前村。遗址埋藏在灵峰洞和船帆洞两个岩溶发育的洞穴内。面积1 200多平方米。1999年首次发掘，发掘面积400平方米，出土了800余件石制品、少量骨角器和20余种动物化石，其中船帆洞发现的人工石铺面极为罕见。灵峰洞和船帆洞的遗址年代分别为距今约18.5万年和3万～1万年，是华东地区迄今为止发现最早的旧石器时代早期文化遗址。（涂栋栋）

【洛南旧石器地点群】 旧石器时代地点群，包括旷野地点和洞穴地点。全国重点文物保护单位。位于陕西省秦岭东部山区南坡南洛河上游洛南盆地。1995年发现。后经过多次调查与发掘。共发现旷野类型旧石器时代人类活动地点多处，其中洛南盆地50处，采集各类石制品1 000余件；相邻的丹江上游商州市腰市盆地4处，采集各类石制品870余件。另外在洛南盆地发现花石浪龙牙洞洞穴遗址1处，并对其进行持续三年的发掘，共获得哺乳动物、鸟类和水生动物化石20余种，各类石制品3.5万余件，其中洞穴内达3万件以上，揭露遗址面积120余平方米，从中清理出三层古人类居住踩踏面、灰烬层，烧石，烧骨，该遗址被认定为埋藏丰富的早期人类生活居址。石制品原料多为取自河滩的轻变质石英岩、乳白色脉石英砾石。石片一般偏大。各类砍砸器、大型尖状器、石球、手斧为主要类型。地点群年代从中更新世中晚期到晚更新世。（周振宇）

【繁昌人字洞】 旧石器时代遗址及哺乳动物化石地点。全国重点文物保护单位。位于安徽省繁昌县孙村镇癞痢山南坡的裂隙“人”字形洞穴。1998年发现，后经过6次系统发掘，出土了大量灵长类动物化石和古人类石制品，其中包括67种动物，5 000件哺乳动物化石，以及若干数量的灵长类化石标本和石制品、骨制品。遗址年代为距今240万～200万年。（周振宇）

旧石器时代中期

【周口店遗址第4地点】 位于北京市房山区周口店镇，是一处南北向的洞穴裂隙堆积。1927年发现。在发掘过程中，发现了一颗古人类前臼齿，年代为距今约15万年，被称为“新洞人”。（涂栋栋）

【周口店遗址第15地点】 位于北京市房山区周口店遗址第1地点向南约70米处的一处裂隙或完全坍塌的洞穴中。1932年发现。1934—1937年进行了发掘。出土了大量的石制品和动物化石，还发现了人工用火的痕迹。石器种类有刮削器、尖状器、砍砸器和雕刻器，以刮削器的数量最多。第15地点的石器传统被认为是继承第1地点发展而来，砸击技术衰落，锤击技术发展。动物化石的种类有普氏羚羊、肿骨鹿、披毛犀和虎等。年代属于中、晚更新世之交，可能已进入晚更新世。（涂栋栋）

【许家窑遗址】 旧石器时代遗址。全国重点文物保护单位。位于山西省阳高县许家窑村。文化遗物以石制品为主。石器种类有刮削器、尖状器、石锥、雕刻器、砍砸器和石球等。石器普遍较小，多

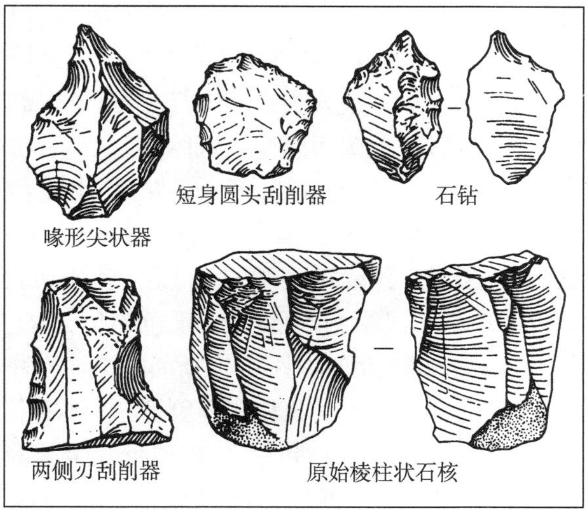

许家窑遗址石器

采用锤击法打片,以刮削器为主体的小石器工业并兼有大量的石球是其突出特点。许家窑遗址的石器工业继承了北京猿人文化,也是华北地区细石器工业的前身。遗址年代为距今12.5万~10万年。(涂栋栋)

【丁村遗址】 旧石器时代遗址。全国重点文物保护单位。位于山西省襄汾县丁村附近的汾河河畔。出土有属早期智人阶段的丁村人牙齿化石3枚,旧石器2 000余件,28种哺乳动物化石。文化遗物主要是石制品。主要采用碰砧法打片,石器以大型器为多,并以三棱大尖状器为其典型器物,是华北地区旧石器文化两大系统中匼河-丁村大石器系统的典型代表。年代属晚更新世早期。另有属于陶寺文化时期的灰坑、房址、陶窑发现,以及陶器、石器、骨器出土。(涂栋栋　高江涛)

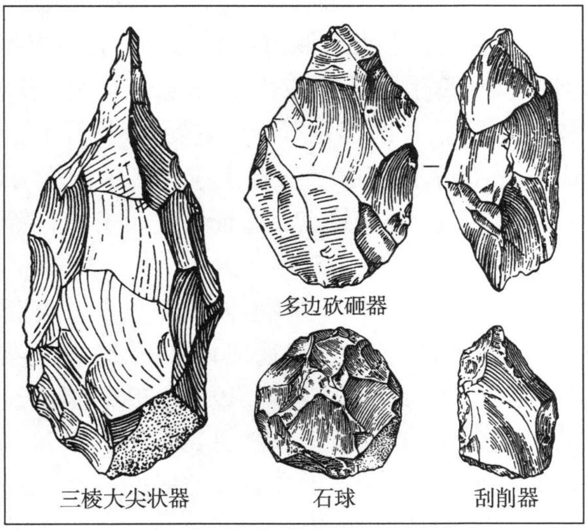

丁村遗址石器

【大荔人化石地点】 旧古器时代人类化石地点。位于陕西省大荔县解放村甜水沟口。1978年于沙砾石层中发现了大荔人头骨化石,并于同年和1980年进行发掘。大荔人头骨化石显示出直立人到早期智人的过渡阶段或早期智人的较早类型的特征。出土的哺乳动物化石种类有肿骨鹿、普氏羚羊、马、犀牛、河狸等。石制品多为小型器,以刮削器为主,加工较为粗糙。遗址年代为距今23万~18万年。(涂栋栋)

【织机洞遗址】 旧石器时代洞穴遗址。全国重点文物保护单位。位于河南省荥阳市王宗店村北。1985年发现,随后进行了多次发掘。既有旧石器时代文化堆积,也有裴李岗、仰韶等新石器时代早中期文化堆积。旧石器时代文化堆积的年代早于10万年,出土了大量石制品和动物化石。石器种类有刮削器、尖状器、砍砸器、雕刻器、石锥、石锤等。织机洞遗址的发现为研究中国距今10万~5万年的人类起源提供了丰富的材料。(涂栋栋)

【窑头沟遗址】 旧石器时代遗址。位于陕西省长武县城关镇窑头沟。20世纪70年代发现,随后进行了发掘。包含遗物有石制品和哺乳动物化石。石制品以小型器为主,石器组合以小型的刮削器为主。动物化石的种类有鼢鼠、普氏野马、披毛犀、扁角鹿和牛等。遗址地质年代属晚更新世早期。(涂栋栋)

【鸽子洞遗址】 旧石器时代洞穴遗址。位于辽宁省喀喇沁左翼蒙古族自治县水泉乡瓦房村大凌河岸。1956年发现。1973年和1975年进行两次发掘。鸽子洞洞口朝东,洞深约15米。出土有石制品和动物化石,还发现了丰富的用火遗迹。石器种类有刮削器、尖状器和砍斫器等,以刮削器为主。动物化石的种类有直隶狼、小野猫和最后斑鬣狗等。遗址地质年代属晚更新世早期。(涂栋栋)

【马坝人化石地点】 旧石器时代人类化石地点。位于广东省韶关市曲江区马坝乡狮子山石灰岩溶洞中。1958年发现了一名中年男性个体的头骨颅顶部分化石。体质特征既表现出和直立人类似的原始性质,又具有智人的进步性质,属于早期智人,代表了直立人转变为早期智人的重要环节(见彩版1“韶关马坝人遗址外景”、“马坝人复原塑像”)。伴出的脊椎动物化石有鬣狗、大熊猫、剑齿象等。遗址地质年代属晚更新世中期。(涂栋栋)

【硝灰洞遗址】 旧石器时代遗址。位于贵州省水城县西北25千米的三岔河右岸。1973年发现并发掘。发现一枚老年男性个体的左上犬齿化石，被称为“水城人”，接近于早期智人。出土50余件石制品和剑齿象等哺乳动物化石。石制品中绝大多数是石片。采用锐棱砸击法剥取石片是其突出特色。遗址年代为距今约5.7万年。（涂栋栋）

【长阳人遗址】 旧石器时代洞穴遗址。全国重点文物保护单位。位于湖北省长阳县下钟家湾村关老山南坡。1956年发现，为一处海拔1 300米的洞穴，平面呈不规则状。1957年进行发掘。发现的古人类上颌骨和牙齿化石，被称为“长阳人”。长阳人时代属晚更新世早期或稍晚，距今约19万年。（涂栋栋）

【黄龙洞遗址】 旧石器时代遗址。全国重点文物保护单位。位于湖北省郧西县香口镇李师关村6组。2004年经过考古试掘，获取人类牙齿化石5枚，石制品20余件，以及大量动物化石。人工石制品多为古人类制作石质工具所产生的断块和石片。经加工成型的石器包括刮削器、砍砸器、手镐和石锥、刮削器共5件。经初步动物群分析、石制品研究和年代测定显示，这是一处更新世晚期古人类遗址，采用铀系法和ESR法测年，遗址文化层年代距今约10万年。黄龙洞遗址的发现，对于研究中国及东亚地区更新世晚期人类演化和现代智人起源具有重要价值。（周振宇）

【罗沙岩遗址】 旧石器时代洞穴遗址。位于广东省封开县渔捞镇庙边村后山。1978年发现。1992年正式发掘。堆积共分五层，第2层的年代为距今2.2万年，出土24件石制品，包括石片和刮削器两类。第3层的年代为距今4.8万年，有两件采用锤击法单面加工的砍砸器。第4层的年代为距今7.9万年，出土了人类牙齿化石。罗沙岩遗址对于研究华南地区现代人类的起源及其与东南亚地区同时期人类与文化的关系都具有重要意义。（涂栋栋）

【九道河遗址】 旧石器时代洞穴遗址。位于湖北省宜都市九道河村。20世纪90年代初进行发掘。共发现石制品约400件，形体多较粗大，主要使用锤击法剥片，也有锐棱砸击技术的使用。石器大多为大型的石片石器，仅有刮削器和砍砸器两类，以刮削器为主，显示出与本地区典型砾石石器工业不同的特征。遗址地质年代属更新世初期。（涂栋栋）

【乌龟洞遗址】 旧石器时代遗址。全国重点文物保护单位。位于浙江省建德市李家镇新联村后的山坡上。洞内堆积厚约1米多，分为2层。上层为紫红色黏土，出土1枚人类右上犬齿化石，其形态与柳江人犬齿接近，命名为建德人，此系浙江省首次发现的古人类化石。除出土人类化石外，伴出动物化石有猕猴、最后鬣狗、猪、獾、大熊猫、中国犀、水牛、羊、鹿、麂、野猪、剑齿象等12种，其中绝灭动物4种。洞内堆积下层厚110厘米，黄红色黏土，出土东方剑齿象、纳玛象、巨貘、中国犀、大熊猫等17种动物化石，比上层增加了巨貘和纳玛象等。（周振宇）

【鸡公垱遗址】 旧石器时代中期遗址。全国重点文物保护单位。位于湖南省澧县栗木村。1987年调查发现，次年发掘。出土200余件石制品，除了石核、石片外，还有石锤、石砧等石器制作工具。石器中颇具特色的是用长条形砾石加工的大尖状器，此外还有砍砸器、石球和刮削器等。遗址地质年代属中更新世晚期或晚更新世早期。（涂栋栋）

【扁扁洞遗址】 旧石器时代洞穴遗址。位于贵州省毕节市海子街周家村东南。1983年发现，1985年发掘。洞口朝向西北，面积60平方米。洞内深部的堆积物呈黄色，揭露厚度4.5米，出土石制品75件，有石核、石片，动物化石有中国黑熊、虎等13种。据骨样品的铀系法测年，遗址年代为距今17万~13万年。（周振宇）

【高家镇遗址】 旧石器时代遗址。全国重点文物保护单位。位于重庆市丰都县高家镇桂花村二社，遗址埋藏于长江右岸第3级基座阶地内。1995年和1998年经过两次发掘，揭露面积456平方米。出土石制品2 500余件。石制品类型包括石器、石核、石片和断块等。古人类选取河卵石为原料，运用锤击法剥片和加工石器；石器以大型器为主，毛坯多为石核和完整石片，砍砸器是石器的主要类型；石器加工较简单，多数单向加工。石器工业具有中国南方旧石器时代主工业鲜明特点。遗址年代属于中更新世晚期。（周振宇）

【井水湾遗址】 旧石器时代遗址。位于重庆市丰都县三合镇新湾村二社，遗址埋藏于长江右岸的第2级基座阶地内。1994年发现，1998—2002年历经5次系统发掘，出土石制品910件，动物化石58件。古人类因地制宜地选取河卵石为原料进行剥片和加工石器；石制品类型包括石器、石核、石片、石锤和断块等；剥片技术为锤击法；石器以大型器和中型器为主，石器毛坯多为完整石片，砍砸器和刮削器是石器的主要类型；石器加工较简单，多数单向加工，且以正向为主。石器工业具有中国南方旧石器时代主工业鲜明特点。环境分析显示古人类生活在温暖湿润的针叶、阔叶混交林-草原环境条件下。遗址年代为距今约8万年。（周振宇）

【兴隆洞遗址】 旧石器时代遗址。位于重庆市奉节县兴隆洞。2001年发现，发掘出土早期智人牙齿、石器，以及有人工刻划痕迹的象牙和丰富的哺乳动物化石。这些材料的种类、特点和埋藏状况表明此洞穴是一处远古人类的居住遗址。此系三峡地区首次发现的早期智人化石。出现在剑齿象门齿上的刻划纹成组分布，组成简单而抽象的图案，是迄今所知最早的人类有意识的刻划作品，对原始艺术的起源和东亚地区现代人类的起源、演化和行为方式的研究具有重要的学术意义。通过出土动物群推断和铀系年代测定，古人类在此洞穴的生存行为发生在中更新世晚期，遗址年代为距今15万～12万年。（周振宇）

旧石器时代晚期

【山顶洞遗址】 旧石器时代代表性遗址。全国重点文物保护单位。位于北京市周口店龙骨山（见彩版1“北京山顶洞人遗址外景”、“山顶洞人复原塑像”）。1930年发现，1933—1934年由裴文中主持发掘。与人类化石一起出土了石器、骨角器和穿孔饰物。石器只有25件，有砍斫器和刮削器，制作方法延续了北京人石器的传统。骨角器中最有代表性的是骨针，刮磨光滑，是中国发现最早的旧石器时代的缝纫工具。穿孔饰物种类丰富，钻孔技术有一面直钻和两面对钻。出土的人类化石显示了进步的体质特征，代表了原始的蒙古人种。山顶洞人已经有了原始的宗教信仰，有意识地埋葬死者并在死者尸体上及周围撒赤铁矿粉，是中国迄今所知最早的埋葬。遗址年代为距今3.4万～2.7万年。（涂栋栋）

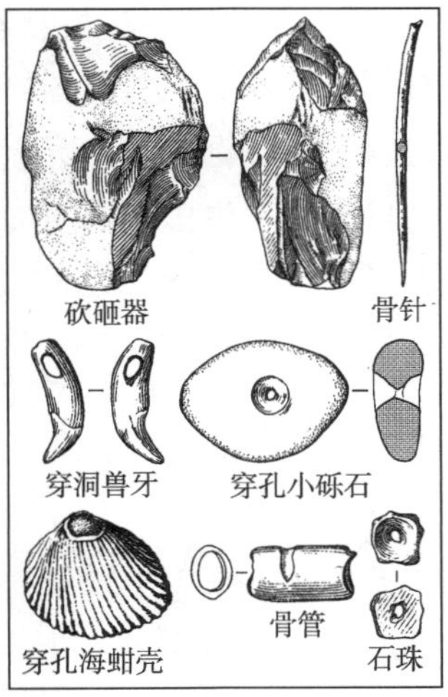

山顶洞遗址石器和装饰品

【萨拉乌苏遗址】 旧石器时代遗址。全国重点文物保护单位。位于内蒙古自治区乌审旗大沟湾村和滴哨沟湾村。1922年法国古生物学家桑志华和德日进于内蒙古乌审旗萨拉乌苏河沿岸发现。文化遗物有石制品、人工打碎的动物骨头和少量炭屑。石器的尺寸特别小，有刮削器、钻具、尖状器和雕刻器等，其中刮削器的数量最多，种类也最复杂。用锤击法打片和修理石器。出土了许多大型食草类动物和啮齿类、鸟类的碎骨。出土的23件人骨化石被称作“河套人”，体质特征很接近现代人，但还保留着一些原始性状，“铲”形门齿和枕鳞上方的顶间骨等特征接近现代蒙古人种。遗址年代为距今5万～3.5万年。（涂栋栋）

【水洞沟遗址】 旧石器时代遗址。全国重点文物保护单位。位于宁夏回族自治区灵武市临河镇水洞沟一处面南的崖壁上。1923年法国古生物学家德日进和桑志华于宁夏灵武市水洞沟附近发现了5处旧石器地点并进行了发掘，获得大量打制石器和少量破碎的动物化石。后又经多次发掘，尤以1980年发掘的第1地点和2003—2009年发掘的第2、7、12地点所得资料最为丰富。石制品分为普通石制品和细石器制品两类，普通石制品有石核、石叶、普通石片、羽冠石叶和石器。石核可分为石叶石核、勒瓦娄哇石核和普通石核，勒瓦娄哇石核颇具特色。石器有尖状器、端刮器、边刮器、凹缺器、锯齿刃器、雕刻器、钻具、砍砸器和厚背石刀等，其中以刮削器的数量最多，种类最丰富。打片前修理台面的现象普遍，石核预制迹象明显，存在勒瓦娄哇技术的使用。尖状器、端刮器、部分边刮器和雕刻器都与欧洲旧石器

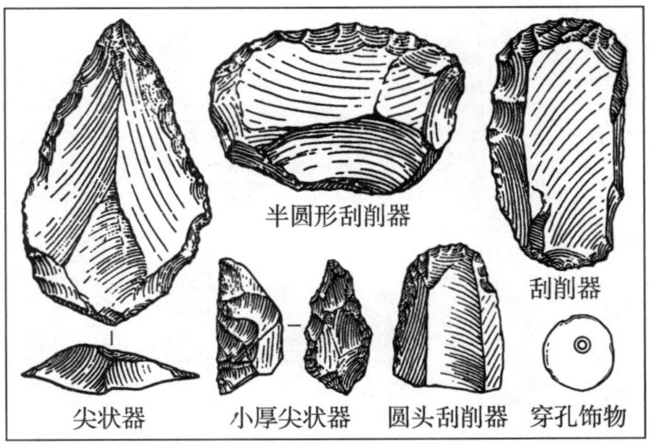

水洞沟遗址石器和骨器

时代的莫斯特文化和奥瑞娜文化的一些工具十分相似。石制品主要以白云岩、石英岩、燧石为主要原料。动物化石包括野驴、犀牛、鬣狗、羚羊、转角羊、牛、猪等。此外还发现大量鸵鸟蛋皮装饰品。遗址年代为距今3万~1万年。(涂栋栋)

【禹门口遗址】 旧石器时代洞穴遗址。位于陕西省韩城市黄河中游著名峡谷龙门附近的一处洞穴。洞穴东临黄河,高出河床30米。1972年发现,次年发掘。出土了大量细小石制品,有石核、石片、石器等,石制品原料主要是砾石,另有燧石、石英、石英岩和脉石英等。打片方法主要采用直接打击法,石片疤宽而短,加工痕迹比较细小。石器有砍砸器、切割器、尖状器和刮削器等,其中以刮削器数量最多,种类最复杂。石器加工方式主要为单向加工,多从劈裂面向背面加工。遗址年代为距今8万~5万年。(涂栋栋)

【刘家岔遗址】 旧石器时代遗址。位于甘肃省环县西川北沟上游麻堡子沟左侧的龙骨沟内。1977年发现。1978年正式发掘。获得了一批脊椎动物化石和旧石器,还发现了一件鹿角加工的器物。石制品有石核、石片和石器。石制品原料主要为石英岩,打片方法以锤击法为主,也使用砸击法。石器在石制品中所占比例较高,有刮削器、尖状器、石球、砍砸器和雕刻器等,尤以刮削器的数量最多。石器加工多用石锤直接修整,以单面加工为主,一般由劈裂面向背面加工,也有由背面向劈裂面加工或错向加工的。出土的动物化石与萨拉乌苏动物群的面貌基本一致。遗址年代为距今约3万年。(涂栋栋)

【峙峪遗址】 旧石器时代遗址。位于山西省朔州城西北峙峪村附近。1963年发现,同年进行局部发掘。出土遗物以细小石制品为主要特征,尖状器、雕刻器和刮削器的数量最多,大多修制规整。扇形石核、钺形小石刀和石镞的数量不多,但对研究细石器工艺的发生和当时人类对复合工具的使用具有重要意义。打片技术既有砸击法等传统技术,也有间接打制等较进步的技术。动物化石有披毛犀、普氏野马等,可推知当时的环境为夹杂灌木林的草原地带。与文化遗物一起出土了一枚晚期智人的枕骨化石。遗址年代为距今28 945±1 370年和28 135±1 330年。(涂栋栋)

【塔水河遗址】 旧石器时代洞穴遗址。全国重点文物保护单位。位于山西省陵川县城南约45千米的塔水河葫芦坝。1986年进行发掘。出土有石制品、动物化石和碎骨等,还发现了用火遗迹。石制品原料主要是黑色燧石,包括了石核、石片、刮削器和尖状器等,器形一般都很小,无论打片或加工都采用直接打击法。石器多以石片制作,单向打击,加工细致,刃缘整齐,尖部突出。动物化石有披毛犀、斑鹿、马鹿、盘羊和岩羊等。遗址年代为距今约2.6万年。(涂栋栋)

【下川遗址】 旧石器时代遗址。位于山西省沁水县城西70千米的下川乡。1970年发现。1973年和1974年两次发掘。出土的石制品包括细小石器和粗大石器两类,以细小石器为主,原料多为燧石,有锥状、半锥状、柱状、楔状和漏斗状等典型细石核,还有细石叶和各种刮削器、尖状器、雕刻器及琢背小刀、箭镞、石锯、锥钻、磨盘等。细小石器中既有以间接打击法产生由细石叶加工成的典型细石器,也有不以细石器特殊工艺制造的一般小型石器,且以后者为主。遗址年代为距今2.4万~1.6万年。下川

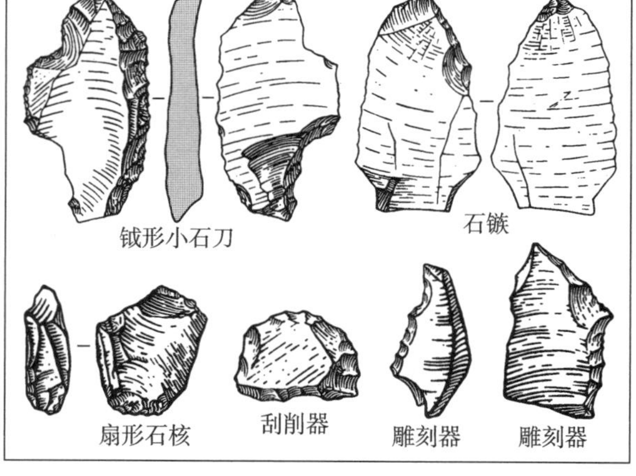

峙峪遗址石器

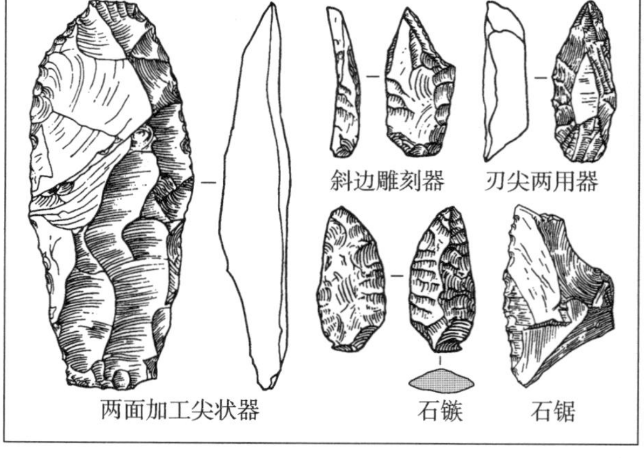

下川遗址石器

遗址石器文化上承峙峪文化和小南海文化,下开新石器时代早期高度发达的细石器工艺的先河,在华北细石器工艺传统的发展上具有十分重要的地位。(涂栋栋)

【大发遗址】 旧石器时代遗址。位于山西省榆次市东的潇河右岸。1980 年发现。随后经数次发掘清理,获得大量石制品、6 种哺乳动物化石和一些人工敲击的碎骨。石制品有石核、石片和少量石器,原料主要是燧石和石英,传统的打制石制品和细石器制品共存。石核有锤击石核、砸击石核和细石核。石制品中最多的是石片,包括锤击石片、砸击石片和石叶,以锤击石片最多。石器有刮削器、尖状器和雕刻器,石器多向一面加工,形体规则,加工精细匀称,器形稳定。(涂栋栋)

【薛关遗址】 旧石器时代遗址。位于山西省蒲县薛关村昕水河左岸。1964 年发现。1980 年正式发掘。出土了大量石制品和一部分哺乳动物化石。石制品原料有燧石、石英岩和角页岩等,应是就地取材制作的。石制品有石核、石片和石器,以小型的居多。细石核以楔状石核为代表,船底形石核发现较多,锥状石核不发达。打片技术以直接和间接法兼用。石器有刮削器、尖状器、雕刻器、琢背小刀、似石斧和石锤等,以刮削器的数量最多。各类石器以单面加工为主,几乎全部由石片制成。遗址年代为距今 13 550 ± 150 年。(涂栋栋)

【柿子滩遗址】 旧石器时代遗址。全国重点文物保护单位。位于山西省吉县城关西南 30 千米的清水河。1980 年发现,同年及以后又进行了多次发掘。发现有石制品、岩画、动物化石及人类用火遗迹等。堆积可分为上、下两层,主要的文化遗物及动物化石出自上文化层。石制品分为两类,一类是用直接打制法打击并加工的石片石器,另一类是用间接打制法压制的典型细石器。细石器以各色燧石及角页岩、水晶、石英岩等为主要原料,主要是细石核和细石叶,细石核有楔状石核、船底形石核、锥状石核和漏斗状石核,全部以直接打制法预制为核坯,再以间接打制法产生细石叶;细石叶断面有三角形和梯形之分,形态有平直者也有尾部弯曲者,有的还有使用痕迹。石片石器有石核、石片和石器,原料多为石英岩。打片方式主要为锤击法直接打击。石器有刮削器、尖状器和石镞等,以刮削器为主体,石器多用压制法修理成器,应是细石器技术的应用。发现岩画为赭红色的赤铁矿石所绘,一为正面裸体的女性形象,一为狩猎或舞蹈图,表现了当时人类的精神生活。据碳十四测定,遗址年代为距今 2 万～1 万年。(涂栋栋)

【四方洞遗址】 旧石器时代洞穴遗址。全国重点文物保护单位。位于河北省承德市鹰手营子区柳河东岸山脚洞穴内。洞穴口朝西北,呈方形,俗称"四方洞"。1988 年正式发掘。出土有石制品和动物化石,还发现了用火痕迹。石制品有石核、石片、石器和断块,以中型为主。原料主要是石英岩和石英砂岩,打片方法常用锤击法。石器以刮削器为主,另有少量砍砸器和尖状器。出土的动物化石有鹿、牛、犀、野猪、啮齿类和鸟类等。(涂栋栋)

【孟家泉遗址】 旧石器时代遗址。全国重点文物保护单位。位于河北省玉田县城东石庄村。1986 年和 1990 年进行两次发掘。发现有石制品、哺乳动物化石以及晚期智人化石。石制品原料以灰黑色燧石为主,分为石核、细石核、石片、细石叶、石器和废品,石器有各式砍砸器、刮削器、端刮器、凹刮器、尖状器、石锥、琢背石刀、锛状器和少量石锤及石砧。石器器形小巧、加工精细,个别标本有磨制痕迹。打片方法有锤击法、砸击法和间接打法。发现的两件人类化石,一件为顶骨残片,另一件为保存着 1 枚前臼齿、2 枚臼齿的右侧上颌骨。(涂栋栋)

【渟泗涧细石器遗址】 旧石器时代遗址。位于河北省秦皇岛市昌黎县渟泗涧村西北。1990 年发现。1991 年进行发掘。出土了部分石制品,未见动物化石。石制品有断块、断片、碎屑、石核、细石核、石片、细石叶和石器等,以燧石为主要原料。细石核均是船底形石核,多预先制备台面。打片既用锤击法也用间接剥片法,石片台面的种类较多但未见修理台面。石器有刮削器、尖状器、凹缺刮器、琢背小刀和雕刻器,以刮削器和凹缺刮器数量较多。石器主要以石片和石叶为毛坯,加工方法主要是锤击法,以正向加工为主。遗址年代为距今 1 万余年。(涂栋栋)

【油房细石器遗址】 旧石器时代遗址。位于河北省阳原县泥河湾盆地。1984 年发现。1986 年进行发掘。出土了石制品和少量哺乳动物化石。石制品原料多为各种硅质火成角砾岩或燧石。石制品可分为石核、石片、细石核、细石叶和石器。此遗址是典型的以细石器工业为主导的文化遗存,石器多为较小型,多由石片加工而成,修理疤平整,刃缘匀称,分为砍砸器、刮削器、尖状器、尖状器-端刃刮削器、雕刻器、琢背小石刀、石钻、石锤等，多以长型石片为毛坯，在石器加工中直接打击和间接压制技术并用。(涂栋栋)

【虎头梁遗址】 旧石器时代遗址。位于河北省阳原县虎头梁村东南泥河湾盆地桑干河中游左岸。1972年发现，并于1972—1974年发掘了9处地点。这些地点都位于桑干河河岸的二级阶地处，以虎头梁村为中心，分布在不到10千米的范围内。在这些地点的砂质黄土层中发现了大量的石制品和少量的装饰品。石制品种类包括普通石核、细石核、石片、石叶、细石叶、砍砸器、刮削器、尖状器、雕刻器、石锥、锛状器等。在遗址中与文化遗物一同发现的动物化石数量较多，但大多数严重破碎，可以鉴定的化石有蛙、鸵鸟蛋皮、似布氏田鼠、蒙古黄鼠、中华鼢鼠、变种仓鼠、狼、野马、野驴、鹿、牛、普氏羚羊、鹅喉羚、转角羚羊、野猪等。除动物化石种类以外，遗址附近还发现了披毛犀和纳玛象化石。遗址年代为距今约1万年，属于旧石器时代向新石器时代过渡阶段。(涂栋栋)

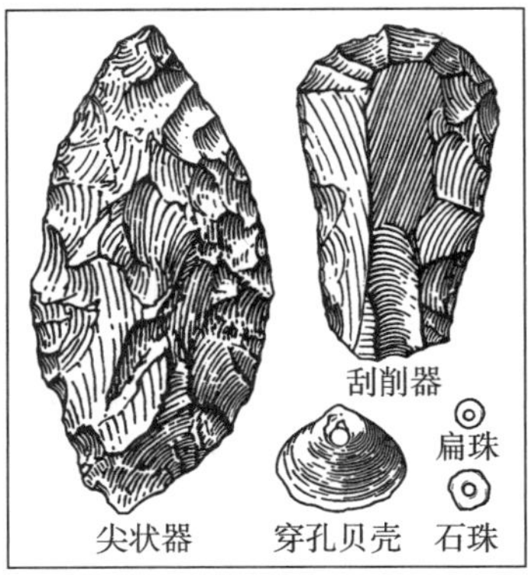

虎头梁遗址石器和装饰品

【于家沟遗址】 旧石器时代遗址。位于河北省阳原县泥河湾盆地虎头梁遗址群中。堆积共分两部分，上部堆积年代为新石器时代，下部堆积年代为距今14 000～8 000年。出土有细石器工艺制品、装饰品和楔形石核、细石叶、端刮器、尖状器、雕刻器、锛状器等石器，以及年代超过万年的夹砂黄褐陶片。于家沟遗址的发掘对研究旧石器时代向新石器时代过渡以及农业、制陶业的起源等问题具有重要意义。(涂栋栋)

【爪村遗址】 旧石器时代遗址。全国重点文物保护单位。位于河北省迁安市城南7.5千米的滦河南岸爪村西侧和南侧。1958年发现。至1989年共进行四次发掘。出土了大量的古脊椎动物化石，如披毛犀、野驴、野猪、赤鹿、转角羊、原始牛、纳玛象等动物化石，以及大量打制石器，如砍砸器、刮削器、尖状器和锤击、砸击、石核、石片等石器。此外还发现有骨针、骨椎等骨器。(周振宇)

【化子洞遗址】 旧石器时代遗址。全国重点文物保护单位。位于河北省平泉县党坝镇瀑河东岸的一处二级台地上。2000年春发现，随后进行考古发掘。地层堆积厚约4米，文化层分为11层。其中以第7层较为重要，此层由一层灰烬一层土相间堆积而成，分层现象明显，最厚处达88厘米，每一层厚2～4厘米不等，有的土层表面有局部轻度的烧结面，推测应是一处人工用火遗迹。出土遗物有石制品、骨器和动物骨骼。石制品以细石器为主，以燧石为主要原料。细石核以小型的船底形为代表，细石叶数量很大。石器种类比较单一，以各式刮削器为主。普通石片也占有很大比例。骨器有骨锥、骨针以及两面穿孔的骨珠饰品。动物骨骼有鸟类、兽类、鼠类和鱼类等多种类型。从出土器物及地层情况分析，化子洞遗址是一处典型的旧石器时代晚期遗存。遗址出土的细石器，显示长城以北旧石器文化的另一个特征。大量细石核、细石叶，碎石屑及石器的出土，可以推断此处曾经作为石器加工场所存在。(周振宇)

【籍箕滩细石器遗址群】 旧石器时代遗址。位于河北省阳原县泥河湾盆地中部、桑干河南岸籍箕滩村北。1986年发现，并进行了试掘，后又经过数次发掘，出土了哺乳动物化石和石制品。哺乳动物化石种类有中华鼢鼠、狼、野马、原始牛、普氏羚羊、披毛犀和羊等。石制品中断块和碎屑占了绝大多数，其余有石核、石片、细石核、细石叶和各类石器，鲜明地显示出细石器工业的特征。石核有锤击石核和砸击石核，细石核几乎全部为楔形石。打片方法有锤击法、砸击法和压制法，有些可能还采用了软锤打击技术，细石叶的剥离技术通常使用压片法。石器有凹缺刮器、刮削器、锛状器、尖状器、端刮器、石镞、雕刻器和石矛头等，以凹缺刮器的数量最多。石器加工多采用锤击法和压制法，以锤击法为主，常使用软锤技术。年代与虎头梁文化大体相当，为距今10 500年或11 000～9 000年。(涂栋栋)

【小南海遗址】 旧石器时代遗址。位于河南省安阳市小南海洞穴。1960年和1978年进行两次发掘。石器的器形一般较小，有尖状器和刮削器两类，尖状器中的菱形和三角形尖状器颇具特色，刮削器的数量多且种类复杂，有圆形、长边、复刃、双边和多边等，其中弧背长边刮削器是小南海遗址最具代表性的器物。细小石核和长条形石叶可视为细石器的雏形。动物化石有安氏鸵鸟、洞熊等，动物群与萨拉乌苏和山顶洞相似。据放射性碳素断代，下部地层的年代为距今22 150±500年，上部地层的年代为距今11 000±500年。（涂栋栋）

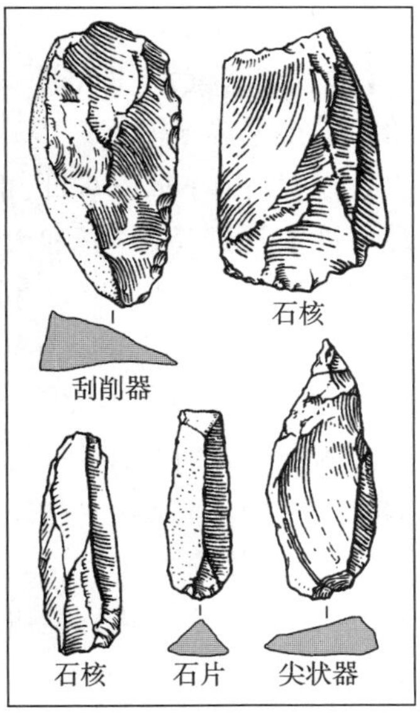

小南海遗址石器

【灵井遗址】 旧石器时代遗址。位于河南省许昌县灵井镇西侧。1965年发现。2005年进行首次发掘，后又经过数次发掘。出土有石制品、动物化石、动物碎骨、骨制品和人类头盖骨化石等。旧石器时代堆积可分为上下两个文化层，上文化层为橘黄色粉砂土湖相沉积，下文化层上部为漫滩相向湖相过渡的沉积，下部为浅灰色湖相沉积。上文化层的石器有砾石石器和细小石器两类，砾石石器原料主要是石英岩，有石核、石片、砍砸器、刮削器和石锤，石器个体较小，制作精细，技术精湛。细小石器的数量较多，原料以石英为主，石器种类有雕刻器、各式刮削器和尖状器，雕刻器较为典型，数量较多，有屋脊形雕刻器和斜边雕刻器等。下文化层的砾石石器明显减少，局部磨制的石器和骨器增多，石制品主要以脉石英为主要原料，包括了石器、锤、砧、核、石片、断块和碎屑，多数石器以小型的为主。石制品中盘状石核多且典型，颇具特色。石器种类有刮削器、尖状器、雕刻器、砍砸器和球等，刮削器的数量最多。一些石器上有磨制痕迹。骨器包括了尖状器、刮削器、尖刃两用器和雕刻器等。2007年的发掘中出土了距今8万~10万年的人类头盖骨化石，引起国内外的广泛关注。根据动物化石和底层包含物的推测，灵井遗址上文化层的年代不晚于距今1.2万年，动物群的年代距今约10万年。（涂栋栋）

【凤凰岭遗址】 旧石器时代遗址。位于山东省临沂市凤凰岭乡王家黑墩村东。1982年为配合兖石铁路的建设而发现。采集到石制品700余件，分为石核石器和石片石器两类，大多数以传统的间接打法制成。石核石器都具有典型细石器特征，包括了船形石核、漏斗状石核、锥形石核、棱柱状石核和楔状石核等。石片石器也具有典型细石器的特征，包括拇指盖状小刮削器、龟背状圆头刮削器、尖状器、凿形器和雕刻器等。遗址年代为距今2万~1万年。（涂栋栋）

【黑龙潭遗址】 旧石器时代遗址。位于山东省郯城县东南20千米黑龙潭。1982年调查发现，采集了一些石制品和动物化石。石制品有细石核、细石叶和细石器，细石核有船底形石核、锥状石核、柱状石核、三棱状石核和砸击石核等，细石器包括刮削器、尖状器和雕刻器等。细石器的制作技术和器形都显示了与凤凰岭细石器遗址相同的文化内涵。（涂栋栋）

【小孤山遗址】 亦称“小孤山仙人洞遗址”。旧石器时代至新石器时代洞穴遗址。全国重点文物保护单位。位于辽宁省海城市小孤山镇。1980年发现。1981—1990年进行三次发掘。洞穴堆积可分为上、下两部分，下部堆积为旧石器时代遗存。出土万余件石制品、一批制作精美的骨角制品以及由40个种属组成的含猛犸象-披毛犀的晚更新世哺乳动物群。石制品原料主要是脉石英，器形不大，加工痕迹清晰。出土有骨针、鱼叉等。装饰品用动物牙齿制成，在牙根部钻孔，做法与样式与北京周口店山顶洞人的相似。下层年代为距今3万~1.7万年。上部堆积为新石器时代遗存。陶器主要是夹砂陶，含滑石。器形以筒形罐居多，纹饰有斜线纹、“人”字纹、网格纹等刻划纹。这些特征与本溪县马城子村B洞、张家堡A洞遗址近似。2009年出版有《小孤山》。（涂栋栋　金英熙）

【西八间房遗址】 旧石器时代遗址。位于辽宁省凌源县西八间房村大凌河右岸的第一阶地上。1972年首次发现。同年进行了试掘，次年进行了复查。出土石制品49件，有石核、石片和石器。石器种类有尖状器、刮削器和“琢背小刀”，其中刮削器的数量最多，“琢背小刀”与下川文化的典型器物相似。另发现有薄灰烬层和一些烧骨。出土的哺乳动物化石有中华鼢鼠、东北鼢鼠、长尾黄鼠、普氏羚羊、鹿属和原始牛等。遗址年代为距今3万~

1 万年。(涂栋栋)

【周家油坊遗址】 旧石器时代遗址。位于吉林省榆树县周家油坊村。1977 年进行试掘。发现有动物化石和石制品,动物化石有最后斑鬣狗、虎、猛犸象、披毛犀和普氏野马等。石制品数量不多,原料为玄武岩、安山岩和脉石英等。石核有盘状和棱柱状两种,利用自然台面和打制台面打击石片。石器有刮削器和尖状器,刮削器由劈裂面向背面加工成圆弧形的凸刃,尖状器呈心形,用交互打击法修理。一般认为其年代为距今 26 740 ± 735 年。(涂栋栋)

【安图人化石地点】 旧石器时代晚期智人化石遗址。位于吉林省安图县明月镇的一个洞穴中。1964 年发现,只有一颗保存完整的右下第一前臼齿,颊形和蛇形的形状与现代人相似,嚼面的釉质磨损较重,齿质暴露,估计为中年人,曾患龋齿病和牙周萎缩症。伴出的哺乳动物化石有虎、最后斑鬣狗、真猛犸象、披毛犀、普氏野马、东北野牛和东北狍等。据放射性碳素断代,年代为距今 3.5 万~2.7 万年。(涂栋栋)

【石人沟遗址】 旧石器时代遗址。全国重点文物保护单位。位于吉林省和龙市龙城镇石人沟村。2004 年发现。2005 年进行发掘,揭露面积 52 平方米。出土有石核、石片、石叶、细石叶、断块、刮削器、雕刻器等遗物 1 291 件。(周振宇)

【新屯子西山遗址】 旧石器时代遗址。全国重点文物保护单位。位于吉林省抚松县新屯子镇的西山上。2002 年发现。同年进行考古发掘,发掘面积 70 平方米。出土石叶、石核、石片、细石叶等遗物 30 件。根据出土物品分析,该遗迹系一处古人类临时活动场所。(周振宇)

【寿山仙人洞遗址】 旧石器时代洞穴遗址。全国重点文物保护单位。位于吉林省桦甸市榆木桥子镇寿山村。1991 年发现并试掘,后又经过正式发掘。出土的文化遗物有石制品、打制的骨制品和磨制的骨锥,伴出有动物化石。石制品原料以变质砂岩为主。石片的数量最多,多为锤击石片,砸击石片极少;石核均为锤击石核,有些个体较大;石器以刮削器为主,有少量的尖状器和砍砸器,加工粗糙,显得古朴原始。打制的骨制品均用动物的长骨骨片制成,分为刮削器和尖状器两类。动物化石可鉴定的有 20 余种,包括披毛犀、熊、虎和西伯利亚鼬等。(涂栋栋)

【顾乡屯遗址】 旧石器时代遗址。位于黑龙江省哈尔滨市郊温泉河畔。1931年由中国学者尹赞勋首次发现,日占时期一些日、俄学者相继考察发掘,发现了许多石制品、骨器和大量动物化石。关于文化堆积的性质和年代,当时有过多种意见,后经中国学者多次调查发掘纠正,认为动物群的时代为晚更新世。对文化遗物的年代则存在两种意见:一种认为全部为旧石器时代晚期;另一种认为部分属于旧石器时代晚期,部分属于中石器时代,甚至晚到新石器时代。(涂栋栋)

【阎家岗遗址】 旧石器时代遗址。位于黑龙江省哈尔滨市西南运粮河右岸。1982 年文物普查时发现,后经过数次发掘。出土有古生物化石、石制品、骨角制品、人类头骨残片和动物的肢骨以及碎骨等。古生物化石有 20 余个种属,均属东北地区常见的第四纪披毛犀-猛犸象动物群。两处由大量哺乳动物化石骨骼围起的半圆形遗迹是中国新石器时代考古学上的一项重要发现。人类头骨残片属于晚期智人的。出土的石制品较少,有石核、石片、砍砸器等。根据对出土动物化石和孢粉分析的结果,阎家岗遗址当时的自然环境是气候比较干寒的疏林草原。据碳十四测定,遗址年代为距今 22 370 ± 300 年。(涂栋栋)

【前阳洞穴遗址】 旧石器时代遗址。全国重点文物保护单位。位于辽宁省东港市前阳镇山城子村白家沟后山腰上。洞穴内出土了人类化石、哺乳动物化石和石制工具等遗物。人类化石有头盖骨、下颌骨、股骨及 6 枚牙齿,分属两个个体,是同一时代的人类,属晚期智人。哺乳动物化石 18 种,有中华鼢鼠、阿曼鼢鼠、田鼠、猕猴、狗獾、中华貉、南鼬、沙狐、小野猫、狼、鬣狗、猞猁、野马、赤鹿、东北狍子、野猪等,均属于北方地区晚更新世动物群常见种属。人类化石、动物化石伴存的人类加工制作的石制品有 3 件,其中一件是小型砍砸器,用变质岩石料由单面加工制成。另两件是两端石片,石料是白色脉石英,用砸击法制成。从石制品特点看,前阳人制作的石器属于小石器系统。石器个体较小,用锤击和砸击两种方法剥片加工,与华北地区常见的石器器形相似。遗址内还发现炭屑、烧土、烧石等用火遗迹。遗址距今 18 620 ± 320 年,发现的文化遗物及人类化石对于研究旧石器时代晚期

人类和黄色人种中的东亚人种体质特征提供了宝贵资料,并丰富了辽宁乃至东北亚地区古人类和旧石器时代的文化内涵。(周振宇)

【学田遗址】 旧石器时代遗址。位于黑龙江省五常市学田村西南。1986 年发掘了两个含化石地点。出土人骨化石 2 件、骨器 2 件、石制品 3 件、有打击痕迹的碎骨多件和大量哺乳动物化石。哺乳动物为东北地区晚更新世猛犸象-披毛犀动物群的常见成员,包括松江猛犸象、真猛犸象、披毛犀、野牛、普氏野马、鹿和野马等。人骨化石有左侧胫骨 1 件、顶骨 1 件,为晚期智人。一般认为学田遗址的年代与周家油坊遗址第 4 地点相当,据碳十四测定,年代为距今 24 500 ±400 年。(涂栋栋)

【小南山遗址】 旧石器时代遗址。位于黑龙江省饶河县乌苏里江左岸小南山的一级阶地上。1980 年饶河造船厂基建过程中发现。获得了一些动物化石、石器和骨器。动物化石为大量真猛犸象的门齿、臼齿、四肢骨、肋骨等,据碳十四测定年代为距今 13 000 ±460 年。石器两件,一件为单刃刮削器,另一件为石斧形石核石器。骨器系由猛犸象肩胛骨制作。(涂栋栋)

【漠河遗址】 旧石器时代遗址。位于黑龙江省漠河县老沟河一、二级阶地的交界处。1981 年发现,并采集到一批石器。有石核、石片和石器等。石制品原料为淡黄色的砂岩和石英岩,石器有石核砍砸器、大型石片砍砸器、尖状器和龟背形刮削器,其中尖状器和刮削器为中小型器,砍砸器为大型器。遗址年代为距今 3 万~1 万年。(涂栋栋)

【大布苏细石器地点】 旧石器时代细石器地点。位于吉林省乾安县大布苏泡子东岸第二阶地前缘。1957 年佟柱臣首次提出大布苏一带发现过石器,1985 年首次发现具有确切层位的不与陶片共存的细石器地点。获得的石制品中细石核、细石叶的数量最多,石片和用石片加工的石器数量较少,另有相当数量的碎屑和废品。石制品主要原料为燧石。打片方法以间接法为主,锤击法为辅,偶用砸击法,间接打制技术具有相当的水平。石器只发现了刮削器,且种类颇多,尺寸都较小。石器的加工多在其右侧由腹面向背面加工。大布苏细石器地点的年代约与青头山人相当,为距今 10 940 ±155 年。(涂栋栋)

【昂昂溪旧石器遗址】 旧石器时代古人类生活遗址。位于黑龙江省齐齐哈尔市昂昂溪东南大兴屯。1982 年进行发掘,在晚更新世地层中发现一些动物化石和石制品。哺乳动物化石有 9 种,都为东北晚更新世猛犸象-披毛犀动物群的成员。文化遗物除烧骨和灰烬外主要是石制品,原料以玉髓、玛瑙和燧石为主,有石核、石片和石器,尺寸都较小。打片主要用锤击法,也用砸击法,细石核的存在说明已经用间接剥片法。打制台面和自然台面同时存在,前者居多,石叶在石片中占很大比例。石器有砍砸器、刮削器和雕刻器,刮削器和雕刻器形式多样。据碳十四测定,年代为距今 11 800 ± 150 年。(涂栋栋)

【十八站遗址】 旧石器时代遗址。位于黑龙江省塔河县十八站的呼玛河左岸第二阶地上。1975 年、1976 年进行发掘。石制品原料为当地的凝灰岩、燧石和流纹岩等砾石。石制品分为两类,一类是较大的石器,如两面修理的半月形刮削器、用以剥制长石片或普通石片的石核和长石片;一类是具有细石器传统的各类石制品,如楔形石核、细石叶、圆头刮削器和雕刻器等。细石器与下川文化和虎头梁文化的细石器比较接近。遗址年代为距今 1.2 万年。(涂栋栋)

【缸窑细石器遗址】 旧石器时代遗址。位于黑龙江省嫩江沿岸地区。1982 年发现,随后经数次调查试掘。发现的石制品包括用压制法产生的典型细石器和少数用直接打击法修整的粗大石器,细石器原料以燧石、玛瑙、玉髓和蛋白石为主;粗大石器主要用石英砂岩砾石制成。细石器包括了用间接打击法或压制法产生的细石核、细石叶,细石核有楔形石核、船底形石核、锥状石核、半锥状石核、漏斗状石核和砸击石核,细石器有拇指盖状刮削器、长身圆头刮削器、雕刻器和小石锥等。以直接打击法加工的粗大石器,有少量的砍砸器和石片刮削器。在年代上晚于昂昂溪大兴屯遗址而早于梁思永发掘的昂昂溪遗址。(涂栋栋)

【金斯太遗址】 旧石器时代洞穴遗址。全国重点文物保护单位。位于内蒙古自治区锡林郭勒盟东乌珠穆沁旗,是旧石器时代至商朝草原先民的居住遗址,洞穴宽 16 米、深 24 米,其堆积层厚达 5 米,共分三层。金斯太洞穴遗址文化层之厚,出土的遗物种类之多,时间跨度之长,在中国乃至全世界范围内的同类遗存中也较为罕见。在最下层的堆积物中，发现距今为10万~5万年前的旧石器时代中晚期遗物，有石砧、石锤等工具，还有野马、披毛犀、野鹿和转角羚羊等动物的骨骼，其中野马的石化骨骼为最多，这反映了当时生活在草原地区的原始先民，主要以猎取野马为生的生活状态。在中层和上层的堆积物中，发现距今为3万~3000年的文物遗存。特别是上层文化遗存出土了大批灰色、黑色的陶器碎片和少量的铜制品。陶器的主要器形有鬲、罐、杯和三足瓮等，均为手制，火候较低。中层文化遗存出土了大量细石器和一些骨制工具。金斯太洞穴遗址的发现表明，至少在1万年以前，内蒙古锡林郭勒大草原上就有人类居住。它对于研究内蒙古草原古代文化的产生与发展，研究中国北方古人类生活环境和北方少数民族的迁徙、生产方式的演变以及北方地区畜牧业的起源有着重大价值。（周振宇）

【海拉尔松山细石器地点群】 黑龙江省呼伦贝尔盟海拉尔市松山附近发现的细石器地点的总称。最早的8处地点于1928年发现，后陆续又有多处地点发现。以安志敏于1962年调查的16处地点所采集的石器为例，石器原料包括火石、燧石、凝灰岩、碧玉和玉髓等，从石器制作工艺和器形上可分为细石器、石片石器和石核石器三类。细石器包括用间接法产生的细石核、细石叶以及用细石叶加工的工具。细石核有船底形石核、扁锥形石核、楔形石核、圆柱形石核和圆锥形石核，前三类属于扁体石核，后两类属于圆体石核。石片石器包括用直接打击法产生的石片，以及用石片制作的各种石器，有刮削器、雕刻器、矛和镞等。石核石器大多用砾石两面加工而成，器形一般大于石片石器，有砍砸器、斧形器和船底形器。细石核和细石叶作为典型文化遗物，其年代应属旧石器时代晚期。（涂栋栋）

【鸽子山遗址】 旧石器时代遗址。全国重点文物保护单位。位于宁夏回族自治区青铜峡市瞿靖镇玉西村。经过多次调查与试掘，特别是1995年、1996年两次中美联合文物考察队的发掘，以及2006年的发掘，出土了大量的石器和动物遗骨，其中石磨盘、石磨棒各1件，基本完整。测定年代为距今11 600—10 000年。出土石器以削刮器和尖状器为主。剥片方法以石锤直接打击、单向加工石器的方法为主。2006年在鸽子山古遗址中心向东南1千米处进行了发掘，出土数件石器和骨器。其中石磨盘、石磨棒各1件，骨制月牙形饰器1件，质地呈乳白色，基本完整，中间有一小孔，是颈上佩戴装饰品的一部分。（周振宇）

【小柴达木湖遗址】 旧石器时代遗址。位于青海省祁连山南坡小柴达木湖东南岸第一阶地上。采集的石制品主要包括石核、石片、碎块、碎片以及各类工具，原料有石英岩、石英、硅质岩和花岗斑岩等。石核形状多不规则，有大小两种类型，剥片技术有锤击和砸击两种方法。石片可分为锤击石片和砸击石片两种类型。石器有石锤、砍砸器、边刮器、凹缺器、端刮器、雕刻器和钻具，尺寸中等偏小；工具修整一般采用锤击技术，个别可能为压制修整，加工方向以正向加工为主。遗址年代为距今约3万年。（涂栋栋）

【拉乙亥遗址】 旧石器时代遗址。位于青海省贵南县拉乙亥乡共和盆地。1980年发现6处地点并对其中一处进行发掘，发现了大量的打制石器和一些动物骨骼及骨器。该地点的文化堆积分为三层，主要的文化遗物出自第二层，可鉴定出的动物骨骼有鼠兔、沙鼠、喜马拉雅旱獭、狐和羊等。石制品的主要原料为来自附近砾石层的石英岩，包括石锤、石核、石片和石器等。砾石石核的形态不稳定，或呈扁平状，或呈龟背状，或呈多面体。石器多采用砾石或砾石石片作为原材料，主要种类有砍砸器、直刃刮削器、凹刃刮削器、带槽斧形器、研磨器、磨石、染色板等。石器大多加工粗糙，刃缘多为单刃，大部分向背面修整，有些器物有垂直琢修的痕迹。唯细石核加工较为精细。据碳十四测定，遗址年代为距今6 745 ±85年，应属于新石器时代，但尚未发现陶器和磨光石器等新石器时代的典型标志，石制品反而与华北地区旧石器时代晚期的石制品相似。一般认为其属于甘青地区旧石器时代晚期遗址。（涂栋栋）

【藏北各听遗址】 旧石器时代遗址。位于西藏自治区班戈县色林错东南岸古湖滨基岩岗丘上。1983年采集到一批石制品，石制品包括石核、石片和石器，以及部分碎屑。质料均为黑色硅质岩。石核采用锤击法打片，都未显示修理台面的迹象。石器组合由边刮器、凹刮缺器和端刮器构成，边刮器最多，形式多样；凹缺刮器数量居于第二位，但形式单一，加工简单。石器用石锤直接打击而成，加工简单粗

糙。因出土的石制品已经脱离了原生层位，难以确定其具体年代，一般认为属于旧石器时代晚期或新石器时代。（涂栋栋）

【多格则和扎布旧石器地点】 藏北高原旧石器时代地点。多格则地点位于西藏自治区那曲地区申扎县，扎布地点位于阿里地区日土县。多格则地点的石器分布在多热藏不河左岸二级阶地的地面上，采集到的石制品原料多为燧石，次为火山岩和碧玉岩，包括有石核、石片和石器。石核有砾石石核、扁锥状石核和船底形石核，有的已经加工成石器，似都属于扁体石核，具有细石器的工艺特征，但又具有较原始的性质。石片的形状不甚规则，有长条形、长方形、三角形、扇形和梯形等。石器多用石片修制，少数选用石核和砾石，修理方法以单面修理为主，加工一般较粗糙，有些石器的片疤浅远或细小而匀称，似乎是用骨质或木质工具加工的。石器以各式刮削器最多，其次是端刮器、尖状器和砍砸器。扎布地点的石制品多用黑色燧石打制，主要是刮削器，尚包括少量的尖状器、石核和石片。石器的加工痕迹除一些锤击片疤较深外，一般都较浅远，加工的方向以单面为主。根据石制品特点的研究，多格则和扎布两个地点的石器与青藏高原其他一些细石器比较有一些原始的特征，时代应更早一些，年代可能为距今约1万年。（涂栋栋）

【申扎、双湖旧石器和细石器地点群】 1976年西藏自治区申扎县、双湖境内发现的旧石器和细石器地点群。包括申扎境内的珠洛勒、卢令、色林错、格林错等地点和玛尼、绥昭拉等地点，共计18处。采集的石器分为石片石器和细石器两类。石片石器采集到14件，原料全部为角岩，多由狭长的石片或宽大于长的石片制成，不少石片上还保留着局部的砾石面，台面事先经过修整，应是从石核上直接打击剥落的。石器有长刮器、圆头刮器、双边刮器和尖状器等。石器的修整比较细致，一般都由劈裂面向背面沿着边缘锤击加工。细石器发现的数量较多，原料主要是火石、燧石、凝灰岩、碧玉和玉髓等，包括了石核、石片和刮削器，都具有典型的细石器工艺特征。石核可分为楔形、锥形和柱形，都采用压制法剥片。石片可分为细石核石片、石叶和普通石片。发现的石片石器不与细石器共存，两者的质料、工艺和器形各具特征，应属于不同时代的文化遗物。（涂栋栋）

【聂拉木细石器地点】 西藏自治区喜马拉雅山南坡聂拉木县细石器地点。1966年调查发现，采集有石核、石叶、小石片和石器，原料为燧石、玉髓和水晶等。石核多成锥形，用间接法剥片；小石叶细长而薄，两边近于平行，有的在边缘上有使用痕迹；石器仅有一件圆形刮削器，在石片上单面加工而成。推测时代为中石器时代或稍晚。（涂栋栋）

【罗垄沟石器地点】 西藏自治区日喀则地区雅鲁藏布江上游的细石器地点。共有A、B两个地点，A地点位于则巴乡乡政府所在地之西的罗垄沟内，B地点位于则巴乡古湖泊西岸。A地点采集的石制品包括石核、石片、石器及废料。石核的数量较多，包括块状石核、短锥状石核、厚石片石核和条状石核。石片的数量少于石核，大多有二次加工的痕迹，仅有少数未经加工而直接使用。石器原料均为硅质岩，包括了石片石器、石核石器与小石块石器。石片石器均为刮削器，单刃器最多，双刃器次之，复刃器最少。石核石器数量较多，多为刮削器，也有雕刻器和尖状器。石块石器多选用形制较小的块状石块，直接在边缘加工出刃缘，周身保留原岩面，均为刮削器。该地点还发现了一件用间接法产生的细石叶，形制较大，略成长方形，劈面平整，背面留有一道纵脊横断面呈三角形，两端被截断，两侧刃缘均由劈裂面向背面加工。B地点采集的石制品包括石核、石叶、细石片和石器等，石核的数量较多，可分为剥制细石叶的锥状石核和剥制细石片的块状石核。石叶数量少，且形制不规整，一般多呈长条形，较厚，横断面略呈三角形，背面留有一至二道纵脊，两侧或一侧有使用痕迹，端部多被修理。石片中绝大多数有使用痕迹。石器原料均为棕色硅质岩，可分为石片石器和石核石器，前者多为刮削器，不见尖状器或雕刻器；后者也多为刮削器，另有刻划器和切割器。石器的加工方法多用直接法，也有间接法，有单向、复向和错向等。（涂栋栋）

【仲巴城北石器地点】 西藏自治区日喀则地区雅鲁藏布江上游细石器地点。1990年调查发现。石制品均以附近山体露出的硅质岩为原料，包括石核、石叶、石片及石器。石核有楔形石核和短锥状石核两类，有直接剥片和间接剥片两种技术。石叶仅见直接法产生的一种，石片可分为长短两类。石器有端刮器、边刮器、刮削器、尖状器、刻器等，以边刮器最多。石器修理技术多见由劈裂面向背面加工,刮削器中厚脊刮削器是西藏刮削器中常见的器形。从工艺类型学上推断,此处地点的细石器遗存应早于卡若遗址的出土物,年代下限应不晚于距今4 000 年。(涂栋栋)

【关庙旧石器地点】 旧石器时代地点。位于陕西省安康市关庙乡汉水二级阶地和三级阶地上。1989 年发现一批打制石制品,其中以二级阶地的发现最丰富。石制品有石核、石片和石器,石制品原料有石英、石英岩和变质砂岩,以石英为主。石核体积普遍很小,形制规整,利用率高。打片多用锤击法,次用砸击法,偶见碰砧法。石器均为石片石器,有刮削器、尖状器、雕刻器和石锥等,以刮削器为主。工具加工多为单向由劈裂面向背面加工。根据石制品的分析,其与湖北房县樟脑洞旧石器遗址、河南南阳小空山旧石器遗址属于同一文化。(涂栋栋)

【张家营遗址】 旧石器时代遗址。位于湖北省丹江口市石鼓乡张家营村。1987 年发现。共采集到打制石器和石片 26 件,石器原料为燧石和石英岩,其中刮削器有双刃和单刃两种。同时出土的还有犀牛、鬣狗、水鹿、水牛、野猪等动物的牙、角化石 40 多件。(涂栋栋)

【樟脑洞遗址】 旧石器时代洞穴遗址。位于湖北省房县龙滩乡青阳村。洞穴为崖屋式,其右为樟河。1986 年正式发掘。出土有动物化石和石制品。石制品有石核、石片和石器。石片数量最多,台面种类复杂,以天然台面和素台面最为常见。石器有刮削器、砍砸器和尖状器,以刮削器最有特色,其中的“平底刮削器”是代表性器物,制作精细,反映出制作技术的进步。哺乳动物化石为南方常见的大熊猫-剑齿象动物群。据碳十四测定,年代为距今13 490 ± 150 年。(涂栋栋)

【铜梁遗址】 旧石器时代遗址。位于重庆市铜梁县城西郭张二塘。1978 年发现。经过发掘,出土300 余件石制品和多种动植物化石。以石制品为代表,有石核和石片。形制原始,多为自然台面,石片形态多不规整;石片边缘不净,石器单面加工。石器有刮削器、砍砸器和尖状器三类,以砍砸器为主,其中以端刃刮削器最多。石器以大型为主,复刃石器占主导地位,石器加工以复向修理为主,与旧石器时代早期的贵州观音洞文化有许多相似处,两者存在继承关系。碳十四测年对出于石制品之上的“乌木”年代为距今 21 550 ± 310 年,据此推测遗址年代应早于 2 万年。(涂栋栋)

【富林遗址】 旧石器时代遗址。位于四川省汉源县富林镇。1960 年发现。1972 年发掘。发现有大量细小石制品和用火遗迹,伴有少量哺乳动物和植物的化石。石制品以石核、石片居多,石器较少,石制品原料以燧石为主,打片方法基本用锤击法。石核有多台面的也有单台面的,石片的台面小而不规则,以打击台面居多。石片形状不规则。石器有刮削器、尖状器和雕刻器三类,刮削器的数量最多,加工方式多由破裂面向背面加工。遗址年代为距今约 2 万年。(涂栋栋)

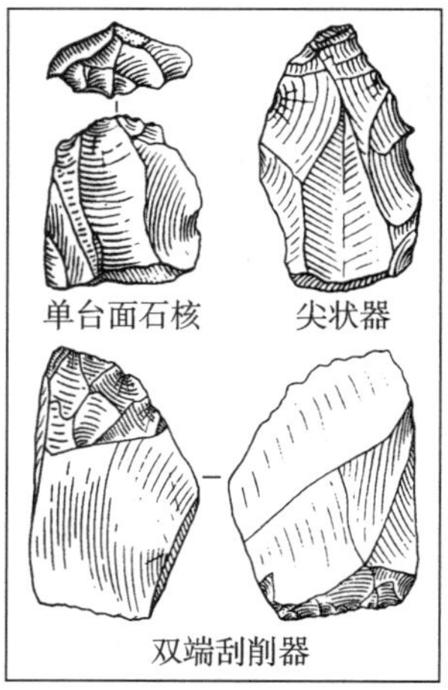

富林遗址石器

【黄鳝溪资阳人 B 地点】 旧石器时代地点。位于四川省资阳市原资阳人地点西偏北 100 米处。1981 年发现,获得了一些哺乳动物化石和石制品。哺乳动物化石的种类有鹿、小鹿、马、中国犀、象和竹鼠等。石制品多较粗大,主要原料是石英岩,还有燧石和火成岩等,分为石核、石片和石器。打片基本用锤击法,偶用锐棱砸击法和砸击法,以自然台面为主,不见修理台面工艺,石核的利用率相当低。石片石器和石核石器比例大致相当。石器有刮削器、砍砸器和尖状器,以砍砸器为主,基本上都是大中型器,小型器稀少。加工方法常用锤击法,以向破裂面和复向加工为主。(涂栋栋)

【桃花溪旧石器地点】 旧石器时代地点。位于重庆市桃花溪公园。1987 年发现,获得了一批石制品,有石核、石片和石器,石制品所需原料取自附近高阶地的砾石层中。石制品多较粗大,石核有锤击石核和碰砧石核,打片方法以锤击法为主,偶用碰砧法和砸击法。石器有刮削器和砍砸器两类,其中以砍砸器的数量最多,形态多样。修理石器用锤击法,且以复向加工的居多。其文化内涵与铜梁文化、资阳人 B 地点的石器接近,年代也与两者相近。(涂栋栋)

【鸡公山遗址】 旧石器时代遗址。全国重点文物保护单位。位于湖北省荆州市小北门外郢北村鸡公山。1992年进行发掘。堆积共分四层,其中第三层为旧石器时代晚期遗存,出土了部分石制品;第四层为旧石器时代聚落址,发现一处打制石器的工场和数处居住面等遗迹。在打制石器工场上清理出较为清晰的古人蹲坐的座位和双脚踏地的痕迹,周围堆满了砾石原料、工具、成品、半成品及废料。居住面多为圆形红色土坪,直径2米多,其周围布满石器和石料。有些居住面之后存有垃圾堆积。另有一处红土硬面推测为野兽屠宰场。第四层的年代为距今5万~4万年,为中国在平原地区首次发现的旧石器时代聚落遗址。(涂栋栋)

【燕儿洞遗址】 旧石器时代洞穴遗址。位于湖南省石门县阳泉乡(今皂市镇)邢家桥村。遗址由两个洞穴组成,分别编为1、2号洞,两洞均发育在凤堡岭西面的陡壁上,坐东朝西。1990年进行发掘。出土了石制品、哺乳动物化石和骨器。石制品以河床砾石为原料,有砍砸器、石锤、刮削器、石核等。哺乳动物化石属华南大熊猫-剑齿象动物群。其中2号洞的年代相对1号洞稍晚一些,属旧石器时代晚期后段。(涂栋栋)

【新余旧石器地点】 旧石器时代地点。位于江西省新余市郊的龚家山和打鼓岭。1989年发现。石制品都出自袁河左岸第二级阶地的红色黏土中。石制品有石核、石片、石块和石器等,原料主要是脉石英和石英岩。石器有刮削器、砍砸器和球形石,加工石器的素材以石片为主,其次是石块和砾石;加工方向主要是向背面加工,石核的利用率较低。(涂栋栋)

【桃花涧遗址】 旧石器时代遗址。位于江苏省连云港市锦屏山南麓桃花涧西侧。1979年发现并试掘。发现了少量石制品,有石核、石片和刮削器,石制品原料均为石英砾石,具有典型的细石器特征。石核有漏斗状石核、两极石核和多面体石核。发现的石片都是两极石片。刮削器有凹刃刮削器和圆刃刮削器两种。遗址年代为距今5万~4万年。(涂栋栋)

【马陵山细石器地点群】 旧石器时代地点群。江苏省苏北马陵山中段具有相同性质的细石器地点群。1984年发现。以何山头、南山、石碑、范顶子4处地点采集的石制品为例,以间接压制法产生的细小石器为主要成分,以直接打击法制成的石片石器占很少的比例。细小石器中的楔状石核、船底形石核、漏斗状石核以及拇指盖状刮削器、长身圆头刮削器等都是中国典型细石器遗址中常见的类型。石制品中较多的是在加工石核坯和其他石器过程中用直接打击法产生的一种形态不规整的小型石片,所有石器工具都见不到使用痕迹,表明这4处地点当是人类季节性的制作石器的场所。未发现磨制石器和陶器。(涂栋栋)

【十里岗遗址】 旧石器时代遗址。全国重点文物保护单位。位于湖南省常德市澧县平原中部一连续的小山岗。面积约4万平方米。2000年进行发掘,文化层堆积厚60~70厘米。石制品原料主要有燧石、石英砂岩、脉石英、砂岩等。石器以刮削器为主,还发现有尖状器、砍砸器,石器个体大多较小。迄今与该遗址石器群组合类似的地点在湖南省非常少见。在文化层土样中,发现水稻硅质体,此系中国最古老的水稻遗存,为探索稻作农业起源的时间、地点提供了难得的资料。十里岗遗址是湖南省乃至整个长江中下游地区新石器时代以前面积规模最大的遗址,对探索人类聚落的起源具有重要意义。(周振宇)

【龙潭山遗址】 旧石器时代遗址。位于云南省昆明市呈贡区龙潭山。1975年曾发现3处旧石器地点,其中2号洞在1982年试掘,获得人牙化石1枚及一些石制品。石制品以石英岩、硅质岩、火成岩和砂岩等结核或砾石为原料,用锤击法打片,不过成型石器不多,仅见砍砸器和刮削器两种。据碳十四测定,年代为距今33 050±800年(烧骨)。1982年还试掘了3号洞,出土石制品、人骨化石及动物化石,据碳十四测定,年代为距今28 000~21 000年。1号洞曾于1977年进行试掘,获得2枚人牙及12种哺乳动物化石,属晚更新世的大熊猫-剑齿象群成员。遗址的文化内涵与广西柳州白莲洞遗址一期相似。(涂栋栋)

【张口洞遗址】 旧石器时代洞穴遗址。位于云南省宜良县珠江源头的九乡国家级风景名胜区内,地处一古河旁台地洞穴。1989年发现。1990年进行发掘。出土了人类牙齿、哺乳动物化石、石制品和少量骨器。堆积可分为上下两组,据碳十四测定,上组地层年代为距今9 965±110年,下组地层年代为距今14 550±450年。石制品原料以炭质泥灰岩为主,锤击法是打片和加工石器的基本方法,打片偶用砸击法。石器以中小型的居多,以刮削器为主要类型。石器成品率高，加工以硬锤正向加工为主，为便于安把或手握，若干石器做过修背和修理把手。上层与下层的石器相比较有明显进步。（涂栋栋）

【大坡桥遗址】 旧石器时代遗址。位于云南省昆明市大桥镇鸡街山的南坡。1989 年发现。文化堆积可分为两层，据碳十四测定，上层年代为早全新世，下层上部的年代为距今 10 530 ±280 年。下层出土的石制品均为小型器，成型器物只有 14 件，全为刮削器。修理方法除锤击法外还有砸击法。出土了一件残破的磨制骨锥。（涂栋栋）

【马鞍山遗址】 旧石器时代岩厦遗址。位于贵州省桐梓县城东南马鞍山北侧。1980 年发现。1986 年正式发掘。堆积可分为上下两部分。上部堆积为旧石器时代晚期，除有石器和化石外，还发现有丰富的用火遗迹以及少量的磨制骨器、打击骨器和装饰品。石器主要用石片制作，打片主要用锤击法，偶用砸击法，类型有刮削器、尖刃器和砍砸器等。磨制骨器有骨锥、骨镞和刻纹的骨棒。伴出的哺乳动物化石有剑齿象、大熊猫、中国犀和巨貘等。下部堆积的年代一般认为超出了旧石器时代晚期，石器普遍偏大。遗址的地质时代属晚更新世后期。据碳十四测定，遗址年代为距今 15 100 ±1 500 年。（涂栋栋）

【马鞍山南洞遗址】 旧石器时代洞穴遗址。位于贵州省桐梓县马鞍山南麓。1989 年发现。1990 年进行发掘。获得了一批哺乳动物化石、石制品和 4 枚人牙化石。洞穴堆积共分三层，石制品和动物化石主要出自第一层。动物化石有熊、虎、大熊猫、獾等 15 个种属，属于中国南方更新世大熊猫-剑齿象动物群的常见成员。从人牙化石的形态和测量数值看，应属于晚期智人。石制品有洞内发掘和洞外采集两种，两者基本一致，有石核、石片、石砧和石器。打片以锤击法为主，偶用砸击法，石核、石片的形制多不规则，台面与石核体很少进行修理。石器以小型器为主，刮削器最多，加工主要用锤击法，以向背面加工为主。遗址的文化面貌与马鞍山遗址相同，应同属旧石器时代晚期。（涂栋栋）

【奇和洞遗址】 旧石器时代向新石器时代过渡期遗址。全国重点文物保护单位。位于福建省漳平市象湖镇灶头村东北，2008 年第 3 次全国文物普查中发现。发现了一批重要的遗迹与遗物。遗迹包括旧石器时代晚期人工石铺活动面、灰坑等，新石器时代早期房址、灶、火塘、柱洞、灰坑等。遗物包括人骨、打制石器、磨制石器、陶器、骨器、动物化石、煤矸石、动物骨骼、螺壳等。遗址迄今发现 3 处旧石器时代晚期人工石铺活动面遗迹，并出土打制的石制品 200 余件，少量打制骨器及哺乳动物化石等。石制品属典型南方砾石石器传统。遗址具有多个文化层位，对研究旧石器时代向新石器时代过渡，打制技术向磨制技术的发展，早期陶器的发明，海峡两岸的远古人群迁徙和文化交流，建立中国东南的史前考古学文化序列具有重大价值。遗址包含了古代人类生存演化、行为方式、技术发展等重要信息，其中新石器时代早期遗存是迄今福建境内新石器时代最早的代表之一。奇和洞遗址为研究华南地区万年前后的文化传承、变迁提供了重要资料。距今 8 000 多年的人类骨骼为华南同类遗址中所罕见，是研究早期现代人的分布、空间类型及探索华南新石器时代与青铜时代土著人产生的重要材料；块根类植物与禾本科植物的淀粉粒遗存，是研究华南新石器时代早期植物利用与农业起源的重要证据。（周振宇）

【草海遗址】 旧石器时代遗址。位于贵州省威宁县东南草海南岸。1982 年发现。同年进行发掘。出土的石制品原料主要是燧石，其次为石髓及硅质岩等优质石材。石器类型比较单纯，只有砍砸器和刮削器两类，大多数以复向加工为主，其加工方式与邻近的观音洞遗址相似。遗址年代为距今约 1 万年。（涂栋栋）

【白岩脚洞遗址】 旧石器时代洞穴遗址。位于贵州省普定县西南 9 千米处。1978 年发现。经 1978 年、1982 年和 1984 年多次发掘。出土有石制品、骨角器和哺乳动物化石等。石料以燧石、硅质灰岩为主，用锤击和砸击两种方法打片，石核上有似石叶的痕迹，也有 8 件细石叶出土。石器以石片石器居多，有刮削器、雕刻器等，尤以刮削器的数量最多。与文化遗物伴出的动物化石为大熊猫-剑齿象动物群。经对骨化石的碳十四测定，年代为距今 16 000 或 15 000～12 000 年。（涂栋栋）

【猫猫洞遗址】 旧石器时代遗址。位于贵州省兴义市北的猫猫山。为一岩荫遗址，洞高 3 米，阔 4 米多，洞口面向东北。1974 年发现。1975 年进行发掘。出土的石制品有石核、石片和石器。石核、石片均粗大而规整，石片、石器所占的比例最高，形状规则、粗大，类型稳定，加工精细，以尖状器和尖凸刃刮削器最为典型。打片方法主要是锐棱砸击法，石器加工方式多由背面向破裂面加工。另出土有磨制或刮制的骨角器，伴以人类化石、中国犀、窄齿熊等哺乳动物化石，以及烧骨、烧石、炭屑等用火遗迹。据铀系法断代，遗址年代为距今14 600 ± 1 200 年。（涂栋栋）

【穿洞遗址】 旧石器时代岩厦式洞穴遗址。全国重点文物保护单位。位于贵州省普定县城西一座孤山上。穿洞遗址以洞口南北对穿而得名。1978年发现。1979年贵州省博物馆试掘，1982年和1983年中国科学院古脊椎动物与古人类研究所和贵州省博物馆联合进行发掘。堆积可分为上文化带和下文化带。上文化带出土的石器数量多，体积也较大，打片主要用锐棱砸击法，修理工具主要是向劈裂面加工，与兴义市猫猫洞遗址出土的石器相似。伴出有骨角器。下文化带出土的石器属小型石器，其制作工艺与富林文化的石器制作工艺相似。遗址年代为距今1万余年。（涂栋栋）

【宝积岩遗址】 旧石器时代遗址。位于广西壮族自治区桂林市宝积山宝积岩。1979年发现。遗存有2枚人牙化石和属于华南晚更新世典型的大熊猫-剑齿象动物群中的16种哺乳动物化石。发现的12件石制品，全属砾石工具，其中石核7件，砍砸器4件和刮削器1件。石片的制备是直接锤击砾石而获得，器物的加工方法明显带有中国旧石器时代的传统特点，即单向锤击加工。文化层的上部钙板据碳十四年代测定为距今24 760 ± 900年，下部为距今35 600 ± 1 500年。（涂栋栋）

【白莲洞遗址】 旧石器时代洞穴遗址。全国重点文物保护单位。位于广西壮族自治区柳州市东南郊白面山南麓。1956年发现。1973年后经过多次发掘。根据洞穴内堆积，可划分出三期文化，一期文化为旧石器时代晚期，二期文化为旧石器时代向新石器时代的过渡时期（中石器时代），三期文化为新石器时代早期。第一期文化的年代为距今约26 000年，遗存包括人牙化石2枚、人类用火遗迹2处及各类石制品207件。人牙石化程度较深，齿冠表面呈淡黄色，光泽较好，齿根表面有黑色铁锰质的斑点，牙齿保存状况颇佳，除齿根局部有缺失外，齿冠均完整，表现出一定的原始性，为晚期智人的代表。石制品可分为燧石和砾石两大类，以燧石质石器居多，包括砍砸器、刮削器以及有使用痕迹的石片、石叶、断块等。颇具特色的“白莲洞式打片法”，即由砾石断面上用锤击法取得圆形石片，其周围仍保留一圈或部分砾石的岩皮。第二期文化的年代为距今25 000～19 000年。发现的石制品种类包括石锤、砍砸器、刮削器、切割器、尖状器、雕刻器以及有使用痕迹的石片、石叶、石核、断块等。燧石制品依然居于主要地位。第三期文化的年代为距今15 000～12 000年。出土文化遗物包括骨角器2件、各类石制品47件。石器绝大多数为砾石工具，砾石工具中不乏砾石石片制品，燧石制品出土量极少。石制品包括石锤、砍砸器、刮削器、穿孔石器、尖状器、切割器以及有使用痕迹的石片、石核等。（涂栋栋）

【落笔洞遗址】 亦称“三亚人遗址”。旧石器时代洞穴遗址。全国重点文物保护单位。位于海南省三亚市东北郊落笔洞。1983年发现。1992年进行发掘。发现了人牙化石8枚，大量的石制品、骨制品、角制品及大量动物遗骸。石制品多数用砾石单面打击制成，主要是砍砸器、敲砸器、石锤、刮削器和石核。骨、角制品有铲、锥、匕和尖状器。动物化石包括无脊椎动物和脊椎动物两大门类。据碳十四测定，遗址年代为距今10 642 ± 207年。三亚人遗址的文化内涵与广西柳州白莲洞遗址二期、广东封开黄岩洞等洞穴遗址十分接近。（涂栋栋）

【三亚人遗址】 即“落笔洞遗址”。

【莲花池山旧石器地点】 旧石器时代遗址。全国重点文物保护单位。位于福建省漳州市北郊。1982年发现。遗址堆积分上下两个文化层。下文化层为夹有砾石的红色土层，石制品较少，石料为脉石英和硬质砾岩。出土的3件刮削器加工较粗，器形略大。上文化层为红黄色砂土，出土的石制品以小型器为主，打片方法主要为锤击法和砸击法，器物制作精细，主要有尖状器、刮削器、雕刻器、镞形器和凹形刮削器等。（涂栋栋）

【船帆洞遗址】 旧石器时代洞穴遗址。位于福建省三明市万寿岩西坡脚下。1990年进行首次发掘。遗址堆积分上下两个文化层。下文化层有一处古人类石铺地面，其上发现了许多动物化石，多属啮齿类。出土石制品的原料主要是砂岩和石英砂岩，可分为断块、断片、打击砾石、石核、石片、石锤、刮削器、砍砸器、尖状器和手镐等。打片技术主要用锤击法。上文化层出土的动物化石以鹿与麂的牙齿和肢骨居多。石制品原料和打片技术与下文化层类似，可分为断块、断片、石核、石片、打击砾石、锤击石核、刮削器、砍砸器和石砧等。另有少量的磨制骨角器。(涂栋栋)

【小空山遗址】 旧石器时代洞穴遗址。全国重点文物保护单位。位于河南省南召县杜庄村东南小空山山腰处。1980 年发现并对下洞进行了发掘，1987 年对上洞进行了发掘并对下洞进行了清理。上洞的堆积分为三层，哺乳动物化石主要出自第 1 层，种类有牛、鹿、野猪、普氏野马、犀牛、最后斑鬣狗等，以牛的数量最多；石制品主要出自第 2 层，石料多为石英砾石，包括石核、石片、砍砸器、刮削器、尖状器、雕刻器等。石核多为锤击法产生，少数是用砸击法产生的，大部分为天然台面与打击台面，经过修理的台面甚少，形状多不规则。石片多为锤击石片，形状不规则。石器大、中、小型皆有，砍砸器多为大型器，加工方法基本用锤击法，以从劈裂面向背面加工为主。下洞出土的石制品有石核、石片、石料和石器，石器有砍砸器、刮削器、尖状器、雕刻器、石锤和石球等，其中以砍砸器的数量最多。石料主要为石英，打片基本用锤击法和砸击法，修理石器的方法以单面加工为主。上洞的年代一般认为属旧石器时代晚期，下洞的年代尚有争议。(涂栋栋)

【神泉寺遗址】 旧石器时代遗址。位于山西省阳高县东小镇乡神泉寺村。地处泥河湾盆地中部。1988 年发现，后经两次调查。采集的石制品有石核、石片、石器、断块和断片等，石器多为小型器，分为刮削器和尖状器两大类。石制品原料以脉石英为主，打片多用锤击法，偶用砸击法，石器加工基本用锤击法。遗址年代为距今 1.8 万～1.1 万年。(涂栋栋)

【涞水人化石地点】 旧石器时代智人化石地点。位于河北省涞水县北边桥村黄土底部。1988 年发现一成年男性个体，据铀系法测定，年代为距今约 2.8 万年，体质特征较原始。伴出有少量人工打制的石片和动物化石。涞水人的发现对研究北京人的后裔和与山顶洞人的关系具有重要意义。(涂栋栋)

【日照沿海旧石器地点群】 旧石器时代遗址。位于山东省日照市沿海区域。1983 年发现 7 处旧石器地点，分别是竹溪北沟、竹溪南沟、丝山、丝山西沟、奎山、虎山和胡林村等地点，基本都属于旧石器时代晚期。采集到的石制品有石核、石片和石器等，石器有刮削器、砍砸器、尖状器、雕刻器、石砧、石球和矛头等，石器多为石片制成，加工方法以锤击法为主，石器的总体面貌古朴、加工简单，与华北地区同时代的旧石器有许多相似之处。漏斗状石核颇有地方特色。(涂栋栋)

【临沂金雀山旧石器地点】 旧石器时代遗址。位于山东省临沂市东，东临沂河，是一处低山丘陵。1997 年进行发掘。获得的石制品可分为两类：一类是典型的细石核、细石叶和细石器，石料为不见于当地的黑灰色或灰白色硅质岩；一类是砾石石制品，原料多为见于当地的石英岩砾石，包括断块、石片和少量石器，石器有刮削器和尖状器，以刮削器为主。(涂栋栋)

【建平人化石】 1957 年在辽宁省建平县建平镇收集的龙骨中发现。为一截成年男性的右肱骨，石化程度较深。骨干外侧面桡神经沟甚浅，近似早期智人，而骨干中部的前后径大于中径，又与现代人接近，应属于晚期智人阶段的人类。(涂栋栋)

【育红河遗址】 旧石器时代遗址。位于陕西省大荔县育红河村北。1987 年进行发掘。出土有少量动物化石和丰富的石制品。动物化石主要有丽蚌、鹿、马、贺风三趾马、诺氏古菱齿象和披毛犀等。石制品原料主要为石英岩和燧石，包括石核、石片、窄长小石片和石器等。石器有刮削器、尖状器、石锥和雕刻器等，以刮削器的数量最多，种类也最复杂。打片基本用锤击法，偶用砸击法，未见预制石核和修理台面。石器加工采用锤击法，加工方式多样。用哺乳动物肢骨做碳十四测定，年代为距今 17 330 ± 500 年。(涂栋栋)

【楼房子遗址】 旧石器时代遗址。位于甘肃省环县曲子镇楼房子村。1964 年发现并发掘。出土有丰富的哺乳动物化石和石制品。动物化石有披毛犀、蒙古野马、原始牛、最后鬣狗、野驴、赤鹿、斑鹿、河套大角鹿、普氏羚羊、哈克图转角羊、盘羊等，与萨拉乌苏动物群大体相当。石制品有石核、石片、尖状刮削器、三棱尖状器等。遗址年代为距今约 4 万年。(涂栋栋)

【柳江人化石地点】 旧石器时代人类化石地点。

位于广西壮族自治区柳江县通天岩旁的一处洞穴中。1958年发现。人骨化石除股骨可能属于女性外,其余如头骨、髋骨、骶骨和椎骨都属同一个中年男性个体。头骨的前囟点靠后,面部短宽,眼眶低扁,一些体质特征与现代东南亚人比较接近,如鼻孔宽阔,体骨和股骨显示的身材矮小等特征。一些体质特征说明柳江人属于蒙古人种,如颜面上部、鼻梁和嘴部的突出程度,硬腭中等大小,上门齿铲形等。(涂栋栋)

【资阳人化石地点】 旧石器时代人类化石地点。位于四川省资阳市。1951年发现一老年女性个体较完整的头骨,头骨较小,表面平滑圆润,额结节和顶结节明显突起,额部较丰满。面骨保有上颌骨的一部分。基本特征与现代人相似,但也保留了若干较原始的性质。与人骨化石伴出的动物化石有鬣狗、中国犀、水鹿、大额牛、虎、马、猪、麂和东方剑齿象等。伴出一件有刮削加工条痕的骨锥。(涂栋栋)

【乌鸦山遗址】 旧石器时代遗址。位于湖南省澧县道河乡高堰村。1988年发现。1992年首次发掘。出土的石制品以硅质岩为原料的居多,砂岩次之,还有石英、燧石等;小型石制品占优势,有石片、刮削器、尖状器、长石叶、雕刻器等;大型石制品一般为石核、砍砸器、大尖状器,但数量较少。石器加工方法主要为锤击法,以单面打击为主,同时存在错向加工手段。乌鸦山遗存体现了石器工业小型化的大趋势,也反映了石片石器工业与砾石石器工业的演化状况。(涂栋栋)

【狐狸洞清流人化石地点】 旧石器时代智人化石地点。位于福建省三明市沙芜乡洞口村东北。1988年发现。次年进行发掘。在洞穴堆积中共发现分属3个个体的6枚人类牙齿化石,哺乳类动物化石18种,有剑齿象、大熊猫、犀牛、獏、野猪、熊鹿、蝙蝠、猕猴等第四纪南亚动物群常见的动物。(涂栋栋)

【上宋遗址】 旧石器时代遗址。位于广西壮族自治区百色市那毕乡百法村上宋屯西北的山坡上,地处右江南岸。1973年发现。地层堆积分为三层,遗物主要出在第3层,包括手镐、砍砸器、刮削器等石器和玻璃陨石。其中玻璃陨石超过90件,大小不同,形状各异,为研究当地当时"陨石雨"的降落特点提供了难得的资料。遗址年代为距今约80万年。(涂栋栋)

【百渡遗址】 旧石器时代遗址。位于广西壮族自治区田东县百渡村大渡屯西约1千米的山包上。2002年发掘。遗址堆积可分为两层,均出土石制品。石制品的组合包括石锤、石核、石片、石器、断块和碎片等。石器类型有砍砸器、刮削器、手镐、薄刃斧等。百渡遗址的发掘首次在地层中揭露出多处人类制作石器时剥落的碎石分布面,表明出土的石器应为原地埋藏,没有经过搬运,还表明当时人类就在裸露的基岩面上进行制作石器等活动。遗址年代一般认为与百色盆地其他遗址年代相当,距今约80万年。(涂栋栋)

【百达遗址】 广西壮族自治区西部迄今发现的面积最大的一处跨越旧、新石器时代的遗址,也是华南地区第一处具有从旧石器时代到新石器时代文化堆积的露天遗址。位于百色市以西约50千米的羊圩镇六丰村百达屯西侧,处于右江及其支流者仙河的交汇处。2004年发掘。遗址堆积深厚,可分为上下两部分,上部为新石器时代,下部为旧石器时代。在新石器时代地层中发现一处分布面积近400平方米的柱洞群、2个石器制造场、3座墓葬和1处用火遗迹。大部分遗物出自新石器时代文化层,包括陶器、石器和骨器等,其中以石器最多。石器以打制石器为主,磨制的较少,种类有砍砸器、尖状器、刮削器、斧、锛、凿、刀、研磨器、锤、砧、砾石等。旧石器时代的遗物仅有石器,种类有砍砸器、手镐和刮削器等。旧石器文化堆积可能属晚更新世。(涂栋栋)

【龙王辿遗址】 旧石器时代遗址。全国重点文物保护单位。位于陕西省宜川县湖口镇龙王村北。2004年发现。次年进行发掘。出土石制品2万余件及大量动物化石,并发现用火遗迹20余处。遗址中发现的磨制石铲是中国年代较早的磨制石器之一。龙王辿遗址的发现为探究黄土高原东南部边缘地带旧石器时代晚期文化面貌,探寻黄河中游地区旧石器时代向新石器时代过渡时期的文化演进与环境变化等提供了科学依据。遗址年代距今2万~1万年。(涂栋栋)

【老奶奶庙遗址】 旧石器时代遗址。位于河南省郑州市西南郊侯寨乡的樱桃沟景区内。遗址东南距代家门村约500米,西邻贾鲁河上游九娘庙河,坐落在河旁二级阶地之上。2005年发现。

2011 年进行发掘。获取石制品 3 000 多件、动物骨骼及碎片 12 000 余件、用火遗迹 20 余处。多个文化层的连续分布，显示了古人类曾经长时间重复使用该遗址。大量的石制品、动物骨骼等遗物与多个用火遗迹共存，清楚地反映了当时人类的居址结构复杂化的发展趋势。遗址年代为距今约 4 万年。（周振宇）

【李家沟遗址】 旧石器时代向新石器时代过渡期遗址。全国重点文物保护单位。位于河南省新密市岳村镇李家沟村西。2004 年发现。2009 年、2010 年进行两次发掘。发现大量打制石器、细石器、磨制石器、陶器及动物骨骼。最重要的发现是完整地揭露出距今 10 500 ~8 600 年连续的史前文化堆积的剖面。堆积下部出土细石核与细石叶等典型的细石器遗存，中部是普遍施压印纹的粗夹砂陶及石磨盘等新石器时代早期遗存，上部则发现典型的裴李岗文化陶片。这些发现为寻找中原及邻近地区旧石器时代向新石器时代过渡阶段遗存提供了地层学的参照。（周振宇）

【王府井遗址】 旧石器时代遗址。位于北京市东城区王府井商业区。1996 年发现，随后进行系统发掘。遗址出土标本 2 000 余件，包括丰富的石制品、骨制品、用火遗迹和赤铁矿碎块等。从石制品和骨制品的加工技术和类型分析，它与北京人文化和山顶洞文化关系密切，这表明北京从五六十万年前到 2 万年前在文化上可能是一脉相承的。遗址年代为距今约 2. 5 万年。（周振宇）

【大河遗址】 旧石器时代洞穴遗址。全国重点文物保护单位。位于云南省富源县大河乡茨托村。2001 年、2002 年进行两次考古发掘，共出土古人类牙齿化石 3 枚、石制品 2 000 余件，以及大熊猫-剑齿象动物群化石上千件。石制品原料主要有凝灰岩、玄武岩、燧石、砂岩、硅质灰岩等。石制品类型组合包括砍砸器、刮削器、尖状器、雕刻器、钻具，以及石核、石片等，其中盘状石核、三角形尖状器、凹缺器、圆盘状刮削器、锯齿状刮削器等，与欧洲莫斯特文化典型器物特征相似。此外，还发现了火塘、烧骨、烧土、颜料、人工铺垫的砾石地面等古人类生活遗迹。遗址年代为距今 4 万~3 万年。（周振宇）

新石器时代

新石器时代早期

华北地区

【东胡林遗址】 新石器时代遗址。位于北京市门头沟区东胡林村西清水河（永定河西支）北岸的黄土坡梁。1966 年首次发掘，2001—2005 年再度发掘。遗迹有石圆圈和墓葬，并发现多处人类烧火遗迹。石器大多打制而成，有的刃部略经磨制，亦见石磨盘、石磨棒和小型磨制石器。陶器皆为夹砂红褐陶，多素面，个别者口外饰短泥条，可辨器形有平底盂。墓葬人骨有一定程度的石化。遗址年代为距今 10 000 ~9 000 年。（朱延平）

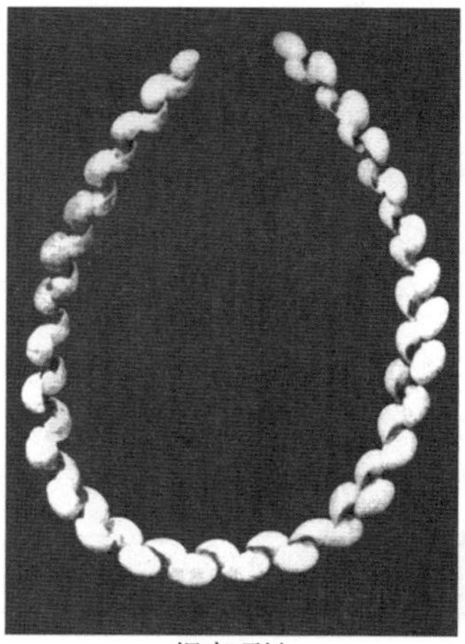

螺壳项链

石刃骨刀

东胡林遗址遗物

【南庄头遗址】 新石器时代遗址。全国重点文物保护单位。位于河北省徐水县南庄头村东北侧的平原地带。面积约 2 万平方米。1986 年调查发现，并开始发掘。遗迹有灰沟 5 条和用火遗迹 5 处。揭出一定数量的陶片和石磨盘、石磨棒等石器，陶片质地较疏松，基本不具纹饰。发现鸟类、狼、鹿、鼠、鸡等动物遗骸，其中鹿科占主要比重，并出土有较多带砍痕的鹿角，亦见猪和狗。与这批遗存相关的碳十四测年值为距今 10 000 ~ 9 000 年，故被认为是华北地区最早的新石器时代遗存之一。（朱延平）

【丁家村遗址】 新石器时代遗址。位于山西省右玉县丁家村。1983 年山西省考古研究所等作考古调查，发现一些细石器及陶片。细石器属于以楔状石核为代表的典型的细石器技术传统，有细石核、尖状器、刮削器、残石器、石片、石环等。另见有一定数量的新石器时代陶片。（高江涛）

长江以南及华南地区

【仙人洞遗址】 新石器时代洞穴遗址。全国重点文物保护单位。位于江西省万年县大源镇小河山下的洞穴。以旧石器时代向新石器时代过渡期遗存为主。1962年、1964年、1993年、1995年和1999年北京大学考古系和江西省文物考古研究所等单位进行发掘和采样工作。发现打制石器、磨制石器和骨器、角器、蚌器。发掘和采集到大量低温烧成的陶片,均为圜底釜的残片,属中国最早的陶器之列。对土样的分析发现了野生和栽培稻的植硅石,表明当时以采集野生稻为主,并开始了稻的栽培。遗址年代为距今约12 500年。(李新伟)

【吊桶环遗址】 新石器时代洞穴遗址。全国重点文物保护单位。位于江西省万年县大源镇一小山岗上,与仙人洞遗址相距800米。以旧石器时代向新石器时代过渡期遗存为主。1993年、1995年和1999年北京大学考古系和江西省文物考古研究所等单位进行发掘和采样工作。发现打制石器、磨制石器和大量低温烧成的陶片,均为圜底釜的残片,属中国最早的陶器之列。对土样的分析发现了野生和栽培稻的植硅石,表明当时以采集野生稻为主,并开始了稻的栽培。遗址年代为距今约12 500年。(李新伟)

【玉蟾岩遗址】 新石器时代洞穴遗址。全国重点文物保护单位。位于湖南省道县寿雁镇白石寨村。面积100余平方米。1993年、1995年后经多次发掘。文化堆积厚1.2～1.8米,自然堆积层次近40层。发现烧灰堆等遗迹。出土遗物主要为打制石器和骨、角、牙、蚌制品及大量的动物遗骸。发现有稻谷遗存,其中一枚经鉴定为栽培稻,并兼备野、籼、粳的特征,是一种由野稻向栽培稻演化的古栽培稻类型,为迄今世界上已知年代最早的人工栽培稻实物;同时地层中也发现稻属植硅体。此外,出土有质地和形态都十分原始的陶片,个别可复原者为圜底釜形器,为中国已知最早的陶制品之一。遗址年代为距今约1万年。(傅宪国)

陶釜

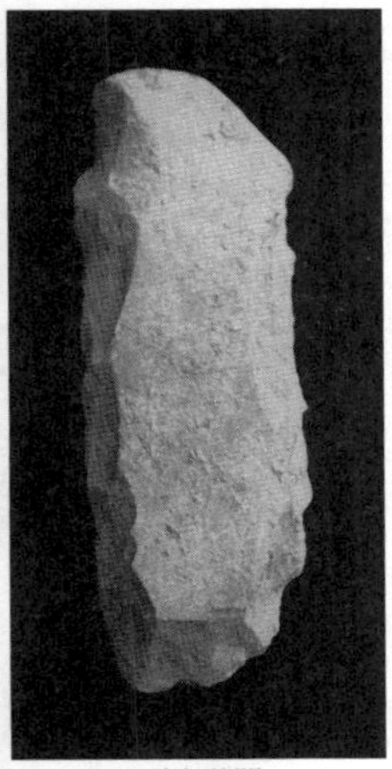
石锄形器

骨铲

水稻壳

玉蟾岩遗址遗物

【独石仔洞穴遗址】 旧石器时代至新石器时代洞穴遗址。全国重点文物保护单位。位于广东省阳春市城区北面30千米的独石仔山。1960年发现,随后经过数次发掘。堆积可分为上、中、下三层。上文化层为新石器时代早期文化遗存,出土砾石制作的打制石器、磨制石器和1件骨镞。打制石器多不规整,打制方法简单,多无第二步加工痕迹,器形主要有砍砸器和刮削器。磨制石器包括穿孔石器和刃部磨制石器两种,穿孔石器多采用两面凿打后加磨方法进行穿孔,两面孔径基本相等。骨镞由动物肢骨制成,前端磨出尖锋。动物化石为石化程度较浅的牙齿和骨骼。堆积层中含炭屑、灰烬、烧骨和大量人类食用丢弃的螺蚌壳。中文化层出土少量打制石器、穿孔石器和骨器,伴有大量螺壳和石化程度略深的动物牙齿和骨骼。下文化层出土打制石器、穿孔石器和骨器等,螺壳较少,有大量石化程度较深的动物遗骸。中、下文化层中出土的打制石器多不规整,且较粗糙,打制方法简单,多单面单向打击,少有第二步加工,器身多保留砾石面,器形有砍砸器和刮削器。穿孔石器系用扁圆砾石中心一面或两面凿打穿孔而成,两面孔径大小不等。遗址年代测定:上文化层为距今约11 500年;中文化层上部为14 260±130年,下部为15 350±250年;下文化层为16 680±570年。(涂栋栋)

【黄岩洞遗址】 旧石器时代至新石器时代洞穴遗址。位于广东省封开县渔涝河口狮子岩南山麓。1961年发现,后经过数次发掘。洞内有4处堆积,第3处为含有螺壳的灰褐色砂土堆积,为主要文化层,位于洞厅内。出土的石制品较多,可分为打制石器、穿孔石器和磨制石器三类。其中以打制石器占绝大部分,器形有砍砸器、刮削器、石砧和石锤等。穿孔石器仅3件,系用器身较厚的砾石加工,中部穿孔,有两面钻孔并加磨者,也有两面凿打钻孔而未加磨者。磨制石器4件,均用砾石制作,为局部磨制石器,主要磨制刃部。第1处为含有螺壳的灰褐色砂土堆积,处于洞口部分,内含炭屑、烧骨和灰烬,并有2件人类颅骨,据碳十四测定,遗址年代为距今11 930±200年。黄岩洞遗址的文化内涵与白莲洞遗址二期接近。(涂栋栋)

【牛栏洞遗址】 旧石器时代至新石器时代洞穴遗址。位于广东省英德市云岭镇狮子山南麓。面积约400平方米。1996年、1998年两次发掘,发掘面积51平方米。文化堆积最厚达3米左右。发现有灰坑、灰烬等遗迹。出土遗物包括陶器、打制石器、磨制石器、穿孔石器以及人类化石和水陆生动物骨骼化石等。文化遗存分为三期,分属于旧石器时代末期、中石器和新石器时代早期。遗址年代距今约1万年。1999年出版有《英德史前考古报告》。(傅宪国)

【甑皮岩遗址】 新石器时代遗址。全国重点文物保护单位。位于广西壮族自治区桂林市象山区独山西南麓。面积约240平方米。1965年开始经多次发掘。遗迹包括火塘、灰坑、墓葬及石器加工点。墓葬为蹲踞葬和屈肢葬。石器加工点发现有较多砾石原料以及大量制作石器过程中产生的半成品、石块、石片和碎屑。骨器和蚌器的数量较多。遗物包括陶器、打制石器、磨制石器、骨器、蚌器、牙器以及大量的水陆生动物遗骸。发现迄今中国最原始的陶容器。遗存可分为五期,年代为距今12 000～6 500年。2003年出版有《桂林甑皮岩》。(傅宪国)

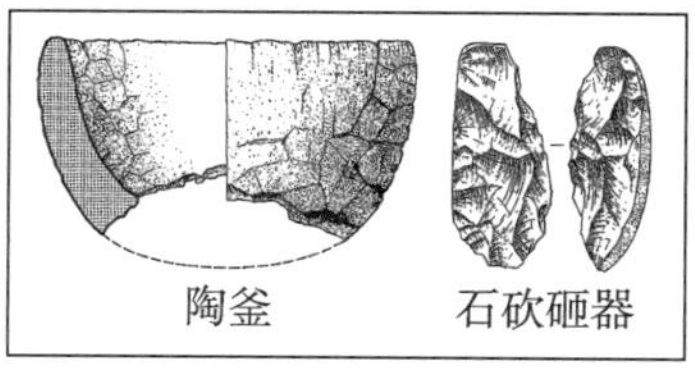

甑皮岩遗址一期陶器和石器

【大岩遗址】 旧石器时代至新石器时代晚期遗址。位于广西壮族自治区临桂县二塘村下岩门山北麓。遗址由A、B两洞组成。面积约300平方米。1999年发现,次年发掘,发掘面积72平方米。遗存分为六期。遗迹主要是墓葬,葬式为蹲踞葬和屈肢葬。另外发现用火遗迹10余处。遗物包括砾石打制石器、磨制石器、骨器、蚌器和陶器,以及较多的水陆生动物遗骸。发现迄今中国最原始的陶容器。(傅宪国)

【庙岩遗址】 新石器时代遗址。位于广西壮族自治区桂林市雁山区李家塘村东的庙岩南麓。面积约130平方米。1965年发现。1988年发掘,发掘面积50平方米。发现打制石器、骨器、蚌器、陶片、泥制品以及大量水陆生动物遗骸。陶片制作原始,难以辨明器形,均为素面,陶质疏松,夹杂细石英颗粒和炭粒;泥制品形似马蹄,捏制,未经烧制。同时还发现了烧坑及完整的蹲踞葬。遗址年代为距今约1.2万年。(傅宪国)

【鲤鱼嘴遗址】 中石器时代至新石器时代岩厦遗址。全国重点文物保护单位。位于广西壮族自治区柳州市大龙潭。面积200余平方米。1980年后经多次发掘。遗存可分为三期,即中石器时代、新石器时代早期和新石器时代晚期。遗迹有墓葬6座。遗物包括陶片、细小燧石石器、打制砾石石器、磨制石器、骨器和蚌器以及大量的水陆生动物遗骸。(傅宪国)

西北地区

【惠安堡遗址】 新石器时代遗址。位于宁夏回族自治区盐池县惠安堡镇西北荒漠草原突起的梁峁上。2002年宁夏回族自治区考古研究所和盐池县博物馆开展调查。大范围内稀疏地发现打制石器和细石器,零星发现夹砂红陶和灰陶片。石器技术接近水洞沟附近长城外和鸽子山的石制品。打制石器和细石器共存,并有零星陶片。(叶茂林)

新石器时代中期

黄河流域

【磁山文化】 黄河下游地区新石器时代考古学文化。因河北省武安市磁山遗址的新石器时代遗存而得名。主要分布于太行山东麓至海河平原西部一线。磁山文化陶器以平底盂、支座和钵为主(见彩版4"磁山文化陶平底盂和支座"),亦见一定的深腹罐,除素面者外,流行戳印和刻划短线条的简单纹样,细绳纹、泥条堆纹和之字形戳印纹也各占一定比重。与南邻的裴李岗文化有较多共性。文化

年代为距今7 500 ~6 700 年。（朱延平）

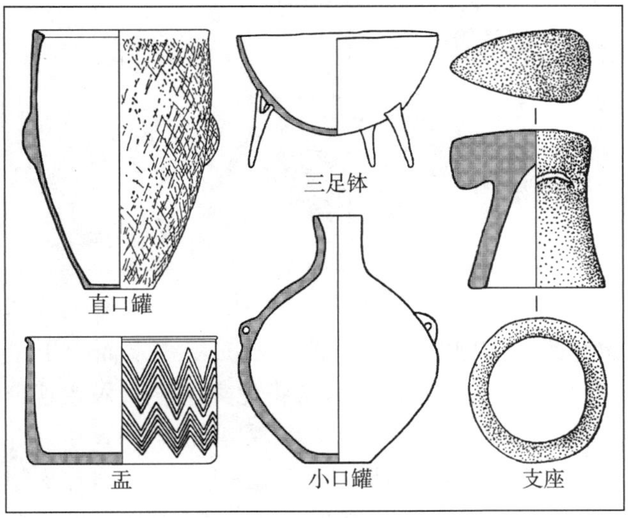

磁山文化陶器

【磁山遗址】 新石器时代和商代遗址。全国重点文物保护单位。位于河北省武安市磁山镇洺河北岸台地。面积约 8 万平方米。1973 年调查发现。1976—1978 年进行三次发掘。磁山文化的确立缘于磁山遗址新石器遗存。磁山文化的遗迹主要是坑穴、沟和遗物组合堆，许多坑穴中存留了可能是粟的粮食堆积。遗物组合堆往往集中分布，大多三四成群乃至十数堆聚在一起，组合中常见石磨盘、石磨棒、石斧、石铲和陶盂、陶支脚、三足陶钵，祭祀性质十分明显。据碳十四测定（未校正），遗址年代为距今 7 400 ~ 7 100 年。（朱延平）

【上坡遗址】 新石器时代和商代遗址。位于河北省容城县上坡村南的台地上。1981—1982 年发掘。揭出磁山文化、雪山一期文化、商初和晚商四个时段的遗存。属于磁山文化的遗存面貌与北福地同类遗存甚是接近。晚商的一座方形半地穴房址内有两灶，其一设有通往室外的烟道。2007 年出版有《北福地》。（朱延平）

【西万年遗址】 新石器时代遗址。位于河北省武安市磁山镇西万年村南洺河西岸的高岗上。1979 年调查并发掘。遗址北部集中分布着磁山文化遗存，其中包括炭化胡桃、狗骨、鱼骨和田螺。南部的遗存大体可归属北福地二期文化，但出土有弦纹罐和灶，这些器形不见或少见于保定以北的同类文化遗存。西万年遗址两种遗存分布的区域之间相隔约 200 米。（朱延平）

【孟各庄遗址】 新石器时代遗址。位于河北省三河市孟各庄村泃河东岸的沙丘上。1979 年发掘。大体揭出两个时段的遗存，第一期与北福地遗址的磁山文化相类，同时伴出兴隆洼文化系统的筒形罐。第二期属上宅文化，与上宅遗址的同类遗存最为接近，亦以斜向刮抹纹的敞口筒形罐为主，圈足钵和“之”字形戳印纹也较多见，石器中则有和赵宝沟文化相同的石耜。（朱延平）

【大地湾文化】 亦称“大地湾一期文化”。黄河上游地区新石器时代考古学文化。因甘肃省秦安县大地湾遗址而得名。指以大地湾一期为代表的一类遗存，主要分布于黄河上游与中游之间渭河流域的黄土地带。此类遗存在不同地方曾有过若干不同的定名，如老官台文化、白家文化等。大地湾文化的陶器以红褐或灰褐色的三足钵、圜底盆、圜底钵和三足筒形罐（罐形鼎）与平底深腹筒形罐为主，也有碗和壶等。制作一般较为粗放，以泥片贴敷法成型，较厚重。多施粗绳纹，口沿经过打磨。有的盆钵类还在口沿施以红色宽带彩绘，是中国最早的彩陶，因此大地湾文化是中国彩陶的起源。石器出土少，类型也较简单，而且仍多打制石器和打制工艺。房址多为小型的半地穴窝棚式，很简陋。墓葬皆单人葬，多为仰身直肢葬，已开始有了随葬品的多寡之别，还出现以猪下颌骨随葬的习俗。另外还发现有小型的陶塑。经济生活以农业为主，种植粟，有牲畜养殖，仍保留较多的采集渔猎方式。研究认为，大地湾文化的生产和技术，明显要落后于中原地区的同时期文化。不过大地湾文化仍然具有其独具的特色。文化年代为距今 8 000 ~ 7 000 年。参见“大地湾遗址”。（叶茂林）

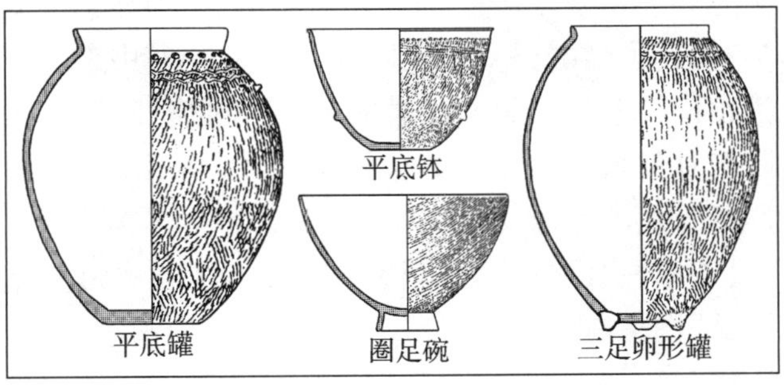

大地湾文化陶器

【大地湾一期文化】 即“大地湾文化”。

【大地湾遗址】 新石器时代遗址。全国重点文物保护单位。位于甘肃省秦安县五营乡邵店村清水河南岸的二、三级阶地与黄土山坡地带。总面积 110

万平方米。遗址包括大地湾一期文化、仰韶文化及龙山文化等多种文化遗存,内涵极其丰富,新石器时代文化遗存延续长达四五千年,后期的历史时期文化仍然延续不断。1958 年甘肃省文物管理委员会调查发现。1978—1995 年甘肃省博物馆和甘肃省考古研究所进行了八次大规模的考古发掘,总发掘面积达 1.48 万平方米。发现不同时期的房址 240 座、灰坑或窖穴 325 个、墓葬 65 座,出土器物 8 367 件。文化遗存分为五期:一期为大地湾文化,属于前仰韶文化时期,主要分布于沟谷地带,多为二级阶地,遗迹分散;二期是仰韶文化半坡类型的文化遗存,分布从二级阶地扩大到三级阶地,遗存保存状况甚好;三期相当于庙底沟类型的仰韶文化;四期属于仰韶文化晚期遗存,相当于石岭下类型及马家窑类型,覆盖面最大、内涵也最为丰富,聚落的主体向高处发展,主要分布在黄土山坡地带,形成了具有某种天然屏障的坡阶式的聚落格局;五期是大地湾遗址的最上层堆积,反映了仰韶文化向齐家文化过渡的性质,属于常山下层文化类型,遗存多有后期的破坏。该遗址的考古发掘,有许多重要的考古发现,尤其是第四期仰韶文化晚期遗存的一系列重大发现更引起广泛关注,被认为是中国文明起源的标志性象征。2006 年出版有《秦安大地湾》。(叶茂林)

【西山坪遗址】 新石器时代遗址。位于甘肃省天水市太京镇葛家新庄村西的台地上。面积 20 余万平方米。1986—1990 年中国社会科学院考古研究所进行发掘。遗存可分为七期:一期为大地湾一期文化,发现师赵村一期叠压大地湾一期的地层关系,解决了考古学上争论的问题;二期为半坡类型;三期为庙底沟类型;四期为石岭下类型;五期为马家窑类型;六期为半山类型;七期为齐家文化。其中第五期遗存比较丰富。西山坪遗址与师赵村遗址一起,提供了甘肃东部考古学文化序列。1999 年出版有《师赵村与西山坪》。(叶茂林)

【李家村文化】 见"李家村类型"。"李家村文化陶器"图见右栏。

【李家村类型】 汉江上游地区老官台文化的一种地方类型。因陕西省西乡县李家村遗址而得名。主要文化内容具有老官台文化的特征,如陶器有圜底钵、圈足碗和钵形三足器,其他还有大口罐、凹底罐和小杯等。某些器形,如平底钵、杯形或罐形三足器等,与北首岭下层遗存接近。发现之初,因其是探索仰韶文化前身的一个较可靠的新线索而提出了"李家村文化"的命名,后又将此类遗存归入老官台文化。(王小庆)

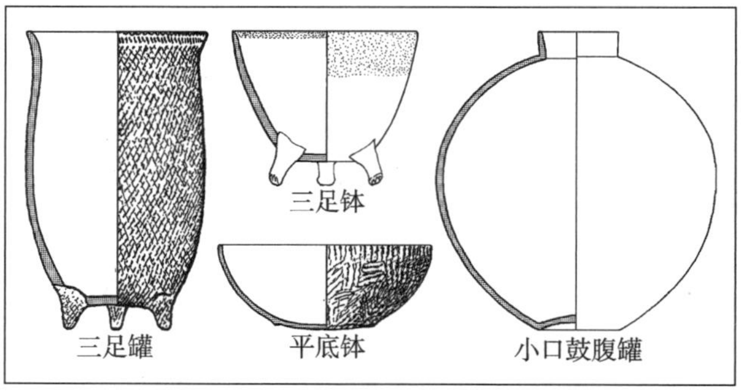

李家村文化陶器

【李家村遗址】 新石器时代遗址。全国重点文物保护单位。位于陕西省西乡县李家村附近,坐落在汉水上游支流牧马河南岸的一级阶地上。面积约 2.6 万平方米。1959 年调查发现。1960 年、1961 年陕西省考古研究所进行两次发掘。发现房址、窖穴、陶窑、墓葬等遗迹,以及一批陶器、石器等遗物。李家村遗存具有新石器时代中期文化的特征,其发现被认为是探索仰韶文化前身的一个较可靠的新线索,并提出了"李家村文化"的命名。(王小庆)

【白家文化】 见"老官台文化"(145 页)。

【白家遗址】 新石器时代遗址。位于陕西省西安

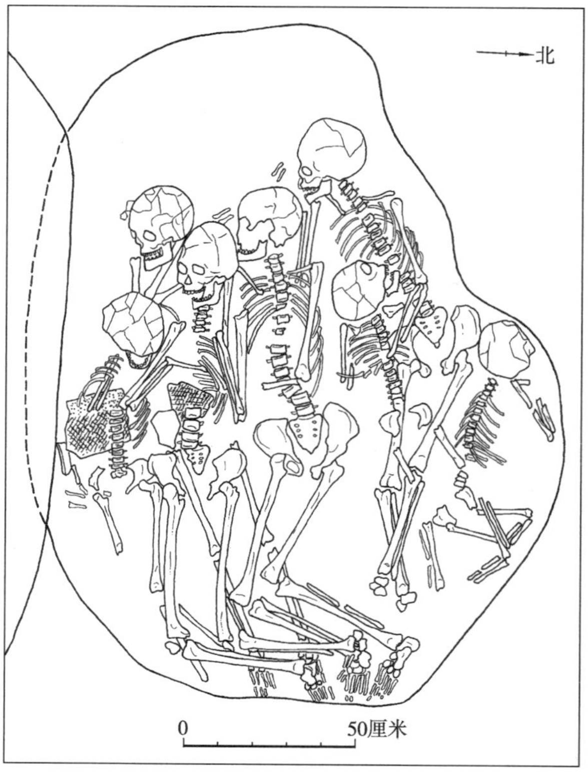

白家遗址白家村 M22 平面图

市临潼区油槐镇白家村东南。面积约12万平方米。1982—1984年中国社会科学院考古研究所进行了四次发掘。文化层以前仰韶时期的文化堆积为主，发现有房址、墓葬、灰坑、兽坑等遗迹和大量的文化遗物。白家遗址的发掘为研究黄河流域早期农业文化提供了重要资料。同时，发掘者还提出了“白家文化”的命名。1994年出版有《临潼白家村》。（王小庆）

【北刘遗址】 新石器时代遗址。位于陕西省渭南市河西乡北刘村西南。面积约8万平方米。1958年黄河水库考古队调查发现。1979—1980年、1982年、1983年西安半坡博物馆等先后进行三次发掘。文化内涵以老官台文化和仰韶文化泉护类型的堆积为主，其中老官台文化内涵丰富、特征明显，被认为是老官台文化早期的代表，并提出了“北刘类型”的命名。另外，在泉护类型的堆积中还发现有一条大围沟。（王小庆）

【白庙遗址】 新石器时代遗址。位于陕西省渭南市阳郭镇白庙村。1976年西安半坡博物馆调查发现，1979年又进行复查。白庙遗址的文化内涵以老官台文化和仰韶文化为主。（王小庆）

【紫荆遗址】 新石器时代遗址。全国重点文物保护单位。位于陕西省商洛市紫荆村北。面积约10万平方米。1953年发现。1977—1978年商县图书馆、西安半坡博物馆、商洛地区县图书馆联合进行发掘。1982年西北大学历史系考古专业再次发掘。文化堆积分为五期，由早到晚依次为老官台文化、仰韶文化半坡类型、仰韶文化半坡晚期类型、客省庄文化和西周时期的文化遗存。紫荆遗址地处黄河流域和长江流域之间的过渡地带，为研究南北文化的交流融合提供了重要资料。（王小庆）

【阮家坝遗址】 新石器时代遗址。位于陕西省汉阴县涧溪乡阮家坝村西。面积约4万平方米。1981年文物普查时发现。1987—1988年陕西省考古研究所进行发掘。文化遗存可分为四期，分别是老官台文化李家村类型、仰韶文化半坡类型、庙底沟类型和夏商时期遗存。阮家坝遗址的发掘丰富了汉江上游地区考古学文化内涵，对建立该地区考古学文化序列、各文化类型本身的分期及探讨与周邻地区考古学文化的关系等具有积极的意义。1994年出版有《陕南考古报告集》。（王小庆）

【马家营遗址】 新石器时代遗址。位于陕西省紫阳县汉王镇马家营村南。面积约1.38万平方米。1981年文物普查时发现。1986—1987年陕西省考古研究所进行发掘。文化遗存可分为四期，分别是老官台文化李家村类型、仰韶文化半坡类型、庙底沟类型和夏商时期遗存。马家营遗址的发掘为研究汉江上游地区新石器时代文化提供了不可多得的资料。1994年出版有《陕南考古报告集》。（王小庆）

【白马石遗址】 新石器时代至夏商时期遗址。位于陕西省紫阳县金川乡白马石村南。面积约1.5万平方米。1981年文物普查时发现。1986—1987年陕西省考古研究所进行发掘。文化遗存分为早、晚两期，一期是老官台文化李家村类型向仰韶文化半坡类型的过渡形态；二期年代相当于新石器时代晚期至夏商时期，与巴蜀文化接近。白马石遗址的发掘为研究汉江上游地区新石器时代文化提供了不可多得的资料，并为研究汉江上游地区巴蜀文化提供了新的线索。1994年出版有《陕南考古报告集》。（王小庆）

【老官台文化】 黄河中游地区新石器时代考古学文化。系仰韶文化半坡类型的前身。因首先在陕西省华县老官台遗址发现而得名。但该遗址内涵贫乏，后来发掘了规模较大、同类遗存内涵丰富的甘肃秦安大地湾遗址，有学者将其改称为“大地湾文化”。同时，在宝鸡北首岭遗址、临潼白家遗址也发现有文化面貌大致相同的文化遗存，有学者分别提出了“北首岭下层文化”、“白家文化”的命名。另外也有学者将其晚期遗存归于仰韶文化最早的北首岭类型。主要分布于陕西、甘肃省境内的渭河流域。经济生活以原始农业为主，种植黍等作物。生产工具有石刀、石铲和石斧等。制陶业较为原始，采用泥片敷贴法。陶器以圈足碗、彩陶钵与筒腹三足罐最具特点。房址呈圆形，为半地穴式建筑。窖穴亦为圆形。墓葬为长方形土坑墓，随葬陶器等物品。文化年代为距今8 000～7 000年。老官台文化的发现，对了解渭河流域新石器时代中期文化有重要意义。（王小庆）

【老官台遗址】 新石器时代遗址。位于陕西省华县城西南渭河支流西沙河东岸的台地上。1955年起进行过三次调查。1959年黄河水库考古工作队陕西分队华县队进行试掘，主要清理了两个灰坑。20世纪60年代有学者明确提出，该遗址是同仰韶文化半坡类型具有一定渊源关系的一种新的文化遗存。20 世纪 70 年代以后，随着一批具有相同文化特征的遗址发现，提出了老官台文化的命名，认为其是仰韶文化半坡类型的前身。（王小庆）

【北首岭下层文化】 见“老官台文化”（145 页）。

【北首岭遗址】 新石器时代遗址。全国重点文物保护单位。面积约 6 万平方米。位于陕西省宝鸡市区金陵河西岸。1958—1960 年中国科学院考古研究所，1977—1978 年中国社会科学院考古研究所进行七次发掘。文化堆积可分为三期。早期遗存发现较少，有陶窑 1 座、墓葬 7 座，以及少量灰坑。其文化特征显示出上承老官台文化之末，下启仰韶文化之端的过渡性质。有学者将其归入仰韶文化早期，称为“北首岭类型”；也有人认为属于老官台文化晚期，是早于仰韶文化半坡类型的另一种新遗存，命名为“北首岭下层文化”。中期遗存属仰韶文化半坡类型，主要是发现两处墓地。晚期遗存为一处保存较好的聚落遗址，属于半坡类型晚期。北首岭遗址的发掘，揭示了仰韶文化起始和早期阶段的面貌及变化脉络，为仰韶文化的聚落布局和文化内涵增添了较多的新资料。据碳十四断代并经校正，遗址年代早期为公元前 5150 ~前 5020 年，中期为前 4840 ~前 4170 年，晚期为前 4080 ~前 3790 年。1983 年出版有《宝鸡北首岭》。（王小庆）

【零口遗址】 新石器时代遗址。位于陕西省西安市临潼区零口村北。面积 2 万余平方米。1995 年陕西省考古研究所进行发掘。其主要文化遗存有四期，一期为老官台文化，二期为老官台文化向仰韶文化半坡类型的过渡形态，三、四期分别为仰韶文化半坡类型、半坡晚期类型。为此，发掘者提出了零口二期为零口文化的命名。2004 年出版有《临潼零口村》。（王小庆）

【关桃园遗址】 新石器时代遗址。位于陕西省宝鸡市陈仓区拓石镇官道塬村附近一处名为官道塬的黄土台地上。1980 年文物普查时发现。2002 年陕西省考古研究所和宝鸡市文物工作队联合进行发掘。文化遗存以老官台文化为主，内涵十分丰富，并可分为三期。关桃园遗址的发掘对进一步认识老官台文化的面貌以及为文化序列的建立提供了宝贵资料。2007 年出版有《宝鸡关桃园》。（王小庆）

【裴李岗文化】 黄河中游地区新石器时代考古学文化。因河南省新郑市裴李岗遗址而得名。主要分布在河南省中西部。除裴李岗遗址外，重要遗址尚有新密市莪沟北岗、舞阳县贾湖、长葛市石固、郏县水泉、汝州市中山寨等。陶器以泥质红陶占绝大多数，夹砂红褐陶次之，泥质灰陶较少，另有少量的黑陶。均为手制，较大的器形采用泥条盘筑法。常见纹饰有附加乳钉纹、篦点纹、压印纹、划纹、指甲纹等。最富特征的器形有双耳壶、三足双耳壶、圜底钵、三足钵、卷沿罐、鼎、圈足碗和假圈足碗，此外还有陶勺、假圈足壶、角把罐等。常见的石器有石斧、鞋底状石铲、带锯齿的石镰和石刀以及石磨盘、石磨棒等，另有石锛、石凿等小型石器（见彩版 4“裴李岗文化石磨盘和石磨棒”）。普遍流行半地穴式建筑，形状有圆形、椭圆形和方形等，面积较小，一般在 10 平方米以下。墓葬多为竖穴土坑墓，无葬具，多数墓都有随葬的生产工具和生活用具，少者一件，多者十余件，个别者数十件。墓葬分布密集，排列有一定的规律。居民主要从事比较发达的农业，种植粟和水稻，饲养猪、狗、羊、黄牛、水牛等家畜。采集和渔猎经济仍占有一定的比重。文化年代为距今 8 200 ~ 7 500 年。（赵春青）

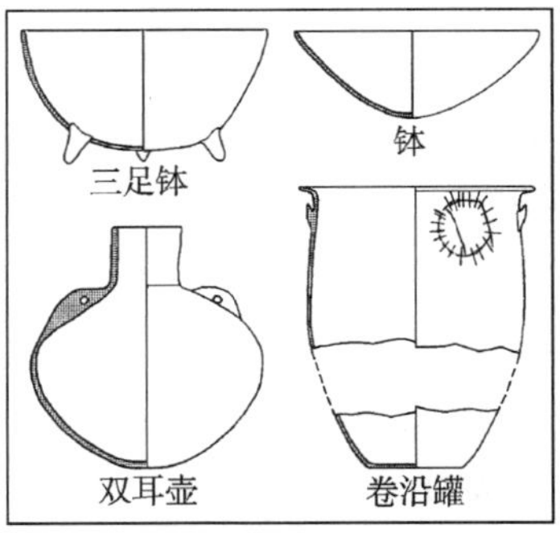

裴李岗文化陶器

【裴李岗类型】 豫中地区裴李岗文化的一种地方类型。主要分布于河南省嵩山周围的浅山区和丘陵地区，重点在新密市、登封市、巩义市、新郑市等境内。以裴李岗、沙窝李、马良沟、莪沟、唐户、铁生沟等遗址为代表。房址多为圆形半地穴式，个别有方形半地穴式。灰坑多为圆形、椭圆形。遗址附近有氏族公共墓地，排列有序，墓向较一致。以单人仰身直肢葬为主。遗物以石磨盘、石磨棒、石铲、锯齿镰为代表。陶器火候一般较低，以质地松软、大多为素面的泥质陶为特点，少部分陶器（壶、钵）的表面有明显的磨光痕迹，并存在表皮脱落的现象。最常见的器形有三足钵、圜底钵、小口双耳壶等。（赵春青）

【贾湖类型】 豫中南地区裴李岗文化的一种地方类型。主要分布于淮河上游的支流沙河、洪河、汝河及颍河流域沿河两岸的台地上。以漯河市翟庄、舞阳县贾湖、长葛市石固、郏县水泉、汝州市中山寨等遗址为代表。房屋建筑以半地穴式为主，分为单间和多间。在埋葬习俗上，出现大量的二次葬和多人合葬的现象。墓中多随葬骨器，而少见陶器和石器，此外还出现随葬龟甲和獐牙的现象。随葬品中，石磨盘和锯齿镰少见，陶器中代表性器形有角把罐、卷沿罐、敛口罐、锛形足三足钵、双耳罐形壶、刻纹盆、方口盆等。（赵春青）

【裴李岗遗址】 新石器时代遗址。全国重点文物保护单位。位于河南省新郑市新村镇裴李岗村西地。面积约2万平方米。1977年发现。1977—1979年开封地区文物管理委员会、中国社会科学院考古研究所等先后进行过四次发掘，共揭露面积2 615平方米。清理出裴李岗文化灰坑22个、陶窑1座、墓葬114座。勘查和发掘表明，遗址东半部为村落遗迹，西半部为氏族墓地。墓葬多呈长方形，墓向基本一致，葬式皆为仰身直肢葬。出土有石磨盘、石磨棒、锯齿镰、石斧等原始农业生产工具，以及陶鼎、双耳壶、罐、碗、三足钵等生活用具。另外还发现有粟、梅核、酸枣核、核桃核等作物遗存。根据层位关系和器物组合及形制变化，可将遗址分为早、晚两期。早期以下层墓为代表，晚期以上层墓为代表。据碳十四测定并经校正，遗址年代为距今9 060～8 990年。（赵春青）

【沙窝李遗址】 新石器时代遗址。位于河南省新郑市龙湖镇沙窝李村西北的台地上。面积约1万平方米。1972年发现。1981年、1982年中国社会科学院考古研究所进行发掘。共揭露面积约850平方米，发现灰坑20个、墓葬32座。文化层厚0.9～1.5米，分为上下两层。墓葬分布于上下两层，灰坑则分布于上层。下层陶器以泥质红陶为主，器形有双耳壶、深腹罐、三足钵等；上层陶器以夹砂红褐陶为主，有一定数量的泥质灰黑陶，新出现黑陶壶、黑陶杯等。另在遗址第2层0.8～1.5平方米范围内，发现了比较密集的粟粒炭化颗粒。据碳十四测定并经校正，遗址年代为距今7 970～7 720年。（赵春青）

【莪沟北岗遗址】 新石器时代遗址。位于河南省新密市超化镇莪沟村北岗。面积约8 000平方米。1975年发现。1977—1978年河南省博物馆等进行两次发掘，发掘面积2 747平方米。清理房基6座、灰坑44个、墓葬68座。居住建筑集中在遗址的中部，窖穴主要在南部，墓地在西部和西北部。出土陶器、石器370余件。陶器有鼎、罐、钵、壶、勺等，此外还发现有黄河流域史前最早的陶塑人像。据碳十四测定并经校正，遗址年代为距今8 080～7 800年。（赵春青）

【石固遗址】 新石器时代遗址。全国重点文物保护单位。位于河南省长葛市石固镇岗河村西。面积约10万平方米。1972年发现，1978—1980年河南省文物研究所等进行四次发掘。揭露面积2 145平方米，清理遗迹有房基3座、灰坑189个、墓葬69座。遗址分为八期，其中一至四期为裴李岗文化，五至八期为仰韶文化。石固遗址重要的价值在于裴李岗文化晚期堆积之上，叠压有仰韶文化早期地层，为澄清裴李岗文化与仰韶文化的早晚叠压关系提供了地层证据。遗址年代为距今约7 000年。（赵春青）

【水泉遗址】 新石器时代遗址。位于河南省郏县安良镇水泉村东。面积10余万平方米。1986年、1989年进行四次发掘，揭露面积1 980平方米。清理灰坑83个、陶窑2座、墓葬120座。遗址分为三期，一期出土陶器数量较少，均为红陶，多素面，器形有钵、壶、罐三种；二期出土陶器数量较多，以红陶为主，亦有个别灰陶，纹饰主要有篦纹，亦有指甲纹、乳钉纹、戳刺纹和划纹；三期纹饰中出现绳纹和附加堆纹，器形中出现盆。据碳十四测定并经校正，遗址年代为距今8 077～7 760年。（赵春青）

【中山寨遗址】 新石器时代遗址。位于河南省汝州市纸坊乡中山寨村。面积约15万平方米。1984—1986年中国社会科学院考古研究所先后进行三次发掘，揭露面积共计665平方米。清理裴李岗文化窖穴9座、墓葬4座，另发现一批裴李岗文化时期的石器和陶器，还出土骨笛1件。中山寨遗址的重要性在于，裴李岗文化层叠压在仰韶文化层之下，为探索仰韶文化的来源找到了线索。据碳十四测定并经校正，遗址年代为距今8 100～7 970年。（赵春青）

【唐户遗址】 新石器时代至商周时期遗址。全国重点文物保护单位。位于河南省新郑市观音寺镇唐户村西部和南部。以新石器时代遗存为主。面积140余万平方米。1975年发现。1976年、1978年、1982年、2006年先后由中国社会科学院考古研究所和郑州市文物考古研究院进行发掘。遗址西北部属裴李岗文化时期，发现房址63座、灰坑204个、墓葬2座、沟5条，出土有碗、壶、三足钵、深腹罐等陶器，磨盘、磨棒等石器。是迄今发现的裴李岗文化居址

中保存最为完整的聚落之一,为研究裴李岗文化聚落形态提供了重要资料。(赵春青)

【马良沟遗址】 新石器时代遗址。位于河南省新密市来集镇马良沟村。面积约3.29万平方米。1979年开封地区文物管理委员会和密县文物管理所进行试掘,试掘面积80平方米。发掘灰坑2个,出土有夹砂和泥质红陶器及少许灰陶器。器形有罐、碗、三足钵、双耳壶等。其中有两件三足钵底部钻孔,多者7孔,非常特殊。据碳十四测定并经校正的年代为距今7 640～7 480年。(赵春青)

【铁生沟遗址】 新石器时代遗址。位于河南省巩义市夹津口镇铁生沟村西平顶山南坡。面积1万平方米。1979年开封地区文物管理委员会和巩县文物管理委员会同郑州大学历史系考古专业联合发掘,1984年中国社会科学院考古研究所河南一队再次发掘,发掘面积共计400平方米。发现房址1座、窖穴4个,出土有石磨盘、石磨棒、石斧、石铲、石镰及陶壶、罐、碗等。据碳十四测定并经校正,遗址年代为距今8 100～7 720年。(赵春青)

【双庙沟遗址】 新石器时代遗址。位于河南省登封市告成镇双庙沟村台地上。面积7万平方米。1975年河南省文物考古研究所进行试掘。地层堆积分为八至十层不等,未见任何文化遗迹。发掘者认为双庙沟遗址不是新石器时代文化遗址所在地,而可能是来自石淙河与双庙小溪中上游遗址的冲积堆积。从出土遗物判断,双庙沟遗址不仅出土有裴李岗文化时期的遗物,而且遗址下部地层内出土的陶片特征有可能比迄今发现的裴李岗文化早期还要略早些,另外部分遗物还具有仰韶文化早期的特征。据碳十四测定并经校正,遗址年代为距今7 707±170年～6 560±130年。(赵春青)

【水地河遗址】 新石器时代遗址。位于河南省巩义市北山口镇水地河村。面积约15万平方米。以新石器时代遗存为主,另有少量春秋战国时期遗存。1986—1987年郑州市文物工作队等进行考古调查。裴李岗文化层直接叠压于仰韶文化层之下。发现有三足钵、球形小口双耳壶、敞口斜壁假圈足碗以及饰篦点纹的陶片等裴李岗文化遗物。(赵春青)

【花窝遗址】 新石器时代遗址。位于河南省鹤壁市淇滨区花窝村东北岗地上。面积约1.9万平方米,文化层厚约1.2米。1979年春发现,同年夏在遗址东部开方试掘。清理灰坑4个,出土部分残石器和陶片。石器以磨制为主,打制次之,有铲、斧、凿、磨棒,并有少量的尖状器、刮削器等细石器。陶器为手制,火候较低,质地易碎,均为红陶;陶质分为泥质和夹砂两种;纹饰有压印纹、划纹、锥刺纹、篦点纹等;器形有小口双耳壶、夹砂罐、三足器等。据碳十四测定,其年代为距今7 130±120年。该遗址在文化面貌上具有与新郑裴李岗文化和河北磁山文化相同的因素,同时又具有自己独特的风格,其发现对研究裴李岗文化和磁山文化之间的关系具有重要参考价值。(赵春青)

【大张庄遗址】 新石器时代遗址。位于河南省方城县独树镇大张庄村。面积约3万平方米。1986年南阳地区文物工作队进行发掘。清理灰坑14个,出土一批新石器时代文化遗物。其中,与裴李岗文化类似的遗物有锯齿形石镰、石磨棒、陶侈沿深腹罐、双耳壶、圈足碗等,另有一组与仰韶文化早期相接近的陶器如红顶碗、弧腹盆等。大张庄遗址的发掘,为探索豫中地区裴李岗文化与仰韶文化的关系提供了重要线索。(赵春青)

【寨根遗址】 新石器时代遗址。位于河南省孟津县煤窑乡寨根村。面积不详。1996年洛阳市文物工作队等进行发掘,发掘面积1 000平方米。寨根遗址以仰韶文化和龙山文化遗存为主,仅第6层为裴李岗文化层。发现灰坑5个,出土有罐、三足钵、细颈壶、石磨盘等裴李岗文化遗物。(赵春青)

【瓦窑嘴遗址】 新石器时代遗址。位于河南省巩义市城区杜甫西路西侧。面积约17万平方米。1995年发现。1995—1996年郑州市文物工作队等进行三次发掘,揭露面积1 100平方米。清理裴李岗文化时期灰坑27个,出土遗物有陶片、石器、骨器、蚌壳、兽骨等。陶器器形有盆、罐、钵、碗、豆、壶、杯、鼎、勺、匕形器等,常见纹饰有放射状直线划纹、戳刺纹、连续折线纹、点线纹、乳钉纹等。与裴李岗文化面貌不同的是,瓦窑嘴遗址中泥质黑陶占相当大的比例。(赵春青)

【贾湖遗址】 新石器时代遗址。全国重点文物保护单位。位于河南省舞阳县北舞渡镇贾湖村东。面积约5.5万平方米。1961年发现。1984—1987年及2001年河南省文物考古研究所等进行七次发掘,揭露面积共计2 658.7平方米。清理遗迹有房基53座、陶窑12座、灰坑436个、墓葬445座、瓮棺葬32座、埋狗坑12座。遗址分为三期,其中二、三期与裴李岗文化大体同时，一期则早于裴李岗文化。聚落布局上，早期的居住区与墓葬区混杂，而中晚期的居住区、墓葬区、制陶作坊区则相对集中。发现有稻作遗存、刻符甲骨、五至七声阶的骨笛、占卜用的龟甲等。年代跨度为距今9 000～7 800年。1999年出版有《舞阳贾湖》。（赵春青）

【石磨盘】 新石器时代石器制品。主要出土于裴李岗文化和磁山文化遗址中。系脱粒工具，与石磨棒配套使用。经琢磨而成，一般长50～60厘米，宽25～30厘米，最大的长90厘米。在裴李岗文化中多作鞋底形，底面凿四足；磁山文化中则多作尖形，下无足或仅留象征性的三足或四足。（赵春青）

【齿刃石镰】 裴李岗文化代表性器物。系一种收割工具，也可用于采摘果实。弓背，刃部平直或略内凹，刃部加工出细小的锯齿。柄部略向上翘，柄的下部有一个缺口或两个缺口，用以捆缚木柄（见彩版4“裴李岗文化石镰”）。（赵春青）

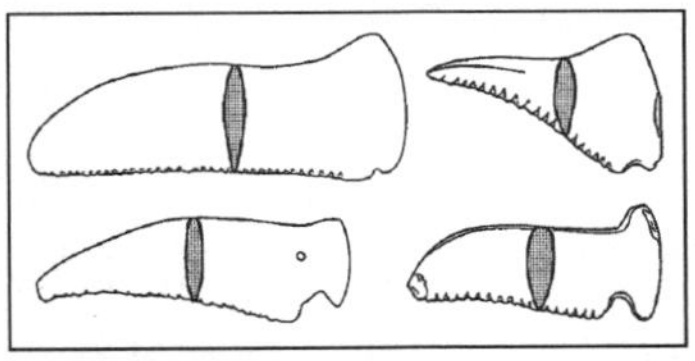

裴李岗文化齿刃石镰

【贾湖古笛】 中国考古发现的最古老乐器，也是世界上最早的可吹奏乐器。最早发现于舞阳贾湖遗址中，此外汝州市中山寨遗址也有出土。据鉴定，骨笛系用鹤类飞禽的肢骨，截去两端骨关节后，再钻孔而成。孔有两孔、五孔、六孔、七孔、八孔之分。能吹奏出四至七声音阶。为中国音乐起源和新石器时代音乐状况的研究提供了重要材料（见彩版4“裴李岗文化骨笛”）。（赵春青）

【贾湖刻符】 河南省舞阳县贾湖遗址出土的契刻符号。具有多笔画组成的组合结构。迄今已发现20余例，主要刻在龟甲、骨器、石器、陶器上。有人认为与原始文字有关，有人主张具有戳记、记数的功能，也有人认为与原始卦象有关。（赵春青）

【后李文化】 黄河下游地区新石器时代考古学文化。因山东省淄博市临淄区后李官庄（简称“后李”）遗址而得名。后李文化遗址主要分布在泰沂山系北麓的山前冲积平原地带，其范围大致东起淄河、西到长清的狭长地带。分为后李类型和西河类型。除后李遗址外，重要遗址尚有章丘市小荆山和西河、邹平县孙家等。主要发现有房址和墓葬等遗迹。遗物分陶器、石器、骨器等。陶器只见夹砂陶，均为手制，烧制温度低，器形种类少，以釜最富代表性。后李文化为黄河下游地区新石器时代较早阶段的文化，是在以往发现的北辛文化之前又确立的一个新的考古学文化，同时为北辛文化的来源找到了新的线索，推动了黄河下游地区新石器文化研究。文化年代为距今8 500～7 500年。（梁中合）

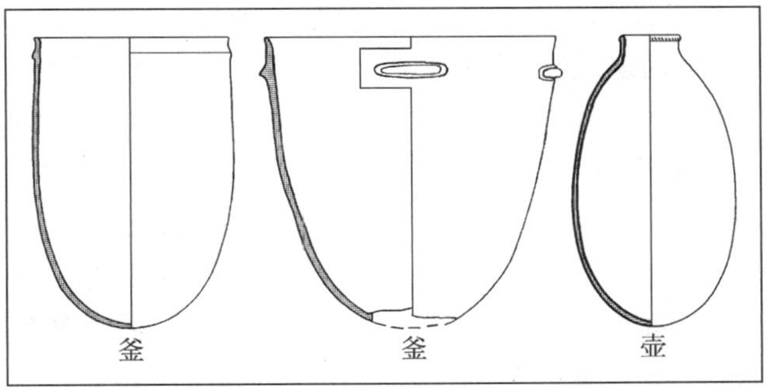

后李文化陶器

【后李类型】 新石器时代后李文化的一种地方类型。以山东省淄博市临淄区后李遗址一期遗存为代表，主要分布在山东省淄博市附近地区。后李类型的手工业，主要体现在制石和制陶两个方面。陶器制作还处在较原始的阶段。陶器均为手制，火候低，器形单调，陶色不匀，为后李文化陶器的突出特点。陶器均为夹砂陶，不见泥质陶。器形主要为圜底器，平底器和圈足器较少。深腹圜底釜的数量最多，约占陶器总数的三分之二。这种器物实际上也是后李文化中最具代表性的器物。后李遗址曾经发现过竖式陶窑，陶窑由窑室、火膛和泄灰坑三部分组成，说明后李文化时期烧陶技术有了一定的改进。（梁中合）

【西河类型】 新石器时代后李文化的一种地方类型。以西河遗址为代表，主要分布在山东省章丘市附近。陶器中以夹砂红褐陶为主，器形以圜底器为主，但圈足器占有一定的比例，平底器甚少，不见三足器。器形主要有釜、圈足盆、碗等。西河类型的石器制作技术在后李文化中比陶器要进步一些，利用各种石料经过打制，采用琢磨和磨制等不同方法加工出不同的石器。在小荆山遗址共发掘出各种动物遗骸717件，分别有软体类、鱼类、爬行及鸟类等20余个种属，其中以驯化类型的狗和猪数量最多，牛、羊也可能被饲养。在后李文化中，西河类型与后李类型呈东西犄角之势。（梁中合）

【后李遗址】 新石器时代遗址。全国重点文物保护单位。位于山东省淄博市临淄区齐陵镇后李官庄。面积约15万平方米。1988—1990年山东省文物考古研究所共进行四次发掘，揭露总面积约6 500平方米。遗址堆积共分十二层，包含后李文化、北辛文化、周代、汉至清代等不同时期的堆积，以后李文化堆积为主。在后李文化层中发现有房址、灰坑、墓葬、灰沟、陶窑等遗迹。后李文化即因后李遗址的发现和发掘而命名。（梁中合）

【西河遗址】 新石器时代遗址。全国重点文物保护单位。位于山东省章丘市龙山镇龙山三村西北。面积16万平方米。1991年山东省文物考古研究所发掘。揭露面积450平方米，发现房址5座。清理的房址为半地穴式，面积在30～40平方米之间，有的房址中心还建置有三组由三个石质支架组成的灶，个别支架上还放置有陶釜，显然是日常生活的空间。从整体布局来看，西河遗址应是一处定居聚落遗址，也是后李文化的重要遗址之一。出土大量陶器和石器。陶器均为夹砂陶，器形以釜、罐居多，圜底器盛行。石器有斧、钵、凿、磨棒和磨盘等生产工具。遗址年代为距今9 000～7 700年。（梁中合）

【小荆山遗址】 新石器时代遗址。全国重点文物保护单位。位于山东省章丘市刁镇茄庄村小荆山北面。面积约10万平方米。1991年发现。1991—1993年山东省文物考古研究所进行三次发掘。清理出房址10座、墓葬20余座和一批灰坑。房址均为半地穴式。墓葬呈东西方向排列，布局整齐，应是一处氏族墓地。墓葬为长方形竖穴土坑，头向北，均为单人仰身直肢葬，多数墓内无随葬品，但有较多的蚌壳，有的还握在死者手中。出土遗物以陶器为主，并有大量石器、骨器、角器、牙器和蚌器。小荆山遗址是后李文化的重要遗址之一。（梁中合）

【北辛文化】 黄河下游地区新石器时代考古学文化。以山东省滕州市北辛遗址的发掘而命名。主要分布在鲁中南的汶（河）泗（水）流域，也有遗址散见于山东省大部分地区和江苏省北部地区。重要遗址还有汶上县东贾柏遗址、泰安市大汶口遗址、临淄区后李官庄遗址、兖州市王因遗址等。北辛文化具有独特的文化面貌。陶器大部分陶色不纯，以黄褐色为主，器形以折腹鼎、敞口釜、双耳深腹罐、卷沿盆、红顶钵、圜底碗、喇叭形器盖、实心支座等为基本器物组合，而以釜、鼎为典型器物。此外像红顶钵、双耳罐、支座等也颇具代表性。北辛文化的陶器以三足器为主，平底器较少见，不见圈足器。夹砂陶多于泥质陶，在夹砂陶类中有少量羼和蚌末的现象。纹饰以附加堆纹和刻划纹较多见，并出现了简单的刻划符号。石器的数量较多，器形有斧、锛、铲、刀、镰、磨盘、磨棒、锤等。骨器、角器的制作比较发达，以凿的数量最多。北辛文化发现的遗迹现象较少，在北辛遗址中只发现少量的灰坑和儿童瓮棺葬，东贾柏遗址发现了少量的房址、墓葬和灰坑。文化年代为距今7 500～6 500年。北辛遗址的发掘与“北辛文化”的命名，是黄河下游地区新石器时代的一次重要考古发现，为大汶口文化寻找到了源头。（梁中合）

【北辛类型】 新石器时代北辛文化的一种地方类型。主要分布在山东省汶泗流域。以北辛遗址、东贾柏遗址为代表，在时间上可能有相对早晚的关系，但文化面貌基本一致。最能反映文化特点的是陶器，有手制的夹砂陶和泥质陶两种。以成组的窄堆纹组成的各种纹样颇具特色，而锥形足的釜形鼎是最典型的器物之一。北辛类型中，打制石器和石器的种类占有一定的数量。北辛类型是北辛文化主要的地方类型。（梁中合）

【北辛遗址】 新石器时代遗址。全国重点文物保护单位。位于山东省滕州市官桥镇北辛村北。面积约5万平方米。1964年发现。1978—1979年中国社会科学院考古研究所山东队等进行两次发掘。揭露面积2 583平方米，文化层厚达1米以上。发现有窑穴、瓮棺葬和一批较有特点的陶器。出土有大量石铲，器形大，磨制精，多达上千件。北辛遗址是发掘面积最大、文化内涵单纯、出土器物丰富的一处遗址，北辛文化因此而得名。据碳十四测定并经校正，遗址年代为距今7 400～6 400年。（梁中合）

【东贾柏遗址】 新石器时代遗址。全国重点文物保护单位。位于山东省汶上县东贾柏村东南。面积约4万平方米。1986年调查发现，1988年被确认为一处单纯的北辛文化遗址。1989—1990年中国社会科学院考古研究所山东队进行两次发掘。揭露面积1 000平方米。发现房子10余座，在一间房子内发现有3具家猪骨架。墓地位于遗址的东部，在23座墓葬中，有儿童墓7座、迁出墓1座，剩余的墓共有骨架17具，其中有10个个体拔掉侧门齿，说明流行拔除侧门齿的习俗。（梁中合）

【西南庄遗址】 新石器时代遗址。位于山东省邹平县苑城镇西南庄。面积约1.2万平方米。1981年发现。1987年山东省文物考古研究所等先后进行过多次调查和试掘。文化堆积厚2～3米,包含北辛文化、东周及汉代遗存。其中以北辛文化时期遗存为主,出土的陶器有鼎、罐、敛口钵等,石器有斧、铲、磨盘,骨器有针、锥等。西南庄遗址文化面貌具有鲜明的特色。(梁中合)

【桃园遗址】 新石器时代遗址。位于山东省青州市东夏镇桃园村南的高地上。面积约3.8万平方米。1977年发现,同年青州市博物馆进行试掘。文化层厚2米,包含北辛文化、大汶口文化和龙山文化的堆积,以北辛文化遗存为主。北辛文化遗物有夹砂褐陶鼎、壶、钵及残石器等,大汶口文化遗物有漏形器等。(梁中合)

【苑城类型】 新石器时代北辛文化的一种地方类型。主要分布于山东省泰沂山系北侧。以苑城遗址为代表,另外还有临淄后李二期、章丘王官等遗址,在地域上与北辛类型有一定的区别。陶系与制法同北辛类型近似,在夹砂陶中,多见羼和蚌壳的现象。以鼎、釜、罐、盆、钵、瓮、碗等器物组成基本的器物组合,并出现柱状、台形支脚和亚腰形器座。纹饰以附加堆纹和乳钉纹最多,同时还以各种刻划纹来装饰陶器。苑城类型中的石磨盘、石磨棒和蚌器远多于北辛类型。(梁中合)

【苑城遗址】 新石器时代遗址。位于山东省邹平县苑城镇。面积约4万平方米。1981年发现。1985—1992年山东大学历史系考古专业进行多次调查并钻探和发掘。遗址主要分上、下两层堆积,下层为北辛文化层,出土的陶器有鼎、釜、钵、小口双耳罐等,石器有铲、磨盘、磨棒等。苑城遗址的发掘,丰富了北辛文化的内涵。(梁中合)

【白石村遗址】 新石器时代遗址。全国重点文物保护单位。位于山东省烟台市芝罘区毓璜顶。面积约2万平方米。1962年发现。1973—1981年山东省博物馆等多次进行复查、发掘,共揭露面积300余平方米。文化层分为两期。遗物有陶器、石器、骨器等。陶器以夹砂陶为主,器表多素面,纹饰主要为堆纹和乳钉纹,器形有鼎、罐、盆、钵、鬶、杯、纺轮、支座等。遗址年代为距今7 300～5 400年。白石村遗址的发现,对确立胶东半岛新石器时代文化的序列具有重要意义,一期文化则填补了胶东半岛新石器时代文化的空白。(梁中合)

【西桑园遗址】 新石器时代遗址。位于山东省兖州市小孟镇西桑园村西的台地上。面积约4万平方米。1973年发现。1990年春中国社会科学院考古研究所山东队进行发掘。文化堆积厚约2.5米,主要为北辛文化遗存。出土遗物主要是陶器,以泥质红陶和夹砂红陶为主,器形主要有鼎、钵、小口壶、支座等。(梁中合)

【邱家庄遗址】 新石器时代贝丘遗址。位于山东省烟台市福山区门楼镇邱家庄村北的高丘上。面积约3万平方米。1975年中国科学院考古研究所山东队等进行联合发掘。出土的陶器以夹砂陶为主,流行三足器,主要有鼎、罐、钵、碗、支脚、纺轮等,并有大量的骨制和石制工具。发现的动物骨骼有鹿、獐、猪、鸡、牛、羊等。出土的绿松石坠饰,制作精美。遗址年代为距今7 000～6 000年。(梁中合)

【河口遗址】 新石器时代遗址。位于山东省荣成市人和镇河口村。面积约13.5万平方米。1973年发现。1975—1979年中国社会科学院考古研究所山东队等单位进行联合发掘。根据发掘与采集遗物分析,遗址属贝丘堆积,内含大量蛤皮、鱼骨、兽骨,反映了当时沿海居民采集渔猎的生产方式。主要包括两个时期的遗存,遗址年代为距今约7 000年。(梁中合)

燕山南北和东北地区

【千斤营子类型】 新石器时代中期文化的一种地方类型。因内蒙古自治区千斤营子遗址而得名。分布在通辽市以西的大兴安岭南麓至渤海沿岸。其陶器除少量的钵外,主要是敞口、斜直壁或弧壁的筒形罐,外表多光素,仅在一些罐口外侧贴敷短泥条,或刻划斜或直短线,外形则与兴隆洼文化的筒形罐相似,石器亦与兴隆洼文化基本一致。年代和兴隆洼文化大致相当。(朱延平)

【千斤营子遗址】 新石器时代遗址。位于内蒙古自治区敖汉旗千斤营子村西北的山坡上。面积2万平方米。1984年进行发掘,揭出10余座半地穴式房址,多具门道,平面呈“凸”字形。部分房址内挖有坑穴,有的坑内尚埋人或狗。所出陶器以筒形罐为主,个别罐口外侧贴敷短泥条,抑或刻划连弧纹、多重垂三角纹和垂三角叶脉纹。时称此类遗存为千斤营子类型。(朱延平)

【小河西遗址】 新石器时代遗址。位于内蒙古自治区敖汉旗木头营子村孟克河西岸一级台地上。面积约615平方米。1987年曾揭出属于千斤营子类型的遗存。共发掘3座半地穴式房址,房址内出土遗物有陶器、石器、蚌器和骨器。(朱延平)

【兴隆洼文化】 北方地区新石器时代考古学文化。因内蒙古自治区兴隆洼遗址最早时段的遗存而得名。分布在东、西辽河汇合处以西的大兴安岭南麓至渤海沿岸。兴隆洼文化陶器的胎土往往羼和黑石渣,陶质较疏松,器形中以敞口斜直壁的筒形罐为大宗,其次是圜底弧腹钵,器表普遍施纹,习见戳印而成的交叉纹、网格纹、横向人字纹和以连续折线构成的之字形纹。打制锄形器占石器主要比重,尚有石斧、石铲、锛、凿等磨制石器。兴隆洼文化大体分三期,兴隆洼、白音长汗和金龟山遗址揭出的主要遗存基本可反映兴隆洼文化从早到晚的演进序列。红山文化、赵宝沟文化、富河文化都是在此基础上衍生出来的。兴隆洼文化同南邻磁山文化之间有互渗的成分。文化年代为距今7 500～6 500年,与黄河流域的裴李岗文化、后李文化属同一时段(见彩版4“兴隆洼文化玉玦”)。(朱延平)

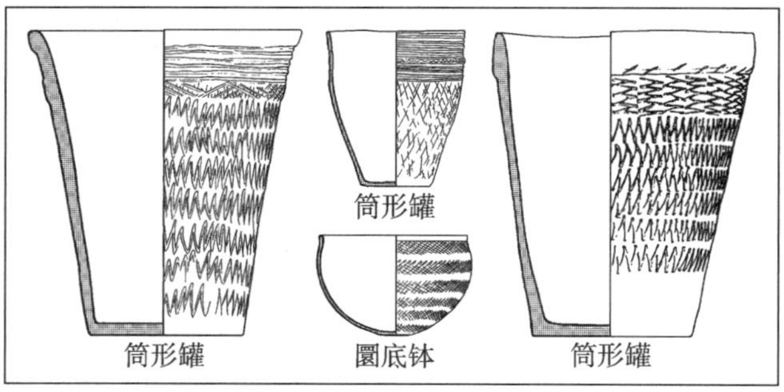

兴隆洼文化陶器

【兴隆洼遗址】 新石器时代至青铜时代遗址。全国重点文物保护单位。“兴隆洼文化”的命名地。位于内蒙古自治区敖汉旗牤牛河(大凌河北支)上游兴隆洼村。面积3万余平方米。1983—1993年进行发掘。兴隆洼文化的确立缘于此遗址最早时段的遗存,遗址还分布着红山文化(早期)、小河沿文化和夏家店下层文化。兴隆洼文化的遗迹主要包括百余座半地穴式房址,占地3万余平方米,主体部分被一圜状壕沟围绕(见彩版2“兴隆洼文化敖汉旗兴隆洼遗址外景”)。房址大多圆角方形,无门道,圆形灶坑居中,一些房址内还设坑穴,并有多例室内挖墓埋人的现象。红山文化分南、北两区,揭出坑穴、半地穴式房址和短沟,带门道的房址平面呈“凸”字形,瓢形灶坑设于室内近门侧。小河沿文化仅见一些坑穴。夏家店下层文化的遗迹包括坑穴、半地穴式房址和一道围壕,以及散布于围壕外的零星墓葬,个别墓出土有绿松石坠饰、石珠、海贝和铜耳环。是中国迄今发现的保存较好的新石器时代聚落遗址。(朱延平)

【兴隆沟遗址】 新石器时代至青铜时代遗址。全国重点文物保护单位。位于内蒙古自治区敖汉旗牤牛河(大凌河北支)上游。2001—2003年进行发掘。揭出兴隆洼文化、红山文化和夏家店下层文化三个时段的遗存。兴隆洼文化的半地穴式房址群分布于两个相邻的缓丘上,部分房址内设有土坑墓。红山文化和夏家店下层文化的遗存各自处于相对独立的空间,且都有圜壕,红山文化的圜壕围成长方形。出土有陶器、石器、玉器、骨器、蚌器、动物骨骼等遗物。(朱延平)

【兴隆洼118号墓】 新石器时代兴隆洼文化墓葬。位于内蒙古自治区敖汉旗兴隆洼遗址。1992年进行发掘。此墓开口于半地穴房址F180的地面之下。墓内葬一成年男性,仰身直肢,其右置两具整猪,人体上身旁的为雌性,下身旁的为雄性。随葬品甚为丰富,除石器、骨器、牙器、陶器、蚌器之外,尚有两件玉玦。为中国新石器时代罕见的墓例。(朱延平)

【白音长汗遗址】 新石器时代遗址。全国重点文物保护单位。位于内蒙古自治区林西县西拉木伦河北岸山丘东坡。1988—1991年进行发掘。揭出千斤营子类型、兴隆洼文化、赵宝沟文化、红山文化和小河沿文化五种遗存。其中以兴隆洼文化为主,有两个彼此紧邻的围壕,各自环围了20余座半地穴式房址和一些坑穴。两围壕以西的坡顶处尚有一些墓葬,多半也属于兴隆洼文化。2004年出版有《白音长汗》。(朱延平)

【金龟山遗址】 新石器时代遗址。位于内蒙古自治区巴林左旗乌尔吉木伦河西岸一座马鞍形缓丘的阳坡。面积约5 000平方米。1960年发现。1962年进行发掘。揭出的数座半地穴式房址分属兴隆洼文化晚期和富河文化。兴隆洼文化晚期的陶器以厚重唇缘的斜直壁筒形罐为特征,器表满饰横排之字形戳印纹,抑或主体部分为横排之字纹,口下部分为纵排之字纹。(朱延平)

【古日古勒台遗址】 新石器时代遗址。位于内蒙古自治区巴林右旗古日古勒台河西岸的坡地。面积近5 000平方米。1983年发现，后经数次调查。地表裸露着方形半地穴式房址内的堆积，周围散布着兴隆洼文化的陶片和石制品，也发现有少量红山文化陶片。从陶片分布的情况来看，多数房址应属于兴隆洼文化。部分房址系直接在基岩上凿出。（朱延平）

【盆瓦窑遗址】 新石器时代遗址。位于内蒙古自治区克什克腾旗经棚镇碧柳河（西拉木伦河北支）西岸。1991年发掘。遗址大体分为两部分，河边台地分布着兴隆洼文化以及年代与之相当或略晚的其他新石器时代遗存，遗迹有半地穴式房址和陶窑。台地身后的3个山头顶部则分布着以石块铺围的石圆圈，已经发掘的一个石圆圈内揭出7座墓葬，个别墓出土玉玦等饰物。遗址另有少量辽代遗存。（朱延平）

【南台子遗址】 新石器时代遗址。位于内蒙古自治区克什克腾旗碧柳河（西拉木伦河北支）西岸的台地上。1991年进行发掘。所获遗存有兴隆洼文化的33座半地穴式房址和一些坑穴，遗物中有以人头盖骨制成的穿孔盘形饰件。属于红山文化的有30个坑穴和13座墓葬，以及1座半地穴式房址，1对玉玦出自墓葬。遗址另有极少的青铜时代和辽代遗存。（朱延平）

【锡本包楞墓葬】 新石器时代墓葬。位于内蒙古自治区巴林右旗查干木伦河下游以北的台地上。1982年为当地牧民发现，考古工作者随即进行了核查。墓为长方形土坑竖穴，单人入葬，仰身直肢，头部出土1件玉玦，腰间有1对匕形玉器，3件玉器皆呈绿色。一般认为是兴隆洼文化玉器墓。（朱延平）

【井沟子西梁遗址】 新石器时代遗址。位于内蒙古自治区林西县井沟子（西拉木伦河北支）西侧的山坡上。2003年进行发掘。揭出11座长方形半地穴式房址和2处坑穴，所出陶器以敞口、斜直壁和直口、弧壁的筒形罐为主，施纹者多为泥条堆纹或再加戳划纹。发掘者将此类遗存称作“西梁类型”，其年代大体相当于兴隆洼文化晚期。遗址还分布着红山文化遗存。（朱延平）

【哈克遗址】 新石器时代至隋唐时期遗址。全国重点文物保护单位。位于内蒙古自治区呼伦贝尔市海拉尔区哈克村海拉尔河岸边。2001—2008年进行发掘。所获遗存分属新石器时代、汉代前后和隋唐三个时期。遗物中以细石器及其制品最令人瞩目，新石器时代和汉代前后均有大量出土，直至隋唐时期仍有沿用。新石器时代遗存包括质地疏松的绳纹圜底粗陶罐和器壁较薄的素面平底硬陶罐两类陶器，前者与贝加尔湖一带的网纹陶有所关联，从这类陶片中提取的碳末的碳十四实测值为距今7 800～7 300年，当不晚于兴隆洼文化，是东北地区最早的新石器时代遗存的代表者。此类遗存的发现，可将大兴安岭北部及其周边地域历史时期的文化根基上溯到七八千年前的新石器时代。2010年出版有《哈克遗址》。（朱延平）

【后沟南山遗址】 新石器时代遗址。位于内蒙古自治区喀喇沁旗锦山镇锡伯河北岸的山顶。1987年在此采集到素面筒形陶罐的残片，类似于内蒙古自治区敖汉旗千斤营子遗址的陶器。这类陶器的外形与兴隆洼文化的筒形罐基本一致，故知千斤营子类型的年代与兴隆洼文化大体相当。（朱延平）

【榆树山遗址】 新石器时代遗址。位于内蒙古自治区敖汉旗玛尼罕乡孟克河东岸。面积约4 000平方米。遗址与千斤营子遗址隔一洼地东西对峙，同属千斤营子类型。1984年文物普查时发现。1988年进行发掘。揭出23座方形半地穴式房址和一些坑穴，房址面积14～96平方米。（朱延平）

【大新井遗址】 新石器时代遗址。位于内蒙古自治区翁牛特旗少朗河（西拉木伦河南支）北岸的山坡上，隔沟与西侧的兴隆洼文化遗址两相对峙。1988年进行发掘。揭出2座方形半地穴式房址，其中1座出土有多件圆饼形石器和磨制石斧，以及1件双头兽形石雕，并有2件素面筒形陶罐，罐口外侧贴敷粗疏的短泥条。遗存属千斤营子类型。（朱延平）

【锅撑子山遗址】 新石器时代遗址。位于内蒙古自治区林西县嘎斯汰河（查干木伦河西支）北侧的两个缓丘上。20世纪30年代梁思永等人调查时发现，50年代又经复查。所获遗物可分别归属后来确认的兴隆洼文化和小河沿文化。（朱延平）

【查海遗址】 新石器时代遗址。全国重点文物保护单位。位于辽宁省阜新蒙古族自治县沙拉乡查海村台地上。面积3万平方米。1982年发现。1987—1994年进行七次发掘。遗址分为上下两层，均属新石器时代中期文化。发现房址55座、墓葬12座及大量的窖穴、灰坑。房址均为圆角方形半地穴式，成排分布，布置密集。发现石块堆砌的龙形堆塑。出土石器较多，以打制石器为主，有束腰或圆形双孔铲。玉器有斧、锛、匕形器、玦、管珠。陶器为手制，胎土疏松、厚重。器形以罐为大宗，有直腹、鼓腹、斜腹之分。纹饰主要有刻划纹和压印纹。第一期流行不规整刻划纹，第二期盛行规整的压印之字纹、人字纹、几何纹。（金英熙）

【团结遗址】 新石器时代遗址。位于内蒙古自治区呼伦贝尔市哈克镇团结村东。1985 年文物普查时发现。2004 年以来经数次发掘。获石叶、石镞、石核等较多的细石器，以及打制石器、骨器和陶片，磨制石器极少，尚有动物遗骸和石化的人骨。遗址最初阶段约略相当于外贝加尔最早的新石器时代遗存，距今约 7 500 年。此外，还揭出相当于汉代前后和隋唐时期的遗存。（朱延平）

【东寨遗址】 新石器时代遗址。位于河北省迁西县滦河中下游北岸的沙丘上。1990 年进行发掘。所获遗迹仅一壕沟，出土遗物俱属兴隆洼文化，但和燕山以北的兴隆洼文化有着明显的区别。壕沟内出土有大量石网坠，系于扁平砾石两端各打出一缺口而成。此外，重要遗物尚有双人面石雕像和石质筒形罐，部分石罐的外表还刻制出绞索状或菱形纹饰。（朱延平）

【西寨遗址】 新石器时代遗址。全国重点文物保护单位。位于河北省迁西县滦河中下游北岸，与东寨遗址相邻。面积 9.62 万平方米。1985 年发现。1988—1991 年进行发掘。获分属两期的赵宝沟文化遗存，并揭示出滦河流域兴隆洼文化至赵宝沟文化一脉相续的发展关系。遗址出土有以陶器为主的祭器群，每群祭器分上、下两层，聚成直径约 2 米的圆堆。尚存卵石铺成的神兽形象，其首以一残磨盘代置。亦有泥塑和石雕的人首像。（朱延平）

【岔沟门遗址】 新石器时代遗址。位于河北省承德县滦河支流附近的山坡上。面积约 1 万平方米。1974 年发现。所见陶器主要是斜直壁筒形罐，其次为钵，器表通体饰网格纹，这些特征与内蒙古自治区克什克腾旗南台子遗址的兴隆洼文化遗存十分相像。（朱延平）

长江流域

【彭头山文化】 长江中游地区新石器时代考古学文化。因湖南省澧县彭头山遗址而得名。主要分布于澧阳平原地区。除彭头山外，尚有澧县李家岗、八十垱、下刘湾、肖家岗、黄麻岗、曹家湾以及临澧县金鸡岗等遗址十余处。彭头山文化的陶器以夹炭、夹砂陶为主，极少泥质陶，手制，陶质疏松，陶色多为红褐色或红色，颜色斑驳不一。出现环壕聚落，房屋建筑有半地穴式、地面式、干栏式、台基式四种，葬式有二次葬和一次葬。有了原始稻作农业，但渔猎和采集经济仍占有较大比重。关于文化分期，有二期、三期和四期说，年代大致为距今 8 800 ~7 600 年。彭头山文化的来源迄今尚无线索，其发展去向应是与其分布在同一地区而年代稍晚的皂市下层文化。（傅宪国）

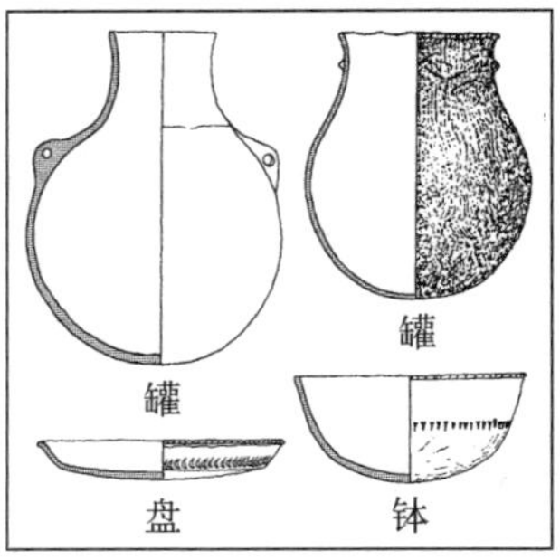

彭头山文化陶器

【彭头山遗址】 新石器时代遗址。全国重点文物保护单位。位于湖南省澧县大坪乡彭头山。面积约 2 万平方米。1988 年湖南省文物考古研究所进行发掘，发掘面积近 400 平方米。发现房址、墓葬、灰坑等。房址有地面式和半地穴式两种。墓葬以二次葬为主。出土遗物有陶器、打制石器、磨制石器及稻作遗存。遗址年代为距今 8 800 ~8 200 年。2006 年出版有《彭头山和八十垱》。（傅宪国）

【八十垱遗址】 新石器时代遗址。全国重点文物保护单位。位于湖南省澧县梦溪镇五福村。面积约 4 万平方米。1993—1997 年湖南省文物考古研究所进行五次发掘，发掘面积 1 200 余平方米。遗迹包括房址、墓葬和灰坑等。房屋建筑以干栏式和地面式为主，另有少量半地穴式和台基式。墓葬全为二次葬。发现有总面积约 3 万平方米的环壕和土围，以及大量人工栽培的稻谷。另外还发现数十种植物种子以及大量水陆生动物遗骸。遗物除陶器、石器和骨器外，还发现有较多竹木器、编织物以及大量留有砍、凿等加工痕迹的木料和树干。在彭头山文化层下发现有打制的大型砾石石器、细小的石英石器和燧石石器以及打制各种石器所遗留下来的石核和剥落的碎片，年代介于旧新石器时代过渡阶段。2006 年出版有《彭头山和八十垱》。（傅宪国）

【皂市下层文化】 长江中游地区新石器时代考古学文化。因湖南省石门县皂市遗址下层遗存而得名。主要分布于洞庭湖周围，包括湘、资、沅、澧四水的中下游地区。陶器以夹炭陶为主，另有夹砂陶、泥质红陶、泥质黑陶、白衣陶和白陶。陶器多为圜底器、圈足器和平底器，不见三足器。器形有高领罐、圈足盘、亚腰双耳釜，以及盆、钵、杯、器盖和器座等，其中以高领罐和圈足盘数量最多。纹饰有绳纹、刻划纹、戳印纹、镂刻纹、压印纹等。石器有打制和磨制两种，打制石器分大型打制石器和细小燧石器两种，磨制石器有斧、锛、凿、刀、网坠、石环数种。建筑为地面式，在居住面下铺垫红烧土防潮。经济除原始的稻作农业外，也从事渔猎和采集。文化分期有两期、三期和四期说，年代为距今8 000～7 000年。一般认为皂市下层文化是由彭头山文化发展演变而来，后又演变为汤家岗文化。（傅宪国）

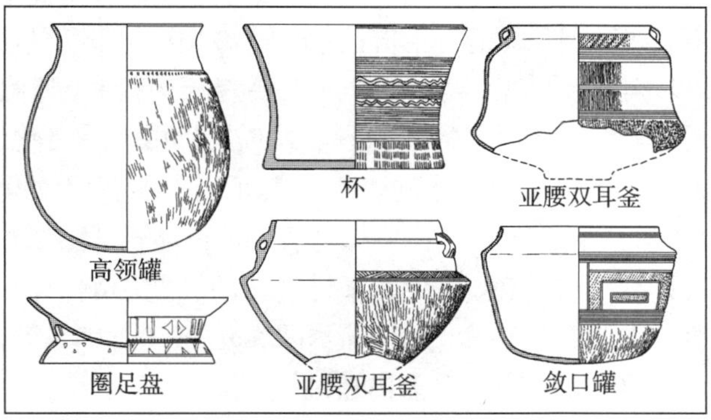

皂市下层文化陶器

【皂市遗址】 新石器时代和商周时期遗址。全国重点文物保护单位。位于湖南省石门县皂市镇。面积约2万平方米。1960年试掘，1977年、1981年进行两次发掘，发掘面积1 400余平方米。包括新石器时代、商代和东周楚文化遗存。新石器时代文化层发现了燧石打制石器和磨制石器，以及大量富有特征的陶器，被命名为“皂市下层文化”。商代文化层发现了灰坑、墓葬、熔铜炉和铜渣以及陶器、铜器和石器。（傅宪国）

【胡家屋场遗址】 新石器时代遗址。位于湖南省临澧县胡家屋场。面积约7 000平方米。1984年发现。1986年湖南省文物考古研究所等进行发掘，发掘面积160平方米。遗迹有红烧土房址、墓葬。遗物包括陶器、打制石器和磨制石器，以及大量水陆生动物遗骸。遗存属皂市下层文化，年代为距今8 000～7 000年。（傅宪国）

【坟山堡遗址】 新石器时代遗址。位于湖南省岳阳市钱粮湖农场。面积5万平方米以上。1985年文物普查时发现。1990年、1991年岳阳市文物工作队等进行两次发掘，发掘面积500余平方米。发现有房址（包括柱洞、火塘等）、灰坑和墓葬等。房址有干栏式和地面式两种。墓葬为二次葬。出土遗物包括打制石器、磨制石器和陶器。遗存可分为二期，分属皂市下层文化和屈家岭文化。（傅宪国）

【涂家台遗址】 新石器时代遗址。全国重点文物保护单位。位于湖南省南县南洲镇大郎城村东部的土台上。面积约1万平方米。遗址北端有9处小土包。1994年进行发掘。文化堆积层保存尚好。出土陶器以夹炭黑灰陶为特色，流行拍印绳纹和戳印、篦点、刻划、镂孔、剔刻等纹饰。主要器形有戳印纹圈足盘、盘口罐、高领罐、敛口钵。遗存属皂市下层文化。（朱延平）

【高庙遗址】 新石器时代和东周时期遗址。全国重点文物保护单位。位于湖南省洪江市岔头乡岩里村沅水北岸台地上。面积约3万平方米。1991年和2004—2005年进行发掘。新石器遗存被分为上层和下层两部分，下层遗存中出土有木构建筑、祭祀坑、墓葬，陶器以圜底釜、戳印纹圈足盘为特色，更有彩纹白陶簋，年代约与皂市下层文化、咸头岭文化相当。上层遗存属大溪文化。（朱延平）

【城背溪文化】 长江中游地区新石器时代考古学文化。因湖北省宜都市城背溪遗址而得名。主要分布于鄂西的三峡东部至江汉平原之间的长江两岸地区。陶器以夹砂红褐陶为主，烧成温度低，有不少夹炭陶，体现出较为原始的特征，彩陶处于萌芽状态。经济以稻作农业为主，渔猎和采集也占有重要地位。城背溪文化可分为三期，年代为距今8 500～7 000

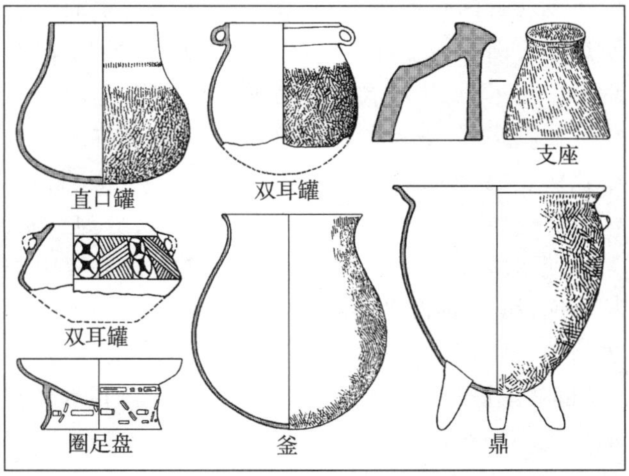

城背溪文化陶器

年，其与北方的裴李岗文化和南方的彭头山文化、皂市下层文化及华南地区同时期文化存在相互间的影响与交流。（黄卫东）

【城背溪遗址】 新石器时代遗址。位于湖北省宜都市北10.5千米处的长江岸边。面积残存300余平方米。1983年、1984年湖北省博物馆及北京大学等单位进行两次发掘。发现遗迹主要有灰坑，出土遗物以石器、陶器、骨器和蚌器为主。遗存可分为二期，相当于城背溪文化中期阶段。2001年出版有《宜都城背溪》。（黄卫东）

【孙家河遗址】 新石器时代遗址。位于湖北省宜都市清圣庵村东。面积约400平方米。1984年湖北省博物馆考古部进行发掘。发现遗迹主要有灰坑和烧土堆积，出土遗物以陶器和石器为主，其中有少量红衣陶和彩陶。遗存相当于城背溪文化晚期阶段。2001年出版有《宜都城背溪》。（黄卫东）

【枝城北遗址】 新石器时代遗址。位于湖北省宜都市西湖乡白水港村。面积残存200平方米。1984年湖北省博物馆考古部进行发掘。发现遗迹主要有灰坑，出土遗物以陶器和石器为主，其中有较多的红衣陶。遗存相当于城背溪文化较晚阶段。2001年出版有《宜都城背溪》。（黄卫东）

【青龙山遗址】 新石器时代遗址。位于湖北省宜都市顾家店镇青龙村西南。面积约500平方米。1984年湖北省博物馆考古部进行发掘。发现遗迹主要有灰坑，出土遗物以陶器和石器为主。遗存可分为二期，分属于城背溪文化较早和较晚阶段。2001年出版有《宜都城背溪》。（黄卫东）

【朝天嘴遗址】 新石器时代至夏商时期遗址。位于湖北省秭归县茅坪镇，坐落在长江右岸的一级阶地上。面积约1 000平方米。20世纪50年代发现。1979年四川大学与宜昌地区博物馆进行第一次发掘，1985—1986年国家文物局三峡考古队进行第二次发掘。发现遗迹主要有房址、墓葬、灰坑和灰沟，出土遗物以石器和陶器为主。遗存可分为三期，第一期属城背溪文化，第二期属大溪文化关庙山类型一期，第三期为夏商时期。2001年出版有《朝天嘴与中堡岛》。（黄卫东　何驽）

【柳林溪遗址】 新石器时代遗址。位于湖北省秭归县茅坪镇庙河村长江北岸。面积近1万平方米。1958年发现。1960—1981年进行多次调查并试掘。1998年、1999年国家文物局三峡工程文物保护领导小组三峡湖北工作站组织力量进行大规模发掘，发掘面积1 325平方米。发现遗迹主要有墓葬和灰坑，出土遗物以石器和陶器为主，其中有少量彩陶，为迄今所见长江中游地区最早的彩陶。遗存相当于城背溪文化晚期阶段。另有少量二里头文化、周代楚文化及六朝时期遗存。2003年出版有《秭归柳林溪》。（黄卫东）

【路家河遗址】 新石器时代遗址。位于湖北省宜昌市太平溪镇伍相庙社区。1982年开始发掘。出土遗物以陶器为主。遗存相当于城背溪文化中晚期阶段。2002年出版有《宜昌路家河——长江三峡考古发掘报告》。（黄卫东）

【楠木园遗址】 新石器时代遗址。位于湖北省巴东县官渡口镇楠木园村。面积约10万平方米。1994年开始发掘。发现遗迹主要有灰沟，出土遗物以石器和陶器为主。遗址包含相当于城背溪文化、大溪文化和汉代文化的遗存。其相当于城背溪文化时期的“新石器时代第一类遗存”可分为早、晚二期，因具有地方特色，并受李家村文化的一些影响，有的学者将此类遗存命名为“楠木园文化”。（黄卫东）

【上山文化】 见“上山遗址”。

【上山遗址】 新石器时代遗址。全国重点文物保护单位。位于浙江省浦江县黄宅镇渠南、渠北和三友村之间。面积2万余平方米。20世纪80年代初发现。2001年、2004年、2005—2006年浙江省文物考古研究所进行三次发掘，揭露面积1 800平方米。新石器时代遗存分下层、中层和上层三个阶段。下层堆积是主体，包括灰坑、灰沟和柱洞等遗迹及陶器、石器和骨器等遗物。陶器制作技术原始，以大敞口平底盆为主，石器多为打制。陶胎内夹杂大量有机质，包括稻壳、稻叶和稻茎，其形态或与现代野生稻类似，或与现代栽培粳稻类似。中层和上层分别为相当于跨湖桥文化和马家浜文化的遗存。下层遗存的年代为距今约9 000年，是长江下游地区迄今发现的年代最早的新石器时代遗存，被命名为“上山文化”。（李新伟）

【小黄山遗址】 新石器时代遗址。全国重点文物保护单位。位于浙江省嵊州市甘霖镇上杜山村。面积5万余平方米，是迄今长江中下游地区距今9 000年前后规模最大的聚落遗址。1984年嵊州市文物管理处在文物普查时发现。2005年浙江省文物考古研究所进行发掘，揭露面积近2 000平方米。清理灰坑、墓葬、房址等遗迹150余座，出土可复原陶器和石器1 000余件。其中，夹砂红衣陶器群、用于加工食物的石磨盘、磨石和储藏坑是其最主要的文化特征。遗存大体可分为两期。早期陶器以平底盘、平底盆等为主，与上山遗址下层相似。晚期遗存与跨湖桥文化相似。早期遗存的碳十四测定年代为距今9 000～7 700年。（李新伟）

【跨湖桥遗址】 新石器时代遗址。全国重点文物保护单位。位于浙江省杭州市萧山区城厢街道湘湖村。面积3万余平方米。1990年、2001年和2003年浙江省文物考古研究所等单位进行三次发掘。揭露面积1 000余平方米，遗址堆积厚2～3米，文化内涵丰富，面貌独特。清理灰坑、房址、墓葬、灰沟、柱洞、木桩痕迹、树桩遗迹、湖岸遗迹等，发现大量陶器、石器、骨器、木器和竹器以及千余粒栽培稻谷遗存。常见陶器有釜、豆、盆、钵、甑、罐，形制别致，彩陶较多，分内彩和外彩两种。因遗址长年处在地下水位之下，木器、竹器等有机物保存良好，有接近完整的独木舟和竹编簸箕残片。据碳十四测定，遗址年代为距今8 200～7 000年。2004年出版有《跨湖桥》。（李新伟）

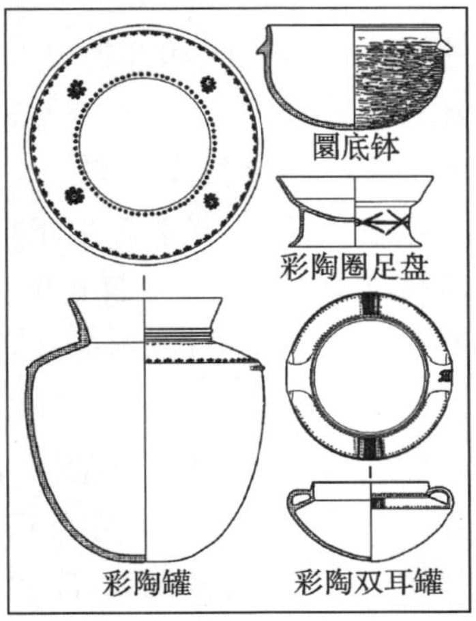

跨湖桥遗址陶器

华南地区

【顶蛳山文化】 邕江流域新石器时代考古学文化。因广西壮族自治区南宁市邕宁区顶蛳山遗址而得名。主要分布于以南宁地区为中心的左江、右江和邕江及其支流附近地区。以顶蛳山遗址第二期、第三期遗存为代表。文化遗物以陶器为主，另有数量较多的蚌器、骨器和石器。陶器以夹砂灰褐色圜底罐和圜底釜为主，并有少量高领罐。工具中蚌器占有较大比例，存在形态各异的鱼头形蚌刀。石器以石斧和石锛为大宗。墓葬盛行不同类型的屈肢葬，包括仰身屈肢葬、侧身屈肢葬、俯身屈肢葬、蹲踞葬和肢解葬五种。经济以渔猎和采集为主。文化年代为距今8 000～7 000年。（傅宪国）

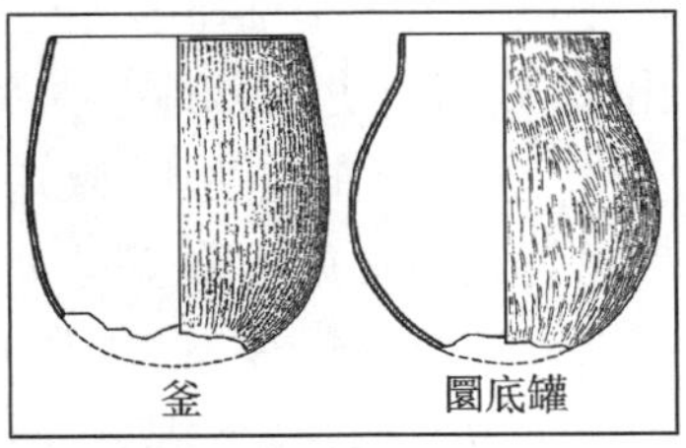

顶蛳山文化陶器

【顶蛳山遗址】 新石器时代遗址。全国重点文物保护单位。位于广西壮族自治区南宁市邕宁区蒲庙镇顶蛳山。面积约5 000平方米。1997年开始经多次发掘。发现房址、墓葬等遗迹，以墓葬数量最多，葬式有仰身屈肢葬、侧身屈肢葬、俯身屈肢葬、蹲踞葬和肢解葬等。文化遗物包括陶器、石器、骨器和蚌器等。遗存分为四期，其中第一期属新石器时代早期；第二、三期为顶蛳山文化，属新石器时代中期；第四期属新石器时代晚期。（傅宪国）

【豹子头遗址】 新石器时代遗址。位于广西壮族自治区南宁市青秀区那坝村豹子头。现存面积约4 000平方米。1973年、1997年进行两次发掘，发掘面积260余平方米。文化遗物以蚌器为主，且以形态各异的鱼头形蚌刀最具特色；次为陶器和石器，骨器发现较少。此外，还发现有制陶作坊遗迹。遗存属顶蛳山文化。遗址年代为距今8 000～7 000年。（傅宪国）

【牛骨坑遗址】 新石器时代贝丘遗址。位于广西壮族自治区桂平市大湾镇大湾圩北牛骨坑与郁江交汇的台地上。堆积包含大量螺壳、少量蚌壳、炭屑、烧骨、动物骨骼、石器、陶片等。发现砍砸器及石斧、石锛、石凿、砺石等。陶器以夹砂红陶为主，纹饰以绳纹为主，有少量篮纹，内涵大体上与顶蛳山文化相似。（傅宪国）

【江口遗址】 新石器时代贝丘遗址。位于广西壮族自治区横县百合镇江口村西南约2千米处郁江右岸一级台地上。面积约600平方米。1987年发现。1995年、1996年进行两次发掘，发掘面积400余平方米。发现了疑似柱洞的遗迹。文化遗物包括陶器、石器、骨器、蚌器以及大量的水陆生动物遗骸。遗存属顶蛳山文化。（傅宪国）

【晓锦遗址】 新石器时代遗址。全国重点文物保护单位。位于广西壮族自治区资源县延东乡晓锦村。1997年发现。1998年后多次发掘，发掘面积700余平方米。发现有红烧土居住面、柱洞、灰坑、土台、堆烧窑址、墓葬，以及大量炭化稻米。文化遗物包括陶器、打制石器和磨制石器等。遗存分为三期，第一期年代为距今6 500～6 000年，属新石器时代中期；第二期年代为距今6 000～4 500年，属新石器时代中期偏晚阶段；第三期年代为距今4 000～3 500年，属新石器时代晚期。（傅宪国）

【亚菩山遗址】 新石器时代遗址。位于广西壮族自治区防城港市江山石角村。1960年进行发掘。出土遗物有石器、陶器、骨器、蚌器和大量水陆生动物遗骸等。石器分打制、磨制两种，打制石器以最具特色的蚝蛎琢居多，此外还有砍砸器、尖状器、三角形器、锤、球、网坠等；磨制石器有斧、锛、凿、磨盘、杵、石饼、砺石等。陶器均为夹砂粗陶，陶色为红色和灰黑色，器形多圜底类罐。骨器有锥、镞及饰物。蚌器有铲、环、网坠。亚菩山遗址最初定为新石器时代早期，后改定为新石器时代中期。（傅宪国）

【马兰咀山遗址】 新石器时代贝丘遗址。位于广西壮族自治区防城港市江山马兰基村。1960年进行发掘。发现有较多的打制石器、少量的磨制石器和夹砂陶片。打制石器有蚝蛎琢、砍砸器、手斧状石器、三角形石器、网坠等；磨制数量较少，有斧、锛、凿、磨盘和石杵等，也有双肩石器。骨蚌器有骨锥、骨镞、蚌铲等。陶器均为夹砂粗红陶或灰黑陶，羼和料为粗砂粒和蚌末。马兰咀山遗址最初定为新石器时代早期，后改定为新石器时代中期。（傅宪国）

【鲤鱼墩遗址】 新石器时代遗址。位于广东省遂溪县江洪鲤鱼墩。面积1 200平方米。2002年进行发掘，发掘面积629平方米。发现遗迹有房址、墓葬和灰坑。墓葬均为屈肢葬。出土遗物包括陶器、石器和骨器等。遗址年代为距今8 000～4 000年。鲤鱼墩遗址文化内涵与广西南宁地区贝丘遗址相近，关系密切。（傅宪国）

新石器时代晚期

黄河中游地区

【仰韶文化】 黄河中游地区新石器时代考古学文化。因河南省渑池县仰韶村遗址而得名。主要分布于黄河中游地区的陕西、河南、山西等省区，在甘肃、湖北、河北及内蒙古等邻近中原的边缘地区也有分布。大体分为早中晚三期，分别以半坡类型、庙底沟类型和西王村类型（或半坡晚期类型）为代表，常见的类型有半坡、史家、庙底沟、西王村、后冈、大司空村、下王岗、秦王寨和阎村类型。陶器制法多为泥条盘筑法，较晚出现慢轮修整，多红陶，且彩陶发达。最具特色的器形有夹砂罐、小口尖底瓶、细颈壶、盆、钵、碗，以及釜、罐、灶等。纹饰主要有拍印绳纹、线纹，另有弦纹和各种彩陶图案。彩陶常以黑红二色绘制各种几何形图案和人物、花瓣及动物图案（见彩版5“鱼纹、鸟纹彩陶瓶”）。石器常见石斧、石铲、刀、凿、矛等。骨器有锥、针、匕等。聚落形态以半坡类型的向心式布局最为显著，晚期出现长屋和连间房。通常居住区和墓地分开。墓地排列有序，前期流行多人合葬墓，儿童常见瓮棺葬。农业以旱作农业为主，饲养猪、狗和鸡。文化年代为距今7 000～5 000年。近年有学者主张把仰韶文化的某些类型称作文化，如后冈一期文化、半坡文化、庙底沟文化和秦王寨文化等。（赵春青）

【半坡类型】 仰韶文化在渭河中下游地区年代最早的一种地方类型。以陕西省西安市半坡遗址的早期遗存为代表。集中分布在渭河中下游地区，南达汉水中上游，北及河套，东至豫西、晋南，西到陇东。典型遗址还有陕西省西安市临潼区姜寨（一期）、宝鸡市北首岭、华县元君庙、华阴市横阵，甘肃省秦安县大地湾，山西省芮城县东庄村，湖北省郧县大寺等处。具有类型特征的陶器有直口弧壁圜底或平底钵、卷唇斜弧腹或折腹圜底盆、平唇浅腹平底盆、直口尖底瓶、蒜头细颈壶、侈口鼓腹平底罐、小口细颈大腹壶、短唇敛口斜直腹或鼓腹小平底瓮等。纹饰主要有绳纹、线纹、弦纹、锥刺纹、指甲纹和彩纹等。彩陶纹样简单朴素，以红地黑彩为主，少数为红彩，母题有鱼、鹿（或羊）、蛙、人面等动物纹，少量植物枝叶纹，以及由直线、横条、三角、圆点、波折等组成的几何图案花纹。（王小庆）

【半坡文化】 仰韶文化中心分布区的文化之一。以半坡类型为基础命名。也有人将它的后半段独立出来，以渭南史家墓地为典型地点，命名为“史家类型”。主要分布在关中、陕南、陇东与晋南地区。典型遗址还有甘肃省秦安县大地湾、王家阴洼和陕西省西安市临潼区姜寨、华县元君庙、华阴市横阵、渭南市史家、长武县下孟村、南郑县龙岗寺、西乡县何家湾、商县紫荆以及山西省芮城县东庄村等处。建有环壕村落，居址排列有序，以圆形半地穴为主要建筑形式。村边有公共窑场，村外有公共墓地。墓穴排列整齐,早期多单人葬,晚期流行多人二次合葬,儿童多使用瓮棺埋葬,一般埋葬在居址附近。陶器为手制,多为夹砂和泥质红陶,有少量黑、灰色陶器。器形主要有圜底和小平底钵与盆、深腹盆、细颈大腹壶、小口尖底瓶、深腹罐,多圜底、平底和尖底器,少见圈足器,无三足器,晚期出现葫芦瓶、带盖平底小罐和高领罐。纹饰有绳纹、细绳纹、弦纹、锥刺纹和黑彩图案,彩绘纹样有宽带纹、网纹和三角、折线等几何纹以及鱼纹、人面纹、鹿纹、鸟纹等像生图案,常见内彩,有些钵盆类陶器见有不同的刻符。生产工具中的石器以磨制为主,也有打制,主要器形有斧、铲、锛、刀、凿和磨盘等,以一种两侧带缺口的石刀最具特色。(赵春青)

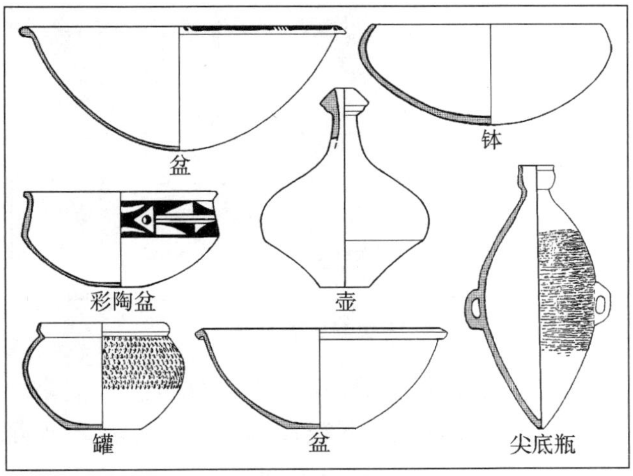

半坡文化陶器

【史家类型】 仰韶文化在渭河中下游地区的一种地方类型。由半坡类型发展而来,为泉护类型所取代。以陕西省渭南市史家遗址为代表。在西安市半坡、姜寨(二期)和宝鸡市北首岭等遗址均有其遗存。陶器的特征与半坡类型大体相同,代表性器形有敛口圜底(或平底)钵、卷唇圜底(或平底)盆、溜肩尖底瓶、葫芦瓶、细颈壶、鼓腹平底罐、瓮等。纹饰中以彩纹的弧线、圆点构成的图案花纹和鸟鱼合璧的动物图像最具特征。(王小庆)

【东庄类型】 仰韶文化早期的区域文化类型。因山西省芮城县东庄村遗址而得名。主要分布于山西南部、河南中西部等地区。陶器以泥质红陶和夹砂红陶为主,见有一定数量的彩陶。典型器物有小口尖底瓶、平底盆、圜底鼎、双耳筒形罐、镂空钟形器等。东庄类型年代早于通常所说的庙底沟文化,是其主要的来源之一,年代为距今7 000~5 900年。(高江涛)

【西阴村类型】 仰韶文化中期的区域文化类型。因山西省夏县西阴村遗址而得名。主要分布于关中、晋南、豫西等地区。陶器以泥质红陶和夹砂红陶为主。主要器形有卷沿和敛口曲腹盆、重唇小口尖底瓶、葫芦口平底瓶、深腹罐等。居住建筑多数为半地穴式,出现了一定数量的地面建筑,墓葬多见单人仰身直肢葬,少见多人二次葬。年代为距今5 900~5 500年。(高江涛)

【庙底沟类型】 仰韶文化繁荣时期的一种地方类型。由半坡类型经史家类型发展而来。以关中、晋南、豫西为中心,北到河套,南达江汉北部,西至洮河,东抵郑州附近。以河南省三门峡市庙底沟遗址为代表。该类型的遗址还有河南省灵宝市西坡、渑池县仰韶村等处。陶器表面大多饰有纹饰,素面和磨光陶也有相当数量。纹饰以绳纹最为常见,且多为细绳纹,弦纹和附加堆纹也占有一定比例,并出现了篮纹。陶器中彩陶占有较大比例,以黑彩为主,有少量白衣和红衣彩陶;像生性动物纹数量较少,以蛙纹多见,亦见有个别的鱼纹;图案花纹发达,有回旋勾连纹、垂弧纹、凸弧纹、花瓣纹、窄带纹、网格纹、羽状纹、三角纹和横×形纹等。陶器以双唇口尖底瓶、曲腹盆、曲腹碗、绳纹罐等为典型器。学术界将庙底沟类型分为早、中、晚三段(见彩版5“彩陶盆”)。(赵春青)

【庙底沟文化】 仰韶文化中心分布区的文化之一。以庙底沟类型为基础命名。有的研究者以内涵相同的夏县西阴村遗址命名为“西阴村类型”或“西阴文化”。分布范围较半坡文化稍大。典型遗址除庙底沟遗址外,还有陕西省宝鸡市福临堡、扶风县案板村、华县泉护村、华阴市西关堡、长武县下孟村和山西省芮城县西王村、夏县西阴村、河津县固镇以及甘肃省秦安县大地湾等处。居住建筑多数为半地穴式,出现了一定数量的地面建筑,平面有方形和圆形,居址面积较大,立柱开始使用柱础。墓葬发现不多,成人采用单人仰身直肢葬,很少有随葬品,不见多人二次合葬,儿童用瓮棺埋葬,葬具组合较多变化,或是专门的瓮棺,或是日用陶器。陶器以夹砂和泥质红陶为主,主要器形有卷沿和敛口曲腹盆、敛口曲腹钵、重唇小口尖底瓶、葫芦口平底瓶、敛口深腹瓮、深腹罐、釜、灶等。纹饰主要是线纹、绳纹和彩绘,彩陶除了黑彩,还有红彩和白衣彩陶,纹样有写实的鸟纹、蛙纹，大量见到的是由圆点、勾叶、弧边三角组成的花卉形几何图案，均绘于器外，不见内彩。生产工具中的石器以磨制为主，普遍采用钻孔技术，主要器形有斧、锛、铲、刀和纺轮等。陶刀和陶纺轮也是常见的工具。（赵春青）

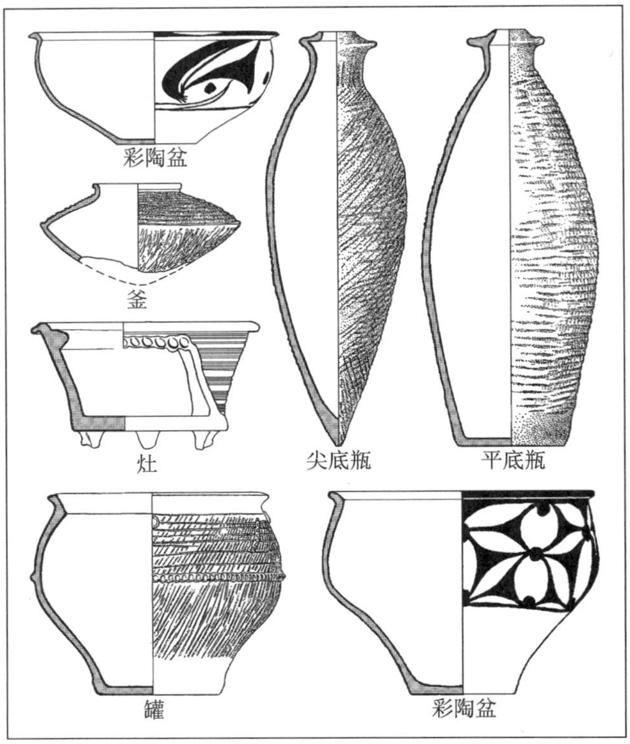

庙底沟文化陶器

【泉护类型】 仰韶文化在渭河中下游地区的一种地方类型。由史家类型发展而来，为半坡晚期类型所取代。以陕西省华县泉护村遗址为代表。陶器以细泥红陶为主，夹砂红陶次之，其他少见。陶质坚硬，陶胎较薄，陶色纯正，偏晚的陶色有变为黄褐色的，但质地甚佳。制法仍以手制为主，慢轮修整已较为普遍。器形复杂，品类增多，主要有敛口曲腹碗、曲壁深腹盆、双唇口尖底或平底瓶和釜、灶、杯等。纹饰以线纹常见，彩绘也有一定比例。彩绘多施于细泥红陶，深红色、白色陶衣常见。图案纹饰富于变化，基本上用条纹、涡纹、三角涡纹、圆点纹及方格纹等组成，弧线纹、鸟纹也较常见。（王小庆）

【西王村类型】 仰韶文化晚期的一种地方类型。以山西省芮城县西王村遗址的上层为代表。是庙底沟类型晚期发展起来的一支地方文化共同体。主要分布在关中渭水流域、陕北、晋南和豫西。以山西省芮城县西王村、平陆县盘南村、夏县东下冯、襄汾县陶寺，河南省灵宝市涧口以及陕西省华阴市横阵等遗址为代表。陶器器表多饰有纹饰，素面和磨光陶亦占有相当大的比例，纹饰以绳纹、篮纹、附加堆纹为主。彩陶数量极少，均为单彩，以红彩为大宗，还有个别白彩，彩绘花纹多是曲线和直线并用，带状网格纹是其基本图案。陶器群中以喇叭口直身尖底瓶、绳纹或篮纹和附加堆纹鼓腹罐、箍状堆纹筒形瓮、花边钮器盖等较为常见。学术界将西王村类型分为早、晚两段。（赵春青）

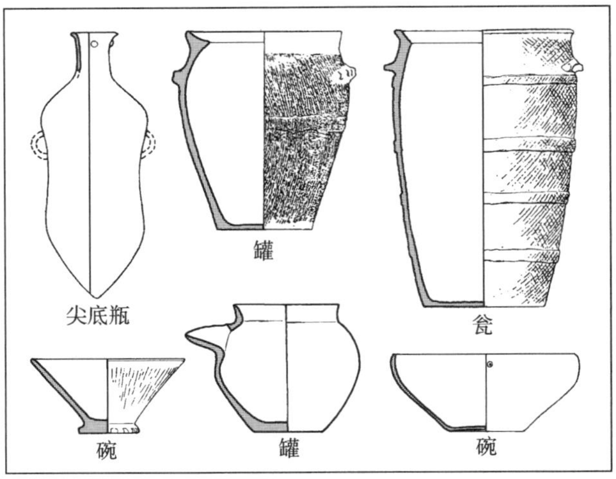

西王村类型陶器

【西王村文化】 仰韶文化中心分布区的文化之一。以西王村类型为基础命名。主要分布在晋西

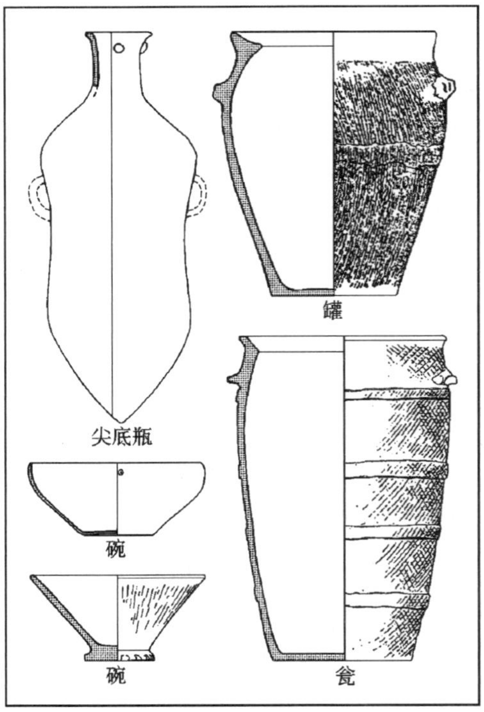

西王村文化陶器

南、关中和陇东地区。典型遗址除山西省芮城县西王村外，还有陕西省宝鸡市福临堡、北首岭上层及扶风县案板村与西安市半坡上层、姜寨四期和蓝田县泄湖以及甘肃省秦安县大地湾上层等处。房屋建筑技术有进一步提高，居址面积较大，以地面木构建筑为主要形式，出现了分间式大型房子。埋葬方式与庙底沟文化区别不明显，成人采用单人仰身直肢葬，儿童用瓮棺埋葬。陶器以红陶为主，灰陶也有较大比例，器口普遍采用轮修技术。主要器形有宽沿折腹盆、曲腹钵、长颈束腰尖底瓶、深腹平底罐、筒形瓮和镂孔圈足豆等。纹饰常见绳纹、附加堆纹，其次是篮纹、细绳纹，亦有少量的方格纹与彩绘。彩陶纹饰简约，只见条纹、圆点和波折纹等几何纹饰。石器绝大多数为磨制，器形仍以斧、锛、铲、刀为多见，新见的有穿孔刀和镰。（赵春青）

【后冈类型】 仰韶文化早期偏晚阶段的一种地方类型。由下潘汪类型和石固类型基础上发展而来。以安阳市后冈遗址下层为代表。主要分布在豫北、冀南地区。经发掘的遗址还有河北省磁县界段营、下潘汪以及河南省濮阳市西水坡、浚县大赉店、正定县南阳庄等处。陶器以素面为主，部分器表磨光。纹饰多弦纹、刻划纹和锥刺纹，绳纹极少。典型陶器有红顶碗、敛口圜底或平底钵、圆腹罐形柱足鼎、长颈壶、小口肩耳壶、敛口小平底罐、圜底缸、灶等。彩陶花纹多红彩，黑彩较少，不见像生性花纹；图案花纹多为宽带纹、曲折线和横竖平行线组成的带纹、平行斜线组成的正倒相间三角形纹、菱形网纹等。（赵春青）

【后冈一期文化】 仰韶文化周边分布区的文化之一。在河南省安阳市后冈下层遗存为代表的“后冈类型”基础上命名。主要分布于豫北、冀南及附近地区，也有观点认为其“并非居停于豫北冀南的狭小地带，而是以河套及山东半岛为犄角，广布于整个黄河下游地区的独立的考古学文化遗存”。除安阳市后冈下层遗存外，典型遗址还有河北省正定县南杨庄、河南省濮阳县西水坡等处。居住遗迹发现很少，多为圆形半地穴式，有木骨泥墙。墓葬为土坑葬，葬式有仰身直肢葬、俯身葬和多人二次葬，一般没有随葬品，儿童采用瓮棺埋葬。陶器以泥质和夹砂红陶为主，多素面，纹饰有弦纹、线纹、附加堆纹等。有数量不多的彩陶，为红黑彩的竖线、宽带、三角、网格等几何纹。器形有圆腹鼎、圜底釜、灶、弦纹罐、深腹平底钵、红顶碗、小口细颈壶、大口圜底缸、盆、瓶等，流行圜底器，不见圈足器。石器有斧、铲、凿、锛、刀和磨盘等，其中石铲数量较多，以磨制为主。（赵春青）

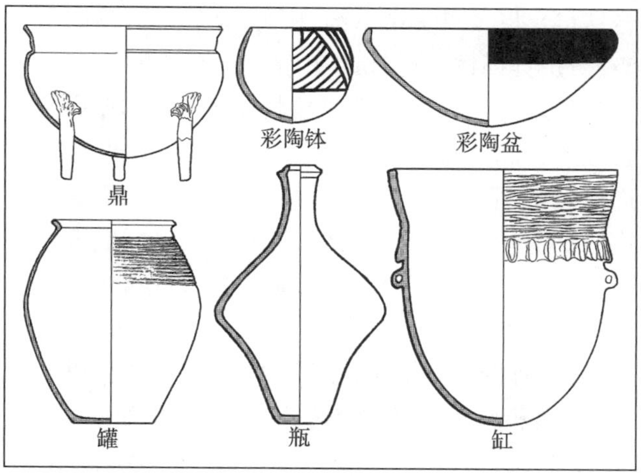

后冈一期文化陶器

【秦王寨类型】 仰韶文化中晚期的一种地方类型。因首先发现于河南省荥阳市秦王寨遗址而得名。后因郑州市大河村遗址内涵比秦王寨遗址更丰富，有学者主张以大河村类型替代。也有学者认为，秦王寨类型应专指大河村三期文化，大河村类型专指大河村四期文化。（赵春青）

【秦王寨文化】 中原地区新石器时代考古学文化。因河南省荥阳市秦王寨遗址而得名。早先以大河村遗址三、四期文化为代表而命名“大河村类型”，又曾被命名为“秦王寨类型”。主要分布在伊洛郑州地区。典型遗址还有河南省郑州市林山寨、长葛市石固、荥阳市点军台和青台、禹州市谷水河、洛阳市王湾以及汝州市中山寨、洪山庙、大张、阎村等处。陶器以泥质红陶和夹砂灰陶为主，晚期流行轮制技术。纹饰多附加堆纹、方格纹、篮纹和镂孔，彩陶有复彩和白衣彩，图案有弧边三角纹、月牙纹、太阳纹、方格纹、六角星纹，有些专门制作的瓮棺绘有各种寓意画面。陶器器形主要有鼎、豆、碗、罐和盆等，代表性器形有釜形鼎、罐形鼎、小口尖底瓶、大口尖底缸、折腹盆、曲腹盆。工具多石铲、刀、镰和陶刀等。房屋建筑技术比较进步，居址平面有长方形、方形和圆形三种，既有单体建筑，也有多间连建和套间地面建筑。墓葬多单人仰身一次葬，少见二次葬和多人合葬，部分地区盛行成人瓮棺葬，随葬品不多。文化年代为距今 5 000 ~4 400 年。（赵春青）

【大河村类型】 仰韶文化中晚期的一种地方类

型。以大河村第三、四期为代表的一类遗存，由阎村类型直接发展而来。主要分布在豫中、豫西地区，以郑州市大河村、西山、后王庄、林山寨和荥阳市点军台、青台，以及巩义市里沟、偃师市汤泉沟、洛阳市王湾、伊川县孙村、汝州市中山寨、新郑市唐户、杞县鹿台岗遗址为代表。房屋建筑技术比较进步，平面有长方形、方形和圆形三种，既有单体建筑，也有多间连建和套间地面建筑。墓葬以单人仰身一次葬为主，二次葬和多人合葬较少，部分地区盛行成人瓮棺葬，随葬品不多。陶器以素面为主，部分器表磨光。纹饰早期以弦纹、附加堆纹为主，晚期以绳纹、篮纹多见，亦有少量方格纹。彩陶数量较多，颜色以红彩为多，黑彩较少。花纹图案主要有网格纹、平行线纹、水波纹、禾苗纹、重叠八字形纹、∽形纹、×纹和变形索纹等。代表性器形有釜形鼎、罐形鼎、小口尖底瓶、大口尖底缸、折腹盆、曲腹盆。工具多石铲、刀、镰和陶刀等。（赵春青）

【大河村文化】 仰韶文化周边分布区的文化之一。在以河南省郑州市大河村遗址为代表遗存的“大河村类型”基础上命名。包括大河村遗址龙山文化层以前的七期堆积。早先以大河村遗址三、四期文化为代表而命名“大河村类型”，又曾被命名为“秦王寨类型”，也有研究者将郑洛地区一部分较早的遗存命名为“阎村类型”。主要分布在以嵩山为中心的伊洛郑州地区，也有学者将豫中、豫北和豫西南的晚于裴李岗文化和早于龙山文化的遗存归入“大河村文化”。典型遗址还有河南省郑州市林山寨、长葛市石固、荥阳市点军台和青台、禹州市谷水河、洛阳市王湾以及汝州市中山寨、洪山庙、大张和阎村等处。房屋建筑技术比较进步，居址平面有长方形、方形和圆形三种，既有单体建筑，也有多间连建和套间地面建筑。墓葬多单人仰身一次葬，少见二次葬和多人合葬，部分地区盛行成人瓮棺葬，随葬品不多。陶器以泥质红陶和夹砂灰陶为主，晚期流行轮制技术。纹饰多附加堆纹、方格纹、篮纹和镂孔。彩陶有复彩和白衣彩，图案有弧边三角纹、月牙纹、太阳纹、方格纹、六角星纹。代表性器形有釜形鼎、罐形鼎、小口尖底瓶、大口尖底缸、折腹盆、曲腹盆。工具多石铲、刀、镰和陶刀等。（赵春青）

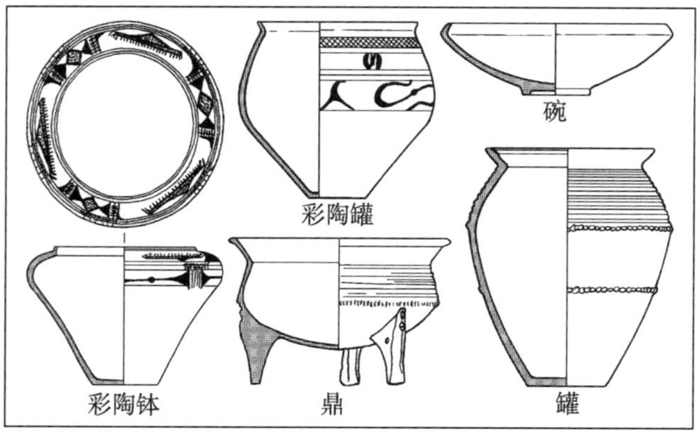

大河村文化陶器

【大司空类型】 仰韶文化晚期的一种地方类型。主要分布在豫北、冀南和冀中西部地区。以河南省安阳市大司空村遗址为代表。典型遗址尚有河南省安阳市大正集老磨岗、鲍家堂和辉县市孟庄，以及河北省邢台市柴庄、磁县下潘汪和界段营、邯郸市百家村等。陶器以灰陶为主，红陶次之，有相当数量的彩陶。以素面为大宗，其中有相当数量的磨光陶。纹饰以篮纹最为常见，绳纹、附加堆纹和弦纹也占一定比例，方格纹、划纹、捺印纹等数量较少。彩陶以红彩为主，黑彩极少，均为单彩，纹饰有弧形三角纹、曲折纹、网纹、旋涡纹、圆形纹、半圆形纹、同心圆纹、圆点纹、条带纹、水波纹、勾连纹、双人字形纹、∽形纹、蝶形纹、雁纹、睫毛纹、垂幛纹等。陶器群中以彩陶折腹盆、彩陶敛口钵、彩陶弧腹碗和口外带花边腹饰弦纹、篮纹的侈口鼓腹罐较为常见。鼎的数量极少，没有尖底瓶。学术界将大司空类型分为早、晚两段三组。（赵春青）

【大司空文化】 仰韶文化周边分布区的文化之一。以大司空类型为基础命名。曾被归入“秦王寨类型”。主要分布在豫北、冀南地区。典型遗址除大司空村外，还有河南省安阳市鲍家堂、大寒南岗、大正集老磨岗与新乡市洛丝潭，以及河北省磁县下潘汪和界段营、邯郸市百家村等处。居址很少发现，可以确定的也是以半地穴式为主要建筑形式。墓葬资料也很少发现，埋葬制度不明。陶器以灰陶为主，其次为红陶，还有极少的黑陶。器表装饰以篮纹为主，也有绳纹和方格纹等。有一定数量的彩陶，彩陶以红褐色为主，少见黑色，纹饰有弧边三

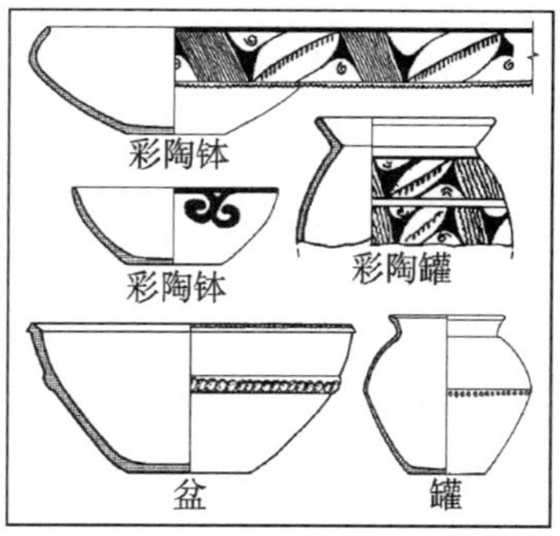

大司空文化陶器

角纹、曲线纹、波纹、平行线纹等，结构简单，构图洗练。器形以敛口平底钵、直口平底碗、折腹盆、高领罐多见，并有釜、灶和鼎等。生产工具有石质和骨质的刀、铲，还有蚌质的刀、镰等。（赵春青）

【阎村类型】 仰韶文化中期的一种地方类型。在豫中地区后冈类型的基础上发展而来。其中心分布区域在嵩山周围。迄今阎村类型已经发掘的遗址有汝州市洪山庙、中山寨、北刘庄和洛阳市王湾、郑州市大河村以及荥阳市点军台、青台、方靳寨与武陟县赵庄等。陶器表面以素面为大宗，少部分磨光。纹饰多见弦纹，有少量划纹、附加堆纹和线纹，绳纹罕见。彩陶占一定比例，以黑彩多见，红彩较少，另有白衣和红衣彩陶。白衣彩陶多是黑、红或棕、红二色兼施的复合彩，其数量多于其他类型。像生性动物纹在嵩山以南地区有所发现，主要有鸟纹、龟纹、鹿纹和鱼纹，均绘于缸的腹部。图案花纹种类繁多，主要有弧边三角纹、圆点纹、回旋勾连纹、太阳纹、日晕纹、六角星纹、梳齿纹、∽形纹、×形纹、锯齿纹、同心圆纹等。陶器中鼎的数量最多，形制可分为罐形鼎、盆形鼎、折腹鼎、釜形鼎、壶形鼎等。此外，带盖直壁筒形缸、矮直领鼓腹罐、矮直领折腹罐、敛口鼓肩彩陶钵等为其典型器。（赵春青）

【下王岗类型】 仰韶文化中期的一种地方类型。主要分布在豫西南和鄂西北的汉水中游地区。由八里岗类型发展而来。以河南省淅川县下王岗二期晚段墓葬和三期遗存及邓州市八里岗三、四段和下集早期大部分遗存、镇平县赵湾仰韶遗存以及湖北省均县朱家台仰韶早期遗存为代表。陶器以素面为主，其中部分磨光。纹饰以弦纹多见，有少量附加堆纹和细绳纹，还有极个别的方格纹。彩陶数量较少，以红彩或褐彩为主，黑彩较少，有少量红衣黑彩和白衣褐彩陶。不见像生性动物纹，图案花纹种类较少，主要有圆点纹、弧边三角纹、花瓣纹、宽带纹等。陶器中以鼎、罐、盆最为常见，鼎可分为罐形鼎、釜形鼎、壶形鼎、瓮形鼎和折腹鼎等不同形制。尖底瓶较少，不见葫芦口平底瓶，另有少量豆、曲腹杯、带盅形把手圈足壶等。学术界将下王岗类型分为早、晚两段。（赵春青）

【下王岗文化】 仰韶文化周边分布区的文化之一。在下王岗类型基础上命名。是一支受仰韶文化强烈影响的区域文化。主要分布在汉水中游地区。典型遗址还有河南省淅川县下集和黄楝树、镇平县赵湾，以及湖北省郧县青龙泉和大寺、丹江口市乱石滩和朱家台、枣阳市雕龙碑等处。房屋以地面建筑为主，早期平面多为圆形；晚期多方形，并出现多间连建的房屋和近三十间居室合成一排的长屋。屋内一般设有火灶。地面建筑房屋设有中央立柱，挖有墙基，在基槽内栽柱筑墙，居住面以火烘烤，有的采用了推拉门技术。有大型公共墓地，早期墓葬以单人仰身直肢葬为主，多数头向西南，一般有一件陶器作随葬品，少数墓随葬有龟和狗；中期墓有明显分区，亦以单人葬为主，二次葬所占比例较大，有一定数量的多人二次合葬，多数墓都有几件随葬品，个别墓的随葬品多到数十件，并以专门制作的陶质冥器为主，以罐、钵和碗为主要组合。陶器以泥质红陶和夹砂褐陶为主，有一定数量的灰陶与黑陶，也有少量彩陶。主要器形有罐形鼎、盆形鼎、釜形鼎、夹砂罐、细颈折腹瓶、小口壶、平底钵、圈足盘、镂孔豆等。石器有铲、镰、刀、镞、斧、锛、凿和磨盘等，以磨制为主，穿孔技术出现较早。（赵春青）

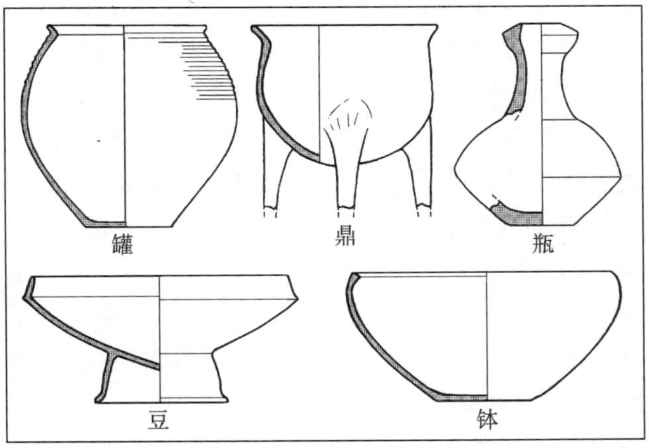

下王岗文化陶器

【半坡晚期类型】 仰韶文化在渭河中下游地区年代最晚的一种地方类型。由泉护类型发展而来，以西安半坡遗址晚期遗存为代表。主要分布于关中渭河流域和陕北、晋南、豫西地区。代表性遗存还有姜寨（四期）、泉护村（晚期）等。典型陶器是宽沿浅腹盆、斜直壁圈足碗、镂孔豆、长颈凹腰尖底瓶、带鸡冠耳罐、带流罐、大口深腹瓮等。纹饰主要是绳纹，附加堆纹、篮纹次之，有少量的镂孔、方格纹。尚有红地施红彩或白彩、纹样极为简单的彩陶。（王小庆）

【义井类型】 仰韶文化晚期的一种地方文化类型。因山西省太原市西南义井村遗址而得名。分布于晋中地区，典型遗址有太原义井、太谷白燕、汾阳杏花村、离石马茂庄等。陶器以泥质灰陶和夹砂灰陶为主,彩陶十分丰富,附加堆纹和錾耳比较发达,器形常见折沿夹砂罐、小口平底壶、钵、釜灶等。也有学者将“义井类型”称为“义井文化”。(高江涛)

【师赵村遗址】 新石器时代遗址。位于甘肃省天水市太京乡师赵村。1981—1987年中国社会科学院考古研究所进行发掘。发现不同时期的遗存,可分为七期:一期为前仰韶文化遗存,较大地湾一期年代稍晚,分布较零星;二期为半坡类型,分布范围也不大;三期属庙底沟类型;四期为马家窑文化石岭下类型;五期为马家窑类型;六期属半山-马厂类型遗存;七期文化分布最宽,属齐家文化,发现房址达20余座,且成组布局,是迄今发现齐家文化居址中较完整的聚落,出土一批齐家文化玉器,还有零星的晚期遗存。师赵村遗址为甘肃东部地区史前考古建立了一个较完整的序列。1999年出版有《师赵村与西山坪》。(叶茂林)

【高寺头遗址】 新石器时代遗址。位于甘肃省礼县石桥乡高寺头村。面积约3万平方米。1986年甘肃省考古研究所正式发掘,发现房址等仰韶文化遗存,内涵丰富,保存完好。文化层厚达4米以上,断崖上暴露有灰层、灰坑、灶址、居住面等遗迹,地表遗有大量夹砂、泥质、细泥质的灰、红、橙黄色陶片。纹饰有细绳纹、彩绘等,器形有尖底瓶、卷沿盆、碗等。另有石刀、石斧、陶纺轮、骨锥、骨鱼钩等生产工具。1964年曾出土一件人头器口陶塑,仅存陶塑的器口部分,残高12.5厘米。头像雕塑看似女性,圆脸丰满,五官端庄,嘴角轻露微笑,形态生动而传神,头上有一圈齿状附加堆纹花边泥条饰,有如头饰。(叶茂林)

【南佐遗址】 新石器时代遗址。全国重点文物保护单位。位于甘肃省庆阳市西峰区后官寨乡南佐村疙瘩渠土坡上。1984—1986年、1994年甘肃省考古研究所等进行发掘。出土仰韶文化晚期具有特殊建筑工艺的房址,其中版筑墙体的大房址F1,长约35米,宽约18米,室内面积达600余平方米。墙体版筑后,外壁经火烧烤。室内地面有白灰面,并向外延伸。室外有经过烧烤的专门加工的散水,室内外的地面都是夯筑,并且室内夯筑地面形成长方形条状排列,与墙体平行,构成规矩、整齐、美观的地板。室内夯土有筛选,较为匀致。室外夯土未筛选,稍显杂乱,且遗物较多。附近另一座房址F3的墙体也为夯筑,有白灰面,地面明显有坡度,室内有类似灶台的白灰面圆台面,中间有烧痕。此房址为公共活动的重要场所,可与大地湾同时期的建筑相比,显示陇东黄土高原仰韶文化晚期社会发展的高度水平和文明化进程。(叶茂林)

【大地湾F901】 大地湾遗址第四期文化房址。系一座大型原始宫殿式房屋建筑遗存,具有“前堂后室、东西厢房”的结构。位于大地湾遗址南区的黄土台地上的前沿,海拔约1 532米,处于遗址区域的较高位置,大体可以俯视整个大地湾聚落址。占地420平方米,保存较完整的多间复合式建筑,结构复杂,

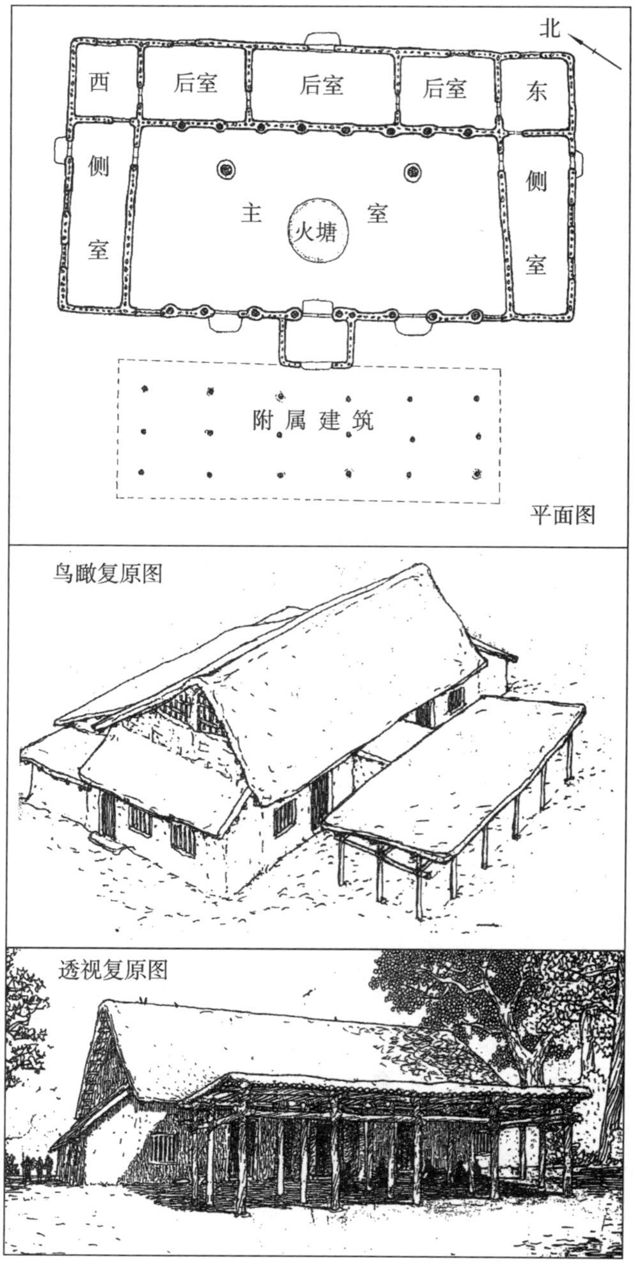

大地湾F901平面、复原图

布局严谨，规模较大，技术先进，不仅是大地湾遗址发现的房址之最，也是中国新石器时代迄今为止发现的规模最大、最具重要性的特殊建筑。1983—1984 年发掘。房址基本上坐北朝南，以长方形主室为中心，两侧扩展为与主室相通的东西侧室，左右对称；主室后面有单独的后室，前面有附属建筑，前后呼应。其中，主室的面积为 131 平方米。居住面坚硬平整，呈青黑色，色泽光亮，外观极似现代水泥地坪，系由砂粒、小石子和人造轻骨料与胶结材料混合而成的地面，经过反复细致打磨加工，其地面的物理化学性能，经检测接近于现代混凝土地面，被认为是中国建筑史上的奇迹。以 F901 建筑为中心而形成的公共活动区，与周围分布密集的居住区，形成了众星捧月的格局，为中国礼仪性礼制建筑的发展开创了先河，成为显示文明起源和发展的重要标志。属仰韶文化晚期，年代为距今约 5 000 年。（叶茂林）

【大地湾 F405】 大地湾遗址第四期文化房址。系一座单体殿堂式房屋建筑遗存，单室面积超过 F901 主室面积。复原面积可达 230 平方米，单室的复原面积达 150 平方米。与 F901、F400 基本上处于同样的地位，构成了大地湾遗址仰韶文化晚期聚落的中心地位。F405 可能具有供氏族部落举行盛大活动和议事之用的大会堂性质。房址为略呈长方形的单体建筑，东西两侧有檐廊，室内中间有大灶台（火塘），还有大柱子。此房址规划有序，高大宏伟，规格讲究，工艺精湛，是极具重要性的古代建筑。属仰韶文化晚期，年代为距今约 5 000 年。（叶茂林）

【大地湾 F411 及地画】 大地湾遗址第四期文化房址。系一座呈横长方形的较小型房址。其特别之处是在该房址内靠近后墙的中间居住面上，发现了一幅地面图画遗存，被称为“地画”。地画用黑色颜料绘成，颜料成分为炭黑。地画的主体图像是两个人物，两人形态基本清楚，姿势动作均相同。在人物的下方，画有一个长条形框，框内绘有动物图形。在人物图像的左侧，还有一些不甚清晰的图画痕迹。整个图画的面积约 1.2 米 ×1.1 米，表现出较原始的绘画风格。地画接近岩画的特征，可能反映了原始宗教的内容，此房址可能也与原始宗教崇拜具有一定的关系。属仰韶文化晚期，年代为距今约 5 000 年。（叶茂林）

【龙岗寺遗址】 新石器时代遗址。全国重点文物保护单位。位于陕西省南郑县梁山镇爱国村西北龙岗寺内。1983—1984 年陕西省考古研究所进行发掘。文化堆积以老官台文化和仰韶文化半坡类型为主，其中半坡类型墓地的揭露是主要收获。龙岗寺遗址的发掘进一步丰富了人们对汉江上游地区新石器时代文化面貌的认识，为研究仰韶文化半坡类型的渊源、分期、墓地布局、埋葬习俗、社会经济以及社会组织结构等问题提供了重要资料。1990 年出版有《龙岗寺——新石器时代遗址发掘报告》。（王小庆）

【何家湾遗址】 新石器时代遗址。全国重点文物保护单位。位于陕西省西乡县堰口镇泾洋村泾洋河右岸二级阶地上。1980—1982 年陕西省考古研究所进行发掘。其文化堆积以仰韶文化半坡类型、庙底沟类型为主。发现的仰韶文化时期的骨雕人头像、线刻人面纹骨管等是十分罕见的原始艺术珍品。何家湾遗址的发掘为研究汉江上游地区新石器时代文化面貌、性质及发展序列提供了新的资料。1994 年出版有《陕南考古报告集》。（王小庆）

【半坡遗址】 新石器时代遗址。全国重点文物保护单位。位于陕西省西安市灞桥区半坡村。面积约 5 万平方米。1954—1957 年中国科学院考古研究所进行五次发掘，揭露面积约 1 万平方米。文化遗存分早、晚两期。早期遗存内涵丰富，也最典型，半坡类型即以此而得名。据碳十四断代并经校正，年代为距今 6 800 ~ 6 300 年。晚期遗存很少，称“西王村类型”或“半坡晚期类型”。半坡遗址的发掘，首次大规模地揭露了一处新石器时代的聚落遗址，为复原中国母系氏族公社的社会生活提供了宝贵资料，并由此确立了仰韶文化半坡类型。1957 年在此建成了中国第一座遗址博物馆——半坡博物馆。1963 年出版有《西安半坡》。“半坡遗址房址复原图”见 166 页。（王小庆）

【姜寨遗址】 新石器时代遗址。全国重点文物保护单位。位于陕西省西安市临潼区骊山北麓，地处临河东岸的二级阶地上。面积约 5 万平方米。以仰韶文化遗存为主，遗址最上层还有少量的陕西龙山文化遗存。1972—1979 年西安半坡博物馆和临潼县文化馆合作进行了十一次大规模发掘，揭露面积约 1.7 万平方米，是当时中国新石器时代聚落遗址中发掘面积最大的一处。姜寨遗址仰韶文化堆积由下

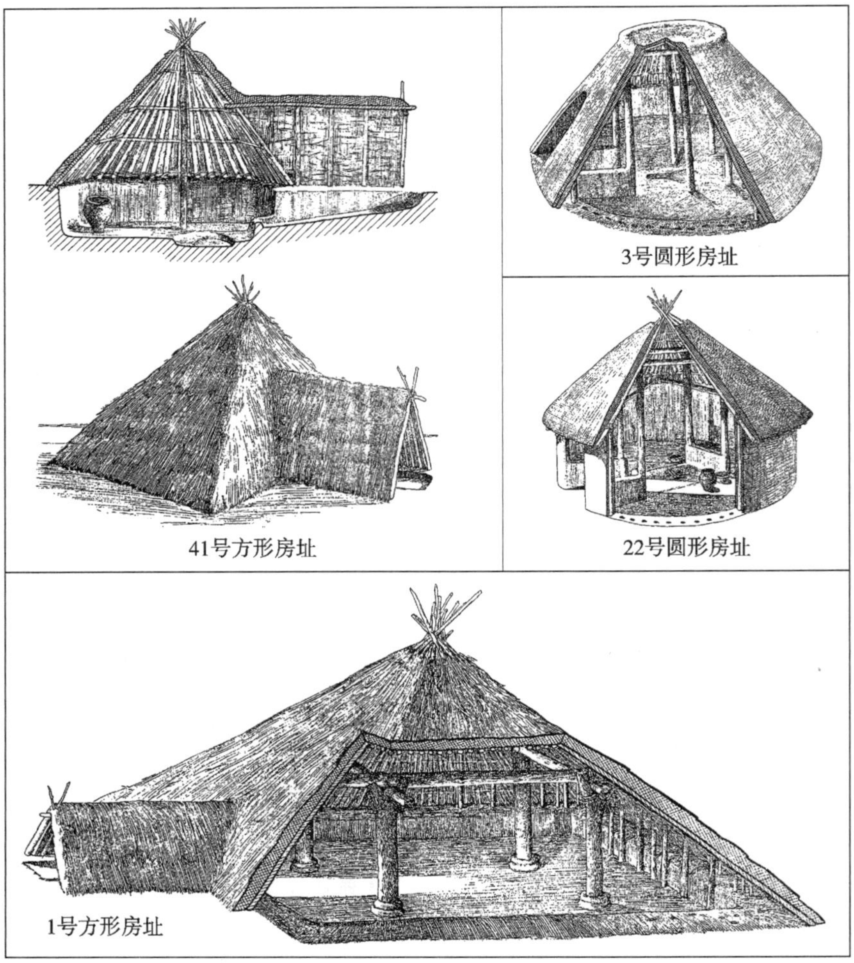

半坡遗址房址复原图

到上依次为半坡类型、史家类型、庙底沟类型和半坡晚期类型。姜寨遗址的发掘为研究关中地区仰韶文化的发展序列提供了重要依据；揭露了半坡类型的一处聚落遗址，其保存之完好、布局之清晰是前所未有的；发现的大量遗迹、遗物，充实了仰韶文化诸方面的内容。1988 年出版有《姜寨——新石器时代遗址发掘报告》。“姜寨遗址平面图及复原示意图”见 167 页。（王小庆）

【横阵遗址】 新石器时代遗址。全国重点文物保护单位。位于陕西省华阴市敷水镇横上村西的台地上。面积约 12 万平方米。1955—1956 年考古调查时发现。1958—1959 年黄河水库考古工作队陕西分队进行三次发掘，发掘面积近 1 000 平方米。文化堆积以仰韶文化半坡类型和龙山文化的遗存为主，其中以包括三个集体埋葬坑（大坑套小坑共 15 座）在内的仰韶文化墓地的发现尤为引人注目，为研究仰韶文化的社会生活、氏族制度等提供了重要资料。龙山文化的遗存也十分丰富，对研究关中地区龙山文化的类型和分期具有重要意义。（王小庆）

【元君庙墓地】 新石器时代墓地。全国重点文物保护单位。位于陕西省华县柳枝镇东南。1958—1959 年黄河水库考古工作队陕西分队华县队进行发掘，发掘面积 800 平方米。全面揭露了一处基本上保存完整的仰韶文化半坡类型墓地，探明墓地北面存在着同时期的居住地，还发现有少量的老官台文化遗存。元君庙墓地的发掘，对了解仰韶文化“半坡类型”的埋葬风俗和墓葬形制及其反映的社会制度提供了系统的新资料，为确定“老官台文化”早于“半坡类型”提供了地层根据。1983 年出版有《元君庙仰韶墓地》。（王小庆）

【史家遗址】 新石器时代遗址。位于陕西省渭南市阳郭乡史家村。面积约 2 万平方米。1976 年西安半坡博物馆进行发掘。文化堆积较为单纯，为仰韶文化史家类型的代表性遗址。在此发现的一批多人二次合葬墓和一群独具特征的陶器群，使考古学界认识了一种新的仰韶文化遗存，为进一步研究仰韶

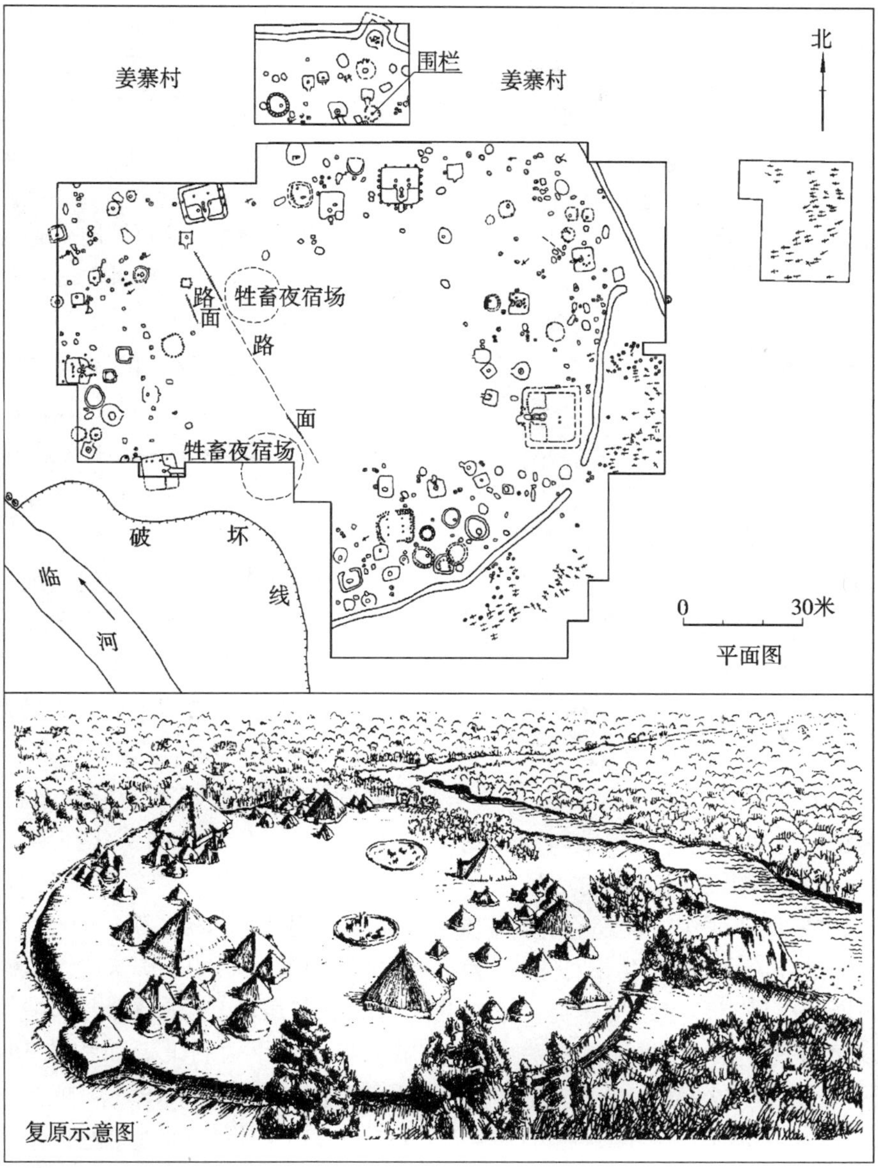

姜寨遗址平面图及复原示意图

文化的地方类型及分期提供了重要的资料。“史家遗址合葬墓 M25 平面图”见 168 页。(王小庆)

【泉护村遗址】 新石器时代遗址。全国重点文物保护单位。位于陕西省华县柳枝镇泉护村一带。总面积约 60 万平方米。1955 年调查发现。1958—1959 年黄河水库考古工作队陕西队华县分队两次进行发掘,1997 年、2006 年陕西省考古研究所又进行了两次发掘。文化内涵可分为三期:一期为其主要内容,是仰韶文化泉护类型代表性遗存,同时还发现了能反映该类型发展去向的重要资料;二期文化与一期之间的连续性、阶段性十分清楚,为紧密衔接仰韶文化与龙山文化的过渡性质文化,反映了中国原始社会的一次飞跃式发展;三期属客省庄文化遗存。2003 年出版有《华县泉护村》。(王小庆)

【泉护村鹰鼎】 新石器时代仰韶文化雕塑。1958 年出土于陕西省华县泉护村遗址一座成年女性墓中。陶质。高 36 厘米。整器为一只雄鹰的造型。鹰的前胸为鼎腹,饱满粗壮,器口开在鹰的背部;鹰的双目圆睁,周身光洁未加纹饰,喙部呈有力的钩状;鹰的双足和尾部为鼎足,造型简洁有力。现藏中国国家博物馆。(王小庆)

【杨官寨遗址】 新石器时代遗址。全国重点文物保护单位。位于陕西省高陵县姬家乡杨官寨村泾河左岸的一级阶地上。面积 80 余万平方米。2004 年以来,陕西省考古研究所进行了大规模发掘,揭露面积 16 485 平方米。发掘范围可分为南北两区:南区

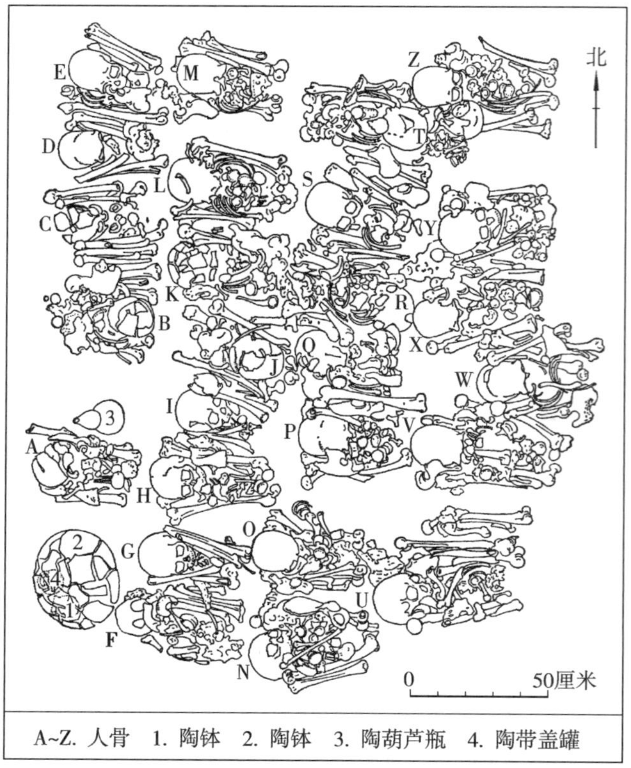

史家遗址合葬墓 M25 平面图

的文化堆积主要属庙底沟文化遗存和半坡四期文化遗存,发现有成排分布的半坡四期文化的房址和陶窑;北区的文化堆积主要属庙底沟文化遗存,发现有庙底沟文化时期的聚落环壕,而且保存相对完好,为探索庙底沟文化的聚落布局与社会结构等提供了极为重要的资料。该聚落规模巨大,或许就是关中庙底沟文化的中心聚落,并有线索表明极可能是一座庙底沟文化的城址。(王小庆)

【福临堡遗址】 新石器时代遗址。位于陕西省宝鸡市金台区福临堡村。面积约 18 万平方米。1984—1985 年宝鸡市考古工作队、陕西省考古研究所联合进行发掘,发掘面积 1 344 平方米。文化内涵以仰韶文化遗存为主,可分为三期,一期相当于庙底沟类型时期,三期相当于半坡晚期类型,二期居于两者之间。为此,发掘者提出了“福临堡类型”的命名。1993 年出版有《宝鸡福临堡》。(王小庆)

【下河遗址】 新石器时代遗址。位于陕西省白水县雷村乡下河村,地处关中平原与黄土高原的过渡地带。面积达 150 万平方米以上。1988 年陕西省文物普查时发现。2005 年陕西省考古研究所进行调查和试掘。遗址的堆积以仰韶文化和龙山文化遗存为主。发现房址 75 座,瓮棺葬 27 座,以及大量遗物。(王小庆)

【西关堡遗址】 新石器时代遗址。位于陕西省华阴市。面积达 92 万平方米,是仰韶文化面积最大的遗址之一。1957—1958 年中国科学院考古研究所进行发掘。其文化内涵以仰韶文化庙底沟类型的遗存为主。(王小庆)

【鱼化寨遗址】 新石器时代遗址。全国重点文物保护单位。位于陕西省西安市鱼化寨村皂河西岸和南岸的台地上。面积约 7.5 万平方米。2002—2004 年发掘,包含老官台文化、仰韶文化、龙山文化多个时期的遗存。其中,仰韶文化墓葬陶器有着固定的规序,一般均有小口尖底瓶或壶、钵、夹砂陶罐三类陶器。有的小口尖底瓶在下葬前特意将口部去掉。(朱延平)

【案板遗址】 新石器时代遗址。位于陕西省扶风县城关镇案板村村南。面积约 70 万平方米。1953 年调查发现。1984—1993 年西北大学文博学院前后进行六次发掘,发掘面积 2 732 平方米。案板遗址的主要文化堆积可分为三期,一期的年代与仰韶文化庙底沟类型相当,二期与仰韶文化半坡晚期类型相当,三期与庙底沟二期文化相当。发掘者对关中地区相当于庙底沟二期文化时期的文化遗存提出了“案板三期文化”的命名。2000 年出版有《扶风案板遗址发掘报告》。(王小庆)

【下孟村遗址】 新石器时代遗址。位于陕西省长武县冉店乡下孟村北。面积约 15 万平方米。1958 年调查发现。1959—1961 年陕西省考古研究所进行发掘。文化内涵以仰韶文化遗存为主,遗物、遗迹丰富,并首次在地层上明确了半坡类型与庙底沟类型的早晚关系。(王小庆)

【吕家崖遗址】 新石器时代遗址。位于陕西省铜川市黄堡镇吕家崖村西南。面积约 28 万平方米。1974 年铜川市耀州窑博物馆进行调查。1990 年陕西省考古研究所和西北大学联合进行试掘。出土一批典型的史家类型遗迹和遗物,为认识史家类型的文化内涵和研究陕西地区仰韶文化的分区、分期等提供了较为重要的材料。另外,在调查中发现一些庙底沟类型的文化遗物,说明此遗址有着较为丰富的文化内涵。(王小庆)

【李家沟遗址】 新石器时代遗址。位于陕西省铜川市黄堡镇李家沟村。面积约 30 万平方米。1973 年调查发现。1976—1977 年西安半坡博物馆进行发掘,发掘面积 530 平方米。文化内涵可分为三期,一期为仰韶文化半坡类型，二期为仰韶文化泉护类型，三期为仰韶文化半坡晚期类型。李家沟遗址的发掘对进一步研究关中地区仰韶文化各类型的相互关系及演变提供了新的资料。（王小庆）

【瓦窑沟遗址】 新石器时代遗址。位于陕西省铜川市黄堡镇瓦窑沟村南。面积约5万平方米。1973年调查发现。1991—1992年陕西省考古研究所进行发掘。文化内涵以仰韶文化半坡类型为主，清理出的由围沟环绕专为儿童设置的墓地颇具特色，大量的石片石器引人注目，多隔间的袋状窖穴前所罕见，为关中地区史前文化的研究提供了一批新的实物资料。（王小庆）

【水北遗址】 新石器时代遗址。位于陕西省彬县炭店乡水北村五组南的泾河北岸。面积约12万平方米。1959年调查发现。2005年陕西省考古研究所与咸阳市文物考古研究所联合组队进行发掘。遗址主要为仰韶文化中晚期遗存，遗迹分布十分密集，房屋形制特殊、规模庞大，出土器物种类繁多，所发现的大型房址面积达190平方米。水北遗址地处泾水上游与中游的交接地带，对于研究关中地区、泾渭流域乃至中国北方地区新石器时代考古学文化面貌、文化谱系、聚落形态演变规律等各个层面的学术问题有较大推进作用。（王小庆）

【游凤遗址】 新石器时代遗址。位于陕西省武功县游风村北。1959年陕西省考古研究所调查发现，20世纪70年代西安半坡博物馆又进行了复查。文化内涵以仰韶文化的遗存为主，在此发现的陶屋模型为了解仰韶文化的房屋建筑结构和居住形态提供了难得的实物资料。（王小庆）

【米家崖遗址】 新石器时代遗址。位于陕西省西安市灞桥区米家崖村。1951年、1953年中国科学院考古研究所先后进行两次调查。2004—2006年陕西省考古研究所进行发掘。遗址范围较大，堆积丰富，以仰韶文化和龙山文化的遗存为主。2012年出版有《西安米家崖——新石器时代遗址2004—2006年考古发掘报告》。（王小庆）

【吴家营遗址】 新石器时代遗址。位于陕西省合阳县城西南约5千米的金水沟南边台地上。1988—1989年陕西省考古研究所进行发掘。文化内涵较为单纯，以仰韶文化史家类型遗存为主，发现有疑似环壕的灰沟。出土的一件陶塑人面像是少见的原始艺术珍品。（王小庆）

【泄湖遗址】 新石器时代遗址。位于陕西省蓝田县泄湖镇泄湖村北。面积达20余万平方米。1957年调查发现。1986—1988年中国社会科学院考古研究所进行四次发掘，揭露面积500余平方米。以新石器时代文化堆积为主，包含除前仰韶文化以外的各种文化类型。发现仰韶文化房址5座、墓葬1座、灰坑16个，龙山文化房址7座、墓葬1座、灰坑13个，另有西周和战国时期遗存。其新石器时代地层叠压关系的完整性为关中地区所罕见，对研究关中地区仰韶文化和龙山文化的类型和分期，以及进一步认识渭河流域新石器时代文化发展序列都具有重要意义。（王小庆）

【浒西庄遗址】 新石器时代遗址。位于陕西省武功县武功镇浒西庄漆水河西岸的一级台地上。面积约35万平方米。1979年调查发现。1979—1981年中国社会科学院考古研究所进行发掘，发掘面积1 200余平方米。文化内涵以仰韶文化和庙底沟二期文化为主，其中庙底沟二期文化遗存十分丰富。发现庙底沟二期文化和其他文化房址14座、灰坑37个、陶窑8座、墓葬19座、遗物429件。为研究关中地区庙底沟二期文化的特征和演变提供了重要的资料。1988年出版有《武功发掘报告——浒西庄与赵家来遗址》。（王小庆）

【栾家坪遗址】 新石器时代遗址。位于陕西省子长县栾家坪乡栾家坪村东秀延河北岸的二级阶地上。面积近10万平方米。1987年文物普查时发现。1988年中国社会科学院考古研究所进行试掘。文化内涵以仰韶文化庙底沟类型和庙底沟二期遗存为主。引人注目的是在仰韶文化和早期龙山文化遗存中发现有一定数量的细石器，反映出与北方草原地区新石器时代文化的联系，为研究关中地区与陕北地区，以及陕北地区与北方草原地区之间的文化联系提供了重要资料。（王小庆）

【下魏洛遗址】 新石器时代和周、汉时期遗址。位于陕西省旬邑县赤道乡下魏洛村南。2003年发现。2004年西北大学文博学院、陕西省考古研究所等单位联合进行发掘，发掘面积1 500平方米。遗址包含了仰韶文化、庙底沟二期文化、客省庄文化和周、汉时期的文化遗存。尤以庙底沟二期文化、客省庄文化时期遗存最为丰富，发现房址、窑址、灰坑等重要遗迹。为进一步了解陕甘交界处的文化特征，认识关中地区与甘青文化圈之间的交流

影响，以及研究龙山时代文化的发展流向和周秦文化的起源等提供了新的资料。2006年出版有《旬邑下魏洛》。（王小庆）

【枣树沟脑遗址】 新石器时代遗址。位于陕西省淳化县润镇枣树沟脑村周边。面积达300万平方米。2006—2008年西北大学考古系进行三次发掘。遗址包含仰韶文化中期、龙山文化时期、先周时期、西周时期、秦汉时期和隋唐时期的文化遗存。其中，又以先周时期的文化遗存分布范围最广，内涵丰富且特征比较鲜明，又具有一定的北方文化因素。同时，池塘以及红土取土场等遗迹现象的发现，或可初步说明至迟在先周时期，关中地区居民就掌握了人工蓄水的基本技术条件，从而使居住地点逐渐由龙山文化时期常见的沟壑坡地转移到台塬高地。（王小庆）

【原子头遗址】 新石器时代遗址。位于陕西省陇县城关镇原子头村西的台地上。面积达30万平方米。1991—1992年宝鸡市考古工作队、陕西省考古研究所联合进行发掘，发掘面积3 800余平方米。文化堆积有前仰韶文化时期、仰韶文化时期、龙山文化时期和周、汉、唐、宋、元、明、清各个时代的文化遗存。清理新石器时代房址40座、陶窑3座、墓葬1座，新石器时代及汉代灰坑126个，汉代窖穴1个。出土陶器、石器、骨器、铜器、铁器和金银器等各类遗物1 000余件。其中以仰韶文化的内涵最为丰富，可分为六期，基本上涵盖了仰韶文化由早期到晚期的发展历程。对全面认识仰韶文化的面貌特征、发展变化规律，以及建立文化序列标尺等具有重要意义。2005年出版有《陇县原子头》。（王小庆）

【仰韶村遗址】 新石器时代遗址。全国重点文物保护单位。位于河南省渑池县仰韶乡饮牛河西岸仰韶村南、寺沟村北的台地上。面积约36万平方米。1920年发现。1921年、1951年、1980—1981年进行三次发掘。主要包含仰韶文化中期（庙底沟类型）、仰韶文化晚期、龙山文化早期（庙底沟二期文化）和龙山文化晚期（河南龙山文化）四层互相叠压的文化堆积。在仰韶文化层中发现有圆形和椭圆形的窖穴。出土石器有斧、铲、刀、凿、镞、网坠、弹丸、犁形器以及刮削器、砍砸器等。陶器以泥质红陶和夹砂红陶为主，器形有鼎、灶、釜、甑、钵、盆、碗、壶、罐、瓮、尖底瓶等，纹饰有线纹、绳纹、篮纹、弦纹、划纹、附加堆纹等。另发现有一定数量的彩陶，彩陶以黑彩最多，图案有圆点纹、弧线纹、带状纹、直边或弧边三角纹、月牙纹、网状纹等。在龙山文化层中发现房基4座和窖穴30余个，出土一批石器和相当数量的陶器。据碳十四测定，遗址年代为距今6 000 ~5 000年。1921年仰韶村遗址的发掘，标志着中国新石器时代考古和近代田野考古学的发端。（赵春青）

【庙底沟遗址】 新石器时代遗址。全国重点文物保护单位。位于河南省三门峡市湖滨区一处名为庙底沟的深涧旁。面积约24万平方米。1953年调查发现。1956—1957年中国科学院考古研究所进行两次大面积发掘，发掘面积4 480平方米。遗址下层堆积为仰韶文化庙底沟类型，发现遗迹不多，但出土陶器等文化遗物十分丰富。以彩陶曲腹钵与曲腹盆、双唇尖底瓶、鼓腹罐、釜、灶为代表的陶器群具有明显的特色，使其成为仰韶文化繁荣时期的代表性遗址。上层为仰韶文化向龙山文化过渡的庙底沟二期文化遗存。1959年出版有《庙底沟与三里桥》。（赵春青）

【西坡遗址】 新石器时代中心性聚落遗址。位于河南省灵宝市阳平镇西坡村西北。面积约40万平方米。自1999年开始，中国社会科学院考古研究所和河南省文物考古研究所先后进行六次发掘，发掘面积5 360平方米。发现灰坑、蓄水池、房基、墓葬、壕沟等遗迹。重要考古成果有：发现特大房基1座，占地516平方米，四周设回廊，地基、居住面、柱础等处理十分考究；确认了遗址北部大型壕沟的结构和走向；发现仰韶文化时期最大的墓葬M27，长5米，宽3.4米，深2.4米，自上而下均用青灰泥封填，同时在墓室发现有成块的木板痕迹和麻布。学术界认为，特大宫殿基址和缺少奢侈品的大墓以及铜矿石的出现，构成了仰韶文化中晚期复杂社会的显著特点，对中原地区的文明化进程具有重要意义。（赵春青）

【北阳平遗址】 新石器时代遗址。全国重点文物保护单位。位于河南省灵宝市阳平镇北阳平村黄河南岸的台塬上，东隔阳平河与铸鼎塬遗址群相峙。面积约90万平方米。1982年洛阳地区文物工作队进行试掘。1999年中国社会科学院考古研究所、河南省文物研究所等联合发掘。主要为庙底沟文化遗存。遗迹多为坑穴和房址，典型的半地穴式房址具有坚硬的房基面，系由草拌泥和夯土做成，有的房基

面多达9层。出土大量各类陶器、石器、骨器。遗址另有少量西王村文化至庙底沟二期文化的遗存。(朱延平)

【铸鼎塬遗址群】 以铸鼎塬为中心的新石器时代仰韶文化、龙山文化早期遗址群。在河南省灵宝市铸鼎塬周围不足8平方千米范围内,发现仰韶文化时期古文化遗址16处。这些古文化遗址,如众星捧月般环绕在铸鼎塬周围。遗址面积之大、分布之密、内涵之丰富为全国罕见。遗址年代为距今5 500~4 500年。迄今学术界认为铸鼎塬遗址群与传说中的黄帝时期有很大关联。(赵春青)

【三里桥遗址】 新石器时代遗址。位于河南省三门峡市湖滨区三里桥村东南。面积约18万平方米。1953年调查发现。1956—1957年中国科学院考古所进行发掘,揭露面积1 526平方米。下层遗存,起初认为接近仰韶文化半坡类型,后被认为是半坡类型转化为庙底沟类型的过渡性遗存。发现仰韶文化时期窑址2座、灰坑47个、墓葬2座。出土一批仰韶文化中晚期的陶器、石器和猪、狗等家畜骨骼。另有少量战国时期遗存。1959年出版有《庙底沟与三里桥》。(赵春青)

【八里岗遗址】 新石器时代遗址。全国重点文物保护单位。位于河南省邓州市东郊八里岗村西北。面积约5万平方米。1957年发现。1991—1998年北京大学考古系与南阳地区文物研究所连续进行六次发掘,发掘面积3 000平方米。遗址包含仰韶文化、屈家岭文化、石家河文化和龙山文化晚期遗存。以仰韶文化中晚期60余座房屋构成的聚落保存得最为完好。流行二三小间的套式单元房和较大单居室两种结构,分别重复相连成若干座长短不一的"长屋"。以东西走向组成整齐的排房形式村落布局,已发现了三排,最长一排达百米。是中国迄今所知时代最早的新石器时代排房遗址。(李永强)

【洛丝潭遗址】 新石器时代遗址。位于河南省新乡市卫滨区洛丝潭村东。面积约1万平方米。1978年发现。1982年进行发掘。文化遗存分为三期,包含仰韶文化晚期及龙山文化早、晚期遗存,发现有房基、灰坑、水沟等遗迹,出土遗物有陶器、石器、骨角器。洛丝潭遗址既包含大河村、大司空等文化类型因素,又有自身的特点,面貌复杂且风格独特。(李永强)

【后冈遗址】 新石器时代至商代遗址。位于河南省安阳市西北洹河南岸高楼庄村。面积10万平方米。1931年首次发掘,随后中国科学院考古研究所又进行过多次发掘,发掘面积600平方米以上。因最初发现"仰韶-龙山-商文化三叠层"而著名,第一期文化遗迹只见到一些保存不佳的房址和墓葬,出土文化遗物比较丰富。因与半坡文化表现出有相似因素而被称为仰韶文化的"后冈类型",后因认识又有了变化,认为是与仰韶文化不同谱系的另一个文化,故命名为"后冈一期文化"。(赵春青)

【大司空村遗址】 新石器时代遗址。位于河南省安阳市西北洹河北岸,与后冈遗址隔河相望。20世纪50年代以来进行过多次发掘。出土彩陶以红彩为主,也有兼饰黑彩的。图案以弧线三角纹及曲线纹为主,也常见附以S纹及涡纹者。通过与后冈类型的比较研究,得知其文化特征要晚于后冈类型,是分布在冀南、豫北地区仰韶文化类型的代表性遗址。(赵春青)

【鲍家堂遗址】 新石器时代遗址。位于河南省安阳市白璧乡鲍家集村北的一级台地上。面积15万平方米。系一处单纯的仰韶文化遗址。1962年、1965年中国科学院考古研究所进行两次发掘。发现陶窑2座、灰坑32个。出土陶器有彩陶盂、彩陶钵、彩陶碗、彩陶罐,以及釜、小口高领罐、盆等。遗存属仰韶文化大司空类型。(赵春青)

【大河村遗址】 新石器时代遗址。全国重点文物保护单位。位于河南省郑州市金水区柳林镇大河村西南的缓坡土岗上。面积30万平方米。1972—1987年郑州市博物馆等进行了二十一次发掘,揭露面积4 738平方米。遗址包含仰韶文化和龙山文化遗存。

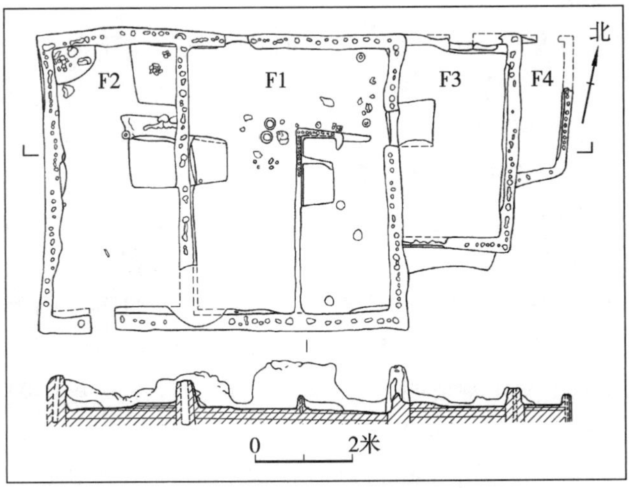

大河村遗址房址F1～F4平面、剖视图

仰韶文化遗存划分为前三期、前二期、前一期和第一至四期共七个时段，其中，前三期至前一期约与后冈一期文化相当，第一、二期相当于王湾一期文化，第三、四期则与庙底沟文化比较接近。以仰韶文化第三、四期的遗存最为丰富。发现单间和连间的房址20多座、瓮棺葬70多座，出土大量仰韶文化早中期的文化遗物，为豫中地区仰韶文化分期树立了标尺。另有少量二里头文化和商文化遗存。2001年出版有《郑州大河村》。（赵春青）

【西山遗址】 新石器时代遗址。全国重点文物保护单位。位于河南省郑州市古荥镇孙庄村。面积约10万平方米。1992—1996年国家文物局考古领队培训班进行发掘，揭露面积7 000余平方米。发现大量仰韶文化时期的遗迹和遗物，包括房基200余座、灰坑与窖穴2 000余个、墓葬200余座，复原器物约3 000件。最重要的发现是发掘出仰韶文化晚期城址，城址平面近圆形，城内面积2.5万余平方米，采用槽筑墙基和小板块夯筑技术，是中原地区迄今所见年代最早的城址。遗址年代为距今5 450～4 970±70年。（赵春青）

【秦王寨遗址】 新石器时代遗址。全国重点文物保护单位。位于河南省荥阳市秦王寨村黄河东岸的台地上。面积约3万平方米。1922年瑞典人安特生调查并发掘。发现遗迹多为大且深的坑穴。出土陶器主要有罐、壶、瓮、罐形鼎、盆形鼎、敛口曲腹钵、平沿折腹盆、豆等，以泥质红陶为主，兼有黑陶和夹砂陶。陶胎厚薄均匀，彩陶繁缛多变，以白衣红彩最富特色。考古学界以此为标准而称这类遗存为仰韶文化晚期的“秦王寨类型”，或径称“秦王寨文化”。（朱延平）

【点军台遗址】 新石器时代遗址。位于河南省荥阳市广武镇南城村东南的缓坡土岗上。面积6万余平方米。1980年郑州市博物馆进行发掘，揭露面积700平方米。出土有房基、瓮棺、陶窑、灶坑、灰坑等文化遗迹。遗址分为四期，第一、二期文化面貌和大河村遗址的第一、二期大致相当，属仰韶文化庙底沟类型；第三期文化面貌和大河村遗址的第三期及第四期的早期阶段相当，属仰韶文化晚期遗存；第四期龙山文化特征明显，属典型的河南龙山文化中晚期遗存。（赵春青）

【青台遗址】 新石器时代晚期遗址。全国重点文物保护单位。位于河南省荥阳市广武镇青台村东的台地。面积12万平方米。1922年瑞典人T. J. 阿尔纳发现。1981—1987年郑州市博物馆进行较大规模的考古发掘，发掘面积2 700平方米。出土仰韶文化房基40余座、陶窑9座、灰坑200余个、成年人墓葬300余座、儿童瓮棺葬600余座，同时出土了一大批相当珍贵的文化遗物。遗址分为三期：一期陶器多为红陶和灰陶，彩陶数量甚少，彩绘图案简单，陶器器形有釜形鼎、罐、尖底瓶、盆、钵等；二期陶器的样式增多，出现了盆形鼎、绳纹夹砂陶缸；三期陶器中多罐形鼎，鼎足除鸭嘴状外，还有圆柱状，灰陶比例明显增多，占了主导地位。从文化面貌看，一期相当于或稍早于庙底沟类型早期，二期与秦王寨类型早期相近，三期则与秦王寨类型晚期相同。据碳十四测定，二期遗存的年代为距今5 330±120年，三期遗存为距今5 120±120年。（赵春青）

【洪山庙遗址】 新石器时代遗址。位于河南省汝州市骑岭乡洪山庙村东。面积约5.7万平方米。1989年发现。1989年、1993年河南省文物研究所进行两次发掘。发现仰韶文化房基1座、灰坑8个、墓葬1座，出土遗物以陶器为主。陶器多素面，以红陶为主，多为泥条盘筑，口部经慢轮修整。彩陶发现数量较多，一般多饰于大口缸的上腹部。纹饰有人物、动物和植物纹，人物一般只画出人体外形，动物纹有抽象的鸟、鱼、鹿、蜥蜴等，植物纹有勾叶纹、连续树枝纹，还有宽点纹、弧形三角、圆点、斜线、同心圆等几何纹饰以及太阳纹、梳形纹等。器形主要有鼎、釜、小口尖底瓶、盆、盘等。文化面貌与中山寨、阎村等遗址相似，流行二次多人合葬。1995年出版有《汝州洪山庙》。（赵春青）

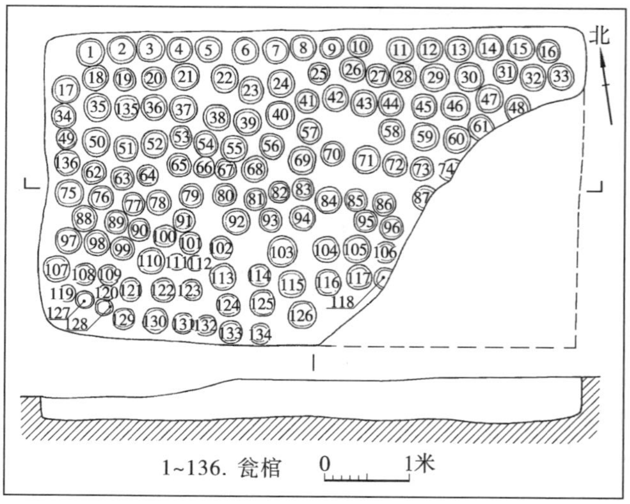

洪山庙遗址瓮棺葬M1平面、剖视图

【林山寨遗址】 新石器时代遗址。位于河南省郑州市中原路中段南侧林山寨村周围的岗坡上。面积约1万平方米。因为城区所压,文化层破坏严重。1956年河南省文化局文物工作队进行发掘,发掘面积1 400余平方米。清理出房基、陶窑、灰坑等遗迹,并出土一大批文化遗物。遗物以陶片为主,石器、骨器较少。完整或可复原的陶器有鼎、缸、碗、钵、盆、瓮、豆、环、纺轮等。部分泥质红陶钵、盆、缸的器表用黑、红、紫三色绘成各种图案,其中有一片为白衣彩陶,还出土少部分素面磨光蛋壳陶片。石器有铲、斧、纺轮等。年代属仰韶文化向龙山文化过渡时期。(赵春青)

【大张遗址】 新石器时代遗址。位于河南省汝州市骑岭乡大张村西南的黄土台地上。面积约14万平方米。以仰韶文化、龙山文化遗存为主。1959年河南省文化局文物工作队进行试掘,揭露面积320平方米。出土石器均系河卵石精磨而成,有石斧、石凿、石刀、石铲等。陶器以泥质红陶为主,夹砂陶次之,还散存着部分泥质黑陶及灰陶。仰韶文化晚期的陶器为红陶,但器内多为灰色,质地紧密,器形趋于灵巧。有些陶器有彩绘,但纹理简单。另有少量东周时期遗存。(赵春青)

【阎村遗址】 新石器时代聚落遗址。位于河南省汝州市纸坊乡阎村东。面积约2.5万平方米。1964年发现。1980年进行调查,发现有居址、墓葬等遗迹。遗物以石器和陶器为主。石器均采用质地坚硬的河卵石磨制,有石斧、石铲、石凿等。陶器多泥质红陶和夹砂红陶,均采用泥条盘筑法,后经慢轮修整打磨。器表大多采用红、褐、黑、白彩进行彩绘,有白衣红褐彩盒、红底黑色彩陶两种。纹饰有方格纹、圆点纹、弧形三角纹以及涡形纹等。器形有尖底瓶、敛口钵、直壁缸、尖底器、釜形鼎、罐形鼎等。陶缸、尖底器均为葬具,底部中间都凿有一个小孔。著名的鹳鱼石斧陶缸即出土于此。属仰韶文化中晚期。(赵春青)

【邱公城遗址】 新石器时代遗址。位于河南省鲁山县保安庄附近。1958年河南省文物工作队进行试掘。在仰韶文化层中发现房基1座和瓮棺葬22座。出土遗物中,石器有斧、刀、锛、铲、凿、箭头、纺轮等,陶器有鼎、釜、甑、豆、碗、壶、研磨器、纺轮等,骨器有凿、箭头、针、锥、簪等。瓮棺内有埋葬成人骨骼的现象,有迹象表明在新石器时代晚期的豫西一带存在着迁葬成人骨骼于瓮棺中的习俗。(赵春青)

【土门遗址】 新石器时代遗址。全国重点文物保护单位。位于河南省洛阳市伊川县白元乡土门村。面积近20万平方米。文化层厚2～5米,包含仰韶文化和河南龙山文化遗存。1985年洛阳市第二文物工作队等进行调查。发现有红烧土块铺垫的房基、瓮棺墓葬和袋形或锅形灰坑,出土遗物有陶器、石器、骨器等。陶器多为红陶,典型器物有缸、釜、釜形鼎、盆等。其中的泥质红陶缸因首先在伊川土门遗址发现,纹饰清新、图案奇特,被学术界命名为“伊川缸”。(赵春青)

【西水坡遗址】 新石器时代遗址。全国重点文物保护单位。位于河南省濮阳市区西南隅新民街南地。面积5万余平方米。1987年发现并发掘,1988年河南省文物考古研究所与濮阳市考古部门等联合再次发掘,揭露面积5 000余平方米。以仰韶文化遗存为主,另有少量龙山文化的灰坑。仰韶文化遗迹主要有房基、窖穴和墓葬。其中M45较为特殊,平面呈人头形,墓主葬在正中,另有三人分别葬于墓坑的东、西、北侧小龛内,似为陪葬。墓主的左右两侧还分别用贝壳摆塑虎和龙的图案,显示了墓主的权力和地位。该图案本身具有较高的艺术价值,为研究中国工艺美术史提供了宝贵资料。所出遗物中,陶器以泥质红陶为主,常见碗、钵、鼎、盆、瓶、缸和罐等,石器则常见斧、铲,另外还有少量陶、骨质的生产工具或装饰品。(赵春青)

【后庄王遗址】 新石器时代遗址。全国重点文物保护单位。位于河南省郑州市中原区沟赵乡后庄王村东北土岗上。面积约6万平方米。1958年、1976年河南省文物考古研究所和郑州市博物馆进行两次发掘,揭露面积约600平方米。发现有房基4座、灰坑39个、成人墓19座、瓮棺葬87座等,出土大量石器、陶器和骨器等遗物。遗存可分为三期,分别与大河村遗址的一、二、四期文化内涵相同或相近。在二、三期遗存中发现大量瓮棺葬,为河南中部地区仰韶文化所罕见,对研究仰韶文化的葬俗和葬式提供了实物资料。属仰韶文化中晚期。(赵春青)

【方靳寨遗址】 新石器时代遗址。位于河南省荥阳市方靳寨村紧邻索河的台地东部。面积约20万平方米。1958年河南省文化局文物工作队发现并进行试掘。1988年郑州市文物工作队进行发掘。揭露面积100平方米,发现仰韶文化时期方形或长方形木骨整塑房基3座、窖穴8个、瓮棺葬8座,并出土一批仰韶文化中晚期石器、陶器等遗物。方靳寨遗址的整体文化面貌与大河村类型近似。另有少量秦汉时期遗存。(赵春青)

【颍阳遗址】 新石器时代遗址。位于河南省登封市颍阳镇南300米的台地上。面积约15万平方米。以仰韶文化遗存为主,并含有仰韶文化向龙山文化过渡期的遗存。1984年发现。1991年郑州市文物考古研究所进行发掘。发现房基20余座、灰坑30余个、墓葬20余座。房基地坪由多层砂灰面构成,灰坑多为袋状坑。陶器以红陶为主,灰陶次之,还有白衣彩陶和红衣彩陶,器形有釜形鼎、豆、尖底瓶等。石器有石斧、石铲等。(赵春青)

【赵城遗址】 新石器时代遗址。位于河南省巩义市鲁庄镇赵城水库附近的台地上,西临干沟河,南至水库边。面积约1平方千米。文化层深厚,遗物内涵丰富。1959年河南省文物工作队进行试掘。清理出一个圆形窖穴,出土有石铲、陶纺轮、骨坠、蚌镰、蚌刀,以及陶鼎、盆、杯、小口尖底罐等。陶盆为泥质红陶,其制法为捏制和轮制两种,分红、黑、白三色,大部分在红底上绘黑、白、棕红三种颜色。纹饰图案有网纹和日、月、星辰天象图,以及带纹、弦纹、方格纹等。属仰韶文化晚期。(赵春青)

【荒坡遗址】 新石器时代遗址。位于河南省新安县西沃乡荒坡村南的台地上。面积约9 600平方米。1996年、1997年河南省文物考古研究所进行两次发掘,共揭露面积1 050平方米。整个遗址分为裴李岗文化、仰韶文化和东周时期三个文化层。其中,以仰韶文化最为丰富,发现了仰韶文化早期的环壕、房基、灰坑、墓葬和陶窑以及大批的陶器、石器等遗物。陶器包括陶鼎、罐、缸、大口尖底器、小口瓶、盆、钵、碗、器座等。年代约与半坡类型相当或稍早。2009年出版有《新安荒坡——黄河小浪底水库考古报告(三)》。(赵春青)

【尚岗杨遗址】 亦称"西尚岗遗址"。新石器时代遗址。全国重点文物保护单位。位于河南省郑州市南曹乡西尚岗杨村西的土岗上。面积约7.5万平方米。发现房基、窖穴、墓葬等遗迹。房基为"木骨整塑"结构,墙壁与地坪经大火烧烤呈砖红色,十分坚固。窖穴多为桶状与袋状,填灰土和烧土块或深灰色草木灰。墓葬全部为竖穴土坑墓。在遗址范围内,散存大量烧土块、陶片、残石器、兽骨等遗物。陶器以泥质红陶和夹砂褐陶为主,其次为泥质灰陶。器表多素面,部分罐、钵、盆、瓮的腹部饰弦纹、鸡冠纹;小口尖底瓶饰线纹;缸的外壁饰粗线纹,口部饰附加堆纹;部分盆、钵、碗、罐上腹部施白衣,并绘黑、褐或红彩圆点、弧线三角纹、花卉纹、同心圆纹、水波纹、网格纹、平行线纹等。属仰韶文化中期至晚期。(赵春青)

【西尚岗遗址】 即"尚岗杨遗址"。

【陈庄遗址】 新石器时代和商代遗址。位于河南省郑州市中原区陈庄村东南贾鲁河西岸的台地上。面积约25万平方米。1964年郑州市博物馆进行发掘。发掘面积250平方米,清理仰韶文化时期直壁竖井窖穴3个、瓮棺葬2座。陶器以夹砂红陶为主,夹砂灰陶、泥质红陶次之,多素面,彩陶极为少见。陈庄遗址文化面貌与郑州后庄王仰韶文化遗存基本相同。(赵春青)

【里沟遗址】 新石器时代遗址。位于河南省巩义市里沟村周围。面积约10万平方米。1993年、1994年郑州市文物工作队会同当地文物部门进行两次发掘。发掘面积408平方米,发现灰坑22个。遗址分为两期:一期文化面貌与大河村四期文化遗存面貌相当,以红陶为主,彩陶占一定比例;二期则与以大河村五期为代表的豫中地区龙山文化遗存年代相当,黑陶比例有所增加,基本不见彩陶。陶器器形有鼎、盆、钵、罐、碗、缸等。另有春秋战国时期遗存。(赵春青)

【白沟遗址】 新石器时代遗址。位于河南省济源市西南大峪乡白沟村黄河北岸的高台地上。面积2.4万平方米。1996年河南省文物考古研究所进行发掘,发掘面积525平方米。其中,发掘出仰韶文化庙底沟期、庙底沟二期文化和龙山文化的灰坑各若干个,出土一批新石器时代晚期的彩陶、石器和骨器等。另有少量二里头文化遗存及西周时期的墓葬。(赵春青)

【下王岗遗址】 新石器时代和商周时期遗址。位于河南省淅川县老城镇下王岗村北。面积约6 000平方米(一说4 000平方米)。1971—1974年长江流域规划办公室考古队河南分队进行发掘,揭露面积2 309平方米。新石器遗存包括仰韶文化、屈家岭文化("下王岗屈家岭文化一期")、青龙泉三期类型遗存("下王岗屈家岭文化二期")和龙山文化晚期遗存("下王岗龙山文化"),以仰韶文化遗存最为丰富。主要发现有多座新石器时代作坊房屋、大长屋和墓葬近600座，细分为下王岗仰韶文化一、二、三期，代表了豫西南地区从早期到晚期具有较强地方特点的一种仰韶文化。屈家岭文化遗存可分为两期：一期发现灰坑20个、墓葬6座，其中M704为四人合葬，M601有拔牙现象；二期仅发现灰坑15个，属屈家岭文化向龙山文化过渡时期。龙山文化遗存发现有灰坑、墓葬、陶窑及制陶作坊，出土有陶器、石器、骨器及卜骨等。另有少量商周时期遗存。1989年出版有《淅川下王岗》。（李永强）

【太涧遗址】 新石器时代遗址。位于河南省新安县石井乡太涧村北。面积约7.5万平方米。以二里头文化遗存为主，另有少量仰韶文化、庙底沟二期文化遗存和战国墓葬。1995—1996年洛阳市文物工作队进行发掘，揭露面积480平方米。清理出各时代灰坑31个、战国墓葬2座，出土了一批仰韶文化、庙底沟二期文化和二里头文化的遗物。（赵春青）

【眷兹遗址】 新石器时代遗址。位于河南省新安县仓头乡横山村眷兹庄及其周围。面积约2万平方米。1995年河南省文物考古研究所进行发掘，揭露面积650平方米。仰韶文化遗迹包括房基1座、灰坑24个、灰沟3条、墓葬1座。出土遗物有陶器、石器和骨器、蚌器，皆为仰韶文化庙底沟期常见之物。另有少量周代遗存。（赵春青）

【枣园遗址】 新石器时代遗址。位于山西省翼城县隆化镇枣园村。面积约2万平方米。1991年、1999年山西省考古研究所进行发掘。出土陶器以泥质红陶为主，夹砂褐陶次之，器形有泥质双耳折唇壶、圜底钵、平底钵、假圈足钵、折腹平底钵、盆、三足盂、器座及夹砂鼓腹罐、直腹罐、釜等。是山西省迄今发现最早的新石器时代典型遗址。2004年出版有《翼城枣园》。（高江涛）

【马家小村遗址】 新石器时代遗址。位于山西省大同市南郊区水泊寺乡马家小村东北500米处。面积约5万平方米。遗址保存状况较差。1991年山西省考古研究所与大同市博物馆联合进行发掘，发掘面积约70平方米。共清理房屋基址4座，发现有尖底瓶、钵、盆、夹砂罐、敛口罐、瓮、石斧、石磨盘、磨棒和陶刀等遗物。陶器中线纹较为普遍，弦纹甚少，有一定数量的彩绘和素面磨光陶。马家小村遗址被推断为庙底沟文化，属于仰韶文化的边缘文化。（高江涛）

【西阴村遗址】 新石器时代遗址。全国重点文物保护单位。位于山西省夏县西阴村东北高地上。面积约30万平方米。1926年李济主持发掘，1994年陕西省考古研究所多次发掘。发现有壕沟、房址、陶窑、灰坑等遗迹。出土陶器有双唇小口尖底瓶、葫芦口平底瓶、彩陶盆、盆、彩陶钵、曲腹彩陶钵、彩陶罐、甑、带流钵、釜形鼎、釜、灶等，石器有刀、铲、镞、球及研磨颜料的盘、棒等；骨器有锥、镞等。属仰韶文化西阴村类型。（高江涛）

【东庄遗址】 新石器时代遗址。全国重点文物保护单位。位于山西省芮城县东庄村。面积约12万平方米。1958年中国科学院考古研究所山西工作队进行发掘。发现有房址、灰坑、窑址、墓葬等遗迹。出土陶器有细泥红陶、泥质红陶、泥质灰陶、夹砂红陶、夹砂灰陶，器形有钵、碗、盆、瓮、盂、罐、鼎、尖底瓶、鬲、甗、簋、豆等。生产工具有石质斧、锛、刀、镞、弹丸、纺轮、砍砸器、敲砸器，骨镞、骨锥等。该遗址除有丰富的庙底沟文化遗存外，还发现一些早于庙底沟文化的遗存，被命名为仰韶文化“东庄类型”。（高江涛）

【西王村遗址】 新石器时代遗址。全国重点文物保护单位。位于山西省芮城县风陵渡镇西王村黄河北岸台地上。面积约10万平方米。1960年春发现，同年5月中国科学院考古研究所山西工作队进行发掘。发现灰坑、瓮棺葬等遗迹。出土遗物有陶器、石器、骨器等。陶器以泥质红陶为主，器形有盆、钵、碗、釜、罐、小口瓶、器座、豆、瓮等；石器有石锤、刀、锛、凿、镞、铲、磨盘等；骨器有笄、镞、锥、凿等。遗存分早、晚两期。早期遗存属仰韶文化庙底沟类型，晚期遗存属仰韶文化西王村类型。（高江涛）

【北橄遗址】 新石器时代遗址。位于山西省翼城县隆化镇北橄村南。面积约40万平方米。1990年、1991年山西省考古研究所进行发掘。发现遗迹有房址、灶址、墓葬、灰坑、灰沟等。出土遗物有陶器、石器、骨器等。陶器以泥质陶为主，器形有钵、盆、尖底瓶、壶、缸、罐、盘、器座、灶、刀、环、球、圆陶片、网坠等；石器有铲、锛、凿、打制石器、磨石、磨棒、刀、石拍、石坠；骨器有锥、镞、匕、笄、针、凿等。属仰韶文化庙底沟类型。（高江涛）

【义井村遗址】 新石器时代遗址。位于山西省太原市晋源区义井村西南。总面积约150万平方米。1956年、1957年山西省文物管理委员会进行发掘。清理灰坑、白灰面、陶窑、瓮棺葬等遗迹。出土遗物有陶器、石器、骨角器等。陶器以泥质灰陶为主，器形有罐、钵、碗、盆、甑、纺轮、刀、镰、环、球和圆盘形器等；石器有斧、刀、杵、锤、纺轮、敲砸器、研磨器、环、球和砺石等；骨角器有镞、锥、针、簪等。义井村遗址属仰韶文化晚期典型遗址，也是晋中地区仰韶文化“义井类型”的命名地。（高江涛）

【阳白遗址】 新石器时代遗址。位于山西省五台县阳白乡阳白村西。面积约8万平方米。1987年山西大学等单位联合进行发掘。共清理房址12座、墓葬3座、灰坑26个，出土一批陶器、石器、骨器等。遗址早期遗存属于仰韶文化义井类型，晚期遗存属于龙山文化。阳白遗址的发掘为忻定盆地滹沱河流域考古学文化的编年和分期提供了丰富的实物资料。（高江涛）

【沙圪旦遗址】 新石器时代遗址。位于山西省偏关县窑头乡偏关河北岸山脚下的二级台地上。面积约6万平方米。1991年北京大学考古系等单位进行调查。陶器以夹砂陶为主，次为泥质陶，大多饰粗绳纹，器形有带鸡冠形鋬耳的夹砂罐、敞口罐、小口双耳壶、瓮等。文化内涵属仰韶文化义井类型。（高江涛）

【小神村遗址】 新石器时代遗址。位于山西省长治市大辛庄镇小神村西北角。面积约18万平方米。1986年长治市博物馆发现。1986年、1988年、1989年山西省考古研究所进行三次发掘。发现陶窑、灰坑、墓葬等遗迹。出土陶器以泥质陶为主，其中仰韶文化晚期以黄褐陶居多，也见少量彩陶，常见器形有尖底瓶、钵、罐、瓮等；龙山文化时期以灰陶居多，常见器形有鬲、甗、斝、盆、罐、瓮、壶、碗等。小神村遗址的发掘，填补了晋东南地区周以前考古学文化的空白。（高江涛）

【段家庄遗址】 新石器时代遗址。位于山西省汾阳市三泉镇段家庄村东。总面积约2万平方米。1982年晋中考古队调查并发掘。发现遗迹有房址、灰坑。出土遗物有叠唇直腹的罐、缸、鼓腹罐、重唇小口尖底瓶、葫芦形口瓶、卷沿彩陶盆、叠唇盆、钵、碗、器盖、陶刀、纺轮、石铲等。文化内涵属仰韶文化西阴村类型。（高江涛）

【任家堡遗址】 新石器时代遗址。位于山西省汾阳市三泉镇任家堡村北。1982年晋中考古队进行试掘。发现灰坑4个。出土遗物有夹砂陶罐、泥质彩陶片，器形有敛口罐、鼓腹罐、小口侈领罐、折沿盆、折腹钵、碗、陶环等。文化内涵属仰韶文化义井类型。（高江涛）

【荆村遗址】 新石器时代遗址。位于山西省万荣县万泉乡荆村西北500米处。面积约9万平方米。1931年进行试掘。发现有灰坑、陶窑等遗迹，出土陶器以泥质和夹砂红陶为主，见有泥质灰陶，器形有小口尖底瓶、敛口钵、盆和圈足碗等，另有石斧、铲及骨针、锥等。文化内涵属仰韶文化庙底沟类型。（高江涛）

【耿壁遗址】 新石器时代遗址。位于山西省洪洞县赵城镇耿壁村东南。总面积约5万平方米。1984年山西省考古研究所、洪洞县博物馆调查发现，1991年进行复查并试掘。陶器以泥质红陶为主，器形有钵、尖底瓶、罐、盆、釜等，纹饰主要有线纹、篮纹和附加堆纹等。文化内涵属仰韶文化庙底沟类型。（高江涛）

【固镇遗址】 新石器时代遗址。位于山西省河津县樊村镇固镇村。面积约10万平方米。1989年山西省考古研究所进行发掘。发现遗迹有灰坑9个。出土遗物有尖底瓶、曲腹盆、钵、夹砂罐、鼎、斝、壶等陶器，此外还有不少石器、骨器等。文化遗存分为三期：第一期属仰韶文化庙底沟类型，第二期属西王村类型，第三期属庙底沟二期文化早期阶段。（高江涛）

【丰村遗址】 新石器时代遗址。位于山西省垣曲县城华峰乡丰村西南。面积约30万平方米。1982年中国社会科学院考古研究所山西工作队调查并发掘。文化内涵较为丰富，包含仰韶文化、庙底沟二期文化、龙山文化等时期遗存。发现遗迹有灰坑、房址、瓮棺葬等。出土遗物有陶器、石器、骨器等。陶器有甑、罐、瓮、盆、瓶、钵、豆、釜灶、鼎、斝、甑、夹砂缸、壶、碗、鬲、器盖、环、纺轮、爵流等，石器有铲、刀、斧、锛、矛、纺轮、镞、球、环等，骨器有笄、锥、镞、卜骨等。另有二里头文化东下冯类型遗存。（高江涛）

【东关遗址】 新石器时代遗址。位于山西省垣曲县古城镇东关外沇河西岸台地上。面积30万平方米以上。1983年、1984年、1986年中国历史博物馆考古部、山西省考古研究所等多次进行发掘，包含仰韶文化、庙底沟二期文化、龙山文化等时期遗存。发现遗迹有灰坑、陶窑、房址、墓葬等。出土遗物有陶器、石器、骨器等。陶器有鼎、斝、釜灶、罐、盆、钵、壶、器盖等，石器有斧、铲、耜、环、镞等，骨器有针、

锥、笄、镞等。另有东周、宋代遗存。2001年出版有《垣曲古城东关》。(高江涛)

【乔山底遗址】 新石器时代遗址。位于山西省侯马市区东南6千米处浍河南岸乔山底村西及村北。面积约6万平方米。1989年山西省考古研究所进行发掘。文化内涵较为丰富,包含仰韶文化庙底沟类型、西王村类型、庙底沟二期文化及二里头文化东下冯类型等各个阶段的遗存。发现遗迹有房址、灰坑、粮仓、陶窑、墓葬。出土遗物有陶器和石器。陶器有夹砂罐、泥质尖底瓶、钵、盆、碗、杯、豆、鼎、缸、瓮、釜灶、纺轮、环、陶祖、饼等,石器有斧、铲、刀等。(高江涛)

【杏花村遗址】 新石器时代遗址。位于山西省汾阳市杏花村镇东堡以东。面积约15万平方米。1982年晋中考古队进行发掘。文化内涵较为丰富,延续时间较长,包含仰韶文化西阴村类型、义井类型、龙山文化白燕类型。发现遗迹有灰坑、陶窑、房址等。出土遗物有陶器、石器、骨器等。陶器有直腹缸、双鋬耳弧腹叠唇罐、鼓腹弦纹罐、小口瓶、卷沿彩陶盆、彩陶钵、彩陶碗、泥质小口壶、器盖、甑、甗等,石器有斧、凿、锛、锤、刀等,骨器有匕、凿、锥、针等。另有夏商时期文化遗存。(高江涛)

【峪道河遗址】 新石器时代至夏商时期遗址。位于山西省汾阳市峪道河乡周围,在李家沟、田褚、崖头、峪口几个自然村都有分布。面积约680万平方米。1982年晋中考古队进行调查并清理。文化内涵较为丰富,包含仰韶文化西阴村类型、义井类型,龙山文化白燕类型以及夏商时期遗存。(高江涛)

【童子崖遗址】 新石器时代遗址。位于山西省娄烦县童子崖村村北丘上。面积约3.5万平方米。1982年晋中考古队进行调查并试掘。文化内涵丰富,延续时间长,包含仰韶文化半坡类型、西阴村类型、义井类型以及龙山文化等时期的文化遗存。发现遗迹有房址、灰坑。出土遗物有陶器和石器。陶器有瓮、钵、壶、罐、尖底瓶、盆、缸、釜、碗、豆等,石器有斧、锛、凿、刀及纺轮等。(高江涛)

【褚村遗址】 新石器时代遗址。位于山西省侯马市西北6千米的汾河左岸台地上。1991年山西省考古研究所进行试掘。其中第一期遗存的陶器以泥质红陶为主,次有灰陶及白陶。器形有钵、平底盆、折腹盆、罐、鼎等。褚村第一期遗存系仰韶文化早期的典型遗存,也是褚村遗址的重要发现,年代早于庙底沟文化早期,对研究庙底沟文化的来源具有重要意义。(高江涛)

【光村遗址】 新石器时代遗址。位于山西省新绛县泽掌镇光村。面积约50万平方米。20世纪50年代发现,1993年、1994年山西省考古研究所等进行详细的考古调查。文化内涵较为丰富,包含仰韶文化早期晚段至庙底沟二期的遗存。发现房址、灰坑、陶窑等遗迹。出土遗物以泥质陶和夹砂陶为主,器形有钵、盆、尖底瓶、夹砂罐、豆、碗、缸等。光村遗址的发掘,完善了晋南地区半坡文化晚期至庙底沟二期文化的序列,对研究庙底沟文化的来源具有重要意义。(高江涛)

【下马村遗址】 新石器时代遗址。位于山西省垣曲县蒲掌乡下马村附近。面积约7万平方米。1958年文物普查时发现。地面遗物丰富,出土有细泥红陶尖底瓶残片、红陶罐、盆片,夹砂粗红陶片等。1957年曾出土完整陶器8件,器形有敛口平底罐、曲腹平底盆、小口弧腹平底瓶等。除2件素面外,其余均饰黑色彩绘花纹。文化内涵属仰韶文化庙底沟类型。(高江涛)

【小赵遗址】 新石器时代遗址。位于山西省垣曲县古城镇小赵村西。面积约15万平方米。1993年和1996年中国社会科学院考古研究所山西工作队进行两次发掘。发现有仰韶文化庙底沟类型墓葬、灰坑、陶窑等遗迹。出土陶器以泥质红陶和夹砂褐陶为主,另有泥质褐陶、泥质灰陶、夹砂红陶等。器形以尖底瓶、平底瓶、盆、钵、缸、瓮和罐居多,另有鼎、灶、盂、盘、碗、杯以及器座等。小赵遗址的发掘为庙底沟文化的分期研究提供了重要材料。(高江涛)

【上亳遗址】 原名“上亳城遗址”。新石器时代遗址。位于山西省垣曲县王茅镇东南上亳村。面积约7.6万平方米。2002—2003年山西省考古研究所进行大规模发掘。出土大量陶器、骨器、石器、蚌器等。遗址内涵丰富,包含仰韶文化中期和晚期、庙底沟文化二期,以及龙山文化遗存,是研究垣曲盆地新石器时代文化序列及其文化面貌的重要遗址。另有少量东周时期遗存。(高江涛)

【吉家庄遗址】 新石器时代晚期至末期遗址。位于山西省大同县吉家庄乡吉家村。面积约100万平方米。1991年北京大学考古系等单位进行考古调查时发现。文化内涵较为丰富,包含仰韶文化晚期和龙山文化遗存。出土遗物主要为陶器。仰韶文化晚期陶器以泥质红陶居多,器形有双耳篮纹壶、夹砂绳纹罐,可归入义井类型;龙山文化陶器器形有带鋬鬲、高领罐、浅盘豆等。(高江涛)

【水头遗址】 新石器时代遗址。位于山西省大同县西坪镇水头村北。面积近100万平方米。1991年北京大学考古系等单位进行考古调查。文化内涵较为丰富,包含仰韶文化晚期和龙山文化遗存。出土陶器以夹砂灰陶和泥质灰陶为主,仅见极少的红陶;纹饰有绳纹、篮纹、网格纹,部分为素面。可辨器形有彩陶钵、篡形器、侈口罐、高领罐等,以罐居多。(高江涛)

【陈郭遗址】 新石器时代遗址。位于山西省襄汾县陈郭村汾河西河旁台地上。1987年山西省考古研究所和襄汾县博物馆进行抢救性发掘。发现灰坑6个、墓葬62座。出土陶器有筒形罐、鼓腹罐、尖底瓶、折腹盆、钵、宽沿盆等。遗址年代从仰韶文化庙底沟类型延续至西王村类型。集中的墓葬出土,对于研究仰韶文化中晚期的墓葬制度和社会性质有着重要意义。(高江涛)

【下潘汪遗址】 新石器时代至唐代遗址。位于河北省磁县漳河北岸的台地上。1959年河北省文物局文物工作队调查发现,并于同年进行发掘,发掘面积3 384平方米。揭出北福地二期文化、大司空文化、后冈二期文化、早商、晚商、西周、战国、汉代和唐代九个时段的遗存。第一时段的主要陶器为钵和碗,尤以口部一周呈砖红色的红顶钵数量最多,并有弦纹罐和陶灶,整体面貌接近西万年遗址、界段营遗址的同类遗存。西周的两个坑中见有无头马骨架。(朱延平)

【界段营遗址】 新石器时代至战国时期遗址。位于河北省磁县岳城镇界段营村漳河北岸的台地上。面积约1万平方米。1959年调查发现。1960年河北省文物管理处进行发掘,发掘面积1 226平方米。揭出北福地二期文化、大司空文化、早商、晚商、西周和战国六个时段的遗存。前两个时段陶器的面貌与东南4千米处下潘汪遗址的同时段遗存很相似,尤其是第一时段也出现颇多的红顶钵(口部一周呈砖红色的小平底钵)。(朱延平)

【石北口遗址】 新石器时代遗址。全国重点文物保护单位。位于河北省永年县临洺关镇洺河南侧的台地上。面积约20万平方米。1986—1987年进行发掘,发掘面积2 000平方米。所获遗存基本属于后冈一期文化。遗迹以坑穴为主,尚有半地穴房址和墓葬。墓葬多无随葬品,部分墓葬中的人骨以缸、瓮类陶片覆盖其上。遗物中有一带柄小石杯,并发现与轮旋制陶有关的陶轮盘之残片。遗址年代为距今6 300~6 100年。1998年出版有《河北省考古文集》。(朱延平)

【南杨庄遗址】 新石器时代遗址。位于河北省正定县滹沱河南侧的一岗阜之上。1977年和1980—1981年进行发掘。共获五个阶段的遗存,第一期大体相当于北福地二期文化,第二期和第三期分属后冈一期文化的早、晚两段,第四期为庙底沟文化,第五期与河北容城县午方遗存的面貌相近。2003年出版有《正定南杨庄》。(朱延平)

【朱家台遗址】 新石器时代遗址。位于湖北省丹江口市南2.5千米处的七里屯村。面积约8 000平方米。1958年文物普查时发现并试掘。1959年正式发掘,发掘面积1 678平方米。发现遗迹主要有房址、墓葬和灰坑,出土遗物以陶器、石器和骨角器为主。遗存可分为二期,早期属下王岗仰韶文化一期,晚期相当于屈家岭文化早期。因具有地方特色,有学者主张将其晚期遗存命名为"朱家台文化"。(黄卫东)

【洪山庙1号墓】 新石器时代墓葬。位于河南省汝州市洪山庙遗址中南部。为长方形竖穴土坑墓,墓口被扰,东南角被取土破坏。墓口东西长6.3米、南北宽3.5米,墓底东西长6.1米、南北宽3.3米,坑深0.3~0.65米。系多人合葬墓,墓坑内有秩序地放置136件瓮棺,棺均为大口直壁缸与半球状器盖相扣。瓮棺内都有人骨,均为二次葬,几乎没有随葬品。瓮棺缸的底部均有一个圆形穿孔。缸的腹部多饰彩绘,纹饰的题材有人物、男根、动物、植物、几何形、天象、器具等若干类。盖多素面,极少彩绘,有的盖顶也塑有熊、鸟等动物。是墓为研究当时的社会组织、宗教信仰等提供了非常宝贵的材料。(赵春青)

【小口尖底瓶】 新石器时代仰韶文化典型器物。系盛贮器。主要出土于新石器时代仰韶文化半坡、庙底沟、西王村类型的遗址。多见泥质陶制,小口,长腹,尖底,但各文化遗址中出土的器形略有差异。半坡早期的颈短、腹鼓,口部剖面呈方形、圆形、半月形、花苞状、葫芦状等不同形式,腹两侧有耳,饰向左斜的细绳纹，个别素面；晚期的颈长、肩阔，器身呈倒垂的长腰三角形或凹腰尖底状，附双耳，饰竖细绳纹和篮纹等。庙底沟早期则瓶口重唇，颈较粗，多无双耳；晚期重唇不明显，颈部趋细，亦无双耳，多半是先在腹部拍印篮纹，然后通体再压印线纹。龙山文化早期尖底瓶还保留着仰韶文化的某些因素，中晚期则渐趋消失。甘肃吕家坪出土的马家窑类型黑彩四方连续旋纹尖底瓶则属罕见。（王小庆）

【人面鱼纹盆】 新石器时代仰韶文化半坡类型代表性陶器。多用黑彩在盆的内壁绘有人面纹和鱼纹，呈对称排列。人面纹的眼、鼻、嘴皆备，头部有三角形饰物，耳旁或嘴边衔有小鱼，构成一幅形态奇妙的人鱼合体图像。通常被用来作瓮棺葬的葬具使用（见彩版5“人面鱼纹盆”）。（王小庆）

【白衣彩陶】 新石器时代仰韶文化彩陶器类型。在制造陶坯过程中，于陶坯表面涂上一层白色陶衣，再用几种矿物质作为着色剂绘出各种图案、花纹或动物纹样等，然后入窑烧制，即成为有彩绘纹饰又不易脱落的彩陶，在考古学上也称为白衣彩陶。主要出现于仰韶文化庙底沟类型、大河村类型中，另外在山东大汶口文化中亦有发现。彩有单色和复色之分，代表器物有白衣彩陶钵、白衣彩陶罐等。（赵春青）

【彩陶花瓣纹盆】 新石器时代仰韶文化庙底沟类型的典型器物。1956年河南省陕县庙底沟遗址出土。高12厘米，口径20.3厘米。泥质红陶。器表磨光，钵体盆形，敛口，沿外折，鼓腹，腹下缩成高足，平底。绘黑彩，纹饰以圆点和弧边三角相连缀，形成花瓣式彩绘的二方连续纹带，纹理优美，线条简洁流畅，装饰效果强烈。（付永旭）

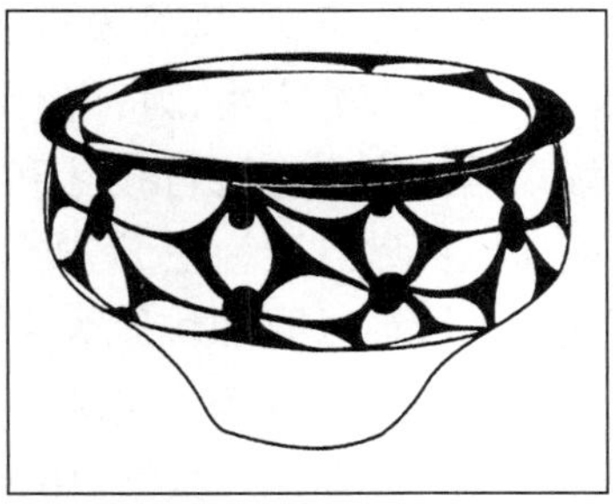

彩陶花瓣纹盆

【鹳鱼石斧图陶缸】 新石器时代仰韶文化阎村类型的代表性器物，体现了中国史前彩陶画艺术创作的最高成就。1978年河南省汝州市阎村墓地出土。器高47厘米，口径32.7厘米，底径19.5厘米。陶质彩绘，器形为敞口、圆唇、深腹，器沿下有四个对称的鼻钮，腹部绘有“鹳鱼石斧图”，用白和紫褐等多种色彩绘出。画面左边是一只侧立的白鹳，长喙下衔着一条鱼；右边是一柄竖立的石斧，斧柄上绘有黑叉符号。有学者认为，该图案是墓主生前事迹的写实，墓主当为部落首领之类的人物（见彩版5“鹳鱼石斧图陶缸”）。（赵春青）

【庙底沟类型釜灶】 仰韶文化庙底沟类型的典型器物。1956年河南省陕县庙底沟遗址出土。釜、灶是庙底沟类型流行的一种组合式生活用具。釜，小口，平肩或斜肩，圆底；灶，器身呈匜形，前有火门，下有三个矮足，另外在器内壁近口沿处有三个小凸瘤。陶釜可置于上面。（付永旭）

【青台丝织品】 黄河流域发现的最早丝织品实物。出土于河南省荥阳市青台遗址，属仰韶文化时期遗物。如W164瓮棺葬内，在幼儿的头骨和肢骨上发现粘附有灰白色炭化丝织物。W486内，在婴儿的腿骨和脚骨上粘附有部分褐灰色炭化纺织物碎片及块状织物结块。骨架两侧还有少量灰白色粟粒状炭化物。经鉴定，这些残迹具有纤维的光泽，单纤维排列平行、无捻度等特征，为新石器时代的蚕桑织物。通过显微切片试验，认为是用蚕茧进行多粒剿制加工的长丝。经鉴定，青台遗址出土的丝织品残片除平纹组织的纨（纱）外，还有绞经组织的浅绛色罗和麻布织品。（赵春青）

【庙底沟类型大型房址】 指庙底沟遗址中发现的若干面积超过100平方米的房址。如河南省灵宝西坡的F102、F104、F105、F106，陕西省彬县水北遗址F1，白水下河遗址F1、F2、F3等。这些大型房址通常出现在面积巨大的遗址中。房屋面积一般很大，多为半地穴式，平面略呈五边形，多有内外两道墙，结构复杂，工艺先进。房址均有狭窄的门道、与门道连通的操作间、火口和火塘。火塘为圆形或圆角方形，既大且深，周壁被烧成青灰色，系经过长期烧烤所致。都有狭长的门道，有的还有门棚。制造程序或有不同，但都讲究，居住面用料礓石、草拌泥等多层铺垫而成，面上涂抹用料礓石做成的白灰面。居住面做工考究。室内少见遗物或其他生活设施。考古人员推测庙底沟类型的大型房址有可能是举行部落公共活动的场所。（付永旭）

【蚌塑图形遗迹】 仰韶文化后冈类型遗迹。河南省濮阳市西水坡遗址墓地出土。共发现三组。第一组（B1）蚌图摆塑在45号墓墓主的左右两侧，左为龙形，头朝北，背向西，身长1.78米，昂首拱背；右为虎形，头朝北，背朝东，身长1.39米，作行走状；墓主脚端北侧还用两根胫骨和蚌壳摆塑略呈三角形的北斗星图案。第二组(B2)位于B1正南20米处,蚌图图形有龙、虎、鹿和蜘蛛,龙背向北,头向南;虎背向东,头朝北;龙虎联为一体,有鹿形卧于虎背;龙前又有蜘蛛形,在蜘蛛和鹿之间放有石斧。第三组(B3)位于B2正南25米处,蚌图图形有虎和人骑龙等,龙虎以西有展翅的飞禽,在龙与飞禽之间还用蚌壳摆成一个圆圈。迄今对这三组蚌图的解读,有灵魂崇拜、天文图、巫师役兽、升天诸说(见彩版2“仰韶文化濮阳西水坡蚌塑图形遗迹”)。(赵春青)

黄河下游和黄淮之间

【大汶口文化】 黄河下游地区新石器时代考古学文化。因首先发现于山东省泰安市大汶口遗址而得名。主要分布于以泰(山)沂(山)山系为中心的广大地区,东达黄海之滨,西至鲁西平原东部和河南东部的部分地区,北邻渤海,南及苏、皖北部。以鲁中南地区为其中心分布区,鲁东南、胶东半岛、鲁西平原及苏北为其次中心地区,皖北、豫东则在一定时期为大汶口文化所包容。除大汶口遗址外,重要遗址尚有山东省曲阜市西夏侯、邹城市野店、兖州市王因、枣庄市建新、胶州市三里河、诸城市呈子、茌平县尚庄、长岛县北庄、莒县陵阳河和大朱家村、日照市东海峪与江苏省邳州市大墩子和刘林、新沂市花厅以及安徽省蒙城县尉迟寺等。大汶口文化的陶器特征明显,主要有鼎、豆、觚形杯、长颈壶、高柄杯和鬶等。石器、玉器、骨角牙器和进行镶嵌的手工业很兴盛,出土的玉钺、花瓣纹象牙筒、透雕象牙梳等,制作精致,工艺水平甚高。大汶口文化分为三期,早期墓葬无葬具,中晚期出现木椁。1959年在大汶口墓地发掘的133座墓葬中,时代相当于大汶口文化的中晚期。这里的大、中、小墓差别极大。大墓不但规模大,且常有木椁葬具,随葬品丰富精美,如有白陶鬶、黑陶杯和彩陶盆,还有玉器、石器、象牙器、骨器等。小墓墓坑窄小,有的仅随葬一件陶器。大小墓的鲜明对比,表明当时已出现贫富分化。一些遗址中还发现刻在陶尊上的陶文(见彩版6“陶大口尊”)。大汶口文化渊源于北辛文化,后续为龙山文化,分为早、中、晚三期。其年代早期为距今6 100～5 600年,中期为距今5 600～5 100年,晚期为距今5 100～4 600年,延续了近1 500年。(梁中合)

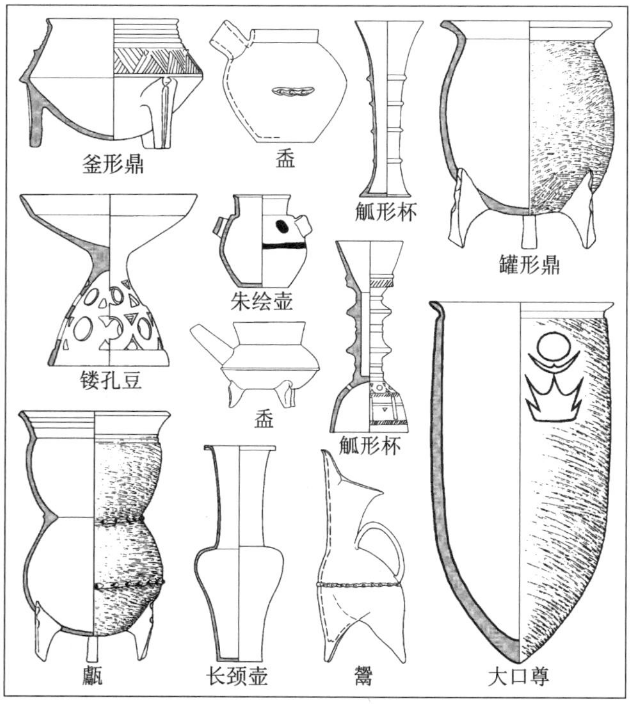

大汶口文化陶器

【王因类型】 黄河下游地区大汶口文化早期的一种地方类型。主要分布于汶河和泗河的中上游地区,北至泰山,南抵微山湖,东达蒙山,西临古运河。该类型延续时间较长,从大汶口文化的早期一直延续到晚期,是大汶口文化中唯一没有间断的一个主体类型。主要遗址除王因遗址外,还有泰安市大汶口、邹城市野店、泗水县尹家城、滕州市岗上等遗址。主要遗迹有墓葬、房址、灰坑和陶窑等,其中以墓葬的资料最为丰富,迄今发现各类墓葬近千座。以单人仰身直肢葬为主,另有合葬墓和二次葬,合葬墓一般以同性为主。流行拔牙和枕骨人工变形的习俗。陶器以夹砂红陶为主,泥质红陶次之,另有少量夹砂灰陶。纹饰以附加堆纹为主,另有刻划纹、按压纹、锥刺纹和乳钉纹等。出现了一定数量的彩陶,主要用红、白、黑等几种颜色勾画出弧边三角纹、回形纹、勾连纹和圆点纹等纹饰。典型器物有鼎、罐、觚形杯、鬶、壶、豆、盆等。(梁中合)

【刘林类型】 黄河下游地区大汶口文化早期的一种地方类型。分布于沂河和沭河的下游地区,北抵蒙山南麓,南至淮河,东临大海,西接京沪铁路。主要存在于大汶口文化早期阶段,中期后被花厅类型取代。主要遗址有江苏省邳州市刘林墓地和大墩子遗址。主要遗迹有墓葬、灰坑和灰沟。以墓葬资料最为丰富,共清理墓葬249座,以单人仰身直肢葬为主,另有少量屈肢葬。流行手握獐牙的习俗。陶器以夹砂红陶为主,泥质黑陶和红陶次之,另有少量的夹砂灰陶和泥质灰陶。纹饰有弦纹、刻划纹、点状按压纹、附加堆纹、篮纹等。出现了一定数量的彩绘，主要在红衣、白衣上用红、白、黑等几种颜色绘出弧边三角纹、漩涡纹、圆点纹、八角星纹及直线、曲线等组成的图案。典型器物有鼎、豆、钵、盆、罐、杯、三足高柄杯、缸等。（梁中合）

【大汶口类型】 黄河下游地区大汶口文化中期的一种地方类型。在王因类型的基础上发展而来。分布区域和范围大体与王因类型相吻合，并一直延续到大汶口文化晚期。主要遗址除大汶口遗址外，还有山东省邹城市野店、曲阜市西夏侯和南兴埠、兖州市六里井、滕州市西公桥、枣庄市建新等遗址。主要遗迹有房址、墓葬、陶窑、灰坑等。房址一般以圆形半地穴式为主，另有方形地面式建筑。墓葬基本为长方形土坑竖穴墓，仰身直肢葬，头向东。流行拔牙和枕骨人工变形的习俗。在一些墓里出现了使用葬具的现象。陶器以灰陶为主，红陶次之，另有少量的灰黑陶和黑陶。纹饰有镂孔、弦纹、附加堆纹、刻划纹、乳钉纹和彩绘等。彩绘以红彩为主，勾画出圆点纹和带状纹等。典型器物有鼎、罐、觚形杯、高柄杯、鬶、壶、豆、盆等。（梁中合）

【北庄类型】 黄河下游地区大汶口文化中期的一种地方类型。分布于胶东半岛及部分岛屿。主要遗址除山东省长岛县北庄遗址外，还有蓬莱市紫荆山、乳山市小管村等遗址。主要遗迹有房址、墓葬和灰坑等。房址共发现16座，皆为圆角方形和长方形半地穴式。墓葬皆为长方形土坑竖穴墓，除单人仰身直肢葬外，还有侧身、俯身和屈肢葬，存在拔除臼齿的习俗。陶器以夹砂红褐陶和红陶为主，夹砂灰陶和黑陶次之，另有少量泥质陶。纹饰主要有附加堆纹、弦纹、篮纹、刻划纹、镂孔等，彩陶较少。典型器物有鼎、鬶、罐、觚形杯、筒形杯、豆等。（梁中合）

【花厅类型】 黄河下游地区大汶口文化中期的一种地方类型。在刘林类型的基础上发展而来。分布范围基本与刘林类型重合。主要遗址除花厅遗址外，还有江苏省徐州市高皇庙、泗洪县赵庄及沭阳县万北等遗址。主要遗迹以墓葬为主，共清理墓葬200多座，以单人仰身直肢葬为主，另有少量男女合葬墓。墓主有手握獐牙和猪牙的现象，同时随葬有獐牙勾形器、整猪等。流行拔牙和枕骨人工变形的习俗。在花厅墓地发现了殉人特殊现象。随葬品中除陶器、石器和骨器外，还出现大量精美的玉器，成为花厅类型的又一特点。出土的玉器主要有琮、璧、瑗、璜、管、镯、佩饰、冠饰等。陶器以灰褐陶和黑褐陶为主。纹饰主要流行弦纹、篮纹、乳钉纹、刻划纹、镂孔等。典型器物有盆形鼎、瓦足鼎、罐形鼎、鬶、壶、豆、盆、盉、碗、器盖和大口尊等。（梁中合）

【尚庄类型】 黄河下游地区大汶口文化晚期的一种地方类型。分布于鲁西北黄河冲积平原上，主要位于黄河北岸。除尚庄遗址外，迄今已发掘的遗址较少。遗迹以墓葬为主，迄今发现17座，皆为长方形土坑竖穴墓，流行单人仰身直肢葬，少量墓为二次葬与合葬，出现原始木椁。随葬品不丰富，一般不超过10件。流行拔牙和手握獐牙的习俗。陶器以泥质陶为主，另有夹砂和夹细砂陶。陶色以灰陶为主，另有青灰、红、红褐陶等。纹饰以素面居多，另有附加堆纹、篮纹、弦纹、锥刺纹、镂孔和彩陶等。彩陶以红、黑、白、赭等几种颜色绘出带状、眼球状、网状等几何图案，主要施于壶、钵一类器物上。典型器物有鼎、鬶、盉、罐、壶、杯、大口尊、缸、背壶、碗等。尚庄类型独立发展成为龙山文化教场铺类型。（梁中合）

【陵阳河类型】 黄河下游地区大汶口文化晚期的一种地方类型。主要分布于沂、沭河中上游地区，东临大海，西依蒙山，南北分别与花厅类型和三里河类型相邻。重要遗址有山东省莒县陵阳河、杭头、大朱家村、小朱家村及日照市东海峪等遗址。遗迹以墓葬为主，皆为土坑竖穴墓，其中一些大型墓葬出现木质葬具，流行单人仰身直肢葬，各墓葬间随葬品数量的多寡和质量的高低有很大区别，体现了贫富分化的日益明显和严重，成为陵阳河类型的一个显著特征。陵阳河类型的另一突出特征，是发现一批刻划在随葬品大口尊上的图像文字，迄今发现了10余个单字，主要以“日、火、山”为主题。陶器以夹砂灰陶和黑陶为主，泥质黑陶和灰陶次之，另有少量夹砂红陶和红褐陶。纹饰以篮纹为主，另有弦纹、附加堆纹、按压纹、镂孔等。典型器物有鼎、鬶、高领罐、大口尊、缸、筒形杯、带流盉、高柄杯等。（梁中合）

【三里河类型】 黄河下游地区大汶口文化晚期的一种地方类型。主要分布于潍河、胶河流域，东临大海，西依沂山，南与陵阳河类型相邻，北抵胶莱河一带。主要遗址除三里河外，还有山东省诸城市前寨、安丘市景芝镇等遗址。主要遗迹有房址、墓葬、窑穴和灰坑等。房址主要有方形和圆形两种，方形一般为地面式建筑，圆形的一般为半地穴式。墓葬基本为长方形或梯形土坑竖穴墓，部分有二层台，已经使用葬具，流行单人仰身直肢葬，头向西偏北，有拔牙和枕骨人工变形的习俗，墓主有手握獐牙和条形蚌器的现象，手握蚌器的现象罕见。随葬品以陶器为主，用猪下颌骨随葬现象较为普遍。陶器主要为夹砂、泥质和细泥陶，陶色分褐、灰、黑、红等，以素面磨光为主，常见纹饰有篮纹、弦纹、附加堆纹、按压纹和镂孔等。典型器物有罐形鼎、鬶、浅盘豆、罐、缸、尊、瓮、单耳壶、瓶、折腹钵、高柄杯和碗等。（梁中合）

【尉迟寺类型】 黄河下游地区大汶口文化晚期的一种地方类型。主要分布于鲁西南、皖北及豫东的部分地区。主要遗址除蒙城尉迟寺外，还有安徽省亳州市付庄、萧县花家寺、宿州市古台寺和小山口以及河南省鹿邑县栾台等遗址。主要遗迹有房址、墓葬、灰坑、祭祀坑和大型环壕等。房址一般为浅穴式排房建筑。成人墓葬一般为长方形土坑竖穴墓，均为单人葬，以仰身直肢葬为主，也有屈肢葬和侧身葬，儿童流行瓮棺葬。陶器以红褐陶为主，另有红陶、灰陶等，常见纹饰有篮纹、附加堆纹、弦纹、刻划纹、镂孔、按压纹、绳纹、方格纹等。典型器物有罐形鼎、鬶、甗、豆、罐、长颈壶、背壶、筒形罐、大口尊、器盖、高柄杯、筒形杯等。尉迟寺类型处于大汶口文化与中原文化交汇和碰撞的地带，因此文化面貌表现为多种复杂因素的混合体，在器物形态上与大汶口文化密不可分，而在建筑形式与技术以及埋葬习俗方面则又受到中原文化的强烈影响。（梁中合）

【青莲岗文化】 新石器时代考古学文化。因江苏省淮安市青莲岗遗址而得名。主要分布在鲁中南和苏北黄淮地区及淮河下游三角洲地区。居民以经营粟作农业为主，饲养猪、狗、鸡等家畜、家禽。渔猎是辅助经济部门。鹿角锄和石铲是主要农具，手工业工具有斧、锛、凿、纺轮、陶拍等。陶器粗糙，多为泥质和夹砂红陶，常见器形有钵、鼎、釜、罐。早期流行泥条附加堆纹，晚期出现带角状把手的陶器和纹饰简单的彩绘。发现了地面营建的房屋残迹，已有木柱泥墙的分体结构。墓葬中主要随葬陶器和石器，死者头部多用红陶钵覆盖。青莲岗文化曾受中原地区裴李岗文化和磁山文化影响，又对长江下游宁镇地区的北阴阳营文化影响较大，后发展成为大汶口文化。因具有北辛遗址的典型特征，有学者主张将这类遗存命名为“北辛文化”。据碳十四测定并经校正，文化年代为距今7 400～6 400年。（王吉怀）

【青莲岗类型】 分布在江淮东部地区的新石器时代文化类型。主要有江苏省阜宁县梨园以及淮安市青莲岗、颜家码头、西韩庄、茭陵集、淮阴（今淮安）山头等遗址。陶器以泥质红陶和夹砂红陶为主，灰黑陶少见，常见器形有壶、鼎、釜、罐、钵、豆及支架等。典型器物有宽沿釜、圆锥足鼎、泥质红陶钵、双鼻小口罐、双耳壶、高圆足豆等。晚期出现角状把手陶器。（王吉怀）

【大汶口遗址】 新石器时代遗址。全国重点文物保护单位。位于山东省泰安市和宁阳县交界处。面积约80万平方米。1959年济南市文物工作队进行了首次发掘，发掘面积5 400平方米。1974年、1978年山东省博物馆又进行两次发掘，发掘面积近2 000平方米。遗址包含北辛文化和大汶口文化堆积，其中以大汶口文化的墓葬资料最为重要。共清理墓葬179座，出土各类随葬品1 800余件，涵盖了大汶口文化早、中、晚各期。大汶口遗址的发现和发掘揭开了大汶口文化研究的序幕，为研究大汶口文化的文化内涵、埋葬习俗、社会性质等提供了极为难得的资料。1974年出版有《大汶口》。（梁中合）

【王因遗址】 新石器时代遗址。全国重点文物保护单位。位于山东省兖州市济宁高新区王因村南。

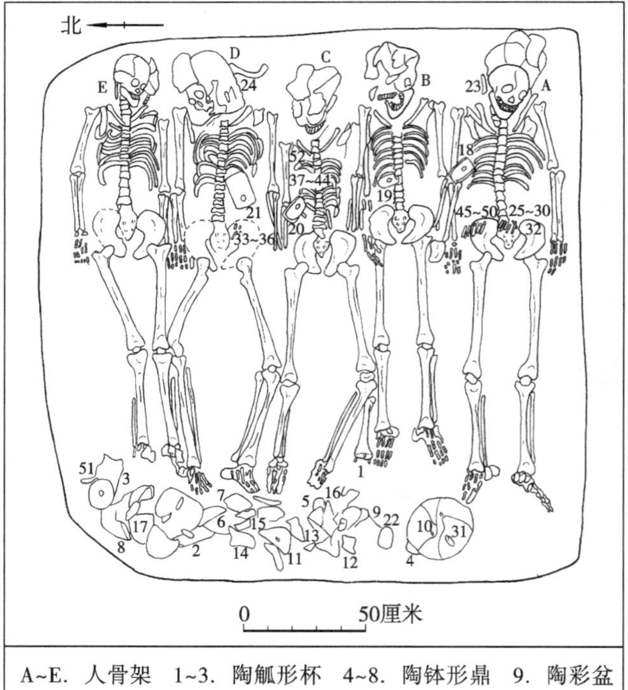

A~E. 人骨架　1~3. 陶觚形杯　4~8. 陶钵形鼎　9. 陶彩盆　10. 陶盆形鼎　11. 陶釜形鼎　12~15. 陶罐形鼎　16. 陶盆形鼎　17. 陶罐形鼎　18~21. 石斧　22. 陶小鼎　23、24. 骨束发器　25~30. 骨锥　31. 骨匕　32~50. 骨锥　51. 骨匕　52. 龟甲

王因遗址墓葬M2514平面图

是一处以大汶口文化早期墓葬为主的墓地，遗址面积约6万平方米。1975年中国科学院考古研究所进行试掘。1976—1978年又连续进行了六次大规模发掘，揭露面积1万余平方米。共清理墓葬899座、房址14座、灰坑423个，出土石器、骨器、玉器、陶器和动物遗骸等各类遗物2 264件。包含北辛文化与大汶口文化遗存。遗址的墓葬排列密集。其形制均为长方形土坑竖穴墓，墓主头朝东。儿童与成人的埋葬方式相同，流行单人仰身直肢葬。墓内大多有随葬品，一般在10件以内。王因遗址是黄河下游迄今发掘墓葬最多的一处新石器时代遗址，它的发掘丰富了大汶口文化早期阶段的墓葬资料。2000年出版有《山东王因——新石器时代遗址发掘报告》。（梁中合）

【大墩子遗址】 新石器时代遗址。全国重点文物保护单位。位于江苏省邳州市四户镇竹园村。面积约5万平方米。1961年、1963—1976年南京博物院进行发掘。遗址下层为青莲岗文化遗存，上层为大汶口文化遗存，以大汶口文化遗存为主。发现有建筑遗迹、灰坑和墓葬。墓葬分为早晚两期，有少量同性合葬墓和成年男女合葬墓，随葬品多为日用陶器、生产工具和装饰品。其中，彩陶器最具特色，陶器上的彩绘花纹绚丽，器形有鼎、罐、宽缘盆、背水壶等。墓中有随葬猪、狗和猪下颌骨的现象，部分死者生前实行枕骨或齿弓人工变形和拔除上侧门齿现象，多数死者手部放置獐牙或獐牙勾形器。遗址年代为距今6 445年。（王吉怀）

【刘林墓地】 新石器时代墓地。详“刘林遗址”（185页）

【野店遗址】 新石器时代遗址。全国重点文物保护单位。位于山东省邹城市峄山镇野店村南。面积约56万平方米。1965年发现。1971—1972年山东省博物馆进行两次发掘，累计发掘面积1 660平方米。发现大汶口文化墓葬100余座、灰坑17个、房址6座、陶窑2座。墓葬均为土坑竖穴式，以单身葬为主，夫妻合葬仅占十分之一。共清理各类器物1 017件。陶器有鼎、鬶、罐、尊、缸、觚形杯、豆、背壶等，其中镂孔高柄杯、小型碗、盆和器盖等采用快轮旋制而成，器壁薄而均匀。遗址年代为距今6 100～4 700年。野店遗址的发掘使人们对大汶口文化的墓葬形制和总体特征有了系统的认识。1985年出版有《邹县野店》。（梁中合）

【西夏侯遗址】 新石器时代遗址。全国重点文物保护单位。位于山东省曲阜市西夏侯村西。面积约12万平方米。1957年发现。1962—1963年中国科学院考古研究所进行两次发掘，发掘面积约400平方米。遗址共有四层堆积，以大汶口文化为主，另有龙山文化、商文化和汉代堆积。清理大汶口文化墓葬32座、灰坑10个、陶窑1座，出土陶器800余件。西夏侯遗址的考古发掘，从地层关系上明确了大汶口文化早于龙山文化，为确定大汶口文化源于北辛文化，发展成为山东龙山文化提供了科学依据。（梁中合）

【尚庄遗址】 新石器时代遗址。全国重点文物保护单位。位于山东省茌平县城西。面积7万余平方米。1975—1976年山东省博物馆进行两次发掘，发掘面积1 125平方米。有大汶口文化、龙山文化和商周时期堆积，发现大汶口文化晚期墓葬17座，龙山文化灰坑139个，出土遗物1 360余件。尚庄遗址中大汶口文化遗存的发现，对于探讨山东省大汶口文化的分布、分期以及与周边地区诸原始文化的相互关系具有重要价值。（梁中合）

【陵阳河遗址】 新石器时代遗址。位于山东省莒县陵阳河乡东。面积近3万平方米。1963年山东省博物馆进行试掘，1979年又进行两次发掘。共发现大汶口文化晚期墓葬45座，随葬品2 800余件。墓葬均为长方形土坑竖穴墓，大型墓葬使用木质葬具。流行单人仰身直肢葬，并用猪下颌骨随葬。大型墓葬的面积可达17平方米，随葬器物206件。而小墓一般仅能容身，随葬五六件陶器。在该墓地发现一批刻画在大口尊上的图像文字，迄今共发现13个单字。陶尊文字的发现，对于探讨文明的起源、文字的产生和发展均有重要意义。（梁中合）

【北庄遗址】 新石器时代遗址。全国重点文物保护单位。位于山东省长岛县大黑山乡大黑山岛北庄村。面积约3万平方米。1981—1985年北京大学考古系先后进行五次发掘。遗址共分五个时期的堆积，自下而上分别为北庄一期、北庄二期、龙山文化、岳石文化和东周遗存，其中以北庄一期遗存最为丰富。发现有房址、灰坑和墓葬，共清理房址90余座。房址系圆角方形或方形半地穴式，面积20～30平方米。出土遗物丰富，有陶器、石器等。北庄遗址的发掘，使人们对胶东半岛地区大汶口文化的面貌有了比较清楚的认识。（梁中合）

【韩村遗址】 新石器时代遗址。位于山东省平度市明村镇韩村。面积约200平方米。1992年中国社会科学院考古所山东队等进行发掘。文化层堆积厚2～3米,遗迹有红烧土层、灰坑、灰沟、蚌壳层等。出土各类遗物400余件,主要有陶器、石器、骨器、蚌器等。属大汶口文化早期遗存。韩村遗址的发掘,对研究大汶口文化的内涵具有重要的学术价值。(梁中合)

【岗上遗址】 新石器时代遗址。位于山东省滕州市东沙河镇岗上村和时村之间。面积约28万平方米。1952年发现。1961年山东省文物管理处、山东大学历史系等联合进行试掘。揭露面积40平方米,清理大汶口文化墓葬8座、东周灰坑1个,出土遗物百余件。墓葬为长方形土坑竖穴,葬式均为仰身直肢葬。有手握獐牙和用猪头随葬的习俗。随葬品一般为10余件,最多20件,主要为陶器和石器等。岗上遗址的试掘纠正了以往部分学者将其定为仰韶文化遗存的谬误,并为此后山东地区大汶口文化的命名提供了重要的科学资料。(梁中合)

【南兴埠遗址】 新石器时代遗址。位于山东省曲阜市南兴埠村。面积约6万平方米。文化层堆积厚约3米。1980年发现。1982年山东省考古研究所进行发掘,发掘面积217平方米。发现遗迹有大汶口文化房屋基址1处、墓葬4座。出土遗物56件,主要有陶器、石器等。为典型的大汶口文化遗址。(梁中合)

【西公桥遗址】 新石器时代至汉唐时期遗址。位于山东省滕州市官桥镇西公桥村西南。面积约5万平方米。1987年发现。1998年配合京福高速公路进行考古发掘,发掘面积1 000余平方米。清理大汶口文化及汉、唐时期的房址、灰坑和窖穴等各类遗迹200余处、墓葬48座。墓葬分布较为密集,排列整齐有序,多分区埋葬。出土陶器、石器、骨器、角器等各类文物1 000余件。(梁中合)

【建新遗址】 新石器时代遗址。全国重点文物保护单位。位于山东省枣庄市山亭区西集镇建新村北侧高台地上。面积约3万平方米。1992年发现。1992—1993年山东省文物考古研究所进行两次发掘,2006年山东省考古研究所与枣庄市博物馆再次进行考古发掘。发掘面积共计3 600余平方米,清理大汶口文化晚期房址约30座、灰坑261个、陶窑1座、水井1口、墓葬105座,出土陶器、石器、骨器、角器、蚌器等各类遗物1 000余件。另有少量龙山文化的灰坑及石器、骨器。1996年出版有《枣庄建新》。(梁中合)

【大朱家村遗址】 新石器时代遗址。全国重点文物保护单位。位于山东省莒县店子乡大朱家村西。面积约10万平方米。1964年发现。1979年山东省博物馆与莒县文物管理所进行发掘。揭露面积2 000平方米,清理墓葬45座,出土有陶器、石器、骨器和玉器等。其中,在大中型墓中出土有5件带陶文的大口尊。M2出土一件精美的彩绘陶盆。大朱家村遗址的发掘,丰富了大汶口文化陵阳河类型有关墓葬方面的资料。(梁中合)

【杭头遗址】 新石器时代遗址。全国重点文物保护单位。位于山东省莒县陵阳乡杭头村。面积约1.6万平方米。1983年发现。同年山东省文物考古研究所等试掘。1987年春再次发掘。清理大汶口文化墓葬4座,系土坑竖穴墓,均为单人葬,随葬品有石器、骨器、陶器和鳄鱼鳞板、猪下颌骨。发现龙山文化灰坑5个、柱洞10个,以及少量石刀、石铲、石镞、陶纺轮、陶盆、陶甗等遗物。另有春秋、战国时期以及汉代的灰坑、墓葬和遗物等。M8中出土的一件大口尊,在口沿外侧刻画图像文字。(梁中合)

【前寨遗址】 新石器时代遗址。位于山东省诸城市枳沟镇前寨村。面积约2万平方米。1973年发现。1980年北京大学历史系考古专业进行发掘。主要遗迹有房址、灰坑、灰沟、墓葬等。清理大汶口文化晚期墓葬近百座。墓葬分布有规律,均为长方形土坑竖穴,仰身直肢葬,头向东南。出土各类遗物近千件。前寨遗址的发掘,对研究大汶口文化发展序列与演变关系具有重要意义。(梁中合)

【呈子遗址】 新石器时代遗址。位于山东省诸城市皇华镇呈子村。面积约2万平方米。文化层堆积厚1～3米,可分为三层,由下而上依次为大汶口文化、龙山文化、龙山文化晚期和商周时期的遗存。1973年发现。1976年、1977年山东昌维地区文物管理组和诸城县博物馆进行两次发掘。1978年山东省博物馆进行第三次发掘。发现大汶口文化墓葬126座、房基7处、灰坑60个,出土陶器、石器、骨器、角器、牙器、蚌器等遗物1 000余件。在龙山文化层中发现了一铜器残块,这是继胶州市三里河遗址发现铜器之后的第二次发现。年代为距今约5 500年。(梁中合)

【五村遗址】 新石器时代遗址。全国重点文物保护单位。位于山东省广饶县城关镇五村。面积约7.5万平方米。1982年发现。1985—1986年山东省文物考古研究所与广饶县博物馆联合进行钻探和试掘,揭露面积700余平方米。清理大汶口文化灰坑500余个、灰沟45条、房基3座、墓葬75座,出土遗物100余件。另清理周至汉代灰坑近30个,水井1眼,墓葬30座。大汶口文化墓葬为长方形土坑竖穴,葬式为仰身直肢葬,大多数为单人葬,合葬墓仅5座,流行迁葬、拔牙和头骨人工变形的习俗。38座墓有随葬品,一般二三件,多者4件。出土的2件陶鼓,在鲁北地区为首次发现,对研究该地区大汶口文化的乐器及其渊源具有重要的意义。五村遗址与汶泗流域的大汶口文化遗存有较大区别,反映出鲜明的地方特点。(梁中合)

【傅家遗址】 新石器时代遗址。全国重点文物保护单位。位于山东省广饶县城南傅家村。面积约37万平方米。1985—1996年山东省文物考古研究所进行两次发掘,揭露面积707平方米。发现大汶口文化时期的墓葬508座、灰坑214个、水井4眼,出土石器、骨器、角器、陶器、玉器等各类文物400余件。大汶口文化墓葬中发现双人叠葬,为同类文化诸遗址中所仅见。M392中发现墓主颅骨生前曾实行过开颅手术,这是中国迄今所见最早的开颅手术成功的实例。傅家遗址与大汶口文化有着较大差异,具有鲁北地区的地方特色。(梁中合)

【蛤堆顶遗址】 新石器时代遗址。位于山东省烟台市牟平区大窑镇蛤堆后村。面积约3万平方米。1962年发现。1995年中国社会科学院考古研究所山东队等进行调查和试掘。为典型的贝丘遗址,堆积中含较多蛤壳、烧土、兽骨等,并发现小米的硅酸体。出土遗物有陶器、石器、骨器等。出土的生产、生活用具及大量蛤壳、鱼骨、兽骨等,反映了当时沿海居民农、渔、猎的经济状况。(梁中合)

【花厅遗址】 新石器时代遗址。全国重点文物保护单位。位于江苏省新沂市棋盘镇花厅村北的马陵山西麓。面积约30万平方米。1952—1989年先后进行四次发掘。清理墓葬80多座,其中有大墓10座。墓葬大多为长方形墓坑,大墓随葬品有的多达上百件。随葬品以陶器和玉器为主,也有石器和骨器,部分墓用猪、狗陪葬。陶器多具有大汶口文化的特征,在陶器中的贯耳壶、“丁”字形足的鼎、阔把杯,石器中的有段锛及玉器等,又与太湖地区良渚文化的同类器物相同,表明这里与太湖流域有密切来往。大墓中用婴幼儿和少年人殉葬,说明当时部落首领人物死后使用人殉已成为通行的礼俗。而小墓的墓坑窄小,有的墓仅有1件随葬品,与大墓形成鲜明对比,又反映出当时贫富对立已很严重。年代为距今约5 000年。2003年出版有《花厅——新石器时代墓地发掘报告》。(王吉怀)

【青莲岗遗址】 新石器时代遗址。位于江苏省淮安市宋集乡青莲村。全国重点文物保护单位。面积70 000平方米。1951年华东文物工作队调查发现。1958年发掘时,在遗址南部和西北部开了四个探方,探明地面向下2米处为洪水冲积的黄褐色淤土,再向下有2米左右的文化层。出土器物有石器、陶器。石器有穿孔石斧、石锛、石凿、砺石等。陶器种类不多,制作较为粗糙,常见器形有红陶钵、鼎、釜、双鼻小口罐,还有一定数量的深腹圜底罐、碗、支座、带流壶以及角状把陶器。内壁彩绘陶器比较发达,主要有水波纹和网纹,以及弧线纹和八卦纹,线条简练流畅,与其他新石器时代彩陶相比,风格迥然有别。发现两处红烧土堆积,每处厚约1米,面积5～10平方米。另有一处大块红烧土上留有芦苇秆粗细的凹槽,为居住建筑残迹。年代为距今7 000～6 000年。(王吉怀)

【二涧村遗址】 新石器时代遗址。位于江苏省灌云县大伊山山麓台地上。1981年发现。1985年连云港市博物馆发掘,揭露面积200平方米。清理墓葬20座,出土随葬品90件。墓葬为单人仰身直肢葬,头向东,有用红顶钵覆盖头部的习俗。陶器均为手制,以红陶为主,主要器形有鼎、豆、釜、钵、罐、盆、碗,鼎、豆的腹部多有腰沿。石器均为磨制,锛多斧少。石斧器身多呈舌状,有较发达的钻孔技术。遗址时代与大汶口文化早期类型或与马家浜文化早期类型比较接近,距今约6 000年。(王吉怀)

【刘林遗址】 新石器时代遗址。全国重点文物保护单位。位于江苏省邳州市戴庄镇刘庄村。面积约2.4万平方米。1959年发现,1960年、1964年进行两次发掘,揭露面积共4 025平方米。发现墓葬100余座,出土石器、玉器、牙器、角器、骨器和陶器800余件,说明当时人类已进入父系社会,生产力有了一定程度的发展,出现了社会分工,并逐步产生了产品交换和财产私有。该遗存具有一定特征,它晚于青

莲岗文化，早于新沂花厅文化遗存，过去曾将其列入青莲岗文化系统内。（王吉怀）

【梁王城遗址】 新石器时代至宋元时期遗址。全国重点文物保护单位。位于江苏省邳州市代庄镇李圩村西、中运河东岸。面积约100万平方米。1959年文物调查时发现。1995年、2004—2007年南京博物院考古研究所、徐州博物馆、邳州博物馆进行了发掘。揭露面积约2 100平方米，地层堆积达六层，有长达五千年的历史文化堆积。从早到晚依次为大汶口文化层、龙山文化层、西周文化层、春秋战国文化层、六朝时期文化层及宋元文化层。大汶口文化的堆积中发现房址1座、墓葬6座。墓葬均属儿童瓮棺葬。墓主为5～6岁的儿童。龙山地层中发现了一处浅地式居址，平面呈长方形，房子由中心柱和边柱组成，房子中间有1座灶坑。房子内发现了6具人骨架和1枚头骨，基本都是妇女和儿童，且人骨多有叠压现象。在春秋战国时期的地层中发现了一处大型夯土台基及一处大型的建筑遗迹。城墙底部宽15米，顶部宽12米，现存高度3米，采用版筑法夯筑而成。梁王城为春秋战国时期苏北地区最大的城址。（王吉怀）

【栾台遗址】 新石器时代至东周时期遗址。位于河南省鹿邑县王皮溜镇普大庄村西北的台地上。面积7 000平方米。以新石器时代遗存为主，另有少量西周和春秋战国时期的遗存。1978年发现，1987年河南省文物研究所进行发掘，揭露面积460平方米。遗存可分为六个时期：大汶口文化晚期遗迹仅见有灰坑，遗物有石斧、骨器、蚌刀和鼎、鬶、盉、壶、罐、高柄杯等陶器；龙山文化遗迹有连间式地面房址、水井和灰坑，遗物有铜块、石器、骨器、角器、蚌器和鼎、鬶、甗、盆、豆、罐、壶、高柄杯、豆、器盖、刻槽器等陶器；岳石文化遗迹有房址和灰坑，遗物有半月形穿孔石刀、骨器、蚌器和甗、罐、盆、豆、碗等陶器；商文化遗迹仅见有灰坑，遗物有铜刀、铜镞、石器、骨笄、骨锥和鬲、甗、罐、盆、簋、豆等遗物；西周遗迹仅有长方形竖穴土坑木棺墓，陶器基本组合为鬲、罐、簋、豆；东周遗存仅在北部发现有罐、盆、豆、碗、筒瓦等陶器。栾台遗址的文化遗存从大汶口文化晚期到战国初期基本连续无间断，为豫东地区先秦时期诸考古学文化的编年奠定了基础，为了解豫东地区诸考古学文化的联系提供了重要资料。（赵春青 赵海涛）

【段寨遗址】 新石器时代遗址。全国重点文物保护单位。位于河南省郸城县巴集乡段寨村西北角。面积11万余平方米。以新石器时代遗存为主，另有少量战国遗存。1976年发现。1979年河南省文物工作队进行试掘，清理墓葬2座、灰坑18个。遗存分为三期，早期属于大汶口文化晚期，中期属于龙山文化早期，晚期属于龙山文化晚期。其中，早期墓葬中有拔牙现象。随葬品有白陶鬶、盘形豆、罐形豆、宽肩壶、高柄杯、圈足瓶、褐陶鬶、宽边罐，多为大汶口文化的常见器物。（赵春青）

【章华台遗址】 新石器时代遗址。位于河南省商水县城关镇章华台村。1975年商水县文化馆在遗址的东北部发现大汶口文化墓葬2座，随葬品有宽肩壶、细柄杯、长颈盉、鼎形鬶和圈足上有镂孔的盘形豆等大汶口文化常见陶器。（赵春青）

【水灌台遗址】 新石器时代遗址。位于河南省周口市区东南。遗址为一处高台，面积7.7万平方米。1984年河南省周口地区文化局文物科进行发掘。以新石器时代遗存为主。清理出大汶口文化墓葬4座，其中M1出土鼎、碗、钵、觚形器、杯、彩陶壶、背壶、红陶壶等大汶口文化墓葬常见的随葬品。另有少量商代遗存。（赵春青）

【滑城遗址】 新石器时代遗址。位于河南省偃师市滑城村。1962年进行调查和发掘。清理出1座大汶口文化的墓葬（M1）和5个龙山文化的灰坑和商代灰坑。滑城M1是中原地区核心区域首次发现大汶口文化时期的墓葬，彰显出此时大汶口文化西渐的态势。（赵春青）

【尉迟寺遗址】 新石器时代大汶口文化晚期环壕聚落遗址。全国重点文物保护单位。位于安徽省蒙城县许疃镇毕集村东。总面积10万平方米。1989—1995年、2001—2003年中国社会科学院考古研究所共进行了两个阶段的发掘，揭露面积10 375平方米。遗址共分为两期，第一期为大汶口文化，第二期为龙山文化。第一期又分为三段，第一段主要为大汶口文化晚期建筑，在约4万平方米的环壕之内，共清理红烧土房址14排、18组、73间。其中，环壕南北跨度240米、东西跨度220米、宽25～30米，平均深度4.5米，是中国迄今发现最大的人工环壕。第二、三段主要为大汶口文化墓葬层，以儿童瓮棺葬最具特点，共清理墓葬284座、灰坑47个，以及兽坑、祭祀坑等遗迹；代表性器物有鼎、罐、甗、甑、尊、器盖、鬶、背壶、圈足豆、高柄杯、觚形杯、大口尊等。作为儿童葬具的大口尊，共有7件刻有“日、月、山”形的陶刻符号。尉迟寺大汶口文化年代为距今4 800～4 500年。属于第二期的龙山文化，清理房址8座、墓葬24座、灰坑104个，代表性器物有鼎、鬶、罐、器盖、平底盆、豆、盘、高颈壶、双耳罐、四耳罐等，年代为距今4 000年。尉迟寺遗址首次揭露出中国迄今规模大、保存完整、建筑风格独特的红烧土建筑遗存，也是尉迟寺遗址中的主要文化内涵，代表了黄淮地区大汶口文化一个新的类型，为全面研究大汶口文化和深入研究史前聚落考古提供了重要资料。2001年出版有《蒙城尉迟寺》，2008年出版有《蒙城尉迟寺第二部》。（王吉怀）

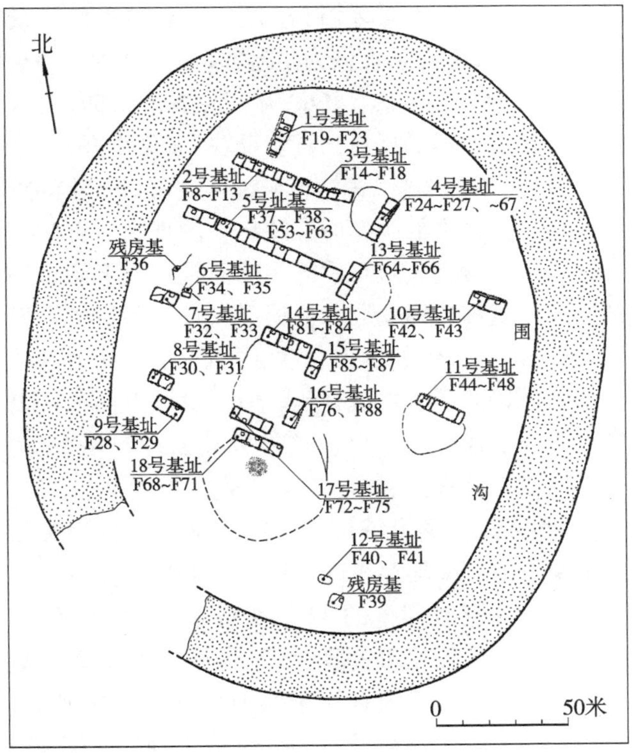

尉迟寺遗址平面图

【垓下遗址】 新石器时代遗址。全国重点文物保护单位。位于安徽省固镇县濠城镇垓下。面积约15万平方米。2007年安徽省文物考古研究所进行发掘，揭露面积约600平方米。遗址四周在20世纪三四十年代原有凸起的城墙，后因战乱和农田改造已大多被毁。现地表散布有大量的红烧土和秦汉时期的筒瓦、板瓦及陶片等。勘探表明，垓下城垣地下及基础部分保存较为完整，结构比较清晰。城址为圆角长方形，城内面积（不包括城垣）约15万平方米；包括护城河，城址面积近20万平方米。通过对北、东两段城垣的解剖，发现在上层秦汉时期的城墙之下，还有一层龙山文化时期城垣。城内发现新石器时代的2处红烧土遗迹和1座圆形陶窑，以及灰沟、灰坑等。垓下遗址在大汶口文化晚期已有一处有人居住的聚落，发展至龙山文化，进入一个鼎盛时期。（王吉怀）

【嵌绿松石骨筒】 黄河下游地区大汶口文化具有代表性的器物。出土于大汶口墓地M4。其外侧用剔地的方法雕出细密的凸弦纹带，其间镶嵌绿松石圆饼。大汶口文化的工艺水平在中国史前同时期各文化中处于领先地位，使史前骨雕工艺达到了空前的艺术水平。（梁中合）

【象牙筒】 黄河下游地区大汶口文化具有代表性的器物。是一种功能和用途特殊的器具。牙雕筒一般出自高等级墓葬，放在墓主腰部或其周围。采用剔地、透雕的方法雕出规整连续的花瓣纹。（梁中合）

【象牙梳】 黄河下游地区大汶口文化具有代表性的器物。将象牙经过截、锯、割等工序加工出毛坯，然后经过刻、镂等工艺的处理，雕刻出象牙梳。是器出土于大汶口墓地M26，长16.7厘米，宽7.5厘米，厚0.15厘米，梳身镂满纹饰，前端磨、锯出16个疏密均匀细长的梳齿。（梁中合）

【猪形陶鬶】 黄河下游地区大汶口文化具有代表性的器物。出土于山东省胶州市三里河遗址。器具线条流畅，形象逼真，造型生动，是实用性和艺术性完美结合的典范。从猪的形态上观察，嘴角两侧出现獠牙，更接近野猪的形象。另外，在江苏省新沂市花厅遗址出土一件猪形罐，体态浑圆，憨态可掬，显然是经过人工饲养后家猪的形象。（梁中合）

【兽形陶鬶】 黄河下游地区大汶口文化具有代表性的器物。可能是一种以斟灌为主，兼具温酒功能的酒器。迄今发现两件，分别出土于山东省胶州市三里河遗址和泰安市大汶口遗址。三里河遗址的兽形陶鬶，兽首前伸上仰，双耳立耸，张口露齿，双目前视，体态较肥，四肢粗壮，整个造型合理美观。大汶口遗址的兽形陶鬶，圆面耸耳，拱鼻，张口，四足，短尾上翘，耳穿小孔，背装提手，通体施红陶衣。两件陶鬶制作精良，模仿惟妙惟肖，其造型可能取材于家养狗的形象。（梁中合）

【獐牙勾形器】 黄河下游地区大汶口文化具有代表性的器物。为一种复合工具，由骨、角制成柄并将两枚獐牙嵌入其中。随葬獐牙勾形器的现象主要见于大墩子、刘林和大汶口遗址。墓主以男性青壮年为主，是器大部分握于墓主手中。迄今发现各类獐牙勾形器近百件。它应是一种实用工具，同时具有一定的避邪功能。（梁中合）

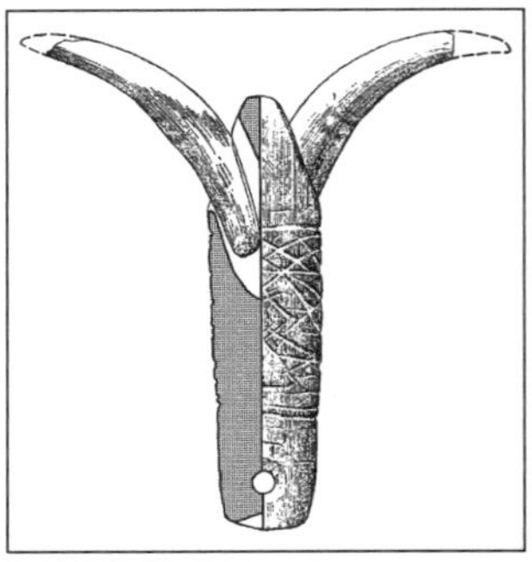

獐牙勾形器

【鸟形神器】 大汶口文化晚期祭祀器物。2002年安徽省蒙城县尉迟寺遗址的红烧土广场出土。此种器形迄今仅发现于尉迟寺遗址。器物为手制。整体器形像瓶，器物从颈部以下为空体，下为平底。中部、上部为素面，下部饰竖篮纹。器物通高59.5厘米，中部直径22厘米，底径14厘米。器形匀称、端庄、稳重。主体的象形造型与附加的抽象造型合为一体，结构合理，具有一定的美感。尤其作为生活中的一件非实用器，而把象形体和抽象体造型加铸于器物的合理部位，因而又具有一定的神秘感，其在当时应具有某种特殊的意义。（王吉怀）

鸟形神器

【大口尊陶文】 黄河下游地区大汶口文化的重要文化现象。陶器上刻画的图像文字，通常刻画在大口尊的口沿下部。在山东省莒县陵阳河、诸城市前寨等大汶口文化晚期遗址均有发现。一般为单字，以陵阳河遗址发现的数量最多，迄今共发现有20余个，不重复的有8～9个，主要以“日、火、山”为主题。这批图像陶尊文字的分布范围很广，东起黄海之滨，西到淮河中游的皖北，东西跨越了500余千米。在这样广袤的土地上分布着如此一致的图像文字，对于学术界进一步探讨中国古代文字起源和演变无疑具有重要意义。（梁中合）

【手握獐牙习俗】 黄河下游地区大汶口文化的重要埋葬习俗。为墓葬中墓主手握獐牙的现象。主要流行于汶、泗流域的大汶口文化遗址中，其中尤以晚期最为流行，并且一直延续到龙山文化。在大汶口遗址早期的56座墓葬中，只有8座墓内随葬獐牙。而中、晚期133座墓葬中，有88座墓随葬獐牙。出土獐牙的既有大中型墓葬，也有一般的小型墓葬，其功能可能主要是驱害避邪。（梁中合）

【拔牙习俗】 黄河下游地区大汶口文化的重要习俗。大汶口文化早期流行青春期拔除侧门齿的习俗，一般拔除一对上侧门齿。主要流行于汶、泗流域的大汶口文化中心区域。同时随着文化的不断延展和拓伸，这一习俗也在不断地发展和演变，直到近代，在东南沿海和西南地区的少数民族中还流行着。在大汶口文化的中心分布区内，拔牙者的比例高达60%～70%。关于拔牙习俗的意义，有学者认为是爱美的缘故，也有学者认为是避邪，还有学者认为是获得婚姻资格的标志。不论哪一种看法，都是对人们日常生活习俗的折射和真实反映。（梁中合）

【口含小球习俗】 黄河下游地区大汶口文化的重要习俗。由墓主的颌骨而反映出来的现象。有些墓主因长期口含陶质或石质的小球而导致上下颌骨外侧磨蚀严重和齿列变形。根据对人骨的鉴定结果表明，保留这种习俗的多为女性，因而有学者认为这种习俗与原始的祈求生殖有关。但在少量男性和儿童中也存在上述习俗。对于这种极其独特的现象，迄今尚无令人信服的解释。（梁中合）

【头骨人工变形习俗】 黄河下游地区大汶口文化的重要习俗。最早存在于大汶口文化早期墓地。在王因遗址保存较完整的82具头骨中，发现57例有明显的枕骨人工变形的现象，且男性变形率高于女性。这种现象也普遍存在于其他大汶口文化遗址。对于这种现象，迄今尚无令人信服的解释。（梁中合）

【大汶口遗址M10】 大汶口遗址大汶口文化晚期大型墓葬。竖穴土坑墓，墓坑长4.2米、宽3.2米、深0.36米。根据葬具木灰遗迹，推知其结构是四壁用原木卧叠构成，上口南北放置7根原木，排列疏朗，南北各有连接一起的原木两条。葬具内的墓底中央下挖一长方坑，放置死者。长方坑东端稍宽，长2.37米、宽1.28米。墓主为女性，年龄在50～55岁之间。仰身直肢葬，骨架长1.6米，双手放于小腹下方，握有獐牙。周身覆盖有一层厚约2厘米的黑灰，疑为衣着。头部佩戴由77个单件组成的3串石质装饰品。佩戴的臂环、指环以及随葬的铲均系玉质,且有大型的象牙雕筒和象牙梳。随葬陶器有白陶、黑陶和精美的彩陶。(付永旭)

【尉迟寺排房】 尉迟寺大汶口文化晚期一种颇具特色的建筑遗迹。系以两间或两间以上的房址为一组,形成以排房为特点的多排建筑基址。基址平面呈长方形,一般建在地势相对较高处或缓坡上。采用先挖排房基址基穴,然后沿基穴外缘挖墙的基槽,再栽桩立柱的方法。基穴的深浅视地势的高低而定,以达到室内地面基本水平为标准。建筑基址的面积与房址的多少相关,迄今发现保存较好的基址中,面积最大者86.82平方米,最小者仅为13.25平方米。每处基址由二到六间不等的房间组成(见彩版3“大汶口文化蒙城尉迟寺14号建筑基址”)。房间的面积有大小之分,以大间房址为多。大间房址面积在10～30平方米之间,其中以面积在12～15平方米的居多,超过20平方米的房址数量较少,多集中于长排基址中。小间房址的面积多在4～5平方米之间,往往与大间相连成一排,并作为大间的附属建筑,形成浑然一体的格局。(付永旭)

【龙虬庄遗址】 新石器时代遗址。全国重点文物保护单位。位于江苏省高邮市龙虬镇北首。遗址平面近方形,四周环水,面积约4.3万平方米。是江淮东部面积最大、保存完好的一处新石器时代聚落遗址。1993—1995年南京博物院等单位进行过四次发掘,揭露面积1 335平方米。清理新石器时代居住遗迹4处、灰坑34个、墓葬402座。遗址分生活居住区和墓葬区,中部偏东为生活区,西部偏南为墓葬区。墓葬排列整齐,葬式头东脚西,人骨保存完好,为中国人种和人类变迁研究提供了一批重要的实物资料。遗址出土陶器、骨角器、玉石器等各类文化遗物2 000余件。出土的一块黑陶片上还发现四个原始文字和一组动物图纹,推测与甲骨文有渊源关系。最为珍贵的是在遗址所有文化层中均出土了炭化稻米,经鉴定为人工栽培粳稻,其发现将中国史前的水稻栽培区从长江以南北推到了淮河以南。龙虬庄遗址的发现和发掘填补了江淮地区新石器时代早期古文化遗址的空白,并对进一步探索江淮地区的史前文化,研究这一地区的古生态环境、稻作农业的起源和发展均具有重要意义。据碳十四测定,遗址年代为距今7 000～5 000年。1999年出版有《龙虬庄》。(王吉怀)

【万北遗址】 新石器时代遗址。位于江苏省沭阳县城北万北村。面积约10万平方米。1987年春南京博物院调查发现。1987年和1988年南京博物院进行三次发掘,揭露面积450平方米。遗址的第2到第11层,皆为新石器时代文化堆积,清理遗迹有灰坑20个、墓葬7座,出土遗物近300件。新石器文化的主要陶器器形有釜、鼎、钵、罐、豆、盉,均为手制。陶系分为泥质和夹砂两大系,其中泥质陶胎质细腻,数量最多。陶色为红陶和红褐陶各占50%,泥质陶以素面为主,夹砂陶流行附加堆纹窄带、弦纹、指甲纹、刻划圆珠纹、小乳钉纹等。据碳十四测定并经树轮校正,遗址年代为距今6 540±90年(一期)和距今6 435±195年(二期)。(王吉怀)

黄河上游地区

【马家窑文化】 黄河上游地区新石器时代考古学文化。因甘肃省临洮县马家窑遗址而得名。主要集中在甘肃省,分布可扩大到青海省东部、河西走廊、宁夏回族自治区南部,向南到了长江上游的四川盆地西北。1924年瑞典学者安特生到甘青地区考古调查,在甘肃省临洮县马家窑村一带发现遗址和半山彩陶等遗存,认为属于仰韶文化,称仰韶期。中国考古学家夏鼐在安特生之后的考古调查中认定它们不同,提出马家窑期的命名。1961年在《新中国的考古收获》一书中正式把甘肃仰韶文化改为马家窑文化。经过长期调查、发掘和研究,现今一般认为,马家窑文化来源于仰韶文化,是相当于仰韶文化晚期的一个地方分支的文化。马家窑文化以盛行彩陶为特色,多在泥质橙黄陶上绘黑彩,图案繁缛细致,有的通身彩绘,还有内彩,彩绘精美秀丽,韵律感强,生动美妙。半山、马厂类型的彩陶,数量大增,复彩出现,色调深沉,图案粗犷豪放,浓烈夸张,风格别具(见彩版7“蛙纹彩陶钵”、“彩陶瓮”、“多人舞蹈纹彩陶盆”、“几何纹彩陶罐”、“人像彩陶罐”)。马家窑文化彩陶从庙底沟仰韶文

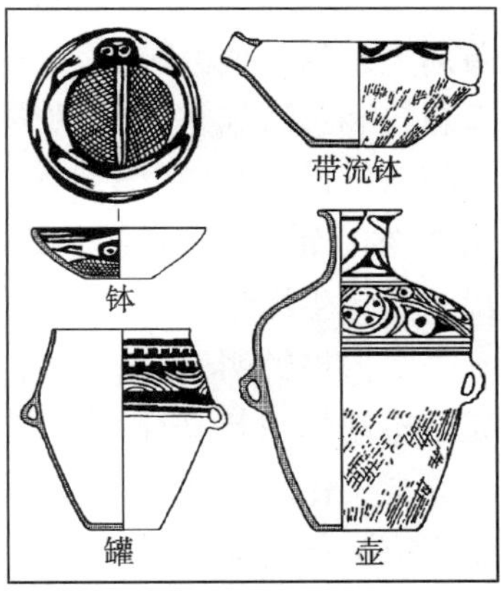

马家窑文化彩陶

化彩陶发展演变而来，经过石岭下类型、马家窑类型、半山类型、马厂类型一脉发展。这几种类型也分别代表了不同的发展阶段。在若干遗址中还发现了不同类型的一些地层叠压关系。除了彩陶图案外，还有不同类型的并有造型、组合演化规律的器物群，反映了不同时期的变化和特点。马家窑文化以农业为主，种植小米等作物，也饲养家畜，石器和陶器是主要的生产和生活资料，仍少量使用细石器，已经开始出现个别铜器小制品。讲究生活装饰，精神文化有明显的发展，是很发达的史前文化。据碳十四测定，马家窑文化各类型的发展从公元前3300年至前2050年。马家窑文化早期的测定年代甚至可早到公元前3980～前3042年。参见“马家窑遗址”。（叶茂林）

【宗日文化】 黄河上游地区新石器时代考古学文化。因青海省同德县宗日遗址而得名。主要分布在青海省海南藏族自治州一带，即兴海、同德、共和、贵南、贵德等县高原盆地的河谷地带，也有可能到了黄河上游的其他区域。宗日遗址发掘出土了一批造型粗糙和彩绘风格粗率的彩陶，在夹粗砂乳白色陶上施紫红色彩绘，图案较简单，以细折线构图，以三角体变化而成的细长线条的组合或细长三角体衍生出来的像生图形的组合。这些图案化的表现，形成了一套风格鲜明，自成一体，与其他各种彩陶类型都完全不同的独特文化面貌。这些宗日文化彩陶，与马家窑文化马家窑类型和半山类型的彩陶和可能属于齐家文化的遗存共存同出，反映了宗日文化与马家窑文化和齐家文化有着密切联系。宗日遗址发掘的许多墓葬都是与马家窑文化彩陶共存，而与可能属于齐家文化遗存的共存相对较少。根据出土器物组合变化可分为四期。据碳十四测定，文化年代为距今5 700～4 300年。到了宗日文化晚期，又接受了齐家文化的新变化，新出现了玉器。总体看，宗日文化是以农业为主要产业的定居生活。参见“宗日遗址”（192页）。（叶茂林）

【石岭下类型】 黄河上游地区马家窑文化早中期的一种地方类型。因甘肃省武山县石岭下遗址而得名。石岭下遗址位于武山县城关镇，1947年裴文中调查发现，1962年甘肃省博物馆复查遗址时，发现在马家窑类型的地层之下与仰韶文化庙底沟类型的地层之上存在着一个过渡性的文化层。随后以这个遗址为代表，以这个过渡性的文化遗存所反映的特征为内涵，提出了“石岭下类型”的定名，表明马家窑文化是从仰韶文化发展而来，阐释了石岭下类型的基本文化面貌接近于马家窑类型，同时又清晰地表现出与仰韶文化庙底沟类型的渊源关系，是承上启下的一个重要阶段。存在类似地层关系的还有多处，在临洮县的马家窑遗址、天水市的罗家沟遗址等均有发现。石岭下类型陶器以较浑圆造型的泥质橙黄陶彩陶罐、壶、瓶为典型，彩绘图案由变体鸟纹演变而来，以圆点为中心配以旋形分散的线条构图，出现圆形、圆圈和线条构成的格局，还有弧边三角形构图。这些匀致曲线的起伏变化和不同组合为特征的图案基调，为马家窑文化出现的旋涡纹、波浪纹、圆圈纹等彩绘图案的流行奠定了基础，是马家窑文化彩陶的先声。参见“马家窑文化”（189页）。（叶茂林）

【石岭下遗址】 见“石岭下类型”。

【马家窑类型】 黄河上游地区马家窑文化早中期的一种地方类型。因甘肃省临洮县马家窑遗址而得名。马家窑类型以彩陶的曲线波浪纹、旋涡纹为特点，图案繁缛工整、疏密有致，线条奔放，飘逸流畅，富有动感，并具有强烈的韵律节奏，艺术表现极强，颇有美感。马家窑类型由石岭下类型发展而来，在彩陶上的演变规律清晰可寻。考古发现的马家窑类型以居址居多，墓地发现较少。出土的典型马家窑类型彩陶数量不多，显得极其珍贵。据碳十四测定年代为距今5 300～4 900年。参见“马家窑遗址”、“马家窑文化”（189页）。（叶茂林）

【马家窑遗址】 新石器时代遗址。全国重点文物保护单位。位于甘肃省临洮县城西南马家窑村洮河西岸阶地上。1924年瑞典学者安特生调查发现并作了少许发掘，认为属于居址，马家窑文化因以得名。1957年后甘肃省博物馆等单位曾多次调查，发现马家窑类型地层叠压在仰韶文化庙底沟类型之上的地层关系。遗址内涵丰富，除马家窑类型外，还有半山、马厂、齐家、辛店、寺洼等多种不同类型的文化遗存分布。其中以马家窑类型的遗存最为丰富，也最突出，陶器多为橙黄色，彩陶发达，用黑色线条构成垂障、水波、同心圆、旋涡、蛙纹、变体鸟纹等纹样，构图繁缛，均匀对称，流畅的线条富有韵律。参见“马家窑文化”（189页）、“马家窑类型”。（叶茂林）

【王保保城遗址】 新石器时代遗址。位于甘肃省兰州市西北城边黄河北岸的台地上。为马家窑类型墓地。元代在此建有城址，民间称为王保保城。

1966年城内发现一座墓葬,甘肃省博物馆随后进行清理,出土多件马家窑类型的彩陶,有盆、钵、罐、壶、瓶等,以及绿松石珠饰。(叶茂林)

【雁儿湾遗址】 新石器时代遗址。位于甘肃省兰州市城东桑园子乡雁儿湾台地上。总面积约6 000平方米。20世纪50年代甘肃省文物管理委员会进行调查。发现马家窑文化大灰坑,呈不规则椭圆形,北大南小,最大直径约3米,深2米,出土丰富的马家窑类型彩陶片、陶环、兽骨和少量的骨珠、骨戒指等小件装饰物。坑底有大小不等的椭圆形柱洞。(叶茂林)

【王家阴洼遗址】 新石器时代遗址。位于甘肃省秦安县五营乡袁庄村,坐落在大地湾遗址北边偏东约4千米处。1981年甘肃省博物馆在发掘大地湾遗址的同时,发掘了新发现的王家阴洼遗址。遗址有居址,发现了60余座墓葬,相当于史家类型的仰韶文化遗存。墓葬除个别是儿童瓮棺葬外,均是竖穴土坑墓,单人葬最多,有少数合葬或二次葬。陶器器形以葫芦瓶为突出特征。彩陶具有半坡类型的鱼纹直线构图向曲线构图发展的趋势,出现了变形鱼纹,尤其是彩陶瓶上由曲线展现的灵动的多条鱼的鱼纹图案,非常优美,是彩陶中不可多得的精品,亦是中国早期绘画的杰出代表。(叶茂林)

【曹家咀遗址】 新石器时代遗址。位于甘肃省兰州市南郊西果园乡沙滩磨村,与青岗岔遗址相邻。面积约7万余平方米。1945年夏鼐进行调查,甘肃省文物部门后又进行过多次调查。1971年甘肃省博物馆进行发掘。发现一座横穴式陶窑,出土一批陶器、石器、骨器等遗物,是典型马家窑类型遗存。参见“青岗岔遗址”。(叶茂林)

【西坡㺯遗址】 新石器时代遗址。位于甘肃省兰州市西果园乡陆家沟村南一个坡状阶地上。面积约10万平方米。断面暴露文化层达2米,内涵丰富,包括灰层、彩陶片、红烧土、磨制石器、骨器等。1960年甘肃省博物馆进行发掘,发现灰坑、窑址、灶址等。彩陶片众多,为红陶或橙黄陶施黑彩,内彩也很普遍,器形多为碗和盆,是典型的马家窑类型遗址。(叶茂林)

【灰地儿遗址】 新石器时代遗址。位于甘肃省甘谷县五甲庄渭河北岸一级阶地上。面积10余万平方米。地面和沟里暴露许多遗存。裴文中早年调查发现,随后甘肃省多次复查。出土一批彩陶片,其中还有施绘白彩的,器形有盆、壶、瓶、罐等,另有尖底器。为马家窑文化遗址。(叶茂林)

【傅家门遗址】 新石器时代遗址。位于甘肃省武山县西南傅家门村。面积约50万平方米。1991—1992年中国社会科学院考古研究所进行发掘。文化层深厚,包含石岭下类型、马家窑类型和齐家文化等遗存。发现石岭下类型祭祀坑,出土一批有刻划和灼痕的卜骨、带刻划符号的陶器等。发现三种类型叠压的地层关系。(叶茂林)

【糜地岘遗址】 新石器时代遗址。位于甘肃省皋兰县石洞镇距兰州约46千米的包兰铁路附近。1955年发现墓葬,1956年在包兰铁路施工中又发现墓葬,清理出彩陶。此后甘肃省博物馆进行了调查和清理,发现被毁的20多座墓葬,确认系马家窑文化。清理墓葬7座,有合葬墓。出土彩陶罐、粗陶罐、单耳杯和大量骨珠、骨饰等遗物。(叶茂林)

【范家村遗址】 新石器时代遗址。位于甘肃省临夏回族自治州莲花镇范家村。面积约3万平方米。1959年中国科学院考古研究所进行发掘。发现马家窑类型居址,有袋状灰坑,出土较多遗存,其中以马家窑彩陶片居多。(叶茂林)

【边家林墓地】 新石器时代遗址。全国重点文物保护单位。位于甘肃省康乐县虎关乡关丰村。墓葬分布在三岔河西北岸边二级阶地坡沿。1975年文物普查时发现。1981年临夏回族自治州博物馆进行发掘。清理墓葬17座,主要是二次葬和屈肢葬。出土一批半山类型早期的彩陶和陶器等。边家林彩陶具有明显的马家窑类型向半山类型过渡特征,有些还保留着马家窑类型彩陶的风格。遗存被命名为“边家林类型”。(叶茂林)

【阳㺯遗址】 新石器时代遗址。位于甘肃省宁县北40千米处马莲河西岸名为“阳㺯”的台地上。面积4万余平方米。1981年庆阳博物馆发现并试掘。发现白灰面房址和硬土面房址33座,依自然地形而建,有窑洞式、地穴式、半地穴式。发现窑址、墓葬、窖穴等。墓葬有长方形土坑竖穴仰身直肢葬,圆坑侧身屈肢与二次葬的合葬墓等,随葬猪下颌骨,而不见陶器等其他遗物。还出土石器、陶器、骨器等,有尖底瓶、圈足盆、瓮、罐、钵、碗等,与半坡类型类似,但主要陶系是泥质橙黄陶,表现出诸多自身特点。(叶茂林)

【罗家沟遗址】 新石器时代遗址。位于甘肃省天水市东二十里铺罗家沟。1947 年裴文中调查发现，观察到地层剖面有白灰面房址，呈袋状，认为是窑洞。还发现包含彩陶片的地层中具有仰韶文化特征的红陶黑彩在下部，橙黄陶黑彩的马家窑特征彩陶多集中在上层，加上齐家文化房址的地层或灰层，构成了遗址地层的三叠层关系。之后又进行多次考古调查。（叶茂林）

【宗日遗址】 新石器时代遗址。全国重点文物保护单位。位于青海省同德县巴沟乡团结村黄河北岸一级阶地上。面积约 6 万平方米。1982 年文物普查时发现。1994—1995 年青海省文物处进行发掘。遗址分为东西两区，东区为居住区，西区为墓地。发现竖穴土坑墓 180 余座，有石板棺、木椁、木棺，并有火烧现象。有灰坑和房址及柱洞。出土大量彩陶和石器、骨器，包括典型马家窑类型和半山类型彩陶以及宗日自身特征的陶器和彩陶。彩陶是粗砂乳白陶紫红彩，粗陋草率。另有接近齐家文化的玉器、马家窑类型舞蹈纹彩陶盆和人物捧物纹彩陶盆。据碳十四测定，遗址年代为距今 5 700～4 300 年。遗存被命名“宗日文化”。（叶茂林）

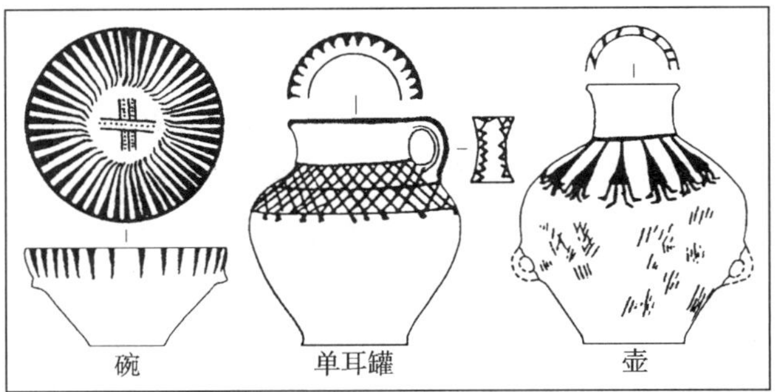

宗日遗址彩陶

【阳洼坡遗址】 新石器时代遗址。位于青海省民和回族土族自治县转导乡阳洼坡村。面积 1.5 万平方米。1958 年文物普查时发现。1980 年青海省考古研究所进行发掘。发现房址、灰坑、灶坑等遗迹，房址分圆形和方形两种，均为半地穴式。出土各类文物约 3 000 件。其中曲腹盆、重唇小口尖底瓶等器形和弧边三角、圆点、沟叶彩陶等表现出了浓厚的庙底沟文化特征。（叶茂林）

【胡李家遗址】 新石器时代遗址。位于青海省民和回族土族自治县官亭盆地的中川乡光明村胡李家自然村。面积数万平方米。以庙底沟时期遗存为主，有零星的马家窑文化和齐家文化遗存。台地前端和后山坡有汉墓。1999 年中国社会科学院考古研究所和青海省考古研究所进行发掘。发现庙底沟时期房址、灰坑、灶坑、陶窑等遗迹，出土一批彩陶片、陶环、纺轮、重唇口沿尖底瓶、曲腹盆钵等遗物。为青海省最早的新石器时代遗存。（叶茂林）

【朱家寨遗址】 新石器时代遗址。位于青海省西宁市城北区大堡子镇朱家寨村南湟水北岸与云谷川交汇的二级阶地上。面积约 5 万平方米。1923 年瑞典学者安特生调查发现并发掘。1948 年裴文中再次调查。遗址包含马家窑类型、半山类型及齐家文化、卡约文化遗存。安特生发掘半山类型墓葬 47 座，多是二次葬。还发掘了少量居址，都有详细记录和测绘，并于 1942 年发表。1991 年翻译出版有安特生所著《西宁朱家寨遗址》。（叶茂林）

【上孙家寨墓地】 新石器时代墓地。位于青海省大通回族土族自治县后子河乡上孙家寨村。1973—1981 年青海省考古研究所进行发掘。发现居址和墓地，包括马家窑文化、齐家文化、卡约文化、辛店文化等遗存。清理出墓葬 1 000 余座，包括汉晋墓群。史前墓葬有马家窑类型 21 座、齐家文化 2 座。发现齐家文化灰坑 100 余个。其中，1973 年出土的舞蹈纹彩陶盆，是极重要的发现。（叶茂林）

【毛家坪遗址】 新石器时代遗址。位于甘肃省甘谷县盘安乡毛家坪村渭河南岸的二级阶地上。面积约 6 万平方米。1947 年裴文中调查发现。1956 年甘肃省文物管理委员会进行复查。1982—1983 年甘肃省文物队与北京大学联合发掘。发现周秦文化的居址和墓葬，以及石岭下类型遗存，出土房址有硬土面也有烧土面抹白灰面的，有典型彩陶片和尖底瓶、圆腹形器等。另外发现一座随葬彩陶圜底双耳钵的土坑墓葬，仰身屈肢葬，头向东北，左臂侧还有一砾石块随葬。彩陶钵为细砂橙黄陶，施褐彩，与河西走廊的沙井文化彩陶近似。该墓葬的地层关系晚于石岭下类型，早于周秦时期遗存，属于另一种文化遗存。（叶茂林）

【脑庄遗址】 新石器时代遗址。位于青海省海东市乐都区马营乡脑庄村。面积约 2 万平方米。1979 年青海省考古研究所进行发掘。遗址主要是墓地，也有居址，以及灰层堆积。清理了暴露的墓葬，出土多件彩陶和其他陶器 12 件。文化遗存属马家窑类型。（叶茂林）

【大李家坪遗址】 新石器时代遗址。位于甘肃省陇南市武都区马街镇大李家村北峪河南岸的二级阶地上。面积约15万平方米。1995年北京大学和武都县博物馆进行发掘。发现仰韶文化半坡类型、大地湾四期文化,以及受马家窑文化影响的仰韶文化晚期的一种地方类型文化等遗存。(叶茂林)

【石沟坪遗址】 新石器时代遗址。全国重点文物保护单位。位于甘肃省礼县石桥镇圣泉村。面积约40万平方米。为嘉陵江上游西汉水流域少见的单纯庙底沟文化遗址。出土陶器主要有小口尖底瓶、曲腹盆、钵、罐等,彩陶皆黑彩,流行勾叶、弧边三角和圆点的组合花纹,以及变体鱼纹、网纹等典型的庙底沟文化彩陶纹样。(朱延平)

【三坪涡纹彩陶瓮】 新石器时代遗物。1954年甘肃省永靖县三坪遗址出土。通高48厘米。为泥质橙黄陶绘黑彩,图案线条匀实,纹理细密繁复,构图精妙。波浪卷曲的线条展现出起伏涡旋的水波流动,有波澜壮阔的效果;圆点和同心圆的充填,犹如水花点点;平行线和弧线的配合,有静有动,口沿带上还有弧边三角纹的保留。整个彩陶画面蕴涵丰富,表现厚重,充满美感。造型稳重匀称,口部四个钩形钮,腹部的双耳都很协调,敛口,鼓腹,平底。表面打磨光亮。是器充分显示了马家窑文化彩陶的高超艺术造诣。现藏中国国家博物馆。(叶茂林)

【上孙家舞蹈纹彩陶盆】 新石器时代遗物。1983年青海省大通回族土族自治县上孙家寨墓地出土。口径28.5厘米,高12.7厘米。陶盆出土时已经残破,经修复。陶盆大口收腹,平底,为泥质黄陶,施黑彩,以内彩为主。人形舞蹈图案环绕一周,分为三组,每组五人手牵手,头圆形,有短辫下垂,身体后有尾饰,体态苗条轻盈,一看即知是女性。每组间有彩绘线条纹分隔,人物脚下是一圈圈环绕陶盆周壁的若干密集的线条,舞蹈的人群围绕在陶盆周围,犹如围着水池跳舞,充满灵动和音乐节律,艺术构思巧妙独到。口沿有斜线装饰,陶盆外壁有一周线条纹带。舞蹈纹的彩绘是难得的原始舞蹈艺术形象的真实再现,为难得的史前艺术精品。属马家窑类型。(叶茂林)

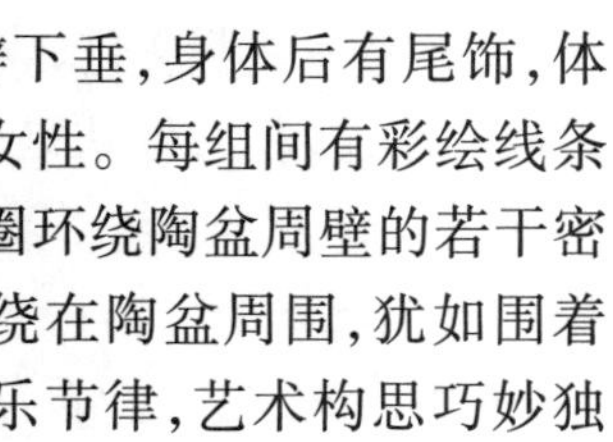

上孙家舞蹈纹彩陶盆

燕山南北和东北地区

【上宅文化】 京津地区新石器时代考古学文化。因北京市上宅遗址而得名。上宅文化主要见于泃河和州河流域。陶器中流行弧壁筒形罐,其次是圈足钵、深腹平底钵和圜底钵,尚有少量的盂、支座、勺和杯,器表常见斜向刮抹纹,其次是细密之字形戳印纹。文化年代为距今6 500～6 000年。上宅文化的前身尚待探索,但和兴隆洼文化不无关联,同阶段的赵宝沟文化则有较多与之相似的成分。(朱延平)

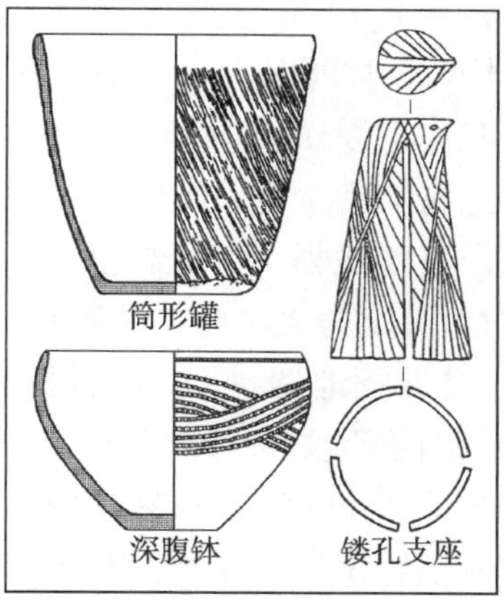

上宅文化陶器

【北福地二期文化】 亦称"镇江营一期文化"。易水流域新石器时代晚期考古学文化。得名于河北省易县北福地第二期遗存。主要分布于太行山东麓至海河平原西部一线。陶器主要为褐陶圜底釜、支脚、钵和小口双耳壶。器表基本不具纹饰,釜体常留有浅细刮抹痕,钵之口部多呈砖红色而作红顶钵。北福地二期文化是后冈一期文化的前身。文化年代为距今6 700～6 300年。(朱延平)

【镇江营一期文化】 即"北福地二期文化"。

【上宅遗址】 新石器时代至清代遗址。位于北京市平谷区泃河北岸的台地上。面积5 000余平方米。1985—1987年进行发掘。除大坨头文化的遗迹和辽、明、清各代堆积外,新石器遗存均处于一处天然沟壑内,此沟最下一层属兴隆洼文化,其上数层遗物甚丰,但总体面貌一致。制成动物形象的陶器、陶塑和石饰件亦具特色,一件嵌石刃的石刀梗更属罕见,发掘者将此类遗存命名为"上宅文化"。(朱延平)

【北埝头遗址】 新石器时代至汉代遗址。位于北京市平谷区错河(泃河支流)南岸的台地上。面积约6 000平方米。1984年发掘。新石器时代遗存属上宅文化,揭出数座半地穴式房址。出土有打制石器、盘状器、石刀、石斧、石磨盘、异形器等石制品,圆饼形石器尤多。除与上宅遗址同类遗存相似的陶器外,还存在较多饰细密之字形戳印纹的敞口筒形罐,它和兴隆洼文化筒形罐的谱系一脉相承,从而显示出上宅文化与兴隆洼文化的某种亲缘关系。据碳十四测定,遗址年代为距今7 000～6 000年。(朱延平)

【青池遗址】 新石器时代遗址。位于天津市蓟县五百户镇青池村北于桥水库南岸的山坡上。1997—1998年进行发掘。该地靠下坡处揭出新石器时代壕沟,壕内堆积最下层为兴隆洼文化,其上数层悉属上宅文化,壕沟的一部分已为于桥水库淹没。山坡顶部分布着大体属于两个阶段的青铜时代遗存,分别为大坨头文化和围坊三期文化。(朱延平)

【北福地遗址】 新石器时代至辽金时期遗址。全国重点文物保护单位。"北福地二期文化"的命名地。位于河北省易县中易水北岸的山前台地上。面积约3万平方米。1985年发现。1985年、1997年和2003—2004年进行发掘。共获磁山文化、北福地二期文化(或镇江营一期文化)、雪山一期文化及少量商周、汉代和辽金时期的遗存。发掘对象以磁山文化为主,揭出一处长方形祭祀场及其东南侧的房址群。祭祀场面积90余平方米,场内分布着10余堆祭器和一长方形坑穴,祭器堆主要由平底盂等陶器和石铲、石耜等磨制石器以及玉器组成,有的堆中竖一砾石,祭器中著者有体长46厘米的大型石耜1件、兽首石雕1件、玉玦3件、匕形玉器1件、水晶2件和其他玉饰。房址群内密集地分布着半地穴式房址,多呈方形或长方形,出土物甚丰,尤以刻纹陶面具或其残片最具特色。2007年出版有《北福地——易水流域史前遗址》。(朱延平)

【钓鱼台遗址】 新石器时代遗址。全国重点文物保护单位。位于河北省曲阳县店头村沙河东岸一土丘,俗称"钓鱼台"。面积约7万平方米。1954年调查时发现。1997年进行发掘。发现有房址、窖穴等遗迹和石器、骨器、陶器等遗物。遗址年代为距今5 700～5 300年。从采集的彩陶片来看,基本上可归属庙底沟文化。(朱延平)

【刘白塔遗址】 新石器时代和战国时期遗址。位于河北省三河市刘白塔村沟河南岸的台地上。1984年发现。1991年进行发掘。揭出的新石器时代遗存主要部分当属上宅文化,而H1所出陶器有戳刺纹圜底钵、宽沿盆、釜和鼎足,颇具后冈一期文化陶器群的风格,故系略晚于上宅文化的另类遗存。(朱延平)

【雪山一期文化】 新石器时代考古学文化。因北京市雪山遗址一期遗存而得名。分布于桑干河和拒马河流经的冀西北及晋东北一带。主要陶器为素面红陶小口双耳罐,其次为折腹盆、双鋬敞口罐和钵,除素面外,器表尚有少量绳纹、篮纹和彩陶。文化年代为距今5 300～4 800年。同阶段的小河沿文化、海生不浪文化庙子沟类型与之有着较多的共性。(朱延平)

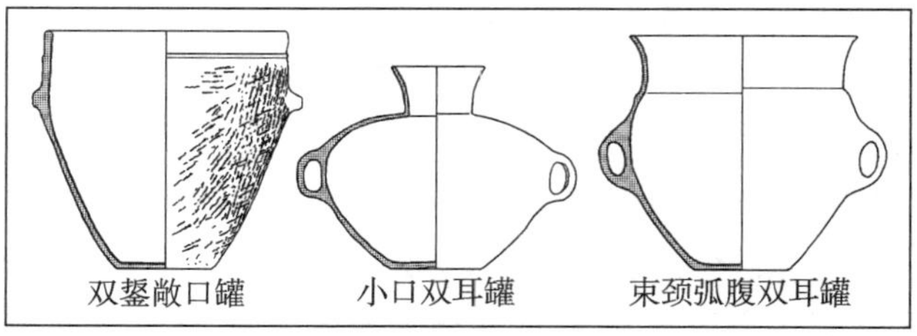

雪山一期文化陶器

【姜家梁墓地】 新石器时代雪山一期文化墓地。位于河北省阳原县桑干河北岸一处土丘顶部。揭出长方形土坑墓70余座,除7座在一侧掏洞外,余皆竖穴。以单人葬为主,亦见少量合葬墓。葬姿一律是下肢弯曲的仰身屈肢。半数以上的墓有木棺。多数墓拥有随葬品,习见打碎陶器的葬俗。随葬品中有一件玦形玉猪龙,与红山文化的同类器十分相似。(朱延平)

【雪山遗址】 新石器时代至青铜时代遗址。位于北京市昌平区雪山村河边台地上。面积约1平方千米。1958年发现。20世纪60年代初进行发掘。主要揭出三个时段的遗存,前两个时段的遗存分别命名为雪山一期文化和雪山二期文化,后一个时段基本可归属于青铜时代早期的大坨头文化。(朱延平)

【镇江营遗址】 新石器时代至清代遗址。位于北京市房山区镇江营村北拒马河西岸的台地上。面积约1.5万平方米。1986—1990年进行发掘。含北福地二期文化(或镇江营一期文化)、后冈一期文化、雪山一期文化、雪山二期文化、大坨头文化、围坊三期文化、西周晚期燕文化、战国时期、汉晋和清代10个时段的遗存,并为确认诸时段考古学文化的相对年代提供了地层依据。1999年出版有《镇江营与塔照》。(朱延平)

【赵宝沟文化】 新石器时代考古学文化。因内蒙古自治区赵宝沟遗址而得名。分布在西拉木伦河流域至渤海湾沿岸一带。赵宝沟文化的陶器主要有弧壁或斜直壁筒形罐、圈足钵、尊形器、圈足鼓腹罐、椭圆底罐、平底钵、红顶钵(口部呈砖红色的小平底钵)、盂和器盖,器表盛行饰几何纹和之字形戳印纹,前者往往以横线和斜线构成繁复的几何图案,偶见彩陶。磨制石器中以石耜和有边棱的石斧最具特色。赵宝沟文化的渊源和兴隆洼文化关系最为密切,与同阶段的上宅文化、新乐文化、富河文化均有着相近的文化成分。对于赵宝沟文化与红山文化的关系存在两种不同的认识,一种认为赵宝沟文化早于红山文化,另一种将赵宝沟文化视为与红山文化早期同时并存。文化年代为距今6 500~6 000年。(朱延平)

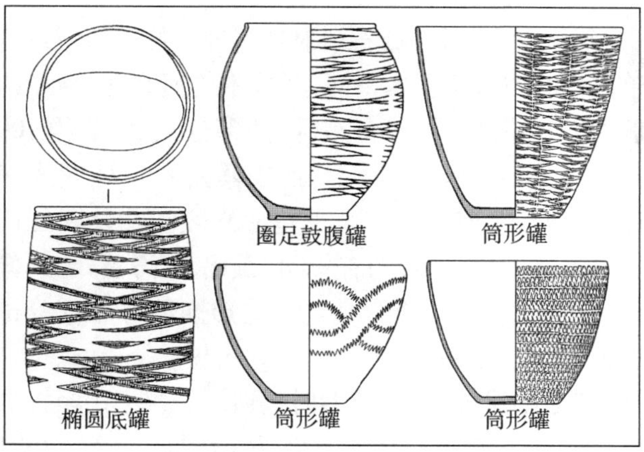

赵宝沟文化陶器

【赵宝沟遗址】 新石器时代遗址。全国重点文物保护单位。“赵宝沟文化”的命名地。位于内蒙古自治区敖汉旗赵宝沟村西北的坡岗上。面积近9万平方米。遗存分有主次两区,两者之间隔一洼地,各区内主要遗迹为成排布列的半地穴式房址。1983年发现,1986年中国社会科学院考古研究所发掘了主区内处在同一排的10座房址,平面均呈方形,灶址居中,较大者室内地面分有上下两级。出土一批有特色的陶器、石器、骨器、蚌器和大量动物残骸。1997年出版有《敖汉赵宝沟》。(朱延平)

【小山遗址】 新石器时代遗址。位于内蒙古自治区敖汉旗兴隆洼村东1千米处的土丘上,与东邻另一山丘西南坡的红山文化遗址隔山蚴相峙。1984—1985年进行发掘。揭出两座赵宝沟文化的长方形半地穴式房址。出土遗物甚丰,F2出土有一件刻画鸟、猪、鹿三个动物形象的尊形陶器,还有一件柄部刻画人面的斧形磨光石器,均为赵宝沟文化的珍品。(朱延平)

【南台地遗址群】 新石器时代遗址群。位于内蒙古自治区敖汉旗教来河西侧的坡地上。分布着两处遗址,分属赵宝沟文化和红山文化。红山文化遗址位置较低,其西500米的较高处坐落有赵宝沟文化遗址。后者的一座半地穴式房址内存留了筒形罐、器盖和尊形器等20余件陶器,尊形器至少有14件,除5件饰鹿纹外,余皆饰几何纹。(朱延平)

【水泉遗址群】 新石器时代和辽代遗址群。位于内蒙古自治区林西县水泉村北的山梁上。包括水泉西、水泉、水泉东3处遗址,彼此相隔两三百米。水泉遗址以赵宝沟文化为主,并有红山文化和辽代的遗存,1991年发掘了17座赵宝沟文化半地穴式房址,除一双间外,余皆进深大于开间的长方形单室,陶器中尚有斜口器。水泉西和水泉东主要是红山文化遗存,未经发掘。(朱延平)

【小善德沟遗址】 新石器时代遗址。位于内蒙古自治区翁牛特旗少朗河(西拉木伦河南支)北侧的丘陵间。1988年进行发掘。揭出半地穴式房址6座,F1遗物甚丰,除包括尊形器在内的赵宝沟文化典型陶器外,尚有骨器、石珠和玉玦,尤其是5件石耜和2件石斧,经过细致的磨光处理,最大的石耜和石斧分别长41厘米和29.6厘米,当是某种礼仪用器。(朱延平)

【红山文化】 北方地区新石器时代考古学文化。1938年以“赤峰第一期文化”集中报道了赤峰红山

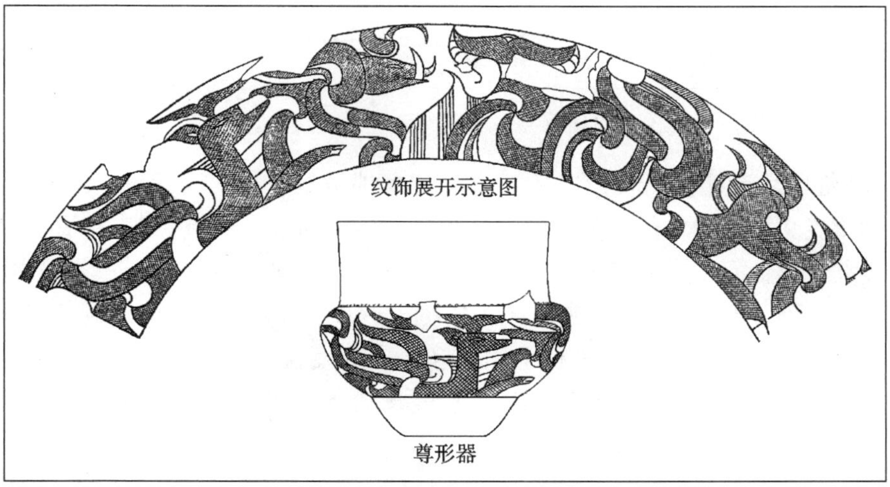

小山遗址陶尊形器

后遗址含有彩陶和细石器的遗存。1954年尹达基于这批资料提出“红山文化”的命名。主要分布在东、西辽河汇合处以西的大兴安岭南麓至燕山一带，即内蒙古自治区东南部、辽宁省西部和河北省东北部。陶器以弧壁筒形罐最属常见，尚有小口罐、瓮、钵、盆、斜口器和无底筒形器，器表盛行之字形戳印纹和多道平行直线刻划纹，彩陶亦具特色。石耜和石刀是磨制石器的代表作，玉器发达（见彩版8“红山文化三星他拉玉龙”、“红山文化玉凤”、“红山文化玉人”）。大体分三期，早期以兴隆洼F133为代表，年代为距今6 500～5 800年；中期以西水泉遗存为代表，年代为距今5 800～5 300年；晚期以东山嘴遗存为代表，年代为距今5 300～4 800年。红山文化的主源是兴隆洼文化，早期、中期分别同后冈一期文化和庙底沟文化有过交往。（朱延平）

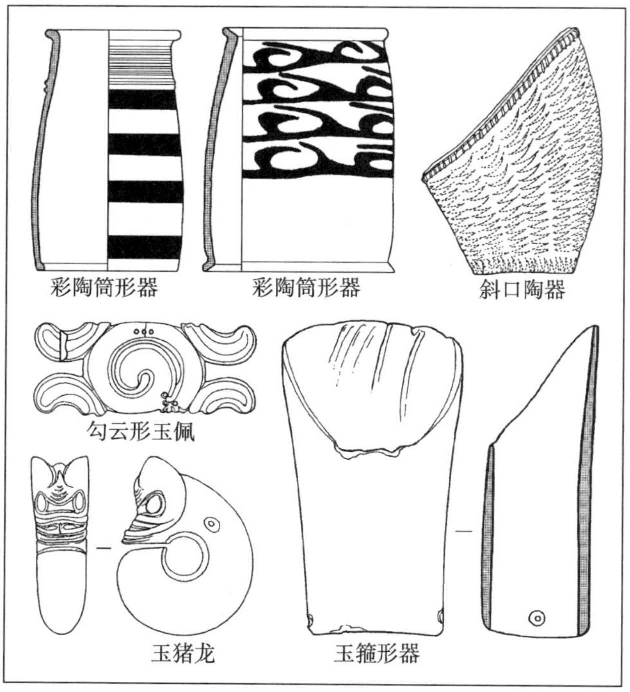

红山文化陶器和玉器

【红山后遗址】 新石器时代至秦汉之际遗址。全国重点文物保护单位。位于内蒙古自治区赤峰市区东北侧英金河东岸的红山北侧。“红山文化”的命名地。1935年日本人滨田耕作首次发掘。1954年和1956年中国学者又对其进行了调查和一定的发掘。其后逐步确认该遗址分布着红山文化、夏家店下层文化、夏家店上层文化、战国至汉初四个时段的遗存。1938年出版有《赤峰红山后》（日文）。（朱延平）

【蜘蛛山遗址】 新石器时代至秦汉之际遗址。位于内蒙古自治区赤峰市红山区英金河南岸坡岗上。1963年发掘。揭出四个时段的遗存，分属红山文化、夏家店下层文化、夏家店上层文化和战国至汉初之时，并为确认此四种遗存的相对年代关系提供了地层依据。（朱延平）

【西水泉遗址】 新石器时代至青铜时代遗址。位于内蒙古自治区赤峰市区北侧昭苏河西岸的坡岗上。1963年进行发掘。红山文化的遗存有半地穴房址3座，遗物中的人形陶塑、双孔石刀、单孔蚌刀和细石器石镞等，均具一定特色，所出陶器尤其是彩陶纹样被视为红山文化中期的标型物。还揭出一处夏家店下层文化的坑穴。（朱延平）

【那斯台遗址】 新石器时代遗址。位于内蒙古自治区巴林右旗查干木伦河（西拉木伦河北支）西岸的坡地上。遗址大体可分东、西两部分，总面积约100万平方米。1981年发掘。地表暴露着半地穴式房址、壕沟等遗迹。遗存至少包含兴隆洼文化和红山文化中期，属于后者的有彩陶、石耜、石刀、石雕人像和勾云形佩、三联璧、龙形玦、鸮形饰件等一批珍奇玉器。（朱延平）

【二道梁遗址】 新石器时代遗址。位于内蒙古自治区巴林左旗乌尔吉木伦河西岸的坡岗上。1991年发掘。揭出红山文化半地穴式房址15座，多数为长方形，门道偏于一侧。所出陶器以戳点纹和篦点之字形戳印纹见长，并有瓦棱状口缘的鼓腹罐。无论房址还是陶器均反映了乌尔吉木伦河流域红山文化的地域特色。（朱延平）

【草帽山积石冢群】 新石器时代红山文化积石冢群。全国重点文物保护单位。位于内蒙古自治区敖汉旗四家子镇东北的山梁上。该地矗立着3座积石冢，2001年发掘其中之一座，揭出墓葬7座，获石雕神像4件、外廓方形的玉璧1件、玉环2件、骨笛1件和数十件红山文化彩陶筒形器。（朱延平）

【四棱山陶窑】 新石器时代红山文化陶窑群。位于内蒙古自治区敖汉旗老哈河东侧四棱山的南坡。1974年在该地红山文化遗址中揭出6座属于红山文化中期的横穴式陶窑，均由掏洞式火膛和方形或长方形地穴式窑室组成，室内以土、石构筑窑柱，窑柱之间形成火道。6号陶窑为双火膛连接一个长方形窑室，形制较为特殊而具有某种进步性。（朱延平）

【三道湾子遗址】 新石器时代至战国时期遗址。位于内蒙古自治区敖汉旗老哈河东岸的台地上。

1974 年进行发掘。揭出一座红山文化坑穴，坑内有一石磨盘和一石叶及红山文化陶片，彩陶占绝对比重，以菱形、平行斜线和勾形三种彩陶纹样为主体，复原的陶器有钵、盆、罐三类。遗址尚有夏家店下层文化和战国时期的遗存。（朱延平）

【西台遗址】 新石器时代和青铜时代遗址。位于内蒙古自治区敖汉旗牤牛河（大凌河北支）北侧的坡岗上。1987 年进行发掘。新石器时代遗存均属红山文化中期，其主体被环围在呈“凸”字形的壕沟之内，壕沟的一边（“凸”字形的底边）有 3 个出入口。此次发掘，揭出长方形半地穴房址 17 座；并获两块浇铸金属钩形物的泥质陶范，皆长方体，一件长 3.6 厘米，另一件长 2.5 厘米。（朱延平）

【魏家窝铺遗址】 新石器时代遗址。全国重点文物保护单位。位于内蒙古自治区赤峰市红山区金钟镇。面积 9 万余平方米。2009—2012 年进行发掘。遗址成排布列着数百座方形或长方形半地穴式房址，是红山文化规模最大的一处完整聚落。所出土的筒形罐、斜口器、小口平底瓶、红顶钵等陶器和红色鳞纹彩陶，均代表了红山文化较早阶段的特征，圜底釜则反映了与后冈一期文化的交流关系。（朱延平）

【杨家洼遗址】 新石器时代遗址。位于辽宁省葫芦岛市塔山乡杨家洼村东南。1996 年进行发掘。发掘面积 500 平方米。发现圆角长方形房址、灰坑、灶址等遗迹。出土石器有打制和磨制两种。其中以打制石器为主，有尖状器、刮削器、石球、石核、石叶等。出土玉石斧、玉石球、玉环等玉器。遗址还发现两条龙的图腾图像。一号龙身长 114 厘米、高 77 厘米。二号龙身长 80 厘米、高 32 厘米。两条飞龙均为鸭形嘴，修长体，鱼形尾。形体有别，姿态各异。两龙均系用纯净的米黄色黏性土在红褐色地面上堆塑而成。龙体构思巧妙，图形古朴，工艺风格原始。（金英熙）

【平安堡遗址】 新石器时代至青铜时代遗址。位于辽宁省彰武县兴隆山乡赵家村平安堡屯以西砂土岗地上。1979 年发现。1983 年进行试掘。1988 年正式发掘，揭露面积约 1 300 平方米。遗址分为三期。第一期属红山文化，该文化层保存状况不良，主要分布在遗址南部，出土陶器主要有夹砂筒形罐和泥质红陶钵，筒形罐饰压印之字纹，石器有斧、磨盘、磨棒。第二期和第三期属青铜时代文化，第二期发现双耳罐、矮颈壶、折腹或曲腹钵、袋足三足器的足尖，第三期出土陶器有鬲、甗、罐、盆、豆。（金英熙）

【小东山遗址】 新石器时代遗址。位于辽宁省朝阳县柳城镇腰而营子村台地上。2000 年进行发掘。发现房址、灰坑、灰沟等遗迹。出土石器有石斧、石杵、石刀。陶器分泥质红陶和夹砂褐陶两大类，纹饰有刻划纹、压印之字纹和以黑彩卷云纹为主的彩绘。属红山文化早期遗址。（金英熙）

【田家沟遗址】 新石器时代遗址。位于辽宁省凌源市三家子乡河南村田家沟村民组。为典型的红山文化晚期墓地。遗址北距牛河梁遗址约 51 千米，东北距东山嘴红山文化祭祀址约 34 千米，共发现 4 个墓地地点。2009 年辽宁省文物考古研究所发掘红山文化晚期墓葬 42 座、祭祀坑 4 个、方形祭坛 1 座，出土人骨个体 46 具，红山文化玉器 19 件，以及彩陶盖罐、夹砂红陶罐、陶塔形器、石斧等大量文化遗存。田家沟遗址最为引人关注的是在第一、第三、第四地点发现了在大体相同的时间段内的男女双人并穴合葬墓，特别是第四地点发掘的男女双人合葬墓中，取消了男女之间的隔离物，表明墓葬中男女关系更为密切。（彭小军）

【胡头沟遗址】 新石器时代遗址。位于辽宁省阜新蒙古族自治县胡头沟村南忙牛河东岸漫圆土丘上。1973 年和 1993 年进行发掘。积石冢墓地平面呈长方形，由中心大墓和小型墓组成，中心大墓外有石围圈，其外侧为石墙，石墙外有一排无底筒形器。发现 4 座墓葬，1 座中心大墓（73M1）和 3 座小型墓，均为石棺墓。其中大墓面积大，有土台阶，外围有石围墙环绕，随葬品丰富，以玉器为主。玉器分为动物类、仿工具类、装饰类和其他类。动物类有鸮、鸟、鱼形坠，仿工具类有棒形器，装饰类有环、珠，其他类有勾云形器、璧、三联璧。无底筒形器均为泥质红陶，器壁厚，器表的一半有纹饰和彩绘，另一半为素面。口沿下以压印的平行线纹为主，其下为黑色彩绘。这些无底筒形器，大多出土于祭祀遗址及墓葬周围，是一种祭祀礼器。（金英熙）

【东山嘴遗址】 新石器时代遗址。全国重点文物保护单位。位于辽宁省喀喇沁左翼蒙古族自治县大城子镇东山嘴村后梁北部的台地上。1979 年和 1982 年进行发掘。为红山文化大型祭坛遗址，整个基址按南北中轴分布，由中心和两翼及前后两端组成。中心是一座大型方形建筑，长 11.8 米，宽 9.5

米，四边用石块砌墙，地面用长条石组成椭圆形石堆。两翼分为南北两部分，北部两翼分别为两道南北走向，相互对称的石墙基，石墙基外都堆有大面积的石块；南部两翼皆有石堆，石堆内多数为平底尖顶的锥状石，也有加工平整的砂岩长条石，原也应有石墙基和成组锥状立石。前端部分可分为石圈形台址与椭圆形石砌基址。遗址中除出土红山文化常见的石器、陶器和玉器外，在圆形台基址附近还出土两件小型孕妇陶塑像，残高分别为5厘米和5.8厘米，均为裸体立像，腹部凸起，臂部肥大，通体打磨光滑，整个形象表现为孕妇的特征。另外还出土相当于真人二分之一的大型盘膝正坐陶塑人像的腿部残块，以及双龙首玉璜、绿松石鸮鸟等饰件和大量形制特异的彩陶器如镂孔塔形器等。东山嘴遗址的发掘为研究红山文化文明提供了重要资料。（金英熙）

【牛河梁遗址群】 新石器时代红山文化遗址群。全国重点文物保护单位。位于辽宁省建平县与凌源市交界处努鲁儿虎山的山谷间。遗址群坐落于东西10千米、南北5千米的山冈上，有规律地分布着女神庙、祭坛和积石冢群，组成规模较大的史前祭祀遗址群。1979年发现，至今已多次发掘。发现遗址点20余处，共编16处地点，其中积石冢13处。牛河梁遗址群为研究辽河流域文明起源提供了重要资料。2012年出版有《牛河梁》。（金英熙）

【牛河梁第一地点】 亦称“女神庙”。新石器时代遗址。位于辽宁省建平县与凌源市交界的牛河梁主梁北山丘顶上。丘顶有广场平台，南北长175米，东西宽159米。平台南侧为女神庙。1983年、1984年发掘。女神庙由一个多室和一个单室构成，多室在北，为主体建筑；单室在南，为附属建筑，约在一个中轴线上。现仅发掘一部分。出土建筑构件、泥塑造像、陶制祭器三类。建筑构件有彩绘墙壁面和墙壁“平带”、墙壁钻窝“平带”等。泥塑雕像，以人物雕像为主，其次为动物雕像。泥塑多呈碎块，有头、肩、臂、乳房、手等残块，共6个个体。最小的与真人大体相近，大者其耳鼻相当于真人的三倍。尤为重要的是获得了一尊较为完整的女神头像，头像比例准确，生动细腻，是典型的蒙古人种。眼睛以黑色玉珠镶嵌，有神有光。动物雕像有猪龙、禽等。陶器有豆形器盖、钵、罐。女神庙的发现为研究红山文化宗教和意识形态提供了资料。（金英熙）

【女神庙】 即“牛河梁第一地点”。

【牛河梁第二地点】 新石器时代遗址。位于辽宁省建平县与凌源市交界的牛河梁主梁顶南端斜坡上（见彩版2“红山文化凌源牛河梁遗址第二地点”）。1983年开始多次进行发掘。遗址东西长150米、南北宽60米。共由6个单元组成，以圆形祭坛为中心，其西侧有1号冢和2号冢，东侧有4号冢和5号冢，北侧还有一单元，因破坏严重，性质不详。3号祭坛以立石围筑，立石三圈，由内向外，层层高起。2号冢和3号祭坛为这个冢群的中心。其中1号冢发掘27座，2号冢发掘1座，4号冢发掘16座。1号冢均为石棺墓，出土勾云形玉佩、玉雕龙、玉箍、玉璧、兽面形牌饰、玉环等随葬品。2号冢有中心大墓，墓口石砌大方台，墓壁有三层台阶。头部正对祭坛，是迄今发现的牛河梁墓葬中规格最高的墓葬之一。4号冢则分为竖穴土坑墓、石棺墓。墓周围摆放密集的筒形器，平面呈环圈状。第二地点作为牛河梁遗址群的中心积石冢群，为研究红山文化文明提供了重要资料。（金英熙）

【牛河梁第三地点】 新石器时代遗址。位于辽宁省建平县与凌源市交界的牛河梁主梁顶南端山丘最高处。其正北方有牛河梁第二地点，间距仅200米。1986年进行发掘。该地点为圆形单冢，冢的外界直径15米，规模较小，冢外有围沟。发掘10座墓，均石棺墓，多数西北向，少数东南向。3座墓有随葬品，出土玉器有璧、环、镯、臂饰。（金英熙）

【牛河梁第五地点】 新石器时代遗址。位于辽宁省建平县与凌源市交界的牛河梁主梁顶南端山丘较高处，当地俗称“架子山”。1987年、1998年、1999年进行发掘，发掘面积2 000平方米。文化堆积区分为上、中、下三层。上层堆积以大石块砌筑的方形或圆形积石冢、坛为主，由三个单元组成。第一单元为圆形冢，冢界外有直径35米的土围沟。冢内只有1座中心大墓。为老年男性，土圹有二三个台阶，随葬玉器7件，有璧、箍、镯、龟等。第二单元为长方形坛式，未发现墓葬，坛面石堆下有成排人骨。第三单元为方形冢。有成排的石棺墓，发现小型陶塑像。中层以堆积碎石层、祭祀坑和墓葬为主，上部有碎石堆积，碎石中间放置筒形器；下部有石棺墓，南北向。下层以灰坑和地层为主，灰坑有圆形、椭圆形、不规则形，均属生活居住区的灰坑。（金英熙）

【牛河梁第十六地点】 新石器时代至青铜时代遗址。位于辽宁省凌源市三官甸子下河沟村西北山顶上。1979—2003年先后发掘三次。遗址分为上、中、下三层。上层为夏家店下层文化、中层为红山文化积石冢、下层为红山文化灰坑等生活遗迹和积石遗迹。发现红山文化墓葬6座、灰坑4个,出土玉器15件、绿松石坠饰件2件;夏家店下层文化房子8座、窖穴3个、灰坑94个、灰沟7条,石、骨等各种质料的器物小件470余件。中层的红山文化积石冢是遗址的主体。积石冢分布在遗址的中心区山梁主脊部位,呈东北-西南走向。早期墓葬主要分布在积石冢的南部,均为长方形土坑竖穴墓,墓口及周围以碎石铺面,墓内无随葬品。稍晚的墓葬集中分布在积石冢西部,墓内见砌石,多有玉器出土。最晚的墓葬位于积石冢南部,为土圹石棺墓,出土玉器有环、玦、兽面牌饰、猪龙、璧、镯、箍形器等。中心大墓(M4)位于遗址最中心部位的山梁主脊上,直接开凿于山体最坚硬的变质花岗岩岩脉上,石穴圹南北长3.9米、东西宽3.1米、深4.68米。穴底置石棺。墓主为一成年男性,仰身直肢葬,年龄45~50岁,随葬器物有玉凤、玉箍形器、玉镯、玉人、玉环、绿松石坠饰等8件(见彩版8"红山文化玉凤"、"红山文化玉人")。在积石层中,还发现大量破碎的筒形陶器。第十六地点的发现为综合研究红山文化积石冢与墓葬结构、葬俗演变、玉器组合以及分期提供了新资料,亦为探索红山文化与周边文化的关系提供了珍贵的资料。(金英熙)

【牛河梁第十六地点积石冢中心大墓】 新石器时代红山文化墓葬。位于牛河梁第十六地点红山文化积石冢的中心位置。为一座特大型竖穴石圹石棺墓。开口面为附着于基性岩上的棕红色砂质黏土和棕黄色黄土状土,稍加平整,用火烧烤而形成的烧土硬面。墓圹凿于烧土面的中心位置,打破烧土面和其下的山体基岩。墓圹平面呈圆角长方形,南北长3.9米、东西宽3.1米;圹底平面呈长方形,东西长2.68米、南北宽1.2~1.4米。圹口及圹壁上均有火烧痕迹,北壁凿成两级台阶,自北向南呈缓坡状。墓圹从圹口至其下2.3米处形成一个大收分,为长方形的石棺圹口。石棺圹口东西长2.1~2.38米、南北宽1.3米。石棺的棺盖、四壁及棺底均用石灰岩平板平铺叠砌。石棺内的墓主人为成年男性,仰身直肢葬,头东脚西,陪葬有大量的玉器和石器。该墓葬是牛河梁遗址迄今发现的红山文化晚期积石冢中规模最大的墓葬之一。发掘者认为其埋葬习俗为研究辽西地区古代文明的起源与特点提供了考古学上的实证。(彭小军)

【红山文化女神像】 新石器时代红山文化遗物。发现于红山文化女神庙内,为一尊较完整的女性头像,被学术界称为红山文化"女神像"(见彩版8"红山文化女神像")。头像为泥塑烧制,与真人大小相同,方圆形扁脸。额骨突起明显,眉弓不显,眼窝浅,鼻梁低,耳短,鼻尖和鼻翼呈圆头状,无鼻钩,上唇较长而薄。在眼睛的处理上,以玉片嵌在眼眶中作睛,迸发出炯炯有神的目光,尤为独具匠心。整个头像在写实的基础上又进行了艺术刻画,既强调外形轮廓的健美柔和,又追求内蕴神态的情感流露,使得女神的动人容貌和内在的情感完美地融合。(彭小军)

【玉猪龙】 新石器时代红山文化玉器。玉猪龙在红山文化中多有发现,头部像猪首,整体似猪的胚胎。背部均有一两个对钻的圆孔,似可作饰物系绳佩挂。据出土时成对位于死者胸前的情形分析,用作佩饰的可能性极大。(金英熙)

【勾云形玉佩】 新石器时代红山文化玉器。红山文化遗址中常有发现。平面有长条形,中心镂空卷云纹,四角对称地向外翻卷,上端有穿孔,或背面有四鼻。种类较多。一般在正面或两面有一道与器体轮廓走向一致的浅凹槽。(金英熙)

【玉箍形器】 新石器时代红山文化玉器。红山文化墓葬中常有出现。其形制均呈扁圆筒状,腹壁斜直,一端作平口,另一端作斜坡形长口。靠近平口边缘钻有两个对称的圆形小口。此类玉箍形器常出自大、中型石棺墓内,其出土的位置,多数是横置在墓主的头部,也有的放置在墓主胸部或肩部。箍形器与红山文化、新乐下层文化、左家山三期的斜口陶器非常近似,推测它们之间有一定的传承关系。(金英熙)

【彩陶筒形器】 新石器时代红山文化陶器。筒形器,一般指无底的筒形器。主要在红山文化墓葬周围摆放,出土数量最多。口沿下多有一周附加堆纹带,还有数周横线纹,其下有各种彩绘纹。(金英熙)

【斜口陶器】 新石器时代晚期陶器。主要分布于辽河流域,在松花江支流的伊通河流域也有发现。此类陶器在新乐下层文化、赵宝沟文化、红山文化、左家山三期文化遗址中均有发现。存续时间为距今7 000~5 000年。敞口、斜壁、平底,斜口或呈"U"字形,或呈"门"形,总体为簸箕状。有学者称其为"簸箕形器”或“异形器”等。对于这种器物的用途有不同说法：一种认为是撮搂工具；另一种认为是取火或保存火种的容器，或是用作取暖的火盆。（金英熙）

【哈民忙哈遗址】 新石器时代遗址。位于内蒙古自治区科尔沁左翼中旗舍伯吐镇东南约20千米处。遗址平面呈不规则椭圆形，总面积约18万平方米。2010年内蒙古自治区文物考古研究所会同通辽市科尔沁左翼中旗文物管理所组成联合考古队对通霍铁路复线沿线进行文物调查时发现。2011年内蒙古文物考古研究所进行大面积发掘。发现有大量的房址、灰坑、墓葬等遗迹，出土陶器、石器、角器、蚌器等遗物。发掘者将哈民忙哈遗址出土的相关文化遗存，尤其是“麻点纹”一类遗存命名为“哈民忙哈文化”，并且根据碳十四测定认为哈民忙哈遗址的年代为距今5 500～5 000年。（彭小军）

【沙锅屯遗址】 新石器时代遗址。全国重点文物保护单位。位于辽宁省葫芦岛市南票区沙锅屯乡东南小凌河支流女儿河北岸的山洞中。1921年瑞典人安特生和加拿大人步达生发掘，出土有数十具人骨，新石器时代遗存分属日后辨识出的红山文化和小河沿文化。此系中国境内最早的正式考古发掘活动。1923年出版有《奉天锦西沙锅屯洞穴层》。（朱延平）

【小河沿文化】 新石器时代考古学文化。因内蒙古自治区敖汉旗小河沿乡白斯朗营子南台地遗址而得名。分布在通辽以西的大兴安岭南麓至渤海湾沿岸。主要陶器有绳线纹筒形罐和盂，小口双耳罐、壶、尊、豆、钵亦较流行，彩陶和烧后绘彩的彩绘陶也占一定比重。其主要渊源尚不清楚，南面的大汶口文化（早期末）对其有过影响。文化年代为距今5 300～4 500年。（朱延平）

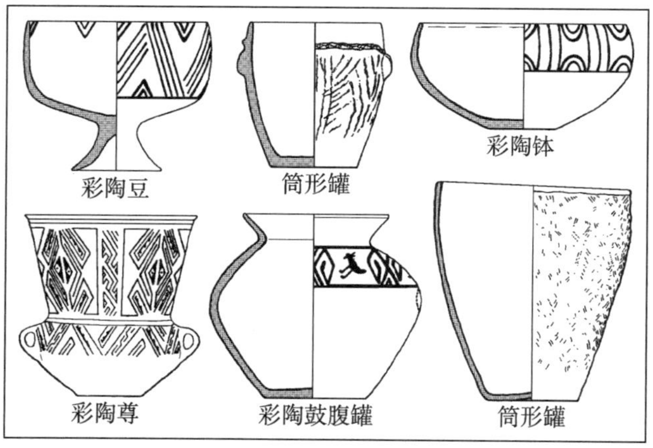

小河沿文化陶器

【白斯朗营子南台地遗址】 新石器时代至青铜时代遗址。位于内蒙古自治区敖汉旗小河沿乡老哈河东侧白斯朗营子村南的台地上。1974年进行发掘。小河沿文化得名于此遗址的新石器时代遗存。遗迹主要为半地穴式房址和坑穴，一座房址内出有彩陶尊和彩陶器座各一件，将陶尊置于器座之上，两者的花纹恰好构成一幅完整的图形。遗址还分布着夏家店下层文化遗存。（朱延平）

【石羊石虎山墓地】 新石器时代墓地。位于内蒙古自治区敖汉旗孟克河西岸的石羊石虎山西南坡。1960年发掘一座小河沿文化墓葬，出土陶器8件，均附双耳，艺术价值较高的两件分别为双口壶和彩陶尊。（朱延平）

【大南沟墓地】 新石器时代墓地。位于内蒙古自治区翁牛特旗大南沟村。村南相邻的两山丘南坡各有一片小河沿文化墓地，其中一片全部发掘完毕，共77座墓葬，数座墓排成墓列或聚成墓组，若干墓列或墓组又构成相对独立的墓区。墓皆长方形竖穴，有土坑和掏洞之别，多数墓经焚烧，其中有一些烧痕较重。以单人葬为主，占九成以上，一般上身仰直，下肢折屈。还有个别无头骨之墓和无人墓。墓葬随葬品有陶罐、陶豆、陶壶，以及石器、骨器、蚌器和纺轮。1998年出版有《大南沟》。（朱延平）

【上店墓地】 新石器时代小河沿文化墓地。位于内蒙古自治区克什克腾旗上店村大耗来河（西拉木伦河北支）支流东岸的坡地上。1980年、1986年和1989年调查，清理出的随葬品有彩陶钵、双耳陶罐、石臂环、蚌环、玛瑙环、骨珠和贝壳等物。墓地西南1千米尚有一处小河沿文化遗址。（朱延平）

【南宝力皋吐墓地】 新石器时代和汉魏时期墓地。全国重点文物保护单位。位于内蒙古自治区扎鲁特旗大兴安岭南缘科尔沁草原。2006—2010年内蒙古自治区文物考古研究所等进行发掘。所获新石器时代遗存主要是400余座墓葬，基本属于距今5 000～4 800年时段。墓地的范围远在发掘区之外，规模如此宏大，为新石器时代墓地所罕见。这批墓葬随葬品丰富，其中人形陶壶、龟形陶壶、猪首罐、骨冠饰、骨梗石刃刀、玉璧、璇玑、多角星形玉石质权标等稀世遗珍，凸显出该墓地的特殊规格和死者的尊贵身份。随葬陶器中除少数可能属于科尔沁地区自身独有的因素外,还有大量与西南面的小河沿文化、南面的偏堡子文化、东面的小拉哈一期等嫩江流域史前文化相关的品类,体现了各方文化辐辏的特色。汉魏时期的墓葬被认为可能属于鲜卑遗存。(朱延平)

【富河文化】 新石器时代考古学文化。因内蒙古自治区富河沟门遗址而得名。分布于乌尔吉木伦河中上游地区。陶器以弧壁筒形罐为主,器表习见纵向排列的篦点之字形戳印纹,也存在一定数量的斜口器、泥质红陶钵和几何纹圈足钵。石器多打制和压削而成,其中锄形器和锛形器最具特色。富河文化主要渊源是兴隆洼文化,与同时段的赵宝沟文化亦有交流。文化年代为距今6 500～6 000年。(朱延平)

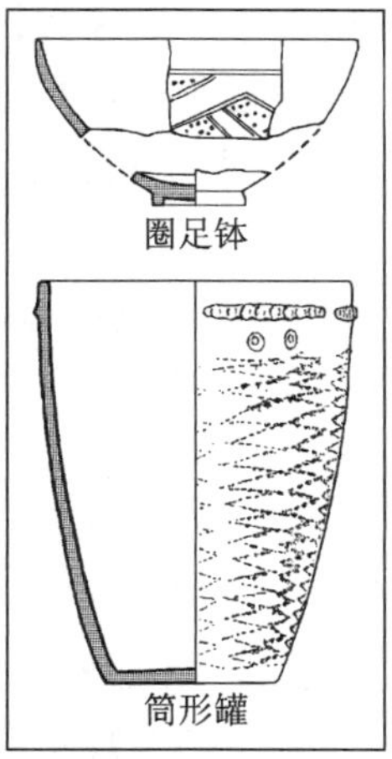

富河文化陶器

【富河沟门遗址】 新石器时代遗址。全国重点文物保护单位。"富河文化"的命名地。位于内蒙古自治区巴林左旗乌尔吉木伦河及其支流富河交汇处以北的两个土丘上。面积约3万平方米。1962年进行发掘。两丘之间为一浅凹,富河文化半地穴式房址分成两片,处于浅凹东、西两侧的南坡,两片房址的总数不下150座。房址平面多作方形,灶坑居中,或圆或方,方形灶址皆围以石板,部分房址内还挖有坑穴。出土遗物有石器、骨器、陶器及动物骨骸等。(朱延平)

【南杨家营子遗址】 新石器时代遗址。位于内蒙古自治区巴林左旗南杨家营子村乌尔吉木伦河东岸的一处缓坡上。1961年发现。1962年进行发掘。揭出红山文化和富河文化的半地穴式房址。红山文化遗存多属该文化的早期阶段,富河文化遗存则与富河沟门遗址的无大差别。(朱延平)

【新乐文化】 亦称"新乐下层文化"。新石器时代考古学文化。因辽宁省沈阳市北郊新乐遗址下层遗存而得名。主要分布在下辽河流域。发现有圆角方形半地穴式房址。石器有打制石器、磨制石器和细石器三种。打制石器有敲砸器、刮削器、砍砸器、网坠等,磨制石器有石斧、磨盘、磨棒、石镞,细石器有玛瑙石镞、石叶。最具特色的是出土各种煤精制品。陶器多为夹砂陶,器形以筒形罐为主,还有斜口器和圈足器。纹饰主要是压印纹,有竖压横排或横压竖排之字纹、弦纹、篦点纹。新乐文化为下辽河流域新石器时代较早的文化。文化年代为距今7 300～6 800年。与西辽河流域的兴隆洼文化、赵宝沟文化有文化联系。(金英熙)

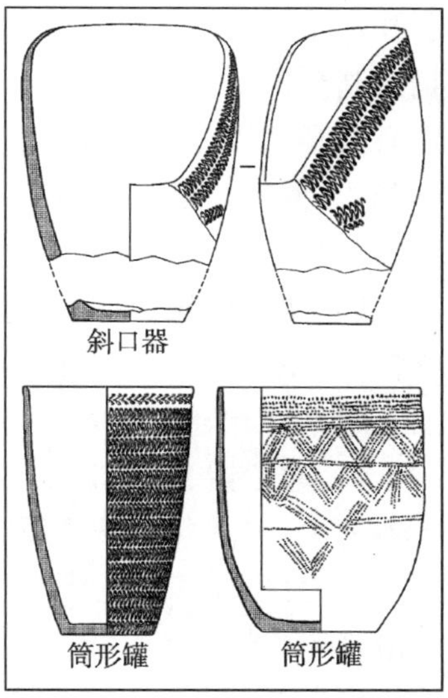

新乐文化陶器

【新乐下层文化】 即"新乐文化"。

【新乐遗址】 新石器时代至青铜时代遗址。全国重点文物保护单位。位于辽宁省沈阳市北郊。1973年沈阳市文物管理办公室开始发掘,20世纪80年代多次进行发掘。遗址分为下、中、上三层文化。下层和中层分别为新石器时代早期和晚期文化,上层为青铜时代文化。下层,又称新乐文化,存续时间为距今7 300～6 800年,是北方地区较早的新石器时代遗存。房址较密集,均为圆角方形半地穴式,有灶址。打制石器、磨制石器和细石器共存。出土各种煤精制品。陶器主要是夹砂陶,器形以筒形罐为主,还有斜口器和圈足器。纹饰主要是压印纹,有竖压横排或横压竖排之字纹、弦纹、篦点纹。中层,出土遗物较少,陶器有鼓腹罐和壶,纹饰以附加堆纹和刻划纹为主,口沿多刻划纹,腹部饰竖行泥条纹带,属偏堡子文化陶器。上层,石器均为磨制,有斧、刀、镞、磨棒;陶器有鼎、鬲、甗、壶、罐、碗,纹饰主要是素面。(金英熙)

【东高台山遗址】 新石器时代至青铜时代遗址。全国重点文物保护单位。位于辽宁省新民市高台子村。面积约6万平方米。1976年、1979年、1980年进行三次发掘。高台山由西高台、腰高台、东高台三座小山组成。腰高台发现青铜时代墓葬100余座,墓间距多在一二米,葬式为土坑竖穴单人葬,大部分墓中都有夹砂红陶壶、高足钵等随葬品。东高台山分四期,第一期属新乐下层文化,陶器主要是筒形罐,纹饰为压印的之字纹;第二期属偏堡子文化,发现附加堆纹陶器;第三期属高台山文化类型,发现墓葬,陶器特征与腰高台山墓葬出土的器物一致，器形有鼎、鬲、甗、瓮、壶、豆、缸等；第四期属高台山晚期类型，陶器以褐陶、黄褐陶为主，器形有双耳高领壶、四耳高领鼓腹壶、广口鼓腹罐、高领鼓腹瓮，纹饰多为素面，少数有附加堆纹。（金英熙）

【新乐文化煤精制品】 系以煤层中一种被称为煤精的腐泥煤为原料，经雕刻、磨制而成的古代艺术品。1973 年出土于沈阳市新乐遗址。器形主要以球形器、泡形器、耳珰形器、圆片形器、圆锥形器、盔形器为主。其中，泡形器顶圆厚，边薄如刃；耳珰形器呈束腰圆锥形，如现代跳棋子；盔形器为圆柱体，无沿盔形，圆顶凹底，实心且外壁较直。这些器物表面均磨制光滑，制作精美，可能用于某种装饰。同时，在选料、用料方面与石器制法相同，大部分是在选料的基础上经打制、切割、雕琢、研磨等方法最后形成完整的器形。新乐文化煤精制品具有很高的艺术欣赏价值和考古研究价值，其发现将中国煤精工艺史提前了几千年。曾有学者研究认为这些煤精制品所用煤为烛煤，且很可能来自辽宁省抚顺煤田西部的本层煤。（彭小军）

【偏堡子文化】 亦称“偏堡子类型文化”。新石器时代考古学文化。因辽宁省新民市偏堡子遗址而得名。主要分布在辽河流域，分布较广，下辽河流域的沈阳、辽东半岛、丹东、本溪、通辽地区都有发现。在辽东半岛，属小珠山第四期文化。偏堡子文化的陶器均为手制，器形主要有筒形罐、鼓腹罐、壶、圈足钵。壶腹部常见两个或四个器耳。纹饰以附加堆纹和刻划纹为特征。附加堆纹有平行横或竖行泥条带、波浪形泥条带，刻划纹有斜线纹、锯齿纹、三角纹、人字纹、弓字形纹。表现方法上有两种纹饰并用的，也有只饰附加堆纹的。（金英熙）

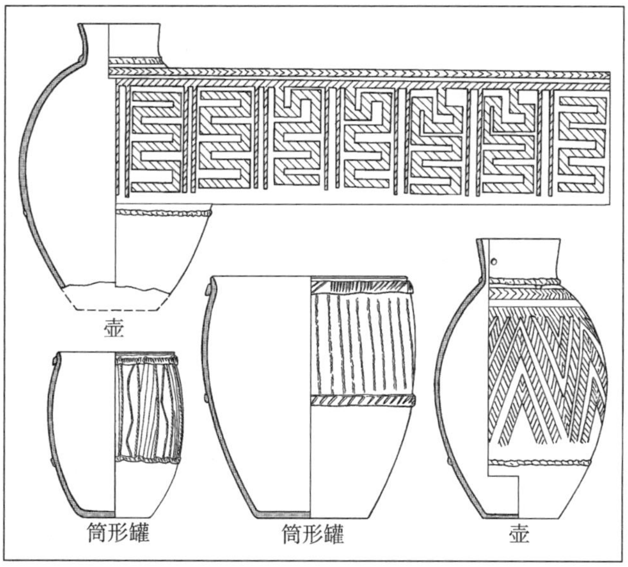

偏堡子文化陶器

【偏堡子类型文化】 即“偏堡子文化”。

【偏堡子遗址】 新石器时代遗址。位于辽宁省新民市偏堡子村沙丘上。1956 年调查。2010 年进行发掘。石器有磨制锛、镞和细石器。陶器为手制，器形有筒形罐、四耳鼓腹罐、圈足钵。纹饰有两种：一种是附加堆纹，有平行横或竖行泥条带、波浪形泥条带；一种是刻划纹，有斜线纹、锯齿纹、三角纹、人字纹。器表有的只饰附加堆纹，也有两种纹饰同时并用的。此类陶器特征称为“偏堡子类型”或“偏堡子文化”。（金英熙）

【肇工街遗址】 新石器时代遗址。位于辽宁省沈阳市铁西区肇工街。1965 年进行发掘。遗址分为上、下文化层。上层属青铜时代文化，发现三足陶器；下层属偏堡子文化。陶器均为手制，器形多为鼓腹罐、长颈壶，腹部常见桥状耳，还有圈足钵。纹饰主要是附加堆纹、刻划纹。附加堆纹多竖向细泥条，一般附加在腹部上；刻划纹有横向或竖向平行线纹。（金英熙）

【小珠山文化】 新石器时代考古学文化。因辽宁省长海县广鹿岛小珠山遗址而得名。主要分布在大连和丹东地区。1978 年进行发掘。20 世纪 80 年代初辽宁省博物馆等通过发掘小珠山遗址首次提出辽东半岛的新石器时代文化划分为小珠山下、中、上层文化。2006—2009 年中国社会科学院考古研究所再次发掘小珠山遗址，提出小珠山文化应划分为五个文化期。第一期，陶器多见夹砂陶，含滑石。器形基本为直口筒形罐，器壁厚。纹饰主要为压印纹，有之字纹、席纹、网格纹等，还有少量刻划纹。年代相当于赵宝沟文化或稍晚一些。第二期，陶器仍然盛行夹砂陶，器形多为敞口筒形罐。纹饰主要为刻划纹，纹饰刻划比较粗而

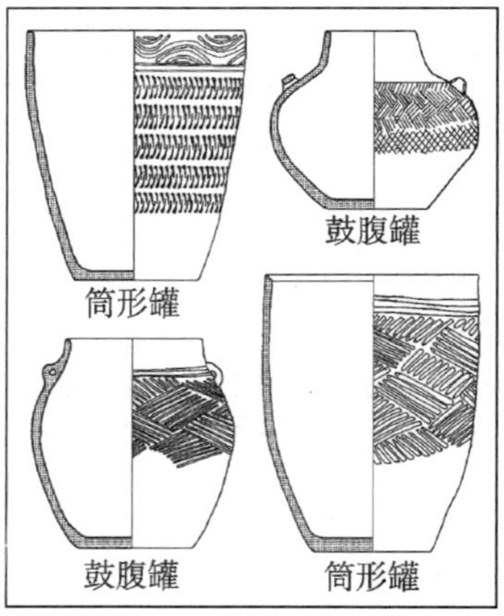

小珠山下层文化陶器

深，通体施纹。第三期，陶器仍以筒形罐为主，器体变小，器壁薄。纹饰几乎全为刻划纹，纹饰浅而小，主要在上腹部施纹。还出土鼎、鬶、红底黑彩的三角涡纹彩陶片等山东大汶口文化的陶器。年代相当于山东大汶口文化阶段。第四期，陶器多见鼓腹罐。此阶段最大特征是流行附加堆纹，并在附加堆纹上饰刻划纹。年代相当于三堂一期文化阶段。第五期，陶器有夹砂陶和泥质陶、蛋壳黑陶。器表多经磨光处理。器形有罐、环足器、鼎、盂、豆、盆等。纹饰以素面居多，有少量刻划纹，附加堆纹基本消失，年代相当于山东龙山文化阶段。（金英熙）

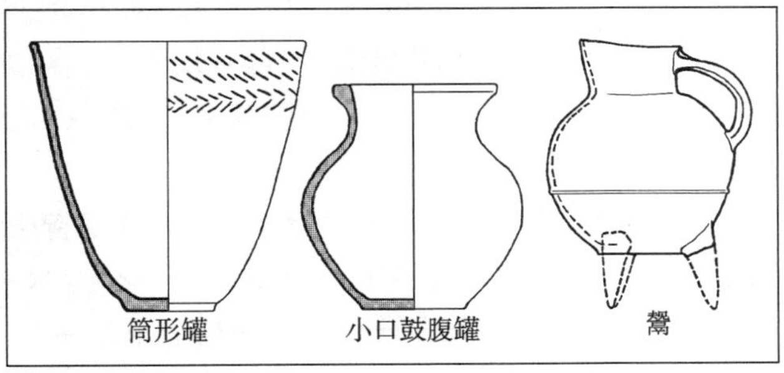

小珠山中层文化陶器

【小珠山遗址】 亦称“土珠子遗址”。新石器时代贝丘遗址。全国重点文物保护单位。位于辽宁省长海县广鹿岛中部吴家村西的小珠山东坡上。面积约5 000平方米。20世纪70年代末和2006—2009年先后多次发掘，揭露面积近千平方米。遗址分为五期考古学文化。共发现房址18座、灰坑30余个、野外灶址40余座和柱洞40余个。第一期和第二期的房址成排分布，房址多数为圆角方形半地穴式，少量为圆形半地穴式。第三期以后房址极少发现，灰坑和野外灶址较多，且贝壳堆积较厚。第一期，陶器多见夹砂红褐陶，含有大量滑石。器形基本为直口筒形罐，器壁厚。纹饰主要为压印纹，有之字纹、席纹、网格纹，以及少量刻划纹。年代相当于赵宝沟文化或稍晚一些。第二期，陶器仍然盛行夹砂陶，但滑石含量减少。器形多为敞口筒形罐。纹饰主要为刻划纹，纹饰刻划较粗而深，有横线纹、席纹、斜线纹等。第三期，陶器主要为夹细砂或夹砂红褐陶、红陶，含有大量云母。器形仍以筒形罐为主，但器体变小，多折沿或卷沿，器壁薄。纹饰多为刻划纹，纹饰浅而小，有人字纹、短斜线纹、网格纹等。出土鼎、鬶、红底黑彩的三角涡纹彩陶片等山东大汶口文化的陶器。年代相当于山东大汶口文化阶段。第四期，陶器以夹砂褐陶或黑褐陶为主，含有云母。器形多见鼓腹罐，敛口，口部外侧附加截面呈扁平或三角形泥条而形成假叠唇。该阶段最大特征是流行附加堆纹，而且附加堆纹上还饰各种刻划纹。纹饰与长兴岛三堂一期相近。年代相当于三堂一期文化阶段。第五期，陶器多为夹砂或夹细砂黑褐陶或褐陶，含少量云母或不含云母，器表多经磨光处理。器形以平底罐为主，还常见钵、盆、豆等。罐为折沿或卷沿，口沿外侧多附加截面呈三角形的泥条而形成双唇，附加堆纹基本消失，多为平行凹弦纹或素面，也有少量刻划纹。年代相当于山东龙山文化阶段。（金英熙）

【土珠子遗址】 即“小珠山遗址”。

【吴家村遗址】 新石器时代贝丘遗址。位于辽宁省长海县广鹿岛中部吴家村东丘陵南坡，西邻小珠山遗址。1978年辽宁省博物馆等进行发掘，2008—2010年中国社会科学院考古研究所、辽宁省文物考古研究所等再次发掘。发现圆角方形或椭圆形半地穴式房址4座、灰坑30余个、野外灶址10余座、柱洞40余个。石器以磨制为主，有斧、锛、镞、网坠等，打制石器较少。骨器有镞、针、凿等。玉器有玉环、璇玑。出土较多荞麦壳。陶器为手制，有夹砂红褐陶、泥质红陶和泥质红褐陶。器形主要是直口筒形罐，底小，多饰刻划的短斜线纹、网格纹；还有少量实足鬶、盉。属小珠山第三期文化。可以看出遗址受到山东大汶口文化的影响。（金英熙）

【郭家村遗址】 新石器时代贝丘遗址。位于辽宁省大连市旅顺口区郭家村北岭上。1973—1977年先后三次发掘。遗址分为上下两层。下层发现圆角方形半地穴式房址11座。石器主要为磨制石器，有斧、方形和半月形刀、磨盘和磨棒、镞。打制石器较少，有砍砸器、刮削器、盘状器、球。还有骨器和针、锥、梭等。陶器主要为手制，只有泥质灰黑陶使用轮制技术。以夹细砂褐陶为主，还有相当数量的泥质红陶。器形多直口筒形罐，还有实足鬶、罐形鼎、红地红彩陶片、红地黑彩陶片、红地复彩陶片和釜形鼎等。据碳十四测定年代为距今5 065±100年。上层发现圆角方形和圆形半地穴式房址，还有灰坑。石器以磨制石器最多，有斧、铲、刀、杵、磨盘、磨棒、矛、镞、网坠、锛、凿、纺轮、锥等。陶器有两类，一类为夹砂褐陶，另一类是泥质黑陶和蛋壳黑陶。器形主要有折沿罐、叠唇罐、鼎、豆、盂、杯、器盖等。其他器物还有骨针、骨锥和陶猪、陶兽、陶人头像等雕刻艺术品。下层和上层文化的陶器均具有本地特点，上层文化还有一定的山东龙山文化的特点。（金英熙）

【柳条沟东山遗址】 新石器时代贝丘遗址。位于辽宁省长海县广鹿岛柳条沟东山顶东面缓坡上。属小珠山第一期文化。1978 年进行发掘。石器以打制石英石片居多。陶器以夹砂陶为主，含滑石。均为手制，器形简单，主要是直口筒形罐，纹饰多压印之字纹。（金英熙）

【上马石遗址】 新石器时代贝丘遗址。位于辽宁省长海县大长山岛东部三官庙村。1941 年和 1978 年进行发掘。遗址分为下、中、上三个文化层。下层为小珠山第一期和第二期文化，距今约 6 000 年。发现一座圆角方形半地穴式房址。石器以打制为主，磨制者甚少。陶器为手制，以含滑石的夹砂红褐陶为主，还有黑褐陶。器形主要是筒形罐。纹饰以压印纹为主，有之字纹、斜线三角纹，还有刻划纹、刺点纹等。中层为小珠山第五期文化，距今约 4 000 年。发现一座圆形半地穴式房址。石器大多为磨制，有斧、锛、有孔和无孔刀、镞、网坠，另有骨角器。陶器为手制，以夹砂黑褐陶为主，还有红褐陶。器形主要有折腹罐、环足器、钵形鼎、豆、盂等。纹饰主要为刻划的弦纹、乳钉纹。上层据碳十四测定年代为距今 3 220 年 ± 150 年、距今 3 180 年 ± 100 年，相当于于家村上层文化。石器多为磨制，有斧、锛、镞、环。骨器有镞、锥、簪、鱼钩等。陶器多为手制，以夹砂红褐陶最多，还有黑褐陶。器形主要有甗、罐、壶、豆等。（金英熙）

【后洼遗址】 新石器时代遗址。全国重点文物保护单位。位于辽宁省东沟县马家店镇三家子村后洼屯果园内台地上。面积 1.5 万平方米。1989 年进行发掘。遗址分为上下两层。下层，房址分布密集，有圆角方形和圆形半地穴式。方形大房址周围分布着圆形小房址。室内有石块砌成的圆形或方形灶址。石器多为磨制，有斧、锄、刀、磨盘、磨棒。打制石器有盘状器、刮削器等。陶器均系手制，器形主要为筒形罐、鼓腹罐，其次为壶、碗。纹饰主要是压印纹，有席纹、之字纹、网格纹；还有少量刻划纹。雕塑品发现较多，有石雕的人像、猪、鸟，以及鱼形、鸟形、蝉形等动物形坠饰和陶制的人头、猪头及动物形雕塑品。据碳十四测定并经校正，下层年代为距今 6 000 年。上层，房址分布较分散，多为圆角方形半地穴式。石器以磨制石器为主，有斧、锄、刀、磨棒、磨盘。打制石器有砍砸器、刮削器。陶器为手制，器形主要有侈口筒形罐，其次为壶、折腹碗。纹饰主要为刻划纹，有横线纹、人字纹、三角纹、几何纹、点纹。还有坠、环、珠、人头像等。据碳十四测定并经校正，上层年代为距今 5 000 年以前。（金英熙）

【大岗遗址】 新石器时代遗址。位于辽宁省东沟县马家店乡双山西村兴台屯平地上。面积 1 万平方米。1984 年辽宁省博物馆进行发掘。属后洼下层文化。发现一座圆形半地穴式房址，屋内有灶。石器有打制石器和磨制石器两种，打制石器有砍砸器，磨制石器有磨盘、磨棒、磨石、网坠、凿。陶器为手制，主要为夹砂红褐和黑褐陶，器形有筒形罐、直颈鼓腹壶、碗、杯、勺。纹饰以压印纹最多，有席纹、之字纹。（金英熙）

【北吴屯遗址】 新石器时代遗址。位于辽宁省庄河市黑岛镇西阳宫村北吴屯。面积约 1 万平方米。1990 年进行发掘。遗址分为上下两层。下层为小珠山第一期文化，上层为小珠山第三期文化。下层，发现圆形半地穴式房址 5 座，有柱洞，门道较短。屋内有石砌的方形灶址。石器以磨制石器为主，有斧、磨盘、磨棒、网坠、锛。打制石器较少，有刮削器、尖状器、锄、球。玉器有锛、凿。出土有针、锥、管等骨器。陶器为手制，以夹砂红褐陶和黑褐陶为主，多含滑石粉。器形主要是筒形罐，还有鼓腹罐、壶、钵、碗。纹饰以压印纹为主，有之字纹、席纹、网格纹、人字纹、波浪纹；还有少量席纹、网格纹、斜线纹等刻划纹。上层，发现圆角方形半地穴式房址，屋内有灶和柱洞，门道较短。石器主要是磨制石器，有斧、磨盘、磨棒、锛。玉器有锛、凿。陶器为手制，以夹砂红褐陶和黑褐陶为主，其次是夹砂红陶和黑陶。器形以侈口筒形罐为主，其次是鼓腹罐、壶。纹饰多刻划纹，有短斜线纹、网格纹、人字纹、席纹、弓字形纹，也有少量压印纹。据碳十四年代测定并经校正，下层年代为距今 6 500～6 000 年，上层年代为距今 6 000～5 500 年。（金英熙）

【马城子村 B 洞遗址】 新石器时代至青铜时代洞穴遗址。位于辽宁省本溪满族自治县马城子村东崴子东侧的太子左岸断崖上。面积 70 平方米。1983 年进行发掘。遗址分 A、B、C 洞，其中 A 洞和 C 洞为青铜时代遗存，B 洞则分为新石器时代和青铜时代两个时期。新石器时代文化层，揭露一座圆形洞穴房址，中央有石砌的方形灶址。石器主要为磨制，有锄、磨棒、镞、网坠等。陶器为手制，主要是夹砂陶，含滑石。器形主要是筒形罐，纹饰多刻划纹，有横线纹、网格纹、人字纹等；还有少量附加堆纹。青铜时代文化层发现墓葬14座。遗址与本溪满族自治县张家堡A洞遗址文化性质相近。1994年出版有《马城子》。（金英熙）

【张家堡A洞遗址】 新石器时代至青铜时代洞穴遗址。位于辽宁省本溪满族自治县小市镇张家堡村山坡上。面积100余平方米。1986年进行发掘。文化堆积分为新石器时代和青铜时代文化层。新石器时代文化层，石器只有打制的石铲。陶器主要为筒形罐，纹饰以刻划纹为主，另有戳印纹。青铜时代文化层发现墓葬52座。遗址与本溪满族自治县马城子村B洞遗址文化性质相似。（金英熙）

【小孤山仙人洞遗址】 见“小孤山遗址”(129页)。

【文家屯遗址】 新石器时代贝丘遗址。位于辽宁省大连市甘井子区营城子镇四平山南麓。1942年进行发掘。遗址分为三类遗存。第一类属小珠山第三期，陶器主要是筒形罐，纹饰以刻划纹为主，有网格纹、短斜线纹、人字纹，此类陶器近似吴家村遗址陶器；还出土盉、鬶等山东大汶口文化因素的陶器。第二类属小珠山第四期，陶器主要是罐，纹饰有附加堆纹和刻划纹，出土典型的偏堡子文化陶器。第三类属小珠山第五期，陶器有折沿罐、磨光黑陶罐。2002年出版有《文家屯》。（金英熙）

【大潘家遗址】 新石器时代贝丘遗址。位于辽宁省大连市旅顺口区大潘家村北。面积1.7万平方米。1992年进行发掘。发现房址7座，均为椭圆形半地穴式，面积偏小。还发现墓葬1座。石器均为磨制，有斧、刀、锛、凿、网坠、镞等。骨器有针、锥、鱼卡、笄。陶器分为手制和轮制，以夹砂陶为主，其次是泥质陶。夹砂陶器形有各种罐、豆、环足器、觚形器、鼎；泥质陶器形有钵、壶、杯、盂。纹饰以素面为主，还有刻划纹和附加堆纹，附加堆纹与三堂一期纹饰接近。泥质陶中有一定数量的彩陶，均为红地红彩，纹饰有几何纹。属小珠山第四期和第五期文化。（金英熙）

【安新庄遗址】 新石器时代遗址。位于河北省迁安县滦河东岸彼此连属的四个沙丘上。1978年发掘其中一个沙丘。所获遗存属赵宝沟文化，但和燕山以北的赵宝沟文化有着一定的区别，有些成分接近上宅文化，从而彰显出滦河流域赵宝沟文化的自身特色。这批遗存中含有少量彩陶，并有内彩，尚见刻划纹与彩陶共饰一器之例。（朱延平）

【金沟屯遗址】 新石器时代至青铜时代遗址。位于河北省滦平县滦河上游北岸一台地，此处俗称“后台子”。遗址分布着赵宝沟文化和夏家店上层文化的遗存。属于赵宝沟文化的重要遗存有7尊石雕像，除一较小的石兽外，余皆裸体孕妇形象，完整者高度均在33厘米左右，均刻出五官和双乳，上肢弯曲，双手按于腹上，下肢呈蹲或坐姿。青铜时代的遗存主要属夏家店上层文化。（朱延平）

【昂昂溪文化】 新石器时代考古学文化。因黑龙江省齐齐哈尔市昂昂溪遗址而得名。主要分布于嫩江中下游地区的大小沙丘上。该文化墓葬均为长方形土坑竖穴式，盛行单人仰身直肢葬，随葬品稀少。石器有压制、打制和磨制三种。其中压制石器最为多见，主要有镞、尖状器、刮削器、石片；打制石器有锛、网坠、刮削器等；磨制石器有锛、凿、砺石、敲砸器、磨盘、磨棒。骨器丰富，有枪头、鱼镖、穿孔器、骨刀梗。陶器以罐为主，还有钵和盆，纹饰流行附加堆纹，刻划纹较少。昂昂溪文化以压制的细石器最具特点。渔猎经济发达，属嫩江平原新石器时代文化。（金英熙）

【昂昂溪遗址】 新石器时代遗址。全国重点文物保护单位。位于黑龙江省齐齐哈尔市昂昂溪区。由39处遗址（含遗物点）组成。1928年发现。1930年后进行过多次调查和发掘。发现遗迹有墓葬等，出土遗物有细石器、骨器、陶器等。石器可分为三类，即压制石器、大型打制石器和磨制石器。其中以压制石器居多，有镞、尖状器、刮削器、刀形器和梯形石片等；磨制石器有网坠、刀和盘状器等。骨器主要是枪头和鱼镖，均有一列倒刺，柄端有穿孔。还发现大量动物骨骼，种类有鹿、猪、狗、兔、鸟、鱼、蚌等，表明渔猎经济在当时经济生活中占主要地位。陶器均为手制，灰褐色，火候较低，器形简单，基本只有饰泥条纹或划纹的小口罐和带流钵两种，其落后的制陶工艺可能与农业的不发达有关。昂昂溪遗址是中国北方渔猎文化代表性遗址之一，对进一步研究黑龙江地区的古代文化发展具有重要意义。据碳十四测定，遗址年代为距今6 000～5 000年。（王成伟）

【小拉哈遗址】 新石器时代至早期铁器时代遗址。全国重点文物保护单位。位于黑龙江省肇源县义顺蒙古族乡小拉哈屯北。面积10万余平方米。

1978 年发现。1992 年进行发掘。遗址分为三期。第一期,又分为甲组和乙组：甲组与左家山一期文化特征有些相近,陶器以直口筒形罐为大宗,纹饰主要有刻划弦纹、席纹和戳印纹;乙组则与昂昂溪文化特征有些接近,陶器仍以筒形罐为主,口沿下饰几周横向条形堆纹,发现少量细石器。第二期,出土铜刀、铜笄、双联泡饰等铜器。陶器以罐、壶、碗为主,素面居多,有少量附加堆纹和刻划纹。属青铜时代遗存。第三期,陶器有鬲、高颈壶、单耳杯,纹饰有绳纹、指甲纹。此类遗存属本地区早期铁器时代的汉书二期文化范畴。据碳十四测定并经树轮校正,遗址年代为公元前 331 ~公元 30 年。(金英熙)

【滕家岗子遗址】 新石器时代遗址。位于黑龙江省齐齐哈尔市昂昂溪区东南沙丘上。面积约 13 万平方米。1983—1997 年先后三次发掘。发现墓葬,葬式为土坑竖穴式,主要是仰身直肢葬。分为红土葬和二次葬。红土葬从墓口到墓底都用红土回填,二次葬埋葬较浅,墓廓不明显。随葬品稀少,有玉环、玉璧、骨锥、压制石镞等。红土葬和二次葬为昂昂溪文化的一大特征。(金英熙)

【新开流文化】 新石器时代考古学文化。因黑龙江省密山县新开流遗址而得名。主要分布于三江地区。分为早晚两期。发现墓葬均为长方形或方形浅坑竖穴葬。葬式有一次葬和二次葬,以仰身直肢葬为主,少数有屈肢葬。新开流文化为黑龙江省较早的新石器时代文化。石器以压制细石器为大宗。陶器主要为筒形罐、钵,纹饰较为繁杂,有刻划纹、戳印纹,以鱼鳞纹、菱形纹最具特色。经济以渔猎为主。参见“新开流遗址”。(金英熙)

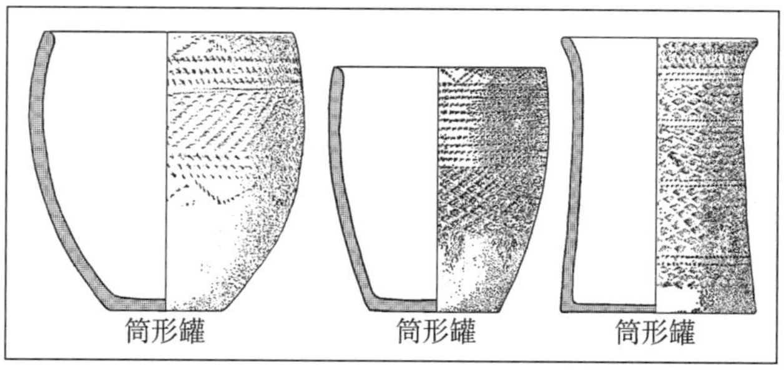

新开流文化陶器

【新开流遗址】 新石器时代遗址。位于黑龙江省密山县兴凯湖畔。面积 2.4 万平方米。1972 年黑龙江省博物馆进行调查并发掘,发掘面积 280 平方米。遗址分为上、下两层,同属新开流文化。发现墓葬 32 座,均为长方形或方形浅坑竖穴葬。葬式有一次葬和二次葬,多为二次葬。一次葬均为单人葬,二次葬有单人葬和多人葬。以仰身直肢葬为主,少数有屈肢葬。石器以压制细石器为主,有镞、石叶、石核、刮削器。打制石器有矛、斧、网坠,磨制石器有镞、斧、凿、磨石等。骨器发达,有镞、投枪头、鱼叉、鱼卡、鱼钩。陶器为手制,器形以罐、钵为主,纹饰有刻划纹、戮印纹、拍印纹,以及平行方格纹、小方格篦点纹、网格纹。上层人骨的碳十四测定年代为距今 6 080 ± 130 年。(金英熙)

【左家山遗址】 新石器时代遗址。位于吉林省农安县农安镇高家屯左家山。面积约 1 000 平方米。1984 年发现。1985 年进行发掘。遗址分为三期,第一期,陶器有鼓腹罐、筒形罐、斜口器。纹饰分为压印纹、刻划纹,压印纹有之字纹,刻划纹有菱形纹、之字纹、席纹等。据碳十四测定并经树轮校正,年代为距今 6 755 ± 115 年。第二期,陶器以筒形罐为主。纹饰以刻划纹为主,有之字纹、波浪纹、篦点平行带纹。第三期,陶器有筒形罐、钵、斜口器。纹饰以刻划纹为主,有人字纹、网格纹、三角形内填斜线纹。其相对年代为：第一、二期年代晚于新乐下层文化,第三期与小珠山第三期文化年代相当。(金英熙)

【元宝沟遗址】 新石器时代遗址。位于吉林省农安县巴吉垒镇元宝沟村西南。1985 年发掘。石器有细石器和磨制石器两种,细石器有镞、尖状器、刮削器,磨制石器有镞、斧、网坠、磨盘、磨棒。陶器主要有罐、钵,罐的底部多呈弧形小平底,还有斜口器。纹饰以刻划纹为主,有单线和双线的席纹、人字纹、波浪纹等,另有少量压印纹。(金英熙)

【腰井子遗址】 新石器时代遗址。位于吉林省长岭县腰井子村北大沙岗上。面积约 8 万平方米。年代与左家山遗址一期接近。1986 年吉林省文物考古研究所进行清理发掘,揭露出一些圆角方形或椭圆形房址。石器以细石器为主,有镞、刮削器、尖状器;还有少量斧、锛、磨盘、磨棒等磨制石器。陶器为手制,器形主要有罐、碗、壶。纹饰多刻划纹、戳印纹和压印纹。其中以刻划纹、戳印纹以及复合组成的几何纹图案最具特点。腰井子遗址面积大,遗存丰富,为研究吉林西部新石器时代的文化面貌提供了珍贵的实物资料。(金英熙)

【西断梁山遗址】 新石器时代遗址。位于吉林省东丰县一面山乡西断梁山东部的漫岗上。1985 年调查发现。1986年、1987年进行两次发掘。遗址分为一、二期遗存。一期年代与左家山遗址二期接近，石器有打制和磨制两种，打制石器有刮削器、敲砸器、斧等；磨制石器有磨盘、磨棒、镞。陶器为手制，器形有筒形罐、鼓腹罐、钵等。纹饰以压印纹和刻划纹为主，压印纹有竖压横排或横压竖排之字纹，刻划纹有菱形纹、回字纹。二期与吴家村遗址接近，磨制石器增多，有斧、铲、磨盘。陶器为手制，器形有筒形罐、钵。纹饰以刻划纹为主，有人字纹、短斜线纹。（金英熙）

【金谷遗址】 新石器时代遗址。位于吉林省延边自治州龙井市金谷水库西山山梁上。1979年、1980年进行两次发掘。发现方形半地穴式房址。石器有打制和磨制两种，打制石器有锄、镞等，磨制石器有斧、锛、凿、镞、磨盘等。陶器为手制，器形有筒形罐、瓮、钵、碗等。纹饰以刻划纹为主，有人字纹、回字纹、篦点纹等。金谷遗址特点与和龙县兴城遗址基本相似。（金英熙）

【兴城遗址】 新石器时代和青铜时代遗址。位于吉林省和龙县兴城村北山冈缓坡上。1979年文物普查时发现。1986年、1987年进行发掘，发掘面积1 300平方米。遗址分为新石器时代晚期和青铜时代遗存。新石器时代遗存又细分为一、二期。发现圆角长方形半地穴式房址8座。石器主要以打制和磨制刃部的大型石器、压制的细石器为特征。陶器为手制，陶质疏松，器形多为罐类，腹部微鼓。纹饰以戳印纹为主，有点纹和由点纹组成的各种几何图案，还有刻划的人字纹。兴城遗址与龙井市金谷遗址内涵有一定联系。年代为距今4 800～4 300年。青铜时代遗存，发现房址21座和墓葬3座。房址均为圆角长方形半地穴式，墓葬有土坑葬和瓮棺葬。年代为距今3 700～3 200年。2001年出版有《和龙兴城——新石器及青铜时代遗址发掘报告》。（金英熙）

【靶山遗址】 新石器时代遗址。位于吉林省白城市洮北区纯阳村靶山南坡台地上。面积约9 600平方米。1984年进行发掘，发掘面积550余平方米。发现墓葬5座，均为土坑竖穴墓，排列有序，比较集中。墓葬分为合葬和单人葬两种，墓向朝西，均为仰身直肢葬。随葬品有石器、骨器、蚌器。（金英熙）

【小南山遗址】 新石器时代遗址。位于黑龙江省饶河县南端乌苏里江西岸的小南山东坡上。1971年和1991年进行两次发掘。发现墓葬1座，系二人合葬墓，为土坑竖穴式，仰身直肢葬。墓中出土有玉器、石器、牙坠饰等随葬品。玉器有玦、环、珠、斧、矛、匕、簪等60余件。石器以打制为主，有矛、镞、刮削器、尖状器，还有少量磨制石器斧、镞。陶器主要有罐、钵两种，多数为素面，有少量方格拍印纹、刻划纹、篦点戳印纹。从玉器特征看，遗址的有些特征与依兰县倭肯哈达遗址近似，且与红山文化有一定的文化联系。（金英熙）

【亚布力遗址】 新石器时代遗址。位于黑龙江省尚志县亚布力镇。1985年进行发掘。石器多磨制，有穿孔铲、斧、镞等，还有打制石器亚腰形锄等。出土玉器有锛、凿、佩饰。陶器均为手制，器类简单，以罐、碗为主。纹饰主要是压印纹、戳印纹，压印纹有绳纹、线纹，戳印纹有短斜线或平行横线篦点纹。亚布力遗址的遗存与莺歌岭下层文化有一定联系。（金英熙）

【倭肯哈达遗址】 新石器时代洞穴遗址。位于黑龙江省依兰县倭肯河东岸洞穴内。1950年进行发掘。洞穴为方筒形横穴，全长12米，洞口宽1.5米、高2米余。文化堆积层出土炭灰、烧制兽骨、鱼骨等，表明史前人类曾在洞穴内居住。还发现墓葬4座，为屈肢蹲坐姿势放在石板上，墓中有玉、石装饰品。玉器有璧、璜、管状环。还出土石斧、石管、窝窝头形石器。陶器以罐、钵居多。罐多为侈口、厚唇、鼓腹，纹饰以篦点纹为主。倭肯哈达遗址遗存的有些特点与饶河小南山遗址相近。（金英熙）

【振兴遗址】 新石器时代至辽金时期遗址。位于黑龙江省海林市振兴村牡丹江右岸的台地上。面积2.8万平方米。1994—1995年进行发掘。遗址分为五期，内涵与牡丹江左岸河口遗址近似。第一期为新石器时代遗存，陶器以罐为大宗，纹饰分为甲、乙两类。甲类罐饰戳印纹，有篦点纹、倒三角形纹、菱形纹等，其中篦点纹最多见，有人字形纹、平行短斜线纹、平行横线纹等。在密山县新开流下层和鸡西刀背山墓地出土近似陶器。乙类罐饰附加堆纹，腹部饰几道平行线组成的菱形图案。第二期年代接近团结文化和滚兔岭文化，陶器以附圆柱状钮的鼓腹罐和高领敞口罐为代表，多数为素面。第三期为东汉至魏晋时期，出土陶器多见筒形罐、鼓腹罐和钵，常附乳钉钮，器表为素面。第四期为南北朝至渤海时期，陶器只见罐，口沿下饰附加堆纹。第五期为渤海时期,陶器以大型罐为主,有盆、壶、钵,素面,出土铁器有钉子、鱼钩、刀、锛等。2001 年出版有《河口与振兴——牡丹江莲花水库发掘报告》。(金英熙)

【河口遗址】 新石器时代至渤海时期遗址。位于黑龙江省海林市三道河子乡河口村牡丹江左岸台地上。面积 3 万平方米。1994—1995 年进行发掘。遗址分为五期,遗址内涵与牡丹江右岸的振兴遗址相接近。第一期属新石器时代文化,陶器均为筒形罐,纹饰多数是戳印纹,有平行篦点纹、窝点纹等。第二期年代接近团结文化和滚兔岭文化,出土铁器有钁、镞,陶器以敞口鼓腹大型罐为大宗,常见柱状耳,还有壶。第三期为东汉至魏晋时期,陶器以大形筒形罐为大宗,近口处有 2 个或 4 个对称乳钉钮,素面。第四期为南北朝至渤海时期,陶器主要为罐和碗,罐呈瘦长形,口部饰附加堆纹,其上有刻划纹;碗饰刻划纹。第五期为渤海时期,陶器以罐、盆、碗为主,器身有横桥形耳。2001 年出版有《河口与振兴——牡丹江莲花水库发掘报告》。(金英熙)

【刀背山墓地】 新石器时代遗址。全国重点文物保护单位。位于黑龙江省鸡西市鸡冠区太阳升村东北刀背山西坡脚下。面积约 2 万平方米。1980—1981 年调查发现。包括 4 座积石冢,呈正南北向,纵向排列。积石冢西部有一道南北走向的石墙,长约 200 米,平面呈蝌蚪状。1980 年第四座积石冢遭破坏,从中陆续发现遗物 70 余件。陶器为手制,器形主要是罐,侈口,微鼓腹,纹饰多见戳刺纹,有几何纹、弦纹,还有方格纹、鱼鳞纹、指甲纹等。发现玉璧、玉瑗。此外还收集了一些人体碎骨。研究认为此积石冢系新石器时代墓地。遗存特征与新开流遗址上层相近。(金英熙)

【莺歌岭遗址】 新石器时代至青铜时代遗址。位于黑龙江省宁安县镜泊湖东南岸。1963 年进行发掘。遗址分为上下两层。上层据碳十四测定并经校正年代为距今 3 025 ±90 年,应在商周之际。石器以磨制为主,有斧、锛、镞等;其次是压制石器,有镞。陶器为手制,器形以罐为大宗,腹部呈筒形或微鼓,素面居多。下层属新石器时代文化,石器以打制为主,有锄、斧、网坠。陶器为手制,器形主要有直口或侈口筒形罐、碗。纹饰以刻划纹、戳印纹为主,刻划纹有人字纹、斜线纹,戳印纹有篦点纹、人字纹、梳齿纹、锯齿纹。(金英熙)

【石灰场遗址】 新石器时代至渤海时期遗址。位于黑龙江省宁安县石灰场村的牡丹江与马莲河汇合处台地上。1988 年进行发掘。遗址分为下、中、上三层。下层属新石器时代文化。陶器多为罐、瓮,假圈足罐。纹饰多为刻划纹,有斜线纹、几道平行线组成的菱形纹等,口沿下常见附加堆纹。海林振兴遗址也出土类似陶器。中层属早期铁器时代文化,出土附乳钉或横耳罐,素面。上层为唐代渤海时期文化,出土垂腹罐。(金英熙)

【东翁根山遗址】 新石器时代遗址。位于黑龙江省泰来县泰来镇西南的东翁根山上。1986 年当地村民植树时发现。遗址为固定沙丘,因风蚀作用,上面凹凸不平,植被稀疏,周围皆为耕地。采集遗物较多。石器以压制石器为大宗,有镞、尖状器、刮削器、石刃、石叶等。玉器有双孔玉璧、玉环。陶器纹饰有附加堆纹、指甲纹、锥刺纹等。东翁根山遗址文化遗存丰富,手制夹砂陶器多为小型器,纹饰原始,出土遗物均具有昂昂溪文化特点,对研究昂昂溪文化的分布和发展具有重要价值。(金英熙)

【李家岗遗址】 新石器时代遗址。位于黑龙江省杜尔伯特蒙古族自治县烟筒屯新合村李家岗南坡上。1990 年进行发掘。发现墓葬 2 座,均为竖穴土坑式。1 号墓系四人葬,出土随葬品 24 件,有玉璧、骨匕、骨梗刀、石刃、石锛、石镞。2 号墓系单人葬,未见随葬品。李家岗遗址应与白城靶山墓地属同一时期。(金英熙)

内蒙古中南部和冀晋陕北部地区

【海生不浪文化】 新石器时代考古学文化。因内蒙古自治区海生不浪遗址而得名。分布在大青山以南、恒山以北的内蒙古自治区中南部和山西省、陕西省北部。海生不浪文化流行鼓腹罐、筒形罐、小口尖底瓶、斜肩双耳罐、壶、钵、盆和豆等陶器,除素面外,器表多饰绳线纹,亦见

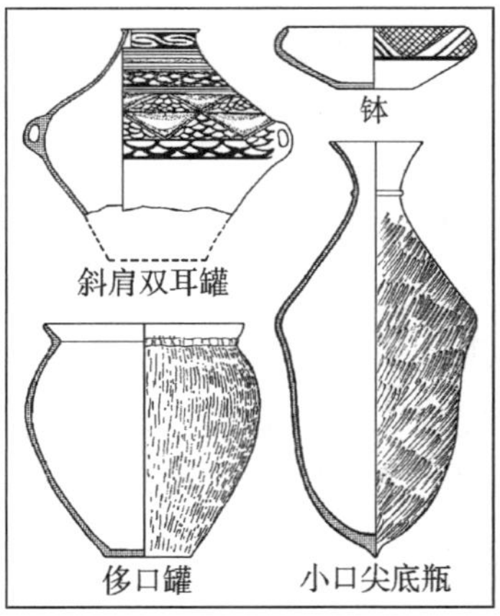

海生不浪文化陶器

篮纹、方格纹和彩陶。石器分为打制石器、磨制石器和细石器三种。经济以农业为主。分为阿善、海生不浪和庙子沟三种地域类型，前两种类型构成阿善文化的主要源头。文化年代为距今 5 300～4 800 年。（朱延平）

【海生不浪遗址】 新石器时代至青铜时代早期遗址。位于内蒙古自治区托克托县中滩乡海生不浪村附近黄河北岸的台地上。1962 年调查发现。1992 年进行发掘。海生不浪文化的确立缘于海生不浪遗址新石器时代遗存，此时段的房址为圆角方形，门向多朝东南，内设双灶，一般前灶为坑式，后灶多以石块或泥圈就地围砌，有的灶后尚有一凹坑。青铜时代早期的遗存属朱开沟文化，发现有单间和“吕”字形双间房址。（朱延平）

【白泥窑子遗址】 新石器时代至青铜时代遗址。位于内蒙古自治区清水河县喇嘛湾镇白泥窑村北。1958 年发现。1982 年开始发掘。包含后冈一期文化（或年代和性质与之接近的遗存）、庙底沟文化、海生不浪文化、阿善文化、大口一期文化和朱开沟文化等六个阶段的遗存。第二阶段的面貌除与中原地区的庙底沟文化相似者外，尚有“火种罐”等独特的陶器，故学术界一般将此类遗存称为“白泥窑子类型”。（朱延平）

【岔河口遗址】 新石器时代遗址。位于内蒙古自治区清水河县浑河与黄河交汇处的台地上，东、南、西三面濒临河流。1997—1998 年进行发掘。遗址主体处于台地顶端，见有半地穴式房址、坑穴和陶窑等遗迹，为一圜状壕沟围绕，面积近 6 万平方米。壕之东北、东南和南面设出入口，南口两侧的壕底均挖成类似鱼骨状的凸体。此遗址可分三个时段，第一期与半坡文化和后冈一期文化多所相似，第二期年代约当庙底沟文化，第三期属海生不浪文化。圜壕建于第一期。（朱延平）

【后城嘴遗址】 新石器时代至东周时期遗址。位于内蒙古自治区清水河县浑河北岸的台地上。1990 年进行发掘。包含庙底沟文化、阿善文化、大口一期文化、朱开沟文化和东周时期等五个阶段的遗存。前两个阶段的遗迹主要是方形半地穴式房址。大口一期文化分布范围达 40 余万平方米，并有石墙环绕。东周时期遗迹仅见墓葬。（朱延平）

【西园遗址】 新石器时代和春秋时期遗址。位于内蒙古自治区包头市九原区西园村东黄河北岸的大青山南麓，分布在东西相峙的两处台地上。1985 年进行发掘。共揭出五个时段的遗存，第一期的年代相当于半坡文化或半坡文化向庙底沟文化过渡的阶段，其余四个时段分属海生不浪文化、阿善文化、大口一期文化和春秋时期，后者的遗迹主要是墓葬和祭祀坑。（朱延平）

【张家圪旦遗址】 新石器时代遗址。位于内蒙古自治区准格尔旗薛家湾镇张家屹旦。1983 年发掘。于一个坑穴中出土有小口尖底瓶、小口斜肩罐、折肩罐、鼓腹罐、直口斜腹罐、弧腹罐、折口钵和敛口钵等 8 类陶器，为海生不浪文化之海生不浪类型坑内埋藏物中常见的一种陶器组合。其中的一件小口斜肩罐饰红黑相间的彩陶花纹，纹样以勾连纹、菱格纹和对三角纹为主。（朱延平）

【鲁家坡遗址】 新石器时代至汉代遗址。位于内蒙古自治区准格尔旗。1993 年进行发掘。新石器时代遗存分属三个时段，第一阶段的文化面貌与半坡文化和后冈一期文化多所相似，第二阶段具有庙底沟文化的时代特征，第三阶段属海生不浪文化。方形半地穴式房址内设四柱穴为一、二两段共有的特点，也见证了这两个时段文化谱系方面的传承关系。汉代遗迹仅见一座土洞墓。（朱延平）

【官地遗址】 新石器时代至青铜时代遗址。位于内蒙古自治区准格尔旗。1991 年进行发掘。主要揭出四个时段的遗存，第一期相当于半坡文化或后冈一期文化之时，文化面貌与这两种文化均有相似之处。第二期与庙底沟文化年代相当。第三期属阿善文化，两座陶窑颇具时代特征。第四期为朱开沟文化，发现有“吕”字形双间房址。（朱延平）

【白草塔遗址】 新石器时代至东周时期遗址。位于内蒙古自治区准格尔旗黄河西岸的台地上。1990 年进行发掘。新石器时代的遗存分属海生不浪文化、阿善文化和大口一期文化。海生不浪文化时建有一道石墙，并揭出房址、坑穴和陶窑，房址多为内设双连灶的方形半地穴式。大口一期文化的 F8 和 F16 两座半地穴式房址彼此近邻，形制和大小十分相似，皆出土有大量陶器。（朱延平）

【坟堰遗址】 新石器时代遗址。位于内蒙古自治区准格尔旗。遗址西部为一墓地，皆长方形土坑竖穴墓，墓内多贴穴壁，砌有石板。墓主有一次葬和二次葬之分，头向多朝东，仰身直肢。以单人葬为主，亦见两人乃至三人合葬的墓例。少数墓随葬陶钵。

地表散布鼓腹罐、敛口壶、弦纹罐、圜底钵等陶器，这些陶器的面貌与半坡文化和后冈一期文化均有相近之处。（朱延平）

【庙子沟遗址】 新石器时代遗址。全国重点文物保护单位。位于内蒙古自治区察哈尔右翼前旗黄旗海南岸庙子沟西侧的缓坡上。面积约3万平方米。1985—1987年进行发掘，发掘面积1万余平方米。所获遗存俱属海生不浪文化庙子沟类型，主要遗迹有房址52座及数十处灰坑、窖穴。房址皆为方形或长方形半地穴式，流行单灶。部分房址地面和室内、外坑穴存留人骨。出土各类陶器700余件，比较完整的石器、玉器和装饰品千余件。2003年出版有《庙子沟与大坝沟》。（朱延平）

【大坝沟遗址群】 新石器时代遗址群。位于内蒙古自治区察哈尔右翼前旗黄旗海南侧。坐落在大坝沟沟口的一处称大坝沟Ⅰ号遗址，其南300米的另一处为大坝沟Ⅱ，两处遗址于1988年和1992年进行发掘。大坝沟Ⅰ号遗址面积近3万平方米，内设围沟，沟内、外房址以流行单灶或双灶而有不同。大坝沟Ⅱ号遗址面积约2万平方米。属海生不浪文化庙子沟类型。2003年出版有《庙子沟与大坝沟》。（朱延平）

【狐子山遗址】 新石器时代遗址。位于内蒙古自治区凉城县岱海东南岸狐子山东北坡上。面积约10万平方米，东隔一条小河与王墓山坡上、坡下遗址相望。1989年进行发掘。共清理半地穴房址5座，分属庙底沟文化和海生不浪文化庙子沟类型。2003年出版有《岱海考古（三）》。（朱延平）

【王墓山坡下遗址】 新石器时代和汉代遗址。位于内蒙古自治区凉城县岱海东南岸，地处王墓山西北坡的下部，东邻王墓山坡上遗址。1989—1992年进行发掘。新石器时代遗迹以半地穴式房址和坑穴为主，所出遗物为庙底沟文化时期，个别房址遗物甚丰。汉代遗迹G1内的新石器时代遗物悉属海生不浪文化庙子沟类型。2003年出版有《岱海考古（三）》。（朱延平）

【王墓山坡上遗址】 新石器时代遗址。位于内蒙古自治区凉城县岱海东南岸，地处王墓山西北坡的中、上部，隔一小河与西侧的狐子山缓丘对峙，其西侧下坡即王墓山坡下遗址。1987—1995年进行发掘。所获新石器时代遗存属海生不浪文化庙子沟类型，分“坡上”和“坡中”两个区域，“坡中”区外围环有一段壕沟。已清理出半地穴式房址21座、灰坑15个。另有少量清代遗存。2001年和2003年分别出版有《岱海考古（二）》和《岱海考古（三）》。（朱延平）

【石虎山Ⅱ号遗址】 新石器时代遗址。位于内蒙古自治区凉城县岱海东南岸一处马鞍形凸丘的鞍部。西北300米为较低的石虎山Ⅰ号遗址。1993—1996年进行发掘。揭出方形或长方形半地穴房址14座和坑穴23处，部分房址的室内地面为原生基岩。完整陶器甚少，器形主要有釜和釜形鼎，以及壶、钵、豆。属后冈一期文化。2001年出版有《岱海考古（二）》。（朱延平）

【石虎山Ⅰ号遗址】 新石器时代遗址。位于内蒙古自治区凉城县岱海东南岸一处缓丘顶部的东南坡，东南隔一洼地与石虎山Ⅱ号遗址相峙。1993—1996年进行发掘。遗址主体部位有一围沟，环围的部分略见长方形，西侧被毁，其他三侧均设有出入口。围沟内的遗迹有半地穴式房址和坑穴。所出陶器属后冈一期文化，但较石虎山Ⅱ号遗址的陶器略晚。2001年出版有《岱海考古（二）》。（朱延平）

【红台坡遗址】 新石器时代遗址。位于内蒙古自治区凉城县岱海以东的丘陵之间。1987年和1992年进行发掘。靠下坡的位置分布着后冈一期文化遗存，上坡悉归海生不浪文化庙子沟类型，属于后者的F3出一饰缜密之字形戳印纹的陶罐，G2出饰回字形刻划纹的陶钵残片，均可视作与东面燕山一带的文化有过交往的写照。2003年出版有《岱海考古（三）》。（朱延平）

【三关遗址】 新石器时代至青铜时代遗址。全国重点文物保护单位。位于河北省蔚县三关村，属桑干河支流壶流河流域。1979—1981年进行发掘。获有三个阶段的文化遗存：第一阶段出土有重唇口小口尖底瓶、葫芦形口小口平底瓶、以弧边三角和圆点为母题图案的黑彩钵等类似庙底沟文化初期的陶器，并揭露出平面呈扇形的半地穴房址；第二、三两个阶段的面貌分别与雪山二期文化和夏家店下层文化（或大坨头文化）相近。（朱延平）

【补要村遗址】 新石器时代、夏商时期、东周至汉和唐代遗址。全国重点文物保护单位。位于河北省临城县临城镇补要村。面积6万余平方米。2007—2008年进行发掘。新石器时代遗存与大司空文化相近，夹砂陶小口罐和甑等陶器颇具特色。先商至晚商的文化遗存最为丰富，晚商遗存有人祭坑和卜骨、陶范、坩埚、原始瓷等特殊物。唐墓出土有釉陶、瓷器、铜镜和穿孔的砖、石。像这样历代堆积的大遗址在冀中南地区较为少见。（朱延平）

【新庄窝遗址】 新石器时代遗址。位于山西省偏关县万家寨镇新庄窝村。面积约15万平方米。1991年北京大学考古系等单位进行考古调查。陶器以夹砂陶居多，纹饰以浅细绳纹为主，许多器物贴有泥条、泥饼或附加堆纹。器形有敞口尖底瓶、敛口折腹钵、缸、泥质罐、夹砂罐等，尤以罐的种类和数量最多。文化内涵属仰韶文化晚期海生不浪类型。（高江涛）

【梁村遗址】 新石器时代遗址。全国重点文物保护单位。位于山西省祁县梁村。遗址所处位置较外围地表略高，分布在梁村周边。面积近2平方千米。1955年在梁村以西台地上发掘两条探沟，所获有饰黑彩宽带、红彩宽带、网格纹、白衣紫彩的彩陶片和饰篮纹、绳纹、方格纹、附加堆纹的陶片，以及小口尖底瓶、鬲等陶器，大约分属庙底沟文化、相当于西王村文化阶段的遗存和龙山文化时期遗存。（朱延平）

【坡头遗址】 新石器时代遗址。全国重点文物保护单位。位于山西省芮城县坡头村清凉寺墓地东邻的坡地上。遗址包含少量属于枣园一类的文化遗存及其之后的庙底沟文化遗存，主要遗存则是庙底沟二期文化和三里桥文化。遗址中部有庙底沟二期文化的大型坑穴。二里头文化时期的遗存分布不多。（朱延平）

【周家庄遗址】 新石器时代至周代遗址。全国重点文物保护单位。位于山西省绛县周家庄涑河北岸的台地上。面积近500万平方米。20世纪50年代发现，2004年进行发掘。新石器时代先后有庙底沟文化、西王村三期文化、庙底沟二期文化和龙山时期遗存（属三里桥文化），不同阶段遗存的分布由少渐多，龙山时期遗存基本涵盖整个遗址。此后的二里头文化时期和商代的遗存不多，西周到东周时期又有较广的分布。（朱延平）

长江中游地区

【汤家岗文化】 长江中游地区新石器时代考古学文化。因湖南省安乡县汤家岗遗址而得名。主要分布在洞庭湖地区。陶器以红陶为主，饰戳印纹和篦印纹而具有浅浮雕风格的白陶圈足盘是该文化最有代表性的器物。此外，不同形状的镂孔也很发达。生产工具中，石器不多，存在细小燧石片和有肩石锛。经济主要为稻作农业。建筑为地面式，以红烧土作地面以隔潮，墙壁用编竹夹泥，并加以焙烧的方式建造。文化年代为距今6 800～6 300年。也有观点认为汤家岗文化为大溪文化的一种地方类型，称之为“汤家岗类型”。（傅宪国）

【汤家岗遗址】 新石器时代遗址。全国重点文物保护单位。位于湖南省安乡县刘家嘴村。面积约2万平方米。1977年发现。1978年、1990年进行两次发掘，揭露面积900余平方米。发现红烧土灶坑、房址、灰坑和墓葬。房址为地面建筑，墓葬为竖穴土坑墓。遗物包括石器、石料和陶器。陶器以泥质红陶为主，黑陶的比例相当大，同时白陶也较多。饰戳印纹和篦印纹而具有浅浮雕风格的白陶圈足盘是最具代表性的器物。此外，形状各异的镂孔也很发达。（傅宪国）

【大溪文化】 长江中游地区新石器时代考古学文化。因重庆市巫山县大溪遗址而得名。大溪文化分布在长江中游多个省市，西起重庆东部的峡江地区，东抵湖北中南部，北到汉水中游，南至湖南洞庭湖区域。中心分布区在湖北、湖南的长江沿岸和主要支流沿岸一带。已发现文化遗址数百处。可分为关庙山类型、油子岭类型和汤家岗类型。文化面貌表现出以红陶和彩陶为特征、以鱼米为主要生活资源、以红烧土地面建筑为特色的新石器时代文化遗存。大溪文化以红陶为主，早期多夹炭红陶，晚期多泥质红陶；器形多圈足器和平底器，少量的圜底器，有圈足盘、圈足豆、圈足碗、筒形瓶、曲腹杯、

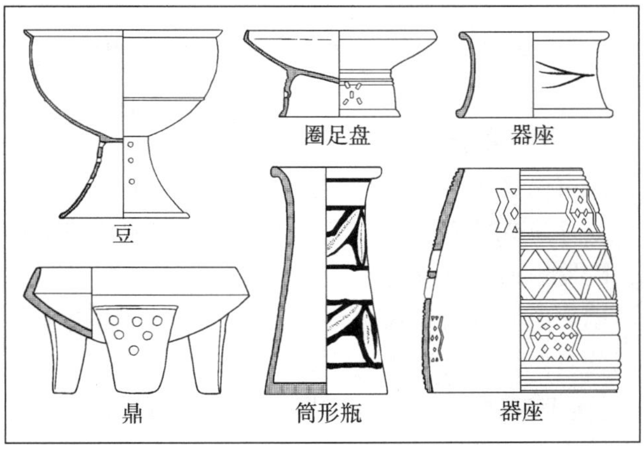

大溪文化陶器

釜、罐、钵、鼎、器座、器盖、陶球等;纹饰多戳印纹,有镂孔;部分彩陶,红底黑彩,饰绞索或漩涡纹和少量花瓣纹图案。多数陶器火候不高,但制作较好,工艺较高,出现了白陶和薄胎彩陶(见彩版9“大溪文化薄胎彩陶碗”、“大溪文化印纹白陶圈足盘”)。红烧土盛行,发现很多红烧土的遗迹,有的房子建筑使用红烧土加工的方法。房屋为分间结构。石器以斧、锛、凿为主,其中圭形凿特征明显,还有打制石器等。发现不少竖穴土坑墓葬,葬式多为仰身直肢葬,也有屈肢葬。大溪文化与仰韶文化具有一些相似之处,反映出相互之间有密切联系。大溪文化与紧随其后的屈家岭文化有更多的联系,一般认为两者是继承与发展的关系,但也有观点认为属不同脉络的文化。据碳十四测定,文化年代为距今6 400～5 300年。(叶茂林)

【大溪遗址】 新石器时代遗址。位于重庆市巫山县瞿塘峡东口大溪镇长江南岸三级阶地上。面积约1.5万平方米。1959年、1975年、1994年四川省博物馆、四川省文物管理委员会和中国社会科学院考古研究所等分别进行过多次发掘。遗址分为墓地和居址,发现有房址、灰坑、红烧土遗迹和大批墓葬等。墓葬排列紧密,死者无葬具,其仰身跪屈葬和仰身蹲屈葬甚为特殊。多随葬黑陶杯、红陶豆,存在以鱼随葬习俗。地层堆积较好,含大量鱼骨和灰烬。出土丰富的陶器、石器、骨器、蚌器和彩陶等遗物。陶器以红陶为主,纹饰受仰韶文化庙底沟类型影响,石器有斧、锛、锄、凿、镞,骨器有矛、锥、针、刀等。“大溪文化”因此遗址而得名。(叶茂林)

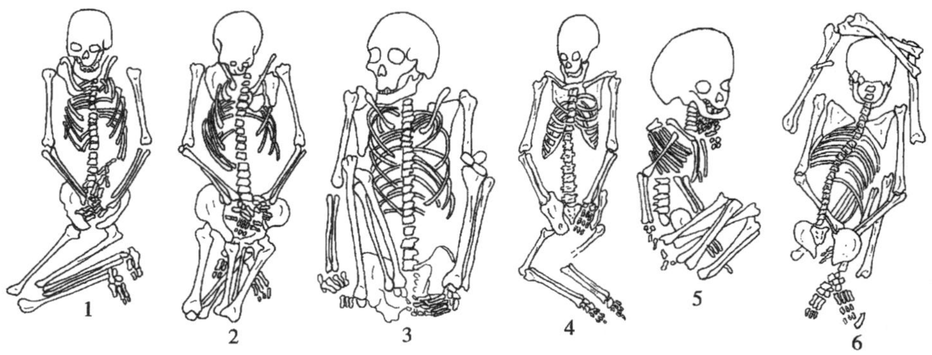

1~4. 仰身屈肢 5. 侧身屈肢 6. 俯身屈肢

大溪遗址屈肢葬示意图

【上罗村遗址】 新石器时代遗址。位于湖北省大冶市南3千米处,西北距铜绿山遗址4千米。面积残存500平方米。1978年开始发掘。出土遗物皆为陶器。遗存可分为二期,约相当于大溪文化第三、四期。上罗村遗存属大溪文化油子岭类型,出土的部分灰白陶具有地域性特征。(黄卫东)

【金罗家遗址】 新石器时代遗址。位于湖北省麻城市宋埠镇新田铺村。面积约7 200平方米。1996年开始发掘。发现遗迹主要有房址、墓葬和灰坑,出土遗物以陶器、石器和玉器为主。遗存包含大溪文化、屈家岭文化和石家河文化,其中大溪文化遗存可分为三期,约相当于大溪文化第二至四期。金罗家遗址属大溪文化油子岭类型,后期受仰韶文化和薛家岗文化影响较多。(黄卫东)

【鼓山遗址】 新石器时代遗址。位于湖北省武穴市四望镇栗木村花园院。面积约4万平方米。1993年开始发掘。出土墓葬238座,随葬品有陶器(包括冥器)和石器。遗存可分为三期五段,约相当于大溪文化至屈家岭文化阶段。文化因素较为复杂,其第一期和第二期早段包含较多的大溪文化油子岭类型因素,第二期后段和第三期有部分屈家岭文化因素,各期中始终包含大量薛家岗文化因素,最后几乎被薛家岗文化晚期因素取代,同时又有部分良渚文化早期因素出现。2001年出版有《武穴鼓山——新石器时代墓地发掘报告》。(黄卫东)

【伍相庙遗址】 新石器时代遗址。位于湖北省宜昌市夷陵区伍相庙社区。1984年开始发掘。出土遗物以陶器和石器为主,大部分陶器为红衣陶。遗存相当于大溪文化第一期,属大溪文化关庙山类型。(黄卫东)

【官渡口遗址】 新石器时代至汉代遗址。位于湖北省巴东县官渡口镇东坡村。面积残存2 000平方米。1994年开始发掘。遗迹主要有一段围墙,出土遗物以石器和陶器为主。包含大溪文化、商周和汉代文化遗存,其大溪文化相当于大溪文化的第二至四期。遗存属大溪文化关庙山类型。(黄卫东)

【龚家大沟遗址】 新石器时代遗址。位于湖北省秭归县香溪乡东门头村。面积残存2 000平方米。1981年开始发掘。出土遗物以石器、陶器和骨器为

主。遗址属大溪文化关庙山类型。(黄卫东)

【清水滩遗址】 新石器时代遗址。位于湖北省宜昌市三斗坪镇清水滩。面积约4 000平方米。1979年开始发掘。发现遗迹主要有墓葬和灰坑,出土遗物以陶器、石器、玉器和骨角器为主。遗存可分为三期,第一、二期约相当于大溪文化第二至四期,属大溪文化关庙山类型;第三期为屈家岭文化。(黄卫东)

【中堡岛遗址】 新石器时代遗址。位于湖北省宜昌市三斗坪镇长江中的中堡岛上。面积约5.8万平方米。1979年开始发掘。包含大溪文化、屈家岭文化和相当于二里头文化时期的遗存。发现遗迹主要有房址、墓葬、灰坑和可能是作祭祀用的器物坑,出土遗物以陶器和石器为主。其大溪文化可分为四期,约相当于大溪文化第二至四期,属大溪文化关庙山类型。2001年出版有《朝天嘴与中堡岛》。(黄卫东)

【三斗坪遗址】 新石器时代遗址。位于湖北省宜昌市三斗坪镇。面积约5 000平方米。1960年开始发掘。发现遗迹主要有墓葬、灰坑和灰沟,葬式多为屈肢葬和蹲式葬。出土遗物以陶器和石器为主。遗存可分为二期,分属大溪文化的较早和较晚阶段。属大溪文化关庙山类型。(黄卫东)

【大坪遗址】 新石器时代遗址。位于湖北省宜昌市三斗坪镇东岳庙村。面积约6 000平方米。1985年开始发掘。包含大溪文化和石家河文化遗存,其大溪文化属关庙山类型。出土遗物以陶器和石器为主,其中有彩绘陶器。(黄卫东)

【杨家湾遗址】 新石器时代遗址。位于湖北省宜昌市三斗坪镇杨家湾村。面积约6 000平方米。1958年开始发掘。发现遗迹主要有墓葬、房址、灰坑、陶窑和一座可能是祭祀场所的大型黄土台。出土遗物以陶器和石器为主,其陶器上带有许多刻划符号。遗存可分为三期,约相当于大溪文化第一至三期,属大溪文化关庙山类型。(黄卫东)

【红花套遗址】 新石器时代遗址。位于湖北省枝城市红花套镇北1千米处。面积约2万平方米。1973年开始发掘。发现遗迹主要有房址、灰坑和石器加工场。出土遗物以石器和陶器为主,石器包括大批石料、半成品和成品。遗存可分为四期,前三期约相当于大溪文化第二至四期,属大溪文化关庙山类型;第四期为屈家岭文化。(黄卫东)

【关庙山遗址】 新石器时代遗址。全国重点文物保护单位。位于湖北省枝江市问安镇关庙山村。面积约3万平方米。1975年开始发掘。包含大溪文化和屈家岭文化遗存。发现遗迹主要有房址、墓葬和灰坑,出土遗物以陶器和石器为主。其大溪文化遗存可分为四期,约相当于大溪文化第一至四期,属大溪文化关庙山类型。(黄卫东)

【顾家坡遗址】 新石器时代遗址。位于湖北省宜城市原种场三分场顾家坡。面积2万余平方米。2000年开始发掘。发现遗迹主要有房址、墓葬和灰坑,出土遗物以陶器、石器和骨器为主。遗存可分为二期,分属大溪文化和屈家岭文化,其大溪文化遗存属油子岭类型。(黄卫东)

【西寺坪遗址】 新石器时代遗址。位于湖北省长阳土家族自治县龙舟坪镇清江南岸的西寺坪。面积约1万平方米。1987年开始发掘。遗存可分为二期,分属大溪文化的早、中期。发现遗迹主要有房址,出土遗物以陶器、石器和骨器为主。遗存属大溪文化关庙山类型。(黄卫东)

【桅杆坪遗址】 新石器时代遗址。位于湖北省长阳土家族自治县渔峡口镇清江南岸的桅杆坪。1991年、1992年进行发掘。发现遗迹主要有房址和墓葬,出土遗物以陶器和石器为主。陶器以圈足器居多,有碗、盘、罐、釜、器盖和支座等。石器有斧、锛、凿和砺石等。此外还有大量的野生动物骨骼和牙齿,并发现黑褐色铁矿石。遗存属大溪文化关庙山类型。(黄卫东)

【白水河遗址】 新石器时代遗址。位于湖北省秭归县白水河村。面积约7 500平方米。2000年开始发掘。出土遗物以陶器和石器为主。遗存属大溪文化关庙山类型。(黄卫东)

【鸭子嘴遗址】 新石器时代遗址。位于湖北省巴东县官渡口镇五里堆村。面积约1.5万平方米。2001年开始发掘。发现遗迹主要有墓葬,葬式为屈肢葬。出土遗物以陶器和石器为主。遗存属大溪文化关庙山类型。(黄卫东)

【毛家山遗址】 新石器时代遗址。位于湖北省荆州市纪南镇毛家山村东,西距楚故都纪南城东城墙200米。面积约2.3万平方米。1975年开始发掘。发现遗迹主要有灰坑,出土遗物以陶器和石器为主。遗存可分为二期,约相当于大溪文化第二至三期,属大溪文化关庙山类型。(黄卫东)

【朱家台遗址】 新石器时代遗址。位于湖北省荆州市纪南镇朱集村。面积约2万平方米。1988年开始发掘。发现遗迹主要有墓葬、房址和陶窑。出土遗物以陶器为主,其中有极少的白陶。遗存约相当于大溪文化早、中期,属大溪文化关庙山类型。(黄卫东)

【柳关遗址】 新石器时代遗址。位于湖北省监利县柳关镇。1974年开始发掘。发现遗迹主要有墓葬、灰坑和可能为墓地做祭祀用的陶器坑,出土遗物以陶器和石器为主。遗存约相当于大溪文化二期,属大溪文化汤家岗类型。(黄卫东)

【李家湾遗址】 新石器时代遗址。位于湖北省巴东县官渡口镇楠木园村。面积约4万平方米。2001年开始发掘。遗存可分为二期,分属大溪文化晚期和屈家岭文化晚期。其大溪文化遗存属关庙山类型。发现遗迹主要有墓葬和灰坑,其大溪文化的墓葬可见屈肢葬,出土遗物以陶器和石器为主。(黄卫东)

【桂花树遗址】 新石器时代遗址。全国重点文物保护单位。位于湖北省松滋市王家大湖南岸。面积残存约1.7万平方米。1974年发现,并开始发掘。遗存可分为三期,分属大溪文化晚期、屈家岭文化和石家河文化。其大溪文化遗存属汤家岗类型。发现遗迹主要有墓葬,葬式可见屈肢葬,出土遗物以陶器、石器和玉器为主。(黄卫东)

【边畈遗址】 新石器时代遗址。位于湖北省钟祥市九里回族乡边畈村。面积约80万平方米。1983年文物普查时发现。1984年开始发掘。发现遗迹主要有墓葬,出土遗物以陶器为主。遗存可分为三期,第一、二期属边畈文化,受下王岗仰韶文化一期的影响较大;第三期属大溪文化油子岭类型。(黄卫东)

【油子岭遗址】 新石器时代遗址。位于湖北省京山县钱场镇钱场村。面积2万余平方米。1982年发现。1985年开始发掘。遗存可分为三期,分属大溪文化二期、屈家岭文化早期和屈家岭文化晚期。其大溪文化遗存属油子岭类型。发现遗迹主要有墓葬和灰坑,出土遗物以陶器和石器为主。(黄卫东)

【朱家嘴遗址】 新石器时代遗址。位于湖北省京山县城西南2.5千米处。面积约8 000平方米。1960年开始发掘。遗存约相当于大溪文化晚期,属大溪文化油子岭类型。出土遗物以陶器和石器为主。(黄卫东)

【谭家岭遗址】 新石器时代遗址。位于湖北省天门市石河镇谭家岭村。面积20余万平方米。1982年开始发掘。遗存可分为三期,分属大溪文化晚期、屈家岭文化晚期和石家河文化。其大溪文化遗存属油子岭类型。发现遗迹主要有房址、墓葬和灰坑,出土遗物以陶器和石器为主。(黄卫东)

【晒网台遗址】 新石器时代遗址。位于湖北省汉川市垌冢镇兴隆村。面积约2.5万平方米。2005年、2006年进行发掘。遗存可分为二期,分属大溪文化和屈家岭文化。其大溪文化遗存属油子岭类型。发现遗迹主要有房址、墓葬、窑址和环形壕沟,出土遗物以陶器和石器为主。(黄卫东)

【东瀼口遗址】 新石器时代遗址。位于湖北省巴东县东瀼口镇东瀼口村。2002年开始发掘,发掘面积525平方米。遗存约相当于大溪文化早期,属大溪文化关庙山类型。发现遗迹主要为一处面积达300平方米的石器制作场,出土大量石器、石器半成品、石料、石器加工工具和少量玉器、骨器、陶器等约2 000件。(黄卫东)

【红庙岭遗址】 新石器时代遗址。位于湖北省巴东县东瀼口镇绿竹筏村。面积约2 000平方米。1994年、1998—1999年进行发掘。遗存包含大溪文化晚期、石家河文化和商周时期文化,其大溪文化遗存属关庙山类型。发现遗迹主要有房址和墓葬,其大溪文化墓葬葬式为侧身屈肢葬。出土遗物以陶器为主。(黄卫东)

【螺蛳山遗址】 新石器时代遗址。位于湖北省黄冈市堵城镇。面积约7 200平方米。1957年开始发掘。遗存可分为二期,约相当于大溪文化第四期至屈家岭文化早期。其大溪文化遗存属油子岭类型,但也包含一些薛家岗二、三期的文化因素。发现遗迹主要有墓葬14座,出土随葬品主要有陶器、石器、骨器和玉器。(黄卫东)

【焦墩遗址】 新石器时代遗址。位于湖北省黄梅县白湖乡张城村。面积约56万平方米。1993年开始发掘。包含大溪文化、石家河文化和西周时期遗存。其大溪文化遗存属油子岭类型。发现遗迹主要有灰坑和卵石摆塑的动物图案(龙、蛇、龟、鱼、羊),出土遗物以陶器和石器为主。(黄卫东)

【王家岗遗址】 新石器时代遗址。位于湖北省公安县南闸乡复兴林场。面积约6万平方米。1978年开始发掘。遗存可分为三期,分属大溪文化早期、大溪文化晚期和屈家岭文化。其大溪文化属汤家岗类型。发现遗迹主要有墓葬和灰坑,出土遗物以陶器和石器为主。(黄卫东)

【刘卜台遗址】 新石器时代遗址。位于湖南省华容县塌西湖西岸。1986年进行发掘,发掘面积75平方米。发现遗迹包括灰坑和房址,出土遗物包括陶器和石器。遗存可分为二期,分属汤家岗文化和大溪文化。(傅宪国)

【城头山遗址】 新石器时代遗址。全国重点文物保护单位。位于湖南省澧县车溪乡南岳村。总面积15.2万平方米。1978年发现。从1991年开始进行多次发掘,发掘面积4 000平方米。城内有分属大溪文化、屈家岭文化和石家河文化时期的各种遗存。除发现面积约8万平方米、有4道城门的圆形古城址和环壕以外,还发现有墓葬、制陶作坊区、房址、道路和祭坛、古稻田等重要遗迹。文化遗物除陶器、石器和骨器外,还发现数十种植物籽粒、竹和芦苇编织物以及木桨、船艄等。发掘证实,其最早的城垣修建于大溪文化早期,距今6 000年,是中国迄今所见最早的城墙。下层水稻田属汤家岗文化,年代为距今约6 500~6 300年。祭坛属大溪文化,年代为距今6 000~5 800年。(傅宪国)

【三元宫遗址】 新石器时代遗址。全国重点文物保护单位。位于湖南省澧县梦溪镇三元宫。面积约2万平方米。1967年、1974年进行两次发掘,发掘面积300余平方米。发现建筑遗迹、灰坑、祭祀坑、窑址和墓葬等。出土遗物包括大量陶器和石器,分属汤家岗文化、大溪文化、屈家岭文化和石家河文化。(傅宪国)

【划城岗遗址】 新石器时代遗址。全国重点文物保护单位。位于湖南省安乡县安障乡沙湖口村。面积约4万平方米。1980年、1998年进行两次发掘,发掘面积500余平方米。清理出不同时期的墓葬、房址、陶窑和灰坑等。出土遗物包括陶器、石器等。分属大溪文化、屈家岭文化和石家河文化。(傅宪国)

【丁家岗遗址】 新石器时代和东周时期遗址。全国重点文物保护单位。位于湖南省澧县涔南乡澧水支流涔水以南的澧阳平原中心处一土台之上(现夷为平地)。面积约1万平方米。1979年进行发掘。新石器时代的第一期遗存流行羼合稻壳草杆的粗泥红陶圜底釜和戳印纹白陶圈足盘,与皂市下层文化相近。第二、三期遗存分属大溪文化较早和较晚阶段。尚见屈家岭文化曲腹杯和东周时期的墓葬。(朱延平)

【堆子岭遗址】 新石器时代遗址。位于湖南省湘潭县苍场村西堆子岭。现存面积3 000平方米。1993年湖南省文物考古研究所进行发掘,发掘面积100平方米。发现遗迹有灰坑、沟槽、少量红烧土堆积及若干柱洞和墓葬。出土遗物包括陶器、石器和玉器等。陶器以夹砂红褐陶和泥质红陶为主,另有夹砂白陶、泥质灰陶和泥质黑陶等。纹饰复杂,有戳印纹、按窝纹、圆圈纹、绳纹、弦纹、镂空、附加堆纹等。器形以三足器为主,另有圜底器与圈足器。主要器物包括鼎、釜、罐、盆、盘、碗、钵、豆、器盖、器座等。其主要特征以本地因素为主,并具有湖南、湖北和长江下游的一些文化因素,其年代大致相当于大溪文化时期。(傅宪国)

【大溪文化屈肢葬】 大溪文化晚期流行的一种葬式。主要见于重庆市巫山县大溪以及湖北省宜昌市三斗坪和巴东县鸭子嘴、李家湾、红庙岭及松滋市桂花树等遗址。其形态主要表现为下肢弯曲,又可分为仰身屈肢葬和侧身屈肢葬两种类型。随着时间的推移,这种葬式逐渐被仰身直肢葬取代。大溪文化的屈肢葬很可能是南方早期新石器时代文化蹲葬的遗风。(黄卫东)

【中坝一期遗存】 新石器时代文化遗存。位于重庆市忠县干井沟中间的小孤岛上。面积约7 000平方米。文化层厚约10米,为新石器时代至夏商、周代、汉代、南朝、唐、宋、明、清诸代连续不断依次叠压的地层堆积。文化堆积与淤砂层间隔,地层关系明确。1997—1998年四川省考古研究所进行发掘,出土了丰富的各时期遗存。年代最早的是哨棚嘴文化遗存,之后是老关庙下层文化遗存,随后是三星堆文化和老关庙下层文化共处的遗存。东周和汉代的遗存也颇为丰富,有墓葬、房址和陶窑等。据分析,遗址上最早的中坝一期文化遗存,属哨棚嘴文化二期。因此,中坝一期文化恰好与哨棚嘴一期文化相衔接。(叶茂林)

【藕塘遗址】 新石器时代遗址。位于重庆市奉节县安坪乡藕塘村北长江南岸三级阶地上。面积10余万平方米。2006年山西大学考古及博物馆学系

进行发掘。发现以打制石器和夹砂陶为突出文化特征的新石器时代较早期的文化遗存。(叶茂林)

【玉溪坪遗址】 新石器时代遗址。位于重庆市丰都县龙孔乡玉溪坪村,与位于高家镇的玉溪遗址相邻。2001年重庆市博物馆和宜昌博物馆联合进行发掘,2002年重庆市考古研究所再次进行发掘。地层堆积厚达4米,包含新石器时代、商周、汉唐至明清等不同时期的遗存,其中新石器时代遗存有接近屈家岭文化、城背溪文化和皂市下层文化的遗物,以饰有花边口的陶器为特征。为哨棚嘴文化典型遗址。(叶茂林)

【玉溪遗址】 新石器时代遗址。位于重庆市丰都县高家镇金刚村玉溪河与长江的交汇地带。隔玉溪河与玉溪坪遗址相望。1999—2000年、2004—2005年重庆市考古研究所进行发掘。发现新石器时代至战国、唐、明、清时期遗存。新石器时代遗存主要在遗址西北部,地层厚达30余个层次,下层由砂层和骨渣构成,包含石制品、兽骨和少量城背溪文化陶片。陶器以夹砂红陶为主,施绳纹,以泥片贴筑方法成型,火候低,圜底和圈足器形。上层堆积为黏土地层,属哨棚嘴文化早期,还发现有大溪文化特征的红衣陶片。(叶茂林)

【欧家老屋遗址】 新石器时代遗址。位于重庆市巫山县北5千米的大宁河西岸二级阶地上,东隔大宁河与魏家梁子遗址相望。1994年中国社会科学院考古研究所进行发掘。发现灰坑1个,出土大量遗物,包括鱼骨、兽骨和陶器。属于大溪文化遗存。(叶茂林)

【哨棚嘴一期文化】 新石器时代考古学文化。因重庆市忠县哨棚嘴遗址而得名。见"哨棚嘴遗址"。

【哨棚嘴遗址】 新石器时代遗址。位于重庆市忠县忠州镇红星村,地处长江西北岸干井沟河口附近。面积8 000平方米。文化层保存较好,厚达6～7米,可划分为20余层,包含新石器时代到夏商周以至汉代和南朝时期,地层叠压分明,构成了较好的地层编年和古文化演变发展序列。1994—2000年北京大学考古学系进行发掘,发现其中一期属新石器时代遗存。出土陶器以夹砂陶为主,掺粗石英粒,颜色斑驳不匀,黄褐、灰褐、灰黑居多。饰交错绳纹,花边口装饰盛行,泥质陶少,黑皮陶打磨较精致,施瓦棱纹。器形有筒形罐、盘口罐、碗、盆、钵、豆等。与四川盆地新石器时代文化相似,而与大溪文化不同,被命名为"哨棚嘴一期文化"。(叶茂林)

【王家沱遗址】 新石器时代遗址。位于重庆市万州区新田镇五溪村。2000—2001年上海大学文物考古研究中心和重庆市博物馆联合进行发掘。发现新石器时代至明清时期的丰富遗存,包括新石器时代、夏、商、周、汉代、六朝、隋唐、宋元至明清等地层和遗存。其中新石器时代的陶器皆为平底器,以多种形式的绳纹罐为主,以夹砂褐陶为多,常见口部唇沿压印纹饰,带有花边的意味。遗存总体上属哨棚嘴文化。(叶茂林)

【江东嘴遗址】 新石器时代遗址。位于重庆市巫山县城巫峡镇江东村长江北岸与大宁河交汇处。面积约3万平方米。1994年以来中国社会科学院考古研究所等进行过多次发掘。发现新石器时代和商周等各时期遗存。新石器时代包括大溪文化、哨棚嘴文化、老关庙文化等不同遗存,如圈足盘、粗陶釜、猪嘴形陶支座、夹砂红褐陶花边口绳纹陶罐以及磨制石斧、锛、凿、镞等,并发现有三孔的石镞。(叶茂林)

【麻柳湾遗址】 新石器时代遗址。位于重庆市万州区瀼渡镇河溪村。2001年重庆市博物馆和复旦大学文物与博物馆学系联合进行发掘。遗址包括新石器时代至商周、汉代以至明清时期的文化遗存。发现较丰富的遗物,其中新石器时代文化分布在局部范围,在地层堆积的最下层,属于新石器时代晚期遗存。(叶茂林)

【锁龙遗址】 新石器时代遗址。位于重庆市巫山县曲尺乡锁龙村瞿塘峡东口长江南岸二级阶地上,距大溪遗址不远。面积约3万平方米。1997—1998年成都市考古队进行发掘。发现早晚两期地层。清理出红烧土房址和灰沟。陶器以泥质红陶为主,多素面,器形有圈足碗、深腹罐、盘口器、筒形罐等。(叶茂林)

【麻柳沱遗址】 新石器时代遗址。位于重庆市万州区武陵镇下中村长江边的一二级阶地上。早期遗存主要分布在遗址断崖之上,堆积较好的地层有3米深。2000年重庆市博物馆和复旦大学文物与博物馆学系联合进行发掘。发现灰坑、灶坑等遗迹,出土以夹砂红褐陶为主的大量陶片,多施绳纹、划纹、附加堆纹、戳印纹等。以带小花边口沿的大口深腹平底罐和通体打磨精致的石斧以及大型亚腰形石网坠为代表性器物。与老官庙文化、哨棚嘴文化和中坝遗址的文化遗存相近，在地理位置上补充了处于万州东、西两边之间的新石器文化上的联系和遗存分布。(叶茂林)

【屈家岭文化】 长江中游地区新石器时代考古学文化。因湖北省京山县屈家岭遗址而得名。主要分布于湖北、湖南两省境内，河南省南部也有发现。可分为湖北省境内的屈家岭类型、青龙泉类型和湖南省境内的划城岗类型，并可分为三期。陶器以黑陶和灰陶为主，并出现朱绘黑陶，蛋壳彩陶得到空前发展。不少地方发现城址，建筑多为地面式，并出现大型多间式房屋。葬式以单人仰身直肢葬为主。经济主要为稻作农业，纺织业十分发达。屈家岭文化与北方的庙底沟文化、大河村文化、大汶口文化和长江以南的樊城堆文化、石峡文化等存在相互间的影响与交流。文化年代为距今5 000～4 600年。(黄卫东)

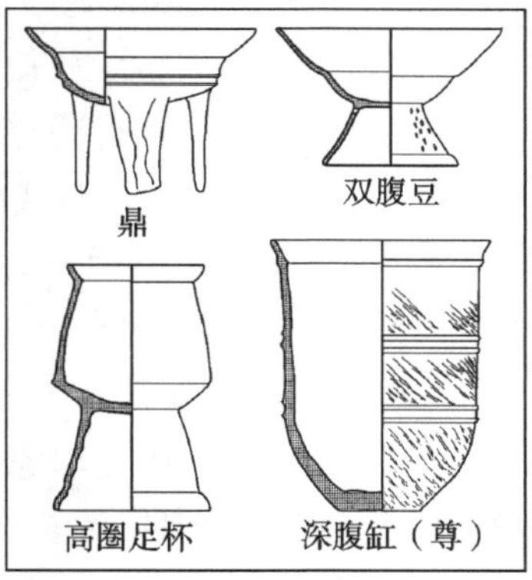

屈家岭文化陶器

【屈家岭遗址】 新石器时代遗址。全国重点文物保护单位。位于湖北省京山县屈家岭管理区屈家岭村。面积约685万平方米。1954年调查发现。1955—1957年中国科学院考古研究所和湖北省文物工作队进行两次发掘。遗存可分为四期，分属大溪文化油子岭类型晚期、屈家岭文化早期、屈家岭文化中期和屈家岭文化晚期。其屈家岭文化遗存属屈家岭类型。发现遗迹主要有房址、墓葬和灰坑，出土遗物以陶器、石器和玉器为主。1965年出版有《京山屈家岭》。(黄卫东)

【大路铺遗址】 新石器时代遗址。全国重点文物保护单位。位于湖北省阳新县白沙镇土库村大路铺。面积达8万余平方米。1984年开始发掘。遗存可分为二期，第一期属屈家岭文化中晚期，第二期属石家河文化早期。其屈家岭文化遗存属屈家岭类型。发现遗迹主要有墓葬、房址和灰坑，出土遗物以陶器为主。(黄卫东)

【土城遗址】 新石器时代遗址。位于湖北省大悟县三里镇土城湾。面积约20万平方米。1981年文物普查时发现。1982年开始发掘。遗存可分为二期，第一期属屈家岭文化晚期，第二期属石家河文化早中期。其屈家岭文化属屈家岭类型，石家河文化受中原龙山文化影响较深。出土遗物主要有陶器和石器。(黄卫东)

【六合遗址】 新石器时代遗址。位于湖北省钟祥市九里回族乡高庙村。面积约6万平方米。1981年荆州地区博物馆等开始发掘。遗存可分为四期，分属大溪文化晚期、屈家岭文化早期、屈家岭文化晚期和石家河文化。其屈家岭文化遗存属屈家岭类型。发现遗迹主要有房址、墓葬和灰坑，出土遗物以陶器、石器和玉器为主。(黄卫东)

【阴湘城城址】 新石器时代城址。全国重点文物保护单位。位于湖北省荆州市马山镇阳城村。面积约20万平方米。1991年开始发掘。城址略呈圆角方形，发现有夯土城墙、护城河及房址等遗迹，出土遗物以陶器为主。城墙分二期夯筑而成，时代为屈家岭文化中期。阴湘古城是在大溪文化末期大型环壕聚落上建成的，是鄂中地区一处属屈家岭文化屈家岭类型的城址。(黄卫东)

【马家垸城址】 新石器时代城址。全国重点文物保护单位。位于湖北省沙洋县五里铺镇显灵村。面积约24万平方米。1989年发现。城址保存较完整，略呈梯形，发现有夯土城墙、护城河、城内河、城门、水门等遗迹，暴露的遗物以陶器为主。马家垸古城的时代为屈家岭文化中期，属屈家岭文化屈家岭类型。(黄卫东)

【走马岭城址】 新石器时代城址。全国重点文物保护单位。位于湖北省石首市焦山河镇走马岭村。面积约7.8万平方米。1990年开始发掘。城址略呈椭圆形，发现有夯土城墙、护城河、城门、水门和墓葬、灰坑等遗迹，出土的遗物以陶器为主。走马岭古城的时代为屈家岭文化中期，属屈家岭文化划城岗类型。(黄卫东)

【鸡鸣城城址】 新石器时代城址。全国重点文物保护单位。位于湖北省公安县狮子口镇双豆乡龙船嘴村。面积约15万平方米。1996年调查发现并发掘。城址呈不规则方形，发现有夯土城墙、护城河、城门和房址等遗迹，暴露的遗物以陶器为主。鸡鸣古城的时代为屈家岭文化中期，属屈家岭文化划城岗类型。(黄卫东)

【三步两道桥遗址】 新石器时代遗址。位于湖北省襄阳市襄城区欧庙镇三步两道桥村。面积约5万平方米。1957年调查发现。暴露的遗物以陶器和石器为主。遗存包含大溪文化、屈家岭文化和石家河文化。其屈家岭文化遗存属屈家岭类型。（黄卫东）

【青树岭遗址】 新石器时代遗址。位于湖北省京山县孙桥镇青岭村。面积约1.5万平方米。1999年开始发掘。遗存约相当于屈家岭文化早期，属屈家岭文化屈家岭类型。发现遗迹主要有房址和灰坑，出土遗物以陶器和石器为主。（黄卫东）

【黄土岗遗址】 新石器时代遗址。位于湖北省随州市均川镇贺氏祠村和胡富台村。面积约7.4万平方米。2005年开始发掘。遗存可分为二期，分属屈家岭文化和石家河文化。其屈家岭文化遗存属屈家岭类型。发现遗迹主要为环形壕沟，说明遗址为一处环壕聚落。出土遗物以陶器为主。（黄卫东）

【曹家楼遗址】 新石器时代遗址。位于湖北省宜城市小河镇詹营村。面积2万余平方米。1984年开始发掘。遗存可分为二期，分属屈家岭文化早期和晚期，属屈家岭文化屈家岭类型。发现遗迹主要有房址、墓葬和灰坑，出土遗物以陶器、石器和骨器为主。（黄卫东）

【老鸹仓遗址】 新石器时代遗址。位于湖北省宜城市小河镇湖湾村。面积约6万平方米。2000年开始发掘。遗存可分为二期，分属屈家岭文化晚期和石家河文化早期。其屈家岭文化遗存属屈家岭类型。发现遗迹主要有房址、墓葬和灰坑，其H9可能为环形壕沟的一部分。出土遗物以陶器、石器和骨器为主。（黄卫东）

【太山庙遗址】 新石器时代遗址。位于湖北省丹江口市六里坪镇孙家湾村。面积3万余平方米。2000年开始发掘。遗存约相当于屈家岭文化晚期，属屈家岭文化青龙泉类型，并受晚期仰韶文化的某些影响。发现遗迹主要为房址，出土遗物以陶器和石器为主。（黄卫东）

【香炉山遗址】 新石器时代遗址。位于湖北省新洲县阳逻镇的香炉山。面积约3万平方米。1989年开始发掘。遗存可分为二期，分属屈家岭文化早期和石家河文化，其屈家岭文化遗存属屈家岭类型。发现遗迹主要有房址、墓葬、灰坑和灰沟，墓葬中有双人合葬墓，随葬品多为陶质冥器，有的墓在底部用土埂将墓坑隔成两部分。出土遗物以陶器为主。（黄卫东）

【潘柳村遗址】 新石器时代遗址。位于湖北省武汉市江夏区五里界镇潘柳村。面积残存6 000平方米。1998年开始发掘。遗存约相当于屈家岭文化晚期，属屈家岭文化屈家岭类型，并受江西樊城堆文化的某些影响。发现遗迹主要有房址、墓葬和灰坑，出土遗物以陶器和石器为主。（黄卫东）

【门板湾城址】 新石器时代城址。全国重点文物保护单位。位于湖北省应城市城北街道办事处星光村门板湾。面积约20万平方米。1998年开始发掘。城址呈圆角方形，发现有夯土城墙、护城河及城门等遗迹，城址外还发现若干个环形拱卫聚落，出土遗物以陶器为主。其时代为屈家岭文化晚期，遗存属屈家岭文化屈家岭类型。（黄卫东）

【陶家湖城址】 新石器时代城址。全国重点文物保护单位。位于湖北省应城市汤池镇方集村。面积约67万平方米。1958年发现。1998年确定为古城址。城址略呈圆形，发现有夯土城墙、护城河、城门及房址等遗迹，暴露的遗物以陶器为主。陶家湖古城的时代为屈家岭文化晚期至石家河文化早期，其屈家岭文化遗存属屈家岭类型。（黄卫东）

【泗龙河遗址】 新石器时代遗址。位于湖北省应城市杨岭乡陶家湾村。面积约25万平方米。1979年调查发现。暴露的遗物以陶器和石器为主。遗存属屈家岭文化屈家岭类型。（黄卫东）

【狮子山遗址】 新石器时代遗址。位于湖北省监利县白螺镇狮子山。面积约1.2万平方米。1987年开始发掘。遗存可分为三期，分属屈家岭文化晚期、石家河文化较早阶段和石家河文化较晚阶段，其屈家岭文化遗存属划城岗类型。出土遗物以陶器和石器为主。（黄卫东）

【青龙泉遗址】 新石器时代遗址。位于湖北省郧县杨溪铺镇财神庙村，坐落在汉江北岸、玉钱山麓的二级阶地上。面积约4.5万平方米。1959年开始发掘。遗存可分为三期，第一期属下王岗二期仰韶文化，第二期属屈家岭文化中晚期，第三期则属石家河文化中期。其屈家岭文化遗存属青龙泉类型，其第二、三期受黄河流域新石器时代晚期文化影响较深。发现遗迹主要有房址、墓葬和灰坑，出土遗物以陶器、石器、骨器、玉器和象牙器为主。1991年出版有《青龙泉与大寺》。（黄卫东）

【大寺遗址】 新石器时代遗址。位于湖北省郧县城西约10千米处的大寺村。面积约5 000平方米。1958年开始发掘。遗存可分为三期，第一期属下王岗二期仰韶文化，第二期属屈家岭文化晚期，第三期则属石家河文化晚期。其屈家岭文化遗存属青龙泉类型。发现遗迹主要有墓葬和灰坑，出土遗物以陶器、石器、骨器、角器和蚌器为主。1991年出版有《青龙泉与大寺》。（黄卫东）

【挂玉山遗址】 新石器时代遗址。位于湖北省武穴市市区北约3千米处。面积约3 000平方米。1987—1989年进行发掘。遗存可分为二期，分属屈家岭文化和石家河文化。其屈家岭文化遗存属屈家岭类型。发现遗迹主要有墓葬和灰坑，出土遗物以陶器、石器、玉器和骨器为主。（黄卫东）

【放鹰台遗址】 新石器时代遗址。位于湖北省武汉市武昌区水果湖街。面积约1万平方米。1965年开始发掘。遗存可分为三期，分属屈家岭文化的早、中、晚期，属屈家岭文化屈家岭类型。发现遗迹主要有墓葬和灰坑，出土遗物以陶器、石器、玉器和骨器为主。2003年出版有《武昌放鹰台》。（黄卫东）

【梅家墩遗址】 新石器时代遗址。位于湖北省麻城市中馆驿镇熊寨村。面积约1.2万平方米。2005年开始发掘。遗存约相当于屈家岭文化晚期，属屈家岭文化屈家岭类型。发现遗迹主要有房址、墓葬和灰坑，出土遗物以陶器为主。（黄卫东）

【鸡叫城城址】 新石器时代城址。全国重点文物保护单位。位于湖南省澧县涔南乡复兴村。城垣大致呈方形，面积约15万平方米。1998年进行发掘。城墙以西、北两墙保存较好，宽40～60米，东墙南段和南墙已破坏殆尽。城外有宽40～70米的护城河环绕。护城河以外有外围壕沟以及由人工开挖的引水渠。局部清理了建城前一组大型木构遗迹。初步判断，外壕、水渠、城墙、护城河的建造时间大致在屈家岭-石家河文化时期。（傅宪国）

【高坎垅遗址】 新石器时代遗址。位于湖南省怀化市新建乡牛眠口村。总面积约1万平方米。1984年进行发掘，发掘面积680平方米。遗迹主要为墓葬，包括竖穴土坑墓和瓮棺葬。出土遗物包括陶器、石器、玉器、石器半成品和石片等。文化遗存属屈家岭文化。（傅宪国）

【下集遗址】 新石器时代遗址。位于河南省淅川县下集村老贯河东岸。面积2万余平方米。1959年长江流域规划办公室考古队河南分队进行发掘，揭露面积725平方米。遗址分为三层，分别对应仰韶文化、屈家岭文化和龙山文化三个时期。其中，第二层为屈家岭文化堆积，出土陶圈足杯、高圈足小陶壶、菌状把手器盖、浅盘高圈足豆、彩陶壶、彩陶纺轮等常见器物。（赵春青）

【黄楝树遗址】 新石器时代遗址。位于河南省淅川县黄楝树村西。面积约14万平方米。1965年和1966年由长江流域规划办公室考古队河南分队进行两次发掘，共揭露面积980平方米。遗址内涵分为仰韶文化、屈家岭文化和龙山文化三部分。其中，屈家岭文化25座房基的布局略呈庭院式，排列整齐。（赵春青）

【寨茨岗遗址】 新石器时代遗址。位于河南省唐河县城郊乡肖岗村东。面积约10万平方米。1958年河南省文化局文物工作队进行发掘，共揭露297平方米。发现大量遗迹、遗物。其中房基2座、窑穴3个和墓葬18座，生产工具有斧、铲、凿、刀、锥等石器，以及陶纺轮。生活用具有鼎、钵、壶、豆、杯等陶器。另有一批屈家岭文化常见的陶器、石器和骨器。文化遗存属屈家岭文化。（赵春青）

【雕龙碑遗址】 新石器时代遗址。全国重点文物保护单位。位于湖北省枣阳市鹿头镇南。面积约5万平方米。1957年文物普查时发现。1990年开始发掘。遗存可分为三期，第一期属下王岗仰韶文化一期，第二至三期约相当于下王岗仰韶文化二期和屈家岭文化早期。发现遗迹主要有房址、墓葬和灰坑，其中发现有带推拉门的大型多间式房屋建筑2座。出土遗物有陶器、石器、玉器和骨器。该遗址文化因素较为复杂，其第二、三期包含许多南、北外来文化因素，应为混合型文化。年代为距今6 300～4 800年。2006年出版有《枣阳雕龙碑》。“雕龙碑遗址房址F15平面及复原图”见220页。（黄卫东）

【城河遗址】 新石器时代遗址。全国重点文物保护单位。位于湖北省沙洋县后港镇城河村。面积约70万平方米。1983年发现。2012年进行发掘。遗址北依土岗，南临平川，分布着大溪文化、屈家岭文化和石家河文化的遗存。遗址主体为一城址，其平面轮廓为不规则椭圆形，地表可辨东、南、西三侧城垣，墙体以土堆筑，现存最高达5米，基宽约13米。城址始建于屈家岭文化时期。（朱延平）

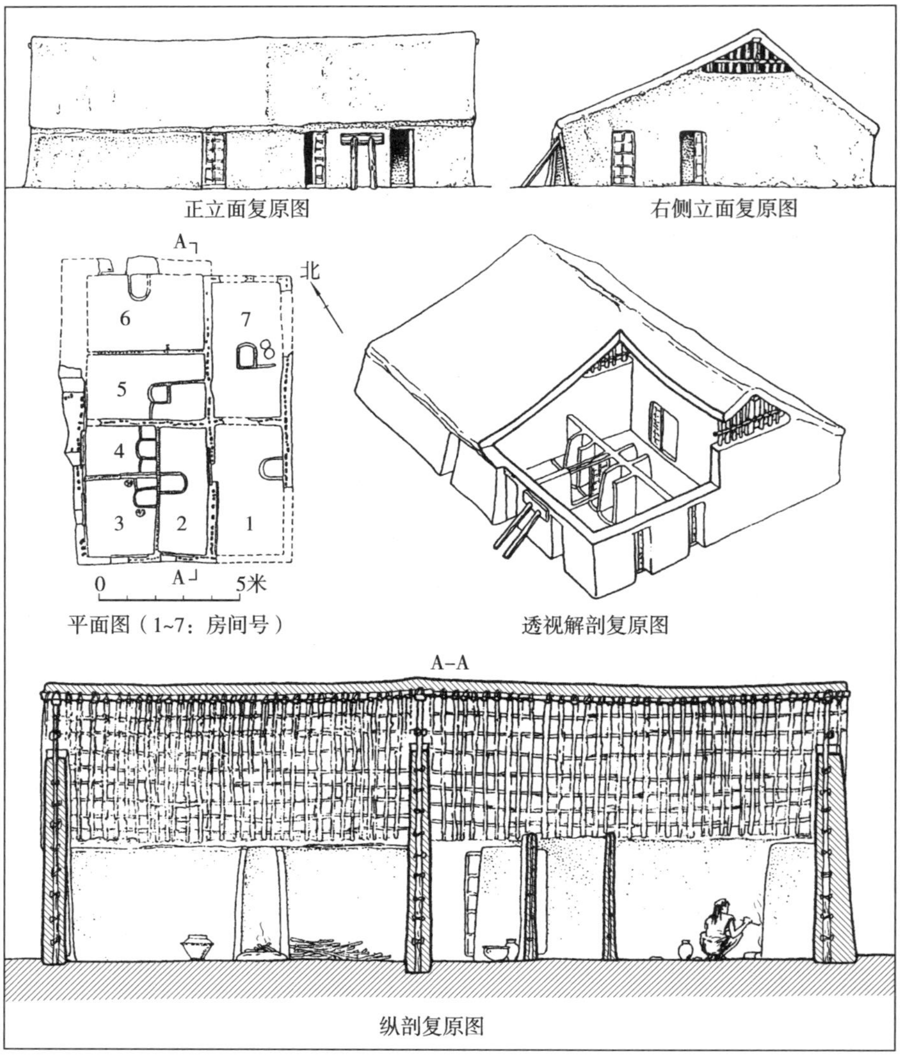

雕龙碑遗址房址F15平面及复原图

【叶家庙遗址】 新石器时代遗址。全国重点文物保护单位。位于湖北省孝感市叶家庙村。1979年文物普查时发现，2008年进行考古勘探。遗址总面积56万平方米，包括一座城址、城外西侧的一处墓地和两处较小的遗址。城址平面呈长方形，南北长420米、东西宽350米，城内面积约15万平方米。城垣以土堆筑，外围环壕。此城始建于屈家岭文化晚期，延至石家河文化早期。遗址起始年代则可上溯至屈家岭文化早期。（朱延平）

【大溪文化彩陶瓶】 大溪文化典型彩陶器形。通常为泥质红陶，卷圆唇，器身高筒形，束腰，平底，磨光后施红衣绘黑彩。筒形瓶上纹饰一般包括绳索纹、横人字纹、三角形纹、变形回纹以及平行线等。已有的考古发现表明，彩陶瓶在包括大溪在内的若干遗址都有出土，且多见于大溪文化中期的墓葬中。大溪文化彩陶瓶特点突出，从器形到纹饰都有特别之处，是新石器时代彩陶艺术的杰出代表。（彭小军）

大溪文化彩陶瓶

【屈家岭文化蛋壳彩陶】 屈家岭文化典型彩陶器。分布于屈家岭文化诸遗址中。主要流行于屈家岭文化晚期。陶胎薄于1毫米，多数器物内、外壁都涂有陶衣，器形只有杯和碗两种。蛋壳彩陶杯的花纹多施于器内壁，纹饰

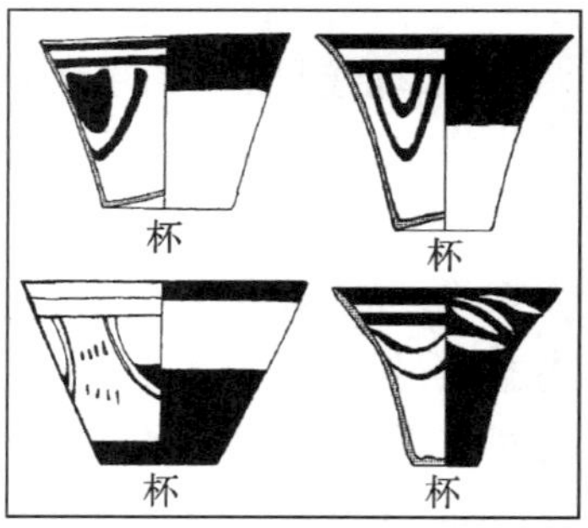

屈家岭文化蛋壳彩陶

由直线、弧线、方格、圆点和半圆形构成,有的用晕染法绘制。蛋壳彩陶碗的花纹多施于器外壁,纹饰由直线、方框和圆点构成。屈家岭文化蛋壳彩陶应来源于大溪文化晚期出现的薄胎彩陶。(黄卫东)

【门板湾大型建筑】 新石器时代房屋建筑。全国重点文物保护单位。位于湖北省应城市门板湾遗址。1998 年发现。房址坐南朝北,平面呈长方形,面积达 83 平方米。可分四个开间,每间有门道相通。共有门道 6 个、灶坑 5 个和窗户 6 扇,窗户近方形,为落地窗,高出居住面仅 10 厘米。墙体用大型长方形土坯砖夹红黏泥砌筑,采用条侧结合、上下错缝的砌法,土坯砖内、外两侧再抹细泥,墙体最高处达 2.1 米,是中国迄今发现最早、保存最高的土墙建筑(见彩版 2“屈家岭文化应城门板湾大型建筑 F1”)。房址北部附近还发现可能是围墙的建筑遗迹。这座房址被叠压于门板湾古城城墙下,故属古城以前的屈家岭文化聚落遗址。(黄卫东)

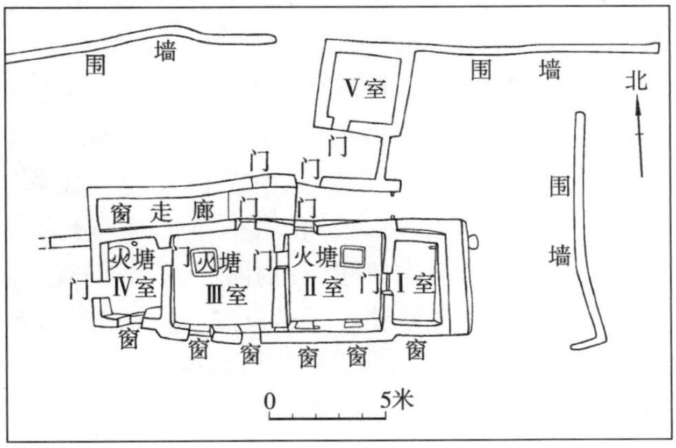

门板湾大型建筑遗址平面图

【老关庙下层文化】 见“老关庙遗址”。

【老关庙文化】 见“老关庙遗址”。

【老关庙遗址】 新石器时代遗址。位于重庆市奉节县长江瞿塘峡口北岸。面积约 4 000 平方米。1994—1995 年吉林大学考古系进行发掘。堆积分为上下两层,有五组不同的文化遗存,大多属夏商周时期。仅最早的一组,即老关庙下层遗存,属新石器时代中晚期。陶器均为红褐夹砂陶,分为细砂和粗砂陶,未见泥质陶。器施规整清晰的绳纹。泥条盘筑成型,流行花边唇,多为直口或敞口器。器形有罐、缸、壶、盆、钵、碗、豆等。遗存被命名为“老关庙下层文化”、“老关庙文化”。(叶茂林)

【魏家梁子文化】 长江上游地区新石器时代考古学文化。因重庆市巫山县魏家梁子遗址而得名。主要分布于重庆市峡江地带。1994 年中国社会科学院考古研究所进行发掘。文化遗存较为丰富,有房址和墓葬等遗迹,陶器和石器等遗物。遗存分为三层两期,下层和中层为早期,上层属于晚期。出土陶器以红褐夹砂陶,绳纹方格纹为特征,以深腹、筒形、高领、侈口、长颈的罐类为典型器形。早期夹砂褐陶为主,另有灰陶、黑皮陶、灰黑陶等,红陶很少,纹饰主要是绳纹和方格纹及划纹,绳纹夹砂褐陶最为流行。器形有深腹罐、筒形罐、侈口罐、盆、钵、圈足器等。有打制和磨制石器,小石锛和石镞制作精细有特色。发现一座墓葬,仰身直肢葬,无随葬品。晚期陶器以方格纹夹砂红陶为特征,方格纹最多,红陶最多,器形仍然主要是侈口罐、筒形罐、盆、钵、圈足器等,还有颇具代表性的高领罐、长颈罐等新器形。晚期房址有居住面、灶坑、柱洞,丰富了该文化的内涵。其年代晚于大溪文化,可能相当于屈家岭文化至石家河文化时期。参见“魏家梁子遗址”。(叶茂林)

【魏家梁子遗址】 新石器时代遗址。位于重庆市巫山县大宁河小三峡内。1994 年中国社会科学院考古研究所进行发掘。遗存分为三层两期,下层和中层为早期,上层为晚期。早期以夹砂褐陶为主,有绳纹和方格纹、划纹。以深腹罐、筒形罐、侈口罐、盆、钵、圈足器等为代表。小石锛和石镞制作精细。墓葬为仰身直肢葬,无随葬品。晚期以方格纹夹砂红陶为特征,新出现的高领罐、长颈罐等较有代表性。房址发现居住面、灶坑、柱洞。年代属新石器时代晚期。(叶茂林)

【大地坪遗址】 新石器时代遗址。位于重庆市云阳县盘石镇龙安村与九龙乡活龙村交界地带。面积约 3 万平方米。2002—2004 年,湖南省株洲市文物管理处与株洲市博物馆进行发掘。发现新石器时代至商周时期聚落遗存。房址有柱洞、灶坑。墓葬为长方形竖穴土坑墓,多为东西向,仰身直肢葬,随葬品数量不等。窑址圆形、较小。陶器主要是平底,少量圈足器;夹砂红褐陶,纹饰以绳纹、刻划纹、附加堆纹、花边口等多见;有深腹罐、折沿罐、高领罐、长颈罐等。打制石器量大类多,还有许多动植物遗存等。属哨棚嘴文化和魏家梁子文化早期,遗址年代为距今5 000～4 500 年。(叶茂林)

【中子铺遗址】 新石器时代遗址。位于四川省广元市朝天区中子铺镇。面积约3 000平方米。1990年发现,同年中国社会科学院考古研究所进行发掘。发现文化层和灰坑、灶坑,出土燧石石核和细石叶,石片屑较多。少量夹砂红褐绳纹陶,火候低,其中灰褐陶足接近前仰韶文化三足器。有个别磨制的石刀、石斧、石锛、石凿等。据碳十四测定,遗址年代为距今6 700~6 000年。是四川盆地新石器时代最早的遗存之一。(叶茂林)

【营盘山遗址】 新石器时代遗址。全国重点文物保护单位。位于四川省茂县岷江一处大拐弯的二级阶地上。面积约10万平方米。舌形台地高出河谷120米左右,地势坡缓,依山傍水。2001年成都市考古队与阿坝州文物管理所、茂县博物馆进行调查勘探和发掘。发现灰坑、灰沟、房址、红烧土等遗迹。出土遗物有马家窑风格彩陶、绳纹与附加堆纹及花边口装饰陶器、磨光陶和环形玉器、细石器、骨器等,陶器以平底为主。遗址年代为距今约5 500年。(叶茂林)

【姜维城遗址】 新石器时代遗址。全国重点文物保护单位。位于四川省汶川县城威州镇南侧的古城坪高坡上。自20世纪30年代以来多次发现马家窑类型的彩陶。2000年四川省考古研究所进行调查并试掘,2003年四川省考古研究所与阿坝州文物管理所进行发掘。发现木骨泥墙地面建筑、圆形或椭圆形灰坑。出土遗物有彩陶、细石器和镯、环等玉饰。陶器以泥质陶居多,以绳纹为主。器形有罐、盆、钵、瓶、瓮等平底器。遗存具有马家窑文化成分,但并非马家窑文化,而是与营盘山遗址类似的岷江上游原始土著文化。(叶茂林)

【麦坪遗址】 新石器时代和商周时期遗址。位于四川省汉源县大树镇麦坪村大渡河南岸二级阶地上。面积约3万平方米。2001年中国社会科学院考古研究所与四川省考古研究所等单位联合调查发现并试掘,2006—2007年进行发掘。发现干栏式和木骨泥墙房址、灰坑和新石器时代石棺葬。出土遗物有多种陶罐和少量玉器。陶器以夹砂黑褐陶、红褐陶为主,施绳纹,饰花边口沿。遗址年代为距今5 000~4 500年。(叶茂林)

【波西遗址】 新石器时代遗址。位于四川省茂县凤仪镇坪头村波西组岷江西岸二级阶地上。面积约3万平方米。2000年成都市考古研究所调查发现。2002年进行试掘,2003年成都市考古研究所、阿坝州文物管理所及茂县羌族博物馆联合发掘。发现房址、窑址、灰坑等遗迹。出土遗物与营盘山遗址相似。(叶茂林)

【沙乌都遗址】 新石器时代遗址。位于四川省茂县凤仪镇水西村岷江台地上,北与波西遗址相距500米,南与营盘山遗址隔江相对。2002年进行调查。发现灰坑和文化层,采集到大量遗物。沙乌都遗址南北两部分遗存存在差异,南部遗存接近宝墩文化,而北部年代要略早于南边。(叶茂林)

【哈休遗址】 新石器时代遗址。全国重点文物保护单位。位于四川省马尔康县沙尔宗乡哈休村茶堡河三级阶地。高约30米,黄土沉积。2000年阿坝州文物管理所调查发现。2003年、2005—2006年成都市考古研究所与阿坝州文物管理所进行试掘。发现袋状灰坑,有磨制、打制石器和细石器。陶器有泥质灰陶、红陶、褐陶、黑皮陶、夹砂灰陶等。纹饰以绳纹为主,口沿饰绳纹花边,并有少量彩陶。器形有小口尖底瓶、折腹钵、卷沿盆等。发现玉器。遗址年代为距今5 500~5 000年。(叶茂林)

【萝卜寨遗址】 新石器时代遗址。位于四川省汶川县雁门乡萝卜寨村西南岷江雁门峡谷的山坡台地。2005年四川省考古研究所调查发现并发掘。发现红烧土堆积、灰坑、火塘、墙基等遗迹。分为六层堆积。陶器有泥质灰陶、黄褐陶、夹砂灰褐陶,施绳纹、戳印纹、附加堆纹。器形有罐、盆、钵等,彩陶多为泥质红褐陶施黑彩。与姜维城遗址相距25千米,为相同文化遗存。(叶茂林)

长江下游地区

【河姆渡文化】 长江下游地区新石器时代考古学文化。因浙江省余姚市河姆渡遗址得名。主要分布在杭州湾南岸宁绍平原和舟山群岛。陶器早期以夹炭黑陶为主,中期出现泥质红陶,晚期则以夹砂灰陶为主,出现泥质灰陶、黑衣陶和夹砂红陶。最具特色的器形有口、腹出脊的

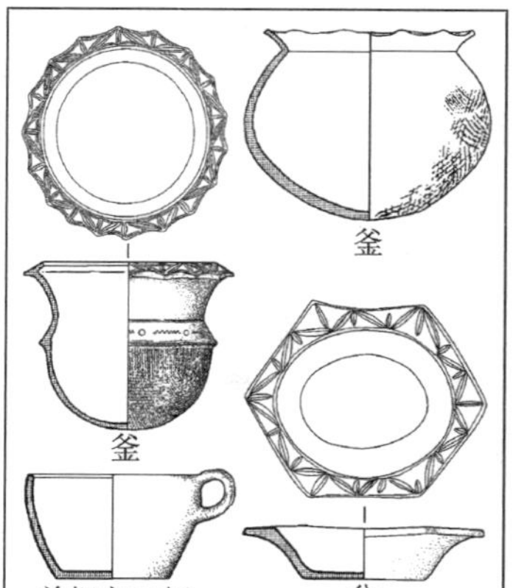

河姆渡文化陶器

釜，以及多边形口沿的釜、双耳罐、多边形口沿的盆和盉等。纹饰主要有拍印绳纹、弦纹和各种划纹、动植物纹。丰富的骨器、角器、牙器及木器是其重要特征之一。骨、角、牙器有耜、镞、哨、锥、针、匕、笄、凿、蝶形器、锯形器、靴形器、器柄和装饰品等，其中骨耜是河姆渡文化代表性的农具。木器有各种带榫卯的建筑构件、器柄、桨、耜、矛、垂球、纺轮、筒、刀、蝶形器、锯形器等，还有木胎朱漆碗。石器有斧、锛、凿、蝶形器、刀、珠、管等。玉器有璜、玦、珠、环等。人面和动物陶塑，以及陶器、象牙器上的动物纹、植物纹图案极具特色。墓葬以侧身屈肢葬为主。房屋为大型干栏式建筑。稻作农业发达，饲养家猪和狗。文化年代为距今7 000~6 000年。（李新伟）

【河姆渡遗址】 新石器时代遗址。全国重点文物保护单位。位于浙江省余姚市罗江镇渡头村。面积约5万平方米。1973年发现。1973—1974年、1977—1978年浙江省文物考古研究所进行两次发掘，揭露面积2 700余平方米。主要堆积分四层，第4、3、2层分别属于河姆渡文化的早、中、晚期，年代为距今7 000～6 000年；第1层大致相当于崧泽文化晚期。出土大量典型河姆渡文化的陶器、石器、玉器、骨器、角器、牙器、木器、漆器，50余种陆生和水生动物的大量遗骨；发现由稻谷、谷壳、稻秆、稻叶交互混杂形成的厚达20～50厘米的堆积层，长达23米的大型干栏式建筑和木结构水井。另发现少量墓葬，以侧身屈肢葬为主。2003年出版有《河姆渡——新石器时代遗址考古发掘报告》。（李新伟）

【鲞架山遗址】 新石器时代遗址。位于浙江省余姚市河姆渡遗址东北1.5千米处。1994年浙江省文物考古研究所进行发掘，揭露面积550平方米，发现灰坑、红烧土台、瓮棺葬、道路、河埠、成排木桩等遗迹、大量河姆渡文化遗物和印纹陶时期的各类遗物。遗存分为四期，第一期大致相当于河姆渡文化偏晚期，以侈口圜底釜最具特征。第二期和第三期大致相当于崧泽文化时期，但极具地方特色，典型器为盘口束颈圜底釜。第四期有印纹陶和原始瓷器，大致相当于春秋战国时期。鲞架山遗址在相当程度上填补和扩展了河姆渡文化的内涵。（李新伟）

【鲻山遗址】 新石器时代遗址。全国重点文物保护单位。位于浙江省余姚市鲻山的东坡和南坡。1980年进行试掘。1994年浙江省文物考古研究所等正式发掘，揭露面积306平方米。主体文化堆积分为十层，10层和9层、8～6层和5～3层分别属于河姆渡文化的早、中、晚期。发现墓葬、灰坑、水井和连片的干栏式建筑等遗迹，出土大量陶器、石器、木器和骨器、角器、牙器。象牙鸟形匕制作精美。（李新伟）

【八字桥遗址】 新石器时代遗址。位于浙江省宁波市妙山乡八字桥村。面积约1万平方米。1976年开挖河渠时发现。出土大量陶片、石器、稻谷、兽骨，发现红烧土和木桩遗迹。出土器物与河姆渡遗址第2层和第1层遗存相似。（李新伟）

【塔山遗址】 新石器时代和商周时期遗址。全国重点文物保护单位。位于浙江省象山县丹城镇塔山东南麓。面积1万余平方米。1988年发现，1990年、1993年浙江省文物考古研究所进行两次发掘。揭露面积545平方米，清理灰坑32个、灰沟2条、房基1座、墓葬56座，出土陶器、石器、玉器等大量遗物。新石器时代遗存可分三层，下层约为河姆渡文化晚期，中层约为崧泽文化最晚期，上层相当于良渚文化中期。塔山遗址的发掘对研究江南地区史前文化具有重要意义。（李新伟）

【名山后遗址】 新石器时代遗址。位于浙江省奉化市南浦乡名山后村。面积约2万平方米。1989年浙江省文物考古研究所等进行发掘。揭露面积360平方米，发现墓葬6座、灰坑43个、人工夯土台1座，出土陶器、石器和玉器共137件。遗址堆积分为十二层，第8层以下属河姆渡文化晚期，出土有多边形口沿釜。第2～7层大致相当于崧泽文化最晚期至良渚文化中期，出土有典型良渚文化中期竹节把豆，上饰刻划的卷体鸟纹。（李新伟）

【白泉遗址】 新石器时代遗址。位于浙江省舟山市舟山岛中部白泉乡。1975年浙江省博物馆等进行发掘。发现红烧土和木桩痕迹，出土陶器、石器和兽骨等。时代约为河姆渡文化晚期。（李新伟）

【慈湖遗址】 新石器时代遗址。位于浙江省宁波市江北区慈城镇西北角。现存面积约2 000平方米。1986年、1988年浙江省文物考古研究所等进行两次发掘，揭露面积约300平方米。发现道路、排列无序的木桩等遗迹，出土陶器、石器、骨器、木器等大量遗物。特别是一些木质生产工具和生活器具的发现，丰富了河姆渡文化的内涵。遗存分为下层文化和上层文化期。下层文化出土盘口束颈圜底釜，与鲞架山遗址出土者相同，大致相当于崧泽文化中期；上层

出土鱼鳍形鼎足，以及饰半镂空弧线三角纹的豆、盘等，大致相当于良渚文化最早期。（李新伟）

【孙家山遗址】 新石器时代遗址。位于浙江省岱山县大巨岛衢山镇培荫村。1978年发现并试掘。时代约为崧泽文化晚期和良渚文化早期。采集到少量的完整陶器和石器，包括典型崧泽文化晚期鼎、豆和良渚文化豆、圈足罐及石耘田器和有段石锛、石斧、石镞、石刀、石纺轮等。纹饰以素面为主，尚有绳纹、划纹、附加堆纹和方镂孔纹。（李新伟）

【田螺山遗址】 新石器时代遗址。全国重点文物保护单位。位于浙江省余姚市三七镇相岙村田螺山的小山头周围。面积约3万平方米。2004年以来浙江省文物考古研究所持续进行多次发掘，发掘面积约300平方米。发现了丰富的河姆渡文化各阶段的遗迹和遗物。因特殊的埋藏条件，遗址内的有机物保存状态良好，出土大量完整木器以及树枝、树叶、菱角、橡子、芡实、葫芦、酸枣、炭化米粒等遗物，为研究河姆渡文化时期的环境和经济生活提供了丰富资料。（李新伟）

【河姆渡文化蝶形器】 河姆渡文化典型遗物。外形似蝴蝶，两翼展开，上端较平，下缘圆弧。正面微微弧凸，错磨平整光滑；背面中部有两道平行的纵向突脊背，两脊之间形成一道上端不通的凹槽，脊上部往往有钻孔，两翼上端亦有横脊或钻孔。其上多刻划纹饰，主要有圈纹和鸟形图案，外加一些短斜线或弧线装饰（见彩版9“河姆渡文化象牙蝶形器”）。材质有石质、骨质、象牙质和木质四种。器形大致可以分作两类，即蝶形类和鸟形类，后者单侧为鸟首形，两侧并不对称。关于其用途，学术界莫衷一是，有定向器、建筑装饰、投枪器附件、祭祀用具等不同意见。（彭小军）

【河姆渡文化骨耜】 河姆渡文化典型遗物。多数取材于大、中型哺乳动物的肩胛骨，少数也选用胯骨。器形基本保持原骨的自然形状，上端厚而窄，下端刃部薄而宽。骨臼和骨脊削平，以便安柄。骨面中间多凿双孔以系绳，一部分在骨臼上还凿有长方形横孔，器身磨光（见彩版9“河姆渡文化骨耜”）。以骨耜的刃部特征为分类标准，可将其分成平刃（包括弧刃）、斜刃和双齿刃三种。骨耜最初被认为是翻耕农田的工具，但后来有多位学者对此说提出质疑，且尚无直接证据表明是专用于翻耕农田的工具，故关于其具体用途学术界仍处在积极的探索之中。（彭小军）

【河姆渡文化木胎朱漆碗】 河姆渡文化典型遗物。出土于河姆渡遗址，属河姆渡文化二期遗存。通高5.7厘米、口径9.2～10.6厘米（见彩版9“河姆渡文化木胎朱漆碗”）。木胎，系用整段圆木镂剜而成。制作较为规整，略呈瓜棱形，敛口略残，瓜棱形扁鼓腹，矮圈足略外撇。器表髹朱红色漆，薄而匀，略有光泽，惜多已剥落。经红外光谱分析，漆皮光谱图与马王堆汉墓出土漆皮的裂解光谱图相似。河姆渡木胎朱漆碗的发现为中国髹漆工艺找到了源头，也是迄今世界上发现最早的漆器之一。（彭小军）

【马家浜文化】 长江下游地区新石器时代考古学文化。因浙江省嘉兴市马家浜遗址而得名。主要分布在上海市、江苏省南部和浙江省北部的环太湖地区。陶器质地有夹砂、夹蚌、夹炭和泥质四种；陶色有红、黑、灰等颜色，还发现了极少的白陶；有些器物上施红衣；常见纹饰有绳纹、弦纹、斜线纹、米点纹、三叶纹和戳印圆圈纹等。以各式带腰沿和鋬手的釜、带把杯、三足或平底盉、多边形宽沿盘、鼎、喇叭状把豆等最具特征，在各种器物上流行加把、鋬和牛鼻耳。石器有斧、锛、凿、刀、纺轮、短管等。玉器主要有玦、短管和坠。木器主要为带榫卯或企口的建筑构件和少量工具。骨、角、牙质的工具和装饰品在遗物中占有很大比例是马家浜文化的重要特点之一。主要有骨耜、角制勾勒器、鹿角靴形器以及骨角制的锥、镞、针、凿、匕、簪、管、坠和獐牙、鳄鱼牙制的装饰品等。此外，以木结构为骨架的建筑、以俯身直肢葬为主的葬式和头上覆盖陶器的习俗也是马家浜文化的重要特征。据碳十四测定并经校正，文化年

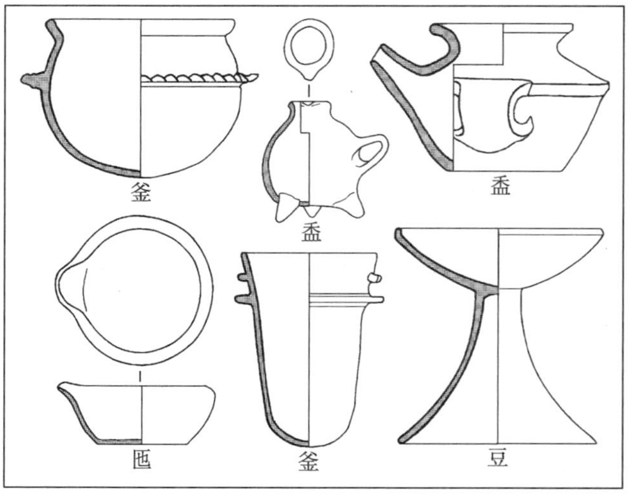

马家浜文化陶器

代为距今7 000～6 000年。(李新伟)

【草鞋山类型】 马家浜文化分布在太湖腹地的一种地方类型。主要遗址有江苏省苏州市吴中区草鞋山、越城和昆山市少卿山等遗址。陶器多见侈口鼓腹釜、罐形鼎等器形，而平底鬶、双牛鼻耳罐则能看出受到罗家角类型的影响。(王吉怀)

【罗家角类型】 马家浜文化分布在江苏境内的一种地方类型。迄今发现的遗址较少，以罗家角遗址和吴家埠遗址为代表。由于与同时期分布于宁绍平原的河姆渡文化隔钱塘江相望，因而受河姆渡文化的影响较深。(王吉怀)

【东山村类型】 马家浜文化的一种地方类型。主要分布在苏南沿长江地段，以张家港市东山村、许庄和常州市圩墩、潘家塘遗址为代表。东山村类型受西部宁镇皖南早期原始文化影响较大，晚期出现并逐渐增多黑皮陶的小口长颈凿形足带把鬶、束腰形壶等器形，尤其是鼎的带把风格，厚胎陶器、罐形豆等器形，明显受北阴阳营文化的影响。(王吉怀)

【马家浜遗址】 新石器时代遗址。全国重点文物保护单位。位于浙江省嘉兴市南湖乡天带桥村马家浜。面积约1.5万平方米。1959年浙江省文物管理委员会进行发掘，揭露面积213平方米。清理出马家浜文化的建筑遗迹、灰坑和30座墓葬，出土大量遗物，为马家浜文化的命名提供了依据。遗址的文化堆积层分为上下两层：上层以灰黑色黏土为主，并有红烧土层和淤泥层，出土兽骨、石锛、砺石、骨镞和各种质地的陶片；下层含有大量腐烂的兽骨碎片，以及骨镞、骨锥、骨针、骨凿、石斧、砺石、陶片。还发现长方形房屋遗迹。房屋南北7米，东西3米，门朝东。室内是经过加工的黄绿色土面，并有带树枝和芦苇痕迹的红烧土块堆积。(李新伟)

【罗家角遗址】 新石器时代遗址。全国重点文物保护单位。位于浙江省桐乡市石门镇东北罗家角村。总面积约12万平方米。1956年发现。1979年南京博物院等单位进行发掘，揭露面积1 338平方米。清理灰坑53个，出土陶片5万余片，兽骨1 000余千克，还发现稻谷等植物遗存和一批有榫卯的建筑木构件。主要遗存属马家浜文化早中期，是迄今发现遗物最丰富的马家浜文化遗址。(李新伟)

【吴家埠遗址】 新石器时代遗址。位于浙江省杭州市余杭区瓶窑镇吴家埠。1981年浙江省文物考古研究所进行两次发掘，揭露面积1 000余平方米。发现灰坑、建筑遗迹和28座墓葬，出土大量陶器、石器和玉器等遗物。遗存部分属马家浜文化，各类腰沿釜极具特征，有学者提出马家浜文化“吴家埠类型”的命名；部分属良渚文化早期，主要包括20座墓葬，随葬品中的侧装鱼鳍形足鼎和澄滤器颇具特色。(李新伟)

【草鞋山遗址】 新石器时代遗址。全国重点文物保护单位。位于江苏省苏州市唯亭镇东北。面积4.5万平方米。遗址包括生产区、生活区和墓葬区。1972年、1973年进行发掘，揭露面积1 037平方米。下层属马家浜文化，发现新石器时代墓葬和木架结构地面房址。墓葬一般随葬少量陶器，有些死者头骨用陶器覆盖或置于陶器中。存在同性合葬墓，反映了母系氏族社会对偶婚制的葬俗。同时还出土有炭化粳稻、籼稻及野生葛罗纹织品。碳十四校正年代为距今6 300～6 000年。上层属崧泽文化，发现有随葬猪下颌骨的墓葬和成年男女合葬墓，反映了父系氏族社会的葬俗。其上还有少量良渚文化的遗迹和遗物。草鞋山遗址的地层关系对认识太湖地区史前文化序列具有典型意义。(王吉怀)

【邱城遗址】 新石器时代遗址。位于浙江省湖州市邱城山西、东、南三面坡上。总面积约3万平方米，主体遗存面积约6 000平方米。1957年、1973年、1986年和1992年浙江省文物考古研究所等进行四次发掘，揭露面积近1 000平方米。主要发现马家浜文化、良渚文化和马桥文化时期的遗迹和遗物。遗址分为上中下三个文化层。其中下层属马家浜文化，也是文化堆积最丰富的地层。(李新伟)

【仙坛庙遗址】 新石器时代遗址。位于浙江省海盐县百步镇农丰村。面积约2万平方米。2000年调查发现。2002—2003年浙江省文物考古研究所等进行发掘，揭露面积约2 400平方米。遗址下层为崧泽文化早期居址，其上有崧泽文化早期和晚期的人工堆筑土台。早期土台内有崧泽文化早期墓葬，是迄今所知长江下游地区最早的台式葬地。晚期土台有土坯铺设的遗迹，一直沿用至良渚文化早期，台内有崧泽文化最晚期和良渚文化各时期的墓葬60余座。(李新伟)

【绰墩遗址】 新石器时代遗址。全国重点文物保护单位。位于江苏省昆山市巴城镇正仪绰墩村。为一处高出地面6米的土墩遗址，面积约2 000平方米。1961年南京博物院调查发现，1998—2001年南京博物院、苏州博物馆、昆山市文物管理所等单位联合进行发掘，合计发掘面积1 500余平方米。其中，遗址的第2层为西周末至春秋时期，属吴文化；第3层属良渚文化，第4层属崧泽文化，第5层属马家浜文化。发现有马家浜文化、崧泽文化、良渚文化墓葬、房址、灰坑和水井遗迹，出土各类遗物380余件。（王吉怀）

【双桥遗址】 新石器时代遗址。位于浙江省嘉兴市双桥镇。面积约3 000平方米。1973年浙江省文物管理委员会进行发掘，揭露面积160平方米。发现有灰坑和墓葬，出土大量遗物。遗存内涵较复杂，部分相当于崧泽文化末期至良渚文化初期，与龙南遗址同时期器物相似；部分属良渚文化不同时期。（李新伟）

【西溪遗址】 新石器时代遗址。全国重点文物保护单位。位于江苏省宜兴市芳庄镇溪东村。面积约5万平方米。2003—2004年南京博物院考古研究所、宜兴市文物管理委员会、南京大学历史系考古专业进行发掘，揭露面积1 039.5平方米。清理新石器时代红烧土地面建筑遗迹16座和大片多层次的干栏式房屋建筑遗存以及灰坑22个、灰沟3条、祭祀遗迹1处，同时发现良渚文化时期墓葬1座、马家浜文化时期墓葬4座及宋代墓葬2座。遗址的年代跨度为距今7 000～6 000年，分为早晚两个时期。早期遗存为距今7 000～6 300年，相当于马家浜文化早中期，以釜、豆、罐、盆、钵、甑、匜、盉、器盖、支座、蒸箅、炉箅等为器物组合；晚期遗存为距今6 300～6 000年，相当于马家浜文化晚期，器物组合与早期基本相同，鼎的数量增加，鼎足多式多样，并存在大面积、深厚度的蚌螺类遗存。（王吉怀）

【祁头山遗址】 新石器时代遗址。位于江苏省江阴市城东新区夏家村东北。2000年发现。2000—2001年南京博物院考古研究所、无锡市博物馆、江阴市博物馆等进行发掘，揭露面积600平方米。清理灰坑39个、墓葬132座，出土各类文物200余件。器物组合以釜、三足钵、钵、豆、罐为主，陶器以素面为主，多为轮制。墓葬以仰身葬为主，头向东。随葬品较少，其中盆、钵、豆等多被放置于墓主的头部下面。高柄豆的豆柄被人为敲去，断裂处被打磨平整后再随葬。陶釜被人为破碎后置于墓主上身及身侧，玉器多集中放置于墓主的颈部及两耳处。陶器外表普遍装饰红衣，既保持自身特点，又兼收周围同期文化的因素，为研究长江下游史前文化提供了新资料。（王吉怀）

【彭祖墩遗址】 新石器时代遗址。位于江苏省无锡市锡山区管家桥村。面积约7万平方米。1990年无锡市博物馆调查发现。2000—2002年南京博物院、无锡市博物馆、锡山区文物管理委员会进行三次发掘，发掘面积1 175平方米。发现有马家浜文化、商周时期的房址、灰坑、墓葬和相关遗物。其中，将马家浜文化的彭祖墩分为三期，代表着三个相对早晚关系的发展阶段。一期的器物组合与二、三期差别较大，二期的釜、鼎、盆、鬶、豆、罐、盉、筒形器等组合，属于典型的马家浜文化组合，并流行宽腰沿的圜底釜、喇叭口形圈足豆、牛鼻形耳的罐和带把平底盉等。墓葬多单人仰身葬，头向多朝北，随葬品常见有石锛和陶豆、钵、盆、罐、釜等。时代为距今6 300～6 100年。（王吉怀）

【骆驼墩遗址】 新石器时代遗址。全国重点文物保护单位。位于江苏省宜兴市新街镇塘南村。现存面积1万平方米。2001—2002年南京博物院考古研究所、宜兴市文物管理委员会进行发掘。揭露面积1 309平方米。发现的主要遗迹和遗物属于马家浜文化时期，包括墓葬52座、瓮棺39座、灰坑5个、房址3座、祭祀遗迹4处、大型贝类及螺壳堆积1处。同时，还发现崧泽文化墓葬1座、灰坑2个、良渚文化墓葬3座、灰坑3个以及印纹陶时期的灰坑4个。出土陶器、石器、骨器、玉器等400件。骆驼墩遗存文化性质和面貌比较单纯，代表了太湖西部山地向平原过渡地带的新石器时代考古学文化特点。（王吉怀）

【四脚墩遗址】 新石器时代及西周遗址。位于江苏省镇江市丹徒镇四脚墩。面积2万多平方米。为一典型的台形遗址，高出地面15米。第2～4层为西周时期的堆积，内涵与湖熟文化较为一致。第5、6层为新石器时代堆积，发现房址1座，面积达50余平方米。陶器主要以夹砂红陶为大宗，器形有釜、罐、钵等。遗址时代与太湖地区马家浜文化晚期相当。（王吉怀）

【左湖遗址】 新石器时代和湖熟文化遗址。位于江苏省镇江市丹徒镇左湖村西北。面积约3万平方米。1991年南京博物院、镇江博物馆进行发掘，揭露面积365平方米。其中，新石器时代文化遗存属于宁镇地区较早阶段的新石器时代文化，在宁镇地区发现很少，所出较为丰富的各类遗物对认识研究宁镇地区较早阶段的新石器时代文化面貌提供了重要的资料。特别是较为完整的地面房屋建筑遗迹的发现，填补了这些地区新石器时代文化的空白。左湖遗址的陶器以釜、盉、罐为主要炊具，不见鼎足、支架和管状流，与分布在宁镇地区的北阴阳营遗址、丁沙地遗存和太湖地区的马家浜文化、江淮地区的早期新石器时代文化都有一定的共性。年代为距今7 000～6 800年。（王吉怀）

【东山村遗址】 新石器时代遗址。全国重点文物保护单位。位于江苏省张家港市南沙乡东山村。总面积约6万平方米。1989年南沙乡建房时发现。1989年和1990年苏州博物馆、张家港市文物管理委员会进行两次发掘，揭露面积约170平方米。发现了相当于马家浜文化时期的房址5座，崧泽文化时期的房址1座，相当于马家浜文化和崧泽文化时期的墓葬8座，出土玉器、石器、陶器近200件。房址均为平地起建，有方形、长方形和圆形。墓葬均为浅穴土坑墓，随葬品一般为4～12件。东山村遗址共分七个文化发展阶段，第1～5阶段的遗存属马家浜文化，经碳十四年代测定，第1阶段为距今7 260±60年，第2阶段为距今6 060±130年，第3、4阶段为距今6 245±170年，距今5 875±74年或距今5 960±74年，第5阶段为马家浜文化向崧泽文化过渡时期；第6、7阶段属于崧泽文化时期。（王吉怀）

【崧泽文化】 长江下游地区新石器时代考古学文化。因上海市青浦区崧泽遗址而得名。主要分布在上海、江苏南部和浙江北部的环太湖地区。陶器有夹砂陶和泥质陶，夹砂陶中常掺杂稻草屑或介壳末，多呈红褐色；泥质陶胎质极细，多为灰色，有黑衣陶。以素面为主，以镂孔和刻划纹最富特征。有彩绘陶，以宽窄不一的彩带，组成由平行带纹、波状纹、交叉波状纹和旋涡纹相互结合的各种图案。器形主要有鼎、豆、壶、杯、罐、盘、碗、盆、匜、觚形器等，其中以形式多样的鼎、豆、壶最具代表性。石器有斧、锛、凿、镰、纺轮和镯等。玉器有璜、璧、环、钺、坠、镯、玦等。骨器较马家浜文化大为减少，有镞、锥、簪等。牙制品有獐牙刀和象牙镯。此外，陶器上的刻划符号，头向东南的仰身直肢葬，鼎、豆、壶的随葬器物组合，死者口中含有玉琀等，也是崧泽文化的重要特征。文化年代为距今6 000～5 300年。（李新伟）

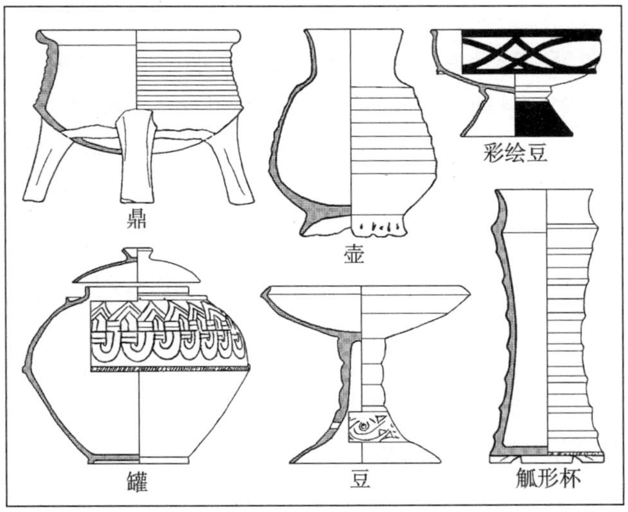

崧泽文化陶器

【崧泽类型】 崧泽文化的一种地方类型。主要分布在太湖流域腹地。除上海市崧泽遗址外，重要遗址尚有苏州市吴中区越城、草鞋山、澄湖、张陵山与常熟市钱底巷，以及浙江省湖州市邱城等。崧泽类型特征明显，陶器中的刻划纹及镂孔组合纹饰丰富多彩，彩绘陶器占有一定的比例。盛行矮圈足器，其中壶的数量较多，成为主要组合之一。（王吉怀）

【徐家湾类型】 崧泽文化的一种地方类型。主要沿长江南岸分布，遗址主要有江苏省张家港市徐家湾、许庄，以及常州市寺墩、乌墩、潘家塘、圩墩等。徐家湾类型与其他崧泽文化类型相比特点显著。陶系以夹炭陶及较薄的泥质陶为主，胎质轻薄疏松。器形中壶的数量较少，而杯、三足钵的数量较多，鼎以盆形鬼脸足为主，束腰形甗颇具特色，构成了徐家湾类型独特的文化面貌。（王吉怀）

【崧泽遗址】 新石器时代遗址。全国重点文物保护单位。位于上海市青浦区崧泽村。面积约15万平方米。以新石器时代遗存为主，其核心部分为面积约8 000平方米的假山墩。1960年、1961年和1976年上海市文物保管委员会等联合进行发掘，揭露面积703平方米。清理墓葬100座，出土遗物丰富，为崧泽文化的命名奠定了基础。文化遗存分为三层，下层为马家浜文化遗存，出土釜、罐等陶器。中层是崧泽文化代表性遗存，出土陶器有鼎、豆、壶，用稻谷壳作羼和料。上层是以几何印纹硬陶、原始瓷为代表的青铜时代遗存。1987年出版专刊《崧泽》。（李新伟）

【南河浜遗址】 新石器时代遗址。全国重点文物保护单位。位于浙江省嘉兴市大桥镇云西村和南子村。面积约2万平方米。1996年浙江省文物考古研究所进行发掘,揭露面积约1 000平方米。共清理良渚文化早期墓葬4座,崧泽文化墓葬92座、灰坑23个、房屋遗迹7座和祭台1座,出土陶器600余件、玉器64件、石器80余件以及骨器、角器、牙器10余件,一些动物造型陶器极具特色。崧泽文化遗存主要属于其晚期。2005年出版专刊《南河浜》。(李新伟)

【福泉山遗址】 新石器时代遗址。全国重点文物保护单位。位于上海市青浦区重固镇西侧。属太湖地区典型土墩遗址。以名为福泉山的小山丘为中心,面积约7 000平方米。1962年发现。1979年、1982年、1983年和1986—1987年先后进行四次发掘,揭露面积2 235平方米。发现少量马家浜文化时期遗物,以及崧泽文化居址、灰坑等遗迹和19座墓葬。重要的是确认了福泉山为良渚文化时期堆筑的土台,并发现良渚文化各个阶段的墓葬30座和祭祀遗迹4处。高等级良渚墓葬中随葬有精美刻划图案的陶器和琮、璧、钺、璜、镯等玉器,表明福泉山是良渚文化的一个高等级中心性聚落。另有少量战国、汉代和唐、宋时期遗存。2000年出版专刊《福泉山》。(李新伟)

【澄湖遗址】 新石器时代晚期至宋代遗址。位于江苏省苏州市城东南约15千米处。是分布在太湖东部平原上的中型湖泊,水域面积约6万亩。1974年春发现。2003年苏州博物馆、吴中区文物管理委员会对湖区进行发掘。清理各种遗迹872处,其中灰坑443个、水井402口、水田遗迹20块、房址3座、水沟3条、池塘1个。这些遗迹最早为崧泽文化晚期,最晚为宋代。比较重要的是揭露出了一个崧泽文化聚落。出土遗物十分丰富,并以汲水的盛器为主。通过对水田(S3)碳十四测定并经树轮校正,遗址年代为距今5 520—5 260年。(王吉怀)

【箬帽顶遗址】 新石器时代遗址。位于江苏省常州市武进区仙龙山村附近的箬帽顶高地及周围地区。面积约1万平方米。因烧窑取土时被发现。1990年常州博物馆、武进县博物馆进行调查。文化层厚达2米,内涵丰富,断崖有些地段有大量较厚的红烧土层或红烧土垂直堆积面。采集的石器有斧、锛、有段锛、凿,陶器有罐、釜、豆、钵、盘、杯等。器形口沿和器足的文化性质以崧泽文化为主,兼有马家浜文化因素,是迄今常州地区已知最北的崧泽文化遗存。(王吉怀)

【东山村M91】 新石器时代高等级大墓。位于江苏省张家港市东山村遗址。系东山村遗址迄今发现的崧泽文化墓葬中墓坑最大的7座墓葬之一。墓葬方向为345°,墓口长3.15米、宽1.76米、深0.5米。墓主位于墓底的中部略偏西,虽已腐朽但整体骨架保存尚好。仰身直肢葬,头部偏西,两手垂放于腰部,为成年男性。出土陶器、玉器、石器等38件(套),超过了以往发现的单个崧泽文化墓葬出土随葬品的最多数量。此类高等级大墓在长江下游地区属首次发现,填补了崧泽文化时期没有高等级大墓的空白,为人们重新认识环太湖流域崧泽文化整体面貌和社会生产力发展水平提供了新资料。(彭小军)

【潘家塘遗址】 新石器时代遗址。位于江苏省常州市武进区青龙镇潘家塘村。1977年武进县文化馆、常州博物馆进行小规模试掘,揭露面积100平方米。出土遗物有红陶豆、红陶鬶、红陶鼎、灰陶豆、灰陶壶、红陶壶等。其地层堆积和出土遗物兼有马家浜文化和崧泽中期文化特点。(王吉怀)

【乌墩遗址】 新石器时代及春秋、宋元时期遗址。位于江苏省常州市武进区张家湾村东北。为高出地面约1.5～2米的土台,现存面积约1 800平方米。1992年在江苏省沪宁高速公路调查时发现。1992年、1993年南京博物院、常州市博物馆、武进县博物馆联合进行两次发掘,揭露面积450平方米。主要收获是发现了可与马家浜文化相衔接的崧泽文化早期材料,遗址主要属于崧泽文化时期,发现房址10座,墓葬10座,灰坑30余个,出土可复原及完整器物200余件。遗址中部偏北为崧泽文化时期居住区,房址有长方形和椭圆形两种,属于双坡式建筑,有的面积达50平方米,或数平方米,并保留有墙、门道和火圹。墓葬均为小型墓,开口于房址下,一般随葬4～6件器物,器物组合有鼎、罐、盆、豆等。墓主人头向北,仰身直肢。文化时代相当于崧泽文化的一至二期。(王吉怀)

【许庄遗址】 新石器时代遗址。位于江苏省张家港市杨舍镇许庄村。面积约3万平方米,已被破坏5 000平方米。1986年发现。1987年苏州博物馆、张家港市文物管理所进行试掘,揭露面积20平方米。遗址共分三层,第1层为表土层,第2层为被扰乱的良渚文化层,第3层为崧泽文化层。发现有良渚文化和崧泽文化墓葬,均为仰身直肢单人葬,不见墓圹,采用的是覆土掩埋的习俗。陶器以折肩、折腹为特点,壶、杯等器均有锯齿状附加堆纹、鸡冠形耳鋬和花瓣足。遗址下文化层的面貌多具有崧泽文化早、中期特点。(王吉怀)

【徐家湾遗址】 新石器时代遗址。位于江苏省张家港市长江下游三角洲南岸。面积约4.5万平方米。1985年苏州博物馆和张家港市文物管理委员会调查发现,并于同年4—8月进行发掘,揭露面积413平方米。发现新石器时代墓葬16座、灰坑18个、居住遗迹3处,以及水井、水沟、烧灶等遗迹。出土玉器、石器、陶器400余件。文化遗存共分三层,上层以泥质灰陶、红陶和黑衣陶为主,火候高,质地硬,以鼎、豆、罐、壶、盉、碗、杯为器物组合,其年代不晚于公元前2400年。中、下层为一个文化类型,在上层的文化特征基础上又发现了红衣陶,器形盛行折肩折腹和花瓣形圈足,墓葬中的器物组合以鼎、甗、豆、罐、壶、杯、钵为主,并出现盂、尊高足杯等,其年代依据对下层M7木炭的测定为距今5 547±142年。(王吉怀)

【钱底巷遗址】 新石器时代至商周时期遗址。位于江苏省常熟市北郊新光村西,西依虞山,北濒长江,海拔3.1~4.1米。面积近4万平方米。1980年常熟市文物管理委员会调查发现,1983年南京博物院进行试掘,1988年南京大学历史系考古专业、常熟博物馆进行发掘,揭露面积475平方米。遗址的第3~4层为商周文化层,第4~6层为崧泽文化遗存。在崧泽文化层中,清理的遗迹有居住面、灰坑和墓葬,崧泽文化遗存又分为上中下三层叠压堆积。地层的直接叠压和典型陶器器形序列发展的连续性,表明钱底巷遗址在崧泽文化阶段为长期持续使用的居住地,表现了由马家浜文化向崧泽文化演变的轨迹。(王吉怀)

【蔡墩遗址】 新石器时代遗址。位于江苏省张家港市塘桥镇青龙村。面积约1万平方米。1974年发现。1986年苏州博物馆、沙洲县文化馆进行发掘。地层堆积厚1.8~2米,包括崧泽文化、良渚文化、东周时期和汉代遗存。发现有良渚文化的红烧土居住面1处和灰坑2个、墓葬1座。出土石斧、石锛、石凿、陶钵、陶杯、陶罐等遗物。蔡墩遗址属新石器时代良渚、崧泽叠压类型文化遗址,年代为距今5 000~4 000年。(王吉怀)

【徐湾村遗址】 新石器时代遗址。位于江苏省张家港市鹿苑镇东南。面积约4.5万平方米。1985年苏州博物馆、沙洲县文化馆进行发掘。发现红烧土面1处,应为有柱架构筑的居址。在发掘区南面发现顺东西向排列的墓葬13座,人骨架为头高脚低,仰身直肢,使用葬具。均出土有随葬品,最多达32件,最少7件。陶器多置于身侧或脚后,石器、玉器则在腰、胸及肩部。遗址属良渚文化和崧泽文化时期。(王吉怀)

【圩墩村遗址】 新石器时代遗址。位于江苏省常州市戚墅堰镇西南圩墩村京杭大运河南侧。面积约20万平方米。文化堆积厚度约为1.8米。1960年发现。经南京博物院复查,有崧泽文化与马家浜文化叠压地层,崧泽文化层已遭破坏,马家浜文化层堆积保存较好。1972—1985年进行多次发掘,发掘面积1 330平方米。上层为崧泽文化层,下层为马家浜文化层,出土生产工具、生活用具及装饰品近700件,各种陶片5万余片。其中陶釜、陶豆居多,其次是陶罐、陶盆、陶钵等。陶器有宽沿深腹圜底釜、大口双耳罐等,有少量彩陶,广泛使用牛鼻式耳。石器有石斧、石锄、石锛、石凿、石刀等,磨制光滑、刀刃锋利。据碳十四测定,圩墩早期遗存的年代为距今6 210年。(王吉怀)

【三城岗遗址】 新石器时代及春秋、南朝遗址。位于江苏省丹阳市荆林镇三城岗村北。面积约10万平方米。1992年沪宁高速公路建设时发现。1993年南京博物院、镇江市博物馆进行发掘,揭露面积300余平方米。文化层厚度2~2.6米,包括南朝、春秋和新石器时代三个时期的文化堆积。其中发现新石器时代遗迹有墓葬4座、灰坑1座。墓葬均为仰身直肢葬,头向东,随葬品主要放置于死者头部和腰部,数量3~8件不等,多为陶器,其次为石器和玉器。基本器物组合为鼎、豆、贯耳壶等,并有随葬玉耳饰和胸饰的习俗。遗址时代相当于太湖文化区的崧泽文化晚期和良渚文化早期。(王吉怀)

【新岗遗址】 新石器时代遗址。位于江苏省常州市钟楼区新岗村。2002—2004年常州博物馆、南京博物院考古研究所进行四次发掘,总揭露面积900平方米。清理出马家浜文化、崧泽文化及春秋时期墓葬100座,出土各类器物800余件。遗址以崧泽文化为主,并明显受到宁镇地区北阴阳营文化和北方大汶口文化的影响。(王吉怀)

【城头山遗址】 新石器时代遗址。位于江苏省句容市句容水库内。面积约3万平方米。1981年发掘,揭露面积为42平方米。遗址下层为新石器时代文化,常见小口垂腹鼎、小口广肩圆腹罐、宽沿灰陶盆、花瓣足杯、矮圈足碗、刻槽盆、鸟饰弧面形盖等器形。时代约相当于崧泽文化晚期。(王吉怀)

【南楼遗址】 新石器时代遗址。位于江苏省江阴市青阳镇南楼的顾家村(今称"悟空村")。2006年南京博物院、江苏省考古研究所、江阴博物馆、上海大学文物考古研究中心组成联合考古队对遗址进行抢救性发掘,揭露面积约1 500平方米。遗址主要为崧泽文化层,由壕沟、房址和墓葬三部分组成。发现遗迹有房址4座、壕沟1处、墓葬25座等。房址分为圆形和长方形,每座房址内均有呈方形排置的柱洞,墙基外围均有环绕排水沟。壕沟宽5米、深1米,已揭露长度约40米。墓葬均为仰身直肢的长方形竖穴土坑,部分墓葬有木棺痕迹。器形主要有鼎、甗、豆、壶、罐、觚形杯等。时代相当于崧泽文化。(王吉怀)

【烟墩山遗址】 新石器时代至周代遗址。位于安徽省马鞍山市烟墩山村。总面积近3万平方米。1984年发现。2003年安徽省文物考古研究所、马鞍山市文物管理所进行发掘,揭露面积950平方米。清理新石器时代晚期墓葬9座、灰坑3个,西周时期房屋建筑7处、灶8处、灰坑30个、红烧土遗迹3处、墓葬9座,出土器物400余件。新石器时代遗存除发现一批相当于崧泽文化晚期到良渚文化时期的墓葬外,还发现了具有龙山文化和岳石文化特点的一些遗物。是皖东南地区首次发现的新石器时代晚期墓葬。(王吉怀)

【北阴阳营文化】 长江下游地区新石器时代考古学文化。因江苏省南京市北阴阳营遗址而得名。主要分布在江苏省宁镇地区和安徽省东南部。以北阴阳营遗址为代表,另有南京市大岗寺、昝庙等遗址。陶器处于手制轮修阶段,代表性器形有鼎、罐、盉、豆、钵、碗等,彩陶多绘宽带、网状、十字、圆圈等简单纹样。石器磨制穿孔技术较高。墓葬中常见随葬陶器、石器、玉器和猪下颌骨。从陶器上发现稻壳印痕看,当时居民主要从事稻作农业,并饲养猪、狗等家畜。农具有石斧、石铲、石镰和石刀。北阴阳营文化与东邻的马家浜文化、西边的薛家岗文化、北部的大汶口文化有一定的联系。文化年代为距今6 000~5 000年。(王吉怀)

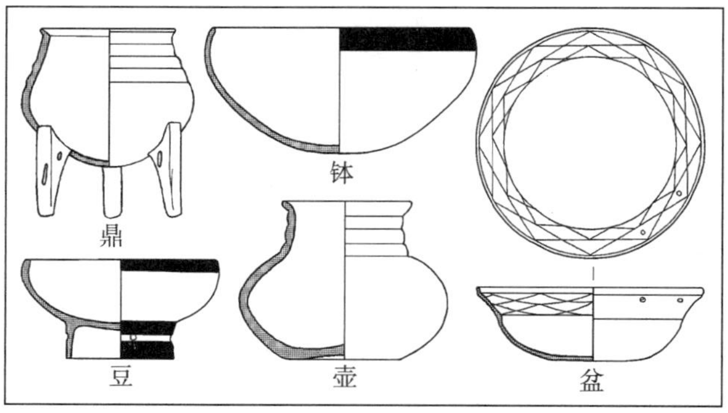

北阴阳营文化陶器

【北阴阳营遗址】 新石器时代和青铜时代遗址。位于江苏省南京市鼓楼岗西北约500米的金川河二级台地上。1955—1958年南京博物院发掘。下层为新石器时代遗存,主要包括东区的居住址和西区的253座墓葬,居住址并有居住面残迹和灰坑等。石器多经过精细磨制,其中穿孔斧、椭圆孔锄和七孔刀较有特色。陶器以红陶为主,少数器皿在外表或内壁绘红彩和黑彩。常见玦、璜、管、珠类玉石饰物。死者埋葬多实行一次葬,有19座墓是堆骨二次葬。大部分墓放置少量随葬品。新石器时代遗存的年代为距今6 000~5 000年,被命名为"北阴阳营文化"。上层为青铜时代湖熟文化遗存。1993年出版有《北阴阳营——新石器时代及商周时期遗址发掘报告》。(王吉怀)

【三星村遗址】 新石器时代遗址。全国重点文物保护单位。位于江苏省金坛市西岗镇三星村。总面积10万平方米。1993—1998年南京博物院、金坛市文物管理委员会进行发掘,揭露面积525平方米。清理新石器时代墓葬1 001座、房址4处、灰坑55座,出土陶器、石器、玉器、骨器、角器、牙器、蚌器等4 000余件。遗址将第5层和5层以下划为一期,又将5层以下的遗迹划为前段,陶器以素面为主,有少量磨光和红陶衣,典型器有带四把的腰檐釜、大型网坠罐和釜形鼎等。5层和5层内的墓葬划为后段。墓内随葬品较少或没有,骨器较多而精致,常见鼎、豆,尊与骨簪相组合。第3、4层的墓葬划为二期。出现礼仪性质的石钺,鼎为明器,多呈釜形、钵形、罐形。第2层墓葬为三期,新出现三足带把罐形鼎、竹节状把豆、匜等。以上三期属于连续发展的同一考古学文化,推测其年代为距今6 500~5 500年。有学者称其为"三星村文化类型"。(王吉怀)

【青墩遗址】 新石器时代遗址。全国重点文物保护单位。位于江苏省海安县城西北28千米处。面积约2万平方米。1973年发现。1978年、1979年南京博物院进行两次发掘，揭露面积490平方米。其文化遗迹包括有文化层和墓葬，大体分为三期。第一期以下文化层和早期墓葬为代表，第二期以中文化层和中期墓葬为代表，第三期以上文化层和晚期墓葬为代表。总的文化面貌基本上和江南地区的有关新石器时代文化遗存相似。据碳十四测定年代，下文化层为距今5 035±80年，中文化层为距今5 015±85年，但发掘者认为所测年代偏晚。（王吉怀）

【薛城遗址】 新石器时代遗址。全国重点文物保护单位。位于江苏省南京市石臼湖南岸。遗址面积约6万平方米，墓地面积近千平方米。1997年南京市文物局、高淳县文化局组成薛城考古队进行抢救性发掘。发现墓葬115座、灰坑95个、房址1座等，出土遗物500余件。分为上层墓葬和下层居址两层堆积。大部分墓葬采用平地掩埋的方法，少量有长方形竖穴浅坑，无葬具。多数墓葬头向东北，仰身直肢，有少量二次葬、俯身葬和侧身屈肢葬。随葬品以三四件居多，又以深腹平底釜数量最多，常见器形有罐、壶、豆、杯、钵等。下层居址为近圆形半地穴建筑。陶器主要有腰沿平底釜、三足敛口钵、敛口浅盘豆、宽带耳匜、高圈足杯、双鸡冠耳罐形鼎等等。薛城遗址的墓葬年代约相当于宁镇地区北阴阳营文化时期；下层居址的年代约相当于太湖流域马家浜文化中晚期。（王吉怀）

【开庄遗址】 新石器时代遗址。位于江苏省东台市溱东镇开庄村。面积2.7万平方米。1995年发现，并由盐城市博物馆、东台市博物馆进行发掘，揭露面积100平方米。发现灰坑、残房址和灰沟。地层根据灰沟堆积分为早、晚两期，即4～6层为早期，3层为晚期。早期陶器以夹砂陶为主，并有夹炭和夹蚌陶，其次为泥质陶；器形以鼎和豆为主，纹饰多见弦纹、刻划纹、锥刺纹、瓦楞纹和附加堆纹。晚期不见夹炭和夹蚌陶，主要器形有鼎、盘、罐、豆等。器物表面及唇部普遍流行细弦纹和凹弦纹。早期年代经碳十四测定为距今4 689±130年和距今6 724±145年。晚期以良渚文化为主。（王吉怀）

【双墩文化】 见“双墩遗址”。

【双墩类型】 以蚌埠双墩遗址为特征的考古学文化类型，代表了淮河中游地区新石器文化早期的发展阶段。见“双墩遗址”。（王吉怀）

【双墩遗址】 新石器时代遗址。全国重点文物保护单位。位于安徽省蚌埠市淮上区小蚌埠镇双墩村。保存面积约1.2万平方米。1985年文物普查时发现。1986年蚌埠市博物馆曾发掘75平方米，安徽省文物考古研究所和蚌埠市博物馆又于1991年春季和1992年秋季进行两次发掘，揭露面积300平方米。遗址为单一的新石器时代文化堆积，典型器形有罐形鼎、钵形鼎、支架、碗、钵、甑、器座、纺轮及网坠等，以四錾平底罐形釜和钵形釜、矮圈足或假圈足饼底碗、矮喇叭座豆、鸟首或牛鼻形耳系罐、底腹均有箅孔的甑及祖形支架构成器物组合。三次发掘共发现600余件。在陶碗的外圈足内，有较多的刻划符号，以单线、双线和多重线分别刻有鱼形、猪形、鹿形、蚕形、叶脉形、花瓣形、三角形、方框形、“十”字形、网形、圆圈形、建筑形等数十种。可分为象形和几何形两大类，并以时代早、数量大、种类多、内容丰富，构成了双墩遗存的重要内容。双墩遗址共有5个碳十四数据，年代跨度在公元前6000～前3500年，曾被称为“双墩文化”或“双墩类型”。有学者将双墩文化内涵归于青莲岗文化之中。2008年出版有《蚌埠双墩——新石器时代遗址发掘报告》。（王吉怀）

【侯家寨类型】 见“侯家寨遗址”。

【侯家寨遗址】 新石器时代遗址。位于安徽省定远县七里塘乡袁庄村北。面积3万余平方米。1977年发现。1985年春和1986年秋安徽省文物考古研究所进行两次发掘，揭露面积375平方米。遗址第3、4层被定为一期文化，第2层定为二期文化。一期文化以夹砂粗红褐陶为主，不见泥质陶。陶壁厚，器形大，多为素面，皆手制。纹饰有少量堆纹、指甲纹、乳钉纹。流行扳手、平底器。器形以釜形器、支架、鬶、罐打磨器为代表，并在圈足器底部有较多的刻划符号。二期以夹砂红褐陶为主，少量泥质陶。器形以鼎、甑、罐、豆、壶、盂形器代表。以素面为主，并有指甲纹、划纹、堆纹、镂孔、弦纹等。彩陶器盛行。一、二期文化具有一定的共性，并存在一定的缺环，被定为“侯家寨类型”，其年代为距今7 000年。（王吉怀）

【石山孜遗址】 新石器时代遗址。全国重点文物保护单位。位于安徽省濉溪县平山乡石山子村北面。面积3万余平方米。1984年文物普查时发现。遗址紧傍石山西北,地势略高于四周,因历年黄河泛滥,表面覆盖沙土层厚约1米。遗址文化层厚约2米。1987年安徽省文物考古研究所会同淮北市、濉溪县文物部门进行首次试掘,揭露面积100平方米,除出土大量陶片、器足外,还出土了陶拍、陶饼和陶质器座、器底、器耳、器把,以及石斧、石折、石器坯料、角椎、角叉、蚌刀、骨质靴形器等。可辨别的陶器有钵、鼎、罐、盒、杯、盅等。陶质多为夹砂红褐陶和泥质红皮陶,少量为黑陶及宽带纹彩陶。陶器纹饰多为附加堆纹(用泥系盘贴法),其次为划纹、戳纹、刺点纹、手掐纹、凹弦纹、指甲纹等。陶器最显著特点为手制,器形不规整,器壁较厚、较粗糙。年代为距今6 000余年。石山子遗址文化层厚、面积大、时代早、内涵较为丰富,有其自身显著特点,可代表淮北地区一种新的文化类型。(王吉怀)

【小山口遗址】 新石器时代遗址。全国重点文物保护单位。位于安徽省宿州市埇桥区曹村镇小山口村。总面积约3万平方米。1991年中国社会科学院考古研究所进行试掘,揭露面积300平方米。在遗址下层发现新石器时代早期文化层,出土陶片以红陶为主,灰陶极少,夹砂陶居多,泥质陶较少,陶质极为松软。纹饰有少量附加堆纹、按窝纹,以素面为主。器形有罐、盘、杯、陶拍等。据碳十四测定并经树轮校正的年代为距今8 077~7 700年和距今7 958~7 650年。遗址上层为龙山文化遗存,大致相当于鲁西南地区龙山文化中期阶段。(王吉怀)

【古台寺遗址】 新石器时代遗址。全国重点文物保护单位。位于安徽省宿州市埇桥区曹村镇幺庄村南。总面积约6万平方米。1991年中国社会科学院考古研究所进行试掘,揭露面积96平方米。遗址共分为四层,包括汉代堆积、大汶口文化堆积、早期新石器文化堆积。早期遗存堆积薄,基本器形以釜、鼎、罐为主,与小山口早期遗存接近。大汶口文化遗存以扁凿形足为特征,陶器以手制为主,出现慢轮修整,可分为夹砂红褐陶和夹砂灰褐陶,属于皖北大汶口文化晚期类型。(王吉怀)

【双墩堆遗址】 新石器时代和商周时期遗址。位于安徽省怀远县苏集乡普渡村。面积约2万平方米。1989年安徽省文物考古研究所、南京大学历史系考古专业进行发掘,揭露面积375平方米。新石器文化可分为早晚两期,早期陶器以夹粗砂陶及蚌末片的红褐陶为主,胎厚,火候低,吸水性强;还有少量的泥质红陶,胎薄,多素面,少数施附加堆纹、按捺纹。器形有侈口深腹釜,锥形足鼎,钵、罐、支座等,年代相当于大汶口文化早期或稍早。晚期陶器以夹砂红褐陶为主,红陶增多,有少量泥质红陶和泥质灰陶,以素面为主,少量饰乳钉纹、弦纹。器形有盆、钵、鼎、碗、双耳罐、釜、豆、器座等,鼎足多为带凹槽的扁凿形。年代为大汶口文化中晚期。(王吉怀)

【金寨遗址】 新石器时代遗址。位于安徽省萧县庄里乡金寨村。1986年因当地农民翻土时发现一批玉石器,安徽省萧县博物馆随即进行勘查。金寨出土的玉石器形制与上海福泉山、江苏昆山绰墩遗址良渚文化的同类器相似,但玉石中无琮,所出的刀形玉器又在良渚文化中所未见。另外,在采集的陶片中,有马家浜文化典型的红陶折沿釜和夹细砂红陶盆形鼎等。(王吉怀)

【薛家岗文化】 新石器时代考古学文化。因安徽省潜山县薛家岗遗址而得名。主要分布在大别山东南麓两侧的山前或平原地带,中心范围则分布在皖河流域及其南部以武昌湖、泊湖为代表的湖区。文化面貌上受黄河下游诸多文化影响,部分文化面貌具有多元性的特点,并与太湖流域和宁镇地区的文化有着十分密切的关系。薛家岗文化以红陶为主,有少量彩陶,兼有石器,并出土有地面式和半地穴式房屋建筑。墓葬中随葬品除实用器外,还有非实用的明器类小陶器,以及猪下颌骨。其中,出土的横长梯形穿孔石刀等器物为国内所罕见,并发现了中国较早期的玉琮,为研究新石器时代晚期人类在长江中下游地区的生活和生产活动,以及与黄河流域诸文化的关系提供了珍贵的资料。文化年代为距今6 000~5 000年。(王吉怀)

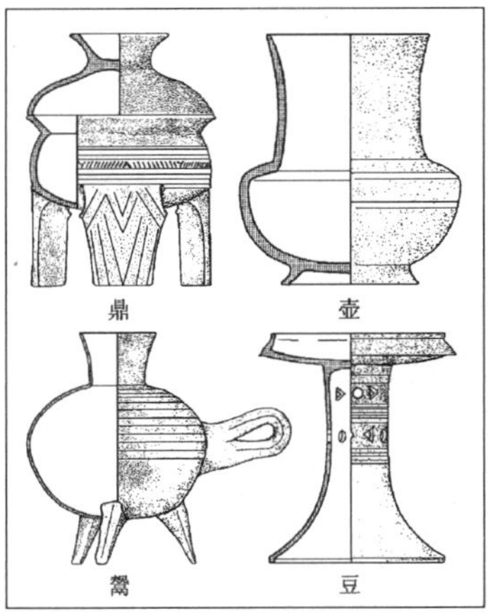

薛家岗文化陶器

【薛家岗遗址】 新石器时代遗址。全国重点文物保护单位。位于安徽省潜山县王河镇永岗。面积约6万平方米。1978年调查发现。1979—2000年安徽省文物考古研究所进行六次发掘,发掘面积2 331平方米。发现房址5座、墓葬153座、灰坑56个、红烧土坑9个、红烧土堆积3处等遗迹。新石器时代遗存分为四期。第一期多夹砂红陶，与太湖流域马家浜文化年代相当，第二、三期多夹砂灰黑陶。扁薄穿孔石铲、横长梯形穿孔石刀、窄长有段石锛、圆柱形陶锉等工具最具特色，有的铲、刀的穿孔周围绘红色花果形图案，为国内所罕见。从残房基红烧土块中发现的稻壳痕迹，表明当时以稻作农业为主要经济部门。墓葬以随葬日用陶器、工具、玉器饰物为常见，少数墓随葬猪下颌骨。据碳十四测定并经校正，遗址年代为距今5 200～5 000年。有学者将第二、三期称作薛家岗文化。第四期出现篮纹鼎、袋足鬶、蛋壳黑陶高柄杯等器物，年代相当于龙山文化阶段。2004年出版有《潜山薛家岗》。（王吉怀）

【天宁寨遗址】 新石器时代遗址。位于安徽省潜山县城东南隅。总面积为3万平方米。是一处高出周围农田8～10米的椭圆形台地。1978年潜山县文化局文物普查时发现。1982年秋安徽省文物考古研究所进行试掘，1984年春正式发掘，两次揭露面积264平方米。遗址分为上下两个文化层，分别为新石器早期层和晚期层，两者在文化面貌上存在着一定的差异。下文化层的陶器器形较大，鼎足以凹扁足和扁足为主，陶壶以折肩折腹平底壶为代表，比较流行的陶鬶以细颈喇叭口、溜肩、弧腹为特征；上文化层以鸭嘴状足为主，以盘腹下有一周垂棱的钵形豆为特征，盛行圆形镂孔和三角形镂孔，不见平底壶，新出现高颈圈足壶，陶鬶则以圆筒状粗颈扁腹为特征。天宁寨遗址与薛家岗遗址同属一种文化类型。（王吉怀）

【汪洋庙遗址】 新石器时代遗址。位于安徽省望江县汪洋村。面积约4万平方米。1978年由县举办的文物普查学习班实习时发现。1980年安徽省文物考古研究所进行试掘，又于1981年和1982年进行发掘，总揭露面积885平方米。遗址分为上下两个文化层：下文化层陶器以夹砂红褐陶为主，还有少量夹砂灰陶、红陶和黑皮陶，泥质陶极少，器形主要有鼎、豆、釜、甑、壶、鬶；上文化层以陶色不纯的夹砂陶为主，陶器流行三足器，鼎多为罐形鼎和釜形鼎，鼎足多为刻划纹扁足，壶皆为高颈圈足。其上下层是一个文化两个不同的发展阶段，同属薛家岗文化，下层碳十四测定年代为距今6 030±130年。（王吉怀）

【黄鳝嘴遗址】 新石器时代遗址。位于安徽省宿松县程岭乡大塔山北。总面积约1.2万平方米。1981年安徽省文物考古研究所考古调查时发现，同年进行试掘，1982年和1984年又进行两次发掘，总揭露面积370平方米。发现墓葬17座，出土器物100多件，器物组合为鼎、豆、壶、杯、钵、盆、碗、釜、盂、盅和器盖等。陶器以手制的夹砂红陶和泥质红胎黑衣陶为主，又以圈足和三足为多见，流行凹弦纹、刻点连线纹。其中，扁圆腹或斜腹罐形鼎、高圈足钵形豆、盘形豆、单耳杯、釜形杯和大喇叭圈足蝶形豆，是颇具代表性的器物。年代约与薛家岗一期的年代相当（距今约6 000年）。（王吉怀）

【孙家城遗址】 新石器时代遗址。全国重点文物保护单位。位于安徽省怀宁县马庙镇栗岗村。遗址东西长约750米，南北宽约430米。2007年安徽省文物考古研究所发掘，揭露面积130平方米。出土器物以鼎、豆、斛、杯、釜等陶器，以及钺、锛等石器为主，并有精美的玉璜，同时还有陶猪、陶坠、陶鼠、陶人等多种类型。年代为距今约5 800年。孙家城出土遗物，为薛家岗文化探源提供了线索，同时对研究淮河中游与长江中下游之间原始文化的关系具有一定的意义。（王吉怀）

【黄龙遗址】 新石器时代遗址。位于安徽省怀宁县黄龙镇杨家嘴村。面积约1万平方米。是一处单纯的新石器时代遗址。1982年安徽省文物考古研究所进行试掘，揭露面积50.5平方米。清理墓葬7座，均为单人土坑墓。出土的罐形鼎、带盖盆形鼎与薛家岗三期器物更为接近，应与薛家岗文化一脉相承，属于薛家岗三期文化。（王吉怀）

【王家墩遗址】 新石器时代至周代遗址。位于安徽省太湖县小池镇孔河村境内。总面积约1万平方米。南北长垄状台地，南部堆积较厚，向北渐薄。1983年安徽省文物考古研究所进行试掘，揭露面积75平方米。遗址包含早晚两个时期的文化遗存，其中，晚期遗存以第2层为代表，时代可定在西周晚期至春秋晚期。早期文化遗存属于新石器时代范畴，又分为三期，即以第4层文化遗物为一期，时代应属于薛家岗二、三期文化；第4层墓葬为二期文化，时代应与薛家岗二期文化相当；第3层为三期文化，时代与薛家岗三期文化相当。（王吉怀）

【塞墩遗址】 新石器时代遗址。位于湖北省黄梅县王埠乡湖口闸村东。面积11万余平方米。1986

年开始发掘。发现遗迹主要为188座墓葬和18个坑穴,其中大部分埋葬有大象、猪、牛的下颌骨和其他一些兽角,有的可能是祭祀坑。其葬式多为二次葬,可见拔牙习俗和燎烧墓坑现象,随葬品以陶器、石器、玉器和猪下颌骨为主。其文化因素包含较早的黄鳝嘴文化和较晚的薛家岗文化,并受大汶口文化影响较大。2010年出版有《黄梅塞墩》。(黄卫东)

【陆墩遗址】 新石器时代遗址。位于湖北省黄梅县下新镇龙感湖中。面积约1万平方米。1958年发现。1987年开始发掘。发现遗迹主要有21座墓葬,其葬式多为二次葬,可见燎烧墓坑现象。随葬品以陶器、石器、玉器、骨器和猪下颌骨、鱼骨为主。属薛家岗文化晚期遗址,受到良渚文化的某些影响。(黄卫东)

【凌家滩文化】 见“凌家滩遗址”。

【凌家滩遗址】 新石器时代遗址。全国重点文物保护单位。位于安徽省含山县铜闸镇凌家滩村。总面积160万平方米。1985年发现。1987年安徽省文物考古研究所试掘,又于1987年、1998年、2000年、2007年先后进行五次发掘。清理墓葬44座、祭祀坑3座、积石圈4个以及红陶土块建筑、人工巨石堆等12个方面的遗存,出土了大量精美的器物,除陶器、石器外,还有利用透闪石、东陵玉、灰白色玉料(鸡骨白)雕琢的玉人、玉龙、玉鹰、玉版、玉勺、玉猪、玉钺及斧、玉管微雕、玉戈、玉虎首璜等多种类型的玉器(见彩版8“凌家滩文化玉龙”)。在中国考古发掘史上占有重要而独特的地位,为探索中华文明的起源提供了可靠的依据。其墓葬可以折射出从野蛮时代步入文明时代的痕迹,以及当地日趋成熟的社会思想、阶级状况、审美趣味和工艺水平等方面的发展状况。遗址年代为距今5 500～5 300年。遗存被命名为“凌家滩文化”。2006年出版有《凌家滩》。(王吉怀)

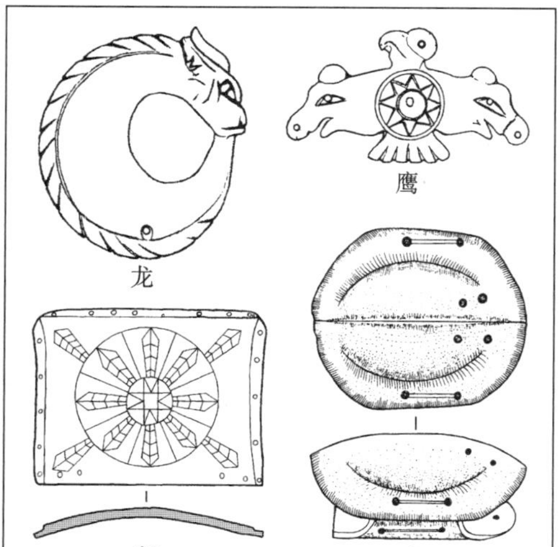

凌家滩遗址玉器

【凌家滩墓地】 见“凌家滩遗址”。

【凌家滩文化大墓M23】 凌家滩文化大型墓葬。位于凌家滩遗址南墓地祭坛附近,打破祭坛和生土。墓坑呈不规则长方形,长3.45米、宽2.1米、深0.3米。墓葬方向为正南略偏西,头向朝南。墓坑内似有棺椁痕迹,推测内棺长2.65米、宽0.8米,人骨已腐朽无存。墓中出土的遗物极为丰富,包括玉器、石器、陶器以及碎骨、绿松石等330件。其中,玉石器种类较多,以钺、环、镯、璜、玦、璧、锛、凿等为主。墓坑中随葬的玉、石器排列紧凑而密集,局部层层叠压达2～6层,墓口上方放置一件巨型玉猪。M23是凌家滩遗址迄今发现的规模最大、随葬品最为丰富的墓葬,对探索中华文明的形成过程具有重要的意义。(彭小军)

【凌家滩玉猪】 新石器时代凌家滩文化玉器。安徽省含山县铜闸镇凌家滩新石器晚期聚落遗址第五次发掘出土。发现于祭坛附近的墓葬区。长75厘米、宽38厘米、高22厘米,重约85千克。其材料选用透闪石,采用圆雕工艺雕琢。猪嘴、猪耳、猪眼甚至獠牙都清晰可见,整体形象逼真传神。玉猪作为礼器或祭祀品出现,推测当时凌家滩先民中可能出现了地位较高、作为精神领袖的氏族首领,并且已经有了等级分化和贫富差距。这是凌家滩玉器文化中发现的最大随葬品,也是中国在距今5 500年前最早出现的玉器文明。同时为迄今中国考古发现的体积最大、重量最重、年代最早的玉猪。(王吉怀)

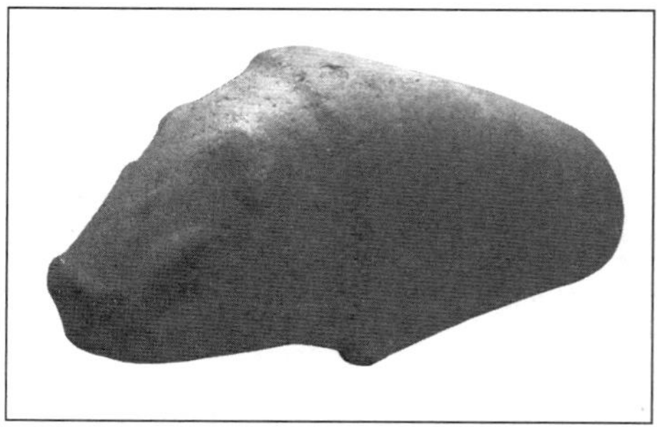

凌家滩玉猪

【凌家滩玉人】 新石器时代凌家滩文化玉器。1998年安徽省含山县铜闸镇凌家滩新石器晚期聚落遗址出土(见彩版8“凌家滩文化玉人”)。玉人为一中年男性的正面坐姿像,通高8.6厘米,宽2.4厘米,厚0.6厘米。玉人头戴周边为上下两层方格的头饰,迎面正中有一类似帽徽的三角形冠饰。双手五指分开平放于胸前,每只手臂上戴有8枚手镯,共16枚。腰部扎着腰带,双膝分开,两脚并拢,方脸、浓眉、眯缝着双眼,短鼻梁,嘴唇微鼓,八字胡面目和善,悠然自得,耳垂上有穿孔。反面背部位置钻有对穿的牛鼻孔,可供佩戴。玉人雕刻线条流畅,技艺娴熟,比例准确,亲切自然,栩栩如生,是距今5 300年前新石器时代写实的人物形象。(王吉怀)

【凌家滩玉鹰】 新石器时代凌家滩文化玉器。整体呈展翅飞翔状。鹰首侧视,双目以对钻圆孔表现。胸腹部饰以二圈间八角星为主题的纹饰,纹饰中心有对钻圆孔。双翼呈对称的猪首形,猪首的双目与鼻孔亦以对钻圆孔表现。器形以圆雕和阴刻线表现,显示对称、和谐、神秘的审美意识。雕刻技法整体上表现了鹰首和两翼的造型,重点突出了腹部八角星纹。八角星纹饰的内圈象征太阳,光芒四射。整件器物表现鹰、猪、太阳三位一体,尤其是鸟兽相结合的特征,值得进一步探索。(彭小军)

华南地区

【咸头岭文化】 亦称“大湾文化”。珠江三角洲地区新石器时代考古学文化。因广东省深圳市咸头岭遗址而得名。主要分布在包括香港、澳门在内的珠江三角洲地区。咸头岭文化的陶器以白陶和彩陶为主要特征。经济主要为渔猎和采集。建筑为地面式。文化年代为距今7 000～6 000年。咸头岭文化与高庙文化、汤家岗文化等存在相互间的影响与交流。(傅宪国)

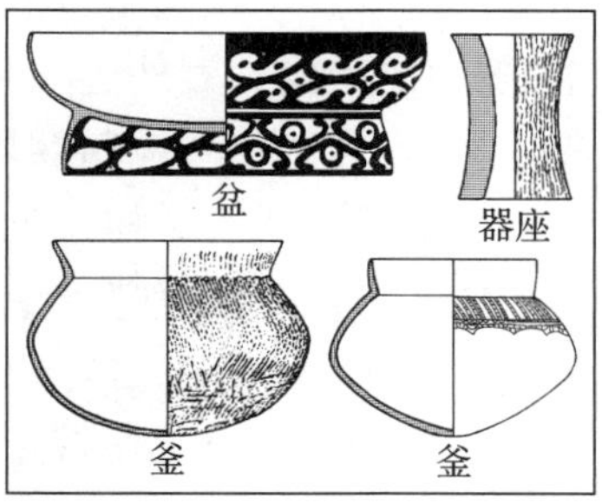

咸头岭文化陶器

【大湾文化】 即“咸头岭文化”。

【咸头岭遗址】 新石器时代沙丘遗址。位于广东省深圳市龙岗区大鹏镇咸头岭村。面积约2.4万平方米。1981年文物普查时发现。从1985年开始经数次发掘,发掘面积2 000余平方米。发现了房址、灶、红烧土面等遗迹。遗物包括白陶、彩陶、刻划纹陶器以及石斧、石锛、树皮布石拍等。遗址年代为距今7 000～6 000年。(傅宪国)

【大黄沙遗址】 新石器时代遗址。位于广东省深圳市宝安葵涌。面积近1万平方米。1988年、1989年进行两次发掘。发现多处红烧土面和灰沙层,有些烧土面上还发现内侧有烟炱痕迹的板岩,应为炉灶遗迹。遗物包括陶器、打制石器、磨制石器等。陶器有夹砂陶、泥质红陶、白陶和彩陶等。年代约为距今6 500年。所出白陶、彩陶与湖南高庙文化等有密切关系。(傅宪国)

【勒竹口遗址】 新石器时代遗址。位于广东省封开县江口镇勒竹口村。1984年发现。1995年发掘,发掘面积60平方米。遗物主要是陶器和石器。出土有大量的砾石石料和石器成品、半成品等,应为石器加工场所。文化遗物与广西柳州和南宁地区同类器物存在密切关系。(傅宪国)

【后沙湾遗址】 新石器时代遗址。位于广东省珠海市淇澳岛东北部后沙湾的沙丘坡地上。现存面积约500平方米。1984年文物普查时发现。1989年进行发掘。遗存可分为早、晚两期。早期出土夹砂陶釜、彩陶罐、白陶豆和彩陶圈足盘等,年代为距今6 000～5 000年。晚期出土陶器和石器等,年代为距今4 000～3 500年。两期文化地层叠压关系清晰,中间有一层纯净黄沙土间歇层。1991年出版有《珠海考古发现与研究》。(傅宪国)

【白水井遗址】 新石器时代遗址。位于广东省中山市石岐镇白水井。1992年进行发掘,揭露面积49平方米。遗物包括石器和陶器等。石器有锛、斧和树皮布打棒。陶器有夹砂圜底釜、彩陶镂孔圈足盘等。遗址年代为距今6 000～5 000年。(傅宪国)

【蚬壳洲遗址】 新石器时代遗址。位于广东肇庆市鼎湖区广利镇西江河谷平原的台地上。面积2万余平方米。1986—1988年进行两次发掘。发现墓葬24座,计28个个体的人骨架,有单人葬和合葬墓两种。葬式包括侧身屈肢葬、俯身屈肢葬和蹲踞葬等,并有拔牙习俗。随葬品较少,有陶器、石器和骨器等。遗址年代为距今5 000～5 000年。其与广西和珠江三角洲地区同时期文化存在密切关系。(傅宪国)

【蚝岗贝丘遗址】 新石器时代贝丘遗址。全国重点文物保护单位。位于广东省东莞市南城区一处名为蚝岗的山冈上。2003年进行发掘，揭露面积272平方米。发现墓葬、房址、灰坑、红烧土活动面等遗迹。遗物包括白陶、彩陶、刻划纹陶等陶器，以及树皮布石拍、蚝蛎啄、石斧等石器和骨器、蚌器。遗址年代为距今6 500～4 000年。(傅宪国)

【牛尾洞遗址】 新石器时代洞穴遗址。位于广西壮族自治区桂平县白沙乡。其堆积含有大量的螺壳、烧骨、炭屑、动物碎骨。发现双肩石斧及陶片。陶器以夹砂红陶最多，纹饰以绳纹为主，也有部分篮纹，少量划纹，可辨器形只见折沿釜一种。(傅宪国)

【五马山遗址】 新石器时代遗址。位于广西壮族自治区灌阳县水车乡夏云村五马山南麓。面积约6 000平方米。1997年进行发掘，发掘面积200平方米。发现圆形灰坑和布局密集的柱洞等遗迹。出土遗物有石器、陶片等。石器部分通体磨光，有的只磨光刃部。器形包括长条形石斧、锛、凿以及杵、镞、环、球形器、穿孔器(斧)等。陶器为手制，火候低，以夹砂红陶为主，大多为素面，少量饰细绳纹，可辨器形有釜(罐)、豆、平底盆、支脚及纺轮等。(傅宪国)

【石脚山遗址】 新石器时代遗址。位于广西壮族自治区平南县大新乡南石脚山。1973年发现。1976年、1991年进行两次发掘，发掘面积25平方米。文化遗物主要有陶器、石器。陶器数量较多，以鼎、豆、圈足盘、高领罐等类器物最具特色；陶器颜色有红陶、灰褐陶、黑陶、灰陶、浅灰陶、白皮陶、白陶等多种色彩；器表装饰多样化，纹饰致密规整，除素面和磨光外，有细篮纹、细绳纹、刻划纹、压划纹、曲折纹、水波形贝划纹、方格纹、弦纹、戳点纹等，此外还发现了白衣黑彩陶。石器打制或磨制，包含斧、有肩斧、锛、双肩锛、圆形器、石片、砺石等。与广西邕宁顶蛳山遗址四期、湖南高庙文化和广东新石器时代同期文化有较为密切的联系。(傅宪国)

【革新桥遗址】 新石器时代遗址。位于广西壮族自治区百色市东笋村百林屯。面积约5 000平方米。2002年发现。2003年进行发掘，揭露面积1 600平方米。文化遗物有打制石器、磨制石器和陶器。遗迹有两座墓葬，其中一座葬式为仰身屈肢葬。重要的是发现了一处石器加工场，出土大量制作石器的原料、工具、成品及半成品。遗址年代为距今7 000～6 000年。(傅宪国)

【北大岭遗址】 新石器时代遗址。位于广西壮族自治区都安瑶族自治县百旺乡北大岭。面积约4.5万平方米。2004年进行发掘。遗迹有墓葬。文化遗物包括陶器、石器等。发现了面积达1 500平方米的大型石器加工场，出土数万件石制品。在石器中发现了许多类似大石铲雏形的石器，是探讨桂南大石铲的渊源提供了重要资料。(傅宪国)

【南沙湾遗址】 新石器时代遗址。位于广西壮族自治区象州县沙兰村南沙湾。1999年、2000年进行两次发掘，发掘面积350平方米。遗迹有柱洞等。文化遗物包括石器、陶器、骨器、角器等。石器有斧、有肩斧、锛、双端刃器、穿孔器、钩状器、网坠、砺石网坠等。陶器均为夹砂陶，不见泥质陶，有红、红褐、黑灰三种颜色，器形为圜底釜、罐类，多为敞口器，器表主要印绳纹。骨器有针、钩、匕三种。角器仅角锥一种。同时发现有大量水陆生动物骨骼。遗址年代为距今6 500～5 500年。(傅宪国)

【史老墩遗址】 新石器时代遗址。位于广东省英德市沙口清溪。面积3 000平方米。1996年、1998年进行发掘，发掘面积175平方米。为一处新石器制造场遗址，除发现制造石器的遗迹外，还出土了大量石制品，包括磨制石斧、石锛、铲、有肩石锛、石刀、凿和石器半成品、石料、碎屑以及制作石器的石锤、砧等。遗址年代为距今6 000～5 000年。1999年出版有《英德史前考古报告》。(傅宪国)

【虎头埔遗址】 新石器时代遗址。位于广东省普宁市广太镇虎头埔。面积近1万平方米。1982年起经多次发掘。发现陶窑、烧坑和房址等。以陶窑为主，多为横穴式。另外还发现大量陶器以及制陶工具。从出土器物看，烧制的均为大小不一的罐类器物。该窑址烧制的器物常见于珠江三角洲、粤北和粤东地区新石器时代遗址中，说明其产品主要是用于贸易和交换。(傅宪国)

【古椰贝丘遗址】 新石器时代贝丘遗址。全国重点文物保护单位。位于广东省佛山市高明区古椰村。1985年文物普查时发现。2006年进行发掘。遗物包括陶器、石器、木器和骨器等，另发现有碎木屑、木条、树枝和竹片等。动物骨骼主要为淡水龟、鳖类和硬骨鱼类，另有野猪、鹿、牛、狗和亚洲象等。植物遗存包括果核和坚果等各种植物种子和稻谷等。遗址年代为距今约5 000年。(傅宪国)

【棠下环遗址】 新石器时代和青铜时代遗址。位于广东省珠海市平沙棠下环。面积1.2万平方米。

1994—1996年进行三次发掘，揭露面积1 500平方米。属商代的遗存包括灶、石器加工场、石砌的活动面及较多的陶器、石器、玉器和水晶器等。铸铜石范是广东首次发现的有明确层位关系的石范。年代相当于中原商代。（傅宪国）

【金兰寺遗址】 新石器时代至汉代遗址。位于广东省增城市石滩镇金兰寺村。1956年发现。1961年进行试掘。新石器时代遗迹包括墓葬、柱洞和窖穴等。出土遗物有石器、陶器和骨器等。其中，石器包括打制石器和磨制石器两种。陶器以大量粗砂陶和少量彩陶为显著特征。此外，在遗址的第二文化层发现印纹软陶。（傅宪国）

【草堂湾遗址】 新石器时代至商代遗址。位于广东省珠海市金湾区三灶镇草堂湾。原有面积1万余平方米，现存面积约6 500平方米。1989年进行发掘，发掘面积145平方米。新石器时代遗物包括石器和陶器。石器仅有尖状器和砺石两件。陶器均为手制，以夹砂红褐陶、灰黑陶为主，盛行绳纹、麻点纹、条纹，刻划纹多与绳纹、条纹或镂孔构成组合纹饰。典型器物为折沿鼓腹釜、敞口浅腹圈足盘、直腰或亚腰器座。新石器时代遗存年代为距今约5 000年。（傅宪国）

【万福庵遗址】 新石器时代贝丘遗址。位于广东省东莞市企石镇万福庵村。遗址中心区面积约1.2万平方米。1961—2001年先后四次调查发掘。遗迹有墓葬等。遗物有陶器、石器。陶器包括泥质陶和夹砂陶两种。器形有圈足盘和釜，其中以彩陶圈足盘最具特点。遗址年代为距今6 000～5 000年。（傅宪国）

【宝镜湾遗址】 新石器时代至青铜时代遗址。全国重点文物保护单位。位于广东省珠海市高栏岛南侧风猛鹰山的山坡及其附近海滩。面积约1万平方米。1997—2000年进行发掘。所获遗存分为三期。第一期主要有圜底釜、圈足盘、杯、盆等陶器，与咸头岭文化有相近之处，年代距今6 500～5 500年。第二、三期流行饰印纹的圈足罐，或为距今4500～3500年前的遗存。遗址旁存在5处共7幅岩画，应与该遗址有关联。（朱延平）

【壳丘头文化】 新石器时代考古学文化。因福建省平潭县壳丘头遗址而得名。主要分布在闽江下游地区和金门岛。遗迹有贝壳坑和墓葬，葬式为仰身直肢葬。文化遗物包括陶器、石器、骨器、玉器、贝器等。陶器以夹砂灰陶为主，石器包括打制和磨制石器两种，骨器有凿、匕、镞、锥、簪等。另有大量水陆生动物遗骸。经济形态为渔猎和采集经济。文化年代为距今6 000～5 500年。（傅宪国）

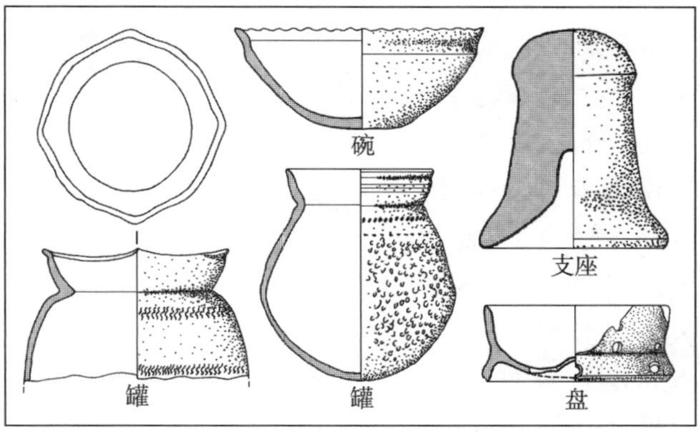

壳丘头文化陶器

【壳丘头遗址】 新石器时代遗址。位于福建省平潭县海坛岛西北部南垄村东北。面积约3 000平方米。1985年进行发掘，发掘面积772平方米。遗迹有贝壳堆积坑和墓葬等。出土有陶器、打制石器、磨制石器、骨器、玉器、贝器等，并有大量水陆生动物遗骸。遗址年代为距今6 000～5 500年，是福建省迄今已知最早的新石器时代遗址。（傅宪国）

【富国墩遗址】 新石器时代遗址。位于福建省金门县金湖镇溪湖村西北。1968年发现并发掘。文化遗物包括陶器和石器等，另有大量水、陆生动物遗骸。年代为距今6 000～5 500年。（傅宪国）

【大坌坑文化】 亦称"绳纹陶文化"。新石器时代考古学文化。因台湾省台北县大坌坑遗址而得名。主要分布在台湾西海岸，在东部海岸、澎湖列岛也有零星发现。大坌坑文化的陶器以红褐或灰褐色为主，器形主要有罐、钵和碗。主要纹饰为拍印粗绳纹和划纹，也有彩绘和镂孔。石器包括打制石器和磨制石器两种，打制石器有斧、网坠，磨制石器有锛、镞和树皮布打棒等。经济生活以渔猎和采集为主。文化年代为距今6 000～5 500年。（傅宪国）

【绳纹陶文化】 即"大坌坑文化"。

【大坌坑遗址】 新石器时代至铁器时代遗址。位于台湾省台北县八里乡旧城村。1962年开始经多次发掘。遗迹有房址以及用草拌泥搭盖的半圆形低屏壁。文化遗物包括陶器、打制石器、磨制石器和青铜器等。自下而上分属大坌坑文化、圆山文化、植物园文化和十三行文化。（傅宪国）

新石器时代末期

黄河中游地区

【庙底沟二期文化】 黄河中游地区新石器时代考古学文化。因河南省三门峡市庙底沟遗址第二期文化遗存而得名。主要分布在豫西、晋中南和整个关中地区。可分为早、晚两期。陶器以灰陶为大宗,夹砂陶所占比例较大。纹饰以篮纹最多,另有附加堆纹及少量方格纹、镂孔和彩陶。彩陶饰黑彩或红彩网纹,以及白彩平行线条或交叉呈网状。主要器类有罐、鼎、灶、斝、盆、刻槽盆、碗、杯、豆、瓶、钵、器盖、甑、箅等十几种。典型陶器除上述鼎、斝、釜、灶等外,还有外饰几道附加堆纹的深腹罐、内表有刻槽的盆、小口折肩或广肩罐、假圈足碗、喇叭口小杯、高圈足豆等陶器。生产工具以磨制石器为主,也有少量打制石器,种类包括作为砍伐工具的石斧、翻土工具的石耜、作为收割工具的石刀和石镰,以及石锛、铲、磨石、杵、矛、镞、球、弹丸等。骨器有骨锥、角锥、骨匕、骨凿、骨镞、骨钩、骨针等,角器有锥、镞,蚌器有蚌镞、蚌刀、蚌镰等,均磨制精细。陶器有制陶的陶拍和陶垫,以及纺线的陶纺轮等。除生产工具外,还发现有石璜、石环,骨笄、骨梳等少量装饰品。居址建筑主要有半地穴式圆形单室、半地穴式方形单室、半地穴式“吕”字形双室和窑洞建筑四种形式。庙底沟二期文化的墓葬发现不多。庙底沟遗址清理墓葬145座,均为单人土坑墓。仅有两座有随葬品,各随葬一个泥质红陶小杯。此外,在庙底沟遗址的两个袋形灰坑中还各发现一具人骨架,为仰身直肢葬式,头东脚西,无随葬品,可能是有意用废弃的灰坑来埋葬。古城东关的灰坑中也发现有埋人的现象。庙底沟二期文化晚于仰韶文化而早于龙山时期文化,绝对年代为距今4 900～4 600年。(赵春青)

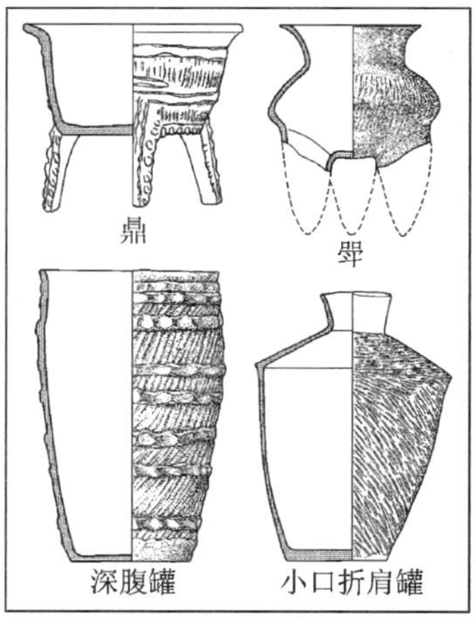

庙底沟二期文化陶器

【班村遗址】 新石器时代遗址。位于河南省渑池县南村乡班村北。遗址北靠黄河,西临涧河,面积4.5万平方米。1991年中国历史博物馆考古部联合河南省、陕西省、广东省等地方考古单位及中国科技大学、古脊椎动物与古人类研究所、中国社会科学院考古研究所等联合进行多学科化的田野发掘和研究。发掘面积5 400平方米。主要文化遗存为裴李岗文化、仰韶文化和庙底沟二期文化,也有战国和宋元时期的遗存。裴李岗文化遗存有双把筒形罐、夹砂钵、三足钵,陶器器表多饰竖向和交错细绳纹。仰韶文化遗存有陶器、石器、骨器、角器、蚌器等类,是班村遗址遗存的主要内容。庙底沟二期文化遗存主要为4个个体的人骨,以及陶器、石器、骨器、角器等。虽然遗址面积不大,但是在诸如环境考古、农业考古、动物考古、科技考古等方面都取得了显著成果,尤其各学科之间的密切合作,开辟了一条综合研究史前遗址的新路子。(赵春青)

【涧口遗址】 新石器时代遗址。位于河南省灵宝市尹庄镇涧口村。面积约1万平方米。1987年河南省文物研究所进行发掘,揭露面积291平方米。发掘出庙底沟二期文化时期的房基1座、灰坑16座,出土陶器有鼎、斝、刻槽盆、大口罐等,石器有斧、刀、凿及陶刀等。与庙底沟遗址二期遗存相似。另有少量汉、唐时期的遗存。(赵春青)

【西沃遗址】 新石器时代遗址。位于河南省新安县西沃乡西沃村北距黄河约400米的一台地上。面积约3.75万平方米。以庙底沟二期文化遗存为主,另有龙山文化和少量商代晚期遗存。1995—1996年河南省文物考古研究所在配合黄河小浪底水库工程建设中发掘485平方米。发现灰坑25个、房基和墓葬各1座、灰沟1条。其中,庙底沟二期文化遗存与豫西地区的同类遗存基本相同,龙山文化与三里桥类型相似,两者之间似有缺环。商代遗存为1座墓葬,内出铜戈一把。(赵春青)

【冢子坪遗址】 新石器时代遗址。位于河南省新安县仓头乡苇园村西北距黄河约3千米的台地上。面积约6万平方米。以新石器时代遗存为主,另有少量西周文化遗存。1995年河南省文物考古研究所进行发掘,发掘面积450平方米。主要发现庙底沟二期文化的灰坑和龙山文化的灰坑、墓葬,出土大量庙底沟二期和龙山文化时期的遗物。1999年出版有《黄河小浪底水库考古报告(一)》。(赵春青)

【妯娌遗址】 新石器时代遗址。位于河南省孟津县妯娌村黄河岸边。现存面积约4 000平方米。20世纪50年代发现，1984年、1996年两次调查。1996年洛阳市文物工作队与郑州大学考古系进行发掘，发掘面积3 450平方米。相当于王湾二期文化时期，即仰韶文化晚期延续到龙山文化初期聚落遗址。居住区、墓葬区分居北部、南部，其中个别大墓为中原同期新石器时代所罕见，两者之间的偏西处为窖穴区和制石工场。发现有房基、窖穴、烧灶、墓葬等丰富的遗迹，出土有陶器、石器、骨器。其中有黄河中游地区最大的石璧及三件形制相同、大小依序的陶铙形器。妯娌遗址对研究王湾二期文化时期的聚落形态及社会组织提供了新材料。(李永强)

【东呈王遗址】 新石器时代遗址。位于山西省侯马市新田乡东呈王村西北约100米处。面积约3.5万平方米。1985年山西省考古研究所与山西大学历史系考古专业联合发掘。发现遗迹有房址、陶窑、灰坑等。出土遗物较为丰富，有陶器、石器、骨器等。陶器以夹砂灰陶和泥质灰陶为主，器形有鼎、瓮、罐、大口尊、盆、盘、豆、碗、杯、纺轮及刀等；石器有斧、凿、铲、单孔石刀、纺轮等；骨器有针、锥、笄等。遗址属庙底沟二期文化。(高江涛)

【岔沟遗址】 新石器时代遗址。位于山西省石楼县岔沟村。1980年、1981年中国社会科学院考古研究所山西工作队进行两次发掘。文化内涵以庙底沟二期文化为主。发现遗迹有房址、灰坑，房址数量较多，普遍有白灰平面、灶等。出土遗物以陶器居多，纹饰有绳纹、篮纹、方格纹及素面磨光，器形有鬲、罐、缸、杯、豆、盘、刀、环等。另有零星的仰韶文化遗存。(高江涛)

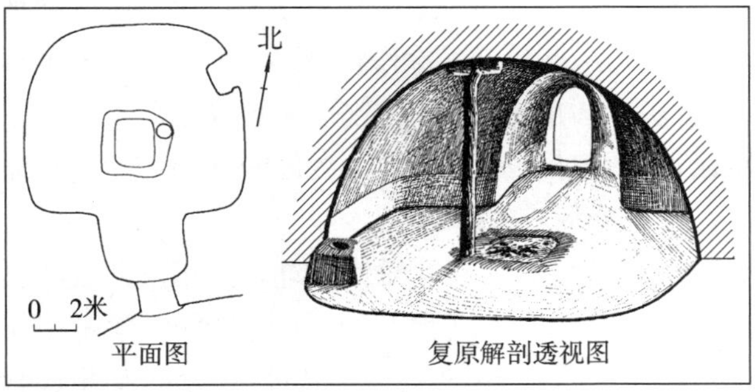

岔沟遗址房址F5平面图及复原图

【盘南村遗址】 新石器时代遗址。位于山西省平陆县盘南村三个位置不同的台地上。面积约6万平方米。1958年黄河水库考古队河南分队进行试掘。文化内涵以庙底沟二期文化为主。出土遗物主要为陶器，器形有盆、钵、碗、尖底器、罐、瓮、器盖、鼎、豆、纺轮等。另有少量西周遗存。(高江涛)

【宁家坡窑址】 新石器时代遗址。位于山西省垣曲县古城镇宁家坡。1996年山西省考古研究所发掘。发现庙底沟二期文化的陶窑2座，保存完好，并在窑址周围发现有窑前活动场、小路、制坯取土坑等遗迹。这一时期的窑址十分罕见，具有重要的学术价值。另有少量商周时期的遗存。(高江涛)

【清凉寺墓地】 新石器时代庙底沟二期文化大型墓地。位于山西省芮城县坡头遗址。墓地总面积近5000平方米。2004年山西省考古研究所进行大规模发掘，清理墓葬262座。墓葬排列有序，南北成行，东西成列，并出土玉璧、玉钺、玉琮等玉石器200余件。如此集中、规模宏大的庙底沟二期文化墓地在全国还是首次发现并发掘，对于中原地区文明起源及其相关学术课题的研究有着十分重要的意义。(高江涛)

【陕西龙山文化】 新石器时代考古学文化。1956年从统称的龙山文化中区分出来予以命名。又因1955年发现于陕西省西安市客省庄，亦称“客省庄文化”或“客省庄二期文化”。其中主要分布于渭河、泾河流域。西安市客省庄、岐山县双庵、武功县赵家来等是其代表性遗址。陕西龙山文化的陶器主要是灰陶，多为泥质，有大量篮纹、绳纹。其中，三足类炊器中，鬲、斝较多，鼎、鬶少见；饮食器中，罐、碗较多，盘、盆稍少；特别是有一种折肩小平底瓮，为其他文化所罕见，是代表性器形。在赵家来遗址，陕西龙山文化直接叠压在相当于庙底沟二期文化的遗存之上，可作为进一步探讨两者关系的依据。陕西龙山文化的直接发展去向目前尚不明确，有待进一步研究。据碳十四断代并经校正，文化年代为距今4 300～4 000年。(王小庆)

【客省庄文化】 即“陕西龙山文化”。

【客省庄二期文化】 即“陕西龙山文化”。

【客省庄遗址】 新石器时代遗址。位于陕西省西安市长安区马王镇客省庄村沣河西岸，地处古代丰镐地区。1933年曾作过考古调查。1955年中国科学院考古研究所进行发掘。发现10座半地穴式房址，以“吕”字形的双间房子最具特色。还发现3座陶窑，窑室底部均为“北”字形的火道。农业工具以长方形石刀为代表，数量众多。陶器多数是饰篮纹的灰色陶，宽肩小平底瓮是具有特征性的器形之一，鬲、斝、甗、鼎等三足器发达，盆、盘、碗、豆等食器多样。遗址中还有少量仰韶文化堆积和西周时期墓葬、水井。1962 年出版有《沣西发掘报告》。（王小庆）

【花楼子遗址】 新石器时代遗址。位于陕西省西安市长安区斗门镇花园村西。1984—1985 年陕西省考古研究所进行发掘。清理了一座西周大型建筑基址，并发现了丰富的陕西龙山文化遗存。其中包括发掘者认定的刻有原始文字的兽骨 16 枚，但学术界对此争议较大。（王小庆）

【赵家来遗址】 新石器时代遗址。位于陕西省武功县武功镇南漆水河西岸的一级阶地上。面积约 18 万平方米。1981—1982 年中国社会科学院考古研究所进行发掘。其文化内涵以仰韶文化、庙底沟二期文化和陕西龙山文化为主。其中后两者的文化遗存较为丰富，为研究关中地区庙底沟二期文化、陕西龙山文化的特征及演变提供了重要资料。另外，该遗址发现的由四座窑洞居址和院墙组成的院落遗迹，对认识当时的居住形态和社会组织结构具有重要的意义。1988 年出版考古报告专刊《武功发掘报告——浒西庄与赵家来遗址》。（王小庆）

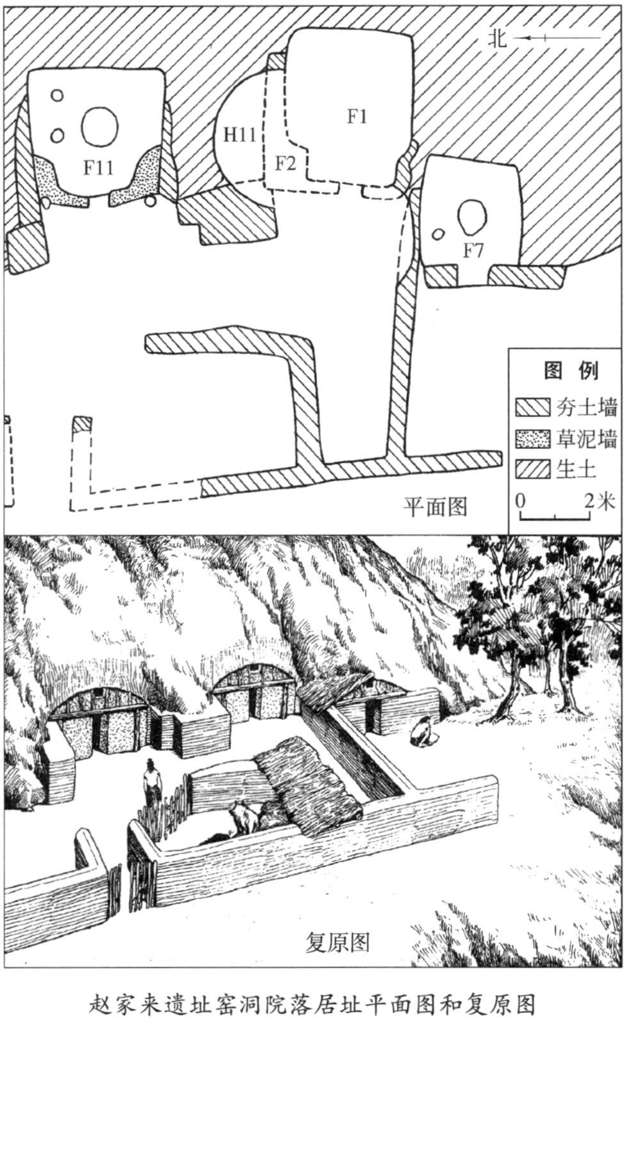

赵家来遗址窑洞院落居址平面图和复原图

【双庵遗址】 新石器时代遗址。位于陕西省岐山县京当镇双庵村。面积约 100 万平方米。1959 年调查发现。1977—1978 年西安半坡博物馆进行发掘。其文化内涵以陕西龙山文化遗存为主，内涵丰富，为研究陕西龙山文化的特征及演变提供了重要资料。（王小庆）

【大辛村遗址】 新石器时代遗址。位于陕西省凤翔县城关镇大辛村东。1980 年、1981 年陕西省考古研究所进行发掘。文化堆积以陕西龙山文化和西周晚期的文化遗存为主。其陕西龙山文化的遗存包括房址 7 座和墓葬 3 座并有大量的文化遗物，其中 1 座墓葬的墓穴两侧及南端有柱洞 9 个，可能为墓上建筑的遗存。（王小庆）

【石嘴头遗址】 新石器时代遗址。位于陕西省宝鸡市渭滨区石嘴头村。1984 年发现。1985 年西北大学历史系考古专业进行发掘。其文化内涵以陕西龙山文化为主，发现窑洞式居址和大量的陶器、石器、玉器和骨器等遗物，为研究陕西龙山文化的特征及演变提供了重要资料。（王小庆）

【康家遗址】 新石器时代遗址。全国重点文物保护单位。位于陕西省西安市临潼区相桥镇康家村北。面积约 19 万平方米。1973 年发现。1981—1985 年西安半坡博物馆和临潼县文化馆曾进行过四次试掘。1986—1993 年陕西省考古研究所又进行了持续发掘。其文化内涵为陕西龙山文化的聚落遗存。发现了大量的白灰面房址，大多东北-西南向成行排列，两三间或五六间为一组。单个房址为半地穴式，多呈圆角长方形，少数平面呈内外双室的吕字形、凸字形，对研究陕西龙山文化的分期和聚落形态具有重要意义。（王小庆）

【梓里遗址】 新石器时代遗址。位于陕西省华县杏林镇梓里村北。20 世纪 50 年代北京大学考古调查时发现。1980 年西北大学历史系考古专业进行复查并发掘。发现一处仰韶文化早期墓地和陕西龙山文化聚落居址。其文化堆积以仰韶文化和陕西龙山文化的遗存为主，出土了大量陶器、石器和骨器等

遗物。(王小庆)

【**焦村遗址**】 新石器时代遗址。位于陕西省洛南县灵口乡焦村龙河与洛河交汇处的三角地带。面积约1.5万平方米。1979—1980年西安半坡博物馆调查发现。其文化遗存以仰韶文化和陕西龙山文化的堆积为主,出土有石斧、石刀、石杵、石锄、磨石、研磨、石网坠、石纺轮等石器,陶钵、陶盆、陶罐、陶碗、陶瓮、陶豆、陶壶等陶器,以及骨针、骨锥等骨器。(王小庆)

【**新华遗址**】 新石器时代遗址。位于陕西省神木县大保当镇新华村西土丘上。面积约3万平方米。1987年、1996年、1999年陕西省考古研究所进行发掘。其文化内涵较为单纯,可分为早、晚两段,早段相当于龙山时代晚期,晚段已进入夏代。绝对年代为距今4 150～3 900年。从文化特征来看,应属于大口文化的遗存。此外,还发现一座玉器祭祀坑,出土玉器36件。2005年出版考古报告专刊《神木新华》。(王小庆)

【**红岩坝遗址**】 新石器时代遗址。位于陕西省西乡县板桥乡红岩坝村。面积600余平方米。1981年陕西省考古研究所进行调查和试掘。其文化堆积以仰韶文化庙底沟类型和陕西龙山文化为主,出土有较多的黑皮陶、红灰色陶片、红陶片和石器、骨器等遗物。(王小庆)

【**南台地遗址**】 新石器时代遗址。位于陕西省华县柳枝镇南台地。1959年中国科学院考古研究所进行调查和发掘。其文化内涵以仰韶文化和龙山文化时期的遗存为主。(王小庆)

【**太平庄遗址**】 新石器时代遗址。位于陕西省华县柳枝镇太平庄。1959年中国科学院考古研究所进行调查和发掘。其文化内涵以龙山文化时期的遗存为主。在此出土的鹰鼎是罕见的原始艺术珍品(见彩版5“鹰鼎”)。(王小庆)

【**小官道遗址**】 新石器时代遗址。位于陕西省绥德县义合镇小官道村东北的山峁上。面积约1 700平方米。1982年陕西省考古研究所进行发掘,发掘面积600平方米。清理房屋12座,其中圆形3座、方形9座,均为半地穴式。陶器以泥质灰陶、泥质灰褐陶为主,夹砂棕、红色陶次之,均为手制,小型器多为捏塑,大型器则为泥条盘筑。纹饰有篮纹、绳纹、附加堆纹、锥刺纹等。器形有杯、钵、碗、壶、小平底瓮等。文化内涵以陕西龙山文化为主,是首次在陕北地区发掘的陕西龙山文化遗址,对陕北龙山文化分布范围的认识,以及与有关文化关系的探索提供了重要资料。(王小庆)

【**寨茆遗址**】 新石器时代遗址。位于陕西省神木县店塔乡寨峁村窟野河与考考乌素河交汇处的三角形阶地上。1991年、1993年陕西省考古研究所进行两次发掘。文化遗存分为两期:一期的文化面貌和特征与内蒙古自治区阿善文化基本相似,应属阿善文化郑则峁类型;二期的文化面貌和特征虽与相邻的客省庄二期文化、龙山文化陶寺类型、河南龙山文化三里桥类型、王油坊类型有某些相似,但其自身独有的风格和特点是明显和主要的。发掘者认为寨茆遗址代表的应是一个独立的古文化,并提出了“寨峁文化”的命名。(王小庆)

【**郑则茆遗址**】 新石器时代遗址。位于陕西省府谷县高石崖乡温李河村西。1992年陕西省考古研究所进行发掘。其文化堆积可分为三期:第一期遗存的时代约与庙底沟二期文化早段相当,文化性质与阿善三期遗存应是同一考古学文化,但在文化面貌上也存在一定的差别,为此发掘者提出了阿善文化郑则峁类型的命名;第二期遗存的时代属于晚期龙山文化偏早阶段;第三期遗存时代应在战国早期。(王小庆)

【**石摞摞山遗址**】 新石器时代遗址。全国重点文物保护单位。位于陕西省佳县朱官寨乡公家坬村东北约4千米的石摞摞山峁上。1987年文物普查时发现。2003年陕西省考古研究所进行调查和试掘。发现了内涵丰富的龙山时代文化遗存,陶片以夹砂灰陶、泥质灰陶为主,黑陶、红陶、褐陶较少,纹饰以绳纹、篮纹为主,另有方格纹、附加堆纹等,可辨器形有鬲、甗、钵、瓮、罐等。另见有少量单孔石刀、石斧等石器。并在遗址区确认了一座相当于庙底沟二期文化晚期或略晚的古城,总面积约6万平方米,城墙石块砌筑,其建筑结构比较复杂,功能完善,形制清楚,是中国北方地区保存状况最佳的早期石砌城墙的古城址之一,对研究史前城市的形成、城垣的建筑方法、新石器时代末期聚落形态等有着重要价值。(王小庆)

【**寨山遗址**】 新石器时代遗址。位于陕西省横山县魏家楼乡境内,坐落在大理河与马邑河交汇处的山茆上。面积约2.5万平方米。2004年陕西省考古研究所进行调查和试掘。发现龙山文化时代的石城墙和窑洞居址。城墙遗迹主要保留在寨山东部、北部的断崖上，残长约 100 米，残高 1 ~ 2 米。居住遗迹主要暴露在寨山南部、西部的山坡上。发掘房屋 6 座，均为前、后室的复合式窑洞居址，其结构保存完整，建筑方式具有地域特征。属龙山文化早期。（王小庆）

【青龙山遗址】 新石器时代遗址。位于陕西省横山县魏家楼乡境内，坐落在大理河右岸的青龙山上，西北距寨山遗址约 1 千米。面积约 1 万平方米。2004 年陕西省考古研究所进行调查和试掘。发现龙山文化时代的石城墙和窑洞居址。石城墙分为内、外两道，外墙位于山腰，残长约 500 米，残高 13 米；内城墙残长 100 米，残高 12 米。发掘复合式窑洞居址 5 座，平面呈“吕”字形，一般由前庭、通道、窑室三部分组成，其结构保存完整，建筑方式具有地域特征。属龙山文化早期。（王小庆）

【关胡疙瘩遗址】 新石器时代遗址。位于陕西省吴堡县清河沟与黄河交汇处。面积约 10 万平方米。2005 年陕西省考古研究所进行调查和试掘。发现有长达 400 米、厚 1 ~ 1.5 米的石墙围护，石墙与自然断崖陡坡结合构成封闭的防御空间。其内发现有房址和墓葬。依据对出土陶器的观察，遗址年代为龙山时代中晚期。（王小庆）

【石峁城址】 新石器时代城址。全国重点文物保护单位。位于陕西省神木县高家堡镇石峁村的秃尾河北侧山峁上，地处陕北黄土高原北部边缘，北部分别距长城 10 千米、黄河 20 余千米。面积约 4 万平方米。1976 年发现并初步发掘，2012 年再次考察发掘。发现了保存相当完整、基本可以闭合的石砌城墙及城门、角楼和疑似“马面”等附属设施。通过分析调查，学术界初步认定石峁城址应当始建于龙山文化中期，延续至龙山文化晚期至二里头文化早期阶段，为黄河中游地区龙山文化晚期至夏代早期之间的一个超大型中心聚落，也是黄河腹地二里头遗址之外的重要遗址。（付永旭）

【王湾三期文化】 黄河中下游地区新石器时代考古学文化。在河南龙山文化王湾类型基础上命名。主要分布在河南省中部地区，其范围东起郑州左近，西至渑池，北达济源，南抵驻马店一带。除王湾三期遗存外，重要遗址还有登封市王城岗、汝州市煤山、漯河市郝家台等。陶器以大量使用灰色、特别是深灰色陶器为主要特征。主要为泥质灰陶和夹砂灰陶两种，也有少量泥质或夹砂红陶和泥质黑陶。以轮制为主，器底多有轮旋纹。纹饰有绳纹、篮纹、方格纹、附加堆纹和弦纹等。常见器形有罐形鼎、矮足鼎、斝、鬶、甑、深腹罐、小口鼓腹罐、敞口罐、盆、钵、碗、杯、盘、豆等。生产工具以磨制石器和骨器最多，也有少量蚌、角、陶质工具。经济生活以原始粟作农业为基础，某些地区亦种植水稻，另外还可能栽培有芝麻、蓼、菜豆等农作物。饲养有猪、狗、牛、羊等家畜。流行占卜和在建筑时用人作奠基牺牲的习俗。王湾三期文化直接来源于庙底沟二期文化阶段的遗存，其最近的族源是豫中地区的仰韶文化。其发展去向为二里头文化。文化年代为距今4 600 ~ 3 900 年。（王成伟）

【王湾类型】 新石器时代河南龙山文化的一种地方类型。以河南省洛阳市王湾遗址第三期为代表。主要分布于伊洛、郑州地区和豫西沁河以南，以伊洛平原为中心。代表性遗址有河南省新安县马河，洛阳市王湾、矬李、西干沟、东干沟，偃师市高崖、灰嘴，荥阳市竖河、河王，郑州市站马屯、旮旯王、牛砦、北二七路，新密市古城寨，孟县西后津，武陟县大司马等。陶器纹饰有篮纹、方格纹和绳纹。磨光黑陶数量较多。器类上最突出的特点是罐多鼎少。典型器有斝、折腹盆、双耳或单耳罐、甗、平底实足鬶等。20 世纪 80 年代初，严文明在《龙山文化和龙山时代》一文中首次使用了王湾三期文化来替代王湾类型。（赵春青）

【王湾遗址】 新石器时代遗址。全国重点文物保护单位。位于河南省洛阳市涧西区王湾村西北部。面积约 2 万平方米。1959 年、1960 年北京大学历史系考古专业进行两次发掘，发掘面积 3 350 平方米。遗存分为三期，显示了该地区仰韶文化中晚期至河南龙山文化早、晚期一脉相承的演变轨迹，并在第三期的后段开始显露出二里头文化早期某些器类的征状。第三期发现有残破的白灰面房屋遗迹、灰坑、墓葬，出土大量陶器、石器、骨器等生产工具和生活用具。由于第三期文化遗存的典型性，而成为“王湾三期文化”的代表性遗址。另有少量周代和北朝时期遗存。2002 年出版有《洛阳王湾——考古发掘报告》。（李永强）

【西干沟遗址】 新石器时代遗址。位于河南省洛阳市西干沟村。1954 年发现。1957—1959 年进行发掘。遗址包含仰韶文化和龙山文化时期遗存。仰韶文化遗存发现有灰坑、烧灶、烧火坑、灰坑葬、墓葬等。龙山文化遗存主要为灰坑,出土有陶器、石器、骨器、玉环等遗物,其中陶塑壁虎较有特点。遗址还出土猪、牛、羊等家畜骨骼。(李永强)

【东干沟遗址】 新石器时代遗址。位于河南省洛阳市涧河东岸东干沟村东、北两面。面积15万平方米。1956—1958年进行发掘。龙山文化晚期遗存发现有灰坑5座,出土有陶器、石器、骨器。主要为二里头文化时期遗存。参见“东干沟遗址”(308页)。(李永强)

【矬李遗址】 新石器时代至青铜时代遗址。位于河南省洛阳市洛龙区古城乡矬李村。面积约35万平方米。1975—1976年进行发掘。主要包含龙山文化晚期及二里头文化时期遗存。龙山文化遗存发现有居住面、灰坑、墓葬、水井等,出土遗物有陶器、石器、骨器。(李永强)

【西吕庙遗址】 新石器时代遗址。位于河南省洛阳市东北。面积约8万平方米。1969年进行发掘。遗存分为两期,属河南龙山文化中期及晚期偏早。发现灰坑12个。出土遗物有陶器、石器、骨器。其中出土的背壶说明该遗址可能受到陶寺文化的影响。(李永强)

【小潘沟遗址】 新石器时代遗址。位于河南省孟津县邙山岭上。面积约20万平方米。1976年发现并试掘。主要为龙山文化晚期遗存。发现有房址、灰坑、墓葬等,灰坑葬较多见。遗物除陶器、石器、骨器外,还发现有卜骨、玉器。(李永强)

【汤泉沟遗址】 新石器时代遗址。位于河南省偃师市山化乡汤泉村南。面积3 500平方米。1957年进行试掘。主要为仰韶文化晚期遗存,发现有灰坑、窑址等,出土遗物有陶器、石器、骨器和玉璜等。(李永强)

【灰嘴遗址】 新石器时代至青铜时代遗址。位于河南省偃师市缑氏镇灰嘴村东。面积约30万平方米。1956年调查发现。1959年、2002—2006年进行发掘。遗址包含仰韶文化、龙山文化、二里头文化三期遗存。龙山文化遗存发现有灰坑和房基,出土遗物有陶器、石器、骨器等。发现龙山文化至二里头文化时期一处重要的石器制造遗址,主要功能是石铲加工。(李永强)

【高崖遗址】 新石器时代至青铜时代遗址。位于河南省偃师市高龙镇高崖村。面积50余万平方米。1963年发现。1988年进行发掘,发掘面积约300平方米。包含裴李岗文化、仰韶文化及龙山文化时期遗存。龙山文化时期遗存中发现有房址、窖穴、壕沟等。(李永强)

【白元遗址】 新石器时代至青铜时代遗址。位于河南省伊川县白元乡白元村东南台地上。面积约20万平方米。1979年进行发掘。发现有灰坑、房基、墓葬(包括灰坑葬、瓮棺葬)等龙山文化晚期遗迹,出土遗物有陶器、石器、骨器,相当于煤山一期遗存。(李永强)

【阎庄遗址】 新石器时代遗址。位于河南省郑州市中原区阎庄村东。面积约6万平方米。1979年发现。主要为龙山文化晚期遗存,发现有灰坑、墓葬、房基等遗迹。房基均为白灰抹面,F2白灰面上还有用黑色颜料绘出的符号。出土遗物有陶器、石器、骨器。(李永强)

【站马屯遗址】 新石器时代遗址。位于河南省郑州市管城回族区十八里河镇站马屯村。面积约10万平方米。1984年进行发掘。龙山文化时期遗存可分为早、中、晚三期,发现有房基、灰坑、墓葬、陶窑等,出土遗物有陶器、石器、骨器。(李永强)

【牛砦遗址】 新石器时代遗址。位于河南省郑州市中原区牛砦村西南。面积约5 000平方米。1953年发现。主要为龙山文化晚期遗存,遗迹有灰坑,出土遗物有陶器、石器、骨器等。时代可能较郑州旮旯王村龙山文化遗存稍早。(李永强)

【马庄遗址】 新石器时代遗址。位于河南省郑州市中原区须水镇马庄村东北1.5千米处。面积约8万平方米。1965年发现。1966年郑州市博物馆进行发掘。发现有烧土面、灰坑、墓葬等,出土遗物有陶器、石器、骨器、蚌器、角器。时代属河南龙山文化中晚期。其中高柄黑陶杯具有山东龙山文化的风格。(李永强)

【苗店遗址】 新石器时代遗址。位于河南省济源市苗店村西南。面积约4万平方米。1985年进行发掘。遗址包含龙山文化中期和晚期遗存,以龙山文化晚期遗存为主。发现有房基、灰坑、奠基坑等,出土遗物有陶、石、骨器。(李永强)

【北沟遗址】 新石器时代及东周遗址。位于河南省登封市告成镇北沟村西南。面积约2 000平方米。1979年发掘,揭露面积40平方米。新石器时代主要为河南龙山文化早期遗存,同豫西庙底沟二期文化

时代相当,但文化面貌明显有别。遗迹主要为灰坑,出土遗物有陶器、石器、蚌器等。(李永强)

【瓦店遗址】 新石器时代遗址。全国重点文物保护单位。位于河南省禹州市火龙镇瓦店村东部和西北部的台地上。面积100万平方米。1979年发现。1980—1982年、1997年、2007年进行发掘。主要为龙山文化时期遗存,分属龙山文化早、中期。发现遗迹有房址、灰坑、墓葬、陶窑、奠基坑等,出土遗物有陶器、石器、骨器、蚌器、角器及玉璧、玉鸟、玉铲和卜骨等。2007年新发现古城遗址,呈东南-西北走向,长1 000余米,宽500余米,城墙外有壕沟,表明当时可能为一处重要的文化中心。2004年出版有《禹州瓦店》。(李永强)

【谷水河遗址】 新石器时代遗址。位于河南省禹州市顺店镇谷水河旁。面积10万平方米。1959年发现。1975年中国科学院考古研究所和河南省博物馆联合进行发掘。文化遗存可分为三期,属仰韶文化晚期及仰韶文化向龙山文化过渡时期。发现遗迹有房基、墓葬、灰坑等,出土遗物有陶器、石器、骨器。第一、二期文化具有中原仰韶文化晚期的一般特征,同大河村文化相似,第三期文化包含大汶口文化及屈家岭文化因素。(李永强)

【煤山遗址】 新石器时代至青铜时代遗址。全国重点文物保护单位。位于河南省汝州市煤山公园。面积20万平方米。1958年发现。遗迹有房址、灰坑、墓葬、陶窑、水井等。遗物为保存有冶铜痕迹的炼铜坩埚残块等。该遗址的四期文化遗存很好地表明了从王湾三期到二里头文化的演进关系。(李永强)

【郝家台城址】 新石器时代龙山文化晚期城址。全国重点文物保护单位。位于河南省郾城县东3千米处。平面呈长方形,面积3万平方米。1986—1987年进行发掘。城内发现成排房基,有的还铺设木地板。墓葬有长方形竖穴土坑墓和瓮棺葬。另外发现有陶窑及水井等。为研究王湾三期文化提供了重要资料。(李永强)

【孟庄城址】 新石器时代龙山文化晚期和夏商时代三叠城址。位于河南省辉县市孟庄镇东一处椭圆形台地上。龙山文化城址平面略呈方形,面积约12万平方米。1992—1995年进行发掘。发现有城墙、门道,城内有房址、水井、窖穴、墓葬等。龙山文化遗存可分为三期,年代为距今4 800～4 100年。始建于一期,晚期毁于洪水。2003年出版有《辉县孟庄》。(李永强)

【平粮台城址】 新石器时代龙山文化晚期城址。全国重点文物保护单位。位于河南省淮阳县城东南4千米处。平面呈方形,面积5万平方米。1979年开始多次大规模发掘。城墙现存高度3.6米,顶宽8～10.2米,底部宽13.5米,系用小版夯筑法建成。有南北两个城门,南城门两侧各有一座用土坯垒砌的门卫房,中间是土路,路下铺设有陶水管套接而成的排水管道。城内有土坯垒砌的长方形排房和圆形房屋,有的土坯排房建筑在夯土台上。在城西南角还发现一处祭奠坑,内埋一大一小两头完整的牛,当为杀牲祭奠的遗迹。此外还有陶窑、灰坑、瓮棺葬等,出土了许多陶器、石器、骨器及铜渣等遗物。城外有护城河。始建年代距今4 500年,至距今4 100年时仍在沿用。(李永强)

【盐东遗址】 新石器时代遗址。位于河南省新安县仓头镇盐东村附近。面积1万余平方米。1997年洛阳市文物工作队等单位进行发掘,揭露面积5 000平方米。发现房址、窖穴、墓葬、陶窑和石器制作作坊,集中出土有石锤、石钻等石器加工工具和石器废料,以及炭化了的粮食与渔网坠、骨针、陶器和动物骨骼。另发现少量东周墓葬。(李永强)

【新砦遗址】 新石器时代至青铜时代遗址。全国重点文物保护单位。位于河南省新密市东南。面积100万平方米。包含龙山文化、龙山文化晚期、二里头文化过渡期及二里头文化时期遗存。发现包括外壕、城壕和内壕三重防御的城址,城址内有大型建筑。出土遗物有陶器、石器、骨器等。龙山至二里头过渡期文化因该遗址的发现被命名为“新砦期文化”或“新砦类型”。新砦遗址对于重新认识夏文化早期的聚落形态、确定夏文化的上限、探索夏文明的诞生等一系列重大学术问题均具有重要的学术价值。(李永强)

【王城岗遗址】 新石器时代龙山文化晚期遗址。全国重点文物保护单位。位于河南省登封市告成镇西北。发现有大小共3座城址。小城面积约1万平方米,1976—1981年连续进行过多次发掘。城内发现有夯土建筑残迹、填埋人骨架的建筑奠基坑以及青铜容器碎片等重要遗迹、遗物。小城属龙山文化晚期早段。该城址不仅是王湾三期文化遗址,而且也是中国新石器时代考古发现的第一座史前城址。

大城面积约30万平方米。1992年出版有《登封王城岗与阳城》。(李永强)

【程窑遗址】 新石器时代至青铜时代遗址。位于河南省登封市东华镇程窑村东北。面积7.5万平方米。1977年发现。1979年进行试掘。主要为河南龙山文化晚期遗存。出土有陶器、石器、骨器。(李永强)

【北刘庄遗址】 新石器时代遗址。位于河南省汝州市北刘庄村。面积8万平方米。1986—1987年河南省文物研究所进行发掘,揭露面积1 000平方米。包含仰韶文化晚期至龙山文化时期遗存。分为三期,其中第二期属仰韶文化至龙山文化过渡时期,明显受到大汶口文化和屈家岭文化的影响。发现有房基、灰坑、墓葬(包括瓮棺葬)等。遗物有陶器、石器、骨器等,其中陶祖、玉环、玉珠是比较重要的发现。(李永强)

【李楼遗址】 新石器时代遗址。全国重点文物保护单位。位于河南省汝州市杨楼乡李楼村西约200米处。面积6万平方米。1975年发现。主要为龙山文化晚期遗存,可分为两期。发现有房址、灰坑、墓葬(包括瓮棺葬)等遗迹,出土有陶器、石器、骨器等遗物。该遗址出土的炭化稻米,经鉴定为人工栽培的籼稻和粳稻。(李永强)

【花地嘴遗址】 新石器时代遗址。全国重点文物保护单位。位于河南省巩义市站街镇北。面积35万平方米。1992年发现。发现有四重环壕及东南大门、祭祀坑、灰坑等遗迹,出土有陶器、石器、骨器、玉器和朱砂绘陶礼器等遗物。时代与新砦期文化(类型)相当。(李永强)

【古城寨遗址】 新石器时代至东周时期遗址。全国重点文物保护单位。位于河南省新密市古城寨村。面积27余万平方米。1998—2000年进行发掘。此城西濒溱水,北、东、南三侧存有夯土筑就的城垣,外围有34～90米宽的城壕。城址东西长460～500米,南北宽350～370米,面积超过17万平方米。南北各开一门。城墙现存最高处达16米,基宽数十米。此城始建于龙山文化时代,东周时期仍沿用。城内已发现龙山时期的大型夯土基址和廊庑建筑各一处,尚有大量坑穴、瓮棺葬和奠基坑,并出土卜骨、釉陶、刻符陶片和可能是熔炉残块的缸片等重要遗物。以城址面积和建筑规模而论,当是中原地区龙山文化时期城址中级别较高者。(朱延平)

【徐堡遗址】 新石器时代至历史时期遗址。位于河南省温县武德镇徐堡村。面积约20万平方米。2010年进行发掘,揭露出龙山文化晚期、西周、东周、汉、宋、明、清各代遗存,其中以龙山文化晚期的古城址最为重要,系全国重点文物保护单位。古城址平面略呈圆角长方形,城墙系夯筑而成,西、南、东三面墙垣现存长度分别为360米、500米、200米,城外围以环壕,北面或被沁水冲毁。古城内还探明有大型的夯土建筑址。(朱延平)

【徐堡古城址】 见“徐堡遗址”。

【吴湾遗址】 新石器时代至二里头文化时期遗址。位于河南省禹州市褚河乡吴湾村。面积40万平方米。1979年发现并试掘。包含仰韶文化、龙山文化及二里头文化时期遗存。龙山文化遗存分早、晚两期。发现有房基、灰坑等遗迹。出土有陶器、石器等遗物。(李永强)

【丁庄遗址】 新石器时代遗址。位于河南省许昌市五女店乡丁庄村。1983年进行试掘。包含裴李岗文化及龙山文化遗存。裴李岗文化遗存出土有陶碗、三足钵及石磨棒、石斧等遗物。龙山文化遗存出土有陶器、石器、角器。(李永强)

【台王遗址】 新石器时代遗址。位于河南省襄城县范湖乡台王村西。面积7 000平方米。1986年发现。发现有灰坑、墓葬等遗迹,出土有陶器、石器、骨器等遗物。龙山文化遗存可分为早、晚两期。早期受屈家岭文化影响,晚期受下王岗类型龙山文化影响。(李永强)

【大嘴遗址】 新石器时代遗址。位于山西省偏关县万家寨镇大嘴村西。面积约10万平方米。1991年北京大学考古系等单位进行考古调查。陶器绝大部分为灰陶,以夹砂陶为主,泥质陶次之。常见器形有鬲、罐、缸、瓮等,尤以罐的种类、数量最多。(高江涛)

【欧泥咀遗址】 新石器时代遗址。位于山西省偏关县天峰坪填欧泥咀村南约2.5千米处。面积约15万平方米。1991年北京大学考古系等进行调查,发现灰坑、房址、墓葬等遗迹。出土陶器以灰陶为主,器形有绳纹鬲、甗、侈沿罐、直口罐、高领罐等。文化内涵属龙山文化。(高江涛)

【三里桥文化】 新石器时代考古学文化。因河南省三门峡市三里桥遗址而得名。主要分布在豫西、晋南及关中交界地区。陶器以灰陶为主,兼有陕西龙山文化及河南龙山文化王湾类型的器物及特点。主要种植粟类作物。建筑有房址、陶窑等,葬式为仰身直肢葬。与王湾三期文化、客省庄文化同时。其直接渊源一般认为是庙底沟二期文化,祖源则是仰韶文化的西王村类型,发展去向可能是二里头文化。(李永强)

【十里铺遗址】 新石器时代遗址。位于河南省上蔡县邵店乡十里铺村东。面积 1.4 万平方米。1977 年发现。发现遗迹有灰坑、墓葬、烧灶等,出土遗物有陶器、石器、骨器。遗存分为三期。早期为屈家岭文化晚期,中、晚期遗存分属河南龙山文化中、晚期偏早。早期与晚期遗存分别代表不同文化。中期则包含河南、湖北龙山文化因素,又受到山东大汶口文化及龙山文化影响,同时又具有自身独特风格。(李永强)

【留庄遗址】 新石器时代至青铜时代遗址。位于河南省济源市东南。面积 8 万平方米。1992 年进行发掘。龙山文化遗迹仅发现灰坑,出土有陶器、石器、骨器、蚌器及动物残骸,其中陶器也流行豫东造律台类型器物。砺石、石片发现较多。时代相当于王湾三期文化中晚期。(李永强)

【陶寺文化】 中原地区龙山时代的区域考古学文化。因山西省襄汾县陶寺遗址而得名。主要分布于晋南地区的临汾盆地,即峨嵋岭以北汾河下游及

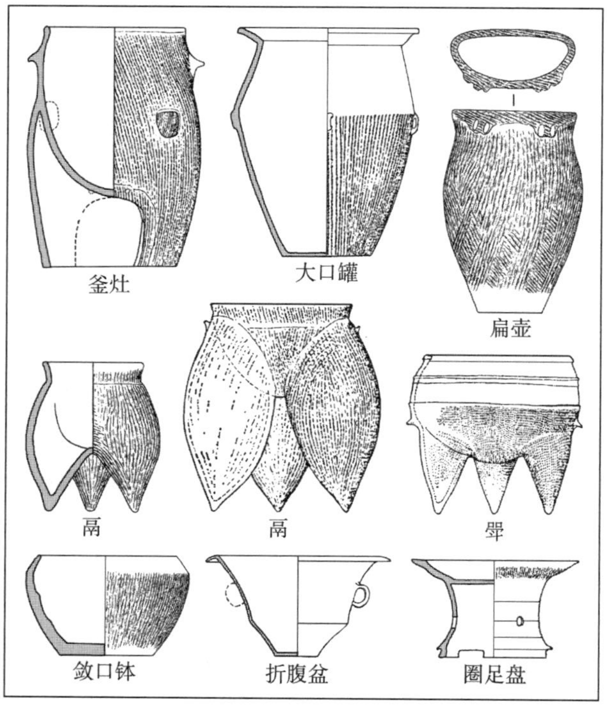

陶寺文化陶器

其支流浍河、滏河流域。可分为陶寺早、中、晚三期。陶器的陶质以夹砂灰陶和泥质灰陶为主,另有少量的夹砂褐陶、泥质褐陶和泥质黑陶,典型器物有釜灶、斝、扁壶、大口罐、小口折肩罐、鬲、甗、折腹盆、深腹盆、浅盘豆、单把杯、碗、钵等。文化年代距今 4 300～3 900 年。(高江涛)

【陶寺遗址】 新石器时代龙山文化都城遗址。全国重点文物保护单位。位于山西省襄汾县汾河东岸的塔儿山西麓,大体在陶寺村、东坡沟村、沟西村、宋村和中梁村之间。面积约 300 万平方米。20 世纪 50 年代发现。1978 年中国社会科学院考古研究所与山西省考古研究所等单位联合开始发掘至今。发现有早中期城址、宫殿区、仓储区、手工业作坊区、早中期大型墓地及祭祀区内的观象台基址。另有少量庙底沟二期文化及战国、汉、金、元时期遗存。陶寺遗址是一处探索中国早期国家与文明起源研究的重点遗址。(高江涛)

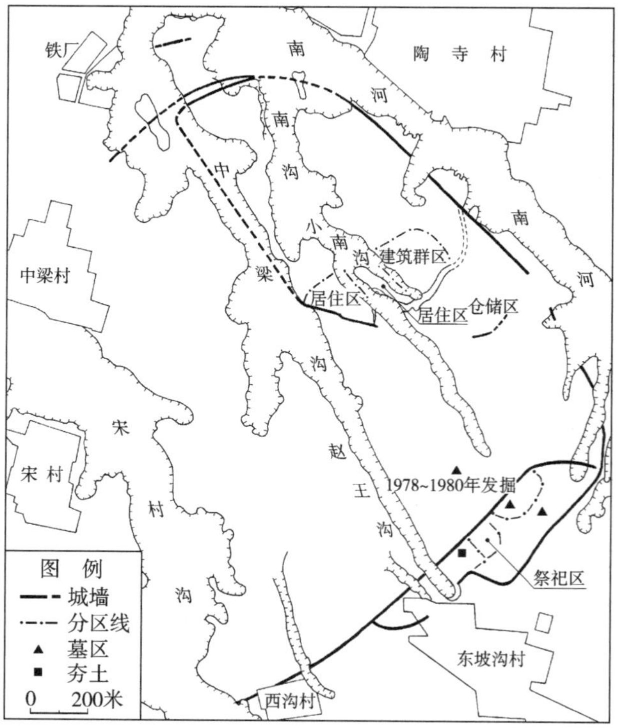

陶寺遗址平面图

【陶寺墓地】 陶寺遗址墓葬集中分布的区域。位于陶寺遗址东南隅的早期小城外和中期小城内西北部。早期墓地面积 4 万平方米以上。1978—1985 年在陶寺小城外近 5 000 平方米范围内发掘墓葬 1 309 座,大多数墓葬属陶寺文化早期(见彩版 3“陶寺文化襄汾陶寺墓地”)。2002 年在陶寺中期小城内西

北部钻探出一片墓地，面积约1万平方米，仅在发掘面积67平方米的范围内就清理出陶寺文化中晚期墓葬22座。陶寺文化墓地曾经严格规划，有着一定的布局和结构，明显地存在等级分化，可分为大、中、小型墓，体现了死者社会地位的巨大差异。（高江涛）

【大崮堆山遗址】 新石器时代遗址。位于山西省襄汾县沙女沟村东大崮堆山南坡。面积约15万平方米。1984年山西省考古研究所考古调查发现。1988年、1989年进行两次发掘。出土大量打制石器与石器毛坯，矛形尖状器是其典型代表器物，未见磨制石器，系一处专司打制石器的制作场所。大崮堆山遗址的发掘，为研究史前人类的石器制作过程、工艺、技术等提供了十分丰富的系统资料。（高江涛）

【下靳村遗址】 新石器时代遗址。位于山西省临汾市尧庙乡下靳村北汾河东岸台地上。墓地面积约6 000平方米，墓葬总数1 500座以上。1997年发现。1998年中国社会科学院考古研究所、山西省考古研究所分别与临汾行署文物局进行两次发掘。主要是抢救遭破坏的墓葬，累计清理墓葬533座。下靳村遗址是一处大规模的陶寺文化墓地，对于陶寺文化墓葬制度研究具有十分重要的意义。（高江涛）

【方城遗址】 新石器时代遗址。位于山西省曲沃县曲村镇西南，包括南石、古巨、方城和小巨四个自然村。面积约300万平方米。20世纪50年代末发现。1984年中国社会科学院山西工作队和临汾行署文化局进行发掘。发现遗迹有房址、陶窑、灰坑和墓葬。出土陶器绝大多数是泥质灰陶和夹砂灰陶，纹饰以绳纹、篮纹为主，器形以鬲、甗、斝、甑、簋、扁壶、圈足罐、折肩罐、单耳罐、豆、杯等居多。遗存内涵属陶寺文化。（高江涛）

【开化遗址】 新石器时代遗址。位于山西省翼城县里砦乡开化村。面积约128万平方米。1985年山西省考古研究所考古调查中发现并试掘。出土陶器均属生活用具，以泥质灰陶和夹砂灰陶为主。陶器制法均系手制，主要采用泥条盘筑法成型，器表装饰以绳纹及绳纹与弦纹组成的间断绳纹为主，陶器形制以平底器为主，也有少量圈足器和空三足器。主要器形有釜灶、碗、盆、器盖、扁壶、罐和缸等。遗存内涵属陶寺文化。（高江涛）

【古堆遗址】 新石器时代遗址。位于山西省新绛县古堆村东南九原山西侧山底低坡上。面积24万平方米。1992年山西省考古研究所进行考古调查。发现灰坑2个。出土陶器有高领鼓腹夹砂灰陶鬲、敞口浅腹平底盆、高领罐、单耳罐、筒形缸等。遗存内涵属陶寺文化。（高江涛）

【侯村遗址】 新石器时代遗址。位于山西省洪洞县赵城镇侯村东。面积达40万平方米以上。1984年春发现，并进行考古调查。遗址文化堆积厚，内涵丰富，发现有陶窑、灰坑、墓葬等遗迹。出土陶器胎质较硬，陶胎较薄，以泥质灰陶和磨光黑陶为主，夹砂灰陶也占有一定的比例。以鬲、罐、斝、釜为主要炊具，容器则有折肩罐、圈足罐、平底盆、三足瓮、豆等。遗存属陶寺文化。（高江涛）

【东许遗址】 新石器时代遗址。位于山西省曲沃县高显镇东许村东。面积约45万平方米。20世纪七八十年代中国社会科学院考古研究所山西工作队在大规模晋南考古调查中发现。出土遗物以泥质灰陶和夹砂灰陶为主，纹饰以绳纹与篮纹最多，常见器形有鬲、斝、罐、盆、单耳杯等。整体上属中原龙山时代的陶寺文化遗存。（高江涛）

【陶寺M3015】 陶寺遗址陶寺文化早期大墓。系长方形竖穴土坑墓，葬具情况不甚清楚，墓底残存板灰。墓主骨架不完整，葬式应为仰身直肢葬。随葬品十分丰富，包括陶器14件，木器23件，玉、石器130件（其中石镞111件），骨器11件，另有30件随葬品被扰于灰坑中，随葬品总数达200件以上。关于墓主身份，学者大多认为是“王”者。（高江涛）

【陶寺大墓IIM22】 陶寺遗址陶寺文化中期偏晚王级大墓。位于陶寺城址中期小城内王族墓地东部。2002年发掘。墓圹呈圆角长方形，长5米，宽3.6米，自深7米。墓壁陡直，四壁有五周手抹草拌泥宽带。由一根整木挖凿出来的船形棺长约2.7米、宽1.2米、残高0.16～0.3米、板厚0.3米。墓主尸骨与残余的绿松石嵌片、玉钺碎块、木柄、货贝等46件随葬品，凌乱地散见于棺底板上。墓室未扰动部分出土随葬品72件，包括彩绘陶器8件、玉石器18件套、骨器8组、漆木器25件、红彩草编物2件、猪骨骸10具、公猪下颌骨1具。其中墓葬头端墓壁上，以公猪下颌为对称，两侧各摆3柄带彩绘漆木柄的玉钺，墓室西端摆放10头20片猪，棺南侧摆放青石厨刀4柄。玉器有玉钺、玉璜形佩、玉兽面、玉璧、玉戚等，彩绘陶器有大盆、簋、圆肩罐、双耳罐、小盆等，漆器有大箱、豆、簋等（见彩版10“彩绘陶箧”)。墓室东南角竖立一根漆杆,很可能是陶寺文化测日影的圭尺。该墓陶寺晚期被捣毁,大扰坑口部回填半腐烂男尸一具,坑底残存随意抛弃的人颅骨5个,坑底西部斜坡上残留着被拉上来的棺盖板,伴随着扰乱的棺内装饰品嵌片20余片。(何 驽)

【陶寺半圆形特殊建筑】 陶寺遗址陶寺文化中期重要礼制建筑,编号IIFJT1。位于陶寺城址中期小城内。2003—2005年进行发掘。该建筑是在陶寺中期城址内道南城墙向东南接出的半圆形夯土基址,由环道和台基构成。整个建筑直径60米,夯土台基直径40米,生土台基芯直径28米。总面积1 740平方米,台基本身约1 000平方米。夯土基址残深1～6米。台基大约有三层。第1层在台基的东部,呈新月形,朝着正东,中部是一个周围包夯土的新月形生土台芯。第2层台基呈半环状,两端接在城墙上。第3层台基由生土台基芯和夯土挡土墙构成。在台基芯和挡土墙之间,有一道弧形夯土柱缝系统基础墙,朝向东北、正东和东南。在夯土挡土墙内侧,有一道基础墙宽1米,深1.9～3米。墙顶部有意挖出10道槽缝,残深3～18厘米,缝宽15～20厘米,个别宽30～50厘米。第2层台基上,在两个夯土柱之间挖出一槽,用于夏至观测。根据这些遗迹,发掘者可以推测、复原地表以上直立柱子和柱缝。总共有12道柱缝分别对着对面崇山上的某个点。观测点大致在生土台基芯的中央部位,由基坑内3个夯土同心圆构成。基坑直径约145厘米,外圈夯土环直径约86厘米,中圈直径约42厘米。核心圆直径25厘米。发掘者经过实地模拟观测并根据天文学家的计算推测该基址用于郊天祭日与观象授时,多数天文学家和历法专家表示认同,称之为“陶寺观象台”。亦有部分考古学家对其观象授时功能持怀疑观点。(何驽)

【陶寺齿轮形铜器】 陶寺遗址铜器。2001年陶寺城址外西北部M11出土。铜质,器形似齿轮,中有大圆孔,似瑗却有29个发散状的齿形突起物。齿状物大小不一,且长短不一,齿间距也不相等。不包括齿形物的外圆直径约11.4厘米,内圆孔径约为7.8厘米,外边厚约0.2厘米。内边缘厚约0.26厘米(见彩版10“齿轮形铜器”)。化学成分为含砷铜器,形制特殊,十分罕见。(高江涛)

【陶寺朱书文字】 陶寺遗址朱书文字。系用毛笔

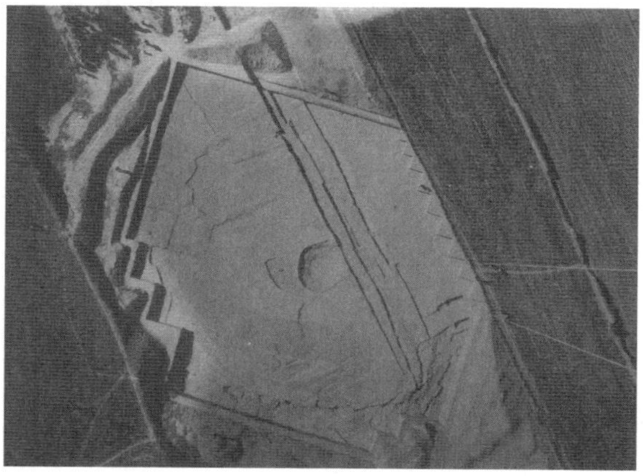

基址鸟瞰

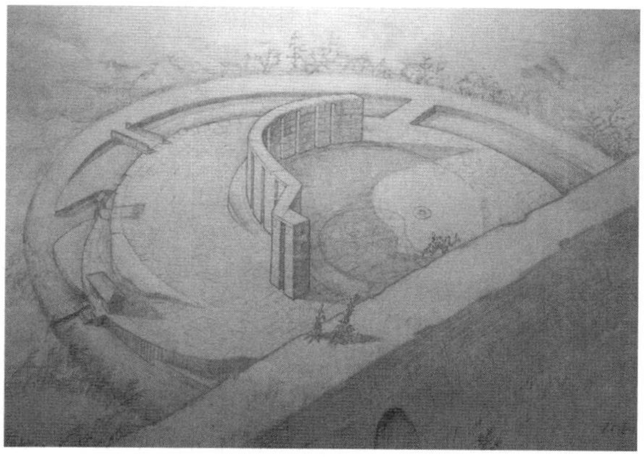

复原示意图

陶寺半圆形特殊建筑及复原示意图

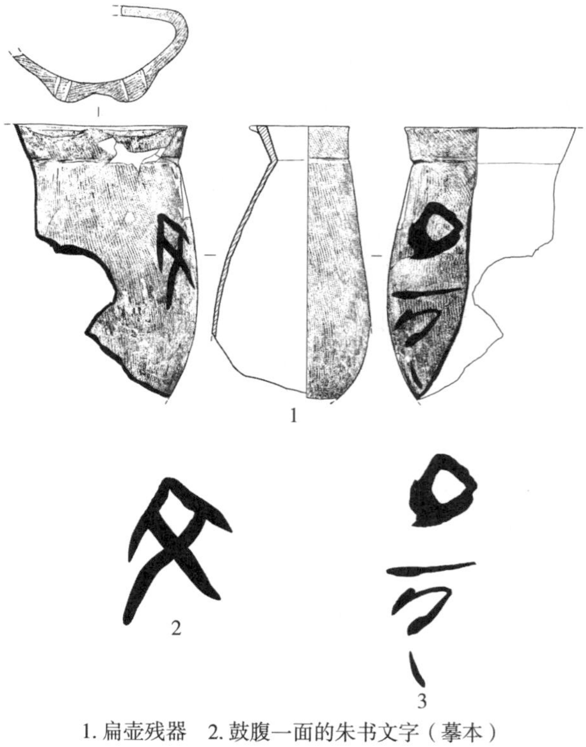

1. 扁壶残器 2. 鼓腹一面的朱书文字(摹本)
3.平腹一面的朱书文字(摹本)

陶寺扁壶和朱书文字摹本

类工具蘸朱红色颜料书写于陶器上。陶寺朱书文字发现数量甚少，仅在个别陶片上见到，且多残碎不可识。其中较为清晰者是1984年陶寺晚期灰坑H3403出土扁壶残片上朱书的两个或者三个字符。一般认为其中一个字为“文”，另外一个字符有较大争议，或认为是两个字，或认为是一个字，多被释为“昜”或“尧”字。陶寺朱书文字对于探索中国文字的起源有着重要意义。（高江涛）

【陶寺彩绘云雷纹陶壶】 陶寺遗址代表性陶器。泥质褐陶，施黑陶衣为底，侈口，高领，广肩，肩以下内折收成小平底。肩部用红、白、黑彩勾绘出云雷纹，颈下部饰有红色条带一周。器形规整，纹饰精美，是难得的珍品，在墓中成对出土，为当时的重要礼器。（高江涛）

陶寺彩绘云雷纹陶壶

【陶寺蟠龙纹陶盘】 陶寺遗址代表性陶器。因盘内绘有蟠龙而得名，又简称陶寺“龙盘”。泥质褐陶，施黑陶衣。敞口，斜折沿，内壁磨光涂红，并用红彩或红、白彩绘出蟠龙图案。龙纹作蟠曲状，头向外，身内卷，尾在盘底中心，蛇躯鳞身，方头，巨口，带牙，舌外伸，舌前呈树杈状分支，似蛇非蛇，似鳄非鳄（见彩版10“蟠龙纹陶盘”）。龙盘是迄今中原地区明确为龙图像的最早标本，对于研究龙崇拜的起源及相关问题有着重要意义。（高江涛）

【陶寺鼍鼓】 陶寺遗址代表性乐器。木质。鼓身呈竖立桶形，由树干挖制而成，外壁施粉红或赭红色底，以白、黄、黑、宝石蓝等颜色绘出几何形、云雷纹等图案，十分精美。出土时鼓皮已朽，鼓腔内散见鳄鱼骨板数枚至数十枚不等，可证原为鳄鱼皮蒙鼓，即古文献中所言的“鼍鼓”。在墓中成对出土，为当时的重要礼乐器。（高江涛）

【陶寺陶鼓】 陶寺遗址代表性陶器。泥质灰陶。器形似长颈葫芦，筒状，圆鼓腹，颈、腹之间置双耳，腹底部有四个小孔，可能是发音孔。筒口下有一周圆乳钉状小纽，筒身磨光，腹部饰绳纹，并用泥条堆成网格状图案。器物上下口相同，在大墓中常与鼍鼓、石磬同处，可能是古文献中“以瓦为匡”的“土鼓”，为当时的重要礼乐器。（高江涛）

【陶寺石磬】 陶寺遗址代表性乐器。石质。由青灰色石灰岩打制而成，倨句形，外形粗陋，未经琢磨。在大墓中与鼍鼓同出，上端两面对钻一孔用以穿绳悬挂。器物一般通长80厘米，器形之大，十分罕见，故称巨磬或特磬，为当时的重要礼乐器。（高江涛）

【陶寺彩绘木器】 陶寺大墓中出土的施以彩绘的木质器物。器物多种多样，有鼓、圈足盘、长方平盘、斗、豆、案、俎、匣、仓形器等。以各式各样的木豆数量最多，俎、匣、鼓每个大墓中都有一至二件固定数目。器外涂彩，出土时剥落似漆皮，彩绘分两种，一种施单色红彩，另外多见以白、红、黄、黑、蓝、绿等多种色彩绘出的图案。陶寺彩绘木器时代较早，在迄今史前考古材料中十分罕见，对于探索中国漆木器的起源有着重要意义。（高江涛）

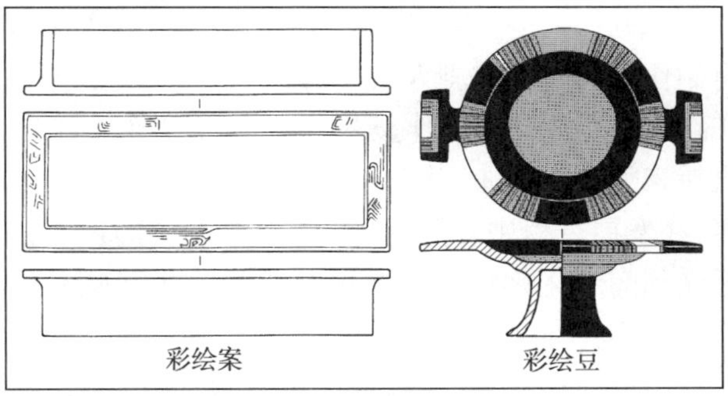

陶寺彩绘木器

【陶寺彩绘陶器】 陶寺遗址出土的施以彩绘的陶器。彩绘陶器主要集中于壶、盘、盆、折肩罐、豆、瓶等器形，而釜灶、鬲、斝等日常生活炊器则少见。彩绘陶器一般为烧成后着彩，以黑色陶衣为地，上施红、黄、白、蓝等色，绘出圈点纹、条带纹、几何纹、涡纹、云雷纹、龙纹、变体动物纹等纹饰，图案抽象不实，且多种纹样勾连在一起，十分精美。彩绘陶器多出土于陶寺文化早、中期的大中墓葬中，非普通日用陶器，属于代表墓主身份地位的陶礼器。（高江涛）

【陶寺铜铃】 陶寺遗址铜器。1983年M3296出土。整体似铃形，横断面为菱形，口部对角长6.3厘米、宽2.7厘米，顶部对角长5.2厘米、宽2.1厘米，通高2.65厘米，器壁平均厚0.28厘米。顶部中央略偏一侧有一小圆孔，孔径约0.25厘米，很可能用于安置铃舌（见彩版10“铜铃”）。铜铃为纯度较高的含铅红铜，是迄今中国发现最早的铜铃。（高江涛）

【后冈二期文化】 黄河中下游地区新石器时代考古学文化。因河南省安阳市后冈二期遗存而得名。曾被称为河南龙山文化后冈类型。主要分布于豫北冀南地区，北达冀中平原的子牙河与滹沱河流域，西至太行山一带，影响范围兼及鲁西和皖西北的部分地区。除后冈遗址二期遗存外，重要遗址还有河南省安阳市大寒南岗、八里庄，汤阴市白营，永城市造律台，浚县大赉店，淇县宋窑，辉县孟庄，以及河北省邯郸市涧沟，磁县下潘汪，永年县台口，任丘市哑叭庄，沧县陈于等。陶器以灰陶为主，也有少量磨光黑陶和白陶。纹饰以绳纹为主，篮纹和方格纹次之。常见器形为深腹罐、甗、罐式斝、瓮、缸、双腹盆、平底盘、圈足盘、钵、碗、器盖等，还有山东龙山文化中常见的鸟头式或"V"字式鼎足鼎、长流鬶及少量蛋壳陶等，不见或少见鼎、鬲。石器以磨制为主，有斧、锛、铲、凿、镞、矛、刀、镰、纺轮等，也有一些尖状器、刮削器、石核等细石器。经济生活以原始粟作农业为基础，并饲养猪、狗、牛、山羊、马、鸡、猫等禽畜。有制作人头盖杯和剥人头皮的特殊现象。流行占卜和在建造房屋时以人作奠基的习俗。后冈二期文化直接来源于当地相当于庙底沟二期文化阶段的遗存；在发展过程中，除受到王湾三期文化的影响外，还受到陶寺文化和山东龙山文化的很大影响；其发展去向为先商文化。（王成伟）

【大寒遗址】 新石器时代至青铜时代遗址。位于河南省安阳市东南。面积约 25 万平方米。1961 年发现。主要为龙山文化遗存。发现有房址、灰坑、水井、墓葬等遗迹，出土有陶器、石器、骨器及玉环、龟甲、卜骨等遗物。与山东龙山文化有一定的交流和影响。（李永强）

【八里庄遗址】 新石器时代至青铜时代遗址。位于河南省安阳市高庄乡八里庄村西南的台地上。发现有房基、灰坑、墓葬、陶窑等遗迹，出土有陶器、石器、骨器、细石器及卜骨等遗物。文化遗存分为早、晚两期，早期相当于庙底沟二期文化，晚期相当于后冈二期文化。（李永强）

【白营遗址】 新石器时代至青铜时代遗址。全国重点文物保护单位。位于河南省汤阴县白营村。面积 3 万余平方米。1975 年发现。1976—1978 年安阳地区文物管理委员会进行三次发掘。发现龙山文化遗存有房基、水井等遗迹，出土有陶器、石器、骨器、卜骨等遗物。文化遗存分为早、中、晚三期。房址早期为半地穴式，平面呈圆形或椭圆形，少数涂有白灰面；中期均为圆形，有半地穴式和地面建筑两种；晚期则成片密集，纵横排列有序，表现出有一定规律的村落布局。（李永强）

【宋窑遗址】 新石器时代至青铜时代遗址。位于河南省淇县北阳镇宋窑村。面积约 10 万平方米。1977 年发现。发现有王湾三期文化灰坑。出土有陶器、石器、蚌器、角器等。（李永强）

【孟庄遗址】 新石器时代至战国时期遗址。全国重点文物保护单位。位于河南省辉县市孟庄镇东部一椭圆形台地上。面积约 30 万平方米。1951 年发现。1992—1995 年共进行六次发掘，揭露面积 4 600 平方米。遗址包含裴李岗文化、仰韶文化、河南龙山文化、二里头文化、二里冈文化以及商周和春秋战国等不同时期的遗存。孟庄城址修建于河南龙山文化晚期，这一时期的文化遗存还有房址、灰坑、灰沟、水井、墓葬等遗迹，出土大量陶器、石器、骨器、蚌器。文化遗存最为丰富，为研究后冈二期文化提供了重要资料。2003 年出版有《辉县孟庄》。（李永强）

【哑叭庄遗址】 新石器时代至东周时期遗址。全国重点文物保护单位。位于河北省任丘市哑叭庄村西侧一岗台上。面积约 6 万平方米。1986 年发现。1990 年进行发掘。揭出四个时段的遗存，以前两时段为主。第一期遗存面貌与雪山二期文化约略相近，第二期大体属于大坨头文化，出土有一件环首铜刀的残段。第一和第二两期的文化谱系结构总体而言呈现为前后相继的亲缘关系。后两时段分属西周和东周之时，所获遗迹中均有水井。（朱延平）

【台口遗址】 新石器时代遗址。位于河北省永年县台口村洺河附近的台地上。1960 年进行发掘。大体揭出两个时段的遗存，一期曾被称为台口一期类型，年代为距今约 4 700 年。二期遗存属后冈二期文化，发现有陶窑和坑穴等遗迹。（朱延平）

【龟台遗址】 新石器时代至元代遗址。位于河北省邯郸市户村镇户村北沁河南岸一岗台上。面积约 4 000 平方米。1957 年进行发掘。揭出后冈二期文化、早商、西周和元代以近的遗存。后冈二期文化遗存中包括大量陶环，并有较多猪、牛和鹿的遗骸，与邻近的涧沟遗址同类遗存相比，此处的陶器火候普遍较高，器壁较薄，而缺乏黑陶尤其是

蛋壳黑陶，且不见涧沟遗址的涂朱或彩绘的陶器。（朱延平）

【涧沟遗址】 新石器时代至汉代遗址。全国重点文物保护单位。位于河北省邯郸市沁河西南岸。1957年进行发掘。揭出后冈二期文化、早商、晚商和战国至汉初的遗存。后冈二期文化的遗迹有房址、水井、陶窑和丛葬坑。房基中有埋人头骨的现象，被埋头骨尚存砍痕和剥皮痕，丛葬坑内的死者层层相叠，身首异处。水井与陶窑毗邻，窑室底部为“非”字形火道，重要遗物有朱色或多色彩绘陶器、龟甲和卜骨。（朱延平）

【人头盖杯】 新石器时代末期以人头盖骨制作的器物。属后冈二期文化遗物。1957年在河北省邯郸市涧沟遗址的两座半地穴式房址中各发现三个人头盖骨，分别为三个中青年男女。据研究，从头盖骨边缘的砍痕来看，应是当时制作的人头盖骨杯。并且，女性头骨上还有被剥头皮的痕迹。这一发现表明，早在龙山文化时代中原地区就有用人头盖骨做饮器和剥人头皮的野蛮风俗。（李永强）

【人牲奠基习俗】 王湾三期文化流行在建筑时用人作奠基牺牲的习俗。在河南省登封市王城岗城址内的夯土建筑基址下发现人牲奠基坑13个。如H760为一圆形袋状坑，坑内用夯土层层夯实，共有20层，夯土中奠埋有7人，包括成年人、男女青年和儿童。其他奠基坑内少则埋1～2人，多则埋5人。未加全部清理的13个坑内已发现共埋有25人。后冈二期文化也流行用人作奠基牺牲的习俗。后冈遗址的39座房屋中，用儿童作奠基的有15座。一般一座建筑埋1个儿童，少数埋2个，最多埋有4个，共有26个儿童被用来奠基。死者多为1～5岁的幼童，有的用瓮棺作葬具，有的则无葬具。他们或被埋在墙基下，或被埋在柱础下，或被埋在室外散水下，甚至埋在夯土墙中。类似现象在白营遗址的房基下也有发现。（李永强）

【王油坊遗址】 新石器时代至青铜时代遗址。全国重点文物保护单位。位于河南省永城市酂城镇王油坊村。面积1万平方米。1976年发现。龙山文化遗存可分为三期。发现遗迹有房基、灰坑、石灰窑、墓葬等，出土遗物有陶器、石器、骨器、蚌器、角器等。相当于河南龙山文化中晚期，包含豫西、豫北、山东等龙山文化因素并同其存在交流。（李永强）

【造律台遗址】 新石器时代至青铜时代遗址。全国重点文物保护单位。位于河南省永城市酂城镇造律台。相传西汉初年丞相萧何曾在此制订法律，故名。遗址为椭圆形土丘，高约7米，面积1 800平方米。1936年发现。文化层堆积厚度为8～9米，上层为商代遗存，下层为河南龙山文化遗存。发现龙山文化时期的房基、灰坑等遗迹，出土有陶器、石器、骨器、蚌器、角器、牙器等遗物。（李永强）

【乳香台遗址】 新石器时代至青铜时代遗址。位于河南省沈丘县城关镇徐营村北。面积4 000平方米。1978年发现。1987年河南省文物研究所等为配合水利工程建设进行了抢救性发掘，发掘面积400平方米。发现有龙山文化时期灰坑，出土有陶器、石器、骨器。遗存可分为早、晚两期，早期属造律台文化类型，晚期属龙山文化向二里头文化过渡时期。（李永强）

【鹿台岗遗址】 新石器时代至周代遗址。全国重点文物保护单位。位于河南省杞县裴村店乡鹿台岗村。面积1.4万平方米。1959年采集部分陶器、骨器等遗物。1989年郑州大学历史系考古专业等联合发掘。发现有龙山文化时期灰坑、房基、宗教性建筑遗迹。出土有陶器、石器、骨器、蚌器及铜片。遗存总体属河南龙山文化造律台类型，同时具有自身特点，并受到山东龙山文化影响。（李永强）

【大赉店遗址】 新石器时代和商周时期遗址。全国重点文物保护单位。位于河南省鹤壁市淇滨区大赉店镇。面积1万平方米。1932年进行发掘。包含仰韶文化、龙山文化及商周时期遗存。发现有房基、窖穴、灶面等遗迹，出土有陶器、石器、骨器、蚌器等遗物。是继后冈遗址之后，较早提供商代、龙山文化、仰韶文化三种文化地层叠压顺序，为当时学术界所重视。（李永强）

【龙王崖遗址】 新石器时代遗址。位于山西省垣曲县长直乡鲁家坡村西北。面积约30万平方米。1982年、1983年中国社会科学院考古研究所山西工作队进行两次发掘，以龙山文化遗存为主。发现遗迹有房址、灰坑、墓葬等。出土遗物有陶器、石器、骨器等。陶器有鼎、釜灶、罐、缸、瓮、盆、壶、杯、盘、钵、碗、鬲、斝、甑、豆、器盖等；石器有锛、刀、斧、铲、凿、镞等；骨器有铲、镞、锥以及部分玉饰、蚌器。另有仰韶文化与东周等时期遗存。（高江涛）

【白燕遗址】 新石器时代遗址。位于山西省太谷县小白乡白燕村西北。面积约35万平方米。1956年文物普查时发现,1980—1981年晋中考古队进行三次发掘。文化内涵丰富,包含龙山文化白燕类型、仰韶文化义井类型。发现遗迹有灰坑、房址、陶窑、墓葬等。出土遗物以陶器居多,器形有罐、缸、碗、壶、盆、甑、瓮、钵、釜灶、鼎、斝、豆、尊、鬲、甗、簋等。另有夏商时期文化遗存。(高江涛)

【河家庄遗址】 新石器时代遗址。位于山西省娄烦县河家庄村东北土丘上。面积约2.5万平方米。1982年晋中考古队主持发掘。发现遗迹有房址、灰坑各一个。出土遗物有夹砂灰陶绳纹罐、泥质灰陶篮纹缸、鬲足、石纺轮等。文化性质属龙山文化白燕类型。另有相当于夏商时期的遗存。(高江涛)

【临水遗址】 新石器时代遗址。位于山西省孝义市高阳镇临水村东南。面积约2万平方米。1982年晋中考古队调查并试掘。出土陶器分为夹砂陶和泥质陶两种。夹砂陶灰色居多,泥质陶多为灰褐或褐胎灰陶,纹饰主要为绳纹、附加堆纹、篮纹等,器形有夹砂侈沿深腹缸和罐,泥质的侈沿罐、盆等。文化内涵属龙山文化白燕类型。(高江涛)

【游邀遗址】 新石器时代遗址。位于山西省忻州市董村镇游邀村。面积约20万平方米。1987年、1989年连续两次发掘,揭露面积2 100平方米。文化内涵极为丰富,主要遗存属于龙山文化时代和夏时期。游邀遗址对厘清晋北忻州盆地的考古文化序列有着重要意义。(高江涛)

【南礼教村遗址】 新石器时代遗址。位于山西省芮城县西南约17.5千米的南礼教村西。面积约15万平方米。1955年发现。1958年进行发掘,揭露面积300平方米。以龙山文化遗存为主。发现有房子、灰坑等遗迹。陶器以夹砂灰陶为主,器形以鬲、罐居多。文化内涵整体属龙山文化三里桥类型。(高江涛)

【西社村遗址】 新石器时代遗址。位于山西省定襄县西社村东500米处的同河西岸台地上。面积达13万平方米以上。1978年曾作考古调查,随后山西省博物馆又进行复查。采集标本有石器、陶器两大类。石器多为农业生产工具,器形有斧、铲、球、刀、研石、臼和石饼等。陶器以泥质和夹砂褐陶居多,胎色浅红,火候不高;纹饰以绳纹为主,篮纹次之;器形有鬲、斝、甗、甑,罐、蛋形三足瓮、豆、盆、网坠和陶环等。文化内涵属龙山文化。(高江涛)

【雪山二期文化】 新石器时代考古学文化。得名于北京市雪山遗址第二期遗存。主要分布在桑干河流域及滹沱河以北的冀中一带。陶器中习见敞口深腹罐形甗、鼓腹罐形甗、双鋬敞口深覆罐、双鋬鼓腹罐、鬲、折腹盆、大平底盆、平底盆形鼎、斝、甑和盘,除素面外,器表多饰细绳纹、篮纹和方格纹。文化年代为距今4 300～4 000年。雪山二期文化与后冈二期文化有较多的相似成分。(朱延平)

【牛道口遗址】 新石器时代至元明时期遗址。位于天津市宝坻县牛道口村西北的台地上。1980年进行发掘。揭出雪山二期文化、围坊三期文化、东周、汉代和元、明时期大体五个时段的遗存。此外还采集到两件玉玦、一件匕形玉器和斧、锛、耜等石器,石耜和石斧当属上宅文化或赵宝沟文化的典型器,故此批采集品被认为与赵宝沟文化或上宅文化有关。(朱延平)

【下埝头遗址】 新石器时代遗址。位于天津市蓟县邦均镇东南的坡岗上。1989年进行发掘。所获遗迹有半地穴房址、坑穴和沟。遗物多与北福地二期文化相近,陶器中以素面圜底釜和支脚为主,尚有泥质陶钵、壶、豆和器座。同时还存在饰之字形戳印纹的筒形罐和尊形器等类似赵宝沟文化的成分,亦见极少的彩陶。(朱延平)

【陈圩遗址】 新石器时代遗址。位于河北省沧县,地处海河平原东部的淤积层下。1987年进行发掘。所出陶器的总体特征接近雪山二期文化。1998年出版有《河北省考古文集》。(朱延平)

【石嘴子遗址】 新石器时代遗址。位于河北省崇礼县石嘴子村南的坡地上。1978年和1984年调查。面积达6万平方米。遗址文化层厚1～2米,损坏严重。暴露遗物有石器、陶器、陶片。采集的陶器多与雪山二期文化的比较接近,也有一定的成分和筛子绫罗的遗存较为相似。(朱延平)

【贾家营遗址】 新石器时代至青铜时代遗址。位于河北省张家口市洋河(桑干河北支)支流岸边。1984年调查并做清理。大体包含四个时段的遗存。第一阶段的面貌与海生不浪文化庙子沟类型比较接近。第二阶段以H1和H3为代表,典型陶器为素面红陶弧腹罐,而这正是老虎山文化的重要因素之一,故此阶段年代应与老虎山文化相当。第三阶段以H2为代表,面貌近似雪山二期文化和大口一期文化。第四阶段与朱开沟文化和夏家店下层文化均有

相通的成分。(朱延平)

【阿善文化】 亦称“阿善三期文化”。新石器时代考古学文化。因内蒙古自治区阿善遗址第三期遗存而得名。主要分布在大青山以南、管涔山以西、延河以北的内蒙古中南部和陕北及晋西北一带。阿善文化陶器以纯净之灰陶见长,主要器类有鼓腹罐、瓮、小口双耳罐、瓶、盆、钵、豆和单耳罐,除素面者外,盛行篮纹,其次为绳纹、泥条堆纹和方格纹。文化年代为距今4 800~4 500年。(朱延平)

【阿善三期文化】 即“阿善文化”。

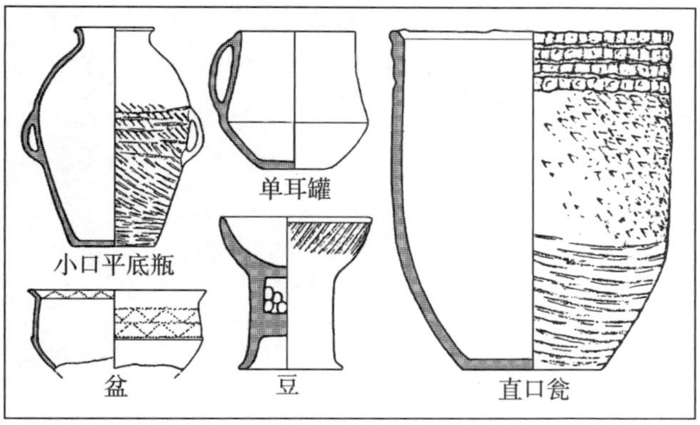

阿善文化陶器

【阿善遗址】 新石器时代遗址。全国重点文物保护单位。分布于内蒙古自治区包头市阿善村东大青山南麓东西相邻的两台地上。面积5万平方米。1980—1981年发掘。堆积分三个时段,第一期的年代相当于半坡文化,第二期属海生不浪文化,第三期为阿善文化(或阿善三期文化)命名的缘起,此期遗存有石墙环绕在外围,其内坐落着大小相次排成一列的18个石堆,显现出祭祀之性质。(朱延平)

【大青山西段祭祀遗址群】 阿善文化祭祀遗址群。位于内蒙古自治区包头市黄河北岸大青山南麓,绵延60千米。经1980—1985年的调查和发掘,了解到其中八处重要遗址,自西而东依次为阿善、西园、莎木佳、黑麻板、威俊、纳太、沙兵崖东、美岱桥村,阿善的规模最大。除阿善、西园和纳太,余者基本不见阿善文化以外的遗存。这些遗址位于倚山临河的坡地,除威俊外,余皆分布在东西相峙的两台地上,大多数存留石墙,并有坛丘状遗迹和砌石建筑,故是祭祀遗址。如东部的威俊,位于3个台地上,各台均有石墙围绕。西台地沿中轴一线排列着6座砌石建筑。中台地的西南部为一砌石台基,其上设一回字形双重石圈,东南部有5座砌石基址。东台地至高处为一砌石基址,东部存留3个砌石包边的土丘。(朱延平)

【二里半遗址】 新石器时代至战国时期遗址。位于内蒙古自治区准格尔旗黄河西岸的高台地上。1978年和1986—1988年进行发掘。遗址分三个区域,历次发掘的遗存包含海生不浪文化、大口一期文化、朱开沟文化和战国时期的遗存。大口一期文化墓葬所出铜环,系内蒙古中南部迄今发现最早的金属制品。(朱延平)

【大庙圪旦遗址】 新石器时代遗址。位于内蒙古自治区准格尔旗百草塔村黄河岸边。主要包括海生不浪文化和大口一期文化遗存。1983年发掘的一个坑穴中出有双鋬大袋足鬲、高领折肩罐、单把斝、折腹盆、斜腹盆、豆和碗七类陶器,为大口一期文化坑内埋藏物常见的一种陶器组合。(朱延平)

【寨子塔遗址】 新石器时代至青铜时代遗址。位于内蒙古自治区准格尔旗黄河西岸的高台地上。遗址北高南低,呈斜长方形。1987年、1988年和1998年进行发掘。揭出阿善文化、大口一期文化和夏至早商阶段的遗存。阿善文化时已建成砌石围墙,半地穴房址中尚有砌石护壁的形制,卜骨和彩陶也颇具特色。大口一期文化时遗存量骤增,并有一定的墓葬。夏至早商的遗存主要见于遗址北部,出有石棺墓和瓮棺葬。(朱延平)

【寨子上遗址】 新石器时代和东周时期遗址。位于内蒙古自治区准格尔旗黄河西岸。1990年进行发掘,揭出海生不浪文化、大口一期文化和东周时期遗存。大口一期文化时环绕遗址建有石墙,遗址东部有一土包,其下存留一残环状砌石带,遗址东南部尚见一曲尺形砌石带,房址皆方形半地穴式,室内地面敷抹白灰,并有砌石护壁的结构。(朱延平)

【永兴店遗址】 新石器时代遗址。位于内蒙古自治区准格尔旗。1990年进行发掘。获大量坑穴,以及方形半地穴房址、沟和墓葬。所出陶器主要有双鋬大袋足鬲、鼓腹罐、单把斝、高领折肩罐、小口折肩罐、单耳罐、双耳罐、折腹盆、斜腹盆、豆、钵、甗、盉、甑和敛口瓮,是大口一期文化中出土陶器种类较丰富的一处遗址。(朱延平)

【寨子圪旦遗址】 新石器时代和汉代遗址。全国重点文物保护单位。位于内蒙古自治区准格尔旗百草塔村黄河岸边。1998 年进行发掘。主体遗存为阿善文化,地处黄河西岸的山头上,围绕山头建有石墙,略呈椭圆形,墙内面积约 1.5 万平方米,三处建筑基址呈“品”字形布列其间,居于中心的是一底边长 30 米的覆斗状台基,其南侧为一对砌石房址。发掘者认定此系一处设防的祭祀遗址。2001 年出版有《万家寨水利枢纽工程考古报告集》。(朱延平)

【小沙湾遗址】 新石器时代和青铜时代遗址。位于内蒙古自治区准格尔旗黄河西岸的台地上。1991 年进行发掘。阿善文化遗存留有两道平行的石墙,在石墙屏护范围内揭出房址和坑穴各 5 处,房址中有的存留了砌石墙体,并有在基岩上直接垒砌石墙的多室结构。青铜时代遗存主要是两片墓地,大多数墓葬在墓穴内砌筑石板,成人死者分仰身直肢和屈肢两种葬姿,未见随葬品。(朱延平)

【大口一期文化】 新石器时代考古学文化。得名于内蒙古自治区大口遗址一期遗存。分布在大青山以南的内蒙古中南部和陕北、晋北及冀西北一带。典型陶器有双鋬大袋足鬲、鼓腹罐、单把斝、高领折肩罐、小口折肩罐、单耳罐、双耳罐、折腹盆、大口尊、敛口瓮和甗,盛行灰陶和绳纹、篮纹。阿善文化是其主源。文化年代为距今4 300~4 000 年。(朱延平)

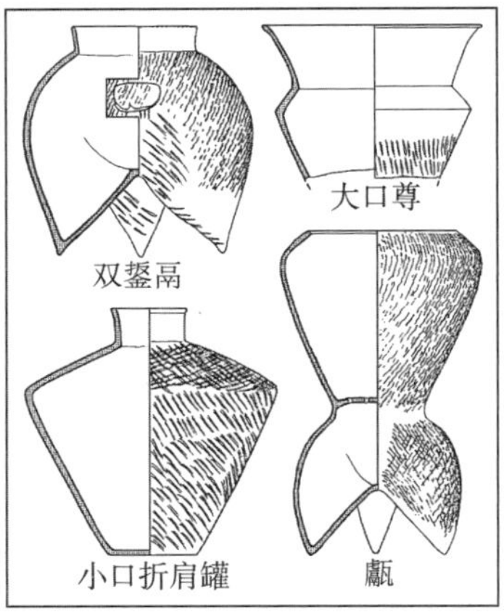

大口一期文化陶器

【大口遗址】 新石器时代至青铜时代遗址。位于内蒙古自治区准格尔旗沙圪堵镇东南。遗址地在内蒙古、晋、陕交界处,坐落于紧邻黄河北岸的黄土台地上。面积超过 8 万平方米,是内蒙古最大的大口一期文化遗址。1973 年进行发掘,获两个时段的遗存,分称大口一期和大口二期,后将与大口一期相类的遗存命名为大口一期文化,大口二期属早期青铜时代遗存。(朱延平)

【大宽滩遗址】 新石器时代和战国以及唐至西夏时期遗址。位于内蒙古自治区准格尔旗黄河西岸的台地上,南邻寨子塔遗址。1983 年和 1998 年进行发掘。大口一期文化时建有一周石墙,东西最长为 600 米,南北宽 200 余米,南墙中部有一缺口。战国时期遗存见有陶窑。唐至西夏时的瓷碗底部落墨书款。2001 年出版有《万家寨水利枢纽工程考古报告集》。(朱延平)

【下塔遗址】 新石器时代遗址。位于内蒙古自治区清水河县浑河与黄河交汇处的黄土梁间。2006 年开始发掘。主要遗存为大口一期文化石城址,此城南北长约 700 米、东西宽 400 米。城垣有内、外两重,保存较好的东侧两道城垣均有出入口。墙体宽 6~9 米,残高 0.4~2 米,并揭出类似后世垛堞和马面等设施的遗迹。(朱延平)

【老虎山文化】 新石器时代考古学文化。得名于内蒙古自治区老虎山遗址。分布范围不出大青山以南、黄河南流段以东的内蒙古中南部,岱海周边是其中心地带。老虎山文化陶器以素面红陶侈口罐、篮纹和绳纹广肩罐、小口双耳罐、敛口瓮、斝和折腹盆最具特色。海生不浪文化庙子沟类型是其主要源头,并融入了南面晋北一带的文化成分。文化年代为距今 4 500~4 300 年。(朱延平)

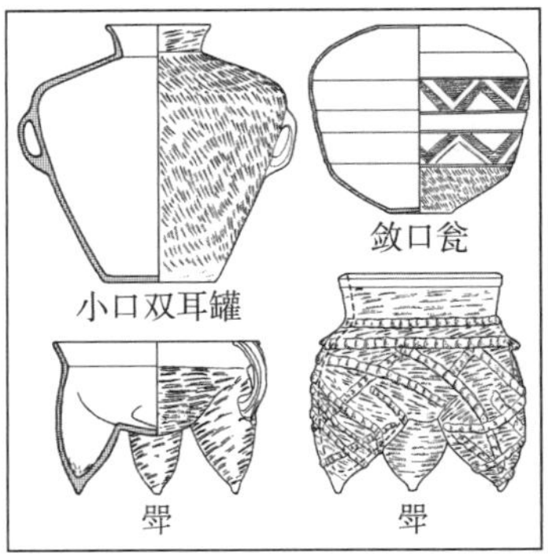

老虎山文化陶器

【老虎山遗址】 新石器时代遗址。“老虎山文化”命名地。位于内蒙古自治区凉城县岱海西侧永兴老虎山东南坡。面积 13 万平方米。1980 年发现。1982—1986 年进行发掘。遗址最高处筑一砌石方框,其下向东和向南各延展一道石墙,将遗址主体环围其间,该处存留了成组的残房址,还有坑穴以及少量的沟、墓葬和陶窑。石墙外侧的下坡处尚有陶窑群和坑穴群。出土有 200 余件陶器、石器和骨制品。2000 年出版有《岱海考古(一)》。(朱延平)

【园子沟遗址】 新石器时代遗址。位于内蒙古自治区凉城县岱海北园子沟西山坡。面积达 30 万平方米。1986—1989 年进行发掘。主要遗迹有房址、坑穴和陶窑,分布在彼此相邻的三道坡梁上。大多数房址为窑洞式,分方形主室、窄甬道和外间,平面略呈“吕”字形。主室地面常抹一层白灰,中部设圆形浅凹之火塘,部分火塘周围绘一圈黑彩带。出土有数百件石斧、石刀、石铲、石镰、石磨盘等磨制石器

以及各种陶制生活用具。2000 年出版有《岱海考古(一)》。(朱延平)

【岱海遗址群】 新石器时代遗址群。全国重点文物保护单位。位于内蒙古自治区凉城县岱海周边。被马头山和蛮汗山环抱的岱海是新石器时代遗址密集分布区,这些遗址基本可归属四个时段,即后冈一期文化(距今约 6 000 年)、庙底沟文化(距今约 5 500 年)、海生不浪文化(距今约 5 000 年)和老虎山文化(距今约 4 400 年)。前三个时段的遗址主要分布于岱海东南侧(以狐子山、王墓山和石虎山诸遗址为主体)和东侧(红台坡和东滩遗址为代表),遗址数量逐段递增。老虎山文化遗址主要选择在岱海北侧和西侧,此时遗址更多,规模更大,岱海北岸的大型遗址有园子沟、大庙坡、白坡山、合同窑,岱海以西的大型遗址为西白玉、面坡、老虎山和板城,岱海北岸的遗址往往显示出较高的规格,应处于当时岱海区域的中心地位。岱海遗址群为研究内蒙古中南部地区史前考古文化序列与文明起源提供了重要的资料。(朱延平)

黄河下游和黄淮之间

【龙山文化】 新石器时代考古学文化。因山东城子崖遗址而得名。1928—1929 年吴金鼎对城子崖遗址进行调查试掘。1930—1931 年李济、梁思永又先后进行两次正式发掘,发掘面积 1.56 万平方米。1934 年出版中国第一部大型田野考古报告专刊《城子崖——山东历城龙山镇之黑陶文化遗址》,确立了龙山文化,因其精美的黑陶,当时又被称为“黑陶文化”。为区别于“河南龙山文化”和“陕西龙山文化”,有学者称之为“山东龙山文化”。龙山文化的分布范围包括山东全境及江苏、安徽北部,河南东部的部分地区,已经发现各类遗址 1 000 余处,经过发掘的近 70 处,其中较重要的有城子崖、两城镇、丁公、边线王、姚官庄、西朱封、东海峪、尧王城、尹家城、西吴寺、杨家圈、王油坊、教场铺等。迄今可将其分为东西两大区域,南北基本以沂蒙山、鲁山、弥河为分水岭,西部可分为城子崖类型、尹家城类型和教场铺类型,东部可分为姚官庄类型、尧王城类型和杨家圈类型。陶器以灰黑和黑陶为主,灰陶次之,另有少量的红褐陶。陶质以泥质为主,夹砂陶次之,夹砂陶在整个陶系中所占的比例较小。大部分陶器器表为素面,磨光陶的比例较大。常见纹饰以弦纹为主,另有篮纹、附加堆纹、刻划纹、按压纹、镂孔和泥饼等。轮制技术普遍应用,在各类轮制陶器上留下的凹、凸弦纹是龙山文化纹饰中最突出和最具代表性的纹饰特征。主要器形有罐形鼎、盆形鼎、鬶、甗、大平底盆、豆、高柄杯、单耳杯、小口罐、中口罐、高领罐、大口瓮、匜、三足盆、圈足盘、环足盘和器盖等,出现蛋壳黑陶器和白陶器等精美器物。石器主要有斧、锛、凿、镰、刀、钺和镞等,也有骨制、角制和蚌制工具。玉器制作精美,镂雕技术高超,绿松石镶嵌工艺也达到了新的高度。龙山文化农业发达,除粟、黍之外,也开始广泛地种植水稻。建筑方面出现了台基建筑和土坯建筑。金属冶铸是龙山文化手工业的突出成就,在三里河、杨家圈、尧王城、大范庄和栾台等遗址发现有铜制品和铜渣。有多种证据表明,龙山社会复杂化程度明显加强。多个地区的系统区域调查显示,聚落间出现了明显的等级分化。已经发现有城子崖、丁公、边线王、田旺、两城镇、丹土、教场铺、尧王城和景阳冈等多处城址,为各地区的中心性聚落。西朱封和尹家城等遗址的墓葬资料也显示出

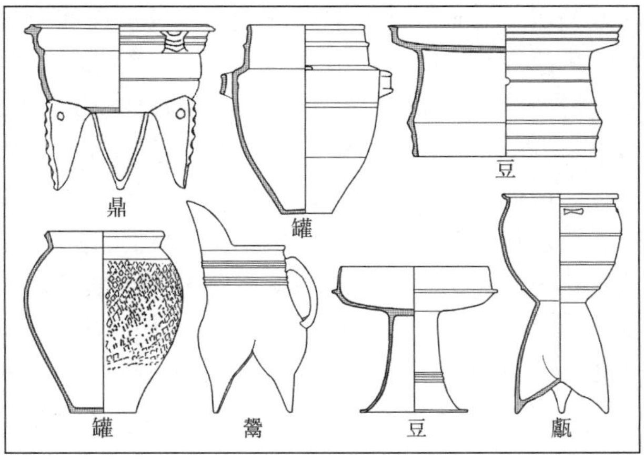

龙山文化陶器

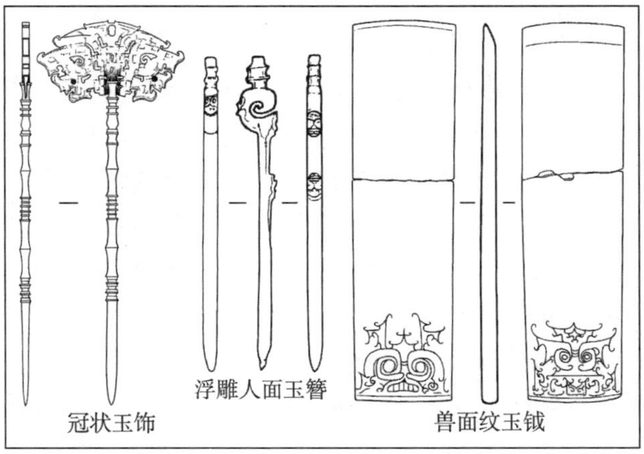

龙山文化玉器

鲜明的等级差别。大墓规模宏大,棺椁制度完备,随葬品精美而丰富,表明当时已经出现可掌握大量财富和强大权力的社会上层。丁公遗址发现的陶文被一些学者认定为早期文字。龙山文化年代为距今4 600～4 000年,近年碳十四数据表明其结束年代可能迟至距今约3 800年。(李新伟)

【城子崖类型】 黄河下游地区龙山文化的一种地方类型。主要分布于山东省泰山北侧的山前丘陵和冲积平原上。东到淄河沿岸,西到津浦铁路沿线,南连泰山,北至渤海。发现的重要遗址有城子崖、丁公、田旺等。主要遗迹有城址、房址、灰坑、墓葬、陶窑、水井等。城址主要在城子崖、丁公和田旺三个遗址中发现,丁公的城址平面呈圆角方形,由城墙和城壕两部分组成。房址主要为半地穴式和地面式两种。陶窑分横穴式和竖穴式。墓葬以小型墓居多,多数有随葬品,以单人葬为主,个别有手握獐牙的习俗。典型器物有盆形鼎、罐形鼎、素面鬲、甗、罐形斝、中口罐、平底盆、子母口罐、鬶等。(梁中合)

【姚官庄类型】 黄河下游地区龙山文化的一种地方类型。分布区域的中心位于山东省沂山北侧的冲积平原。东以胶莱河为界,西与城子崖类型接壤,南接沂山,北临渤海。重要遗址有姚官庄、边线王、西朱封、三里河等。主要遗迹有城垣、墓葬、窖穴、灰坑等。城址仅在边线王遗址中发现。房址一般为圆形。墓葬规模相差悬殊,既有带棺、椁的大墓,同时也存在大量的小墓。以西朱封墓地出土的墓葬最为典型,不仅发现一批精美的玉器,同时还出土一批精美的陶器。陶器中黑陶占有相当的比例,典型器物主要有鼎、鬶、罍、罐、盆、豆、盂、杯等,而最具特色的是蛋壳黑陶器的大量出现。(梁中合)

【尧王城类型】 黄河下游地区龙山文化的一种地方类型。主要分布于山东省蒙山以东地区。东临黄海,西接蒙山,南达陇海铁路,北与姚官庄类型接壤。主要遗址有尧王城、两城镇、东海峪、丹土等。该类型中发掘的遗址较多,而且多大型遗址和城址,主要遗迹有城垣、房址、墓葬、灰坑等。城址主要在两城镇遗址和丹土遗址中发现,尧王城遗址可能也存在城址。房址有台基式和地面式,出现了土坯错缝垒砌技术。没有发现大型墓葬,但出现土坑竖穴墓和石棺墓。陶器以黑陶为主,灰陶次之。典型器物有罐形鼎、高柄杯、鬶、筒形杯、单耳杯、子母口盆、子母口罐等。该类型自身特征明显,文化面貌单纯,是龙山文化各类型中具有较多特性的一个文化类型。(梁中合)

【杨家圈类型】 黄河下游地区龙山文化的一种地方类型。主要分布于山东省胶东半岛。主要遗址有杨家圈、紫荆山、北庄等。该类型的田野考古工作开展的相对较少。主要遗迹有房址、墓葬、灰坑等。房址均为地面建筑,平面近方形。墓葬以土坑竖穴墓为主,另有少量石棺墓。灰坑形状不一,以圆形居多。发现的遗物较丰富,其中在灰坑中还发现粟和水稻的皮壳,这是目前已知的山东龙山文化水稻种植中纬度最高的类型,其发现对于了解水稻的分布与传播提供了珍贵资料。陶器以黑陶为主,纹饰有弦纹、附加堆纹、篮纹、刻划纹等,常见器形有鼎、鬶、甗、大口缸。该类型由于所处的地理位置独特,从大汶口文化中期以来虽然与山东省内陆地区有所交往,但仍然保留一些自身的特征。(梁中合)

【尹家城类型】 黄河下游地区龙山文化的一种地方类型。主要分布于山东省泰山以南、蒙山以西的丘陵地带,西到京杭运河,南部靠近微山湖。主要遗址有尹家城、西吴寺、西夏侯、程子崖等。主要遗迹有城垣、墓葬、房址、水井、灰坑等。房址发现有半地穴式和地面式两种,形状为方形或长方形,有少量白灰面房址。墓葬基本为长方形土坑竖穴墓,其中一部分墓葬有木质葬具。葬式为仰身直肢葬,以一次葬为主,有枕骨人工变形和拔牙的习俗。陶器中以灰陶和黑陶为主。常见纹饰有弦纹、绳纹、方格纹、篮纹等。典型器物有罐形鼎、盆形鼎、鬶、甗、素面鬲、子母口罐等。(梁中合)

【教场铺类型】 黄河下游地区龙山文化的一种地方类型。分布于山东省鲁西黄河冲积平原上。东与城子崖类型接壤,西以卫河及大运河连线以东为界,南止于废黄河故道,北到德州、平原一线。主要遗址有教场铺、尚庄、景阳冈、南陈等。主要遗迹有城垣、房址、陶窑、墓葬、灰坑和灰沟等。景阳冈遗址的城址呈椭圆形,面积约35万平方米,是迄今发现的龙山文化中最大面积城址。房址分圆形和圆角方形。陶器以灰陶和黑陶为主。纹饰以篮纹、弦纹、附加堆纹为主。典型器物有鼎、罐、平底盆、圈足盆、三足盆、甗、鬶、尊形器、圈足盘、蛋壳黑陶杯等。(梁中合)

【城子崖遗址】 新石器时代遗址。全国重点文物保护单位。位于山东省章丘市龙山镇武原河东岸一座有板筑城垣的黄土高阜上。面积约20万平方米。1928年发现。1930年、1931年中央研究院和山东省政府联合组成山东省古迹研究会先后进行两次发掘，发掘面积1 000平方米。1990—1993年山东省文物考古研究所对遗址进行了全面勘探和重点发掘，发现龙山文化、岳石文化和周代三个时期的城垣。龙山文化城垣的发现，使城子崖遗址的地位和性质得到进一步确立。遗址中还发现房址、水井、灰沟和灰坑等遗迹和大量遗物。以城子崖遗址为代表的龙山文化，上承大汶口文化，下续岳石文化，年代为距今4 500～4 000年。城子崖遗址是第一个由中国考古学家发现、采用现代考古学方法发掘和出版考古报告的中国古城址。1934年出版有《城子崖》。（梁中合）

【丁公遗址】 新石器时代遗址。全国重点文物保护单位。位于山东省邹平县苑城镇丁公村东。面积约18万平方米。1981年发现。1985—1993年山东大学历史系考古专业进行六次发掘，发掘面积2 000余平方米。堆积厚度在2～3米。主要包含大汶口文化、龙山文化、岳石文化、商代和汉代五个时期的堆积，以龙山文化堆积最为丰富。龙山文化遗迹主要有城址、房址、灰坑、墓葬、陶窑、水井等。遗址中还发现龙山文化刻字陶片，上刻5行11个互不相连的文字。丁公遗址的发掘确立了鲁北地区龙山文化年代和分期的标尺，同时丰富了城子崖类型的内涵。（梁中合）

【邢寨汪遗址】 新石器时代遗址。位于山东省禹城县梁家乡邢寨村。面积约6 000平方米。1979年德州地区文物工作队进行发掘，发掘面积125平方米。主要为龙山文化堆积，出土了119件陶器、石器、骨器、蚌器等。邢寨汪遗址的发掘使人们对鲁西北龙山文化有所了解。（梁中合）

【桐林遗址】 新石器时代遗址。全国重点文物保护单位。位于山东省淄博市临淄区朱台镇桐林村。面积近30万平方米。1965年发现。1982年山东省文物考古研究所等多次进行勘探、发掘。文化层堆积厚3～4米。以龙山文化为主，另有少量商周至汉代遗存。出土陶器中有迄今为止龙山文化时期最大的甗，高达116厘米，口径44厘米。遗址中还发现了迄今山东省境内最大的龙山文化时期城址。（梁中合）

【尹家城遗址】 新石器时代遗址。位于山东省泗水县金庄乡尹家城村南。现存面积4 000余平方米。1973—1986年山东大学历史系考古专业进行六次发掘。文化堆积层平均厚2.5米，包含龙山文化、岳石文化、商周时期及汉代遗存，以龙山文化遗存最为丰富。发现龙山文化房基20座、墓葬65处、灰坑245个，各类器物1 000余件。房基分为地面式和半地穴式两种，呈长方形或方形。墓葬均为长方形土坑竖穴墓，近半数墓葬使用木质葬具，葬式为仰身直肢葬。出土器物有陶器、石器、蚌器、骨器、角器、玉器等，并发现有钻灼痕迹的牛卜骨。1990年出版有《泗水尹家城》。（梁中合）

【姚官庄遗址】 新石器时代遗址。位于山东省潍坊市姚官庄村。面积约15万平方米。1960年中国科学院考古研究所山东队与山东省文物管理处在此合作举办文物考古训练班，发掘面积1 725平方米。文化堆积厚约1.6～4.6米，主要有龙山文化、周代和汉代堆积，以龙山文化遗存最为丰富。主要遗迹有灰坑130多个、墓葬12座等，遗物有以石器为主的生产工具和以陶器为主的生活用具。陶器以泥质和砂质的黑陶为主，细泥黑陶、泥质和砂质的灰陶次之，橙红色陶和黄白色陶极少。一般火候较高，陶质坚硬。多素面磨光，微带光泽。纹饰有凹凸弦纹、划纹、压划纹及附加堆纹等。器底较普遍地采用假圈足。器形主要有鬶、盉、蛋壳陶器、鼎、甗、罐、瓮、杯、碗、盆、盘、豆、尊等。通过对姚官庄遗址资料的分析和研究，逐步将典型龙山文化从广义的龙山文化中剥离出来。（梁中合）

【边线王遗址】 新石器时代遗址。位于山东省寿光县孙家集镇边线王村。面积约17.5万平方米。1977年发现。1984—1986年山东省文物考古研究所等进行五次发掘。以龙山文化遗存为主，兼有商周和汉代遗存。共清理灰坑100个、墓葬150座，出土遗物千余件。发现了一座有内外两道城墙的龙山文化时期城址，外城平面为不甚规则的圆角方形，内城位于外城中部略偏南，平面应为圆角长方形。该城址内外城的布局为龙山文化时期所仅见。（梁中合）

【西朱封遗址】 新石器时代遗址。全国重点文物保护单位。位于山东省临朐县西朱封村南。面积约6万平方米。20世纪80年代初发现。1987年山东省文物考古研究所清理了一座龙山时代大型墓葬。1989年中国社会科学院考古研究所山东队进行正式发掘，发掘面积360平方米。以龙山文化堆积为主。清理出的两座龙山文化大型墓葬，其规模、等级和随葬品的丰富程度均为已往发现中所罕见。尤以发现了色彩斑斓的较大面积彩绘，更非其他龙山文化墓葬所能比。该遗址的发现为研究龙山文化的埋葬制度、社会等级、社会性质以及史前工艺、美术等提供了非常重要的资料。（梁中合）

【三里河遗址】 新石器时代遗址。全国重点文物保护单位。位于山东省胶州市城南北三里河村。面积约5万平方米。1959年发现。1974年、1975年中国科学院考古研究所山东队等进行两次发掘。揭露面积1 570平方米，出土遗物2 000余件。以龙山文化遗存为主，另有大汶口文化遗存。龙山文化遗迹有柱洞、墓葬和窖穴，遗物较大汶口文化遗物丰富，有黄铜器、石器、玉器、骨器、角器、牙器和陶器等。陶器中出土一批精美蛋壳黑陶器，经修复完整的有25件。另有3件兽形陶，一件为猪形，一件为狗形，另一件形状奇特。黄铜器为2件锥形器，经鉴定，含铜80%，含铅、锌20%，表明龙山文化时期可能已掌握了冶铜技术。1988年出版有《胶县三里河》。（梁中合）

【鲁家口遗址】 新石器时代遗址。位于山东省潍坊市寒亭区鲁家口村。面积约4万平方米。1972年发现。1973年、1974年中国科学院考古研究所山东队进行两次发掘，发掘面积共364平方米。文化层厚超过3米，主要包含大汶口文化和龙山文化两个文化层。从文化层的叠压关系分析，大汶口文化层叠压在龙山文化层之下，说明大汶口文化层比龙山文化层早，也说明这两个文化层具有承继关系。从遗址的遗迹和遗物分析，系新石器时代晚期至战国时期的遗存。（梁中合）

【狮子行遗址】 新石器时代遗址。位于山东省潍坊市寒亭区狮子行村北。面积14万平方米。1974年发现。1978年潍坊市艺术馆等进行发掘。文化层厚约1米，包含大汶口文化和龙山文化遗存。龙山文化遗迹有灰坑和墓葬，遗物有陶器、石器、骨器。陶器以轮制为主，泥质黑陶居多，纹饰较简单，以弦纹、附加堆纹为常见，另有少量竹节纹、镂孔、网格纹、压印纹等，器型有豆、鼎、鬶、盂、杯、罐等。薄胎、高柄不论是制作精度还是造型均达到相当高的水平。（梁中合）

【凤凰台遗址】 新石器时代和商周时期遗址。位于山东省青州市何官乡杨家营村东。面积约4.5万平方米。1979年发现。1984年山东省首届文博干部训练班进行发掘，发掘面积近1 000平方米。以龙山文化、商周时期的遗存为主。龙山文化遗迹有水井、灰坑、墓葬和房屋基址。遗物较为丰富，有陶器、石器、骨器、蚌器等。陶器有夹砂陶和泥质陶两种，泥质陶居多，有黑、褐、灰等色，以灰陶居多。纹饰有篮纹、弦纹、附加堆纹和划纹等。器形有鼎、甗、鬶、罐、盆、碗、杯、盒、壶、瓮、豆、圈足盆、器盖等。商周时期遗物有素面陶鬲、盔形器、簋等。（梁中合）

【邹家庄遗址】 新石器时代遗址。位于山东省昌乐县北岩镇邹家庄村西。面积约21万平方米。1983年、1985年北京大学考古系进行两次发掘，清理出灰沟1条、墓葬9座、灰坑与窖穴计50余个。灰沟断面为倒梯形，上宽约20米，底宽1米，深约7米，系龙山文化中期的人工防护壕。壕沟呈南北向，围绕在遗址的西、南、北三面，形成聚落的保护屏障，具备了一定的防御功能。（梁中合）

【尧王城遗址】 新石器时代遗址。全国重点文物保护单位。位于山东省日照市高兴镇南辛庄。面积约48万平方米。1954年发现。1992年、1993年中国社会科学院考古研究所山东队进行两次大规模发掘。文化堆积以龙山文化早期遗存为主，清理该时期房址20余座、各类墓葬50余座。房址以方形和长方形为主，均为地面式，面积一般为10～15平方米。其建筑技术中最突出的成就是采用了土坯错缝垒砌法，体现出一些新的建筑技术和工艺。该遗址系一处由大汶口文化过渡到龙山文化时期的文化遗址，属山东龙山文化尧王城类型，被认为是亚洲当时最大的都城。（梁中合）

【两城镇遗址】 新石器时代遗址。全国重点文物保护单位。位于山东省日照市两城镇西北。面积约100万平方米。1934年发现。1936年中央研究院历史语言研究所考古组进行正式发掘。1963年采集的1件玉锛，上部两面均刻有兽面纹。1995年以后，山东大学考古系与美国合作对遗址进行了全面调查和发掘。文化堆积一般厚2～3米，以龙山文化为主，另有少量周代、汉代堆积。龙山文化遗迹主要有房址、墓葬、灰坑等。发现内、中、外三圈围壕，内围壕面积约20万平方米，外围壕则基本上涵括了该遗址的全部范围。一般认为，此处为亚洲最早出现的城市。遗址年代为距今4 600～4 000年。该遗址以

其遗址面积大、出土遗物丰富、等级较高而为学术界广泛关注。(梁中合)

【东海峪遗址】 新石器时代遗址。全国重点文物保护单位。位于山东省日照市东海峪村。面积约8万平方米。1960年发现。1973—1975年山东省博物馆等进行三次发掘。以龙山文化堆积为主,清理的遗迹有房址12座、墓葬16座和灰坑。主要收获是发现了大汶口文化时期、大汶口文化向龙山文化过渡阶段和龙山文化早期的"三叠层",为认识大汶口文化和龙山文化间的相互关系提供了地层依据。遗址年代为距今4 860～4 690年。(梁中合)

【丹土遗址】 新石器时代遗址。全国重点文物保护单位。位于山东省五莲县潮河镇丹土村。总面积约28.8万平方米。1934年发现。1989年山东省文物考古研究所进行试掘。1995—2000年又先后进行了五次钻探、发掘。发现有房址、墓葬、灰坑、城墙、壕沟、门通、出水口等遗迹。出土遗物2 000余件,有陶器、石器、玉器等。以玉器最为著名,其数量之多、制作之精美,令人叹为观止。城墙分为三圈,由里至外分属大汶口文化城、龙山文化早期城和龙山文化中期城,其发现对探索中国史前城市的产生和发展等问题具有重要意义。遗址年代为距今4 800年。(梁中合)

【大范庄遗址】 新石器时代遗址。位于山东省临沂市河东区相公镇大范庄西500米处。面积约为3万平方米。1965年发现。1973年临沂文物组对遗址进行抢救性发掘。以大汶口文化和龙山文化遗存为主。发掘墓葬26座。这批墓葬分布密集,排列较为整齐,出土随葬品768件,分为陶器、石器和骨器三大类。该遗址的发掘,为研究山东省新石器时代文化提供了极其珍贵的资料。(梁中合)

【杨家圈遗址】 新石器时代遗址。位于山东省栖霞市杨础镇杨家圈村。面积约1万平方米。1956年发现。1981年北京大学考古系等正式发掘,发掘面积880平方米。文化堆积厚1.5～3米,主要为大汶口文化和龙山文化遗存,以龙山文化遗存为主。发现的遗迹主要有房址和灰坑。在灰坑中发现粟和水稻的皮壳,这是迄今已知的新石器时代水稻种植地域中纬度最高的遗址,其发现对于了解水稻的传播与分布提供了珍贵资料。(梁中合)

【西吴寺遗址】 新石器时代遗址。全国重点文物保护单位。位于山东省兖州市小孟乡西吴寺村东的台地上。面积约10万平方米。1957年发现。1983—1985年国家文物局考古领队培训班进行三次发掘,发掘面积3 250平方米。遗址堆积以龙山文化为主,遗迹主要有房址3座、墓葬9座、灰坑314个和水井3口等。在井的底部有相当多的汲水器。水井的发现是龙山文化中一项重要收获。1990年出版有《兖州西吴寺》。(梁中合)

【六里井遗址】 旧称"范家堂遗址"。新石器时代遗址。位于山东省兖州市六里井村北。面积近5万平方米。1981年文物普查时发现。1991年国家文物局考古领队培训班进行发掘,发掘面积905平方米。遗址包含大汶口文化、东周时期和汉代遗存。发现房屋、灰坑、水井和墓葬等遗迹,出土大量陶器、石器、骨器、角器和铜器等遗物。对研究这一地区大汶口文化至汉代的历史提供了重要的实物资料。1999年出版有《兖州六里井》。(梁中合)

【范家堂遗址】 "六里井遗址"的旧称。

【程子崖遗址】 新石器时代遗址。位于山东省济宁市长沟镇程子崖村。面积约60万平方米。1986年国家文物局考古领队培训班进行发掘。2006年山东省文物考古研究所为配合南水北调(东线)工程,又进行大面积的发掘。通过发掘获得一批从龙山文化到隋唐时期的遗物,发现的龙山文化遗迹主要有灰坑、灰沟、房址等,遗物以陶器为主,还有少量石器和骨器。(梁中合)

【西康留遗址】 新石器时代遗址。位于山东省滕州市官桥镇西康留村。面积约27.5万平方米。1964年发现。1992年山东省文物考古研究所鲁中南考古队进行考古勘探,发现大汶口文化晚期堆积,有灰坑、墓葬、夯土等遗迹。1998年山东省文物考古研究所在配合京福高速公路建设的考古发掘过程中,于遗址西部发现有北辛文化的地层和遗迹,丰富了西康留遗址的文化内涵。(梁中合)

【二疏城遗址】 新石器时代遗址。位于山东省枣庄市峄城区萝藤乡萝藤村南一台地上。该处因汉代疏广叔侄归老于此而得名"散金台",亦称"二疏城"。面积约2.4万平方米。1991年中国社会科学院考古研究所山东队进行发掘。主要有龙山文化、商周时期、汉代等堆积。清理出龙山文化房址7座、墓葬4座、灰坑20个,另有商周时期墓葬2座。龙山文化遗物有石器、骨器和陶器等。陶器以夹砂灰陶和泥质黑陶为主,器形有鼎、鬶、盆、壶、罐、杯等。

器形并纹饰均与汶泗流域者有别，尤其是龙山文化早期灰坑出土的鬼脸袋状足鸡冠耳鼎、镂孔鬶等，似反映出鲁南龙山文化的地区特色。（梁中合）

【教场铺遗址】 新石器时代遗址。全国重点文物保护单位。位于山东省茌平县乐平铺镇教场铺村西北。面积约17万平方米。1994年发现。2000—2004年中国社会科学院考古研究所山东队进行五次发掘，发掘面积近2 500平方米。遗址的堆积以龙山文化遗存为主，另有少量商周时期及汉代的灰坑和墓葬。龙山文化遗迹主要有城址、房址、墓葬、陶窑、灰坑、祭祀坑和奠基坑等。该遗址的发掘对探索鲁西地区龙山文化的面貌提供了丰富的材料。（梁中合）

【景阳冈遗址】 新石器时代遗址。全国重点文物保护单位。位于山东省阳谷县张秋镇景阳冈村。遗址平面近似椭圆形，面积约35万平方米。1973年发现。1994年聊城地区文物管理委员会进行勘查，发现大型龙山文化城址和大面积夯土台基遗迹。1995年山东省文物考古研究所进行发掘，发掘面积约1 000平方米。揭露龙山文化的城墙和大、小台基，清理了一批龙山文化灰坑、长方形活动面。这是鲁西北地区发现的最大的龙山文化城址。城内大、小台基布局清楚，在小台基上发现有祭祀遗存。景阳冈遗址的文化面貌既与河南龙山文化有所不同，也与山东龙山文化有所差异，反映了鲁西地区龙山文化的独特面貌。（梁中合）

【北沟头遗址】 新石器时代至汉代遗址。全国重点文物保护单位。位于山东省临沭县北沟头村北沧源河西岸一处土台上。面积约5 000平方米。文化堆积厚达5米。1973年文物普查时发现。新石器时代除少量大汶口文化晚期的遗存外，主要内涵属龙山文化，如出土有白陶鬶、灰陶鼎、黑陶壶和高柄镂孔蛋壳黑陶杯等典型的龙山文化陶器。另有岳石文化、周代和汉代的遗存。（朱延平）

【青堌堆遗址】 新石器时代、商代、东周和汉代遗址。全国重点文物保护单位。位于山东省梁山县郭庄村东平湖西南岸。面积约32万平方米。1959年中国科学院考古研究所山东队进行发掘，揭露面积72平方米。新石器时代遗存属龙山文化，发现遗迹有半地穴房址1座和坑穴5个。遗物有石斧、石刀、蚌镰、骨锥、骨凿、骨镞、骨鱼镖和杯、钵、盆、罐等陶器。商代遗存属晚商文化，见有墓葬和坑穴，重要遗物为钻有灼的卜骨。东周和汉代的遗存主要是墓葬。（朱延平）

【南陈遗址】 新石器时代遗址。位于山东省茌平县杜郎口镇南陈村。面积约8万平方米。20世纪70年代中期发现。1980年山东大学历史系考古专业等进行发掘。以龙山文化遗存最为典型，另有商周、战国、汉代的遗存。龙山文化遗迹有房基3座、灰坑3个，遗物有石器、骨器、蚌器、陶器。陶器以夹砂灰陶居多，有少量泥质黑陶、灰陶、橙红陶、红陶等。普遍采用轮制技术，器形有深腹罐、瓮、鬶、大口罐、盆、碗、杯等。该遗址位于山东龙山文化与河南龙山文化的接触地带，是探索两大文化之间关系的重要地点。（梁中合）

【安邱堌堆遗址】 新石器时代至商代遗址。全国重点文物保护单位。位于山东省菏泽市佃户屯乡曹楼村。面积约5 600平方米。文化堆积厚达4米以上。1956年发现。1976年和1981年山东省博物馆等进行试掘。1984年北京大学考古系等进行第三次发掘。发现了龙山文化、岳石文化、早商文化及晚商文化依次叠压的文化层，以龙山文化和晚商文化遗存为主。清理了龙山文化房址12座、灰坑4个、灰沟3条。遗址地处山东龙山文化与河南龙山文化的交汇地带，是研究两大文化群体间关系的重要资料；同时为揭示和研究鲁西南新石器时代至晚商的文化面貌、文化发展序列、文化性质等提供了重要依据。（梁中合）

【莘冢集遗址】 新石器时代遗址。位于山东省曹县莘冢集村东。面积约3.2万平方米。1973年发现。1979年菏泽地区文物工作队进行试掘，揭露面积35平方米。文化层厚度在4米以上，包含大汶口文化、龙山文化、商代及汉代堆积，以龙山文化遗存为主。清理灰坑、柱洞、灶址等遗迹，出土遗物有陶器、石器、骨器、蚌器等。文化面貌兼有山东龙山文化和河南龙山文化的特征。（梁中合）

【藤花落遗址】 新石器时代遗址。全国重点文物保护单位。位于江苏省连云港市连云区云山乡西诸朝村南部，坐落在南云台山和北云台山的谷地冲积平原上。遗址由内外两道城垣组成，外城平面呈圆角长方形，由城墙、城壕、城门等组成，面积约14万平方米；内城呈圆角方形，面积4万平方米，内城发现有35座房址和大面积红烧土，房址以长方形单间、双间、排房以及回字形和圆形为特点。内城早于外城,内城年代为距今约 4 300 年。同时,还在东门的城垣夯土的中东西部均发现人祭、燎祭和动物祭坑,当属奠基的“人牲”和“牺牲”。陶器多见鼎、鬶、甗、罐、盆、盘、豆、杯、器盖等。藤花落遗址的版筑和夯筑特点以及城中道路、台基与严谨布局的房屋建筑等,都为研究龙山文化和中国史前城址提供了重要资料。(王吉怀)

【朝阳遗址】 新石器时代及周代遗址。位于江苏省连云港市云台区朝阳乡云台山北麓。面积约 3 万平方米。1995 年南京博物院、连云港市博物馆进行发掘,揭露面积 375 平方米。其中,龙山文化遗存最为丰富,有灰沟、灰坑和房址等,出土器物有罐、盆、盘、杯、器盖及“蛋壳陶”高柄杯,并发现有青莲岗文化的地层和灰坑。(王吉怀)

【高皇庙遗址】 新石器时代遗址。位于江苏省徐州市利国区高皇庙村东北角。面积约 2 000 平方米。1956 年江苏省文物管理委员会与徐州市文化处进行现场勘查,并于 1958 年正式发掘。出土遗物 500 余件,包括石器、陶器、骨器、角器、蚌器等。遗址分为上下两个大层,从下文化层出土的黑陶盆、杯,夹砂白陶鬶以及大量的器盖、器足看,都具有龙山文化的特征,特别是与山东省日照市两城镇遗址出土的遗物相似,一般认为下文化层属于龙山文化系统,上层属于商周时期。(王吉怀)

【西朱封大墓】 新石器时代龙山文化典型墓葬。位于山东省临朐县西朱封遗址。共发现三座大型墓葬,编号分别为 87M1 和 89M202、89M203。这三座墓葬不但在同时代墓葬中规模最大,而且出土遗物等级和规格也最高,其中 89M203 的面积近 30 平方米。一般有棺、椁相套。个别棺椁上绘有彩绘。出土有精美的玉器、石器、陶器、骨器和蚌器等,而以玉器和陶器最为精美。尤其在 89M202 中出土雕镂的冠状饰和晶莹圆润的雕花玉簪,其精美程度令人叹为观止。西朱封龙山文化遗址发现的三座大型墓葬,既有高等级的礼器随葬品,同时又有高规格的葬具,推测墓主可能不是一般的氏族成员,应当是具有某种特殊身份,地位显赫的显贵人物。(梁中合)

【冠状玉饰】 新石器时代龙山文化的代表性玉器。山东省临朐县西朱封遗址 M202 出土。由冠首和柄两部分组成。冠首呈乳白色,平面似蝶形,表面抛磨光润,镂孔形状各异,正背面均刻有以透雕的凹凸字形、Z 字形和丁字形为主题所组成的兽面纹,左右下侧的圆孔中镶嵌似双目的绿松石片;柄为青玉竹节状,整个冠饰玲珑剔透。其造型之绮丽,工艺之精湛,内涵之丰富,寓意之深刻,为研究者留下了丰富的想象空间。(梁中合)

【浮雕人面玉簪】 新石器时代龙山文化的代表性玉器。山东省临朐县西朱封遗址出土。玉质温润,不含任何杂质。高 10.3 厘米,簪首雕成卷云式,两侧分别雕出三个浮雕人面。造型生动而抽象,线条流畅,工艺先进,是一件难得的艺术精品,代表了龙山文化制玉技术的最高水平。(梁中合)

【兽面纹玉钺】 新石器时代龙山文化的代表性玉器。山东省日照市两城镇遗址出土。玉质呈墨绿色,通体磨光。长 17.8 厘米,宽 4.5～4.9 厘米,厚 0.6～0.85 厘米。在其顶端的两面均刻有纤细流畅、突出眼部的变形兽面纹。兽面的头部两侧有向上分层卷翘的“冠饰”。如此精制的玉器显然已非实用器,而应为礼器。(梁中合)

【丁公陶文】 新石器时代龙山文化陶文。发现于山东省邹平县丁公遗址。1992 年初山东大学考古系对当年发掘资料进行整理时,在一大平底盆底部残片上发现文字。该陶片长 4.6～7.7 厘米,宽 3～3.4 厘米,厚 0.35 厘米。其上现存 5 行 11 字,右起第一行为 3 字,其余 4 行均为 2 字。纵观此 11 个字,笔画线条流畅,排列规律,字体规范。对于这片带文字的陶片时代,多数学者表示认同。有学者认为,这批文字以连笔为主,与殷商时期的甲骨文和金文有很大区别,不应是汉字的祖先,可能是古彝文。丁公陶文所处的时代为龙山文化晚期,年代为距今 4 200～4 100 年。(梁中合)

【蛋壳黑陶器】 新石器时代龙山文化的典型器物。蛋壳陶,系指器壁胎薄如蛋壳的陶器。在山东龙山文化中发现了大量形态各异的蛋壳黑陶器,尤以高柄杯最具特色(见彩版 11“龙山文化蛋壳黑陶高柄杯”)。迄今所知以在胶州市三里河遗址 208 号墓葬中发现的高柄杯为最早。这件陶杯是山东龙山文化的典型器物,陶色纯黑有光泽,陶质细腻,器胎极薄,最薄处仅为 0.2 毫米,代表了当时制陶工艺的最高水平。蛋壳黑陶器是山东龙山文化特有的标志性陶器,也是中国古代制陶艺术的巅峰之作。(梁中合)

【白陶鬶】 新石器时代龙山文化的典型器物。鬶是史前东夷人创造的一种造型别致、颇具特色的器物。白陶鬶是由高岭土经 1 200℃左右的高温烧制而成。胎壁较薄，质地却很坚硬，体现了制陶技术的又一进步（见彩版 11“龙山文化白陶鬶”）。在山东省大汶口文化晚期至龙山文化时期的许多遗址中都发现了这类器物。特别是龙山文化晚期阶段，白陶鬶实际上已经具有礼器的功能，与蛋壳黑陶高柄杯一起成组地被随葬在一些大墓中，共同组成了成套的礼器。（梁中合）

【七足镂孔器】 新石器时代龙山文化陶器。2003 年安徽省蒙城县尉迟寺龙山文化房址内出土。器物为夹砂红陶，腹部饰绳纹。整体由两部分组成，上部为一件长颈圜底罐，口径 14 厘米，罐高 24 厘米；底部附加七个等距离的锥状足，足长 17 厘米，器物通高 41 厘米。同时，在罐的腹部还有三个等距离的镂孔，孔径 2 厘米，七个锥状足均匀地排列于罐的圜底部位，由于中间一足附加在圜底最高处，因而长出周围六足约 2 厘米，七足不在一个平面上，使该器物无法在平地正常摆放，加上腹部的三个镂孔，从而确定其不是一种生活中的实用器。这种造型的器物仅在尉迟寺一次出土 6 件，大小、形制完全相同，其他遗址或文化中尚未见到。此器物如何定名或如何摆放目前尚无定论，可能与祭祀有关。（王吉怀）

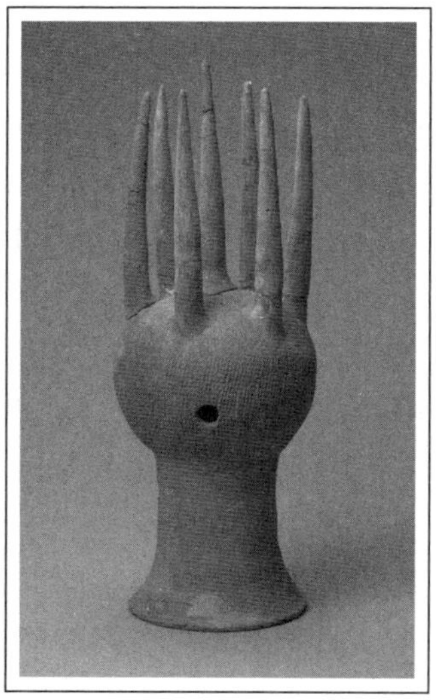

七足镂孔器

黄河上游地区

【半山文化】 见“半山类型”。

【马厂文化】 见“马厂塬遗址”（264 页）、“马厂类型”。

【半山-马厂文化】 见“马厂类型”、“马厂塬遗址”（264 页）。

【半山类型】 黄河上游地区马家窑文化晚期类型之一。因甘肃省广河县（一说是和政县）半山遗址而得名。是马家窑文化的次一级的分类。半山遗址由瑞典学者安特生调查发现，当时把半山墓葬的彩陶与马家窑彩陶误认为仰韶文化，称为仰韶期，并指半山为葬地，马家窑为住地。中国学者后来予以纠正。半山类型的显著特点是，彩陶的数量和所占比例显著大增，彩陶中三角锯齿纹大量突出表现在构图中，同时图案以粗线条曲线构图，原来柔和的图案和细线条开始变得粗硬，漩涡变粗，出现大圆圈，后来向圆圈纹演变，还出现了黑红紫等色的复彩构图。彩陶器物造型也发生了一些明显变化，有些陶瓮重心开始向上提高，肩部明显增宽，下腹内收，彩绘也主要展现在肩腹部，并一直到口沿都密密实实充满装饰图案。半山类型开始有了一些与马家窑类型不同的变化和发展，显出较大的区别。因此有学者把半山类型单独提出来，称为“半山文化”，或与马厂类型一起称为“半山-马厂文化”。据碳十四测定年代为距今 4 650～4 350 年。（叶茂林）

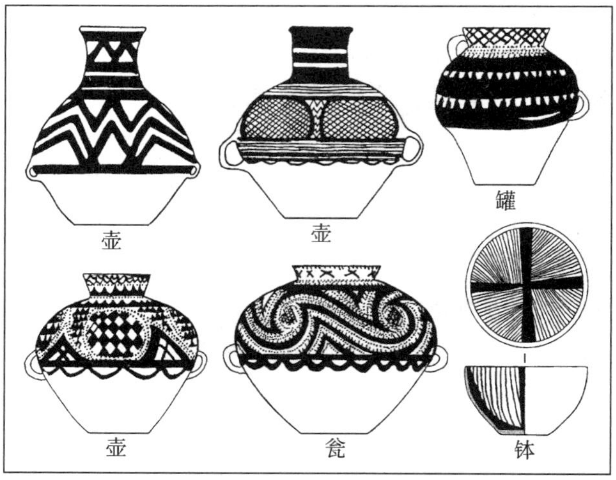

半山类型彩陶

【马厂类型】 黄河上游地区马家窑文化晚期类型之一。因青海省民和回族土族自治县马厂塬遗址而得名。主要特征表现在彩陶上，器形以罐、瓮、壶为主，器物瘦高，底小，上腹大，重心上移。彩绘主要是在上腹部或肩腹部，饰红底黑彩或复彩。一般器形都较粗率，缺乏典雅和精致。图案有四大圈纹，较多折线构图，尤以一种称为蛙纹的似蛙似人的变形抽象图形，常单体出现在彩陶瓮腹部上成主体构图，显然具有非同一般的含义，颇富代表性。其复彩继续了半山类型黑红或黑紫或黑红紫多色的线条和色彩构图，宽粗线条运用娴熟，图案豪放、粗犷率性、酣畅不拘，不讲究细腻严密的韵致，而与马家窑类型彩陶风格相去较远，有独特的彩陶艺术风格，因此有研究者把马厂类型分离出来，称“马厂文化”，或者以其与半山类型较近的关系，称“半山-马厂文化”。迄今考古发现的马厂类型墓葬较多，居址较少。故此马厂

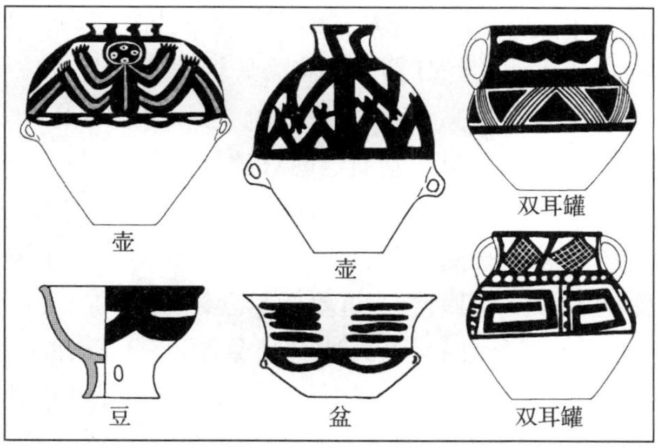

马厂类型彩陶

类型彩陶出土最多,但多粗糙,罕见精品。参见“马厂塬遗址”(264页)。(叶茂林)

【半山遗址】 新石器时代遗址。全国重点文物保护单位。位于甘肃省广河县(一说是和政县)齐家坪遗址群区域洮河西岸阶地上。1924年瑞典考古学家安特生发现半山墓葬和所见瓦罐咀的半山类型彩陶,认为是仰韶文化,称为仰韶期。相对于河谷的马家窑遗址,被称作半山区或半山墓葬区域,表示居址和葬地之别。1945年夏鼐到此调查,发现魏家咀村的阳洼湾齐家文化墓葬,墓中混入半山类型彩陶片,确认齐家期晚于仰韶期。半山类型即以半山遗址或半山墓葬而得名。遗址另有齐家文化遗存。参见“半山类型”(262页)、“阳洼湾遗址”。(叶茂林)

【白道沟坪遗址】 新石器时代遗址。位于甘肃省兰州市东北黄河弯道(雁滩)北岸的阶地上。20世纪50年代甘肃省文物管理委员会进行调查。发现并清理了窑址和墓葬,墓葬为马厂类型早期遗存,出土较多彩陶。清理出12座陶窑及制陶设施和各种附属物,显示为马家窑文化规模化生产的窑场,有重要学术价值。(叶茂林)

【花寨子墓地】 新石器时代遗址。位于甘肃省兰州市七里河区花寨子乡花寨子村。1977年发现。同年甘肃省博物馆与兰州市及七里河区文化馆进行发掘。清理半山类型墓葬49座,大多是土坑木棺墓,单人葬,侧身屈肢或二次葬。出土半山类型彩陶,其中早期彩陶从纹饰和器形上都显示出与马家窑类型的密切关系,反映了半山-马厂类型与马家窑类型的发展脉络。(叶茂林)

【林家遗址】 新石器时代遗址。全国重点文物保护单位。位于甘肃省东乡族自治县东塬乡北约2千米处。1977年甘肃省博物馆进行发掘。发现多层堆积,有马家窑文化房址、窑址、灰坑,以及齐家文化遗存和历史时期墓葬等。出土3 000多件文物,还发现粟、稷、大麻等作物。出土的青铜刀是早期铜器标本。(叶茂林)

【张家台墓地】 新石器时代遗址。位于甘肃省景泰县芦阳镇城关村张家台。1974年发现。1975年甘肃省博物馆和景泰县文化馆联合进行发掘。发现半山类型墓葬22座,均为竖穴土坑墓,以单人侧身屈肢葬为主,有木棺墓1座、石棺墓11座,出土一批半山类型彩陶。(叶茂林)

【鸳鸯池墓地】 新石器时代遗址。位于甘肃省永昌县东北河西堡镇金川河西岸阶地上。1973年、1974年甘肃省博物馆和武威地区文物普查队联合进行发掘。发现马厂类型墓葬189座,多为单人竖穴土坑墓,多是仰身直肢葬,少量合葬、偏洞葬、瓮棺葬,并有屈肢葬和二次葬。出土一批马厂彩陶和细石器骨梗刀及石制饰品等。(叶茂林)

【阳洼湾遗址】 新石器时代遗址。位于甘肃省广河县魏家咀村。安特生当时所谓的半山墓葬区域,实为包括发现半山彩陶的魏家咀村东的半山墓地和村西的瓦罐咀地点。1945年夏鼐调查此地,在半山地点和瓦罐咀地点之间的阳洼湾,清理了两座齐家文化墓葬,其中2号墓的填土中发现两片半山类型彩陶片,证明齐家文化晚于马家窑文化。参见“半山遗址”、“半山类型”(262页)。(叶茂林)

【土谷台墓地】 新石器时代遗址。位于甘肃省兰州市平安镇平安村湟水北岸二级阶地上。为马厂墓地,西山嘴为半山墓地,西山嘴墓葬较密集,有叠压和打破关系。20世纪70年代甘肃省博物馆进行发掘。清理墓葬84座,其中土洞墓59座、土坑墓11座、木棺墓14座,多侧身屈肢葬或二次葬,有单人葬、儿童墓、合葬、瓮棺葬等。出土大批半山-马厂类型彩陶。(叶茂林)

【青岗岔遗址】 新石器时代遗址。位于甘肃省兰州市七里河区西果园镇青岗岔村(袁家村)。面积2万余平方米。1963年北京大学和甘肃省博物馆联合进行发掘,1976年甘肃省博物馆再次发掘。发现半山类型、马厂类型、齐家文化等遗存,以半山类型居址为主,有房址、墓葬,半山房址并有复原。(叶茂林)

【马家湾遗址】 新石器时代遗址。位于甘肃省临夏县莲花镇马家湾村,邻近范家村遗址。1960年中国科学院考古研究所进行发掘。发现马厂类型两种不同堆积层,具有环境考古意义。出土方形和圆形半地穴式房址,有柱洞和火塘;灰坑也有圆形和方形袋状。出土遗物有石器、陶器和骨器,以泥质红陶为主,大多为彩陶片。马厂类型居址的发现较少,是难得的考古资料。(叶茂林)

【马厂塬遗址】 新石器时代遗址。全国重点文物保护单位。位于青海省民和回族土族自治县川口镇与马厂塬乡邻界地带。总面积18万余平方米。分布着若干不同时期的遗存。1924年安特生发现马厂塬遗址,发掘了两座墓葬。1957年中国科学院考古研究所对遗址进行调查,1982年、1984年和1987年青海省文物管理处、青海省文物考古研究所进行复查。遗址分为居住地和墓葬地两部分。文化遗存以马家窑文化马厂类型、齐家文化居住遗址为主,文化堆积0.15~3米。遗址断面暴露有灰坑,地面散布有大量陶片。马厂类型有蛙纹、圆圈纹泥质彩陶壶和彩陶罐、双耳盆、夹砂红陶盆等,齐家文化有泥质红陶罐、双大耳罐、折肩篮纹壶等。已发表人骨的鉴定研究。遗存被命名为"马厂期"或"马厂类型"。(叶茂林)

【下海石遗址】 新石器时代遗址。位于甘肃省兰州市红古区海石湾城区的东南角。2005年甘肃省考古研究所进行发掘。发现墓葬59座,清理34座,除一座辛店文化的石棺墓外,都是马厂类型的土洞墓。多为侧身屈肢葬,仰身直肢葬较少。出土大量彩陶,还发现部分居址。2008年出版有《兰州下海石》。(叶茂林)

【地巴坪墓地】 新石器时代遗址。位于甘肃省广河县黄赵家乡地巴坪村西北广通河南岸阶地上。既有半山类型遗址和墓地,又有马厂类型和齐家文化遗存。1973年甘肃省博物馆与广河县文化馆联合进行发掘。清理半山类型墓葬66座,均为土坑墓,接近方形墓坑。葬式为单人葬,多侧身屈肢葬或二次葬,头向东。出土半山类型彩陶,其中许多彩陶器形和纹饰精美。(叶茂林)

【老城与高家滩遗址】 新石器时代遗址。位于甘肃省武威市古浪县裴家营镇老城村。因此处保留有古城址故称为老城。老城遗址在古城址南边,高家滩遗址在其东约1千米,隔马莲沟相望。1980年武威地区博物馆进行试掘。老城遗址发现有灰坑、居住面、墓葬等,高家滩遗址只发现灰坑。出土彩陶和彩陶片,并有石器、骨器及其他陶器,均属马厂类型。(叶茂林)

【蒋家坪遗址】 新石器时代遗址。位于甘肃省永登县蒋家坪村。面积6.5万平方米。1975年甘肃省博物馆进行发掘,出土一批马厂类型的遗存,其中一件铜刀,是早期铜器的重要标本。(叶茂林)

【西城驿遗址】 新石器时代至青铜时代遗址。位于甘肃省张掖市明永乡下崖村西,邻近西城驿林场。20世纪40年代调查发现。2010—2013年进行四次发掘。系一处马厂类型至四坝文化时期的聚落遗址。现存面积约28万平方米,分南、北、东北3区,北区和东北区多为移动沙丘覆盖。南区堆积深厚,揭出坑穴、土坯墙、房址、墓葬等遗迹。出土遗物以四坝文化陶器为主,并有石器、骨器,以及锥、刀、环等小件铜器,尚见炉渣、铜矿石等冶金遗物,动植物遗存有猪、羊、牛和小麦、大麦、粟等。遗址附近另分布着沙井文化遗址。西城驿遗址的发掘为探索河西走廊古文化发展脉络,尤其是四坝文化的冶金特色提供了重要资料。(朱延平)

【柳湾遗址】 新石器时代遗址。全国重点文物保护单位。位于青海省海东市乐都区高庙镇柳湾村湟水北岸。一级阶地主要是居址,二、三级阶地黄土坡上则是墓地,包括马家窑文化半山类型和马厂类型、齐家文化、辛店文化等多种遗存。20世纪70年代,中国社会科学院考古研究所和青海省考古研究所等进行发掘,出土大量彩陶。其中采集到马厂类型浮雕人像彩陶壶,以夸张人体表现在陶器腹壁,有特殊艺术性和原始宗教含义。2000年配合博物馆建设,在村内发掘、发现马厂类型和齐家文化居址,出土有陶器、石器、玉器和铜器等。(叶茂林)

【阳山墓地】 新石器时代遗址。位于青海省民和回族土族自治县新民乡阳山村。1980—1981年青海省考古研究所进行发掘。发现半山、马厂类型墓葬200多座,还有祭祀坑。出土遗物2 500多件,有大量彩陶。墓葬皆竖穴土坑墓,有多种葬式。其中,出土的喇叭口彩陶鼓是乐器,也是礼器。1990年出版有《民和阳山》。(叶茂林)

【马牌墓地】 新石器时代墓地。位于青海省民和回族土族自治县核桃庄乡核桃庄村西。面积约8 000平方米。1980—1981年青海省考古研究所进行发掘。清理墓葬60多座，以马厂类型为主，有多种葬式，出土上千件遗物，有大量彩陶及绿松石等多种装饰品。其中M46墓葬较大、较为特殊，随葬品有140余件陶器。(叶茂林)

【柳湾浮雕人像彩陶壶】 新石器时代遗物。1974年青海省乐都县柳湾遗址墓地采集。陶壶通高34厘米，造型一般，为泥质红陶，施红色陶衣，再饰黑彩，是典型的马厂类型彩陶壶；而浮雕人像的雕塑手法极富艺术性，采用捏压方法娴熟老练地表现出人体裸形，双乳小而突出，生殖器表达夸张、简单，表现的是男性还是女性尚存在较大争议，有学者认为是阴阳复合体。整个人体浮雕略显粗犷，是具有原始宗教性质的艺术品。(叶茂林)

【人头雕塑彩陶器盖】 新石器时代遗物。1924年甘肃省临夏回族自治区广河县半山遗址出土3件，不久瑞典学者安特生将其带到瑞典远东古物博物馆。尺寸12.5～14.8厘米。泥质橙黄陶施黑彩。造型很像在彩陶器的口沿上装有一个人头，圆形的人头与陶器的颈部连为一体，成为盖钮。人头也施彩绘，有面部纹身，器盖的下沿一周是锯齿状，应与陶器锯齿状口相合。但迄今尚未发现过锯齿状口沿彩陶，也无相同器盖出土，故此3件标本十分珍贵。(叶茂林)

【齐家文化】 黄河上游地区新石器时代考古学文化。因甘肃省广河县齐家坪遗址而得名。1924年瑞典学者安特生调查发现，称为齐家期，认为是早于仰韶文化的遗存。1945年夏鼐在广河县阳洼湾发现齐家期墓葬填土中有半山类型的彩陶片，证明齐家期晚于马家窑文化。齐家文化的名称由裴文中在1947年调查甘青地区时最先提出。齐家文化分布范围很广，整个甘肃省、青海东部、宁夏南部，甚至内蒙古的腾格里沙漠，以至陕西邻近甘肃的局部地方，均有发现。按不同的活动区域和不同的发展阶段，齐家文化区分为若干文化类型，其中主要有七里墩类型、秦魏家类型、大何庄类型、皇娘娘台类型、柳湾类型、师赵村类型等。齐家文化主要由马家窑文化、常山下层文化发展而来，并与客省庄文化、菜园文化相关。对于其去向，有发展为辛店文化、卡约文化、四坝文化等不同的观点。齐家文化的经济生活以农业为主，同时也有比较发达的畜牧业。同时，粟作农业也向多品种发展，饮食文化开始讲究。手工业出现了冶铜、规模化制玉，纺织和制陶、制骨都有进步。长距离商品交换开始展开，起到文化交流和物流交通的重要作用。社会结构也相应发展到了血缘和地缘结合的较高级的形态，父权制得到了强化。文化年代为距今4 300～3 800年。(叶茂林)

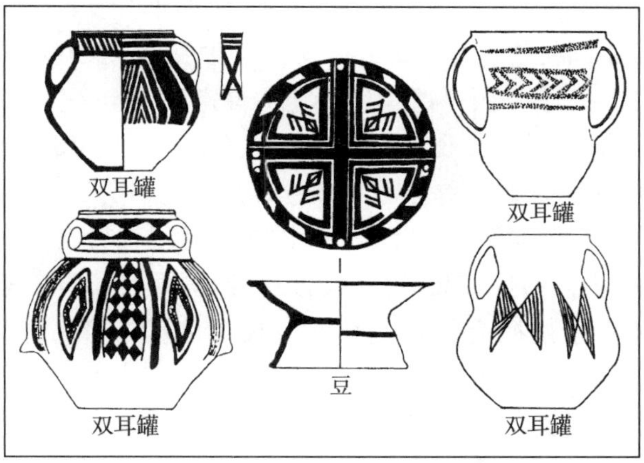

齐家文化彩陶

【秦魏家类型】 黄河上游地区新石器时代齐家文化的一种地方类型。因甘肃省永靖县秦魏家遗址而得名。见“秦魏家遗址”(266页)。(叶茂林)

【大何庄类型】 黄河上游地区新石器时代齐家文化的一种地方类型。因甘肃省临夏县大何庄遗址而得名。见“大何庄遗址”。(叶茂林)

【皇娘娘台类型】 黄河上游地区新石器时代齐家文化的一种地方类型。因甘肃省武威市皇娘娘台遗址而得名。见“皇娘娘台遗址”(266页)。(叶茂林)

【柳湾类型】 黄河上游地区新石器时代齐家文化的一种地方类型。因青海省乐都县柳湾遗址而得名。见“柳湾遗址”(264页)。(叶茂林)

【齐家坪遗址】 新石器时代末期遗址。全国重点文物保护单位。位于甘肃省广河县齐家镇齐家坪。系一片遗址群，总面积约1.5平方千米。1924年瑞典学者安特生调查发现。20世纪70年代甘肃省博物馆进行过考古发掘，发现有玉器、铜器(铜镜)等，还有重要墓葬等遗存。除齐家文化遗存外，还有马家窑文化等多种遗存。被列为中华文明探源工程第一期课题的重点研究项目。(叶茂林)

【大何庄遗址】 新石器时代遗址。位于甘肃省临夏县莲花镇大何庄南约500米处的台地上，东临大夏河。面积约5万平方米。1959年中国科学院考古研究所进行发掘。发现齐家文化的房址、墓葬、灰坑以及多个用砾石排列而成的石圆圈等遗迹。发现附近有牛羊等动物骨骼埋藏，其中有被砍掉头的母牛骨架，母牛腹内还有小牛犊的骨架，似为与原始宗教相关的现象。同时清理出墓葬80余座，发现不少遗存。被命名为“大何庄类型”。（叶茂林）

【秦魏家遗址】 新石器时代遗址。位于甘肃省临夏县莲花镇，隔苦水沟与大何庄遗址相望。1959年中国科学院考古所进行发掘。发现齐家文化墓葬和窖穴等，其中墓葬100余座、窖穴60个。墓葬排列有序，是一处比较完整的氏族公共墓地。出土了小件铜器，另有绿松石和牙骨饰品，并发现人骨架上有红色颜料的遗痕等。突出的发现还有男女合葬墓，男性仰身直肢葬，而女性屈肢葬，两性不同的埋葬姿态是社会关系的体现。被命名为“秦魏家类型”。（叶茂林）

【寺咀坪遗址】 新石器时代遗址。位于甘肃省秦安县郭嘉镇杨家坪村一处名为寺咀坪的台地上。1956年在杨家沟修建拦洪坝施工中，发现白灰面房址。甘肃省博物馆随后进行清理。共发现6座白灰面房址，有火塘，发现烧灰、灰烬及烧骨、炭屑等，是齐家文化居址。（叶茂林）

【皇娘娘台遗址】 新石器时代遗址。位于甘肃省武威市凉州区皇娘娘台村西。面积约10万平方米。20世纪50年代和80年代甘肃省博物馆进行两次发掘。发现齐家文化墓地和居址，出土遗存丰富，包括大量玉石器。是齐家文化较早的大规模发掘。遗存被命名为“皇娘娘台类型”。（叶茂林）

【海藏公园遗址】 新石器时代遗址。位于甘肃省武威市凉州区海藏寺公园。20世纪80年代在人工湖清淤中发现遗址，武威市考古所随后进行发掘。发现许多齐家文化玉石器及残品废料等，认为是加工场。遗址较人工湖更大，河对岸也有分布。可能与皇娘娘台遗址有关。（叶茂林）

【磨沟遗址】 新石器时代至青铜时代遗址。全国重点文物保护单位。位于甘肃省临潭县陈旗磨沟洮河及其支流磨沟河交汇处的西岸台地上。面积30多万平方米。1987年和2007—2011年进行发掘。获马家窑文化、齐家文化、寺洼文化这3个时期的遗存，揭露对象是以齐家文化为主的墓地。这里的墓葬成排分布，土坑竖穴墓约占三分之一，其余皆为竖穴旁侧开设墓室的“竖穴偏室墓”，后者以单室的墓穴居多，其次是双室的，也有少量为多室的。竖穴偏室墓流行多人合葬，单人葬的比较少见，有的死者还被埋在墓道中。一些迹象显示，不少偏室合葬墓分数次安置尸骨，待合葬完毕才将“门”外墓道最终填实。相当数量墓的随葬陶器既有齐家文化、也有寺洼文化的，两座属于此类的墓葬还各出一件铁器，或是中国境内最早的块炼铁实物。（朱延平）

【喇家遗址】 新石器时代遗址。全国重点文物保护单位。位于青海省民和回族土族自治县官亭镇喇家村的黄河二级阶地上。面积约50万平方米。1999—2007年中国社会科学院考古研究所与青海省考古研究所进行发掘，揭露面积3 000余平方米。发现一系列齐家文化重要资料及马家窑文化局部残迹和辛店文化小范围遗存。遗址分为东区、西区和北区，是一个有变化的聚落形态。（叶茂林）

喇家遗址F4史前灾难发掘现场

【七里墩遗址】 新石器时代遗址。位于甘肃省天水市麦积区七里墩籍河南岸的二三级阶地上。面积约3万平方米。1947年裴文中进行调查，后来甘肃省博物馆进行复查。发现齐家文化的一批典型资料，被命名为“七里墩类型”。（叶茂林）

【新庄坪遗址】 新石器时代遗址。全国重点文物保护单位。位于甘肃省积石山保安族东乡族撒拉族自治县银川乡新庄坪村。面积约30万平方米。是齐家文化规模较大的遗址。1929年调查发现。1989年甘肃省博物馆再次调查，采集到陶器、石器及铜镯、铜刀、铜泡等标本，有成串的绿松石饰品和9件玉石璧。地层中可见人骨暴露。（叶茂林）

【桥村遗址】 新石器时代遗址。全国重点文物保护单位。位于甘肃省平凉市灵台县西屯乡北庄村，地处陕甘交界地域。1977年发现。1978年甘肃省博物馆进行发掘。发现多座袋状灰坑，出土石器、陶器及骨器等，并有卜骨。属于齐家文化，与客省庄文化多有联系。（叶茂林）

【侯家台遗址】 新石器时代遗址。位于甘肃省平凉市崆峒区四十里铺镇侯家台。1991年甘肃省考古研究所进行发掘。发现仰韶文化晚期和齐家文化的灰坑和房址，其中齐家文化房址为白灰面窑洞式建筑。（叶茂林）

【西旱坪遗址】 新石器时代遗址。位于甘肃省武山县洛门镇渭河南岸台地上。2000年甘肃省考古研究所进行发掘。发现齐家文化房址、灰坑和瓮棺葬，还有大地湾一期遗存及战国和汉代的居址等。（叶茂林）

【尕马台遗址】 新石器时代遗址。位于青海省贵南县拉乙亥乡昂索村龙羊峡水库东岸。1977年青海省考古研究所进行发掘。遗址以墓地为主，清理出齐家文化墓葬60余座，有竖穴土坑墓和瓮棺葬等多种葬式。出土遗物达1万余件，有若干铜器，其中M25的七角星纹铜镜极其珍贵。（叶茂林）

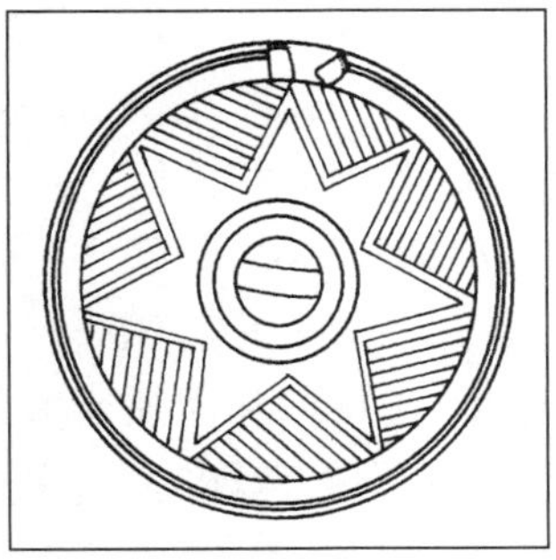
尕马台遗址七角星纹铜镜

【沈那遗址】 新石器时代遗址。全国重点文物保护单位。位于青海省西宁市区西北马坊乡小桥村湟水支流北川河与湟水交汇的台地。面积10余万平方米。1991—1993年青海省考古研究所大面积揭露，发现齐家文化房址、灰坑、墓葬。个别灰坑有埋猪狗，甚至埋人的祭祀现象。出土玉器和铜器及漆片等。并有许多动物骨骼，有猪、羊、牛、马、鹿和鸟类等。遗存分为早、晚两期，晚期灰坑出土的大铜矛，长达62厘米、宽20厘米，是罕见的早期铜器标本，为齐家文化重器。（叶茂林）

【喇家遗址壁炉】 新石器时代齐家文化遗迹。发现于青海省民和回族土族自治县喇家遗址。在齐家文化房址中，除发现居住面中间的火塘外，还在室内的墙边一角同时发现壁炉配置。壁炉一般都依墙壁而建，有的在壁下以土石垒砌，并有石板铺垫；有的在壁上凿龛为炉，以石板分隔上下，并有石板封闭。经解剖知是烤炉，系为烤制食物而专门设置。烤炉分为上下两部分，用石板分隔，下面火膛加热，上面烤室放置食物，有的还保留了通向屋外的烟道，反映了面食烤制的饮食文化。（叶茂林）

【喇家遗址面条】 新石器时代齐家文化遗物。2002年发现于青海省民和回族土族自治县喇家遗址。在小广场上的地面建筑F20室内居住面上，发现一件倒扣的齐家文化篮纹红陶碗，碗内残留物中保留着清晰可见的团状细条卷曲痕迹的黄色物质，风化很严重，只残留表皮一点薄薄的物质。经科学鉴定，证实该残留物是喇家遗址先民用小米粉压制而成的面条食物。进一步分析表明，碗内还有肉末和调料等多种复杂的成分。是迄今世界上最早的面条实物考古资料。（叶茂林）

【喇家遗址石磬】 新石器时代齐家文化遗物。2000年征集而得。用石板加工而成，长方形，长91厘米、宽61厘米、厚4厘米。一边中间有穿孔，吊挂起来成为敲击的重器，可发出悦耳洪亮的声音。是史前时期石磬的一个重要标本。（叶茂林）

【长宁遗址】 新石器时代遗址。位于青海省大通回族土族自治县长宁镇长宁村。面积1万余平方米。2006年青海省考古研究所配合基建发掘，揭露3 000平方米。发现房址15座、灰坑和窖穴共计150个、墓葬5座。遗物众多，保存完好，尤其骨质文物清新完整，埋藏环境值得研究。还有彩陶、铜环及玉斧、玉锛、玉凿，仅个别玉璜，打制石器众多，骨器发达。是齐家文化难得的遗址。（叶茂林）

【总寨遗址】 新石器时代遗址。位于青海省互助土族自治县沙塘川乡总寨村北湟水支流沙塘川东岸。20世纪80年代青海省考古研究所进行发掘，发现一批齐家文化、马厂类型、辛店文化墓葬，出土不同时期的各类文物。（叶茂林）

【罗汉堂遗址】 新石器时代遗址。位于青海省贵德县罗汉堂乡附近黄河北岸的阶地山坡上。面积约3万平方米。1924年瑞典学者安特生调查发现。以墓地为主，属马家窑文化。（叶茂林）

【十里堡遗址】 新石器时代遗址。位于青海省西宁市东郊城边的十里堡乡湟水南岸与支流的交汇处。1923年瑞典学者安特生调查发现并作了发掘，发现遗物甚多。现遗址范围不详，尚可见唐汪式彩陶片和齐家文化陶片，局部还有浅薄堆积。（叶茂林）

【苏呼撒墓地】 新石器时代和青铜时代遗址。位于青海省循化撒拉族自治县白庄乡苏呼撒村后的小高坡上。1982年、1983年青海省考古研究所进行两次发掘。遗址以马家窑文化半山类型墓葬为主，也有卡约文化墓葬。出土大量彩陶罐和装饰品。墓葬皆竖穴土坑墓，有木棺，仰身直肢葬，还有乱骨葬和火葬墓。卡约文化墓葬为土坑木椁墓，有马或羊等

随葬,有陶器和装饰品。(叶茂林)

【双二东坪遗址】 新石器时代遗址。位于青海省乐都县洪水乡双二村湟水南岸一处名为双二东坪的二级阶地上。分布着大量古代遗存,以辛店文化为主,也有马家窑文化半山类型、马厂类型和齐家文化及唐汪遗存。1992年青海省考古研究所进行发掘。清理马厂类型墓葬34座,出土遗物数百件。墓葬分为土坑墓和带墓道的土洞墓,后者规模大,洞室规整,随葬品丰富,有木板或木桩封门。葬式有仰身直肢葬、屈肢葬和二次葬。出土大量彩陶,其中M11出土的木胎漆器高足盘是罕见的重要发现。(叶茂林)

【核桃庄墓地】 史前文化遗址。位于青海省民和回族土族自治县核桃庄乡核桃庄村湟水支流米拉沟东岸二级阶地上。文化遗存主要是史前墓地。1923年安特生进行调查。1948年裴文中又进行过调查。1978—1980年青海省文物处考古队进行发掘。清理小旱地墓地墓葬367座、山家头墓地墓葬20余座,揭露拱北台遗址800余平方米,发现马家窑类型墓葬。山家头墓地解决了辛店文化与齐家文化的关系问题,被命名为"山家头类型"。2004年出版有《民和核桃庄》。(叶茂林)

【山家头墓地】 见"核桃庄墓地"。

【拱北台遗址】 新石器时代遗址。位于青海省民和回族土族自治县核桃庄乡核桃庄村南米拉沟东台地上。北与山家头和小旱地墓地相邻,隔沟与马牌墓地相望。1978年青海省文物处考古队在发掘核桃庄的同时,揭露拱北台遗址800余平方米,发现马家窑类型半地穴式房址和墓葬,及齐家文化房址。清理各时期灰坑70余座,出土遗物数百件。其中马家窑类型一号墓出土的彩陶十分精美。参见"核桃庄墓地"。(叶茂林)

【上陶村遗址】 新石器时代遗址。位于青海省大通回族土族自治县黄家寨乡上陶村北川河二、三级阶地上。1995年青海省考古研究所进行发掘。出土一批齐家文化遗存,包括白灰面房址及彩陶,并有吐谷浑墓葬。(叶茂林)

【菜园文化】 黄河上游地区新石器时代考古学文化。因宁夏回族自治区海原县菜园村遗址而得名。遗址是由多个居址和墓地组成的聚落群。20世纪80年代经多次发掘,并考古调查了相当范围。菜园文化分布于宁夏回族自治区南部及甘肃省东北的六盘山周围黄土高原,有一套自成一体的遗存。房址有窑洞式、半地穴式及土崖地窝式,以窑洞式为特色,有的房址出现白灰面,有的窑洞内也有柱洞。墓葬是不规则的凸字形或椭圆形竖穴土坑或侧龛或洞室墓,无葬具,葬式多样,多侧身屈肢葬,也有蹲踞葬或跪踞葬以及仰身葬或俯身葬,很少二次葬和合葬。随葬器物基本都是实用器。制陶工艺较落后,夹砂陶和泥质陶大体相当,红陶最多,包括橙黄陶和红褐色陶,其他陶色很少。有大量鼓腹或凸腹的罐和壶类,有单耳、双耳和无耳的器形,还有碗、盆、钵、杯、匜、瓮等器形,绳纹、篮纹、划纹、戳印文、附加堆纹盛行,还有彩陶。发现的彩陶,包括典型马家窑文化的黑彩彩陶和菜园文化自身特点的红彩彩陶,器形和彩绘都较显粗率,有的是篮纹陶器上再施彩绘,与黑彩的彩陶在造型形式、纹饰风格和谨严作风上都有明显差异。菜园文化是以农业为主的定居生活方式,但畜牧业和捕猎经济仍占有一定比例,并居重要地位,出土的碎骨中不乏野生动物和牧养动物。据碳十四测定,文化年代为距今5000～4000年。与马家窑类型晚期和半山类型同时,也可能延至马厂类型时期。与周围差不多同时期的常山下层文化和客省庄文化及齐家文化等,也都有着某种关系。(叶茂林)

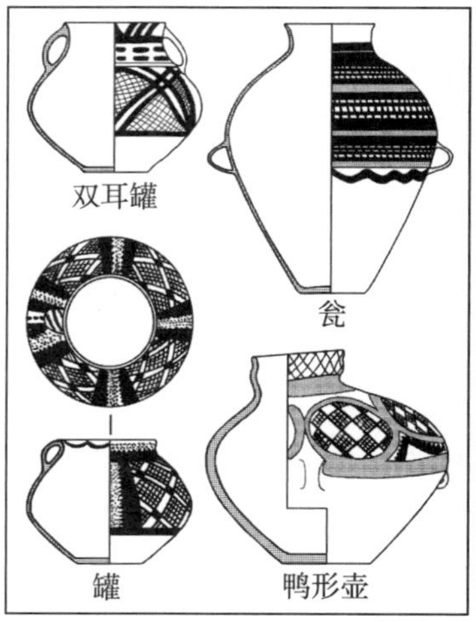

菜园文化陶器

【菜园遗址群】 新石器时代遗址。全国重点文物保护单位。位于宁夏回族自治区海原县菜园村附近的黄土坡上。1985—1988年宁夏回族自治区考古研究所与中国历史博物馆共同发掘,发现新石器时代聚落群。在方圆2～3千米的范围内有林子梁、马缨子梁、石沟等3个居址,以及切刀把(清理墓葬59座)、寨子梁(9座)、瓦罐嘴(44座)、二岭子湾(3座)、林子梁(2座)等5处墓葬组成。3个居址呈三角分布之势,年代略有早晚,但总体上相当于半山类型前后时期,文化面貌既与马家窑文化相近,又有常山下层文化一些特征,还表现出类似齐家文化的某些元素,更具鲜明的地方特色。窑洞式房址,不规则侧龛墓和土坑墓别具特点。出土的大量陶器颇具风格,其中许多彩陶,包括马家窑彩陶和自具特征的红彩彩陶判然不同。2003 年出版有《宁夏菜园》。(叶茂林)

【九龙山遗址】 新石器时代遗址。位于宁夏回族自治区固原市原州区羊坊村马饮河南岸九龙山北坡台地上。面积约 50 万平方米。2003 年宁夏回族自治区考古研究所进行发掘。发现白灰面房址、窖穴、灰坑和许多陶器,器形有单耳罐、单耳壶、双耳罐、碗等。遗存相当于菜园文化。(叶茂林)

【柴梁遗址】 亦称"柴梁墓地"、"红圈子遗址"。新石器时代末期遗址。位于宁夏回族自治区固原市原州区七营乡柴梁村的墩顶山。面积约 5 000 平方米。1989 年固原博物馆和中国历史博物馆调查,同年宁夏回族自治区考古研究所进行试掘。墓葬区在墩顶山红圈子沟的东山峁,发现长方形竖穴土坑墓,单人屈肢葬,头顶放置随葬陶器。收集到石斧、陶刀、单耳罐和双耳罐,有泥质红陶和灰陶、夹砂红陶和灰陶。还有彩陶,皆红彩,以密集竖线条居多。遗存与菜园文化相似,但也有差别。(叶茂林)

【柴梁墓地】 即"柴梁遗址"。

【红圈子遗址】 即"柴梁遗址"。

【苋麻湾遗址】 新石器时代遗址。位于宁夏回族自治区固原市以南六盘山东南坡下。1989 年调查发现。面积约 3 万平方米。文化堆积厚达 2 米,遗存丰富。1992 年宁夏回族自治区考古研究所进行发掘。发现房址和灰坑,出土陶器以泥质红陶为主,夹砂陶、灰褐陶次之,有罐、鬲、斝、碗、盆等,饰篮纹、戳印纹、绳纹、素面、刻划纹和附加堆纹等,早期以三足器、袋足器为特色,晚期以平底器为主。房址为白灰面袋状穴,门道下有椭圆形凹面,居室中有火塘,居室一角另有灶。似为新的文化遗存,与陕甘地区的齐家、客省庄等文化有一定联系,年代或许相当。(叶茂林)

【兴隆镇遗址】 新石器时代遗址。位于宁夏回族自治区西吉县兴隆镇西北三河交汇的台地上。面积约 100 万平方米。1960 年宁夏回族自治区博物馆进行调查。发现居址和墓地,清理出两座齐家文化墓葬,还采集到许多陶片及各类遗物。(叶茂林)

【龚湾遗址】 新石器时代遗址。位于宁夏回族自治区海原县树台乡龚湾村小河流交汇的坡形台地上。面积约 2 万平方米。1964 年宁夏回族自治区博物馆开展调查。发现红陶片和彩陶片,出土彩陶罐和篮纹大口罐。彩陶接近马家窑文化,饰以锯齿纹红彩,与菜园文化类似。(叶茂林)

【店河遗址】 新石器时代遗址。位于宁夏回族自治区固原市原州区河川乡店河村店子河北岸。1965 年宁夏回族自治区博物馆与固原文化馆进行发掘。清理出 6 座齐家文化墓葬,其中 1 号墓出土随葬品达 52 件,一对绿松石镶嵌粘贴的陶饰是罕见的早期绿松石复合制品,为绿松石镶嵌工艺之先。遗物还有齿槽骨片、成串骨珠等,葬式皆侧身屈肢葬。同出半山类型彩陶,年代较一般典型齐家文化要早。(叶茂林)

【荀堡遗址】 新石器时代遗址。位于宁夏回族自治区固原市原州区河川乡荀堡村。面积约5 000 平方米。1972 年宁夏回族自治区博物馆调查并试掘。发现窑洞式白灰面房址、灰坑、窖穴、墓葬等遗迹。出土遗物丰富,与菜园文化相近。(叶茂林)

【西塬畔遗址】 新石器时代遗址。位于宁夏回族自治区固原市南郊清水河西岸一至三级阶地上。面积 5 000 平方米。1972 年宁夏回族自治区博物馆开展调查,遗址破坏严重,散落大量陶片。采集到许多新石器时代遗物和汉代遗存。(叶茂林)

【李世选村遗址】 新石器时代遗址。位于宁夏回族自治区隆德县西南凤岭乡李世选村。1962 年宁夏博物馆开展调查。发现马家窑文化类似的彩陶片,还有白灰面房址、篮纹陶片等,有罐、盆等器形。遗存可能与菜园文化相关。(叶茂林)

【曹洼遗址】 新石器时代遗址。位于宁夏回族自治区海原县曹洼乡水冲寺林场。1984 年普查发现。1986 年北京大学和固原博物馆联合进行发掘。发现一批灰坑,有圆形、方形和不规则形。出土大量遗物,其中有彩陶和彩陶片,均为马家窑类型特征,同时也表现出一些地方特点。(叶茂林)

【海家湾遗址】 新石器时代遗址。位于宁夏回族自治区固原市原州区古城乡海家湾村。1964 年宁夏回族自治区博物馆进行发掘。清理 3 座齐家文化墓葬,墓地东侧还有齐家文化居址,暴露白灰面和红烧土、灰土等,地面散布齐家文化陶片。(叶茂林)

【页河子遗址】 新石器时代遗址。全国重点文物保护单位。位于宁夏回族自治区隆德县沙塘镇和平村。1986 年北京大学与固原博物馆联合进行发掘。

发现仰韶文化晚期遗存和相当于齐家文化的遗存，以后者为主。（叶茂林）

【常山下层文化】 黄河上游地区新石器时代考古学文化。因甘肃省镇原县常山遗址下层文化遗存而得名。主要分布在黄河上游泾河流域和部分葫芦河流域。1979年中国社会科学院考古研究所进行发掘。遗址上层属客省庄文化，下层属一种早于客省庄文化和齐家文化的遗存，文化面貌不同于已知的其他文化，于是定名“常山下层文化”。陶器群以泥质橙黄陶为主，红褐陶次之，砖红色陶少见，只有个别灰陶，夹砂陶相对泥质陶略少。纹饰以绳纹为主，篮纹次之，素面磨光和附加堆纹也比较常见，还有方格纹、指甲纹、划纹、锥刺纹和彩绘等。彩绘是后加彩，易于脱落，但在陶器纹饰上再加棕红色点彩的方式，在其他陶器上少见且具有特殊的图案效果。少量陶器施一层黄色或红色或白色的陶衣。采用泥条盘筑成形，多平底器，少见三足器、圈足器和尖底器，不见圜底器。器物中有单耳、双耳、无耳和三耳的，其中无耳的大口罐、双耳罐、单耳杯、双大耳罐、尖底或平底的甑、大陶瓮等器物较常见且具有代表性。还有鬲和盉等。常山下层文化的某些特征与宁夏菜园文化较相近，亦有将其称为齐家文化的来源。（叶茂林）

【常山遗址】 新石器时代遗址。位于甘肃省镇原县城附近茹河西岸小台地上。1979年中国社会科学院考古研究所进行发掘。发现上下两层堆积，上层属于客省庄二期文化，下层为常山下层文化。发现有房址、墓葬和窖穴，房址为袋状地穴式，居住面有4个柱洞；16个窖穴都是圆形袋状穴，小口部为直壁的颈部，下面坑穴为覆斗状。2座墓葬均为仰身直肢葬，头向西北，随葬品放置在身侧。出土遗物有石器、陶器和骨器。遗存早于客省庄文化和齐家文化。据碳十四测定，遗址年代为距今约4 930年。是仰韶文化之后一种新的原始文化遗存，有说是齐家文化的来源。（叶茂林）

东北地区

【辉河水坝遗址】 新石器时代至辽代遗址。全国重点文物保护单位。位于内蒙古自治区鄂温克旗辉河汇入伊敏河之河口附近。20世纪60年代修筑辉河水坝时发现，1984—2002年间数次发掘。所获遗物以石叶、石镞、石核等细石器见长，并有骨器、陶片，以及包括鱼骨、蚌壳在内的动物遗骸，尚采集到人头骨化石。遗址包含新石器时代、汉晋、辽代前后遗存。（朱延平）

【东乌珠尔墓葬】 新石器时代墓葬。位于内蒙古自治区陈巴尔虎旗东乌珠尔苏木的海拉尔河北岸台地上。1985年发掘。墓葬出土270余件遗物，其中有148件细石器石镞、1件石网坠、1件玉璧、7件钻孔牙饰、3件猪牙，以及骨刀、骨刀柄、骨锥、骨矛等骨器和赤铁矿石等物。人骨的碳十四实测值为距今3 900 ± 80年。（朱延平）

【三堂遗址】 新石器时代贝丘遗址。位于辽宁省瓦房店市长兴岛东部。面积1万平方米。1990年发掘。遗址分一期文化和二期文化。一期属小珠山第四期文化，房址均为半地穴式，有圆形或椭圆形、圆角方形。发现2座长方形土坑竖穴式墓葬，均为小孩墓。石器均为磨制，有刀、网坠、镞、璧。陶器为手制，主要是夹砂陶，含滑石和云母。器形以筒形罐为主，口沿下有两周附加堆纹，上饰刻划纹，腹部有细条堆纹和刻划纹。二期属小珠山第五期文化，陶器极少含滑石和云母，器形主要是筒形罐，其次是鼓腹罐、豆、圈足盘。纹饰以素面为主，有凸凹弦纹，还有磨光黑陶。（金英熙）

【北沟西山遗址】 新石器时代遗址。位于辽宁省岫岩满族自治县西北营子村坝墙里屯西山山顶和东坡上。1987年发掘。石器以磨制为主，有磨盘、磨棒、斧、刀、锛、凿、镞等。陶器为手制，含滑石。器形有罐、壶、碗。纹饰以刻划纹为主，有几何纹、人字纹、网格纹、斜线纹，纹饰一般饰于上腹部，下腹部有一圈附加堆纹。其中最富有特点的是折沿或卷沿的鼓腹罐腹部饰竖突棱泥条带，直领壶饰几何纹，竖板耳的双耳罐和壶。遗址还出土山东龙山文化的磨光黑陶圈足器、三环足器、镂孔豆等。碳十四测定年代为距今4 390 ± 150年、距今4 650 ± 100年。（金英熙）

【乔东遗址】 新石器时代至青铜时代遗址。位于辽宁省普兰店市双塔镇乔东。1976年发掘。发现房址3座。新石器时代文化层出土石斧、石锛、石镞等石器。陶器以夹砂陶为主，个别有泥质陶。器形有三环足器、杯。素面较多。青铜时代文化层出土石斧、石镞等石器。陶器有罐、豆、壶，饰以弦纹、锥刺纹。（金英熙）

【石佛山遗址】 新石器时代遗址。位于辽宁省东沟县马家店镇马家店村石佛山上。1986 年发掘。发现 1 座圆形半地穴式房址。石器以磨制为主，有刀、磨盘、磨棒、网坠、镞。陶器为手制，器形主要是鼓腹罐、高领壶，其次是豆、三足盘。纹饰以刻划纹居多，有几何纹、人字纹。其次是附加堆纹。（金英熙）

【四平山积石墓地】 新石器时代遗址。全国重点文物保护单位。位于辽宁省大连市营城子镇四平山上。1941 年日本人发掘。墓葬积石成列，沿山脊分布，积石中筑有墓室，或一列多室，或仅设单室，部分人骨有火烧迹象。出土陶器、骨器、蚌器、玉器、石器等遗物，尤以与龙山文化相关联的陶器及璇玑类玉器见长。2008 年出版有《辽东半岛四平山积石冢之研究》（日文版）。（朱延平）

长江中游地区

【石家河文化】 长江中游地区新石器时代考古学文化。因湖北省天门市石家河遗址而得名。主要分布于湖北省和湖南省北部，河南南部也有发现。陶器以灰陶为主，玉器加工制作工艺较为发达（见彩版 11“石家河文化玉凤形佩”、“石家河文化玉人头像”），并出现冶铜遗迹。经济主要为稻作农业。不少地方发现城址，建筑多为地面式，墙壁有的用土坯砌成或用夯土筑成。葬式以单人仰身直肢葬为主。可分为湖北省境内的石家河类型、青龙泉类型、季家湖－石板巷子类型、西花园类型、尧家林类型和洞庭湖沿岸的划城岗类型，并可分为三期，年代为距今 4 600～4 000 年。石家河文化与黄河流域的龙山文化和长江中下游的樊城堆文化、良渚文化等存在相互间的影响与交流。（黄卫东）

【栗山岗遗址】 新石器时代遗址。位于湖北省麻城市松鹤村五里桥。面积残存 6 000 平方米。1984 年文物普查时发现。1986 年武汉大学历史系考古专业与黄冈地区博物馆开始发掘。遗迹有墓葬、房址和积石，出土遗物以陶器和石器为主。遗存可分为二期，皆属石家河文化的较早阶段。栗山岗遗址属石家河文化西花园类型，受到江苏、安徽两省新石器时代晚期文化的某些影响。（黄卫东）

【桃园岗遗址】 新石器时代遗址。位于湖北省麻城市中馆驿镇喻家岗村。面积约 6 000 平方米。2005 年开始发掘。出土遗物以陶器为主。桃园岗遗址属石家河文化西花园类型。（黄卫东）

【邓家湾遗址】 新石器时代遗址。全国重点文物保护单位。位于湖北省天门市石河镇邓家湾村。1978 年开始发掘。面积约 6 万平方米。发现遗迹主要有房址、墓葬、灰坑，并有陶缸套接、陶管套接的遗迹。出土遗物以陶器、石器、骨器和铜矿石为主。遗存包含屈家岭文化晚期和石家河文化。占主体的石家河文化可分为三期，相当于石家河文化早、中期阶段，属石家河文化石家河类型。2002 年出版有《邓家湾》。（黄卫东）

【肖家屋脊遗址】 新石器时代遗址。全国重点文物保护单位。位于湖北省天门市石河镇。面积约 15 万平方米。1987 年开始发掘。发现遗迹主要有房址、墓葬、灰坑、灰沟、陶窑、井、道路和水塘等，出土遗物以陶器、石器、玉器、骨器、角器和铜矿石为主。遗存包含屈家岭文化、石家河文化和夏商文化。其中，屈家岭文化可分为二期，相当于屈家岭文化中、晚期；石家河文化也可分为二期，相当于整个石家河文化阶段，属石家河文化石家河类型，其晚期融入了大量中原龙山文化和山东龙山文化的因素。1999 年出版有《肖家屋脊》。（黄卫东）

【罗家柏岭遗址】 新石器时代遗址。全国重点文物保护单位。位于湖北省天门市石河镇。面积约 5 000 平方米。1955 年开始发掘。发现一座制作玉石器的大型建筑，出土遗物主要有陶器、石器、玉器和一些铜器残片、铜渣、铜矿石等。遗址存在极少的屈家岭文化晚期遗存。占主体的石家河文化遗存可分为二期，皆属石家河文化的较早阶段，属石家河文化石家河类型。（黄卫东）

【笑城城址】 新石器时代城址。位于湖北省天门市皂市镇笑城村。面积约 9.8 万平方米。2005 年开始发掘。城址呈曲尺形，发现有夯土城墙和护城河。出土遗物以陶器为主。时代相当于石家河文化早期，属石家河文化石家河类型。（黄卫东）

【石家河城址】 新石器时代城址。全国重点文物保护单位。位于湖北省天门市石河镇。面积约 120 万平方米。1955 年开始发掘。城址略呈圆角长方形，城址上发现有夯土城墙和护城河，城内分布着邓家湾、谭家岭、肖家屋脊、三房湾、罗家柏岭等大型遗址，发现大量房址、墓葬、灰坑和一些祭祀遗迹，出土大量陶器、石器、玉器和一些铜器残片、铜矿石等遗物。城外还分布着许多从属的聚落。古城始建于屈家岭文化晚期，兴盛于石家河文化早、中期，属石家

河文化石家河类型。（黄卫东）

【乱石滩遗址】 新石器时代遗址。位于湖北省丹江口市城东7.5千米处汉江北岸的乱石滩村。面积残存600平方米。1958年开始发掘。发现遗迹主要有墓葬和灰坑，出土遗物以陶器、石器和骨器为主。遗存包含仰韶文化晚期和石家河文化晚期，后者占主体。其石家河文化属青龙泉类型。（黄卫东）

【七里河遗址】 新石器时代遗址。全国重点文物保护单位。位于湖北省房县七里河和马栏河交汇处。面积6万多平方米。1976年开始发掘。发现遗迹主要有房址、墓葬、灰坑和陶窑，其墓葬存在多人合葬习俗，并能看出拔牙、猎头现象。出土遗物以陶器和石器为主。遗存可分为三期，分属石家河文化早、中、晚期，属石家河文化青龙泉类型。（黄卫东）

【易家山遗址】 亦称"梅家塘遗址"。新石器时代遗址。位于湖北省蕲春县横车镇西河驿村杨家畈西北。面积约6 500平方米。1955年发现。1956年开始发掘。发现遗迹主要有房址，出土遗物以陶器、石器和骨器为主。遗存包含石家河文化和青铜时期文化。其石家河文化属西花园类型。（黄卫东）

【梅家塘遗址】 即"易家山遗址"。

【季家湖遗址】 新石器时代遗址。位于湖北省当阳市东南40千米处的季家湖西岸。面积约20万平方米。1973年开始发掘。发现遗迹主要有房址和墓葬，出土遗物以陶器、石器和骨器为主。遗存属石家河文化季家湖-石板巷子类型，受山东龙山文化影响较大。（黄卫东）

【庙坪遗址】 新石器时代遗址。位于湖北省秭归县郭家坝镇楚王井村。面积残存1.87万平方米。1995年开始发掘。发现遗迹主要有灰坑，出土遗物以陶器和石器为主。遗存属石家河文化季家湖-石板巷子类型。（黄卫东）

【枣林岗遗址】 新石器时代遗址。位于湖北省荆州市马山镇。1990年开始发掘，1992年发掘出一座石家河文化瓮棺墓地，面积2 340平方米。发现遗迹主要有瓮棺46座，随葬品皆为玉器、玉料和石器。玉器种类有人面、鹰、蝉、锛、钺等，多已破碎，似是下葬时有意而为。墓地时代约相当于石家河文化晚期，属石家河文化石家河类型。1999年出版有《枣林岗与堆金台》。（黄卫东）

【石板巷子遗址】 新石器时代遗址。位于湖北省宜都市姚店乡清圣庵村。面积残存500平方米。1983年开始发掘。发现遗迹主要有灰坑和水沟，出土遗物以陶器和石器为主。遗存属石家河文化季家湖-石板巷子类型。（黄卫东）

【叉堰冲遗址】 新石器时代遗址。位于湖北省荆门市团林镇五岭村。面积残存3 000平方米。2000年开始发掘。发现遗迹主要有房址、墓葬和灰坑，出土遗物以陶器和石器为主。遗存相当于石家河文化中期，属石家河文化季家湖-石板巷子类型。（黄卫东）

【白庙遗址】 新石器时代遗址。位于湖北省宜昌市三斗坪镇东岳庙村。面积约1.4万平方米。1979年开始发掘。发现遗迹主要有房址和灰坑，出土遗物以陶器和石器为主。遗存可分为四期，第一期属石家河文化晚期，第二至四期相当于二里头文化第一至三期。其石家河文化属季家湖-石板巷子类型。（黄卫东）

【神子台遗址】 新石器时代遗址。位于湖北省应城市黄滩镇桂桥村小学。面积约7 000平方米。2005年开始发掘。出土遗物以陶器为主。遗存可分为三期，其中第一期为石家河文化，属石家河文化石家河类型。（黄卫东）

【张家山遗址】 新石器时代遗址。位于湖北省荆州市荆州古城西1.5千米处。面积约1.5万平方米。1965年开始发掘。发现遗迹主要有房址，出土遗物以陶器为主。遗存属石家河文化石家河类型。（黄卫东）

【牌坊岗遗址】 新石器时代遗址。位于湖北省襄阳市米庄镇米庄村。面积约1.2万平方米。2004年开始发掘。发现遗迹主要有房址和灰坑，出土遗物以陶器和石器为主。遗存相当于石家河文化晚期，属石家河文化西花园类型，受黄河流域龙山文化影响较大。（黄卫东）

【西花园遗址】 新石器时代遗址。位于湖北省随州市西花园村。面积约10万平方米。1983年开始发掘。发现遗迹主要有房址、墓葬和灰坑，出土遗物以陶器、石器和骨器为主，并有少量玉器。遗存包含屈家岭文化晚期和石家河文化，其石家河文化可分为早、中、晚三期，属石家河文化西花园类型。1993年出版有《西花园与庙台子》。（黄卫东）

【王庄遗址】 新石器时代遗址。位于湖北省襄阳市双钩镇陈村。2002年开始发掘。面积约1.4万平方米。发现遗迹主要有房址、墓葬和灰坑，出土遗物

以陶器和石器为主。遗存相当于石家河文化早期，属石家河文化西花园类型。（黄卫东）

【水星台遗址】 新石器时代遗址。位于湖北省谷城县石花镇水星台村。面积残存3 000平方米。2005年开始发掘。发现遗迹主要有房址、墓葬、灰坑和灰沟，出土遗物以陶器和石器为主。遗存属石家河文化西花园类型。（黄卫东）

【爆米山遗址】 新石器时代遗址。位于湖北省云梦县义堂镇魏吴湾村。面积约1.3万平方米。2003年开始发掘。出土遗物以陶器和石器为主。属石家河文化西花园类型。（黄卫东）

【余家岗遗址】 新石器时代遗址。位于湖北省安陆市洑水镇洑水港村。面积约3.9万平方米。2005年开始发掘。发现遗迹主要有房址、墓葬和灰坑，出土遗物以陶器和石器为主。遗存可分为二期，分属屈家岭文化和石家河文化。其中石家河文化属西花园类型。（黄卫东）

【尧家林遗址】 新石器时代遗址。位于湖北省通城县麦市镇尧家林。面积约3万平方米。1982年开始发掘。发现遗迹主要有房址和灰坑，另有一些性质不明的烧坑，出土遗物以陶器和石器为主。遗存可分为二期，第一期属屈家岭文化，占主体位置的第二期属石家河文化。其石家河文化属尧家林类型，受江西省境内樊城堆文化的影响较大。（黄卫东）

【庙山岗遗址】 新石器时代遗址。位于湖北省罗田县三里畈镇张家湾村。面积残存6 000平方米。1991年开始发掘。遗迹主要有房址，出土遗物以陶器和石器为主。遗存可分为二期，分属石家河文化的较早和较晚阶段，皆属石家河文化西花园类型，并受中原龙山文化、薛家岗文化和樊城堆文化影响较大。（黄卫东）

【石家河文化冶铜遗址】 新石器时代遗址。湖北省天门市邓家湾遗址、肖家屋脊遗址和罗家柏岭遗址都有发现。经化验为品位相当高的铜矿石，很可能是用来炼铜的原材料，其时代相当于石家河文化早、中期，罗家柏岭遗址还发现了5件铜器残片和一些铜渣，说明石家河文化可能具备冶铜工艺。（黄卫东）

【石家河文化陶塑】 新石器时代遗存。分布于石家河文化诸遗址中。其中，湖北省天门市邓家湾遗址是陶塑品的集中生产地。陶塑品都为泥质红陶，大小一般5～10厘米，种类有人和动物。人形陶塑品的姿势可分箕踞和跪坐两种，跪坐陶人有的在身前横抱一条大鱼。动物形陶塑品种类有鸡、鸟、鸭、猫头鹰、猪、狗、羊、猴、象、貘、兔、鳖、鱼等。陶塑品盛行于石家河文化中晚期，年代为距今4 400～4 000年。石家河文化陶塑可能与原始宗教信仰有关，反映了古人祈祷丰收的思想意识。（黄卫东）

【石家河文化古城】 新石器时代城址。共发现两座，分别为湖北省天门市的石家河古城和笑城古城。城址形状为圆角长方形，面积约9.8万～120万平方米。城址上发现有夯土城墙、护城河、水门等，其夯筑方法为堆筑法。古城的时代多为石家河文化早期，规模较以往的古城大，形状更加规整，防御设施更趋完善。（黄卫东）

长江下游地区

【良渚文化】 长江下游地区新石器时代考古学文化。1936年施昕更在浙江省余杭县（今杭州市余杭区）良渚调查和发掘时发现，因而得名。迄今见诸报道的良渚文化遗址约有200处，但有学者估计实际数目应该不下千处。主要分布在今上海市、浙江省北部和江苏省南部的太湖周围地区。主要中心性遗址有浙江杭州余杭良渚遗址群，江苏昆山赵陵山、苏州草鞋山、张陵山，常州武进寺墩，上海青浦福泉山等，年代为距今5 300—4 300年。夹砂陶数量少，主要为红褐和黑褐色，泥质陶为陶器主体，有灰、灰胎黑皮和橙红胎灰皮等种类。典型陶器包括鱼鳍足和T字形足鼎、竹节状把豆、双鼻壶、宽把带流杯、鬶等；石器有钺、有段石锛和耘田器等。良渚文化的玉

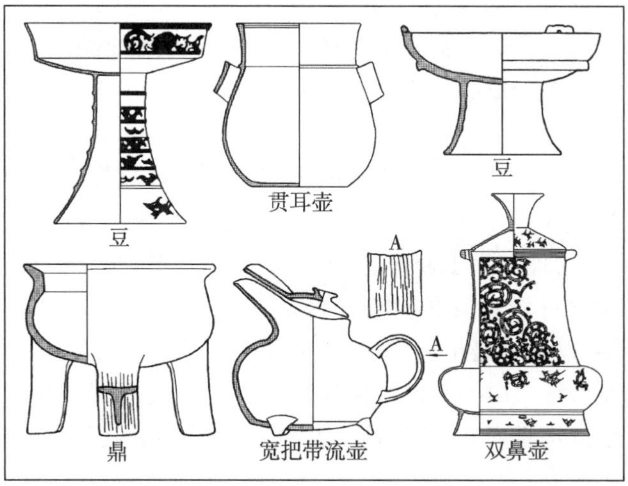

良渚文化陶器

器达到了中国史前玉器发展的顶峰。主要种类有琮、钺、璧、冠状饰、三叉形器、镯、锥形器、半圆形饰、柱状器、璜、牌、串饰、带钩及鸟、龟、蝉、鱼等。器身上刻有神人兽面纹的各种变体、鸟纹、卷云纹等各种良渚文化特有的图案。木制品有各种器皿,其中有漆器。人工堆筑的大型墓地兼祭坛也是良渚文化的主要特色。种种迹象表明,良渚文化已经形成了复杂的等级社会。稻作农业发达。存在以沟通天地为重要内容的宗教,在社会生活中占重要地位。军政与宗教权力合一。良渚文化中期,良渚遗址群似是整个良渚文化的都邑性中心。(李新伟)

【寺墩类型】 新石器时代良渚文化分布在太湖北岸到长江一带包括江苏省无锡市、常州市等地的文化遗存。发现和经过发掘的遗址较少,以常州市武进区四墩遗址最为重要。其中,遗址中大型的人工堆筑台地和祭坛,以及发现的随葬有琮、钺、璧等100余件玉器的大墓,应为良渚文化一方政治、经济和文化的中心。(王吉怀)

【龙南类型】 新石器时代良渚文化的一种地方类型。在江苏省苏州市、常熟市、昆山市、常州市等地均有发现。以龙南遗址最具典型意义,地层遗迹现象丰富,且有房子、河流、水井、道路、灰坑等构成独具特色的村落。(王吉怀)

【良渚遗址群】 新石器时代良渚文化都邑性聚落群。全国重点文物保护单位。位于浙江省杭州市余杭区的良渚和瓶窑两镇。遗址群西以瓶窑镇毛元岭为界,东以德清县羊尾巴山至良渚镇一线为界,北以吴家埠经安溪天目山余脉至羊尾巴山为界,南至大雄山及大观山丘陵北麓,面积超过50平方千米。遗址群北部有遗址30余处,分布于大遮山丘陵南麓;西南部以莫角山为中心分布着50余处遗址,是遗址群的重心所在;东南部以荀山为中心分布着近30处遗址,几乎连成一片,是一处相对集中的大型聚落。遗址群中部广大的水网平原上稀疏分布着约20处遗址。遗址类型包括人工堆筑工程、祭坛、墓地、居址和手工业作坊等,遗址间等级分明。2006—2008年浙江省文物考古研究所经过调查、钻探和发掘,发现了略呈长方形、总面积290余万平方米的大型城址,环护着以莫角山为中心的广大范围。此遗址群被学者称作良渚社会的“王都”所在。2005年出版有《良渚遗址群》。(李新伟)

【莫角山遗址】 新石器时代遗址。位于浙江省杭州市余杭区瓶窑镇东部。此系良渚文化大型人工堆筑土台,也是良渚遗址群的核心部分。近长方形,东西长670米,南北宽450米,高出地表8米,总面积约30万平方米。其上凸出3处土台,呈三足鼎立之势,西北为小莫角山,东北为大莫角山,西南为乌龟山。1987年、1992年和1993年浙江省文物考古研究所进行发掘。揭露面积1 500余平方米,发现有面积不小于30 000平方米的大型夯土基址、柱洞、积石坑和类似堤坝遗迹,为研究良渚文化的聚落形态、社会性质提供了重要的考古资料。(李新伟)

【反山遗址】 新石器时代遗址。位于浙江省杭州市余杭区良渚遗址群的核心莫角山西北。良渚文化中期高等级祭坛与墓地合一的遗址。为一处东西长90米、南北宽30米的人工堆筑土墩,总面积约2 700平方米。1986年浙江省文物考古研究所进行发掘。清理出高等级良渚文化墓葬11座,墓中发现棺床和朱漆木棺痕迹,出土随葬品3 000余件,绝大多数为精美玉器,包括琮、璧、钺、钺柄饰、璜、冠形器、带盖柱形器、柱形器、三叉形器、锥形器、圆牌、镯形器、管、半圆形饰、带钩、牌饰、珠、纺轮、鸟、龟、鱼、蝉等器形(见彩版3“良渚文化余杭良渚遗址群反山M23”)。随葬品最丰富的M12出土器物659件,其中包括重达6.5千克、有“琮王”之称的大型玉琮。2005年出版有《反山》。(李新伟)

【反山M12】 新石器时代良渚文化墓葬。是反山墓地等级最高的核心墓葬。1986年发掘。出土了迄今为止最大的玉琮、雕琢神人兽面像的玉钺和特殊的豪华形瑁镦。墓葬形制为长方形竖穴土坑墓,墓坑南北长310厘米、东西宽约165厘米、深约110厘米。墓底部筑有棺床,两侧的浅沟深约110厘米,棺床略呈凹弧状。墓主人骨基本不存,南部留有头骨残骸,知其头向南。出土有大量的玉器、石器、嵌玉漆器、象牙器和陶器。玉器共编158号,主要种类有冠状器、三叉形器、特殊长玉管、成组半圆形饰、成组锥形器、单件锥形器、带盖柱形器、单件柱形器、琮、钺、瑁镦、镯、璧、柄形器、各类端饰、各类管珠和镶嵌的玉粒(片);石器均为石钺,共5件;陶器4件,分别为鼎、豆、罐、大口缸。关于12号墓主人的身份,有学者认为可能是良渚文化的王者。(彭小军)

【瑶山遗址】 新石器时代遗址。位于浙江省杭州市余杭区良渚遗址群的东北角、安溪镇下溪湾村天目山余脉凤凰山麓的小山丘瑶山之上。此系良渚文化中期偏早的高等级祭坛与墓地合一的遗址，也是良渚遗址群的重要组成部分（见彩版3“良渚文化余杭良渚遗址群瑶山祭坛和墓葬”）。1987年、1996年、1997年和1998年浙江省文物考古研究所进行了五次发掘。探明其中心部位为人工堆筑，中心为一处红土台，东边长7.6米、北边长5.9米、西边长7.7米、南边残长6.2米，外围一圈灰色土。灰土外围为原来可能铺有砾石的黄土台，台西、北侧保留有石磡。中心部位之外，发现有北2、西2至西6及南1多条石坎，整体规模宏大。中心部位上发现南北两列排列整齐、随葬品丰富的高等级墓葬13座，出土器物约3 000件，其中绝大部分为玉器，包括琮、钺、璜、冠形器、带盖柱形器、柱形器、三叉形器、锥形器、圆牌、镯形器、带钩、牌饰、纺轮和鸟等器形。随葬品最丰富的M7出土器物679件。2003年出版有《瑶山》。（李新伟）

【汇观山遗址】 新石器时代遗址。全国重点文物保护单位。位于浙江省杭州市余杭区良渚遗址群西部瓶窑镇外窑村。此系良渚文化中期高等级祭坛与墓地合一的遗址，也是良渚遗址群的重要组成部分。1990年浙江省文物考古研究所进行发掘。揭露面积约1 500平方米，清理良渚文化祭坛1座和墓葬4座。祭坛平面呈长方形，东西长约45米，南北宽约33米，东西两侧有小沟，北侧有石磡。其中部有一在基岩上挖沟又以灰土填充形成的方框。墓葬中出土随葬陶器、石器和玉器173件（组），以玉器为主，包括琮、璧、钺、冠形器、三叉形器、镯形器、带钩、杖端饰、柱形器、曲匕形器、锥形器、管、珠和坠等器形。（李新伟）

【庙前遗址】 新石器时代遗址。位于浙江省杭州市余杭区良渚镇西北荀山南侧，良渚遗址群的东南角。1988—1989年、1990年、1992年、1993年和1999—2000年浙江省文物考古研究所进行了六次发掘。揭露面积3 000余平方米，是良渚遗址群内迄今揭露面积最大的遗址。除少量马家浜文化晚期的遗存外，大部分遗存属于良渚文化时期，其中包括居址、红烧土建筑遗迹、灰坑、木结构水井和58座墓葬等遗迹，以及大量陶器、石器、玉器和木器等遗物。墓葬主要属于良渚文化早期，一些灰坑中出土良渚文化晚期典型器物。大面积的红烧土遗迹和有精美刻划纹的陶器是重要发现。2005年出版有《庙前》。（李新伟）

【卞家山遗址】 新石器时代遗址。位于浙江省杭州市余杭区良渚遗址群南侧，北距莫角山遗址1 500米。面积约4 000平方米。2002年、2003年浙江省文物考古研究所进行发掘，揭露面积800余平方米。遗址北部为良渚中期墓地，清理出墓葬5座，出土陶器、石器和玉器等随葬品。南部为良渚晚期居址以及大型木构遗存。木构遗存包括140余个木桩，呈曲尺形分布，为良渚文化中的重要发现。遗址共出土陶器、石器、玉器、木器、骨器、漆器、竹制品等各类器物近500件，以及大量动物骨骼和有机质残骸。（李新伟）

【茅山遗址】 新石器时代遗址。位于浙江省杭州市余杭区临平镇西北的上环桥村北侧，西距良渚遗址群20余千米。遗址分布在茅山南麓，总面积约10万平方米。遗址的聚落格局依地形可分两大块，北部地势较高的茅山坡脚为居住生活区和墓葬区，南部地势低洼的坡下为稻田区。居住生活区和墓葬区的文化层堆积由早到晚主要有马家浜文化、崧泽文化、良渚文化和广富林文化时期的遗存。稻田区的农耕遗迹由早到晚发现有良渚文化中期条块状稻田、良渚文化晚期大面积水稻田和广富林文化时期农耕层等三个阶段，并分别与居住生活区同时期的堆积相对应。同时，茅山遗址良渚文化晚期大面积水稻田揭露出了明确的道路系统、灌溉系统和完整的长条形田块结构，是长江下游地区史前稻作农业资料中首次发现的新类型，也是中国迄今发现保存最好、结构最完整的新石器时代水稻田遗址。茅山遗址不同时期稻田遗迹的发现，填补了太湖地区史前稻作农业发展演变研究中的空白，为全面系统研究新石器时代中国东南地区稻作农业的发展过程提供了珍贵的资料。（彭小军）

【玉架山遗址】 新石器时代遗址。位于浙江省杭州市余杭经济开发区，西距良渚古城20余千米。为6个相邻的环壕围沟组成的良渚文化完整的聚落遗址，总面积约15万平方米。2008年以来浙江省文物考古研究所多次进行发掘，虽尚未完全发掘揭露整个遗址，但各环壕内均发现有从早到晚的墓葬和建筑遗存，说明这些环壕应是同时存在的。在平面布局上环壕Ⅱ～环壕Ⅵ对环壕Ⅰ形成了环抱之势，从相对位置、遗址面积、墓葬等级和数量等多方面，都反映了环壕Ⅰ在整个聚落中的重要地位。玉架山遗址由多个环壕组成的环壕聚落现象，为研究良渚文化

的社会组织结构及其人口数量、氏族内部和氏族之间的等级差异等都提供了全新的材料和视野。(彭小军)

【美人地遗址】 新石器时代遗址。位于浙江省杭州市良渚古城东面的台地上,属于良渚古城的重要附属部分。曾发现良渚文化时期临河而居的建筑基址和古河道,河岸采用了以木板作为护岸的做法,形成了人工的垂直河岸。在河道中出土了大量的陶片,许多黑陶上刻画有精细的纹饰。遗址的考古发掘表明,良渚古城的东面原系较为低洼的沼泽湿地,良渚人在修建古城的同时,对城外一定的范围进行了统一的规划,并在沼泽中堆筑起了几条长条形的东西向台地,在堆筑台地的同时形成了河道水系;使用一段时间后,为扩大居住地面积,这些长条形的台地逐渐地被一次次地加高和拓宽。美人地遗址为了解良渚古城东面的地形地貌、古城的规划特征以及良渚居民的生活方式提供了丰富的资料和线索。(彭小军)

【彭公水利设施】 新石器时代遗址。位于浙江省杭州市良渚古城的西北部约8千米,包括岗公岭、秋坞、石坞、老虎岭等多处地点,为高大的坝体建筑,应是良渚古城的重要防洪设施。其与天目山余脉及东苕溪走向完全一致,南起瓶窑栲栳山与南山,往北到彭公的毛元岭转弯向东,全长10余千米,底宽约60米、顶宽20米、高10余米,东侧连接自然山体直到德清。上面5米为山上的黄泥,向下10余米则是青膏泥,堆筑十分考究,坝体在建筑过程中每隔20厘米就要铺设一层席草,进行夯实再往上铺。彭公水利设施对于了解良渚文化的社会发展状况和自然环境提供了不可多得的资料和线索,故一经发现即被学术界认为是迄今已知的"中国水利第一坝",从而为中国的水利发展史研究提供了新的视野和思路。(彭小军)

【好川墓地】 新石器时代墓地。全国重点文物保护单位。位于浙江省遂昌县三仁畲族自治乡好川村岭头岗。面积约5 000平方米。1997年浙江省文物考古研究所发现并进行发掘。共清理墓葬80座、灰坑3个。墓葬分布有序,等级分明。出土大量特征鲜明的陶器、石器和玉器等遗物,表明与良渚文化、大汶口文化、昙石山文化和樊城堆文化等考古学文化有密切联系。墓地年代为距今4 300～3 700年,墓地代表的遗存被命名为"好川文化"。2001年出版有《好川墓地》。(李新伟)

【昆山遗址】 新石器时代和商周时期遗址。全国重点文物保护单位。位于浙江省湖州市吴兴区八里店镇昆山村。1995年、2000年和2004年浙江省文物考古研究所等进行发掘,揭露面积2 000余平方米。新石器时代遗存主要包括相当于崧泽文化向良渚文化过渡时期的墓葬61座,随葬陶器、石器、玉器。柄部有镂空弧线三角和圆形图案的陶豆和石耘田器极具特色。商周时期遗存有灰坑、房址等遗迹和大量陶片,属高祭台类型。2006年出版有《昆山》。(李新伟)

【雀幕桥遗址】 新石器时代遗址。位于浙江省嘉兴市东栅乡雀幕桥村。1983—1984年浙江省文物考古研究所进行发掘,揭露面积350平方米。遗址下层为崧泽文化堆积,中层为良渚文化堆积,上层为马桥文化堆积。中层发现良渚文化偏晚期墓葬5座,随葬品以陶器为主。(李新伟)

【庄桥坟遗址】 新石器时代遗址。全国重点文物保护单位。位于浙江省平湖市林埭镇群丰村。面积超过10万平方米。2003—2004年浙江省文物考古研究所等单位进行发掘,揭露面积约2 000平方米。发现良渚文化时期人工堆筑土台3座,清理良渚文化中晚期墓葬236座,以及灰坑、沟、祭祀坑等遗迹近100处,出土各类遗物近2 600件(组)及大量动植物遗存。随葬品以陶器为主,有椭圆形豆、盖豆、泥质红陶罐、盉、高柄豆等。玉器种类有璧、钺、镯、环、锥形器、坠、珠等。(李新伟)

【坟桥港遗址】 新石器时代遗址。位于浙江省海宁市马桥镇湖塘金鸡村。面积约9万平方米。1982年发现。1988年浙江省文物考古研究所进行发掘,揭露面积475平方米。主要发现包括马家浜文化晚期至良渚文化晚期的灰坑、水井、墓葬,出土一批陶器、石器、骨器和玉器。陶器有夹砂红陶釜、牛鼻耳罐、牛舌形鼎足,石器有凿、斧、镞,并有骨镞和玉饰。清理的8座墓葬均属马家浜文化晚期,人骨保存较好。(李新伟)

【郜家岭墓地】 新石器时代墓地。位于浙江省海宁市硖石镇东山西南坡地。1988年浙江省文物考古研究所等单位进行发掘。清理良渚文化小型墓葬11座,出土随葬品160余件,以陶器为主,各墓均有少量小型玉器。随葬品最丰富的M4有28件随葬品,包括玉环、镯、坠各1件和玉珠7件。(李新伟)

【荷叶地遗址】 新石器时代遗址。位于浙江省海宁市周王庙镇余木桥村。面积约1万平方米。1988年浙江省文物考古研究所进行发掘。揭露面积约350平方米。遗址主体为人工堆筑的土台,土台中清理出良渚文化墓葬16座,出土随葬品200余件(组),以陶器为主,石器有锛、耘田器,玉器种类包括琮、璧、钺及各类装饰品。(李新伟)

【钱山漾遗址】 新石器时代遗址。全国重点文物保护单位。位于浙江省湖州市南7千米的钱山漾东岸南头。1934年发现。1956年和1958年浙江省文物管理委员会,2005年浙江省文物考古研究所进行了三次发掘,揭露面积2 000余平方米。遗址主体为一经反复营建形成的土台,其上部为马桥文化遗存,清理出房基、灰坑、水井等遗迹和大量遗物。马桥文化层之下,为年代介于良渚文化和马桥文化之间的考古学文化遗存,年代为距今4 300～4 000年之间。发掘者称之为“钱山漾类型文化遗存”,典型器包括大鱼鳍形足鼎和高把浅盘豆等,同时有龙山文化风格器物。(李新伟)

【水田畈遗址】 新石器时代遗址。位于浙江省杭州市拱墅区半山镇水田畈。以新石器时代遗存为主,也有印纹陶遗存。分东西两区,面积各约2 000平方米。1958年、1959年浙江省文物管理委员会进行了两次发掘。揭露面积270平方米,发现灰坑6个、居址1处和墓葬3座。出土新石器时代遗物包括良渚文化早期的鱼鳍形鼎组和圈足盘等,并有可能属于良渚文化的木器、竹编物和包括水稻在内的多种植物种子。(李新伟)

【新地里遗址】 新石器时代遗址。全国重点文物保护单位。位于浙江省桐乡市崇福镇湾里村。面积2万余平方米。2000年当地农民平整土地时发现,2001—2002年浙江省文物考古研究所等单位进行发掘,揭露面积约3 000平方米。清理良渚文化墓葬140座和灰坑、灰沟、水井、红烧土遗迹、红烧土建筑遗迹等40余处;以及马桥文化时期的灰坑和春秋、汉、唐、宋等时期的墓葬10座。共出土陶器、石器、玉器、骨器、牙器和木器等各类遗物近2 000件,其中良渚文化遗物1 800余件(组),涵盖良渚文化的中晚期。2006年出版有《新地里》。(李新伟)

【寺墩遗址】 新石器时代遗址。位于江苏省常州市武进区三皇庙村。面积约6万平方米。20世纪70年代末至80年代初南京博物院进行发掘。下部为崧泽文化层,上部为良渚文化层。据碳十四测定并经校正的年代为距今4 790年。发现有3座排成一列的墓葬,无墓坑和葬具,其中东边一座曾举行过用火敛葬的仪式,死者肢骨和部分随葬品有火烧痕迹,随葬品多达124件,包括24件玉璧和33件玉琮,琢玉技术相当进步。(王吉怀)

【梅堰遗址】 新石器时代遗址。位于江苏省苏州市吴江区梅堰镇东北袁家埭。面积约65 250平方米。1958年发现。1959年江苏省文物工作队与苏州市文物管理委员会进行发掘,揭露面积143平方米。遗址的文化堆积以第4、6层为主要文化层,故此称第4层为上文化层,第6层为下文化层。上层出土有大量黑陶,形制、制法均与浙江良渚出土的相似,其中的贯耳壶尤为突出,应属良渚文化。下层均为红陶,无黑陶共存,有大量的釜、喇叭口高圈足大豆、“牛鼻式”大陶罐,有鼎无鬲,时代比良渚文化早,应属青莲岗文化。(王吉怀)

【赵陵山遗址】 新石器时代遗址。全国重点文物保护单位。位于江苏省昆山市张浦镇吴淞江南岸。面积1万余平方米。1990年和1991年南京博物院、苏州博物馆、昆山市文物管理委员会进行了两次发掘。第2次揭露面积635平方米,共发现良渚文化墓葬68座,其中小型墓占三分之一,中型和大型墓占三分之二,出土随葬品600余件。属于良渚文化大型墓葬的M7,随葬品多达160件,其中玉器125件,石器21件,陶器10余件,并有人、兽、鸟三者组合的一件透雕玉器视为稀世珍品。在良渚文化层中发现了面积约3 000平方米、厚约4米的人工堆筑大型土台。文化层中还出土了数量较多的鱼鳍形、T字形鼎足,并发现了良渚文化迄今最大的石钺。(王吉怀)

【少卿山遗址】 新石器时代遗址。位于江苏省昆山市千灯镇东北。总面积约4万平方米。1958年江苏省文物工作队调查发现,1997年苏州博物馆、昆山市文化局进行发掘,揭露面积200平方米。少卿山遗址是一处面积较大的内含崧泽文化和良渚文化等遗存的遗址,其中在早期良渚文化堆积之上堆筑有一座面积约1 600平方米、高6米的土台,土台系搬运生土堆筑而成,并存在有打破土台的土坑,出土有玉璧、石钺、玉珠和红烧土颗粒,也有埋葬动物骨架和人头骨的土坑,证明少卿山遗址为良渚文化土台,除用作墓地,还具有祭坛的作用。(王吉怀)

【龙南遗址】 新石器时代遗址。位于江苏省苏州市吴江区梅堰镇龙南村西南。面积约4万平方米。1988—1989年苏州博物馆等单位进行了两次发掘，揭露面积近800平方米。发现一处原始村落遗址。新石器时代遗存包括河道、房址、灰坑、井和墓葬等遗迹，出土陶器、石器、骨器、玉器等大量遗物。主要属于崧泽文化最晚期至良渚文化早期，也有晚于良渚文化的类似钱山漾类型的鱼鳍形足鼎。遗址年代为距今5 200～4 700年。（李新伟）

【越城遗址】 新石器时代遗址。位于江苏省苏州市西南部。面积约18万平方米。1936年曾进行过调查，1960年5—7月江苏省文物工作队苏州分队进行试掘，发掘面积98平方米。文化堆积厚达8米，分为上中下三层，分别包含有以几何印纹陶为特点的春秋时代文化，以灰陶、黑衣陶为主的良渚文化，以夹砂红陶、泥质红陶为特点的马家浜文化。其中，下层陶器以夹砂红陶和泥质红陶为主，并以宽檐釜、牛鼻耳罐、平底盂、带把壶形器为特征，年代为距今6 000年。中层出现的鳍形足和丁字形足、罐形鼎、带鋬匜、宽流阔把壶、贯耳壶、竹节形豆、弦纹豆等，具有良渚文化特点，年代为距今5 000年。（王吉怀）

【独墅湖遗址】 新石器时代及宋代遗址。位于江苏省苏州工业园区内。在工业园区二期工程取土过程中发现古井等遗迹多处。2001年苏州博物馆进行发掘。发现有水井280口、灰坑270个，其时代最早为崧泽文化晚期，最晚为宋代。水井结构有土井、木圈井、陶圈井、砖井等。其中，良渚文化的灰坑、水井170个。此外还发现有面积约2 400平方米良渚文化的古村落，并在村落内发现灰坑、水井132个。（王吉怀）

【王家山遗址】 新石器时代遗址。位于江苏省沪宁铁路线丹阳车站北约500米处。面积约3万平方米。1983年5月镇江博物馆调查发现，同年6月进行发掘，揭露面积76平方米。王家山遗址第2文化层与太湖流域新石器时代晚期文化特征一致，其中夹砂陶甑与草鞋山遗址崧泽墓葬的甑造型相同，泥质灰胎红衣陶、刻槽盆、鸡冠状把手和横贯耳等又与崧泽墓葬晚期的特征相符。故第2文化层的多数遗物似应属于良渚文化早期。第1文化层的圆形袋足鬲、小口夹砂陶罐以及梯格纹的泥质红陶、浅印套方格纹的硬陶等，又与湖熟文化一致，约相当于商周时期。（王吉怀）

【高城墩墓地】 新石器时代墓地。位于江苏省江阴市石庄镇高城墩村北。面积近万平方米，为良渚文化时期又一规模较大的高台墓地。1999—2000年南京博物院、无锡市博物馆、江阴市博物馆进行发掘，发掘面积近1 000平方米。发现大中型良渚文化墓葬13座，出土遗物233件（组）。墓葬大多具有棺椁葬具，多数墓出土玉器，随葬品3～33件（组）不等。规格较高的墓葬出土有琮、璧、钺类玉礼器。其中，第13号墓是良渚文化迄今发现的规模最大的墓葬，有椁无棺，墓坑南北长4.6米、东西宽3.2米、深1.9米，椁室长3.6米、宽2米，椁外有熟土二层台。（王吉怀）

【罗墩墓地】 新石器时代墓地。位于江苏省常熟市练塘镇罗墩村。罗墩为人工夯筑的土台，高出地面约4米，现残存不足500平方米，墓葬即分布在高台之上。1992年发现。1993年、1994年苏州博物馆、常熟市博物馆进行发掘。共清理墓葬14座，分东西两侧南北分布，分布密集，以中小型为主，少量大型。一般都有浅竖穴，平面呈梯形，个别大墓有二层台。葬式为仰身直肢，少数墓葬或头体分离，或残去下肢。随葬品丰富，以陶器为主，并有一定数量的玉石器。为良渚文化早期贵族墓地。墓地年代为距今5 000年。（王吉怀）

【朝墩头遗址】 新石器时代至周代遗址。位于江苏省高淳县固城湖东约3千米处。遗址呈台形，面积约1万平方米。1989年南京博物院、高淳县文物保护所发掘，揭露面积500平方米。遗址共分五层，其中3、4、5层为新石器时代晚期文化层，发现灰坑7个、墓葬17座。3层的陶器以灰陶为主，器形有绳纹鼎、筒状足甗、高柄浅盘豆等，时代相当于河南龙山文化晚期；4、5层以红陶为主，器形有鸭嘴形足鼎、长颈壶、圈足豆等，时代与良渚文化接近。（王吉怀）

【磨盘墩遗址】 新石器时代遗址。位于江苏省宁镇山脉东端的北侧。1980年丹徒县文教局调查发现。现存面积约240平方米。1982年南京博物院、丹徒县文教局进行发掘，揭露面积88平方米。打制石器是遗址文化遗物中最丰富的一类器物，被称为遗址的文化主体。其石料全部采用黑色燧石，主要为各种类型的石钻，占74.6%。磨盘墩的打制石器是长江下游宁镇地区新发现的一种新石器时代晚期文化因素，所处的时代应相当于崧泽类型中晚期至良渚文化早期，约为公元前3000年。陶器分别出自第3～5层,第5层的可辨器形有鼎、罐、缸、器盖、釜、杯、壶、豆、澄滤器等,其时代大致相当于崧泽类型中晚期。第4层陶器,泥质陶多于夹砂陶,灰陶和红陶次之,新出现甑、小杯、筒形及竹节形柄豆、“T”字形鼎足等,时代相当于良渚文化早期,与第5层有直接承袭关系。第3层时代大致相当于商至西周湖熟文化阶段。(王吉怀)

【丁沙地遗址】 新石器时代遗址。位于江苏省句容市西北。面积约5万平方米。1998年南京博物院考古研究所进行抢救性发掘,发掘面积约350平方米。出土陶器10余件、玉器(料)78件,各类玉器加工工具数百件及大量陶片。其中玉器均为半成品,有的尚保留线切割痕迹。玉料包括玉璞和加工后的残剩料。玉器加工工具有阴线雕刻工具、片割工具和打磨工具。丁沙地遗址应为一处以玉器加工为主,并制作少量石器的玉石加工作坊。(王吉怀)

【陆庄遗址】 新石器时代及唐至明遗址。位于江苏省阜宁县板湖乡西约4千米处。面积约5万平方米。1972年当时农民挖塘时发现。1995年4—6月南京博物院考古研究所、盐城市文物管理委员会、盐城市博物馆联合进行发掘,揭露面积150平方米。其中,第6～8层为新石器时代文化层,文化遗物主要有鼎、鬶、缸、盉、盆、瓮、罐、豆、盘、盖等,文化时代相当于良渚文化晚期或更晚。(王吉怀)

【东园遗址】 新石器时代遗址。位于江苏省阜宁县施庄镇东园村。1978年当地农民取土时发现。1985年盐城市博物馆进行调查,1998年10月至1999年1月南京博物院、盐城市博物馆、阜宁县文化局联合进行发掘,揭露面积810平方米。发现房址1座、灰坑6个、墓葬8座。出土陶器可辨器形394件,以泥质陶为主,夹砂陶次之,纹饰较少,计有弦纹、刻划纹、附加堆纹等。器物组合为鼎、釜、盖碗、罐、盆、豆等。根据出土主要器形判断,相当于良渚文化早期或大汶口文化中期,据碳十四测定并经树轮校正的年代为距今4 648 ±60年和4 744 ±60年。(王吉怀)

【良渚古城】 新石器时代良渚文化城址。位于浙江省杭州市余杭区良渚遗址群核心部位。2006—2008年浙江省文物考古研究所经过调查、钻探和发掘确认。古城址以莫角山为中心,略呈长方形,东西长约1 700米,南北长约1 900米,总面积290余万平方米。城墙基础部分一般宽约40～60米,局部可达100余米,现存最高处约4米。发掘与钻探显示,四面城墙在结构、堆筑方法以及用材上,都显示出统一性和整体性:城墙墙体主要用黄土堆筑,黄土底部普遍铺垫石头地基,石头地基以下铺垫一层20厘米左右的青胶泥,城墙内外都有壕沟。各种迹象表明,此四面围合的城墙和城壕在设计时应是作为一个完整的概念,同时进行修筑的。四面城壕与打破城墙的灰坑出土陶片年代一致,属于良渚文化晚期。这是首次发现的良渚文化城址,年代为距今4 600～4 300年,是长江下游地区第一次发现史前时期城址,并为迄今中国发现的新石器时代最大的城址,为认识良渚文化的社会发展阶段提供了新的重要资料。(李新伟)

【良渚玉器】 新石器时代良渚文化遗址发现的玉

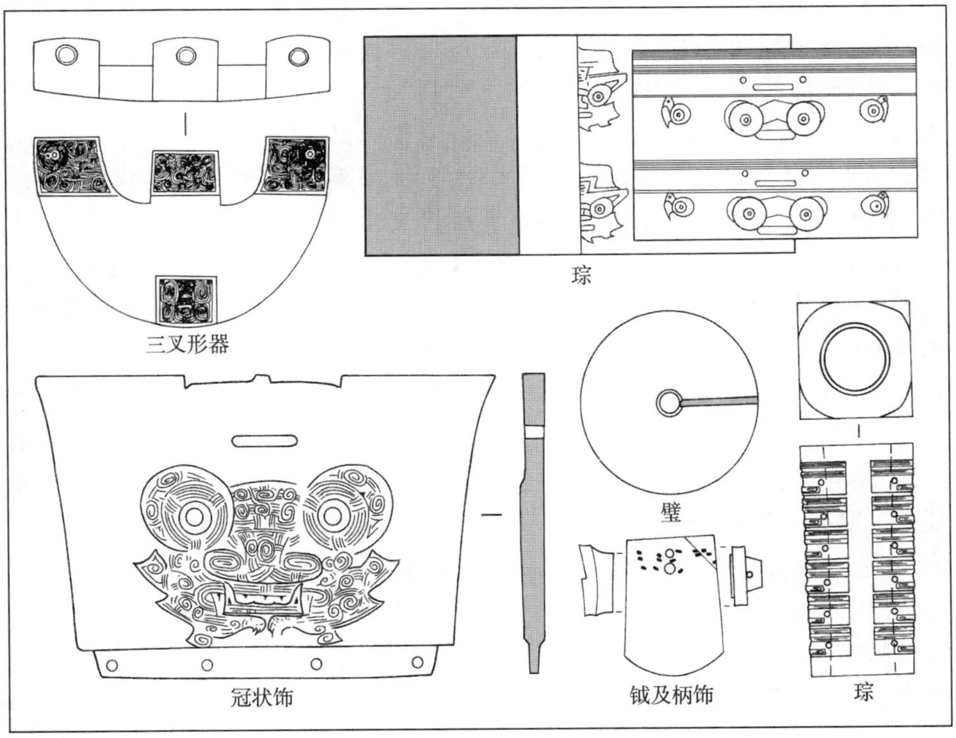

良渚玉器

器。主要出土于20世纪70～90年代。良渚文化以玉器的制作和使用闻名，达到了中国史前玉器发展的顶峰。良渚玉器主要种类有琮、钺、璧、冠状饰、三叉形器、镯、锥形器、半圆形饰、柱状器、璜、牌、串饰、带钩及鸟、龟、蝉、鱼等。器身上刻有神人兽面纹的各种变体、鸟纹、卷云纹等各种良渚文化特有的图案。治玉程序大致有选材、切割、钻孔、刻划、抛光等。江苏溧阳小梅岭可能是重要的玉材产地，当时已经能够精确辨别真玉和假玉。在采矿和切割成料时，采用线切割和片切割法，璧、琮等各类器物形态规整精确。钻孔时采用实心钻、管钻、琢钻等方法。刻划时估计采用燧石、钻石、鲨鱼牙等硬度高的雕刻器，可以在1毫米宽度内刻划出数道细线。剖光则用竹片、木片或皮毛等。线刻、减地浅浮雕、透雕、圆雕等表现技法均得到熟练应用。玉器成为当时表示身份等级的重要标志。高等级墓葬中真玉的比例高，玉器数量多且品种丰富，形成了完备的玉礼制。（李新伟）

【良渚文化玉琮】 新石器时代良渚文化典型玉器。不仅在诸多玉器种类里形体最大，出土也多。大小规格不一，主要有两大类：一类作短筒状，外壁不甚方正，俯视似手镯状，一般外壁以棱为对称线，装饰比较简单的兽面纹，多以两个双重圆圈表示双眼，其间雕刻桥形凸块相联，并以长方形突起表示嘴部（见彩版11“良渚文化玉琮”）；另一类作长筒状，形似柱子，外方内圆，一般可分为若干节，每节都装饰兽面纹或神人兽面纹。迄今发现的最大的玉琮出土于浙江余杭反山良渚文化第12号墓中，被称为“玉琮王”。玉琮多随葬于良渚文化显贵者的大墓中，被认为是死者生前权力、地位与财富的象征。同时，玉琮的外方内圆，可能代表了天圆地方的观念，也被认为是接地通天的法器。有学者认为玉琮是寓宗教、祭祀、礼仪于一体的高等级遗物。（彭小军）

【良渚文化玉璧】 新石器时代良渚文化典型玉器。玉璧一般制作规整，磨制光亮，且大多光素无纹饰，其造型特点是呈扁平圆形，中间有圆孔。此类玉器皆出土于墓葬之中，磨制粗细不一，有的内部尚留有切割痕迹。形体有大小之分，最大者直径达26.2厘米，最小者也有12.9厘米，厚一般为1～1.5厘米。玉璧造型单一，玉质纯净者少，多有斑斓色彩。有研究者认为，玉璧不仅是沟通神明的礼天之器，也是死者生前拥有社会财富的象征。但也有学者指出，并不是所有的玉璧都具有“礼”以及象征社会财富的功能，许多制作粗糙的玉璧应当和那些粗糙玉琮一样，可能只是敛尸的葬玉，具有“明器”的性质而已。（彭小军）

【良渚文化三叉形器】 新石器时代良渚文化玉器中造型最为独特的器物。其基本形制为下端圆弧，上端为对称的方柱体平头三叉。根据三叉的顶部平齐与否，大致分为两种：第一种中叉短于左右边叉，中叉的顶部一般钻有竖向直孔，其左右两叉的上端也钻有小孔；第二种三叉基本平齐。有的左右两叉的上端背部突兀，有贯穿的小孔，中叉的背部上、下端也有突块，并钻有贯穿的小孔。迄今为止，三叉形器在良渚文化分布中心地区的大型墓葬中仅少量出土，而雕刻着神秘、繁缛的纹饰的则更少。有研究者指出，三叉形器与长玉管和呈集束状的锥形器，是配套组装成整件使用的，往往出土于死者的头部附近。三叉形器及其附件，据推测是戴在首领头上的王冠，故被称为中国皇冠的雏形。（彭小军）

【广富林文化】 长江下游地区新石器时代考古学文化。因上海市松江区广富林遗址而得名。主要分布在长江下游环太湖地区。典型器物为侧装鱼鳍形足或三角形足鼎等，受到鲁、豫、皖交界地区龙山文化的强烈影响。文化年代为距今4 300～4 000年。（李新伟）

【广富林遗址】 新石器时代遗址。全国重点文物保护单位。位于上海市松江区方松街道广富林村。以新石器时代遗存为主。1958年当地农民开挖河道时发现。1961年试掘，1999年以后又进行数次发掘，揭露面积超过1 000平方米。新石器时代遗存包括良渚文化各阶段的灰坑、沟和墓葬等遗迹，出土大量遗物。尤为重要的是发现一种晚于良渚文化的遗存，包括灰坑等遗迹和大量遗物，典型陶器有侧装三角形足鼎，同时出土相当数量的龙山文化风格器物，如鬶和筒形杯。遗址年代为距今4 300年。（李新伟）

【南荡遗址】 新石器时代遗址。位于江苏省兴化市林湖乡戴家舍村南。1990年发现。面积约2万平方米。1992年南京博物院、扬州市博物馆联合进行发掘，揭露面积175平方米。主要遗迹有房址、灰坑、灰沟。房屋为干栏式结构，筑在半地穴坑内。遗物主要有鼎、甗、罐、瓮、豆、盆、鬶、壶、杯、盖等。器形多见于豫东王油坊类型龙山文化，却少见于王油坊类型的主要器类深腹罐。纹饰以绳纹为主,其次为篮纹,方格纹少见。南荡遗址对研究江淮之间龙山文化时期考古学文化的面貌和王油坊类型龙山文化的去向具有重要意义。(王吉怀)

【周邶墩遗址】 新石器时代至青铜时代遗址。位于江苏省高邮市东南卸甲镇周邶墩村。遗址近似正方形,四面环水,面积约2万平方米。20世纪70年代砖瓦厂取土时发现,1993年南京博物院考古研究所、扬州市博物馆、高邮市文物管理委员会联合进行发掘,揭露面积134平方米。其文化堆积分上中下三层。其中,下文化层的文化遗存与王油坊类型龙山文化相类似。文化遗物有侧扁足罐形鼎、三足盘、大袋足甗等,纹饰主要有绳纹、篮纹及附加堆纹、弦纹、方格纹等。陶系以灰陶为主,磨光泥质黑陶占有一定的比例。中文化层与岳石文化的尹家城类型相似。上文化层与宁镇地区西周至春秋时期的青铜文化相似。(王吉怀)

【牛头岗遗址】 新石器时代及周代遗址。位于江苏省南京市浦口区苏皖交界的滁河下游南岸。现存面积约5万平方米。1991年、1992年南京市博物馆共进行两次发掘,揭露面积600平方米。遗址下层为新石器时代晚期文化,陶器以黑衣褐胎夹砂陶和细泥黑陶为主,器形有甗、鼎、器盖、鬶、盘、罐、豆、杯为主,纹饰多饰篮纹和绳纹。根据发掘和采集到的陶器分析,牛头岗遗址的文化内涵和年代与二里头文化和岳石文化相类似,对全面了解江淮地区古文化面貌和确立滁河流域古文化序列具有一定的意义。(王吉怀)

【樊城堆文化】 新石器时代考古学文化。因江西省清江县(今改樟树市)樊城堆遗址而得名。迄今发现的主要遗址有江西省樟树市樊城堆、筑卫城和永丰县尹家坪以及九江市九神墩与新余市拾年山、棋盘山、变电所等处遗址。其主要分布区应为东、南、西三面环山,北临长江的赣江流域及鄱阳湖地区。陶器以夹砂红陶、灰陶为主,有大量泥质红陶、灰陶,少量泥质红衣陶、黑衣陶、黄褐陶、白陶等。主要纹饰有弦纹、凸棱纹、划纹等,还有少量彩陶。划纹多饰于鼎足上,为各种短斜线组成的图案。主要器形有鼎、豆、壶、罐、鬶、钵、簋、缸、杯、盆、盂、垫等。器身有凸棱,配以两侧翻起的宽扁形足或管状足的鼎、把有凸棱的豆、各式壶和鬶等器物最具特色。石器、玉器有斧、有段锛、刀、钺、镞、环、锥形器和个别的琮。二次火葬的葬俗也是本文化的重要特征。文化年代为距今5 300～4 300年。(李新伟)

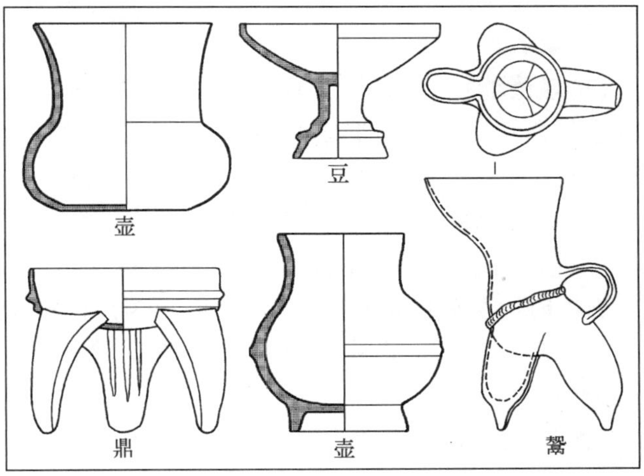

樊城堆文化陶器

【樊城堆遗址】 新石器时代遗址。全国重点文物保护单位。位于江西省樟树市樟树镇庙下村。面积约1.26万平方米。以新石器时代樊城堆文化遗存为主,也有相当于中原地区商周时期的遗存。1977年、1978年和1980年江西省文物工作队等单位进行三次发掘,揭露面积800余平方米。文化堆积厚2～4米,分7层:第1～2层为上文化层,相当于商周时期;第3～7层为下文化层,相当于新石器时代晚期。主要发现为樊城堆文化的灰坑、陶窑、建筑遗迹和墓葬,出土大量陶器、石器等遗物。(李新伟)

【筑卫城遗址】 新石器时代遗址。全国重点文物保护单位。位于江西省樟树市大桥乡东南约3千米的土岗上。面积1.476万平方米。以新石器时代和相当于中原地区商周时期遗存为主。1974年和1977年江西省博物馆等单位进行两次发掘,揭露面积566平方米。新石器时代遗存主要为樊城堆文化的建筑遗迹和陶器、石器等大量遗物。(李新伟)

【尹家坪遗址】 新石器时代遗址。位于江西省永丰县恩江镇西北。以一残存面积1 000余平方米的土墩为中心分布。以新石器时代樊城堆文化遗存为主。1983年江西省文物工作队进行发掘,揭露面积约100平方米。出土有斧、锛、镞等各类石器96件和陶器1万余片。可复原陶器,包括两侧翻起的宽扁形足或管状足的鼎、把底部出台并有凸棱的豆等樊城堆文化典型器物。(李新伟)

【跑马岭遗址】 新石器时代遗址。位于江西省修水县山背村东。1961年江西省文物管理委员会进行发掘,揭露面积约 100 平方米。发现房址 1 座、灰坑 8 个和水沟 1 条,出土有与樊城堆文化风格近似的陶器和有段石锛等石器。遗址年代为距今 4 800 年。(李新伟)

【神墩遗址】 新石器时代遗址。位于江西省九江市新合乡。以新石器时代樊城堆文化遗存为主,也有相当于中原地区商周时期的遗存。面积约 2.5 万平方米。1984 年和 1985 年江西省文物工作队等单位进行两次抢救性发掘,揭露面积 900 平方米。新石器时代遗存主要包括两座墓葬和陶器、石器等大量遗物。陶鼎、豆具有典型樊城堆文化风格。(李新伟)

【拾年山遗址】 新石器时代遗址。全国重点文物保护单位。位于江西省新余市水北乡拾年山村东。面积 2 300 余平方米。以新石器时代遗存为主,也有相当于中原地区商周时期的遗存。1986 年、1987 年和 1989 年江西省文物考古研究所等单位进行三次发掘,揭露面积 1 200 余平方米。发现樊城堆文化的房址、陶片堆积、石器堆和有火葬习俗的墓葬 140 余座,出土大量陶器和石器等遗物。(李新伟)

【郑家坳遗址】 新石器时代遗址。位于江西省靖安县水口乡。面积约 5 000 平方米。1983 年江西省文物工作队等单位进行发掘,揭露面积 70 平方米。主要发现薛家岗文化墓葬 10 座,出土和采集陶器、石器和玉器等随葬品 75 件。1990 年第二次发掘。(李新伟)

【古埂遗址】 新石器时代遗址。位于安徽省肥西县上派镇胡湾村。遗址呈台形,总面积约 2 万平方米。1983 年、1987 年安徽省文物考古研究所先后进行两次发掘,共揭露面积 450 平方米。根据地层叠压关系分为早、中、晚三期。早期陶器以夹砂红陶为主,少量的红陶器表涂有红衣。生活用具主要有鼎、豆、壶、罐、尊、甑、杯等。中期仍以红陶为主,陶器以三足器和圈足器为多,平底器较少。主要器形有鼎、豆、壶、碗、钵、盘、鸟首耳罐、杯等。晚期仍以红陶为主,黑陶明显增多,主要器形有鼎、豆、罐、甑、钵、盆、碗等。生产工具有石铲、石镞、石刀、陶纺轮等。另发现平地起建的长方形房址,地面经火烤,平滑坚硬。四周有圆柱形洞,排列有序。房中间有长方形陶灶,灶旁有陶鼎、豆、盆及炉箅。有学者将其列入侯家寨文化类型。(王吉怀)

【禹会村遗址】 亦称“禹墟”。新石器时代遗址。全国重点文物保护单位。位于安徽省蚌埠市西郊涂山脚下的淮河东岸。总面积约 50 万平方米。中国社会科学院考古研究所于 2006 年钻探,2007 年春季、2008 年春季共进行两次发掘。揭露面积1 800平方米。遗址中存在一处约 2 000 平方米的人类堆筑遗迹,呈“甲”字形布局,分别由灰土、黄土和白土自下而上逐层堆筑而成,最后形成一个具有一定形状的白土覆盖面。并在覆盖面北端中部存在一处椭圆形烧土面,西侧烧土面存在 5 条南北向沟槽,附近有陶甗、陶杯出土。遗址中同时存在以埋藏完整或较完整的烧坑和器物坑,表现出了一定的祭祀意义。出土陶器以胎壁薄为特点,而多数不属于实用性器物。其器形特点又与山东省、河南省的龙山文化接近,同时也与良渚文化有着一定的联系,并与上海市广富林遗址,江苏省南荡遗址、周邶墩遗址等关系密切。据碳十四测定并经校正,遗址年代为距今 4 350～4 190 年。(王吉怀)

【禹墟】 即“禹会村遗址”。

【新州遗址】 新石器时代至商周时期遗址。位于安徽省歙县徽城镇北郊。原为高出周围 3～4 米的台地。总面积约 15 万平方米,现存面积约 2 万平方米。1984 年发现,1986 年、1994 年、1995 年、1998 年安徽省文物考古研究所进行过多次发掘,揭露面积约 100 平方米。其中,第 4、5 层与良渚文化较为接近,出土遗物丰富,两层差别不大,陶器以夹砂红陶最多,其次为夹砂灰陶和泥质磨光黑陶,多数素面,少量饰有刻划纹、弦纹和附加堆纹。器形有鼎、豆、壶、罐、钵、簋形器等,其年代大致相当于良渚文化早期。(王吉怀)

【孟城遗址】 新石器时代遗址。位于安徽省固镇县城东南。总面积约 3.3 万平方米。1995 年在配合水利工程调查时发现,同年安徽省文物考古研究所进行了抢救性发掘,揭露面积 125 平方米。是一处面积大,文化内涵较为单纯的新石器时代文化遗存。其中的四个文化层一脉相承,始终以夹细砂陶为主体,陶色均为红褐,器表多素面,最多的鼎足分为侧装三角形、凿形和横装扁平形三大类,并在鼎面上多带有按窝或竖凹槽。遗址的年代,其早期总体上相当于鲁西南龙山文化的早期,最早的年代不超过大汶口文化晚期偏晚阶段;晚期的年代相当于龙山文化偏晚阶段。(王吉怀)

【程井遗址】 新石器时代遗址。位于安徽省亳州市谯东镇南程井村。总面积约20万平方米,其上全部被1.5米厚黄泛层覆盖。2004年发现。同年7月—2005年7月安徽省文物考古研究所进行发掘,揭露面积2 400平方米。遗址文化内涵极为丰富,时代包括龙山文化及商周等若干时期的文化堆积层。发现有龙山文化时期的灰坑、储藏坑等遗迹。出土遗物1 500余件,有陶盆、罐、甑、碗、蛋壳陶杯、三角形鼎足、骨标、骨锥、残石斧及石锛、卜甲和卜骨等。(王吉怀)

【张四墩遗址】 新石器时代遗址。全国重点文物保护单位。位于安徽省安庆市宜秀区三义村。遗址为高出地面约2～4米的土墩,面积近3万平方米。1976年兴修水利时发现。1978年和1980年怀宁文物管理所和安徽省博物馆进行两次试掘。1997年北京大学考古系和安徽省文物考古研究所再次进行试掘,揭露面积46平方米。遗址第3、4层为商周时期遗存,第5～8层为新石器时代遗存,其中又把第5～7层划为新石器时代二期文化,第8层为一期文化。一期遗迹发现有灰坑,陶器多为夹砂黑皮灰胎陶和红胎陶,纹饰多见篮纹、附加堆纹等,器形以鼎、豆、罐、碗、鬶、缸为主。二期遗迹有灰坑和墓葬,陶器以夹砂红褐陶和黑陶较常见,纹饰常见篮纹,器形以鼎、豆、罐、鬶、甑、碗为主。一、二期的文化时代相当于龙山文化时期。(王吉怀)

【龙王庙遗址】 新石器时代遗址。位于安徽省怀远县河溜镇南6千米处,依傍淮河支流茨河。面积约10万平方米。1990年发现,此后怀远县文物部门曾多次到现场进行调查。中国社会科学院考古研究所安徽工作队于2006年对遗址进行钻探。曾出土一定数量的玉器,有些带有良渚文化的风格。由于河水的侵蚀和深翻土地,迄今遗址破坏严重。年代相当于龙山文化晚期。(王吉怀)

【宝孤墩遗址】 新石器时代遗址。位于安徽省怀远县孝仪乡姚魏村。总面积1.5万平方米。2002年安徽省文物考古研究所、怀远县文物管理所进行抢救性发掘,揭露面积150平方米。清理灰坑14个、房址1座,出土完整器物40余件。陶器以夹砂褐陶为主,其次是夹砂红黑陶和泥质黑陶,主要器形有尊、器盖、网坠,纹饰以篮纹居多,同时有弦纹、附加堆纹、刻划纹等。年代相当于龙山文化晚期。(王吉怀)

【吴大墩遗址】 新石器时代至商周时期遗址。位于安徽省肥东县东部。面积约4万平方米。1985年安徽省文物考古研究所、北京大学考古系、肥东县文物管理所进行发掘,揭露面积75平方米。文化堆积分为九层,分别为龙山文化、二里头文化、商、周四期。龙山文化时期有夹砂红陶鬶(足),灰陶小平底碗、器耳等,反映了江淮地区土著文化的特点,为研究江淮地区淮夷族文化提供了新资料。(王吉怀)

【红墩寺遗址】 新石器时代至周代遗址。位于安徽省霍邱县城南63千米处。面积2 400余平方米。1987年安徽省文物考古研究所进行发掘,揭露面积300平方米。其地层关系为:第2层为西周文化层,第3层为商代文化层;第4、5、6层为新石器时代文化层。出土器物有鼎、豆、壶、碗、杯、甑、釜、器座等。文化面貌有早晚的区别,其鼎足的变化是由圆锥形→偏凹形→偏侧形。红墩寺遗址发现有二里头文化时期及商代遗存,同时也有岳石文化因素,对探索江淮地区古文化的发展及其与四邻诸文化的关系提供了资料。(王吉怀)

【蒋家山遗址】 新石器时代遗址。位于安徽省黄山市甘棠镇十字畈村与耿城镇金桥村交界处。现存面积约3万平方米。2004年安徽省文物考古研究所进行发掘,揭露面积100平方米。清理遗迹有灰沟1条和灰坑8个,并在沟的两侧分布有10余个柱洞。在出土的400余件器物中,石器占80%以上,并在红烧土块中发现有稻谷痕迹。陶片以夹砂红陶或红褐陶最多,另有少量夹砂和泥质灰陶,器形有鼎、鬶、碗、钵、纺轮等。文化面貌相当于良渚文化中期或大汶口文化晚期阶段。(王吉怀)

【陡岗遗址】 新石器时代遗址。位于安徽省肥西县农兴镇泗洲村。总面积约3 000平方米。2001年安徽省文物考古研究所进行发掘,揭露面积340平方米。发现新石器时代灰坑5个,出土器物以泥质红陶衣和外红内黑的陶器为主。早期以石斧、锛、镞、罐、盆、杯、豆为主,年代为距今5 000年;晚期以薄胎黑陶豆、杯为主,年代为距今4 000年。(王吉怀)

【花家寺遗址】 新石器时代遗址。位于安徽省萧县花家寺村。面积约5 000平方米。1957年发现石斧1件。1960年安徽省博物馆进行调查,并以探沟的形式进行了发掘,揭露面积18平方米。出土有陶鬲、石斧、石锛、石箭镞、蚌镰、骨针、鹿角等遗物。陶器绝大多数为轮制,又有相当数量的黑陶、典型蛋壳黑陶,表现出山东和河南龙山文化的特点,年代相当于龙山文化晚期。(王吉怀)

新疆地区史前遗存

【新疆细石器】 新石器时代细石器遗存。遍布新疆各地,但是多为地面采集资料。其中许多细石器具有典型的标准特征,比如船底形石核、细石叶、加工石叶、桂叶形石镞等。根据发现细石器的伴出遗存的不同情况,大体可以分为几种:一种情况是地面采集到比较单纯的细石器遗存,没有其他遗物共存,被认为有可能是比较早的细石器遗存,甚至有的估计可能是旧石器时代晚期或中石器时代的遗存;另一种是与其他遗存共出的细石器,其中有的同出的是较单纯的磨制石器特征的遗存,有可能是新石器时代遗存;还有一种是与陶器或彩陶共存的细石器,表明是晚于新石器时代的遗存。新疆细石器是探索新疆史前文化的一个很重要的线索,是早期留传到后期的一种物象,某种程度上保留着一定的史前时期历史痕迹。(叶茂林)

【克拉玛依细石器】 新石器时代细石器遗存。位于新疆维吾尔自治区克拉玛依市东南约20千米玛纳斯河下游干枯河道及附近。约50万平方米范围,采集仅200余件,较零散。打制标本多,间接加工的少,有打制石核、小石器、小石片、加工石片,还有刮削器和尖状器,也有细石叶、加工石叶,未见细石核,石叶也不典型,石料差,加工粗糙,疑为新石器时代遗存。(叶茂林)

【罗布淖尔细石器】 新石器时代细石器遗存。位于新疆维吾尔自治区罗布泊地区广袤的沙漠地带。曾大范围采集到各种类型的石器。1906—1907年、1914年斯坦因两次考察罗布泊。1909年桔瑞超,1934年贝格曼曾分别进行考察,1930—1933年黄文弼两次考古调查。1930—1935年陈宝器三次考察罗布泊,历次均发现细石器和磨制石器,一般都认为可能属于早期遗存。新中国成立后,新疆考古研究所等对罗布泊地区有过无数次考察,多有新发现。细石器有锥形、柱状、楔形、半柱状石核,细石叶、细石片、加工石叶、屋脊石叶、加工石片、石片石器、刮器、尖状器、石钻,还有桂叶形石镞、柳叶形矛头等,均精致,器形成熟;打制石器较少,基本近似新石器,如有磨盘、斧形器、刀形器等;磨制石器较多,有石斧、玉斧、石锛、玉锛、网坠、磨盘磨棒、石杵、砺石、穿孔小砾石等。属新石器时代中晚期。(叶茂林)

【柴窝堡遗址】 石器时代细石器遗存。位于新疆维吾尔自治区乌鲁木齐市东南约50千米的柴窝堡湖。遗址在湖的东西两岸。西岸地点长约1 000米,宽约100米;东岸地点长约1 000米,宽约300米。共采集到石器600多件,有船底形、锥形、楔形、柱状石核、细石叶、细石片和各种刮器、尖状器、雕刻器及石钻等,还有少量打制石器。可能是旧石器时代末期至新石器时代。(叶茂林)

【七角井遗址】 石器时代细石器遗存。位于新疆维吾尔自治区哈密市七角井镇。20世纪30年代就有中外地质古生物学家在科学考察中发现,后经多次调查,已知有8个采集点,分布相对较集中,应属于同一遗址。采集细石器约700件,有船底形和锥形石核、细石叶、小石镞、石钻、雕刻器等,还有石片和石核的较大型打制石器。未见陶片和磨制石器。有可能时代较早,估计为中石器时代,距今约9 000年。(叶茂林)

【乌帕尔遗址】 新石器时代细石器遗存。位于新疆维吾尔自治区喀什地区疏附县乌帕乡。采集遗物约400件,有细石器、打制石器和磨制石器、骨器、铜器、陶片等,还有动物骨骼。以细石器为主,有柱状、锥形、楔形石核和石叶及加工石叶、小石片、多种石片刮器、尖状器、刀形刮器、石锥、石镞、磨制石刀和骨镞,其中夹砂粗红陶片保存较差。为中国传统的非几何形细石器,可能为新石器时代遗存。(叶茂林)

【阿斯塔那遗址】 新石器时代细石器遗存。位于新疆维吾尔自治区吐鲁番市东南约37千米的阿斯塔那村戈壁滩上。面积近1平方千米。采集到遗物760件。打制石器居多,有尖状器、锛形器、刮削器、砍砸器、刀形石片等;细石器有锥形、柱状石核和石叶、石叶刮器、加工石叶、锯齿形器、石镞及多种小刮器;还有琢制的石球和磨盘及穿孔小砾石;有夹砂红陶和少量灰陶和彩陶片。初步认为应是新石器时代至青铜时代遗存。(叶茂林)

【四道沟遗址】 史前时期聚落遗址。位于新疆维吾尔自治区木垒县城西南10千米的四道沟。遗址面积较大，内涵也复杂，可分出早晚。出土磨制石器、骨器、细石器、陶器和铜器的部分，磨制技术较高，细石器仍有一定比例，可能最初还是史前时期，随后进入青铜时代，晚期已是铁器时代。遗址年代距今3 000 ~2 400年。(叶茂林)

【孔雀河古墓沟墓地】 史前时期墓地。位于新疆维吾尔自治区塔里木盆地东端的罗布泊孔雀河下游古墓沟。1979年新疆考古研究所进行发掘。清理墓葬42座，为史前氏族公共墓地。墓葬颇具特色，保存大量木构遗迹和木制品，出土遗物丰富，但却没有陶器。墓葬分两种，一种地表有环列的木桩七圈，共6座，木桩环圈外是放射状的木桩排列，远观犹如太阳光芒四射的图案。圈下是墓坑，葬具已朽，葬式为仰身直肢葬，皆男性，头东足西，遗物较少。另一种没有木桩环列，但分列墓葬两端各一，此类墓葬居多，达36座，墓穴较浅，使用木板，但不是棺，覆以编织物或羊皮。大部分是单人仰身直肢葬，头东足西，各种年龄都有。出土大量随身衣物和物品。有木器、骨器和玉质、骨质、铜质饰物，仅一细石器。古墓沟先民以畜牧为主，渔猎为辅。遗址年代为距今3 900 ~3 800年。(叶茂林)

四川和三峡地区史前遗存

【宝墩文化】 长江上游成都平原新石器时代考古学文化。因四川省新津县宝墩古城遗址而得名。主要分布于四川盆地的成都平原及平原周围的低山区河谷地带或丘陵区。1996年考古调查和发掘。先后发现史前城址达8座：先是宝墩、鱼凫城、芒城、古城村、双河古城等5座，之后又有紫竹古城、盐店古城、高山古城等。同时对于三星堆下层、绵阳边堆山文化的认识均有新进展。成都平原其他一些商周遗址也都注意到了下层的堆积和地层，如金沙遗址多处地点的下层也发现了新石器时代遗存。据此分析，该文化的分布并不限于成都平原，很可能扩散到了其他区域。除这些史前城址外，1999年在成都西郊的锦汇花园和南郊的十街坊基建工地考古中发现了宝墩文化的两处墓地。城址都保留墙垣，采用堆筑方法建成，有的是双重城圈，有壕沟，城内为居址。出土陶器主要有夹砂陶和泥质陶，所占比例并不完全一致，因不同时期和不同地点而有变化，大体以夹砂陶居多，以红陶系为主，灰褐陶或红褐陶为多，泥质的灰白、灰黄陶居多，盛行绳纹、篦纹、刻划纹、戳印纹、附加堆纹、弦纹等，构成几何图案纹饰，并在口沿饰印纹或绳纹，采用波浪形花边口装饰，颇具特征性。器形多是侈口或高领的深腹罐，有宽沿、折沿的罐，也有鼓腹的器形、敞口的器形、小口的器形，以及壶形器、尊形器等，平底器为主，也有圈足器等。早期的器形一般更为精致美观。灰坑有多种形状。墓葬无随葬器物，无葬具，以竖穴土坑单人葬为主，排列有序。房址有公共建筑和普通民居，前者壮观高大，结构讲究，后者为木骨泥墙分间式。文化年代为距今5 000～4 000年。(叶茂林)

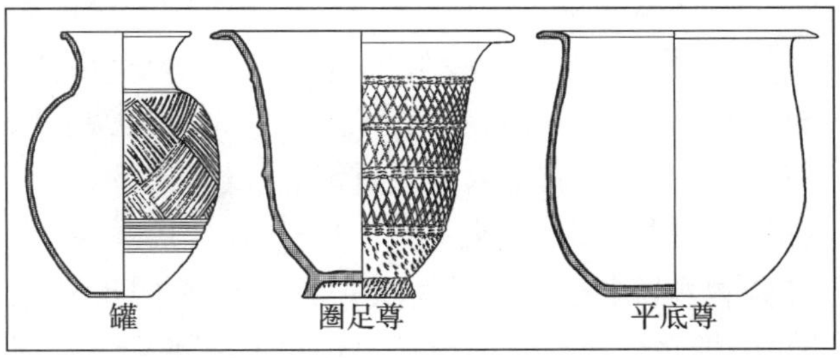

宝墩文化陶器

【宝墩古城遗址】 新石器时代遗址。位于四川省新津县龙马乡宝墩村。为成都平原史前城址之一。1989年中国社会科学院考古研究所与成都市共同进行调查。1995—1996年四川大学与成都考古研究所经复查确认并发掘，之后日本早稻田大学参与研究。城址较大，南北长1 000米，东西宽约600米，面积达60万平方米。城墙堆筑而成，北墙、东墙保存较好，高约5米。城内堆积分为5层，出土陶器有花边口罐、圈足尊形器、圈足罐形器等。(叶茂林)

【鱼凫城遗址】 新石器时代遗址。位于四川省成都市万春镇鱼凫村。处于成都平原较中心的位置，为成都平原史前城址之一。该城距今约4 000年。1996年、1999年成都市考古队进行调查和发掘。大面积揭露和钻探，出土丰富，堆积以宝墩文化为主体，也有汉以后的堆积。出土有大量陶片和石器，发现房址、城墙、墓葬等文化遗迹。(叶茂林)

【三道堰古城遗址】 新石器时代遗址。位于四川省郫县三道堰镇古城村和梓路村。总面积32万平方米。为成都平原史前城址之一。1996—1998年成都市考古队进行调查、试掘、勘探、发掘。除城址外，发现有房址和灰坑、灰沟，还有砾石堆砌的大型建筑

基址。出土一批陶器和石器等典型宝墩文化遗存。（叶茂林）

【芒城遗址】 新石器时代遗址。位于四川省都江堰市西北青城乡芒城村。为成都平原西部边缘的史前城址。1989—1990年中国社会科学院考古研究所调查，1996年成都市考古研究所复查并试掘。清理灰坑、灰沟、房址等，出土一批典型宝墩文化遗存。（叶茂林）

【双河古城】 亦称“下芒城”。新石器时代遗址。位于四川省崇州市双河场的芒城村。为成都平原史前城址之一。1997年成都市考古队进行发掘。地面存有北、东、南三面城墙，面积约10万平方米，残高约3米，双重城圈，中间有12米的壕沟。城内有圆形、椭圆形、不规则形灰坑，以及人工砾石堆积。发现较大型建筑基址，有柱洞。出土一批典型宝墩文化器物，并有细石器、三孔石钺等。（叶茂林）

【下芒城】 即“双河古城”。

【紫竹古城】 新石器时代遗址。位于四川省崇州市燎原乡紫竹村。为成都平原史前城址之一。属宝墩文化早期。在岷江西冲积扇上，保留墙垣，接近方形，面积约20万平方米。2000年成都市考古研究所与中国社会科学院考古研究所联合进行试掘。城址为双重墙垣，中间是壕沟。城内清理出灰坑和红烧土堆积，出土磨制石斧、石锛、石凿，陶器有圈足尊、绳纹花边罐、喇叭口高领罐、矮圈足器、泥质灰陶壶等。（叶茂林）

【盐店古城】 新石器时代遗址。位于四川省大邑县城晋原镇盐店村。为成都平原史前城址之一。2002年成都市考古队与大邑县文物管理所进行调查并发掘。城址在斜江河南岸高地上，呈长方形，长约750米，宽约500米，保存完好，面积仅次于宝墩古城。墙宽约20米，西面为双重城墙，中间有壕沟。筑城之前已是平原的高台聚落。出土陶器等遗存与宝墩、芒城遗址比较相近，属宝墩文化早期阶段。（叶茂林）

【高山古城】 新石器时代遗址。位于四川省大邑县高山乡古城村。为成都平原史前城址之一。2003年成都市考古队调查发现。为黏土台地上的城址。平面呈长方形，比盐店古城略小，东、南墙保存较好。高山古城址与盐店古城相近，均使用泥土筑城，同属宝墩文化早期阶段。（叶茂林）

【边堆山文化】 新石器时代考古学文化。因四川省绵阳市边堆山遗址而得名。主要分布在四川盆地北部涪江流域的浅丘河谷地带，与成都平原和盆地边缘山区都有天然的密切联系。发现有灰坑、石灰窑、大石遗迹等。陶器以夹砂陶为主，有红褐、灰黑等色和少量泥质陶，一般火候较高。流行绳纹、刻划纹、戳印纹、附加堆纹等，盛行在陶器口沿唇沿上施绳纹或略成花边样的装饰。器形可辨有罐、盘、盆、豆、碗、钵、瓮、纺轮等。石器以磨制的斧、锛、凿为常见，还有一些打制的小石片。发现的大石遗迹散布在遗址上，多是自然形状，似为自然的散落堆积，但一些大石上有明显的人工斧凿和磨砺的痕迹。发现的石灰窑，很小也较简易，仅存下部窑底，还保留有石灰岩砾石经烧制而成的石灰成品状的砾块，是边堆山文化和四川盆地史前使用石灰的证据。据碳十四测定，文化年代为距今约4 000年。边堆山文化与三星堆一期遗存及宝墩文化有许多相同特征，是四川盆地新石器时代晚期遗存的一个典型代表。（叶茂林）

【边堆山遗址】 新石器时代遗址。位于四川省绵阳市南郊安昌江边一个突兀的小山上。面积约1万平方米。1988年中国社会科学院考古研究所与绵阳博物馆调查发现，1989年发掘。发现灰坑、石灰窑、大石遗迹等。出土陶器以夹砂红陶为主，多绳纹，盛行在陶器口沿、唇沿施绳纹或略成花边的装饰。据碳十四测定，遗址年代为距今约4 000年。（叶茂林）

【三星堆一期遗存】 新石器时代文化遗存。位于四川省广汉市南兴镇三星村和真武村的三星堆遗址。在其堆积的下层，发现明显早于夏商时期三星堆文化的少量早期遗存，被区分和确定为三星堆遗址一期遗存，其性质具有新石器时代晚期文化的特征，与绵阳边堆山遗址及成都平原宝墩文化遗存较为相似。出土陶器以夹砂陶为主，红褐陶和灰褐陶富有特色，多绳纹，有的也在唇沿部施绳纹或做成近似花边的装饰。小型化的磨制石器斧、锛、凿等具有突出的特征。1986年四川省文物管理委员会和四川大学在发掘中，就注意到在三星堆地层第15层的一期遗存，认为可早到距今4 800年。1992年在三星堆遗址的城墙剖面上，还观察到夯土堆积和夯土层中包含着三星堆遗址下层（一期）的遗物，发现城墙夯土叠压打破了被认为属于龙山时期的三星堆早期（一期）遗存的地层堆积和房址。一般认为，三星

堆一期与二期之间有比较大的距离和差异，并将一期作为新石器时代晚期文化。（叶茂林）

【月亮湾一期遗存】 新石器时代文化遗存。位于四川省广汉市南兴镇月亮湾。为三星堆遗址的一部分。原貌为凸起于地面的一段土埂。1999—2000年四川省考古研究所进行发掘，证实为夯土古城墙。月亮湾地层可分为14层，第12—14层堆积属新石器时代晚期至夏代，定为月亮湾一期遗存。出土陶器主要有绳纹花边口罐、喇叭口长颈壶、圈足尊、宽沿盆、镂孔圈足豆、深腹罐等，其中泥质陶较多，夹砂陶稍少。陶色以灰褐、红褐、灰白色为主。纹饰丰富，常见绳纹、弦纹、戳印纹、压印纹、水波纹、镂孔、刻划纹等。年代相当于成都平原的宝墩文化。（叶茂林）

【狮子山遗址】 新石器时代遗址。位于四川省汉源县大树镇西南坡下。中国社会科学院考古研究所曾调查，1990年四川大学进行发掘。发现灰坑、房址、宗教性质石堆遗迹。出土细石器和少量彩陶片等多种遗存。遗址年代为距今约4 000年。（叶茂林）

【礼州文化】 长江上游地区新石器时代考古学文化。因四川省西昌市礼州遗址而得名。主要分布于四川省西南部金沙江北岸支流安宁河流域，是西昌凉山地区的原始文化。发现有墓葬、窑址、居址烧火坑等。墓葬都为长条形竖穴土坑，东西向或南北向，人骨架不存，填土纯净并经夯打，随葬品放置两端，较整齐，应为氏族公共墓地。出土遗物较为丰富。石器有刀、斧、锛、凿、盘状器、刮削器等，磨制和钻孔技术较高，以石刀和盘状器居多。陶器均手制，皆夹砂陶，盛行红陶，以平底器为主，双耳深腹罐、小口的瓶和壶居多，其中口沿下带嘴流的壶和连体罐颇具特色。陶器纹饰多为弦纹、篦纹、刻划纹、锥刺纹、附加堆纹等，图案多是较简单的几何纹带，特征鲜明，又与云南元谋大墩子遗址有一些相似。文化年代为距今4 000～3 000年。（叶茂林）

【礼州遗址】 新石器时代遗址。位于四川省西昌市以北25千米的礼州镇。1974—1976年四川省博物馆、四川大学等进行发掘。早期遗存发现窑址、烧火坑，晚期遗存发现墓葬。出土遗物丰富，其中口沿下带嘴流的壶和连体罐颇有特色。（叶茂林）

【罕格依遗址】 新石器时代遗址。位于四川省丹巴县中路乡罕格依村。1989—1990年四川省考古研究所进行发掘。发现石砌房址、灰坑、柱洞、随葬小陶杯和狗肋骨的墓葬。出土陶器以夹砂陶为主，灰陶居多，红陶次之。纹饰以绳纹为主，另有附加堆纹、刻划纹、戳印纹及红陶黑彩。盛行双耳罐、单耳罐。出土遗物有打制石器和骨器等，并有很多兽骨。据碳十四测定，遗址年代为距今3 500年。（叶茂林）

【张家坡遗址】 新石器时代遗址。位于四川省广元市西南城边嘉陵江西岸高地上。面积约1万平方米。1989年中国社会科学院考古研究所进行发掘。发现磨制的石斧、钵、凿、刀、镞及打制石器。陶器以夹砂褐陶为主，红褐陶次之，灰陶较多，泥质陶很少。常见绳纹、附加堆纹、戳印纹、刻划纹等。器形多罐、盘、豆、碗、盆，以平底器和圈足器为明显。遗址年代为距今约5 000年。（叶茂林）

【邓家坪遗址】 新石器时代遗址。位于四川省广元市东郊约2千米嘉陵江支流南河北岸的坡顶上。面积约2 000平方米。1990年中国社会科学院考古研究所进行发掘。发现堆积较好，遗存丰富。出土小型化斧、锛、凿、刀、铲、磨制小石片等。夹砂陶有红褐、灰褐、灰黑色和泥质灰陶、红陶、黑皮陶，施绳纹、附加堆纹。器形有罐、碗、钵等，主要是平底器，也有圈足器。陶器唇沿多有花边或裙边装饰。较多红烧土遗存，发现残陶窑。据碳十四测定，遗址年代为距今5 200～4 640年。（叶茂林）

【锦汇花园遗址】 亦称“化成村遗址”。新石器时代遗址。位于四川省成都市西郊营门口乡化成村（现为锦汇花园小区）。1999年成都市考古队进行发掘。发现史前及多种遗存，早期地层有房址、墓葬、窖穴、灰坑等，其中墓葬16座，皆竖穴土坑，M10侧身屈肢，随葬磨制石凿，余皆为仰身直肢，无随葬品。骨架保存不佳，但提供了人骨资料。墓葬以成人墓为主，也有儿童墓，排列有序。是成都平原上少见的史前墓地，属宝墩文化。（叶茂林）

【化成村遗址】 即“锦汇花园遗址”。

【十街坊遗址】 新石器时代遗址。位于四川省成都市南郊棕树村十街坊小区。遗址分布在一狭长的地带，长约200米，宽10～30米。1998—1999年成都市考古队进行发掘。发现圆形、椭圆形、长方形和不规则形的多种灰坑，出土遗存丰富。清理出19座墓葬，排列有序，方向统一，皆长条形竖穴土坑，葬式皆仰身直肢单人葬，头向西北，仅7座随葬骨饰品

(多种片饰、筒形饰、笄、镯等);有成人和儿童。人骨保存较好,是难得的成都平原史前人骨资料。遗存接近郫县三道堰古城遗址,年代也与其相当。(叶茂林)

【大水洞遗址】 新石器时代洞穴遗址。位于四川省江油市大康镇旱丰村吴家后山。洞穴坐北朝南,进深30～40米,洞内平缓区域为古人类生活区。2005年四川省考古研究所与江油市文物管理所进行发掘。发现三层堆积,下层为新石器时代,先民利用洞内大石块自然堆积的空隙为居所,类似边堆山遗址。其间灰烬堆积达半米之多,另有石器加工制作区,发现较多石坯、砺石。陶器有夹砂灰陶、黄褐陶、红褐陶,以泥质磨光黑皮陶为主,多绳纹、戳印纹,组成各种图案,唇沿施纹或做成花边口。以平底器为主,多陶罐。石器有磨光斧、锛、凿、矛等。遗存与茂县沙乌都遗址接近,也近似边堆山文化。遗址年代为距今约5 000年。(叶茂林)

【大地头遗址】 新石器时代遗址。位于四川省汉源县大树镇大瑶村花果山北麓冲积扇坡地上。面积约6万平方米。2004年四川省考古研究所和雅安文物管理所等进行发掘。发现房址的柱洞、火塘、墙基槽和居住面等,有木骨泥墙和石构排房两种。陶器以夹细砂陶为主,红陶、红褐陶最多,火候低,纹饰以细绳纹为主,并有附加堆纹、刻划纹、弦纹、篦点纹等。器形有罐和钵。(叶茂林)

【擂鼓寨遗址】 新石器时代遗址。位于四川省通江县春载乡擂鼓寨村山间坡台上。面积约5 000平方米。1984年发现,1987年文物普查时确认。1990—1991年四川省考古研究所和通江县文物管理所进行发掘。地层第6—9层为新石器时代遗存,出土斧、锛、凿、镞等磨制石器及有肩石锄、刮削器等打制石器。陶器有泥质和夹砂陶,以黑陶和褐陶为主,灰陶、红陶次之,盛行绳纹、弦纹、方格纹、刻划纹、篮纹、波浪纹、篦点纹、戳印纹、附加堆纹等。器形以平底器为主。与广元张家坡遗址和绵阳边堆山遗址相近。(叶茂林)

【瓦打洛遗址】 新石器时代遗址。位于四川省普格县夹铁乡瓦打洛村西罗河西岸马洪山下。1981年凉山彝族自治州博物馆和普格县文化馆进行发掘。出土罐、甑、碟等陶器和石斧、石锛、石刀、石镞及骨器等。遗存面貌接近安宁河流域的礼州文化。(叶茂林)

【横栏山遗址】 新石器时代遗址。位于四川省西昌市东南大兴乡邛海东岸的半山坡上。面积10余万平方米。1987年西昌市文物管理所进行调查。发现文化堆积层,采集较多遗物。陶器采用轮制,以泥质红陶为主。遗存面貌接近礼州文化,时代略晚。(叶茂林)

【轿顶山遗址】 新石器时代遗址。位于四川省盐源县西北甘海乡轿顶山东南坡。面积达数千平方米。1980年凉山彝族自治州博物馆和盐源县文化馆进行调查并试掘。发现灰坑、石圈等遗迹,出土陶器和石器,陶器以粗砂红陶为主。(叶茂林)

【杨家山遗址】 新石器时代遗址。位于四川省西昌市南西郊乡。面积约2 000平方米。1978年凉山彝族自治州博物馆开展调查。发现文化层,出土陶器、石器等遗物。属于礼州文化。(叶茂林)

【邹家坝遗址】 新石器时代遗址。位于重庆市酉阳土家族苗族自治县清源乡清源村与秀水村交界地带。2003年调查发现。2006年重庆市考古研究所进行发掘。发现新石器时代和商周时期遗存,有灰坑、墓葬、房址、灶、沟、烧沟等遗迹和丰富遗物。陶器以深腹罐类居多,施较细的交错绳纹和划纹,另有大量细石器遗存。新石器时代遗存反映三峡史前文化已分布到乌江下游地区,可能进入贵州境内。(叶茂林)

【清源遗址】 新石器时代遗址。位于重庆市酉阳土家族苗族自治县清泉乡清溪村。2006年重庆市考古研究所与四川大学联合发掘。遗存分为两区,Ⅰ区主要有新石器时代至六朝遗存,Ⅱ区是六朝至唐宋遗存。各时期遗存丰富,其中Ⅰ区商周时期遗存最为丰富;新石器时代遗存有花边口罐、夹砂箍带附加堆纹罐、夹砂陶钵、泥质灰陶罐等,具有三峡史前文化特征。(叶茂林)

【佘家嘴遗址】 新石器时代遗址。位于重庆市云阳县巴阳镇巴阳村长江北岸一、二级阶地上。2000—2003年厦门大学进行发掘。发现新石器时代和商周至汉代遗存。晚期遗存主要是各时期墓葬,早期遗存可早到新石器时代晚期,出土有锯齿状唇沿花边口罐、夹砂绳纹罐、磨制石器和打制石片等,反映出长江三峡以西地区的新石器时代文化面貌。(叶茂林)

【黄柏溪遗址】 新石器时代遗址。位于重庆市万州区黄柏溪乡巴阳村长江南岸黄柏溪与长江交汇的阶地上。面积约4 000平方米。1999年重庆市博物馆与湖南省益阳市考古队进行发掘。发现新石器时代到商周、汉晋、唐宋等时期的遗存。其中早期地层为新石器时代遗存,有丰富的鱼骨兽骨、打制和磨制石器。夹砂陶以褐、灰色为主,纹饰以花边口、绳纹、附加堆纹、戳印纹、刻划纹为常见。器形主要是圜底器、平底器、圈足器的深腹罐、圜底罐等。遗存属哨棚嘴老关庙文化。(叶茂林)

【苏和坪遗址】 新石器时代遗址。位于重庆市万州区太龙镇向坪村长江南岸一级阶地苏和坪上。面积约15 000平方米。1999—2000年重庆市考古研究所与万州区文物管理所进行发掘。发现新石器时代至商周、汉、六朝、唐宋、明清时期的堆积。其中新石器时代遗存丰富,有陶器、石器、红烧土和植物遗存等。(叶茂林)

【王爷庙遗址】 新石器时代遗址。位于重庆市江津区支坪乡胜利村长江与綦江的交汇处。面积约3万平方米。1980年重庆市博物馆进行调查并试掘。出土石器以打制石器居多,陶片较多,火候偏低,以夹砂陶为主,有花边口沿罐等。(叶茂林)

【淦井沟遗址群】 新石器时代遗址。位于重庆市忠县东北的淦井沟与长江交汇处的沟口。20世纪50年代考古调查时发现,当时根据观察和采集到的遗存,认为是商周时期遗址。后来陆续有进一步考古调查,在附近找到了新石器时代遗存。1994年配合三峡工程考古以来,北京大学等单位发掘了这里新确定和新定名的诸遗址,如哨棚嘴、中坝、瓦渣地等遗址,初称淦井沟遗址,后改现名。参见“中坝一期遗存”(215页)、“哨棚嘴遗址”(216页)。(叶茂林)

【柏树林遗址】 新石器时代遗址。位于重庆市巫山县曲尺乡五柏村长江北岸台地上。面积约1万平方米。2000年武汉大学进行发掘。发现新石器时代晚期及各历史时期遗存,其中有早期的灰坑、灰沟等,出土与哨棚嘴文化相似的遗存,并发现一些类似屈家岭文化的遗物。(叶茂林)

华南地区史前遗存

【圆山文化】 青铜时代考古学文化。因台湾省台北市圆山遗址而得名。主要分布在台湾东北部沿海和台北盆地。出土夹砂陶器较多,陶色以红褐色为主,器形以鼓腹圈足罐为主。多素面无纹,器表常施红彩,偶见网纹,器盖或把手上有捺点纹。石器包括有肩石斧、有段石锛、巴图形石斧、三角形带孔石镞和带槽网坠等。玉器使用较多,骨器、角器也常见,亦有少量的铜器。房子为地面式。葬式为仰身直肢葬,有少量瓮棺葬,存在拔牙和猎头习俗。文化年代为距今4 000～3 500年。圆山文化与大陆新石器时代文化之间存在着密切联系。(傅宪国)

【圆山遗址】 新石器时代至青铜时代贝丘遗址。位于台湾省台北市北区基隆河南岸的一座砂岩小山上。1928年开始经多次发掘。遗迹有房址、墓葬等。出土遗物包括陶器、打制石器、磨制石器、玉器、青铜镞以及骨、角器等。遗存分为两个文化层,上层为圆山文化层,下层为大坌坑文化层。(傅宪国)

【南关里遗址】 新石器时代遗址。位于台湾省台南县科学园区。2001年进行发掘。遗迹有墓葬等。葬式以仰身直肢葬为主,成年人有拔牙的习俗。出土遗物包括陶器和石器等,陶器以红褐或灰褐色为主。发现了炭化稻米、小米遗存,并开始畜养狗,是台湾最早食用稻米、小米和驯养狗的证据。略晚于大坌坑文化,遗址年代为距今约5 000年。(傅宪国)

【芝山岩文化】 新石器时代考古学文化。因台湾省台北市士林区芝山岩而得名。文化遗物有陶器、石器、骨器、角器、木器、贝饰、草编、藤编等。陶器以泥质陶为主,陶色有灰黑、红褐、黑皮陶、红衣陶和彩陶等。器形以罐为主。彩陶为黑彩,大多施于泥质红陶罐上。石器有斧、网坠、凹石、锤、杵、锛、凿、刀、镞、环及砍砸器等。发现有人骨,但葬式不明。出现了稻作农业,但捕捞和狩猎在人类生活中仍占据重要的位置。文化年代为距今4 000～3 500年。(傅宪国)

【芝山岩遗址】 新石器时代至青铜时代遗址。位于台湾省台北市士林区芝山岩。1981年发掘,揭露面积100余平方米。出土遗物有陶器、石器、贝饰、骨器、角器、木器、草编、藤编等,另有炭化稻谷、人骨以及大量的兽骨、鱼骨及贝类等。遗址上层属圆山文化,下层属芝山岩文化。遗址年代为距今4 000～3 500年。(傅宪国)

【植物园文化】 青铜时代考古学文化。因台湾省台北市植物园遗址而得名。主要分布在台北盆地和淡水河中下游一带。陶器主要为褐色或浅褐色带灰黄的方格印纹陶及素面陶，手制，夹砂，质地粗，火候低，易碎。器形主要有罐和钵，多饰方格纹。石器与圆山文化相似，但不见有肩石器。其来源有两种假设：一是由圆山文化发展而来，二是在台北盆地南部独立发展起来。（傅宪国）

【凤鼻头遗址】 新石器时代遗址。位于台湾省高雄县林园乡。1964年发掘。出土遗物包括陶器、石器、骨器、铁器以及大量水陆生动物遗骸。陶器以红褐素面夹砂陶为主，并有彩陶、黑陶与磨光黑陶，器形有罐形器、碗形器等，并有陶纺轮。石器有石斧、石锄、石刀、石镞、网坠与石环等。遗址分为三期，其中第一期属大坌坑文化，第二期属牛稠子文化，第三期属铁器时代。（傅宪国）

【营埔文化】 新石器时代考古学文化。因台湾省台中县大肚乡营埔遗址而得名。主要分布在台湾中部大肚溪和浊水溪中下游一带。营埔文化分布较广，各遗址文化面貌存在地域上的差异。陶器以灰黑色为主，次为红褐色，皆为夹砂陶。此外，还有一些磨光黑陶。器形以罐、钵为主。纹饰主要有羽状纹、波浪纹、圆圈纹、贝纹、弦纹和彩绘纹等。石器有斧、锛、矛、镞、刀、锤、网坠等。发现了大量与房屋建筑有关的由板岩组成的遗迹。墓葬为石板棺，形制大多为长方形横式箱形。发现有稻壳的印痕。文化年代为距今3 500～2 000年。（傅宪国）

【营埔遗址】 新石器时代遗址。位于台湾省台中县大肚乡营埔村。1943年开始经多次发掘。遗迹包括由板岩组成的房屋建筑遗迹和石板棺墓葬。出土遗物包括陶器、打制石器、磨制石器和玉器等。遗址年代为距今3 500～2 000年。（傅宪国）

【顶崁子遗址】 新石器时代遗址。位于台湾省南投县草屯镇乌溪南岸。1975年发掘。遗迹有排列整齐的砾石堆积以及柱洞。陶器以红褐色夹砂陶为主，其次为灰黑色夹砂陶、灰黑色泥质陶和红褐色粗砂陶、泥质陶。器形以罐形器和钵形器为主。大多素面无纹，少量施绳纹、方格纹和豆粒纹等印纹，有曲折纹、羽状纹、圈带纹和刺点纹等划纹，以及平行线、方格纹及菱眼纹等彩绘。石器以打制、磨制石刀为主，其次为锄、网坠、锛、劈砍器，另有尖状器、捶砸器、刮削器、柱形器、球形器、带孔石器等。属营埔文化。遗址年代为距今约3 500年。（傅宪国）

【曲冰遗址】 新石器时代遗址。位于台湾省南投县仁爱乡万丰村。1981年开始经多次发掘。遗迹有居屋建筑和墓葬。属于居屋建筑的遗迹有板岩立墙、板岩奠基、板岩铺地、弧形平台，以及附属于居屋的柱基垒石、板岩盆状置物台、板岩方形储物盒等。居址有方形和长方形两种。墓葬均为石板棺，大多为长方形横式箱形棺。文化遗物包括陶器、打制石器和磨制石器。属营埔文化。遗址年代为距今约2 000年。1994年出版有《曲冰》。（傅宪国）

【大湖文化】 新石器时代考古学文化。因台湾省高雄县湖内乡大湖遗址而得名。主要分布于台湾南部。多为贝丘遗址。陶器以夹砂红陶和夹砂灰黑陶为主，此外有泥质红陶、泥质灰黑陶以及数量很多的磨光黑陶。器形有罐、桶状罐、钵、盆、杯等。陶器多为素面，纹饰有刻划纹、方格纹、绳纹、席纹、篮纹等，还有相当数量的彩陶和黑陶。石器和骨、角、贝器比较发达。根据凤鼻头遗址的层位关系，大湖文化晚于“牛稠子文化”，年代为距今3 500～2 000年。（傅宪国）

【麒麟文化】 亦称“巨石文化”。新石器时代考古学文化。因台湾省台东县成功镇麒麟遗址而得名。主要分布在台湾东部海岸山脉中段东面的山麓。该文化最主要的特色是在遗址中发现成群的经人工雕琢的巨石，如岩棺、岩壁、石轮、带肩巨石、带槽巨石、中孔石盘、条状巨石和人像等。据推测，这些巨石可能和祭祀等礼仪有关。与巨石伴出的有陶器、石器。陶器以夹砂红褐陶为主，器形以罐为主，另外还有钵、纺锤等，大多素面无纹。石器包括砾石打制石斧及磨制石斧、锛、刀、凿和网坠等。文化年代为距今3 500～2 000年。（傅宪国）

【巨石文化】 即“麒麟文化”。

【麒麟遗址】 新石器时代遗址。位于台湾省台东县成功镇。1963年开始经多次发掘。发现成群的经人工雕琢的巨石，如岩棺、岩壁、石轮、带肩巨石、带槽巨石、中孔石盘、条状巨石和人像等。与巨石伴出的有陶器、打制石器和磨制石器等。文化年代为距今约3 000年。（傅宪国）

【卑南文化】 新石器时代考古学文化。因台湾省台东县卑南遗址而得名。主要分布在台湾东部海岸地区和花东纵谷南段的河旁阶地、海边阶地或山区的缓坡地。板岩石板棺、石槽、石柱、大型石制容器和石墙等遗存是其文化的基本特征。葬式为仰身直肢葬，有拔牙的习俗。文化遗物包括陶器、打制石器、磨制石器和玉器等，其中玉玦形状繁多。此外还有较多水陆生动物遗骸。卑南遗址出土的边缘带突起的玉玦，在广东石峡和广西地区皆可见到，表明它们可能存在一定的文化联系。有学者认为卑南玉器很有可能来源于长江下游地区。文化年代为距今3 000～2 000年。（傅宪国）

【卑南遗址】 新石器时代遗址。位于台湾省台东县卑南乡南王村。面积超过30万平方米。先后经十余次发掘。包括大坌坑文化和卑南文化两个时期的堆积。参见“卑南文化”（290页）。（傅宪国）

【十三行文化】 早期铁器时代考古学文化。因台湾省台北县八里乡十三行遗址而得名。主要分布在台湾北部沿海和台北盆地。陶器以红褐色夹砂罐、瓶、钵、盆等为主，饰方格纹、斜方格纹、雷纹、圆圈、刺点和平行线等几何形花纹，其中动物与人物造型的陶偶和人面陶罐更是经典。石器不多，仅发现少量凹石、石锤和磨制石器、石支脚、枕头形琢制石器。此外，还出土大量的玛瑙和玻璃饰品以及金器、银器、铜器。墓葬流行侧身屈肢葬。发现了炼铁作坊遗迹、炼炉以及铁渣、矿石和煤。经济以稻作农业为主，兼营渔猎。有学者认为，十三行文化可分为早、晚两期及七种不同的类型。其中早期年代为距今2 000～1 000年，包括十三行类型、后龙底类型、番社后类型；晚期年代为距今1 000年以内，包括埤岛桥类型、新港类型、旧社类型与普洛湾类型。（傅宪国）

【十三行遗址】 早期铁器时代遗址。位于台湾省台北县八里乡十三行村。1959年开始经多次发掘。遗迹有墓葬、炼铁作坊遗迹等。墓葬流行侧身屈肢葬。出土遗物包括陶器、石器、铁器、玛瑙和玻璃饰品，以及金器、银器、铜器。遗址下层属十三行文化，上层属汉文化。（傅宪国）

【番仔园文化】 铁器时代考古学文化。因台湾省台中市大甲镇番仔园遗址而得名。主要分布在台湾中部沿海一带。陶器以黑灰陶为主，红橙色陶次之，偶见磨光黑陶。器类以罐、瓶、钵为主，饰方格纹、刺点纹、鱼骨纹、波浪状篦纹和曲折纹。石器以打制的石刀最多且富有特色。已经使用铁器。墓葬以俯身直肢葬为主。捕鱼、采贝和狩猎是当时生活的主要来源。文化年代为距今约2 000年。（傅宪国）

【番仔园遗址】 铁器时代贝丘遗址。位于台湾省台中市大甲镇顶居里。1955年开始经多次发掘。墓葬以俯身直肢葬为主。出土遗物包括陶器、打制石器和磨制石器等。陶器以灰黑色为主。石器以打制石刀最多，并有马鞍形石刀及凹石。为番仔园文化的代表性遗址。（傅宪国）

【大邱园文化】 铁器时代考古学文化。因台湾省南投县集集镇大邱园遗址而得名。主要分布在南投县浊水溪中游河谷一带。陶器以红褐色夹粗砂素面软陶为主，多为敛口罐形器。石器种类丰富，没有发现铁器。文化年代为距今约2 000年。（傅宪国）

【田寮园遗址】 铁器时代遗址。位于台湾省南投县集集镇。1976年进行发掘。出土遗物包括陶器、打制石器、磨制石器和玻璃管珠等。属大邱园文化。（傅宪国）

【牛稠子文化】 新石器时代考古学文化。因台湾省台南县牛稠子遗址而得名。陶器以红褐色绳纹陶为主。墓葬均为石板棺，用数块珊瑚石灰岩石板砌成，葬式为仰身直肢葬，有拔牙习俗。牛稠子文化可分为牛稠子类型和垦丁类型，可能从大坌坑文化演变而来，年代为距今4 700～3 500年。（傅宪国）

【茑松文化】 铁器时代考古学文化。因台湾省台南县永康乡茑松遗址而得名。主要分布在台湾西南部。房址为干栏式建筑。葬式以仰身直肢葬为主，另有俯身直肢葬、屈肢葬和蹲踞葬等。出土遗物包括陶器、石器、骨器和铁器。陶器以夹砂红褐色素面陶为主，主要器形为罐和钵，还有少量甑，器表多抹光或施红色陶衣。石器非常少见。出土大量鹿和野猪的骨骼。茑松遗址出土带穿孔的人下颌骨，以及人的头盖骨、牙齿、肢骨等，分布凌乱，可能与当时存在猎头习俗有关。出现农耕，但渔猎和采集仍占据重要地位。文化年代可能始于距今2 000年前，结束于距今500年前。（傅宪国）

【静埔文化】 亦称“阿美文化”。铁器时代考古学文化。因台湾省花莲县静埔遗址而得名。陶器以红褐色夹砂陶为主，主要器形有敞口罐、釜、钵、瓮、瓶、杯和碟等。大多素面无纹。石器仅有少量的石锄、锛、杵等，缺乏有刃石器，应是被铁器取代的表现。陶器的形制与阿美族祭祀用的器物有些相似，可能与阿美族的祖先有关。文化年代为距今1 300～400年。（傅宪国）

【阿美文化】 即“静埔文化”。

【牛骂头文化】 新石器时代文化。因台湾省台中市清水镇牛骂头遗址而得名。陶器以红色绳纹陶为主,器形有侈口鼓腹罐、钵和瓶等,有的带有圈足和三足。纹饰有拍印的细绳纹和直线交叉纹。石器主要有打制、磨制的有肩斧,以及锛、刀、镞、网坠等。经济以农业为主,渔猎和采集占据较大比重。文化年代为距今4 500～3 500年。(傅宪国)

【牛骂头遗址】 新石器时代至铁器时代遗址。位于台湾省台中市清水镇鳌峰山。1974年、2001年进行发掘。有墓葬等遗迹。出土遗物包括陶器、打制石器和磨制石器等。包括牛骂头文化、营埔文化和番仔园文化三个时期,为本地区考古学文化的分期提供了地层上的依据。(傅宪国)

【垦丁遗址】 新石器时代遗址。位于台湾省屏东县恒春镇垦丁里。1931年开始经多次发掘。遗迹有墓葬等。墓葬均为石板棺,用数块珊瑚石灰岩石板砌成,葬式为仰身直肢葬,有拔牙习俗。出土遗物包括陶器、打制石器、磨制石器、骨器、玉器、螺珠以及贝器等。在陶器上还发现了豆类和稻壳的印痕。属牛稠子文化。遗址年代为距今约4 000年。2007年出版有《台湾新石器时代垦丁寮遗址墓葬研究报告》。(傅宪国)

【鹅銮鼻遗址】 新石器时代遗址。位于台湾省屏东县恒春镇鹅銮鼻。1966年、1984年进行两次发掘。遗迹有墓葬等。墓葬均为石板棺,用数块珊瑚石灰岩石板砌成,葬式多为仰身直肢葬,发现一具屈肢葬。有拔牙习俗。出土遗物包括陶器、打制石器、磨制石器、骨器以及贝器等。属牛稠子文化。遗址年代为距今约4 000年。(傅宪国)

【独料遗址】 新石器时代遗址。位于广西壮族自治区钦州市那丽独料村。1978年进行发掘,发掘面积324平方米。遗迹有柱洞、灰沟、灰坑、烧土坑等,出土遗物包括打制石器、磨制石器和陶器等。另有大量炭化果核等植物遗存。以农业经济为主。遗址中发现的残石铲与桂南地区发现的石铲形制相同,反映了两者之间有一定的关系。有肩石器的发现,说明独料遗址具有桂东南、桂南、桂西新石器时代文化的共同因素。遗址年代为距今约4 500年。(傅宪国)

【大龙潭遗址】 新石器时代至青铜时代遗址。位于广西壮族自治区隆安县乔建镇博浪村。面积约5 000平方米。1978年、1979年进行两次发掘,发掘面积820平方米。发现有灰坑、沟槽、红烧土坑及石铲组合等遗迹。灰坑有圆形、袋状、椭圆形和不规则形等。坑壁经修整,有的带斜坡式通道。填土中杂有少许红烧土块、炭屑和一些石铲,个别灰坑在坑周壁竖立石铲、石片护壁,坑内密集有序地排列石铲及石片。出土遗物有陶器及石器。陶器仅陶罐1件,置于3件围成"凵"字形的直立石铲当中,底部亦垫有石铲残片。石器多为各类石铲及半成品。石铲以硕大者居多,未经使用的石铲占有很大比重。石铲都以一定的组合形式排列,以刃部朝上、直立或斜立的为主。每组石铲少则2件,多则20件,分别构成队列式、"凵"字形和圆圈式等不同形式的排列。关于此类遗址的性质,目前尚有争议,一种意见认为此类石铲遗址是石器制作工场,另一种意见则认为应是与农业祭祀活动有关的遗存。(傅宪国)

【感驮岩遗址】 新石器时代至青铜时代遗址。全国重点文物保护单位。位于广西壮族自治区那坡县城后龙山下。现存面积约1 200平方米。1997年进行发掘,发掘面积约400平方米。发现墓葬、灰坑和多处用火遗迹。出土遗物包括陶器、石器、玉器、骨器、蚌器等生活用具、生产工具以及人类食用后遗弃的水陆生动物遗骸。石器有双肩石斧、石锛和凿、镞、戈、钺、玦、璜、"T"形环、镯、管、范等;骨器有牙璋、铲、锥、匕、簪等;陶器以夹砂灰陶和黑陶为主,也有红陶,主要器形包括釜、罐、杯和众多的纺轮。此外,还发现了大量的炭化稻、炭化粟等。感驮岩遗址与中原地区古代文化和越南冯原文化有较为密切的联系。(傅宪国)

【内军坡遗址】 新石器时代遗址。位于广西壮族自治区隆安县古潭内军坡。1991年进行发掘。出土遗物包括陶器和石器,另有炭化果核。以石器为主,包括铲、斧、锛、敲砸器、砺石和网坠等,而以石铲为主。陶器主要是圜底釜(罐)类器,火候较低,陶色有灰褐、灰黑、红褐等,施绳纹。(傅宪国)

【石峡文化】 广东省北部地区新石器时代考古学文化。因广东省曲江县石峡遗址而得名。主要分布在粤北和粤西地区。以山冈遗址为主,也有台地和洞穴遗址。陶器有夹砂陶和泥质陶两种,多呈灰褐色或灰黄色,盛行三足器、圈足器和圜底器,平底器极为少见,子母口器发达。石器种类繁多,且制作精致,主要有䦆、锛、有段锛、有肩石器、石钺以及琮、璧、瑗、璜、环、玦、锥形器、绿松石片等。经济主要为稻作农业。葬式为单人葬,以二次单人葬为主,一次葬较少。文化年代为距今5 000～4 000年。石峡文化与长江中下游地区的樊城堆文化、良渚文化以及珠江三角洲地区同时期的文化有着密切的关系。(傅宪国)

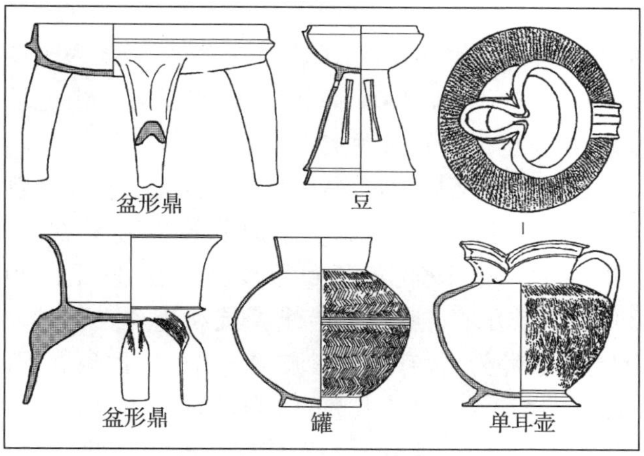

石峡文化陶器

【石峡遗址】 新石器时代至青铜时代遗址。全国重点文物保护单位。位于广东省曲江县马坝村。面积约3万平方米。从1973年开始经多次发掘。该遗址包括了新石器时代中期、石峡文化、早期青铜文化和西周、春秋等时期的堆积,其主体属石峡文化。遗存以墓葬为主,均为长方形竖穴土坑墓,多数墓坑四壁经过烧烤。以二次单人葬为主,一次葬较少见。遗物包括陶器、石器、玉器、绿松石器等。(傅宪国)

【鲶鱼转遗址】 新石器时代遗址。位于广东省曲江县周田圩。面积约5万平方米。1960年进行发掘。发现的建筑遗存有房基、窖穴、灶坑和柱洞等。遗物包括陶器、打制石器和磨制石器,其中磨制的以半磨最多,通体磨光的较少。遗址年代为距今5 000～4 000年。(傅宪国)

【黄潭寺遗址】 新石器时代遗址。位于广东省连平县谢屋村。现存面积约1.2万平方米。1987年进行发掘,发掘面积850平方米。发现有灰坑、灰沟、柱洞等遗迹。出土遗物包括陶器、石器等。遗存分为早、晚两期,早期属石峡文化,晚期属西周时期。(傅宪国)

【覆船岭遗址】 新石器时代遗址。位于广东省仁化县长江镇。面积1.6万平方米。1995年进行发掘,发掘面积150平方米。遗迹包括墓葬、柱洞、灰坑等。出土遗物包括陶器和石器等。遗存分为早、晚两期,早期与石峡文化年代相当,晚期属青铜时代早期。(傅宪国)

【乌骚岭墓地】 新石器时代墓地。位于广东省封开县杏花镇。1990年进行发掘。共清理墓葬111座,为排列有序的长方形竖穴土坑墓。墓坑小而浅,未见葬具,均为二次葬,流行烧烤短长方形墓坑后二次葬入单人人骨的葬俗。随葬品数量较少,均从一次葬墓中迁来,仅有陶器和石器两类,常见夹砂红陶鼎随葬。墓地年代为距今约4 000年。其葬俗与粤北的石峡文化有相似之处,但也存在较大差异。(傅宪国)

【鱿鱼岗遗址】 新石器时代至青铜时代遗址。位于广东省佛山市南海区百西乡水边村。面积1.8万平方米。1985年进行发掘,发掘面积255平方米。发现房址、墓葬和灰坑等遗迹。墓葬葬式均为单人仰身直肢,存在拔牙习俗。出土遗物以陶器为主,并有相当数量的骨、角、牙器。遗址年代为距今约4 000年。(傅宪国)

【河宕遗址】 新石器时代至青铜时代遗址。位于广东省佛山市澜石河宕。1977年、1978年进行发掘,发掘面积776平方米。遗迹包括居住址、用火遗迹、窖穴、墓葬等,出土遗物包括陶器、石器和骨器、角器、象牙器、蚝壳器等,并发现有大量水陆生动物遗骸。存在拔牙习俗。遗址年代为距今4 000～3 000年。2006年出版有《佛山河宕遗址》。(傅宪国)

【灶岗遗址】 新石器时代至青铜时代遗址。位于广东省佛山市南海区大同圩灶岗。1978年进行发掘,发掘面积134平方米。遗迹包括房址、灰坑和墓葬等。墓葬流行单人仰身直肢葬,存在拔牙习俗。出土遗物包括陶器、石器和骨器、骨料等。另外还发现有大量水陆生动物遗骸。遗址年代为距今4 000～3 500年。(傅宪国)

【银洲遗址】 新石器时代至青铜时代遗址。位于广东省三水市白坭镇银洲村。1992年开始经多次发掘。遗迹包括房址、墓葬和灰坑等。墓葬葬式均为单人仰身直肢。出土遗物包括陶器、石器、骨器和木器等,并发现有大量水陆生动物遗骸。遗址年代为距今5 000～4 000年。(傅宪国)

【茅岗遗址】 新石器时代至青铜时代遗址。位于广东省高要市金利镇茅岗村。面积约10万平方米。1978年进行发掘,发掘面积112平方米。遗物包括陶器、石器、骨器以及竹、草编织器等。为水上建筑遗址。建筑遗存保留有木柱、木桩、树皮板、木楔和

木板块等干栏式木建筑构件。另外还发现较多水陆生动物遗骸和果核。遗址年代为距今3 500～3 000年。(傅宪国)

【圆洲遗址】 新石器时代至青铜时代遗址。位于广东省东莞市石排镇。1998年进行发掘,发掘面积350平方米。出土遗物包括陶器、石器、骨器及骨料。另外还发现有大量水陆生动物遗骸。遗址年代为距今4 000～3 500年。(傅宪国)

【狮象遗址】 新石器时代至青铜时代遗址。位于广东省从化市吕田镇。2002—2003年广州市文物考古研究所进行发掘。发现灰坑、墓葬及柱洞等遗迹。出土遗物有陶器、双肩石器和有段石锛等。遗址年代为距今4 500～3 500年。(傅宪国)

【昙石山文化】 闽江下游地区新石器时代考古学文化。因福建省闽侯县昙石山遗址而得名。主要分布在闽江下游和福建东部沿海地区。出土遗物包括陶器、石器、骨器和贝器等,并有大量的水陆生动物遗骸。陶器以夹砂陶为主,还有少量彩陶和印纹硬陶。经济以渔猎和采集为主。建筑为半地穴式,陶窑为横穴式。葬式多为单人仰身直肢葬,极少数为侧身屈肢、侧身直肢和仰身屈肢葬,少数有拔牙习俗。尚发现个别的成年男女合葬墓,男性仰卧直肢,女性侧身屈肢依附于男性身旁,反映出父系氏族制时期的社会现象。文化可分为早、晚两期,年代为距今5 000～4 000年。(傅宪国)

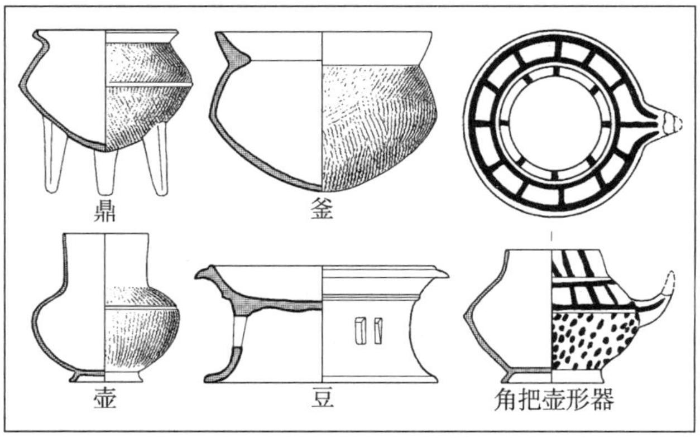

昙石山文化陶器

【昙石山遗址】 新石器时代至青铜时代遗址。全国重点文物保护单位。位于福建省闽侯县甘蔗镇昙石村。为典型的海洋性贝丘遗址。文化层厚达3米。从1954年开始经多次发掘,发掘面积2 000平方米。遗迹有墓葬、陶窑、壕沟、火塘和居址等。墓葬为竖穴土坑墓。墓中随葬品不多,少数死者生前拔牙,有的儿童实行"割体葬仪"。生产工具以带人字形纵脊的石锛最具特色。出土遗物有陶器、石器、骨器和贝器等,并有大量水陆生动物遗骸。遗址可分为四期,其中第二期属昙石山文化,年代为距今5 000～4 000年;第三期属黄瓜山文化,年代为距今4 000～3 500年;第四期属黄土仑文化,年代为距今3 500～3 000年。2004年出版有《闽侯昙石山遗址第八次发掘报告》。(傅宪国)

【庄边山遗址】 新石器时代贝丘遗址。位于福建省闽侯县榕岸村庄边山。总面积约2万平方米。1956年发现。1960年开始经多次发掘,发掘面积3 000余平方米。遗迹有蛤蜊壳坑和墓葬。葬式以仰身直肢葬为主,有少数屈肢葬。出土一批陶器、石器、骨器和贝器,以及大量的水陆生动物遗存。堆积可分为上下两个文化层:下层属昙石山文化,年代为距今5 000～4 000年;上层属黄瓜山文化,年代为距今4 000～3 500年。(傅宪国)

【溪头遗址】 新石器时代贝丘遗址。位于福建省闽侯县白沙镇溪头村。遗址为缓坡丘冈,总面积约1万平方米。1975年、1979年福建省博物馆两次发掘,揭露面积1 500余平方米。遗迹有蛤蜊壳坑和墓葬。葬式以仰身直肢葬为主,有少数侧身直肢葬和屈肢葬。出土遗物有陶器、石器、玉器、骨器和贝器,以及大量的水陆生动物遗存。主要堆积属昙石山文化。遗址年代为距今5 000～4 000年。(傅宪国)

【南山遗址】 新石器时代至青铜时代遗址。全国重点文物保护单位。位于福建省明溪县南山塔下。总面积约5万平方米。1988年第一次发掘,揭露面积65平方米。发现红烧土居住面。出土遗物有陶器、石器和骨器等。陶器以夹砂灰陶为主,并有少量泥质硬陶,器形有罐、鼎、豆、釜、盆等。石器有锛、斧、铲、戈、矛等。2005年第二次试掘,发现300粒炭化稻谷和少量果核。这一重大发现在福建内陆地区尚属首次,为研究稻作起源和传播提供了珍贵材料。(傅宪国)

【东张遗址】 新石器时代遗址。位于福建省福清市东张镇。面积5 000平方米。1957年文物普查时发现。1958年厦门大学人类博物馆进行发掘,揭露面积1 500平方米。遗迹有房址、灶址和灰坑等。出土遗物有陶器、石器和少量青铜器。文化层厚约1米,分属三个时期,其下层属昙石山文化,中层属黄瓜山文化,上层属黄土仑文化的范畴。(傅宪国)

【牛鼻山文化】 新石器时代考古学文化。因福建省浦城县牛鼻山遗址而得名。主要分布在闽西和闽北地区。出土遗物包括陶器、石器和玉器等。陶器以泥质灰陶为主,器形以圈足器为主,圜底和三足器次之。石器有锛、镞、斧、刀、凿、砺石、石球、钺、戈等。玉器仅见玉玦等小件装饰品。墓葬为长方形或梯形竖穴土坑墓。文化年代为距今 5 000 ~ 4 000 年。牛鼻山文化与昙石山文化、樊城堆文化以及浙江南部的同时代遗存存在一定的文化联系。(傅宪国)

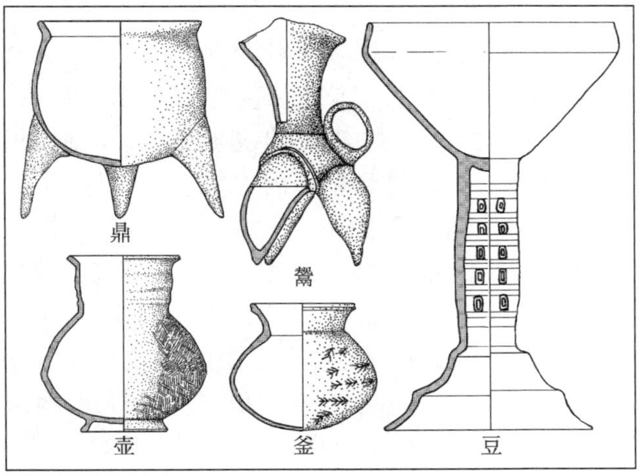

牛鼻山文化陶器

【牛鼻山遗址】 新石器时代遗址。位于福建省浦城县党溪村牛鼻山南坡。面积约 3 200 平方米。文化层堆积厚 0.8 ~2 米。1989 年福建省博物馆进行发掘,揭露面积 425 平方米。遗迹有灰坑和墓葬。墓葬为长方形或梯形竖穴土坑墓,人骨均朽蚀不见。出土遗物有陶器、石器和玉器等。陶器以泥质灰陶为主,器形以圈足器为主,圜底和三足器次之,包括罐形鼎、双耳罐、圈足或圜底壶、豆、钵、杯、簋、三足盘、鬶、甗和纺轮等。石器以锛、镞、斧、刀、凿、砺石、石球、钺、戈等。玉器仅见玉玦等小件装饰品。遗址年代为距今 5 000 ~4 000 年。(傅宪国)

【黄瓜山文化】 新石器时代至青铜时代考古学文化。因福建省霞浦县黄瓜山遗址而得名。主要分布在闽江下游及闽东沿海地区。陶器以泥质橙黄陶为主,次为灰硬陶,晚期还出现了少量的施釉陶器。石器有锛、有段石锛、凿、矛、镞、锥、凹石和石戈。骨器有锥、匕、镞、茅等。贝器有铲和刀。房址建筑为干栏式建筑。经济以采集和渔猎为主。文化年代为距今 4 000 ~3 500 年。(傅宪国)

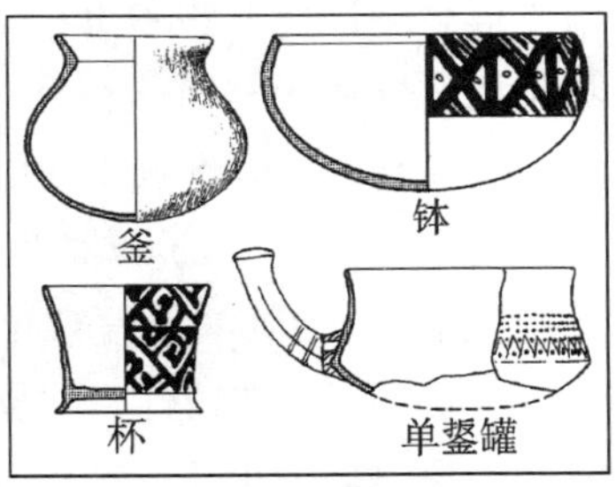

黄瓜山文化陶器

【黄瓜山遗址】 新石器时代至青铜时代遗址。位于福建省霞浦县沙江小马村。总面积约 6 000 平方米。1987 年文物普查时发现,1989 年、2002 年进行两次发掘。遗迹有房址等。出土遗物有陶器、釉陶器、石器、骨器和贝器,以及大量水陆生动物遗骸。遗址年代为距今 4 000 ~3 500 年。(傅宪国)

【大帽山遗址】 新石器时代贝丘遗址。位于福建省东山县陈城镇大茂新村。2002 年、2006 年进行发掘,揭露面积 130 余平方米。出土遗物有石器、玉器、骨器、贝器和陶器,以及大量陆生动物和海生贝类动物遗骸。陆生动物以鹿科为主,海生贝类以泥蚶和丽文蛤为主。遗址年代为距今 5 000 ~4 300 年。(傅宪国)

云贵地区史前遗存

【马鹿洞遗址】 新石器时代洞穴遗址。位于云南省蒙自县。1989 年进行发掘。出土遗物包括人骨、石器、角器等。出现用人类头盖骨制作的盛器。角器在该遗址的生产工具中所占的比重最大,形制也很丰富。遗址年代为距今 9 522 ±125 年。(傅宪国)

【曼干遗址】 新石器时代遗址。位于云南省云县小曼干村。1998 年进行发掘。遗迹有沟、柱洞和灰坑等。出土遗物包括陶器、石器、石器半成品以及石片和石核等。遗址年代为距今约 4 000 年。(傅宪国)

【海东遗址】 新石器时代贝丘遗址。位于云南省通海县四街乡海东村。1988 年进行发掘,发掘面积 370 余平方米。遗迹有墓葬和火堆等。墓葬葬式以仰身直肢为主。出土遗物包括陶器、石器、骨器和角器等。遗址年代为距今 5 000 ~4 000 年。(傅宪国)

【大墩子遗址】 新石器时代遗址。全国重点文物保护单位。位于云南省元谋县元马乡丙华村。1972—1973 年进行发掘,发掘面积约 500 平方米。遗迹包括房址、窖穴、沟道以及墓葬(包括瓮棺葬)等。出土遗物包括陶器、石器、骨器、角器、牙器以及蚌器等。发现大量谷类炭化物以及大量的动物骨骼和软体类动物的介壳。遗存分为早、晚两期,早期年

代为距今3 210±90年。(傅宪国)

【白羊村遗址】 新石器时代遗址。全国重点文物保护单位。位于云南省宾川县白羊村。1973年进行发掘,发掘面积290平方米。遗迹有房址、火塘、窖穴和墓葬等。房址均为地面木构建筑,呈长方形。墓葬包括长方形竖穴土炕墓、圆形土炕墓和瓮棺葬,并存在无头葬,似属非正常死亡。出土遗物包括陶器、石器、骨器、角器和牙器等,并有粮食粉末、稻壳以及鹿、猪、狗、牛、羊等动物遗骸。遗址年代为距今约4 000年。(傅宪国)

【菜园子遗址】 新石器时代遗址。位于云南省永仁县城南菜园子村。面积约2万平方米。1983—2001年进行两次发掘,发掘面积240平方米。遗迹有房址、石板棺墓和灰坑等。房址有地面和半地穴两种。出土遗物包括陶器、石器和骨器。陶器以夹砂灰陶为主,器形有罐、钵、盆、壶等。遗址年代为距今约4 000年。(傅宪国)

【磨盘地遗址】 新石器时代遗址。位于云南省永仁县城南磨盘地。面积约8 000平方米。1982年开始经多次发掘。遗迹有房址、石板棺墓、火塘和灰坑等。出土遗物包括陶器和石器。陶器以夹砂红陶为主,器形有罐、钵、壶等。遗址年代为距今约3 500年。(傅宪国)

【新光街遗址】 新石器时代遗址。位于云南省永平县新光街。面积约4万平方米。1993年开始经多次发掘。遗迹有半地穴和干栏式房址、灰坑、沟、火塘等。出土遗物包括陶器和石器等。陶器以深腹罐为主。石器包括锛、斧、石磨盘、磨棒、穿孔石刀和较多的石矛、石镞、小型切割石器等,并发现有炭化稻谷。可能是以狩猎采集为主、农业居次的经济生活。遗址年代为距今4 000～3 700年。(傅宪国)

【维的墓地】 新石器时代墓地。位于云南省永仁县维的村。1985年进行发掘。墓葬均为石板棺墓,分布密集,墓室作长方形,一头宽一头窄,墓底一头高一头低,人骨无存,随葬品仅陶器和石器两种。与元谋大墩子、永仁菜园子以及齐家文化、卡约文化有渊源关系。遗址年代为距今约3 200年。(傅宪国)

【大花石遗址】 新石器时代遗址。位于云南省龙陵县勐糯乡怒江西岸的二级台地上。面积约5 000平方米。1991年进行发掘,发掘面积约480平方米。遗迹包括房址、墓葬、火塘、灰坑等。出土遗物包括陶器、石器、骨器以及动物骨骼等。其中陶器以夹砂红陶为主,其次为夹砂灰褐陶及个别的夹砂黑陶,可辨认的器形有瓮、缸、罐、钵等。纹饰多绳纹,还有弦纹、戳刺纹、堆纹、菱形纹等。石器以打制的双肩石器为特征。(傅宪国)

【孙家屯墓地】 新石器时代墓地。位于云南省南华县沙桥镇。面积约8 000平方米。1996年进行发掘,发掘面积3 700余平方米。清理墓葬70座,均为长方形竖穴土坑墓,骨架腐朽无存,葬式不明,未见葬具痕迹。出土遗物均为夹砂陶器,多为红褐色。器形有壶、罐、釜等。墓地年代为距今4 000~3 500年。(傅宪国)

【石佛洞遗址】 新石器时代至青铜时代遗址。全国重点文物保护单位。位于云南省耿马傣族佤族自治县四排山乡勐省村。2003年进行发掘,发掘面积750平方米。发现排列整齐的方形和圆形柱洞,居住面用碎石铺垫,然后再铺石板。石器以磨光梯形斧、锛、八角星形器为特点。陶器有夹砂褐陶、红陶、灰陶,器形有釜、罐、钵等,纹饰以人字形纹、月牙形纹、贝形纹、蛇形纹、鱼形纹、刺点纹、涡纹和叶形纹为特点。遗址中还出土有炭化稻谷、稻壳和动物遗骸。遗址年代为距今约3 000年。(傅宪国)

【南碧桥遗址】 新石器时代洞穴遗址。位于云南省耿马傣族佤族自治县贺派乡挡帕山。洞穴长30米,宽2～3米,高约20米。1982年进行发掘。出土遗物包括陶器、石器、动物骨骼、蚌壳以及炭化谷物等。陶器为夹砂陶,器形简单,主要有釜、罐、钵等,纹饰以绳纹为主。遗址中打制石器和磨制石器共存。遗址年代距今约3 000年。(傅宪国)

【忙怀遗址】 新石器时代遗址。位于云南省云县忙怀乡。1974年云南省博物馆文物工作队进行发掘。出土遗物包括陶器和石器。陶器只有少量的陶片,以夹砂灰陶和夹砂红陶为主,施有绳纹、乳钉纹。石器以砾石打制的有肩石斧为特点。(傅宪国)

【马厂遗址】 新石器时代遗址。位于云南省昭通市文屏乡马厂村。1960年文物调查时发现。采集遗物包括石器和陶器等。石器主要是石锛。陶器有碗、罐、瓶等,其中单耳细颈小瓶颇有特色。(傅宪国)

【闸心场遗址】 新石器时代遗址。位于云南省昭通市闸心场。1954年发现。1960年进行发掘。出土陶器和石器。陶器以泥质橙黄色陶最多,陶片多破碎严重,器形以单耳细颈小瓶为主。石器形体扁平,通体磨光,以斧、锛类石器为主。(傅宪国)

【小河洞遗址】 新石器时代洞穴遗址。位于云南省麻栗坡县小河洞。1975年调查发掘。遗迹有红烧土和火塘等。出土陶片主要是夹砂灰褐陶,其次为夹砂红陶,纹饰有绳纹、划纹、附加堆纹。石器以磨制的有肩锛、靴形锛等为特点。年代为距今约4 000年。(傅宪国)

【银梭岛遗址】 新石器时代至商代贝丘遗址。全国重点文物保护单位。位于云南省大理市海东镇。2003—2004年、2006年进行两次发掘,发掘面积共600平方米。遗迹有房址。出土遗物包括石器和陶器。石器主要有刀、镞、锛、网坠等,另有少量的细石器。陶器主要为陶片,完整器较少,制作精致,火候较高,器形主要有罐、盆、钵等。其中新石器时代遗存年代为距今5 000～4 400年。(傅宪国)

【海门口遗址】 新石器时代至青铜时代遗址。全国重点文物保护单位。位于云南省剑川县甸南镇海门口村。1957年、1978年和2007年经三次发掘。面积约5万平方米,中心区面积约2万平方米。遗址分为三个时期,发现有房址、火堆、人骨坑、柱洞和木构建筑遗迹。清理的木桩、横木等4 000余根。出土遗物有陶器、石器、木器、骨角器、牙器,以及稻、粟、麦等植物遗存和猪、牛等动物骨骸。从第二期开始出现了小件铜器和石范。遗址年代为距今4 000～2 500年。(施劲松)

【贵州新石器时代遗存】 地处西南地区的贵州高原上迄今尚未发现可命名的新石器时代文化。除邻近云南省的威宁县中水镇和邻近重庆市的乌江沿岸等地发现了河流阶地上平坝类型的早期遗址外,贵州省更多早期遗址都是属于山地的洞穴类型。贵州新石器时代遗存具有以喀斯特岩溶地貌环境为背景的南方山地文化类型特征,以洞穴遗址为主,延续或保留旧石器晚期文化石制品而表现出文化滞后现象,以采集、渔猎的广泛适应性及旧石器时代生活的惯性,长久保持着独特的自然攫取经济优势的生活方式,是具有山民气质的土著游移小族群的文化遗存。发现的多处洞穴遗址,都表现出旧石器时代文化的堆积和埋藏特征,具有旧石器晚期石制品的风格特点。因其使用陶器甚少,更因其小规模和游移性,使得遗址状态与一般新石器时代居址明显不同,且与旧石器时代洞穴遗址也有差异,这种松散堆积、残留灰烬的洞穴遗址的形态和特征,可能就是贵州新石器时代文化遗存与众不同的突出现象。(叶茂林)

【国家岩洞遗址】 石器时代洞穴遗址。位于贵州省开阳县哨上乡土桥村云盘山上70米处的一个岩厦。2003年贵州省考古研究所进行调查。发现洞穴遗址进深约5米,前有约40平方米的场地。地层可分层,堆积残存遗迹和遗物,包含石制品、陶片、兽骨、红烧土、烧骨、炭屑、用火遗迹等,少许陶片有绳纹和网纹。属旧石器时代晚期至新石器时代。(叶茂林)

【银洞遗址】 石器时代洞穴遗址。位于贵州省黔西县定新乡群星村。2003年贵州省博物馆和毕节市文物管理委员会进行调查。洞穴位置较高,约90米,洞口向西北,洞穴面积约100平方米。堆积主要在洞口附近,含陶片的灰白色堆积被乱石覆盖,下层灰褐色,有钙质胶结。发现石制品、陶片、兽骨等。陶器以灰黑色夹砂陶居多,饰绳纹、篮纹、划纹、附加堆纹,火候较高。属旧石器时代晚期至新石器时代。(叶茂林)

【下院洞穴遗址群】 石器时代洞穴遗址。位于贵州省平坝县夏云镇金银村。2002年贵州省博物馆与平坝县文物管理所调查发现。包括下院洞、上洞和打鼓洞等相毗邻的三个洞穴,相距不足250米。下院洞堆积多被扰乱,洞外坡地发现石制品和陶片及兽骨与烧骨。上洞较大,洞口和坡地发现遗物。打鼓洞最小,堆积为灰褐色砂质黏土夹角砾,含动物化石、石制品、烧骨、炭屑等,局部暴露灰黄色堆积层,发现石制品与陶片及动物化石。石器都以燧石为原料。陶器多为夹砂陶,呈红褐、灰黑等色,颜色斑驳;纹饰以绳纹为主,有方格纹、篦纹、篮纹、戳印纹及素面,火候较高。属旧石器时代晚期至新石器时代。(叶茂林)

【圆口洞遗址】 石器时代洞穴遗址。位于贵州省织金县三塘镇北约2.5千米的小盆地边缘斜坡上。2002年贵州省博物馆和织金县文物管理所进行调查。高约180米,并列的两个洞口皆朝南,洞内较宽,有大面积黄色堆积和灰烬。发现石制品和陶片及兽骨等。石器用硅质岩砾石打制,石片石器、刮削器、两刃或多刃石器居多。陶片约20件,以夹砂陶为主,火候较高,呈红、黑、褐、灰等色,施绳纹、方格纹、弦纹和素面,还见口沿压印方格纹的。烧骨有鹿、牛、犀、豪猪等。属旧石器时代晚期至新石器时代。(叶茂林)

【望天洞遗址】 石器时代洞穴遗址。位于贵州省贵阳市乌当区野鸭乡皂角椏村西200米的小山脚下。洞口向北。洞内堆积的灰褐色地层保存完好，含石制品、兽骨及用火遗迹。采自洞外坡地石制品上百件，陶片近百件。用燧石打制石片、石核、石器，以刮削器和砍砸器为主，石片石器多见。夹砂陶呈灰褐色、黑色、红色等，纹饰以绳纹为主；泥质红陶以素面为主，附加堆纹或在附加堆纹上施篦纹。属旧石器时代晚期至新石器时代。（叶茂林）

【贵阳1号洞遗址】 石器时代洞穴遗址。位于贵州省贵阳市乌当区野鸭乡小箐村洼地边。洞口向北偏东。与2号洞遗址相距不远。2002年贵州省博物馆调查发现。1号洞堆积呈褐色，一部分被破坏，遗物散在洞口，采集到石制品26件，多为燧石和变质岩，有石核、石片、石器等，都是刮削器。发现2件夹砂陶片，素面，火候低。属旧石器时代晚期至新石器时代。（叶茂林）

【贵阳2号洞遗址】 石器时代洞穴遗址。位于贵州省贵阳市乌当区野鸭乡小箐村孤山半坡。洞穴相对高程约8米。2002年贵州省博物馆开展调查。遗物多在洞口和洞外坡地。采集到石制品、螺壳及陶片，有烧土和炭屑等。陶片多是夹砂褐陶，饰绳纹或素面。石器为打制，以石片石器居多，石器原料以燧石、变质岩、砂岩砾石为主。属旧石器时代晚期至新石器时代。（叶茂林）

【排风洞遗址】 石器时代洞穴遗址。位于贵州省贵阳市乌当区朱昌镇新场村附近半坡上。2002年贵州省博物馆调查发现。洞穴相对高程约10米，面临平坝。有灰褐色堆积，遗物多采自洞内外堆积中。采集遗存包括人类牙齿及石制品和烧骨。牙齿1枚，系儿童乳齿。石制品5件，为变质岩，有刮削器和磨光石斧。未发现陶片。属旧石器时代晚期至新石器时代。（叶茂林）

【无名洞遗址】 石器时代洞穴遗址。位于贵州省贵阳市乌当区野鸭乡小箐村东北的水淹坝旁。洞穴相对高程约10米，洞口朝东北。堆积严重破坏，仅洞壁残留少许，可见炭屑烧土等。石制品22件，均采集自洞外，以燧石、水晶、砾石为原料，有石核、石片、刮削器、砍砸器等。陶片3件，为泥质褐陶，施绳纹，火候低。属旧石器时代晚期至新石器时代。（叶茂林）

【尖山庙洞穴遗址】 石器时代洞穴遗址。位于贵州省贵阳市乌当区野鸭乡小箐村东小孤山半坡上。2002年贵州省博物馆开展调查。洞穴相对高程约8米，洞口朝北，为南北向穿洞，南面已破坏被覆盖。采集到人类牙齿、陶片、石制品和螺壳。人类牙齿1枚，为成人门齿，磨耗较深，未石化。陶片2件，皆夹砂陶，一红一黑，红陶有压印纹，黑陶有刻划纹。石制品70余件，均为打制，多变质岩和水晶。属旧石器时代晚期至新石器时代。（叶茂林）

【空岩洞遗址】 石器时代洞穴遗址。位于贵州省贵阳市乌当区野鸭乡下麦村西南小山下。洞口朝东偏北，堆积部分损毁。可见炭屑与烧土。洞口采集到陶片3件，为夹砂褐陶，火候较高，胎壁较薄，施绳纹。石制品近百件，以变质岩为主，有水晶和燧石，发现1枚磨制石器残片。属旧石器时代晚期至新石器时代。（叶茂林）

【月亮洞遗址】 石器时代洞穴遗址。位于贵州省贵阳市乌当区野鸭乡养马村附近150米山上。洞穴相对高程约15米。洞内无堆积，洞口和洞外采集到的石制品皆打制，以燧石为主，有石锤、石片、石核和石器。另发现泥质灰陶片1枚。属旧石器时代晚期至新石器时代。（叶茂林）

【四明洞遗址】 石器时代洞穴遗址。位于贵州省修文县扎佐镇东北约1.5千米小丘半坡上。系洞穴与岩厦的复式洞穴，主洞口向东南，现为庙宇。2001年贵州省博物馆调查发现，2002年开展复查。洞外采集到石制品、陶片及兽骨。洞内局部可见较薄的黑灰色堆积。石制品除1件磨制残石器外，其余皆为打制，以燧石和砾石为原料。夹砂陶片2枚，呈灰黄和红色，施绳纹和篦纹。另有烧骨。（叶茂林）

【岩洞遗址】 新石器时代洞穴遗址。位于贵州省贵阳市乌当区野鸭乡下麦村下将军山附近。2002年贵州省博物馆开展调查。因公路穿过，破坏严重，残存堆积呈灰褐色，含炭屑、石制品、烧骨等。洞口附近采集到石制品80多件及兽骨等，发现灰烬和用火遗迹。石器以变质岩为原料，有刮削器、砍砸器、尖状器和石刀，刮削器最多。未见陶片。（叶茂林）

【飞虎山洞穴遗址】 新石器时代洞穴遗址。位于贵州省贵阳市西约60千米处平坝上的石灰岩小孤丘。分布有10余个洞穴。东北边的2号洞穴，保留新石器时代地层并叠压旧石器层。遗存丰富，石器有斧、锛、矛、刀、石球、带凹槽磨石、纺轮等。骨器有刀、铲、凿。陶器多为夹砂灰陶，以绳纹为主，还有锥刺纹、刻划纹、附加堆纹，火候较高。发现彩陶片和玦。彩陶为橙陶衣赭红彩，是贵州所仅见的彩陶。

年代为距今6 000～4 000年。(叶茂林)

【陆家大坪遗址】 新石器时代遗址。位于贵州省威宁县中水镇陆家大坪。1995年贵州省考古研究所进行调查并试掘。发现红烧土坑,出土大量炭化稻谷,据碳十四测定年代为距今约3 000年。还出土一些陶片。(叶茂林)

【鸡公山遗址】 新石器时代遗址。位于贵州省威宁县中水镇山间小盆地。2002年贵州省考古研究所进行调查勘探并试掘。发现新石器时代晚期遗存,采集到大量陶片,有小陶杯、细颈尖底瓶、旋纹侈口罐。2004—2005年贵州省考古研究所与四川大学再次进行发掘。发现祭祀坑、灰坑、墓葬和建筑遗迹等,分布密集有规律,确认为青铜时代祭祀遗迹。(叶茂林)

【施滩遗址】 新石器时代至商周时期遗址。位于贵州省铜仁县漾头镇施滩村锦江南岸一级阶地上。面积约1万平方米。2001—2002年贵州省考古研究所调查发现。采集到大量陶片和打制石器及磨制石器。遗存与岩慬遗址相似。(叶茂林)

【岩慬遗址】 新石器时代至商周时期遗址。位于贵州省铜仁市漾头镇岩慬村锦江南岸一级阶地上。面积约3万平方米。20世纪80年代调查发现。2001—2002年贵州省考古研究所开展复查。发现夹砂褐陶片和打制石器及磨制石器。地层可分为五层,新石器时代遗存三层,含陶片和石器,年代为新石器时代晚期。上层为商周时期。(叶茂林)

【四方洞遗址】 石器时代洞穴遗址。位于贵州省兴仁县屯脚镇塘湾村。2000年贵州省博物馆、贵州省考古研究所、兴仁县文化局联合进行调查。洞穴相对高程40余米,洞内文化层呈灰褐色,含灰烬、兽骨、石制品等。采集到的石制品多为打制,也有细石器和骨器。陶片较少,为夹砂陶,火候较高,有褐、灰、黑褐、黑灰色等,纹饰以绳纹和方格纹为主。出土有螺壳。(叶茂林)

【青场瓦窑遗址】 新石器时代遗址。位于贵州省毕节市青场镇瓦窑村吴家屯河西岸的三级阶地上。发现较早,一直未能明确其时代性质。1984年贵州省博物馆进行发掘。堆积层厚达1.7米以上,覆盖层也厚,保存较好。有房址、柱洞、火塘、窑址等,出土石斧、锛、刀、砺石及打制石锤、石砧、石片、石核、网坠,并发现石范,有烧石。陶器为夹砂红陶、泥质磨光黑陶,施绳纹、刻划纹、方格纹、戳印纹、压印纹等,多小平底、圈足器,以罐和壶为主,并有陶制饰品。已经出现少量铜和铁,有石范,为金属器时代的遗存。(叶茂林)

【凤凰穿洞遗址】 石器时代洞穴遗址。位于贵州省黔西县凤凰乡新民村穿洞寨。洞穴北、西穿通,堆积主要在较宽大的西洞,地层有两个灰烬层。1988年贵州省博物馆和黔西县文物管理所进行发掘。发现打制石器,皆小型,多为燧石原料。陶片为夹粗砂陶,呈灰色,纹饰以绳纹和篮纹为主,并发现有动物化石。上层为新石器时代,下层为旧石器时代晚期。(叶茂林)

【拉它遗址】 新石器时代遗址。位于贵州省贞丰县鲁贡镇坡扒村北盘江南岸与鲁贡河交汇的一级阶地上。2006年调查发现,2007年贵州省考古研究所和贞丰县文物管理所进行发掘。堆积分为六层,新石器时代遗存在最下层。发现房址。陶器以夹砂灰褐陶为主,红褐陶次之,火候较低,素面为主,饰有附加堆纹、刻划纹、戳印纹等,器形为平底器、花边口沿罐和杯等。石器有斧、锛、凿、有肩石斧。遗存代表了北盘江流域新石器时代的土著文化。(叶茂林)

【中锥堡遗址】 新石器时代遗址。位于贵州省沿河县洪渡镇南洪渡河与乌江交汇处的二级阶地上。2005年调查发现,2006年贵州省考古研究所与沿河县文物管理所进行发掘。有新石器时代至汉代的多层堆积。第2、3层为汉代,第4层为商周时期,第5层是新石器时代晚期。商周时期遗存最丰富。新石器时代遗存在最下层,出土打制、磨制石器和陶器。陶器主要是褐陶和黄陶,为夹粗砂陶,火候低,饰绳纹,有花边口罐和平底罐、钵等。遗存与重庆峡江地区的哨棚嘴文化相似。(叶茂林)

西藏地区史前遗存

【西藏细石器遗存】 细石器文化遗存。西藏自治区发现的细石器遗存,地域广泛,数量丰富,几乎遍布整个西藏高原区域。主要是指采集发现的较单纯的细石器遗存。考古发现证明,起源于旧石器时代晚期的细石器,一直延续和保留在新石器时代遗址甚至更晚的文化遗存中。分布在河谷地带的许多西藏古遗址,有地层堆积,也有陶器等各类遗存,同时发现细石器,其年代归遗址所属时代。西藏细石器遗存发现地点分布零散,主要是地面采集,缺乏地层，特别是广大牧区及高寒、高海拔、地处边远的地区。时代一般并不确定，包括了可能从旧石器时代晚期、中石器时代、新石器时代到青铜时代或更晚的遗存。这是与西藏史前人类同自然相适应的，反映当时生产和生活状态而保留下来的较特殊的人类文化遗存。（叶茂林）

【乃那农沟细石器地点】 新石器时代细石器遗存。位于西藏自治区申扎县买巴乡一村南约15千米的乃那农沟。海拔4 750米。2000年西藏自治区文物局和四川大学调查发现。细石器采自沟西坡地约700平方米的范围内，采集到细石叶、石片、碎屑，原料多是红褐色燧石，并采集到夹细砂红褐陶片。（叶茂林）

【卡若文化】 新石器时代考古学文化。因西藏自治区昌都县卡若遗址而得名。主要分布在西藏东部的澜沧江流域，是青藏高原上重要的新石器时代文化，也被认为是中国西南横断山区新石器时代的一种文化类型的代表。已发掘过的遗址主要有昌都卡若遗址、昌都小恩达遗址等。卡若文化可以分期，其文化面貌以石砌房址、道路、围圈、石台为特征，半地穴房址为木骨泥墙。出土丰富的陶器、石器、骨器，还有小米、兽骨等。石器有打制石器、磨制石器、细石器，其中磨制石器少见，但较精致，石刀多样颇具特征，还有斧、锛、凿；细石器多是石叶的刃器，打制石器具有新石器风格，如盘状器等。陶器为夹砂陶，火候较高，有红、灰、黑等色，均是小平底的器物造型，以罐、盆、钵为主，纹饰主要是刻划纹，也有绳纹、锥刺纹、篦点纹，以及各种几何形图案。骨角器有锥、针、匕、骨梗刀等。文化年代为距今5 300～4 300年。（叶茂林）

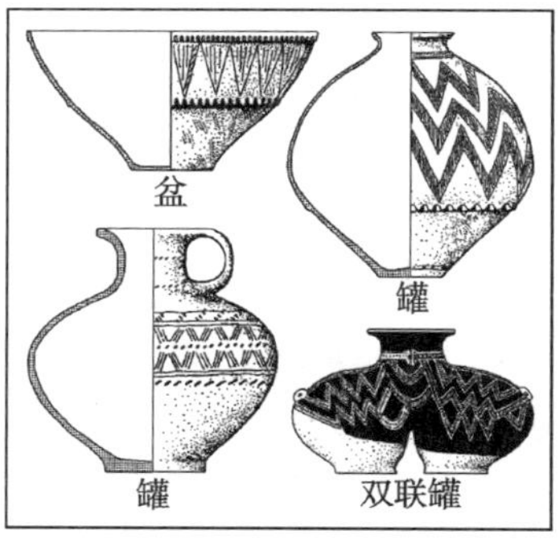

卡若文化陶器

【卡若遗址】 新石器时代遗址。全国重点文物保护单位。位于西藏自治区昌都县加卡乡卡若村澜沧江的二三级阶地上。面积约1万平方米。1977年昌都水泥厂施工时发现。1978年试掘。1979年西藏自治区文物管理委员会和四川大学进行发掘。发现早、晚两期遗存，有半地穴房址和石砌建筑。出土陶器、石器、骨器、小米和动物骨骼等，以打制石器和骨角器居多。陶器皆夹砂陶，火候较高，为小平底器物，盛行刻划纹，并发现彩陶和双体兽形罐。2002年配合保护规划再次发掘，并有新发现。1985年出版有《昌都卡若》。（叶茂林）

【曲贡文化】 新石器时代考古学文化。以西藏自治区拉萨市曲贡遗址而得名。是继卡若文化命名之后西藏新发现的又一个史前时期考古学文化。分布在与卡若文化不同的地理区域。是雅鲁藏布江中游地区和拉萨河谷的史前文化，也是迄今中国考古发现的海拔最高的史前文化之一。发现圆形和不规则形的灰坑。墓葬2座，有石头构件，但无葬具，侧身屈肢葬。出土遗物中打制石器居多，有石片和石核；磨制石器极少，主要是梳形器、研磨器、磨盘和重石等，许多石器上染有红色。陶器采用轮制，分为夹砂陶和泥质陶，以黑陶为主，还有褐陶、灰陶，极少红陶，制作工艺先进，胎壁薄，磨光精致，器形多圜底或圜底加小圈足，单耳或双耳。纹饰以刻划纹为主，也有锥刺纹、压印纹、乳钉纹等，图案丰富多样，以几何形图案表现最多。多见骨器，最多是骨锥，另有骨笄、针、梳形器、多种骨饰等。文化年代为距今3 750～3 500年。（叶茂林）

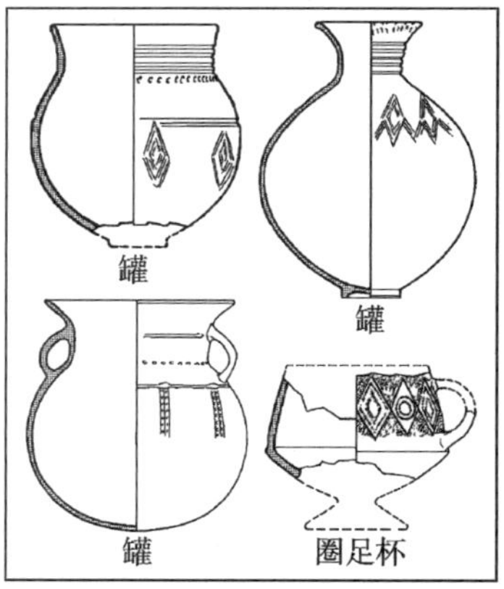

曲贡文化陶器

【曲贡遗址】 新石器时代遗址。位于西藏自治区拉萨市北郊5千米的曲贡村北山坡上。海拔3 680米，面积约1万平方米。1990年中国社会科学院考古研究所与西藏自治区文物管理委员会进行发掘。发现圆形和不规则形灰坑10余个。有墓葬2座，用石头构件，无葬具，侧身屈肢葬。多打制石器，磨制少，多见石器涂红。有大量骨器。陶器采用轮制，以黑陶为主，工艺先进，胎壁薄，磨光，纹饰以刻划纹为主，多几何图案。发现有猴面陶塑和铜镞及玉锛。遗址年代为距今约4 000年。1999年出版有《拉萨曲贡》。（叶茂林）

【江钦遗址】 新石器时代遗址。位于西藏自治区察雅县城东南澜沧江边。距昌都卡若遗址较近，海拔约3 100米。2000年西藏自治区文物局和四川大学调查发现。河畔断崖上可观察到文化层,面积约7 000平方米,揭露有红烧土遗迹,出土有打制石器和陶片。陶器皆为夹砂黄褐陶,饰绳纹和堆纹,器形有罐和盆。总体上和卡若文化类似,年代也大致相当。(叶茂林)

【昌果沟遗址】 新石器时代遗址。位于西藏自治区拉萨市南边雅鲁藏布江中游贡嘎县昌果乡昌果村。海拔3 570米,面积10余万平方米。1991年西藏自治区文物管理委员会普查时发现并试掘。1994年中国社会科学院考古研究所与西藏自治区文物管理委员会进行发掘。有磨制、打制石器和细石器,以打制石器为主,细石器丰富。陶器以夹砂红褐陶为主,火候较高,有侈口圈足碗、侈口罐、镂空高柄器等,纹饰多样。有磨光玉斧。为西藏高原少有的史前大聚落,堆积暴露地表,与曲贡遗址相近但不同。遗址年代为距今约3 000年。(叶茂林)

【小恩达遗址】 新石器时代遗址。全国重点文物保护单位。位于西藏自治区昌都县小恩达小学附近的昂曲河东岸一二级阶地上。面积约8 000平方米。1980年发现。1986年西藏自治区文物管理委员会进行试掘。发现房址、打制和磨制石器及细石器、骨器、陶片等。遗存各种特征与卡若遗址相近,属于卡若文化。遗址年代为距今4 000～3 000年。(叶茂林)

【邦嘎遗址】 新石器时代遗址。位于西藏自治区琼结县扎林乡邦嘎村。海拔达3 700米,面积仅存约3 000平方米。1985年西藏自治区文物管理委员会进行试掘,发现祭祀坑等及石器、陶器、兽骨。2000年、2002年中国社会科学院考古研究所与西藏博物馆和山南文物局联合发掘。发现石砌建筑遗迹和墓葬,出土大量遗物和动植物遗存及人骨标本。遗存分为上、下两层,上层以红褐陶为主,下层以灰褐陶为主,多各式圜底罐。遗物与曲贡、昌果沟遗址有一定相似性,但也自有特点。遗址年代为距今约3 000年。(叶茂林)

【布日那东遗址】 新石器时代遗址。位于西藏自治区班戈县德保乡德保四村台地上。海拔4 480～4 500米,是迄今已知最高的新石器时代遗址。2000年西藏自治区文物局和四川大学调查发现,采集到陶片和打制石器。陶器皆细砂红陶,表面磨光,纹饰有弦纹和刻划纹。(叶茂林)

港澳地区史前遗存

【大湾遗址】 新石器时代至青铜时代遗址。位于香港特别行政区南丫岛(又名"舶寮洲")西北岸。1933年开始经多次发掘。遗迹有墓葬等。出土遗物包括陶器、釉陶器、石器、玉器和青铜器等。其中以发现彩陶圈足盘(亦称"大湾式彩陶盘")和牙璋而闻名。年代自新石器时代中期至东周时期。(傅宪国)

【东湾遗址】 新石器时代至唐代遗址。位于香港特别行政区大屿山西南石壁之东侧。1937年开始经多次发掘。遗迹为由密集的砾石组成的"生活面"。出土遗物包括陶器、打制石器、磨制石器、玉戈、有领环、青铜斧砂岩范和大量的石器原料等。分属于新石器时代中期、新石器时代晚期、青铜时代和唐代。(傅宪国)

【深湾遗址】 新石器时代至青铜时代遗址。位于香港特别行政区南丫岛(又名"舶寮洲")南部海湾。1971年开始经多次发掘。遗迹有墓葬、灶及人类活动面等。出土遗物包括陶器、打制石器、磨制石器、骨器以及青铜器等。遗址年代为距今6 000～3 500年。1978年出版有《南丫岛深湾——考古遗址调查报告》。(傅宪国)

【春坳湾遗址】 新石器时代至青铜时代遗址。位于香港特别行政区香港岛南(又名"春坎角")。1968年开始经多次发掘。出土遗物包括陶器、磨制石器和打制石器等,尤以白陶和彩陶圈足盘最为重要。年代为距今6 000～3 500年。(傅宪国)

【黄地峒遗址】 新石器时代遗址。位于香港特别行政区西贡黄地峒。2004年、2005年进行两次发掘,发掘面积16平方米。出土遗物均为石制品,包括各种形态的石斧、锛毛坯和刃部磨制石器以及石片、石块等。为新石器时代开采石料并初步加工石器的场所。也有学者认为,遗存可分为早、晚两期,早期年代为距今3.9万～3.5万年,晚期年代距今约6 800年。(傅宪国)

【虎地遗址】 新石器时代遗址。位于香港特别行政区大屿山西北赤鱲角岛西岸。20世纪90年代初发掘。遗迹有墓葬等。出土遗物为夹砂粗陶,以圜底釜为大宗,也有筒形器座、器盖和器足等。泥质陶多为灰白色陶,器形以圈足豆、簋为特点,圈足上多饰镂空或刻划纹。出土石制品包括双肩石器、单肩石器、石锛、石斧、砾石、石锤、石器毛坯、石料以及砺石等。年代属新石器时代中期。(傅宪国)

【黑沙遗址】 新石器时代遗址。位于澳门特别行政区路环岛黑沙湾。1973年开始经多次发掘。有红烧土、砾石构筑遗迹以及玉石作坊遗迹。出土遗物包括陶器和玉石器等,并以出土彩陶圈足盘而闻名。遗址年代为距今6 000~5 000年。1996年出版有《澳门黑沙》。(傅宪国)

【芦须城遗址】 新石器时代至唐代遗址。位于香港特别行政区南丫岛索罟湾西岸。1976年、1978年进行两次发掘。遗迹有唐代的窑址等。出土遗物包括陶器、水晶器、磨制石器和打制石器等。其中,石质或水晶质的环、玦残片和环、玦内芯与环、玦半成品以及砺石、石锯等的发现,表明在新石器时代和青铜时代存在手工业作坊遗迹。(傅宪国)

【西湾遗址】 新石器时代遗址。位于香港特别行政区长洲岛西南西湾村。1977年、1983年进行两次发掘。出土遗物包括陶器、打制石器和磨制石器等。年代属新石器时代中期。(傅宪国)

【虎地湾遗址】 新石器时代至唐代遗址。位于香港特别行政区大屿山西北赤鱲角岛西岸的虎地湾。1990年进行发掘。遗迹有新石器时代中期的墓葬、柱洞和灰坑,以及唐宋时期的窑址。出土遗物有陶器、打制石器和磨制石器等。年代分属新石器时代中期及唐宋时期。新石器时代的绝对年代距今6 000~5 000年。(傅宪国)

【龙鼓洲遗址】 新石器时代至青铜时代遗址。位于香港特别行政区西北屯门地区龙鼓滩海岸西面的离岛龙鼓洲(原称"铜鼓洲")上。1940年后经多次发掘。出土遗物包括陶器和石器等。陶器有彩绘泥质红陶、刻划纹泥质白陶和几何印纹陶等。磨制石器包括单肩石器、双肩石器和梯形石锛等;打制石器包括尖状器、刮削器、砍砸器等。(傅宪国)

【涌浪遗址】 新石器时代遗址。位于香港特别行政区新界屯门。分为南、北两区。1984年、1992年进行发掘。遗迹有柱洞、墓葬、红烧土堆以及制作环、玦饰的加工场等。出土遗物包括夹砂绳纹陶、彩陶和压印纹白陶。石器包括石锛、双肩石器、有肩有段石锛、有段石锛、石钺和较多的尖状器、纺轮、砺石等。与珠江三角洲同期文化和石峡文化存在一定的文化联系。(傅宪国)

【白芒遗址】 新石器时代至唐代遗址。位于香港特别行政区大屿山北岸白芒湾。1991年进行发掘。遗迹有新石器时代晚期墓葬。出土遗物包括陶器、石器、青铜器、铁器以及釉陶和瓷器等。年代包括晋唐时期、西汉、青铜时代以及新石器时代晚期。(傅宪国)

【龙眼仔遗址】 亦称"虎地凹遗址"、"鳌磡沙遗址"。新石器时代至青铜时代遗址。位于香港特别行政区新界元朗。从1997年开始经多次发掘。遗迹有房址、墓葬和灰坑等。遗物包括夹粗砂陶片、泥质几何印纹陶片、大量的窑具和窑箅、磨光石器、器坯、石料、石片等。可分两个阶段,分属新石器时代末期和青铜时代早期。(傅宪国)

【虎地凹遗址】 即"龙眼仔遗址"。

【鳌磡沙遗址】 即"龙眼仔遗址"。

【蟹地湾遗址】 新石器时代至青铜时代沙堤遗址。位于香港特别行政区大屿山中部东岸。1968年开始经多次发掘。遗迹有墓葬等。遗物包括陶器、釉陶器、打制石器、磨制石器和青铜器等。年代上限相当于新石器时代中期,下限在春秋战国时期。(傅宪国)

【扒头鼓遗址】 新石器时代遗址。位于香港特别行政区大屿山东北部。1985年开始经多次发掘。遗迹有圆形和长方形房屋遗迹和砾石堆成的炉灶等。出土遗物包括陶器、磨制石器和打制石器等。年代属新石器时代晚期后段。绝对年代为距今5 000~3 500年。(傅宪国)

【东湾仔遗址】 新石器时代至汉代遗址。位于香港特别行政区新界荃湾马湾岛东。1972年开始经多次发掘。分为南、北两区。南区遗迹主要是贝丘堆积,主要属青铜时代至东汉时期,并发现南朝至隋唐时期的窑炉。北区遗迹主要为墓葬,另有柱洞、灰坑等。出土遗物包括陶器、打制石器、磨制石器、玉器、蚌器、贝器和骨器等。年代主要属新石器时代中晚期及商周时期。(傅宪国)

【沙下遗址】 新石器时代至青铜时代遗址。位于香港特别行政区新界西贡区沙角尾村。1996年开始经多次发掘。遗迹有墓葬、房址、灰坑和石器加工场等。出土遗物包括陶器和石器,其中以石器数量最多,包括打制石器、磨制石器以及大量与石器加工制作有关的砺石、器坯(半成品)和石核等。遗址年代为距今4 500~3 500年。(傅宪国)

【吴家园遗址】 新石器时代遗址。位于香港特别行政区新界元朗厦村乡下白泥村。1997 年进行发掘,发掘面积 130 余平方米。遗迹有夯土房基、灰坑和灶址等。出土遗物包括陶器、打制石器、磨制石器和玉器等。年代分属新石器时代中期、晚期及秦汉时期。(傅宪国)

【陈家园遗址】 新石器时代遗址。位于香港特别行政区新界元朗厦村乡白泥村。1998 年进行发掘,发掘面积 130 余平方米。遗迹有柱洞、灶址、窑址、玉石器作坊址和墓葬等。出土遗物包括陶器、打制石器、磨制石器、玉器和青铜器等。年代分属新石器时代晚期和青铜时代。(傅宪国)

夏商周编

二里头时代

二里头文化

【二里头文化】 青铜时代早期考古学文化。因河南省偃师市二里头遗址而得名。曾被称为“洛达庙类型”文化。主要分布于以河南省西部为中心的黄河中游地区。现已发现遗址500余处,其中已发掘者约100处。陶器以夹砂灰陶和泥质灰陶为主,纹饰以绳纹为主。炊器有深腹罐、圆腹罐、鼎、甑、鬲,食器有平底盆、三足皿、豆、簋,酒器有鬶、盉、爵、觚,盛贮器有深腹盆、大口尊及各种罐瓮类容器,食品加工器有刻槽盆等,构成富有特色的陶器群。主要依据陶器的演变,二里头文化被划分为前后相继的四期;又因以陶器为主的文化因素的地域差异被划分为数个地方类型,其中二里头类型在该文化中最具典型性。二里头文化的聚落包括都邑、区域性中心聚落及中小型村落。建筑则分为大中型夯土台基、地面式建筑和半地穴式房屋等。墓葬的规模、葬具和随葬品也等各有差,显现出社会的高度分化。农业经济粟作与稻作并举,已有高度发达的铸铜、制造玉石器、制陶和制骨等手工业,最令人瞩目的是已掌握了用复合范制造青铜礼器的高超技术。文化年代约为距今3 800～3 500年。二里头文化在广泛吸

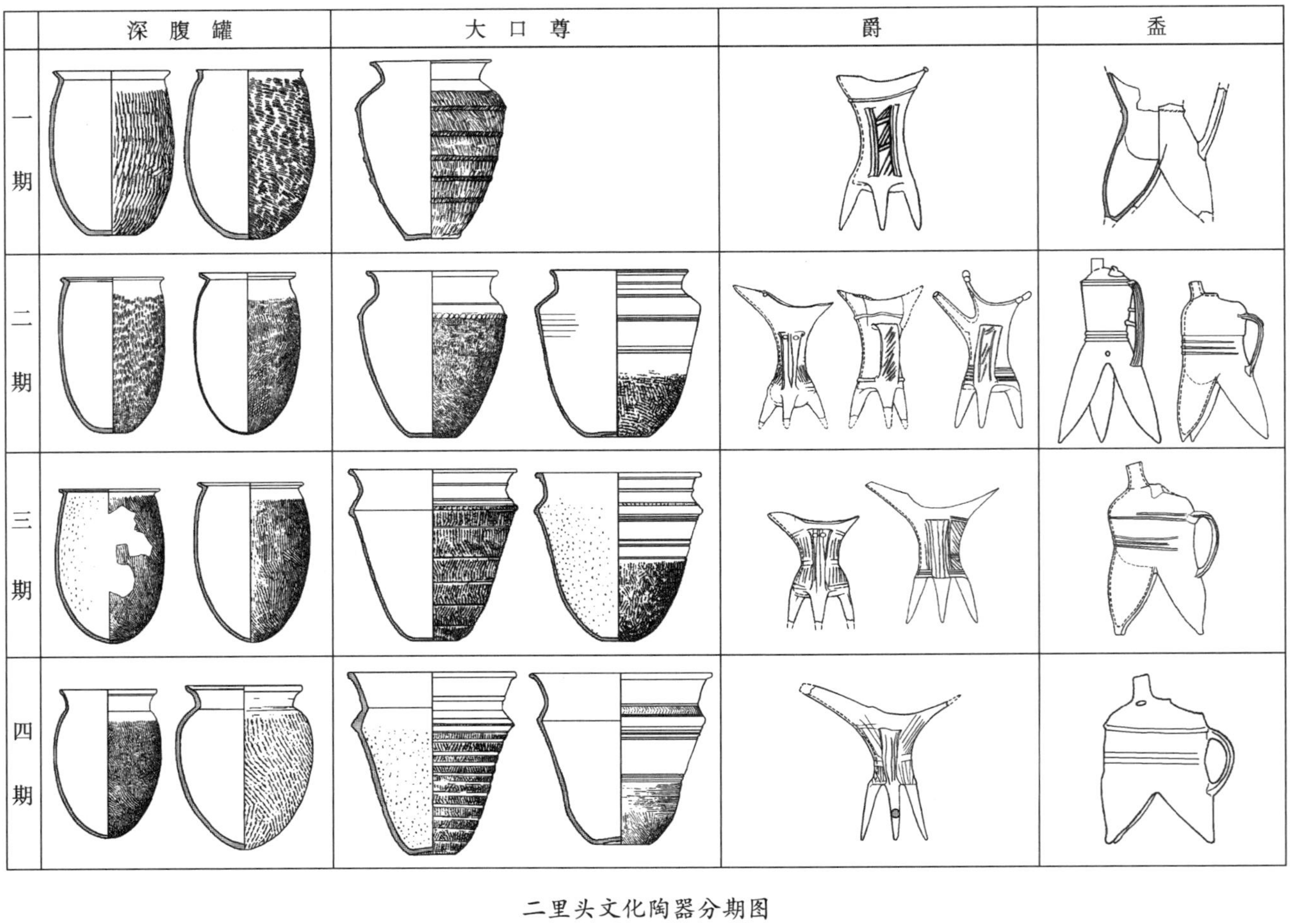

二里头文化陶器分期图

收各地文化因素的基础上，又向周边地区大幅度地施加文化影响，成为东亚大陆最早的“核心文化”。一般认为二里头文化是探索夏文化的重要对象。（许宏）

【夏文化】 中国考古学诞生后提出的一个考古学与历史学整合层面上的命名。它不同于以典型遗址或最初发现的遗址地名命名的考古学文化命名原则。其前提是认可夏王朝的真实存在。一般指夏王朝时期夏人活动地域内的物质文化遗存，也有学者认为应指夏代在其王朝统辖地域内夏族（或以夏族为主体）创造的物质文化和精神文化遗存。其核心议题是指认这一以传世文献记载的族属和王朝命名的文化究竟对应于何种考古学遗存。由于缺乏当时的文字材料，持续了数十年之久的关于夏文化问题的讨论一直聚讼纷纭，莫衷一是。夏文化曾分别被推定为考古学上的仰韶文化、龙山文化、龙山文化至二里头文化、二里头文化等。目前，学术界倾向于中原龙山文化晚期与二里头文化属于夏文化。但也有人分别指认山东、山西、陕西、安徽、江浙一带的古代遗存为夏文化。（许宏）

【二里头类型】 见“二里头文化”（304页）。

【二里头遗址】 青铜时代早期遗址。全国重点文物保护单位。位于河南省偃师市翟镇镇二里头村及其周围。现存面积约300万平方米。可分为四期，主要文化遗存属二里头文化，为二里头文化的典型遗址。1959年发现并开始发掘，累计发掘面积达4万余平方米。发现大面积的宫殿建筑基址群和宫城城垣，以及纵横交错的道路遗迹；发掘大型宫殿建筑基址数座，大型青铜冶铸作坊1处，绿松石器制造作坊1处，与制陶、制骨有关的遗迹若干处，与宗教祭祀有关的建筑遗迹若干处，以及中小型墓葬400余座，其中包括出土成组青铜礼器和玉器的墓葬。此外还发现并发掘了大量其他遗迹和丰富的遗物（见彩版13）。二里头遗址是当时中国乃至东亚地区最大的城市遗址。发现有迄今所知中国最早的宫城、最早的城市干道网、最早的宫殿建筑群、最早的青铜礼器群，以及最早的官营作坊区等。规模宏大，布局严整，是迄今为止可确认的中国最早的王朝都城遗址，开中国古代都邑制度之先河。因二里头文化的存在时间相当于文献记载的夏、商王朝时期，故二里头遗址也是探索夏、商文化分界的关键性遗址。曾先后被推定为商汤所都亳邑和夏王朝都城。目前，学术界一般认为是夏王朝晚期都城。1999年出版有《偃师二里头——1959年—1978年考古发掘报告》。（许宏）

【二里头宫城】 青铜时代早期宫城遗址。位于二里头都邑中心区。系四周围以夯土墙的王室禁地。面积约10.8万平方米。平面略呈竖长方形，近南北向，方正规整。其内已发现数十处大型建筑基址，构成二里头都邑的核心区域（见彩版12“偃师二里头宫殿区发掘现场”）。宫城墙宽约2米，跨建于南墙上的一座基址可能是宫城正门的门塾遗迹。使用时间为二里头文化晚期，是迄今所知中国最早的宫城遗存。（许宏）

【二里头1号基址】 青铜时代早期建筑基址。位

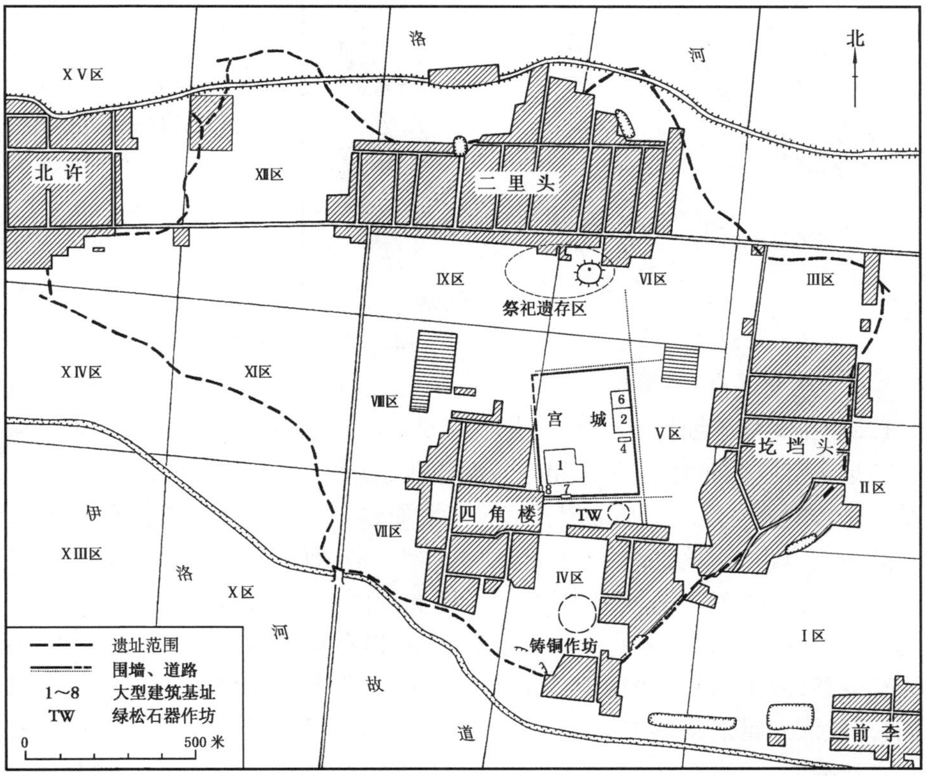

二里头遗址平面图

于二里头宫城西南部，是西路建筑群的核心建筑。系一座建于大型夯土台基之上的复合建筑。台基平面略呈正方形，东西长 107 米，南北宽约 99 米，面积约 1 万平方米。基址由主体殿堂、廊庑和围墙、庭院和正门门塾等单元组成，规模宏大，结构复杂，布局谨严，主次分明。一般认为，应属统治者进行祭祀活动、发布政令的礼仪性建筑。使用时间为二里头文化晚期。（许宏）

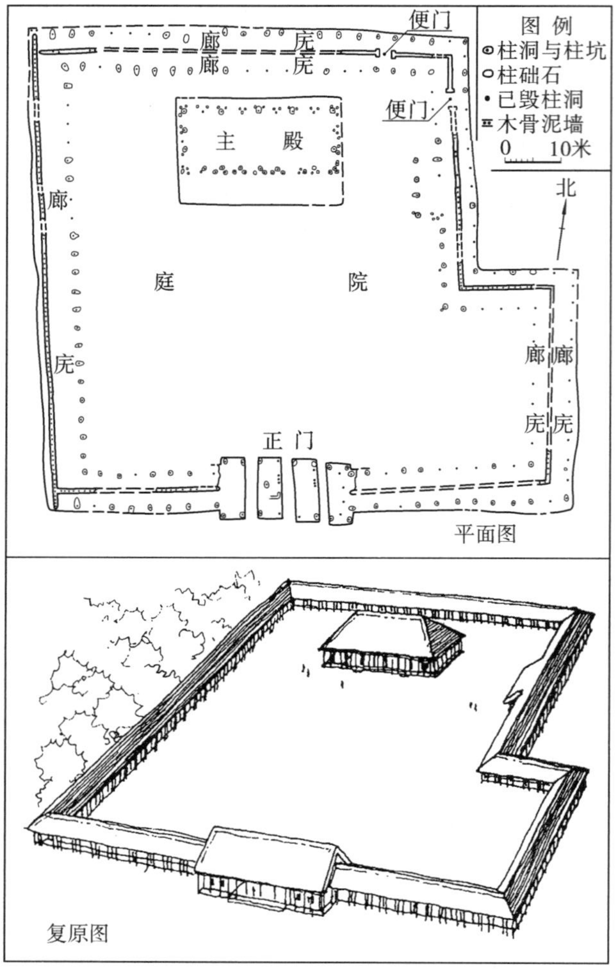

二里头 1 号基址平面图和复原图

【二里头 2 号基址】 青铜时代早期建筑基址。位于二里头宫城东部偏北，是东路建筑群的核心建筑。系一座大型复合建筑。基址依托宫城东墙而建。平面呈纵长方形，南北长约 73 米，东西宽约 58 米，面积逾 4 000 平方米。基址由主体殿堂、廊庑和围墙、门塾以及庭院组成。规模虽较 1 号基址小，但布局方正规整，注重对称，功能上或与 1 号基址有所不同，一般认为属宗庙祭祀类建筑。使用时间为二里头文化晚期。（许宏）

【二里头围垣作坊区】 青铜时代早期作坊遗址。位于二里头宫城以南。目前查明了其北半部的防御设施。东墙与宫城东墙呈一直线，已知长度 80 余米；北墙与宫城南墙隔路相望，已确认长度 160 余米。墙宽 1 米余。围垣始建于二里头文化早期，至二里头文化末期又加以增筑。北墙以内发现了绿松石器作坊，其南又分布有铸铜作坊。这一区域紧邻宫城区，产品都为王室贵族所专用，其性质应属官营作坊区。（许宏）

【二里头铸铜作坊】 青铜时代早期作坊遗址。位于二里头围垣作坊区内，是铸造青铜器的作坊遗址。面积约 1 万平方米。遗迹主要包括浇铸工场、陶范烘烤工房和陶窑等。已发现与青铜冶铸有关的遗物有陶（石）范、坩埚、铜渣、矿石、木炭和小件铜器。陶范上或刻有兽面纹等花纹。从残范看，所铸铜器直径最大者可达 30 厘米以上。使用时间自二里头文化早期直至最末期，是迄今所知中国最早的青铜器铸造作坊。（许宏）

【二里头绿松石器作坊】 青铜时代早期作坊遗址。位于二里头围垣作坊区内。面积不小于 1 000 平方米。已发掘的一处绿松石料坑出土绿松石块粒达数千枚，包括原料、毛坯、破损品及废料等，相当一部分带有切割琢磨的痕迹。此外还发现有加工用的砺石。该作坊的主要产品是绿松石管、珠及嵌片之类装饰品。现可确认的使用时间属二里头文化晚期，是迄今所知中国最早的绿松石器制造作坊。（许宏）

【二里头道路网】 青铜时代早期道路遗址。位于二里头遗址中心区。由 4 条大路组成。大路分布于宫殿区外侧，垂直相交，略呈井字形，布局谨严。保存最好的宫殿区东侧大路已知长度近 700 米，路宽 10 余米至 20 米。这一道路网既是交通孔道，又起着分割城市功能区的作用。在宫殿区南侧大路上，还发现了中国最早的双轮车车辙痕迹。使用时间纵跨二里头文化早期至晚期，是迄今所知中国最早的城市道路网。（许宏）

【二里头祭祀遗存区】 青铜时代早期祭祀遗址。位于二里头宫城以北。集中分布着一些可能与宗教祭祀有关的建筑和其他遗迹。其中高于地表的圆形建筑，表面布列着一圈或二圈圆形“土墩”（在坛体上挖出圆坑，填以不同于坛体的土），有学者认为可能是古代文献中记载的祭祀场所“坛”；而长方形的半地穴建筑，则可能是“墠”。在“坛”的近旁和“墠”内还经常发现有随葬铜、玉礼器的贵族墓。目前已

知这类祭祀遗迹的分布范围东西连绵达二三百米。(许宏)

【绿松石龙形器】 二里头文化绿松石制品。2002年发现于二里头遗址宫殿区的贵族墓中。全器由2 000多枚细小的绿松石片组合而成。器物呈龙形。龙身长约65厘米,形体长大,巨头蜷尾,形象生动。龙尾端下方还有一件与龙体垂直的绿松石条形饰。由龙首至条形饰总长超过70厘米(见彩版13“绿松石龙形器”)。绿松石原来应是粘嵌在木、革之类的有机物上,其所依托的有机物已腐朽无存。这一绿松石龙形器体量之大、用工之巨、制作之精,在中国早期龙形象文物中较为罕见。(许宏)

【嵌绿松石铜牌饰】 夏商时期青铜礼器。一般是在铸造出主体纹饰的青铜牌饰上,以细小的绿松石片镶嵌其中,共同组成兽面或其他纹饰(见彩版13“嵌绿松石铜牌饰”)。在二里头遗址二里头文化第二期和第四期的贵族墓葬中发掘出土3件,均出土于墓主的胸部附近。长度约16厘米,牌体均为近似圆角长方形,两侧边上下各有一穿钮,正面呈瓦形弧凸。二里头文化第二期铜牌饰是迄今所知年代最早者。四川广汉三星堆遗址、甘肃天水以及英国、美国、日本等国也共有10余件发掘或传世的类似铜牌饰,其年代相当于二里头文化第三期至商代之间,来源或与二里头文化有关。(赵海涛)

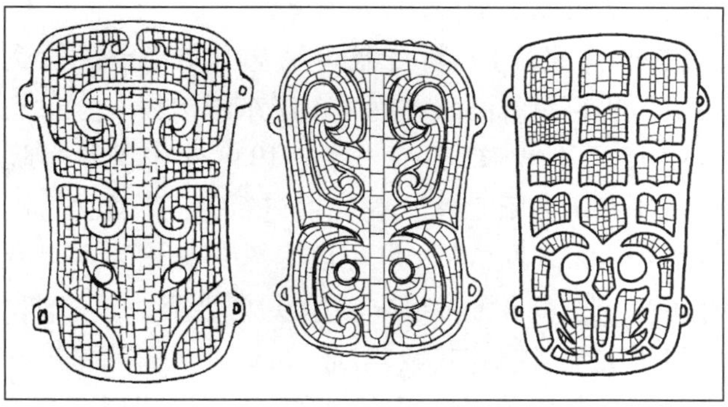

嵌绿松石铜牌饰

【东下冯类型】 二里头文化地方类型之一。主要分布于晋南汾水下游及其支流浍水流域的临汾盆地和涑水流域的运城盆地。主要遗址有山西省夏县东下冯,翼城县感军、苇沟、南石,襄汾县大柴,永济市东马铺头,垣曲县古城东关,长治县小神等。该类型可分为四期,分别相当于二里头文化第一至四期。东下冯类型与下七垣文化和北方文化之间存在相互间的影响和交流。参见“东下冯遗址”。(赵海涛)

【东下冯遗址】 二里头文化至二里冈文化遗址。全国重点文物保护单位。位于山西省夏县埝掌镇东下冯村。遗址面积约25万平方米。1959年发现。1974年起进行多次发掘。主要遗存可分为六期,第一至四期相当于二里头文化第一至四期,第五至六期为二里冈文化遗存。二里头文化遗迹有壕沟、灰坑、窖穴、水井、陶窑和墓葬等。壕沟有内、外两重,均为回字形,周长分别约为542米、668米。在壕沟两侧崖壁上掏挖出的窑洞,是本类型最有特色的建筑。窖穴有台阶或坡道,其中有土埂隔墙和圆土墩者,为其他类型所未见,个别窖穴中还残留有炭化的粟米,遗物有铜镞等小件铜器、铜熔器残块、铜渣、石范等,表明东下冯遗址有青铜冶铸工业,还有石器、骨器、卜骨和陶器等遗物。东下冯遗址发现的石磬,是中国迄今发现的年代最早的石磬之一。二里冈文化遗迹有城址、圆形建筑台基、灰坑、墓葬等。城址已探明了南墙和东、西城墙的南段,城墙宽约8米,内外两侧均有护坡,外侧有城壕。圆形建筑台基位于城址内西南角,已确知有20座,另据钻探得知至少由7排组成,总数约有四五十座,该基址群可能是一处仓储遗址。墓葬均为长方形土坑竖穴,随葬品有铜爵和鬲、盆、斝、豆、罐等陶器,遗物有青铜小件、铜渣、石范、玉笄、石器、骨器、角器、蚌器和陶器。经碳十四断代,约为距今3 900～3 500年。1988年出版有《夏县东下冯》。(赵海涛)

【感军遗址】 二里头文化遗址。位于山西省翼城县里砦镇感军村西南。总面积约20万平方米。1962年中国社会科学院考古研究所山西工作队试掘。发现遗迹有灰坑2个。出土遗物有鬲、甗、斝、罐、盆、缶、豆、瓮和器盖等。另外还见有石器、骨镞和陶纺轮等。(高江涛)

【蒲城店遗址】 龙山文化至二里头文化遗址。全国重点文物保护单位。位于河南省平顶山市卫东区东高皇乡蒲城店村北。现存面积约18万平方米。1957年发现。2004—2005年河南省文物考古研究所等单位进行发掘,发掘面积6 200平方米。发现龙山文化和二里头文化城址(含城壕)各1座,房址、灰坑、窖穴、陶窑、水井、墓葬等遗迹900余处,出土铜器、石器、骨器、蚌器和大批陶器,以及动植物遗存。龙山文化城址位于遗址东北部的岗地上,略呈东西向长方形,现存东、西、南城墙,城址(含城壕)面积约4.1万平方米,城内面积2.65万平方米,年代为龙山文化中晚期。二里头文化城址位于遗址西南部，略呈东西向长方形。城址（含城壕）东西长约260米、南北宽204米，面积约5.3万平方米，年代为二里头文化早期，是迄今发现年代最早的二里头文化城址。该遗址对探讨中原龙山文化和二里头文化的聚落结构布局、早期城址发展史和早期文明起源，以及两个文化的过渡等问题，提供了重要资料。（赵海涛）

【大师姑城址】 二里头文化至二里冈文化遗址，也有少量东周和汉代遗存。全国重点文物保护单位。位于河南省荥阳市广武镇大师姑村。1984年发现。2002—2003年郑州市文物考古研究所进行发掘，发掘面积540平方米。最重要的是发现二里头文化的夯土城垣和城壕。迄今已发现的城垣为南墙西段、西墙北段和北墙西段，总长度为780米。城垣顶部宽约7米，底部宽约16米，残存最高3.75米。修筑方法为平地起建，水平夯打。城壕在城垣以外约6米处，除个别地段外，其他均已封闭。已发现的城壕面积约51万平方米。城址始建于二里头文化二、三期之交，约在四期晚段至二里冈下层早段之间被废弃。二里头文化遗存全部集中于城垣和城壕以内，以二、三期和四期早段为主，发现有房址、灰坑、灰沟和墓葬等遗迹，出土铜器、玉饰、玉琮、石器、骨器、蚌器和大量的陶器等遗物。在城址中部发掘出大片倒塌的夯土墙体和较多陶水管，显示在城址内部存在过规格较高的大型建筑。另外，在城垣和城壕之间还发现有二里冈文化的环壕，在环壕以内发现有灰坑和墓葬等遗迹，以及石器、骨器、蚌器、陶器等遗物。该遗址是中国发现的第一座二里头文化城址，为进一步研究二里头时代的城市发展、社会结构乃至中国古代文明的起源提供了珍贵的资料，对探讨夏商文化关系、夏商交替年代等一系列重大学术问题具有特别重要的学术价值。2004年出版有《郑州大师姑（2002—2003）》。（赵海涛）

【玉村遗址】 二里头文化及东周时代遗址。位于河南省登封市玉村。面积不详。1953年河南省文化事业管理局文物工作队进行调查清理。发现有灰坑类遗迹，出土有石刀、骨镞、陶鼎、白陶爵、印纹陶片、陶纺轮等遗物。是最早发现的二里头文化遗址。（赵海涛）

【洛达庙遗址】 二里头文化遗址。位于河南省郑州市中原区洛达庙村东北台地上。面积约3万平方米。1954年秋调查发现。1956—1958年河南省文化局文物工作队第一队进行了三次发掘，发掘面积1 600平方米。文化层厚1～2米，遗址可分为三期，分别对应二里头文化第二至四期。第一期遗迹有灰坑、兽坑、陶窑和墓葬等，遗物有铜棍、石器、骨器、卜骨和陶器。第二期遗迹主要是灰坑，遗物有石器、骨器和陶器。第三期遗迹有房址、灶坑、灰坑、兽坑和墓葬。兽坑内分别埋有牛、羊的完整骨架及较多骨骼，或与祭祀有关。墓葬分布较集中，有一墓葬中随葬有玉柄形器、绿松石器和涂朱圆陶片。洛达庙是最早经过发掘的二里头文化遗址，其文化内涵单纯而丰富。发现之初，即认识到其与龙山文化、二里冈文化不同的鲜明特色，故一度用“洛达庙类型”命名这一类遗存。（赵海涛）

【稍柴遗址】 二里头文化至二里冈上层文化遗址。全国重点文物保护单位。位于河南省巩义市芝田镇稍柴村。面积约100万平方米。1959年发现。1960年、1963年河南省文物工作队等单位进行试掘，发掘面积690平方米。遗址可分为四期，各期均有房址、灰坑和墓葬等遗迹。有的墓葬随葬有觚、爵、白陶鬶等陶器。第四期的一座墓葬随葬有玉饰，腰坑内埋有狗骨，发现有铜镞、原始瓷尊等重要遗物。第一至三期对应二里头文化第一至三期，第四期的时代为二里冈文化。该遗址的超大型规模和丰富的二里头文化遗存，表明其在二里头时代的社会结构中有较高的地位。（赵海涛）

【东干沟遗址】 新石器时代龙山文化至汉代遗址。位于河南省洛阳市涧河东岸东干沟村。分布范围在15万平方米以上。1956—1958年中国科学院考古研究所洛阳工作队曾先后进行过三次发掘，发掘面积1 800平方米。堆积以二里头文化为主。遗存可分为三期，分别对应二里头文化第一至三期。二里头文化遗迹有灰坑、窑址、墓葬，遗物有铜器、石器、骨器、卜骨、蚌器和大量陶器。铜器有铜刀、铜钻等4件，这是在二里头文化遗址中首次发现青铜器。陶器中有少量白陶。还发现有龙山文化灰坑以及石器、骨器、蚌器和陶器等遗物。发现二里头文化灰坑打破龙山文化灰坑的地层关系，为确定两者的相对年代提供了地层依据。（赵海涛）

【东马沟遗址】 二里头文化遗址。位于河南省洛阳市孙旗屯乡东马沟村北。1966年洛阳博物馆进行发掘。发现有房址、灰坑和墓葬。墓葬均为长方形土坑竖穴墓，有单人葬和双人葬两类。随葬品组合有爵、三足皿、平底盆,鬶(盉)、三足皿、豆,三足皿、平底盆、豆三种。年代为二里头文化第二期。此外,还发现有二里冈上层文化遗物。(赵海涛)

【皂角树遗址】 二里头文化至商周及汉代遗址。位于河南省洛阳市关林镇皂角树村北。现存面积约5万平方米。20世纪50年代初文物普查时发现。1992—1993年洛阳市文物工作队进行发掘,发掘面积1 500米。二里头文化遗存最为丰富,发现有房址、灰坑、水井和墓葬等遗迹,出土一批石器、骨器、陶器和动物骨骼、植物籽实等遗物。年代相当于二里头文化第二至四期。发现的大豆为迄今所知中国年代最早者,小麦为黄河中游最早者。该遗址较早采用多学科合作进行发掘、研究和发表报告,复原了二里头文化时期的自然环境和经济形态。2002年出版有《洛阳皂角树——1992—1993年洛阳皂角树二里头文化聚落遗址发掘报告》。(赵海涛)

【南洼遗址】 二里头文化遗址。全国重点文物保护单位。位于河南省登封市君召乡南洼村。现存面积约30万平方米。2004年郑州大学进行两次发掘。包含二里头文化和少量殷墟文化及东周时期遗存。其中二里头文化遗存最为重要,发现有灰沟、水井、灰坑和墓葬等遗迹,以及绿松石器、石器、骨器、蚌器、陶器等遗物。灰沟位于遗址南部,东西向,西端和河岸相接,中部似有缺口,向东延伸220米时折向东北,似对遗址形成合围的态势,对于确定遗址的范围和布局有着重要作用。灰坑、墓葬和地层中均存在较多的白陶器是其一大特色,白陶器的器形除常见的鬶、爵外,还有觚、网坠形器等。出土白陶器较多,且与其他遗址白陶器多出于墓葬中明显不同,加上遗址本身的较大规模,显示了该遗址在二里头时代社会结构中的重要地位。(赵海涛)

【南寨遗址】 龙山文化至二里冈文化遗址。位于河南省伊川县彭婆乡南寨西台地上。总面积约24万平方米。1959年调查并试掘。1990—1991年再次发掘,发掘面积为1 450平方米。以二里头文化遗存最为重要,发现半地穴式房址、陶窑、灰坑、墓葬等遗迹,出土石器、陶器等遗物。发现的25座墓葬均为土坑竖穴墓,呈东西成排、南北成行分布,方向在160°~180°之间,涵盖了二里头文化一至四期。随葬品的基本组合以鬶、爵、觚、圆腹罐、平底盆为主。遗址的较大面积,墓葬使用木棺和朱砂,随葬白陶器、绿松石和骨圈组成的串饰,表明该遗址在二里头时代社会结构中的等级较高。(赵海涛)

【曲梁遗址】 龙山文化晚期至二里冈文化及汉代遗址。全国重点文物保护单位。位于河南省新密市曲梁镇曲梁村北小司河与溱水之间的高地上。总面积约24万平方米。文化层厚2~4米。1959年发现。20世纪60年代以来,曾多次在遗址上采集到商代铜觚、铜爵、铜觯、铜刀、柄形玉器和陶器。1988年北京大学考古系等联合发掘。以二里头文化堆积最为丰富,发现的遗迹有灰坑、小沟、深窖、水井和墓葬等,遗物有铜刀、石器、骨器、卜骨和丰富的陶器,有少量东下冯类型、下七垣文化漳河类型、岳石文化和南方文化因素,年代相当于二里头文化第二、三期。二里冈文化遗迹有灰坑和墓葬,遗物有石器、骨器、卜骨和丰富的陶器,年代相当于二里冈上层晚段。该遗址二里头文化和二里冈文化遗存堆积丰厚,分期细致,为郑州地区该时期考古学分期、编年提供了重要标尺。遗址面积较大,且出土过多件铜器、玉器,表明遗址的规格较高。(赵海涛)

【望京楼遗址】 二里头文化至二里冈文化遗址。全国重点文物保护单位。位于河南省新郑市望京楼水库东南。总面积168万平方米。1965年、1974年,出土夏商时期的青铜器和玉器达数十件。2000年前后进行过发掘。2010年后,郑州市文物考古研究院全面发掘,发现二里冈文化及二里头文化的两座城址。两座城址的北面由一道人工壕沟、其他三面由两条小河围拢。二里冈文化城址保存较完整,平面近方形,方向为北偏东15°,北、东、南三面城墙长590~630米,宽7~20米,面积约37万平方米。城墙由基槽、主体城墙及护坡组成,东城墙上均匀分布有护墙墩。已发现3座城门,其中东城墙上的2座城门将东城墙三等分。城门与城墙呈“凹”字形,已初具瓮城的功能。护城河紧贴城墙,宽13~15米,深2.5~4.5米。城内以“井”字形道路网贯通,可初步划分为宫殿区、居住生活区、作坊区等功能区。城内出土遗物包括铜器、原始瓷器、陶器、石器、蚌器、骨器等。城墙始建于二里冈下层一期,后逐渐兴盛,至二里冈上层二期废弃。二里头文化城址位于二里冈文化城址的外侧,已发现东城墙及东南、东北拐角。东城墙长625米,残宽3~3.5米,南城墙残宽5.8~6.6米,城墙仅存基槽部分,护城河亦紧邻城墙,宽约11米。城内遗迹包括道路及双轮车车辙、夯土基址、房基、灶、灰坑、水井、墓葬,出土遗物包括铜器、玉器、陶器、石器、蚌器等，陶器尤为丰富。城墙始建于二里头文化二期，毁弃于二里冈文化城址始建之时。望京楼遗址的超大型规模，以及城墙、道路、护城河、夯土基址等重要遗迹，大量铜容器、玉器等重要遗物，显示出其在夏商时代社会结构中的极重要地位。（赵海涛）

【西史村遗址】 二里头文化至殷墟文化遗址。位于河南省荥阳市城关乡西史村。面积约 9 万平方米。1974 年发现。1979 年郑州市博物馆进行发掘，发掘面积 270 平方米。发现有灰坑和长方形土坑竖穴墓等遗迹，出土铜器、石器、骨器、卜骨、蚌器和陶器等遗物。遗存可分为五期。第一、二期的灰坑多为长方形，墓葬都有随葬品，有的墓葬中撒有朱砂，随葬有玉柄形器和海贝，年代分别相当于二里头文化第二、三期之间和第三、四期之间；第三、四期相当于二里冈下层文化，有的墓葬随葬有铜爵，加上采集的铜斝也属同一时期，表明遗址的规格较高；第五期相当于殷墟文化。（赵海涛）

【七里铺遗址】 二里头文化至二里冈文化遗址。位于河南省陕县七里铺村。总面积约 10 万平方米。1958 年黄河水库考古队河南分队进行三次发掘。二里头文化遗迹有灰坑、灰沟和墓葬，遗物有石器、骨器以及丰富的陶器和陶塑等，年代属二里头文化第一期晚段至第三期。二里冈下层文化遗迹有灰坑、灰沟和墓葬，遗物有石器、骨器、卜骨、蚌器、陶器和陶塑等。（赵海涛）

【西崖村遗址】 仰韶文化至汉代遗址。位于河南省陕县张茅乡西崖村西南台地上。总面积约 16 万平方米，堆积最厚达 4 米。1983 年河南省文物研究所进行发掘。发现有二里头文化和春秋时期遗存。二里头文化遗迹有灰坑和墓葬，遗物有铜片、石器、骨器、卜骨、蚌器和丰富的陶器。年代除少量属二里头文化一期外，大部分都属二里头文化二期。陶器中有若干东下冯类型和下七垣文化因素。春秋时期遗存有灰坑、水井、墓葬等，出土铜器、铁器、石器、骨器、陶器等遗物。从断崖上尚可见到仰韶文化、龙山文化、商代及汉代遗存。（赵海涛）

【郑窑遗址】 二里头文化遗址。位于河南省渑池县城关镇郑窑。总面积约 12 万平方米。1974 年发现。1985 年河南省文物研究所等进行发掘。遗存可分为三期，年代分别属于二里头文化第一至三期。第一期遗迹有灰坑，遗物有石器、骨器、卜骨和陶器；第二期遗迹有灰坑、灰沟、水井、墓葬、残白灰面等，遗物有玉饰、石器、骨器、卜骨、蚌器和陶器等，其中尤其重要的是发现有一枚记事骨板，上面刻有 19 道刻符；第三期的遗迹有灰坑、灰沟、水井、墓葬等，遗物有石器、骨器、蚌器、蚌贝和陶器、圆陶片等。陶器中有一些当地文化因素和东下冯类型因素。该遗址的二里头文化遗存单纯而丰富，延续时间长，分期准确，可作为洛阳盆地以西地区二里头文化分期的标尺。（赵海涛）

【段岗遗址】 龙山文化至晚商及春秋时期遗址。全国重点文物保护单位。位于河南省杞县高阳镇段岗村台地上。1989 年、1990 年，郑州大学考古专业等进行两次发掘。以二里头文化遗存最为丰富。龙山文化遗迹主要为灰坑，出土有陶器、骨器、角器等遗物。遗存可分为三期，年代约相当于王湾三期文化中期偏早至晚期偏早阶段，豫西、豫东及豫北龙山文化荟萃于此。二里头文化遗迹有房址、灰坑和灰沟，遗物主要是陶器，仅有少量石器、骨器，年代分别属于二里头文化第二至四期，有少量下七垣文化、岳石文化因素。晚商文化遗迹仅有灰坑，遗物有陶器，年代相当于殷墟文化第二、三期。还有少量春秋中晚期遗存。2000 年出版有《豫东杞县发掘报告》。（赵海涛　李永强）

【牛角岗遗址】 二里头文化遗址。位于河南省杞县高阳乡牛角岗村北。发现有灰坑、房址等遗迹，遗物主要是陶器，仅有少量石器、蚌器。陶器大多为夹砂灰陶和泥质灰陶，以绳纹最多，坑窝纹和方格纹较多为特色。器形主要是深腹罐，盆、圆腹罐、瓮、大口尊、捏口罐也较多，有少量豆、鬲、器盖、刻槽盆、甑、甗、圈足盘、簋等器物。遗存可分为三期，分别相当于二里头文化第二至三期。有少量本地龙山文化遗留因素、下七垣文化漳河类型和岳石文化因素。该遗址对于探讨二里头文化的分布范围和地方类型，以及二里头文化与先商文化、岳石文化的关系等问题提供了重要的资料。（赵海涛）

【杨庄遗址】 新石器时代至青铜时代文化遗址。位于河南省驻马店市驿城区杨庄村西、练江北岸的二级台地上。面积约 4 万平方米。1985 年发现。1992 年小规模发掘。包含石家河文化、河南龙山文化和二里头文化遗存。龙山文化遗存发现有地面式房基、瓮棺、窖穴等。二里头文化遗迹有大型壕沟、祭祀遗存、灰坑、水井、瓮棺葬等。壕沟平面略呈半圆形，已知长度87.5米，口宽1.6～5.5米。祭祀遗存发现于壕沟内，由在约11平方米范围内密集摆放的大量陶片、日用陶器、陶塑猪蹄和较多动物骨骼组成，其上覆盖纯净黄土。遗物有长条凿形红铜器、漆器、石器和陶器，包括若干白陶酒器。年代相当于二里头文化第二期。该遗址较早采用多学科合作进行发掘、研究和发表报告，复原了二里头文化时期的自然环境和经济形态。农作物以水稻为主，并有相当大的规模，是迄今所知龙山时代至夏代早期主要种植水稻区域的最北地点，也是迄今所知唯一一处以种植水稻为主的二里头文化遗址。1998年出版有《驻马店杨庄——中全新世淮河上游的文化遗存与环境信息》。(赵海涛　李永强)

【八里桥遗址】　夏商时期遗址。全国重点文物保护单位。位于河南省方城县券桥乡程庄村附近。面积约40万平方米，文化层堆积0.5～1.5米。1994年发掘。发掘灰坑17个，出土陶器、石器和兽骨等遗物。所出陶器中夹砂陶明显多于泥质陶，陶色以灰陶为多、黑陶次之，并有一定数量的褐陶；纹饰以绳纹居多，另见附加堆纹、弦纹、压窝纹、鸡冠耳、花边口、刻槽等装饰。以鼎、夹砂深腹罐、大口尊、小圆腹罐、花边口沿罐、刻槽小罐、豆、爵、盆、瓮、缸等构成典型器物群，这些文化特征表明遗址时代属二里头文化三期。2005年再次进行钻探，发现卜骨、陶器(部分有刻划符号)、石钺、石斧、玉斧、白陶爵等遗物，由此说明八里桥遗址是二里头文化时期一个等级较高的聚落。八里桥遗址的钻探和发掘，为豫西南地区夏商文化的研究提供了一批珍贵资料。(黄益飞)

【东龙山遗址】　仰韶文化至周代遗址。全国重点文物保护单位。位于陕西省商洛市商州区东龙山村东南。总面积约10万平方米。1997—2002年陕西省考古研究所等单位进行多次发掘，发掘面积2 030平方米。遗存可分为五期。仰韶文化遗迹仅有房址和灰坑，遗物仅见少量陶器；龙山文化遗迹有房址、灰坑和墓葬，墓葬多为竖穴土坑墓，也有瓮棺葬，遗物以陶器为主，也有少量石斧等工具，属客省庄文化；二里头文化遗迹有房址、灰坑和墓葬，墓葬似有墓上建筑遗迹，遗物有石器、骨器、蚌器、卜骨和陶器，最重要的发现是玉牙璋、玉戚、石璧、石圭等礼器和石钻芯等生产工具，陶器中有刻划符号和动物形刻画，年代相当于二里头文化第一至四期；二里冈文化遗迹有房址、灰坑和墓葬，遗物有小件铜器和铜炼渣、石器、骨器、卜骨和陶器，发现有铜炼渣表明当地有青铜冶铸业，年代相当于二里冈下层晚段和二里冈上层时期；周代遗存较少且主要是陶器，以鬲、盆、豆、罐为主，与早期楚文化有密切关系，年代相当于西周中晚期。该遗址的发现，对研究丹江上游地区史前至商周时期的考古学文化编年和文化面貌，以及与周围文化的关系等课题提供了重要资料和线索。2011年出版有《商洛东龙山》。(赵海涛)

其他同时代文化

【先商文化】　商王朝建立以前商族(或以商族为主体的人群)所创造的考古学文化。系商文化的前身。主要分布于豫北、冀南地区及豫东、鲁西南地区。其年代相当于龙山时代末期至二里头文化时期。20世纪50年代，先商文化问题被正式提出。先商文化的陶器以灰陶或褐陶为主，多饰绳纹，主要器形有鬲、深腹罐、甗、瓮、盆等。工具主要有石刀和石镰，并发现有少量青铜工具。经济以农业为主，以采集与狩猎为辅。房屋建筑发现极少，而墓葬以鹤壁市刘庄墓地为代表，流行长方形竖穴土坑墓，仰身直肢葬或俯身直肢葬。先商文化可分为漳河类型、辉卫类型、南关外类型及鹿台岗类型。其中漳河类型分布于冀南的邯郸市、磁县一带，代表性遗址有河北省磁县下七垣、邯郸市涧沟、武安市赵窑、邢台市葛庄以及河南省安阳市梅园庄等；辉卫类型主要分布于豫北地区，代表性遗址有河南省新乡市潞王坟、淇县宋窑、鹤壁市刘庄等遗址；南关外类型主要以河南省郑州市南关外遗址为代表；鹿台岗类型主要分布于豫东地区，以河南省杞县鹿台岗为典型遗址。先商文化与同时期的二里头文化及岳石文化相互交流、影响，在很大程度上吸收了二里头文化因素，并最终发展成为二里冈期商文化。(何毓灵)

【下七垣文化】　指以河北省磁县下七垣遗址第三、四层为代表的考古学文化。从遗址分布与文化内涵而言，即是先商文化漳河类型与辉卫类型的结合。以陶器来说，下七垣文化以灰陶为主，素面陶比例较大，绳纹是主要纹饰，另有旋纹、附加堆纹、绳切纹、压印纹、楔形点纹和在鬲足上划竖向沟槽的特点。器形以平底和三足最为流行，器壁较薄；鬲、甗是主要炊器。另有鼎、盆、豆、罐、蛋形瓮、敛口瓮、器盖等。下七垣文化北与夏家店下层、东与岳石文化、西与光社文化和二里头文化东下冯类型、南与二里头文化二里头类型交错分布，与周邻诸文化都存在一定的文化交往关系，既吸收了周邻诸文化的一些因素，同时对周邻诸文化也产生了一定的影响。下七垣文化最终发展成为以郑州二里冈 C1H9 为代表的二里冈下层早段遗存。在传说的夏代商族活动地域内诸考古学文化中，是唯一在年代、地域和文化传承关系上符合条件的“汤始居亳”前的先商文化。下七垣文化更早的来源，虽吸收了后冈二期文化的一些因素，但更多地继承了其他考古学文化的传统如太行山西麓的龙山文化。近些年来，有学者进一步把下七垣文化分为四期，并区分出漳河类型、岳各庄类型及鹿台岗类型。（何毓灵）

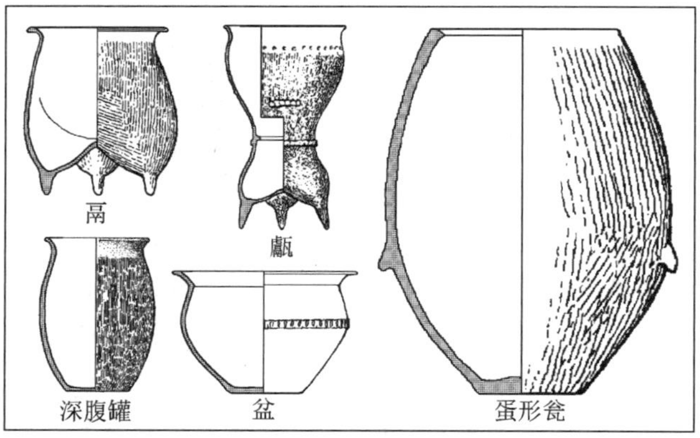

下七垣文化陶器

【下七垣遗址】 先商时期至商代遗址。位于河北省磁县时村营乡下七垣村附近。面积 2 万余平方米。1974—1975 年进行发掘。遗存以先商时期堆积为主，可分为四层，第三、四层属先商时期，遗迹主要有灰坑、居住址、陶窑及沟等，遗物有陶器、石器、骨器、蚌器、卜骨及卜甲等，是下七垣文化的典型代表，下七垣文化因此而命名；第一、二层分别属晚商与中商时期。（何毓灵）

【鹿台岗类型】 先商文化类型之一。主要分布在以河南省杞县鹿台岗遗址为代表的豫东地区。遗迹有灰坑和房基。陶器以夹砂陶为主，泥质陶较少。以灰陶为主，黑陶、红褐陶较少。绳纹是最主要的装饰纹样。器物多有领，平底，以深腹罐居多，鬲次之。深腹盆大多束颈，平口瓮为假圈足，上配有覆钵形器盖。其他器形有甗、甑、大口尊、豆、刻槽盆、箍状堆纹缸、钵、尊形器等。其中，素面的碗形豆、素面小口瓮和尊形器等，含有岳石文化因素。石器有铲、镰、斧、砺石等，卜骨有直接灼和钻而后灼两种。（何毓灵）

【辉卫类型】 先商文化类型之一。主要分布在北自淇河，南至黄河地区，包括沁河下游、卫河上游一带。主要有河南省新乡市潞王坟、修武县李固、淇县宋窑等遗址。早期陶器以圆唇居多，晚期方唇开始增加。纹饰以绳纹为主，较细，早期有线纹。深腹罐高领，鼓腹。鬲领窄而高，足根较高。甗箅架较窄，腰外侧有附加堆纹。蛋形瓮多假圈足。鼎束颈，高领，折肩，圜底。甑腹深。大口尊口径逐渐变大。到晚期，新出现花边深腹罐、小口瓮、斝、红陶缸等。辉卫类型西南面和西面分别与二里头文化二里头类型、东下冯类型，北面与先商文化漳河类型，东面与岳石文化为邻，在文化面貌上含有大量周邻文化因素。（何毓灵）

【漳河类型】 先商文化类型之一。主要分布在豫北冀南的太行山麓，以河北省邯郸市、磁县为中心。典型遗址有下七垣、界段营、涧沟、龟台寺、何庄、赵窑、葛庄、梅园庄等。经调查与试掘的遗址已达 30 余处。文化遗迹主要有圆形、椭圆形、长方形和不规则形的灰坑，圆形陶窑，窑洞式和半地穴式房址等。遗物以陶器为主，夹砂陶多于泥质陶，以灰陶为主。纹饰多为绳纹，特别是晚期的细绳纹为其典型特征之一，楔形点纹及花边口沿装饰也是最显著的特征。器物口部多有领，平底，三足器较流行，有鬲、鼎、斝、甗等器形。早期炊器多是深腹罐，晚期则以鬲居多。盆有深腹、中腹和浅腹之分。瓮则有小口、平口和蛋形三种。另外还有豆、大口尊、杯等。青铜器发现有刀和镞两种。石器则类型多样，有铲、镰、刀、镞、锛、斧、弹丸和石臼等，其中以石铲居多，其次是石镰，石刀多为单孔。骨器以骨匕最多，另有锥、针、笄等。卜骨多用牛、猪的肩胛骨，采用直接灼的方式，或先掏挖出一不规则圆形浅臼而后灼。（何毓灵）

【梅园庄一期】 发现于河南省殷墟梅园庄遗址和孝民屯遗址。主要遗迹有半地穴式房基、灰坑等。两处出土的陶器特征相似，均以泥质黑陶和泥质灰陶为主，其次为夹砂红陶。纹饰以细绳纹为主，其次为素面磨光，再次为印纹等。器形有折沿高足薄胎细绳纹鬲、深腹薄胎细绳纹夹砂灰陶罐、敞口浅腹平底素面盆、扁平三角形鼎足等。另有青铜小刀、石斧、石铲、石镰、磨石、骨凿、骨匕、陶纺轮等。其年代，有学者认为属先商文化漳河类型，也有学者认为

属二里冈下层，更有学者把梅园庄一期分为早、晚两段，早段属先商时期，而晚段属早商时期。（何毓灵）

【南关外类型】 先商文化类型之一。因发现于河南省郑州市南关外遗址而得名。一般认为是商族人初到郑州时留下的遗存。遗迹主要有壕沟，另有圆形和长方形窖穴。遗物有青铜刀、青铜鱼钩、石铲、石凿、石刀、石镰、石柄形器和陶器等。陶器的来源较为复杂，除典型的绳纹卷沿灰陶鬲、细泥素面深腹平底盆、平口瓮、器盖等先商陶器外，还出现早商时期较典型的鬲式斝、与岳石文化联系紧密的夹砂褐陶鬲等。其中夹砂褐陶占出土陶器的80%，这明显有别于先商文化漳河类型与辉卫类型，而与豫东、鲁西南地区的岳石文化有着充分交流。南关外类型被认为是先商文化最晚的一个类型，可能是取代二里头文化，演变成二里冈文化的桥头堡。也有学者认为，南关外类型是二里头文化的一个地方类型，甚至是岳石文化为代表的东夷文化的分支。（何毓灵）

【南关外期】 最早由发掘者提出此分期概念，用以指代河南省郑州市南关外遗址最下层遗迹、遗物所代表的时期，认为其年代早于二里冈下层。但就此类遗存的来源与性质问题产生的争论至今尚未平息。有学者认为，南关外中、下层是不同的考古学时期，其中层相当于早商文化二期偏早阶段，而下层相当于早商文化一期；也有学者认为，南关外遗址中、下层文化内涵相同，可以合并成一个时期，系商人初到郑州时留下的遗存，年代与郑州二里冈H9等单位同时，可将郑州地区这一阶段的文化称为“先商文化南关外类型”，而且在此时，商人已开始建筑郑州商城。参见“南关外类型”。（何毓灵）

【下岳各庄遗址】 先商时期遗址。位于河北省易县梁格庄镇下岳各庄村。面积约5 000平方米。1985年进行试掘。只见灰坑一种遗迹，有圆形、椭圆形、圆角长方形和不规则形四种。遗物有陶、石、骨、铜器四类。有学者据此遗址而命名为“先商文化保北类型”或“岳各庄类型”，更有学者命名为“岳各庄文化”。（何毓灵）

【刘庄遗址】 仰韶文化及先商文化遗址。因先商时期的墓地而闻名。位于河南省鹤壁市淇滨区大赉店镇刘庄村。面积50余万平方米。2005年进行大规模发掘。墓地位于遗址东部，被完整揭露，总计发现墓葬338座。墓地大致分布在东西长110米、南北宽55米的范围内，可分为东、南、西三部分。东部墓葬多头向东，西部墓葬多头向北。各部分均由若干排墓葬组成，排列有规律。墓葬多为长方形竖穴土坑墓，一般较为狭长，墓坑较浅，绝大多数墓葬为单人仰身直肢葬或俯身直肢葬。六成多的墓葬有随葬品，一般随葬陶器1～6件不等，多放置于脚部。陶器以鬲、罐、豆、圈足盘、盆最为常见。随葬单件陶鬲与夹砂罐的墓葬较多。刘庄墓地是首次发现的先商时期公共墓地。墓地的发掘，对研究先商文化的墓葬制度、人种族属、社会结构、商人渊源等重要学术问题起到一定的推进作用。（何毓灵）

【宋窑遗址】 新石器时代末期至周代遗址。位于河南省淇县宋窑、玉女观和下庄三个村之间。面积约10万平方米。1977年发现。有王湾三期文化、先商文化、晚商文化及西周时期考古学文化。以先商文化最为重要。1988年进行春秋两季发掘。发现先商文化时期的灰坑17个，可分圆形、椭圆形和不规则形。遗物主要为陶器，另有石器、骨器、蚌器及卜骨等。陶器以夹砂陶占绝对优势，灰陶最多，纹饰以绳纹为主。器物以凹圜底器的数量最多，三足器和凹平底器次之。主要器类有深腹罐、鬲、鼎、甑、盆、瓮等，可分两期。宋窑遗址先商文化属辉卫类型先商文化。也有学者据此命名为“辉卫型文化”、“辉卫文化”或“潞王坟-宋窑类遗存”。（何毓灵 李永强）

【潞王坟遗址】 先商时期遗址。位于河南省新乡市凤泉区潞王坟乡。面积约3万平方米。1958年河南省文化局文物工作队进行试掘。文化层厚达5米以上，分为上、下两层，出土遗物以石器、陶器、骨器为主。其中陶器以厚胎长颈鼓腹高足鬲、薄胎短颈卷沿绳纹鬲、甗、短颈大口尊、小口瓮、侈口深腹盆、缸、器盖等为代表。20世纪70年代末，有学者以该遗址为代表，把此类文化命名为“先商文化辉卫类型”；也有学者认为，该遗址属二里头文化的一个类型。近年，又有学者把其归入“潞王坟-宋窑类遗存”。（何毓灵）

【赵窑遗址】 新石器时代至商代遗址。位于河北省武安市北安乐乡赵窑村东南。面积约15万平方米。1960年发掘。从早至晚有仰韶文化、先商文化、商代的文化遗存。属先商时期的遗迹共发现灰坑2个，遗物有陶、石、蚌器。陶器以泥质灰陶为主，纹饰多为绳纹，还有附加堆纹、弦纹和方格纹等，器形有鼎、鬲、盆、罐、簋、豆等。到晚商时期，由大量的青铜墓葬可知，此处应是殷墟都邑外围重要的族邑居住、生活区。该遗址内涵丰富，年代跨度大，对研究豫北冀南地区从新石器时代到商代的发展提供了重要的实物资料。（何毓灵）

【岳石文化】 黄河下游地区青铜时代早期考古学文化。因山东省平度市东岳石遗址而得名。主要分布在黄河下游，包括今山东全省及其邻近的河南省东部、江苏省北部，辽东半岛南端也被较多学者定为岳石文化分布区。迄今发现有城址、房址、灰坑等遗迹，以及铜器、石器、骨器、蚌器、陶器等遗物。城址有山东省章丘市城子崖1处，面积达17万平方米，使用版筑技术。房址多为方形或长方形地面式，个别有双开间和多开间的，也有半地穴式和台基式。铜器多为小件武器或工具，成分多为青铜。石器最富特色的是半月形双孔石刀和方孔石镢。陶器的陶胎一般较厚重，器表以素面和素面磨光为主，还有少量彩绘。夹砂陶以不纯正的褐色为主，器表多有篦状刮抹纹，纹饰以附加堆纹为主。泥质陶相对规整，以灰黑色居多，纹饰以凸棱纹、弦纹为主。常见器形有罐、盆、甗、尊、豆、器盖，还有鼎、盂、钵、盒、瓮、舟形器、碗、盘、斝等。粮食作物以粟为主，另有黍、小麦、水稻和大豆，主要家畜有猪、狗、牛、羊等，渔猎是重要的食物补充。岳石文化可分为照格庄、郝家庄、王推官、土城、尹家城、安邱堌堆等六个地方类型，并可分为四期，相对年代介于海岱龙山文化和商文化之间，绝对年代约为公元前1800～前1450年。随着商文化向东推进的进度不同，各地岳石文化结束的时间有差异。岳石文化与二里头文化、下七垣文化、斗鸡台文化、马桥文化等周围同期文化存在着相互影响和交流。（赵海涛）

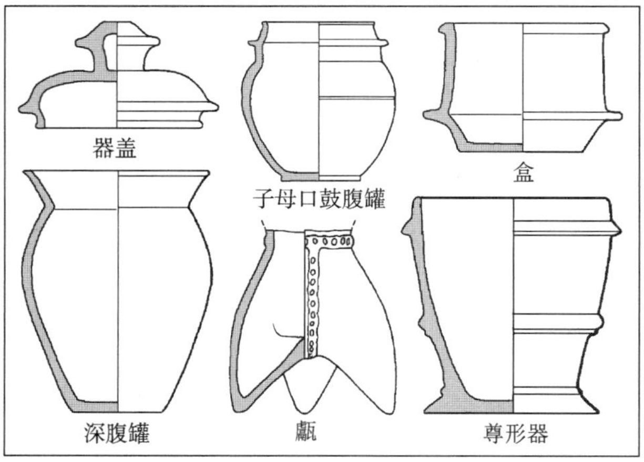

岳石文化陶器

【东岳石遗址】 岳石文化典型遗址。全国重点文物保护单位。位于山东省平度市大泽山镇东岳石村东南淄阳河北岸的台地上。面积约5万平方米。1959年发现。1960年春和1993年秋中国社会科学院考古研究所等进行发掘，发掘面积550平方米。遗迹有灰坑、灰沟等，遗物有石器、骨器、蚌器、角器和陶器等。石器以半月形双孔石刀最具特色，陶器中带子母口的平底尊和蘑菇钮器盖数量较多。另有少量东周时期墓葬。该遗址的发掘为后来岳石文化的命名奠定了基础。（赵海涛）

【郝家庄类型】 岳石文化的一种地方类型。分布在山东省淄河、弥河和潍河流域，包括今淄博市、潍坊市及滨州市、青岛市的一部分。主要遗址有平度市东岳石、青州市郝家庄、潍坊市姚官庄和鲁家口、昌乐县邹家庄、诸城市前寨、桓台县史家、邹平县丁公等。遗迹主要有木结构器物坑和灰坑。灰坑形状有圆形、椭圆形和不规则形等几种，灰坑中有埋人现象。生产工具以石器和骨器为主，扁薄单面刃石铲和半月形双孔石刀、长方形方孔多刃石镢富有特色。陶器中黑陶比例略高，绳纹数量略多，且多为纹道较细、印痕较深的横绳纹。常见器形有甗、中口罐、小口罐、蘑菇钮器盖、浅盘豆、碗形豆、盂等，不见三足子母口罐、斝、杯形钮器盖和覆碗形器盖，少见其他地区常见的鼎、盒、舟形器、圈足尊。（赵海涛）

【郝家庄遗址】 岳石文化典型遗址。位于山东省青州市黄楼镇郝家庄村西。遗址南北长150米、东西宽100米，现存面积1.5万平方米。1981年发现。1983年北京大学进行发掘，发掘面积280平方米。遗迹主要为不规则形灰坑。遗物主要有青铜小件、石器、骨器和少量的蚌器、角器、陶器等。石器中扁薄单面刃石铲和半月形石刀的数量较多。陶器中个别浅盘豆内、尊形器腹部、器盖等有彩绘。另有少量龙山文化堆积。该遗址的岳石文化遗存丰富，对于建立岳石文化的分期和年代框架、划分区域类型具有非常重要的意义。（赵海涛）

【史家遗址】 龙山文化至商周时期遗址。全国重点文物保护单位。位于山东省桓台县田庄镇史家村南。面积约20万平方米。1964年以来，曾出土过大量商周青铜器、玉器和陶器，个别青铜器有铭文。1996—1997年淄博市文物局等进行过三次发掘，发掘面积约1 300平方米。发现的岳石文化木结构器物坑和刻字甲骨最为重要。木结构器物坑用27层长条木板交叉叠架而成，坑中共发现七层355件器物，每两层器物之间有清楚的木痕。器物包括半月形双孔石刀、镢等石器以及笄形器、刻字卜骨、蚌刀和陶器334件。卜骨2件，不见任何修整，残留有部分刻字或符号。陶器主要是罐，占88%，还有少量壶、豆、碗、尊、蘑菇钮盖钮、鼎、甗等，大多饰有绳纹。关于此器物坑的性质，有“祭祀坑”和“水井”两种意见。另有少量汉代遗存。（赵海涛）

【照格庄类型】 岳石文化的一种地方类型。分布于山东省胶莱河以东的胶东半岛及沿海岛屿。经过发掘的遗址有烟台市牟平区照格庄和芝水、海阳市司马台、乳山市小管村、栖霞市北城子以及长岛县北庄、大口、后口等。遗迹主要有房址和灰坑。房址为近似圆角方形的半地穴式建筑，居住面坚硬，地表和墙内侧有涂抹白灰的现象。灰坑以椭圆形为主，照格庄遗址发现的以矮墙隔成的二联坑和三联坑可能是窖穴或房址。青铜器仅有铜锥1件。石器中半月形双孔石刀、长方形扁薄石铲最多，梭形石刀不见于其他地区的岳石文化，而其他地区常见的长方形孔多刃石镢在照格庄类型中也极为少见。夹砂陶中夹较多云母细屑和滑石粉末，是照格庄类型陶系的特点之一。本类型较多的圈足或平底的三舌形足大子母口罐、乳头状足尖甗、盘内高凸棱的浅盘豆，在其他地区少见。在其他地区常见的夹砂鼎、泥质小鼎、大平底盆、舟形器、小盂、子母口豆、覆碗形器盖等，在本类型中则基本不见。此外，以辽东半岛南端的大连市甘井子区双砣子、大嘴子和旅顺口区小黑石砣子等遗址为代表的“双砣子二期文化”，与照格庄类型接近，一般归入照格庄类型。（赵海涛）

【照格庄遗址】 岳石文化典型遗址。全国重点文物保护单位。位于山东省烟台市牟平区宁海镇照格庄。总面积近4万平方米。文化堆积厚1.5米以上。1972年兴修水渠时发现。1979年中国社会科学院考古研究所等进行发掘，发掘面积280平方米。遗迹主要有灰坑和灰沟。灰坑43个，以椭圆形为主。其中，带斜坡或台阶式通道的二联坑和三联坑颇具特色，有的底部铺垫黄砂土或涂抹白灰土，可能是窖穴或房址。出土遗物十分丰富，主要有铜器、石器、骨器、卜骨、角器、蚌器、牙器和陶器等。铜器仅发现青铜锥1件。石器77件，绝大多数为生产工具，以石刀和石铲数量最多。骨器36件，有铲、凿、刀、匕、锥等。卜骨12块，原料为鹿、羊、猪的肩胛骨，有钻有灼，钻孔排列整齐，有的似为“三联钻”。陶器60件，夹砂陶中半数以上含云母细屑，少数含云母和滑石两种羼和料，以褐陶为主，大多为手制，主要器形有罐、甗、盆三种；泥质陶中以灰陶居多，以轮制为主，主要器形有罐、盆、尊、豆、盒等。另有少量战国墓葬。（赵海涛）

【芝水遗址】 青铜时代遗址。位于山东省烟台市芝罘区只楚镇芝水村西。现存总面积约1.2万平方米。1961年发现。1983年秋和1988年春北京大学等进行两次发掘。遗存可分为三期。第一期发现有房址1座、灰坑16个和灰沟4条，出土有石器、骨器、角器和陶器等遗物。陶器有夹云母陶、夹砂陶和泥质陶，以夹云母陶为主是其特色，器表以素面为主。前两者以手制为主，陶色多不纯正，以红褐色为主。泥质陶以轮制为主，陶色以灰色为主。第二、三期的遗存均较少，遗迹仅有灰坑，遗物有石器、骨器和陶器。第一期为岳石文化遗存，与牟平区照格庄遗址类似。第二期约相当于商代，第三期约相当于西周早中期。（赵海涛）

【尹家城类型】 岳石文化的一种地方类型。分布于山东省汶水、泗水流域，甚至已进入江苏省北部，西界约在京杭运河西侧。主要遗址有山东省泗水县尹家城、天齐庙，兖州市西吴寺，滕州市前掌大，枣庄市赵村、二疏城、庙顶，江苏省徐州市高皇庙，邳州市梁王城等。遗迹主要有房址、灰坑和灰沟。房址为方形或长方形地面式建筑，有单间和多间之分。灰坑以圆形锅底状、椭圆形和长方形居多。小件青铜器发现较多，主要是刀、锥、镞等。生产工具以石器为最多，骨器和蚌器也十分发达。石器中半月形双孔石刀、长方形和梯形扁薄石铲、长方形孔多刃石镢最多。骨器以镞、锥、匕、笄最为常见，而最具特征的属骨梭和角锄。蚌器中蚌铲、半月形双孔蚌刀最多，镞也占相当比例。陶器中绳纹比例少于王推官类型和安邱堌堆类型，而多于其他类型。彩绘中火焰状涡纹、折线纹等不见或少见于其他类型。器形中鼎、舟形器、子母口罐、各种盆、蘑菇钮器盖和覆碗形器盖的数量多，且有自身特色，少见或不见在其他类型中常见的三足罐、乳头足甗、绳纹盆、碗形豆等。（赵海涛）

【清凉山遗址】 龙山文化至殷墟文化遗址。位于河南省夏邑县马头镇魏庄村西北的一处堌堆上。现存面积约3 000平方米。1979年发现。1988年北京大学考古系等进行发掘，发掘面积150平方米。各时期遗迹主要是灰坑，也有少量残破的房址，以及少量龙山文化和殷墟文化的灰沟。龙山文化遗物有玉铲、石器、骨器、蚌器、陶器等。岳石文化遗物有铜镞、石器、骨角器、蚌器、陶器等。陶器以夹砂和泥质灰陶为主，泥质黑陶和夹砂褐陶次之。器表以素面和磨光为主，绳纹占一定比例，有少量附加堆纹、弦纹和彩绘等。器形以甗、罐、鼎、豆、尊形器、盘形器、碗形豆、器盖、盆、瓮等为主。年代约相当于二里头文化和二里冈文化时期。有若干二里头时代和下七垣文化因素。殷墟文化遗物有玉凿、石器、骨器、蚌器和陶器。清凉山遗址是河南商丘地区首次发现的岳石文化遗址，对于研究夷、夏、商文化的关系及商族起源等问题具有重要意义。（赵海涛）

【安邱堌堆类型】 岳石文化的一种地方类型。主要分布于山东省西南部、河南省东部和安徽省西北部。主要遗址有山东省菏泽市安邱堌堆以及河南省杞县鹿台岗、鹿邑县栾台、夏邑县清凉山和三里堌堆等。遗迹主要有房址、灰坑、灰沟等。房址未见完整者，多为地面建筑，有用红烧土碎块铺垫房基的现象。有少量小件铜器。石器以半月形双孔石刀、扁薄石铲最为典型，不见方孔石镢。蚌器较多是这一类型的特色，主要有蚌铲、蚌刀、蚌镰等。陶器器表以素面为主，但有纹饰者比例较高，常见纹饰有绳纹、方格纹、篮纹、凸棱纹、弦纹等，尤以绳纹为多。主要器形有甗、罐、盆、盂、浅盘豆、碗形豆、瓮和器盖等。少见在其他类型常见的鼎、平底尊、圈足尊、舌形足子母口罐、乳头状足甗、舟形器、盒等，而本类型常见的绳纹鬲、瓦足皿、鸡冠耳盆、蛋形瓮、平底爵等受下七垣文化和二里头文化影响而出现的器物，不见于其他类型。（赵海涛）

【安邱堌堆遗址】 龙山文化至殷墟文化遗址。全国重点文物保护单位。位于山东省菏泽市牡丹区佃户屯乡曹楼村安邱堌堆上。现存面积约9 000平方米。1984年北京大学进行发掘。龙山文化遗迹有房址、灰坑和灰沟，房址有用夯土筑成者。岳石文化遗迹有灰坑和灰沟，遗物数量众多，主要包括石器、骨器、蚌器和陶器。石器中扁平石铲和半月形双孔石刀最为典型。夹砂陶颜色不匀，胎质厚重粗糙，有夹蚌壳和小石子者。泥质陶以灰陶居多，其次为黑皮陶。器形主要有甗、中口罐、鼎、卷沿盆、双腹盆、钵、碗形豆、浅盘豆、尊、瓮、器盖等，少见尊形器、舟形器等。陶器中有一些下七垣文化因素，表明两者交流密切。二里冈文化和殷墟文化遗存有灰坑和陶窑等遗迹和陶器等遗物。发现的岳石文化遗存，填补了鲁西南地区龙山文化与商文化之间的缺环。发现的商文化遗存，从早商到晚商几乎没有间断，为研究商人在东方的发展提供了重要资料。（赵海涛）

【土城类型】 岳石文化的一种地方类型。主要分布于沂河、沭河流域，包括山东省东南部的临沂市、日照市以及江苏省北部的连云港市、赣榆县、灌云县、沭阳县等。主要遗址有山东省沂源县姑子坪、临沂市后明坡、莒县墩后和塘子，以及江苏省连云港市藤花落、赣榆县下庙墩、灌云县大伊山、沭阳县万北等。遗迹主要有环壕、房址和灰坑。环壕发现于藤花落遗址，平面大致呈刀形，周长953米，环绕的面积有6万平方米，北部有一叉口通向古河道。房址仅见于姑子坪遗址，分为台基式和地面式两种。生产工具以石器、骨器为主，蚌器甚少，也出现了铜凿、铜削等青铜工具。石器以长方形孔多刃石镢和半月形双孔石刀最具代表性，也有少量梭形石刀，基本不见扁平石铲。陶器中存在少量印纹硬陶，器表仍以素面占绝对优势，纹饰中凸棱纹和弦纹略多，少见绳纹。常见器形有甗、罐、子母口罐、平底尊、浅盘豆、碗形豆、盒、蘑菇钮器盖、覆碗形器盖、匜、圈足簋等，其中匜和圈足簋不见于其他类型，而尹家城类型常见的舟形器、折腹盆、斝，在这里少见或不见。（赵海涛）

【王推官类型】 岳石文化的一种地方类型。主要分布于山东省泰山以北的鲁西北地区，东起孝妇河流域，西至山东省西部。主要遗址有山东省章丘市王推官、城子崖、乐盘、邢亭山和马彭北，邹平县丁公，茌平县南陈庄，阳谷县红堌堆、黑堌堆，济南市大辛庄、仙人台等。遗迹有城址、城壕、房址和灰坑。城子崖城址是最为明确的岳石文化城址，为该类型最重要的遗迹。房址以长方形地面建筑为主，多用红烧土碎块铺垫房基。石器以长方形孔多刃石镢、半月形双孔石刀、长方形扁薄石铲等为主，尤以前者较具特色。蚌器主要有长方形铲、近似半月形刀、三棱形镞和锥等。泥质陶多于夹砂陶，器表多素面，纹饰中绳纹比例高于其他类型。器形中甗、盆、罐、浅盘豆、平底尊、蘑菇钮器盖的数量较多，鼎、盒、圈足尊、舟形器较少，不见舌形足子母口罐和乳头状足甗。（赵海涛）

【王推官遗址】 岳石文化典型遗址。商代和两周遗存也较重要,还有龙山文化和汉代遗存。位于山东省章丘市宁家埠镇王推官村。总面积约16万平方米,文化堆积厚约2米。1987年文物普查时发现。1989年后山东省文物考古研究所进行三次发掘,发掘面积300余平方米。岳石文化遗迹有少量房址和灰坑。房址仅发现铺有坚硬红烧土的居住面。灰坑以椭圆形、不规则形为主。遗物有石器、骨器、角器、蚌器和陶器等。石器、骨器、角器、蚌器多磨制而成,主要有石铲、骨铲、骨锥、蚌刀、蚌镞等。陶器分夹砂陶和泥质陶两大类。夹砂陶以红褐色为主,泥质陶中灰陶居多。器表多素面,纹饰有附加堆纹、绳纹、凸棱纹、凹弦纹、方格纹、戳印纹、刻划纹等。器形主要有罐、甗、鼎、鬲、斝、盆、瓮、器盖、豆、甑、钵、尊、碗等。(赵海涛)

【夏家店下层文化】 燕山以北西辽河流域青铜时代考古学文化。因内蒙古自治区赤峰市夏家店遗址而得名。主要分布于老哈河和大、小凌河流域。遗址包括石城址、围垣(环壕)聚落和一般聚落等多种形态。层址有石砌建筑、地面建筑和半地穴式等。墓地规模较大,区划明显、墓葬规模和随葬品数量不一。墓葬多为单人葬,极少数为成人与儿童的合葬,葬式以侧身直肢葬为主。陶器以夹砂灰陶和褐陶为主,纹饰以绳纹和绳纹加划纹为主,部分彩陶器用红、白两彩在烘制后的陶器上绘有饕餮纹、云雷纹、蟠螭纹、龟蛇纹等图案。石器以磨制为主,玉器多出于墓葬,还发现不少铜质的工具、装饰品和少量武器。卜骨是用牛、鹿等肩胛骨或长骨制成,圆钻,有灼烧痕迹。经济以农业为主,兼有畜牧业和狩猎,农作物以粟和稷为主。可分为三期,年代距今4 000～3 500年,其与高台山文化、魏营子文化、二里头文化、二里冈文化、朱开沟文化、大坨头文化等存在相互间的影响和交流。(陈国梁)

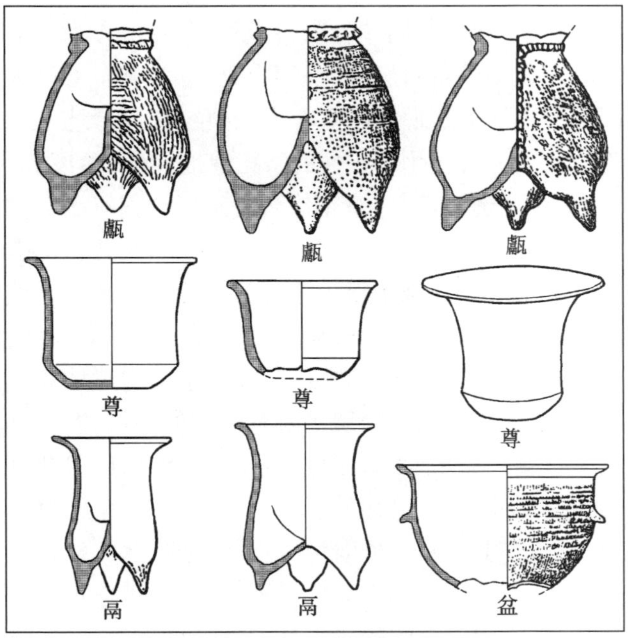

夏家店下层文化陶器

【夏家店遗址群】 夏家店下层和上层文化、战国时代的文化遗存。全国重点文物保护单位。该遗址群以内蒙古自治区赤峰市夏家店遗址为中心,总面积38万平方米。1960年起多次调查和发掘。已知该遗址群共由九处遗址组成,其重要遗迹有城址、房址、祭祀遗迹、墓葬等。这批遗址的文化内涵和所属的文化类型基本相同,年代为新石器时代到战国时期,以夏家店下层、上层文化为主,距今4 000～3 500年、3 000～2 300年。(陈国梁)

【夏家店遗址】 夏家店下层和上层文化的典型遗址。位于内蒙古自治区赤峰市松山区王家店乡夏家店村北。面积约30万平方米。1960年开始发掘。遗址的三个地点发现了不少下层文化的灰坑和上层文化的灰坑、房址和墓葬。下层文化遗物主要是陶器,以夹砂陶为主,少量泥质灰陶,纹饰以绳纹为主,少量素面和磨光。器形以鬲和罐最多,甗和盆次之,多为夹砂陶,尊、钵、小口罐等为泥质陶。石器由火成岩和玄武岩制成,有铲、锄、石球等。骨器有镞、匕、针及饰品,另外还发现有卜骨、铜屑及动物骨骼。上层文化遗迹包括灰坑、房址和墓葬。灰坑为圆形袋状或筒状。房址有半地穴式和地面建筑两种。另外还发现有与建筑相关的石砌台阶。上层文化陶器均为夹砂陶,颜色深浅不一,火候较低,多呈红、褐色。器物为手制,器形有鬲、甗、豆、盆、钵等。器壁厚薄不均,少见纹饰。石器多见半圆形双孔石刀和斧锤。出土的动物骨骼除猪、狗、羊、牛、鹿外还有马和禽类。墓葬有长方形竖穴墓和浅穴墓两种,有合葬墓发现,多有木质葬具,以仰身直肢葬为主。随葬有铜镞、铜刀、铜锥、铜扣及其他铜饰品和骨镞、骨梭、骨针、骨珠以及少量的陶罐及纺轮。遗址堆积主要为上、下两层,后分别被命名为"夏家店上层文化"与"夏家店下层文化"。(陈国梁)

【药王庙遗址】 夏家店下层文化遗址。位于内蒙古自治区赤峰市松山区文钟镇药王庙村。面积约

1.5万平方米。1960年进行发掘。遗迹有房址，均为圆形半地穴式：一种为圆形窖穴式，较深，周边葺有石块，中间有柱洞；另一种为袋状窖穴式，地面和周壁抹有草拌泥，有多次使用痕迹。出土陶器以夹砂灰陶为主，夹砂褐陶和泥质褐陶次之，少量黑陶和红陶。器表以绳纹和绳纹加划纹为主，少量附加堆纹和篮纹。陶器皆为手制，器形有鬲、甗、鼎、罐、尊、盆、瓮、钵、豆等。另外还发现大量石器，采用玄武岩、砂岩和石灰岩制成，先打制成型，再进行磨制，器形有锄、铲、刀、锛、斧等。还发现一些铲、镞、匕、锥、针、簪等骨器和少量的蚌器以及狗、猪、梅花鹿、羊等动物骨骼。药王庙遗址属比较单纯的夏家店下层文化遗址。（陈国梁）

【水手营子遗址】 夏家店下层文化遗址。位于辽宁省凌海市松山镇水手营子村东北台地上。面积约2万平方米。1986年进行清理。发现有墓葬等遗迹现象，出土有铜戈、陶器等遗物。（陈国梁）

【平顶山石城址】 青铜时代城址。位于辽宁省阜新蒙古族自治县紫都台乡双井子村平顶山屯西北黄土岗上。1988年、1989年进行了两次发掘。城址属夏家店下层文化，为不规则长方形，南北长430米、东西宽80～130米，面积约45万平方米。城内发现的遗存可分为三期。第一期属夏家店下层文化，发现有房址、灰坑和少量墓葬。遗物有陶器、石器、骨器和铜器等。陶器以夹砂灰陶、夹砂褐陶为主，夹砂红褐陶次之，泥质褐陶较少。饰间断绳纹居多。多为手制，器形主要有鬲、甗、鼎、瓮、罐、盂、盆等。石器有斧、玦、锥等，铜器发现有耳环。第二期属高台山文化，遗存均为墓葬，多为土圹竖穴，少量有石块垒砌的葬具，均为单人一次葬，葬式不一。随葬器物有陶壶、罐、圈足钵、盂等。第三期属魏营子文化，遗迹有灰坑和墓葬。灰坑形制不一，墓葬为长方形土坑竖穴，无葬具，有少量随葬品，包括陶器、石器、骨器和铜器。（陈国梁）

【大甸子遗址】 夏家店下层文化代表性遗址。全国重点文物保护单位。位于内蒙古自治区赤峰市敖汉旗大甸子村。面积约12万平方米。1974—1983年经数次发掘。发现有城墙、居住址和大型的夯土建筑基址。城墙外有围壕，围壕北侧外为墓葬区。墓葬中出土有彩绘陶器、玉器、漆器、骨器、铜器、金器等。遗址可分为三期，相当于二里头文化至二里冈文化时期。该遗址为夏家店下层文化区域性的中心遗址，反映了夏家店下层文化的发展状况。1996年出版有《大甸子——夏家店下层文化遗址与墓地发掘报告》。（陈国梁）

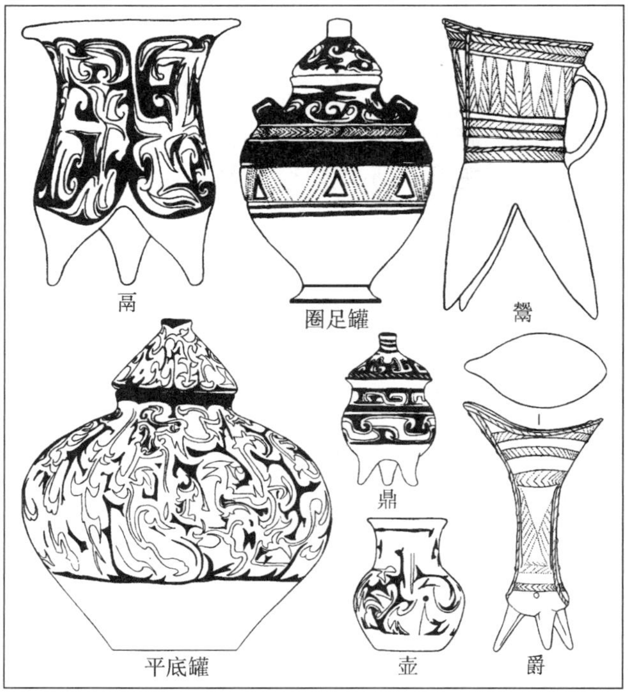

大甸子遗址墓地陶器

【城子山遗址】 夏家店下层文化遗址。全国重点文物保护单位。位于内蒙古自治区赤峰市敖汉旗哈拉沟村城子山上。分布范围约6.6平方千米。1983年发现。2000年进行过小面积发掘。共发现有10个祭祀遗址点，均分布在山梁的顶端。中心地点的城址位于主梁的最北端，总面积约15万平方米。山城的四周砌筑着石围墙，并有石砌护坡，城墙上设有门道。遗址上发现的巨石有人工痕迹。该遗址可能为夏家店下层文化中心性的祭祀遗址。（陈国梁）

【架子山遗址群】 青铜时代遗址。全国重点文物保护单位。位于内蒙古自治区喀喇沁旗西北。是由架子山、大山前、城子顶等遗址组成的大型聚落遗址群，其内涵主体是繁荣发展时期的夏家店下层文化，年代为距今4 000～3 500年。其中架子山遗址8万平方米，依山修筑有九层平阶和巨大的围壕，遗存有大量石圈、石墙。大山前遗址有5处地点，其中1号、4号地点有祭祀性质；2号、3号、5号地点为居址，发现房址、灰坑和围沟。城子顶遗址有5处地点，其中城子顶遗址平面略呈圆台形，面积近4万平方米，在不同地点清理出房址、灰坑、墓葬、祭祀坑数百座，出土陶器、石器、骨器、蚌器、铜器等遗物7 000

余件。架子山遗址群规模大、遗址多、层次清，充分体现了夏家店下层文化繁荣时期的水平和地域文化风貌。（严志斌）

【三座店石城遗址】 夏商时期遗址。全国重点文物保护单位。位于内蒙古自治区赤峰市初头朗镇三座店村，地处阴河左岸的洞子山上。城址由大小两座并列的石城组成，大城在西，小城在东。大城略呈圆角长方形，其西面是陡崖，东、北两面有石砌的城墙和马面，南面是陡长的坡。城址面积约1万平方米。小城紧傍大城东侧，略呈长方形，面积近1 600平方米，北、东、南三面均有石砌的城墙和马面，西面仅摆有一道列石作为大、小城之间的界限。进行了较为完整的发掘，揭露面积达9 000余平方米，包括大城的绝大部分和小城的全部。清理出各类房址65座，窖穴和灰坑49个，以及规模巨大的城墙及其马面等遗迹。是夏家店下层文化的重要石城遗址。（严志斌）

【二道井子遗址】 夏家店下层文化聚落遗址。全国重点文物保护单位。位于内蒙古自治区赤峰市松山区文钟镇二道井子村。面积约3万平方米。2009—2010年发掘。遗址为环壕聚落，发现有环壕和墙垣、院落和房址、道路、墓葬、窖穴、窑址等遗迹。环壕平面大体呈椭圆形，南北长约190米、东西宽约140米。环壕剖面大体呈“V”字形，口宽约11.8米、底宽0.2～0.5米、深约6米。城墙位于环壕内侧，基宽9.6米、残高6.2米。城墙内侧堆积坡度较缓，外侧坡度陡峭，与环壕内壁相连形成统一的斜面。房址多位于环壕以内，已发现150余处。墓葬位于环壕以外，已发现260余座。遗址内出土遗物以陶器、石器和骨器为主，并有少量玉器及青铜器等。陶器以筒腹鬲、鼓腹鬲、罐形鼎、豆、罐、三足盘、大口尊等为大宗；石器有斧、刀、铲、镞、锛、饼、球、槽、臼、杵、磨盘及磨棒等；骨器有三棱长铤镞、锥、铲、针、笄等；玉器有玉斧、玉环、项饰；青铜器有刀、锥以及喇叭口式耳环。其建筑遗迹保存完整，是迄今所见保存最好的夏家店下层文化遗址。（陈国梁）

【太平庄遗址群】 夏商时期遗址群。全国重点文物保护单位。位于内蒙古自治区赤峰市松山区城子乡太平庄村北山岗上。由庙东山、老爷庙后山、太平庄后山、石砬子、岱王山等6处遗址组成。分布于相互临近的6处山岗上，彼此呼应，又各有特点。是夏家店文化类型遗址在半支箭河流域分布的较为集中、完整的聚落遗址。（严志斌）

【尹家店山城遗址】 夏商时期遗址。全国重点文物保护单位。位于内蒙古自治区赤峰市松山区孤山子乡尹家店村西侧阴河左岸的小山上。总面积46 000平方米。整个城址呈亚腰形，北墙较直，其余三墙随山势而筑，东西最宽处235米，南北最长处245米。主墙用自然石块砌筑成外边整齐的墙面后，内填黄土小石块等，横断面呈上窄下宽的梯形，外侧墙面较陡。墙保存高度平均为2米，最高的外侧墙高可达3米。砌墙方法为错缝叠压。东墙和南墙外即陡坡，陡坡上砌筑多阶石头护坡。北墙和东墙南部的墙外砌筑有高大的“马面式”建筑。城内中部偏南有两道石墙，将城分隔成南北两部分，两墙相距约20米。城内南半部遗迹较多，西侧和南侧保存着自然石块砌筑的若干方形或长方形“小院”20余处，内有一两处石砌方形或圆形的房址。城内散布有陶片、石器等遗物，以夏家店下层文化为主，陶器可见器形有鬲、甗、瓮、缸、鼎、豆把、盂等，多为夹砂灰陶，饰以绳纹、附加堆纹，另有少量战国、辽代遗物分布。此城始建于夏家店下层文化时期，后期如战国、辽代很可能用作防御工事，对城墙有所修补。为研究夏家店下层文化的重要遗址之一。（严志斌）

【五连城城址】 夏家店下层文化城址群。全国重点文物保护单位。位于辽宁省建平县罗福沟乡大房身村西侧山上。由后山城、北山城、西城、老四坟城、帽头山城5个城址组成，呈半环状俯扼脚下山谷，地势极其险要。城址之间相距很近，除西城建于山坡处外，其余均建在山顶或山脊之上。西城最大，长方形，东西长约150米、南北宽约120米，面积达1.8万平方米。后山城、北山城最小，面积约0.6万平方米。城墙均为石筑，以西城和老四坟城保存最好，现存高度3～5米、底宽8～12米。城内发现有房址。出土遗物有石器和陶器，石器以亚腰石斧、梯形石铲居多。陶器多为夹砂绳纹褐陶鬲、盆、罐、豆等残片。（陈国梁）

【大坨头文化】 燕山南麓青铜时代考古学文化。因河北省大厂回族自治县大坨头遗址而得名。曾被称为夏家店下层文化“燕南类型”、“海河北系区夏家店下层文化”、“围坊二期文化”等。分布于燕山南麓京津及河北北部地区，东至渤海，西至太行，南至拒马河，北至燕山。房址为椭圆形和长条形半地穴式，带有斜坡或阶梯式门道。窖穴除少量袋形外，多为筒形，坑口有椭圆形和圆形两种，以前者居多。墓葬有石棺墓和长方形土坑竖穴墓，部分为仰身直肢葬，随葬有陶器。陶器以夹砂褐陶为主，纹饰以绳纹居多，绳纹加划纹次之，少量绳纹加附加堆纹、压印纹、篮纹等。多为手制，器形有鬲、甗、甑、瓮、罐、盆、钵、簋等。石器以磨制为主，有斧、锛、凿、刀、镰等，另外有不少骨器、角器和少量环首刀、锥、耳环、指环等铜器。大坨头文化和夏家店下层文化关系密切，其文化区内可能存在不同的类型。其年代大体与二里头文化和二里冈下层文化年代相当。绝对年代约为距今3 530～3 300年。（陈国梁）

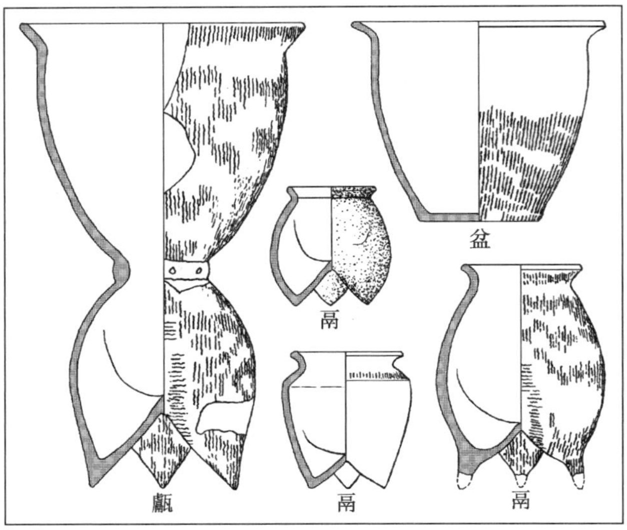

大坨头文化陶器

【大坨头遗址】 青铜时代至汉代遗址。位于河北省大厂回族自治县陈府乡大坨头村东。面积6 000余平方米。1964年起进行过数次发掘。遗迹有房址、灰坑和汉代墓葬。遗物有陶器、石器、骨器、铜器。陶器以夹砂陶为主，陶质疏松，褐色。纹饰以绳纹和绳纹加划纹为主，器形有鬲、甗、罐、盆、钵、豆、纺轮、网坠等。汉墓为土圹竖穴墓，葬具齐全，随葬有罐、鼎、壶、盒、瓮、盆等陶器和铜器、铁器及五铢钱等，为西汉晚期。该遗址主体属于大坨头文化，其年代约相当于中原地区的二里头文化至二里冈文化早期。（陈国梁）

【大城山遗址】 新石器时代至汉代遗址。位于河北省唐山市路北区陡河西岸大城山东峰山麓。面积约9 000平方米。1955年进行发掘。主要包含三个时期的遗存，即新石器时代晚期龙山文化、青铜时代大坨头文化以及汉代。南部遗存丰富，北部较少。发现有建筑和墓葬、灰坑等遗迹。遗物有石器、玉器、骨器、蚌器、铜器等。石器有细石器和磨制石器，包括斧、刀、锛、镞、铲、凿、矛、环等。玉器有圭、铲、琮等。陶器有泥质灰陶的罐、碗、豆等和泥质红陶的盆、碗等，并有细泥黑陶和白陶、夹砂灰陶和红陶。器物多为轮制，纹饰以绳纹为主，篮纹次之。（陈国梁）

【北放水遗址】 夏代遗址。全国重点文物保护单位。位于河北省唐县高昌镇北放水村西北。面积约11万平方米。2005—2006年发掘。遗迹有灰坑和房址两类。灰坑形态各异；房址东西向成排分布，为近圆形的半地穴式建筑，门道向南或东。遗物以陶器、石器、骨器为主。陶器以夹砂陶为主，部分夹砂陶中掺有云母，陶色以灰、黑色最为常见，也有一定数量的红、褐色陶。纹饰则以各类绳纹最为常见，也有一定比例的附加堆纹和楔形戳印纹、压印纹。器形中高领袋足鬲、甗、蛋形瓮等最具代表性。遗址年代相当于二里头文化二至四期。北放水遗址是冀中地区夏代的典型遗址，代表了同类遗址的共性，大多数学者认为属下七垣文化岳各庄类型。（常怀颖）

【龟地遗址】 夏代至东周时期遗址。全国重点文物保护单位。位于河北省唐山市丰润区火石营镇后刘城子村。面积约5 000平方米。1990年发现。2004年进行发掘。发现房址、墓葬、灰坑等遗迹。所获遗物有石器、玉器、骨器、蚌器、铁器、铜器、金器、陶器等，以陶器为主，器形有鬲、甗、鼎、尊、瓮等。其中，由夏家店下层文化墓葬中所获的一对金耳环和相当于商代晚期的卜骨考古价值较高。根据发掘遗存可知该遗址年代跨度较大，文化面貌亦较复杂，大体可分出三个大历史阶段的四支考古学文化：相当于夏时期的夏家店下层文化遗存、相当于商时期的大坨头文化、相当于西周时期的张家园上层文化和周文化。（常怀颖）

【张家园遗址】 新石器时代至青铜时代遗址。位于天津市蓟县许家台乡张家园村。面积2 800平方米。1965年起进行过数次发掘。文化内涵比较丰富，可分为四期。一期仅发现少量陶片，以泥质陶为主，有灰褐和黄褐色，器形有折腹盆、敛口钵、罐等，该期遗物与雪山一期文化相似。二期发现遗物较少，主要是细泥磨光黑陶，接近唐山市大城山遗址的龙山文化遗存。三期发现有房址、窑穴等。房址为椭圆形半地穴式，不见石块和土坯。陶器以夹砂红褐陶为主，表面色泽不匀，多绳纹，素面也占一定比例。器形有鬲、甗、罐、瓮、盆、钵等。石器有斧、锤、凿、刮削器等。骨器有刀,铜器有铜块等。其年代大体与二里冈下层文化相当。四期发现的遗迹有窖穴、墓葬等。陶器以灰陶为主,纹饰以竖行粗绳纹和交叉拍印绳纹为主,器形有鬲、甗、甑、罐、钵、尊等。墓葬为土坑竖穴木椁墓,俯身葬,头向东,随葬有铜鼎、铜簋、黄金耳环等。四期遗存属于张家园上层文化(参见“围坊三期文化”,401页),年代属于商末周初。(陈国梁)

【围坊遗址】 新石器时代至青铜时代遗址。位于天津市蓟县城关镇围坊村东北的高台地上。面积约3 500平方米。1960年发现。1977年开始进行多次发掘。文化内涵共分为三期。第一期类似红山和富河等地的新石器时代文化。以夹砂陶为主,少量泥质陶。其中夹细砂陶器,器壁较薄,质地坚硬;夹粗砂陶器质地疏松。陶色以红褐色为主,器表以素面为主,纹饰有压印的“之”字纹、指甲纹、锥刺纹等,器形有大口尊、侈口罐和壶、小口罐、杯等。石器有石斧、石镞、刮削器等。第二期属大坨头文化,发现有灰坑和房址,遗物有陶器、石器、骨器、铜器等。陶器以夹砂陶为主,火候较高,质地坚硬,色泽不均。多为手制,主要纹饰有绳纹、附加堆纹、压印纹等。器形有鬲、甗、罐、盆、瓮等。石器包括普通石器和细石器,有斧、锛、凿、刀、矛等。骨器有锥、匕、镞、针等。铜器有刀和耳环。第三期属围坊三期文化,发现有灶,遗物有陶器、石器、骨器、铜器等。陶器以夹砂陶为主,器表绳纹较多,流行交叉僵直绳纹。陶器手制经过慢轮修整,器形有鬲、甗、罐、盆、瓮等。围坊二期遗存刚发现时一度被认为属夏家店下层文化燕南类型,现在多认为属大坨头文化。遗址年代为距今6 000～3 000年。(陈国梁)

【朱开沟文化】 黄河中游河套地区的青铜时代考古学文化。主要以朱开沟遗址第二至第五期为代表。曾被列入光社文化、“沙峁圪旦类型”、“白泥窑子第五种类型文化”等,后被正式命名为朱开沟文化。其代表性遗址为内蒙古自治区伊金霍洛旗朱开沟遗址。房址有半地穴式和地面建筑两种,形制比较复杂。墓葬数量较多,具有本地特色。陶器以灰陶为主,纹饰以绳纹和篮纹为主。三足器相对发达。器形有带领鬲、花边鬲、蛇纹鬲、单把鬲、盉、大口尊、高领罐等。石器数量较多,并有少量细石器。还发现有铜器,早期铜器具有北方地区的特征,晚期则有商文化的因素。朱开沟文化可分为四期,大体相当于二里头文化到殷墟早期。该文化源于当地龙山文化,形成过程中受到晋中和西北地区齐家文化的影响,晚期则受到商文化影响,同时对陕北地区、晋南的二里头文化和北部蒙古高原、辽西地区的考古学文化也产生过一定的影响。(陈国梁)

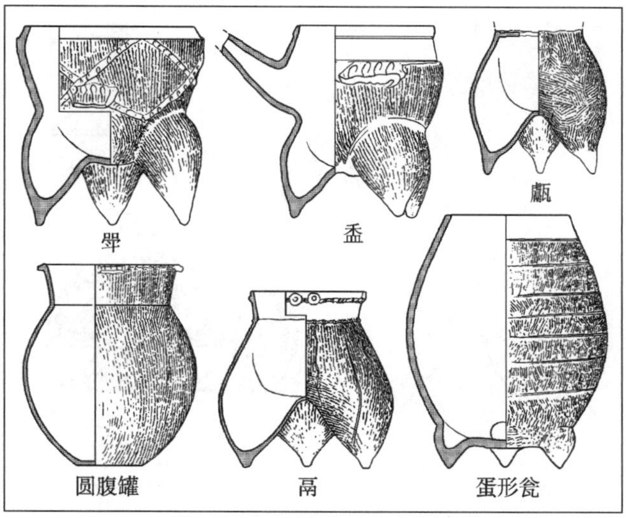

朱开沟文化陶器

【朱开沟遗址】 朱开沟文化典型遗址。全国重点文物保护单位。位于内蒙古自治区伊金霍洛旗朱开沟村。面积达50万平方米。1977年起多次发掘。主体为朱开沟文化遗存,发现有陶器作坊遗迹、半地穴式石屋与窑穴以及不同时期的墓葬,另外还采集到青铜器和大量可供鉴定种属的动物骨骼。遗址大体可分为五期。据碳十四测定,第一期相当于龙山文化晚期,第二、三期相当于二里头文化二、三期,第四、五期相当于二里冈文化。绝对年代为距今4 200～3 500年。2000年出版有《朱开沟——青铜时代早期遗址发掘报告》。(陈国梁)

【四坝文化】 西北地区青铜时代考古学文化。因甘肃省山丹县四坝滩遗址而得名。主要分布于甘肃省河西走廊,南抵祁连山,北达巴丹吉林沙漠,西北到安西疏勒河流域,东到武威。墓葬形制因地而异,各遗址特征不一。房址为半地穴式和平地起建式两种,平地起建式房址较复杂,多为长方形,另外还有较复杂的建筑发现。灰坑形制多样。陶器质地较粗,多为夹砂陶,器形多样,以罐、壶为主,四耳带盖罐、腹耳壶是其代表性器物。彩陶豆、方鼎、陶埙有强烈的地方风格。纹饰有三角纹、折线纹、条带纹、蜥蜴纹、回纹和圆点纹等。四坝文化某些器形与彩绘图案和马厂类型、齐家文化较为接近，说明曾接受二者的影响。但三角形器盖、砷铜制品的大量存在，以及某些其他特点又与中亚文化接近。四坝文化大体相当于二里头文化、二里冈文化早期。年代为距今3 900～3 400年。(陈国梁)

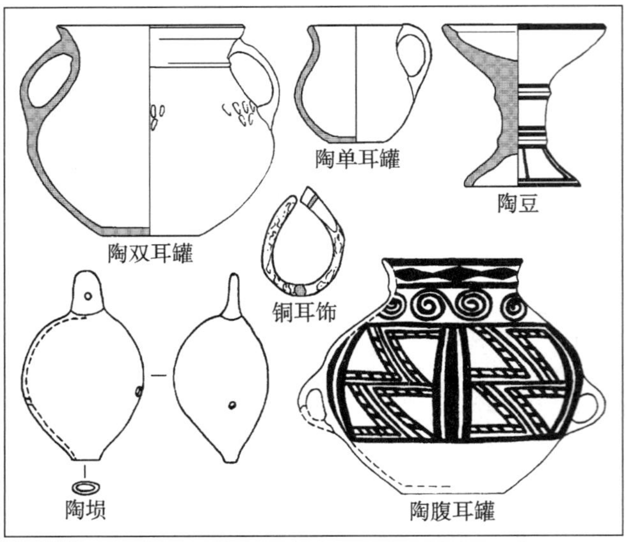

四坝文化遗物

【四坝滩遗址】 四坝文化典型遗址。位于甘肃省山丹县四坝滩川口处。面积约4万平方米。未经发掘。调查发现遗物有石器、陶器、骨器等。石器多为打制，有有肩石斧、石刀、砍砸器，也有磨制的石斧和单孔石刀、石磨、石球等。陶器多为夹砂红陶，器形以双耳罐、壶为主，并有单耳罐、杯和器盖，小型器物较多。陶器大多素面，也有少量划纹、绳纹。彩陶不多，通常为烧后彩绘，纹饰由简单条纹组成横、竖、斜交的图案花纹，着色浓厚，附在器表呈凸起状。(陈国梁)

【东灰山遗址】 四坝文化遗址。全国重点文物保护单位。位于甘肃省民乐县六坝镇东灰山。面积约24万平方米。1958年发现，1987年起多次发掘。发现有灰坑、建筑、墓葬等遗迹。遗物有石器、陶器、骨器、铜器和少量金器及炭化小麦等。石器以生产工具为主，有斧、锄、锛、刀、凿、磨盘、磨棒、砍砸器、刮削器等。陶器以生活器物为主，器物以平底、有耳、带盖为造型特征，多以泥条盘筑，装饰工艺有彩绘、压印、贴塑三种手法，器形有夹砂红陶壶、罐、盆、鼎、盘、器盖、陶埙、纺轮等。骨器为生产、生活用具，有凿、匕、锥、纺轮等。铜器出土16件，有铜刀、锥、管饰、耳环，多为砷铜。另出土金耳饰10件。其经济类型为狩猎与农耕并存。其年代为四坝文化晚段，据碳十四测定为距今3 490±100年，树轮校正年代为距今3 770±145年、半炭化小麦的加速器数据为距今4 230±250年。1998年出版有《民乐东灰山考古——四坝文化墓地的揭示与研究》。(陈国梁)

【火烧沟遗址】 四坝文化代表性遗址。全国重点文物保护单位。位于甘肃省玉门市清泉乡火烧沟。范围约20平方千米，中心区面积约20万平方米。1976年起经过两次发掘。其遗存以墓葬为主，共清理312座，多为竖坑带台的侧穴墓，以单人葬为主，合葬比较少见。出土大量的陶器、铜器、石器、玉器、骨器和部分金器，另外还发现有狗、猪、牛、马、羊等动物骨骼，其中羊骨多而普遍。随葬陶器中彩陶占半数以上，以罐为主。随葬铜器以铸造为主，有斧、镰、刀、矛簇、锥、镜等200余件，代表了西北地区早期铜器的制作水平。遗存可分为早、中、晚三期，分别相当于四坝文化时期、汉代及魏晋时期。早期年代为四坝文化早期，绝对年代为距今4 000～3 000年。(陈国梁)

【缸缸洼遗址】 青铜时代早期遗址。全国重点文物保护单位。位于甘肃省金塔县大庄子乡永丰村。面积7万平方米。遗址周边为沙漠荒滩，地表散布着陶片和石器，另有与冶铜相关的炼渣、铜矿石和铜块等遗物。从双耳彩陶罐、四耳彩陶罐和夹砂陶绳纹双耳罐等陶器来看，遗存属于四坝文化。此时的河西走廊地带，冶炼金属和制作铜器已是寻常之事。(朱延平)

【火石梁遗址】 青铜时代早期遗址。全国重点文物保护单位。位于甘肃省金塔县城东北40千米处的沙漠地带。面积9万平方米。地表散布着陶片等遗物，采集到双耳罐、矛形钮器盖等陶器和单孔石刀、双孔石刀等石器，并见有炼渣、勺形石质坩埚、孔雀石残块和碎铜片等与冶铜相关的遗存。遗存属于四坝文化。此处当初曾进行过具有相当规模的冶炼金属的活动。(朱延平)

【西河滩遗址】 新石器时代至青铜时代遗址。全国重点文物保护单位。位于甘肃省酒泉市肃州区中寨村西河东岸的台地上。面积约50万平方米。2003年发掘，发掘面积1万余平方米。共清理房址33座、储藏坑31座、烧烤坑321座、陶窑4座。房址分为半地穴式和地面式两种。陶器器形有双耳彩陶罐和素面罐、单耳杯、彩陶盆、器盖、纺轮等。石器数量较多，多为细石器，种类有石叶、刮削器、尖状器、石核等。大型石器中有打制的石斧、盘状器，磨制的石刀、石凿、石纺轮等。骨器中骨针、骨锥、骨珠较多,骨铲、骨镞较少。另外,出土了一些青铜器残片和残铜块。西河滩遗址的文化面貌为四坝文化早期阶段,是河西走廊地区西部首次发掘的史前时期大型聚落遗址,对于河西走廊史前考古学文化谱系的建立,以及古代民族的构成、迁徙等提供了重要的资料。(宋江宁)

【砂锅梁遗址】 青铜时代遗址。全国重点文物保护单位。位于甘肃省玉门市小金湾乡五村西。面积约3万平方米。出土器物以红陶罐为主,另有石器、骨器、铜器。(宋江宁)

【马桥文化】 亦称“后良渚文化”、“马桥-肩头弄文化”、“高祭台类型”等。长江下游地区青铜时代考古学文化。以上海市闵行区马桥遗址为代表。主要分布于杭州湾以北的环太湖地区,北至无锡,南至宁绍平原。陶器以泥质灰陶为主,部分夹砂陶。常见纹饰有条纹、条格纹、叶脉纹、折线纹、方格纹、席纹等,泥质陶上有各类云雷纹。器形有炊器、盛贮器和食器几类。炊器有鼎、甗、釜、器盖等,食器有簋、豆、碗、盘等。泥质红褐陶多为盛贮器,有罐、盆等。石器以磨制为主,另外还发现少量的铜器。马桥文化晚于良渚文化,在当地因素、二里头文化、岳石文化的影响下发展起来。其年代大致与二里头文化和二里冈文化早期相当,为距今3 900～3 200年。(陈国梁　李新伟)

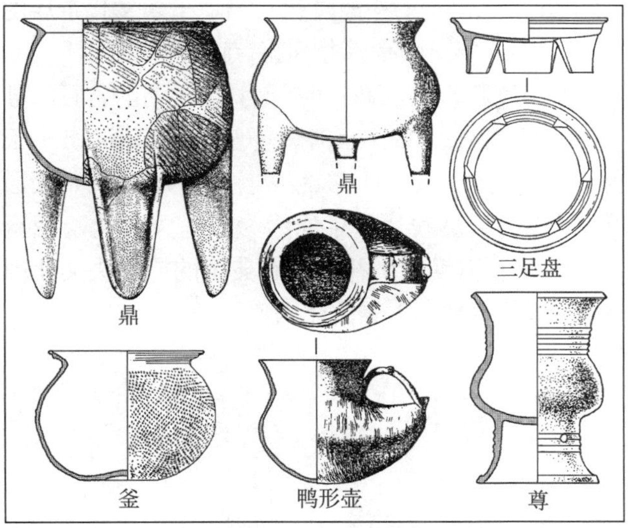

马桥文化陶器

【后良渚文化】 即“马桥文化”。

【马桥-肩头弄文化】 即“马桥文化”。

【高祭台类型】 即“马桥文化”。

【马桥遗址】 马桥文化代表性遗址。全国重点文物保护单位。位于上海市闵行区马桥镇俞塘村。总面积超过10万平方米。1960年、1966年、1993年、1994—1995年和1997年上海市文物管理委员会进行六次发掘,揭露面积约5 300平方米。遗迹丰富,发现有居住址、水井、灰坑、墓葬等。遗物有陶器、石器、骨器、铜器以及大量兽骨等。遗存可分为三期:第一期主要是良渚文化,遗存在遗址中部比较丰富,有居住遗存,也有墓葬;第二期是马桥文化,是该遗址的主体文化,遗存包括柱洞群、水井、灰坑、灰沟、陶片堆灶坑和4座墓葬,遗物丰富,是命名马桥文化的最重要依据;第三期是春秋战国至宋元时期,发现了不同时期的文化层堆积以及战国时期和宋代墓葬、唐代水井等遗存。该遗址是马桥文化的一处大型村落遗址。2002年出版有《马桥——1993—1997年发掘报告》。(陈国梁　李新伟)

【斗鸡台文化】 淮河流域青铜时代考古学文化。以安徽省寿县斗鸡台遗址为典型代表。分布于安徽省江淮之间霍山以北地区。陶器多为夹砂灰陶和褐陶,器表以素面为主,篮纹和绳纹较多,遗物以陶鼎和深腹罐为主,另外有相当数量的印纹陶。斗鸡台遗址所出陶器如附加堆纹花边罐、鸡冠耳盆或甑、锥足鬲、箍状堆纹鼎、宽肩瓮等与中原地区关系密切。该文化大致可分为四期,第一期约相当于中原地区龙山文化晚期的新砦期,第二、三期相当于二里头文化的二、三期,第四期与岳石文化的第四期大体相当。该文化以当地的文化因素为主,但发展过程中受到了黄河流域的龙山文化、二里头文化和岳石文化,以及江南的点将台文化、湖熟文化的影响。(陈国梁)

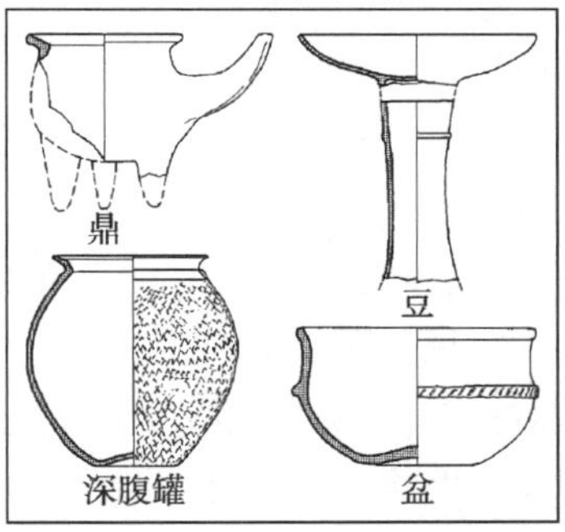

斗鸡台文化陶器

【点将台文化】 亦称“点将台下层文化”。长江下游宁镇地区青铜时代考古学文化。以江苏省南京市江宁区汤山点将台遗址下层遗存为代表。分布范围大致在水阳江以东的姑溪河流域、石臼湖周围、秦淮河流域及长江以南的宁镇山脉地区,属于具有地方特色的土著文化。除点将台遗址外,南京市周围的安怀村遗址、太岗寺遗址、昝庙遗址、朝墩头遗址等亦有点将台文化遗存，皆为台形遗址。陶器以夹砂红陶居多，夹砂灰陶次之，泥质灰陶较少，不见印纹硬陶。装饰以素面为主，篮纹、绳纹次之，兼有轮制和手制，可见少量磨光黑陶。器形有鼎、甗、罐等，不见陶鬲。在高淳区固城朝墩头遗址中发现青铜炼渣，表明该文化可能已经使用青铜器。点将台文化的形成和发展受到河南、山东地区的龙山文化及良渚文化的影响，其相对年代晚于同地区的新石器时代文化，而早于湖熟文化，大体与二里头文化年代相当。（陈国梁）

【点将台下层文化】 即“点将台文化”。

【大墩孜遗址】 青铜时代遗址。位于安徽省肥西县周坝村。残存面积1 500平方米。1972年进行过发掘。出土铜器有斝、铃、戈等，陶器有鬲、罐、豆、盘和纺轮等。釉陶和原始青瓷有硬质印纹硬陶罐残片、青釉瓷杯。还有“戈”、“甲”等文字陶片。石器有锛、斧、镰、锄。出土的遗物年代相当于二里头文化晚期至二里冈文化及殷墟时期。（陈国梁）

【大城墩遗址】 青铜时代遗址。位于安徽省含山县仙踪镇柴庄村一座长方形台地上。面积约2万平方米。1979—1984年经过四次发掘。发现有建筑、灰坑、窑址、墓葬、大面积红烧土等遗迹和陶器等大量遗物，另外还发现有龙山文化和商代的铜器以及二里头时期的炭化稻谷。文化堆积可分为六期：第一期约相当于龙山文化晚期到二里头文化早期；第二期相当于二里冈上层文化时期；第三期相当于殷墟文化早期；第四期相当于商周之际；第五期相当于西周早期；第六期相当于西周晚期到春秋早期。典型遗物有二里头时期的盆形鼎、罐形鼎、浅盘豆、觚、盆、罐、平底碗等；二里冈时期的深腹罐、大口尊、鬲、盆、罍、假腹豆、坩埚、盆、印纹陶尊和卜甲、卜骨等；两周时期的有袋足鬲、素面簋、豆、罐、盂、印纹陶瓮、原始瓷豆、瓷盅等。大城墩文化内涵比较复杂，既与中原文化关系密切，又有浓郁的土著文化因素。该遗址年代跨度大，器物特征明显，为江淮地区夏商周考古学文化研究树立了年代学标尺。（陈国梁）

【荆南寺文化】 江汉平原青铜时代考古学文化。因湖北省荆州市荆南寺遗址而得名。另有荆州区张家山、沙市区李家台等遗址。文化面貌以当地土著文化因素与中原二里头文化和二里冈文化因素杂糅为主流，掺杂着一定数量的古蜀文化因素、湖南省澧水流域石门县皂市早商文化因素以及极少量的印纹硬陶文化因素。土著文化因素以橘皮纹和绳纹釜、鼎、大口缸、鬶组合为代表。二里头文化因素仅见鼎、花边罐、鬲。二里冈文化因素见鬲、甗、大口尊、斝、爵、豆、簋、盆、中口罐、甑等。该文化起自二里头文化四期，结束于殷墟一期。经济类型以渔、稻为主。房址为小型半地穴式和平地建筑。墓葬仅有一座铜器贵族墓。（何驽）

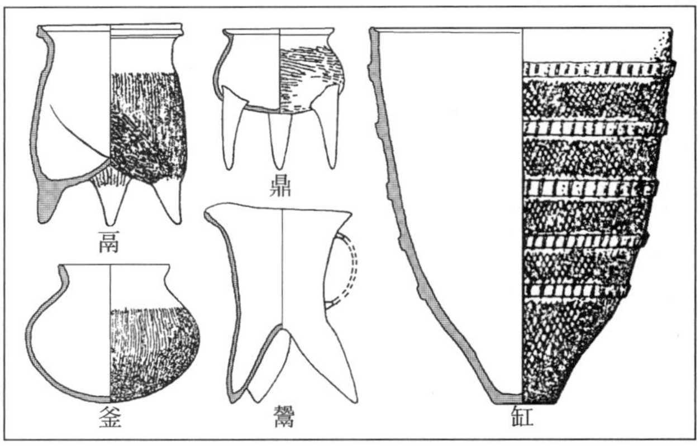

荆南寺文化陶器

【荆南寺遗址】 新石器时代晚期至夏商周遗址。位于湖北省荆州市荆州区荆州古城西1.5千米处。面积1.2万平方米。1982年调查发现。1984—1992年进行10次发掘。发现有灰坑、墓葬、房基、水井等遗迹。出土遗物有陶器、石器、骨器、铜器、原始瓷器、铁器、兽骨等。遗址大致分为大溪文化、石家河文化、夏商时期、西周、西汉、宋代六大阶段，其中以夏商时期堆积为主，为当时中原文化与当地土著文化杂居的聚落。2009年出版有《荆州荆南寺》。（何驽）

【桅岗墓葬】 夏商时期墓葬。位于湖南省石门县皂市镇桅岗村。1980年清理一座残破墓葬，出土玉牙璋2件、残玉戚1件、玉版1件，以及陶豆柄、灯形器、鬶或盉袋足残片。年代约为二里头文化晚期至二里冈文化时期。玉礼器含有典型的二里头文化因素，陶器却表现出古蜀文化因素特征。（何驽）

商　代

商　文　化

【商文化】 商族或以商族为主体创造和使用的一种考古学文化。年代约为公元前16世纪~前11世纪末，与商王朝兴衰密切相关。分布范围在黄河中下游，围绕今河南省及其邻近地区扩展或收缩变化，与文献所载商王朝地域大致相合。商文化可划分为早商、中商、晚商三个阶段。早商文化有时也被称为二里冈期商文化，分布于河南全境、山西、河北的南部、陕西关中地区以东，代表性遗址有河南省郑州商城、偃师商城，山西省垣曲商城、东下冯商城，湖北省盘龙城（早期）等。中商文化包括商文化白家庄期和洹北商城期，分布范围扩大到河南全境及河南邻省的大部分地区，南部越过长江，到达今湘、赣两省的北部，代表性遗址有小双桥遗址、洹北商城、台西遗址、铜鼓山遗址。晚商文化又被称为“殷墟期商文化”，分布范围缩小，约当今河南全境、河北南部及山东中西部，代表性遗址是殷墟。商文化代表中国青铜时代鼎盛时期物质文化的最高水平。以甲骨卜辞为代表的文字体系和块范法青铜器铸造术是其核心特征。规模宏大的城址、复杂的埋葬制度和墓葬等级，显示出以王权为核心的强大国家机器的存在。“族”是商代社会的基本社会单元。“族邑”是基本的居住单位。四合院等地面建筑是主要居住形式。双马驱动的单辕马车用于出行。常见陶器群有鬲、盆、簋、豆、罐、觚、爵。常见铜器群有鼎、甗、簋、斝、尊、觚、爵、瓿、壶、盉、卣、斗等。这些器物随着商文化的发展变化而产生器类的增减和器形的变化。（唐际根）

【二里冈期商文化】 以河南省郑州市二里冈遗址为代表，其主体文化为分布于河南全境，山西、河北南部，关中地区以东的早商文化。20世纪50年代初，发掘者依据二里冈遗址的遗存，把二里冈期商文化分为上下两层。后又有学者结合其他遗址，将二里冈期商文化进一步细分为二里冈下层早、晚段及二里冈上层早、晚段。其中前三段相当于早商文化一、二、三期，而最后一段相当于中商文化一期。二里冈期，正是商文化形成并巨大发展的时期。以河南省郑州商城、偃师商城为代表，分布区域内还有一些城址，如山西省垣曲商城、东下冯商城，河南省府城商城，湖北省盘龙城商城等。其中郑州商城、偃师商城甚至小双桥遗址被认为是都邑所在地。其分布区域及文化特征分别见“早商文化”、“中商文化”。（何毓灵）

【早商文化】 早商文化的内涵与外延，随着考古发现增加和研究的深入，发生了很大的变化。20世纪50年代，与殷墟文化相比，曾将郑州市二里冈上、下层推定为商代早期的文化。二里头文化发现后，又有学者认为二里头文化三、四期是早商文化。1983年偃师商城发现以来，多数学者主张郑州商城、偃师商城始建和使用时期的商文化即为早商文化。但对早商文化的下限仍不一致。有学者认为早商文化一直延续到盘庚迁殷之前。而有学者据新的考古发现，把二里冈上层晚段（即白家庄期）至盘庚迁殷独立称为中商文化，早商文化则以二里冈下层早、晚段及二里冈上层早段为代表，分别称为早商文化一、二、三期。早商文化以郑州商城、偃师商城最为重要，两者均为具有都邑性质的遗址，到中商一期时均废弃。另外，早商时期重要的遗址还有垣曲商城、东下冯商城、盘龙城商城、府城商城等分布于早商文化四周。早商时期，商文化的分布与商族势力的扩张有极大的关系。早商一期时，主要分布于伊洛-郑州一线；一期晚段可到晋南地区，与夏文化的分布范围大体重合。到早商二期时，商族势力大规

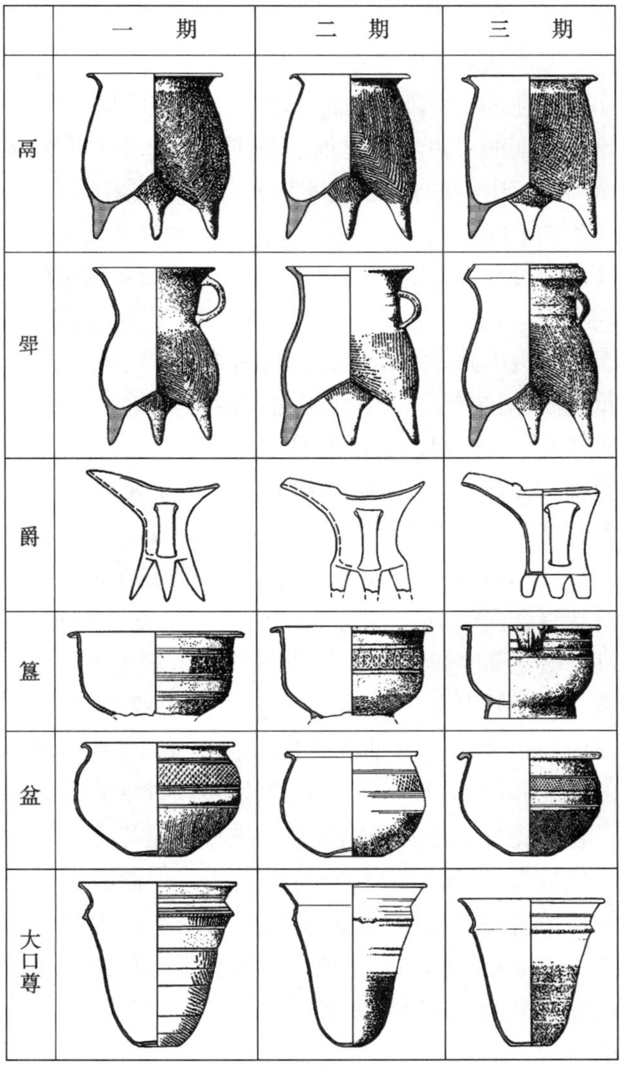

早商文化陶器分期图

模扩展，北到磁县下潘汪，南到黄陂盘龙城，东到鹿邑栾台等。早商三期时，商族势力进一步扩张。由于地区的差异，早商文化可以分为二里冈类型、琉璃阁类型、台西类型、东下冯类型、北村类型、盘龙城类型、大城墩类型、大辛庄类型等。早商时期的城址具有明显的分级特点，总体都呈长方形，方向大致在南偏西数度至20度之间。筑有闭合的夯土城墙。城址有宫殿区和手工业作坊区，甚至设有专门的府库。虽然早商时期的墓葬已发现数百座，但至今尚未全面揭露过一处墓地，已发现的墓葬多是零星的铜器墓和一些小墓。以长方形土坑竖穴墓为主，多木质棺椁，有腰坑。腰坑内殉狗，甚至殉人。墓主多仰身直肢葬，随葬的器物有铜器、陶器、玉器、石器、骨器、蚌器等。早商时期，是商王朝逐步发展、强大的时期。（何毓灵）

【中商文化】 最早指代以郑州商城为代表的考古学文化。但郑州商城与殷墟之间的缺环，很早就为一些学者所认知。随着考古工作的展开，特别是郑州市小双桥遗址与安阳市洹北商城的发现与发掘，相当于这一时期的考古学文化面貌逐渐清晰。于是有学者重新界定中商的范畴，上承以郑州商城、偃师商城为代表的早商文化，下启以殷墟为代表的晚商文化。中商文化可分为三期，但尚未发现一个遗址有连续的三期堆积。其分布地域曾一度比早商时有进一步扩展，东到泰沂山脉一线，西抵关中西部岐山、扶风，北面近抵长城，南逾长江。中商文化因地域不同，可分为白家庄类型、曹演庄类型、台西类型、大辛庄类型、潘庙类型、大城墩类型、盘龙城类型、北村类型和小神类型。这些地方类型中有的是当地早商文化的直接延续，另一部分则是随着中心聚落的迁移或文化格局的重新整合而形成的新类型。中商时期，郑州商城、偃师商城逐渐废弃，但在郑州商城仍有青铜窖藏坑等重要遗迹。另也有一些新兴的遗址，如小双桥遗址、洹北商城被认为具有都邑性质。特别是1999年发现的洹北商城，周长4.7千米，城墙范围内的宫殿区保存较为完好。已发掘的1号宫殿基址是迄今发现的商代最大、最完整的宫殿建筑遗迹。中商时期是青铜器铸造的过渡时期，许多重要的铸造技术逐步形成。墓葬中，青铜觚、爵配套，显示墓主身份与地位的制度也渐趋成熟。中商时期也是商王朝动荡不安的阶段，据记载，都城有数度迁移。最后，盘庚迁殷（多数学者认为正是洹北商城所在）结束了长久以来的分崩离析的局面。（何毓灵）

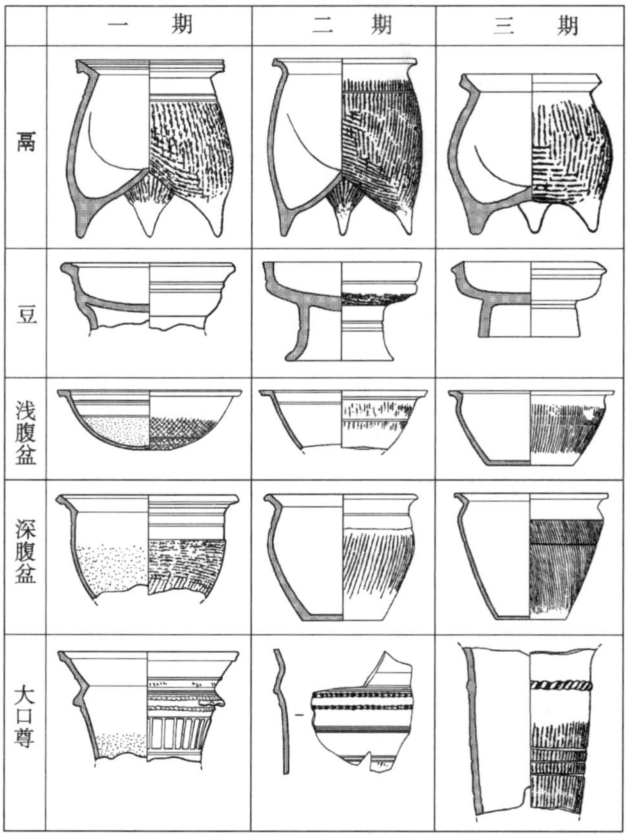

中商文化陶器分期图

【晚商文化】 指商代晚期自商王武丁至帝辛时期200余年的考古学文化。商人迁殷之后，结束了频繁迁都的历史，进入一个政治上相对稳定的新时期。但其分布范围较早、中商时期，在西、南两面大大收缩。作为晚商都城，殷墟是晚商文化的集中体现与代表。晚商殷墟文化被分为四期，演变序列清晰。以小屯宫殿宗庙区为代表的夯土基址体现了当时最高的建筑成就；而以王陵区为代表的王室墓葬及祭祀坑充分说明了当时的墓葬制度。以殷墟西区墓地为代表的家族墓地，为研究当时聚族而居、聚族而葬的聚落形态提供了翔实的材料。晚商是中国青铜器高度发达的时期，以殷墟出土的数千件青铜器，特别是以妇好墓出土的青铜器为代表，充分体现了当时的铸造工艺与水平。同时，发掘出土的玉器、骨器、陶器及其作坊也反映了当时手工业生产状况与艺术成就。晚商时期，更因其甲骨文、金文等文字系统的成熟并影响至今而闻名。成熟的文字是古代文明最显著的标志之一。同时，晚商时期也是与外界多方冲突与融合的时期，与四方特别是西方和西北方多年战争，既是文明传播的过程，也是民族大融合的过程。马及马车在殷墟的发现即是其具体体现。虽然殷墟是晚商文化的集中体现,但各地的晚商文化也表现出不同性。据此可以把晚商文化分为殷墟类型、苏埠屯类型、安邱类型、前掌大类型、天湖类型、老牛坡类型及其他地区的晚商文化遗存。晚商文化最终因周武王克商而趋于灭亡,但其影响特别是礼制、建筑、文字等方面的影响远未结束,而是得到了周人的继承与沿用。(何毓灵)

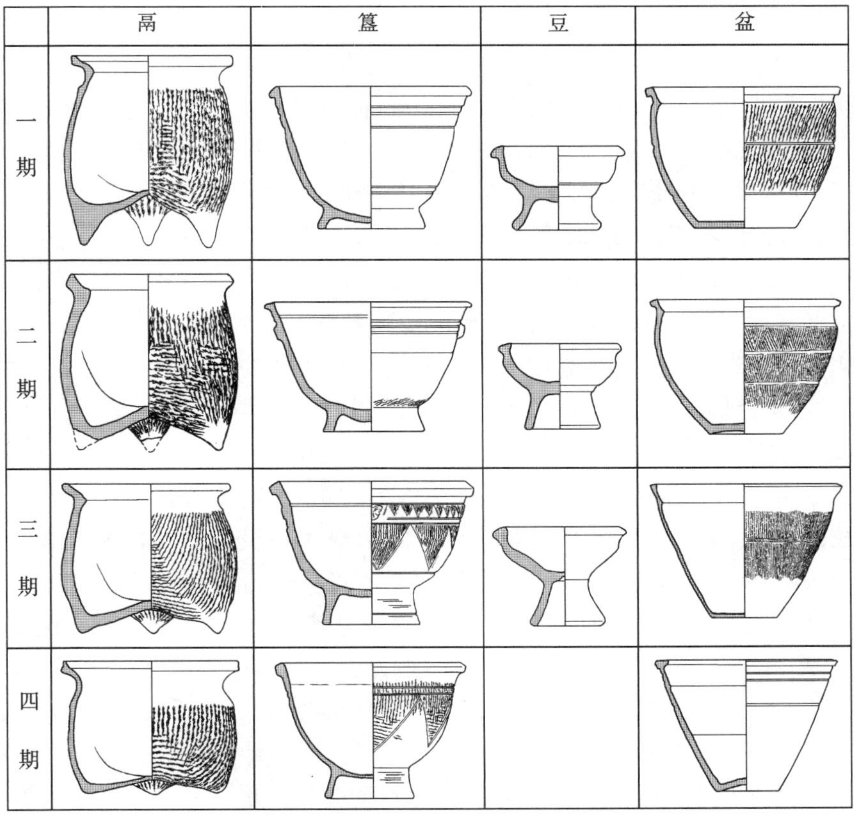

晚商文化陶器分期图

【商文化白家庄期】　亦称“二里冈上层晚段”。以河南省郑州市白家庄遗址为代表并得名。这一时期的考古学文化主要分布于郑洛地区,主要遗址有白家庄、小双桥、郑州商城、偃师商城等。典型陶器有折沿方唇同心圆纹鬲、圜底盆、假腹豆、有流无尾爵、肩径小于口径的大口尊等。青铜器有鼎、鬲、觚、爵、斝、罍、尊等,多素面或单层花纹,铸造技术表现出一定的过渡性。其中小双桥遗址被认为是这一时期具有都邑或离宫别馆抑或商王室重要祭祀场所性质的遗址,大型的夯土基址及众多的祭祀坑充分说明这一遗址的性质。(何毓灵)

【二里冈上层晚段】　即“商文化白家庄期”。

【二里冈类型】　早商文化的主体类型。以河南省偃师商城、郑州商城为代表。其分布范围西越华山,东近豫、鲁、苏、皖等邻境地区,北面基本以黄河为界,南面大体在桐柏山以北。中心区域为郑洛地区。较著名的遗址还有山西省垣曲商城以及河南省巩义市稍柴、登封市王城岗、郑州市上街、陕县七里铺等。其中偃师商城、郑州商城、垣曲商城均构筑有比较完整的防御体系。城内既有大型夯土基址,也有一些中小型基址。至今尚未发现属于商王的大型墓葬。中小型墓葬均为长方形竖穴土坑墓,墓内常见棺椁痕迹和二层台。葬式多为仰身或俯身葬。墓底常设腰坑,坑内多埋狗。中型墓中发现有殉葬人。一般小墓多随葬鬲、斝、爵、豆、盆、簋等陶器中的几种,常见涂朱圆陶片。较高级的墓中随葬青铜器、玉器等。青铜器以爵、斝、觚为常见。发现埋有牲畜的祭祀坑、烧制陶器的陶窑、铸铜作坊遗址等。出土大量青铜容器、兵器、工具和装饰品。在继承二里头文化青铜器的基础上又有改进和创新,形成了颇具特色的早商青铜器群。卜骨发现较多,除少量的羊、猪肩胛骨和龟甲外,一般为整治过的牛肩胛骨,普遍施钻。二里冈类型陶器群源于下七垣文化,但同时又具有二里头文化因素,同时也受到岳石文化的影响。总之,二里冈类型应是在原下七垣文化因素的主导下,大量吸收了二里头文化及其他文化因素之后发展起来的,并在吸收、融合的基础上,逐步形成自己的特色。(何毓灵)

【二里冈遗址】　商代早期遗址。位于河南省郑州市管城回族区。遗址是一处高于地面 5～10 米的土岗。因曾距郑州旧城二华里而得名。1952—1954 年进行多次发掘。除商代外,还有新石器时代、战国时期的遗存。主要遗迹有灰坑和少量墓葬。根据该遗址典型的地层关系,遗址内的商文化可分为上、下两层。后又有学者结合其他遗址的遗迹、遗物,进一步分为二里冈下层早、晚段及二里冈上层早、晚段,从而成为郑州商城的分期标准。遗址内出土的牛肱骨刻辞近年又引起学术界的广泛争论,被有些学者认

为是证明郑州商汤都亳的有力证据。（何毓灵）

【郑州商城】 商代早期都城遗址。全国重点文物保护单位。位于河南省郑州市区东部。1956 年发现并随之进行多方位的钻探、调查与发掘。20 世纪 90 年代又发现“外郭城”。城址总体略呈长方形。周长 6 960 米，东、南两墙各长约 1 700 米，西墙长约 1 870 米，北墙长约 1 690 米。四周城墙上发现 11 处可能与城门有关的缺口。墙体现存最高者约 9 米，用夯土分层夯筑，底部宽约 10. 6 米，两侧有较宽的护坡。外郭城墙，已探明的部分长约 3 425 米，宽 12 ~17 米，从东南角一直延伸到西南角。外郭城外有宽 40 余米的护城河。宫殿区位于内城的东北部，东西长约 750 米，南北宽约 500 米。由于现代建筑的限制，所发现的夯土基址多零散而不成规模。自 1973 年夏开始，先后在宫殿区发现数十处夯土基址，小者 100 余平方米，大者 2 000 多平方米，年代有早晚之分。其中 C8G16 和 C8G15 两座规模较大，保存相对较好。在宫殿区内曾发现数段夯土墙，估计宫殿区内很可能存在多座夯土墙围成的建筑群。商城内的供水设施也较发达，除城外的自然河流外，城内还有水井、蓄水池等。郑州商城的手工业作坊均位于商城的外围，已经确认的主要有南关外铸铜作坊遗址、紫荆山北铸铜作坊遗址、铭功路制陶作坊遗址、紫荆山北制骨作坊遗址等。郑州商城的墓葬主要分布于内城周围，或内城与外郭城之间，如白家庄、杨庄、陇海东路、北二七路、人民公园和铭功路等。内城里面的墓葬较少。郑州商城的修筑年代，有学者认为约为二里冈下层一期晚段，也有学者认为在二里冈下层一期偏早阶段。到二里冈上层二期以后，郑州商城全面荒废。经多年的学术争论，多数学者认为郑州商城是商汤始居之“亳都”。（何毓灵）

【白家庄遗址】 位于河南省郑州商城东北部城垣外。1954—1955 年发掘。发现房屋遗迹、窖穴以及一批墓葬。出土遗物中，陶器有鬲、盆、豆、簋、罐、大口尊等，铜器有爵、斝、鼎、觚、尊、盘、笄、镞等，骨器有笄、镞、象牙觚等。白家庄遗址的考古发现，大大拉近了二里冈期商文化与殷墟期商文化之间的距离。（何毓灵）

【白家庄类型】 中商文化的一种地方类型。中商文化一期的核心类型。在早商文化二里冈类型基础上发展而来。以河南省郑州市白家庄遗址第二层遗存为代表。主要分布于郑洛地区，又以郑州市及其周边最为密集。在郑州商城内，还有一些重要的遗存，包括延续下来的 2 处铸铜作坊、3 座埋藏王室重器的青铜器窖藏坑和北二七路、铭功路等处随葬青铜礼器的墓葬等。除白家庄遗址外，该类型最为典型的遗址是小双桥遗址，曾被学者认为是都邑所在。洛阳地区的此类遗存，主要见于偃师商城、伊川县坡头寨、巩义市稍柴等遗址。具有代表性的一期遗物有折沿高裆足外撇的鬲、鼓腹矮圈足的簋、浅盘高柄的假腹豆、肩径小于口径的大口尊等陶

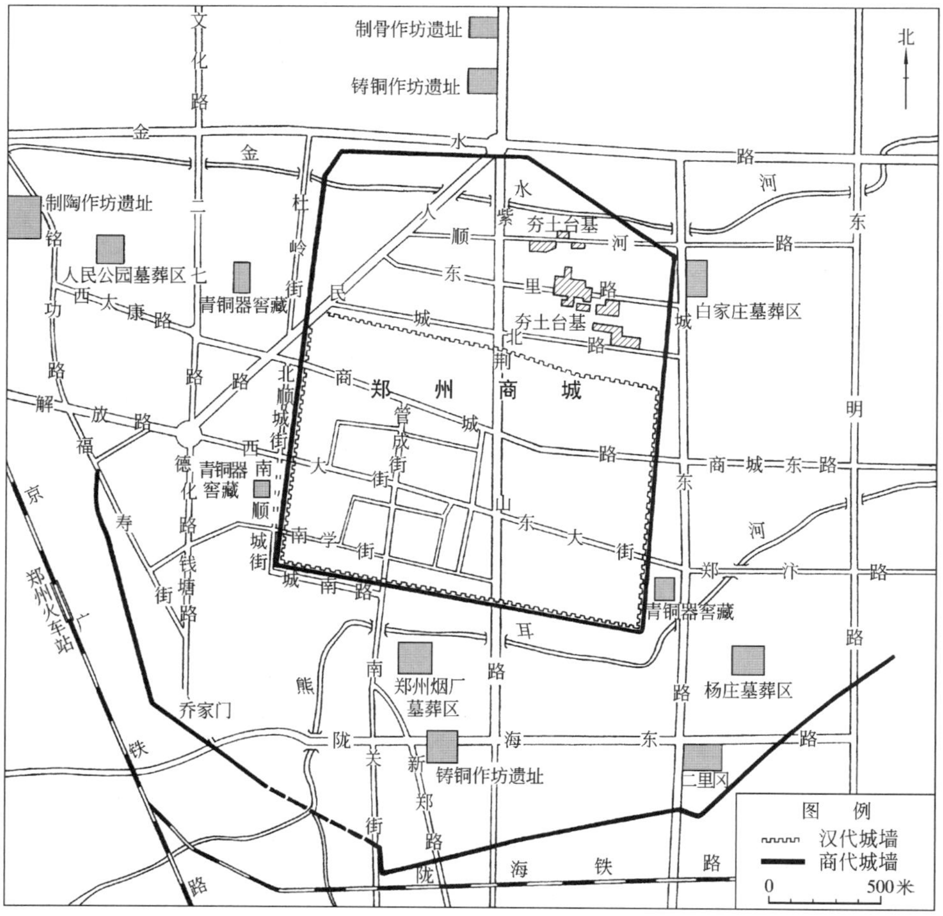

郑州商城平面图

器和深腹锥足铜鼎以及腹分两节的铜爵和铜斝等。（何毓灵）

【张寨南街铜器窖藏】　商代中期窖藏遗址。位于河南省郑州商城西墙外约300米的“杜岭”土岗南段。1974年9月在施工过程中，于地下6米处发现铜方鼎2件和铜鬲1件。方鼎的形制和纹饰基本相同，均为双耳，斗形方腹，四个圆柱形空足，器表饰单层的饕餮纹与乳钉纹。均采用多范分铸而成。其中1号鼎通高100厘米，重约86.4千克；2号鼎通高87厘米，重约64.25千克。铜鬲出土于2号方鼎内。通高35厘米，敛口，卷沿，贯耳，分裆，下有锥状尖足，颈部饰弦纹三周，腹饰三组双弦线人字纹。三件器物外表均有烟熏痕，应是实用器。年代大致相当于白家庄期或略晚。（何毓灵）

张寨南街窖藏铜方鼎

【南顺城街铜器窖藏】　商代中期窖藏遗址。位于河南省郑州商城西墙南段外侧约50米处。此处也是高岗地，向北与“杜岭”土岗相连。1996年基建施工过程中发现该窖藏坑，深4.26米。青铜器出于坑内中部偏下部位。窖藏坑内共出土青铜器12件，计有方鼎4件、斝2件、爵2件、簋1件、戈2件、钺1件。四件方鼎鼎足与底部下方有烟炱，口部近正方形，方唇，环耳，方斗形鼎腹，平底，四圆柱形空足，饰饕餮纹及乳钉纹。从铸造技术分析，四件方鼎的铸造年代有所不同，但均较原始。另出土大量的可复原陶器、印纹硬陶和蚌器等。窖藏坑的年代大致相当于白家庄期或略晚，性质或与祭祀相关。（何毓灵）

南顺城街窖藏上层铜器组合

【回民食品厂铜器窖藏】　商代中期窖藏遗址。位于河南省郑州商城东南角外侧54米处。1982年向阳回族食品厂基建工程中发现13件青铜器，包括方鼎2件、圆鼎3件、卣1件、觚2件、羊首罍1件、涡纹中柱盂1件、素面盘1件和牛首尊2件。两件方鼎的形制与纹饰基本相同，饰饕餮纹及乳钉纹。一件圆鼎上腹部饰带状饕餮纹，圜底，三个锥状空足，一耳与一足相对应；另两件圆鼎均浅腹、圜底、三扁足，上腹饰云雷纹及连珠纹，足饰夔纹。两件尊肩部饰三个突出的牛首，圈足有十字形镂孔。罍肩部饰三个突起的羊首，腹饰角目云纹及饕餮纹。卣有盖，带提梁，小口，深鼓腹，圜底，圈足，通体花纹。窖藏坑的年代大致相当于白家庄期或略晚，性质或与祭祀相关。（何毓灵）

【锯制人头骨场地遗址】　商代遗址。位于河南省郑州商城宫殿区中部。在一条商代二里冈上层一期的南北向人工挖筑的壕沟中，出土了百余个人的头盖骨，绝大多数的人头盖骨边沿处都带有明显的锯痕。这些人头骨在壕沟内的堆放，大体可分为北、中、南三堆。其中北堆和中堆的完整人头骨较多，南堆多系残破的人头骨。人头骨都是从人头骨的眉部和耳部上端处横截锯开后保留下来的头盖骨部分。锯痕清晰而规整，很少有破损的地方。人头骨的性别多属男性，年龄多为青壮年。这些头盖骨可能是商代二里冈上层一期奴隶主阶级用奴隶头盖骨作为器皿的残留。（何毓灵）

【南关外铸铜作坊遗址】　商代作坊遗址。位于河南省郑州商城南城墙中部南侧约700米处。面积约2.5万平方米。遗址可分为“南区铸造场地”和“北区铸造场地”，分别于1954—1955年和1959年进行发掘。该作坊的使用时期从商代二里冈下层二期（有学者认为二里冈下层一期）开始一直延续到商代二里冈上层一期。在南区铸造场地发现有白灰面地坪残片、铜锈地面残片、铸铜土台、壕沟和坑内的铜炼渣、铜锈块、炼铜陶坩埚碎块、残陶范、残铜器块、木炭、砺石等与铸铜有关的遗迹、遗物。在北区铸造场地发现与铸铜有关的壕沟、铜锈面、储沙坑、炼铜炉残底和灰坑等。陶范有生产工具范、兵器范和青铜容器范三种。该作坊应是郑州商城时期最重要的青铜器铸造场所。（何毓灵）

【紫荆山北铸铜作坊遗址】　商代作坊遗址。位于河南省郑州商城北城墙中部北侧约200米处。1955年首次发掘。从出土的陶器分析,该铸铜作坊主要属于商代二里冈上层一期。遗址破坏较为严重。发现与铸铜有关的遗迹主要有房基、铸铜场地和灰坑等。房基内多有与铸铜有关的铜炼渣面和小铜块,有些房基内还堆放着铸造铜刀的陶范。在一些灰坑内出土较多的陶范及砺石。与铸铜有关的遗物主要有铜矿石、铅矿石(或铅块)、坩埚、木炭、炼渣、绿锈土、陶范等。陶范以刀范数量最多,镞范次之,另有軎范、花纹范和无法识别的范芯等。该作坊应是郑州商城时期重要的青铜器铸造场所,据陶范判断,其产品或与南关外铸铜作坊有所不同,两者可能存在分工。(何毓灵)

【铭功路制陶作坊遗址】 商代作坊遗址。位于河南省郑州市铭功路北段西侧的郑州市第十四中学院内。面积约12万平方米。是一处属商代二里冈下层二期至上层一期连续使用的商代制陶遗址。发现有陶窑、制陶场地、作坊基址、储藏陶器坑、原料取土坑、灰坑与水井等遗迹。出土大量制陶原料的陶泥、烧制陶器的坯胎残片、烧胀烧裂或变形的陶器废品和制陶用的陶拍子、陶花纹印模等制陶工具,以及大量陶器残片等遗物。从残留陶器分析可以看出,当时的制陶作坊之间有分工,而此处应是以烧制盆、甑、簋、豆、罍、瓮等泥质陶器为主的制陶作坊遗址。该作坊址的发掘,可以了解制陶需经过取土、淘洗陶泥、轮制坯胎和入窑烧制等多道生产工序的概况。(何毓灵)

【紫荆山北制骨作坊遗址】 商代作坊遗址。位于河南省郑州商城北城墙中部北侧约300米处,其南为紫荆山北铸铜作坊遗址。面积约5 000平方米。20世纪50—90年代,陆续进行数次发掘。遗迹以商代的灰坑为主,遗物除出土有少量商代二里冈下层二期和二里冈上层一期的陶器残片、石器外,大多为同时期与制骨有关的骨器成品、半成品、骨料、废骨料和磨制骨器的砺石等。其成品有簪、镞、针、锥和鹿角锥等。骨料有猪骨、牛骨、鹿骨、鹿角和人骨等。另有大量边角废料等。该遗址的发掘,对于了解当时手工业生产工艺流程,以及生态环境等方面的问题提供了充分的资料。(何毓灵)

【小双桥遗址】 商代遗址。全国重点文物保护单位。位于河南省郑州市中原区小双桥村西南。面积约150万平方米。1989年发现。1990年进行调查和试掘,1995年以后又多次进行调查和大规模发掘。发现有规模较大的夯土建筑基址,其中最大者长度超过50米。另发现有较多的人祭坑和牲祭坑,特别是牛头牛角坑最引人注目。同时,还发现有大量的孔雀石、铜炼渣、烧土颗粒等与冶铸有关的灰坑,以及大量熔炉残块、少量陶外范等。陶器以夹砂陶和泥质陶为主,陶色以灰色居多,其中黑皮陶占有一定比例。纹饰以绳纹为主,粗绳纹较多,在一些器物的口沿上发现有刻划符号,个别器物上有朱书文字。铜器多为残片,以建筑构件最为出名。石器种类较多,其中的长方形穿孔镢形器与山东地区岳石文化同类相同。年代属中商文化一期,与早商文化紧密相连。关于其性质,有学者认为是商代仲丁所迁之隞都,也有学者认为是郑州商城的离宫别馆或宗庙遗址,甚至是重要的祭祀场所。(何毓灵)

【偃师商城】 商代城址。位于河南省偃师市市区西南部。1983年发现,是商代都城中年代最早的遗址(公元前16~前14世纪)。始建年代早于郑州商城,其出现标志着夏商王朝的更替已经完成。遗址规模庞大,包括时间较早的小城(南北长约1 130米,东西宽766米,面积约86万平方米)和在小城基础上扩建而成的大城(南北长约1 710米,东西宽1 215米,面积约190万平方米)。偃师商城具有城、郭两重城垣,大城城墙外有人工护城壕护卫,城墙上有多座城门供行人出入(依目前资料应有8座,东西城墙各3,南北城墙各1),有完备的给排水体系(由进水渠、池苑、排水渠和众多的水井、排水道构成)。

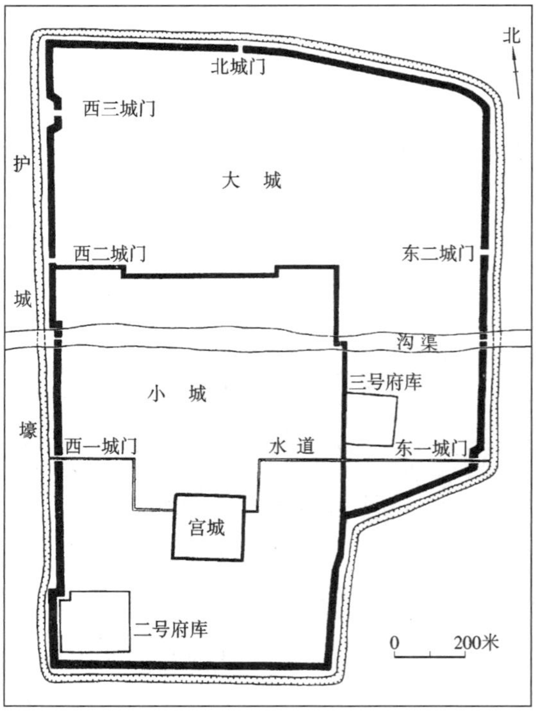

偃师商城平面图

在城址的南部以宫城为主体，分布有成片的大型夯土建筑基址。在宫城西南和东北各有一座规模可观的府库遗址。在城址的东北部发现大量与制陶、制骨、铸铜等与手工业相关的遗存。遗址内发现有数量可观的墓葬、房址和窖穴等遗迹。出土遗物数量众多，包括陶器、青铜器、骨角器、玉石器等，以陶器为最大宗。历经30年的考古发掘和研究，对遗址的内涵有了比较深入的了解，建立了完整的文化分期体系（三期七段），为夏商考古学文化的分界确立了可靠的界标。（谷飞）

【偃师商城宫城】 商代遗址。位于河南省偃师商城城址中部偏南。整体形状近似方形，边长约220米，总面积超过4.5万平方米，四周有宽约2米的夯土围墙，形成一个相对独立的建筑单元。在南围墙设置有出入宫城内外的门署设施。宫城内自北向南依次为池苑区、祭祀区和宫室建筑群区。池苑区的水源来自城址西侧西一城门外古河道，向东经东一城门排到城址东南的古湖泊内。祭祀区自东向西分为三个相对独立的小型区域。宫室建筑分为左右两排，东面一排前后两重院落，西侧一排前中后三重院落（见彩版12“偃师商城宫城4号宫殿基址发掘现场”）。各座单体建筑除个别宫殿基址外，绝大多数宫殿基址都经过多次改建和扩建，宫城范围也随时间的推移而有所扩大。（曹慧奇）

宫城复原鸟瞰图

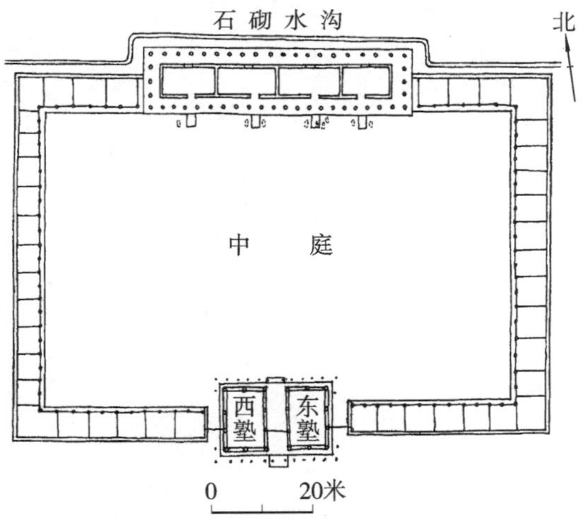

5号宫殿基址复原平面图

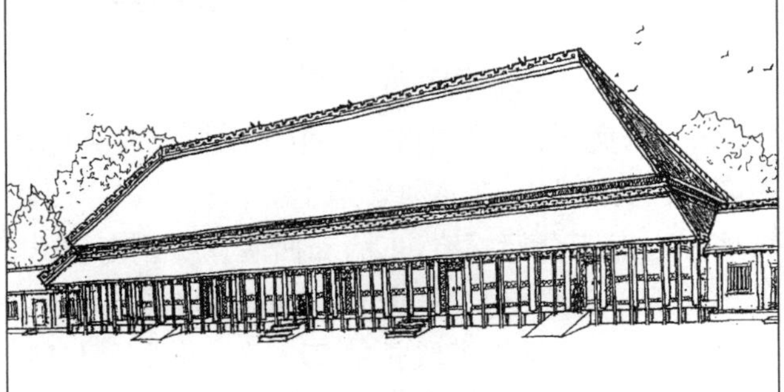
5号宫殿建筑复原透视图

偃师商城宫城复原鸟瞰图及5号宫殿基址复原平面、透视图

【偃师商城祭祀区】 商代祭祀遗址。位于河南省偃师商城宫城偏北，介于宫城池苑区与宫室建筑基址群之间。自东向西又分为A、B、C区三个相对独立的小型区域。最东边的A区位于四号建筑基址后，由若干祭祀场和祭祀坑组成，并且出土有殉人。其西侧的B区和C区位置东西并列，两者的布局、形制、结构基本一致，平面形状为长方形，四周有夯土围墙，进出祭祀区的门道都设置在夯土南围墙中部。此两区的祭祀场出土有大量的动物遗骨，种类有猪、牛、鹿等，其中绝大多数为猪的遗骨，这些动物遗骨几乎都集中在沟的北侧。（曹慧奇）

【偃师商城池苑】 商代遗址。位于偃师商城宫城北部，其南为宫城祭祀区。池苑呈长方形，方向约101°（北壁），现存东西长约130米、南北宽20米，四壁用石块垒砌，石块都来自偃师商城北部的邙山。池底部呈西高东低走势，槽底中部内凹，池深1～2米。池苑的水源来自西一城门外侧的古河道，向东经东一城门排入城址东南侧的自然古湖泊，在宫城范围内池苑的给水水道为明渠，排水水道为暗渠，给排水水道都经历过早期修建和晚期改建。池苑内出土有螺壳、鱼骨、网坠等物品。池苑遗址不仅是偃师商城宫城园林建筑的重要组成部分，也是中国早期城市人工水利系统的一部分。（曹慧奇）

【偃师商城给排水设施】 商代经过规划设计，相对比较完善的给排水设施。系由护城壕、池苑等组成，并以石砌水道连接古河道和古湖泊所形成的给排水体系。大城外侧开凿了约20米宽的护城壕，其水源来自城址外侧的古河道。除护城壕外，宫城内还有大型池苑设施，池苑水源来自西一城门外古河

道，由石砌水道导入，后经东一城门排入城址东南角的古湖泊，与护城壕配合形成一套完备的循环体系。城址内建筑密集的地方，排水设施布置得井然有序，府库建筑、宫城内各个单体大型宫室建筑都有自己独立的排污排水水道，有的形成网状体系，有的则单独成型。（曹慧奇）

【府城商城】 商代城址。全国重点文物保护单位。位于河南省焦作市中站区府城村西北的台地上。城址平面呈方形，面积近 10 万平方米，其中西墙、北墙保存较好，各长近 300 米，西城墙地面以上尚存 2 米，宽 4～8 米；北墙存高约 2～3 米；东墙复原长度约 300 米；南墙仅存部分地下的基槽。保存较好的西北角拐角处内外均呈圆弧形，拐角顶部宽 9 米，底部宽 16 米，高 2 米。墙体系加板夯筑而成。现存城址内共发现四处夯土基址，其中 1、2 号基址保存较好。1 号基址位于整个城址的东北部，平面呈长方形，南北长 70 米，东西宽约 55 米。由前后三进殿堂和两座庭院组成。南殿基址南北进深 7.5 米；西侧的配殿，东西宽 7.75 米、南北长 20 米；正殿位于南北两进院之间，南北向进深 14.8 米；北殿基址只做了部分发掘。2 号基址为长方形，坐北朝南，已发掘部分长 12.5 米、宽 6.5 米，为地面式建筑。3 号基址亦为长方形，坐北朝南，已发掘部分居住面长 8.2 米、宽 6.15 米。府城商城至迟修建于二里冈下层时期，废弃于白家庄期。（何毓灵）

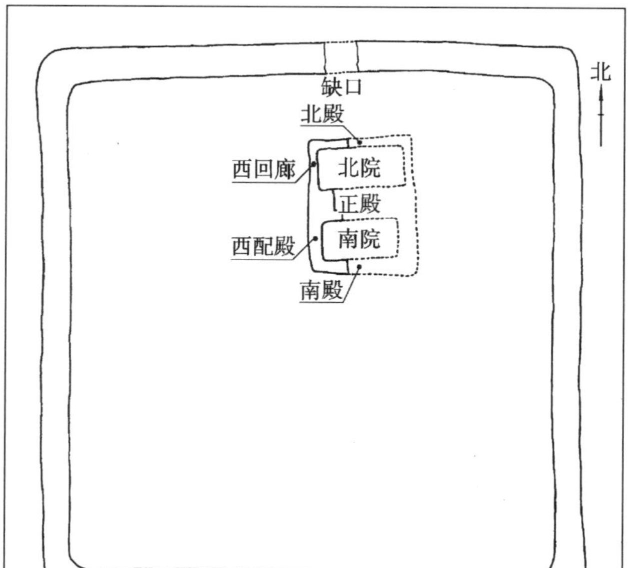

府城商城平面图

【垣曲商城】 商代城址。位于山西省垣曲县古城镇南关，处于亳清河入黄河处的黄土台地上。城址呈不规则方形，南北长约 400 米，东西宽约 350 米，周长约 1 470 米，总面积 13 万平方米。北城墙尚高出地面之上，其余三面均埋没于地下，东墙、南墙仅余残段。城墙之下挖有基槽。北墙与东墙均为单墙，西墙南段与南墙西段则为双道夹墙。南侧外墙西端与西侧外墙南段之间有一宽 16 米的门道。城的东、南二面面临断崖，仅西面为宽阔平坦的黄土塬。双墙之设显然是为加强防御性能。西墙外侧有护城壕，西墙中段偏北可以确认有城门，由此门向东南方向延伸有一条通往中心建筑群的主干道。城内中部偏东为中心建筑群，已发现夯土台基 6 座。西部发现有制陶作坊区。城址修建于二里冈下层时期，至白家庄期废弃。（何毓灵）

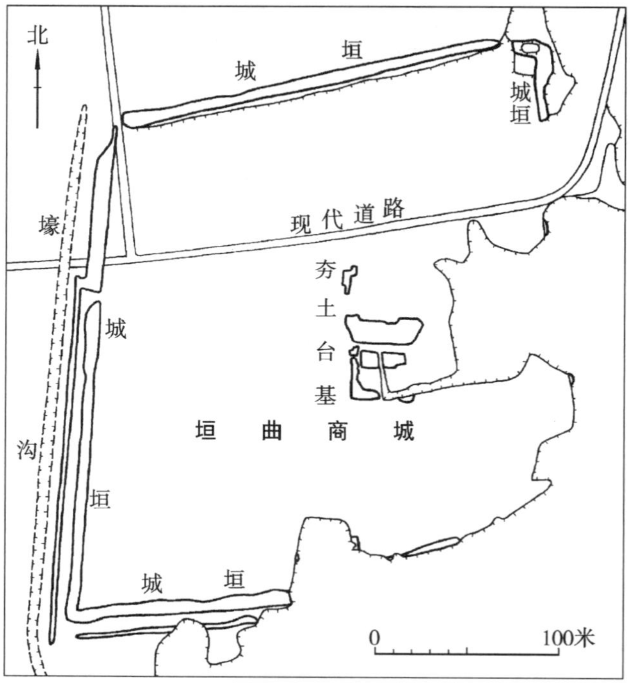

垣曲商城平面图

【东下冯商城】 商代城址。位于山西省夏县埝掌镇东下冯村东北的青龙河台地上。面积不详。四面城墙中仅南墙全部探清，东墙和西墙只探出南段，未发现北墙。东墙仅发现 52 米，西墙南段长 140 米。南墙在中部有转折，东段长约 213 米，西段长约 152 米，中部南北向转折处长 75 米。城墙平地起建，由夯筑墙体和两侧的护坡组成，墙体底宽约 8 米。城墙外侧发现有城壕，口宽 5.5 米，底宽 4 米，深 7 米。

城内西南角发现一群圆形建筑基址，已经确认的有20座，另由钻探得知这群建筑至少有7排，每排6或7座，总数大致有40～50座。单体直径8.5～9.5米，下部有台基。每座基址上均有“十”字形沟槽，其中心都有一个直径约1.2米的柱坑。基址周边有比较密集的柱洞。未发现有门道，推测可能由房顶开窗，用梯子上下。有的学者推测这些建筑是一处干栏式仓储设施，更有人明确指出应为粮仓。城址修建于二里冈下层时期，至白家庄期废弃。（何毓灵）

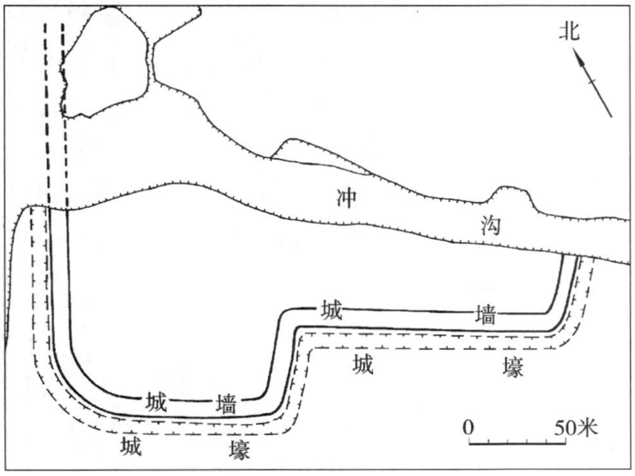

东下冯商城平面图

【台西类型】 商文化的一种地方类型。以河北省藁城市台西遗址为代表。主要分布于太行山东侧，东到古黄河，南到洹河，北至易水。早商时期炊器以鬲为主，兼用甗、深腹罐。贮藏器中不见蛋形瓮。常见的有肩深腹口径小于肩径的尊形器、敛口钵等不见于二里冈类型。陶器以平底器为主，缺乏圜底器的造型特点是由下七垣文化延续下来的。中商文化是在早商文化的基础之上发展起来的。代表遗址有藁城市北龙宫和台西、鹿泉市北胡、灵寿县北宅村、涞水县富位、沧县倪杨屯等。其中又以台西遗址最为重要，发现的房屋遗迹是历年来考古发现的商代普通房址中保存最好的。墓葬均为长方形竖穴墓，大部分有棺无椁，近一成的墓葬有殉人，近三分之一的墓葬设有腰坑并殉狗。陶器墓通常只用单件的鬲、盆、簋、豆等。铜器墓以铜觚、爵为中心。台西类型文化面貌上平底器发达。陶鬲大多有较细较高的足根，多数豆的豆盘都较浅，鲜见圜底盆，但深腹平底盆占有较大比重。大口尊也作平底。富位遗址出土过一种高锥足根的鬲形鼎和鼓腹小口瓮，反映出该地商文化受到北方青铜文化的影响。其年代相当于早商文化晚期和中商文化时期。（何毓灵）

【台西遗址】 商代中期遗址。全国重点文物保护单位。位于河北省藁城市岗上镇台西村东北。1973年进行发掘。发现房址14座、水井2眼、灰坑134个、墓葬112座。其中居住遗存和墓葬属于商代中期。发掘的14座商代房址，根据地层叠压关系和出土物比较，可分为早期和晚期。早期房址清理出2座，为半地穴式；晚期房址清理出12座，大部分为木制梁架的地面建筑，有硬山顶式、平顶式和斜坡顶式等类型。在房屋山墙上留有“风窗”。文化遗物包括陶器、石器、骨角器、蚌贝器、漆器、甲骨、纺织品、植物种仁以及陶文符号等。陶器多为夹砂和泥质灰陶，亦有其他彩陶。纹饰繁多。112座墓葬为长方形竖穴土坑墓，最大的一座长3.4米、宽1.5米。成人墓有棺无椁，儿童墓棺椁皆无。葬式以仰身或侧身直肢葬居多，俯身直肢葬次之。随葬器物有陶器、铜器、骨角器、玉石器、蚌贝器、卜骨、漆器及丝织品等。台西遗址处于中原文化和北方长城地带之间，具有两大地域文化交错影响的特点。（何毓灵）

【藁城铁刃铜钺】 出土于河北省蒿城市台西遗址M112。铜钺器身后半部两面饰乳钉纹两排。铁刃可能是由陨铁制成，残存部分的后段夹于青铜器身内，据X射线透视，夹入部分约1厘米。内方形，中部有一圆穿，内身之间以阑相隔。残长11.1厘米，阑宽8.5厘米。这种形制的钺具有北方民族地区的特色。陨铁的使用，说明当时人们对铁的性能开始有所认识。此系中国最早使用铁的例证之一。（何毓灵）

【东先贤遗址】 中商至战国时期遗址。全国重点文物保护单位。位于河北省邢台县南石门镇东先贤村及其附近区域。20世纪50年代和90年代进行过三次发掘。为一处从中商二期持续到西周甚至战国时期的遗址，以中商时期及西周时期的堆积最为丰富。其中中商时期的遗迹主要有灰坑、半地穴式房基等。遗物以陶器为主，另有石器、骨器等。陶器主要为泥质陶，制作规整，胎壁普遍较薄，器表大多有纹饰，以绳纹居多。器物以平底器为主，次为三足器。器形有鬲、盆、罐、小口瓮、甗、斝等。有学者据此把东先贤中商文化称为“东先贤期”。由于学界有商王祖乙迁邢（邢台）的观点，特别是西周邢侯墓地的发现和邢国始封地的确认，使该遗址在众多同时期的遗址中显得尤为重要。（牛世山　何毓灵）

【大辛庄类型】 商文化的一种地方类型。以山东省济南市大辛庄遗址为代表。主要分布于黄河以南、泰沂山脉以西的山东境内。年代从早商文化持续到中商文化时期,甚至是晚商文化时期。早期陶器群明显可分为两类。一类与二里冈类型的同类器相同或相近,多为饰绳纹的灰陶,包括鬲、甗、深腹罐、圆腹罐、簋、豆、爵、斝、大口尊、深腹盆、中腹盆、小口瓮、捏口罐等,是典型的早商文化因素。另一类与岳石文化的同类器有颇多的共同之处,多为夹砂红褐陶,也有少量的泥质灰陶。夹砂红褐陶多素面而常见刮抹痕。在陶器群中,第一类比例较大,居于主要地位,决定了其文化性质;第二类比例较小,居于次要地位。中商时期,大辛庄类型持续在泰沂山脉以北地区的延续和发展。除大辛庄遗址外,其他还有禹城市蒋芦、周尹,齐河县尹屯、曹庙,章丘市马彭北,济南市长清区前平村,茌平县南陈庄等。大辛庄遗址的中商遗存有房址、灰坑、墓葬等。墓葬都有腰坑,置木棺。有的底部铺有朱砂。陶葬品组合有鬲,鬲、盆,鬲、豆、盆等。有的随葬铜器、玉器,包括铜觚、铜爵、铜戈、玉管、玉斧、玉佩饰等。各遗址中除商式器物外,还有具有岳石文化特征的素面鬲、甗、盆、簋、圜底尊等,应与当地原有的岳石文化传统有关。(何毓灵)

【大辛庄遗址】 商代遗址。全国重点文物保护单位。位于山东省济南市历城区王舍人镇大辛庄东南。总面积约30万平方米。自1936年遗址发现以来,历经多次调查、勘探和试掘,发现有房基、水井、墓葬等各类遗迹,出土大量陶器、石器、骨器、蚌器、铜器等遗物。特别是2003年、2010年的发掘,更是发现了墓地及高级贵族墓,集中出土了大型青铜礼器。此外,还发掘出土有甲骨卜辞,是商代除殷墟之外,为数不多的出土甲骨刻辞的遗址之一。大辛庄遗址的陶器有高裆锥足鬲、矮足鬲、圜底尊、大口尊、假腹豆等,另有釉陶和刻纹白陶。墓葬为长方形竖穴土坑墓,木质棺、椁,铺朱砂,设腰坑,殉狗。这些同郑州市二里冈、安阳市殷墟同类器物及墓葬特点相同。年代自早商文化偏晚阶段,持续到中商,甚至是晚商文化时期。大辛庄遗址应是中原地区商文化向东推进的据点,对于商文化及商代夷商关系的研究具有极为重要的意义。(何毓灵)

【盘龙城类型】 商文化的一种地方类型。年代从早商持续到中商时期。早商时期主要分布于汉水以东,桐柏山以南,长江以北地区。以盘龙城遗址为主要代表。陶器与二里冈类型的共性和差异都很明显。二里冈类型常见的鬲、甗、爵、斝、簋、豆、深腹盆、中腹盆等都见于盘龙城类型,且占主导地位。但陶系多红陶,以手制为主,陶鬲多弧裆或平裆,红褐色的厚胎粗陶大口缸较多,表明二里冈类型在南下过程中融合了不少当地土著文化因素。中商时期,该类型在汉水以东及汉水下游继续发展,并向外扩展。陶鬲分袋足、平裆、弧裆三型,前者属商式鬲,特点是大多口部较宽且外敞,足根内收;后两型则与中原商式鬲差别较大。敛口斝肩部突出,上腹腹径明显大于下腹,与中原同类器略有差异。甗和簋的形态均与中原商器一致。陶豆中,当地早期的细把豆已不见,代之浅盘圈足豆和假腹豆,亦与中原商文化豆的形态一致。而所出夹粗石英砂的大口缸、印纹硬陶、原始瓷器等,均表现出地方特色。(何毓灵)

【盘龙城商城】 商代城址。全国重点文物保护单

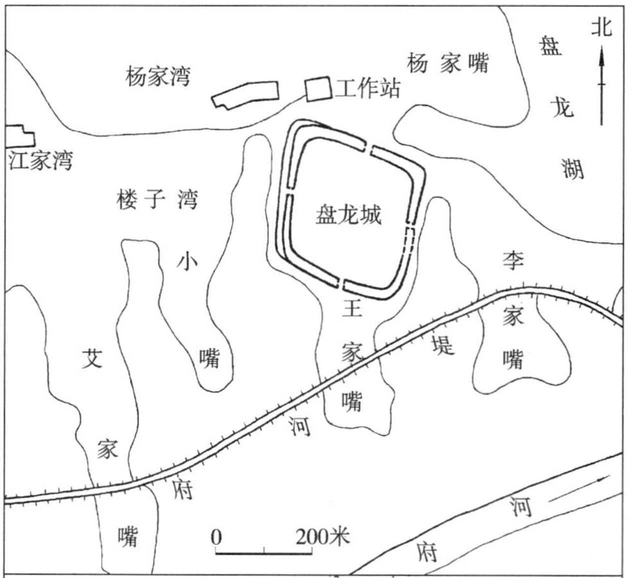

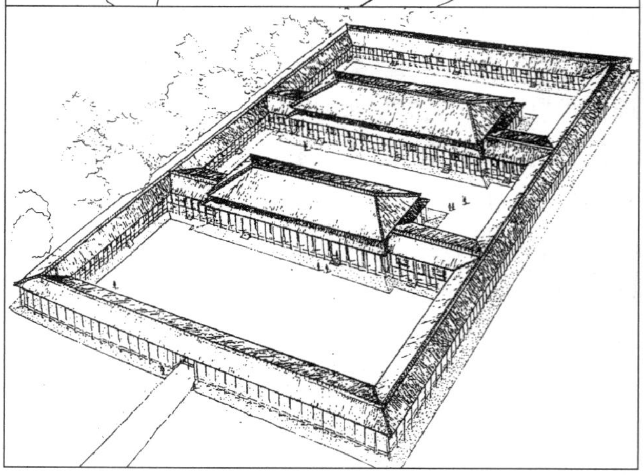

盘龙城商城位置图及1～3号基址复原图

位。位于湖北省武汉市黄陂区，坐落在一个伸入盘龙湖的半岛之上。半岛东、南、西三面环水。古城筑于府河北岸的高地上，平面略呈方形，南北长约290米，东西宽约260米。城墙外陡内缓，四角呈圆弧状。城墙系夯筑，四面各有一个缺口，可能是城门，城外有壕沟。城内东北部高地上有宫殿建筑，在南北长100米、东西宽60米的夯土台基上，依南北中轴线筑起3座坐北朝南、前后并列的大型建筑。经发掘的房址F1东西长39.8米、南北宽12.3米，分四室，四周有回廊。四室均在南侧设门，中间的两室另在北侧设门。F2在F1南面，较小，未发现隔墙，但四周有大柱洞，似一座大厅堂。两座建筑的组合有"前朝后寝"的格局。城外有居民聚落和手工作坊址。城西、城北、城东发现有墓葬。其中贵族墓主要分布在李家嘴，中小型墓则分布在楼子湾、杨家嘴、杨家湾等地，均为长方形竖穴土坑墓。盘龙城被认为是商王朝在南方的据点，主要目的是控制铜矿石的来源。城址修建于二里冈下层时期，废弃于中商二期之时。（何毓灵）

【孟庄遗址】 亦称"心闷寺遗址"。商代遗址。全国重点文物保护单位。位于河南省柘城县岗王乡孟庄村西。遗址平面近长方形，南北长280米，东西宽110米，面积3万余平方米。1977年发掘，揭露面积400余平方米，包含商代、东周、东汉、唐代的文化遗存。商代文化层堆积最厚，且遗迹分布密集，发现房屋9座（其中1座房屋遗址内有以活人奠基的现象），窖穴31个，另有冶铸遗址和陶窑各1座、墓葬7座。在冶铸遗址内发现坩埚碎块、铜斝内模、铜爵内模等冶铸工具。出土遗物比较丰富，多为生产和生活用具，包括石斧、石锛、石凿、铜刀等砍伐及刮削器，骨铲、蚌铲、骨刀、蚌刀、石镰、蚌镰等农具，制陶、制骨、纺织、缝纫等手工业生产工具，另有石镞、骨角镞、石网坠和陶网坠等渔猎生产工具，铜镞、石钺等武器。生活用具主要有陶器，包括鬲、甗、鼎、甑、簋、豆等食器，斝、觚等酒器，还有大口尊、深腹盆等储藏器。另又发现卜骨、卜甲及陶文。1981年又出土有商代青铜鼎、觚、斝及战国铜矛各1件。出土文物表明，遗址以商代遗存为主，其特征与郑州二里冈上层相同，属商代早期。孟庄遗址是商丘市面积较大的商代遗址之一，对豫东商文化的研究具有重要价值。（黄益飞）

【心闷寺遗址】 即"孟庄遗址"。

【琉璃阁遗址】 商周时期至汉代墓地。全国重点文物保护单位。位于河南省辉县市琉璃阁。面积约12万平方米，地下遗存包括殷代墓葬、遗址、墙垣，东周墓葬、车马坑，汉代及以后的墓葬，集中使用长达1 500年。1935—1937年，1950—1951年，1951—1952年，中央研究院、河南省博物馆、中国科学院考古研究所曾先后进行过六次大规模的科学发掘，共发掘商周至汉代墓葬百余座，以及灰坑、车马坑等数十个。其中商代墓葬53座，包括带墓道的大墓，多数墓葬有腰坑；东周墓葬80座，这些墓葬可分为东、中、西三区，出土遗物较丰富者，东区有甲墓、乙墓、M80、M55、M130，中区有M60，西区有M1、M56、M59、M75、M76，尤以1936年河南省博物馆发掘的甲乙二墓及其出土文物为世所瞩目。甲、乙两墓并列，可能为夫妇异穴祔葬墓，甲墓出土大量的青铜礼乐器、车马器、玉器等遗物。学者大多认为琉璃阁东周墓群属春秋中晚期至战国时期的卫国公室墓地。（黄益飞）

【殷墟期商文化】 见"商文化"（324页）。

【殷墟文化】 考古学上所观察到的主体特征与作为商代晚期都邑的殷墟相同或相近的考古学文化。其年代约当殷墟被辟为都邑至商王朝覆灭（或延至西周初年），即公元前13世纪中叶至前11世纪末。分布范围以殷墟为中心，包括今河北中南部和河南北部及中部地区。代表性遗址有安阳殷墟、关帝庙等。殷墟文化的居址一般采用带夯土基址的地面建筑，包括四合院。墓葬作竖穴土坑式，有的带一条、二条或四条墓道。墓底流行腰坑，腰坑中普遍殉狗。殉人和杀祭现象比较常见。不少规格较高的墓葬在二层台、墓道甚至腰坑中置有殉人。陶器以泥质灰陶和夹砂灰陶为主，晚期出现部分红陶器。绳纹是陶器上最主要的装饰纹样，此外还有弦纹、三角划纹。日常用器有鬲、甑、簋、盆、豆、罐、尊等。铜器器类繁多，有觚、爵、瓿、尊、鼎、簋等容器，有戈、矛、钺、镢、斧等兵器或工具。墓葬随葬品组合无论铜器还是陶器，均以觚、爵为中心。学术界基于殷墟遗址丰富的实物资料，将殷墟文化分为四期，代表了晚商文化的四个发展阶段。殷墟文化的分布与商王朝的政治疆域、势力范围有着密切联系。（唐际根）

【殷墟类型】 见"殷墟文化"。

【殷墟】 商王朝晚期都邑遗址。全国重点文物保护单位。2006 年列入《世界文化遗产名录》。位于河南省安阳市西北郊,跨洹河两岸,与洹北商城遗址相邻并略有重叠。1899 年甲骨文发现后,罗振玉派人于 1908 年查明甲骨文出自安阳小屯村。因该地在《史记·项羽本纪》及《水经注》中曾被称为“殷墟”而得名。1928 年,学术界首次进行科学发掘。至 1937 年累计发掘 15 次,找到商代晚期的宫庙区和王陵区。后因抗日战争爆发,发掘被迫中止。1950 年恢复发掘。殷墟一直未发现城垣,系一处以小屯宫殿宗庙区为中心、周围分布着密集居民点的特大型邑聚。遗址历经商王盘庚至帝辛八代十二王或武丁至帝辛七代九王。殷墟的商文化遗存系长时间堆积而成,可分为四期。第一期年代约在商王武丁早期或商王盘庚、小辛、小乙时期;第二期约当武丁晚期至祖庚、祖甲时期;第三期约当廪辛、康丁、武乙、文丁时期;第四期总体上约当商代最后两王帝乙、帝辛时期,但该期最晚或可延续到西周初年。“夏商周断代工程”推定武丁至帝辛的年代为公元前 1250 ~前 1046 年。殷墟自早到晚经历了规模由小到大、人口由少而多的过程。第一期时面积只有 4 平方千米,小屯是都邑中心,居民点分布在小屯宫殿宗庙区附近;第二期遗址范围扩大,殷墟侯家庄王陵区已经启用,新增许多居民点,新出现苗圃北地铸铜作坊和孝民屯铸铜作坊以及大司空村制骨作坊;第三、四期时,宫殿宗庙区仍然是遗址的中心,王陵区出现多座大墓,铸铜作坊的规模明显扩大,并且出现新的制骨作坊及玉石器制作场。居民点数量增加、规模扩大,整个殷墟面积扩展到 30 平方千米以上,并且有复杂的道路系统将宫殿区、族邑(居民点)以及众多的手工业作坊相互关联。居民点散布于以小屯为中心的洹河两岸,典型的居址包括房址、灰坑、水井、道路、蓄水坑等遗迹。房屋形式主要是带夯土台基的地面式建筑,包括四合院。殷墟范围内已发现多处手工业作坊,包括铸铜作坊 5 处、制骨作坊 2 处、制陶作坊 1 处。另还发现制玉作坊的线索。5 处铸铜作坊分别分布于苗圃北地、孝民屯村西地、薛家庄、小屯村东北地和大司空村南地。殷墟平民墓大多依氏族和家族为单位成片分布,称为族墓地,墓葬等级差别明显。已经发掘的重要墓葬除侯家庄王陵区大墓外,还有妇好墓、郭家庄 160 号墓、花园庄 54 号墓等。历次发掘出土的遗物有甲骨、青铜器、玉器、骨器、石器、马车。卜甲和卜骨集中出土过三次,包括小屯 YH127 号甲骨坑、小屯南地甲骨、花园庄东地甲骨。青铜器大部分出自墓葬,少量出于祭祀坑,著名的青铜器有司母戊鼎、牛方鼎、鹿方鼎、妇好三联甗、戍嗣子鼎等。殷墟出土的遗物反映出文化的多样性,尤以殷墟早期的文化多样性更为显著。殷墟妇好墓中出土大量具有北方文化风格的青铜兽首刀、弓形器。部分墓葬中出土有南方风格的硬陶瓿,甚至有山

殷墟平面图

东风格的宽边厚胎夹粗砂红陶鬲或西北风格的束颈分裆鬲。殷墟晚期时，文化多样性逐渐丧失。（唐际根）

【洹北类型】 见“洹北商城”。

【洹北商城】 商王朝中期都邑遗址。位于河南省安阳市北郊。其西南部与殷墟相邻并略有交错。城址包括外城和宫城。外城发现于1999年。平面略呈方形，方向北偏东13度。四周已确认有夯筑的城墙基槽，南北长2 200米，东西宽2 150米。基槽宽7～11米、深约4米。未见夯起的墙体，基槽外围亦未见护城河（沟）遗迹。宫城位于外城南部，方向与外城一致。平面呈长方形（西墙仍待钻探确认）。南北长795米、东西宽至少515米。基槽7～8米，墙体宽5～6米。宫城内发现夯土建筑基址30余处，已经发掘的一号和二号基址南北相邻，方向一致。一号基址为典型四合院结构，东西长约173米，南北宽85～90米，总面积近1.6万平方米。由门塾（包括两个门道）、主殿、东西配殿、门塾两旁的长廊组成。主殿柱网结构清晰，至少有一字排开的9间正室（见彩版12“安阳洹北商城1号宫殿基址”）。二号基址同为四合院结构，东西长92米，南北宽61.4～68.5米。北为正殿。与一号基址略不同的是其东、南、西三面为向内的单面廊。宫城与外城之间散布着众多居民点。洹北商城填补了以郑州二里冈为代表的早商文化和以殷墟为代表的晚商文化之间的时间缺环，使得商代历史的考古学编年框架更臻完善。该城作为商王朝都邑已无异议，但究竟为商代何王所都尚难认定。有学者认为可能是“河亶甲”所居之“相”，也有学者推测为“盘庚”所迁之“殷”。（唐际根）

【洹北商城宫殿宗庙区】 见“洹北商城”。

【小屯宫殿宗庙区】 商代晚期商王室的宫殿和宗庙区。位于河南省安阳市殷都区小屯村北（见彩版12“安阳小屯晚商宫殿宗庙区”）。自1931年春第四次发掘殷墟起，小屯宫殿宗庙区一直是发掘的重点区域。共发掘54座夯土基址和复杂的排水沟网，自北向南分为甲、乙、丙三组。乙九、乙十基址南侧和丙组基址附近发现大量祭祀遗存。在宫殿宗庙区的外围，有用壕沟与洹河联通形成封闭性的防御设施。一般认为甲组基址是寝殿和享宴之所，乙组基址为宗庙，丙组基址为祭坛。著名的妇好墓、54号墓和

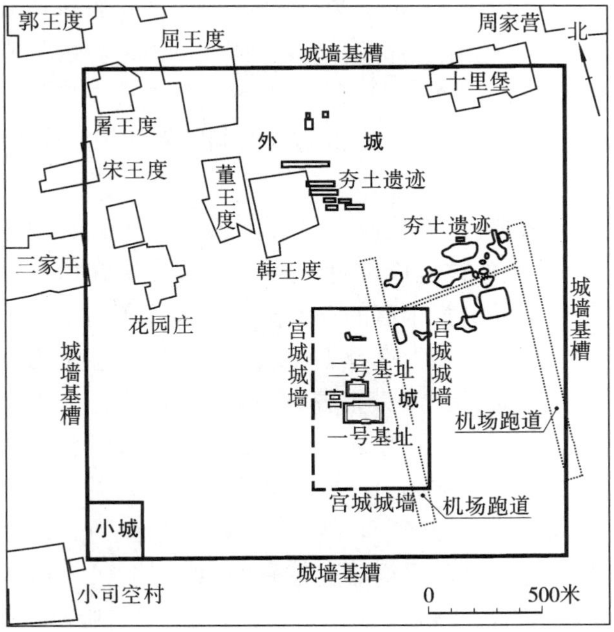

洹北商城平面图

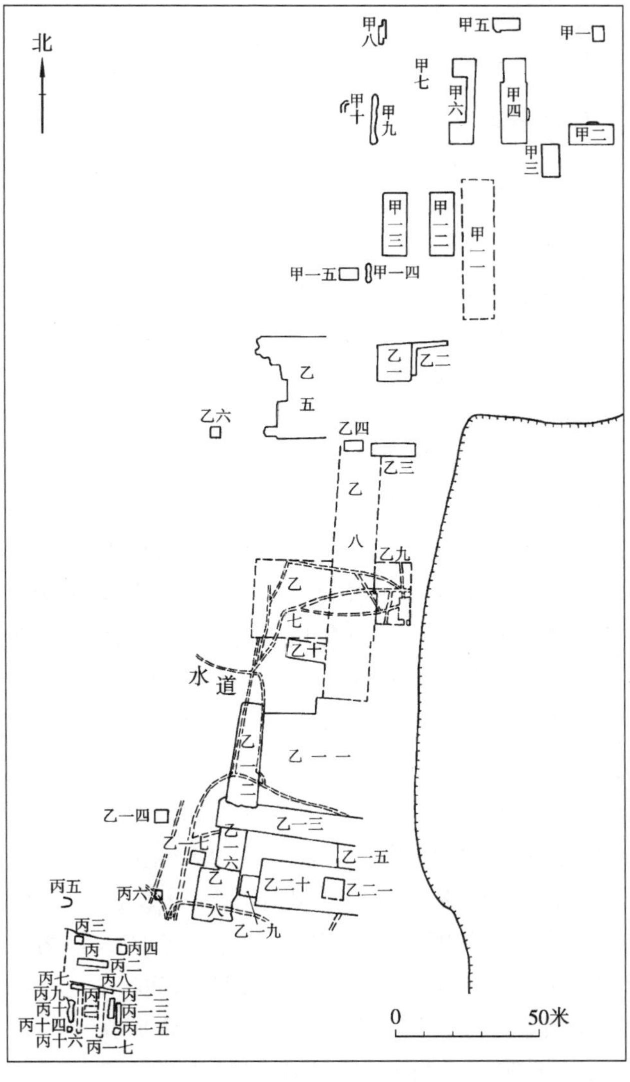

小屯宫殿宗庙区三组基址位置图

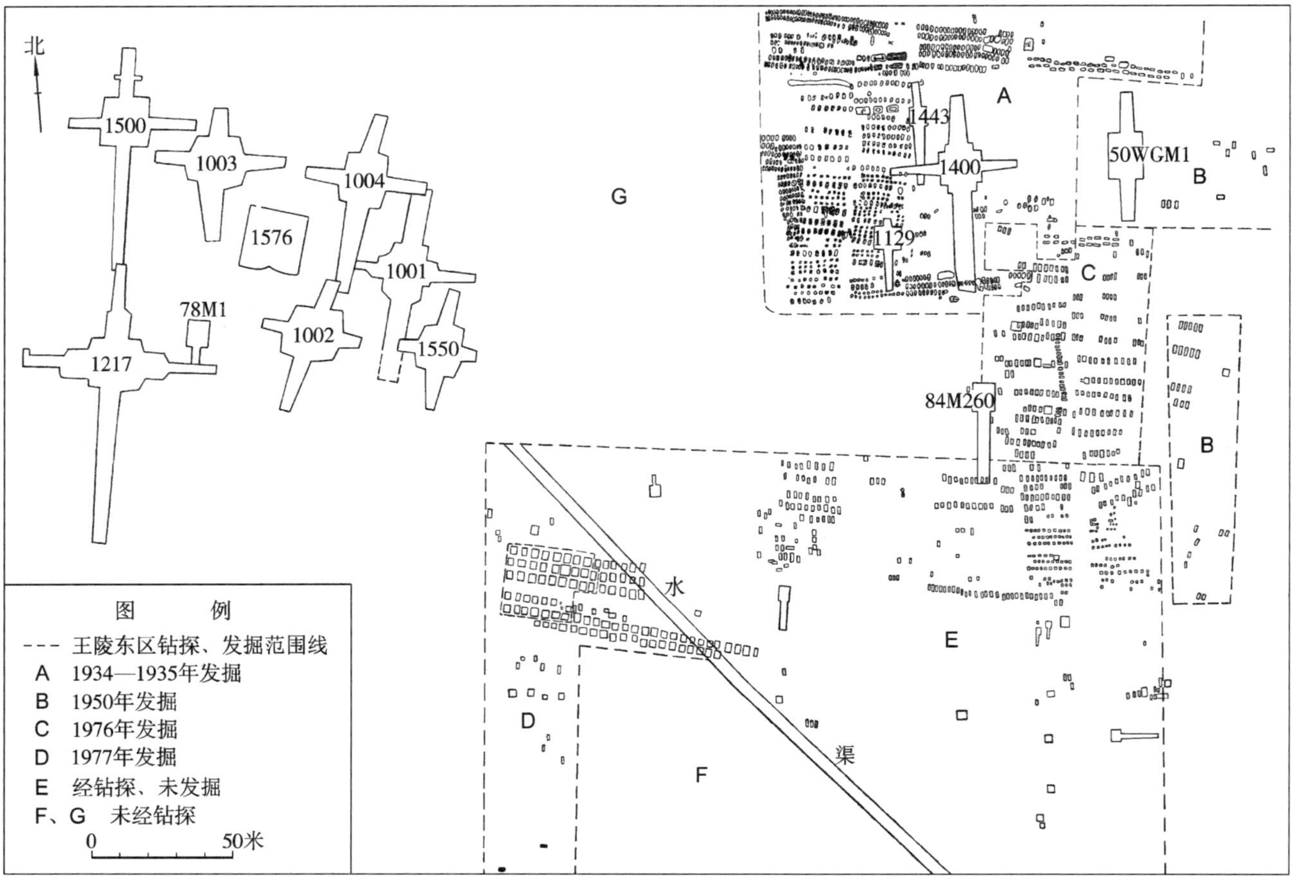

殷墟侯家庄王陵区平面图

大部分甲骨文都发现于小屯宫殿宗庙区内。该区始建于武丁早期，废于商末。1959 年出版有《小屯第一本：殷墟建筑遗存》。（岳洪彬）

【殷墟侯家庄王陵区】 商代晚期王陵区。位于河南省安阳市侯家庄西北冈，坐落在洹水北岸。1934 年首次发掘，直至 1984 年冬季暂告结束。共发现大墓 14 座，祭祀坑2 500座以上，已清理 1 487 座。墓地分东西两区，西区有大墓 9 座，东区有大墓 5 座。大墓的形制、规模各异，但除一座大墓未建成外，其余均带有墓道和规模宏大的墓室。墓内有大量殉人和人牲，M1001 多达 200 余个。墓葬虽多次被盗，但仍出土丰富的随葬品。墓道的多少通常代表墓主人地位的高低，一般认为带四条墓道的大墓为商王陵墓，带两条和一条墓道的大墓为商代的高级贵族墓。王陵区共发现 8 座带四条墓道的大墓，通常认为是武丁至帝乙的陵墓，未建成的大墓为殷纣王陵。年代属于殷墟第一至四期。1962—1976 年间出版有系列的《侯家庄》发掘报告。（岳洪彬）

【西北冈祭祀坑】 商代晚期殷墟王陵区的专用祭祀遗存。位于河南省安阳市侯家庄西北冈。自 1934 年首次发掘至 1984 年冬季，共在西北冈钻探发现 2 500 余座祭祀坑，现已发掘 1 487 座。主要集中在王陵区东区大墓的西部、南部和西南部。多为长 2 米、宽 1 米左右的长方形坑，密集而有规律地排列在一起。依其特征可分成不同的坑组，同一组坑应属同一次祭祀活动遗存。祭祀内容以人祭为主，另有少数兽祭和器祭。这批祭祀坑多数应为商王室祭祀先祖的公共祭祀场所，经过长时间频繁使用形成的。（岳洪彬）

【妇好墓】 商代晚期墓葬。位于河南省安阳市殷都区小屯村。1976 年发掘。是迄今所知保存完好、随葬品最为丰富的一座商代贵族墓葬。墓室为土坑竖穴式，墓上有夯土建筑，疑为享堂，墓室内有二层台和腰坑等，带棺椁，有殉人和殉狗。出土铜器、玉石器、骨器、象牙器、陶器等 1 928 件套，其中三联甗、偶方彝和三件象牙杯均为前所未见的国宝（见彩版 14“妇好三联甗”、“妇好偶方彝”）。年代属殷墟第二期，因铜器上带有“妇好”铭文，一般认为墓主为商王武丁配偶妇好。1980 年出版有《殷墟妇好墓》。（岳洪彬）

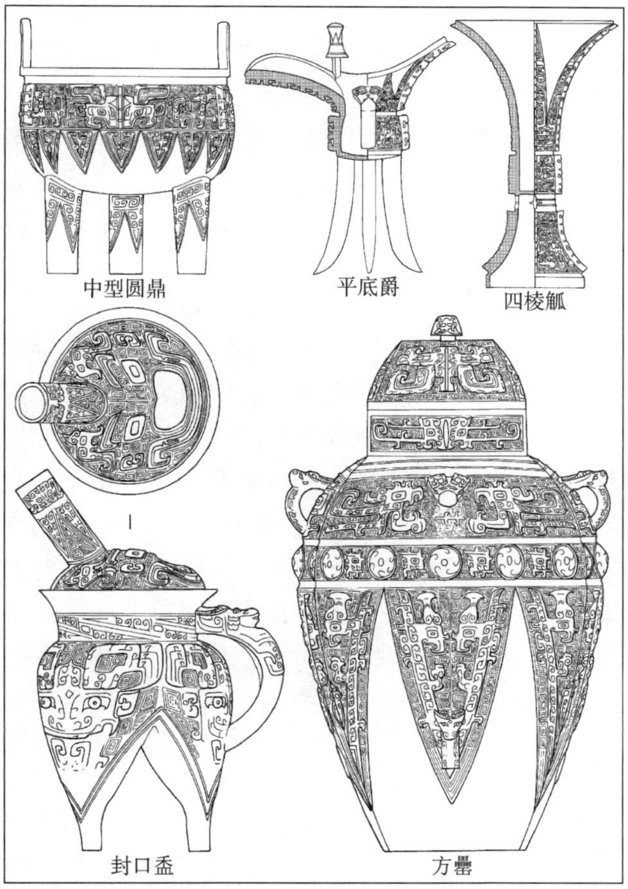

妇好墓出土妇好铭文铜器

【郭家庄160号墓】 商代晚期墓葬。位于河南省安阳市殷墟郭家庄西。1990年发掘。墓室为土坑竖穴式,棺椁具备,下置腰坑。二层台上、椁室内和腰坑中均有殉人,填土中和腰坑中有殉狗。随葬品有成组的陶器、青铜器、玉器、石器、骨器、竹器、漆器和象牙器等,共计353件(见彩版14"卣"、"方尊")。年代属殷墟三期偏晚阶段。在41件有铭文的器物中,铭"亚址"者占33件,因此判断墓主可能是"址"族之首领或址族的上层人物。1998年出版有《安阳殷墟郭家庄商代墓葬》。(岳洪彬)

【戚家庄269号墓】 商代晚期墓葬。位于河南省安阳市殷墟戚家庄。1984年发掘。土坑竖穴墓室,有二层台和腰坑。有椁有棺,椁上有竹席和大型丝织彩绘帷帐覆盖。墓内有牛、羊等祭牲和殉狗。随葬品集中放置在椁室内,共有陶器、铜器、玉器、骨器和石器等73件。随葬品中有铭铜器28件,其中25件铸铭"爰"字,一般认为该墓主名"爰"或为"爰"族的高级贵族。年代属殷墟三期偏早阶段。(岳洪彬)

【殷墟西区墓地】 商代晚期族墓地。位于河南省安阳市殷都区小屯村以西的安阳钢铁公司厂区内。1960—1985年发掘,共发掘2 000余座商代墓葬。墓葬排列密集,且都较有规律地集中分布。据墓葬的分布情况,发掘者曾将1969—1977年发掘的墓葬分成10个墓区。墓葬绝大部分为长方形土坑竖穴墓,另有10余座带墓道的大墓和20余座车马坑。出土随葬品有陶器、青铜器、玉器、骨器、石器、蚌器等近万件。根据墓葬分布的特定范围、特定的生活习俗和埋藏风格,墓主生前应属不同的族群,不同墓区应是不同"族"的族墓地。从人骨特征判断,死者的年龄在20~50岁之间。墓葬年代属殷墟二至四期。(岳洪彬)

【司母戊鼎】 亦称"后母戊鼎"。商代晚期青铜炊器。是迄今所见形体最大的青铜器(见彩版14"司母戊鼎")。传为1939年出自河南省安阳市殷墟西北冈王陵区。鼎重875千克,通高133厘米。长方形口,直腹,口沿上有两立耳,腹下为四圆柱形足。腹四壁各饰两组兽面纹和夔纹,鼎足各饰一组独立兽面纹,鼎耳外缘饰虎食人图案,耳侧缘饰鱼纹。鼎腹内侧近口处铭有"司母戊"三字。年代属殷墟二期。现藏中国国家博物馆。(岳洪彬)

司母戊鼎及铭文

【后母戊鼎】 即"司母戊鼎"。

【戉嗣子鼎】 商代晚期青铜炊器。是迄今所知经科学发掘出土的铭文最多的商代青铜器。1959年出土于河南省安阳市殷墟后冈圆形祭祀坑。通耳高48厘米。圆形口,折沿,下腹微鼓,蹄足半空。上腹饰六组兽面纹,三足各饰一组兽面纹和数周弦纹。内腹有记事性铭文3行30字:“丙午,王赏戍嗣子贝廿朋,在阑宗,用作父癸宝鬻。唯王窨阑大室,在九月。犬鱼。”年代属殷墟四期。(岳洪彬)

戍嗣子鼎

【妇好三联甗】 商代晚期青铜炊器。1976年出土于河南省安阳市殷墟妇好墓(见彩版14“妇好三联甗”)。由一件长方形承甑案和三件大甑组成。通高68厘米,长103.7厘米。承甑案体腔中空可盛水,平底,下有六足。案面三个承甑口各环绕一组环形蟠龙纹,案四角各饰一牛首纹,案体四壁以夔纹和大圆涡纹为主,下接大蕉叶纹。在中间承甑口内壁铭“妇好”两字。腹足有烟炱,应是实用之器。案口上承三甑,大小、形制基本相同。甑口圆敞,底部有三个扇面形孔,腹上部有对称的半圆形兽头鋬,甑腹饰两组对称夔纹。三甑内腹均铭“妇好”。此器不仅体量巨大,且造型独特,为前所未见的殷代巨型炊器。年代属殷墟二期。(岳洪彬)

【妇好鸮尊】 商代晚期青铜酒器。1976年出土于河南省安阳市殷墟妇好墓。同墓出土大小、形制和纹饰基本相同的一对。通高45.9厘米。整体作鸱鸮形,宽嘴突眼,高冠有小耳,两足粗壮,扁尾下垂,作站立状。头后有半圆形器口,上置弧面器盖,盖上铸一鸟一夔作为盖钮。背后有兽首鋬。嘴饰兽面纹,胸部饰蝉纹和夔纹,颈饰怪夔,翼前端饰三角形头的长蛇,鋬上饰蝉纹,鋬内侧饰兽面纹,鋬下铸呈鸱鸮形象。口内壁铭“妇好”两字。年代属殷墟二期。(岳洪彬)

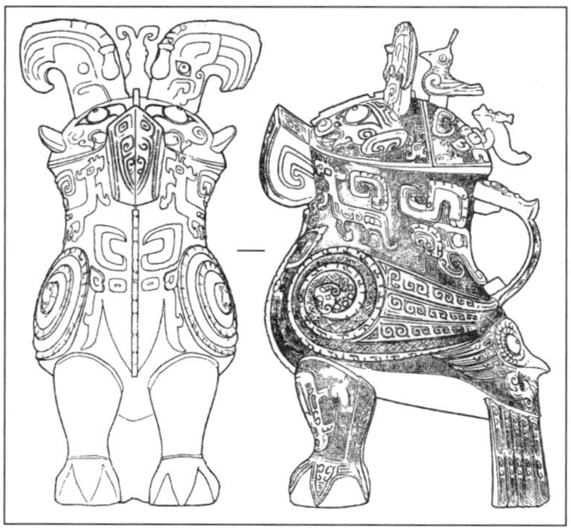

妇好鸮尊

【妇好偶方彝】 商代晚期青铜酒器。1976年出土于河南省安阳市殷墟妇好墓(见彩版14“妇好偶方彝”)。整体呈长方形,自顶至足有一道扉棱将器分为两部分,似两件方彝合体而成,故名“偶方彝”。通高60厘米,长88.2厘米。器口较直,折肩曲腹,长边一面有方形槽七个,另一侧有为七个尖形槽。腹体两端置对称附耳,高圈足。四面肩部各置一高浮雕牛首和象首,两侧均饰数对鸟纹。器腹饰大折角兽面纹,长边兽面纹两侧以夔纹和鸟纹填空。圈足饰形体较大的夔纹。彝盖似四阿式屋顶,两侧有对称的四阿式短柱钮,有正脊和垂脊,器口前后各出梁头七枚,反映出当时的屋檐多探出梁头。梁头恰与器身上的槽口相合。盖面长边中部各饰浅浮雕的鸱鸮面,两侧各配饰一鸟,周边以夔纹填补,短边各饰倒夔两条。器内底中部铭“妇好”两字。年代属殷墟二期。(岳洪彬)

【妇好墓玉凤】 商代晚期玉器。1976年出土于河南省安阳市殷墟妇好墓(见彩版15“玉凤”)。殷墟出土玉器数量巨大,种类丰富,但神话性动物形玉雕并不多见,主要有龙、凤、怪鸟和怪兽等形象。妇好墓出土的这件玉凤,长13.6厘米,阳纹浅浮雕,制作精细,堪称神话性动物玉雕中的精品。整体作侧身回首形,短翅长尾,飘逸洒脱。中部有穿孔,可以悬挂。年代属殷墟二期。(岳洪彬)

【妇好象牙杯】 商代晚期象牙雕刻品。1976年出土于河南省安阳市殷墟妇好墓(见彩版15“象牙杯”)。象牙雕刻品在殷代雕刻艺术中占有重要地位,大多出于大墓和中型墓中,多为墓主生前的实用器。迄今所见殷墟象牙艺术品有20余种,而以此件筒形带流虎鋬象牙杯最为精致。杯高42厘米,整器满饰花纹,主纹浮于地纹之上,自下而上分别饰有鸟、夔、兽面纹等形象以及三角形纹。榫孔置鋬,鋬上端雕成兽首形,下端为一立虎。同墓还出土一对大小、形制相同的夔鋬象牙杯。年代属殷墟二期。(岳洪彬)

【关帝庙遗址】 商代晚期遗址。位于河南省荥阳市豫龙镇关帝庙村西南。面积2万余平方米。2006年首次发掘。遗迹包括居住址、制陶作坊、祭祀场和墓地。年代相当于殷墟文化一至三期,以二期遗存为主。遗址以环状沟围绕,居住址集中在围沟内西北部,制陶作坊和居址没有明显的分界。围沟内南部是当时地势最高的区域,有较大型祭祀场。墓葬一部分集中于居住址南部、祭祀区的西部和祭祀区域内,另一部分集中于遗址东北部。关帝庙遗址是首次大面积揭露的商代晚期聚落。其居址区、墓葬区、祭祀区、手工业作坊址布局清晰,表明了聚落内部区域之间功能的差异。(唐际根)

【老牛坡遗址】 新石器时代至商代遗址。全国重点文物保护单位。位于陕西省西安市灞桥区燎原村北、西,地处灞河北岸白莽原南沿台地上。面积约 200 万平方米。1972 年曾出土一批商代铜器和陶器。此后还陆续出土一些商代青铜器和玉器。1985—1989 年、2010 年分别进行大规模发掘。遗址内涵主要为商代遗存,为关中地区商代的中心聚落。发现有大型建筑基址、房址、铸铜遗址、陶窑、墓葬、灰坑等遗迹,出土有铜器、玉器、陶器、石器、骨器、角器、蚌器、卜骨等遗物。显示其为区域中心的遗存有两处大型建筑基址、一处商人墓地和铸铜遗存。另有少量二里头时期的灰坑与小型墓葬。(宋江宁)

其他地区商代文化

【要庄遗址】 商代晚期至西周晚期遗址。全国重点文物保护单位。位于河北省满城县要庄乡要庄村。面积约 70 万平方米。1982—1984 年曾连续发掘,共发现房址 5 座、烧灶 10 余座、灰坑 140 个、灰沟 7 条、墓葬 8 座,以及水井和其他遗存。出土遗物近千件,主要为陶器,其次为石器、骨角器、蚌壳、动物骨骼等。陶器以灰陶为主,器物用轮制或轮模合制,陶器纹饰以粗绳纹为主,另有弦纹、堆纹等,陶器器形主要有鬲、鼎、罐、豆等。在遗址发现的墓葬皆为竖穴土坑墓,分布有序,墓葬有腰坑,有的埋有一狗,有的随葬铜觚、爵和少量玉器。从发掘器物来看,墓葬具有商代晚期特征,大部分属西周早期;而遗址、古井等遗存则从西周早期延续至西周晚期。(常怀颖)

【先周文化】 指武王克商以前周人的文化。它首先是一个来自文献记载的历史概念。考古学家通过考古发掘和研究,认为有一个与之对应的考古学文化。从考古学角度探索先周文化始自 1933 年。与先周文化相关的重要考古发现有沣西地区早期遗存、刘家墓地、礼村遗址墓葬、郑家坡遗址、岸底遗址、壹家堡遗址以及凤翔县西村墓地、宝鸡市纸坊头遗址和碾子坡遗址、扶风县北吕先周墓地等,相关的重要考古学文化有沣西-斗鸡台类遗存、晁峪-刘家类遗存、碾子坡类遗存、郑家坡类遗存。对于这几类文化遗存的性质,学术界有不同观点,或认为以长方体瘪裆鬲(或称联裆鬲、弧裆鬲)为代表的、极少见高领袋足鬲的郑家坡-北吕类遗存是姬周文化,以高领袋足鬲为代表的刘家墓地、碾子坡遗址属“姜戎文化”;或认为以斗鸡台瓦鬲墓初期为代表的文化遗存是先周文化,其早期代表性遗址是碾子坡早期居址和墓葬;或认为晁峪-刘家类遗存是姜戎文化,郑家坡类遗存是商文化京当类型裔续,碾子坡类遗存很可能是姬周文化。先周文化的内涵是变化的,早期位于泾水上游的碾子坡类文化受到周原以西宝鸡地区的晁峪-刘家文化和周原以东的商文化京当类型的影响;晚期先周文化的地域覆盖了以上三种文化的全部分布区,文化上吸收、容纳了以上几种文化,在关中西部形成一个文化面貌较为统一的文化分布区,即明确的先周文化,以丰镐遗址的先周晚期遗存为代表。(徐良高)

【碾子坡遗址】 商代晚期遗址。全国重点文物保护单位。位于陕西省长武县冉店乡碾子坡村。面积 50 万平方米。1959 年调查发现。1960—1979 年多次复查。1980—1986 年连续发掘 11 次,发掘面积 7 023 平方米。共发掘商代房址 21 座、陶窑 7 座、灰坑 177 个、灰沟 1 条、墓葬 232 座。出土遗物有铜器、石器、骨器等。商时期遗存可分为两期,约相当于殷墟二至四期。有学者认为属于先周文化,也有学者认为属于刘家类型或其分支。另有一定数量的仰韶文化遗存和少量西周、春秋、汉代和宋代遗存。(宋江宁)

【刘家类型】 关中西部地区商文化晚期的一种地方类型。因陕西省扶风县刘家墓地而得名。主要分布在甘肃省天水市以东、陕西省扶风县以西的渭水流域,以宝鸡一带最为密集。刘家类型的居址发掘很少,主要为墓葬。铜器稀少,发现少量随葬的铜管、铜铃、铜泡等。陶器以褐色为主,器形有分裆袋足鬲、单耳罐、双耳罐、腹耳罐、折肩罐等。墓葬形制有带竖穴墓道的偏洞室和竖穴土坑式两种,目前发现的以前者为主。葬式为仰身直肢葬。年代相当于

商代晚期。与碾子坡类型联系最为密切，与寺洼文化、郑家坡类型和商文化京当类型也有较为紧密的联系。（宋江宁）

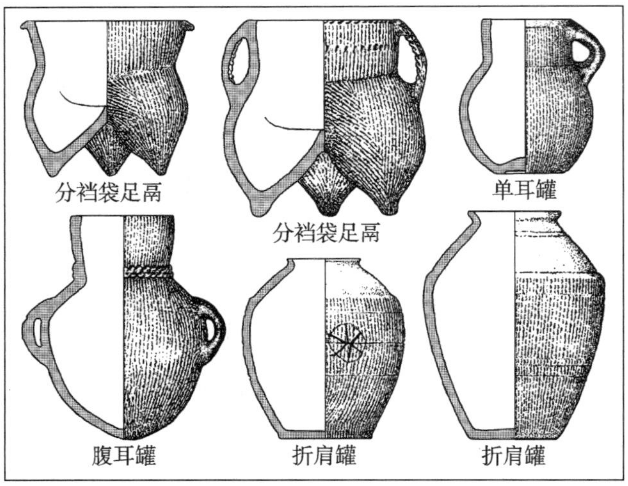

刘家类型陶器

【刘家墓地】 商代晚期、西周和战国墓地。位于陕西省扶风县法门镇刘家村。1981年发掘。共发掘商代墓葬20座、西周墓葬20座、战国墓葬12座。商代墓葬主要形制为偏洞式，仅有1座为竖穴土坑式，4座因破坏严重形制不详。葬具为木棺，未发现底和盖。有的墓室内壁还涂有一层白灰面。出土遗物有铜器、陶器。除1座墓葬外，其余墓葬的每件陶器都用一枚扁平的石块盖住口部。学者对墓地的分期有二期、三期、四期、五期、六期等多种意见，断代也从二里头晚期到西周初期各不相同。学者推测其为先周文化、刘家文化、刘家类型、刘家遗存或部分为寺洼文化、郑家坡类型等，至今尚无一致意见。（宋江宁）

【郑家坡类型】 关中西部地区的商文化晚期地方类型。因陕西省武功县郑家坡遗址而得名。早期主要分布在西安以西、周原以东的区域内，以渭河支流漆水河下游两岸地区分布最为密集。晚期广布于西安及以西的关中地区，向北已达甘肃省庆阳地区。铜器发现有少量鼎、甗、觚、戈、泡等。陶器以灰色和褐色为主，黑色和红色极少见，器形以联裆鬲、联裆甗、折肩罐、盆为主，另有豆、簋、尊、瓮等。房屋有地穴式、半地穴式和地面起建式三种，其中第一种较常见。墓葬形制为竖穴土坑墓，葬式为仰身直肢葬。年代相当于商代晚期，或可延续到西周时期。与商文化京当类型和西周文化有密切联系，与碾子坡类型、刘家类型、李家崖文化也有一定的联系。（宋江宁）

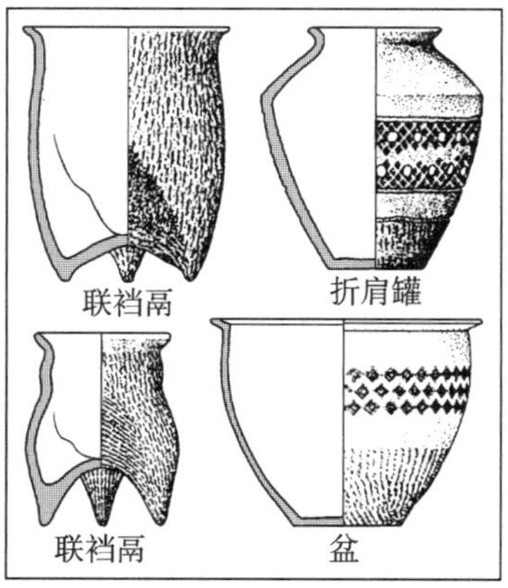

郑家坡类型陶器

【郑家坡遗址】 商代晚期遗址。全国重点文物保护单位。位于陕西省武功县武功镇郑家坡村，北抵桥东村，南到北庙村。面积150万平方米。1981—1983年、1987年和1997年进行过三次发掘。遗迹有壕沟、房址、窖穴、灰坑、陶窑、墓葬，出土遗物有铜器、陶器、石器、骨器等。学者对遗址的分期有一期、三期、四期、五期等多种意见，年代从二里头文化晚期到西周早期之间各不相同，性质为先周文化或先周文化的一部分，或为西周早期文化。（宋江宁）

【京当类型】 关中西部地区商文化中晚期的一种地方类型。也有学者将其命名为“北村类型”。因陕西省岐山县京当村出土的一批铜器而得名。主要分布在关中扶风县、岐山县一带，向东或可至耀县一带。铜器发现有礼器和兵器，器形为鼎、觚、爵、斝、鬲、戈等。陶器以灰色为主，褐色次之，黑色和红色较少见。器形以商文化和郑家坡类型因素为主，商文化器形有分裆鬲、甗、假腹豆、盆、罐、敛口瓮、尊等，郑家坡类型器形有联裆鬲、甗、折肩罐、盆、真腹豆等。墓葬为竖穴土坑墓。葬式为仰身直肢葬。年代相当于商代中期到晚期早段。与郑家坡类型关系密切，与碾子坡类型、刘家类型和李家崖文化也有一定的联系。（宋江宁）

【壹家堡遗址】 仰韶时代、龙山时代和商代晚期遗址。位于陕西省扶风县城关镇壹家堡村。面积约2.5万平方米。1986年进行小规模发掘，发掘面积约146平方米。主要为商代晚期遗存。共发掘商代圈栏1座、陶窑1座、灰坑11个、灰沟1段。出土遗物有陶器、石器、骨器等。遗存分为四期，约相当于中商三期至殷墟四期。第一期属商文化，相当于中商三期；第二至四期分属郑家坡类型和刘家类型。（宋江宁）

【晋陕高原青铜器】 分布于晋陕高原黄河两岸商代青铜器的总称。考古遗存的分布主要在晋陕高原的黄河两岸，如陕西省绥德县、吴堡县、清涧县、子洲县、子长县、延长县、延川县，山西省石楼县、永和县、吉县、保德县、柳林县、右玉县等地。铜器大多出自墓葬,少量出自窖藏。这些铜器兼有中原商文化风格与本土风格。商式的铜礼器有鼎、簋、爵、觚、斝、觥、瓿、罍、盘、卣、斗等;独具地方风格的器物有蛇首勺、羊首勺、马首刀、铃首剑、蛇首匕、管銎斧、双环首削、靴形器、蛙首笄及弓形器等;又有混合商器风格与地方特点的器物,如带铃豆、带铃觚、銎刀、銎戈、铎形器等。(严志斌)

【灵石商墓】 商代晚期墓葬。全国重点文物保护单位。位于山西省灵石县静升镇旌介村。1976年、1984—1985年发掘。共发现墓葬3座,均为长方形土坑竖穴墓,有棺有椁,有多棺合葬现象。使用腰坑和殉人。陶器组合主要是鬲或豆。随葬铜器多数呈典型中原商文化铜器风格,铭文表明是"丙"族遗存。2006年出版有《灵石旌介商墓》。(严志斌)

【石楼龙纹觥】 商代后期青铜器。1959年出土于山西省石楼县桃花庄。通高18.8厘米、身长44厘米、宽13.5厘米,重约4.3千克。器前端为龙首形,口部微张,上下两排锯齿。器身口沿两侧外附有两对贯耳。背上有一长方形盖,盖长33.5厘米、宽11.8厘米,盖前窄后宽,中部有一钮。器下有浅长方形矮圈足。盖面饰有逶迤的龙纹,与器前端的龙头相衔接,两侧衬以旋涡纹、云纹,钮面也饰圆涡纹。身两侧饰夔龙纹和鼍纹,圈足饰有目雷纹。觥的装饰纹饰巧于变化,纵横交错,构思考究(见彩版20"铜龙纹觥")。现藏山西博物院。(严志斌)

【李家崖文化】 北方地区青铜时代考古学文化。因陕西省清涧县李家崖城址的发现而得名。主要遗址尚有陕西省绥德县三十里铺、田庄,延川县神圪垯山、王家河,延长县前张罗,洛川县石泉,柳林县杨家坪,以及山西省离石市后赵、马茂庄、双务都等。陶器以灰陶为主,器形有鬲、甗、簋、盆、罐、豆、三足瓮等,纹饰以绳纹为主,有指甲纹、锯齿纹、鸡冠形附加

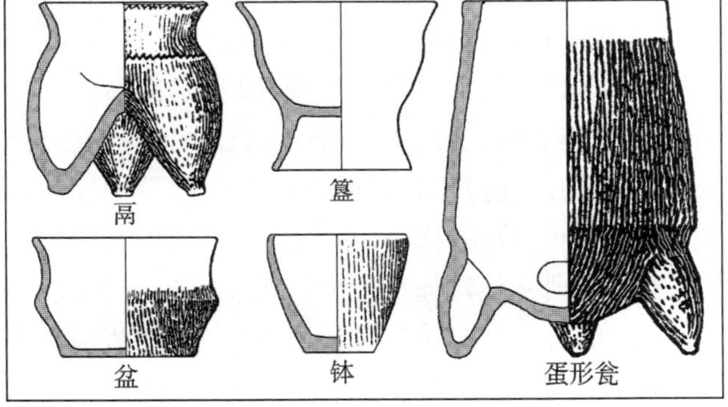

李家崖文化陶器

堆纹等。铜器中以当地风格武器为主,也有中原商文化风格铜器。这类青铜器学界又称之为"晋陕高原青铜器"。经济生活以农业和畜牧业为主。年代为公元前1300~前800年。李家崖文化内涵与中原文化有着明显的差异,属于北方地区青铜文化。(严志斌)

【李家崖城址】 商代晚期城址。全国重点文物保护单位。位于陕西省清涧县高杰村镇李家崖村。1983年、1986年两次发掘。城址平面呈不规则长方形,东西长495米,南北宽122~213米,面积约6.7万平方米。城垣修筑以堑山为主,少部分为土石相间的夯筑或内夯、外砌石。墙残高约3米,墙基宽约9米。城内发现房址8座,还有窖穴、石板围砌的瓮棺葬等。出土遗物有鬲、豆、钵、三足瓮、罐等陶器和石斧、石刀、石凿等石器,有蛇首匕、直援戈、铜镞、铜锥等铜器,以及骨锥、卜骨、石雕人像等。年代为公元前1300~前800年。(严志斌)

【刘家河商墓】 商代中期墓葬。位于北京市平谷区刘家河村。1977年发现并清理。共出土随葬品40余件。铜器有中原商文化风格的鼎、鬲、甗、爵、斝、卣、罍、瓿、盘、盉,还有铁刃铜钺、人面形饰、各式铜泡以及金器、玉器。其中铁刃铜钺的铁刃系由陨铁锻成,表明商人对铁已有一定程度的认识,并具备了锻铁技术。所出的金器,具有较强的地方色彩。该墓的发现对研究商文化的分布以及探索商文化与北方草原文化的关系有重要意义。(严志斌)

【寿光盐业遗址群】 商代晚期至两汉时期盐业遗址群。沿渤海南岸广泛分布于鲁北、胶东地区。以山东省寿光市双王城遗址为代表。20世纪50年代以来,该区域陆续发现与制盐相关的遗迹、遗物,特别是陶质盔形器更被认为是煮盐的专用器具。21世纪以来,大面积的专门盐业考古调查和寿光市双王城遗址、阳信县李屋遗址、广饶县南河崖GN1遗址的发掘,基本搞清了制盐的工艺流程。从已辨认出的卤水井、卤水沟、沉淀池、蒸发池、储卤坑、大型盐灶、灶棚等各类遗迹及大量盔形器分析,先民利用特殊的地理优势,开沟获取卤水、摊灰刮卤、坑中淋卤,最后用盔形器煎卤成盐。据初步判断,寿光盐业遗址群最晚自商代晚期开始,持续到东周甚至两汉时期。有学者认为,晚商时期大规模东征与掠夺该地区的海盐有关。两周时期的齐国更是因其制盐而富甲一方。寿光盐业遗址群的调查、发掘与研究,极

大地推动了中国盐业考古的进展，与巴蜀地区制盐研究一起，催生了中国盐业考古这一新的考古学分支。（何毓灵）

【珍珠门文化】 青铜时代考古学文化。因山东省长岛县珍珠门遗址而得名。主要分布于胶东半岛中部以东地区，今山东省大部分地区及苏北也有分布。迄今发现有灰坑和墓葬等遗迹，以及陶器、少量石器、骨器等遗物。灰坑多为圆形直壁平底，有面积较大者可能作为临时性住房。墓葬较少，为长方形土坑竖穴单人墓。陶器可分为两类：一类是继承自岳石文化并构成珍珠门文化主体的夹砂素面褐陶系，器形主要有鬲、甗、鼎、盆、罐、簋、瓮、碗、杯和器盖等；另一类是商文化因素的泥质灰陶系，但数量极少，器形有鬲、簋、盆、罐、豆等。夹砂陶以泛红、灰或黑的褐色为主，火候不均，颜色斑驳，器表以素面为主，多有篦状刮抹纹，另有按窝纹、指甲纹，个别乳钉纹、附加堆纹，流行卷沿、圈足作风。该文化可暂分为胶东半岛地区的珍珠门类型和分布在潍淤流域、胶莱平原的会泉庄类型两个类型。年代介于岳石文化和当地周代文化之间，可分为五期，前三期与殷墟文化第二至四期相当，后两期相当于西周早中期。（赵海涛）

【湖熟文化】 长江下游地区新石器时代晚期至青铜时代考古学文化。因1951年首先发现于江苏省南京市江宁区湖熟镇而得名。主要分布于皖南、南京、镇江及太湖流域的宁镇山脉地区。遗址多位于河湖沿岸的土墩山丘上（亦称"台型遗址"）。代表性遗址有湖熟镇内的梁台、船墩、神墩、老鼠墩、前岗等。文化层一般可分为上下两层，代表连续发展的早晚两个时期。遗迹有房址、陶窑等。房屋的地面经拍打平整，再用火烧烤，表面光滑。生产工具主要是石器，器形有斧、锛、刀、镰等。农业生产工具数量较多，表明农业在当时的生产中已占主要地位。石镞和网坠的数量也较多，说明渔猎仍占相当重要的地位。生活用陶器多为夹砂粗陶，并有泥质黑皮磨光陶、几何印纹陶和原始瓷器等。几何印纹硬陶一般都出自遗址上层，下层多几何印纹软陶。陶器的主要器形有鬲，也有带角状把手的鬲、鼎，是具有地域性特点的器形。泥质磨光陶中有与青铜器式样相似的瓿、盆、罐、钵、豆等。发现有刀、斧、镞、鱼钩等小件青铜器和铜矿石、炼铜用的陶钵、炼渣等，表明当地居民已经掌握了青铜的冶铸技术。遗址中还发现有卜甲和卜骨。湖熟文化和中原地区商周文化在陶器等文化特征上有颇多相似之处，因此，其很可能是商末周初时期受中原文化影响的一种土著文化。但也有人认为湖熟文化实质上就是这个地区的西周文化。（陈国梁）

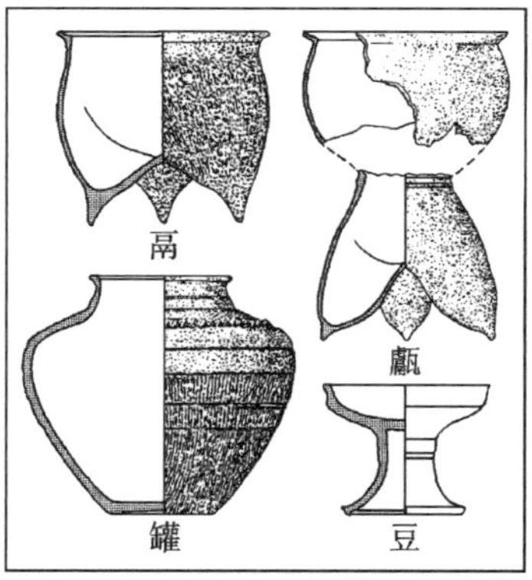

湖熟文化陶器

【佘城遗址】 商周时期城址。全国重点文物保护单位。位于江苏省江阴市云亭街道佘城村。城址大致呈圆角长方形，南北最长近800米、东西最宽近500米，面积约30万平方米。1998年、2000年进行过两次发掘。城墙直接在生土上堆筑，采取了干湿土混用的堆筑方法，最高达5米，宽约20米。城墙外有护城河环绕。在城内发现有大型建筑基址。城址年代相当于湖熟文化时期，约为商代早期至西周初年。（唐锦琼）

周　代

地域文化

【楚文化】 古代楚人创造的具有自身特征的文化遗存，是两周时期分布于江、汉、淮水流域的一种考古学文化。据文献记载，商代已有荆楚，西周时期为周的诸侯国。宋代在今湖北省武汉市太平湖与宜都市山中就出土过"楚公逆镈"和"楚王孙钟"等楚器。西周中期以前的楚文化还处于考古学的探索中，如楚初所在的丹阳地望，有当涂说、枝江说、秭归说、淅川说、商县说等。通过考古发现和研究，现在学术界的主要观点集中在枝江说（即沮漳说）和商州、丹淅之会说两种。通过已知的西周晚期至春秋中期以前楚文化的面貌分析，陶器组合的主流是鬲、盂、罐、豆等，与典型周文化特征相似。但也包含地方特征，如小口鬲、细长柄豆等。至春秋中期前后，以楚国为中心的楚文化体系已经形成。进入战国以后，楚国继续向外扩张，不仅拥有荆楚地区，而且覆盖中原、吴越、东夷、南越和巴黔的许多地区。楚文化代表性遗存有湖北省纪南城、望山楚墓,湖南省长沙楚墓,河南省信阳楚墓,安徽省寿春城址等。(徐良高)

【吴越文化】 东周时期吴国和越国创造的具有自身文化特征的考古学文化。主要分布于长江下游的江浙地区。吴越文化在特定的时间和地点是"族"文化的概念,大致在江苏地区称为"吴文化",在浙江地区称为"越文化"。器物以撇足鼎、扁体簋以及印纹硬陶、原始瓷为典型特征。墓葬以土墩墓和石室土墩墓为特色。由于接受了中原礼乐文化的影响,也以礼器和乐器作为身份、地位的象征。自身特征表现在青瓷质地的礼乐器极多,乐器中除了中原文化常见的甬钟、钮钟、镈钟、编磬外,还流行勾鑃、錞于。典型遗存有浙江省印山越王墓,江苏省南京市程桥东周墓和无锡市鸿山越国贵族墓以及丹阳市大夫墩墓、北山顶墓、青龙山墓葬等。(徐良高)

【吴文化】 见"吴越文化"。

【越文化】 见"吴越文化"。

城邑与长城

【丰镐遗址】 西周时期中心性遗址。全国重点文物保护单位。位于陕西省西安市西南郊沣河中游两岸。据文献记载,文王迁都于丰,武王将都城扩大到沣河以东的镐京。丰镐遗址的考古发掘始于1933年。根据考古发现,沣西地区的客省庄、马王村、张家坡、大原村、冯村、新旺村之间方圆约8.5平方千米的范围内是西周遗存分布最密集的地区,一般认为即丰京的大致范围。沣河以东,北及洛水村,南抵斗门镇,东至昆明池故址,西达沣河东岸,方圆约9平方千米,西周遗存分布密集,一般认为即镐京的大致范围。丰镐遗址的周人遗存可分为六期,从先周晚期至西周晚期。迄今发现的主要遗存有分布于客省庄西南、马王村北一带的大型建筑基址,分布于客省庄南与张家坡东一带的铸铜作坊遗址,分布于张家坡村东、冯村东北、曹寨西北和新旺村西南一带的制骨作坊遗址,以及在客省庄西、马王村北、张家坡村东、大原村南、新旺村东西等地的陶窑址。沣西地区墓葬最集中的地区位于张家坡村至大原村间的一片高地上,其中重要发现是井叔家族墓地。镐京遗址的夯土建筑基址集中于上泉村北、洛水村北和花园村北至普渡村西一带,发现有夯土基址多处及大量西周瓦片等建筑材料。洛水村一带、花园村北、白家庄北、斗门镇及上泉村为西周居址分布区,墓葬区集中于花园村、普渡村一带,重要墓葬如长由墓,出土了一批穆王时期青铜器的标准器。丰镐遗址内曾出土多处青铜器窖藏,在沣西主要集中于马王村一带和新旺村周围;在镐京内,斗门镇东南曾发现铜器窖藏。(徐良高)

【周原遗址】 先周至西周时期中心性聚落遗址。全国重点文物保护单位。位于陕西省扶风与岐山两县交界处,包括扶风县法门镇、黄堆乡和岐山县京当乡所辖地区。据文献记载,周人定居于周原自古公亶父起,至西周末年,岐邑被废弃。据《汉书·郊祀志》记载,早在公元前58年的西汉宣帝时,当时的美阳(今周原)已出土铜鼎。迄今研究所知,先周文化遗存北至凤雏、京当以南一线,南至台地嘴子,东至王家沟东侧的贺家、礼村一带,西至双庵沟边,南北长约2 500米,东西最宽处约1 500米。发现的先周文化遗迹主要有灰坑、陶窑和墓葬。西周遗存东至许家村,南至纸白村,西至岐阳、宫里村,北至岐山山前地带,东西约8千米,南北约5千米,总面积约40平方千米。在这一范围内,凤雏、云塘、庄白、齐家、董家村南、朱家村北、齐镇村东、召陈村一带分布有西周高等级建筑基址,齐镇村和李村附近分布有西周铸铜作坊,云塘村西南分布有大型制骨作坊遗址,齐家村北约500米处分布有制玉石器作坊,任家村、流龙嘴等处有西周陶窑的分布。西周时期墓葬在周原遗址范围内广为分布,已发掘的主要墓地分别在齐家村东、北,云塘村西南,庄白村周围,贺家村一带,以及礼村、双庵、衙里、黄堆村等地,年代包括西周早、中、晚期。其中黄堆村一带是较大型墓葬的分布区。凤雏甲组建筑基址、齐家村一带先后出土数批甲骨文字,是西周时期重要考古发现。大量青铜器窖藏的存在是周原遗址的突出现象,自北部黄堆、朱家、董家到南部的刘家、齐家,从西侧的京当到东面的召李、齐村等均有西周青铜器出土。重要窖藏有庄白微史家族铜器、董家村裘卫四器、齐村厉王㝬簋以及任家、康家出土的克器、梁其器、函皇父器等。学术界一般认为,周原遗址是先周至西周时期周政权的政治中心之一。(徐良高)

【凤雏甲组建筑基址】 西周时期高等级建筑遗址。位于陕西省岐山县周原遗址内凤雏村西南。建筑基址南北长45.5米,东西宽32.5米,面积1 479

平方米。坐北朝南,北偏西 10 度。整座建筑由庭、堂、室、塾、厢房、回廊组成,属高台建筑。由南向北:影壁位于正中门道之南 4 米处,东西长 4 米,厚 1.2 米,残高 0.2 米。门塾正中为门道,南北长 6 米,东西宽 2.8 米。门道两侧有东西塾,彼此对称。其中,东塾台基东西长 8 米、南北宽 6 米。中庭东西长 18.5 米、南北宽 12 米,计有 222 平方米。中庭北边与殿堂交接处各设三个台阶。殿堂是甲组基址的主体建筑,面阔 6 间计 17.5 米,进深 6 米。前堂横廊北面为后庭,被过廊从中分成东、西两个小庭,面积各约 63 平方米。后室为东西排列,面阔 5 间计 23 米,进深 3.1 米。室前带有回廊,长 20.5 米,宽 1.6 米。门塾、庭院、殿堂、后室的两侧为东西厢房,左右对称。每侧厢房各有 8 室,其中西厢的二号房间基址内的两座窖穴,出土了大批周初甲骨。学术界认为凤雏甲组建筑基址可能是西周时期高等级贵族的宫殿或宗庙。(徐良高)

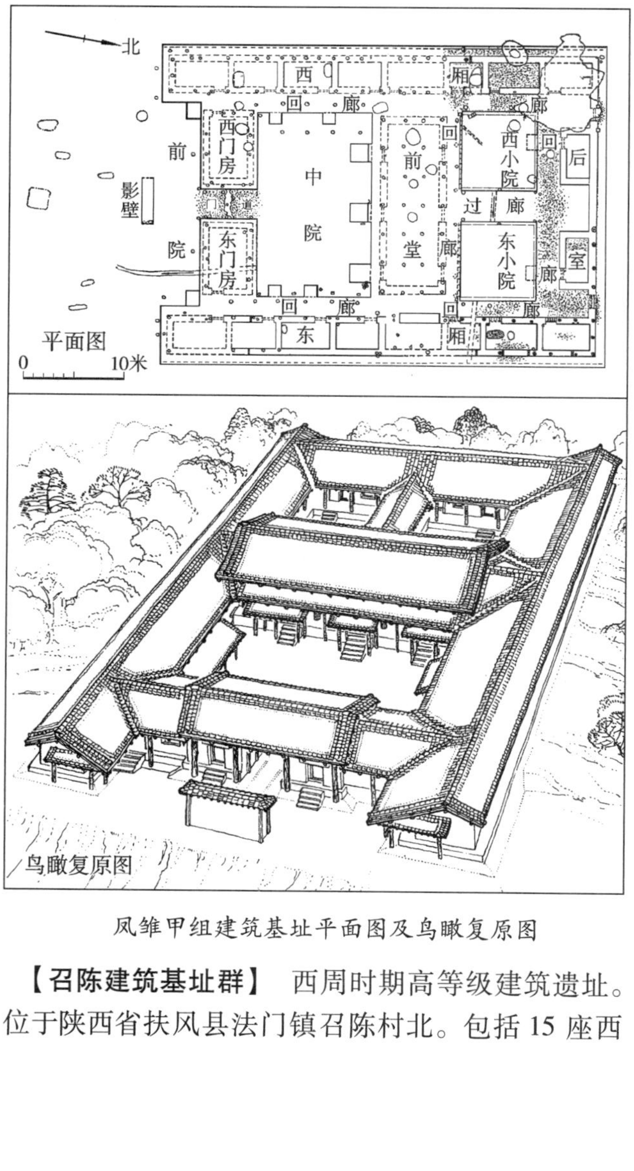

凤雏甲组建筑基址平面图及鸟瞰复原图

【召陈建筑基址群】 西周时期高等级建筑遗址。位于陕西省扶风县法门镇召陈村北。包括 15 座西周大型建筑基址,其中下层房基 2 处,上层房基 13 座。下层房基中,F7 号房基有东西 5 排柱础,间距 4～4.5米,南北残存 5 排柱础,间距 3.7～4 米。F9 房基位于 F7 房基南 70 米,房基上南北 4 排柱础,东西 4 排柱础。台基南北宽 9.8 米、东西长 16.5 米,散水用小卵石铺砌而成。上层建筑基址 13 座,保存较好的房基 3 座,即 F3、F5 和 F8。F3 基址位于 F5 的东北,东西长 24 米,南北宽 15 米,略呈“工”字形。台基东西共 7 排柱础坑,可分为 6 间,面阔 22 米。南北 5 间,进深 13.5 米。F5 夯土台基东西长 32 米,南北残存宽 7.5 米。根据柱础复原可知,东西面阔 8 间计 28 米,进深 9 米。F8 位于 F5 正北 16 米处,台基东西长 22.5 米,南北宽 10.4 米。保存最高的台基面为 76 厘米,散水宽 50～55 厘米。室内柱础东西 8 排、南北 4 排,总面阔约 21 米。上述建筑台基的四周设卵石散水,可作为屋顶四注排水的证明。台基周围散布大量板瓦、筒瓦碎片,证明屋顶大量用瓦。学术界一般认为本组建筑性质属西周时期高等级贵族的宫殿。(徐良高)

【云塘-齐镇建筑基址群】 西周时期高等级建筑遗址。位于陕西省周原遗址内的云塘村南和齐镇村西北。整组建筑群包括夯土建筑基址 8 座。F1 平面呈“凹”字形,面南,方向 8 度,东西总长 22 米。基表共有础坑 37 个,其中中间四柱坑之间形成一宽阔的庭堂,处于台基正中南半。台基东、西、北三边的两圈柱础两两相对,构成一圈围绕中间庭堂的房间。台基四周共有台阶 5 处,其中东西北三侧各一处,南边内凹部分 2 处。夯基四周铺有卵石散水,宽 60 厘米。石子路整体为口朝北的“U”字形,北端与两南门相接,全长 13.1 米,南端紧贴 F8(门塾)北侧。F2、F3 位于 F1 的西南侧和东南侧,平面呈南北向长方形,东边长 11.6 米,北边长 8.5 米。台基上共发现 11 个柱础坑,基本上为南北向三排、东西向三排的柱网分布。F8 北距 F1 台基南缘 14.1 米,与 F1 在一条中轴线上,为一东西向略偏北的长方形台基。台基长 12.84 米,宽 6.7 米,其上发现有 9 个柱础坑,推测至少有一排面阔 3 间的房子。围墙联结 F8,将 F1、F2、F3 包围在内,构成一组“凸”字形结构的对称布局建筑群。其中 F1 为主体建筑,居中;F2、F3 为附属建筑,居于其东南、西南两侧;F8 则成为一门塾建筑,中间有一东西长 25.2 米、南北宽 14.1 米的庭院,“U”字形石子路居中。在此组建筑的北侧围墙上有由筒瓦和板瓦扣合组成的排水管道。F5 位于 F2 西侧，台基为南北向，长 16.16 米，北端宽 10 米，南端宽 8.12 米。在台基西边缘和南边缘中间部位有台阶迹象。台基上共发现 19 个柱础，可分为内外两圈。F4 位于 F1 东 52.4 米处，包括 F7、门塾台基等，布局和结构与 F1 相似，但在开间上多一间。F1、F2、F3、F4、F5、F6、F7、F8 等建筑的使用年代均在西周晚期。学术界认为 F1 及 F4 两组基址属西周晚期宗庙性质建筑。（徐良高）

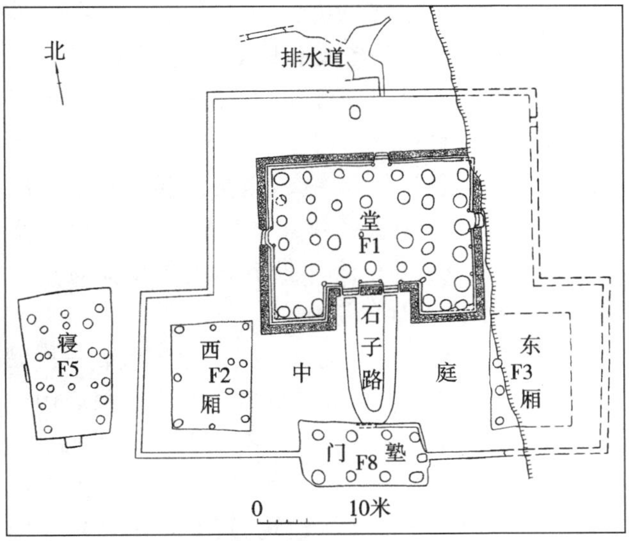

云塘-齐镇西周建筑基址群平面图

【周公庙遗址】 仰韶文化、龙山文化、先周和西周时期遗址。位于陕西省岐山县凤凰山南麓周公庙。以西周遗址和大型墓葬最为重要。2003 年发现。2004 年以来多次发掘。西周居址发现于周公庙的东、南、西面缓坡台地上，发现数十处夯土基址和空心砖等建筑遗物。出土卜甲 700 余片，其中有刻辞者 90 余片，字数最多的一片有 30 字。内容涉及记时、记事和军事等方面。其中人名中数见“周公”，地名有“周”、“新邑”、“唐”、“先”、“薄姑”等。遗址东北部发现有铸铜遗址，是继洛阳北窑、周原李家遗址之后、第三处经过正式发掘的西周铸铜作坊遗址。遗址区还发现有制陶和石器作坊。商周时期的墓地有 6 处，发现墓葬近千座。西周大型墓地位于凤凰山南麓的陵坡，在已探明的 37 座墓葬中，有四条墓道者 10 座，是迄今已发现的西周时期等级最高的墓葬；其他还有带三条、两条和一条墓道的大型墓各 4 座。在陵坡墓地的东、西、北三面，发现长达 1 500米的夯土墙环绕于墓地外围。周公庙遗址的性质，学术界普遍认为可能是周公的封邑。（牛世山）

【洛阳北窑西周遗址】 西周时期铸铜遗址和墓地。位于河南省洛阳市瀍河回族区北窑村西南。面积约 14 万平方米。洛阳市文物工作队进行过多次发掘，清理出一批房址、窖穴（灰坑）、墓葬和祭祀坑。出土铜器、陶器、石器、铅器、骨器、角器、蚌器、玉石器、陶范和熔炉残块等遗物。年代大约始于西周初年，毁于穆王、恭王时期以后。其中，北窑铸铜遗址范围大、出土遗物丰富，是西周前期重要的青铜器铸造作坊遗存，为研究西周前期青铜铸造工艺提供了十分珍贵的实物资料。北窑西周墓地埋葬人员庞杂，随葬器物分层埋葬，大量兵器和车马器被毁坏，与其他地区西周贵族墓地有明显不同。（徐良高）

【赵家台遗址】 新石器时代、先周和西周文化遗址。全国重点文物保护单位。位于陕西省岐山县蒲村镇赵家台村。1988 年出土有西周时期的空心砖和条砖等高等级建筑材料。1989 年试掘，发现陶窑、灰坑等遗迹，陶窑中也出土条砖和陶器。遗址出土有铜刀和石刀，陶器有鬲、簋、盆、罐等。2007 年发现西周墓葬，已发掘 13 座，等级最高的有带墓道的“甲”字形、“中”字形大墓，此外还有小型土坑竖穴墓。一座中字形墓有双墓道，早期被盗，墓道两侧放置 10 余个车轮。一座墓的棺椁间放置有上百件青铜器。（牛世山）

【茹家庄遗址】 西周时期遗址。全国重点文物保护单位。位于陕西省宝鸡市渭滨区神农镇茹家庄村南清江河东岸阶地上。面积约 10 万平方米。1974—1975 年清理西周中期墓葬 2 座，其中 1 号墓墓主为弜伯，2 号墓墓主为弜伯夫人井姬。1988 年发现一座铜器窖藏，出土鱼尊、刖刑奴隶守门鼎等一批铜器。弜伯夫妇墓葬皆为带一条墓道的竖穴土坑墓，两者东西并列，有随葬的车马坑。弜伯墓殉葬 7 人，井姬墓殉葬 2 人。两墓随葬青铜礼器、兵器、工具、车马器、玉石类饰品、原始瓷器、陶器等遗物 1 500余件。其中弜伯墓铜器中发现 8 件带“弜伯自作用器”铭文者，井姬墓有多件带“弜伯作井姬用器”铭文者，可证两者的关系。弜伯夫妇墓中的文化因素可分为中原地区、甘青地区和巴蜀地区三个来源，反映了不同地区社会和文化之间的交流。（宋江宁）

【琉璃河遗址】 西周燕国都城遗址。全国重点文物保护单位。位于北京市房山区琉璃河镇董家林村、黄土坡村一带。总面积 5.25 平方千米。系北京市最早的都城遗址。始建于西周早期。董家林村城址,北、东、西城墙尚存地下墙体,北城墙全长约829米,东、西城墙仅存北半段,各长约300米。黄土坡村一带西周墓地分为Ⅰ(西)区、Ⅱ(东)区,几百座西周墓有大、中、小三类,分为早、中、晚三期,两区文化因素有别。出土大批铜、漆、陶、玉、石、骨、角、牙、蚌等器,漆器种类多,还有蚌泡、蚌片等精美装饰,一些青铜器上有“匽侯”铭文。陪葬车马见于大、中型墓。1193号燕侯墓出土的青铜罍、盉铭文内容涉及燕国始封问题,意义重大。灰坑曾出土刻有“成周”字样的西周有字卜甲。1995年出版有《琉璃河西周燕国墓地1973—1977》。(印群)

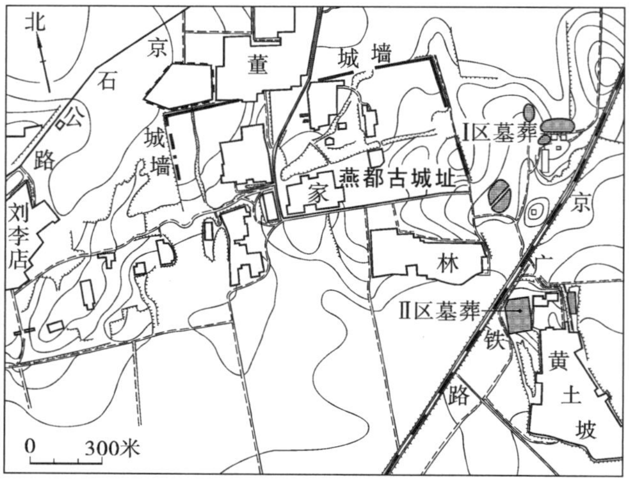

琉璃河遗址平面图

【天马-曲村遗址】 周代晋国都城遗址。全国重点文物保护单位。位于山西省曲沃县曲村、北赵、毛张和翼城县天马村之间。面积10平方千米。1962年发现。1979年以来经十余次勘探和发掘,发掘面积2万平方米。以西周至春秋中期的晋国遗存最为丰富。发现西周和春秋时期的房址、水井、陶窑、灰坑、晋侯墓和中小型墓葬等。其中发掘9组(共19座)晋侯及其夫人墓以及车马坑、陪葬墓、祭祀坑等;清理其他中小型墓600余座。出土青铜器、玉器以及陶器、石器、骨器等文物万余件。另有仰韶文化、龙山文化、夏、秦汉至宋元时期遗存。天马-曲村遗址的发现和研究是20世纪周代考古的最重要成果之一,为确认西周时期晋国的始封地、研究晋文化和晋国史提供了重要的实物资料。2000年出版有《天马-曲村》。(牛世山)

【陈庄-唐口遗址】 西周时期齐国城址。全国重点文物保护单位。位于山东省高青县陈庄和唐口村之间的小清河北岸。总面积约9万平方米。山东省文物考古研究所进行了大规模的考古勘探和发掘。迄今已发掘面积近9 000平方米,发现西周早中期城址、壕沟、房基、灰坑、窖穴、道路、水井、陶窑等生活遗迹和西周贵族墓葬、祭坛、马坑、车马坑等重要遗迹和大量陶器及骨器、铜器、玉器等珍贵遗物。城址近方形,城内东西、南北各180余米。城内中部偏南的夯土台基,南北残存34.5米,东西残宽19米。中心部位近圆台形,直径5.5~6米,残存高度0.7~0.8米,圆台的外围有多层水平状的夯土堆积向外延伸。根据夯土台基形制和所处位置判断,台基可能与祭祀有关,为研究周代的祭祀礼仪提供了宝贵的资料。发掘的9座西周墓葬位于城内东南部,其中出土的六件铜器上有铭文,铭文内容与早期齐国有直接的关系,尤其是铭文中的“齐公”字样为金文资料中首次发现,对研究早期齐国的历史具有重要价值。(徐良高 付仲杨)

【毛家咀遗址】 西周时期遗址。全国重点文物保护单位。位于湖北省蕲春县株林镇毛家咀村。1957年冬发现木构建筑遗迹。1958年发掘。遗址面积2万~3万平方米,建筑遗迹的范围在5 000平方米以上。在两处地点发现木构建筑,其中一处为L形排列的3座相连房间,2间保存较好,均长8米,宽4.7米。残留木柱109根(直径多为20厘米),周围有排列整齐的木板墙(板宽20~30厘米、厚2~3厘米),西北、东面的木构遗迹系一组干栏式建筑群。发现遗物有陶器、铜礼器、漆杯、木瓢、卜骨、卜甲,以及成堆的稻谷遗存。(牛世山)

【晋都新田遗址】 东周时期晋国都城遗址。全国重点文物保护单位。位于山西省侯马市西北,汾河、浍河交汇处。晋景公十五年(公元前585年)迁都于新田,公元前376年韩赵魏三家分晋后,晋桓公二十年(前369年),晋君迁离新田。1952年考古发现此遗址。新田遗址没有一座大型的城址,而是由白店、台神、牛村、平望、呈王、马庄等8座大小古城址组成。其中,白店古城的年代较早,呈长方形,南北长1 000余米,东西稍窄,上面叠压台神、牛村古城。牛村古城址南北长约1 340~1 740米,东西宽约1 100~1 400米,兴建于公元前6世纪下半叶,废弃于公元前5世纪下半叶。平望古城位于台神、牛村古城北部,三者相互连接,呈“品”字形。平望古城呈长方形,南城墙长600余米,东城墙长约1 200米。在牛村古城以东约1 000米处发现有呈王、马庄两城址。呈王古城总面积约30万平方米。其修筑和使用时间约为公元前500～前400年间。马庄古城的规模与呈王古城大致相当。在侯马晋都遗址东北部的北坞村也发现两座古城址。两城东西并列，中间为一条大路。西城近方形，边长约300米，城内探出建筑遗迹12处，总面积约1万平方米。东城呈长方形，东西宽约530米，南北长约580米，城内探出建筑遗址17处，总面积约2万平方米。其修筑和使用时间，西城大致与侯马晋都遗址年代相当；东城较晚，大致相当于侯马晋都遗址年代的中晚期。这类小城的主人可能属于拥有相当权势的卿大夫一类人物的居邑。牛村古城内北部中央有大型夯土台基，现高6.5米，为每边长52.5米的正方形。平望古城内中部偏西有一大型夯土基址，自底至顶可分为三级。呈王古城以东约1.2千米处发现有呈王路建筑遗址群，发现夯土建筑基址78处，其始建年代约为公元前550年，废弃年代约为公元前480年。在26号地点内发现祭祀坑130座，属晚于建筑基址使用时期的遗迹。牛村古城南约250米处发现一处祭祀建筑遗址，由主体建筑和环绕于东、北、西三面的"垣墙"基址组成。基址总面积1 482平方米。基址南部发现祭祀坑59座，属于建筑基址使用时期的遗迹。在侯马秦村以西发现盟誓遗址。在牛村古城南郊发现并发掘了东周时期的铸铜、制骨、制陶、制石圭等多处手工业作坊遗址。墓葬分布区在浍河南岸的上马、汾水附近的柳泉和平望等地。（徐良高）

晋都新田遗址平面图

【洛阳东周王城】 东周时期周王室所居都城遗址。全国重点文物保护单位。位于河南省洛阳市市区。遗址西有涧河，南有洛河，涧河穿越城西部。北垣全长2 890米，西垣长约3 200米，南垣残长约1 000米，城墙宽度为5～15米。城墙大约建于春秋中叶以前，从战国时代至秦汉之际曾叠加修补。东周王城的宫殿建筑主要分布于城址偏南或中部，经钻探发现了两组面积较大的夯土建筑基址，北组建筑的四周有夯土围墙环绕，平面呈长方形，东西长约344米，南北宽约182米。在夯土基址东部探出一条南北向大道，已知长度为900余米，宽约20米。城址西北部有大面积窑场，包括多座战国陶窑并发现制陶工具及陶器废品，窑场的东南为骨器加工场，再向南是制造石质装饰品的石料场。城址内南城垣附近有大面积的粮仓遗址，南北长约400米，东西宽约300米，已发现战国时期粮仓74座。在城内中心偏西处有冶铁作坊遗址。在城中部、东北隅、涧水西岸等地分布有东周墓葬，如中州路东周墓葬。此外，重要的墓葬区当推洛阳王城东北约10千米处汉魏洛阳城北部偏西的金村墓地，可能是周王及附葬的臣属墓。（徐良高）

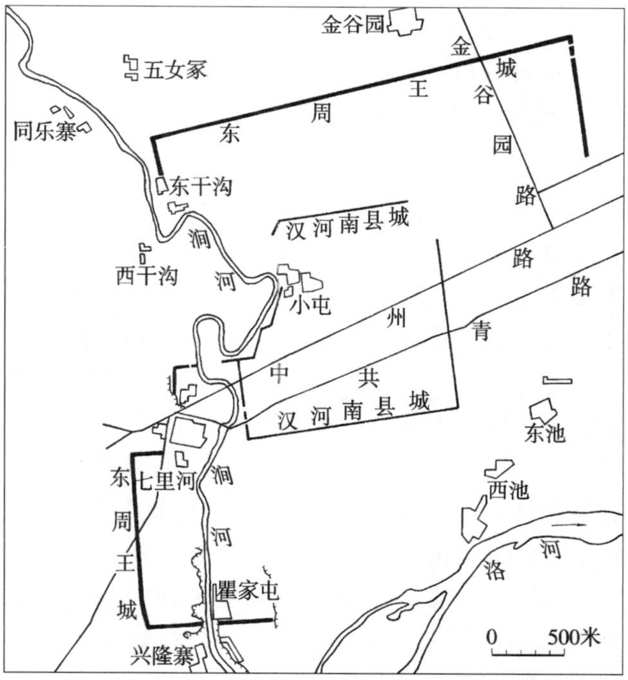

洛阳东周王城平面图

【曲阜鲁故城】 西周至东周时期鲁国都城遗址。全国重点文物保护单位。位于山东省曲阜市市区。鲁城自伯禽建城以来，经春秋战国，至鲁顷公二十四

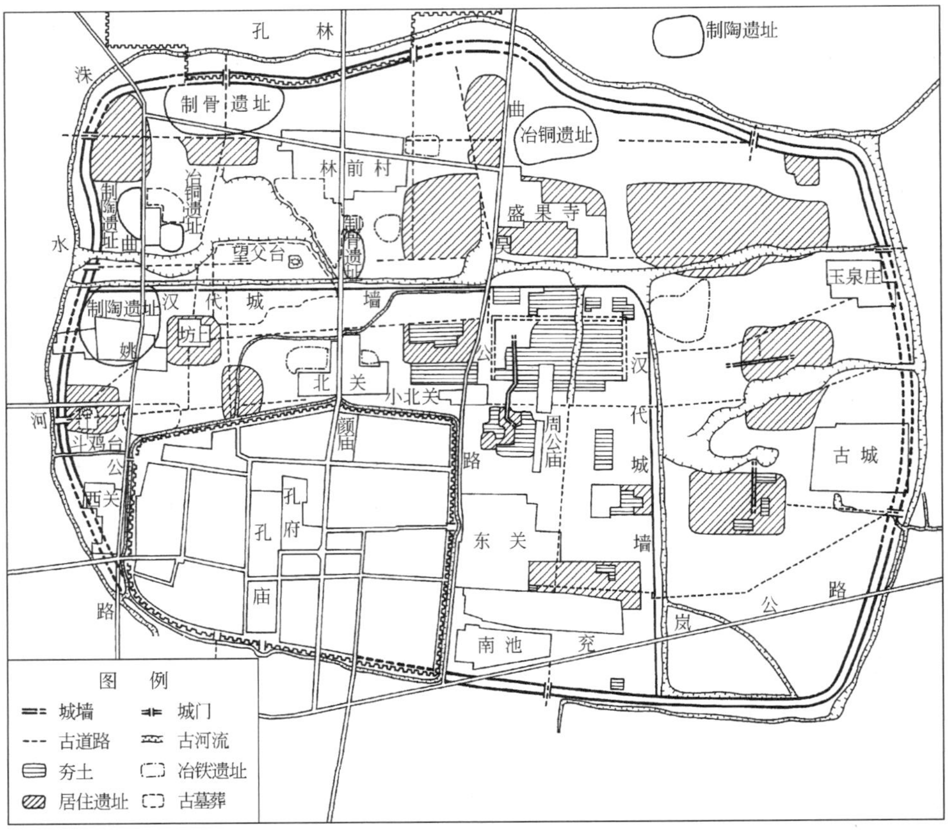

曲阜鲁故城平面示意图

年(公元前256年)楚灭鲁,鲁国以曲阜为都前后达700余年。故城平面呈横长方形,城垣四角呈圆角。城垣总周长11 771米,其中东垣长2 531米、南垣长3 250米、西垣长2 430米、北垣长3 560米。墙基宽30～50米不等。城垣上发现城门11座,其中东、西、北三面各3座,南面2座,各城门有古道路贯通。绝大部分门道宽约10米。在鲁城中部和中南部东西宽近1千米、南北长约2千米的范围内,集中了许多大型夯土建筑基址,其中又以周公庙高地上的建筑遗迹最为密集。在其西北、北和东部边沿,发现了断断续续的似夯土墙的遗迹,宽约2.5米,可能是宫城的围墙。城内发现冶铁、铸铜、制骨和制陶等手工业作坊遗址10处,东北城外发现张羊制陶作坊遗址一处。比较重要的居址有11处,分布在东、西、北三面,一般靠近城门和古道路。城内发现“望父台”墓地、药圃墓地、县城西北角墓地、斗鸡台墓地等四处,年代自西周初年至春秋战国时期,包括大中小型墓葬,这些墓葬又可分为属当地原居民的甲组墓和属于周人的乙组墓。(徐良高)

【临淄齐国故城】 西周至东周时期齐国都城遗址。全国重点文物保护单位。位于山东省淄博市临淄区齐都镇。西周时齐献公攻杀胡公,将齐都从薄姑迁至临淄(约公元前859年),至齐王建四十四年(公元前221年)秦灭齐,齐都一直在临淄,中间虽经田齐代姜齐(公元前386年,齐康王十九年)的政权更替,但临淄作为都城未有改变。临淄故城包括大城和小城两部分,小城在大城的西南部,其东北部伸进大城的西南隅。小城比大城晚,建于战国时期,可能是田齐修建的宫城。大城周长14 158米,其中西墙2 812米、北墙3 316米、东墙5 209米、南墙2 821米。大城已探出城门6座,其中东西垣各1座、南北垣各2座。小城周长约7 275米,其中东墙2 195米、南墙1 402米、西墙2 274米、北墙1 404米。小城已探出城门5座,其中东、西、北门各一座,南门2座。城内发现道路10条,其中大城7条,小城3条。城内已知有排水系统3条,其中2条在大城,1条在小城。宫殿建筑基址主要见于小城内,小城的北部偏西有一座夯土台——桓公台,台高14米,呈椭圆形,南北长86米。桓公台周围有许多夯土基址,应是以桓公台为主体建筑的大片建筑群。城内发现冶铁遗址4处、炼铜遗址2处。大城的东北部河崖头村一带、北部傅家庙村和阚家寨村之间和南部的刘家寨一带是

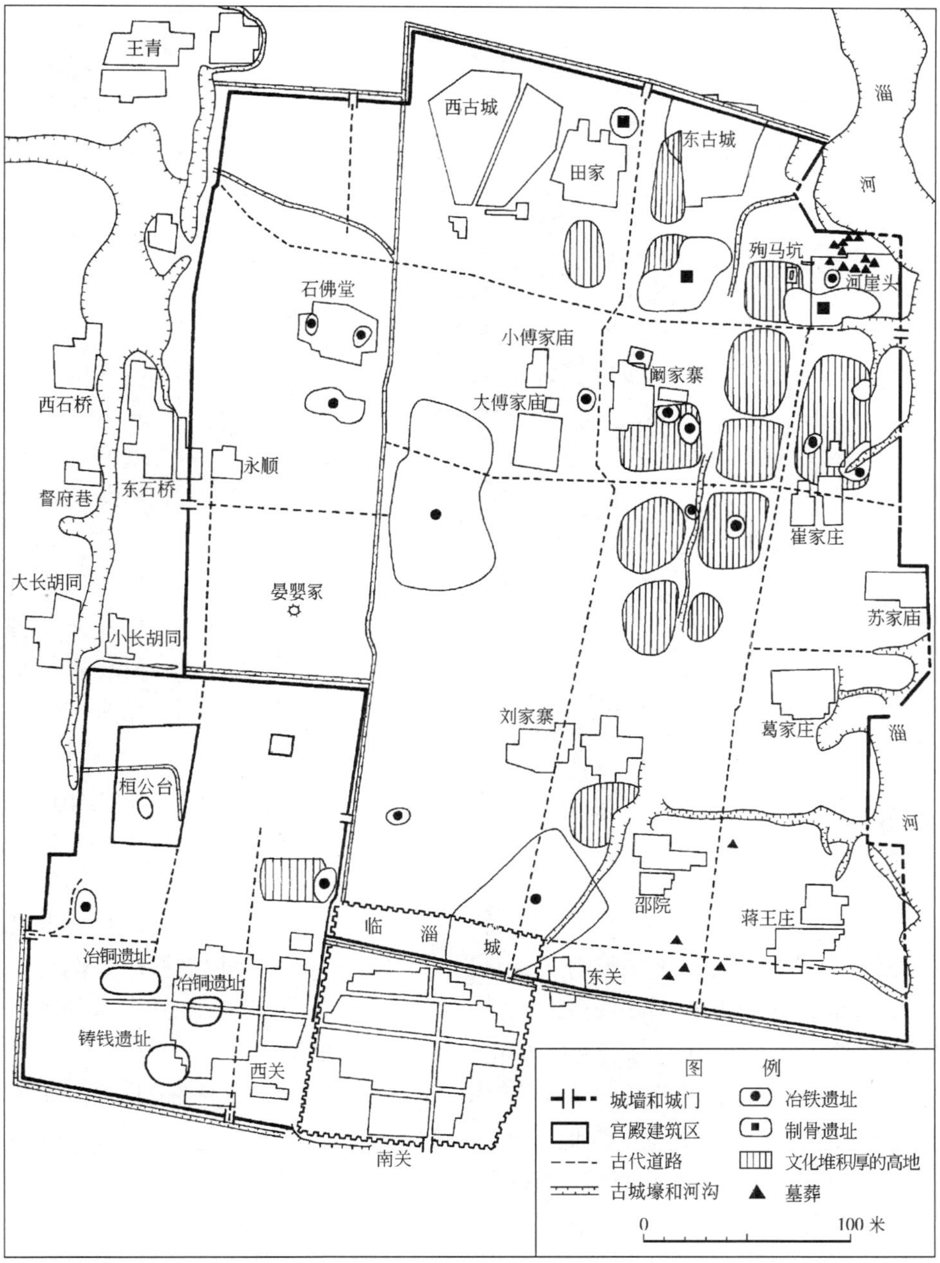

临淄齐国故城平面图

墓葬分布区。时代从西周晚期至春秋时期。战国时期田齐的王陵区位于城东南约 11.5 千米的牛山一带,共有 6 陵,东西并列。(徐良高)

【燕上都蓟城】 东周时期燕国都城遗址。战国晚期燕有二都,即上都蓟和下都武阳。据《水经注》等记载,上都蓟位于今北京市外城之西北部。《韩非子·有度》记载燕襄王“以蓟为国”。燕国定都于蓟直至燕王喜二十九年(公元前 226 年)秦取蓟灭燕,后世称为燕上都。据考古发掘,在北京外城西面的广安门外发现有厚达 1 米以上的战国文化层,出土有粗细绳纹陶片、碎绳纹砖瓦陶器残片和残饕餮纹瓦当,韩家潭出土有燕货币明刀及饕餮纹瓦当。这些考古发现表明当地有战国时期的宫殿建筑存在。此外,从会城门村直至宣武门豁口一带,还发现了密集的陶井群,计有 151 座,年代为战国至西汉时期,有的陶井圈或井内出土的陶罐上有典型的燕国陶文。(徐良高)

【燕下都遗址】 东周时期燕国都城遗址。全国重点文物保护单位。位于河北省易县高陌乡,介于北易水和中易水之间。城址平面呈不规则长方形,东西长约 8 千米,南北宽约 4～6 千米,又分为东、西两城。城垣平面略呈“凸”字形,在东城中部偏北处有

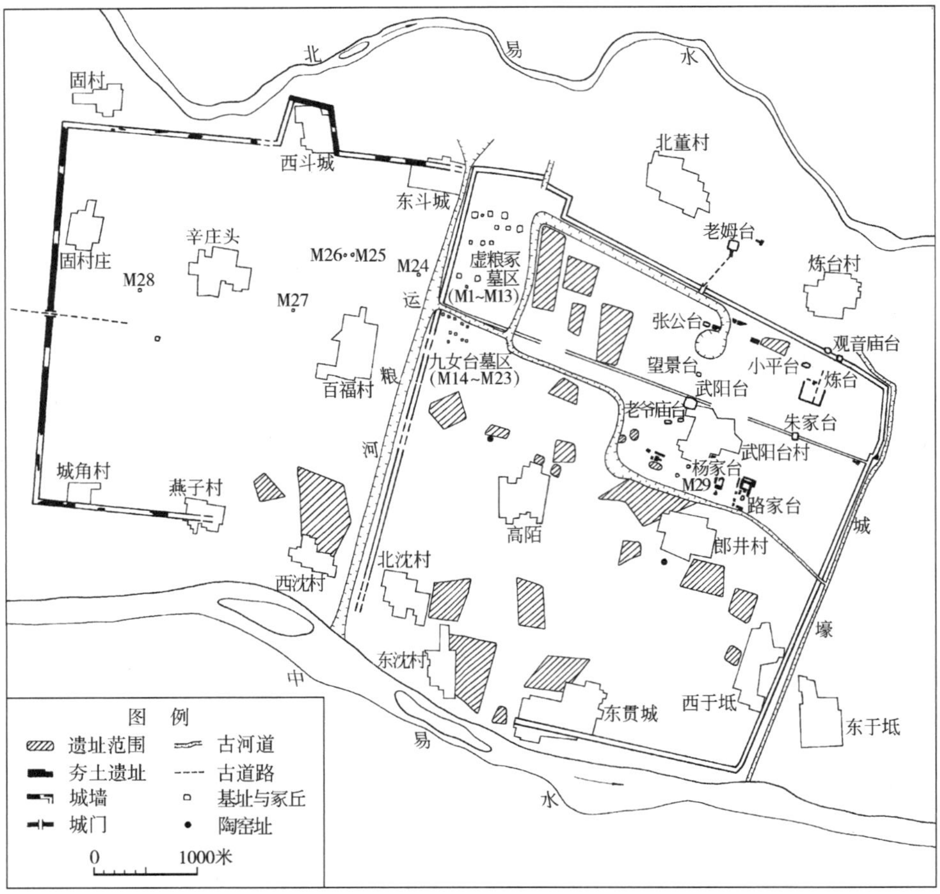

燕下都遗址平面图

一道横贯东西的城垣，称为“隔墙”，把东城分为南、北两部分。东城东垣全长 3 980 米，南垣已知长度 2 210 米，北垣全长 4 594 米，西垣残存墙基约 4 630 米，墙基宽约 40 米左右。在东城发现城门 3 座、道路 2 条。西城有南、北、西三道城垣，南垣总长 2 310 米(见彩版 16“易县燕下都遗址西城南垣西段”)，北垣全长 4 452 米，西垣全长3 717 米，垣基宽约 40 米。西城勘探出 1 座城门和 1 条道路。东、西两城中，主要遗存均集中在东城中，西城很空，似是为了加强东城的安全而建立的具有防御性质的附城。城外有防护设施，分别处在燕下都通往紫荆关、上都蓟及齐、赵等国的交通线附近。宫殿区位于城内的东北部，包括大型主体建筑基址 4 座。武阳台主体宫殿建筑夯土基址是宫殿区内的中心建筑，也是主体宫殿建筑最南端的一座。向北依次是望景台、张公台和城外的老姆台 3 座主体宫殿建筑夯土基址。城内的手工业作坊有 11 处，包括冶铁作坊遗址 1 处、铸铜作坊遗址 1 处、制兵器作坊遗址 4 处、铸钱作坊遗址 1 处、制钱范作坊遗址 1 处、烧陶作坊遗址 2 处、制骨作坊遗址 1 处。居民较集中的居址有 9 处，其中 7 处分布在东城的南部和东南部，2 处分布在西城的东南部，即 19、20 号居址。墓葬区在城内分布有 3 处墓区，即东城西北角的虚粮冢墓区和九女台墓区、西城中部的辛庄头墓区。城外南侧周任村有战国墓群 1 处。解村附近有大型战国墓和人头骨丛葬坑。(徐良高)

【中山灵寿城】 东周时期中山国都城遗址。全国重点文物保护单位。位于河北省平山县三汲乡。公元前406 年，魏文侯占领了中山国，大约在公元前 378 年，中山复国。公元前 296 年，中山国为赵所灭。古城遗址是中山复国期间所建都城。古城倚自然地形而建，不甚规整，东西宽约 4 千米，南北最长处约 4.5 千米。城址分东城和西城，其间有一条南北向的隔墙，东城为宫城，西城为郭城。东城北墙保存较完整，长约 2 450 米，宽约 34 米。东墙残存 750 米，外侧有京御河。西城北墙墙基全长约 1 200 米，基部宽 35 米。西墙基全长 4 050 米。西城南墙全长约2 350 米，城墙外为滹沱河。东西城之间的隔墙全长 5 100 余米。城垣上能确定的门阙有两处，一处位于北城垣的中部，另一处门阙在西城垣的中部。大型建筑基址群主要集中在东城，以 3 号夯土建筑遗址为主体。手工作坊遗址共有 3 处，包括制陶作坊、铸铜冶铁作坊和制石、玉、骨器作坊。两处较大的居住遗址：1 号遗址在西城王陵区内，2 号遗址位于西城西南部。王陵区分布于西城北部访驾庄南和城西 2 千米处的中七汲村西、灵山南坡高地上。在城外的北七汲、中七汲、南七汲、下七汲、单杨村、刘杨村等处也发现了春秋战国墓葬群。(图见下页)(徐良高)

【讲武城遗址】 战国至汉代城址。全国重点文物保护单位。位于河北省磁县讲武城镇讲武城村。1957 年曾经田野调查。城址平面近方形，东西长约

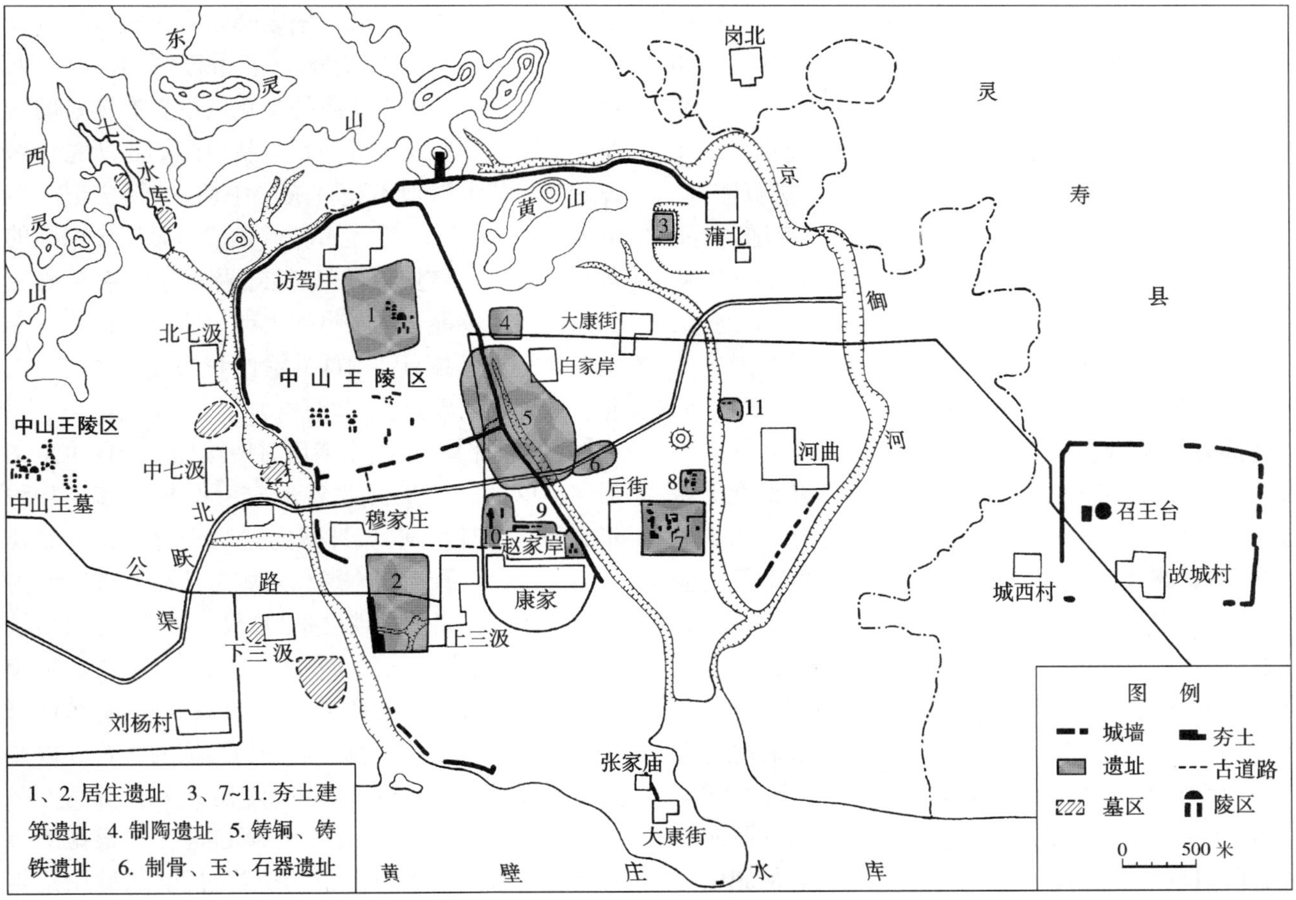

中山灵寿城平面图

1 100 米，南北宽约 1 150 米，城墙南墙与东墙南部为漳河侵蚀不存。城址夯筑而成，现存最高处约 6 米，墙基最宽处约 12 米。城墙西墙与北墙各有 5 个缺口，东墙残存 1 个，或许与城门有关。1957 年在城垣北侧清理汉墓 49 座，其中西汉墓 17 座，东汉墓 32 座，北齐墓 2 座，唐宋墓 5 座。田野调查中曾采集素面半瓦当、板瓦、筒瓦及灰陶盆等器物，以战国晚期遗物为多见，部分属于汉代遗存。从遗物上看城址属于战国古城址，汉代以降曾经补筑、扩建沿用，至唐代以后逐渐废弃。据文献记载，讲武城在唐以前称武城，宋代以降改称讲武城。（常怀颖）

【代王城遗址】 东周至东汉时期遗址。全国重点文物保护单位。位于河北省蔚县代王城镇。城址未经考古发掘，1996 年进行田野调查。壶流河绕古城址西北侧而过。城址平面近椭圆形，东西宽 3 400 米，南北长 2 200 米，周长 9 265 米。城垣保存基本完好，为土夯成。城墙现有缺口 27 处，其中有 9 处可能为文献记载的城门所在。正南与东南侧有马面 11 处。城内东北部有辽金和明代所筑的城堡两座。调查中曾于城内正南部马家寨村东采集到较高等级的砖瓦建筑材料，推测或为城址的官署建筑区。城外东、西、南三面有墓地，可以确认者皆为汉代以降的墓葬。据文献记载，代王城为古代国都城，战国初为赵所并，秦汉时期为代县与代郡治所。但从调查所见，城址始建年代上限似不过战国，繁盛在两汉时期，东汉以后衰落。（常怀颖）

【南阳遗址】 东周时期遗址。全国重点文物保护单位。位于河北省容城县南阳村南的台地上。面积 7 万多平方米。1958 年曾出土“燕王职戈”1 件。1981 年田野调查时，发现“西宫”铜壶 1 件、铜鼎 2 件、“左征”铜壶盖 1 件、铜簋 1 件，并采集到“易市”陶钵、陶罐、纺轮、残燕刀币等遗物。1984 年出土燕刀币 100 余枚，1988 年又发现铜戈 3 件、玉器 5 件、刀币 200 余枚。根据调查及采集器物可知南阳遗址当属春秋晚期至战国时期的燕国遗址。1997 年曾在遗址发掘东汉至宋代墓葬 6 座。（常怀颖）

【西张村遗址】 两周时期遗址与墓葬。全国重点文物保护单位。位于河北省元氏县东张乡西张村东。面积约10万平方米。在进行科学调查、钻探前，该遗址经常发现铜箭镞、铜带钩等遗物。1978年通过对遗址的钻探以及从采集到的遗物分析，遗址内涵包括西周中晚期至东周时期的文化层。1978年和1982年于遗址中部发现两座墓葬并进行清理。墓葬出土青铜礼器、车马器、玉器、陶器等随葬品。随葬品中鼎、尊、卣、簋等青铜器的铭文揭示了周初軝国的地理位置，证实了周初始封邢侯之国的地域，以及邢国与北戎的关系。軝国不见于文献，因这些铜器的发现，才首次为人所知。（常怀颖）

【鹿城岗城址】 东周时期城址。全国重点文物保护单位。位于河北省邢台市桥西区元庄村北。城址依地形而建，平面呈不规则平行四边形。2006年进行田野调查与试掘。城垣夯筑，除西垣南段内侧发现有不规整的基槽外，余皆于平地版筑起夯建墙。城墙损毁严重，现存西城垣大部、北城垣西端、南城垣西段，残高1～7米。南城垣中部偏西有一豁口。南垣最长，约805米；西垣次之，约617米；北垣再次之，约591米；东垣最短，约560米。其中南垣、北垣基本呈平直的东西走向，东垣大致呈东南—西北走向，西垣较曲折，约略呈西南—东北走向。从城墙的倒塌堆积中出土有板瓦、筒瓦、青铜镞、石斧等遗物。出土遗物时代单纯，皆为战国时期遗存，与文献记载的西周始建并不相符。（常怀颖）

【付将沟遗址】 战国时期遗址。全国重点文物保护单位。位于河北省兴隆县李家营乡付将沟村东南。1953年发现，次年进行小规模发掘。发现一处冶炼铁矿石的熔炉基址，并出土了大量冶炼遗存，其中有40副87件铁工具范尤为重要。所获铁工具范有锄、镰、钁、斧等生产工具及车器范。铁范经金相组织检测，确认为液态还原的白口铁铸件。部分铁范上有"右廪"铭，可知是为地方官营铸造机构生产的产品。结合发掘时所获战国燕式鱼骨盆陶片，可确认付将沟遗址是战国中晚期燕国地方冶铁铸造遗址。遗址西1.5千米处有一处名为古洞沟的古代铁矿矿洞遗址，或与大付将沟遗址有关。（常怀颖）

【东垣古城遗址】 战国至西汉时期古城址。全国重点文物保护单位。位于河北省石家庄市长安区高营镇东、西古城村。1956年文物普查时发现。2005年初步勘探。古城址平面为不规则长方形，东西长2 000米，南北宽1 500米，面积约3平方千米。城墙墙基宽约20米，四周城墙均有遗存，北部城墙因地势原因有两次转圜。地表暴露有大量陶片以及砖瓦残件。城址曾发现燕、赵刀币窖藏和西汉半两钱范。城址内断崖上暴露的文化层中含有丰富的陶质生活用品和建筑构件残片。从田野调查所见该城址始建年代上限似不超过战国中期。据《史记·赵世家》等文献记载，东垣古城曾是战国时期中山国的重要城邑，后属赵，秦置东垣县，两汉为真定县，真定国治城属常山郡。晋初将常山郡治所由元氏移至东垣。唐初真定县与常山郡的治所一并迁往滹沱河以北后城址逐渐废弃。（常怀颖）

【武垣城址】 战国至隋唐时期城址。全国重点文物保护单位。位于河北省肃宁县县城东南。1959年文物普查时发现，城址暴露遗物十分丰富。城址分内、外两重，皆为正方形。外城边长约1 750米，内城边长约500米。城墙已平毁，仅外城西、北两墙较为完好，北墙现存长约1 444米，残高7.4米，宽10米，夯筑而成；西墙现存970米，最高处6米；东墙只存400余米；南城墙基略高于地面，依稀可辨。内城则存西墙一段160米，北墙一段长100米；墙宽约4米、高2.9米，南墙、东墙地上遗迹全无。根据历年调查及三次文物普查采集的遗物可知，该城始建年代当在战国，废弃于隋唐时期。（常怀颖）

【东黑山遗址】 战国至金元时期遗址。全国重点文物保护单位。位于河北省徐水县大王店乡东黑山村南。以战国时期城址和西汉中晚期至东汉时期遗存最为重要。面积约15万平方米。2006年经科学发掘，发掘面积5 200平方米。发现军事瞭望设施1处、城址1处、不同时期墓葬22座、房屋基址21座、灰坑351个、灰沟10条、道路8条、水井9眼和灶坑5座，出土各类遗物800余件。军事瞭望设施位于遗址东南侧斑鸠山顶上，遗迹残留长7米、宽3米，为单间房址，南北长2.5米、东西残宽1.5米，北、南和西侧为石子泥土混合物筑成的墙体，西侧墙基外侧有长方形灰坑。城址属于战国燕南长城外围的附属小城，是重要的军事设施。城址平面近正方形，城垣边长约170米，西垣中部向东缩进20米后向北与北垣相接，向东为城址中部的生土隔墙，将城址分为两部分。城址北、东和西垣各有城门一座，南垣无门，城垣四周有护城河。城址南城垣保留较好。城址西部中侧发现生土台一处，南北长25米，东西宽35，高3米。城垣外侧为护城河，平面基本成"U"字形。16座汉代房屋的发现为研究汉代的聚落形态研究提供了丰富的实物资料。房屋基址分地面建筑、带火炕的浅地穴房屋和半地穴式三种形制，其中11座浅地穴中的火炕在华北平原地区属首次大规模发现，其年代最早可到西汉中晚期，是迄今中国发现最早的同类建筑形制。遗址内战国时期遗物少见；出土有大量汉代遗物，分陶器、铁器、铜器、玉石器等类。陶器分建筑构件和生活用器。遗址内出土数量较多的铁器制品，制作年代集中于战国两汉时期，经金相检测确认为生铁和生铁制钢产品，采用了铸造、退火、炒钢、淬火以及可能存在的灌钢等工艺，说明该地区至少在汉代已能根据不同的材质和工艺制作不同的器物。（常怀颖）

【奈曼土城子城址】 战国至秦汉时期城址。全国重点文物保护单位。位于内蒙古自治区通辽市奈曼旗土城子乡土城子村西南。平面近四方形，较为完整，周长1 419米。城墙高度4～6米，底宽10～14米，均为夯土版筑，有南北两门。城内考古发掘出大量战国和秦汉时期的陶片和建筑构件。（严志斌）

【云中郡故城】 战国至隋唐时期城址。全国重点文物保护单位。位于内蒙古自治区托克托县古城村西。城垣周长约8千米，呈不规则状，墙体夯筑，东、西、北三面城墙破坏严重，唯南城墙存留较完整。东墙长1 585米，南墙长约1 920米，西墙长约1 900米，北墙长约1 790米。夯筑城墙，夯层厚8～12厘米。城墙底宽8～10米、残高0.5～6米。保存最好地段底宽15米，顶宽8米，残高6米。古城东北角设有角楼。西南角有一南北长485米、东西宽415米的长方形小城。南墙置东、中、西三门，西部城门亦为小城城门，北墙、西墙中部各设一门。城内中部偏西现存一处大型的夯土台基，为“钟鼓楼”遗迹，曾出土北魏“大代太和八年”鎏金铜佛像一尊。西南隅散布有石柱础、砖瓦等北朝遗物。城西墙外有古墓群，曾发掘东汉闵氏壁画墓一座。史载战国赵武灵王曾于阴山河曲筑城，“昼见群鹄游于云中”，因名城为“云中”。秦置云中郡，城为郡治，汉因之，魏设云中县。考古发现城墙夯土中含有战国至西汉时期陶片，外层夯土还夹杂北朝遗物。城内地表散布的陶片瓦砾大都是汉魏北朝遗物。古城始建于战国，历经秦、两汉、代魏，历时900余年，是内蒙古西部地区建立时间最早、规模较大的城址之一。（严志斌）

【二龙湖古城】 战国时期遗址。全国重点文物保护单位。位于吉林省梨树县石岭镇二龙山村北。1987年发现。在遗址上发现有土石堆筑的城垣、城门等。城址平面略呈不规则五边形，周长750米。遗址出土有陶器、铁镬和铜镞等。二龙湖古城是战国时期燕国城邑，为确定战国时期燕国的北界树立了崭新的地理坐标。（付仲杨）

【郑韩故城】 东周时期郑国和韩国都城遗址。全国重点文物保护单位。位于河南省新郑市区，坐落在双洎河与黄水河交汇处。原为郑国都城，公元前375年韩兼并郑国，迁都于郑，又成为韩的都城，直至公元前230年秦灭韩。城址略呈不规则长方形，东西长约5 000米，南北长约4 500米，中部有一道南北向的隔墙，将故城分为西城和东城两大部分。故城的城墙先后经过春秋和战国两个历史时期的构筑。故城西城内的中北部一带分布着比较密集的夯土建筑基址，据粗略统计，夯土建筑基址有一千余处。在这片建筑基址区的南部，即西城城内的中部，有一座规模较小的城址，可能是宫城遗迹。宫城址略呈长方形，东西长约500米，南北宽约320米，已发现北门和西门的遗迹。宫殿区的西北部有冷藏食品的“凌阴”遗址。东城内分布有粮窖、埋藏青铜器的祭祀坑、铸铜作坊、制骨作坊、制陶作坊、铸铁作坊等遗迹。城址内外有春秋、战国时期墓葬。（徐良高）

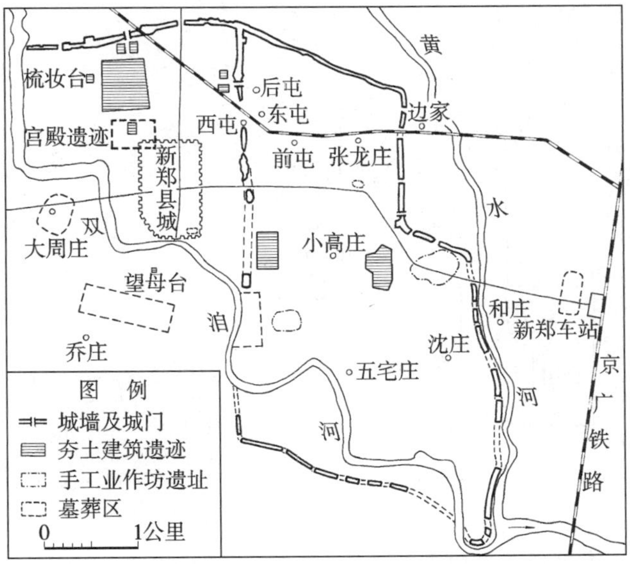

郑韩故城平面图

【赵都邯郸故城】 东周时期赵国都城遗址。全国重点文物保护单位。位于河北省邯郸市市区西部和西南部。赵敬侯元年(公元前386年)迁都于邯郸，公元前228年秦破邯郸灭赵，置邯郸郡。邯郸故城由王城和大北城两部分组成，王城为宫城，大北城为郭城。宫城始建于战国时期，兴建年代约在赵都迁入邯郸前后，而郭城可能较宫城略早。王城由东城、西城和北城三部分组成，平面呈“品”字形。西城平面呈方形，周长约5 680米，四面城墙残高3～8米。在城墙上专门设置了防雨排水设施，防雨设施主要是用筒、板瓦覆盖城墙。王城内发现门阙11处，其中西城7处、东城3处、北城1处。王城范围内有大小夯土台10座，地下夯土基址10座，以及古道路2条、古井1口。大北城遗址位于今邯郸市区，城的西南部与王城的东北部相邻。两城相距60余米。大北城城址的平面呈不规则长方形。南北最长处4 880米，东西最宽处3 240米，城墙周长1.5万余米。大北城内发现了一批手工业作坊遗址，其中冶铸作坊遗址4处、制陶作坊遗址5处、制骨作坊遗址1处、石器作坊遗址1处。赵国王陵区和贵族墓葬区分布于城址附近。(徐良高)

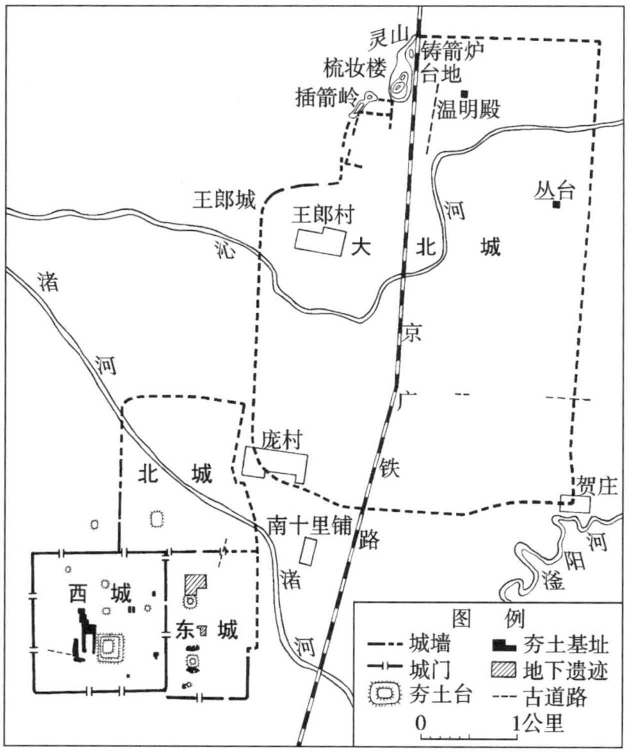

赵都邯郸故城平面图

【夏县禹王城】 亦称“安邑城遗址”，俗称“禹王城”。东周时期魏国都城遗址。全国重点文物保护单位。位于山西省运城市夏县西北，城址西部坐落在层层高起的坡地上，东南约30里为中条山，青龙河穿越古城东部。魏建都安邑，至魏惠王九年(公元前362年)迁都大梁，前后约200年。古城由年代先后不同的大、中、小三座古城和一座夯土台组成，其中中城位于大城的西南部，似为汉代城址。大城平面略呈梯形，北窄南宽，方向50度。北垣长2 100米，西垣长4 980米，南垣长3 565米，东垣北段现长1 530米，墙基宽11.5～22米，垣外有护城河遗迹。年代约属战国前期。小城位于大城中央，平面呈长方形，城垣总长约3 270米，北垣长855米，东垣长495米，南垣长990米，西垣长930米。北垣、东垣和南垣中部均有缺口。小城似为宫城。小城东南角外有禹王台，台面略呈方形，东西长约65米，南北长约70米。大城内辛庄村北发现一处各类陶范集中出土的区域，包括农具范、构件范、货币范及筒瓦、板瓦等，年代属战国中晚期。(徐良高)

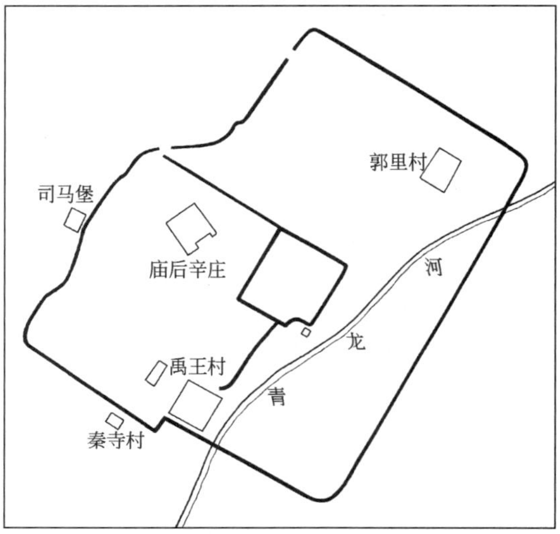

夏县禹王城平面示意图

【安邑城遗址】 即“夏县禹王城”。

【禹王城】 “夏县禹王城”的俗称。

【秦都栎阳城】 东周时期秦国都城遗址。全国重点文物保护单位。位于陕西省西安市临潼区武屯镇关庄和玉宝屯一带。秦献公二年(公元前383年)，秦都自雍迁到栎阳，至公元前350年秦孝公迁都咸阳，秦以栎阳为都前后达35年。汉初，栎阳还曾作为刘邦的都城。栎阳古城平面呈长方形，东西长约2 500米、南北宽约1 600米。南墙已探出部分残长1 640米、宽6米，门址1座。西墙已探出部分残长1 420米，南宽北窄，宽者16米，窄者8米，门址2座。勘探出道路13条，其中秦汉时期的有一、二、三、四、七、九号六条道路。城内共发现主要遗址15处，其中大型建筑遗址集中在中部，手工业作坊则分布在城内东北和东南部。城址东南1 500米的王北、王南和金指王村附近有一片墓区。墓葬分布密集，多为小型墓，年代上起战国中晚期，下讫东汉。（徐良高）

【秦都雍城】 东周时期秦国都城遗址。全国重点文物保护单位。位于陕西省凤翔县城南，雍水河北。秦德公元年（公元前677年），秦人定都于雍，至战国前期秦灵公迁都于泾阳。平面呈不规则方形，东西长3 480米，南北长3 130米。城门仅残存3座，均发现于西墙，与城内东西向干道中的3条相通，城门宽8～10米。主要宫殿建筑集中在城中部以北，分别置于主干道附近。一般居民区大体集中于南部。经发掘的宫殿基址有：姚家岗春秋宫殿遗址，面积约2万平方米，南部分布着密集的祭祀坑，坑内出土有牛羊骨、玉璧、玉璜、玉圭等遗物，似与主体建筑有关；凌阴遗址位于姚家岗高地的西部；马家庄春秋建筑遗址，位于雍城中部偏北，总面积在数万平方米以上，其中一号基址是一座保存比较完整的宗庙遗址，据出土文物推断，该宗庙始于春秋中期后段，废弃时间当在春秋末期到战国初期；马家庄三号建筑遗址长326.5米，北端宽86米，南端宽59.5米，四周有围墙，可分为五进院落，五座门庭，使用年代从春秋到战国时期，其性质可能是秦公的朝寝之所。城内发现有铸铜、制陶等手工业作坊遗址，北部的市场遗址位于凤尾村宫殿区南，平面呈长方形，南北长160米，东西长180米，面积2万平方米，四周是厚1.5～2米的夯土围墙，四面围墙中部各有“市门”一座，围墙内是封闭式的露天市场，出土有秦半两钱及盖有“咸阳里”印文的陶器底部残片等，这一市场遗址也是迄今考古发现的第一座先秦时期“市”的遗址。墓葬区可分为秦公陵园和国人墓地，分布于雍城以南的凤翔南原和高庄、东社、八旗屯等地。（徐良高）

【刘家营遗址】 战国至秦汉时期遗址。全国重点文物保护单位。位于陕西省安康市汉滨区五里镇刘家营村，北临月河。面积约10万平方米。遗址东北部暴露战国时期文化层，厚约1.5米。地表散布大量泥质灰陶片，纹饰有绳纹、弦纹，器形有罐、盆、瓮、鼎等，并有云纹、几何纹瓦当和绳纹瓦。还发现汉代砖井、瓦壁井各1眼。出土秦汉时期的铜双鱼纹釜、柳叶剑、弩机、镞、铁釜和原始青瓷等遗物，对于历史、文化研究具有较高的科学价值。（宋江宁）

【徵邑漕仓遗址】 春秋至西汉时期遗址。全国重点文物保护单位。位于陕西省蒲城县洛滨镇西头村洛河西岸的二级台地上。遗址南北长约3千米、东西宽1.5～2千米。1992年进行调查和钻探，文化层厚达1～3米。发现大量的汉代绳纹砖、瓦、回纹

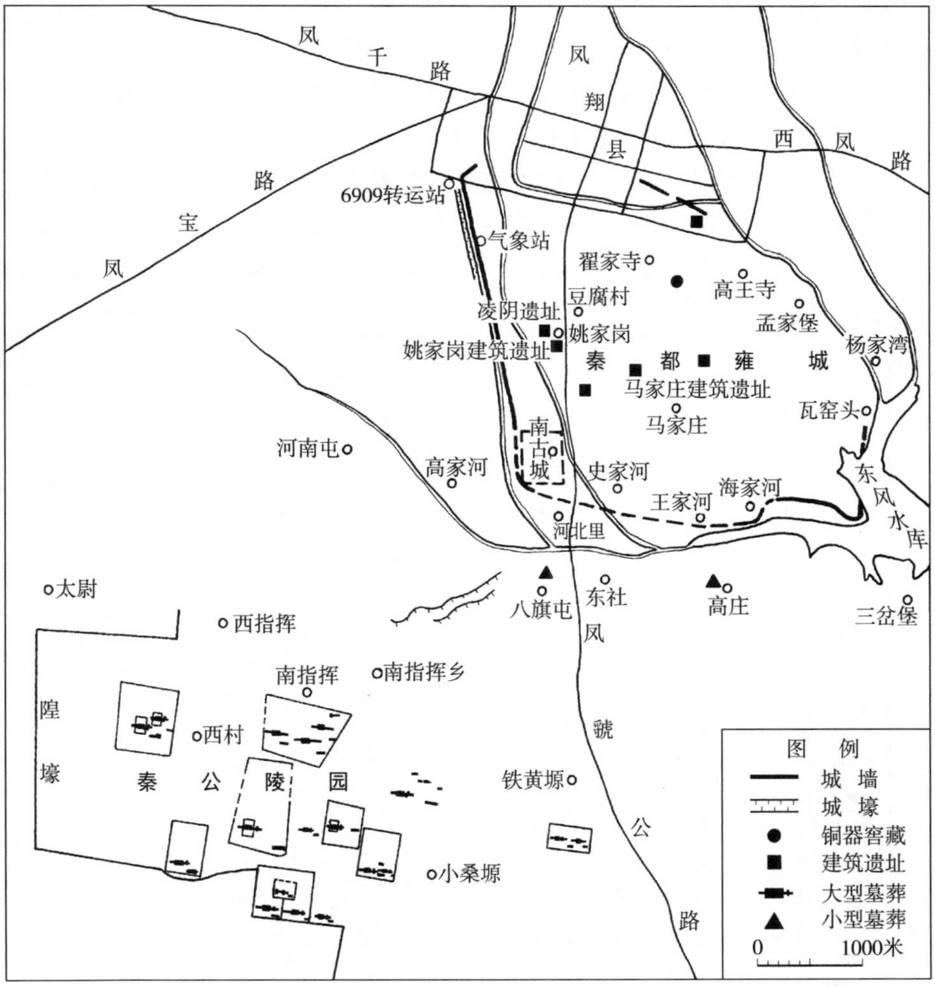

秦都雍城平面图

砖、云纹瓦当等,陶器有瓮、碗、罐、盆、壶等。采集有“徵邑漕仓”的瓦当。遗址南部经钻探发现一处东西长25米,南北宽10米的夯土基址,内有石柱础,可能为一漕仓基址。遗址北部发现汉代窑址5处。此外还发现一条从未见诸文献记载的人工漕运渠道。徵邑漕仓的发现,对于研究春秋时期的北徵邑和西汉徵县县城故址具有重要的意义。(宋江宁)

【大堡子山遗址及墓群】 西周晚期至春秋时期秦国遗址。全国重点文物保护单位。位于甘肃省礼县永坪乡赵坪村大堡子山上。1993年发现,后进行过多次发掘。经调查、钻探,发现山城城墙、建筑基址、墓葬、车马坑、乐器坑、祭祀坑、灰坑等遗迹。大堡子山城墙依山坡而建,平面呈不规则长方形,东西长约1 000米,南北宽约250米,保存较好的东北角一段长约6米,高约3～4米。城墙内遗址总面积约25万平方米,已钻探出夯土建筑基址26处和堆积较丰富的普通居址及少量小型墓葬。清理被盗的秦公大墓2座,平面呈“中”字形,出土了铸有“秦公”铭文的青铜礼器等遗物。城墙东北角外为中小型墓地,分布密集,钻探出400余座。大堡子山遗址尤其是秦公大墓的发现,确证这一带是西周至春秋中期秦国的中心,对研究秦国始封地、秦人的迁徙及其社会特征以至周代封邦建国制度等具有很高价值。(牛世山)

【滕国故城】 周代至汉代城址。全国重点文物保护单位。位于山东省滕州市姜屯镇东、西滕城村一带。城址平面呈不规则长方形。南墙全长850米,东墙555米,北墙800米,西墙590米。在城墙上发现有7处缺口。城内东北部有文公台,似是城内主体建筑之所在。城内遗物分布以文公台周围较多,包括西周和汉代遗物。滕国故城可能为周代滕国的都城。(付仲杨)

【薛国故城】 西周至春秋时期城址。全国重点文物保护单位。位于山东省滕州市官桥镇。从1964年开始经过数次调查、钻探和试掘。早期城址建于西周初年或商末,位于大城圈的东南部分,由郭城和宫城组成。郭城东西最长913米、南北最宽700米,南、西、北三面中部有城门。中间宫城东西长约170米,南北宽约150米。大城圈始建于战国时期,东墙长2 280米,南墙长3 050米,西墙长2 030米,北墙长3 250米,城墙上共有27处豁口,其中12处豁口可能为城门。城外有壕沟。中部为宫殿区,东南部有制陶手工业作坊。东南部和北部分布有居住遗址,墓地在东北部和东南部。薛国故城可能是周代薛国都城。(付仲杨)

【郳国故城】 周代至汉代遗址。全国重点文物保护单位。位于山东省邹城市峄山镇纪王城村。面积约61万平方米。1964年经系统调查。在遗址上有城垣和墓葬等。出土遗物有西周陶片和东周青铜器、陶片、瓦片、瓦当、陶文及汉代陶器。郳国故城可能为周代郳国(亦称“邹国”)都城。(付仲杨)

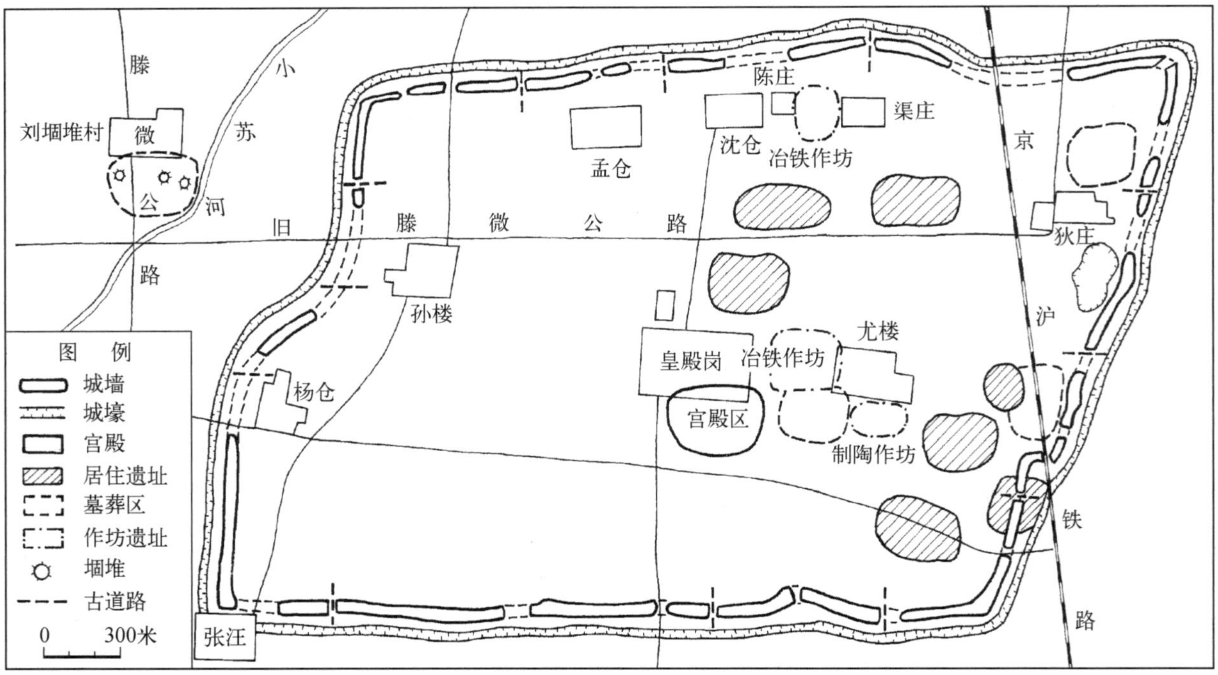

薛国故城平面图

【郯国故城】 周代至汉代城址。全国重点文物保护单位。位于山东省郯城县郯城街道杨楼村西南。1990年以后经多次试掘。城址呈不规则四边形,西墙与北墙均长1 260米,东墙长1 370米,南墙长780米。城内发现有制陶、冶铁作坊和墓葬。出土有陶器、铁器、铜器和石器等。郯国故城始建于春秋时期,可能为鲁国附属国郯国都城。(付仲杨)

【偪阳故城】 周代偪阳古国都城遗址。全国重点文物保护单位。位于山东省枣庄市台儿庄区涧头集镇。城址大致呈长方形,周长约3 400米。城东门和南门的可通行宽度皆在3米左右,西门位于西城墙偏北段。城外四周曾有护城河。城北居中处有略高出周围地面的宫殿基址。据《左传》等文献记载,偪阳古国为妘姓。公元前563年,偪阳城被晋、鲁、宋等国联军攻破。(印群)

【龙口归城】 周代城址。全国重点文物保护单位。位于山东省龙口市兰高镇归城姜家村,坐落在莱山脚下。20世纪70年代和21世纪初分别进行过调查。城址由内外两重城墙构成。内城墙呈曲尺形,南北长530米,东西宽为500米,面积约22.5万平方米,在南墙发现一处水陆城门,在城内发现多处建筑基址、道路、水道等。外城呈不规则椭圆形,分别在周边山地的山脊上,南北长约3.6千米,东西宽约2.8千米,面积约8平方千米。城址的年代从西

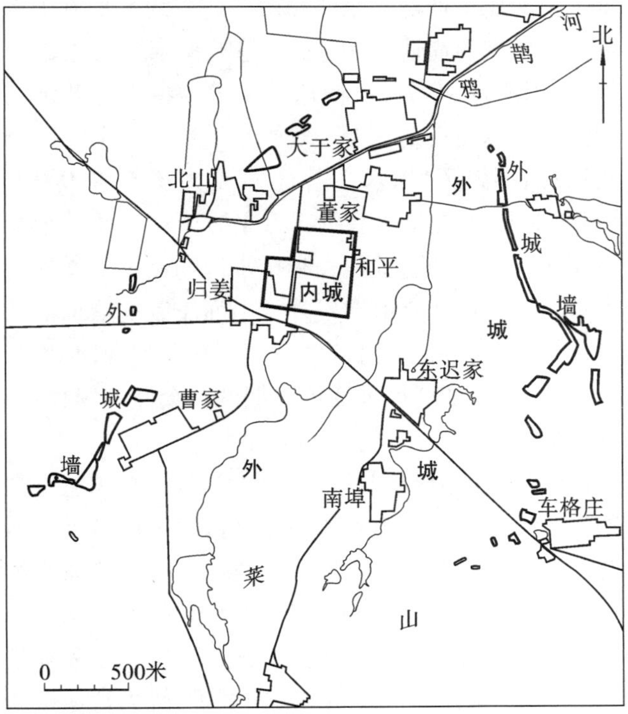

龙口归城平面图

周延续到春秋晚期。历年来在城内发现有车马坑、墓葬等遗迹,出土有黄县曩器、启尊、启卣等重要器物。归城城址可能是莱国都城。(唐锦琼)

【即墨故城】 东周时期城址。全国重点文物保护单位。位于山东省平度市古岘镇大朱毛村一带。面积约13万平方米。发现有城墙、夯土建筑和墓葬等遗迹。城址分内、外两城,外城南北长5 000米,东西宽约2 500米;内城位于外城东南部,发现有夯土建筑群、东西仓、贮货湾、养鱼池、梳妆楼等遗迹。出土有铁器、弩机、刀币和陶器等遗物。东周时期即墨故城为齐国城邑。(付仲杨)

【牟国故城遗址】 周代至汉代城址。全国重点文物保护单位。位于山东省莱芜市钢城区辛庄镇赵家泉村。城址平面呈矩形,长约620米,南北宽520米,总面积约32万平方米。城墙西北角依河道走势筑成圆角,其他三隅亦是采取对称呈弧形状。原城墙高约8米,顶宽3～5米。有东、南、北三个城门。城东、南墙外有城壕,宽约5米,深约3米。西、北两面以河道为壕。西、北两面部分城墙保存较好,高出地面3米。城址范围内散布着大量瓦砾和陶器残片,多系春秋时期遗物。城址为东周时期牟国都城,在此古城近处并未发现有牟国贵族墓地。为研究周代诸侯封地制度提供了重要的资料。(曹慧奇)

【鄫国故城遗址】 周代至汉代城址。全国重点文物保护单位。位于山东省苍山县向城镇鄫城前村北。城址略呈正方形,其中北城墙长435米、南城墙长455米、东城墙长600米、西城墙长414米,面积约30万平方米。有南门、北门、东门及西门,高大的城墙外围有宽40米的护城河,城墙及护城河之间的夹道宽37.8米。故城中间是大面积的平坦高台,裸露着青石长条垒彻的建筑房基,为故城宫殿遗址。在故城北侧葬山上,勘探发现了一个诸侯王级别的东周古墓。此墓三棺一椁,还有陪葬墓,规格、形制为典型的东周诸侯级别的大墓。此墓多次被盗,珍贵文物仅存东周时期的一些陶器等随葬品。(曹慧奇)

【杞国故城遗址】 春秋时期至汉代城址。全国重点文物保护单位。位于山东省潍坊市坊子区黄旗堡镇西南。由杞国故城城墙、皇城顶遗址、周家庄子遗址、周家庄子墓地、石佛寺遗址和九女冢组成。据以往资料和第三次文物普查实地考察,现复原出杞国故城平面图,东西长约1 600米,南北宽约1 500米,

面积近280万平方米。故城城墙至今留有西城墙南段,城内文化积淀比较丰富,保存也较完好。皇城顶遗址位于杞城村西一处面积约300平方米的高台地,当地相传为王城所在地。台地北侧有断崖,文化层厚达1.5～2米,汉代灰坑及春秋、战国及汉代瓷砖陶器片皆有,出土遗物为战国至汉代的筒瓦、瓦当、陶罐、陶盆、陶瓮、铁镢、铜剑、铁范及砚石等。杞国故城遗址是春秋时期至汉代的古城遗址。(曹慧奇)

【南武城故城遗址】 春秋时期至南北朝时期城址。全国重点文物保护单位。位于山东省平邑县魏庄乡。城址内有南武城、北武城两个自然村。遗址西北、南两面有苍山、南城山、开明山为屏障,东、北两面有用黄土夯筑的城墙,构成半圆形城郭。其残墙高低不一,低者已不可见,最高处有9米。遗址内文化遗存极其丰富。南武城依山傍水,地处要冲,自古就是兵家必争之地。根据史料考证,南武城的建城时间在东周中期,至北齐时并入南武阳县,历时500余年。(曹慧奇)

【费县故城遗址】 春秋时期、汉代及北魏城址。全国重点文物保护单位。位于山东省费县上冶镇浚河西岸。故城内有古城里、西毕城、宁国庄三个自然村,城垣轮廓依稀可见。平面近似长方形,北城墙长954米,西城墙长2 170米,东城墙长1 935米,南城墙长1 077米。城内偏北部有一丘陵,东西横列,岭北俗称“兵马城”,顺岭南下俗称“宫殿区”。故城兵马城内出土遗物常见有铜箭镞、铁刑具等;宫殿区内多“千秋万岁”瓦当、铜镜、五铢钱、石钱范、犁范、砖、瓦等;城东南角和东部不断发现春秋战国墓;城西南角为居民区,砖、瓦遍地,堆积厚度近0.6米。(曹慧奇)

【村里集城址及墓群】 西周至战国时期遗址。全国重点文物保护单位。村里集城址位于山东省蓬莱市村里集镇古城李家、古城苗家、村里集诸村之间。城址平面略呈长方形,南北长约600米,东西宽约500米。北城墙现存100余米,最高处达4米,墙基最宽处10米,夯层厚0.04～0.06米。西城墙尚可见夯土层痕迹。东城墙仅存南北长11米、东西宽4米、高2.5米的夯土丘。年代属西周至春秋时期。村里集墓群位于蓬莱市艾山、崮山北麓黄水河上游两岸的台地上。包括柳格庄、辛日王集、站马张家三处墓区,南北长约10千米,东西跨河宽约3千米。1976—1986年烟台市、蓬莱县文物工作者多次进行抢救性发掘。墓葬均系土坑竖穴墓,东向居多,大者长5～6米、宽3～4米,小者长2.5米、宽1米,一般有二层台,多数棺椁皆具,个别有重椁,墓底有腰坑,二层台殉人者居多。年代属西周至战国时期。(曹慧奇)

【西沙埠遗址】 战国至魏晋时期城址。全国重点文物保护单位。位于山东省莱西市沽河街道西沙埠村。根据历次考古调查得知,西沙埠遗址为长方形布局。从断崖处可见深浅不一的文化层堆积,最深处约2米,最浅处也有0.5米。西沙埠遗址史称“北魏长广故城址”,北魏长广故城应是其下限,长广故城址呈长方形布局,南北长,东西短,总面积110余万平方米。西沙埠遗址出土一批遗物,出土与采集的遗物及标本以陶器为主,石器、铜器、铁器次之。陶器中以高柄豆、陶罐、陶棺和陶盆最具代表性,石器有柱础和石磨,铁器有铁锄和一些器形不可辨的铁器残块。建筑构件颇多,有砖 、筒瓦和半瓦当、圆形瓦当等,出土的一件“千周万岁”树木文字纹半瓦当和一件卷云纹圆瓦当尤为珍贵。西沙埠遗址属战国至魏晋时期的一处古城址。(曹慧奇)

【南河崖盐业遗址群】 商周时期盐业遗址。全国重点文物保护单位。位于山东省广饶县广北农场南河崖村周围,东距渤海22千米。通过调查,大致确定了南河崖遗址群的北界和西界。在约5平方千米范围内发现商周遗址61处。其中,商末周初遗址53处,东周遗址12处,汉魏遗址2处。特别是商末周初的制盐遗址分布甚密,每平方千米高达12处,有些遗址间隔仅50米。遗址面积大多在4 000～5 000平方米,个别大者约2万平方米。这些遗址多为作坊区。有的遗址地表和排水沟的断崖上暴露出大量红烧土块和盔形器残片。南河崖制盐遗址群的发现,为探索鲁北沿海商周时期制盐业的规模、生产方式、海岸线变迁以及商周时期的社会经济、政治等问题提供了重要资料。(曹慧奇)

【杨家盐业遗址群】 周代盐业遗址。全国重点文物保护单位。位于山东省沾化县富国街道东杨村西北。遗址群东西长650米,南北宽240米,总面积约15.6万平方米,包括12处周代制盐遗址。1950年春发现,至今历经四次调查。采集的大部分标本是盔形器、滤器、灰陶簋口沿、灰陶豆等,皆为盐业生产用具,少部分为生活用具,后又出土青铜剑、贝币等遗物。杨家盐业遗址群是黄河三角洲地区迄今发现的最大盐业遗址群。根据出土的盔形器、滤器分析，当时有人工制盐和海滩置皿晒盐两种方式。遗址年代主要属于战国时期，个别到西周早期和春秋时期。（曹慧奇）

【丰台盐业遗址群】 周代、汉代及金代盐业遗址。全国重点文物保护单位。位于山东省潍坊市滨海区央子街道，分布于距海岸线12～22千米的范围内。2009年全国第三次文物普查时发现。盐业遗址多以群的形式出现，每处约由30处遗址组成。在遗址群内发现有盐井、沉淀坑、盐灶等制盐遗存及盐工墓地，其年代主要为战国时期，个别可能早至春秋晚期。丰台盐业遗址群是迄今国内发现数量最多、规模最大的东周盐业遗址群，填补了东周时期盐业考古的空白。另有部分汉代和金代盐业遗址。（曹慧奇）

【嬴城遗址】 商周至汉代遗址。全国重点文物保护单位。位于山东省莱芜市羊里镇城子县村东北。遗址东面、北面傍嬴汶水，南北长约800米，东西宽约400米，总面积32万平方米。分为大小两个城址，小城（小围子）位于大城（大围子）内东北角，现有城墙保存最完好处为村东北小城（小围子）的一段城墙，残高约5米。冶炼遗址分布在古嬴城城北和城南南城墙外。调查中发现村子里曾出土过石器、青铜器、范具等。根据调查出土器物判断，遗址文化层中遗物属商周至汉代。（曹慧奇）

【娘娘寨城址】 西周至战国时期城址。全国重点文物保护单位。位于河南省荥阳市豫龙镇寨杨村西北。2004年郑州市文物考古研究所为配合南水北调工程在调查时发现。经勘探发现有外城墙和护城河，城址东西长1 200米，南北宽850余米，总面积100余万平方米。迄今共清理各类遗迹1 600多处，主要有城墙、城门、房址、夯土基址、墓葬、道路、排水设施、陶窑、灰坑、水井、灰沟、土灶等。出土遗物多为陶器，并有石器、骨器、蚌器、小型铜玉器等。娘娘寨城址对研究西周城址乃至西周晚期历史有重要价值。（徐良高 付仲杨）

【阳翟故城】 战国时期城址。位于河南省禹州市钧台街道八里营村南。1958年、1990年经调查和勘探。城址略呈正方形，东墙长1 600米，南墙长1 850米，西墙长1 750米，北墙长1 500米。在东、西、南、北城垣上各有缺口一处，可能是城门遗址。东、西、南墙外有壕沟。宫殿区位于城内西北部。城外西北部和东部发现有战国墓葬群。阳翟故城可能为韩景侯时的韩国都城。（付仲杨）

【蔡国故城】 西周至春秋时期城址。全国重点文物保护单位。位于河南省上蔡县城关一带。城址略呈长方形，总面积8.86平方千米。东墙长2 490米，南墙长2 700米，北墙长2 113米，西墙长3 187米。城墙上有4处城门遗迹，保存尚好。城外有城壕遗迹。城内主体建筑可能在中部的二郎台，台上发现有古井、陶制排水管道和春秋时期的筒瓦、板瓦等建筑构件。城内中部和偏东处发现有冶铜作坊遗址。城内西南隅和西北部可能是墓葬区。蔡国故城可能是周代蔡国都城。（付仲杨）

【阳城遗址】 东周时期遗址。全国重点文物保护单位。位于河南省登封市告成镇。面积约133万平

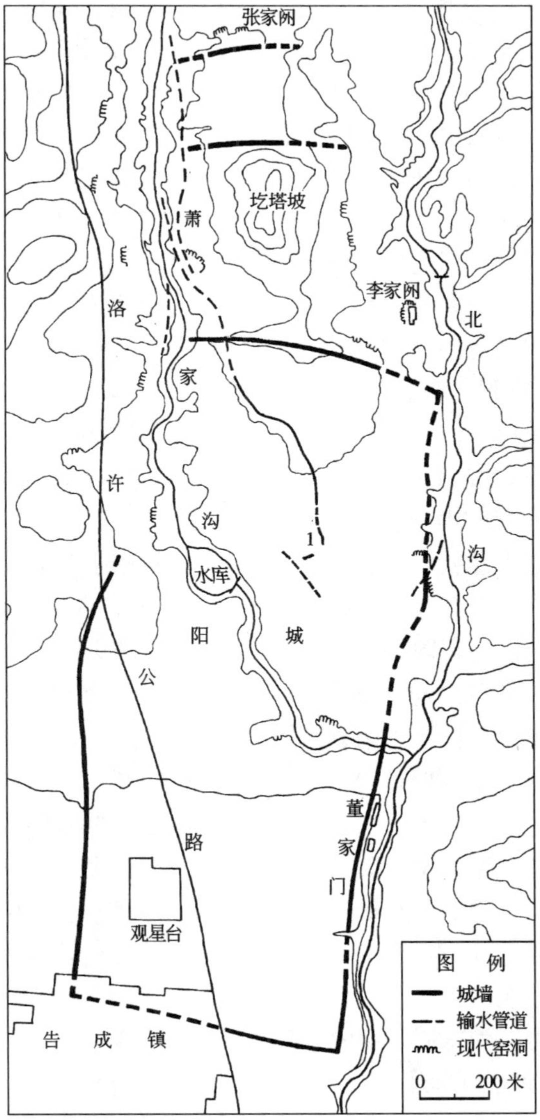

阳城遗址平面图

方米。1977—1980 年经过调查和发掘。遗址上有城垣、夯土墙、护城壕、整套供水设施、水井和铸铁作坊遗址等。出土有板瓦、筒瓦、瓦当等建筑材料，以及铁渣、陶范、铁器残块和带"阳城"、"廩"字的陶量和带"阳城"、"阳城刍器"文字戳记的陶器等。阳城在春秋时期属郑国范围，战国时期属韩国，是郑韩的军事重地。（付仲杨）

【蒋国故城】 东周时期城址。全国重点文物保护单位。位于河南省淮滨县期思镇。城址呈长方形，东西长 1 700 米，南北长 400～500 米。城墙外有护城河。城内出土有较多东周时期的遗物，包括陶器、铜器和金币等。蒋国故城可能为东周时期蒋国都城。（付仲杨）

【蓼国故城】 东周时期城址。位于河南省固始县县城及城北一带。分为内、外两城。外城周长 13.5 千米，其中西墙全长 3 775 米，北墙长 2 325 米，东墙长 5 800 米，南墙仅断续存在。城墙外有护城河。内城位于外城的东北部，周长 6.5 千米，东北两城墙利用了外城的东、北城墙，西墙长 1 950 米，南墙长 920 米。外城的西南部和东南部各有一处东周时期遗址。东南角有一处东周时期的墓葬区。城外东南有一处春秋时期墓葬区。蓼国故城可能是楚属国藩国之地。（付仲杨）

【宜阳古城】 东周时期城址。全国重点文物保护单位。位于河南省宜阳县韩城乡东关村与城角村之间。城郭呈"凸"字形，南北长 2 220 米，东西宽 1 810米。西边凸出的小城，原是一座独立的小城，始建于春秋时期。东边的大城为战国时扩建筑就。城内出土有大量铜兵器和建筑材料等。宜阳古城是战国时期韩国西部的重要城邑。（付仲杨）

【鄢陵古城】 东周时期城址。全国重点文物保护单位。位于河南省鄢陵县彭店乡古城、赵家、前步诸村一带。城址呈长方形。分为内、外二城。外城北宽约 998 米，南宽约 800 米，南北长约 1 595 米。墙基现宽约 10 米。城垣上发现豁口 7 处。内城位于大城中部偏东处，东墙与大城墙共用，近正方形，东西宽约 148 米，南北长约 184 米。城内出土有东周时期的板瓦、筒瓦等建筑材料及陶器等。鄢陵古城可能为东周时期的鄢陵邑。（付仲杨）

【戚城遗址】 新石器时代至汉代遗址。全国重点文物保护单位。位于河南省濮阳市华龙区。面积约 15 万平方米。发现有城墙和城门等遗迹。遗址上分布有新石器时代至汉代遗存，其中东周、汉代遗存最为丰富。戚城城址可能是东周时期卫国的戚邑。（付仲杨）

【城阳城址】 东周时期城址。全国重点文物保护单位。位于河南省信阳市平桥区长台关一带。分为内、外两城。内城位于外城西南，呈梯形，东墙长约 500 米，西墙长 325 米，南墙长 524 米，北墙长 530 米。城内西部有夯土建筑台基。由城外有壕沟痕迹推测，内城原是一座独立的城址，外城为之后扩建的。外城的东墙长 640 米，西墙长 747 米，南墙长 930 米，北墙长 770 米。城内出土有战国时期铜器、筒瓦、板瓦等建筑材料及陶器、楚蚁鼻钱、"郢爯"金币等。城西南约 400 米的高岗上有长台关楚墓群。城阳城址可能为战国时期楚王城。（付仲杨）

【临涣城址】 东周至汉代城址。全国重点文物保护单位。位于安徽省濉溪县临涣镇。面积 196 万平方米。城址近似正方形，东西长 1 409 米，南北宽 1 394 米，残高约 7 米，东、西、北三面城墙保存基本完好。城门 4 座，东、西城垣建有烽火台。城内发现有陶器。临涣城址可能为东周时期宋国城邑。（付仲杨）

【宋国故城】 周代城址。全国重点文物保护单位。位于河南省商丘市睢阳区。面积 1 020 万平方米。1996 年发现。城址西墙长 3 010 米，北墙长 3 252 米，东墙长 2 900 米，南墙长 3 550 米。城墙上共发现 5 处缺口，可能是城门。城墙外有城壕或湖泊。宋国故城可能为东周时期宋国都城。（付仲杨）

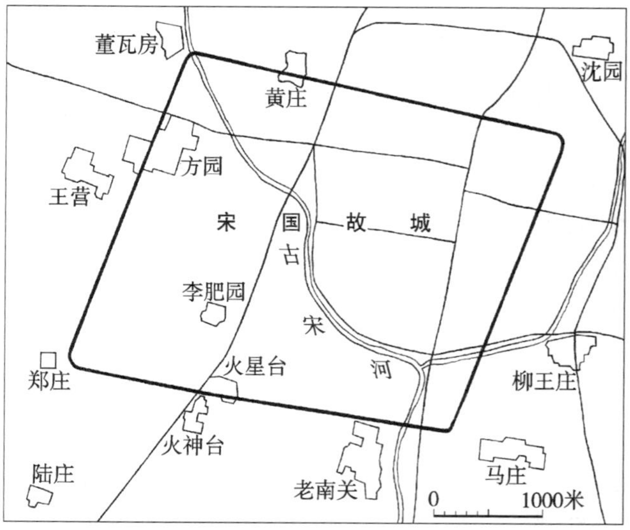

宋国故城平面图

【卫国故城】 东周时期城址。全国重点文物保护单位。

单位。位于河南省淇县城关镇。城址略呈长方形，东西长约1 750米，南北长约2 500米。城内东北部有宫殿区，中部偏北有战国时期冶铁遗址。城外东部发现有制骨和冶铁作坊遗址，北部发现有战国时期墓葬。在城垣夯土中发现有东周时期陶器。卫国故城可能是东周时期卫国都城。（付仲杨）

【黄国故城】 东周时期城址。全国重点文物保护单位。位于河南省潢川县隆古乡一带。城址呈长方形，东墙长1 650米，西墙长1 550米，南墙长1 800米，北墙长1 720米。城墙上有城门。城内发现有夯土台基、青铜冶铸作坊遗址、水井和墓葬等。出土大量青铜器、玉器、漆木竹器和陶器等。黄国故城可能是东周时期黄国都城。（付仲杨）

【滑国故城】 东周至汉代城址。全国重点文物保护单位。位于河南省偃师市府店镇滑城河村附近台地上。城址依地势而建，平面形状不规则，南北长约2 000米，北部宽约1 000米，南部宽500米。城内堆积以东周、汉代遗存为主。滑国故城可能为春秋时期滑国都城。（付仲杨）

【叶邑故城】 东周时期城址。全国重点文物保护单位。位于河南省叶县旧县乡。面积约100万平方米。城址呈长方形，南北长约2 000米，东西宽约500米。发现有城垣。城内出土遗物较少。城外分布有多处东周时期墓群。叶邑故城春秋时期曾为许国都城，后为楚国贵族沈诸梁封邑。（付仲杨）

【轵国故城】 东周至汉代城址。全国重点文物保护单位。位于河南省济源市轵城镇东、西轵城村。面积约326万平方米。城址略呈方形，东墙长1 766米，南墙长1 865米，西墙所剩无几，北城墙已被破坏。城内出土有东周和汉代陶片。轵国故城可能为东周时期轵国都城。（付仲杨）

【邓国故址】 周代城址。全国重点文物保护单位。位于湖北省襄阳市樊城区西北约6千米处。城址略呈长方形，东墙长766米，南墙长896米，西墙长713米，北墙长858米。四面均有城门。城外有护城河。城东南角有夯土台。城北有两周时期墓葬群，出土了不少邓国青铜器。邓国故址是周代邓国都城。（付仲杨）

【共城城址】 周代城址。全国重点文物保护单位。位于河南省辉县市市区中北部。1994年经调查试掘。城址平面略呈方形，卫河自城西穿城而过。城墙东西长约1 500米，南北宽约1 100米，城墙断续残存，损毁严重，现存西北、东北、东南三个城墙拐角，东墙断续存在，南北两端各存200米，宽约60～70米。北墙东西两端长约800米，宽约50米。西墙北段长约300米，宽约50米。南墙东段长约380米，残宽约38～60米。城墙残高一般6米，墙基宽40米，顶宽约10米，系夯土筑成。共城城墙的夯筑方法是两边夯打中间填土的方法，提高了筑城效率并能增加防御效果。城墙内发现有坑道遗迹，发掘者认为是外敌入侵时挖掘的地道。在城墙夯土内出土有大量绳纹板瓦、筒瓦、半瓦当、绳纹陶片及少量铜铁器。城墙的始筑年代应为战国中晚期，在五代或宋初已遭较大破坏。另外，1988年曾在城址内发现战国时期铸铁遗址及烘范炉1座，所获铸铁陶范皆为农具范，从其他遗存可知该遗址除陶范外另有铁范存在。共城城址可能是两周时期共国都邑。（常怀颖）

【南顿故城】 夏商至汉代城址。全国重点文物保护单位。位于河南省项城市南顿镇。城址东临新运河，南临谷水，面积50万平方米。城墙仅存光武台南侧一段，长251米，残高7米，顶部宽约5米，最宽处10米，夯筑夯层厚0.18～0.3米。城垣下层含有商周时期粗绳纹陶片和浅裆陶鬲残片，上层含有汉代粗绳纹板瓦、筒瓦和红陶罐残片。城内外发现有春秋时期和汉代墓葬。据《汉书·地理志》：南顿，故顿子国姬姓。颜师古引应劭注云："顿迫于陈，其后南徙，故号南顿，故城尚在。南顿故城遗址对于春秋顿国和汉代南顿县的研究具有重要价值。（黄益飞）

【邗国故城】 西周至汉代城址。全国重点文物保护单位。位于河南省沁阳市西万镇邗邰村东南。目前仅存北城墙及东城墙的一段。经过钻探，可知城址平面呈长方形，东西长820米，南北宽580米，面积约48万平方米。北城墙现高2～7米，宽17～22米，北侧有宽40余米的护城壕。城墙系夯土筑成，从夯筑的情况判断，下部夯层或为西周遗存，中部则为东周所加筑，上部为汉代城墙。故城内散布大量西周及汉代陶片。由此，或可认为此城始筑于西周，东周及汉代又进行加固并延续使用。城址西北角有一处高9米、面积1 300平方米的土台。城西北还有一座小城，或系战国时期所修筑，清代曾修复，原设4门，其南门曰"南邗城"，城已废弃，仅余城墙10余米。故城东1千米处有一条南北向的龙门石河，河西岸有防洪堤坝，北起红岭山，南至故城东南，长约4千米。2002年对堤坝进行过解剖，其夯筑年代应为西周时期，或系防洪设施。邘国在商代为鄂侯的封地，但迄今尚未发现商代的遗物或遗迹；在两周时期为“武之穆”。邘国故城对于两周诸侯国都及邘国历史文化的研究具有重要价值。（黄益飞）

【番国故城】 东周至汉代遗址。全国重点文物保护单位。位于河南省固始县县城及城北一带。1974年起经数次发掘。发现有城垣、护城河和墓葬等遗迹。城址分内、外两城。外城周长13.5千米；内城位于外城的东北部，周长6.5千米。外城的护城河大部分完整。城内外与四周，以及城墙夯土内出土有东周时期陶器、铜器和“郢爯”金币等遗物。外城的西南和内城各有一座大型汉墓。番国故城可能是春秋时期楚灭蓼后的番国都城楚邑。（付仲杨）

【祭伯城】 周代城址。全国重点文物保护单位。位于河南省郑州市金水区祭城镇祭城村。经初步发掘，城址平面由椭圆形与长方形两部分组成，相互叠压，南北总长1 180米，东西宽约800米，总面积约95万平方米。此城在清咸丰年间重修，早年地面尚有城垣，今已不存。经过钻探、发掘可知，城址包括西周和明清两个时期的文化遗存。明清城址墙垣基本呈椭圆形，南北长670米、东西宽586米，面积约39万平方米。西周城址呈长方形，南北长约800米、东西宽约700米，面积约56万平方米，南半部为明清城址所叠压。墙体外侧有宽约25米的壕沟。城垣墙体上顶距地表深3.4～6.45米，城墙上顶宽15.5米、底宽25米，地下水位以上高约3米、以下约2米。城墙系夯筑而成，质地坚硬，出土有泥质和夹砂的绳纹陶片、板瓦等，可辨认的器形有盆、釜、罐、豆、缸等。此城址周代墙基之上有厚约4米的堆积层，或与黄河泛滥有关。从考古发现及文献记载可知，此城系西周始筑，明清时期又延续使用。祭在西周时期为“周公之胤”，后为郑所并，为郑大夫祭仲之采邑。此城对周代都城考古及历史文化的研究具有重要价值。（黄益飞）

【濮阳卫国故城】 东周时期城址。全国重点文物保护单位。位于河南省濮阳县高城村南。面积约916万平方米。2002年进行考古钻探，发现遗址北部夯土城墙，并发现东北和西北拐角。2005年再次进行钻探，并进行了试掘。整个城址平面呈长方形，残高6～9米，城墙基础宽约70米，顶部宽20～30米，城墙之外有一周护城壕。北墙长2 420米，东墙长3 790米，南墙长2 361米，西墙长3 986米，南墙毁坏比较严重。在夯层之间埋有人头骨或整具兽骨，这种现象当为城墙修筑过程中曾举行祭祀仪式的直接证据。城墙顶部为4～5米的唐宋淤沙层所覆盖，城壕和城内的文化层则被厚6～8米的汉代淤土层覆盖，或可说明此城在汉代时毁于黄河洪水。学者认为此城系春秋时期的卫国都城、战国时期的濮阳城。（黄益飞）

【华阳故城】 东周时期城址。全国重点文物保护单位。位于河南省新郑市郭店镇华阳寨村。春秋时期属郑，战国时期属韩，是韩国北部门户和军事重镇。2011年进行发掘。城址坐北朝南，大致呈长方形。北城墙、东城墙、西城墙保存较好，南城墙西段破坏较甚，但地下墙基保存尚好。北墙长约540米，墙基宽30～40米，高10～14米，最上端宽1～3米。北墙东西两端和中部外侧各有一马面。北墙外有护城河，宽8～10米。东墙总长670米，其中有一段城墙内凹40米，墙高2～4米，墙基宽约30米，城墙中部有一马面。南墙全长约502米，仅存墙基。西墙全长763米，其中亦有一段城墙内凹约50米，墙高9米，墙基宽30～40米，北端有一马面，西墙外亦有护城河遗迹。在古城内曾发现有建筑台基、灰坑、水井等遗迹，并出土有大量的战国时期陶器、铜镞等遗物，在西墙缺口处，还发现有人骨遗骸。华阳城历史悠久，西周时期可能已有城邑，今所见华阳故城或系战国城址。此外，华阳故城及周围还发现有丰富的仰韶文化、龙山文化及商周时期的遗存，填补了该地区新石器时代及商周时期文化遗存的空白。华阳故城对华国历史及古代战争史研究具有重要的学术价值。（黄益飞）

【十二连城】 东周时期城址。全国重点文物保护单位。位于河南省长葛市增福庙乡、官亭乡、老城镇境内，从增福庙乡曹庄，经官亭乡九牛站、丑楼到老城镇辘轳湾村，连绵数千米。据1930年《长葛县志》记载：“十二连城在县（长葛旧县城）西北五里，形势弯环，连绵不绝，故曰连城。”可知因有十二段不相联属的城墙，故名“十二连城”。连城迄今仅存五段，长1 500余米，其中曹庄段、丑楼段、五龙口西段、五龙口东段各长300余米，保存较好。城墙最高处约8

米，底宽约 5～11 米，顶宽 2～8 米。辘轳湾段保存较差，仅存基础部分。此城系夯筑而成，夯层厚 15～20 厘米，夯窝直径 6～10 厘米。十二连城是迄今许昌市保存较为完整的战国城墙，为研究古代军事防御及建筑史提供了珍贵资料。（黄益飞）

【京城古城址】 东周城址。全国重点文物保护单位。位于河南省荥阳市豫龙镇王寨、红沟、赵家垌、朱垌、京襄城、城角和魏寨等自然村附近。城址平面呈长方形，南北长 1 700 余米，东西宽 1 400 余米，周长约 6 300 米。地面尚存城墙九段，长约 1 000 米，其中以东南城角、西墙中段、东北角保存较为完好。墙垣残高 1～10 米，墙基宽约 25 米。城墙上夯层木棍架孔清晰，夯层厚 5～12 厘米，质地坚硬。城墙外围有护城壕，迄今仅存东墙和南墙外的护城壕，系利用京水河道作为天然屏障。城内散布大量陶器残片，城址内外发现一批周代及汉代的墓葬。京城为郑立国之初的大都邑，郑庄公曾赐此城于其弟叔段，故叔段又称京城太叔。其后周襄王避宫闱之乱，曾暂居于此，故又名襄城。京城古城址对东周城市考古及郑国历史文化研究均有重要学术价值。（黄益飞）

【苑陵故城】 东周至秦汉时期城址。全国重点文物保护单位。位于河南省新郑市龙王乡古城村东北，东依肖河、西临鸿雁河、北靠高岗。城址平面呈长方形，东墙长约 840 米，南墙长 1 260 米，西墙残长 780 米，北墙长 1 260 米，周长约 4 000 米。城墙高约 10 米。东墙、北墙保存较好，西墙、南墙损毁较为严重。城墙系夯筑而成，在北墙东部、西墙中部，以及东墙南北两端共筑有四个马面。故城内发现有大量建筑基址、道路、水井和灰坑。城址附近有 31 座墓葬。故城东另有一城址，可能系东周时期制城。据清乾隆四十一年（1776 年）《新郑县志》记载："今县东北三十五千米，有二城相连，其西苑陵，东则制城也。与《左传》、《汉书》、《水经注》之说相符。"制城城址破坏严重，东、南、北城墙地面部分荡然无存，东南城墙拐角尚余少量夯土墙体，高约 1.5 米，宽约 3 米。苑陵故城的发现与调查，对东周时期城市考古及郑国史地研究均有重要学术价值。（黄益飞）

【父城遗址】 东周至汉代城址。全国重点文物保护单位。位于河南省宝丰县李庄乡古城村附近。城址由内、外两城组成：外城俗称"城岭"，呈长方形，城垣痕迹隐约可见，东西长 1 750 米，南北宽 1 250 米，周长 6 000 余米，墙基宽 10 余米，残垣高 1 米；内城位于外城西北隅，俗称"紫禁城"，为一长方形土台，面积 7.7 万余平方米，城墙高 3 米。城址散布大量春秋时期绳纹陶片及汉代板瓦残片。城址内古城、马庄两村中曾先后出土有春秋战国时期的青铜壶、青铜鉴等。附近小谢庄、南牛庄也曾发现东周墓葬区，曾出土铜鼎、铜钫、铜镜、铜铃等。此城址与两周时期的应国墓地相去不远，与《元和郡县志》所记父城故城在县东四十里，故殷时应国地之说相合。亦即楚太子建所居之父城。父城遗址及墓地的发现、发掘对平顶山地区东周时期考古、历史文化的研究具有重要价值。（黄益飞）

【葛陵故城】 东周至汉代城址。全国重点文物保护单位。位于河南省新蔡县李桥镇葛陵村周围，东接党湖，南临洪河，西依奶奶湖，北临葛坡。城址平面呈椭圆形，南北长 1 330 米，东西宽 1 200 米，面积 159.6 万平方米，城垣高出地面约 1 米。除东城垣南部不存外，其余城墙保存较好。城内中部较高，发现有房基、陶水管道，子母砖所砌涵洞及陶器，铜器和蚁鼻钱等遗物，其中陶器有战国时期的鼎、盆、瓮、罐等，以及汉代的瓮、罐、盆等。城址所在的葛陵村西和宋营村南曾发现有建筑材料，或系宫殿区之所在。城东北部为战国墓葬区，1994 年曾对新蔡葛陵一号楚墓进行发掘。此墓为竖穴土坑墓，平面呈"甲"字形，四壁呈内收台阶状，虽多次遭到盗掘，但仍出土不少重要文物，包括青铜礼乐器、兵器、车马器、漆器、骨器、角器、牙器、铁器和陶器，由所出彝器自铭知墓主人系平夜君成。此外，还出土楚竹简 1 571 枚，是战国楚简的重要发现。此城址及附近墓葬出土的文物是研究豫南楚文化的重要资料。2003 年出版有《新蔡葛陵楚墓》。（黄益飞）

【启封故城】 东周时期城址。全国重点文物保护单位。位于河南省开封县朱仙镇古城村。1984 年发现，1987 年勘探和试掘。城址平面呈不规则四边形，东西墙较短，南北城墙较长，东墙中部被古城村横穿而过，破坏较甚，长 1 105 米、宽约 10 米，城墙夯土距地表 7～10.5 米、墙基厚 0.5～1.5 米。西墙全长 965 米，北端保存较好，至今地面尚存一段百余米的墙垣，残墙高约 7 米、宽 30 余米，发现有城门遗迹。南墙全长 710 米，分东、西两段，东段保存较好，夯土距地表 0.3～5 米，残宽 15 米，城墙厚达 15 米；西段城墙距地表 4～7.5 米，残宽不足 10 米。北墙全长550米,西段保存较好,夯土距地表深0.2～4.5米,残宽约20米。城墙系夯筑而成,质地坚硬,在西墙残垣上发现大量生活、建筑用陶的残片。历年出土有青铜矛、戈、镞等兵器及鼎、罐、豆等陶器,另有绳纹板瓦、筒瓦等建筑材料。该城始建于春秋时期,西汉时因避景帝讳改为开封,唐延和年间废弃。启封故城对于研究开封早期城市变迁和东周时期城市布局具有重要意义。(黄益飞)

【沈国故城】 春秋时期至汉代城址。全国重点文物保护单位。位于河南省平舆县射桥乡古城村一带。城址平面近方形,南北长1 500米,东西宽约1 400米,面积约2.1平方千米。20世纪90年代前后进行过考古调查及局部发掘。城垣夯土遗迹清晰可见,西南城角尚高出地面1.8米,东、西、南三门址尚存。文化层厚约1～5米。城内外出土有鼎、豆、罐、瓮、鬲、豆、陶拍等陶器残片,另有鼎、簋、剑、戟、戈、矛、镞等青铜器,系春秋时期至汉代遗物。城址南部有一处东周时期墓地,曾出土一批骨币。在城址范围的大徐村,曾出土一批汉代钱范。周初武王幺弟季载食采于聃,成王时受封为沈侯。春秋初沈国从渭水迁徙至淮水之滨,鲁定公四年(公元前506年)被蔡国所灭,后为楚地,汉属汝南郡。沈国故城遗址的发现,对春秋史地及沈国历史文化的研究具有重要意义。(黄益飞)

【刘国故城】 春秋时期至汉代城址。全国重点文物保护单位。位于河南省偃师市缑氏镇陶家村北。1984年发现。故城遗址地处万安山北麓,平面呈不规则长方形,南北长约1 220米,东西宽约650米。依地理形势而建,三面临涧,系天然屏障,故仅南面发现城墙遗迹,与《周礼·夏官·掌固》中"掌固掌修城郭、沟池、树渠之固。……若造都邑,则治其固,与其守法。凡国都之竟有沟树之固,……若有山川,则因之"所记因山川为国都之法相同。陶家村东北的壕沟断崖处的夯土城墙,为故城南城墙,全长412米。在东西两段城墙之间或有城门,未正式发掘。另有护城壕、房基、道路等遗迹。此外,还发现大量东周至汉代板瓦、筒瓦、小砖、空心砖等建筑材料,以及盆、甑、壶、豆等陶制生活用器残片。在故城附近还有东周墓群和车马坑遗迹,或与故城相关。此遗址为研究春秋时期刘国历史文化提供了珍贵的实物资料,对研究春秋时期诸侯国都城布局及相关问题具有重要价值。(黄益飞)

【大马古城】 东周时期城址。位于山西省闻喜县畖底镇大马村附近。城址略近正方形。东城墙长980米,南城墙长998米,西城墙长962米,北城墙长980米。城基宽8～12米。四面城墙上各有一处城门遗迹。城墙外四周有护城河。城内遗物以东周时期为主。大马古城可能是晋国的清原城。(付仲杨)

【赵康古城】 东周时期城址。位于山西省襄汾县赵康镇东。古城由大城和小城构成。大城近长方形,南城墙长约1 650米,东城墙长约2 600米,北城墙长约1 530米,西城墙长约2 700米。南、北、西墙各有缺口,其中有些应是城门遗迹。城外四周有护城河。小城位于大城北部的正中间,倚北墙建成,东、西墙长700余米,南墙长约700米,北墙长660米。大城的北城门与小城南墙的缺口相对应。城内有东周和汉代遗存。赵康古城可能是晋国之"聚"、"故绛都"。(付仲杨)

【上郭城址和邱家庄墓群】 西周至战国时期遗址。全国重点文物保护单位。位于山西省闻喜县桐城镇邱家庄与上郭村相连的鸣条岗丘陵上,两处遗址相距约4千米。上郭古城址位于上郭村,城墙系夯筑而成。曾在村东发现古城址北墙,残长500米,宽7～8米,高0.5～3.5米;在村南有西墙暴露部分4～5米,残高约3米。因未经发掘,调查者认为属于周代城墙。上郭村西北方向有较为密集的两周时期墓葬,位于邱家庄村北100米处。1974—1988年发掘了其中的120余座,马坑2座。墓葬年代最早者可达西周晚期,晚者则相当于战国晚期,数量均不多。墓葬主体属于春秋和战国早中期。除个别墓葬外,墓地中靠近上郭村者年代较早,靠近邱家庄者年代则相对较晚,多属战国时期。墓地中随葬品有青铜器、陶器、玉器等类。根据已发表材料可知,所有墓葬基本上皆为仰身直肢葬,葬具使用十分普遍。(常怀颖)

【南村城址】 战国时期至晋代城址。全国重点文物保护单位。位于山西省方山县峪口镇南村北川河东北岸台地上。平面呈不规则形。20世纪90年代初调查。城址由两部分组成:一为战国时期皋狼城址,平面呈梯形,东西长504～600米,南北宽127米,基槽宽13.7米,顶宽约6米,残高最高处约9米。墙体夯筑。城门情况不详。二为汉代皋狼县城和西晋左国城,又分为内城、外城、东城三城。内城沿用战国城，外城平面呈喇叭状，东西长 594～720 米，南北宽 206～570 米，墙体有修补。南墙外有马面 1 座，东墙偏南有城门。东城是外城之外加筑的防御墙体，其中北城墙以北有城墙 1 道，马面 2 座。东城墙以东有平行城墙 2 道，最外一道北侧则有弧形遮挡墙 3 道。城内采集到战国时期陶鬲、罐、瓮及筒瓦、板瓦残片，汉晋时期陶壶、罐、盆等。据《魏书》等文献记载，该城始建于战国时期，秦汉置皋狼县，东汉南单于庭在左国城，故始称为左国城，十六国时刘渊曾短暂定都于此。（常怀颖）

【古魏城遗址】 两周时期古城址。全国重点文物保护单位。位于山西省芮城县古魏镇北。城址略呈方形，边长约 1 150 米，方向近正南北向，地表上残存城墙基槽宽约 13～15 米。地面可见城墙最高处约 7 米。城墙夯筑，夯打方式较特别，下部分为内外两重，上部则成一体。城址内东南、西北、东北三个城角保存较好，东墙与南墙尚存可能是城门的缺口。城墙转角外侧有月牙状的夯土台，残高约 1 米，有如马面，可能与防御设施有关。20 世纪五六十年代城内曾出土数批青铜器，并清理过 10 座墓葬，属春秋中晚期。20 世纪 70 年代和 80 年代在城东北的柴村曾有两批青铜器出土，上限可到西周中期，下限则为春秋早期。根据城内出土的陶器、瓦当、板瓦等遗存判定，古魏城始建年代至少在春秋中期，是否还会更早尚待进一步验证。城北中部有少量汉代堆积，说明城址使用下限可能在汉代。《史记·魏世家》记载“献公之十六年……以魏封毕万”，《正义》云“魏城在陕州芮城县北五里”，应指此处。（常怀颖）

【下阳城遗址】 两周时期城址。全国重点文物保护单位。位于山西省平陆县张村镇太阳渡村南。平面呈长方形，南北长约 3 500 米，东西宽约 2 000 米。地表尚存数段城垣，其中一段长约 200 米，宽约 3～5 米，残高 4～6 米。墙体夯筑。城址内暴露有同时期的墓葬，皆为长方形竖穴土坑墓，出土的青铜器有编钟、鼎、簋、豆、壶、鉴、车马器等，以及编磬、铜贝、包金贝、骨贝、铲币、布币、玉器等。据清乾隆《平陆县志》，下阳城又称“金鸡堡”，始建于西周，为虢国之重邑。（常怀颖）

【虞国古城遗址】 两周时期城址。全国重点文物保护单位。位于山西省平陆县张店镇古城村及四周。城址呈长方形，南北长约 2 500 米，东西宽约 2 000 米。南北城墙保存较好，南墙残长约 300 米，基宽约 15～20 米。墙体夯筑。城中部有东西向的隔城墙，将古城分为南北两部分。南城有大型夯土建筑基址。调查采集到西周晚期到春秋早期的陶鬲和罐残片。据清乾隆《平陆县志》记载，该城为春秋时期晋献公所灭的古虞国都城。（常怀颖）

【娄烦古城遗址】 战国时期城址。全国重点文物保护单位。位于山西省娄烦县马家庄乡新城东沟村。古城呈长方形，东西长约 1 000 米，南北宽约 700 米，周长约 3 400 米，总面积约 24 万平方米。残存北城墙西端长 53 米，宽 3～5 米，高 6 米。城墙版筑而成，东墙残存梯形马面 2 座。城墙南、北、西三面有城壕，宽约 5 米。城内采集、出土有东周时期的盆、罐、布纹板瓦、筒瓦，以及铜戈、铜镞等。城内发现有马骨和插有箭镞的人头盖骨。该遗址可能为我国北方古代少数民族政权娄烦国南下后建都，被赵武灵王攻破后的都城遗存。（常怀颖）

【安居遗址】 西周至汉代遗址。全国重点文物保护单位。位于湖北省随州市安居镇王家湾村，坐落在涢水及其支流所形成的三角冲积平原上。遗址南北长约 1 000 米，东西宽约 800 米，面积约 80 万平方米。文化遗存比较丰富，中心区域更加密集。1984 年进行考古调查，遗址内遍布陶片，其中泥质灰陶、夹砂红陶数量最多，纹饰以绳纹为主，器形有瓦、瓦当、鬲、豆、盆、罐等。遗址中心偏北部位或有高台建筑遗迹，其上分布大量瓦、瓦当等建筑遗物。1998 年在遗址南部勘探出一座小城，平面近方形，南北长约 190 米，东西宽约 170 米，城内散布大量春秋至汉代的陶片。从出土遗物分析，遗址自两周一直使用至汉代。安居遗址位于随州羊子山鄂国墓地西南 1 千米处，安居境内亦发现有曾国铜器，故安居遗址及遗址内的城邑可能与鄂国或曾国有关。安居遗址的发现，对于随州地区考古学文化的研究具有重要价值。（黄益飞）

【楚郢都纪南城】 亦称“纪郢”。东周时期楚国都城遗址。全国重点文物保护单位。位于湖北省荆州市荆州区纪南镇。因其位于纪山之南，故后人称为纪南城。春秋初期楚文王元年（公元前 689 年），楚国自丹阳迁都至此。公元前 278 年秦军攻占郢都，楚顷襄王迁都于陈（今河南淮阳）。20 世纪 50 年代初开始进行考古勘探。城址内有三段河流穿过，朱河自北向南流，在北垣中部入城。新桥河自北向东南流，绕城垣西南角，在南城垣中部入城后又向北流。城垣为土筑，一般高出平地3.9～8米。城垣全长15 506米。城墙外有护城壕。现存城垣上能确定为城门遗址的有7处，其中水门建筑2座，是南方古城的特有建筑。据地层关系和出土遗物判断，现存城墙建于春秋晚期或春秋战国之际。纪南城内现存有当时的夯土台基84座，绝大部分集中在城内东部，尤以城内东南部最密集。城内水井众多，另有铸铜作坊和多处窑址。墓葬分布于城址周围。（徐良高）

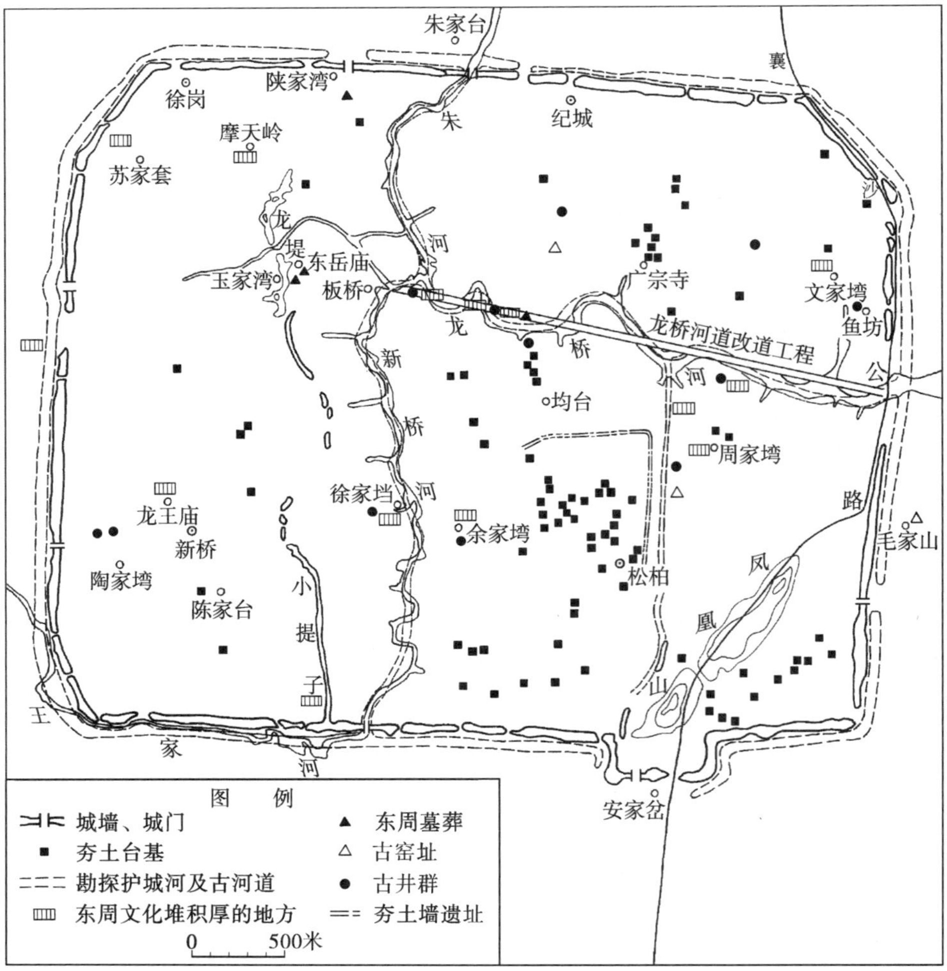

楚郢都纪南城平面图

【纪郢】 即“楚郢都纪南城”。

【楚皇城城址】 东周时期楚国的重要城市遗址。全国重点文物保护单位。位于湖北省宜城市郑集镇皇城村。平面呈不规则长方形，城垣周长6 420米，东垣长2 000米，南垣长1 500米，西垣长1 840米，北垣长1 080米，面积约2.2平方千米。城墙下宽8.15米，墙垣每边有两处缺口，似为城门遗迹。城垣四角突起，可瞭望全城。城内东北部有夯土台基，出土过楚币“郢爯”等。城内西南部发现有制陶作坊遗址，城内外还发现有不少陶圈井。城西400米处的雷家坡墓地和城西3千米处的魏岗墓地包括战国秦汉时期的土坑墓。有学者认为楚皇城遗址为楚的鄢郢，或认为是楚文王所都的郢。（徐良高）

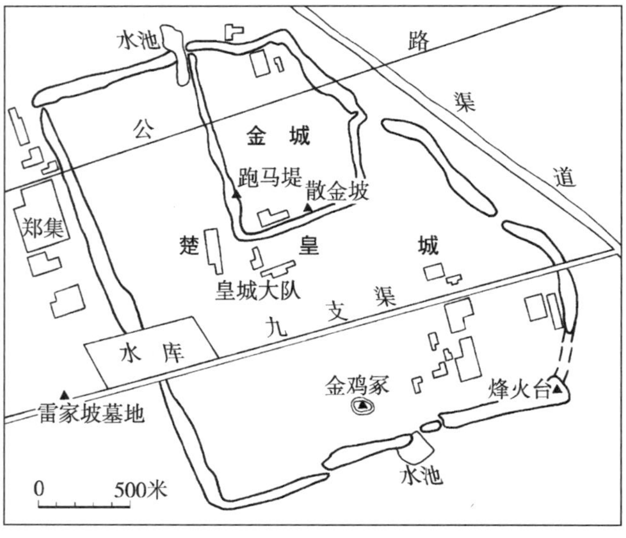

楚皇城平面图

【季家湖城址】 东周时期城址。全国重点文物保护单位。位于湖北省当阳市草埠湖镇季家湖村南。1973年经钻探试掘。城址南北长约1 600米，东西宽约1 400米。现存南城墙长68米，城墙外有护城壕。城址北部发现有夯筑台基，出土有铜钟和大型青铜构件及板瓦、筒瓦。城北杨子山遗址发现有东周时期房基、制陶作坊遗址、窑穴和墓葬，出土有铜器和陶器等。季家湖城址是一处重要的楚国城邑，或认为是楚都丹阳，或认为是楚文王始都的郢城。（付仲杨）

【鄂王城城址】 东周时期城址。全国重点文物保护单位。位于湖北省大冶市高河乡胡彦贵村。面积约12万平方米。城址呈不规则长方形,东西最长约500米,南北最宽约400米,周长1 533米。城内南部有夯土台基。城外有护城河遗迹。城址内出土有陶器、石器、铜器、铁器和“陈爯”金币等。(付仲杨)

【**龙湾遗址**】 东周时期楚国离宫遗址。全国重点文物保护单位。位于湖北省潜江市龙湾镇瞄新村。遗址略呈长方形,东西长约2 000米,南北宽约1 000米。已调查发现的有放鹰台、荷花台、打鼓台、陈马台、无名台、章家台、郑家台、小黄家台、华家台等10余座台基。台基的年代有东周的,也有汉代的。其中放鹰台是所有台基中保存最高的一座土台,整座台子是一条由东南向西北倾斜长约300米、宽约100米的岗地。已发掘的宫殿基址位于放鹰台东南部,基址的建筑形式为层台建筑。已发掘的两层台基,第一层台基系黄色夯土筑成,房屋建筑为半地穴式。居住面平整坚实,建造方法是在夯土基上先铺一层瓦片,然后涂上一层厚厚的草拌泥,再用火烧烤,以达隔水防潮的效果。第二层台基为小灰色砖坯台基,三面为低层夯土台基,中间为高层砖坯台基。在两层台基之间,围绕砖坯台基的东、南、西三面均发现有红砖墙,现存墙高1～1.6米,厚0.5～0.7米,墙面用细泥粉刷,并涂有黄色颜料。该宫殿的建筑时期可能在春秋中晚期,废弃年代约延至战国中期。学术界认为龙湾遗址为楚王离宫的章华台。(徐良高)

【**草店坊城遗址**】 周至汉代城址。全国重点文物保护单位。位于湖北省孝昌县花园镇中心村,南濒澴水,西临京广铁路。城址呈不规则长方形,东西最长处527米,南北最宽处310米,面积约15万平方米。1989年进行考古勘探。城墙系夯筑而成,四面城墙形迹可见,北墙长540米,南墙被分成长309米、360米的两段墙垣,东墙长210米,西墙长225米。原墙宽18～20米,高出城内3～5米。还发现有护城河、城门、城垛遗迹。文化遗存丰富,城址内遍布东周至秦汉时期的陶片。东周陶片以褐灰陶和灰陶居多,纹饰以绳纹为主,器形包括鬲、豆、盂、盆、罐、筒瓦等;秦汉时期陶器几乎全为灰陶,器形包括盆、瓮、井圈、瓦当等。城址西有一处早于该城的遗址,西南有一处战国秦汉时期的大型墓地。从城址的构造及所处位置分析,此城址可能为战国秦汉时期一座重要的军事堡垒。(黄益飞)

【**郭家岗遗址**】 东周时期遗址。全国重点文物保护单位。位于湖北省宜城市雷河街道官堰村仁家台北的长条形高台地上。面积约120万平方米。遗址西距蛮河2千米,东距“楚皇城”遗址约12千米。20世纪80年代初文物普查时发现。1990年发掘。所见周代遗迹有房址、灰坑、井,其中房址柱洞7个、灰坑97个、井7眼。另有大量的生产、生活遗物,生产工具包括石斧、石球等石器,网坠、纺轮等陶器,锄、锸、削刀等铁器,以及削刀、箭镞等铜器。生活用具绝大部分为陶器,早期陶器以夹细砂陶为主,泥质陶和磨光陶次之,愈到晚期夹砂陶绝对数量愈多,且砂质愈来愈细,颜色以灰色为主,器形包括鬲、甗、罐、盂、豆、盆、鼎等,另有数量极少的青铜带钩和蚁鼻铜钱。郭家岗遗址是一处以楚文化为主的遗址,依所出陶器可分为七期,第一期属西周晚期或两周之际,第二至四期分属春秋早期、中期、晚期,第五至七期分属战国早期、中期、晚期。郭家岗遗址文化堆积丰富、文化发展序列清楚、器物组合完整,对楚文化研究具有重要意义。(黄益飞)

【**孙郭胡城址**】 战国时期城址。全国重点文物保护单位。位于湖北省咸宁市咸安区向阳湖镇铁铺村。2006年发掘。发现有城楼、护城壕和城墙等遗迹,其中护城壕口宽约20米、深约4米,城墙基部宽约24米,上宽现存5～10米。此外,还发现了一批战国时期的遗迹和遗物,所出土遗物大多具有典型的楚文化特征。孙郭胡城址是迄今咸宁所见年代最早、保存最完整、规模最大的军事城堡,其发现与发掘对于咸宁地区的楚文化研究具有重要价值。(黄益飞)

【**南襄城遗址**】 战国时期至汉代城址。全国重点文物保护单位。位于湖北省宜昌市远安县洋坪镇南襄城村。面积约27万平方米。城址现残存北城墙和东城墙,长186米、宽11米、高1.9米。城墙系夯筑而成。城内散落大量的瓦块及陶片,以泥质灰陶为主,泥质红陶次之,器形有鬲、豆、盂、罐、纺轮等。城北为金坝岭墓群,城南为墓岭岗墓群。20世纪90年代曾在南襄城遗址内发掘出土大量灰陶器、青铜剑、铜镞等遗物。(黄益飞)

【**新店土城遗址**】 战国时期至汉代城址。全国重点文物保护单位。位于湖北省赤壁市新店镇土城村附近。1999—2002年先后在8个地点进行五次考古发掘,发掘总面积1984平方米。土城由大小两座不同时期的城址组成,小城位于大城的西南部。大城平面大致呈长方形,南北长978米,东西宽762米,周长3 265米,面积约75万平方米。北垣长580米,地表下墙体残宽15米、底宽18米、高约1.8米;南垣长605米,地表以上残墙长100余米,面宽16米、底宽21米、高2～4米;西垣长886米,地表以上残墙长576米,高于地表2～5米、宽14～22米;东垣长686米,城垣内外有护坡。城垣之外有护城河,宽约20～32米。四面墙垣各有一个缺口,或即城门所在。城内遗迹有夯土台基两座。从出土遗物分析,大城系战国时期修建。小城位于大城西南部,利用大城西垣、南垣重筑而成,面积15万余平方米,约为大城的五分之一,平面亦呈长方形,北垣长350米,面宽11米、底宽22米,残高0.7～1.2米;南垣长314米,西垣长365米,东垣长410米。城垣四周有护城壕,四面墙垣亦各有城门一座。小城内发现同时期夯土台基建筑遗迹6座。出土遗物显示,小城为汉代城址。在城外发现有战国时期及汉代墓地,适与大城、小城的使用年代相当,可知两者之间关系密切。战国墓地所出遗物及器物组合具有浓厚的楚文化特征,这与大城的建筑方法、平面布局及出土遗物所见相合,因此大城当系战国时期楚国一座重要的城邑,对楚文化、楚国地方城邑及相关问题研究具有重要价值。(黄益飞)

【不二门遗址】 商周时期遗址。全国重点文物保护单位。位于湖南省永顺县不二门国家森林公园内。面积约7.6万平方米。1986年发现。2002年发掘。由岩窝遗址、洗心池遗址、虎字岩遗址、摩崖石刻遗址、蚌壳岩遗址、强盗洞遗址、老鹰洞遗址、松柏古道遗址等22处洞穴或石厦组成。出土铜箭镞、石球、陶网坠和卜甲等遗物。年代为商代至春秋时期。不二门遗址为研究湘西地区商周时期古人居住、生活及生存方式提供了实物例证。(付仲杨)

【辽瓦店子遗址】 新石器时代晚期至唐宋时期遗址。位于湖北省郧县柳陂镇辽瓦村汉江南岸二级台地上。面积约12万平方米。包含新石器时代晚期、夏、商、西周、东周、汉、唐宋等不同时期遗存。其中,新石器时代的遗迹有灰坑、墓葬、窑址,属江汉流域石家河文化。遗址保存最完好、遗存最丰富的是夏代文化遗存,包括大量的房屋、灰坑、墓葬和窑址。发现的商代灰坑出土器物有鬲、甗、斝、罐、大口尊、假腹豆、簋等,年代从二里冈下层到殷墟一期,其风格与典型的商文化如出一辙。另外,遗址中出现一组以扁足鬲为代表的新文化类型,属商末或周初,分早、晚期,早期同殷墟一期的陶片共存,晚期的年代可到西周中期。西周中期以后,遗址出土一组兼具周、楚风格的器物群,是楚文化研究中迄今发现年代最清晰、特征最明显的周楚文化融合发展的实物例证。从春秋早期持续到战国晚期,文化属典型的楚文化类型。辽瓦店子遗址的发现为建立汉江上游区域文化发展序列的标尺、探讨夏商文化在西南的影响以及研究楚文化的起源和发展提供了重要线索。(徐良高　付仲杨)

【申鸣城遗址】 战国时期城址。全国重点文物保护单位。位于湖南省临澧县新安镇古城村。城址平面呈长方形,东西残长约500米,南北残宽约300米,面积约15万平方米。20世纪80年代发现。2005年发掘。夯土城垣残存7段,高约3米、宽4米。城内出土泥质灰陶鼎、豆及绳纹板瓦、筒瓦等。另外,通过调查城址还可能发现有护城河和水门遗迹。申鸣城遗址可能是战国时期楚国南方的一个中心城邑。(付仲杨)

【罗子国城遗址】 东周时期城址。全国重点文物保护单位。位于湖南省岳阳市屈原管理区河市镇古罗城村。城址整体略呈长方形,面积约23.6万平方米。1957年后经多次调查和发掘。遗址上有城垣和护城河,城内有建筑基址。出土遗物有筒瓦、板瓦、鬲、豆等陶器和印纹硬陶等。罗子国城遗址可能为东周时期古罗子国的城邑。(付仲杨)

【四方城遗址】 战国时期至汉代城址。全国重点文物保护单位。位于湖南省保靖县迁陵镇要坝村。面积160万平方米。2012年发掘。发现有城郭、青铜冶炼遗址、战国粮窖遗址、战国至汉代墓群和居址等遗迹。出土铜器、陶器、金银器、玻璃和瓷器等遗物。四方城遗址可能是楚黔中郡、秦洞庭郡、汉武陵郡郡治所在。(付仲杨)

【采菱城遗址】 春秋时期至汉代遗址。全国重点文物保护单位。位于湖南省桃源县青林回族维吾尔族乡黄楚、金鸡两村交界处。城址呈长方形,南北长830米,东西宽410米,护城河宽20～30米,面积

49.8 万平方米。1982 年起经多次调查和发掘。发现有城垣、护城河、宫殿基址和墓葬等遗迹。出土遗物有罐、钵、豆、流水套筒、瓦当等陶器,以及铜器、铁器等。采菱城遗址,亦称“黄楚城”,可能为春秋时期楚平王所筑。(付仲杨)

【牯牛山城址】 西周至春秋时期古城遗址。全国重点文物保护单位。位于安徽省南陵县籍山镇先进村。城址呈长方形,长约 900 米,宽约 750 米,面积约 70 万平方米。由 5 个高台地组成,四周分布着 4 条水道(即护城河),西南有进水口,东北有出水口,有城墙遗迹。其中最高最大的台地为主城部分。每个台地之间有水道隔开,水道与外围护城河相通。护城河宽约 20～50 米。东部北端有窑址,西部南端有铸铜遗迹,出土铜炼渣、红烧土、木炭堆积层等。出土有扁平穿孔石斧、椭圆柱形石杵、小铜锭以及各种纹饰的几何形印纹陶片、原始青瓷片等。可辨器形有鼎、鬲、罐、豆、瓮、盅、釜、甗、罐、盂、盆等,具有鲜明的地域特征。城址周边分布着千峰山土墩墓群和大工山古铜矿遗址群。牯牛山城址是迄今发现的安徽长江以南地区时代最早、规模最大的一处城址,对研究吴越地区的社会经济文化提供了详实的资料,填补了本地区先秦史的空白,对探索长江中下游地区青铜文明的起源与发展具有十分重要的意义。(徐良高)

【寿春城遗址】 战国时期遗址。全国重点文物保护单位。位于安徽省寿县寿春镇、九龙乡境内。面积约 1 455 万平方米。1983 年进行过调查。发现有城垣、城门、护城河、水道、水井、夯土台基和墓葬等遗迹。战国晚期遗物出土丰富,有错银铜牛、鄂君启车节和舟节、楚金币、瓦当、板瓦及筒瓦等。寿春城遗址可能为楚考烈王时楚国都城。(付仲杨)

【天目山遗址】 两周时期城址。全国重点文物保护单位。位于江苏省姜堰市城区北部天目山。城址四面环水,依地形而建,呈东西较长、南北较短的长圆形,总面积约 2.5 万平方米。2000 年和 2003 年进行两次发掘。城址有外城和内城两部分:外城呈长方形,面积约 2.3 万平方米,四周是南北约 200 米、东西约 170 米的护城河道。内城东西长约 70 米、南北宽约 55 米,面积 3 800 平方米。城内发现有灰坑、房址、台基、墓葬等遗迹,出土遗物有罐、鬲、豆、钵、盆、盘、簋等陶器,以及大量动物骨骼。年代在西周中晚期至春秋早期,是江淮地区发现的最早城址,对研究江淮地区西周至春秋时期历史进程具有重要价值。(唐锦琼)

【淹城遗址】 东周时期的重要城市遗址。全国重点文物保护单位。位于江苏省常州市武进区湖塘镇淹城村南。总面积约 60 万平方米。城址由外城、内城、子城三重城垣组成。三重城垣之外均有护城河。外城河之外又有一周堆土城垣,形成“三条环河四套城”的格局。外城呈椭圆形,周长约 2 500 米,其外的城垣周长 3 500 米。内城呈方形,周长约1 500 米,位于外城北中部。子城也呈方形,周长约 500 米。外城河、内城河、子城河分别宽 60 米、40 米、30 米。城内西部有一条南北向的古河道连通三条护城河。外城门和内城门均为水门,分别在城墙的西北和西南部位,子城南部正中设一门。城址内外分布许多土墩墓,在内城河底还多次发现独木舟、青铜器、原始青瓷器及几何印纹陶等遗物,年代属西周晚期至春秋时期。城址约建于春秋晚期,三重城垣同时建筑,春秋晚期之后废弃,使用时间短。关于淹城的性质,学术界争议较大,或认为是吴王寿梦之子季札的封邑延陵之所在;或认为属吴国中期的都城,或认为属当地土著淹国的都城遗址。(徐良高)

【木渎城址】 春秋时期城址。位于江苏省苏州市吴中区木渎镇、胥口镇一带,地处太湖东北角苏州西部山区的山间盆地中。通过调查和发掘,确认南北两处城墙遗迹及一座小城。北侧城墙位于五峰地点,呈曲尺形,长约1 150 米。城外侧有城壕。南侧城墙位于新峰地点,长约 560 米。西侧为“两墙夹一河”的水门遗迹。两处城墙之间相距约 6.7 千米。小城位于西南侧的合丰地点,呈圆角方形,面积约 22 万平方米。在城内发现多处居址和作坊等遗迹。城址始建于春秋晚期,具有都邑性质。(唐锦琼)

【阖闾城遗址】 东周时期城址。全国重点文物保护单位。位于江苏省无锡市和常州市交界处,东部为无锡市胡埭镇湖山村,西部为常州市雪堰镇城里村。城址现存东城和西城两个小城,两城一墙相隔。钻探发现并确认了春秋晚期的城墙、城内的高台建筑、陆门和水门。其中,大城长 2 100 米,宽 1 400 米,面积 2.94 平方千米。墙基宽 34 米。城内出土新石器时代的夹砂陶、红陶和西周至春秋时期流行的曲折纹、回纹、菱形填线纹等几何纹残陶片。城北龙山山脉自西南向东北分布着石冢和石城。石城长约 20 千米，两面用大石块垒砌，中部填土，地面高度 0.7～1.0 米。阖闾城址的发现为探索吴国城市发展和吴国历史提供了重要线索。（徐良高　付仲杨）

【葛城遗址】 两周时期城址。全国重点文物保护单位。位于江苏省丹阳市珥陵镇。2007—2008 年进行发掘。遗址中心部分为一座不规则长方形城址，东西长约 200 米，南北宽约 150 米，城内现地表高出周围农田约 3 米。除西城墙外，其余城墙均遭破坏。城墙以外尚存多道壕沟，东西城墙外侧各有两道壕沟，南城墙外侧有 4 道壕沟。城墙包括早、中、晚三期城墙，有不断修补的过程。城内西部为建筑区，有近 1 米厚的红烧土堆积。城址从西周中期延续使用到春秋晚期。城址附近发现的神河头遗址为一附属于城址的特大型环壕高台祭坛。（唐锦琼）

【下菰城遗址】 东周时期遗址。全国重点文物保护单位。位于浙江省湖州市吴兴区道场乡东南。面积约 44 万平方米。在遗址上发现有城垣、城门和墓葬等。城垣可分为内、外两重。遗址出土有陶器、石器和原始瓷器等遗物。下菰城遗址是战国时期楚国春申君黄歇的封地。（付仲杨）

【递铺城址】 两周至汉晋时期城址。全国重点文物保护单位。位于浙江省安吉县古城村。城址平面呈方形，东西长 600 米，南北宽 550 米，面积约 33 万平方米。城墙夯筑，残高 5～9 米。城外有护城河环绕。2002 年起对城址进行发掘，发现春秋至汉晋时期文化堆积，出土有格纹、回纹等印纹硬陶片及绳纹筒瓦、板瓦等。在城址周边的山地上分布着大量春秋战国时期的土墩墓，有些土墩高大如山，且有隍壕围护，与城址早期堆积相对应。根据文献记载，递铺城址为秦汉时期鄣郡的治所。在两周时期，其亦为江南地区的一处重镇。（唐锦琼）

【茅湾里窑址】 两周时期窑址。全国重点文物保护单位。位于浙江省杭州市萧山区进化镇，包括裘家山、狮子山、蜈蚣腿等地点。1956 年发现。窑址大多建在依山旁水的山坡上，地面上有部分窑床暴露，并发现有釉渣、窑具及大量的堆积层。窑址烧制产品以印纹陶和原始瓷为主。印纹陶以红褐色黏土为原料，胎色呈赭褐色、深黄色、深灰色，纹饰系拍印而成，主要有“米”字纹、网格纹、方格纹、云雷纹等。原始瓷器以瓷土为原料，色灰白，质地较坚硬密实，除器底外，表里均施青黄色薄釉。印纹硬陶器形主要有罐、坛、鼎等。原始瓷器器形主要有碗、杯、盅、鼎、盉等。（唐锦琼）

【富盛窑址】 两周时期窑址。全国重点文物保护单位。位于浙江省绍兴县富盛镇倪家溇村长竹园和诸家山等地点。窑址面积约 4 000 平方米。发现多座窑床，系早期龙窑。1978 年试掘。窑室较矮，有拱顶，窑墙和窑底都用黏土做成。其中一条龙窑残长 6 米、窑床宽 2.46 米。富盛窑址为原始青瓷和印纹硬陶合烧。原始瓷胎质坚密，胎骨灰白，釉呈青色，器形有碗、盘、碟等，叠烧时以扁圆形垫珠间隔。印纹陶胎质呈深紫、深灰色，外饰米筛纹、杉叶纹、回纹，器形有坛、罐等。富盛窑址对研究东周时期窑业生产状况和龙窑技术发展有重大价值。（唐锦琼）

【齐长城】 东周时期齐国构筑的防御设施。全国重点文物保护单位。初名“巨防”。始建于公元前 6 世纪中叶，完成于前 4 世纪末。齐长城大体分为两列，即建于南面泰山上以防御楚国的长城和建于西部济水东岸以防御三晋的长城。齐西长城主要是加高加厚济水东岸的防水堤坝，并利用济水作外壕，堑削济水的岸坡，使之壁立如墙，三者结合构成防御性军事体系。齐南长城位于今山东省中部的泰山、沂山、鲁山等山地，西端位于山东省济南市长清区广里乡广里村南，向东北经王道岭及其东侧的长城铺村，穿过泰安市北部的大横岭（又名长城岭）、济南市历城区东南的梯子山，循莱芜市北境与章丘市接界的长春岭，劈林尖山而筑，又向东北延伸，起伏于凤凰山、双嘴山（风门口）诸山岭。长城由此转向东南向，循荆山、岳阳山诸山岭，然后顺太平山贯穿莒县东北部，转南跨浯水，傍高华岭伸向五莲县北境，南转往东方，历经诸城、胶南两市的齐城山，最后消失在胶南市灵山卫镇于家河村附近的海边。这段长城除多处以长城命名的遗迹外，在穆陵关北 1 千米处还存在着一段城墙。齐长城平地为黄土夯筑，山上则为石块垒砌，顶部呈圆形。城墙内侧有守城的马道，马道下倚墙建石屋。（徐良高）

【楚方城】 东周时期楚国修建的边界防御设施。分布于河南省西南部和陕西省东南部，以及湖北省西北部。沿伏牛山脉东抵桐柏山，西过武当山，主要集中于南阳盆地的东、北、西三面，依山而筑。河南省方城县独树镇中信庄村的大关口东西两侧山坡上残存有土石城墙遗址，分南北两道并列，间距200～300米，东西长1 000余米，高1.5～3米不等。南垣北侧有土台7座。在城墙内曾出土青铜戈1柄，青铜箭头数十枚，为战国时期遗物。从大关口东侧的黄石山向南，经马库庄抵李奎岗村约6千米区间，尚存土岗一道，墙基宽12米，残高2～3米，系堆筑和夯筑而成，可能为楚长城的东段遗存，旁有烽燧遗存，推测为一处关隘遗址。在陕西省东南部平利、旬阳、白河三县与湖北省交界的群山上，也有一段楚长城故址。城址呈东西走向，随山岭起伏。有些学者认为楚国在春秋中期已有长城，但学者一般认为楚方城建于战国中期，延伸于楚国的北境，为防御秦、韩、魏、齐诸国而立，并建列城作为争霸中原的前沿阵地。（徐良高）

【秦长城】 战国时期秦国建筑的防御设施。全国重点文物保护单位。包括东长城和北长城。东长城又称“堑洛”。战国前期秦弱魏强，为阻止魏国的继续西进，秦国沿洛河西岸铲削岸坡，夯筑土墙而修成一道军事防线。自陕西省华阴市华山北麓的朝元洞，向北经南洞村、北洞村、王家河、西关堡、风箱城等，循长涧河西岸达于渭河南岸。过渭河后，循洛水西岸，经长城村，历经大荔县南部、蒲城县东境、白水县北部，过宜君县、黄陵县而达于富县境内。在富县境内，“堑洛”长城自城关镇西南的山城伸向西北，历经罗家原、曲里、上伏龙、侯村等地，过钳二乡境和道德乡的昭八寺、任家台，趋向保尔原一带，仍断续保存遗迹30余千米。北长城筑于公元前271年。秦昭王时，秦向北吞并了义渠戎国，于是秦有陇西、北地、上郡，筑长城以拒胡。西端起于临洮县北三十里墩的洮河边上，或认为长城起自今甘肃省岷县城西10千米处，中经宁夏回族自治区、陕西省，止于内蒙古自治区伊克昭盟准格尔旗东北境的十二连城，全长约2 000千米。在甘肃省境内临洮县、渭源县、陇西县、通渭县、静宁县内的群山中蜿蜒伸展。在宁夏回族自治区南部绕六盘山西、北两面分布，经西吉县、固原县等，然后又进入甘肃省庆阳市的镇原县、环县、华池县。在陕西省境内，秦北长城在吴旗、志丹两县山区中延伸，趋向东北，伸入靖边县，继而穿过榆林市境抵神木县北窟野河西侧，傍河北上出陕西省，进入内蒙古自治区。在内蒙古自治区伊克昭盟境内，先经伊金霍洛旗的纳林塔乡，向北进入准格尔旗境内的巴龙梁、神树沟等，至坝梁后折向东，经点素脑包，抵达十二连城乡驻地附近的黄河西岸。在靖边县南部向东另有一分支，即经陕西省的志丹、安塞、绥德等县，止于榆林市东南无定河西侧。今长城遗迹尚存，断断续续，既有石砌，也有土夯，多建于丘陵高地。全线约有三分之一是顺应地势巧加堑削而成，在长城内侧布列有烽燧、城障、古城遗址。城墙上设置城墩。沿线发现有大量秦瓦、陶片。（徐良高）

【魏长城】 战国时期魏国修建的边界防御设施。全国重点文物保护单位。公元前366年，魏在与秦的“洛阴之战”失败后，转入战略防御阶段。为固守河洛之间的土地，魏效法秦之堑洛，在其西境先后营建长城。魏西长城南端起自陕西省华阴市华山北麓的朝元洞，沿长涧河西岸，北抵渭河南岸，然后循洛河东岸，经大荔县、蒲城县、澄城县、合阳县、洛川县和富县等，抵达韩城市境内的黄河西岸，全长约200千米。迄今保存在地面上的长城遗迹仍有多处。魏南长城，位于魏都大梁之西，现发现有郑州市、新密市两处遗址。郑州市青龙山长城遗址位于市区东圃田乡李南岗村东南，呈西北—东南走向，长约3千米。新密市的长城遗址位于城西北尖山乡、朱村乡的小顶山、香炉山、五岭上，南北走向，现存5.5千米，墙基宽2.5米，由青石砌筑而成。（徐良高）

【赵长城】 战国时期赵国修建的边界防御设施。赵武灵王实行“胡服骑射”后国力大增，北破林胡、楼烦，自代至阴山下，以高阙为塞，而置云中、雁门、代郡，筑长城绵延于三郡北境。长城起止点，一说东端至代（今河北省西北部），一说至蔚县，一说至张北县。西端至高阙，在今内蒙古自治区乌拉特中旗石兰计山口。据实地调查，长城东起于今河北省万全与张北两县之间，经万全县、尚义县，进入内蒙古自治区兴和县、察右前旗、集宁市北、察右中旗南部、卓资县北境，经呼和浩特市、土默特左右旗、包头市北部，西抵乌拉特前旗境内的乌加河东岸。主要建于阴山山脉的青山和乌拉山下。今天犹能见到绵延数十千米的赵长城遗迹，大部分为夯土建筑，少数地方用石砌筑，基宽3.5～4米。在长城沿线及以南数千米范围内，散布着多处烽火台和城障遗迹。（徐良高）

【燕长城】 战国时期燕国修建的边界防御设施。全国重点文物保护单位。包括南长城和北长城。南长城,燕国为抵御齐、赵、中山诸邻国的进犯,在易水北岸沿堤防建造了长城。起自太行山下,沿南易水北岸东行,历河北省易县、徐水县、容城县、安新县、文安县,抵大城县。其中徐水县解村乡的瀑河上游东岸,经解村西、大马各村北、大庞村北,至张华村北,全长约13.5千米,其中残存断续墙体9 691米,是燕南长城保存最好的一段。墙体完整处高达6.1～7米,夯层清晰。墙基最宽处18～20米。年代最晚的相当于春秋晚期至战国早期。北长城,据《史记·匈奴列传》载,燕将秦开击破东胡后,燕亦筑长城,自造阳至襄平,置上谷、渔阳、右北平、辽西、辽东五郡以拒胡。据调查,燕北长城在内蒙古自治区赤峰市及辽西地区与其北的秦始皇长城大体呈平行分布,两者相距约四五十千米。燕北长城大抵西起河北省张家口地区的独石口,东经沽源县、围场满族蒙古族自治县、喀喇沁旗、赤峰市南、建平县北、敖汉旗、北票市,至阜新市。再往东不甚清楚。建筑方法包括土筑和石筑两种。石筑底宽约4米,建筑在丘陵、高山之上。土筑稍宽一些,底宽5米余,城外有壕。长城沿线有各类城障遗址,大者如老哈河两岸的冷水塘城,东西长320米,南北宽260米;小者,边长约30～40米。长城沿线发现有燕国文物,如饕餮纹、山形纹和兽面三环纹半瓦当等。(徐良高)

【郑国渠首遗址】 战国时期水利遗址。全国重点文物保护单位。位于陕西省咸阳市泾阳县王桥乡泾水出山口附近。郑国渠系引泾灌溉的水利工程,因韩国水工郑国主持修建而得名,始建于秦王政元年(公元前246年),是中国古代最早、最大的水利工程。灌渠全长300余千米,可灌溉关中泾阳、三原、高陵等地农田4万余公顷,为秦统一中国奠定了经济基础。1985年钻探、调查,确认渠首位于泾河出山口东南3千米。发现东西向拦河大坝1座,原坝长2 650米,除长约450米的河谷部分被冲毁外,其余阶地部分保存基本完整。坝体夯筑,断面呈梯形,高6～8米,基宽150米,顶宽20米。坝南阶地散布大量秦汉时期的瓦砾,坝体上有汉代陶窑和墓葬分布,坝东侧发现引水口及渠道遗迹。在渠首周围长约7千米、宽约3千米的范围内,还遗存汉白渠,前秦、隋、唐引水渠,宋丰利渠,元王御史渠,明广惠渠,清龙洞渠等渠首遗址,发现历代渠道20余千米,水坝、引水口、退水口、闸槽、水尺等遗存10余处,水利碑刻及摩崖石刻20余通。被誉为中国水利史的天然博物馆。(宋江宁)

墓地与窖藏

【张家坡墓地】 西周时期典型贵族家族墓地。位于陕西省西安市丰镐遗址内张家坡村与大原村之间的高地上。墓地包括墓葬数千座,仅1982—1983年两年时间内,在东西长约600米、南北宽约200米的范围内,即探明西周墓葬1 000余座。墓葬的布局特征为聚族而葬制,夫妇并穴而葬的现象较常见。时间跨度从先周晚期至西周晚期,墓葬形

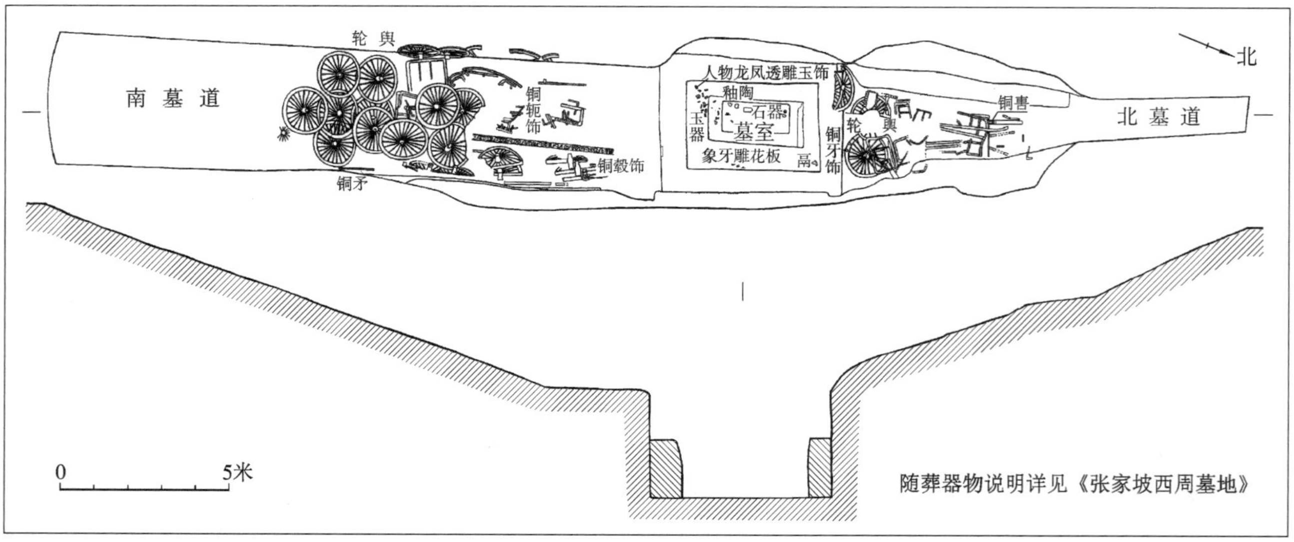

张家坡墓地M157平面、剖面图

制分土坑竖穴墓和偏洞墓两种，以土坑竖穴墓最为常见。葬式大部分为仰身直肢葬，少数为俯身葬。小型墓内只随葬陶器，大型墓内有铜礼器、玉器、车马器及车等，墓旁有马坑或车马坑。其中特别重要的井叔家族墓地包括1座带双墓道墓，3座带单墓道的大墓以及若干中型竖穴墓和马坑，多座墓内出土有“井叔”铭文的青铜器及5件一套的编磬。规模最大、规格最高的双墓道大墓M157全长35.35米，自口至底深7.5米，墓室长5.45米、宽4.2米，一椁两棺，椁盖上及南北两个墓道内放置了大量被拆卸开的轮舆构件，计有车轮30个、车舆12个。墓两边陪葬有妻妾墓，墓室西南方向有车马坑。从几座井叔墓出土的器物推断，年代约在西周懿孝夷王时期。1999年出版有《张家坡西周墓地》。（徐良高）

【高家堡西周墓地】　商末西周时期墓地。位于陕西省泾阳县高家堡村东北塬上，坐落在泾河支流冶峪河右岸。1971年清理墓葬1座，1991年又清理墓葬5座以及时代相近的房址1座。6座墓方向一致，排列有序，均为土坑竖穴墓。1座（M6）较小，二层台极窄，无椁和腰坑，也无容器随葬。5座（M1～M5）相对较大，葬具或1椁1棺，或1棺，有二层台和腰坑。均随葬有铜器，数量较多，器形有鼎、鬲、甗、簋、盘、尊、卣、觯、爵、斝、盉、罍、瓿、斗等礼器以及戈、剑、戟、镞、弓形器等兵器。2座（M1、M5）随葬有陶器，器类有鬲、簋、折肩罐。随葬的铜器和陶器特征鲜明，为典型周文化特征。有铭文的28件铜器中，署“戈”族徽者最多（8件），应是戈氏家族墓地。1995年出版有《高家堡戈国墓》。（牛世山）

【应国墓地】　两周时期墓地。全国重点文物保护单位。位于河南省平顶山市新华区滍阳镇北滍村西的滍阳岭上。南北长约2 400米，东西宽约200米。1979年发现。1986—1997年、2002—2007年发掘。包含龙山文化、西周、春秋、战国、西汉、东汉时期遗存，以西周至春秋早期的应国墓和春秋中期至战国中晚期的楚国墓为主。发现应国国君及夫人墓近20座，大型墓为带有墓道的“甲”字形墓，随葬品有青铜礼器、乐器、兵器、车马器、玉石器，另有少量陶瓷器与金器、锡器及骨器、蚌器等。许多青铜礼器上有铭文，人名有应侯、应伯、应史、应姚、应申姜、侯氏、柞伯等，铭文所记涉及大射礼、聘礼、丧服制度等内容。楚墓为长方形竖穴土圹墓，随葬铜礼器、乐器、车马器、兵器、玉石器、漆木器等。应国墓地对研究周代礼制与应国封地等具有重要价值。（牛世山）

【强国墓地】　西周时期強国贵族墓地。位于陕西省宝鸡市，包括纸坊头、茹家庄、竹园沟等处。1974年以来多次发掘。清理墓葬27座、车马坑2座、马坑4座。重要墓葬有纸坊头M1（強伯墓）、茹家庄M1（強伯墓）和M2（井姬墓）、竹园沟M7（伯各墓）和M4（強季墓）等。随葬铜礼器、兵器、工具、车马器及玉石装饰品、陶器、原始瓷器等（见彩版17“铜象尊”）。据随葬青铜器上的“強伯”、“強季”铭文，可知是文献失载的強国墓地。在出土遗物中，青铜礼器表现为典型的西周文化特征，马鞍形口双耳陶罐为寺洼文化风格，而以尖底钵和尖底罐、握手中空

1～3、330. 铜鼎　4、5、331. 铜簋　6、7. 铜卣　8、326. 铜尊　9、333. 铜觯　10~12. 铜编钟　20、22. 漆豆　21. 玉戚　23. 铜矛　24~27、29~32. 陶平底罐　28. 陶罍　33. 漆盘　38. 陶尖底罐　39、349. 铜尖底罐　40、348. 铜平底罐　45、335. 铜曲柄斗形器　46. 铜斧　47. 铜锛　48. 铜凿　49、346. 铜浅盘器　71、334. 铜梳　73、74. 煤玉玦　140. 铜发饰　147. 铜短剑　149～158.铜戈　160、161、164. 玉鱼　162、176. 玉璧　163.玉铲　167、168、336~345. 铜发笄　169~172. 玉璜　173. 串饰　174、175. 玉戈　177、178. 兽面玉饰　327、328. 铜觚　329. 铜斗　332. 铜提梁小方罍　347. 铜刀　351. 铜勺

強国墓地M7墓底平面图

的人饰等所表现的四川盆地青铜文化特点最为浓厚,成为探寻弜国上层贵族来源的重要线索。弜国墓地为研究西周时期弜国的地域和文化提供了资料。1988 年出版有《宝鸡弜国墓地》。(牛世山)

【虢国墓地】 西周末期至春秋早期虢国墓地。全国重点文物保护单位。位于河南省三门峡市湖滨区

44~51. 虢季铜编钟 55~64. 石编磬 65. 小子吉父铜方甗 66、71、72、82、83、106、126、180、150、390. 铜鼎 67、75、86、94、95、121、125、134. 铜簋 68~70、73、74、85、110、116. 铜鬲 76. 铜钲 77、78. 铜匜 79、81、91、97. 铜盨 80、89. 铜壶 84. 玉匕 90、92. 铜方壶 96、117、129. 铜盉 99、107、109、149. 铜盘 105、148. 铜甫 108、120、131. 铜尊 111、133、387. 铜方彝 118、151. 铜爵 132、145. 铜觯 393. 玉柄铁剑 446、487~489、491~498. 玉饰 503、506. 玉佩 526. 铜内铁援戈

虢国墓地 M2001 墓底平面图

上村岭。面积约32万平方米。1956—1957年、1990—1991年两次大规模发掘。墓葬总数在500座以上，规模宏大，排列有序。大墓位于北面坡上，中小型墓分布于大墓南面。墓葬为土坑竖穴式，可分为数等，M2001、M2009为最高等，为国君一级，随葬9鼎8簋（见彩版16“三门峡虢国墓地M2001”），有车马坑和乐器，其中M2001的车马坑（被毁）埋有车13辆、马64匹；第二等有M1052，为太子墓，有车马坑和乐器，随葬7鼎6簋，车马坑埋车10辆、马20匹；第三等随葬5鼎4簋，车马坑埋有车5辆、马10匹，此等及以下无乐器；第四等随葬3鼎4簋；第五等多出土1鼎或2鼎，无车马具；第六等无铜礼器。墓葬等级清晰，展示出周代社会等级森严的一个侧面。出土大量青铜礼器、兵器、生产工具、车马器、乐器和杂器，以及陶器、玉器等，其中一些青铜礼乐器和兵器上有“虢仲”、“虢季”、“虢太子”、“梁姬”等器主名。西周晚期大墓M2001出土的玉柄铁剑是迄今中国发现最早的人工冶铁制品。1959年出版有《上村岭虢国墓地》，1999年出版有《三门峡虢国墓》（第一卷）。（牛世山）

【梁带村两周墓地】　西周至春秋时期墓地。全国重点文物保护单位。位于陕西省韩城市昝村镇梁带村黄河西岸的台地上。墓地面积约33万平方米。已发现两周时期墓葬103座、车马坑17座。2005年以来多次发掘。清理出包括带一条墓道的“甲”字形大墓在内的大、中、小型墓葬20座，出土了大量的青铜器、玉器、陶器等珍贵文物，并有许多新的发现，填补了西周文化的空白。一大墓随葬的青铜方壶上有两条铭文，中有“内（芮）太子”、“内（芮）公”之名。另一大墓墓室四角各有高约80厘米的彩色木俑1件。史载韩城为周代梁国所在，但墓葬中出土有芮国青铜器，尚未见有明确的梁国器具。梁带村两周墓地的发现为研究周代封国制度等提供了重要资料。（牛世山）

【白草坡西周墓】　西周时期贵族墓葬。位于甘肃省灵台县西屯乡白草坡村南。1967年、1972年发掘。清理了西周墓9座和车马坑1座。墓葬分南、北两区，其中北区7座、南区2座，均为长方形土坑竖穴墓，除2座小型墓外，较大的墓均有腰坑。南区的M1、M2随葬青铜礼器、兵器、车马器、玉器、原始瓷器等。M1的尊、卣上铭有“潶伯”之名，M2的尊、盉上铭有“㒼伯”之称，为研究这些墓葬的墓主和等级提供了线索。（牛世山）

【大河口霸国墓地】　西周至春秋初年霸伯宗族墓地。位于山西省翼城县隆化镇大河口村北台地上。面积4万余平方米。2007年被盗发现。2007—2009年间三次钻探和发掘，发掘1.5万平方米。发现墓葬615座、车马坑22座，发掘305座。西周墓葬均为长方形土圹竖穴墓，除10余座墓为南北向外，墓向大多为东西向，头向多向西。墓底有腰坑和殉狗的墓较多，但无殉人。出土青铜器、玉器、金器、陶器、漆木器等各类遗物15 000余件套，其中青铜容器近220件，锡器50余件，陶器600余件。多件西周青铜器上有标明身份或国族的“霸伯”、“霸”等铭文，可知是一处霸伯宗族墓地。其他罕见而珍贵的发现如M1出土有1米多高的漆木人俑，时代最早；铸有“燕侯旨”铭文的燕国铜器为第一次发现；记述霸伯与周王室重臣芮公、井叔关系的长篇铭文前所未见；尚盂铭文中有较详细的朝聘礼仪。青铜器铭文显示，霸国与西周王朝以及晋、燕、倗国有交往关系。霸国文献失载，据墓葬特征和青铜器铭文可知，霸伯宗族或为已华夏化的狄人，该发现可补史缺。（牛世山）

【北赵晋侯墓地】　西周至春秋初期晋侯墓地。位

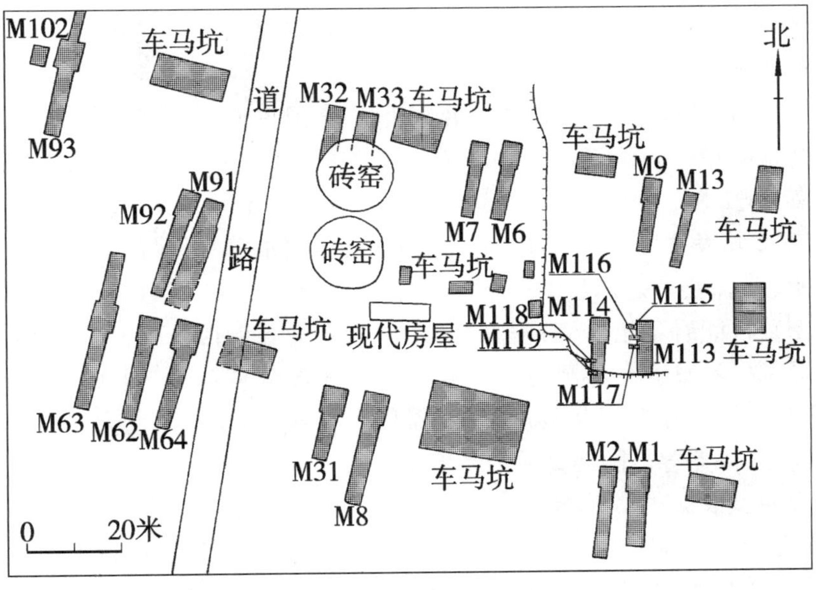

北赵晋侯墓地墓葬分布图

于山西省曲沃县与翼城县之间的天马-曲村遗址中部偏北。面积2.55万平方米。1992年以来多次发掘。共清理9组19座晋侯和夫人墓葬以及车马坑、陪葬墓、祭祀坑等，时代前后衔接，从西周早期偏晚阶段延续到春秋初期。出土青铜礼器、玉器、陶器、石器、骨器等遗物万余件，尤其是青铜器、玉器不仅数量多，而且组合完整、制作精美，具有极高的学术价值。分别出于5组墓葬的青铜器铭文中有自铭为晋侯僰马、喜父、对、稣(稣)、断、邦父6个名号，其中稣可与《世本》记载的晋献侯苏相互印证。晋侯稣钟铭文记载了周王东巡讨伐夙夷的事件，M64出土的楚公逆编钟是研究西周晚期晋楚关系的重要例证。发现和发掘如此完整且时代衔接的周代诸侯墓地，在中国考古史上尚属首次，具有极其重要的学术价值。北赵晋侯墓地确证了西周时期晋国都邑所在，对研究晋文化、西周年代学、西周史等具有重要意义。(牛世山)

【羊舌墓地】 西周晚期至春秋时期墓葬群。全国重点文物保护单位。位于山西省曲沃县史村镇羊舌村。墓地分布在南北长400米、东西宽300米的范围内。2005年发掘。主要发现了5座“中”字形大墓，以及车马坑、中小型墓葬，清理了其中2座墓葬(M1和M2)。两墓为南北向“中”字形大墓，异穴并列合葬。葬具都是一椁两棺，椁室周围积石、积炭。两墓均在早期被严重盗扰，铜器无存，仅残存玉器等。墓室南部和南墓道上有大规模祭祀遗迹，牺牲有人、牛、马、羊、狗等。在两墓东侧有附葬的车马坑。墓葬年代为西周晚期至春秋时期，可能是另一处晋国国君墓地。(唐锦琼)

【西周黎侯墓群】 西周时期墓地。全国重点文物保护单位。位于山西省黎城县西关村。已探明墓葬92座，其中带墓道大墓3座、中型墓葬15座。2006年发掘了其中的10座。墓地中，大型墓葬相距较远，也未见夫妻并穴合葬迹象。大型墓与中小型墓之间看不出排列规律。已发掘墓葬的墓壁四周都极不整齐。墓葬有殉人现象。因大部分墓葬被盗掘，残存随葬品数量不多，器形有铜器、玉器、陶器、漆器等。随葬品显示墓地年代大体为西周中晚期。根据随葬铜器铭文，可知墓主为“楷侯”。“楷侯”即“黎侯”，亦即文献所记“西伯戡黎”的黎国。《左传·宣公十五年》记载春秋晚期晋国“以略狄土，立黎侯而还”。从黎城西关墓地的材料可知，在西伯翦伐商代黎国到春秋时期黎国复立之间，西周时期还存在另一个黎国。(常怀颖)

【横北倗国墓地】 西周至春秋时期墓地。全国重点文物保护单位。位于山西省绛县横水镇横北村北。面积约3万平方米。2004年发现。2004—2007年持续发掘。已发掘墓葬193座、车马坑24座。墓葬皆东西向；车马坑皆南北向，位于墓葬东侧。墓地的使用从南向北逐渐扩展，最南端墓葬年代为西周早中期，最北端墓葬则已进入春秋时期。大中型墓葬多有殉人、殉狗和腰坑。部分大中型墓葬的墓口外东侧或四隅有柱洞类遗存。墓葬的随葬品数量众多，有陶器、铜器、玉器、漆器、原始瓷等。其中，M1内清理出的棺罩(古代文献称“荒帷”)以及其他棺饰、棺束遗痕是已发现的时代最早、保存最好、面积最大的棺罩(见彩版17“凤鸟纹刺绣棺罩印痕”)。根据随葬铜器铭文可知，此墓地属西周时期倗国贵族墓地。其中带墓道的大墓，其墓主当为倗国国君及其夫人。(常怀颖)

【太清宫长子口墓】 西周初期诸侯级大墓。位于河南省鹿邑县太清宫遗址下。1997年发掘。墓总长为49.5米，墓室长9米、宽6.63米、深8米。“中”字形，有南、北两条墓道。东、西、北有二层台，葬具为1椁2棺。墓主头朝北，男性，60岁左右。殉葬15人，其中墓室南部殉葬8人，东西棺椁之间和东西二层台各殉葬1人，南墓道1人，多为青年男女，最小者10岁左右。墓底有腰坑，殉1人1狗。随葬青铜器、玉器、原始瓷器、陶器以及贝币、骨器等遗物2 000余件。其中青铜器235件，包括礼器、乐器、兵器、工具、车马器和杂器等。有铭文青铜礼器54件，其中48件的器主铭为“长子口”、“长”、“子口”，据此推断墓主为长子口。(牛世山)

【北窑西周墓地】 西周时期墓地。位于河南省洛阳市洛龙区瀍河西岸的邙山南麓北窑村西。面积1.5万平方米。1963年以来多次发掘。墓葬间距1～2米，南北向，大致从北向南渐次安置。发现西周墓葬475座，发掘墓葬348座、马坑7座。墓葬分为大、中、小型三类，2座大墓为带南北两条墓道的“中”字形，附近还有不少马坑。随葬青铜器、玉器、原始青瓷等。青铜器中有一些少见的器形，如兽面纹方座簋、双面人座器、方盒形器、带流觯、人形车辖等。带铭文的青铜器中，太保冓戈、康伯壶盖、白懋父簋、王妊簋、丰伯剑、师蔓卣盖、叔造尊、虢公戈、毛

伯戈等的作器者为西周王朝的高级贵族。1999年出版有《洛阳北窑西周墓》。（牛世山）

【洼刘西周墓地】 西周墓地。位于河南省郑州市中原区石佛乡洼刘村北。1999年以来发掘西周早期墓葬70余座。其中随葬青铜器的墓葬12座、小型陶器墓60多座、车马坑2座。一座墓葬出土的青铜礼器有鼎、甗、簋、卣、尊、罍等，器上多铸有铭文。墓地所在的洼刘西周遗址面积在30万平方米以上，是郑州地区一处重要的西周遗址。（牛世山）

【燕侯克墓】 西周早期燕国诸侯墓。位于北京市房山区黄土坡村西北、琉璃河燕都遗址东南部。1986年发掘。长方形土坑竖穴，墓口南北长7.69米、宽约5.45米，四角各有一条短墓道。葬具为1椁1棺。是墓被盗，出土青铜礼器、工具、兵器、马器以及漆器、货贝、装饰品等200余件（见彩版17“漆罍复制品”）。其中铜罍、铜盉各1件，均有铭文40余字，中有“王曰太保……命克侯于匽”之铭，研究认为记载的正是周王册命太保召公奭之子克为匽（燕）侯的重大史实。为周王朝封建诸侯重器之最。此外，其他青铜器上也有铭文，如戈上有“成周”，戟上有“匽侯舞戈”，铜泡上多有“匽侯舞”或“匽侯舞易”。（牛世山）

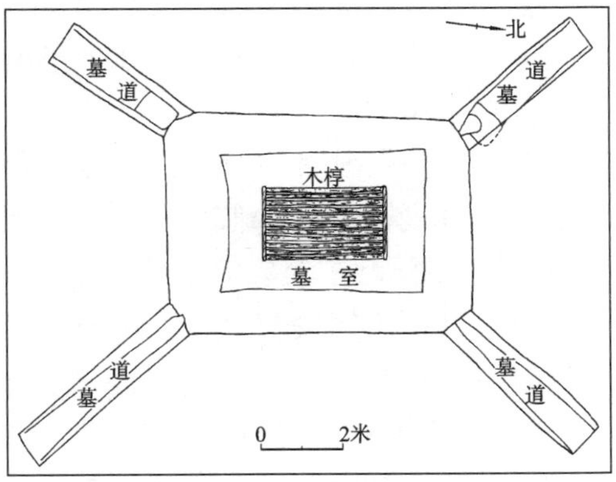

燕侯克墓平面图

【白浮西周墓】 西周早期燕国贵族墓葬。位于北京市昌平区白浮村附近。1975年发掘3座，均为土坑竖穴墓。葬具有椁和棺，墓底有椭圆形腰坑，坑内殉狗。2号墓保存最好，长3.35米，宽2.5米。3座墓随葬有青铜礼器、兵器、车马器、陶器、玉器、象牙器以及有字卜甲等。青铜礼器有鼎、簋、壶，车马器有当卢、铜泡等，兵器主要有戈、戟、剑、刀、匕首、矛、盾饰等，其中鹰首剑、马首剑、鹰首刀、带铃匕首具有北方草原文化特色。2、3号墓出土卜甲残片100余片，多片刻有文字，字体很小，颇类周原遗址出土的西周字甲。白浮西周墓为研究西周时期燕文化及其与北方草原文化的互动关系提供了重要资料。（牛世山）

【刘台子墓地】 西周早期墓地。位于山东省济阳县刘台子村西台地。面积约2万平方米。1957年发现。1979年以来多次发掘。发现和清理墓葬6座，均为中型土坑竖穴墓，个别有腰坑并殉狗。随葬有铜器、陶器、玉器和原始瓷器等，放置于二层台上、棺椁之间或棺内。铜器有方鼎、圆鼎、觯、盉、盘、戈等。多有铭文，M2、M3、M6出土的鼎、簋作器者为“夆”，M6的圆鼎腹内有铭文“王作龏姒宝尊彝”。陶器主要有鬲、罐。（牛世山）

【辛村卫国墓地】 西周至春秋早期卫国贵族墓地。位于河南省鹤壁市淇滨区辛村。面积约1.5万平方米。1932—1933年发掘。发掘墓葬82座，其中大型墓8座、中型墓6座、小型墓54座，大多被盗；另有车马坑2座、马坑12座。墓葬排列有序。大墓呈“中”字形（有南、北两条墓道）、“甲”字形（有南墓道），有的两两并列，墓主可能是卫国国君或夫人。最大的一座车马坑埋车12辆、马72匹，出土铜器、陶器、玉器、骨器、石器、竹木器等千余件。墓葬随葬铜器铭文中有“卫侯”、“卫𠂤（师）”、“成周”、“侯”等字，可证实该墓地为卫国贵族墓地。墓地对研究卫国的历史、葬制、车制以及周代兵器的演变等具有重要价值。1964年出版有《浚县辛村》。（牛世山）

【邢台邢国墓地】 两周时期墓地。全国重点文物保护单位。位于河北省邢台市桥西区葛家庄。1993年发现。1993—1997年进行发掘。以西周时期墓葬最为重要。发现西周时期墓葬500余座、车马坑50余座，发掘墓葬240座、车马坑和马坑29座。其中大型墓5座、中型墓31座，其余为小型墓。大型墓位于墓地中部，南北向，东西成排。其中一座为带两条墓道的“中”字形墓，其余为“甲”字形墓。在大墓周围有车马坑和中、小型墓葬。墓葬多被盗，所见随葬品有铜车马器、兵器以及陶器、玉器、石器、原始瓷器等。邢台为西周封国邢国所在，据《太平寰宇记》卷五十九邢州龙冈县下引《北史》，北齐武平初在城西掘古冢获铜鼎，其上铭文有邢侯夫人姜氏云云。邢国墓地的发现，为探寻邢国地望及其文化提供了重要资料。（牛世山）

【叶家山曾国墓地】 西周时期曾侯宗族墓地。位于湖北省随州市浙河镇蒋寨村。面积约4万平方米。2010年发现。2011年钻探和发掘。勘探面积1万余平方米，发现墓葬80余座；发掘面积3 700平方米，清理西周早期墓葬63座、马坑1座。其中大型墓（长4米、宽3米以上）10座，中型墓（长3米、宽2.5米以上）5座，小型墓50座。墓向为东西向，墓葬排列有序，极少有打破关系。均为长方形土坑竖穴墓，绝大多数墓有葬具；部分大型墓的墓口边有4～6个不等的纵向柱孔。出土陶器、铜器、原始瓷器、漆木器、玉石器等各类遗物739件套，其中青铜器325件。5座墓葬出土的青铜器上有标明国族或身份的“曾”、“侯”、“曾侯”和“曾侯谏”等铭文，可知该墓地是西周早期的曾侯宗族墓地，比战国早期的曾侯乙墓要早500余年。叶家山墓地之南不足1千米处有庙台子西周遗址，面积达30万平方米，初步判定或为西周早期的曾国都城所在。（牛世山）

【郑公墓葬】 春秋中晚期墓葬。位于河南省新郑市李家楼，在郑韩故城西城内。1923年被盗掘。墓葬中出土有大量青铜礼器，被称作“新郑彝器”，包括鼎、簠、簋、鬲、甗、壶、彝、鉴、盘、匜、炉、钟、镈等，组合为九鼎八簋，其中以一对莲鹤方壶最为著名。墓主可能为郑国一代国君。（唐锦琼）

【仙人台邿国墓地】 西周、春秋时期邿国贵族墓地。位于山东省济南市长清区五峰镇黄崖村南。1978年调查发现。1995年发掘。清理墓葬6座，自东向西依次排列。墓葬均为长方形土坑竖穴式，最小者不足10平方米，最大者超过20平方米。葬具1椁1棺，或2椁2棺。随葬青铜礼器、乐器、兵器、车马器及玉器、陶器、骨器等。6座墓葬中最早者约为西周晚期，最晚者约为春秋晚期偏早阶段。在7件有铭文的铜器中，4件铭文中都有“邿”字，有学者研究认为此系一处《左传》等文献记载的邿国的贵族墓地。（牛世山）

【郎家庄墓地】 春秋晚期至战国早期墓地。位于山东省淄博市临淄区齐都镇郎家庄，坐落在齐都临淄城南侧。1971—1972年发掘。墓葬上部原有高大的封土。墓葬为东西向竖穴土坑墓，墓口长21米，宽19.5米，深近6米。椁室周围积石。墓已被严重盗扰，残出青铜器、玉器、骨牙器等。主墓顶部有6名殉人，以及殉狗等。主墓周围有17个陪葬坑，陪葬坑内葬具为一棺一椁，内为陪葬的年轻女性。有些陪葬坑上还有殉人。墓主为齐国高级贵族。（唐锦琼）

【女郎山战国墓】 战国中期墓葬。位于山东省章丘市绣惠镇女郎山。1990年发掘。墓上原有封土。墓葬为“甲”字形土坑竖穴墓，葬具为三重棺椁，椁室外围积石。墓主为一老年男子。在二层台上有5个陪葬坑，内殉5名年轻女性。东二层台上有一器物坑。椁室内出土有大量随葬品。随葬有鼎、敦、豆、壶等青铜器，并有石编磬。墓中随葬了数量庞大、种类繁多的青铜兵器、车马器，包括戈、剑、矛、戟、镞、车軎、方策、马衔等。在此墓的1号陪葬坑中出土有一套38件陶制的彩绘乐舞俑。墓主为齐国贵族。（唐锦琼）

【田齐王陵】 东周墓葬群。全国重点文物保护单位。位于山东省淄博市临淄区齐陵镇和青州市东高镇一带，处于临淄齐国故城以南。墓地包括“四王冢”和“二王冢”。“四王冢”在西侧，有4座高大的象山形封土，东西向分布。墓冢的底部相连，东西长达500米，冢存高20余米。在周边发现有陵园壕沟，在主墓附近有陪葬墓。此墓地相传自西向东分别为田齐威王、宣王、湣王和襄王陵。“二王冢”在东侧，两冢东西向并列，总长约320米，高约30米，相传分别是田齐侯剡和桓公午之墓。2007年出版有《临淄齐墓》。（唐锦琼）

【临淄墓群】 东周至汉代墓葬群。全国重点文物保护单位。位于山东省淄博市临淄区临淄齐国故城一带。临淄城内的墓地主要集中在城东北河崖头及城东南。河崖头村周围有数十座属于姜齐贵族的大中型春秋贵族墓，其中包括河崖头村西头的齐故城5号东周墓及大型殉马坑。殉马坑呈曲尺形，殉马总数可达600匹以上；而齐故城东南的牛山及鼎足山上集中葬有号称“田齐六陵”的田齐国君墓，周围有田齐贵族大墓。发掘于20世纪70年代初的郎家庄1号东周墓位于齐故城南面，系一座封土大墓，未发现墓道，墓圹口残长21米，宽19.5米。在石构椁室四周分布有陪葬坑17座。坑里均置有棺椁，出土有水晶、玉石、玛瑙等遗物，甚至还发现嵌金丝的骨饰等。5号坑与15号坑还各有殉人1～2个。陪葬坑内还有鼎、敦、豆、壶等陶器。主墓里发现了残存的金带钩、金箔等。临淄墓群对于研究当地从周至汉代的墓葬制度，尤其是对于研究东周齐国墓葬制度

非常重要。(印群)

【大店殉人墓】 春秋时期墓葬群。位于山东省莒南县大店镇。1975年清理了2座墓葬。两墓均为带斜坡墓道的竖穴土坑墓,墓室一侧为椁室,一侧为器物坑,椁室内为墓主棺椁,并各有10名殉人。M2的墓底有腰坑。两墓出土器物有铜器、陶器等。M1内出有144件器物,包括鼎、敦、壶、盘、镈和9件钮钟等铜器,以及兵器和车马器等。M2中残出有90件器物,包括9件钮钟和12枚编磬。两墓的器物坑中还各埋有四匹杀殉的马匹。M1的年代为春秋晚期,M2的年代为春秋中期。结合出土铜器铭文,墓主为莒国贵族。(唐锦琼)

【嘴子前墓群】 周代墓葬群。全国重点文物保护单位。位于山东省海阳市盘石店镇嘴子前村东北台地上。20世纪70年代墓群曾经出土过大量车马器及铜镞。1978年发现1号墓,随后发掘了2号墓、4号墓和6号墓。1号墓出土有鼎、簠、盘、盆、车马器、兵器等铜器40余件,年代属于春秋晚期。2号墓为单椁单棺的长方形土圹墓,出土有鼎、盆等青铜容器3件和陶器90余件,年代属春秋中期。4号墓是该墓群已发掘墓葬中规格最高的,系重椁单棺的土坑竖穴墓,出土器物260余件,其中包括鼎、簠、甗、方壶、盂、盆、盘、匜、戈等铜器49件,年代属春秋晚期偏早。6号墓是平面略呈长方形的土坑竖穴墓,葬具为一棺一椁,出土随葬器物170多件,包括鼎、盆等3件青铜容器和陶器、木器、玉石器等;6号墓是墓群已发掘墓葬中最完整的,年代属春秋晚期偏早。嘴子前墓群对于研究春秋时期胶东地区的埋葬制度有着重要意义。2002年出版有考古发掘报告《海阳嘴子前》。(印群)

【防山墓群】 东周至汉代墓群。全国重点文物保护单位。位于山东省曲阜市防山西麓。墓群分布在东西长3千米、南北宽约2千米的山丘上,原有坟冢22座,现仅存10座。封土最大者东西长71米、南北宽75米、斜面高40米,最小者径10米、斜面高4米。墓前无碑,亦未经发掘。据已暴露的墓葬可知,墓室均依山势直凿穿石而下,前有墓道,上为封土,多为夯筑。从采集到的鼎、豆、盘等陶器残片和几何花纹方砖判断,应为东周至汉代的墓葬。(曹慧奇)

【程家沟古墓】 战国时期墓葬。全国重点文物保护单位。位于山东省青州市邵庄镇程家沟村南的高岭上。墓葬现存封土呈方台形,分三级呈梯田状,高约30米,边长约50米。系由黄土夯筑而成,夯层厚约0.10米。1965年曾在封土中发现石门扉。其西南约300米处有一座小型封土墓,当地人称之为“皇冢”,可能为该墓的陪葬墓。据《齐乘》记载:“(田和墓)在县西北二十里普通店。”据此通常称之为“田和墓”,尚未发掘。(曹慧奇)

【金胜村赵卿墓】 春秋晚期墓葬。位于山西省太原市晋源区金胜镇金胜村,坐落于晋阳故城以北。1988年发掘。系大型长方形土坑竖穴墓,墓口长11米,宽9.2米,深14米。椁室四周积石积炭。葬具为1椁3棺。墓主为70岁男性。墓内有4名陪葬的青年男女。棺内身侧有兵器,身上有玉器等配饰,棺外放置青铜礼器、乐器。墓内出土有大量青铜礼器、乐器,以及金器、玉石器等达3421件。其中铜礼器99件,包括列鼎7件。祔葬的车马坑内有马44匹、车15辆。墓主可能为晋国正卿赵鞅。此墓是晋国墓葬中发现最大的一座。2004年出版有《晋国赵卿墓》。(唐锦琼)

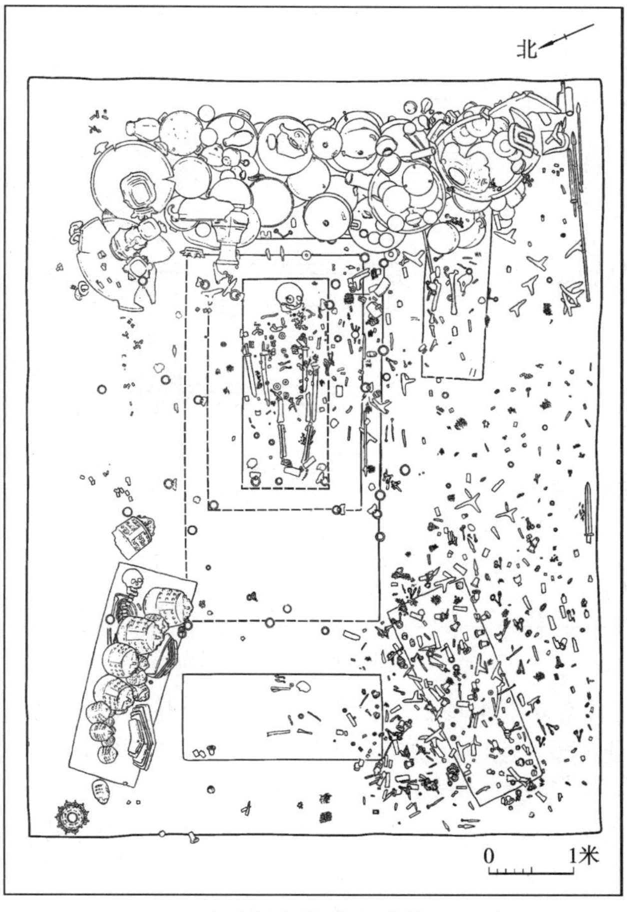

金胜村赵卿墓平面图

【分水岭墓地】 东周时期墓葬群。位于山西省长治市北城墙外。面积1.5平方千米。1953年起多次发掘。清理东周墓葬165座，以及马坑等，其中积石积炭墓有十余座。墓葬为竖穴土坑墓，个别有墓道，葬具有棺椁。墓主头向多朝北。墓内随葬有青铜器、陶器、玉器、石磬等。M270内随葬品达500余件，以铜器、玉器为主，有铜鼎10件，铜簠、罍、壶各2件。墓葬年代除少数为春秋时期外，大部分为战国时期。该墓地系韩国贵族墓地。2010年出版有《长治分水岭东周墓地》。（唐锦琼）

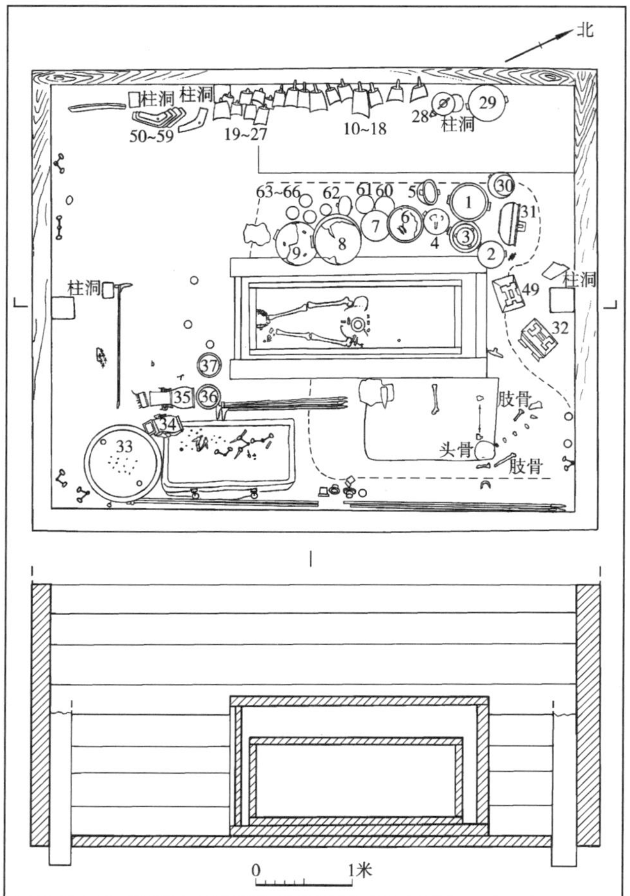

1~9. 铜鼎　10~18. 铜甬钟　19~27. 铜钮钟　28. 铜盉　29. 铜盘　30、31. 铜甗　32、49. 铜簠　33. 铜鉴　34、35. 铜方壶　36、37. 铜罐　50~59. 石磬　60、61. 铜敦　62. 铜舟　63~66. 铜鬲

分水岭墓地M269平面、剖面图

【乔家院墓地】 春秋中晚期墓葬群。位于湖北省郧县肖家河。2006年发掘，清理东周墓葬4座。墓葬为竖穴土坑墓，墓室呈长方形或方形。墓葬内有木椁，椁室内分为头厢、边厢和棺室。随葬品多放置在头厢和边厢中。在棺室正中放置主棺。各墓中均有用丝织品包裹的殉人，除M4的殉人与主棺并列外，其余均横置在墓主脚端。随葬品以青铜器为主，组合为鼎、簠、尊缶、盥缶、盘、匜、勺和匕，个别另加有盏。墓主系楚国贵族。（唐锦琼）

【塔儿坡墓地】 战国至秦代墓葬群。位于陕西省咸阳市渭城区渭阳镇塔儿坡村东北。1995年发掘，共发掘墓葬381座。墓葬形制有洞室墓和竖穴墓。葬具大多为一棺，少数一棺一椁。葬式多为屈肢葬。墓内随葬品以陶器为主，可分为日用陶器和仿铜陶礼器两大类。日用陶器墓中流行釜、罐、盒、壶、茧形壶、盆、瓮等。仿铜陶礼器的组合以带盖鼎、盒或盖豆、圆壶为主。还出土有青铜礼器和车马器等。1998年出版有《塔儿坡秦墓》。（唐锦琼）

【上马墓地】 两周时期墓葬群。位于山西省侯马市上马村东。面积约10万平方米。1959年开始经过多次发掘，发掘墓葬近1400座。墓葬均为竖穴土坑墓，大部分有棺、椁葬具。除少数墓葬随葬有青铜礼器外，多数墓葬内仅随葬陶器，尤以随葬单件陶鬲居多，或无随葬品。铜礼器多放置在棺椁之间或内外棺之间的一侧，乐器与铜器共置，或单独放置。用块做琀和耳饰的现象普遍。墓葬年代除少数在西周晚期和春秋、战国之交外，其余均为春秋时期。为当时晋国平民的族墓地。1994年出版有《上马墓地》。（唐锦琼）

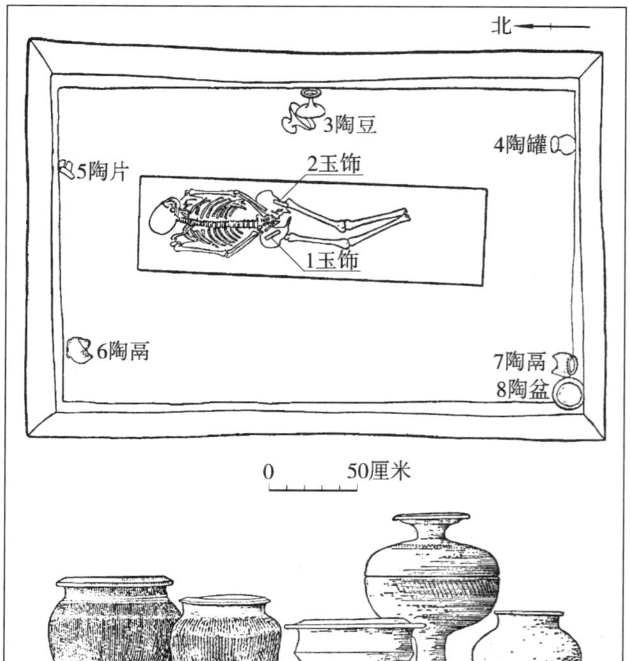

上马墓地M2146平面图及随葬陶器组合图

【程村遗址】 春秋时期墓葬。全国重点文物保护

单位。位于山西省临猗县庙上乡程村东。面积约125万平方米。1987年发现,随后进行过三次发掘。发现墓葬和车马坑226座,发掘了其中的52座墓葬和8座车马坑。墓地中墓葬分布没有明显规律,大小墓葬杂处,车马坑亦无固定位置,随主墓随意而埋。墓葬皆为长方形竖穴土坑墓,无墓道,但根据墓葬大小规模和随葬品种类与数量差异,仍可区分出墓葬等级,大体为晋国中下层贵族墓。发掘者根据文献记载,认为墓地与晋之范、魏、智三氏中的某一氏有关。墓地出土有陶器、铜器、玉器、石器等各类随葬品1 500余件。根据随葬品形态差异,所有墓葬可分为四个时期,年代跨度自春秋早中期之际到春秋晚期。因这批墓地墓葬全部未被盗掘,为晋文化研究提供了一批较为完整的实物资料,尤其是车马坑中的木车保存较好,为先秦车制复原研究提供了不可多得的材料。2003年出版有《临猗程村墓地》。(常怀颖)

【秦公陵园】 东周时期墓葬群。全国重点文物保护单位。位于陕西省凤翔县三畤原上,坐落于秦都雍城西南。面积约21平方千米,周围有外隍环绕。20世纪70年代起进行调查。已探知13座陵园。陵园和主墓周围有一或两周隍壕环绕。整个陵园已发现18座双墓道大墓,3座单墓道大墓和若干中小墓葬。1号陵园规模最大,自南向北排列着2座双墓道大墓及1座单墓道大墓,秦公1号大墓即在其中。有的墓上有享堂遗迹。还发现车马坑21座。墓地为春秋至战国时期秦公的陵墓区。(唐锦琼)

【秦公一号大墓】 东周时期墓葬。位于陕西省凤翔县的秦公陵园内。是迄今为止中国发掘的最大古代墓葬。20世纪70年代开始发掘。墓葬在1号陵园内,规模宏大,为“中”字形土坑竖穴墓,全长超过300米。墓葬上原有建筑。墓室长59.4米、宽38.8米、深24米。墓室内有两个椁室,主椁室分为前、后两部分。椁室采用柏木构成,是迄今已知最早的“黄肠题凑”。椁室四周有殉人166名。墓葬内残出有金器、玉器和青铜器等3 000余件。根据出土的有铭石磬推断,墓主可能为春秋时期的秦景公。(唐锦琼)

【芷阳陵园】 东周时期秦国墓葬群。全国重点文物保护单位。位于陕西省西安市临潼区韩峪乡骊山西麓。面积约24平方千米。1986年发现并勘探。包括4座陵园,每座陵园有隍壕环绕。一号陵园呈长方形,面积约72万平方米。陵园内有两座并列的“亚”字形大墓。墓葬上有封土,附近有陪葬墓、陪葬坑、车马坑和附属建筑等,采集到陶器、铜器、建筑构件等遗物。其他陵园中发现有“中”字形和“甲”字形大墓。陵园的年代为战国时期,系战国晚期秦东陵,先后有秦昭襄王夫妇、庄襄王等多位秦王葬于此。(唐锦琼)

【贾里村秦陵】 东周时期秦国墓葬。位于陕西省西安市长安区王曲镇贾里村,地处神禾塬西北部。陵园呈长方形,面积约17万平方米。2004年开始发掘。陵墓由陵园和大墓组成。陵园外设兆沟,有陵墙,墙中部开门设阙。陵园北侧有一“亚”字形大墓。墓葬有四条斜坡墓道,东西总长约135米、南北总宽约110米。墓室近方形,宽10.5米、长12.1米。椁由枋木堆筑而成。棺椁三重,为内、外棺及椁。墓葬被严重盗扰。墓道周围有13座丛葬坑,内摆放车马、器物或兽、禽等陪葬物。南侧有夯土建筑基址。

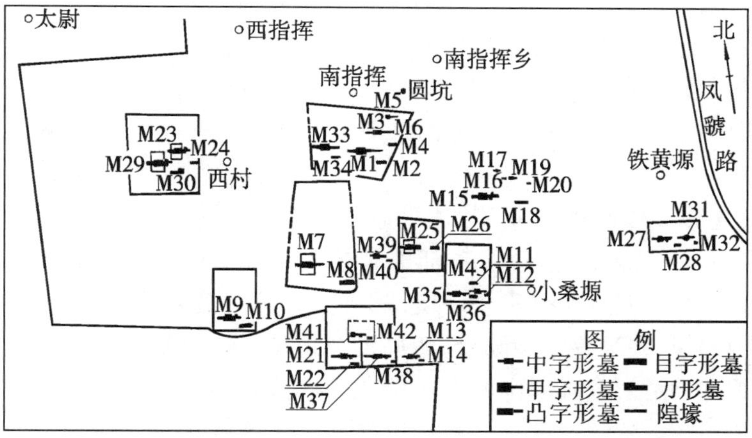

秦公陵园平面图

墓葬为战国晚期秦国王室的陵寝。(唐锦琼)

【八旗屯墓地】 东周时期墓葬群。位于陕西省凤翔县南指挥镇八旗屯村,坐落于秦都雍城以南。20世纪七八十年代进行两次发掘。共发掘东周墓葬50座,以及车马坑等。墓葬大多为长方形竖穴土坑墓。葬具为一椁两棺或一椁一棺。部分墓葬中有殉人,人数在1~5人。墓主葬式有直肢葬和屈肢葬两类。墓内出土有青铜礼器和陶器等。铜器有鼎、甗、簋、敦、豆、壶、盆、盂、盘、匜等。陶器墓可分为陶礼器墓和日用陶器墓,前者的墓葬规格稍高。墓地年代从春秋早期延续至战

国晚期。(唐锦琼)

【马家塬战国墓地】 战国晚期墓地。位于甘肃省天水市张家川县的马家塬上。2006—2009 年进行多次发掘。墓地由 59 座大小墓葬、祭祀坑组成,墓葬以大型墓葬 M6 为中心分布,墓向均为东西向,大多为阶梯式墓道竖穴偏洞室墓。墓主身上普遍发现有料珠、绿松石和肉红石髓珠,并有金、银或锡的耳环、项饰和带饰等。墓内普遍有车马随葬。墓地内有多种文化因素并存,包括西戎部族的遗存。(唐锦琼)

【放马滩墓群】 战国至西汉时期墓地。全国重点文物保护单位。位于甘肃省天水市麦积区党川乡放马滩。面积约 1.1 万平方米。1986 年钻探发现并发掘。发现墓葬 100 余座,分上、中、下三排。发掘了其中 14 座。其中战国秦墓 13 座,均为圆角长方形竖穴土坑墓,随葬陶器、漆器、木器、铜器等遗物 400 余件。最重要者为 7 幅绘制于松木板上的地图,年代为秦王政八年(公元前 239 年),为当时邽县(治今天水市)的行政区域、地形和经济概况图。1 号墓出土木简 460 枚,内容为《日书》和纪年文书两类,涉及秦代社会的阶级构成、亡盗者的身份、秦国的"市"、天文与农业、秦历的寅正问题、战国秦的纪时制等方面。仅有的 1 座西汉中出土有纸质地图残块。(宋江宁)

【邯郸赵王陵】 东周时期墓葬群。位于河北省邯郸市三陵乡,坐落于赵都邯郸故城西北 20 千米处。墓地共有 5 组陵墓,占地 28 平方千米。陵墓依山而建,并筑有大型陵台,四周设公垣墙,东侧设斜坡状神道。陵园周围原有土墙或回廊式宫垣、东侧设门阙。陵园中部有一或两座覆斗形大型封土,残高3～15米。封土周围和陵园外有陪葬坑群分布。系战国时期赵国国王陵寝。1978 年发掘的周窑 1 号墓是带东西两条墓道的"中"字形大墓,墓内积石充填,墓主应是王室成员。(唐锦琼)

【中山王墓】 东周时期中山国墓葬群。位于河北省平山县三汲乡。共有两处,一处在中山灵寿城内西北部,另一处在城外西部。城内的陵墓于 1974 年开始发掘,清理了两座"中"字形大墓(M1 和 M6)。墓葬按照墓内出土的《兆域图》图示布局。两墓均有高大封土,墓上有享堂建筑,周围有车马坑、陪葬墓等。墓内积石、积炭。M1 内有四重棺椁,椁室外有东库、西库和东北库,放置随葬品。该墓为九鼎墓,随葬 10 辆车。M6 的椁室两侧有东库和西库,放置随葬品(见彩版 18"方壶")。M1 墓主为中山王𰯼,年代约为公元前 310 年,M6 的年代为战国晚期。出版有《𰯼墓》、《战国中山国灵寿城——1975—1993 年考古发掘报告》。(唐锦琼)

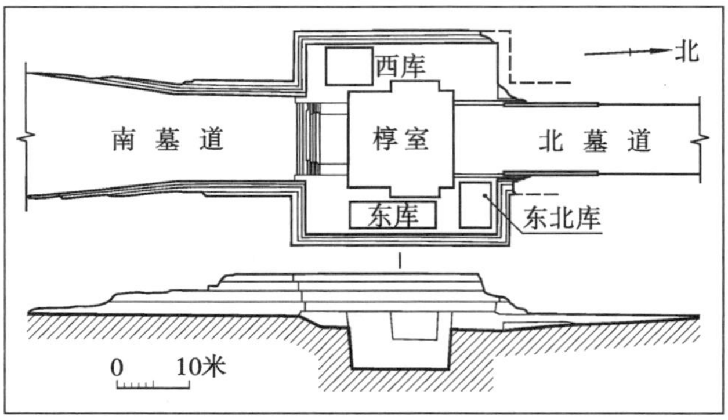

中山王墓 M1 平面、剖面图

【林村墓群】 战国时期至汉代墓葬群。全国重点文物保护单位。位于河北省邯郸市邯郸故城西北的渚河南支与输元河之间。以沁河为界分为两个区域:一是以百家村和彭家寨为中心的区域,另一处是以林村和涧沟为中心的区域。因分布范围大,间杂多个不同时代的墓葬区,历次发掘调查内容增多但名称相沿。已经发掘的较为重要的墓区是百家村墓葬区和西小屯墓葬区。百家村墓区于 1957 年和 1959 年经两次较大规模的发掘,随后又小规模配合基建清理发掘,共发掘战国墓 81 座、汉墓 10 座。战国墓皆为长方形竖穴土坑墓,少数墓室设有壁龛,个别墓葬底部发现生土隔梁。墓主以仰身直肢葬为主,有个别屈肢葬,或有殉人,部分墓葬有夫妇并穴合葬现象。百家村战国墓出土器物较多,随葬品有陶器、铜器、铁器、玉石器、玛瑙、水晶等,存在较明确的等级差别。百家村墓地年代可分为三期,几乎纵贯战国时期。西小屯墓区近年来曾多次发掘,发掘墓葬近百座。新发现的战国时期"中"字形木椁墓、战国时期赵国墓地兆域沟、战国前期竖向土洞墓等,均填补了赵文化考古的空白。(常怀颖)

【固围村魏国墓地】 东周时期魏国墓葬群。位于河南省辉县市固围村东的崖地上。1950—1951 年发掘。墓地所在山冈经过休整,形成高 2 米多的长方形平台。在土台上清理 3 座大墓。墓葬坐北朝南,规模最大的 2 号墓居中。墓上有享堂建筑。

墓葬均为“中”字形土坑竖穴墓，有棺椁，四周积石积炭，并填以细砂。如2号墓底部平铺有巨石，再用木枋垒砌成长9米、宽8.4米、高2米的椁室，椁室内放置套棺并积炭，椁室两侧和近墓道处以巨石筑墙，内填充有细砂。墓葬均被盗扰，残出有铜器、陶器、玉石器、铁器等，如九件一套的仿铜陶鼎。墓葬年代为战国中期，是魏国王族墓地。1956年出版有《辉县发掘报告》。（唐锦琼）

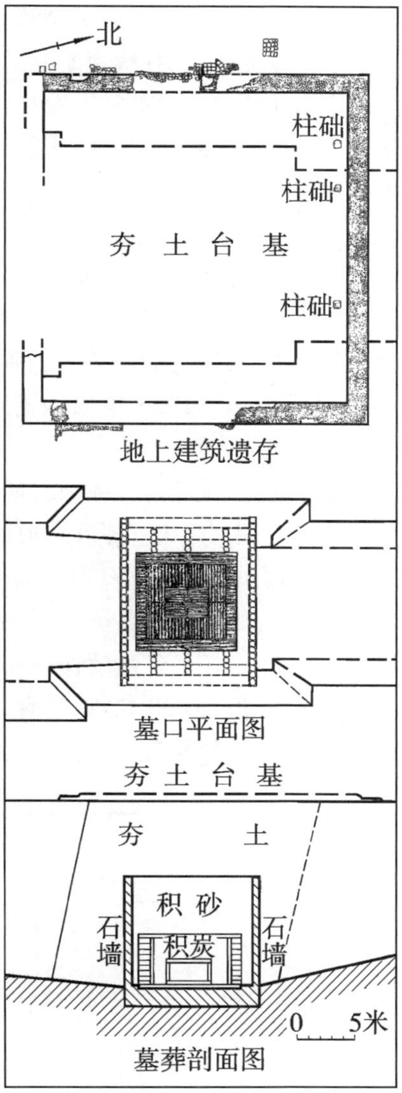

固围村魏国墓地
M2平面、剖面图

【金村古墓】 东周时期墓葬群。位于河南省洛阳市金村，坐落于汉魏故城遗址的东北隅。1928年起被多次盗掘。墓地内有8座单墓道竖穴土坑墓，呈两列分布，周围还有陪葬墓和车马坑分布。墓葬的椁室四围积石积炭。出土有大量精美的青铜器、漆器和玉器等，著名的有驫羌编钟等，一件铜盘的口沿上铭“国君”两字。墓地年代为战国时期，最晚至战国晚期，可能为周王室的墓地。出版有《洛阳故城古墓考》和《洛阳金村古墓聚英》。（唐锦琼）

【洛阳中州路东周墓】 东周时期墓葬群。位于河南省洛阳市中州路一带。1954年发掘，清理东周墓葬260座。大部分为土坑竖穴墓，少量洞室墓。墓向多朝北，少数东西向。葬具一般为一椁一棺，或单棺。墓主葬式多为屈肢葬，少数直肢葬。随葬品以陶器为主，春秋墓陶器的组合为鬲、盆、罐，战国墓陶器组合为鼎、豆、壶。较大型墓中出土有鼎、豆、盘、舟等铜礼器。墓地的年代从春秋初期延续至战国晚期，分为七期六段，构建了中原地区东周墓葬分期断代的标尺。1959年出版有《洛阳中州路（西工段）》。（唐锦琼）

【北山顶墓】 春秋晚期墓葬。位于江苏省镇江市丹徒区。1984年发掘。在大港-谏壁之间长江南岸的沿江山地上分布着大量墓葬，北山顶大墓即为其中一座。墓葬形制为土墩墓。位于北山顶部，上有高5.5米的土墩，下有刀形竖穴墓坑，墓道在西侧。墓室内原有葬具，已被扰乱。墓室内有两名殉人，墓道里有人牲。随葬品主要分布在墓道内，有青铜礼器、乐器、兵器、车马器、工具等，墓室内残出有陶器和铜器等。器形包括铜鼎、錞于、编钟和编磬等。墓内出土有“余眜矛”。（唐锦琼）

【黄君孟夫妇墓】 东周时期墓葬。位于河南省光山县宝相寺。1983年进行发掘。封土残高7～8米。墓葬为带墓道的竖穴土坑墓，墓长12.2米，宽9.1米，深4.2米。墓内两木椁南北并置，一处被破坏，一处为二椁一棺。墓内随葬品以青铜器和玉器为主，包括鼎、豆、壶、罏、罐、鬲、盉、盘、匜等遗物244件。墓葬年代为春秋早期晚段。G1内铜器铭文多为“黄君孟”。G2中铜器铭文为“黄子作黄夫人孟姬”。可见此墓为夫妻同穴合葬墓，墓主为黄君孟及其夫人孟姬。（唐锦琼）

【胡庄墓地】 东周时期墓地。位于河南省新郑市城关乡郑韩故城西侧。墓地呈南北向长方形，面积约32万平方米。发现少量春秋时期郑国中小型墓葬，大量战国时期韩国墓葬。战国时期墓葬分长方形竖穴土坑墓和空心砖墓两种。在墓地中发掘了一组两座战国晚期韩王及王后陵墓，均为南北向近“中”字形竖穴土坑墓，南北总长约78米，墓室宽36.5米和21米，积石积炭，规模宏大，葬具均为木质“工”字形双椁双棺。墓葬周围并发现由3道近长方形环壕、1座曲尺形墓旁建筑、“中”字形墓冢和冢上建筑组成的陵园。（唐锦琼）

【下寺楚墓】 东周时期楚国墓葬群。位于河南省淅川县仓房镇下寺，坐落在丹江口西岸。1978—1979年发掘。共发现大中型墓葬9座，以及小墓15座。大墓呈南北一线分布。墓葬均为土坑竖穴墓，大中型墓多一椁两棺。随葬品以青铜礼器和玉石器为主，基本的铜器组合为鼎、簠、浴缶、尊缶、盘、匜等，大型墓中器形和数量明显增加（见彩版18“王子午鼎”、“透雕云纹禁”）。大中型墓葬西侧多祔葬有车马坑，共发现5座。这批墓葬的年代从春秋中期后段延续至春秋晚期后段。此处为楚国高级贵族墓地，M2墓主或为楚令尹子庚。1991年出版有《淅川下寺春秋楚墓》。（唐锦琼）

【长台关楚墓】 亦称“信阳楚墓”。东周时期楚国墓葬群。位于河南省信阳市平桥区长台关乡小刘庄村后土岗上。20世纪50年代发掘，清理墓葬2座，均为“甲”字形土坑竖穴墓，斜坡状墓道在东侧。两座墓葬的椁室均分为七室，墓主的重棺放置在主室中。青铜器主要放置在前室中，包括礼器和乐器等，如鼎、敦、壶，墓内还出有成套的编钟、木瑟等，以及漆木器案、俎、豆、耳杯等。M1内出土有铜器、陶器、漆木器等903件。M2被盗扰，残出有414件器物。两座墓葬的年代为战国早期，墓主系楚国贵族。1986年出版有《信阳楚墓》。（唐锦琼）

【信阳楚墓】 即“长台关楚墓”（385页）。

【寿县蔡侯墓】 春秋晚期蔡国墓葬。位于安徽省寿县县城西门内。1955年发掘清理。近方形土坑竖穴墓，南北长8.45米，东西宽7.1米，深3.35米。有棺椁痕迹。东南角有1殉人。出土有青铜器、玉器、骨角器和金饰等遗物584件，其中青铜器486件，包括礼器和生活用器90余件，有鼎、簋、鬲、簠、敦、豆、笾、方壶、缶、鉴、盘等。铜器多为蔡国制器，且有“蔡侯”字样，此外有少量的吴器。墓葬墓主可能为蔡昭侯申。1956年出版有《寿县蔡侯墓出土遗物》。（唐锦琼）

【寿县楚墓铜器群】 战国时期楚国铜器群。位于安徽省寿县朱家集李三孤堆。20世纪30年代被两次盗掘。铜器出自一座墓葬中。墓葬为土坑竖穴墓，东侧有墓道，墓口近方形，长40余米。椁室分为八厢，中部为棺室。出土有大量青铜礼器，包括鼎、鬲、簋、簠、敦等，仅鼎就有30余件，另有成套的编钟和编磬。出土铭文中包含多位楚王名号。墓葬年代在战国晚

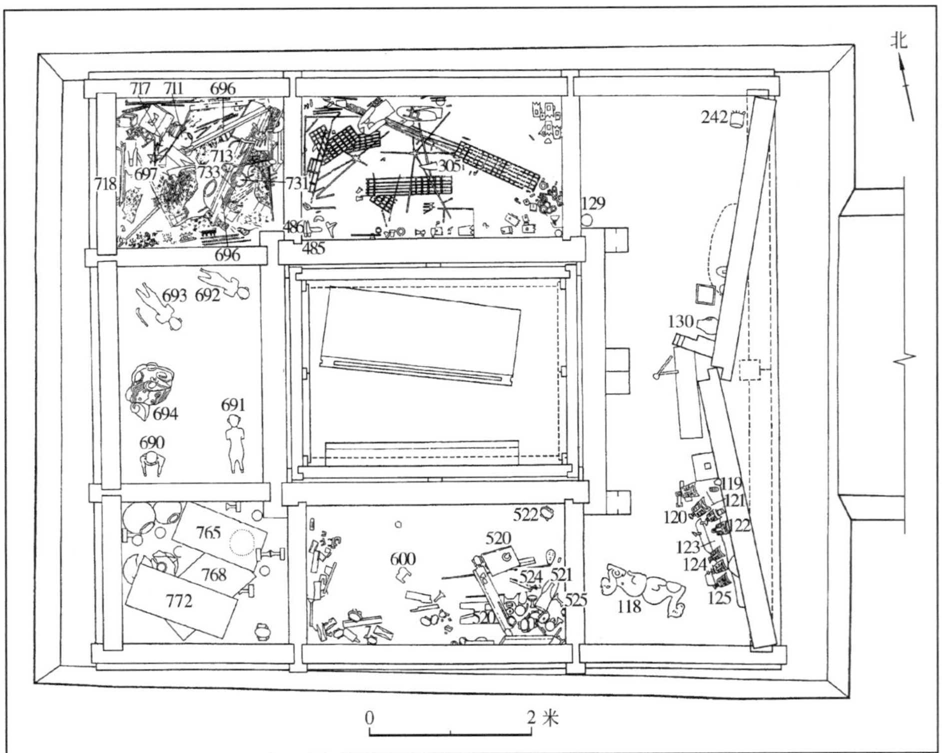

118. 鼓座　119~125. 铜编钟　129. 铜镜　130. 铜壶　242. 铜奁　305、306、521、690~693、697、717、783. 木俑　314、485、486. 铜戈　519、522. 杯　520、604、679、718、765、768、772. 漆案　523、530. 杯豆　524、525、580~583. 陶豆　570、576. 漆俎　600、626、713、744. 陶鼎　661. 陶箕　694. 镇墓兽　696. 床　711. 陶罐　724、725. 陶盘　726. 陶匜　729.陶盉　731. 铜盉　735. 铜匜　736.铜壶　738. 铜箕　740. 铜盘　742.铜炉

长台关楚墓M1椁室平面图

期，为楚都寿阳时的王室成员墓。（唐锦琼）

【苏家垅墓群】　东周时期墓群。全国重点文物保护单位。位于湖北省京山县坪坝镇苏家垅，南距漳河约300米。1966年修建郑家河水库西干渠时曾发现大批铜器，后经实地勘察，这批铜器或出于一座墓葬之中，所出铜器共97件，其中礼器33件（包括鼎9、鬲9、簋7、豆2、方壶2、甗1、盉1、盘1、匜1），车马器64件。礼器中有8件具铭，其中6件均为“曾（侯）仲斿父”所作，年代属春秋早期，故此墓或系春秋早期曾侯墓。2008年郑家河水库干渠加固过程中又发现一批青铜器，随后文物部门进行调查、清理。结果表明，这批青铜器也出自一座墓葬之中，此墓系一座竖穴土坑墓，破坏严重，部分器物或已流散，迄今仅存青铜簋4件、青铜戈2件、车马器2件、陶鬲1件。其年代约为两周之际。苏家垅墓群的发现和调查，对于曾国考古、历史文化及相关问题的研究具有重要价值。（黄益飞）

【文峰塔曾国墓地】　东周时期曾国墓地。位于湖北省随州市曾都区文峰塔社区。2011—2013年进行发掘。共发掘墓葬70余座，其中大型墓7座，早期多被盗掘。最大的墓葬为M18，平面呈“亚”字形，南部有较长的墓道，东北西三面各有一附葬坑。墓地还发现车马坑2座和马坑1座。共出土铜、陶、漆及玉石等质地的遗物1 027件套，其中铜器577件，器形主要有鼎、簠、簋、方壶、缶、甗、鉴、盘、匜等。部分青铜器上铭有“曾侯”、“曾子”、“曾公子”、“曾孙”、“曾大司马”、“曾大攻尹”等字样。陶器主要为仿铜陶礼器，器形有鼎、簠、簋、壶、盘、匜等。根据墓地出土器物的铭文和器形，初步判定这批墓葬的年代为春秋中期至战国中晚期，除少量战国晚期的墓葬应是楚灭曾后的楚墓外，大多数为曾国贵族墓葬。M21出土的铜戈上有铭“随大司马嘉有之行戈”，其“随”字当为国名，是新中国成立以来首次经科学发掘出土的可能属于“随”国的铜器铭文，为解决“曾随之争”提供了新的材料。另外，新发现的“亚”字形墓葬，亦填补了曾国乃至湖北省商周考古发现的空白。（常怀颖）

【擂鼓墩古墓群】　战国时期曾国墓葬群。全国重点文物保护单位。位于湖北省随州市擂鼓墩。1978年开始发掘，共发现2座墓葬。两墓均为岩坑竖穴木椁墓。根据出土铭文知，M1的墓主为曾侯乙。M2的年代为战国中期前段，墓主可能为曾国国君夫人。参见“曾侯乙墓”。（唐锦琼）

【曾侯乙墓】　战国时期曾国墓葬。位于湖北省随州市擂鼓墩。1978年发掘。为岩坑竖穴墓，墓室平面呈不规则多边形，椁室周围积炭和青膏泥。椁室分为东、北、中、西四室，墓主的重棺在东室内。墓内有陪葬棺21具，陪葬者均为年轻女性。墓内出土乐器、礼器、兵器、车马器、甲胄、生活用品、丧葬用品及竹简等随葬品，共计1.5万余件（见彩版18“鉴缶”）。其中青铜礼器达117件，组合为九鼎八簋。还出土有成套的乐器，特别是一套65件编钟是保存最完整最大的一组编钟。墓主为战国早期曾国国君曾侯乙。1989年出版有《曾侯乙墓》。（唐锦琼）

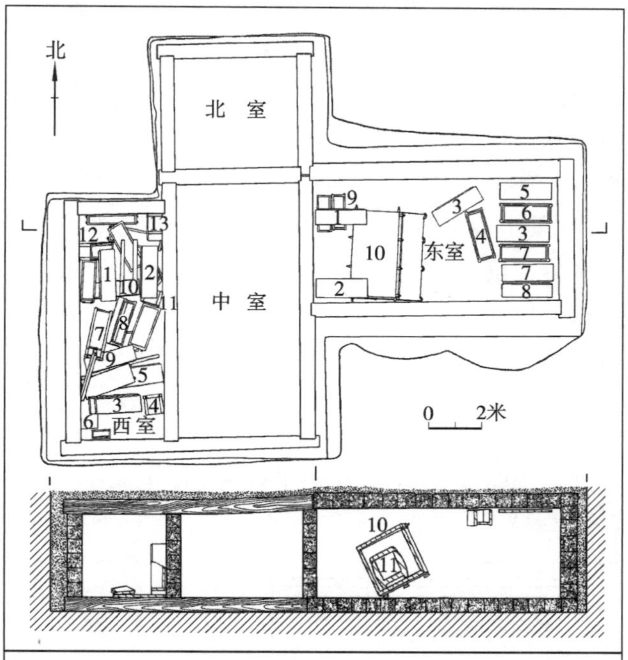

曾侯乙墓平面、剖面图

【鲁台山墓地】　两周墓地。位于湖北省武汉市黄陂区鲁台山西南、滠水左岸。1977—1978年发掘。墓地位于鲁台山遗址南区，发掘西周时期墓葬5座、东周时期楚墓30座。以西周时期墓葬最为重要，南北向，分大、小两类。其中大墓1座（M30），为带南墓道的“甲”字形，其余4座为小型墓，随葬有青铜器、陶器、玉石器。墓葬结构以及随葬铜器、陶器的组合、器物形制、纹饰与中原西周墓葬相似。M30的墓室为圆角长方形，长6米，宽3米。椁底东西纵向铺方木7块，下横置2块垫木。随葬铜方鼎4件、圆鼎1件、甗2件、簋2件、卣2件、爵2件、觚1件以及车马饰、玉瑗等。其中圆鼎、方鼎、簋和卣有铭文,3件方鼎、1件簋为公大史嫁女的媵器,圆鼎的作器者为“长子狗”。这5座墓都随葬成套的青铜礼器,说明墓主应是不同等级的贵族。墓葬所在的鲁台山遗址,面积达125.9万平方米,西周遗存尤为丰富,这里可能是周人在长江中游地区的中心之一。(牛世山)

【太晖观墓地】 东周时期楚国墓葬群。位于湖北省荆州市荆州区楚都纪南城以南5千米处的太晖观。1961年开始发掘。先后清理墓葬约10座。墓葬均为土坑竖穴墓,有的有墓道。葬具为单棺或一椁一棺,周围包裹有白膏泥。随葬品以陶器为主,还出土漆木器和青铜兵器等。陶器组合为壶、罐,或豆、壶,或鼎、簠、壶,或鼎、敦、壶等数种。墓葬年代为春秋晚期至战国中期。(唐锦琼)

【望山楚墓】 东周时期楚国墓葬群。位于湖北省荆州市荆州区楚都纪南城西北。1965年开始发掘。清理土坑竖穴墓2座,均为中型墓,带“甲”字形墓道,其上有封土。葬具为一椁二棺或一椁三棺。椁室分为棺室、头厢和边厢三部分。两墓出土随葬品约1 400件,包括M1内的“越王勾践”剑。墓内出有竹简,M1内竹简是为墓主卜筮祭祷的记录;M2竹简的内容为遣策,记录随葬器物名称达320种之多。墓葬年代为战国中期,可能为楚国王族的家族墓地。1996年出版有《江陵望山沙冢楚墓》。(唐锦琼)

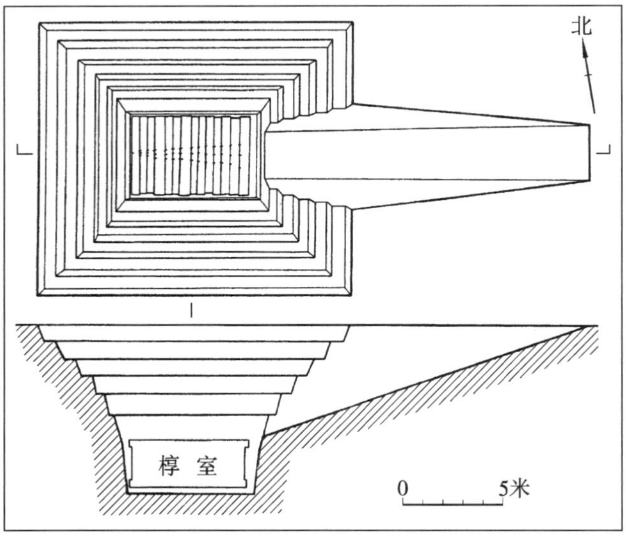

望山楚墓M1平面、剖面图

【纪山楚墓群】 东周时期楚国墓葬群。全国重点文物保护单位。位于湖北省荆门市纪山镇郢都纪南城西北。墓葬群面积约50平方千米,由尖山墓地、大薛家洼墓地等24处墓地组成。现有保有封土的墓葬273座,其中大型墓葬约40座。墓地大多位于山冈上,可分为独冢墓地和多冢墓地等类型。尖山墓地由105座单体墓葬组成,规模最大。有的墓地经人工修筑,有陵园、祭坛和陪冢等。先后发掘的郭店1号墓出土有郭店楚简,马山1号墓出有精美丰富的丝织品。墓葬群的年代与楚都纪南城的兴废相当,可能为楚国贵族的墓葬区。(唐锦琼)

【八岭山古墓群】 周代至明代墓地。全国重点文物保护单位。位于湖北省荆州市荆州区八岭山镇,东起八岭山镇新湾村和马山镇安碑村,西至八岭山镇杨场村、镇园林场、铜铃村。南北长8千米,东西宽5千米,总面积40余平方千米。经实地调查,现存有封土墓葬400余座以及众多无封土墓葬。其中,以东周楚墓最多,汉墓次之,另有五代南平国及明代藩王陵墓。在古墓群范围内还分布多处周代之前的古文化遗存。有封土的东周墓主要有:平头冢,封土高17米,周长260米,其北有一陪冢,封土高7米,周长约70米,两冢相距10余米;冯家冢,封土高16米,周长300米,陪冢成列;换帽冢,封土高15米,周长约200米;仙女庙冢,封土高约10米,周长150米;落帽台,封土高约9米,周长约140米,台顶平面约70平方米。1987年发掘了明辽简王墓和一座王妃墓,而楚墓、汉墓及五代陵墓均未经发掘,史载有十余位楚王葬于此山中。八岭山古墓群的调查研究,对楚史及楚文化的研究具有重要价值。(黄益飞)

【马山墓群】 东周时期墓群。全国重点文物保护单位。位于湖北省荆州市荆州区马山镇沙冢村、缝店村、裁缝村及川店镇藤店村、望山村、丫子桥村一带。面积约20平方千米。墓群包括藤店墓群、望山墓群、马山南墓群、沙冢墓群、大冢坡墓群、傅家冢墓、大何家冢墓、罗家冢墓、冷家冢墓等,其中较大者有傅家冢、大何家冢、罗家冢、马鞍冢、冷家冢等。藤店一号墓、马山一号和二号墓、沙冢墓群、望山墓群等都经考古发掘,有不少重要发现。望山墓群和沙冢墓群于1965—1966年发掘,其中望山一号墓规模较大,出土遗物也较丰富,包括陶器、青铜器、漆木器、竹器、铁器、铅器、锡器及丝织品等共783件,越王勾践剑即出于此墓。藤店一号墓于1973年发掘,发现大量青铜兵器(包括越王州句剑)、青铜礼器、陶器、漆木器及乐器等遗物;马山一号墓于1982年发掘,发现大量保存完好的丝麻织品,包括袍、衣、裙、帽、鞋等服饰和其他随葬丝织品，质地有绢、绨、纱、罗、绮、锦、绦、组等八类，还有部分刺绣制品，另有青铜器、陶器、漆木器、竹器等。所发掘的不少墓葬中出土有数量不等的简牍。马山墓群的发现和发掘，对于楚文化及相关问题的研究具有重要价值。（黄益飞）

【磨盘山遗址】 周代遗址及墓葬群。全国重点文物保护单位。位于湖北省当阳市河滨镇前进村西南。面积440万平方米。主要包括赵家巷墓地、金家山墓地、郑家洼子墓地、李家洼子墓地、杨家山墓地等。遗址群和墓葬群依山势分布。1982年经试掘。发现有房址、灰坑、大量楚国中小型墓葬等遗迹。遗址出土陶器以泥质红褐陶为主，有鬲、甗、盂、豆、罐及筒瓦、板瓦等，年代为西周时期。楚墓中出土有陶器和大量铜器，年代为东周时期。（付仲杨）

【包山楚墓】 东周时期楚国墓葬群。位于湖北省荆门市十里铺镇王场村的包山冈地上。1986年荆沙铁路考古队发掘。墓地共有5座楚墓，其中M2的规模最大。M2有封土，为“甲”字形土坑竖穴墓，墓道向东。葬具为二椁三棺，周围裹有青膏泥（见彩版19“彩绘漆棺挡板”、“彩绘漆棺侧板”）。墓室的东室内随葬礼器、食器，南室放兵器和车马器，西室放生活用具，北室放竹简和日常用品，总数有1 935件，此外有448件竹简（见彩版16“包山楚墓M2”）。墓主为35～40岁的男性，为楚国主管司法的令尹“邵㝂”。下葬年代约在公元前316年。墓地的年代为战国中晚期，是一处以“邵㝂”为核心的家族墓地。1991年出版有《包山楚墓》。（唐锦琼）

【九连墩楚墓】 东周时期楚国墓葬群。全国重点文物保护单位。位于湖北省枣阳市吴店镇东赵湖村。地面现存南北封土9座，共有墓葬10座。2002年发掘其中1号、2号墓及附属车马坑。两墓为夫妻并穴合葬墓。两墓周围有围墙。墓葬为“甲”字形土坑竖穴墓。营建时先构建墓基。两墓葬具为二椁二棺。墓内随葬有礼器、乐器、车马器、生活用品和丧葬用品等。1号墓内随葬品有617件（套），2号墓内有587件（套）。1号墓中出土有迄今楚墓中最大的铜鼎。两墓各有1座车马坑陪葬，1号车马坑内随葬车辆33乘。墓葬年代为战国中晚期，墓主系楚国贵族。（唐锦琼）

【雨台山墓地】 东周时期楚国墓葬群。位于湖北省荆州市荆州区雨台天南部，近楚郢都纪南城的东城垣。1975年起进行多次发掘。发掘有大批中小型墓葬，均为土坑竖穴墓，部分有墓道，多有棺椁类葬具。墓葬的主要陶器组合为鬲、盂、罐，鬲、盂、长颈壶，鼎、簠、壶、鼎、敦、壶，鼎、盒、钫。墓地中出土有大量兵器和漆木器，共出土各类器物4 000余件。墓地从春秋中期延续至战国晚期前段，可分为六期。这批墓葬资料是最为系统的楚墓资料。1984年出版有《江陵雨台山楚墓》。（唐锦琼）

【青山古墓群】 周代墓葬遗址。全国重点文物保护单位。位于湖北省枝江市问安镇。主要分布在大竹园、革新、英雄、龚家坪、新建等5个自然村，面积达15平方千米。墓群东临季家湖楚城址，与楚郢都纪南城隔河相望。1975年发现。1979年、1982年进行考古调查。墓群封土均以白黏土夯筑而成，夯层清晰，质地坚硬。现存封土冢31座，大致分为四个墓区：袁码头、英雄村为第一墓区，竹园村为第二墓区，革新、青山村为第三墓区，新建村为第四墓区。第一墓区以袁码头为中心，有封土冢7座，底径14～50米，残高1.8～5.5米，封土堆较小者或系相邻大墓的陪葬墓。有3座封土堆于1977年兴修水利时被夷平，其中一座（M3）经过钻探，该墓呈南北向，墓道在南，墓口长约16米、宽13米，10米以下可见青膏泥。第二墓区有封土冢3座，底径14～80米，残高6.5～8米。第三墓区有封土冢11座（墓区封土冢破坏较甚，原有数量可能较现存者多）。现存封土冢底径14～50米、残高2.2～7米，其中封土堆较小者当亦为相邻大墓的陪葬墓。第四墓区有封土冢3座，底径25～60米，残高2～5米。青山古墓群当为一处周代楚国贵族墓葬群，对楚文化及相关问题研究具有重要价值。（黄益飞）

【安乐堰墓群】 东周时期墓群。全国重点文物保护单位。位于湖北省南漳县武安镇安乐堰村的两座土岗上。面积约1.5平方千米。在约3千米长的山岗上散布数百座封土堆。20世纪50年代曾出土蔡侯朱缶等铜器。1954年修建安乐堰水库时亦发现大量椁板（已毁）及一件具铭铜戈。1994年安乐堰村进行农业综合开发，改田取土，墓葬封土被夷平，地表散落大量五花土、白膏泥，墓葬群遂被发现。2000年冬修渠时又在该处发现椁板等遗物。学者或以此墓群为“楚夷陵”。（黄益飞）

【霸王坟墓群】 战国时期墓群。全国重点文物保护单位。位于湖北省老河口市仙人渡镇安岗村。面积约25万平方米。现存8座封土堆,底径16～40米,残高2.6～8米。因传说其中最大一座封土冢系西楚霸王项羽墓冢而得名。曾清理3座长方形竖穴土坑木椁墓,其中2座有斜坡墓道,其棺椁保存完好,随葬器物较丰富,共400余件(套),以青铜器和漆木器为大宗,并有少量玉器、陶器及竹简。就墓葬形制和出土器物特征而论,两墓系战国中期的典型楚墓,年代较秦末汉初的西楚霸王为早。地表现仍存封土堆4座,分别称作“单冢子”、“双冢子”、“小冢子”、“小小冢子”,原封土堆形体较大,后因取土遭到较严重破坏,现存封土堆底径16～40米、高3～15米。从取土断面看,封土堆下的墓葬填土下或有青膏泥。霸王坟墓群是鄂西地区保存较好的楚墓群,所出青铜器、漆器及简牍等遗物对鄂西北地区楚文化研究具有重要价值。(黄益飞)

【长沙楚墓】 东周时期楚国墓葬群。位于湖南省长沙市郊的五里牌、仰天湖、杨家湾、陈家大山、子弹库等多处地点。1951年起先后发掘,清理墓葬达2 000余座。墓葬均为中小型土坑竖穴墓,葬具大多腐朽,葬式多为仰身直肢葬。随葬品多置于墓主头端和左侧。可分为随葬日用陶器墓、仿铜陶礼器墓和青铜礼器墓。陶器组合春秋晚期为鬲、钵,战国早中期为鼎、敦、壶,战国晚期为鼎、盒、壶、钫。另外还出土了最早的帛画等(见彩版19“女子升仙图”、“男子升仙图”),著名的楚帛书即出于此。墓地年代从春秋晚期延续至战国晚期,构建起完备的年代序列。先后出版有《长沙发掘报告》和《长沙楚墓》。(唐锦琼)

【腰子仑春秋墓群】 春秋时期墓葬群。全国重点文物保护单位。位于湖南省桃江县腰子仑村。现存面积约24万平方米。1987年起经多次发掘。共发掘墓葬120座。出土随葬品以铜器和陶器为主。铜器主要有剑、矛、铲、斧、斵、鼎、凿和戈,陶器有罐、鼎、鬲、纺轮和盆等。腰子仑墓群不仅集中反映了越文化的面貌,也反映了楚文化、中原文化与长江中下游地区越文化、土著文化与之交流的文化内涵。(付仲杨)

【网岭墓群】 东周至汉晋时期墓葬群。全国重点文物保护单位。位于湖南省攸县网岭镇罗家坪村。面积约2 100万平方米。1985年起经多次发掘。共发掘墓葬近100座。出土五铢钱、铜鼎、陶器和铁器等遗物。其中东周时期墓葬族属为越人,汉代大型墓葬可能为古长沙国某诸侯的陵寝。(付仲杨)

【九里楚墓群】 战国时期楚墓群。全国重点文物保护单位。位于湖南省临澧县九里乡茶厂。面积约400万平方米。分布有大型楚墓24座、中小型楚墓100余座。1979年起经多次发掘。共发掘墓葬24座、车马坑2个。出土铜器、陶器、漆器、木器、竹器、玉器、石器、琉璃、玛瑙和水晶等随葬品。年代为战国早期至中期前段。九里楚墓群可能是楚国某个封君的家族墓地。(付仲杨)

【里耶麦茶战国墓群】 战国时期墓葬群。全国重点文物保护单位。位于湖南省龙山县里耶镇麦茶村。面积约400万平方米。1989年起经多次发掘。共发掘墓葬380多座。出土陶器、铜器、铁器、玉石器、琉璃、骨器、木器、漆器等随葬品。年代为战国中期至战国晚期。里耶麦茶战国墓群应为里耶古城聚落的重要组成部分。(付仲杨)

【骑龙岗古墓群】 战国至汉代墓葬群。全国重点文物保护单位。位于湖南省慈利县零阳镇十板村。发现战国至汉代墓葬1 000余座。1987年和2003年经两次发掘。共发掘墓葬30多座。出土陶器、铜器、漆木器、竹简等随葬品,其中战国简牍共计4 371枚、2万余字。(付仲杨)

【宁镇地区土墩墓群】 西周至战国时期墓葬群。主要分布于江苏省南部的句容市、金坛市、镇江市、丹阳市一带。20世纪50年代以来,发掘总数不下百余座。墓地位于丘陵地带的山冈或土丘高地,在平原地带也多有发现。外形呈馒头状,一般高出地表2～5米,直径在数米至数十米不等,大者可达80米、高10余米。或数座一组,或几十座甚至上百座连成一片。一墩一墓或多墓。随葬品有几何印纹硬陶器、原始瓷器、玉器等,一些较大的墓中还有成套青铜礼器。此外,墓中还有夹砂陶和泥质陶器,以鬲较多见。印纹硬陶和原始瓷最常见。印纹陶纹饰早期常见有各种云雷纹、席纹、方格纹、折线纹、回字纹、复线菱形纹和叶脉纹,晚期则多见细方格纹、米字纹等。一般认为,宁镇地区的土墩墓可能与吴越文化有关。(牛世山)

【金坛土墩墓群】 两周时期墓葬群。全国重点文物保护单位。位于江苏省金坛市薛埠镇,属茅山西麓土墩墓分布密集区。2005年进行发掘。墓葬为一墩一墓或一墩多墓并存,确认了一墩多墓的向心布局,发现挖坑、堆坑、堆土和挖浅坑等多种埋葬方式。土墩周围有界限范围标志，并发现形式多样的丧葬建筑遗存。墓葬随葬品组合主要包括原始瓷豆或碗、硬陶瓶和坛、泥质陶罐、夹砂陶鼎等。随葬品一般放置在墓坑一侧和墓主脚端，其中硬陶坛等高大器物多摆放在脚端。少数墓葬的随葬品仅放置于墓坑一侧或脚端。在土墩上发现的以瘗埋器物群为主要特征的祭祀习俗。（唐锦琼）

【春城土墩墓群】 两周时期墓葬群。全国重点文物保护单位。位于江苏省句容市茅山镇何庄村百培山一带。墓群分为东、南、西、北四个区域，包括春城百培山土墩墓群、杨家棚土墩墓群、二圣百培山土墩墓群等，共112座土墩墓。墓葬封土分为大、中、小型，小型封土高1.5～2.5米，底径12～20米，居中的少数土墩规模稍大，墩高3～4米，底径18～25米。最大的一座土墩高约10米，底径约50米。这批墓葬是茅山地区土墩墓分布最为集中的区域。（唐锦琼）

【南岗山土墩墓】 东周时期土墩墓群。位于江苏省镇江市丹徒区荣炳乡西棚村北的南岗山。1990年清理了其中14座。墓葬分为东西两组，每组的十几座墓葬以一座较大土墩为中心，沿山脊呈两列对称分布。墓葬基本为一墩一墓。土墩下多有长方形墓坑，仅一座有平铺的棺床。随葬品以几何印纹硬陶为主，还有陶器和青瓷器等。器形有鼎、豆、罐、坛、碗、瓿、盂、盅、盆、钵、碟、器盖等。墓葬年代为春秋早中期。（唐锦琼）

【真山墓葬】 东周时期土墩墓群。位于江苏省苏州市虎丘区浒墅关镇真山。1992年开始发掘，清理了其中12座墓葬。墓地的年代从春秋延续至汉代。其中春秋晚期的D9M1规模较大。该墓凿山为穴，上有高大封土东西长70米，南北宽32米，残高8.3米。墓口呈不规则长方形，东侧有墓道。多重棺椁已朽，原先放置在棺床上。墓葬早年被盗，残存出土物以玉石器为主，并有原始瓷器、印纹硬陶等。发掘者推测该墓有可能为吴王寿梦之墓。1999年出版有《真山东周墓地——吴楚贵族墓地的发掘与研究》。（唐锦琼）

【程桥东周墓】 东周时期墓葬群。位于江苏省南京市六合区程桥。1964年起开始发掘，先后清理3座墓葬。墓葬均为竖穴土坑墓，出土有铜器、陶器等。其中M2规模较大，呈长方形，东西长5.1米，南北宽4.5米。墓内出有青铜礼器、车马器、兵器等。其中包括7件一组的编钟和5件一套的编镈。墓葬年代为春秋末年。根据墓内铭文，M2墓主为吴国王室之女，其他墓葬的墓主亦为吴国贵族。（唐锦琼）

【屯溪土墩墓】 皖南地区土墩墓群。位于安徽省黄山市屯溪区奕棋镇奕棋村。1959—1975年发掘8座。一墩一墓，平地起坟。随葬青铜器、原始瓷、几何印纹陶、陶器。其中青铜器107件，器形有鼎、簋、尊、卣、盘、盂、盉、壶、勺、五柱器、独柱器等。尊和卣的器形与中原地区所出的同类器物相同。鼎的形制特殊，腹较浅，三锥足外撇。五柱形器则前所未见。青铜器纹饰有动物纹和几何纹两类，动物纹主要有兽形纹、夔纹、蟠虺纹、鸟纹等，几何纹主要有斜角雷纹、斜方格乳钉纹、涡纹和四瓣花纹、云纹、编织纹、锯齿纹、折线纹、圈点纹、绳纹和弦纹等。一些样式如兽面纹、夔纹、鸟纹、雷纹、乳钉纹等为中原地区常见，其他纹样则有较浓厚的地方色彩。出土有原始瓷器311件、几何印纹陶器23件、陶器29件。原始瓷器种类主要有豆、盂、罐、碗、瓿、尊、盉等。这批墓的年代有西周早中期说、西周中晚期说、春秋晚期至战国早期说。2006年出版有《屯溪土墩墓发掘报告》。（牛世山）

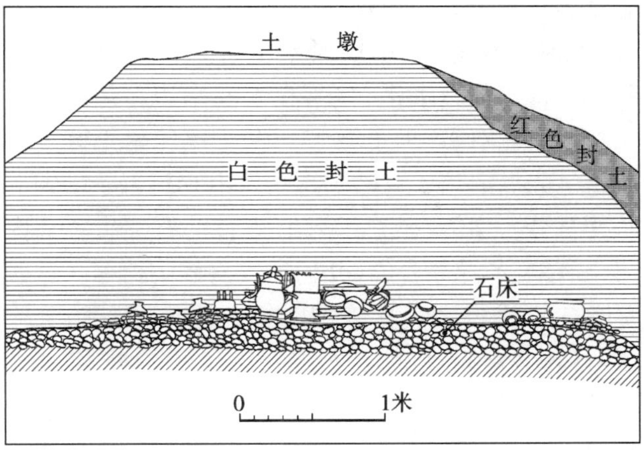

屯溪土墩墓M1剖面图

【烟墩山墓地】 西周时期墓葬。全国重点文物保护单位。宁镇地区土墩墓群之一。位于江苏省镇江市丹徒区烟墩山（又名四墩山）。包含墓葬4座。1954年发现并清理1座（M1），1984年清理1座（M2）。M1出土青铜鼎、簋、鬲、盂、盉、觥、盘、角状器等12件，另有车马器等。其中宜侯夨簋为浅腹、四耳、高圈足，有铭文126字，记述周王改封虞侯夨为宜侯，并赐以秬鬯、圭瓒、弓矢、土地、人鬲等。有研究认为，宜即吴，此簋铭文记载的是周王朝封建吴国的史实。M2 的墓底有用片石砌筑的“石床”,上面按序放置各类器具,有原始瓷、几何印纹硬陶、夹砂红陶、泥质灰陶和黑皮陶以及骨制饰件等,其中原始瓷器最多。(牛世山)

【鸿山越国贵族墓】 东周时期土墩墓群。全国重点文物保护单位。位于江苏省无锡市锡山区鸿山镇。2004 年起进行发掘,清理其中 7 座墓葬。墓葬上有土墩,土墩下或有竖穴,或平地起封,或在土墩中开挖墓室、墓道。有的有木质床,并加以焚烧。其中丘承墩是等级最高的一座,东西向长方形覆斗状封土;墓室为“中”字形竖穴土坑,长 56.7 米,宽 6.3 米,深 3 米,分为墓道、墓室和后室,墓室内还用木板隔成主室和南、北侧室。出土大量原始瓷器、硬陶器等千余件,特别是大量成组成套的仿铜礼器和乐器均为青瓷器。墓主为战国早期越国贵族。2007 年出版有《鸿山越墓发掘报告》。(唐锦琼)

【大夫墩墓】 东周时期土墩墓。位于江苏省丹阳市。1993 年发掘。封土高约 12 米,土墩内有东西向竖穴墓坑。墓口平面呈梯形,东西长 15.6 米,宽 4.5～6.6米,墓坑东部有砌石遗迹。随葬品置于墓底西侧器物坑中,包括原始瓷器、青铜器和漆器等。墓主为春秋早期的贵族。(唐锦琼)

【大港土墩墓】 东周时期土墩墓群。位于江苏省镇江市丹徒区大港,坐落在长江岸边。包括烟墩山、磨盘墩、双墩、母子墩等。1954 年曾出土有宜侯夨簋。先后清理了双墩 M1、烟墩山 M2、母子墩铜器墓等墓葬。均为一墩一墓,有规整的石墓坑。墓内出土有铜器、原始瓷器、几何印纹陶和陶器等。这些墓葬的年代多为春秋战国时期。为吴国贵族墓葬区。(唐锦琼)

【粮山 2 号墓】 东周时期土墩墓。位于江苏省镇江市丹阳市粮山顶部。1979 年发掘。土墩上部封土高约 4 米,土墩下有斗形竖穴墓室。墓室东西长 11.2～12 米,南北宽 6.4～7 米,深 9 米。无葬具,墓主在墓底北侧的石台上,随葬品放置在墓室南侧和封土中。有殉人。出土有原始瓷器、青铜器、陶器和玉器等,共计 55 件(组)。墓葬年代相当于春秋中期。墓主系吴国贵族。(唐锦琼)

【绍兴 306 号战国墓】 东周时期墓葬。位于浙江省绍兴市越城区鉴湖镇坡塘村狮子山。1982 年发掘。竖穴土坑墓,有阶梯墓道和壁龛,并有棺椁葬具。此墓部分被破坏,出土器物多出自壁龛和下部的土台上,包括青铜器、玉器、金器、陶器及玉石器等,共计 1 244 件(组),其中包括一件铜屋模型。墓葬年代为战国初年。墓主可能为越国高级贵族。(唐锦琼)

【印山越王陵】 东周时期墓葬。全国重点文物保护单位。位于浙江省绍兴市柯桥区兰亭镇木栅村印山顶部。墓葬周围有隍壕环绕,陵园面积约 8.5 万平方米。1996—1998 年发掘。墓葬是带墓道的长方形竖穴岩坑墓,墓道在东侧。墓口长 46 米,宽 14 米,底深12.4米。墓室是用髹漆大枋木构成长条形人字坡木屋式,分为前中后三室。中室置大型独木棺。墓室外用树皮包裹,再填以大量木炭和青膏泥(见彩版 16“印山越王陵墓室”)。残存有玉器、漆木器、陶器等。墓葬年代为春秋末期。发掘者认为墓葬即“木客大冢”,墓主为越王允常。2002 年出版有《印山越王陵》。(唐锦琼)

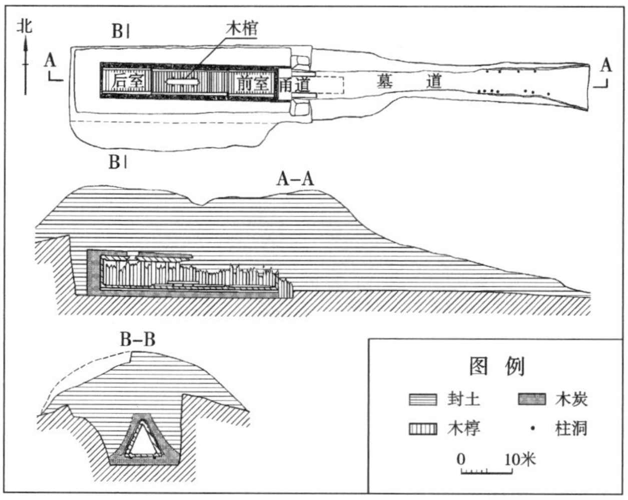

印山越王陵 M1 平面、剖面图

【双墩春秋墓】 春秋时期古墓葬。全国重点文物保护单位。位于安徽省蚌埠市淮上区双墩村。包括两座墓葬,大小相似。其中 1 号墓南距淮河 2 千米,封土高 9.5 米,南北长 60 米,东西 80 米;2 号墓与 1 号墓相距 80 米,封土高 8.5 米,南北长 50 米,东西 60 米。两墩均由夯土构成,夯层厚 0.15～0.2 米。墓葬结构独特,如圆形墓室、五色颗粒混合土填埋、白土垫层、填埋土偶、墓室内器物坑、殉人坑布局特殊等。出土有钟、鼎、盉、舀、铃、戈、矛、剑、镞等青铜器,以及车马器、石磬、彩陶器(壶、罐、盆)、玉器、漆器、木器、海贝等遗物 400 余件,另有 10 具殉人和猪、马、牛、羊坑等。墓主可能为春秋时期钟离国的国君“柏”。双墩墓葬的发现对研究东周时期淮夷文

化具有重要的价值。(徐良高)

【东阳土墩墓群】 两周时期土墩墓群。全国重点文物保护单位。位于浙江省东阳市江北街道、六石镇、巍山镇一带。2003年和2005年经过两次发掘。墓葬是位于小山之巅的土墩墓,墓室平面有"凹"字形、"凸"字形和长条形三种形状。前山土墩墓是长方形浅土坑木椁墓,但甬道部分用石块构筑成石室形状,墓内随葬品以玉器为主。石角山、派园、银角山等土墩墓均是由巨大石块构筑而成的石室土墩墓。发掘出一大批珍贵文物,并发现有人骨、二次迁葬和人祭人殉等重要遗迹。(唐锦琼)

【皖南土墩墓群】 西周至春秋时期土墩墓群。全国重点文物保护单位。主要分布于安徽省南部,由千峰山土墩墓群和万牛山土墩墓群组成。墓葬沿河流两岸的丘陵岗峦分布,一墩一墓,形制为平地掩埋,堆土垒墓。千峰山土墩墓群位于南陵县与泾县交界的葛林乡,现存墓葬995座,分布范围13平方千米。随葬品有印纹硬陶、原始青瓷器、青铜器以及采矿、炼铜的生产工具等。万牛山土墩墓群位于繁昌县东南平铺、新林两乡,与南陵县家发乡分布的土墩墓群连成一片,为另一片西周至春秋的土著公共墓地,面积约6平方千米。出土文物有印纹硬陶罐、纺轮、原始青瓷豆、罐、青铜盖罐、鼎、剑等。这些土墩墓群反映了当地土著居民的文化面貌,是研究吴越文化的重要资料。(徐良高)

【建平镇土墩墓群】 两周时期土墩墓群。全国重点文物保护单位。位于安徽省郎溪县建平镇中北部。面积约5平方千米。墓群呈东西向一线排列,横跨建平镇钟西、钟新两村,墓葬数量众多,保存较好。形制为平地起土,堆土成墩,不设葬具,封土不夯。出土的青铜剑与山西省出土的吴王光剑形制相同,并出土较多原始瓷和印纹硬陶器。年代初定为西周至春秋战国之交。这一墓群为本地土著居民的公共墓地,反映了吴越民族的葬俗,对了解和探寻商周至春秋时期郎川河流域文化发展脉络和古人经济生活状况有重要的研究价值。(徐良高)

【浦城土墩墓群】 西周至春秋时期土墩墓群。全国重点文物保护单位。位于福建省浦城县仙阳镇管九村、忠信镇上同村和排栅村的柘溪两岸山坡上。大多数土墩在地表隆起比较明显,平面呈长方形、方形、椭圆形、圆形和不规则形等。现存高度多为2米左右,最高者3米多,个别不足1米。2005—2006年在管九村西和西北的5个地点发掘33座土墩,其中一墩两墓的6座,一墩多墓的1座,其余为一墩一墓。共清理墓葬47座。墓葬形制有带墓道的竖穴土(岩)坑、长方形浅坑和平地掩埋等三种。底部大多铺满鹅卵石,周壁下挖有浅排水沟。每座墓都有随葬品,多的20余件,少的数件。出土陶器、原始青瓷器、青铜器、玉器等共280余件。青铜器72件,其中越式青铜剑10件,造型精美;原始瓷器和印纹硬陶器160余件,这是此类文物在福建省发现最多的一次。该墓群是福建省首次发现的土墩墓群,也是中国东南土墩墓群已知分布最南的地点,从而把土墩墓分布区域向南延伸到福建北部地区,对研究土墩墓的分布、演变及其族属等有重要价值。(牛世山)

【郝家坪战国墓群】 俗称"双坟梁"。战国时期秦墓。全国重点文物保护单位。位于四川省青川县郝家坪。面积约3.5万平方米。发现时暴露的土坑木椁墓达150余座,1979—1980年发掘其中72座。墓向皆西北向,墓有一棺一椁或有棺无椁两种,棺木多系楠木。墓葬用白膏泥填封。51号墓出土秦武王二年(公元前309年)更修为田律木牍,共121字。墓地出土器物400余件,其中漆器177件、竹木器50件、铜器58件、陶器124件。器物皆为生活用品,漆器有壶、卮、圆盒、耳杯等,陶器有鼎、豆、壶、罐等,铜器有鼎、镜、带钩等。另有少量的玉环、琉璃珠等遗物。此墓地是研究秦灭巴蜀后的重要资料。(常怀颖)

【周原青铜器窖藏】 西周时期窖藏。位于陕西省扶风县、岐山县之间的周原遗址。西汉、北宋时有出土西周青铜器的记录,其中有的可能出自窖藏。据统计,周原遗址发现青铜器窖藏有百余次,著名的有1890年扶风县任家村的克组和仲义父组窖藏,1933年扶风县上康村的函皇父组和伯鲜组窖藏,1940年扶风县任家村的膳夫梁其、膳夫吉父家族窖藏,1960年扶风县召陈的散车父组窖藏,1974年扶风县强家的师丞家族窖藏,1975年岐山县董家村卫氏家族窖藏,1976年扶风县庄白的微氏家族窖藏,1976年扶风县云塘的伯公父组窖藏,20世纪60—80年代的扶风县齐家村窖藏,1978年岐山县凤雏的伯寬父和伯尚组窖藏等。埋藏铜器的窖穴为圆形袋状或长方形,坑壁未加修整。铜器往往大小套合,层层叠压。许多铜器的年代下限晚至夷王、厉王甚至宣王、幽王时期,窖藏年代为西周末年。除齐家村7号窖藏同出有陶器外,其余只见青铜礼器。青铜器或形制奇特,或器身雄伟,或纹饰富丽,或兼而有之。一半以上的青铜器有铭文,有的记载了西周时期重要的事件和史实。窖藏附近往往有居住址,有的还发现大型建筑基址,可能是一处处家族的居地。结合居址、墓葬推知,西周时期周原居住着众多的豪门望族。周原青铜器窖藏遗存对研究周文化及其历史等提供了重要资料。2006 年出版有《周原出土青铜器》。(牛世山)

【强家村铜器窖藏】 西周晚期窖藏。位于陕西省扶风县强家村。1974 年发现。出土铜器 7 件,有鼎、簋、簋盖、铺(镂空豆)、钟。其中著名的有师𩛥鼎、师丞钟、即簋等,与传世的师望鼎属于同一家族之器。最晚的师丞钟铭文中有“师丞肈作朕烈祖虢季、宄公、幽叔、朕皇考德叔大林钟”,研究认为虢季、师𩛥、师望、即和师丞是这个家族的五代人,至少自师𩛥开始,连续四代为王朝师职。师𩛥鼎铭文中,对“德”有不少讲述,如“用乃孔德”、“肈淑先王德”等,与新出𨾊公盨是研究西周乃至先秦思想中“德”这一观念最有价值的文献之一。(牛世山)

【庄白铜器窖藏】 西周晚期窖藏。位于陕西省扶风县庄白村南。1976 年发现。有鼎、鬲、釜、簋、觚、爵、斝、觯、盘、尊、卣、觥、盨、簠、方彝、罍、壶、斗、勺、匕、编钟和铃等 22 类共 103 件。其中有铭铜器 74 件,年代从西周早期到晚期都有,作器者有商、折、陵、丰、墙、㾜、孟、白先父等人,他们多属于微氏家族不同世代的成员。其中墙盘铭文 284 字,遣词典雅,书体工整,多用韵句,颇似《诗经》。上半段追述周文、武、成、康、昭、穆王和当时天子(恭王)的伟绩,后段和㾜钟铭文记录的先祖世系组成微氏家族高祖至㾜七代家族谱系,这个家族入周后世袭史官之职。㾜器最多,铭文所见屡受周王赏赐。8 件㾜簋,形制、纹饰、铭文基本相同,4 件一套,共两套,由此可见㾜的地位非常显赫。2006 年出版有《周原出土青铜器》。(牛世山)

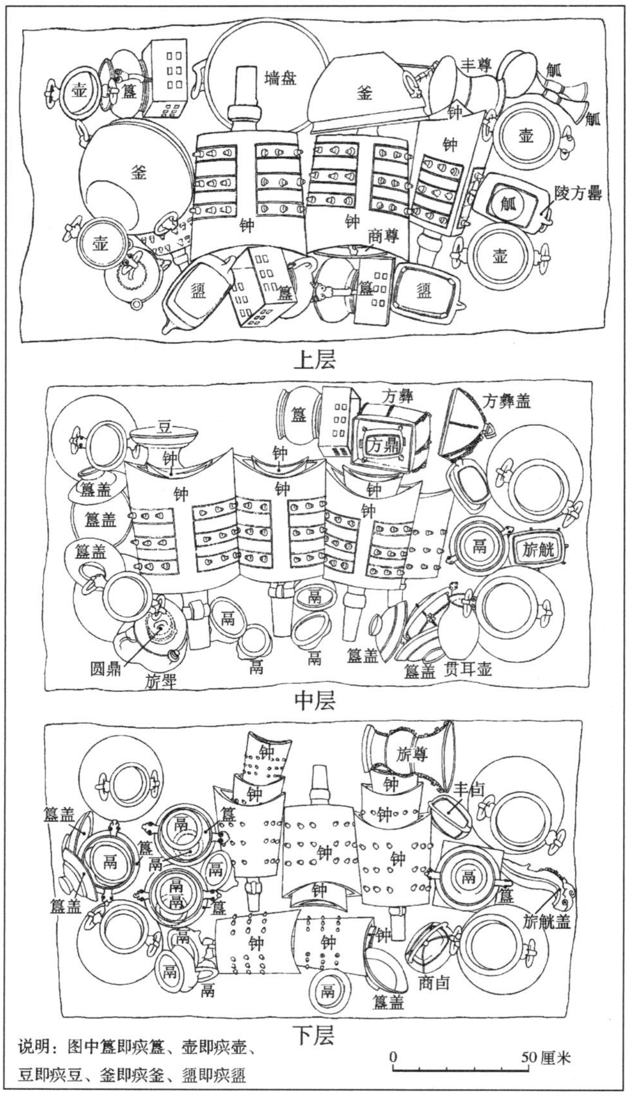

庄白铜器窖藏平面图

【董家村铜器窖藏】 西周时期窖藏。位于陕西省岐山县董家村。1975 年发现。出土铜器 37 件,有鼎、簋、壶、鬲、盘、盉、匜、鍪、豆,有铭者 30 件,年代上至穆王、恭王时期,下限可达厉王、宣王之际,埋藏年代为西周末年。其中裘卫四器和𠋣匜最重要。二十七年卫簋为穆王时期,三年卫盉、五年卫鼎、九年卫鼎为恭王时期,𠋣匜为懿王时期。三年卫盉记录了器主卫以瑾璋、赤琥等换取矩伯十三田的交易,五年卫鼎记录了卫和邦君厉之间的土地纠纷,厉最后付给裘卫四田并划定地界,九年卫鼎记载卫用车及车马饰等换取矩的林䓞里土地,这些对研究西周中期的土地交易有重要价值。卫鼎和卫盉还记载了裘卫与矩伯、邦君厉进行交易时的证人如井伯、伯邑父、荣伯、定伯、单伯和伯俗父等,这些人物又把许多有铭青铜器联系起来,成为西周青铜器断代的标准器。𠋣匜的铭文是一篇诉讼判决书,案例中有墨刑、鞭刑及罚金等处罚细节,是西周重要的法律文献,对研究西周时期的法律制度有重要意义。(牛世山)

【杨家村铜器窖藏】 西周时期窖藏。位于陕西省眉县常兴镇杨家村。1956 年发现窖藏青铜器 5 件,有方彝、方尊、驹尊(含盖)、驹尊盖,均有铭文,器主为“盠”。1985 年出土 13 件青铜乐器(实际为 18 件编钟,有 5 件编钟被倒卖出境,为美国俄亥俄州克利夫兰艺术博物馆购藏),有编钟、编镈共数套,其中一组编钟的器主为“逨”。2003 年发现一处单氏家族的铜器窖藏,出土青铜器 27 件,有鼎、鬲、壶、盘、盂、盉、匜,其中大多有重要铭文。这些青铜器中,盠驹尊、逨鼎和逨盘等是著名的重器。盠驹尊记载了周王举行执驹之礼,四十二年逨鼎记载逨辅助长父建国于杨、兵伐严狁(猃狁)的事件,逨盘铭文多达 372 字,记载了周文王至宣王 12 代王世和各代重大史实以及单氏家族 8 代与周王的对应时代,这是青铜器铭文中所见最完整的周王世系,与《史记·周本纪》所载的周王世系完全相同,对研究西周青铜器断代、西周文化以及单氏家族史等提供了重要材料。2008 年出版有《吉金铸华章——宝鸡眉县杨家村单氏铜器窖藏》。(牛世山)

杨家村铜器窖藏现场

【马王村青铜器窖藏】 西周时期窖藏。位于陕西省西安市长安区张家坡村东、马王村西。1961 年发现一处,在一个直径约 1.2 米的圆形坑内埋有铜器 53 件,器形有鬲、簋、壶、盉、鍪、盘、豆、杯、枓、匕等,其中有铭文的 32 件,共有铭文 11 种。年代有西周早期的,也有西周中期或更晚的。作器者有孟、筍侯、伯喜、伯梁父、伯百父、伯庸父等。1967 年在马王村一处窖藏中又出土 6 件,有鼎、壶和罍,其中 1 件西周晚期的鄦(许)男鼎系许国国君嫁女的媵器。1973 年,在首次发现的窖藏坑之西约 30 米处又发现一座,有青铜器 25 件,器形有鼎、甗、簋、盘、匜、壶、编钟等,其中有铭文的 10 件,器主多为卫。这批铜器除甗等少数几件年代较早外,多为西周中晚期。马王村青铜器窖藏可能是西周末年犬戎之乱时埋藏的,均发现于著名的沣西遗址范围内,对研究西周青铜器断代、沣西遗址的性质等提供了珍贵资料。(牛世山)

【喀左铜器窖藏】 西周时期窖藏。位于辽宁省喀喇沁左翼蒙古族自治县大凌河两岸的丘陵上。1941 年在咕噜沟村出土 1 件西周有铭铜鼎。1955 年在马厂沟出土 16 件西周铜器,其中有鼎、甗、簋、罍、卣、壶、盘和鸭形尊等。1973 年在北洞村发现两座窖藏,1 号窖藏出土 6 件,有罍、瓿,其中 1 件罍有铭文 6 字;2 号窖藏出土 6 件,有方鼎、圆鼎、方座簋、罍等。1974 年在山湾子出土铜器 22 件,有鼎、鬲、甗、簋、尊、卣、罍、盂、盘等,有铭文者 15 件。除北洞村 1 号窖藏部分罍、瓿属商代晚期外,多数为西周早期。形制为商周时期典型青铜器。有铭文的重要青铜器有匽(燕)侯盂、妟方鼎、伯矩甗、圉簋、孤竹父丁罍等,匽侯、伯矩、圉等见于北京琉璃河燕国墓地青铜器。这些遗存为研究燕国疆域、部族构成及其与北方民族关系提供了新资料。(牛世山)

器 物

【空首布】 东周时期货币。主要流行于中原地区。铜制铲形,其原型为铲状工具的缩小,上端有銎,下端有宽大的铲形钱面,是布币中最早的形式。可分为耸肩尖足布、平肩布和斜肩布等。耸肩尖足布多发现于山西,基本上是晋国货币;平肩布和斜肩布多出于周王畿及晋国、韩国故地。在流通过程中,空首布经历了由大到小的变化过程。迄今发现的最早空首布为春秋中期,下限大约延至战国中期。(宋江宁)

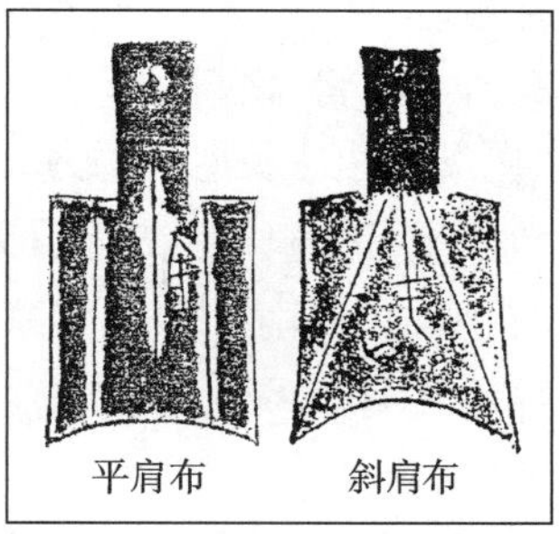

空首布(拓本)

【平首布】 战国时期货币。流行于三晋地区,周、燕等地也有发现。由空首布演化而成。铜制铲形,铲柄无銎,为一铲状铜片。可分为平肩方足布、耸肩方足布和平肩尖足布三类。部分平首布上铸有文字,

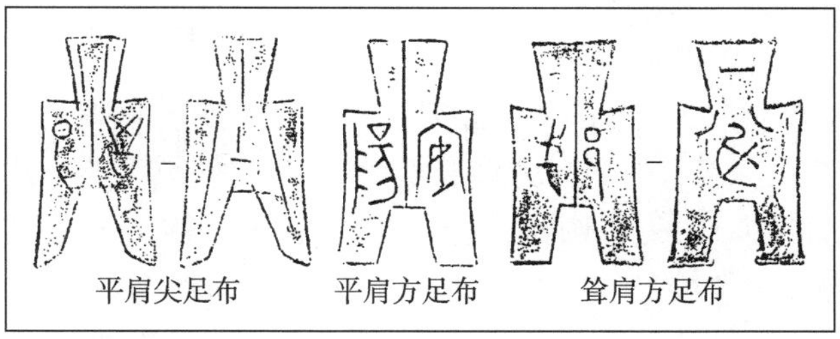

平首布(拓本)

多系地名和重量。集中出土于山西、河南、河北三地。流通于整个战国时期。(宋江宁)

【刀币】 东周时期货币。流行于齐、燕、赵等国。铜制刀形,应是从实用的刀削演化而来。弧背,弧刃,刀首多向内斜,柄端有一圆环。战国时期,齐、燕、赵等国都通用刀币。主要种类有齐国的齐刀,燕国的明刀、尖首刀,赵国的赵刀等。流通于春秋中晚期到战国时期。(宋江宁)

【明刀】 东周时期燕国货币。铜制刀形。明刀按其形制可分为弧背刀和折背刀两种。弧背刀刀身圆折,弧背,凹刃,身较宽,柄略短。折背刀刀身方折,刀身坡度小,刀身上下基本相等,与弧背刀相比折背刀铜质较差,含铅量明显增多,锈蚀严重。明刀刀币上的铭文曾被释为“明”,故常被称为“明刀”,近年有学者将此字释为“匽”。明刀多在燕国故地出土,为燕国官铸货币无疑。使用范围甚广,在山西、陕西、河南、山东、北京、天津、内蒙古、辽宁、吉林等地均有发现。主要流通于春秋中晚期到战国时期。(宋江宁)

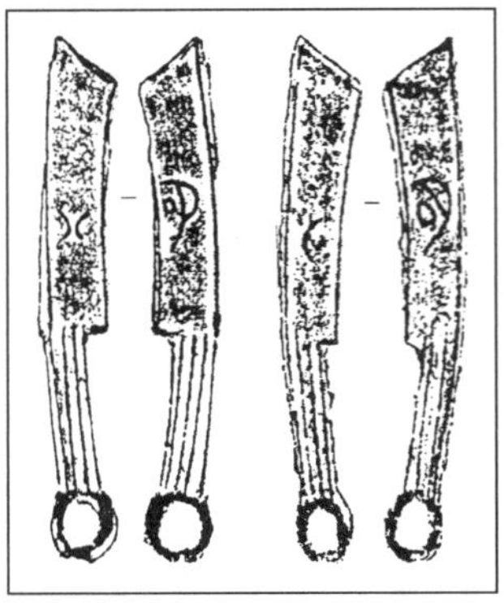
明刀(拓本)

【齐刀】 亦称“齐大刀”。东周时期齐国货币。刀体宽大厚重,通长约17厘米,在刀币中形体最大、铸造精美。齐刀币上常见的铭文有“齐法化”、“齐之法化”、“安阳之法化”、“即墨之法化”等面文。多出于山东济南、兖州以东地区。主要流行于春秋中晚期到战国时期。(宋江宁)

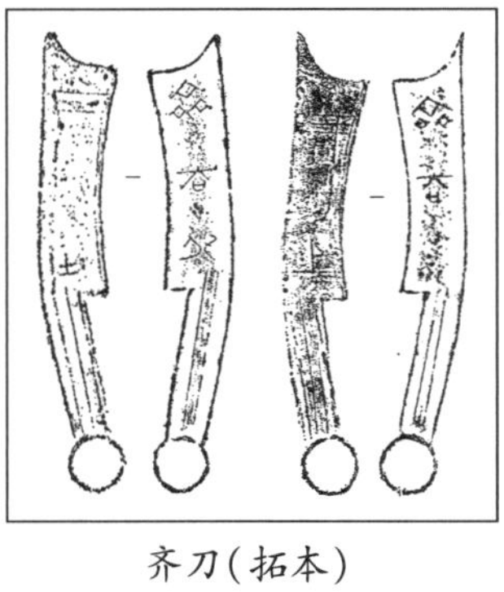
齐刀(拓本)

【齐大刀】 即“齐刀”。

【直刀】 亦称“钝首刀”。战国时期赵国货币。系仿燕刀、齐刀而成。主要特点是形体轻薄,背、刃略见弧形,刀首圆钝,故又称为钝首刀。铭文多为地名,如“甘丹”、“白人”等。刀背以素面居多。在山西、河北等赵国故地均有出土。主要流行于战国中后期。(宋江宁)

【钝首刀】 即“直刀”。

【尖首刀】 东周时期燕国早期货币。典型特征是刀首宽大、尖锐,呈斜坡状,与中原地区商周时期青铜刀削近似,无固定铭文,具有一定的原始性。在河北中部、北部原燕国境内大量出土,辽宁、天津、北京、山东等地也有发现。尖首刀是刀币的最初形制,其后发展成为燕明刀,学术界对其铸行年代认识不一,近年来普遍认为铸行于春秋中期至战国初年。(宋江宁)

【蚁鼻钱】 亦称“鬼脸钱”。战国时期楚国特有的金属铸币。为仿照天然贝形状制成的铜币。钱身椭圆形,通高约1.8厘米,重约3克。正面有阴文的“君”、“圻”等字。在战国时期的楚国境内发现较多,湖北、湖南、河南、安徽、江苏、浙江、山东等地都有发现。主要流行于战国时期。(宋江宁)

【鬼脸钱】 即“蚁鼻钱”。

【楚金版】 战国时期楚国特有的称量货币。在长方形或锭形的金版上打上十几个或几十个“郢爯”、“陈爯”之类的戳印,故又称为“郢爯金”、“郢爯”。也有钤印“卢金”字样者。含金量一般都在90%以上,最多者达99%。因使用时按需要而随意切割,故出土实物大小不一。主要发现于安徽、江苏、河南、陕西等地。流行于战国中晚期。(宋江宁)

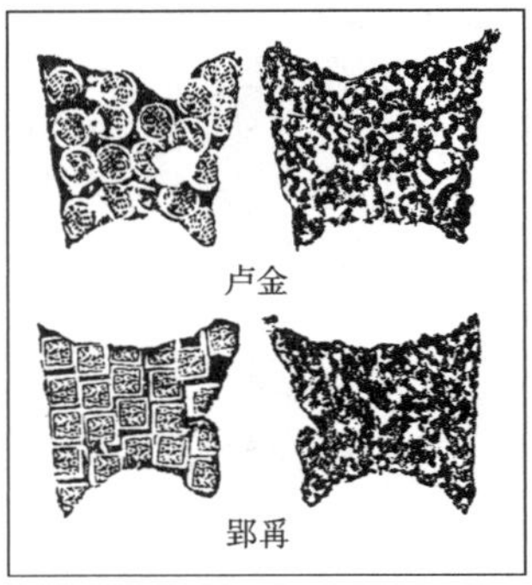

楚金版(拓本)

【郢爯金】 即“楚金版”。

【郢爯】 即“楚金版”。

【铜圜钱】 战国时期货币。主要流行于秦国。齐、燕、魏、赵等国也曾铸造过圜钱。圆形,中央有一个圆孔或方孔,钱上铸有文字。秦之圜钱分为圆孔圜钱和方孔圜钱两类。圆孔圜钱铸造较早,形态较为原始,直径3.6～3.7厘米,面文均有“一两”二字,迄今所见多为传世品。方

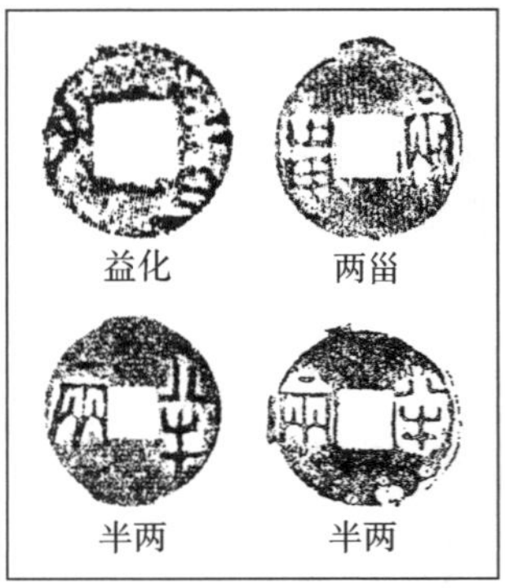

秦国铜圜钱(拓本)

孔圜钱直径3.5厘米左右，面文多为“两甾”和“半两”。陕西省长安市曾出土“益化”款方孔圜钱2枚。齐、燕两国的圜钱均为方孔钱，三晋地区的圜钱为圆孔钱。东周各国的圜钱均为战国末期所铸。（宋江宁）

【秦半两】 战国时期至秦代货币。方孔圆形，币面上有“半两”两字，表示每枚重为当时的半两（十二铢）。半两钱最初主要流通于战国时期的秦国，秦国统一后开始在全国通行。“秦半两”的出现标志着中国古代币制逐步成熟，是中国货币发展过程中的一大里程碑。铸行时间主要始自战国，止于秦王朝覆亡。（宋江宁）

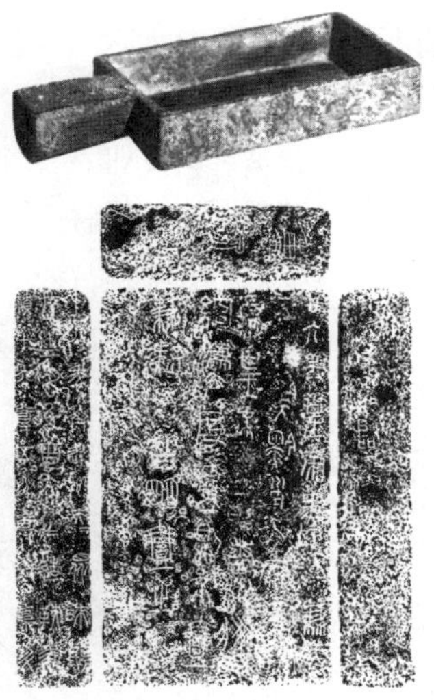

商鞅量及铭文拓本

【商鞅量】 亦称“商鞅方升”。战国时期秦国标准量器。1966年上海博物馆征集。铜质。长方形，一端有柄，器壁及底部均刻有铭文。经实测，方升容积为202毫升。商鞅方升在秦孝公十八年（公元前344年）铸造使用，至秦始皇统一六国后又重新颁诏推广至全国，作为国家的标准量器。现藏上海博物馆。（宋江宁）

【商鞅方升】 即“商鞅量”。

【放马滩秦尺】 战国时期量器。1986年甘肃省天水市放马滩战国秦墓出土。木质。长条形，长90.5厘米，宽3.2厘米，厚2厘米。其一端有一长柄，空出20.5厘米无刻度；另一端呈圆形，空出10厘米无刻度；中间一段刻26条线纹，间距为2.4厘米，不可分，每5度为一组，用“X”表示，正背面刻度相同，刻度部分长60厘米，每尺合24厘米。该尺为迄今为止唯一一把经科学发掘出土的东周尺。（宋江宁）

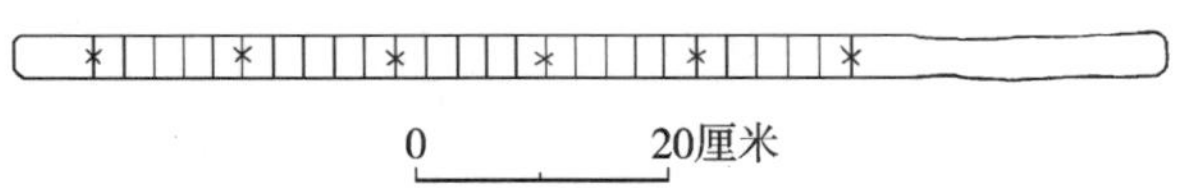

放马滩秦尺

【高奴权】 秦代衡器。陕西省西安市未央区高窑村阿房宫遗址范围内出土。铜质，重30.75千克（合秦一石）。平底鼻钮。正面铸突起阳文；另一面加刻秦始皇二十六年（公元前221年）诏书和“高奴石”三字，并加刻秦二世元年（前209年）诏书。可见该铜权从铸造之后直至秦亡曾长期使用，秦代的衡器在此阶段保持着相对稳定性。现藏陕西历史博物馆。（宋江宁）

高奴权　　高奴权铭文拓本

高奴权及铭文拓本

【金村铜尺】 战国时期量器。1931年河南省孟津县金村出土。铜质，长23.1厘米，宽1.7厘米，厚0.4厘米。横断面略呈拱形，正背两面无刻度，仅在一侧刻10寸，第1寸处刻10格，其余9寸未刻分，但在5寸位置刻有交午线，一端有孔。该尺刻度不精，制作不甚规整，但长度与秦一尺长度相同，或许即为此期东周一尺之长。（宋江宁）

【女子升仙图】 战国帛画。1949年湖南省长沙市陈家大山楚墓出土。高28厘米，宽20厘米。画面构图分上、下两部分。下部画面于中央偏右绘一成年女子侧像；上部画面于女子头上绘有一凤鸟，凤鸟前方又绘有向上浮游的飞龙。（见彩版19“女子升仙图”）帛画内容当与葬仪有关，表现了以龙凤引导死者灵魂升天的场景。（宋江宁）

【男子升仙图】 战国帛画。1973年湖南省长沙市子弹库楚墓出土。帛画平置于椁盖板下的隔板之上，其上缘裹有一条纤细的竹条，竹条当中系有悬挂用的棕色丝绳。帛画高37.5厘米，宽28厘米。帛画中绘有左向而立的成年男子侧像，足踏一巨龙，其下以云朵承托，龙前下侧绘一鲤鱼，龙尾绘一苍鹭。（见彩版19“男子升仙图”）帛画内容表现了男子乘龙升天的场景。（宋江宁）

【羊角钮钟】 战国时期青铜乐器。1975年云南省楚雄市万家坝出土。一套6件，形制相同，大小不一。形制与中原编钟有别。上小下大，横剖面为椭圆形，

顶部有一对羊角状钮，下有一长方形孔。（宋江宁）

【柳叶形剑】 巴蜀文化青铜兵器。广泛出土于战国时期的巴蜀墓葬中。剑身呈柳叶形，比较窄细，而且不装剑格。剑身基部常铸刻象形的图纹，常见的有虎纹、手纹、花蒂纹、鸟纹、蝉纹等，以及许多尚未破解的抽象符号。（宋江宁）

【曲刃青铜剑】 北方地区青铜兵器。发现于内蒙古自治区东南部、河北省北部、辽宁省、吉林省等地，以及朝鲜半岛。时间约从西周中晚期开始，延续到秦汉之际或西汉早期。日本学者称为辽宁式铜剑，朝鲜考古界称为琵琶形短剑，中国学者称为东北系铜剑、曲刃短茎式铜剑、丁字形铜柄曲刃剑、短铤曲刃剑等。这类铜剑的基本特征是：剑身双侧刃部呈弧形曲线；一般有突出的节尖，内束的凹腰；剑脊均为柱状，有的有脊突隆起。整个铜剑由金属或陶、石制加重器和丁字形剑柄、剑身三部分组成，总体形式略近琵琶形。（宋江宁）

【虢国玉柄铁剑】 西周晚期铁质兵器。1990 年河南省三门峡市虢国墓地 M2001 出土。全长 34.2 厘米，柄长 12.2 厘米，剑身长 22 厘米，叶宽 3.8 厘米，玉茎最大径 1.8 厘米。由铁质剑身、铜质柄身和玉质剑柄嵌接组合而成。剑首及茎身接合部均镶以绿松石片。剑茎表面饰成组斜竖向平行线纹与 C 形云纹，剑首表面饰以四瓣花萼形纹样。现藏河南博物院。（宋江宁）

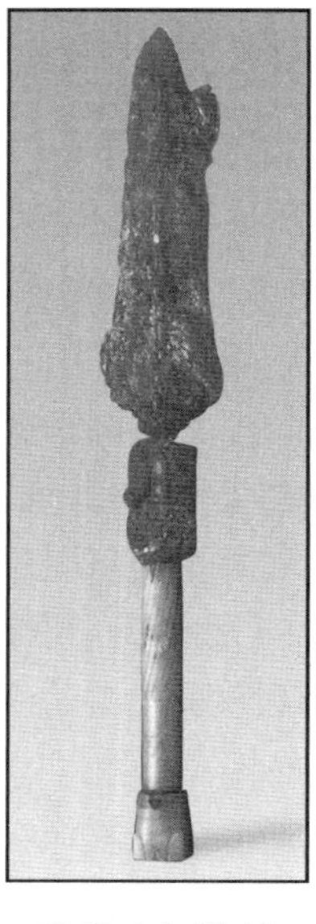

虢国玉柄铁剑

【虢国铜内铁援戈】 西周晚期铁质兵器。1990 年河南省三门峡市虢国墓地 M2001 出土。器身残长 17.4 厘米，内长 7.5 厘米，内厚 0.5 厘米。由铁援、铜内锻接组合而成。铁援有脊，锋部已残损。铜质叶片的援本部一侧有一横条形穿，栏侧存有一纵长条形穿，铜内中部偏上有一横条形穿，内下角有一小缺口。铜质叶片的援本部正、背面均以绿松石镶嵌一组长鼻龙首纹，内部正、背面均以绿松石镶嵌一组 C 形卷云纹。（宋江宁）

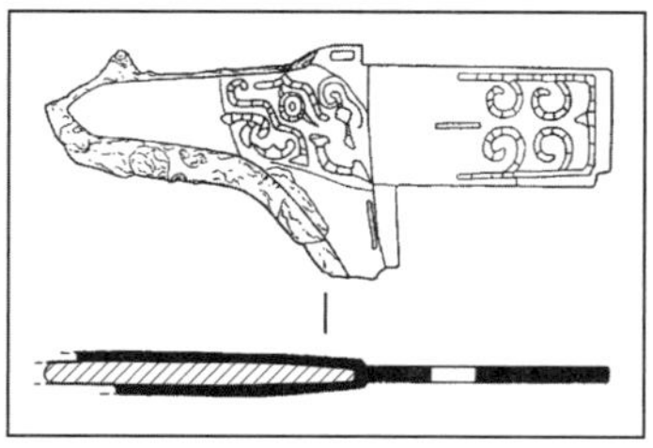

虢国铜内铁援戈

【虢国铜骹铁叶矛】 西周晚期铁质兵器。河南省三门峡市虢国墓地 M2009 出土。由铁叶和铜骹组合而成。器身残长 12.7 厘米，骹上端厚 1.6 厘米，铁叶残宽 2.9 厘米。铜骹部两面均有上窄下宽的条状铜片前伸作脊状隆起，铁质叶片嵌入其中。铁质部分的下端呈圆形，与铜骹上端锻接一起。矛体中部铜质隆脊，表面有条形枝状浅槽，内嵌绿松石片。近骹根部呈桃形心状，稍上枝状两侧有三角形纹样。（宋江宁）

【长沙钢剑】 春秋晚期铁质兵器。1976 年湖南省长沙市杨家山 M65 出土。通长 38.4 厘米，茎长 7.8 厘米，格长 0.9 厘米，格宽 4.6 厘米，身长 30.6 厘米，身宽 2～2.6 厘米，脊厚 0.7 厘米。表面已氧化，剑首已残。茎作圆柱形。剑格含于剑身，侧面作棱形。剑身中脊隆起，锋刃近端渐窄。（宋江宁）

【兴隆铁范】 战国中晚期铁质铸范。1953 年河北省兴隆县寿王坟燕国矿冶遗址出土。共计铁范 42 副 87 件，其中锄范 1 副 3 件、镢范 25 副 47 件、双镰范 2 副 2 件、斧范 11 副 33 件、双凿范 1 副 2 件、车具范 2 件。铁范分内范、外范、单合范和双合范多种。（宋江宁）

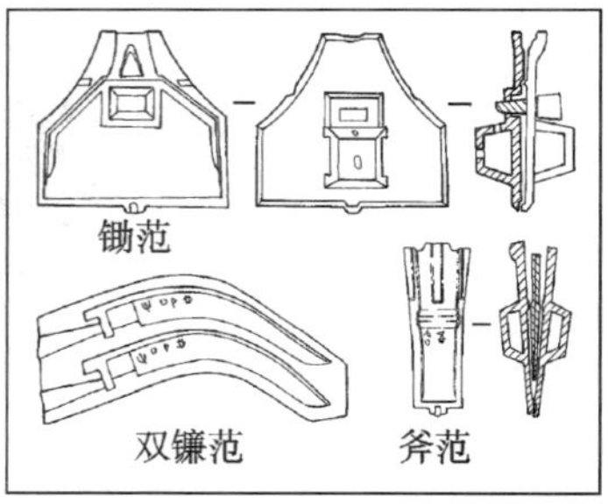

兴隆铁范

北方地区商周时期文化

【夏家店上层文化】 北方地区青铜时代晚期考古学文化。因内蒙古自治区赤峰市夏家店遗址而得名。主要分布在西拉木伦河和老哈河流域的内蒙古自治区赤峰市、通辽市和辽宁省朝阳市及河北省承德市。铜器有生活用具、工具、兵器、车马器及装饰

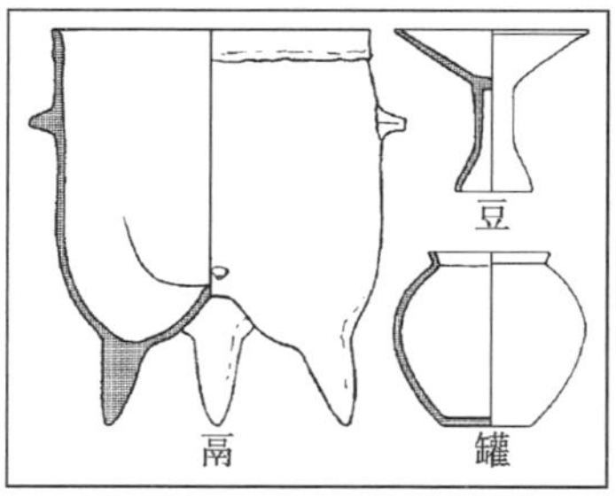

夏家店上层文化陶器

物等,器类有罐、鼎、鬲、勺、刀、锥、斧、凿、镞、矛、短剑、衔、镳、铃等。陶器以红褐色陶为主,种类有鼎、鬲、甗、豆、罐、钵等。建筑有地上建筑和半地穴式两种,发现有祭祀和居住遗址。墓葬形制有石椁墓、石板墓和土坑墓三类。葬式为仰身直肢葬。经济方式为农业结合畜牧狩猎业。夏家店上层文化可分为龙头山和南山根两个类型,并划分为两期,年代相当于商周之际到春秋中期。与东邻的十二台营子文化,南面的中原地区诸侯国以及西北的欧亚大陆草原文化都有着密切的联系。(宋江宁)

【南山根墓地】 青铜时代晚期墓地。全国重点文物保护单位。位于内蒙古自治区宁城县存金沟乡南山根村。1958 年调查。1961 年、1963 年两次发掘,共发掘墓葬 11 座。墓葬形制为竖穴土坑,有石椁墓和石棺墓两种。墓葬之间已出现贫富分化。一座形制较大的墓葬出土铜器 500 余件,另有少量金器和石器、骨器。属夏家店上层文化,年代相当于西周晚期到春秋早期。(宋江宁)

【小黑石沟墓地】 青铜时代晚期墓地。全国重点文物保护单位。位于内蒙古自治区宁城县甸子乡小黑石沟村。1980 年收集到一座墓葬的遗物,计有青铜器、金器、石器等 48 件,年代上限相当于西周晚期。1985 年清理了一座石椁墓,随葬有铜器、金器、石器、骨器等 400 余件(组),其中大部分为铜器。这些器物的用途为礼器、生活用具、工具、马具等。属夏家店上层文化,年代上限相当于西周晚期。(宋江宁)

【寺洼文化】 西北地区青铜时代考古学文化。因甘肃省临洮县寺洼遗址而得名。主要分布在兰州

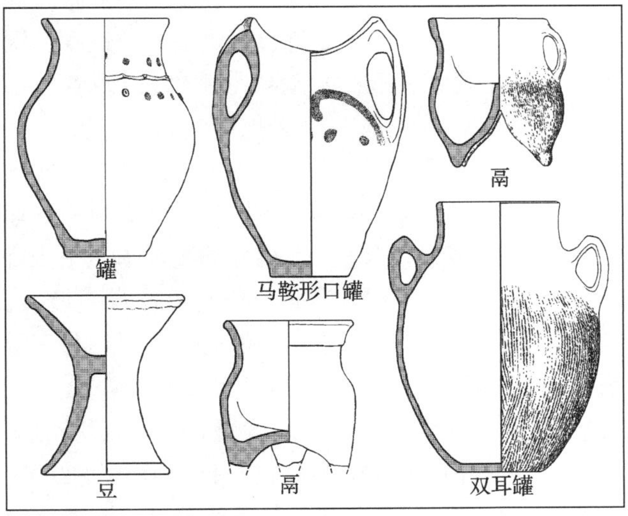

寺洼文化陶器

市以东的甘肃省境内,陕西省千水和泾水流域也有发现。寺洼文化的铜器较少,以兵器和工具为主,有戈、矛、镞、刀等。陶器的陶色以橙黄色和红褐色为主,黑色和“砖红色”少见,灰色罕见。器形有罐、鼎、鬲、甗、簋、豆、盂、瓮等。墓葬形制为竖穴土坑,葬式多为单人仰身直肢葬和“二次葬”,也有合葬和个别火葬。若干墓葬发现殉人和车马坑。经济生活以农业和畜牧业为主。年代相当于商代晚期至西周早期。寺洼文化与辛店文化、先周文化及周文化关系密切。关于其族属有氐羌、戎狄两说。(宋江宁)

【寺洼遗址】 青铜时代遗址。全国重点文物保护单位。位于甘肃省临洮县衙下镇衙下村。面积 120 万平方米。1934 年瑞典考古学家安特生发现,并将其作为寺洼文化的命名地。墓葬多系土坑墓,形若覆斗,除单人葬外,也有合葬和火葬墓。随葬品有陶器、青铜器、装饰品及动物骨骼,少数墓中发现殉人和陪葬车马。青铜器有戈、矛、镞、刀和铃等。陶器以泥条盘筑法制成,以泥质陶和夹砂陶为主。陶色以橙黄色和红褐色居多,黑色和砖红色少见,灰色稀少。器形主要有瓮、鼎、豆、鬲、罐等,以罐最多,最具代表性的器物为双耳马鞍形口罐。(严志斌)

【徐家碾遗址】 商代晚期至西周早期遗址。位于甘肃省庄浪县徐家碾村,坐落在渭河支流葫芦河支流水洛川北岸。因破坏严重,残存面积约 11 万余平方米。1980 年发掘,共发掘墓葬 102 座、车马坑 2 座,出土遗物有铜器、陶器、石器、骨器等。墓葬之间存在打破关系,但目前尚无法进行分期。为寺洼文化的典型遗址,年代相当于商代晚期至西周早期。有学者认为其属于羌人文化墓地。2006 年出版有《徐家碾寺洼文化墓地——1980 年甘肃庄浪徐家碾考古发掘报告》。(宋江宁)

【辛店遗址】 新石器时代至青铜时代遗址。全国重点文物保护单位。位于甘肃省临洮县辛店村东,地处洮河东岸。1924 年瑞典考古学家安特生沿洮河考古调查时发现并发掘。共清理墓葬 20 座。出土陶器多为夹砂红褐陶,掺有石英砂、碎陶末、蚌壳末和云母片等羼和料。陶质粗糙、疏松,火候较低,器表多磨光,有的施红色或白色陶衣。器形以圜底罐居多。彩绘的主体纹饰为双勾纹,类似一对羊角,细部纹饰有 S 纹、三角纹等。这批器物的形制和纹饰具有鲜明的特征,安特生将其命名为辛店文化。(宋江宁)

【沙井文化】 西北地区青铜时代考古学文化。因甘肃省民勤县沙井遗址而得名。主要分布在河西走廊西部,向北深入至腾格里沙漠腹地的民勤县一带。铜器较多,均为小件工具、武器等,有铃、刀、锥、斧、镞、连珠饰、耳环等。铁器较少,有臿、锛等工具和刀、剑等武器。陶器以夹砂陶为主,泥质陶极少见。陶色以红褐色为主,灰色极少。器形有罐、鬲、杯、豆、盆、碗等。建筑遗存有城址及平地起建的圆形或椭圆形房址。墓葬形制分为偏洞式和土坑竖穴两种。流行仰身直肢葬,也有侧身屈肢葬、乱骨葬、二次迁葬等。经济形态可能为较发达的畜牧业,另有农业和狩猎活动。年代相当于西周晚期到战国早期。关于其族属有三种说法,一说为属于西迁以前的大月氏人,一说为乌孙人,一说为羌戎的一支。(宋江宁)

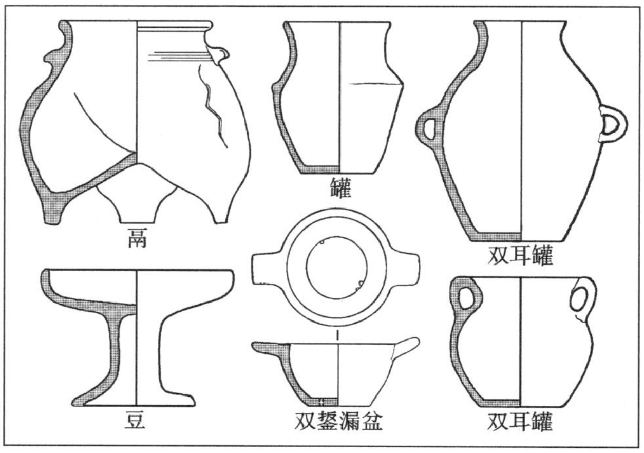

沙井文化陶器

【三角城遗址】 西周晚期至春秋时期遗址。全国重点文物保护单位。位于甘肃省金昌市金川区三角城村金川河故道东侧。面积约430万平方米。遗址包括三角城城址,以及西岗墓群、柴湾岗墓群、蛤蟆墩墓群、上土沟墓群等。1979年调查并发掘。城址为不规则三角形,略呈南北向,南北长154米,东西最宽132米。城内发现房址、墓葬、祭祀坑、窖穴等遗迹。出土铜器、铁器、石器、骨器、陶器等遗物。陶器以罐、鬲、壶、杯等为主。墓葬形制有偏洞式和长方形竖穴土坑两种。绝大部分墓葬发现有牛、羊、马头骨和蹄趾骨,随葬品则有青铜牌饰、绿松石珠、骨珠、骨牌等,另有少量的铜刀、铜锥、铁锥、箭镞、箭杆、骨弭、皮革和毛麻纺织品。发掘者认为三角城遗址是游牧民族的定居点,族属可能为月氏人。(宋江宁)

【玉皇庙文化】 北方地区青铜时代考古学文化。因北京市延庆县玉皇庙墓地而得名。主要分布在冀北山地,包括军都山和燕山一带。铜器以兵器和工具、马具及装饰品为主。兵器和工具有短剑、銎戈、刀、镞、锛、凿、斧、锥、锥管等。装饰品有带扣、带饰、各种动物纹牌饰等。生活用具的代表性器物是鍑。陶器以夹砂红陶或红褐陶和泥质灰陶为主。器形主要是罐、壶、豆等。墓葬形制为土坑竖穴,大型墓呈抹角梯形或凸字形,中小型墓多为长方形。葬式为仰身直肢葬。经济形态主要是畜牧和游猎。该文化可分为早、晚两期,年代相当于春秋早期到战国中期。玉皇庙文化与夏家店上层文化、中原同时代文化关系密切。关于其族属有三说:一说为山戎,一说为被赵国灭掉的“代”,一说为白狄。(宋江宁)

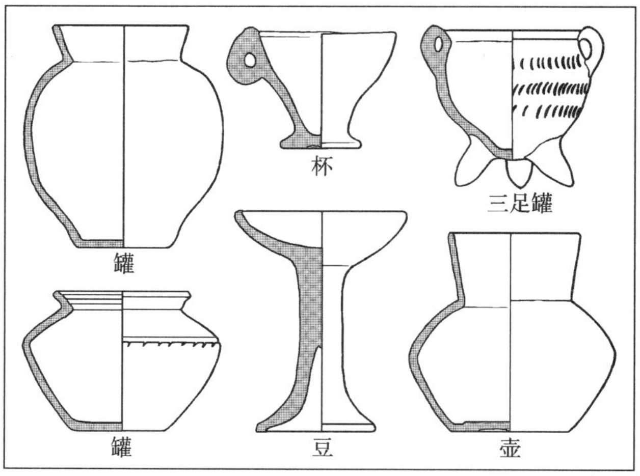

玉皇庙文化陶器

【北辛堡文化】 北方地区青铜时代考古学文化。因河北省怀来县北辛堡墓地而得名。主要分布在冀西北和冀北地区。迄今发现的主要是墓葬遗存。铜器多为直刃短剑、环首刀、动物形牌饰,以及各种小型装饰品。由于受到中原文化影响,也出土有鼎、豆、壶、盘、匜和车马器等。陶器以夹砂褐陶素面罐为主,另有少量的壶、钵等。墓葬形制主要为长方形竖穴土坑墓,多数有木棺。有棺椁的墓葬填土中流行杀牲殉葬,有马、牛、羊、狗等。葬式为仰身直肢葬。年代大致为春秋末期至战国初期。关于其族属,有学者认为可能是山戎,但迄今尚无共识。(宋江宁)

【桃红巴拉文化】 北方地区青铜时代考古学文化。因内蒙古自治区杭锦旗桃红巴拉墓地而得名。主要分布在黄河河套内的鄂尔多斯高原。该文化陶器很不发达,仅发现夹砂褐陶罐等。金银器以装饰品为主,如冠饰、剑鞘、带饰、扣饰、项圈、耳坠等(见彩版20“金冠饰”)。铜器以兵器、马具、工具和装饰品为主。铁器逐渐增多,有兵器、工具和马具。墓葬形制为土坑竖穴墓,葬式为仰身直肢葬。经济形态为典型的早期游牧文化。该文化可分为早、晚两期,年代相当于春秋中晚期到战国晚期。与毛庆沟文化、杨郎文化以及蒙古国的乌兰固木文化、俄罗斯阿尔泰地区的巴泽雷克文化和图瓦地区的乌尤克文化等都有联系。关于其族属,有学者认为春秋时期为白狄,战国时期可能为林胡。(宋江宁)

【毛庆沟文化】 北方地区青铜时代考古学文化。因内蒙古自治区凉城县毛庆沟墓地而得名。主要分布在黄河以北蛮汗山麓的丘陵地带。陶器以泥质灰陶和泥质红褐陶为主。器形以罐和壶为主,包括双耳壶、双耳罐、单耳罐、鼓腹平底罐和鬲等。金属器包括兵器、工具、马具和各种装饰品。兵器有短剑、鹤嘴斧、镞等。马具仅见马衔和节约。装饰品有带扣、锥管、鸟形饰、兽头饰等。墓葬形制为土坑竖穴墓,少数墓葬有头龛或二层台。葬式为仰身直肢葬。经济形态以畜牧业为主,也有一定比重的狩猎业和农业。该文化可分为早、晚两期,年代相当于春秋中期到战国中晚期。与桃红巴拉文化、杨郎文化、玉皇庙文化和中原同时代文化关系密切。关于其族属,有学者认为可能与楼烦有关。(宋江宁)

【杨郎文化】 西北地区青铜时代考古学文化。因宁夏回族自治区固原县杨郎乡马庄墓地而得名。主要分布在宁夏回族自治区中南部及其毗邻的甘肃省东南部。陶器很不发达,以夹砂褐陶为主,器形有单耳罐和双耳罐。金属器有铜器和铁器,包括兵器、工具、马具和装饰品,器类有短剑、管銎斧、啄戈、斧、衔、带扣、牌饰、当卢、軎、鹤嘴斧等。墓葬形制为土坑竖穴墓和土洞墓两类。葬式为仰身直肢葬。经济形态为畜牧业。该文化可分为早、晚两期,年代相当于春秋中晚期到战国晚期。关于其族属,有学者认为同春秋时期的“西戎八国”关系密切,也有人认为与春秋时期的朐衍戎及其先民有直接的联系。(宋江宁)

杨郎文化铜带饰

【围坊三期文化】 北方长城地带东端的青铜时代考古学文化。以天津市蓟县围坊遗址第三期遗存命名。主要分布在燕山南麓京津唐地区和冀北地区。其年代约为殷墟一、二期至商周之际。围坊三期文化发现有长方形或圆形半地穴式房屋;墓葬为土坑竖穴墓,多俯身直肢葬。平谷刘家河M1等墓内同时共存两套器物:一是典型商文化礼器,如青铜鼎、簋等;一是有地方特色的喇叭状金耳环等。陶器以夹砂褐陶为主,绳纹居多,典型器形有绳纹高领袋足鬲、甗、尊、侈口直腹罐等。口沿附加泥条的绳纹鬲最具特色。石器以磨光为主。铜器除鼎、簋等中原礼器外,多是短剑、銎内戈、斧、铃首刀和釜等具有北方地区特点的用具。围坊三期文化遗存最早发现于蓟县张家园遗址,故也有人将围坊三期遗存和张家园上层遗存合称为“张家园上层文化”。文化内涵包含了昌平白浮墓葬等重要遗存。推定其年代下限可到西周早中期或略晚。(董新林)

【张家园墓地】 商周之际墓葬。位于天津市蓟县张家园遗址西部。属于张家园上层文化(亦称张家园文化、围坊三期文化)。发现墓葬4座,近东西向,为长方形土坑竖穴墓,自南向北依次有序排列,间距3~5米。葬式为单人俯身葬。除M3葬具为一椁一棺外,余为一棺。M1墓主为男性,30~40岁,耳边有金耳环1对,右侧下颚骨边有绿松石2颗。M2墓主为女性,30~40岁,随葬铜鼎1件,内壁有铭文1字不可识,下颌骨边有绿松石2颗,左脚上方有绿松石2颗、陶纺轮1件。M3墓主为女性,30~40岁,随葬铜鼎、铜簋各1件,耳边有金耳环1对,另有绿松石11颗、石镞1个。M4被扰,出土铜鼎、铜簋各1件,簋内底部有族徽铭文“天”字,还有金耳环1对、绿松石3枚。同类墓葬在蓟县刘家坟也有发现,年代晚至西周中期。(牛世山)

【魏营子文化】 北方长城地带东端的青铜时代考古学文化。因最早发现于辽宁省朝阳市魏营子遗址而得名。主要分布在燕山北麓的大、小凌河流域。年代约从殷墟二期至两周之际。魏营子文化的房屋有地面建筑和半地穴式两种，平面形制有圆形和圆角方形。墓葬均为土坑竖穴墓，有的墓带木椁。流行仰身直肢葬，有殉猪、牛的习俗。陶器以夹砂灰褐陶、红褐陶、橘红陶为基本陶系，流行素面器，以附加堆纹鬲、外叠唇盆、素面瓮、附加堆纹罐、高领罐和钵为基本组合。以口沿或颈部饰附加堆纹的素面鼓腹鬲最具特色。青铜器有两组：一是鼎、甗、簋、卣等典型中原铜器；二是具有地方特色的铜器，主要有銎内喙戈、管銎战斧、环首刀、短茎式曲刃剑和带嘴钵形器等。石器主要以单孔长条形斧、长条形直背直刃双孔刀为代表。骨器有匕和有钻有灼的卜骨等。魏营子文化是由掺杂朱开沟文化因素的夏家店下层文化和高台山文化因素碰撞融合而成，是具有鲜明特征的地方考古学文化。其族属的主体可能与“孤竹国”有关，也有学者认为此文化属于商晚期至周初。(董新林)

【魏营子遗址】 青铜时代遗址。位于辽宁省朝阳县六家子镇前魏营子村北的一处台地上。是魏营子文化的命名地。1970 年发现。1971 年起多次进行调查并清理墓葬 9 座。遗址居于台地顶部和东部，墓葬位于东南坡。遗物以夹砂红陶和红褐陶为主，也见夹砂灰褐陶，素面为主，器表都不经打磨，部分饰浅而细的绳纹，且绳纹多经抹平，还见附加堆纹、压印三角纹、划纹等。可识器形有鬲、甗、罐、盆、豆等。墓葬均为土坑竖穴木椁墓，其中 2 墓出土銮铃、泡、軎、当卢等青铜器(以 M7101 为代表)。墓葬填土陶片为夹砂红褐陶，有浅绳纹鬲等，与遗址基本一致。墓葬与遗址基本同时或略晚，M7101 的年代为西周中期或略晚，推测其遗址年代应大体相当。(董新林)

【东大杖子古墓群】 战国时期古墓群。全国重点文物保护单位。位于辽宁省建昌县东大杖子村中部老河道以西的村落中。面积 12.5 万平方米。2000 年起多次发掘。墓葬多为东西向，尚无明显的排列规律；从规模上可分大、中、小型三种，大型墓长 7～9 米、宽 6～8 米，中型墓长 3～5 米、宽 2～4 米，小型墓长 2～3 米、宽 1.2～2 米。其中大型墓葬主要位于墓葬区的中南部，较为集中，中小型墓在其周围间杂分布。均为土圹竖穴木椁(棺)墓，分为填土与封石墓两类。封石墓多为中小型墓，但随葬品均较丰富。填土墓以往发现多为小型墓，随葬品较少，以陶器为主。人骨多已朽不存，死者一般头东足西，单人仰身直肢葬。随葬品多置于棺内东部，西部和中部较少。出土各类随葬器物近千件，包括大量燕式仿铜陶礼器如矮领垂腹式陶罐、碗状盘式粗柄豆、侧面带有一斜向壶嘴状流的陶盉和大敞口陶尊等，以及具有本地特色的金柄套曲刃青铜短剑、双胡戈、提梁双联壶等。据出土的中原式器物及墓葬形态分析，绝大部分墓葬的年代为战国中晚期；从墓地的规模及分布推测，整个墓地的年代应为战国中期至汉初。墓地延续的时间与文献记载的秦开却胡、燕设五郡时期大体相当，出土文物所反映的文化内涵对研究当时的少数民族文化及其与中原文化的关系具有重要的意义。(陈国梁)

【高台山文化】 辽宁北部青铜时代考古学文化。因首先发现于辽宁省新民市高台山遗址而得名。主要分布在辽河下游的柳河流域，西抵医巫闾山，东达辽河。年代约当中原地区夏代晚期至商代晚期。高台山文化房址有长方形半地穴式和圆形地面建筑两种。墓葬均为土坑竖穴墓，有的有木棺和二层台。儿童墓有用陶罐或陶壶与陶罐扣合作葬具的情况。成人墓流行单人侧身屈肢葬，随葬陶器以壶、罐、钵(碗)或壶、钵(碗)为基本组合，钵(碗)常覆扣在壶上，较有特色。高台山文化居住址陶器和墓葬随葬品迥然有别，随葬品以夹细砂红褐陶为主，器表常施红陶衣，口沿内侧抹斜成尖唇，以带耳壶、双耳罐、圈足钵、平底钵和碗为主要器类；生活居址陶器常见夹砂红褐陶、灰褐陶和黄褐陶，火候不均，口沿内侧呈抹斜状尖唇，且部分口沿有外叠唇，器耳发达，流行素面，常见鬲、甗、甑、罐、壶、钵、豆、盆、碗等。石器以梯形斧、半月形或长方形双孔刀为特色。青铜器仅见管銎战斧、鹿首刀、喇叭形耳环等。高台山文化的来源还没有定论，其流向除了成为魏营子文化和夏家店上层文化的重要组成部分外，余者或许为当地后继文化所吸收。(董新林)

【庙后山文化】 亦称“马城子文化”。辽宁中部青铜时代考古学文化。因最早发现于辽宁省本溪满族自治县庙后山洞穴墓地而得名。主要分布于千山山地太子河上游地区。年代约从夏代晚期到西周初期。庙后山文化遗存仅发现少量聚落址，以洞穴墓为多。赵甸聚落址东南发现石围墙。洞穴墓都是公共墓地，每个洞内埋葬数量不等的墓葬。有一次葬和二次葬，一次葬均无墓圹，为仰身直肢葬或屈肢葬;二次葬多为单人二次葬,人骨多位于洞内中心部,常见上下重叠交错的现象。流行火葬,焚烧程度及墓葬位置因性别和年龄而异,儿童及个别女性未见焚烧迹象。随葬品男女有别,以陶、石器为主,个别有小件青铜饰件,还常随葬猪、鹿等下颌骨。陶器以夹砂红褐陶为主,晚期有少量夹砂黑陶,皆手制,以素面为主,器耳发达,有竖桥耳、鋬耳和盲耳等,常见的随葬陶器组合为壶、罐和钵。遗址中生活用陶器有鼎、甑、豆、罐等,不见鬲、甗等空三足器。农业在庙后山文化中已居重要地位。(董新林)

【马城子文化】 即"庙后山文化"。

【庙后山遗址】 亦称"山城子墓地"。青铜时代墓地。位于辽宁省本溪满族自治县山城子村东庙后山上的洞穴内。是庙后山文化的命名地。庙后山墓地分为B、C两个洞穴。B洞口坐北朝南,呈半月形,洞内平面呈亚腰葫芦形,东西长19米,南北宽9米。墓葬集中在东部和亚腰处。共发现墓葬11座,大体成排分布。小石圹墓,以单人二次葬为主,也有一次葬。随葬陶器和石器生产工具,陶器以壶、罐、钵为基本组合。C洞东距B洞95米。洞内平面呈长条形,南北长16米,宽1.2～2.5米。共发现墓葬12座,有交错叠压现象。在第二至四层堆积内都有墓葬分布。第二层有墓葬6座,第三、四层各有墓葬3座。就地埋葬(不挖穴)或行火葬是本洞的特点。均单人葬,其中10座为火葬后的二次葬,1座仰身直肢葬,1座就地火葬。随葬品有对称摆放的现象。两洞都有随葬猪、鹿下颌骨等习俗。1994年出版有《马城子——太子河上游洞穴遗存》。(董新林)

【山城子墓地】 即"庙后山遗址"。

【双砣子三期文化】 亦称"羊头洼类型"或"于家村上层类型"。辽东半岛东部青铜时代考古学文化。因辽宁省大连市双砣子遗址第三期遗存而得名。主要分布于辽东半岛大连地区和碧流河西岸。其年代与商代相当。双砣子三期文化的双砣子聚落址发现房址14座,有一定布局,沿山坡呈横向排列,均为方形半地穴式单体建筑,砌有石墙。墓葬多为积石墓,流行多人葬,仰身直肢葬,有的用小海卵石盖尸,有骨架重叠的现象。陶器以夹砂灰褐色陶为主,划纹较常见,还有刺点和附加堆纹等,也见彩绘陶。主要器类有鼓腹凹底罐、鼓腹圈足罐、圈足簋、细柄矮足豆、敛口曲腹盆、圈足壶等。以三足或五足的多足器和圈足削成三个缺口为特色器。石器以磨制为主,常见扁平体斧、有段石锛、梭形刀、矛、凿、镞、戈、钺、环形石器和纺轮等。于家砣头积石墓中发现了镞、鱼钩等青铜小件,羊头洼遗址曾出土有青铜片。双砣子三期文化是以渔猎采集为主,农业生产为辅的土著文化。(董新林)

【双砣子遗址】 青铜时代遗址。全国重点文物保护单位。位于辽宁省大连市甘井子区营城子镇后牧城驿村北,因地处两个相邻山丘,当地俗称"双砣子"。1930年发现。1964年中国科学院考古研究所进行两次小规模发掘,发掘面积350余平方米。共发现房址17座(其中2座为双室)、窖穴10个,并出土大量陶器、石器和骨器等。遗存分为三期,第一期为双砣子一期文化,其碳十四年代约在公元前3000～前2000年之间,与小珠山三期文化大体相当;第二期为双砣子二期文化,属于受山东岳石文化影响的土著文化;第三期为双砣子三期文化,也有人称此类遗存为"羊头洼类型"或"于家村上层类型",属于特征鲜明的土著文化,其年代约与商代相当。1996年出版有《双砣子与岗上——辽东史前文化的发现和研究》。(董新林)

【马城子墓地】 青铜时代洞穴遗址。全国重点文物保护单位。位于辽宁省本溪满族自治县南甸镇马城子村。墓地中心区地处太子河南北两源交汇处。1983年起多次发掘。马城子墓地为洞穴墓,包括山城子B、C洞,马城子A、B、C洞,张家堡A洞,北甸A洞,共7处洞穴,合计墓葬145座。这些洞穴墓均系石棺墓,采用火葬。出土遗物1 523件。学术界认为属马城子文化,可分为早中晚三期:早期距今约4 000年,中期距今3 800～3 200年,晚期距今3 200～3 000年,大体相当于中原地区的夏商周时期。可能属于秽貊系统貊族先人的文化遗存。亦有学者认为墓地可分为二期:早期相当于高台山文化早期与双砣子文化二期,年代为距今3 800～3 600年;晚期相当于高台山文化晚期与双砣子文化三期,年代为距今3 300～3 100年,分别相当于中原地区的夏及早商时期和晚商时期。(陈国梁)

【岗上、楼上墓地】 西周至春秋时期墓地。全国重点文物保护单位。位于辽宁省大连市甘井子区营城子镇后牧城驿村附近。村子附近有五处土丘,最北边者为岗上,最东边靠近村子者为楼上。岗上墓地于1964年发掘。此墓地以石块筑矮墙分割不同区域,上部用夹有黑土的砾石层覆盖。整个墓地分为三个区域：东区以M7为中心，以石墙分割小区，容纳17座墓葬；中区以M6为中心，以石墙分割小区，容纳5座墓葬；西区以石块围隔，仅容纳1座墓葬。墓葬形制包括石板底、石板壁、烧土块底、砾石底、土坑等五种，采用多人合葬，人数2～18不等，23座墓共葬144人，大多为火葬，仅1例为二次葬。墓地随葬陶器、青铜器、石器等遗物870件。墓地下部为遗址，发现房址1座、窖穴4个，属双砣子三期文化遗迹。墓地年代为西周至春秋早期。楼上墓地距岗上墓地450米，1960年、1963—1964年发掘。楼上墓地筑在一处不大的土丘上，先用黄土砾石填平低洼，筑成圆角方形平台，四周以石块砌成斜坡，上面建造墓葬，最后以黑土夹砾石封盖。其上现存墓葬10座，包括石椁、石板底、砾石墓三种形制，以大型石椁墓为中心，其余有序排列。发现陶器、青铜器、石器等遗物若干。墓地年代为春秋中晚期。（陈国梁）

【双房文化】 辽宁南部青铜时代考古学文化。因首先发现于辽宁省普兰店市双房石盖墓而得名。主要分布于辽东半岛，北抵沈阳市和抚顺市一线，西至浑河，东至鸭绿江下游左岸，南至黄海。其年代约从西周到春秋阶段。双房文化遗迹主要是墓葬，有石筑墓和土坑竖穴墓两类，石筑墓以石盖石棺墓为主，还有积石墓和石棚等。石棺内常发现人骨火烧过的碎屑。随葬陶器多为夹砂褐陶，多素面，以凹弦纹为特色，器耳发达，形式多样。器形较单一，常见壶、罐和豆，也有钵、碗、盆等，不见鼎、鬲等三足器。以横耳弦纹壶和叠唇筒形罐最具特色。青铜器有曲刃短剑、扇形斧、矛、凿和镞等。石器以磨制为主，有椭圆形斧、铲、半月形穿孔刀、镞和纺轮等。所谓的上马石上层类型、尹家村二期文化和老虎冲遗存、祝家沟遗存等，都应属于双房文化的范畴。从时空框架看，双房文化大体取代了辽东半岛的双砣子三期文化和庙后山文化。以大石盖石棺墓为代表的双房文化可能是貊族的遗存。（董新林）

【东山大石盖墓】 青铜时代石盖墓群。全国重点文物保护单位。位于辽宁省凤城市管家村西赫家堡子东山。包括东山墓葬33座、西山墓葬5座，面积约5 000平方米。1983年试掘，1989年、1992年进行两次发掘。墓葬均系成排分布，多数遭破坏。所有墓葬顶部盖有形状不同的大石板，故又称“石盖墓”。东山顶部大石盖共三排，中央顶部顺山脊一排，山脊两侧平缓山坡各一排。墓葬横向排列于山顶上，山脊呈南北走向。墓室为东西向。顶部中央墓葬分布密集，规模较大、随葬品较多，墓主身份和地位可能较高。墓葬为石砌，周围铺有石块、石板，采用火葬。此墓群未发现青铜器，代表性陶器则有竖桥耳壶和横桥耳壶，另有斧、锛、凿、刀等石器。西山上的石盖墓与东山上的年代一致。这批大石盖墓与辽东半岛南部地区大石盖墓和辽东地区石棺墓均有一定联系，其年代距今约3 000年，与辽东半岛地区的“双房类型”有关。（陈国梁）

【西团山文化】 东北地区青铜时代考古学文化。因最早发现于吉林省吉林市郊的西团山墓地而得名。主要分布在吉林省东南部东辽河和松花江上游地区。其年代约为西周早期至战国中期。西团山文化房屋多为方形或长方形半地穴式，也有自然石块砌筑的。墓葬多为浅穴，圹内常以石块围砌成长方形“石棺”葬具。有的在葬具旁砌造“附棺”存放随葬品。盛行单人葬。随葬陶器以罐（壶）或钵为主，罕见鼎、鬲。男性多随葬斧、凿、镞等工具和武器；女性多随葬刀或纺轮。陶器以夹砂红褐陶为主，泥条盘筑，器表多素面，主要器形有筒形或钵形鼎、单孔甑、筒腹鬲、横桥耳罐、长颈圆腹壶、直口钵、敛口钵等。青铜器有刀、锥、扇面斧、凿等工具，也有矛、镞和短剑等武器。磨制石器有扁平双锋弧刃斧、半月形穿孔刀、锛、细长镞、凿等；打制石器有亚腰锄、有翼镞和环形石器等。西团山文化已经处于原始锄耕农业阶段，并有家畜饲养。（董新林）

【西团山墓地】 青铜时代墓地。全国重点文物保护单位。位于吉林省吉林市郊的西团山。是西团山文化的命名地。1948年起试掘。墓地共发掘墓葬近50座。以长方形石棺为主，有些带有厢棺，还有方形小石棺墓。以单人仰身葬为主，有交腿屈肢葬和直肢葬，并有随葬猪骨的习俗。随葬的管状石珠、野猪牙饰件多放在头胸附近；斧、镞、刀等石器多在股骨右侧；横桥耳壶或罐、碗陶器多在足下，或放在厢棺内。其年代约为西周中晚期。（董新林）

【余富遗址】 青铜时代至汉代遗址。全国重点文物保护单位。位于吉林省磐石市烟筒山镇余富村西山上。总面积43万平方米。1984年起多次调查。遗址包括墓葬和居址两部分。遗址内到处散布文化遗物，主要有陶器、石器，以及少量铁器。陶器中有圆形、方形、扁方形鼎足和陶耳，多为大型器物。到处可见石器半成品，石质为页岩。器形有石刀、石斧、敲砸器、石核和刮削器等。遗址上保存有石棺墓。遗址南端一处略低于西山主峰的圆形小山包上有1座辽金城址。圆形台地直径约25米。距山顶约6米处有一道城墙绕山而行,城底(墙)由碎石堆砌而成,从靠墙的内侧就地取土堆成墙身,取土后在城墙内形成一条随城墙绕山走向的深沟。城的东边为悬崖,其他三面有城墙长125米,残高0.5米、底宽3米、顶宽1.3米,沟深0.5米、宽1.5米。在城墙南段有一长约5米的方形土台,可能是角楼一类建筑。余富遗址北侧山峰发现人工堆砌土台两座,面积分别约300平方米、400平方米,推测系人工烽燧,年代为汉代。另在距余富遗址5千米处发现青铜短剑及青铜车辖各1件。余富遗址所采集的陶片和石器具有西团山文化特征。(陈国梁)

【五家子遗址群】 青铜时代遗址群。全国重点文物保护单位。位于吉林省长春市双阳区五家子村西北。包括北山、于家街、狐仙堂、西山、羊圈顶子等9处遗址,总面积38万多平方米。最集中的一处墓群位于双阳区山河街道的羊圈顶子,故亦称为羊圈顶子墓群。1988年、2005年两次发掘。文化层厚0.3米。遗址群内发现居址及墓地,遗迹有墓葬、房址、灰坑、灰沟等。遗存分布于相对独立的区域内,其中最为丰富的是北山、于家街、狐仙堂、西山4处山坡,总面积达20余万平方米。羊圈顶子墓群位于羊圈村西北处向阳的山坡上,山坡较缓。采集有素面夹砂红褐色陶器残片,该墓群为一处具有西团山文化特点的青铜器时期墓群。五家子遗址发掘的生产工具以石器为主,其制作技术多为磨制或打磨结合,兼有琢制,典型器物有石斧、石刀等。日用陶器以罐、鼎、鬲、碗、壶、豆等为基本组合。器表多为素面,陶色以红褐色为主,兼有黑褐色,烧制火候比较低,胎质疏松。陶器多采用泥圈套接法或泥条盘筑法制作而成,小型器物也有用捏塑法。五家子遗址发现的房址,建造方法简单,规格也较小,显现了西团山文化诸遗址之间等级、地域或年代上的差别。(陈国梁)

【大青山遗址】 青铜时代遗址。全国重点文物保护单位。位于吉林省公主岭市大青山村水泉山南阳坡上。面积12.6万平方米。遗址分为东西两部分,东部东西长约500米,西部东西长约300米、南北宽约150米。1971年清理墓葬1座,土坑竖穴,无葬具。墓内有两具人骨,头向西北,仰身直肢葬,出土近似柳叶形细身青铜短剑和半环形铜饰各1件,红褐色夹砂陶壶4件。东部遗物较西部密集,在遗址地表采集有石器、陶器、骨器、玉器和青铜器等。石器皆为磨制,有梯形板状石斧,半月形双孔石刀、圆饼形石纺轮。陶器分夹砂陶和泥质陶两大类,均为手制,以夹砂陶居多,有罐形鼎、宽裆浅袋短足鬲、高把豆、斜颈壶、横桥耳鼓腹罐等器皿。玉器仅见土黄色岫岩玉蚕和玉鸱。青铜器有扇形青铜斧、翘首弧背青铜削、青铜扣、青铜环和细身青铜短剑。大青山遗址是吉林省西部范围较大,文化内涵丰富,保存较好的古遗址之一。(陈国梁)

【干沟子墓群】 战国至西汉时期墓群。全国重点文物保护单位。位于吉林省长白朝鲜族自治县十四道沟镇干沟子村东西两侧的台地上。面积约48万平方米。1985年试掘,2001年发掘。干沟子墓群由50余座墓葬组成。墓群的墓葬为连续堆积而成的积石墓、积石串墓。墓坛以河卵石堆积而成,有圆形、半圆形和扇形等形制。石板垒砌的外墙弧线整齐,顶部构筑墓圹,下有基础。基础多大于墓坛,依据地势堆积,中间填充黄土。坛高0.5~1.2米、最高2.0米。墓圹呈长方形或椭圆形,周围砌石一到两层,底部平铺细小河卵石。埋葬习俗以火葬后的二次葬为主。焚烧后的人骨直接置于墓圹内,入葬后以碎石封盖,没有木质葬具。干沟子墓群是东北地区积石墓演变过程中的重要环节。(陈国梁)

【百草沟遗址】 战国时期至晋代遗址。全国重点文物保护单位。位于吉林省汪清县百草沟镇安田村东嘎呀河右岸的台地上。面积约75万平方米。遗址西北1千米处新华闾村后的北山坡上有一处同一时期的墓葬。1953年起多次发掘。文化层厚0.8~1.5米不等。百草沟遗址是一处大型的聚落址,文化内涵丰富,包含居住址、墓葬。分为上下两个文化层:上层厚约0.15米,为铁器时代遗存,居址为浅地穴式建筑,居住面为黄沙土加黑灰抹平,居住面上发现有础石以及灶台、烟道等,出土有石斧、石刀、研磨器、石匕首、环状石器、磨盘、磨棒、砂岩磨石、陶豆、陶甑、陶盆、陶罐、陶瓮、铁斧等;下层厚约0.6米,为青铜时代遗存,居住址亦为浅地穴式,居住面多未经加工,房内少见灶台、烟道,但亦有础石,出土有石戈、石斧、青铜扣、骨针、骨匕、卜骨、骨凿、陶盆、陶罐、陶碗等。百草沟遗址是战国至魏晋时期沃沮族的遗存,是东北东部山区青铜—铁器时代中最有

代表性的遗存之一。(陈国梁)

【龙岗遗址群】 亦称“通化江沿遗迹群”。战国时期至汉代遗址群。全国重点文物保护单位。位于吉林省通化市东昌区金厂镇、通化县快大茂镇和集安市头道镇境内。总面积300万平方米。2006年调查。遗址群以土珠子祭祀遗址为中心,呈放射状分布于浑江两岸,包括通化县下龙头村龙岗遗址、下龙头墓群、龙泉村龙岗遗址和集安市头道镇长岗村(渔营屯)龙岗遗址、东村遗址和通化市东昌区南头屯墓群。土珠子祭祀遗址位于通化县快大茂镇下龙头村,坐落在浑江右岸宽阔的江川平原上。其西北为下龙头古墓群,东北与通化市南头屯古墓群隔江相望,西南为长岗村龙岗遗址。该祭祀遗址为平地拔起的一椭圆形高台,底部最大直径达28米、高约10米、顶端直径为7～8米。发现有仿青铜器形石短剑和石镐。年代为西汉时期。遗迹群中古遗址的共同特点是规模大,且均分布在当地称之为龙岗的台地上。根据地表采集的碑物推断,遗址群年代为青铜时代晚期至西汉时期。有学者认为龙岗遗址群是集居住址、墓葬、祭祀址三位一体的大型遗迹群,可能是高句丽始建国时期的“卒本扶余”初居地。(陈国梁)

【通化江沿遗迹群】 即“龙岗遗址群”。

【汉书遗址】 青铜时代至汉代遗址。全国重点文物保护单位。汉书文化命名地。位于吉林省大安市月亮泡乡汉书村东北。1974年、2001年两次发掘。发现大量的半地穴式房址、灰坑、窖穴、墓葬等遗迹。出土陶器、青铜器、铁器、石器、骨器、陶范等遗物,其中尤以几何纹陶器和陶鬲最具特色。陶器上刻有几何纹、绳纹、附加纹、锯齿纹、方格纹、仿桦树皮纹等,并组合成羊、马、驼、蛙等图案。根据遗址的地层和文化内涵,可分为两个时期:下层为汉书一期文化,属于青铜时代,年代相当于西周时期;上层为汉书二期文化,年代相当于战国至西汉时期。(陈国梁)

【团山遗址】 春秋时期遗址。全国重点文物保护单位。位于辽宁省开原市八棵树镇陈家屯村东团山子的山坡上。面积1.5平方千米。发现有一批高柄豆,是该地区“高柄豆遗存”的代表。此外还发现不少陶器器耳,形制多样,有柱形、鸡冠形、舌形、环形等若干种,尤以环耳居多,制作风格相对简约。另外出土有石斧、石刀、石锤、石剑、石网坠、石纺轮等石器。有学者将以团山遗址为代表的考古学文化称为“团山文化”。团山遗址对于了解和探讨秽貊族与夫余、高句丽部族的关系等具有重要的学术价值。(陈国梁)

【向阳南岗遗址】 新石器时代至战国时期遗址。全国重点文物保护单位。位于吉林省镇赉县坦途镇向阳村南20千米处的沙岗上。共包括7处地点。各处地点文化遗存性质不一。1985年发掘。采集陶片均为残片,质地有砂质、夹砂和夹蚌三种。颜色多为黄褐色,有少量呈灰褐色。纹饰复杂多样,主要有附加堆纹、指甲纹、指窝纹、戳压窝纹、刻划斜线纹、弦纹、麻点纹、菱格纹等。石器均为琢制,主要有石钻、刮削器、凹底和平底石镞以及细石叶等。遗存可分为四组,第一组与镇赉县黄家围子遗存类似,第二组晚于黄家围子类型,第三组与左家山三期文化类同,第四组与白金宝二期文化类似,年代为晚商时期。其中第四和第七地点为墓葬区,年代为战国时期。(陈国梁)

【后太平遗址群】 新石器时代至辽金时期遗址和墓地。全国重点文物保护单位。位于吉林省双辽市东辽河右岸,以后太平遗址和后太平墓地为中心,包括白牛墓地和大金山、西山湾子、七棵树、盘山、黄土坑、孤家子、东岗、仕家、东贤良、勃山屯等13处遗址。面积5平方千米。2007年发掘后太平山遗址及墓地、大金山、盘山、七棵树、孤家子、东岗和仕家等7处遗址。清理遗迹单位75个,出土陶器、青铜器、骨角器、蚌器、玉石器等各类遗物1 500余件。后太平遗址为核心遗址,大体轮廓呈长方形,面积3万平方米。后太平墓地位于后太平遗址群的中部,东500米为后太平遗址。发掘结果表明,以后太平墓地三期遗存为代表的后太平文化构成了后太平遗址群的主体。后太平遗址群的遗存可分为六期:一期为新石器时代晚期,与镇赉县黄家围子遗址接近;二期为晚商时期,以后太平墓地为代表;三期为西周—春秋时期,以后太平墓地及后太平遗址为代表,出土陶器一类与嫩江流域的白金宝文化相同;另一类以素面束颈壶、刻划纹壶形鼎(或大口罐)、单耳杯、圈足豆为组合,为本土文化;四期为春秋战国时期,以大金山及东岗遗址为代表;五期为汉代,以后太平墓地及后太平遗址为代表;六期为辽金时期,以后太平墓地及遗址为代表,包括盘山遗址。从后太平墓地和遗址出土的陶器组合来看,虽有相当一部分白金宝文化的因素,但整体文化内涵有着鲜明的地域特色,以大量素面束颈陶壶及刻划纹壶形鼎为代表的陶器群

是一种具有自身特色的本土文化因素，与周边同期考古学文化存在明显差异，有学者建议命名为“后太平文化”。(陈国梁)

【小西山石棺墓群】 青铜时代墓葬群。全国重点文物保护单位。位于吉林省磐石市吉昌村。面积6万平方米。1980年发掘。清理石棺墓6座，均系长方形竖穴土圹石棺墓。按其四壁结构分为块石垒砌、板石对砌、板石对砌上加块石平铺、块石垒砌的正棺与板石对砌的副棺四种类型。一区石棺墓取外地石灰岩做棺，二区石棺墓取本地花岗岩做棺。葬式均为单人仰身直肢葬。出土石器、陶器、铜器等遗物27件，石器有石斧、石矛、石镞、石佩饰等，铜器有双侧曲刃短剑、扇形铜斧和铜镞等，陶器有罐、罐形鼎、碗等。属西团山文化。其年代为春秋时期。可能与古代肃慎族有关。(陈国梁)

【石棚山石棚遗址】 青铜时代遗址。全国重点文物保护单位。位于辽宁省盖州市二台子农场石棚村南台地上。东南距许家屯5千米，东北距九寨2.5千米，又称“许家屯石棚”、“九寨石棚”。清代，该石棚曾被当作庙宇利用，故又名“古云寺”。方向为南偏东4度，平面呈长方形。由四块经过加工磨制的巨大花岗岩石板构筑，东、西、北三面竖立三块石板围成三壁，南面无存，上顶盖整块大石板，内为石板铺底。全高3.1米，内高2.4米，南北长2.65米，前宽2.1米，后宽1.95米。盖石呈圆角长方形大石板，南北长8.6米，东西宽5.7米，厚0.45～0.55米，探出东西壁后，形成较大棚厦。各石板内外壁面、侧面和抹角处均经过加工，打磨光整。顶石上面西南部发现有阴刻的人头像，圆头，头顶向南，杏核眼，半圆形小嘴，长14厘米、宽11.5厘米。刻纹浅平，已磨损，棱角不明显。东壁石里面后端中偏上处发现阴刻文字，刻字较深，棱角明显，年代较近，多数人认定是梵文，应是修建古云寺时镌刻的。也有认为是原始图画文字，将人头像释为首字，另两个字，释为天和地字，认为是原始社会后期，部落联盟首领禅让冠冕祭祀场所的文字见证。铺底石已破碎，露出地面12厘米。关于此石棚的用途，有墓葬说、有祭祀场所说，还有的认为是宗教活动场所等。(陈国梁)

【析木城石棚】 青铜时代遗址。全国重点文物保护单位。位于辽宁省海城市析木镇前姑嫂石村。原有2座。高台山的站姑石保存完好，山下的一座已倒塌。石棚呈长方形，由6块花岗岩石板组成，其中4块大石板为支架，一块为石盖，一块为铺地石。整体高2.8米，盖石南北长6米、东西宽5.1米。石棚的6块石板均经过精细加工。在巨石盖、东西两壁均有加工痕迹的凹槽，特别是南壁支石的上端有较为规整的两排小圆窝，系人为加工而成。石板下出土有夹砂红褐绳纹陶片和灰陶片、细泥红陶片及石器。析木城石棚是辽宁省迄今发现的石棚中规模较大、建筑技术较高、保存较完好的石棚之一，可能为青铜时代大型墓葬或祭祀场。(陈国梁)

【石棚沟石棚群】 青铜时代遗址。全国重点文物保护单位。位于辽宁省普兰店市戴家村石棚沟山坡上。山顶上共发现石棚4座，其中大石棚1座、小石棚3座。大石棚位于山顶的最南端，以花岗岩加工磨制而成，制作非常规整。顶石近似圆角长方形，南高北低，西高东低，四面出檐。东、西、南、北四面各伸出壁石外1.1米、1.6米、2.1米、1.6米。东、西、北三面为整块巨石，侧视呈梯形，微向内倾。壁石大部分裸露于地表之上，石棚的四壁周围有混杂碎石块的积土。内部有厚约0.3米的黑土，其下为铺底石，后壁石倚靠在两侧壁石上，其两端超出两侧壁石的侧面，南部空敞，南北向，门向南。小石棚分布在大石棚的周围，最远者距离大石棚25米，最近者仅6米。保存均不完整，残缺不全，结构与大石棚明显不同。其中1号小石棚后壁石在两侧壁石的外侧，严重后倾。因两侧壁石遭到破坏，使得后壁石与两侧壁石间有相当大的空隙。小石棚内曾出土石镞、石斧及夹砂红褐陶罐、壶残片等。另外两座小石棚仅残存一块壁石。(陈国梁)

【白金宝文化】 东北地区青铜时代考古学文化。因黑龙江省肇源县白金宝遗址而得名。主要分布在以松嫩平原为中心的松花江上中游和嫩江中下游流域。其年代约从殷墟晚期至春秋中期。白金宝文化房址多为长方形或圆角长方形半地穴式，有凸字形或长方形斜坡门道。墓葬为长方形土坑竖穴墓，常见多人二次合葬墓，随葬筒形罐、敛口罐或壶等陶器，圆形扣、针、动物牌饰等铜器，管、鱼镖、锥等骨器。陶器以夹砂黄褐陶为主，还有灰褐陶、红褐陶，饰绳纹和篦纹居多，几何形和动物形篦纹是本文化的重要特征。器形有素面筒形鬲、绳纹筒形鬲、高颈鼓腹鬲、筒形罐、壶、钵、单把杯等典型器，另有鼓腹罐、盆、瓮、碗、支座等。青铜器仅发现刀、镞、扣、耳环、动物牌饰等小件制品。石器较少，骨蚌器较多，似乎反映了渔猎业的主导地位，同时也有一定的畜牧业和农业。白金宝文化主要承继小拉哈文化的内涵，有着鲜明的自身特色。汉书二期文化则是白金宝文化的主要继承者。(董新林)

【白金宝遗址】 青铜时代遗址。全国重点文物保护单位。位于黑龙江省肇源县民意乡白金宝村嫩江北岸的台地上。遗址分布范围有20多万平方米。1974年、1980年、1986年三次发掘，揭露面积近1 600平方米，以第三次发掘规模最大。所获遗存分属四个阶段，第一阶段属小拉哈文化，年代约可对应于夏至早商时期；第二阶段暂被称作白金宝二期文化，年代约当晚商之时；第三阶段的遗存最为丰富，是白金宝文化因以命名的主要遗存，年代为西周至春秋早期；第四阶段属于战国至西汉时期的汉书二期文化。各阶段遗迹均以坑穴为主，前三阶段尚有半地穴式房址。各阶段的陶器主要是罐、钵、壶类，鬲也占有一定比重，尤其在第三阶段出现得频率较高。白金宝是黑龙江省境内嫩江流域规模最大的青铜时代遗址，此遗址的发掘不仅证实了上述四种文化遗存的先后关系，并为厘清嫩江平原小拉哈文化经白金宝文化到汉书二期文化这一发展脉络提供了明确的线索。2009年出版有《肇源白金宝》发掘报告。(朱延平)

【五排山城址】 战国至汉代城址。全国重点文物保护单位。位于黑龙江省东宁县道河镇五排村西南五排山山巅，最高海拔617米。城垣依山脊走向而筑，在制高点以南的段落多为石筑，保存得比较完整，一般高3～4米，在制高点以东多为土石混筑。在谷口处则将两侧的山峰用石墙连接。城墙墙体全长1 900余米，平面不规则，略呈V形，向河一面山坡及河岸未见城墙，可能是以河为障。北城墙中部海拔520米，地势较平缓处有一门址，系城内外唯一通道。在城墙东部海拔400米处有门址，两侧墙体用石块砌筑，高1.8米。城内北部近墙处有许多圆形土坑，可能为穴居址。城垣由未经细致加工、大小形状各异的石块堆砌，筑造方法简单、古朴。墙体上不见瓮城、马面等防御设施。城中存有多处圆形居住坑址及泉井。有学者认为其为战国时期沃沮人防御挹娄人进攻而修筑的；亦有学者认为其为渤海国时期修筑。(陈国梁)

【小四方山城址】 战国至金代城址。全国重点文物保护单位。位于黑龙江省穆棱市福禄乡高峰村东南小四方山上，西距亮子河500米。山城由石城和土城连接组成。石城位于山顶，土城在东侧山腰，均呈不规则多边形。石城墙依山势修筑，周长995米，北墙、西墙、南墙外侧均为悬崖峭壁，唯东墙外侧为缓坡山岗。现存最高处4.2米，底宽11米，上宽2米。东城墙中部有一城门，城内有居住址和一处平坦的小广场遗迹。城墙最高处在城门一带，城门外有通向山腰土城的道路。土城在东侧山腰上，与石城相连接，呈不规则形，周长1 165米，分南北两个城区：北城区周长904米，南城墙东南部有一个瓮城；南城区周长440米。出土有石矛、陶豆、陶罐、圆柱状器耳、陶纺轮、铁镬等铁器时代遗物，还有石臼、轮制陶片、仿定瓷片等渤海、辽金时期遗物。小四方城址是战国时期至渤海、辽、金时期城址，为中国现存东北地区古代少数民族沃沮族的重要城址。(陈国梁)

【老龙头遗址】 新石器时代至春秋时期遗址。全国重点文物保护单位。位于黑龙江省齐齐哈尔市富拉尔基区杜尔门沁达斡尔族乡前罕伯岱村东嫩江右岸的二级台地上。遗址所在台地平面呈不规则形，由北向南沿嫩江河道分布，遗址位于台地南端，面积较大，可采集遗物的范围南北长2 030米、东西宽670米，总面积136万平方米。1982年、1997年两次发掘。遗址整体保存状况比较完好，经调查和勘探确认，东南部为居住区，东北部为墓葬区，西南和西北部为墓葬和居住址混合区。遗址发现有新石器时代、青铜时代、早期铁器时代的文化遗存，其中以青铜时代出土文物最多。从遗址采集的柳叶形压制石镞和圆头刮削器，以及含有一定比例的蚌粉陶片观察，与昂昂溪遗址相同，属新石器时代遗存。从出土陶器、铜削、骨镞、蚌刀等来看，与嫩江下游右岸白金宝文化相似，为青铜时代文化。从遗址东北部出土的红衣陶双耳壶、黄褐陶鸭形器(鼎)、动物纹青铜牌饰、青铜泡等方面看，与齐齐哈尔大道三家子墓地和讷河二克浅早期铁器时代的出土器物有着密切的继承和发展关系。老龙头遗址的发现，为研究嫩江流域新石器时代向青铜时代文化的发展和演变提供了重要线索，同时也为青铜时代文化向铁器时代早期迈进提供了充分的证据和实物标本。(陈国梁)

【庆华古山寨遗址】 战国时期至汉代城址。全国重点文物保护单位。位于黑龙江省宾县新立乡庆华村城子屯北的北冈南坡上。1985年发掘,2006年、2008年复查。城址呈椭圆形,周长约700米,长径230米,短径222米。东、南、北各有一个门址,门址宽5米。城墙顶宽2米、底宽5～7米。城内堆积厚1米余。发现房址、灰坑、窖穴等遗迹,出土各类器物300余件。彩陶器物群有瓮、罐、盆、钵、扁、碗,皆泥质陶,均手制。彩陶纹饰多为三角几何纹、菱形、方格纹,另有一些素面夹细砂灰陶器,均为本地文化因素。遗址中出土的一些器物与东宁团结遗址下层第二期和西团山文化类同。其年代为战国早期至西汉末期。其性质有北夷"橐离国王城"说、"扶余王城"说两种。(陈国梁)

【团结遗址】 战国至唐代遗址。全国重点文物保护单位。位于黑龙江省东宁县大肚川镇。1977年进行发掘。文化遗存包括上下两层：上层属唐代渤海国时期遗存;下层发现房址12处、灰坑2个,房址多为半地穴式,面积较大。出土大量遗物,并有铁器。碳十四测年为公元前420±105～公元65±85,属战国至两汉时期的文化遗存。考古学界将其下层文化遗存定名为"团结文化"。有学者认为是战国至两汉时期居住在东北地区东部的沃沮人遗存。(陈国梁)

南方地区商周时期文化

【丘湾遗址】 商代晚期祭祀遗址。位于江苏省铜山县丘湾。1959—1965年进行三次发掘。遗址上有龙山文化、商代和西周时期的堆积。在遗址偏南部有一处75平方米的葬地,中心竖立4块天然石块,四周分两层埋葬有20具人骨、2个人头骨和12具狗骨。人骨与狗骨的埋葬无规律,亦无葬坑和葬具。人皆为青年,双手反绑,多为俯身直肢葬;狗一般为侧身葬。可能是商代晚期的一处祭祀遗存。(施劲松)

【东苕溪中游原始瓷窑址群】 商周时期原始瓷窑遗址群。位于浙江省湖州市的东苕溪流域。2010年进行调查发掘。窑址集中分布于德清县龙胜片区与湖州市青山片区。龙胜片区面积约5平方千米,发现窑址10余处,产品以印纹陶为主,并有少量原始瓷。青山片区分布面积与龙胜片区相当,已发现窑址20余处,部分窑址的产品以印纹陶为主,部分窑址几乎纯烧原始瓷。窑址的产品以原始瓷豆为主,并有大量的罐及器盖,以及簋、尊、盆、盘、钵、盂等。商代窑址的烧制年代从商代早期持续到商代晚期。这批窑址群的发现为探索瓷器的起源以及构建太湖流域商代的考古学文化编年提供了丰富资料。(唐锦琼)

【浙南石棚墓群】 商周时期墓葬群。全国重点文物保护单位。位于浙江省瑞安市篁社镇棋盘山、平阳县钱仓龙头山和苍南县钱库镇桐桥等地。现已确定13处墓群。按结构和形制,墓葬分为两类：一类较为高大,四角或四面各立1米高的支石,上盖长达数米的巨型整石,有较大的地面空间;另一类较为矮小,大盖石下垫有若干小石,几乎无地面空间。随葬品有印纹硬陶罐、豆、鼎、纺轮,原始黑瓷尊、豆,原始青瓷、碟、碗、豆、鼎,以及矛、戈、锛、凿、镢、镞、短剑、小编钟等。浙南石棚墓群是迄今已知中国南方地区唯一的石棚分布区,对研究商周时期中国沿海地区社会历史状况具有重要价值。(唐锦琼)

【猫耳山遗址】 青铜时代遗址。全国重点文物保护单位。位于福建省浦城县仙阳镇下洋村猫耳山。面积约100万平方米。2005年、2006年福建博物院等联合发掘,发掘面积2 250平方米。发现新石器时代墓葬2座、青铜时代早期陶窑9座、青铜时代墓葬21座,以及灰坑等遗迹。9座陶窑中,1座为圆形窑,6座为椭圆形窑,2座为斜坡式长条形窑(龙窑)。龙窑分别长5.56米和5.38米,坡度4°～10°。窑址内出土的陶器以施黑衣的印纹硬陶为主,器形有罐、尊、釜、盆、豆、盅等。遗址发现的龙窑是迄今为止所知年代最早、保存最完好的龙窑。(唐锦琼)

【庵山沙丘遗址】 青铜时代沙丘遗址。全国重点文物保护单位。位于福建省晋江市坑边村庵山,距海边1～2千米。现存面积约6万平方米。2007年进行发掘。遗存可分为早、中、晚三期。发现以夯土墩为承重结构的建筑遗迹。早期陶器以夹砂红褐陶为主,有少量泥质陶,器形有釜、甗、罐、豆、陶拍、纺轮和支座等,石器多为打制石器;中晚期陶器除泥质印纹硬陶外,有少量夹砂陶,器形有釜、罐和豆等,另有青铜锛、鱼钩等。遗址中还发现有铸造青铜器的石范。遗址早中期的年代可能晚于东山大帽山遗址,晚期与"浮滨文化"和"黄土仑类型"文化遗存的年代相当。庵山遗址是东南沿海地区该时期面积最大、保存最好的沙丘遗址。(唐锦琼)

【城洋青铜器】 亦称“城固铜器群”。商代青铜器群。出土于陕西省城固县、洋县一带。集中分布在湑水河及汉江两岸东西约40千米、南北约10千米的范围内。两县14个地点共出土青铜器26批、654件。其中一部分与中原商文化类似，有鼎、尊、罍、簋、鬲、卣、盘、觥、瓿、爵、斝、窄长援戈、双翼镞等；另有一部分兼具商文化与地方特点，如三足壶、三角援戈、有三角刺的长援直内戈、镰形戈、不对称刃直内钺、璋等。有些器物如直口双耳罐、人面与兽面具、镰形器、勾形器、鸟形饰等则具有强烈的地域特色。城洋青铜器与三星堆文化青铜器颇为接近，两者有传承关系。（严志斌）

【城固铜器群】 即“城洋青铜器”。

【吴城文化】 赣江流域青铜时代考古学文化。因江西省樟树市吴城遗址而得名。主要分布于赣江中下游和鄱阳湖沿岸。重要遗址有樟树市吴城遗址和新干县牛头城址、新干大墓等，瑞昌市铜岭矿冶遗址也与吴城文化相关。吴城文化的遗迹有长方形半地穴式居址、陶窑、窖穴、灰坑和墓葬。遗物主要有陶器、硬陶器、原始瓷器、青铜器、玉器和石器等。陶瓷器主要有鬲、假腹豆、深腹盆、小口折肩罐、尊、折腹罐、器盖、马鞍形陶刀等。石器除工具外还有石范。在陶瓷器和石范上发现大量刻划符号。青铜器有大量礼乐器和兵器、工具、农具等。吴城文化可分为三个阶段，年代大约相当于商代早期至商末。根据地域差异，有研究者将吴城文化分为赣江中游的吴城类型和赣江下游的石灰山类型。关于其族属有古越族、古三苗等说。（施劲松）

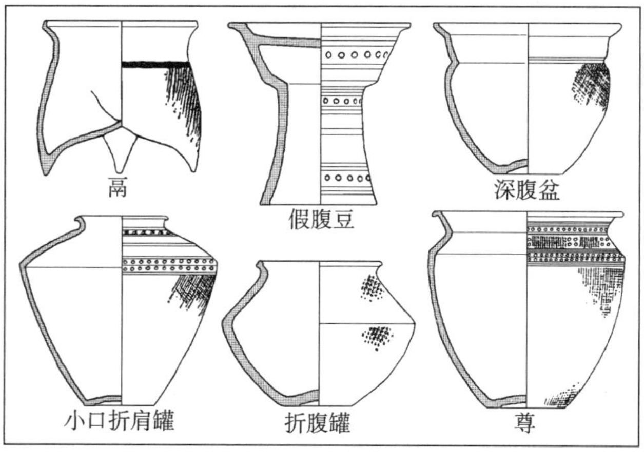

吴城文化陶器

【吴城类型】 见“吴城文化”。

【石灰山类型】 见“吴城文化”。

【吴城遗址】 吴城文化遗址。全国重点文物保护单位。位于江西省樟树市吴城村。面积约61万平方米。1973年后历经十次发掘。遗址上有城垣，城内发现房址、陶窑、墓葬等。城址外亦有墓地。出土遗物主要为陶器、原始瓷器和石器等。遗存可分为三期，约相当于二里冈时期至殷墟时期。吴城可能是商代长江中下游地区某方国的中心城邑。2005年出版有《吴城——1973—2002年考古发掘报告》。（施劲松）

【牛头城址】 商周时期城址。全国重点文物保护单位。位于江西省新干县牛头村。面积38万平方米。1976年发现。1982年起经多次发掘。发现有城垣、护城河、祭祀广场和夯土台基等遗迹。分内城和外城，外城墙现存2 565米，内城墙1 424米，城垣平均高4～6米。内城外城均设有城门，外城四向均有马面。城外有护城河。出土遗物有石器、陶器和铜器等。根据出土陶器对比，初步推断大洋洲商墓的主人就生活在牛头城内。牛头城址可能是继吴城文化衰退后兴起的一个新的商代文化聚落中心。（付仲杨）

【新干大墓】 亦称“大洋洲商墓”。吴城文化墓葬。位于江西省新干县赣江古河道的沙丘上。1989年发掘。据推断是一座带椭圆形封土堆的长方形土坑墓，葬具有一椁一棺。出土铜器475件、玉器754件、陶瓷器139件，另有近千件小型玉器和大量陶片。铜器有鼎、鬲等礼器，铙、镈等乐器，以及双面神人头像、立鸟双尾虎，并有大量工具和农具。墓葬年代相当于商代晚期。1997年出版有《新干商代大墓》。（施劲松）

【大洋洲商墓】 即“新干大墓”。

【双面神人头像】 商代晚期青铜器。1989年江西省新干县新干大墓出土（见彩版20“铜双面神人头像”）。器高53厘米，为双面人像，中空，头顶正中有一直立圆管，两侧有一对向外下卷的长角，双目为一对圆孔，双耳尖长，张口露齿，下有两颗卷曲的獠牙。人像下有一方銎，当为插口。现藏江西省博物馆。（施劲松）

【立鸟双尾虎】 商代晚期青铜器。1989年江西省新干县新干大墓出土。器高25.5厘米，为卧虎形。虎张口，立耳，粗颈，四足前屈，身后双尾下垂后上卷。虎腹中空，腹底不相连。虎背上立有一只小鸟。虎头、身及四肢遍饰阴刻的鳞纹、云雷纹和卷云

纹。现藏江西省博物馆。(施劲松)

立鸟双尾虎

【角山板栗山遗址】 商代遗址。全国重点文物保护单位。位于江西省鹰潭市童家镇徐家村,包括角山、板栗山两处地点。面积7万平方米。1983年文物普查时发现,并经多次发掘。发现烧成坑、马蹄形圆窑、龙窑近20座,陈腐池、练泥池、蓄泥池、排水沟、蓄水沟、烧成坑、马蹄窑、成品库和工棚等作坊遗迹5处和少量建筑遗迹。出土完整和可复原陶瓷器3 000余件,包括陶拍、陶垫、陶支座等制陶工具,陶瓷碎片数十万片。角山板栗山遗址是迄今发现的商代规模最大、最早的专业性生产和商业性窑场遗址。(付仲杨)

【界埠粮仓遗址】 战国时期遗址。全国重点文物保护单位。位于江西省新干县界埠镇袁家村。面积250万平方米。1976年发掘。发现长方形粮仓4座,每座面积约600平方米,仓内有大量的炭化米粒。经鉴定,这些米都是粳米,保藏年代约为春秋末期到战国初期。(付仲杨)

【李洲坳墓葬】 东周时期大型多棺合葬墓。位于江西省靖安县水口乡李家村。2007—2008年发掘。墓上有高约12米的圆形封土,墓坑长14.5米、宽近12米,东壁有斜坡墓道。坑内埋有47具整齐排放的独木棺,棺下普遍铺有竹席,应为一次性埋葬。棺身和棺盖均用圆木剖开制成,两端有把手。有一具棺带椁,可能为主棺。22具棺内有人骨,能够检测的个体均为年轻女性。随葬品有铜器、原始瓷器、漆器、竹木器和纺织品等。年代为春秋中晚期。(施劲松)

【贵溪崖墓】 东周时期崖墓。位于江西省贵溪市仙岩一带。1978年发现。1979年发掘。共清理崖墓14座,其中7座为单洞群葬,一个洞穴内放置2~6具棺;1座为联洞群葬,放置有10具棺。一些宽敞的洞穴内还用木板隔出主室与陪室。共发现37具独木棺,有圆筒形、长方形、房形、扁圆形等,一些棺带棺座。尸骨均用竹席包裹,合葬者有可能为同一家庭的成员。随葬品有陶器、青瓷器、竹木器、玉器和纺织品等。年代为春秋晚期至战国早期。1990年出版有《贵溪崖墓》。(施劲松)

【仙水岩崖墓群】 东周时期崖墓群。全国重点文物保护单位。位于江西省鹰潭市龙虎山景区仙水岩。1978年和1979年经两次发掘。出土陶器、原始瓷器、骨器、玉器、竹木器、纺织品、纺织具和乐器等随葬品。族属可能为东周干越人。已调查发现有205座崖墓,是中国现存崖墓最集中的地区之一,具有利用天然洞穴、几乎都是独木制成的棺木、单个洞穴棺木数量多和无金属随葬品等特点。(付仲杨)

【铜鼓山遗址】 商时期遗址。全国重点文物保护单位。位于湖南省岳阳市云溪区陆城镇新建设村铜鼓山。现存面积约3万平方米。1987年湖南省文物考古研究所发掘。发现灰坑、灰沟等遗迹,并出土鬲、鼎、釜等陶器和少量小件青铜器。遗存可分为三个阶段,相当于二里冈文化时期。此外,还发现7座东周时期的墓葬。(施劲松)

【炭河里遗址】 商周时期遗址。全国重点文物保护单位。位于湖南省宁乡县黄材镇寨子村。保存面积约2万平方米。1963年发现。20世纪60年代以来在遗址上及其附近曾不断出土青铜器。1973年试掘,2001—2004年发掘。遗址上有一座带城墙和内外两条壕沟的城址,城内发现6座大型建筑基址和建筑遗迹,并出土大量陶器、铜器和石器等。城址约建于商末周初,废于西周晚期。在城外西北发现7座西周时期的墓葬,出土近百件铜器残件和200余件玉器。(施劲松)

【高砂脊墓葬】 西周时期墓葬。位于湖南省长沙市望城区高塘岭镇胜利村高砂脊组。1996年、1999年发掘。共发掘墓葬19座,墓坑有长方形、椭圆形、圆形和圆角方形,个别墓葬有二层台和腰坑。有两座墓出土较多铜器,包括9件铜鼎、1件尊,以及青铜兵器和工具。有随葬陶器被故意打碎的现象。年代约相当于西周早期至中期。(施劲松)

【宁乡青铜器】 商周时期青铜器。20世纪30年代以来,在湖南省宁乡县一带就不断出土青铜器,主要有鼎、瓿、尊、罍、卣、觚、盉、铙、钟等。除铙曾成组出土外,其他均为零散发现。有的瓿内贮藏铜斧,卣内多有大量小件玉器。这些铜器大多相当于商代晚期,也有部分属于西周时期。鼎、觚等与中原青铜器相似，但以四羊方尊、虎食人卣、兽面纹瓿和铜铙为代表的青铜器则有明显的地方特色。此外，在整个湘江流域都发现有类似的青铜器。（施劲松）

【青山桥窖藏铜器】 西周时期青铜器。1981 年出土于湖南省湘潭市青山桥一个直径约 1 米的土坑内，共 14 件铜器，包括兽面纹尊、鸟纹觯、兽面纹爵、涡纹鼎、夔纹鼎和铻。年代为西周晚期。（施劲松）

【人面方鼎】 商代晚期青铜炊器。1959 年湖南省宁乡县黄材镇寨子山出土（见彩版 20“铜人面方鼎”）。器高 38 厘米。长方形口，口沿上有两立耳，直腹，腹下为四圆柱形足。腹四壁各饰一浮雕人面纹。鼎耳和足上饰兽面纹。鼎内侧近口处有“大禾”两字。现藏湖南省博物馆。（施劲松）

【四羊方尊】 商代晚期青铜酒器。1938 年湖南省宁乡县月山铺出土。器高 58.3 厘米。主体由四只羊的前半身相合而成。羊首高耸于器肩四角，羊胸构成尊腹的四隅，羊前腿直立。尊腹上方有长颈和方形口，下有方形高圈足。四只羊造型相同，大角向前内卷，头饰雷纹，胸、背饰鳞纹，身侧饰长冠凤纹。尊颈上有龙纹和兽面纹，尊肩上有高浮雕龙纹，尊圈足上饰龙纹。现藏中国国家博物馆。（施劲松）

四羊方尊

【龙虎纹尊】 商代中期青铜酒器。1957 年安徽省阜南县朱砦润河出土。尊高 50.5 厘米。敞口，束颈，折肩，圆腹，高圈足。尊肩上有三条高浮雕龙纹，龙首凸出器肩。尊腹有三组浮雕的双身虎纹，虎头凸出于器表。虎口下各有一双手上举、双腿蹲屈的人纹。虎作食人状。人身两侧及尊足上饰兽面纹。现藏中国国家博物馆。（施劲松）

【虎食人卣】 商代晚期酒器。出土地点不详。卣高 35 厘米，呈虎形，虎背上有盖，盖上有鹿形钮，虎肩置兽首提梁，虎后足与虎尾作器足。虎前爪抱一人，虎口大张作噬人状。人侧首，手搭虎肩，脚踏虎足。虎身饰有兽面纹、龙纹、蛇纹等，人身饰有同类纹饰及方格纹等。日本京都泉屋博古馆藏有另一件类似的卣，传为湖南省宁乡县与安化县交界处出土。现藏巴黎赛努奇博物馆。（施劲松）

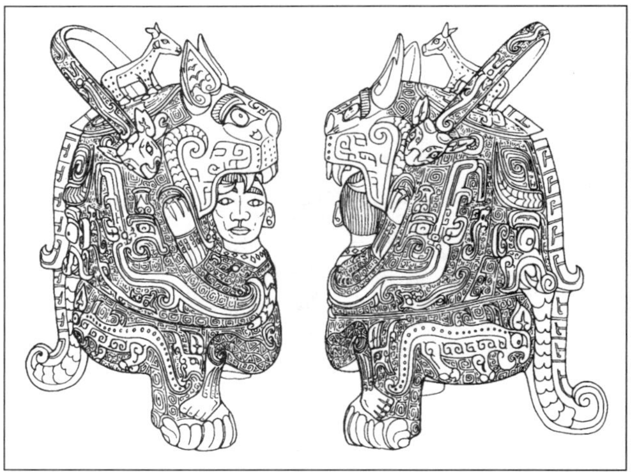

虎食人卣

【神人纹双鸟鼓】 商代晚期青铜乐器。出土地点不详。器高 79.4 厘米。鼓形，上饰相背的双鸟，鼓下有四只外撇的矮锥足。鼓面呈鼍皮状，边缘饰三周乳钉纹。鼓身上面有四瓣目纹组成的方框，内有兽面纹。鼓身侧面饰以雷纹为地纹的浅浮雕神人纹，神人头有双角，两手上举，双腿弯屈。鼓的四足上饰兽面纹。现藏日本京都泉屋博古馆。（施劲松）

神人纹双鸟鼓

【巴蜀文化】 西南地区青铜时代考古学文化。主要分布于四川省、重庆市和鄂西古代巴、蜀两族生活的区域。因一些玉石器和青铜器的发现，1941 年提出“巴蜀文化”的名称。现一般认为蜀文化和巴文化是两支不同的考古学文化。学术界多将夏商、西周时期的三星堆文化和十二桥文化视为蜀文化早期的两个阶段，晚期则以百花潭 10 号墓等成都平原战国时期的遗存为代表。过去曾将战国晚期的冬笋坝船棺墓和小田溪墓葬等视为巴人遗存，现因在湖北省宜昌市中堡岛、秭归县朝天嘴、长阳土家族自治县香石炉等发现一批年代相当于夏商时期的遗址，又有观点认为这批以夹砂陶罐、釜、豆、尖底杯以及石斧、锛、凿等为代表的遗存是巴文化。晚期的蜀文化和巴文化具有很多相同的文化因素，人们也习惯将战国时期的两类文化统称为巴蜀文化。（施劲松）

【巴文化】 见“巴蜀文化”。

【蜀文化】 见“巴蜀文化”。

【三星堆文化】 四川盆地青铜时代考古学文化。因四川省广汉县三星堆遗址而得名。主要分布于成都平原，在嘉陵江、大渡河流域和峡江地区也有发现。主要发现有房址、器物坑、墓葬等遗迹，以及金器、青铜器、玉器、石器、陶器等遗物。陶器以夹砂褐陶为主，纹饰有绳纹、弦纹、附加堆纹和刻划纹。以平底器为最多，次为圈足器和尖底器，三足器、圜底器较少。罐、高柄豆、豆形器、袋足盉、鸟头柄勺、觚、罍器盖等为主要器形。此外，早期还多见小平底大口盆、大圈足盘、大口尊、小口高领罐、鬲形器，晚期出现尖底器等。青铜器多人物和动物造型，玉器主要为礼器和工具。年代相当于二里头文化时期至商末。峡江地区的三星堆文化也被称为“朝天嘴类型”，其中有来自中原、江汉地区的陶器，以及由当地龙山文化发展而来的土著陶器。（施劲松）

【朝天嘴类型】 见“三星堆文化”。

【路家河文化】 峡江地区商时期考古学文化。因湖北省宜昌市路家河遗址而得名。主要分布于鄂西以西陵峡为中心的地区。重要遗址有宜昌市路家

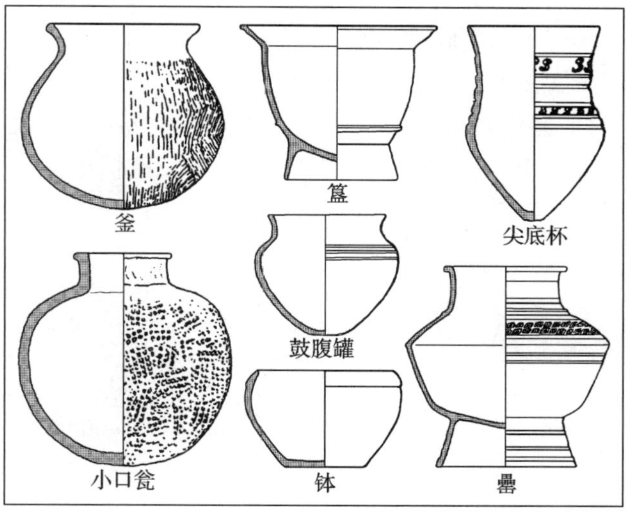

路家河文化陶器

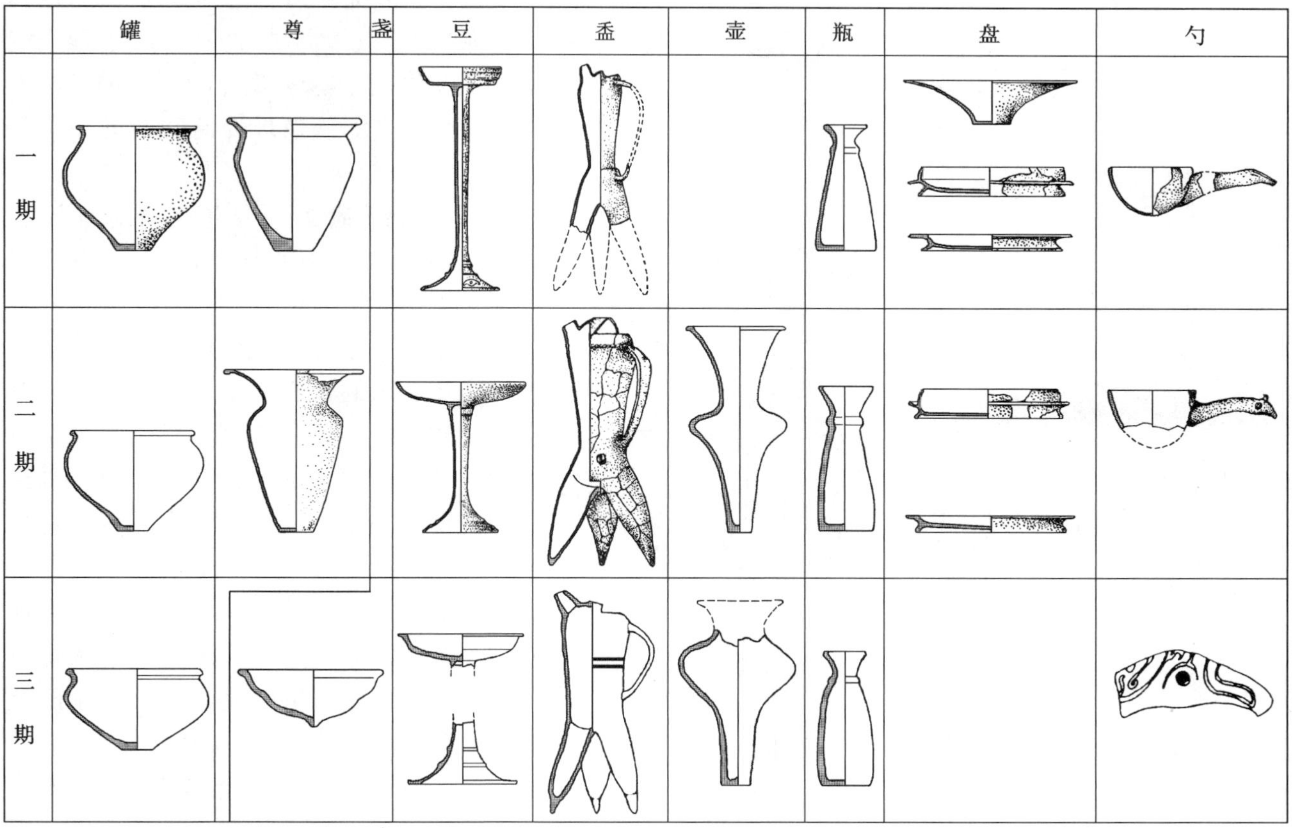

三星堆文化陶器分期图

河、杨家嘴、三斗坪，秭归县庙坪，长阳土家族自治县香石炉等。已发现的遗迹主要为墓葬。陶器以夹砂褐陶为主，纹饰有绳纹、方格纹、戳印纹、刻划纹等，器形以釜最多，其次有罐、鼎、鬲、盆、豆、簋、钵、碗、盘、杯、瓮、缸、器盖等，另有石质、骨质和铜质工具。各处遗址出土大量动物和鱼类骨骼，推断路家河文化兼有农业、渔猎和畜牧业，且后两者所占比重较大。路家河文化含有较多的三星堆文化因素，其年代相当于商代晚期，也有观点认为路家河文化为三星堆文化的一个类型。（施劲松）

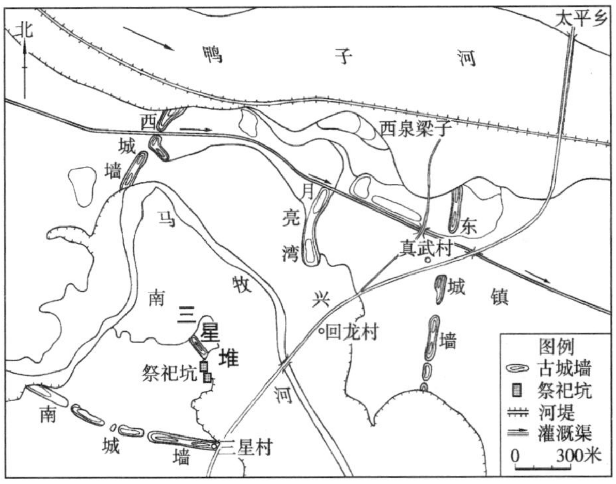

三星堆遗址位置图

【三星堆遗址】 三星堆文化遗址。全国重点文物保护单位。位于四川省广汉市南兴镇鸭子河南岸。最早于1929年（一说1931年）在遗址上发现一坑玉石器。1934年试掘。20世纪60年代对遗址范围内的月亮湾遗址等进行发掘，80年代以来又历经多次发掘。目前所知遗址为东、南、西三面有城墙的城址，面积12平方千米。城内发现有房址、祭祀坑、作坊遗址、墓葬等遗迹。其中，1986年发掘的两个器物坑出土了大批青铜器、金器、玉器、石器和象牙等。三星堆遗址的早期遗存属于宝墩文化，主体遗存属于商时期的三星堆文化。推测该遗址为商时期的蜀国都邑。（施劲松）

【月亮湾遗址】 见“三星堆遗址”。

【三星堆一号坑铜器群】 三星堆文化铜器群。1986年四川省广汉市三星堆遗址一号祭祀坑出土。在底长4米、宽2.8米的长方形土坑内出土各类遗物420件。其中铜器178件，有人头像、跪坐人像、面具、人面像、龙柱形器、虎形器、虎形饰、戈、瑗形器、璧形器、尊、瓿、盘、器盖等。与铜器共出的还有金器、玉器、石器、陶器、骨器，以及大量象牙、海贝和骨渣。铜器等均有火烧痕迹。年代相当于商晚期。1999年出版有《三星堆祭祀坑》。（施劲松）

【三星堆二号坑铜器群】 三星堆文化铜器群。1986年四川省广汉市三星堆遗址二号祭祀坑出土。在底长5米、

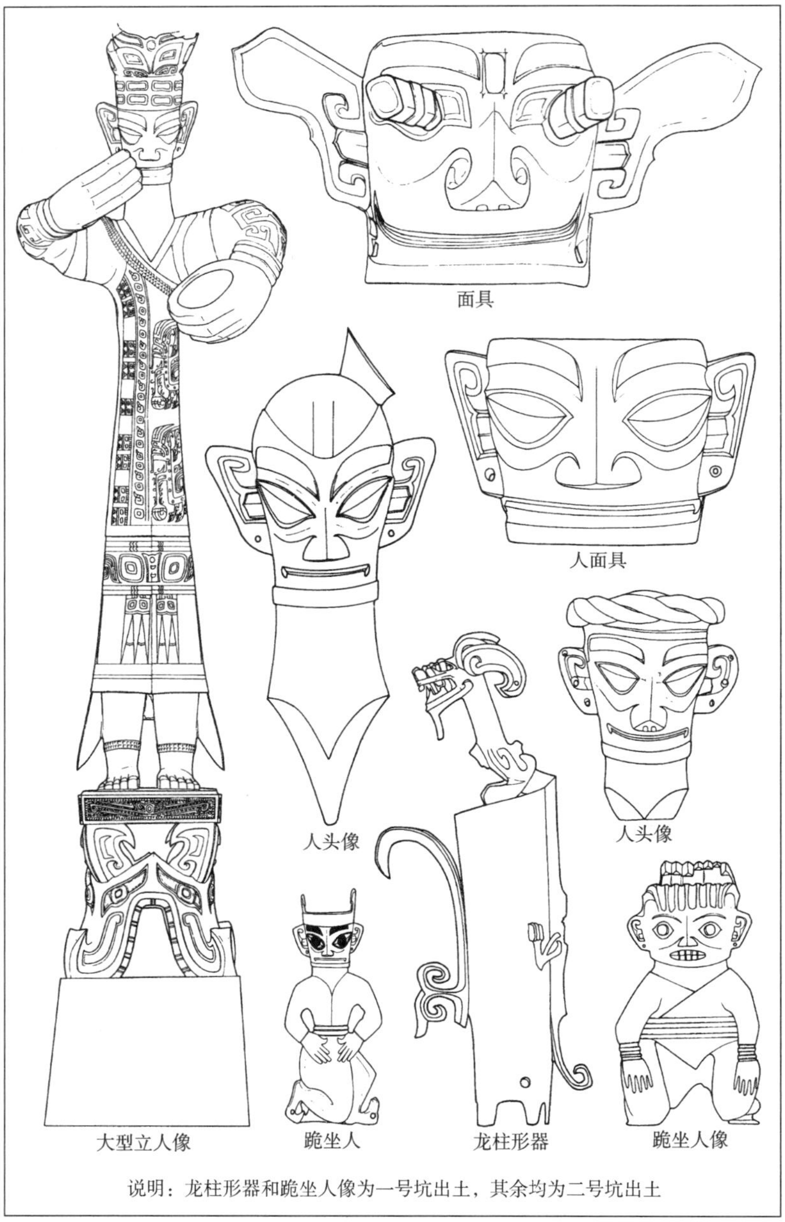

三星堆遗址青铜器

宽2米的长方形土坑内出土各类遗物1 300件。其中铜器735件，主要有人头像、立人像、跪坐人像、人面具、兽面具、眼形器、眼泡形器、太阳形器、神树、神坛、神殿、动物形饰、戈、瑗形器、璧形器、尊、罍，以及铃等大量挂饰和铜箔饰件（见彩版20“铜面具”）。与铜器共出的还有金器、玉器、石器，以及大量象牙和海贝。铜器等均有火烧痕迹。年代相当于商晚期。1999年出版有《三星堆祭祀坑》。（施劲松）

【十二桥文化】 成都平原青铜时代考古学文化。因四川省成都市十二桥遗址而得名。主要分布于成都平原，在四川盆地周边及峡江地区也有相近的遗存。重要遗址为十二桥遗址群，以及雅安市沙溪遗址、成都市水观音遗址等。一般认为成都市金沙遗址、羊子山土台遗址及彭县竹瓦街窖藏铜器也属十二桥文化。主要遗迹有大型房屋建筑、墓葬、祭祀遗存等。陶器以夹砂灰陶为主，多尖底器，代表性器物有尖底杯、尖底盏、尖底罐、高领壶、圜底釜等，陶器多为素面。十二桥文化可分为两期，以十二桥遗址下层为代表的早期含有三星堆文化的因素，相当于商代晚期至西周初；以成都市新一村遗址为代表的晚期相当于西周至春秋。（施劲松）

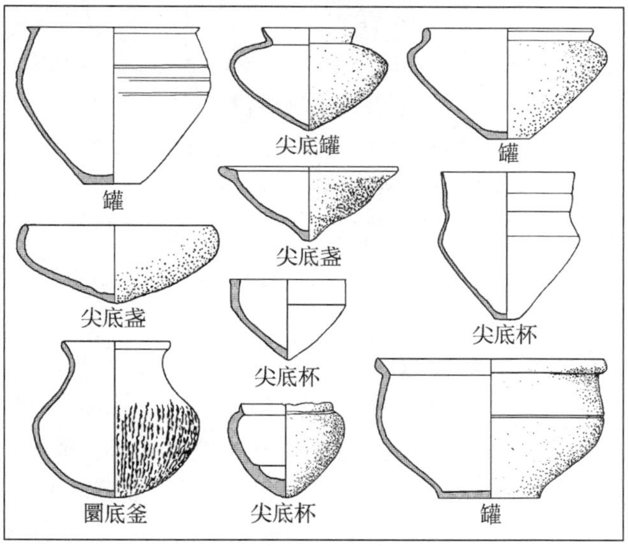

十二桥文化陶器

【金沙遗址】 商周时期遗址。全国重点文物保护单位。位于四川省成都市金牛区。1995—2000年曾在遗址范围内的黄忠村发现房址、窑址、墓葬等，被称为黄忠村遗址。2001年开始进行多次发掘。迄今能确认的遗址面积在5平方千米以上，发现有大型建筑居址区、一般居址区、宗教祭祀活动区和墓地等。出土数千件金器、铜器、玉器、石器、象牙，以及数以万计的陶器。其中大量金器、铜器和玉器等与三星堆遗址的发现相近，陶器则同于十二桥文化。推测金沙遗址是商代晚期和西周时期的蜀国都邑。（施劲松）

【黄忠村遗址】 见“金沙遗址”。

【十二桥遗址】 商代晚期至秦汉时期遗址。全国重点文物保护单位。位于四川省成都市区西部十二桥路。1985年发掘。遗址下层的遗存可分为两期，早期陶器主要有小平底罐、壶、盆、盉、喇叭口罐、盘、尖底杯、尖底盏等。晚期陶器主要有尖底杯、高领罐、小平底罐、尖底盏等。年代约相当于商代晚期至西周早期。在遗址最早的地层下发现面积近1 300平方米的木结构建筑遗迹，包括地梁基础、柱基、墙体和房顶等。在更晚一些的地层中还有战国晚期至西汉的房屋建筑遗迹。在十二桥遗址附近，还发现有抚琴小区遗址、青羊宫遗址、方池街遗址、指挥街遗址、上汪家拐遗址等，它们和十二桥遗址共同构成一个商周时期的遗址群。2009年出版有《成都十二桥》。（施劲松）

【羊子山土台遗址】 十二桥文化土台建筑。位于四川省成都市羊子山。20世纪50年代发掘。推测为方形三级土台建筑。中心的第一级土台用墙围成，面积31.6平方米，墙为土砖砌筑，内填夯土，宽10米，残高7.5米。距第一道墙12米处砌第二道墙，墙残高4.2米，由此构成第二级夯土台，面积67.6平方米。在此之外应有第三道墙，土台底部面积应为103.6平方米。土台上出土有陶片、石器和兽骨，台上还有晚期墓葬。推测土台为西周晚期至东周的礼仪性建筑，也有观点认为土台建于商代晚期，或认为建于战国早期。（施劲松）

【抚琴小区遗址】 见“十二桥遗址”。

【指挥街遗址】 见“十二桥遗址”。

【青羊宫遗址】 见“十二桥遗址”。

【水观音遗址】 十二桥文化遗址与墓葬。位于四川省成都市新都区水观音庙。1956年文物普查时发现。1957—1958年发掘。出土陶器以灰陶居多，多尖底器，饰弦纹、绳纹等。石器有打制和磨制两类。遗址上发现8座墓葬，其中早期墓5座，多无明显墓坑；晚期墓3座，其中一座沿墓壁围有一周圜底陶罐。墓葬随葬品有陶器和铜器。遗址年代为商末周初，早期墓年代相当于商代，晚期墓为西周或春秋。（施劲松）

【太阳神鸟金饰】 商周时期金饰。2001年四川省成都市金沙遗址出土（见彩版20“太阳神鸟金饰”）。金饰呈圆形，直径12.5厘米。器身极薄，上有两圈镂孔，内为一个带12条齿状光芒的圆圈，形如太阳；外为4只首爪相接的飞鸟，鸟身短小，颈、足长伸。现藏成都金沙遗址博物馆。2005年该图案正式成为中国文化遗产标志。（施劲松）

【竹瓦街窖藏铜器】 西周时期青铜器。1960年在四川省彭县竹瓦街发现一处青铜器窖藏，出土罍5件、觯2件和尊1件。1980年又发现另一处青铜器窖藏，出土罍4件。这些罍形体高大，多装饰立体的动物形象，纹饰有兽面纹、蜗形夔纹、牛纹和涡纹等，具有较鲜明的特色。觯和尊则接近中原铜器，两件觯上分别有“覃父癸”和“牧正父己”铭文。年代相当于西周早期。（施劲松）

【百花潭10号墓】 巴蜀文化墓葬。位于四川省成都市青羊区百花潭。1964年百花潭中学扩建时发现。1965年进行发掘。墓坑为狭长土坑，葬具似为船棺。随葬品有铜容器、兵器、工具47件，陶器1件。其中1件铜壶上有用铅类矿物错成的纹饰。壶身纹饰又分为四层：第一层画面为习射和采桑，第二层为宴乐武舞、弋射和习射，第三层为水陆攻战，第四层为狩猎。年代或为战国早期。（施劲松）

【新都大墓】 巴蜀文化墓葬。位于四川省成都市新都区。1980年发掘。墓葬有斜坡墓道，椁用木枋叠砌而成，并分隔出棺室和8个边厢。椁内壁和底部带彩，椁室内有髹漆木棺，椁内仅保存有铜印章等少量遗物。随葬品主要出自墓底的腰坑，包括180余件铜器，其中除敦、豆等9种器类为每类2件外，其余如鼎、罍等数量均为5件，或为5的倍数。墓葬中有较明显的楚文化因素。年代为战国早中期之际。（施劲松）

【羊子山172号墓】 巴蜀文化墓葬。位于四川省成都市羊子山土台遗址。1955年发掘。是羊子山土台遗址规模最大的一座墓葬。为长方形竖穴土坑墓，无墓道，有棺和椁。随葬品较为丰富，以铜器为最多，主要有容器25件，兵器和车马器也甚丰富。另出土有陶器、漆器、玉器、石器等。年代为战国时期。（施劲松）

【大洋堆遗址】 商周时期遗址。全国重点文物保护单位。位于四川省西昌市经久乡合营村，地处安宁河谷中段东岸一级台地上。面积8 100平方米。1990年文物普查时发现。1994年发掘，发掘面积140平方米。发现竖穴土坑墓9座、器物坑24座、黄土坑6座、大石墓2座。出土有铜短剑、陶器和石器。其中青铜短剑与关中西部、陇东地区西周早期的同类器物形制接近。出土陶器有双耳罐、觚、罐等器形，有较明确的时代阶段特征。根据遗址文化遗存的比较，发掘者认为可将大洋堆遗址分为早、中、晚三期，早期遗存以土坑墓为代表，年代大体相当于中原地区晚商到西周时期；中期遗存以器物坑与黄土坑为代表，年代大体相当于春秋时期；晚期遗存以大石墓和部分灰坑为代表，年代约相当于春秋末期至战国中期前后。（常怀颖）

【城坝遗址】 战国时期至汉代遗址。全国重点文物保护单位。位于四川省渠县土溪镇城坝村渠江东岸。20世纪80年代当地文物部门抢救性清理了多座商周时期的巴蜀文化竖穴土坑墓、西汉木椁墓和汉代砖室墓，出土商周时期青铜器包括甬钟、钲、淳于、剑、钺、矛等，以及大量汉代釜、壶、陶俑、瓦当等陶器。1992年、2005年又进行两次发掘，发现有战国晚期至西汉中期木椁墓3座，西汉时期土坑竖穴墓1座，灰沟2条。同时出土有数量较多的铜器、漆器、铁器、陶器、竹木器和丰富的陶器残件。2005年还发现了保存较好的城墙数百米，现存高度约1.2～1.8米，厚约1米，城墙外围有较深壕沟，夯土中包含大量的汉瓦、砖和陶器残片等。在现存城墙附近发现多处夯土现象，深度距地表1.2～2.7米，宽度约1米，可能是城内的建筑区所在。根据文献记载，所发现的城址可能是秦灭巴蜀后建立的宕渠县。（常怀颖）

【什邡战国墓地】 巴蜀文化墓葬群。位于四川省什邡市。1988年后经23次发掘。已发掘墓葬98座，有船棺墓、木椁墓、木板墓和土坑墓四类。其中，船棺墓49座，可辨葬式为仰身直肢葬，随葬品主要有铜兵器、陶器，以及少量料器和漆木器。木椁墓3座，随葬陶器、漆木器、铜器、铁器、钱币等。木板墓3座，仅在墓底铺置木板，随葬铜兵器、铁器和陶器。土坑墓43座，有狭长坑、长方形坑和近方形坑，单人葬或合葬，随葬陶器、铜器、铁器、漆器、钱币等。船棺墓和狭长形土坑墓年代较早，长方形土坑和近方形土坑墓较晚。年代为战国早期至西汉中期。2006年出版有《什邡城关战国秦汉墓地》。（施劲松）

【小田溪墓地】 巴蜀文化墓葬群。位于重庆市涪陵区白涛镇小田溪村乌江西岸的小山坡上。1972年发现。1972年、1980年、1993年发掘。清理墓葬9座。墓葬均为竖穴土坑墓,有木质棺椁,仰身直肢葬。随葬品以铜器为主,包括柳叶形剑、矛、戈等“巴蜀式兵器”,釜、甑、鍪、盆、错银壶等容器,错金编钟、钲、錞于等乐器。陶器有圜底釜等。为战国晚期巴国上层人士的墓葬,也有意见认为其可能为巴国的王陵区。(施劲松)

【商业街船棺墓】 巴蜀文化船棺墓。全国重点文物保护单位。位于四川省成都市青羊区商业街。2000年发现。系大型多棺合葬墓。长方形竖穴土坑长约30米、宽约20米,坑内东西向成排放置17具船棺和独木棺。墓葬曾遭破坏,推测葬具应超过32具。棺下有枕木,棺前或棺侧有立柱,所有葬具应为一次性埋葬。9具船棺形似独木舟,最长者近19米,棺内为一人二次葬,随葬大量漆木器、陶器、铜器、竹器等,少数棺内只放随葬品。独木棺形体较小,为单人一次葬,随葬品少且无漆木器。墓坑周围有基槽和木质基础,说明墓上可能有建筑。年代约为战国早期或春秋后期,推测为蜀王家族墓。2009年出版有《成都商业街船棺墓》。(施劲松)

【冬笋坝船棺墓】 巴蜀文化船棺墓。位于重庆市九龙坡区铜罐驿镇冬笋坝。1954—1957年进行四次发掘。共发掘船棺墓21座,为竖穴土坑墓,少数有二层台。用楠木制成的葬具大多长5米左右,两端上翘,中间凿空,形如独木舟。葬式不详,随葬品以铜鍪、甑、釜、钺、剑以及陶罐、豆为主,另有铜盘、矛、戈、削、带钩、印章和半两钱等。年代约为公元前4世纪末,可能为巴人墓。同一墓地中还出土有狭长形坑墓14座,所出随葬品与船棺墓基本相同。另外还有长方坑墓13座、方坑墓4座、砖室墓2座,年代最晚至西汉后期。1960年出版有《四川船棺葬发掘报告》。(施劲松)

【宝轮院船棺墓】 巴蜀文化船棺墓。位于四川省广元市利州区宝轮镇。1954年、1995年进行两次发掘。共发掘船棺墓17座,均为狭长形竖穴土坑墓,有的有二层台。葬具均用独木制成,或两头齐,或两头上翘而形如独木舟,还有的在船棺中另放有用整木凿成或用木板拼成的小棺。随葬品以铜鍪、釜、钺、剑和陶罐、豆为主,另有铜矛、戈、带钩、印章和半两钱等。年代约为战国晚期。墓地中还发现4座带拼合式木椁和木棺的墓葬,随葬品与船棺墓类似。1960年出版有《四川船棺葬发掘报告》。(施劲松)

【荆竹坝岩棺群】 战国晚期至西汉时期崖墓。全国重点文物保护单位。位于重庆市巫溪县东溪河荆竹峡西岸高出河面约50米的崖壁上。分布范围约7 500平方米。已知棺木23具,1979年曾清理其中一具,出土有西汉时期青铜带钩、木剑和手镯等遗物。岩棺群棺木皆横向置于岩缝内。棺木为整木挖成,棺盖为子母口扣合。对荆竹坝岩棺葬的墓主族属有僰人说、板楯蛮说等多种说法,迄今尚无定论。(常怀颖)

【岷江上游石棺墓】 商周时期至东汉初期石棺墓。分布于岷江上游。最早发现于20世纪初。1938年首次在四川省汶川县萝葡砦进行科学发掘。现已发掘的石棺墓集中于茂县城关、撮箕山、营盘山、牟托、别立、勒石村,以及理县佳山等。在茂县撮箕山清理墓葬400余座,是西南地区发现的规模最大的石棺墓群。墓葬多在竖穴土坑中用石板或石块构筑棺壁并盖顶,有的还用砾石铺底,也有的仅用石板盖顶或同时使用汉砖。葬式以仰身直肢葬为主,还有仰身屈肢葬、侧身屈肢葬、二次葬和火葬。具有代表性的随葬品有陶单耳罐、双耳罐、无耳罐、杯和铜短剑、铜柄铁剑以及各类饰件。较晚的墓葬中出土有铜钱。一般认为大多数墓葬年代上起春秋或战国,下讫东汉。石棺葬的族属有氐人、羌人、夷人、蜀人等不同观点。(施劲松)

【牟托石棺墓】 东周时期石棺墓。位于四川省茂县南新镇牟托村岷江西岸。1992年发掘。石棺用6块石板于土坑内砌成,棺底无铺石,棺上盖石板,棺内头端隔出3层头厢。棺内有序放置随葬品170余件,有铜鼎、罍、敦、钟等礼乐器和剑、戈等兵器以及牌饰等。另有簋、罐等陶器和玉器、石器。在墓葬附近有三个器物坑,出土类似的青铜礼乐器、兵器和玉器、石器。墓葬与器物坑年代相当于春秋晚期或战国早期。2012年出版有《茂县牟托一号石棺墓》。(施劲松)

【凉山大石墓群】 战国时期至汉代墓葬。全国重点文物保护单位。主要分布在四川省凉山彝族自治州安宁河流域,少数分布于西罗河流域的普格小兴场等地。从行政区域看,主要包括安宁河流域的喜德县、冕宁县、西昌市、德昌县、米易县和西罗河流域的普格县等,尤以西昌市和德昌县最为集中。按照历次统计数据，已知大石墓有 45 处 232 座，其中被毁者 18 座，基本完整者 97 座。20 世纪 70 年代以来对大石墓进行过多次调查与发掘，至今已发掘大石墓 47 座。大石墓多位于河岸台地，部分位于山坡，少数位于谷地或山顶，主要以多座墓葬组成墓群的形式出现，也有少量单座分布的。根据墓葬有无墓道、门前有无屏风石、墓门开设位置等特征，可将大石墓分为七类；再结合墓葬中的随葬器物差别，可将七类大石墓分为前后相继的三期：第一期以随葬双耳罐，不见铁器的墓葬为主，年代大体在春秋晚期至战国早期；第二期墓葬已出现铜器和石器随葬，但无铁器和钱币出土，年代上限大体在战国中期，下限则为西汉中期；第三期墓葬中出现汉式钱币与铁器，年代当在西汉中晚期至东汉时期。对于大石墓墓主的族属问题，学术界争论较多，大体有邛人说、笮人说、僰人说等多种说法，从迄今的材料观察，邛人说可能更符合现有材料和文献记载的整合。2006 年出版有《安宁河流域大石墓》。（常怀颖　施劲松）

【剑门蜀道遗址】 战国至清代道路遗存。剑门蜀道是古蜀道中的一支——“金牛道”的其中一段。金牛道南起成都，经广汉、德阳、梓潼，越剑门，经广元出川，在陕西褒城附近向西，沿褒河过石门，穿越秦岭，出斜谷，直通八百里秦川，全长 1 000 余千米。2011 年对该段蜀道的调查中确认，剑门蜀道以剑阁古城为中心，北至朝天峡，南至演武镇，全长 200 余千米。沿途多有古关隘、古城、古桥、驿站、古渡等遗存。据文献记载，金牛道开通于秦灭巴蜀前，但调查中所获遗存的年代上限不超过西汉早期，尚未发现确切的战国时期遗存。（常怀颖）

【滇文化】 云南地区青铜时代考古学文化。主要分布在云南省滇池周围古代滇人生活的区域。主要遗迹有李家山墓葬、石寨山墓葬、羊甫头墓葬、天子庙墓葬、八塔台墓群、横大路墓葬等。其中石寨山 6 号墓出土有“滇王之印”金印。另外还发现部分聚落遗址。滇文化以青铜器最丰富、也最具特色。铜器种类繁多，制作精细，人物和动物造型普遍，纹饰复杂。代表性器物有犁、锄、斧等工具和农具，戈、矛、剑、钺、啄、叉、锤等兵器，釜、鏊、壶、洗、盒、带钩、案等生活用具，鼓、葫芦笙、编钟等乐器，以及贮贝器、人俑、人物屋宇模型、车马器、杖头饰和各类装饰品。另有较多铜铁合制器。陶器多为轮制，以夹砂陶为主，有红褐陶、灰黑陶等，以平底器为主，次为圜底器，圈足器、三足器少见。器形有釜、罐、壶、纺轮等，纹饰以划纹为主。滇文化表现出奴隶制的社会形态，农业、畜牧业和手工业较为发达。滇文化曾受汉文化等多种外来文化影响，但器物种类、造型、图像纹饰等自成体系，具有独特的风格。年代为战国至东汉初。（施劲松）

【海门口遗址】 释文见 297 页。

【大波那墓葬】 云南青铜时代墓葬。位于云南省祥云县刘厂镇大波那村。1961 年发现并发掘。墓葬为竖穴土坑墓，内有用巨木搭成并用密集的木桩加固的木椁。椁内有一具长 2 米、宽 0.62 米、高 0.64 米的铜棺。棺由 7 块铜板用插销扣合而成，为人字形屋状顶、长方体棺身。棺顶及四壁有精细的人字纹、云雷纹，以及虎、豹、猪、鹿、马、鹰、水禽等图像。随葬品主要为青铜兵器、工具、生活用具、乐器、干栏式屋宇和家畜模型。年代约为公元前 5 世纪。（施劲松）

【万家坝墓葬】 云南青铜时代墓葬。全国重点文物保护单位。位于云南省楚雄县万家坝村东的台地上。1975—1976 年发掘。已发现的 80 座墓葬均为竖穴土坑墓，大墓长约 5 米，有的墓内有边桩、垫木和腰坑，葬具有带盖复合木棺、带盖独木棺和无盖船形棺；小墓长约 2～3 米。出土随葬品 1 078 件。其中，青铜器近 900 件，以矛等兵器居多，另有工具、农具，以及年代较早的铜鼓 4 面。随葬品还有管状和片状锡器数十件。年代约为公元前 5 世纪。（施劲松）

【李家山墓葬】 滇文化墓葬。全国重点文物保护单位。位于云南省江川县李家山。1966 年发现。1972 年、1991—1992 年两次发掘。共清理墓葬 87 座。为竖穴土坑墓，大墓有木质棺椁，可辨葬式为仰身直肢葬，多为单人葬，也有二人合葬。随葬品以铜器和铜铁合制器较为丰富，有兵器、仪仗器、工具、生活用具、乐器、贮贝器、装饰品、马饰等。另有大量金银器、玉器、玛瑙、水晶、海贝、陶器、漆器等。男性多随葬工具、兵器和扣饰，女性多随葬铜钏。年代为战国末年至东汉初期。2007 年出版有《江川李家山——第二次发掘报告》。（施劲松）

【石寨山墓葬】 释文见 508 页。

【羊甫头墓葬】 滇文化墓葬。位于云南省昆明市官渡区小板桥镇大羊甫村，分布在一个面积约 5 万平方米的缓丘上。1998—2001年进行三次发掘。所清理的810座墓葬多为长方形竖穴土坑墓，有的有腰坑和二层台。大、中型墓多有木质棺椁，小型墓多为单棺。可能存在合葬、解肢葬、仰身直肢葬和侧身屈肢葬。随葬品以铜器和铜铁合制器为主，有兵器、仪仗器、工具、生活用具、乐器、装饰品和车马器。另有陶器、玉石器、漆木器和铁器。随葬品有分层叠葬的现象。年代为战国中期至西汉末期。此外，在墓地中还发现28座汉式墓，多为带墓道的土坑墓，有棺椁，随葬汉式铜器和陶器，年代为西汉末期至东汉初期。2005年出版有《昆明羊甫头墓地》。(施劲松)

【八塔台墓群】 滇文化墓葬。全国重点文物保护单位。位于云南省曲靖市八塔台。1977年开始经多次发掘。墓地由8个圆形和椭圆形土堆组成。在1号堆上清理墓葬5座，2号堆上清理墓葬348座。2号堆为不断掩埋墓葬而形成，即最早在地面上挖掘墓坑并垒土形成封土，随后又在封土堆上继续埋墓，最后形成现高约11.8米的大土堆。墓葬为长方形竖穴土坑墓，较大的墓有木质棺椁，可辨葬式为仰身直肢葬。随葬品有青铜兵器、工具、装饰品，以及陶器、铁器、玉器和钱币等。年代为春秋早期至西汉晚期。在2号堆顶部还发掘了304座宋、元、明时期的火葬墓。2003年出版有《曲靖八塔台与横大路》。(施劲松)

【横大路墓葬】 滇文化墓葬。位于云南省曲靖市横大路。1997—1998年发掘。清理竖穴土坑墓188座、封土堆墓3座。最早的墓葬在平地上挖掘墓坑并垒土形成封土，随后又在封土上再埋墓葬，层层叠压而形成一个大土堆。从残存痕迹看，墓葬应有木棺，葬式为仰身直肢葬。随葬品主要为青铜兵器、工具、装饰品，以及陶器、玉器等。年代为春秋早期至西汉晚期。2003年出版有《曲靖八塔台与横大路》。(施劲松)

【天子庙墓葬】 滇文化墓葬。位于云南省呈贡县斗南镇天子庙。1979年发掘墓葬44座，均为长方形竖穴土坑墓。其中41号墓最大，有二层台，带木棺和椁，随葬品主要为青铜兵器、工具、生活用具、乐器和装饰品，另有釉陶器、漆器、玉石器等。其他小型墓均有二层台，有的有腰坑和木质葬具，随葬品以陶器为主，并出土青铜器。41号墓不晚于战国中期，其他墓属战国中期至西汉前期。(施劲松)

【纳古墓葬】 东周时期石棺墓。位于云南省德钦县佛山乡纳古村，坐落在澜沧江东岸。1976年发现。1977年发掘。清理墓葬23座，均在长方形土坑四壁用石块砌成狭小的石棺，棺口用薄石板覆盖。可辨葬式有侧身屈肢、直肢一次葬。随葬品主要为小陶罐和少量矛、剑、牌饰等青铜器，并有700余粒绿松石。年代为春秋早中期，也可能早到西周晚期。(施劲松)

【金莲山、学山遗址群】 春秋时期至汉代墓葬与遗址群。全国重点文物保护单位。金莲山遗址位于云南省澄江县右所镇旧城村东部边缘。2007年进行了比较系统的考古勘探。2008—2009年进行局部的考古发掘，共清理石寨山文化墓葬265座。墓葬均为竖穴土坑墓，葬式多样。未发现木质葬具，与其他石寨山文化墓葬有显著差别。墓葬叠压、打破关系复杂，但分布上却有一定规律。从随葬器物观察，金莲山墓地大部分墓主为一般平民。等级远逊于石寨山与江川李家山墓地。金莲山墓地石寨山文化墓葬的年代至少涵盖了战国至东汉初期。在墓地东南部发现有一片灰烬层，发掘者认为可能和墓地的公共祭祀活动有关。若这一分析成立，金莲山墓地即是迄今在石寨山文化墓地中唯一发现有祭祀区的墓地。学山遗址位于旧城村北部边缘，东南与金莲山墓地相望。2009年进行系统勘察与试掘，清理房址2座。房址有半地穴建筑与杆栏式建筑，房址都直接建造在基岩上。出土铜器、骨器、陶器、石器等遗物。发掘者认为两座房址的居住者不同，年代也有差异。根据遗物，发掘者判断两座房屋皆为石寨山文化阶段修建，废弃时间下限或许可晚至六朝时期。从试掘的情况分析，学山遗址应是与金莲山墓地基本同时的石寨山文化遗址，且很有可能是此墓地部分墓主的生活区和工作区。因石寨山文化居址材料缺乏，这一发现无疑将推动石寨山文化的深入研究。(常怀颖)

【白岩崖墓】 商代崖墓。位于福建省崇安县武夷山西北部莲花峰西侧的白岩。1978年清理。在白岩西壁高51米的山洞内有一具船棺，棺盖如船篷，棺身底如梭形、首尾上翘，盖与身用子母口扣合。棺内人骨下有尸垫、竹席，出土遗物有木器和纺织品。据碳十四测定，墓葬年代为距今3 445 ± 150年。(施劲松)

【黄土仑文化】 青铜时代早期考古学文化。因福建省闽侯县黄土仑遗址而得名。主要分布在闽江下游地区。陶器以夹细砂灰白色几何形印纹硬陶为主,刻划纹硬陶次之,还有少量泥质红陶和细砂红陶。石器有石锛、石玦、石镞及玉环等。墓葬为长方形竖穴土坑墓,墓内未见葬具,人骨均朽蚀无存。发现了数量较多的刻划陶文符号,与江西清江吴城遗址及鹰潭角山窑址发现的陶文符号相同或相似。年代相当于中原地区的商代晚期,其下限可能已进入西周初年。(傅宪国)

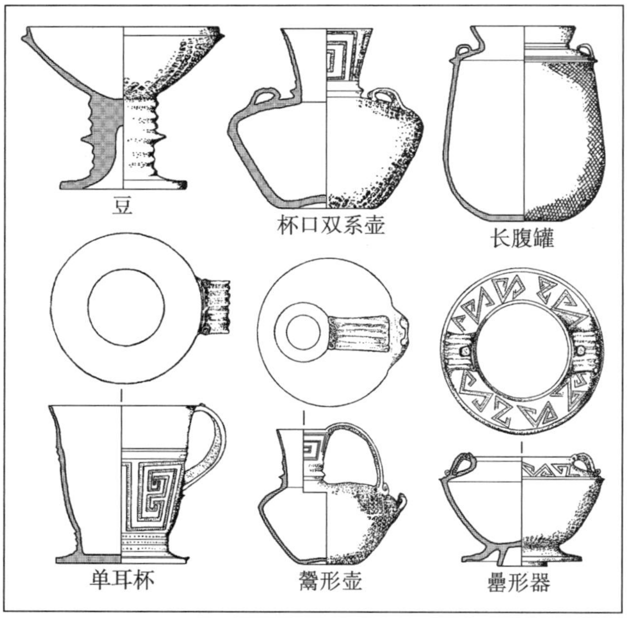

黄土仑文化陶器

【黄土仑遗址】 青铜时代早期遗址。位于福建省闽侯县鸿尾乡石佛头村。1974 年发现,同年进行发掘。墓葬为长方形竖穴土坑墓,墓内未见葬具,人骨均朽蚀无存。出土有陶器、石器和玉器等。年代相当于中原地区的商代晚期,其下限可能已进入西周初年。(傅宪国)

【村头遗址】 青铜时代早期贝丘遗址。位于广东省东莞市虎门镇村头村。面积 1 万余平方米。1989 年、1993 年两次发掘。堆积中含大量蚌壳,主要为牡蛎、海贝、蚶等。发现有房址、灶、壕沟、灰坑、墓葬等遗迹。遗物有陶器、石器、骨器和贝器等。重要的是牙璋的发现,另外还发现了大量水陆生动物遗骸。年代距今约 3 500 年。(傅宪国)

【后山遗址】 青铜时代早期遗址。位于广东省普宁市池尾街道塘埔村后山东南坡。1983 年发现并发掘,发掘面积 179 平方米。清理墓葬 10 座。墓葬均为长方形竖穴土坑墓,随葬品组合多为陶罐、钵或罐、釜,少数为罐、釜、钵或鸡形壶,仅有 3 座墓葬随葬石器。年代距今约 3 500 年。(傅宪国)

【东澳湾遗址】 青铜时代早期遗址。位于广东省珠海市淇澳岛东侧。1985 年发掘。发现有烧土面和堆石等遗迹。陶器有釜、罐、钵、豆、器座、支脚、炉条等。石器有石斧、锛、凿、矛、网坠和石环等。年代距今约 3 500 年。(傅宪国)

【屋背岭遗址】 商代遗址。位于广东省深圳市南山区。2001 年发掘,发掘面积 1 400 平方米。共清理商代墓葬 94 座、灰坑 8 个。墓葬均为竖穴土坑墓,人骨均不存。随葬品以陶器为主,包括釜、豆、罐、钵、尊、壶、杯、器座和纺轮等。纹饰有拍印的复线菱格凸点或凸块纹、曲折纹、卷云纹、云雷纹、方格纹和梯格纹等,还有少量绳纹。器物组合以釜、罐、豆为多见。另有少量玉、石和水晶器。(傅宪国)

【向南村遗址】 青铜时代早期遗址。位于广东省深圳市南山区向南村。1995 年发掘,发掘面积 1 000 余平方米。出土遗物包括陶器、石器和骨、角器等。陶器种类有釜、罐、盘、钵、豆等。年代距今约 3 500 年。(傅宪国)

【银山岭战国墓】 战国时期墓葬群。位于广西壮族自治区平乐县张家乡银山岭。1974 年进行发掘。共清理墓葬 165 座,均为土坑竖穴墓,大多无封土。多数墓葬有腰坑,腰坑内放置有器物。墓内随葬组合为青铜兵器、生产工具和生活用具。兵器组合为铜剑、矛、镞,生产工具组合为锄、刮刀和陶纺轮,生活用品组合为鼎、盒、杯。陶器以硬陶为主,器形主要是罐、鼎、杯、盒、纺轮等。墓葬年代大多在战国中晚期。这批墓葬有着浓郁的地方特色,如扁茎剑、有钮矛、双肩铲、靴形钺以及陶器上刻划的弦纹、水波纹、蓖纹,模印的方格纹、米字纹等,刻划符号普遍。可能为古越族的墓地。(唐锦琼)

【岜马岩洞葬】 西周至春秋时期墓葬。位于广西壮族自治区武鸣县陆斡镇岜马山。1986 年清理发掘。随葬品主要有陶器、石器、玉器等。陶器为夹砂陶,胎薄,火候高,器形有壶、釜、杯、纺轮。石器均通体磨光,有锛、戈、刻刀、砺石以及经过加工的石子等。玉器有镯。未见葬具,推断为二次葬。对研究我国南方民族岩洞葬俗的内涵、特征及起源,具有重要意义。(傅宪国)

【可乐墓地】 战国至秦汉时期西南夷墓地。全国重点文物保护单位。位于贵州省赫章县可乐彝族苗族乡。1976—1978 年发掘墓葬 207 座,2000 年发掘

111座。有汉式墓和土著墓两类。多为圆角土坑竖穴墓，无葬具，均为单人葬。有用铜釜、铁釜、铜鼓套头，或用铜洗垫头、垫足、覆面等奇特葬俗。随葬品有铜器、铁器、陶器、玉器、石器、玻璃器、骨器、漆器、木器、皮具、贝器和纺织品等。年代为战国早期至西汉晚期。有观点认为墓主可能与夜郎有关。2008年出版有《赫章可乐二〇〇〇年发掘报告》。（施劲松）

【铜鼓山遗址】 战国至西汉时期遗址。位于贵州省普安县营盘村东南铜鼓山山顶。面积约4 000平方米。1977年文物普查时发现。1979—1980年、2002年先后数次发掘。发现房屋、洞穴、坑灶、陶窑等遗迹。出土铜器、铁器、陶器、玉器、石器等遗物1 600余件，包括兵器、生产工具、生活用具等。陶器以夹砂红皮灰陶为最多，器形有釜、罐、豆、钵等。出土一件铸造铜戈的陶模，并发现铸铜用的坩埚。出土铜器以各类兵器为主，亦曾发现西汉“半两”钱币。据2002年的发掘，铜鼓山遗址可能是一处以铸造兵器为主的手工业作坊，北部为铸造作坊区，南部为生活区。根据出土遗物，学术界一般认为其年代范围在战国中晚期至西汉时期。对铜鼓山遗址族属的判定学术界分歧较大，有夜郎、漏卧等多种说法，迄今尚无定论。（常怀颖）

秦汉至元明清编

遗　址

【秦咸阳城遗址】 战国秦和秦代都城遗址。全国重点文物保护单位。位于陕西省咸阳市以东15千米处。因地处渭水北、九嵏山南，故名“咸阳”。东西长约12千米，因地处渭河北岸，渭水北移对遗址造成一定破坏。南北现宽6千米。从秦孝公十二年（公元前350年）迁都于此至秦亡，历代秦王多次扩建，均是秦国和秦政治、经济、文化中心。秦始皇时最为鼎盛辉煌。据《史记》记载，秦每破诸侯，仿其宫室，作之于咸阳北阪上。咸阳之旁二百里内宫观二百七十，复道、甬道相连。秦宫中以咸阳宫和阿房宫最为著名。遗址未发现城墙，其范围约东起柏家嘴，西止毛王沟，北至高干渠。其中部偏北处为咸阳秦宫殿遗址所在，四周有夯土宫墙。东西长约870米，南北宽约500米。1959—1961年发现，1973—1982年间共发掘3座宫殿建筑基址，发掘总面积15 168平方米。其中1号宫殿基址平面呈“凸”字形，东西长177米，南北宽45米，高出现地面6米。已清理的西半部揭示出原有两层建筑，上层正中为宫殿主要殿堂，下层为卧室、沐浴室等，底部为回廊，台基上、下都有排水设施。还发现原墙壁上绘制的壁画残块，包括人物、动物、车马、神怪、树木等装饰图案。2号宫殿基址平面呈刀把形，东西长127米，南北宽32.8～45.5米，高度不详。原主体殿堂在西半部，东西长19.8米，南北宽19.5米。基址东半部残存4室，其中2室为地下盥洗室。台基四周还有回廊和排水设施。3号宫殿基址主体建筑也已遭破坏，残存有1.5米高的台基，周围存有房屋11间，最大者面积达115.2平方米。基址东侧发现一条南北向画廊，长32米，宽5米。墙壁上绘有车马出行图、仪仗图、建筑图和麦穗图案等（见彩版21“咸阳秦宫殿3号宫殿遗址长廊东壁第四间中组壁画”）。在咸阳城遗址及宫殿建筑遗址中发掘出土有大量砖瓦、瓦当等建筑材料，以及铜器、货币、兵器、铁制工具、玉器和陶器等遗物。其中铜器有秦始皇与秦二世时铜诏版，说明遗址使用下限至秦代末年。据史料记载，秦孝公十二年开始修建咸阳城与咸阳宫，公元前206年项羽攻入咸阳后将宫室烧毁。今咸阳城遗址内已探明夯土基址20余座，并陆续开展考古发掘工作。“秦咸阳城遗址分布图及1号宫殿平面、复原南立面图”见423页。（*赵超　宋江宁*）

【咸阳秦宫殿遗址】 见“秦咸阳城遗址”。

【阿房宫遗址】 秦代宫殿遗址。全国重点文物保护单位。位于陕西省西安市阿房村（俗名“郿邬岭”），主要分布在西安城区以西、渭河以南，龙首原向西南延伸的台地上（见彩版21“咸阳阿房宫前殿遗址”）。宫前殿筑于秦始皇三十五年（公元前212年），全部工程至秦亡时犹未完成，故未正式命名，时人因其前殿所在地名为“阿房”，即称之为“阿房宫”。规模极为宏大，“东西五里，南北千步”（《汉书·贾山传》）；前殿“东西五百步，南北五十丈，上可以坐万人，下可以建五丈旗”（《史记·秦始皇本纪》）。历代相传：秦亡，宫殿为项羽所焚毁。前殿遗留有高大的夯土基址遗存，最高处可达12米，东西长1 270米，南北宽426米。北部边缘发现有大量建筑倒塌堆积，如秦汉筒瓦、板瓦等。（*赵超*）

【姜女石遗址】 秦汉时期遗址。全国重点文物保护单位。位于辽宁省绥中县渤海之滨姜女石地区。遗址面对秦长城最东面的碣石，主要分布在石碑地、黑山头、止锚湾、瓦子地、周家南山和大金丝屯等地。1982年文物普查时发现，1984年开始勘探发掘。经辽宁省文物考古研究所多年考古勘探与试掘，揭露出石碑地遗址3组大殿等多处秦汉宫殿建筑，发现夯土台基、板瓦、筒瓦、菱格纹残砖与具有夔纹的大型瓦当等。秦始皇巡游天下时曾到达这里。有人认为这里就是秦始皇时期“碣石宫”。“姜女石遗址总平面图”见424页。（*赵超*）

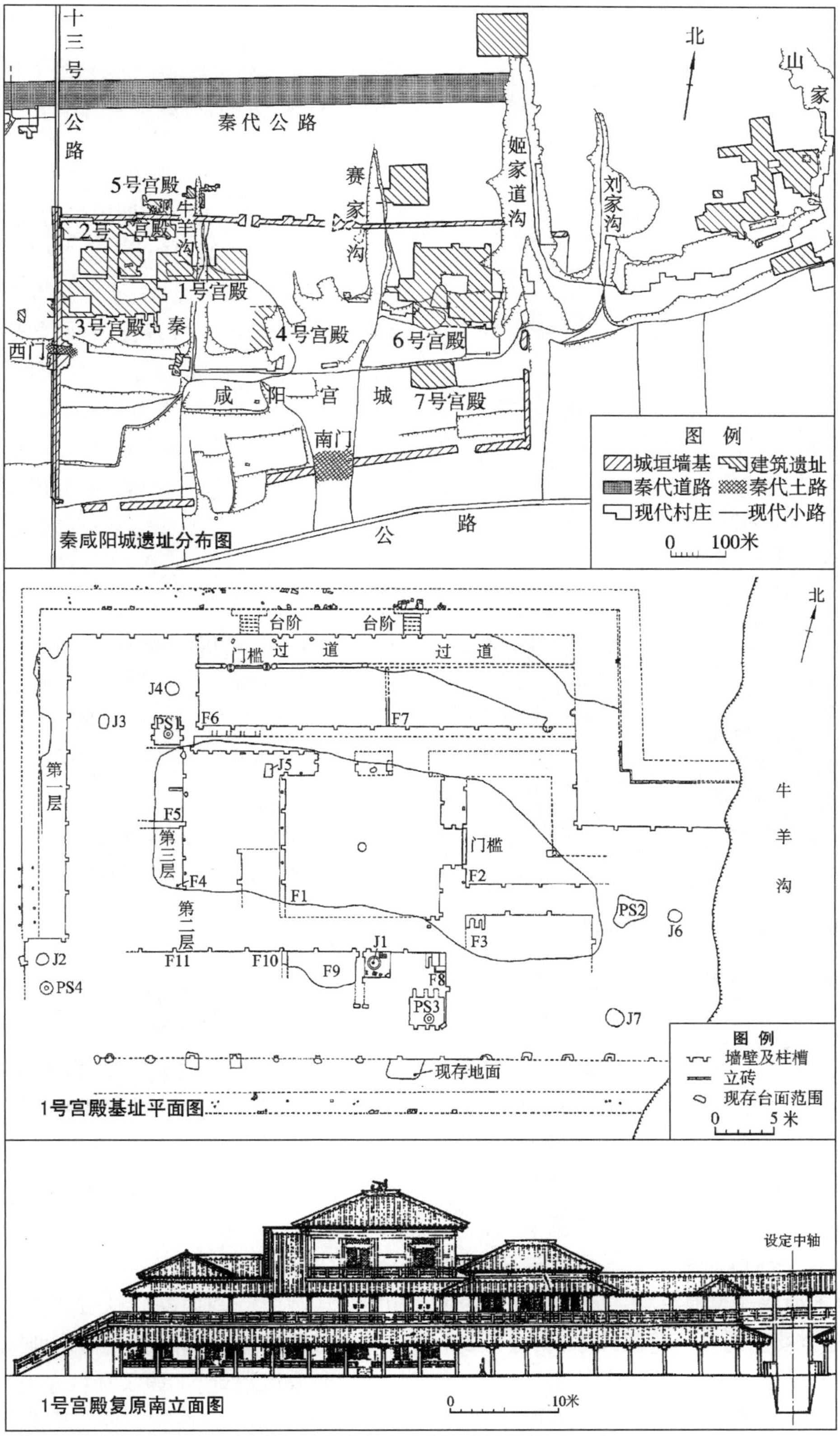

秦咸阳城遗址分布图及1号宫殿平面、复原南立面图

【沙河古桥遗址】 秦汉时期遗址。全国重点文物保护单位。位于陕西省咸阳市秦都区钓台乡资村西南的沙河故道。1986年发现。共有两座。1号桥址南北向，发掘面长71米、宽16米，暴露16排112根木桩，桥南端最末一排桥桩处还发现7块巨型铁板。2号桥址在1号桥东300米处，已发现5排41

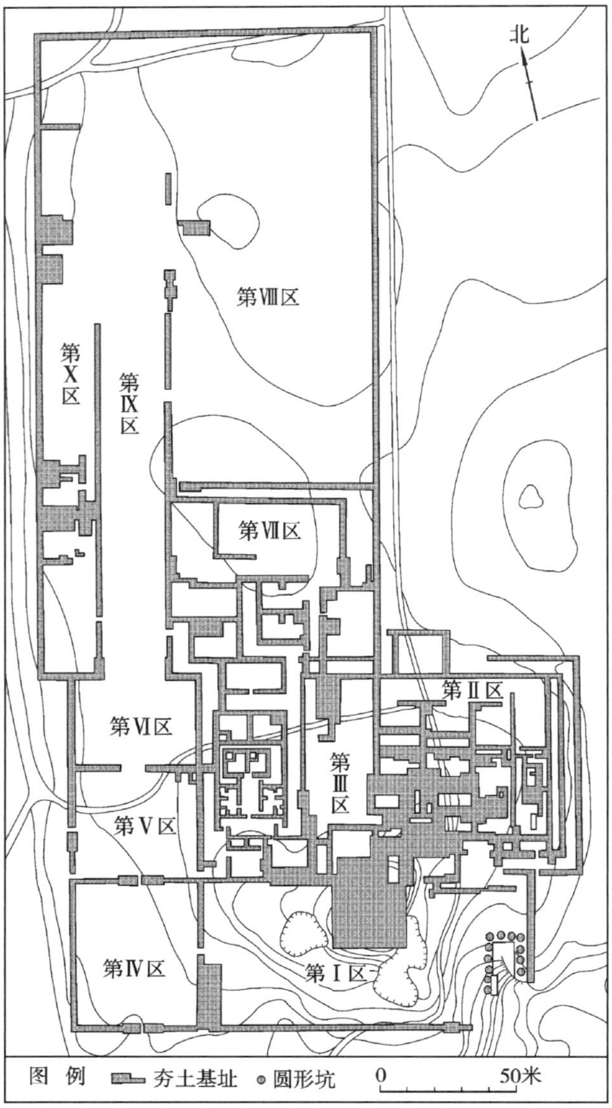

姜女石遗址总平面图

根木桩,排距8米左右,桥宽16米。根据当时河道的宽度推测,两座桥长约500米。桥址附近出土秦汉时期的铜器、铁器、砖瓦等文物100余件。据考证,认为1号桥建筑于战国末期或秦迁都咸阳后不久,毁于秦末项羽"火烧咸阳"。2号桥始建于西汉初期或中期,毁于西汉末年的王莽之乱。是秦汉时期都城来往上林苑及巴蜀等地跨渡沣水的古沣水桥遗址。(徐龙国)

【郢城遗址】 战国、秦汉时期遗址。全国重点文物保护单位。位于湖北省荆州市荆州区东北郢城村,距离荆州古城约3千米。传为楚平王所建都城,公元前278年以后曾为秦南郡治所,西汉沿用,东汉以后废弃。城址平面呈正方形,城垣夯筑,北垣长1 453.5米,东垣长1 400米,南垣长1 283.5米,西垣长1 267米。城垣外有城壕。除西南角外,其余三个拐角处均发现有角楼之类建筑。四面共有城门6座,其中南、北各2座,东、西各1座。城内发现建筑遗址多处。出土遗物的时代主要为秦和两汉时期,极少数可以早到战国晚期。(张建锋)

【渭桥遗址】 秦汉时期桥梁遗址。位于陕西省西安市未央区所属渭河南岸。2012年、2013年陆续发现2组5座桥梁遗址,并对其中部分遗迹进行发掘。5座渭桥遗址中,有4座正对汉长安城北墙厨城门,而被称为"厨城门桥";另1座位于高庙村北,正对汉长安城北墙洛城门,称为"洛城门桥"。其中发掘的厨城门1号桥遗迹南距西汉长安城厨城门遗址约1 200米。经发掘,桥梁东西两侧桥桩间距约15.4米,桥桩一般由圆木一端削成锥形插入河底,残长6.2～8.8米,初步鉴定桥桩用材为桢楠、铁杉、圆柏等树种。桥桩顺河的东西方向排列间距不等;一些桥桩开口高度相差悬殊,推测古桥使用时间较长,并有多次维修、续建等。发现的青石、砂岩质构件有长方形、方形、五边形、梯形等多种形状、规格,并有编号或人名的刻字或墨书题记。古桥遗迹所在河道中出土遗物也有年代跨度大的现象,据此推测该桥可能始建于秦,为汉使用,沿用到唐或更晚的宋代,前后延续达千余年。渭桥遗址规模巨大、内涵丰富,是中国考古发现中的秦汉时期建造的最大级木梁柱桥梁遗址。(张成)

【祋祤宫遗址】 原名"西独冢遗址"。秦汉时期宫殿遗址。全国重点文物保护单位。位于陕西省铜川市耀州区小丘镇西独冢村,东临浊浴河,西临清浴河。遗址东西约2 500米,南北约3 000米。地表留存大量的绳纹板瓦、绳纹筒瓦、空心砖、回纹方砖等残片。村西有夯土台,南北长52米,东西宽12米,高4米,夯土层厚5～11厘米不等。相邻的东独冢村北耕地地表还留存有巨型石雕2座。调查时曾发现"祋祤"瓦当,因此被认为为秦汉时期的祋祤宫遗址。(张建锋)

【西独冢遗址】 即"祋祤宫遗址"。

【汉长安城遗址】 西汉都城遗址。全国重点文物保护单位。位于陕西省西安市西北郊。汉高祖七年(公元前200年)开始营建未央宫,扩建长乐宫。惠帝时(前194—前188)修筑城墙,武帝时(前140—前87)又在城内外大量兴建宫殿、苑囿。1956年后,陕西省文物管理委员会、中国科学院考古研究所(今属中国社会科学院)等陆续进行全面系统的调查,并

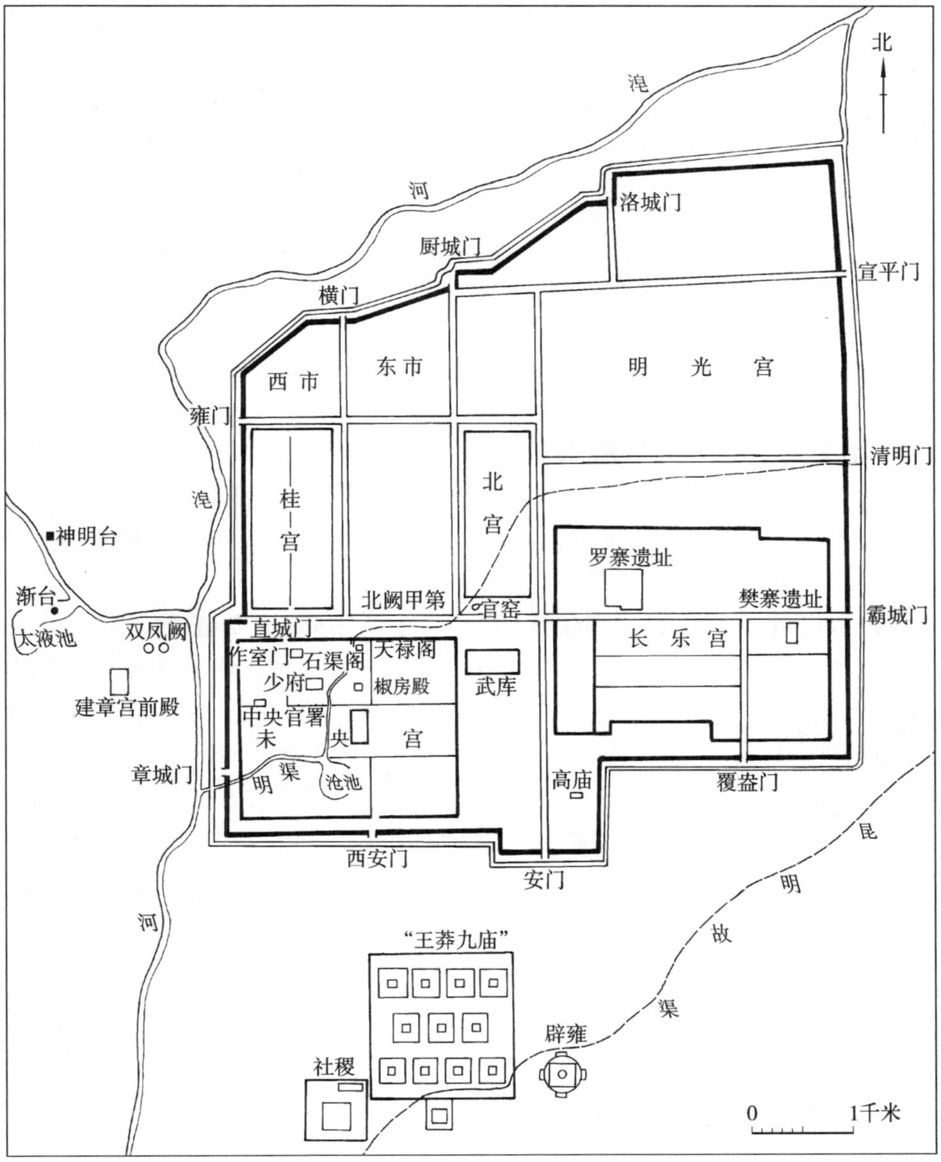

汉长安城遗址平面图

对城墙、直城门、西安门、霸城门、宣平门以及城内主要街道、南郊礼制建筑群和未央宫、长乐宫、武库、桂宫、北宫、明光宫、建章宫等重要遗址进行发掘（见彩版23"西安汉长安城遗址"）。汉长安城周长达25 700米，整体平面接近方形，因南城墙曲折如南斗六星，北城墙曲折如北斗七星，故史称"斗城"。城墙用夯土筑成，宽12～16米，外面有壕沟，宽约8米，深约3米。每面城墙各有3座城门，每门建有3条门道，各宽8米，两侧有石柱础，应是原建筑木结构门楼。城内已探明8条主要大街，各宽45米，分为3条并列的道路，中央为御道。宫殿大多分布在城中部与南部，东市、西市等工商业区在西北角，一般居民住宅区在东北角。未央宫位于城内西南角，平面为方形，周长约8 800米。长乐宫位于城东南角，平面作不规则的矩形，周长约1万米。武库位于长乐宫与未央宫之间，平面为长方形，周长约2 400米。桂宫位于未央宫北，靠近西城墙，平面为长方形，周长约5 360米。还发现有大量制陶、铸钱、冶铸作坊遗址，出土大量砖瓦、铜器、铁器、货币、石器、骨签等汉代遗物。（赵超）

【上林苑遗址】　秦汉时期宫苑遗址。位于陕西省咸阳市渭河以南及渭北滨河地段。上林苑始建于秦始皇都咸阳时期，为秦汉时期皇家园林，包括汉长安城东南至西南一带广阔地区，汉武帝时（前141—前87）大加扩充，范围达200余里。其中建有宫室数十处，还有昆明池等大型湖泊。池址附近发现许多建筑遗址，并遗存有“牵牛”、“织女”石雕人像一对。在今西安周围汉代建筑遗址出土的大量瓦当上都有“上林”字样。在汉长安城西南约2千米的一处建筑遗址中还发现大量窖藏铜器，上刻铭文表明是汉代上林苑中使用的器物。（赵超）

【未央宫遗址】 西汉主要宫殿遗址之一。位于陕西省西安市西北郊汉长安城内西南角。未央宫，亦称“西宫”，为皇帝朝会的重要宫殿。汉高祖七年（公元前200年）丞相萧何主持建筑，立东阙、北阙、前殿、武库、太仓。新莽末毁。东汉董卓劫迁献帝至长安，复葺未央殿。前赵刘曜、西魏均曾修葺。宫殿平面为方形，四周筑夯土围墙，东西长2 250米，南北宽2 150米。全宫面积约5平方千米。宫四面各有一司马门，四角有角楼。据记载，宫中有前殿、宣室殿、温室殿、清凉殿、椒房殿等10余处大型建筑（见彩版23“西安汉长安城遗址”）。前殿位于宫苑正中，基址南北长约400米，东西宽约200米。北端依龙首山修建而成，最高处达15米。基址上有3座大型宫殿遗址。（赵超）

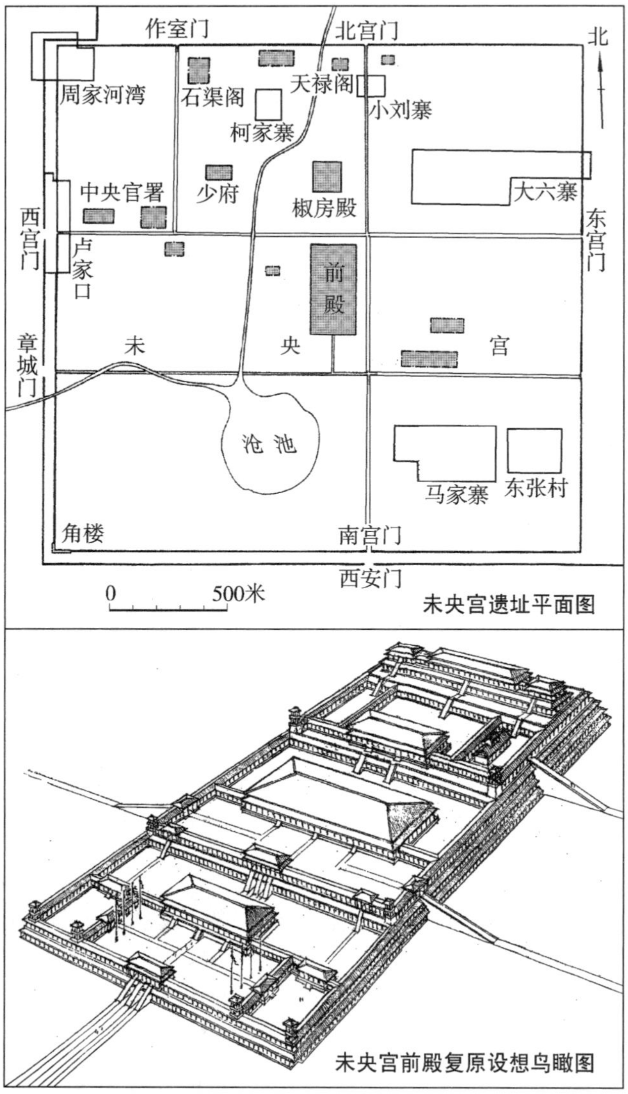

未央宫遗址平面图及前殿复原设想鸟瞰图

【长乐宫遗址】 西汉主要宫殿遗址之一。位于陕西省西安市西北郊汉长安城东南角。长乐宫，亦称“东宫”。汉高祖五年（公元前202年）以秦兴乐宫改建，至七年建成。汉初皇帝在此视朝，惠帝后朝会移未央宫，长乐宫改为太后居地，后圮毁。经考古发现，长乐宫平面作不规则的矩形，周长约10千米，面积几占汉长安城的六分之一，是当时面积最大的宫殿。据记载，宫四面各有一司马门，建筑有前殿、长信宫、长秋殿等。发现道路遗迹5条及多处建筑遗址。（赵超）

【汉长安城武库遗址】 西汉中央政府储存武器的仓库遗址。位于陕西省西安市西北郊汉长安城未央宫与长乐宫之间。平面为长方形，东西外墙长710米，南北外墙长322米，周长约2 400米。遗址包括7个建筑，最大的一个长231米、宽45.7米，分割为4座库房，今尚存有排列整齐的石柱础。库房中出土有铜兵器与铁制兵器以及标识器物的骨签等。（赵超）

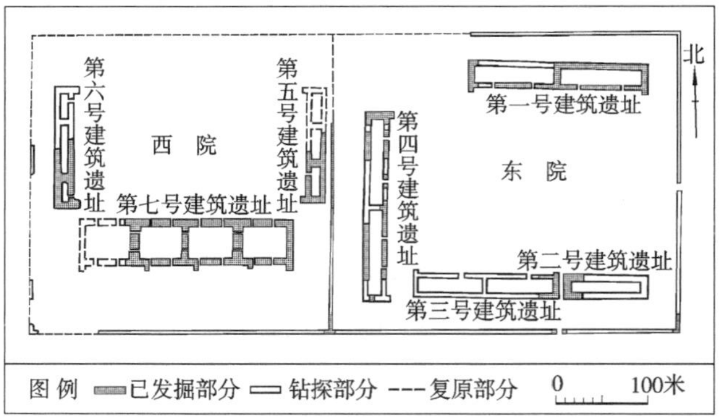

汉长安城武库遗址平面图

【汉长安城礼制建筑遗址】 西汉皇家礼制建筑遗址。位于陕西省西安市大土门村北汉长安城南郊。主要包括汉辟雍遗址与王莽九庙遗址等专供皇帝使用的大型礼仪建筑。1956年由陕西省文物管理委员会发现，1957—1961年由中国科学院考古研究所（今属中国社会科学院）进行发掘。汉辟雍创建于汉平帝元始四年（公元4年），平面为外圆内方，圆形夯土台基直径62米，高出地面0.3米，中心建筑为四面对称的“亚”字形，每边长42米，中央为一座正方

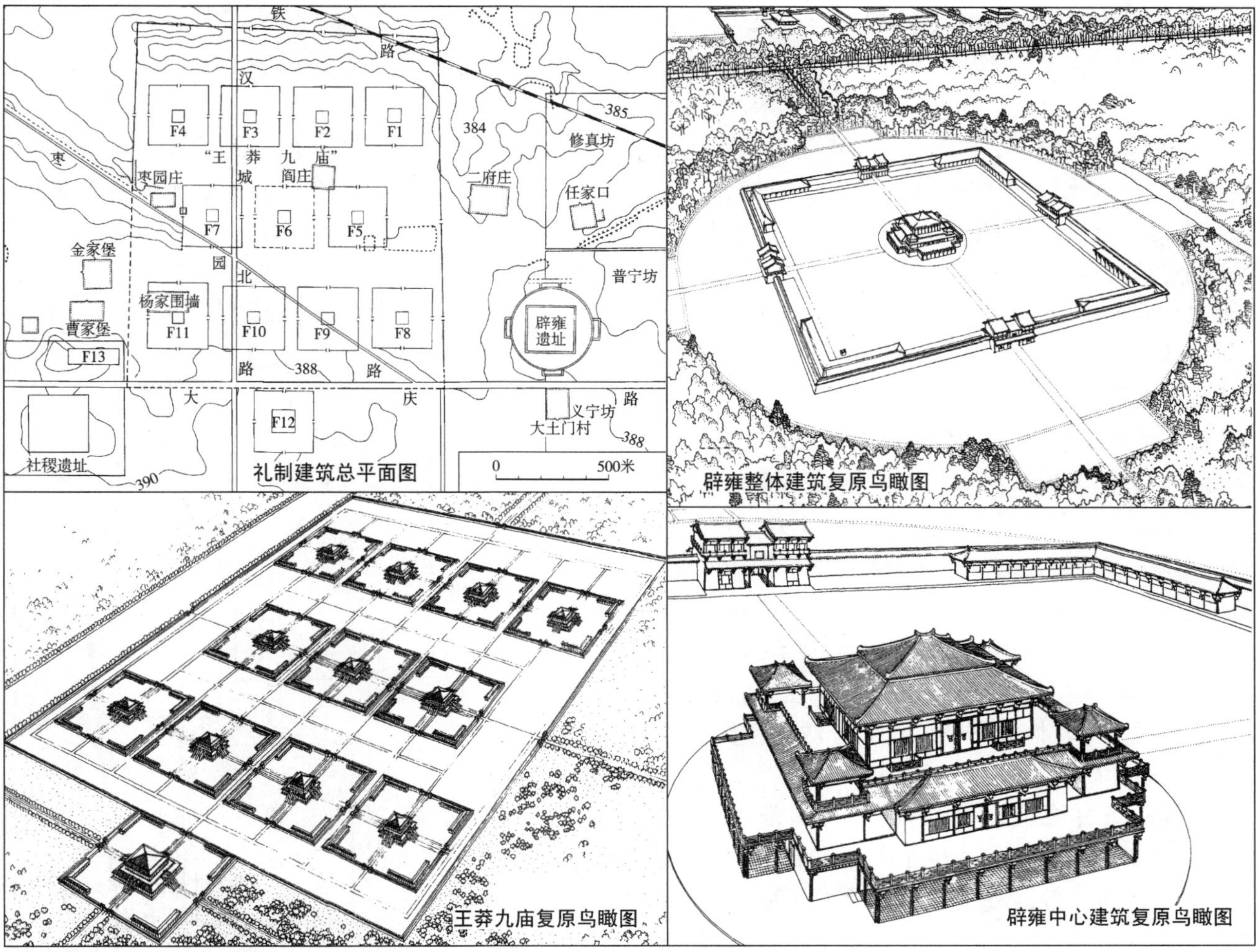

汉长安城礼制建筑遗址分布图及王莽九庙、辟雍复原鸟瞰图

形夯土台,边长 17 米,推测其上原有主体建筑——太室,四边各有一座厅堂,即所谓明堂、总章、青阳、玄堂,各长 24 米。四角各有一间夹室。中心建筑外面有正方形围墙,边长 235 米。四边有门,四角建有曲尺形配房。围墙外面为环形水沟,周长1 156 米,宽 2 米,深 1.8 米,北边小水沟可与昆明渠连通。王莽九庙遗址共发现 12 座建筑,建筑形制基本相同,中心是呈“亚”字形建筑,环绕有河卵石铺设的“散水”。外边为方形围墙,四面开门,四角有曲尺形配房。1～11 号建筑为一组,外边环绕着方形夯土墙,边长 1 400 米。12 号建筑则位于 1～11 号建筑南侧 10 米以外,正对着南围墙中央,并且大于 1～11 号建筑近一倍。根据出土的石柱础上刻有“始建国”年号,可判定这组建筑建于王莽时期。遗址规模、位置与《汉书·王莽传》记载的“王莽九庙”建筑相符。据文献记载,这里还有汉代社稷坛、明堂、灵台、太一坛等礼制建筑。(*赵超*)

【汉辟雍遗址】 见“汉长安城礼制建筑遗址”。

【王莽九庙遗址】 见“汉长安城礼制建筑遗址”。

【建章宫遗址】 西汉时期长安城宫城遗址。位于陕西省西安市。始建于西汉太初元年(公元前 104 年)。20 世纪 60 年代初曾进行考古勘探,80 年代以来对双凤阙、前殿、太液池等进行了考古调查和勘探。宫城平面呈纵长方形,东西长 2 130 米,南北宽 1 240 米。双凤阙址尚存,是中国地面现存早期宫阙基址,其中西阙保存较好,底径 17 米、高 11 米,两阙间距 53 米。前殿基址位于宫城中部偏西,平面呈长方形,东西 200 米,南北 320 米,基址北高南低,北部高于地面 10 余米。神明台位于宫城西北部,现存东西 52 米、南北 50 米、高 10 米。太液池位于前殿西北 450 米处,现存东西 60 米、南北 40 米、残高 8 米。太液池的设计、安排与定名,对汉代以后唐长安城大明宫、元大都等都有重要影响。(*沈丽华*)

【京师仓遗址】 亦称“华仓遗址”。西汉长安粮仓遗址。用于储存、转运粮食。全国重点文物保护

单位。位于陕西省华阴市段家城村北、西泉店村南。1955 年进行过调查,1979—1983 年进行大规模调查和发掘。仓城平面呈长方形,东西 1 210 米,南北约 700 米,面积为 78.4 万平方米。主要建筑遗迹包括粮仓、渗井、蓄水池和窖穴、水井等。其中粮仓共发现 6 座,位于仓城中部偏西,编号为 1 ~ 6 号仓。根据出土遗物的形制特征推断,京师仓始建于西汉武帝时期(前 140—前 87),毁于新莽末年或东汉初年。(张建锋)

【华仓遗址】 即“京师仓遗址”。

【新安函谷关】 西汉时期关隘遗址。全国重点文物保护单位。位于河南省新安县城东 500 米处,距离秦函谷关(在今河南灵宝东北)约 150 千米。汉武帝元鼎三年(公元前 114 年)楼船将军杨仆所建,东汉中平元年(184 年),因镇压黄巾军,置八关,此为八关之首。曹魏正始元年(240 年)废弃。现关址为民国时期重建,底部为砖面夯土结构基座,南北长 25 米,东西宽 20 米,高 9 米,其上有两层楼阁式建筑。(张建锋)

【大溪东瓯古城遗址】 西汉东瓯国都城遗址。全国重点文物保护单位。位于浙江省温岭市里宅、大岙和唐山村一带,当地传说为“徐偃王城”。古城始建于西汉初年,建元三年(公元前 138 年)以后废弃。浙江省文物考古研究所于 2002 年、2006 年、2008 年三次对遗址进行调查、钻探和考古试掘。城址平面呈东西向长方形,由内、外两重城墙组成。内城东西长 390 米,南北宽 200 米,面积 7.8 万平方米;外城东西长 765 米,南北宽 376 米,面积 28.8 万平方米。据出土遗物形制特征显示为一座西汉早期城址。(张建锋)

【东汉洛阳城遗址】 东汉都城遗址。全国重点文物保护单位。位于河南省偃师市东部。西周初年曾在这里建筑成周城。因在雒水之北,战国时称“雒阳”,两汉因之。东汉光武帝建武元年(公元 25 年)在此建都。1962 年起中国科学院考古研究所(今属中国社会科学院)长期进行考古发掘与调查,探明洛阳城平面形状、城门位置、主要街道分布情况与主要宫殿所在等。城址平面接近纵长方形。东城墙约长 4 200 米,南城墙约长 2 460 米,西城墙约长 3 700 米,北城墙约长 2 700 米。夯土城墙宽 14 ~ 25 米。四面共有 12 座城门,东、西面各 3 座,南面 4 座,北面 2 座。城内大街连通各个城门,宽度为 20 ~ 40 米,共分成 24 段。城内主要宫殿为南宫和北宫,南宫位于洛阳城南部中央,即中东门大街之南,南北长约 1 300 米,东西宽约 1 000 米。北宫建于东汉明帝永平三年(60 年),平面为正方形,面积大于南宫,位于中东门大街之北。太仓与武库位于城内东北角。(赵超)

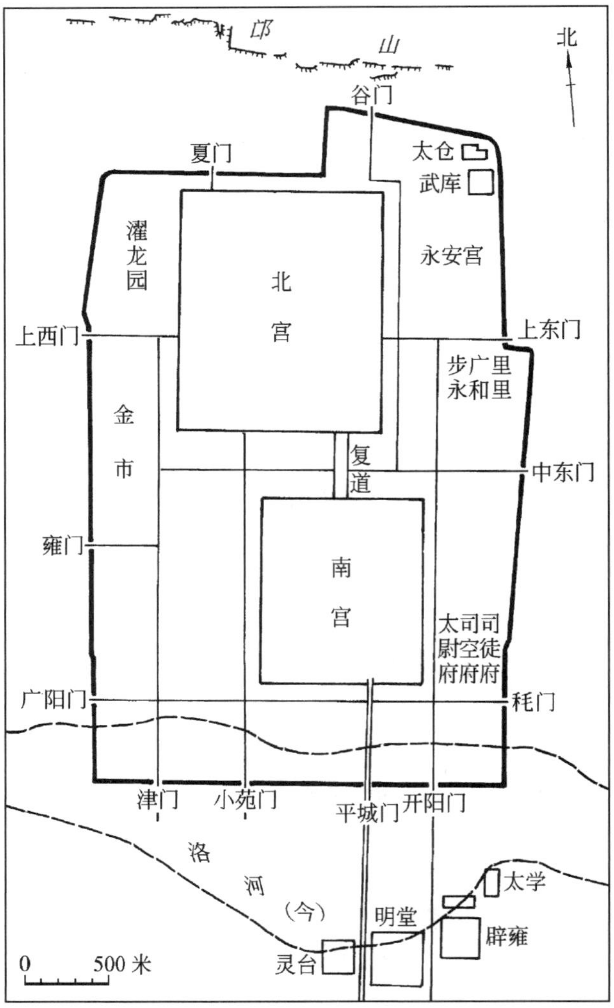

东汉洛阳城遗址平面复原图

【东汉洛阳城灵台遗址】 东汉皇家礼制建筑遗址。位于河南省偃师市佃庄镇东汉洛阳城南面平城门外大路西侧。东汉建武中元元年(公元 56 年)建立。1974—1975 年中国科学院考古研究所(今属中国社会科学院)进行发掘。遗址平面近方形,东西长 220 米,南北宽 200 米。灵台四周原建有方形围墙,中央残存夯土高台,基址边长约 50 米,残高约 8 米。四周原建有房屋,分为两层,下层为回廊,外面环绕有卵石铺砌的“散水”;上层每面有 5 间房屋,残存有铺地砖。按五方与五色相配的方术思想,东面房屋的墙壁涂成青色,西面为白色,南面为红色,北面为

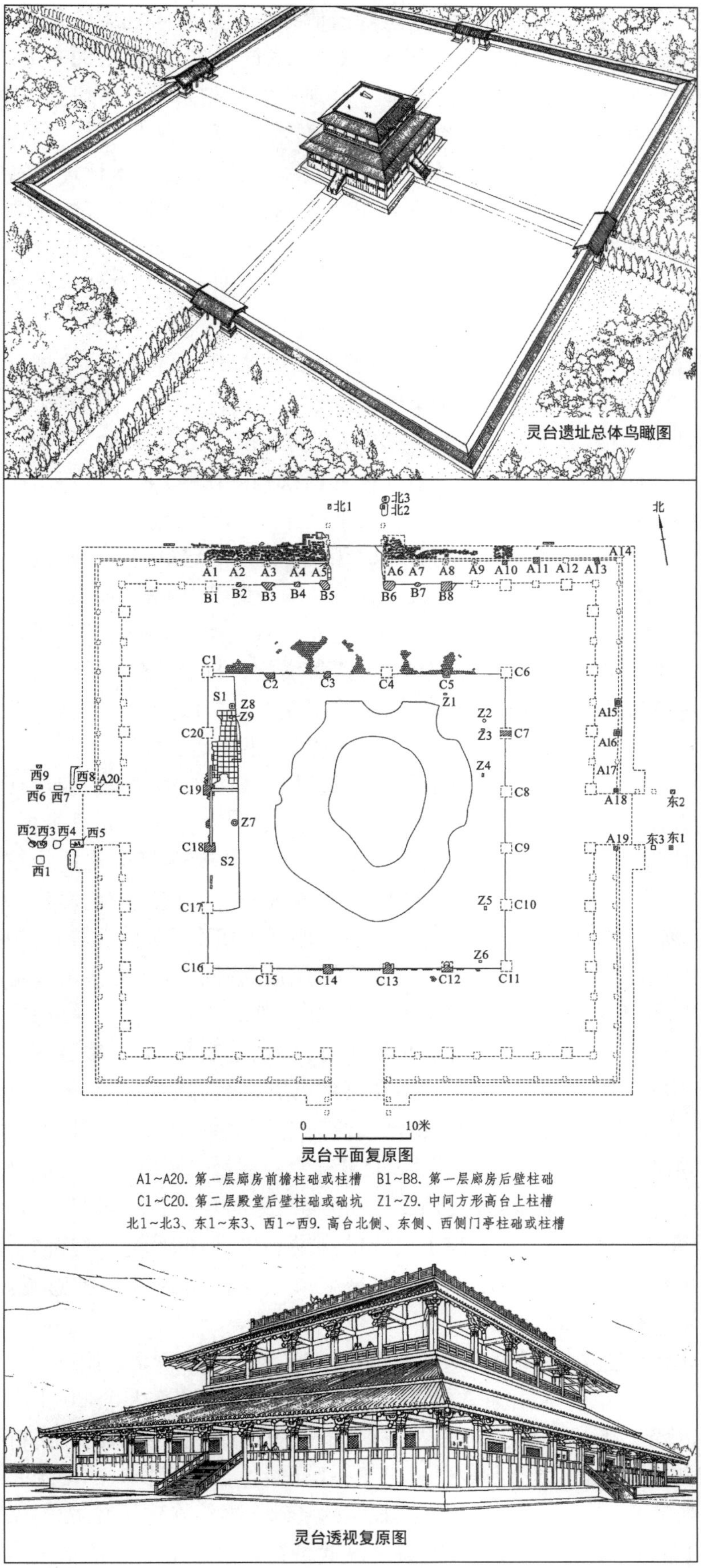

东汉洛阳城灵台遗址平面及透视复原图

黑色。东汉至西晋时期一直在这里进行祭祀礼仪活动，北魏时废弃。（赵超）

【东汉洛阳城明堂遗址】 东汉皇家礼制建筑遗址。位于河南省偃师市佃庄镇东汉洛阳城南面开阳门外大路与平城门外大路之间。东距辟雍约150米，西距灵台约80米。遗址平面为方形，围墙边长约400米。中央为一圆形夯土高台，直径约62米，应是主体建筑基址。其形制与《水经注》“寻其基构，上圆下方”的记载相符。西晋、北魏时期都曾在此重建明堂，并一直在这里进行祭祀礼仪活动。（赵超）

【东汉洛阳城辟雍遗址】 东汉皇家礼制建筑遗址。位于河南省偃师市佃庄镇东汉洛阳城南面开阳门外大路东侧。遗址平面为方形，边长370米，四周建有方形围墙。中心为长方形殿基。根据文献记载，围墙四面中央有门，门外面环绕水沟。今勘探发现水沟南面不封闭。魏晋时期在东汉原址上重建。该遗址曾出土西晋武帝三临辟雍碑与碑座。（赵超）

【东汉洛阳太学遗址】 东汉最高学府遗址。位于河南省洛阳市洛龙区东汉洛阳城东南郊。始建于东汉光武帝建武五年（公元29年），后屡经扩建。汉末董卓烧毁洛阳宫庙，殃及太学。经考古勘探与试掘，发现两处主要遗址。一处在东汉辟雍以北，平面近长方形，东西长约200米，南北宽约100米，曾发掘大量石经碑石碎片，可能是后代将石经破坏后作为建筑用石的遗存。有学者认为这一带就是东汉太学的主要部分。另一遗址位于前者东北方，平面长方形，南北长200米，东西宽约150米，四周有围墙。被认为是魏晋太学遗址沿用了东汉太学的主要部分。（赵超）

【汉河南县城遗址】 汉代河南郡所属河南县城遗址。位于河南省洛阳市西郊小屯村。其前身为西周王城，平王东迁后成为东周都城，存有自仰韶文化、商、周至东汉时期不同的文化层，文化遗存十分丰富。1954 年由中国科学院考古研究所（今属中国社会科学院）发现，1955 年在该遗址中部进行小规模试掘，发现两座西汉房址、东汉居住区遗迹和战国制石场等。城址平面接近方形，夯土城墙基址宽达 6 米以上，东西长约 1 460 米，南北宽约 1 400 米，残高为 0.4 ～ 2.4 米。其中，西汉房址为半地穴式建筑，房内堆积有瓦当、筒瓦、板瓦、残陶器等。残陶器上发现有“河南”、“河市”、“河亭”等戳印。房址附近还发现“河南太守章”和“雒阳丞印”等封泥，推测这里可能是官廨所在。东汉居住区发现砖砌房基 4 座，以及石子路、水井、水道、粮仓等。出土遗物包括石磨、杵臼、纺轮、铁制农具和工具等。由此推测这里当时为农民和手工业者的主要居住区。（赵超）

【汉西海郡城遗址】 汉代西海郡治所遗址。全国重点文物保护单位。位于青海省海晏县城以西青海湖东北侧。西海郡为汉平帝元始五年（公元 5 年）王莽秉政时所置，王莽末年废。中国科学院考古研究所（今属中国社会科学院）与青海省文物管理委员会曾多次进行考古调查。现存城址接近梯形，西北角略有曲折，东西长约 650 米，南北宽约 600 米。遗存夯土城墙宽约 8 米，四面有城门。城内有几处方形院落遗迹。城内台地东南角曾发现王莽时期制作的虎符石匮。石匮为花岗石制作，分为器身与器盖，盖上雕刻卧虎纽，拼合后的器盖与器身正面刻有“西海郡虎符石匮，始建国元年七月癸卯，工河南郭戎造”的铭文。城中曾发现钱范残块、两汉与新莽货币以及有“西海安定元兴元年作当”等铭文的瓦当。（赵超）

【铁生沟冶铁遗址】 汉代冶铁遗址。详“巩义铁生沟汉代采铁冶铸遗址”（694 页）。

【温县西招贤村冶铁遗址】 汉代冶铁遗址。详“温县西招贤村汉代铸铁遗址”（700 页）。

【古荥冶铁遗址】 汉代冶铁遗址。全国重点文物保护单位。详“郑州古荥河-汉代冶铁遗址”（695 页）。

【南阳瓦房庄冶铁遗址】 汉代冶铁遗址。全国重点文物保护单位。参见“南阳瓦房庄汉代铸铜遗址”（701 页）。

【广州秦汉造船工场遗址】 秦汉时期造船工场遗址。全国重点文物保护单位。位于广东省广州市中山四路西段。1975 年广州市文物管理委员会进行发掘。发掘清理出部分古代制作船舶的船台区，即 3 座船台以及木料加工场地，包括用木料制成的滑道、枕木、木墩等。估计 1 号船台可达 100 米长，可建造船身宽 5 ～ 8 米、载重在 30 吨以内的木船。在木料加工场地上发现造船的剩余木料、木片和用来弯曲木料的“井”字形木架“弯木地牛”等。在船台出土有铁凿、铁锛、铁净凿、磨刀石和木槌球等造船工具。根据对出土木料的放射性碳元素断代测定，结合遗址上层出土的秦半两、汉初半两、秦汉瓦当等遗物，判断该遗址使用时期为秦始皇统一岭南至西汉文景时期。（赵超）

【广州南越国宫署遗址】 汉代宫署遗址。全国重点文物保护单位。位于广东省广州市中山四路忠佑大街。1995 年、1997 年广州市文物考古研究所进行两次发掘。遗址原为西汉初期南越国宫署，在西汉文化层下发掘出可能是水池的石砌建筑，发现一批建筑石料与石柱、石门楣、窗棂等建筑构件。附近出土大量绳纹板瓦、筒瓦、印花砖和“万岁”瓦当、云纹瓦当等建筑材料。建筑石板上刻有多处篆字，板瓦上也印有“公”、“官”等文字，反映出各文化层基本情况与南越国宫署布局情况，是了解西汉南越国至近代各时期建筑变化的重要资料。（赵超）

【三道壕西汉村落遗址】 西汉村落遗址。位于辽宁省辽阳市老城北郊三道壕村。西汉时属辽东郡，年代约为汉武帝至王莽前后。1955 年东北博物馆（今辽宁省博物馆）考古队进行发掘。遗址面积约 100 万平方米。包括 6 座互不相连的宅院，室内有炉灶，室外有土窖、水井、厕所、畜圈等，还有砖窑和道路遗迹，出土遗物约 19 万件。其中有铁质的农具、工具、兵器和车辆附件，特别是铁犁铧、铁耧足等的出土，表明这里在汉代已有牛耕并使用耧车等先进农具。出土铜器包括剑、箭镞、镜、带钩、指环以及半两、五铢、货泉、大泉五十等钱币。另外出土有琉璃珠、琉璃耳珰、“千秋万岁”瓦当等。在 1 号居住遗址中，还发现了炭化的高粱和牛马骨骼等。对其性质有西汉村落遗址与屯戍兵卒住所遗址两种意见。（赵超）

【秦汉长城遗址】 秦汉时期北方古城墙遗址。西起甘肃敦煌，东至辽东碣石，直线距离达 6 000 千米以上。早在战国时期，北方的秦、赵、燕等国为防御北方游牧民族进犯，就开始各自修筑长城。秦统一后，在战国时期长城的基础上继续修建长城防线；汉代继续修缮，直至汉武帝初年最终形成一道军事防线。20 世纪以来，中外学者陆续对各地秦汉长城遗

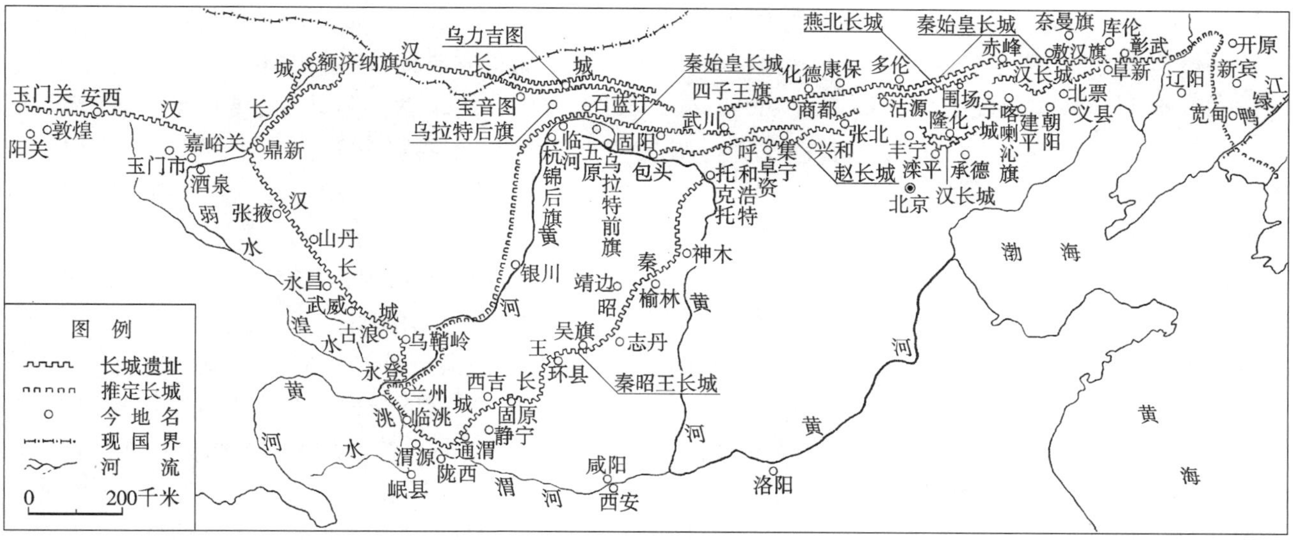

秦汉长城遗址分布图

址进行调查、测量与试掘,基本了解了秦汉长城的分布与保存情况。今已发掘的遗址有:赤峰蜘蛛山、香炉山、奈曼旗沙巴营子、准格尔旗南部城址、包头哈格隆乃山口、乌拉特前旗及乌拉特后旗的城址、烽燧等。特别是甘肃居延地区的金关、小方盘城、大方盘城等汉代遗址,考古收获丰富。根据调查结果,秦汉长城东段沿用战国时期燕长城,自辽东碣石起,经辽宁阜新,内蒙古赤峰、奈曼旗,河北围场、丰宁,内蒙古多伦、太仆寺旗,至内蒙古商都北。中段有3条长城:第一条自黄河南岸的十二连城,经内蒙古伊金霍洛旗、准格尔旗,陕西神木、榆林、靖边,宁夏固原,甘肃渭源至岷县一带;第二条自内蒙古集宁东南向西,经呼和浩特北、武川、固阳到毛乌素沙漠之西,部分修缮利用战国赵长城;第三条自内蒙古达茂联合旗百灵庙西南向西,经今蒙古国境内至今内蒙古额济纳旗苏古诺尔湖东北。西段自苏古诺尔湖东北至甘肃金塔北大河畔,沿北山南麓和疏勒河延伸至汉长城西端玉门关。1988年玉门关及长城烽燧遗址被公布为第三批全国重点文物保护单位;1996年固阳秦长城遗址被公布为第四批全国重点文物保护单位。(*赵超*)

【秦汉长城沿线城址】 秦汉时期城堡遗址。散布于秦汉长城附近,大小不等,多用于防卫戍边。考古调查中发现多处建筑遗迹以及从战国时期到汉代的生活用具、武器、钱币等遗物。例如在内蒙古自治区准格尔旗南部发现的秦汉广衍城址、包头以北哈隆格乃山口石砌小堡、乌拉特前旗至固阳县境内2座夯土城址、新疆维吾尔自治区天山东南路至甘肃省敦煌市疏勒河一带的小型烽燧遗址、居延一带的金关和大小方盘城等。经考古发掘,在广衍城大型城址中发现有建筑台基、铸造作坊等遗迹和标志有“广衍”字样的器物,在城外发现墓地。有些城址周长达1 500米以上,也有城堡面积仅数十平方米。(*赵超*)

【居延烽燧遗址】 汉代烽燧遗址。全国重点文物保护单位。分布于内蒙古自治区额济纳旗与甘肃省金塔县境内,绵延达250千米。汉代这一地区为张掖郡居延、肩水两都尉所属。肩水都尉所在地大湾,下辖橐他、广地、肩水等候官,居延都尉下辖三十井、甲渠、殄北等候官。候官下辖多处亭鄣烽燧。自东北向西南沿着额济纳河两岸形成一条线分布。1930年西北科学考察团曾在这里做过调查,发现了1万余枚汉代简牍。1972年以来,甘肃省居延考古队等又进行多次调查发掘,出土汉简2万余枚。现已发掘甲渠候官、肩水金关、甲渠第四燧等遗址。其中甲渠候官治所的城堡遗址包括鄣、坞两部分。坞外有尖木桩构成的虎落(用于遮护城邑或营寨的障碍物)。鄣、坞中建有房屋、灶、牲畜圈等,并出土弓箭、铁甲片、铜镞、铁农具、工具等。肩水金关遗址有关门、鄣、坞等建筑,出土遗物包括刀剑箭镞等武器、农具、工具,用竹、木、漆、陶等材料制作的生活用具和纺织品残片等,还有点燃烽火用的草炬。对了解汉代边塞的屯戍生活与边防烽燧制度具有重要参考价值。(*赵超*)

【尼雅遗址】 汉代至魏晋时期西域古国遗址。全国重点文物保护单位。位于新疆维吾尔自治区民丰县尼雅河以北。学者多认为即《汉书·西域传》中记载的精绝国,现已荒废于塔克拉玛干沙漠中。20世纪初斯坦因等外国探险家曾来此盗掘。1949年后,新疆维吾尔自治区博物馆等单位曾多次进行调查发掘,发现居住遗址、墓葬等遗迹。居住遗址分为南北两部分:南部较小,存房屋几十所;北部较大,存房屋数百所。外围均未见围墙。房屋通常以木材做梁架,土坯垒墙。柱头等处还刻有精美的图案。北部最大的一所房屋中央大厅达12米长、10米宽。还有用土坯砌成的圆锥形佛塔。遗址中出土大量木制家具、木质容器、陶器、铁镰等工具以及五铢钱、“长宜子孙”铜镜、丝毛织物、粮食等(见彩版27汉代遗物“‘五星出东方利中国’织锦护肩”、“印花棉布”)。特别是在房屋中发现数百枚写有铭文的木牍,包括公文、书信、契约、账簿等。使用的文字有汉字与佉卢文,并发现有晋朝的纪年与“司禾府印”汉文方印。而在一些简牍封泥上则印有希腊风格的人物像。墓葬多为浅埋的沙坑,用树干挖成长木槽作为棺木,上覆木板。还有用木板制作的长方形箱子做棺木。已发掘的一座保存较好的贵族墓中,男女墓主均身穿丝织服装,随葬有木质食具、弓箭、梳妆用品和“君宜高官”铜镜等。(赵超)

【石城子遗址】 东汉古城遗址。全国重点文物保护单位。位于新疆维吾尔自治区奇台县城南64千米处的麻沟梁村天山北坡的丘陵地带。城址原为石头筑成,故称“石城子”。城址建在麻沟河西面的悬崖上,东西长194米,南北宽138米,城墙残高1米多。城中偏西南有一直径5米的圆形凹地,出土文物有云纹内席纹青灰陶大板瓦、实心砖、黑灰陶钵、陶瓮、陶盆、屋形图案青灰陶等,具有明显的东汉时期特征。城址时代应处于东汉时期,有专家认为是东汉时期名将耿恭曾经驻守的疏勒故城。(张建锋)

【铁瓮城遗址】 东汉、三国时期遗址。全国重点文物保护单位。位于江苏省镇江市区北固山前峰鼓楼冈。始建于东汉建安十三年(公元208年),三国时为吴国京城,后为镇江历代州治所在地。因其城墙包砖十分牢固,城状若瓮,故称“铁瓮城”。城址范围南北长约340米,东西宽约220米。出土文物有铠甲片、箭镞、刀、瓦当、陶瓷器、城墙砖、甬道等。(张建锋)

【八卦营城址】 汉代城址。全国重点文物保护单位。位于甘肃省民乐县八卦营村西北200米处。城址平面近方形,由外城、内城、宫城组成。外城南北长400米,东西宽380米;内城位于外城中部,南北长287米,东西宽283米;内、外城城垣外均发现有城壕。宫城位于内城中部,俗称“紫英台”,内有边长40米、高5米的夯土台基。从出土遗物为汉代的陶片、砖瓦残块及铁犁、五铢钱、大板瓦、陶器残件和石磨残块等来看,其时代为两汉时期。(张建锋)

【石人子沟遗址群】 亦称“东黑沟遗址”。战国晚期至汉代聚落遗址群。全国重点文物保护单位。位于新疆维吾尔自治区巴里坤哈萨克自治县石人子乡石人子村南,西距巴里坤县城23千米。2006—2007年对部分遗迹进行考古发掘。遗址南北长约5千米、东西宽约3.5千米。主要遗迹有大型石筑高台3座、石围居住基址140余座。墓葬1 666座,刻有岩画的岩石2 485块。根据出土文物确认其时代为战国晚期至汉代。(张建锋)

【东黑沟遗址】 即“石人子沟遗址群”。

【里耶大板遗址与墓群】 汉代遗址与墓群。全国重点文物保护单位。位于湖南省龙山县大板村。汉代黔中郡(后改武陵郡,新莽时一度改为建平郡)迁陵县(一说为酉阳县)治所。为一处高出河面约12米的台地,东西长约400米、南北宽约300米,广泛分布有汉代的文化层和陶片等。墓地位于遗址北侧,发现大量汉墓,已发掘70余座,出土文物600余件。墓葬均为竖穴土坑墓,有大、中、小型之分。从随葬品的形制及组合分析,墓群时代为西汉中晚期至东汉。(张建锋)

【芒砀山汉代礼制建筑基址】 西汉梁王陵区祭祀建筑基址。全国重点文物保护单位。位于河南省永城市芒砀山主峰。建筑台基石砌,平面近方形,南北长33.5米、东西宽31.5米,面积1 055平方米,东部已遭破坏。从现存迹象推测,基址中间以土、石形成墩台,四周砌成石墙,墙外有柱,柱上有檐,为一处以石、木结构为主的大型建筑。建筑性质属用于祭祀的礼制建筑,时代为西汉早期。(张建锋)

【玉门关遗址】 汉代关隘遗址。全国重点文物保护单位。位于甘肃省敦煌市西北小方盘城。汉武帝时置关,后屡有废置,宋代以后废圮。因西域输入玉石取道于此而得名。根据此处曾发现写有“酒泉玉门都尉”字样的简牍,夏鼐、陈梦家等考证认为汉代遗址小方盘城即为其故址。在小方盘城东约20千米处还有一个较大的方形土堡遗址，被称作“大方盘城”，这里也曾被认为是玉门关遗址。1977 年，在小方盘城西 11 千米的马圈湾烽燧遗址出土 1 200 余枚汉简，根据其中的“诣官”簿籍等可以考定马圈湾遗址为当时玉门候官的治所，同时根据其中的“出入关名籍”、“出入关致籍”、“出入关吏卒廪给簿”等记录与邮驿文书还可推测关址位于马圈湾遗址西南约 600 米的羊圈湾高地上。（赵超）

【珠崖岭城址】 汉唐时期城址。全国重点文物保护单位。位于海南省海口市琼山区龙塘镇博抚村北。城址平面呈正方形，边长 155 ~ 160 米，周长约 750 米，面积约 2.5 万平方米。城址四周为土筑城墙，现存墙基宽 5.1 ~ 5.7 米，顶宽 2 米，墙高 1.8 米。南城墙中部开一城门。城址扼守南渡江，从地理位置、规模及形制看，很可能属于军事城堡性质的建筑，也有人认为是西汉武帝时所设珠崖郡治。城墙及地层中发现的大部分遗物，形制特征与广东等地汉唐时期的墓葬、窑址出土器物相似，是中原先进文化在海南传播、延续、发展的历史见证。（徐龙国）

【高丽城山城】 亦称“高句丽建安城”。汉唐时期城址。全国重点文物保护单位。位于辽宁省盖州市东北 7.5 千米的青石岭镇高丽城村的东山上。东山名“石城山”，又名“高丽城山”。山势陡峭，西南高峰海拔 300 余米。山城约建于公元 6 世纪或更早时期。唐改为建安州，是建安州都督府的所在地。城址呈不规则的圆形，中为谷地，四周因山设险，筑以城墙，多为石块垒砌，部分用夯土堆筑，陡峭处利用石崖作壁，周长 5 千米。山城设三门，东、北、西城门各一，西侧另有一水门，险处设有望台四。城内中央突起一小山，俗称“金殿山”，高约 20 米，上有台址建筑遗迹，是当时的守望屋舍。小山周围有泉井五眼和储水池。泉水严寒不冻，大旱不涸，利于屯兵坚守。出土遗物以高句丽特有的红色绳纹、方格纹瓦片最多，还有石臼、陶器、铁甲片、马蹬、铁镞等遗物。（韩建华）

【高句丽建安城】 即“高丽城山城”。

【固原古城遗址】 汉至清代古城遗址。全国重点文物保护单位。位于宁夏回族自治区固原市区。汉武帝时设安定郡，固原城是安定郡和高平县的治所。南北朝至唐代，在此设原州。宋代置镇戎军，等级与州同。明置固原州，神宗万历三年（1575 年），固原城扩建，分为内、外城。清代以后，因战争和地震的破坏，固原古城逐渐衰落。现存城墙遗迹，内城即宋代的镇守军城，外城为明代万历三年所筑。内、外城呈“回”字形，外城包砖。城内有钟鼓楼、禹王庙铁塔、文澜阁等遗迹。（徐龙国）

【城村汉城遗址】 汉代古城遗址。全国重点文物保护单位。位于福建省武夷山市兴田镇城村西南。1958 年首次发现后曾根据当时的地名崇安县（今武夷山市）称作“崇安汉城遗址”。1959 年后进行过多次考古发掘，发现城门、城内道路、大型建筑基址等多处遗迹。城址依山而筑，城墙保存较好。经测绘，东墙长 800 米，西墙长 750 米，南墙长 500 米，北墙长 505 米。城中偏北的一处建筑基址可能为官署，还有一处基址面阔达 20 间，进深 4 间，保留有 5 行柱础石，十分宏伟。共出土遗物 4 万余件，包括青铜器、铁器、陶器和砖瓦等建筑材料，有些器物上刻有铭文，如“河内工官”、“常乐万岁”等。根据出土器物判断，城址使用年代相当于西汉武帝至王莽期间。有学者认为其为汉武帝消灭东海王余善后建立的屯戍据点。（赵超）

【崇安汉城遗址】 见“城村汉城遗址”。

【三杨庄遗址】 汉代遗址。全国重点文物保护单位。位于河南省内黄县三杨庄北黄河故道中。2003 年河南省文物考古研究所和内黄县文物保护管理所共同发现。共发现汉代庭院 14 处，清理 4 处，发掘面积 1 万平方米。清理出两组庭院遗址中，第一组遗址所在区域勘探出古代遗址面积约 1 800 平方米，清理出院落基础、房基、瓦房屋顶、夯土墙和建筑废弃物等，并出土水槽、陶盆等器物；第二组遗址所在区域勘探出古代遗存面积约 1 700 平方米，清理出两进院墙、东西厢房、正房、门房等建筑，还清理出一个直径 17 米的圆形水池，出土大量石臼、石磨以及实用陶器、铁器、瓦当与新莽时期的钱币“货泉”等。据推测是一处西汉晚期聚落遗址。整个建筑群布局与部分瓦房屋顶保存完好，为中国汉代建筑遗址中仅有的宝贵实例。（赵超）

【东平陵故城遗址】 汉代古城遗址。全国重点文物保护单位。位于山东省章丘市龙山镇阎家村北。汉代曾为济南郡治所东平陵县城所在地，后属济南国。遗址平面近方形，边长约 2 000 米，城内面积约 400 万平方米，城址保存较好。现存城墙宽 24 米，墙基宽 40 米，残存高度 5 ~ 7 米，夯层清晰。经勘探，发现有城门、排水道口、道路、冶铁作坊与

宫殿区等建筑线索。根据城墙夯筑方式与出土遗物分析，城墙初建于战国时期，汉代继续修补使用。（赵超）

【营盘遗址】 汉晋时期城址及墓葬群遗址。全国重点文物保护单位。位于新疆维吾尔自治区尉犁县城东南。19世纪末、20世纪初曾先后进行考察，后被多次发掘。遗址由1座圆形城和上百座古墓群组成。墓葬分布密集，排列有序，并大多在地表竖立木桩作为标志。墓葬一般为竖穴土坑墓，使用木质葬具。葬式以单人仰身直肢葬为主。随葬品中包括随身衣物，盘、杯、梳子、纺轮、漆奁盒、弓箭等木器，剪刀、镜子、手镯、戒指等铜器，剪刀、箭头等铁器，金耳环以及丝毛麻织物等。根据出土毛纺织品与大量羊骨判断，当时这里仍以畜牧业为主。丝织品与带有汉文化特色的漆器、铜镜等可帮助判断这些墓葬的下葬时间在汉晋时期。有学者考证，古城应为古西域山国的都城，汉代亦因地理位置重要曾在此屯田聚兵。参见“营盘古城及古墓群”（515页）。（赵超）

【悬泉置遗址】 汉晋时期邮驿遗址。全国重点文物保护单位。位于甘肃省敦煌市至瓜州县间安敦公路甜水井道班南侧。1987年由酒泉地区（今酒泉市）文物普查队首次发现，1990—1992年甘肃省文物考古研究所分阶段进行发掘。遗址总面积达22 500平方米。遗址沿用时间较长，根据地层可分为五期，自西汉武帝后期至魏晋时期。早期遗址布局规整，由坞与仓、厩两个附属建筑组成，以后又有多次改建，面积也逐渐缩小。出土的大量遗物包括铜、铁、漆、木、石、陶、骨、草、丝、麻等多种制品与纸、粮食、简牍等，特别是在废弃物堆积中发现大量木简文书，内有大量纪年简。经整理，简牍中包含种类繁多的文书簿籍，以邮驿文书为主，证明这里是汉晋时期中西交通线上一座重要的邮驿站点。（赵超）

【三江平原汉魏时期遗址】 亦称“七星河流域汉魏时期遗址”。汉魏时期北方遗址。全国重点文物保护单位。位于黑龙江省东北部三江平原地区佳木斯市、双鸭山市、友谊县、宝清县、富锦市。20世纪80年代以来在黑龙江省三江平原陆续发现600余处古遗址，其中在七星河流域就有340余处。1999年以来又有新的发现。这些遗址出现于汉代，消失于三国时期。黑龙江省文物考古研究所、中国社会科学院考古研究所、中国历史博物馆（今中国国家博物馆）等进行航空遥感资料收集、环境考古资料收集与考古发掘等研究工作，在考古试掘中了解了友谊凤林城址、宝清炮台山城址、双鸭山畜牧队遗址等大型遗址的布局与内容，发现有房址、灰坑，出土各类器物，并测绘出遗址地形图等。（赵超）

【七星河流域汉魏时期遗址】 即“三江平原汉魏时期遗址”。

【秦直道遗址】 秦代道路遗址。全国重点文物保护单位。位于内蒙古自治区鄂尔多斯市至陕西省旬邑县境内。从秦都咸阳沿今陕甘交界的子午岭一线一直通到九原郡（治今内蒙古自治区包头市附近），为连接关中平原与河套地区的重要通道。据《史记·秦始皇本纪》记载：“（始皇）三十五年，除道，道九原，抵云阳。堑山堙谷，直通之。”由于道路较直，故名“直道”。陕西省考古研究院等对秦直道遗址沿线陆续进行考古调查，得知直道修筑以“堑山”为主。现存路面一般宽23～26米，最宽处达47米，坡度平缓，路面上仍保存有多层坚硬的踩踏路土并发现汉代陶片。根据路土堆积的厚度推算，直道使用时期可能一直延续到魏晋时期或更晚。（赵超）

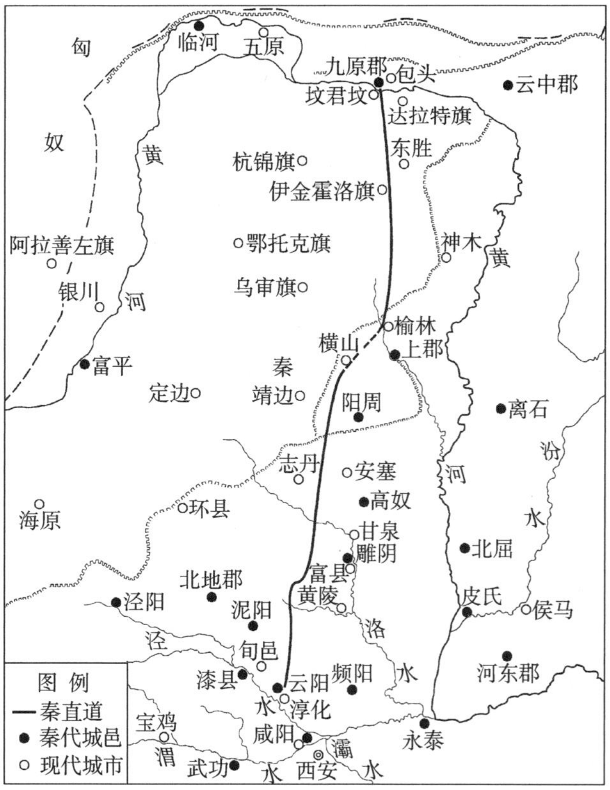

秦直道遗址走向示意图

【甘泉宫遗址】 秦汉时期宫殿遗址。全国重点文物保护单位。位于陕西省淳化县西北梁武帝村。甘泉宫本秦林光宫（或说云阳宫），秦始皇二十七年（公元前220年）改建为甘泉宫，汉武帝时扩建。遗址周长5 668米，西、南、北三面有门，南门外有门阙台基一对。西南、西北角存角楼台基。宫城东北存圆形夯土台基2座。发现有墙基、柱洞、门枢石、陶水管、陶窑等遗迹。并出口石鼓、石熊、空心砖及“甘林”、“长生未央”、“长毋相忘”等汉代瓦当。（赵超）

【邺城遗址】 曹魏至北齐时期都城遗址。全国重点文物保护单位。位于河北省临漳县西南20千米香菜营乡、习文乡一带，今漳河自西向东横贯城址。1983年以来持续进行考古调查发掘。遗址包括南北相连的邺北、邺南二城。邺北城即曹魏邺城，历经曹魏、后赵、冉魏、前燕诸王朝，平面呈横长方形。邺南城即东魏、北齐邺城，平面呈纵长方形。北周大象二年（公元580年），遭杨坚焚毁。经考古勘探发掘实测，邺北城东西长2 400～2 620米，南北宽1 700米。城墙系夯土筑成，今已全部埋于地下，宽约15～18米。东城墙钻探出1 300米，北城墙探出350米，西城墙南段探出约300米，南城墙钻探出约1 400米。据《水经注》记载，曹魏邺城共7门，考古勘探确认了部分城门。如南城墙西侧的凤阳门、正中的永阳门；东城墙的建春门；西城墙的金明门；北城墙广德门等。考古调查还发现了邺北城主要大道6条，东西大道1条，南北大道5条。结合所发现城门遗址以及6条大道，可大体勾勒出邺北城道路交通系统。建春门至金明门大道是全城唯一的东西大道，将邺北城分为南北两部分，北半部主要建筑宫城、衙署、铜爵园等，南半部主要分布一般官署和里坊。邺北城中，铜爵台、金虎台、冰井台并称“三台”，位于西墙偏北，与城墙连为一体。邺南城始建于东魏天平二年（535年）。南北长约3 460米、东西宽2 800米。东、南、西城墙为新筑，北城墙借用邺北城之南墙。新筑城垣略有曲度，城之东南、西南拐为圆角，形制新奇。内城墙宽约7～10米。城墙外有护城壕、马面（或称为“敌台”、“墩台”、“墙台”）等设施。据文献记载，东、西城墙各4城门，南城墙3城门。其中南墙正中为朱明门（见彩版28魏晋南北朝时期遗址和墓葬“临漳邺城遗址邺南城朱明门遗址”）。经考古钻探，除东墙偏北3座城门外，其他城门的位置基本得以确定。邺南城继承单一宫城制度，宫城位于内城北半部中央位置，宫城东西约620米，南北约970米。宫墙亦为夯土建造，宽约7米。重要考古发掘有，邺南城朱明门遗址、赵彭城东魏北齐佛寺、铜雀三台部分遗迹及邺北城南墙潜伏城门遗址等。邺南城遗址的都城规划思想直接影响了隋唐都城制度。（朱岩石）

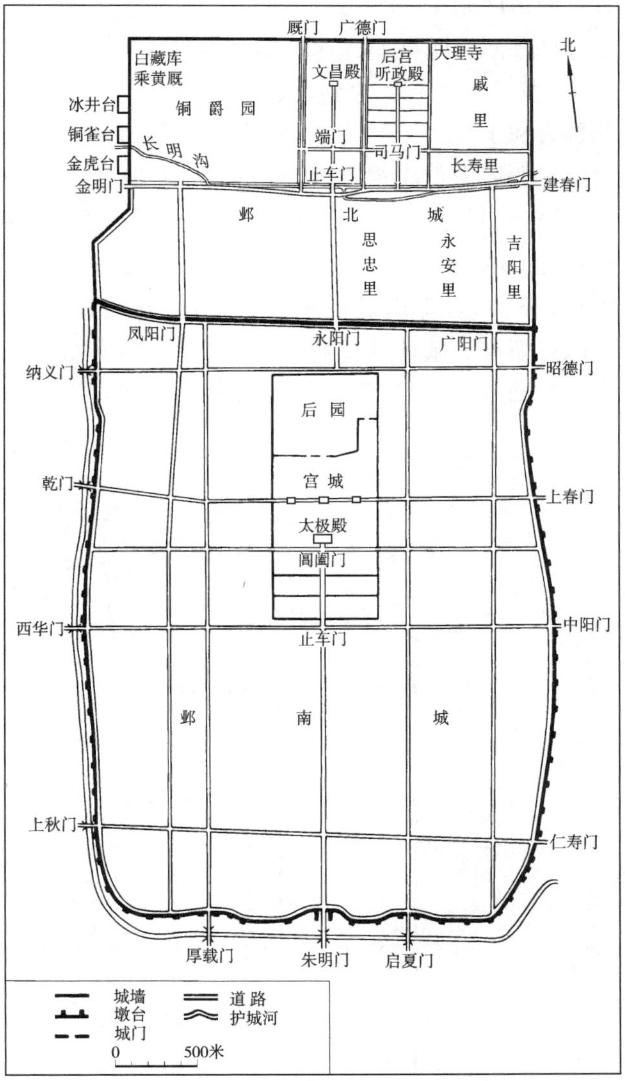

邺城遗址平面复原图

【赵彭城北朝佛寺塔基】 东魏、北齐时期佛教寺院塔基。位于河北省临漳县邺南城中轴线延长线东侧，北距邺南城南城墙约1 300米。2002年发掘。塔基基槽为正方形，边长约45米，深约6米，底部有10余层卵石与夯土交替层铺垫，其上为均匀的夯土层。地面以上的塔心实体边长约30米，中心为边长1.2米的中心刹柱础石，外围现存三圈柱网结构，部分柱础坑下还有承础石，南侧残存砖铺散水和斜坡踏道，刹柱下发现可能用于瘗埋舍利或圣物的砖函，发掘出土大量砖瓦与石质建筑构件及不同质地的佛教遗物，比较重要的有琉璃舍利瓶、彩绘贴金塑像及石螭首等。该塔基位于赵彭城北朝佛寺中轴线偏南，为佛寺的中心建筑，为当前所见唯一一处东魏、北齐大型寺院中方形木塔遗迹。（何利群）

【北魏洛阳城遗址】 北魏都城遗址。位于河南省洛阳市区东15千米处。1954年开始进行勘查与发掘。基本查明城垣、门阙、街道格局、护城河、金墉城、宫城区、永宁寺、灵台、太学遗址和刑徒墓地等。北魏太和十九年（公元495年）孝文帝迁都洛阳后，对汉魏故城进行大规模改造与扩建，至宣武帝时建成规模宏伟的北魏洛阳城。东魏天平元年（534年），迁都邺城，洛阳宫殿被拆毁。元象元年（538年）在东、西魏邙山之役中，北魏洛阳城化为废墟。北魏王朝自平城迁都洛阳后，利用东汉以来洛阳城为其内城，在外围建筑外郭城。据记载，外郭城“东西二十里，南北十五里”，内有320余里坊；每坊均四周筑墙，边长约为1里。居民区、寺院以及“大市”、“小市”商业区等都设在外郭城内。内城12座城门中11座城门在汉代的旧址上重建，仅西阳门从汉代的雍门旧址北移约500米。东、西城墙各3门，南墙4门、北墙2门。后在西城墙北端近金墉城处新开承明门，使内城城门增为13座。据勘探，北魏宫城位于内城北部略偏西处，平面呈长方形，南北长1 400米、东西宽660米。宫城南墙正门为阊阖门，宫城正殿太极殿与阊阖门直对，位于宫城中央偏南，现存大规模夯土台基。连接宫城正门阊阖门和内城正门宣阳门及南北向大街——铜驼街一线成为全城中轴线，宗庙、社稷、重要官署等分布于铜驼街两侧，永宁寺遗址即在街之西侧。北魏洛阳城的形制和布局和两汉以来都城相比，出现划时代变革，按“左祖右社”之制，通过内城南北干道铜驼街这一中轴线直抵南郭城圜丘的设计手法，加强了都城中轴线的主导作用；宫城、内城、外郭城三重环套配置，将都城政治中心、经济中心的空间功能突出并加以合理划分，都城居住区的封闭式里坊制度日趋成熟，为隋大兴唐长安城规划建设奠定了重要基础。（朱岩石）

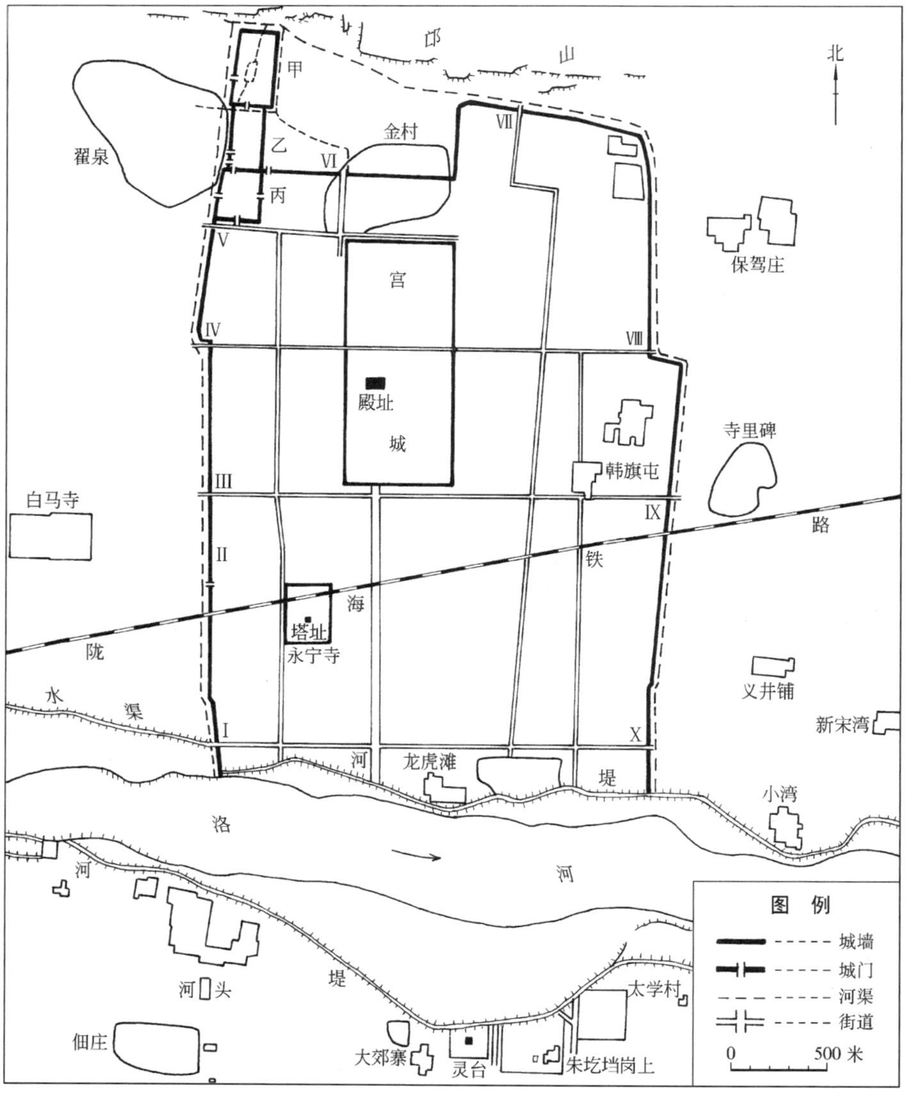

北魏洛阳城遗址平面图

【永宁寺遗址】 北魏洛阳城佛寺遗址。位于河南省洛阳市东15千米的汉魏洛阳城址内。北魏熙平元年（公元516年）灵太后胡氏始建，永熙三年（534年）佛塔被焚毁。据文献记载永宁寺塔为木结构，高9层、达40余丈，合今140余米。永宁寺作为北魏都城洛阳城内城的重要佛寺，是专供皇帝、太后礼佛的场所，地处中轴大道铜驼街之西侧。迄今地表尚存有高大夯土台，即是佛塔遗迹。1979—2001年进行数次发

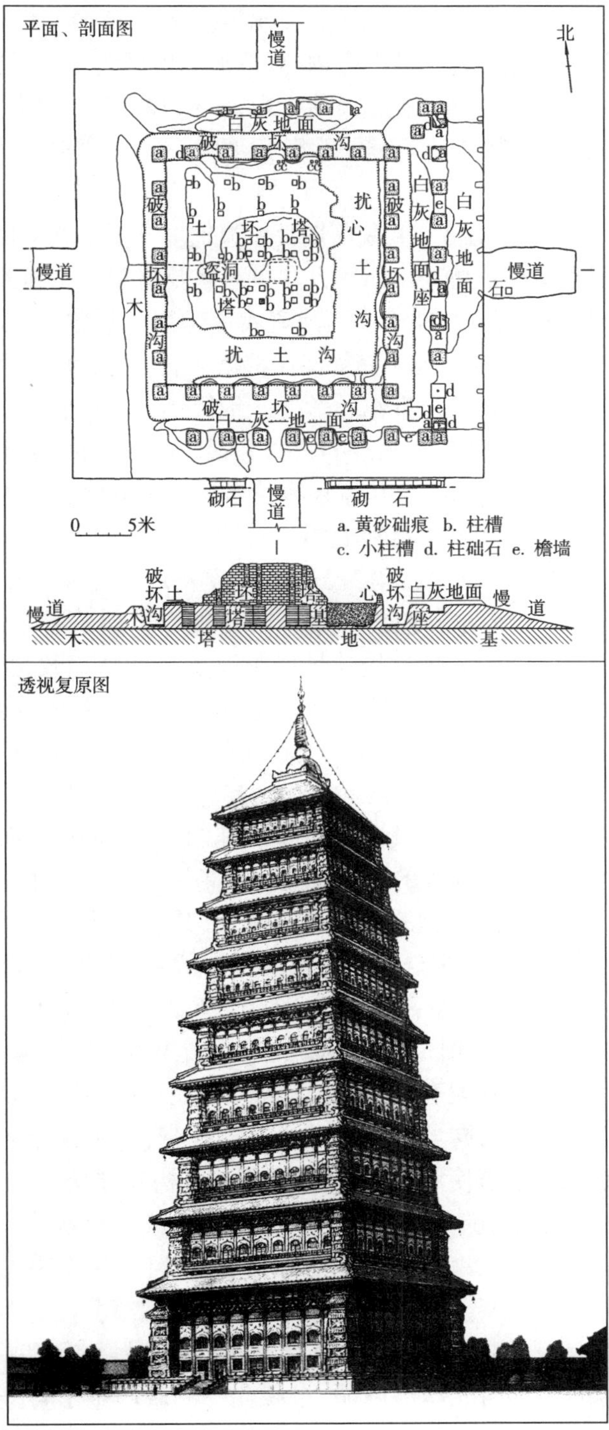

永宁寺塔平面、剖面及复原图

掘。遗址为一座以佛塔为中心的佛寺，平面布局为长方形，南北长301米、东西宽212米。居中的塔基平面为正方形。夯土基础东西101米，南北98米，深度超过2.5米。地面上的夯土基座边长38.2米，四周以青石包砌，基座四面各设一踏道。塔基北侧有大型夯土台基遗迹，应为佛殿基址。寺院围墙四面各一院门，南墙正门最大。寺院佛塔、正殿、南北院门均位于同一中轴线上，是中国早期佛寺的典型布局。出土大量建筑构件、泥塑残像等，其中塔基附件出土的佛塔影塑残像，包括菩萨、弟子、飞天、供养人等内容，雕塑细腻传神，水平精湛。（朱岩石）

【阊阖门遗址】　汉魏时期洛阳故城宫城城门遗址。位于河南省洛阳市汉魏洛阳城宫城南墙中央偏西，为宫城正门。2001—2002年进行发掘。根据地层叠压关系判断，阊阖门始建于三国曹魏初期，西晋、北魏沿用。北魏宫城正南门阊阖门基本上沿用魏晋旧制，向南正对全城中轴大道铜驼街，向北直抵太极殿。阊阖门主体在宫城南墙上，两侧前方建有巨大阙台，阙台东西对称，相距40余米。城门与阙台围合成宫城门前广场。为迄今考古发掘所见最早的双阙楼式宫城门址，不仅为秦汉门阙研究提供难得的历史演进资料，而且对于研究中国古代门阙制度具有学术价值。该门址现已复原展示。（朱岩石）

【金墉城遗址】　汉魏时期洛阳故城西北隅附属小城遗址。位于河南省孟津县平乐镇金村一带。为自北而南连接排列三个小城，分别称为“甲城”、“乙城”、“丙城”。南北长1 080米、东西宽250米。经考古勘探发掘得知，北魏及其以前诸王朝仅有金墉城丙城，金墉城甲、乙二小城建筑年代不早于北魏，推测为北周至隋代所建造。据文献记载，三国魏明帝时筑金墉城，魏晋时被废帝、后多安置于此。因地势高亢，城小坚固，成为戍守全城之要地，历史上曾称之为“洛阳垒”。金墉城外壁有突出于城墙的马面，与城壕、城门构成坚固的防御体系。隋末瓦岗军李密据此战略要地称帝；唐初，洛阳县治设置于此，贞观年间移至东都毓德坊，金墉城遂废弃。（张成）

【北魏洛阳城宫城五号建筑遗址】　北魏宫城建筑遗址。位于河南省孟津县平乐镇金村南，北距金村约1.5千米，北魏宫城阊阖门遗址西面约140米处。2010—2011年进行发掘。清理出魏晋至北魏时期的宫城西墙、南墙和西南角建筑基址，西墙外侧的河渠和内侧的排水沟渠等遗迹。通过发掘，不仅明确魏晋至北魏宫城西南角的确切位置，并对宫城西墙、南墙的走向、建筑结构和时代演变有明确的认识；同时还首次揭露出宫城西墙外侧河渠的位置和时代演变，对深入探讨汉魏洛阳故城的城市布局、宫

城形制变迁等提供准确资料。(张成)

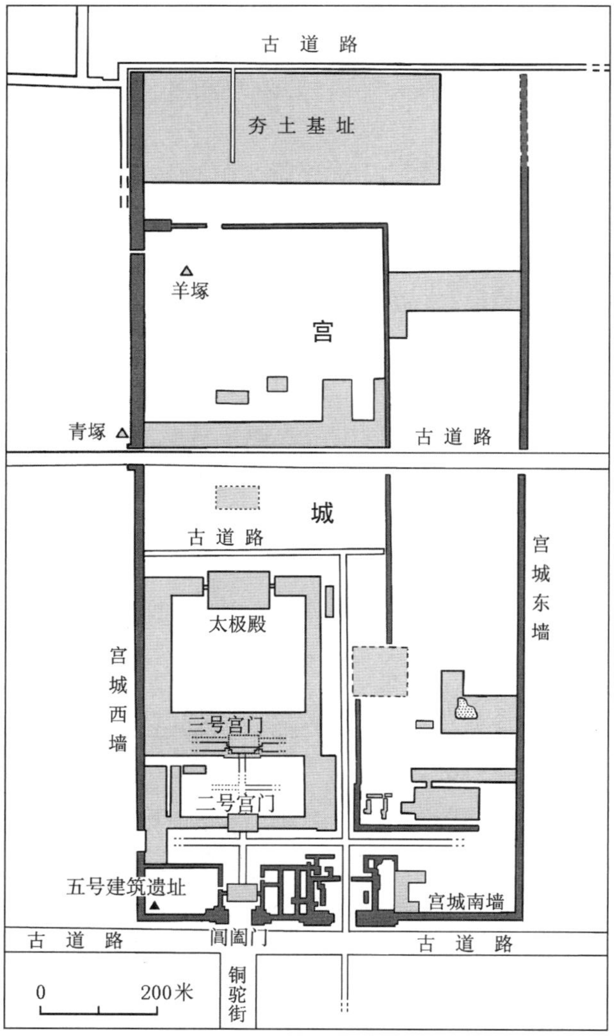

北魏洛阳城宫城遗址图

【晋阳古城遗址】 春秋至五代古城遗址。全国重点文物保护单位。位于山西省太原市晋源区。始建于春秋时期,为赵国初都,北朝时为“霸府”,至唐代为北都。五代北汉包括城池、宗教祭祀、墓葬等三大部分遗址,总面积200平方千米。其中,城池遗址面积约20平方千米。现保留有西城墙约600米。确定4个城角和3座城门的遗迹,初步确定了西城城墙范围,确认城内夯土遗存及不同时期的营建遗迹等,绘制古城遗址地形实测图。城址周围广泛分布各时期的寺观建筑、墓葬等,已发掘了龙山童子寺寺院区和大佛阁区,获得了春秋赵卿墓、北齐娄睿墓、徐显秀墓、隋虞弘墓等重大考古发现。(龚国强)

【汉魏许都故城】 汉魏时期曹魏五都之一。全国重点文物保护单位。位于河南省许昌市东18千米张潘乡古城村。东汉建安元年(公元196年)曹操迎汉献帝迁都于此。分内、外两城。内城为皇城,周长1 500米,外城周长6 000米,面积150万平方米。城内东南隅有汉献帝祭天的毓秀台等遗迹。(徐龙国)

【平城遗址】 北魏前期都城遗址。全国重点文物保护单位。位于山西省大同市市区及附近。北魏天兴元年(公元398年)北魏道武帝建都于平城,至太和十八年(494年)孝文帝迁都洛阳为止,平城作为北魏都城近一个世纪。孝昌二年(526年)六镇起义军破平城,此后逐渐废弃。据文献记载,北魏平城由宫城、外郭城组成,位置还有待考证。平城建于天兴二年(399年)。泰常七年(422年)明元帝“筑平城外郭、周回三十二里”。遗址迄今发现两处重要遗迹,即北魏明堂遗迹和操场城北魏1号建筑基址。明堂遗迹是北魏平城遗址中唯一既有文献记载,又经过考古发掘的遗迹。该遗迹中心为一方形夯土台基,边长42米,四周有条石构筑的环形水道,即所谓辟雍,环形水道外径约110米,其建造工艺考究。明堂辟雍是北魏平城南郊重要的礼制建筑,是复原研究北魏平城遗址的重要基点。操场城北魏1号建筑基址是一处重要的宫殿建筑基址,其夯土台基平面呈长方形,原建筑坐北朝南。东西长44.4米、南北宽31.5米。残存的台基还高于当时地表0.1~0.85米。台基的南面有两个踏道,北面居中有一条踏道。台基周边发现有黄泥墙皮、包砖和残存的地面。以前在明清大同城北至大同火车站一带,时常出土北魏大型建筑使用的瓦片、瓦当等建筑构件,操场城北魏1号建筑基址的发现提示,这一区域应在宫城范围。大同北魏平城之北的方山有皇陵区,城东南发现北魏贵族墓,城南、城西发现较多北魏墓葬。这些都是研究北魏社会和文化交流的重要资料。北魏平城规划还对北魏洛阳城、东魏北齐邺城产生了直接影响。(朱岩石)

【云冈石窟窟顶佛寺遗址】 北魏、辽金时期佛教寺院遗址。位于山西省大同市云冈石窟窟顶。2008年开始考察发掘,2010—2011年再次发掘。共发现东、西两处寺院遗迹,发掘面积共8 600平方米,出土瓦片、瓦当、陶片等共40余万件。西部寺院遗址是一处较完整的寺庙遗址,包含北廊房、东廊房、西廊房、南廊房、塔基和砖瓦窑等遗迹。北廊房遗迹全长61.5米,西廊房遗迹长13.5米,东廊房遗迹长约18

米，方形塔基边长约14米。佛寺为北魏时建，辽金时期亦有扩建。东部寺院遗址包含塔基、石柱础、铸造井台、熔铁炉、水井遗迹等。塔基中心方形夯土是北魏遗迹，八角形边框为辽金时期扩充补建。寺院遗址的发现，有助于了解北魏云冈寺院的结构、布局和规模等。（张成）

【云冈石窟第三窟遗址】 云冈石窟最大的石窟遗址。位于山西省大同市云冈东部窟群区域西端。1993年进行发掘。前面断崖高25米，传为昙曜译经楼，中上部凿12个长方形石孔，窟分前后室，前室上部中间凿出一个弥勒窟室，左右凿出一对3层方塔。后室南面西侧雕刻有面貌圆润、肌肉丰满、花冠精细、衣纹流畅的3尊造像，为有一佛二菩萨雕像，本尊坐佛高约10米，两菩萨立像各高6.2米。雕像体态自然，衣饰流畅，面容丰满，是隋唐时期的衣冠服饰和造像风格，为北魏以后加刻的作品。（张成）

【思远佛图遗址】 北魏时期佛寺遗址。位于山西省大同市城北25千米的方山南麓。建于北魏太和三年（公元479年）。坐北朝南，平面呈长方形，东西宽57.4米，南北长87.8米，有围墙遗迹。寺院由山门、佛塔、殿堂等建筑组成。塔基中出土影塑佛像和菩萨像残块。佛寺保留了北魏平城时期前塔后殿配置的原貌。（李裕群）

【龙兴寺遗址】 南北朝至明代佛寺遗址。位于山东省青州市。1996年发现并勘查。遗址总面积约3万平方米，南北长200米，东西宽150米。有6座东西长30米、南北宽25米的大殿及成片的僧舍组成，并有大片的砖铺院地和甬道。遗迹与史料记载的龙兴寺相吻合。窖藏位于寺院中心轴线最北部大殿后7.5米处，出土各类佛教造像400余尊，分石灰石、汉白玉、花岗岩、陶、铁、木、泥塑等7种质地，以石灰石造像为主。部分造像带有纪年，最早纪年为北魏永安二年（公元529年），最晚为北宋天圣四年（1026年），中间经历东魏、北齐、北周、隋、唐、五代等各朝代，时间跨越近500年。造像有四个显著特点：一是青州特色的背屏式造像，以北魏晚期与东魏占多数，北齐的仅1件；二是单体圆雕造像占绝大多数，高的近200厘米，小的仅20厘米；三是将雕刻与绘画两大艺术汇集于一身；四是贴金彩绘保存较好。这批造像的出土，为山东地区北魏到北宋时期的石佛造像提供了珍贵的断代标本，为研究佛教在中国的传播、发展及雕塑、绘画艺术的发展等提供了重要的实物资料。（钱国祥）

【嘎仙洞遗址】 拓跋鲜卑先祖所居石室遗址。全国重点文物保护单位。位于内蒙古自治区鄂伦春自治旗阿里河镇西北10千米、嫩江支流甘河北岸。嘎仙洞属于天然山洞，洞口位于高出平地约25米的峭壁上。主洞长92米，宽27～28米，面积约2 000平方米，最高处达20多米。西北有一向上的斜洞，斜洞长22米，宽9米，高6～7米。主洞中放置一块约3米见方的天然石板，下用大石块支撑。洞内石壁平整，地下堆积较厚。1980年在主洞西侧距洞口约15米处的石壁上发现北魏太平真君四年（公元443年）的祝文刻辞，共19行、201字，字体大小不一，书体介于楷、隶之间，书法古拙，笔势苍劲。记述了北魏第三代皇帝拓跋焘于太平真君四年派遣中书侍郎李敞来此发祥之地致祭时所刻祝辞，与《魏书》记载基本相符。在距地表0.8米深的黑色黏沙土层中，出土很多手制夹砂灰褐陶片，还有石镞、骨镞等，与内蒙古陈巴尔虎旗的完工、扎赉诺尔等地鲜卑遗存中的出土物特征相似。在地表以下1.3米的黄色黏沙土层中，出土有打制石器。（朱岩石）

【朝阳龙城遗址】 十六国三燕都城遗址。龙城，亦称“和龙城”、“黄龙城”、“龙都”。位于辽宁省朝阳市大凌河中上游河谷最宽阔处，地理位置优越，是十六国时期东北地区政治中心所在。据文献记载，龙城始建于公元341年，436年北魏灭北燕时焚毁。2003—2004年辽宁省文物考古研究所发掘。发掘出土有城门遗址、建筑基址、道路、水渠和水井等遗迹等。城有四门，城内有和龙宫、东庠、宗庙和社稷坛等，北门外有龙腾苑。南门址坐北朝南，门墩底部东西长约32米、南北宽20.5米，门墩外围均用砖石包砌，门道长20.5米、宽5米。门址始建于前燕，最终废弃于元代，历时1 000余年。（沈丽华）

【集安高句丽王城遗址】 高句丽时期都城遗址。位于吉林省集安市。包括国内城、丸都山城等。其中国内城是高句丽中期的都城遗址，丸都山城是同时期国内城的守备城，两城相距2.5千米，相互依附、互为都城，在高句丽历史发展中起过重要作用。详“国内城遗址”、“丸都山城遗址”（440页）。（沈丽华）

【国内城遗址】 高句丽中期都城遗址。全国重点文物保护单位。位于吉林省集安市。公元427年高句丽迁都平壤城前国内城一直是高句丽的政治、经济、文化中心。1975 年以来陆续调查、发掘和清理。遗址为一座石头城,平面略呈长方形,东墙长 554.7 米,西墙长 702 米,南墙长 751.5 米,北墙长 730 米,周长约 2 738 米。城垣以花岗岩石条奠基,墙面以长方形石材垒砌,厚约 7～10 米。城墙有马面 14 处,其中北墙 8 处,东、西、南墙各 2 处。经发掘,北垣清理出门址 1 处、马面 4 处,东北转角两侧各置马面 1 处。另有 2 座较为完整的“回”字形地面建筑。城内遗物有各种建筑材料如板瓦、莲花和忍冬纹瓦当、础石以及铜器、铁器、青瓷器等。(沈丽华)

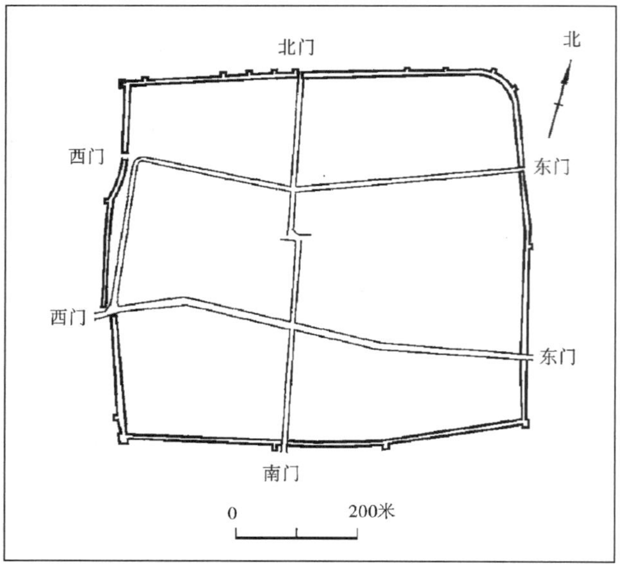

国内城遗址平面图

【丸都山城遗址】 高句丽中期山城遗址。全国重点文物保护单位。位于吉林省集安市。为国内城的守备城。高句丽迁建国内城时,山城初名“尉那岩城”。公元 198 年逐渐形成守卫完备的山城,始称“丸都”。1962 年以来陆续进行调查、发掘和清理。山城平面呈不规则的长方形,北高南低,周长 6 947 米。城墙构筑于临河断崖和陡峭的山脊上,东墙南段、西墙北段和北墙西段保存较好,有些墙段高达 5 米左右。全城共发现门址 7 处,东、南、北墙各有 2 门,西墙只在南部发现 1 门。城内有宫殿址、瞭望台、“戍卒居住址”和墓葬等遗迹。宫殿址位于山城东坡中央,宫殿区平面略呈长方形,所有建筑坐东朝西,依地势形成三级阶地的建筑格局。瞭望台位于山城南部,平面略呈圆角长方形。南城门址位于南城墙正中,是出入山城的主要通道。南墙西部西南城门址筑有双重瓮城,形制独特。出土遗物有础石、铜器、铁器、板瓦、筒瓦以及兽面纹、莲花纹、忍冬纹瓦当等。(沈丽华)

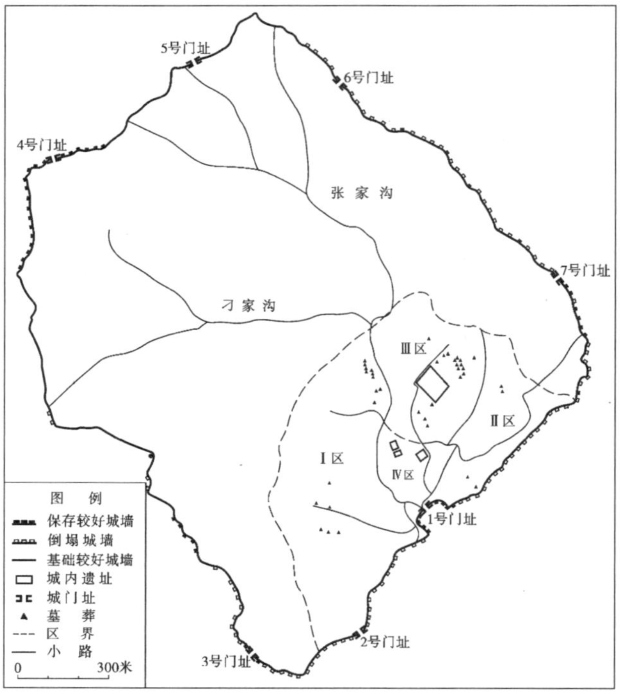

丸都山故城遗址平面图

【五女山山城遗址】 高句丽早期山城遗址。全国重点文物保护单位。位于辽宁省桓仁满族自治县东北五女山上。1996—1998 年进行调查并发掘。山城建于公元前 34 年,是史料记载的高句丽第一代王城“纥升骨城”的部分遗址。山城依山势而建,呈不规则的楔形,南北长 1 540 米,东西宽 350～550 米,分山腰外城和山顶内城两部分。山城东、西、北三面都是百尺峭壁,南面是险峻的陡坡,地形易守难攻。城内主要发现 3 处大型建筑遗址以及城墙、哨所、兵营、蓄水池等遗址。五女山山城作为高句丽早期都城,在东北地区历史以及高句丽民族历史研究中有十分重要的历史价值。(张成)

【洪州窑遗址】 东晋至唐代青瓷遗址。全国重点文物保护单位。位于江西省丰城市。始烧于东汉晚期,发展于东晋、南朝,唐代中期达到鼎盛,至晚唐、五代逐渐衰落。1977 年发现,先后进行四次大规模考古发掘。总面积约 40 万平方米,共揭露窑址 5 座,发现九大窑址区内 32 个窑址点,出土各类青瓷和窑具标本 1.3 万余件。遗址内还发现有隋至唐代依山坡以砖或砖坯砌筑的龙窑遗迹。对研究唐代名窑的烧造历史、制瓷工艺,尤其是进一步探讨匣钵装烧、火照的使用等烧造工艺的产生与发展,提供了宝贵的实物资料。(王睿)

【六朝建康城遗址】 六朝时期都城遗址。位于江苏省南京市。建康城始建于三国吴黄龙元年(公元229年),历为吴、东晋、宋、齐、梁、陈六朝都城。20世纪以后陆续进行调查、发掘和清理,较为重要的考古工作集中于2001年5月—2003年5月间。据文献,东吴都城周长20余里,南北长、东西略短,宫城在城内偏北部分,西为太初宫,东为昭明宫和苑城。东晋和南朝沿用吴旧城,增辟9座城门,齐时在土城外包砖。东晋咸和年间在吴昭明宫、苑城的旧址新建宫城,称“建康宫”(亦称“台城”)。宫墙3重,外周8里。宫城正南门大司马门正对都城正门宣阳门,两门之间有2里长的御道,御道两侧开有御沟,沟旁植槐、柳。大司马门前东西向横街,正对都城东、西正门。苑囿主要分布于都城东北郊。都城正南门宣阳门往南5里为朱雀门,门外有跨秦淮河的浮桥朱雀航。宣阳门至朱雀门间五里御道两侧布置官署府寺,居住里巷主要分布在御道两侧、秦淮河畔和城东青溪附近。建康城无外郭城,其西南有石头城、西州城,西北依长江,北郊长江边筑白石垒,东有东府城,东南两面又沿青溪和秦淮河立栅、设篱门,组成外围防线。六朝帝王信仰佛教,建康城内外遍布佛寺500余所。城中河道以秦淮河通长江,又从秦淮河引运渎直通宫城太仓,北引玄武湖水南注青溪和运渎。经发掘,在大行宫地区发现南北向、东西向道路各1条,南北向道路方向为南偏西25°,上下叠压东吴至南朝多时期砖砌路面,各时期道路两侧对称分布有宽窄不等的砖砌路沟。早期道路最窄,路面宽15.4米,两侧排水沟上口宽超过5米、深逾2米,路面中央以两条浅水沟分成三部分。南朝时期道路最宽,路面宽23.3米,两侧砖砌路沟宽约2米、深约0.6米。东西向道路与南北向道路垂直。南朝晚期道路保存完好,路面宽约20米,两侧砖砌路沟宽约0.85米。在东西向道路北侧发现夯土城墙,夯土城墙外包砌砖墙,早期城墙基槽宽12.4米、残深1.4米。晚期城墙残高0.7米。经勘探确认这段东西向城墙东延后向北折拐,折拐后南北向夯土城墙从早至晚逐渐增宽。晚期夯土城墙宽13.15米、残高0.1~0.45米,墙体外侧有一段长11.5米的包砖墙保存完好。东西向夯土城墙外有多时期壕沟,南朝壕沟宽5.6米、深1.1米,局部发现护岸砖墙。孙吴壕沟宽9.75米、深约2米,壕岸两侧有护岸木桩。其他还在东西向壕沟与南北向道路交汇处发现六朝早期木桥以及10余处砖结构房址等遗存。房址规模、形制不一。出土遗物以砖瓦等建筑材料为主,包括文字砖和云纹、人面、兽面、莲花瓦当以及盘口壶、洗、盏等青瓷器。(沈丽华)

【建康南朝祭坛建筑遗址】 南朝祭坛遗址。位于江苏省南京市东郊钟山主峰南麓。1999—2000年进行发掘。共发现2处大型坛类建筑遗存和1处附属建筑遗存。遗存呈南北一线排列,绵延近300米,占地面积总计约2万平方米。其中2号坛位于最北端,1号坛在2号坛正南,两坛平面距离约20米,附属建筑遗存在1号坛南侧山坡上,北距1号坛南端约50米。坛体直接建造在山体基岩上或生土层上。1号坛正南北向,北面依山,东、南、西三面各有4个坛层,每坛层内外各被石墙所围护。主坛体内下部填以块石和碎石片,上部填以纯净的沙土和黄土。坛体表面用较纯净的土堆筑4座小台,各台略作方形覆斗状,4座小台皆正南北向,中轴对称布置。2号坛正南北向,平面呈方形,总高7.9米。北面依山,东、西、南三面以石块垒墙,内填大小石片和黄土,主坛面东西长约22米,中部有一圆形大坑,坑底有人工砌石遗迹。附属建筑遗存由东西2道石墙和上下5道挡土石墙等构成。出土遗物包括砖、板瓦、筒瓦、莲花纹瓦当、青瓷片和石雕莲花纹器座等。据推测为刘宋北郊坛遗存。也有学者认为其为南朝初年定林上寺戒坛式土塔。(沈丽华)

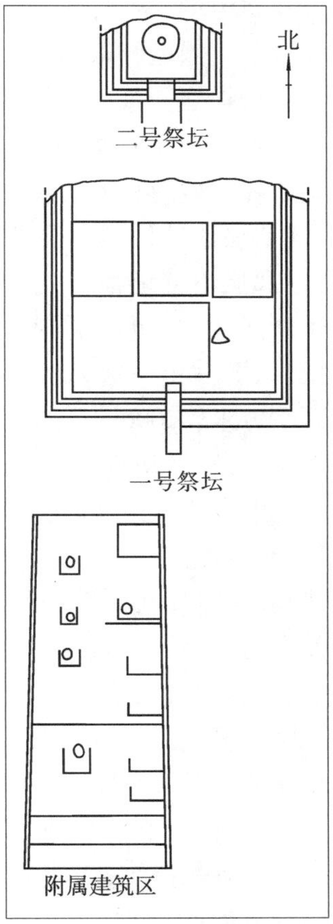

建康南朝祭坛
建筑遗址平面图

【吴王城遗址】 亦称“鄂城遗址”。三国东吴早期都城遗址。全国重点文物保护单位。位于湖北省鄂州市鄂城区古城路。北临大江,南依南湖,东枕虎头山,西阻樊山,为六朝时期长江中游的军事重镇。

始建于曹魏黄初二年（公元221年），六朝时期沿用，毁于南朝陈末。1981—1984年先后多次调查、钻探和试掘。城垣夯筑，平面作东西长、南北窄的矩形，东西长约1 000米，南北宽约500米。四面城垣仅南垣保存略好，其基部宽约22米。南垣中部有宽达20米缺口，或为南门所在。南垣外有部分城濠遗留，宽度在50～80米之间。西、北、东三面城垣，地面已均无残留。城垣四角或有“角楼”，城垣上或有马面一类防御设施。城内北部原似有子城，约为武昌宫所在。城西有郭城遗迹，西郭外沿西山南麓是当时墓地所在。城南有冶铁遗址。（沈丽华）

【鄂城遗址】 即“吴王城遗址”。

【凤凰山窑址群】 三国至西晋时期窑址群。位于浙江省上虞市大善村。主要分布在村子附近的前山、凤凰山和尼姑婆山等缓坡地段。总面积约2.4万平方米。2006年对尼姑婆山窑址进行发掘，揭露龙窑1条、作坊遗址1处，获取大量瓷器及窑具标本。龙窑由火膛、窑室、排烟坑三部分组成，全长约13米，窑宽2.2米，方向120°。窑室底部留有若干垫具、间隔具及最后一窑未烧成品。窑址群所烧产品丰富，常见器形有碗、罐、钵、盘、篮、坛、罍、蛙形水盂、砚、扁壶、虎子、洗、直腹罐、器盖等。胎灰色，质地坚致，釉色青绿居多，少量为青灰或青中泛黄，胎釉结合牢固。装饰题材多样，划印的有弦纹、水波纹；拍印的有斜方格纹、栉齿纹、水波纹、龙凤纹等；压印的有网格纹；戳印的有联珠纹、联珠花蕊纹；范印的有铺首、佛像、兽面足和虎头、鸡头、牛头、马头、鹿头等多种罐流饰物；堆塑的有人物、走兽、飞禽等。该窑址烧造技术先进、制作手法创新、生产规模庞大，代表了三国西晋时期越窑烧造技术的最高水平，是早期越窑鼎盛时期的典型窑场。（钱国祥）

【粤西南朝至唐代遗址墓葬】 南朝至唐代遗址墓葬。位于广东省茂名市洛湛铁路沿线茂名段。南朝至唐代粤西南的土著居民俚人文化遗存。2006—2007年进行发掘，共发现17处遗址。发现一批袋状坑、船形斜穴土坑墓、瓮棺葬和独具特色的陶器群等文化遗存，部分墓中有随葬品。为广东民族史、岭南开发史和粤西地方史研究提供了第一批系统的实物资料。（龚国强）

【统万城遗址】 十六国大夏国都城遗址。全国重点文物保护单位。位于陕西省靖边县城北55千米处白城子。龙昇元年（公元407年），匈奴人赫连勃勃建立大夏，413年在汉代奢延城基础上改建为国都统万城。北宋淳化五年（994年）毁。有东西两城，外有郭城，城垣夯筑。东城为后建，西城为当时的内城，四面开门，城垣外设马面，内城中部偏南残存高约10米的建筑台基，推测为大夏宫殿遗存。郭城面积较大，东西城墙间距5千米，南北情况不详，城内十六国时期遗物极少，一般认为与赫连勃勃建国立都之后仍然延续原先的畜牧经济有关。（何利群）

【龟兹故城遗址】 亦称“皮朗古城遗址”。汉唐时期龟兹国城遗址。全国重点文物保护单位。位于新疆维吾尔自治区库车县城西2千米皮朗村。龟兹故城是汉代龟兹国都延城、唐代龟兹国都伊罗卢城所在地。城址平面略呈方形，周长约7千米。城墙夯筑，残高2～7.6米。城内残存6个高大的夯土台基，附近发现有子母砖、唐式莲花纹瓦当、筒瓦、陶罐、陶盆，唐代的开元通宝、建中通宝，以及铜铁器残件等。（陈良伟）

【皮朗古城遗址】 即“龟兹故城遗址”。

【乌什喀特古城遗址】 汉唐时期古城遗址。全国重点文物保护单位。位于新疆维吾尔自治区新和县西约20千米处。乌什喀特古城即“三重城”之意。始建于汉代，是汉代龟兹国城邑之一，一直沿用至唐代。有外城、内城、中心城三重城墙，均为夯筑，外城已毁，内城保存较好。内城东西408米，南北451米，城墙残高、厚各5米。出土有“汉归义羌长”阴文羊纽铜印一枚，颇为珍贵。（徐龙国）

【龟兹遗迹】 汉唐时期龟兹国城址和寺院遗迹。中心区域主要分布在新疆维吾尔自治区库车县、拜城县、新和县附近。现存有较多城址和佛教寺院遗址，保存较好的城址有库车县境内皮朗古城（亦称“龟兹故城”）、明田阿达古城及新和县境内的乌什喀特古城、羊达克沁古城等。皮朗古城，位于库车县东郊沁色依河东岸，为文献记载的汉代龟兹国都延城和唐代龟兹国都伊罗卢城所在地。平面略呈方形，周长约7 000米，城墙夯筑，东垣外设马面。城内现存夯土台基6处，中部的“哈拉墩”基址可能是唐以前的王宫遗迹。城内发现有子母砖、筒瓦、莲花瓦当等建筑材料和陶罐、陶盆等生活用品，另有唐代开元通宝、建中通宝钱币出土。据文献记载，龟兹国为西域佛教中心，有“佛塔寺千所”之称，境内寺塔林立，僧侣众多。现存大型地面寺院有库车县附近的雀梨大寺和阿奢理贰伽蓝等，周边地区有大小石窟群10余处，著名的有克孜尔石窟、库木吐喇石窟、克孜尔尕哈石窟、森木塞姆石窟、玛扎巴哈石窟、托乎拉克埃肯石窟等。时代最早的克孜尔石窟约开凿于公元3世纪，6世纪后逐渐衰落。洞窟形制以中心柱式塔庙窟和带侧甬道的僧房窟较为常见，窟内塑像基本无存，存有大量“龟兹风”壁画，题材丰富，以反映小乘佛教内容的佛本生、因缘和佛传故事最具特色。7世纪后，随着唐王朝和回鹘影响的扩大，库木吐喇石窟日渐繁荣，并出现一定数量具有“汉风”和“回鹘风”艺术特色的石窟，绘塑题材以汉地大乘佛教内容为主。其中，龟兹古城为全国重点文物保护单位。（何利群）

【苏巴什佛寺遗址】　南北朝至唐代佛寺遗址。全国重点文物保护单位。位于新疆维吾尔自治区库车县城东北20千米处。始建于魏晋，鼎盛于隋唐。分布于库车河东西两岸，主要建筑集中在河西（亦称“西寺”），保存有3座佛塔和1处大型佛寺。寺院内有大殿、僧房等。西寺之北，还有石窟，有洞窟8个，窟型有2个中心柱窟和禅窟。窟内残存壁画和龟兹文题记。河东遗址（亦称“东寺”）也有3座佛塔。为古龟兹国规模最大的佛寺，对研究龟兹佛寺形制与布局具有重要意义。（李裕群）

【达玛沟佛寺遗址】　公元6—8世纪佛寺遗址。全国重点文物保护单位。位于新疆维吾尔自治区策勒县达玛沟乡东南约7千米的沙丘中间。2006—2010年持续发掘托普鲁克墩1、2号遗址及喀拉墩1号遗址。1号遗址坐北朝南，平面呈长方形，南北长2米、东西宽1.7米。泥塑佛像残高1.45米，紧贴北墙壁，坐于覆莲台上，莲台的莲瓣宽厚。莲台上为束腰须弥座。壁面残留佛、菩萨等佛教壁画。2号遗址坐西朝东，为一个边长约12.8米的“回”字形的佛堂，东部和北部各加1座长方形的侧堂，佛堂中间为方形像座，出土佛头、千佛壁画残块、毗卢遮那佛木板画、柱刹、擦擦、五铢和开元通宝等遗物。喀拉墩1号遗址为圆锥形、红柳色，直径25米，出土千手千眼观音、佛头、菩萨头像、千佛、白衣坐佛等壁画残块。（龚国强）

【喀拉墩遗址】　汉代至南北朝时期城址。古于阗国境内城堡之一。全国重点文物保护单位。位于新疆维吾尔自治区于田县城北24千米处的克利雅河下游沙漠中。遗址以喀拉墩城堡为中心，周围有多处建筑群。古城堡平面呈长方形，边长60米，现存土城墙高8米。曾出土陶片、毡子残片、汉代古钱币等遗物。（龚国强）

【交河故城遗址】　亦称“雅尔湖故城遗址”。汉代车师前王庭及十六国至唐代高昌郡、交河县城遗址。全国重点文物保护单位。位于新疆维吾尔自治区吐鲁番市西10千米处的雅尔乃孜沟村。城址建在距现在水面30余米高的土崖之上，崖体呈枣核形，长1 000余米，最宽处300米，四周无城墙，东侧与南端保存有原先的入城通道。城内有一条略呈南北向的中轴大街，长350米、宽约10米。另有纵横交错的小巷将建筑群划分为若干小区和院落，大街两边为高大的土墙，所有院落的门户都开在小巷两侧，一般认为受到唐代里坊制度的影响。大街以西及北部分布着较多的佛教寺院，东部推测为居民区。城内建筑多以生土为壁，屋顶用泥土覆盖，颇具地方特色。城外茔域有车师、麹氏高昌及唐代墓葬群。（何利群）

【雅尔湖故城遗址】　即“交河故城遗址”。

【楼兰故城遗址】　汉魏、西晋时期古城遗址。全国重点文物保护单位。位于新疆维吾尔自治区若羌县罗布泊西北。1900年发现。外国探险家多次进入楼兰，盗掘走大量汉文木简、文书和佉卢文书等。1979—1989年复查发掘。城址平面略近方形，原东墙长333.5米，南墙长329米，西墙与北墙各长约327米，面积10万余平方米。四面墙正中似辟有城门。城墙用红柳枝与黏土相间筑成。城内有一古河道，把城址分为西南区和东北区。西南区保存有四合式院落建筑，坐北朝南，其中“三间房”土坯砌墙，并发现有西域长史府文书等遗物，可能为官署遗址。东北区存佛塔1座，塔基方形，塔身圆柱形，残高10.4米。在故城外东北有两处两汉时期墓葬，为竖穴土坑墓，出土具地方特色的弓箭、木器、陶器及中原的铜镜、锦、绢、漆器。楼兰地当古代丝绸之路上的孔道，在研究中西文化交流史上占有重要地位。对该城建于西汉末年或东汉初年，为西域鄯善国都城或魏晋西域长史治所，有不同看法。（赵航）

【虎台遗址】　十六国南凉高台遗址。全国重点文物保护单位。位于青海省西宁市西郊杨家寨。虎台，俗称“将台”或“点将台”。今址台高30米、周长360米。据《西宁府新志》记载，“虎台西去县治五里，有台九层，高九丈八尺”，“相传为凉王所筑，秃发

僔檀子名虎台”。根据文献记载以及遗址的面貌，推测是十六国时期南凉王在西宁建都时的重要遗迹。（郭晓涛）

【越州故城】 南朝至唐代故城址。全国重点文物保护单位。位于广西壮族自治区浦北县坡子坪村。1962 年、1978 年进行发掘。面积约 24 万平方米。古城依山势构筑，坐北朝南，地势北高南低。南濒南流江，可扼今浦北、合浦、博白三县交界一带。城址分内城、外城，均为土墙。外城南北长 800 米、东西宽 500 米，东、北、西三面有护城壕。内城亦称“子城”，依山坡筑于城内西北区，地势较高。城内出土有南朝时期的铁刀、方格印纹陶片，隋唐时期的陶器、瓷器、城砖、瓦当，唐乾宁五年（公元 898 年）铭文铜钟等。城外附近还分布有南朝时期的古墓群。据考证，该城址为南朝宋泰始七年（471 年）分广州、交州二州地增置的越州府治所在，即南朝岭南越州。隋大业元年（605 年）改为禄州。（钱国祥）

【后底阁遗址】 北朝至唐代遗址。全国重点文物保护单位。位于河北省南宫市后底阁村。2006 年发现佛教石造像，随后发掘发现各类遗迹 20 处。遗址面积约 130 万平方米。出土大量佛教造像和砖瓦等建筑构件。其中佛教造像及其残件共计 283 件，包括佛、菩萨、飞天、力士等。其中汉白玉造像量多质高，部分造像有彩绘、描金和题记。造像均为单体造像。题记及铭文可见东魏、北齐、唐代纪年以及“武城”地名。出土造像的窖穴可能与“灭佛”事件有关。（郭晓涛）

【隋大兴唐长安城遗址】 隋唐时期都城遗址。全国重点文物保护单位。位于陕西省西安市。隋建立后，隋文帝杨坚命宰相高颖、宇文恺等规划和营造，始建于开皇二年（公元 582 年），定名“大兴城”。面积达 84 平方千米。唐建国后，仍以大兴城为都城，改名为“长安城”，仅作局部修建和扩充。随着唐长安城的经济、文化以及对外贸易的兴盛和发展，长安城遂成为当时世界上最大最繁荣的国际都市。但安史之乱以后，唐朝逐步衰落，终至唐末天祐元年（904 年），朱全忠胁迫昭宗迁都洛阳，毁拆长安宫室，使得作为国都 320 余年的隋大兴、唐长安城，至此废毁。1957 年开始大规模的考古发掘。由外郭城、皇城、宫城构成。宫城和皇城位于外郭城北部中央，各坊分布在皇城、宫城的左右和皇城以南，东西两市分布于皇城的东南和西南，东西对称。外郭城，亦称“罗城”，平面呈长方形，东西长 9 721 米，南北宽 8 651.7 米，周长 36.7 千米。宫城，平面呈长方形，东西长 2 820.3 米，南北宽

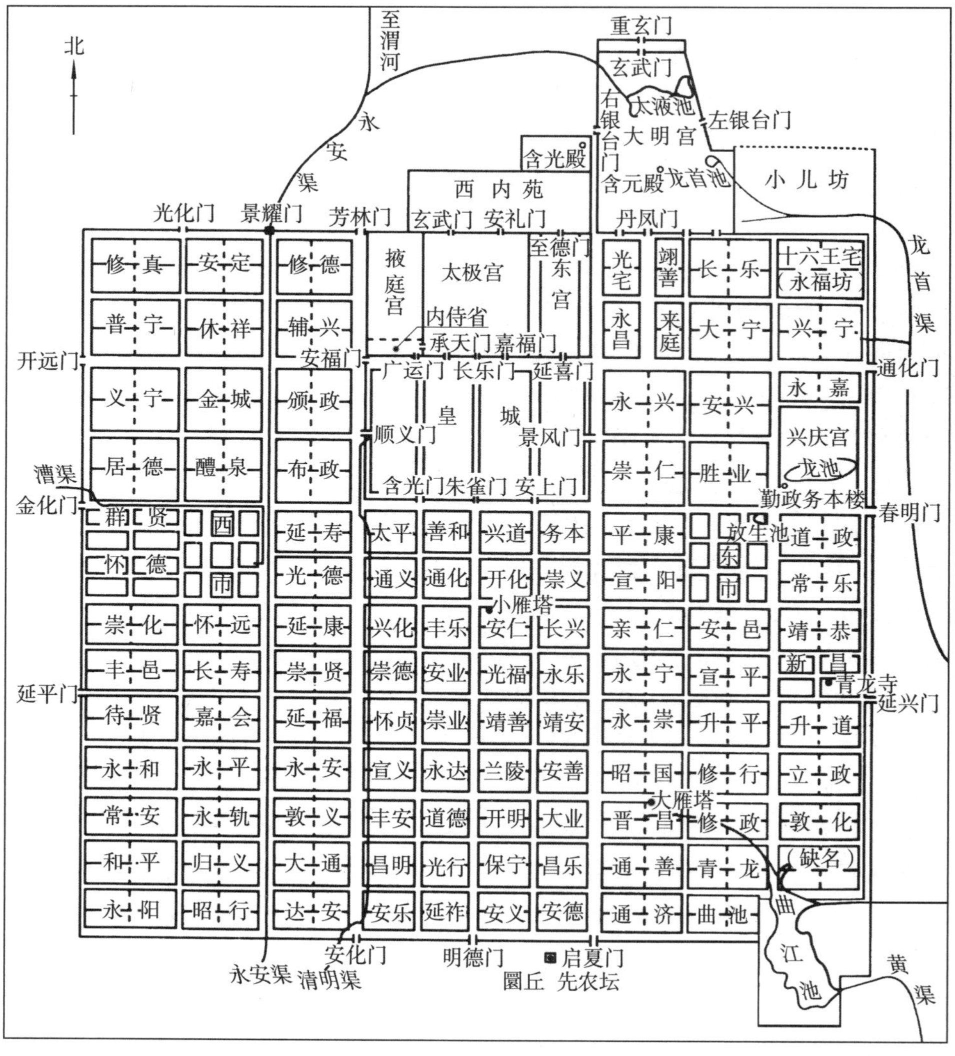

隋大兴唐长安城遗址平面复原图

1 492.1 米。皇城，亦称“子城”，平面亦为规整的长方形，南北长 1 843.6 米，东西宽与宫城同。皇城南面正中的朱雀门是正门。据文献记载，皇城内设置中央衙署及其附属机构。宫城和皇城因叠压于现代西安城下，多未探察和发掘。整个都城规划整齐，布局严密，是中国里坊制封闭式城市的典型。隋大兴唐长安城是曹魏邺城和北魏洛阳城布局的发展和完善，是中国中世纪城市的典型。同时其形制，对国内一些地方政权（如渤海上京龙泉府）以及亚洲其他国家的都城建设（如新罗都城和日本平城京、平安京等）也产生极其重要的影响。（龚国强）

【隋唐圜丘遗址】 隋唐礼仪建筑遗址。位于陕西省西安市陕西师范大学老校园内，隋唐时期长安城南门明德门外。始建于隋，唐代沿用，皇帝多在此举行祭天活动。1999 年进行全面清理揭露。遗址为素土夯实而成的 4 层圆坛。从下向上直径分别为 54 米、40 米、29 米、20 米，层高 1.5～2.3 米。每层都设有 12 条陛阶，呈十二时辰状均匀分布于圆坛坛体四周。其中午陛（即南阶）比其余十一阶宽，是皇帝登坛的阶道。圜丘坛面、坛壁及阶道均抹有一层白灰面。《考古》2000 年第 7 期有《陕西西安唐长安城圜丘遗址的发掘》。（龚国强）

隋唐圜丘遗址

【明德门遗址】 隋唐时期都城城门遗址。位于陕西省西安市隋大兴唐长安城郭城南垣正中。初建于隋开皇二年（公元 582 年），唐代沿用。1972—1973 年发掘。门址墩台基址平面呈长方形，东西长 55.5 米，南北宽 17.5 米，各门道之间隔墙厚 2.9 米。黄土版筑，外砌包砖。共 5 条门道。各门道建筑形制相同，均宽 5 米，进深 18.5 米（含包砖），中有门槛和门砧石，两壁立排柱，形成木构架“过梁式”门道。但柱础石都已破坏无存。唯留有方形柱础坑，每排 15 个，各相距 0.5 米左右，东西对称。门址上部过去建有高大的门楼。在城门内西侧，考古发现有上城楼的马道（即慢道），长 17.5 米，宽 3 米。从对称的形式看，东边亦当有同样的上城马道。另外在城门外侧还设有壕沟一道、石龟一个及东西相对的房址等。（何岁利）

明德门遗址复原图

【太极宫遗址】 隋唐时期宫城遗址。位于陕西省西安市隋大兴唐长安城中部北端莲湖公园附近。隋称“大兴宫”，唐改名为“太极宫”，亦称“西内”。1957—1959 年进行考古探测。平面呈长方形，东西宽 2 820.3 米、南北长 1 492.1 米，周长 8 600 米，面积 4.2 平方千米。宫城四面皆有夯土墙，墙基宽度一般为 18 米左右（东墙宽 14 米多）。内部各有一道南北向的宫墙（东隔墙基宽 14 米，西隔墙基宽 11.5 米）把宫城分为三部分，即中间的太极宫、东侧的东宫和西侧的掖庭宫。据文献记载，太极宫四面共有 7 座城门。目前，太极宫城的城门仅有南北两座正门即承天门和玄武门已被勘探出来，其他因均被建筑物覆压，未能查探。城内殿址等建筑遗迹，因大都占压于现代建筑以下而不得探明。（何岁利）

【兴庆宫遗址】 唐代宫城遗址。位于陕西省西安市唐长安城春明门内偏北兴庆坊内。唐时亦称兴庆宫为“南内”。原为唐玄宗为太子时居八蛮进宝的地方。玄宗即位后，于开元二年（公元 714 年）改为兴庆宫。1952 年、1980 年对该遗址进行局部发掘。平面呈长方形，四面宫墙夯土筑成（厚 5～6 米），东、西两壁长1 250米，南北两壁宽 1 075 米，面积 1.34 平方千米。在西南隅发掘出 17 处遗址。其中以勤政务本楼、花萼相辉楼两处遗址最重要。宫殿四面有 8 座门，门址发掘揭露较少，仅在初阳门、通阳门、金明门址上进行考古勘探。宫中有一隔墙把宫城分成北部宫殿区、南部园林区两部分。北部探出南薰殿、大同殿、新射殿、金花落、翰林院、大同门、瀛州门等遗址。南部中心探出椭圆形、面积为1.8万平方米的龙池，池岸上有沉香亭、龙堂等遗址。（何岁利）

【勤政务本楼遗址】 唐代宫殿建筑遗址。位于陕西省西安市兴庆宫公园西南角。是唐玄宗举行改元、科举、大赦等重大典礼之地，也是每年正月十五上元节、八月初五千秋节携杨贵妃登临此楼向群臣百姓致意、与民同贺之所。1958—1959年进行调查和发掘。形制呈长方形，为城门楼式建筑。从现存石柱础看，楼址东西广5间、进深3间。其中，正中一间为门道，宽4.9米，有石门限两道，上凿车辙沟槽，车辙间宽1.38米。西端保存有门枕石。门道两侧各为夯土台和柱础一排，均是暗础。门道北端两侧遗迹可能是东西对称的楼梯遗存。（龚国强）

勤政务本楼遗址复原透视图

【花萼相辉楼遗址】 唐代宫殿建筑遗址。位于陕西省西安市兴庆宫公园西南角，紧邻勤政务本楼遗址。始建于唐代开元八年（公元720年），是唐玄宗时接待国外使臣、举办生日宴会、与民众交流同乐的重要场所，同时也是玄宗与弟兄们游乐之地。1958—1959年进行调查和发掘。破坏较严重，清理出南北平行的石柱础8个，彼此间距4米。“花萼相辉”楼名取自《诗经》“常棣之华，鄂不韡韡。凡今之人，莫如兄弟”之句，意即兄弟情谊，如同花与萼一样，相互辉映。玄宗曾专门制作长长的枕头和宽大的被子，与弟兄们同床共寝于此。上元时节，玄宗还登楼临街观赏花灯，酬答民众的聚观和欢呼。时享“天下第一名楼”的美誉。（龚国强）

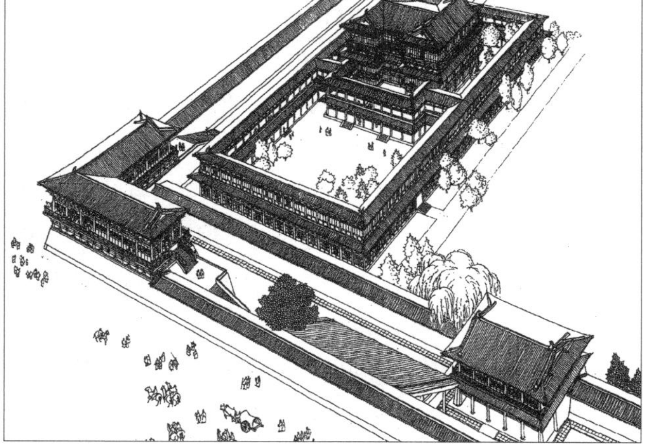

花萼相辉楼复原鸟瞰图

【唐长安城西市遗址】 唐代长安城商业和手工业中心遗址。位于陕西省西安市莲湖区东桃园以东、老糜家桥以西、东桃园桥以北、中国航空器材公司西北分公司以南。隋称“利人市”，在皇城外西南部。1959年、1960年、2006年先后进行三次钻探和发掘。平面略呈正方形，南北长1 031米，东西宽927米，面积0.96平方千米。北面、东面尚存夯筑围墙基址，基宽4米。市内有井字形纵横街道四条，均宽16米，将整个市区划分成9个长方区域。街道距地表深1.8～2.7米，为土路面，经长期碾压，表面车辙痕迹明显，路土厚0.3米许。各街两侧均设水沟，有的为砖砌暗道，沟外侧为人行道。临街商业店铺等遗迹，规模不大，面阔4～10米，进深3余米，店铺后往往有加工作坊遗迹。出土遗物分建筑构件、日用品、装饰品、加工工具、钱币等五大类，其中以日用品为主。建筑构件主要有长砖、方砖、兽面砖、板瓦、筒瓦、瓦当等；日用品主要有碗、盆、罐、瓮等；装饰品有料珠、珍珠、玛瑙、水晶、骨簪、骨卡、刻花骨饰、铜饰品等；加工工具为石臼、石杵、铜雕刻器、铁钉、铁棍等；钱币有“开元通宝”、“乾元重宝”等。对探索唐长安城都市生活面貌具有重要意义。（龚国强）

【青龙寺遗址】 唐代寺庙遗址。全国重点文物保护单位。位于陕西省西安市铁炉庙村北高地处唐长安城延兴门大街之北、新昌坊南隅。青龙寺始建于隋开皇二年（公元582年），初名“灵感寺”。唐武德四年（621年）废，龙朔二年（662年）复立为“观音寺”，景云二年（711年）改名“青龙寺”，以后又经历过废立、更名，到明代万历时废毁无存。1973—1980年曾多次进行勘查发掘。该寺东西长约500米，南北宽约260米，占唐新昌坊的四分之一，现仅保存部分遗迹。从发掘情况得知，西部为殿堂、回廊及塔等建筑遗迹。东部未见建筑遗迹，可能是园林部分。寺周围有残存围墙和山门基址。所出遗物除砖瓦建筑材料外，还有残石佛、鎏金小铜佛、小银佛、三彩陶佛残片、小陶佛塔及石灯台、经幢、石茶碾等。青龙寺在盛唐以后成为密宗教派的主要道场，许多高僧在此讲学传教。日本、新罗等国到长安留学的僧人，多在此学习密教，对日本佛教发展影响较大。（何岁利）

【西明寺遗址】 唐代寺庙遗址。位于陕西省西安市碑林区白庙村一带唐长安城中部偏西的延康坊西南隅。唐高宗显庆三年（公元658年）创建。1985年、1992年进行两次考古发掘。发掘面积近万平方米，揭露出该寺最东部的一组院落基址。基址南部为中央夹道和两侧的侧房，北部为殿堂和回廊组成的前后三进院落。前殿平面呈长方形，长50.34米，宽32.15米，基高1.29米。发现窖井、水井、排水道等附属设施以及鎏金小铜佛像、石灯台、“西明寺”刻铭的茶碾、玻璃鱼饰等遗物。据文献记载系仿印度祇洹精舍而造，寺广三百五十步，周围长数里，有“十院屋四千余间”。当时日本都城奈良大安寺，即依入唐僧人道慈所携西明寺图样而仿造。该寺同佛教南山律宗、东塔宗、法相宗都有密切关系，在此弘教的先后有玄奘、道宣、怀素、道世、圆测、慧琳、善无畏、不空等高僧，日本空海、圆载等入唐僧人亦曾入住该寺。《考古》1990年第1期有《唐长安西明寺遗址发掘简报》。（龚国强）

【醴泉坊三彩窑址】 唐代窑址。位于陕西省西安市西门外西关正街以南、劳动南路以西，原为隋唐长安城醴泉坊所在地。1999年进行发掘。清理出残窑4座、灰坑10个，出土唐三彩、窑具、模具及骨器、角料等大量遗物。2008年出版有《唐长安醴泉坊三彩窑址》。（龚国强）

【何家村金银器窖藏】 唐代窖藏遗址。位于陕西省西安市南郊何家村唐长安城兴化坊内。1970年发现并发掘（见彩版32唐代遗物“刻花赤金碗”、“舞马衔杯纹皮囊式银壶”、“掐丝花卉金杯”）。在两个高65厘米、腹径60厘米的巨瓮和一件高30厘米、腹径25厘米的大银罐中，贮藏有金银器、玉器、宝石、金石饰物、金银货币、银铤、银饼和药材等千余件。其中金银器物达265件，是唐代金银器的一次空前大发现。金银器中，饮食器有碗、盘、碟、杯、壶、羽觞等130件，药具有锅、盒、铛、瓿、石榴罐等49件，盥洗器有罐、盆、水器等14件，日用品有灯头、熏炉、熏球、锁钥等32件，装饰物有钗、钏、铃铛等40件。据唐代花纹及金银器形制的编年，窖藏年代上限可早到公元7世纪中叶，下限可到8世纪中叶。（何岁利）

【大明宫遗址】 唐代宫殿遗址。全国重点文物保护单位。位于陕西省西安市北龙首原上。因在太极宫东北，亦称“东内”。为唐长安城三大宫室中规模最大的一处，始建于贞观八年（公元634年），是太宗为其父李渊“消暑”而建，初名“永安宫”，后曾几次易名。龙朔二年（662年），高宗迁入居住，其后成为唐代主要朝会之所。唐末大明宫多次遭战乱破坏，广明元年（880年）十二月，黄巢农民起义军曾在此宣布建立大齐政权。天祐元年（904年）迁都洛阳时废毁。1957年以来长期进行考古调查和发掘，发现宫殿阁亭遗址40余处（见彩版32唐代遗物“鎏金铺首”）。大明宫平面形状南部呈长方形，北部呈梯形，周长7.6千米，面积约3.2平方千米，共有11座城门，丹凤门为正门。南北中轴线上，自南至北纵列含元殿、宣政殿、紫宸殿。含元殿为大明宫正殿，是皇帝举行重大庆典和朝会的地方。宣政殿是皇帝临朝听政之处，紫宸殿是内朝正衙。麟德殿位于大明宫

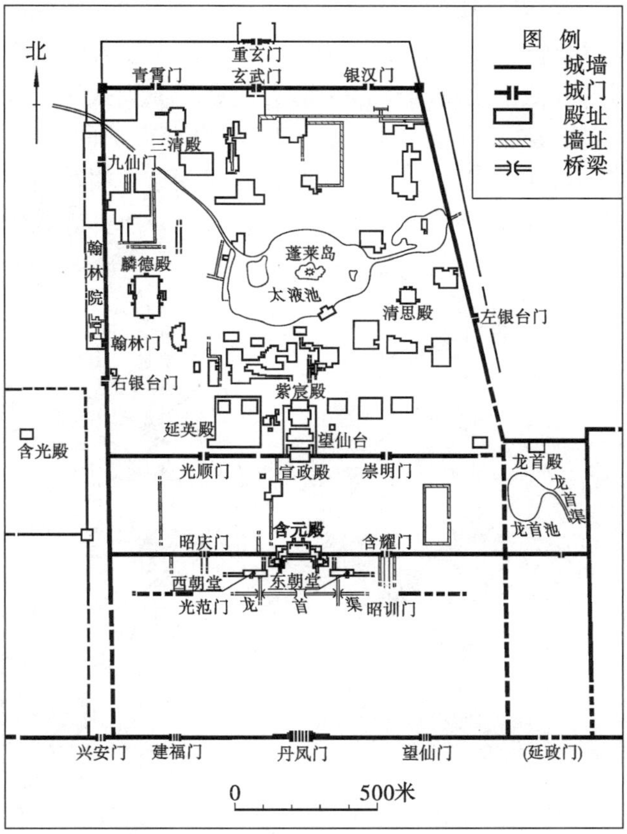

大明宫遗址平面图

的西部，是皇帝宴会和接见外国使节的便殿，由前后毗连的3座大殿组成，左右各建有1亭、1楼，周绕回廊。大明宫北部、龙首原北沿，为太液池（亦称“蓬莱池”）为中心的宫廷园林区，建筑形式多种多样，堪称唐代园林建筑的杰作。1959年出版有《唐长安大明宫》，2001年出版有《唐大明宫遗址考古发现与研究》。2010年10月，大明宫遗址公园被国家文物局列入首批国家考古遗址公园名单。（龚国强）

【丹凤门遗址】 唐代宫城城门遗址。位处陕西省西安市大明宫南垣正中，北距含元殿遗址660米。丹凤门是唐代皇帝进出大明宫的主要通道，也是宣布登基改元、颁布大赦令等重要政治场所。约唐高宗龙朔二年（公元662年）始建，唐末废毁。2005年中国社会科学院考古研究所西安唐城考古队进行发掘。门址上部建筑已毁，唯留有基座。墩台基座东西长74.5米，南北宽33米，共有5条门道，每条门道宽度约为9米，门道之间隔墙宽3米。门内东、西两侧沿城墙各筑有长54米、宽3.5米的马道。为迄今为止中国考古发现规模最大、门道最宽的一座宫门遗址。（何岁利）

【玄武门遗址】 唐代城门遗址。(1) 位于陕西省西安市唐长安城太极宫北垣正中偏西。唐时曾先后发生过三次影响政局的重大事件，其中最著名的就是“玄武门之变”，李世民即借此登基成为太宗。该门址因被现代建筑所压，故仅探得部分门道的痕迹，其形制已不明。(2) 位于陕西省西安市大明宫国家考古遗址公园内北宫墙中部略偏西处。唐贞观八年

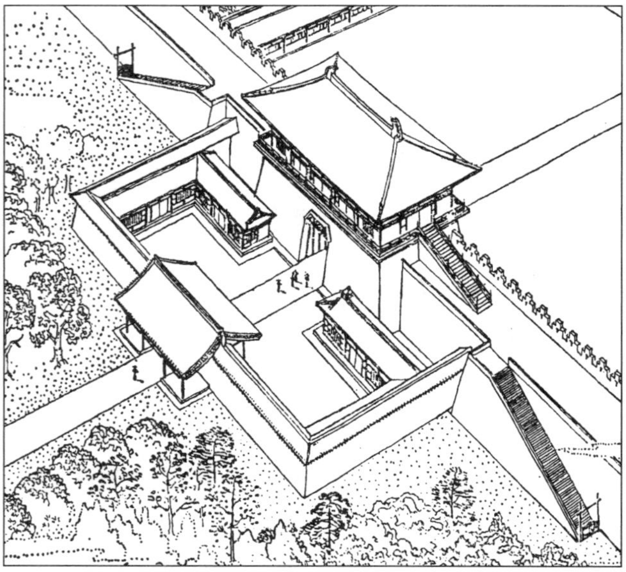

大明宫玄武门遗址复原鸟瞰图

（公元634年）始建，德宗时重建门楼。1957年发掘。夯土筑成，存高达3米，外表包砌厚0.7米的砖壁。平面呈长方形，东西长34.2米，南北宽16.4米。单一门道，中横石门槛一道，高出地面30厘米，上面凿有车辙槽两道，轨距1.3米。该门是大明宫重兵驻扎的宿卫禁地。唐宫廷政变，如李隆基除韦后，李豫除张后，皆发难于此。其北有夹城及对应的重玄门。（何岁利　龚国强）

【含元殿遗址】 唐代宫殿遗址。位于陕西省西安市大明宫国家考古遗址公园中部。为大明宫正殿遗址。建成于唐高宗龙朔三年（公元663年），毁于僖宗光启二年（886年），前后共使用220余年。是唐朝皇帝听政及举行外朝大典活动的场所。元旦、冬至时多在此举行大朝会，册封、改元、阅兵、受贡等亦多在此举行。遗址高出平地15.6米，由大台、大殿、两阁、廊道、龙尾道和殿前广场组成。大殿台基有3层，高15米多，东西长75.9米，南北宽41.3米。殿面东西长67.33米，南北宽29.2米，面阔11间，进深4间，左右接东西向廊道，并分别南折，与建于高台上的翔鸾、栖凤两阁相连（见彩版30唐代遗址“西安大明宫含元殿遗址”）。2003年由联合国教科文组织主持实施的含元殿遗址保护工程竣工；2004年又建成含元殿遗址文物陈列馆和砖窑址保护厅。（龚国强）

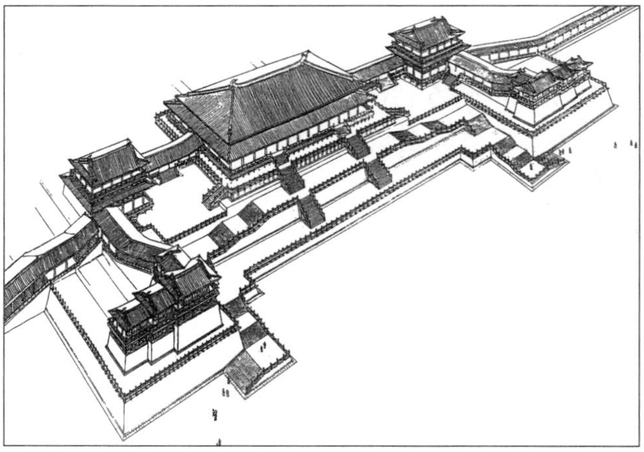

含元殿遗址复原鸟瞰图

【三清殿遗址】 唐代宫殿遗址。位于陕西省西安市北大明宫西北部。唐代宫廷内奉祀道教的建筑之一。1982年中国社会科学院考古研究所进行发掘。为1座高台基建筑遗址，规模宏大。平面呈长方形，高出当时地面14米，南北长73米，东西宽47米多。基坛向上收分，上部面积近3 000平方米。高台全以

黄土夯筑,周围包砌砖壁(厚1.25米)。砖壁的底部铺有长条基石二层。上殿阶道有两条。一条在台基南端正中,长14.7米。此道短而陡,可能是踏步式的阶道。另一条在高台北端的西侧,长44.3米。此道较长,坡度缓慢,即所谓慢道或称龙尾道。慢道上铺有海兽葡萄纹方砖。慢道两侧有石栏设施,在其两侧发现有石栏构件。慢道东部近高台处,下面断缺为一门道,并置有门限。看来是为便于南北通行,而在慢道下开一门道。出土遗物除大量的一般砖瓦建筑用材外,还有很多琉璃瓦、鎏金铜泡钉、鎏金龙首环形器、鎏金花瓣形铜饰片等多件及残铜佛等。(何岁利)

【太液池遗址】 唐代宫廷池苑遗址。位于陕西省西安市北郊大明宫中部偏北。2001—2005年进行发掘。由西池与东池组成。西池面积较大,是太液池的主池,东西最长处484米,南北最宽处310米。池底最深处距现代地表达5米左右,池内现存的蓬莱岛高出地面5米左右。另外在蓬莱岛以西100余米处,新发现一座岛屿,这座岛屿南北长约70米,东西宽50米,是太液池中现存的第二座岛屿。东池面积较小且被现代建筑占压,面积约3万平方米。考古发掘工作主要围绕西池展开,发掘面积已近2万平方米,发掘出池岸、道路、宫殿、廊庑、水榭、人造景园以及蓬莱岛南部的临池遗迹等。另外,还出土大量砖瓦、瓷器、唐三彩、铜饰件、石雕以及一件精美的石栏板等。(何岁利)

【麟德殿遗址】 唐代宫殿遗址。位于陕西省西安市北郊唐大明宫西北部坑底寨村东。西距宫城西墙仅90米,皇帝常在此宴请近臣蕃使和观赏乐舞。中国社会科学院考古研究所(分别于1957—1959年、1983年)进行两次发掘。遗址包括前殿、中殿和后殿三部分,故又称为"三殿"。殿堂已毁,唯有台基和殿基址。台基平面长方形,南北长130.41米,东西宽77.55米,是以土夯筑的上下两层重台,一层台高1.4米,重台高1.1米,周围砌有砖壁。重台比一层台东西两侧内收6.2米,南端收进8米,重台之上居中位置发现柱础南北17排,东西10排共164个,分前、中、后三殿址,以中殿为主殿。中殿东西广9间,加上两山为11间,南北进深5间,前后各有三座殿门,南北相对,中间大门稍宽,门前有铺砖的台阶。正面南墙为砖砌,其余各墙皆为夯土筑成。地面大多铺石块。前殿与中殿只隔一间宽约6米的通道,东西亦广11间,中间减6柱,地面全铺磨光石块。后殿只是一墙之隔,两山墙与中殿相连,地面全铺素面方砖。后殿稍北,东西各有向外突出的小型耳室一间,西边耳室内还砌有圆盆形建筑。殿周围还绕有回廊一周,后殿东西两侧又对称有郁仪楼、结邻楼,楼前又有东西二亭,其布局正规严密、对称和谐、主从分明。(何岁利)

【清思殿遗址】 唐代宫殿遗址。位于陕西省西安

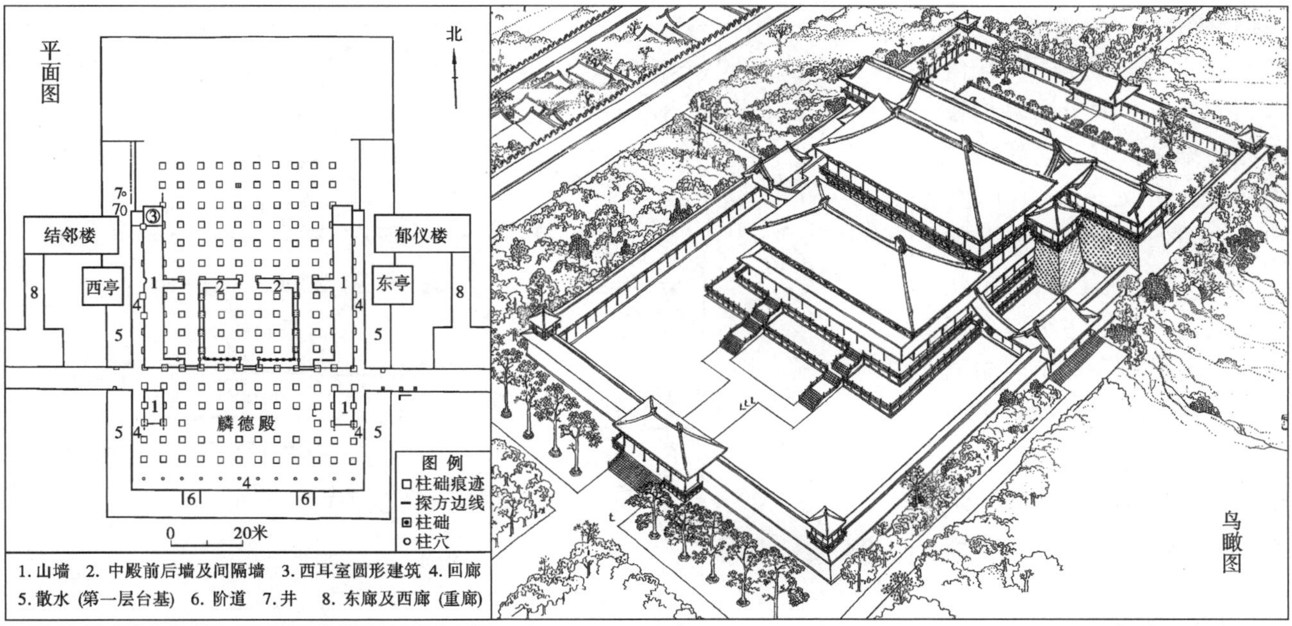

麟德殿遗址平面图及复原鸟瞰图

市北郊大明宫国家考古遗址公园东北部。唐敬宗时建，位于大明宫左银台门内、太液池东南。20 世纪 80 年代发掘。台基呈长方形，东西长 33 米，南北长 22.8 米，面阔 11 间，进深 4 间。据《旧唐书》记载，敬宗建此殿时，曾用铜镜 3 000 片和黄、白金箔 10 万番进行奢华装饰。考古发掘曾出土铜镜残块若干。殿址外围院落宽大，曾是敬宗打马球场所。（龚国强）

【含光殿遗址】 唐代宫殿遗址。位于陕西省西安市大明宫国家考古遗址公园中部西侧外。1956 年发掘。遗址破损严重，形制不清。出土奠基石志一方，正方形，边长 53.5 厘米，志石正面刻有“含光殿及毬场等大唐大和辛亥岁乙未月建”字样，表明该殿为唐文宗大和五年（公元 831 年）11 月所建，是唐代宫廷内建有马球场的实证。（龚国强）

【翰林院遗址】 唐代中央官署遗址。位于陕西省西安市大明宫国家考古遗址公园西北部唐大明宫右银台门北夹城内。1983—1984 年发掘出翰林院南部遗迹，清理出 5 座房屋建筑基址及砖道等遗迹，与《唐会要》、《两京城坊考》所载：“开元二十六年（公元 738 年），翰林院北厅五间，中隔花砖道，承旨居北厅东第一间”相吻合。唐初翰林院为内廷供奉之所，玄宗时置翰林待诏供奉，分掌制诰，参与机密，其后其职渐重，变成文学和儒臣定职。（龚国强）

【东朝堂遗址】 唐代殿堂遗址。位于陕西省西安市大明宫国家考古遗址公园中部大明宫正殿含元殿翔鸾阁之南 30 米处，与西侧西朝堂对称，为百官等待入朝的场所。太子和宰相曾在此会见过百官。唐高宗龙朔二年（公元 662 年）建。1982 年进行发掘。为坐北朝南、廊庑结合的建筑，分早晚两期遗迹。早期建筑包含一座大型庑殿和一道东西向墙垣，基台平面呈长方形，东西长 73 米，南北宽 12.45 米；晚期改建和扩大，向东移 16 余米，东西缩至 68 米，南北增至 16 米。（龚国强）

【含光门遗址】 唐代城门遗址。位于陕西省西安市明城墙含光门段。1983 年城墙整修过程中发现并发掘。门址呈长方形，夯土版筑，长 37.4 米、宽 19.6 米，存高达 8 米余。三门道，东门道残存有唐宋两代路面。遗址西部有砖砌过水涵洞，南北两端口有带菱形栅孔的石块，栅孔中残留有铁块。今有唐皇城墙含光门遗址博物馆。（龚国强）

【内重门遗址】 唐代城门遗址。位于陕西省西安市北郊大明宫国家考古遗址公园北部。1957 年、1958 年进行发掘。位处玄武门南 20 米，是与玄武门相配套的小门。门两侧夯土墙厚 2 米，东、西分别延伸距 20 余米处北折与宫城北城墙相接，与玄武门一起形成一个可封闭的空间。墙基、散水和柱础等遗迹表明，此门是三间式平房穿堂门，中间是门道，宽与玄武门门道相同。（龚国强）

【重玄门遗址】 唐代城门遗址。位于陕西省西安市北郊大明宫国家考古遗址公园北部，南距玄武门 156 米，遗址保存较好。1957—1958 年进行两次发掘。夯土基座东西长 33.6 米，南北宽 16.4 米，存高 4 余米。门址外表包砌砖壁。单门道，中间横有三道青石门槛，间距 2.45 米，两端有枕石。与玄武门同，是北衙禁军宿卫重地。（龚国强）

【隋仁寿宫唐九成宫遗址】 隋唐时期宫殿遗址。位于陕西省麟游县城内。为隋唐皇帝避暑纳凉的离宫所在。1978—1994 年进行较全面的考古调查和发掘。宫城始建于隋文帝开皇十三年（公元 593 年），由宇文恺设计建造，初名“仁寿宫”。唐贞观五年

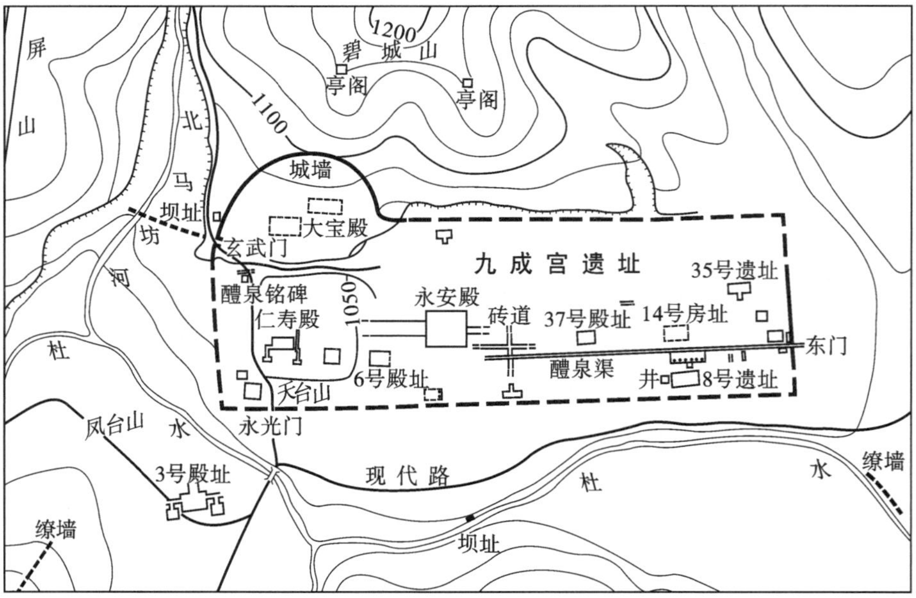

隋仁寿宫唐九成宫遗址平面图

(631 年)修葺沿用,改称“九成宫”。永徽元年(650 年)唐高宗即位后,改九成宫为“万年宫”,后又复名“九成宫”。仪凤三年(678 年)后逐渐荒废。宫殿规模宏伟、景色壮丽,唐宰相魏徵所撰《九成宫醴泉铭》对此有生动的描述,唐画家李思训曾作有《九成宫纨扇图》(现藏故宫博物院)。遗址东西长 1 010 米,南北宽 300 米,城墙残长 448 米,残高 3～4 米,发现有“九成宫醴泉铭”碑、高宗御书“万年宫铭”碑、缭墙、阙门基址、北城门遗址、1 号殿址、3 号殿址、37 号殿址、石砌水井、石砌水渠等遗迹。(龚国强)

【隋仁寿宫遗址】 见“隋仁寿宫唐九成宫遗址”。

【唐九成宫遗址】 见“隋仁寿宫唐九成宫遗址”。

【隋仁寿宫唐九成宫 37 号殿址】 隋唐时期离宫遗址。位于陕西省麟游县城内。殿址位于宫城中部偏东,始建于隋,唐代沿用,约毁于唐开成元年(公元 836 年)。1989—1994 年进行调查和发掘。殿址保存完好、形制清楚。坐北朝南,东西长 42. 62 米,南北宽 31. 72 米,殿面础石均在原位,中部减柱,可知面阔 9 间、进深 6 间。殿址包砌有雕饰精美的石构件。是隋代宫殿建筑的珍贵实例(见彩版 30 唐代

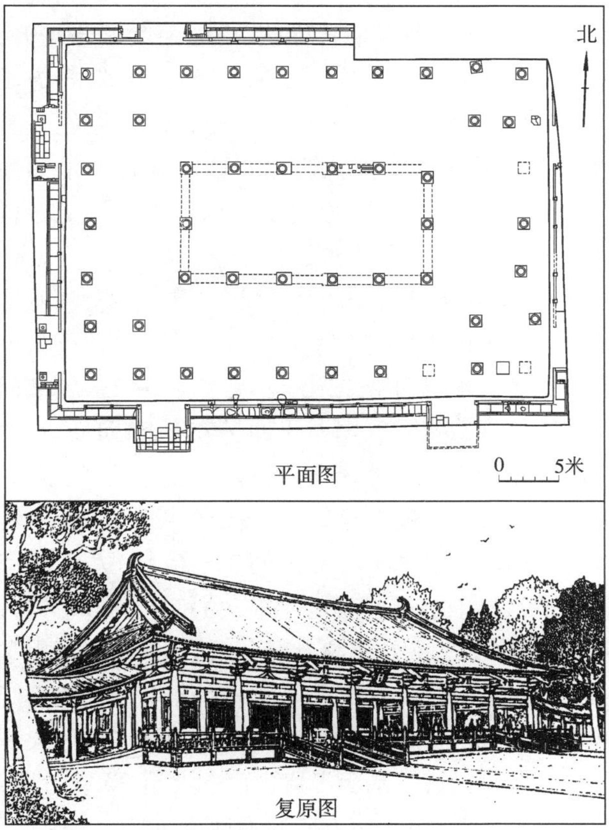

隋仁寿宫唐九成宫 37 号殿址平面、复原图

遗址“麟游九成宫 37 号殿址”),被评为 1994 年全国十大考古发现之一。(龚国强)

【九成宫唐井遗址】 唐代宫廷水井遗址。位于陕西省麟游县城内,唐九成宫宫城中南部。1980 年基建施工时发现。井圆形,深约 2 米。井口麻石质,呈圆形,井台刻八角葵花形图案,井壁以青砖砌筑。是迄今中国发现保存最完好、时代最早的宫廷水井。(龚国强)

九成宫唐井遗址复原图

【华清宫遗址】 唐代离宫遗址。全国重点文物保护单位。位于陕西省西安市临潼区骊山北麓。始建于唐太宗贞观十八年(公元 644 年),名为“汤泉宫”,高宗咸亨二年(671 年)改为“温泉宫”,玄宗天宝六载(747 年)定名为“华清宫”,安史之乱毁于兵火。遗址面积近 1 平方千米,四面各开有一门。1983—1988 年发掘部分。发掘面积 4 200 余平方米,发现九龙汤和海棠汤等遗址。海棠汤一名“芙蓉汤”,即“贵妃池”,池平面近似椭圆形,上下分二层台,第一层用 16 块券石砌成,第二层用 8 块券石做成平台,俯视像一朵盛开的海棠花。整个浴池全用青砖砌成,雕刻精湛,做工考究。今已重建九龙汤和周围的建筑物,中间为人造湖,西岸排列九龙汤、莲花汤和海棠汤三个浴池,东为龙石榭,北岸有飞霜殿和东西配殿(一为九龙殿)等。(何岁利)

华清宫九龙殿遗址复原图

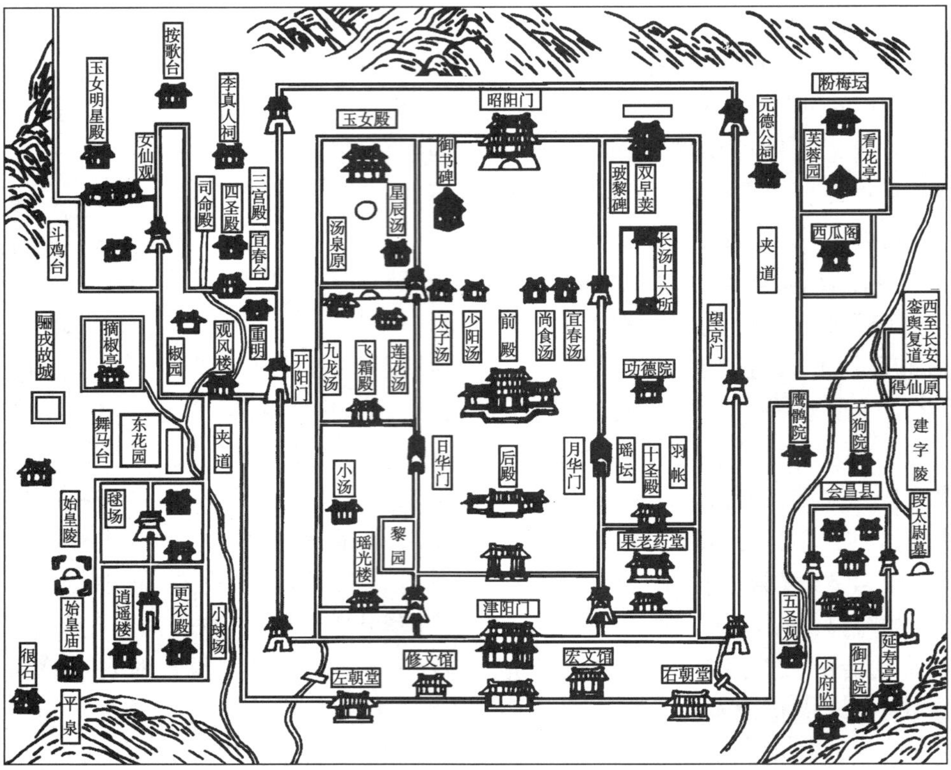

华清宫遗址图

【玉华宫遗址】 唐代离宫和佛寺遗址。全国重点文物保护单位。位于陕西省铜川市西北郊玉华乡玉华村北2千米的玉华山。始建于唐高祖武德七年(公元624年),太宗贞观二十一年(647年)扩建完成,次年太宗前往巡游,并在玉华殿召见玄奘,询问翻译佛经情况。唐高宗永徽二年(651年)改宫为寺,称"玉华寺"。显庆四年(659年),玄奘由长安慈恩寺移居玉华寺译经,长达4年,麟德元年(664年)圆寂于玉华寺肃成院。其后衰微,唐玄宗天宝年间被彻底废弃。20世纪70年代曾进行考古调查。初步确认宫址包括玉华山的凤凰谷、珊瑚谷、兰芝谷三个山谷,东西长约4 000米,南北宽200～300米,发现建筑基址、夯土围墙及唐代石窟等遗迹多处。石窟位处北面悬崖上,内存佛像石座,侧刻"大唐龙朔二年三藏法师玄奘敬造释迦佛像供养"20字。(龚国强)

【翠微宫遗址】 唐代行宫遗址。位于陕西省西安市长安区沣峪滦镇南浅山上的皇峪寺村。翠微宫为初唐皇帝避暑行宫之一,与玉华宫、九成宫齐名。初建于唐高祖武德八年(公元625年),唐太宗贞观二十一年(647年)重建,约于唐元和中废宫为寺。据文献记载,其正殿面北,名"云霞殿",朝殿名"翠微殿",寝殿名"含风殿"。旁有太子别宫,正门西开,取名"金华门",殿名"安喜殿"。20世纪90年代初,西北大学历史系进行考古调查。遗址所在现为一处山间平台,平台呈阶梯状,由北而南步步抬升,南北长1 000米,东西宽500米,面积约0.47平方千米。其中比较重要的发现为一处唐代主体建筑基址。寺内现存唐代佛石造像。还发现有大量的筒瓦、板瓦、莲花纹方砖、莲花纹瓦当等具有明显唐代特点的建筑构件。(李春林)

【法门寺佛舍利塔基地宫遗址】 唐代佛寺塔基地宫遗址。全国重点文物保护单位。位于陕西省扶风县法门镇。1987年发掘出土(见彩版34"扶风法门唐代法门寺遗物")。塔基平面呈方形,夯筑而成,由中心方座和外围方形基座组成。方形基座边长26米,石条砌边,基座上有20个柱础和4根角柱构成。中心方座就是塔基中心部位的夯土台基,边长10.5米。地宫位于塔基的中心部位,由踏步漫道、平台、隧道、前中后三室及秘龛七部分组成,形制略呈甲字形,总长21.125米。地宫构筑采用开挖方法挖出竖穴土圹,形成整个地宫的基槽,然后用石灰石、大理石进行明箍而成。踏步漫道由南向北有20级台阶,台阶南高北低,由6块方砖并列铺成,每级台阶有三层砖。20级台阶之北为平台,略作方形,由方砖平铺而成。平台北即地宫，共有四道石门。第一道石门内为隧道。石门以八块石材封堵。石门上有铁锁，由门额、门楣、门框、门扇、门槛和门枢石等组成。隧道南起第一道石门，北至第二道石门，呈长方形，南高北低，盝顶洞室，长5.1米，全部用石材构筑而成。第二道石门前重叠竖立有《大唐咸通启送岐阳真身志文碑》和《应从重真寺随真身供养道具及恩赐金银器物宝函等并新恩赐到金银器衣物帐碑》。石门内即为前室，位于明塔之下，平面略呈梯形，地面南高北低，铺地板石，东西壁均用石材构筑而成，盝顶。破坏较严重。室内中部偏北处放置绘彩四铺菩萨汉白玉阿育王塔，其左右有唐开元二十九年（公元741年）盝顶石函、单轮六环铜锡杖等。在前室北端第三道石门前东西放置一件石雕金毛狮。过第三道门就是中室。石门由7块石材组成。由门额、门楣、门框、门槛和门扇组成。中室略宽于其他各室。局部铺地板石，东西壁均用石材构筑而成，盝顶。中室正中放置汉白玉灵帐，其下未铺地板石，左右放象首金刚铜香炉、壶门高圈足座素面银香炉、内置鎏金捧真身菩萨的漆木箱等。中室最北端第四道门前东西各置一尊石雕天王像。过第四道门为后室。石门由8块石材组成，由左右门框、门楣、门槛和门扇组成。后室平面略呈梯形，北端较宽，平顶，为整个地宫的核心部位。东、西、北三壁均由两层石材砌成。铺地板石。遗物放置是以紧靠北壁中间的八重宝函及鎏金卧龟莲花纹五足朵带银香炉为轴线，分前后左右，成双成对，重叠放置，对称分布。在后室北壁北有一秘龛，东、西、北三壁各镶方砖一块，中置供养特3号灵骨舍利的铁函，龛口以2块条砖封堵。（韩建华）

【庆山寺塔基地宫】 唐代佛寺塔基地宫。位于陕西省西安市临潼区新丰镇。庆山寺始建于隋，唐武则天垂拱二年（公元686年）改名。平面呈“甲”字形，由斜坡道、甬道、主室组成。在塔基地宫甬道内发现“上方舍利塔记”碑，上刻“大唐开元廿九年四月八日”，表明塔建于唐开元二十四年（736年）。1985年发掘。地宫主室北壁正中置石雕释迦牟尼舍利宝帐，帐内依次置银椁金棺、两琉璃瓶，瓶中藏舍利。供养品有金、银、铜、铁、瓷、三彩、琉璃等质地的生活用具、供养器、法器以及“开元通宝”铜钱等。主室饰有表现释迦牟尼涅槃时哀悼场面的壁画。（龚国强）

【灞桥遗址】 隋至元代桥梁遗址。全国重点文物保护单位。位于陕西省西安市灞桥镇灞河河道中。始建于隋初，唐宋时期沿用，元代被废弃，为中国最早的大型多孔石拱桥。1994年因洪水冲刷而被发现和清理发掘。共清理出3孔桥洞、4座桥墩。4座桥墩造型、大小基本一致。桥墩长约9.5米，宽2.5米，用石条砌筑成船形，东西方向排列，南北两端均有分水尖，其上有石雕龙头装饰。墩距5.14～5.76米。发掘情况表明，遗迹残长约100米。桥拱腹中还清理出隋至元代各时期的瓷器、唐代石碑等遗物。该遗址为中国古代桥梁史和交通史研究提供了重要的实物资料。（龚国强）

【东渭桥遗址】 唐代桥梁遗址。全国重点文物保护单位。位于陕西省高陵县耿镇白家嘴村渭河南岸2.6千米处。东渭桥是唐代渭河三桥之一，为通往长安城的咽喉。日本请益僧圆仁曾随遣唐使经东渭桥进入长安，所著《入唐求法巡礼行记》中对该桥有详细记载。1981—1982年陕西省文物管理委员会和高陵县文化馆联合进行发掘。桥基遗址长548.8米、宽11米，为木柱桥。共发现木桩22排、计418根，分水金刚墙4处。木柱有方、圆形两种，木柱周围埋圆石以抵挡水流冲击。桥墩以青石条砌成，间以铁栓板连接。出土遗物还有木桩、铁栓板、铁钉、墨玉片、铜佛像、钱币等。（李春林）

【十二连城城址】 春秋战国至隋唐时期城址。全国重点文物保护单位。位于内蒙古自治区准格尔旗十二连城乡。由12座城址连接而成，其中考古证实有城郭的城址9座。城垣夯筑，夯层18～20厘米。出土有青铜戈、剑以及晚唐绿釉陶质小狗和白釉瓷质小山羊等遗物。其性质早期可能为春秋战国时期的魏国长城，晚期为隋唐时期的胜州榆林城。（龚国强）

【蒲津渡遗址】 唐代渡口遗址。全国重点文物保护单位。位于山西省永济市西黄河东岸。蒲津渡是古代河东通向关中的重要通道。1988年、1991年前后分两次进行发掘。发现古河堤约100米，出土铸于唐代开元年间的铁牛、铁人、铁山、铁柱和用于固定浮桥的铁链等，其中铁牛4尊、铁人4尊、铁山2座、七星柱1组（共7根）、夯堆3个。铁牛高约1.5米、长约3.3米，腹下有底盘，其下有6根直径0.4米、长约3.6米的铁柱斜向前方，功能为地锚，牛尾后均有横铁轴1根，长2.33米，用于固栓桥索。据测算，铁牛各重约30吨左右，加上铁人、铁山和铁柱等，各重约40吨。对研究唐代政治、经济、军事、文

化、桥梁架设、冶炼铸造以及黄河变迁等有重要的历史价值。现已设立永济唐铁牛博物馆给予保护。(李春林)

【尧头窑遗址】 唐至清代瓷窑遗址。全国重点文物保护单位。位于陕西省澄城县尧头镇。尧头镇古称“窑头镇”,因瓷窑较多而得名。明代县志记载,澄城“瓷砂始于唐”,明清时期最盛。窑头镇河岸的台地和崖坡上废弃的残垣、参差错落的旧瓷窑及耐火砖、匣钵、瓷片、窑渣布满山坡,从北到南约3里长绵延不断。河边的崖坡上至今还保留有5个采掘坩土的坑洞,一字排开,非常壮观。瓷器全部用土法手工生产,原料采自当地坩土,加工过程包括泥浆、制坯、施釉、煅烧四道工序。浆泥先取干土矿石粉碎,投入水池浸泡数日,再搅拌成浆,分池沉淀。粗泥制成瓮、盆等大件器皿,细泥做碗、碟等精细瓷器。造型粗中见细、拙中寓巧,给人以朴实自然的美感,与南方陶瓷细腻精巧的风格迥异。该遗址是陕西渭北历史上著名的民间瓷窑,有着1 300年的烧造历史。(石自社)

【安阳隋代窑址】 隋代青瓷窑址。位于河南省安阳市北郊安阳桥洹河南岸。1974年由河南省博物馆(今河南博物院)等开始调查和发掘。窑址南北长约350米,东西宽约260米,面积达9万平方米。安阳窑所烧制器物有碗、高足盘、四系罐、钵、杯、瓶等。器物胎体厚重,胎质较细腻,胎色灰白;器物里外施釉,外施釉不到底;釉为青色玻璃釉,有流釉现象。器物内底多有3个大支烧钉痕。器底多为饼足,微上凹。安阳窑烧制方法为支烧,未使用匣钵。隋代北方地区墓葬中出土的瓷器大多与安阳窑烧制器物相似。(石自社)

【隋唐洛阳城遗址】 隋唐时期东都城遗址。全国重点文物保护单位。位于河南省洛阳市城区。面积约45平方千米。1959年开始考古调查和发掘。平面略呈方形,南宽北窄,四面皆有城垣。主要由宫城、皇城、东城、含嘉仓城、郭城和西苑组成。郭城位于邙山南麓与伊河之间,洛河从郭城中部横贯而过,将其分为洛北和洛南两部分。皇城和宫城位于郭城的西北隅。皇城居宫城正南,北与宫城相接,平面呈东西向长方形。皇城内有南北向街5条、东西向街4条,将皇城格化为不同的衙署区。宫城位于皇城之北,东与东城和含嘉仓城相接。宫城由多重小城组成,其中洛城居中,北面有玄武城、曜仪城、圆壁城三重隔城,东西两侧各两重小城,诸小城南与皇城对洛城形成拱围之势。郭城内街道、坊里和市场,以洛河为界分成洛南里坊区和洛北里坊区两部分。城内街道纵横,将郭城格化为众多的里坊,形成棋盘式布局。自隋至北宋,该城历经多次大规模的修葺和重建,基本格局没有重大变化,其设计理念、建筑风格与形制布局在中国古代都城建设史上具有极其重要的地位,对后世都城的建设和发展产生过深远影响。“隋唐洛阳城遗址复原图”见455页。(石自社)

【隋唐洛阳城南市遗址】 隋唐时期洛阳城南市遗址。位于河南省洛阳市安乐镇曙光村、茹凹村一带。始建于隋代,称“丰都市”,占四坊之地。其东隔长夏门街东第三街与永泰、临圜二坊相邻,西临长夏门街东第一街,南至建春门街,北近洛河。文献记载,市内纵横道路各3条,将南市格化为不同的商业区。《大业杂记》载:“丰都市,周八里,通门十二,其内一百二十行,三千余肆,……市四壁有四百余店,……珍奇山积”。唐时改称“南市”,贞观九年(公元635年)后仅占一坊半之地。唐末五代曾在南市内筑垒,宋以后南市逐渐遭废弃。南市内曾钻探出十字街遗迹,并发现东西向街两侧排水渠遗迹,具有重要研究价值。(石自社)

【隋唐东都重光北门遗址】 隋唐时期城门遗址。位于河南省洛阳市唐宫东路北侧。2003年中国社会科学院考古研究所进行发掘。文献记载比较混乱,因其位于文献记载的东隔城重光门之北称其“重光北门”。门址为单门道结构,遗迹分为四期。一期门址,残存墩台、门道、马道和路土。墩台平面呈长方形,东西长29.95米,南北宽15.9米。墩台夯筑。门道,位于墩台中部,宽5.35米,南北进深15.9米。马道,位于墩台的东南角和西南角,南北皆宽1.9米。路土,位于门址北侧,呈南北向,发掘部分东西宽21米,厚5～15厘米。路土中部稍厚,两侧趋薄。二期门址,残存墩台、门道和路土。墩台,较一期变小,南边与一期墩台相重叠,北边、东边、西边皆内收。平面呈长方形,东西长19.35米,南北宽15.1米。门道,位于墩台东西正中,宽5.35米,南北进深15.1米。路土,位于门址北侧,呈南北向,发掘部分东西宽19米,厚5～15厘米。路土中部较厚,两侧渐薄。路土面上有许多车辙,单辙宽20～25厘米,辙沟深5～10厘米,辙距1.25米。三期门址,残存墩台、门道和路土。墩台,南边与一、二期墩台相重

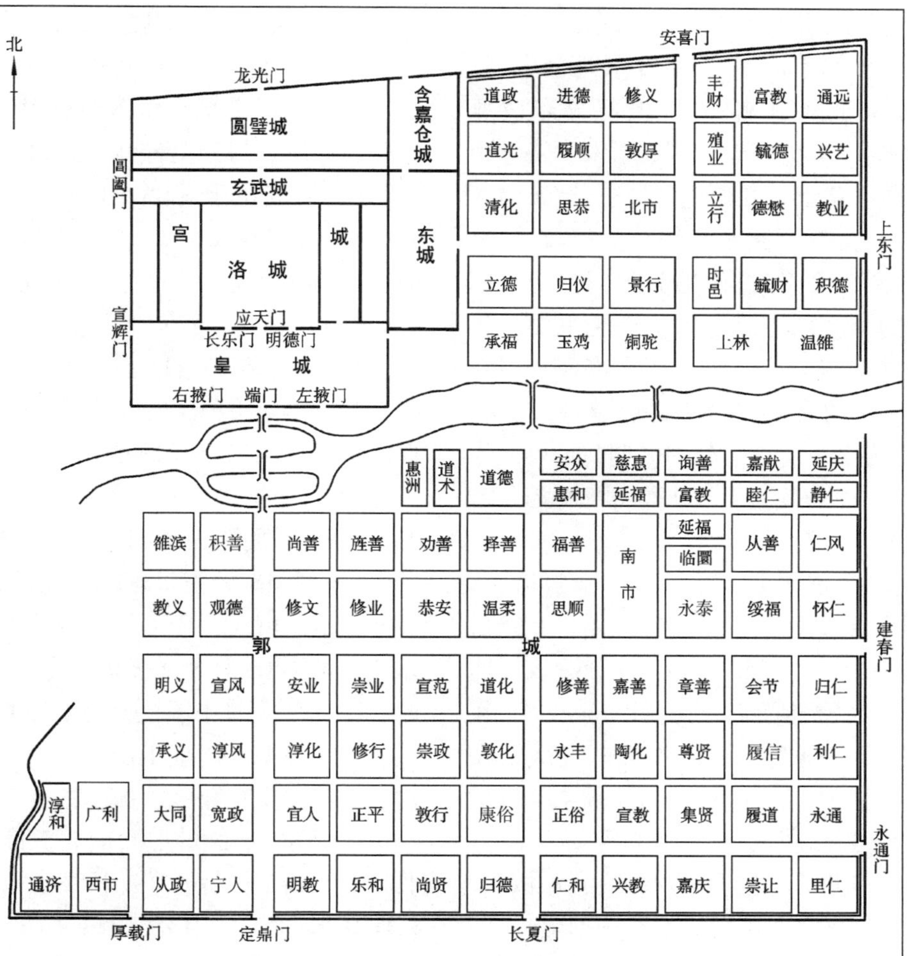

隋唐洛阳城遗址平面复原示意图

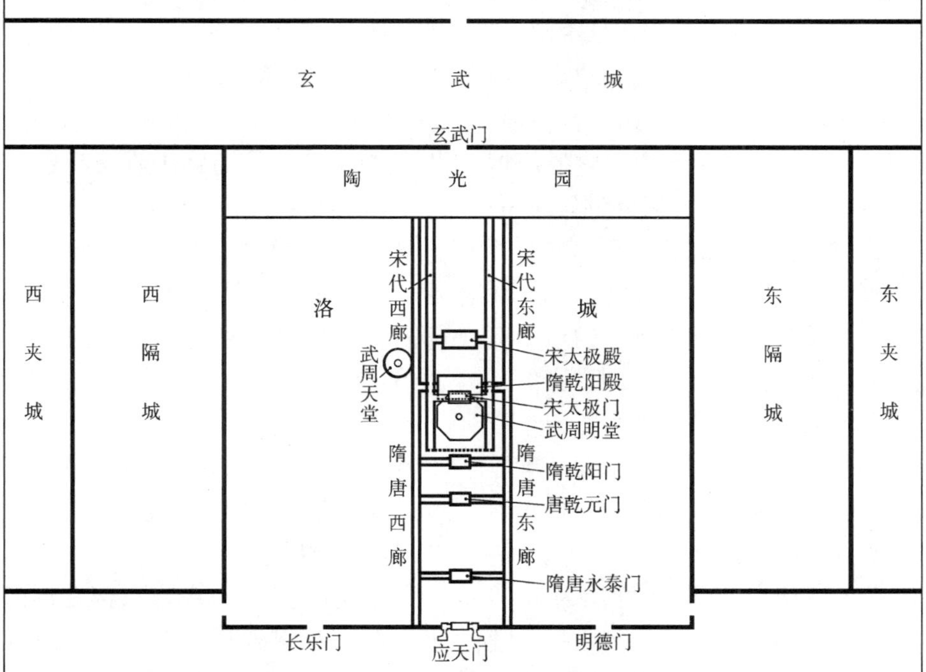

隋唐洛阳城遗址宫城（局部）平面复原示意图

隋唐洛阳城遗址复原图

叠，北边补筑夯土。墩台平面呈长方形，东西长32.3米，南北宽14.4米。门道，位于墩台东西正中，宽5.35米。路土，位于门道北侧，发掘部分东西宽25.5米，南北残长13.6米，厚5～20厘米。路土中间较厚，两侧趋薄。路土呈红褐色，坚硬，较杂，内含大量板瓦和绳纹砖碎片。路土中部车辙密布，辙宽20～25厘米，辙距1.25米。四期为封门夯土。门址废弃，被人为封堵。门道北部封门夯土平面呈长方形，夯土呈黄褐色，纯净，坚硬。门道南侧封门夯土破坏殆尽。门道内部填杂土，较硬，略经夯筑。一、二、三期门址为隋唐遗迹。其中一期门址可能为隋代，二、三期门址为唐代，四期为唐代晚期至北宋时期。（韩建华）

【隋唐东都宣仁门遗址】 隋唐时期城门遗址。位于河南省洛阳市老城区八角亭十字街路口。宣仁门是东城东墙上唯一一座门址。文献记载，该门隋大业年间始筑，历经隋、唐、宋三代。1996—1997年中国社会科学院考古研究所洛阳唐城队发现并发掘。宣仁门系一门三道结构。清理出遗迹主要有墩台、门道、隔墙、路土、封门遗迹。墩台平面呈长方形，东西两侧皆有包墙砖。包墙砖外侧有石铺散水。门道位于墩台中部，仅清理出南门道和中门道局部。南门道宽5.36米。中门道宽度不详。中门道与南门道的形制基本相同。门道两侧的地栿石南北对称分布，地栿石下有土衬石。门扉设在门道的中部，保存有结构完整的门砧石和立颊石。在南门道南侧门砧石上方形榫眼中清理出铁臼槽与铁鹅台各一件，为迄今为止发现的时代最早、形制最为完整的门枢构件。门限石仅存一方，平面呈长方形，将军石础嵌在门限石之间，平面呈长方形，南北长0.77米，东西宽0.5米。止扉石位于门道内侧南北两壁之下，深埋于砖铺踏道之间。撞石位于门道四隅。门道西南隅撞石保存较好。撞石直接坐在土衬石上，底部有榫与土衬石面上的石槽咬合。门道路面由石铺车道和砖铺人行道组成，人行道与车道相间排列。车道位于门道中部，分为南北两排，呈东西向。每排车道石宽0.85～0.95米，两排车道间中心距为1.5米。人行道分两条，位于车道的南北两侧，宽均为1.29米，由长方形砖横向侧砌，砌砖有大小之分。在砖铺人行道下发现早期路土遗迹。路土呈灰褐色，较坚硬，直接压在早期城垣基槽夯土上，呈东西向，南北残宽4.1米，厚0.11米。在早期路土与砖铺人行道间，有一层较杂的深褐色夯土，夯层中含红色颜料和光面瓦片。在门道内发现并清理出封堵门道的夯土遗迹。夯土呈浅黄色，较硬，内杂较多建筑构件和瓷器残件。在封门夯土外侧还清理出包墙砖，东西宽0.8米。隔墙位于南、中两条门道之间，夯筑，南北宽2.9米，东西残长3.2米。隔墙南北两面皆砌砖为壁。砖壁上先漫抹草拌泥，再在草拌泥上涂红彩。（韩建华）

【隋唐东都厚载门遗址】 隋唐时期城门遗址。位于河南省洛阳市城区。厚载门是隋唐东都郭城南墙偏西之门，东与定鼎门相隔二个里坊。1960年曾简单清理。门址压在古洛渠之下，为三门道结构。残存基石两排，间距为5.45米。（石自社）

【唐东都圆璧城南门遗址】 唐代城门遗址。位于河南省洛阳市唐洛阳城圆璧城南墙正中，东距宫城东墙1 030米，即今洛阳市邮电局道北路营业所院内。1997年8月中国社会科学院考古研究所洛阳唐城队进行发掘。门址坐南朝北，为单门道庑殿式结构。遗迹主要有墩台、门道、路土。墩台由6个夯土条组成，平面皆呈长条形，南北3排，每排东西各一。北排夯土条东西皆长14.25米，南北皆宽4.35米，残厚0.95米。居中夯土条东西皆长10.9米，南北皆宽2.6米，残厚1.04米。南排夯土条东西皆长15米，南北皆宽4.5米，残厚约0.8米。夯土呈红褐色，坚硬，较净。夯层厚5～8厘米。夯窝圜底方口，边长3～5厘米。门道位于墩台中部。门道南北进深约19米，东西宽约5米。门道内，仅存路土遗迹，分早晚两期。早期路土直接压在圆璧南门墩台之下，呈南北向。路土从门道底部穿过，钻探和发掘部分南北总长45米，厚0.1～0.15米。路土呈黑灰色，坚硬、较净，起薄层。路土面上清理出许多车辙。晚期路土与门道同期。门道内，路土东西宽约4米，厚约35厘米。路土分为6小层，层厚5～8厘米。每小层皆形成一个硬面，且硬面之上皆可清理出相当清晰的车辙。门道南北两侧，路土保存较好，发掘部分南北总长45米。路土呈红褐色，坚硬、纯净，厚0.4米。（韩建华）

【唐明堂遗址】 唐代东都武周时期宫城正殿遗址。位于河南省洛阳市城区。1986年中国社会科学院考古研究所开始考古发掘。遗址位于东都城宫城中心，宫城正殿隋曰“乾阳殿”，唐称“乾元殿”，武周时期创建明堂，号称“万象神宫”。遗址中心为一大柱坑，底部柱础由4块大青石组成，柱石周用砖砌八角形短墙。基址夯土平面呈八边形，东西、南北径约88米，自内而外分为五个部分，每个部分厚度不同，中心部分厚达10米，外圈仅厚1.2米，应与各层承重不同有关。（石自社）

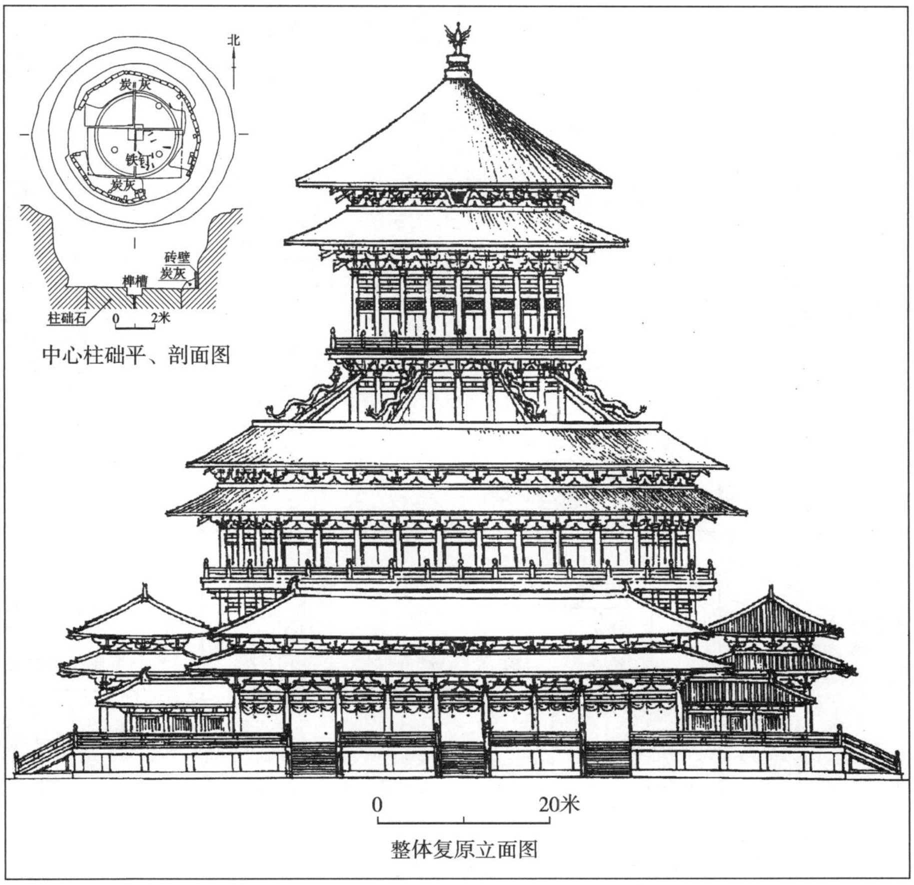

唐明堂遗址整体复原立面图

【唐天堂遗址】 唐武周时期佛堂遗址。位于隋唐洛阳城宫城中部（见彩版30“洛阳天堂遗址”）。武则天命薛怀义主持建造以贮佛像。宫城正殿明堂西北约155米，处于宫城轴线区域西侧，是一处方形台基上有五重圆形承重基础的建筑基址，建筑形制非常独特。基址仅存建筑台基部分，台基略呈方形，南北长77.7米，东西宽69.15米。台基中心为石砌圆形坑，其外有两周柱础石、一周夯土基础和一周碎石块建筑基础。柱础石两圈，内圈础石12个，外圈础石20个，础石为四块青石拼合而成，并为由一层夯土、一层础石层层叠加而成。夯土基础一周，宽5.35米，直接打在生土之上。碎石基础一周，为由残石块组成的圈形带状建筑基础，宽约0.5米。（石自社）

【定鼎门遗址】 隋唐至五代城门遗址。位于河南省洛阳市洛龙区赵村和曹屯之间。定鼎门为隋唐洛阳城和五代北宋西京城郭城的南垣正门。综合田野发现和文献记载，定鼎门始筑于隋大业元年（公元606年）正月，相继被唐、后梁、后唐、后周和北宋定为郭城正门，沿用时间长达530年。遗址大致可以分为隋至盛唐、盛唐时期、晚唐时期、五代至北宋等4个时期。各时期门址保存遗迹略有不同，而以盛唐时期和晚唐时期的遗迹保存较为完整，残存遗迹主要有墩台、门道、隔墙、飞廊、阙台、马道、涵道、门外排水设施、定鼎门街、定鼎门街东西两侧排水设施、定鼎门外东西向道路、定鼎门外南北向道路、定鼎门外宋代建筑基址等。东西飞廊和东西两阙分别位于墩台的东西两侧，而与墩台平行，并以墩台纵向轴线为中心东西对称分布。此种门阙形制目前仅见于定鼎门遗址。（陈良伟）

【应天门遗址】 唐代东都宫城正门遗址。位于河南省洛阳市城区。1980年开始发掘（见彩版30“洛阳应天门遗址东阙”）。应天门位于宫城南垣正中，隋称“则天门”，北宋称“五凤楼”。一门三道建筑结构，是一组以城门楼为主体，两侧辅以朵楼，向外伸出阙楼，其间以廊庑相连的巨大建筑群。门阙基址为三出阙，以条石砌基础，并铺有石散水。其建筑形制对后世都城产生了深远的影响。“应天门遗址图”见458页。（石自社）

【上阳宫遗址】 唐代宫苑遗址。位于河南省洛阳市城区。1989年开始发掘。上阳宫位于唐东都城皇城西南，南临洛水、西拒谷水，东西沿洛河北岸修廊而建，是一处大型皇家宫苑。已发掘部分有砖石砌壁的水池，池底铺卵石，池岸垒砌太湖石，岸边有立栏杆的柱洞，沿池建有廊房，其池曲屈，在西端通向水渠的尽头建有水榭。据记载，上阳宫内殿堂楼阁鳞次栉比，苍松翠柏四季常青，既是封建帝王游乐颐养之所，又是接见使臣、宴飨百官、处理政务的要

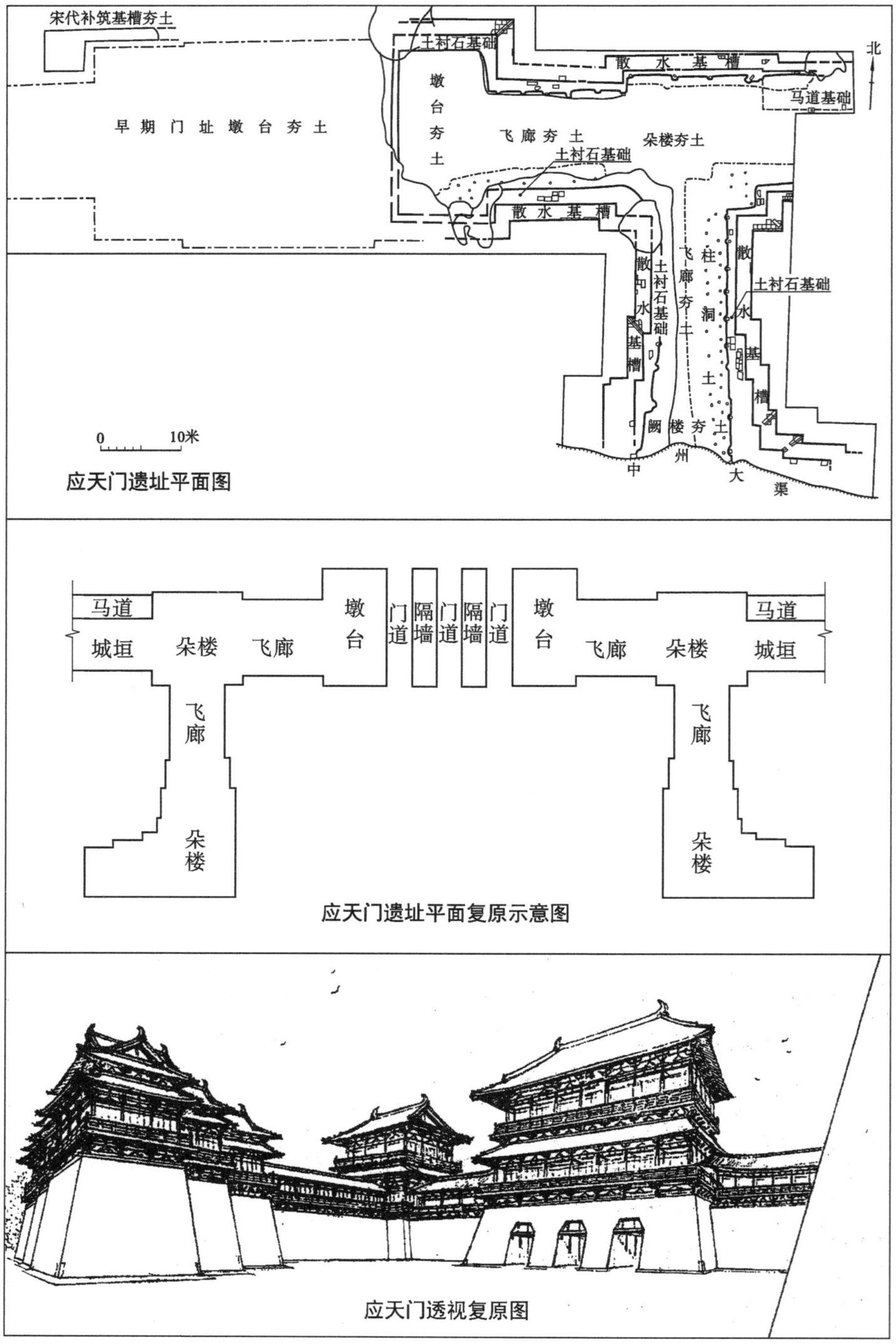

应天门遗址图

地，唐高宗和武则天时期常于此听政。《考古》1998年第2期发表有发掘简报。（石自社）

【九州池遗址】 隋唐时期宫苑遗址。位于河南省洛阳市城区。九州池为隋唐时期皇家园林。文献记载“其池曲屈，像东海之九州，居地十顷，水深丈余，鸟鱼翔泳，花卉罗植”。面积约25万平方米。1959年开始发掘。九州池位于宫城西隔城北部，东西长约205米，南北宽约130米，呈不规则形。池中发现多处椭圆形小岛，岛上有亭台建筑遗迹，池畔还发现有廊房和宫殿建筑基址。（石自社）

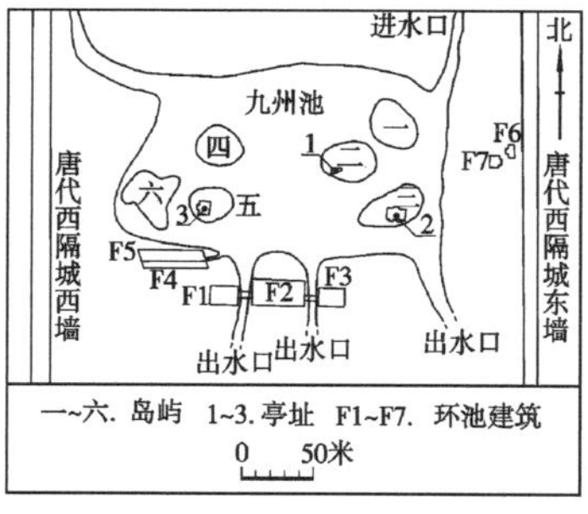

九州池遗址平面图

【含嘉仓遗址】 隋唐时期仓城遗址。位于河南省洛阳市城区。面积约43万平方米。1971年开始发掘。处于隋唐东都城宫城之东、东城之北。平面呈长方形,四面筑有夯土城垣。仓城内按街道分为四区:西北部为管理生活区,东南部为漕运码头,东北部和西南部为仓窖区。城内粮窖东西成排,南北成行,布列整齐。仓窖内出土大量记载粮仓情况的铭文砖,内容有粮窖所在的位置、储粮来源、入窖年月及管理人员的官职姓名等。1982 年出版有《隋唐东都含嘉仓》。(石自社)

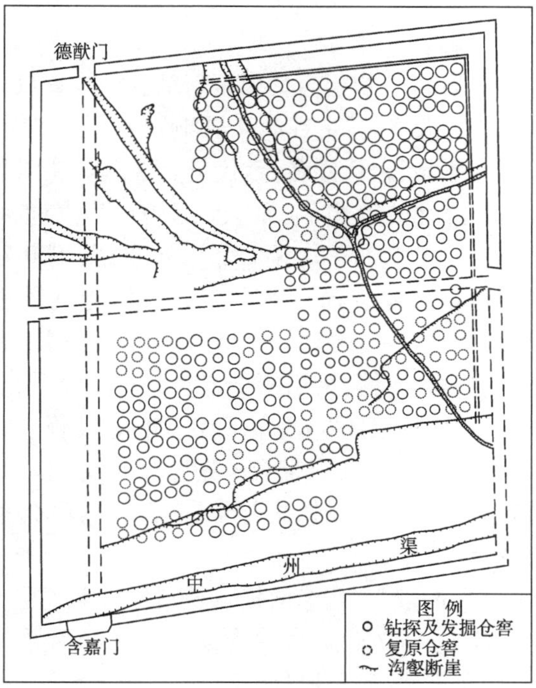

含嘉仓遗址平面图

【温柔坊遗址】 隋唐时期洛阳城里坊遗址。位于河南省洛阳市洛龙区安乐镇茹凹村西。处于洛阳隋唐城洛南里坊区中部偏北。其南临建春门街,北临建春门街北一街,东临长夏门街,西临定鼎门街东第三街,平面呈方形。以钻探资料为基础进行复原,以坊墙为准,里坊东西长和南北宽皆为 510 米。坊内发现有十字街,将坊等分为四部分,每部分又被两东西向横街等分为三部分,并在南坊墙正中发现了坊门,早期为双门道,晚期为单门道结构。在坊内还发现了成组民居建筑遗址,通常主体建筑坐北朝南,其前有庭院,侧有池苑和水井。唐宋时期中原地区典型的民居建筑布局形制。(石自社)

【恭安坊遗址】 隋唐时期洛阳城里坊遗址。位于河南省洛阳市洛阳师范学院西院。其南隔建春门街与宣范坊、西隔定鼎街东第二街与修业坊、北隔建春门街北一街与劝善坊,东隔定鼎街东第三街与温柔坊相邻。1959—1961 年对洛南里坊区进行勘探和调查,大致确定了恭安坊的位置和范围。2004 年又进行考古钻探和发掘。发现十字街将该坊等分为四部分,并在东南部发现了十字街南侧的东西向横街。在恭安坊中部发掘出一处庭院遗址,北临十字街东西向街,西临十字街南北向街,南临南一横街。庭院为前后两进式院落,前为横院,后为主院。主院以堂为主体,东西两侧辅以厢房。主院东侧又附一跨院。此外,主院东厢房内发掘出多处烧灶,应为厨房。为研究唐代民居生活及民居庭院空间布局提供了珍贵的资料。(石自社)

【奉先寺遗址】 唐代皇家寺院遗址。位于河南省洛阳市南郊龙门西山南麓、魏湾村北,东临伊河,洛阳至伊川公路从遗址中间穿过。大奉先寺主洞窟卢舍那大像龛南边约 1 千米处,是龙门石窟所属十寺八庵之一。奉先寺是唐高宗为祭祀其父唐太宗李世民所建。曾发掘出佛殿基址、建筑构建以及石刻造像、瓷器等珍贵文物,寺院整体布局尚不清楚。唐杜甫《游龙门奉先寺》诗曰:“已从招提游,更宿招提境。阴壑生虚籁,月林散清影。”(石自社)

【履道坊白居易宅址】 唐代诗人白居易宅院遗址。位于河南省洛阳市狮子桥村。1992—1993 年进行考古发掘。位于唐东都城洛南里坊区履道坊西北隅,面积约 11 000 平方米。宅院呈南北长方形,北半部为两进式宅院布局,宅院西、北有水渠环绕,渠外即为坊间大道。南半部为南园,园内有大面积的湖面,并有水道与坊墙西侧的水渠相通。遗址中出土大量具有晚唐风格的瓷器、生活用品等。还出土一件刻有“开国男白居易造此佛顶尊胜”等字样的残石经幢。(石自社)

【大周封祀坛遗址】 唐代祭坛遗址。全国重点文物保护单位。位于河南省登封市西 1.5 千米少室东麓万羊岗上。封祀坛是武则天封禅嵩山时筑的三坛中的一坛,为武则天禅地之所在,是个下方上圆筑土而成的祭坛,亦称“禅祭坛”。坛前立《大周封祀坛碑》、《大周封中岳碑》。今《大周封中岳碑》不存,《大周封祀坛碑》已倒伏,部分被土掩压,外露部分高 2.9 米,宽 1.06 米,厚 0.6 米,额题篆书“大周封祀坛碑记”。碑文由武三思撰文、薛曜书丹,楷书,37 行,每行 71 字,下部剥蚀,每行仅存 40 字左右。史载,唐天册万岁二年(公元 696 年),武则天到此行祭地之礼,并立此碑。碑文内容首论天地的重要和历代国君对封禅大典的重视。此碑书法结构遒密,堪称薛书之上品。今残留两三米高的土坛尚能看出“下方”的模样。方形土坛收缩六七米后,托起圆坛。(韩建华)

【黄冶三彩窑址】 亦称“巩县黄冶窑址”。隋唐时期窑址。全国重点文物保护单位。2006 年统一定名为“巩义窑址”。位于河南省巩义市(原巩县)站街镇大、小黄冶村附近黄冶河两岸。20 世纪 50 年代开始考古调查和发掘。创烧于隋,以青釉为主,白釉、黄釉较少,胎体厚重,多饼形器底,常见器型有碗、高柄盘、四系罐、钵、杯等。唐初基本上承袭隋代风格,烧造工艺提高,器物形制精巧,以白釉、黑釉为主,同时出现三彩制品并逐渐成熟。盛唐至中唐时期是黄冶窑址烧造的鼎盛时期,三彩制品基本取代了白釉和黑釉瓷,三彩器以日常生活用具为主,同时三彩俑类陶塑品大量出现。这一时期器物底部圈足基本上取代饼形底。晚唐时期,所制作精美三彩制品较少,生活实用器和小型器类、玩具占主导地位。黄冶窑基本上采用明火裸烧,隋至唐代初期以柱形支烧为主,盛唐以后除柱形支烧外,还有大量三叉支烧、圆形垫饼、窑柱、垫板等方法。此外,为充分利用空间广泛采用在窑柱上棚架垫板分层放置器物新工艺,是黄冶窑在装烧方法上的创新。黄冶窑的三彩制品行销全国,并远销海外,世界许多地方都有出土,为最具代表性的唐代三彩窑址。(石自社)

【巩县黄冶窑址】 即“黄冶三彩窑址”。

【巩义窑址】 见“黄冶三彩窑址”。

【密县瓷窑遗址】 唐宋时期瓷窑遗址。全国重点文物保护单位。位于河南省新密市。发现有西关及窑沟两处遗址。西关窑遗址于 1953 年发现,1984 年以来曾进行过三次发掘。长约 1 000 米,宽约 200 米,北至碗窑沟,南至菜园沟。在河沟两岸断崖上堆积着大量的窑具和瓷片,堆积层厚 1～3 米,遗物极为丰富。从瓷片标本看,有烧白、黄、青、黑各色釉及珍珠地划花等品种,珍珠地划花装饰在密县窑中出现最早,宋代较流行。窑址出土的五代鹌鹑纹小枕,纹饰具有仿唐金银器錾花工艺特征。根据器形特征判断,西关窑的烧造时间,可能始于唐代而终于北宋。窑沟窑址发现残瓷窑遗址 13 处,面积约 2 平方千米。根据出土的瓷器来看,主要是烧制白瓷,其次为黑瓷和白地黑花、珍珠地划花及三彩等品种。根据瓷器的形制、釉色、花纹判断,窑沟窑应创烧于五代,北宋时期达繁荣阶段,显然比西关窑遗址的时代为晚。(韩建华)

【邢窑遗址】 隋至宋代北方瓷窑遗址。全国重点文物保护单位。位于河北省临城、内丘二县交界的磁窑沟、程村、岗头、祁村、双井等处。1980 年、1985 年、1987—1991 年进行调查、试掘。窑址精品白瓷胎质坚硬、釉色洁白。出土器类有碗、盘、壶、罐、盏托等。窑具有筒形、漏斗形和盒式匣钵等。1997 年在邢台市区又发现一处隋代窑址。2006 年出版有《邢台隋代邢窑》。(王睿)

【定窑遗址】 唐至金代瓷窑遗址。全国重点文物保护单位。位于河北省曲阳县涧磁村及东西燕山村。唐代创烧,宋代闻名,金代仍有烧造。曲阳县宋属定州,得名“定窑”。20 世纪 50 年代前后和 1960—1962 年进行多次调查和两次发掘,2009 年进行了第三次发掘。唐代产品以黄、绿、青等釉色为主,五代后多为白瓷。北宋时开始以煤为燃料;有大量匣钵和覆烧支圈,采用覆烧方法。产品以白瓷碗、盘居多,器内壁以印花、刻花和划花技法装饰。同时也烧造黑釉、酱釉和绿釉等。定窑还曾为宫廷和官府烧造瓷器,曾出土刻“尚药局”、“官”、“新馆”等款的瓷片。(王睿)

【沧州旧城址】 唐宋时期古城遗址。全国重点文物保护单位。位于河北省沧县旧州镇。因城似卧牛,城中有铁狮,故又称“卧牛城”、“狮子城”。城墙夯筑,始建于西汉高祖五年(公元前 202 年),为浮阳县城。隋唐沿用,现今城墙已残缺不全,只有西、南两面还有断墙五段。城内面积约 430 万平方米,城墙基宽 40 米、残高 3～7 米,周长实测 7 787 米。城内路边断层地表和地下,到处可见有汉代的瓦当、夹沙红陶、绳纹陶片,南北朝的青瓷,唐代的青绿瓷,宋代的定窑、龙泉窑和元代的均窑等名窑出产的各色瓷器残片,还有小件骨器和大量的骨器废料等古代遗物。目前城内尚有后周铁狮、宋代铁钱堆、铁炉及开元寺等遗址。铁狮子是遗留至今的中国早期最大的铸铁艺术珍品,对研究我国冶铁史、雕塑史、佛教史均有重要价值。铁钱堆是当年钱库遗址,钱皆呈半熔化状态凝作一团,出土钱文皆崇宁、大观、政和、宣和通宝等。旧城遗址保存良好,其年代久远,形状奇特,是华北平原所特有的,也是华北平原现有的最大古城遗址之一。(韩建华)

【磁村瓷窑址】 唐至元代窑址。全国重点文物保护单位。位于山东省淄博市淄川区西南10千米的磁村镇磁村。窑址面积较大,村东、村内至村南2千米的范围内均有分布。明以前称“磁窑务”。窑址分为三区:南北窑洼区、苹果园区和华严寺区。南北窑洼区,在村东约0.5千米处,面积约15万平方米。1976年发掘窑炉12座,采集标本按器类和釉色特征可分为早、中、晚三期,早期以黑釉为主,次为青釉、酱釉、茶叶末釉,釉色较纯正,器物主要有碗、盆、瓶等;中期以白釉为主,有少量青釉,并施护胎釉,白度不高,胎以红胎为主,灰胎次之,很少白胎,以白釉加绿点彩的装饰居多,大多施在碗的内壁近沿处,出土器物以碗最多,次为钵、罐、瓶等;晚期以白釉为主,黑釉少见,出现了划花、剔花等装饰手法,出土的器物有碗、罐、碟、瓶等。从器物造型、釉色及制造工艺看,南北窑洼区当为唐代晚期至北宋时期的窑址。苹果园区,位于磁村南部,窑址现存面积2万平方米。地表散布有许多瓷片,以黑釉居多,青釉、酱釉次之,釉色不纯正,胎骨厚重,色为缸红、白、灰色等,器类主要有碗、盘、罐等。年代约为唐代。华严寺区,在磁村南部,面积1.6万平方米。1976年进行发掘,清理出烧煤窑2座、料池1个、作坊遗址1处,并采集了大量瓷片标本。釉色以白釉最多,次为黑色、酱色、黄色。白釉的白度很高,釉面光洁,胎亦白色,质薄而匀。制作规整,装饰精巧多样,有划花、剔花、篦纹、白地黑花、加彩、绞胎等,器物有碗、罐、盆、杯、盘,以碗居多。窑址年代为金代。(韩建华)

【隋江都宫遗址】　隋炀帝行宫遗址。位于江苏省扬州市西北蜀岗上。1988年在堡城西河湾解剖汉唐古城西北转角处时,发现隋江都宫遗址城墙转角。隋炀帝大业元年(公元605年)废除扬州总管府,改设江都郡,领有江都等16县,后又扩建城池。隋江都宫城及东城可能系利用汉广陵城基础修筑而成,平面呈不规则方形,整个遗址占地面积约2.6平方千米,唐代继续沿用。墙体夯土厚达12米,两侧砌有厚约1米的包砖墙,残高2米余。壁面城砖是特制的,青灰色,长35厘米、宽17厘米、厚8厘米。砖一侧为常见的垂直面,另一侧做成斜面。砌墙时斜面朝外,层层拼叠,与唐宋时期砌法迥异。(汪勃)

【隋唐扬州城遗址】　隋唐时期扬州城遗址。全国重点文物保护单位。位于江苏省扬州市老城区及西北郊。扬州城最初称为“邗城”,公元前486年吴王夫差所筑。战国楚怀王十年(前319年)筑广陵城,汉吴王濞都广陵,北魏太和四年(369年)、南朝宋大明二年(458年)又有修筑,隋沿用蜀冈上故城筑江都宫城。扬州城历代城池相互叠压,隋、唐、宋城遗址保存相对较好。整个城址主要由子城和罗城两部分组成,规模仅次于唐代的长安、洛阳,为全国第三大城市。整体平面呈L字状曲尺形,总面积大约20平方千米。子城,亦称“衙城”,是利用隋代宫城重加修筑而成,为官府衙门集中之地。建筑在蜀岗之上,迄今尚有土垣城墙可寻。平面呈不规则方形,仅西城墙成一条直线,其余三面城墙都有曲折。西墙长约1400米,东墙全长约1600米,北墙全长约2020米,南墙全长约2000米,面积约2.6平方千米。城墙为夯土版筑,四面城墙中间各有一座城门,城门和城角处包砖。子城南门称“中书门”,五代时改称“天兴门”。子城内有两条主要大街,呈十字形分布在城中间,与4座城门贯通,东西路全长约1860米,南北路全长约1550米,路宽10米,城中心交叉路口宽22米。罗城始建于唐代中晚期,城内分

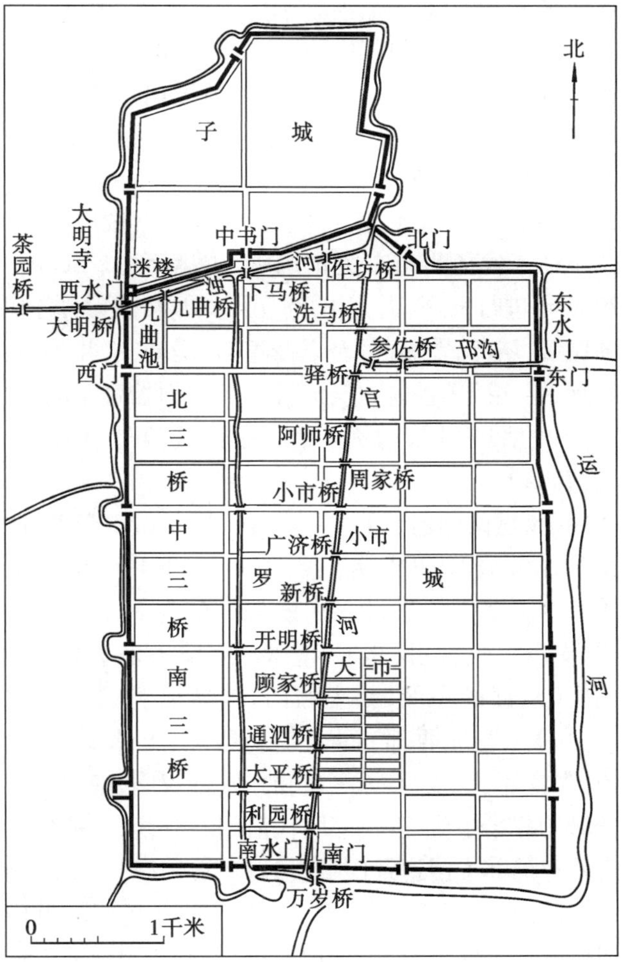

隋唐扬州城遗址平面复原图

为商业区和居民区。修筑于蜀冈之下的平原上，基本上为现代扬州城所叠压。平面大致呈竖长方形，北墙长约1 470米，西墙长约3 100米，东墙长约4 200米，南墙长约4 100米。罗城东南以古运河起为护城河，保存宽度约70米，西护城河为蒿草河，保存宽度约20米。罗城内河道纵横，运河穿城而过，城内桥梁极多，著名的有扬州二十四桥。（汪勃）

【扬州二十四桥址】 唐代扬州城桥梁遗址。位于江苏省扬州市。北宋沈括《梦溪笔谈·补笔谈》中载有二十四桥中之茶园桥、大明桥、九曲桥、下马桥、作坊桥、洗马桥、南桥、阿师桥、周家桥、小市桥、广济桥、新桥、开明桥、顾家桥、通泗桥、太平桥、利园桥、万岁桥、青园桥、驿桥、参佐桥、山光桥，计22桥。《舆地纪胜》云："二十四桥，隋置，并以城门坊市为名"，《嘉靖维扬志》中亦载有与《梦溪笔谈·补笔谈》相同顺序的太平桥、通泗桥、开明桥、小市桥等和唐代二十四桥同名的桥名，并且现在旧城的市河上也按相同顺序架设有与其同名的桥梁。2002年在唐代扬州城子城护城河南门段（《补笔谈》中下马桥处）发掘出横亘在古邗沟上的长达150余米的唐代桥址，后又在扬州市干休所西侧河道内（《补笔谈》中洗马桥处）发现唐代桥址和木船。今扬州市瘦西湖内修筑有二十四桥景点。（汪勃）

【扬州城东门遗址】 唐至明代扬州城城门遗址。位于江苏省扬州市东关街东端、古运河边。2000—2009年进行发掘，揭露出唐、五代、两宋、元、明各代的城墙、城门、瓮城、敌台以及道路、房基、水井、消防水缸、铭文砖等遗迹、遗物，证实该城门始建于唐代，南宋时期城门结构为一门一洞，城门外有瓮城。（龚国强）

【扬州城南门遗址】 唐至清代扬州城城门遗址。位于江苏省扬州市南门街南端。1984—1986年、2006年、2007年进行三次发掘。分为8个叠压地层，揭露出包含唐、北宋、南宋、明、清等多个时期的陆门（东部的主城墙、主城门、瓮城墙和门等）、水门、水关（遗址西部）的遗迹现象，出土铭文砖、瓦当、陶瓷片、铜钱、石球等遗物。发掘表明，南门及其瓮城始建于中唐，五代至明代沿用并修缮，至清代时仅残存局部主门道及门槛石等。（龚国强）

【扬州城西门遗址】 唐、五代至明代扬州城城门遗址。位于江苏省扬州市瘦西湖畔万花园二期工地南门街南端。1995—1996年、2008年进行发掘。清理出西门（木结构，方形）和瓮城（南北长120米，东西宽80米）遗迹。在唐朝城墙遗址东侧，发现五代时期的一段城墙，长80米左右，宽18米。该遗址对弄清唐扬州罗城、五代周小城、北宋州城和南宋大城的关系提供了实物例证。（龚国强）

【丁卯桥银器窖藏】 唐代银器窖藏。位于江苏省镇江市丹徒区丁卯桥附近。1982年发现。出土有瓮、鎏金龟负"论语玉烛"银酒筹器、盒、盆、托子、碟、盘、碗、杯、注子、瓶、熏炉、锅、匕、勺、镯、钗等共计956件银器。除钗、镯等属装饰品外，其余凡有"力士"铭刻的皆与饮酒有关，包括烹调器、盛器、食器、饮器、令筹等成套酒具。银器制作精良，造型多样，纹饰繁缛。未发现纪年器物，据推测其埋藏于公元8世纪中叶。（汪勃）

【大运河商丘南关码头遗址】 隋至宋代遗址。全国重点文物保护单位。位于河南省商丘市商丘古城南2.5千米的叶园村武庄、大郭庄附近。遗址段河道长约1千米、宽约120米，河深16米，跨运河南北两岸有大型码头遗址。码头遗址位于武庄村，东西长（沿河岸）约150米，从河口向外（北）宽52米。北岸码头及附属建筑遗存面积为24.5万平方米，东西长700米，南北宽（从河口向外）300余米，文化遗存距地表5～11米不等。南岸码头位于大郭庄村，东西长700米，南北宽200余米，总面积16.8万平方米。发掘区域的北岸均直立陡峭，夯筑而成，夯土内及河岸面上砖瓦等各类遗物数量众多。南岸东部河岸相对不够陡直，夯筑不够致密，土质较为纯净，包含物较少；西部河岸则夯筑较为致密，夯土内包含遗物丰富，河岸面上各类遗物出土也很丰富。发掘清理出的河岸遗存，主要建筑于唐宋时期，废弃于金代。（韩建华）

【隋唐大运河郑州段遗址】 隋唐时期运河遗址。为通济渠重要一段，西起河南省洛阳市，沿洛河自偃师市与巩义市交界处入境，经巩义市、荥阳市、郑州市惠济区、郑州市金水区、中牟县，东南与开封市境相接，全长150余千米。今运河故道伊洛河段尚存，邙山以北河段已全部被黄河所夺，郑州市北部及东南部中牟县境内运河故道亦多淤埋于地下，仅部分地段还依稀可见运河遗迹。对弄清隋唐大运河郑州段的走向具有重要意义。（汪勃）

【淮北柳孜隋唐大运河遗址】 隋唐时期运河遗址。位于安徽省淮北市柳孜村。1999年进行发掘。

出土唐代沉船以及大量珍贵文物。隋炀帝大业元年(公元605年)开凿通济渠,通济渠出河南后,经安徽淮北、宿州、泗县,在江苏盱眙入淮。流经柳孜的这一段大运河可能就是通济渠的一段。对研究古代通济渠的走向、结构、兴废年代、漕运制度、造船技术和商品流通等具有重要价值。参见“淮北唐大运河沉船”。(汪勃)

【淮北唐大运河沉船】 唐代沉船。1999年发现于安徽省淮北市柳孜村隋唐大运河遗址。共有8艘,其中发掘出土的3艘得以脱水保护。1号船为木板结构,平面呈长方形,中间宽、两头略窄,残长12.6米,底板和后部保存较好,尾舵完整,船尾舱横梁上有3个格档。2号船是用一根大木雕凿而成的独木舟,船体中间宽、两头窄,长10.6米,在口部两侧有不同形状的槽孔。3号船亦为木板结构,从保存的底板看为平底,帮略带弧形,存长23.6米。参见“淮北柳孜隋唐大运河遗址”。(汪勃)

【泗州城遗址】 唐至明清时期古城遗址。全国重点文物保护单位。位于江苏省盱眙县淮河乡沿河村、城根村一带。2012年南京博物院等联合进行发掘。遗址长2.05千米、宽1.2千米,总面积约2.4平方千米。唐代泗州城有东西两座土城,中间隔汴河(通济渠的一段),有汴泗桥相连。明初,东西两城合二为一,建内、外两道砖石城墙,周长九里三十步,高二丈五尺,建有城门五座、敌台六座。现存明代城墙和城内主体建筑大多采用大块条石奠基,上部为大砖用糯米汁和石灰混合浇注,十分坚固。根据考古勘测,明代泗州城的官署和一条贯穿城区的长街道以及茶馆、店铺等设施都完好无损。唐至明清时期,泗州城为重要的交通枢纽和漕运中心,商贾云集,十分繁华。(石自社)

【黄泗浦遗址】 唐宋时期港口遗址。全国重点文物保护单位。位于江苏省张家港市杨舍镇庆安村。唐天宝十二载(公元753年)高僧鉴真第六次东渡日本起航之地。2008—2011年进行调查和发掘。面积约1平方千米。发现唐宋街道、大型排房房址,各代水井、灰坑、河道以及道路等遗迹,出土陶器、瓷器、铁器、铜器、木器、骨器等遗物1 500余件,包括石佛像背光、佛教刻铭文字砖、莲花座陶狮像、莲花瓦当等。瓷器种类丰富,有碗、盏、碟、罐、壶、钵等器类。瓷器窑口以越窑为主,其他有长沙窑、寿州窑、邢窑、定窑、湖田窑、湖州窑、钧窑、磁州窑、建窑、吉州窑、龙泉窑、景德镇窑等。(龚国强)

【功臣塔】 唐、五代时期佛塔。全国重点文物保护单位。位于浙江省临安市东南方1千米的功臣山顶,因山得名。据载,吴越王钱镠于五代后梁贞明元年(公元915年)建功臣寺,塔当是此时所建。为砖砌仿木构楼阁式,四面五层,方形平面。通高25.3米,由基座、塔身、塔刹组成。塔顶铁构件由覆钵和宝瓶组成,塔体逐层收分,底层下部亦向内收,颇具唐代遗风。(石自社)

【功臣寺遗址】 唐、五代时期寺院遗址。全国重点文物保护单位。位于浙江省临安市功臣山南麓,是一处廊院式建筑遗址。遗址呈较为明显的廊院式平面布局,强调秩序和中轴对称。由前殿、天井、钟楼类建筑物、大殿、天井、过廊、后殿及两侧厢房等建筑组成。婆留井坐落在遗址的东南角。该遗址的发现对研究五代吴越国时期的社会、经济、文化具有十分重要的作用。(石自社)

【榉根关古徽道】 古称“徽饶通衢”。唐至清代古徽道。全国重点文物保护单位。位于安徽省石台、祁门、东至三县交界处的仙寓山上。全长14千米,用石块砌成。关隘史称“榉根关”,高3.5米,全用青石板砌成,是古徽道中咽喉所在。古道沿线和坐落的仙寓山保存有大量明清时期的古建筑、古长城、古墓葬、古亭、石碑、石刻、石雕以及古战场和寺、庵等遗址。是一条具有重要价值的文化、商贸、军事之道。(石自社)

【包家金矿遗址】 唐至明代金矿遗址。全国重点文物保护单位。位于江西省上饶市茶亭镇包家境内。面积25平方千米。初步发现矿洞1 200处以上,另有大规模露天开采遗迹。各处矿洞又深又大,地下采场纵深达百余米,距地表深达40米,采用竖井、平巷、斜井联合开拓,在地下构筑成宏大复杂的采场,同时还建立了通风、提升、运输、排水等完备设施。运输黄金的通道由石阶路和石板路组成,石阶路有的长5千米,利用天然基岩开凿而成,宽达1.2米。史料记载,包家金场年岁课达千两,足见其产金量之大。该遗址是中国历史较早、规模较大、持续开采时间较长的金矿遗址,其选矿、冶炼技术均达到了当时的较高水平。(石自社)

【凤凰山铁矿遗址】 唐至明代铁矿遗址。全国重点文物保护单位。位于江西省分宜县湖泽镇闹洲村委铁坑村。遗址区地势西北高东南低,境内高山起伏,峰峦重叠。一条东西向山沟将贵山与凤凰山分开,两山同是花岗岩石体,其原生矿为硫铁矿,因分化、淋滤、蚀变等地质作用,形成了贵山、凤凰山的褐铁矿床,十分便于开采。唐、明、清历代在此采矿冶铁连续不断。史料记载,凤凰山地区的采矿、冶铁历史早在唐朝晚期就已开始;宋代采矿、炼铁业相当发达,官府曾在此设置“贵山铁务”作为管理铁业的官方机构;明代达到鼎盛,出产的铁占全国总产量的五分之一。(石自社)

【银山银矿遗址】 唐宋时期银矿遗址。全国重点文物保护单位。位于江西省德兴市银城镇。银山因古代盛产银矿而得名。古矿区沿东北至西南方向展布,东西宽约 2.1 千米,南北长约 2.7 千米,占地面积约 5.67 平方千米。目前已发现大型不规则形露采坑 2 处、古矿洞及古巷道 194 处。开采年代为唐宋时期,遗址面积大,矿井数量多,形制复杂。采矿区与冶炼区齐全,矿冶遗迹完好,对研究中国银矿的开采与冶炼技术的发展具有重要学术价值。(石自社)

【宝山金银矿冶遗址】 唐代矿冶遗址。全国重点文物保护单位。位于江西省金溪县秀谷镇北门村和县华侨农场金窟林场。宝山亦称“银山”,包括紧密相连的金窟山、老虎垅、铁屎墩(山)、羊石山 4 处。遗址北面部分是金窟山,金窟山分为里金窟、中金窟、外金窟,有竖矿洞 7 个。遗址中间部分是老虎垅和铁屎墩。老虎垅有斜矿洞和竖矿洞各 5 个。铁屎墩有垂直、先竖后斜和先斜后竖矿洞遗址 12 处。铁屎墩为一分布面积为 2 万平方米、体积约 3.8 万立方米的乌黑山丘,后山上有斜形浅井式矿洞遗址 8 处、炉基 26 座。遗址南面部分是羊石山,山上有一自然巨石,旧称白面坞,岩石高 2.9 米、宽 3.6 米、底长 4.5 米,白面坞上有《金溪场银坑记》摩崖石刻一处,碑全文 195 字,连标题共 12 行,意为古人对银矿生成的认识和“肇兴此坑”的时间。据文献记载,唐穆宗长庆三年(公元 823 年),肇兴此坑,在宝山采金炼银。该遗址为中国较早的一处集金银采矿、冶炼于一体的矿业遗址,是研究中国古代冶金史的重要实物资料。(韩建华)

【长沙铜官窑遗址】 唐代瓷窑遗址。全国重点文物保护单位。位于湖南省望城县铜官镇。1956 年发现,后多次进行发掘。从窑址发掘资料来看,该窑始于唐而终于五代,以烧青瓷为主,兼烧少量的白釉、褐釉、酱釉、绿釉和蓝釉等。产品有盘、碗、碟、杯、壶、瓶等日用器及猪、羊、马、狮、青蛙等象生瓷。产品胎体疏松,胎呈灰白色或灰青色,少量黄褐色和微带红色,带红色的胎表面往往上一层化装土。釉色多种,以青釉为主,青釉带黄者居多,釉面均开细小纹片。装饰技法有釉下彩、釉中彩和印花、贴花、彩色斑点等。盘碗碟类采用叠烧法,器心与器底均无釉露胎,盒类平底外凸,碟类平底内凹。其釉下彩改变过去传统的单色釉和刻、划花或贴花工艺,为后世瓷器装饰开辟新途径。1996 年出版有《长沙窑》。(王睿)

【衡州窑遗址】 唐宋时期窑遗址。全国重点文物保护单位。位于湖南省衡阳市湘江沿河两岸。1973 年发现。有蒋家、车江、云集等唐宋时期窑址 180 余处,其中以东阳渡镇、蒋家村、云集镇三处窑址最多,质量也最精。自唐中期创烧,五代时极为兴盛,南宋后开始衰落。以青瓷为主,有双色和多色、花釉、彩釉、白釉等瓷器,主要器类有碗、坛、盂、碾、钵、杯、盏等,注壶为最多,可归纳为茶具、酒器、文房用品三大系列。其中东阳渡镇发现唐宋青瓷窑 20 余座。1974 年清理一座龙窑,长 33 米,高出地面 7 米,窑底共 6 层,主要器类有壶、碗、盏托杯、缸、油灯等。胎质灰或浅灰色,个别灰褐色,胎质细密、坚实,釉色青、黄、虾青,部分施装饰粉,釉质作冰裂纹开片。云集窑位于云集镇,民间龙窑,始于唐末,终于元初,烧造时间 400 余年。主要器类有碗、壶、盏、杯、盘、碟等。彭祠大屋窑址,釉色以淡青、翠青为主,并有少量褐色釉,出土的 5 枚陶球,为研究衡州窑制作工艺提供了非常重要的实物依据。(韩建华)

【云集窑遗址】 唐至宋元时期窑遗址。全国重点文物保护单位。位于湖南省湘江沿岸的云集黄金村。现存窑址 8 座。1997 年考古发掘出两条五代至北宋的龙窑和大批器物标本。其中 2 号龙窑,长达 50 米,前后有两道由 4 个匣钵垒成的挡火墙。瓷器以青瓷为主,也有彩绘瓷和瓷雕,种类繁多,造型各异。施釉均匀,晶莹剔透,装饰手法技艺高超。出土了大量青瓷和釉上、釉下彩绘瓷,具有极高的艺术价值和工艺水平,集南北陶瓷工艺风格,并具有显著的地方特色。(石自社)

【成都江南馆街街坊遗址】 唐宋时期街坊遗址。全国重点文物保护单位。位于四川省成都市春熙路附近江南馆街。2007—2008 年进行发掘。出土砖铺街道、房址、排水沟以及明清时期道路、房址、井等建筑遗迹。铺砖街道纵横交错，长达数十米。出土瓷器、佛像等唐宋时期遗物。佛教遗物可能与大慈寺的变迁有关。发掘者推测其原始位置可能为唐、宋成都城东部富春坊东北隅。该遗址为繁荣发达的唐宋成都城重要的实物见证。(龚国强　董新林)

【云阳明月坝遗址】 唐宋时期遗址。位于重庆市云阳县高阳镇走马村。其时代为唐末、五代和宋初，寺庙等建筑的废弃约在北宋初年。2000—2003年进行发掘，发掘面积2.7平方千米。遗址内有寺庙、衙署、民居、道路、墓地等遗迹。出土遗物有建筑砖瓦、陶瓷器、铁器、佛教造像和钱币等。该遗址为了解这一时期民间宗教信仰提供难得的资料。(刘涛)

【龙兴寺遗址】 唐宋时期佛寺遗址。全国重点文物保护单位。位于四川省邛崃市。1947年曾发掘和收集到碑碣、经幢、佛像等遗物。2005—2006年间进行考古调查和发掘。发现房址、方形砖塔基址、北宋罗汉殿址、水井、佛像坑、墓葬等遗迹。出土石刻造像、经幢、大中九年天王石像、石刻经版、琉璃构件、陶瓷器、铜镜、钱币等大量遗物。2011年出版有《四川邛崃龙兴寺——2005—2006年考古发掘报告》。(龚国强)

【玉堂窑遗址】 唐宋时期窑遗址。全国重点文物保护单位。位于四川省都江堰市玉堂镇，主要分布在岐山村、凤鸣村一带。四川邛窑系的重要成员，其胎质与釉色跟邛崃十方堂窑十分相似。胎色有灰白、灰、深灰、褐、红等，釉色有青、灰、绿、黄、月白、酱、褐、白、黑、白釉黑花、彩绘等。(石自社)

【太和城遗址】 南诏国前期都城遗址。全国重点文物保护单位。位于云南省大理市附近。据唐樊绰《蛮书》记载，此城原为“洱河蛮”所居。因城筑于大山坡上，故名“太和”(夷语称山坡为“和”)。唐开元二十六年(公元738年)，蒙舍诏首领皮逻阁统一六诏，被唐玄宗封为云南王，次年迁都太和。至大历十四年(779年)南诏王异牟寻迁都羊苴咩城(今大理城西)，历时40余年。城址西窄东宽，平面呈不规则三角形，面积约3.6平方千米。未发现东西城墙，南、北城墙均自佛顶寺山麓向东延伸到海边。南墙现存3 350米，北墙3 225米，最高处约达3米，全部垒土夯筑而成。城址因受苍山溪流冲刷，地面已无明显的建筑遗迹。城址内见有橙黄色夹砂陶片、带釉陶片及有字瓦等物。还存一石碑，即著名的南诏德化碑。南诏德化碑在太和村西南部，为大历元年(766年)南诏王阁逻凤所立。碑高3.02米、宽2.2米、厚0.58米。因风化严重，文字大部已剥蚀。碑阳正文40行，计3 800余字，叙述南诏初期历史及其与唐王朝、吐蕃的关系，并涉及天宝战争的起因和经过，着重表白南诏“世世事唐”，后不得已叛唐而归吐蕃的苦衷。碑文婉转动人，辞藻华丽。书体在行楷之间，遒劲秀拔。南诏清平官蜀人郑回撰文，流寓南诏的唐御史杜光庭书写。碑阴刻职官题名41行，详列南诏清平官、大军将、大总管等百余人。该碑是研究南诏前期历史的珍贵实物资料。(汪勃)

【茶马古道】 唐至清代商贸通道。线路主要有两条：一条从四川省雅安出发，经泸定、康定、巴塘、昌都到西藏拉萨，再到尼泊尔、印度，国内路线全长3 100余千米；另一条从云南省普洱茶原产地(今西双版纳、思茅等地)出发，经大理、丽江、中甸、德钦，到西藏邦达、察隅或昌都、洛隆、工布江达、拉萨，然后再经江孜、亚东，分别到缅甸、尼泊尔、印度，国内路线全长3 800余千米。两条主线沿途密布着无数大大小小的支线，将滇、藏、川“大三角”地区紧密联结在一起，形成了世界上地势最高、山路最险、距离最遥远的茶马文明古道。茶马交易治边制度从隋唐始，至清代止，历经近千年，是中国商人开辟的一条通往域外的经贸之路，同时也是一条文化传播之路。(石自社)

【城子山山城】 唐至辽金时期山城。全国重点文物保护单位。位于辽宁省西丰县山城里城子山上。山城由4座山峰、2条沟谷、4面坡、3处台地组成。东、南山势险峻，西、北较缓。呈不规则的马蹄状椭圆形，城垣依山势用石材砌筑，后用土覆盖，残存城墙基宽5～7米、高1～3米，周长4 454米，有4门址。东南门筑在山岗上，较窄，无瓮城。东门、北门，分别筑在沟口处，较宽，有瓮城，是出入城内外的主要通道。西门位于西山之上的城垣中部，门外有一“八”字形防御设施。城内地势开阔，城中央的缓坡上有阶梯式宫殿址一处，共9阶，每阶约宽10米、长约17米，其上排列有础石。础石排列平面呈长方形，加工比较粗糙。殿址上散布着青灰色布纹瓦和泥质灰陶瓦片。城内尚存多处居住址。城内还散落有渤海国时期的指压纹板瓦，辽金时期的边缘饰波纹、面饰锯齿或梅花纹勾滴，此外还有高句丽时期的铁锅、陶罐，渤海和辽金时期的灰陶片、铁器。城中出土的绝大多数器物：如铜镜、铜印、铜钱、各种佩饰件和串珠等属于金代的东夏国。从城墙的修筑方法和出土的许多东夏国文物分析，山城建于唐代渤海国时期，辽、金时期相继改筑沿用。金末时，这里成为东夏国陪都南京的治所。（韩建华）

【石台子高句丽山城】 高句丽山城遗址。全国重点文物保护单位。位于辽宁省沈阳市区东北35千米处辉山风景区内。1987年发现以来进行多次发掘。2002—2004年在山城周边调查和发掘出相关的高句丽墓葬。城址依山势修筑，平面呈不规则的三角形，西高东低、南宽北窄，周长1 384.1米，石垒城墙底宽6～7米不等，顶残宽5.6米，残高最高处3.9米，设有10座马面及东、南、西、北四面4座城门。另发现排水涵洞、瞭望台、大型蓄水池等。城址出土石砌房址、灰坑等遗迹，出土陶器、铁器、铜器、骨器和钱币等遗物。2012年出版有《石台子山城》。（龚国强）

【萨其城址】 唐代渤海国城址。一说为高句丽晚期山城遗址。全国重点文物保护单位。位于吉林省珲春市杨泡满族乡杨木林村。城址形状不甚规则，城垣依山势石筑而成。周长约7 000米，有东、南、西南、西北等门址。城墙内侧有壕沟。城内发现居住址和寺庙址等，城西南角和东端各有一瞭望台。曾发现两处水井遗迹，出土灰色和褐色板瓦、筒瓦等遗物。（龚国强）

【渤海国上京龙泉府城遗址】 唐代渤海国都城遗址。全国重点文物保护单位。龙泉府亦称"上京"，为渤海国五京之一。位于黑龙江省宁安市东京城镇西，当地俗称"东京城"。上京为都共160余年，十一世王大彝震在位时期发展达到鼎盛。清末曹廷杰考证"东京城"即渤海上京故城。20世纪初，日本和俄国学者先后在此作过调查。其后1933—1934年、1964年、1981—1985年进行三次发掘。遗址平面呈长方形，分内城、外城和宫城三部分。外城周长为17.5千米，城外有壕沟。城址或城墙四面共辟有10座城门，以街道将全城划分为许多规整的长方形区域，其间设居民区。内城在外城的北部正中，宫城位于内城中央，宫殿区在宫城中央，现存有5处宫殿基址。宫城东侧为禁苑遗址。寺庙遗址分布在外城的东、西城区，约有10处以上，大体东西相对。遗物以砖瓦类建筑材料最多。其中的釉瓦以绿色为主，间或有黄色、酱紫、蓝等釉色。佛教遗物有泥塑和铜铸

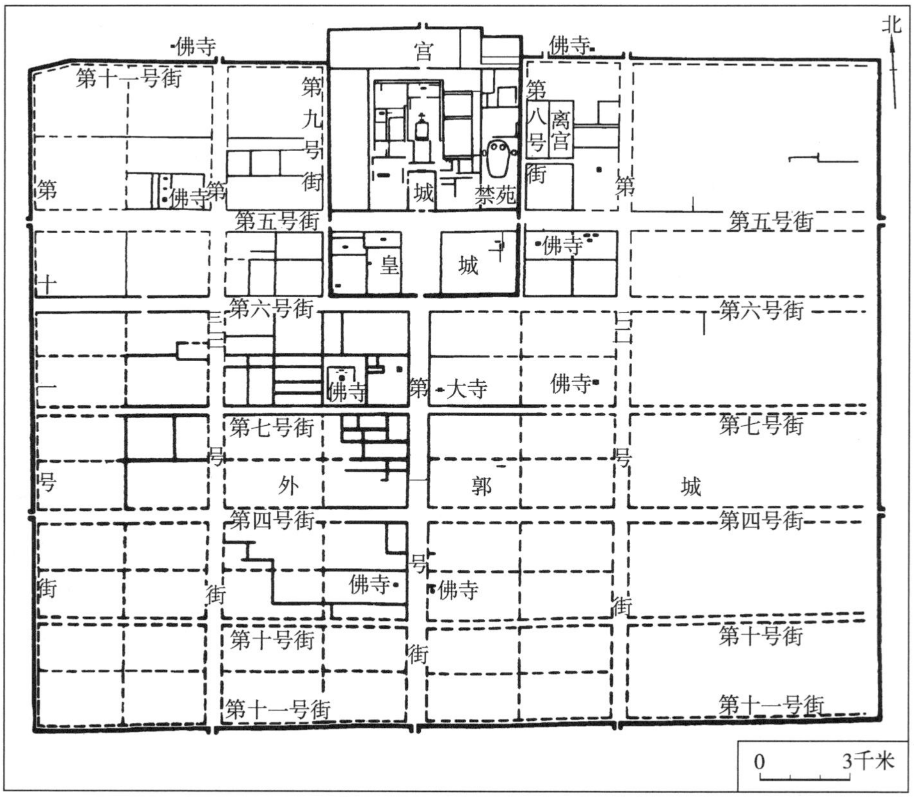

渤海国上京龙泉府城遗址平面复原图

佛像、舍利函和石灯幢等，也有丝织品、珍珠、料珠、陶、铁、铜、漆、银等类器物。1939 年曾出版有《东京城》，1997 年出版有《六顶山与渤海镇》。（李春林）

【渤海国中京显德府城遗址】 俗称“西古城遗址”。唐代渤海国都城遗址。全国重点文物保护单位。位于吉林省和龙市西 15 千米处西城镇古城村。一般认为该遗址为渤海国第三代国王大钦茂在唐天宝年间的都城。2000—2002 年、2004—2005 年前后进行两次正式发掘。遗址由内外两重城墙组成，外城东、西城墙各为 720 米，南、北城墙各为 630 米，周长 2 700 米；内城东、西城墙各为 310 米，南、北城墙各为 190 米，周长 1 000 米。已探明和发掘有内城中 1～5 号宫殿基址、外城城垣和外城南门、内城城垣和隔墙以及隔墙门。1、2、5 号宫殿处于内城南北中轴线，2、3、4 号宫殿处于内城东西中轴线上。其中内城南门为西古城中心，2 号宫殿大致为内城中心。出土大量遗物，尤以建筑材料为主，包括砖、板瓦、筒瓦、瓦当、当沟、鸱尾、套兽、脊兽等，约五分之一为绿釉陶制品。2007 年出版有《西古城——2000—2005 年度渤海国中京显德府故址田野考古报告》。（李春林）

【西古城遗址】 即“渤海国中京显德府城遗址”。

【宝山-六道沟冶铜遗址】 唐、五代渤海国冶铜遗址。全国重点文物保护单位。位于吉林省临江市宝山镇和六道沟镇境内。1979 年进行发掘。面积约 20 平方千米，发现古矿洞 8 处、居址 1 处、冶炼坑 4 处、水井 1 处、房址 1 处、灰坑 3 个及古渣堆 52 处。出土鎏金铜器、陶瓮、双耳重唇陶罐及铁器等遗物。（龚国强）

【八连城遗址】 唐、五代时期渤海国城遗址。全国重点文物保护单位。位于吉林省珲春市西 6 千米处。八连城为公元 785—794 年渤海国文王东京龙原府。926 年，辽灭渤海，八连城遂废。1943 年、2004—2006 年屡次进行发掘。平面呈方形，分为内外两重。外城土筑，呈方形，周长 2 894 米，外有护城壕，东南西北各墙中部各开一门。内城呈长方形，周长 1 072 米，南、东、西墙中部各开一门。内城中央及北部分布宫殿基址 4 处。城址东南和正南分布 3 处佛寺遗址。城址内出土筒瓦、板瓦、莲花纹瓦当、绿釉或黄绿釉琉璃瓦、佛像等遗物。（龚国强）

【十二连城烽火台】 东周至明代军事设施遗址。全国重点文物保护单位。位于陕西省潼关县城东约 3 千米的禁沟两岸。俗称“十二连城”，北起港口镇苏家村塬头，南至安乐乡秦岭蒿岔口，南北长约 14 千米。禁沟沟底经过长期山水冲刷，形成宽 30 米的平坦斜坡道，成为通往潼关城后侧的一条军事要道。自唐代以来，各个时期为了潼关的安全，在禁沟西岸构建了南北向烽火台 17 座，现尚存 16 座。台体夯筑，形制为方锥台或圆锥台形，底边长（或底径）4～12 米，残高 3.5～12.5 米，夯层厚 9～15 厘米，台周围散布大量唐至明清时期的瓦砾。第三次全国文物普查时，在“十二连城”一烽火台旁发现了汉代建筑遗迹，则其确凿的使用年代至少可提前至汉代。（宋江宁）

【泾川大云寺塔基】 唐代佛寺塔基。位于甘肃省泾川县城关镇水泉寺村大云寺古址。1964 年进行发掘。据记载，隋仁寿元年（公元 601 年），隋文帝杨坚下诏建立泾州大兴国寺舍利塔，供养 14 粒舍利。武则天称帝后，敕令两京及诸州各建一座大云寺，以珍藏《大云经》。大云寺修建时，把隋泾州大兴国寺舍利塔基下石函、舍利瓶和舍利取出，改用琉璃瓶盛装后依次放入鎏金铜匣、金银棺椁之中，最后再将其放入地宫，建塔供奉。发现的舍利具为武周时期所造，为武则天“延载元年”（694 年）石函（顶上铭文：“大周泾州大云寺舍利之函总一十四粒”）、鎏金铜匣、银椁、金棺及琉璃瓶套合而成的佛教舍利葬具，内有舍利14 粒。（龚国强）

【锁阳城遗址】 汉至明代古城堡遗址。全国重点文物保护单位。位于甘肃省瓜州县锁阳城镇东南戈壁荒漠中。始建于汉，兴于唐，元代沿用，明代废弃。城垣夯土版筑，墙底宽 7.5 米，顶宽 4.6 米，高 10 米。分内、外两城。外城面积 80 万平方米，墙体高大，四角有角墩、敌台、擂台等设施。内城面积 28 万平方米，城内留有大量土台、房屋及其他建筑遗迹及各种陶片、铜币等遗物。遗址以南发现近 2 000 座汉至元代墓葬。周边有数十千米灌溉渠系、30 万亩耕地及 20 余座烽燧遗址。城东北遗有元代大型寺院建筑，大塔高 14.5 米，小塔千座。（龚国强）

【哈密境内烽燧遗址】 唐至清代烽燧遗址。位于新疆维吾尔自治区哈密地区。存有历代烽燧共 51 座，其中巴里坤县 29 座、哈密市 19 座、伊吾县 3 座。哈密烽燧作为古代的报警系统，往外与长城并存，组成一个完整的军事防御体系。最早的烽燧建于唐代，现境内尚存唐烽燧 4 座，绝大部分烽燧则为清代筑所。巴里坤县城往西至萨尔乔克一线分布密度最高，每隔2～3千米就有1座，连绵有13座之多。基座呈正方形，燧体为向上收缩的棱柱形，均为夯土建筑，夯土中夹有红柳枝，并多用圆木构架。（龚国强）

【大河古城】 唐代古城。全国重点文物保护单位。位于新疆维吾尔自治区巴里坤哈萨克自治县大河乡东头渠村。唐景龙年间（707—709）伊吾军驻屯所筑。城址夯筑，方形，由东西并列的主城和附城组成。主城城墙最高近10米，宽12米，南北长210米，东西宽180米，东、西墙各开一门。城墙设有马面、敌台，四角设有角楼；附城居东，南北长240米，东西宽177米，城墙高5米，宽10米左右。西墙与主城东墙共为一墙，中间有门道相通。南墙和北墙各有一缺口，或为城门。东墙有一敌台。城内建筑遗迹不详，出土各类陶器、石器、建筑材料、钱币、铜铁器等。建筑材料有莲花纹瓦当、莲花纹地砖，另有开元通宝铜币、铜镜、铜佛、铁剪等。（龚国强）

【吐鲁番古军事防御遗址】 唐至清代军事防御遗址。位于新疆维吾尔自治区吐鲁番盆地。据敦煌文书《西州图经》记载，吐鲁番盆地通往外部的交通路线达11条，沿各干道和支道都规律地排列有军事防卫、通讯联络、旅行住宿等设施。考古调查发现遗址多达62处，其中烽燧遗址42处、驿站9处、戍堡7处、军屯4处，大多分布于盆地的冲洪积扇区内。（龚国强）

【柳中古城遗址】 唐至明清时期古城遗址。全国重点文物保护单位。位于新疆维吾尔自治区鄯善县西南鲁克沁。城当西域古代交通孔道，东汉延光中班勇为西域长史驻此。十六国前凉张骏置田地县，唐贞观中灭高昌改置柳中县，贞元中地入吐蕃。明称为柳城，一作鲁陈，一作柳陈。古城土墙南北长350米、东西宽300米。内城正西有清代吐鲁番郡王额敏和卓的郡王府遗址，约建于清乾隆四十年（1775年），当地人称“王爷台”，长57米，宽40米，高12米，全系黄黏土夯筑而成。台上建有一座三层的中国古式楼阁、殿堂。《元和郡县志》载：“柳中县，贞观十四年建置，当驿路，城极险固。”据传，额敏和卓时期曾利用城墙作为马车上王府的大道。柳中古城所处地位重要，北靠火焰山，西蔽西州（今吐鲁番），东连蒲昌（今鄯善），南接阿萨古堡，是丝绸之路必经的要道。（石自社）

【阿萨古城遗址】 亦称“阿萨协亥尔城址”。唐宋时期古城遗址。全国重点文物保护单位。位于新疆维吾尔自治区鄯善县达浪坎乡荒漠中。20世纪初曾遭外国探险家盗掘。方形，土坯所筑城墙，墙基宽约5米，周长约300米，部分残高3米。临南墙中部有一烽燧，北墙附近有土坯堆积，可能为居住遗迹。地表采集有陶器残件、铁块、毛织物、北宋“咸平元宝”等遗物。其东约2千米有一处土坯所筑的方形佛教遗址，保存有佛塔、殿堂及居住房屋遗迹，称为“小阿萨”。（龚国强）

【阿萨协亥尔城址】 即“阿萨古城遗址”。

【白杨沟佛寺遗址】 魏晋至唐代佛寺遗址。全国重点文物保护单位。位于新疆维吾尔自治区哈密市柳树泉农场白杨沟村东、白杨河上游两岸。始建于魏晋时期，唐代为伊州纳职县城附近的大型佛寺，玄奘在赴印度取经途中，曾在此停留和讲经说法。遗址主要分布在河西，有窟、塔、方形土墩及房屋建筑遗存，系在河岸断崖开凿，或用土坯砌筑而成，平面以长方形居多，方形次之。主体建筑残高15米，前后两室，中有甬道，后室内存坐佛塑像，高8.2米。窟有单窟、两窟和三窟之分，窟内壁面均抹草泥，有的还设有小佛龛，并有彩色壁画残存。主体建筑北部有石窟12处，残存千佛等壁画。河东佛寺遗址仅存墙基。（龚国强）

【高昌故城遗址】 唐至元代古城遗址。全国重点文物保护单位。维吾尔语称高昌故城为“亦都护城”，即“王城”之意。位于新疆维吾尔自治区吐鲁番市东面约40千米的哈拉和卓乡境内。始建于公元前1世纪，公元13世纪末毁于战火。城址可以分为外城、内城和小城三部分。外城平面略呈方形，周5 400米。城墙夯筑，基宽12米，高11.3米。夯层清晰，层厚8～12厘米。城墙外侧有马面。外城共有9座城门，其中南面有3座城门，东、西、北面各有2个城门。西面北门保存最好，门外有瓮城。内城位于外城中部，仅存西、南两面城墙，周长约3 000米。小城位于内城北部居中，平面呈不规则形，当地称作“可汗堡”。遗址中有4处建筑基址保存稍好。两处位于“可汗堡”内，可以简称作方形塔式建筑和二层建筑。另外两处位于外城内，都是佛教寺院遗址。方形塔式建筑位于小城北面居中，底部为夯筑高台，其上筑建有1座高达15米的夯筑方形塔状建筑。二层建筑位于方形塔状建筑的西侧不远处，地下一层，地上一层。地下一层往地上一层有阶梯。解放前，德国考察队曾在“可汗堡”东南隅盗掘出一方“北凉承平三年(445年)沮渠安周造寺功德碑”。外城西南隅佛寺遗址保存稍好，占地约1万平方米，主要由大门、庭院、讲经堂、藏经堂、大殿、僧房等组成。外城东南隅佛寺遗址仅存一座多边形塔和一个礼拜窟，另有少量精美壁画。(陈良伟)

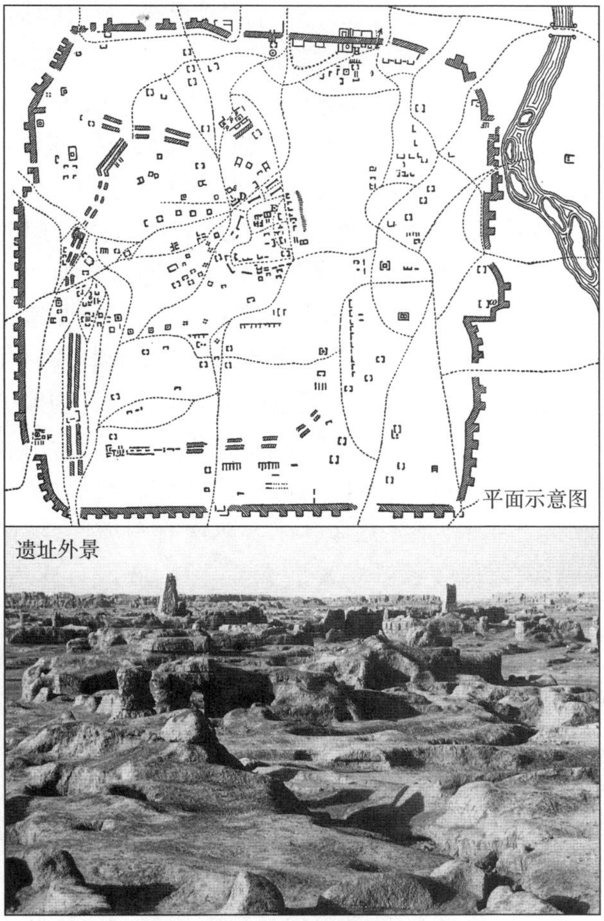

高昌故城遗址外景及平面图

【台藏塔遗址】 唐至高昌回鹘王国时期单体佛寺遗址。全国重点文物保护单位。位于新疆维吾尔自治区吐鲁番市三堡乡尤喀买里村。2008年进行发掘。清理出台藏塔佛塔1座、墓葬2座。塔为夯土筑成，内有土坯垒砌，基部为正方形，边长20米，为平面呈“回”字形的方形佛寺遗址，面积939平方米，塔高20米，外侧壁面作八分之一的收分。塔四壁有排列有序的佛龛，龛内存有佛像和佛教故事壁画。塔内西壁正中1米高处有长方形纵券顶式壁洞，洞内两侧又有两壁洞。2座墓葬均为斜坡墓道洞室墓，随葬器物有陶器、金器、银器、铜器等。(龚国强)

【昌吉州境内烽燧群】 唐至清代烽燧群。全国重点文物保护单位。位于新疆维吾尔自治区昌吉回族自治州境内。共有22座，东起木垒哈萨克自治县，西至玛纳斯县，连绵长300多千米。年代自唐朝至清朝，跨度有1 000余年。每个烽火台之间距离也不同，有五里墩、十里墩、三十里大墩烽火台。烽火台主体四棱台形，黄土夯筑，夯层厚十多厘米。(龚国强)

【乌拉泊古城】 唐至元代古城。全国重点文物保护单位。位于新疆维吾尔自治区乌鲁木齐市西南郊约10千米处乌拉泊湖畔，扼吐鲁番和南疆之间交通要道。略呈方形，南北长550米，东西宽450米，城垣夯筑，周长为2千米，残高达4米，基宽5米。城内以三道夯筑土墙将古城分隔成东北、西北和南面3座子城。瓮门、城楼、角楼、马面、瞭望孔等设施较完备。城内曾出土陶罐、陶盆、莲纹方砖、元代瓷片、清代铜钱等唐至元代遗物。有学者认为是唐代轮台城。唐代诗人岑参曾驻此3年，写有《白雪歌》、《轮台歌》、《走马川》等著名诗句。(龚国强)

【七个星佛寺遗址】 晋至宋代佛寺遗址。全国重点文物保护单位。位于新疆维吾尔自治区焉耆回族自治县城西霍拉山山前低矮山梁和坡地间。20世纪初，斯坦因等外国探险家曾进行踏察和挖掘，盗走大批泥塑佛像及吐火罗文、回鹘文等文书，其中以吐火罗文《弥勒会见记》最为著名。由佛塔和地面寺院建筑以及洞窟建筑两部分组成，残存建筑洞窟。佛寺分南寺、北寺，总面积6.65平方千米，包括山门、佛塔、佛殿、僧房等大小建筑93处。石窟开凿于距寺院东北约2千米的霍拉山东麓，残存11窟，多为中心柱式支提窟，部分石窟内残存少量壁画。(龚国强)

【通古斯巴西城址】 唐代安西都护府军事重镇城址。全国重点文物保护单位。位于新疆维吾尔自治区新和县排先拜巴扎乡。屡经调查。平面呈方形，边长220米，面积4.9万平方米。城墙高6.2米，夯土夹柳枝筑成，外筑马面，四角有望楼。曾出土房屋遗址、木器、钱币、唐大历年号文书等。(龚国强)

【唐王城遗址】 唐代古城遗址。全国重点文物保护单位。位于新疆维吾尔自治区库车县县城东南塔里木乡荒漠中。平面呈长方形，城墙系土坯垒筑而成。周长1 000余米，高8米，四面有马面，四角有角楼，有西门及瓮城，城内保留有大型夯土建筑台基。曾出土铜器、铁器、陶器、木器、石器、龟兹小钱、开元通宝钱币等遗物。(龚国强)

【托库孜萨来遗址】 亦称“脱库孜萨来遗址”。

北朝至宋代遗址。全国重点文物保护单位。位于新疆维吾尔自治区巴楚县东北60千米的托库孜萨来和图木舒克小山上。20世纪初,法国探险家伯希和、德国探险家勒科克等曾在此挖掘,盗走大量古木雕、泥塑等佛教艺术珍品。1959年曾进行调查和试掘,出土古文书、钱币、丝毛织物等遗物。现存古城、烽燧、佛教寺院、墓地等遗迹。古城依山而建,平面呈长方形,分内城、外城、大外城3重城垣,土坯垒砌,可能是《北史》所载的郁头城,唐时称据史德城。沿古城西垣及南面图木舒克山上分别有托库孜萨来、图木舒克两座佛寺遗址,残存佛塔、佛殿、经堂、僧房等建筑遗迹。(龚国强)

【脱库孜萨来遗址】 即"托库孜萨来遗址"。

【克斯勒塔格佛寺遗址】 唐代佛寺遗址。全国重点文物保护单位。位于新疆维吾尔自治区柯坪县西北10千米克斯勒塔格山麓。依山势用黄土夯筑及用大土坯垒砌筑而成,面积近1.5万平方米。自下而上保存有山门、台阶、佛殿、僧房、塔院等遗迹。山下有僧侣墓地。1975年曾在佛塔下出土彩绘舍利盒及泥塑佛像残件。(龚国强)

【米兰遗址】 汉唐时期文化遗址。全国重点文物保护单位。位于新疆维吾尔自治区若羌县城东40千米处。由城堡、古建筑群以及屯田水利设施组成。20世纪初,英国探险家斯坦因曾在此挖掘,盗走有翼飞天像等珍贵壁画。20世纪50年代发现汉代渠道等水利和屯田遗址。1973年在米兰古河道边发掘出唐代吐蕃古戍堡遗址。1989年新发现有翼飞天像壁画。吐蕃戍堡为主要遗迹,南北宽约56米,东西长约70米,呈不规则正方形,城垣夯筑,堡内有大型房屋、高13米的土台等建筑遗迹,曾出土吐蕃文木简、兵器、漆皮甲片、毛丝织物等遗物。戍堡西南、东北残存烽燧2座,均为土坯筑成,呈方形,均已残塌。戍堡的东西两侧存有汉晋时期佛塔和大寺院遗址。佛塔存有8座,分土坯砌筑和夯土堆筑两种,佛塔残高约3～6米,基底宽约4～10米,塔顶为圆拱形,大都已残破。东大寺外围高墙,寺内尚存坐佛、菩萨和天王等塑像。西大寺以长方形须弥式基座及直径3米左右的圆形建筑物为中心,外绕走廊。汉代灌溉渠道位于前述遗址区内,由总干渠、支渠、斗渠、毛渠等组成,呈一扇形展开,灌溉范围东西约6千米,南北约5千米。(龚国强)

【安迪尔古城遗址】 汉至唐代古城遗址。为古城、墓葬、冶炼作坊和窑址等组成的遗址群。全国重点文物保护单位。位于新疆维吾尔自治区民丰县安迪尔牧场和安迪尔河两侧沙漠中。20世纪初,英国探险家斯坦因曾盗走吐蕃文、婆罗米文和汉文文书等文物。1991年进行普查。夏羊塔克古城位于牧场东南,大致呈方形,边长100米左右,南侧城门、城内街道、房屋等遗迹保存较好。曾出土陶片、铜器、磨石、钱币、木雕佛像等遗物。南面有一佛塔,残高7米,塔基为方形,3层,塔身圆柱体,覆钵式,土坯垒砌。阿克考其喀然古城位于牧场西部,呈椭圆形,有城墙城门、房舍遗迹,出土汉佉二体钱等遗物。道孜勒克古城位于牧场东南,为一圆形城堡,直径约130米,城内分布佛教寺院及其他建筑遗迹。安迪尔古城是丝绸之路南道古于阗-鄯善(楼兰)交通要道上的中间站,或认为是唐代兰城镇所在。(龚国强)

【兰城遗址】 唐代古城遗址。全国重点文物保护单位。位于新疆维吾尔自治区和硕县。一说为唐代西域毗沙都督府所属的兰城镇所在地。圆形城垣,残高3～4米,直径约200米。东南有一城门,城内房屋、街道保存较好。曾出土金耳环、嵌宝石戒指、铜环、铁块、木器及各种棉毛织物等。(龚国强)

【麻扎塔格戍堡遗址】 汉至唐宋戍堡遗址。全国重点文物保护单位。位于新疆维吾尔自治区和田市以北塔克拉玛干沙漠腹地红山嘴上,邻近和田河,扼守汉唐时期塔里木盆地龟兹至于阗南北交通要道。始建于东汉时期,延续至唐宋时期。20世纪初,英国探险家斯坦因曾进行两次考察,盗走汉文、藏文、于阗文文书、木简以及木器、铁器、铜器、陶器、皮革制品、丝织物、钱币等大量遗物。古堡以土坯垒筑,平面由两个长方形组成,面积约1 160平方米。分三重不同时期的遗存。第一重为复合型,由主墙和女墙或里壁与外壁构成,主墙用土坯垒砌,女墙用夯土夹红柳枝构筑,分南、北二室;第二重扩建于第一重基础上,由土坯和生泥块构成;第三重亦由土坯构成,堆积有牲畜饲料和粪便,应属马厩遗址。戍堡西侧有烽燧遗址,北侧有佛寺塑像基座和台基的遗迹。(龚国强)

【丹丹乌里克遗址】 唐代古城遗址。全国重点文物保护单位。位于新疆维吾尔自治区塔克拉玛干沙漠腹地和田地区策勒县达玛沟乡北90千米。1896年发现,1900年发掘。1996—2006年,中日联合对丹丹乌里克遗址进行调查与发掘。遗址中心区域大致在3千米见方的范围，发现的遗迹有城址、居住址、佛寺、烧窑、炼炉、果园等70余处。城址圆形。居住址多为木骨泥墙的组合建筑群，单体平面呈长方形。佛寺平面呈“回”字形，中央上台塑有佛像，土台四周围回廊，在回廊的墙壁上绘有壁画，有菩萨、小千佛等形象以及婆罗米文题记。从佛像和壁画反映的内容来看，当时生活在这里的居民信奉的是大乘佛教。出土文物有木版画、古钱币以及众多的汉文、梵文、于阗文和婆罗米文文书。其中“龙女索夫”壁画、“蚕种西传”、“鼠王传说”等木版画在西域艺术史上颇负盛名。（韩建华）

【莫尔寺遗址】 魏晋时期至唐代佛寺遗址。全国重点文物保护单位。位于新疆维吾尔自治区疏附县伯什克然木乡莫尔村。现存佛塔2座。南面佛塔由土坯砌成，高12.8米，分5层，1～3层为正方形台座，向上分别为圆形座台和圆柱形塔身。北塔夯筑，为方形塔，残高8米，塔基东西长25米、南北宽24米，向上渐收。塔身西侧残存佛龛遗迹。两塔之间为寺院殿堂和僧房遗址。（龚国强）

【石头城遗址】 晋唐时期及清代遗址。全国重点文物保护单位。位于新疆维吾尔自治区塔什库尔干塔吉克自治县城北塔什库尔干河西高丘上。古城呈不规则长方形，城垣周长1 285米，北垣土坯砌筑，尚存马面5处。东垣筑于断崖上，用石块砌筑。南、西垣仅见墙基。南北垣各开一门。城东部寺院曾出土佛像和壁画痕迹，西部和东南部分布有居住遗址。清代官署蒲犁厅建在寺院遗址上。遗址为古代丝绸之路重要古城址，晋至南北朝时期为羯盘陀国都，唐代为葱岭守捉驻地。（龚国强）

【北庭故城遗址】 亦称“北庭都护府城遗址”。唐代北庭都护府治所遗址。全国重点文物保护单位。位于新疆维吾尔自治区吉木萨尔县城北约12千米。当地称为“破城子”或“唐朝城”。北庭都护府于唐长安二年（公元702年）分安西都护府置。治庭州（今新疆吉木萨尔北破城子）。城址主要由外城、内城、羊马城三部分组成。外城始建于唐初，后来经过两次修补，残存遗迹主要有城墙、城门、瓮城、马面、敌台、角楼、护城壕等。外城城墙周长4 596米，其中东墙长1 686米，南墙长850米，西墙长1 575米，北墙长485米。城墙基部残宽5～8米，残高3～5米。城墙夯筑，夯层平整坚实，层厚约7厘米。城门位于北墙居中，城门洞残宽约8米。城门外侧还有瓮城，城墙残高5～7米，残宽7～8米。外城马面残存34座，彼此间距约60米。敌台位于西墙中部，平面呈长方形，长22米，宽16米，残高6米。敌台台体顶部清理出房址。外城四隅皆有角楼。其中西北隅角楼台基东西长25米，南北宽23米，残高11.5米。外城外侧有护城壕沟，宽30～40米，深2～3米。内城位于外城中部偏东北，约建于高昌回鹘时期，残存遗迹有城墙、城门、马面、敌台、角楼、护城壕等。内城周长3 003米，城墙皆系夯筑。其中南墙长610米，北墙长818米，东墙长560米，西墙长1 015米。城墙基宽3～4米，残高约2米。夯层厚10～15厘米。城门共有两座，分别位于北墙和西墙上。北门宽5.5～6米，门道内残存有对称的排叉柱槽。马面残存14座，彼此间距50～70米。敌台共有2座，分别位于东墙和西墙居中。内城四隅也有角楼。护城壕位于内城城墙外侧，宽10～30米，深1～3米。城内出土有大量的散布有残砖断瓦及陶片。陶器主要为夹砂红陶和泥质灰陶，器型有双耳罐瓮、盆、盘、碟、盂等。砖有莲瓣纹方砖、素面方砖和素面长方砖。瓦有筒瓦、板瓦。瓦当为圆形，饰莲花纹。此外还有少量钧瓷、影青瓷残片，并采集到石狮、铜狮、刻花石球、葡萄纹镜、蒲类州印及大量唐代铜币等。综合田野发现与文献记载，这里极有可能是西汉时期车师后王金满城、东汉戊己校尉治所、唐代初年北庭都护府、盛唐时期北庭大都护府、高昌回鹘陪都或夏都、宋代可汗浮图城、元代别失八里城所在地，约废毁于明代前后。（陈良伟）

【北庭都护府城遗址】 即“北庭故城遗址”。

【唐单于都护府城遗址】 唐代古城遗址。位于内蒙古自治区和林格尔县上土城村北，北距呼和浩特市40千米，西临宝贝河。唐麟德元年（公元664年）改云中都护府置单于都护府。城址分为内外两重。外城平面呈不规则五边形，周长约8 000米。其中东墙长1 750米，西墙长1 200米，北墙长1 250米。南墙已被宝贝河水冲刷，残长500余米。城垣夯筑，残高2～6米。内城位于外城南部，俗称“皇城”，平面略呈方形，边长约500米。遗址范围内，文化堆积总厚约3～5米，大致可以分为上下两层。下层主要是汉代文化堆积，上层主要是唐代文化堆积。城外还发现许多唐墓，出土有墓志等文物。内城调查发现许多座大型建筑基址，有的地面上甚至还有石柱础，以及密集的碎砖瓦和陶瓷器残片。城址内，解放前曾经出土过唐宝历二年(826年)撰刻的“唐振式节度使单于大都护张惟清德政碑”。1960年曾出土一个大陶瓮,内藏“开元通宝”铜钱,重约500千克。(陈良伟)

【高昌回鹘王室佛寺遗址】 高昌回鹘佛寺遗址。位于新疆维吾尔自治区吉木萨尔县城北庭故城遗址西约700米处。据考古发现推测,佛寺建造时代大致在公元10世纪中期至13世纪中期之间。1979年中国社会科学院考古研究所新疆队发现。遗址原系一座大土堆,高约14.5米,底部周长约250米,当地称之为“大墩”。平面呈长方形,南北残长70.5米,东西宽43.8米,主要有台体、正殿、洞窟、配殿、庭院、库房、僧房等残存。大台位于遗址北部,地面铺长方形素面砖。正殿位于大台之上,仅清理出轮廓。洞龛位于正殿外壁东、西、北三面,皆分上、下两层。每面下层各有8个毗连的洞龛,每面上层各有7个毗连的洞龛。配殿有8座,库房有4间,僧房有5间。以庭院和正殿为轴线,配殿和库房分成东西两列,对称排列。遗址范围内,主要出泥塑造像、壁画、木构件、陶器、玉器、铜饰件和铜钱等。泥塑造像出土于大殿上,腹部以上皆毁。壁画内容主要有千佛像、供养菩萨、夹持菩萨、弥勒上生经变、剃度图、佛教本生故事画、千手观音、金光明经变、弥勒下生经变、大悲观音变、八王共分舍利等。壁画构图稳定,色彩浓重。洞龛中还发现回鹘文和汉文墨书题记,但大部均漫漶。(陈良伟)

【唐朝墩古城遗址】 唐至元代古城遗址。全国重点文物保护单位。位于新疆维吾尔自治区奇台县城东北角。因城墙高大、远望似墩,故称“唐朝墩”。平面呈不规则的长方形,东西宽300米,南北长400米,城垣夯筑,四面有城门。现仅存北墙,上有马面、烽燧。曾出土红陶盆、灰陶瓶、灰陶罐、宋青瓷碗、钧窑瓷片、元代双鱼铜镜、元代察合台银币等遗物。(龚国强)

【夏塔古城遗址】 唐至元代古城遗址。全国重点文物保护单位。位于新疆维吾尔自治区昭苏县。西靠夏塔河,北邻特克斯河,地势平坦开阔。古城平面略呈方形,外围有护城沟壕,尚存南、北、西三面城墙。城墙为土筑的干打垒,残高1米左右,东面的城墙已被夏塔河侵蚀,城中心和西南角有三处土台基高高隆起。内城城墙的墙基还略微隆起。从出土的有关文物分析,古城的年代在唐代至元代之间。(石自社)

【昭苏波马金银器群】 唐代西突厥上层贵族墓葬随葬金银器群。发现于新疆维吾尔自治区昭苏县波马遗址74团场(伊犁河上游特克斯河流域)。1997年进行发掘。包括镶红宝石金罐、镶嵌红玛瑙虎柄金杯、镶红宝石金戒指、镶红宝石金面具、金罐、包金刀鞘、错金银瓶等珍贵遗物。金罐通高14厘米,腹径12.3厘米,重489克,器盖圆形,模压7朵宝相花,颈肩部焊接着30颗红宝石;金杯高16厘米,重达725克;镶宝石金戒指重16.5克,镶嵌的椭圆形红宝石长径21厘米,短径15厘米,戒面周缘为两圈金珠点,戒托与指环周身点缀细工金珠构成的三角形纹饰,戒指与戒面相对的一面也有镶嵌宝石的金托,原镶嵌的宝石已失,该戒指表明使用了锤跌焊缀等工艺。这些珍贵文物现收藏于伊犁哈萨克自治州博物馆,对于探讨西突厥汗庭居地金银器制作工艺、丝绸之路东西方文化交流都具有极高的学术价值。《文物》1999年第9期有《新疆伊犁昭苏县古墓葬出土金银器与珍贵文物》。关于此金银器群的年代和墓葬族属,也有学者表示了不同意见,或认为其年代为公元前1世纪至5世纪,其墓葬族属可能为乌孙。(龚国强)

【达勒特古城遗址】 唐至元代古城遗址。位于新疆维吾尔自治区博乐市东南37千米的破城子村北。面积27万平方米。分夯筑的内、外两重城。外城长方形,保留有南、西两面城墙遗迹,南墙中段有城门,墙外有护城壕,北、东两面临河,墙已无存。内城临河,方形,东墙处有瓮城,西墙有马面遗迹。城址出土大量红陶和灰陶器残片,另出土有瓷片、金手镯、金饰带、阿巴斯王朝金币、察合台银币、宋“皇宋通宝”铜币、金“大定通宝”铜币等。有学者认为始为唐代双河都督府治所,后沿用至宋元和察合台汗国时期。(龚国强)

【唐蕃古道】 亦称“馒头岭(古)驿道”。唐代中原地区通往青海和西藏的重要通道,是取道青藏前往南亚次大陆的重要商道,因而有“丝绸南路”之称。沿线所经略与今214国道基本相同。其大致走向为:从陕西西安出发,过咸阳,沿丝绸之路东段西行,越陇山,经甘肃天水、陇西、临洮至临夏,在炳灵寺或大河家渡黄河,进入青海民和官亭,经古鄯善、乐都、西宁、湟源,登日月山,涉倒淌河,到恰卜恰(公主佛堂),然后经切吉草原、大河坝、花石峡、黄河沿,绕过扎陵湖和鄂陵湖,翻越巴颜喀拉山,西渡通天河,过当曲,越过唐古拉山口,穿过那曲,最后到达拉

萨。唐贞观十五年(公元641年),文成公主即取此道远嫁吐蕃。景龙三年(709年),金城公主亦取此道远嫁吐蕃。(陈良伟)

【馒头岭(古)驿道】 即“唐蕃古道”。

【《大唐天竺使出铭》摩崖刻铭】 唐代初期摩崖刻铭。全国重点文物保护单位。位于西藏自治区吉隆县县城以北约4.5千米处阿瓦呷英山口。1990年调查发现。宽81.5厘米,残高53厘米。正中上方篆刻阳文“大唐天竺使出铭”一行7字,下方细线阴刻方形网格,网格内阴刻楷书文字24行约311字,多已模糊不清。该刻铭开凿于唐显庆三年(公元658年),记述唐代使节王玄策出使天竺(今印度),途中经过吉隆的过程。是研究早期唐蕃关系、中印古代交通的新的实物资料。(龚国强)

【昌都吐蕃石刻遗存】 吐蕃石刻遗存。位于西藏自治区芒康县的纳西乡下盐井村、帮达乡然堆村以及察雅县香堆镇。2009年首次进行全面调查。发现7处吐蕃石刻遗存:盐井村摩崖高浮雕大日如来、菩萨、供养人、坐佛等7尊;然堆村朗巴朗增拉康(大日如来殿)大日如来与八大菩萨等砂岩质圆雕佛教造像;然堆村扎金山西麓山脚古藏文石刻6行,字体为吐蕃时期8种藏文字体之一的串珠体;然堆村扎金山西北麓卵石线刻大日如来、菩萨、坐佛等造像19件;然堆村达琼摩崖阴刻坐佛、菩萨、大日如来等5尊造像;香堆镇次曲康殿内大日如来与八大菩萨、二明王、一力士、一供养人等圆雕造像组合残块;香堆镇丹玛札岩壁大日如来和八大菩萨、二飞天浮雕造像组合及阴刻藏、汉文题记,其中包括唐蕃和盟的内容和汉族工匠的姓名。为研究吐蕃时期佛教史、佛教艺术史、唐蕃关系史提供了大量珍贵资料。(龚国强)

【五代钱氏捍海塘遗址】 五代十国时期吴越国海塘遗址。位于浙江省杭州市南星桥凤山道口附近。1983年发掘。遗址距地表深约3米,基宽25.25米、面宽8.75米、残高5.05米。是用石头、竹木和细沙土等材料,由基础、“滉柱”和塘面保护层构成的,属于“竹笼石塘”结构。文献记载钱氏捍海塘在宋代仍使用,发掘结果也表明南宋时期曾有两次大维修。直至唐代,修海塘依然是版筑土塘,钱氏捍海塘建筑技法是筑塘技术一大改进。元代以后,“竹笼石塘”法才被“木柜石塘”法取代。(汪勃)

【雷峰塔基地宫遗址】 五代十国时期吴越国遗址。全国重点文物保护单位。位于浙江省杭州市西湖南岸夕照山上。据记载,雷峰塔系五代末年吴越王钱俶所建。1924年倒塌,曾出有《一切如来心秘密全身舍利宝箧印陀罗尼经》雕版印刷经卷。2000—2001年正式发掘。基本搞清了塔初建时塔基底部井穴式地宫的形制结构等相关问题。地宫中出土珍藏佛螺髻发舍利的纯银阿育王塔、莲座释迦牟尼佛坐像、鎏金银器、小型金铜造像、石菩萨头像、铜铁镜、铁函、玉观音、漆木器、玻璃瓶、丝织品、铜币、石经、五代纪年铭文砖等大量遗物,代表了吴越国金银器、玉器、铜器制作的最高工艺水平,是吴越国王崇佛的集中体现,足证雷峰塔是一座供养舍利的佛塔。(龚国强)

【成都羊马城遗址】 五代十国时期后蜀城垣遗址。位于四川省成都市。羊马城为古时防守御敌而在城外筑的类似城圈的工事。据明末清初顾祖禹《读史方舆纪要》记载,成都“旧有太城,有少城,有子城,又有罗城”。罗城乃唐乾符六年(公元879年)剑南西川节度使高骈所筑,后来“唐天成二年(927年),孟知祥于罗城外增筑羊马城,周四十二里”,高一丈六尺。孟知祥之子“后主昶尽种芙蓉于城上”,成都因之又称作“芙蓉城”。宋初,雷终攻扬州,“旋克城北羊马城,进逼罗城,追至大安门。”大安门为内城北门,说明当时羊马城、罗城、内城三重城尚在。罗城、内城在宋代曾多次修葺,无重修羊马城的记载。羊马城始见于唐杜佑《通典》,但与大城上下配合、阻敌近城并伏兵出击的经验始见于南宋陈规《守城机要》。(汪勃)

【平潭海坛海峡水下遗址】 五代至清代水下遗址。全国重点文物保护单位。位于福建省平潭县海域。平潭海坛海峡所在的海域是中国古代海上丝绸之路的必经之地,长期以来留下了丰富的水下文化遗存。已确认的水下文化遗存共有8处。遗址中的采集品以陶瓷器为主,此外还有部分铜钱、漆器等。陶瓷器有青白瓷、青瓷、黑釉瓷、青花瓷、五彩瓷以及陶器等,以日常生活用品为主,种类有碗、盘、盆、盏、碟、瓶、罐、军持等。大部分产品为福建窑址生产,还有浙江龙泉窑、越窑,江西景德镇窑以及江苏宜兴等窑址的产品。该遗址是研究、论证中国古代海上丝绸之路贸易航线、港口及商贸交流的重要实证。(王睿)

【广州南汉国宫殿遗址】 五代南汉国宫殿遗址。

位于广东省广州市中山四路西段及附近。1995 年进行发掘,发掘面积 16 500 平方米。主要包括南汉时期的 1 号、2 号、3 号宫殿建筑、八角形塔基、水井和池苑等。遗址可分为早、中、晚三期。其中发现的 1 号宫殿是一组由自南向北排列于轴线上的前、主、后殿组成的大型建筑群,殿堂之间用廊道连接,主体建筑外有廊庑环绕。遗址出土一批制作精美的建筑构件等遗物。该组建筑可能为建都广州的南汉国宫城的主要建筑。1996 年作为西汉南越国宫署遗址的一部分列入全国重点文物保护单位。(刘涛)

【北宋东京城遗址】 北宋都城遗址。全国重点文物保护单位。位于河南省开封市。五代后梁开平元年(公元 907 年)设为开封府,号"东都";后晋重置开封府,始称"东京"(以洛阳为西京),北宋沿用。1981 年开始多次勘测和发掘。遗址平面布局为宫城、内城和外城三城环套。宫城,亦称"大内",布局沿袭"前朝后寝"之制。平面呈纵向长方形,有城门 5 座。东西墙约为 690 米,南北墙约为 570 米。城墙宽 8 ~ 12 米。四角建有角楼,高数十丈。周长 11 550 米,约合 20.63 宋里,与文献基本相符。内城,亦称"里城",沿袭唐代汴州城。略呈正方形(东西稍长),有城门 10 座,东墙和西墙各 2 座,南墙、北墙各 3 座。此外,还有 2 座角门。外城又称罗城或新城,略呈平行四边形(南北稍长),周长 29 180 米,亦与文献记载相近。有城门 12 座,南墙和西墙各有 3 座,东墙 2 座,北墙 4 座。外城建有马面和城壕。考古发现的 5 处瓮城有方形和马蹄形两种。府城内由御路、街、巷形成交通网络,里坊呈临街开放式格局。此外还有四河贯城。该城三重城形制和开放式街巷里坊布局,对后世都城营建产生了重要的影响。"北宋东京城遗址复原图"见 475 页。(董新林)

【临安城遗址】 南宋都城遗址。时称"行在"。全国重点文物保护单位。位于浙江省杭州市。1984 年开始多次发掘。城址呈腰鼓形。皇城建于城南部,馒头山周围建置宫殿、园林和亭阁。主要衙署都在皇城以北,形成坐南朝北的特殊布局。大内在凤凰山东麓的案山。宫城设有四门。御道是临安城的中轴线。中央官署集中在大内和宁门以北御街两侧,成为政治统治的核心,官署和居民的坊巷间杂。礼制性建筑不对称。罗城平面近长方形,共开旱城门 13 座、水门 5 座。城墙高 3 丈多。城内主街为中心御街(今中山路),在主街东南有两条运河。城内有 4 条大横街,横街间是东西向小巷,构成纵街横巷、水陆并行的街网布局。"临安城遗址复原图"见 476 页。(董新林)

【南宋太庙遗址】 南宋帝王祖庙遗址。位于浙江省杭州市城南中山南路西侧。太庙为南宋皇帝祭祀祖先宗庙,始建于南宋绍兴四年(1134 年),是南宋临安城最为重要的礼制建筑之一。1995 年杭州市考古部门发掘出太庙东围墙、东门址和建筑台基。遗址平面呈长方形,由正殿、四祖庙、斋殿、册宝殿、祭器屋、廊庑、致斋阁子及附属建筑等。考古发掘并确定太庙东侧石围墙、东门门址和房屋基址等。围墙内侧置散水,外侧为御街。遗址营建考究、规模较大,是研究南宋礼制建筑的重要资料。2007 年出版有《南宋太庙遗址》。(董新林)

【洛阳北宋衙署庭园遗址】 北宋衙署庭园遗址。位于河南省洛阳市老城区中州路南侧,隋唐洛阳城东城东南隅。1991—1992 年进行发掘。北宋时洛阳改称"西京",沿袭唐东都旧制,东城仍是衙署所在地。遗址东西两侧是 2 条长廊,宽 4.5 米,长达 50 余米。两廊中部偏南,有一条连接两者的东西向花砖路。花砖路中部有一东西向门楼基址,门址北侧与一条南北向的夯土墙相接。夯土墙长 38 米,宽 1.75 米,将庭园分为东西两部分。西部有一花榭。在花砖路南侧有一长方形蓄水池和两座并排的殿亭基址。衙署门址位于庭园以南 40 米处,由地栿石、门扉结构、车道和踏道组成。遗迹规模大,布局和谐谨严,出土有建筑材料、瓷器和铜钱等。在夯土墙基中清理出刻字方砖一块,铭为"崇宁五年十月乙卯九十号了安汝州"。这是中国古城中首次发现的宋代园林遗址,为研究宋代大型官府衙署的园林建筑布局提供重要的参考资料。(董新林)

【宋扬州城遗址】 宋代州城遗址。全国重点文物保护单位。位于江苏省扬州市。20 世纪 80 年代以来曾多次考古勘测和发掘。宋代扬州城由大城、夹城和堡城(亦称"宝祐城")构成。大城沿用后周小城,即利用唐代罗城的东南隅修筑而成;堡城则是南宋时以唐代子城西部为基础修筑而成;夹城居于两城之间,联系两城。大城最为重要,平面呈长方形,内有十字街,为开放式街巷。纵贯的南北干道旁有河漕贯穿,形成水陆双重路网格局。城内设大市和小市,商业气息浓重。2010 年出版有《扬州城:1987—1988 年考古发掘报告》。(董新林)

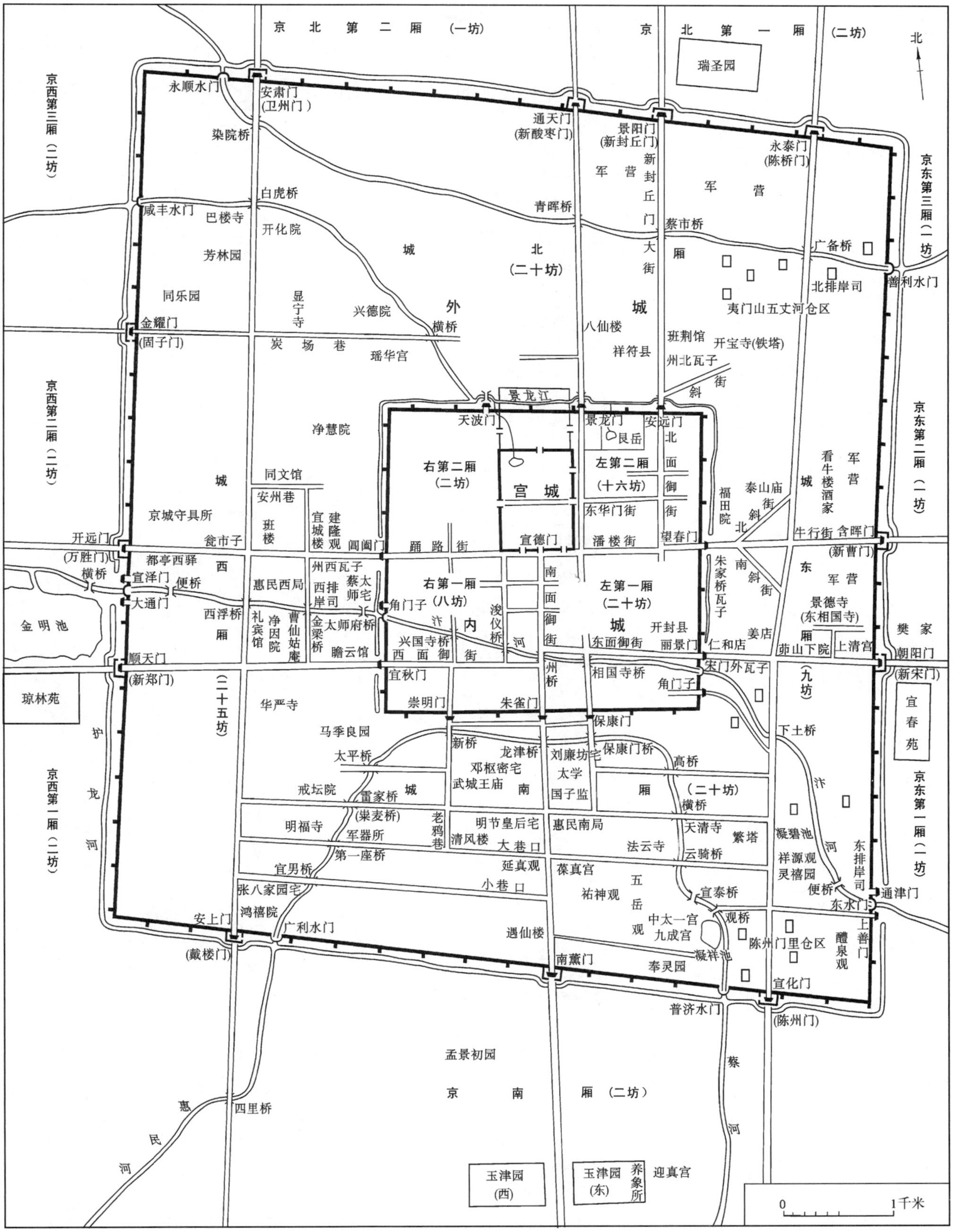
京 北 第 二 厢 （一坊）
京 北 第 一 厢 （二坊）
瑞圣园
北
京西第三厢（二坊）
京东第三厢（二坊）
永顺水门
安肃门
(卫州门)
通天门
(新酸枣门)
景阳门
(新封丘门)
永泰门
(陈桥门)
染院桥
军 营
新封丘门大街
白虎桥
咸丰水门
巴楼寺
开化院
青晖桥
蔡市桥
广备桥
芳林园
城
北
(二十坊)
厢
善利水门
北排岸司
同乐园
显宁寺
兴德院
外
城
夷门山五丈河仓区
金耀门
(固子门)
横桥
八仙楼
炭 场 巷
班荆馆
开宝寺(铁塔)
瑶华宫
祥符县
州北瓦子
斜街
京西第二厢（二坊）
京东第二厢（二坊）
景龙江
净慧院
天波门
景龙门
安远门
艮岳
北面御街
右第二厢
(二坊)
左第二厢
(十六坊)
宫 城
看牛楼酒家
城
同文馆
泰山庙
福田院
斜街
京城守具所
安州巷
班楼
宜城楼
建隆观
东华门街
北
开远门
(万胜门)
瓮市子
阊阖门
踊 路 街
宣德门
潘 楼 街
望春门
牛行街
含晖门
(新曹门)
都亭西驿
西
州西瓦子
南
横桥
宣泽门
便桥
惠民西局
西排岸司
蔡太师宅
右第一厢
(八坊)
南面御街
左第一厢
(二十坊)
朱家桥瓦子
南斜街
东
军 营
景德寺
(东相国寺)
大通门
角门子
金明池
西浮桥
礼宾馆
净因院
曹仙姑庵
金梁桥
太师府桥
汴
内
浚仪桥
河
城
开封县
姜店
厢
樊 家
兴国寺桥
西 面 御 街
东面御街
丽景门
仁和店
茆山下院
上清宫
顺天门
(新郑门)
瞻云馆
州桥
宋门外瓦子
朝阳门
(新宋门)
琼林苑
宜秋门
相国寺桥
角门子
(九坊)
宜春苑
华严寺
崇明门
朱雀门
保康门
(二十五坊)
马季良园
下土桥
护龙河
新桥
龙津桥
刘廉坊宅
保康门桥
太平桥
邓枢密宅
太学
高桥
京西第一厢（二坊）
京东第一厢（二坊）
戒坛院
雷家桥
城
武城王庙
南
国子监
厢
(二十坊)
汴
(粜麦桥)
横桥
明福寺
老鸦巷
明节皇后宅
惠民南局
天清寺
繁塔
凝碧池
军器所
清风楼
大巷口
法云寺
云骑桥
河
祥源观
东排岸司
第一座桥
宜男桥
延真观
葆真宫
灵禧园
五岳观
便桥
通津门
小巷口
祐神观
宣泰桥
张八家园宅
东水门
鸿禧院
中太一宫
观桥
上善门
安上门
广利水门
遇仙楼
九成宫
醴泉观
(戴楼门)
凝祥池
陈州门里仓区
南薰门
奉灵园
宣化门
普济水门
(陈州门)
孟景初园
蔡河
京 南 厢 （二坊）
惠民河
四里桥
玉津园(西)
玉津园(东)
养象所
迎真宫
0
1千米
北宋东京城遗址复原图

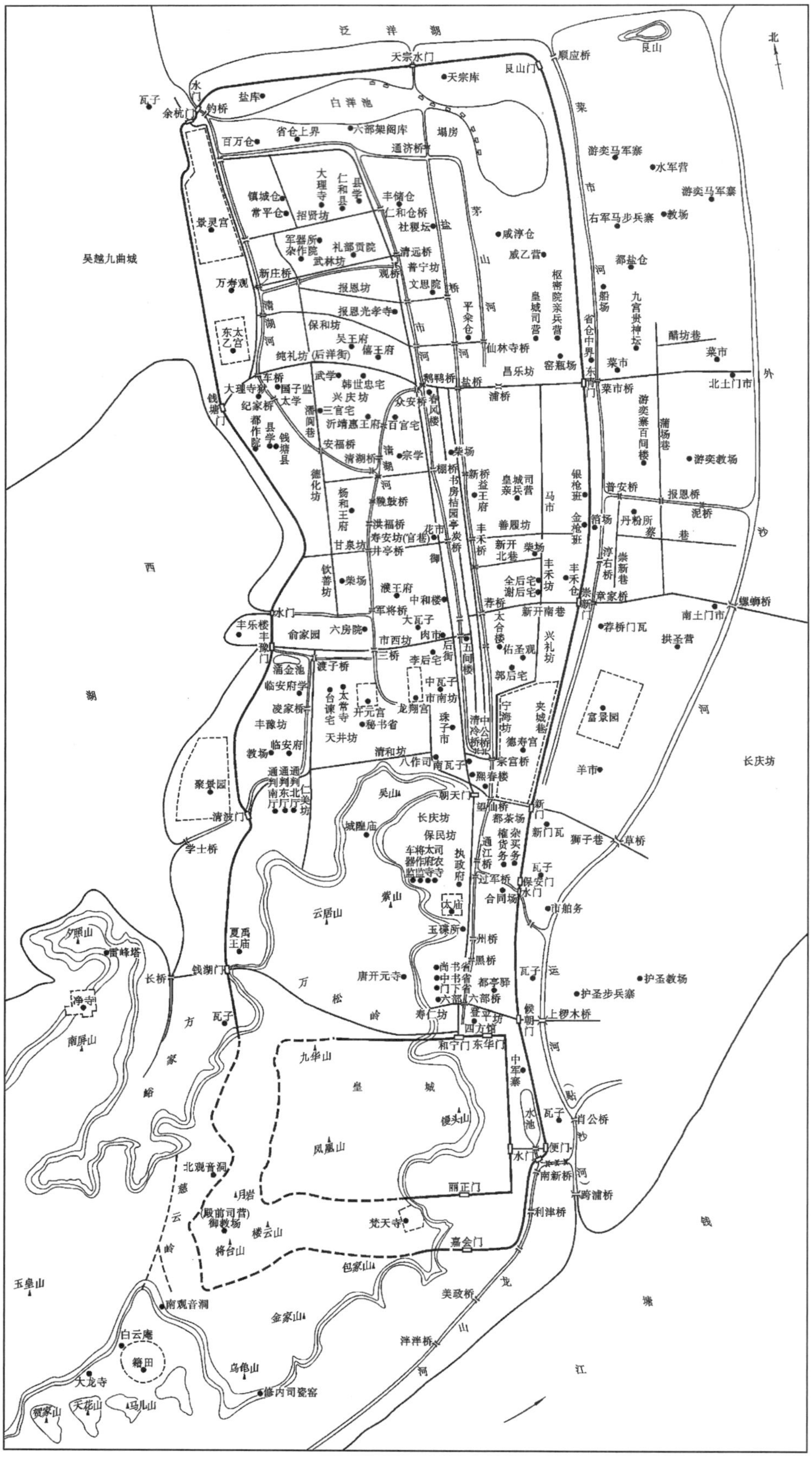
泛
洋
湖
北
艮山
天宗水门
艮山门
顺应桥
天宗库
瓦子
水门
盐库
白洋池
余杭门
钓桥
菜
百万仓
省仓上界
六部架阁库
塌房
通济桥
游奕马军寨
水军营
市
游奕马军寨
右军马步兵寨
教场
景灵宫
吴越九曲城
万寿观
东太乙宫
清湖河
河
都盐仓
船场
九宫贵神坛
醋坊巷
菜市
北土门市
外
菜市桥
昌乐坊
窑瓶场
仙林寺桥
咸淳仓
威乙营
枢密院亲兵营
皇城司营
茅山河
钱塘门
大理寺
纪家桥
国子监
太学
兴庆坊
武学
韩世忠宅
众安桥
鹅鸭桥
盐桥
蒲桥
游奕寨百间楼
蒲场巷
游奕教场
西
湖
德化坊
钦善坊
柴场
甘泉坊
杨和王府
洪福桥
寿安坊(官巷)
井亭桥
花市
皇城司亲兵营
普安桥
报恩桥
泥桥
丹粉所
寨
巷
沙
淳右桥
崇新巷
章家桥
螺蛳桥
南土门市
拱圣营
马市
丰乐楼
水门
丰豫门
俞家园
六房院
市西坊
三桥
涌金池
临安府学
凌家桥
丰豫坊
临安府
教场
聚景园
清波门
学士桥
中瓦子
市南坊
龙翔宫
开元宫
秘书省
天井坊
清和坊
八作司
南瓦子
熙春楼
朝天门
吴山
城隍庙
长庆坊
保民坊
执政府
宁海坊
德寿宫
夹城巷
富景园
河
长庆坊
羊市
新门
新门瓦
狮子巷
草桥
保安门
水门
市船务
紫山
云居山
太庙
玉牒所
州桥
黑桥
夕照山
雷峰塔
夏禹王庙
长桥
钱湖门
净寺
南屏山
方
家
峪
瓦子
万
松
岭
唐开元寺
尚书省
中书省
门下省
六部
都亭驿
六部桥
寿域坊
登平坊
四方馆
候潮门
上柳木桥
护圣步兵寨
护圣教场
运
河
和宁门
东华门
九华山
皇
城
中军寨
凤凰山
馒头山
水池
瓦子
肖公桥
便门
水门
南新桥
跨浦桥
北观音洞
慈
云
岭
月岩
(殿前司营)
御教场
楼云山
将台山
丽正门
梵天寺
利津桥
嘉会门
钱
塘
江
玉皇山
包家山
美政桥
龙
山
河
南观音洞
金家山
白云庵
籍田
洋泮桥
大龙寺
乌龟山
修内司窑窑
贺家山
天花山
乌儿山

临安城遗址复原图

【宋平江城遗址】 宋代府城遗址。位于江苏省苏州市。为江南府城的典型代表。遗址包括外城和子城两重城墙。外城建于北宋,平面呈长方形,设5门。城内是典型的纵街横巷式街道系统,道路呈“井”字或“丁”字形。干道旁有河道,构成水陆互补的交通网。子城(平江府治所)位于城中央偏东南,有围墙。民宅和店铺多前街后河,主要集中在城北部;城南多为官署、寺院等。南宋所刻平江图碑是研究平江城的珍贵资料,是中国现存最早、最翔实的宋代城市平面图。(董新林)

【宋赣州城遗址】 宋代州城遗址。位于江西省赣州市章、贡二水合流处,城南设护城河。北宋中期以后,赣州为中国东南地区的交通枢纽。1980年起进行调查。遗址呈不规则三角形,城墙保存较好。周长7 300余米。城内西北高地设子城,为衙署区。子城内有南宋“军门楼”遗迹。东部为商业区;东南部为宗教文化区和民居区;南部为军事驻防区。宋代在唐城丁字街基础上,又修成4条主街,形成6条主干道,其间有众多小街相连。城墙上发现有北宋以后各朝代的铭文砖,城内有完善的排水设施——福寿沟。(董新林)

【萧城遗址】 北宋古城遗址。全国重点文物保护单位。位于山东省冠县馆陶镇东南的萧城村。1996年进行发掘。城址平面呈方形,边长1 300米,周长5 200米。四面城墙正中各有一门。城墙系夯土筑建,现存部分上宽8米,下宽16米,最高处达13米。城墙四周及城门附近均有箭楼遗址,城内西北部有“点将台”遗址,台基东西长16.5米、南北宽15米、高4.8米。城东1米深处挖出一具战马骨架,在城南发现“万人坑”。顾祖禹《读史方舆纪要》称,此城为“歇马城”,相传契丹萧太后所筑,并曾引军驻此城,故名。(董新林)

【老鼓楼衙署遗址】 南宋至清代衙署遗址。全国重点文物保护单位。位于重庆市渝中区解放东路望龙门街道巴县衙门片区。2011—2013年进行发掘。发掘面积1.2余万平方米,发现、清理各类遗迹261个。出土了一批保存较好的陶瓷器、钱币、瓦当、礌石等标本9 000余件(套),跨宋元、明、清、近现代四个时期。该遗址是抗蒙山城体系缔造者——南宋兵部侍郎余玠的帅府所在地,是重庆主城区内发现的等级最高的宋代建筑遗存,对于研究中国都城以外的地方衙署资料具有重要意义。(董新林)

【钓鱼城遗址】 南宋军事城堡遗址。位于重庆市合川区东城半岛的钓鱼山上。2004年以来进行多次考古勘探和发掘。遗址由钓鱼城山顶环城、南、北一字城墙及南北水军码头共同组成,另有连接南水军码头城墙一道。山顶环城面积约2.5平方千米,分布有护国寺、古军营、皇城和武道衙门等。城墙为夯土包石结构,依山势而建,在地势较陡的山脊部分,城墙直接砌于山脊外侧,仅存外墙而无内墙;山势较缓的部分内外均用石墙砌筑。在南一字城东、西城墙中段(钓鱼城始关门及小东门附近)各发现一座保存较好的城门基址。城门排水系统设计精巧,由阶梯道路排水槽、八字挡墙基引水槽及门道下排水沟几部分组成。钓鱼城自古为“巴蜀要冲”,为研究宋蒙(元)战争山城防御体系提供了重要资料,也为研究宋元时期筑城规制提供实例。(董新林)

【门源古城】 北宋古城址。全国重点文物保护单位。位于青海省门源回族自治县县城东南浩门河北岸的台地上。城垣呈长方形,东西长约360米,南北宽约300米。城墙残高11.7米、底宽30米、顶宽5～8米。夯土层厚10～12厘米,城墙有马面,宽12米。城门有半圆形瓮城。城外原有城壕。据文献推测,筑城年代在北宋元符二年(1099年)宋军收复河湟地区至西夏元德七年(1125年)西夏攻占门源之间。尚待考古资料印证。(董新林)

【宋辽边关地道遗址】 宋辽军事防御工程遗址。全国重点文物保护单位。位于河北省雄县、霸州市、文安县、永清县、固安县境内。东西长约65千米,南北宽约25千米,面积约1 300平方千米。古地道结构复杂,藏兵洞、议事厅、迷魂洞等一应俱全,顶部距地面约4米,洞内高低、宽窄不一,有放灯处、存物处和通气孔等,同时设有翻板、瞭敌洞等军事设施。具有重要的历史、文化和军事价值,同时也为古代建筑等多学科研究提供了新的资料。(徐龙国)

【辽上京遗址】 辽代都城遗址。全国重点文物保护单位。位于内蒙古自治区巴林左旗林东镇南。神册三年(公元918年)始建,称“皇都”。会同元年(938年)建成,改称上京。1908年外国人开始勘查,1962年起中国学者开始调查和发掘。上京城平面呈“日”字形,由南北二城组成,北为皇城,南为汉城。城址总面积约5平方千米,南北长约2.8千米,东西宽约1.8千米。城墙为夯土版筑(见彩版36宋至明代遗址和墓葬“巴林左旗林东辽上京遗址”)。皇城内主要为契丹皇帝和贵族办公、生活之所，平面呈不规则六边形，整体形制保存基本完整。皇城东、南、西、北墙上均有马面，现存43座，最高约13米。城墙高约6～9米。南门破坏，现存东、西和北3座门址，门外均有圆形瓮城。城墙外发现有宽约16～20米的护城壕遗迹。宫城位于皇城的中北部，四周有围墙，有成组的建筑台基。皇城内有纵横交错的道路。城内主要建筑遗迹集中于皇城的东南部、南部和西南部，应为官署、府第和庙宇等。城北空旷，或是搭设毡帐之地。皇城乾德门遗址和西山坡佛寺遗址经考古发掘。城内地表仅存石观音菩萨像和石龟趺各1件实物。汉城是汉人及渤海、回鹘等族工商业者和外国使者的集居之地，平面呈不规则方形。城墙东、西和南各有一门，不见马面和瓮城等设施。上京城是中国北方游牧民族在草原地区建立的第一座都城，其布局独特，在中国古代都城发展史上有着重要地位。（董新林）

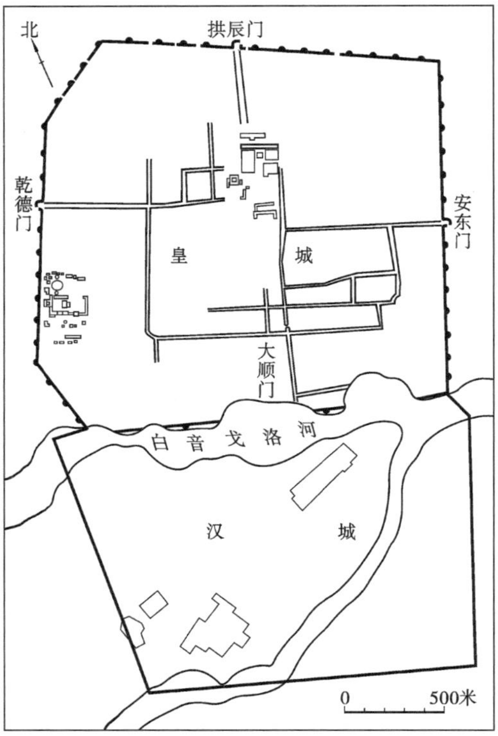

辽上京遗址平面图

【辽中京遗址】 辽代都城遗址。全国重点文物保护单位。位于内蒙古自治区宁城县大明镇。辽统和二十五年（1007年）建成，设大定府。为辽代中后期重要政治中心之一，皇帝常驻跸于此接待使臣。1912年起，中外学者进行调查和发掘。城址有外城、内城和宫城三重城墙，城墙为夯土版筑。外城平面呈长方形，南北进深3 500米，东西宽4 200米。城墙无马面，四角有角楼。正南门为朱夏门，筑有瓮城。朱夏门与内城南门阳德门之间有一条宽64米的干道，两侧有市楼建筑、佛塔寺院（现存感圣寺舍利塔和八角密檐小塔）和街道围成的坊区。外城北部有寺庙、廊舍和官署遗址，西南角山坡上也有寺庙建筑遗址。城外西南部还残存有半截塔及其寺院遗址。内城位于外城中央偏北，平面呈长方形，南北进深1 500米，东西宽2 000米。仅西墙残存马面遗迹。城内多空旷地带。宫城位于内城北部正中，平面呈方形，边长1 000米。南侧两端有角楼。内存成组的宫殿基址。南侧设有3门，正南门阊阖门与内城正阳门间有约40米的大道相连。（董新林）

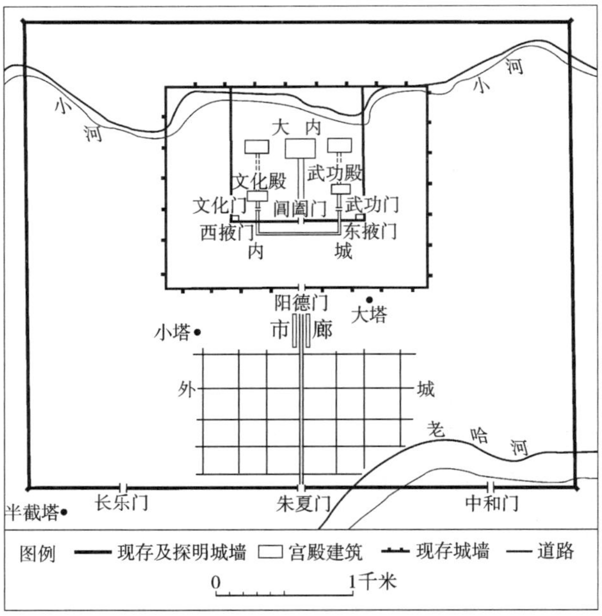

辽中京遗址平面图

【辽金大同城遗址】 辽金时期西京城遗址。位于山西省大同市。是在唐代云州城基础上改建而成。后沿用至今大同旧城，格局变化不大。大同旧城南北长1 750米，东西宽1500米。遗址平面呈正方形，四边城墙的正中各开1门，主要大街正对城门，形成十字街的布局，将城内分为4个坊。横街北面二坊区十字街遗迹难以辨认。横街南二区再各设十字街，分成4个小区。小区内还有更小的十字街。城西北隅为历代衙署所在。辽金大同城布局是承袭唐代城市传统的典型范例之一。（董新林）

【辽太祖纪功碑楼遗址】 辽代早期碑楼遗址。位于内蒙古自治区巴林左旗石房子嘎查西北，介于辽太祖陵园和祖州城之间，为辽代早期重要祭祀建筑之一。2007年进行发掘。基址面阔和进深均三间。东西长13.53米、南北宽9.83米。南设一门，四面为涂白灰面的土坯墙，地面铺方砖。建筑正中方形基座上，为一个石龟趺，其上原有一方刻有契丹大字和汉字的双语石碑。基址外围有包石，东西两侧有砖石混筑的登山路。根据碑文内容判定，此基址应为《辽史》中"辽太祖纪功碑楼"之所在。（董新林）

【辽白音他拉城遗址】 辽代永州城遗址。位于内蒙古自治区翁牛特旗白音他拉乡东南，地处西拉木伦河和老哈河之间。永州城是辽代重要的州城。白音他拉古城与《辽史》等记载的永州城位置大体吻合。1975年发现。古城平面略呈方形，南北长525米、东西宽545米。夯土城墙残高约2米。城墙尚存马面和角楼。东、西和北墙中间各有1门，南城门情况不详。出有瓷器、陶器和建筑构件，以及北宋铜钱等。（董新林）

【辽金丰州城遗址】 辽金时期州城遗址。位于内蒙古自治区呼和浩特市东郊白塔村。丰州城为辽代西南地区军事重镇，为金元所沿用。平面略呈方形，南北长约1 200米、东西宽约1 100米。夯土城墙外有马面，四角设有角楼。东、南、西三墙中间各有1门，有瓮城，北门情况不详。十字街道将全城分为四片坊，官署、市肆、作坊、庙宇和民居分散于各坊内。其中万部华严经塔位于西北坊，塔上现存6块金代碑铭和金元明时期的题记。碑铭记载了金代街巷的名称和变化情况，有重要学术价值。（董新林）

【春捺钵遗址群】 辽代土台遗址群。全国重点文物保护单位。位于吉林省乾安县附近。2009年发现。2013年进行试掘。发现4处大型遗址群，并在遗址中采集到大量的古钱币和陶、瓷片等遗物。遗址保留有大量营帐居住的土台基，分4个片区，共有台基2 000余个。其中花敖湖片区遗址面积约5平方千米，有台基998个，其分布有序，高低错落，具有游牧文化的特征。有学者根据文献推测，乾安县发现的土台遗址群为辽代皇帝"四时捺钵"之"春捺钵"遗址群，也有学者认为需要更多考古资料印证。（董新林）

【金上京遗址】 金代初期都城遗址。全国重点文物保护单位。位于黑龙江省哈尔滨市阿城区南白城子。金太宗时称会宁府，熙宗天眷元年（1135年）称上京。贞元元年（1153年）废上京之名。20世纪初起多次考古调查和试掘。遗址分南北二城，南城宽于北城，平面呈曲尺形。城墙为夯土版筑，高约3～5米，均有马面，现存89座，墙外有护城壕。全城共发现9个可能是城门的豁口，其中7个门外有瓮城遗迹。南北两城间筑有隔墙，有门相通。南城应为女真贵族办公和生活居所。南城西北部发现有皇城，南北长645米、东西宽500米。皇城午门外有土阙，午门内的中轴线上有5个宫殿台基，两侧有左右廊基址，殿基平面呈"工"字形。北城可能为工商业区。南部发现有手工作坊。城外东郊刘秀屯曾发掘大型礼制建筑基址。上京城内出土有上京路官印、"上京翟家记"戳子银镯、"上京警巡院"验记铜镜等重要遗物。为唯一保存较好的金代都城遗址。（董新林）

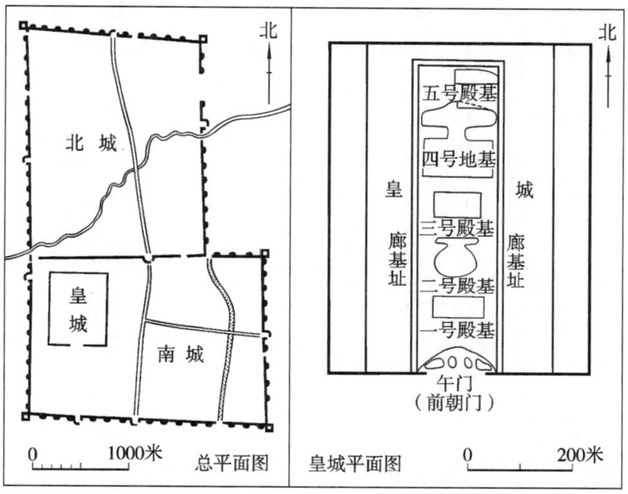

金上京遗址平面图

【金中都遗址】 金代都城遗址。位于北京市西城区和丰台区境内。在辽南京城基础上改扩建而成。建于金海陵王天德三年（1151年），贞元元年（1153年）改称"中都"，至贞祐二年（1214年）迁都汴梁（今河南开封），其间作为金朝国都共历60余年。1959年起勘查和试掘。由外郭城和宫城、皇城三部分组成。外郭城略呈方形。北垣有4座城门，东、西、南垣各3座门，与《金史》记载相合。南城垣水关遗址经过发掘。宫城位于外城的中央偏西，地势较高，平面呈长方形。南有前朝大安殿，北边为内朝仁政殿。皇城在宫城之南，与宫城相连。郭城外还建有离宫——大宁宫（今北京市北海公园琼华岛）。郭城正南门经皇城宣阳门，与宫城正南门形成明确的中轴线。其两侧左有太庙，右为三省六部衙署。中都城有两套城市规划系统。一是原辽南京旧城范围内井字街道，形成封闭式的里坊。二是辽南京城外

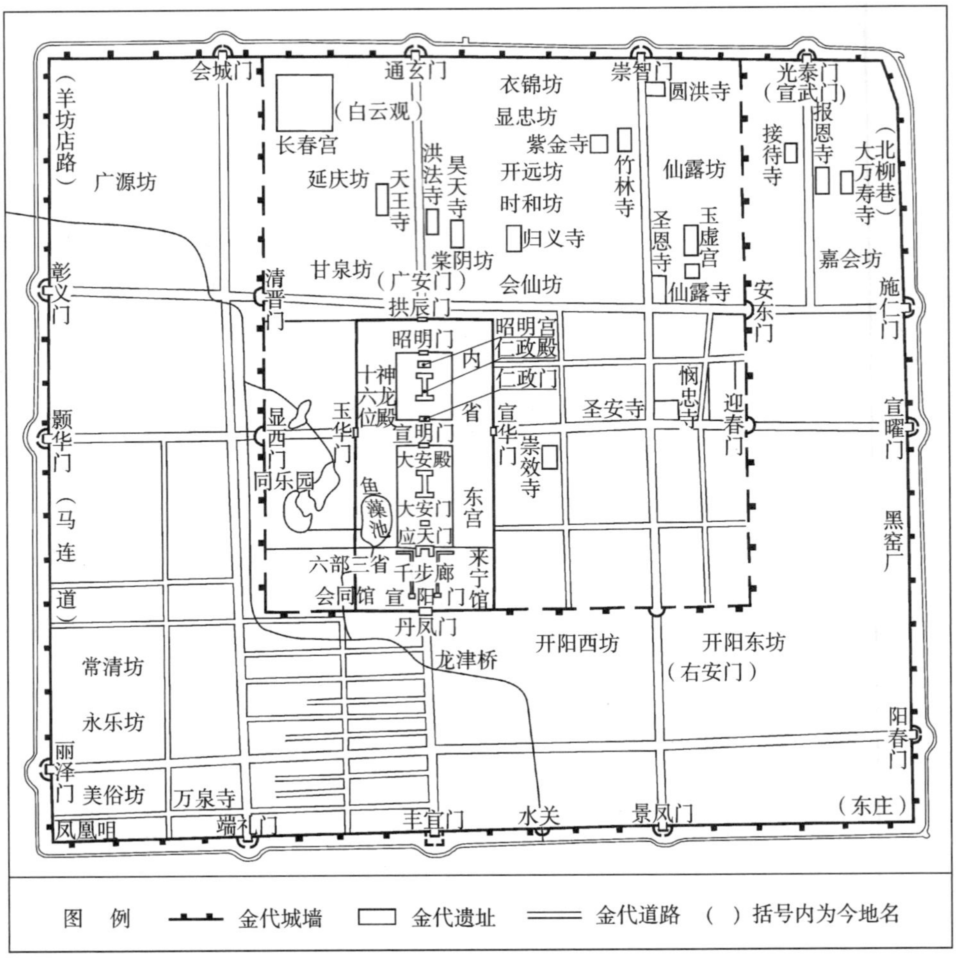

金中都遗址复原图

新扩建部分，模仿北宋东京城开放式街巷模式。这种现象反映了中国古代城市规划从隋唐时期封闭式里坊制向宋元开放式街巷制的转型。（董新林）

【金中都水关遗址】 金中都建筑遗址。全国重点文物保护单位。位于北京市丰台区右安门西南。1990 年发掘。建筑年代约在 1151—1153 年间。遗址呈南北向，入水口东西两侧的石板摆手呈倒“八”字排列，前有密集的柏木圆桩。主体呈长方形，底面铺石板，用大铁钉与下面的衬石方（即方形横木）固定。为了解北宋李诫等编撰的《营造法式》中“卷辇水窗”制度的重要实例，亦是研究中都城内水系流向问题的重要资料。（董新林）

【揽头窝堡遗址】 金代堡屯遗址。全国重点文物保护单位。位于吉林省德惠市边岗乡丹城子村揽头窝堡屯，地处松花江的两条支流伊通河与饮马河之间的一道狭长漫岗上。1998—1999 年进行发掘。遗址面积约 3 万平方米。地表散布着大量古代砖瓦、陶器、瓷器的残片和各种建筑构件。分布的范

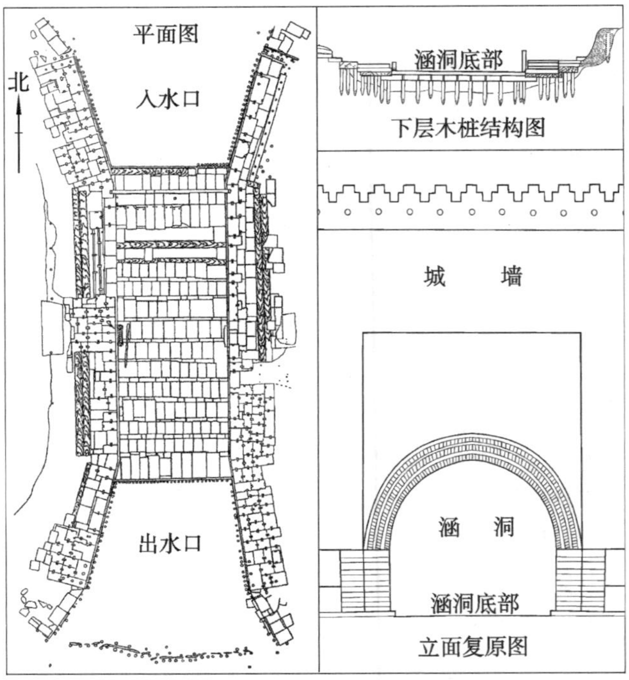

金中都水关遗址平面、立面复原图

围北达 1.5 千米之外的双城子古城城下，南与 2 千

米远的丹城子古城相接,东西跨度1千米,文化层厚达1.5米左右。曾发掘带火炕的大房子等遗迹。对研究金代社会的政治和社会生活等具有重要价值。(董新林)

【中兴城址】　金代城址。全国重点文物保护单位。位于黑龙江省绥滨县忠仁镇高力岛。1973年进行发掘。城址呈近方形,城墙不直,北墙弯曲较大。周长1 460米,为奥里米古城的姊妹城。城四角多呈钝角。南北城墙各设一门,有瓮城。城址有3道墙,一是主墙,二是副墙。曾在古城西北发掘12座金代墓葬,出土300余件金、银、铜、铁、瓷、水晶、陶等制品,其中“金玉列蝶”和“玉器飞天”做工精美考究。(董新林)

【蒲与路故城遗址】　金代北方重镇遗址。全国重点文物保护单位。位于黑龙江省克东县金城乡古城村西300米乌裕尔河南岸。20世纪30年代以来进行调查,70年代曾两次发掘。该城是金代管辖黑龙江流域广大地区的蒲与路治所,亦是确定金代北部边界的坐标,初设万户,后改为节度使。城址平面呈椭圆形,周长2 850米。城墙夯土版筑,城墙外设马面40座。南、北墙近中部各开1门,为过梁式单洞结构,门外均筑瓮城。城周有护城壕。城内地势略呈北高南低,重要建筑遗迹主要分布在北部偏东区域。曾出土大量砖瓦建筑构件、陶瓷片、铁器和铜镜等遗物,其中1947年城内出土一方“蒲峪路印”,现存印模,方形,边长7.8厘米,篆书阳文。此印的发现为蒲与路治所的确定提供了重要依据。(董新林)

【金界壕遗址】　金代界壕边堡遗址。全国重点文物保护单位。界壕即挖一条堑壕,取出土在内侧堆成长墙。为金代防御北部、西部的部族而修筑的军事防御工程。1939年起多次进行调查和发掘。金界壕分南、北两线。北线为金天眷元年(1138年)以前兴筑,东起内蒙古自治区呼伦贝尔市根河南岸,经俄罗斯到蒙古国肯特山南麓止,长约700千米。南线为金大定、明昌和承安年间三次兴筑,为金界壕主体,东北起自嫩江右岸,西南到大青山北,总长7 000余千米。界壕通常由主墙、内壕、副墙和外壕构成。长墙上有马面、烽台等防御设施,主墙上还设戍堡和关隘。界壕内还附有边堡(军队驻地)和小城。该遗址是中国古代重要的军事遗迹,有很高的学术价值。(董新林)

【黑城遗址】　西夏黑水城和元代亦集乃路城遗址。位于内蒙古自治区额济纳旗达赖湖波镇东南25千米处,为当时重要的贸易城市。1908年俄国人盗掘。1983年起中国学者多次进行发掘。遗址平面呈长方形,东西长434米,南北宽384米。城墙用黄土夯筑,残高约9米,筑有马面,东西两墙各设一城门,并加筑瓮城。西北角城墙上存有土筑方形佛塔。城内有大小十字街,街两侧主要是店铺和民居。遗址出土有西夏文字典《番汉合时掌中珠》和西夏、藏、蒙古、汉文文书等,以及元代“至元通行宝钞”等纸币。(董新林)

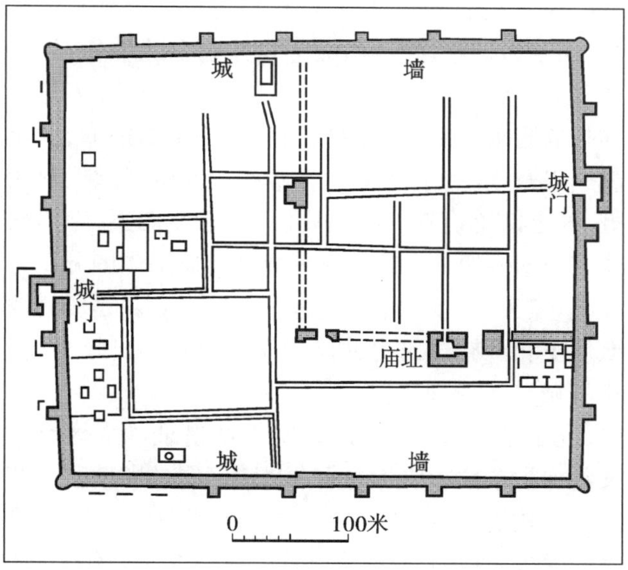

黑城遗址平面图

【阳苴咩城遗址】　五代至宋代大理国都城遗址。位于云南省大理市西北旧大理。公元779年南诏王异牟寻徙都于此后筑城。遗址仅存北城墙,用石块及土垒成。城内有著名的崇圣寺三塔和宏圣寺塔等。其中崇圣寺三塔主塔塔基和塔刹中出土680余件佛教造像和法器等文物,还发现3块有纪年的铜片和铁片,是南诏大理时期最为重要的实物资料。参见“崇圣寺三塔”(611页)。(董新林)

【古格王国遗址】　古格王国都城札布兰遗址。全国重点文物保护单位。位于西藏自治区札达县西朗钦藏布南岸。古格王国于公元10世纪中期至17世纪初雄踞西藏西部。1912年发现。1957年起多次进行勘查。遗址总面积约72万平方米。发现房屋遗迹445处、窑洞879孔、碉堡58座、佛塔28座、洞葬1处、粮仓11座、供佛洞窟4座、武器库和石锅库各1座等,获得大量生活用具、生产工具和佛教艺术品。拉康嘎波(白殿)和拉康玛波(红殿)两座佛教建筑在故城内规模最大,位置突出。王公区建筑位于城内最高的土山顶部第七台地。该遗址为研究古格王国历史和藏传佛教的重要资料。1991 年出版有《古格故城》。(董新林)

【古格王国城堡遗址】 古格王国城堡遗址。全国重点文物保护单位。位于西藏自治区札达县扎布让区境内托林镇西北象泉河南岸。20 世纪 30 年代意大利著名藏学家杜齐教授进行首次考察。1985 年国家文物局组织考古队进行全面踏勘。遗址面积约 72 万平方米。城堡建于 300 余米高的黄土山上,外围建有城墙,四角设有碉楼。建筑分上、中、下三层,山顶为王宫建筑,山坡上是达官贵族住所,山腰中部为寺庙,山下是民居。山体内修筑有许多迂回曲折的防御性暗道,还发现有武器库、石锅库、大小粮仓以及壁葬、木棺土葬等遗迹。寺庙殿堂保存较好,檐上雕饰有狮、象、马、孔雀等动物图案,寺内残留有泥塑佛像和大量的彩色壁画。遗址周围分布有东嘎、皮央、香孜等重要遗址和文物遗存。是研究西藏历史和藏族建筑史的珍贵实物资料。出版有《古格故城》。(龚国强)

【元上都遗址】 蒙元时期都城遗址。全国重点文物保护单位。位于内蒙古自治区锡林郭勒盟正蓝旗五一牧场境内,滦河上游闪电河北岸。上都城为帝后避暑之地,具有离宫性质。蒙古宪宗六年(1256 年)忽必烈营建城郭宫室于滦河北,中统元年(1260 年)即帝位于此,称"开平府",四年加号"上都"。明洪武二年(1369 年)复明开平府,宣德五年(1430 年)废。1937 年起多次发掘。遗址保存较好,由外城、内城、宫城和"关厢"等部分组成。城墙为黄土版筑。内城和宫城墙分别用石、砖包砌。城门均有瓮城,南北向瓮城均呈方形,东西向则为马蹄形。外城平面呈正方形,边长2 200米。东、南、北墙各开 2 门,西墙设 1 门。北部为苑囿区,西南为官署和作坊区。城外有护城河。方形内城位于外城东南角,边长 1 400 米。东、西墙各设 2 门,南、北墙各设 1 门,对称分布。其东墙、南墙直接利用外城墙和城门。墙外筑有马面,四角有角楼。街道规整对称,多官署建筑。宫城位于内城中央偏北,平面呈长方形,长 620 米,宽 570 米。城内有大安阁和穆清阁等建筑。四角有角楼,东、西、南三墙正中各设 1 城门。宫城墙外有石砌夹城。外城东、南、西三面的关厢地带,有密集的小型建筑基址,是庶民居住区和集市贸易场所。2008 年出版有《元上都》。元上都遗址已被列入世界文化遗产名录。(董新林)

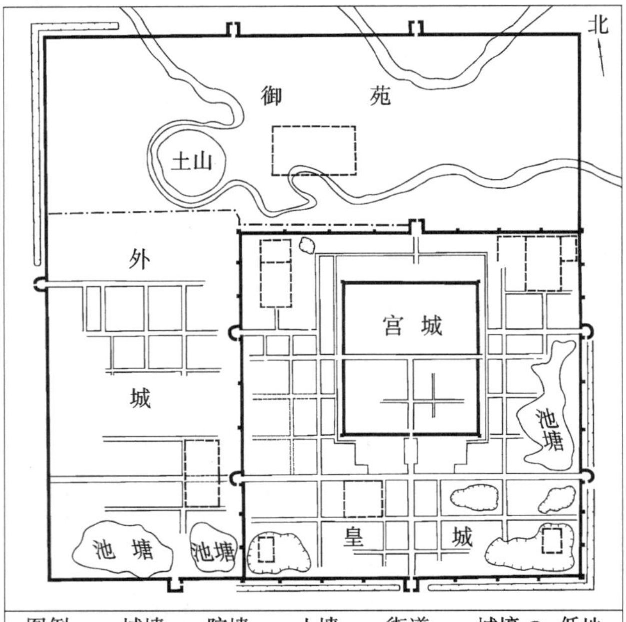

元上都遗址平面图

【元中都遗址】 元代都城遗址。全国重点文物保护单位。位于河北省张北县白城子村西南 1 000 米处。始建于元大德十一年(1307 年),至大四年(1311 年)起为行宫。1998 年起多次进行发掘。遗址为外城、皇城和宫城三重环套。外城略呈方形,东、南、北城墙保存较好,周长 11 800 米。城内建筑较少。皇城位于外城中部偏北。东、南、北三面城墙各有 1 座城门,西墙不详,周长 3 400 余米。东垣还有水道一处。东、西、北三面墙与宫城墙之间,各有两道隔墙。宫城位于皇城中部偏北,平面呈长方形。东西宽 607 米,南北进深 548 米。城墙四面正中筑 1 座城门。东、南城墙探明有水道遗迹。宫城中北部为宫殿区,以 1 号台基为中心。宫城和皇城南门都是 3 条门道,均已发掘。出土有琉璃瓦当、汉白玉螭首等遗物。2012 年出版有《元中都:1998—2003 年发掘报告》。"元中都遗址平面示意图"见 483 页。(董新林)

【元大都遗址】 元代都城遗址。全国重点文物保护单位。位于今北京市旧城的内城及以北地区,包括今北京市东城区、西城区、海淀区和朝阳区部分地区。为一座平地起建的新都城,亦称"汗八里城"。蒙古至元四年(1267 年)元世祖始建,至元十三年(1276 年)完工。1964 年起,多次进行考古调查和发掘。由外城、皇城和宫城三重环套而成。外城平面

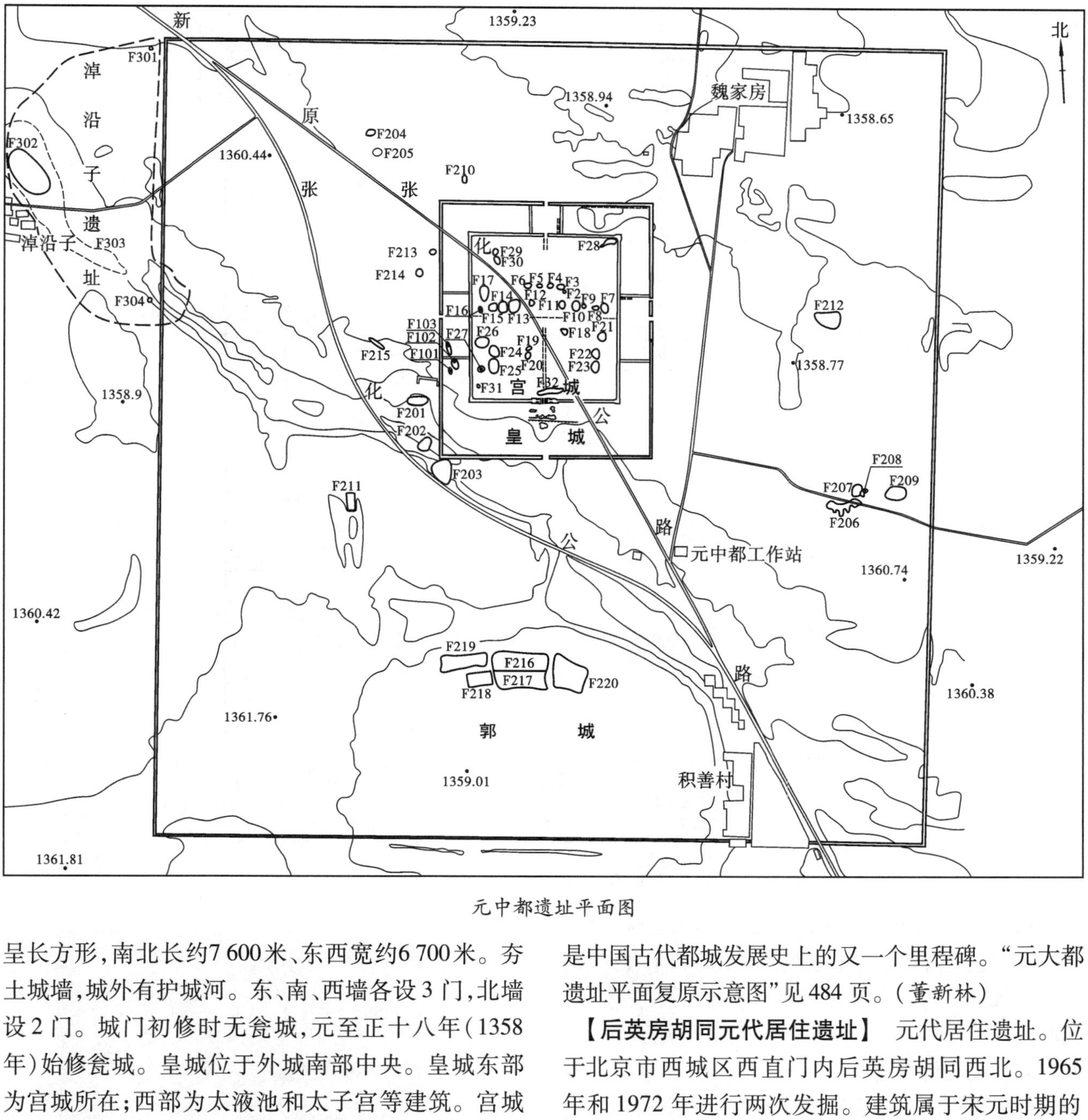

元中都遗址平面图

呈长方形，南北长约7 600米、东西宽约6 700米。夯土城墙，城外有护城河。东、南、西墙各设3门，北墙设2门。城门初修时无瓮城，元至正十八年（1358年）始修瓮城。皇城位于外城南部中央。皇城东部为宫城所在；西部为太液池和太子宫等建筑。宫城为前殿、后阁的格局。中央官署原来较分散，后来集中在宫城南侧和东侧。宫城南北各设1门，皇城四面墙均各有1门。从外城丽正门经皇城灵星门，过宫城南、北门到万宁寺中心阁，这条纵贯宫城中央的南北大街是元大都的中轴线。元大都实行开放式纵街横巷式的城市街道系统，是中国古代晚期城市的典型代表。9条纵街和9条横街构成全城的主干街道，在南北向的主干纵街的东西两侧，等距离的平列东西向胡同共88条。居民区规划整齐，全城设50坊。商业发达，城内有3个主要市场。排水和给水系统完备。其设计体现出《周礼·考工记》营建都城的思想。这是中国古代都城发展史上的又一个里程碑。“元大都遗址平面复原示意图”见484页。（董新林）

【后英房胡同元代居住遗址】　元代居住遗址。位于北京市西城区西直门内后英房胡同西北。1965年和1972年进行两次发掘。建筑属于宋元时期的

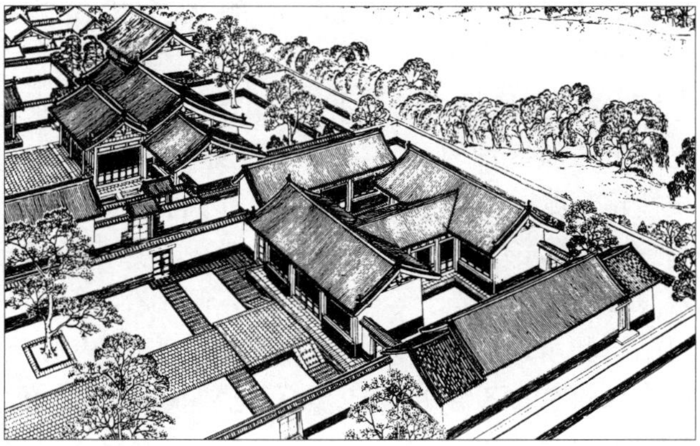

后英房胡同元代居住遗址复原图

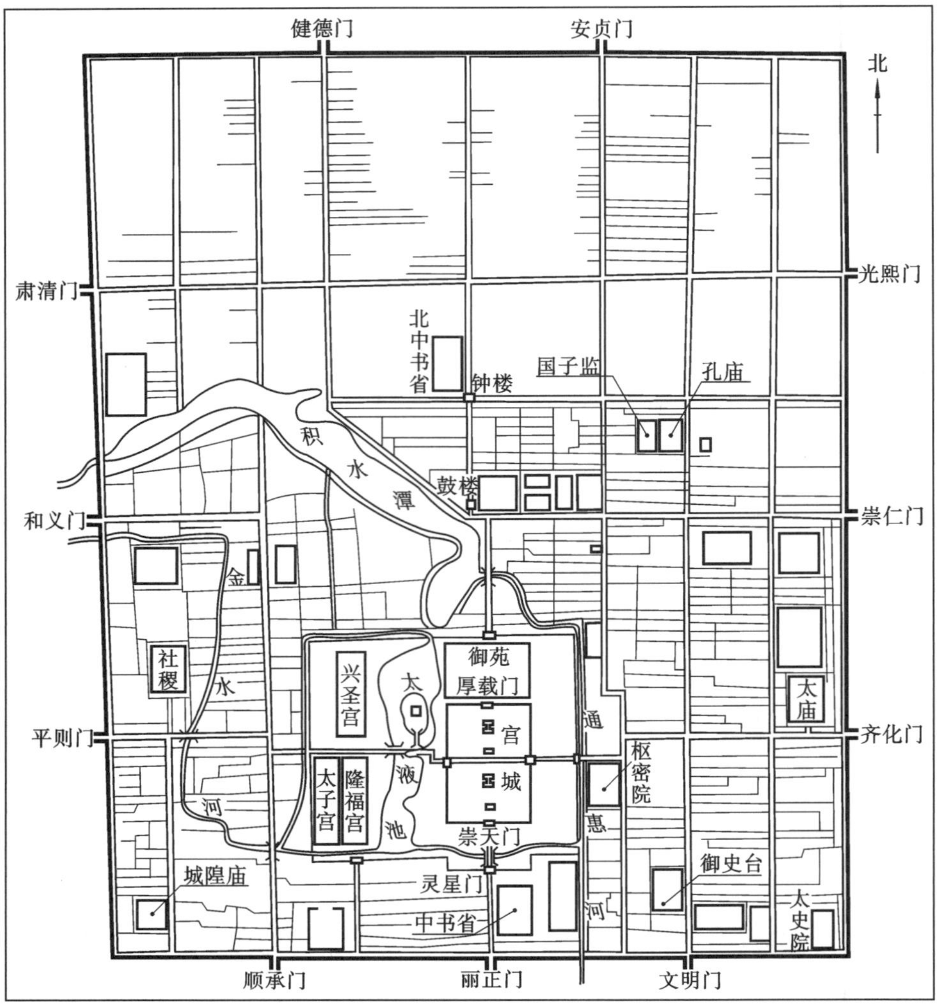

元大都遗址平面复原图

流行形式。遗址建于砖台基之上，中部为主院，两侧为东、西院。主院正中偏北由三间正房和东、西两耳房组成五间北房。主院正房前出轩廊，后有抱厦，两侧有东、西厢房。东院正房平面呈“工”字形，即南、北房之间以柱廊相连，出土有多个窑口的精品瓷器和其他贵重物品。据考证为元大都中上层人物住宅遗址，是研究当时城市生活等的重要资料。(董新林)

【和义门瓮城城门遗址】 元代城门遗址。位于北京市西城区西直门。1969 年发掘。和义门瓮城城楼建筑被拆毁，仅存城门墩台和门洞。城门残高 22 米，门洞长 9. 92 米、宽 4. 62 米，内券高 6. 68 米。楼上尚存石箅子等灭火设备，木门不存，只留有门砧石和承门轴的半球形铁“鹅台”。门洞内有至正十八年(1358 年)题记，具有重要的学术价值。(董新林)

和义门瓮城城门遗址

【燕家梁遗址】 元代遗址。全国重点文物保护单位。位于内蒙古自治区包头市九原区麻池镇燕家梁村南侧台地上。20 世纪 80 年代起进行考古发掘。遗址东西长 650 米、南北宽 600 米，揭露面积达

12 000平方米。共发现160座房址、6条道路、4座窑址、3个乱葬坑、25个窖藏等。房址多保存较好，平面呈方形或长方形，南向略偏西，成组分布于道路两侧。房屋墙壁主墙多用土夯筑，隔墙为土坯建成，房子内一般有火炕、灶台、烟洞。临街的房屋内多设有地炉或火灶。遗址南北大道东侧有一处通向大街的成排南房，房屋大小一致，房内布局相同，可能是当年的酒馆旅舍区。道路呈东西向或南北向，有的可看到车辙痕。道路两侧设有排水沟。另外在部分灰坑中发现凌乱的人骨，有的肢体残缺。死者年龄不一，数量不等，最多的一处达26具。出土瓷、铜、铁、陶、骨、玉等不同质地的各类器物达5 000余件，其中瓷器为大宗，分属磁州窑、钧窑、景德镇窑、龙泉窑、定窑等窑系。在一些瓷碗、盘、罐的底部发现大量的墨书题记，记录年号、馆舍名、姓氏等，还有画押、梅花、鸟雀等。墨书题记除汉字外，还有少量回纥文和八思巴文。该遗址为研究元代村镇、驿站的建置布局、经济形态及居民生活情况等提供了实物资料。(董新林)

【元集宁路城遗址】 元代路城遗址。位于内蒙古自治区察哈尔右翼前旗土城子村。1958年起进行调查和发掘。集宁路城呈长方形。城南北长940米、东西宽640米。东西墙各设一门，东门偏北，有方形瓮城；西门居中，有马蹄形瓮城。南门情况不详。城内北部正中有一处大型建筑台基，可能与总管府址有关。与西门直通的大道为城内街区的分隔线，以北属于衙署地区；以南是居民区或手工业作坊区。市肆遗址中心位于官民两区的衔接处。城内为开放式纵街横巷，临街设店。道路有六纵七横，形成网状布局。城北有文宣王庙遗址。城内发现多个丝织品或瓷器窖藏(见彩版39宋至明代瓷器“白釉瓷碗”)，除精美瓷器外，还有“集宁路达鲁花赤总管府”字样的提花绫等重要文物。元代集宁路城是草原丝绸之路重要枢纽之一。(董新林)

【应昌路故城遗址】 元代投下州城遗址。全国重点文物保护单位。位于内蒙古自治区克什克腾旗达里诺尔湖西南。应昌路城为弘吉剌部鲁王世居之地，又称“鲁王城”，元顺帝薨于此。1957年进行调查。遗址平面呈长方形，南北长650米、东西宽600米。夯土城墙残高达3米。东、西、南墙正中各设一门，带瓮城。城内以连接东西门的横街为主，与通往南门的纵街形成丁字街格局。横街北部中心为一处大型院落遗址，有前后三进的大型建筑基址，应为鲁王府故址。王府两侧为官署所在。横街南为民居和商业区。东门附近有孔庙和儒学遗址，出土有“应昌路新建儒学记”碑额等。(董新林)

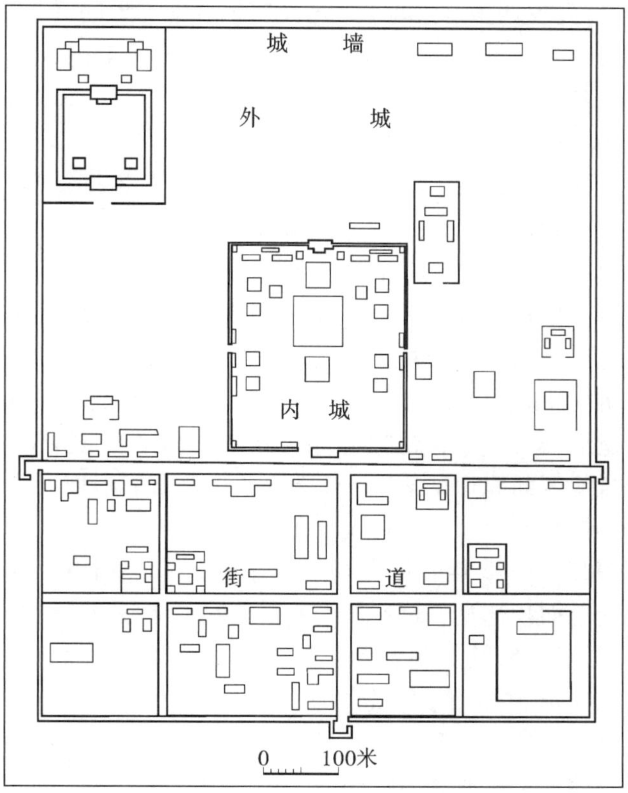

应昌路故城遗址平面图

【庆元路永丰库遗址】 以元代永丰库为核心的宋、元、明时期衙署仓储遗址。位于浙江省宁波市中山西路市公安局地块(宁波历史化名城核心区域——原唐宋子城遗址)。2001—2002年进行发掘。永丰库前身为南宋“常平仓”(官府粮库)，元代(此时永丰库作“收纳各项断没赃罚钞及诸色课程”)之后为明朝“宏济库”(由平准、永丰二库并为一库)。遗址出土大量的宋元时期著名窑址的陶瓷器。遗址是国内首次发现的古代大型仓库，布局相对完整，为研究元代仓储类建筑提供重要的考古实例。该建筑遗址中独特的古建筑构造做法，对中国古建筑史的研究具有重要价值。(董新林)

【太仓海运仓遗址】 元代海运仓遗址。全国重点文物保护单位。位于江苏省太仓市城厢。由两个长方形土台组成，北部土台东西长400米、南北宽250米，东南土台南北宽100米、东西长140米左右。2008年进行调查，从采集到的元、明龙泉窑瓷碗底、青瓷片等遗物看，基本可确定始建于元代、扩建于明代，规模很大，主要贮存从江南各地征集的粮食，以备军需。推测当时太仓就拥有水深口阔的天然良港，是海运漕粮的重要基地。（王睿）

【元安西王府遗址】 元代府城遗址。（1）位于陕西省西安市东北秦家街北。始建于元至正十年（1273 年），是忽必烈第三子忙哥剌的王府。1956 年起调查。安西王府城址平面略呈长方形，南北长约 603 米、东西宽约 540 米。城墙夯土版筑，城四角有角楼建筑，东、南、西三面墙中间各设一门。城内中央有一处宏大的夯土台基，应为宫殿基址。宫殿基址东西和北侧都有零星的夯土台基。宫殿基址夯土内发现 5 块铸有阿拉伯数码的幻方铁板，是研究中西文化交流的重要资料。（2）亦称“开城遗址”。全国重点文物保护单位。位于宁夏回族自治区固原市南 20 千米开城乡六盘山下东坡。为元忙哥剌避暑官邸，毁于元大德十年（1306 年）。1985—1992 年开城文物工作站进行考古调查。遗址总面积达 9. 23 平方千米。宫城面积遗址 2. 86 平方千米，其行制仿元大都（北京）皇宫模式而建。主要由王相府、王相官邸、王相住宅区，安西王官邸、花园、养鱼池，窑址，街道，平民区，王府官员住宅区和墓葬区七大部分组成。据考证，安西王府是元代西北军事重镇枢纽指挥中心，屯田戍军、开发建设指挥中心，亦是沟通中亚、西亚“丝绸之路”的重要桥梁。（董新林）

【开城遗址】 即“元安西王府遗址(2)”。

【阿力麻里城遗址】 蒙元时期察合台汗国古城遗址。位于新疆维吾尔自治区霍城县水定镇西北。阿力麻里城意即“苹果城”，哈喇契丹时已是重要王城，元世祖时曾置行省于此。1958 年进行调查。古城城墙和城内建筑已破坏，城内曾发现过景教徒或基督教徒的叙利亚文墓石，上刻十字架标志；还发现铸有“阿力麻里”的阿拉伯文银币，以及瓷器窖藏。窖藏出土有龙泉窑的碗盘、枢府釉的“福禄”盘、影青釉龙纹大碗等典型元代瓷器。（董新林）

【昌吉古城遗址】 元代昌八里城遗址。位于新疆维吾尔自治区昌吉市东约 1 千米处。昌吉城俗称“唐朝城”，据考证为文献记载的昌八里城。20 世纪 80 年代进行考察。古城平面呈长方形，东西长约 1 045 米、南北宽约 555 米。内有夯土或土坯台基等建筑基址。城内所出八瓣覆莲花纹图案，莲心为“S”形纹，与辽墓壁画图案风格相仿。城内东南部发现一个陶瓮窖藏，内存 1 370 枚铸造于公元 13 世纪的无孔小银钱，上有阿拉伯文《古兰经》经文。（董新林）

【明中都城遗址】 明初都城遗址。全国重点文物保护单位。位于安徽省凤阳县。明太祖朱元璋洪武二至八年（1369—1375）在其故乡临濠所建，称为“中都”。遗址由外城、皇城和宫城环套而成。外城平面近长方形，南北进深 7 170 米，东西长 7 760 米。

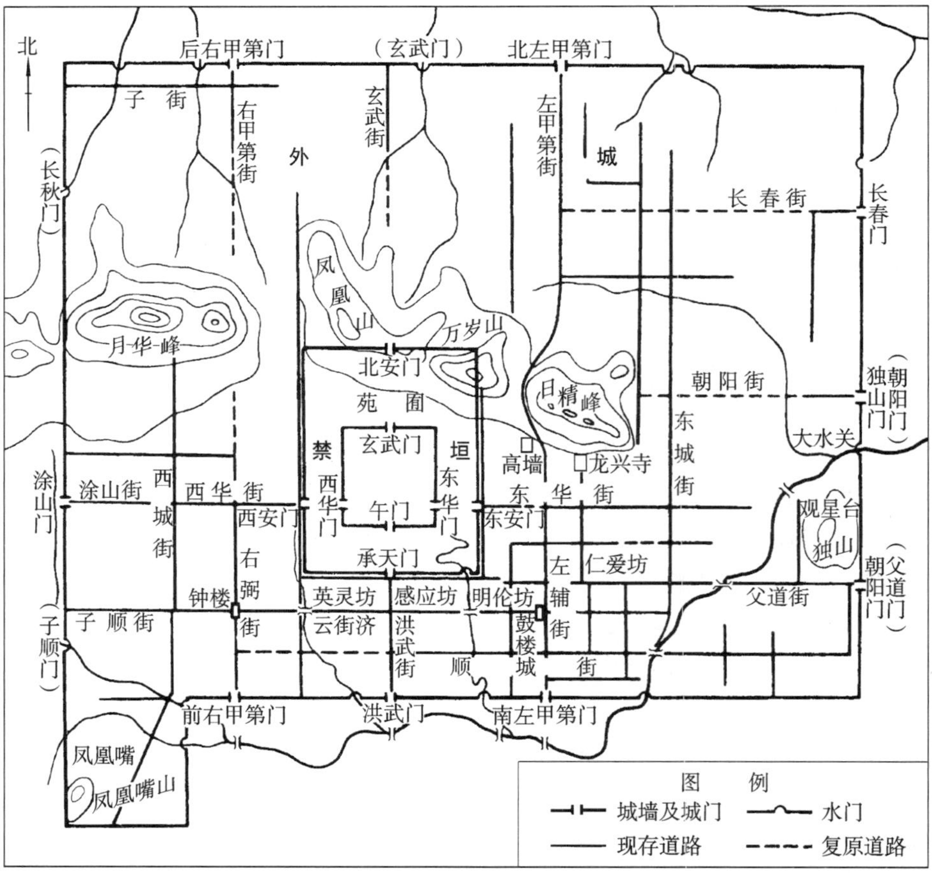

明中都城遗址平面复原图

唯西南角突出，筑有9门。皇城位于外城南部偏西，平面呈竖长方形，南北长2 160米，东西宽1 860米。有4座城门。宫城位于皇城南部中央，略呈方形，南北长960米，东西宽890米。四面各设1门。宫城内尚存宫殿址，宫城北为苑囿。午门外左有太庙和中书省，右设社稷坛和大都督府、御史台。皇城承天门外左有城隍庙和国子监，右为功臣庙和帝王庙。皇城东南和西南分设鼓楼和钟楼。天顺年间以后，成为专门囚禁皇室宗族罪犯之所。中都城未成为明代政治中心，但其规划理念对北京城的营建产生了一定影响。（董新林）

【明南京城】　亦称“应天府城”。明代早期都城。位于江苏省南京市。由明太祖主持设计营造。明成祖永乐十九年（1421年）迁都北京以前一直为都城。由外郭城、内城、皇城和宫城组成。外郭城具有防御性质，城墙外有城壕，周长60千米，设18座门。内城，位于外郭城东南部，周长33.7千米，有13座城门，均筑瓮城。以聚宝门（今中华门）最大，有三重瓮城。城墙以条石做基，内外包砖，高21米。皇城在内城东部，呈正方形。皇城南部御道两侧为文武官署。宫城居皇城之中，在钟山南麓。正南门午门外有太庙和社稷坛分列两侧。午门与正阳门形成中轴线，正阳门外有先农坛等礼制建筑。南京城注重防御，分3个功能区，宫城和皇城在东；工商业和居民区在南；军事区在西北。钟楼和鼓楼建于三区中心。（董新林）

【应天府城】　即“明南京城”。

【明北京城址】　明代都城址。即今北京市旧城区。明永乐元年（1403年）改北平府为北京。十九年都城自南京迁至此处。至崇祯十七年（1644年）李自成破城为止，明朝共有223年建都于此。都城平面呈“凸”字形，由外城和内城、皇城及宫城组成。北部内城9门，南部外城7门。内城呈近长方形。皇城位于内城中部偏西南，除西部为西苑太液池，东南隅为“南内”重华宫外，东部和北部均为内官衙署和作坊等。在皇城南门承天门（清改称“天安门”）

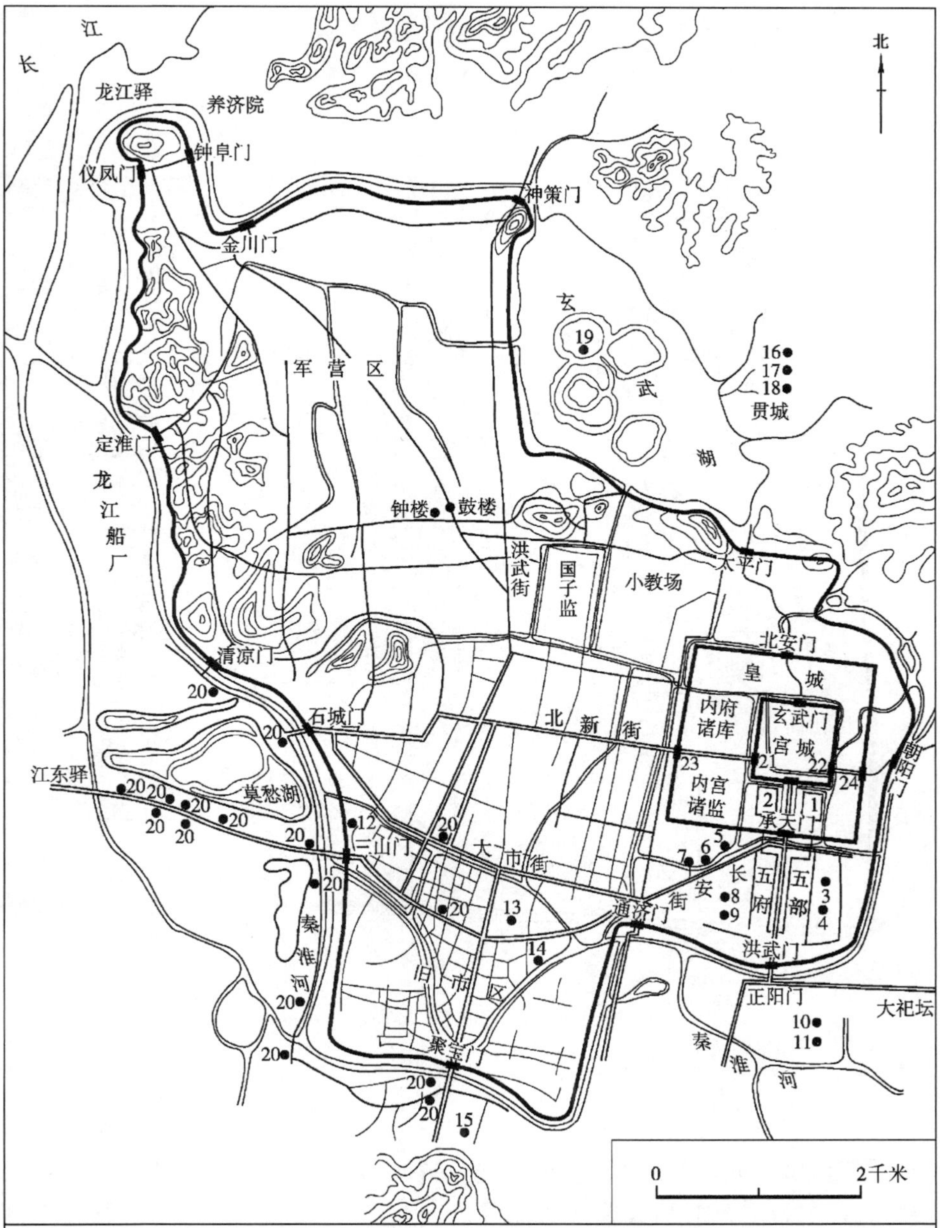

1.太庙 2.社稷 3.翰林院 4.太医院 5.鸿胪寺 6.会同馆 7.乌蛮驿 8.通政司 9.钦天监 10.山川坛 11.先农坛 12.净觉寺 13.吴王府 14.应天府学 15.大报恩寺 16.大理寺、五军断事官署、审刑司 17.刑部 18.都察院 19.黄册库 20.市楼 21.西华门 22.东华门 23.西华门 24.东安门

明南京城平面复原图

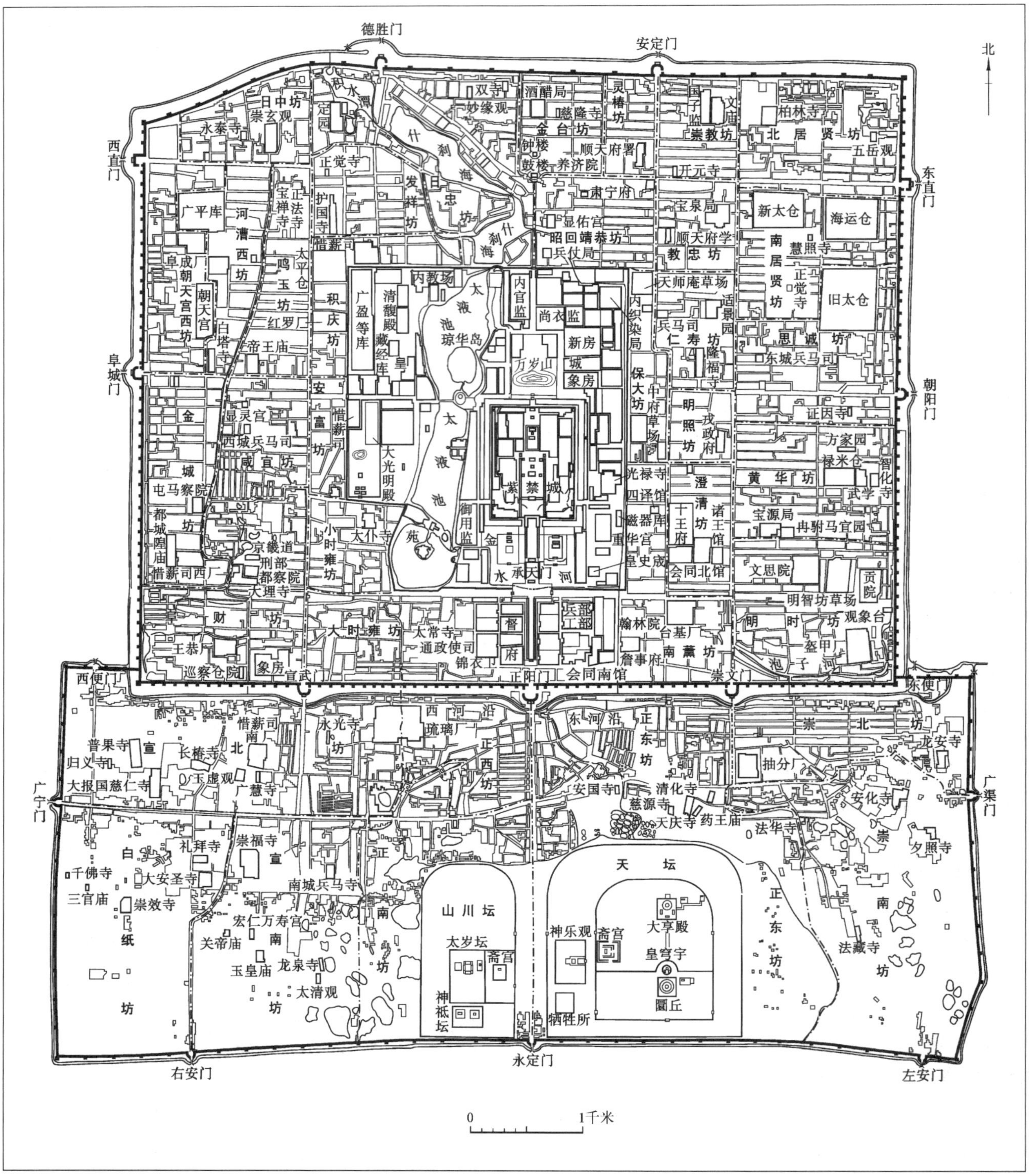

明北京城平面复原图

至大明门(现已拆)之间为千步廊,集中安置中央主要官署。左为宗人府和五部及其他院监,右为五军都督府和锦衣卫等。宫城(即紫禁城)在皇城东南,内城南部的中央,前朝为皇极殿(清改建称“太和殿”),后宫为乾清宫。东、西华门在皇极殿前方的左右。宫城前方左为太庙,右为社稷坛,后面为万岁山(今景山)。外城主要是工商业区。天坛和山川坛列于中轴线两侧。明北京城内城街道等沿袭元大都格局,但重新规划了宫城和皇城,并增建外城,整体规划布局更为合理。明清故宫遗址已列入世界文化遗产名录。(董新林)

【永顺老司城遗址】 明清时期湘鄂渝黔土家族地

区土司城遗址。全国重点文物保护单位。位于湖南省永顺县灵溪镇司城村附近灵溪河畔。为历史上永顺宣慰司数百年的司治所在。1995年起进行多次调查和发掘。宫殿区与衙署区处于老司城城址的中心,其周围分布有街道区、墓葬区、宗教区、苑墅区等功能区。城北的宫殿区依山而建,周长436米。共有4门,大西门为正门。城墙厚1米左右,最高处高达6米。主体建筑处在中轴线上。衙署区位于宫殿区南侧,周长408.8米。城内原街巷密布,一些现尚存其名。紫金山墓地在城东南部,是明代永顺土司家族墓地,现已探明30余座,出土有彭世麒和彭宗舜等墓志铭。南部有宗教区。在平冈低阜间还分布众多的土司庄园、别墅、钓鱼台,并发现8处石刻题铭。出土青花瓷片多产自明代景德镇民窑,少量为官窑,其中有些瓷器有题款,如"宣慰使司佳器"、"永顺司制"和"都督府役徐沅斌贡"等。地方志载,老司城始建于南宋绍兴五年(1135年),废弃于清雍正四年(1726年)的改土归流。宫殿区城墙年代约在明代早期,主要建筑大多属于明代至清初。该遗址是研究中国土司制度、中央与少数民族关系的重要物证。(董新林)

【明长城遗址】 明代军事防御工程遗址。全国重点文物保护单位。明长城亦称"边墙",为防御北部地区蒙元、鞑靼、瓦剌和女真而修筑。1956年以来多次全线进行考察。遗址东起辽宁省宽甸满族自治县虎山乡鸭绿江边,经辽宁、河北、天津、北京、内蒙古、山西、陕西、宁夏、甘肃等省、市和自治区,西至甘肃省嘉峪关。城墙宽约10米、高约12米,全长超过7 000千米。其中对辽宁宽甸虎山长城和绥中九门口长城进行发掘,取得重要资料。由各种城、关、隘口、敌台(即敌楼)、烟墩(即烽火台)、堡子、城墙等组成完整的一个防御工程体系。城墙是主体工程,将上百座雄关隘口,上万个烟墩、敌台连成一体。城墙有石筑、砖筑、砖石混筑、泥土夯筑等,因地制宜。明政府采用"九镇"分区防守,分段管理和修筑长城的制度,委派总兵(即镇守)官统辖,亦称"九边重镇"。有辽东、蓟、宣府、大同、太原、延绥、宁夏、固原、甘肃九镇。明长城是现存历代长城遗迹中最完整、最坚固、最雄伟的文化遗产,被世人誉为人类文明的第七大奇迹。(董新林)

【圆明园含经堂遗址】 清代皇家园林建筑遗址。位于北京市海淀区西苑村。始建于康熙四十八年(1709年),毁于咸丰十年(1860年)。2000年起进行调查和发掘。圆明园由圆明、长春、绮春三座大型皇家御苑组成,共有园林风景组群108处,占地约3.5平方千米。其中,含经堂始建于乾隆十年(1745年),位于圆明园东部长春园中央大岛上。遗址为一座坐北朝南的长方形院落,四周有宫墙。中轴线为前后三进的院落,两侧有对称的附属建筑。内有各类建筑景点30余处。含经堂是乾隆帝"归政娱老"之所,是圆明园中最具民族特色、建造工艺水平最高的皇家园林建筑。2006年出版有《圆明园长春园含经堂遗址发掘报告》。(董新林)

【霍州窑遗址】 宋至明代北方瓷窑遗址。全国重点文物保护单位。位于山西省霍州市城关西南白龙镇陈村。1975年起进行调查。金元时期主要生产白薄胎瓷,产品秀巧。金代白釉不稳定,部分瓷器釉色略偏青黄,釉厚处泛青。器类有碗、洗、盖罐等。元代白釉颜色白且透亮。器类有折沿盘、侈口盘、碗、高足杯等。明代产品风格改变,胎壁加厚。支钉烧和覆叠烧是霍州窑的主要技术,金元时期支钉小巧,明代支钉变大。(王睿)

【安仁窑遗址】 宋、金、元时期瓷窑遗址。全国重点文物保护单位。位于陕西省旬邑县城关镇安仁村。1977年咸阳地区文物管理委员会进行发掘。产品具有耀州窑风格。以青釉为主,黑釉、酱釉器物也有烧造。青釉器物有碗、盘、碟、瓶、壶、尊等,釉色青绿,有印、刻纹饰。金元时期产品多为姜黄色。(王睿)

【耀州窑遗址】 唐至明代北方瓷窑遗址。全国重点文物保护单位。位于陕西省铜川市黄堡镇附近。该窑始烧于唐,盛于宋,明代衰落。宋代黄堡镇属耀州,故名。1954年起进行调查和发掘(见彩版40"青瓷盘")。唐代烧制三彩白釉、黑釉、黄釉、白釉绿彩等,器类以碗、盘居多。五代以烧青瓷为主,器物明显受越窑影响,器类有碗、盏托、托壶、花口杯、套盒等。宋代形成独特风格,主要生产青釉器,少量为酱、黑釉。宋代早期以碗居多,中期后日常所用均有;装饰上主要是刻花、印花。金代釉色有翠青及姜黄色,器物有碗、盘、狮形灯盏等。元代青瓷衰落,只烧少量碗、盘,纹饰有莲、菊、水波、钱文等。1965年出版有《陕西铜川耀州窑》,1992年出版有《唐代黄堡窑址》,1997年出版有《五代黄堡窑址》,1998年

出版有《宋代耀州窑址》。（王睿）

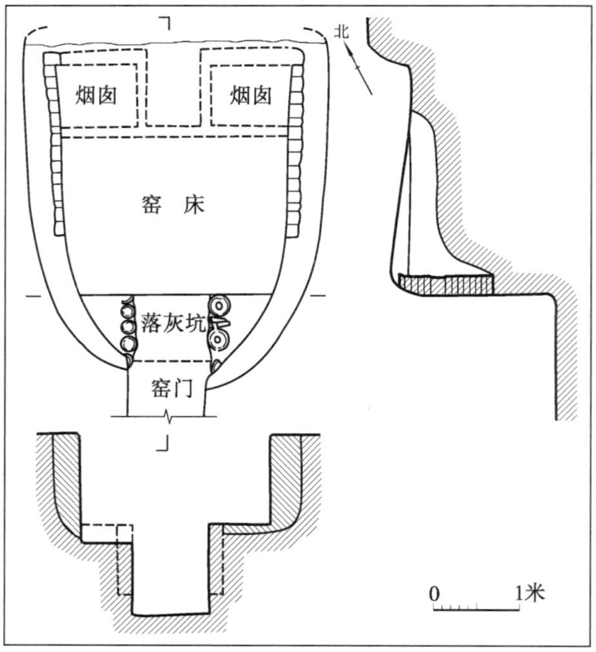

耀州窑3号窑遗址平面、剖面、剖视图

【井陉窑遗址】 隋至清代北方瓷窑遗址。全国重点文物保护单位。位于河北省井陉县。兴起于隋唐，宋金元时期较盛行，明清时期逐渐衰落。1993年起进行发掘。以烧制白瓷为主，绛釉、黑褐釉、黑釉瓷次之，也有少量绿釉、黄釉器。白釉细瓷早晚均纯白；中期粗瓷则白中泛青，晚期（元代）则呈浅豆青色。晚唐时期始用点彩，宋代出现划花、刻花和印花，金代多印花。其中瓷枕最具特色。金代井陉器以河北正定为中心行销各地，同时以海丰镇为中转站出口海外。（王睿）

【磁州窑遗址】 宋至元代北方瓷窑遗址。全国重点文物保护单位。位于河北省磁县。以宋属磁州而得名。1958年起多次进行发掘。磁州窑包括两个中心：一个是由观台、冶子、东艾口等窑址组成的漳河流域，另一个是以彭城、临水、富田等窑址组成的滏阳河上游。观台窑址保存最好，始烧于五代末、北宋初，宋末金初迅速发展，盛于金代中后期，停烧于元末或明初。该窑产品以白地釉下黑花和白地釉下酱花器为主要特征（见彩版39“白釉绘黑花瓷瓶”）。北宋时期主要烧制盘、碗、壶、瓶、罐、洗等日用品，花纹多为花卉、鸟兽、婴戏和民间故事，装饰技法有刻、划、剔、印花和珍珠地划花等。所产瓷枕尤为著名，有的枕上还有“张家造”等印记。金代以白釉黑花器居多。元代仍以白底黑花与褐花器为主，其中大罐最为精致。1997年出版有《观台磁州窑址》。（王睿）

【巩义白河窑遗址】 隋唐时期北方瓷窑址。全国重点文物保护单位。位于河南省巩义市北山口镇白河村。主要有大黄冶、小黄冶、铁匠炉村、白河乡等几处窑址。大、小黄冶窑主要为唐三彩窑址，2002年起发掘。白河窑2005年起进行发掘。白河窑从北魏开始烧制青瓷和白瓷，窑址上发现了最早烧造白釉瓷和青釉瓷器的窑炉及其产品。隋代烧制青瓷，唐代生产白瓷和三彩器为主，兼烧少量黑瓷，同时还是唐青花的发源地。白河窑唐三彩不逊于大黄冶、小黄冶一带出土的同类器物。2005年出版有《黄冶窑考古新发现》。（王睿）

【邓窑遗址】 宋代瓷窑遗址。全国重点文物保护单位。位于河南省内乡县乍曲乡西南约8千米的白杨村大窑店。遗址呈长方形，以大窑店村为中心，北起土槽沟，南经店房、水沟、白杨至上庄村，南北长650米，东西宽400米，总面积约26万平方米。遗址宋代为邓州所辖，故名邓窑，邓窑又名大窑店，为宋代北方汝窑系瓷窑。邓窑虽未经发掘，地表散存有大量的窑具和瓷片，在部分沟岸断崖上，还发现有烧土块和残窑壁等遗址。遗址发现的窑具有两类：一类是烧制窑具，有器托、垫饼等；另一类为造型窑具，有蹲狮范、抢球俑范和抱物俑范等。从遗址上采集的瓷片和在当地征集的瓷器中看，可分为粗瓷和细瓷两大类，粗瓷以大件瓷器为主，如缸、罐、水瓶等；细瓷有碗、盘、壶、台灯、枕等，其中以碗为大宗。釉色主要有青釉、白釉两种，青釉为最多，类似于汝窑瓷系，器类有碗、盘、盆、缸、盏、碟、枕、器盖、器座等。个别器物上也有黑、褐釉，器表装饰有模印、刻画、绘画三种，大部分是凸起的阳纹。纹饰题材主要有花卉、鱼藻两种，花卉中以缠枝花卉为多，此外还有折枝花卉、交枝花卉等，图案有菊花、荷花、草叶、牡丹等；鱼藻主要以水波纹、鱼纹为主，图案有海螺、游鱼、荷叶等，装饰在器物的内底上。瓷胎以蓝色为主，白色次之，瓷质细腻坚固。其中一件青瓷盆，敞口微敛，厚圆唇，深腹，假圈足，内外壁皆上部施。还有一件青瓷罐，敛口，圆唇外翻，短颈宽肩，肩上附有双系鼻，施青，局部出现绵状蓝色“窑变”，二器颇具唐代风格，说明了邓窑创烧于唐，盛烧于宋。宋代的邓窑以烧青瓷为主，以碗、盘为大宗，器表有的表面无纹，有的印花，刻花较少。施釉较厚，垂釉处如透明玻璃珠，釉色青绿介于禹州、临汝窑之间。在遗址上还采集到一件青瓷残片，上刻“窑司”二字，而“窑司”的铭刻应是宋代主管窑务的官吏对邓窑进行监烧的实物见证。金元时期仍在烧造。（韩建华）

【临汝窑遗址】 宋元时期北方瓷窑遗址。全国重点文物保护单位。位于河南省临汝县。始烧于北宋中期，兴盛于北宋后期，终烧于元代。1950 年开始调查发掘。共发现严和店、轧花沟、东沟、陈家沟等处窑址。产品以耀州窑系青釉瓷器和钧窑瓷器两大类为主。其中，严和店、轧花沟及下任村等窑址生产仿耀州窑青瓷，有印花、刻花、划花几种，常见题材有缠枝或折技菊花、团菊、牡丹花等。其余几处窑址烧造仿钧窑瓷，器物多为盘、碗。盘有折沿、花口、圆口等形式。红色斑点青釉器较有特色。（王睿）

【宝丰清凉寺汝窑遗址】 宋代北方瓷窑遗址。全国重点文物保护单位。位于河南省宝丰县清凉寺村。1987 年起进行发掘。清凉寺窑址发现作坊、窑炉等遗迹。北宋早期以烧制青白瓷为主，兼烧少量青瓷和黑瓷。北宋中期仍以白瓷为主，青瓷数量明显增多。北宋晚期达到鼎盛，青瓷不仅在数量上超过白瓷，而且器型多样，花纹繁缛（见彩版 39 宋至明代瓷器“青瓷鹅颈瓶”）。金元时期走向衰落。宝丰清凉寺窑主体属于民窑性质，部分窑址生产青灰胎、天青釉的汝官窑产品，多裹足支烧，是文献记载的汝官窑遗址所在地。2008 年出版有《宝丰清凉寺汝窑》。（王睿）

【禹县钧窑遗址】 唐至元北方瓷窑遗址。全国重点文物保护单位。位于河南省禹州市八卦洞、钧台、刘家门等地。禹县古属钧州，故名。创烧于唐，兴盛于北宋，金元时期仍烧造。1973 年起多次发掘。在八卦洞和钧台窑场，清理出窑炉、作坊、灰坑等遗迹，出土大量窑具及瓷器标本。产品青釉最多，而天青和铜红釉最具特色。釉色如玫瑰紫、海棠红、茄子紫、天青、天蓝等。器型分陈设器和生活用器，陈设器有花盆、洗、尊、炉、钵、瓶、碗、盘等，以花盆最为出色。（见彩版 39“钧釉红斑碗”）。盆、尊等宫廷器物底部刻有“一”到“十”的字样。2008 年出版有《禹州钧台窑》。（王睿）

【当阳峪窑遗址】 宋金时期北方瓷窑址。全国重点文物保护单位。位于河南省修武县当阳峪村。20 世纪 30 年代曾遭破坏。1950 年后进行调查。产品以白釉器为主，胎质深褐，剔划花装饰最负盛名。纹饰颜色以黑白、褐白搭配为主，另有酱地划花。其中绞胎器和釉下彩绘器水平最高，为典型产品。窑址附近的窑神庙中，存有北宋崇宁四年（1105 年）《德应侯百灵翁之庙记》碑刻一通，记载当时瓷业生产情况。（王睿）

【鹤壁集窑遗址】 唐至宋代北方瓷窑遗址。位于河南省鹤壁市汤、淇两河沿岸。创烧于唐而终于元。1963 年进行发掘。唐五代多白釉器，黄釉、黑釉器次之，器类有瓶、壶、罐、碗等。北宋仍以白釉器为主，亦有豆青色釉和黑釉器，装饰有刻、划、印花和白地绘黑花等。金代装饰技法更丰富，窑具进步，器类有壶、盂、钵、碗、盘等。其白地黑花器受磁州窑影响。元代除传统品种外，还仿烧钧窑瓷器。（王睿）

【天目窑遗址群】 宋、元时期瓷窑遗址群。全国重点文物保护单位。位于浙江省临安市于潜镇。烧造青釉、黑釉和青白瓷三种产品，其中黑釉盏有兔毫、鹧鸪斑等。器型有碗、盘、瓶、盅、盏、罐、炉、灯等，采用刻花、划花、印花、点彩及堆塑等工艺，器物上还有许多文字。产品多样，特别是黑釉兔毫盏在日本影响很大，对揭示学术界“天目瓷”之谜有着重要的学术价值。（王睿）

【上林湖寺龙口越窑遗址】 唐宋时期瓷窑遗址。全国重点文物保护单位。寺龙口窑为越窑重要窑场之一。位于浙江省慈溪市匡堰镇寺龙村。晚唐时期开始烧造瓷器，历五代、北宋、南宋。五代为其发展的兴盛期，已开始大部分用匣钵装烧瓷器。北宋中期瓷器生产开始出现衰落趋势，但南宋早期曾出现短暂繁荣。1998 年进行发掘。总面积达 4 000 余平方米。清理龙窑窑炉遗迹 1 座，作坊遗迹 1 处，出土瓷器 3 万余件（片）和大量窑具。主要生产传统的越窑青瓷，釉色青黄、青绿等。晚唐、五代时期器物表面光素无纹饰。北宋以来，运用划花技法；北宋中期流行刻花装饰；北宋晚期开光布局常见。2002 年出版有《寺龙口越窑址》。（王睿）

【郊坛下官窑遗址】 南宋时期宫廷用瓷窑遗址。全国重点文物保护单位。位于浙江省杭州市南郊乌龟山。20 世纪 50 年代起进行发掘。窑址第一次发掘中清理出窑炉、窑具及瓷器碎片，出土器物主要有盘、碗、碟、洗及仿商周秦汉古铜及玉器。第二次发掘揭露 1 400 平方米，发现窑炉 1 座，大型作坊 1 处，出土瓷片 3 万余件，工具、窑具数千件，出土包括日用器、陈设器和祭器在内的 23 类 70 余种类型。胎土呈黑灰及黑褐色,胎较薄,施釉较厚,釉色有粉青、月白、米黄等色。1990 年建成南宋官窑博物馆。1996 年出版有《南宋官窑》。(王睿)

【老虎洞窑遗址】 宋元时期南方瓷窑遗址。全国重点文物保护单位。位于浙江省杭州市凤凰山与九华山之间山岙平地。1998 年起进行发掘。南宋层发现龙窑窑炉 2 座,素烧炉 4 座,澄泥池 4 个,采矿坑 1 处,釉料缸 2 个,作坊遗址 1 处。出土大量的官窑瓷片、素烧坯及各类支烧窑具、匣钵残件等遗物。龙窑为长条形斜坡式窑,长约 15 米,最宽处约 2.1 米。瓷胎呈黑色或香灰色,釉色以粉青为主,米黄色次之。釉色滋润如玉,釉面绝大多数有开片或冰裂纹。以支烧为主。有学者认为这是文献记载的“修内司”官窑。(王睿)

【龙泉窑遗址】 宋至清代南方瓷窑遗址。全国重点文物保护单位。位于浙江省丽水市及周边诸县。因其主要产区在龙泉而得名。创烧于北宋早期,南宋至元代极盛,延续至清代,历时七八百年。20 世纪 60 年代起多次进行发掘。北宋时期产品与越窑接近,为灰胎或白胎,淡青釉或青黄釉,器类为碗、盘、执壶、双耳瓶等。南宋逐渐形成自己的风格,胎体厚重,釉层透明匀净,后期烧制成薄胎厚釉青瓷,分白胎和灰黑胎两类。白胎瓷有饮食器、祭器、陈设品及文具等,有粉青、豆青、梅子青等釉色,装饰有凸弦纹、浮雕式莲瓣和堆贴的牡丹、双鱼等。灰黑胎类胎薄质坚,釉色有粉青、墨绿、蟹壳青等,釉层有细密开片。元代产量大增,有各式碗、盘、杯、瓶、炉、执壶及瓷塑、佛像等,釉色青黄,盛行刻、划、印、雕和褐色点彩等多种装饰手法(见彩版 40“青瓷香炉”)。龙泉青瓷从宋代开始远销亚、非、欧等国家和地区。2005 年出版有《龙泉东区窑址发掘报告》。(王睿)

【哥窑】 宋代瓷窑。窑址至今未确认。从传世品看,宋代哥窑器釉质莹润,釉面被粗深或者细浅的两种纹线交织切割为“冰裂纹”,俗称“金丝铁线”。哥窑瓷土微紫,质薄,有油灰色、米色、粉青色三种瓷釉彩,表面满裂纹(见彩版 40“五足洗”)。瓷器没有涂釉的底部显现瓷坯本来的紫黑铁色,叫“铁足”,而釉彩较薄的口部呈紫色,叫“紫口”,俗称“紫口铁足”。哥釉瓷精美,后代多有仿造,清代达到高峰。(王睿)

【醴陵窑遗址】 清代、民国时期瓷窑遗址。全国重点文物保护单位。位于湖南省醴陵市。醴陵在新石器时代开始烧造彩陶和白陶,东汉时期进一步发展。清代雍正年间始烧粗瓷,以白瓷和釉下彩瓷著名,青花亦颇盛行。白瓷胎质细润,釉面光洁,与景德镇窑、德化窑鼎足而立。20 世纪初创造釉下五彩瓷,胎薄腻,釉洁白,花纹晶莹润泽。釉下五彩采用两次素烧、一次釉烧方法烧成。醴陵釉下五彩是对传统釉下彩技术的突破性发展,其色泽极为丰富,有红、橙、黄、绿、青、蓝、紫和黑、白、茶、灰等各色。(王睿)

【景德镇窑遗址】 五代至清代南方瓷窑遗址。全国重点文物保护单位。位于今江西省景德镇市。因宋真宗景德年间贡瓷被赏识而得名。始烧于南朝,延续至清,明清时期设御窑厂为宫廷烧瓷。20 世纪 50 年代起多次进行调查、发掘。1988 年发掘湖田窑,2002 年发掘景德镇明清御窑(珠山窑)。宋元窑炉皆为长条斜坡龙窑。元代龙窑,前室圆形,后室椭圆形,前端有火膛,尾部有烟道。清代建成“蛋形窑”。五代产品多仿唐代名窑,青瓷仿越窑和长沙窑;白瓷仿邢窑和定窑,器类以碗、盘为主。北宋初期产碗、盘、壶等,胎洁白细密,釉白中泛黄,少量饰刻划花或印花;中期出现覆烧芒口器,釉青白,装饰刻划花、印花,增加盒、壶、罐等;晚期至南宋器形多样,装饰多为印花。元代创烧出卵白釉、釉下青花、釉里红及仿龙泉的青釉、黑釉瓷等,装饰以印花为主,多用龙纹,产品有折腰碗、小圈足盘及大型的盘、瓶等。明代盛产青花瓷,并创烧彩瓷、素三彩,装饰技法有描花、堆花、暗花等,题材为动植物、人物故事、山水、八仙、吉祥文字及以梵文、阿拉伯纹构成的图案。清代选料及加工越发精细,仍以釉色加彩绘装饰为主,创转心、轻颈等雕镂技法,除日用器外,还有赏玩器和陈设器,并仿造古器和外国瓷器。产品自宋以后销往亚、非、欧、美四大洲。2007 年出版有《景德镇湖田窑址——1988—1999 年考古发掘报告》。(王睿)

【七里镇窑址】 唐至明代瓷窑址。全国重点文物保护单位。位于江西省赣州市东郊七里镇,分布在东西宽约 1 千米的范围内。已发现窑址堆积 16 处,面积达 3 000 余平方米。始烧于晚唐,盛于两宋,终于元明时期。产品有青釉、白釉、影青釉和黑釉等品种。胎质坚细,呈暗红或紫灰色。器体厚重,大多为实圈足,施釉不及底,足部露胎。器类多为碗、盘、盏、碟、罐、钵、壶等日用器,产品中还有部分外销瓷。

该窑址为江西省南部目前发现的一处规模最大、烧制历史最长的古窑场。（石自社）

【吉州窑遗址】 唐至明代南方瓷窑遗址。位于江西省吉安市永和镇。隋至宋，吉安称吉州，故名。创烧于唐代，宋元较盛，衰于明代。1974年起进行调查和发掘。目前发现的窑场主要有彭家窑、永和窑、临江窑、吴家窑等。永和窑为国家重点文物保护单位。1980年永和窑发掘，揭露窑床和作坊各一处。1990年临江窑发掘揭露了马蹄窑3座，作坊遗址1处，其中包括釉料淘洗池和陈腐池8个，"品"字形淘圹4组13处遗迹。晚唐五代时期生产酱褐釉青瓷和乳白釉瓷。北宋生产形成独特风格的黑釉瓷，主要有木叶、剪纸、彩绘、洒彩、剔花和素黑釉，器形有碗、壶、罐等。南宋时期，生产乳白釉、黑釉青白釉瓷。元代生产黑釉、酱釉、青灰釉、仿龙泉釉、乳白釉，釉下彩绘长足发展。临江窑还发现了明代青花。（王睿）

【繁昌窑遗址】 五代至南宋时期瓷窑遗址。全国重点文物保护单位。位于安徽省繁昌县簪帽尖山和锥子山冈丘上。初烧于五代，北宋中期开始衰落，延续至南宋初年。繁昌窑包括柯家冲、骆冲、张塘等多个地点，其中以柯家冲窑址规模最大，保存最好。1955年发现。1978年起多次进行发掘。均为依山而建的龙窑，呈阶梯式或斜坡式。瓷器主要以青白瓷为主，主要器形有碗、盏、碟、盘、水盂、执壶、罐、盒、炉、盏托等。曾发掘出完整的龙窑，五代时可能已开始使用"二元配方"的制瓷工艺，在中国制瓷工艺史上是一次重要的突破。2010年出版有《安徽繁昌寺遗址发掘与研究》。（王睿）

【白舍窑遗址】 亦称"南丰窑遗址"。宋元时期瓷窑遗址。位于江西省南丰县白舍村。1960年发现。1979年后进行两次调查发掘。产品仅有青白瓷，器形以盘、碗为主，还有注壶、盏托、盒子、缸、钵、罐、瓶、枕等。装饰方法有刻、划、篦划、贴花等，以刻花纹居多。与景德镇窑产品相比较，釉色较白。和景德镇窑、吉州窑、洪州窑、赣州七里镇窑并称为"江西五大名窑"。（王睿）

【南丰窑遗址】 即"白舍窑遗址"。

【泉州窑遗址】 宋元时期南方瓷窑遗址。位于福建省泉州市及晋江市。始烧于南朝晚期，直至清代，以宋元时期最盛。窑址有碗窑乡、磁灶乡和童子山等处。其中，碗窑乡窑址，主要烧青白瓷，青瓷也占一定比例。磁灶乡窑址有青釉和黑釉粗瓷，素烧印纹坯发现较多；蜘蛛山窑址有黑釉、绿釉器。童子山窑址是专烧青黄釉褐色彩绘大盆，盆里多画折枝花卉纹。泉州窑为中国外销瓷重要产地之一，马来西亚、菲律宾及日本等地都曾发现泉州窑瓷器。（王睿）

【建窑遗址】 唐至元代南方瓷窑遗址。全国重点文物保护单位。位于福建省建阳市水吉镇。唐代晚期创烧，南宋极盛，元代衰落。1954年起进行调查发掘。窑址包括大路后门山、营长土乾、庵尾山、芦花坪等。主要有龙窑和阶级窑两种。主要烧制青瓷、黑釉瓷、青白瓷等，以产黑瓷而著称。北宋晚期由于"斗茶"的特殊需要，烧制专供宫廷用的黑盏，部分茶盏底部刻印"供御"或"进盏"字样。黑釉碗的特点是胎土富含铁质，呈黑紫色，以兔毫盏最为著名（见彩版39"黑釉兔毫碗"）。（王睿）

【德化窑遗址】 宋至明代南方瓷窑遗址。全国重点文物保护单位。位于福建省德化县。1954年起进行调查发掘。主要窑址有碗坪仑窑、屈斗宫窑、祖龙宫窑、后窑、十排岭窑等30余处。其中，屈斗宫窑址从南宋至元代烧青白瓷；明代盛烧白瓷，观音、达摩等塑像，胎釉浑然一体，被赞为"象牙白"、"猪油白"。碗坪仑窑址宋代烧青釉、青白釉器，黑釉偶见，青瓷有瓶、壶、碗等，青白瓷有瓶、壶、罐、缸。元代以来，德化窑瓷器曾外销非洲、南亚、东南亚地区。1990年出版有《德化窑》。（王睿）

【漳州窑遗址】 明清时期南方瓷窑遗址。位于福建省平和、漳浦、南靖、云霄、诏安、华安等县。1994年起多次进行发掘。窑炉多为阶级窑，瓷器多是青花、五彩瓷，还有少量白瓷、青瓷、酱釉瓷等。器类有盘、碗、碟、杯、钵、盒、罐、炉、瓶、器盖等。青花瓷纹样有珍禽、瑞兽、花草杂宝、山水、楼阁、人物、吉祥文字以及开光、锦地开光等。青花和五彩大盘最具代表性。盒数量多，形式各异，制作精巧。漳州窑为中国外销瓷重要产地之一。（王睿）

【邛崃窑遗址】 隋唐时期南方瓷窑遗址。全国重点文物保护单位。位于今四川省邛崃市。以唐属邛州，故名。创烧于隋（或南朝）终于宋，唐代最为著名。20世纪50年代进行调查，1984—1987年发掘。以什邡堂邛窑遗址和固驿瓦窑山邛窑遗址最为著名。其中，什邡堂邛窑遗址发现最为丰富，以青、褐、绿釉和彩绘等器物为主。唐代产品有碗、盘、瓶、罐、钵及带提梁罐，还发现很多"省油灯"残

器，装饰有褐绿斑点、褐绿彩绘花草和印花花鸟纹。（王睿）

【涂山窑遗址】 宋代西南地区瓷窑遗址。位于重庆市南岸区。1938年发现。20世纪80年代起进行发掘。产品以黑瓷为主，形制与福建建窑产品相仿。釉色以黑、褐为主。装饰工艺有二次施釉、釉下彩绘、胎面刻划或压印纹饰等，其中以放射状菊花纹及曜变纹最为可贵。多马蹄形窑，窑炉技术方面承袭北方传统。2006年出版有《重庆涂山窑》。（王睿）

【玉溪窑遗址】 元、明、清时期窑遗址。全国重点文物保护单位。位于云南省玉溪市。1957年发现调查，1986年进行发掘。烧造青釉和青花瓷器。青釉有印花、划花及无纹饰三种。印花多阳纹花卉，划花为云纹与水波纹。青花釉底色为青色，即青地青花，是典型的云南青花特点。青花色调呈深蓝色和灰黑色，再上青釉覆盖加色，部分青花变成黑色，成为其特色。纹饰有鱼藻、折枝花卉及四佛杵等。器类以盘、碗为最多，还有玉壶春瓶、罐等。（王睿）

【西村窑遗址】 宋代烧制外销瓷的民间窑址。位于广东省广州市西村增埗河东岸岗地上。1956年进行发掘。窑址南北长1 000余米，残存废瓷堆积3处。其中皇帝岗最大，发现龙窑1座，残长35.8米。整个窑场有40余种产品，粗瓷较多，精瓷主要是青白瓷和青瓷。青釉基调为青绿色，呈色不稳定。产品主要销往东南亚及日本等国家，常见青釉凤头壶、青釉划花点彩盘和盆等。近年在中国西沙群岛及东南亚地区都有发现。（王睿）

【龙泉务窑遗址】 辽金时期瓷窑遗址。位于北京市门头沟区龙泉务村北。1991—1994年进行发掘。窑址属于定窑类型的民间窑场。现已发掘13座窑炉和6处作坊等遗迹，出土窑具和器物8 000余件。遗物以粗白瓷为主，也有部分细白瓷、黑釉瓷，以及辽三彩器。龙泉务窑发明了用无害的天然硼砂代替铅作助熔剂，比国外的盐酸珐琅釉早500余年。此发掘为辽代瓷器分期提供了重要依据，也填补了辽代瓷窑考古发掘的一项空白。2002年出版有《北京龙泉务窑发掘报告》。（董新林）

【缸瓦窑遗址】 亦称“赤峰窑遗址”。辽金时期瓷窑址。全国重点文物保护单位。位于内蒙古自治区赤峰市缸瓦窑村附近。1964年起进行调查和发掘。产品以白瓷为主，胎质白中微黄且多有黑色杂质。黄、绿、白三彩及单色釉陶器，胎色淡红。茶叶末釉器，胎粗硬色淡黄。白瓷以杯、碗、盘、碟、壶、罐等较多。三彩及单色釉陶器，多印花盘、碟和黄釉圆身环梁鸡冠壶。茶叶末釉以鸡腿瓶为代表器物，肩部多刻有“孙”、“徐”字样。发现过“官”字款的支垫窑具。（王睿）

【赤峰窑遗址】 即“缸瓦窑遗址”。

【江官屯窑遗址】 辽金时期瓷窑遗址。位于辽宁省辽阳市。2013年进行发掘。辽代晚期始烧，盛于金代。以裸烧粗白瓷器为主，白釉黑花和黑釉瓷器较少，也烧少量的三彩器。产品均施化妆土。白釉产品主要有杯、碗、盘、碟、瓶、罐等。黑釉多为粗糙大器。玩具类黑白釉均有。在窑场中曾出土过北宋铜钱和带有“石城县”刻款的金代陶砚。（王睿）

【灵武磁窑堡窑遗址】 西夏至元西北地区瓷窑遗址。全国重点文物保护单位。位于宁夏回族自治区灵武市瓷窑堡。1984年起进行发掘。发现西夏窑炉3座、西夏作坊8座、元代作坊1座、清代窑炉1座。出土瓷器、制瓷工具和窑具等3 000余件。西夏瓷器有白釉、黑釉、褐釉、青釉四大类，有素面、刻花、剔刻花和点彩等装饰手法，器类有碗、盘、扁壶等。

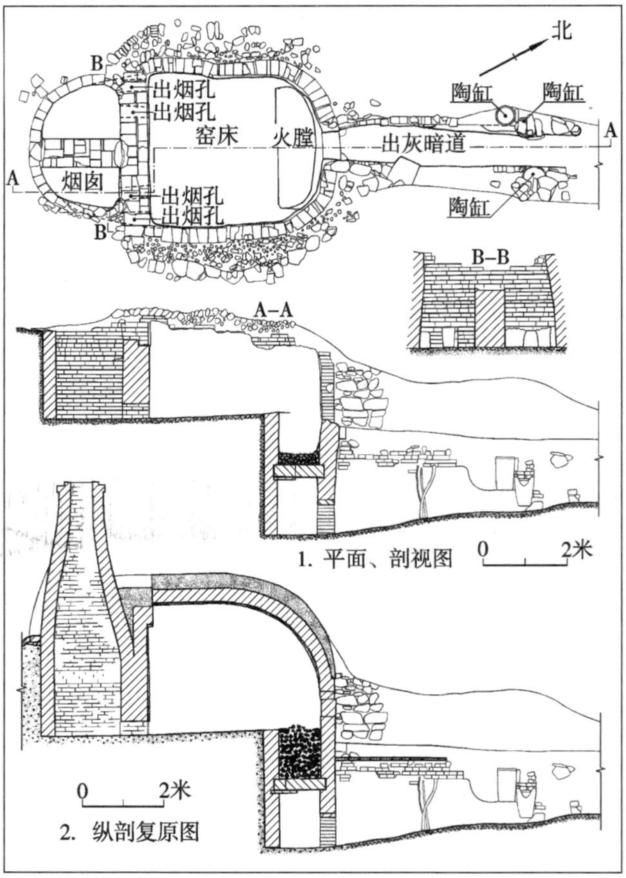

灵武窑遗址平面、剖视、复原图

另有白釉或黑釉瓷质建筑材料以及窑具匣钵、垫圈等。1995 年出版有《宁夏灵武窑发掘报告》。（王睿）

【遂宁金鱼村瓷器窖藏】　南宋时期瓷器窖藏。位于四川省遂宁市金鱼村。1991 年、2003 年进行两次发掘。出土瓷器 1 147 件，此外还有铜器等，共计 1 234 件。瓷器以龙泉窑青瓷、景德镇窑青白瓷为主，另有定窑白瓷、耀州窑青瓷等产品。为迄今为止国内发现的最大宗瓷器窖藏，保存较好、器型丰富、质地精良，涉及诸多窑口。2012 年出版有《遂宁金鱼村南宋窖藏》（王睿）

【彭县金银器窖藏】　宋代金银器窖藏。位于四川省彭州市。1993 年发现。窖藏由青砖砌成，上覆石板。窖长 1.2 米，宽 1 米，深 0.9 米。出土文物 351 件，其中金器 27 件。250 件器物上有铭文，铭文内容包括制造工匠、制造商家、制造地、金银器成色和重量等，铭文以錾刻、压印、刻划等为主。除簪、钗等金首饰外，其余为碗、盘、盏、壶、瓶等 15 类容器。錾刻有带“官”字铭文的金银器，造型和工艺精湛。其中一件菊花形金碗上有“绍熙”（1190 年）纪年款。（王睿）

【集宁路瓷器窖藏】　金元时期瓷器窖藏。位于内蒙古自治区察哈尔右翼前旗土城子村集宁路古城。1958 年起多次发现窖藏，2002 年起多次进行发掘。窖藏中出土金元时期完整瓷器 200 余件，瓷器涉及窑系包括景德镇窑、钧窑、定窑、磁州窑、龙泉窑和建窑等（见彩版 39“白釉瓷碗”）。其中釉里红玉壶春瓶（窖藏 15）、青花高足碗（窖藏 24）、钧窑香炉及龙泉窑三足樽（窖藏 32、33）等瓷器堪称精品，反映出元代瓷业的生产状况和高超的工艺水平。2004 年出版有《内蒙古集宁路古城遗址出土瓷器》。（王睿）

【保定瓷器窖藏】　元代瓷器窖藏。位于河北省保定市。1964 年发现。埋藏于圆形竖穴坑中，共出土瓷器 11 件，其中白釉器 2 件、蓝釉绘金彩器 3 件、青花瓷 6 件。瓷器具有独特的菱口折沿风格，无论从造型、纹饰或胎釉特征都与出土及传世的元代器物大体相同，对研究元代瓷器工艺有重要的价值。（王睿）

【合肥金银器窖藏】　元代金银器窖藏。位于安徽省合肥市。1955 年发现。在一铜盘覆盖的大陶瓮内，发现金银器 101 件。其中碟、杯等金器 10 件，重 2 300 克，碟、杯、果盒、壶、碗、筷、勺等银器 91 件，重32 250 克。金银器件用锤打、线刻、模铸等工艺铸造，表面刻有各种折枝花卉。金碟、银壶錾刻“章仲英”款，有盖银瓶刻“至顺癸酉”款，银碗圈足上刻有“庐州丁铺”铭，反映出当时庐州金银器的制作水平。（王睿）

【金坛银器窖藏】　元代银器窖藏。位于江苏省金坛市。1966 年发现。出土青花云龙纹大罐 1 件，罐内藏有各种银器 50 余件。其中一光素银盘镌有回历“七一四年一月”款，即元仁宗延祐元年（1314 年）。罐内银器做工精良，尤蟠龙银盏、鎏金莲花银盏、凸花人物故事盘，代表了江苏地区银器工艺的尖端水平。（王睿）

【鹤壁古煤矿遗址】　宋代煤矿遗址。位于河南省鹤壁市中新煤矿。1959 年发现。在古代采煤区域中，发现 1 个井筒和 4 条巷道，全长约 500 米；还发现排水井 1 口、采煤区 10 处、灯龛 100 余只，以及生产工具和生活瓷器。就巷道和各采煤区遗迹的规模看，与目前鹤壁中新煤矿开采范围基本相等，可知宋元时期在附近采煤应有数百人之多，为宋代较大的采矿区之一。（王睿）

【蒙山银矿遗址】　宋、元、明时期银矿遗址。全国重点文物保护单位。位于江西省上高县蒙山太子壁峰方圆 5 千米范围内。兴建于南宋庆元六年（1200 年），止于明万历二十三年（1595 年）。发现古银矿大小采矿矿井 100 余口、冶银场 1 处、蒙山银场提举司遗址 1 处、古书院“正德书院”1 座、“圣济禅寺”1 座。该遗址是目前发现最大、保存最完整的古银矿遗址之一，对于研究中国银矿冶炼史具有重大的史料价值和人文价值。（徐龙国）

【云和银矿遗址】　明代银矿遗址。全国重点文物保护单位。位于浙江省云和县黄源乡、沙铺乡境内。开采于明景泰前后并延续 100 余年。境内银矿遗址、遗迹分布广泛，主要有黄家畲明代银坑洞群、矿石搬运古道、天顺二年“银官局”及麻垟村大棚基冶炼遗址、明代矿头杨广三墓、回龙山矿工摩崖题记、矿工起事山寨遗址等。构成了全面反映采矿、矿石搬运、冶炼、矿务管理机构以及矿头与矿工生活等完整、系统的明代银冶文物史迹网，对研究明代盛极一时的银矿开采史、科技史具有重要的学术价值。（徐龙国）

【泗洲造纸作坊遗址】　宋代造纸作坊遗址。全国重点文物保护单位。位于浙江省富阳市高桥镇泗洲村。遗址东西长约155米、南北宽约145米,总面积约2.2万平方米。出土文物标本近3万件,其中可复原文物近300件。出土的方砖上有“大中祥符二年九月二日记”铭文。遗址分劳作区和生活区,完整保留了造纸工艺流程:摊晒场、沤料池、皮镬、灰浆池、抄纸房和焙纸房等。附属建筑有石砌的道路、排水沟、水井和灰坑等。是中国现已发现的年代最早、规模最大、工艺流程最全、拥有先进造纸工艺的古代造纸遗址,为研究宋代中国南方造纸工艺的传承和历史提供了重要的实物资料。(徐龙国)

【华林造纸作坊遗址】 宋、元、明时期造纸作坊遗址。位于江西省高安市华林风景名胜区东溪村周岭自然村。2005年发现。2007年、2009年进行发掘。曾揭露出宋代沤竹麻坑和烧灰料的灰坑;元代沤竹麻坑和烧灰料的灰坑,以及堆放石灰遗留下来的大片混砂土、抄纸房遗迹和一根长达4米多的陶制水管及5个柱洞、一小片红烧土;明代沤竹麻坑和烧灰料的灰坑、蒸煮竹麻的大片烧土块、晒料与拌灰的工作台以及沤竹麻坑的尾沙坑、舂打竹麻的水碓等大批与造纸工艺有关的遗迹。基本弄清福纸庙造纸作坊遗址布局状况。这些遗迹时代顺序清楚、功能相互关联,大体再现了明代宋应星《天工开物》所记“造竹纸”有关原料加工的一整套工序。为中国首次经过科学发掘的造纸遗存,也是目前所知中国时代最早的一处造竹纸作坊遗址,对探讨中国四大发明之一的造纸术发展史有着重要价值。(董新林)

【李渡烧酒作坊遗址】 元、明、清时期烧酒作坊遗址。位于江西省进贤县李渡镇。该作坊遗址的酿酒历史源于元代,历经明清。2002年进行发掘。遗址发现有水井、炉灶、晾堂、酒窖、蒸馏设施、墙基、水沟、路面、灰坑和砖柱等,出土遗物以陶瓷酒具最为丰富。其中,明代酿酒作坊布局配套,展现了中国古代烧酒生产的工艺流程,是目前中国时代最早、遗迹最全、持续时间最长的古代烧酒作坊遗址,为研究中国蒸馏酒(亦称“白酒”或“烧酒”)酿造工艺的起源和发展提供了珍贵的实物资料。(王睿)

【古井贡酒酿造遗址】 宋至清代酿酒作坊遗址。全国重点文物保护单位。位于安徽省亳州市谯城区。是一处运用传统酿酒工艺流程的手工业作坊遗址。由北魏古井、宋代古井、明清窖池群、明清酿酒遗址构成。明清窖池群共122口,是浓香型白酒发酵容器,池内还存有被称为“软黄金”的老窖泥,含600多种有益微生物群。明、清酿酒遗址面积76平方米,出土瓷碗、瓷碟、瓷盘、小口罐等器物。出土器物表明,古井贡酒酿造遗址范围内,至少从宋代以来,一直都有先人酿酒活动,再现了该地区传统酿酒工艺的全过程,具有极高的历史研究价值。(徐龙国)

【成都水井街酒坊遗址】 明清时期酒坊遗址。位于四川省成都市锦江区水井街南侧。1999年发掘清理出晾堂3层、酒窖8座、灶坑5个、灰坑4个、蒸馏器基座1座,以及路面、木柱等遗迹,出土大量陶瓷片。此次发掘是国内首次对古代酒坊遗址进行考古发掘,填补了中国白酒酿造史的空白,为研究中国白酒的酿造技术等提供了珍贵的实物资料。(王睿)

【泸州大曲老窖池遗址】 明代以来酿酒作坊遗址。全国重点文物保护单位。位于四川省泸州市下营沟。建于明万历年间,并连续使用至今。窖池共4口,皆为长方形。占地面积1960平方米。窖池系用泸州城外五渡溪优质黄泥,以营头沟龙泉井水掺和踩踩而成窖。窖池均为鸳鸯窖,即每口窖池内为两个地坑,中间以池干分开,粮糟发酵时,两个池坑作为一个窖池使用,以提高容量。4口明代窖池是中国保存最好的酒窖池,酒质优良,形成了中外驰名的“泸型酒”,具有很高的科学和历史研究价值。(徐龙国)

【五粮液老窖池遗址】 明代以来酿酒作坊遗址。全国重点文物保护单位。位于四川省宜宾市翠屏区五粮液酒厂内。从明初一直连续使用至今,是使用功能完好、从未停止过发酵的酿酒遗址,历史已达600多年之久,成为唯一仍在使用的地穴式曲酒发酵窖池。其独特之处是在酒的发酵过程中,窖池中会产生种类繁多的微生物和香味物质,并且慢慢向窖泥渗透,变成丰富的天然香源。五粮液老窖池是中国传统酿造工艺继承和延续的见证,在中国古代白酒酿造历史上占据重要地位,具有极高的历史价值和社会价值。(徐龙国)

【德清古桥群】 宋、元时期古桥群。全国重点文物保护单位。位于浙江省德清县。由11座石桥组成,有拱桥、梁桥两种类型,拱桥均单孔,梁桥有单孔、多孔之分。其中拱桥4座,拱券均为分节并列砌筑,无眉石,对联石素面,桥栏多须弥座式、覆莲望柱,宋代特征明显;梁桥7座,其中单孔1座、三孔5

座、五孔1座，桥墩均为数块条石并列，造型简洁，风格古朴。（王睿）

【志丹苑元代水闸遗址】 元代水闸遗址。全国重点文物保护单位。位于上海市普陀区志丹路、延长西路交界处志丹苑小区内。据考证可能为元泰定二年（1325年）建造的赵浦闸，为一处与吴淞江有关的水利设施。2002年起多次进行发掘。遗址由闸门、闸墙、底石、夯土层等几部分组成。水闸平面呈对称“八”字形，总面积1 500平方米。河水由西北流向东南。闸门，亦称“金门”，位于整个水闸中央，两侧为青石立柱，中间为木闸板。出土有陶瓷器和建筑构件，其中水闸木桩上有八思巴文戳记。该遗址为了解元代“卷辇水窗”制度的实例。（董新林）

【南旺分水枢纽遗址】 元、明、清时期水利枢纽遗址。位于山东省汶上县。2008年进行考古调查与发掘，2011年再次发掘。南旺地处京杭大运河沿线最高点，素有“水脊”之称。由引水、分水、蓄调水、航运系统组成。自元代开始修建，历经明清时期不断发展完善。曾清理砖石堤岸、石砌台阶码头、南岸大堤、石驳岸、海漫石、石砌分水口设施、邢通斗门、木桩挡板，以及分水龙王庙建筑群沿河四组建筑等遗存，获得丰富的遗物。基本搞清南旺段运河河道设施、引汶济运工程设施的结构和布局，以及大运河河水的平衡调节等情况，明确了通过戴村坝截引小汶河水源和利用石驳岸顶冲与分水口的形状结构相结合实现南北分流济运的水工技术成就。该遗址为研究分水枢纽工程提供了丰富的实物资料。（董新林）

【宋元泉州港】 宋元时期港口。位于福建省泉州市东南晋江口外。泉州港兴建于唐、五代，亦称“刺桐港”。北宋哲宗时始设市舶司，南宋以后与海外30余个国家通航，元代末年衰落。主要包括3湾11港，自北而南为泉州湾、深泸湾、围头湾。泉州湾中洛阳、后渚、石湖3港较大，是当时中外商船停泊之地，也是外国人经商、传教定居之所。有数量众多的伊斯兰教、基督教、印度教等宗教石刻，以及后渚宋代海船和礼拜堂、开元寺东西塔、元代六胜塔（夜航灯塔）等，都反映出泉州港当时海外交通的盛况。（王睿）

【土桥闸遗址】 明代船闸遗址。全国重点文物保护单位。位于山东省聊城市东昌府区。建于明成化七年（1471年），清乾隆二十三年（1758年）重修。2010年进行发掘。由青石堆砌而成，结构基本完整，包括闸门、墩台、东侧的月河及运河两岸的进水闸、减水闸等。闸口宽6.2米、深约7米，燕翅宽56米，底部采用木质梅花桩、碎石灌浆等固基技术，闸墩砌石采用燕尾扣连接，历经数百年仍非常坚固。2011年被评选为全国文物考古十大新发现。（王睿）

【泉州后渚沉船】 南宋时期木制沉船。1973年发现于福建省泉州市后渚港。沉船仅存底部，残长24.2米、残宽9.15米。船平面近似椭圆状，头尖尾方，船身扁阔，尖底。舷侧板为三重木板结构，水密舱。船上原竖有桅杆，船尾安舵。舱内出土香料木、药物、木牌（签）、铜钱、陶瓷器、竹木藤器等。该船为一艘方艄、高尾、尖底的海船，是研究宋代泉州港海外交通贸易史的重要资料。（王睿）

【磁县南开河木船】 元代木船。1976年发现于河北省磁县南开河村东100米处。此处似为古代泊船码头或古渡头，共发现6条木船，其中3条已翻覆。船上瓷器多元代磁州窑产品，还有两枚八思巴文“大元通宝”铜钱。船上还有人骨架。据4号船尾“彰德分省粮船”铭文推测，木船倾覆最早不过至正十二年（1352年）。该沉船为研究元代造船业和磁州窑瓷器外销等提供了宝贵资料。（王睿）

【南海一号沉船】 宋元时期沉船。1987年发现于广东省南海，2000年以来多次进行清理，2007年整体打捞出水。沉船长约24米、宽10米、船艏宽3.8米、型深约3米。木质船体结构破坏较严重，艏艉部分尤甚。水线以上甲板部分（上层建筑）已不存，甲板下的隔舱、船体支撑结构保存尚可。遗物以瓷器为主，多为景德镇窑、龙泉窑和与外销瓷密切相关的诸多窑口产品，此外还有金银器、锡铁器、铜钱等。南海一号沉船考古为中国水下考古里程碑式的标志之一。（王睿）

【南澳一号明代沉船】 明代沉船。位于广东省南澳县东南三点金海域的岛屿和半潮礁之间，距离南澳岛约2海里。2010年进行发掘。船体纵轴方向为10°。船体纵长约27米，隔舱最宽7.5米。已确认15个货舱，N8附近文物遗存丰富。出土上万件瓷器，100余件金属器，150余串铜钱。出土瓷器为明代嘉靖至万历年间中国东南沿海地区的民窑产品，如景德镇民窑、福建漳州窑、梅州大埔窑、潮州饶平窑等。该发现为研究海上陶瓷之路提供了资料。（董新林）

【定海白礁一号沉船】 宋元时期沉船。发现于福建省连江县定海村白礁附近。1990 年、1995 年，中国、澳大利亚水下考古工作者进行水下勘测与发掘。沉船出水 2 200 余件黑釉盏、青白瓷碗。黑釉盏同闽江口的闽侯南屿窑、福清石坑窑、连江浦口窑的仿建窑产品非常相似。青瓷器也多为连江一带仿龙泉窑的产品。为中国宋元时期海外交通、陶瓷外销等诸多学科研究，提供了重要的科学资料。（王睿）

【华光礁沉船遗址】 宋至清代沉船遗址。位于海南省三沙市西沙群岛附近，华光礁在永乐群岛南部。华光礁Ⅰ号沉船遗址位于华光礁环礁内侧。1996 年发现。1998 年进行试掘。出水文物近 1 800 件。2007 年发掘华光礁Ⅰ号沉船。出水文物近万件，陶、瓷器占绝大部分，产地主要为福建和江西景德镇。按照釉色分类主要有青白釉、青釉、褐釉和黑釉几种，器类主要为碗、盘、碟、盒、壶、盏、瓶、罐、瓮等。装饰手法和纹样丰富，器物种类较多。初步判断，该船满载着中国瓷器等货物前往东南亚进行交易时而沉没。该地点发现的沉船和遗物是中国南宋时期海外贸易的重要史迹。（王睿）

【绥中三道岗沉船】 元代沉船。发现于辽宁省绥中县城西南三道岗海域。此船应是一艘国内贸易的元代商船。1992 年以来多次进行调查和发掘。沉船木质船体构造已经基本朽烂，主要出有瓷器，以及少量陶器、铁器等。其中白瓷、黑瓷、白地黑花瓷和翠蓝釉瓷等，为元代磁州窑产品。该沉船的调查和发掘是中国独立展开的第一项水下考古。2001 年出版有《绥中三道岗元代沉船》。（王睿）

【蓬莱古沉船】 明代沉船。发现于山东省蓬莱市蓬莱水城海域。1984 年、2005 年共清理出 4 艘古沉船。其中 1 号船为战船，1 号船与 2 号船的制造和使用时代为明代晚期，3 号船在明代初年或元末明初，四号船时代不详。遗物有铁锚、石锚、石炮弹、铁炮、残铁剑及大量陶瓷器等。该古船的发掘为研究登州古港的历史变迁及海交贸易、造船技术等提供了重要资料。2006 年出版有《蓬莱古船》。（王睿）

【南京宝船厂遗址】 明代早、中期造船厂遗址。位于江苏省南京市区西北部中保村。2003—2004 年发掘。遗址内现存 3 条长条形的古代船坞遗迹（即四作塘、五作塘、六作塘），原承担着造船职能。在发掘的六作塘内，底部出土的木结构遗迹，和作塘同一方向，密集地东西排列。遗迹把塘底分为 34 处。多为竖立的木桩围成一圈，形状有椭圆形、长方形等。出土上千件木质器物，另有瓷器、铁石器等。郑和出洋远航的“宝船”就产于此。2006 年出版有《宝船厂遗址——南京明宝船厂六作塘考古报告》。（王睿）

【顺义净光塔基】 辽代塔基。位于北京市顺义区辽顺州城外东南。塔建于辽开泰二年（1013 年），是目前发现年代较早且未被盗扰的辽代塔基。1963 年进行考古发掘，发现完整的地宫及内部装藏。地宫方形，边长 2.7 米，高 2.4 米。地宫中央立石经幢，南侧放石刻塔铭，东西两侧置瓷器、金银器等，北部堆积铜钱。其中银盒内以葫芦形器盛舍利。顶部用五条青石封盖。石经幢为八角形，通高 1.09 米，幢身刻陀罗尼、法舍利真言及建塔题名。（汪盈）

【房山北郑村辽代塔基】 辽代塔基。位于北京市房山区西南约 20 千米的北郑村。1977 年塔失修倒塌，遂对塔基地宫进行抢救性发掘。原为平面八角形的十三层密檐式实心砖塔，建于辽重熙二十年（1051 年）。由基座、塔身、密檐和塔刹组成。基座为双层须弥座，直径 6.2 米。塔身作仿木结构，砖雕柱额斗拱。四正面辟假门，四隅面各浮雕两座小塔。铺作之上砖雕檐椽，叠涩出檐。砖构地宫位于塔基之内，1.2 米见方，高 1.02 米。其内南侧中部，发现有纪年题记的长方形盝顶石函。石函内发现石卧佛、瓷器、银器、铜器、水晶珠及舍利等遗物。地宫顶部盖有石板，其上立一八角形石幢，通高 3.125 米。幢身刻建幢题记，纪年为辽应历五年（955 年）。周围还出土 16 件唐代残石造像、后梁开平元年（909 年）残石刻、泥塑造像等。石幢之上的首层塔身内部，发现陶塔及陶幢共 5 件。陶幢居中，通高 1.875 米。幢身刻建幢题记，纪年为后唐长兴三年（932 年）。四面各立一陶塔，有圆形和八角形两种，外形模仿木构。其中一件圆形陶塔通高 2.18 米，内部置 4 个高约 13 厘米的小陶塔。这种幢、塔的排列组合形式是国内首次发现。（汪盈）

房山北郑村辽代塔基复原剖视图

【易县净觉寺塔塔基】 辽代塔基。位于河北省易县城西北25千米太宁山下,俗称“太(泰)宁寺塔”。建于辽天庆五年(1115年)。寺塔建筑均已无存。据1934年营造学社的调查,塔原为平面八角形的十三级密檐砖塔。基座为砖砌单层须弥座。塔身以砖雕模仿木结构建筑样式,作出门窗柱额及铺作。首层大檐用檐椽和飞椽,2～13层用砖叠涩出檐。顶部置铁刹。1977年塔基地宫被盗,实施抢救性发掘。地宫平面呈正方形,边长1.36米,高0.98米。地宫西壁发现陀罗尼经和建塔墨书题记。追回被盗文物有舍利、金器、银器、铜器、瓷器、钱币等。(汪盈)

【郑州开元寺塔基】 北宋塔基。位于河南省郑州市东大街。塔建于北宋开宝九年(公元976年)。1945年以前尚存八角形十三级楼阁式砖塔,后毁于战事。1977年进行发掘。塔基砌筑方法是先在最底层平整夯实,然后在基础内平铺一层石条。其上正中用石条垒砌方形墙圈,其外用五花土夯实。墙圈中间建地宫,全部用石条垒砌而成,底铺青砖。地宫由门、甬道、宫室三部分组成。门框、门楣、门栏上有佛像、花卉、动物等雕刻,门外两侧壁石雕夜叉。宫室方形,长宽各2.15米。四角顶部石雕仿木构斗拱。其上用石板作八角形叠砌,逐层相错内收,顶部八角形石板上雕莲花藻井。宫室后部砌棺床,其上置须弥座承托石棺,棺盖有纪年题记。现仅存铜钱、石雕刻等几件遗物。(汪盈)

【定县静志寺塔基】 北宋塔基。位于河北省定州市城内东北部。塔建于北宋太平兴国二年(公元977年)。1969年进行发掘。塔基砖室呈不规则方形,约2.1米见方,高1.1米。砖砌斗拱,顶部为覆斗形,其上盖石雕歇山屋顶。塔基四壁均有壁画。南壁为天王像,东西壁为礼佛图,北壁绘弟子安葬礼拜佛舍利的景象。室内发现记载北宋建塔经过的碑志,还有北魏兴安二年(453年)所埋的石函、隋大业二年(606年)重葬时埋入的石函、唐大中十二年(858年)和龙纪元年(889年)重葬的石棺。出土金、银、铜、玉、石、瓷器、木雕、串饰、铁器及丝织品700余件,从战国到北宋的铜币2.7万余枚,珍珠22克。(汪盈)

【定县净众院塔基】 北宋塔基。位于河北省定州市城西南侧。塔建于北宋至道元年(公元995年)。1969年进行发掘。塔基砖室呈方形,约2.7米见方,高3.07米。东、西、北三面均有壁画。北壁是佛涅槃像,东西两壁为彩绘戎装乐队图。圆顶线描飞天和凤凰。室内中央砖砌须弥座上置方形石函。券门两侧各有一石塔,四壁浮雕图案和铭文,内以瓷瓶装藏舍利。塔基出土银器、瓷器、石刻等遗物共106件。各类供具内,几乎都装有舍利,总计重200余斤。(汪盈)

【镇江甘露寺塔基】 宋代塔基。位于江苏省镇江市北固山甘露寺内。镇江甘露寺,亦称“卫公塔”。唐代浙西观察使兼润州(镇江)刺史李德裕于宝历年间建寺及石塔。北宋熙宁间在原址重建铁塔,元丰元年(1078年)落成。1960年进行发掘清理。塔平面作八角形,原为7级,现在连座只存3级。基座(须弥座)高出地面约2.55米。从外部看,上面一段约1.63米是铁座,安置在地面上高约0.78米的一个砖石结构的基础之上。在深3.42～4.22米的地方,是东西97米、南北86米、深80厘米的地宫建筑。地宫内东西向置一长方形大石函,函盖上复“润州甘露寺重瘗舍利塔记”石刻,函内有小石函2个,银函、银盒2个,漆盒1个,还有灵骨和铜钱。西面小石函内有银椁和金棺,是瘗禅众寺舍利的;东面小石函内有银椁、金棺和小金棺,是瘗长干寺舍利的。漆盒内盛木轴和银牌。圆银盒内盛木函、琉璃瓶、舍利、灵骨等,长方银函内盛舍利。大石函四周空隙内放置有一些石刻,有“李德裕重瘗长干寺阿育王塔舍利记”、“李德裕重瘗禅众寺舍利题记石刻”等字样。出土遗物包括石、玉、骨、金、银、铜、铁、陶、瓷、琉璃、木、漆、纸、丝等14类,计2 576件。在甘露寺唐代石塔(即北宋铁塔所建之地)以西揭露出与石塔同期的殿址及回廊式建筑台基遗迹,揭示出唐代“西殿东塔”的伽蓝格局。(汪勃)

【卫公塔】 见“镇江甘露寺塔基”。

【南丰大圣舍利塔基】 北宋塔基。位于江西省南丰县城南隅。塔建于北宋嘉祐三年(1058年)。原为平面六角形的七层楼阁式砖塔。维修前仅存三层。1985年重修工程中,发现塔基地宫。地宫为砖构,边长0.6米,高1.3米。地宫顶盖为三方石碑,为建塔功德题铭,纪年均为北宋嘉祐三年。地宫内堆满遗物,以铜钱数量最多。中部安放舍利铁函,其内装银椁、金棺、金佛像、铜镜、银塔、水晶珠、银条、铅块、孔雀石、灰白色骨灰等。(汪盈)

【金华万佛塔塔基】 北宋塔基。位于浙江省金华市塔下寺山坡上。1956年进行发掘清理,发现建于北宋嘉祐七年(1062年)的塔基地宫。塔基为六角形,对径9.9米。中心盖有一块方形石板,边长1.5米。其下为地宫,出土遗物的铭刻中称为“龙宫”。由六块刻有经文题记的红砂质石板组成。地宫内靠北壁正中立经幢,高1.47米。幢前有铁函,曾被盗掘。还发现东、南、西三面石座上下摆放60余尊铜造像、15座金涂塔和数件铜镜、铜盒、铜钱等遗物。(汪盈)

【温州白象塔塔基】 北宋塔基。位于浙江省温州市郊梧田区南白象乡。塔建于北宋政和五年(1115年)。原为平面六角形的七层楼阁式塔,砖木结构,高31.3米,底径7.8米。因残损严重,1965年拆除,发现大批文物。一层和二层每面塔壁内均砌有方形洞穴,出土各类遗物。其中以北宋泥塑彩绘菩萨最多,其次有唐宋铜钱及北宋漆器、木雕、砖雕、佛经、瓷器、铜器、绘画等。塔基中也发现北宋铜钱、瓷器、陶塑、泥塑及绘画等物。塔内二、三层发现北宋纪年题记的朱笔铭文砖。(汪盈)

【宁波天封塔塔基】 南宋塔基。位于浙江省宁波市海曙区大沙泥街、开明街附近。塔建于南宋绍兴十四年(1144年)。1957年加固维修改变了原塔的外观风貌。1982—1987年两次对塔基地宫进行发掘。塔基平面六边形,边长5.5米。基槽深5.2米,由底部的夯土基础和上部的砖石基面两部分组成,中心置地宫。基槽底部,筑一层领夯石。其上夯土,置一圈放射状卧木。再筑夯土,铺六角形圈木和散木。圈木之间缝隙立长木桩,使其固定不发生移位。长木桩四周置基塔基内石,其上立短木桩,继续夯土盖过桩顶。夯层上置30个六角形排列的残缸,其外一周,置有45块同样六角形排列的基石。距底部约3.8米的夯层上,置15块基石。其中14块环状排列,中央最大一块为长方形地宫基石。地宫由石板砌筑,高约1.12米,内置石函,上有盖板。其上为砖石基面,平面六角形。由外圈两周砌砖和两周梯形大石板组成,中心由地宫盖顶石和碎石板铺成。地宫内置石函,其上置柱础顶住盖板,缝隙中填满钱币。函内供奉有纪年题铭的银质宫殿和银塔模型,均高度模仿木构建筑。银宫殿内布置有一整套佛像、法器及装饰,出土金、银、铜、石、铁、瓷、玻璃、水晶、玛瑙等大量遗物。塔基结构及出土文物为研究南宋历史、建筑、佛教及交通贸易等提供了重要材料。(汪盈)

【碧湖宋塔塔基】 南宋塔基。位于浙江省丽水市城西碧湖镇。塔建于南宋绍熙四年(1193年)。原为平面六角形的七层砖构楼阁式塔。下有石砌塔座。一层东面开一门。二层以上,每层面阔三间,砖雕柱额斗拱。木构腰檐上铺青瓦。顶部置铁刹。由于残损严重,1960年拆除,发现大量佛教文物。除塔刹下、六层砖缝和四层壁龛中发现少量写经及刻本经外,其余遗物都发现于塔基地宫中。包括经卷、铜镜、铜造像、建塔发愿碑刻、砖刻、琉璃珠、钱币、牙齿等。(汪盈)

【固安宝严寺塔塔基】 金代塔基。位于河北省固安县于沿村。塔原为金代涿州固安县宝严寺舍利塔,建于金天眷元年(1138年)。寺塔早已毁弃,1975年发现残存的塔基石函,1976年和1992年两次勘查。距当时地表7.5米发现砖构塔基,平面八角形,边长6米。中部砖砌长方形地宫,长1.3米,宽1.2米,高0.9米。地宫地面上砌砖座置石函。从石函盖顶中部,逐层用四块条砖向上叠砌,形成中空的方形砖体,残高3.3米。石函盖上刻金代建塔题铭。函内出土金、银、铜、铁、陶、瓷、玉、水晶、骨和松香等质料的供养器、法器等一批遗物,尤以金银器数量最多。其中如银鎏金錾花舍利柜、银佛幡架杆、系链银提梁熏炉等器物,工艺复杂精湛。地宫内石函南侧还发现2块沟纹砖,素平面涂白灰,上有墨书题记,记载建塔瘗藏佛牙舍利的缘起。(汪盈)

【南京大报恩寺和琉璃塔基】 明代皇家寺院和塔基。位于江苏省南京市南中华门外古长干里。明永乐十年(1412年)建,毁于太平天国时期。2007年起多次考古发掘。该地在三国吴赤乌三年(240年)始建有佛教精舍和阿育王塔,为“江南佛寺之始”。晋太康年间复建,名长干寺。南朝陈时为报恩寺。宋改天禧寺。元改慈恩旌忠教寺。明大报恩寺分南北两区,北区为寺院主体,南区为附属管理机构和生活配套设施等。北区中轴线由南及北依次为金刚殿(山门)、香水河桥、天王殿、大殿、琉璃塔、观音殿和法堂等。轴线两侧设有御碑亭、祖师殿、伽蓝殿、画廊等。位于北区正中心的长方形大殿,夯土台基残高5.2米。在大殿之后,为大报恩寺内著名的单体建筑——琉璃塔,被誉为“浮图之冠”。考古发现塔基遗址。塔基平面呈八边形,对角线径约25米。中央地宫呈圆形,深6.74米。石块和夯土分层夯筑。距地表4.2米处,发现方形覆石。覆石下为方柱状石函，边长0.72米、高1.5米。北壁镌刻长篇铭文，题为“金陵长干寺真身塔藏舍利石函记”。石函内盛铁函，宽0.5米、高1.3米。函上有铜钱、水晶球、玛瑙珠、鎏金银凤等供品。石函下面发现一个小型埋藏坑，有白釉碗、青釉碗、青釉壶（壶内有一个水晶球）等。铁函内有鎏金银皮木胎的七宝阿育王塔，高约1.2米。塔顶周围塞有宋代丝织品等。其中一个小包内出土数百枚形如米粒的舍利子，以白色为主，少量为红色或黑色，可能是碑文所载之“诸圣舍利”。还有琉璃瓶、鎏金银质莲花如意形法器、铜镜和铜钱等。出土文物表明，塔基和地宫始建于北宋大中祥符四年（1011年），原为北宋长干寺（亦称“天禧寺”）真身塔（亦称“圣感舍利塔”），为明代琉璃塔沿用。为研究明代官式建筑、寺院建筑和佛塔地宫等的重要资料。（董新林 钱国祥）

陵 墓

【秦始皇陵】 秦始皇嬴政陵墓。全国重点文物保护单位。位于陕西省西安市临潼区以东骊山北麓。建于公元前246年—前208年，历时39年。陵园呈南北长的长方形，具有内外两重夯土垣墙，内垣墙南北长1 300米、东西宽578米，外垣墙南北长2 513米、东西宽974米，陵园内南半部有覆斗形夯制封土，底部每边长约350米，现存高43米。封土东、西、北三面发现有墓道，并在西墓道过洞中发现铜车马两乘。陵园北半部有规模宏大的建筑群遗址，应该是陵园中的寝殿。内垣墙东、西、南三面墙外还有沿着墙边建筑的廊房遗址，根据出土陶壶上“骊山食官”的铭文，推测为骊山陵园食官的住处。陵园东面有秦始皇的公子与公主们的陪葬墓、埋葬陶俑与活马的从葬坑、模拟军阵的兵马俑坑等，西面有埋葬服役刑徒的墓地以及制作砖瓦、石材等建筑材料的场地遗址。其建筑制度影响了以后的历代帝王陵园建筑规制，众多出土文物更具有很高的研究价值。“秦始皇陵遗址平面图”见502页。（赵超）

【秦兵马俑坑】 秦始皇陵陪葬陶兵马俑的埋葬坑。位于陕西省西安市临潼区西杨村南。1974年以来由陕西省博物馆（今西安碑林博物馆）等发掘（见彩版22“秦代遗迹和遗物”）。共发现随葬俑坑4个，总面积25 392平方米，其中4号坑是未建成已废弃的空坑，其余3坑中用夯土壁隔成多条通道，上面铺设苇席与木材构成的顶棚，里面摆放陶武士俑、陶马俑、木战车等。依照出土陶俑的排列情况推算，总计可达武士俑7 000个、驷马战车100余辆、战马100余匹，全部面向东方。估计应该是送葬军阵的模拟情景。对了解秦代军队编制与装备状况具有极高学术价值，并且表现出秦代高度写实的雕塑艺术成就。1977年后在原地建成秦始皇兵马俑博物馆，并陆续有新陪葬坑与重要文物发现，如铜车马、铜水禽、殉葬马匹、动物、文官俑等。（赵超）

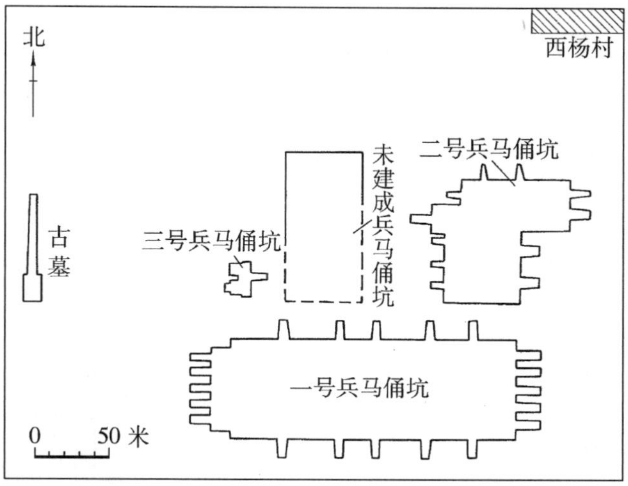

秦兵马俑坑平面图

【义帝陵】 秦代陵墓。全国重点文物保护单位。位于湖南省郴州市北湖区。秦末起义军拥立战国楚怀王之孙熊心为楚怀王，共同伐秦。秦灭，项羽阳尊怀王为义帝，后阴令英布杀之，被葬于郴，即义帝陵。现有墓冢、神道、华表、碑亭等建筑。（刘振东）

【西汉帝陵】 西汉十一位皇帝和皇后陵墓。全国重点文物保护单位。位于陕西省咸阳市、兴平市和西安市等地。计有高祖长陵、惠帝安陵、文帝霸陵、景帝阳陵、武帝茂陵、昭帝平陵、宣帝杜陵、元帝渭陵、成帝延陵、哀帝义陵、平帝康陵。其中霸陵位于西安市凤凰嘴，杜陵位于西安市三兆镇以南，此外9陵都位于西安市西北渭河北岸咸阳原上。霸陵为开凿在山崖中的洞室崖墓，其他均为筑有高大封土坟丘的土坑墓。西汉帝后合葬一地但不同陵，后陵一般在帝陵之东，封土较低。陵园平面呈方形或长方形，四面辟门设阙。陵园建有寝殿、便殿，供祭祀。从阳陵开始，帝陵四周均有夯土垣墙，每边中央开一门，门外竖立双阙，形成方形陵园。陵园旁建寝殿与庙。陵园附近发现有大面积建筑遗址。陵园以东有

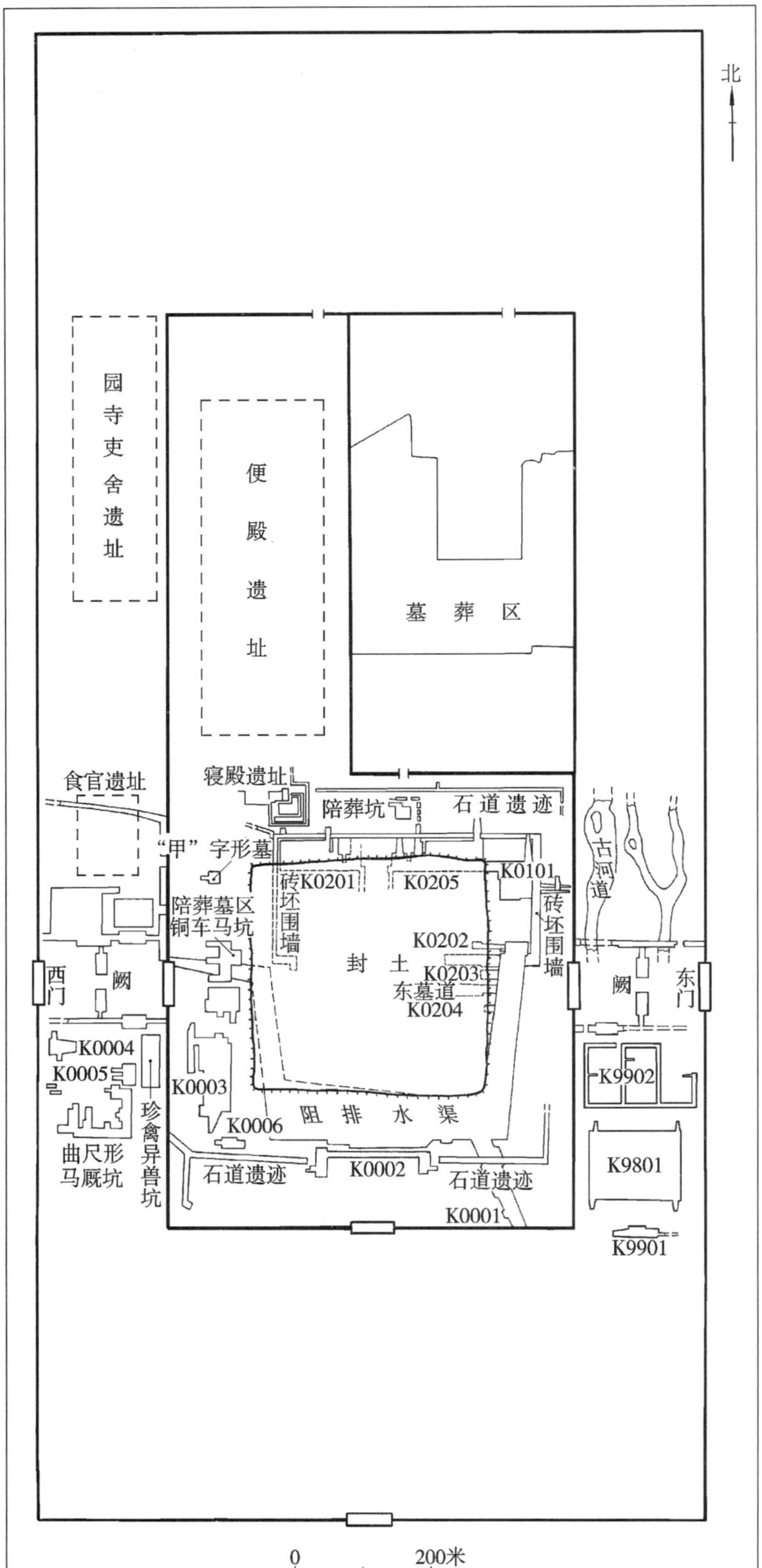
北
园寺吏舍遗址
便殿遗址
墓葬区
食官遗址
寝殿遗址
陪葬坑
石道遗迹
"甲"字形墓
砖K0201
K0205
K0101
砖坯围墙
陪葬墓区
铜车马坑
古河道
坯围墙
K0202
封土
K0203
东墓道
K0204
西门
阙
阙
东门
K0004
K0005
K9902
K0003
K0006
阻排水渠
珍禽异兽坑
曲尺形马厩坑
K9801
石道遗迹
K0002
石道遗迹
K0001
K9901
0
200米

秦始皇陵遗址平面图

大规模陪葬墓地，如被认为是周勃父子墓葬的杨家湾汉墓、霍去病墓等，也是西汉帝陵一个重要组成部分。长陵附近还发现有长陵邑遗迹。发掘的陵墓出土有许多珍贵文物。（*赵超*）

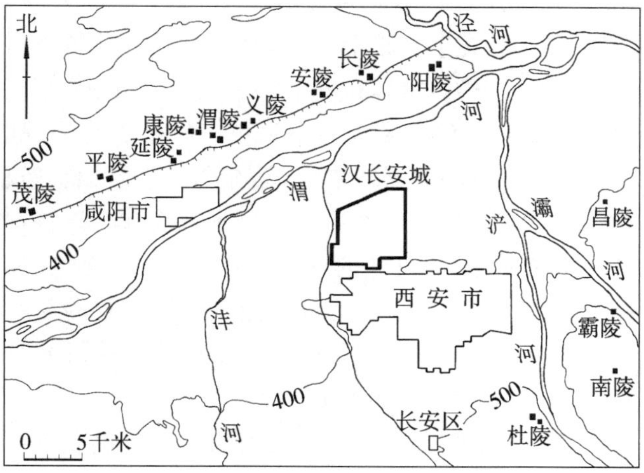

西汉帝陵分布图

【茂陵】 西汉武帝陵墓。全国重点文物保护单位。位于陕西省兴平市南位镇茂陵村。汉武帝后元二年（公元前87年）刘彻死后葬于此。陵墓封土略呈方锥体形，平顶。高46.5米，底部东西长229米，南北宽231米，四周筑有夯土垣墙，东西长430米，南北宽414米，每边中央开一门，门外建有夯土双阙。陵墓西北约500米处为与汉武帝合葬的李夫人墓，东南约1 000米处有大面积建筑遗址，出土有四神图案空心砖、青玉铺首、琉璃璧与“永安中正”瓦当等，可能为茂陵寝殿。陵墓以东散布着卫青、霍去病、霍光等人陪葬墓。今有茂陵博物馆。（*赵超*）

【阳陵】 西汉景帝刘启与王皇后合葬陵墓。位于陕西省咸阳市渭城区正阳镇张家湾村北咸阳原上。1990年以来陕西省考古研究所等进行测绘、钻探和发掘。东西长约6 000米，南北宽1 000～3 000米。由帝陵、后陵、南北区从葬坑、刑徒墓地、陵庙等礼制建筑、陪葬墓和阳陵邑遗址等组成（见彩版24西汉陵墓遗迹和遗物“咸阳景帝阳陵陪葬坑铠甲武士俑出土现场”、“塑衣式跽坐拱手俑”）。整个陵园以帝陵为中心，布局规整。帝陵四边有夯土围墙，每边围墙中央有三出门阙。封土为覆斗形，高32.28米，底部边长约168米。后陵四边同样有夯土围墙，每边围墙中央有门阙。封土为覆斗形，高26.49米，底部边长151～167.5米。刑徒墓地占地约8万平方米，估计可能埋葬刑徒数万人。在已发现的10余处建筑遗址中，最重要的是被称为“罗经石”的夯土遗址，在该遗址中心部分保留一件中间刻有十字凹槽的巨石。有研究者认为是修建阳陵时标定水平、测量高度和标示方位用的。发掘出大量夯土墙、城壕、夯土基址和瓦片堆积等。今陵区内建有汉阳陵博物馆。（*赵超*）

【阳陵陪葬坑】 西汉景帝阳陵从葬坑。位于陕西省咸阳市渭城区阳陵周围。共有81座，其中东侧21座、南侧19座、西侧20座、北侧21座。从葬坑均为地下木结构建筑，宽度在3.5米左右，深3米左右，坑底距今地表7米左右。最长的从葬坑长度超过100米，最短的只有4米。坑中整齐地放置随葬的各种陶俑、明器等（见彩版24西汉陵墓遗迹和遗物“咸阳景帝阳陵陪葬坑铠甲武士俑出土现场”、“塑衣式跽坐拱手俑”）。在试掘的部分从葬坑中出土有排列整齐的步兵、骑兵俑群、战车、粮库与大量陶质动物、生活用品等。陶俑形象雕塑精确，涂有彩色，如动物俑就有山羊、绵羊、狼狗、家犬、猪、鸡等，栩栩如生。阳陵陪葬坑的发掘与研究对了解汉代宫廷制度与丧葬习俗等具有重要意义。（*赵超*）

【霍去病墓】 汉代霍去病墓葬。全国重点文物保护单位。位于陕西省兴平市南位镇茂陵村茂陵以东。史载其冢像祁连山，冢上立石，设石人、石兽，以表彰霍去病生前战胜匈奴的武功，此为陪葬墓中特例。现保存有坟丘封土与16件墓前石刻，包括：象、牛、鱼、猪、虎、羊、“怪兽食羊”、“人熊搏斗”、“马踏匈奴”等。石刻雕刻风格简练浑厚、气势雄健，极为传神，是中国现存最早的成组石刻艺术珍品。（*赵超*）

【杜陵】 西汉宣帝刘询陵墓。全国重点文物保护单位。位于陕西省西安市长安区东伍村北。1982—1984年中国社会科学院考古研究所等进行考察发掘（见彩版23“杜陵陵园遗址东门门道”）。陵区平面呈方形，东西宽3千米，南北长4千米。陵园每边围墙长430米，中央各有一门。陵园中央为覆斗形封土，高29米，底边长175米。四面各有一条斜坡墓道，夯土封填。其东南575米处为王皇后陵，东南187米处有一处大型建筑遗址，可能是寝殿。在陵园外边东部与北部散布有陪葬墓，存有封土59处。在王皇后陵园东门遗址、多处建筑遗址和陪葬坑等处曾发现卵石“散水”、砖瓦材料、“长乐、未央”等文字瓦当、陶俑、铁器、小五铢钱、金饼和明器木车等。

(赵超)

【永城西汉梁王陵】 亦称“芒砀山汉墓”。西汉梁孝王及其以后各代梁王及王室的陵墓。全国重点文物保护单位。位于河南省永城市东北芒砀山。梁孝王刘武，汉文帝次子，先后受封代王、淮阳王。1992—1994年河南省文物考古研究所进行调查发掘。共发现西汉大型陵墓14座，包括大型崖洞墓和竖穴石坑墓。还有一些陪葬墓。根据分布情况，可分为保安山、僖山、夫子山3个陵区。保安山1号墓为梁孝王陵墓。已发掘的保安山2号墓应为梁孝王后李氏之墓，为在山岩中开凿的大型洞室墓，由2条墓道、3条甬道、前中后3个主室、34个侧室以及回廊、隧道等组成，东西全长达210.5米。出土遗物有小型铜器构件、银簪、铁制工具、玉衣片和陶器残片等。墓室的大量塞石上发现刻写的文字共1万余个，主要记录序号、尺度、时间干支、工匠姓名、宫室方位和施工顺序等，体现出当时官方劳役的管理制度。梁孝王寝园发掘清理出院落殿堂等各类遗迹40处。该陵区可能埋葬有西汉梁国八代国王。1986年，商丘地区博物馆曾经发掘僖山1号墓，主要出土有1 000余枚玉衣片，还出土璧、圭、舞俑和饰件等精美玉器，以及鎏金铜熊、铜鸠首等。(赵超)

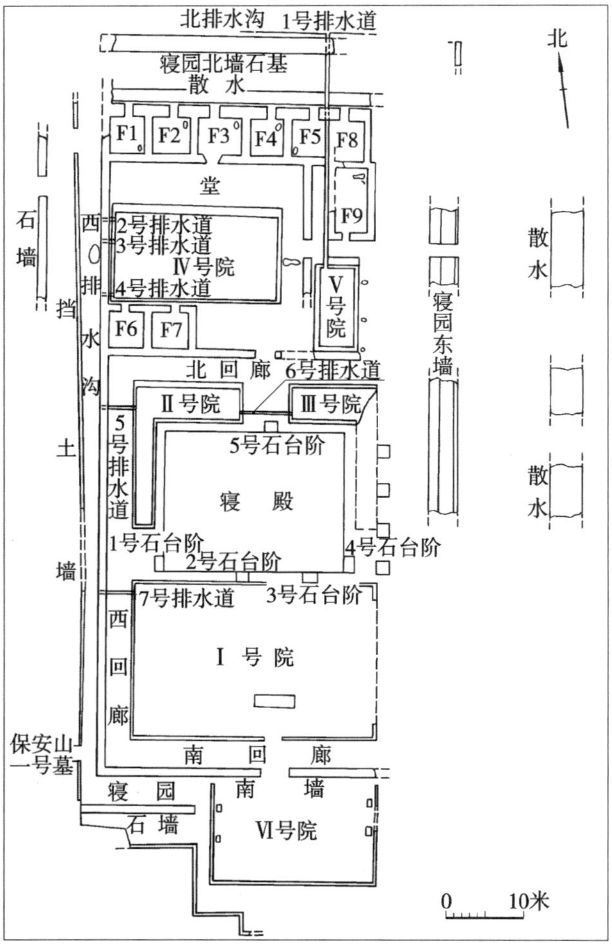

永城西汉梁孝王寝园平面图

【芒砀山汉墓】 即“永城西汉梁王陵”。

【江陵秦汉墓】 秦汉时期墓葬。位于湖北省荆州市江陵区。1973年以来进行发掘。以土坑木椁墓为主。墓主中有很多是中小官吏。出土器物中，战国末年至秦代的陶器基本组合为圜底罐、盂、甑、釜、“亚”字形壶、瓮等，汉代初年起增加有灶和仓。特别是西汉文帝、景帝时期的中型墓中出土有大量成都市府制造的精美漆器。另外还出土一批重要的简牍文字资料，对长江中下游地区秦汉时期墓葬研究具有重要参考价值。(赵超)

【凤凰山汉墓】 西汉早期墓葬群。位于湖北省荆州市江陵区凤凰山。现存墓葬表明该地从公元前278年白起拔郢后成为墓地。1973年起进行发掘。墓葬多为中小型竖穴土坑木椁墓。棺椁与葬式延续楚国风俗，小型墓仅有头箱与边箱，中型墓增添左边箱，棺木为双层。由于墓中多填充青膏泥，密封较好，棺椁、漆木器、纺织品与竹简等随葬品保存完好。其中葬于汉文帝十三年(公元前167年)的168号汉墓中还保存有1具基本完好的男尸。在10号墓、168号墓等墓中出土有遣册、算赋簿、田租簿等简牍材料及1根记有名称和用途的天平横杆等。(赵超)

【烧沟汉墓】 汉代墓葬群。位于河南省洛阳市烧沟村。墓葬的时代从西汉中期一直延续至东汉晚期。1952年以来考察发掘。墓地总面积达7万余平方米，估计墓葬可达1 000余座，已清理200余座。墓葬时代从西汉中期延续至东汉晚期，大多为土洞墓，少量在土洞中用砖建筑墓室，包括空心砖墓与小砖墓。墓主身份大多为一般官吏及其眷属。出土器物包括陶器、铜器、铁器、铅器、金银器、漆器、玉石器、琉璃器和骨蚌器等共近7 000件，钱币11 200万余枚。根据墓葬形制的变化、出土器物组合与类型演变情况，可以将墓葬分为6期，西汉、东汉各3期。据此建立起洛阳及中原地区汉墓的年代序列和分期标准，对汉代墓葬考古具有重要的指导意义。通过烧沟汉墓发掘材料建立的汉代铜镜、汉代钱币分期演变标准至今仍是汉代考古中重要的时代判定依据。(赵超)

【成都老官山汉墓】 西汉木椁墓葬。位于四川省

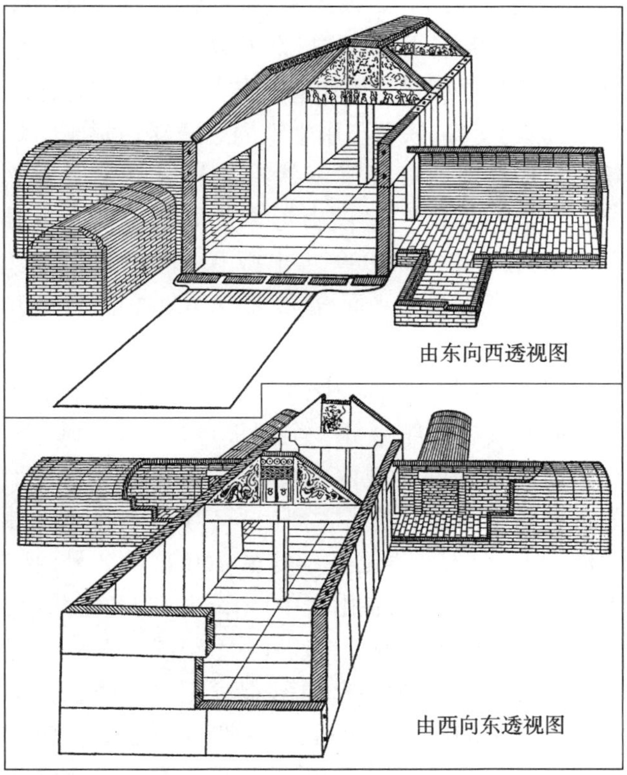

烧沟汉墓61号墓解剖透视图

成都市金牛区天回镇老官山。2012年、2013年成都文物考古研究所等进行发掘。共有4座土坑木椁墓，其中M1、M2、M3为一组，M4为一组。墓葬椁室内器物多遭扰乱，但墓葬底箱随葬器物保存较好，位置基本未变。出土大量简牍以及620余件其他各类遗物，包括漆器240余件、陶器130余件、木器140余件、铜器及铜钱100件等。M1号墓为双棺合葬墓，一大一小，为一座夫妻合葬墓。出土物品中有耳杯、盘等，其中漆器光鲜如新，有的漆器底部刻有“景”字。出土的50支木牍，内容可分为官府文书和巫术两大类。M2号墓中出土的4部织机模型，织机结构复杂，部件上还残存有丝线和染料等，应属于蜀锦提花机模型。M3墓葬中发现带有“心”、“肺”等线刻小字的人体经穴髹漆人像，并出土920支医学竹简，部分医书极有可能是失传的中医扁鹊学派经典书籍。从墓葬形制和出土重要遗物分析，应属西汉一处身份地位较高家族的木椁墓墓地。（张成）

【长沙汉墓】　汉代墓葬群。位于湖南省长沙市。1951年起开始至1978年底共发掘约1 000座，其中西汉墓近800座。中小型汉墓大致分为西汉早、中、晚期与东汉前、后期共5期。西汉早期多为竖穴土坑木椁墓，较大的墓有斜坡墓道。西汉中期则出现多室墓与阶梯墓道。西汉末年出现砖室墓。东汉时期主要是砖室墓，墓室形状多样。出土器物包括陶器、漆木器、铜器、铁器、金银器以及滑石、玉石、琥珀、琉璃、玛瑙、水晶等制品，以陶器为主。其组合变化具有时代特征：西汉早期延续战国时期的习俗，以鼎、盒、壶、钫和罐、镬、熏炉、镳壶等低温灰陶为主。西汉中期出现灶、井、仓等模型器和硬陶五连罐等。王莽时期鼎、盒、壶、钫等器物已很少出现，灶、井与动物俑增多。东汉时期流行红胎绿釉低温铅釉陶器，建筑明器大量出现。东汉后期出现青瓷器与少量白瓷器。此外，铜器与铜镜、漆木器、金饼与钱币以及玺印等也是出土数量较多的重要器物，具有一定断代作用。墓葬数量众多，出土器物内涵丰富，对于研究汉代长沙地区历史具有重要价值。（赵超）

【象鼻嘴汉墓】　西汉早期墓葬。位于湖南省长沙市。墓为长方形竖穴土坑木椁墓，由通道、题凑、外椁、前室、外回廊、内回廊、棺室等木结构组成。其中有908根木材组成的大型木质题凑，并用木炭与白膏泥密封防腐。墓口长20.55米，宽18.5米，深7.9米，墓道长17.85米，并在墓道两侧发现两个木偶人。该墓可能在唐代已经被盗，棺室中尚保存有3具彩绘木棺，出土器物包括大量泥质灰陶与红陶陶器，如鼎、盒、壶、钫、瓮、罐、盂、熏炉、灯等，还有漆器残片、丝织品、玉璧、泥质半两、郢爰等。根据出土器物判断，该墓为西汉文帝、景帝时期的墓葬，规格较高，可能是当时长沙王陵墓。（赵超）

【马王堆汉墓】　西汉早期家族墓。全国重点文物保护单位。位于湖南省长沙市东郊马王堆。1972—1974年湖南省博物馆与中国科学院考古研究所（今属中国社会科学院）进行两次发掘。共计发掘墓葬3座。根据墓中出土印章、木牍等文字资料可以判定1号墓主为西汉第一代轪侯利仓的夫人，2号墓主是西汉第一代轪侯利仓，3号墓主可能是利仓的儿子。3座墓葬均为大型土坑木椁墓，墓底和椁室周围都填满木炭与白膏泥。墓葬出土装满衣物、药材、食品的竹笥以及漆器、陶器、竹木器、木俑、乐器、帛画、帛书、竹简与兵器等文物。1号墓中还出土有保存完好的女尸，具有重要的医药科学研究价值。1、2号墓出土漆器共达500余件，为保存完好的汉代漆器，其中有精美的鼎、盒、壶、耳杯、奁、屏风、案等。有些漆器有成市的戳记，说明是成都制造的。出土丝织品和衣物包括各种丝绸、麻布，如素纱、绒圈锦、印花敷彩纱等，表现出汉代发达的纺织技术和印染工艺水平（见彩版25 西汉墓葬遗物“彩绘漆棺”、“素纱单衣”、“彩绘漆盘、漆卮、漆杯及漆案”）。帛书包括大量古代典籍资料，是上古文献的重大发现。竹简主要为记录随葬品名称的遣册。马王堆汉墓的发现在中国汉代考古学研究中占有重要的地位。已出版专著有《长沙马王堆1号汉墓》、《马王堆汉墓》、《马王堆汉墓研究》、《马王堆汉墓帛书》、《长沙马王堆二、三号汉墓》等。（赵超　刘振东）

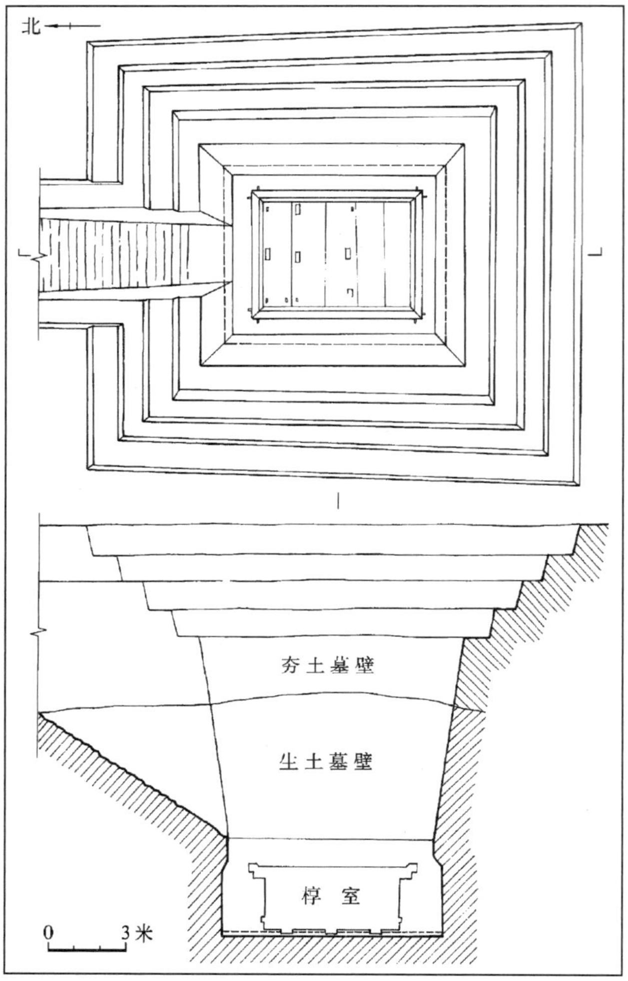

马王堆1号汉墓平面图

【大葆台汉墓】　西汉晚期墓葬。位于北京市丰台区大葆台。1974—1975年发掘。为2座大型土坑木椁墓。根据墓葬形制与出土漆器题记、器物特征等判断，1号墓的墓主可能是西汉广阳顷王刘建的墓葬，2号墓可能是刘建妻之墓。1号墓中用木材筑成甬道、外回廊、黄肠题凑、前室、后室、内回廊等部分，规模宏大，出土有朱轮马车、殉马、木棺、玉衣残片、豹雁等随葬禽兽以及大量玉器、陶器、铁器、铜器、漆器、丝织品等。该墓虽然被盗掘破坏，但保存有较完整的黄肠题凑形制，为了解汉代帝王墓葬形制提供了重要证据。另外墓中出土有“渔”字标记的渔阳郡铁官铸造铁器与用生铁固态脱碳钢制成的箭铤、工具等，对研究西汉钢铁冶炼的历史有重要意义。2号墓破坏严重，仅出土少量陶器、玉器、铜器及百余斤五铢钱。1989年出版有《北京大葆台汉墓》。“大葆台汉墓平面、剖视及立体复原图”见507页。（赵超）

【满城汉墓】　亦称“中山靖王墓”。西汉中山靖王刘胜及其妻窦绾墓葬。全国重点文物保护单位。位于河北省满城县城西南陵山主峰东坡。1968年发现并由中国科学院考古研究所（今属中国社会科学院）与河北省博物馆进行发掘。由1号、2号两座大型崖墓组成，开凿在山岩中，南北并列，均由墓道、甬道、南耳室、北耳室、中室和后室组成。部分墓室中原建有瓦顶木构房屋，墓葬保存完好。两墓共出土随葬品4 200余件，包括大量精美的铜器、金银器、玉器以及陶器、铁器、纺织品等，其中两具作为殓服的金缕玉衣是中国考古工作中第一次发现的时代最

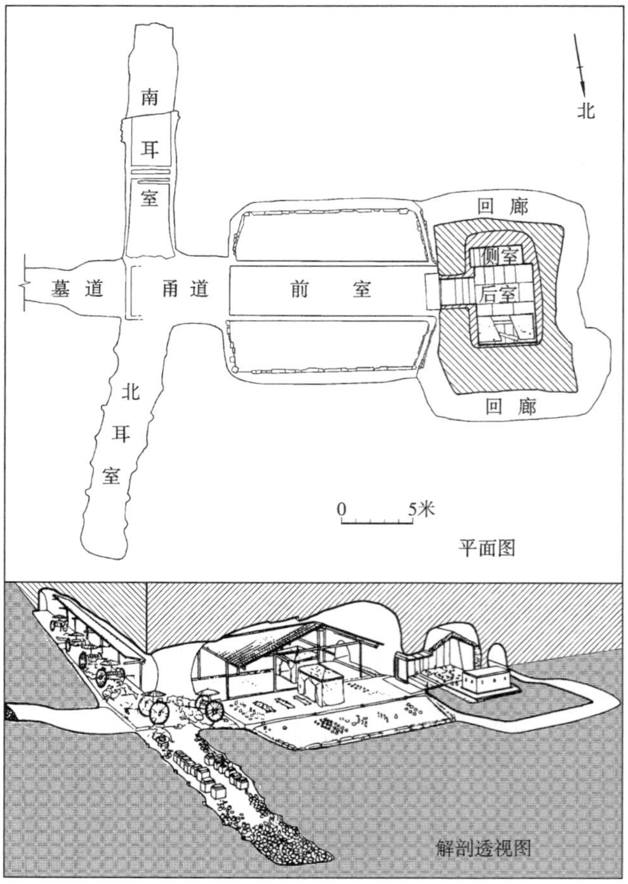

满城汉墓1号墓平面图和解剖透视图

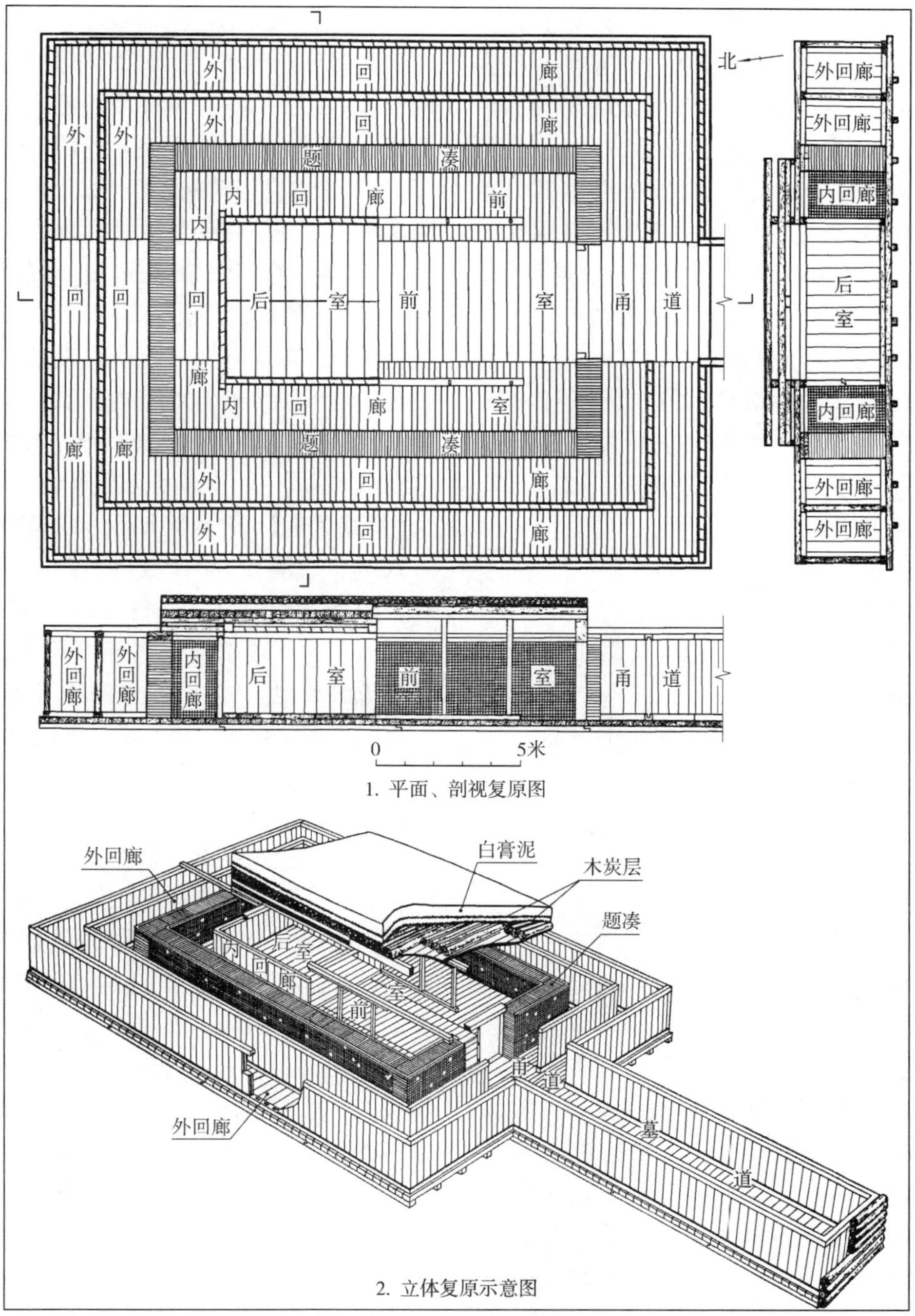

大葆台汉墓平面、剖视及立体复原图

早的完整玉衣（见彩版 25 西汉墓葬遗物“金缕玉衣”）。长信宫灯、错金博山炉、错金银鸟篆文壶、鎏金银蟠龙纹壶等都是罕见的古代艺术珍宝（见彩版 26 西汉墓葬遗物“铜壶”、“长信宫灯”），还有针灸用的金银针、灰口铁铸件、固体脱碳钢制品以及用含铬化合物处理过的铜镞等具有珍贵科学史研究价值的文物。墓葬中还出土有多种车辆、兵器、马匹、狗、鹿、石俑、陶俑等。满城汉墓发掘收获丰富，具有高度研究价值。《考古》1981 年第 6 期有《满城汉墓发掘报告》。（赵超）

【中山靖王墓】 即“满城汉墓”。

【杨家湾汉墓】 西汉时期墓葬群。位于陕西省咸阳市杨家湾村附近。共发现墓葬 73 座，据推测为汉高祖长陵的陪葬墓。1970—1976 年陕西省文物管理委员会等发掘其中两座。墓葬为竖穴土坑墓，曲尺形墓道，原有复杂的木结构建筑，但已经被焚毁。上有坟丘封土。在墓道填土中与墓道外有陪葬坑 7 个，坑中用砖或木材筑成椁箱。其中 3 坑放车马模型，

3坑放陶器，1坑放漆器、食品等祭祀品。在两座墓中各发现玉衣片200余枚，其中5号墓中的玉衣片上还有银缕。1965年曾在4号墓南约70米处清理出随葬兵马俑坑11座，均为带竖井坑道的洞室，共出土骑兵俑580余件、步兵俑1 800余件、舞乐杂役俑100余件。这些陶俑都经过彩绘，细致地表现出衣服、甲具、发式等，反映了西汉军队战阵的情况。有人根据北魏《水经注》中的记载推测，这两座墓是西汉初年名将周勃与周亚夫父子的墓葬。（赵超）

【九龙山汉墓】 汉代崖墓群。位于山东省曲阜市九龙山。1970年山东省博物馆进行发掘。发掘墓葬共计4座，其中3号墓出土银缕玉衣、“庆忌”银印和刻有“王陵塞石广四尺”字样的巨石，可能为西汉第三代鲁王刘庆忌及其亲属墓。墓葬形制大体相同，如最大的3号墓由墓道、东西车马室、墓门、甬道、东西耳室、前室、东西侧室、后室及排水设施组成，全长达72.1米。4座墓共出土随葬品1 900余件，包括陶器、漆器残片，玉璧、玉佩、玛瑙珠等玉石器以及铜印章、铜镜残片、弩机等。车马室保存较好，出土各种车12辆、马50匹。（赵超）

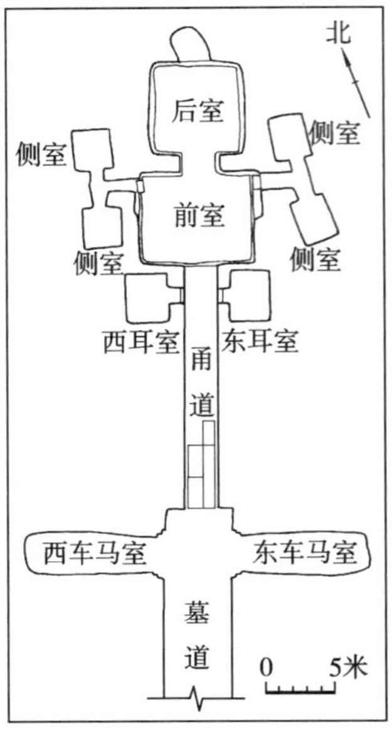

九龙山汉墓3号墓平面图

【银雀山汉墓】 西汉前期墓葬。位于山东省临沂市银雀山。1972年发掘其中两座。墓室开凿于山崖之中，为竖穴土坑墓，均为一棺一椁，椁室分割成棺室与边箱两部分。出土有陶器、漆器、铜镜、钱币等器物，特别是出土大批包括《孙膑兵法》、《尉缭子》等先秦重要著作的竹简，具有重要的历史研究价值。根据出土钱币与2号墓中出土的《元光元年历谱》推定：1号墓的下葬年代在公元前140—前118年之间，2号墓的下葬年代在公元前134—前118年之间。今建有银雀山汉墓博物馆。（赵超）

【潼关吊桥杨氏墓】 东汉太尉杨震及其子孙墓葬群。位于陕西省西安市潼关区吊桥镇东。1959年陕西省文物管理委员会进行发掘。墓葬共计7座。这批墓葬自东向西一线排列，均为斜坡墓道砖室墓。墓室平面形制因时代早晚而有所不同，如葬于汉顺帝延光四年（公元125年）的杨震墓分为前后两个墓室，无耳室；葬于汉灵帝建宁元年（168年）的杨统、杨著墓等，分为前后两个墓室，前室两侧附有耳室；葬于魏文帝黄初六年（225年）的杨彪墓，前室两侧附有耳室，后室为并列的两个墓室。出土器物中，以容器与仓、井、楼阁、畜圈、禽畜等陶器为主，还有铁刀剑、铜刀剑、铜镜、弩机、车马饰物与货币等。这些材料为东汉墓葬断代研究提供了重要依据。特别是墓门采用砖砌仿木结构建筑形式，并涂有彩色，是汉代中原墓葬中很罕见的新作法，为以后甘肃等地的十六国墓葬与北朝墓葬建筑开创了先河。（赵超）

【武威汉墓】 西汉晚期至东汉墓葬群。位于甘肃省武威市磨嘴子、旱滩坡、滕家庄、管家坡、雷台等地。20世纪50年代以来甘肃省博物馆等陆续进行发掘清理。从墓中出土铭旌可知，该地为汉代武威郡姑臧县故地。磨嘴子、旱滩坡等地大多为带斜坡墓道的单室土洞墓，仅一座东汉晚期墓为双室土洞墓，滕家庄、管家坡、雷台等地有东汉中、晚期的斜坡墓道砖室墓。出土器物主要有陶器、木动物俑、木简以及漆器与丝织品等。其中重要的发现有：磨嘴子6号墓中的西汉晚期抄本《仪礼》木简、磨嘴子汉墓中的王杖诏令十简、磨嘴子22号墓中的针黹箧等织锦品，旱滩坡东汉墓中出土的有字麻纸，旱滩坡东汉早期墓中出土的医药木简等。（赵超）

【定陶王墓】 西汉晚期诸侯王墓葬。全国重点文物保护单位。位于山东省定陶县大李家村。2010年进行发掘。墓共有3座，原有封土，后被平毁。2号墓为带一条东向墓道的黄肠题凑墓。葬具由外回廊及附室、题凑、一周侧室、棺室和前室组成。墓内除一件衣服外，未见任何随葬品。墓主可能是定陶王刘康之妻丁氏。2号墓东为1号墓和3号墓，系石室墓，墓道均向南。三墓应位于同一陵园内。（刘振东）

【尹湾汉墓】 西汉中晚期至新莽时期墓葬群。全国重点文物保护单位。位于江苏省东海县尹湾村。1993年发掘6座。均为长方形竖穴石坑墓，有的带斜坡墓道，葬具有椁有棺，有的带边箱、足箱。有单人葬和夫妻合葬两种形式。随葬品有铜器、铁器、釉陶器、玉器、玻璃器、骨角器、漆木器、纺织品等。其中，6号墓出土竹简、木牍近4万字，大多是西汉末年东海郡的文书档案。关于墓主，只有6号墓可认定为东海郡的官吏师饶。（刘振东）

【薄太后陵】 亦称“南陵”。西汉文帝之母薄氏陵墓。全国重点文物保护单位。位于陕西省西安市灞桥区鲍旗寨。有陵园。封土呈覆斗形,底部长173米、宽140米,顶部长55米、宽40米,高约24米。陵园西墙外曾发掘陪葬坑20个,作三行排列,均为南北向。出土陶俑、陶罐及犀牛、大熊猫、马、羊、狗等兽骨。(刘振东)

【南陵】 即“薄太后陵”。

【苌村汉墓】 东汉晚期墓葬。全国重点文物保护单位。位于河南省荥阳市苌村。1994年进行发掘。封土高约10米。墓室用砖石砌成,北向,由甬道、前室(附一侧室)和并列的三后室组成。南北长约17米,东西最宽处约20米。墓室装饰主要是彩绘壁画,总面积约300平方米,题材丰富多样,有楼阙庭院、车马出行、人物故事、珍禽异兽、乐舞百戏、花卉和几何纹图案等。另有画像石数幅。墓主为二千石官吏。(刘振东)

【南越王墓】 西汉中期诸侯王墓。全国重点文物保护单位。位于广东省广州市象岗山。1983年发掘。为石室墓,坐北向南。由墓道、前室及东西耳室、主棺室及东西北三侧室等组成。主棺室内陈一椁一棺,墓主穿丝缕玉衣。东侧室葬殉人4具,身份为右夫人(赵蓝)、左夫人、泰夫人和另一夫人。西侧室藏大量动物骨骼,并有殉人7具,佩“景巷令印”。东耳室出土大量乐器和宴饮用具,也有殉人1具。西耳室出土有铜、陶生活用器和铜、铁兵器以及工具、金银器皿、玉石器、象牙器、漆木竹器、丝织品和印章封泥等。墓道内还有两处放置随葬品和殉人(外藏椁)。从墓中出土“文帝行玺”龙纽金印和“赵眜”覆斗纽玉印,推定墓主为卒于武帝时期的第二代南越王赵眜。1991年出版有《西汉南越王墓》。(刘振东)

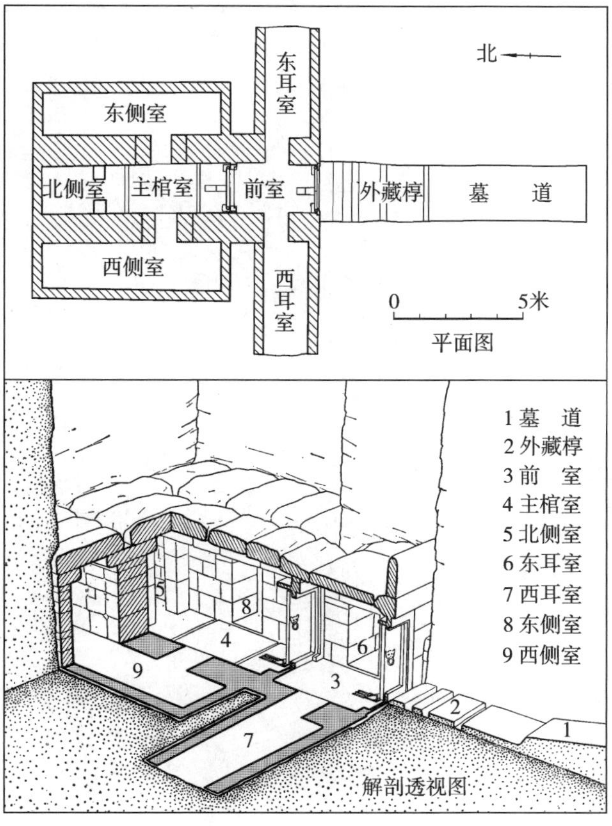

南越王墓平面图及解剖透视图

【窦皇后陵】 西汉文帝窦皇后陵墓。全国重点文物保护单位。位于陕西省西安市灞桥区任家坡。有陵园。封土呈覆斗形,底边长137～143米,顶边长30～35米,高约19.5米。陵园西南有大型建筑遗址。陵园西墙外曾发掘陪葬坑47个,出土陶俑、陶罐及马、羊、猪、狗、鸡、鹅、鹤等禽兽骨骼。(刘振东)

【六安王墓地】 西汉中期诸侯王墓地。全国重点文物保护单位。位于安徽省六安市双墩村。墓地共有南北并列的双冢4处和其他数十座墓冢,其中1、2号墓的周围有陵园。1号墓发掘于2006—2007年。由主墓和3座外藏坑(车马坑等)组成,墓西尚有3座陪葬墓。主墓地面存有封土,似为覆斗形,最高处11米。为带东西两条墓道的“中”字形黄肠题凑墓。葬具自内向外由套棺(二棺)、棺室(木、石双层)、内回廊、题凑墙、外回廊(分为15室)组成。盗余随葬品有铜(包括镜、钱)、铁、陶、玉、骨、竹、漆木器500余件(套)。1号墓主应是六安国始封的共王庆。(刘振东)

【汉云陵】 西汉昭帝之母钩弋夫人赵婕妤陵墓。全国重点文物保护单位。位于陕西省淳化县大圪塔。陵园东西长337米、南北宽283米,四面各设一门,四隅设角楼,部分门阙和角楼遗址尚存。封土位于陵园中部,形似覆斗,底部南北长143米、东西宽135米,高约25米。陵西北设有云陵邑,东西长约700米,南北宽约370米。(刘振东)

【凤栖原西汉家族墓地】 西汉中期家族墓地。全国重点文物保护单位。位于陕西省西安市南郊。2010年发掘。有壕沟围成的墓园,东西长约195米,南北宽约159米。墓园内8号墓为大型“甲”字形墓,25号墓为中型墓,另有祠堂遗址。8号墓原有封土,墓道向北,墓道两侧设有3个耳室,椁室被烧毁。

墓的东西两侧各有3座陪葬坑。随葬品有金饼、铜器、陶俑、玉器等。8号墓墓主可能是富平侯张安世,25号墓墓主应是张安世之妻。墓园之外分布有数量较多的陪葬墓。(刘振东)

【雷台晋墓】 晋代墓葬。全国重点文物保护单位。位于甘肃省武威市北雷台公园内。1969年甘肃省博物馆进行发掘。为一座带斜坡墓道的多室砖墓。因位于当地明代建筑“雷台”台基下而得名。该墓葬原来被认为东汉墓葬,后根据出土钱币确定为晋代墓葬。墓中出土随葬品230余件,其中铜器171件,包括铜车马仪仗俑99件。最为著名的是一尊“马踏飞鸟”铜像。墓中还出土铜币2万余枚。有人根据墓中4枚龟纽银印与铜马胸前铭文推断墓主是“守左骑千人张掖长”。(赵超)

【阜阳汉墓】 亦称“双古堆汉墓”。西汉前期墓葬。位于安徽省阜阳市城西南双古堆。1977年安徽省文物工作队等进行发掘。墓葬有两座。根据墓中出土漆器、铜器铭文中的“汝阴侯”等文字与墓葬形制、随葬器物形制等判断,1号墓可能是第二代汝阴侯夏侯灶的墓葬,卒于汉文帝十五年(公元前165年),2号墓主可能是夏侯灶的妻子。两墓均为土坑木椁墓,墓道南向,均已被盗掘,棺木、尸骨无存。墓中出土器物200余件,包括竹木简、漆器、铜器、铁器、陶器等。重要的发现有记载《诗经》、《周易》、《仓颉篇》、《万物》等内容的竹木简以及六壬式盘、太乙九宫占盘等。(赵超)

【双古堆汉墓】 即“阜阳汉墓”。

【盱眙大云山汉墓】 西汉诸侯墓葬。位于江苏省盱眙县马坝镇云山村。2009—2011年南京博物院等进行勘探发掘。平面近正方形,边长490米,尚保存有部分陵墙。陵园内发现主墓3座、陪葬墓11座、车马陪葬坑2座、兵器陪葬坑2座。其中1号墓为黄肠题凑墓室结构,包括外回廊、题凑、前室、中回廊、内回廊等,并安放有内椁、外棺与内棺。出土陶器、铜器、金银器、玉器与漆木器等遗物8 000余件(套)。大量器物制作精美,质地华贵,如铜虎帐座、银质嵌宝石盖弓帽、鹿灯、带有鎏金龙纹铜虡的整套编钟、五格铜濡鼎、鎏金铜象、铜犀牛、玉贝带等,多为首次发现。2号墓与1号墓在同一封土堆中,南北斜坡墓道,墓室分割成东西边厢、头厢、足厢与椁室,一椁一棺,出土陶器、陶器、铜器、金银器、玉器与漆器等200余件,其中玉棺是最为重要的发现。已发掘的陪葬墓均为竖穴岩坑木椁墓,也出土大量陪葬品。2号车马陪葬坑中出土5辆马车。7号车马陪葬坑中清理出土4辆明器马车与大量木俑、铁兵器,推测原共有50余辆明器马车,可能是表现汉代军阵。根据出土器物上与“江都”有关的铭记与器物特点推断,1号墓应该是第一代江都王刘非墓葬。(赵超)

【徐州西汉楚王墓群】 西汉历代楚王墓葬群。全国重点文物保护单位。位于江苏省徐州市。已发现8处共16座墓葬,包括楚王山、狮子山、驮篮山、北洞山、龟山、南洞山各2座,东洞山3座,卧牛山1座,大多进行过考古调查与发掘。陵墓多为开凿山体建成的大型洞室墓,构造复杂庞大,出土有包括金缕玉衣在内的大量珍贵文物。其中,狮子山汉墓附近还发现有兵马俑陪葬坑。详“徐州狮子山汉墓”、“徐州小龟山汉墓”。(赵超)

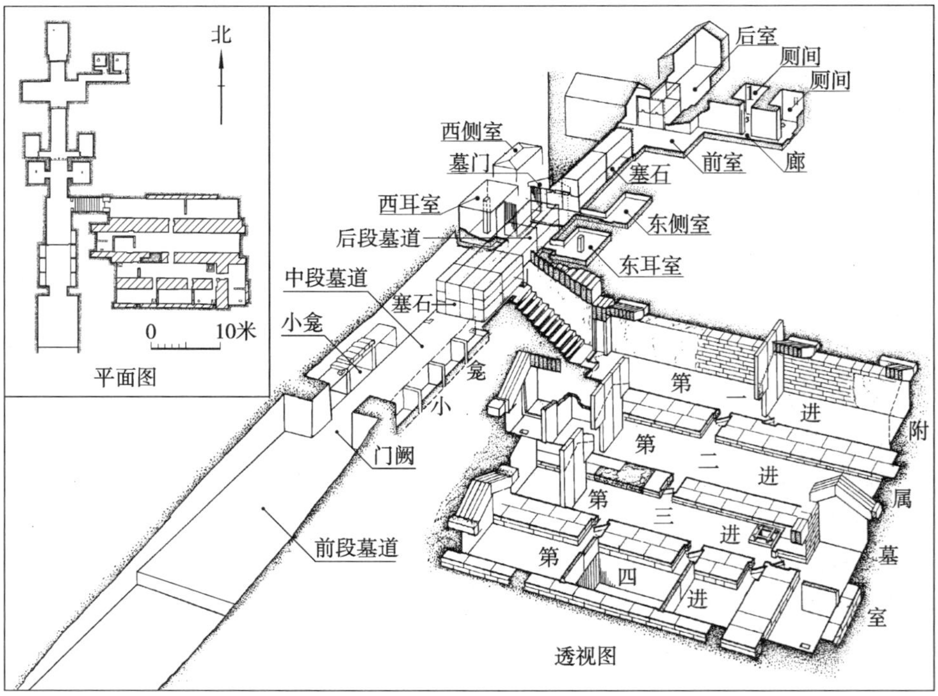

徐州西汉楚王墓群北洞山墓平面、透视图

【徐州狮子山汉墓】 西汉楚王墓葬。全国重点文物保护单位。位于江苏省徐州市东郊狮子山南麓。墓葬全长117米,系在山崖中开凿大型墓室形成,凿石量达5 000多立方。此墓早年被盗,但在墓道中塞石的外侧发现了东西排列的3个小耳室未经盗扰,从中清理出单个重390克的金带扣4个、金羊头浮雕饰物、玉羽觞、玉杯、玉卮、玉璧、玉璜、玉龙、玉兽、玉蝉、玉豹等珍贵文物,以及铜壶、铜鉴、铜鼎和铜戟、剑、铍等器物。此外,在墓室里还出土了墓主下葬时外罩的金缕玉衣玉片4 000余片、半两钱17万枚和200多枚铜官印,在后室清理出墓主没有腐化的残骨。该墓墓主曾被认为是第三代楚王刘戊,近来又有人考证为第二代楚王刘郢。在该墓西侧300米发现多座陪葬坑,已发掘4座,出土汉兵马俑2 550件,是楚王陵园的一部分。(*赵超*)

【徐州小龟山汉墓】 西汉诸侯王墓葬。全国重点文物保护单位。位于江苏省徐州市龟山西麓。为西汉第六代楚王襄王刘注的夫妻合葬墓。墓分为南北两墓,南为楚王襄王刘注墓,北为其夫人墓,均为横穴崖洞式,并列相通,长度均为56米,高1.78米,宽1.06米,两墓长度差仅为11. 90厘米、距离19米。墓道沿中线开凿最大偏差仅为5毫米,精度极高。每条通道由26块塞石分上、下两层堵塞,每层13块,每块塞石重达6~7吨。墓室15间,室室相通,总面积达700余平方米,该墓于1981年2月在当地群众开山采石时首次发现,同年11月和1992年11月,南京博物院会同徐州市文化局先后对北墓道及整个墓葬进行发掘清理。1985年,在文物普查工作中征集了该墓出土的刘注龟纽银印,从而确定墓主人的身份。(*赵超*)

【章丘洛庄汉墓群】 西汉诸侯王墓葬。位于山东省章丘市枣园镇洛庄村西。1999年起进行勘探与发掘,发现大型陵墓并清理陪葬坑与祭祀坑等36座(见彩版24西汉陵墓遗迹和遗物“章丘洛庄汉墓群11号陪葬坑1号马车出土现场”),出土各类遗物3 000余件,包括仪仗俑、马具、乐器、兵器、铜器、漆器、陶器、动物骨骼、兵器等。特别是出土金银饰品700多件,并出土一套大型编钟,上面14件纽钟,下面5件甬钟,共19件。同时出土的还有6套石磬和鼓、笙等乐器。主体陵墓未发掘,现存封土边长约200米。经勘探确定为“中”字形土坑墓,深约15~20米。墓室包括地下、地上两部分。在35号陪葬坑中出土“吕大官丞”封泥。据此认为该墓可能是西汉高祖吕后侄子吕王吕台的墓葬。亦有人根据铜器刻铭中有大量“齐”国名认为是西汉第一代齐王刘肥的陵墓。(*赵超*)

【定陶灵圣湖汉墓】 西汉晚期墓葬。位于山东省定陶县大李家村。该地原有3处大型封土,1999年曾清理一座大型券顶石室墓。2010年山东省文物考古研究所等发掘3处封土中最大的一处,清理出一座具有斜坡墓道的大型黄肠题凑木椁墓。包括前、中、后三个墓室和侧室、门道、回廊、外藏室、题凑墙等。建筑结构复杂,保存完整,估计使用木材达2 200立方米以上。黄肠木之间用榫卯连接,门扉上下用青铜构件固定,木椁顶部与周边用青砖封护,周围有大量积沙。墓葬中出土大量具有文字的墓砖。推测此墓墓主为西汉定陶王刘康的王后丁姬。该墓为目前发现的保存最为完整的大型“黄肠题凑”墓葬,是研究汉代黄肠题凑墓制的珍贵资料。(*赵超*)

【亳县曹氏墓】 东汉末期及三国墓葬。全国重点文物保护单位。位于安徽省亳州市(原亳县)城南郊元宝坑、董园村、马园村、袁牌坊等地。1974—1977年亳县博物馆等进行发掘。墓葬共有5座。墓葬形制基本相同,均为砖石结构多室墓,部分墓室残存彩绘壁画,有些墓门的门扉、门额、门框上刻有画像。除董园村2号墓全部使用石材建筑外,其余墓的墓室均用砖砌筑。墓砖中有部分附有文字,共300余块,多为制砖时随手书写,包括造砖数量、事件、人物姓名以及对社会不满的怨语、记事等。书体多样,有篆书、隶书、章草、行书、真书等,是了解汉字书法历史的宝贵材料。根据铭文中出现曹腾、曹褒、曹炽、曹鼎等多位曹氏宗族姓名和延熹七年(公元164年)、建宁三年(170年)等纪年情况,判断为东汉后期宦官曹腾宗族的墓葬群。董园村1号墓中还出土银缕玉衣与铜缕玉衣各1套,可能就是曹腾的墓葬。曹腾为曹操祖父,东汉桓帝时被封为费亭侯。墓葬均被盗,但残存零星随葬品,如元宝坑1号墓出土有中国较早的青瓷器,马园村2号墓出土有“曹宪”铜印。(*赵超*)

【广州汉墓】 汉代南方墓葬群。位于广东省广州市附近。包括南越国时期、西汉中后期与东汉前后期的墓葬。墓葬形制有竖穴土坑墓、竖穴木椁墓与竖穴砖室墓等。其中木椁墓在整个汉代都有使用,砖室墓从东汉前期开始出现、东汉晚期发展成

规模较大的多室墓。1981 年出版有《广州汉墓》。（赵超）

【贵县汉墓】 汉代墓葬群。位于广西壮族自治区贵港市（原贵县）贵城镇。1954 年以来陆续进行发掘。该地为汉代郁林郡治所布山县所在，保存有西汉时期的土坑墓、木椁墓与东汉的砖室墓等不同类型的墓葬。典型的有广西壮族自治区文物工作队在 1976 年进行发掘的罗泊湾 1 号墓，是一座具有斜坡墓道的大型木椁墓。椁室分为前、中、后三室，前、中室又分隔成三部分，后室隔成六部分。墓中共有漆棺 3 具，在椁室底部有 7 个殉葬坑和 2 个器物坑。殉葬坑中各有木棺 1 具，尸骨保存完好，其中仅 1 具男性，其余都是女性，年龄在 13～36 岁，可能是墓主人生前的乐伎或侍从。墓道东侧还有一个长方形车马坑。墓中出土器物 1 000 余件，包括铜器、铁器、漆器、木牍、铜车马器等。铜器中既有与中原器物形制相同的铜钫、铜壶、铜匜、铜鼎等，也有具有地方特色的铜鼓、铜钟、铜桶和铜鼎等，内容丰富。陶器与漆耳杯也应该是当地的产品，尤其陶器的纹饰具有浓厚地方特色。木牍《从器志》是记载随葬品的清单，对了解汉代南方葬制有参考价值。据推测该墓主为西汉初年南越国的高级官吏。其他贵县汉墓中出土的器物包括铜器、铁器、漆器、竹木器、木牍、金银器、玉石器等，东汉晚期出现青瓷器。（赵超）

【合浦汉墓】 西汉晚期墓葬群。全国重点文物保护单位。位于广西壮族自治区合浦县城东南。1971—1975 年进行发掘。墓葬共有 5 座，均为带有斜坡墓道或阶梯形墓道的土坑木椁墓，有些带有侧室或耳室。其中望牛岭汉墓最具代表性，包括墓道、甬道、南北耳室与主室等部分，出土有漆棺和大量随葬品。随葬品中包括铜器、铁器、漆器、陶器和金饼、金珠、水晶、玛瑙、琉璃、琥珀饰品等 240 余件器物。其中具有精细花纹的铜凤鸟灯、提梁壶、长颈壶、三足盘等为汉代青铜器中的精品。另有一件干栏式建筑的铜屋模型也十分罕见。玛瑙、琉璃、琥珀等装饰品可能来自海外，反映出当时合浦作为重要港口的海外交通情况。根据出土陶提桶内的朱书“九真府”字样推测，该墓可能是曾任九真郡郡守的官吏或其亲属的墓葬。（赵超）

【贵州西部汉墓】 西汉中期至东汉西南少数民族墓葬。位于贵州省西部清镇市、平坝县、安顺市、兴义市、兴仁县、黔西县、赫章县、毕节市、威宁彝族回族苗族自治县、金沙县等地。贵州博物馆考古队等曾多次进行发掘。墓葬多数有坟丘，包括土坑墓、砖室墓、石室墓等类型，以单室墓为主，也有双室及多室墓。较大墓葬还带有墓道。出土随葬品包括陶器、铜器、铁器、漆器，以及兵器、生产工具等。其中有一些带有地方色彩和少数民族文化特色，如靴形铜钺、青铜短剑、摇钱树等。漆器中则有刻写蜀郡、广汉工官铭文的耳杯。反映出当地与中原地区的经济文化交流状况。还有一些被认为是古夜郎国遗存的墓葬。这些墓葬无坟丘，为长方形或不规则形竖穴土坑墓。有些墓的葬俗比较特殊，不见棺木痕迹，人头骨放在墓中侧放的铜鼓或铜釜、铁釜中，而无其他骸骨。随葬品中铜柄铁剑、铜锄、戈、釜、鼎、鼓等器物具有明显的地方特色，有些陶器上还刻划着少数民族使用的记事符号。（赵超）

【石寨山滇墓】 战国至东汉初年滇族墓葬。全国重点文物保护单位。位于云南省晋宁县西南石寨山一带。1955—1960 年云南省博物馆进行发掘。4 次共计发掘墓葬 50 余座。根据 6 号墓中出土的金质蛇纽“滇王之印”推测，该处为滇王及其臣下墓地。墓葬一般为长方形及不规则形土坑竖穴墓，葬具多为漆木棺。随葬品中以青铜器为主，包括生产生活用具、兵器、乐器、装饰品与钱币等，具有明显的滇文化地方特色，如铜鼓、贮贝器、葫芦笙等。青铜器的制作技术十分精巧，在失蜡法浇筑、合金配制、镶嵌工艺等方面都达到较高水平。贮贝器等器物上装饰着滇人进行农耕、纺织、畜牧、狩猎、祭祀等活动的场面，是了解滇文化的重要资料（见彩版 26 西汉墓葬遗物“盘舞形鎏金铜扣饰”、“希人祭祀场面铜贮贝器”）。1959 年出版有《云南晋宁石寨山古墓群发掘报告》。（赵超）

【羊甫头墓】 战国中期至西汉末期滇文化墓葬。位于云南省昆明市官渡区大羊甫村。1998—2001 年进行三次发掘。墓葬分布于一个面积约 5 万平方米的缓丘上。所清理的 810 座墓葬多为长方形竖穴土坑墓，有的有腰坑和二层台。大、中型墓多有木质棺椁，小型墓多为单棺。可能存在合葬、解肢葬、仰身直肢葬和侧身屈肢葬。随葬品以铜器和铜铁合制器为主，有兵器、仪仗器、工具、生活用具、乐器、装饰品和车马器。另有陶器、玉石器、漆木器和铁器。随葬品有分层叠葬的现象。此外，还发现 28 座汉式墓，多为带墓道的土坑墓，有棺椁，随葬汉式铜器和陶

器，时代为西汉末期至东汉初期。2005 年出版有《昆明羊甫头墓地》。（施劲松）

【西岔沟墓地】 西汉北方游牧民族墓葬。位于辽宁省西丰县西岔沟。1956 年东北博物馆（今辽宁省博物馆）文物工作队进行发掘。墓地面积约 8 000 平方米。约有墓葬 500 座，已发掘 63 座，均为长方形土坑墓，东向，单人葬。墓地中央的墓中随葬有兵器、马具与金银饰品，墓地东西边缘的墓中大多仅有粗陶罐、铁刀锥及零星饰物等，表现出明显的等级差别。出土随葬品中既有具备游牧民族特色的兵器、马具、服饰等器物，也有汉族风格的铜镜、绳纹陶器、刀剑、货币与铁质工具等。最为突出的是皮带上使用的铜透雕饰版，上面装饰有各种动物纹样和几何纹图案，还有骑士出猎、捕俘等画面，是汉代草原文化的代表器物。对于这些墓葬墓主的族属，学术界中有匈奴、乌桓等不同意见。（赵超）

【扎赉诺尔墓群】 东汉北方游牧民族墓葬群。全国重点文物保护单位。位于内蒙古自治区满洲里市木图那雅河东岸。1959 年内蒙古自治区文物工作队进行发掘。发现墓葬 300 余座，已发掘 33 座，均为长方形土坑墓，有桦木棺，多为仰身直肢单人葬。随葬品中牛头、马、羊放在棺外，其余陶器、铜器、铁器、骨器、木器和丝织品等放在棺内。随葬品中，铜动物纹牌饰、螺旋形耳饰、连珠形饰品、铁环首刀、矛、箭镞、桦树皮器盖以及骨制弓珥等都具有显著的游牧民族文化特色。还发现有中原汉族制作的铜镜、织锦等，可以证明北方游牧民族与中原文化的关系。对于墓葬墓主的族属，学术界中有拓跋鲜卑、匈奴等不同意见。（赵超）

【汉代崖墓】 汉代在山崖、岩石中开凿的洞室墓葬。从西汉一些帝王陵墓开始，形成开凿石洞室的墓葬建筑形式，开创了号山为陵的埋葬制度，多为工程巨大的大型多室洞窟墓葬，如河北满城汉墓、河南芒砀山汉墓、山东曲阜九龙山汉墓等。东汉时期，中小型的洞室崖墓主要流行于四川地区，当地俗称"蛮洞"，多为数十座崖墓聚集在一起，有单室、前后室以及多室等类型。其中，较大型的如乐山麻浩崖墓、成都天回山崖墓等。有的墓在墓壁上刻写墓表等文字，有的墓中雕刻画像和纹饰，题材与当地画像砖内容相似。至魏晋南北朝时期，西南地区仍有崖墓的建筑形式存在。（赵超）

【淮南王刘安墓】 西汉中期诸侯王墓葬。全国重点文物保护单位。位于安徽省寿县城北。刘安为高祖刘邦之孙，袭父爵被封淮南王，著有《淮南子》一书。墓葬现存有封土、墓碑等。（刘振东）

【刘崇墓】 东汉中期诸侯王墓葬。全国重点文物保护单位。位于河南省淮阳县北关。1988 年进行发掘。墓室用砖石砌成，坐西向东，由墓道、甬道、南北耳室、前室、后室和回廊组成。回廊围绕整个墓室，内设 7 个小室。随葬品中石器最具特色，石仓楼上还雕刻画像。另有铜器、陶器和玉器等。墓主应是卒于安帝时期的陈顷王刘崇。墓北侧同冢之下还有一座墓葬，墓主应是刘崇之妻。（刘振东）

【汉献帝禅陵】 东汉献帝刘协及曹皇后的陵墓。全国重点文物保护单位。位于河南省修武县方庄镇古汉村南。据记载，汉献帝薨于曹魏青龙二年（公元 234 年）三月庚寅，谥孝献皇帝，葬于禅陵。陵墓深五丈，前堂方一丈八尺，后堂方一丈五尺，角广六尺。陵墓高二丈，周围二百步。现存每边长 20 余米、周长 100 余米，封土夯筑，东北、东南各有一座陪葬墓。（徐龙国）

【汉代长沙王陵墓群】 两汉时期历代长沙王及王后的陵墓群。全国重点文物保护单位。位于湖南省长沙市南起天马山、北至望城县玫瑰园的狭长地带，大多于湘江西岸沿低矮山丘蔓延。已知有王陵 26 座，其中望城坡、象鼻嘴和凤蓬岭等汉墓经过考古发掘。墓葬形制为竖穴岩坑墓，黄肠题凑葬制，出土大量文物，为研究汉代诸侯王陵墓制度提供了重要实物资料。（张建锋）

【三庄墓群】 汉代泗水王及其家族墓葬群。全国重点文物保护单位。位于江苏省泗阳县三庄乡橡树、三李、夫庙等村一带。范围东西 2 500 米、南北 7 500 米内，共有汉墓 47 座，分为大型墓和小型墓两种。其中于墩汉墓、陈墩汉墓和大青墩汉墓等经过考古发掘，均为土坑木椁墓。根据小青墩汉墓出土玉衣片、大青墩汉墓外藏椁盖板上有烙印的"泗水王冢"四字的情况，可以推断上述两墓汉墓为西汉泗水国的王陵。（张建锋）

【河边九龙山崖墓群】 汉代崖墓群。全国重点文物保护单位。位于四川省绵阳市河边镇九龙山。共发现崖墓 150 余座，其中 7 座经过清理。崖墓距山顶 5～10 米，均为单室，由墓道、墓门和墓室组成。墓门为长方形，墓室平面略呈梯形，盝顶或券顶，墓壁凿龛，墓室地面成二至三级平台，前低后高，便于

排水。随葬品以陶器为主,还有少量铁器和铜钱。根据墓葬形制和随葬品形制组合分析,时代为东汉晚期。(张建锋)

【后士郭壁画墓】 东汉晚期墓葬。全国重点文物保护单位。位于河南省新密市后土郭村。现存4个封土堆,20世纪60年代发掘两座,70年代末又发掘1座。墓葬均坐北朝南,砖石结构,由墓道、甬道、墓门、前室、中室、南耳室、北耳室、后室和侧室组成,后室和侧室均有石柱。墓门、楣门及柱、斗、枋上多刻画像,墓壁上镶嵌有壁画,内容有斗鸡图、出行图、张弓射鸟、骑马追鹿、持矛刺兔、挥叉刺兽、执杆钓鱼和龙、虎、人面鸟兽等。出土陶器有楼、案、盘、壶、罐等。(张建锋)

【合江崖墓群】 东汉时期崖墓群。全国重点文物保护单位。位于四川省合江县境内,主要分布在长江、赤水河、高洞河及大、小槽河流域两岸。其中合江镇茶憩亭崖墓群,密溪乡芭蕉湾崖墓群,榕山镇雷劈石、老屋基、七孔石、符阳村崖墓群,榕右乡鱼天堂崖墓群,白米乡碾子旁崖墓群,虎头乡佛子岩崖墓群,尧坝镇蛮子洞崖墓群等处各有10座以上。崖墓分布有蜂房式排列、沿山坡岩层走势面江排列和单座墓三种。墓葬多为小型墓室,形制为横穴墓,分为墓道、墓门和墓室三部分,墓室为平底,穹窿顶,有单室和双室墓两种。福宝镇高村崖墓群9号墓外壁还刻有门阙、鱼雀、耕牛、狩猎等岩画。(张建锋)

【七个洞崖墓群】 东汉时期崖墓群。全国重点文物保护单位。位于四川省长宁县古河镇保民村。墓群分布在岷溪河北岸的红砂岩壁上,共28座。因其中7座集中分布于约20米高的绝壁上,故而得名为“七个洞”。7座崖墓由上至下分成四排,均坐东向西,墓室平面呈方形,凿三层门楣,由外至里,层层缩小;门额及两侧都有平行斜线或错格三角斜线,有的饰有浮雕案。画像共发现189幅,可分为两大部分:一为墓室石刻画像;二为崖壁上的石刻画像。内容主要是神话传说、祥禽瑞兽、传统礼仪、乐舞百戏等。(张建锋)

【洛南东汉帝陵】 东汉帝王陵墓。全国重点文物保护单位。位于河南省偃师市李村镇、庞村镇、寇店镇、高龙镇、大口乡、顾县镇及其附近地区。地处万安山北麓,南依万安山,北临伊洛河,占地200余平方千米,核心区域面积近50平方千米。主要有明帝显节陵、章帝敬陵、和帝慎陵、殇帝康陵、质帝静陵和桓帝宣陵。其中中、东部墓冢数量相对较少,存在着一些独立的属帝陵级别的大型墓冢,西部墓冢数量众多,封土规模略小,可能是后妃陪葬墓,即文献记载的西陵和北陵。(张建锋)

【顺河崖墓群】 东汉时期崖墓群。全国重点文物保护单位。位于四川省内江市观音洞村和回龙湾村。范围约2平方千米,主要包括蛮子山崖墓群、观音洞崖墓群、狮子山崖墓群和后山崖墓群等处,其中蛮子山有60余座、观音洞有13座。崖墓大小不一,高的有10米,大如小山,小的可以双手合抱。部分崖墓内留有东汉题记以及熹平、延熹等年号及汉代墓主人隶书题记等。(张建锋)

【铁佛寺崖墓群】 东汉时期崖墓群。全国重点文物保护单位。位于四川省安岳县铁佛村。分布在哑子河大龙桥至祠堂坡长1千米的两边山崖上,其中祠堂坡有40座,铁佛寺有80余座。均为单室墓,多由墓道、甬道、墓室组成,墓顶多弧形顶,少数“人”形顶。不少墓的甬道、墓室有石刻画像,内容包括建筑类的单阙、双阙、子母阙、干栏式建筑、望楼、斗拱等,生活类的牧马、长袖舞、鱼舟等,神话类的伏羲、女娲、四神、羽人等。(张建锋)

【长安画像石墓】 东汉、三国时期画像石墓。全国重点文物保护单位。位于浙江省海宁市海宁中学校园内。1973年进行发掘清理。墓室为砖石混用券顶结构,由墓道和前、后室组成。前室附东、西两耳房,全长9.56米,宽4米。墓壁基础及下段均用长条形石灰石叠砌。墓内保存有大小共63块石刻画像。题材有车马出行、庖厨宴饮、舞乐百戏、祥瑞兆庆、历史故事等。墓内还出土有龟座蟠龙雕柱。随葬器物有青瓷双系罐、四系罐和陶案、钵、奁、樽、盘、盆、勺、耳杯,以及陶俑、五铢钱等。(郭晓涛)

【甲子墩墓群】 西汉至魏晋时期墓葬群。全国重点文物保护单位。位于甘肃省张掖市甲子墩村。墓地面积1 350万平方米。自20世纪60—90年代先后对部分墓葬进行抢救性清理。墓葬皆为砖室墓,分单、双、三室等类型,有覆斗顶、券顶等,时代从西汉延续至魏晋。墓区内分布有众多的封土堆,有底径6～15米、残高3～5米的高大封土堆近30座,皆黄土夯筑。出土陶壶、陶钟、仓、灶、罐、案、井、鼎、博山炉以及木马、木牛和铜弩机等随葬器物。(郭晓涛)

【旱滩坡墓群】 汉、晋、十六国时期墓葬群。全国重点文物保护单位。位于甘肃省武威市凉州区。1972年发现。1975—1985年进行发掘。墓地面积2 000万平方米。墓葬时代分别为东汉、魏晋、十六国前凉等。汉墓大部分为带有斜坡墓道的土洞墓，砖墓较少。曾出土医药汉简92枚。东汉土洞墓中出土了完整的鸠杖1根，同时出土17枚王杖律令汉简。魏晋和前凉墓的规模普遍比汉墓大。东晋升平三年(公元359年)姬瑜夫妇合葬墓中出土文物有木俑、纪年木牍、木莲枝灯、丝织物等。(郭晓涛)

【青山崖墓群】 汉晋时期崖墓群。全国重点文物保护单位。位于湖南省临澧县澧水南岸。1983年发现并确认。共有人工洞穴104个，大致分为单室和多室两类。整个崖墓群分布在高50米、宽180米的崖壁上，崖壁的坡度为80～90度。清理的器物有五铢、直百五铢、布泉钱以及瓶形琉璃珠和黄色、蓝色琉璃珠与铜指环等，墓中出土人骨。对研究湖南澧水流域古代的丧葬文化具有重要意义。(郭晓涛)

【无极甄氏墓群】 东汉至北魏甄氏家族墓葬群。全国重点文物保护单位。位于河北省无极县史村。地表原来可见封土有36座，分布在北苏村、南苏村、史村之间。1957年发掘其中3座。其中甄谦墓为砖室墓，由墓道、前室、左右耳室、甬道、后室组成，随葬有“甄谦买地券”。另有一座北魏墓葬出土有正光四年(公元523年)的墓志铭1件，志盖题名“处士中山甄凯墓志铭”。对研究东汉至南北朝时期的家族墓地制度有重要参考价值。(郭晓涛)

【营盘古城及古墓群】 汉晋时期古城及墓葬群。全国重点文物保护单位。位于新疆维吾尔自治区尉犁县东南。古城背靠库鲁克山，面对塔克拉玛干大沙漠，东接龙城雅丹奇观，西连塔里木绿色走廊，是汉代西域三十六国之一的山国(墨山国)重镇。古城平面呈圆形，直径约180米，面积约9.5万平方米，有东、西、北3座城门。城墙为“干打垒式”建筑。古城繁盛时期大体在西汉中、晚期到前凉，晋以后孔雀河断流，营盘逐渐衰落。墓地位于城址北部900米处的台地南缘，东西长1 500米，南北宽250米，墓葬总数约在200座以上。历经盗掘，破坏严重。20世纪90年代进行抢救性发掘，出土大量汉晋时期文物。这些文物既有本地色彩，又有中原汉文化以及外来文化因素，是罗布泊地区发掘面积最大、文化内涵最为丰富的一处墓地。参见“营盘遗址”(434页)。(徐龙国)

【商洛崖墓群】 汉代崖墓群。全国重点文物保护单位。位于陕西省商洛地区杨河峪镇境内丹江、乾佑河等河两岸陡坡悬崖上。崖墓数量达到4 200余座，分为单室墓、双室墓、三室墓、多室墓、崖洞砖室墓和异型墓六类。墓室大致为以前堂后室或以中室为中心，在两侧或单侧配置厅室和耳室，并在室内凿制灶、井、池、厕、龛等，有的还直接在崖壁上凿出石棺床。墓顶多为平顶、弧形顶。这些崖墓的遗存数量及密集程度极其罕见。(郭晓涛)

【洛阳东汉刑徒墓地】 东汉服役刑徒墓地。位于河南省偃师市(洛阳市所属县级市)。1964年进行发掘。墓地总面积约5万平方米，发掘面积近2 000平方米，共发现刑徒墓522座。墓葬均为埋葬很浅的竖穴土坑墓，一般长1.8～2.3米，宽0.4～0.5米。每墓葬一人，绝大多数为仰身直肢葬。墓葬南北向居多，但探方中有一列东西向墓葬，可能起着区域分割作用。死者中男性占96%，绝大多数为青壮年，部分骨骸上发现有砍杀、刺杀的创伤痕迹，可能是被随意屠杀的。绝大多数墓葬中没有随葬品，仅发现一些五铢钱、粗陶罐等。重要的出土器物为刻铭墓砖，达820余件。全部墓砖都用废弃的残破建筑用砖刻写，内容包括死者姓名、所属郡县名、部属、狱名、刑名、死亡日期等，有些还加注“无任”、“五任”、“死在此下”等文字，最简单的只有姓名。其中记载的最早年月为东汉永元十五年(公元103年)，最晚为延光四年(125年)。由此证明这里是东汉官府集中埋葬在服役中死亡刑徒的专用墓地，对研究东汉刑律和刑徒状况、了解

洛阳东汉刑徒墓地

东汉社会都具有重要意义。(赵超)

【章丘危山汉墓】 汉代墓葬。位于山东省章丘市危山北坡。2002年山东省文物考古研究所、济南市考古研究所和章丘市博物馆联合进行发掘。墓葬共分2座陪葬坑和1座汉墓。1号陪葬坑为车马俑坑,车马和人俑在坑中排列成出行的仪仗队列。该坑共出土彩绘陶俑172个,彩绘陶马55匹,彩绘陶车4辆,盾牌60余个以及陶构件150余个。2号坑中出土1辆双辕车、2匹马和7个陶俑,另有11个腐朽严重的木箱。墓葬位于陪葬坑的南侧,为双室合葬墓,西室为木棺,东室为石椁,墓中东室边箱出土有武器与生活用品等。经判定,该墓葬与陪葬坑属于西汉早期。(赵超)

【双乳山济北王陵】 亦称"汉济北王墓"。西汉济北王刘宽陵墓。全国重点文物保护单位。据出土器物表明,墓主为西汉最后一代济北王刘宽,下葬于汉武帝时期。1995年山东省文物局、山东大学考古系和长清县(今长清区)文化局进行发掘。陵墓包括封土、墓道和内外墓室,是在山体中开凿竖穴石圹作为墓室。墓室中有二重木椁与3件木棺。墓葬出土有铜器、玉器、漆器、铁器、陶器、金饼、车马器具与家畜、家禽等2 000余件。此外,墓中还随葬有双辕或单辕马车5辆。墓中出土玉枕与玉覆面十分精致,如玉枕具有虎头形饰物,造型新颖。(赵超)

【汉济北王墓】 即"双乳山济北王陵"。

【贵港罗泊湾汉墓】 西汉前期木椁墓葬。位于广西壮族自治区贵港市罗泊湾。1976年、1979年广西壮族自治区文物工作队进行发掘。椁室结构复杂,分成前、中、后三室,共安放漆棺3具,带斜坡墓道。椁室地板下有7个殉葬坑和2个器物坑。殉葬坑中各有木棺1具,可能是墓主人生前的乐舞伎或侍从。墓道东侧有1车马坑,出土铜车马器30余件。墓中出土随葬品1 000余件,有些形制与中原地区相同,如钫、壶、匜、鼎等青铜器,而有些造型具有地方特色,如铜鼓、钟、桶等。此外还出土有陶器、漆器与记录随葬品的木牍《从器志》等。该墓形制有代表性,有些器物具有战国晚期和秦代的风格,有些陶器与广东地区西汉墓出土品相似,对于了解西汉时期南方墓葬制度具有重要价值。(赵超)

【洛阳西汉壁画墓】 西汉壁画墓葬。位于河南省洛阳市。包括烧沟一带2座西汉晚期壁画墓和八里台1座壁画墓。以1976年洛阳市博物馆发掘的卜千秋墓为代表。该墓全长4.6米,用空心砖与小砖合筑,分为长方形主室与左右耳室,斜坡平脊墓顶。主室脊顶、门额、后壁上部与隔梁上绘有壁画,以脊顶的墓主升仙图为主,还有日月星象、神异禽兽、二桃杀三士和孔子见老子等历史故事。绘画为白底彩绘,上钩墨线。为目前可见到的最早壁画墓。墓中出土具有西汉晚期特征的陶明器与昭明镜、五铢钱等器物。(赵超)

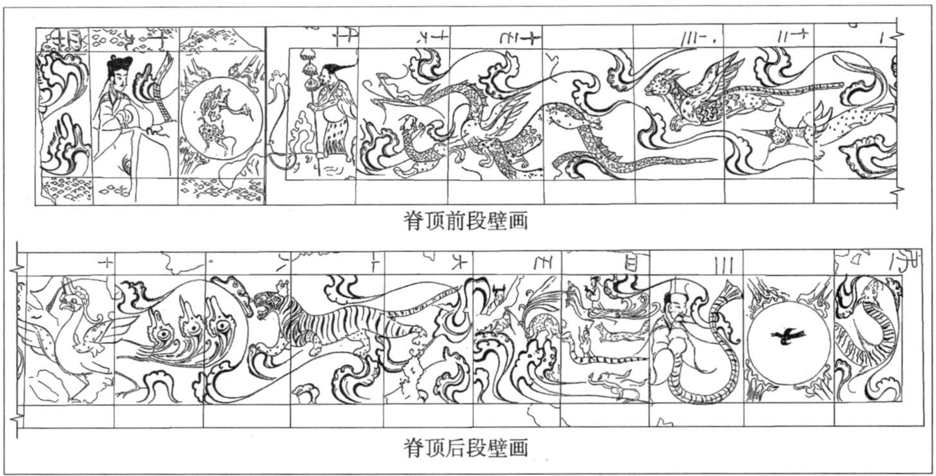

洛阳西汉卜千秋墓壁画

【平陆汉壁画墓】 西汉末年壁画墓葬。位于山西省平陆县枣园村。1959年进行发掘。为一座小型券顶砖室墓,南侧有一个小耳室。在墓室的四壁和顶部均有彩绘壁画,壁画已大部脱落,仅顶部保存有青龙、白虎、玄武与云气纹、星宿以及日、月等图像。四壁上残存图像有山林房屋坞堡、车马人物与农耕图等。为山西较罕见的汉代壁画墓。壁画真实描绘了当时农业生产等情况,给研究中国汉代农业生产发展及当时的社会面貌提供了资料。(赵超)

【梁山汉壁画墓】 东汉早期壁画墓。位于山东省梁山县银山。1953年发现。这是一座多室砖墓,前端为横长方形的盝顶前室,后面并列3个券顶棺室。前室顶部绘天象图与日、月,前壁与左右两壁绘反映墓主人生前事迹的壁画,如起居、车马出行等。壁画内容中西汉时常见的升仙内容已经消失，表现出东汉壁画墓内容在向表现墓主生活的东汉常见格式转变，具有一定的断代意义。（赵超）

【望都汉壁画墓】 东汉砖室壁画墓。全国重点文物保护单位。位于河北省望都县所药村，故亦称“所药村壁画墓”。墓葬共分两座，分别于1952年与1955年由河北省文化局（今文化厅）文物工作队进行发掘。1号墓由墓道、甬道，前、中、后室，4个耳室与1个小龛组成，全长20.35米。2号墓由墓道、甬道，2个前室、1个中室、2个后室，8个耳室与1个小龛组成，全长32.18米。1号墓墓主不明，2号墓墓主据出土朱书买地券与玉衣残片来看，姓刘，中山国博城里人，曾任太原太守。两墓相近，可能互为亲族。墓中绘有壁画，1号墓保存较好，包括属吏图、祥瑞图、云气、神异禽兽等，还有众多墨书榜题以及“嗟彼浮阳”等32字朱书铭赞。2号墓的壁画大部分被损坏。壁画形象生动，兼用渲染技法，反映了东汉绘画艺术的新发展。1955年、1959年分别出版有《望都汉墓壁画》与《望都二号汉墓》。（赵超）

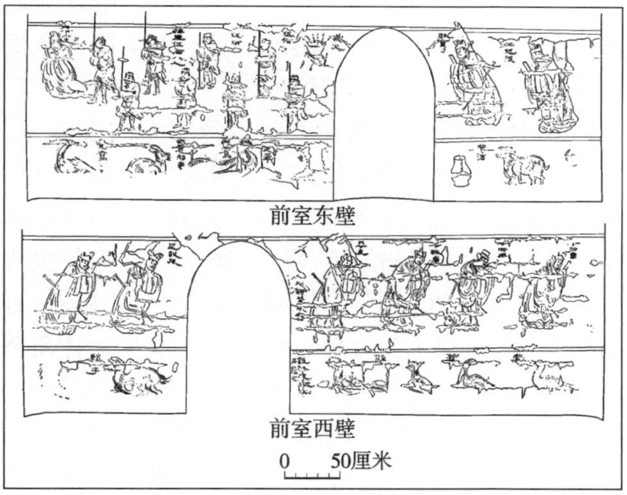

望都汉壁画墓壁画

【所药村壁画墓】 即“望都汉壁画墓”。

【和林格尔汉壁画墓】 东汉晚期壁画墓葬。位于内蒙古自治区和林格尔县新店子村。1972—1973年内蒙古自治区博物馆等进行发掘。墓葬由墓道和前、中、后室以及3个耳室组成，穹窿顶，全长19.85米。出土陶器、变形四叶四凤纹残铜镜和铁器、漆器残件。墓中壁画总面积100余平方米，内容丰富，包括车骑出行、城府寺舍、饮宴庖厨、农耕放牧、天象祥瑞等大幅图画，还有大量孝子列女故事画以及孔子见老子等历史故事。前室顶部的“仙人骑白象”图被认为是最早的中国佛教图像之一。根据壁画内容与榜题推测，墓主可能官至护乌桓校尉。1978年出版有《和林格尔汉墓壁画》。（赵超）

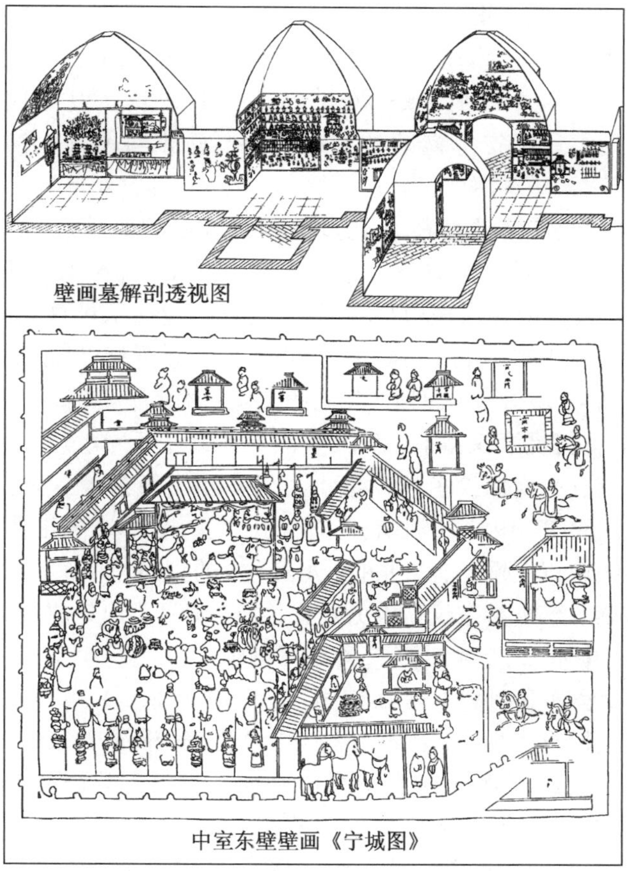

和林格尔汉壁画墓解剖透视图及壁画

【安平东汉壁画墓】 亦称“逯家庄壁画墓”。东汉晚期壁画墓葬。全国重点文物保护单位。位于河北省安平县逯家庄。1971年进行发掘。墓中有“惟熹平五年”的题记，可以协助判定墓葬年代。墓葬为一座大型多室砖墓，前室四壁上绘有车马出行图，共绘出马车80余乘。耳室壁画表现墓主的属官和宅院建筑等，其中一座大型多院落建筑可能是坞堡。墓主可能

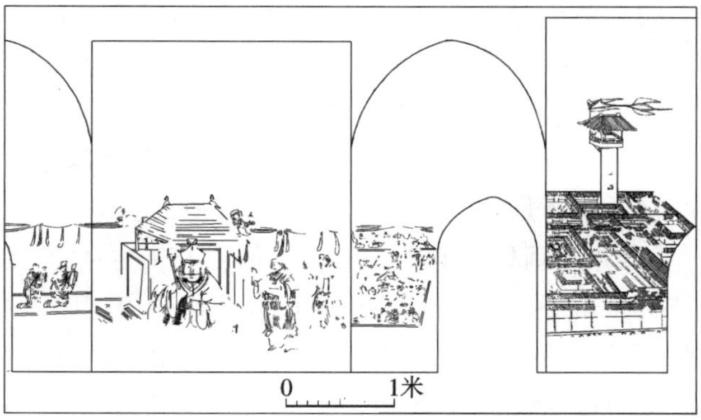

安平东汉壁画墓壁画

是二千石以上的高官。墓葬建筑形制与壁画内容均有一定代表性,为东汉晚期重要墓葬发现。(赵超)

【逯家庄壁画墓】 即"安平东汉壁画墓"。

【辽阳汉壁画墓】 东汉末年至曹魏初期石室壁画墓葬。全国重点文物保护单位。位于辽宁省辽阳市北郊太子河流域。20 世纪 20 年代发现。50 年代后由辽宁省博物馆等多次发掘。墓葬均用石板构筑,大型墓由前、后室,回廊,以及左右耳室及部分小室组成,略呈方形,长、宽均在 7 米左右。小型墓葬由前、后室和左右耳室组成。长宽一般在 4 ~ 5 米。墓中壁画内容多表现墓主经历与生活,包括乐舞百戏、庖厨宴饮、庄园门阙、车马出行等,色彩鲜艳、形象生动,表现出与中原地区相同的文化艺术水平。(赵超)

【打虎亭汉墓】 东汉壁画与画像石墓葬。全国重点文物保护单位。位于河南省新密市打虎亭村。1960 年、1961 年河南省文化局(今文化厅)文物工作队进行发掘。有人根据《水经注》的记载,认为 1 号墓的墓主是东汉弘农太守张伯雅。1 号墓由 2 前室、1 中室、2 后室、1 侧室和 2 耳室组成,全长 26.5 米。2 号墓形制与 1 号墓相同,全长 19.8 米。1 号墓以画像石为主,包括属吏、侍女、养老、庖厨、饲养家畜、墓主家居、仙人神兽等多组画面。石门上装饰有四神、仙禽异兽、云气等繁缛的花纹。2 号墓以壁画为主,总面积近 200 平方米,内容与 1 号墓近似(见彩版 27 汉代遗物"密县打虎亭 2 号东汉墓中室东段北壁上部壁画")。石门的图案也与 1 号墓相似。这批绘画与画像石制作精美、形象生动,具有极高的艺术水平。(赵超)

【西安交通大学汉壁画墓】 西汉晚期壁画墓葬。位于陕西省西安市西安交通大学附属小学内。1987 年进行发掘。墓葬为中型斜坡墓道的砖室墓。由墓道、主室和东西耳室组成,主室中绘有壁画。顶部与后墙上部为象征天界的日月星辰和神异动物的画像,中间装饰有流云。后壁下部与东西南壁上在大面积卷云纹饰中绘制多组走兽与飞禽。绘画用笔纯熟,色彩鲜艳,具有很高的艺术水平。根据墓葬形制与其他遗物判断为西汉晚期墓葬。(赵超)

【徐州汉画像石墓】 东汉画像石墓葬。位于江苏省徐州市,主要分布在徐州市区及徐州市铜山区、睢宁县、邳州市、东海县、新沂市等地。由南京博物院等单位陆续发掘 20 余座。墓葬分为东汉早中期与东汉晚期两个阶段。东汉早中期多为石结构的前后双室墓,墓室一般长 5 ~ 6 米。晚期为多室墓,出现耳室与回廊等。墓室中装饰有画像石。画像内容包括东王公、西王母等神异图像,孔子见老子、周公辅成王等历史故事画,车骑出行、乐舞百戏、饮宴庖厨等墓主生活图,以及表现经济生产的纺织、牛耕、渔猎等场面。墓葬画像石制作技法与山东地区画像石相近似,特别与沂南画像石雕刻艺术相似,但也有一些自己的艺术特色。1959 年出版有《江苏徐州汉画像石》。(赵超)

【安丘汉画像石墓】 东汉晚期画像石墓葬。位于山东省安丘市董家庄。1960 年山东省博物馆考古队进行发掘。砖石混筑结构的墓葬包括墓道、甬道、墓门,前、中、后墓室,以及一个耳室、一个侧室,共长 14 米。墓中画像共 60 余幅,总面积达 400 余平方米,包括日月星辰、伏羲女娲、雷公神兽、云车升仙、车骑出行、乐舞百戏、渔猎等场面。采用透雕、高浮雕等技法制作的 3 件石柱上刻有众多神奇的人物与动物图像,表现出高超的工艺艺术水平。(赵超)

【南阳汉画像石墓】 西汉晚期至东汉画像石墓葬。位于河南省南阳市一带。其中杨官寺墓、襄城茨沟墓、南阳冯儒人墓、唐河针织厂墓、南阳中原机校墓等都颇具规模。南阳为东汉光武帝的故乡,东汉时期十分繁盛,反映在大量画像石墓的发现中。20 世纪 20 年代起陆续发现,是中国最早发现与研究的画像石产地之一。画像石墓可以分为 3 期:西汉晚期到东汉早期多为平顶前后双室墓,并带有侧室或回廊。东汉中期出现前、中、后三室墓,并使用砖、石合建。东汉晚期则为带有侧室的砖室墓,采用抹角叠涩顶。墓中画像包括日月星辰、伏羲女娲、历史故事、车骑出行、乐舞百戏、田猎宴饮等场面。画像石雕刻手法具有特色,大多为剔地浅浮雕,艺术风格粗犷简洁。位于南阳市郊的汉画像石馆,收藏画像石 2 000 余块。1990 年出版有《南阳两汉画像石》、2013 年出版有《南阳汉代画像石文献汇编》等。(赵超)

【陕北汉画像石墓】 东汉后期画像石墓葬。位于陕西省北部绥德县、米脂县、榆林市等地。20 世纪初首次发现。50 年代后陆续发掘王得元墓、牛文明墓、大保当墓群等多处画像石墓。根据有纪年的材料确认大多为东汉和帝、安帝时期墓葬。多为砖石混合结构前后双室墓,有些还附有耳室。画像内容包括东王公、西王母等神仙图像,孔子见老子等历史故事,车骑出行、乐舞宴饮以及牛耕、田猎等场面。

雕刻技法多为平面减地阳刻，上面用墨笔与彩色勾画，具有明显的地方特色。（赵超）

大保当16号汉墓墓门画像组合图（拓本）

【沂南汉画像石墓】 亦称“北寨墓群”。东汉晚期画像石墓葬。全国重点文物保护单位。位于山东省沂南县北寨村。1954年华东文物工作队与山东省文物管理委员会联合进行发掘。墓葬为石质多室墓，包括3个主室、4个耳室、1个东后侧室，长8.7米，宽7.55米。墓室中装饰大量画像。门楣及横额上有胡汉战争、祭祀吊唁、车马出行、宴饮百戏等图像。主室四壁有荆轲刺秦王等18幅历史故事画。其他还有大量神仙人物、奇禽异兽等图画。中室八角柱上刻有带背光的人像，现多认为它是早期佛像。该墓画像多为减地平面线刻，艺术水平较高。1956年出版有《沂南古画像石墓发掘报告》。（赵超）

【北寨墓群】 即“沂南汉画像石墓”。

【嘉祥武氏墓石祠】 东汉晚期武氏家族墓地祠堂。全国重点文物保护单位。位于山东省嘉祥县武宅山村。三座祠堂分别称为“武梁祠”、“武氏前石室”、“武氏左石室”。北宋《金石录》中就记载有武梁祠画像，《隶续》一书中还刻画了部分画像。清乾隆年间，黄易等人将被掩埋的祠石掘出，以后陆续有中外学者进行研究。“武梁祠”主武梁卒于元嘉元年（公元151年），“武氏前石室”主武荣约卒于建宁元年（168年），“武氏左石室”祠主卒年不明，时代与前石室相近。蒋英矩等人还对这几座祠堂进行考古复原。现建有武氏石祠文物保管所。这批石祠堂内壁均刻有精美的图像，如战争、祭祀吊唁、车马出行、宴饮百戏、古代帝王像、忠臣孝子故事、二桃杀三士、荆轲刺秦王等历史故事画，以及大量天神、仙人、伏羲女娲、奇禽异兽等图画。画像石艺术价值极高，被收录多种汉代画像石图集与艺术图录，在国内外影响较大。（赵超）

【孝堂山郭氏墓石祠】 东汉郭氏家族墓地祠堂。全国重点文物保护单位。位于山东省济南市长清区孝堂山。约建于东汉章帝、和帝时，为现存最早的中国地面房屋式建筑物。祠堂为石结构单檐悬山顶两开间房屋。宽4.14米，进深2.5米，高2.64米。祠堂内壁刻有36组画像，包括胡汉战争、车马出行、宴饮庖厨、狩猎百戏、孔子见老子等历史故事画，以及伏羲女娲、雷公风伯等图画，中央有墓主画像。祠堂墙壁上有大量历代题记，西山墙外侧刻有隶书北齐武平元年（公元570年）陇东王感孝颂。（赵超）

【乐山麻浩崖墓】 东汉至南北朝时期崖墓。全国重点文物保护单位。位于四川省乐山市麻浩河北岸。共计330余座。1940年调查发现。崖墓均在山崖中分层开凿洞室而成，分为单室、双室、多室三类。墓室中保存有石刻画像、仿木结构雕刻与文字题记等。如东汉时期的1号墓在墓门和前室中刻有仿木建筑斗拱、柱枋、瓦当、椽头、板瓦等和瑞兽、乐伎、秘戏等图像，前室中刻门卒、朱雀、荆轲刺秦王、方士、六博、垂钓等画像，在中后室甬道口外的门枋上有一尊浮雕坐佛，为重要的中国早期佛教造像。（赵超）

【青龙山画像石壁画墓】 东汉晚期画像石墓葬。位于山东省济南市青龙山南麓。1986年进行发掘。墓室由砖石混筑，包括墓道、墓门、前室、前东侧室、中室、中东侧室、后室。门柱、门楣等处雕刻图案，墓室四壁绘制壁画人物和车出行等图像。墓中出土陶器、铜器、铁器、银器、骨器等115件，以泥质红陶陶器为主，如鼎、壶、案等陶明器与猪、狗、鸡鸭等动物俑。墓葬形制与壁画画像石造型特点在山东地区东汉晚期墓葬中具有一定代表性。（赵超）

【唐河针织厂画像石墓】 西汉晚期画像石墓葬。位于河南省唐河县。1972年进行发掘。全墓用130块特制石材在土圹中建成，平面布局为“回”字形，由墓门、前室、南北二主室、南北二侧室与后室组成。墓门及各室内壁雕刻图案与画像，共74幅，包括四神、狩猎、出行、晏子见齐景公、荆轲刺亲王、聂政自屠、范雎受袍、伏羲女娲、天象图等。内容十分丰富。雕刻技法纯熟。墓葬曾被盗掘，仅出土一些陶片与51枚五铢钱，陶片所属器形有瓮、盆、鼎、敦、壶、仓

及陶狗等。该墓图像内容对后世影响较大,是东汉画像石墓中常见的代表性图像。(赵超)

【邓县长冢店画像石墓】 东汉中期画像石墓葬。位于河南省邓州市(原邓县)长冢店。1973年进行发掘。墓葬为砖石混筑,由墓道、墓门、前室、二主室和南北各二侧室组成。前室为砖穹窿顶,其余各室为砖券顶。墓门及各室内壁石构件上雕刻图案与画像,共73幅,图像包括伏羲女娲、乐舞百戏、斗兽图、辟邪图、猛虎、侍者等,尤以大量驱鬼辟邪的图像引人注目。墓葬曾被盗掘,仅出土部分陶瓮残片、木漆器残片、鎏金铜饰与8枚五铢钱。该墓为东汉中期有代表性的大型画像石墓。(赵超)

【南阳中原机校画像石墓】 东汉晚期画像石墓葬。位于河南省南阳市北关河南工业职业技术学院(原南阳市中原机校)内。1971年进行发掘。全墓平面布局为"丁"字形,由墓道、墓门、甬道、前室、中室、南二侧室、南北二耳室与后室组成,石叠涩顶。在门柱、门楣和过梁石等处雕刻剔地浅浮雕图像,包括门吏、逐疫辟邪、乐舞百戏、菱形穿环等共10幅。墓葬早年被盗,无遗物。使用木质门扉与叠涩顶是该墓葬建筑的特点。该墓中鼓舞图像被作为前室盖顶石使用,逐疫辟邪图像只是原画的一部分,反映出在建墓时利用前人墓葬的石材这一现象。(赵超)

【成都天回山崖墓】 东汉崖墓。位于四川省成都市天回山。1957年调查发现。在山崖中开凿洞穴作为墓室,安放死者。其中3号墓为大型崖墓,主墓室长19.05米,宽1.75～2米,高1.86米,包括前、后室,另有6个侧室,共放置瓦棺、石棺14副。出土有陶俑等。据推测为一个大家族墓葬。(赵超)

【忠县将军村汉六朝墓群】 汉六朝时期家族墓葬群。位于重庆市忠县乌杨镇将军村,地处长江右岸二级阶地上。由花二包、黄葛树包、柴林包、吊嘴、枞树包、瓦厂包、王家包、花坝梁、将军包、庙二包等10个墓地组成。1987年文物普查时发现。2001—2008年进行发掘。共清理墓葬257座,主要包括土坑墓和砖石墓两种。墓群内墓葬排列整齐,土坑墓多顺江而葬,处于墓地中心位置,主要为两汉时期墓葬,随葬陶釜、罐、甑、盆、钵等生活实用器,铜釜、甑、盆、壶、灯等和铜剑、戈、矛等兵器以及铁斧、锸、凿等农具,大型墓葬中随葬彩绘陶罐、壶、盆等仿铜陶礼器。砖石墓位于土坑墓外侧临江部位,多为东汉晚期至六朝时期墓葬,随葬陶釜、罐、盆、钵等生活实用器和陶俑、动物模型、仓储模型等陶明器。墓地还发现神道石刻构件3件(组)。为目前发现规模最大、延续时间最长、涉及家族数量最多的汉六朝时期家族墓群,是研究峡江乃至西南地区家族墓的重要资料。(沈丽华)

【洛阳曹魏正始八年墓】 三国曹魏墓葬。位于河南省洛阳市涧西16工区(矿山厂)。1956年进行发掘。曹魏正始八年(公元247年)建,由墓道、甬道、墓室和耳室组成,甬道设置石门。斜坡墓道全长约23米。墓室分前后两室。前室为四面结顶的方形,后室为弧顶长方形,面积分别约11平方米、6平方米。墓葬残存遗物65件,陶器48件,其他随葬品有铁帷帐架、铁灯、铜博山炉、铜铜、玉杯、石板等。铁帷帐架铸有"正始八年八月……"等铭文。是中国为数罕见的曹魏纪年墓,对于了解曹魏墓葬特点及断代具有重要的价值。其中铁帷帐架的发现,对于了解铁帷帐形制和汉魏以来墓葬中陈设布置具有重要意义。(朱岩石)

【曹休墓】 三国曹魏墓葬。位于河南省孟津县送庄镇、大汉冢东汉帝陵陵园东侧。2010年进行发掘。墓葬坐西朝东,为长斜坡墓道多室砖室墓。由斜坡墓道、甬道、耳室、前室、后室、北侧室和南双侧室等部分组成。墓圹东西长50.6米,南北宽21.1米,深10.5米。墓葬已被盗扰,出土遗物包括陶器、铜器、铁器、金银饰等。后室出土1枚铜印,篆书白文"曹休"。结合文献可知,墓主人为三国名将、曹操从子曹休。该墓纪年、墓主人身份明确,是重要的曹魏墓葬实例。(沈丽华)

【安阳高陵】 亦称"安阳西高穴2号墓"。汉魏时期大型砖室墓葬。全国重点文物保护单位。位于河南省安阳县安丰乡西高穴村西南。2008—2009年进行发掘。墓葬编号为2号墓,坐西朝东,为多室砖室墓。该墓北侧有1号墓遗存,但仅有墓圹,没有实际营造墓室迹象;两座墓葬外围发现墓园夯土围墙。2号墓墓圹长19.5～22米、宽18米,由阶梯状斜坡墓道、甬道、前后室和4个侧室组成(见彩版28魏晋南北朝时期遗址和墓葬"安阳高陵墓道")。该墓被严重盗掘,出土金银器、铜器、铁器、陶器、瓷器、石器、画像石残块等遗物近400件。其中出土的"魏武王常所用格虎大戟"等内容的圭形刻铭石牌十分重要,另有五边形的刻铭石牌,涉及随葬物品名称等。据此,发掘者得出2号墓为魏武帝曹操高陵的结论,

对此学术界亦有不同意见。(沈丽华)

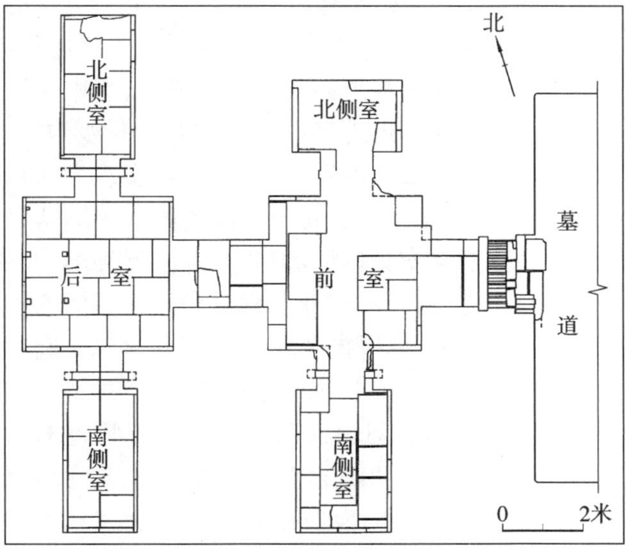

安阳高陵平面图

【安阳西高穴2号墓】 即"安阳高陵"。

【曹植墓】 三国魏陈思王曹植墓葬。全国重点文物保护单位。位于山东省东阿县城南19千米处的鱼山西麓。依山营穴,封土为冢。1951年进行发掘。墓葬平面呈"中"字形,由甬道、前室、后室三部分组成,墓葬全长11.40米,宽4.35米。墓室为砖结构,分前、后室。前室方形横券顶,面积近19平方米;后室长方形,券顶无后壁,面积近4平方米。前室中部置单棺,已朽,仅存部分骨骼。随葬品共计132件,其中陶器89件,其他有铜器、玉器、石器等。除玛瑙珠和3件玉璜置于前过道封门墙内侧外,其余129件均置于棺木两侧。据墓中铭文砖和文献所载,此墓为陈思王曹植迁葬墓,始建于青龙元年(公元233年)。"陈思王"为曹植生前的最后封爵。墓葬形制和随葬品为曹魏墓葬的标型,对于研究曹魏丧葬制度、社会历史有着极其重要的意义。(朱岩石)

【魏明帝高平陵】 三国魏明帝曹睿及其皇后陵墓。全国重点文物保护单位。位于河南省汝阳县茹店村东南700米处的霸陵山下台地之上。封土为黄土夯筑,形似覆斗状。封土底部东西15米、南北16米,现存高度7.5米。封土周边,有绳纹面布纹里板瓦和筒瓦残块。封土西南曾经发掘出一批汉魏时期墓葬,其面积约1.5平方千米。(郭晓涛)

【上坊孙吴墓】 三国孙吴墓葬。位于江苏省南京市上坊镇。2005—2006年进行发掘。墓葬坐北朝南,为多室砖室墓。由封土、斜坡墓道、排水沟、甬道、前后室和对称分布的耳室等部分组成。墓圹长约20米、宽约11米,墓葬东南约30米处还发现有建筑基址。墓葬内出土金、银、铜、铁、瓷、陶等各类遗物170余件,其中以青瓷器为多数。该墓葬规模大、结构复杂,推测属于孙吴高等贵族墓葬,是研究当时丧葬制度、历史文化的重要资料。(沈丽华)

【鄂城东吴墓】 三国东吴墓葬。主要分布在湖北省武汉市武昌区和鄂州市鄂城区。解放以来共清理墓葬百余座。墓葬分大型和中小型两大类:大型墓为长度在6米以上的砖室墓,包括横前堂双后室、横前堂单后室和多室墓三种墓葬形制,前堂墓顶多为穹窿顶,后室为券顶;中小型墓长度在6米以下,有砖室墓和土坑墓两大类,以砖室墓居多,砖室墓又可分单室墓和双室墓两类,墓顶有券顶和两坡式叠涩顶两种,土坑墓均为长方形单室墓。随葬品主要有布纹罐、碗、盘、唾壶、耳杯、虎子、俑、陶家禽、仓厨明器、铜镜、铅地券和钱币等。(沈丽华)

【鄂城孙将军墓】 三国东吴晚期墓葬。位于湖北省鄂州市(原鄂城县)。1967年进行发掘。墓葬为砖筑前后双室墓,全长约9米。前室为横堂式,双层券顶,左右两侧各有1砖台。前室左右各有1耳室。前后室间以单券顶短甬道相连。后室为长方形,双层券顶,后室左侧砖砌棺床。墓中出土随葬品79件,以瓷器为主,包括房屋、坛、罐、盘、灯、俑等,其他随葬品有鎏金铜饰、钱币、金器和漆器等。墓中出土瓷院落一组,方形,庑殿顶,楼顶门内刻"孙将军门楼也",由此约略可知墓主人身份。(沈丽华)

【鄂城六朝墓】 六朝墓葬群。位于湖北省鄂州市(原鄂城县)。1956—1983年共清理发掘墓葬394座,其中东吴墓118座、西晋墓128座、东晋墓102座、南朝墓46座。孙吴、西晋时期多室墓与单室墓并存,东晋南朝墓以单室墓为主。随葬品中孙吴早中期以陶器和釉陶为主,孙吴后期至西晋时期青瓷器逐渐占优势;孙吴、西晋墓中常见铜镜、金银饰品和钱币等,西晋后期以后开始逐渐减少。该墓葬对研究长江中下游六朝墓葬的分期和葬俗具有重要参考价值。(沈丽华)

【朱然墓】 东吴左大司空、右军师朱然墓葬。全国重点文物保护单位。位于安徽省马鞍山市。1984年进行发掘。墓葬为砖筑前后双室墓,全长8.7米。前室平面近方形,长2.76米、宽2.78米、高2.94米,四隅券进式穹窿顶;后室平面呈长方形,长4.08米、宽2.3米、高2.25米,双层拱形券顶。前、后室各置一黑漆木棺。墓中出土随葬品140余件,包括漆木器、瓷器、陶器和铜器等,其中漆木器数量最多(见彩版29魏晋南北朝时期遗物"贵族生活图案漆盘")。从出土名刺和谒等可知墓主人为朱然,吴赤乌十二年(公元249年)卒葬。(沈丽华)

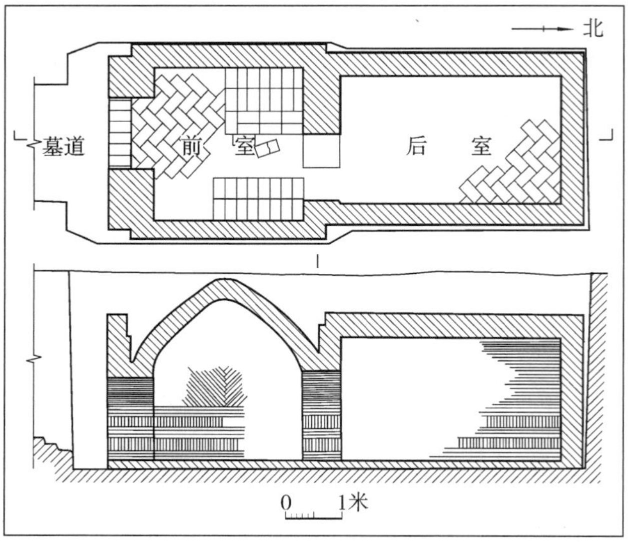

朱然墓平面、剖视图

【宜兴西晋周氏墓】 西晋平西将军周处家族墓葬。位于江苏省宜兴市周墓墩。1953年、1976年先后发掘6座墓葬。墓葬地面原有坟丘,均为带甬道的砖室墓。砖室结构分"凸"字形单室、"吕"字形双室和多室墓3种,个别甬道内设石门。墓地范围6万平方米,砖室规模较大,墓葬总长均在6米以上。墓葬因曾被盗掘,出土遗物不多,种类有青瓷罐、壶、盆、碗、盘、谷仓罐和臼杵、桶、鐎斗、畚箕等模型明器以及金银带饰、铜弩机、铁镜等。根据铭文砖考证,可知其中包括平西将军周处以及其父亲和儿子的墓葬。(沈丽华)

【袁台子东晋壁画墓】 东晋石椁壁画墓葬。全国重点文物保护单位。位于辽宁省朝阳市。1982年进行发掘。墓室主体呈长方形,全部以石板、石条构筑,由墓道、墓门、耳室和壁龛组成。墓室石壁表面以红、黄、绿、赭、黑等色绘制壁画。主要内容有门吏、主人像和出猎、宅第、庖厨、宴饮、四神和日月星云等。墓中出土遗物丰富,主要有陶器、瓷器、铜器、铁器、漆木器和础石、玛瑙杯等。其中一整套马具的发现,对马具起源研究具有重要意义。(沈丽华)

【吴晋南朝墓】 吴、蜀、两晋、宋、齐、梁、陈时期墓葬。分布于长江中下游、闽广和川滇等地区。1949年以前只有零星发掘,1950年以来陆续有较多发掘清理。墓葬以砖室墓为主,单室和前、后二室的墓葬数量最多,墓顶多为券顶,也有平顶和穹窿顶。长江中下游地区墓葬形制变化较为显著,吴中期以后开始出现四隅券进式穹窿顶以及灯龛、排水沟等;南朝时期帝王陵墓地面石刻开始盛行,出现大面积拼镶砖画,内容多受佛教影响。墓内随葬器物从以陶器为主逐步转变为以瓷器为主,青瓷器种类和釉色等也日益复杂化、多样化。常见聚族而葬的家族墓地,墓地内各墓排列有序,墓葬内常见墓志。闽广地区墓葬具有地方特点,如室内加砌砖柱、两墓或三墓连建等。随葬的陶瓷器皿中有具地方特色的插器、子母盏盘等。四川地区墓葬分散,常见具有地方特色的崖墓。贵州、云南多石板墓。(沈丽华)

【南京吴西晋墓】 三国吴、西晋时期墓葬。位于江苏省南京市中华门外邓府山一带和西北郊。1949年以来陆续发掘上百座墓葬。吴早期的墓葬多为中小型墓,墓室平面呈长方形或梯形,墓顶为平顶叠砌,一般无墓门,铺地砖一层。随葬品以陶器、釉陶器为主。吴晚期和西晋墓葬多为大、中型墓。大型墓平面呈"凸"字形或"中"字形,为前、后双室墓,四隅券进式顶或券顶,少数带1～3个侧室,铺地砖大都为两层。中型墓平面为长方形或"凸"字形,券顶,有的带1个侧室。随葬物品中青瓷器种类和数量明显增加,墓葬中还常出现砖或铅质买地券。(沈丽华)

【长沙西晋墓】 西晋墓葬。位于湖南省长沙市。1955—1960年进行发掘。墓葬均为砖室墓,分大型和小型两类,以大型多室墓居多。大型墓多为前后二室,带甬道和耳室,墓室四壁向外弧凸,全长10米以上。小型墓多是平面呈长方形的单室墓,墓室中有砖砌棺床,墓壁上常砌出灯龛,墓底铺砖,砌出排水设施。墓多早年被盗,仅存青瓷器皿、青瓷俑、金银饰和铜镜等。(沈丽华)

【南京六朝帝陵】 六朝帝王陵墓。位于江苏省南京市。据文献记载,东吴孙权陵位于南京东郊梅花山,具体形制不详。东晋历11帝,除废帝司马奕葬地不详外,余均葬于南京。其中元、明、成、哀四帝葬于"鸡笼山之阳",康、简文、孝武、安、恭五帝葬于"钟山之阳",穆帝葬于"幕府山之阳"。由于东晋帝陵大多不封不树,故墓葬方位均不清楚。1960年在富贵山发现东晋恭帝玄宫石碣,石碣高1.25米,正面刻三行二十六字铭文"宋永初二年太岁辛酉十一月乙巳朔七日辛亥晋恭皇帝之玄宫”。1964年在石碣西400米发掘一座东晋大墓，被推测为晋恭帝冲平陵，但也有人认为是安帝休平陵或孝武帝隆平陵。该墓依山而建，凿山而成，由墓室、甬道、封门墙、墓道和排水沟组成，全长约23米。1972年发掘南京大学北园东晋大墓，该墓全长约8米，由墓门、甬道、主室和侧室构成，根据地望被推测为元、明、成、哀四帝之一。1981年汽轮电机厂基建工地发掘墓葬被推测为穆帝永平陵。南朝宋历9帝、齐历7帝、梁历6帝、陈历5帝。宋帝陵除个别葬地不明外，均主要分布于江宁区附近。齐帝陵除个别葬地不明外，均位于丹阳市。梁帝陵主要位于常州市武进区、丹阳市和南京市江宁区等地。陈帝陵除后主葬于洛阳北邙山外，主要分布于南京市江宁区附近。总体看来，南朝帝陵除少数葬地不明和葬于外地外，均位于南京、丹阳境内。南朝帝陵部分平地起坟，在墓前开设神道和神道石刻。1949年新中国成立以来，经考古调查和发掘可推定为帝陵的共5处，其中南京有2处、丹阳有3处，分别是：宫山大墓、油坊村大墓、丹阳胡桥乡两座大墓和建山乡大墓。南朝帝陵注重风水，均背依山冈、面临平原，墓上一般有较大封土，墓前设神道石刻。帝陵甬道内设两重石门，墓室多为券顶单室，平面呈长方形，四壁逐渐外弧，壁面逐渐使用花纹砖和大幅拼镶砖画，墓室内还设有排水沟通向墓外。（沈丽华）

【东晋高崧家族墓】 东晋侍中、建昌伯高崧家族墓葬。位于江苏省南京市东郊仙鹤观南麓。1998年发掘3座墓葬。墓葬均为砖室墓，规模较大，全长均在7米以上，分“凸”字形单室穹窿顶和“凸”字形单室券顶两种类型。墓中出土金银、铜铁、玉石、玻璃、琥珀、水晶、漆木、云母、陶瓷等各类遗物200余件。据出土墓志可知，2号墓墓主人为东晋侍中、建昌伯高崧及其夫人谢氏。根据世家大族族葬情况推测，另外两座墓应亦属高崧家族墓。（沈丽华）

【老虎山颜氏墓群】 东晋左光禄大夫颜含家族墓葬群。位于江苏省南京市北郊老虎山南麓。1958年发掘9座墓葬，4座早年遭破坏，5座保存完好。发掘的5座墓葬均为“凸”字形单室墓，甬道中多设有一道木门。除1号墓为穹窿顶外，余均为券顶。砖室规模相近，全长6米左右。墓群出土陶、瓷、铜、铁、金、银和滑石等各类遗物200余件。据出土的墓志和铜印、石印等可知，该墓群属东晋左光禄大夫颜含家族墓地。（沈丽华）

【象山王氏墓地】 东晋尚书、左仆射王彬家族墓地。位于江苏省南京市北郊象山上。1965—1970年先后发掘7座，1998年发掘3座。10座墓葬均为砖室墓，分长方形单室券顶、“凸”字形单室券顶和“凸”字形单室穹窿顶三种类型。除2号墓年代较晚外，余均为东晋墓。7号墓规模最大，墓室两侧和后壁砌有直棂假窗，窗上各砌一灯龛。该墓群出土陶、瓷、金、银、铜、铁、玉、石、玛瑙、水晶和玻璃等各类遗物300余件，其中玻璃杯、嵌金刚石指环和鹦鹉螺杯等体现出中外贸易交往的情况。青瓷器釉色以青灰为主，器形包括盘口壶、鸡首壶、罐、碗、唾壶以及香熏、灯、洗、盘、盆、虎子等。根据出土墓志知该墓群系东晋豪门琅琊王氏王彬一支的家族墓地，墓葬依长幼尊卑和时间先后集中有序的分布在象山西麓、南麓和东麓。（沈丽华）

【郭家山东晋温峤家族墓】 东晋名臣温峤家族墓葬。位于江苏省南京市下关区郭家山。2001年发掘墓葬5座。墓葬均为砖室墓，呈东西向排列。除其中一座为西晋墓外，余均属于温峤家族墓。墓葬由下水道、封门墙、挡土墙、甬道和墓室等部分组成；除1座为单室券顶外，余均为单室穹窿顶。墓葬早年均曾被盗掘，出土随葬品包括瓷器、金器、玉器、铜器、陶器和石器等。其中9号墓出土方形砖墓志一方，知墓主为东晋侍中、大将军、始安忠武公温峤，12号墓出土圭形墓志一方，知墓主为温峤次子温式之。（沈丽华）

【西晋徐美人墓】 西晋徐美人墓葬。位于河南省洛阳市东15千米的汉魏故城旧址。为洛阳晋代墓葬群中的一座。1953—1955年进行发掘。墓葬为砖筑洞室墓，由墓道、甬道、墓室组成，斜坡墓道长达37.36米，两侧自上而下成五级台阶。甬道长达2.37米，甬道前部设两道石门。墓室平面近正方形，四面结顶，四隅砌砖柱。墓内砌棺床，人骨散乱。随葬品有陶碗、陶罐、石墓志、石器座、铜洗、铜钱、铁刀等。通过出土墓志得知，墓主人徐义为西晋贾皇后乳母，颇受尊遇，元康元年（公元291年）拜为美人，八年亡，次年入葬。墓葬规模宏大，出土有明确纪年的墓志，对于了解西晋时期墓葬的形制、丧葬制度等具有重要的意义。（朱岩石）

【南禅湾晋墓群】 晋代墓葬群。全国重点文物保护单位。位于湖南省安乡县黄山头镇。面积1.2万平方米。1991年发现。其中发掘的1座砖室墓为西晋镇南将军刘弘墓。墓葬由墓道、甬道、墓室三部分组成。墓室平面为正方形，砌法为四隅券进式，穹窿顶，出土随葬品共81件。其中2件龟纽金印分别为“宣城公章”和“镇南将军章”，1枚玉印双面刻有“刘弘”和“刘和季”。除金、玉印外，随葬品中的金带扣、玉尊、玉卮、错金铜弩机、镂雕玉佩、贴金铁匕首等均系珍品。据《晋书·刘弘传》记载，刘弘卒于西晋光熙元年（公元306年）。（郭晓涛）

【临沂晋墓】 西晋晚期墓葬。位于山东省临沂市洗砚池街北侧、王羲之故居公园东北部。两座墓葬东西相距约35米。2003年进行发掘。1号墓为双室砖室墓，平面呈长方形，券顶。面积近35平方米。墓室前有宽大的庭院。墓室内棺木已朽，西墓室一棺葬1人，东墓室2棺葬2人，均为未成年人。随葬品250余件（套），有铜器、瓷器、陶器、漆器、铁器、金器及其他质料物品。其中青瓷胡人骑兽烛台、青铜人物骑兽烛台、凤鸟形铜熏炉等器物保存完好，极具特色。铜弩机上刻有“正始二年五月十日左尚方造……”等30余字铭文；部分漆器的底部有清晰的朱书文字，记载明确的年号，有“太康七年”、“太康八年”和“太康十年”三个年号。2号墓位于1号墓西，为单室砖室墓，由甬道和墓室组成。墓室平面呈长方形，券顶。面积约27平方米。主墓室前有宽大的甬道，是山东已发掘砖室墓中规模最大的单室墓葬，曾被盗，但墓室结构保存完整。随葬品较少，甬道内残存陶灯1件；墓葬内残存有铜器、瓷器、铁器等20余件（套）。其中以基本完整的铜虎子和瓷灯、玛瑙珠、金钉等较为珍贵。从两座墓葬的形制结构、随葬品的器物组合特点和纪年资料初步判断，墓葬的年代应属西晋时期。1号墓完整地反映了当时的葬制葬俗。同一墓葬埋葬3个未成年人，是考古发掘中极为罕见的现象。出土随葬品丰富而精美，为山东晋代墓葬中所仅见。2号墓虽然被盗，但规模更大，墓室结构完整，与1号墓相距不远，时代相近。两座墓葬建筑规模宏大，保存完整，葬俗葬制也各具特点，在全国同期墓葬中较为少见，为山东已发掘汉晋大中型砖室墓中保存最为完整的一座。为研究晋代社会，特别是晋代琅琊国政治、经济和社会状况等提供了极好的实物资料，对于研究琅琊司马氏和王氏家族在临沂的活动也具有重要意义。（朱岩石）

【邓县彩色画像砖墓】 南朝画像砖墓葬。位于河南省邓州市（原邓县）学庄村西南。1958年进行发掘。墓葬为单室券顶砖墓，由甬道和墓室组成，全长9.8米。墓门彩绘壁画，内容包括兽面、飞天和门吏等。墓室及甬道均用带莲花纹砖砌成，并嵌砌模印彩色画像砖，画像内容有莲花、忍冬、狮子、麒麟、墓主人出行和“老莱子”等孝子故事等（见彩版29魏晋南北朝时期遗物“彩色画像砖”）。墓内出土随葬品近70件，包括陶俑、骨簪和五铢钱等。据出土墓砖侧面墨书“家在吴郡”推测其为南朝墓葬。（沈丽华）

【南京模印拼嵌画像砖墓】 东晋、南朝时期画像砖墓葬。位于江苏省南京市和丹阳市等地。1960年以来陆续进行发掘。模印拼嵌砖画是由多块砖构成一幅图像，东晋时期开始出现由2～3块砖拼成的龙、虎图像，之后用砖数日益增多，东晋末南朝初出现由多达数十块到数百块砖构成的大幅画面。南京、丹阳地区的大型南朝墓葬中多以拼嵌砖画修饰墓壁，画面内容主要是“竹林七贤和容启期”、狮子、武士、甲骑具装、羽人戏龙和出行仪仗等。（沈丽华）

【南朝陵墓石刻】 南朝帝王陵墓前神道石刻。主要分布于江苏省南京市、句容市和丹阳市等地。20世纪以来陆续进行考古调查和发掘，历年来发现的南朝陵墓石刻共有34处，分别是：宋武帝刘裕初宁陵、齐文宣帝萧承之永安陵、齐武帝萧赜景安陵、齐景帝萧道生修安陵、齐明帝萧鸾兴安陵、梁文帝萧顺之建陵、梁武帝萧衍修陵、梁简文帝萧纲庄陵、陈武帝陈霸先万安陵、陈文帝陈蒨永宁陵以及梁代宗室萧融等10人的陵墓和15处失名陵墓。南朝陵墓石刻组合通常为三种六件，分列于陵墓前神道两侧。帝陵为石兽一对（天禄、麒麟各一）、神道石柱一对、石碑一对，王侯墓为石兽（辟邪）一对、神道石柱一对、石碑一对，个别墓葬略有增加。南朝陵墓石刻在汉代石刻艺术传统的基础上继承发展，代表六朝石刻的最高成就。（沈丽华）

【喇嘛洞墓地】 三国至晋代鲜卑贵族墓地。全国重点文物保护单位。位于辽宁省北票市喇嘛洞村组，地处辽西大凌河谷地。1992—1998年进行勘探和发掘。共发现墓葬419座，发掘369座，其中三燕文化墓葬355座、青铜时代墓葬12座、清代墓葬2座。出土各类随葬品3 670余件套。三燕文化墓葬分为土圹竖穴木棺墓、石棺（椁）墓两大类，出土铁马鞍具、成套铜鎏金镂孔带具、酱釉陶羊尊等遗物。墓地主要时代集中于公元3世纪末到4世纪初，文

化属性主要属于辽西地区大凌河流域两晋时期慕容鲜卑文化的范畴。(郭晓涛)

【方山永固陵】 北魏文成帝文明皇后冯氏陵墓。全国重点文物保护单位。位于山西省大同市方山(今称"西寺儿梁山")南部,北距孝文帝元宏的寿陵"万年堂"不到1千米。1976年进行发掘清理。地面封土现高20余米。墓葬由墓道、前室、甬道、主室组成,总长23.5米。主室平面近方形,四壁外弧,面积40余平方米。四角攒尖顶,中间嵌雕有莲纹图案白砂石1块。甬道前后石券门各1个,门框有下具龛柱的莲瓣券面浮雕、两侧龛柱为朱雀和捧莲蕾童子浮雕。该墓多次被盗,残存石雕武士俑、镇墓兽,石模型器各1件。其他有铜簪、骨簪、铁箭镞、铁矛头、料环、丝织品残片等。该墓始建于孝文帝太和五年(公元481年),建成于太和十三年,十四年冯氏入葬。冯氏曾两度执政,掌有实权。陵墓建于北魏全盛时期,规模宏大,墓室用特制优质青砖约20万块,表明北魏平城时期建筑工艺水平已达到相当高度。门框、门拱的石雕是研究北魏雕刻艺术的珍贵资料。(朱岩石)

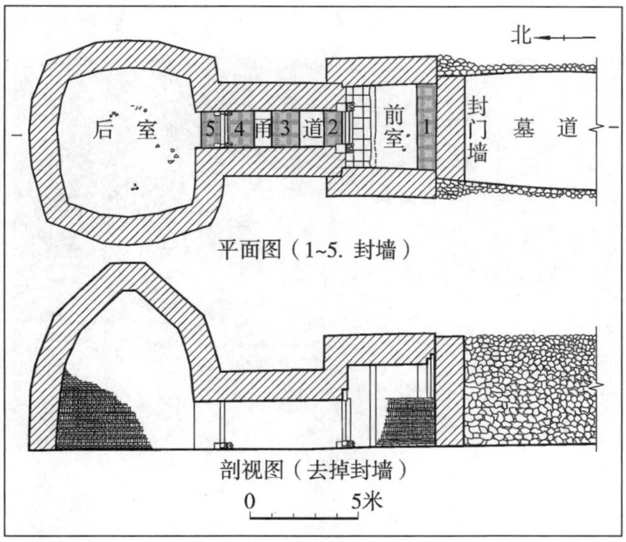

方山永固陵平面、剖视图

【大同南郊北魏墓群】 北魏墓葬群。位于山西大同市南郊。1988年发掘北魏墓葬167座。墓葬分布密集,排列有序。墓葬形制包括竖穴土坑墓(17座)、竖井墓道土洞墓(51座)、长斜坡墓道土洞墓(98座)和长斜坡墓道砖室墓(1座)等4种。除仅有的一座砖室墓被盗外,余皆保存完好。个别墓葬使用石棺床或者彩绘木棺。墓群出土遗物1 000余件,种类以陶器为主,有的墓葬中伴出漆器、铁剪、石灯、铜漏勺和金银器等,有的墓葬中还有牛、羊等殉牲。(沈丽华)

【沙岭北魏壁画墓】 北魏壁画墓葬。位于山西省大同市御河东。2005年大同市考古研究所进行发掘。墓葬形制为长斜坡墓道的单室砖墓,由墓道、甬道和墓室3部分组成,全长约15米。因盗掘严重,随葬器物仅余27件,多为陶壶、陶罐和各类金属饰件。墓中发现大量彩绘漆片,色泽亮丽,内容有男女主人坐像及庖厨、扬场等生活场面,并有墨书题记。甬道和墓室壁画保存基本完好,内容题材清晰。甬道顶部绘人面蛇身的伏羲女娲交尾图,墓室前壁入口两侧各绘一举盾武士像,后壁正中建筑内端坐墓主人夫妇,周围有车辆、马匹和各式人物,南北两侧壁分别绘有宴饮、庖厨、酿酒及大型的车马出行画面。根据彩绘漆片上残存的墨书题记推测,该墓是北魏太延元年(公元435年),侍中、平西大将军破多罗父母合葬墓。壁画内容反映了北魏初年社会生活及鲜卑贵族的汉化程度。(何利群)

【冯素弗墓】 十六国北燕贵族冯素弗及其妻墓葬。全国重点文物保护单位。位于辽宁省北票市西官营子村(将军山东麓冯氏陵园"长谷陵")。据《晋书》所载,冯素弗为北燕天王冯跋之弟,与冯跋一起推翻后燕建立北燕。1965年进行发掘。两墓为同冢异穴长方形石椁墓。1号墓椁长4.25米,宽1.34~1.53米。椁室壁、顶绘彩画。原椁室中部置木画棺1具,外壁施彩画羽人、云气、建筑物等。棺环、棺钉铁质饰金。未见人骨,仅发现3枚儿童乳齿。土圹西壁设小龛,内置釉陶壶、灰陶罐各1件,上置牛腿骨、肋骨。2号墓除无壁龛外,形制基本同1号墓。早年被盗,遗骨拖至棺外,葬狗骨2具。椁内顶、壁绘彩画,现存画面约20%。顶部绘星象图,四壁绘人物、出行、家居、建筑物。两墓出土遗物总计500余件,有陶、铜、玉、漆、玻璃等器物。1号墓出土的金冠饰可能就是鲜卑贵族流行的"步摇冠"。玻璃器经化验为罗马玻璃器,其中的鸭形水注更是国内外罕见的珍品。1号墓出土的"范阳公"、"辽西公"、"车骑大将军"、"大司马"四枚印章,证明墓主当为冯素弗。2号墓与1号墓同坟异穴,应为冯素弗妻属,死时亦为青壮年。墓葬为首次发现的北燕墓,是对十六国考古研究资料的重要补充。(朱岩石)

【彭阳海子塬北魏隋唐墓地】 北魏至隋唐时期墓地。位于宁夏回族自治区彭阳县新集乡姚河村海子组以北。2010年进行抢救性考古发掘。清理北魏、隋、唐、宋、清墓葬26座，其中以隋唐墓葬居多。出土包括波斯卑路斯银币、四神仁寿铭带纹铜镜在内的陶器、瓷器、银器、铜器等珍贵文物百余件（枚）。北魏墓仅发现1座，为洞室墓，梯形半竖穴斜坡墓道，出土遗物不多，有陶壶、陶灯碗、陶钵和铜带饰、波斯卑路斯银币等。隋代墓葬计发现5座，均为洞室墓，梯形半竖穴斜坡式墓道。随葬品较少，有铜钱、铁器和少量的铜带饰，未见陶器。部分骸骨发现有手握或口含铜钱的习俗。唐代墓葬计发现14座，墓道均朝南，形制以倒梯形竖穴为主。随葬品主要为陶器和铜钱，另有漆器、铜镜、铜带饰、骨簪等。宋代墓葬发现1座，为洞室墓，倒梯形半竖穴斜坡底式墓道，随葬品较少，有塔式陶罐、"祥符通宝"铜钱等物。对研究隋唐时期宁夏固原地区政治、经济、文化和墓葬习俗以及中西经济、文化交流等方面提供了珍贵资料。（龚国强）

【孝民屯十六国鲜卑墓】 十六国鲜卑墓葬。位于河南省安阳市孝民屯南地。1973—1974年进行发掘。共发掘墓葬5座，均为竖穴土坑墓。位于头侧的墓壁都挖有小龛，龛内随葬陶瓷器或陶器和牛骨。墓中出土随葬品主要为陶、瓷器，器类主要是壶、罐和瓶。墓中以牛、马、狗等动物殉葬，可能是鲜卑人的独特葬俗。墓葬还出土一套完整的鎏金铜马具和一对马镫，对于中国古代军事史研究具有重要意义。（沈丽华）

【底张镇十六国至唐代墓群】 十六国至唐代墓葬群。位于陕西省咸阳市渭城区北杜镇、底张镇和周陵镇，西安咸阳国际机场南侧、西侧和东侧。占地面积约8 000亩。2009—2010年进行发掘。发掘十六国大型墓葬、唐代围沟墓、唐代双室砖墓等墓葬320余座以及陶窑、灰坑等大量遗迹，出土文物4 000余件。十六国大墓298号墓为等级较高的贵族墓，为斜坡墓道二天井的双室土洞墓。唐代围沟墓5座，其中118号墓为长斜坡多天井的砖室墓，壁龛内出土有风帽俑、骑马俑等。从出土墓志可知墓主为唐代突厥族的首领执失思力。唐代双室砖墓151号墓，规模较大，地面保存有封土，墓前发现有石刻，为斜坡墓道多天井双室砖券墓，墓道和墓室均绘有青龙、白虎、出行仪仗、祥云、牛拉车图等壁画。出土墓志一合，确定墓主为太尉、豳国公、唐睿宗李旦国丈、唐玄宗外公窦孝谌。（龚国强）

【永垣陵】 十六国前赵陵墓。全国重点文物保护单位。位于陕西省白水县赵尧村东。陵墓占地32 640平方米。封土形似覆斗状，高40米，南北长340米，东西宽96米。一说为十六国前赵刘曜父亲陵墓。由于史书记述简略，关于永垣陵的墓主尚有不确定性。（郭晓涛）

【高台地埂坡魏晋墓葬】 魏晋时期墓葬。位于甘肃省高台县罗城乡河西村南3千米黑河南台地上。2007年发掘，共清理土洞墓5座。墓葬结构大致相同，由墓道、照壁、墓门、前甬道、前室、后甬道、后室等构成。地表残存封土，其中4号墓还有方形茔园。1号墓前室平面方形，两面坡顶，南、北壁和顶部是用原生黄土雕成的仿木结构。南北壁各有梁柱承载人字拱，梁和拱上又用3组斗拱托附檩椽。后室平面近方形，覆斗顶，顶部中央彩绘方形莲花藻井，四面坡各有彩绘和四神图案。墓葬出土石器、陶器、骨器、木器、铜器、金器及漆器残片、丝织品残片等。地埂坡魏晋墓葬与以往河西出土的魏晋墓不同，多座墓葬出现了用生土做成的仿木结构；4号墓壁画出现多种少数民族形象，显示了河西走廊在丝绸之路中的枢纽作用。（沈丽华）

【丁家闸5号壁画墓】 十六国时期砖室壁画墓

丁家闸5号墓壁画

葬。位于甘肃省酒泉市。1977 年进行发掘。墓葬由封土、墓道和前后室组成，墓门上方彩绘低矮的门楼，墓室均用砖砌，前室覆斗顶，后室券顶。随葬品除陶器外，还有铁镜、漆盒、石砚及铜饰等。壁画绘在砖壁的泥皮上，前室顶部绘莲花，其下分栏，主要内容其一为东王公、西王母、日月、羽人、神兽和云气纹样；其二是反映墓主人现实生活的燕居行乐、出行车马、厨房炊事及坞堡、耕作、畜牧场景。墓主人坐榻上，头顶有曲柄盖，前有凭几，手持麈尾。后室绘有箧、奁、弓箭、方扇及成束的丝和绢帛等。该墓壁画中人物形象和服饰均具有河西地区少数民族特征，是研究十六国时期当地社会生产生活的重要资料。（何利群）

【嘉峪关晋十六国墓葬】 魏晋十六国时期河西地区墓葬。主要分布在甘肃省酒泉市西北、嘉峪关市东北戈壁上。20 世纪 70 年代进行发掘。墓地筑有标示族茔的砾石围墙，同一家族坟墓排列有序。墓葬规模较大，地面有封土，形制为斜坡墓道式的洞室墓，墓门起多层拱券，其上砖砌高大的门楼。洞室内常加砌砖室，一般有多间墓室。墓室壁面常嵌画砖或绘小幅壁画，主要内容有墓主人宴饮奏乐、家居厨事、耕牧出猎、采桑打场等生活和生产场景以及坞堡、营垒、骑兵等与军事活动相关的题材，反映了当时河西地区的社会现实和经济生活。（何利群）

【库车友谊路晋十六国墓】 西晋十六国时期墓葬。位于新疆维吾尔自治区库车县，西距龟兹古城东墙约 500 米。2007 年发现并进行清理。计有 3 座竖穴土坑墓、7 座砖室墓。砖室墓分为长方形单室砖墓、斜坡墓道单室砖室墓和斜坡墓道双室砖室墓。砖室墓一般由斜坡墓道、甬道、墓室和耳室组成，部分墓门上端设照墙，壁面砖雕仿木结构，个别墓室内墓砖上残存红、黄彩绘。墓葬为多人多次葬，有砖砌棺床，墓内多撒有五铢钱，并随葬有陶罐、灯盏、铁镜、龟兹小钱等。墓葬形制与甘肃河西走廊地区砖室墓葬十分相似，可推定为晋至十六国时期。墓葬葬者可能是深受传统汉晋文化影响的龟兹国贵族，抑或就是居住在龟兹地区的汉地吏民、屯戍军吏或河西豪族移民。（沈丽华）

【高昌魏晋十六国墓葬】 魏晋十六国时期墓葬。主要位于新疆维吾尔自治区吐鲁番市东 40 千米处阿斯塔那和哈拉和卓两地，南邻高昌故城。迄今发现最早的纪年墓为晋泰始九年（公元 273 年），最晚的是柔然永康十七年（480 年）。墓葬大体可分为早晚两个阶段，一般长 3 米左右，多设斜坡墓道，墓室为方形或梯形，顶部常作盝顶。少数方形墓中绘有壁画，内容常见的有墓主人席地坐像及厨事、出行、耕牧、果园、葡萄园和日月等形象。时代较早的常有木棺，随葬各类木器、木俑和木模型，有刺绣、锦和织成履。较晚的多无葬具，随葬品改用陶器，纺织品多出绞缬和蜡缬的绢片。较大的方形墓壁画内容和随葬器物与酒泉魏晋墓接近，反映了高昌地区在相当长的一段时期内为凉州所属的历史事实。（何利群）

【司马金龙墓】 北魏砖室墓葬。位于山西省大同市。为琅琊王司马金龙夫妇合葬墓。1965—1966 年发掘。墓葬全长超过 45 米，由墓道、前室、甬道、耳室及后室 5 部分组成。墓门券顶上方嵌砌石质墓表，墓室由特制铭文砖砌筑，砖侧有“琅琊王司马金龙墓寿砖”铭文。顶作四角攒尖式。该墓早年被盗，现存随葬品 400 余件，以各类陶俑和动物模型为主，另有石砚、青瓷唾壶、漆槅、陶壶等。在后室出土的石棺床、漆屏风及石础尤为珍贵（见彩版 29 魏晋南北朝时期遗物“漆屏风”）。棺床下部壸门中雕有精美的伎乐及瑞兽祥禽图案。漆屏风彩绘列女题材图像，并附有榜题。根据墓表记载，司马金龙为降附北魏的西晋皇族，卒于太和八年（公元 484 年），其墓葬

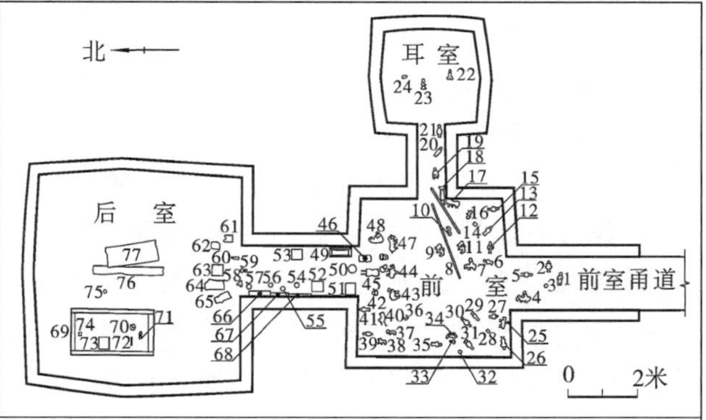

1、13、21、26. 胡俑 12、30. 女俑Ⅱ式 16、38. 猪 48. 镇墓兽 53. 姬辰铭 57. 灰陶壶 66-68. 木板漆画 2、14、19、27、39. 男俑Ⅰ式 17、47. 大陶马 10、37. 陶羊 45、46. 大俑 54. 青瓷唾壶 58. 残铁锅 69. 石棺床 70. 残石砚 71、72.木栏杆 74. 木伞顶 5、15、20、28、35、41. 武士俑 36. 陶鸡 42. 陶狗 4、7、25、44. 骑马武士俑 51、52、63、73. 石柱础 59. 铁马镫 60. 残铁剪 31. 男俑Ⅱ式 9、11. 驮粮陶马 40. 陶牛 18、50. 石灯座 55. 釉陶器盖 61. 木枕 62. 漆食盒 75. 木兽头 6、29. 女俑Ⅰ式 33. 木俑 34. 木马 43. 陶骆驼 49. 司马金龙墓志铭 56. 釉陶器座 64、65. 残漆画 76、77. 木棺板 22、23、24. 女乐俑 8. 竹杆

司马金龙墓平面图

形制和室内布置等继承了魏晋以来中原地区的传统，而随葬的甲骑具装陶俑和马驼畜群又显示出北方游牧民族和畜牧经济的特色。（何利群）

【固岸东魏北齐墓地】 北朝墓地。位于河南省安阳县安丰乡（固岸村）。2005—2007 年进行发掘。共发现墓葬 400 余座，墓葬时间跨度从战国至隋代，以东魏、北齐墓葬为主。该墓群墓葬形制包括斜坡墓道砖室墓、斜坡墓道土洞墓和竖穴土坑墓等，有的土洞墓带有过洞和天井。墓群出土大批重要文物，主要包括陶俑、陶器、瓷器、铁器和砖墓志等。该墓群与河北磁县北朝墓群毗邻，墓葬分布集中、排列有序，为东魏、北齐时期邺城地区下层官吏和平民的墓地所在。（沈丽华）

【元祜墓】 东魏元祜墓葬。全国重点文物保护单位。位于河北省磁县南讲武城乡西南。为东魏北齐陵墓群中的一座，东距东魏北齐都城——邺城遗址约 7 千米。2006—2007 年进行发掘。墓葬坐北朝南，由斜坡墓道、过洞、天井和土洞甬道与墓室构成，全长约 25.5 米。墓室内原有一棺一椁，棺椁之东分布有随葬的陶俑、模型明器、陶瓷器、墓志等遗物。随葬品总计 190 余件，其中彩绘陶俑 144 件。墓室中原绘制有壁画，由于墓室塌落，壁画保存不佳，可以辨识的内容有青龙、墓主人及围屏坐榻等内容。据墓室内出土的墓志记载，元祜为魏武帝拓跋焘之重孙，卒于东魏天平四年（公元 537 年），葬于东魏皇宗陵区内。墓葬随葬品组合完全、位置明确、年代明确，对磁县东魏北齐陵墓群布局研究、东魏北齐文物编年研究等具有很高的学术价值。（朱岩石）

【茹茹公主墓】 东魏柔然族邻和公主墓葬。位于河北省磁县南大冢营村北。墓葬为东魏北齐陵墓群中的一座。茹茹公主为东魏大丞相高欢第九个儿子高湛之妻，北方柔然族可汗阿那瓌之孙女。东魏高氏与柔然王族为政治联姻，于兴和四年（公元 542 年）迎娶年仅 5 岁的邻和公主与 8 岁的高湛成婚。1978—1979 年进行发掘。墓葬由墓道、甬道、墓室组成，总长近 35 米。斜坡墓道全长约 23 米，东西两壁绘有壁画，地面绘地画。甬道券顶砖结构，内设石门。墓室砖筑四角攒尖结构，平面为弧边方形，面积近 30 平方米。墓室西侧有砖棺床，棺椁已朽坏，附近发现的头骨骨殖经鉴定，认为是少女墓主遗骨。随葬品均出于墓室中，数量逾千件，陶俑居多，其他随葬品有明器、陶瓷器、金属器、装饰品以及拜占庭金币。墓道、甬道、墓室均绘制壁画。墓道东西两壁绘制仪仗队列，队列上方绘制神兽、羽人等内容。甬道入口上方的挡土墙上绘有朱雀。墓室壁画可分上下两栏，上栏有四神、天象图等，下栏壁画描绘了墓主的生活起居场面。墓葬出土遗物反映了当时东西方文化交流、南北民族融合的历史事实。（朱岩石）

【湾漳北朝壁画墓】 北朝北齐壁画墓葬。位于河北省磁县西南 2.5 千米的湾漳村。为东魏北齐陵墓群中的一座，距离东南部的东魏北齐都城——邺城遗址约 10 千米。1987—1989 年进行发掘。墓葬原有高大夯土坟丘和石刻官吏像，后坟丘几乎被破坏殆尽。地下部分由墓道、甬道、墓室组成，南北总长约 52 米。斜坡墓道全长 37 米，东西两壁绘有壁画，底部绘地画。砖结构甬道入口上方有高大挡土墙，墙面绘制壁画。甬道中设置石门。墓室为砖筑四角攒尖结构，平面近弧边方形，面积约 56 平方米。墓室西侧有磨光石质须弥座棺床。石门外出土 2 件大文吏俑，高达 1.42 米，为迄今发现最大的北朝陶俑。其他各类随葬品均有出土。其中包括陶俑 1 800 余件，其他种类有陶器、青瓷器、玉器、金属器等。墓道、甬道、墓室均绘壁画，以墓道保存最好。墓道东西两壁分别绘画 53 人组成的皇帝专用卤簿仪仗队列，壁画人物与真人大小相当。在仪仗队列上方的天空绘有祥禽瑞兽、流云莲花等图像。墓道地画绘莲花忍冬，装饰效果犹如巨制地毯。甬道、墓室内壁画保存不佳，有人物、神兽、动物等内容。墓室顶部绘天象图。从墓葬规模、壁画内容，随葬品组合以及墓前石刻人像等因素推断，该墓很可能是北齐皇帝高洋（550—559 年在位）的义平陵。磁县湾漳壁画墓为南北朝考古学、艺术史研究提供了丰富的资料。2003 年出版有《磁县湾漳北朝壁画墓》。“湾漳北朝壁画墓平面、剖视、局部透视图”见 529 页。（朱岩石）

【磁县北朝墓群】 东魏、北齐时期陵墓群。全国重点文物保护单位。位于河北省磁县南部。1986 年经邺城考古队调查确认共有墓葬 123 座。占地 100 余平方千米。部分地表保存有高大封土、石碑和石像生等，如“天子冢”和兰陵王墓等，其中经正式考古发掘的有 10 余座，如湾漳壁画墓、茹茹公主墓、高润墓、元祜墓等，分别属于东魏元氏皇族、北齐高氏皇族和其他勋贵。墓群分布具有较明确规划。东魏元氏皇宗陵与北齐高氏皇宗陵以天然鸿沟为界，分别位于墓群南部和北部。东魏元氏皇族墓葬以孝

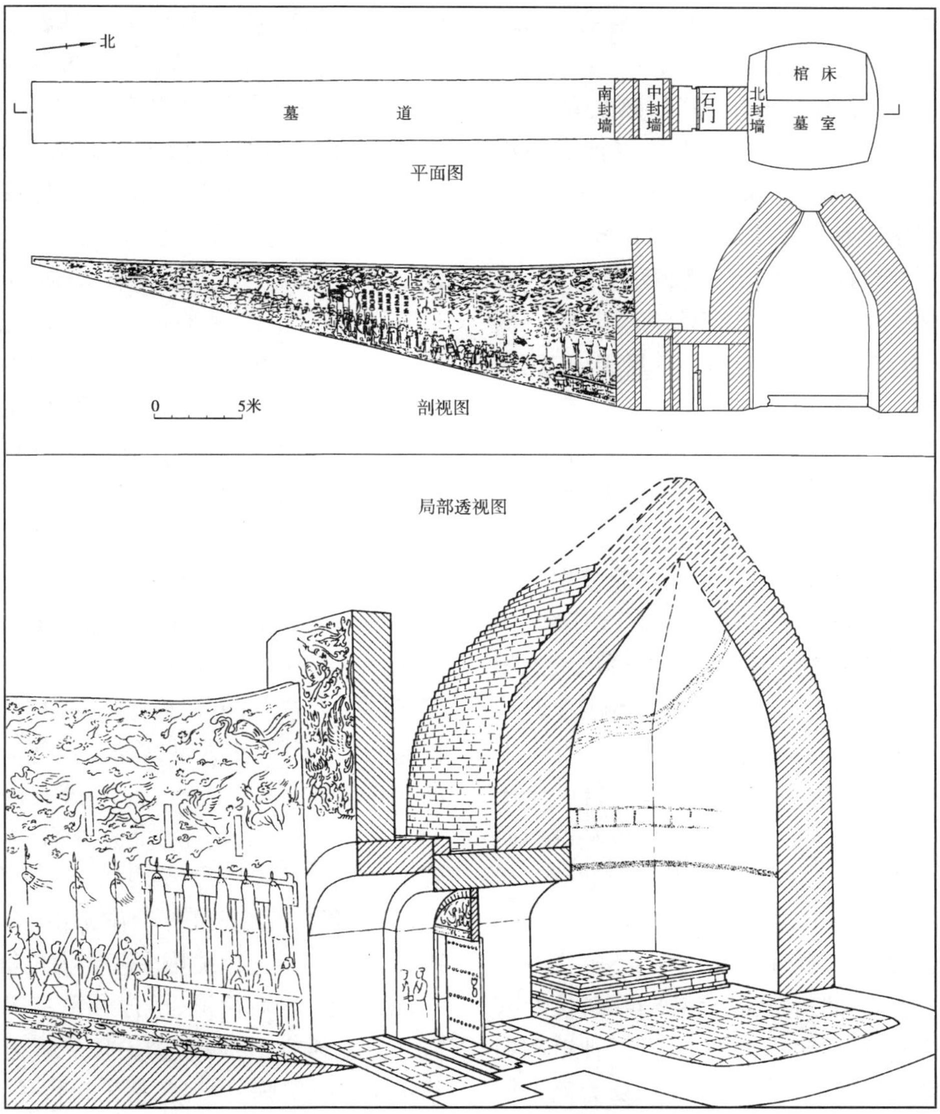

湾漳北朝壁画墓平面、剖视、局部透视图

静帝西陵为中心分布,南以漳河为界。北齐高氏皇族则按长幼尊卑顺序,自东南向西北排列,北以滏阳河为界。其他勋贵墓葬以家族为核心,以家族墓形式散布于两大皇宗陵内。(沈丽华)

【高润墓】 北齐高润墓葬。位于河北省磁县西约4千米东槐树村。为东魏北齐陵墓群中的墓葬,距离东南部的东魏北齐都城——邺城遗址约13千米。1975年进行发掘。墓葬由墓道、甬道、墓室组成,甬道设置石门。墓室平面近弧边方形,面积40余平方米。墓道、甬道、墓室均绘制壁画,墓室北壁的墓主人端坐图保存尚好,墓室东、西、南壁还绘有人物、仪仗、车乘等。随葬品均出于墓室,可修复约460余件,其中陶俑共381件,其他随葬品有青瓷器、石灯、陶器、料珠等。出土墓志一合,志文显示墓主人高润乃北齐神武皇帝高欢之十四子,为身份显赫的皇族,在《北史》、《北齐书》中均有其传,天保初年封为冯翊王,卒于北齐武平六年(公元575年)。墓葬为磁县东魏北齐陵墓群中高等级的墓葬,其墓室壁画、出土的陶俑等随葬品具有较高的艺术价值。(朱岩石)

【高孝绪墓】 北齐壁画墓葬。位于河北省磁县刘庄村西。2009年进行发掘。墓葬地表原存较大封土,平面呈椭圆形,南北长41.5米,东西宽30米,高近6米。墓葬坐北朝南,总长25.7米,由斜坡墓道、甬道、墓室三部分组成。墓室平面呈弧方形,边长约5.2～5.6米。墓道、甬道及墓室彩绘壁画,内容包括仪仗人物、莲花柱和四神等。墓中出土陶盘、陶仓、青瓷罐、彩绘陶俑、步摇冠金饰片、拜占庭金币等

各类遗物80余件。据出土墓志盖可知,墓主人为北齐皇族、修城王高孝绪。(沈丽华)

【范粹墓】 北齐骠骑大将军、凉州刺史范粹墓葬。位于河南省安阳市西北。1971年进行发掘清理。墓葬为土洞墓,由阶梯状斜坡墓道、甬道和墓室等部分组成。墓室平面呈方形,长2.88米、宽2.7米、高2.26米,穹窿顶。墓中出土随葬品99件,包括陶俑、陶动物模型、陶生活用具模型和瓷器等。据墓志记载,范粹为北齐骠骑大将军、凉州刺史,武平六年(公元575年)入葬。(沈丽华)

【景县封氏墓群】 旧称"十八乱冢"。北朝封氏家族墓葬群。位于河北省景县东南。1948年曾被村民挖掘,1955年北京历史博物馆(今中国国家博物馆)进行调查,证实为北魏至隋封氏家族墓地。该墓群共有墓葬18座,地面保存封土的有16座,其中已挖掘的4座墓葬均为方形砖室墓。墓群出土遗物300余件,包括陶俑、陶器、瓷器、铜器、铜印、玻璃碗、玛瑙珠和墓志等。(沈丽华)

【景县高氏墓群】 北朝高氏家族墓葬群。全国重点文物保护单位。位于河北省景县。该墓群地面存封土墓16座,最大的封土高达30米、直径130米。1973年清理发掘4座墓葬,均为砖室墓。东魏天平四年(公元537年)高雅夫妇子女合葬墓由主室、后室和东室构成。武定五年(547年)高长命墓由前室和后室组成,墓门彩绘仿木构门楼、神兽和门卒图像。隋开皇三年(583年)高潭夫妇墓为弧方形单室墓。隋高六奇墓墓葬形制不详。3座墓葬随葬品丰富,种类包括陶俑、陶动物模型、陶器、瓷器、铜器和墓志等。(沈丽华)

【赞皇李氏墓群】 北朝赵郡李氏家族墓葬群。位于河北省赞皇县东南。1975年在南邢郭乡发现东魏李希宗及其妻崔氏、其弟李希礼墓志,1976年清理李希宗墓。墓群地面存封土墓葬共有5座,排列有序。李希宗墓为砖砌前后双室墓,清理前地面残存封土5~6米。墓中出土随葬品近200件,种类包括陶俑、陶动物模型、陶器、瓷器、金银器和墓志等。其中鎏金银戒指和东罗马金币的发现为中西文化交流研究提供了重要材料。2009—2010年配合南水北调工程在西高村南发掘李叔胤家族墓葬9座,其中4座墓葬未被盗扰。墓群坐西朝东,南北并列两排,尊卑有序。墓葬形制包括长斜坡墓道土洞墓和砖室墓两种,出土随葬品总计500余件,种类包括陶俑、陶瓷器、铜器、玻璃器和墓志等。李叔胤与李希宗同宗不同支。两墓葬群的发现为北朝时期历史考古研究提供了丰富的资料。(沈丽华)

【临淄崔氏墓群】 北朝崔氏家族墓葬群。位于山东省淄博市临淄区大武镇窝托村。1973年发掘14座墓葬,1983年发掘5座墓葬。均为石砌单室墓,个别墓葬附有1个耳室。墓室平面多呈圆形或椭圆形,穹窿顶。出土随葬品近300件,包括陶器、铜器、铁器、瓷器、钱币和墓志等。据墓志载:墓主人均为清河崔氏家族成员,墓葬年代跨越北魏、东魏、北齐三个时期,是山东地区目前已发掘的北朝墓葬中规模较大的一处。(沈丽华)

【徐显秀墓】 北齐墓葬。位于山西省太原市郝庄乡。2000—2002年进行发掘清理。墓葬为长斜坡墓道单室砖墓,由墓道、过洞、天井、甬道和墓室5部分组成,全长30米。墓室平面呈弧方形,穹窿顶。墓道、过洞、天井、甬道和墓室均彩绘壁画,内容包括仪仗队列、仪卫、墓主人宴饮和出行等。墓中出土随葬品530余件,包括陶俑、瓷器、镶宝石金戒指和墓志等。据墓志载,徐显秀为北齐太尉、太保、尚书令、武安王,武平二年(公元571年)卒葬。(沈丽华)

【娄睿墓】 北齐墓葬。位于山西省太原市南郊。1979—1981年进行发掘。墓葬为长斜坡墓道单室砖墓,由封土、斜坡墓道、甬道和墓室等部分组成。墓室平面呈弧方形,四角攒尖顶。墓道、天井、墓门和墓室均彩绘壁画,内容包括出行仪仗、神兽、武士、天象和墓主人坐帐及鞍马出行等。墓中出土随葬品870余件,包括陶俑、瓷器和墓志等。据墓志载,娄睿为北齐假黄钺右丞相、东安王,武平元年(公元570年)卒葬。(沈丽华)

【济南东八里洼北朝壁画墓】 北朝壁画墓葬。位于山东省济南市南郊东八里洼。1986年进行发掘清理。墓葬为石砌单室墓,全长约10米。墓室平面呈圆角长方形,四壁微外弧,穹窿顶。墓室东、西、北三面彩绘壁画,内容包括侍女和三足八扇赭色屏风等,屏风中间4扇绘树下人物,其余4扇空白。墓中出土随葬品98件,包括陶俑、陶动物、陶模型、陶器和鎏金铜灯盏等。(沈丽华)

【昭通晋墓】 东晋霍承嗣墓葬。位于云南省昭通市。1963年云南省文物工作队进行发掘。墓葬为斜坡墓道单室,由封土、墓道、壁龛、排水沟、石门和墓室等部分组成。墓室平面呈正方形,边长3米,覆斗顶。墓室和墓道均用石块垒砌而成,地面铺扇形花砖。墓葬早年被盗,仅存壁画。其中北壁绘墓主人坐像、侍从和玄武等图像,有墨书题记8行,残存86字;东、西壁绘流云、青龙、白虎和部曲武装等;南壁绘流云、朱雀和房屋等。墓主人霍承嗣,为“南中大姓”之一,曾任使持节都督江南交宁二州诸军事、南夷校尉、交宁二州刺史等职。(沈丽华)

【四川崖墓葬】 汉晋时期崖墓葬。汉代在山崖上开凿洞穴作为墓室的墓葬,称为“崖墓”,俗称“蛮洞”。东汉时期流行于四川省成都市、彭山县到重庆市一带。往往数十座聚集于一地,规模有大有小。墓道多为狭长的横穴,一般都附有排水设施。墓室有单室、前后室和多室等几种。有的在墓壁上刻有墓表,纪年多为东汉晚期年号。有的在墓门、墓壁和石棺上雕刻画像和图案,题材与画像砖墓相似。崖墓中的随葬品与同时期砖室墓大体相同。崖墓是一种地方特点浓厚的墓葬,在四川地区从东汉前期开始,一直延续到魏晋南北朝时期。(沈丽华)

【固原北朝隋唐墓地】 北朝至隋唐时期墓地。位于宁夏回族自治区固原市原州区西、南郊(现开城镇)的小马庄、羊坊、深沟、大堡、王涝坝五个自然村和南塬一带。1982—2004年进行发掘。共发掘北朝、隋唐墓葬50余座。其中著名的墓葬北周3座,有宇文猛、田弘、李贤墓,其中李贤墓中出土有鎏金银壶、凸钉装饰玻璃碗、镶宝石的金戒指等遗物。隋唐墓葬共7座,为史射勿、史道洛、史索岩、史诃耽、史铁棒、史道德、梁元珍墓。其中史诃耽墓中的蓝色宝石印章,其上的文字属于古波斯的帕勒维纹;史道德墓中的金覆面、兽面金饰,均表现出浓郁的西域风格。该墓地见证了古代丝绸之路在东西方文化交流方面的重要性。1996年出版有《固原南郊隋唐墓地》。(郭晓涛)

【集安高句丽积石墓】 高句丽贵族墓葬。主要分布于吉林省集安市,以洞沟一带最为密集。1960年、1962年初步调查。墓葬形制主要包括方丘积石墓、方坛积石墓、方坛阶梯积石墓、方坛阶梯石室墓和封石洞室墓等五种类型。墓室一般砌在地表上,先作简单的抹角叠砌,再以巨石盖顶,积石为封。墓葬随葬品较少,主要有五铢钱、货泉、四耳陶壶、黄釉陶壶、鎏金铜质或铁质马具、兵器等。少数石室墓中有壁画。墓葬年代约为公元前1世纪及公元2—5世纪。其中洞沟古墓群于1961年被公布为首批全国重点文物保护单位。(沈丽华)

【集安高句丽壁画墓】 高句丽王室贵族壁画墓葬。主要分布于吉林省集安市(见彩版28魏晋南北朝时期遗址和墓葬“集安高句丽积石墓”)。1983年以来陆续发掘壁画墓近20座,均为石室墓,地面一般有封土,墓葬形制分方形单室墓和方形多室墓两种。墓葬多早年被盗,随葬品基本无存。墓室内彩绘壁画,壁画内容有天象、墓主人生活、佛教题材、四神图、伏羲、女娲、仙人和日月星辰等,晚期墓葬还在画面点缀鎏金花饰。墓葬年代约为公元3世纪中叶至6世纪中叶。参见“集安高句丽积石墓”。(沈丽华)

【交河故城车师墓葬】 西域古国车师墓葬。位于新疆维吾尔自治区吐鲁番市西交河故城北部。墓葬多为西北-东南向的竖穴土坑墓,无葬具,常随葬带把陶杯或浅陶钵,或有内置双杯的盘形钵,有些墓出土兽形铜环或铜片。陶器夹砂,器体厚重,有熏炙痕。从器物组合看时代下限应不晚于北朝以后。该墓地墓葬形制和随葬品差别不大,显示出当时居民尚无明显的贫富分化。据文献记载,该地区为车师前王庭所在地,推测此处为当时“有城郭田畜”的车师人墓葬区。(何利群)

【麹氏高昌墓葬】 北朝至唐初麹氏政权统治高昌时期墓葬。主要位于新疆维吾尔自治区吐鲁番市交河故城和高昌故城附近。高昌麹氏于北魏景明元年(公元500年)建国,唐贞观十四年(640年)被灭。墓葬的一个显著特点是普遍出现家族茔地,同族墓群常有砾石围墙,内部排列有序。墓葬形制流行具斜坡墓道的土洞墓,墓室四壁略向外弧,顶部渐趋平圆,耳室逐渐消失。墓葬等级分化明显,墓道后侧常有记录墓主人姓名、官职和入葬年月的墓表。墓室中木棺少见,出现了粉饰的土尸床,墓顶常有绢制的人面蛇身伏羲女娲交尾彩绘像。流行随葬绢制冥衣和卧具,丝织品中较多出现6世纪中叶以后中原织造的锦、绮类高级织物。陶器外壁常彩绘规整的仰覆莲纹。一些墓中还发现有各类公私文书,为研究当时社会生产、生活的重要实物资料。(何利群)

【北周成陵】 北周文帝宇文泰与元皇后合葬陵墓。全国重点文物保护单位。位于陕西省富平县宫里小学院内。圆丘形封土,现高约8米,底边周长149米。陵墓前置碑两通,其中北宋开宝六年(公元973年)的《大宋新修后周太祖文皇帝庙碑》被毁成数段，陵墓南侧尚存清朝陕西巡抚毕沅书“北周文帝成陵”碑。另有石蹲狮一件，高2.05米，长1.85米。现藏西安碑林博物馆。（郭晓涛）

【北周武帝孝陵】 北周武帝宇文邕及皇后阿史那氏合葬陵墓。位于陕西省咸阳市。1994—1995年进行发掘。墓葬为长斜坡墓道土洞墓，由墓道、过洞、天井、壁龛、甬道和墓室等部分组成，全长68.4米。墓室被盗严重，出土有孝陵志、武德皇后志各一合，天元皇太后印一方，及少量金、铜器物和饰件。壁龛中发现的随葬品以各式陶俑、模型为主，另有少量陶器及玉、玻璃饰件。各式陶俑150余件，种类有镇墓武士俑、具装甲士骑俑、鞍马仪卫骑俑、笼冠俑、小冠俑、风帽俑、伎乐俑、侍女俑等。根据出土墓志可以确认，该墓为北周武帝及皇后合葬的孝陵，为探索湮没于世的北周帝陵提供了重要线索。孝陵的墓葬形制、规模、随葬品组合与北周其他大墓无太大区别，反映出北周时期可能还没有形成一套完整、严格的墓葬等级制度。（何利群）

【北周史君墓】 北周凉州萨保史君夫妇合葬墓。位于陕西省西安市北郊。2003年进行发掘。墓葬为长斜坡墓道土洞墓，坐北朝南。全长47.26米，由墓道、天井、过洞、甬道和墓室组成。墓室早年曾遭盗扰，仅出土石门、石椁、石榻及金币和一些装饰品。墓室中部偏北发现一件石椁，仿木构殿堂建筑，面阔五间，进深三间，歇山顶。石椁四面浮雕有祆教神祇、升天、宴饮、出行、狩猎等场面，石榻上也浮雕有人身鹰足的祆教祭司和圣火画面。在石椁上发现有一段题刻，上面用汉文和粟特文两种文字记录墓主人为“史国人也，本居西土”，官职为凉州萨保，北周大象元年（公元579年）去世，次年与夫人康氏合葬。墓葬形制和石刻图像内容丰富，既有鲜明的粟特文化因素，也显示出汉文化的强烈影响，为中西文化交流史提供新的资料。粟特文和汉文双语题铭的发现，为研究粟特文字及文化也有着重要的意义。（何利群）

【北周康业墓】 北周粟特人康业墓葬。位于陕西省西安市北，北周安伽墓附近。2004年进行发掘。墓葬为斜坡墓道的土洞墓，破坏比较严重。现存结构可辨墓道、甬道和墓室几部分，总长度不明。墓室平面略呈方形，边长3.3～3.4米，穹窿顶。北部正中有出土一件围屏石榻，榻上有一身骨架，保存完整。随葬品仅见墓志、墓主腰带铜饰及罗马金币。甬道和墓室有壁画残痕，剥蚀不清。墓门门楣、门框和石榻围屏上保存有较多的线刻图案，门楣和门框上是瑞兽和门吏类图案。石榻围屏线刻共10幅，内容以会见宾客、出行为主。根据出土墓志可知墓主人名康业，字元基，是中亚康居国王的后裔，继父职任大天主，北周天和六年（公元571年）卒，被追赠为甘州刺史。该墓是研究北朝晚期中西文化交流及中国古代绘画、书法的重要资料。（何利群）

【北周安伽墓】 北周同州萨保、大都督安伽墓葬。位于陕西省西安市北。2000年进行发掘。墓葬坐北朝南，由长斜坡墓道、天井、过洞、甬道和墓室组成，全长35米。该墓未经盗扰，除出土一批浅浮雕贴金彩绘石刻外，随葬品极少，只有墓志及一副铜带具，显示出与北周葬俗的不同。墓室石门上方雕刻出祆教祭祀图案，中心画面是三只骆驼背负圣火坛，火坛左右上方为伎乐飞天，两侧各有一人身鹰足神，神人卷发，高鼻深目，络腮胡须，颌下戴口罩，胁下生双翼，双手持神杖伸向供案。墓室长宽3.5米左右，中部偏北放置一件围屏石榻，三面围合，长2.28米、宽1.03米、高1.17米，由青石板组装。三面石屏共有浮雕彩绘的屏风画12幅，左面三幅依次为车马出行图、狩猎图和野宴动物奔逃图；正面六幅为奏乐舞蹈图、宴饮狩猎图、居家宴饮图、交往对弈图、野宴商旅图和居家宴饮舞蹈图。右面三幅为狩猎图、宴饮舞蹈图和车马出行送别图。根据出土的墓志，可知墓主人名安伽，历任大都督、同州萨保，卒于北周大象元年（公元579年）。安伽祖籍应该是中亚昭武九姓的安国人，今一般称为“粟特人”，萨保是北朝晚期到唐代中央政府所设的官职机构，负责管理居住在中国内地的胡商及主持祆教祭祀事宜。石刻图案具有强烈的中亚文化特征，石门上方的拜火坛、人身鹰足神等应该是祆教祭祀的场面。围屏石榻上所刻的

北周安伽墓围屏石榻

出行、宴饮、游猎等场面基本上都与粟特文化有关。该墓是研究中西文化交流和入华祆教艺术的重要资料。(何利群)

【李贤墓】 北周柱国大将军、大都督李贤夫妇合葬墓。位于宁夏回族自治区固原市西南深沟村。1983年进行发掘。墓葬由墓道、天井、过洞、甬道、墓室组成。封土现存高5米,底径12.5米。墓道长42米,有天井和砖砌券顶过洞各3个。墓室为土洞式,平面近方形,面积约15平方米。墓道、天井、过洞、甬道、墓室绘有壁画。原有壁画41幅,现存较好的有23幅。内容包括门楼图、武士图、侍从伎乐图。随葬品共300余件,其中陶俑255件,其他有镇墓兽、模型器、陶器、金银器、铜器、铁器、玉器、玻璃器等。出土李贤和其妻吴辉墓志各一合。据墓志知,李贤系陇西望族,拓跋氏后裔,死于北周天和四年(公元569年);其妻吴辉死于西魏大统十三年(547年)。该墓在墓道开3个天井、墓室由砖拱券改为土洞式,不设石门等形制变化,对探讨隋唐墓制具有一定的意义。壁画以写实的手法,描绘墓主生活场景,是北周绘画、古代建筑服饰研究的重要资料。鎏金银壶、金戒指、玻璃碗等为古代中西交通史研究提供了实物资料。(朱岩石)

【隋泰陵】 亦称"杨陵"。隋代文帝杨坚陵墓。全国重点文物保护单位。位于陕西省咸阳市西75千米处杨陵区五泉镇王上村。据勘探得知,陵园基址东西长756米、南北宽652米,四周有阙楼基址。封土呈覆斗形,长166米、宽160米,高27.4米。(龚国强)

【杨陵】 即"隋泰陵"。

【隋炀帝陵】 隋炀帝杨广及萧后合葬陵墓。位于江苏省扬州市邗江区西湖镇曹庄。2013年发现并发掘。为隋末唐初砖室墓。其中,1号墓为方形砖室墓,由主墓室、东西耳室、甬道、墓道五部分组成。墓葬通长24.48米,东西连耳室宽8.22米,残高2.76米。出土玉器、铜器、陶器、漆器等珍贵文物100余件(套),包括一套十三环蹀躞金玉带、4件兽面直径26厘米的通体鎏金铜铺首、文官俑、武士俑、骑马俑等高规格随葬品。出土墓志一方及两颗牙齿,根据墓志铭及牙齿鉴定结果确认墓主为隋炀帝杨广。2号墓为腰鼓形砖室墓,由主墓室、东西耳室、甬道、墓道五部分组成。墓葬通长12.64米,宽5.9米,残高1.6米。墓室东、西、北壁各有3个小壁龛;甬道两侧各有1小耳室。出土玉器、铜器、铁器、陶瓷器、木漆器等200余件(套)。其中成套编钟16件、编磬20件,是目前国内唯一出土的隋唐时期编钟编磬实物。另有双人首蛇身俑、文官俑、执盾武士俑、青釉辟雍瓷砚等随葬遗物。墓内出土人骨遗骸鉴定为大于56岁的女性遗骸,可推断墓主人可能是隋炀帝萧后。此次发掘结果,印证了清嘉庆年间大学士阮元曾认定距曹庄5千米外的槐泗镇槐二村的一处大土墩为隋炀帝陵的记载。(龚国强)

【李静训墓】 隋代墓葬。位于陕西省西安市梁家庄附近。1957年进行发掘。墓主是隋大业四年(公元608年)死去的周宣帝外孙女李静训,年仅9岁。墓室平面为长方形(口部长6.05米、宽5.1米;底部长5.5米、宽4.7米;深2.9米),方向正南北。墓道为斜坡式,位于墓室正南(长6.85米)。石棺位于墓室中部,为九脊殿堂式,雕刻精美。随葬品丰富,有陶俑和陶制明器、瓷器、金银器(见彩版31唐代遗物"金项链")。铜铁器、玉石器、玻璃器、骨器、木器、漆器和编织品等。其中出土的白瓷器非常著名,如白瓷双身龙耳瓶、白瓷鸡首壶,代表当时白瓷制作的最高工艺水平,是隋代稀有的瓷酒器精品。(何岁利)

【潼关隋皇室壁画墓】 隋代墓葬。位于陕西省西安市潼关区税村。2005年进行发掘。长斜坡墓道单室砖室墓,带天井、过洞及2对壁龛,墓道两壁彩绘壁画。墓室内置一函匣式石棺,外表雕刻花纹。墓葬曾被盗扰,遗物多出土于壁龛内,以陶俑为多。依墓葬形制和出土陶俑分析,墓主人可能为被隋炀帝赐死的隋文帝长子、废太子杨勇。该墓的发掘和研究,不仅为探索隋皇室墓地提供了线索,同时对隋唐墓葬制度的研究具有承上启下的关键作用。2013年出版有《潼关税村隋代壁画墓》。(刘涛)

【凤翔隋唐墓】 隋唐时期墓葬。全国重点文物保护单位。位于陕西省凤翔县城郊外,除西郊外,东、北、南三面均有分布。南郊墓地集中于环城公路两侧,西起南关村雷家台、县燃料公司,东达高王寺村东南,东西长约1.5千米,南北宽1千米,其中以县棉织厂、凤尾村一带分布最为密集。据勘查,南郊墓地墓葬总数有千座以上。1983—1990年陕西省考古研究所在凤翔县城的南郊和东郊陆续发掘了隋唐墓364座,其中隋墓11座、唐墓353座。2011年,凤翔翟家寺发掘隋唐墓8座。其最大特点是殉人墓的发现,最多的一座殉葬12人,殉葬者多在墓道中部或上部,或被大劈、或砍头解肢,其状甚惨。在部分墓的墓室内发现有疑为买地券的铁残片。个别墓墓主,身旁不仅有铁残片,还有一个3厘米高的铜盆,内装的绢织物经展开后,见有用毛笔书写的千字经咒文,字迹清晰,并画有佛像、佛手印等图案,甚为珍贵。出土文物大多为中唐时期器具。有白瓷碗、玉盒、三彩马、枕等,工艺讲究,质地精良;直径仅3厘米的首饰银盒,镌刻着一对在莲花池中穿游的鸳鸯,图纹细腻逼真。有铜剪刀和镊子,咬合严密无缝;有一把14厘米的铜制组合日用器具,像折扇一样张开,可见刀、锥、锉、镊、耳勺和刮具六件器具,反映唐代经济繁荣和高超的铸造技艺。隋唐墓中大量"人牲"的出现,对秦代以后不用活人殉葬的传统观点提出了质疑,为研究我国历史上的殉人问题提出新课题。(韩建华)

【安阳隋张盛墓】 隋代墓葬。位于河南省安阳市豫北纱厂附近。1959年进行发掘。砖筑单室墓,平面近方形,四边呈弧线向外突出,方锥形墓顶。墓室地面及棺床面皆铺砖。室门在南壁中央,门外有砖筑券顶甬道。甬道两侧各有一小耳室。墓内随葬品极为丰富,特别是俑、瓷器和一些生活用具的模型,保存完整。张盛正史无传,隋开皇十五年(公元595年)与夫人王氏合葬。该墓为研究隋代社会生活提供了丰富资料。《考古》1959年第10期有《安阳隋张盛墓发掘记》。(石自社)

【太原隋虞弘墓】 隋代墓葬。位于山西省太原市晋源区王郭村。1999年进行发掘。长斜坡墓道单室砖室墓,由墓道、甬道、墓门、墓室构成。墓室平面呈弧角方形,砖砌,其中置一汉白玉石棺。石棺为仿木构三开间、单檐歇山顶殿堂式建筑。石椁壁板表面满雕图案,其内容以人物、飞禽等图案为主,展现出古代粟特、波斯和突厥3个民族的服饰、信仰以及生产、生活习俗。墓中随葬品被盗扰严重,仅存石质人物俑、墓志等少量遗物。墓葬主人为隋代中亚地区的鱼国人虞弘。该墓是中国第一座经科学发掘、有准确纪年的、并有完整中亚图像资料的墓葬,对研究北朝、隋代中西文化交流和晋阳城的历史极具价值。2005年出版有《太原隋虞弘墓》。(刘涛)

【嘉祥隋徐敏行壁画墓】 隋代墓葬。位于山东省嘉祥县杨楼村英山。1976年进行发掘。由墓道和墓室组成,斜坡墓道长4.8米、宽1.4米,墓室南北径长4.8米、东西径3.2米、高5.2米。墓门一组为石结构,壁画均绘在墓中白灰墙面及穹顶上。穹顶上绘天象,墓室四壁与门洞内外壁上主要绘有"徐侍郎夫妇宴享行乐图"、"备骑出行图"、"徐侍郎夫人出游图"以及武士、小吏、司阍等壁画。出土有墓志一合及陶俑、陶马、陶镇墓兽、灰陶镇墓狮、陶仓、铜镜、青釉瓷壶、白玉戒指等随葬品。从墓志可知,徐敏行生于梁大同九年(公元543年),卒于隋开皇四年(584年)。(汪勃)

【六安隋画像砖墓】 隋画像砖墓葬。位于安徽省六安市东三十里铺。1975年发现。墓长3.4米、宽1.05米、高约2米。券顶已全部塌毁,墓室呈长方形,墓门正南。墓室东西两壁原相对嵌砌有画像砖6块,现仅存4块。出土的画像砖长33.5～44厘米、高16厘米、厚7厘米,分别为战斗图像砖、武士纹砖、车马出行砖、莲花砖。在墓门处出土有四系盘口壶、四系小罐、残高足盘、小盂、小碗等7件青瓷器。(汪勃)

【龙窖山堆石墓群】 隋唐时期至明代堆石墓葬群。全国重点文物保护单位。位于湖南省临湘市东南龙源乡,地跨湘鄂两省,主要集中在龙源乡境内。迄今已发现13处,共有384处堆石墓遗迹。对其中的9座堆石墓进行过科学考古发掘。堆石墓不用任何泥浆堆砌而成,不少墓前还树立着巨石。平面有瓜子形、扇形、半圆形和长方形,在堆石墓外围一般有石砌围墙。在龙窖山还发现500多个以石构筑物为主的各种文化遗址,包括人工建造的青石沟巷,用石块垒砌的聚落居址,具有明显加工痕迹的图腾柱以及古井、小神庙等建筑。据推测为瑶族早期千家峒。是长江以南罕见的大规模石构遗址,也是目前为止发现的最大的石构遗址。(韩建华)

【隋谯国夫人冼氏墓】 隋代墓葬。全国重点文物保护单位。位于广东省电白县电城镇山兜村。冼夫人为高凉俚人部落首领,高凉太守冯宝之妻。助夫共理政事。在梁、陈、隋三朝协助朝廷打击岭南地区的分裂割据势力,被隋朝册封为谯国夫人。墓园为南北向,东西宽123米,南北长110米,总面积为13 530平方米,规模接近唐代太子、公主陵园的规模。墓园四面有围墙,墙用沙土打夯而成,夯土墙基宽约5米。北、西墙保存相对较好,发现筒瓦和板瓦,推测墙上原盖有瓦。东、南墙破坏严重。墓园内有地面建筑基址,建筑坐北朝南,北部为主殿,平面呈凸字形，初步判断属寝宫。主殿面宽约22米、进深约10米。主殿前面为天井，保存基本完好。天井南部及东西两翼还有建筑，残存铺地砖、柱础、排水池等遗迹。建筑范围南北约37米、东西约32米。从天井旁边保存的具有南朝遗风的曲折纹砖及柱础、瓦当、陶瓷器、铜钱（“皇宋通宝”、“元祐通宝”）看，建筑始建于隋，沿用于唐、五代，废弃于北宋。墓园东侧“隋谯国夫人冼氏墓”碑为清嘉庆二十四年（1819年）重立。在墓碑前50米处，建有一座砖木结构、四合院式的冼夫人庙，面积为730平方米。（韩建华）

【乳源泽桥山隋唐墓】　隋唐时期墓葬。位于广东省乳源瑶族自治县侯公渡镇泽桥山、墟赴岭和林屋背的低缓岗丘上。因泽桥山墓葬分布最为密集，故称“泽桥山墓地”，主要分布在泽桥山的东南山坡和西南谷地。1984年发现。2000年进行抢救性发掘。发掘隋唐墓葬25座，全部为砖室墓。分布零散，无规律。其中隋墓5座，以长方形单室墓为主，合葬墓中出现三室，墓底全铺“两纵两横”，合葬墓墓室间设门相通，砖托、护砖、台阶、直棱通窗、天井比较流行。初唐墓葬4座，全为双室或三室合葬墓，墓底铺法同隋墓，墓室间设门相通，各墓皆设台阶、砖托、排水设施、直棱通窗、天井等。盛唐至中唐墓13座，基本都是长方形单室墓，合葬墓皆双室，数量极少，墓底基本都铺“两纵两横”，仅一座铺“人”字形，合葬墓室互不相通，砖托、立砖的设置比较普遍，亦见垫砖、壁龛，偶见排水设施和台阶。晚唐墓3座，皆为长方形单室墓，墓底一般铺“两纵两横”，有“单斜”铺法，墓内皆设立砖，流行砖托。（韩建华）

【小洪纳海石人墓】　隋唐时期突厥游牧民族石碓墓。全国重点文物保护单位。墓前立有石人。位于新疆维吾尔自治区昭苏县“小洪纳海”河畔。是古突厥人墓前的标志，一般面向东方立于墓葬前。石人雕刻于花岗岩上，男性石人多为武士造型，宽圆的脸庞，双眼细长，高颧骨，有八字胡，面部表情凝重而深沉，服饰多为翻领大袷袢，腰部系有宽腰带，悬挂弯刀或长剑，脚蹬长靴；女性石人则多呈双手抱胸的姿势，注重乳房的形状。小洪纳海草原的石人是新疆草原石人遗存数量最为集中的一处。其中一尊小洪纳海女石人，位于新疆昭苏县城东南5千米草原上，外表呈赭红色，高2.3米，头宽0.35米，身宽0.5米，面东而立。头戴一顶造型漂亮的帽子，身后披着长长的发辫，面部线条清晰，除嘴部残缺无法得知其造型外，眉、鼻、眼突出，眉长14厘米，鼻长16厘米，鼻自上而下渐宽。石人双臂自然下垂，右手抬起，手执酒杯，左手下垂微上翘。膝下衣褶间雕刻的古代文字，刻工古拙。（韩建华）

【唐祖陵】　唐代陵墓。全国重点文物保护单位。位于河北省隆尧县魏庄镇王尹村北。为唐高祖李渊四代祖宣皇帝李熙“建初陵”和三代祖光皇帝李天赐“启运陵”的合茔，合称“唐祖陵”。唐高祖时始建，太宗下诏修建，至高宗麟德元年（公元664年）完成。1984年发现大型砖墓室券形墓顶。陵墓封土已无。陵区南北长约350米、东西宽约80米，南部神道长100米，宽40米。原有成对的石华表、翼马、鞍马及控马人、文武侍臣、镇陵石狮等石像20件，现已毁失3件。陵东500米处，附建有光业寺。寺内现存刻立于唐开元十三年（公元725年）的“大唐帝陵光业寺大佛堂之碑”一通，高4.3米，宽1.1米，记述李唐二祖生平、追封及建陵建寺的史实。（龚国强）

【兴宁陵】　唐代陵墓。全国重点文物保护单位。位于陕西省咸阳市东20千米处渭城区正阳乡后排村。唐高祖李渊的父亲李昞之墓。李昞于北周建德元年（公元572年）逝世，葬咸阳。唐武德元年（618年）追尊为世祖元皇帝。陵墓规模不大，坐北朝南，封土为圆锥形，底部周长133米，高约5米。陵南侧有神道，保存有石狮1对、仗马2对、石天禄1对，造型古朴，雕刻细微。陵前的石刻群是诸唐陵石刻发展的雏形。神道两侧的石华表、石麒麟、石马、石狮等都是饰墓之物。整个布局铺排有序，为后来各陵仿效，成为唐帝陵墓格局、陈设的样板。（韩建华）

【关中唐十八陵】　唐代帝王陵墓群。全国重点文物保护单位。位于陕西省渭北地区乾县、礼泉、泾阳、三原、富平和蒲城六县，以唐长安城为中心，东西连绵100余千米。共发现唐代帝陵18处，是除昭帝和哀帝外唐代皇帝的帝陵。除高宗乾陵外，其余均被盗掘。陵墓形制分为积土起冢和依山为陵两种。每座都有完整的陵园设置，陵园均坐北朝南，陵园大致可分为玄宫、神道以及乳台以南的兆域3部分。在神道的两边和四神门外，设置有精美的石刻。因时代的差异，石刻的组合及雕刻风格略有不同。各陵园南部，还设有大量的陪葬墓。作为唐代皇家陵墓建筑，其宏大的规模、雄伟的气派，反映出唐代高

度发达的物质文明和精神财富。(刘涛)

【唐献陵】 唐代开国皇帝李渊陵墓。全国重点文物保护单位。位于陕西省三原县徐木乡永和村。坐北朝南,封土为陵,呈覆斗形,平面呈长方形,底径东西150米,南北120米,高21米。陵园为夯筑城垣,分内、外二城,四垣各辟一门。门外各置石虎一对,南门外还立华表和石犀,均具浓郁的初唐艺术风格。陵园东北分布有67座皇亲重臣陪葬墓。(龚国强)

【唐昭陵】 唐太宗李世民陵墓。全国重点文物保护单位。位于陕西省礼泉县东北九嵕山上,利用山峰凿成。从唐贞观十年(公元636年)埋葬长孙皇后始建,至二十三年李世民入葬止,历时13年,规模宏大。1962—1979年进行多次勘察。地面建筑遗迹分布在陵山周围。北面有祭坛和司马门(或称"玄武门",2002—2003年进行过考古发掘)址,门内原有14尊"蕃酋"石雕像。门内东西庑浮雕有6匹太宗生前战马(亦称"昭陵六骏")。祭坛遗址东西53.5米,南北86.5米,略呈梯形,墙基尚存。陵山正南有朱雀门址和献殿址,所出鸱吻高1.5米,宽0.65米,底长1米,重150千克。西南有下宫(俗称"皇城")遗址,为守陵官员、宫人住所。据文献记载:昭陵因山凿石为玄宫,从埏道至墓室深75丈(约250米),前后安置石门5道,墓室内部"闲丽不异人间",傍山缘崖修有栈道,直达玄宫门。昭陵南部还有皇族和文武大臣陪葬墓167座,已发掘10余座,如郑仁泰墓、尉迟敬德墓等。昭陵为唐代石刻和书法艺术的室库,除"昭陵六骏"外,许多碑头、碑侧和墓志周围都雕刻有精美的花饰,尤其是初唐大书法家欧阳询、褚遂良等书写的碑文,堪称中国古代文化艺术的珍品。(何岁利)

【昭陵六骏】 唐代石刻。原位于陕西省礼泉县东北九嵕山唐太宗昭陵前6块浮雕石刻。刻于贞观十年(公元636年)。"六骏"是唐太宗乘骑过的六匹战马:"飒露紫"、"拳毛騧"、"青骓"、"什伐赤"、"特勒骠"、"白蹄乌",三作奔驰状,三为站立状。均为三花马鬃,束尾。其鞍、鞯、镫、缰绳等逼真地再现了唐代战马的装饰。传说"昭陵六骏""石刻是依据当时绘画大师阎立本的手稿雕刻而成,既象征唐太宗所经历的最主要六大战役,也彰显他在唐王朝创建过程中立下的赫赫战功。六骏中的"飒露紫"和"拳毛騧"两石,于1914年被国人盗卖到国外,现藏于美国费城宾夕法尼亚大学博物馆,其余四石现藏于陕西西安碑林博物馆。(何岁利)

【唐昭陵北司马门遗址】 唐代陵园遗址。位于陕西省礼泉县九嵕山上。北司马门为唐太宗昭陵的一处重要建筑群。2002—2003年陕西省考古研究所进行发掘。由门阙、列戟廊、廊房、门址、围墙等构成。门址南北约86米,东西最宽处61米,占地总计5 100余平方米。遗迹以两阙间中线为轴东西对称,并以门庭为界,分门内外两部分。门外(以北)东西对称有双阙,阙后有长条形房址。大门两侧接夯土围墙。门内(以南)遗存自北向南有:门庭西南的条形房址和其后部方形房址,最南端的长廊状房址。北司马门是殿堂式的门址,五层台阶,两根柱石分隔成三门道,连着围墙呈内八字形。出土遗物以唐代石刻残块和建筑构件为主,石刻有著名的"昭陵六骏"石屏和十四国君长像残块。建筑构件有长方形砖、方砖、筒瓦、板瓦、各种纹样与规格的瓦当、鸱尾、兽头脊头砖等。《考古与文物》2006年第6期有《2002年度唐昭陵北司马门遗址发掘简报》。(李春林)

【唐乾陵】 唐高宗李治和武则天合葬陵墓。全国重点文物保护单位。位于陕西省乾县北梁山上。唐光宅元年(公元684年)李治葬此,神龙二年(706年)武则天合葬于此。1958—1960年陕西省文物管理委员会进行勘查。陵园分为内外两城。墓位于内城正中梁山山腰上,陵园南面设有3道门。内城四面各开一门。城墙夯筑,周长5 920米。陵园内的石刻群,内城四门各有1对石狮,北门立6马外,大量集中在南面第二三道门之间。从南到北计有华表、翼兽、鸵鸟各1对,石马及牵马人5对,石人10对,还有无字碑、述圣记碑和61尊"蕃酋"像。墓道已探出为斜坡式,长63.1米,宽3.9米,深约19.5米,全部以石条填砌,石条间连以铁细腰,并灌以铁汁,再于其上填土夯实。陵园东南有陪葬墓17座,现发掘5座,其中有永泰公主墓、章怀太子墓、懿德太子墓等。2006—2007年陕西省考古研究院对乾陵再次进行考古调查和试掘。在陵园内城西门(白虎门遗址)南侧发现列戟廊建筑基址、南侧石狮前腿部残块及石狮基座;在陵园内城北门(玄武门遗址)出土石狮残块、残石马、残石虎、石虎基座、小型石刻基座等6件珍贵文物,其中石虎的发现为重新考虑唐代帝陵北门石刻组合提供了新资料。另外,还发现陵园外城城垣遗址以及乾陵西南的下宫遗址。经试掘发现，现存外城垣夯土基址宽约 2.05～2.2 米，距内城墙基约 220 米。此外，对乾陵陵园内城东北角阙夯土台基的试掘证实，角阙的夯土台基平面呈曲尺形，周边用砖包砌，其上原建有阙楼，两端分别与内城墙垣相连。（何岁利）

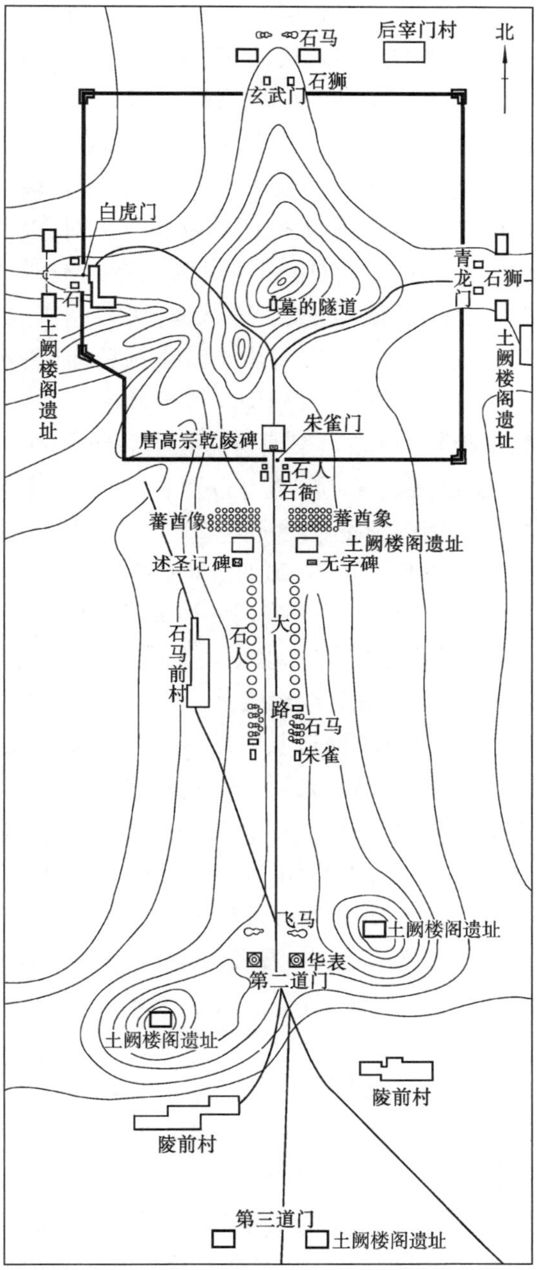

唐乾陵平面图

【乾陵六十一王宾像】 唐代刻石造像。位于陕西省西安市唐乾陵述圣记碑和无字碑之间。石像是高宗驾崩后，各国王侯与使节亲往乾陵送葬。为纪念当时的盛况，武则天命人将参加葬仪的各地王宾和使节，仿真人服饰及大小雕刻成 61 尊像分站两旁，东边 29 尊，西边 32 尊，分东西四行站立，皆圆雕。石人像高约 1.5～1.7 米，胸围 0.65 米。石人有的身穿圆领、紧袖武士袍；有的身穿圆领、宽袖褶袍；有的身穿翻领、窄袖短袍；有的肩挂弓，有的腰佩刀，服饰不同、形态各异。六十一王宾像头部除两尊残存外，其余均遭破坏。（何岁利）

【唐顺陵】 武则天之母杨氏陵墓。全国重点文物保护单位。位于陕西省咸阳市渭城区底张镇韩家村。唐武则天天授元年（公元 690 年）武则天称帝，追封其母为孝明高皇后，改墓称陵。陵园平面略呈长方形，占地面积 110 万平方米，分内城和外城（系改为陵后所建），城墙夯土筑成。内城也叫“皇城”，方形，现存大小动物、人物圆雕 30 件以及零星华表石座残件。四面有四门及立狮、天禄（鹿）、坐狮、鞍马等石刻像，其中立狮和坐狮雕刻最能表现出盛唐时期石雕艺术的宏伟风格。陵冢在内城，呈方锥形，底边长 48.5 米、高 12.6 米。经钻探获知，墓道为斜坡形，长 28.5 米、高 2 米。墓道两壁绘有壁画。外城中部，原立有大周无上孝明高皇后碑，已残断，现藏于陕西咸阳博物馆。陵前布列华表、独角兽、石狮、石人、石羊等成对石像。陵前原还立有石碑，今已无存。陵后有石狮、石马。（龚国强）

【唐恭陵】 唐高宗与武则天的儿子李弘陵墓。因其曾为太子，故而当地又称作“太子冢”。全国重点文物保护单位。位于河南省偃师市缑氏乡滹沱村西南景山白云峰之巅。陵墓坐北朝南，灵台封土平面呈正方形，截面呈覆斗形，东西长 163 米，南北宽 147 米，高 22 米。陵墓四面原有神墙，神墙四隅有角楼，神墙四面居中有神门，神门外侧皆有阙。南神门外约 10 米处，置有立狮一对，彼此相距约 54 米。其他三面与此同，唯改为坐狮。神道位于南神门外正南，宽 50 米。神道两侧自北向南，依次排列有翁仲三对、天马一对以及望柱一对。它们东西相排，左右相对。灵台东北 50 米处有一座锥形土冢，俗称“娘娘冢”，疑即哀皇后墓。灵台平面呈方形，截面呈方锥状，底边各长约 50 米，残高 13 米。在东排第一位和第二位石翁仲之间，有唐高宗李治亲自撰书的《孝敬皇帝睿德记》石碑一通，通高 6.1 米，宽 1.95 米，厚 0.4 米，文 33 行，每行 82～89 字，具有较为重要的历史价值和较高的书法价值。恭陵神道两侧的石刻做工细腻、雕造精美、形象生动，时代可能早于乾陵，是河南仅存的一组盛唐陵墓石刻，为考察唐陵规制的

重要依据。（陈良伟）

【唐定陵】 唐中宗李显陵墓。全国重点文物保护单位。位于陕西省富平县北宫里镇三凤村北的凤凰山。凿山为陵，陵园呈长方形，周围10千米，有朱雀、玄武、青龙、白虎四门。陵前布列狮、马、翁仲等各种石像。陵园周围有节愍太子李重俊和宜成、长宁等5位公主的陪葬墓10座。（龚国强）

【唐桥陵】 唐睿宗李旦陵墓。全国重点文物保护单位。位于陕西省蒲城县城西北。2008年陕西省考古研究院唐陵考古队曾进行过考古调查和局部发掘工作。陵墓以山为冢，在山腹开凿地下宫殿，在地面上绕山筑城。四面各开一门，陵园周长约13千米，建于开元盛世时期。地表仍保留40余尊巨大石刻：有石华表、石驼鸟、石马、石人、石狮等。南门西侧阙台为等级最高的三出结构，残高约3米，东西总长近20米，东侧宽11米，西侧宽9米。阙台四面包砖以及上部夯土已全部毁坏，但是阙台四周有包裹完好的石块基础，建筑工艺非常考究。王宾殿是唐陵重要的礼制性建筑，位于神道北端东西两侧对称分布，殿内主要置列“蕃酋”形象的石刻造像。整个建筑只剩基础部分，平面呈曲尺形，南北总长约20米、北侧东西宽8米、南侧东西宽15米。基础西侧清理出0.9米宽的墙体和墙外散水遗迹。（何岁利）

【唐泰陵】 唐玄宗李隆基陵墓。位于陕西省蒲城县东北五龙山余脉金粟山南。以山为陵，周绕陵墙。陵内封地方圆达38千米，分内、外两城，布局似京师长安。现存石刻有华表、天马、驼鸟、石翁仲、石狮等。陪葬于泰陵的有元献皇后和内侍高力士。陵区以玄宫为中心，内城四周各开一门。四门外各有石狮一对。北门（玄武门）外还有石马3对、小蹲虎。陵墙四角分别建有门阙、角阙，地面建筑包括献殿、下宫、阙楼、陵署等。南面神道两侧原布列有石人10对、华表1对、飞马1对、驼鸟1对、石马5对。另还布列有“番酋”立像八尊。（龚国强）

【唐建陵】 唐肃宗李亨陵墓。全国重点文物保护单位。位于陕西省礼泉县城东北武将山南麓，依山为陵。陵区平面呈不规则矩形，面积15万平方米，由陵园、下宫及陪葬墓区组成。城垣夯筑，四隅尚存角楼基址。四面各辟一门，门外各置石狮、阙台各1对。玄武门外有石马3对。朱雀门内有献殿遗址。南面朱雀门外神道长763米，南端筑乳台1对。神道两旁排列华表、翼马、驼鸟、仗马、翁仲等成对石像。石刻较以前唐诸陵而言体型略小，雕凿较粗，但保存最为完整。陵园西南2.2千米有下宫遗址。陵园南偏西约2千米为陪葬墓区，有汾阳王郭子仪、开国公李怀让等6座墓。（龚国强）

【唐元陵】 唐代宗李豫陵墓。全国重点文物保护单位。位于陕西省富平县西北檀山。依山为陵，陵区周围20千米。建制从俭，远不如以前诸陵。陵园石刻与建陵相同。现存陵园东、西、北神门外石狮和北神门外石仗马残块。（龚国强）

【唐崇陵】 唐德宗李适陵墓。全国重点文物保护单位。位于陕西省泾阳县西北嵯峨山南麓。陵周围20千米，依山为陵，陵垣四门均有石狮1对，玄武门还有仗马3对。朱雀门外神道两侧布列成对的华表、翼马、驼鸟、仗马、翁仲等石像，保存基本完好。陵周围有陪葬墓43座，曾出土宦官杨良瑶（曾奉诏出使过黑衣大食）的墓神道碑。（龚国强）

【唐丰陵】 唐顺宗李诵与庄宪皇后的合葬陵墓。全国重点文物保护单位。位于陕西省富平县东北雷村金瓮山上。因山为陵，陵区周围20千米。园内的建筑遗迹已所存无几。陵园内城四门外原各置石狮1对，玄武门外还置石马3对。朱雀门外神道置有翁仲10对、马5对、驼鸟1对、翼马1对、华表1对。（龚国强）

【唐景陵】 唐宪宗李纯陵墓。全国重点文物保护单位。位于陕西省蒲城县东北金炽山。依山建陵，坐北向南，陵园布局与其他唐帝陵略同，分内、外城垣，四角有角阙，四面设门。门外存4对阙址、乳台和鹊台。南门北50米为献殿遗址。陵园南2 300米处为下宫遗址。北门外有石马3对。陵区神道石刻组合有华表、翼马、驼鸟、石马、石人等石像。另有郭皇后、郑皇后、王贤妃、昭惠太子李宁墓等陪葬墓。（龚国强）

【唐光陵】 唐穆宗李恒陵墓。全国重点文物保护单位。位于陕西省蒲城县北10千米尧山上。依山为陵，陵园南北长2 900米，东西宽2 350米，周围20千米。四角有角阙遗址，四门有石狮。南门北20米为献殿遗址。玄宫在半山上。神道石刻组合与丰陵相同，有华表、翼马、驼鸟、石人。北神门外有石马3对。陪葬墓有恭僖王皇后、贞献萧皇后墓。（龚国强）

【唐庄陵】 唐敬宗李湛陵墓。全国重点文物保护单位。位于陕西省三原县东北15千米陵前镇柴家窑村东。敬宗为穆宗李恒长子，在位仅2年，为宦官谋杀,终年18岁,大和二年(公元828年)七月入葬。陵园为方形,夯筑墙垣,长490米,宽480米,四面各开一门,门外置石狮一对。陵墓封土居陵园中央,呈覆斗形。陵园现存建筑遗址有四门阙台遗址、角楼遗址和乳台遗址。南面神道长460米,两旁列有华表、翼马、驼鸟、翁仲等石造像25件。陵园东北800米处原有陪葬墓1座。(龚国强)

【唐章陵】 唐文宗李昂陵墓。全国重点文物保护单位。位于陕西省富平县西北西岭乡天乳山上。因山为陵,陵园平面近方形,四面垣墙夯筑而成,东西约1 350米,南北约1 300米,周围22.5千米。上宫包括玄宫、衙殿(高宗乾陵以后上宫内仅设衙殿)、四面行墙、角阙及神门等建筑。四神门外两侧原来皆有门阙、门狮各一对。北神门外原有石马3对。南神门外神道南北长570米、东西宽70米,有鹊台、乳台基址。神道两侧列有成对的石雕像,有华表、翼马、驼鸟、马、翁仲以及"番酋"若干。距陵西南1.5千米为下宫。陪葬墓1座。(龚国强)

【唐端陵】 唐武宗李炎陵墓。全国重点文物保护单位。位于陕西省三原县北徐木乡。积土成冢,陵园东西宽540米、南北长593米,四角有角阙基址,四门外各置石狮1对。下宫离陵2千米。陵台位于陵园中央,呈覆斗形,陵台底部东西长58米、南北宽60米、高15米。神道南端有乳台阙址,神道两旁列有成对的华表、翼马、驼鸟、马、翁仲等石雕像,皆残。附近有陪葬墓1座。(龚国强)

【唐贞陵】 唐宣宗李忱陵墓。全国重点文物保护单位。位于陕西省泾阳县白王乡崔黄村。因山为陵,内城面积约629万平方米。陵园城垣夯筑,四门前均有对称的土阙。陵园内有寝宫遗址,墓道南北长约37米。南面外有下宫遗址。列有成对的华表、翼马、驼鸟、马、狮、翁仲等石像。(龚国强)

【唐简陵】 唐懿宗李崔陵墓。全国重点文物保护单位。位于陕西省富平县西北长青乡紫金山上。依山为陵(关中唐十八陵中最晚"因山为陵"的陵墓)。陵园陵垣开四门,四门外各置石狮。神道存有乳台阙址,道旁存留翼马、石马、石人雕像各2件。(龚国强)

【唐靖陵】 俗称"南陵"。唐僖宗李儇陵墓。全国重点文物保护单位。位于陕西省乾县东北铁佛乡南陵村。1995年因盗而进行抢救性发掘。积土为冢,为覆斗形,底呈方形,边长40米、高8.6米。陵园现存东北、西北和西南角阙址。地宫由墓道、甬道、墓室3部分组成,出土石碑、石函、龙凤玉璧、玉佩、哀册玉残片、鎏金铜锁等文物100余件。陵墓内有壁画。神道石刻均已残损,现存华表、翼马、石马和石人,东西列间距60米。(龚国强)

【李宪墓】 亦称"唐惠陵"。全国重点文物保护单位。唐代合葬墓。位于陕西省蒲城县三合乡三合村。李宪为唐睿宗长子,死后追赠让皇帝,以帝制葬惠陵。2003年发掘。陵园坐北朝南,南北长约1 000米,宽约80米。地面陵园仿唐代帝陵建制,设有覆斗形封土、内陵园、角阙、门阙、神道、外陵园及陵前石刻和陵园宫殿建筑等。陵墓为长斜坡墓道的单室砖室壁画墓,过洞、天井、壁龛,墓道、甬道及墓室都有壁画。墓室内西部置一庑殿顶式石椁,石椁外雕刻精美花纹。墓葬多次被盗扰,仅残存哀册、谥册残块等少量遗物。从出土哀册和谥册分析,墓主人为唐睿宗长子、让皇帝李宪及其妻恭皇后元氏。该墓的发掘和研究,不仅对研究唐代丧葬制度和社会生活提供丰富资料,更为中国古代丧葬制度研究不可多得的资料。2005年出版有《唐李宪墓发掘报告》。"李宪墓平面、剖视图"见540页。(刘涛)

李宪墓石椁

【唐惠陵】 即"李宪墓"。

【李寿墓】 唐代墓葬。位于陕西省三原县。为已发掘的唐墓中年代最早的一座。1973年发掘。墓道东西两壁,上层绘飞天、狩猎图,下层绘骑马出行图,由42匹马和81人组成,队伍严整,气势显赫。过洞及天井东西壁下层绘步行仪仗队12幅。第四天井东西壁下层各绘大型戟架两副,旁有仪仗队三列。第一、二、三、四过洞及甬道南壁均绘有重楼建筑。第三天井上部脱落下的壁画残片,有牛车、牛耕、播种、饲养家禽、推磨、担水、膳事等画面。甬道口东西壁上部各绘一飞天,下部二人,一佩剑,一持

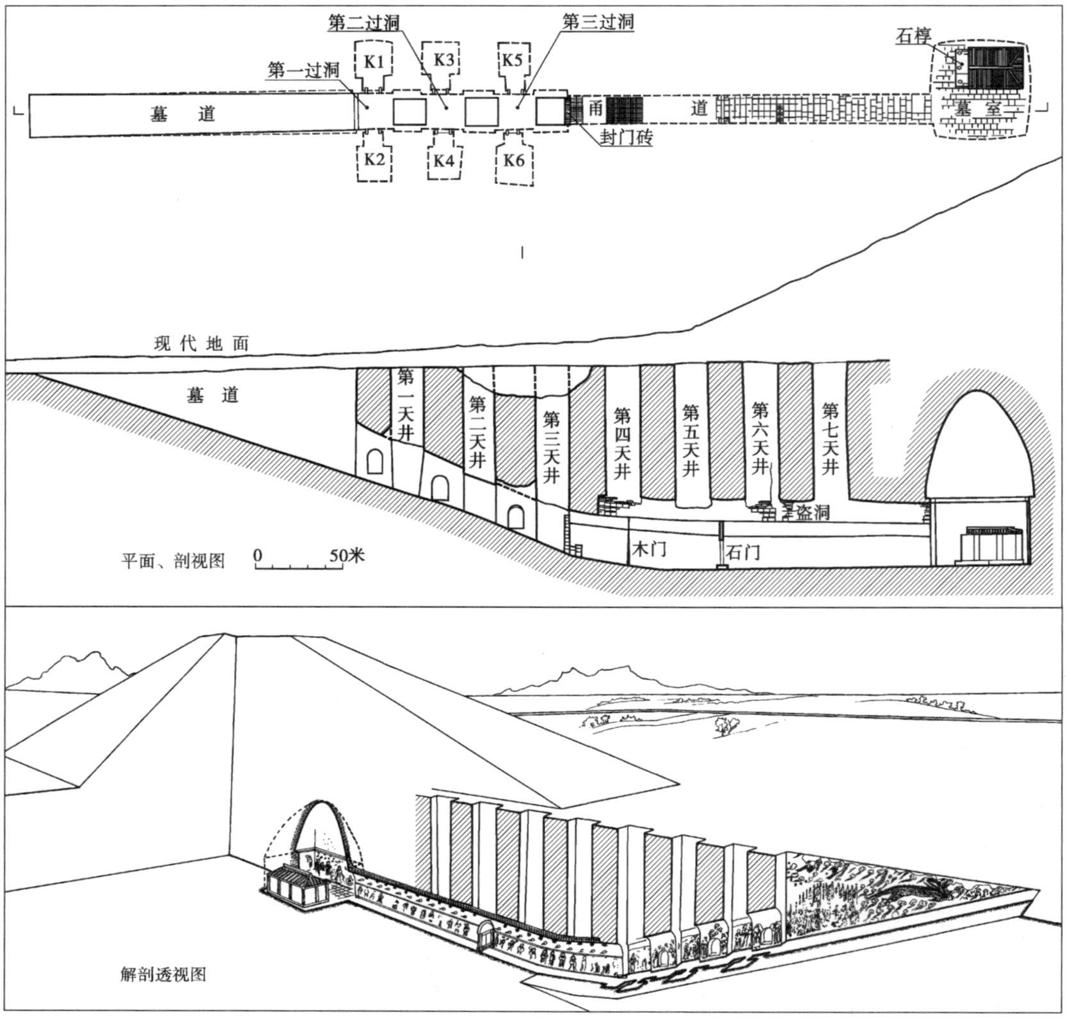

李宪墓平面、剖视图

弓。甬道中部东西壁绘人物众多的内侍图、侍女图。甬道后段,东壁绘一寺院,西壁绘一道观,均有人物活动于其中。墓室西壁绘马厩及草料库。北壁东部绘一庭院,内有贵妇和侍女在游园及乐舞一组。南壁墓门两侧下部绘侍女图。壁画基本用铁线描,旗帜着色用平涂法,人物面部、服饰用晕染法。(何岁利)

【房陵大长公主墓】 唐高祖李渊第六女大长公主墓葬。献陵陪葬墓之一。位于陕西省富平县吕村乡双宝村北,西南距献陵 2.5 千米。1975 年进行清理发掘。地面封土堆无存。地下部分坐北向南,由墓道、过洞、天井、甬道、墓室及小龛等 6 部分组成,全长 57.8 米。墓道水平长 17.5 米、宽 2.56 米。由 5 个过洞(呈券拱形)、4 个天井、6 个小龛以及前后甬道和前后墓室组成。甬道和墓室皆以青砖券筑,草泥裹抹,白灰摊面,青砖铺地。后墓室西侧有石棺,棺床上置石椁一具。墓内壁画残存 27 幅侍女图。出土有墓志铭、石门、鎏金铜灯、小铜钉、鎏金饰物、穿孔琉璃珠、圈足白瓷碗、玉盒、白玉珠、陶质人物和家畜俑等。另外还发现有数处下葬时为墓主祭祀的遗迹。对研究唐代的葬仪和祭祀制度有重要价值。(李春林)

【新城长公主墓】 唐代新城公主墓葬。位于陕西省礼泉县烟霞乡东坪村村北。新城公主为唐太宗、长孙皇后的最小女儿,唐龙朔二年(公元 662 年)冬突然死亡,驸马韦正矩被疑是凶手,次年正月被唐高宗下旨处斩示众,韦氏家族举族流放。高宗以皇后葬仪将新城公主葬于昭陵,为众多陪葬墓中离太宗长孙皇后陵墓最近的一座。墓葬曾多次被盗。1994—1995 年进行发掘。墓中出土有陶俑、壁画、线刻石雕及各种质地的随葬品。其中墓中壁画所绘之长柄鸭蛋形扇,为目前唐代壁画中发现最早的扇形。墓中壁画所有侍女的头像都被铲去。2004 年出版有《唐新城长公主墓发掘报

告》。(龚国强)

【章怀太子墓】 唐高宗子李贤墓葬。乾陵陪葬墓之一。位于陕西省乾县。1971 年发掘。地面有覆斗形封土,底边长 43 米,存高 18 米。原有围墙,南北长 180 米,东西宽 143 米,封土堆南有双阙,阙南有石羊。墓全长 71 米,由墓道、4 个过洞、3 个天井、6 个小龛、前后甬道和前后墓室组成。甬道和墓室为砖砌。后室西部置庑殿式石椁一具,上面线雕男女侍从图像。墓内壁画有狩猎出行、打马球、侍女捕蝉以及客使图等(见彩版 33 唐代壁画"客使图"),尤其是马球图,线条流畅,生动活泼,是唐代壁画艺术的佳作。墓中出土墓志两合。一合为雍王墓志,另一合为章怀太子墓志。随葬品残存 600 余件,其中有三彩骆驼和牵驼俑、马、牵马俑,还有文臣武士、镇墓兽、男女侍从、伎乐俑以及犬、鸡、牛、羊、猪等家畜家禽模型。李贤系被武则天流放至巴州(今四川巴中市),后自杀身亡。中宗复位后,于神龙二年(公元 706 年)先以雍王身份陪葬乾陵。后又于景云二年(711 年)重开墓室,以章怀太子身份与妃房氏合葬。(何岁利)

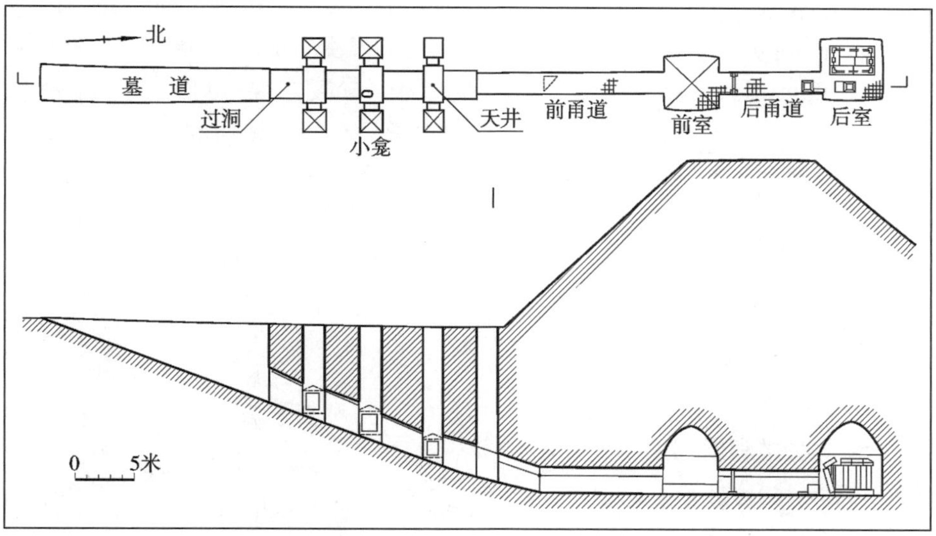

章怀太子墓平面、剖视图

【永泰公主墓】 唐中宗第七女李仙蕙墓葬。乾陵陪葬墓之一。位于陕西省乾县县城北。1960—1962 年发掘。地面有覆斗形封土堆,底边长 56 米,存高 14 米。原有围墙,南北长 275 米,东西宽 220 米,四角有建筑遗迹。南面有一对土阙,阙南有石狮、石人和华表。墓全长 87.5 米,由墓道、5 个过洞、6 个天井、8 个小龛、前后甬道和前后墓室组成。甬道和墓室为砖砌。后室西侧置石椁 1 具,上有线雕宫女等图像。墓室满绘壁画,墓道两侧绘青龙、白虎、仪仗、戟架;前室绘侍女及高足杯、烛台等生活用具。后室顶部绘各种天象。所绘人物形象生动,线条流畅,是唐墓壁画中的珍品(见彩版 33 唐代壁画"永泰公主墓宫女图")。墓早年被盗,出土石墓志一合,残存随葬品 1 300 余件,其中以俑最多,计 878 件,其余有瓷器、三彩器、彩绘陶器、金器、铜器、铁器、锡器、玉器等。永泰公主于大足元年(公元 701 年)与其夫武延基(武则天侄、武承嗣子)被武则天处死。中宗复位后,追封其为"永泰公主",并于神龙二年(706 年)将其与武延基合葬,陪葬乾陵。"永泰公主墓平面、剖视图"见 542 页。(何岁利)

【懿德太子墓】 唐中宗李显长子李重润墓葬。乾陵陪葬墓之一。位于陕西省乾县西北。1971 年发掘。墓地面有封土,南北长 56.7 米,东西宽 55 米,存高 18 米。原有围墙,南北长 256.5 米,东西宽 214 米,四角有建筑遗迹,南面有土阙 1 对,阙南有石狮、石人、石华表,阙北有房屋建筑遗迹。墓全长 100.8 米,由墓道、6 个过洞、7 个天井、8 个小龛、前后甬道和前后墓室组成,甬道和墓室为砖砌。后室西侧置线雕宫女像石椁一具。墓壁满绘壁画,墓道两侧绘城阙、仪仗,过洞绘驯豹、架鹰和侍从图,天井壁画绘戟架、车辇,甬道至墓室壁绘持物侍女,后室顶部绘日月星辰等天象。墓早年被盗,残存 1 000 余件随葬品,大理石哀册发现残片 11 块,上有阴刻填金楷体字,是现存哀册实物中较早的一例。随葬品以俑最多,计有陶俑 834 件,其中三彩俑 69 件、木俑 162 件,此外还有三彩生活用具、鎏金铜马饰等。据文献载,李重润于大足元年(公元 701 年)与其妹永泰公主等被武则天处死。唐中宗复位后,于神龙二年(706 年)将其坟墓由洛阳迁至乾陵陪葬。"懿德太子墓平面、剖视及解剖透视图"见 543 页。(何岁利)

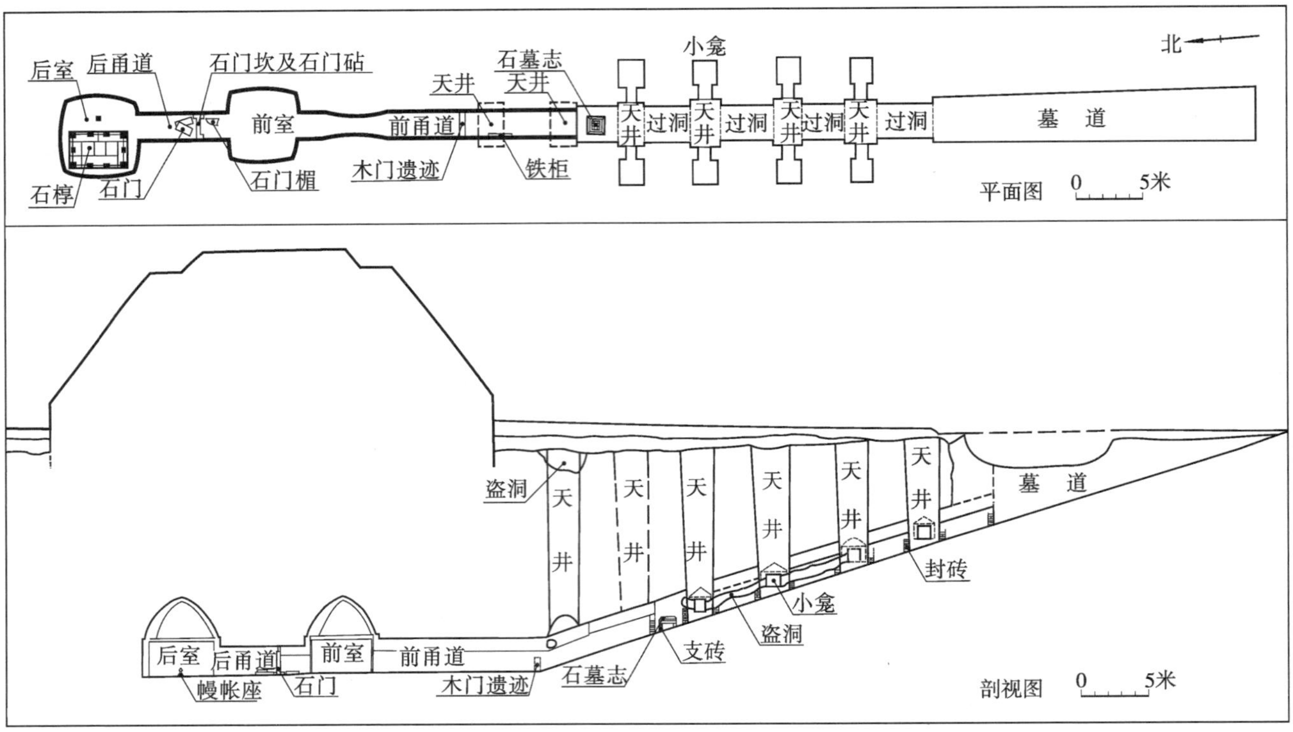

永泰公主墓平面、剖视图

【惠庄太子墓】 唐惠庄太子墓葬。唐睿宗桥陵陪葬墓之一。位于陕西省蒲城县城头桥陵水泥厂东侧。1995—1996 年进行发掘。地面有夯筑覆斗形封土,围墙平面呈长方形,南面有角楼、门阙和石狮。墓地下结构坐北朝南,由墓道、3 个天井、6 个壁龛、甬道、砖券穹窿顶墓室组成。甬道和墓室砌砖,地面铺砖,青石棺床置于方形墓室西部,葬式不明。墓内满绘壁画,其中墓道为车骑出行图,第一过洞两壁绘文吏晋谒图,第二过洞左右各绘九戟图,第三过洞绘武士出行图。3 个天井四壁绘有影作木构建筑图,甬道左右壁绘男侍和幼童,墓室顶部绘有星象图。出土铜、陶、瓷、玉、石各类器物共计 1 300 余件。该墓对研究唐代皇室诸子丧葬制度、壁画题材和册命制度等具有十分重要的学术价值。(李春林)

【惠昭太子墓】 唐宪宗长子李宁墓葬。位于陕西省西安市临潼区西泉乡椿树村与郭王村间,西邻西禹公路。1990—1992 年进行发掘。陵墓地面残存夯筑覆斗形封土。地下结构坐北面南,墓道多遭破坏,唐墓常见的天井、小龛和甬道皆无存,残长 35 米、宽 2.5～3.2 米,形制结构不详,壁面残留彩绘。墓室为砖石结构的穹窿顶式,高 8.5 米、南北长 4.8 米、东西宽 4.6 米,四隅收刹抹角,底以青石条块墁铺。墓室南壁面中间筑有券顶式墓门。棺床在墓室内靠北偏西,以青石条围砌。棺床中间为填土夯实,表层墁铺青砖。墓内出土有石、铜、铁、陶、三彩和玉质等各类器物 181 件,其中的汉白玉册文在国内尚属首次发现。该墓的发掘,纠正了《唐会要》中所谓惠昭太子陪葬唐宪宗景陵之误,也修正了《临潼县志》中关于惠昭太子陵在新丰镇西的传说。1992 年出版有《唐惠昭太子陵发掘报告》。(李春林)

【金乡县主墓】 唐代葬墓。位于陕西省西安市灞桥区灞桥镇吕家堡灞河东岸。1991 年进行发掘。长

金乡县主墓天王俑、武官俑和文官俑

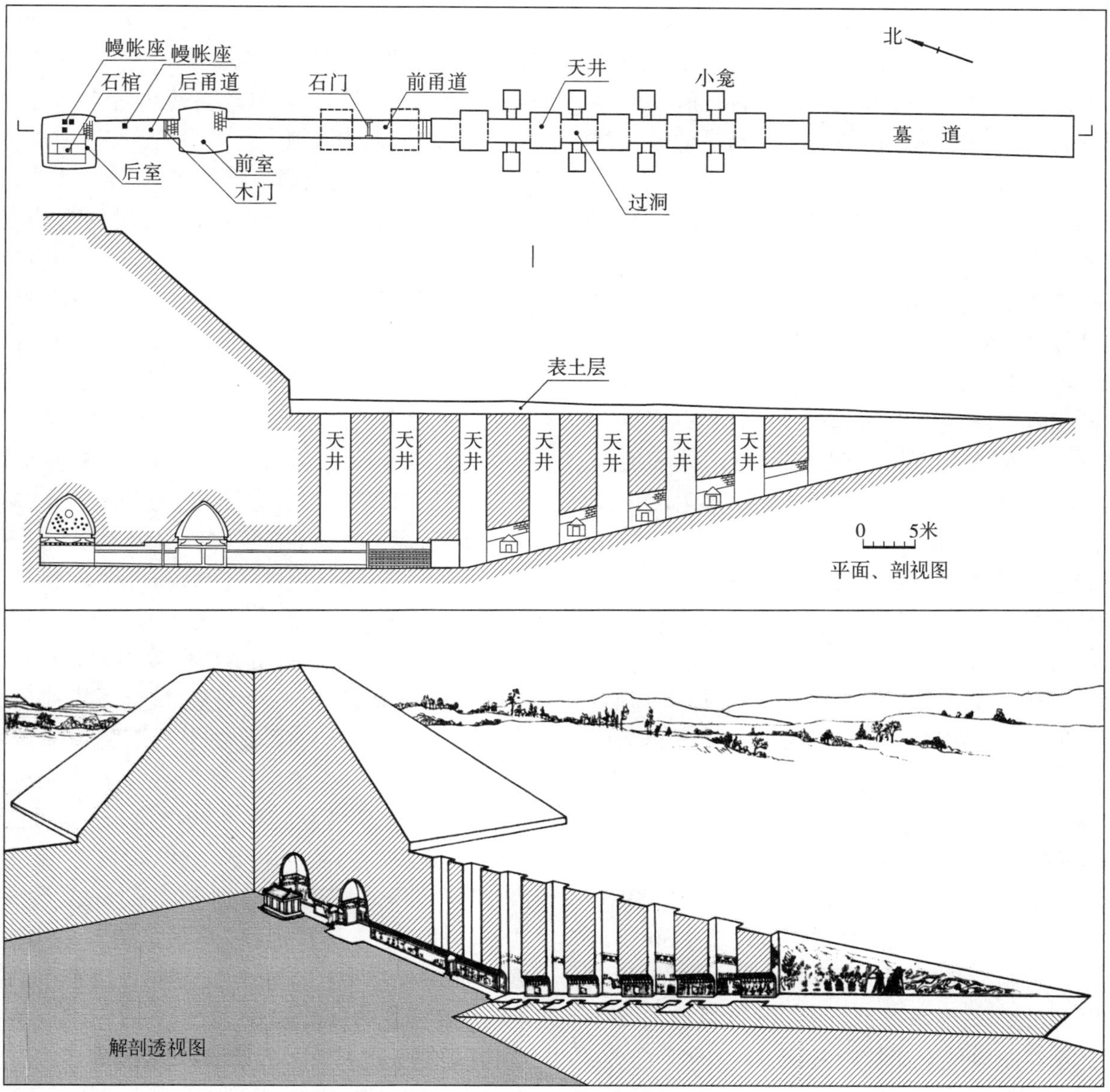

懿德太子墓平面、剖视及解剖透视图

斜坡墓道单室土洞壁画墓，带3个天井、3个过洞、2个壁龛，墓道两壁彩绘壁画。墓室内置一庑殿顶式石椁。墓葬多次被盗，仅出土陶俑和少量器物及墓志2方。据出土墓志表明，墓主人为唐高祖李渊孙女、滕王李元婴之第三女、金乡县主及其丈夫蜀州司法参军于隐。墓葬出土的随葬品，尤其是陶俑，种类齐全，组合完整，制作精美，代表了唐代陶俑的最高水平，具有较高的艺术价值，同时也是研究唐代社会生活、中外文化交流等方面的宝贵资料。2002年出版有《唐金乡县主墓》。（刘涛）

【阿史那忠墓】　唐代墓葬。昭陵陪葬墓之一。位于陕西省礼泉县西周村西。1972年进行发掘。地表残存有部分封土。地下部分由斜坡墓道、5个过洞、5个天井、甬道和墓室5部分组成，方向为正南北。南北总长55米，其中墓道长19米、宽约3米，墓室近正方形。第四天井下有两个小龛，第一、二、三过洞，甬道和墓室均为砖结构。墓室西侧有砖砌棺床，葬式不明。墓道东壁最前面画龙，其次为马、骆驼及牵引人，再次为仪仗队；西壁从南向北画虎，其次为犊车，再次为一武弁。每一过洞内东西壁各画两人。第一过洞外的顶部绘有楼阁建筑图，两侧绘男侍。天井东西壁各画2～3人。另外，壁画还绘有十二列戟、牛车图和侍女图。出土遗物有墓志、墓志盖、镇墓石和各类陶俑、陶瓷器等。（李春林）

【鲜于庭诲墓】　唐代墓葬。位于陕西省西安市西郊。1957年进行发掘。墓主是唐代右领军卫将军鲜于庭诲。墓室平面为正方形(边长4.9米),斜坡式墓道长15.2米。墓道中有4个壁龛。出土随葬品除墓志外,全系陶俑,有武士俑、男侍俑、女俑、风帽俑、骑马俑、骆驼载乐俑、牵驼俑、牵马俑、三彩马俑等。(何岁利)

【杨思勗墓】 唐代墓葬。位于陕西省西安市南郊驾坡村北。1958年进行发掘。墓主是唐高宗亲信之一、骠骑大将军杨思勗。据墓志载此墓是杨思勗与其母合葬墓,规模较大。墓室平面为方形,四壁均向外稍曲略呈弧形,顶部券砖,四壁涂抹白灰墙皮。砖室内长、宽各5.7米,高9.6米。墓门与甬道在墓室南部偏东。石椁外观为殿堂式,体积庞大。出土文物有大量陶俑、石俑与少量罐等生活用品。(何岁利)

【郑仁泰墓】 唐代墓葬。位于陕西省礼泉县烟霞镇马寨村。1971年进行发掘。长斜坡墓道单室土洞壁画墓,带5个天井、过洞和5组壁龛,墓道两壁彩绘壁画。墓室内有一石椁,石椁表面有线雕花纹。出土遗物以陶俑为多,出土墓志一方。据考证,墓主人为陪葬昭陵的唐右武卫大将军郑仁泰。为初唐墓葬制度和社会历史研究提供重要资料。(刘涛)

【凤栖原唐郭氏家族墓地】 唐代郭氏家族墓地。位于陕西省西安市长安区杜陵乡东兆余村。2010—2011年进行抢救性发掘。共清理唐代墓葬30座,其中2座较大墓葬较重要。1号墓为郭仲文墓,由墓道、封门、甬道、砖券单墓室组成。竖穴墓道东、西两壁底部草拌泥地仗上涂抹白灰面,绘制青龙白虎壁画。甬道洞额及东、西两壁绘有4个人物壁画。墓室平面圆角方形,墓室直壁下部砌长方形壁龛11个。墓室四壁绘有呈屏风状的仙鹤图共10幅壁画。西半部设有砖棺床,单人葬,出土塔式罐、玉剑格、石器盖及墓志等随葬品。2号墓为郭仲恭及金堂长公主合葬墓,由长斜坡墓道、过洞、多天井、甬道、单室砖券墓室等部分组成。墓室的西半部设有砖棺床。出土有瓷罐、石枕、鸟形石盒、铜镜、铁猪、墓志等。据墓志记载,1号墓墓主人郭仲文、2号墓墓主人郭仲恭及金堂长公主,均葬于先茔万年县义善乡,可知凤栖原应为唐代郭氏家族墓地。(龚国强)

【西安东长安街唐石椁墓】 唐代石椁墓葬。位于陕西省西安市东长安街西兆余村。2009年进行发掘。坐北朝南,残存封土南北长18米,残高0.4～0.95米,夯层厚约0.25～0.3米。墓葬平面呈折背刀形,由墓道、甬道、墓室三部分组成。其中甬道和墓室内绘有壁画,多已脱落。出土一具庑殿式石椁和一批珍贵的三彩器。墓志置于甬道内,志盖篆书“大唐故秦府君墓志铭”。由志文知墓主人为秦守一。墓中出土的人物俑、马、骆驼、牛等三彩器,施釉技术独特,为研究唐三彩器提供宝贵的实物资料。(龚国强)

【洛阳杏园唐墓】 唐代墓葬。位于河南省偃师市杏园。1984—1993年中国社会科学院考古研究所陆续发掘69座唐墓。这批唐墓是一批经科学发掘,具有记录完整资料的墓穴。墓葬保存完整,都深埋在7～13米的地下,无被盗和人为破坏。墓葬形制有铲形、刀形和双梯形,以土洞和砖室为主。其中有37座纪年墓,最早为长寿三年(公元694年),最晚的为中和二年(882年),反映了唐代墓葬制度和习俗的变化。绝大多数墓葬属唐代中、晚期,填补了这一时段考古发现的不足。墓主身份明确的主要是六品以下的官职,其余都是中、小型墓,填补了唐代墓葬各个阶层的缺环。这些墓葬属于一个关系密切的群体,有的明确为一个家族几代人的墓,代表了唐代洛阳的地方性文化特征。出土遗物达2 200件(不包括破碎、残损的器物),包括陶俑、陶器、三彩器、瓷器、铜器、铁器、金银器、铅器及玉石、角蚌、象牙、漆器等(见彩版32唐代遗物“金银平脱双鸟纹镜”)。由于有37座纪年墓,大量出土器物可以看作是洛阳地区唐墓断代的标尺。(韩建华)

【安国相王孺人壁画墓】 唐代壁画墓葬。位于河南省洛阳市洛南新区翠云路,北距隋唐洛阳城遗址约2千米。2005年进行发掘。两座墓葬东西排列,形制相似,均为长斜坡单室砖砌壁画墓,坐北朝南,由斜坡墓道、过洞、天井、甬道和墓室组成。根据出土墓志“大唐安国相王故孺人晋昌唐氏墓志铭”和“□唐安国相王故孺人清河崔氏墓志铭”确定两座墓的主人为唐代安国相王孺人(夫人)唐氏和崔氏(东为唐氏,西为崔氏)。由于被盗严重,墓室壁画大部分已毁,墓道、天井、过洞处壁画尚存,出土壁画近100平方米。墓道壁画内容相似,均为青龙、白虎及人物牵马或骆驼的出行图,墓道北端绘门吏。唐氏墓的墓道北壁还残存影作木结构阁楼。两墓过洞与天井壁画内容差别较大。唐氏墓天井两壁各绘一持剑武士,武士身后绘侏儒、乐伎等不同身份的人物造型;崔氏墓过洞及天井两壁均绘有武士形象。壁画是先将土壁简单抹平处理后平涂一层厚约1厘米的白灰层，然后施彩做画的。唐氏墓残存器物240件，崔氏墓残存器物154件。（韩建华）

【薛儆墓】 唐代墓葬。位于山西省万荣县皇甫村。1994—1995年进行发掘。带长斜坡墓道多天井单室砖室墓，由墓道、甬道、6个天井、6个过洞和3组对称的壁龛组成。墓室内置一庑殿顶式石椁，石椁外雕刻有多种花纹。墓葬多次被盗，出土物残破，有墓志一方。从墓志记载看，墓主为唐睿宗女婿薛儆。为隋唐墓葬制度的研究提供重要资料，同时出土的墓志也极具史料价值，而其中的壁画、石椁等也极具艺术价值。2000年出版有《唐代薛儆墓发掘报告》。（刘涛）

【薛嵩墓】 唐代墓葬。全国重点文物保护单位。位于山西省夏县水头镇大张村北。薛嵩，名尹，字嵩，河东万泉（今山西万荣县）人。薛仁贵之孙，父亲薛楚玉曾任范阳节度使。曾参加平定安禄山之乱，任尚书右仆射兼御史大夫、相州刺史、照文军节度史，封平阳郡王。墓坐北朝南，占地832平方米。由墓室、甬道、天井、过洞、壁龛、墓道组成。墓冢封土高2.45米，周长91米。墓前有唐大历八年（公元773年）神道碑一通。现存石羊两尊。甬道内保存有约20平方米的壁画。（韩建华）

【太原金胜村唐壁画墓】 唐代壁画墓葬。位于山西省太原市南郊金胜村。1958年在金胜村西南肥料厂工地发现一批汉、北齐、唐宋时期墓葬，其中第4、5、6号为唐代壁画墓。1987年在金胜村附近太原化工焦化厂工地清理出一座唐代壁画墓。1988年在金胜村附近太原第一热电厂工地又清理出一座唐代壁画墓（第337号墓）。1989年又在第一热电厂东部清理出第555号唐代壁画墓。这几座唐代壁画墓的形制结构近似，均为砖砌单室墓，墓门向南，墓室平面呈弧边方形，墓室内绘壁画，推测第4、5、555号墓为初唐时期，第6号墓为盛唐时期，1987年清理的墓和第337号墓为唐高宗或武周时期。第4号墓墓室四壁绘有男侍、侍女、树下老人等计壁画12幅，墓顶绘四神。第5号墓墓室东西北三面绘有牛车图、马夫、树下老人等计壁画10幅。第6号墓墓室壁画保存完整，四壁绘有侍卫、文吏、侍女、树下老人等人物画12幅，墓顶绘制四神图和日月星辰等。1987年清理的墓墓室四壁绘有侍卫、侍女、驼马人物、树下老人等13幅壁画，墓顶绘四神和日月星辰。第337号墓墓室四壁绘有门卫、侍女、女童、树下老人等8幅壁画，墓顶残存四神和日月星辰图像。第555号墓墓室四壁绘有10～11幅壁画，墓顶亦残存壁画。这批唐代壁画墓的共同特点是，墓顶绘有四神及日月星辰，四壁绘侍卫、侍女和数幅树下老人图，人物形象生动而自然，壁画以黄色为地，再以墨笔勾勒轮廓，然后施红、黄、灰等颜色，是研究唐代历史、绘画史的重要材料。（汪勃）

【史思明墓】 唐代墓葬。位于北京市丰台区王佐乡林家坟西约100米处。1981年进行发掘。墓已遭破坏。墓室带双耳室，由汉白玉砌成，东西长5.54米，南北宽5.05米。耳室仅西侧残存有痕迹，长3.1米、宽2米、残高2.4米。斜坡式墓道，长20.6米、宽3米。墓道相对约100米处有双阙。墓道末端有相对的壁龛4个，并有壁画残片。出土器物有鎏金铜牛、鎏金铁马镫、玉册、鎏金铜坐龙、铜铺首等珍贵文物数十件。此外，还出土40余枚包括谥、哀2套玉册，均有残缺。玉册由汉白玉磨制而成，长28.4～28.6厘米、宽2.8～3.2厘米、厚1.2～2.1厘米，两端1.5厘米处有直径0.3厘米的小孔，用于玉册连缀。玉册每枚刻字11个，字口填金，共计252字。墓主史思明，突厥族人，称大燕皇帝，后被其子史朝义所杀。（石自社）

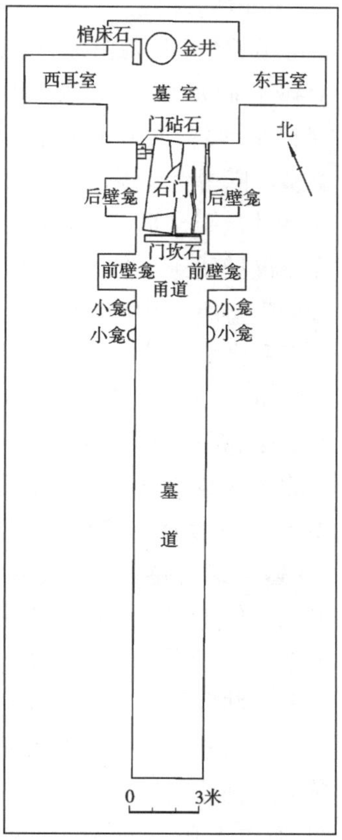

丰台唐史思明墓平面图

【谢尔塔拉墓地】 唐、五代墓地。全国重点文物保护单位。位于内蒙古自治区呼伦贝尔市海拉尔区谢尔塔拉镇东约5千米的台地上。1998年发掘10座古代蒙古人的墓葬。墓葬中出土有大木弓、铁镞、桦树马鞍、玻璃球等百余件文物，还有保存较为完好的10具尸骨。经人种学家鉴定，这些古墓中的尸骨人种属于北亚蒙古人种，时代为公元9世纪左右，墓主人为室韦人。据文献记载,室韦人是蒙古族的祖先。9世纪初,室韦人中的一支从额尔古纳地区森林中出来,到森林西部平坦的草原地区,这些人被称为"原蒙古人"。(石自社)

【吴忠西郊唐墓】 唐代中晚期墓葬群。主要分布于宁夏回族自治区吴忠市西郊新区中央大道及其两侧。2003年发现。墓地呈东北-西南向分布,东北至石佛寺,东南到秦渠,西沿西二环即原"河崖子"附近,宽约3 000米、长约5 000米。共计清理唐代墓葬120座,其中117座保存较为完整,均为砖室墓,南北向,除竖穴墓外,均有短斜坡墓道,大多数有短甬道,墓室内砌棺床或挖掘棺床。根据墓室的多少和平面形制可分为三室墓、双室墓、平面呈倒"凸"字形墓、准刀把形墓、刀把形墓、竖穴墓等6种类型。随葬品以陶器为主,其次有瓷器、铜镜、铜带饰、铜钱、铜合页、玉雕、铁剪、铁刀、骨梳、骨饰件等,漆器仅见残迹。依据墓葬形制和主要随葬品形制,可分为盛唐和中晚唐二期。葬式以仰身直肢为主,俯姿和卧姿较少,流行合葬。这批唐代砖室墓以及一些重要随葬品的发现,对于研究西北地区唐代墓葬形制、葬式、葬俗提供了翔实的资料,对研究唐代西北地区政治、经济、文化等有着重要的学术价值。2006年出版有《吴忠西郊唐墓》。(汪勃)

【窨子梁唐墓】 唐代墓葬。全国重点文物保护单位。位于宁夏回族自治区盐池县苏步井乡西北10千米的窨子梁山丘上。1984年发现。1985年进行发掘。共发掘出6座依山开凿的平底墓道石室唐墓。墓道起于山丘的缓坡处,墓室门开凿于山丘的横切断面上,上部无封土,多壁龛。6座墓形制相同,有单人葬、双人葬,还有多人聚葬于一室的现象,应为聚族而葬。除1号墓未被盗,其余均被盗。6座墓葬共发掘出31件珍贵文物,其中木俑16件,石鼎等石制品6件,灰陶罐1件,琉璃球2件,骨器3件,货币3枚。6座唐墓中,3号墓规模最为宏大,出土墓志一合。6号墓出土了一对石雕胡旋舞墓门,对研究唐代乐舞提供了宝贵的实物资料。墓群的发掘,证实了突厥民族的迁徙和在宁夏盐池一带定居的历史事实,对唐代历史地理和宁夏地方史的研究具有重要的参考作用。(韩建华)

【营州唐墓】 唐代东北边陲重镇营州汉族及契丹、奚、鞋鞍、高句丽、鲜卑、突厥等少数民墓葬群。位于辽宁省西部、大凌河中游西岸朝阳市及周围地区。该地在唐朝时为营州州治。现已发掘唐墓约160座,基本上是中小型墓葬,以砖室墓为主,个别有砖石合筑墓和土坑墓,其中纪年墓14座。从结构来看,单室墓为主,多室墓占少数。有斜坡和竖井两种墓道,斜坡墓道和甬道都比较短。墓室顶多为四角攒尖式,墓内设砖砌棺台。出土随葬品分镇墓类(镇墓兽和武士俑)、仪仗俑类(多见文吏俑)、家居侍俑类(男女侍俑)、日常生活及庖厨类(罐、碗、钵、托盏、水盂、注子、执壶,塔形罐、陶井、陶碓、陶鸡、陶狗、陶羊、陶马、铜镜、铜勺、铁剪、开元通宝、乾元通宝等)。其中一些墓葬与中原地区唐墓相比,具有不同的特征:早期阶段以弧方形和方形墓为主,中期以后则以圆形墓为主;不论墓主人身份地位高低,均用砖筑;安史之乱以前的早期遵循丧葬制度,规模不大,但到中期以后,墓葬规模越来越大且逐渐超越丧葬制度束缚;表现出多民族文化因素特征,主要体现在长方形竖穴土坑墓和梯形墓均随葬带纹饰的陶壶、铜戒指、铜铃以及辫发石俑的衣饰和发饰等方面。2012年出版有《朝阳隋唐墓葬发现与研究》。(龚国强)

【六顶山渤海墓群】 唐代渤海国早期王族和贵族陵墓。全国重点文物保护单位。位于吉林省敦化市城南六顶山南坡。1949年、1959年、1964年先后分三次发掘。墓群共有100余座,已发掘32座。分为合葬墓、迁葬墓。各墓出土人骨大多在两具以上,多者达10具。墓葬形制可分三种:(1)封土土坑墓。木棺,间或有木椁,火葬。(2)封土小石棺墓。挖浅穴于地下,四壁以熔岩石块叠砌,上盖石板。(3)封土石室墓。可分大、中、小三型。大型墓可以贞惠公主墓为代表,由甬道和墓室构成;中型墓也有短甬道,多以木棺为葬具,每墓一人或多人;小型墓墓室狭小,无甬道,无木棺。随葬器物很少,仅出土有陶器和少许铜饰,有的几乎一无所有。六顶山古墓群反映了渤海国前期与内地汉民族文化进行交流和社会生活的状况。1997年出版有《六顶山与渤海镇》。(李春林)

【渤海国王陵区大型石室壁画墓】 渤海国石室壁画墓葬。位于黑龙江省宁安市三陵乡。1991年发掘2号墓,墓室长390厘米、宽330厘米、高245厘米。由墓道、甬道和墓室三部分组成。墓室内摆放着15具骨骼,为多人合葬。壁画内容可分为花卉和人物两类。墓室四壁及甬道两侧绘有武士、女性人

物形象，多已剥落。（龚国强）

【宁安虹鳟鱼场渤海国墓群遗址】 渤海国墓葬群遗址。位于黑龙江省宁安市渤海镇虹鳟鱼场。1992—1995 年进行发掘，共清理墓葬 323 座、祭台 7 座及居住址 1 座。墓葬分封土石室墓、石圹墓、砖室墓 3 种，形状有铲形、刀形、长方形和双室等。出土陶器、铜器、铁器、玉器、鎏金器、银器等随葬遗物达 2 000 余件。该墓地是迄今为止渤海国墓葬中发掘数量最多、分布范围最广的墓地。2009 年出版有《宁安虹鳟鱼场：1992—1995 年唐渤海墓地发掘报告》。（龚国强）

【陈元光墓】 唐代墓葬。全国重点文物保护单位。位于福建省云霄县浦南镇石鼓山。墓前有石羊、石狮及华表各一对。陈元光厉行法治，重视垦荒，兴修水利，对开发漳州作出了卓越贡献。唐景云二年（公元 711 年），陈元光死于征战之后，被尊奉为“开漳圣王”，初葬于漳浦，后移葬今址。墓碑题“唐开漳陈将军墓”。（石自社）

【陈政墓】 唐代墓葬。全国重点文物保护单位。唐归德将军陈政与夫人司空氏合葬墓。位于福建省云霄县城西 3 千米处的将军山麓。始建于唐仪凤二年（公元 677 年）。南宋时重修，清初毁坏。墓葬坐西朝东。墓地外观为砖砌龟背形坟丘，高约 1.8 米，长 7 米，宽 5 米，后有砖砌挡土墙，前有墓埕、台阶及石翁仲、石兽、石华表等。1984 年发掘清理出墓前宋代享堂台基及残石柱，上有“嘉熙四年”（1240 年）题刻。1985 年按宋代墓制修复。现墓地尚存石翁仲、马、羊等唐代大型石雕。附近有一溪涧，名马坑，相传为陈氏饮马处。山麓有磨剑石、试剑石。（石自社）

【韶关唐张九龄墓】 唐代墓葬。位于广东省韶关市西北郊罗源洞山麓。1960 年进行发掘。墓葬为砖室结构。平面作“古”字形，由甬道、耳室和主室 3 部分组成。甬道和耳室券顶，主室四角攒尖式顶。主室近方形，长 4.82 米、宽 4.80 米、高 5.35 米，墓底铺砖，横直平放，中央设砖砌长方形棺床。主室及甬道壁面原涂抹白灰，表面用墨作壁画，间用红朱和绿彩，惜已剥落，尚能看出的有侍女蟠桃、侍女身部和青龙等图案。出土有墓志铭。随葬器物有罐、盆、碗、盘等釉陶器，还有陶砚、玉佩饰、铜镜、铜钱、铁钉（包括棺钉）72 枚以及滑石盘、碗等。其中陶砚底部有砚铭，为一“拯”字。据墓志记载，张九龄卒于唐开元二十八年（公元 740 年），享年 63 岁。墓旁还有其妻卢氏、弟九皋和九章等墓冢，为家族墓。（汪勃）

【清真先贤古墓】 唐代古墓葬。全国重点文物保护单位。位于广东省广州市越秀区解放北路兰圃西侧。是一座园林式的墓园，建于唐贞观三年（公元 629 年）。四周绕有墙垣，内有拜殿、方亭、厢房。墓室中空外圆，形如悬钟，先贤的坟墓就设在里面。因为墓室内呈拱形，教徒或游人在此凭吊先贤诵经祈祷或讲话时，声音特别的洪亮，且有回响，故这墓又有“响坟”之称。墓园内现存的殿堂及其他建筑均为明代风格。相传宛葛素于唐贞观初年到广州传教并建清真寺供侨民礼拜。其归真后，教徒将其营葬于此。（石自社）

【玉树古墓群】 唐代古墓葬群。全国重点文物保护单位。位于甘肃省治多县治渠乡境内。墓葬群坐北朝南，占地面积约 3.78 万平方米。共有大小墓葬 29 座，其中最大的一座长 21.2 米、宽 25.9 米，距地面约 7 米高；最小的长 12.7 米、宽 8.6 米，距地面约 3 米高。古墓地面部分都由青石板不规则地堆砌而成，其中一墓有方形结构建筑。古墓群分布面积广，大部分保存完好，有助于了解和认识中国西南与西藏相毗连的河谷地带的古文化信息。（石自社）

【平坝棺材洞】 唐至民国墓葬。全国重点文物保护单位。位于贵州省平坝县齐伯乡桃花村东南 0.6 千米处。是一个利用喀斯特岩洞存放棺材的少数民族“苗族”岩洞葬。始于唐肃宗至德年间，经宋、元、明沿用至今。1987 年进行发掘清理。洞在“老熊山”半山腰，占地面积 1 100 平方米。洞中存放的棺木均靠近洞口，置于通风、见光、干燥处。或叠置、或单层陈放，依地形分成 4 组，尚存 500 余具，大多保存较为完好。棺木形制有船形棺、圆木棺、方形棺、梯形棺、长方形棺、现代棺 6 种。清理出随葬器物 80 余件，有陶、瓷、竹、木、棉等生活用品，其中尤以宋代彩色蜡染百褶裙弥足珍贵。是研究民族历史、葬俗演变、传统工艺重要的“标本库”，具有较高的历史、科学和艺术价值。（石自社）

【瓦石悬棺】 唐代悬棺墓葬。全国重点文物保护单位。位于云南省威信县长安乡瓦石村。悬棺葬是古代少数民族的一种葬制，以将死者的棺木放置在悬崖绝壁上为特征。置棺方式，一为木桩式，即在峭壁上凿孔 2～3 个，楔入木桩以支托棺木；二是凿穴式，即在岩壁上凿横穴或竖穴，以盛放棺木；三是利用岩壁间的天然洞穴、裂缝盛放棺木。瓦石悬棺遗址有两处，一为龙潭白虎岩，棺木已坠尽，仅余木桩20多根；另一处为瓦石棺木岩，棺木保存较好。现有棺木7具，其中3具为原始棺木。2000年9月进行抢救性清理。悬棺放置在悬崖天然凹入部分的下方，距河面150米，置放方式为岩壁上凿孔打桩，木桩上放置木棺。方孔边长13厘米左右、深15～19厘米，木桩长87～123厘米，由2～3根木桩支撑1具棺木。7具棺木呈5行自上而下分布。3具原始棺木为贞楠木，均为整木凿制而成，未漆，棺身上窄下宽，头大尾小，四周砍凿成直角，呈长方体状。棺盖为齐头拱盖，棺身与盖由子母口套合较紧密。关于族属学术界争议颇大，未有定论，比较集中的有僰人说、僚人说。（韩建华）

【阿斯塔那-哈拉和卓古墓群】 西晋至唐代高昌城公共墓地的合称。详“阿斯塔那古墓群”、“哈拉和卓墓群”。

【阿斯塔那古墓群】 西晋至唐代高昌城墓葬群。全国重点文物保护单位。“阿斯塔那”在维吾尔语中有“京都”之意。汉名为“三堡”。位于新疆维吾尔自治区吐鲁番市东南约40千米的阿斯塔那村境内。墓葬群发现于20世纪初。1959年以来新疆维吾尔自治区博物馆、新疆社会科学院考古研究所陆续进行考察。阿斯塔那墓葬的墓主大多是居于此地的汉人，少数为汉化的兄弟民族。墓葬大致可以分为三期：早期为西晋十六国时期墓葬，分为大型斜坡墓道土洞墓和小型竖穴土洞墓两种；中期为麹氏高昌时期墓葬，大型斜坡墓道土洞墓继续流行，而竖穴土洞墓已经消失；后期为唐西州时期墓葬，墓葬形制没有发生变化，但墓室规模扩大，四壁明显向外弧出，大型墓甬道两侧增设了壁龛，开始流行石质墓志。墓葬中清理出2 700余件晋至唐代汉文文书，文书纪年最早的是西晋泰始九年（公元273年），最晚的是唐大历十三年（778年），前后历时500余年。其中晋十六国时期高昌郡的文书100余件，割据的高昌王朝时期的文书700余件，唐代文书1 700余件。按文书形式分，有契约（包括租佃、买卖、雇佣、借贷等）、籍账（手实、计账、户籍、受田账、欠田账、退田账、差科簿、定户等）、官府文书（符沾状、审理案件的辩词和录案、授官授勋告身、行旅的过所和公验、收发文簿、收支账历等）、私人信札、经籍写本、随葬衣物等。文书内容涉及政治、经济、军事、思想、文化等各个方面。特别是有关高昌郡时期和麹氏高昌王朝的文书发现，填补了本地区历史记载的空白，具有相当重要的史料价值。此外，还出土大量纺织品，品种有锦、绮、绫、绢、缣、纱、罗、轻容、刺绣、染缬等，为研究当时的织染技术、中西贸易和丝绸之路等提供了宝贵资料。墓群中还出土一批干尸，大多保存完好，有的连眼睫毛和眼缝中显露的黑白眼珠都历历可见。其中，高昌国一代名将张雄的干尸身高1.9米左右，须发衣物保存完好，大将风度犹存。墓葬壁画从多方面反映社会生活面貌。如高昌郡时期哈拉和卓第98号墓壁画，画面分成5组9个方格，中心是墓主人一男一女拱手跪坐，身后两名侍女站立，还有多人在劳作，有的执盆，有的推磨，有的牵牛执鞭，画上有高轮牛车和鞍马，有田地和葡萄园，是地主庄园生活的写照。高昌王国时期的墓有张挂着大幅的人首蛇身伏羲女娲绢画，伏羲手中并持墨斗为其他地方不见。旁边还有哈拉和卓墓群，合称“阿斯塔那-哈拉和卓古墓群”。（陈良伟）

【哈拉和卓古墓群】 西晋至唐代高昌城墓葬群。“哈拉和卓”相传是古维吾尔王国一位大将的名字，后人称其生前驻地为“哈拉和卓”。汉名为“二堡”。墓葬群位于新疆维吾尔自治区吐鲁番市东南约40千米的哈拉和卓境内，故而得名。因其墓葬与阿斯塔那墓群相邻，故而学术界统称其为“阿斯塔那-哈拉和卓古墓群”。（陈良伟）

【吐鲁番唐张雄夫妇墓】 唐代墓葬。位于新疆维吾尔自治区吐鲁番市，编号吐鲁番阿斯塔那206号墓。1973年进行发掘。出土《唐故伪高昌左卫大将军张君夫人永安太郡麹氏墓志铭》一方。墓志用灰黄色砂岩刻成，边长74.5厘米，表面涂成黑色，上面阴刻楷书30行，每行30字，文字工整，语言优美。据墓志记载，墓主丈夫张雄（583—633），字太欢，祖籍河南南阳，世居高昌，出生在高昌王国一个贵族家庭。祖父张务，曾任左卫将军、绾曹郎中（总理政务）。父亲张端，曾任绾曹郎中。姑母是高昌王麹伯雅的王妃，麹伯雅之后的高昌王麹文泰，是张雄的姑表兄弟。志文称赞他“天资孝友，神假聪明”，是一位文武双全、平易近人的将领。墓中出土木俑70余件，计有立俑19件，其中男俑17件、女俑2件，还有一些仪仗人马。木俑大都完整，皆系半圆形木条简单刻出头部和身躯，遍敷粉彩。还出土有一些木马残腿、木俑手脚等物200余件。通过这些木俑可看出高昌与唐王朝在政治、经济、文化上的密切联系。

（陈良伟）

【都兰吐蕃墓】 亦称“热水墓群”。吐蕃墓葬群。全国重点文物保护单位。位于青海省柴达木盆地东南端都兰县热水乡。该地在公元329年时，曾为吐谷浑王国都城。唐龙朔三年（663年），为吐蕃所灭并成为吐蕃王国的一个邦国。先后发现这一时期的上千座墓葬。1982年、1999年进行发掘。其中，发掘出的4座大、中型吐蕃墓葬，尤以血渭1号大墓规模最大，坐北向南，高33米、东西长55米、南北宽37米，而以1号墓、3号墓为中心的两个小区墓葬，可能是陪葬1号大墓的两大家族墓地。墓室都是柏木砖石混筑结构。墓堆中夹杂数层整齐的柏木。墓葬中还发现有殉狗、祭祀现象，体现出当地苯教、中原道教的影响。出土大批丝绸织物、木器、金银器、东罗马金币、波斯银币以及马、牛、羊等动物遗骸。丝绸遗物共350余件，分130余种：112种为中原汉地制造，18种为中亚、西亚所制造，其中包括目前世界上发现的唯一一块确认的8世纪波斯文字锦。墓中发现的丝绸等物品多是吐蕃与中原、中亚和西亚进行贸易的结果，证明青海路是6—9世纪前半叶古代丝绸之路的一段重要干线，同时对于研究吐谷浑的历史、文化和风俗等也具有极高的学术价值。2005年出版有《都兰吐蕃墓》。（龚国强）

【热水墓群】 即“都兰吐蕃墓”。

【吐蕃赞普墓】 亦称“藏王墓”。公元7—9世纪吐蕃王朝赞普墓葬。全国重点文物保护单位。位于西藏自治区琼结县境内。墓地长2 076米，宽1 407米，占地约306万平方米，是中国海拔最高的王族墓群。墓地共有坟冢189座，分排埋葬，每排5～7座。墓葬形制大抵相同，均为方形平顶。有的因为长期风雨剥蚀，形变为圆形平顶。据文献记载，松赞干布和文成公主以及前后几代赞普均葬于此。目前可以确定的只有松赞干布墓、芒松芒赞墓、赤德祖赞墓、赤松德赞墓、赤德松赞墓和朗达玛墓。其中最大的墓葬是金城公主之子赤德松赞墓，方形封土，边长180米，残高14.7米。墓地内出土吐蕃时期石碑两座。一座墓碑立于赤德松赞墓前东侧，墓盖为宝珠翘角，碑身和碑座皆为流沙所掩埋。碑身露出地面部分2.3米，正面刻古藏文，碑文内容主要记述了赤德松赞一生的光辉业绩，称颂他是一位“足智多谋，宽宏大度，勇毅不拔，骁武娴文”的赞普。另一块石碑耸立在距离藏王墓不远处的桥头边。此碑形制与赤德松赞墓碑相似，唯碑顶略微不同。碑的南面刻古藏文，碑文已多风化剥落。墓葬反映了1 000余年前西藏的丧葬制度和墓葬水平，对于研究吐蕃王朝的兴起、发展和衰落都具有重要价值。（陈良伟）

【藏王墓】 即“吐蕃赞普墓”。

【吉堆吐蕃墓群】 唐代吐蕃墓葬群。全国重点文物保护单位。位于西藏自治区洛扎县吉堆乡政府所在地南侧山腰上。面积约50平方千米。保存有48座墓葬，11个祭祀坑。墓葬均有石板夹层的夯土封土，为覆斗状，平面则为梯形。墓群以1号大墓为中心，呈放射状分布。墓地东、南两侧，各有一处摩崖石刻和碑文，记录吐蕃赞普和大臣得乌穷之间的誓文，由此判断应为当时洛扎一带名门洛朗家族的墓地。（龚国强）

【后蜀和陵】 五代十国后蜀陵墓。位于四川省成都市北郊约7千米的磨盘山麓。为五代十国后蜀主孟知祥（874—934）陵墓。1971年进行发掘。墓型特殊，分墓道及宝城两部分，全用青石砌成。墓道长12.5米，由青砖砌作步梯。墓门为牌楼式石构建筑，刻青龙、白虎等浮雕；内侧两壁，画男女宫人彩绘像。墓室为圆锥形穹窿顶，中为主室，两旁有耳室各一，结构相同，与主室相通。主室高8.16米、直径6.5米。耳室高6米、直径3.4米。主室中置有一座青石棺台，台长5.1米、宽2.7米、高2.1米，前后各有圆雕裸体卷发力士5人。四角各雕身披甲胄作跪地荷台状力士各一人。上边四周浮雕双龙戏珠图案。弯崖顶正中以蟠龙封顶，顶系铁链，为挂帷帐罩棺之用。发掘时墓已被盗，仅出土器物残片及残玉哀册、谥册、玉饰片。还出土孟妻福庆长公主墓志铭，证明是孟氏夫妇合葬墓。（汪勃）

【王处直墓】 五代墓葬。全国重点文物保护单位。位于河北省曲阳县灵山镇西燕川村西坟山。此墓因多次被盗，故遗物较少，且多已残损。墓内共嵌有大小不等的石刻彩绘浮雕共计18块，墓中壁画内容有天象图、云鹤、团花、人物、花鸟、山水等，多采用屏风形式。壁画中花鸟画所占比例很大，其次是人物和山水，属唐代画风。前室北壁的水墨山水，是目前发掘出土年代确切而且时代最早的水墨山水画，对于中国山水画史研究具有很高价值。（石自社）

【后晋显陵】 亦称“昌陵”。五代后晋高祖石敬瑭陵墓。全国重点文物保护单位。位于河南省宜阳县城北 12.5 千米的石陵村西。陵园现有墓冢 1 座，呈覆斗形，坐北朝南，墓底围长 100 米，高 20 米，保存完好。墓冢前有石碑 1 通，上书“晋高祖墓冢”5 个大字，刻立于清雍正二年(1724 年)九月。墓前原有石人、石兽 9 对，已淤埋地下。墓前 300 米处有两根六楞形石望柱露出地表约 1.5 米，望柱间距 25 米。陵园东有“邱灵寺”，据县志记载为石敬瑭灵辇停放之处，后为护园人住所。寺内建筑多已改建，1965 年以前尚存巨碑一通，是宋景德年间所立，现已不复存在。(石自社)

【昌陵】 即“后晋显陵”。

【后汉皇陵】 五代后汉陵墓。全国重点文物保护单位。位于河南省禹州市苌庄乡柏村柏嘴山。为一处保存较为完整的五代后汉帝后墓群。现存有后汉高祖刘知远睿陵、后汉李氏高后陵和后汉隐帝刘承祐颍陵。后汉高祖睿陵墓冢高 10 米，面向正北，冢前有石俑、石兽组成的仪仗，长达 300 余米(现大部不存)。其东 18 千米有高后陵，其西 4 千米有其子后汉隐帝颍陵。对研究中国古代帝王的葬制有重要的参考价值。(石自社)

【后周皇陵】 五代后周帝王陵墓。全国重点文物保护单位。位于河南省新郑市区北郭店村附近。为五代中原地区唯一保存下来的较为完整的陵墓群。包括嵩陵、庆陵、顺陵和懿陵。嵩陵为后周太祖郭威墓，陵冢存高约 12 米，周长 110 米。庆陵为后周世宗柴荣墓，陵冢存高 10 米，周长 105 米。陵园现存御制祭文碑 28 通。顺陵是恭帝柴宗训墓，陵冢存高 4 米，周长 40 米。墓室和墓道存有壁画。懿陵为后周世宗皇后符氏墓，高 3 米，周长 30 米。(龚国强)

【南汉二陵】 五代十国时期南汉烈宗刘隐德陵和高祖刘岩康陵的合称。全国重点文物保护单位。位于广东省广州市番禺区新造镇小谷围岛西部的青岗和大香山。2003 年、2004 年进行抢救性发掘。德陵坐南朝北，曾被盗，陵园不清，形制为带墓道长方形多重券顶砖室墓。墓坑长 26.47 米，宽 5.82 米，出土青瓷罐、釉陶罐等随葬品 272 件。青瓷器系官窑所烧制，为五代青瓷中的上品。康陵积土为陵，在明代即被盗扰，但布局清楚。地面陵园呈长方形，周绕陵垣，四隅有角阙。陵园中部偏北为圆形砖包土心的陵台，台下为地宫，即带墓道的长方形多重券顶砖室。陵内前室当门立有“高祖天皇大帝哀册文”石哀册文一通，保存完好，明确记载墓主的身份和年代。(龚国强)

【刘隐德陵】 见“南汉二陵”。

【刘岩康陵】 见“南汉二陵”。

【李茂贞墓】 五代李茂贞及其夫人刘氏夫妇合葬墓。全国重点文物保护单位。位于陕西省宝鸡市北坡公园顶陵原机场西端。2001 年进行发掘。李茂贞为晚唐五代枭雄，曾统治岐陇一带长达 37 年。该陵是以唐代帝王墓葬形制而修建，“同茔异穴”。陵园东北侧李茂贞寝宫，除前室、中室用石条砌筑外，其余均用青砖砌成。刘氏祔葬于李茂贞去世的 21 年后，形制规格仿照唐代帝后陵制，由封土、墓道、端门、庭院、墓门、甬道、前室、后甬道及后室等部分组成，全长 57.1 米。寝宫墓道尽头的端门，用青砖雕刻出门窗、护栏、筒瓦和人物。后室四周墙壁，当年所绘壁画依稀可见。刘氏墓志分志盖和志石两部分，正面阴刻《晋故秦国贤德太夫人墓志铭并序》共 1 691 字。记载刘氏生平家世及李茂贞割据及其家族世系的宝贵资料，是研究唐五代墓志及其书法、镌刻的宝贵资料。刘氏地宫墙壁上绘“礼佛乐图”、“礼佛诵经图”等壁画及“天灯”等陪葬器物。共发现瓷器、陶器、铜器、铁器、石器等各种文物共 735 件组，其中铜器绝大多数鎏金。神道、墓室的残存华表、经幢及莲花座、天王座、石夯、石碑座、残存石马、石人等石刻文物。2008 年出版有《五代李茂贞夫妇墓》。(龚国强)

【南唐二陵】 五代南唐李昪钦陵和李璟顺陵的合称。全国重点文物保护单位。位于江苏省南京市江宁区牛首山附近祖堂山南麓。1950—1951 年进行发掘。二陵为砖石结构的多室墓，东西并列，均坐北朝南，相距 50 米。出土陶俑、陶兽、陶禽以及铜、铁、漆木器和玉哀册等文物 640 余件。钦陵建于南唐保大元年(公元 943 年)，全长 21.48 米、宽 10.45 米、高 5.3 米。陵墓上部为一直径 30 米、高约 5 米的圆形土墩。墓门外有石灰粉饰的八字砖墙，中为拱形墓门，表面涂朱。墓室平面呈长方形，分前、中、后 3 个主室及 10 个侧室，前、中室为砖砌，后室系石砌，均为仿木结构。墓门和 3 个墓室的壁面上砌凿出柱、枋、斗拱等，其上彩绘牡丹、宝相、莲花、海石榴和云气图案。后室顶部绘天象，地面刻凿象征地理的河川。进门处上方刻“双龙戏珠”，其下两侧各有 1 个披甲持剑的武士雕像。顺陵建于北宋建隆二年(961

年)，全长21.9米、宽10.12米、高5.42米。顺陵形制与钦陵相似，但规模较小，后室两侧较钦陵各少一个侧室。无天象和河川的图像，也无石刻浮雕等装饰。1957年出版有《南唐二陵发掘报告》。2010年底在南唐二陵西北侧发现地宫1座，据推断墓主极有可能为南唐后主李煜的昭惠后周氏。(汪勃)

【李昪钦陵】 见"南唐二陵"。

【李璟顺陵】 见"南唐二陵"。

【临安吴越国王陵】 五代吴越国陵墓群。全国重点文物保护单位。位于浙江省临安市锦城镇和玲珑镇的太庙山南坡、明堂山。包括吴越国第一代国王钱镠墓、吴越国第二代国王钱元瓘的王后马氏墓及钱镠父母钱宽、水邱氏墓。钱镠墓有大型封土堆，长宽各约50米，高9米，地表遗存华表、石马、石羊等石刻。钱元瓘王后马氏墓——康陵保存较好，为砖廊石室，分前、中、后三室，前室有壁画后室刻天文图，四壁有石刻浮雕和彩绘的牡丹图案。1980年发掘钱宽、水邱氏夫妇墓。2012年出版有《晚唐钱宽夫妇墓》。详"临安唐钱宽夫妇墓"。(龚国强)

【临安唐钱宽夫妇墓】 唐代晚期墓葬。位于浙江省临安市锦城镇西墅村明堂山。系唐代镇海镇东节度使(五代吴越国第一代国王武肃王)钱镠父母亲钱宽、水邱氏之墓，为目前发现的吴越国钱氏王族墓中年代最早的墓葬。两墓同茔异穴，总面积2 000余平方米，两穴相隔5米。钱宽墓早期被盗，1978年发现。水邱氏墓保存完好，1980年发现。两墓结构基本相同，均为砖砌船形券顶结构，分前、后室，并有耳室和壁龛。后室内均绘有椭圆形天文图，内容为二十八宿和北斗等。出土带有"官"和"新官"款的白瓷器、越窑褐彩青瓷器等25件珍品。从两墓中出土的墓志得知，钱宽葬于唐昭宗光化三年(公元900年)，水邱氏葬于天复元年(901年)。2012年出版有《晚唐钱宽夫妇墓》。(汪勃)

【福州闽国刘华墓】 五代十国闽国墓葬。位于福建省福州市莲花峰。1965年发掘。刘华，字德秀，南汉南平王次女，闽国第三主王延钧夫人，长兴元年(公元930年)卒。墓室全长8.4米，分前、后两室。出土有泥塑、石雕、陶瓷器、铜铁器及墓志铭。泥塑类中陶俑的造型承袭唐俑，又有地方特色。《唐故燕国明惠夫人彭城刘氏墓志》是研究五代闽国史的珍贵史料。出土的3件西亚绿釉陶罐，与伊斯兰样式釉陶罐相同。在中国境内目前已知出土这种釉陶器的仅有福州刘华墓、扬州唐城遗址和宁波唐宋子城遗址以及广东的广州、广西的桂林、容县等地的遗址中。(汪勃)

【前蜀王建墓】 亦称"永陵"。五代十国前蜀皇帝王建陵墓。全国重点文物保护单位。位于四川省成都市老西门外高地上。1942—1943年进行发掘。陵台呈圆形，直径约80米，高约15米，基部周围垒以条石。陵台之外有砖基3道，似为陵垣遗迹。正南面砖基之间建包砖夯土墩1对。墓室为一红砂岩建筑，全长30.8米，室内长23.4米。墓室南向，无墓道，由14道红砂岩砌筑的拱券为骨架，券间铺以石板。券及石板表面次第涂抹细泥、白垩，其上再施彩，券顶天青色，壁面朱色。分前、中、后3室，每室之间以木门间隔。中室中央偏后有须弥座式石棺床，上置棺椁。棺床两侧列置12力士半身雕像，作托扶棺床之状。棺床东、西、南三面浮雕或舞或奏的乐伎24名。乐伎四周及棺床北面饰龙、凤、云纹、花卉等图案。后室设石床，上置墓主圆雕石像及谥宝、玉哀册、谥册等法物。墓主雕像头戴折上巾，着袍，浓眉深目，隆准高颧，薄唇大耳，符合史籍所载王建相貌。谥宝、谥册皆载其谥号为高祖神武圣文孝德明惠皇帝。该墓因早年被盗，仅残存银、铜、漆、玉、石、陶质随葬品30余件。棺内有玉銙、铊尾和银扣保存完好的大带。根据出土哀册记载，王建卒于前蜀光天元年(公元918年)六月，十一月三日入葬。1964年出版有《前蜀王建墓发掘报告》。(汪勃)

【永陵】 即"前蜀王建墓"。

【宋祖陵】 亦称"宋三陵"。疑似北宋初期或稍早的帝王陵墓。全国重点文物保护单位。位于河北省清苑县望亭乡东安村南300米处。指宋太祖赵匡胤追尊其高祖赵朓(钦陵)、曾祖赵珽(康陵)、祖父赵敬(定陵，后称靖陵)的帝陵。2008年进行发掘。遗址由南至北依次为神道石刻、建筑基址和墓葬区。南部神道石刻由南向北应为18件，依次有望柱、石马、控马官、石象、石虎、角端、石羊、文臣、武臣等，多数损毁严重。石像生两两相对，间距约6～7米。建筑基址可能是与祭奠有关的献殿遗址，由台基、围墙、房址三部分组成。墓葬区位于建筑基址北侧，共发掘4座，可分为东、西两排。西排两座，均为带竖井墓道的圆形穹窿顶砖室墓，墓壁有简单的砖雕灯架、熨斗、剪刀、假窗等。从墓葬形制和出土遗物推测其为晚唐时期墓。东排两座，南对台基，均为带斜坡墓道的圆形穹窿顶砖室墓，墓室四壁有砖雕四铺作斗拱，还有砖雕假门、假窗、灯架、剪刀、熨斗、衣架等。从墓葬形制和出土遗物推测其为晚唐五代时期的墓葬。（董新林）

【宋三陵】 即“宋祖陵”。

【巩县宋陵】 北宋帝王陵墓。全国重点文物保护单位。位于河南省巩义市境内西南部。皇陵埋葬太祖、太宗、真宗、仁宗、英宗、神宗和哲宗，以及被追封的宣祖（太祖之父）等陵墓，通常称为“七帝八陵”；徽宗和钦宗陵归葬后，又称“九帝十陵”（见彩版36“巩县宋陵永昭陵”）。此外还袝葬后陵22座，及上千座陪葬墓。20世纪50年代以来多次进行考古调查和发掘。皇陵可分四个区域。诸陵园都是由兆域、上宫、下宫、袝葬后陵和陪葬墓组成。兆域内通常包括帝陵、后陵和宗室子孙及重臣的陪葬墓。上宫为正方形，夯土陵垣（神墙），四隅有角阙。夯土陵台位于上宫的中心。四面各开一门，每门有两个阙台，推测原有三出阙的阙楼。南门外为神道。由南到北依次为鹊台、乳台各一对；乳台之北为62件神道石刻。下宫，即寝宫，是侍奉墓主魂灵日常起居之所和陈设死者衣冠、进行日常祭祀的场所。下宫均在帝陵西北，合于壬地。各地下宫均遭破坏，具体情况不详。各皇陵西北，在下宫前后，还袝葬数量不等的后陵；后陵西北还有皇室宗亲和重臣的陪葬墓。地宫情况不详。陵园建筑基址规模宏大和石雕群像保存完整，是宋代陵寝制度的典型代表，在中国古代陵寝发展史上占有重要的地位。1997年出版有《北宋皇陵》。（董新林）

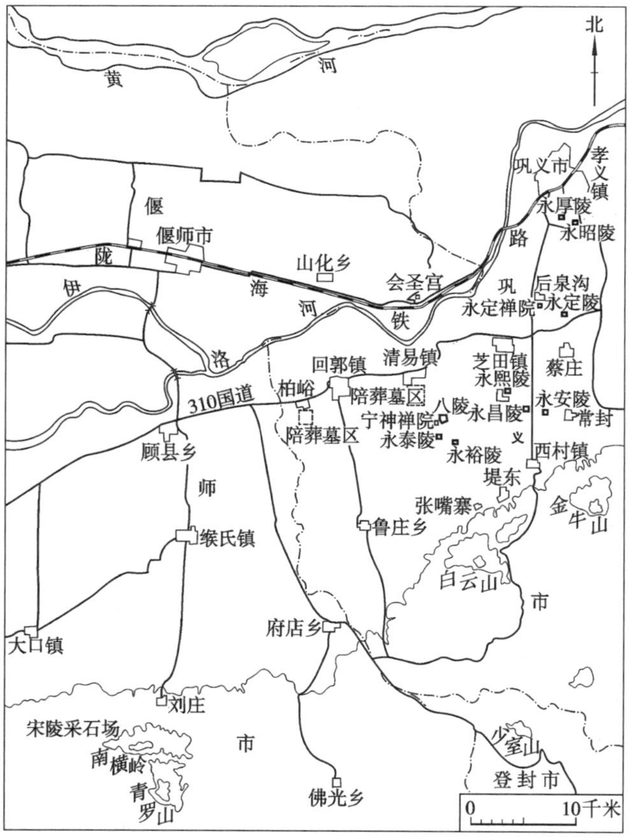

巩县宋陵分布图

【南宋六陵】 南宋帝王陵墓。全国重点文物保护单位。始建于绍兴元年（1131年）。位于浙江省绍兴市东南宝山。高宗永思陵、孝宗永阜陵、光宗永崇陵、宁宗永茂陵在山南，称“南陵”；理宗永穆陵、度宗永绍陵在山北，称“北陵”，合称“南宋六陵”。还有一些皇后的袝葬陵。陵墓为权殡，建造简单，称为“攒宫”。攒宫不设陵台和石像生、神墙，只是将棺椁放置在一个大石椁内，称为“石藏子”。石藏子之上直接盖“凸”字形献殿，称龟头献殿。又设下宫，下宫有前后殿和东西廊。元时陵墓被盗掘，攒宫遗迹也遭破坏。帝陵石藏子尚未发掘。元末吴王张士诚依据南宋帝陵制度埋葬其母曹氏，提供了石藏子的考古实例。（董新林）

【元德李皇后陵墓】 北宋元德李皇后陵墓。宋太宗永熙陵袝葬后陵之一。位于河南省巩义市西村陵区。1985年进行发掘。地宫由墓道、甬道和墓室组成。斜坡阶梯墓道位于陵台南部正中，地宫为砖

西门扉 东门扉

元德李皇后陵石墓门武士像（拓本）

筑近圆形单室墓，穹窿顶。墓室直径7.95米、高12.26米。墓室中后部砌有石棺床，须弥座前挡装饰有花卉。石门上刻有武士像；墓壁砌出倚柱和单昂四铺作斗拱，还砖雕桌、椅、灯檠、衣架和门窗等装饰；墓顶绘有楼阁图和星象图。现仅存玉册、石函盖和瓷片等遗物。为目前唯一经过发掘的北宋皇后陵墓。（董新林）

【东龙观墓群】 宋金时期墓葬群。全国重点文物保护单位。位于山西省汾阳市东龙观村西北。2008年进行发掘。共发掘墓葬27座，其中砖室墓16座、土洞墓11座。砖室墓分为八角形（8座）、六角形（5座）和四边形（3座）。墓地中有7座砖雕和壁画墓，分别属于两个家族墓地。北部以48号墓为中心，依次有1号墓和排列有序的一批土洞墓；南部以2号墓为中心，依次有3号墓、5号墓、4号墓等。根据买地券纪年资料并结合墓葬形制和随葬品特征可确定，墓葬时代为北宋晚期到金代中期，是研究宋金时期丧葬习俗的重要资料。（董新林）

【杨公佐家族墓】 北宋左班殿直杨公佐夫妇合葬墓。位于江苏省淮安市杨庙镇。1959年进行发掘。共发现墓葬5座，均东南向。墓葬为砖筑或砖木混筑"类椁式墓"。其中，杨公佐（2号墓）于绍圣元年（1094年）葬祖茔；1号墓葬于嘉祐五年（1060年）。4号墓在南，1、3号墓居中，2、5号墓在最北。杨公佐墓为并列三室墓，内有木棺。东室内绘有壁画，东、西壁绘散乐图，北部为侍寝图。1号墓也绘有备宴图和侍寝图等内容。多数墓中绘中原地区常见的壁画，较有特色。墓葬还出土较完整的漆器75件，为研究中国漆器制作工艺提供了珍贵资料。（董新林）

【李彬墓】 北宋乡绅李彬夫妇合葬墓。位于江苏省溧阳市中梅村。李彬葬于北宋元祐六年（1091年）。1978年进行发掘。墓葬为砖筑并列双室"类椁式墓"，券顶。共有随葬品93件。有琉璃建筑模型、各类神像、陶瓷器，以及银盒、铜镜、铜锣等金属器和石砚等。尤以8件琉璃建筑模型（水榭、楼、凉亭等）和31件神像瓷俑（四神、五行星、二十八宿、佛像等）最具特色，陶质肩舆与舆夫一组3件也较为少见。这些模型实物为研究中国建筑史和家具史等提供了不可或缺的重要资料。（董新林）

【周瑀墓】 南宋墓葬。位于江苏省金坛市阳村。1975年进行发掘。墓葬为砖筑单室"类椁式墓"，券顶。长2.75米、宽1米、高1.6米。有木棺、椁各一。木棺盖上墨绘星象图。棺内有一具保存完好的男尸，仰身直肢葬，毛发俱全，肌体大小关节都可活动。前壁有一龛，内置陶瓶、木牌、铁地券等。墓内有锡制模型器、书写工具、银戒指、竹杖、团扇、铜钱等，还有最为重要的丝织品和牒文抄件。牒文抄件记载死者姓名、籍贯、家庭出身以及补中太学生的经历，是研究宋代手卷装裱形式和官方文件程式难得的实物资料。衣物丝织品保存良好，以纱罗为主，是研究宋代丝织技术重要的实物资料。周瑀尸体比马王堆女尸保存状况更好，为医学史、古病理学以及尸体防腐技术等研究提供了珍贵的资料。（董新林）

【东钱湖墓葬群】 宋、元、明时期墓葬群。全国重点文物保护单位。位于浙江省宁波市东钱湖镇。主要为历代名臣学士的墓道石刻。南宋时期以史氏家族墓道石刻群为代表，包括越国公史诏墓道、齐国公史渐墓道、卫国忠献王史弥远墓道等，此外还有余天任墓道石刻、燕子窝墓道石刻。明代石刻则以少傅兼太子太傅余有丁墓道为代表，此外还有金字山石牌坊群、金忠家族墓葬群、史涓墓和包桢墓等。南宋石刻近140件，元明时期超过40件。拥有中国现存唯一的南宋墓道石刻群，墓道石刻由神道坊、石笋、石鼓、石虎、石马和文臣武将组成，线条流畅，形态逼真。（董新林）

【包拯家族墓】 北宋枢密副使包拯家族墓葬。位于安徽省合肥市东郊黄泥坎村东北。墓葬约从嘉祐八年（1063年）至宣和二年（1120年）或略晚。1973年进行发掘。东西长64米、宽52米。共计清理12座墓。地表原有石像生和石碑等，墓上有封土堆。8号墓最大，6号墓次之。8号墓和6号墓均为有墓道的方形石室墓。8号墓被严重破坏，不见木棺和人骨，有一戴冠帽的男木俑，帽正面刻"王"字。6号墓也不见人骨。其他墓多为土坑竖穴墓，墓葬简陋，随葬品也较少。根据墓志铭可定包拯夫妇迁葬墓（1号墓）、其长子包繶夫妇墓（7号墓）、次子包绶夫妇墓（5号墓）和孙包永年墓（4号墓）。发掘者推定6号墓是包拯妻董氏原葬墓，其北侧的8号墓可能是包拯原葬墓。也有人指出包拯墓陪葬巩义宋真宗永定陵内，合肥包拯墓应是衣冠冢。此墓的发现，对宋史研究有重要的学术价值。（董新林）

【黄昇墓】 南宋赵与骏妻黄昇等合葬墓。位于福建省福州市北郊第七中学内。1975年进行发掘。墓葬为石筑三室并列"类椁式墓"，平顶。墓室长

2.94米、宽1.44米、高1.46米，两圹相距0.16米。墓室有砖椁和木棺，不设墓门。石室和砖椁间灌注松香或细砂等，石室外用三合土等填实，密封建筑。墓葬左室为“孺人李氏”，卒于淳祐七年（1247年）；中室不详；右室为黄昇，卒于淳祐三年（1243年）。右室出土有石墓志、砖买地券、铜镜、铜钱、木俑和铁牛等。黄昇为仰身直肢葬，头南脚北，殓服和随葬饰物等保存较好。这些丝织品为研究中国丝织业发展史和当时社会经济发展水平提供了重要资料。1982年出版有《福州南宋黄昇墓》。（董新林）

【魏王赵頵墓】 北宋魏王赵頵夫妇墓。位于河南省巩义市孝义陵区。为宋英宗永厚陵陪葬墓。1961年发掘。墓葬由斜坡墓道、墓门、甬道和墓室组成。砖筑，南向。青石质墓门，门外两侧有砖券壁龛。长甬道，墓室平面呈圆形，直径6.54米、高6.48米。地面铺石板。墓内仅存墓志两合、石匣盖一件和一些瓷片。墓志盖四刹以卷云纹为地，上刻四神图案；志石四面分别线刻3个人物，均着文官冠服，双手执笏，端坐椅上。据墓志载，魏王赵頵为宋神宗弟，宋哲宗元祐九年（1094年）“葬于永厚陵之北”。（董新林）

【白沙宋墓】 北宋墓葬。位于河南省禹州市白沙镇北。墓主为北宋末年赵大翁及其家属，共3座。1951年进行发掘（见彩版37“夫妇端坐图”）。赵大翁墓为砖筑仿木建筑结构双室墓，前室扁方形，后室六角形，全长7.26米。墓门正面是仿木建筑门楼，墓内各壁亦砌础柱和单抄单昂重拱五铺作斗拱，仿木建筑上有彩画。墓室四壁也有彩色壁画。甬道两壁画身背钱串和手持筒囊、酒瓶及牵马侍者。前室墓门两侧画持骨朵的护卫，东壁画乐舞11人，西壁雕画墓主人夫妇对坐宴饮像。后室北壁砌妇女启门状，西北、东北两壁砌破子棂窗，西南壁画对镜着冠的妇人，东南壁画持物侍奉的男女婢仆，表现墓主人内宅的生活情景。后室的棺床上置迁葬的人骨两具，有元符二年（1099年）朱书买地砖券，随葬品很少。另两墓并列于赵大翁墓北，都是六角形单室壁画墓，为夫妇合葬墓，其时代较赵大翁墓稍晚。这种仿木建筑雕砖壁画墓流行于北宋末年中原和北方地区。1957年出版有《白沙宋墓》。（董新林）

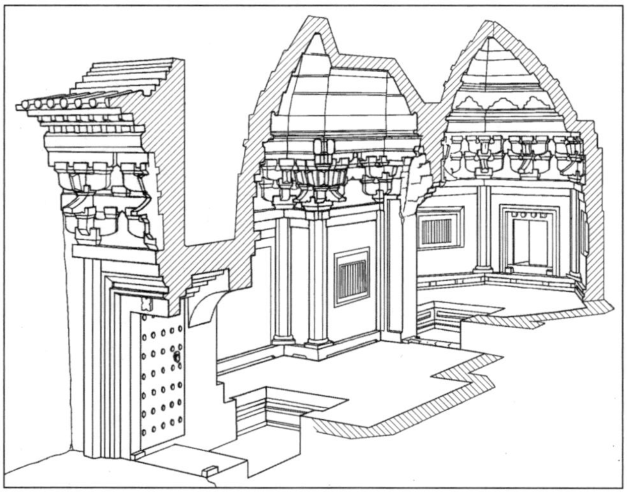

白沙宋墓解剖透视图

【冯京墓】 北宋宣徽南院使冯京夫妇合葬墓。位于河南省新密市五虎庙村南。1981年发掘。墓葬建于宋仁宗嘉祐八年（1063年），由墓道和墓室两部分组成。坡斜墓道朝南，无墓门。墓室为东西向的石筑“类椁式墓”，为南北排列的四椁室，各室隔墙中间有洞相通，平顶。南数第三室最宽，为冯京墓，其他为其妻妾墓。各墓室顶上均有墓志一方。墓内残存陶瓷器、石骨器、铁器、铜镜和铜钱等。该“类椁式墓”属于南方传统，是中原地区墓葬形制的特例，应与墓主祖籍鄂州有关。四方墓志所载内容丰富，是研究宋代历史的珍贵实物资料。（董新林）

【乐重进墓】 北宋墓葬。位于河南省洛宁县大宋村北坡。葬于北宋政和七年（1117年）。1992年进行发掘。北宋线刻画像石主要发现在中原北方地区。墓葬为单线阴刻画像石棺。石棺刻有22幅孝悌故事图、散乐图、妇人启门图、天女散花图、鹿和麒麟祥瑞图等。刻画工艺娴熟，是研究宋代绘画艺术、戏曲、服饰及生活习俗等的重要资料。（董新林）

【张颙墓】 北宋湖南转运使张颙夫妇合葬墓。位于湖南省常德市河洑镇。张颙卒于宋元祐元年（1086年）。1976年进行发掘。墓葬地表有封土，为石筑“类椁式墓”。连体并列双墓室，为南北向。张颙墓志位于墓室外，夫人周氏墓志在墓内棺床前。墓葬被盗扰，仅残存陶瓷片和铜器等。石墓门上有彩绘浮雕武士像和动物图案。张颙在《宋史》中无传，墓志详细记载他的家世、履历，以及兴修水利设施、反对王安石变法等重要事迹，弥补了史料不足，为研究北宋中期的政治和经济等提供了重要资料。（董新林）

【安丙家族墓】 南宋四川宣抚使安丙及其家族墓葬。全国重点文物保护单位。位于四川省华蓥市昭勋村。1996 年进行发掘。墓葬前均有石构建筑遗迹和相关遗物。安丙墓(2 号墓)和李氏墓(1 号墓)为石筑并列双室墓,均有墓道,用巨石封门。安丙墓为天井式墓道,墓室内有大量的彩绘雕刻,分为 3 部分。上部为仿木结构斗拱等建筑;中部两侧壁为持笏吏,后龛中为安丙及其夫人像;下部两侧壁和后龛台下均为驯兽内容。有石墓志一合,还有金币、玉围棋子、陶瓷器、铜器、铜钱和陶俑等。李氏墓为斜坡式墓道,墓内也有彩绘雕刻和壁画。棺台上有三彩陶俑。3、4 号墓也是石筑并列双室墓,室内有腰坑,应为夫妇合葬墓。其中 4 号墓腰坑有一长方形"石槽",坑内玉石上覆盖一面葵花铜镜,铜镜上有 5 枚金币,镜四周用金、银币和铜钱组成八卦方位。5 号墓早年被毁,也有石雕。该墓葬为研究南宋时期四川地区政治、经济、文化等的重要资料。2008 年出版有《华蓥安丙墓》。(董新林)

【泸县宋墓】 南宋画像石墓葬。全国重点文物保护单位。位于四川省泸县境内。2002 年进行发掘。共计发掘 6 座。墓葬有封土冢,由墓道、墓门和长方形墓室组成。墓室正中均设棺台。有的为同坟同穴异室墓(同一墓圹内的双室墓),如奇峰镇 1、2 号墓;有的为同坟异穴异室墓(不同墓圹内的双室墓),如青龙镇 1、2 号墓。依墓志得知,喻寺镇 1 号墓主人古骥,葬于淳熙三年(1176 年);奇峰镇 2 号墓主人陈鼎,葬于淳熙十三年(1186 年)。墓室两侧壁和后壁设有壁龛和后龛,墓壁有各种石刻图像,多为高浮雕,也见浅浮雕和线刻。题材有武士图、四神图、仆侍图、伎乐图、妇人(侍者)启门图、动物和花卉图案等。这些石刻是研究宋代美术史、社会生活史的重要资料。2004 年出版有《泸县宋墓》。(董新林)

【罗盘嘴墓群】 宋代画像石墓群。全国重点文物保护单位。位于四川省泸县奇峰镇红木村。发现墓葬 4 座,坐东北向西南。占地约 450 平方米。墓葬为仿木结构石筑类屋式墓,由墓道、墓门和墓室组成。其中 2 号墓室长 2.9 米、宽 1.25 米、高 2.58 米。墓室侧龛浮雕花卉门扇,后龛雕女侍,后壁横梁正面镌墓志,室底设棺台,盝顶。墓门左右两侧门柱有高浮雕镇墓武士各一。根据 2 号墓志记载,墓主人葬于南宋淳熙十三年(1186 年)。该墓群是研究四川盆地南宋石室墓和画像石,特别是南宋泸县地区经济文化和社会状况的重要实物资料。(董新林)

【杨粲墓】 南宋播州安抚使杨粲夫妇合葬墓。全国重点文物保护单位。位于贵州省遵义市南。建于南宋淳祐年间,是西南地区代表性宋墓。1957 年进行发掘。墓葬残存封土堆。为石筑并列双室墓,男左女右。长 5.45 米,宽 2.76 米,最高处 5.02 米。两室平面均呈长方形,包括墓门、前堂和后室,后室间有过道相通。棺床置于后室中间。墓门外立颊正面、墓门、后室共有雕刻 190 幅。其中男女墓主人、文官、女官等雕像 28 尊;余为动物、花卉和几何图案等。有圆雕、浮雕和线刻等,多为宋代石刻佳品。墓底各有圆形腰坑,内藏铜鼓 1 面,其中男室铜鼓为典型的"遵义式"铜鼓。(董新林)

【蓝田吕氏家族墓地】 北宋吕大临家族墓地。全国重点文物保护单位。位于陕西省蓝田县五里头村西北斜坡上。2006—2010 年进行发掘。墓园由兆沟、墓葬群和家庙遗址组成。兆沟是墓园的护卫设施,环绕于墓园东、西、北面,形同"门"字。墓葬群位于园内正中偏北,清理出成人墓 20 座、婴幼儿墓 9 座,总计 29 座。均由竖穴墓道、平顶或拱顶土洞墓组成。成人墓有单室、前后双室、并列双室、主室带侧室、单前室后双室等不同形制。出土 600 余件组各种质地器物。其中瓷器以耀州窑青釉瓷为主,也见定窑、建窑、景德镇湖田窑产品。家庙遗址位于墓地中轴线南 500 米,为北宋时期吕氏家族所建,名曰"吕氏庵云阁寺"。此墓地是迄今发掘的最为完整的宋代家族墓园,埋葬北宋文坛名士及金石学家吕大

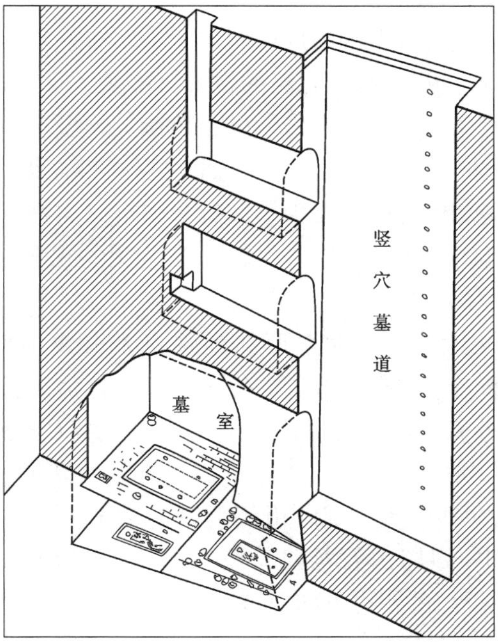

蓝田吕氏家族墓地 2 号墓解剖透视图

临兄弟大忠、大钧等家族成员，多达五代，是研究北宋官制、科考制度以及河南汲郡吕氏家族起源、途迁，蓝田吕氏家族发展谱系、丧葬制度等极其珍贵的第一手资料。（董新林）

【漏泽园墓地】 宋代官办用以集中埋葬贫苦人民、军士、囚犯及无主尸骨的义塚地。位于河南省三门峡市上村岭。初设于宋神宗元丰年间。墓地至少有上千座墓葬，现已发掘849座墓。排列有序，从东向西成排，每排百余座墓。多无葬具，部分用陶缸葬具。均单人葬，葬式多样。238座墓出土有砖墓志，砖上铭刻死者的姓名、年龄、身份、死亡和埋葬时间，还有送尸机构或人以及所属厢军等。北宋末期，类似漏泽园官办的墓地遍及河南、山西、陕西和四川等地，为研究宋代社会和历史的重要资料。1999年出版有《北宋陕州漏泽园》。（董新林）

【辽代帝陵】 辽代帝王陵墓。包括祖陵、怀陵、庆陵、显陵、乾陵共5处。位于内蒙古自治区和辽宁等地。20世纪上半叶，外国人多次调查和盗掘庆陵。1949年后中国学者对诸辽陵多次进行调查和抢救性发掘。按其分布地域，可分为三区：祖陵（太祖）位于内蒙古自治区巴林左旗；怀陵（太宗和穆宗）和庆陵（圣宗、兴宗和道宗）位于内蒙古自治区巴林右旗；世宗显陵和景宗乾陵位于辽宁省北镇市医巫闾山董家坟、龙岗村一带山谷中。其中，显陵为东丹人皇王耶律倍和世宗耶律阮的陵寝；乾陵位于显陵附近，系景宗（耶律贤）和天祚帝（耶律延禧）的陵寝。此二陵形制布局尚不清楚。耶律宗政墓等陪葬墓的发掘，为探索乾陵的位置等提供了重要线索。辽代帝陵附近都设有专门守护陵园的州城——奉陵邑，分别称为祖州、怀州、庆州、显州和乾州。1988年祖陵和庆陵被公布为第三批全国重点文物保护单位。2001年怀陵亦成为全国重点文物保护单位。（董新林）

【辽祖陵】 辽太祖耶律阿保机及其皇后陵墓。全国重点文物保护单位。位于内蒙古自治区巴林左旗石房子嘎查西北。建于契丹天显二年（公元927年）。2007—2010年进行发掘。祖陵由陵园、奉陵邑、陪葬墓群等组成。祖陵陵园坐落于一个口袋形山谷中，四周山脊豁口均砌有石墙，东南有一“黑龙”门址。陵园可分内、外陵区。太祖陵玄宫凿山为藏，位于内陵区中央，玄宫附近置有石像生。“甲组建筑基址”地处太祖玄宫东南，与“之”字形登山路和“南岭”上建筑基址形成有机的整体，是祭祀太祖陵的重要陵寝建筑。外陵区的1号陪葬墓为五室砖筑，墓主身份特殊。此基东南的山脊上有相配的祭祀基址。陵门外东侧有“太祖纪功碑楼”基址，石龟趺上面原有契丹大字和汉字镌刻的双语石碑。与《辽史》记载基本吻合。陵园东南部设有奉陵邑祖州城。陵园西侧山谷和南侧漫岐嘎山南麓均有陪葬墓群。祖陵陵园布局承袭汉唐制度的精髓，代表辽代早期陵寝制度的模式。（董新林）

【辽怀陵】 辽代早期帝王陵墓。全国重点文物保护单位。位于内蒙古自治区巴林右旗床金沟山谷中。系辽太宗耶律德光和辽穆宗耶律璟的陵寝，周围设有奉陵邑怀州城。1990年开始发掘。怀陵“依山为陵”，入口处有陵门址。陵园分为内、外两个陵区，其中陵墓和祭殿在内陵区，大型建筑台基在外陵区。1990年清理一座规模较大的陪葬壁画墓，西南还有祭殿址，为研究怀陵布局等提供了重要资料。（董新林）

【辽庆陵】 辽代中晚期帝王陵墓。全国重点文物保护单位。位于内蒙古自治区巴林右旗瓦里乌拉山下。由圣宗永庆陵（东陵）、兴宗永兴陵（中陵）、道宗永福陵（西陵）组成，三陵通称“庆陵”。设有奉陵邑庆州城。三座陵均有陵门、神道和享殿遗迹，东南向。附近还有诸多陪葬墓。三陵都是前、中、后三个正室的砖室墓，前室和中室两侧各有一个耳室。东陵墓门和墓室内彩绘壁画。中陵和西陵均已塌毁，前室为长方形，其余墓室多为八角形。东陵保存较好，前室平面方形，其余各室为圆形，各室间有甬道相连。陵内全长21.2米，最高约6.5米。东陵壁画主要有人物、出行图、散乐图、四季山水画和装饰图案等。人物像上方都墨书契丹小字榜题。中室四壁所绘春、夏、秋、冬四季风光山水画最具特色，再现了辽代皇室四时捺钵之所的景色。三陵中残存部分帝、后石刻哀册，分别用汉文、契丹小字镌刻。这些契丹小字哀册和榜题，是发现最早的契丹小字资

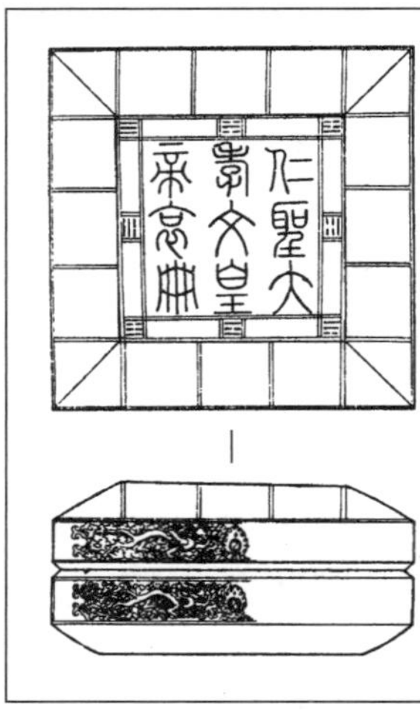

辽庆陵哀册

料。1953年日本学者出版有《庆陵》。(董新林)

【龙岗墓群】 辽代帝陵陪葬墓群。全国重点文物保护单位。位于辽宁省北镇市富屯乡龙岗村西约1千米。现确认为辽魏国王耶律宗政和秦晋国妃合葬墓、郑王耶律宗允墓和1座砖石壁画墓。1975年以来进行考古发掘。耶律宗政墓为砖筑类屋式墓,由墓道、墓门、甬道、左右耳室和八角形主室组成。主室南北长5.47米、东西宽5.37米、高5.5米。耶律宗允墓形制结构与耶律宗政墓相同。因为耶律宗政墓志铭载“归葬乾陵,附祖宗之寝庙”,耶律宗允墓志铭载“陪葬于乾陵,附孝贞皇太弟之茔”,所以推定龙岗墓群是辽景宗乾陵的陪葬墓群。(董新林)

【韩佚墓】 辽代中期始平军节度使韩佚墓葬。位于北京市石景山区八宝山公墓院内。葬于辽统和十五年(公元997年)。1981年进行发掘。墓葬为砖筑圆形单室墓,穹窿顶。由斜坡墓道、甬道和墓室组成。墓门正面为仿木结构门楼。墓室后部有砖砌棺床,其前沿正中和靠近北壁各有一个小砖台,上置一鸡腿坛,还有骨灰和木盒。棺床前有木供桌和供品。供桌两侧各有一墓志铭。随葬瓷器多放在棺床上,仿生活用的陶冥器多在墓室西侧的王夫人墓志铭附近。此外,还见银器、铜器、漆木器等。甬道和墓室内绘有仆侍图、花鸟屏风等壁画。韩佚墓附近还出土有韩姓墓志铭,可判定这里应是韩延徽家族墓地。(董新林)

【赵德钧墓】 辽代卢龙军节度使赵德钧夫妇合葬墓。位于北京市东城区永定门外南郊洋桥村。1960年发掘。墓葬为砖筑大型九室墓,有前、中、后三正室,各正室两侧各有一个耳室,东向。中正室为置木棺的正室,有两具人骨,其中之一为火葬。室壁均绘壁画,多已破坏。前南耳室东壁下设有一炉灶,上置铁锅、石锅、玉碗和铜勺等,还有备宴图和进食图壁画,此室象征厨房;中北耳室发现较多陶瓷器,

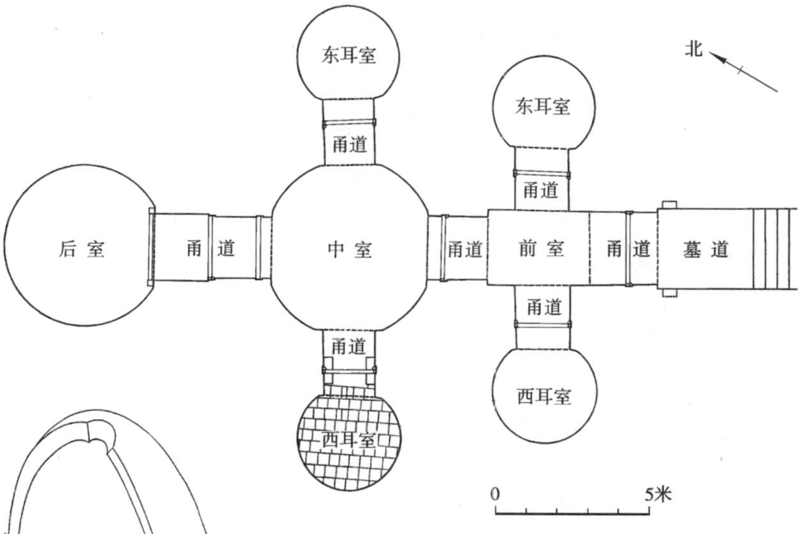

1. 地宫平面图

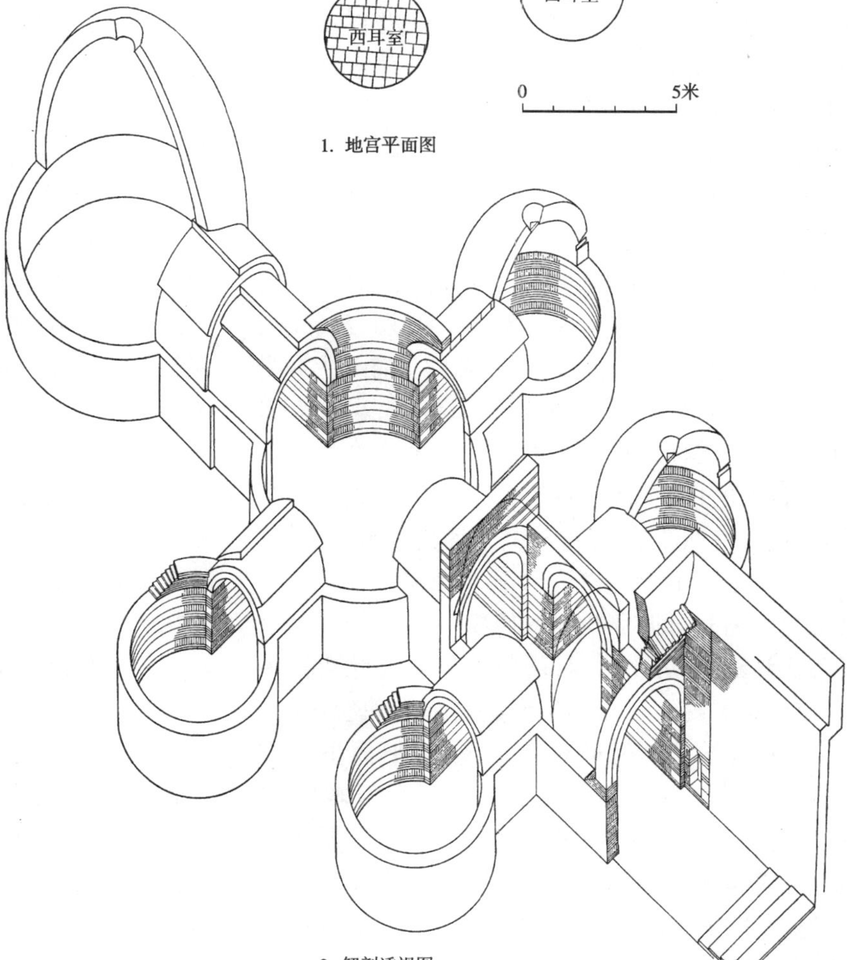
2. 解剖透视图

辽庆陵平面、解剖透视图

白釉碗底刻“官”、“新官”款识，还有“观画图”壁画；后北耳室出土两堆铜钱，达7.39万余枚，装在木箱内，此室象征钱库；后南耳室发现一层霉烂的有机物，应为粮食，此室象征粮仓。根据墓志铭可定墓主为赵德钧，夫人种氏合葬于应历八年(公元958年)，为目前辽代纪年最早的汉人墓。(董新林)

【张世卿家族墓】 亦称“宣化辽墓”。辽代晚期张世卿家族墓葬。全国重点文物保护单位。位于河北省宣化县城西下八里村。1974年起进行发掘。墓葬共计10余座，现已发掘9座。年代从大安九年(1093年)至天庆七年(1117年)，多是没有官职的汉族平民。墓葬多为砖筑双室墓，也有单室墓。双室墓的前室多为方形或长方形，后室则有圆形、方形和多角形墓(六角形或八角形)三种。墓室多有砖棺台，上置木棺，通常为火葬。较为特殊的是，张世卿墓发现木质真容偶像，张文藻墓发现草制真容偶像。墓葬中基本都有精美的墓室壁画。题材以散乐图和备茶图最具特点，还有门神图、门侍图、出行图、备酒图、侍读图、妇人启门图、儿童跳绳图、星象图等。壁画内容丰富、形象逼真、色彩鲜艳，富有浓郁的生活气息，堪称辽代壁画的瑰宝。该墓葬为迄今资料最详备的辽代墓地，多有精美壁画和墓志铭，对于研究辽代晚期政治、经济和文化等具有重要价值。2001年出版有《宣化辽墓》。(董新林)

【宣化辽墓】 即“张世卿家族墓”。

【宝山辽墓】 辽代早期墓葬。全国重点文物保护单位。位于内蒙古自治区阿鲁科尔沁旗宝山村。1993年进行发掘。墓地有夯筑茔墙，平面呈长方形，东、南各设一门，有瓮城。中南部有祭殿类建筑，北部有三排墓葬，已发掘2座。1号墓为砖筑单室墓，穹窿顶。由斜坡墓道、天井、甬道和墓室组成。墓门正面为仿木结构门楼，圆角方形墓室正中偏后，有一雕刻彩绘的石房做椁室；石房后半部有砖砌棺床，上原有木雕小帐，尸骨丝织品上有银丝网络印痕。随葬金、铜、铁器以及陶瓷、骨器和丝织品等。墓室内壁和石房内外均有壁画，多为仆侍图，以“汉武帝谒见西王母”图和高逸图最重要。墓主人为大少君勤德。有“天赞二年”(公元923年)题记，为目前所知最早的纪年契丹墓葬。2号墓为石筑方形单室墓，结构与1号墓相似。墓主人为成年女性。壁画也绘于墓室内壁和石房内外。其中“杨贵妃教鹦鹉诵经图”和“苏若兰织寄回文锦”为辽墓壁画之珍品，具有很高学术价值(见彩版37“杨贵妃教鹦鹉诵经图”)。(董新林)

【耶律羽之墓】 辽代东丹国左相耶律羽之墓葬。全国重点文物保护单位。位于内蒙古自治区阿鲁科尔沁旗古日板呼舒牧村裂缝山南。1992年进行发掘。耶律羽之薨于辽会同四年(公元941年)。地表原有砖砌享堂。墓葬为砖石混筑多室墓，四角攒尖顶，南向。由斜坡墓道、天井、前室、东西耳室和方形主室组成。绿琉璃砖砌筑的主室南侧设石门，门额上砌半圆形龛；主室地面铺琉璃方砖，北部和东部有二琉璃砖砌棺床，上有棺床小帐，分别葬耶律羽之和夫人重衮。壁画绘于前室、石门和棺床小帐上。有门神、云鹤、伎乐图等。前室置墓志一合，东耳室放陶瓷器，西耳室置车马器具。主室内有石供桌，随葬大量金银器、玛瑙或水晶佩饰和丝织品等。其中鎏金錾花银壶、“左相公”银盆、褐釉和白釉鸡冠壶、“盈”字款白釉碗等堪称精品。(董新林)

【吐尔基山辽墓】 辽代早期墓葬。全国重点文物保护单位。位于内蒙古自治区科尔沁左翼后旗吐尔基山。墓主为30～35岁契丹女性显贵。2003年进行发掘。墓葬为石筑近方形墓，由长斜坡墓道、墓门、甬道、南北耳室和主室组成。主室叠涩顶镶一铜镜，前部两侧有方形耳室，后部有须弥座彩绘棺床。棺床上有彩绘木外棺和内棺(棺盖上贴金龙凤纹)。内棺有一具头戴金属箍的女尸，穿丝织品殓服，戴各种佩饰。墓道两壁和墓室四壁有壁画；外棺上有彩绘木板画。随葬品200余件(组)，有瓷器、金银器、鎏金铜器、铁器、漆木器、玻璃器和丝织品等。墓葬遗物保存完整，为研究辽代早期历史和考古的重要资料。(董新林)

【辽驸马墓】 辽代驸马卫国王夫妇合葬墓。位于内蒙古自治区赤峰市大营子村西北盔甲山南麓。葬于辽应历九年(公元959年)。1954年进行发掘。墓葬由斜坡墓道、前室、南北耳室、主室和后龛室组成。主室平面呈长方形，长4.1米、宽3.5米、高5.4米。穹窿顶，正中镶铜镜。四壁有柏木护墙，上有彩画。后部有砖砌棺床，上置棺床小帐一类的葬具。有两具残缺人骨。随葬品主要有金银器、玛瑙器、瓷器、铁器等。前室中部放墓志铭，左边放铁器，右边放马具；南耳室放成套马具，北耳室放成组瓷器；主室为墓主灵柩所在；后龛室主要是炊饮器皿，有瓷器、银器和铁器等。此墓随葬品丰富，数量达2 100

余件，是辽代早期契丹墓葬的断代标尺。据残存墓志考证，墓主可能是萧沙姑，所尚公主为辽太祖之女质古。（董新林）

【耶律祺家族墓】 辽代贵族家族墓葬。全国重点文物保护单位。位于内蒙古自治区阿鲁科尔沁旗罕苏木苏木朝克图山东部。1993年、1996年进行发掘。耶律祺曾于辽道宗、天祚帝两朝封王拜相。墓地东西长200米、宽110米，共发现5座墓葬。墓地朝东南向，两侧围有象征性石墙，南墙长22米、宽1.7米、残高0.8米，北墙长67米、宽1.7米、残高0.5米。墓地前部似有享堂类建筑基址。1号墓位于墓地正中偏左，砖筑类屋式墓，东南向，由墓道、墓门、甬道、前室、左右耳室和八角形主室组成。主室进深5米，周壁有木护墙，正中偏后有石筑尸床，上置木质小帐。此墓为夫妇合葬墓。根据对出土的汉文墓志和契丹大字墓志考释可知，墓主人为契丹皇族耶律祺夫妇，葬于辽乾统八年（1108年）。（董新林）

【陈国公主墓】 辽代中期陈国公主与驸马合葬墓。全国重点文物保护单位。位于内蒙古自治区奈曼旗斯布格图村西。1986年进行发掘。墓葬为砖筑壁画墓，穹窿顶，地表原有封土堆。由斜坡阶梯式墓道、天井、长甬道、左右侧室和圆形主室组成。墓道和甬道两壁、顶部分别绘有牵马图、侍奉图和仙鹤、云朵等壁画，墓门正面为影作木构门楼。主室直径4.38米、高3.97米。室内周壁有木护墙，后部有砖砌棺床，前连供台。棺床上原来应有床帐做葬具。公主和驸马尸体直接放在棺床的织金褥垫上，仰身直肢，头东脚西。随葬品共44组，3 227件。甬道放墓志等；东耳室置饮食器皿，西耳室放马具和仪卫明器；主室棺床和供台上，放金银器、玻璃器、玉器、铜器和琥珀、玛瑙、水晶等。公主和驸马均有金花银枕，戴纯金面具、鎏金银冠，身穿银丝网络葬衣，穿金花银靴，束蹀躞带，佩精美的琥珀璎珞饰件等，这是迄今所见辽代保存最好、规格最高的殡葬服饰，是研究辽代丧葬习俗的珍贵资料（见彩版38宋至明代遗物“金面具和银丝头网”）。刻花高颈瓶、带把杯、乳钉纹盘等玻璃器和胡人驯狮浮雕琥珀佩饰等，反映了辽与西亚诸国的文化交流。“官”字款的越窑花口青瓷盘和定窑白釉盖罐也堪称珍品。该墓葬是研究辽代社会政治、经济和文化，以及古代中外交流等的重要资料。1993年出版有《辽陈国公主墓》。（董新林）

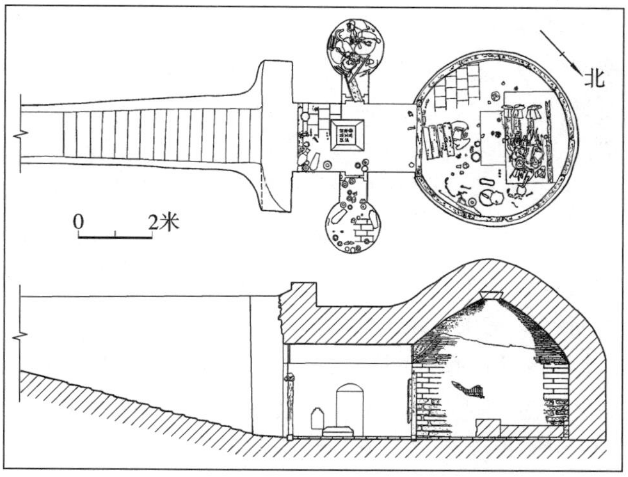

陈国公主墓平面、剖视图

【寂善大师墓地】 辽代贵族墓地。全国重点文物保护单位。位于内蒙古自治区扎鲁特旗乌日根塔拉农场一分场北西山坡。坐西朝东。1996年进行发掘。因出土寂善大师墓志，故名。墓地南、西、北三面有石筑围墙，内有4座墓葬，均被盗，呈东北—西南排列，墓道均朝东南。其中3号墓为砖筑类屋式墓，由墓道、前室、左右耳室和后室组成，墓室内有木护墙。根据出土汉文墓志可知，墓主人为“故圣宗皇帝淑仪赠寂善大师”耿氏。墓志详细记载墓主耿氏的家世及其生平事迹。4号墓为砖石混筑类屋式墓，八角形单墓室，墓道、墓门原有壁画，内有两具人骨，出土契丹小字墓志一方。（董新林）

【库伦辽壁画墓】 辽代晚期壁画墓葬。全国重点文物保护单位。位于内蒙古自治区库伦旗前勿力布格村。墓地临近懿州城，可能属萧孝忠家族墓。1972年进行发掘。墓地有30余座墓葬，已发掘8座。1号墓最为重要，为一座大型砖筑壁画墓，穹窿顶。由长斜坡墓道、天井、长甬道、南北耳室和八角形主室组成。墓门正面为仿木结构门楼，主室中央偏西有一砖方台，为祭台和棺床。墓内共10具男女尸骨，已被盗扰。出土有瓷器、鎏金器和汉文墓志残片和大康六年（1080年）纪年的铜钱状物等。壁画位于墓道、天井和墓门，黑线敷彩，分内、外两层。墓道壁画长22米，北、南壁分别表现墓主人出行、归来的宏大场面；天井分栏绘有男仆女侍、湖石牡丹和竹林松鹤等；墓门绘有门神、侍女和凤鹤祥云。这些壁画为研究辽代社会生活史的重要资料。1989年出版有《库伦辽代壁画墓》。（董新林）

【豪欠营墓地】 辽代契丹贵族墓地。位于内蒙古自治区察哈尔右翼前旗豪欠营。1981年发掘。墓地至少有10座墓葬,发掘3座。6号墓最为重要,为石筑八角形墓,叠涩攒尖顶,东南向。由斜坡墓道、墓门、甬道和墓室组成。墓室后部砌砖棺床,无棺椁,上陈放一具完整女尸,侧身直肢,头下有木枕,朝北。棺床前有木供桌。女尸穿有多层丝织品葬服,外面还有完整的鎏金铜面具和铜丝网络,是辽代考古的重要发现。(董新林)

【叶茂台辽墓】 辽代早期壁画墓葬。全国重点文物保护单位。位于辽宁省法库县叶茂台村西。1974年进行发掘。墓葬为砖筑多室墓,由斜坡墓道、方形前室、左右耳室和方形主室组成。门墙为仿木结构建筑。主室后部安置一座勾栏须弥座的歇山顶木椁,即棺床小帐。椁内有一具石棺,内葬一老妇,穿丝织品殓服,上盖织金刻丝被。主室内还置有石供桌、木桌椅,陈列瓷、漆、玻璃器皿和漆木双陆等。左耳室放鸡冠壶、鸡腿坛等契丹特色的餐饮用具;右耳室置鞍辔等马具和铁工具。墓主人多用龙纹,应为契丹高级贵族。墓葬壁饰多样。前室有6幅契丹人物壁画。石棺外雕有四神图案,内雕刻妇人启门、伎乐、侍者和飞天等。棺床小帐内壁有骑猎图板画,东西两外壁各悬挂一轴绢画,即《深山会棋图》和《竹雀双兔图》。两幅绢画是辽画中的珍品,具有很高的学术价值(见彩版37"竹雀双兔图"、"深山会棋图")。(董新林)

【萧和家族墓地】 亦称"关山辽墓"。辽代中晚期晋国王萧和家族墓地。全国重点文物保护单位。位于辽宁省阜新蒙古族自治县关山种畜场王坟沟和马掌洼。2000年进行发掘。墓地共发掘9座墓葬。1~3号墓、6号墓、8号墓为单室砖墓。4号墓、5号墓、7号墓、9号墓为多室墓。7号墓主室为方形,其余3墓主室均八角形。萧和墓(4号墓)在墓地中规模最大,为砖石混筑墓,由斜坡墓道、天井、长甬道、南北耳室和主室组成。墓门正面为仿木结构门楼。八角形主室内有木护墙,地面铺砖,下有排水孔。因盗扰,未发现棺床、葬具和人骨。随葬品残存瓷器40余件,还有铜、铁器和玻璃器等。壁画绘于墓道、天井和墓门过洞,以墓道的鞍马驼车出行图为特色。甬道出土的《故晋国王妃故秦国太妃耶律氏墓志铭》有较高的学术价值。2011年出版有《关山辽墓》。(董新林)

【关山辽墓】 即"萧和家族墓地"。

【韩匡嗣家族墓地】 辽代秦王韩匡嗣家族墓地。全国重点文物保护单位。位于内蒙古自治区巴林左旗伊斯力格嘎查。其中,韩匡嗣墓是墓地祖坟,葬于辽统和三年(公元985年)。墓地东南约1千米有祭祀基址,约15千米有辽代四方城址。2000年发掘。墓地较大,分西沟和北沟,有40余墓被盗。北沟区有石墙茔界,发掘韩匡嗣墓(3号墓)等3座。3号墓为砖筑圆形主室墓,东南向,由墓道、天井、前后甬道、前室、南北耳室和主室组成,还有排水设施。墓门正面为仿木结构门楼;前甬道两侧有小壁龛。圆形主室有木护墙,北部中有砖棺床,上有木质小帐,内置一刻四神像的石棺。棺内为韩匡嗣夫妇尸骨。天井填土出男女石俑各一,墓室内有墓志铭一合,还残存瓷、铜、铁、骨器等。壁画绘于天井、甬道和前室壁面,以架鹰捧物的仆侍图为多,还有云鹤图和蟠龙图等。(董新林)

【刘祜家族墓地】 辽代晚期奉陵军节度使刘祜家族墓地。位于内蒙古自治区敖汉旗阎杖子村北羊山。1995年进行发掘。墓地现发掘墓葬3座。均砖筑,朝西南,由斜坡墓道、天井、墓门、甬道和墓室组成。在墓室北中部有骨灰,均不见棺床和葬具。三墓都绘有壁画。1号墓为圆形墓室,东壁"墓主人宴饮图"中绘有西瓜图像,为目前中国已知时代最早的西瓜实物图像。2号墓为八角形主室,出土有刘祜墓志铭,可知刘祜死于辽寿昌五年(1099年)。3号墓天井西壁绘制的庖厨图,体现契丹化的汉人生活场景。(董新林)

【房山金陵】 金代帝王陵墓。全国重点文物保护单位。位于北京市房山区周口店镇北大房山山谷中。为金贞元元年(1153年)迁中都后的陵墓。从上京迁来的诸陵陵号均未变。共葬金国九帝中的七帝(宣宗葬汴京,即河南开封市;哀宗葬蔡州,即河南汝南县)和10位先祖,还祔葬有20余位后妃和诸王等。金陵陵域内分为帝陵区、坤厚陵区和诸王兆域葬区。帝陵区还可分3个茔域:即九龙山陵区,为主陵区。有太祖、太宗、德宗、梁王宗弼、睿宗、世宗;石门峪十帝陵区(位于周口店车场村南),太祖以上10位先帝葬于北峪,均凿山为陵;峨嵋峪区葬有熙宗思陵(位于周口店西庄村西)。金太祖完颜阿骨打睿陵等做过考古发掘。坤厚陵区是世宗时期埋葬嫔妃的陵园,位置不详。诸王兆域位于石门峪的西峪

内,是完颜宗室中有爵位者的墓地,海陵王也改葬于此。2006年出版有《北京金代皇陵》。(董新林)

【乌古论元忠墓】 金代右丞相驸马乌古论元忠夫妇合葬墓。位于北京市丰台区米粮屯村北。墓主乌古论元忠薨于金泰和元年(1201年)。1980年进行发掘。附近还有其父乌古论窝论等3墓。据推测,这里应是其家族墓地。乌古论元忠夫妇墓为长方形汉白玉石椁石棺墓,东西向。椁室长3.5米、宽2.64米、高1.91米。石棺置于石棺床上。墓葬严重毁坏,两合墓志乱放于墓室西南角。遗物有阴刻“世宗皇帝长女皇姊鲁国大长公主墓”墓碑一合,还残存汉白玉石狮、玉质围棋状器、压胜钱、戳印“官”字砖等。乌古论窝论墓为长方形石椁墓,椁顶盖西部,立放石墓志铭一合,椁内北部的石棺床上置漆木棺,棺底残存火化碎骨和玉佩饰等。墓主窝论葬于大定二十四年(1184年)。(董新林)

【时立爱墓】 金代钜鹿郡王时立爱家族墓葬。位于河北省高碑店市北场村。1958年进行发掘。墓葬为砖筑类屋式墓,穹窿顶。墓前有神道碑,由斜坡墓道、短甬道、长方形前室、圆形东西耳室和八角形主室组成。主室中部为长方形砖坑,底无砖,为尸床所在,尸骨不存。随葬品残存陶瓷器。墓室有仿木结构砖柱,墓壁原有壁画。前室出时立爱和三个夫人合祔的墓志两合,可以弥补《金史》缺漏。时立爱及其夫人于皇统三年(1143年)合葬祖茔。附近还有时立爱季子时丰墓,为石筑类椁式墓,有壁画。(董新林)

【萧仲恭墓】 金代越国王萧仲恭墓葬。位于河北省兴隆县梓木林子村。1942年发现。墓葬未发掘,推测为砖筑三正室,穹窿顶,有壁画。还发现了契丹小字墓志铭一合。据考证,墓主人为辽朝降将萧仲恭,葬于金天德二年(1150年)。墓志铭有50行,每行多达58字,有较重要的学术价值。(董新林)

【井陉尹氏墓地】 金代尹氏家族墓地。位于河北省井陉县柿庄。1960年进行发掘。发现墓葬共计10座,发掘9座。墓葬南北分三排,南面有元代“师氏族谱记”碑,可知尹氏因避讳改姓师。墓葬均由墓道、墓门、甬道和墓室组成,多为砖筑。墓室有方形、圆形和多角形。6号墓位于墓地最东北处,是方形墓中最大一座,墓室后部砌“凹”字形棺床,不见人骨和随葬品。四壁砌倚柱和斗拱,倚柱间绘壁画或砌砖雕。北壁雕有门窗,东壁绘“捣练图”,西壁绘“宴乐图”,南壁绘“放牧图”,墓顶绘星象图。据推测墓地从金初延续到金末,尹氏应为当地乡绅富户。(董新林)

【董玘坚墓】 金代董玘坚墓葬。位于山西省侯马市。墓葬与董明墓同葬于金大安二年(1210年),是金代仿木建筑雕砖墓的典型实例。1959年进行发掘。墓葬平面近方形,北部棺床上有两具尸骨,仰身直肢。八角形藻井顶,四壁雕砌仿木结构建筑,有单抄单下昂五铺作斗拱。北壁砌堂屋3间,墓主人夫妇端坐明间内曲足花桌两旁,两次间各立屏风和仆侍。东西两壁各雕6扇四抹格子门,南壁墓门两侧砌镇宅狮子和盆花。墓门上方砌一匾状买地券,记墓主姓名、买地经过和下葬年月。北壁上方正中砌一山花向前式的歇山顶小戏台,台上排列5个涂彩的杂剧砖俑,应是金院本的一个演出场景,是研究中国古代戏曲史的重要资料。(董新林)

【阎德源墓】 金代道教大师阎德源墓葬。位于山西省大同市城西。墓主阎德源为西京玉虚观宗主,逝于金大定二十九年(1189年)。1973年进行发掘。墓葬为砖筑方形单室墓,四角攒尖圆顶。墓室后部有砖棺床,东西横置木质外椁内棺,棺内为老年男尸,头枕汉白玉枕,朝西,仰身直肢。身穿多层丝织品葬服。头北侧有漆器,棺椁间有书籍。棺床南侧东西并列3木供桌。随葬品以木制明器为主,还有漆器、瓷器、陶器、铜器、骨器以及“德源”印等印章和石墓志。此墓是研究金代社会生活和道教史的重要资料。(董新林)

【稷山段氏墓地】 亦称“马村砖雕墓”。金代段氏家族墓地。全国重点文物保护单位。位于山西省稷山县马村。1978年起进行发掘。墓地发现墓葬14座,已发掘9座。从北至南分3排,最南侧的7号墓北壁发现“段辑预修墓记”铭砖,为金大定二十一年(1181年)记。墓葬均由墓道、墓门和墓室组成,以仿木结构砖雕为特色。4号墓门狭窄,偏在墓室东南角,正面为仿木结构门楼,墓室西部棺床上有3具骨架,为一夫二妻妾。墓室北壁雕墓主人夫妇端坐图(旁有2侍者),南壁雕杂剧表演和伴奏乐队;东西壁均雕面阔三间的版门。墓室四壁砖雕“廊房四合院”式建筑,有双抄五铺作斗拱,回廊下放一套完整的“二十四孝故事”雕塑,共有57位人物,这些资料是研究金代社会和艺术史的重要

资料。(董新林)

【马村砖雕墓】 即“稷山段氏墓地”。

【阿城齐国王墓】 金代齐国王墓葬。位于黑龙江省哈尔滨市阿城区城子村,其东330米处有一座金代城址。1988年进行发掘。墓葬为土坑石椁墓。墓圹主体呈长方形,土圹南端中间向外突出有生土二层台。土圹内中部放置一具东西向大石椁(长2.8米、1.9米、高1.5米),其南部并排放一个小型石椁,内有碎骨,应为祔葬。大石椁四壁各一块大石板,底部和顶部各3块,椁内放置长方形木棺,棺盖上覆有织金团龙卷草纹丝织品,中央放一件有铭银牌“太尉开府仪同三司事齐国王”。木棺内四壁上悬挂鸳鸯纹织金绸帷幔,棺内葬夫妇2人,男左女右,仰身直肢,头西脚东。尸体穿戴的丝织品服饰保存很好。据考证,墓主人卒于金大定二年(1162年),可能为完颜晏夫妇。(董新林)

【中兴古城金墓群】 金代中晚期墓葬群。全国重点文物保护单位。位于黑龙江省绥滨县中兴古城西北。1973年进行发掘。墓地现发掘墓葬12座。以两个大封土堆(3、4、5号墓和6、7、8号墓)为中心,其他小墓分布在其东南方。以火葬为主,也有土坑一次葬。3、7、8号墓随葬金银器、玉器、瓷器等;1、2、10号墓等随葬简陋。反映出贫富差异较大。3号墓最大,为男性墓。4、5号墓位于3号墓东西两侧。3号墓为长方形土坑木椁墓,椁内有棺,有二层台。残存肢骨一段,棺底残存水银。随葬品丰富。墓地有“毁器”现象,还出土桦皮桶、水晶嘎拉哈(羊距骨形)、“郎”字石押印等,反映了当时女真族平民的葬俗。(董新林)

【西夏王陵】 西夏帝王陵墓。全国重点文物保护单位。位于宁夏回族自治区银川市西贺兰山东麓。包括李继迁裕陵、李德明嘉陵、李元昊泰陵、李谅祚安陵、李秉常献陵、李乾顺显陵、李仁孝寿陵、李纯□庄陵、李安全康陵,另有李遵顼和李德旺两个无号的陵,共11座。其中裕陵和嘉陵是李元昊称帝后追尊的陵号。年代约自公元11世纪中叶至13世纪初。其范围南北约10千米,东西约4千米。1972年起多次发掘。依地形从南向北分作4区:1～6号陵依次分属前3区,每区2陵;7～9号陵属第4区。与《宋史·夏国传》记载的陵数相符。依据碑亭出土汉文和篆体西夏文碑额题字可证,第7号陵(原编2号)为西夏第5个皇帝李仁孝的寿陵,其余8陵尚有争议。陵园地面遗迹保存较好。以第6号(原编8号)陵为代表,内城呈长方形,前加月城,以及地宫偏处内城西北角并上建塔式灵台等,为北宋诸陵所不见,具有自身特色。还发掘3号陵地面建筑和两座陪葬墓,出土有丝织品和鎏金铜牛等。1996年出版有《西夏陵》,2007年出版有《西夏三号陵》。(董新林)

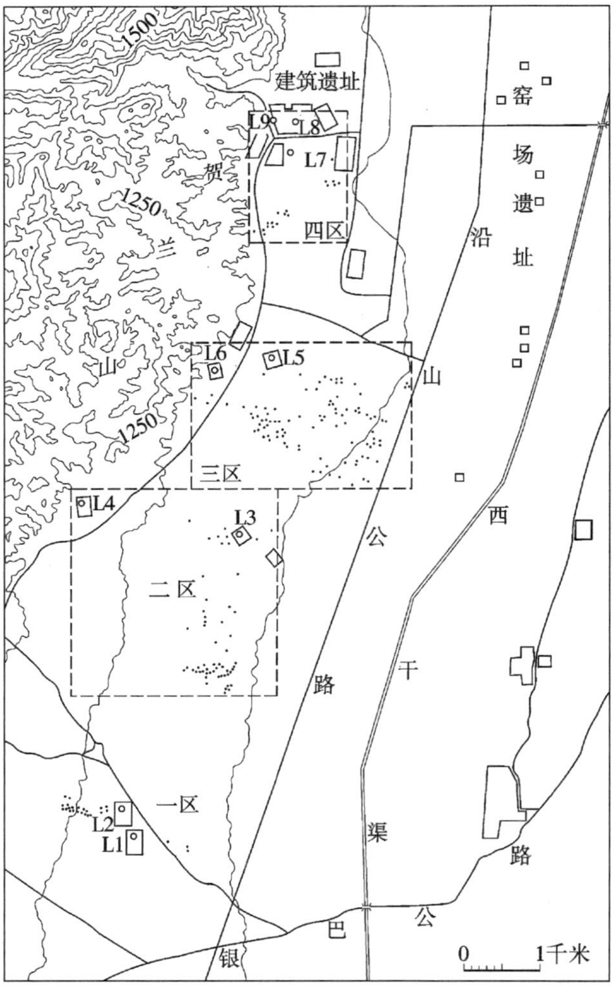

西夏王陵总平面图

【西夏三号王陵】 西夏帝王陵墓。全国重点文物保护单位。位于宁夏回族自治区银川市西。1987年起进行发掘(见彩版36“银川西夏王陵3号陵”)。陵园坐北朝南,4个角台是茔域标志性建筑,平面呈梯形。陵园正南立双阙台,其北立东西碑亭,亭北为月城和内城相连,呈“凸”字形。月城内神道两侧立石像生;内城平面呈长方形,四面各辟一门,四角设角阙。南门内设献殿,地宫在城内中后部,略偏西,地面设塔式灵台,即七层实心塔。陵墓强调中轴线,讲究对称布局,颇有特色。该陵为西夏陵中茔域最大、保存最好的陵园。2007年出版有《西夏三号

陵》。(董新林)

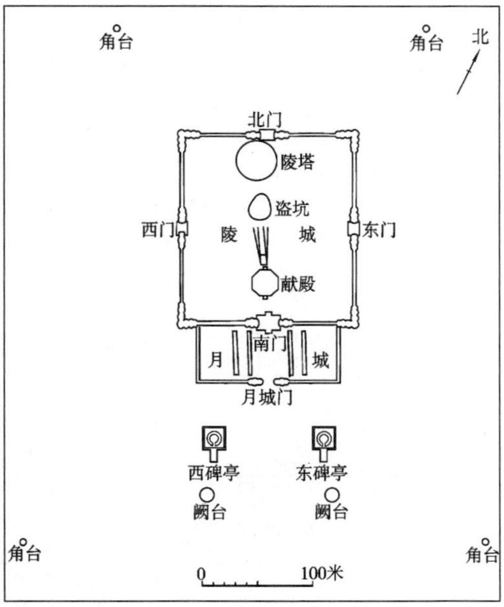

西夏三号王陵平面图

【西夏六号王陵】 西夏帝王陵墓。全国重点文物保护单位。位于宁夏回族自治区银川市西。据汉文残碑推测,该陵可能是李遵顼陵。1972年起进行

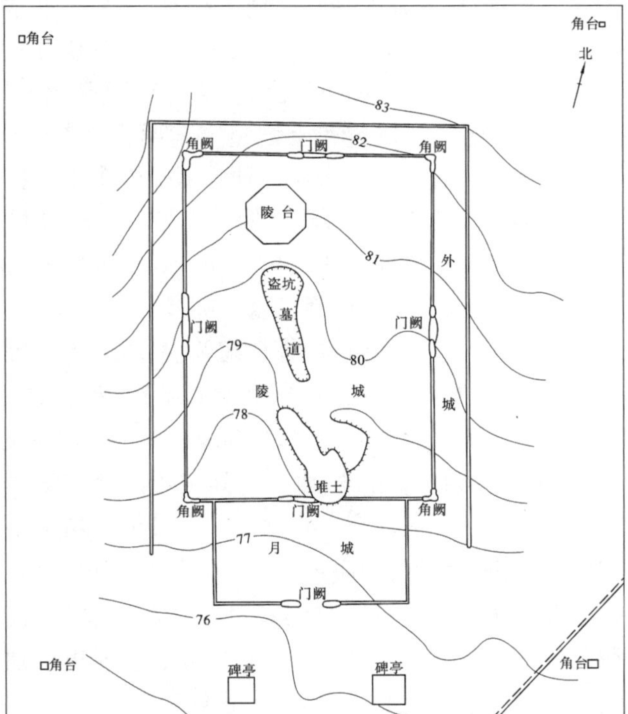

西夏六号王陵平面图

发掘。陵园正南立双阙,其北各立一座碑亭,亭北为外神墙、月城和内城。月城在内城之南,城内神道两侧立石像生。内城平面呈长方形,南北长183米、东西宽134米,四角建角楼,每面正中各开一门,南门3个门洞,门内为献殿。地宫在内城西北隅,地面上有塔式灵台,即八角形密檐式塔。内城外有石砌外神墙,再外可能原设一周篱棘,现只存4座夯土角台。地宫主室为扁长方形土洞,东西长6.8～7.8米,南北宽5.6米,主室两侧各有一小耳室。前有甬道,两壁绘有武士等壁画。早年遭破坏。随葬品残存金银饰件、铜甲片、铁器和陶瓷碎片等。(董新林)

【耶律铸墓】 元代耶律楚材次子耶律铸夫妇合葬墓。位于北京市海淀区颐和园昆明湖东岸。耶律铸于中统二年(1261年)任中书左丞相,二十年因获罪流放。1998年进行发掘。墓葬为砖筑多室墓,正南向,由墓道、墓门、前室及东西侧室、后室及左侧两耳室组成。前、后室不相通,十分特殊。前、后室穹窿顶外部有相对的两面砖砌护墙,为元墓形制研究增添了新资料。墓道出土耶律铸及其夫人墓志各一方。墓室共葬6人,后主室葬墓主人耶律铸,前室葬其妻奇渥温氏,前室东西侧室为耶律铸妾媵,后室东侧二耳室死者身份未定。该墓早期被盗,尚存瓷器、陶器、银器、石器及装饰品等180余件。其中,影青玉壶春瓶、莲瓣双鱼盘、“王白”印款枢府高足杯堪称精品。该墓紧邻耶律楚材祠,推测这里可能是耶律楚材的家族墓地。(徐龙国)

【铁可父子墓】 元代太傅铁可及其父墓葬。位于北京市东城区吕家窑村。1962年进行发掘。两墓均为石筑墓,东西相距8米。铁可墓以青石板分隔成东、中、西并列三椁室,椁室内各置一木棺,为铁可与“夫人冉氏、张氏”合葬墓。多次被盗,出土铁可墓志一合,残存铜器、瓷器、陶器和钱币等文物。铁可父斡脱赤墓平面呈长方形,由甬道和墓室组成,墓内无木棺和人骨,仅有神位碑一方,为铁可之父的衣冠冢。铁可是西域人在元朝为官少见的实证资料,墓志内容广泛,是研究元代历史的重要资料。(徐龙国)

【张弘纲墓】 元代昭勇大将军张弘纲墓葬。位于北京市朝阳区永定门外小红门。1972年进行发掘。墓葬为砖筑横长方形墓,券顶。由墓道、墓门、甬道、主室和一间耳室组成。主室后部设棺床,上置两具石棺,棺内有骨灰。石棺前有石供桌。在主室东侧的耳室内置一木棺,棺内有一具人骨。因被盗掘,仅

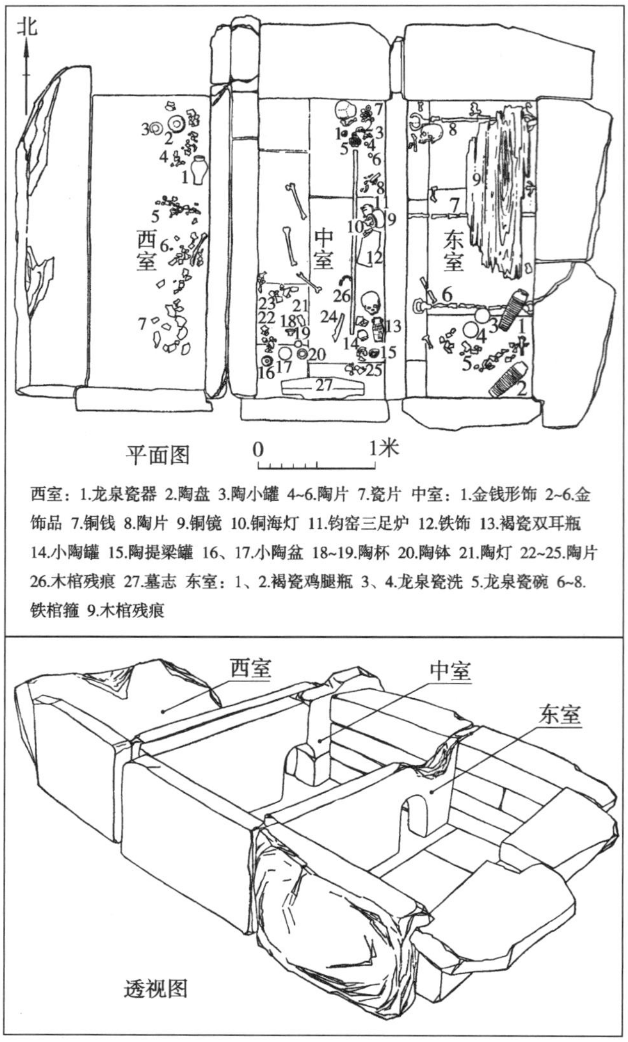

铁可父子墓平面、透视图

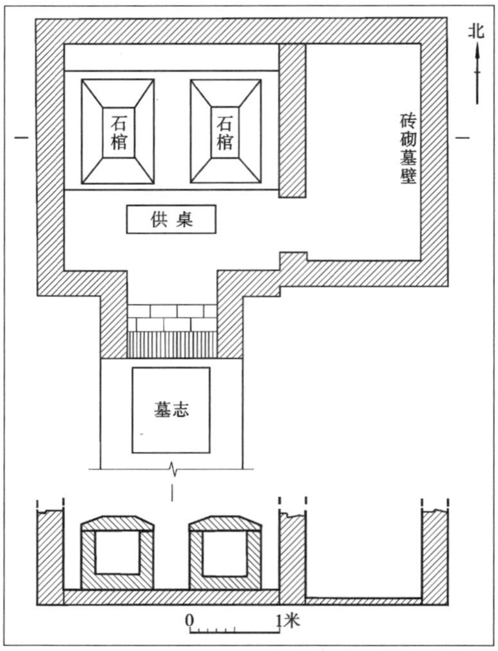

张弘纲墓平面、剖面图

出土一合墓志及少量遗物。张弘纲是忽必烈的重臣，其墓志由著名书法家赵孟頫书丹，是不可多得的书法珍品。张弘纲及一夫人施行火葬，而另一夫人施行土葬，葬制特殊。（徐龙国）

【海云和可庵禅师墓塔】 金元时期北方高僧海云及其弟子墓塔。位于北京市西城区西长安街28号庆寿寺内。1955年拆除。双塔一为海云禅师九级塔，称“天光普照佛日圆明海云佑圣国师之塔”。塔基下墓穴内除骨灰外，尚有木案、石碑及绣花龙袱、绊丝、僧帽、织花残绸、丝金线等织物。一为可庵禅师七级塔，称“佛日圆照大禅师可庵之灵塔”，塔基下为墓穴，内有骨灰没于清水之下。墓塔前原有《大蒙古国燕京大庆寿寺西堂海云大禅师碑记》，现藏首都博物馆。（徐龙国）

【“梳妆楼”墓地】 元代家族墓地。全国重点文物保护单位。位于河北省沽源县楼底村村西滦河上游闪电河西岸。1999年起进行多次发掘和调查，发现墓葬27座。墓地分南、北两区，各有砖石垒砌的墓区围墙。南区为贵族茔园。墓葬分四类：一是前为地上祭台，后为地上享堂及地下墓室（4座），享堂坐北朝南；二是地面为祭台，地下为墓室（4座）；三是石块敖包下为墓室（17座）；四是地面祭台（2座）。墓葬有类椁式墓和土坑竖穴墓两类，均有木棺。类椁式墓有砖筑和木椁两种。木棺椁多用铁板条纵横加箍。流行夫妇合葬，仰身直肢葬式。北区位于南区北100米处。共发掘11座墓，均为地上石块敖包，地下长方形土坑竖穴墓。随葬品种类丰富，有具有民族特色的铜臂钏、桦树皮箭囊，织金锦饰卧鹿纹大红袍、姑姑冠等。特别重要的是在“梳妆楼”下面中央发现并列3个椁室，中室葬一男性，为一块红松木做成的独木棺，死者安置其中。棺外饰三道金箍。左右两椁室各有一具女尸。三具棺内均出土有民族特色的服饰，如质孙服等。其用独木棺，棺外扣三道金箍的葬俗与《元史》所载帝王葬俗相似，推测此男子应为蒙古高级贵族。对研究辽金元史特别是元史具有十分重要的意义。（董新林）

【史天泽家族墓地】 元代开国丞相史天泽家族墓地。位于河北省石家庄市郊后太保村。1994年进行发掘。墓地共清理8座墓葬，其中石筑墓2座、砖筑墓6座。除2号墓外，其余墓均被盗掘，随葬品较少。4号墓为砖筑并列五椁室墓，墓顶为大石板所封盖，并有斜坡墓道。中间椁室无墓门，有竖箱式木棺。依据墓志知，墓主为史天泽第四子史杠，这为确定墓地归属及年代等提供了有力证据。其他椁室形制相同，为券顶，有象征性券门和木棺，墓主为女性。在河北省永清县张四营村也发现史氏墓地，仅存三通碑刻。（徐龙国）

史天泽家族墓地侧室墓顶

【冯道真墓】 蒙元时期全真道龙翔观道士冯道真墓葬。位于山西省大同市宋家庄。墓主冯道真被封为“清虚德政助国真人”。1958 年发现。墓葬为砖筑近方形壁画墓，四角攒尖顶。由墓道、墓门、甬道和墓室组成。墓室后部有石尸床，上置棺罩及一具头戴道冠身着黄色道袍的男尸。墓内壁画内容或出土遗物，都与其道士身份有关。壁画有论道、观鱼、捧茶、焚香等题材，北壁正中绘有大幅“疏林晚照”山水画，墓顶绘云鹤。随葬诸多木制家具模型，以及钧窑瓷器等。（徐龙国）

【宋德方墓】 蒙元时期永乐宫道士宋德方墓葬。位于山西省芮城县永乐宫西北峨嵋岭上。宋德方是重修永乐宫的重要人物之一。1959—1960 年进行发掘。墓上封土近方锥形，高约 7 米。砖筑长方形单室墓，东西长 2.88 米、南北宽 1.72 米、高 1.8 米。墓室正中有一具石椁，椁中有一木棺，内有人骨一具。椁南侧立一墓志碑，石椁上有题记，并线刻“侍饮图”、“二十四孝人物故事图”和“楼阁建筑图”等，为研究蒙元时期社会文化和建筑史提供了资料。（徐龙国）

【潘德冲墓】 蒙元时期纯阳宫住持潘德冲墓葬。位于山西省芮城县永乐宫西北峨嵋岭后。潘德冲为重修永乐宫的主要人物。1959—1960 年进行发掘。墓葬为砖筑六角形墓，南部有阶梯墓道。墓室长 2.99 米、宽 3.2 米、高 3.56 米。墓室北部砌有棺床，有石椁一具，内置一棺，棺内有一具侧身屈肢尸骨，出土元代青釉瓷枕一个。石椁上阴线雕刻“杂剧图”和“二十四孝人物故事图”等。此墓为研究蒙元时期道教和美术史提供了重要资料。（徐龙国）

【砧子山古墓群】 元代上都城古墓葬群。全国重点文物保护单位。位于内蒙古自治区多伦县西北的砧子山，西北距元上都城约 9 千米。1990 年起多次进行发掘。墓地依托砧子山主峰，疏密不均向四面展开。墓地内有些墓葬建有石围墓茔，作为家族合葬区的界标。墓葬形制有砖筑类屋式墓、石板木椁墓和土坑竖穴墓等。殓葬方式有尸骨一次葬和骨灰火葬两类，有木质葬具。随葬品多寡不一。墓葬出土碑刻、铭砖（瓦）和器物底款、题记等都用汉字书写，记载墓主人姓氏、居住地和埋葬时间等。根据葬

冯道真墓北壁山水画

俗和题记可知，此墓地是一处以汉人平民、工匠等为主体的埋葬区，对研究元上都社会制度和生活习俗等提供了重要资料。（董新林）

【赛因赤答忽墓】 元代太尉赛因赤答忽夫妇合葬墓。位于河南省洛阳市东郊邙山坡上。1990 年进行发掘。墓葬为砖壁土顶洞室墓，深达 19.8 米。由墓道、门楼、甬道、横长方形前室、过道和主室组成。后室有木棺。随葬58 件仿铜泥质黑陶礼器、3 件瓷器和6 件铁器（猪、牛等）。在距墓室上近 10 米处有一假墓室，曾被盗掘，但未盗及下部墓室。另有墓志一合，记载墓主人于元朝末年在河南组织地主武装，追随察罕帖木儿镇压刘福通农民起义的经历。此墓是研究元代晚期历史和墓葬习俗的重要资料。（徐龙国）

【任仁发家族墓地】 元代水利专家和画家任仁发家族墓地。位于上海市青浦区北庙村和高家台一带。任仁发卒于元泰定四年（1327 年）。1952 年发现。墓地被破坏，出土文物 71 件，有瓷器、金银器、漆器、铜器、砚台和墓志等。其中官窑、龙泉窑及景德镇枢府釉瓷器等都是珍品。从发现的 6 方墓志和 3 块墓碑看，墓地还有任仁发儿子任贤能、任贤德，孙媳妇钦察台守贞（色目人），弟任仲夫之子任良佑、任明墓。此墓地资料为研究元代历史和瓷器生产等提供了重要资料。（徐龙国）

【张士诚父母墓】 元代晚期张士诚父母墓葬。位于江苏省苏州市吴门桥。1964 年进行发掘。地表有封土。该墓为正方形石椁墓，边长 3.79 米。椁室四周用“三合土浇浆”、石板、青砖护固五层，建筑讲究。椁内并列放置两具双重棺，男棺盖上用金粉写“皇考宣王之柩”；女棺上字迹不清。两棺前各置一象牙“哀册”。男棺内几乎没有随葬品，女棺密封较好，随葬服饰保存完好，随葬金银器、玉器、木器等。依据哀册可知，墓葬为元末割据一方的吴王张士诚父母合葬墓，依照南宋帝陵攒宫制度而建，是目前石藏子的唯一实例。（徐龙国）

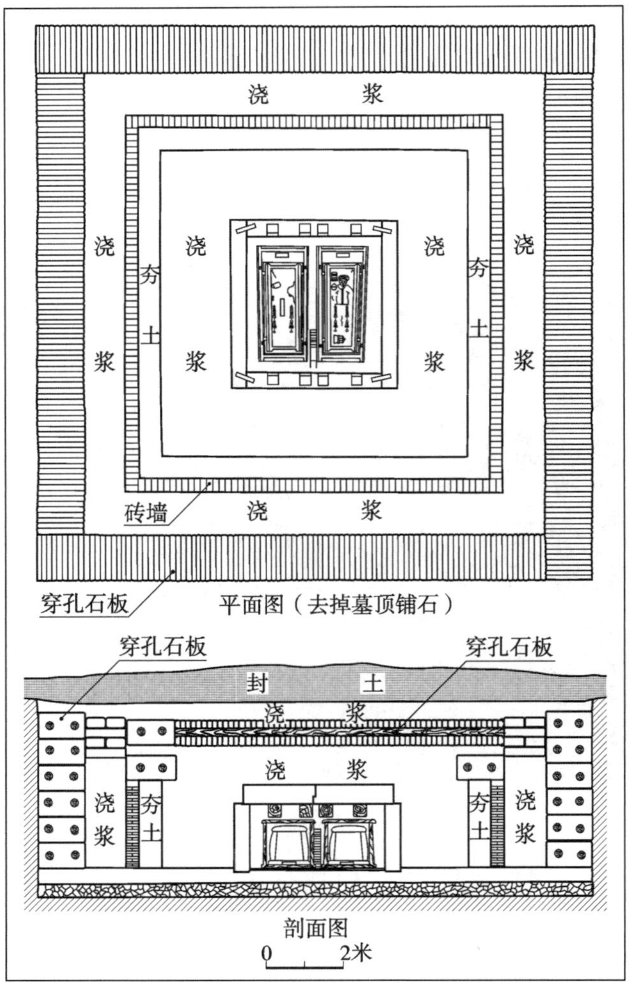

张士诚父母墓平面、剖面图

【范文虎墓】 元代尚书右丞范文虎与其妻陈氏合葬墓。位于安徽省安庆市棋盘山。范文虎葬于元大德五年（1301 年）。1956 年进行发掘。墓室为砖筑，券顶，长 4.5 米，宽 5 米，双室并列，中间有隔墙。棺椁之间和椁外墓室中皆用松香或石灰和米汁灌实。范文虎漆木棺四角置铁牛、铁猪。墓中出土范文虎夫妇墓志各一方。由于防腐措施严密，随葬品保存较好，出土金银器、玉饰、丝绸衣袍等文物 220 余件，为元代墓葬重要的发现，其形制和随葬品代表了元代官僚地主阶级葬制的一般情况。（徐龙国）

【“播州土司”杨氏家族墓地】 唐至明代“播州土司”杨氏家族墓地。位于贵州省遵义市高坪镇。1972 年起进行发掘。从唐至明代，播州由杨氏家族统领其地。墓地已发掘有宋沿边宣抚使播州土司十五世杨文墓，明播州宣慰使播州土司二十二世杨昇墓、二十三世杨纲墓、二十四世杨辉墓和二十五世杨爱墓。五墓均为大型石室墓，除墓室多寡不一外，总体结构雷同，均由外围城墙、墓碑、墓志、墓室 4 部分组成。墓室有并列二室、三室或四室。墓地还出土金凤冠等一批金银器和玉器等。杨辉墓除出土陶俑 70 件外，还出土骨、铅、铁、漆器等。杨氏家族墓地对于研究宋、元、明西南地区的民族关系有重要的学术价值。（徐龙国）

【贺胜墓】 元代左丞相贺胜墓葬。位于陕西省户县张良寨村。1978 年进行发掘。墓葬为砖石混筑方形墓,四角攒尖顶。由斜坡式墓道、墓门、甬道和墓室组成。墓室边长 4.1 米,残高 1.35 米,底部铺石板。室内有南北向木椁和木棺各两具,棺内置男、女尸各一具,男西、女东排列。墓内出土文物 131 件,有黑陶俑、骆驼、动物模型及陶仓、陶瓶等,颇有地方特色。贺胜墓西北还有其父贺仁杰及祖父贺贲的两座墓,这里应是其家族墓地。据《元史》记载,贺胜被陷害而死,后平反,于元泰定四年(1327 年)归葬。(徐龙国)

【洞耳村元壁画墓】 元代蒙古族贵族壁画墓葬。位于陕西省蒲城县洞耳村。1998 年进行发掘。该墓为砖筑八角形墓,穹窿顶。由墓道、墓门、甬道和墓室 4 部分组成。墓室北部有砖棺床。墓壁上有一墨书题记,得知为蒙古至元六年(1269 年)的蒙汉夫妇合葬墓。墓主张按答不花,为蒙古族中级官吏,妻李氏是汉人。甬道和墓室均有壁画,绘有夫妇端坐宴饮、出行、归来、莲生贵子图及对飞双鸟、曲蔓卷草等图案。其中女主人头戴顾姑冠,在墓葬壁画中罕见。此墓是研究元代历史和考古的重要资料。(徐龙国)

【汪世显家族墓地】 元代陇右王汪世显及其后裔家族墓地。位于甘肃省漳县徐家坪。1973 年进行发掘。墓地从蒙古乃马真后二年(1243 年)一直到明万历四十四年(1616 年),历 14 代,埋葬 200 余人,现发掘墓葬 27 座。随葬品以哥窑青花大碗、雕漆供桌、御赐金牌、彩陶侍俑最为珍贵。汪氏家族系出旺古族,属元代蒙古族一支,是金元时期的陇西望族,一直是地方高官,所出墓志可补史阙。该墓地历经 370 余年,从中可以看出元明时期墓葬形制的不同以及墓内装饰手法与内容的变化。(徐龙国)

【诺木洪元墓】 元代蒙古族武将墓葬。位于青海省都兰县境内诺木洪。1956 年发现。整个尸体外用羊毛毡包裹,保存完整无损。肌肉已经风干,头部须发俱全,胸部有伤痕。死者身着黄花织锦缎面皮袍,护身软甲,腰部佩皮带,脚套长筒皮靴,头戴皮帽。随葬有马尾、羊腿、鞍蹬、角质弓、箭及箭壶,还有一包元代纸币。推测死者可能是一员战死疆场的元代蒙古族武将。此墓的发现为研究元代武士的服饰等提供了可靠的实物资料。(徐龙国)

【明祖陵】 明太祖朱元璋三代先祖帝王陵墓。全国重点文物保护单位。位于江苏省盱眙县管镇乡明陵村。朱元璋追尊其高祖考妣、曾祖考妣、祖父考妣的衣冠冢。祖陵仿皇陵而建,规模较小。原淹没于洪泽湖下,1963 年重新发现。1998 年进行考古调查。陵园坐北朝南,由外城、砖城和皇城三重城垣组成。外城夯土筑,周长九里三十步,已被破坏。砖城四面城墙均有一门,平面呈长方形,东西长 580 米,南北宽 340 米。据推测,玄宫封土在皇城北墙和

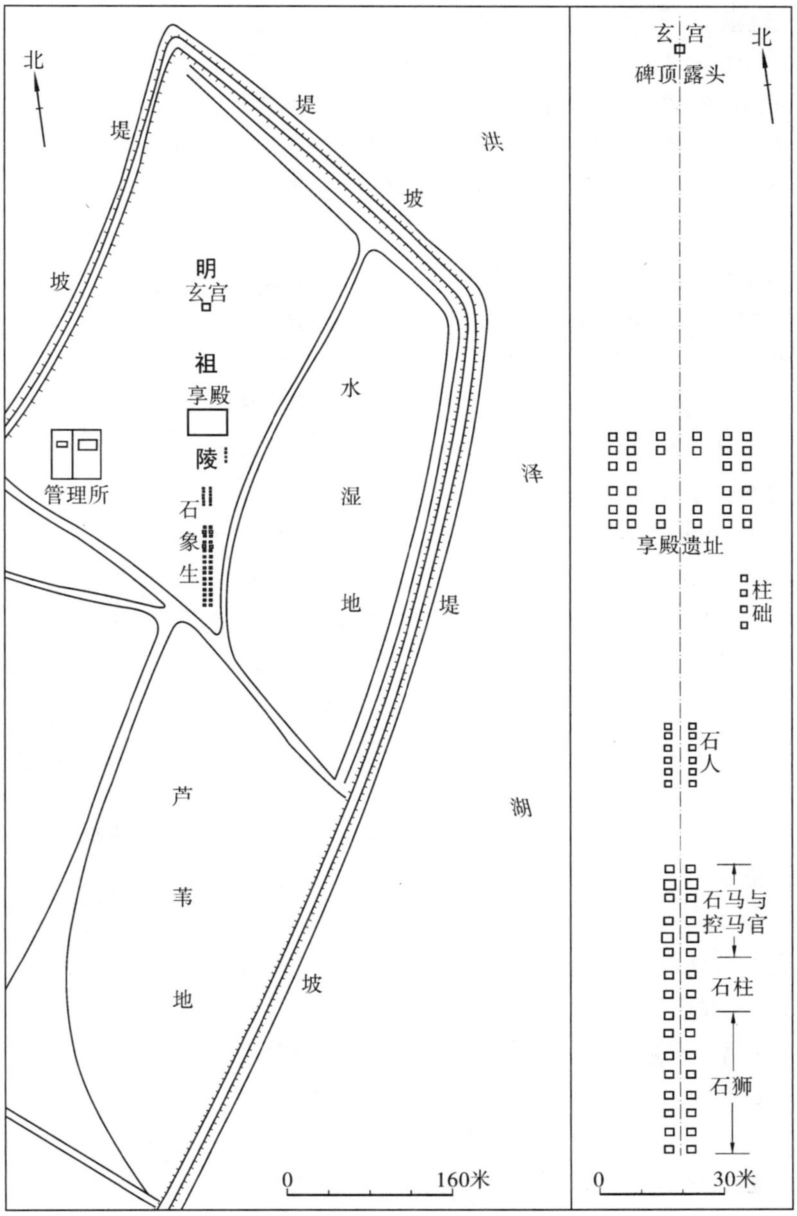

明祖陵平面图

砖城北门之间。皇城为砖砌院落,东西长 64 米,南北宽 60 米,正中有五间正殿。皇城金门外的神道石刻共有 18 对。为研究明代早期帝陵制度等提供珍贵的实物资料。(董新林)

【明皇陵】 明太祖朱元璋父母陵墓。全国重点文物保护单位。位于安徽省凤阳县太平乡,明中都城西南 5 千米。明洪武十二年(1379 年)建成。坐南朝北,占地约 30 平方千米。由外土城、砖城和内皇城三重城垣构成。外城平面呈正方形,周长二十八里,四面墙正中各辟一门,北面为正红门三间。砖城为夯土内外包砖而成,呈长方形,南北长 1 100 米,东西宽 750 米。内皇城为砖砌,内建九间正殿(即“皇堂”)等。陵冢位于内皇城后门(后红门)与砖城后门(南明楼)之间,封土平面呈长方形,东西长约 50 米,南北宽约 30 米,残高约 5 米。自北向南轴线上,依次建有土城正红门、红桥、棂星门、砖城北明楼、明神道石刻(石像生 28 对)、御金桥、碑亭、皇城金门、享殿(九间正殿)、配殿、皇城后红门、覆斗形封土陵冢、砖城南明楼、土城南门等。明皇陵是明代所建的第一座帝陵,仿明中都而建,对明孝陵的建造产生了重要影响。(董新林)

【明孝陵】 明太祖朱元璋及皇后陵墓。全国重点文物保护单位。位于江苏省南京市紫金山南麓独龙阜。始建于洪武十四年(1381 年),次年皇后马氏入葬,始称“孝陵”。三十一年朱元璋驾崩,与马氏合葬。永乐三年(1405 年)陵园竣工。曾遭战火破坏,今存陵门、享殿均为清末重建,原址尚残存柱础等。南起下马坊,北至方城圜丘,纵深达 2.6 千米。陵园原有垣墙,周长 22.5 千米。主要建筑自南向北为神道石刻、文武方门、享殿(孝陵殿)、左右庑、宰牲殿、具服殿,然后是明楼和宝城。孝陵建制和布局有创新和发展,新创明楼,改方坟为圆坟,外建圆形宝城,对以后的明代诸陵和清陵产生重要影响。神道依山势而建,回转曲折,是孝陵特有的设计。神道石刻技法简朴,是明初石雕艺术的代表。“明孝陵平面、鸟瞰图”见右栏(徐龙国)

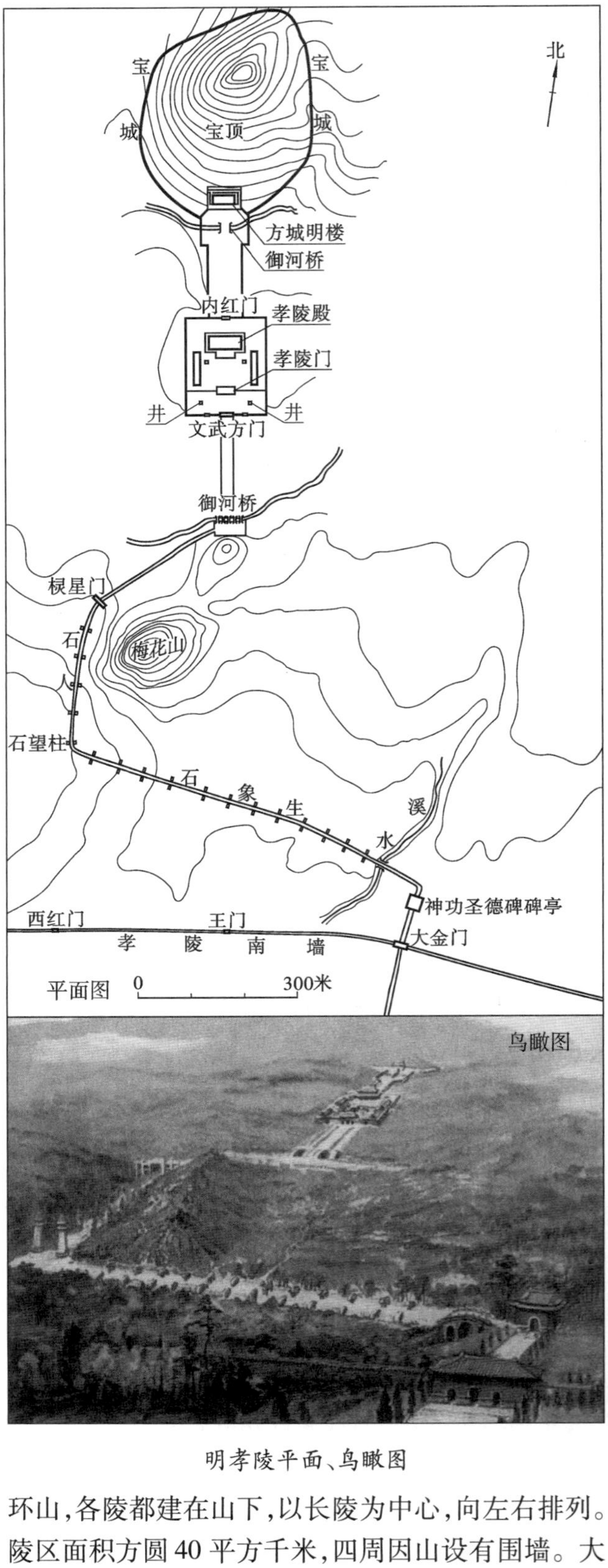

明孝陵平面、鸟瞰图

【明十三陵】 明代自成祖至思宗帝王陵墓。全国重点文物保护单位。2003 年被列入世界遗产名录。位于北京市昌平区天寿山下。明代自成祖朱棣迁都北京后,至末帝崇祯朱由检止。除景帝朱祁钰外,共 13 帝在此建有陵墓,依次为长、献、景、裕、茂、泰、康、永、昭、定、庆、德、思陵。陵区东、西、北三面环山,各陵都建在山下,以长陵为中心,向左右排列。陵区面积方圆 40 平方千米,四周因山设有围墙。大红门是陵园的大门,门前有石牌坊、下马碑,门内有神道通各陵。神路中央有“大明长陵神功圣德碑”,两侧除神道石柱外,有石兽 24 个,石人 12 个。神路中央的棂星门为白石砌建。各陵园的建筑布局大体

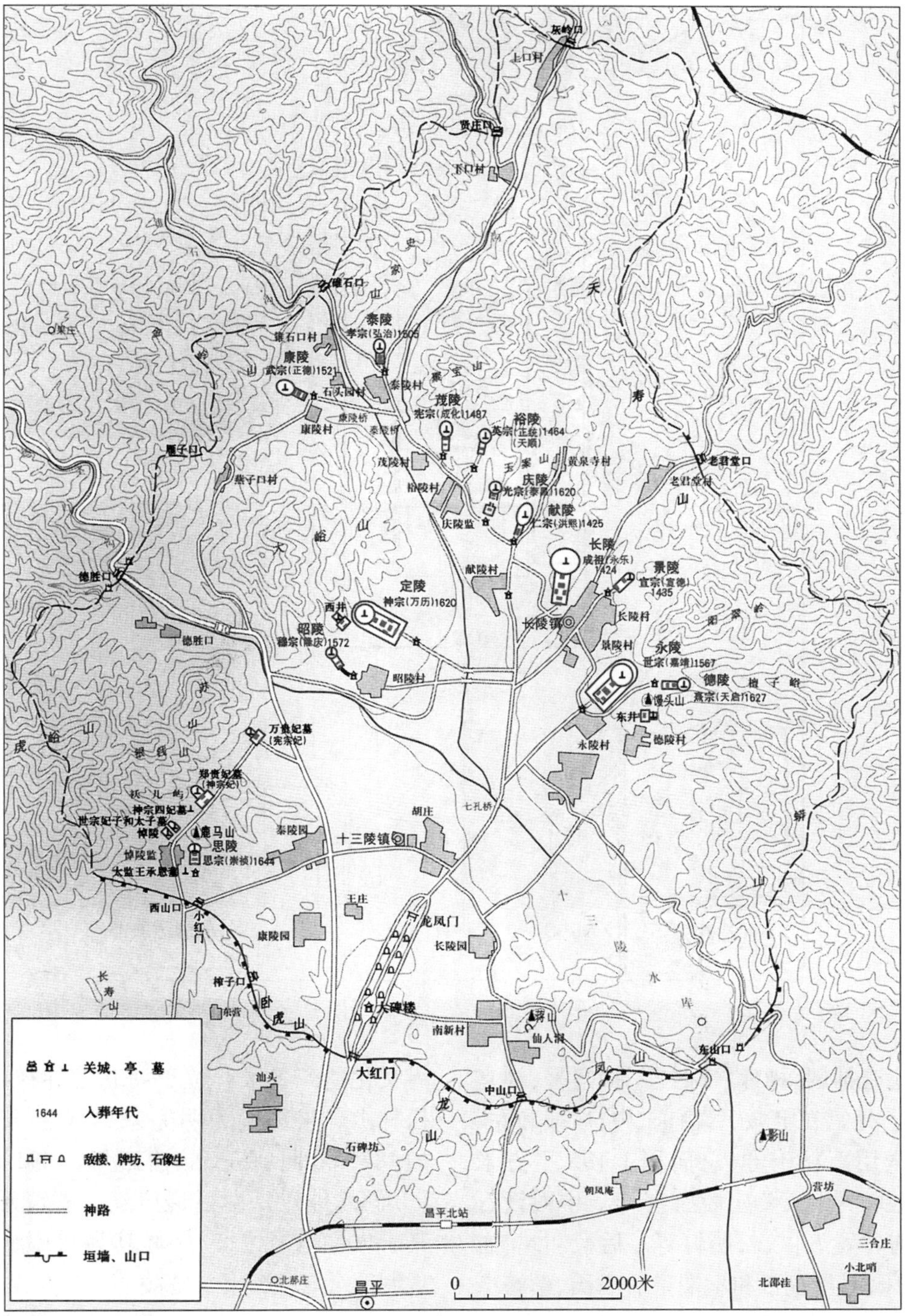

明十三陵平面图

相同。陵门前设无字碑，门内有祾恩门和祾恩殿，殿后有牌楼门、石五供，再后有宝城环绕。宝城上建有明楼，楼内立石碑，刻皇帝的庙号、谥号。宝城内封土下面有埋葬皇帝和皇后的地下宫殿。各陵都葬皇帝一人，皇后人数不等。建筑规模以成祖朱棣的长陵最大，末帝朱由检入葬田贵妃的陵墓，规模最小。明十三陵是中国古代帝王陵寝建筑保存较好的一处，也是世界上保存最好、埋葬皇帝最多的墓葬群。（徐龙国）

【明定陵】 明神宗朱翊钧陵墓。明十三陵之一。全国重点文物保护单位。位于北京市昌平区十三陵中部偏西大峪山下。内葬明神宗朱翊钧和孝端、孝靖两位皇后。万历十二年（1584 年）动工，十八年竣工，四十八年入葬。1956 年起进行发掘，1959 年在原址建成定陵博物馆。陵园内中轴线上主要建筑有石桥、碑亭、陵门、祾恩门、祾恩殿、明楼、宝城和地宫

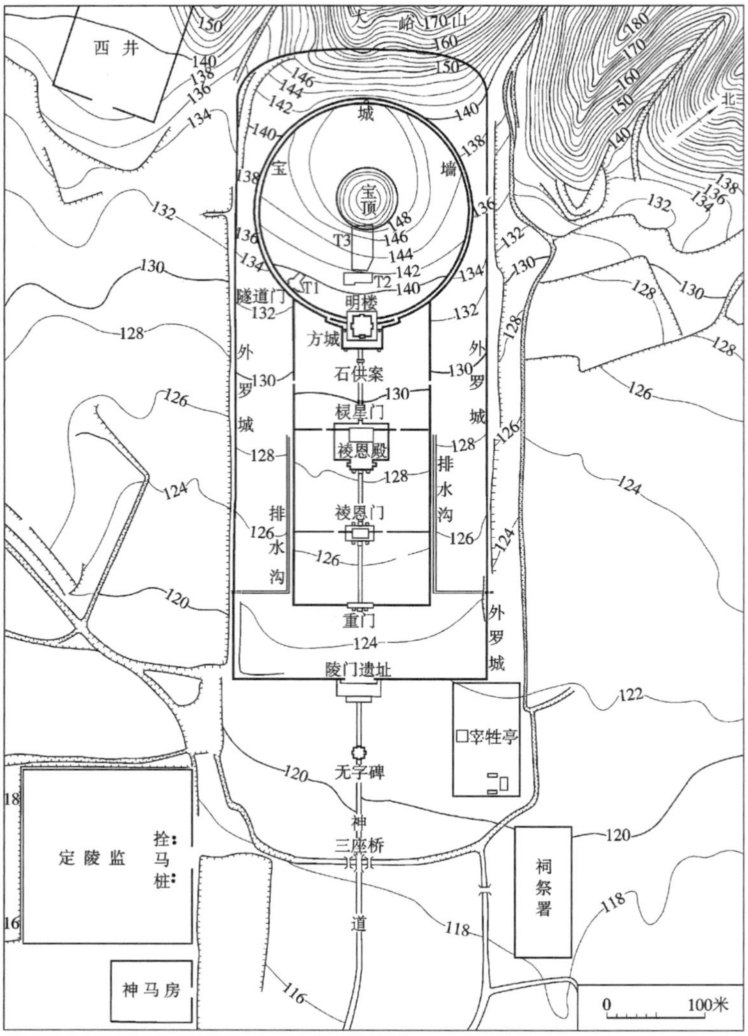

明定陵陵园平面图

等，左右两侧还有神厨、神库、宰牲亭、祠祭署、神宫监等附属建筑。地宫在宝城下，由前、中、后殿和左、右配殿组成，全用石材砌券，总面积 1 195 平方米（见彩版 36“北京明十三陵定陵玄宫”）。中殿设石供案 3 张，案前各置五供、长明灯等。后殿和左、右配殿各设石棺床，万历皇帝和孝端皇后王氏、孝靖皇后王氏的棺椁置于后殿棺床上。随葬品 2 000 余件，有金、银、玉、瓷器等生活用品，以及木制谥册、谥宝、俑等（见彩版 40）。不少金器刻有名称、重量、制作年代；织锦写有产地、尺寸、织造年代、织工姓名。皇帝的翼善冠由金丝编成，衮服上绣十二章，为皇帝祭天地、宗庙等大典时用服。为研究明代历史以及陵墓制度提供了珍贵的资料。“明定陵玄宫平面、剖视图”见 571 页。（徐龙国）

【明显陵】 明世宗嘉靖皇帝生父朱祐杬和生母合葬墓。全国重点文物保护单位。2000 年列入世界文化遗产名录。位于湖北省钟祥市郢中皇城村松林山。朱祐杬为明宪宗第四子，成化二十三年（1487 年）封兴王，弘治四年（1491 年）就藩安陆（今湖北钟祥），薨后谥曰献。嘉靖元年（1522 年）其子朱厚熜嗣位，三年尊其为恭穆献皇帝，以帝陵规制改建王坟，名“显陵”。十九年（1540 年）建成。显陵面积约 40 万平方米。神道长 1 300 米。整个陵园双城构建，其金瓶形外罗城周长 3 600 余米。四周环以黄瓦朱墙，陵园内建筑按中轴线排列，依次为纯德山碑、敕命碑、外明塘、下马碑、新红门、正红门、御碑楼、望柱、石像生、棂星门、九曲御河、内明塘、祾恩门、祾恩殿、陵门、方城、明楼、前后宝城等，疏密有间，错落有致。九曲河蜿蜒其间，河上以五道御桥相连。明显陵原始建筑和环境风貌保存完好、建筑规模宏大、陵寝结构独特。“明显陵平面图”见 571 页。（董新林）

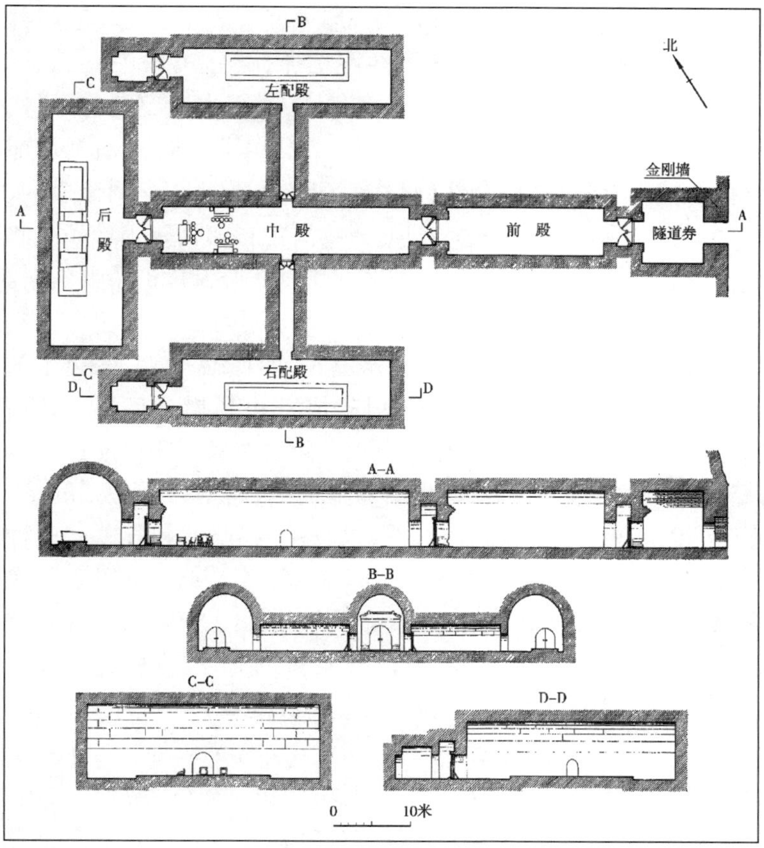

明定陵玄宫平面、剖视图

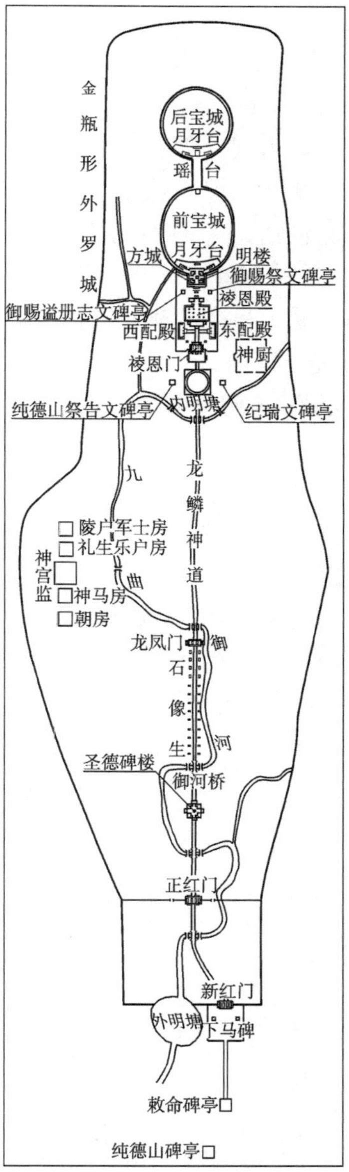

明显陵平面图

【明宁献王墓】 明太祖朱元璋第十六子宁王朱权墓葬。位于江西省新建县黄源村。朱权死后谥“献”,故称“宁献王墓”。1958年进行发掘。原墓区地面建有长生殿、南极殿、泰元殿、冲霄殿、璇玑殿等,后皆毁于战火,仅存一对石华表。墓室为青砖砌成,仰顶呈卷棚状,全长31.7米,最宽处21.45米,高4.5米,有大门、前室、中室、耳室、后室、壁龛、棺台等组成。墓内出土金钱、银挖耳、玉带、道冠、铜器、木俑和陶器等数十件。(徐龙国)

【明鲁王朱檀墓】 明代鲁荒王朱檀墓葬。位于山东省邹城市和曲阜市交界处九龙山南麓。朱檀为明太祖朱元璋第十子,卒于洪武二十二年(1389年)。陵园南北长206米,东西宽80米,总面积1.65万平方米。1970年进行发掘。墓葬凿山为陵,砖筑。由斜坡式墓道、墓门(红金刚墙封堵)、前甬道、前室、二门、后甬道和主室组成。随葬品保存完好,珍贵遗物在明代诸侯王墓中首屈一指。有九旒冕、皮弁、乌纱折上巾和各种丝、棉衣物等,还有宋代古琴及绢本画、元刻书籍、明式漆木家具等。特别是唐代的“天风海涛”古琴、七种元刻本书籍和三卷绢本画,都是稀世珍品,为研究曲艺、美术和版本书籍提供了实物资料。墓中还随葬400余件手持各种仪仗器具的木俑,雕刻精致,再现明初的亲王仪仗场面,是研究仪仗制度的重要标本。(徐龙国)

【明德王墓地】 明代诸侯王墓地。全国重点文物保护单位。位于山东省济南市长清区青崖寨山南。1993年进行发掘。德王是明英宗朱祁镇第二子朱见潾的封号,至明末共传七世,封亲王、郡王34个。墓地可能葬有除末代德王朱由枢之外的六代德王(即德庄王、德懿王、德怀王、德恭王、德定王、德端王)。墓地自东向西共7座王坟,6座有地面建筑。王坟陵园面积2.5万~14万平方米不等,均建有双重垣墙,内有享殿等大型祭祀性建筑,神道两侧有石像生。4号墓为德庄王朱见潾及其妃刘氏及子济宁安僖王的合葬墓。地宫为砖石结构,室内总面积120余平方米、高6.58米,由墓道、金刚墙、甬道、墓门、前殿和东西后殿组成。其余王坟各葬何代德王尚不详。该墓地为现存保存完整的明代亲王家族墓地,是研究明代亲王埋葬制度的重要资料。(董新林)

【明潞简王墓】 明代潞简王朱翊镠墓葬。全国重点文物保护单位。位于河南省新乡市凤凰山下。朱翊镠为明太祖朱元璋九世孙。陵园仿万历定陵建造,由神道、潞简王墓、次妃赵氏墓组成。潞简王地宫为青条石砌筑,总面积约185平方米,由前、中、后、左、右五座殿堂构成,棺椁置于后殿。次妃赵氏墓地位于潞简王墓西百余米处,建筑布局与潞简王墓大体相同,并保存有双层石砌明楼。两墓均于20世纪20年代被盗,后在潞简王墓道中出土金、玉、瓷器等30余件。墓葬以宏伟的规模、精美的石刻著称,对于研究明代后期地方藩王的陵寝形制以及当时的建筑、雕刻艺术等具有重要意义。(徐龙国)

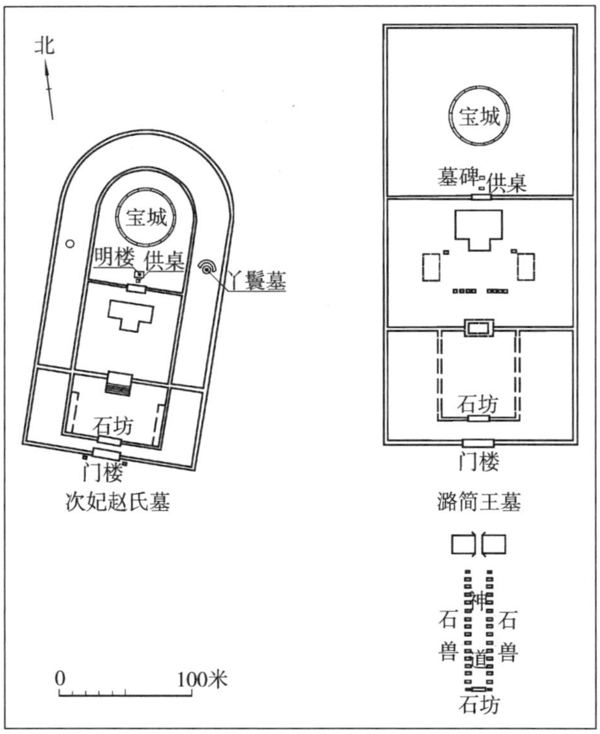

明潞简王墓东、西茔园平面图

【明梁庄王墓】 明仁宗第九子梁庄王朱瞻垍与王妃合葬墓。位于湖北省钟祥市长滩镇。2001年进行发掘。地面原建有长方形内外茔园,陵墓建在内茔园。该墓为崖洞砖筑前后双室墓,南侧有墓道,地表有封土堆。地宫全长15.4米,墓室穹窿顶,最高5.3米。墓门券顶碑墙上嵌有梁庄王及其王妃魏氏墓志盖。后室设两座棺床,梁庄王居中、王妃居西。随葬品共5 100余件,数量仅次于定陵,为明代亲王陵墓之最。其中有金、银、玉器1 400余件,珠饰宝石3 400余件(见彩版38“金壶”)。有刻铭金锭、金佛像、嵌玉金冠顶、龙纹高足青花瓷碗等珍品。此墓未经盗掘,是研究明代中期王陵制度的重要资料。(徐龙国)

【凤凰山明蜀王世子墓】 明代第一代蜀王世子朱悦燫墓葬。位于四川省成都市凤凰山南麓。1970年进行发掘。墓室由3个砖筑的纵列式筒形拱券组成,全长33米,包括墓室大门、前庭、二门、正庭、正殿、中庭、圜殿、后殿,以及左、右两厢和耳室。这种平面布置与当时的王府宫殿基本相同。此墓曾数次被盗掘,贵重物品大都不存,仅出土500余件各种类型的釉陶俑,保存完整,且排列有序,为研究明代仪仗制度提供了实物资料。(徐龙国)

【崔源家族墓地】 明代崔源家族墓地。位于辽宁省鞍山市东郊千山镇倪家台村。1975年进行发掘。崔氏父子都在辽东都指挥司任职,为地方最高军事长官。墓地有石砌茔园,南部设门及石铺道路,门外出石人、石马等8件石像生。在已发掘的19座墓葬中,出土墓志10合,墓券1方及其他重要文物。墓葬有土坑竖穴墓,也有砖室、石室墓,既有土葬,也有少量的火葬。墓地形成时间上起明代初年,下至明代晚期,为研究明代家族墓的形制提供了宝贵资料。特别是所出墓志记载与奴儿干都司有关的内容,具有较高的历史价值。《文物》1978年11期有《鞍山倪家台崔源族墓的发掘》。(徐龙国)

【朱守诚墓】 明朱守诚夫妇合葬墓。位于上海市宝山区朱家巷村。1966年进行发掘。该墓为石筑椁室墓,平顶。石椁内分置三木椁,木椁内有木棺。木椁上盖有松香石灰,石椁内间隙填三合土。中棺葬朱守诚,东、西两棺为女性。随葬有金器、银器、玉器、铜器、石、竹、木和砖、石买地券等。其中23把扇面有泥金和漆骨贴金的木骨或竹骨扇子、透雕“刘阮入天台”竹刻香熏,以及笔筒、笔插屏、砚台、镇纸等文房用具,多属稀世珍品(见彩版38“紫檀龙纹壶”)。此墓对研究明代绘画、雕刻艺术具有重要价值。“朱守诚墓出土遗物”图见573页。(徐龙国)

【嘉定明墓】 明代万历年间刑部侍郎李氏家族墓葬。位于上海市嘉定区江桥镇。2007年进行发掘。墓

泥金折扇

朱小松竹刻香熏　　紫檀笔插屏

朱守诚墓出土遗物

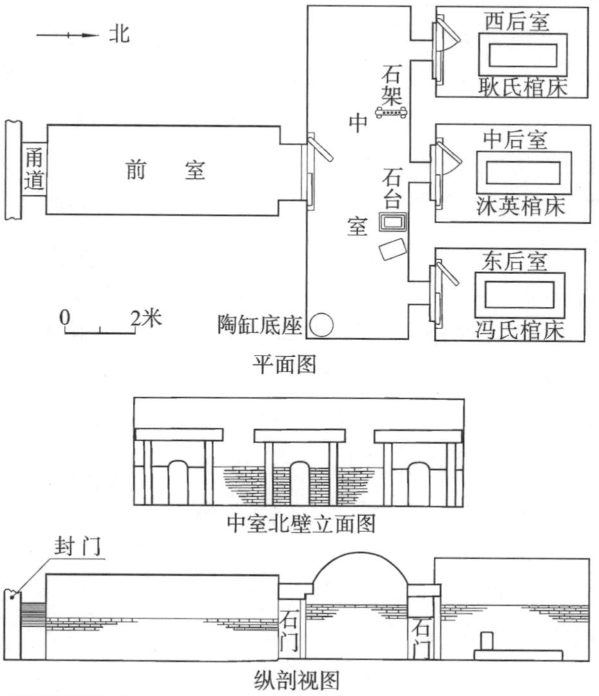

明昭靖王沐英墓平面、立面、剖视图

地有石虎、石羊等，发掘2座墓。刑部侍郎及其夫人合葬墓为石筑并列双椁墓，土坑内填三合土。石椁室内有木椁和木棺。男墓主头戴官帽，身穿官服，随葬墓志、金发簪、木质腰带、铜镜等物品。女墓随葬金器、玉戒指、头冠、腰带等。1967年一墓内还出土11种明成化年间北京永顺书堂所印“说唱词话”和南戏《白兔记》，附有插图，是中国文学戏曲史和版画史上的重大发现。（徐龙国）

【明昭靖王沐英墓】 明代昭靖王沐英及其次子沐晟墓葬。位于江苏省南京市江宁区东善镇印塘村。1959年进行发掘。沐英为明太祖养子，字文英，定远人，47岁时去世葬南京。沐英墓为砖筑多室墓，南向。由甬道、前室、中室和后室组成。其中后室3间，中室葬沐英，左、右后室分别葬其元配冯氏与续房耿氏。此墓被盗，在墓门外发现沐英及耿氏墓志各一方。沐晟墓西距沐英墓200米。规模略小，有双后室，左后室葬沐晟，右后室葬程氏。前室置夫妇墓志各一方，随葬有瓷器、陶器、锡明器、铜器、金器、玉器、武器等。（徐龙国）

【夏欢墓】 明初医生夏欢墓葬。位于江苏省江阴市长泾镇泾东村。据墓志可知，夏欢卒于明成祖永乐九年（1411年）。墓内出土大批医疗器具，有铁质柳叶形或平刃式外科刀、牛角形圆针、小剪刀、钗等，以及猪鬃牛角柄药刷、木质药罐和针棒、瓷壶、瓷熏罐等。墓主人生前能做小疮外科的开刀以及正骨按摩手术，懂得中医外科和针灸等。这些医疗器具为研究当时医学技术水平提供了宝贵的实物资料。（徐龙国）

【王镇墓】 明代王镇墓葬。位于江苏省淮安市淮

江城送别图

人马图

王镇墓出土绘画

城东郊闸口村。1982 年进行发掘。葬于明弘治九年(1496 年)。该墓为土坑并列木椁墓,椁内各有一具木棺。椁四周浇灌石灰糯米浆。男左女右的木椁上各出墓志一方。王镇尸体及随葬衣物保存完好,出土丝织品和棉布 80 余件,织造技术高超,反映了明代刺绣和织造工艺水平。特别是 25 幅纸本及绢本书画,除个别为元末佳作外,大部分为明代前期著名书画家所作(见彩版 37“戴浩《秋江唤渡图》”),为中国古代书画史研究增添了珍贵资料。(徐龙国)

【汤和墓】 明代东瓯襄武王汤和墓葬。位于安徽省蚌埠市东郊。1973 年进行发掘。汤和为明朝开国名将。墓葬依山构筑,有高大封土,南面有 225 米长的神道,两侧有大型神道碑和马、羊、狮、武士等石雕,为明初石刻中的精品。墓室为大型单券式砖石结构,分前、后两室并附一侧室,前有斜坡式墓道。后室有长方形棺床,上铺木板,板上置棺。墓室曾被盗,残存一些金银饰品及银盘、壶、匜、盘、杯等,以及一件保存完好的“元青花双兽耳大罐”。为目前所发现的唯一一座明初异姓王的墓葬。(徐龙国)

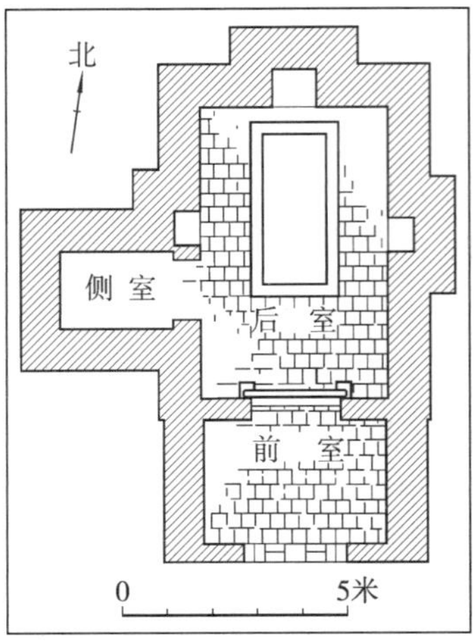

汤和墓平面图

【张懋墓】 明代义宰张懋夫妇合葬墓。位于湖北省武穴市下官大队。1983 年进行发掘。墓前立石碑,墓碑与墓圹间置墓志铭一合。墓为土坑木棺墓,并列双棺,坑内填三合土密封。男左女右,仰身直肢。男尸穿有保存较好的丝织品葬服,盖有一幅彩色纸本印度梵文佛画《法被图》,是研究明代中外文化交流的重要资料。2007 年出版有《张懋夫妇合葬墓》。(董新林)

【明田氏家族墓地】 明代五寨长官司田氏家族墓地。位于湖南省凤凰县西郊。1959 年发现。墓地清理一座长方形券顶砖室墓,出土砖墓志一方。墓主为明嘉靖三十二年(1553 年)湖广道直隶五寨长官司彭氏夫人。明代五寨长官司系沿元末之旧,明洪武初,田儒铭率五子首先献地,又因战功,命田氏子孙世为长官司,一直世袭至清康熙四十六年(1707 年)。彭氏系田氏五长官司眷属。凤凰县是苗族的聚居区之一,田氏墓地有助于湘西少数民族地区历史和文化的研究。(徐龙国)

【明太监韦眷墓】 明代太监韦眷墓葬。位于广东省广州市越秀区。1964 年进行发掘。地表有坟丘。该墓为石筑,券拱顶,由竖穴墓道、甬道、前室和主室组成。全长7.44米。石室壁厚达 1 米余,外加三隅砖壁包护,砖墙外再抹石灰。土坑内用沙石和黏土等夯实。墓门用石条横置砌封。主室底部铺石板,正中置须弥座石棺床。墓室已被盗,但出土的 3 枚外国银币(其中,1 枚威尼斯银币和 2 枚满剌加(今孟加拉国)银币)和红珊瑚、金板等,反映了明代广州对外交流的盛况。(徐龙国)

【张文锦夫妇墓】 明代张文锦夫妇合葬墓。位于重庆市铜梁县巴川镇。1982 年进行发掘。葬于明嘉靖三十七年(1558 年),因子贵被赠“都察院右佥都御史”。该墓为石筑异穴合葬墓。两墓并列相连,形制相同,分前、后两室。男墓前室有墓志一合,后室有石砌棺床,上置葬具,尸骨已朽。石门上刻有墓主姓名及埋葬时间。随葬桌、椅、床、仓等石质明器,特别是成组的仪仗行列俑,有肩舆俑、仪仗俑、马俑、伞盖等,为研究明代民间石刻艺术、家具以及品官随葬制度提供了宝贵资料。(徐龙国)

【清永陵】 清代帝王祖陵。“关外三陵”之一。全国重点文物保护单位。位于辽宁省新宾满族自治

清永陵图

县永陵镇西北、启运山南麓。建于明万历二十六年(1598年),名“兴京陵”,清顺治十六年(1659年)改称“永陵”。占地1.2万平方米。前临苏子河,背靠启运山,陵区由前院、方城、宝城三部分组成。前院正中为正红门,院内横列清代先祖肇、兴、景、显四帝的碑亭。前院之北为方城,城中为主体建筑启运殿,东西设有配殿。宝城在启运殿之后,墓葬东西环列,葬有清太祖努尔哈赤远祖孟特穆、曾祖福满、祖父觉昌安、父塔克世等皇室祖先。(董新林)

【清福陵】 亦称“东陵”。清太祖努尔哈赤和孝慈高皇后叶赫那拉氏合葬陵。“关外三陵”之一。全国重点文物保护单位。2004年列入世界文化遗产名录。位于辽宁省沈阳市东郊10千米的天柱山上。始建于后金天聪三年(1629年),崇德元年(1636年),定陵号为“福陵”,清顺治八年(1651年)建成。陵寝占地19公顷。陵园坐北朝南,前低后高,南北狭长,四周围以红墙。南面中央为单檐歇山式正红门,拱门三道。门前有华表、石狮、石坊、下马碑等。门内神道两侧成对排列着狮、马、骆驼、虎等石雕。其后面利用天然山势修筑了108蹬石阶。过石桥,正中为碑楼,内立满、汉两种文字书刻的“大清福陵神功圣德碑”。再北为方城,四角建有角楼。正中隆恩门内,建有隆恩殿。殿后洞门之上设明楼,内立“太祖高皇帝之陵”石碑。方城后为圆形宝城,两城间呈月牙状,因而也叫“月牙城”。宝城正中有一突起的宝顶,下为埋葬努尔哈赤和叶赫那拉氏的地宫。陵寝建筑规制完备、礼制设施齐全,主要建筑规模宏伟,陵寝建筑群保存较为完整。此陵是研究明清陵寝制度的重要资料。(董新林)

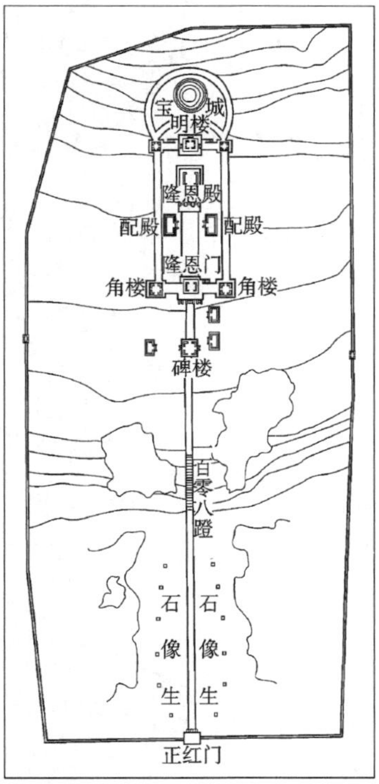

清福陵平面图

【清昭陵】 亦称“北陵”。清太宗皇太极和孝端文皇后合葬陵。“关外三陵”之一。全国重点文物保护单位。2004年列入世界文化遗产名录。位于辽宁省沈阳市北郊皇姑区泰山路。始建于后金崇德八年(1643年),顺治八年(1651年)竣工,康熙及嘉庆时又有增建。占地面积约18万平方米,直接建在平地上。陵园坐北朝南,四周缭墙围绕。南门正红门外,自南往北从下马碑始,排列有华表、石狮、石桥、石牌坊,正红门内相继为华表、石像生、望柱、碑楼和方城。石像生依次为石狮、獬豸、麒麟、立马、卧驼、立象。碑楼内立康熙御书“昭陵神功圣德碑”。方城正中建隆恩殿,施黄琉璃瓦顶,东西为配殿,其后为明楼,明楼中立“太宗文皇帝之陵”碑。明楼之后为宝城,其下为埋葬皇太极夫妇的地宫。陵园布局严谨,规模宏大,为清“关外三陵”中之最。(董新林)

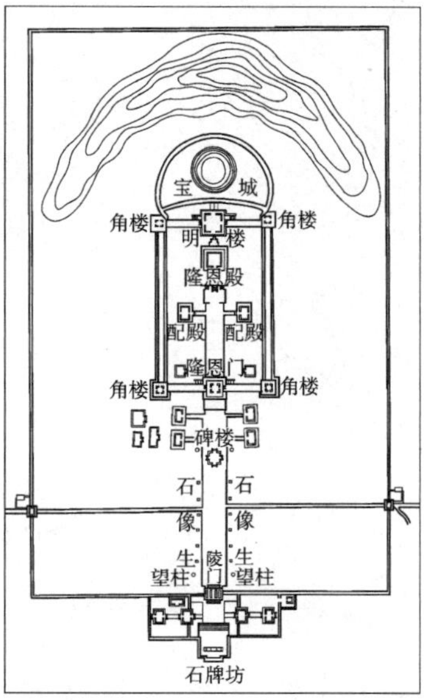

清昭陵平面图

【关外三陵】 清代三座帝王祖陵的合称。详“清永陵”(574页)、“清福陵”、“清昭陵”。

【清东陵】 清代皇帝和皇后陵墓。全国重点文物保护单位。2000年与清西陵一起被列入世界文化遗产名录。位于河北省遵化市昌瑞山南。相对于易县西陵,称“东陵”。有顺治孝陵、康熙景陵、乾隆裕陵、咸丰定陵、同治惠陵5座皇陵,还有东(慈安)、西(慈禧)太后等4座后陵。南北长125千米、东西宽20千米。始建于康熙二年(1663年),以后陆续建成217座宫殿牌楼,组成大小15座陵园。诸陵园以顺治孝陵为中心,排列于昌瑞山南麓,均由宫墙、隆恩门、隆恩殿、配殿、方城明楼及宝顶等建筑构成。其中方城明楼为各陵园最高建筑物,内立石碑,碑上以汉、满、蒙3种文字刻写墓主的谥号;明楼之后为“宝顶”(大坟头),其下方是停放灵柩的“地宫”。由陵区最南端的石牌坊向北到孝陵宝顶,由一条宽约12米、长6千米的神道相连,沿途有大红门、大碑楼(圣

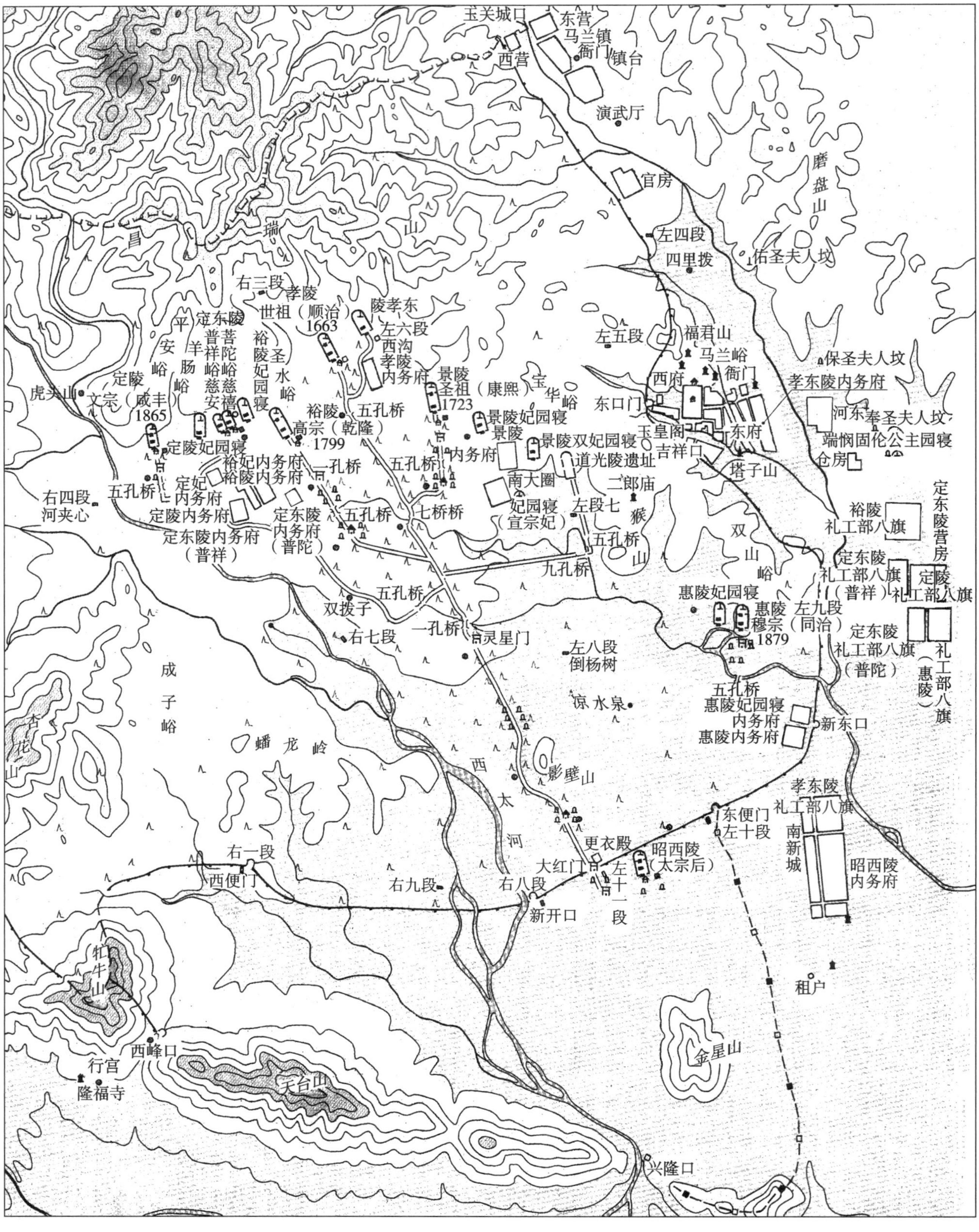

清东陵平面图

德神功碑楼）、石像生、龙凤门、七孔桥、小碑楼（神道碑楼）、隆恩门、隆恩殿、方城明楼等建筑。清东陵反映了从清初到清末陵寝规制演变的全部过程，也从一个侧面记录了清王朝盛衰兴亡的历史。（徐龙国）

【**清西陵**】 清代皇帝和皇后陵墓。全国重点文物

清西陵平面图

保护单位。2000年与清东陵一起被列入世界文化遗产名录。位于河北省易县永宁山下。相对于遵化东陵，称“西陵”。自清雍正八年（1730年）至1915年，历时186年，共建有雍正泰陵、嘉庆昌陵、道光慕陵、光绪崇陵4座帝陵；泰东陵、昌西陵、慕东陵3座后陵，以及7座王公、公主和妃嫔园寝等。设有陵门、殿宇、朝房、祭台以及石像生等。面积800余平方千米，建筑面积达5万余平方米，有宫殿1 000余间，石雕刻和石建筑100余座。每座陵寝严格遵循清代皇室建陵制度，皇帝陵、皇后陵、王陵均采用黄色琉璃瓦盖顶；嫔妃、公主、阿哥园寝为绿色琉璃瓦盖顶。众多建筑有彩画与雕刻，宫殿多施旋子彩画，庙宇牌坊多施和玺彩画，行宫、住宅多施苏式彩画，雕刻以龙凤最多。整个建筑群反映出清代建筑艺术的高超水平和民族风格。（徐龙国）

【清代李氏家族墓地】 清代李氏家族墓地。位于陕西省大荔县八鱼村。从乾隆时期延续到民国末年。2001年进行发掘。墓地发现墓葬16座（石室墓11、砖室墓3、土洞墓2），发掘5座。石室墓多由墓道、庭院、墓门、横长方形前室和后主室组成,后主室多为并列二或三椁室。墓葬石构件上都雕刻人物故事图或书法绘画装饰图案,有的画还配有词和印章。有浮雕,也有线刻等。对研究清代社会的政治、经济和葬俗文化,特别是其书法、绘画和石雕刻等都具有重要价值。2003 年出版有《大荔李氏家族墓地》。(董新林)

【阿巴和名麻札墓】 清代喀什地区伊斯兰教白山派首领阿巴和名及其家族的墓地。全国重点文物保护单位。位于新疆维吾尔自治区喀什市东北郊。麻札,意为"陵墓"。阿巴和名(约 1626—1695)曾据有叶尔羌汗国王位,是当地知名政教领袖。陵墓始建于清崇德五年(1640 年),先后共葬其家族成员五代 72 人。麻札由东侧墓室和西侧的大礼拜寺、小礼拜寺、讲经堂组成,总面积约 50 100 平方米。墓室为长方形,面阔 35 米,进深 29 米,大穹窿顶,直径 16 米,顶高 24 米。四角各有一座半嵌在墙体中的圆柱形塔楼,内设楼梯。整个墓室外部全部用绿色和黄色琉璃瓦镶嵌,正门上方左右有两个小球形尖顶,门框上镶嵌伊斯兰图案。该建筑具有浓郁的伊斯兰教色彩和维吾尔族风格。相传清乾隆皇帝爱妃香妃也葬于此。(董新林)

遗　物

【秦咸阳宫壁画】 秦代壁画。陕西省咸阳市以东秦代宫殿遗址中发现。1 号宫殿基址墙壁上发现原绘制的壁画残块,包括人物、动物、车马、神怪、树木等装饰图案。3 号宫殿基址东侧发现一条南北向的画廊,墙壁上绘有车马出行图、仪仗图、建筑图和麦穗图案等(见彩版 21 秦代遗迹中"咸阳秦宫殿 3 号宫殿遗址长廊东壁第 4 间中组壁画")。绘画形象生动、色彩丰富,是现存最早的古代宫殿壁画。(赵超)

【秦封泥】 秦代遗物。古代使用竹木简牍书写文书,在递送时用绳束缚简牍,官方文书还有专用的封缄印匣,将绳结纳入印匣,然后用黏土和泥填入印匣,包住绳结,最后在泥上面加盖印章作为封缄。这种带有印章的泥块被称作"封泥"。很多使用过的封泥保存至今,印文尚清晰可辨,具有与玺印同样的史料价值。秦代封泥早有传世记载与收藏,多与古代官印一并著录研究。近代又有大量出土,如 2000 年在西安相家巷遗址发掘出的 325 枚秦封泥,包括多种中央官署的官员印记,例如"都水丞印"、"郎中丞印"等,其时代推测为战国晚期至秦代之间。(赵超)

【秦诏版】 亦称"秦量诏版"。秦代遗物。一般为长方形青铜版,上面刻有秦始皇二十六年(公元前 221 年)或秦二世元年(前 209 年)关于统一度量衡的诏书。陕西咸阳、山西左云、山东文登等地都曾经发现过秦诏版。有些是镶嵌在秦代的铜、铁衡器上,如秦权等。有些边角有孔,可能是钉在木质量器上的。为秦代统一度量衡的确切证据。(赵超)

【秦量诏版】 即"秦诏版"。

【秦汉瓦当】 秦汉时期遗物。秦汉时期建筑物盖顶的檐头筒瓦前端遮挡部分。为泥质烧制,呈青灰色。有圆形、半圆形两种,半圆形的又称作"半瓦当"。瓦当前面装饰有图案纹饰或文字,随时代而变化。文字内容包括地名、官署名、宫殿仓廪陵

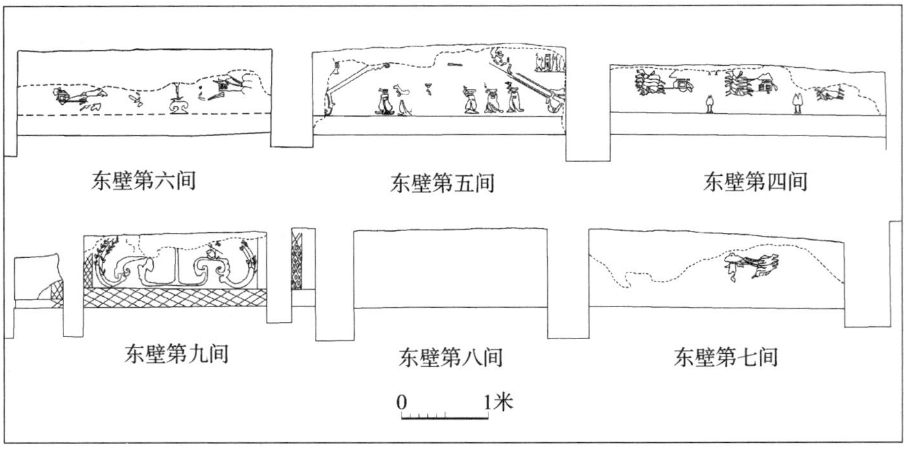

秦咸阳宫 3 号宫殿廊墙壁画

墓等建筑名称、吉语与记事词语等,如秦"羽阳千秋"、西汉"汉并天下"和"与天无极"等。图案纹饰包括动物、植物、云纹、葵纹等,其中秦代的云纹与西汉的青龙、白虎、朱雀、玄武四神图案等最具代表性。西汉中期后,中心为圆泡的四区云纹瓦当最为流行。瓦当对于秦汉时期建筑遗址的确定与断代有重要参考价值,同时也受到文物收藏界与书法艺术界的重视,早在宋代金石著录中就有所记载。(*赵超*)

【秦始皇陵铜车马】　秦代器物。陕西省西安市临潼区秦始皇陵区发掘出土。共有两套仿真铜质车马。两辆车中,1 号铜车马全长为 225 厘米,高 152 厘米。共驾有 4 匹马,两匹为服马,两匹为骖马。铜马高度在 66 厘米左右,长 110 厘米左右。总重量 1 061 千克。车厢是一个横向的长方形,前面两个角做成圆角,底部用横竖交叉的长条绑成,精细地模仿着藤木条交叉捆绑的样子。车舆的四面都安装有拦板,车厢中央还竖着一柄伞盖。车厢上还有弓弩、盾、戈等兵器(见彩版 22"秦始皇陵 1 号铜车马")。2 号铜车马则是 4 匹马拉着一辆有棚的车子。通长 317 厘米,高 106 厘米,总重量 1 241 千克。整个车厢分为前后两个部分,前边是供驭手驾驭马的座位,后面是主人乘坐的地方。后室的后面有门,前面和两侧的棚壁上有窗,上面是车盖。室中还有茵被。车辆上用彩绘画出各种卷云纹、云气纹、菱形纹、三角形纹等,显得华丽尊贵。车上的铭文自称为"安车"。铜车马单独存放在一个陪葬坑内,原位于秦始皇陵西侧的封土下面,推测可能是在公元前 210 年埋入的。这些车马除尺寸是真实车马的二分之一以外,全部形状包括一切细节都与真实车马一样。两辆车马都得到保存并经过专家的精心修复,恢复了当时秦始皇所乘马车的原貌,具有重要的艺术与历史价值。(*赵超*)

【云梦秦简】　秦代竹简。1975 年湖北省博物馆等在湖北省云梦县睡虎地 11 号墓发掘出土。共 1 100余枚,上面用隶书书写大量法律文书、书信等。经整理,其内容包括《编年记》、《语书》、《秦律十八种》、《效律》、《秦律杂抄》、《法律答问》、《封诊式》、《为吏之道》、《日书》等。文书约成书于秦孝公至秦始皇初年,包含秦代法律与政治历史的重要资料,是现存最早的古代法律书,在世界法制史研究中具有重要价值。根据简文记载,墓主是秦狱吏喜,葬于秦始皇三十年(公元前 217 年)。(*赵超*)

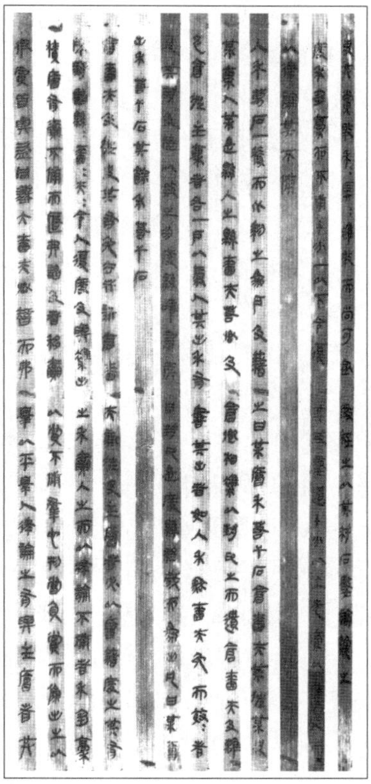

云梦秦简部分竹简

【里耶秦简】　秦代竹简。2002 年湖南省文物考古研究所等在湖南省龙山县里耶镇发掘战国至秦代古城 1 号井时出土。共计 3.6 万枚(段),还有封泥匣 200 余个、残封泥 10 余枚。这批简应该是秦代末年当地官府丢弃的官署档案资料,其中包括各种政令、各级政府之间来往公文、司法文书、吏员名簿、物资登记与转运记录、里程书等。根据简文中有廿五年、卅七年和二世元年、二年等纪年,结合考古发掘中其他资料时代特征可确定这批简是秦始皇与秦二世时期遗物。竹简保存大量文字资料,对了解秦代湖南地区政治状况,研究秦代行政管理制度以及古代历法、历史地理情况等研究专题都有非常重要的参考作用。(*赵超*)

【银雀山汉简】　汉代简牍。1972 年山东省博物馆和临沂县(今临沂市)文物组在临沂银雀山发掘 1、2 号汉墓,出土一批具有珍贵学术价值的竹简,共 4 974 枚。其中 1 号墓边箱北端出土 4 942 枚,2 号墓边箱南端底部出土 32 枚。竹简保存较好,墨笔隶书。经整理,主要内容有《孙子兵法》、《孙膑兵法》、《尉缭子》、《晏子》、《六韬》、《守法守令等十三篇》和《元光元年历谱》等古代书籍。对了解中国古代历史、哲学、历法，尤其是古代军事思想，考证《孙子兵法》与《孙膑兵法》的渊源具有重要意义。出版有《银雀山汉墓竹简》等。（赵超）

【武威汉简】 汉代简牍。甘肃省武威市出土。主要有1957年在磨嘴子6号汉墓发现的480枚木简，其中包括仪礼、日忌杂占等内容。仪礼简分为三种：甲本仪礼木简宽0.75厘米，长55.5～56厘米，内容包括《仪礼》中的《士相见》、《服传》、《特牲》、《少牢》、《有司》、《燕礼》、《泰射》7篇；乙本仅《服传》一篇，木简宽0.5厘米，长50.05厘米；丙本仅《丧服》一篇，宽0.9厘米，长56.5厘米。还有1959年在磨嘴子汉墓出土的王杖十简、1981年出土的26枚王杖诏书令简和1972年11月在旱滩坡东汉初年土圹墓出土的92枚医药简。主要研究成果有陈梦家《武威汉简》、《武威汉代医简》等。（赵超）

【居延汉简】 汉代简牍。内蒙古自治区额济纳旗一带出土。包括中国最早经考古发掘出土的汉代简牍。20世纪30年代，中国瑞典联合西北科学考察团在中国西北额尔古纳河流域一带进行考古发掘，在汉代烽燧等建筑遗址中获得大量简牍材料，总数达10 200枚以上。经整理，其中包括汉代官方文书、过所、簿籍、诏书、律令、历谱、书籍等内容。因这一地区在汉代属于居延都尉，故称为“居延汉简”。这

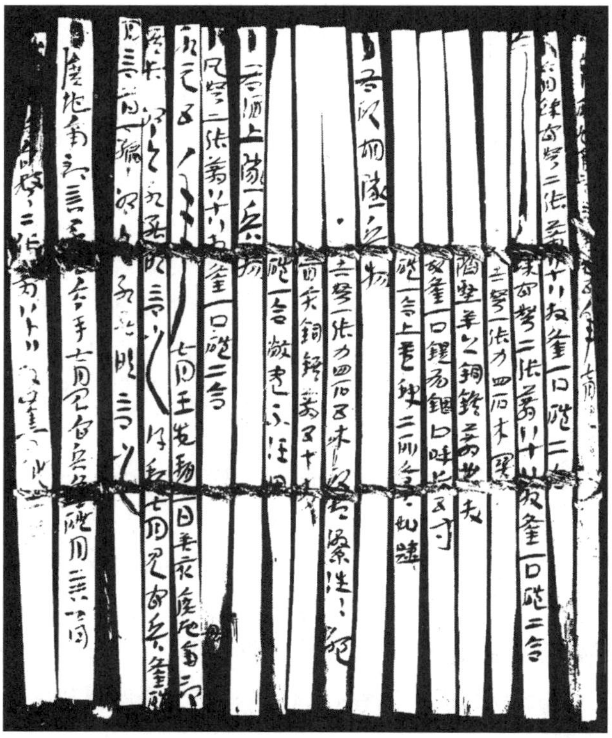

居延汉简（永元器物簿1、2）

批简牍现存台湾“中央研究院”。1972—1976年，甘肃居延考古队等多次对居延地区进行考古调查与发掘，在破城子等地发现多批汉代简牍，总数达19 637枚，时代从西汉昭帝时期至西晋武帝时期。1976—1986年间还有多批简牍发现，总数近1 500枚。居延汉简数量巨大、内容丰富，是汉代简牍研究的主要部分。主要研究成果有《居延汉简甲乙编》、《居延新简》等。（赵超）

【敦煌汉简】 汉代简牍。甘肃省敦煌市境内出土。包括英国人斯坦因1907年和1913年两次中亚探险中获得的大量简牍，1944年西北科学考察团在甘肃敦煌小方盘城以东汉代边塞遗址获得的48枚汉简及20世纪50年代以来甘肃省文物考古工作者陆续发现的大量简牍。其中1990—1992年甘肃省文物考古研究所在汉代悬泉置遗址发现的18 790枚简牍尤为重要（见彩版27汉代遗物“阳朔二年《传车簿》木简”）。根据纪年简牍可知这一遗址在西汉武帝后期至东汉安帝永初元年间一直使用，魏晋时期又重新起用过。简牍材料与明显的层位关系为遗址断代提供了重要证据。敦煌汉简内容主要为官方文书、律令、历谱、簿籍、档案、书信、方术书、算术书等书籍和其他杂简。主要研究成果有《流沙坠简》、《斯坦因在东土耳其斯坦沙漠中发现的汉文文书》、《斯坦因第三次中亚考察所获汉文文书》、《敦煌汉简》等。（赵超）

【王家台秦简】 秦代简牍。1993年湖北省江陵县（今荆州市荆州区）荆州镇王家台15号秦墓中出土。共计清理出竹简800余枚。其书写时间上限不超过公元前278年，下限不晚于秦代。简文内容主要有《归藏》、《效律》、《日书》、《易占》等。其中，《归藏》简394枚，约4 000字，为久已失传的上古易书；《效律》简96枚，与睡虎地秦简相关内容基本相同，对校订后者顺序有重要参考价值。（赵超）

【关沮秦简】 秦代简牍。1993年湖北省荆州市周梁玉桥遗址博物馆在沙市关沮周家台发掘的30号秦墓出土。共出土秦代竹简381枚，木牍1枚。内容大致包括三部分：一是记录秦始皇三十四年全年日干支与秦始皇三十六年、三十七年月朔日干支、月大小等的竹简以及记录秦二世元年朔日干支、月大小等内容的木牍，整理组定名为“历谱”。二是二十八宿占、五时段占、五行占等属于《日书》的内容。三是医药病方、祝由术、择吉去凶占卜和农事等杂

书。主要研究成果有《关沮秦汉墓简牍》。（赵超）

【龙岗秦简】 秦代简牍。1989年在湖北省云梦县龙岗6号墓中出土。包括木牍1件、竹简约293枚。该墓时代属于秦汉之交。简牍内容属于秦统一后颁布的法律文书，主要为涉及皇帝御苑管理的法律与有关土地租赁抵押等方面的法律，可弥补云梦睡虎地竹简中秦律的不足。2001年整理出版有《龙岗秦简》等。（赵超）

【放马滩秦简】 战国晚期秦国竹简。1986年甘肃天水放马滩1号秦墓中出土。共计出土460枚。内容包括《日书》甲、乙种与《墓主记》三类文书。其中《日书》包含内容较丰富，是研究古代方术思想的重要资料。同墓中还出土有算筹、毛笔等重要文物。主要研究成果有《天水放马滩秦简》等。（赵超）

【郝家坪秦简】 战国晚期秦国简牍。1979—1980年四川省博物馆等在四川省青川县郝家坪清理墓葬72座。其中50号秦墓边箱中出土两件木牍，一件文字已残泐，无法辨识；另一件保存121字，内容为秦武王二年（公元前309年）的王命左丞相更修田律，是了解秦国田地制度的重要文献。（赵超）

【马王堆汉简】 汉代简牍。1972—1974年湖南省博物馆与中国科学院考古研究所（今属中国社会科学院）合作发掘马王堆1、2、3、4号汉墓。在1号墓出土竹简312枚、木牍49枚，在3号墓中出土竹简593枚、木简10枚、木牍7枚。这些简牍的内容大多与丧葬礼仪有关，如1号墓出土竹简主要为记录丧葬品名目的遣册，有些木牍是系在竹笥上的标签——“楬”。3号墓出土简牍中有200枚是医书，整理者定名为《十问》、《合阴阳》、《杂禁方》、《天下至道谈》等4种书籍，内容多与房中术有关。根据木牍纪年，可以确定墓主下葬于西汉文帝十二年（公元前168年）。（赵超）

【张家山汉简】 汉代简牍。1983—1984年湖北江陵博物馆在张家山清理3座汉墓，发现大批竹简。其中大部分出土于247号墓，总计1 000余枚。这些竹简中保存有多种宝贵的古代佚书，如法律类的《律书》、《奏谳书》，医学类的《脉书》、《引书》，技术类的《算数书》、《日书》等，还有一些遣册与历谱等材料。现已整理出版有《江陵张家山汉简》等。（赵超）

【凤凰山汉简】 汉代简牍。1973—1975年湖北省博物馆等在江陵凤凰山发掘一批西汉早期墓葬。其中多座墓中出土简牍，如8号墓出土176枚、10号墓出土172枚、167号墓出土42枚、168号墓出土67枚、169号墓出土55枚。铭文内容主要为记录随葬品的遣策，以及一些账目、契约等。168号墓出土的告地策与169号墓出土的一件天平衡杆具有重要的研究价值。（赵超）

【阜阳双古堆汉简】 汉代简牍。1977年安徽省阜阳市双古堆发掘的1号汉墓中出土。竹简残损较严重。根据出土器物铭文判定该墓葬主人为西汉第二代汝阴侯夏侯灶，卒于西汉文帝十五年（公元前165年）。经整理，发现里面包含10余种古代典籍残片，包括《周易》、《诗经》、《仓颉篇》、《相狗经》等，还有多种重要的古佚书，如《大事记》、《万物》等。已整理出版有《阜阳汉简诗经研究》、《阜阳汉简周易研究》等。（赵超）

【大通上孙家寨汉简】 汉代简牍。1979年青海省文物考古工作队在青海省大通县（今大通回族土族自治县）上孙家寨发掘178座汉墓，其中属于西汉晚期的115号汉墓内出土木简近400片。其内容包括《孙子兵法》的佚文与有关当时军事管理的各种律令文书，是了解汉代军事制度的重要资料。也有人认为，这是当时供军队中学习用的军法、军令总汇的抄本。（赵超）

【八角廊汉简】 汉代简牍。1973年河北省文物管理处等在定县（今定州市）八角廊40号汉墓中清理出大批曾被焚烧过的简牍，经整理发现其中大多为先秦典籍的抄本。内容包括《论语》、《文子》、《太公》、《哀公问五义》、《保傅传》、《六安王朝五凤二年正月起居记》、《日书》，以及其他有关孔子与弟子言论的记载、汉代萧望之等人的奏议等。由于残损严重，这些文献均为片断词语，很难恢复原貌。（赵超）

【胥浦汉简】 汉代简牍。1984年江苏省扬州博物馆在仪征胥浦101号西汉墓中发现竹简17枚，木牍2枚，用于佥封文书的封检1枚。竹简中有一份墓主的遗嘱文书，是古代这类文书材料的首次发现。（赵超）

【尹湾汉简】 汉代简牍。1993年，江苏省连云港市博物馆等清理东海县尹湾的一批汉墓，在6号墓中发现竹简104枚、木牍23枚。根据简牍内容可以确定这座墓葬建于西汉元延三年（公元前10年）以后。这批简牍主要为官方文书，竹简分为大、小两种。内容包括《集簿》、《东海郡下辖长吏名籍》、《东海郡吏员簿》、《东海郡属吏设置簿》、《永始四年武库兵车器物集簿》等重要官方档案，《神龟占》、《博局占》、《行道吉凶》等方术书，以及《元延元年历谱》、《元延二年日记》等历谱、记事类资料。还有属于文学作品的《神乌赋》、记载随葬物品的《君兄衣物疏》也很重要。这批简牍资料在古代官府制度与政治经济、方术、文学等方面专题研究中具有宝贵的实证价值。已整理出版有《尹湾汉墓简牍》等。(赵超)

【走马楼吴简】 三国东吴纪年简牍。1996年发现于湖南省长沙市走马楼建设工地一口古井中(见彩版29"三国吴纪年简牍")。出土简牍包括竹简、木简、木牍、封检等共计14万余枚。一般呈灰棕色或黄褐色，长、短、宽、窄各异，字体工整有序，隶中带楷。每片字数多少不等，木牍每枚80～120字，竹简每枚30～40字。走马楼吴简出土数量多，是20世纪继殷墟甲骨卜辞、敦煌文书之后，中国出土古文献资料方面的一大重要成果。(张成)

【马王堆帛书】 汉代帛书。湖南省长沙市马王堆汉墓出土。1972—1974年湖南省博物馆与中国科学院考古研究所(今属中国社会科学院)合作发掘马王堆1、2、3、4号汉墓。在3号墓出土大批用篆、隶文字在绢帛上书写的书籍，其内容包括《周易》、《老子》、《阴阳五行》、《刑德》、《春秋事语》、《黄帝四经》、《五星占》、《相马经》、《丧服图》、《出行占》、《木人占》、《筑城图》、《长沙国南部地形图》、《驻军图》、《五十二病方》、《养生方》、《导引图》等众多古籍、地图、医书等重要文献资料。根据出土文献等材料推断，3号墓墓主可能是西汉轪侯利仓的儿子，葬于西汉文帝十二年(公元前168年)。经整理，已出版有《马王堆汉墓帛书》、《马王堆汉墓文物》等。(赵超)

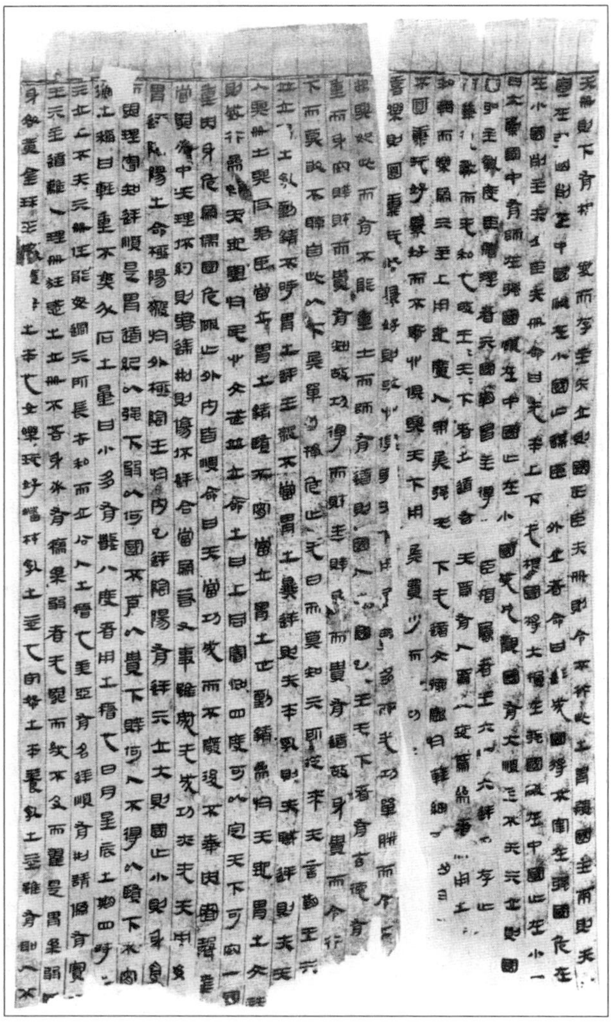

马王堆帛书

【悬泉置帛书】 汉代帛书。1990年在甘肃省敦煌市甜水井汉代悬泉置遗址的发掘中出土。长23.2厘米，宽10.7厘米。内容为一件私人寄送的书信，隶书，共有315字。为迄今保存最完整的汉代私人信件，有助于了解汉代戍边军队的生活状况。(赵超)

【汉石经】 亦称"熹平石经"、"一体石经"。东汉儒家经典石碑。东汉熹平四年至光和六年间(175—183)由蔡邕等刻写，也是中国历史上最早的儒家经典官方定本。石经全部用隶书刻写，共有7种经典，即《鲁诗》、《尚书》、《周易》、《仪礼》、《春秋》、《公羊传》、《论语》。由于历代破坏，原碑已不存在，仅保留有部分残石，可以推测与复原原碑形制。据杨龙骧《洛阳记》记载，原共有46座碑石，竖立于东汉洛阳太学讲堂东侧。汉魏太学遗址在今河南偃师市佃庄乡，中国社会科学院考古研究所在此进行过考古调查与发掘，发现大量石经残石。从宋代开始就陆续有人收集汉石经残石及拓片，进行校勘儒家经文与文字书法的研究。马衡《汉石经集存》一书中汇集有20世纪50年代止存世的汉石经残石拓片资料。"汉石经《尚书》残石(拓本)"见583页。(赵超)

【熹平石经】 即"汉石经"。

【一体石经】 即"汉石经"。

【秦刻石】 释文见73页。

【汉碑】 泛指汉代遗留下来的各种文字石刻。现存汉代文字石刻中以东汉时期居多，西汉碑刻除1992—1994年发现的永城西汉梁王墓等处塞石外不过10余件。根据原石形制与内容用途的不同，分为碑、碣、摩崖、地券、黄肠石、石经、墓记、神道柱、画像

汉石经《尚书》残石(拓本)

石题记等多种类型。东汉时期是中国文字石刻大量运用的第一个高潮期,各种石刻形制与文体都确定成型,并且影响到以后的历代石刻。现存汉碑大部分为传世品,主要收藏在山东曲阜、兖州、泰安,陕西西安,河南南阳、偃师,甘肃成县,以及新疆、北京等地。近代以来在考古发掘中也陆续有新的重要发现,如天津出土的鲜于璜碑,河南出土的肥致碑、汉侍廷里父老僤买田约束石券、汉石经残石,江苏出土的缪宇墓记,重庆出土的景云叔于碑,陕西出土曹全碑等。(赵超)

【汉黄肠石】 汉代大型墓葬中用于构建墓室或封堵墓道的长条形石材。由于这些大型墓葬大多属于王侯贵族所有,建筑工程由官方征发工匠完成,所以按当时“物勒工名”的制度规定,在石材上往往刻写制作时间、工匠姓名、石材尺寸等文字内容。这种石材在清代已有所发现,由于是在墓葬中出土,被当时的金石学者套用“黄肠题凑”的说法称作“黄肠石”。今已发现的有刻铭的黄肠石主要有河南永城西汉梁王墓、河北定州北庄西汉中山王墓、江苏徐州土山东汉彭城王室墓等处。(赵超)

【裴岑记功碑】 汉代碑石。刻于东汉永和二年(公元137年),用隶书书写。记载敦煌太守裴岑战胜匈奴呼衍王的功绩。现存新疆维吾尔自治区博物馆。(赵超)

【刘平国刻石】 全名《龟兹左将军刘平国摩崖》。汉代碑石。刻于东汉永寿四年(公元158年),用隶书书写。8行,105字。原石在新疆维吾尔自治区拜城县博扎克拉格沟口崖壁上。刻石内容记述当时龟兹左将军刘平国等人开通山路建立关口的经过,是研究新疆的重要史料。(赵超)

【张景碑】 全名《汉张景造土牛碑》。东汉碑石。1958年河南省南阳市出土。立于东汉延熹二年(公元159年)。隶书,高125厘米,宽54厘米。碑文存11行,满行23字,清晰可识者225字。碑文内容为当时地方政府的行政文书,共3件。记载由乡民张景承担建造土牛供春日祭祀使用,并被免除世代劳役的官方文书。现藏河南省南阳市博物馆。(赵超)

【鲜于璜碑】 全名《汉故雁门太守鲜于璜碑》。东汉碑石。东汉延熹八年(公元165年)立。1973年出土于天津市武清县(今武清区)兰城村。碑通高2.42米,宽0.81米,厚0.12米。圭首,上部中央有穿,长方形碑座。碑上装饰有青龙、白虎、朱雀与云纹等图案,雕刻得十分精美。书体整齐秀美,具有典型的汉隶特征,是汉隶中别具一格的作品。碑文记载鲜于璜出身于北方大族,由上郡王府察孝除郎中,累迁至雁门太守的经历,极富参考价值。现藏天津历史博物馆。(赵超)

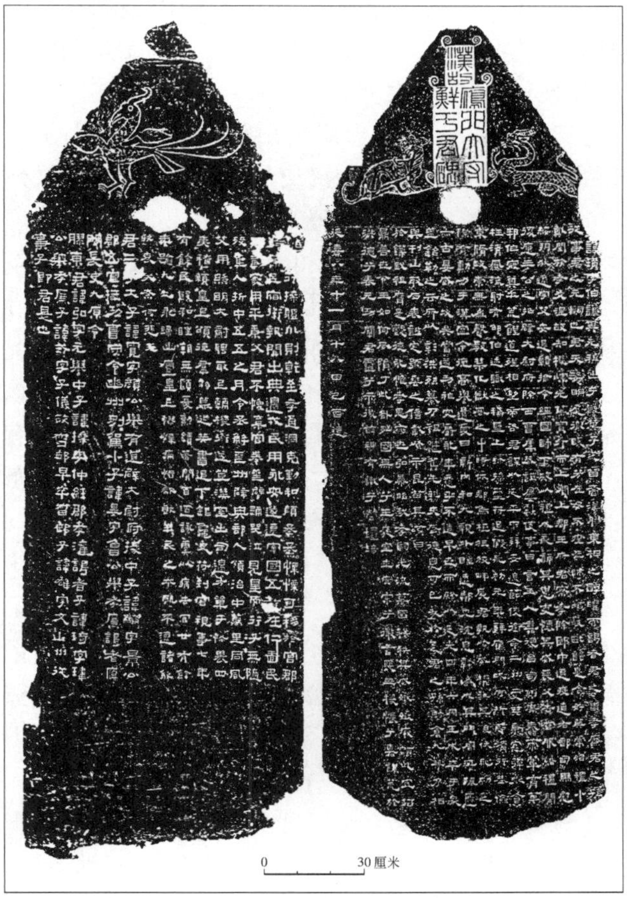

鲜于璜碑(拓本)

【曹全碑】 全名《汉郃阳令曹全碑》。汉代碑石。东汉中平二年(公元185年)刻立。明万历初年出土于陕西郃阳(今合阳县)莘里村。原保存完好,现断为两截。高2.72米,宽0.95米。墓碑主人曹全曾任东汉戊己校尉,征讨西域。碑文中记录曹全的生平事迹,其中涉及东汉末年陕西农民起义等方面的史料十分重要。碑阴记录立碑的故吏姓名与所捐金额。碑文书体为隶书,端庄秀丽,具有很高的书法价值。现存陕西西安碑林博物馆。(*赵超*)

【乙瑛碑】 全名《鲁相乙瑛请置百石卒史碑》。汉代碑石。刻立于东汉永兴元年(公元153年)。隶书,高2.6米,宽1.28米。碑文记述汉代鲁国相乙瑛向朝廷上书,请求在孔庙设立百石卒吏执掌祭祀的来往公文,以及对于乙瑛的赞颂之词,具有较高的历史研究价值与书法价值。现存山东曲阜孔庙汉魏石刻室。(*赵超*)

【礼器碑】 全名《鲁相韩敕造孔庙礼器碑》。东汉碑石。刻立于东汉永寿二年(公元156年)。隶书,高2.27米,宽1.02米。记述汉代鲁国相韩敕修饰孔庙与制作礼器等活动,碑阴及碑两侧刻写官吏姓名与捐助钱数。书法瘦劲雄秀。现存山东曲阜孔庙汉魏石刻室。(*赵超*)

【史晨碑】 亦名《史晨前后碑》。东汉碑石。碑阳为《史晨前碑》,碑阴为《史晨后碑》。刻于东汉建宁二年(公元169年)。碑文均为隶书,书法端正谨严。《史晨前碑》全称《鲁相史晨祀孔子奏铭》,记录鲁相史晨请求朝廷祭祀孔子的奏章。《史晨后碑》全称《史晨飨孔子庙碑》,记述当时祭祀孔子的盛况以及修整与孔子有关遗迹的经过。实际上两者应该是同一篇碑文,但是后碑的后半部分六行字迹略有不同,可能是在修整工程结束后补刻的。现存山东曲阜孔庙汉魏石刻室。(*赵超*)

【孔宙碑】 全名《汉泰山都尉孔君之碑》。东汉碑石。刻立于东汉延熹七年(公元164年)。碑文记述孔子第十九世孙孔宙生平并褒扬其政绩,碑阴记载门生故吏弟子门童等人的姓名籍贯。隶书,碑额篆书十分秀美,是汉代著名的书法代表作。现存山东曲阜孔庙汉魏石刻室。(*赵超*)

【袁安碑】 全名《汉司徒袁安碑》。东汉碑石。1930年发现于河南省偃师县(今偃师市)。据考证,刻立于东汉永元四年(公元92年)。书体小篆,高1.53米,宽0.74米。碑文简明地记述袁安生平仕历。袁安为东汉著名官员,曾任司徒,卒于东汉永元四年。碑身中央有圆穿。该碑是十分罕见的汉代篆书碑刻,书体为标准的小篆,规整匀称,在书法史上占有重要地位。原碑现存河南省博物院。(*赵超*)

【西峡颂摩崖刻石】 东汉刻石。位于甘肃省成县天井山。隶书书写,高220厘米,宽340厘米。刻于东汉建宁四年(公元171年)。记载武都太守李翕修治西峡阁道的事迹。为汉代《石门颂》、《郙阁颂》、《西峡颂》三大颂碑中保存最完整的一座摩崖刻石。(*赵超*)

【侍廷里父老僤买田约束石券】 东汉刻石。刻于东汉建初二年(公元77年)。1973年在河南省偃师县(今偃师市)出土。石券高1.54米,宽0.8米。全石未经打磨,正面阴刻券文,现保存有碑文12行,213字。内容记载:东汉永平十五年(72年),侍廷里父老25人组成一个叫做“父老僤”的互助团体,共聚集61 500钱作为僤的基金,购买了82亩土地,将这块土地借给担任里父老的人,以出产的收入作为担任里父老者的经费,当此人不担任里父老后,将这块地转给下一位担任里父老的人使用。成员的权益,在其死后可由子孙一个人来继承。是比较罕见的汉代社会实用石刻,记录的社会基层生活状况可以补充古代文献中的不足。对了解汉代民间社会中残存的原始公社制度,进而了解中国古代社会中生产关系的演化过程都具有相当重要的意义。(*赵超*)

【犀浦簿书残碑】 东汉碑石。1966年四川省郫县出土。原碑上端及左右都已经缺损,后改作墓门左扇。残高1.57米,宽0.715米。残文记录的是一批家庭资产,包括田地、奴婢、牛等,并注明价值。为古代被称为“资簿”的文书记录,且为首次发现汉代文书账簿出现在石刻中。(*赵超*)

【五曹诏书碑】 东汉碑石。1983年四川省昭觉县出土。碑刻残损。同时出土的还有10件石阙残件等。碑呈长方柱形,高1.62米,宽0.625米,厚0.42米。现存文字约400个。碑文内容是东汉光和四年(公元181年)领方右户曹史张湛任命冯佑为安斯乡有秩,并且免除该地上诸、安斯二乡赋税的文书公告。对了解汉代官司行政制度与文书情况具有参考价值。(*赵超*)

【爨龙颜碑】 全名《宋故龙骧将军护镇蛮校尉宁州刺史邛都县侯爨使君之碑》。南朝宋碑石。位于云南省陆良市贞元堡小学内。碑为云南爨族首领、龙骧将军、护镇蛮校尉、宁州刺史、邛都县侯爨龙颜墓碑。碑通高3.38米、宽1.35～1.46米、厚0.25

米。碑额上部浮雕青龙、白虎、朱雀,下部正中有穿,左右刻绘有日月图案,碑额正中题"宋故龙骧将军护镇蛮校尉宁州刺史邛都县侯爨使君之碑"。碑阳正文24行,每行45字,共927字。爨道庆撰文,碑文记述了墓主人爨龙颜历任建宁、晋宁二郡太守及宁州刺史,以及爨氏家族的历史。碑左边刻清朝阮元、邱均恩、杨珮3人题跋等。该碑文是研究古代西南少数民族地区特别是爨氏家族政治、文化的重要资料。(郭晓涛)

【爨宝子碑】 东晋碑石。全国重点文物保护单位。位于云南省曲靖市第一中学校园内。碑立于东晋义熙元年(公元405年),清乾隆四十三年(1778年)出土于城南杨旗田。碑通高1.9米、宽0.71米、厚0.21米。碑额题"晋故振威将军建宁太守爨府君之墓"。碑正文13行,每行7～30字。据碑文记载,墓主人爨宝子系建宁郡同乐县(今云南省陆良县)人,官至振威将军、建宁太守,23岁卒。碑文结尾处刻有13位建宁太守属官的职务和姓名。整碑约400字。碑左下方刻有清咸丰二年(1852年)南宁知府邓尔恒题写的跋,跋文记载了此碑发现以及移置的经过。(郭晓涛)

【连云港界域刻石】 新莽刻石。20世纪末在江苏省连云港市发现数处。包括苏马湾界域刻石、东连岛界域刻石等。刻石文字内容基本相同,都是注明东海琅邪郡的界域。根据内容与字体可以确定是王莽时期刻制的,是研究汉代的历史地理状况与王莽改正朔历法等问题的重要资料。(赵超)

【太室阙】 东汉神道阙。全国重点文物保护单位。位于河南省登封市中岳庙南。现存三处完整的汉代庙阙之一。建于东汉元初五年(公元118年)。阙是建筑在城门或者建筑群的大门外面表示礼仪的建筑。现在保存的阙多为石质。太室阙分东、西两阙,各阙又包括母阙与子阙两部分,由台基、阙身、阙顶组成,全高为3.965米。阙顶为庑殿式。阙身上雕刻铺首衔环、车马出行、动物百戏以及四神等画像,并有元初五年四月题记。(赵超)

【少室阙】 东汉神道阙。全国重点文物保护单位。位于河南省登封市十里铺村西。现存三处完整的汉代庙阙之一。阙身无确切纪年,但是题记中有与太室、启母两阙题记中相同的人名,据此与《汉书·地理志》的记载推断其建于东汉元初五年(公元118年)至延光二年(123年)间。少室阙分东、西两阙,各阙又包括母阙与子阙两部分,由台基、阙身、阙顶组成,现高为3.72米。阙身上浮雕60余幅画像,有蹴鞠、马戏、斗鸡、角抵、车骑出行、狩猎、铺首衔环、动物图像等,形象生动。题记字迹大多漫漶不清。1972年按照原状进行修复。(赵超)

【启母阙】 东汉神道阙。全国重点文物保护单位。位于河南省登封市太室山南麓万岁峰下。现存三处完整的汉代庙阙之一。建于东汉延光二年(公元123年)。启母阙为土石建筑,分东、西两阙,各阙又包括母阙与子阙两部分,现存高度为3.18米。子阙顶已经遗失。阙身上雕刻宴饮、驯象、斗鸡、狩猎、出行以及大禹化熊、郭巨埋儿等60余幅画像,并有记载大禹治理洪水的铭文。阙身下部还刻有东汉熹平四年(175年)堂溪典请雨铭。(赵超)

【幽州书佐石阙】 东汉石阙。1964年发现于北京市石景山上庄。同时发现的还有神道石柱。全部出土石刻共5件,其中2件圆柱。石阙构件中,有一件刻有"乌还哺母"的长篇铭文,记载建立石阙纪念亡父的经过。神道柱树立在墓道前面,上端有方形的题额,刻写"汉幽州书佐秦君之神道",左右刻有虎纹,改变以前只在南朝石刻中才能见到完整的神道柱的情况。石阙及神道柱对于认识汉代的墓葬建筑以及孝义思想则具有重要的价值。(赵超)

【高颐阙】 东汉石阙。全国重点文物保护单位。位于四川省雅安市姚桥乡。该阙是仿木结构形的汉阙代表,雕刻精美,为高颐墓阙,约建于建安十四年(公元209年)后。现存完整的西阙,高5.99米。东阙子阙与母阙的上部已遗失。阙身上雕刻画像与铭文,包括季札赠剑、听琴、谒见等历史故事和神异禽兽等。阙顶为重檐庑殿顶。阙后存石辟邪一对、石碑一座。2013年在雅安地震中受损。(赵超)

【樊敏阙】 东汉石阙。全国重点文物保护单位。位于四川省芦山县沫东乡黎明村。原建于东汉建安十年(公元205年),但在北宋前就已经倒塌。1957年四川省文物部门进行发掘清理并将左阙修复。左阙现高4.99米、宽2.25米。原为庑殿顶子母式双阙,右阙仅存阙顶、阙檐、斗拱等构件。左主阙檐下浮雕"哀牢夷九隆氏龙生十子图"是反映民族史的珍贵资料,子阙斗拱中雕有"西王母"像。阙前原有石雕有翼神兽二件,长约2米,高约1.6米。同地保存的樊敏碑在北宋崇宁元年(1102年)就有拓片传世,现基本完好,碑高2.93米、宽1.2米、厚0.28米。

圆首,篆书碑额,隶书碑文21行,共558字。1985年后又将芦山境内的东汉石刻20余件迁入一并保存。(赵超)

【冯焕阙】 东汉石阙。全国重点文物保护单位。位于四川省渠县土溪乡赵家村。建于东汉延光、永建年间。西阙及子阙已不存,现仅存东阙,高4.33米,由阙基、阙身、枋子层、介石、斗拱层、屋顶六部分组成。为仿木结构建筑,正、背面拱眼壁上浮雕青龙、玄武,阙顶仿双层檐木结构。(赵超)

【褒斜道石门与摩崖石刻】 东汉至宋摩崖石刻。全国重点文物保护单位。位于陕西省汉中市褒城镇北3千米的汉代褒斜道石门附近。石门是一条隧道,周围原有历代石刻45种。后因修建水库,部分移到汉中博物馆保存。其中东汉石刻主要记载开通褒斜道的有关工程事迹与主持官员功绩,包括《鄐君开道碑》、《杨君石门颂》、《李君表》、《杨伯邳生平碑》等。北魏石刻记载当时重新开通褒斜道的情况,包括《石门铭》、《石门铭小记》等。南宋石刻主要记载修筑山河堰工程的历史与南宋时重修山河堰的情况,包括《山河堰碑》、《修堰碑》、《山河堰赋》等。(赵超)

【马王堆素纱单衣】 汉代遗物。湖南省长沙市马王堆1号汉墓出土。单衣用极细的素色蚕丝织成的薄纱裁剪缝制而成。薄纱衣料薄如蝉翼,整件斜领直襟长衣仅重不到1两。表现出当时缫丝纺织技艺的高度发展水平(见彩版25西汉墓葬遗物"素纱单衣")。现存湖南省博物馆。(赵超)

【马王堆绒圈锦】 汉代遗物。湖南省长沙市马王堆1号汉墓中出土。用作衣物的边缘装饰。用蚕丝织成的厚锦表面上有一层绒圈,纹样具有立体效果,形成华美的装饰。这种织物需要使用双经轴机构的复杂提花织机才能制作,说明当时已有这种先进的纺织机械。这种纺织品的发现证明绒类纺织品是中国首先发明的,否定了以往认为绒类是唐朝以后从海外传入的说法。(赵超)

【东汉青瓷器】 汉代遗物。东汉墓葬与遗址中发现。包括碗、盏、盘、耳杯、壶、盆、洗、钵、钟、罍、鐎斗、唾盂、五连罐等。其中有实用品,也有大量丧葬使用的明器。其产地主要在今浙江省宁波、金华、永嘉、慈溪一带,以上虞发现的青瓷窑址居多,说明当时青瓷生产已经具有一定的规模,技术也比较成熟。青瓷烧成温度已达1 300℃左右,釉层较厚,透明度好,有较强的光泽,胎釉结合紧密。与魏晋以后的青瓷器相比,东汉青瓷器的制作还略显粗糙。(赵超)

【西汉铜竹节熏炉】 西汉遗物。陕西省咸阳市附近西汉陵区出土。外表鎏金,底座为波涛中涌出的龙身,上接竹节形的长柄,托起博山炉身。炉身上有题铭。整件器物造型精巧,设计奇特,是罕见的汉代重要文物。(赵超)

【错金博山炉】 西汉遗物。河北省满城县西汉中山靖王刘胜墓中出土。博山炉是战国至汉代流行的供熏香使用的器物,分为器盖与器身两部分。器盖一般制作成群山叠嶂的外形,在山峰之间还铸有动物、树木等纹饰。器身深腹,具有喇叭形高足。刘胜墓中出土的错金博山炉造型优美,制作技术精湛,纹饰均以金丝镶嵌而成,炉座透雕龙纹,是西汉文物中罕见的精美制品。(赵超)

错金博山炉

【长信宫灯】 西汉宫廷遗物。1968年河北省满城县西汉中山靖王刘胜墓中出土(见彩版26西汉墓葬遗物"长信宫灯")。通高48厘米。外形制作成一个跽坐的宫女,其左手持灯盘,灯盘可以转动,右衣袖罩在灯座上形成烟道,人体内空,灯的烟垢可以通过右臂留存在体内。灯罩可以开闭,从而随意调节灯光照射的方向和照度大小。整个造型十分精致,设计科学合理,制作工艺水平在汉代铜器中亦属上乘。器身上刻有9处铭文,共65字,内有"长信尚浴"字样,因此被称为"长信宫灯"。(赵超)

【马踏飞鸟铜像】 晋代遗物。1969年在甘肃省武威县(今武威市凉州区)雷台古墓中出土。外形为一匹奔马,三足腾空,右后蹄下踏着一只展翅飞翔的飞鸟。全长45厘米,宽10.1厘米,通高34.5厘米。刚出土时尚可见马身上有彩绘,口腔中涂朱,牙和眼珠涂白,用黑墨点睛,并且用墨线勾勒细部。有学者认为这是当时人们相马用的马式。最早有人把马踏的飞鸟称作"燕子",但因尾部没有剪刀式分叉,故有人认为它是西北的猛禽燕隼,也有人认为它是象征太阳的神鸟。铜像造型奇特、制作精美,是罕见的文物珍宝。该墓曾被认为是东汉墓葬,后根据墓中出

土的钱币被考证为晋代墓葬。(赵超)

【鎏金铜砚盒】 汉代遗物。1969年江苏省徐州市土山汉墓中出土。高10.5厘米,宽14.8厘米,长25厘米,分为盒身、盒盖和内部的石砚3部分。整体外形很像一只蟾蜍,但头上有龙角,肩部有飞翼,可能是一个神兽的造型。外表鎏金,嵌有宝石。该器造型奇异、工艺精湛,显示出汉代鎏金器制作的最高水平。现存江苏省南京博物院。(赵超)

【铜贮贝器】 西汉遗物。云南省晋宁县石寨山等地西汉滇人墓葬中出土(见彩版26"杀人祭祀场面铜贮贝器")。外形似桶,因出土时内装贝币而得名。顶部装饰有大量人物活动场面,反映滇人进行农耕、纺织、畜牧、狩猎、祭祀等活动的场面,是了解西汉滇文化的重要资料。(赵超)

【规矩镜】 汉代铜镜。半球纽。背面纹饰中模仿六博棋局的格局,具有类似英文字母T、V、L的三种几何图形,因此以前被外国学者称为"TVL镜"。后来有学者指出这些图形与古代的规、矩形状接近,故又称"规矩镜"。在铜镜背面纹饰中,还装饰有青龙、白虎等四神纹样与子、丑、寅、卯等十二生辰文字,以及环绕铜镜的铭文带等。该铜镜在出土的汉镜中占一定比例,自王莽时期一直沿用到东汉中晚期。(赵超)

【摇钱树】 东汉、三国时期遗物。四川等西南地区墓葬中常见随葬品。一般用青铜铸造成各部位零件后组合而成。外形像直立的树木。树枝上悬挂铜钱、神异动物、玉璧、仙人、西王母、龙等造型。下面支座有青铜、石、陶等多种质地。支座上装饰有西王母、仙人骑兽、佛像、熊等雕塑形象。流行时期自东汉早期至三国,西晋时消失。现已发现的摇钱树实物近200例,完整复原的摇钱树最高大者可达2米以上。(赵超)

【东汉佛像】 东汉时期遗物。这一时期的造像并不严格符合佛教造像规范,多为行跏趺坐佛装造像。主要有四川出土的铜摇钱树上装饰的佛像、四川乐山麻浩东汉崖墓中浮雕佛像、四川彭山汉墓中出土摇钱树陶座上一佛二菩萨像、山东沂南汉墓画像石中佛像、内蒙古和林格尔汉墓壁画中"仙人骑白象"、"猞猁(舍利)"等。20世纪90年代以来,在四川各地又发现大量汉代与三国时期的佛像实物,如绵阳何家山1号墓出土的摇钱树干上5尊佛像、绵阳双碑白虎嘴汉墓钱树干上4尊佛像、安县文管所收藏的摇钱树座上6尊佛像、忠县一座三国墓中出土的摇钱树上13尊佛像等。江苏省连云港附近也发现大规模的摩崖造像,有学者认为其中有佛教造像,雕刻年代也属于汉代。(赵超)

【五铢】 历代官方铸造的铜质通用货币。钱重五铢,上有"五铢"两字,故名。圆形,周边有郭,中央有方穿。最初铸于西汉元狩五年(公元前118年)。东汉,蜀汉,魏,晋,南朝齐、梁、陈,北魏和隋都有铸造,重量形制大小不一。唐武德四年(621年)废止。但旧五铢继续在民间流通。为中国历史上数量最多、流通最久的钱币。字体随时代早晚而有所变化,可作为汉代墓葬与遗址的断代标准。(赵超)

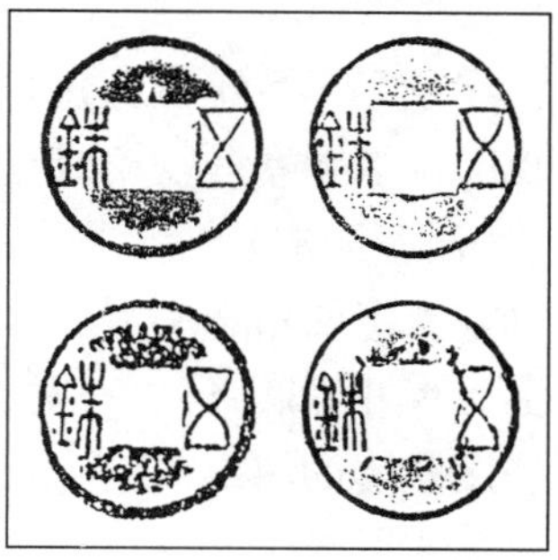

五铢(拓本)

【王莽布币】 新莽货币。外形仿制战国时期的方足布,包括王莽始建国二年(公元10年)开始铸造的"大布黄千"、"次布九百"、"第布八百"、"壮布七百"、"中布六百"、"差布五百"、"序布四百"、"幼布三百"、"幺布二百"、"小布一百"等十布和天凤元年(14年)开始铸造的"货布"。其中"大布黄千"又有铁质钱币。王莽统治末期还铸造过圆形方穿的"布泉"货币。(赵超)

【麟趾金】 汉代货币。以外形模仿传说中的麒麟足趾得名。《汉书·武帝纪》中记载太始二年(公元95年)汉武帝"更黄金为麟趾……因以班赐诸侯王"。1973年,在河北定州西汉中山怀王墓中,曾出土一件外形呈兽蹄状的空心金饼。金饼四周竖壁上方贴有一圈掐丝金花,顶上嵌有绿琉璃盖,重65.5克。有学者认为这就是历史文献中记载的麟趾金。也有学者认为麟趾金即马蹄金。(赵超)

【马蹄金】 汉代货币。以外形模仿马蹄得名。1973年,在河北定州西汉中山怀王墓中出土大小马蹄金各2件,其外形酷似马蹄,底面内凹,中空,外壁四周贴有一圈掐丝金花,顶部嵌有绿色琉璃做的盖子。2件大马蹄金都在外壁下部铸有3道波纹。一件重273克,底面中心铸有一个"上"字。另一件琉璃盖残碎,底面无字,重247.6克。2件小马蹄金分别重32.1克和30.9克,底面中心各铸一个"中"字。(赵超)

【新莽铜嘉量】 新莽时期标准量器。为新莽始建国元年(公元9年)制作的五件量器合为一体的铜质量器。中间是一个大型圆筒,上部为斛,底部为斗;两侧各有一小圆桶,左侧为升,右侧上部为合、下部为龠。外壁上有81字的铭文,记录王莽制定合于古制的度量衡制度。每种量器上还记录器径、深和容积。近人刘复曾经根据这件量器推算出新莽时期一尺长为23.088 64厘米,一升折合200.634 92毫升,一斤重226.666克。该量制作精良,现存台北博物馆。中国国家博物馆藏有类似器物的残片。(赵超)

【新莽铜丈】 新莽时期标准量器。1927年在今甘肃省定西市秤钩驿出土。出土时已折为两截,面上无尺寸标志,但刻有两行铭文,共81字,为王莽统一度量衡的诏书。铜丈长229.2厘米,宽4.7厘米,厚2.4厘米,与文献记载的汉代尺度有一定差距,可能是出土时已有残损的缘故。现存台北故宫博物院。(赵超)

【义慈惠石柱】 北齐石刻。全国重点文物保护单位。位于河北省定兴县石柱村。石柱立于北齐大宁二年(公元562年)。石柱高6.65米,由柱顶石屋、柱身、础石等三部分组成。石屋刻出屋顶、檐椽、角梁、斗拱、阑额、柱子,前后当心间刻火焰龛门、佛像,两次间刻出方窗,形成一座完整的三间殿宇的模型。柱身刻题额、题记和3 400余字的颂文。题额为"标异乡义慈惠石柱颂",有"大齐大宁二年"题记。颂文记述了乡义组织殓葬无主尸骨,进而实施乡食以安抚当地流民,最后结成乡社的史实。(郭晓涛)

【张骞出使西域图】 初唐莫高窟壁画。位于甘肃省敦煌市莫高窟第323窟北壁西侧。壁画以全景式连环画式样详细描绘张骞出使西域的历史。壁画共由5组画面组成,每组画面都有榜题。有的榜题清晰尚存,有的榜题漫漶不清。第一组画面位于全图右侧下部:有一王者,手敬香炉,跪拜顶礼;左右各立臣属三人,躬身合掌,持笏顶礼。墨书榜题:"汉武帝将其部众讨匈奴,并获得二金[人]长丈余,列之于甘泉宫,帝为大神,常行拜谒时。"第二组画面位于全图右侧上部:居中是一座宫殿,匾额上书"甘泉宫"3字,殿内立金像两尊,头有肉髻,衣着袈裟,是佛陀形象。榜题仅存方框,文字亦漫漶不清。第三组画面位于全图下层:一王者骑于马上,左右臣属8人,后有侍者执曲柄伞盖;王者对面,一人手持笏,跪拜辞行。后有二侍从,持双节,牵四马。马上驮着物品丝绸。画面中间是榜题,上书:"前汉中宗既得金人,莫知名号,乃使博望侯张骞往西域大夏[国]问名号时。"第四组画面位于全图的左侧下部:一人骑马在先,二侍从持节骑马随后,穿行在荒无人烟的山峦中。榜题仅存方框,文字漫漶不清。第五组画面位于全图的左侧上部:三人行至一西域方城,两人手持双节,城内佛塔高耸,城外两僧人向城内观望。榜题仅存四字:"[至]大夏时"。据考证,此故事依据《魏书·释老志》画成。张骞不畏艰险,两次出使西域,沟通了中国同西亚和欧洲的通商关系。中国的丝和丝织品,从长安往西,经河西走廊、今新疆境内,运到安息(今伊朗高原和两河流域),再从安息转运到西亚和欧洲的大秦(汉朝时中国史书对罗马帝国的称呼),开拓了历史上著名的"丝绸之路"。(陈良伟)

【宋国夫人出行图】 晚唐莫高窟壁画。位于甘肃省敦煌市莫高窟第156窟北壁下层。唐代中期爆发安史之乱,大量西域驻军回援两京,吐蕃进犯并占领敦煌。公元848年,张议潮率部收复敦煌,奉表归唐,唐王朝敕封张议潮为河西节度使。为表彰张议潮功绩,唐朝册封张议潮为河西节度使,而其妻因此受封为宋国夫人。张议潮死后,其侄张淮深继任。为纪念叔父的功绩,张淮深开凿第156窟,并在此窟北壁下层画绘宋国夫人出行图。出行图高120厘米,长1 640厘米。画面中有车马、杂耍、乐舞,再现了人间生活的写照。(陈良伟)

【张议潮统军出行图】 晚唐莫高窟壁画。位于甘肃省敦煌市第156窟南壁下层(见彩版33唐代壁画"张议潮统军出行图")。唐代中期爆发安史之乱,大量西域驻军回援两京,吐蕃进犯并占领了敦煌。公元848年,张议潮率部收复敦煌,奉表归唐,唐王朝敕封张议潮为河西节度使。为表彰张议潮的功绩,唐朝册封张议潮为河西节度使。张议潮死后,其侄张淮深继任。为纪念叔父功绩,张淮深开凿第156窟,并在此窟南壁的下层画绘张议潮统军出行图。出行图高130厘米,长830厘米。画面繁复宏大。前面为鼓吹、武将文骑、乐舞等行列,中部张议潮身穿红袍,骑着高头白马,身后则跟随着军队。(陈良伟)

【章怀太子墓打马球图】 唐代壁画。1971年出土于陕西省乾县唐章怀太子李贤墓。位于墓道西壁,与东壁"章怀太子狩猎出行图"相对。画面描绘在郊外山谷中进行马球比赛的场面。画面分打球和围观两场面。打球场面中,五骑马者策马飞驰,奔向马球，最前面的骑手已越过马球，回身欲反手击球。打马球者左手执缰，右手执偃月形鞠杖。球手着窄袖袍，有白色和灰、红色之区分，黑靴、戴幞头。在5位激烈争打球的球手后面有一组列队，骑马伫立观望，与球手有一定距离，似在围观。画面漫漶残缺，人数不详。远处崇山峻岭间，有二骑手正策马飞驰奔向球场。前面骑手已奔入山谷，臂部及后蹄露在山外，山顶露出人头和半个马头。后面骑手着淡绿色袍，红色翻领，面部微红，骑枣红马，四蹄腾空驰骋。画面上有山石、树木等点缀。该马球图是研究唐代打马球的重要资料，也是中国与波斯等国人民文化交流的实物例证。（韩建华）

【章怀太子墓观鸟捕蝉图】 唐代壁画。1971年出土于陕西省乾县唐章怀太子李贤墓。位于前室西壁南侧。图宽1.68米，长1.75米。画面中间一树，下有巨石，三宫女神态各异。树右侧的宫女长圆脸，面部丰腴，头梳高髻，身穿黄衣、黄裙，双手挽灰色披巾交叉于胸前，双目微睁似在静立遐思。树左侧的宫女长圆脸，高髻，圆领对襟衫，袒胸，红披巾一端托于左手，绿长裙，云头鞋。右手举起抚摸金钗，仰首作观望天空飞翔的鸟儿状。树前方的宫女头梳双螺髻，圆脸，黄长袍，黄裤，尖头鞋，束腰带，带上系一小圆盒，左手微举，全神贯注地欲以右手捕捉树干上一只鸣蝉。现藏陕西历史博物馆。（韩建华）

【章怀太子墓客使图】 唐代壁画。1971年出土于陕西省乾县唐章怀太子李贤墓（见彩版33“客使图”）。共计2幅，位于墓道东、西两壁，对称分布。描绘的是唐朝鸿胪寺官员迎接异域宾客的场景，亦称“礼宾图”、“迎宾图”。每幅都由6人组成。墓道东壁客使图，由北而南，前3人均头戴平巾帻，帻外有纱罩的笼冠，穿绯衣、白裙，腰前系绶，足着岐头履，飘带曳地。第三人手持上圆下方笏，第一、三人相对而立，第二人面向墙壁，此3人应是唐代鸿胪寺官员。第四人光头、浓眉毛，深目高鼻，阔嘴方脸，上身内穿衬衣，外套翻领紫袍，腰系白带，脚穿黑靴，左臂为第五人所掩，两手交叉叠置于胸前，推测可能是东罗马帝国的使节。第五人头戴“骨苏冠”，冠前方涂朱红色，两旁着绿色，两边并用双带系于颌下，耳露于带外，椭圆形脸，脸庞丰满，须眉清晰，朱唇小口，身穿大红领长白袍，衣襟镶红边，宽袖，两手置在袖中拱于胸前，腰束白带、脚穿黄靴，可能是“新罗使”。第六人戴皮帽，圆脸，无须，身穿圆领灰大氅、皮裤，脚穿黄皮靴，束腰带，双手拱于袖中。很有可能是来自中国古代东北少数民族地区的室韦族或靺鞨使者。墓道西壁，由北而南，前3人均头戴幞头，身着圆领宽袖长袍，朱唇，两手拱于胸前，执上挫下方朝笏。第一人回头张望，第二、三人并排站立，此三人为唐代鸿胪寺官员。第四人宽圆脸，高颧骨，披发于后，身穿圆领右衽窄袖黄袍，腰束带，带上并系一短刀，双手执笏，拱于胸前，脚穿黑色长靴，推测可能是高昌使节。第五人站于第四人身后，右臂被遮挡，长脸大眼，高髻，发束于脑后，身穿圆领窄袖黑色长袍，腰束带，脚穿黑长靴，袖手而立，额部、面颊、鼻梁和下颚处均涂朱，可能是吐蕃使节。第六人形体高大，长脸，深目高鼻，络腮胡，头戴卷沿尖顶毡帽，身穿大翻领窄袖绯色长袍，内着红衬衣，腰系白带，脚穿黑长靴，手中执笏，推测可能是大食使节。现藏陕西历史博物馆。（韩建华）

【章怀太子墓狩猎出行图】 唐代壁画。1971年出土于陕西省乾县唐章怀太子李贤墓。位于墓道东壁，与西壁“章怀太子打马球图”相对。壁画高149厘米，宽685厘米。以远山近村、古树为背景，由50余骑马人物和驼、鹰、犬、猎豹等组成的出行队伍。前面有4匹奔马由北向南作为先导，在一手持旌旗的骑者后面，左右数十骑人马，前呼后拥，中间簇拥着一名圆脸微带胡须、身穿紫灰袍服、骑高大白马、纵辔缓行的人物，双目前视，神态自若，可能是出行中的主人。强悍的猎手佩弓带箭，架鹰携犬，其后数十骑奔马紧紧跟随，人马驰过的路旁，淡淡的远山，表示出空间。远处，驮重骆驼和数匹轻骑作后殿，奔跑在古木参天的大路上。嫩绿的树叶刚刚布满树梢，点出了早春的自然环境。人马浩浩荡荡，气势宏伟。马有红、黄、黑、白、花各色，人物或向前远视，或侧首回眸，或擎旗挺身，或驱马急驰，个个生龙活虎，铁线描劲挺有力。现藏陕西历史博物馆。（韩建华）

【懿德太子墓列戟图】 唐代壁画。1971年出土于陕西省乾县唐懿德太子李重润墓。位于第一、第二天井东、西壁，画4个大型戟架。每架上列戟12根，戟头下为虎头，虎头下面有红、绿、黄各色彩带。戟架前站立两队仪仗队，每队12人，分为3排，分别着紫、红、绿、黄袍，腰间佩戴弓囊。（韩建华）

【懿德太子墓仪仗出行图】 唐代壁画。1971年出土于陕西省乾县唐懿德太子李重润墓。位于墓道城墙、阙楼所示的城内。大批仪仗队列队向城外行进。仪仗队可分为4部分：骑马旗队，共5队，每队5人，头戴幞头，分别穿红、绿、黄袍，带头者举号旗，其余5人举红色旗帜；侍卫武士队，共6队，各队由6人、8人、9人组成，头戴幞头，脚穿长靴，按其等级不同分别穿紫、红、绿、黄袍，腰间佩戴弓囊、箭囊，左手握剑，带头者举号旗，做行进状；侍从文官队共16人，头戴小冠，身穿宽袖长红袍，其中4人举扇，扇上贴金，其余拱手做行进状；轺车队，轺车3辆，车队旁边有马夫3人，头戴幞头，身穿红袍或绿袍，牵马待发。（韩建华）

【永泰公主墓宫女图】 唐代壁画。1960年出土于陕西省乾县永泰公主墓。壁画绘于前室东壁（见彩版33“永泰公主墓宫女图”）。高176厘米，宽196.5厘米。画面共有9人，除一人着男装外，其他均云鬟雾鬓，发髻巍峨，有半翻髻、回鹘髻、惊鹄髻等，分别着小袖罗襦，上罩“半臂”，披帛结绶，胸微袒露，长裙曳地，穿云头履。为首一人，头梳高髻，披巾绕肩，双手挽巾，交叉胸前，神情雍容端庄，目光侧视，似向对面一组宫女传情示意，显得身份较高，正率领其他宫女徐徐前行，侍奉公主安寝。宫女们分别掌持方盘、食盒、烛台、团扇、高足杯、拂尘、包裹、如意，彼此顾盼呼应、悄声细语、步履轻盈、动作灵巧、仪态万方。其中一手捧高足杯的宫女，头梳螺髻，面颊丰润，娥眉、樱唇，神采奕奕，肩披纱巾，酥胸半露，长裙飘曳，双手托杯，身姿窈窕婉转，亭亭玉立，风韵殊绝，光彩照人。构图上，9人不是简单排列一行，而合理利用空间关系，使人物前、后、高、低对比呼应，正、背、转、侧互相穿插，宫女之间既可细分为3个小单元，又是一个和谐、完美的整体。这种前后参差的布排，使画面疏密相间、错落有致，显得活跃而不杂乱、均衡而不呆板，气势开阔、场景壮美。现存陕西历史博物馆。（韩建华）

【刻花赤金碗】 唐代饮食器具。1970年出土于陕西省西安市何家村窖藏（见彩版32“刻花赤金碗”）。用赤金制成，先捶击成形，然后錾刻花纹。碗约重396克，高5.5厘米，直径13.5厘米。侈口圆唇，深腹弧壁，喇叭状高圈足。通体饰鱼子地纹，外腹部錾两层浮雕式仰连瓣，每层10瓣，上层莲瓣内錾刻出鸳鸯、鹦鹉、鸿雁、鹳翎、兔、獐、狐、鹿、鸭等，空白处填充花草。禽兽或站在莲座上，或撒蹄奔走，或闲弄花草，或梳理羽毛，姿态各异，神形毕肖。下层莲瓣内均錾忍冬花，在上层花瓣的间隙里，还装饰有鸿雁、鸳鸯、凤鸟等，并配忍冬花。内壁有与外壁相似的两层莲瓣，内底为宝相花，外底有振翅回首的鸳鸯，周围饰以忍冬花纹，圈足外壁刻出菱形纹，圈足底缘饰一周小联珠纹。内壁墨书“九两半”3字。现藏陕西历史博物馆。（韩建华）

【掐丝花卉金杯】 唐代饮酒器。1970年陕西省西安市南郊何家村窖藏出土（见彩版32“掐丝花卉金杯”）。金质。圆形，侈口，束腰，圈足，带把。杯内壁素面，外壁饰六角掐丝团花五朵，团花之间填饰对称的如意云纹。杯把为环形，带翘尾，持杯时，食指插入圆形把内，拇指压住把尾。设计精巧，纹饰典雅。现藏陕西历史博物馆。（石自社）

【镶金玛瑙牛首杯】 唐代饮器。1970年出土于陕西省西安市南郊何家村（见彩版31“镶金玛瑙牛首杯”）。杯高6.5厘米、长15.6厘米、口径5.6厘米。俏色玛瑙质。整个形状如伏卧的兽头，竖直的一段雕成杯口，稍平直的一端雕刻成兽首，兽首双目圆瞪，目视前方。兽头两个长角，几度弯曲，粗壮有力，两只兽耳高高竖起，兽口镶嵌金塞。此杯选用罕见的红色玛瑙制成，琢工精细，具有很高的艺术价值。此外，其造型源于西方，或为西来之物，是研究唐代中西文化交流不可多得的实物资料。现藏陕西历史博物馆。（刘涛）

【狩猎纹高足银杯】 唐代酒器。深腹高足，敞口，圆唇略向外翻卷，深腹略向下斜收为小平底，喇叭状足（见彩版32“高足银杯”）。银杯捶击成型，錾刻纹样。通体饰鱼子地纹，杯腹上部饰一道凸弦纹，下部阴刻一道弦纹，口沿至凸弦纹之间饰一周缠枝花纹，两道弦纹之间饰有骑马狩猎图四幅，猎者均策马飞驰，姿态各异，或张弓待射，或箭方离弦，被追逐的獐、鹿、豕、狐等动物则神情惊慌、四散逃窜，禽兽、流云、树木点缀其间，整个狩猎景象布局巧妙、情节紧张生动。杯体近底处亦饰有一周缠枝花，高足中部有凸起圆环，上刻联珠纹一周。圈足表面饰莲瓣纹。目前国内仅存3件，一件为传世品，藏于北京大学燕园，其内底刻有“马”、“舍”两字；一件出自1963年陕西省西安市沙坡村唐代窖藏，现藏中国国家博物馆；另一件1970年西安市何家村出土，现藏陕西历史博物馆。此类高足酒杯常见于唐墓壁画中，基本造型系仿自伊朗萨桑王朝银器。杯面的鱼子纹、莲瓣纹是受西域文化的影响，而狩猎图中的人物均“唐人唐服”，可以断定这几件高足银杯是中国银匠的作

品。（韩建华）

【"都管七国"银盒】 唐代金银器。1979年出土于陕西省西安市西安交通大学内。出土时为3套装银盒，由外到里，分别为"都管七国"六瓣银盒、鹦鹉纹海棠圈足银盒、龟背纹银盒。"都管七国"六瓣银盒在最外层，盒高5厘米，径7.5厘米，足径6厘米，腹深3厘米，重121克。盒身呈六瓣状，盖面高隆，子母口，盒面中部划分六角形，每边围一规范的卵形。底部平坦，有喇叭形六瓣高圈足。器身锤击成型，花纹模冲成型，细部平錾加工，纹饰鎏金，鱼子纹地。盒面由7组图案构成，正中圆弧六角形内，錾骑象人一，前有顶物膜拜者，后有手持伞盖者。象右侧一人站立，左侧一人随行，一人就地而坐，象身备鞍鞯。膜拜者前方有"都管七箇国"题榜，上方有"昆仑王国"题榜，下方有"将来"两字。六角形周围每边围一椭圆形，各为一组形象、姿态不同的人物图案，均有题榜。从昆仑王国右侧起，顺时排列有"婆罗门国"、"土番国"、"疏勒国"、"高丽国"、"白柘□国"、"乌蛮人"等国和地区。每幅图案均有各自的地区特征。婆罗门国，一身着袈裟，手执禅杖的僧人站于左侧，右侧二人作问讯状，中间一小口大腹方瓶置于地，瓶口插花，左侧有"婆罗国"榜题，右侧有"□锡"二字；土番国，即吐蕃，二人驱赶一牛，牛体肥壮，四蹄奔腾，左上方"土番国"题榜；疏勒国，左侧二人执刀，右侧一人恭立，一人持弓，四人皆英武强悍，中部"疏勒国"榜题；高丽国，一尊者居左盘坐，四人站立于左右，冠上皆插二鸟羽，长衣宽袖，着韦履，榜题为"高丽国"；白拓□国，左侧有一老者坐于蒲团之上，右侧一人似做迎宾状，题榜为"白拓□国"；乌蛮国，五个人均面对面站立，皆长衣宽衽，首有角，右侧有"乌蛮人"榜题。盒口上下以缠枝卷叶纹为背景，錾十二生肖，并有"子时半夜、丑时鸡鸣、寅时平旦、卯时日出、辰时食时、巳时禺中、午时正中、未时日蜷、申时晡时、酉时日入、戌时黄昏、亥时人定"榜题。银盒上的人物与铭文均反映了唐代与外国的友好交往，盒上的"昆仑王国"等七国，对研究当时的西域文明与以及西域与唐朝的往来也提供了可靠的实物资料。（韩建华）

【鎏金龟负"论语玉烛"银酒筹器】 唐代酒令筹具。1982年出土于江苏省丹徒县（今镇江市丹徒区）丁卯桥银器窖藏。通高34.2厘米，筒深22厘米，龟长24.6厘米。整个器物凡刻花处皆鎏金。银鎏金龟座背负一圆筹筒，筒有盖。盖身一周刻两对鸿雁及卷草、流云、鱼子纹。筒盖与筒身子口相接，盖面为卷边荷叶形，葫芦形纽，刻仰莲纹。筒身饰龙凤一对，间以卷草和鱼子纹，正面竖长方框内刻双线"论语玉烛"4字，下饰对鸟。筒底部设双层仰莲瓣堆饰。同出酒令筹50枚和酒令旗1件。酒令筹正面上半段刻《论语》章句，下半段是酒令的具体内容。酒令旗端部矛形，设缨饰，置曲边旗，长柄圆杆，刻有"力士"2字。现藏镇江博物馆。（汪勃）

【鎏金镂空双蜂团花挂链银香球】 唐代熏香器。1987年出土于陕西省扶风县法门寺唐真身宝塔地宫。圆球状，上半部为盖，下半部为身，以合页铰链相连，子母口扣合，活动钩控制香囊开合。直径12.8厘米、链长24.5厘米，重547克。该银香（熏）球为已发现唐代银熏球之最大者。银熏球中心有燃香的香盂，由两个持平环支起，在香盂自身重量的作用下保持水平状态。唐代银熏球的外壳皆有以卷草、禽果等为题材的镂空花纹，一般直径5厘米左右，外壳皆自中部分为两半，一侧用活轴连接，另一侧上下缘分别装有小钩和纽，两半可开合、扣紧。球顶装银链、银钩。现藏陕西法门寺博物馆。（汪勃）

【庆山寺塔基金棺银椁】 唐代金银法器。1985年出土于今陕西省西安市临潼区唐庆山寺塔基遗址。由金棺、银椁和须弥座组成。通高28厘米。金棺表面装饰团花、宝相花灯图案，银椁表面雕刻门挡、菩萨和宝蕊莲花和罗汉灯图案，须弥座以壸门为底，装饰透空栏杆，周围镶嵌宝石。金棺银椁采用捶揲、掐丝、透雕、镶嵌等多种加工工艺，制作精美，是研究唐代金银制作工艺和佛教制度的重要资料。现藏陕西临潼博物馆。（刘涛）

【舞马衔杯纹皮囊式银壶】 唐代金银器。1970年出土于陕西省西安市南郊何家村（见彩版32"舞马衔杯纹皮囊式银壶"）。全器造型仿造北方游牧民族使用的皮囊壶。通高14.8厘米、口径2.3厘米、腹径9～11.1厘米、提梁高3.7厘米。壶身扁圆形，圈足底，弓形提梁置于壶的肩部，壶上方一端开有竖筒状小口，壶盖帽为锤揲成型的覆莲瓣，顶中心铆有一银环，环内套接银链与提梁相连。壶腹两面装饰舞马形象。壶通体磨光，舞马、壶盖、提梁等处鎏金。该银壶不仅为研究唐代金银加工技术提供难得的实物资料，而且对研究唐代社会文化的发展和中外文化交流具有重要意义。现藏陕西历史博

物馆。(刘涛)

【鎏金捧真身菩萨】 唐代佛教供养器。1987年出土于陕西省扶风县法门寺唐代地宫(见彩版34“鎏金捧真身菩萨”)。唐代高僧澄依在唐懿宗39岁生日时为供养佛指舍利而敬造。唐咸通十四年(公元873年)在迎送佛舍利时,与佛祖之金骨真身一并请入地宫永为供养。通高38.5厘米,重1.926千克。全器为银质,分成菩萨和莲座两部分。菩萨浇铸成型,高髻,头戴花蔓化佛宝冠,面颊丰腴,细眉,长目,直鼻,阔口,双耳垂肩;上身袒露,斜披帛巾,臂、腕饰钏,双手捧放置发愿文金匾莲叶,下着羊肠大裙,蹲坐于莲花台上,通身佩饰珠宝串成的璎珞。金匾为长方形,用银片模压而成,正面满涂金色,边沿饰一周宝相花,匾文竖行65字:“奉为睿文英武明德至仁大圣广孝皇帝敬造捧真身菩萨永为供养伏愿圣寿万春圣枝万叶八荒来服四海无波咸通十二年辛卯岁十一月十四日皇帝延庆日记。”匾上还用链环连接镂空成三股金刚杵的护板。莲座锤揲成型,由上至下分莲肉、莲瓣、敷茄子、覆莲反花框座。莲内外框以联珠纹,顶面錾出一圈梵文,莲瓣为四层,每层八瓣,上下错列,上两层莲瓣内各錾一尊有头光、身光的菩萨或天人,下两层莲瓣各一花蕾,底面亦有錾刻金刚界五佛种子字。敷茄子作鼓形,其四侧各錾一天王像。框座呈覆盆形,上部为八瓣覆莲,每瓣内以双线錾一种子字,其下在火焰光内又錾出八尊观世音菩萨化身像,除两尊为一首六臂外,其余均作三首,或六臂或八臂,手持物多为金刚杵、三戟叉等。底内壁中心錾饰金刚杵,两侧各錾一张牙舞爪的行龙。为唐代最盛的崇佛产物,也是迄今发现的唯一一件有皇帝名号的文物。现藏陕西法门寺博物馆。(韩建华)

【法门寺八重舍利宝函】 唐代佛教舍利器。1987年出土于陕西省扶风县法门寺唐代地宫。为唐懿宗赐赠的供养第一枚佛指舍利的法器,位于地宫后室北部正中部位(见彩版34“供奉第一枚佛指舍利纯金塔”)。八重宝函的最外一重,是一个银棱盝顶檀香木宝函,已腐朽残破,仅余下盒壁四周,有释迦牟尼说法图、阿弥陀佛净土图及礼佛图等描金加彩浮雕。已清理的七重宝函中,由外向里依次是鎏金四天王盝顶银函、素面盝顶银宝函、鎏金如来说法盝顶银宝函、六臂观音纯金宝函、金筐宝钿珍珠装纯金宝函、金筐宝钿珍珠装珷玞石宝函、宝珠顶单檐纯金四门塔。每重宝函均有银锁钥,并以丝带或绢袱包裹。第七重宝函作正方形,盝顶盖,顶面有行龙两条,四周衬以流云纹。每侧斜刹均錾两只狻猊,底衬卷草。立沿各錾两体迦陵频伽鸟,鸟侧衬以海石榴和蔓草。函体四壁饰“护世四大天王”像,四大天王都身披甲胄,脚踏恶鬼,身侧侍立神将、夜叉、供养人等多人。钣金成型,纹饰鎏金。第六重素面盝顶银宝函,函身方正,盝顶盖。宝函通体素净,出土时有绛黄色绫带封系。第五重宝函外形与第七重宝函相近。盝顶盖,盖面饰四只迦陵频伽鸟,双手合十或供物,振翅站于仰莲座上,中心为八角团花,四角莲花上有三钴金刚铃,底衬以蔓草纹。斜刹均錾两只凤鸟,盖之立沿各錾两体飞天,周围有如意头立云及卧云。第四重六臂观音盝顶纯金宝函,外形也与第七重宝函相近。盝顶盖,盖面錾2只相向翱翔的凤鸟,四隅饰西番莲,以单相莲瓣饰四边。底衬以鱼子地纹。斜刹均錾飞翔于云端的一对鸳鸯,盖之立沿各錾4只引颈鸿雁,底衬以蔓草纹。宝函正视中部錾刻六臂观音。观音高花蔓冠,头稍右侧,六臂有执莲花、转法轮、执念珠、捧首、拄膝或作手印等。两侧有六体胁侍侍奉观音周围,前有童子捧盘献物。观音前有香案。函体其余三壁錾刻坐佛,周围有菩萨、胁侍、力士、供养童子,或前置香案,或身后饰菩提树、华盖、天花。第三重金筐宝钿珍珠装纯金宝函,锤击成形,以金筐宝钿、嵌镶珍珠手法装饰,采用炸珠技术。盝顶盖,盖顶有三重瓣的团花一朵,盖刹边沿有炸珠金筐十枚,以珍珠为中心组成宝相花,盝顶立沿是由红绿宝石、珍珠组成的四出团花。函体四壁均饰由红绿宝石、珍珠组成的团花一朵。方座式宝函。第二重金筐宝钿珍珠装珷玞石宝函。凿空成型,以金筐宝钿、嵌镶珍珠手法装饰。盝顶盖,盖立沿每面有金筐鸳鸯一对。盖四边及函体四棱均以珍珠装饰,函体每面都有金筐宝钿炸珠边镶嵌红、绿宝石的团花一朵。每朵团花内层有四瓣绿松石,外层有八瓣红宝石。第一重宝珠顶单檐纯金四门塔。由塔身、塔座和垫片组成。正方体塔身,宝珠塔尖,单檐、四角翘起。宝珠饰火焰纹,其下有双层仰莲座,檐柱上錾卷草纹。塔有4门,门下部有踏步。塔座中心焊接有银柱,第一枚佛指舍利套置其上。现藏于陕西法门寺博物馆。(韩建华)

【大云寺舍利铜函金棺银椁】 唐代佛教葬具。1964年出土于甘肃省泾川县城关镇。由石函、铜函、银椁、金棺和玻璃舍利瓶组成，大小相隔套装在一起，层层套置。最外层为石函，由灰色大理石制成，方形覆斗顶，长50.5厘米、宽49.5厘米、高42.5厘米。石函顶部刻“大周泾州大云寺舍利之函总一十四粒”。函身刻“延载元年”函铭。铜函形同石函，遍体鎏金，刻忍冬草纹，盖顶镶银莲花和桃形银珠。盖和身之间安有合页及银扣，挂鎏金铜锁，通高13.2厘米，边长12.3厘米。银椁，覆瓦式盖，通体刻缠枝忍冬草纹，两侧各安两圆环，底座围栏杆一周，通高9.3厘米，长10.7厘米，宽8.4厘米。金棺形同银椁，棺盖和棺身四壁用金片、珍珠、绿松石组成大莲花，周围衬饰小莲花和莲叶，金棺内置一玻璃瓶。长颈、圆腹、平底，白色透明，内装舍利14粒，形如米粒，中间有人工所穿的小孔，通高6厘米，长7.5厘米，宽5.4厘米。瓶高2.6厘米。泾川原有大兴国寺，其舍利塔建于隋，舍利装在石函内，被放置在塔基之下，后来此塔被毁坏。武周时期，泾州大兴国寺被改为大云寺，并把塔下舍利瓶、舍利及石函取出，新制金棺、银椁、鎏金铜匣及石函，于延载元年(公元694年)重新安葬放入塔基地宫，另修建了舍利塔。这套葬具精巧华丽、光艳夺目，表现出盛唐金银细工的高度工艺技巧。现藏甘肃省博物馆。(韩建华)

【螺钿铜镜】 唐代铜镜。指用胶漆将加工过的螺壳、蚌壳、贝壳等材料镶嵌于铜镜背面，有多种风格和类型。始创于中唐前期，风靡于盛唐，五代以后基本绝迹。按镜子工艺和做法，可分为剪影式螺钿镜和毛雕物象螺钿镜；按用料，可分为纯粹的螺钿镜和以螺钿为主，杂嵌琥珀、玳瑁、玉石等，五彩斑斓，又被称为“多彩螺钿镜”。形制有圆形、葵花形，圆纽，花瓣形或莲瓣形纽座。以镜背纹饰可分为盘龙镜、高士镜、花鸟镜、宝相花镜等。(韩建华)

【花鸟纹铜镜】 唐宋时期铜镜。流行于唐宋时期。形制有圆形、菱花形、方形和“亚”字形等多种。圆纽，或无纽，花瓣形或连珠形纽座，有些带柄。镜背纹饰为2～4只凤或孔雀，相对或绕纽回环，形态各异。或口衔花枝，枝头鲜花展瓣，形成花鸟穿插，枝蔓缭绕的布局；或凤雀与花卉相间环绕，花卉枝繁叶茂，花蕊形态各异，有牡丹、莲花等。(韩建华)

【宝相花铜镜】 唐代铜镜。为镜背装饰有宝相花纹饰的铜镜总称。形制多为葵花形和菱花形，以六、八出(瓣)为主，有些菱花形外切圆形。圆纽，或有莲花瓣纽座，或有内向八莲弧花瓣纽座。镜背主纹饰为宝相花，花瓣多为六片相间枝叶、枝蔓。或图案化宝相花，四瓣花蕊外有重瓣的花瓣；或具象重瓣朵花，花蕊、花瓣形态各异。依布局有缠绕式、散点式、放射式。边缘有花叶、蜂蝶、折枝装饰纹。(韩建华)

【狩猎纹铜镜】 唐代铜镜。流行于唐代。形制有圆形、葵花形、菱花形和方形等多种。圆纽，亦有兽纽。镜背纹饰为猎者骑马射猎场面，马姿雄健，猎手骁勇，常见猎者驱马飞驰，或满弓待发，或举矛欲刺，或张索将投。被追赶的鹿、兔、野猪等猎物，张开四腿，惊慌疾奔，四散逃窜。空间点缀花枝、小树、蜂蝶，外缘为翔雀、流云。有的为四猎手，作上、下、左、右四面排列；有的为两猎手，作对称构成，并配置山峰两座，展现出山林狩猎的情景。(韩建华)

【金银平脱铜镜】 唐代铜镜。流行于盛唐，至五代绝迹。镜子背面的花纹用金片图案和银片图案交错平脱而成。制造过程大致为：先铸造一面背面平素的铜镜；然后将黄金、白银锤或碾压成0.25～0.5毫米厚的薄片，并雕刻出单个的花草、飞禽、走兽、人物等图形，用胶漆将图形平贴于镜背预先设计好的位置；再在贴好图形的镜背髹漆，阴干后，再次上漆，如此反复多遍，直至漆层淹没金银图形；待漆干到一定程度，反复进行压磨，直至闪光的金银图形完全露出；最后进行推光、揩清工艺。由于金银片自漆面中脱露出来，文质齐平，所以当时把这种工艺叫做“金银平脱”。用这种工艺制造的镜子，叫“金银平脱镜”。金银平脱镜的种类，有金银平脱镜、银平脱镜、金平脱镜3类。形制有圆形、葵花形和亚字形等多种。圆纽，花瓣形纽座。以镜背纹饰分为鸾凤衔绶镜、飞天花鸟镜、天马鸾凤镜、三鸟衔花枝镜、对鸟衔花枝镜、群鸟衔花枝镜、四鸟衔花枝镜、蝶花镜。(韩建华)

【双鸾衔绶铜镜】 唐代铜镜。流行于唐代。形制有葵花形和菱花形，多为八出或八瓣。圆纽。主题纹饰为两鸾鸟，对称而立，振翅翘尾，口衔长绶。或挟纽对立，足踏花枝，各衔一绶带，绶带形态各异，两鸾鸟间有花枝装饰；或两鸾鸟在纽下对称而立，曲颈振翅，尾部长长的覆羽呈曲线向上翘起。两鸾鸟共衔一长绶带，绶带打成双翼结，桃形环套小圆环，小环下系有链坠。两股绶带与鸾尾呈同样形式向上飘举，顶有一株两叶花瓣纹，花瓣上方一座重叠的山峦，山两侧各一朵云彩飘逸，边缘有4只蜂蝶及四朵流云纹。(韩建华)

【瑞兽葡萄纹铜镜】 亦称“海兽葡萄纹镜”。唐代铜镜。主要流行于唐高宗时期。圆形，圆纽或兽纽。镜背由双线高凸圈线分成内外两区，内区以若干瑞兽及葡萄蔓枝叶实构成主题纹饰，外区饰葡萄蔓枝叶实、飞禽等。边缘纹饰有三叠云纹、卷叶纹等。（石自社）

唐瑞兽葡萄纹铜镜

【海兽葡萄纹镜】 即“瑞兽葡萄纹镜”。

【溪州铜柱】 五代后晋时期盟约铜柱。全国重点文物保护单位。位于湖南省永顺县王村镇。立于后晋天福五年（公元940年）。柱高2.98米，用2 500千克黄铜铸成。上段呈八角形，每边宽0.17米；下段圆形，直径39厘米。柱身刻《复溪州铜柱记》文、誓词和会盟诸人衔名等，共41行，约2 000字。铭文记述了天福四年南楚王马希范遣静江军指挥使刘勍等率部征讨溪州刺史、当地首领彭士愁，并盟誓议和罢兵的史实。（郭晓涛）

【南诏铁柱】 亦称“崖川铁柱”、“建宁铁柱”或“天尊柱”。唐代遗物。位于云南省弥渡县城西北太花乡庙前村原铁柱庙（元代以前）前院正殿中央。柱体为圆柱形，黑色，铁质，实心，直径33厘米、高3.3米，重2 069千克。柱身由五段接铸而成。柱顶呈圆锥形，有凹坑，深7厘米，三个丫口上面各伏一条木质雕龙，上覆一铁笠（形似锅）。柱体正中有带框线的楷书阳文题记22字：“维建极十三年岁次壬辰四月庚子朔十四日癸丑建立”。建极为南诏年号，建极十三年即唐懿宗咸通十三年（公元872年）。其性质为唐“纪功柱”，还是南诏祭祀柱，尚无定论。（龚国强）

【吐鲁番文书】 东晋至元代吐鲁番文书。新疆维吾尔自治区吐鲁番市古墓葬区、古城址、洞窟遗址出土的纸质写本文书的合称。主要是汉文写本，也有古粟特、突厥、回鹘、吐蕃文字写本。主要形成于东晋至元代。19世纪末，先后遭到来自俄、英、德、日的掠夺。20世纪中叶，中国学者黄文弼两度赴该地进行考察发掘，获得一批汉文和回鹘文文书。1959年起，新疆考古工作者以吐鲁番阿斯塔那和哈拉和卓两个墓葬区为重点，进行15次发掘和清理，获得大量汉文文书。在英沙古城、安家乐古城、柏孜克里克千佛洞等遗址中，也出土少量文书。依其性质，可以粗分为公文文书、私人文书、古代典籍、宗教经卷四大类。公文文书主要包括朝廷诏敕、律文、籍账，以及各级军政机构的文牒等。私家文书主要包括世俗和寺庙所用书疏、契券、遗嘱、信牍等。古代典籍有儒家经典、史籍、诗文、启蒙读物、判集等。宗教经卷则以佛教经论为主，另有少量道教符箓、醮词、经文，以及摩尼教、景教、袄教文书和典籍等。多数文书虽然缺少纪年，但因出自墓葬，可凭借墓葬形制、共出文物以判断其上限和下限，具有重要的历史价值和考古价值。（陈良伟）

【开成石经】 亦称“唐石经”。唐代刻石。因树立雍地，故又称“雍石经”。原碑立于唐长安城务本坊的国子监内，宋时移至府学北墉，即今西安碑林。唐文宗太和四年（公元830年）接受国子监郑覃的建议，由艾居晦、陈玠等用楷书分写。始刻于太和七年（833年），开成二年（837年）刻成。因刻成于唐开成年间，又称为《开成石经》。共计114石，文刻两面，228面，字列8行，共650 252字。每碑经石高约1.8米，面宽0.8米。下设方座，中插经碑，上置碑额，通高3米。每碑上下分列8段，每段约刻37行，每行10字。包括《周易》6卷，《尚书》13卷，《诗经》20卷，《周礼》11卷，《礼仪》17卷，《礼记》20卷，《春秋左氏传》30卷，《春秋公羊传》12卷，《尔雅》3卷，以及《公羊春秋》、《孝经》、《论语》等12种经书。石经虽只刊经文，但在标题次行书有某某注。据此可证该经所采用之注本，如尚书用孔氏传本，毛诗用郑氏笺本等。十二经文之后还附刻有张参之“五经文字”和唐玄度之“九经字样”与之并行。为西安碑林保存的中国最完整的一套石刻书籍，是研究中国经书历史的重要资料。（韩建华）

【唐石经】 即“开成石经”。

【石台孝经】 亦称“孝经台”。唐代碑石。刻于唐天宝四载（公元745年），由唐玄宗李隆基亲自作序、注解并书写，太子李亨篆额。因碑下有三层石台阶，故名《石台孝经》。碑首为方形，四边浮雕流云和卷云纹，顶部为山岳形。碑身为四块黑色细石组成的长方形柱体，通高590厘米，宽120厘米，每面刻经文及注，行数与字数均不等，碑额篆书，碑文隶书。碑文为开元圣主唐玄宗用隶书写成的“孝经序”和

《孝经》全文，以及行书批注：“孝者德之本，教之所由生也，故亲自训注，垂范将来。”最后刻跋。石台座呈四方形，三层叠涩而成，石座四周线刻蔓草和瑞兽。额题内容：大唐开元天宝神武皇帝注孝经台。石台孝经碑留下两位帝王的4种字体，记录了唐时期盛行的“以孝治天下”的思想。此碑除体积大、形制特殊之外，其书法在中国书坛上也颇有影响，为碑林书法名碑之一。碑原立于唐长安城务本坊国子监，唐天祐元年(904年)移置于唐尚书省之西隅(今西安市社会路一带)，北宋时移入碑林。现保存于西安碑林博物馆。(韩建华)

【孝经台】 即“石台孝经”。

【房山云居寺藏经】 隋至明代佛教石经。位于北京市房山区云居寺内。寺内珍藏着石经、纸经、木版经，号称“三绝”。石刻大藏经始刻于隋大业年间，历经隋、唐、辽、金、元、明等6个朝代，绵延1039年，镌刻佛经1 122部、3 572卷、14 278块。纸经现藏2.2万余卷，多为明代刻印本和手抄本，包括有明南藏、明北藏和单刻佛经等。其中，《大方广佛华严经》相传为妙莲寺比丘祖慧刺破舌尖以血写成，被誉为“舌血真经”，尤为珍贵；《龙藏》木经刻于清朝雍正十一年至乾隆三年(1733—1738)间，现存7.7万余块，内容丰富，是集佛教传入中国两千年来译著之大成，堪称中国木板经书之最。(陈良伟)

【大唐三藏圣教序碑】 亦称“集王书圣教序碑”。唐代碑石。唐咸亨三年(公元672年)立。高350厘米、宽100厘米。唐太宗李世民撰文，僧怀仁集王羲之书。碑文楷书21行，满行42字。内容为唐太宗为玄奘法师翻译佛经所作的序，以及太子李治为其父的序所作序记。碑上文字是时长安弘福寺僧怀仁从王羲之的墨迹中选集，但其字形神兼备，书法秀劲超群，分行布白，笔意俱存，一气呵成，因此又被称为“千王碑”，具有重要的历史价值和书法价值。现藏陕西西安碑林博物馆。(刘涛)

【集王书圣教序碑】 即“大唐三藏圣教序碑”。

【千王碑】 见“大唐三藏圣教序碑”。

【多宝塔感应碑】 全名《大唐西京千福寺多宝塔感应碑》。唐代碑石。唐天宝十一载(公元752年)四月立，记述唐僧人楚金创建多宝塔的经过。岑勋撰文，颜真卿楷书，徐浩隶书题额，史华镌刻。碑高285厘米，宽102厘米，下有龟座。碑文34行，满行66字。记述长安千佛寺沙门楚金夜读《法华经》，尝见多宝塔，遂立志建塔的事迹。该碑文写于颜真卿43岁时，是已知颜书中书写时间最早的碑刻。字体严谨、秀整，起收笔见笔见锋，法度严谨，在中国书法史上具有重要价值。碑于清康熙年间断裂。现存陕西西安碑林博物馆。(刘涛)

【九成宫醴泉铭碑】 唐代碑石。位于陕西省麟游县唐九成宫遗址。唐贞观六年(公元632年)镌立。魏徵撰文，欧阳询书。碑高247厘米，宽120厘米。楷书碑文24行，满行50字。记述唐太宗在九成宫避暑时发现醴泉(今礼泉)的经过及九成宫的建筑和风景。碑文书作笔力劲健，向上的挑笔出锋含蓄，带有隶书笔意。字体结构典雅大方，法式严谨，字形采用长方形态势，字句、行距都较大，是欧阳询晚年经意之作，历来为学书者推崇，被视为楷书正宗。现存陕西麟游博物馆。(刘涛)

【九成宫万年宫碑】 唐代碑石。位于陕西省麟游县城内九成宫遗址内。唐永徽二年(公元651年)，高宗李治改“九成宫”名为“万年宫”。永徽五年驾幸避暑，立石于万年宫永光门外，并御书万年宫铭碑，赞美万年宫的宏伟建筑、山川气候，抒发力作英明皇帝的情怀。另敕中书、门下及文武三品以上并学士48人自书官职、姓名于碑阴。碑文行草兼有，备受历代赞崇。(龚国强)

【玄秘塔碑】 全名《唐故左街僧录内供奉三教谈论引驾大德安国寺上座赐紫大达法师玄秘塔碑铭并序》。唐代碑石。立于唐会昌元年(公元841年)十二月。高368厘米、宽130厘米。裴休撰文，柳公权书并篆额。碑额篆书“唐故左街僧录大达法师碑铭”，碑文楷书28行，满行54字。记述大达法师在唐德、顺、宪三朝受到的礼遇。《玄秘塔碑》是柳公权63岁时所书，为其代表作之一。其结字的特点主要是内敛外拓，运笔健劲舒展，结构严谨，刚健挺拔，左右基本对称，为历代书法家所推崇。现藏陕西西安碑林博物馆。(刘涛)

【颜勤礼碑】 全名《秘书省著作郎夔州都督长史上护军颜公神道碑》。唐代碑石。1922年陕西省西安市社会路出土。唐大历十四年(公元779年)立，颜真卿撰并书。高268厘米、宽92厘米。碑四面环刻，存书三面。碑阳19行，碑阴20行，行38字。左侧5行，行37字。碑文记述颜真卿曾祖颜勤礼生平事迹。右侧上半宋人刻“忽惊列岫晓来逼，朔雪洗尽烟岚昏”14字。颜真卿撰并刊立此碑时，年已71

岁,因此碑被书者视为颜真卿书迹上品。现藏陕西西安碑林博物馆。(刘涛)

【唐御史台精舍碑】 唐代碑石。唐开元十一年(公元723年)立。崔湜撰,梁升卿书。高145厘米、宽65厘米。碑额篆书“御史台精舍碑”六字,碑文18行,满行30字,隶书。碑文记载唐代监察机构御史台设置精舍,意欲用佛法辅助刑法以感化人犯之事。碑身还刻有同时代御史台官吏人名千余。碑文书法方劲沉着,笔力遒健,间架宽匀疏朗,对于研究唐代政教关系和唐隶书法具有重要意义。现藏陕西西安碑林博物馆。(刘涛)

【同州三藏圣教序碑】 唐代碑石。唐龙朔三年(公元663年)立。唐太宗李世民作序,李治作记,褚遂良书。高350厘米、宽113厘米。碑文29行,满行58字。碑文内容包括唐太宗李世民为唐僧玄奘法师翻译的佛经所作的《三藏圣教序》和太子李治为其父序所作的《述三藏圣教序记》两部分。碑文楷书,用笔方圆兼备,瘦硬通神。原存陕西省大荔县,1972年入藏陕西西安碑林博物馆。(刘涛)

【大秦景教流行中国碑】 唐代碑石。唐建中二年(公元781年)由波斯传教士伊斯(Yazdhozid)立

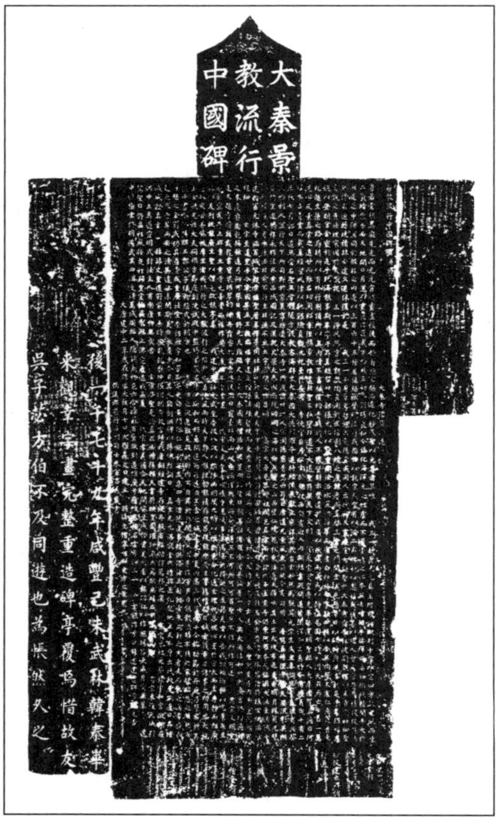

大秦景教流行中国碑(拓本)

于唐长安大秦寺内。明天启五年(1625年)出土。碑文由波斯传教士景净纂刻,朝议郎前行台州司参军吕秀岩书并题额。碑身高197厘米,下有龟座,全高279厘米,碑身上宽92.5厘米,下宽102厘米,正面刻着“大秦景教流行中国碑并颂”楷书碑铭。碑文楷书32行,满行62字,共1 780个汉字和数十个叙利亚文。碑文记述唐太宗贞观年间传教士阿罗本在中国传播景教的事迹。碑文楷书,书法秀丽,文字精美,用笔肃穆精致,结构疏密得当,章法布局巧妙。为研究中国基督教史和中西交通史的重要资料。现藏陕西西安碑林博物馆。(刘涛)

【升仙太子碑】 唐代碑石。全国重点文物保护单位。位于河南省洛阳市东南约35千米的偃师市府店缑山之巅。此处原有升仙观一座,今已不复存在,仅留此碑。高6.70米,宽1.55米,厚0.55米,盘龙首龟座高1.3米。武周圣历二年(公元699年)二月初四,武则天由洛阳赴嵩山封禅,返回时留宿于缑山升仙太子庙,一时触景生情而撰写碑文,并亲为丹书。碑文表面记述周灵王太子晋升仙故事,实则歌颂武周盛世。笔法婉约流畅,意态纵横。碑额“升仙太子之碑”6字,以“飞白体”书就,笔画中丝丝露白。碑文33行,每行66字,行书和草书相间,接近章草书体。碑文上下款和碑阴的《游仙篇》杂言诗、题名等,分别出自唐代著名书法家薛稷、钟绍京之手。历代书法爱好者都视“升仙太子碑”为书法艺术珍品。(石自社)

【大唐清河郡王纪功载政之颂碑】 俗称“李宝臣碑”、“封冻碑”、“风动碑”。唐代碑石。全国重点文物保护单位。位于河北省正定县城解放街西侧。立于唐永泰元年(公元765年)。通高6米,宽2.5米,厚0.48米,龟趺座,双龙抱额,刻工精细。篆额“大唐清河郡王纪功载政之颂”。碑文阴刻楷书29行,共1 398字,现存1007字,系颂扬当时成都军节度使李宝臣“功德”之辞及立碑人姓名、官职等。书法为历代书法家所称道。(龚国强)

【李宝臣碑】 即“大唐清河郡王纪功载政之颂碑”。

【大唐嵩阳观纪圣德感应之颂碑】 唐代碑石。全国重点文物保护单位。位于河南省登封市区北2千米的嵩阳书院门前右侧。唐天宝三载(公元744年)刻立。由基座、碑身和碑首3部分组成,高9.02米、宽2.04米、厚1.05米,重达80吨。碑下部为精雕

长方形石座,四面刻有10个石龛:前后各3,两侧各2,龛内10座浮雕武士像。中部碑身上刻碑文。碑首分3层,上层为素面的束腰带座宝珠,宝珠两边两只卷尾石狮,后脚盘蹬在宝珠的基座上,前爪把持宝珠,狮嘴吞吻在宝珠上面,栩栩如生,十分壮观;中层较大,上面浮雕连续的大朵云气图案;下层的四边稍大于碑身,前面篆刻额文,额文两边浮雕双龙、麒麟。该碑雕工精细,达练圆熟,是唐代石刻艺术之珍品,也是研究嵩阳书院历史及宗教不可缺少的史料。李林甫撰文,徐浩八分隶书,唐代隶书的代表作品。裴迥题额“大唐嵩阳观纪圣德感应之颂碑”,碑文记载唐玄宗令方士在“嵩阳观”炼制大还丹——“仙丹”的故事。颂碑的背面镌刻有宋熙宁、卢汉等多人的题名。(石自社)

【大理段氏与三十七部会盟碑】 亦称“石城会盟碑”。大理国碑石。全国重点文物保护单位。位于云南省曲靖市第一中学内。立于大理国段素顺明政三年(北宋开宝四年,公元971年)。碑高1.25米、宽0.58米、厚0.61米。碑文用汉文书写,正文和官衔题名共403字,书体行楷,记述大理国主段氏(白族)联合三十七部(彝族)出战滇东部落后会盟立誓、颁赐职赏的历史。是研究大理国历史及大理国职官制度的重要实物资料。(龚国强)

【石城会盟碑】 即“大理段氏与三十七部会盟碑”。

【南诏德化碑】 见“太和城遗址”(465页)。

【唐蕃会盟碑】 亦称“甥舅和盟碑”、“长庆会盟碑”。吐蕃碑石。藏语称“祖拉康多仁”,意为“大昭寺前之碑”。唐穆宗长庆元年(公元821年,吐蕃彝泰七年),唐朝和吐蕃双方派使节,先在唐京师长安盟誓。次年又在吐蕃逻些(今西藏拉萨)重盟。唐长庆三年二月十四日,吐蕃赞普可黎可足将盟文刻石立碑,树立于拉萨大昭寺门前。石碑通高5.6米,由碑座、碑身和碑首3部分组成。碑座为龟趺座。下部底座为长方形整块巨石,长1.68米,宽1.4米,高0.1米。上部为卧龟,通长2米,宽1.5米,高0.86米。头部微露,四肢收拢,背部刻龟甲纹。碑身为长方形截面柱形,上部有收分。底部长边宽0.88米,短边宽0.39米;上端长边宽0.7米,短边宽0.35米;高3.8米。碑首为盝顶宝珠石盖,下部宽1.26米,厚0.93米,珠高0.5米,珠径0.3米,通高0.96米。宝珠上雕有四条凸棱,附有小涡旋纹。盝顶下沿四周刻有排列疏密匀称的升云图案。石碑正面向西。碑身四面刻字:正面是盟文;左右两侧为参加会盟官员职衔名单,均藏、汉两体对照;背面以藏文记述结盟始末。该碑是研究唐与吐蕃关系的重要史料,也是研究藏汉文对照、吐蕃姓氏、藏汉对音、吐蕃官制、吐蕃宗教、吐蕃政治文化的宝贵资料。(陈良伟)

【甥舅和盟碑】 即“唐蕃会盟碑”。

【长庆会盟碑】 即“唐蕃会盟碑”。

【佛顶尊胜陀罗尼经幢】 唐、五代、宋、辽时期佛教刻石。为铭刻《佛顶尊胜陀罗尼经》等经文的柱幢,石雕者多。铁铸者较少。其幢身多为八面柱形。雕造经幢的原因,据《佛顶尊胜陀罗尼经》所载:“佛告天帝,若人能书写此陀罗尼,安高幢上,或安高山,或安楼上,乃至安置窣堵坡中。……天帝,彼诸众生所有罪业,应坠恶道、地狱、畜生、阎罗王界、饿鬼界、阿修罗身恶道之苦,皆悉不受,亦不为罪垢染污。”意即雕造经幢能解除一切罪业和恶道之苦。故各地竞相刻立。中原一带石窟群中,均未见有石幢,唯在四川省五代石窟中有出现。(龚国强)

【苏谅妻马氏祆教徒墓志】 唐代墓志。以汉文和波斯波罗钵文(巴列维文)合刻。1955年出土于陕西省西安市土门村。志石为白色石灰石,略呈方形,宽39.5厘米、高35.5厘米、厚7厘米,无盖。志面刻两种志文,上半文为中古波斯的波罗钵文,6行,横书;下半文为汉文,7行,每行6~8字不等,最后一行为3字,共43字。内容为:“左神策散兵马使苏谅妻马氏,己巳生,年廿六,于咸通十五年甲午□二月辛卯建廿八日丁巳申时身亡,故记。”左右神策军散兵马使,是唐德宗贞元三年(公元787年)授给居留长安的大批西域各国王子使者的武职。苏谅应该是这次隶入神策军的西域“王子使者”的后代。夫妇二人都是祆教徒。为中国古代和波斯交往而遗留至今的重要双语文字材料,婆罗钵文是伊朗的古老文字,今已失传,在这方墓志上能得以保存,十分难能可贵。现藏西安碑林博物馆。(韩建华)

【井真成墓志】 唐代墓志。主人为客死长安的日本遣唐使井真成。2004年陕西省西安市东郊出土。方形,青石质,40厘米见方。分志盖和志石两部分。志盖篆书“赠尚衣奉御井府君墓志之铭”12字。志石铭文为楷书,共12行,171字。前一部分记述井真成生平事迹,后一部分记述唐朝廷对他的安葬礼遇。

墓志铭文表明，井真成天资聪慧，循蹈礼乐，因而得受日本朝廷之命出使大唐，然而“闻道未终”，于唐开元二十二年（公元734年，日本天平六年）一月突然去世。死后受到唐朝廷礼遇安葬。此为迄今为止中国发现的唯一有关遣唐使的实物资料，也是最早体现日本国名、国号和日本被承认为国家的文物，对古代中日文化交流研究具有重要历史价值。现藏西北大学博物馆。（刘涛）

【隋五铢】 隋代货币。隋文帝杨坚开皇元年（公元581年）始铸。面文隶书“五铢”，顺读。钱径多2.5厘米，重3.4克；小者钱径2.3厘米，重2.3克。外廓较阔，无内廓，钱文面近穿右侧有一竖划。回制钱铜料中加入大量铅、锡，钱色发白，故又称“白钱”。（何岁利）

【开元通宝】 唐代货币。初铸于武德四年（公元621年），终唐之世以铸开元钱为主。唐以后继续流通，直到明朝末年被废止。通体圆形，中有方形穿孔，有内外廓。因钱币表面先上后下，次左后右铸有欧阳询所书的含八分秕篆隶体“开元通宝”4字，俗称“开元通宝钱”。平均直径24.6毫米左右，重量在4.17克上下。除铜钱外，另有金钱、鎏金钱、包金钱、银钱、铁钱、铅钱、陶钱及含铁钱等。其表面钱文“开元通宝”4字书写微变较多，北面又有素面、“星月纹”以及代表地方名称的“京”、“洛”、“益”等。会昌五年（845年）曾铸新的开元通宝，背面有“昌”字或以一字代表州名，俗称“会昌开元”。此后，南唐和闽国也曾铸造“开元通宝”。其创制结束了金属货币以重量为名的时代，其名称、书体、大小、重量对后世都有重大意义，在货币发展史上有划时代的意义。（何岁利）

开元通宝（拓本）

【乾元重宝】 唐代货币。唐乾元元年（公元758年）始铸。面文隶书“乾元重宝”，直读。有大小二种。大钱当50枚开元通宝，钱径3.5厘米，重约12克；小钱当10枚开元通宝，钱径2.6～3.0厘米，重6～10克。多光背，少数有祥云、瑞雀、月纹、星号等。大钱亦有背廓重轮者。（何岁利）

【乾封泉宝】 唐代货币。唐高宗李治乾封元年（公元666年）铸行。钱径2.5厘米，重3.3～3.5克。面文“乾封泉宝”，真书，旋读，光背。此钱时当10枚开元通宝，因价高值虚，百姓拒用，初行即罢。（何岁利）

【周元通宝】 五代后周货币。五代后周显德二年（公元955年）铸行。制作精细。面文为八分隶书“周元通宝”，旋读。钱径2.4～2.5厘米，重3.5～3.7克，阔廓。背多有月纹或星月纹，亦有合背钱。（何岁利）

【汉元通宝】 五代后汉货币。五代后汉乾祐元年（公元948年）始铸。面文“汉元通宝”，直读。钱径2.4厘米，重3.3克左右，阔廓。背有光背、月纹或星月纹。（何岁利）

【波斯萨珊银币】 波斯萨珊王朝货币。圆形。打铸而成。直径多在2.5～3.2厘米，质量2.9～4.1克不等。公元226年波斯阿尔达希一世推翻安息王朝后开始铸造。其两面都用模子打压成花纹，有的正面是国王半身像，背面正中是波斯国教祆教（拜火教）的祭坛，中有祆神半身像，两旁为钵罗婆文的“某王之火”铭文；萨珊王朝时，其银币通过商业交往，沿丝绸之路也相继传入中国，并在一定的范围内还得以流通。1949年以来，中国出土波斯萨珊银币约30起，计1 171枚，绝大多数发现于丝绸之路沿线和京都附近。如新疆乌恰县，河南洛阳，陕西陕县、西安、长安县、耀县，山西太原，河北定县，甘肃张掖大佛寺，青海西宁，湖北安陆，广东英德等地均有陆续发现。其中出土最多的是在1959年新疆乌恰县，一次同时出土947枚，其中有萨珊王朝时期布伦女王和库思老二与三世等王的钱币和阿拉伯倭马亚朝时代仿萨珊朝的钱币。（何岁利）

【东罗马金币】 东罗马帝国（拜占庭帝国）货币。中国与拜占庭自公元2世纪以来即开始友好往来。其货币也多从丝绸之路相继传入中国。金币圆形。正面多铸有王者图像，背面多铸有女神像。直径在1.4～2.0厘米、重2.4～4.6克不等。中国新疆、青海、山西、河北、陕西等地多有发现。如：1976年河北磁县发现茹茹公主墓中两枚金币中的一枚为阿纳斯塔修斯一世（491—518）所铸，直径1.6厘米，重2.7克。正面图案为阿纳斯塔修斯一世头戴羽毛装饰的皇冠，身着戎装甲胄和披风的正面胸像，胸像两侧有拉丁字铭文，全文为“DN. ANASTASIVS. PP. AVG”，背面图案为维多利亚女神站像，背面币文为“VICTORIA. AVCCC”。另一枚金币直径1.8厘米，重3.2克，为查士丁一世（518—527）时期所铸。金币的正面图案为查士丁一世戴盔佩甲胸像，环币书写的拉丁文为“DN. IVSTINVS. PP. AVG”。背面图案为女神安淑莎的站像，两侧币文为拉丁文“VICTORIA. AVCCC”和“B”。（何岁利）

【唐哀帝玉册】 唐哀帝即位玉册。1989 年出土于河南省洛阳市。玉册质料为汉白玉。每枚长 28.5 厘米，宽约 3 厘米。两端各有一小圆孔，用以系绳编缀。各枚刻字不等，多至 8 字，少仅 3 字，阴刻，楷书，字内填金。玉册内容为唐哀帝即位册文。1990 年《考古》上发表有发掘简报。（石自社）

【唐长安大明、兴庆和太极三宫石刻图】 宋代石刻。北宋吕大防石刻《长安图》别图。由唐《大明兴庆两宫图》和《太极宫图》构成。1934 年先后出土于陕西省民政厅内院和西安市南门小湘子庙街。呈青黑色，皆残，其中《大明兴庆两宫图》高 0.78 米、宽 0.655 米、厚 0.27 米，《太极宫图》稍大。石刻所绘反映了三宫的建制。据南宋赵彦卫《云麓漫钞》的记载，三宫石刻大致成图于宋元丰三年（1080 年）正月，是吕大防以唐韦述《两京新记》为蓝本，命刘景阳等实地测量，采用立体形象法表示各式建筑物，按比例绘制的。三宫图残存部分中太极宫较模糊，大明宫可辨出丹凤、望仙、建福等门，兴庆宫保存最为完好，由前后两院构成，前院正中为龙池，池东有沉香亭，南有长庆殿、龙堂、勤政务本楼、花萼相辉楼。后院是兴庆宫的主殿兴庆殿、大同殿之所在。宫四周城墙开门六座。图上比例刻注为“每六寸折一里”，按唐代尺度推算，比例约为 1∶2 800。石刻图中兴庆宫的布局与 1956 年勘探结果基本吻合。丹凤门遗址发掘有 5 条门道，也与吕氏所绘完全一致。现存陕西西安碑林博物馆。（李春林）

【乾县唐石牛寺石灯】 唐代寺院供具。原存于陕西省乾县西湖村石牛寺。石灯共 8 层，高 110 厘米，宽 71 厘米。顶层为方形，四边刻有 8 个花瓣。第二层为庑殿式屋顶，刻有斜脊和瓦沟。第三层为一方形体，四面开窗，是放置灯的地方。第四层为圆形莲花座；第五层为石鼓。第六层为八棱石盘，棱角处均雕一兽首。第七层为圆形的石柱，透雕四螭相交，各有一爪上撑石盘，一爪则向下依于躯体。第八层为一方座，四面有八个小山，每山均凿一龛，龛内为一坐佛。石灯刻工精致，是目前存世极少的唐代生活题材的装饰性雕刻。现藏陕西历史博物馆。（石自社）

【茶碾】 唐宋时期茶具。用于煎茶碾茶。流行于唐宋时期。由碾槽和碾轮两部分组成。碾槽整体呈长方形，中部有一窄长弧形的沟槽，碾茶时能使碾轮在沟槽内来回转动。碾轮由执手和圆轮组成，圆轮中间厚，边缘薄，中部有穿，执手穿其间。有木、瓷、石、金银质地之分。（韩建华）

【崇唐观造像】 唐代造像石刻。全国重点文物保护单位。位于河南省登封市北 3 千米嵩岳太室山南麓逍遥谷中崇唐观内。崇唐观原名“隆唐观”，因避唐玄宗李隆基讳，改名“崇唐观”。唐高宗李治于调露元年（公元 679 年）为隐士潘师正所建的道院。观内现存清代建筑老君殿一座，面阔三间，进深五架椽，硬山琉璃瓦顶，殿内砖柱上浮雕人物、禽兽、古塔等图案。观内老君石造像尤为珍贵，青石质，通高 2.8 米，饰发髻，面部丰满，神态沉静，安详自若，呈“说法状”端坐于莲花须弥座上，座上浮雕有伎乐，座上方刻有隶书铭文“大周隆唐观敬造元始天尊像并左右二真人，长寿二年十月十五日毕功谨记”。造像年代为长寿二年（693 年），是中国现存最早的老君石造像，尤其是有确切纪年，使其更加珍贵。（韩建华）

【松江唐经幢】 唐代佛教刻石。全国重点文物保护单位。位于上海市松江区中山小学内，后迁移至方塔园中。唐大中十三年（公元 859 年）立。石灰岩质。由托座、束腰、圆柱、华盖、腰檐等部分叠成，并有海水纹、宝相莲花、卷云、力士、天王、菩萨、供养人及盘龙、蹲狮等雕刻。现存 21 级，高 9.3 米。八角形幢身刻有《佛顶尊胜陀罗尼经》，并有序和建幢铭，表明为已故亲人超度亡魂、为生者消灾祛病得福而建立。整体极具唐代风格。（龚国强）

【赵州陀罗尼经幢】 宋代佛教石刻建筑。全国重点文物保护单位。位于河北省赵县。建于北宋景祐五年（1038 年）。经幢通高 16.44 米，有基座、幢身和宝顶三部分组成。基座为三层须弥座，束腰部分有力士、金刚、菩萨、伎乐以及佛传故事的浮雕。幢身为八角形石柱，共六层。每层均用整块石料雕琢，逐层叠砌。第一层正面有篆刻题名：“奉为（法界）水陆苍生敬造佛顶尊圣陀罗尼幢”，其余七面满刻楷书陀罗尼经文；第二、三层也满刻陀罗尼经文；第四层刻有门窗和佛像，第五层雕八尊护法金刚。各层檐头都雕饰有不同的图案。宝顶由仰莲、覆钵和铜质火焰宝珠组成。经幢整体比例匀称，造型挺拔，雕刻华丽精美。（郭晓涛）

【跪拜俑】 六朝至宋代随葬陶俑。通常身作跪拜式，头高昂，双目微微闭合。位于陕西省蒲城县三合乡三合村北的唐开元二十九年（公元741年）李宪墓所出跪拜俑较为精制。通高42.7厘米，身长102厘米。李宪是唐玄宗李隆基长兄，生前受封宁王，因曾让皇帝位于三弟李隆基，死后授封让皇帝号，并制号其墓为惠陵。惠陵出土文物1 000余件，多数制作精美。跪拜俑出土于墓葬甬道内，头戴进贤冠，身着交领、广袖、绯色长袍，腰束宽带，匍匐于地，双手持笏板拱于面前，神情恭敬。根据《新唐书·车服志》记载，身着绯色朝服当为四品官员。根据匍匐俑在墓葬中的位置，应为葬仪中"仰观俯轻"，即职司墓葬四周环境观察，警惕外物钻进墓中捣乱。（陈良伟）

跪拜俑

【鸡首壶】 西晋至唐代初期饮器。因壶嘴作鸡首状而得名。流行于西晋至唐初，分布范围很广泛。圆腹盘口壶，平底，鸡首状流，壶肩部有系。鸡首壶因时代的发展而有所变化。西晋时器形较小，圆腹，壶身、颈较矮，肩部贴一鸡首，小而无颈。壶嘴有的可通，有的是实心，壶肩部有系，小平底。东晋时，其主体也是圆腹盘口壶，但鸡首下有短颈，喙由尖变圆，冠加高，并首次出现以鸡尾作把柄的情况，而且柄的上端高于口沿，肩带桥形方系。南朝时，壶身整体加高，鸡颈较前期加长，盘口加深，柄也加高，肩部系多为双系。隋代壶身更高，鸡颈不仅更长，而且作仰首啼鸣状，鸡尾柄变塑贴龙首柄，系的开关也更加复杂。唐代初年，鸡首壶被执壶代替，逐渐消亡。分布范围广泛。烧制鸡首壶的瓷窑有越窑、瓯窑。（韩建华）

【中堡村三彩院落模型】 唐代三彩模型。1959年出土于陕西省西安市西郊中堡村唐墓。长135厘米、宽69厘米。整组建筑为仿木构筑，以居后的寝屋为中心展开，由前堂后寝构成主体建筑，两侧廊房对称分布，中间设置亭台山水，排列整齐有序，构成一组长方形两进院落。建筑色彩多变，三彩发色绚丽，较为形象地反映了隋唐时期社会经济的繁荣状况。现藏陕西历史博物馆。（刘涛）

【沧州铁狮子】 五代后周铸狮。全国重点文物保护单位。位于河北省沧县原开元寺前。五代后周广顺三年（公元953年）铸造。狮身高3.8米，通高5.48米，通长6.1米，身躯宽3.15米，总重约40吨。背驮文殊菩萨的莲座。头南尾北，昂首瞋目，巨吻大张，四肢叉开，作奔走乍停间怒吼状，姿态雄伟。铁狮头顶及项下各铸有"狮子王"三个字，头内有"窦田、郭宝玉"字。左肋有"山东李云造"五字。是中国现存最早、最大的铁铸艺术品，对研究古代冶金、雕塑、佛教史均有较高价值。（郭晓涛）

【宋地理图碑】 南宋碑石。南宋黄裳绘，淳祐七年（1247年）王致远刻石，民国年间拓印。碑石长2.2米、宽1.04米，无碑额。全碑大体保存完好，仅下部图、文交界处有断裂，图中部有局部磨损。碑图系南宋全国性舆地图，分地形图和图说。比例尺约为1∶250万。绘图范围北抵黑龙江、长白山，西至玉门关，南到海南岛，东临中国近海。图上标明南宋路、府、州、军、监等行政建置，计430处。府、州名称刻成阴字，均加方框。路名刻成阳字，西南少数民族地区地名不加框。还绘有山川、河流、森林和长城等。图碑具有很高历史价值的珍贵文物。现存江苏苏州碑刻博物馆（文庙）。（董新林）

【宋天文图碑】 南宋碑石。南宋黄裳绘，淳祐七年（1247年）王致远刻石。依据北宋元丰年间的观测结果绘制。碑石高2.16米、宽1.08米。碑额题"天文图"3字，故俗称"天文碑"。碑石上部是一幅圆形全天星图，即以天球北极为圆心，用3个同心圆加宿度线。星图外圈直径约0.9米，星图直径约0.85米。整个图共刻恒星1 434颗，星图下方有2 000余字的说明，概述当时的天文知识。此图碑提供了公元11世纪古代星宿的位置，以及恒星观测的部分资料，具有极高的学术价值。现存江苏苏州碑刻博物馆（文庙）。（董新林）

【帝王绍运图碑】 南宋碑石。南宋黄裳绘，淳祐七年（1247年）王致远刻石。碑长1.77米、宽1米、厚0.25米，上图下文。上图以图表形式，分左、中、右三路列出从黄帝至宋理宗的帝王世系，共13个朝代，247个帝号，195个君主。下部释文共550字，评古论今，以"为君者亦可以知所戒矣"为结语。是中国古代唯一的帝王世系图石刻。现存江苏苏州碑刻博物馆（文庙）。（董新林）

【平江图碑】 南宋碑石。为南宋绍定二年(1229年)平江府城(今江苏省苏州市)平面图碑。宋元时期苏州城先后为平江府和平江路治所,故称“平江城”。碑高2.76米、宽约1.42米。正中碑额题“平江图”3字。南宋初,平江府城几成废墟。后知府李寿朋主持坊市重建竣工,制成平江图碑,是重建后平江府城新貌的实录。这是中国现存最早、最详细的苏州城图,是研究宋代城市规划和里坊制度的珍贵文物。现存苏州碑刻博物馆。参见“宋平江城遗址”(477页)。(董新林)

【静江府城防图石刻】 南宋石刻。位于广西壮族自治区桂林市鹦鹉山崖壁上。南宋咸淳八年(1272年)刻立。是世界现存最大的古代军事石刻地图。为防御蒙古军队入侵,南宋曾4次增补静江城(今桂林市)的城防工事。图面高2.82米、宽2.93米。无图题。图上方横栏刻修城经过及工料费用等,栏下为阴刻城图。静江府城由内城和外城组成。外城呈矩形,东西各2门,南北各1门。子城位于内城东部,设3门,有丁字街。府治在横街以北。宝祐六年(1258年)以后,经多次增补,静江府建成北倚诸山,东临漓江,由城壕、羊马墙、月城和重城构成的纵深防御设施。为研究桂林城发展史和中国城防史的重要资料。(董新林)

【泉州宗教石刻】 宋元时期石刻。泉州是宋元时期重要港口,阿拉伯人等外国人侨居者很多。南宋末年,阿拉伯人蒲寿庚曾担任提举市舶的官职。这里遗留大量阿拉伯文墓碑、教堂壁龛,以及古基督教、印度教等宗教石刻。石刻用汉文、阿拉伯文、波斯文、叙利亚文等。通常浮雕或圆雕各种图案。另有两处重要的佛教造像。现存福建泉州海外交通史博物馆。(董新林)

【汾阴后土庙图碑】 宋金时期碑石。后土庙建于北宋大中祥符五年(1012年),金天会十五年(1137年)荣河县知县张维等刻碑。现庙址为清代迁建。图碑高1.35米、宽1.06米,正面上方图题为“蒲州荣河县创立承天效法厚德光大后土皇地庙像图石”,下为阴刻庙图。图侧有明代重刻题识,碑阴为明人所刻“历朝立庙致祭实迹”碑文。图碑是现存最完整的北宋祠庙图之一。图中所绘后土庙的总体布局,与现存曲阜孔庙和金刻中岳庙图碑相似,是研究宋代国家级祠庙制度的重要资料。现存山西省万荣县后土庙内。(董新林)

【契丹大字石刻】 辽代石刻。主要发现于辽宁省西部和内蒙古自治区东南部。辽代为记录契丹语而参照汉字创制的文字,分大字和小字。大字约创于辽神册五年(公元920年),金明昌二年(1191年)明令废除。契丹大字石刻约发现有12方。主要有《辽太祖纪功碑》(残),在内蒙古自治区巴林左旗石房子村祖州城西,上刻汉文和契丹大字;《耶律祺墓志铭》在内蒙古自治区阿鲁科尔沁旗,是目前字数最多的契丹大字碑。还有《耶律延宁墓志》、《北大王墓志》和《萧孝忠墓志铭》等。(董新林)

【耶律祺墓志铭】 辽代墓志铭。耶律祺在辽天祚帝时拜于越,卒赠齐国王。刻于辽乾统八年(1108年)。1993年在内蒙古自治区阿鲁科尔沁旗古日班呼硕村其家族墓地中出土。志石高90厘米,宽90厘米。四斜面有十二生肖像。志盖正面刻篆体契丹大字,内容与墓志首行相同。志石刻契丹大字46行,尚存2 845字,其中新出现的契丹大字达数百个,是迄今发现的契丹大字石刻中字数最多的一件。同出汉文墓志一方,仅存300余字。契丹大字墓志与汉文墓志不对译。(董新林)

【耶律延宁墓志铭】 辽代墓志铭。刻于辽统和四年(公元986年)。1964年在辽宁省朝阳市柏树沟墓中出土。志石呈方形,高84厘米,宽83厘米。阴刻,双文合璧,志文上部为19行契丹大字文,下部为24行汉文。铭刻文字清楚,但两者不对译。还有覆斗状志盖,无纹饰。现存辽宁省博物馆。(董新林)

【契丹小字石刻】 辽代石刻。契丹小字创于太祖弟耶律迭剌时,略晚于大字。金明昌二年(1191年)“诏罢契丹字”,契丹字乃失传。契丹文小字石刻发现约30方。重要的有《兴宗皇帝哀册文》、《仁懿皇后哀册文》、《道宗皇帝哀册文》和册盖、《宣懿皇后哀册文》和册盖、《许王墓志》、《耶律祺墓志铭》和《萧仲恭墓志铭》等。《大金皇帝都统经略郎君行记》,于金天会十二年(1134年)刻在唐乾陵前无字碑上,有对译的汉文,是解读契丹小字入门的主要根据。契丹小字属于拼音文字,解读成果较为丰硕。(董新林)

【辽庆陵哀册】 辽代哀册石刻。出土于内蒙古自治区巴林右旗瓦里乌拉山下。庆陵由圣宗陵、兴宗陵和道宗陵组成。三陵出土汉白玉哀册15方。哀册上为覆斗式,下为仰斗式,有册盖、册石两部分。其中册盖8石,册石7石。盖、册呈正方形,边长约

130厘米、厚约30厘米。其中汉文哀册有圣宗、仁德皇后、钦爱皇后、道宗、宣懿皇后的各一合，仁懿皇后哀册仅存篆盖。兴宗和仁懿皇后仅存契丹小字哀册册文，原石已失。哀册分别镌刻契丹小字或汉字，每方近2 000字。哀册侧面有线雕纹饰，册盖四角雕有双龙或牡丹。哀册和榜题的契丹小字，是发现最早的契丹小字资料。这些哀册为研究辽代历史、文化及契丹文字，提供了宝贵资料。（董新林）

【许王墓志铭】 辽代墓志铭。1970年出土于辽宁省阜新市白台沟村墓葬中。志石原呈六角圭形。正面、左侧面和背面为契丹小字64行2 100余字，右侧面为汉文5行，多有对译的契丹小字。盝顶志盖残，四斜面有12神像。顶正中刻2行“辽国许王墓志”楷书汉字。其右刻有一行汉字，左刻对译的契丹小字，为研究契丹小字的重要资料。（董新林）

【耶律仁先墓志铭】 辽代墓志铭。刻于辽咸雍八年（1072年）。1983年出土于辽宁省北票县（今市）东山村墓葬中。墓志和志盖。正方形墓志边长117厘米。志石正面刻汉文墓志37行，每行44字。志盖正面中央阴刻篆体汉字“大辽国尚父于越宋王墓志铭”4行、12字。志盖内侧刻契丹小字70行，每行字数不等，总计5 100余字。为迄今发现字数最多的契丹小字石刻。其中有100余个新的原字，大大丰富了契丹小字资料，但汉文墓志与契丹小字墓志不能对译。（董新林）

【女真文石刻】 金代石刻。女真文字包括女真大字和女真小字。大字颁行于金天辅三年（1119年），小字创于金天眷元年（1138年）。现传世只是其中一种。金亡废用，而东北地区仍沿用到公元15世纪中叶。明《奴儿干都司永宁寺碑》就是阴刻女真文。目前存世的女真文石刻有10余件。主要有《大金得胜陀颂碑》、《昭通大将军同知雄州节度使墓碑》、《海龙女真国书摩崖》、《女真进士题名碑》、《奥屯良弼诗碑》等。今朝鲜还保存有2处石刻。（董新林）

【大金得胜陀颂碑】 金代碑石。全国重点文物保护单位。位于吉林省扶余县石碑崴子屯东高约2米的得胜陀上。金大定二十五年（1185年）金世宗为纪念其祖父功绩而立。石碑全高3.2米、厚0.2米。由碑首、碑身和龟趺（碑座）三部分组成。长方形碑首，顶部和侧面共雕四条盘龙。正面刻大字篆书“大金得胜陀颂”6字，为书法家党怀英手笔。碑身刻文800余字，正面为汉文，背面为女真文。为东北地区目前发现刻文最多、保存最完整的女真文碑，是研究金代历史的宝贵资料。（董新林）

【西夏文石刻】 西夏石刻。西夏文字颁行于西夏大庆元年（1036年），西夏灭亡后，仍为党项族所使用，直至明末。多出土在甘肃、宁夏、河北、北京等地，数量不多。主要有《感应塔碑》、《仁宗寿陵碑》、元《居庸关西夏文石刻》、《敦煌莫高窟六字箴言碑》，以及明代保定西夏文石刻等。这些都是研究西夏历史和西夏文字的重要材料。（董新林）

【重修护国寺感应塔碑】 俗称“西夏碑”。西夏时期碑石。全国重点文物保护单位。现存甘肃省武威市西夏博物馆。碑立于西夏天祐民安五年（1094年）。碑身高2.5米、长0.9米、宽0.3米。碑首半圆形，碑额两侧线刻舞蹈状伎乐菩萨，上有云头华盖。正面刻西夏文，碑额篆书，译意为“敕感应塔之碑铭”；正文为楷书西夏字，首行译意为“大白上国境凉州感应塔之碑铭”。背面为汉文，碑额篆书“凉州重修护国寺感应塔碑铭”，正文楷书。碑文记述了重修凉州护国寺塔的经过，并保存了西夏天祐民安三年凉州大地震以及有关西夏社会的史料。碑文上近2 000字的西夏文是研究西夏文字的重要石刻文献。（郭晓涛）

【西夏碑】 即“重修护国寺感应塔碑”。

【元代蒙文碑】 元代碑石。包括蒙古畏兀字碑和八思巴蒙古字碑。蒙古畏兀字是指成吉思汗时期用畏兀（回鹘）字母拼写成蒙古语言，制成最早的蒙古文字。最早的蒙古畏兀字碑是《成吉思汗石》。《张氏先茔碑》、《竹温台碑》和《西宁王忻都公神道碑》等，都是蒙、汉文对译。八思巴蒙古字是指忽必烈命八思巴据藏文字母创造新体蒙古字，用以拼写蒙、汉、梵、藏等各种语言，是元朝法定文字。此类碑刻已发现数十件，内容多为皇帝圣旨、皇后懿旨、皇子诸王令旨或帝师法旨。碑文多为八思巴蒙古字和汉字合刻。蒙文碑是研究元史和蒙古语文的重要资料。（董新林）

【元代白话碑】 元代碑石。元代以八思巴蒙古字书写蒙语作为官方文书例，以汉语白话直译成汉文。寺观碑石所刊圣旨、懿旨、令旨等多为白话体汉文，通称“元代白话碑”。碑文内容涉及丰富的历史信息，是研究元代专名译语等的重要资料。1955年出版有《元代白话碑集录》。（董新林）

【竹温台碑】 元代碑石。刻于元至元四年(1338年)。位于内蒙古自治区翁牛特旗南郊乌兰板村。1921年发现。大理石碑。高4.67米、宽1.51米、厚0.27米。碑文计27行,每行70字,约2 000字。碑额篆书“大元敕赐故中顺大夫诸色人匠都总管府达鲁花赤竹君之碑”。碑文为蒙、汉文对照,蒙文依据汉文译意。竹温台生前系鲁王的重臣,曾多次得帝后封赏。《元史》无传。此碑增补了《元史》之缺,具有较高学术价值。(董新林)

【赛典赤·杜安沙碑】 元代碑石。1952年发现于福建省泉州城内。阿拉伯文墓碑为双面阴刻。碑文所记载死者为名叫赛典赤·杜安沙的阿拉伯贵族,卒于回历702年,原籍布哈拉人。其父为赛典赤·乌马儿。据考证,赛典赤·乌马儿曾任江浙行省平章政事,任职福建行省。杜安沙住在泉州,卒于元大德六年(1302年),葬在泉州。碑文是研究元史和中西文化交流的重要资料。(董新林)

【元代泉州津头浦墓碑】 元代墓碑。1954年发现于福建省泉州市通淮门外津头浦。也里可温是元代蒙古人对基督教的称呼。碑高56厘米,宽48.7厘米。碑文两种文字合璧,每种文字各竖排2行。左2行是用叙利亚文字母所拼写的东突厥语;右2行用汉文,共53字。第一行为“管理江南诸路明教秦教等也里可温马里失里门阿必思古八马里哈昔牙”。据考证,墓主为一位信仰景教的汪古部突厥人。该碑是中西文化交流的重要资料。(董新林)

【元代扬州南门拉丁文墓碑】 元代墓碑。1952年发现于江苏省扬州市南门水关。共两块。第1号碑略大。二碑形状大体相同(1号碑略残)。长方形碑身,龛形顶,上部两角呈弧形。图像和志文风格相似,但内容有别。碑面上半部图像为天主教中使徒列传故事,下半部为拉丁文墓志。周缘有花边。据考证,1号碑墓主为喀德邻(女),葬于元顺帝至正二年(1342年);2号碑墓主为安东尼(男),葬于至正四年。二人都是意大利人多密尼的子女。墓碑反映了公元14世纪扬州基督教的情况,是中西文化交流的重要实物。(董新林)

【永宁寺碑】 明代碑石。《永宁寺记》和《重建永宁寺记》二碑刻的简称。《永宁寺记》碑高五尺三寸六分,宽二尺五寸,额题“永宁寺记”,碑文汉字30行,每行64字。记载太监亦失哈于永乐九年(1411年)设奴儿干都指挥使司和永乐十一年建永宁寺等。背额刻蒙古文“奴儿干永宁寺”,下有蒙文、女真文各15行,是汉文碑内容的缩写。碑侧用汉、藏、蒙古、女真4种文字刻六字真言。《重建永宁寺记》碑仅刻汉文1 300余字,记载重修永宁寺的情况。为明朝设奴儿干都指挥使司管辖库页岛以及黑龙江、乌苏里江、松花江等流域的明证。(董新林)

【峨眉山圣寿万年寺铜铁佛像】 宋明时期佛教铸像。全国重点文物保护单位。位于四川省峨眉山市万年寺内。万年寺创建于东晋,初名“普贤寺”,唐名“白水寺”,宋名“白水普贤寺”。明神宗赐名“圣寿万年寺”。寺中铜铁佛像,以明代砖殿内的宋代普贤铜像最为著名。普贤菩萨趺坐象背莲花座上,白象足踏莲花。通高7.3米,重62吨。铜像庄重古朴,铸工精美,系北宋太平兴国五年(公元980年)铸造。殿内其他小佛像共331尊,巍峨殿、大雄宝殿内尚有明、清时期的佛道铜铁铸像,皆为重要的宗教建筑遗物。(郭晓涛)

古 建 筑

【京杭大运河】 古称“邗沟”、“运河”。春秋至清代水利工程。全国重点文物保护单位。连接北京至杭州的大运河,途经今浙江、江苏、山东、河北四省及天津、北京两市,贯通海河、黄河、淮河、长江、钱塘江五大水系,全长约1 747千米。最早的运河河段是春秋时期吴国为征伐齐国而开凿,隋朝加以扩修并贯通至都城洛阳,北上涿郡,形成运河全线。当时开凿的主要河渠有:广通渠、通济渠、山阳渎、永济渠等。元朝翻修时放弃洛阳,取直至北京,先开挖了洛州河和会通河,把天津至江苏清江之间的天然河道与湖泊连接起来,清江以南接邗沟与江南运河,直达杭州。又新修通惠河连接北京与天津。沿线发现有历代水利设施遗址和码头、古沉船等众多文物。(赵超)

【长城】 全国重点文物保护单位,世界文化遗产。始筑于春秋战国时期,秦代、汉代、隋代、明代曾大规模修筑,北魏、西魏、东魏、北齐、北周、辽、金等朝代以及隋唐时期的高句丽也曾修筑过长城。2009年国家文物局公布明长城总长度为8 851.8千米。2012年国家文物局公布的历代长城总长为21 196.18千米,分布于北京、天津、河北、山西、内蒙古、辽宁、吉林、

黑龙江、山东、河南、陕西、甘肃、青海等15个省、市、自治区。(徐龙国)

【沈府君阙】 东汉建筑。全国重点文物保护单位。位于四川省渠县城北34千米的水口乡汉亭村燕家场。现存双阙,但子阙已经毁废。约建于东汉延光年间。两阙东西相距21.62米,阙高4.84米。东阙内侧浮雕青龙,西阙内侧浮雕白虎。阙身遍布人物、动物和作物的浮雕。西阙铭文“汉新丰令交趾都尉沈府君神道” 。是研究汉代生产、生活、建筑、交通工具及书法、雕塑、绘画艺术难得的实物资料。(徐龙国)

【平阳府君阙】 东汉建筑。全国重点文物保护单位。位于四川省绵阳市游仙区芙蓉溪畔仙人桥旁的绵阳博物馆新馆前。由大小相近的2座阙组成。由条石和板石砌筑,并刻有浅浮雕车马出行等画像。主阙高5.45米、宽1.66米;副阙高5.29米,两阙南北相距26.2米。梁大通三年(公元529年)又在阙身上雕刻佛教造像33龛。主阙檐枋头上原刻有“汉平杨府君叔神道”铭文,今仅存“汉”、“平 ”两字,因方志把“杨”误释为“阳”,命名为“平阳府君阙”,此阙命名为“平杨府君阙”更为合适,但因原名称已约定俗成,故沿用至今。双阙连同子母阙俱全,是中国汉阙中结构保存最完整的石阙。(徐龙国)

【法兴寺】 十六国至清代建筑。全国重点文物保护单位。位于山西省长子县城东南15千米的慈林山中。创建于十六国后凉神鼎元年(公元401年),唐上元元年(674年)曾改名为“广德寺”,北宋元丰四年(1081年)更名为“法兴寺”。元、明、清时屡有修葺。寺院坐北朝南,规模不大,主要建筑分布在中轴线上,依次排列着舍利塔、燃灯塔、圆觉殿和后殿。(龚国强)

【嵩岳寺塔】 北魏建筑。全国重点文物保护单位。位于河南省登封市西北中岳嵩山南麓峻极峰下嵩岳寺内。嵩岳寺始建于北魏正光元年(公元520年),原是北魏宣武帝离宫,后改为佛寺,名曰“闲居寺”。隋仁寿二年(602年)改今名。塔为15层密檐式砖塔,平面为正十二边形。塔高39.5米,台基高约1米,台基上的塔身可分上、下两段,底层塔身高约9米,四正面设门;底层塔身之上为14层密檐式塔身。塔下地宫中发现刻有“大魏正光四年”铭记的佛像,塔身仿木柱头为火珠垂莲装饰,均显示砖塔始建于北魏。为中国现存最早砖塔,是中国北魏砖塔的孤例。(朱岩石)

【隆兴寺】 宋代建筑。全国重点文物保护单位。位于河北省正定县城内。寺以铜铸大佛像著名,故俗称“正定大佛寺”。创建于隋开皇六年(公元586年),原名“龙藏寺”。北宋开宝四年(971年)扩建,元、明、清历代多次重修,清康熙四十八年(1709年)更名为“隆兴寺”。但现存建筑与整体布局仍保留着宋代建筑风格,是保存宋代建筑最多、布局最为完整的一处古代佛寺。寺内主要建筑有天王殿、摩尼殿、大悲阁、弥陀殿、韦陀殿、戒坛等,摩尼殿中保存有宋代泥塑佛弟子像和明代壁画、菩萨像。主体建筑大悲阁高33米,外观3层,阁中有高24米的北宋开宝四年千手千眼观音铜像。另有历代碑刻30余件,包括著名的隋开皇六年《龙藏寺碑》。(赵超)

【晋祠】 宋代建筑。全国重点文物保护单位。位于山西省太原市西南晋水源头。据说最早是纪念周成王弟晋侯唐叔虞的祠堂,在北魏前就已经兴建。北齐天统五年(公元569年)被北齐后主改称“大崇皇寺”,唐贞观年间仍名“晋祠”。后晋天福六年(941年)改为“兴安王庙”。北宋天圣年间在祠内为唐叔虞之母邑姜建造了圣母殿。现存圣母殿仍保存着宋代建筑的特征,为重檐歇山顶七开间大殿,斗拱形制多样。殿内有经过明代重装的宋代彩塑,包括邑姜坐像与42座宫女、宦官像,形态生动逼真,除两座侍女像外,均为宋代雕塑杰作。殿前建有鱼沼飞梁,是在方形水池上建造“十”字形的石板桥,为中国古代建筑中所仅有。另有献殿、牌坊、钟鼓楼、金人台、水镜台等金代以来的古建筑。明代新建有水母楼,重新称作“晋祠”。祠内还保留有传说的周柏、唐槐、唐太宗书《晋祠之铭》碑与宋代铁铸武士、铁狮等珍贵文物。中华人民共和国成立后晋祠经多次整修保护。(赵超)

【曹天度塔】 北魏建筑。北魏天安元年(公元466年)由曹天度雕造,青石质,方形九级楼阁式。塔身高1.53米,塔刹高0.495米。塔下有方形基座,雕刻供养人和发愿文。塔身一层正面龛内雕释迦多宝,其他三面为坐佛,四角各雕一楼阁式小塔。二层以上均雕千佛。原藏山西省朔县(今朔州市)崇福寺,现塔身藏于台北历史博物馆,塔刹存于崇福寺。(李裕群)

【朝阳北塔】 北魏至辽代建筑。全国重点文物保护单位。位于辽宁省朝阳市双塔街北端。为十三级密檐式砖筑佛塔。始建于北魏孝文帝太和年间(公元485年前后),名“思燕佛图”。隋文帝仁寿年间诏命在其台基上重建成密檐式砖塔,称“宝安寺塔”。唐天宝年间曾修饰。辽初和辽重熙十三年曾两度维修,更名为“延昌寺塔”。故塔以三燕宫殿夯土台基为地基,“思燕佛图”的台基为台基,隋唐砖塔为内核,辽塔为外表。现高42.6米,由夯土台基、砖台座、须弥座、塔身、塔檐、刹顶组成。主体塔身上,四面砖雕密宗四方佛、八胁侍菩萨、二十四飞天、八大灵塔及塔名等图案。1988年因加固修缮对天宫发掘清理,出土佛祖释迦牟尼真身舍利2颗、鎏金银塔、金银经塔和波斯玻璃瓶等佛教文物及辽代石经幢(见彩版38唐至明代遗物“七宝塔”)。2007年出版有《朝阳北塔:考古发掘与维修工程报告》。(龚国强)

【安济桥】 亦称“赵州桥”。隋代建筑。全国重点文物保护单位。位于河北省赵县城南洨河之上。因桥体全部用石料建成,当地俗称“大石桥”。隋开皇至大业年间(595—605)由工匠李春创建,结构新奇、造型美观。全长64.4米,宽9.6米,跨度37.2米,是一座由28道相对独立的拱券组成的单孔弧形大桥。在大拱两肩砌有4个并列小孔,以增大流水通道,并减轻桥身重量;节省石料,并增强桥身稳定性。为世界上最早的敞肩拱桥。(石自社)

【赵州桥】 即“安济桥”。

【四门塔】 隋代建筑。全国重点文物保护单位。位于山东省济南市东南40千米柳埠青龙山麓神通寺遗址东侧。建于隋大业七年(公元611年)。因塔四面各有一半圆形拱门,故称“四门塔”。塔为单层亭阁式石塔,塔身用石条砌成,方形,四角攒尖顶。高15.4米,边长7.4米,全部用青石砌成。四面各辟一门,塔内中心设方形塔心柱,柱体四面各置隋代石雕坐佛一尊。该塔为中国现存最早、规模最大的单层四门塔形制,在中国建筑史上占有重要地位。(李裕群)

【仙游寺法王塔】 隋代建筑。全国重点文物保护单位。位于陕西省周至县城南黑水峪口仙游寺西北侧。始建于隋文帝杨坚仁寿元年(公元601年),唐开元十三年(725年)进行重修。由青砖砌成,7层,35米高,塔身形制为密檐式楼阁塔,每层叠涩出檐,斗拱仿木结构。各层南面有券门。1998年10月,整体迁移至原址北侧2千米金盆村北梁上时,在塔体二三层发现3枚舍利,并在塔基地宫发掘中发现石函1具,内有鎏金铜棺,棺中又有琉璃瓶,内存10粒隋代舍利子。另出土青石一方,长、宽均为0.55米,两面分别刻有隋代《舍利塔下铭》和唐代《仙游寺舍利塔铭》。(龚国强)

【大雁塔】 亦称“慈恩寺塔”。唐代建筑。全国重点文物保护单位。位于陕西省西安市雁塔区慈恩寺内。唐永徽三年(公元652年)初建,以储藏玄奘从印度携回的经像。初为砖表土心的5层方塔。武则天长安年间重建,高10层,后残为7层。通高64.5米,塔体为方形锥体,台基方约45米,高约5米,底层边长25米。塔身磨砖对缝砌成,塔内有楼梯,可以盘旋而上,塔外各层叠涩出檐,檐下砌菱角牙子,壁面作柱枋、栏额等仿木结构,每层四面各有一个券砌拱门。塔底西面石门门楣刻有佛殿线图。塔底层南面砖龛内,嵌有唐初书法家褚遂良所书的唐太宗撰《大唐三藏圣教序》和唐高宗撰《述三藏圣教序记》两块石碑。(龚国强)

【慈恩寺塔】 即“大雁塔”。

【小雁塔】 亦称“荐福寺塔”。唐代建筑。全国重点文物保护单位。位于陕西省西安市碑林区友谊西路东段南侧荐福寺内。创建于唐文明元年(公元684年)献福寺(武则天时改名为“荐福寺”)内。原为15级,约45米高,现存13级,约43.3米高,底边长11.38米。塔身平面为正方形,自下而上逐层内收,呈现出优美的弧形轮廓线。各层南北两面均开有半圆形拱门,塔内为空筒形结构,设有木梯。各层砖砌叠涩出檐,间以菱角牙子。塔壁不设柱额。塔基下设砖砌地宫。明清时曾进行数次大规模整修。(龚国强)

小雁塔

【荐福寺塔】 即“小雁塔”。

【广惠寺华塔】 唐代建筑。全国重点文物保护单位。位于河北省正定县城南大街。唐贞元年间建于广惠寺内,后寺毁塔残。现存华塔高40.5米。第一、二层八角形,第三层方形,第三层以上呈圆锥形。主塔中心体与附塔一部分均坐于同一方形基台上,中央为主塔,四个斜面各建一座附塔,由内回廊连接。主塔为砖雕仿木建筑,平面八角形。3层塔心室有2尊石雕释迦多宝像,佛座上方刻有唐贞观二年(公元628年)造像题记,南门边框上保存有唐代云纹,以及宋代题记等。现认为塔顶为金元时期重修,1～3层虽经后人重修,但基本构件与造型仍为唐代的遗存。该塔造型奇特,结构设计科学合理,是中国古建筑中罕见的杰作。(赵超)

【兴教寺三塔】 唐宋时期建筑。全国重点文物保护单位。位于陕西省西安市南20余千米杜曲镇少陵原畔兴教寺内。现存有唐代高僧玄奘及其两大弟子窥基和圆测的3座砖砌墓塔。玄奘圆寂后初葬于长安白鹿原上,唐高宗时迁葬今址。肃宗赐塔额曰"兴教",因名"兴教寺塔"。3座砖塔在今寺西部"慈恩塔院"内,呈"品"字形参差排列。中间最高者为玄奘墓塔,平面方形,5层楼阁式,高23米。塔身壁面砖砌出八角倚柱、额枋和斗拱等仿木结构。塔正面有券门,龛内置玄奘塑像。塔背嵌唐开成四年(公元839年)所立"大唐三藏大遍觉法师塔铭"刻石,记述玄奘生平。窥基和圆测的砖塔规模较小,均为3层,高约7米。窥基塔始建于唐永淳元年(682年),大和三年(829年)重建,背面嵌有唐文宗开成四年所立"大慈恩寺大法师基公塔铭并序"刻石。圆测塔则是北宋政和五年(1115年)自终南山丰德寺迁葬圆测灵骨至此时修建。(龚国强)

【香积寺善导塔】 唐代建筑。全国重点文物保护单位。位于陕西省西安市长安区郭杜镇香积寺村神禾原上。香积寺是唐代名刹,创建于唐神龙二年(公元706年),为安葬佛教净土宗第二代创始者善导和尚而建,故是佛教净土宗的祖庭所在地。塔为密檐楼阁式砖塔,平面呈方形,底边长9.5米,原为13层,现残存10层,高约33米。寺内现仅存唐代的善导古塔及清代乾隆年间修建的三间殿堂。(龚国强)

【鸠摩罗什舍利塔】 俗称"八宝玉石塔"、全名"姚秦三藏法师鸠摩罗什舍利塔"。唐代建筑。全国重点文物保护单位。位于陕西省户县草堂寺内。为后秦高僧鸠摩罗什舍利塔。玉石雕刻镶嵌而成,高2.33米。下部为山岳波涛形及上面的须弥座,再上为仰莲盘,上置八角体亭阁塔身,上覆四出方形单檐屋顶,檐下阴刻佛像、飞天。最顶端为刹座,下部为莲瓣形花叶,上为扁圆形宝珠。造型、雕刻均极精美。1953—1978年,全面进行修葺,并建立草堂寺文物保管所予以保护。(龚国强)

【昭仁寺大殿】 俗名"铁佛寺"。唐代建筑。全国重点文物保护单位。位于陕西省长武县城关镇。寺建于唐贞观十三年(公元639年),历代多次重修。原寺已毁,现存大殿为宋代重建。大殿梁面阔三间,殿内无柱,木梁折叠式拱架。是中国古代建筑中罕见的一例。寺内存有唐代"豳州昭仁寺碑",传为书法名家虞世南所书。(龚国强)

【青莲寺】 唐至清代建筑。全国重点文物保护单位。位于山西省泽州县东南17千米的硖石山麓。因寺内的释迦牟尼端坐于莲花座之上,故名"青莲寺"。寺分古寺、今寺两处,相距里许。古寺建于北齐天保年间,初名"硖石寺";新寺建于唐大和二年(公元828年)。古寺坐北朝南,现存建筑有正殿和南殿,原有东西配殿仅存基址。青莲寺即上院,自唐后历代皆有增建。寺前为平台,上建东西阁,阁后依次为天王殿、藏经阁、释迦殿、大雄宝殿。两厢分别建有观音阁、地藏阁、经堂、僧舍。高低错落,左右对称。寺内现存唐、宋、明、清诸代碑刻十通,真、草、隶、篆各种字体齐备,是研究寺庙历史及书法艺术的珍贵资料。(龚国强)

【长安圣寿寺塔】 隋唐至宋代建筑。全国重点文物保护单位。位于陕西省西安市长安区圣寿寺内。始建于隋,唐末五代时被毁,北宋重建,现存山门、前殿、大雄宝殿等建筑。寺塔为应身大士圆寂塔(舍利塔),传建于隋代,但从其形制分析,最晚不迟于初唐。塔为楼阁式砖塔,平面呈方形,七层,高33.5米,底层边长7.5米,奇数层南北两面和偶数层东西两面均辟有券门。塔刹为铁制相轮,与铜川重兴寺塔和澄城精进寺塔塔刹相似,应为宋代遗物。塔北侧有民国净土宗法师印光的影堂石塔,"印光大师影堂"六字由于右任题写。(龚国强)

【长安华严寺塔】 唐代建筑。全国重点文物保护单位。位于陕西省西安市长安区韦曲少陵原华严寺内。华严寺始建于唐贞观十九年(公元803年),为中国佛教华严宗的发源地。清乾隆年间殿宇被毁,现仅存东、西砖塔两座。分为东西双塔,为唐代中期建塔风格的重要实物。东塔是华严初祖杜顺禅师的灵骨塔,为方形七级仿木构楼阁式砖塔,高13米,底层每边长5.5米,南面有龛室,每层叠涩出檐,檐下均砌两层菱角牙子,塔身壁面用砖砌成扁柱、栏额、斗拱、昂等，第三级刻有“无垢净光宝塔”6字，上层石刻“严主”2字。西塔是华严宗四祖清凉国师澄观的灵骨塔，为五级六面楼阁式实心砖塔，高约7米，塔上嵌有“大唐清凉国师妙觉之塔”刻石，内安奉清京相师舍利子21粒。两塔下层各有砖筑龛堂，内有石刻雕像，石下半部刻重修记，为近代人宋伯鲁、宋联奎同时书写。还有唐宣宗大中六年(852年)刻的《杜顺禅师碑记》一通，是华严寺最重要的碑石，现已移至西安碑林保存。(韩建华)

【净光寺塔】 唐代建筑。全国重点文物保护单位。位于陕西省眉县城内。为七层实心楼阁式砖塔，通高20.44米，正方形平面底边长4.65米。塔的一层南侧有一拱形券门，二层以上为实心，层间叠涩出檐，施菱角牙子。塔顶平砖攒尖，置宝瓶式塔刹。净光寺已不存，但还保留有一通唐元和十一年(公元816年)的六棱形石陀罗尼经幢。由于年久失修，塔体向东北方向严重倾斜。2001年陕西省文物保护中心对塔体作了纠偏工作，使该塔得到了有效保护。(赵超)

【法源寺塔】 唐代建筑。全国重点文物保护单位。位于陕西省富平县美原镇法源寺故址。法源寺始建年代不详，寺院今已无存。塔为楼阁式七层八角形中空砖塔，高约27米。塔身砖砌仿木结构，塔顶造型别致，塔之四面镶有浮雕石刻佛像，别具特色。整个塔身工艺精湛、雄伟大方。塔身三层向上，留有修补痕迹，一、二层表层砖块已有剥蚀脱落现象。相传此塔为唐高宗咸亨二年(公元671年)建美原县后所建。但也有学者提出，塔虽始建于唐代，但从其造型风格推测当属明代。(郭薛)

【清梵寺塔】 唐代建筑。全国重点文物保护单位。位于陕西省兴平市。相传清梵寺始建于东汉时期，唐贞观元年(公元627年)于寺内建南、北二塔。塔随寺名，初称“清梵寺塔”。宋代清梵寺改称“保宁寺”，塔亦遂称“保宁寺塔”。后寺、塔历经各代多次修葺，现仅存北塔。北塔为七层楼阁式砖塔，平面呈八角形，底部边长约4.35米，残高38.6米。塔身每层南、北面辟券门或假券门，真假逐层上下相间。塔壁作仿木结构，以砖砌出角柱、阑额、菱角牙子。层间叠涩出檐，第一至三层檐下隐作斗拱，塔顶已毁。现存清乾隆四十七年(1782年)立《重修保宁寺并建万寿宫碑》一通。(郭薛)

【先师和尚舍利塔】 唐代建筑。全国重点文物保护单位。位于陕西省屯留县城西北金禅寺内。金禅寺始建于唐，舍利塔建造年代不详。据塔内“墨书”题铭和塔身风格，推测为唐代修建。塔为密檐中空式砖塔，方形九级，残高11.1米。塔座以红砂岩垒砌，高0.98米，塔身由青砖垒砌。底层南面辟方门一道，门两侧各开方形直棂假窗，其余各面雕饰菱形格和直棂假窗，二层以上无门、无窗逐级减低，通体逐级收分。塔檐采用不同的叠出层数，尺度逐级缩小。整体工艺简单质朴，以直线条构成了弯曲线形的塔身轮廓和弧形的立面效果，具有唐代早期小型密檐式砖塔的风格。(郭薛)

【治平寺石塔】 唐代建筑。全国重点文物保护单位。位于河北省赞皇县东南5千米处。治平寺又称“嘉应寺”，建于隋开皇三年(公元583年)，北宋治平二年(1065年)改名“治平寺”。现寺庙被毁，仅存石塔3座、陀罗尼经幢1座，均为唐代建筑。中心塔八角形，东、西塔方形。中心塔始建于唐天宝八载(749年)，为青石砌成的实心仿木结构楼阁式石塔，八角形石砌台基，塔身四层，顶端石雕塔刹，高约16.3米。(龚国强)

【慧彻寺南塔】 俗称“南寺唐塔”。唐代建筑。全国重点文物保护单位。位于陕西省蒲城县西南角。慧彻寺始建于唐初，寺内原有罗汉阁等建筑均已无存，现仅存舍利塔一座。南塔建于唐太宗贞观元年(公元627年)，为方形密檐式空心砖塔，共11层，高36米。塔身底层券门内立唐代石佛像一尊，第二级北面正中嵌石碑一通。自第二级起塔身各级四面均仿照佛寺建筑，隐现出三间方柱，斗木上承横梁，叠涩出檐，逐级收分。自第二到六层，每层均有对开券门二个，在方向上各级互相交错。(郭薛)

【南寺唐塔】 即“慧彻寺南塔”。

【罗山寺塔】 亦称“岱堡塔”。唐代建筑。全国重点文物保护单位。位于陕西省合阳县和家庄镇东马村西南的乳罗山上。罗山寺原有建筑现已无存，仅留此塔。相传建于晚唐时期。为楼阁式空心方形砖塔，原为九层，现存七层半，残高约30米。塔体呈纺锤形，无基座，底层面阔与进深均为三间，券门南向。塔四壁外侧有砖砌隐柱，一至四层檐下有斗拱，各级券洞均有假门，塔内原架木质楼板，沿梯可登塔顶，今已不存。(郭薛)

【岱堡塔】 即“罗山寺塔”。

【少林寺】 唐至清代建筑群。全国重点文物保护单位、世界文化遗产。位于河南省登封市少室山山麓。创始于北魏太和十九年(公元495年),以后多次兴废。现存建筑群主要包括常住院、塔林和初祖庵三部分。常住院中包括山门、天王殿、大雄宝殿、法堂、方丈院、立雪亭、千佛殿等,多为近年来根据有关资料重建。寺内存有唐、宋、元、明、清各代古碑300余件。千佛殿中有明代五百罗汉壁画,白衣殿中存十三棍僧救唐王壁画,塔院内有北宋元祐二年(1087年)建砖塔两座。初祖庵存建于北宋宣和七年(1125年)的大殿和二亭、千佛阁等。大殿石柱等处浮雕栩栩如生。塔林中存唐代以来砖石僧人墓塔220多座,造型各异,具有建筑史上的研究价值。(赵超)

【净藏禅师塔】 唐代建筑。全国重点文物保护单位。位于河南省登封市西北6千米的会善寺西侧山坡上。建于唐天宝五载(公元746年)。高10.35米,基座高2.64米,仿木结构,八角形塔身,塔室穹窿顶,塔身北面石铭记载净藏禅师的生平事迹。火焰宝珠状塔刹。石雕莲座上的塔身砖雕模仿木结构形式,具有唐代风格。此塔为中国现存最早的八角形砖塔。(龚国强)

【永泰寺塔】 唐至明代建筑。全国重点文物保护单位。位于河南省登封市嵩山西麓。永泰寺始建于北魏正光二年(公元521年),初名"明练寺",唐神龙二年(706年)改称"永泰寺"。古代遗物仅存寺塔、均庵主塔、肃然无为普同之塔及碑刻,余为现代重建。塔建于唐代,为十一级密檐式砖塔,平面呈正方形,底边长5.05米,高24米。均庵主塔建于金大安元年(1209年),为四角二级砖塔,高3米余。肃然无为普同之塔建于明崇祯十一年(1638年),为喇嘛式砖塔,高6.18米。(龚国强)

【法王寺塔】 唐代建筑。全国重点文物保护单位。位于河南省登封市区北5千米嵩山太室山南麓玉柱峰下山坡台地上。寺始建于东汉永平十四年(公元71年),历代均有修建。现建筑多为清代建筑,有天王殿、大雄宝殿、地藏殿、顺山房、厢房等。寺内散存汉至清代古柏数十株,古银杏4株,唐至清碑刻20余品。塔为密檐式,平面方形,边长7米,高35米余,空心。全塔用灰砖黄泥垒砌而成。(龚国强)

【风穴寺及塔林】 唐至清代建筑群。全国重点文物保护单位。位于河南省汝州市风穴山下,寺因山名。原名"香积寺",始建于东汉初平元年(公元190年),重建于北魏,隋改"千峰寺",唐代扩建为"白云寺",俗名"风穴寺"。总面积约50亩。建筑布局依山就势,高低错落有致。寺内布局利用自然环境,富于园林风味,有别于一般的对称格局。现存唐代七祖塔、北宋钟楼、金代中佛殿以及天王殿、毗卢殿、方丈院、望州亭、接圣桥、观音阁、涟漪亭等历代建筑,保存了唐至清代的各种建筑结构。寺内外保存历代碑刻80余件。另有僧塔83座,形成塔林,其中元塔16座,其余为明、清塔。除部分石塔外多为砖砌多层密檐式小塔,以元至元十七年(1280年)松齐慧公宗师之塔最为精美。(赵超)

【安阳天宁寺塔】 五代后周建筑。全国重点文物保护单位。位于河南省安阳市文峰区。清代起俗称"文峰塔"。八边形密檐式砖木混合结构。始建于五代后周广顺二年(公元952年)。通高38.65米,周长40米,5层,由下而上逐级增大,形制独特。底层正南为券门,其余三面为假门。券门门额砖雕二龙戏珠图像。八角立八根盘龙柱,龙柱之间砖雕八幅佛教故事图像:正南面为三身佛像,其余各面分别为释迦佛说法像、悉达多太子诞生图像、释迦佛雪山苦行修定像、观音菩萨与善财龙女像、佛为天人说法像、释迦佛涅槃像、波斯匿王及王后侍佛闻法像。顶有相轮、塔刹。(龚国强)

【阳台寺双石塔】 全国重点文物保护单位。位于河南省林州市临淇镇岭后村东北。阳台寺始建年代不详,现有山门、药师如来殿等建筑均为近年重修,原有建筑多已无存,仅残存石塔两座。石塔原为七级密檐式塔,现西塔残存六层半,高约3米;东塔仅存五层塔身,残高约2.5米。石塔建于双层方石砌成的基础上,其上为雕有兽首、人物等多种图案的方形须弥座,再上为覆莲承仰莲塔座。方形塔身一层朝南凿有佛龛,龛门四周雕有力士等图案。上部各层塔身四面各雕坐佛一尊,石刻仿砖砌叠涩密檐。塔身整体造型古朴典雅,造像生动,保留着早期唐塔的风范。(郭蒋)

【修定寺塔】 唐代建筑。全国重点文物保护单位。位于河南省安阳市西北清凉山南麓修定寺旧址。因塔筑于唐代,故称"唐塔";又因塔身表面遍涂一层橘红色,故又称"红塔"。建于唐德宗建中二年(公元781年)至贞元十年(794年)之间,有"中国第一塔"之称。塔系单层方型浮雕砖构舍利塔。塔身呈正方形,通高约16米,由塔基、塔身、塔顶3部分组成。塔基乃北齐筑建,平面呈八角形。基座外缘有散水。塔身为四方形,构图为佛帐雕饰。全塔遍嵌高浮雕砖,浮雕图案构图严谨、造型生动逼真。塔身四壁用模制菱形、矩形、三角形、五边形以及直线和曲线的各种形制的雕砖 3 775 块、图案 76 种,装饰面积达 300 余平方米。南壁辟拱券门,额头兽面镇守,券伏左为青龙、右为白虎。两侧侍立四臂金刚。四隅装有马蹄形团花角柱,两侧加滚龙攀缘副柱。上檐外挑,形成雨棚,凹腰葫芦饰为顶盖。塔身构图讲究、结构严谨,古朴大方。(石自社)

【唐塔】 见“修定寺塔”。

【红塔】 见“修定寺塔”。

【南禅寺大殿】 唐代建筑。全国重点文物保护单位。位于山西省五台县西南李家庄佛光寺内。始建年代不详,重建于唐建中三年(公元 782 年)。大殿为南禅寺主殿,单檐灰瓦歇山顶,三间见方,面宽 11.62 米,进深 9.9 米。殿内有一座佛坛,长 8.4 米,宽 6.3 米,高 0.7 米。坛上 17 尊唐塑佛像,以释迦牟尼佛为中心,两旁有骑狮的文殊、坐像的普贤菩萨、弟子阿难和迦叶、胁侍菩萨、护法天王、童子、獠蛮、佛霖等,同敦煌莫高窟唐代塑像如出一辙。须弥座下有唐代砖雕壶门和叠梁、一座石塔与 3 只石狮。(龚国强)

南禅寺大殿

【佛光寺大殿】 唐代建筑。全国重点文物保护单位、世界文化遗产。位于山西省五台县佛光新村。寺内正殿,建于唐大中十一年(公元 857 年)。殿内唐代木构造、雕塑、壁画、题记被称为“四绝”。大殿面宽七间,进深四间。单檐庑殿顶,殿阁型构架。梁架最上端使用三角形人字架。殿顶脊兽用黄、绿色琉璃。殿内佛坛宽及五间。坛上有唐代彩塑 35 尊。其中,释迦牟尼佛、弥勒佛、阿弥陀佛、普贤菩萨、文殊菩萨及胁侍菩萨、金刚等塑像 33 尊。另有建殿施主宁公遇和建殿主持者愿诚和尚的两尊塑像。墙壁上有唐代壁画 10 余平方米,内容均为佛教故事,体现出唐画风韵。大殿左右 4 根梁下有唐人墨书题记“敕河东节度观察处置等使检校工部尚书兼御史大夫郑”、“功得主故右军中尉王”、“佛殿主上都送供女弟子宁公遇”等。殿前有唐大中十一年石幢。(龚国强)

佛光寺大殿

【郎寨砖塔】 唐代建筑。全国重点文物保护单位。位于山西省安泽县马壁乡郎寨村东。塔坐北面南,平面八边形,原应为九级密檐实心砖塔,现残高八级。石砌须弥座式塔基,通高 12.07 米,塔座总宽 5.07 米。全塔砖体均采用磨砖对缝工艺。一层塔身正面有拱门,东、北面隐起板门,西面嵌清嘉庆八年(1803 年)诗碣一块,其余四面皆砖雕隐起破子棂窗、八角倚柱,上施额枋、斗拱、檐椽,檐椽下方叠置仰莲两层。门窗上仍残留着唐、宋时期的朱红色彩绘。柱头无普柏枋构件设置,柱头直接承托单拱,但栌斗远大于散斗。该塔是山西目前发现的唯一唐代多层砖塔,造型奇特,施工工艺极高,保存有大量早期建筑信息。

【广仁王庙】 亦称“五龙庙”。唐代建筑。全国重点文物保护单位。位于山西省芮城县城关镇龙泉村。始建于唐大和六年(公元 832 年)。坐北朝南。现存正殿、乐楼及唐碑两通,建筑面积 177 平方米。正殿面阔五间,进深三间,单檐歇山顶,台基高 1.2 米,共有檐柱 16 根,殿内无柱。乐楼为清代建筑,面阔三间,进深三椽,硬山顶。庙内还有唐碑二通,一为元和三年(808 年)的《广仁王龙泉记碑》,记载当地历史和兴修农田水利情况;另一为大和六年的《龙泉记碑》。碑文对研究唐代水利发展史具有重要意

义。(龚国强)

【泛舟禅师塔】 唐代建筑。全国重点文物保护单位。位于山西省运城市西北报国寺遗址上。创建于唐长庆二年(公元822年)。为一座保存完整的亭阁式名塔,圆形唐塔的典型实例、孤例。塔铭从左至右排列竖写,在全国属于罕见,有着极高的艺术价值。(龚国强)

【乘广禅师塔和甄叔禅师塔】 唐代建筑。全国重点文物保护单位。位于江西省上栗县上栗镇杨岐村广利禅寺内。广利禅寺始建于唐天宝十二载(公元753年),初建者乘广禅师为唐代高僧。乘广禅师圆寂于贞元十四年(798年)。元和二年(807年),第二任住持甄叔禅师为其在广利寺右侧修建舍利石塔。该塔为仿木构建筑风格,塔高2.73米,塔基两层,四面浮雕佛像、力士等图案,塔檐厚实,出檐深远。塔前有唐代著名文学家刘禹锡为乘广禅师撰写的碑文。甄叔禅师于元和十五年圆寂,大和元年(827年)后人于东峰下为其建塔立碑。塔形似方亭,残高1.78米,宽0.88米。塔左原有大和六年立《大唐袁州萍乡杨岐山故甄叔禅师塔铭并序》碑一方。(郭薛)

【幽居寺塔】 唐代建筑。全国重点文物保护单位。位于河北省灵寿县西北山区沙子洞村。幽居寺始建于北齐天保八年(公元557年),后损毁,重修于唐代。现仅存方塔、碑、幢及石佛像。寺以塔为中心,是中轴线的主体建筑,且保存至今。方塔共7级,高约20米,由下而上各层面积逐层递减,塔外壁上共雕有汉白玉小石佛像17尊。(龚国强)

【灵岩寺及千佛殿】 唐至清代建筑。全国重点文物保护单位。位于山东省济南市长清区方山南麓。始建于十六国前秦永兴年间。唐代迁建于今址,曾被誉为唐宋时期佛教四大丛林之一。现存唐宋以来建筑金刚殿、天王殿、大雄宝殿、五花殿、千佛殿、辟支塔、御书阁等。寺西有167座唐代至清代的僧塔组成的塔林,存碑志81件。寺内外共有碑石摩崖等铭刻423件,唐天宝元年(公元742年)李邕书“灵岩寺颂碑”、元至正元年(1341年)“大元国师法旨碑”与“息庵碑”等最为著名,唐代摩崖积翠证明龛内有高5米的弥勒佛像与2尊胁侍菩萨。千佛殿创建于唐贞观年间,宋、明年间又有重修,其前檐8根石柱是唐宋遗物。殿中40尊彩塑罗汉像为宋代作品,维修时曾在其像腹中发现宋代铜钱、铜镜、题记等实物。(赵超)

【海春轩塔】 亦称“广福寺塔”。全国重点文物保护单位。位于江苏省东台市西溪古镇。据载为唐代尉迟敬德所建。后经古建筑专家考证,认为此塔建于北宋早期,并留有唐塔许多特点。现存海春轩塔为七层八面砖塔,高约21米,底层直径7.2米。塔面向西北,无台基、副阶,内中空,二层及以上各层塔壁十分简洁,无斗拱、角柱。除顶层外,每层各面均设有圭形佛龛一座。底层以上出密檐七层,每层檐之间距离较小,塔檐及二层以上每面塔身都呈现内曲的弧线。塔的外形逐层收分,其中六、七层之间塔身收分甚微,且第七层塔身高度又高于其他层。塔所出的密檐均以叠涩方法挑出。塔身内部为空筒式结构,从内壁残留数层支撑楼板的叠砖推测,始建时内部应设有楼板。塔内距地面14.5米处设有十字金钢梁一副,上置塔心柱。塔内以四层叠涩砖收分后做成穹窿顶。塔刹由铜葫芦相接铁覆盆组合而成。(郭薛)

【广福寺塔】 即“海春轩塔”。

【渤海灵光塔】 唐代建筑。全国重点文物保护单位。位于吉林省长白朝鲜族自治县城西北。塔为渤海国建筑遗存,坐北朝南,为砖砌楼阁式空心方塔,共5层,高13米,底边长3.3米,顶边长1.9米。1984年春维修时,发现塔下筑有长方形地宫,经考证应为渤海时佛塔(舍利塔)。(龚国强)

【保圣寺罗汉塑像】 唐宋时期建筑。全国重点文物保护单位。位于江苏省苏州市吴中区甪直镇。保圣寺原名“保圣教寺”,据清《吴郡甫里志》记载,寺院始建于梁武帝天监二年(公元503年),唐会昌五年(845年)因武宗灭佛被毁,北宋大中祥符六年(1013年)重建。现存建筑主要有山门、天王殿、大殿等。殿内原有罗汉塑像十八尊,后因殿身塌毁,半数罗汉被毁,现仅存九尊。塑像以有云水山崖相间的塑壁作衬,有达摩祖师像、袒腹罗汉、降龙罗汉、讲经罗汉、听经罗汉等。塑像神态逼真,刀法深厚得力。相传罗汉像为唐开元年间“塑圣”杨惠之所作,但塑像外形多清瘦,与唐代风格相去甚远,推测为宋初遗物。(郭薛)

【宁波天宁寺塔】 唐代建筑。全国重点文物保护单位。位于浙江省宁波市中山西路。始建于唐大中五年(公元851年),原名“国宁寺”,宋、元、明、民国时期屡次改名。寺前原建有东、西两塔,东塔清末崩塌，现存西塔。1995年发掘东塔基，发现“（唐）咸通四年造此砖纪”铭文砖，另在西塔也发现许多咸通年间塔砖。2003年对寺址进行发掘，搞清寺院中轴线以东的格局。西塔砖构，高约12米，平面呈正方形，边长各3.2米，5层，自下而上逐层收缩，每层叠涩出檐，底层四面均设壶门，以上各层四壁均设龛。塔内空筒形，可登楼。为中国仅存的唐代寺前双塔实例。（龚国强）

【石钟山古建筑及石刻】 唐至民国时期建筑群。全国重点文物保护单位。位于江西省湖口县。石钟山为著名风景胜地，特别是苏轼《石钟山记》使之千古扬名。历代主要建筑有宝钟寺、地藏殿、观音堂、天花宫、四王庙、金台庵、九王庙、江声阁、栖宾亭、白云亭、晴照亭、观澜轩、聆音台、读书台、山响楼、石佛楼、山巅古塔等。但这些建筑大多被毁，现存者都是清咸丰八年（1858年）后重修和新建的。中华人民共和国成立后又多次维修。现有经过修复后的亭、台、楼、阁、塔、榭、舫、廊、祠、厅、院、轩等30多种古典建筑及历代碑刻、题记等。如彭玉麟始建于清咸丰八年的报慈禅林和昭忠祠，原为太平军驻地的忠烈祠，嵌有唐代魏徵和宋代苏轼、黄庭坚以及清代郑板桥、彭玉麟、贺寿慈等名人碑刻的浣香别墅，以及陈列着历代碑刻的碑廊等。（赵超）

【怀圣寺光塔】 原名“呼礼塔”。亦称“邦克塔”。唐代建筑。全国重点文物保护单位。位于广东省广州市光塔路怀圣寺院西南隅。怀圣寺是伊斯兰教传入中国后最早建成的清真寺之一，以怀念伊斯兰教创始人穆罕默德（圣人）而得名。寺、塔相传始建于唐代，宋代有文献记载。寺内光塔为圆柱形砖塔，高36.6米，中为实心柱。夜间塔顶有导航明灯，且塔身外表光滑无饰，故称“光塔”。或认为用于指示风向，更有人认为用于登高召唤信徒礼拜。（龚国强）

【崇圣寺三塔】 南诏、大理国时期建筑。全国重点文物保护单位。位于云南省大理市北苍山下大理古城崇圣寺大门前。崇圣寺初建于南诏丰祐年间，由一大二小、呈鼎立之势的3座佛塔组成。大塔先建，南北小塔后建。主塔名“千寻塔”，全名“法界通灵明道乘塔”，高69.13米，16层，为方形密檐式空心砖塔。塔的基座呈方形，分两层，下层边长33.5米，四周有石栏，栏的四角柱头雕有石狮；上层边长21米，其东面正中有石照壁，上有黔国公沐英后裔沐世阶题“永镇山川”4字。塔以白灰涂面，每层四面有龛，相对两龛供佛像，另两龛为窗洞。塔内设有木质楼梯。塔顶端是铜铸的葫芦形宝瓶。南、北二小塔在主塔之西，与主塔等距70米，南北对峙，相距97.5米，均为五代时期大理国所建。两塔形制一样，均为10层，高42.4米，为八角形密檐式空心砖塔，外观装饰成阁楼式，顶端有鎏金塔刹宝顶。塔通体抹石炭。1925年地震时塔顶震落。1978年大规模维修时在千寻塔基座中发现南诏、大理时期的佛教文物600余件，其中有金质观音像和写本佛经等，是迄今为止发现的南诏国和大理国时期文物中最为丰富的一批。（韩建华）

大理崇圣寺三塔

【弘圣寺塔】 唐宋时期建筑。全国重点文物保护单位。位于云南省大理市中和镇弘圣寺旧址。弘圣寺旧名“王舍寺”，又名“一塔寺”，寺院原建筑已毁，现存建筑为明代所建书院。塔因寺而得名，根据塔门上佛像造型及早年维修时塔内出土文物，推测应为大理国时期修建。弘圣寺塔高43.87米，为十六级密檐式方形空心砖塔，全塔分基座、塔身、塔刹三个部分。塔基有三层，均为正方形，以块石垒砌四壁，各台之间有石阶相通。塔门位于底层西面，上镶浅浮雕的佛像。塔身各层之间用砖砌出叠涩檐，其上逐层收分。第二层东西面设佛龛，内置石刻佛像。第三层东西面设券洞，与塔心相通，其上交替至16层。塔顶原有四只金翅鸟，现仅存足部。塔刹装于塔顶覆钵上，其上依次为仰莲、相轮、伞状宝盖及葫芦形宝珠。（郭薛）

【大昭寺】 公元7世纪吐蕃建筑。全国重点文物保护单位、世界文化遗产。位于西藏自治区拉萨市中心。始建于唐贞观二十一年（公元647年），是松赞干布为纪念尺尊公主而建。殿高4层，上覆金顶，宏伟壮丽、金碧辉煌，具唐代建筑风格。寺内供有文成公主由长安（今陕西西安）请去的觉卧佛像，故藏语称为“觉卧康”，意为“释迦佛殿”。两侧配殿供有吐蕃赞普松赞干布和文成公主、尼泊尔尺尊公主等人塑像。所藏建寺以来历代文物甚多。《唐蕃会盟碑》在寺西门外。后经多次增修、扩建。（龚国强）

【小昭寺】 公元7世纪吐蕃建筑。全国重点文物保护单位。位于西藏自治区拉萨市。吐蕃松赞干布时期由文成公主督饬藏族、汉族工匠以佛寺样式，结合汉地佛寺、藏地建筑特点而建造。坐西朝东，由前庭、后殿（高三层）及其门楼、转经回廓等附属设施组成。早期建筑已不存，现殿堂为后期所建。寺内原供奉文成公主从长安带来的释迦牟尼十二岁等身佛像，后移至大昭寺，改供尼泊尔尺尊公主带来的释迦牟尼八岁等身像。为藏传佛教格鲁派上密院的修法之地。明、清两代时甚受重视，乾隆帝曾赐予“耆阇真镜”匾额。（龚国强）

【昌珠寺】 吐蕃建筑。全国重点文物保护单位。位于西藏自治区乃东县南雅隆江东岸。相传建于公元7世纪，吐蕃赞普松赞干布迎文成公主入藏时最初住此。明、清重修。主体建筑为错钦大殿，布局形式与拉萨大昭寺相仿。12座佛殿环绕四周。东端曲吉殿内供奉松赞干布、文成公主和尼泊尔尺尊公主塑像，造型丰满。（龚国强）

【桑耶寺】 亦称“存想寺”、“无边寺”。吐蕃建筑。全国重点文物保护单位。位于西藏自治区扎囊县桑耶镇境内、雅鲁藏布江北岸哈布山下。始建于公元8世纪吐蕃王朝赤松德赞时期。寺内建筑按佛教宇宙观进行布局，中心佛殿兼具藏族、汉族、印度三种风格，因此桑耶寺也被称作“三样寺”。（龚国强）

【布达拉宫】 西藏古代寺庙宫殿建筑群。全国重点文物保护单位。位于西藏自治区拉萨市西北角玛布日山上。相传为7世纪时藏王松赞干布为迎娶唐朝文成公主而建，后屡有修筑。现存曲结朱普、帕巴拉康（法王洞与圣者殿）二处殿堂传说为当时遗存。至清顺治二年（1645年）达赖五世大加扩建后，始具今日规模。原为历世达赖喇嘛居住地，包括红宫、白宫与僧舍等部分，内有宫殿、正厅、灵塔、佛殿、经堂、平台和庭院等。依山垒筑，共13层，高117.19米，东西长400余米，建筑面积达10万余平方米，全部石木结构。群楼高耸，崇阁巍峨。5座灵塔殿宫顶，覆盖鎏金瓦。金碧辉煌，气势雄伟，建筑风格体现了汉、藏文化的融合，也是藏族建筑艺术的精华。宫内藏有大量雕塑、壁画、卷轴画、佛像和明清两代的敕书、印鉴、礼品、匾额等文物。中华人民共和国成立后经多次修缮。1994年列入世界文化遗产名录。（赵超）

【正定文庙大成殿】 五代建筑。全国重点文物保护单位。位于河北省正定县城内。为中国现存最早的文庙大成殿。据著名建筑学家梁思成先生鉴定，大成殿应为五代时期建筑。大成殿坐北朝南，高11.3米。为单檐歇山顶，顶部坡度平缓舒展，面阔五间，进深三间，面积650平方米。大殿内梁架、用柱以及斗拱等，均表现出明显的五代时期建筑风格，为研究早期建筑木构件的形制提供了珍贵的实物资料。（龚国强）

【明惠大师塔】 五代建筑。全国重点文物保护单位。位于山西省平顺县虹梯关乡虹霓村。原有“海惠院”，唐乾符四年（公元877年），寺院主持明惠大师逝于该院，五代后唐长兴三年（932年）为之建墓塔。平面呈正方形，通高6.5米，边长2.21米，通体由仿木构方形塔基、束腰须弥式塔座、中空塔身、四注式单层塔檐、山花蕉叶和覆钵尖锥塔刹等五部分组成。塔身内设方形小屋，中央刻置一仰莲状覆盆式基座，可能为放置死者遗骨之用。塔背镶嵌有关于明惠大师轶事的铭记。（龚国强）

【栖霞寺舍利塔】 五代建筑。全国重点文物保护单位。位于江苏省南京市栖霞区栖霞山栖霞寺内藏经楼南侧。始建于隋仁寿元年（公元601年），南唐时重建。塔平面作八角形，密檐五层，下有塔基和须弥座台基，全部石砌，高19米。塔基座上镌刻鱼虾、海水等纹样，须弥座束腰上有释迦八相传图，塔身通体密布金刚力士、小佛、檐椽、瓦垄、脊饰和刹上花纹等，雕饰精美生动。（龚国强）

【苏州云岩寺塔】 亦称“虎丘塔”。五代、北宋时期建筑。全国重点文物保护单位。位于江苏省苏州市虎丘山上。始建于五代后周显德六年（公元959年），落成于北宋建隆二年（961年）。为八角七层的楼阁式砖塔（第七层为明代重修），塔高47.5米，塔身由外壁、回廊、内壁和塔心室4部分组成。造型仿木构建筑，并绘以彩画。因塔基不均匀沉陷，塔身向东北方向倾斜。1979年测量，塔顶偏心为2.32米，平均每年倾斜2毫米。1981—1986年经加固维修后基本稳定。1956年曾在第三层夹层内发现石函、经箱、铜佛、越窑青瓷碗等珍贵文物。(龚国强)

【虎丘塔】 即“苏州云岩寺塔”。

【灵隐寺石塔和经幢】 五代、北宋时期建筑。全国重点文物保护单位。位于浙江省杭州市灵隐寺内。灵隐寺相传为印度僧人慧理创建于东晋咸和元年(公元326年),至五代吴越时盛极一时,明代重建,清康熙时改名“云林禅寺”。石塔始建于北宋建隆元年(960年),为钱弘俶重建灵隐寺时所立,原有4座石塔,现仅存2座位于大雄宝殿前东西两侧。两石塔相距42米,均为八面九层仿木构楼阁式塔,高12米。塔基为磐石与须弥座,再上每层均由平座、塔身和塔檐三部分组成,完全依照木塔形制分段雕凿砌筑,并逐层收分,塔刹已毁。两经幢位于天王殿东西两侧,由吴越国王建于北宋开宝二年(969年)。经幢为湖石雕凿,原为12层,现已残损,平面呈八边形。东幢幢身镌《大随求即得大自在陀罗尼经》,西幢幢身刻《大随求即得大自在陀罗尼神咒经》、《建幢记》及附记。石塔和经幢雕刻精美细致,形象逼真生动,是五代吴越佛教艺术中的珍品。(郭薛)

【杜甫草堂】 五代至清代建筑旧址。全国重点文物保护单位。位于四川省成都市浣花溪畔。原为唐代诗人杜甫流寓成都时所盖的草堂故址。北宋元丰年间重建并立祠堂,以后历代多有修缮。现存草堂为清康熙年间重建,包括大廨、诗史堂、柴门、工部祠等建筑,具有川西民居风味。1952年来进行全面整修,后辟为杜甫草堂博物馆,陈列杜甫历史行踪图片及国内外杜诗版本等资料。(赵超)

【光孝寺】 五代至明代建筑。全国重点文物保护单位。位于广东省广州市光孝路北。肇始于三国时期的“制止寺”,盛于唐代,南宋绍兴二十一年(1151年)改名为“报恩光孝禅寺”,后历代沿用至今。唐代“禅宗六祖”惠能曾在该寺受戒,高僧鉴真第五次东渡日本时曾在此驻足,不空三藏也曾在该寺建立灌顶道场和传授密法。寺内现存最早年代可考者为建于唐宝历二年(826年)的大悲石幢,高2.19米,幢身八面刻有“大悲咒”。寺中大雄宝殿具有唐宋建筑艺术特点,殿内的梭形柱,一跳两昂重拱六铺作的大殿下檐斗拱,造型古朴,为中国古建筑中所仅见。寺内还有五代南汉时期铁塔两座,是中国现存最古老的两座铁塔。(龚国强)

【福胜寺塔】 亦称“梵塔”。北宋建筑。全国重点文物保护单位。位于河南省邓州市城内十字街西南。建于北宋天圣十年(1032年)。为平面八角形七层楼阁式砖塔,总高38.28米。1988年在维修工程中,发现未经盗掘的塔基地宫。地宫位于塔心室之下,距地表深4.6米,由宫道、大门、甬道、宫室4部分组成。斜坡宫道长15.3米。宫室平面六角形,边长为0.65米。周壁由底向上逐渐内缩,作六角攒尖顶,高3.45米。地宫内南部正中砖砌方台须弥座,其上置石雕须弥座,束腰处有纪年题记。上承方形石函,函盖上置铁塔,内有玻璃葫芦。石函内出土金棺、银椁、银盒、玻璃舍利瓶及舍利、鎏金双龙银壶、玻璃葫芦等一批佛教遗物。(汪盈)

【彬县开元寺塔】 亦称“彬县塔”。北宋楼阁式砖塔。全国重点文物保护单位。位于陕西省彬县内西街紫微山下开元寺内。建于北宋皇祐五年(1053年)。为平面八角形七层楼阁式砖塔,总高47.84米。由基台、基座、七层仿木构砖砌塔身及塔檐平坐、塔顶塔刹组成。1983—1987年的加固维修中,在塔顶铁刹的相轮上发现纪年题记。其周围还发现铜佛像、莲花佛座、铜镜、铜棺、铜钱、铁箭头等数十件遗物。(汪盈)

【彬县塔】 即“彬县开元寺塔”。

【妙道寺双塔】 北宋建筑。全国重点文物保护单位。位于山西省临猗县城北隅双塔寺内。现寺院已毁,仅存东、西双塔。西塔重修于北宋熙宁二年(1069年)。坐西朝东,为平面方形九层楼阁式砖塔。1995年西塔被盗,进行抢救性发掘。西塔基槽边长7米,深5米。槽内以一层黄土、一层瓦砾相间夯筑。至2米高夯层,中心位置砌筑地宫。地宫平面方形,边长1.68米,高1.73米。四壁砌砖模仿木构,均作彩绘。面阔三间,柱头之间以普拍枋连接。当心间作补间铺作一朵,铺作均为把头绞项造。其上叠涩收顶。四壁当心间雕门,次间雕直棱窗。地宫中央以砖砌须弥座供放石函。石函内中为银棺,四周倚函壁立铜镜,供养佛骨舍利。银棺内满盛舍利子,正中供养佛牙和以彩色玻璃瓶装藏的细小舍利子。石函前立建塔碑,碑前供养佛骨。石函南侧为描金木椁,内装3具小木棺,供奉6枚佛骨。前有两座小木塔。地宫东南角地面上,还供养舍利80余颗。(汪盈)

【华林寺大殿】 北宋建筑。全国重点文物保护单位。位于福建省福州市北屏山南麓。建于北宋乾德二年(公元964年),名“越山(屏山)吉祥禅院”,明正统年间改今名。现仅存大雄宝殿,保持着北宋初年的建筑法式。面阔三间24.5米,进深四间23.3米,单檐歇山瓦顶。据碳十四测定,大殿的部分构件可能早到北朝时期。建筑风格独特,是中国南方最古老的木构建筑。(赵超)

【清净寺】 亦称“圣友寺”、“艾苏哈卜寺”、“麒麟寺”。北宋建筑。全国重点文物保护单位。位于福建省泉州市涂门街。据寺内古阿拉伯纪年石刻记载,始建于北宋大中祥符二年(1009年),后曾多次重建。另按寺内汉文《重立清净寺碑》等记载,寺重建于南宋绍兴元年(1131年)。一说本寺实为圣友寺,《重立清净寺碑》等系从他处移来。现存主要建筑有门楼、奉天坛与明善堂。奉天坛和明善堂内还嵌有古阿拉伯文的石刻古兰经经文。寺内还有一件明永乐五年(1407年)颁发的命令保护清净寺与伊斯兰教的上谕石刻。(赵超)

【西安碑林】 汉代以来建筑。全国重点文物保护单位。位于陕西省西安市三学街。由吕大忠建于北宋元祐五年(1090年)。原为保存唐《开成石经》和《石台孝经》等碑刻,经历代不断修葺与补充收集。内藏汉魏至明清时期碑刻、墓志、造像、经幢等3 187件,其中包括秦峄山刻石北宋摹刻本、汉曹全碑、汉仓颉庙碑、前秦广武将军□产碑、唐三藏圣教序碑、唐皇甫诞碑、唐道因法师碑、唐同州圣教序碑、唐多宝塔碑、唐颜勤礼碑、唐玄秘塔碑、唐大秦景教流行中国碑、唐御史台精舍碑、北宋大观圣作之碑、淳化阁帖等众多著名碑刻,还有大量精美的北朝、隋唐墓志、造像等珍贵文物。还藏有唐昭陵的四骏石像浮雕。是中国石刻文化史料最重要的收藏地。(赵超)

【开元寺塔】 北宋建筑。全国重点文物保护单位。位于河北省定州市南。原有古刹开元寺,后寺毁塔存。建于北宋咸平四年至至和二年(1001—1055)。宋为抗辽借以瞭望,故又称“瞭敌塔”、“料敌塔”。为建于高台之上的八角形楼阁式砖塔,11层,高84米。塔内设阶梯,每层各开四门,便于瞭望。塔内壁龛有精美壁画。为中国现存最高的砖塔。(龚国强)

【永通桥】 金代建筑。全国重点文物保护单位。位于河北省赵县城西清水河上。因与安济桥相似而形制较小,故又称“小石桥”。传金明昌年间所建。后据1987年修缮时发掘资料判断,其始建时间不晚于唐代(或认为隋代)。后代曾多次维修。桥为东西向带腹拱单孔并列券敞肩式石桥,东西长约32米,南北宽约7.7米。主拱由21道并列券构成,大券上有4个小拱。桥栏板与券面等处雕有精美的浮雕,内容丰富,应该是唐、明、清等时代的作品。(赵超)

【小石桥】 见“永通桥”。

【白马寺】 金至清代建筑。全国重点文物保护单位。位于河南省洛阳市东郊。相传建于东汉永平十一年(公元68年)。传蔡愔、秦景等人去西域求取佛经,用白马驮经迎回洛阳。次年建寺,以“白马”命名。明嘉靖三十五年(1556年)重建,清代及近代多次修葺。占地4万平方米。主要建筑有山门、天王殿、大佛殿、大雄宝殿、接引殿、清凉台与毗卢阁,以及六祖堂、禅堂、方丈院等附属建筑。寺内保存宋代以后的碑刻数十件及唐、宋石经幢各1件。寺东南建有金大定十五年(1175年)的齐云塔,为密檐式砖塔,高约25米。大雄宝殿内曾发现一个唐代覆钵式石柱础,推测这里曾是唐代大殿所在。(赵超)

【凌霄塔】 金代建筑。全国重点文物保护单位。位于河北省正定县城内原天宁寺内。现寺院已无存,仅余凌霄塔,原名“慧光塔”,当地俗称“木塔”。塔为八角形九级组合式砖木混合结构佛塔,总高41米,重建于金正隆六年(1161年)。外观上1～4层为楼阁式,5～9层为密檐式。结构上1～3层为砖结构,4层以上为木构架,仍保留着木制中心塔柱。1982—1986年勘测维修中,于塔基中部发现砖构地宫。平面圆形,穹窿顶。底部直径1.5米,距顶部高1.64米。地宫底中央安放金代瘗藏的双层舍利石函。外层为仰莲式石函,刻有金代重建佛牙舍利塔题铭;内层为长方形石函,安置鎏金银棺、鎏金银净瓶、料瓶等盛装舍利。仰莲式石函函盖之上,安放北宋崇宁二年(1103年)长方形石函,刻有“藏舍利置慧光塔下”塔铭,内置鎏金楼阁式银片、水晶珠、玉器等遗物。地宫顶部垂悬铁钩,钩柄穿有18枚“大观通宝”铜钱,端部悬铜镜。(汪盈)

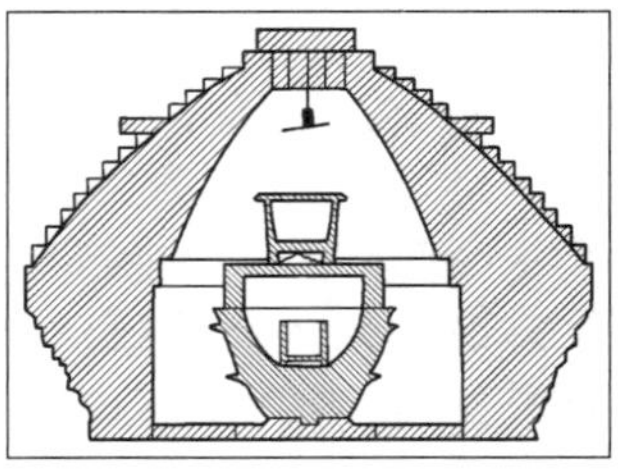

凌霄塔地宫剖视图

【安平桥】 亦称“五里桥”。南宋建筑。全国重点文物保护单位。位于福建省晋江市安海镇与南安市水头镇之间。始建于南宋绍兴八年(1138 年),明、清时期多次重修。桥全长 2 255 米,有 361 个桥墩,是中国最长的连梁式石板平桥。桥面由 5～8 条石板铺架而成,最宽达 3.8 米 。桥上建有 5 座亭子,中亭周围保存有历代修桥碑 16 件、宋代石武士像 2 尊。护栏柱头上雕刻有狮子、蟾蜍等饰物。两侧水中筑有石方塔 4 座与圆塔 1 座。桥头建有宋代五层六角砖塔 1 座,高 22 米。(赵超)

【五里桥】 即“安平桥”。

【六和塔】 亦称“六合塔”。南宋建筑。全国重点文物保护单位。位于浙江省杭州市西南钱塘江滨月轮峰下。原为北宋开宝三年(公元 970 年)吴越王钱弘俶为镇江潮而建,宣和三年(1121 年)被毁。现存砖塔身为南宋绍兴二十六年(1156 年)重建,塔刹为元元统二年(1334 年)遗物,外部木檐为清光绪二十六年(1900 年)重修。塔平面八角形,外观 13 层,内部 7 层,高 59.89 米。塔身砖砌,塔檐与四周围廊为木结构。塔内砖雕近 200 方,雕有花卉、飞禽走兽、飞天、伎乐、迦陵频伽等纹饰,具有较高艺术价值。塔内还保存有四十二章经石刻、尚书省牒碑等文物。另有古塔陈列馆。(赵超)

【六合塔】 即“六和塔”。

【苏州文庙内宋代石刻】 宋代石刻。全国重点文物保护单位。保存于江苏省苏州市人民路文庙内。有历代碑刻 1 000 余件。其中包括著名的宋代天文图、地理图、帝王绍运图、平江图等图碑和宋米友仁书《吴郡重修大成殿记》等。天文图碑刻于南宋淳祐七年(1247 年),记载 1 140 颗星的位置,是中国现存较早的系统星图。平江图刻于南宋绍定二年(1229 年),是中国最早的城市地图之一,刻有当时平江城(今苏州)的街道、水道与各种建筑。地理图和帝王绍运图均刻于南宋淳祐七年。(赵超)

【瑞光塔】 北宋建筑。全国重点文物保护单位。位于江苏省苏州市盘门瑞光寺内。建于北宋大中祥符六年至天禧元年(1013—1017),现寺院其他建筑均为清代以后重建。1965 年调查测绘,1978 年和 1980 年两次发现塔内瘗藏的佛教遗物。为平面八角形七层楼阁式砖木混合结构佛塔。由基台、七层塔身及塔檐平坐、塔顶等几部分组成,塔刹无存。自一层塔内地面距现存覆钵以下,残高为 43.2 米。外观以砌砖模仿木构建筑。塔身每面三间,辟门或隐出直棱窗。砖砌柱额、铺作,承托塔檐及平坐。在砖结构中,采用木制阑额、华拱及檐椽等木构件。内部中心 1～5 层为八角形砖构砌体,第六层开始采用中心刹柱及柱额梁枋的木构架。外壁与塔心间绕以走廊。第一层塔心砌体内,发现大量木比丘俑,背部凹槽内存有经卷。第二层塔壁中发现北宋木刻熟药方单和木刻经卷。第三层塔心砌体内发现正方形窖穴,边长 0.79 米,高 1.52 米。出土有功德题记的双重木函、木胎夹纻朱漆描金或漆雕的真珠舍利宝幢、碧纸金书经卷、铜佛像、铜质金涂塔泥质观音像等一批五代和北宋初期遗物。(汪盈)

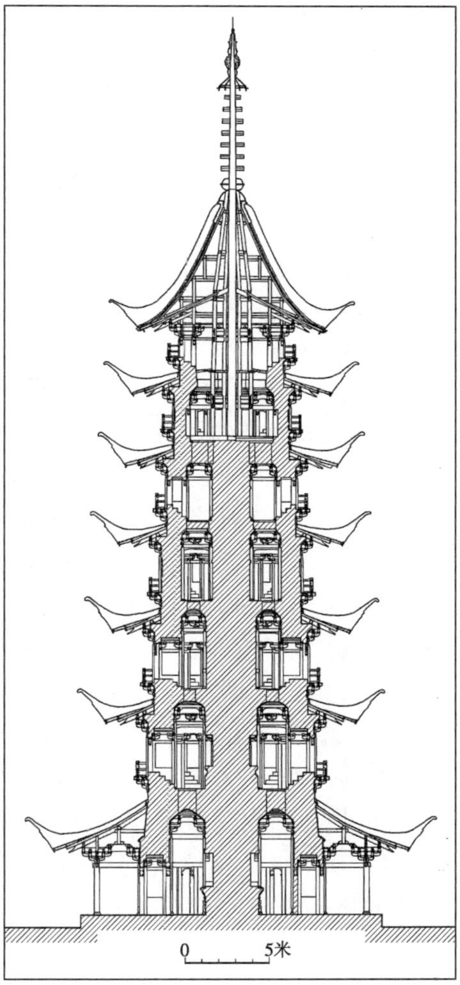

瑞光塔剖视图

【海清寺塔】 北宋建筑。全国重点文物保护单位。位于江苏省连云港市原海清寺正殿前。建于北宋天圣元年至九年(1023—1031)。为平面八角形九层楼阁式砖塔。由基台、九层塔身及塔檐平坐、塔顶塔刹组成,基台之上总高为 40.58 米。内部中心砖砌八角形塔心柱,外壁内绕以走廊,可登临至八角形藻井的塔顶。1974 年维修工程中，在塔心柱内发现建于天圣四年（1026 年）的砖室及遗物。砖室正中置须弥座承石函，为整块青砚石雕成。其内安置铁匣和银棺，银棺内置鎏金银棺、银方匣、银精舍、青瓷葫芦瓶等，其内供奉舍利。另外还发现鎏金铜佛、铜兽等佛教遗物。（汪盈）

【保俶塔】 原称“应天塔”，亦称“宝石塔”。北宋建筑。全国重点文物保护单位。位于浙江省杭州市西湖北岸宝石山上。传为北宋开宝年间吴越王钱弘俶应召进京，母舅吴延爽发愿建此塔，祈钱弘俶平安归来，故称“保俶塔”。塔身原为九级，北宋咸平年间重修时改为七级。元、明时期塔屡毁屡建，明万历七年（1579 年）重修为七层楼阁式。清乾隆五十四年（1789 年）修缮时曾在塔下发现吴延爽造塔记残碑。现存塔身为 1933 年按古塔原样重建，为八面七级实心砖塔，通高 45.3 米，底层边长 3.26 米，背面嵌《重修保俶塔记》碑，塔刹铁质黑色，由宝瓶、相轮等组成。（郭薛）

【应天塔】 即“保俶塔”。

【宝石塔】 即“保俶塔”。

【保国寺】 北宋建筑。全国重点文物保护单位。位于浙江省宁波市灵山。据说原建于东汉，名“灵山寺”，后废圮。唐广明元年（公元 880 年）重建，改称“保国寺”。以后历代有所修葺。现存建筑中仅大殿保存了典型的宋代官方营造法式，其余均为清康熙以后重建或增建。面积约 8 000 平方米。主要有天王殿、大雄宝殿、观音堂、藏经楼。高低起伏，依山势建筑。大雄宝殿建于北宋大中祥符六年（1013 年），原为五开间单檐歇山顶，清康熙年间添加一重下檐，形成重檐歇山顶。大殿梁架结构具有宋代特色，所用斗八藻井为国内现存最早的实例。殿内佛座上刻有“崇宁元年”的铭文，柱头铺作挑斡上有“元丰七年”的墨书题记。部分建筑结构与木构件的制作形制还保留有唐代遗风。（赵超）

【瑞隆感应塔】 北宋建筑。全国重点文物保护单位。位于浙江省黄岩市。始建于北宋建隆四年（公元 963 年），为法眼宗高僧国师德韶建，清代重修。为八面七级仿楼阁式砖塔，底层面砌须弥座，各门镶有 10 个佛像的千佛砖，顶层雕刻佛教故事，塔尖葫芦形覆钵，塔内珍藏铁函与贝叶经。1998 年重修。（赵超）

【福建土楼】 俗称“生土楼”，亦称“客家土楼”。明清以来建筑。全国重点文物保护单位。主要分布于福建省西部的永定、武平、上杭及南部的南靖、平和、华安、漳浦等地。约 3 000 座。形成于宋元时期，成熟于明清及民国时期，并延续至今。以生土作为主要建筑材料，掺上细沙、石灰、竹片、木条等，经过反复揉、舂、压建造而成。楼顶覆以瓦盖，经久不损。外形有圆、方、五凤、八卦等类型。一般高可达五六层。2008 年列入世界文化遗产的 46 座福建土楼由六群四楼组成，包括分布在南靖县的田螺坑土楼群和河坑土楼群以及华安县的大地土楼群，永定县的初溪土楼群、洪坑土楼群、高北土楼群等。（赵超）

【客家土楼】 即“福建土楼”。

【蓟县白塔】 亦称“观音寺塔”。辽至清代建筑。全国重点文物保护单位。位于天津市蓟县城内西南隅明代所建观音寺内。现存白塔的外观结构也是明代重修后的遗存。1983 年维修工程中，发现被包砌在内的辽塔，为平面八角形组合式覆钵砖塔。由单层须弥座、单层塔身、双层叠涩密檐、覆钵和相轮 4 部分组成。塔身四正面砖砌假门，四隅面砖雕刻有偈语碑碣。八角作塔形倚柱。覆钵作半圆球形，肩部用减地平钑雕八组花纹。相轮只存基部。塔内有上中下三室，互不相通。上室设在覆钵内，长宽 1.4 米，高 1.6 米。其内发现供奉于辽清宁四年（1058 年）的二重舍利函，外为石函，内为木棺。另出土金、银、铜、玉、玻璃、玛瑙、水晶、琥珀、瓷、木、石、泥等各类遗物 169 件。“清宁四年”是白塔重修并瘗藏舍利的纪年，建塔时间应更早。中室位于二层檐内部，近方形。下室位于塔身内，八角形，边长 1.35 米，高约 2.7 米。下室以下结构及地宫情况不明。（汪盈）

蓟县白塔复原图

【观音寺塔】 即“蓟县白塔”。

【独乐寺】 亦称“大佛寺”。古代建筑。全国重点文物保护单位。位于天津市蓟县城西门内。始建于唐代。其主体建筑山门与观音阁为辽统和二年(公元984年)重建,是中国现存最早的庑殿顶山门与木结构楼阁。占地18.2亩,建筑面积5 670平方米。观音阁高23米,为柱枋3层、斗拱3层、梁架1层。历经地震而无损毁。观音阁内泥塑十一面观音立像,高16米,与左右胁侍、山门中的两座力士均为辽代雕塑(一说为唐代塑造)。阁内还保存有元代壁画十六罗汉等,经明代补绘,堪称古代壁画艺术瑰宝。(赵超)

【大佛寺】 即“独乐寺”。

【天宫寺塔】 辽代建筑。全国重点文物保护单位。位于河北省唐山市丰润旧城西南约1.5千米高地之上。旧属辽代永济务天宫寺,现寺院无存,仅余砖塔。始建于辽清宁八年(1062年),完工于辽咸雍六年(1070年)以后。为平面八角形砖构十三层密檐塔。由基座、塔身、密檐和塔刹组成。基座为单层须弥座,直径约8米。首层塔身作仿木结构,砖雕柱额斗拱。四正面辟假门,角部圆柱高浮雕盘龙。2～13层以砖叠涩出密檐。1989年维修中,发现4～13层密檐内上、下两个塔心室。上室略小,穹窿顶。底部正中叠砌一个长方形佛坛,供奉鎏金释迦牟尼铜像、韦陀和护法金刚,还出土有琉璃盆、蓝釉瓷碗和嘉靖通宝等。下室略大,穹窿顶。其内出土文殊普贤石雕像、铜佛像、建塔碑、修塔工具、砖雕建筑构件、数十卷册轴装或函套装佛经等重要遗物,是研究辽代佛教及历史的重要材料。(汪盈)

【祐国寺塔】 北宋建筑。位于河南省开封市内东北角。原为八角十三层木塔,北宋庆历四年(1044年)毁于雷火。后在皇祐元年(1049年)由建筑大师喻皓设计监造,建成八角十三层琉璃砖塔。原名“开宝寺灵感塔”,明天顺年间改名为“祐国寺塔”。塔为仿木结构楼阁式砖塔,高55.08米。塔上砖形多达28种,装饰纹样50余个样式,包括伎乐、飞天、菩萨、坐佛、神兽、宝相花等,不少砖上还有珍贵的历代题记。由于外壁琉璃砖颜色似铁,俗称“铁塔”。明清有过大量整修,1957年又进行全面修缮,1986年在塔西建接引佛殿,安放高5.14米的铜接引佛像。(赵超)

【应县木塔】 亦称“佛宫寺释迦塔”。辽代建筑。全国重点文物保护单位。位于山西省应县辽应州城内的佛宫寺内,是全寺的主体建筑。建于辽清宁二年(1056年)。为平面八角形的楼阁式塔。外观五层六檐,内有四个平坐暗层,总计九层。由基台、塔身及塔檐平坐和塔顶塔刹等部分组成。地面至刹顶总高达67.31米,规模庞大。基台共两层,总高4.4米。下层方形,四出月台;上层八角形,东南西三面建月台。基台及月台角部残存17块雕有石兽的辽代角石原构。塔身大木结构采取“双槽”的平面布局——各层均为内外两圈柱网,柱网每边均面阔三间。内槽供奉佛像,外槽为走廊。底层塔身直径达30.27米,柱顶施斗拱承大檐。其外作“附阶周匝”,构成首层重檐。首层之上置平坐暗层。再上为第二层塔身及其平坐,直至五层。塔顶为八角攒尖顶,其上立由铁质仰莲、覆钵、相轮、宝盖、圆光等组成的高大塔刹。木塔整体造型逐层内收,外柱均作侧脚,配以向外出挑的屋檐和平坐,呈现出雄壮优美的收分轮廓线。其立面设计上建筑总高恰等于中间层外柱柱头内接圆周长。其平面及结构做法既扩大了使用空间,又增进了稳定性和刚度。这些均体现这一时期中国木构建筑的重大成就。1974年在加固工程中发现塔内供奉的木骨架佛像,及其内所藏佛经和

应县木塔

舍利等重要辽代佛教遗物。该塔是中国现存最早的木结构佛塔,也是世界上现存最高的木结构建筑之一。1966年出版《应县木塔》。(汪盈)

【佛宫寺释迦塔】 即"应县木塔"。

【奉国寺】 辽代建筑。全国重点文物保护单位。位于辽宁省义县东街。辽开泰九年(1020年)始建,后经历代10余次重修增改。原名"咸熙寺",后易名。因大殿内塑有七尊大佛,又称"大佛寺"或"七佛寺"。现存辽代建筑仅有大雄宝殿一处,余则为明清建筑。大雄宝殿为单檐庑殿顶木结构,面宽九间,进深五间,建筑面积1 800余平方米。各层梁栿之间的连接点全部为隔架铺作,各架间以多层攀间枋相联,为宋辽古建筑中所仅见。石柱础上雕有忍冬、牡丹等精美图案。殿中7尊大佛虽经明清多次重妆,仍具有辽代造像特征,另有辽代飞天等彩绘壁画,均具有较高文物价值。(赵超)

【无垢净光舍利塔】 辽代建筑。全国重点文物保护单位。位于辽宁省沈阳市皇姑区塔湾街黄土岗。建于辽重熙十三年(1044年),清崇德五年(1640年)重修。塔为13层密檐八角形砖塔,高约33米。塔座为八角形仰覆莲须弥座。塔身每面都辟有佛龛,内有坐佛及胁侍。龛上雕有卷草、海棠花纹图案及造型美观的伞盖、飞天等。塔檐下有砖雕斗拱,上有瓦垄,角脊有套兽、坐兽。八角攒尖顶,上有塔刹,串有葫芦形宝珠,以8条铁索连着角脊。塔为空心,在全国辽塔中所仅见。塔内出土鎏金佛、舍利、经卷、瓷器等,并发现圆形地宫,四壁有保存完好的彩色壁画阿难、迦叶、护法神等。塔中石函盖上刻有"大契丹国辽东沈州西北丰稔村东重熙十三年"的建塔时间及建塔人姓名、职务等,是研究此塔和辽史的重要实物资料。(赵超)

【庆州白塔】 亦称"释迦佛舍利塔"。辽代建筑。全国重点文物保护单位。位于内蒙古自治区巴林右旗索博日嘎苏木。是辽代庆陵及奉陵邑庆州城遗址中,仅存的一座辽代地面建筑。始建于辽重熙十六至十八年。为平面八角形的七层楼阁式砖塔,总高73.27米。由基台、基座、七级塔身及塔檐平坐和塔顶塔刹等部分组成。基台为重层方形,南侧置月台。基座平面八角形,由须弥座、平坐铺作和仰莲三部分组成。七层塔身的高度及塔径都从下到上逐层递减。以砖雕模仿木构建筑,每面3间。塔身通体布满佛教题材的砖雕。柱头以砖砌斗拱承托柏木檐椽和砖制飞椽,其上为砖叠涩塔檐。2～7层塔身之下均置有平坐,现只存平坐铺作。塔刹由基座、覆钵、华盖、露盘、相轮、宝珠和华盖组成,为铸铜鎏金质地制成。白塔所在辽代佛寺遗址尚存,平面布局为前塔后殿。1988—1992年在维修过程中,于塔刹内发现辽代建塔碑铭、佛教造像、法舍利塔、经卷及经书、诸质地供具、丝织品、药材、舍利等近千件重要的辽代佛教文物。(汪盈)

庆州白塔出土辽代法舍利塔

【释迦佛舍利塔】 即"庆州白塔"。

【辽中京大明塔】 辽代建筑。全国重点文物保护单位。位于内蒙古自治区宁城县辽中京城遗址外城东南部。兴建于辽统和二十五年至寿昌四年(1007—1098)。为平面八角形十三级密檐砖塔,总高80.22米,是现存高度最高、规模最大的一座辽塔。由基台、基座、塔身、密檐和塔刹组成。基台八角形,高14.25米,对径36米。基座为八角形单层须弥座。塔身八面各雕一佛二胁侍,八角作塔形倚柱,其上雕八大菩萨及八大灵塔名。首层铺作于栌斗上施十字支替承斗口跳,以承大檐。2～13层皆以砖叠涩出檐及收顶。所有斗拱、角梁、檐椽、飞椽、望板均为柏木制成。1981—1984年维修过程中,在第二层密檐叠涩处发现"寿昌四年四月初八日"等墨书题记。1986—1988年对基台覆土进行考古发掘。(汪盈)

【白塔峪塔】 辽代建筑。全国重点文物保护单位。位于辽宁省兴城市西北14千米的白塔乡塔沟村九龙山南的山丘上。建于辽大安八年(1092年)。为平面八角形十三级密檐砖塔,残高约38米。由基台、基座、塔身、密檐和塔顶塔刹等部分组成。基台边长为8.6米,高1.44米。基座为双层须弥座,边长6.3米,总高9米。塔身以砖构作柱额铺作,八角倚柱上刻有八大灵塔塔名。四正面砖雕一佛二菩萨,其上嵌有绿釉琉璃砖雕佛名。四隅面为刻有偈语碑碣,两侧雕胁侍。斗拱上承砖砌挑檐,各转角残存木构角梁结构。2～13层以叠涩出挑密檐。基台下6米深的塔基中心发现地宫。由17块石板砌筑，平面八角形，边长0.65米，高1.68米。石板上刻有建塔题铭、陀罗尼真言、佛名、偈语等。地宫内出土刻有塔记的石匣、水晶塔、装藏舍利的金瓶银瓶、银菩提树、石像等一批遗物。（汪盈）

【沈阳崇寿寺白塔】 辽代建筑。位于辽宁省沈阳市北关崇寿寺内。建于辽乾统八年（1108年）。为平面八角形十一级密檐实心砖塔，高约25.88米。塔身每面雕一佛二菩萨，四正面为石像，四隅面为砖像。佛像上有砖雕佛名。首层砖砌仿木结构斗拱，2～11层均为叠涩出檐。因残损严重，1956年拆除。1957年发掘塔基地宫。地宫距地表3.69米深，为圆形砖砌小室，东西径2.2米，南北径2.34米，高1.5米。地宫内安放石函。石函内套装铁函、铜函、银函、小银亭。银亭内以小瓷葫芦装舍利百余颗。首层大檐塔心正中，发现砖砌小室，0.7米见方。室内正中置棺形石函，内以白釉瓷罐装小木塔。该小室正南侧发现大铁函，内以两组多重宝函装藏舍利共298颗。其中铜函盖上有辽代纪年题铭。（汪盈）

【万部华严经塔】 俗称“白塔”。辽代建筑。位于内蒙古自治区呼和浩特市东白塔村西南。建于辽圣宗时期，金大定二年（1162年）重修。为八角七级砖木结构楼阁式塔，高55.6米。1～2层外壁上嵌有大型砖雕佛像与菩萨、天王、力士像等。角柱上盘绕双龙，门楣上有二龙戏珠等雕塑。塔内第一层回廊两侧嵌有金代石碑6件。各层还存有大量历代游人题记，包括汉文、契丹文、女真文、八思巴文、蒙文、藏文等，是宝贵的文字历史资料，对研究北方民族史和地方史具有重要价值。（赵超）

【科迦寺】 五代建筑。全国重点文物保护单位。位于西藏自治区普兰县科迦村。科迦，系藏语“定居”之意。公元996年由大译师仁钦桑布创建。据记载，先有科迦寺后有科迦村，村因寺而得名。20世纪80年代以后，修复玛尼拉康等建筑。主要建筑为觉康和百柱殿，两殿呈“L”形布置。觉康即释迦殿，是僧众聚集颂经之地。百柱殿系由多座殿堂和生活用房组成。两殿前有空间不大的广场，广场中部有水井、高大的塔钦和香炉，广场四周的墙壁上建墙廊，置玛尼筒，是该寺进行宗教活动、民间庆典活动的聚集地。（龚国强）

【萨迦寺】 元代以来建筑。全国重点文物保护单位。位于西藏自治区萨迦县奔波山附近。分为南北两寺，北寺已毁，南寺现仍完好。北寺由藏传佛教萨迦派创始人贡却杰布始建于北宋熙宁六年（1073年）。南寺由萨迦本钦释迦桑布建于蒙古至元五年（1268年）。占地4.5万平方米。版筑围墙内有大经堂、卓玛颇章灵塔殿、平措颇章灵塔殿以及供奉历代法王灵塔的欧东拉康和长廊、四合院等元代以来的建筑，建筑内绘有精美壁画。寺内保存有2 500余函元、明时期的手抄藏文典籍、传记，2万余函经书、贝叶经，2万余尊铜佛像，以及大量瓷器、唐卡、印章、法器、供器、元代纸币和历代中央政府的封诰、诏书等珍贵文物。是研究元代以来西藏历史文化及宗教的宝贵财富。（赵超）

【贺兰宏佛塔】 俗称“王澄塔”。西夏建筑。全国重点文物保护单位。位于宁夏回族自治区贺兰县城约9千米处。1987年开始勘测，至1990年按拆除重砌方案进行修缮，发现大批佛教文物。塔主体全部砖构，由三层八角形楼阁式塔身和覆钵式塔两部分组成，残高28.29米。三层楼阁式塔身以砖雕斗拱承托菱角牙子砖叠涩出檐和收顶，上承砖雕平坐铺作及栏板。覆钵式塔由三层“亚”字形

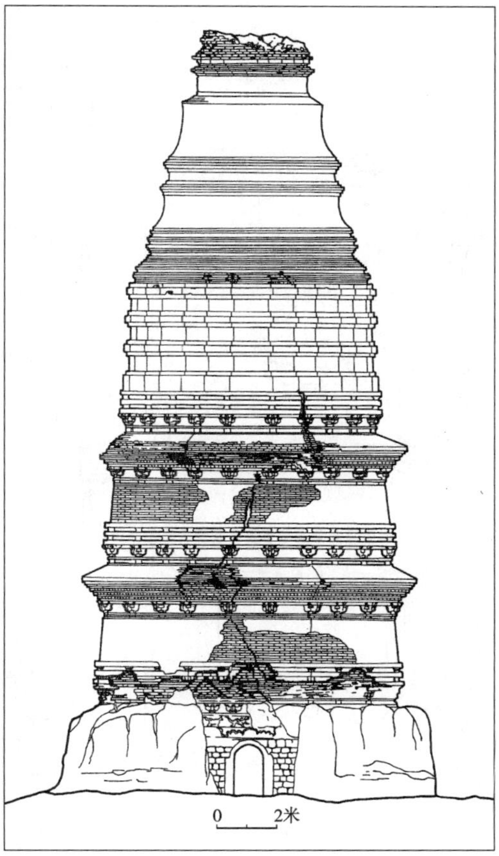

贺兰宏佛塔立面图

基座、圆形须弥座、上肩略窄的圆形覆钵和残存的两层相轮构成。楼阁式塔底层至覆钵式塔中部，为八角形塔心室，高约23.5米。覆钵上部还发现一砖砌梯形小室，室内堆满残彩塑泥像、西夏文木雕残版、绢质彩绘佛画和彩绘木雕等遗物。（汪盈）

【王澄塔】 即“贺兰宏佛塔”。

【国子监】 元、明、清时期建筑。全国重点文物保护单位。位于北京市东城区成贤街。始建于元大德十年（1306年）。清乾隆四十八年（1783年）在此增建辟雍。现存辟雍、彝伦堂、典籍厅、绳衍厅、博士厅、钟房、鼓房、东西廊庑及敬一亭等建筑，整体为南北向长方形，保存了原国子监建筑全貌。监内东西六堂安放有清乾隆五十六年所刻的“十三经”。（赵超）

【妙应寺白塔】 原名为“释迦舍利通灵之塔”。元代建筑。全国重点文物保护单位。位于北京市西城区阜成门内大街路北。元至元八年（1271年）由尼泊尔匠师阿尼哥设计修建。白塔附近原有元至元年间撰写的《圣旨特建释迦舍利通灵之塔碑文》刻石，全文2 500余字，详尽记述建塔缘起和兴修经过。塔总高50.86米。全部砖砌，外表以石灰刷成白色。塔建于“T”形基台上。台上建平面“亚”字形的双重须弥座。其上以硕大莲瓣承托覆钵。覆钵平面圆形，上肩略宽。再上为“亚”字形基座承托的十三天相轮。青铜宝盖和流苏之上，安置一小型铜覆钵塔立刹。整体外形比例匀称、气势磅礴，是元代覆钵塔中杰出的创作。1978年维修工程中，在塔刹内发现清乾隆十八年（1753年）重修时瘗藏的经卷、佛像等遗物。（汪盈）

妙应寺白塔平面、立面图

【开鲁县佛塔】 俗称“白塔”。元代建筑。全国重点文物保护单位。位于内蒙古自治区开鲁县开鲁镇。始建于元代中早期。由基台、基座、覆钵、相轮和塔刹5部分组成，通高17.7米。1993年勘查维修。基座为方形须弥座，边长6米，高4.1米。基座中心由地表向下1.8米刹标末端处，发现5个大小不一的釉陶罐，内装五谷、珠饰、铜佛等文物。覆钵高3.7米，最大直径3.9米。南面辟券门，为进入内部天宫的通道。覆钵上为方形基座，内部置4根“井”字形木筋，增强基座整体性。其上十三天相轮，为平面八角形实心砖砌体。塔刹座为圆形，塔顶无存。（汪盈）

【广胜寺】 元明时期佛教建筑群。全国重点文物保护单位。位于山西省洪洞县城北霍山南麓。始建于东汉建和元年（公元147年），初名俱卢舍寺，唐代改名广胜寺。唐大历四年（769年）及以后历代多次重修。现分为上、下两寺及水神庙三部分，包括13级琉璃飞虹塔、大雄宝殿、弥陀殿、毗卢殿、山门、前殿、后大殿以及明应王殿等元明时期建筑。明应王殿中还有著名的元泰定元年（1324年）壁画，其中表现戏剧场面的“大行散乐忠都秀在此作场”是戏剧史研究的宝贵资料。寺内原藏金皇统刻本《大藏经》（即《赵城金藏》）数千卷，现由国家图书馆保存。大雄宝殿等殿中还存

有铜铸、泥塑、木雕佛像,清代铁铸十八罗汉等文物。(赵超)

【居庸关云台】 元代建筑。全国重点文物保护单位。位于北京市昌平区居庸关城中心。原为元至正五年(1345年)修建的三座石塔,称“过街塔”。后塔毁,改建为“泰安寺”。清康熙四十一年(1702年)寺毁,仅存基座,即云台。云台位于关城内,是元代过街塔的基座,用大理石砌成,高9.5米。台中有石券门洞。券面石上雕有交叉金刚杵组成的图案,以及龙、象、怪兽、大鹏金翅鸟及卷草等纹饰。券洞内雕有四大天王、五曼荼罗、十方佛、千佛等形象,并刻写汉、藏、西夏、梵、八思巴、维吾尔6种文字的陀罗尼经咒,以及汉、藏、西夏、八思巴、维吾尔5种文字的造塔功德记。图案雕刻精美,文字研究价值极高。(赵超)

【观星台】 元代建筑。全国重点文物保护单位。位于河南省登封市告成镇。创建于元代初期。为砖石混合结构,高9.46米,呈覆斗形。台顶有明嘉靖年间增建的三间小房。台北壁中央有垂直的凹槽,供测量用,下有36方青石砌成的石圭,为明代重修。台南有一座唐开元十一年(公元723年)太史监南宫说刻立的纪念石表,正面刻有“周公测景台”。台附近还保存有明、清时期的碑碣10余件,以及照壁、大门、周公祠、后殿等晚清建筑。(赵超)

【永乐宫】 亦称“纯阳宫”。元代道教建筑群。全国重点文物保护单位。原址位于山西省芮城县永乐镇,后迁至龙泉村。相传是道教祖师之一唐吕洞宾故居,初为“吕公祠”,金末改为道观,后毁于火。蒙古中统三年(1262年)重建,名为“大纯阳万寿宫”,后改称“永乐宫”,是现存最早道教宫观。宫中龙虎殿、三清殿、纯阳殿、重阳殿均为元代建筑。各殿中遍绘壁画,如“朝元图”、“吕洞宾与王重阳生平故事”、道教神祇等,为元代画师马君祥等人所绘,人物生动,线条流畅,色彩丰富,是罕见的古代艺术杰作。殿宇建筑木结构完整精致,具有宋、金营造的规制与元代小木作特点。该建筑的迁移保护,特别是壁画的成功揭取复原,是中国文物保护事业的重大成就。(赵超)

【纯阳宫】 即“永乐宫”。

【呈坎村古建筑群】 明清时期建筑群。全国重点文物保护单位。位于安徽省黄山市呈坎村。该村比较完整地保存了明代古村的整体布局与街巷水系,现有明清古民居140处。村内罗东舒祠是国内建筑艺术最高的民间祠堂。另外村中的20处代表性民居建筑,有官邸、民宅、徽商寓所等,包括始自宋代的长春社、钟英更楼、元代建筑环秀桥和隆兴桥以及多处明清民居。村中还保存了宋代以来的50多件匾额,其中董其昌所题“彝伦攸叙”匾为现存最大的古匾。(赵超)

【西安城墙】 明代建筑。全国重点文物保护单位。位于陕西省西安市中心。原为明洪武三年(1370年)开始在唐长安城皇城与元奉元城基础上建筑的西安府夯土城墙。明隆庆年间巡抚张祉为城墙包砖。清乾隆年间巡抚毕沅进行大规模维修,增厚包砖,并增修排水道、宇墙垛口等。城呈长方形,由城门、护城河、吊桥、闸楼、箭楼、正楼、角楼、敌楼、女儿墙、垛口组成。城墙高12米,顶宽12~14米,底宽15~18米,周长约11.9千米。1983年后进行了全面整修。是中国现存最完整的一座古代城垣建筑。(赵超)

【明北京城城墙遗存】 明代建筑遗存。全国重点文物保护单位。位于北京市区。始建于明永乐十七年(1419年),是在元大都夯土城墙的基础上修筑而成的。明代原有紫禁城、皇城、内城和外城4道城墙。解放后,内城、外城已拆除,只有东便门至崇文门、内城西南角保存了两段城墙残迹。目前,两段城墙均进行了原址复原保护,城墙内外均下石上砖,内为土心。城墙外侧筑马面,城墙上内侧筑女墙。东南角楼是全国仅存的规模最大的城垣转角角楼。(徐龙国)

【故宫】 旧称“紫禁城”。明清时期建筑群。全国重点文物保护单位,世界文化遗产。位于北京市区中心。始建于明永乐四年(1406年),永乐十八年基本建成。历代多次修葺,现存明代建筑90余座,基本保持了明代最初建筑时的格局。占地72万平方米,有房屋8 700余间。分为外朝、内廷两区。外朝在南部,主要有中轴线上的太和殿、中和殿、保和殿与左右的文华殿、武英殿等。内廷在北部,主要有中轴线上的乾清宫、交泰殿、坤宁宫、御花园与左右的东六宫、西六宫以及外东路、西路各殿宇。故宫建筑体现了中国古建筑的最高水平,并保存有大量清宫文物。1925年辟为故宫博物院。(赵超)

【北海及团城】 明清时期建筑。全国重点文物保护单位。位于北京市西城区。元代曾为皇家禁苑,经明、清帝王多次扩建,形成一座包括宫殿、寺庙、山林、湖泊的大型园林。北海中建有白塔、永安寺、永安桥、庆霄楼、悦心殿、阅古楼、碧照楼、濠濮涧、画舫斋、静心园、天王殿、万佛楼、五龙亭等数十处古建筑,还有琼岛春阴碑、铜仙承露盘、九龙壁、北宋太湖石等文物。湖光山色,风景优美,是中国古代园林建筑的典范。团城在北海南门西侧。原为明代筑城墙,形成圆形小城。现存为清代乾隆年间重修的建筑,城台高出地面4.6米,建有承光殿、敬跻堂、古籁堂、余清斋、玉瓮亭、朵云亭与镜澜亭等。玉瓮亭中所藏玉瓮为元代雕刻作品,体积庞大。(赵超)

【天坛】 明清时期建筑。全国重点文物保护单位、世界文化遗产。位于北京市东城区。明、清两代帝王“祭天”和“祈谷”的场所。始建于明永乐十八年(1420年),原名“天地坛”。嘉靖九年(1530年)确立四郊分祀,增建圜丘坛、皇穹宇,改称“天坛”。清乾隆年间加以扩建。占地面积273万平方米。现存建筑中仅祈年门与皇乾殿是明代遗物。祈年殿为光绪二十二年(1896年)重建,高38米,直径32.72米,蓝琉璃瓦三重檐圆攒尖鎏金宝顶,殿内28根楠木大柱排成圆环,为中国古代建筑中极具特色的代表作。圜丘坛为三层平台。皇穹宇为蓝琉璃筒瓦单檐攒尖鎏金宝顶圆形殿宇,四周圆形围墙可以反射声波,有回音壁之称。另有斋宫、神厨神库、月陛桥、神乐署、牺牲所等附属建筑,保留了完整的祀坛布局。现辟为公园,是中国现存精美的古建筑群之一。(赵超)

【智化寺】 明代建筑。全国重点文物保护单位。位于北京市东城区禄米仓。始建于明正统八年(1443年)。原有三路,现仅存中路建筑四进院落。包括智化殿、大智殿、藏殿、如来殿、大悲堂等。其木结构、斗拱、门窗以及室内部分彩画仍保存了明代旧貌。大智殿中藏有明代木雕转轮藏一具,如来殿中如来与胁侍三尊佛像以及经橱为明代原物。原智化殿与如来殿中的藻井十分精美,现存美国。智化寺中存有清康熙三十三年(1694年)抄录的《音乐腔谱》,是珍贵的古代音乐资料。(赵超)

【真觉寺金刚宝座】 俗称“五塔寺塔”。明代建筑。全国重点文物保护单位。位于北京市海淀区西直门外白石桥东。真觉寺创建于明永乐年间。成化九年(1473年)建塔,后寺毁塔存。塔仿古印度佛陀迦耶精舍建造,砖石结构。下为金刚宝座,高7.7米,外部全包青石。最下部的须弥座基台外表上雕刻有佛像、法器与梵文经咒等。座身分为5层,各层石檐下雕刻佛龛,龛内均为坐佛。宝座南北各有一个券门,券面石上雕刻大鹏金翅鸟、狮、象、孔雀、飞羊等纹饰,嵌有大明成化九年敕建的匾额。门内塔室中有石阶可通宝座顶部。顶部台面上建有琉璃砖仿木结构罩亭及5座石塔。中央的石塔最高,为13层密檐式塔,有铜制覆钵式塔刹。周围4座塔为11层密檐式塔,有石塔刹。塔身上雕刻有精美的佛教纹饰与佛龛,雕刻精细,是中国传统民族风格与外来文化结合的建筑。(赵超)

【五塔寺塔】 即“真觉寺金刚宝座”。

【延庆古崖居】 明代以前洞窟聚落遗址。全国重点文物保护单位。位于北京市延庆县西部约20千米处的张山营镇东门营村。依开凿的石室位置所形成的自然村落可以分成前沟、后沟两个区域。前沟南、北、东三坡凿有91处石室,后沟东坡一处凿有26处石室,共计117处石室。石室洞口毗邻,位置错落有序,一般高1.8米,呈长方形或正方形,其中以一明两暗的三套间居多。全部石室分布成楼层状,层与层之间有石蹬、石梯和栈桥相连。其开凿年代、历史、用途等在史籍中无确切记载。洞窟中留有许多人类活动的痕迹,对于研究北方民族文化、历史、习俗提供了依据。(徐龙国)

【曲阜孔庙及孔府】 金至清代建筑群。全国重点文物保护单位,世界文化遗产。位于山东省曲阜市。包括祭祀孔子的祠庙与孔子后代衍圣公居住的府邸。经历代修葺扩建,成为中国仅次于故宫的宏大古建筑群。现存孔庙为明弘治十七年(1504年)重建,为三路四院,有杏坛、大成殿、寝殿、圣迹殿、奎文阁等殿、阁、亭、堂建筑100余座。保存有大量历代文物,如云龙石柱、明代线刻孔子石画、历代所绘孔子像以及西汉以来的历代碑刻1 000余件。孔府分东、中、西三路,现有楼房厅堂480余间,形成前衙后宅的格局,并保存大量孔府历史档案、服饰、用具、工艺品以及其他文物。(赵超)

【武当山金殿】 俗称“金顶”。明代建筑。全国重点文物保护单位。位于湖北省丹江口市武当山天柱峰顶。建于明永乐十四年(1416年)。由九种金属铸造而成,表面鎏金。金殿整体为仿木结构重檐庑殿顶殿堂,坐落于须弥座石台基上。通高5.5米,面宽5.8米,进深4.2米。在柱、梁、枋、额、门窗、天花板等处均线刻有明代图案纹样。屋顶铸造出筒、板瓦,勾头与滴水瓦上镌刻莲花,并在屋脊上铸出鸱吻、走兽、仙人等装饰,与砖木建筑一般无异。殿中真武大帝等神像、供桌也是铜铸。(*赵超*)

【留园】 明清时期建筑。中国四大名园之一。全国重点文物保护单位,世界文化遗产。位于江苏省苏州市姑苏区阊门外留园路。原为明嘉靖年间太仆寺卿徐时泰私园。清嘉庆年间经刘恕改筑称“刘园”,同治年间为著名实业家盛宣怀购得并加以修葺,光绪年间始称“留园”。面积约 3.4 万平方米,分中、东、西、北四个景区,均以曲廊相连。中区以水景见长,是全园的精华所在。东部以建筑取胜。西部是全园最高处,以假山奇石为趣。北部颇有乡村田园风味。各区之间以墙相隔,以廊贯通,又以空窗、漏窗、洞门使两边景色相互渗透,隔而不绝。主要建筑有涵碧山房、闻木樨香轩、远翠阁、五峰仙馆、鸳鸯厅、冠云楼等。布局紧凑,富于变化,充分体现造园艺术中分合、高深、曲直、虚实、明暗等对比手法,为中国古代造园艺术的杰作。(*郭薛*)

【拙政园】 明清时期古典园林。中国四大名园之一。全国重点文物保护单位,世界文化遗产。位于江苏省苏州市姑苏区娄门内东北街。初为唐代诗人陆龟蒙的住宅,元代为大弘(宏)寺,明正德四年(1509 年)为御史王献臣归隐苏州时购得,由吴下著名文人文征明等参与设计,历时 16 年建成。崇祯四年(1631 年)东园归侍郎王心一所有,清咸丰九年(1859 年)成为太平天国忠王府花园,园中现有建筑多为这一时期重建。全园占地 4 万平方米。分为中园、东园、西园三个部分。其中,中园是拙政园的主景区,总体布局基本保持明代园林浑厚质朴的艺术风格。西园原为“补园”,因清代时大加改建,故艺术风格以工巧为主。东园原称“归田园居”,整体风格疏朗明快。全园以水为中心,布局疏密自然,是江南古典园林的典型代表。(*郭薛*)

【三坊七巷和朱紫坊建筑群】 明代至民国时期建筑群。全国重点文物保护单位。位于福建省福州市老城区西南部。三坊为衣锦坊、文儒坊、光禄坊,七巷为杨桥巷、郎官巷、塔巷、黄巷、安民巷、宫巷、吉庇巷。始建于五代十国闽王王审知筑罗城时,现存明清建筑约 300 座,朱紫坊建筑群是近代海军将领萨镇冰以及萨师俊、方伯谦、方莹等名人聚居地。萨家大院是萨镇冰祖居,始建于明代,其斗拱、屋架等木构件雕刻各种图案,保存完好。(*赵超*)

【乡城夯土碉楼】 明代建筑。全国重点文物保护单位。位于四川省乡城县尼斯乡马色村与香巴拉镇色尔宫村。明隆庆二年至崇祯十二年兴建。是在云南丽江木氏土司占领乡城期间由纳西族人修筑的,具有独特的地方民族特色。现遗存 4 座夯土碉楼(其中尼斯乡 3 座,香巴拉镇 1 座)。据考证,古碉楼并非为军事所用,而为宗教祭祀之物。由于碉楼采用湿度适宜的普通泥土夯筑而成,坚固无比,加上乡城干旱少雨的气候,遂使其屹立数百年而不倒。(*赵超*)

【噶丹寺】 亦称“甘丹寺”。明清时期建筑群。全国重点文物保护单位。位于西藏自治区达孜县章多乡汪古尔山上。明永乐七年(1409 年)藏传佛教格鲁派(黄教)创始人宗喀巴兴建。与哲蚌、色拉二寺合称“拉萨三大寺院”。寺中原有措钦大殿、扎仓、康村、米村与僧舍佛堂等 50 余组建筑。措钦大殿有 108 根大柱,面积达 1 600 平方米,存有供奉宗喀巴遗体的灵塔。寺内文物中最著名的是 25 件传说为唐代的绣品。该寺在“文革”中被毁,后恢复了部分建筑。(*赵超*)

【甘丹寺】 即“噶丹寺”。

【塔尔寺】 亦称“塔儿寺”。明代建筑。全国重点文物保护单位。中国藏传佛教格鲁派(黄教)六大寺院之一。位于青海省湟中县鲁沙尔镇东北。始建于明嘉靖三十九年(1560 年),以后多次增建修葺。占地 600 余亩。具有藏、汉特色的各种建筑 9 300 余间。现主要有大金瓦寺、大经堂、弥勒殿、九间殿、花寺、小金瓦寺、居巴扎仓、丁科扎仓、曼巴扎仓、大拉浪、大厨房及如意宝塔等。寺中收藏有大量佛教文物,如金铜佛像、金银灯、藏经、法器、灵首塔、御赐匾额、壁画、堆绣等。精美的殿中壁画以及用绸缎、羊皮、棉花等制作成图案的堆绣与酥油花被称作“塔尔寺艺术三绝”。(*赵超*)

【塔儿寺】 即“塔尔寺”。

【扎什伦布寺】 明清时期建筑。全国重点文物保护单位。中国藏传佛教格鲁派(黄教)寺院之一。位于西藏自治区日喀则市尼色日山下。由宗喀巴大弟子根敦主在明正统十二年(1447 年)创建。清初起为历世班禅额尔德尼驻锡寺院。占地面积 15 万平方米。有经堂 57 间、房屋 3 600 间。总体分为宫殿、勘布会议(后藏地方政府)、班禅灵塔殿与经学院四个部分，依山而建。经学院中的措钦大殿建于明代，四壁绘有精美壁画。大殿侧面有释迦牟尼殿、弥勒殿、度母殿、护法神殿、汉佛堂等，汉佛堂中供奉有乾隆皇帝画像，存放元代以来中央封赠历届班禅的金册、金印、礼品等。灵塔殿共6座，最早的是四世班禅灵塔，高11米，包银嵌宝，雕琢华美。寺西有强巴佛殿，为高约30米的五层藏式建筑，建于1914年，内置高26.2米的鎏金铜强巴（弥勒）佛像。寺内保存有大量佛教典籍、雕塑、唐卡、法器及瓷器、珐琅器、刺绣品等文物艺术品。另有两座清代石碑，其中一座乾隆五十九年（1794年）刻写的碑文中记录了清军在此击败廓尔喀军侵略的重要史实。（*赵超*）

【颐和园】 清代建筑。全国重点文物保护单位、世界文化遗产。位于北京市海淀区。原为清乾隆十五年（1750年）开始建筑的清漪园。咸丰十年（1860年）被英、法联军烧毁。光绪十二年（1886年）开始重建。光绪十四年定名为颐和园。光绪二十六年又被八国联军劫掠一空，建筑受到严重破坏。光绪二十九年再次修复。面积约2.9平方千米。以万寿山为中心建有3 000多间各类中国传统建筑物，包括仁寿殿、乐寿堂、玉澜堂、宜芸馆、德和园以及大戏楼、长廊、排云殿、德辉殿、佛香阁、知春亭、谐趣园、龙王庙、十七孔桥、石舫、后山苏州街等建筑。后山苍林修竹。东北角的谐趣园仿无锡寄畅园而建，富江南园林情趣。西有桃柳夹道的长堤。园外借用西山、玉泉山之景，景物曲折多变，形成景外有景、园中有园的布局，体现中国园林艺术的高超技巧，在中外园林艺术史上有极高地位。1924年辟为公园。园中还收藏有丰富的清代文物，特别是晚清工艺品。（*赵超*）

【雍和宫】 清代建筑群。全国重点文物保护单位。位于北京市东城区安定门内。建于清康熙三十三年（1694年）。清雍正帝即位前居住于此，即位后改为黄教上院及行宫。雍正三年（1725年）改今名。雍正帝死后，成为清皇室供奉祭祀祖先的影堂与喇嘛诵经场所。乾隆九年（1744年）正式改为藏传佛教寺院。建筑分为左、中、右三路，包括昭泰门、天王殿、正殿、永佑殿、法轮殿、万福殿等。内有大量清代佛像、壁画、经卷、碑刻等珍贵文物。如万福阁中的木雕迈达拉佛（弥勒）立像，全高26米，用一根白檀香木雕成；还有永佑殿中的宗喀巴铜像、天王殿中的泥塑天王等。（*赵超*）

【避暑山庄】 亦称“承德离宫”、“热河行宫”。清代建筑。全国重点文物保护单位，世界文化遗产。位于河北省承德市。始建于清康熙四十二年（1703年），乾隆五十五年（1790年）全部建成。为清代帝王夏日避暑和处理政务的场所，清初第二个政治中心。总面积560余万平方米。分宫殿区与苑景区两部分，总建筑达120多组，包括由康熙、乾隆二帝亲自题匾额并题诗赞咏的七十二景。宫殿区分为正宫、东宫、松鹤斋、万壑松风4组，主要有澹泊精诚 、四知书屋、烟波致爽、云山胜地、万壑松风、松鹤斋、绥成殿、畅远楼、清音阁、勤政殿等建筑群。苑景区中也保留有水心榭、金山、月色江声、如意洲等多处建筑。还有著名的藏书楼——文津阁等。建筑精湛，园林优美。（*赵超*）

【承德离宫】 即“避暑山庄”。

【热河行宫】 即“避暑山庄”。

【须弥福寿之庙】 清代建筑。全国重点文物保护单位。位于河北省承德市狮子沟北山上。承德外八庙之一。为六世班禅来承德为乾隆祝寿时仿照扎什伦布寺而建造。建于清乾隆四十五年（1780年）。占地3.79万平方米。造型特异，在藏式建筑中融入汉式建筑的精华。有石桥、山门、碑亭、牌坊、琉璃塔，以及主体建筑大红台和妙高庄严殿等。妙高庄严殿为三层重檐四角攒尖鎏金瓦顶，供有释迦牟尼与宗喀巴像，还有班禅讲经的宝座等。台后建有金贺堂等藏式院落。（*赵超*）

【普乐寺】 清代建筑。全国重点文物保护单位。位于河北省承德市武烈河东岸。承德外八庙之一。是清政府特为哈萨克、布鲁特等少数民族领袖到承德觐见而建造，以加强对准噶尔部和哈萨克族的关系。建于清乾隆三十一年（1766年）。寺院前部采用汉族佛寺建筑形制，有山门、钟鼓楼、天王殿、配殿与宗印殿等。宗印殿内供奉三方佛与木雕八大菩萨。殿后建有二层石台“阇城”（坛城），其中央建有主体建筑旭光阁，为圆形平面、重檐黄琉璃瓦攒尖顶。阁内云龙戏珠藻井为现存最精美的古代藻井，还有供奉上乐王佛的中国最大的立体曼陀罗。寺中存有乾隆御笔《普乐寺碑记》。（*赵超*）

【普宁寺】 清代建筑。全国重点文物保护单位。位于河北省承德市避暑山庄东北。承德外八庙之一。建于清乾隆二十年（1755年），乾隆二十四年建成，形制仿西藏桑耶寺。占地2.3万平方米。综合藏、汉建筑形式。寺院前部采用汉族佛寺传统建筑形制，有山门、钟鼓楼、天王殿、配殿与大雄宝殿等。后部为藏式建筑，包括大乘之阁、四大部洲、八小部洲等。大雄宝殿中有三世佛、木雕十八罗汉、度母壁画等。大乘之阁外观为五顶式四角攒尖楼阁，三层六檐，高36.75米。阁内立有木雕千手千眼观音立像，高22.23米，腰围15米，是中国最大的木雕佛像。两侧有二胁侍木雕，高15.6米。碑亭内有满、汉、蒙、藏四种文字的《普宁寺碑》、《平定准噶尔勒铭伊犁之碑》、《平定准噶尔后勒铭伊犁之碑》等碑刻，对研究边疆历史具有珍贵价值。（*赵超*）

【普陀宗乘之庙】 清代建筑。全国重点文物保护单位。位于河北省承德市狮子沟北山上，为承德外八庙中规模最宏大者。始建于乾隆三十二年（1767年），乾隆三十六年建成。占地22万平方米。全庙布局模仿拉萨布达拉宫，“普陀宗乘”是藏语“布达拉”的汉译，故有“小布达拉宫”之称。主要有五孔桥、山门、牌亭、五塔门、琉璃牌坊、白台塔院与主体建筑群大红台等。大红台高42.5米、宽59.7米，迎面嵌六层佛龛，顶部有琉璃佛塔宝顶等装饰。碑亭中用满、汉、蒙、藏四种文字刻写的《普陀宗乘之庙碑记》、《土尔扈特全部归顺记》、《优恤土尔扈特部众记》等碑刻，具有珍贵历史价值。（*赵超*）

【沈阳故宫】 清代建筑。全国重点文物保护单位、世界文化遗产。位于辽宁省沈阳市旧城中心。为清太祖努尔哈赤和太宗皇太极的宫殿，即盛京宫阙，入关后称“奉天行宫”。始建于后金天命十年（1625年），清崇德元年（1636年）基本建成。清定都北京后，作为陪都宫室，有过扩建。占地面积4.6万平方米。现存建筑90余所、300余间，分为东、中、西三路。主要建筑有大政殿、十王亭、大清门、崇政殿、飞龙阁、翔凤阁、师善斋、协中斋、凤凰楼、清宁宫、东宫、西宫、戏台、嘉荫堂、文溯阁、仰熙斋等，集汉、蒙、满建筑艺术于一体，具有极高的文物价值。中华人民共和国成立后，辟为沈阳故宫博物馆，藏品达1万余件。（*赵超*）

【善化寺】 辽金时期建筑。全国重点文物保护单位。位于山西省大同市南部。始建于唐开元年间，名“开元寺”。辽保大二年（1122年）被毁，金天会六年（1128年）起开始重修，名“大普恩寺”。明宣德三年（1428年）再次重修，正统十年（1445年）改名“善化寺”，但仍保存了辽金寺院的建筑规制。现大雄宝殿为辽代遗构，金代重建，殿内两侧24尊天神为金代雕塑。三圣殿、普贤阁等为金代重建。三圣殿中还保留有两座金代碑刻：金大定十六年（1176年）《大金西京大普恩寺重修大殿记》与金明昌元年（1190年）《大金西京大普恩寺重修释迦如来成道碑碑铭》。该寺为现存辽金寺院中形制最为完整的一座。（*赵超*）

【武侯祠】 清代建筑。全国重点文物保护单位。位于四川省成都市西南武侯祠大街。十六国时期成汉为祭祀三国时期蜀汉丞相诸葛亮而建的祠堂。明初并入刘备的昭烈庙。现存武侯祠为清康熙十一年（1672年）在明代遗址上重建的。主要建筑有大门、二门、刘备殿、过厅、诸葛亮殿与钟鼓楼等。祠中保存有清代塑造的20余尊塑像与40余件碑刻，包括著名的唐元和四年（公元809年）《蜀丞相诸葛武侯祠堂碑》，文章、书法、刻工皆极精湛，世称“三绝碑”。武侯祠西是蜀汉先主刘备墓惠陵。另辟有武侯祠博物馆。（*赵超*）

石窟寺及石刻

【房山云居寺】 隋至金代佛寺。全国重点文物保护单位。位于北京市房山区。主要由云居寺、石经山藏经洞、唐辽塔群等三大遗存所构成。占地面积7万余平方米，坐西朝东、环山面水，形制宏伟。始建于隋末唐初，经过历代修葺，形成五大院落、六进殿宇，享有“北方巨刹”的盛誉。石经山海拔高度450米，山腰有9个藏经洞。其中雷音洞宽广如殿，洞中有4根石柱，石柱上雕佛像1 056尊，故称“千佛柱”。1981年11月27日，在雷音洞发掘出赤色肉舍利两颗，是世界上唯一珍藏在洞窟内的舍利，与北京八大处的佛牙、陕西西安法门寺的佛指，并称为“海内三宝”。寺内珍藏有大量石经、纸经和木版经，号称“三绝”。寺内有7座唐塔和5座辽塔。其中4座唐塔有明确纪年，平面呈方形，皆为7层，可分为单檐和密檐式两种，塔身上则雕刻着各种佛像。唐开元十五年（公元727年）所建石塔的内壁上雕刻有一个供养人，深目高鼻，应是外国人形象。这与当时唐代与中西亚交流广泛、大量任用外族为官有直接关系。雕刻服饰华丽，线条细腻流畅，反映出盛唐中外文化交流的繁盛景象。北塔为砖砌舍利塔，始建于辽代天庆年间(1111—1120),高30余米,塔身集楼阁式、覆钵式和金刚宝座式三种形式为一体,造型极为特殊。塔身下部为八角形须弥座,上面建楼阁式砖塔两层,再上置覆钵和“十三天”塔刹。这种造型的辽塔十分罕见。(陈良伟)

【千像寺石刻】 辽代佛教摩崖造像。全国重点文物保护单位。位于天津市蓟县官庄镇盘山东麓。镌刻于辽代。石刻造像分布在千像寺遗址周围的124处巨石或崖壁上,共有线刻造像535尊。造像题材有释迦佛、弥勒佛、毗卢遮那佛、药师佛、观世音菩萨、地藏菩萨、弟子等。是迄今发现规模最大的辽代石刻造像群。(李裕群)

【修德寺石刻造像】 南北朝佛教石刻造像。1954年在河北省曲阳县修德寺出土。主要雕造于北魏至北齐时期,其中东魏、北齐纪年造像最多。共有2 200余件,为汉白玉。其中有纪年者247件。造像主要有释迦多宝、观世音菩萨、半跏思惟像等。流行双身像,有双释迦、双观世音菩萨、双思惟像等,地方特色较浓。对研究定州地区佛教造像的演变、民众的信仰提供了珍贵资料。现分别由故宫博物院、河北省博物馆等收藏。(李裕群)

【响堂山石窟】 北齐至元代佛教石窟。全国重点文物保护单位。位于河北省邯郸市峰峰矿区鼓山。包括北响堂、南响堂及水浴寺石窟3处。主要由北齐皇室、臣僚和高僧经营雕造。宋金时期也有续凿。主要洞窟17个,造像约4 000尊。20世纪初石窟遭到严重破坏,佛像头部大都被盗凿。响堂山石窟雕刻精美,是北齐石窟造像的典范,在中国雕塑艺术史上占有重要地位。(李裕群)

【北响堂石窟】 北齐佛教石窟。响堂山石窟之一。全国重点文物保护单位。位于河北省邯郸市峰峰矿区鼓山西坡半山腰,与南响堂石窟相距15千米。由北齐皇室开凿。有北洞、中洞和南洞3大窟,另有小窟5个、禅窟15个。大窟外观均为塔形样式,面宽三间,上有覆钵塔刹。北洞年代最早,主室设中心柱,中心柱基座雕刻神王,柱身三面开龛,龛内分别雕释迦坐佛、倚坐佛和半跏坐佛。柱身上部三面各凿5个小龛,内雕一立佛。其南壁第3龛内凿有墓穴,与皇帝陵藏有关。窟内周壁凿16个塔形龛,前壁有大型礼佛图。中洞略小于北洞,也为中心柱窟,柱身仅正壁开一龛,内雕一佛二弟子二菩萨。南洞稍特殊,窟顶覆钵塔刹内凿一小窟,窟内正壁雕释迦多宝,左右壁各雕一佛。主室方形,三壁三龛式,龛内各雕一佛及胁侍弟子和菩萨。窟外主要为北齐晋昌公唐邕发愿镌刻的4部佛经。北响堂石窟为皇室雕造,代表了北齐石窟造像的较高艺术水平。(李裕群)

【南响堂石窟】 北齐佛教石窟。响堂山石窟之一。全国重点文物保护单位。位于河北省邯郸市峰峰矿区鼓山南麓,与北响堂石窟相距15千米。始凿于北齐天统元年(公元565年)。主要洞窟7个。洞窟分上、下二层,有中心柱窟(第1、2窟)、三壁三龛窟(第3、5、7窟)和方形窟(第4、6窟)。有的洞窟外观雕成覆钵塔式。造像题材主要有释迦佛、三佛、十六佛、西方净土变、涅槃变等。第1、2、4窟内均镌刻佛经。该石窟为邺城地区重要石窟寺之一,对研究该地区石窟建筑、雕塑、题材和佛教信仰具有重要意义。(李裕群)

【水浴寺石窟】 北齐佛教石窟。响堂山石窟之一。全国重点文物保护单位。位于河北省邯郸市峰峰矿区鼓山东麓,与北响堂石窟隔山相峙。开凿于北齐后期。主要有西窟和2个瘗窟。西窟外观为面宽三间覆钵塔式,主室设中心柱,三面开龛,题材为三世佛。窟内左右壁各开一龛,后壁有北齐武平五年(公元574年)造像题记。前壁刻高僧及世俗供养人行列,其中沙门统定禅师题名也见于南响堂石窟,表明二处石窟关系密切。(李裕群)

【娲皇宫石窟】 北齐佛教石窟。全国重点文物保护单位。位于河北省涉县西北15千米中皇山娲皇宫。开凿于北齐。有南窟、北窟2个洞窟。南、北窟为纯粹的刻经窟,南北毗邻,平面方形,纵券顶,敞口式。窟内中央各置一尊佛像。左、右、后三壁均镌刻佛经,与窟外刻经浑然一体。主要刻经有5部,与北响堂石窟南洞相同,也为晋昌公唐邕所镌刻。(李裕群)

【八会寺石刻经龛】 隋代佛教刻经造像龛。位于河北省曲阳县城南10千米少蓉山顶。雕造于隋代。经龛雕凿于一块突起的岩石上。平面略呈方形,四面开龛,龛内外雕刻佛经和造像龛。西龛有隋开皇十三年(公元593年)题记。完整刻经共计5部,造像龛60个。造像题材有释迦、阿弥陀佛、弥勒佛、七佛、二十五佛等。(李裕群)

【卧佛寺摩崖造像】 北宋佛教摩崖造像。全国重点文物保护单位。位于河北省唐县白合镇柏山村西南500米处卧佛寺水库内。开凿于北宋庆历五年(1045年)。有大小佛龛95个,造像140余尊。以释迦牟尼涅槃像为主龛。卧佛长4.5米,头前、足后各雕弟子像1尊,身后列弟子像10尊。南北端各雕天王像一龛,北端天王像旁有宋庆历五年造像题记一则。其余诸龛分布于涅槃龛上方及南侧,均为小龛,题材有单尊坐佛、一佛二菩萨、一佛二弟子、三菩萨、二佛并坐等。(李裕群)

【瑜伽山摩崖造像】 宋、明时期佛教摩崖造像。全国重点文物保护单位。位于河北省平山县北冶乡南冶村西2千米瑜伽山上。始凿于北宋嘉祐元年(1056年)。为一摩崖弥勒大佛,通高8米。佛像螺发,身披袈裟,双手抚膝,倚坐于束腰须弥座上,上浮雕七佛和双龙。大佛前有明万历二年(1574年)重建的弥勒阁,为砖拱结构、无梁殿二层建筑,通高13米。(李裕群)

【法华洞石窟】 宋至清代佛教摩崖造像。全国重点文物保护单位。位于河北省武安市城西南25千米石洞乡青烟寺村东北法华山上。开凿于北宋。有左、中、右三窟。左窟较小,壁上无雕刻,窟内存圆雕石造像一尊。中窟为主窟,窟内置圆雕石造像一佛二弟子一菩萨一力士。左、中、右三壁浮雕500罗汉。右壁上高浮雕千手千眼观音像。右窟为自然石洞,窟内置圆雕石造像5尊,有倚坐弥勒佛、半跏菩萨等。窟前左右两侧为金大定年间所雕石龛三尊像,其中二尊未完成。(李裕群)

【云冈石窟】 北魏佛教石窟。全国重点文物保护单位。位于山西省大同市城西16千米武州山南麓。东西绵延约1 000米(见彩版35)。主要洞窟53个,造像5.1万余躯。主要石窟皆完成于北魏迁都洛阳之前,约自北魏和平元年(公元460年)至太和十八年(494年)。可分为3期。一期有第16～20窟,俗称“昙曜五窟”,开凿于北魏和平元年至五年(460—464)。二期有第1～3窟和第5～13窟,约开凿于北魏迁都洛阳前的孝文帝时期。三期洞窟主要集中在窟群西部,开凿于北魏迁都洛阳后至正光末年(494—524)。一二期是云冈石窟开凿的鼎盛期,主要由皇室和高僧经营雕造,均大型洞窟,窟型有大像窟、中心柱窟、方形和横长方形窟。二期新出现成组的双窟和模拟汉式传统建筑样式。题材流行三世佛、成组合的释迦和交脚弥勒菩萨、释迦多宝和维摩、文殊对坐像,还有连环画式的本生和佛传故事。佛和菩萨均体形健壮。佛像一般身着袒右或通肩袈裟,菩萨斜披络腋,明显受西方佛教造像样式的影响。二期稍晚的洞窟(第5、6窟等)新出现汉式褒衣博带式袈裟。三期均为中、小型窟,为中下层官僚和民众雕造。窟型有中心塔柱窟、方形或横长方形窟。流行三世佛、释迦、弥勒、释迦多宝等题材,本生、因缘和佛传故事也较常见。造像均为“秀骨清像”样式。为中原地区最早开凿的石窟寺,对周边地区石窟寺的开凿产生巨大影响。1949年后设立云冈石窟文物保管所(今云冈石窟研究院)。(李裕群)

【昙曜五窟】 北魏佛教石窟。云冈石窟一期洞窟,即第16～20窟。位于山西省大同市云冈石窟群中部偏西。北魏和平元年(公元460年)沙门统昙曜奉敕为道武帝至文成帝等五位皇帝营造。洞窟东西毗邻,平面均马蹄形,穹窿顶。窟前壁凿大明窗,窟内雕三世佛,正壁佛像高13.5～16.8米,被认为是“令如帝身”的模拟像。造像样式受到犍陀罗和秣陀罗造像的影响。(李裕群)

【鹿野苑石窟】 北魏佛教石窟。位于山西省大同市西北10千米小石寺村大沙沟北。约开凿于北魏皇兴四年(公元470年)前,为北魏献文帝习禅之所。有1个礼拜窟和10个小禅窟。礼拜窟居中,平面马蹄形,穹窿顶。窟内雕一佛二菩萨像。造像样式与云冈“昙曜五窟”相同。洞窟左右两侧各为5个方形穹隆顶小禅窟,构成礼拜窟与禅窟的组合形式。(李裕群)

【羊头山石窟】 南北朝至唐代佛教石窟。全国重点文物保护单位。位于山西省高平市北23千米羊头山上。有洞窟8个,摩崖龛像3处。其中北魏洞窟7个,摩崖龛像1处;初唐洞窟1个,摩崖龛像2处。北魏洞窟大多为三壁三龛式,窟内雕三佛或一佛,造型为“秀骨清像”式。唐代龛像约为唐显庆二年(公元657年)雕凿,有一佛二菩萨、一佛二弟子二菩萨等组合。反映了与云冈、龙门北魏石窟的密切关系。(李裕群)

【子洪镇石窟】 北魏晚期佛教石窟。位于山西省祁县东南15千米子洪镇东侧崖壁上。开凿于北魏晚期。现存洞窟8个。平面均方形,平顶。第1、2窟为三壁三龛式,第8窟壁前设低坛。造像题材均为三壁三佛,其中第1窟较特殊,正壁为释迦坐佛,左右壁分别为交脚菩萨和倚坐菩萨,其余窟均为三坐佛。与云冈三期洞窟关系密切,为云冈模式向南

影响的重要实例。(李裕群)

【南涅水石刻造像】 南北朝佛教造像。全国重点文物保护单位。1954 年出土于山西省沁县西北南涅水村一处大型窖藏中。雕造年代约从北魏宣武帝时期一直延续到北齐。共有造像1 000 余尊,以造像塔为主。塔均方柱体,层层垒起,构成多层塔式。单体圆雕造像较少。窖藏附近有早期寺院遗址。现藏沁县南二郎山石刻馆。(李裕群)

【七里脚千佛洞石窟】 南北朝至唐代佛教石窟。全国重点文物保护单位。位于山西省隰县城北 7 千米七里脚村成川河东岸。有洞窟 2 个,南北并列。第一窟开凿于北魏晚期,平面呈马蹄形,穹窿顶。主室正壁雕一佛二菩萨像,左右壁各雕一佛一弟子一菩萨像,形象与龙门、巩县石窟北魏造像相似。窟门上方浮雕双龙和凰,窟外崖面雕刻面宽三间的仿木建筑样式。第二窟开凿于唐代,平面略呈横长方形,平顶。正壁前设高坛基,上有一佛二菩萨像。左右壁雕五十三佛题材像,各上下四排,并有佛名榜题,十分难得。洞窟前有寺院遗址。(李裕群)

【石马寺石窟】 南北朝至唐代佛教石窟。全国重点文物保护单位。位于山西省昔阳县石马村北。始凿于北魏永熙三年(公元 534 年)。现存洞窟 3 个,造像龛 313 个。洞窟及主要摩崖造像为北魏晚期至东魏时期雕造。窟内雕三佛。摩崖龛像以第84号龛规模最大,龛内雕一佛二菩萨,佛像高 5.1 米,造型为“秀骨清像”式。元明时期主要是改凿或重粧前代龛像。(李裕群)

【开河寺石窟】 南北朝至隋代佛教石窟。全国重点文物保护单位。位于山西省平定县巨城镇乱流村西约 1.5 千米。洞窟分别开凿于东魏武定五年至北齐河清二年(547—563)。现存洞窟 3 个、摩崖造像 1 处,均有纪年发愿文。平面方形,三壁三龛式,内雕三佛及胁侍菩萨。摩崖一佛二菩萨为隋开皇元年(公元 581 年)定州刺史豆卢通等雕造,主佛高达 4.63 米。(李裕群)

【天龙山石窟】 南北朝至唐代佛教石窟。全国重点文物保护单位。位于山西省太原市西南 40 千米天龙山上。始凿于东魏,北齐、隋、唐相继开凿。洞窟开凿于东、西两峰山腰间,共有编号洞窟 21 个(东峰 8 窟,西峰 13 窟)。东魏第 2、3 窟为一组双窟,方形平面,覆斗顶,三壁三龛式,龛内雕一佛二菩萨,龛外有浅浮雕维摩文殊、思惟菩萨、弟子等。北齐第 1、10、16 窟均有仿木式前廊,主室方形,三壁三龛式,龛内雕一佛二弟子二菩萨。隋开皇四年(公元 584 年)开凿的第 8 窟为中心柱窟,有仿木式前廊,中心柱四面开龛,内雕一佛二弟子。其余洞窟均为唐代所凿,第 9 窟属摩崖造像,上层雕高 7.5 米的倚坐弥勒佛,下层中央雕高约 5.5 米的十一面观音,左右分别为骑狮文殊菩萨和乘象普贤菩萨。(李裕群)

【西山大佛】 亦称“蒙山大佛”。北齐佛教摩崖龛像。位于山西省太原市西南 15 千米蒙山之阳。北齐天保十年(公元 559 年)文宣帝开凿,后主天统五年(569 年)完成。摩崖为露顶、敞口式大龛。龛内雕释迦禅定坐像。据唐代文献记载,佛像高 200 尺,现佛头已毁,残存高度 37 米,身体表面风化严重。龛前建面宽五间的佛阁遗址。(李裕群)

【蒙山大佛】 即“西山大佛”。

【童子寺大佛】 北齐佛教摩崖龛像。位于山西省太原市西南 20 千米龙山北峰。开凿于北齐天保七年(公元 556 年)。摩崖为露顶、敞口式大龛,龛内雕无量寿、观世音、大势至三尊造像。据唐人所引碑刻记载,佛像高 17 丈,菩萨高 12 丈。现佛像风化严重,仅存形体,佛坐高 20 余米。龛前有北齐佛阁遗址及燃灯石塔,龛南尚存北齐洞窟 5 个。(李裕群)

【碧落寺石窟】 南北朝至唐代佛教石窟。位于山西省晋城市西北 7 千米巴公镇南连氏村东碧落山。有洞窟 3 个,小龛 64 个。西窟为北齐武平七年(公元 576 年)开凿,窟内雕一佛二弟子二菩萨。中、东窟为初唐开凿,平面马蹄形、穹窿顶,窟内雕一佛二弟子二菩萨二天王。其中中窟是唐高宗末年,高祖李渊之孙泽州刺史李谟为其母房氏祈福开凿的。(李裕群)

【静居寺石窟】 北齐至唐代佛教石窟。位于山西省静乐县丰润镇丰润村南。现存 8 窟。据第 5、6 窟间摩崖碑刻记载,洞窟开凿于唐仪凤二年(公元 677 年)。窟平面大多呈方形,三壁设低坛式。窟内一般雕三佛及胁侍弟子、菩萨。有的洞窟正壁雕刻阿弥陀西方净土变,左右壁分别雕坐佛和倚坐佛。第 3～6 窟间崖面现存摩崖功德碑三通。2011 年在第 1 窟之北新发现北齐、隋开凿的一座洞窟,表明该石窟始凿于北齐至隋。(李裕群)

【龙山石窟】 元代道教石窟。全国重点文物保护单位。位于山西省太原市西南 20 千米的龙山之巅。始凿于盛唐,盛于蒙元。共有洞窟 9 个。第 4、5 窟为唐窟，内雕天尊像。第1～3、6、7窟系全真道宋德方及其门徒于蒙古太宗六年至十一年（1234—1239）营造。分别雕刻老子、三清、全真道祖师像等。第8、9窟为明代开凿，雕刻有三皇像。该石窟是研究全真教的重要实物资料。（李裕群）

【金灯寺石窟】 明代石窟。全国重点文物保护单位。位于山西省平顺县背泉村东的林虑山巅。开凿于明弘治十七年至嘉靖四十四年（1504—1565）。有洞窟14个。洞窟外观雕成仿木建筑。窟内造像有释迦、三世佛、观音、文殊、普贤等。其中第5窟水陆殿内有泉潭、桥涵、堤坝。正壁雕三世佛及菩萨、罗汉群像，东西山墙雕水陆画69幅，题材包含儒、释、道众神祇，是十分重要的明代石窟。（李裕群）

【真寂寺石窟】 亦称“后召庙石窟”。辽代佛教石窟。全国重点文物保护单位。位于内蒙古自治区赤峰市东镇南20千米处。开凿于辽代。共有洞窟4个，主要有南、中、北窟。中窟门楣上阴刻“真寂之寺”。窟内有雕释迦涅槃像，两侧为举哀菩萨及弟子群像。南窟内雕释迦坐佛及普贤菩萨骑象和文殊菩萨骑狮像。北窟内有浮雕坐佛、弟子、菩萨、供养人及天王像。该石窟为罕见的辽代石窟，十分珍贵。（李裕群）

【后召庙石窟】 即“真寂寺石窟”。

【阿尔寨石窟】 亦称“百眼窑石窟”。宋元时期佛教石窟。全国重点文物保护单位。位于内蒙古自治区鄂托克旗阿尔巴斯苏木。始凿于西夏，盛于元朝。洞窟开凿在一座孤立的平顶小山上，现存65个。窟中佛像不存，残留壁画近千幅。大部分属藏传佛教系统，有释迦佛、男女双修像、明王、密宗高僧、礼佛图以及反映世俗生活的丧葬图等。部分壁画附有藏文、回鹘蒙古文榜题。为藏传佛教向蒙古高原传播的重要遗存，历史和艺术价值较高。（李裕群）

【百眼窑石窟】 即“阿尔寨石窟”。

【广化寺造像】 俗称“喇嘛洞召”。明清佛教摩崖造像。全国重点文物保护单位。位于内蒙古自治区土默特左旗毕克齐镇北7千米。明末清初由僧人博格多察罕喇嘛依山开凿石窟。现存银洞和银洞两侧的摩崖造像。银洞宽13.1米，高33米，深13.1米。洞内右侧有一处禅窟，是最早的遗迹。窟门右侧雕释迦牟尼像，高约2米。佛着袒右袈裟，手施触地印，结跏趺坐式。洞外两侧崖壁上共雕有佛教造像56尊、喇嘛塔34座。题材有佛、四臂观音、喇嘛塔、咒语等。造像服饰基本属汉地样式。造像保存较好，是呼和浩特地区重要的佛教遗迹。（李裕群）

【万佛堂石窟】 北魏佛教石窟。全国重点文物保护单位。位于辽宁省义县西北9千米万佛堂村。开凿于北魏晚期。洞窟17个，分东西2区，造像500余尊。洞窟残损严重，窟型有中心柱窟、大像窟、方形窟和三壁三龛窟。题材有释迦鹿野苑说法、交脚弥勒佛、释迦多宝、维摩文殊、思惟菩萨等。西区第5窟有北魏太和二十三年（公元499年）营州刺史元景造窟题记。为东北地区唯一的北魏石窟寺，表现出与云冈、龙门北魏石窟的密切关系。（李裕群）

【孔望山摩崖造像】 东汉佛道摩崖造像。全国重点文物保护单位。位于江苏省连云港市南3千米孔望山南麓西端。一般认为镌刻于东汉时期。有摩崖石刻人物100余个。造像内容分为佛教故事、本生故事以及世俗生活故事。有饮宴图、罗汉图、佛涅槃图、舍身饲虎图及佛像、菩萨、供养人等。另外还有与道教有关的人物像。为现存时代最早的摩崖造像石刻，是研究早期佛教图像的重要实物资料。（李裕群）

【栖霞山石窟】 南北朝至明代佛教石窟。全国重点文物保护单位。位于江苏省南京市东北22千米栖霞山。始凿于南齐，梁、唐及明代续凿。现存大小窟龛294个，造像515尊。南朝龛像有16个，集中在千佛岩区。以无量殿为中心，殿内大像龛为齐永明二年（公元484年）明僧绍之子仲璋和法度所凿，平面横椭圆形，敞口，正壁雕高9.68米的无量寿佛坐像，两侧为观世音和大势至菩萨。无量殿左右侧有7个窟龛，属于南齐晚期雕刻。主尊造像有释迦佛、维卫与迦叶二佛并坐、三佛和倚坐弥勒佛等。无量殿之上有梁中大通二年（530年）龛，龛内坛上雕一坐佛。无量殿西部还有多个小龛，其中有成组的双龛。主尊题材有一佛、一坐佛二倚坐佛的组合，开凿年代约在梁后期。千佛岩是南朝都城地区唯一的石窟造像，十分珍贵，对研究南朝佛教造像、题材具有重要意义。（李裕群）

【宝相寺摩崖造像】 南北朝佛教造像。全国重点文物保护单位。位于浙江省新昌县西南石城山。有大佛龛和千佛院2处。大佛龛雕造于齐建武中（494—497），梁天监十五年（公元516年）竣工。龛为露顶敞口，内雕弥勒佛一躯，身高13.23米。佛像经后世妆銮，已失原貌。千佛院分大小岩洞2处，均南齐雕造。大洞后壁正中雕释迦坐像，左右侧雕成组的千佛，千佛外侧各雕一护法像。（李裕群）

【安国寺经幢】 唐代佛教寺院遗存。全国重点文物保护单位。位于浙江省海宁市盐官镇北寺巷底。安国寺始建于唐开元元年（公元713年），初名“镇国海昌院”，宋大中祥符元年（1008年）赐额“安国寺”。寺址已毁，现仅存3座唐代《佛顶尊胜陀罗尼经》石经幢和罗汉堂石碑。经幢原位于天王殿前，分别建于唐会昌二年（842年）、四年和咸通六年（865年），其中咸通六年建石幢高7米，幢身八边形柱，仰莲幢座，镌刻“九山八海”、蟠龙及勾栏、腰檐、斗拱等仿木结构。会昌二年建石幢高5.8米，幢身浮雕武士像、观音像和礼佛图案。（龚国强）

【西湖石刻】 五代至元代佛教摩崖造像。全国重点文物保护单位。位于浙江省杭州市西湖周围山区间。从五代吴越国一直延续到元代。以摩崖龛像为主，也有利用天然溶洞雕造的。吴越国时期主要分布地点有慈云岭、圣果寺、石屋岭、烟霞洞、天龙寺等。题材有西方三圣、倚坐弥勒佛、三世佛、十六罗汉等。其中有吴越国王钱弘俶雕造的无量寿佛、弥勒佛像龛。两宋、元时期造像中心转移到飞来峰。为研究吴越国至宋元时期江南地区佛教文化，造像艺术的重要实物。（李裕群）

【慈云岭造像】 五代后晋佛教摩崖造像。西湖石刻之一。位于浙江省杭州市西湖玉皇山慈云岭上。后晋天福七年（公元942年）吴越王钱弘佐雕造。有摩崖龛2个。主龛内造像7尊：阿弥陀佛、观世音、大势至、二菩萨、二力士。龛内上部左右浮雕飞天和伽陵频迦。龛楣上还刻有七佛、文殊、普贤。左侧为北宋绍圣元年（1094年）“佛牙赞”题记。北侧为地藏龛，龛内塑地藏王像及供养人。龛楣浮雕“六道轮回”图。（李裕群）

【烟霞洞造像】 五代至宋代佛教摩崖造像。西湖石刻之一。位于浙江省杭州市西湖南山烟霞岭上。烟霞洞为天然溶洞，深30米。五代后晋天福、开运年间始在洞内雕琢造像，宋代又有增凿。20世纪60年代以前，洞内尚有较大的造像38尊，此后遭到严重破坏，仅剩15尊。洞口两侧为北宋时雕造的观音、大势至菩萨立像。洞内有五代吴越时期的石雕十六罗汉像，现存13尊，形态各异，表情生动，是国内最早的石刻十六罗汉造像之一。（李裕群）

【天龙寺造像】 北宋佛教摩崖造像。西湖石刻之一。位于浙江省杭州市西湖玉皇山上。雕凿于北宋乾德三年（公元965年），为吴越国王钱弘俶雕造。有摩崖龛3个。主龛一铺七尊，主尊为弥勒佛，两侧为二比丘二菩萨力士像。龛楣上浮雕二飞天。西龛为阿弥陀佛坐像。东龛为水月观音。天龙寺造像造型生动、雕刻精美，为吴越造像艺术的代表之一。（李裕群）

【飞来峰造像】 五代至元代佛教造像。全国重点文物保护单位。位于浙江省杭州市灵隐寺前。主要造像为五代吴越国到元代雕造。造像分布在岩壁上或溶洞中，有窟龛102个，造像330余尊。最早为后周广顺元年（公元951年）雕造的“西方三圣”。宋代有“卢舍那佛会”、禅宗祖师、高僧取经及布袋和尚等。元代以藏密为主，有华严三圣、无量寿佛、救度佛母、金刚手菩萨、杨琏真加像、密理瓦巴像等。为江南地区晚期石窟造像的典型代表。（李裕群）

飞来峰第68龛大肚弥勒

【柯岩摩崖造像】 宋代佛教摩崖造像。全国重点文物保护单位。位于浙江省绍兴市绍兴县西15千米柯岩风景区内。约雕造于宋代。为一圆拱形敞口摩崖大龛，大龛开凿在因古代采石而形成的一巨形孤岩内，高16.8米，坐北朝南。龛内雕高12米的倚坐弥勒佛像一尊。弥勒为石骨泥塑，螺发，身着宽博袈裟，身躯硕壮，双手施说法印，倚坐姿。佛龛内有明万历三十五年（1607年）“僧海岳和南题记”。造像气势宏伟，塑造精细，是江南地区十分罕见的大佛。（李裕群）

【宝成寺麻曷葛剌造像】 元代佛教摩崖造像。全国重点文物保护单位。位于浙江省杭州市上城区紫阳山东南麓宝成寺内崖壁上。元至治二年(1322年)左卫亲军都指挥使伯嘉努所凿。造像龛高2.45米,宽4.1米。龛内主尊为麻曷葛剌像,左侧文殊骑狮,右侧普贤骑象。麻曷葛剌是大日如来的梵语音译,意译为“大黑天”。在元朝被祀为军神。麻曷葛剌像高1.38米,面呈愤怒相,脚踩魔女。该造像是元代雕刻的精品,为研究元代喇嘛教在杭州的流行提供了重要资料。(李裕群)

【南山摩崖造像】 元代佛道摩崖造像。全国重点文物保护单位。位于浙江省杭州市余杭区瓶窑镇南山东南石壁上。元代雕造。1978年因当地村民开山采石,天王、力士等十余尊造像被毁。现尚存龛像14尊,东西绵延360余米。除1号龛真武帝像属道教外,其余均为佛教造像龛。有释迦佛、尊华宿王智佛、观音像、三世佛和阿弥陀佛像。3号龛尊华宿王智佛刻有元泰定五年(1328年)题记,11号龛阿弥陀佛有元至正元年(1341年)题记。南山造像反映了元代浙江释、道两教共存的历史,有重要学术价值。(李裕群)

【西资寺石佛造像】 石佛造像。全国重点文物保护单位。位于福建省晋江市金井镇岩峰村西资岩寺后。始雕造于晚唐。主尊为西方三圣,系利用自然崖壁开凿而成。阿弥陀佛高4.50米,螺发,身着袒右袈裟,左手托一莲台,右手前伸作接引状,足下仰莲座。观音、大势至菩萨立像高4米。观音右手持净瓶;大势至右手上举。三尊像后均刻有圆形头光。大佛前还雕有两尊身着盔甲的护法神立像,高2.7米。造像雕刻精美,保存完好,十分珍贵。(李裕群)

【南天寺摩崖造像】 宋代佛教摩崖造像。全国重点文物保护单位。位于福建省晋江市东石镇许西坑村岱峰山的南天寺内。南宋嘉定九年(1216年)僧守净募资镌刻,为大型高浮雕西方三圣像。阿弥陀佛居中,通高6.9米,螺发,身披袈裟,腰系念珠,坐于莲座上。两侧观音、大势至菩萨通高6米,均头戴宝冠。观音右手捧净瓶,左手上举;大势至左手执书卷,右手上举。寺旁有南宋王十朋题写的字径近2米的“泉南佛国”等摩崖石刻。(李裕群)

【老君岩石刻】 宋代道教造像。全国重点文物保护单位。位于福建省泉州市北郊清源山右罗山与武山之下。为一尊露天老君像,雕造于宋代。由一块天然岩石雕琢而成,高5.63米,宽8.01米。老君双目深邃,垂耳长髯,面容慈祥。身着宽袖道袍,左手抚膝,右手凭几,席地而坐。是现存最大的一尊石雕老君像。(李裕群)

【栖云洞造像】 宋代佛教造像。全国重点文物保护单位。位于福建省罗源县城郊圣水禅寺旁栖云洞内。南宋淳祐八年(1248年),罗源县人石匠陈曾缘用当地产的灰绿岩石雕造而成。罗汉像置于栖云洞洞壁三面的束腰须弥座上,高74～84厘米,造型各异,栩栩如生。每尊罗汉和须弥座刻有捐造者、雕造者姓名,以及建造年间和造价等,具有较高的历史和艺术价值。(李裕群)

【瑞岩弥勒造像】 元代佛教造像。全国重点文物保护单位。位于福建省福清市海口镇牛宅村瑞岩山上。造像为露天布袋弥勒佛像,由邑人就岩石自然形态雕琢而成。始凿于元至正元年(1341年),至明洪武元年(1368年)竣工。像高9米,宽8.9米。弥勒肥头大耳,笑口大开,袒胸露腹,手持念珠,双腿盘曲。腰部和腿部还雕有3尊小罗汉像。整体造型生动、雕刻精细,具有很高的艺术价值,为中国现存最大的布袋弥勒造像。(李裕群)

【草庵石刻】 元代摩尼教石刻造像。全国重点文物保护单位。位于福建省晋江市苏内村西北万峰山上。草庵依崖而建,原为草构,元代改为面阔三间的石构建筑。庵内依崖壁凿成圆形佛龛,龛内雕摩尼光佛,雕刻于元至元五年(1339年)。像高1.52米,宽0.83米。佛像长发披肩,身着广袖大衣,结跏趺坐于莲花座上,身体四周刻波线状佛光,雕工精致,风格独特。这尊摩尼光佛像是中国仅存完整的摩尼佛石像,是摩尼教在中国东南地区流传的实物例证。(李裕群)

【通天岩石窟】 唐宋时期佛教石窟。全国重点文物保护单位。位于江西省赣州市西北6.8千米处。雕凿于晚唐、五代至北宋时期。分观心岩、忘归岩、龙虎岩、通天岩、翠微岩5处,共有摩崖龛315个,造像359尊,均为圆拱形浅龛。主要造像题材有华严三圣(毗卢遮那佛、骑狮文殊,骑象普贤)、燃灯佛、十八罗汉、大肚弥勒佛、水月观音等。(李裕群)

【南岩石窟】 宋代佛教石窟。全国重点文物保护单位。位于江西省弋阳县城南2千米南岩山下,为一大型天然岩洞。南宋嘉定年间邑人王元长雕造。面宽 60.60 米，进深 29.20 米，高 14.93 米。有 28 龛，造像 35 尊。以后壁中心一铺七尊像为主龛。龛上浮雕佛传故事。龛内雕释迦牟尼、二弟子、二菩萨、二天王像。主龛两侧为十八罗汉造像龛。其他题材有三世佛、水月观音造像、维摩文殊问疾品、男女供养人等。该石窟为东南地区重要的禅宗南系佛教圣地，对研究南宋佛教与石刻艺术有重要的价值。（李裕群）

【嘉祥武氏墓群石刻】 俗称“武梁祠”。东汉晚期武氏家族墓群石刻。全国重点文物保护单位。位于山东省嘉祥县纸纺镇武宅山麓的武家林。始建于东汉桓帝建和元年（公元 147 年），历经数十年建成。现有石阙、石狮各 1 对，石碑 1 方，画像石 43 块，隶书题记共约 1 000 字。石刻画像多采用减地阳刻法，雕刻精密细致，画像内容题材广泛，从不同角度反映了东汉的社会状况、风土人情、典章制度、宗教信仰等历史信息，是研究东汉历史的重要实物资料。石刻中的画像早在宋代就已经发现，后来经洪水漫淤，石室被湮没在地下。清乾隆五十一年（1786 年）再次被发现。关于祠堂的结构，说法不一，有四石室说，即前室武荣祠，后室武开明祠，左室武班祠，中间武梁祠；有三石室说，即上述四室中没有后室。（徐龙国）

【龙兴寺造像】 南北朝佛教石刻造像。1996 年山东省青州市龙兴寺遗址出土。雕造于北魏至北齐时期，其中以北齐时期石像最多。共有造像 400 余尊，青石质。分背屏式和单体造像两种，均贴金彩绘。北魏、东魏多背屏式造像，背光雕盘龙图案。造像题材有释迦、弥勒佛，造型为“秀骨清像”。北齐多单体造像，流行绘有六道图案的卢舍那佛，造型丰满，受印度秣陀罗造像影响较深。以该造像为代表的青州佛教造像，以质地细腻、雕刻精细而著称于世，是北朝晚期佛教造像的杰出典范。“青州龙兴寺造像”图见右栏。（李裕群）

【西天寺造像】 南北朝佛教造像。全国重点文物保护单位。位于山东省淄博市临淄区齐都镇西关村。西天寺建于十六国至北朝时期，初名“兴国寺”，宋改名“广化寺”，明初重建寺院，改今名。1938 年，寺院毁于战火，仅存石佛。造像为单体立佛石像。雕造于北魏晚期。身高 5.6 米，保存基本完好。佛像旋涡纹发髻，面相长圆，身披褒衣博带

青州龙兴寺造像

式袈裟，体型清瘦，手施无畏与愿印，立于覆莲座上。西天寺造像是山东省现存最大单体石佛造像之一，弥足珍贵。（李裕群）

【云峰山、天柱山摩崖石刻】 南北朝摩崖石刻。全国重点文物保护单位。位于山东省莱州市东南。与天柱山石刻统称“云峰刻石”。现存北魏刻石 16 处，北齐刻石 1 处。山腰以上有《郑文公下碑》、《论经书诗》、《观海童诗》、《咏飞仙室诗》、《耿伏奴题字》。山顶有《云峰之山题字》、《九仙之名题字》、《赤松子》、《王子晋》、《安期子》、《浮丘子》、《羡门子》题字。东西两侧峰亦有题字、碑记（《左阙》、《山门》、《重登云峰山记》）。山口南端巨石上有《当门石坐》及《右阙题字》。其中最珍贵的碑刻当属《郑文公下碑》，系北魏光州刺史郑道昭所书，魏碑书法的代表作之一。石刻书法风格以自然美见长，上承篆隶，下开隋唐，在中国书法史上占有重要地位。（赵超）

【铁山、岗山摩崖石刻】 北周摩崖石刻。全国重点文物保护单位。位于山东省邹城市西北。铁山刻石南北长 66.2 米，东西宽 16.2 米，面积 1 085 平方米。根据刻石内容可分为经文、石颂、颂文和题名四部分。经文内容为佛教《大集经 · 穿菩提品》，字体

以隶为主,篆楷意味浓厚,间有行草。据石颂记述,刻经始于北周大象元年(公元579年)。岗山刻石共有24处、400余字,分散在摩崖石壁或岩石之上。刻经内容包括题名、《佛说无量寿经》、《入楞伽经·请佛品》等。据题记,刻石年代始于北周大象二年。(赵超)

【驼山石窟】 隋唐时期佛教石窟。全国重点文物保护单位。位于山东省青州市东南4千米的驼山上。开凿于隋至唐代。洞窟5个,摩崖造像1处。第2~5窟属隋龛,第1窟开凿于唐武周时期。第2、3窟属大型洞窟,窟内均雕刻阿弥陀西方三圣大像。其中第3龛为隋初青州总管韦操雕造,佛像高达5米。第1窟内雕一佛二弟子二菩萨和力士,还有唐长安二年(公元702年)、三年补凿的小龛。(李裕群)

【云门山石窟】 隋唐时期佛教石窟。位于山东省青州市南2.5千米云门山上。隋唐时期开凿。窟龛5个,造像272尊。第1、2龛为大型摩崖龛,开凿于隋开皇前期,主尊为阿弥陀西方三圣像,龛内外有隋代补凿的小龛,有释迦多宝、倚坐弥勒、阿弥陀佛。第3、4、5窟是唐代开凿的方形小窟。窟内均雕一倚坐弥勒佛及二弟子二菩萨二力士或天王七身组合。(李裕群)

【白佛山石窟造像】 隋至宋代佛教石窟造像。全国重点文物保护单位。位于山东省东平县城西侧白佛山半山腰。始凿于隋开皇七年(公元587年),唐宋均有续刻。有洞窟4个、龛1个、露天造像多处。原有造像149尊,现存134尊。其中隋代开凿的第1窟窟内正壁雕高6.7米的坐佛像,两侧壁均刻数排小龛,有十六王子佛和涅槃像,是山东地区少见的题材。(李裕群)

【柳埠千佛崖造像】 唐代佛教摩崖造像。全国重点文物保护单位。位于山东省济南市东南40千米柳埠白虎山东麓。雕造于初唐时期。编号龛52个,造像214尊。有唐武德、贞观、显庆、永淳、文明等纪年铭龛。造像功德主包括唐皇室成员(南平长公主、赵王李福、驸马刘玄意)、官僚、僧尼和民众。题材比较单一,有阿弥陀、释迦和倚坐弥勒佛。造像样式极富地域特色,并对龙门石窟初唐造像产生较大影响。(李裕群)

【长清莲花洞石窟造像】 隋唐时期佛教石窟造像。全国重点文物保护单位。位于山东省济南市长清区石窝村东约300米处五峰山西麓崖壁上。雕凿于隋至初唐时期。有洞窟一座,平面呈长方形,平棋莲花藻井。正壁坛上雕一佛二弟子二菩萨五尊像,两侧壁为千佛小龛。洞窟高3米,窟外石砌券门,门额镌有"圣佛莲花洞",题款为明"天启六年五月"。洞窟外崖壁上有同时期雕造的佛龛14个、造像31尊。(李裕群)

【龙门石窟】 亦称"伊阙石窟"。北魏至唐佛教石窟。全国重点文物保护单位。位于河南省洛阳市城南13千米的龙门口(见彩版35北魏、唐代石窟寺"龙门奉先寺大像龛大卢舍那佛")。始凿于北魏太和十七年(公元493年),经东魏、西魏、北齐、隋、唐诸朝陆续雕造,鼎盛期为北魏和初唐。主要由皇室、官僚和僧侣营造。形成南北长达1千米的石窟群,分布在伊河两岸东、西山的峭壁间。现有编号窟龛2 345个,造像10万躯。北魏洞窟集中在西山,主要有古阳洞、宾阳洞、莲花洞、火烧洞、魏字洞、皇甫公窟、路洞等。窟型主要有马蹄形、穹窿顶,还有方形三壁三龛式窟。造像题材流行释迦、交脚弥勒菩萨、三世佛、释迦多宝和维摩文殊。有的壁面还雕刻佛传、本生和因缘故事等浮雕以及大型帝后礼佛图和供养人礼佛行列。造像形象较为清秀。北魏洞窟与云冈石窟关系密切。唐代洞窟在西山和东山均有分布,主要有奉先寺大卢舍那像龛、唐字洞、潜溪寺、敬善寺、双窑、惠简洞、万佛洞、极南洞、擂鼓台南洞、北洞、高平郡王洞、看经寺等。唐代流行圆形或圆角方形的列像窟,造像题材除北朝已有的释迦牟尼佛和三佛组合外,反映各佛教宗派的题材明显增多,如阿弥陀佛、观世音菩萨、卢舍那佛、传法祖师像等。造像形体丰满,是初唐石窟造像的杰出代表。(李裕群)

【伊阙石窟】 即"龙门石窟"。

【宾阳洞】 北魏石窟。位于河南省洛阳市龙门西山。北魏宣武帝所造,共3窟。开凿于景明元年至正光四年(500—523)。其中南洞、北洞未能完工,初唐时续凿完成。中洞窟门两侧雕力士像,门甬道两侧浮雕大梵天和帝释天。窟内正壁为一佛二弟子二菩萨像,侧壁为一佛二菩萨像,前壁浮雕帝后礼佛图、维摩、文殊、萨埵太子本生和十神王。20世纪30年代,帝后礼佛图和维摩,文殊像惨遭盗割,流失海外。(李裕群)

【奉先寺大卢舍那像龛】 唐代摩崖造像龛。位于河南省洛阳市龙门西山(见彩版35"龙门奉先寺大像龛大卢舍那佛”）。唐高宗时修造，武则天皇后出资助营完成，完工于唐上元二年（公元675年）。龛为摩崖敞口式。龛前三壁设坛基，正壁坛上雕高达17.14米的大卢舍那佛坐像，两侧依次雕二弟子二菩萨二天王二力士像。该造像龛规模为龙门石窟中最大的，既是唐代龙门造像的典范，又是中国唐代佛教雕刻艺术的代表作。（李裕群）

【巩县石窟】 北魏至宋代佛教石窟。全国重点文物保护单位。位于河南省巩义市东北9千米的洛水北岸大力山南麓（见彩版35“巩县石窟第1窟前壁皇帝礼佛图像”）。开凿于北魏晚期，东西魏、北齐、隋唐皆增凿龛像。现存5个大窟，328龛，7 700余尊造像。第1～4窟为中心塔柱窟，第5窟为方形、三壁三龛窟。中心柱窟为方形，平綦顶。中心柱四面及窟内左右后三壁开龛，龛内雕刻释迦多宝对坐像、维摩文殊并坐像、弥勒菩萨及三佛等题材。前壁雕刻帝后礼佛图。基坛刻十神王、怪兽和伎乐。造像脸型圆润，体态浑厚，造型艺术既承袭龙门石窟北魏造像“秀骨清像”样式，又蕴含北齐形体丰满的新风尚。帝后礼佛图中人物形象，反映了南朝雕刻艺术的影响。（李裕群）

【鸿庆寺石窟】 北魏佛教石窟。全国重点文物保护单位。位于河南省义马市东8千米白鹿山南麓。开凿于北魏晚期。现存6个洞窟。第1窟为中心塔柱窟，窟内三壁上部为大型浅浮雕佛传故事，有降魔变、太子出宫、白马吻别等场面，下部开列龛。其余洞窟为方形或方形三壁三龛式，雕刻三佛题材，造像风化较严重。（李裕群）

【万佛山石窟】 南北朝佛教石窟。全国重点文物保护单位。位于河南省洛阳市吉利区西北7.5千米万佛山南麓。开凿于北魏晚期。现存5个洞窟、1处摩崖大佛。洞窟形制有椭圆形穹窿顶窟（4个）和中心柱窟（1个）。造像题材有释迦立佛、三佛、维摩文殊，还有供养人礼佛行列，窟门两侧有浮雕力士像。与龙门、巩县（今巩义）北魏石窟关系密切，为洛阳地区重要石窟之一。（李裕群）

【水泉石窟】 南北朝佛教石窟。全国重点文物保护单位。位于河南省偃师市西南35千米万安山北面断崖上。开凿于北魏晚期。仅有1个洞窟。洞窟系利用天然溶洞雕凿而成，窟内正壁雕两尊大型立佛像，南北壁共有大小龛491个，造像728尊。窟口外摩崖镌刻造窟功德碑一通。（李裕群）

【青天河摩崖石刻】 南北朝至唐代佛教摩崖造像。全国重点文物保护单位。位于河南省博爱县青天河风景名胜区丹河峡谷内。由北魏摩崖石刻和石佛滩隋唐摩崖造像组成。北魏摩崖石刻为线刻观世音立像，旁刻《妙法莲花经·普门品》，北魏永平二年（公元509年）镌刻。石佛滩隋唐摩崖造像开凿于隋大业十一年至十二年（615—616）间，唐代续凿。现存佛龛59个、造像78尊，有阿弥陀佛、弥勒、观音菩萨像等。（李裕群）

【西沃石窟】 西晋至民国时期佛教石窟。原位于河南省新安县北40千米的黄河南岸悬壁上，现搬迁至新安县铁门镇千唐志斋，称为“千唐志斋石刻”。有石窟2座、浮雕石塔4座。第1窟开凿于北魏孝昌元年至建义元年（525—528），窟内雕三佛及胁侍弟子和菩萨像。第2窟为北魏普泰元年（531年）开凿，窟内雕一佛二弟子四菩萨像。（李裕群）

【千唐志斋石刻】 见“西沃石窟”。

【五岩寺石窟】 南北朝佛教石窟。位于河南省鹤壁市西北7.5千米的鹤壁集乡西小庄村西五岩山上。共有洞窟3座、佛龛38个、造像154尊、造像题记21则。其中有纪年发愿文者14则，从东魏兴和元年（公元539年）延续至武定七年（549年），主要由五岩寺僧及邑社组织共同雕造，属于民间开窟造像活动。窟龛形制和造像风格一致，均属清秀形象。主要题材有释迦、观世音菩萨像、三佛等。五岩寺石窟均为东魏时期民间雕造，十分珍贵。（李裕群）

【小南海石窟】 北齐佛教石窟。全国重点文物保护单位。位于河南省安阳市西南约25千米善应村龟盖山南麓。开凿于北齐时期。有中窟、东窟、西窟3个小型洞窟。造像题材有三佛、观无量寿经变、弥勒经变、维摩文殊和佛传故事等。北齐天保六年（公元555年）完工的中窟内雕有著名禅师僧稠供养像，窟外镌刻有《涅槃经·圣行品》和《板经题记》，集中体现了僧稠的禅观内容。（李裕群）

【灵泉寺石窟】 东魏至宋代佛教石窟。全国重点文物保护单位。位于河南省安阳市西南25千米宝山南麓。共有洞窟2个，北齐至宋塔龛120余个。大留圣窟为东魏武定四年（公元546年）道凭所凿，窟内三尊坐佛为北齐雕造。大住圣窟为隋开皇九年（589年）道凭弟子灵裕开凿。窟门外两侧刻迦毗罗神王、那罗延神王，窟内雕卢舍那、阿弥陀、弥勒三尊，还刻有二十四祖传法圣僧像和佛经。为研究邺

城地论宗和末法思想的重要实物资料。(李裕群)

【香泉寺石窟】 南北朝至清代佛教石窟。位于河南省卫辉市西北约35千米霖落山南麓。开凿于北齐时期。仅1个洞窟。洞窟平面方形、平顶,窟内左壁雕一弥勒菩萨、右壁一佛二菩萨像,正壁原造像已毁,后代改雕一佛二弟子。窟外左侧崖面有北齐镌刻的《华严经》。造像形象与河北邯郸南、北响堂石窟相同,是邺城(今河北临漳)地区重要石窟寺之一。(李裕群)

【太平寺石窟】 南北朝至清代佛教石窟。全国重点文物保护单位。位于河南省沁阳县西北约30千米悬谷山窄涧谷朝南的崖壁上。开凿于隋开皇年间。现存千佛洞1座。平面方形、平顶。窟外有隋代镌刻的造窟功德碑,窟内雕三佛和附有千佛题名的千佛像。壁面下部雕刻有传法圣僧组像,有的保留题名,与安阳灵泉寺大住圣窟二十四祖传法圣僧像相同,以表现佛法传承。另有隋唐小龛6个、摩崖刻经1处。(李裕群)

【大丕山摩崖大佛】 北朝至明代佛教摩崖造像。全国重点文物保护单位。位于河南省浚县城东南1千米大丕山东麓。雕造于北齐时期。依山体凿出圆拱形摩崖大龛,龛内雕一尊倚坐弥勒佛大像,大佛通高21.4米。大佛经后世修补,已失北齐造像原貌。(李裕群)

【洪谷寺千佛洞石窟】 南北朝至明代佛教石窟。全国重点文物保护单位。位于河南省林州市西南15千米的合涧镇洪谷山中。开凿于北齐武平五年(公元574年)。窟内雕一坐佛二弟子像。唐乾封元年(666年)续雕二菩萨像,并镌刻《金刚般若经》、《妙法莲花经》、《无量义经》等佛经。洞窟外东崖壁上有北齐武平五年凿刻的《赞佛偈语》。洪谷寺遗址内还保存北齐创建(塔门、石狮为北齐原物)、唐代重修的方形七层佛塔、唐贞观二十二年(648)大缘禅师摩崖石塔等珍贵文物。(李裕群)

【方城佛沟摩崖造像】 宋代佛道摩崖造像。全国重点文物保护单位。位于河南省方城县城东北约60千米小史店乡寺门村东南的香山半山腰。造像镌刻在一块自然裂开的巨石上。宋代雕造。共有32龛、造像138尊。部分佛像已漫漶不清。造像题材较为丰富,有一佛二弟子、华严三圣、地藏与十王像、十二臂观音及二弟子、十六罗汉像、千佛、供养人等。摩崖造像西南角10余米处有一座禅窟。距佛沟摩崖造像2千米的半山腰上有一座十二臂观音摩崖造像。(李裕群)

【仙佛寺石窟】 唐代佛教石窟。全国重点文物保护单位。位于湖北省来凤县翔凤镇关口村酉水河西岸峭壁上。雕造于初、盛唐时期。大小龛22个,造像31尊。其中北龛、中龛、南龛规模较大,龛内分别雕倚坐弥勒佛、坐佛及胁侍弟子和菩萨,佛像高达5米。南龛南侧为双观音立像龛,菩萨高2.7米。佛和菩萨为典型初唐造像风格,与中原佛教造像关系密切。(李裕群)

【桂林摩崖造像】 唐宋时期佛教摩崖造像。全国重点文物保护单位。位于广西壮族自治区桂林市,分布于市区西山、伏波山、溜马山及叠彩山等处。雕刻于唐宋时期,以唐代为主。共有160龛,造像603尊。年代最早的是西山观音峰唐调露元年(公元679年)昭州司马李实所造一佛二菩萨。龛内造像大多为三尊式。主尊有释迦、弥勒、阿弥陀佛、观音菩萨等。造像样式颇受中原地区影响。(李裕群)

【万佛寺石刻造像】 南北朝至唐代佛教造像。清光绪八年(1882年)至1954年四川省成都市万佛寺遗址出土。雕造于南朝至唐。最早纪年为宋元嘉二年(公元425年)造像(已佚)。部分造像已散佚,现四川省博物馆收藏有63件。大多为南朝梁、北周造像。分背屏式、单体造像和造像碑三类。造像题材有释迦、弥勒、阿育王像、观世音、双观世音菩萨等。是研究南朝佛教造像题材、样式以及佛教信仰的珍贵实物资料。(李裕群)

【皇泽寺石窟】 北魏至隋唐时期佛教石窟。全国重点文物保护单位。位于四川省广元市西1千米嘉陵江西岸乌龙山麓。始凿于北魏晚期,隋、唐续凿。现有窟龛57个,造像1 203尊。主要有中心柱窟、大佛窟、五佛亭和则天殿等。中心柱窟凿于北朝,塔柱四面开龛,龛内造像具有北朝风格。大佛窟凿于唐初,雕一佛二弟子二菩萨二力士,造像身后浮雕人形化的天龙八部,地方特色显著。(李裕群)

【广元千佛崖石窟】 北魏至唐代佛教石窟。全国重点文物保护单位。位于四川省广元市北5千米嘉陵江西岸。始凿于北魏晚期,主要窟龛雕造于初盛唐。编号窟龛848个,造像5 300余躯。主要有大佛洞、藏佛洞、睡佛洞、大云洞、菩提瑞像窟。造像题材有释迦、弥勒、菩提瑞像、释迦涅槃像等,还有少量毗卢遮那佛、四臂观音等密宗造像。佛坛中以娑罗双

树构成的背屏，别具特色。是川北地区开凿年代最早、规模最大的石窟，是研究四川早期石窟发展演变的重要地点。（李裕群）

【鹤鸣山道教石窟】 北魏至隋唐时期道教石窟。全国重点文物保护单位。位于四川省剑阁县老县城东南0.5千米鹤鸣山。始凿于北魏晚期，隋唐时期续凿。窟龛21个，造像88尊。其中8—20号为北魏晚期小龛，雕天尊像；其余为唐龛，其中1—5号为大龛，21号为小龛。题材有长生保命天尊像、天尊像、三清像和道士女冠头像。另有“六丁六甲图像”、“太极演示图”、“天龙八部图”、“双龙交合图”、“内丹修炼术分解图像”等。石窟内涵丰富，是研究道教造像思想、艺术的重要遗存。（李裕群）

【北周文王碑及摩崖造像】 北周至唐宋时期佛道摩崖造像及碑刻。全国重点文物保护单位。位于四川省成都市龙泉驿区山泉乡大佛岩。岩壁上雕刻有北周文王碑和唐宋造像龛54个。碑通高2.24米、宽1.25米，是车骑大将军强独乐为北周文王宇文泰建立佛道二尊像，于北周孝闵帝元年（公元557年）镌刻的。碑首雕刻4尊小佛像。碑文凡1 300余字，叙述宇文泰生平功绩，是十分珍贵的历史资料。造像龛主要有唐大历六年（771年）佛道二尊像、唐代倚坐弥勒大像等。（李裕群）

【睏佛寺摩崖造像】 隋至宋代佛道摩崖造像。全国重点文物保护单位。位于四川省乐至县回澜镇川主庙村的山崖上。始凿于隋代，盛于唐、宋。共有大小龛窟33个、造像1 000余尊。其中第5号窟北宋卧佛身长10.5米，周围刻弟子像等24尊，是规模最大的造像群。当地人俗称卧佛为睏佛，故名“睏佛寺”。其他题材有佛说法图、千佛、一佛二菩萨、观音、地藏、菩提瑞像、佛道合龛、天龙八部等。题材丰富，造像精美，对于研究隋唐和宋时期当地的佛教、道教历史具有重要价值。（李裕群）

【冲相寺摩崖造像】 隋唐时期佛教摩崖造像。全国重点文物保护单位。位于四川省广安市东北60千米肖溪镇渠江上游的定光岩。隋唐时期雕造，共有50龛、造像400余尊。其中隋代15龛，造像100尊，有佛、一佛二菩萨、一佛二弟子二菩萨、一佛二弟子二菩萨二力士、单体菩萨、双身像等。最为罕见的是隋开皇八年（公元588年）雕造的定光佛，像高达4米，保存完好，雕刻精细。唐代35龛，造像300余尊，有一佛二菩萨、一佛二弟子二菩萨二力士、七佛、净土变、天龙八部等。该造像为研究隋唐川东佛教造像的重要资料。（李裕群）

【巴中石窟】 唐代佛道摩崖造像。位于四川省巴中市境内。共有石窟59处，窟龛500余个。主要窟龛开凿于唐代。其中，南龛、北龛、东龛、西龛以及水宁镇的水宁寺最为重要。以装饰华丽的佛龛为主。造像题材有释迦、弥勒、阿弥陀、毗卢遮那、释迦弥勒并坐像、双头佛瑞像、菩提瑞像、观音菩萨、地藏菩萨、毗沙门天王等。个别有佛道合龛的造像。巴中石窟分布广泛，数量众多、内容丰富，是研究唐代佛教造像艺术的重要地点。（李裕群）

【南龛摩崖造像】 唐宋时期佛教摩崖造像。巴中石窟之一。全国重点文物保护单位。位于四川省巴中市城南5千米处。始凿于初唐，延至晚唐，个别为宋代以后所开。编号窟龛176个，造像1 800余躯。主要龛像雕凿于神仙坡崖壁上，以双层重檐龛为主。造像题材有释迦、弥勒、毗卢舍那、阿弥陀五十二菩萨及以双头佛为主尊的三佛、三世佛、菩提瑞像、鬼子母、毗沙门天王等。流行观音菩萨，有观音立像、双观音像、地藏观音并列像。（李裕群）

【较场坝摩崖造像】 唐代佛教摩崖造像。位于四川省茂县城北65千米较场坝。为唐翼州刺史李玄嗣等镇边将领、家属及地方官吏于唐贞观四年（公元630年）雕造。有龛22个。造像题材有释迦佛、弥勒佛、释迦与药师佛二佛并坐像、救苦观世音菩萨等。较场坝地处唐蕃边境，造像正反映了戍边将士祈求安宁的美好愿望。（李裕群）

【碧水寺摩崖造像】 唐代佛教摩崖造像。全国重点文物保护单位。位于四川省绵阳市绵山路碧水寺观音殿内崖壁上。开凿于唐贞观年间。有大小25个龛窟和《般若金刚波罗蜜多心经》一铺。造像题材有释迦佛、阿弥陀佛与五十二菩萨、西方三圣、弥勒佛等。造像受初唐长安造像样式的影响，是四川地区重要的唐代初期摩崖造像之一。（李裕群）

【梓潼千佛岩摩崖造像】 唐代佛教摩崖造像。全国重点文物保护单位。位于四川省梓潼县45千米卧龙山顶。初唐时期雕造。开凿在一块岩石的四壁上。东、西、北三面均凿1大龛，南面为千佛龛（已毁）。现存造像138尊。西龛为唐贞观八年（公元634年）开凿，内雕阿弥陀佛并五十二菩萨。东龛为弥勒佛龛，内雕一倚坐弥勒佛。北龛内雕一坐佛。东龛和北龛均有胁侍菩萨、弟子、供养人和力士像，

群像身后浮雕天龙八部。(李裕群)

【通江千佛岩摩崖造像】 唐代佛教摩崖造像。全国重点文物保护单位。位于四川省通江县西2.5千米千佛村。雕造于唐龙朔三年至开元七年(663—719)。共有54龛,造像3 000余尊。由净土变、天龙八部、说法图、七级佛塔、千佛屏等龛组成。主要有释迦、西方三圣、三世佛、药师佛、金刚力士、供养人等。(李裕群)

【夹江千佛岩摩崖造像】 唐代佛教摩崖造像。全国重点文物保护单位。位于四川省夹江县城西南3千米青衣江畔。雕造于唐代。现存162龛,造像2 470尊。最早纪年龛为唐先天元年(公元712年),主要造像有弥勒、阿弥陀、药师、毗卢舍那、观音、千手观音、数珠手观音、宝志和尚、地藏、毗沙门天王以及观无量寿佛经变、维摩诘变、华严经变、药师经变等。其中观音和地藏菩萨数量最多。(李裕群)

【牛角寨摩崖造像】 唐代佛道摩崖造像。全国重点文物保护单位。位于四川省仁寿县城东北35千米高家乡鹰头村。雕凿于盛唐时期。有101龛,造像1 519尊。佛教造像龛95个,道教造像龛6个。佛教造像有维摩经变、观无量寿佛经变、华严三圣、药师佛、千手观音等。第44龛为高15.85米的弥勒佛半身像,十分罕见。道教造像有三清像、真人群像等。(李裕群)

【观音岩摩崖造像】 唐代佛教摩崖造像。全国重点文物保护单位。位于四川省广元市城南15千米盘龙镇新民村嘉陵江东岸,现存龛窟129个,造像380余尊。雕造于盛唐至中唐。主要以摩崖龛像为主,洞窟少见。题材主要以观音数量最多,其次有释迦、药师、阿弥陀、弥勒、地藏、文殊、志公、托塔天王等。另外还有地藏、药师佛、十一面观音等密教题材。(李裕群)

【蒲江石窟】 南北朝至清代佛道摩崖造像。全国重点文物保护单位。位于四川省蒲江县境内。主要地点有飞仙阁摩崖造像、龙拖湾摩崖造像等18处。以唐宋时期佛教造像龛为主,道教造像龛较少,明清时期亦有少量龛像。(李裕群)

【飞仙阁摩崖造像】 唐、五代时期佛道摩崖造像。蒲江石窟之一。位于四川省蒲江县西南朝阳湖镇二郎潭两岸山崖上。雕造于唐、五代时期。共92龛,造像777尊。最早造像为唐永昌元年(公元689年)所造菩提瑞像龛。主要造像有释迦、三世佛、七佛、华严三圣、弥勒、双观音、千手观音、如意轮观音、西方净土变、地藏、天龙八部、天王等。另有道教天尊十尊像小龛。该造像保存较好,雕刻精细,题材丰富,历史和艺术价值较高。(李裕群)

【龙拖湾摩崖造像】 南北朝至清代佛道摩崖造像。全国重点文物保护单位。蒲江石窟之一。位于四川省蒲江县鹤山镇蒲砚村古佛山一带。主要有龙拖湾、庵子岩、土地嘴、石马庵。龙拖湾有唐宋造像龛10个、造像80尊,以及西凉嘉兴元年(公元417年)摩崖题名碑。题材有唐代观音像、释迦像。庵子岩有明代造像龛3个、造像34尊。土地嘴有唐代造像龛13个、造像263尊,有千佛、弥勒佛、释迦佛、唐天宝题记。石马庵共有9龛、造像91尊,其中唐代造像龛5个、造像81尊,有千佛、释迦佛等,以及唐会昌、大中、咸通、大顺等题记。清代造像龛4个、造像10尊,有牛王菩萨、诃梨帝母、二郎神。(李裕群)

【郑山、刘嘴摩崖造像】 唐代佛道摩崖造像。全国重点文物保护单位。位于四川省丹棱县城西约12千米双桥镇黄金村的郑山和涂中村的刘嘴,二处摩崖相距2千米。郑山现存173龛、雕像5 390尊;刘嘴现存89龛、雕像3 593尊,均为唐代雕造。绝大多数为佛教造像,个别为佛、道合龛及道教造像。题材主要有释迦牟尼、倚坐弥勒佛、观世音和千手观音等。(李裕群)

【白乳溪石窟】 唐代佛教摩崖造像。全国重点文物保护单位。位于四川省通江县南25千米东山乡枸花坪村通江河东岸台地上。开凿于盛唐时期。现存龛窟23个、造像151尊、碑刻3通、经幢1个,分布在四块锥形白砂岩石上。年代最早的题记为唐开元二十一年(公元733年)。龛窟形式有单层圆形龛、双层方形龛、外方内屋形龛等,装饰繁缛华丽。造像题材有释迦、释迦与弥勒佛组合、阿弥陀佛、菩萨、天龙八部、天王、力士、供养人、乐伎等。其中净土变龛雕刻尤为精细繁复,堪称上乘之作,是研究盛唐时期佛教造像艺术与信仰的重要资料。(李裕群)

【大像山摩崖造像】 唐至清代佛教摩崖造像。全国重点文物保护单位。位于四川省阆中市城东嘉陵江南岸大像山腰崖壁上。开凿于唐、宋、清时期。共有造像龛7个、摩崖石刻20余处。以唐开元年间开凿的弥勒大佛龛为中心。龛为圆拱形,敞口,内雕高9.88米的倚坐弥勒大佛。唐元和四年(公元809年)摩崖石刻详细记载了大佛开凿年代、缘由及何叟手凿大佛的过程。宋代造像龛4个，其中坐佛1龛、陀罗尼经幢3龛。清代造像龛2个，一为送子观音，一为净瓶观音像。大佛龛东50米处有南宋开凿的僧侣墓室6间，墓门处雕刻仿木结构建筑，极为珍贵。（李裕群）

【半月山摩崖造像】 唐代佛教摩崖造像。全国重点文物保护单位。位于四川省资阳市雁江区碑记镇半月村半月山西北面山腰。始凿于唐贞元九年（公元793年）。现有龛窟6个、造像10尊、题记5通，雕凿于南北长60米、高25米的崖壁上。其中第6号窟为圆拱敞口龛，龛内雕倚坐弥勒大佛，像高22.24米。大佛肩后镌刻有唐"贞元九年八月十五日"题记。南宋绍兴元年（1131年），汝南人梅修组织工匠始开大佛眉目。大佛保存完好，螺发，身着钩钮式袈裟，双手抚在双膝上，倚坐于方座上。该造像气势磅礴，年代明确，有重要历史价值。（李裕群）

【禹迹山摩崖造像】 俗称"禹迹山大佛"。唐代佛教摩崖造像。全国重点文物保护单位。位于四川省南部县碑院镇大佛村禹迹山腰。约开凿于晚唐时期。大佛依崖雕刻，高18米，为释迦牟尼立像，保存完好，螺发，身披袈裟，作立姿。腰背与山体相连，其余为圆雕。腿部与后壁连通，形成礼拜道。该造像为中国最高的摩崖立佛，雕刻手法独特，艺术价值高。（李裕群）

【邛崃石刻】 唐宋时期佛教摩崖造像。全国重点文物保护单位。位于四川省邛崃市境内。雕造于唐宋时期。有石笋山、磐陀寺和花置寺3处。石笋山有龛33个，造像1 195尊。磐陀寺有龛5个，造像1 091尊。花置寺有龛13个，造像1 701尊。主要有释迦佛、阿弥陀佛、三佛、千手观音、毗沙天王、西方净土变和观音经变以及密宗造像等。（李裕群）

【翔龙山摩崖造像】 唐至民国时期佛教摩崖造像。全国重点文物保护单位。位于四川省内江市市中区翔龙路3号。造像龛分布在翔龙山北麓崖壁，呈东西向排列。始凿于晚唐，宋、明、清皆有增刻。现存造像107龛、大小造像815尊、题记24处。以唐宋时期造像龛为主。其中晚唐雕造的千手观音造像规模最大，高达8米，观音两侧众神烘托，气势磅礴。造像题材有释迦佛、倚坐弥勒佛、双观音、地藏十王地狱变、观无量寿经变、毗沙门天王等。造像雕刻精致，内涵丰富，是研究唐、宋时期川东佛教造像的珍贵实物资料。（李裕群）

【能仁寺摩崖造像】 唐宋时期佛教摩崖造像。全国重点文物保护单位。位于四川省仁寿县中农镇西北2千米能仁寺。开凿于唐、宋时期。原有造像百余龛，大部分毁损于"文革"时期。现存造像分布在原"罗汉堂"右侧山壁，共28龛、造像270尊。其中1、2、15号大龛，内雕高3米余的大佛。题材有佛、菩萨立像、双观音、弟子和经幢等。其中15号为释迦降魔龛，龛内释迦佛右手施降魔印，左手施禅定印，结跏趺坐于束腰须弥座上，两侧采用半圆雕、浅浮雕手法，雕刻魔众及天龙八部等各式人物99身，场面宏大，形象生动，是十分难得的珍品。（李裕群）

【中岩寺摩崖造像】 唐至清代佛教摩崖造像。全国重点文物保护单位。位于四川省青神县城南9千米的瑞峰镇中岩村。始凿于唐，部分摩崖造像毁于明末兵乱。现存佛龛48个、造像2 492尊。主要为唐代佛龛，分布在中岩上、中、下三寺。造像题材丰富，有佛、观音、千佛、经幢等。其中牛车巡城图、提篮观音等造像别具特色。另有苏东坡、范成大、黄山谷、陆游等名人题刻119则，具有独特的历史文化和艺术价值。（李裕群）

【乐山大佛】 唐代佛教摩崖造像。全国重点文物保护单位。位于四川省乐山市城东凌云山。唐开元元年（公元713年），由海通法师发愿雕造，贞元十九年（803年）完工，历时90年。大佛依山临江开凿而成，为一倚坐弥勒佛像，通高71米，是世界上最大的石刻佛像。原大佛建有高7层的大佛阁。两侧崖壁还有唐代造像龛，保存较好的有释迦、弥勒、药师三佛龛和西方净土变龛。（李裕群）

【荣县大佛】 唐代佛教摩崖造像。全国重点文物保护单位。位于四川荣县城东500米大佛崖。雕造于晚唐时期。为露顶、敞口大龛，龛内雕倚坐弥勒大佛，高36.67米，佛头与山巅齐平。佛像右手抚膝，左手握摩尼珠。宋元时期曾对佛像进行过妆銮。大佛西侧约500米处还有同时代的摩崖造像，有弥勒佛、毗沙门天王像、飞天图案、舍利宝塔等。（李裕群）

【博什瓦黑岩画】 唐宋时期佛教雕刻。全国重点文物保护单位。位于四川省昭觉县碗厂乡南约3千米处。雕刻于南诏大理国时期。岩画分布在16块天然岩壁上，共有19组、27幅。采用阴线镌刻画像，部分造像面部为浅浮雕。题材丰富，有佛像、观音菩萨、明王、世俗人物、佛塔以及龙、狮子、麒麟等各种瑞兽。尤其是长达7.6米的释迦涅槃像和南诏王出

行图气势磅礴,雕刻逼真,十分罕见。对研究南诏、大理国的历史宗教、文化艺术具有很高的价值。(李裕群)

【安岳石窟】 唐至清代佛道石窟。全国重点文物保护单位。位于四川省安岳县境内。开凿于唐、五代、北宋,明清时期也有雕凿。摩崖造像多达217处,窟龛1 298个,造像2万余躯,是四川石窟造像最集中的地区。重要石窟地点有卧佛院、圆觉洞、毗卢洞、华严洞、玄妙观、千佛寨、孔雀洞、茗山寺等。造像以佛教为主,少量为道教。是四川唐宋时期石刻造像艺术的代表之一。(李裕群)

【卧佛院摩崖造像】 唐、五代时期佛教石窟。安岳石窟之一。全国重点文物保护单位。位于四川省安岳县城北40千米八庙乡卧佛村。开凿于盛唐至五代时期。共有139个窟龛,造像1 613余尊。造像有大型释迦涅槃像、三身佛、弥勒佛、凉州瑞像、千手观音等。还有15座唐开元时期开凿的刻经洞窟,其中4个刻经窟内还雕造佛像。主要有《涅槃经》、《法华经》、《维摩经》、《大方便佛报恩经》等10余部。2006年并入安岳石窟。(李裕群)

【圆觉洞摩崖造像】 唐宋时期佛道石窟。安岳石窟之一。位于四川省安岳县城东南1千米云居山上。开凿于唐、五代、北宋时期。现存窟龛103个,造像1 933尊。主要造像有释迦佛、净瓶观音、莲花手观音、千手观音、毗沙门天王、十六罗汉、西方三圣、地狱变以及释迦、元始天尊、太上老君佛道合龛的造像等。(李裕群)

安岳石窟圆觉洞第7号净瓶观音窟

【毗卢洞摩崖造像】 北宋佛教石窟。安岳石窟之一。位于四川省安岳县城东南50千米石羊镇油坪村厥山上。开凿于北宋时期。有窟龛20个,造像465尊。造像题材有大型的柳本尊十炼修行图,柳本尊三身像、观音经变、华严三圣、明王、十六罗汉、三皇像和供养人像。其中柳本尊十炼图与大足宝顶山题材相同。为安岳宋代佛教造像艺术的代表作。(李裕群)

【华严洞摩崖造像】 北宋佛道石窟。安岳石窟之一。位于四川省安岳县城东南56千米石羊镇华严村箱盖山上。开凿于北宋初年。现存华严洞、般若洞2个大窟,造像159尊。窟内雕华严三圣和十大菩萨、善财童子五十三参。般若洞开凿于南宋嘉熙四年(1240年),三教合一造像窟。正壁雕释迦佛,佛两侧中层龛内雕孔子和老子像。左右壁有十八罗汉、二十四诸天等。(李裕群)

【玄妙观摩崖造像】 唐代佛道石窟。安岳石窟之一。位于四川省安岳县城北20千米鸳大镇玄妙村集圣山。开凿于唐开元六年至天宝七载(718—748)。现存窟龛79个,造像1 293尊。以道教龛像为主,有救苦天尊乘九龙像、四天尊像、老君像、十二时神、金刚力士等,其次为佛道合龛,有毗卢舍那佛、天尊并坐像等。(李裕群)

【玉蟾山摩崖造像】 宋、明时期佛道摩崖造像。全国重点文物保护单位。位于四川省泸县城东南1千米玉蟾山上,主要分布在金鳌峰崖石上。始凿于宋代,大多数龛像为明景泰至天顺年间雕造。造像共计414尊。题材极为丰富,以观音居多,有千手观音、六臂观音、送子观音等。其中第19龛千手观音造像,高5.6米。其他题材有三世佛、西方三圣、燃灯佛、地藏王及六道轮回图、十八罗汉飘海图、悟道图等。另有充满民间生活气息的造像,如村妇图、刘海戏蟾、红毛童子、三官土地等。道教造像极少,有玉皇大帝像。石刻题记有6处,其中宋黄庭坚所书“玉蟾”最著名。摩崖造像保存较好,人物刻画生动,为研究宋明时期宗教与民间信仰的珍贵实物资料。

（李裕群）

【冒水村摩崖造像】 宋至清代佛教摩崖造像。全国重点文物保护单位。位于四川省仁寿县虞丞乡冒水村大佛沟。凿于南宋淳熙十一年（1184 年）至清宣统二年（1910 年）。有龛 6 个、造像 22 尊。主龛为世尊讲法图，内雕释迦牟尼世尊，高 5.1 米，面朝左侧；左下侧为弟子迦叶，高 2.2 米，为老者形象，仰首凝视释迦，神情生动。1 号龛为世俗夫妇供养像，夫妇间供一牌位，阴刻“大成至圣先师孔子”八字。男主人倚坐于方座上，夫人坐于牛背上，表现手法较为特殊。其他题材有一佛二菩萨像、六指观音像等。（李裕群）

【清凉洞摩崖造像】 明代佛教摩崖造像。全国重点文物保护单位。位于四川省叙永县马岭镇平清村七社。明正德九年（1514 年）开凿。共有 42 龛、造像 222 尊。以 29—31 号为主龛，龛内各雕一尊坐佛。主龛上方分列 3 龛，龛内各雕一菩萨坐像。主龛两侧雕刻有十六罗汉、四臂观音、菩萨群像、供养比丘群像和世俗供养人等。造像保存完整，雕刻精细，是研究明代佛教艺术的重要资料。（李裕群）

【潼南大佛寺摩崖造像】 隋唐时期摩崖造像。全国重点文物保护单位。位于重庆市潼南县西北 1 千米定明山北麓。始凿于隋，而盛于唐。造像龛 129 个，造像 928 尊。造像包括儒、释、道“三教”。以佛教为主，共 113 龛，道教 12 龛，儒家及其他 4 龛。其中隋开皇十一年（公元 591 年）、大业六年（610 年）天尊像龛是较早的道教造像龛，十分珍贵。佛教造像有通高 18.43 米的弥勒大佛，还有三世佛、阿弥陀佛、观世音菩萨等。（李裕群）

【大足石刻】 唐宋时期佛道石窟与摩崖造像。全国重点文物保护单位。位于重庆市大足区境内。开凿于唐，盛于两宋。主要有北山、宝顶山、南山、石篆山、石门山、妙高山等 40 余处，其中北山、宝顶山规模最大，内容丰富。现存造像 5 万余躯，以佛教造像为主（北山、宝顶山），也有道教或三教合一的窟龛造像（南山、石篆山、石门山）。为中国晚期石窟造像的杰出代表。（李裕群）

【宝顶山石刻】 宋代佛道石窟与摩崖造像。大足石刻之一。全国重点文物保护单位。位于重庆市大足区城东北 15 千米宝顶山，造像主要集中在大佛湾。南宋淳熙六年（1179 年）由赵智凤创凿，历时数十年完成。大佛湾为一条幽深的马蹄形山湾。窟龛造像随山势雕造。除毗卢道场、圆觉洞为洞窟外，其余均为大型摩崖造像。共有 31 组雕刻群像，规划严整、场面恢宏，是中国石窟中所仅见的。造像题材主要有华严三圣、广大宝楼阁、六道轮回图、毗卢道场、孔雀明王经变、释迦诞生和涅槃像、千手千眼观音、柳本尊行化、地狱变、观无量寿经变、父母恩重经变、十大明王、圆觉洞和牧牛道场等。这些题材糅杂了密宗、禅宗和儒家孝道等各种思想，是佛教世俗化的形象表现。（李裕群）

大足宝顶山第 3 龛六道轮回图

【北山石刻】 唐宋时期佛道石窟与摩崖造像。大足石刻之一。全国重点文物保护单位。位于重庆市大足区城北 2 千米北山上。最早由唐景福元年（公元 892 年）昌州刺史韦君靖主持开凿，五代至南宋绍兴年间达到极盛。有窟龛 264 个。题材主要有阿弥陀佛、救苦观音菩萨、地藏菩萨、毗沙门天王、十六罗汉、千手千眼观音、不空羂索观音、圆觉菩萨、孔雀明王、十殿阎君以及弥勒下生经变、地狱变、观无量寿经变等。（李裕群）

【涞滩摩崖造像】 宋代佛教摩崖造像。全国重点文物保护单位。位于重庆市合川区涞滩古镇二佛寺内。雕造于南宋淳熙至嘉泰年间（1174—1204）。共有大小造像 1 700 余尊。集中分布在二佛寺下殿内北、南、西三面岩壁上。以高达 12.5 米的释迦说法像为中心，周围分层雕刻形态各异的罗汉群像。另外还有释迦与禅宗六祖、六臂观音、地藏菩萨、十六罗汉等。（李裕群）

【石门大佛寺摩崖造像】 宋代佛教摩崖造像。全国重点文物保护单位。位于重庆市江津区石门镇凉亭村东 100 米处。造像仅有一尊观音菩萨坐像，约为宋代雕造。观音菩萨依山雕凿，俯瞰长江，通高 13.5 米，是国内现存最大的观音造像。观音贴金彩绘，保存完好，头戴化佛宝冠，面目清秀，身披华丽的项圈和璎珞，腹部悬挂法轮，左脚踏莲花，半跏坐于佛座上。造像前有清乾隆年间改建的七重檐大佛阁。（李裕群）

【弹子石摩崖造像】 元至清代佛教摩崖造像。全国重点文物保护单位。位于重庆市南岸区大佛鸿集翠村长江边上。有摩崖弥勒大佛龛 1 座。《巴县志》记载：大佛龛为元末农民起义军领袖明玉珍在重庆建大夏国后，为佑平安，命都察院邹兴雕造。大龛背依山崖，面临长江，高 13.75 米，宽 10.45 米，深 2.55 米。龛内雕倚坐弥勒佛二弟子像。弥勒佛高 7.5 米，螺发，身着袒右袈裟，右手上举，左手抚膝，倚坐于长方形台座上。两侧迦叶、阿南二弟子立像高 2.3 米，二弟子均着袈裟，双手合十。附属建筑五佛殿内还有一佛龛，明永乐十九年（1421 年）雕造。龛高 6.4 米、宽 11.55 米、深 1.4 米。龛内正面雕三佛并坐像，两侧为文殊骑狮、普贤乘象像。（李裕群）

【石钟山石窟】 南诏、大理时期佛教石窟。全国重点文物保护单位。位于云南省剑川县西南 25 千米石钟山。始凿于南诏时期，盛于大理国时期。分石钟寺（8 窟）、狮子关（3 窟）、沙登箐（5 窟）3 区。南诏时期仅见于沙登箐 1 号，雕弥勒、阿弥陀佛等。其他窟龛属大理国时期。主要有表现南诏王的“全家福”和诸大臣议政群像、大日遍照佛、明王、大黑天、毗沙门天王、梵僧像、阿嵯耶观音等，地方特色浓厚。是研究南诏、大理国佛教艺术、本土信仰以及与中原、吐蕃佛教关系的重要资料。（李裕群）

【查拉路甫石窟】 唐宋时期佛教石窟。位于西藏自治区拉萨市布达拉宫西南药王山东麓。仅 1 个中心柱窟，由吐蕃松赞干布的藏妃茹雍主持开凿。洞窟方形，围绕中心柱为转经廊。中心柱及转经廊均雕像。有释迦、阿弥陀、弥勒菩萨、三世佛、吐蕃时期人物像（如松赞干布、文成公主、尺尊公主）等。公元 11 世纪以后续刻的有藏传佛教宁玛派祖师尊像。（李裕群）

【恰姆石窟】 宋代佛教石窟。位于西藏自治区定结县琼孜乡恰姆村南 3 千米，喜马拉雅山北麓支脉山脊的崖壁上。约开凿于公元 10—11 世纪。洞窟约有 105 座，分为 3 个大区。第一区有 3 座洞窟保存较好，窟内存有泥塑头光、基座、壁画、贴壁擦擦等。其中 1 号窟原有塑像为五部佛组成的金刚界曼荼罗；壁画以礼佛或供养人为主，人物均身着吐蕃式的三角翻领长袍。是研究藏传佛教的重要资料。（李裕群）

【东嘎皮央石窟】 宋至明代佛教石窟。位于西藏自治区札达县东嘎村和皮央村附近。开凿于公元 11—16 世纪。洞窟 1 000 余个。有礼佛窟、僧房窟和禅窟等。礼佛窟内均有壁画，塑像不存。题材大都属藏密系统，曼荼罗一般占据壁面中心位置，有的绘于窟顶。其次有佛、菩萨、护法神像、佛传故事以及说法、礼佛图。还有反映藏地苯教的神祇以及高僧和吐蕃贵族像。为西藏自治区规模最大的石窟，是研究藏传佛教艺术的宝库。（李裕群）

【安塞大佛寺石窟】 原称“崇庆禅寺石窟”或“真武洞石窟”。北魏佛教石窟。位于陕西省安塞县真武洞镇滴水沟村东宝公山西麓山上。开凿于北魏晚期。共有洞窟 6 座。其中第 2 窟为主窟，平面呈马蹄形、穹窿顶。窟内正壁主尊立佛高达 5.4 米，佛像背后有礼拜道。第 4 窟为方形平顶窟，窟内雕刻保存较好，有坐佛、释迦多宝、倚坐佛、半跏思惟菩萨，以及多幅不同场景的佛传故事等。人物造型生动、雕刻精致，是陕北地区极为重要的北魏石窟寺。（李裕群）

【福地石窟】 西魏佛道混合石窟。全国重点文物保护单位。宜君石窟群之一。位于陕西省宜君县福地水库中心岛断崖上。开凿于西魏大统元年（公元 535 年）。仅有洞窟 1 个。洞窟长方形，平顶，三壁三龛式。正壁龛内雕一佛二菩萨像，龛外右侧雕供养人，左侧为开窟发愿文。左壁龛内佛像已毁，龛上有千佛龛。右壁内雕一老君像，左右为二天尊。龛外下方两侧为道士、道民供养人像。为中原北方地区最早的佛道合一石窟。（李裕群）

【药王山石刻】 隋至明代佛道摩崖造像。全国重点文物保护单位。位于陕西省铜川市耀州区城东 1.5 千米药王山上。山有五峰，顶平如台，称“北五台”。后因唐代名医孙思邈隐居于此，改名“药王山”。主要造像雕造于隋唐时期。有佛龛20余个。隋代仅一长方形大龛，内雕倚坐弥勒菩萨。其余大多为唐代作品。题材有坐佛、观音菩萨、半跏菩萨、地藏菩萨六道图等。今药王山博物馆还收藏北魏至唐代各类造像碑石100余通，特别是北魏《魏文朗造像碑》等佛道造像碑，史料价值较高。（李裕群）

【彬县大佛寺石窟】 隋唐时期佛教石窟。全国重点文物保护单位。位于陕西省彬县城西10千米清凉山。唐代称“应福寺”，为武德元年（公元618年）唐太宗所建。现存窟龛116个，开凿于唐代，个别洞窟可能早到隋代。主要洞窟为唐贞观二年（628年）完工的大佛洞。洞窟平面椭圆形，穹窿顶。窟内正壁雕高20余米的阿弥陀佛坐像，左右壁为高17余米的观世音和大势至菩萨。大佛寺为唐代皇室在长安附近开凿的一处石窟寺，对研究唐代造像样式的形成具有重要意义。（李裕群）

【慈善寺石窟】 唐代佛教石窟。全国重点文物保护单位。位于陕西省麟游县城东约8千米处。唐高宗时期开凿。洞窟3个。第1窟为椭圆形，穹窿顶，窟内雕3佛，均高4米余。第2窟为大像窟，平面马蹄形，穹窿顶，窟内正壁雕造高达4.7米的立佛像，左右壁各有一尖拱形浅龛，内雕一菩萨像。第3窟未完成。南崖还镌刻有《如来在金棺嘱累清静庄严敬福经》。（李裕群）

【金川湾石窟】 唐代佛教石窟。位于陕西省淳化县东南15千米金川弯村南石崖上。开凿于初唐。仅1个洞窟。洞窟方形、平顶。正壁雕高达4.3米的佛像，两侧各雕一胁侍菩萨。东西两壁镌刻《七阶佛名经》、《明诸经中对根时深发菩提心法》、《大集经月藏分经略》、《佛说大方广十轮经序品》等三阶教经典。据考证，造像和刻经应为三阶教徒所雕造，是研究唐代长安三阶教的重要资料。（李裕群）

【石泓寺石窟】 隋至明代佛教石窟。全国重点文物保护单位。位于陕西省富县城西南65千米处。始凿于隋，唐、宋、金、明均有续凿。现存洞窟10个。窟型以方形、坛柱式为主。窟内中央设坛，坛四角设通顶立柱。坛上雕成组造像，有一佛二弟子二菩萨、释迦、倚坐弥勒、文殊、普贤、舒坐观音、罗汉、千佛等。第6窟为明代石窟，正壁雕道教三清像。（李裕群）

【万安禅院石窟】 亦称“千佛洞石窟”。宋代佛教石窟。全国重点文物保护单位。位于陕西省黄陵县西48千米双龙镇峪村。开凿于北宋绍圣元年至政和三年（1094—1113）。仅1座大型洞窟。洞窟有仿木式前廊，前廊后接长甬道，两壁雕地狱变、涅槃变、日月光菩萨。主室中央为佛坛，坛上正中雕释迦、文殊、普贤三尊造像，左、右、后三面设背屏。窟内四壁有大日如来、药师佛、释迦、千手观音、八大菩萨、五百罗汉等。（李裕群）

【千佛洞石窟】 即“万安禅院石窟”。

【钟山石窟】 北宋佛教石窟。全国重点文物保护单位。位于陕西省子长县安定镇城东钟山脚下。开凿于北宋治平四年（1067年）。洞窟5个。以第3窟为主窟，洞窟为横长方形，有3个窟门。窟内中央设横长方形佛坛，坛上雕8根立柱直接窟顶。坛上雕迦叶、释迦、弥勒三世佛，佛两侧各有二弟子。坛前置文殊、普贤菩萨。窟内四壁雕刻药师佛、涅槃图、观世音、十六罗汉等。（李裕群）

【万佛洞石窟】 宋、元、明时期佛教石窟。全国重点文物保护单位。位于陕西省延安市内清凉山半山腰。始凿于北宋，金代续凿。洞窟3个。第1窟规模最大，平面横长方形，窟内中央设横长方形佛坛，坛上左右为连接窟顶的石屏。坛上原置三佛。佛坛上方窟顶雕3个并列的覆斗形藻井。石屏、窟内四壁及门道均雕造像，有三佛、弥勒佛、舍利塔、十一面观音、自在观音、文殊菩萨、普贤菩萨、十六罗汉等。（李裕群）

【城台石窟】 宋金时期佛教石窟。位于陕西省志丹县旦八镇城台村洛河东岸。开凿于北宋，金代续凿。仅1个大型洞窟。洞窟有前后室。前室雕四立柱，前室后壁中央开3个门道。门道两侧雕四天王，前室左右壁雕十六罗汉。后室平面呈横长方形，窟内中央设长方形佛坛，佛坛上置佛像3尊。窟内四壁均有龛像，有三佛、七佛、文殊、普贤等。（李裕群）

【敦煌石窟】 北魏至元代佛教石窟。甘肃省敦煌市境内莫高窟、西千佛洞的总称。有时亦包括甘肃省瓜州县榆林窟和东千佛洞。一般指莫高窟。（李裕群）

【莫高窟】 亦称“千佛洞”。北魏至元代佛教石窟。全国重点文物保护单位。位于甘肃省敦煌市东南25千米鸣沙山东麓（见彩版35“敦煌莫高窟第45窟西壁龛内塑像”）。相传前秦建元二年（东晋太和元年，公元366年）沙门乐僔开始凿窟造像。历经北朝、隋唐以至元代，均有所修建。共有洞窟735个，保存壁画4.5万余平方米，彩塑2 400余尊。洞窟分南、北两区，南区洞窟487个，是莫高窟精华所在；北区洞窟248个，主要为僧人、工匠居住区，保存塑像和壁画的洞窟很少。现存洞窟大致分为4个时期：即北朝、隋唐、五代和宋、西夏和元。北朝洞窟36个，为北魏、西魏、北周开凿，个别洞窟或早到十六国北凉时期。窟型有中心柱窟、方形窟和禅窟。以中心柱窟为主，窟中一般塑释迦或弥勒，壁面满绘壁画，有佛说法图、千佛、佛传、本生和因缘故事。隋唐时期共开窟300余个，流行方形、覆斗顶窟。新出现大像窟、佛坛窟和卧佛窟。塑像有三佛、释迦、弥勒以及涅槃像。壁画题材流行多种经变画，其中净土类经变占很大比重，此外还有与经变画相配合的屏风画、佛教感应故事画、瑞像图、密宗题材画以及历史人物画等。五代、宋时期新建洞窟50余个，主要为中心佛坛窟，造型虽有唐代余风，但表现技艺不如唐代精湛。壁画题材多沿袭唐代。西夏、元时期主要是改建旧窟，重绘壁画，新凿洞窟很少。元代出现藏传佛教曼荼罗和明王像。石窟内容反映出从5—14世纪中国部分社会生活及历代造型艺术的发展情况。（李裕群）

【千佛洞】 见“莫高窟”。

【敦煌藏经洞】 即甘肃省敦煌市莫高窟第17窟。位于第16窟甬道北壁，建于唐大中五年至咸通三年（851—862）之间，是晚唐释门河西都僧统洪𧆛影堂。洞窟约封存于公元11世纪初。1900年（清光绪二十六年），湖北麻城籍道士王圆箓清除第16窟甬道积沙时偶然发现藏经洞。洞窟平面近于方形，覆斗形窟顶，窟高3米，洞内空间约有19立方米。藏经洞内，满贮各类文物约5万件。其中文献约5 000种，绝大部分是佛教文书。也有一些非佛教文书，分别是官府文书、四部书、道教典籍、摩尼教典籍、景教典籍、社会经济文书、文学作品、启蒙读物等。写本以汉文写本为主，也有藏文、于阗文、梵文、回鹘文、粟特文、突厥文、龟兹文写本。还出土有石碑、壁画、铜佛、法器、经幡、经幢、绢纸画、壁画小样和画具等。藏经洞被发现后，大部分珍贵文物被掠夺至海外。现仅有各类文书8 697卷收存于中国国家图书馆。（李裕群　陈良伟）

【西千佛洞】 北魏至元代佛教石窟。敦煌石窟之一。全国重点文物保护单位。位于甘肃省敦煌市西南30千米党河北岸峭壁上。始凿于北魏，西魏、北周、隋唐、五代及元代均有续建。现有洞窟22个。洞窟形制、塑画题材和艺术风格等都与莫高窟同期洞窟相似，有些塑像和壁画经过后代改塑和重绘。第19窟唐后期的十六罗汉塑像则是莫高窟中未见的塑像题材。（李裕群）

【榆林窟】 北魏至元代佛教石窟。敦煌石窟之一。全国重点文物保护单位。位于甘肃省瓜州县城南约70千米榆林河东西两岸的峭壁上。约始凿于北魏，唐、五代、宋、西夏、元各代均有建造。现存洞窟41个。窟形有中心柱窟、佛坛窟和大像窟。现存塑像和壁画为唐至元绘制的。流行各种经变画，塑画题材和艺术风格，大多与莫高窟同期洞窟相同。（李裕群）

【东千佛洞】 西夏佛教石窟。敦煌石窟之一。位于甘肃省瓜州县桥子乡南35千米峡谷两岸。开凿于西夏。现存洞窟23个，残存有壁画、塑像者8窟。有中心柱窟、圆形窟和方形窟，塑像大多为清代重修。壁画题材主要有经变画、汉藏密宗图像、尊像画和西夏供养人画像，表现出显密结合、汉密与藏密结合的特点。（李裕群）

【天梯山石窟】 北朝至唐代佛教石窟。全国重点文物保护单位。位于甘肃省武威市城南60千米天梯山断崖上。始凿于北凉，北魏、唐代又有续凿。现存洞窟18个。北凉时期以中心柱窟为主，也有大像窟。所有洞窟都经后代多次重修和妆銮，从重层壁画中剥离出来北凉、北魏、西魏和隋唐残画，其中北凉壁画别具特色。1959年，修建黄羊水库时，将洞窟壁画、塑像搬迁到甘肃省博物馆。是十六国北凉时期最重要的石窟寺，对研究北凉佛教和造像艺术具有重要意义。（李裕群）

【炳灵寺石窟】 北魏至明代佛教石窟。全国重点文物保护单位。位于甘肃省永靖县西南35千米黄河北岸大寺沟内。始凿于西秦，北魏、北周、隋、唐诸代续凿。窟龛196个，造像776躯，壁画912平方米。西秦开凿的第169窟为一天然洞穴，有小龛24个，塑像71尊。第6龛塑西方三圣，旁有西秦建弘元年（公元420年）发愿文。西秦塑像还有释迦、释迦苦修像、三佛、五佛等，壁画有无量寿佛、弥勒菩萨、释迦多宝、维摩诘、十方佛、千佛以及高僧、供养人等。北魏洞窟有8个，均方形覆斗顶。第126窟有北魏延昌二年（513年）发愿文。造像释迦多宝、交脚弥勒、七佛、涅槃像、思惟菩萨等。北周、隋洞窟较少。唐代窟龛134个，多摩崖小龛。造像题材有阿弥陀佛、药师佛、弥勒佛、观世音菩萨等。第171窟为高达27米的倚坐弥勒，唐贞元十九年(803年)雕造。炳灵寺是唯一有十六国时期纪年铭文的石窟寺，是研究这一时期佛教造像的标尺。(李裕群)

【文殊山石窟】 北朝至西夏佛教石窟。全国重点文物保护单位。位于甘肃省肃南裕固族自治县祁丰镇。开凿于北朝时期。分前山和后山二区。主要有8个中心柱窟和1个禅窟。中心柱窟均方形，券顶。前山万佛洞和千佛洞保存有塑像和壁画。中心柱分上、下二层，四面开龛，龛内均塑佛像，龛外塑胁侍菩萨像。壁画有释迦说法图、十方佛、世俗供养人等。绘画采用西域流行的晕染法，体现出西域与河西走廊佛教艺术的密切关系。(李裕群)

【马蹄寺石窟】 北魏至清代佛教石窟。全国重点文物保护单位。位于甘肃省肃南裕固族自治县东南80余千米临松山中。开凿年代约从北魏一直延续到元、明、清时期。计有北寺、南寺、千佛洞、金塔寺和上、中、下观音洞等处。其中千佛洞、金塔寺为北朝开凿；上、中、下观音洞窟型似属北朝，但造像为元明时期塑造。南、北寺开凿年代较晚，属蒙元时期。大多数石窟采用泥塑与壁画相结合的做法，也有石胎泥塑。(李裕群)

【马蹄寺千佛洞】 南北朝佛教石窟。马蹄寺石窟之一。位于甘肃省肃南裕固族自治县马蹄寺东北约3千米的崖壁上。始凿于北魏，西魏、北周续凿。有洞窟8个。以中心柱窟为主，也有大像窟和三壁三龛窟。中心塔柱多层或单层开龛，龛内塑佛像。大像窟内中心柱正面雕大立佛，与新疆维吾尔自治区克孜尔石窟相似。窟内残存部分壁画。题材有十方佛、释迦多宝、交脚弥勒、千佛等。(李裕群)

【金塔寺石窟】 北魏佛教石窟。马蹄寺石窟之一。位于甘肃省肃南裕固族自治县马蹄寺西北15千米临松山西面崖壁上。开凿于北魏前期。现存洞窟2个，即东窟和西窟。洞窟均方形、覆斗顶、中心柱窟。中心柱上下分层，四面开龛塑像。龛内塑一坐佛，龛外两侧塑胁侍菩萨或弟子。主尊佛像有坐佛、交脚佛、倚坐佛、释迦苦修像、半跏菩萨等。窟顶绘有立佛或飞天。造像形体健壮，与云冈昙曜五窟相似，为河西走廊重要的早期石窟。(李裕群)

【昌马石窟】 北魏佛教石窟。位于甘肃省玉门市玉门镇南约70千米昌马乡水峡村西。开凿于北魏。分上窟和下窟两处，原有洞窟24个，大多毁于地震。现存4个洞窟。第2、4窟为中心柱窟，窟型与酒泉文殊山石窟相同。中心柱分上、下二层，四面开龛，龛内均塑佛像，龛外塑胁侍菩萨像。窟内壁画为西夏重绘。(李裕群)

【麦积山石窟】 北魏至明代佛教石窟。全国重点文物保护单位。位于甘肃省天水市东南45千米麦积山。始凿于北魏，西魏、北周、隋诸代相继开凿。唐、宋、明各代多为重新妆銮或改塑。洞窟开凿于东崖和西崖的峭壁上。现存窟龛194个，造像7 000余躯，壁画1 000余平方米。北魏洞窟数量最多，多方形平顶窟，还有三壁二龛和三壁三龛窟。其中第74、78窟最早，为一组双窟。窟内塑三世佛及二胁侍菩萨。佛和菩萨造型浑厚，与云冈昙曜五窟相似。北魏塑像以三佛为主，还有释迦多宝、千佛、影塑等。北魏晚期塑像为“秀骨清像”。西魏多大型洞窟和崖阁式洞窟。大窟有第127、135窟，平面横长方形，覆斗顶，窟内雕仿木式佛帐结构。窟顶保存大幅经变画和佛本生故事画，如西方净土变、维摩经变等。崖阁式洞窟以第43窟(即乙弗皇后的寂陵)为典型。外观为面宽三间、庑殿顶建筑。造像题材有三佛、维摩、文殊等。北周洞窟数量较多，有大型崖阁式窟。第4窟(上七佛阁)为大都督李允信所造，为面宽七间殿堂式崖阁，前廊后部为7座并列的大窟，窟间雕天龙八部。中小型窟多方形、三壁三龛或三壁七龛式。窟内雕仿木式佛帐结构。造像题材以七佛和三佛为主。人物造型丰满、体态健壮。隋代洞窟较少，多为平面方形或马蹄形窟。出现摩崖大像(第13、98窟)，造像题材多一佛二菩萨。(李裕群)

【北石窟寺】 北魏至宋代佛教石窟。全国重点文物保护单位。位于甘肃省庆阳市西峰区西南25千米覆钟山下。始凿于北魏，西魏、北周、隋、唐、宋各代均有续凿。有窟龛295个，造像2 100余躯。北朝洞窟多方形或长方形窟，也有中心柱窟。第165窟为北魏永平二年(公元509年)泾州刺史奚康生开凿，窟内雕七佛二身交脚弥勒菩萨。隋唐窟龛数量最多，窟型多方形、长方形或马蹄形。造像题材有阿弥陀佛、倚坐弥勒佛等，是陇东地区重要的北魏石窟。(李裕群)

【南石窟寺】 北魏至唐代佛教石窟。全国重点文物保护单位。位于甘肃省泾川县东7.5千米泾河北岸。始凿于北魏。编号洞窟5个。第1窟为北魏永平三年(公元510年)泾州刺史奚康生开凿,窟型、题材与北石窟寺第165窟相同。洞窟平面长方形,覆斗顶。窟内雕七佛大像和二交脚弥勒菩萨。窟顶浮雕本生或佛传故事。(李裕群)

【王母宫石窟】 南北朝佛教石窟。全国重点文物保护单位。位于甘肃省泾川县城西0.5千米王母宫。开凿于北魏晚期。仅1座大型中心塔柱窟,窟内造像200余尊。洞窟方形平顶,窟内三壁分上、下层开列龛。中心塔柱为二层,下层方形,四面开龛。南面龛雕释迦多宝,余均雕一佛二菩萨。上层八角形,每面开一龛。窟型和造像样式与云冈二期中心柱窟相似,是云冈模式向西影响的典型实例。(李裕群)

【仙人崖石窟】 南北朝至清代佛教石窟。全国重点文物保护单位。位于甘肃省天水市麦积区麦积镇。距麦积山石窟15千米。约始凿于北魏宣武帝景明年间,北周至宋元仍有修凿。由南崖华严寺、东崖水莲寺、西崖灵应寺及玉皇顶、宝盖山、献珠山组成。现存大型洞窟11个、摩崖小龛近千个。南崖开凿年代最早,现存有北魏塑像、北周造像、隋造像,以及宋代重塑高约3米的接引佛和弟子像。宋代在南崖和西崖继续开龛造像,西崖喇嘛楼的"泗洲大圣及其弟子慧俨,木叉像",是这一时期代表性造像。元代在南崖开龛,并彩绘三世佛、度母及护法等密宗题材。仙人崖石窟集石窟、雕塑、建筑于一身,价值较高。(李裕群)

【石拱寺石窟】 北魏至隋唐时期佛教石窟。全国重点文物保护单位。位于甘肃省华亭县城南23千米上关乡半川村。始凿于北魏晚期,隋唐时期续凿。现存窟龛14个、造像249余躯。绝大部分为北魏洞窟,形制以方形、三壁三龛窟为主。造像内容丰富,有三佛、释迦多宝、阿育王施土、维摩文殊对坐像,以及菩萨、弟子、飞天、力士、供养人等。造像大多保存较好,形象逼真。隋唐时期开凿的第2、6号窟,规模宏大,窟内主尊三佛高达5～6米,残损严重。(李裕群)

【五个庙石窟】 北魏、五代、西夏时期佛教石窟。全国重点文物保护单位。位于甘肃省肃北蒙古族自治县城西20千米党河湾西岸。初创于北魏晚期,续修于五代、西夏。洞窟4个,现存壁画为西夏时期。第一窟为中心柱窟,其他为方形人字披窟顶。壁画题材丰富,有释迦牟尼八相经变、文殊经变、普贤经变、水月观音经变、金刚界曼荼罗、千手千眼观音经变、炽盛光佛曼荼罗、涅槃经变、维摩诘经变和劳度叉斗圣变等。壁画大多保存较好,颜色鲜艳,是研究西夏佛教信仰和壁画艺术的重要资料。(李裕群)

【云崖寺和陈家洞石窟】 南北朝至明代佛教石窟。全国重点文物保护单位。位于甘肃省庄浪县。云崖寺石窟位于韩店镇黄草村西云崖寺国家级森林公园内。开凿于云崖寺主峰悬崖峭壁上,分上、中、下三层,共有窟龛19个、石造像18尊、泥塑55尊。现存北周佛龛造像,多数为明代喇嘛教塑像。陈家洞石窟位于通化乡陈堡村东龙眼峡山崖上。开凿于北魏晚期,现有洞窟9座,其中北魏摩崖三尊立佛造像高达5米余,保存完好。其余多为宋、明时期泥塑。(李裕群)

【水帘洞石窟】 亦称"拉稍寺石窟"。北周时期佛教摩崖造像。全国重点文物保护单位。位于甘肃省武山县城东北25千米。北周时期雕造,其中拉稍寺巨型摩崖浮雕一释迦二菩萨为北周明帝三年(公元559年)秦州刺史尉迟迥所造。分千佛洞、拉稍寺、水帘洞、显圣寺等地点。佛像高近40米,双手施禅定印,结跏趺坐于莲花座上。莲座上浮雕象、鹿和狮子。两侧菩萨略低于佛像,双手持莲花,侧身朝向佛,是北朝时期最大的摩崖浮雕组像。(李裕群)

【拉稍寺石窟】 即"水帘洞石窟"。

【大像山石窟】 北朝至唐代佛教石窟。全国重点文物保护单位。位于甘肃省甘谷县城西2.5千米的文旗山上。共有洞窟22座,开凿年代不详,窟前遗址清理中发现多件北朝造像。洞窟以6号大佛窟规模最大,窟内保存石胎泥塑倚坐弥勒大像,高达23.3米。大佛为唐代雕造,后世重妆,其他窟内塑像为清代重塑。(李裕群)

【木梯寺石窟】 唐代至宋元时期佛教石窟。全国重点文物保护单位。位于甘肃省武山县西南约30千米的马力镇杨坪村北百林山上。石窟始凿于唐,宋元时期续凿。现存窟龛14个,保存塑像80余尊。其中第8、9、10、14窟为唐代洞窟。第14窟的大型倚坐弥勒佛像、二胁侍菩萨坐像;第9窟的三佛及胁侍弟子、菩萨像和第8窟主尊坐佛,保存完好,塑造精美,十分珍贵。(李裕群)

【石空寺石窟】 宋至明代佛教石窟。全国重点文物保护单位。位于甘肃省镇原县城关镇金龙村茹河南岸石崖上，西距县城2千米。开凿于宋、明时期。现存窟龛9个。其中3—9号窟多为平面长方形，平綦顶，窟内造像已毁。1—2号窟保存较完整，有石胎彩绘泥塑造像14尊。1号窟高8米、宽9.50米，内雕一佛二菩萨二弟子像。2号窟高7.50米、宽11米、残深4.30米，内雕五佛四菩萨像。洞窟规模较大，是陇东地区重要的晚期石窟。（李裕群）

【贝大日如来佛石窟寺】 原称“文成公主庙”。唐代佛教摩崖石刻。全国重点文物保护单位。位于青海省玉树县巴塘乡贝达社境内，距州府结古镇20千米。造像始凿于公元642年（唐贞观十六年）左右，653年完成。由大日如来佛，佛殿左、右藏、汉刻文，章冈及卓拉摩崖组成。内容有大日如来佛及八大菩萨浮雕、古藏文刻文“所依能依颂”、“祝辞”、“具摩崖简志”、汉文《般若波罗蜜多心经》以及章冈的十方佛和古藏文《普贤菩萨行愿王经》石刻。（李裕群）

【文成公主庙】 即“贝大日如来佛寺石窟”。

【勒巴沟摩崖石刻】 唐代佛教摩崖石刻。全国重点文物保护单位。位于青海省玉树县巴塘乡勒巴社勒巴沟内，距州府结古镇29千米。摩崖始刻于武周太极元年（公元712年）左右，天宝元年（742年）竣工。由古秀泽玛、吾娜桑嘎、恰冈和泽琼沟4处石刻组成。主要内容有古秀泽玛“公主礼佛图”、“三转法轮图”摩崖线刻、吾娜桑嘎“佛诞生图”摩崖线刻及古藏文刻经、恰冈大日如来佛浮雕、泽琼囊108座佛塔摩崖线刻。尤其是“公主礼佛图”表现了松赞干布与文成公主的事迹，是汉、藏友好往来的实物见证。（李裕群）

【须弥山石窟】 北朝至唐代佛教石窟。全国重点文物保护单位。位于宁夏回族自治区固原市西北55千米须弥山东麓。石窟沿山崖开凿，长2千米。分布于5座山峰上。始凿于北魏，盛于北周和隋唐。洞窟151个。北朝、隋以中心柱窟为主，唐代流行方形佛殿窟、摩崖大像龛，北周、隋唐造像保存较好。北朝主要有三佛、七佛、弥勒等。唐代流行三世佛、弥勒佛以及一佛二弟子二菩萨二天王或力士七身组合。另外有多臂观音、地藏菩萨等密教题材。该石窟位居丝绸之路东段北道，表现出中原和西域佛教艺术的影响。（李裕群）

【克孜尔石窟】 南北朝至元代佛教石窟。全国重点文物保护单位。位于新疆维吾尔自治区拜城县东南约60千米木札提河北岸。开凿年代约公元4—8世纪，下限可能迄于元代。凿建于木扎特河河谷北岸的悬崖上。洞窟共有235个，分谷西、谷内、谷东、后山4区。分为3期：一二期（约4—6世纪前期）属于早期石窟，窟型有中心柱窟、大像窟、方形窟和僧房窟，各类洞窟组合关系明显。以中心柱窟和大像窟为主要礼拜窟，平面纵长方形，券顶。窟内采用塑画结合的手法，但塑像基本不存。前壁一般绘弥勒菩萨说法图，左、右、上、下、中五栏绘有佛像，顶部绘天相图，侧腹处绘以菱形山峦为背景的本生、因缘和佛传故事画，后室绘或塑释迦涅槃像。壁画题材大多属小乘佛教，人物多采用晕染法绘制，地方特色显著。三期（6世纪中—8世纪）属晚期石窟，多大乘佛教题材，绘画风格受中原文化影响。该石窟为新疆境内规模最大、开凿年代最早的石窟寺，是古龟兹佛教艺术的杰出代表，也是佛教石窟艺术经丝绸之路由西向东传播路线中的重要环节。（李裕群）

【库木吐喇石窟】 晋至宋佛教石窟。全国重点文物保护单位。位于新疆维吾尔自治区库车县西南约30千米渭干河东岸。始凿于公元4世纪，11世纪左右废弃。编号洞窟114个，分为3期。早期（5—7世纪）主要有中心柱窟、大像窟和方形窟。壁画题材有天相图、本生、因缘和佛传故事。窟型和绘画具龟兹地方特点。中期（8—9世纪），出现具有中原佛教绘画特色的经变画。晚期（10—11世纪）属回鹘时期，洞窟数量少，已进入衰落期。为古龟兹境内重要的石窟寺。（李裕群）

【森木塞姆石窟】 晋、宋时期佛教石窟。全国重点文物保护单位。位于新疆维吾尔自治区库车县东北40千米雀尔达格山口。晋、宋时期开凿。编号洞窟57个。洞窟围绕中部寺院遗址开凿，分为3期：早中期（公元4—7世纪），洞窟以中心柱窟、大像窟和方形窟为主，僧房窟少见。窟型与新疆克孜尔石窟相似，壁画内容反映崇拜释迦、弥勒的小乘佛教；晚期（10世纪以后），出现中原和回鹘风格的壁画，多大乘佛教题材。是古龟兹境内最靠东的石窟寺，洞窟围绕中部寺院遗址开凿，别具特色。（李裕群）

【台台尔石窟】 唐宋时期佛教石窟。全国重点文物保护单位。位于新疆维吾尔自治区拜城县克孜尔镇东北约6千米断崖上。约开凿于公元7—10世纪。现有编号洞窟19个，其中窟型较完整或存有壁画的有8个。窟型有中心柱窟、方形窟、僧房窟。壁

画题材有菱格画中的本生、因缘、佛传故事,大立佛、龟兹供养人等。第14窟券顶驾四马双轮车的日神别具特色。(李裕群)

【克孜尔尕哈石窟】 北朝至唐代佛教石窟。全国重点文物保护单位。位于新疆维吾尔自治区库车县西北12千米处。约开凿于公元5—10世纪。现存洞窟64个,保存较好的有39个。窟型有中心柱窟、大像窟、僧房窟、讲经堂、禅窟等。塑像不存,壁画题材、布局与新疆克孜尔石窟相似,主要有弥勒菩萨说法图、天相图、菱格图案中的佛本生、因缘和佛传故事画,以及涅槃图像、龟兹供养人等。(李裕群)

【托乎拉克艾肯石窟】 隋唐时期佛教石窟。全国重点文物保护单位。位于新疆维吾尔自治区新和县肖尤鲁克村西20千米处。开凿于公元5—8世纪。洞窟分布在佛寺遗址周围,现有20个。窟型有中心柱窟、方形窟、僧房窟等。9个洞窟残存壁画,题材与新疆克孜尔石窟相似。中心柱窟券顶中脊绘天相图,弧壁处绘菱格图案的本生、因缘和佛传故事。主室侧壁为说法图,后室甬道绘涅槃图和焚棺图。(李裕群)

【玛扎伯哈石窟】 唐宋时期佛教石窟。全国重点文物保护单位。位于新疆维吾尔自治区库车县东北30千米牙哈乡玛扎伯哈村西南。开凿于唐宋时期。编号洞窟44个。窟型有中心柱窟、僧房窟和禅窟,其中5个洞窟保存有壁画。题材主要菱格画中的本生、因缘和佛传故事,还有身绘"三界六道"图像的卢舍那佛、人面千秋鸟图像。(李裕群)

【温巴什石窟】 唐宋时期佛教石窟。全国重点文物保护单位。位于新疆维吾尔自治区拜城县温巴什乡东南约12千米雀尔塔格山峡谷内。开凿于唐宋时期。编号洞窟26个。窟型有中心柱窟、方形窟、僧房窟、龛窟和异形窟,其中有4个洞窟保存有壁画。题材有菱格本生、因缘故事、坐佛、立佛、金刚力士等形象。(李裕群)

【阿艾石窟】 唐代佛教石窟。全国重点文物保护单位。位于新疆维吾尔自治区库车县阿格乡依地克村东北。开凿于唐代。1999年发现。仅1个洞窟。窟型长方形,纵券顶。窟内中央设坛,塑像不存。现存壁画约15平方米。题材有观无量寿经变、药师琉璃光佛、文殊菩萨、卢舍那佛及千佛等,均为典型的中原唐代壁画的风格,并附有汉文和西域文榜题。(李裕群)

【吐峪沟石窟】 南北朝至唐代佛教石窟。全国重点文物保护单位。位于新疆维吾尔自治区鄯善县西约40千米吐峪沟内。约开凿于公元5—7世纪,回鹘高昌时期也有开凿或改凿。分东西2区,现存洞窟94个。窟型有中心柱窟、方形窟和禅窟。9个洞窟残留有壁画。题材有本生故事、因缘故事、立佛、千佛、七佛等。有点画面附有汉文墨书榜题。早期壁画受龟兹石窟影响,晚期受中原影响较深。该石窟是吐鲁番地区开凿年代最早的石窟寺,在佛教艺术传播路径中占有突出地位。(李裕群)

【伯西哈石窟】 唐宋时期佛教石窟。全国重点文物保护单位。位于新疆维吾尔自治区吐鲁番市胜金乡木日吐克村南火焰山北坡。约开凿于高昌回鹘时期。共有洞窟10座。占地面积1 000平方米。第1、2、3、4、5窟为一组礼拜窟,其中第3窟为中心柱窟,其余均为纵券顶方形窟。洞窟壁画剥蚀较严重,但第3窟的回鹘供养人像和回鹘文榜题、前室顶部所绘月天及其眷属、东壁所绘多个情节的《维摩诘经变》保存尚可。绘画风格受中原影响较大,尤其是《维摩诘经变》在新疆石窟寺中十分罕见。洞窟上方还保存有佛塔等地面遗迹。(李裕群)

【柏孜克里克石窟】 唐至元代佛教石窟。全国重点文物保护单位。位于新疆维吾尔自治区吐鲁番市东北约50千米处。凿于麴氏高昌至回鹘高昌时期。编号洞窟57个。现存洞窟主要属回鹘时期,窟型有中心柱窟、方形窟和长方形窟。塑像已毁,仅存部分壁画。题材有因缘、佛传故事、千佛、毗沙门天王、涅槃变、净土变、法华变以及回鹘王室供养人等。是研究回鹘高昌佛教造像艺术和信仰的重要资料。(李裕群)

【雅尔湖石窟】 唐代至高昌回鹘时期佛教石窟。全国重点文物保护单位。位于新疆维吾尔自治区吐鲁番市交河故城西南河谷南岸。约开凿于唐至回鹘高昌时期。现存洞窟7个。洞窟左右并列,窟前原有木构建筑窟型均为长方形、纵券顶。有的窟内附有禅室。部分洞窟保存有壁画,题材有佛说法图、千佛、比丘供养人、回鹘人供养像等,还有汉文、突厥文题记。(李裕群)

【胜金口石窟】 唐代至高昌回鹘时期佛教石窟。全国重点文物保护单位。位于新疆维吾尔自治区吐鲁番市东40千米三堡乡木头沟。约建于唐西州时期,沿用至高昌回鹘后期(公元13世纪)。石窟分南寺、北寺。北寺外观为一座城堡式建筑，共6个窟，3个窟保留有壁画。题材以佛教为主，也有摩尼教。南寺依崖构筑，分上、下二层。下层窟室土坯砌筑，上层洞窟前室土坯砌筑，后壁依崖凿窟。洞窟附近还有地面寺院建筑遗址。该石窟是摩尼教曾在高昌地区流行的实物见证。（李裕群）

【七格星石窟】 亦称“七格星明屋”。唐宋时期佛教石窟。位于新疆维吾尔自治区焉耆回族自治县西南约25千米处。约开凿于公元7—9世纪。遗址分为南、北大寺和石窟3部分。石窟居北大寺西北，原有洞窟12个，现残存10个。以大像窟为主，平面纵长方形、券顶。主室正壁塑大像，有的后室塑涅槃像。另有方形窟和禅窟。塑像和壁画以释迦佛为主，有说法图、本生故事、供养人等。（李裕群）

遗址与文物保护编

考古资源与文化遗产管理

【文化遗产】 亦称“文化财产”、“文化资产”。为一定社会群体所承袭、由先辈留下来的物质文化遗存或无形文化特征。在一定情境下,其含义与文化资源有所重叠。基本属性包括文化延续性(即文化传承性)、价值性(即文化遗产对象本身对于当下和未来社会的有用性)、不可替代性、代表性、原真性、完整性以及利益相关性等。从其基本特征上看,较多被相关遗产领域研究者提及的有4个类别的内容:物质文化遗产、非物质文化遗产、文化景观、可移动文化遗产。还有不少遗产点因具有人文和自然两方面的重要性,而被认为是文化-自然“双重遗产”,如中国的泰山、黄山、武夷山等。物质文化遗产包括建筑(群落)、纪念性建构筑物、景观、考古及历史遗址、传统民居村落、街区、艺术作品、考古文物、图书、手稿等。非物质文化遗产包括民俗、礼仪、节日、口头史(传统)、语言、知识、社会价值观与传统、审美与精神信仰、艺术表达形式、表演艺术、传统手工艺等非物质形态。文化景观为与历史事件、历史活动、历史人物相关或展示出其他的文化或美学价值的地理区域,包括其中的文化和自然资源以及野生动物或家禽家畜。其中,以考古遗址和遗物为核心内容的考古遗产(或称“考古资源”)是文化遗产的重要组成部分。(杜金鹏　王刃余)

【文化财产】 即“文化遗产”。

【世界文化遗产】 经联合国教科文组织世界遗产委员会确认,从历史、艺术或科学角度看,在世界范围内公认的,具有突出的普遍价值的建筑群、人类工程和考古遗址等。1972年11月16日,联合国教科文组织巴黎会议通过《保护世界文化和自然遗产公约》,决定在全世界实施遗产保护工程。公布世界文化遗产名录的目的是保护人类共同的文化财产。1976年,世界遗产委员会正式成立,建立《世界遗产名录》,从而将世界遗产的申报和遴选工作规范化、机构化和常态化,并明确界定了世界文化遗产的列选标准。1978年首批12处世界遗产列入《世界遗产名录》。中国于1985年12月12日加入《保护世界文化和自然遗产公约》,正式成为“世遗”缔约国。1999年10月29日,中国当选为世界遗产委员会成员,并于1986年开始向联合国教科文组织申报“世遗”项目。自1987年至2012年9月,《世界遗产名录》中收录的世界文化遗产共计745处,自然遗产188处,双重遗产29处。其中,中国的世界文化遗产27处,自然遗产9处,双重遗产4处。(杜金鹏　王刃余)

【遗产原真性】 亦称“遗产真实性”。列选世界文化遗产的原则性评审标准之一。是理解遗产价值的基础,也是对遗产进行科学研究、保护、规划及利用的基础。主要内容包括:形态与设计原真性;材质原真性;使用及用途原真性;传统、技术以及管理系统原真性;位置及环境原真性;语言及其他非物质遗产原真性;精神与感受原真性以及其他内部及外部因素的原真性。这一标准本系欧洲文化遗产(特别是建筑遗产)的判定标准,要求对考古遗存或历史建筑与街区的复建仅在极特殊情况下才能开展,并且这类工作须以“完整而翔实”的档案记录为基础进行,任何主观臆测均不足凭据。1994年提出《关于原真性的奈良文件》,使原真性标准得到有益的扩展,使世界逐步开始了解“非西方”遗产地区文化中对遗产原真性的“固有认知方式”,开始正视“原真性”观念自身的多样性。《世界遗产公约》及其《实施世界遗产公约的操作指南》在以欧洲建筑遗产为出发点的遗产原真性原则基础上,开始逐步接受更多样的原真性评价标准,但其作为考古遗址方面的原真性标准并未真正得以明确。具有明确定性和断代遗址的原真性,应是一定地用变更演化过程中相对稳定的景观环境、人为建构筑物等地物空间逻辑关系的完整性。对这种空间格局相互关系的维系，更加符合景观考古学的研究视角，更能体现遗址内涵的复杂性与对其空间逻辑可认知性的要求，也更与遗产整体性保护的需求相吻合。对考古遗址而言，原真性与完整性是密切关联的两个基础概念。（杜金鹏　王刃余）

【遗产完整性】 判定遗产留存和保护状况的基础标准之一。《实施世界遗产公约的操作指南》（简称《操作指南》）对其有如下几点判定要素：（1）时间上的延续性；（2）地域上的关联性；（3）生态系统的完整性和类型的多样性；（4）具有持续而完备的立法、监督以及保护措施等。《威尼斯宪章》最早对于文化遗产完整性进行了说明，强调通过对纪念物周围环境的控制来保持其完整的状态。《内罗毕宣言》强调通过对农村干扰性工程和经济、社会结构变化的严格控制，来维护具有历史价值的农村社区在其自然环境中的完整状态。1997 年修订的《操作指南》中，将完整性作为评判文化和自然遗产所必须满足的标准，强调文化遗产与自然遗产的"完整无缺"和"健康无损"。完整性要求：包括所有显示突出的普遍性价值的要素；具备足够的规模，以确保遗产重要特征的完整；能够承受"发展"和"忽视"两方面的不良影响。《维也纳备忘录》与《保护城市历史景观宣言》提出，须平衡现代社会可持续发展需求和景观完整性之间的关系。《西安宣言》提出，文化遗产及其环境包含着大范围、多维复杂的相互关系，包含着方方面面人为与自然的、传统与现代的、有形与无形各方面的因素，明确提出遗产的地域空间关联性，是"完整性"认识的重要发展。（王刃余）

【遗产价值】 遗产研究与保护的核心概念之一。一般包括以下几个方面：审美价值、历史价值、科学价值、经济价值、社会价值。其他常见的价值还包括研究价值、教育价值、自然价值、精神价值、象征价值等。与通常意义上纯粹的经济学"价值"不同，遗产价值是构成遗产存在价值的总的体现，既是对遗产对象实施保存和保护的原因，也是保护遗产对象实践中操作的具体目标。考古遗址的管理和保护实践在各个环节上都须以此作为决策的依据。文化遗产的认定与列选、保存和保护、规划和管理、影响评估等环节的基础即是对于文化遗产的价值评估。《实施世界遗产公约的操作指南》及相关国际遗产实践一般将遗产价值直接归纳为历史价值、科学价值、艺术价值三大部分。对于遗产价值的认定，须强调其自身的文化背景、知识认知方式以及维系传统的重要性，同时要看到遗产亦具有突出的普遍性价值。即：（1）代表人类创造天赋的杰作；（2）能体现出在一定阶段或某一文化区域内，人类在建筑艺术、纪念物艺术、城镇规划或景观设计方面价值观的重要互动；（3）能为某一业已消逝或仍旧存活的文化传统或文明提供独一无二或至少是特殊的见证；（4）作为一类建筑或建筑群或景观的杰出范例，能够标志出人类历史上一个（或几个）重要的发展阶段；（5）可作为一种（或几种）文化中传统人居、地用（或海用）、人与环境互动模式的典范（尤其当不可逆变化使这些传统变得脆弱不堪的时候）；（6）与具突出普遍意义的事件或现行传统或思想或信仰或文学艺术作品有直接或实质的联系。此外，价值判定须兼顾与之关系密切的人群，了解遗产本身对不同社会群体的相对意义和关联方式，即"遗产相对价值"，这已逐渐成为遗产价值认定的重要内容，尤其以活态文化遗产最为突出。（王刃余）

【遗产价值评估】 文化遗产实践的基本依据。价值评估的基本内容是对于文化遗产自身各项价值所进行的揭示和深化过程，是遗产保护与利用的基础。考古遗址管理计划中均需对遗产价值进行明确界定，一般都需要单独提出一个章节进行明确阐释（其形式多为重要性评估报告），该部分内容即陈述遗产对象之所以重要的原因。其主要环节一般包括：（1）遗产价值点认定（如证据价值、历史价值、美学价值、公共价值、自然价值等）；（2）遗产价值分级（如国际、国家、区域、地方等），即确认遗产在不同空间层次上的重要含义及其相互关系；（3）突出的普遍性价值陈述（如需申报世界遗产）；（4）明确各级相关政府机构及保护机构所需进行针对性保护的具体价值，即明确保护和管理的具体职责内容；（5）撰写正式的价值陈述报告（以备管理和申报之用，具体内容应包括价值点内容、突出的普遍性价值标准、价值留存状况、完整性及原真性等）。此外，价值陈述须完整阐释遗产在不同空间层级上的结构完整程度，即明确原真性的真实程度。（王刃余）

【文化遗产保护】 复合性社会文化资源维系与可持续利用实践的重要组成部分。从实施主体上进行划分可分为：公众自发文化遗产保护与管理实践、政府或相关组织机构承担的基建性或主动性遗产资源压力缓解实践、以科研为基础进行的资源规划和保护工程等。从大的外延观察,该行为还应当包括与遗产相关社会群体的互动、调查以及相关公众社会宣传等实践环节。从保护实践的内容来看,主要包括以下层次:(1)立法行政层面,即确保与遗产保护相关的法律、政策、规章制度、合同等规则的合理性和约束的有效性;(2)资源界定及区划保护层面,即确定遗产对象存在的基本属性、范围、留存状况、重要性(价值)、空间层次、资源规模、结构完整性等基本资源状况,设定保护区划和保护层级,并结合遗产资源利益相关群体的社会需要和现实状况,对相关区域遗产资源的整合(如区域性考古资源规划)、保护(如制定遗址保护方案)与利用模式(如园区展示方案和形态设计)进行设计,通过用调整的方式实现对一定区域内的文化资源进行有效保护的目标,并较为稳妥地协调各类遗产资源使用者或相关者的利益关系,其主要目标是在最大限度内实现遗产资源的"留存"及重新缔造、改善其与现代社会群体的各类直接或间接关系;(3)遗产资源管理层面,根据遗产资源结构特点建立合理的资源保护与管理体系,实现遗产资源的有效管理和"可持续性"利用,是考古资源日常(及阶段性)维系实践的基础。其主要工作包括考古资源调查(如踏查、钻探、试掘等)、登记、申报、资源压力分析、压力缓解对策制订、资源抢救工作、出土物保护与档案整理、制订资源保护与利用规划、制订考古工作计划等。较为常见的资源管理形态包括园区类(如陕西西安大明宫遗址、日本吉野里考古遗址)、城市中心-散点类(如"大伦敦"考古资源管理模式)、线性布点类(如英国哈德良长城)等;(4)资源本体处置层面,即通过相关科技处理手段对本体进行干预,以实现延缓遗产资源本体劣化的基本目的,基本方式包括如回填、保护棚搭建、加固、表面封护等;(5)遗产权利维护与社会化层面,即围绕文化资源利用及其与相关社会群体之间的关系展开社会工作,如进行利益相关方调查、设立"遗产日"、展陈免费开放、公众宣传与群众参与等。通过建立或改善文化资源与社群之间的关系,促进社会遗产保护意识的形成和完善,为遗产保护工作的顺利进行提供有利的社会环境;(6)此外,文物保护科学技术的发展及应用也是文化遗产保护的要素。文化遗产保护的主要目标是,通过资源结构及重要性分析、压力因素分析、病害分析、处置影响评估、社会-文化影响评估等一系列科研手段,明确遗产资源本身的属性、重要性、存在方式、存在处境以及相关社会群体的基本社会需求,在此基础上,通过相应法规及地用策略(如法规及规划的修改和制订)的调整、管理系统和职能的调整、环境控制和改善、人为技术干预、社会遗产环境改善等基本方式,实现辨认、控制和缓解遗产各方面压力或负面影响因素的目标,从而最大限度为后代留下了解过往社会的机会。对空间遗存类遗产而言,考古学研究、考古发掘、科技在考古学中的应用,系深入了解遗产价值的基本途径。它们与考古(文化)资源管理学科(如遗产资源规划、管理及文物保护技术等)共同构成了文化遗产保护事业的基础。(王刃余)

【文化资源】 考古遗存、文化景观、艺术品、纪念性建构筑物等具有重要社会、文化、科学价值的人类造物或遗存的总称。具有价值性、多样性、社会性、稀缺性、代表性、符合性特点。这一概念较多用于北美地区的相关遗产行业。从整体上讲,这一观念与文化遗产有很多的共性,从基本含义上大略与文化遗产相当。但它更强调文化遗存在现实社会中所面临的社会压力和利用模式所产生的社会-文化影响。北美文化资源管理研究的代表人物托马斯·金将其定义为:人类及其社会出于各种与文化相关动因而珍视的实体与非实体的生存环境。其中的主要内容包括,具有文化重要性的遗址、建筑物、地点、动植物、大气现象、景象、声音、人造物、文献档案、传统、艺术、工艺、生活方式、表述方式及信仰系统等。具体而言,文化资源的内容一般包括:传统建筑、街区,各时期考古遗存,过往社会建筑空间、地点以及景观,具有文化重要含义的自然资源,历史(即物质文化遗产背景信息),藏品,信仰与信仰实践,语言,价值观念,水下文化遗存,战场遗存,军事遗存,线性遗存等。(王刃余)

【文化资源管理】 英文简称 CRM。对文化资源采取的措施。以便对影响文化资源维系的因素进行辨识、缓解和排除。在北美相关的文化资源实践中,CRM 已经形成一个独特的行业链条。其主要工作目标即解决各类现实社会发展具体情境下的文化资源留存与现代社会发展之间存在的矛盾问题。主要参与者包括政府组织、相关管理部门、咨询组织、考古公司以及很多其他相关社会组织机构,如规划公司等。与之相关的考古称文化资源管理考古。在动机上，可将其视为一类以文化资源保护为基本目的、以进行抢救发掘和档案记录为主要方式、及时介入地下遗存保护与考古资源规划管理行为的文化遗产保护类考古。与英国以PPG16为基础进行的合同考古相若，各国基本都具备在社会公共文化资源管理这一层面上形成的考古资源处置原则，规定文化资源处置相关各方的权责，明确建立考古资源保护的组织与法律机制，以考古资源评估咨询和相关法规为基础，在区域性空间地用调整或具体建设展开之前，为相关文化资源的保存预留出空间。CRM考古的基本任务为：认定、描述以及保护。文化资源管理首要的内容是研究如何提高保护的地位以及加强对于有限考古资源的管理。20世纪60年代是见证美国文化资源管理观念形成的重要时期。相关的联邦立法纷纷出台，如1966年颁布的《历史保护法案》、1969年的《国家环境保护法案》以及1979年的《考古资源保护法案》等。它们为土地使用建立规范，为资源使用提供策略，确定了100年以上的遗址或遗物即可认定为考古遗存的年限标准。联邦立法、州立法、地方立法以及部族法律为保护国家的考古遗产提供了依据。在美国，多数保存最好的考古遗址都位于国有或者州属的公园、林地、水库以及军事区域之内，在这些区域内，管理方案要求对考古资源进行翔实的认定和保护。最大的缺环则存在于私有土地资源上，这些地区的保护工作往往不尽如人意。由于土地资源的复合属性和地用的多样需求，CRM研究的工作量非常巨大。对于遗址的记录、对于出土物的管理和存放，以及重要发现的公布和信息传播都是需要注意的问题。这类资源型考古的最大意义在于，在社会土地资源用于建设前，以法律文书的形式向社会昭示该区域文化资源本身的重要性等级，以便尽可能地使土地所蕴含的公共文化资源处置过程受到法律监督，并尽可能通过资源重要性评估确定适合的遗存保护形态，为社会留下文化财富，使考古学在协调社会发展和文化资源留存方面发挥"证据作用"，使与大面积揭露相关的工程尽可能转化为促进和深化考古认知的契机，从而对这类特殊的文化资源更加科学、合理地进行遴选。简言之，CRM考古通过考古行为对资源进行界定，对重要性进行评估，对处置方式进行建议和规定，使文化资源在地用结构内部所占据的相对重要地位能够在法律层面上和机制层面上得以彰显。（王刃余）

【考古资源】 亦称"考古遗产"。为文化资源的重要组成部分。主要包括古代社会空间遗存和非空间形态遗存。通常所说的考古遗址可能包含不同的空间层次结构，是最为便利的资源数量统计和认知形式。在习惯上空间类考古资源的基本计量和管理单位是遗址。其价值的物质基础是空间结构的完整性。考古遗址资源的完整性和可认知性系遗址价值建构、遗址保护、考古资源管理和利用的硬指标。通常所讲的考古资源管理实际上即是对一系列历史空间格局和层次逻辑关系的结构性维系和保护。非空间类考古资源包括类别繁多。一般系根据其材料和用途进行分类，但基本都可以归属于可移动类物质文化遗产的范畴。从法律层面上讲，这一类资源须有明确的出土背景信息和产权隶属关系。此外，线性遗产和水下遗产亦拥有较为独特的空间格局。（王刃余）

【考古遗产管理】 亦称"考古资源管理"。其出现是考古类文化资源处置理性化过程的结果。它是在现代社会条件下寻求古遗址、文化景观、地点等古代社会空间遗产合理化处置的研究学科，也是文化资源管理工作的分支。主要内容包括考古资源的保护、留存以及使用。考古遗产管理实践具有较强的政策倾向，并主要以区域和国家层面为主。其主要任务包括：通过政策和立法（国家和国际层面上）等手段缓解考古资源威胁，减轻考古资源压力；进行考古资源调查、信息收集和信息管理；在现代建设及非法贸易情景下进行抢救性发掘；实践区域考古资源规划、整合及利用；对从业者和普通民众进行教育、培训、解说和宣传等。随着现代社会的发展，社会、政治、经济等方面的因素促进了该学科的发展，形成了新的方法和视野。逐渐地，考古资源管理从业者、考古研究者、政府与非政府组织以及其他相关学科领域的从业者，开始在一个更为广阔的平台上进行对话。考古资源管理研究的核心内容为区域考古资源结构及处境压力分析、考古资源（各类空间层级）重要性分析、遗址资源状况评估、遗址空间过程分析、本体及环境评估、社会环境及利益相关群体分析、资源利用模式分析等。其研究的基本形态为区域考古资源状况评估报告、区域考古资源规划以及考古遗址资源保护及使用规划、阶段性管理计划等。除居于核心位置的考古资源分析（资源结构、资源价值等)与规划内容之外,还牵扯到两个层面的内容,为其外延和重要辅助手段,即考古遗址管理、经济及社会影响评估。通常所讲的考古资源管理实际上即是对一系列历史空间格局和层次逻辑关系的结构性维系和保护。此外,出于履行社会责任的基本要求,考古资源维系工作的主体,在保护工作进行的同时还须满足较多的资源利用需求,因此,考古资源管理的另外一项基本职能,即是在法律、政策及实践层面上对考古资源的使用方式和权责进行规定,特别是针对古代社会空间类遗产的园区化处理过程、复原、展示乃至于极个别情况下的复建行为进行明确行为界定和规范,对具体考古资源的管理主体及其职责进行界定,对考古资源维系常态化工作的具体内容进行规定。参见“考古资源”。(王刃余)

【考古资源管理】 即“考古遗产管理”。

【考古遗址管理】 针对考古遗址、遗址群进行的管理实践。受考古遗产管理策略与理念的指导,主要目标为遗址建立管理方案,侧重遗址考古资源维系、遗址表现、遗址阐释说明、游客管理、参观线路设计及辅助设施建构等。遗址管理方案系为明确具体的遗址维系方式、展示方式、阐释说明方式及满足参观者需求而编制。其主要目标为在不违背考古资源管理原则和保护策略的基础上,向观众传达尽可能多的遗址信息。中国目前具体考古资源的管理主体仍待界定,各地区围绕遗址资源进行的管理实践和相应权责都较为分散,且尚未形成条理化的工作逻辑,故考古遗址资源的日常维系工作仍有待进一步细化,以便形成较为固定的考古资源系统管理模式。遗址考古资源的管理实践基本可以包括以下几个方面的内容:空间资源认知(即以深化考古资源重要性为目的的发掘与研究过程)、资源重要性分析、即时性与阶段性压力分析和缓解、病害判断与缓解、法律合规、利益相关群体分析、遗址考古资源保护、资源展示利用等。常态化的资源登记、档案整理、本体及出土物保护以及各类与遗址日常管理相关的规划编制、资质申报也应当被看作考古遗址资源日常维系的基本内容。2010 年,中国国家文物局制订的《大遗址考古工作要求》、《关于大遗址考古工作的指导意见》对大遗址考古资源管理工作进行了初步界定,对大遗址日常考古资源管理工作的主要目标、基本内容、保护职责、管理模式、组织机构模式、资源合作处置模式及权责、工程监理职守等基本管理事宜进行了说明并提出了建议。(王刃余)

【重要性评估】 为考古资源管理评估实践的核心位置。在任何与考古资源管理相关的资源评估内容中均须对遗产(在不同空间层面上)的重要性给予充分论述。这一“价值核心原则”贯穿于考古遗产资源决策、立法、管理方案制定、遴选、登录、申报、保护、使用等诸多环节中。目前价值类别较为多样,主要是根据针对社会群体不同而异,取决于不同利益相关方看待资源的角度。科研工作者是利益相关方之一,相对而言,科研价值由于和资源重要程度界定直接相关,而往往会被给予更多关注,或处于被更为优先考虑的位置。其文本格式为“重要性陈述”。(王刃余)

【遗址本体状况评估】 通过分析、检测、记录、病害及压力来源诊断等途径,明确遗址本体处境状况的研究过程。考古资源“实体”病害得以缓解的关键实践环节。评估方式和技术更新很快,从卫星遥感技术到激光技术、压力及病害诊断技术层出不穷,评估所须记录跟踪的内容参数也有着较快的发展变化。遗址本体状况评估系采取针对性保护措施的研究基础。如对出土遗址而言,最主要的处理模式包括回填、加固、侵蚀环境控制(如植被控制和搭建保护棚等),均须以遗址本体土壤埋藏状况分析和本体保持所须环境估测为基础。此外,遗址表现形态设计及相关设施的建设与本体状况评估也极为相关。(王刃余)

【文化景观】 文化遗产的重要组成部分,是自然与人类共同创作出的作品。是在自然环境地貌的限制及其所提供机遇影响之下,在一系列来自外部和内部社会、经济、文化因素影响之下人类社会和聚落长期演化的结果。《会安草案——亚洲最佳保护范例》将其界定为:与历史事件、历史活动、历史人物相关或展示出了其他文化或美学价值的地理区域,包括其中的文化和自然资源以及野生动物或家禽家畜。(王刃余)

【线性遗产】 先于线性文化遗产概念而提出的、具有线性分布特征的遗产形态包括文化线路、遗产运河、遗产廊道等一系列概念。中国传统文化遗产资源管理模式基本为文保单位模式,其容纳跨区域遗产的能力较为薄弱。线性文化遗产观念的出现有助于缓解这一文保困境。其方式主要是尝试借助区域规划的手段来实现对线性分布文化遗产的保护。

线性遗产的主要特征包括：分布线性特征、空间跨度极大、文化复合性等。内容上大致包括交通线路（如丝绸之路、茶马古道、古蜀道、唐蕃古道、海上丝绸之路、客家迁徙路线、秦直道、秦驰道、草原之路、西南丝绸之路、滇缅公路）、军事工程（如长城、苗疆边墙、金界壕）、自然河流和水利工程（大运河、长江及其沿线文化带、黄河及其沿线文化带）以及历史主题事件（红军长征路线、徐霞客游线）等类别。（王刃余）

【工业遗产】 主要指历史时期的工业文化遗存。在年代跨度上主要是公元18世纪工业革命之后的下半程开始一直到当代。这些遗存具有一定的历史、技术、社会、建筑和科学价值。遗存类型主要包括机械设备、车间、磨房、库房、加工和提炼场所、与能源运输和使用有关的一系列基础设施，也包括工人的住所、交通设施、宗教以及教育场所等。在世界范围内，工业遗产学科建设开始于20世纪50年代的英国。二战之后的大规模复兴建设导致了工业化时代景观的大量毁坏。国际上，较为知名的工业遗产包括铁桥谷工业旧址、德国鲁尔区等。中国的工业遗产主要包括近代工业化以来的工厂、船厂等遗址等，主要分布地区以早期城市化密集的工业地带为主。较为知名的包括北京798国际当代艺术中心、上海江南造船厂、广州中山岐江公园、福州马尾船厂、洛阳玻璃厂等。（王刃余）

【考古遗址保护规划】 考古资源管理的基础手段之一。在充分理解考古资源空间结构、遗址潜力、利益相关方需求、遗址重要性、遗址本体及环境留存状况、遗址压力及病害状况等多种因素之后，通过地用模式调整、土地区划管理、轮廓及细节的保护与展示意图设计等手段，实现对土地这种复合型资源载体中的文化资源内容（考古遗存）进行留存、保护与合理使用的目标。即，综合多种因素进行权衡，实现保护考古资源与合理利用考古资源的目的。其制定一般具有阶段性。从空间层级上，有总规和详规的区分。在总体规划层面上一般须解决"大地用"模式问题，以便通过对遗址及相关土地地用规则进行限制的方法，最大限度地为考古资源的留存奠定框架基础，一般涉及以下内容：（1）遗址状况分析；（2）价值评估：即遗产重要性分析；（3）利益相关方分析；（4）保护规划过程；（5）相关人群的居住及产业结构调整；（6）提出阶段性遗址资源总体保护利用规划、管理规划、发掘及研究计划等；（7）进行投资预算等。详规，本为规划行业内术语，指工程项目建设的详细规划，如项目区域范围内建构筑物布局、道路系统铺设布局和宽度等。由于目前在考古资源保护实践中这一概念尚不明晰，而多是从业者约定俗成的叫法，在实际操作中基本相当于考古资源土地载体的"小地用"模式规定。在空间层级上，它所构造出的单元基本与遗址可认知的结构空间尺度相当，因此，也是与考古资源保护和展示工程设计直接相关的系统地用规划。同时，详规也是分解总规和修正总规的重要契机。还有一类规划即是考古遗址公园规划。根据我国相关管理部门的要求，申报国家考古遗址公园资格的条件之一即是除了总体规划之外还须完成公园规划。因此，在实践中这类园区规划往往直接替代小地用规划。综上，考古遗址规划可被视为，针对空间类考古资源的保护与合理利用而展开的地用模式规定、本体与环境保护模式界定、展示媒介及景观设计要求限定、资源利用辅助系统布局设计等行为的总和。（王刃余）

【考古遗址保护方案】 以遵循考古遗址保护规划为原则，在对考古遗址资源的压力和病害进行缜密研究的基础上，有针对性地制定出的一系列资源压力缓解和病害排除方案的总和。资源压力多来自遗址上和周边的人居压力、建设压力、交通压力及其他对遗址本体直接或间接的破坏或盗掘行为。通常，这类压力属于规划压力，即须通过地用调整、建设区位更改、人口迁移、产业调整等方式缓解的遗址压力类别。此外，即系针对不同的遗址资源地用模式采取的病害分析和病害救治。本体部分根据规划地用要求，基本可以分为原址埋藏（包括回填）和暴露展示（如遗址博物馆原址展示或采用透明展示罩等方式）两大类别。前者须与考古遗址的日常管理和环境监测紧密结合，并须在考古遗址内部进行发掘、临时填埋过程等环节中，根据实验数据设定具体的埋藏环境和回填技术标准。埋藏环境监控、回填指标设定可以说是遗址保护方案的基础。而暴露展示则与环境控制密切相关，即尽量在可控环境中延长本体寿命。这类保护设计往往须结合多学科研究成果，在满足遗址本体结构和材料安全的同时，亦须考虑遗址的可识读性。因此，考古遗址保护方案应系在明确规划地用基础上，在遗址整体安全长效机制健全的基础上，针对不同资源利用模式特点和本体

保存状况所建构出的一套压力和病害缓解、排除机制。(王刃余)

【大遗址】 概念的提出始于20世纪60年代。主要包括反映中国古代历史各个发展阶段涉及政治、宗教、军事、科技、工业、农业、建筑、交通、水利等方面历史文化信息,具有规模宏大、价值重大、影响深远特点的大型聚落、城址、宫室、陵寝墓葬等遗址、遗址群。在中国前六批2 351处全国重点文物保护单位中,约有500处是大遗址,占总数的四分之一左右,其中一部分已被列为世界文化遗产或作为世界文化遗产的重要组成部分。中国国家文物局已于2013年1月颁布了《关于加强大遗址考古工作的指导意见》(包含附件《大遗址考古工作要求》)。(杜金鹏 王刃余)

【考古遗址公园】 中国考古遗址公园实践起源较早。1987年,安阳建成殷墟博物苑,大体上就是"考古遗址公园"之滥觞。1998年,《偃师商城宫城遗址保护规划及第一期工程实施方案》较早对考古遗址"公园化"使用进行界定。2000年国家文物局批复《圆明园遗址保护规划》后,"遗址公园"的概念逐步明确。2009年6月在杭州举办的大遗址保护良渚论坛所形成的《关于建设考古遗址公园的良渚共识》指出:考古遗址公园立足遗址及其背景环境的保护、展示与利用,兼顾教育、科研、游览、休闲等多项城市功能,是中国大遗址保护实践与国际文化遗产保护理念相结合的产物,是加强遗址保护,深化遗址展示与利用的有效途径,具有鲜明的时代特色和区域特色,符合中国现阶段大遗址保护的实际需要。中国陆续建成元大都遗址公园、明城墙遗址公园、明皇城遗址公园、圆明园遗址公园等。国家文物局公布了首批12家国家考古遗址公园。中国国家文物局于2009年颁布的《国家考古遗址公园管理办法(草案)》对国家考古遗址公园进行了如下界定:国家考古遗址公园,是指以重要遗址及其背景环境为主体,具有科研、教育、游憩等功能,在遗址保护和展示方面具有全国性示范意义的特定公共空间。(杜金鹏 王刃余)

【水下遗产】 根据2001年11月2日在第三十一届联合国教科文组织大会上正式通过并实行的《水下文化遗产保护公约》规定:水下文化遗产是指至少一百年以来,周期性地或连续性地,部分或全部位于水下的具有文化、历史或考古价值的所有人类生存的遗迹。如遗址、建筑、工艺品、人类遗骸、船只、飞行器,及其有考古价值的环境和自然环境等。(王刃余)

【遗址博物馆】 考古资源维系、保护、展示利用的基本模式之一。一般是在室内(或保护棚形式)保护较为重要的、具有可观赏性的、在材料和结构上具备展示可能性的空间类考古资源的全部或局部。其覆盖物一般可分为临时性和永久性两类。从形态上,覆盖物形态也有较多区别,既可以是普通的陈列馆形态,也可以是较特殊的形式,如以墙体复原形态(如洛阳定鼎门、西安大明宫丹凤门)或建构筑物复原形式(如杭州西湖雷峰塔)设计的保护建筑。从空间格局来说,遗址博物馆的展示内容只能是一个遗址的建构筑物单体或其局部。因此,也多可以看成是遗址园区类管理模式的下属保护与展示系统。中国最早建成的考古遗址博物馆是1958年开馆的半坡遗址博物馆,此后陆续建成开放的较为著名的遗址博物馆有:秦始皇帝陵园原址展示系统(秦始皇陵兵马俑博物馆、百戏俑坑、文吏俑坑等)、汉景帝阳陵博物馆、洛阳天子驾六博物馆、隋唐洛阳城明堂博物馆、洛阳定鼎门展示馆、西安大明宫遗址丹凤门展示馆、扬州城南城门遗址展示馆等。除了这类大型遗址上特别开辟出来的原址展示馆之外,还有很多遗址展示是在城市封闭或半封闭空间内设置的,这类处理方式多见于欧洲,如雅典卫城博物馆"多时期"古城址展区、伦敦玫瑰剧院(饱水环境)、伦敦金融城市政厅下罗马时期露天剧场遗址馆等。这类展示方式与现代欧洲城市高密度建设和城市扩张有很大关系。其建构模式一般采取地基部分留出原址展示空间的做法。遗址博物馆的基本构成要素包括一系列重要的工作环节:展示空间层次定位、可展示性分析、遗存本体展示可能性分析、压力及病害处置分析、设计缓解操作过程、结构建设、环境控制、展陈设计、游览路线缔结、参观者管理、长期资源维护等一系列复杂的保护、管理及设计等环节。与原址展示最为密切相关的技术难题主要包括设定回填技术标准和保护棚环境标准等。(王刃余)

【中国文化遗产日】 2005年12月22日,国务院发布《国务院关于加强文化遗产保护工作的通知》,要求进一步加强文化遗产保护工作,并规定从2006年起每年六月的第二个星期六为中国文化遗产日。(王刃余)

文物保护与考古资源处置

【原址保护】 考古遗址保存的基本方式。也是考古资源的基本存在方式。原址保护的基本条件为：空间类考古资源本体有明确的属性和空间层次、稳定的景观环境、较为稳定的埋藏环境、较小的社会压力以及长期稳定的考古资源地用规划。相对于异地搬迁保护而言，其优势为考古资源整体空间格局易于保持、景观与遗址之间关系的原真性得以保持、长期形成的稳定地下埋藏环境得以保持。相比之下，考古遗迹（如墓葬、车马坑、窖藏、窑址、建筑基础）的迁移保护一般均系根据一定的研究、保护和展示需求所采取的特殊保护方式。原址保护一般被视为原址展示的基础，通常也被视为遗址博物馆的本体保护基础。与之直接相关的保护或利用环节主要包括遗迹发掘及记录、回填处理、可控环境下的暴露展示等。（王刃余）

【现场保护】 考古遗址或墓葬出土文物保护的一种方式。是保护性发掘的一种，也是实验室考古的前奏。进行现场保护的主要目的是，保证文物本身的出土安全，使用较短的时间将其进行整体起取后送入实验室等可控环境进行保护和细致发掘。通常使用的保护方式为出土物直接埋藏环境整体迁移。主要方式包括：物理支撑、理化加固、封护保持、整体套箱、起取等。（李存信）

【遗址保护】 通过研究遗址空间结构和遗产价值、制定社会法规、制定规划及管理策略、实施监测与保护处置等途径对古代社会空间遗存进行的保护。是考古资源维系的基础工作。（王刃余）

【实验室考古】 考古学研究的重要组成部分。通过考古学与文物保护科学、材料鉴定与分析科学、三维探测与复原技术、人类学、环境科学等各类相关领域的互动，在可控环境中（一般为实验室条件）开展古代文化遗存发掘清理，根据相关检测分析结果及时实施文物保护，并通过对相关遗迹及遗物的现场观察、分析、实验等手段，探索古代人类社会生活各个侧面的考古学研究行为。其本质是社会科学研究，而非自然科学研究。其目标是在有限空间、有限材料、文物安全基础上通过多元方法提取信息，以求认识古代社会文化面貌和重构社会过程。研究对象取样、环境控制、发掘清理、检测分析、保护处理、性质鉴定与形态结构复原、社会与环境因素分析等内容为其基本工作要素。（杜金鹏）

遗产机构、相关法律法规与重要文件

【联合国教科文组织世界遗产委员会】 世界文化遗产和自然遗产的政府间委员会。成立于1976年11月。主要任务为负责《保护世界文化和自然遗产公约》的实施。委员会每年召开一次会议，以确定当年可列入《世界遗产名录》的遗产内容，并对已入选者的保护工作进行督导。委员会成员每届任期6年，每两年改选其中的三分之一。主席团由7名成员组成，主席团每年举行两次会议，组织和协调委员会工作。主要职责包括：(1) 在挑选列入《世界遗产名录》的文化和自然遗产地时，负责对世界遗产的定义进行解释。(2) 审查世界遗产保护状况报告。当遗产得不到恰当的处理和保护时，委员会敦促缔约国采取特别性保护措施。(3) 经过与有关缔约国协商，该委员会有权把濒危遗产列入《濒危世界遗产名录》。(4) 管理世界遗产基金。对为保护遗产而申请援助的国家给予技术和财力援助。世界遗产中心是该委员会的秘书执行机构，中心协助缔约国具体执行《保护世界文化和自然遗产公约》，对世界遗产委员会提出建议，执行世界遗产委员会的决定。（王刃余）

【国际文化财产保护与修复研究中心】 简称ICCROM。1959年成立于意大利罗马。为联合国教科文组织世界遗产委员会重要顾问与合作组织，被授权推动世界范围内所有类型文化遗产的保护工作。目前，该组织拥有110多个成员国。旨在通过教育培训、信息交流、调查研究、技术合作以及舆论宣传等方式致力于文化遗产的保护工作。其职责主要有：(1) 收集、研究和传播有关保护和修复文化遗产的科技资料；(2) 在这一领域协调、鼓励和开展研究，尤其是通过委托团体或专家、国际会议、出版物和专业人员的交流来开展上述工作；(3) 在有关文化财产保护和修复的普遍或专门问题上提出建议或忠告；(4) 在培训研究人员和技术人员及提高修复工作水准方面提供援助。（王刃余）

【国际古迹遗址理事会】 即 International Council on Monuments and Sites(ICOMOS)。1965 年在波兰华沙成立。该理事会是世界遗产委员会的专业咨询机构和合作伙伴,是古迹遗址保护和修复领域重要的国际非政府组织,在审定世界遗产申报名单方面具有重要作用。该组织由全体大会、执行委员会、咨询委员会、国际秘书处等部分组成。2005 年 10 月 17 日至 21 日,国际古迹遗址理事会第 15 届大会暨国际科学研讨会在中国西安举行,大会通过了《西安宣言——保护历史建筑、古遗址和历史地区的环境》。2006 年 10 月 1 日,国际古迹遗址理事会西安国际保护中心在西安成立。国际古迹遗址理事会西安国际保护中心(简称 IICC－X)是西安市人民政府邀请国际古迹遗址理事会联合成立的业务机构。国际古迹遗址理事会委托中国古迹遗址保护协会主持协调相关业务活动,与中国国家文物局、西安市人民政府共同对 IICC－X 进行管理。目前的主要工作是通过国际协作推进对丝绸之路沿线文化遗产的研究与保护。IICC－X 遵循中华人民共和国宪法和其他法律、法规及政策,承认并遵循国际古迹遗址理事会章程、宪章和其他相关文件、致力于宣扬 ICOMOS 的文化遗产保护理念,特别是对《西安宣言》的研究与推广、文化遗产保护和相关技术人员培训。中国于 1993 年加入 ICOMOS,并成立了国际古迹遗址理事会中国委员会中国古迹遗址保护协会。(王刃余)

【国际古迹遗址理事会章程】 1978 年 5 月 22 日在苏联莫斯科(今属俄罗斯)举行的国际古迹遗址理事会第五届全体大会上通过。该文件对组织名称及总部所在地巴黎进行了确认,明确了“开展国际古迹遗址理事会所关心的专业问题的具体研究”的组织功能,是该组织的纲领性文件。该文件对所研究的主要对象进行划分,对组织宗旨和活动的基本内容进行界定。明确其参加者包括个人会员、团体会员、赞助会员及名誉会员四类,并严格界定了各类会员的责权、国际古迹遗址理事会的主要责任和行政机构(全体大会、执行委员会及局、咨询委员会及局、国家委员会、国际专业委员会、秘书处)、全体大会和执行委员会成员及职守、全体大会和执行委员会会议召开频率、官方语言等细则。(王刃余)

【国际自然资源保护联盟】 简称 IUCN。重要的自然环境保护国际组织。1948 年瑞士格兰德成立。由全球 83 个成员国、81 个国际组织、108 个政府组织、766 个非政府组织、10 000 个专家组成。旨在影响、鼓励及协助全球各地的社会,保护自然的完整性与多样性,并确保在使用自然资源上的公平性及生态上的可持续发展。联盟架构包括:国际自然保护联盟秘书处、国际自然保护联盟会员(约有 1 000 名会员)、六大委员会(物种存续委员会、世界保护区委员会、环境法律委员会、教育及宣导委员会、环境经济社会政策委员会、生态系统管理委员会)。(王刃余)

【文物保护单位】 中华人民共和国不可移动文物的基本保护体系称谓,分为全国、省级、市级、县级 4 个等级。根据文物类型,一般可分为古遗址、古墓葬、古建筑、石窟寺及石刻、近现代重要史迹及代表性建筑等。根据《中华人民共和国文物保护法》的规定,文物保护单位必须建立“四有”:划定保护范围、建设控制地带、设立保护标志、建立科学记录档案。其中具有重大历史、艺术、科学价值者确定为全国重点文物保护单位并报国务院核准公布。全国重点文物保护单位的保护范围和记录档案由省、自治区、直辖市人民政府的文物行政部门报国务院文物行政部门备案。全国重点文保单位不得拆除,需要迁移的,则须由省、自治区、直辖市政府报国务院批准。截至 2013 年,中华人民共和国国务院已公布了七批共 4 295 项全国重点文物保护单位。(王刃余)

【中华人民共和国文物保护法】 中国文物保护工作的基本法律依据。1982 年 11 月 19 日第五届全国人民代表大会常务委员会第二十五次会议通过。1991 年 6 月 29 日第七届全国人民代表大会常务委员会第二十次会议修正。2002 年 10 月 28 日第九届全国人民代表大会常务委员会第 30 次会议修订。2007 年 12 月 29 日第 10 届全国人民代表大会常务委员会第 31 次会议第 2 次修正。现行《中华人民共和国文物保护法》为 2007 年确定的版本,共涵盖 8 个章节、80 条相关规定。内容涉及保护对象的界定、文物工作方针、发掘审批流程、基建配合权责、所有权、组织及公民义务、各级政府及相关公安与海关等管理系统的保护及管理职责等。分不可移动和可移动文物等范畴进行具体规定。与文物保护法相呼应,《中华人民共和国文物保护法实施条例》已于 2003 年 5 月 13 日国务院第八次常务会议通过,2003 年 7 月 1 日实施。(王刃余)

【中国文物古迹保护准则】 由国际古迹遗址理事

会中国国家委员会制定，由中华人民共和国国家文物局推荐。该准则第一版于2002年发行，第二版于2004年修改并发行。是在中国文物保护法规体系的框架下，以《中华人民共和国文物保护法》和相关法规为基础，参照以1964年《国际古迹保护与修复宪章》（《威尼斯宪章》）为代表的国际原则而制定的。包括三个部分的内容：准则本文、准则阐述、案例阐释。该准则是对文物古迹保护工作进行指导的行业规则和评价工作成果的主要标准，也是对保护法规相关条款的专业性阐释，同时可以作为处理古迹事务时的专业依据。（王刃余）

【长城保护条例】 2006年9月20日经国务院第150次常务会议通过，自2006年12月1日起施行。保护对象包括长城的墙体、城堡、关隘、烽火台、敌楼等。受本条例保护的长城段落，由国务院文物主管部门认定并公布。（王刃余）

【可移动文物修复资质管理办法】 针对可移动文物的修复工作进行的专项行业资格审核和管理的相应规定。2007年4月9日经国家文物局第5次局务会议审议通过，自2007年5月11日起施行。管理办法分6个章节对可移动文物的对象内容、资质认定的工作许可内容、资质申请等级和相应条件、申请和审批程序、监督管理职责权限、违规处罚原则等基本内容进行了解释。（王刃余）

【可移动文物技术保护设计资质管理办法】 中国可移动文物保护行业的准入管理原则性规定。2007年4月9日经国家文物局第5次局务会议审议通过，自2007年5月11日起施行。办法规定从事可移动文物技术保护设计工作的单位须依照该办法申请并取得《可移动文物技术保护设计单位资质证书》，方可承担相应等级和业务范围的可移动文物技术保护的设计工作；还规定了资质申报、审定工作的频率以及年检制度等具体管理内容。（王刃余）

【不可移动文物保护勘察设计资质管理办法】 中国不可移动文物保护行业的准入管理原则性规定。2003年6月11日由中国国家文物局下发。内容包括《关于发布〈文物保护工程勘察设计资质管理办法（试行）〉和〈文物保护工程施工资质管理办法（试行）〉的通知》。全文于2005年8月22日正式发布施行，分总则、资质等级（甲乙丙）、申请与审批、监督管理等部分，对中国不可移动文物保护、勘察、规划、设计等相关从业标准和资质审批流程等内容进行了解释说明。（王刃余）

【中华人民共和国考古涉外工作管理办法】 1990年12月31日国务院批准发布，1991年2月22日国家文物局令第一号发布施行。适用于在中国境内陆地、内水和领海以及由中国管辖的其他海域。强调国家文物局统一管理全国考古涉外工作。该办法对中国有关单位同外国组织和国际组织所进行的考古调查、勘探、发掘和与之有关的研究、科技保护及其他活动进行了详细规定。规定任何外国组织、国际组织在中国境内进行考古调查、勘探、发掘，都应当采取与中方合作的形式。外方申请与中方合作进行考古调查、勘探、发掘时，应当按照规定向国家文物局提出书面申请。该管理办法对合作双方的资格均有一定要求，并对国外公民、组织机构在华进行与文物相关活动的形式进行了限制，对接受国际学者、留学生进行考古相关研究、学习及实践等事宜进行了规定。该文件还对违反的处罚原则进行了说明。（王刃余）

【考古发掘管理办法】 中国考古发掘工作的具体管理规定。1998年4月21日第10次国家文物局局长办公会议通过，并经文化部同意予以实施。办法适用于在中国境内地下、内水和领海所进行的一切考古发掘和水下考古活动。规定国家文物局统一管理全国考古发掘工作，一切考古发掘工作都必须履行报批手续。管理办法对资格审定、项目管理与审批、项目执行和监督、考古资料与发掘报告编写和管理、奖惩原则等方面进行了解释说明。（杜金鹏 王刃余）

【田野考古工作规程】 中国田野考古工作的操作规程。最初根据1982年公布的《中华人民共和国文物保护法》和田野考古工作符合科学要求的原则所制订，1984年发布实施。国家文物局于2009年4月正式制定修订版《规程》。规程共分八章，内容包括：总则、考古调查、考古发掘单位和领队职责、考古发掘、发掘资料整理、发掘成果刊布、发掘资料管理、附则。另有附录和表格样式两部分内容。文件修订部分强调聚落考古学研究的基本需求和必要手段，并将田野技术进一步细化，包括发掘、记录和取样，强调资料报告的多角度分类整理。（杜金鹏 王刃余）

【考古发掘项目检查验收办法】 中国国家文物局为加强考古发掘项目检查验收效果而颁布的验收办

法。规定考古发掘项目检查、验收须依照《考古发掘项目检查验收标准》执行。同时,对检查验收的程序、检查者所需具备的资格、经费来源、获奖等事项进行说明。(杜金鹏　王刃余)

【西安宣言】 全称《西安宣言——保护历史建筑、古遗址和历史地区的环境》。2005 年 10 月 17 日—21 日国际古迹遗址理事会(ICOMOS)第 15 届大会在中国西安正式通过。宣言将环境对于遗产的重要性认识提升到一个新的高度。宣言指出,周边环境被认为是体现文化遗产真实性的一部分,强调有必要采取适当措施应对由于生活方式、农业、旅游或大规模天灾人祸所造成的城市、景观和遗产路线急剧或累积的改变;有必要承认、保护和延续遗产建筑物或遗址周边环境的"有意义"的存在,以减少上述进程对文化遗产真实性、意义、一致性和多样性所构成的威胁。宣言突出了以下有关原则和建议:承认周边环境对古迹遗址的意义;理解记录、解释不同条件下的周边环境;通过规划手段和实践来保护和管理周边环境;监控和管理对周边环境产生影响的变化;扩大地区间、各学科间和国际间的合作以及提高保护周边环境的意识等。(杜金鹏　王刃余)

【西安共识】 全称《大遗址保护西安共识》。2008 年 10 月 21 日国家文物局和陕西省人民政府主办的"大遗址保护高峰论坛"上通过。《共识》强调了大遗址是城市文化景观的核心要素,是城市可持续发展的资本和动力。对保持文化多样性,守望中华民族共有精神家园具有重大意义。为此,必须科学编制保护规划,将其纳入城乡发展规划,优化城市空间格局;坚持整体保护,积极探索保护与利用新模式,是开创大遗址保护新局面的重要保证。还强调要深入挖掘大遗址的内涵与价值,发挥其社会效益,促进旅游等相关产业的理性发展,为区域经济提供新的增长点;同时,要以人为本,因地制宜,加强环境整治,创造美好的人居环境,让全社会共享保护成果,这是大遗址保护的出发点和根本落脚点。《西安共识》与《中国文物古迹保护准则》、《城市文化北京宣言》等理念的提出是中国文化遗产保护理论体系日趋成熟的标志。(杜金鹏　王刃余)

【绍兴宣言】 2006 年 5 月 31 日至 6 月 2 日在中国绍兴举办的第 2 届文化遗产保护与可持续发展国际会议宣言。旨在进一步从机制角度认识并有效利用文化遗产管理的"手段"这一概念,围绕利益相关者参与规划决策(居民、投资者和政府都一起参与保护文化遗产)、文化遗产保护与遗产旅游的管理与协调、把文化遗产保护纳入城市发展规划中、最大限度吸纳当地社区人口就业和参与遗产管理、民居修复和展示原则、群众受益、旅游事业收入反补遗产保护等方面进行了研讨。着重探讨:成功进行遗产保护、管理和监测的战略,作为遗产保护手段之一的"负责任旅游",遗产融资和收入来源等重要问题。(杜金鹏　王刃余)

【会安草案——亚洲最佳保护范例】 2005 年 12 月 30 日联合国教科文组织在越南会安通过。为目前为止最为重要的活态遗产管理指导性文件。该文件中世界遗产委员会对文化景观定义进行了修正。会议文件提出若干重要原则。如,活态人居的再利用原则:应尽可能的保护、改善并以协调的方式重新利用历史建筑。应注重帮助历史建筑的现有居民进行合理的持续居住与利用。在很多时候,持续居住与利用并不一定可行或理想。从前的住房可能需要重新改造,以适应现代的商业或社区用途。类似改造不应以人口迁移以及多样化城区的同质化或商业化为代价。历史城区的发展历时性原则:历史城区的集合体是一个有机的单位,通常由代表不同时期的建筑构成。不能将所有建筑都恢复到某个单一的历史时期;而是应该清晰展现出该城区随着岁月变迁的过程,以参观者辨认出城区的多个层次,解读相关建筑群落的历史。商业开发原则:繁忙的商业中心地带应设在新的开发区;不应试图将此类现代功能挤入历史城区,超越其承载能力等。(王刃余)

【关于加强文化遗产保护的通知】 2005 年国务院出台。通知就"充分认识保护文化遗产的重要性和紧迫性"、"加强文化遗产保护的指导思想"、"基本方针和总体目标"、"着力解决物质文化遗产保护面临的突出问题"、"积极推进非物质文化遗产保护"和"明确责任,切实加强对文化遗产保护工作的领导"等问题进行阐释说明。该文件明确了物质文化遗产保护要贯彻保护为主、抢救第一、合理利用、加强管理的方针和非物质文化遗产保护要贯彻保护为主、抢救第一、合理利用、传承发展的方针。坚持保护文化遗产的真实性和完整性,坚持依法和科学保护,正确处理经济社会发展与文化遗产保护的关系,统筹规划、分类指导、突出重点、分步实施。并提出总体目标：通过采取有效措施，使文化遗产保护得到全面加强。到2010年，初步建立比较完备的文化遗产保护制度，使文化遗产保护状况得到明显改善。到2015年，基本形成较为完善的文化遗产保护体系，使具有历史、文化和科学价值的文化遗产得到全面有效保护；使保护文化遗产深入人心，成为全社会的自觉行动。该通知是近年来一部重要的文化遗产事业发展指导性文件。（王刃余）

【"十一五"期间大遗址保护总体规划】 2007年中国国家文物局和财政部共同研究编制。该文件是中国大遗址保护的纲领性文件。文件从大遗址界定、遗址分布及存量等基本特征对中国大遗址现阶段保护的基本状况进行说明，提出100处大遗址的保护规模。提出若干总体目标，内容包括：初步建立比较完备的大遗址保护管理体系；大遗址的本体和环境的整体保护得到明显改善；执法力度明显加大，努力使部分有条件的大遗址列入世界文化遗产名录；探讨大遗址保护展示的科学途径；建设大遗址保护展示示范园区（遗址公园）和遗址博物馆；发挥专项保护资金的综合效益；促进城市建设和人民群众生活方式与质量的改善；谋取区域社会效益、生态效益的和谐与可持续发展。（杜金鹏　王刃余）

【保护世界文化和自然遗产公约】 简称"世界遗产公约"。国际社会保护人类文化及自然重要遗产的纲领性文件。由联合国教育、科学及文化组织大会于1972年10月16日在法国巴黎举行的第17届会议上讨论并通过。内容共计38条。公约对文化遗产和自然遗产的定义进行了阐释，并制定了文化和自然遗产的国家保护和国际保护措施等条款。规定了各缔约国进入《世界遗产名录》的申报原则。1976年成立的联合国教科文组织世界遗产委员会为其管理机构。按照规定，凡被世界遗产委员会列入《世界遗产名录》的地方，都将成为世界名胜，并可受到世界遗产基金提供的支持。作为公约执行的说明性文件，《实施世界遗产公约的操作指南》规定了委员会的基本功能，并对申报列入世界文化遗产名录的标准和流程进行了界定，通过进行阶段性修订，弥补和改善了公约对于世界遗产"价值性"原则和"真实性"原则，深化并不断改进其"突出的普遍性价值"的基本标准。（王刃余）

【北京文件】 2007年5月24—28日由在北京召开的中国国家文物局、联合国教科文组织世界遗产中心、国际文化财产保护与修复研究中心、国际古迹遗址理事会共同主办的"东亚地区文物建筑保护理念与实践国际研讨会上"产生并通过。会议根据遗产具体特征，讨论了亚洲地区文化遗产的突出普遍价值，真实性与完整性，以及国际普适的保护准则在东亚地区的适用性等重大课题。其核心内容系对东亚文物内涵与威尼斯宪章体系之间的理论及实践冲突进行充分讨论与分析。该文件在保护原则方面，再次确认了《世界遗产公约》及其《实施指南》、《威尼斯宪章》和《关于原真性的奈良文件》所总结的普适性原则，也肯定了根据普适性原则和中国特点所形成的《中国文物古迹保护准则》。会议认为石质与木质文物会因材质的特点而有不同的耐久性、保存周期和保护方法，但这无碍于正确理解和遵循与《威尼斯宪章》相关的真实性理念，尽可能少干预的原则，维修工作中的可逆、可识别原则，以及环境意识等。文件明确指出：在修复中须充分认识到遗产的特殊性，并确保在保护和修复过程中不改变遗产的历史、有形与无形等特征，这是至关重要的。在文献档案方面，强调决策过程要以详尽的"科学调查、材料分析和状态诊断"为依据，要求文物保护工程的每一项干预、修复活动均须以正确的理论进行指导，以前期周详的史料和考古研究、调查、勘测、记录、分析等为基础，并须开展相关的多学科合作。文件重申了《世界遗产公约》框架下关于真实性的界定。特别强调，修缮与修复的目的应当是不改变这些信息来源的真实性。在遗产完整性方面文件认为：完整性可以解释为文物古迹及其特征的整体性和完好性，包括体现文物古迹重要性和价值所必须的所有因素。保留文物古迹的历史完整性必需保证体现其全部价值所需因素的相当一部分得到良好的保存，包括意义重要的建筑物历史层次（沿革与积淀），以及环境。在保存与修整方面，文件认为应当将材料、构件和彩绘表面的替换或更新降至合理的最小程度，以便最大限度地保留住历史原物。在木结构油饰彩画处理方面，文件强调，在外表面保护中，首要考虑的应当是保留尽可能多的材料真实性，重新上漆应当仅限于那些历史原物已经消失得难以保护的情况。对于复"建"这一严格限制的行为，文件认为，即便在特殊情况下进行复建，也必须遵守复建既不能篡改城市或景观的整体环境，也不能破坏现存历史原物的基本原则。该文件对展

示、培训等遗产管理问题也给予了足够的重视和阐述。(杜金鹏　王刃余)

【城市文化北京宣言】 2007年6月9—11日由建设部、文化部、国家文物局在北京联合举办的“城市文化国际研讨会”上通过。会议认为城市作为一种文化现象,在人类文明史上具有独特的重要地位。回顾城市发展的历史,文化始终是城市最主要的功能之一,城市不仅是一定地域的经济和政治中心,也是这一地域的文化中心。在全球城市人口第一次超过乡村人口的背景下,与会者重申以往重要共识和文件的意义,反思城市发展的历程,重新评价城市文化与城市发展的关系,会议最终形成《城市文化北京宣言》。形成五点重要意见:新世纪的城市文化应该反映生态文明的特征;城市发展要充分反映普通市民的利益追求;文化建设是城市发展的重要内涵;城市规划和建设要强化城市的个性特色;城市文化建设担当着继承传统与开拓创新的重任。(杜金鹏　王刃余)

【良渚共识】 中国大遗址保护和考古遗址公园发展过程中的里程碑式文件。2009年6月12日,由国家文物局和杭州市政府在浙江余杭共同举办了大遗址保护良渚论坛上通过。文件呼吁社会以建设考古遗址公园的方式来推动大遗址保护、缓解文化保护与城市化进程的矛盾。明确:大遗址是指大型古文化遗址,由遗存及其相关环境组成。规模宏大、价值重大、影响深远,是中华文明曾经高度发达并对世界文明的进步产生过巨大影响的历史见证。文件认为,考古遗址公园立足于遗址及其背景环境的保护、展示与利用,兼顾教育、科研、游览、休闲等多项功能,是中国大遗址保护实践与国际文化遗产保护理念相结合的产物,是加强遗址保护、深化遗址展示与利用的有效途径,符合现阶段大遗址保护的实践需要,具有鲜明的中国文化遗产保护特色。考古遗址公园建设能够有效缓解文化保护与城市化进程之间的矛盾,优化土地资源的利用,带动相关产业发展,进一步改善人居环境,扩展和丰富城市文化内涵。考古遗址公园建设行为应确保遗址的完整保存,各类设施及景观设计应以对遗址内涵的展示为前提,并以持续开展的考古、研究和保护工作为基础,须做好可行性研究和调查论证工作。截至《宣言》发布时,中国已公布的六批2 351处全国重点文物保护单位中,其中约有500处符合大遗址的标准,达到总数的四分之一左右。(杜金鹏　王刃余)

【洛阳宣言】 2009年10月31日由中国国家文物局、河南省人民政府在河南洛阳共同主办的大遗址保护洛阳高峰论坛上通过。论坛主题为“城市核心区的大遗址保护”,旨在为国际国内大遗址保护的经验交流与合作搭建良好的载体和平台,进一步推动城市核心区域的大遗址保护与发展。宣言肯定了良渚论坛倡导的建设考古遗址公园的理念,是文化遗产保护理论的创新,是积极保护文化遗产、实现区域经济社会和谐发展的战略构想,强调了城市核心区域大遗址保护的难度并提出四项重要承诺。(杜金鹏　王刃余)

【无锡建议】 2006年4月18日,在江苏无锡举行以“重视并保护工业遗产”为主题的中国工业遗产论坛上通过。会议将中国工业遗产保护问题提上议程。提出了尽快开展工业遗产的普查和评估工作;将重要的工业遗产及时公布为各级文物保护单位,或登记公布为不可移动文物;编制工业遗产保护专项规划,并纳入城市总体规划;区别对待、合理利用工业废弃设施的历史价值等具体的措施。(杜金鹏　王刃余)

【荆州宣言】 全称《大遗址保护荆州宣言》。中国大遗址保护发展过程中的关键性文件。2011年11月25—26日湖北荆州全国大遗址保护现场会暨大遗址保护荆州高峰论坛上提出。宣言指出,从“三线两片”(三线:长城、丝绸之路、大运河,两片:西安片区、洛阳片区)到“六片四线一圈”(六片:西安、洛阳、荆州、成都、曲阜、郑州,四线:长城、丝绸之路、大运河、茶马古道,一圈:陆疆、海疆)态势的出现,国内大遗址保护已经渐成气候。文件强调会议之后的五年为大遗址保护全面发展的历史机遇期。明确须将大遗址保护纳入公共文化服务体系建设的必要性、建设相关文化产业的重要性等关键问题。宣言指出,政府始终是大遗址保护最主要的责任主体、改革创新是大遗址保护不竭的动力,惠及民生是大遗址保护最核心的目标。(杜金鹏　王刃余)

【雅典宪章】 即国际建筑协会于1933年8月在雅典会议上制定的《城市规划大纲》。主要倡导者是勒·柯布西耶(Le Corbusier)。分为定义和引言、城市的四大功能、居住是城市的第一功能、工作、游憩、交通、有历史价值的建筑和地区、总结等8个章节。宪章第一次明确提出城市的四大功能,提出居住、工作、游憩与交通四大活动是研究及分析现代城市设计时最基本的内容。大纲认为,每个城市都应该有一个城市规划方案,并与区域规划、国家规划配合起来,并必须制定必要的法律以保证其实现。宪章还认为,城市应按居住、工作、游憩进行分区,三者之间应作平衡布置,同时建立一个联系三者的交通网。更为重要的是宪章还提出了保护有历史价值的古建筑和地区的建议,并指出城市规划是一个三度空间的科学,应考虑立体空间。宪章的提出为现代城市规划的发展指明了以人为本的方向,建立了现代城市规划的基本内涵。(王刃余)

【海牙公约】 全称《武装冲突情况下保护文化财产公约》。世界上第一部针对武装冲突情况下全面保护文化遗产而专门制定的法律和国际性公约。共计7章、40条,系在1899年《海牙第二公约》、1933年《罗里奇公约》基础上形成。该公约详细地规定了武装冲突情况下文化遗产保护的原则、范围、缔约国义务、特别保护制度、标记和运输、执行措施等内容,是文化遗产国际保护法的重要文件,具有内容全面、针对性强、适用范围广、保护力度大等特点,对于文化遗产的国际保护具有里程碑式的意义。公约规定,各缔约国必须保障其本国文化财产免受武力袭击的破坏;武装冲突各方不允许直接攻击文化财产,而且必须避免对这类财产造成附带破坏。禁止将文化财产用作军事目的。公约还规定各缔约国有责任实施公约条款并将对文化财产的保护写进其国内立法。公约还要求各国巩固各项条款,以防出现违约行为。这一规定在1977年《日内瓦公约附加议定书》中得到补充,现已成为国际法的一部分。(王刃余)

【关于适用于考古发掘的国际原则的建议】 1956年12月5日由在印度新德里举行的联合国教育、科学及文化组织大会第九届会议上通过。该建议对考古发掘进行了明确界定,对受保护的遗产进行了明确的阐释,对考古遗存的发现、上报、发掘申请及获批、设立纪念物保护管理体系等行为进行了要求,对管理部门建构及其职责进行了说明,对文物的维护、保护和迁移等行为提出了具体的管理要求,对中央和地方博物馆资源的使用进行了要求,对公众教育和授予外方人员发掘许可进行了规定,对古物贸易、非法出口、被占领土发掘等具体内容进行了明确的要求和解释。(王刃余)

【关于保护景观和遗址的风貌与特性的建议】 1962年12月11日由在法国巴黎举行的联合国教科文组织大会第12届会议提出并通过。共分5章:定义、总则、保护措施、保护措施的实施、公共教育。《建议》在国际范围内提高了对景观、遗址风貌与特性保护的重视;强调保护的对象不只局限于自然景观与遗址,而应将其扩展到全部(或部分)由人工建构的景观与遗址;强调为保护景观和遗址所采取的措施应既是预防性的,又是矫正性的;预防性措施应旨在保护遗址免受潜在危险,尤其应包括对可能损坏景观和遗址的工程和活动进行监督;矫正性措施应旨在修缮对景观和遗址所造成的损坏,并尽可能使其恢复至原状。在具体措施方面提出:应由主管当局进行全面监督;应将责任列入城市发展规划以及区域、乡村和城市的各级规划;应通过划区列出大面积景观区保护目录;应列出零散的遗址保护目录;应建立和维护自然保护区与国家公园;应由社区获得遗址等。《建议》还积极倡导公众参与和遗产教育。(王刃余)

【关于古迹遗址保护与修复的国际宪章】 亦称《威尼斯宪章》。保护文物建筑方面的第一个国际宪章。该宪章将百年来文物建筑的保护、修复工作及其科学化历程中所形成的基本概念、理论、原则以国际性准则的形式确定下来。1964年5月31日由在意大利威尼斯举行的建筑师和技术人员国际会议(ICOM)第2次会议通过。宪章肯定了历史文物建筑的重要价值和作用,把它看作是人类共同的遗产,认为为子孙后代而妥善地保护它们是我们的责任。我们必须如实地把它们的信息传递下去。分为定义、保护、修复、历史地段、发掘和出版等6部分,共16条。《宪章》明确了历史文物建筑的概念,要求必须利用一切科学技术对文物建筑进行保护与修复,并须将保护对象扩大到环境和艺术品领域,明确提出历史古迹的概念不仅包括单个建筑物,还应包括能从中辨识某种独特的文明、有意义的发展或历史事件证据的城市或乡村环境,认为古迹不能与其所见证的历史和其产生的环境分离,并提出“历史地段”的重要概念。此外还特别强调“复原”应是一种高度专门化的技术,必须尊重原始资料和确凿的文献,决不能有丝毫臆测,目的是完全保护和再现历史文物建筑的审美和价值;还强调对历史文物建筑的一切保护、修复和发掘工作都要有准确的

记录、插图和照片。(王刃余)

【佛罗伦萨宪章】 历史园林保护宪章。1981 年 5 月 21 日由在意大利佛罗伦萨召开的国际古迹遗址理事会与国际历史园林委员会会议上起草并通过。该宪章为历史园林的保护确定了基本的准则,对历史园林的概念和所包含范围予以界定,对其保护措施做了规定和说明,对其利用做出规范。宪章提到历史园林是一种有生命力的历史遗产,在实际的保护实践中必须充分重视这一特点,进行适当的维护和修复活动,认为历史园林的日常维护,主要是保证其自身和外部环境的风貌不受破坏,而对于历史园林的利用,必须限定在可承受范围之内。(王刃余)

【华盛顿宪章】 亦称《保护历史城镇与城区宪章》。国际上关于对历史街区、城镇、地段等重要文化空间载体进行保护的指导性文件。为《威尼斯宪章》的补充。1987 年 10 月由国际古迹遗址理事会在美国华盛顿通过。规定了保护历史城镇和城区的原则、目标和方法。进一步扩大了历史古迹保护的概念和内容,提出了现在学术界通常使用的"历史城镇"和"历史城区"的概念。认为环境是体现真实性的一部分,并需要通过建立缓冲地带加以保护。还认为外部环境的保护对于历史地段的保护更为重要,并强调保护和延续受保护区域的人们的生活等。(王刃余)

【国际文化旅游宪章】 有关协调旅游、原著人口利益、遗产保护三者之间关系的最重要的国际文件。具有示范价值。1999 年 10 月由在墨西哥举行的国际古迹遗址理事会(ICOMOS)大会通过。宪章取代了 1976 年版的《文化旅游宪章》。内容体现了文化遗产管理方主动同遗产利益的相关群体进行关系协调的愿望,其目标是实现旅游和遗产保护的全面可持续发展。(王刃余)

【考古遗产保护与管理宪章】 国际考古遗产保护与管理原则性文件。1990 年 10 月由在瑞士洛桑举行的国际古迹遗址理事会全体大会第 9 届会议上通过。全文共 9 条。宪章认为,考古遗址是考古研究重要的一手资料,也是重要的文化资源。因此,对其保护和合理的管理能对考古学家和其他学者(代表人类当前和今后的利益)的相关研究和阐释起到巨大的促进作用。但随着研究的不断深入,对考古遗产的保护不能仅仅依靠考古学方法,还需要更加广泛的专业和科学知识与技能基础。考古遗产的保护必须依靠各学科专家的有效合作,需要政策制定者、学术研究人员、公私企业以及一般民众间的合作。本着上述精神,该文件对考古遗产管理不同方面的原则进行了规定,涉及:整体保护的策略、立法和经济、勘查、调研、维护与保护、展出、信息资料、重建、专业资格与国际合作等。(王刃余)

【关于原真性的奈良文件】 1994 年奈良真实性会议文件。是在《威尼斯宪章》和《巴拉宪章》的基础上形成的关于遗产原真性的重要文件。对文化遗产的原真性概念及其应用进行了详细的阐述,特别强调在不同文化,甚至在同一文化中,对文化遗产的价值特性及其相关信息源可信性的评判标准可能会不一致,并由此认识到将文化遗产的价值原真性置于固定的评价标准之中是不切实际的。相反,对所有文化的尊重,要求充分考虑文化遗产的文脉关系和评判原真性的现实语境。文件还要求重视保护文化的多样性与遗产的多样性。(王刃余)

【关于被盗或非法出口文物公约】 关于非法出口文物返还的国际诉讼专项规定。1995 年 6 月 24 日国际统一私法协会在意大利罗马通过。其内容适用于非法出口文物,对文物盗窃进行了明确界定,明确规定了要求返还被盗文物的提请时效年限、提请者资格认定标准、补偿原则、非法出口文物的认定标准、归还诉讼流程、代替补偿的条件、不适用范围等具体内容。(王刃余)

【巴拉宪章】 全称《保护具有文化意义地方的宪章》。国际文化遗产保护、规划操作的经典指导性文件。1979 年由澳大利亚编制。《宪章》针对工业建筑遗产保护提出"地点"、"文化重要性"等概念,并从保护行为的角度,对保护、维修、重建、改造性再利用等一系列重要手段进行了阐释,为历史建筑保护寻找到了缜密的工作流程和逻辑。将"文化遗产价值"作为一切围绕文化遗产而进行的保护和研究的根本依据,将社会因素与社会需求作为衡量遗产保护和管理成效的标准。它为历史建筑的保护提供了新的思路和途径。同时,改造性利用因没有从实质上削弱场所的文化意义而受到赞扬。该宪章通过三个相关的指导纲要来完善其可操作性,即《文化意义》、《保护工作策略》、《研究与报告编写流程》。(王刃余)

【关于保护可移动文化财产的建议】 关于可移动文物处理原则的国际文件。1978 年 11 月 28 日由在法国巴黎举行的联合国教科文组织大会第20届会议通过。《建议》对不可移动文物的概念、分类、运送交流过程中的风险防控、国际交流、可移动文物的安全、成员国职责等相关内容做了详细的说明和规范。（王刃余）

【水下文化遗产保护公约】 针对国际水下文化遗产保护事业提出的基础性文件。2001年11月2日由在法国巴黎举行的联合国教科文组织第31届会议通过。《公约》对于水下文物的定义、分类，水下考古的相关程序和规范予以了规定；同时，由于水下考古具有较大的特殊性，该文件对于水下考古外延的相关活动也做出了相应的规定，如与打捞法、打捞物法、《国际海洋公约》的协调等。该文件的提出为考古工作的多元化开展提供了法律法规的保证。（王刃余）

【中国文化遗产标志管理办法】 由国家文物局为规范中国文化遗产标志（即太阳神鸟主题标志）的保护和管理工作、保障中国文化遗产标志权利人的权益而制定的管理办法。其所称中国文化遗产标志，是指由国家文物局确定并发布的中国文化遗产图形标志。《管理办法》针对中国文化遗产标志的所有权、使用权、销售制作权予以了明确的规定，对遗产标志用于商业用途所应承担的义务和责任做出明确规范。（王刃余）

【世界文化遗产保护管理办法】 中国针对列入世界文化遗产名录的遗产内容出台的专项管理办法。2006年11月14日起施行。《管理办法》中对世界文化遗产的概念、保护规划、安全防范措施以及所属的可移动文物的保护做出了明确的规定；此外，对于世界遗产地的管理，明确了各级相关部门的责任和义务，并要求依照《中华人民共和国文物保护法》对文物和遗址“四有”的保护规定开展工作，对于开辟为旅游区的世界文化遗产地，特别强调其宣传教育作用。要求凡因保护和管理不善致使真实性和完整性受到损害的世界文化遗产，须由国家文物局列入《中国世界文化遗产警示名单》予以公布。（王刃余）

科 技 考 古 编

科技考古

【科技考古】 指依据考古学研究思路,借用自然科学相关学科的方法和技术,对考古遗址进行勘探,对遗址所在区域进行调查和采样,对多种遗迹和遗物进行鉴定、测试和分析,对各类与考古研究相关的资料进行定量统计,进而在一定程度上认识遗址或遗迹的空间信息、遗存的绝对年代、自然环境特征、人类自身与体质相关的特征、人类的多种生存活动及生产和社会行为特征,进一步拓宽考古学研究的视角与领域,提升考古学研究的效率、深度和精度,获取更多、更丰富的古代信息等。自然科学相关学科的方法和技术在考古学中应用绝非简单套用,必须在应用过程中始终与考古学紧密结合,从设计方案、采集样品,一直到对调查、测试及鉴定结果的分析等诸多方面,均要考虑到研究对象各自的考古背景、不同的出土地点、长时间埋藏过程的影响、当时可能的人为作用等诸多因素。科技考古的主要研究领域包括考古勘探、年代测定、环境考古、人骨考古、动物考古、植物考古、食性分析、古 DNA 研究、物质成分结构分析与工艺研究等。科技考古的主要特征有:(1) 从多个特定角度对具体遗址、遗迹和遗物进行探讨,研究传统考古学所无法涉及领域;(2) 秉承“将今论古”原则,各研究领域的方法都建立在自然科学相关学科的方法和技术基础上;(3) 研究对象均出自考古发掘或与考古发掘相关,同时又分别具有地球科学、生物学、物理学、化学等学科相关属性;(4) 各研究领域的鉴定、测试结果均可进行重复验证;(5) 各研究领域的标准和结果分别适用于全国各地区考古遗址所出土同类遗迹和遗物的研究。(袁靖)

考古勘探、测绘和地理信息系统

【遥感考古】 遥感即遥远感知,是指在不直接接触有关目标物的情况下,从距离地面物体数公里到数百公里的飞机、飞船、卫星等遥感平台上,使用光学或电子光学仪器(即传感器)接收地面物体反射或发射的电磁波信号,并用胶片或硬盘等记录后,传送到地面,经信息处理、判读分析和野外实地验证,最终服务于资源勘探、动态监测和有关部门的规划决策。遥感考古是从航天飞机、卫星、飞机等不同空间位置上,运用摄影机、扫描仪、雷达等成像设备,获取考古遗址的影像资料,再运用计算机图形图像处理技术进行增强和处理;并根据遗址范围内地表状况和光谱成像规律等的相互关系,对其色调、纹理、图案及时空分布规律进行研究,以判定遗迹或现象的位置、分布、形状、深度等特征,并进行遗址探查、考古测量、古地貌和古遗址复原等工作,为考古研究和文化遗产保护提供重要线索。(刘建国)

【遥感物理基础】 自然界中各种目标物的组成和结构不同,其物理化学性质各异,反射或发射各种波长电磁波能量也不相同。遥感技术通过传感器接收目标物反射或发射的电磁波信息,遥感图像会因电磁波能量差异产生不同的色调和亮度,根据影像的色调、亮度及图斑的形状、大小、位置、阴影等特点,可对遥感影像进行分析和解译。(刘建国)

【空间分辨率】 遥感影像的空间分辨率是用来表征影像能够分辨地面目标细节的能力。模拟影像的空间分辨率是用单位距离内能够分辨的线宽或间隔相等的平行细线条数来确定,单位为线/毫米或线对/毫米。数字影像的空间分辨率通常用地面分辨率和影像分辨率来表示。地面分辨率是指影像最小单元(像素)对应的地面尺寸大小,其大小由传感器系统的

分辨率与传感器工作时的比例尺来决定。(刘建国)

【遥感影像解译】 运用人工或计算机自动、半自动方法,判别遥感影像中与专题研究相关的人工地物和自然地物。以对影像要素或特征的分析和理解为基础,分为"人工目视解译"和"计算机自动解译"两种方法。人工目视解译即借助立体镜、放大镜和光电仪器,通过肉眼来观察和分析遥感影像的基本方法,亦称为"目视判读"。计算机自动解译即运用计算机软件,在一定算法和法则的支持下,依据影像解译标志,对遥感影像进行自动解译,以达到对地物属性识别和分类的目的。(刘建国)

【人工目视解译】 见"遥感影像解译"。

【计算机自动解译】 见"遥感影像解译"。

【水下遥感考古】 对遗留在水下的古代人类文化遗迹进行调查、发掘和研究的技术,首要任务是开展水下调查发掘工作,为此发展和形成有一整套调查、发掘的技术和方法。水下考古的对象已从沉船、沉没物扩大到淹没于湖底、海底的港口和城市等遗址,手段和方法也大为改进,其中水下遥感考古是水下考古勘探的重要手段。水下遥感考古的传感器系统由声呐、侧向扫描声呐、海底剖面仪、磁强计和全球定位系统等组成,主要用于探测水下异常现象。携带各种传感器的轮船在研究区域内作往返探测,轮船航迹渐次覆盖一个搜寻区域,最后对全部数据综合处理与分析,对异常区域判断与定位。(刘建国)

【遗迹影像标志】 遥感考古中,通过遥感设备接收的资料记录有大量土壤学、地质学、地貌学、生态学和地理学等的信息,以不同方式,反映出考古遗迹或现象的特征。必须掌握考古遗迹或现象的影像特征,才能对遥感影像进行正确解译。遗迹或现象以各自的方式存在于自然环境中,形成独特的遗迹土壤标志、遗迹阴影标志与遗迹植被标志,构成考古遗迹最基本的影像特征。(刘建国)

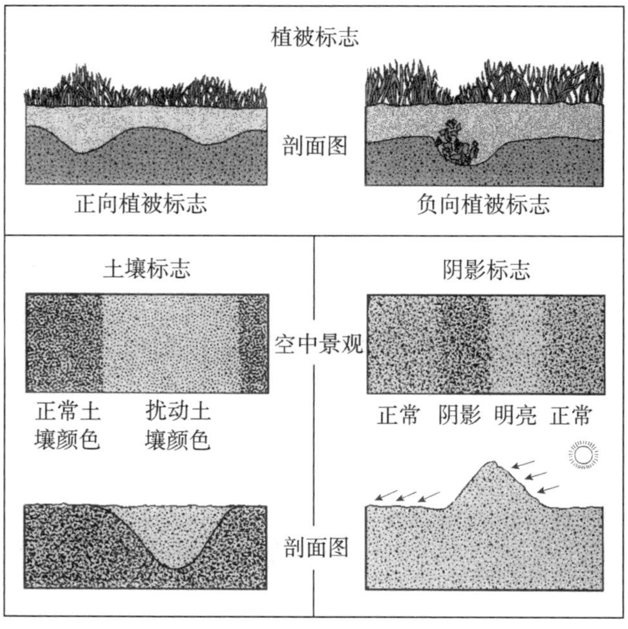

遗迹影像标志示意图

【考古物探】 将地球物理学理论结合电子学探测方法,间接探测地下所埋古代遗存的各种方法,应用到考古遗址中对地下遗迹、遗存进行探测,统称为"考古物探"。由于古代遗迹与天然土(生土)石存在密度、湿度、磁性、导电性、弹性、放射性等差别,故用高灵敏度物探仪器检测这些地点有无物理性质的异常出现,即可判断地下有无埋藏遗存。考古物探速度快、劳动强度低、不损伤遗存,在岩层、水中、沙层、冰上均能工作。但物探属于间接测定遗存的方法,由于自然条件干扰,有时会出现偏差。使用单一物探方法进行遗迹判别较为困难,必须结合多种物探方法进行复合探测,并和田野考古方法相配合,才能取得最佳效果。考古物探方法已被发达国家广泛应用于考古遗址调查中,并取得良好成效。(钟建)

【磁法勘探】 考古物探中应用最多的方法之一。自然界中土壤和岩石具有不同磁性,可产生各不相同的磁场,在地球磁场作用下,这些磁场按自有的场强规律有序地分布在地表。当局部地区由于机械、温度、密度等原因发生变化时,局部磁场也会发生变化,通称为"磁异常"。在考古勘探中利用磁探仪器发现和研究这些磁异常,可逐步掌握和判断磁探测对象是否掩埋在地下的建筑地基或柱洞、井坑、火炉、窖藏、城墙、房址、窑址等之一。这些探测目标最大直径数十米,最小直径仅数十厘米,掩埋深度一般不超过5米。在大部分考古遗址中,由于古代人类长期的居住活动,区域中土壤的密度和含铁成分一般都与非活动区域存在差异。活动区域中土壤的氧化铁含量通常高于非活动区域。陶片、砖块、坑壁、陶窑等焚烧时形成的热剩余磁性,使它们拥有很强的磁场;其他金属器具的堆积一般会有更强的磁场变化。通过高精度的磁法测量,可精确地发现地下遗迹的存在。(钟建)

【电法勘探】 考古物探中应用最多的方法之一。电法勘探是根据土壤和岩石的电学性质(包括导电性、电化学活动性、电磁感应特性和介电性等,即所谓

"电性差异")来判断地下遗迹和研究地质构造的一种地球物理勘探方法。通过仪器观测人工、天然的电场或交变电磁场,分析、解释这些场的特点和规律以达到寻找古代遗存或找矿勘探的目的。电法勘探分为两大类:研究直流电场的,统称为"直流电法",包括电阻率法、充电法、自然电场法和直流激发极化法等;研究交变电磁场的,统称为"交流电法",包括交流激发极化法、电磁法、大地电磁场法、无线电波透视法和微波法等。电法勘探在探测墓葬、城墙、夯土台基等方面效果显著。(钟建)

【直流电法】 见"电法勘探"。

【交流电法】 见"电法勘探"。

【探地雷达勘探】 雷达是指发射电磁波信号并接收在其作用范围内被观测物体(目标)回波的装置。"探地雷达"(Ground Penetrating Radar)是地表层脉冲穿透雷达的简称,英文缩写 GPR。探地雷达是一种较新的地球物理方法,即根据地下介质的电性差异,利用宽带的电磁波,以脉冲形式来探测地表之下或不可视物体的内部结构。由于天线中心频率不同,其探测深度及分辨率也不同。探地雷达中心频率一般在10 兆赫～2.5 吉赫,土壤的探测深度一般在 0.01～25 米范围内,可根据实际需要选择不同频率天线。探地雷达具有高分辨率、高效率等优点,被广泛应用于工程与环境调查和资源、考古等浅部地球物理勘探领域,并取得很好的效果。但其探测深度超过 5 米会影响探测效果。(钟建)

【瞬变电磁勘探】 瞬变电磁法简称 TEM,在探测深度上可作为雷达勘探的延续。瞬变电磁法的勘探原理是,在发射线圈内加以脉冲电流,产生一个瞬变的电磁场,该磁场的电磁波通过发射线圈垂直向地上和地下两个方向传播,把地面以上的忽略。当磁场沿地表向深部传播,遇到不同介质时,会产生涡流场或使碱金属产生能级跃迁,或使含有大量水的氢原子核沿磁场方向产生定向排列。当外加的瞬变磁场突然消失后,这些涡流场的释放或者金属产生的跃迁要恢复原有能级,释放跃迁产生能量。含水氢原子核恢复原有排列时,均以磁场的形式释放所获能量,利用接收线圈测量接收这些感应电动势。通过计算和软件处理就可反映地下介质的电性或磁性特征,进而判断地下物体的性质和埋藏深度。瞬变电磁法的特点是探测深度大(可探测范围从地下数米至2 000 米)、分辨率高。它已成为考古物探领域金属物体勘探的首选方法,在探测金属矿藏、地下水等方面具备一定优势。由于在探测超浅地层的技术方面还存在一定问题,在考古领域中可与雷达勘探方法互补。但随着探测技术的进步,在探测埋藏较深的金属器物方面,这一方法将发挥相当的作用。(钟建)

【浅表地震勘探】 地震勘探是近代发展变化最快的地球物理勘探方法之一。其原理是利用人工激发的地震波在弹性不同的地层内的传播差异,来勘探地下的地质情况。根据地下介质的波组抗差异,不同弹性的地层分界面会产生反射波或折射波返回地面,用专门仪器可记录这些波,分析所记录地震波的特点,如波的传播时间、振动形状等即可知地层介质的状况。回填土与原状土、洞穴与围土等之间均存在明显的物性差异,具有较好地震地质条件,也使浅表地震勘探具有针对性。该方法主要用于检测地下异常体(如洞穴、回填土疏松体)、浅层土质纵横向变化与分层等。地震仪种类很多,根据用途大体可分为两类。石油地质勘探一般常用的是数字地震仪。工程地质勘探一般常用的是传真式地震仪,又称为"浅层地震仪"。传真式地震仪一般探测深度可达数百米,广泛用于矿产、水文地质、工程地质等领域。地震勘探在分层详细程度和勘查精度上,都优于其他地球物理勘探方法,在考古遗址勘探中可应用于探测埋藏较深的大型夯土建筑和大型墓葬的调查。(钟建)

【磷酸盐测量】 化学探测的一种勘探方法。通过检测土壤中与人类活动有关的化学成分含量来勘探地下遗存。磷是所有动植物及其环境中的一种基本元素,在自然界中循环存在,先从土壤到植物,再从植物到动物,然后由动物返还到土壤,这种磷循环在一定区域内保持常量。当某一地区垃圾、动植物遗骸及排泄物集中沉积时,该区所含磷酸盐就多;若从某地区将含磷物质移开则磷酸盐含量下降。凡人类生活过的地方都会有富含磷酸盐的有机垃圾,借助于系统地测量某一区域中磷酸盐含量,可发现其反常地区,从而找到古人类的活动区域。1986 年,英国遗物中心发掘队在调查德文郡代顿史前遗址时,曾用磁化率法和磷酸盐法进行调查。该地地表下为石灰岩,通过采集表土中磁化率和磷酸盐样品,测定后发现前者所反映磁化异常与考古遗迹不符,而遗迹所处位置磷酸盐明显偏高,因而采用磷酸盐测量方法使单一采用磁化率法进行探测的失误得以避免。

（钟建）

【测量学】 亦称“测绘学”。研究测定和推算地面点的几何位置、地球形状及地球重力场，据此测量地球表面自然形态和人工设施的几何分布，并结合某些生活信息和自然信息的地理分布，编制全球和局部地区各种比例尺地图的理论和技术的学科。包括测量和制图两项主要内容。测量学是以地球表面为研究对象，为人们提供地表形态和地貌信息的一门应用科学，研究内容主要包括大地测量学、普通测量学、摄影测量学、工程测量学、海洋测绘与地图制图学等方面。（刘建国）

【测绘学】 即“测量学”。

【地图】 根据一定数学法则，使用专门符号（包括注记和符号），经过制图综合将地球表面缩绘于平面上的图件。它能反映各种自然现象和社会现象的空间分布、联系、变化和发展。根据其内容可分为“普通地图”和“专题地图”。普通地图就是以同等详细的程度表示地面各种自然现象和社会经济现象的地图，比较全面地反映地面各种基本要素。专题地图就是突出反映某一种或某几种主题要素或现象的地图（如交通图、遗迹分布图），也可在普通地图的基础上着重表示某个专门要素。（刘建国）

【普通地图】 见“地图”。

【专题地图】 见“地图”。

【常用坐标系】 测量学中常常把地球自然面上点沿铅垂线方向投影到椭球面上，并在其上建立坐标系统来确定它们的位置；再确定地面点到大地水准面的铅垂距离，即地面点高程。（1）1954 年北京坐标系。20 世纪 50 年代中国采用克拉索夫斯基椭球参数建立的坐标系是参考坐标系。由于大地原点在苏联，便利用中国东北边境呼玛、吉拉林、东宁三个点与苏联大地网联测后的坐标作为中国天文大地网起算数据，然后通过天文大地网坐标计算，推算出北京一点的坐标，故命名为“1954 年北京坐标系”。（2）1980 国家大地坐标系（也称为“1980 西安坐标系”）。为克服 1954 年北京坐标系存在的问题，充分发挥中国原有天文大地网的潜在精度，20 世纪 70 年代末，中国对原大地网重新进行平差，大地原点选在陕西省泾阳县永乐镇，椭球面与中国境内的大地水准面密合最佳。（3）2000 国家大地坐标系。2008 年 7 月 1 日起中国启用 2000 国家大地坐标系，其坐标原点在地心。其中长半轴 $a=6\ 378\ 137$ 米，短半轴 $b=6\ 356\ 752.3$ 米，扁率 $f=1:298.257$。（刘建国）

【1954 年北京坐标系】 见“常用坐标系”。

【1980 国家大地坐标系】 见“常用坐标系”。

【1980 西安坐标系】 见“常用坐标系”。

【2000 国家大地坐标系】 见“常用坐标系”。

【地貌基本形态】 地形图上需要表现的地貌形态由山、盆地、山脊、山谷、鞍部等 5 种基本形态组成。各种地貌的形状虽然千变万化，但实际上都可近似地看成由不同方向和不同倾斜面所组成的曲面，两相邻倾斜面相交的棱线称为“地貌特征线”或“地性线”（如山脊线、山谷线等）。地面坡度变化比较显著的有山顶点、盆地中心最低点、鞍部最低点、谷口点、山脚点、坡度变换点等，都称为“地貌特征点”。特征点和特征线构成地貌的框架，确定地形特征点和特征线的平面与高程位置后，就能将整个地貌形态表示出来。地形图上常用等高线真实地反映出地貌形态和地面高低起伏，等高线是高程相等的相邻地面点连接而成的闭合曲线。（刘建国）

【地貌特征线】 见“地貌基本形态”。

【地性线】 见“地貌基本形态”。

【地貌特征点】 见“地貌基本形态”。

【等高线】 见“地貌基本形态”。

【电子全站仪】 一种新型的测量仪器。为同时具备电子经纬仪和光电测距仪的功能，由机械、光学、电子元件组合而成的测量仪器，能够方便、快捷地进行角度（水平角、垂直角）测量和距离（斜距、平距、高差）测量，能够自动显示、记录、存储各种数据，并能进行数据处理，可在野外直接获取被测点位的坐标和高程。安置一台仪器，就可完成在该测站上所有测量工作，因此被称为“全站仪”。配置相应的软件，可将电子全站仪与计算机进行联机作业，将观测数据直接传输到计算机中，由软件自动编辑和绘制数字地图，再通过绘图仪按一定的比例尺打印输出所测的图形，或者调入地理信息系统软件中，作为基础数据使用。（刘建国）

【卫星定位系统】 以空间卫星为基础、无线电为通讯手段，依据天文大地测量学原理，实行全球连续导航和定位的高新技术系统。具有全球性、全天候、高精度、快速实时的三维导航、定位、测速和授时功能，以及良好的保密性和抗干扰性。现已运行和正在建设中的卫星定位系统有美国的全球定位系统、俄罗斯的 GLONASS 系统、欧盟的伽利略系统、中国

的北斗卫星导航系统。(刘建国)

【摄影测量】 通过摄影对所获影像进行测量(特别是测绘国家基本比例尺地形图)的学科。是在被测物体前两个已知位置(称为“摄站”或“摄影中心”)摄取两幅影像(左影像与右影像),然后在室内利用摄影测量仪器量测左右影像上同名点(空间同一个点在左、右影像上的像点称为“同名点”)的影像坐标,交会得到空间点的三维坐标。由于左、右影像是同一个空间物体的投影,利用影像上任意一对同名点都能交会得到一个对应空间点,进行量测、交会,也能得到空间点的坐标。它不仅可测量一个空间的点,而且能利用影像重建和测量空间三维物体的模型,可以对“面”(影像)进行测量。(刘建国)

【考古地理信息系统】 地理信息系统(Geographical Information System)简称 GIS,属于空间信息系统,是 20 世纪 60 年代开始迅速发展的地理学研究技术系统。作为计算机技术、地理、遥感、测绘、统计、规划、管理学和制图学等学科交叉运用的产物,代表现代计算机应用技术和其他学科相互渗透的发展方向。GIS 技术是以地理空间数据库为基础,在计算机软件和硬件支持下,采用地理模型分析方法,运用系统工程和信息科学的理论,对整个或部分地球表面(包括大气层)与地理空间分布有关的数据进行采集、管理、操作、分析、模拟和表达,为地理研究和地理决策服务提供多种空间地理信息的技术系统。GIS 技术能够从考古遗迹或现象空间位置出发,建立多种空间信息与属性信息并存的数据库和图形图像库,能够方便地进行分层或综合显示、查询、模拟各类数据信息,直观、简洁地复原当时的社会状况。(刘建国)

【信息与数据】 信息是指用数字、文字、符号、语言等介质来表示事件、事物、现象等的内容、数量或特征。它向人们(或系统)提供关于现实世界新事物的知识,作为生产、管理、经营、分析和决策的依据,具有客观性、适用性、可传输性和共享性等特点。数据(Data)指未加工的原始资料,是客观对象的表示、信息的载体,包括数字、文字、符号、图形及影像;信息则是数据的内涵,是数据的内容和解释。例如从区域考古调查数据中能够提取各时期聚落分布特征等信息。(刘建国)

【矢量数据模型】 指用离散的点、线(或称“弧”)、面(或称“多边形”)来表示和描述连续地理空间中的实体。由于面(多边形)是线(弧)所围成的区域,线(弧)又是点的有向序列,其空间位置由所在坐标参考系中的坐标定义,故坐标点是矢量数据模型最基本的数据元素。(刘建国)

【栅格数据模型】 栅格数据指用离散的量化的格网值来表示和描述空间实体,是用数字表示的像元阵列。栅格数据结构将空间规则地划分为栅格(通常为正方形),栅格的行和列规定实体所在的坐标空间,数字矩阵本身则描述实体的属性或属性编码。(刘建国)

【空间分析】 指基于地理对象的位置和形态特征的空间数据分析技术,其目的在于提取和传输空间信息。在 GIS 技术应用研究中,需要根据已有空间数据特征,运用 GIS 软件特殊原理和算法,生成多种空间数据模型,充分展示数据之间联系及其变化特征,对空间数据进行操作、处理、分析、模拟和决策。考古 GIS 中能够对古代聚落分布或典型器物的分布、形态、演变等进行研究。(刘建国)

【数字地形模型】 指地形表面形态属性信息的数字表达,是带有空间位置特征和地形属性特征(如高程、坡度、坡向等)的数字描述。数字地形模型中地形属性为高程时称为“数字高程模型”(Digital Elevation Model,DEM),是投影平面上规则格网点的平面坐标(X,Y)及其高程(Z)的数据集,通常用地表规则网格单元构成的高程矩阵表示,其水平间隔可随地貌类型不同而改变。(刘建国)

【数字高程模型】 见“数字地形模型”。

年 代 学

【古地磁法断代】 包括“考古地磁断代”和“地层沉积磁性断代”。前者是利用某些古物的热剩磁性进行断代,用于新石器时代以来窑、炉、灶、砖、瓦、陶瓷的年代测定。后者是利用地层沉积磁性随地磁极性倒转而倒转的现象进行地层断代,考古上多用于旧石器时代遗址的断代。古地磁法是研究第四纪地质和确定古人类遗址年代,建立数百万年以来地层年表的最有效手段之一。(张雪莲)

【考古地磁断代】 见“古地磁法断代”。

【地层沉积磁性断代】 见“古地磁法断代”。

【裂变径迹法断代】 指利用铀-238自发裂变径迹数来进行断代的技术。常用于黑曜岩、凝灰岩等火山岩物质以及玻璃、陨石等标本。测定年代范围可从数千年至数百万年。铀-238的自发裂变在绝缘结晶物体中产生的径迹数随年代而增加，若加热到500℃以上，径迹就会消失。根据样品中铀含量和自发形成的裂变径迹数，就可推算出样品经受最后一次高温的年代。（张雪莲）

【放射性碳素断代】 指利用生物死亡后其体内碳十四不断衰变减少进行断代的技术。适用范围在5万年以内。可测样品为木头、木炭、骨样品、植物种子、贝壳、白灰面、泥炭等。大气碳十四通过光合作用、食物链等进入动植物体内。碳十四具有不稳定特点，生物在成活阶段其体内碳十四水平始终处于一种交换平衡状态。一旦生物死亡，体内碳十四不再得到补充，其浓度按照半衰期为5 730年的速度递减，由残存的碳十四浓度测定其死亡年代。大气碳十四浓度是变化的，所测年代与实际年代有差别，必须要经过碳十四-树轮年代校正曲线校正为日历年。碳十四测年是考古中应用的主要测年方法，20世纪60年代开始在中国出现，现已发展为常规方法和加速器质谱测年两种方法。（张雪莲）

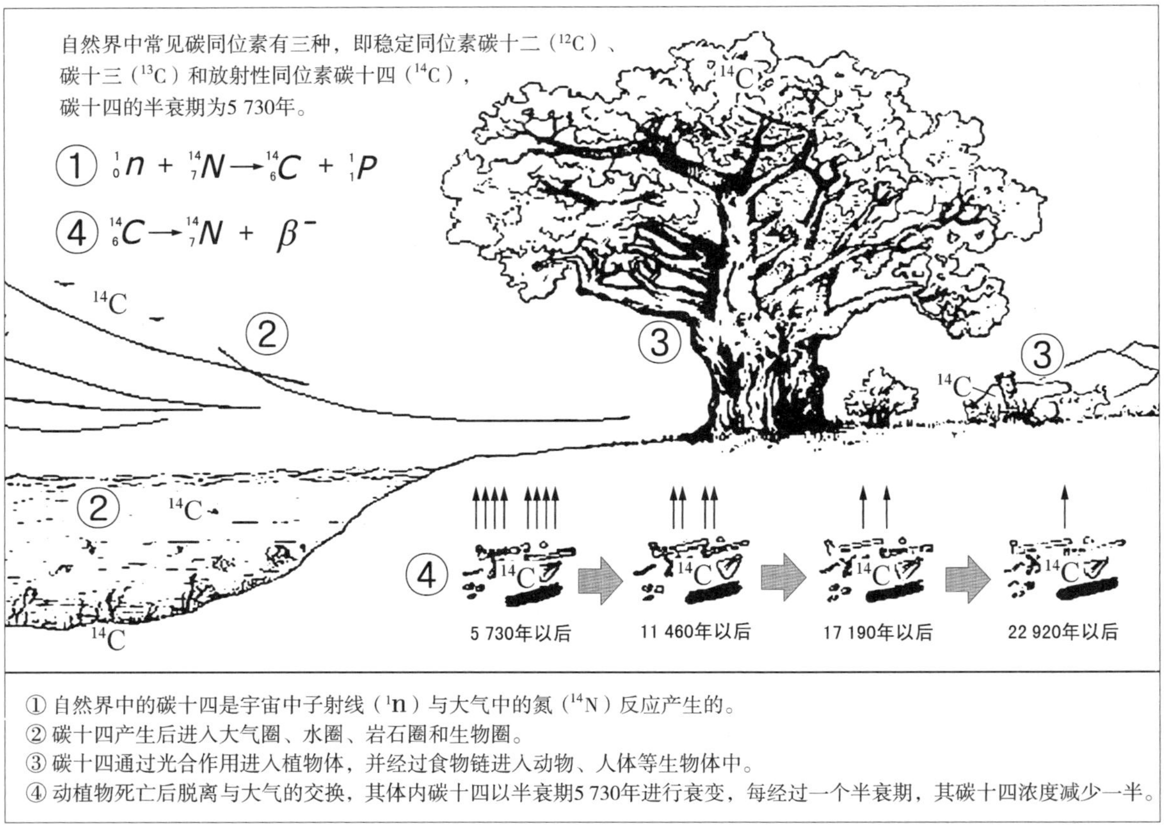

碳十四产生和衰变原理示意图

【铀系法断代】 利用铀系、钍系原子体放射性在样品中不平衡性测定年代技术的总称。是建立第四纪年代学和对旧石器时代古人类遗址进行断代的有效手段之一。适用测年范围为数千年至数十万年。长寿命放射性铀、钍同位素发生衰变，成为其稳定的子体。在封闭体系内经过较长时间，母体、子体间达到放射性平衡。如母子体发生迁移分离，在新体系中将趋于达到新的平衡，例如沉积过程的发生。在体系未达到平衡前，据其子体的积累程度，就可定出沉积年代。（张雪莲）

【黑曜岩水合法断代】 指利用黑曜岩表面水合层厚度来测定黑曜岩工具制作年代的技术。黑曜岩是一种火山玻璃，石器时代的人类常用来制作各种工具。黑曜岩对水有很强的亲和力，表面经常吸附一薄层水，水慢慢向内部扩散形成水合层。黑曜石工具在制作时，其表面水合层厚度为零，由此开始水合作用，经历时间愈长水合层愈厚，根据水合层厚度可定出黑曜石工具的制作年代。这种方法常限于在局部地区做相对断代。（张雪莲）

【氨基酸外消旋法断代】 指利用死亡动物氨基酸

化学变化速度测定年代的技术。研究发展于20世纪60年代。测定年代的范围可从数千年至数百万年。动物肌体蛋白质水解后可产生20多种氨基酸，均为左旋体结构。生物死亡后埋在地下，其氨基酸的左旋体结构慢慢地会向右旋体结构转化，产生外消旋反应，最后达到平衡。最终年代的确定是依据两种结构的比例。（仇士华　张雪莲）

【热释光法断代】 指利用绝缘结晶固体的热释光现象来进行断代的技术。主要适用于考古出土的陶器和其他用火烧过的黏土样品。测定的年代范围可达数十万年。陶器在烧制过程中，由于周围环境以及本身所含有放射性物质的辐射使其体内储存的能量全部以光的形式释放，之后随时间的增加，由辐射导致产生的能量重新积累，年代越久积累的能量越多，加热时以光的形式释放的量就越多。陶器是考古遗址中的常见遗物，取样测年比较方便。此方法对鉴定陶器真伪特别有效。（仇士华　张雪莲）

【树轮年代学方法断代】 指通过交叉定年技术对树木年轮序列进行定年的方法。在诸多断代测年方法中，树轮定年是最精确的一种定年方法，可精确到年，甚至到某个季节。树轮年代学可判定过去人类文化遗存的年代，对过去气候（包括温度、降水）和环境进行重建和研究，尤其重要的是对碳十四年代进行校正。（王树芝）

【钾氩法断代】 指利用矿物质中钾-40衰变成氩-40的原理进行断代的技术。测定年代的范围在1万年以上。是古人类学中常见的放射性断代方法之一。因钾-40的半衰期很长，约有13亿年，年轻样品累计的氩-40很少，不易测准，误差较大，钾-氩法断代主要应用于地质学上测定火成岩的年代。考古上的应用主要是确定年代久远的旧石器时代早期遗址和古人类的年代。如遗址或古人类化石被埋在火山灰中，或者遗址地层与火山岩层相关联能进行比较，则可利用此种火山岩作钾-氩法测定，以定出古人类遗址的绝对年代。（张雪莲）

【骨化石含氟量断代】 指利用骨化石中含氟量估计相对年代的断代技术。地下水中的氟进入埋在地下的骨头中，会使骨头中无机磷化物——羟基磷灰石变为氟磷灰石。由于这一过程不可逆，故骨头中氟含量愈高，表示埋在地下的时间愈长。但由于各地地下水环境条件不一，这种化学变化的速度不可能完全一样，所以不能作为绝对断代，但可区别同一地点地下骨化石的时代早晚。（张雪莲）

【常规方法和β衰变断代】 碳十四衰变放射出电子也称为“β衰变”。常规碳十四测年相对于加速器测年而言，是碳十四测年方法中的一种，也是最早应用的碳十四测年方法，目前具体应用的是液体闪烁计数法。该方法通过测定放射性同位素碳十四在衰变过程中释放的电子数目进行年代测定。即通过将样品制备成液体苯，通过闪烁体将衰变能转换成光能，经由光电倍增管对碳十四衰变信号进行放大，以获取β电子的计数。常规方法的特点为稳定性好、抗污染能力强，所以虽然所需样品量较大、测样时间较长，但因其稳定性和可靠性仍在广泛应用。（张雪莲）

【加速器质谱测年方法】 亦称“AMS方法”。指通过直接计数样品中碳十四粒子数目进行年代的测定。是20世纪70年代以后逐渐发展的新方法。即通过将样品制备成石墨引入加速器离子源中，电离后将其加速到高能，再应用电荷剥离技术、射程过滤技术等，最终实现对碳十四粒子的计数。该方法的特点是所需样品量小，仅需数毫克碳；测样时间短，省时省力。此方法得到愈来愈广泛的应用。（张雪莲）

【AMS方法】 即“加速器质谱测年方法”。

【半衰期】 泛指样品中放射性因衰变减少到一半时所需的时间。20世纪50年代开始应用碳十四的半衰期为5 568 ± 30年，60年代经过重新测定得到的半衰期为5 730 ± 40年。由于5 568这个值已沿用多年，不便改动，又由于数据都要校正到日历年，最终的年代已不再因应用哪个半衰期而受影响，所以现仍使用这一半衰期。（张雪莲）

【电子自旋共振法断代】 指通过测定样品自形成以来接受辐射所形成顺磁中心数目进行断代的技术。电子自旋共振又叫“电子顺磁共振”，是一种微波吸收光谱技术，用来检测和研究含有未成对电子的顺磁性物质，测年范围可用于数千年至数百万年。由于受到周围放射性物质辐射，样品顺磁中心的数目随时间而增加，据此进行年代测定。所测样品为洞穴碳酸盐沉积物、软体动物贝壳、珊瑚、骨样品及牙齿等。主要用于地质测年，适用于旧石器考古研究。（张雪莲）

【高精度系列样品法】 亦称“高精度系列样品曲线拟合法”。指选取时间连续、前后有序、互有间隔、具有测年意义的系列含碳样品,在高精度测年的基础上,通过数据的曲线拟合,使校正后的日历年误差缩小。由于系列样品在样品之间所具有的相互关联性,可有效缩小校正后年代的误差。该方法最早出现在20世纪六七十年代,90年代前后随着高精度碳十四-树轮年代校正曲线的建立,给该方法的实际应用奠定了基础。样品系列主要有树轮系列和以考古学信息为基础所建立的系列。(张雪莲)

【高精度系列样品曲线拟合法】 即“高精度系列样品法”。

【碳十四-树轮年代校正曲线】 依据树木年轮学并经碳十四年代测定而建立。树木春长冬止,一年长一轮,由于光合作用,树木的每一轮记载了当年大气碳十四浓度。通过选取同一气候区,最好也是同一树种的树木,清数树木年轮,并依据树轮生物特征将不同年代的树木相互连接,由近及远建立起树轮年代,然后取树轮木质作碳十四测年。以碳十四年代为纵坐标,以树轮年代为横坐标所绘制出的坐标图即为碳十四-树轮年代校正曲线。当测得碳十四年代后,通过这条曲线将其校正到树轮年代,也就是日历年代。(张雪莲)

【碳十三校正】 由于自然界的同位素分馏效应,使得生物体中碳十四水平与大气碳十四水平存在差异,所以测得的碳十四年代要经过一定的校正。而由于碳十三的变化与碳十四的变化之间存在着一定的关系,且碳十三的变化可以通过质谱测定,因而这一校正要通过碳十三分析进行。(张雪莲)

【年代误差】 实验室发表的碳十四年代数据都标出年代误差,即统计学上的标准偏差。一般实验室是在制样方法规范、测量仪器稳定的基础上通过对测量数据的统计处理得到的,是整个碳十四测年由制样到测量过程中不确定性程度的表征。几率为68%范围内给出的误差值,称为“一个标准偏差”,通常以1σ表示;几率为95%范围内给出的误差值,称为“两个标准偏差”,以2σ表示。(张雪莲)

【一个标准偏差】 见“年代误差”。

【两个标准偏差】 见“年代误差”。

【光释光法断代】 通过测定由于光激发矿物晶体而使其释放的储存辐射光能(光释光)进行断代的技术。可测范围为数百年至数百万年。该方法通过测量样品的光释光量和环境剂量率确定其年代。主要应用于经阳光照射过的地质沉积物测年,适用于旧石器考古年代研究。可测样品有沉积物中的长石、石英等。(张雪莲)

树木年轮研究

【年轮年表】 几个树轮序列平均后具有时间尺度功能的、连续的树轮变化特征的年表。根据是否有确切的定年,年轮年表分为“浮动年表”和“绝对年表”。以树轮宽度建的年表叫“树轮宽度年表”,以树轮指数建的年表叫“树轮指数年表”。树轮指数年表采用 ARSTAN 年表研制程序进行年表的研制,一般包括标准年表(STD)、差值年表(RES)和自回归年表(ARS)三种年表类型。(王树芝)

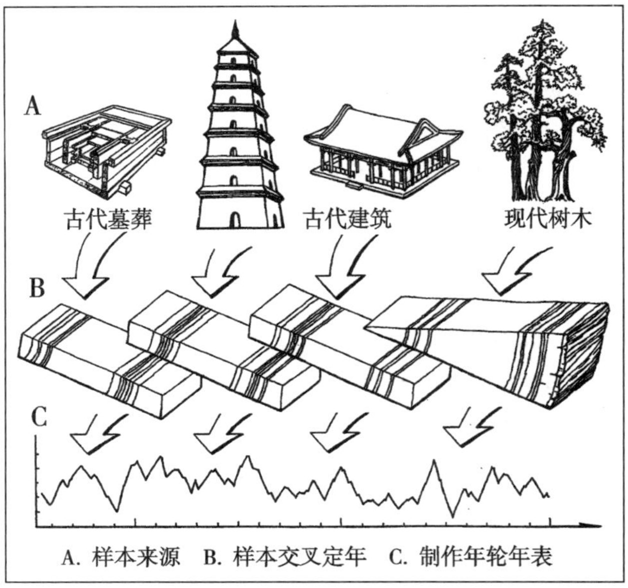

建立树木年轮年表的示意图

【树轮宽度年表】 见“年轮年表”。

【树轮指数年表】 见“年轮年表”。

【树轮骨架图】 树轮测量前首先对树轮进行视觉检查,然后在坐标纸上画出树轮轮廓或骨架,突出非常窄和非常宽的轮,得到的图就是树轮骨架图。一般以树轮宽度序列中的窄轮作为序列之“骨”,在坐标纸上用竖线表示。如果所视年轮比其两侧相邻年轮相对愈窄,在坐标纸相应年份位置上标注的竖线就愈长,平均宽度的年轮不标出,极宽的年轮以字母W标注,有时标注一些相关信息,如髓心、虫孔等。(王树芝)

【Gleichläufigkeit 统计量】 属非参数检验统计

量，表示两个序列出现一致变化的个数占总个数的百分比。仅表示两个序列变化的一致性，不表示变化的幅度。欧洲树轮研究中常采用此统计量作为样本年轮序列之间、样本年轮序列与年表进行交叉定年时的评价指标。（王树芝）

【生长锥】 取活树或死树树芯的一种工具。由锥柄、锥体和取芯勺3部分组成。锥柄既是钻取树芯的把手，又是存放锥体和取芯勺的容器；锥体为一前端带有锋利螺旋刃口的狭长形圆筒；取芯勺为一前端带有细齿刃的半圆形通条。（王树芝）

【心材】 从木材横切面看，靠近树干中心部分颜色较深，这部分木质部叫“心材”。（王树芝）

【边材】 从木材横切面看，靠近树干外围部分颜色较浅，这部分木质部叫“边材”。树种、生长区域不同，边材年轮数也不同。如果考古木材样本存在部分边材，就可根据同区域、同种树木边材年轮数确定木材大约损失的年轮数，加上损失的年轮数后，如果多数样本的年代一致，这种情况就可确定遗址的年代。（王树芝）

环境考古

【环境考古学】 通过恢复古代文化内涵与当时自然环境，研究古代人类社会与自然环境相互关系的学科。属考古学分支学科。通过遗址及其周边环境的考察和采样分析，恢复各种时空尺度的人类生存环境及演变过程，探讨自然资源、自然灾害对地域社会文化发展的影响，研究古代人类对自然环境的认知和利用，自然环境对聚落选址、食物结构、经济形态、文化发展、人类迁移的影响以及人类对环境的作用等人地关系问题。其研究领域包括古气候重建、古地貌复原、沉积学与土壤学、植物考古、动物考古以及分子生物考古等6个方面，研究手段与方法有地貌第四纪地质考察、孢粉、粒度、磁化率、硅藻、年代测定、沉积相、土壤微形态、动植物、同位素、常量元素、微量元素、岩矿等物理、化学、生物技术。借用了地貌学、第四纪地质学、沉积学的诸多理论和方法，是与地学、生物学关系密切的综合性很强的文理交叉学科。（齐乌云）

【人地关系】 人文系统与自然环境系统动态关系的简称。人类和自然环境在人文生态系统中是相互依存、相互制约的两大要素。自然环境为人类提供生存条件，人类活动反过来影响自然，甚至局部改造自然。自然环境变化对古代人类的生活和行为有强烈的影响力，在旧石器时代及新石器时代早期，这种影响甚至是决定性的，人类对于自然环境只能适应、认识和利用。但越到晚期，人类对环境的依赖越小，而对其改造越大。在人文生态系统的演进和维持中，自然环境各要素与人类生活、行为、社会、经济、文化之间存在着互动关系。自然环境相对人类不是必然关系，而是提供机遇或阻碍，人类是选择或支配这种机遇的主宰。人地关系研究是环境考古研究的核心内容。（齐乌云）

【自然地层】 指地壳表层成带状展布的未经人类扰动自然形成的层状岩石。自然地层研究主要范围是地层层序的建立、地层接触关系以及空间变化关系的确定，即地层系统的建立和地层的划分与对比。区域地层时空框架与地貌格局有着密切联系，也是分析地貌演化过程的基础。自人类起源以来，地层属于沉积成因的第四纪松散沉积物，在其自然地层中记录有许多古环境的变化信息，通过生物、物理、化学方法以及沉积相分析等，可判断地层形成时沉积环境。（齐乌云）

【文化地层】 即“文化层”（4页）。

【人类生存自然环境】 指人类生存和发展所依赖的各种自然条件总和，如地貌、气候、水文、植物、动物、土壤、新构造运动、岩石和矿产等。它不等于自然界，只是自然界一个特殊部分，指那些直接和间接影响人类社会、经济、文化的自然条件总和，其中包括有利影响和不利影响，如铁矿、铜矿、石料、土地、食物等自然资源，水灾、震灾、低温、旱灾等自然灾害。随着生产力发展和科学技术进步，有越来越多的自然条件对人类发生作用，人类生存环境范围逐渐扩大。但由于人类生活在一个有限空间中，人类社会赖以存在的自然环境不可能膨胀到整个自然界。（齐乌云）

【沉积物成因类型】 对沉积物的成分、结构和构造等及所处地貌部位和所含化石特征进行综合分析而划分出的沉积物成因类型。一般先划分为“陆相沉积”和“海相沉积”两大类。再把陆相沉积分为残积物、坡积物、重力堆积物、泥石流堆积物、河流堆积物、冰川堆积物、冰水堆积物和风积物等，把海相沉积分为滨海沉积物、潟湖沉积物、浅海沉积物和深海沉积物等，还有火山堆积物和人工堆积物等。也可划分为若干种具有一定的地貌部位和动力条件以及沉积性质均一的堆积类型，例如河流沉积类型可区分为河床蚀余堆积、天然堤堆积、泛滥平原堆积等。（齐乌云）

【陆相沉积】 见“沉积物成因类型”。

【海相沉积】 见“沉积物成因类型”。

【遗址微地貌】 环境考古研究术语。系指各种类型遗址所处空间的微观地貌特征，包括地貌位置、形态、构成和格局等要素。通过遗址微地貌研究，可以更深入地理解聚落选址、生业模式以及认知等古代人类行为的特征。重建遗址微地貌需要地貌学、第四纪地质学和沉积学相结合的综合研究。（王辉）

【土壤微形态】 用显微镜、电子探针、电镜方法鉴定的肉眼不能直接识别的土壤细微形态特征。土壤微形态研究强调尽可能不破坏原状土，研究过程包括野外采样、土壤薄片制作和镜下观察，观察内容主要包括土壤垒结、矿物、有机质、人类遗物碎片、黏粒、孔隙、新生体、排列、形状、大小、成分、颜色、粒度、分选性、磨圆度、丰度、土壤微化学现象及土壤微结构的微形态特征和形成演化。对农业考古、环境考古研究均具重要意义。（齐乌云）

【古气候研究方法】 指对现代气候以前的历史气候和史前气候的研究方法，包括历史和考古资料分析、各种天然记录分析。前者主要研究历史文献资料以及考古遗址出土遗迹、遗物所反映的气候信息；后者主要研究树木、冰心、石笋、珊瑚礁、黄土、泥炭、海底沉积物、湖沼沉积物所记录的气候信息，其研究方法有树木年轮、孢粉、硅藻、碳氧同位素、土壤微形态、有孔虫、介形虫、软体动物、磁化率、粒度、黏土矿物、有机质、碳酸钙、微量元素、常量元素、气候地貌、沉积相分析等。（齐乌云）

【孢粉分析】 研究植物孢子（苔藓、蕨类植物的繁殖器官）和花粉（种子植物的繁殖器官）的分析手段。不同植物种属的孢粉粒，在大小、形状、壁的结构（如萌发孔、壁的分层和纹饰）方面，一般都有所不同。将从典型自然剖面或考古遗址采集的土样，经酸碱处理及重液浮选，在高倍生物显微镜下鉴定其植物种属。一定的植物要求有一定的生态环境，将典型自然剖面的孢粉组合特征，与采样剖面的沉积过程、地貌部位以及土样中孢粉的生产、搬运、堆积过程相结合，可揭示当时的植被、气候环境。而在考古遗址采集的土样，除反映农作物种植、放牧活动、庭院植物类型、获取植物性食物种类、森林砍伐等人类活动状况外，有时在一定程度上也可反映当时的自然环境。（齐乌云）

人骨研究

【人骨考古学】 亦称“人体骨骼考古学”。是以考古遗址出土的人类骨骼遗存（包括牙齿）为研究对象，采用形态学、解剖学、功能学、病理学、创伤学、生物学、物理学、化学、遗传学等分析手段，探索研究一系列考古学问题，包括人类的起源与进化、古代人类的体质特征、生长发育、生活方式、健康状况、饮食结构、社会经济、人口结构、迁徙行为、社会冲突以及人群亲缘关系和遗传结构等。包括人类骨骼形态学、古病理学、古人口学、骨化学和古代DNA等分支学科。（王明辉 杨东亚）

【人体骨骼考古学】 即“人骨考古学”。

【体质人类学】 研究人类体质特征与类型在时间、空间上的变化及其规律的科学。它探讨人类自身的体质特征，人类种族的起源、发展和变异以及人类的起源演化等，属于生物学科，亦称为“生物人类学”（Biological Anthropology）。其研究范围主要包括现代人体质特征和类型研究、人类起源问题以及人种学等三大领域。其涉及范围非常广泛，包括人类的形态学、生理学、生态学，灵长类动物化石、古人类化石及石器文化、进化机制、遗传学，现代人的生物变异、人种分类、血型学、皮纹学、人体测量学、人类的生长发育和生理适应、病理学、应用人类学等学科。1781年，德国人类学家布鲁门巴赫（Johann F. Blumenbach，1752—1840）因创立颅骨测量学的基本理论和方法而被誉为“体质人类学之父”。（张君 王明辉）

【生物人类学】 即“体质人类学”。

【人类学】 分为“广义人类学”和“狭义人类学”两个概念。广义人类学即研究人类的科学，包括人类的体质、心理、文化、社会、语言、民族、民俗等方面。它的使用以英国、美国和一些英语国家的学者为代表，如《简明不列颠百科全书》认为：“人类学是研究人的科学。这门学科试图依据人类的生物特征和文化特征综合地研究人，并且特别强调人类的差异性以及种族和文化的概念。人类学的两个主要领域是体质人类学和文化人类学。"《美国百科全书》对人类学的解释是:"人类学是从生物学的观点和文化的观点来研究人类。把人类当作动物的那部分人类学称为体质人类学。涉及人类创造出来的生活方式那部分称为文化人类学(Cultural Anthropology)。"今多数美国学者倾向于人类学应包括4个分支学科:体质人类学、考古人类学、社会文化人类学和语言人类学。狭义人类学即指体质人类学,认为人类学是专门研究人类体质的学问,也包括灵长类动物的研究。它的使用以欧洲一些国家如德国、法国、俄罗斯等国的学者为代表,如《苏联大百科全书》中人类学的定义是"关于人类起源和演化、人类种族的形成和人类体质结构的正常变异的科学"。(张君　王明辉)

【广义人类学】 见"人类学"。

【狭义人类学】 见"人类学"。

【人种学】 亦称"种族人类学"。研究人类各种族起源、演变、分布规律和体质特征及其内部变异并探讨人与生态环境之间关系的科学,是体质人类学重要组成部分。它承认种族内部的个体差异,只是在研究中更关注族群间体质差异以及人类自身演化的时空特征。人种学以全球人类为对象,依据对现生各种族体质特征调查进行人种分类,还需要对古人类化石和骨骼的形态特征进行观察和鉴别,并将它们与现代人种学资料加以对比,以便追溯某些特征的历史发展轨迹,探究古今人类之间人种源流关系。(张君　王明辉)

【种族人类学】 即"人种学"。

【人体测量学】 通过对人体进行整体和局部的观察和测量来探讨人体特征、类型、变异和发展规律的科学。包括骨骼测量和活体(包括尸体)测量。骨骼测量可分为颅骨测量和体骨测量。活体测量可分为头面部测量和体部测量。1906年,在摩纳哥召开的国际史前人类学与考古学会议上通过《统一颅骨测量和面部测量的国际协定》,规定了32项颅骨测量和19项活体头面部测量的统一方法。1912年,在日内瓦召开的国际史前人类学和考古学会议上又通过《统一活体测量的国际协定》,补充了49项活体测量项目的方法和从长骨推算身高的长骨测量方法等内容。这些规定使得世界各国人类学界所采用的人体测量方法趋于一致。(张君　王明辉)

【牙齿人类学】 通过人类牙齿所记载的各种信息研究人类起源、演化和人群关系的科学,属于体质人类学一个分支领域。这些信息包括正常的解剖结构、各种因素导致的病理现象,及人类演化过程中牙齿特征变化、古人类生存与适应在牙齿上留下的痕迹、现代人群牙齿特征变异及文化习俗在牙齿上的体现等。(刘武　张君)

【人体形态学】 属于医学科学中形态学科范畴,以人体各系统、器官和组织的形态结构、位置毗邻、相互关系、基本功能以及生长发育规律为观察研究的主要目标。包含人体解剖学、组织胚胎学和病理学等研究内容。人体解剖学主要是以肉眼观察和研究人体正常结构为主;组织胚胎学是借助光学显微镜和电子显微镜,主要观察和研究正常的微观形态结构,也观察和研究胚胎发育及规律,包括畸形和变异;病理学则是观察和研究病理状态下的形态学改变。(张君　刘武)

【古病理学】 运用现代病理学研究的理论和方法研究古代生物遗存的疾病或损伤的科学。在现代病理学研究基础上形成较为独特的研究内容,关注疾病演化历史过程,并重视疾病的发生、发展以及与环境的相互作用等。古代人群的古病理学调查应包括骨骼病变和骨骼损伤两个方面,如骨骼受到的功能压力分析也属于古病理学研究范畴。(张君　王明辉)

【种族】 亦称"人种"。指具有区别于其他人群某些共同遗传体质特征的人群。现生人类在生物学上同属一个物种,即"智人种",因此种族实际上是生物学中的亚种。种族与民族有不同的含义,属于不同的范畴。民族侧重于对某一人类群体社会文化属性的考察,而种族侧重于对人群自然生物属性的考察。国际上多采用三分法的种族分类,即蒙古人种、欧罗巴人种和澳大利亚-尼格罗人种等3个亚种,每个亚种又包含多个类型。(张君　王明辉)

【人种】 即"种族"。

【蒙古人种】 亦称"黄色人种"、"亚美人种"。世界三大人种之一。包括北亚、南亚、东亚、东北亚和美洲等种族类型。人口较多,主要分布于东亚、东南亚、西伯利亚和美洲等地。活体主要特征是皮肤以黄色为主,面部扁平,脸宽大,眼裂多较狭窄,鼻子低平,头发粗硬,以直发居多。头骨主要特征是颧骨高宽,面部扁平度很大,眶型较高,鼻根凹陷浅平,鼻棘和犬齿窝发育较弱。中国绝大多数人群都属于蒙古

人种。（张君）

【黄色人种】 即“蒙古人种”。

【亚美人种】 即“蒙古人种”。

【欧罗巴人种】 亦称“白色人种”、“欧亚人种”或“高加索人种”。世界三大人种之一。可划分出大西洋-波罗的海人种、印度-地中海人种、中欧人种、白海-波罗的海人种和巴尔干-高加索人种等。主要分布于欧洲、西亚、北非，美洲和大洋洲的人口中也占很大部分。活体主要特征是胡须和体毛发达，嘴唇较薄，鼻子很高、狭窄并向前突出，眼睛凹陷，颧骨不突出，脸扁平度小。头骨主要特征是眉弓发育显著，高、狭的梨状孔和发达的鼻棘，鼻根点凹陷深，鼻根指数很大，犬齿窝深，颧骨窄。（张君）

【白色人种】 即“欧罗巴人种”。

【欧亚人种】 即“欧罗巴人种”。

【高加索人种】 即“欧罗巴人种”。

【澳大利亚-尼格罗人种】 亦称“黑色人种”或“赤道人种”。世界三大人种之一。可划分出澳大利亚人种、维达人种、美拉尼西亚人种、尼格利陀人种、尼格罗人种、尼格利罗人种和布须曼人种等。主要分布于撒哈拉以南的非洲地区以及南亚次大陆的南部、澳大利亚及大洋洲和东南亚等地的一些岛屿。活体主要特征是肤色深，鼻子较宽，嘴唇厚并向前突出和外翻。头骨主要特征是长颅型，鼻指数大，眼眶低，面部狭窄而低矮并有明显的突颌性质，面部水平方向扁平度小，犬齿窝较深。（张君）

【黑色人种】 即“澳大利亚-尼格罗人种”。

【赤道人种】 即“澳大利亚-尼格罗人种”。

【东亚蒙古人种】 亦称“远东人种”。主要分布于中国、日本和朝鲜等东亚地区。活体主要特征是脸比较狭长，多直发，嘴唇比北亚人种厚，色素比北亚人种深，但比南亚人种浅。头骨主要特征是头高、狭，面部比北亚蒙古人种狭窄，中鼻型。中国大部分人群都属于该人种。（张君）

【远东人种】 即“东亚蒙古人种”。

【南亚蒙古人种】 主要分布于东南亚一带的印度支那半岛、马来半岛、印度尼西亚、菲律宾、泰国、缅甸等地以及中国南方部分地区。有学者认为该人种可能混杂赤道人种成分。活体主要特征是色素较深，波状发多，鼻子较宽，嘴唇较厚，身材相对矮小。头骨主要特征是头型较高，面部低矮，面部扁平度较弱，鼻根低平，鼻型较阔。如现代傣族、黎族中有较多该人种成分。（张君）

【东北亚蒙古人种】 亦称“北极人种”。主要分布在亚洲大陆东北角和美洲北部阿拉斯加、格陵兰岛等地。活体主要特征是浅黄褐色的肤色，褐色的眼色，头发粗黑、很硬，脸宽大、扁平，颧骨突出。头骨主要特征是多为长颅型，额部明显向后倾斜，鼻根略高，鼻梁平直，鼻型较窄，具有“捏紧状”鼻子特征。主要代表是爱斯基摩人（因纽特人）、阿留申人。（张君）

【北极人种】 即“东北亚蒙古人种”。

【北亚蒙古人种】 亦称“西伯利亚人种”、“大陆蒙古人种”。可划分出中央亚细亚类型和贝加尔类型等地区性变种。主要分布于中亚细亚和西伯利亚等地区。活体典型特征是色素较浅，再生毛不发达，脸宽大且非常扁平。头骨表现的主要特征是头骨低宽，低颅高面，鼻根低矮，鼻型略宽，眼眶较高。如现代鄂伦春族和鄂温克族。（张君）

【西伯利亚人种】 即“北亚蒙古人种”。

【大陆蒙古人种】 即“北亚蒙古人种”。

【美洲人种】 特指印第安人的各个类型。主要分布于南、北美洲大陆。属于蒙古人种，但与亚洲蒙古人种相比，在很多性状上存在较大差异。与蒙古人种的共同特征表现为黄褐色的皮肤，直而硬的黑发，宽大的脸型和突出的颧骨。不同的特征是鼻根通常很高，鼻背呈凸形并明显向前突出。（张君）

【古东北类型】 中国先秦古代居民的一种体质类型。主要分布于东北地区。代表人群有新开流文化居民、小河沿文化居民、夏家店下层文化居民、西团山文化居民、庙后山文化类型居民、平洋墓葬居民、郑家洼子青铜短剑墓居民、关马山石椁墓居民和水泉墓地居民等。主要特征是颅型较高，面型较宽阔而且颇为扁平，颧宽绝对值较大。（张君）

【古华北类型】 中国先秦古代居民的一种体质类型。主要分布于今内蒙古长城地带，其中心分布区在内蒙古中南部到晋北、冀北一带长城沿线。代表人群有庙子沟新石器时代居民、朱开沟早期青铜时代居民、毛庆沟和饮牛沟的东周时期居民及西辽河流域的夏家店上层文化居民。主要特征是高颅狭面，较大的面部扁平度，中等偏长而狭窄的颅型。与现代蒙古人种东亚类型很相似。（张君）

【古中原类型】 中国先秦古代居民的一种体质类型。主要分布于黄河中下游地区、江淮地区等。主要包括仰韶文化、大汶口文化、庙底沟二期文化、山东龙山文化、河南龙山文化以及殷墟中小墓平民、河南淅川下王岗、江苏常州圩墩等人群。主要特征是偏长的中颅型以及高而偏狭的颅型、中等偏狭的面宽和中等的上面部扁平度、较低的眶型和明显的低面阔鼻倾向等。与现代亚洲蒙古人种各区域类型比较,其介于东亚和南亚类型之间,在若干特征上与现代华南地区居民颇为相似。(张君)

【古西北类型】 中国先秦古代居民的一种体质类型。主要分布在黄河上游的甘青地区、陕西关中平原及其邻近地区。代表人群有宁夏海原新石器时代居民,青海柳湾半山文化、马厂文化和齐家文化居民,青海阳山半山文化、民和核桃庄辛店文化、循化阿哈特拉山卡约文化居民,甘肃火烧沟、酒泉干骨崖和民乐东灰山等早期青铜时代居民。主要特征是颅型偏长,高颅型和偏狭的颅型,中等偏狭的面宽,高而狭的面型,中等的面部扁平度,中眶型、狭鼻型和正颌型等。(张君)

【古华南类型】 中国先秦古代居民的一种体质类型。主要分布于南方沿海地区浙、闽、粤、桂一带。代表人群有浙江余姚河姆渡、福建闽侯昙石山、广东佛山河宕、广东南海鱿鱼岗、广西桂林甑皮岩等。主要特征是长颅型,低面,阔鼻,低眶,突颌,身材矮小。与现代人群的东南亚一带人群,如印度尼西亚人、美拉尼西亚人等比较接近,而与现代华南地区的绝大多数居民(包括南方汉族和少数民族)均有所不同。(张君)

【单一地区起源论】 亦称“非洲起源论”、“入侵论”、“迁徙论”或“代替论”。该理论认为具有现代解剖特征的人类起源于非洲,约10万年前从非洲扩散到世界各地并取代当地直立人或早期智人,成为各地区现代人的直接祖先,且在扩散过程中几乎没有与当地居民发生基因交流。该学说提出的证据包括对非洲化石和对中国化石的再研究以及DNA研究结果等。(张君)

【非洲起源论】 即“单一地区起源论”。

【入侵论】 即“单一地区起源论”。

【迁徙论】 即“单一地区起源论”。

【代替论】 即“单一地区起源论”。

【夏娃理论】 1987年由美国遗传学家卡恩(Rebecca L. Cann)等根据对现生147名成年女性线粒体DNA研究成果提出的一种人类起源学说。该理论认为现代人祖先起源于距今20万年前一群非洲妇女,并在距今约13万年前开始向亚洲和欧洲扩散并取代当地古老人类,进而演化成为世界各色人种的祖先。(张君)

【多地区起源论】 亦称“直接演化论”。认为现代人是由当地早期智人或更早的直立人直接演化而来,现生各大人种的性状在很久远以前就出现差异,然后各自发展并演化成现代人,在此过程中相互有基因交流,最后演化成现代各色人种。如欧洲白种人是由当地尼安德特人逐渐演变而来,亚洲蒙古人种是由当地早期智人和直立人演变而来。该学说支持证据主要是人类化石和石器材料。(张君)

【直接演化论】 即“多地区起源论”。

【巽他型牙齿特征假说】 1975年由美国体质人类学家特纳(Christy G. Turner Ⅱ)根据亚洲人类牙齿形态特征研究提出的现代人起源学说。该学说认为东亚和东南亚地区的蒙古人种具有两种形式的牙齿形态特征,即巽他型牙(Sundadonty)和中国型牙(Sinodonty)。两种牙齿形态特征差异在旧石器时代晚期就已形成。具有巽他型牙齿特征的早期东南亚人类沿亚洲大陆架一直扩散到日本北海道,形成日本绳文人和后代阿依努人。而巽他型另一分支通过亚洲大陆内陆向北扩展并逐渐特化形成具有中国型牙齿特征的东北亚人类。该学说认为,包括现代中国人在内的亚洲及太平洋地区现代人类都起源于早期东南亚人类。(张君)

【腊玛古猿】 1932年首次发现于印度和巴基斯坦接壤的西瓦立克山区,后亚、非、欧洲很多地方都有发现。腊玛古猿禄丰种发现于中国云南省禄丰县。生存年代约为距今1 400万~1 000万年。对其系统地位,有学者曾认为是最早的人科代表,也有学者认为是猩猩的早期祖先。(张君)

【南方古猿】 发现于非洲,距今420万~100万年,是目前被确认的最早的人科成员。比较确定的南方古猿属共7个种包括两大类型,即纤细型和粗壮型。纤细型有南方古猿湖畔种、阿法种、非洲种和惊奇种;粗壮型有南方古猿埃塞俄比亚种、粗壮种、鲍氏种。著名的“汤恩小孩”和“露西”都归于其中。其主要特征是面部极大,向前突出;脑量小,平均值接近500毫升,脑部结构与人类相近。(张君)

【禄丰古猿】 20世纪70年代在中国云南省禄丰县发现的古猿化石。最早定出两个新种,即腊玛古猿禄丰种和西瓦古猿云南种。后吴汝康认为两个新种是同种异性，因此订正命名，称为“禄丰西瓦古猿”，并认为其相似于南方古猿和非洲大猿，可能是非洲大猿和人科成员的共同祖先。（张君）

【禄丰西瓦古猿】 见“禄丰古猿”。

【巨猿】 高等大型灵长类化石。主要发现于东南亚的印度尼西亚和中国广西、湖北和四川等地。包括布氏巨猿和巨型巨猿两个种。其生存时期从第三纪上新世到更新世中期。形态特征介于猿类和人类之间，下颌骨和牙齿尺寸有明显的性别差异。对其系统分类地位存在不同的认识，有学者将其归属猿科，认为是猿类系统上灭绝的旁支，也有学者将其归入人科。（张君）

【直立人】 生活在距今200万～20万年前，更新世早期到更新世中期的人属成员，早期被称为“猿人”。其脑容量增大，为800～1 200毫升，脑结构更加复杂，可能已产生语言。其祖先被作为智人直接祖先的系统地位正受到检验。世界上最早直立人化石的发现地是印度尼西亚爪哇岛，欧洲和非洲也都有发现。中国著名的直立人化石包括元谋人、蓝田人、北京人等。（张君）

【猿人】 即“直立人”。

【元谋猿人】 亦称“元谋直立人”、“元谋人”。是中国境内发现最早的直立人化石。1965年发现于云南省元谋县。化石材料包括一个个体的两枚牙齿，分别是左右侧的上颌内侧门齿，其尺寸比现代人牙齿大得多。古地磁测定的年代为距今170万年；电子自旋共振法测定的年代为距今160万～110万年；还有人认为其年代为距今60万～50万年。（张君）

【元谋直立人】 即“元谋猿人”。

【元谋人】 即“元谋猿人”。

【北京猿人】 亦称“北京直立人”、“北京人”。发现于河北省房山县（今北京市房山区）周口店的第一地点（也叫“猿人洞”，是中国最早发现直立人化石的遗址）。1929年在裴文中主持下发现第一个北京人的完整头骨，后又有陆续发现。化石材料包括6件完整的颅骨、12件颅骨碎片、15件下颌骨残片、157枚牙齿、3块肱骨残段、7块股骨残段、1件锁骨、1件胫骨残段和1块腕骨。其体质特征表现为头骨有很多原始性状，但肢骨与现代人比较接近，平均脑容量为1 088毫升或1 078毫升。绝对年代上限距今约70万年、下限距今约20万年。（张君）

【北京直立人】 即“北京猿人”。

【北京人】 即“北京猿人”。

【蓝田猿人】 亦称“蓝田直立人”、“蓝田人”。20世纪60年代发现于陕西省蓝田县陈家窝村和公王村的公王岭两个地点。陈家窝村化石材料包括1块带有13枚牙齿的较为完整的下颌骨，为一名女性个体，古地磁测年结果为距今65万～60万年；公王岭化石材料包括额骨、顶骨前部、右侧颞骨、鼻骨、上颌骨碎片和少量牙齿，是一名40岁左右的成年女性，脑容量约780毫升，古地磁测年结果为距今115万～110万年（见彩版1“蓝田公王岭蓝田人遗址外景”、“蓝田人复原塑像”）。（张君）

【蓝田直立人】 即“蓝田猿人”。

【蓝田人】 即“蓝田猿人”。

【淅川猿人】 亦称“淅川直立人”、“淅川人”。1973年发现于从河南省淅川县收购的哺乳动物化石中。化石材料包括13枚人类牙齿。其中一部分表现出明显的原始性状，可能年代较早，另一部分显示出较为进步的特点，可能年代较晚。其地质年代可能早于北京直立人，在中更新世早期。（张君）

【淅川直立人】 即“淅川猿人”。

【淅川人】 即“淅川猿人”。

【郧县猿人】 亦称“郧县直立人”、“郧县人”。1975年和1990年发现于湖北省郧县龙骨洞和曲远河口两个地点。龙骨洞的化石材料包括数枚牙齿化石，其年代早于北京直立人，为中更新世早期；曲远河口地点的化石材料包括两具较为完整的人类颅骨化石，都属于中年男子，形态特征表现出某种原始和进步特征相混合的性状。年代为更新世中期，古地磁法测定动物群的时代为距今87万～83万年，电子自旋共振法测定其年代为距今约58万年，最新研究认为距今93.6万年。（张君）

【郧县直立人】 即“郧县猿人”。

【郧县人】 即“郧县猿人”。

【郧西猿人】 亦称“郧西直立人”、“郧西人”。1976年发现于湖北省郧西县白龙洞。化石材料包括8枚牙齿。其时代晚于龙骨洞郧县直立人。（张君）

【郧西直立人】 即“郧西猿人”。

【郧西人】 即“郧西猿人”。

【桐梓猿人】 亦称“桐梓直立人”、“桐梓人”。20

世纪70—80年代发现于贵州省桐梓县。化石材料包括数枚牙齿，其形态表现出一些明显的原始性质，与北京人的同位牙齿比较接近。吴茂霖在1984年提出其应属直立人范畴，但也有不同意见，认为应归入早期智人类，其年代属于中更新世。铀系法测定动物化石年代为18万～11万年，铀系法测定洞穴堆积物的年代为24万～20万年。（张君）

【桐梓直立人】 即“桐梓猿人”。

【桐梓人】 即“桐梓猿人”。

【和县猿人】 亦称“和县直立人”、“和县人”。1980年发现于安徽省和县龙潭洞。化石材料包括1个完整头盖骨、有2枚牙齿的下颌骨残片、9枚散牙、1块额骨残片和1块顶骨残片。头盖骨为一男性青年个体，在很多特征上与北京人相似，但也有较北京人进步的特征。脑容量约1 025毫升。地质年代为中更新世，距今19万～15万年，也有人认为是距今28万～24万年。（张君）

【和县直立人】 即“和县猿人”。

【和县人】 即“和县猿人”。

【沂源猿人】 亦称“沂源直立人”、“沂源人”。1981年和1982年发现于山东省沂源县。化石材料包括1块颅顶残片、2块额骨眶上部和7枚牙齿，代表至少两个以上成年个体。所表现出颅壁较厚、眶上圆枕发育显著、额骨低平以及牙齿上一些特征等都与北京人相似。地质年代属中更新世。（张君）

【沂源直立人】 即“沂源猿人”。

【沂源人】 即“沂源猿人”。

【南召猿人】 亦称“南召直立人”。1978年发现于河南省南召县。化石材料为1枚右侧下颌第二前臼齿，其尺寸与北京人女性较为接近，代表一青年个体。该牙齿保存完好，齿尖稍有磨蚀，为双尖型，而且颊尖大于舌尖，齿冠形态特征和尺寸与北京人同类牙齿接近。地质年代属中更新世。（张君）

【南召直立人】 即“南召猿人”。

【洛南猿人】 亦称“洛南直立人”。20世纪80年代中期发现于陕西省洛南县。化石材料为1枚右侧上颌第一臼齿，仅保留齿冠部分。该牙齿咬合面纹理较为复杂，齿冠的颊舌两侧各有一条直沟，这一特征与北京人臼齿非常相似。地质年代属中更新世早期。（张君）

【洛南直立人】 即“洛南猿人”。

【早期智人】 亦称“古人”。生活于距今25万～4.5万年。在地质学上属中更新世晚期到晚更新世，在考古学上属旧石器时代中期。早期智人的化石地点分布于亚、非、欧三大洲，有70余处化石点。早期智人还不是完全的现代人，其骨骼上还保留许多原始性状，且较早期个体的脑容量仍然比较小。其系统地位一般被认为由直立人直接演化而来。这一阶段的石器具有阿舍利文化传统的制造技术，并创造了勒瓦娄哇石器加工技术（亦称“预制石核技术”）。（张君）

【古人】 即“早期智人”。

【晚期智人】 亦称“现代智人”、“新人”。指解剖结构上的现代人。在距今约10万年前，某些早期智人进化成晚期智人。这一时期的人类在分布范围上明显扩大，除欧、亚、非三大洲外，还有美洲和澳大利亚。且不同地区的人类已出现明显的人种差异。在古人类学研究中，一般将距今约1万年前的现代人视为晚期智人。晚期智人的起源有两种相互对立的理论，即单一地区起源论和多地区起源论。（张君）

【现代智人】 即“晚期猿人”。

【新人】 即“晚期智人”。

【金牛山人】 距今约20万年的早期智人。相当于中更新世晚期或晚更新世初。20世纪70—80年代多次发现于辽宁省营口县（今大石桥市）西田屯村金牛山。化石材料包括1块基本完整的头骨，无下颌，其他体骨若干块，属于一名30岁左右的男性。主要形态特征是额部明显后斜，有矢状嵴，眉嵴发达，有眉嵴上沟，铲形门齿，脑容量为1 390毫升。可能为处于由直立人向早期智人过渡阶段中的典型代表。（张君）

【南京猿人】 亦称“汤山直立人”、“南京直立人”、“南京人”。20世纪90年代发现于江苏省江宁县（今南京市江宁区）汤山镇葫芦洞内。化石材料包括2块头盖残片和1枚牙齿。其中1块头盖骨代表一个成年女性，主要形态特征是犬齿窝发育显著，颧切迹明显，圆枕上沟不明显，鼻骨高耸，无鼻根凹陷。其脑容量为781毫升。年代为距今35万年，也有学者认为距今60万～40万年。（张君）

【汤山直立人】 即“南京猿人”。

【南京直立人】 即“南京猿人”。

【南京人】 即“南京猿人”。

【巫山猿人】 亦称“巫山直立人”、“巫山人”。1985年和1986年在四川省巫山县（今属重庆市）庙宇镇龙骨坡发现一些化石材料，包括1枚人类门齿和带有2枚牙齿的一段类似人类的下颌骨。这枚门齿开始被认为属于直立人，但其尺寸都在已知直立人变异范围之外，而与智人尺寸和形态细节完全相符。下颌骨最初也被认为属于直立人，后来被订正为属于猿类（距今约204万年）。（张君）

【巫山直立人】 即“巫山猿人”。

【巫山人】 即“巫山猿人”。

【大荔人】 距今23万～18万年的早期智人。地质年代为中更新世末或晚更新世初。1978年发现于陕西省大荔县。化石材料是一个完整的人类头骨化石，无下颌骨，为一名不到30岁的男性。主要特征是整体较为粗壮，眉嵴发达，有眶后缩窄现象。颅顶部低矮，前额扁平，梨状孔上外侧稍有膨隆，体现出与现代蒙古人种比较接近的特征。脑容量为1 120毫升，该头骨多数特征与智人相符，还保留一些直立人的性质，大多数特征与中国其他古人类一致，但也有个别构造似与欧洲古人类有联系。代表了早期智人的一种古老类型。（张君）

【丁村人】 距今约10万年前的早期智人。地质年代约为晚更新世早期。1954年和1976年发现于山西省襄汾县丁村。化石材料包括3颗人类牙齿和1块顶骨残片，为一个十二三岁的少年。门齿均呈铲形，中央门齿有明显的底结节和指状突，侧门齿底结节发育弱，无指状突。臼齿咬合面形态比现代人复杂，但比北京直立人简单。（张君）

【许家窑人】 距今约12.5万～10万年的早期智人。属于晚更新世早期。20世纪70年代发现于山西省阳高县古城乡许家窑村梨益沟。化石材料包括顶骨、枕骨、颞骨和上、下颌骨以及散牙。主要形态特征是头骨骨壁很厚，超过尼安德特人的最大值。顶骨曲率比北京直立人大，上颌骨粗壮，有明显的鼻前棘。牙齿粗大，咬合面结构复杂。（张君）

【新洞人】 距今17万～11万年的早期智人。属于晚更新世。1973年发现于北京市房山县（今房山区）周口店龙骨山南坡第四地点处一个新洞穴。化石材料是1枚上颌左侧第一前臼齿。主要特征是有两个齿尖，颊尖磨耗严重，齿根粗壮，无分叉现象。牙齿结构比北京直立人同类牙齿简单，在尺寸和粗壮程度上介于北京直立人和现代人之间，被看作是北京直立人和山顶洞人之间环节。（张君）

【田园洞人】 距今约2.5万年的晚期智人。2003年发现于北京市房山区周口店西南6千米处周口店遗址群第27个地点田园洞。化石材料包括1块下颌骨（附多枚牙齿）、锁骨、肱骨、桡骨、脊椎骨、股骨、腓骨、跟骨、趾骨，为一名男性成年个体。此外还有几枚零散牙齿，似属另外个体。被认为是目前发现的中国最早的现代人。（张君）

【长阳人】 距今19万年前的早期智人。属于晚更新世早期。20世纪50年代发现于湖北省长阳县（今长阳土家族自治县）下钟家湾村。化石材料包括1件不完整的、保留2枚牙齿的上颌骨和1枚单独的牙齿。其上颌骨保留若干原始性状，也有许多与现代人相近的进步性状，如突颌程度弱，腭面凹凸不平等。（张君）

【马坝人】 距今约14万年的早期智人。相当于晚更新世中期。1958年发现于广东省曲江县（今韶关市曲江区）马坝乡，故名。化石材料是1块残破的头盖骨，有额骨、部分顶骨、右眼眶和大部分鼻骨，属于一名男性中年个体。主要特征是眉嵴粗厚，有眉嵴上沟，矢状嵴较弱。近圆形眼眶，眶下缘较锐利，与欧洲尼安德特人接近，被认为可能与尼安德特人祖先有过基因交流，但两者之间差异明显（见彩版1“韶关马坝人遗址外景”、“马坝人复原塑像”）。（张君）

【巢县人】 距今20万～16万年的早期智人。属于更新世前期。20世纪80年代发现于安徽省巢县（今巢湖市）银山村附近一个采石厂。化石材料包括1块女性枕骨残片、1块带有3枚牙齿的男性上颌骨和3枚单独的牙齿。其枕骨上有枕外圆枕，圆枕上方无圆枕上沟，此构造常见于欧洲尼安德特人，而在中国其他人类化石上未出现。齿槽突颌程度稍显，梨状孔宽阔。牙齿粗壮，前面牙齿磨耗比后面牙齿严重。（张君）

【建始猿人】 亦称“建始直立人”、“建始人”。20世纪70年代发现于湖北省建始县高坪镇龙骨洞中。化石材料是3枚牙齿。根据地质古生物资料综合考虑，建始人所处时代可能为早更新世晚期，距今约200万年。（张君）

【建始直立人】 即“建始猿人”。

【建始人】 即“建始猿人”。

【许昌灵井人】 距今10万～8万年的早期智人。地质年代属于晚更新世早期。2007年发现于河南省许昌县灵井镇。化石材料共计16块，复原后为1

个较完整的人类头盖骨化石。其眉嵴较突，前额低平，枕突隆起，骨壁较厚。（张君）

【山顶洞人】 距今3.4万～2.7万年的晚期智人。地质年代不晚于更新世晚期。20世纪30年代发现于河北省房山县（今北京市房山区）周口店龙骨山山顶小洞穴内，故名。化石材料至少代表8个个体，包括3个完整头骨和破碎颅骨、牙齿和下颌骨化石。3个完整头骨是101号（老年男性）、102号（青年女性）和103号（中年女性），脑容量为1 300～1 500毫升，总体特征属于蒙古人种，低眶等特征是世界各地晚期智人所具有的共同特征，个体形态上一些差异说明蒙古人种正在形成之中，某些形态细节尚未完全形成（见彩版1“北京山顶洞人遗址外景”、“山顶洞人复原塑像”）。（张君）

【柳江人】 中国晚期智人。生存年代不太确切，根据铀系法测定结果，最小值距今约6.7万年，最大值距今22.7万～10.1万年。1958年发现于广西壮族自治区柳江县通天岩一个山洞中。化石材料包括1个完整头骨和其他若干体骨，属于不同的个体。头骨代表一名男性，眉嵴发达，额骨明显后斜，面部短宽，上面部比较扁平，明显的低眶，齿槽突颌，鼻骨宽大且扁平，鼻根略凹陷。被认为接近蒙古人种南亚类型，又兼有某些与赤道人种相似的特点。肢骨比较纤细，推测为一名身高157厘米的女性。（张君）

【河套人】 距今5万～3万年的晚期智人。相当于晚更新世的中晚期阶段。20世纪50—60年代几次发现于内蒙古自治区乌审旗萨拉乌苏河畔，因地处河套地区，故名。化石材料共有26件，包括头骨残块、下颌骨、体骨和牙齿。体质特征很接近于现代人，但保留一些原始性状，如颅壁较厚、下颌粗壮、肢骨髓腔小等。铲形门齿、颅顶缝结构简单及有印加骨等与现代蒙古人种十分接近。（张君）

【黄龙人】 中国晚期智人。20世纪80年代发现于陕西省黄龙县东莲花山下。化石材料是1块残破头盖骨，包括额骨和顶骨，为一名30岁以上的男性。其形态特征颅壁较厚、额部后斜、眉弓发达和眶缘圆钝等，反映出比山顶洞人和柳江人更为原始的性质，说明其处于晚期智人较早阶段，是比较古老的类型。其矢状嵴的存在暗示与蒙古人种之间关系密切。（张君）

【武山人】 距今约3.8万年前的晚期智人。1984年发现于甘肃省武山县。化石材料是1块残破头骨，代表一名青年男性。形态特征明显为现代智人，但又有某些原始性状，如颅壁较厚，额部后斜，前囟点位置靠后，眉弓发达形成眉嵴等。其比较简单的矢状缝结构、鼻颧角147°以及上面部扁平指数和上颌额点指数的数值都在现代蒙古人种变异范围内，表明其与现代蒙古人种的种族遗传学联系。（张君）

【资阳人】 距今3万年的晚期智人。1951年发现于四川省资阳县（今资阳市）。化石材料包括1个不完整头骨和1块硬腭，属于一名老年女性个体。眉嵴发达，有微弱的眶上沟，额结节和顶结节较显著，其基本特征与现代人相似，但也有一系列原始性状，如眉嵴发达、前囟点位置靠后等。其额鼻缝呈凸形，类似于欧洲尼安德特人，被认为是基因交流的结果。鼻骨的鼻根部高而狭窄。（张君）

【丽江人】 中国晚期智人。属于晚更新世后期。1964年发现于云南省丽江纳西族自治县（今丽江市古城区）木家桥。化石材料包括1个头骨和3块股骨，分属不同个体，头骨代表一名未成年女性，眉嵴较弱，额结节和顶结节都很明显，前囟点位置与现代人接近，上面部扁平度具有蒙古人种特点，鼻颧角为146.5°。其基本形态特征与现代人相当一致，无明显原始性状。头骨枕部有发髻状构造，与柳江人和资阳人头骨化石一致，并与欧洲尼安德特人接近，可能反映出与西方有基因交流。（张君）

【穿洞人】 中国晚期智人。约为晚更新世末期。20世纪70—80年代发现于贵州省普定县城北6千米处穿洞内。化石材料包括1块比较完整的头盖骨、1块右侧上颌骨残块和1枚牙齿，代表一名45～55岁男性。另一件无颅底脑颅属于一名不到20岁的女性。男性主要形态特征是额部倾斜，眉嵴发达，眶上缘厚钝，铲形门齿，犬齿窝不深。具备现代智人一般性特征，显示出与现代蒙古人种某些一致性，但发髻状构造反映出西方基因流。女性个体无发髻状构造，保留有一些比较原始的特征。（张君）

【安图人】 距今3.5万～2.7万年的晚期智人。1964年发现于吉林省安图县。化石材料是1枚牙齿，代表一名中壮年个体。牙齿是右侧下颌第一前臼齿，磨耗严重，其形状和测量数值与现代人同位牙齿相似。牙齿上有龋病。（张君）

【左镇人】 距今3万～2万年的晚期智人。1981年发现于台湾省台南县左镇菜寮溪河床堆积物上。

化石材料包括1块年轻男性右侧顶骨、2块中年个体左右侧顶骨和1枚牙齿。顶骨和牙齿石化程度都较高,牙齿齿尖已磨平。(张君)

【非测量特征】 亦称“观察特征”或“离散特征”。包括连续性非测量特征和不连续性非测量特征两大类。连续性非测量特征主要是指颅面部形态特点,如颅形、眼眶形状、犬齿窝发育程度等。不连续性非测量特征指某些微细的骨骼形态变异,一般记录为存在或缺失。这些变异特征主要分为三类:供血管和神经穿行的孔、管和沟;骨发育过度的变异;骨发育不全的变异。(张君)

【观察特征】 即“非测量特征”。

【离散特征】 即“非测量特征”。

【连续性非测量特征】 见“非测量特征”。

【不连续性非测量特征】 见“非测量特征”。

【小变异】 指不连续性非测量特征。这些变异特征多在人类头骨上偶发,出现频率较低,故名。详“非测量特征”。(张君)

【变形颅】 由于某种主观或客观原因而人为改变头骨形状的一种风俗。在美洲、大洋洲、欧洲、中非、印度等地及中国台湾省高山族聚居区都有这种风俗。中国最早的变形颅发现于山顶洞人头骨上,可能是幼年缠头造成的变形。中国新石器时代今山东、苏北一带居民中普遍存在枕部扁平的变形头,新疆地区古代人骨有类似中亚地区(今中亚五国)常见的环状变形头。(张君)

【拔牙习俗】 释文见188页。

【割体葬仪】 中国史前人类比较流行的一种葬俗。最早在新石器时代仰韶文化半坡遗址发现,死者肢骨、指骨不全,其残缺部分可在随葬陶器或填土中发现。类似现象在甘肃永昌鸳鸯池、青海乐都柳湾、福建闽侯昙石山、黑龙江密山新开流等新石器时代遗址墓葬中也有发现,如保存完好的儿童骨架独缺手指骨和足骨,或者从死者身上割下的指骨、脚趾骨等被搁在人头骨顶部及随葬小灰陶罐中。该葬式的涵义说法不一,有人牲变异形式说、亲属自残说、阻止灵魂回归说等。(张君)

【头骨穿孔】 出于某种目的而在活人头上或死者头骨上人为有意造成的穿孔现象。广泛存在于欧洲、美洲、非洲和亚洲等地。其原因与宗教、巫术、外科手术、战争等有关。中国的头骨穿孔现象在青海乐都柳湾、民和阳山等古墓,新疆哈密焉不拉克、且末扎洪鲁克、和静察吾呼等古墓群及河南武陟大司马遗址、山东枣庄建新新石器时代遗址出土的人骨中都有发现。古代开颅手术也包括在其中。(张君)

动物考古

【动物考古学】 指对分布在各地区、各时期考古遗址中出土的包括贝类、鱼类、爬行类、鸟类和哺乳类等在内的贝壳和动物骨骼等动物遗存进行科学、系统地采集,并开展鉴定、观察及各种统计和分析,结合考古学文化背景进行探讨,认识古代自然环境及古代人类与动物各种关系的学科。(袁靖)

【最小个体数】 动物考古学研究中最常用的量化统计单元之一。一般指考古遗址出土的能够鉴定到种或属的动物最小个体数量。通常的统计方法是:首先将动物骨骼鉴定到种或属,在此基础上统计同一种或哪种属的动物各个部位骨骼数量,尽量分清左右部位,骨骼部位某一侧数量最多,其数量即为这一种或属的动物最小个体数。(李志鹏)

【可鉴定标本数】 动物考古学研究中最常用的量化统计单元之一。指考古遗址出土的能鉴定到某一生物分类单元(通常指种或属)的动物全部骨骼标本数量。(李志鹏)

【肉量统计】 动物考古学研究的量化统计方法之一。指对考古遗址出土的不同动物肉量贡献的推算。肉量统计方法较多,较为常用的方法之一是以文献提供的动物总重量、骨骼重量、内脏重量、皮毛重量与肉量之间关系为理论基础,将推算出的考古遗址出土的某种动物总重量乘以其可食部位肉量所占比例得出该动物的可供肉量。(李志鹏)

【贝丘遗址】 古代遗址的一种类型。此类遗址的文化堆积以贝类为主体。世界上大多数贝丘遗址出现于全新世之初(距今1万年前),其繁盛期为距今9 000～3 000年间,有的延续至历史时期甚或近现代。贝丘遗址有别于自然贝类堆积,其认定标准主要包括:贝丘遗址中伴出人工遗物、动物遗存,贝壳上具有食用痕迹(烧痕、壳顶敲碎)现象较多,贝制品及人类使用贝类现象较多。依据不同标准,贝丘遗址分类也有所不同:以所处具体位置水体特征及贝类内涵,可分为湖滨型贝丘遗址、河岸型贝丘遗址、河口型贝丘遗址、海滨型贝丘遗址、岛屿型贝丘遗址等;以所处具体位置地形地貌特征,可分为洞穴型贝丘遗址、岩厦型贝丘遗址、丘岗型贝丘遗址、台地型贝丘遗址等;以出土贝类生态特征,可分为淡水贝类贝丘遗址、咸淡水贝类贝丘遗址以及咸水贝类贝丘遗址等。贝丘遗址的研究,对于探究人类获取动物资源的行为特征、复原当时自然条件和生活环境、认识海岸线和海水温差的变迁、探讨人类和自然环境相互关系等具有重要价值。从中国贝丘遗址整体状况看,其类型主要包括洞穴贝丘遗址、海滨贝丘遗址、河岸贝丘遗址和湖滨贝丘遗址等4种。洞穴贝丘遗址主要分布区包括湖南、广东、广西、江西、海南等南方地区,就其时代看,处于旧石器时代晚期至新石器时代早期,有些可能延续至新石器时代晚期;海滨贝丘遗址主要分布区包括辽宁辽东半岛、山东胶东半岛、福建、广东、香港、广西、海南、台湾等,在渤海、黄海、东海、南海等沿海地区多有分布,就其年代看,多处于距今6 000～3 000年左右,有些可早到距今8 000年左右,有些则一直延续至近现代;河岸贝丘遗址主要分布区有广西(邕江、郁江、左江、右江、柳江等流域均有发现,以邕江流域最为密集)和湖南(沅水中上游地区)两个地区,在广东、福建、台湾等地也有发现,就其年代看,集中于距今8 000～7 000年左右,有些可延续至距今4 000年左右;湖滨贝丘遗址集中分布于云南,具体区域包括滇池、三湖(抚仙湖、星云湖和杞麓湖)和洱海,延续时间较长,自距今3 500年延续至青铜时代乃至东汉早期。(吕鹏)

【洞穴贝丘遗址】 见“贝丘遗址”。

【海滨贝丘遗址】 见“贝丘遗址”。

【河岸贝丘遗址】 见“贝丘遗址”。

【湖滨贝丘遗址】 见“贝丘遗址”。

植物考古

【植物考古】 指涉及考古学和植物学的一个跨学科研究领域。属考古学研究范畴,研究目的在于通过考古发掘发现、鉴定和分析植物遗存,认识人类与植物相互关系,进而复原古代人类生活方式和解释人类文化的发展与过程。植物考古的研究对象是考古出土的植物遗存,主要包括植物遗骸、植硅体、孢粉和淀粉粒。植硅体、孢粉和淀粉粒均是微小物质,在高倍显微镜下方可观察到,被统称为“植物微小遗存”(plant microremains)。植物遗骸可细分为木材、块根茎残块、硬果壳核和植物种子,这些遗存用肉眼或放大镜至多借助低倍显微镜就可观察分析,因此又被称为“植物大遗存”(plant macroremains)。植物考古的研究方法包括样品采集、植物遗存提取、植物种属鉴别、定性定量分析等,其中浮选法是最具代表性的植物遗存提取方法。植物考古的研究内容涉及范围广泛,例如人类食物结构和获得食物方式、栽培作物的出现和农业的起源,农业经济发展与古代文明形成的关系、生态环境对人类生活的制约和人类活动对生态环境的影响等。(赵志军)

【浮选法】 一种发现考古遗址中埋藏的古代植物遗存的植物考古学田野方法。该方法使考古学工作者可按自己意愿主动地在遗址或遗址某些区域中寻找和发现古代植物遗存,进而认识和了解古代人类与植物相互关系,以期复原古代人类生活方式。20世纪60年代开始被应用到考古发掘中,90年代传入中国,21世纪初得到迅速普及。基本工作原理是,利用炭化物质在干燥情况下比一般土壤颗粒轻、密度略小于水的特点,将浮选土样放入水中使炭化植物遗骸脱离土壤浮出水面,进而提取炭化植物遗骸。根据不同研究目的和研究条件,可选择特定的土样采集方法和浮选设备。(赵志军)

【浮选设备】 采用浮选法提取炭化植物遗骸的设备。常用的包括水波浮选仪、摇筛式浮选器、水桶浮选设备3种。水波浮选仪是一种较为复杂的浮选

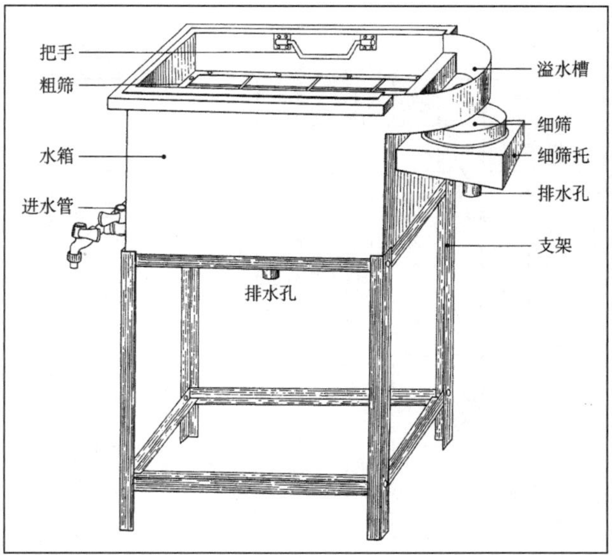

水波浮选仪

设备，由水箱、粗筛、细筛、细筛托和支架5个部分组成。摇筛式浮选器是一种比较简易的浮选设备，由水箱、摇筛和小网漏3部分组成，制作简单。水桶浮选设备仅是两个普通的容积约为20升的水桶和一个规格为80目的分样筛，浮选方法简单。（赵志军）

【水波浮选仪】 见“浮选设备”。

【摇筛式浮选器】 见“浮选设备”。

【水桶浮选设备】 见“浮选设备”。

【剖面采样法】 从揭露的或自然裸露的遗址剖面上采取土样的方法。主要适用于对某个遗址小规模试掘，初步了解该遗址各文化层植物遗存的保存和埋藏情况；或对一个区域内考古遗址群的调查，以系统地了解该区域内各遗址植物遗存的基本情况。为使浮选结果具有可比性，各遗址样品出土的埋藏背景应尽量一致，例如选择灰坑时，各遗址样品都应采自灰坑。（赵志军）

【针对性采样法】 有针对性地从遗址中选择不同埋藏背景进行采样的方法。如灰坑、灰沟、房址、灶坑、窖穴、墓葬、器物内存土或破碎器物下积土等。一般适用于发掘经费和时间都比较适中的常规考古发掘，也是目前最常用的一种采样方法。在选择和确定采样点时应注意排除主观因素影响，尽量多地选择不同埋藏背景作为采样点，采样范围应尽可能地照顾到整个遗址的分布区域。（赵志军）

【网格式采样法】 在人为划定一个堆积范围内打出网格系统地采取土样的方法。所划定范围大至整个遗址，小到一个灰坑。网格尺寸应根据采样范围大小和研究目的而定，一般在0.5～2米见方之间，

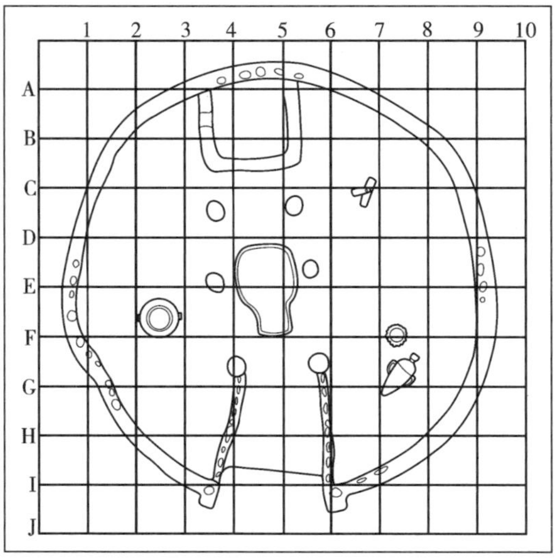

网格式采样法示意图

通常每一个网格内取一份土样。一般用于发掘经费和时间都比较宽裕的重点考古发掘项目，亦可与针对性采样法结合使用，即对遗址中某些重要的或面积较大的遗迹采用网格式采样法，而对遗址中其他堆积则采用针对性采样法。（赵志军）

【出土概率】 指在遗址中发现某种植物种类的可能性。根据出土有该植物种类的样品在采集到样品总数中所占的比例计算得出。这种统计方法的特点是，不考虑每份浮选样品中所出土各种植物遗存的绝对数量，仅以“有”和“无”二分法作为统计标准，故在客观上最大限度地减少由绝对数量造成的误差对分析结果的影响。其结果反映出植物遗存在遗址内的分布范围。（赵志军）

【植硅体研究】 植硅体是指高等植物根系在吸收地下水时也吸收有一定量的可溶性二氧化硅，经植物的输导组织输送到茎、叶、花、果实等处时，在植物细胞间和细胞内沉淀下来的固体非晶质二氧化硅颗粒。植物死亡后，植硅体就地沉积；与古代人类活动相关的植物会以植硅体形式大量地沉积在遗址及周围环境中，采集相关沉积物并从中提取植硅体进行种属鉴定和数量统计、分析人类与植物的关系，是植硅体研究在考古学中应用的基本内容。考古遗址中的植硅体研究能为认识古代人类利用植物、农业起源、农作物种植、加工和储存等行为提供重要证据。（靳桂云）

【淀粉粒分析】 淀粉是葡萄糖分子聚合而成的长链化合物，以淀粉粒形式贮藏在植物的根、茎及种子等器官薄壁细胞细胞质中。不同种属植物其淀粉粒具有不同形态特征，因此可根据淀粉粒形态特征进行植物种类鉴定。淀粉粒是一种半晶体，可在地层中保存相当长的时间。淀粉是人类日常饮食的主要成分之一，在植物收割、食物加工工具表面、动物（包括人）牙结石及土壤中都有残留，通过实验室提取和鉴定，可为研究器物功能，食物加工过程及古人消费的食物种类提供直接证据，并进一步了解古人类对植物的利用、农作物的起源、传播和社会的经济模式。（杨晓燕）

【木炭分析】 指对木炭横切面、径切面和弦切面上细胞和组织的构造特征进行分析，以确定木炭种属的一种研究方法。属于植物考古研究范畴，可提供古代人类利用木材的信息，探索古代居民与自然界植物的相互关系，重建地域性木本植物种类，在一

定程度上重建古环境和古气候。(王树芝)

食性分析和锶同位素分析等各种分析

【食性分析】 指通过对考古发掘出土的人骨、动植物遗存、容器残留物以及相关沉积物等进行分析,并结合其他遗迹遗存进行综合研究,以获取人类或动物食物状况的分析与研究。通过食性分析可了解人们的食物状况,还可结合探讨相关的社会生产力发展、自然环境状况以及文化习俗等。主要研究手段与方法有碳、氮稳定同位素分析,锶同位素以及钙、锶、钡等元素分析,类脂分析等。(张雪莲)

【碳氮稳定同位素食性分析】 应用稳定同位素碳十三($\delta^{13}C$)、氮十五($\delta^{15}N$)分析方法对发掘出土的人骨或动物骨遗存进行分析,以获取人类以及动物食物结构状况的研究方法。碳十三分析是依据光合作用途径所建立的分析方法,主要用于研究人类以及动物的主食结构,如食用小米、玉米类或是稻米、小麦类等。氮十五分析反映的是食物中蛋白的多少,如是否食肉、鱼等,显示营养级的高低。该方法主要用于史前考古遗址中人们食物状况的探讨,以及分层社会中人们等级差别的考察等。(张雪莲)

【碳十三分析】 见"碳氮稳定同位素食性分析"。

【氮十五分析】 见"碳氮稳定同位素食性分析"。

【锶同位素分析】 自然界中锶同位素共有^{88}Sr、^{87}Sr、^{86}Sr、^{84}Sr。主要分布于矿物、岩石中。一般以$^{87}Sr/^{86}Sr$比值作为某一地区表征指标。由于不同地质构成特征形成不同锶的分布区域,因此可通过出土遗物的锶同位素地区特征追溯其来源或产地。锶同位素分析在考古学中的应用主要包括:利用锶同位素进行古代人或动物迁移活动的研究;利用锶同位素进行古环境的研究;利用锶同位素进行物源示踪。(赵春燕)

【残留物分析】 一切与古代人类生活密切相关的物质遗存皆可称为残留物。从化学角度讲,出土残留物大致可分为无机残留物和有机残留物两大类。利用各种物理和化学分析方法对古代残留物进行检测,以确定残留物的组成和结构的过程称为"残留物分析"。(赵春燕)

【脂肪酸分析】 构成生物的主要成分是蛋白质、碳水化合物和脂肪。脂肪酸是脂肪分子的基本单位,因此脂肪的性能和作用主要取决于脂肪酸。生物种类不同,其体内脂肪酸成分也不同。脂肪酸分析又称"残存脂肪酸分析",指通过对脂肪酸的分析来区分生物种类。(赵春燕)

【残存脂肪酸分析】 即"脂肪酸分析"。

化学分析与仪器分析

【分析化学】 人类用来认识自然的重要手段之一,研究物质的化学组成、状态以及鉴定物质化学结构的科学。包括"化学分析"和"仪器分析"两大部分。化学分析是指利用化学反应及其计量关系来确定被测物质组成和含量的一种分析方法,是分析化学的基础。仪器分析是以物质的物理和化学性质为基础建立的一种分析方法。通常需要使用比较复杂的仪器,是分析化学的发展方向。(赵春燕)

【化学分析】 见"分析化学"。

【仪器分析】 见"分析化学"。

【原子吸收光谱分析方法】 指基于被测元素基态原子在蒸气状态时对其原子共振辐射吸收进行元素定量分析的方法。空气中存在的原子蒸气层,被适当波长的光透过,其中处于基态的原子会对光产生吸收,利用这种现象进行分析的方法就是原子吸收光谱分析方法。所使用的仪器为原子吸收光谱仪主要用于样品中微量金属元素的定量分析。在考古学研究中可用于出土人骨、金属器、陶瓷器、石器、土壤、颜料等的化学组成分析。(赵春燕)

【电感耦合等离子体发射光谱分析方法】 指依据每种化学元素的原子或离子在热激发或电激发下,发射具有特征的电磁辐射,辐射的波长与元素的种类、辐射的强度与元素的含量密切相关原理,对元素进行定性与定量分析的方法。其使用的仪器为电感耦合等离子体发射光谱仪。电感耦合等离子体发射光谱可很容易地应用于不同类型的天然和人造材料的多元素定量分析,能测定样品中含量较高的元素,也能测定样品中的微量元素,所以应用范围很广,如陶瓷制品的制作工艺及原料来源研究、金属器的合金配比技术研究、通过土壤中金属离子含量的测定探讨人类行为方式对周围环境的影响、根据出土人骨的元素含量分析判断其生前饮食结构及生存状况

等。(赵春燕)

【X 射线荧光光谱分析方法】 当 X 射线照射物质时,除发生散射、衍射和吸收等现象以外,还产生次级 X 射线,即荧光 X 射线。这种荧光 X 射线波长只取决于物质中各元素原子电子层的能级差。根据荧光 X 射线波长,可确定物质所含元素的种类;根据其强度可确定物质所属元素的含量,即 X 射线荧光光谱分析方法。X 射线荧光分析技术在考古学研究中的应用非常广泛,可做定性定量分析,所分析考古样品涉及人骨、动物骨骼、陶瓷、金属器、玻璃、玉石器、颜料、土壤等。(赵春燕)

【电感耦合等离子体质谱分析方法】 电感耦合等离子体质谱一般简称 ICP-MS。其工作原理是利用感应耦合等离子体作为离子源,产生的样品离子经质量分析器和检测器后得到质谱,可对样品进行定性或定量分析。其所用仪器为电感耦合等离子体质谱仪。电感耦合等离子体质谱技术在考古学上的应用主要体现在微量元素和同位素分析方面。可用于考古出土人和动物的来源及陶瓷器、玉石器、金属器等原料来源的研究。(赵春燕)

【红外吸收光谱分析方法】 分子均具有各自的固有振动。将改变波长的红外线连续照射到分子上时,与分子固有振动相对应的红外线被吸收,得到相应于分子结构的特有光谱。这种由红外线吸收光谱解析分子结构的方法,称作"红外吸收光谱分析方法"。可对出土的纺织品、玉器和石器的矿物结构、壁画颜料等无机物、绘画胶结材料等进行分析鉴定。与核磁共振波谱、质谱、紫外光谱等分析手段互相配合,进行综合光谱解析,还能用于确定出土容器内残余物的分子结构。(赵春燕)

【拉曼光谱分析方法】 拉曼光谱是指以单色光照射至物质上,物质分子发生散射现象,出现与入射光频率不同的散射光所形成的光谱。拉曼光谱可提供物质极化度变化所产生的信息。使用此原理进行分析的仪器称为"拉曼光谱仪"。拉曼光谱可对文物进行原位无损检测,无须取样即可进行分析。且可测定各种质地的物质特性,包括玉器、颜料、玻璃等。(赵春燕)

【X 射线衍射分析方法】 每一种晶体都有自己独特的化学组成及晶体结构。当被 X 射线照射时,入射线将经过晶体物质内部的原子或离子,依照布拉格公式发生衍射,产生特有的 X 射线衍射图。每种类型的晶体物质都有自己的衍射图。衍射图是晶体化合物的"指纹",可用作为定性分析的依据。使用以上原理的仪器称为"X 射线衍射仪"。该方法在考古学中应用广泛,可用于测定珠宝玉石等天然矿物的材质和物质结构,也可用于出土陶器的物相鉴定,还可用来研究黏土的物相组成。(赵春燕)

【电子探针 X 射线显微分析方法】 指以电子束轰击固体样品表面,并根据微区内所发射出的 X 射线波长(或能量)强度进行元素定性、定量分析的方法。所用仪器为电子探针 X 射线显微分析仪,简称"电子探针",是一种微区成分分析仪器。可用于考古出土的矿物、宝石鉴定,金属器表面锈蚀产物的研究等。(赵春燕)

【离子色谱分析方法】 离子色谱是利用离子交换原理和液相色谱技术分离测定能在水中解理成有机和无机离子的一种液相色谱方法,利用不同离子对固定相亲合力的差别来实现分离,使用该原理进行检测的仪器称为"离子色谱仪"。使用离子色谱可检测出土文物中的盐分含量,以便为制定具体的文物保护措施提供依据。还可以检测出土文物周围土壤的离子浓度,研究土壤中盐类组成对文物材质的影响等。(赵春燕)

【气相色谱-质谱分析方法】 利用试样中各组分在气相和固定液液相间的分配系数不同,当汽化后的试样被载气带入色谱柱中运行时,组分就在其中的两相间进行反复多次分配,由于固定相对各组分的吸附或溶解能力不同,因此各组分在色谱柱中的运行速度就不同,经过一定的柱长后,便彼此分离,按顺序离开色谱柱进入检测器,经检测和记录系统得到离子的质荷比和相对强度的质谱图。质谱图提供有关物质的分子量、元素组成及分子结构的重要信息,可鉴定物质的分子结构。利用上述原理对样品进行检测的仪器称为"气相色谱-质谱联用仪"(GC/MS)。可用于分析、鉴定出土器物内残留物。(赵春燕)

古陶瓷

【测定古陶瓷的烧成温度】 古陶瓷的烧成温度一般可在高温膨胀仪上进行测定。先将古陶瓷碎片进行切割,并在磨片机上将釉磨掉,再加工成 5 毫米×

5毫米×25毫米的长条,然后放置于该仪器上,一边加热,一边自动记录样品的膨胀曲线。古陶瓷样品胎体在加热过程中,长度不断发生变化,膨胀率在原烧成温度以下时比较均匀,当加热温度达到样品原来烧成温度时,由于样品坯体内部产生更多的玻璃相,膨胀曲线走向会发生一定变化,此时的温度即可作为古陶瓷的烧成温度。(王增林)

【陶瓷岩相分析】 使用偏光显微镜观察古代陶瓷的显微结构,可了解陶瓷胎中羼和料和其他非可塑性颗粒的矿物种类、粒径大小、分布情况以及瓷釉的玻璃化程度和微观结构等信息,以认识古人制作陶瓷器的工艺技术。进行岩相分析时,先将陶瓷样品磨成2毫米的薄片,约3~5毫米见方,也可镶嵌在树脂中,在偏光显微镜下观察原料的岩性。(王增林)

冶金、铸造

学　科

【金属史】 旧称"矿冶史"、"采矿史"、"冶金史"、"金属工艺史"等。指金属开采、冶炼和加工技术的历史。此名称在1980年召开的中国科学技术史学会第一届年会期间商定使用。(刘煜)

【矿冶史】 见"金属史"。

【采矿史】 见"金属史"。

【冶金史】 见"金属史"。

【金属工艺史】 见"金属史"。

【冶金考古】 针对人类历史上主要使用过的铜、铁、金、银、铅、锡、汞、锌及作为合金元素的砷、镍、锑等,利用多学科综合研究方法、特别是现代分析检测技术,研究包括矿物开采、冶炼、熔炼、合金配制、金属器的制作和加工、专门化生产等一系列问题,探讨冶金技术产生、发展、交流与传播的动态演进过程。是考古学非常重要的分支学科。这一领域的研究长期以来无法使用统一称谓,如金属史、矿冶技术史等,或是将其分解为矿冶史、采矿史、冶金史、金属技术史等。尽管名词有分歧,但其所研究内容大抵一致,即以古代冶金技术的产生、发展及其演变为研究对象,探讨冶金技术在人类文明发展中的作用。(刘煜)

名　词

【火法炼铜】 经过焙烧矿料得到金属铜的冶炼工艺。从冶铜的物理化学机制和技术条件的可能性来看,在吹炼冰铜发明之前,古代可能有4种火法炼铜工艺,包括氧化矿石还原熔炼成铜的"氧化铜-铜"工艺;硫化矿石经过焙烧后再还原熔炼成铜的"硫化铜-铜"工艺;硫化矿经多次交替进行的焙烧、冶炼,依次炼成品位由低到高的各种中间产物冰铜,最后精炼成铜的"硫化矿-冰铜-铜"工艺;硫化矿经天然或人工硫酸化(焙烧)堆浸,得到胆矾溶液并制成硫酸盐晶体,再入炉熔炼成铜的"硫化铜-硫酸铜-铜"工艺。根据文献记载,这4种工艺在古代都曾采用。(刘煜)

【水法炼铜】 亦称"湿法炼铜"或"胆铜法"。中国首创的一种炼铜技术。即将铁置于胆矾(硫酸铜)溶液中,铜离子被铁置换得到单质铜,将这些铜收集起来精炼,得到铜料的一种方法。早在西汉《淮南万毕术》中已有"曾青得铁则化为铜"的记载。作为提取纯铜的生产工艺,可能始于唐末。根据原料的不同,又分为"浸铜"和"淋铜"两种工艺,宋张潜著有《浸铜要略》的工艺专著。对于胆水充盈的矿场,可在池中积贮胆水,将铁片放入,获得置换的铜末,称为"浸铜法";对于胆水稀薄的矿场,可用含胆矾的矿土贮藏在容器中沤泡过滤,得到胆水,再用置换的方法提炼得铜,称为"淋铜法"。这两种方法通常都会因地制宜地被当时的矿场兼容并蓄地采用。(刘煜)

【湿法炼铜】 即"水法炼铜"。

【胆铜法】 即"水法炼铜"。

【浸铜法】 见"水法炼铜"。

【淋铜法】 见"水法炼铜"。

【灰吹法】 一种冶炼单质银的工艺。具体做法是:将含银矿物与面糊制成球团,用木炭煅烧,所得烧结块入炉熔炼,加铅,使银熔入铅中,成为"铅驼",将其铺在草木灰上,加火锻打,铅渗入灰中,单质银在灰上富集,冷却后即得到银。(刘煜)

【陶范铸造】 指将金属熔炼成符合一定成分要求的液体并倾倒入预先制好的陶质铸型中,经冷却凝固、清整处理后得到有预定几何形状和物理化学性能的器件的工艺过程,是中国青铜时代占统治地位的成形工艺。始于新石器时代晚期。铸型通常是由范、芯以及芯撑组合而成的带有内部空腔的封闭实体,空腔即为待铸物体的形状。陶范的材料和处理工艺随时代、地域不同而存在一定差异,可能是经过淘洗的生土添加一定量的羼和料,经练泥、陈腐等一系列处理后制成,并焙烧到一定温度后使用。因其火候通常不高,又称"泥范"("泥型")。河南安阳殷墟苗圃北地和孝民屯铸铜遗址、位于晋都新田的山西侯马铸铜遗址都出土有大量陶范、芯和模,后者还发现有不少铸型装配成套,是研究陶范铸造技术重要的实物资料。(刘煜)

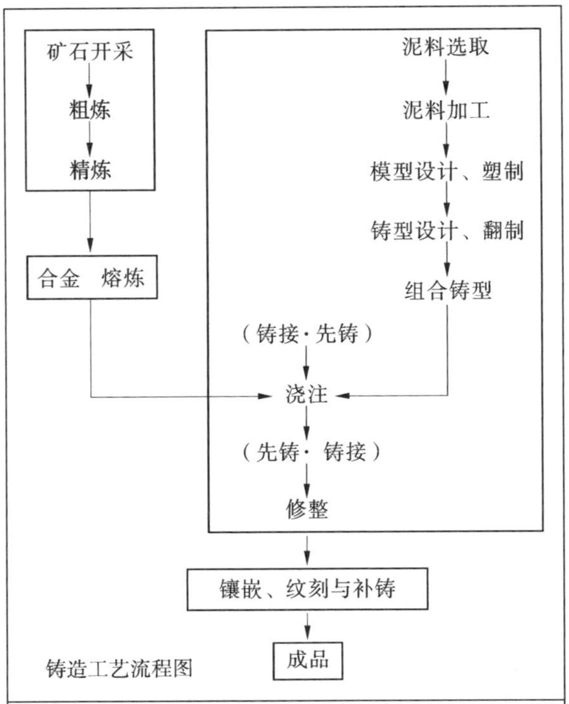

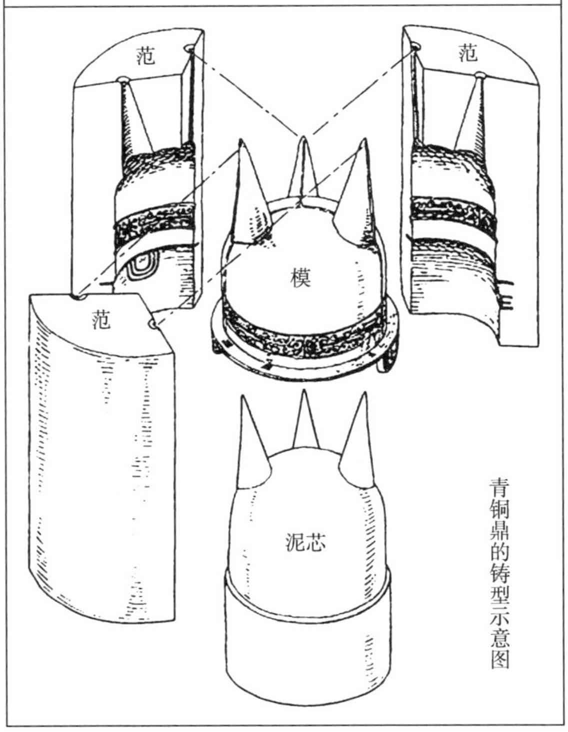

陶范铸造示意图

【泥范】 见"陶范铸造"、"范"。

【泥型】 即"泥范"。见"陶范铸造"。

【模】 凡用来制范的模具都称作"模"。按照制模所用不同材料,可分为"木模"、"泥模"("陶模")、"金属模"("铜模"、"锡模"等)和"蜡模";按照模具的整体性来分,又有"整模"和"分模"。(刘煜)

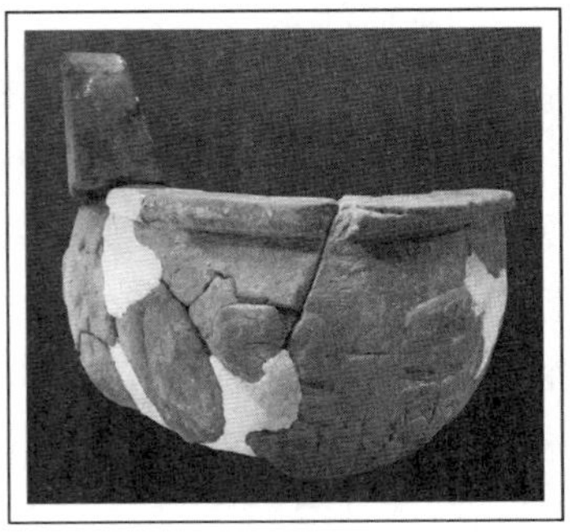

鼎　模

【范】 凡用来形成器件外形轮廓的铸型,都称作"范"。按照材质区分,有"石范"、"陶范"("泥范")、"铜范"和"铁范"。石范通常是用质地较软的矿岩、片麻岩等石料琢制而成,一般用来铸制兵器、工具等形状简单的器件,江西省樟树市吴城、内蒙古自治区赤峰市红山后、河北省唐山市雹神庙、甘肃省玉门市火烧沟、云南省剑川县海门口等地都有出土,时代可从二里头时期至战国。陶范是用经过处理的土塑制焙烧而成,河南偃师二里头,郑州南关外、紫荆山,安阳殷墟,洛阳北窑;陕西扶风李家;山西侯马牛村等铸铜遗址均出土大量陶范(详"陶范铸造")。铜范和铁范都属于金属范,铜范主要用于铸钱业,如安徽省繁昌县出土的楚国蚁鼻钱铜范等;铁范是由铜范发展而来,先用于铸钱业,再用于铸造农具和其他器件,较著名的有河北省兴隆县出土的铁范。(刘煜)

鼎　范

【石范】 见"范"。

【陶范】 即"泥范"。见"范"、"陶范铸造"。

【铜范】 见"范"。

【铁范】 见"范"。

【芯】 凡用来形成铸件内腔或铸出孔的,都称作

“芯”。有“泥芯”和“铁芯”之分。芯的组成部分还有定位用的泥质芯撑。(刘煜)

足芯(带泥芯撑)

【芯撑】 在铸型中用于范与芯之间定位、保持壁厚的小块。包括泥芯撑和金属芯撑两类。前者一般是指在泥芯上突起的小块,铸后形成小孔。后者是独立的金属块状物,从 X 光照片上可见其与周围金属的缝隙,又称“垫片”。目前已知最早使用金属芯撑的是湖北武汉黄陂盘龙城早商遗址出土的青铜器。(刘煜)

【泥芯撑】 见“芯撑”。

【金属芯撑】 即“垫片”。见“芯撑”。

【浑铸】 商周时期青铜器最主要的成形方式。即将不同部位的范组合形成铸型,将青铜液从浇口注入一次成形的铸造方法,亦称为“整铸”。(刘煜)

【整铸】 即“浑铸”。

【分铸法】 指青铜器各部分经两次或两次以上浇注得以成形的铸造方法。因为多是部件与器物主体的连接方式,故又称“铸接”(cast joint)。具体形式包括“后铸法”、“先铸法”以及“多次铸接”三种形式。后铸法(casting-on)是指先铸器体,在需要接铸附件部位留有凸榫或孔,再在相应位置给附件制模、合范、二次浇注,附件和器体合为一体的分铸方法。先铸法(casting-in)又称“预铸法”(pre-cast),指先铸附件再放入陶范铸型,浇注时与器体连接的分铸方法。所谓多次铸接,实际上就是后铸法和先铸法的综合运用,通常见于卣等有多个彼此相连部件的器物。(刘煜)

【铸接】 即“分铸法”。

【后铸法】 见“分铸法”。

【先铸法】 见“分铸法”。

【预铸法】 即“先铸法”。见“分铸法”。

【多次铸接】 见“分铸法”。

【掰砂法】 复杂铸件所用组合泥型在北方地区的习称。以铸钟为例,先在地坑铺砖,搪砂,作为铸型底部。用黏土制作钟模,塑出纹饰、铭文。然后逐层制作泥型(由黏土、马粪、糖稀配成),范外侧用木条作把手并划泥号,即在坑内烘烤。泥芯的做法是:先在坑中心部位插芯骨,内塞碎砖,逐层安放铸范并充填芯砂,芯表插入小木棍,棍长即钟的厚度。刮去表层芯砂,烘烤后组装成型。浇冒口事先在顶范中作出,浇口杯置于铸型顶端,盛满铜液后,拔出塞棒,浇注成形。(刘煜)

【叠铸】 亦称“层叠铸造”。指将多层铸型叠合,组装成套,从共用浇口杯和直浇道中灌注金属液,一次得到多个铸件的铸造方法。这种方法大大提高劳动生产率,节省造型材料和金属,非常适用于小型铸件的大批量生产。此技术发明于中国,早在战国时期已开始用立式叠铸范生产钱币。(刘煜)

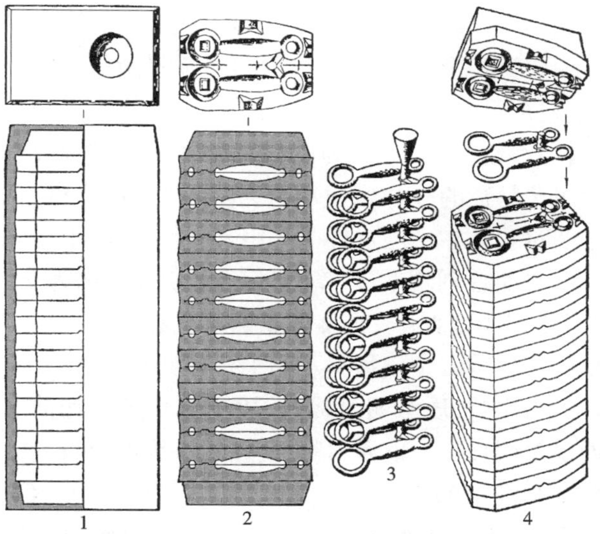

1. 叠铸范外部结构俯视及剖视图 2. 范片俯视及合厢后内部结构剖视图
3. 铸件(汉代马衔)透视图 4. 叠铸范与铸件关系示意图

叠铸示意图

【层叠铸造】 即“叠铸”。

【失模法】 古代的一种铸造技术。类似于现代的“熔模铸造”。指使用可熔、可挥发或经燃烧后只剩余少量灰烬而易于清除的可成形材料制作模型,表面包覆耐火材料,焚烧模型后形成整体铸型再行浇注的一种铸造方法。主要用于制作形状复杂难于使用陶范铸造的器物或部件。按照模料的不同可分为“纤维焚失法”[Lost-fabric process,包括使用动、植物纤维编织物的“失绳法”(Lost-cord process)和“失织法”(lost-textile process)]、“失蜡法”(Lost-wax process)等。其中,“失绳法”又称“焚失法”,被研究者认为是失蜡法的前身,并指出上海博物馆所藏戈枭卣的提梁就是这样制作的。“失蜡法”主要是使用蜂蜡一类的材料制作蜡模，表层多次涂覆细泥涂料，边干燥、边加厚，尽量减少变形与气孔、空洞等瑕疵。制成的铸型经干燥、脱蜡、烘烤、浇注、修正等多道工序，即可得到整体铸型，浇注后获得无范线的青铜器或部件。（刘煜）

【失蜡法】 见“失模法”。

【炒铁】 西汉中期稍后由中国发明的独特的炼铁技术。河南巩义铁生沟遗址出土有最早的炒铁炉。具体做法是：将薄铁片、块和锅铁（生铁锅的碎片）置于炒铁炉中加热至半熔融状，经过翻炒使温度均匀，增加铁片与炉气接触的表面积。此时液态铁中的碳被氧化，硅、锰等杂质也被氧化，生成夹杂物，铁料逐渐由半熔融态成为固态，在氧化完全情况下得到熟铁。如控制得当，也有可能得到其成分相当于中碳钢甚至高碳钢的铁料；再经加热锻打，挤出渣滓，便可得到质地均匀致密的熟铁。（刘煜）

【百炼钢】 以炒铁为原料、反复叠打和控制碳分为工艺特征的一种钢质材料，也指制作这一材料的工艺过程。在中国古代通常用来制作兵器，如刀、剑等。自西晋刘琨写下名句“何意百炼钢，化为绕指柔”后，“千锤百炼”、“百炼成钢”便成为习语。百炼钢的产生有一个发展过程，西汉前期的渗碳钢因增加锻打次数，质量明显提高，可视作百炼钢的前身。西汉发明炒铁术以后，制钢改以炒铁为原料，折叠的层次和锻打的火次也逐渐增加。“百炼”一词有文学上的夸张，并非指代实际折叠和锻打的次数。江苏徐州铜山驼龙山东汉墓葬出土的钢剑，即以这种材料制成。（刘煜）

【灌钢】 亦称“团钢”。中国史书上记载的一种生铁炼钢方法。早在南北朝时期的文献中就有记载。北宋沈括在《梦溪笔谈》里对灌钢作了较全面的论述。其基本原理就是将生铁（含碳高）和熟铁（含碳低）按一定比例配合，共同加热至生铁熔化而灌入熟铁中去，熟铁由于生铁浸入而增碳，即所谓“杂炼生鍒”的做法。然后，继续锻打使组织均匀，并挤出夹杂而最后成形。古代文献记载中所谓“宿铁”，为灌钢的早期形式。灌钢的产生，是百炼钢工艺和炒钢技术发展的结果。（刘煜）

【团钢】 即“灌钢”。

【宿铁】 见“灌钢”。

【焖钢】 中国近代一种固体渗碳制钢方法，是古代固体渗碳工艺的进一步发展。焖钢的具体做法是将器件和木炭、牛、羊骨粉、锯末、火硝或食盐等渗碳剂与催化剂装在陶质或铁质容器内，密封加热，加热到一定程度取出淬火，即可获得心部柔韧表面硬化的钢制品。生产周期一般为 9 ~ 12 小时，多用于制作农具和手工工具。（刘煜）

【贴钢】 中国古代强化工具、刃具刃口的工艺。即在刃口部位锻焊嵌入或贴上一块硬度较高的中碳钢或高碳钢，使其锋利耐用，而本体用低碳钢或熟铁制成。这种工艺在操作时，对本体钢和刃钢锻接的要求较高，因为将两种含碳量不同的材质锻焊在一起，必须掌握好温度，否则在接合处容易出现裂缝。在《梦溪笔谈》和《天工开物》中均有记载。吉林榆树老河深墓葬出土的刀就使用了这种工艺。（刘煜）

【生铁淋口】 亦称“擦渗”或“擦生”。中国古代强化农具刃口的加工工艺。出现于明代。这种工艺是用熔化的生铁作为渗碳剂，以提高农具刃口表面含碳量，再加以淬火处理，使得刃部一侧为软而韧的熟铁，另一侧为硬且耐磨的高碳钢。（刘煜）

【擦渗】 即“生铁淋口”。

【擦生】 即“生铁淋口”。

【错金银】 亦称“金银错”。中国传统装饰工艺之一。指利用金、银的良好塑性和鲜明色泽，锻制成金银丝、片，嵌在金属表面预留的凹槽内，形成文字或纹饰图案的工艺。其中首先出现的是错金工艺，时间可能在春秋中晚期。开始是用于错嵌铭文，栾书缶被视为最早的金错器物。（刘煜）

【金银错】 即“错金银”。

【包金】 利用黄金的良好延展性能，将其捶成金叶、金箔，包裹于器表作饰，称为“包金”。两周墓中就出土有包金的铜器。（刘煜）

【鎏金】 中国古代在金属器物上镀金的一种方法。始于战国，汉代称作“金涂”、“黄涂”，是以金汞合金为原料的金属表面加工工艺，也称“火镀金”或“汞镀金”。具体做法是将金和水银（汞）合成金汞齐，涂在铜（银）器表面，然后加热使水银蒸发，金附在器物表面不脱落，形成鎏金表面层。如以银汞齐为原料，按上述工艺操作即为“鎏银”。鎏金反复次数根据实物要求，少则三次、多则七次。早期鎏金实物以小型鎏金铜器为多，如山西长治分水岭战国墓中出土的鎏金车马饰等。（刘煜）

【火镀金】 即“鎏金”。

【汞镀金】 即“鎏金”。

【鋈银】 见“鋈金”。

【贴金】 利用黄金的良好延展性能，将其捶成金叶、金箔，贴附于器表作饰，称为“贴金”。（刘煜）

【薄金】 黄金有极好的延展性能，传统的金箔锤制工艺称为“薄金”。其制作工序为：将黄金熔铸成金条，锻打成坯，裁减成小片锻打，锻打时加热以消除加工硬化，然后使用隔膜分装隔开，不断加热锻打，最终成形。其中，隔膜的引入是金薄工艺得以实现的关键。西方使用羊皮纸，由未经硝制的大羊皮经刮薄，加防腐剂，用浮石油磨而成；后又改用羊羔皮、胎羔皮和公牛肠衣制成的皮纸。中国则使用纤维纸作隔膜，上加填料以消除凹窝，涂油漆、烟炱以增加光滑度，再予以滚压，使厚度均匀，平滑耐锻，因色黑光亮而称为“乌金纸”，又称“匮纸”。（刘煜）

【铸焊】 中国古代青铜器上使用的一种连接技术。主要包括“镴焊”和“铜焊”两种方式。镴焊是在器壁预铸凸榫或预留孔，于附件空腔内倒入熔融的铅锡合金等低熔点焊料，凝固后即与器体连接的一种方式，常见于春秋战国时期，如河南三门峡上村岭虢国墓地出土的青铜器。这种技术类似现代钎焊技术，仅依靠被焊件与焊料的粘附及相互扩散而结合。铜焊则是在需要焊接的部位安放铸型，用铜液连续灌注，使被焊件在高温下熔接的一种铸焊方法。至少于春秋晚期已出现，如河南淅川楚墓大鼎。由于比镴焊牢固很多，多用于重要部位。（刘煜）

【镴焊】 见“铸焊”。

【铜焊】 见“铸焊”。

【原始合金】 指形成合金的主要元素并非有意加入，而是冶炼共生矿或是将矿石混合熔炼得到的，是人类有意识地冶炼金属的开始。铜和原始铜合金是人类最早使用的金属。这些含有砷、镍、锌等杂质的原始铜合金，砷、镍、锌可能是铜矿中共生元素被还原的结果，或是铜与含有这些杂质的氧化矿共同熔炼时进入铜中。其中较常见的是砷铜。（刘煜）

【青铜】 铜和锡的合金，有时还含有铅。是人类有意识合金化的最早产物。目前已知最早的锡青铜制品分别发现于西亚两河流域和中国黄河流域。（刘煜）

【复合剑】 上古铸剑匠师根据铜剑不同部位的不同性能要求，于脊部和刃部分别使用不同成分的合金材质，并以巧妙的工艺手段将其连为一体，使剑身外坚内韧、刚柔兼备，名“复合剑”。（刘煜）

【六齐】 《考工记》记载：“金有六齐，六分其金而锡居一，谓之钟鼎之齐；五分其金而锡居一，谓之斧斤之齐；四分其金而锡居一，谓之戈戟之齐；三分其金而锡居一，谓之大刃之齐；五分其金而锡居二，谓之削杀矢之齐；金锡半，谓之鉴燧之齐。”“六齐”之说是研究商周青铜合金配制的重要文献依据，显示出商周时期冶铸匠师对锡青铜合金元素含量与机械性能的关系已有明确认识。（刘煜）

【黑漆古】 汉、唐时一种表面乌黑光亮的铜镜。色泽乌黑晶莹，富于艺术效果，且很耐腐蚀。近年来研究表明，“黑漆古”表面耐蚀层并非附加的沉积物或者镀锡层的腐蚀产物，而是类似于矿化层，受环境影响而形成。（刘煜）

【水银沁】 表面白亮无锈蚀的铜镜。研究认为，“水银沁”表面使用古书记载的“玄锡”，即为汞、锡和含钙、钾、铝、硅等多种材料制成的磨镜药，在镜表进行处理形成的。（刘煜）

矿冶和铸造遗址

【大冶铜绿山古矿冶遗址】 商汉铜矿遗址。全国重点文物保护单位。位于湖北省大冶市矿区。是一处采冶结合的大型遗址。其中采矿遗址包括7处露天采场和大量井下开采遗址，后者是铜绿山矿区古代开采的主要形式。冶炼遗址经科学发掘的两处，一是柯锡太冶炼遗址，一是 XI 号矿体冶炼遗址。面积约1.2平方千米，从商代晚期至汉代，铜绿山铜矿的开采从未间断。是大冶矿区已发现的近40处矿冶遗址中内涵最丰富的。1973—1985年共发现井巷500余条，出土大量采矿工具、井巷支护构件、炼炉、铜锭等遗物，炼渣堆积达40多万吨。其中最为重要的是 Ⅶ 号矿体，有商代、西周、东周时期多处采矿遗址。铜绿山古矿冶遗址开采技术最显著的特点，是采用竖井、平巷、盲井联合开拓法进行深井开采。铜绿山矿区的矿体多、储量大、品位高，大部分矿体露出或接近地表，大量自然铜、赤铜矿、孔雀石和蓝铜矿等矿物，在矿体和围岩破碎带内形成氧化富集带，平均含铜品位在6%以上（未经古人选矿），有些地方孔雀石矿脉最厚可达10米。（刘煜）

【瑞昌铜岭铜矿遗址】 商周铜矿遗址。全国重点文物保护单位。位于江西省瑞昌市夏坂乡境内。1988年开始发掘。该遗址既有采铜遗迹，又有冶铜遗存。发现有采坑、矿井、平巷、选矿槽、炼炉、工棚，以及大量竹、木、石、铜质的工具和用具，包括用于提升的木滑车。通过出土的陶器形制和坑木的碳十四年代测定数据，证实遗址至迟始于商中期，延续到战国早期，为迄今中国所知最早的采铜炼铜遗址。铜岭为铜铁共生矿床，次生铜矿为孔雀石、蓝铜矿，平均含铜品位超过10%。铜岭古代采区遗址范围为椭圆形，东西长约385米，南北约190米，集中分布范围约7万平方米。铁山西部主要是古代露天开采，合连山西坡至铁山东北部主要为地下开采，采用井巷开拓方式，其竖井和平巷按照时代早晚采用不同的结构形式。古代炼铜渣有4处。按炼渣分布面积及堆积厚度估算，古代炼渣约有数十万吨。在发掘区内，共清理商周竖井103口，平巷19条。（刘煜）

【大冶罗家山铜矿遗址】 古铜矿遗址。位于湖北省大冶市，西北距铜绿山矿约4千米。1973年在山腰发现2个古矿洞，洞口堆积着氧化铜矿石。洞内出土有木锹、木锤、陶鬲。1978年在主矿体东南部发现地下采场，距地表以下36米，分布长10余米。井巷内出土有木锹、拖箩、竹火签、竹篓等。主矿体北面发现矿房法开采，矿房能容十余人。（刘煜）

【阳新铜矿遗址群】 周代铜矿遗址。从湖北省大冶市铜绿山至江西省瑞昌市铜岭直线距离70千米的长轴周围，分布有许多西周和东周时期遗址，均发现有炼铜炉渣。其中重要的有丰山矿田、港下遗址和铜垱山铜矿遗址。丰山矿田是中国重要的夕卡岩型铜矿田之一，共有大小铜矿体数十个，铜矿物主要是黄铜矿和斑铜矿。西周遗址中，井巷采用木材支护，碗口接。东周井巷支架结构很有特点，两根立柱呈“八”字形，使平巷断面上小下大，呈梯形断面，比其他矿山使用的方框支架抗压强度大、使用年限长。港下遗址北面与丰山铜矿隔山相背，1985年在距地表10多米深处发现古矿井，考古发掘的总面积约170平方米，清理出西周晚期的平巷4条、竖井3口。该铜矿春秋时期都在开采。铜垱山铜矿遗址位于湖北省阳新县陶港镇青龙村，离丰山铜矿较近。1990年发现大量井巷和支护木，巷道内出土战国晚期的铁锤。由于铜垱山古地下采场面积大，造成山岗地表塌陷呈椭圆形凹坑，长150米，宽70米。（刘煜）

【丰山矿田】 见“阳新铜矿遗址群”。

【港下遗址】 见“阳新铜矿遗址群”。

【铜垱山铜矿遗址】 见“阳新铜矿遗址群”。

【汀祖铜矿遗址】 东周铜矿遗址。位于湖北省鄂州市汀祖镇的汀家坳铜铁矿和大红山铜铁矿均属“大冶式”接触交代夕卡岩型矿床。与大冶铜绿山直线距离仅约19千米。汀祖一带发现众多东周露天矿遗址，汀家坳遗址现名仍称“铜坑”。其南的吴家和大红山以东的陈家边遗存大量古代炼铜炉渣，地名为“铜灶”，出土有炼铜炉和一批形如薄砖的铜锭。以东的泽林小铜山和以北的大广山铜铁矿，出土有战国时期的铁锄、孔雀石、古炼炉残壁等。（刘煜）

【皖南铜矿遗址群】 周汉唐宋铜矿遗址。其中大工山-凤凰山铜矿遗址为全国重点文物保护单位。位于安徽省南部繁昌县、南陵县、铜陵县、池州市贵池区、青阳县等地。总分布范围近2 000平方千米，从西周一直到唐宋时期都在开采使用，其中以地处南陵县、铜陵县交界地带大工山、凤凰山、狮子山、铜官山等处最集中。重要遗址包括南陵江木冲和铜陵凤凰山、木鱼山发现的西周古铜矿遗址，出土有铜锭等冶炼遗存以及井巷支护木、铜斧等采矿遗存；东周时期的枞阳将军乡井边铜矿遗址；繁昌横山乡铜山铜矿遗址，从东周使用到汉代；铜陵金牛洞西汉铜矿遗址；贵池梅龙冶炼遗址，年代为六朝至唐宋；南陵破头山唐代矿冶遗址；南陵戴腰山隋唐铜矿遗址等。史书记载，西汉唯一设有铜官的地方便在皖南，汉丹阳更是以产“嘉铜”、“善铜”名闻遐迩。（刘煜）

【麻阳矿冶遗址】 战国铜矿遗址。位于湖南省湘西沅麻盆地中段东侧辰溪县、麻阳苗族自治县交界处九曲湾。矿床属以自然铜为主的砂岩型富铜矿床。1982年，考古工作者发掘清理出露天、地下采坑共15处，为战国时期开采。有学者据13处古矿井现有资料统计，古代开采面积约32 351平方米。共回采铜矿石175 365吨。矿石品位为2%~12.8%，平均品位为4.86%（仅按贫矿即边界品位计算），可产铜8 525吨。出土有木质、铁质工具和陶器等。（刘煜）

【中条山矿冶遗址】 战国铜矿遗址。位于山西省垣曲县境内。中条山铜矿属散漫型矿床，矿物主要为黄铜矿、斑铜矿，在此及附近发现不少与早期炼铜技术有关的遗迹遗物，学者们倾向于认为中条山的开发利用远远早于战国中晚期。近年来对铜锅矿区采冶遗址、马蹄沟矿区冶炼遗址、店头矿区采矿遗址进行考察，发现矿洞、竖井、斜巷等遗迹，大量炉渣以

及采矿工具。(刘煜)

【上虞银山矿冶遗址】 东周矿冶遗址。位于浙江省上虞市东周时期越国都城绍兴以东33千米。其赤堇山、若耶溪蕴藏有丰富的铜矿、铅矿。1985年,银山发现春秋战国时期一处冶炼遗址,冶炼遗物有炉渣、铅块等,出土的生产工具有青铜锄、锸、铲、镬、斧、锛等。(刘煜)

【兴隆金矿遗址】 战国金矿遗址。位于河北省兴隆县西沟庄。1984年发现。该遗址距1956年发现的战国时期生产工具铸范之处仅10千米,遗存为两处凹陷露天采区,均位于山坡上。两区相距200米。采掘带沿金矿床走向布置,且选择在矿床较宽且距地表浅的矿段内开采。仅回采金矿脉,无开凿基岩。采场内出土的遗物有凿岩工具铁锄、铁斧等。装载工具木条、簸箕、苇席等。铁锄、铁斧的形制与兴隆1956年出土的战国铁范所铸造器物相同,距该遗址西北200米的山坡上发现另一处古采金矿遗址,但无遗物发现。(刘煜)

【中卫铜矿遗址】 东周铜矿遗址。位于宁夏回族自治区中卫市沙坡头区东北约40千米的照壁山南峰。分布矿冶遗址十多处。据遗物分析,开采年代始于春秋战国时期。发现竖井和平巷联合开拓。井口直径1.2~1.5米,伸入地下约80米后转为巷道通向四面,进深约200米还未到终点。巷道内壁两侧凿有供照明置灯的壁龛。在山南坡岗地遗存大量炼铜炉渣。(刘煜)

【赤峰大井铜矿遗址】 周代铜矿遗址。全国重点文物保护单位。位于内蒙古自治区林西县(属赤峰市)大井村。1974年发现。铜矿类型属裂隙充填式,矿脉走向北西,共有矿脉百余条。矿石主要类型为含锡石、毒砂的黄铁矿-黄铜矿,占全矿区总储量95%以上。古矿区面积约2.5平方千米,地表可见古采坑47条。据碳十四年代测定,属夏家店上层文化,约当西周中期至春秋早期。由于内蒙古赤峰是"红山文化"、"夏家店文化"的发源地,东胡、契丹等古代北方游牧民族在此诞生,近年来又在周围的内蒙古、辽宁、河北等地出土与大井铜矿同期的多件铜器和炼铜遗物,显示出大井古铜矿在中国北部地区夏家店上层青铜文化中起到重要作用。(刘煜)

【奴拉赛铜矿遗址】 春秋铜矿遗址。位于新疆维吾尔自治区天山北麓阿吾拉勒山西段,南北近傍伊犁河支流。1957年在地质勘查中发现老窿。后经多次考察,发现坑采和冶炼等遗迹,有坑采支架木、陶片、石锤、矿石、铜锭等。所出支护木经碳十四测定年代距今2 650±170年,约为春秋时期。1989年经详察和清理,证实有古露天采场2处和地下采场2处。矿区北坡有古炼铜渣堆积,近处有居住遗址。所采矿石为硫化铜矿,规模之宏大为国内古采铜场所罕见。(刘煜)

【库车铜矿遗址】 汉代铜矿遗址。位于新疆维吾尔自治区天山南麓库车县乔克玛克。有康村、苏康发肯等汉代铜矿遗迹。库车河流域几座矿山上部是孔雀石、赤铜矿等氧化矿,下部是以铜矿为主的硫化矿。在库车河流域阿艾铁矿山、喀浦阿其克铁矿亦发现汉代矿冶遗址。(刘煜)

【西昌东坪矿山遗址】 汉代铜矿遗址。位于四川省西昌市东坪镇。年代为新莽前后,不晚于东汉中期。遗址面积约2平方千米,发现冶铸遗址约50多处。该矿床为中国典型的岩浆型铁矿床,矿石中除铁、钛外,尚有铜、铅、锌等伴生。在冶铜遗址以东20千米处标水堰一带,发现历代开采后废弃的铜矿矿洞46个。该矿体长600米、宽20~40米(最大宽为100米),所见矿物有斑铜矿、辉铜矿、黄铜矿、孔雀石等。西昌东坪汉代遗址出土的铜锭含铜76%、铅8.1%、铁14.2%。西昌市黄联关东坪村还发现采矿、冶炼、铸钱三位一体的汉代大型冶铜铸币遗址。(刘煜)

【北流铜石岭铜矿山遗址】 汉代铜矿遗址。位于广西壮族自治区北流市。方圆约3平方千米。发现炼炉14座,其他遗物有鼓风管、铜矿石、铜锭、木炭、炼渣等,遗址山坡上曾出土约35公斤的铜锭。铜石岭遗址年代为西汉末年至东汉初年,表明这一带铜矿在该时间段内一直被开发利用。研究表明北流型铜鼓矿料可能来源于北流铜石岭及容县西山、石头乡一带。(刘煜)

【个旧锡矿山冶炼遗址】 东汉铜矿遗址。位于云南省个旧市冲子皮坡。是东汉时期冶炼遗址,面积约200平方米。冶炼炉长5.20米、宽2.30米、残高0.97米。炉壁上结有炉渣,主要成分为铅与锡。冶炼遗物有铅锭等。个旧锡矿是中国最大的锡矿之一。《汉书·地理志》益州郡记载:"贲古(今蒙自、个旧)北采山出锡,西羊山出银、铅。南乌山出锡。"(刘煜)

【承德铜矿遗址】 西汉铜矿遗址。位于河北省承德市。1953 年调查发现矿井、大型采矿场、巷道等。矿井分布在北山东沟,主井西南约 8 米处为选矿场。沿山岗到西沟,为一条西汉时期运矿大道,长 200 余米,宽 5 余米,路面平坦,直通冶炼场。冶炼场共 4 处,发现 7 块铜饼,其直径约 33 厘米,重 5～15 公斤,每块铜饼上都刻有字,分别为“东六十”、“东五八”、“西六十”、“西三五”、“西五三”等,有的上面还有“二年”两字。(刘煜)

【莱芜铁矿遗址】 汉唐宋明铁矿遗址。位于山东省中部、泰山东麓。是汉代以来开矿、冶铁的重要地区之一。共发现汉及唐、宋、明时期采矿、冶炼遗址 34 处,均分布于莱芜西部。其中城子县遗址和铁牛岭遗址属汉代,小北冶遗址大致经历过唐、金、元、明等时期,宜山遗址为唐、宋时期,西温石遗址属唐代。城子县即汉代的嬴城。《汉书·地理志》有“嬴,有铁官”的记载。该遗址达 42 万平方米,有几处冶炼遗址超过 10 万平方米,采矿、冶炼、铸造,已形成相当规模的、完整的冶铁体系。从使用的铁矿看,其品位均在50%以上,说明当时已能较好地鉴别贫矿、富矿。西温石遗址位于莱芜市西北 4 千米的羊里镇铁矿区内,矿石含铁量45%～55%。在距地表 25 米深的断面上,可见唐代采矿遗存,为露天采坑,深约 25 米。发现的遗物有朽木、铁镐、木锨、瓷碗、瓷壶、瓷注等。(刘煜)

【邯邢铁矿遗址】 唐代铁矿遗址。河北省邯郸、邢台地区武安市、涉县、沙河市三地都蕴藏一定规模的铁矿资源,称“邯邢式铁床”。其特点为含矿岩体主要呈复杂的层状体,侵入在以中奥陶系为主的碳酸盐岩地层中。矿石的金属矿物成分以磁铁矿为主。1977 年,地质队在采矿遗址中发现唐玄宗开元年间的“开元通宝”,考察了一批唐代开采铁矿的遗迹和遗物,有露天和地下联合采场,出土有采矿工具铁锤、板斧以及刀具、陶罐、瓷碗等生活用具。(刘煜)

【徐州利国驿铁矿遗址】 汉宋铁矿遗址。位于江苏省徐州市北利国镇。1954 年由南京博物院等单位发掘,1959 年再次复查。汉代至宋代都在开采。发现东汉炼铁炉炉基 1 座,半地穴式,炉身采用石英砂和黏土混合夯筑,炉基为黏土夯筑。炉基周围还发现铁锤、铁钎、铁三齿耙以及用作熔剂的石灰石等。遗址 400 米外的峒山顶上发现古矿井与露天矿坑遗迹各 1 处。(赵超)

【巩义铁生沟汉代采铁冶铸遗址】 汉代采铁冶铸遗址。全国重点文物保护单位。位于河南省巩义市(原巩县)城南 20 千米处铁生沟村。铁生沟村附近 3 千米的罗汉寺、金牛山、青龙山都是铁矿山。铁生沟汉代采铁冶铸遗址在中国和世界冶铁史上有重要地位,专家们多次对其进行科学发掘和考察。铁生沟铁矿早在战国时期已被发现。《山海经·五藏山经》中有“少室之山,其下多铁”的记载。北边青龙山属嵩山余脉,盛产褐铁矿。西南为少室山系,盛产赤铁矿。青龙山南麓两处汉代采矿场发现竖井和巷道。竖井有圆形和方形两种,方形井口长 1 米,宽 0.9 米;圆形井口直径 1.03 米。巷道内填有废石。还发现采矿者居住的窑洞。在窑洞和巷道内均发现开凿时留下的镢痕。出土的采矿工具有铁镢、铁锤、铁锲、锥形器,用具有铁剪、铁剑、五铢钱等。1958—1959 年对铁生沟“河三”冶铁遗址进行科学发掘。遗址面积达 2.1 万平方米,发掘出熔炉、退火炉、炒钢炉各 1 座,炼炉 8 座,烘范窑 8 座,及鼓风管、耐火砖、铁器等,是汉代一处冶炼、熔化生铁、铸铁、退火脱碳、炒钢、锻造等综合生产工场。从出土铁器上铁官铭文判定,该遗址是汉代河南郡管理下的第 3 号冶铁作坊,使用年代从西汉中晚期至东汉,主要在东汉早期。1962 年出版有《巩县铁生沟》。(刘煜)

【南阳汉代矿山遗址】 汉代矿山遗址。位于河南省南阳市。南阳盆地处于秦岭东西复合地质构造带,金属矿产资源丰富,有铁、铜、锡、铅等,其中铁矿就有 13 处之多,已发现冶铁遗址十余处。经考古调查,南阳市所属南召县杨树沟、红石崖山,桐柏县毛集等地都发现汉代矿山遗址,其中有矿洞、斜巷、竖井,铁锤、铁钎、铁条等采矿工具。桐柏县宝石崖矿洞洞壁有火爆法开采铁矿的痕迹。(刘煜)

【荥阳唐宋矿山遗址】 唐宋银矿遗址。位于河南省荥阳市石城山下桃花峪两崖石壁中。银矿遗址古今皆称“银峒”。1986 年,这里发现大小银峒 60 余个。据 20 世纪 70 年代中期调查,地表 10 米以下发现一条长 100 多米的古矿洞,为南北向,在南半段洞内有 18 个支洞。矿洞断面呈圆角三角形,高 1.8 米,宽 1.5 米,不见支护痕迹。伴出物有黑釉瓷碗、瓷片以及重达 15 千克的铁锤。(刘煜)

【洛南矿山遗址】 即红崖山古铜矿。唐代铜矿遗址。位于陕西省洛南县蟒岭南坡灵官庙-官坡地堑式峡谷内。《旧唐书·食货志》曰:“今商州有红崖冶,出铜益多；又有洛源监，久废不理。请增工凿山以取铜，兴洛源钱监，置十炉铸之。”现代地质资料表明，在30余平方千米的峡谷内有3处铜矿化，均与花岗岩浆热液成矿及侵入作用有关。赋矿地层主要是由黑云母大理岩、白云母石英钙质片岩及绢云母片岩组成。（刘煜）

【鄂东南唐代矿山遗址】 唐代矿山遗址。位于湖北省武汉市江夏区、鄂州市、大冶市和阳新县一带。《隋书·食货志》、《新唐书·地理志》均记载该地产铜。该区域属长江铜、铁、金等多金属共生成矿带，始自商代，经周代、汉代、隋唐至今日，一直是中国重要的金属矿产地。如大冶姜桥背后山金矿遗址。1989年发现，属唐代初年。计有3处古采金点，均分布在山坡上，间距10米左右。（刘煜）

【赣东北矿山遗址】 唐代矿山遗址。位于江西省东北部。饶州乐平银矿、德兴银山银矿和抚州临川银矿等是较有代表性的遗址，发现有井巷和矿洞，均为唐代。据《新唐书·地理志》、《元和郡县图志》记载：唐代，江西洪州（南昌）、袁州（宜春）、抚州临川、江州彭泽、浔阳（九江）、饶州（波阳）、信州（上饶玉山、弋阳）、虔州、吉州等地都在开采矿产，官府设置的冶炼机构（坑监）有9个，标注出有金铜等矿的县为12个。矿种有金、银、铜、铁、锡、铅6种。9个坑监中，7个是铜坑，充分证明唐朝政府对铜矿的重视，也反映唐代江西铜矿生产的兴盛发达。（刘煜）

【临武矿山遗址】 唐明矿山遗址。位于湖南省临武县（属郴州市）香花岑。为铜锡矿，发现大小矿洞200余处，其年代为唐、五代、明。古矿洞内锡矿品位为5%。郴州地区矿藏丰富。《旧唐书·食货志》：“盐铁使李巽上言：‘得湖南院申，郴州平阳（今桂阳）、高亭（今永兴）两县界有平阳冶及马迹、曲木等古铜坑约二百八十余井。差官检覆，实有铜锡。’”（刘煜）

【宁镇地区矿山遗址】 唐代矿山遗址。位于江苏省南京、镇江两市长江中下游夕卡岩型铜矿带尾部。金属矿产丰富。南京九华山铜矿遗址为宁镇山脉中伏牛山铜矿古代地下采区的一部分，1985年发现。研究表明从唐代初年到中晚期都曾开采。矿藏储量大、矿石质量好。主要矿物组合是黄铜矿、黄铜矿-黄铁矿、黄铁矿-闪锌矿-黄铜矿。局部含铜品位达16.7%，平均品位为铜1.101%、硫16.71%、全铁44.77%。整个地下开采以采场为主，采场之间以井巷连通。采场分多层开采，上、下采场之间以纵横交错的竖井、斜井、斜巷联通。溧水、江宁铜井镇、句容和栖霞山以及浙江淳安铜山乡等地也发现一些唐代铜矿遗址。淳安铜山乡发现矿洞4个，曾出土木车轮。古矿山分布着大量古炼渣。矿山出土的石刻记载有“大唐天宝八年开采取铜”。加速器测年（AMS）结果也证实为唐代矿山遗址。（刘煜）

【上高蒙山太子壁银矿冶遗址】 南宋银矿遗址。位于江西省上高县。约始采于南宋庆元年间。蒙山银矿床属于夕卡岩型，产于花岗岩与灰岩接触带内。矿体厚度变化较大，一般为1～2米。矿石主要成分为方铅矿和闪锌矿，含铅品位很高，亦富含银。据遗痕看，采掘沿自然银矿带进行。距上高太子壁银洞5里的鉴里村，尚存炼银遗址，称“炉子坪”。古炼渣堆积如山，达数十万吨。（刘煜）

【鄂东南宋元矿山遗址】 宋代矿山遗址。位于湖北省东南部。包括大冶冯家山铜矿遗址、大箕铺石铜井铜矿遗址、曙光马石立铁矿遗址和黄石铁山铁矿西采场遗址等。石铜井铜矿遗址处于海拔140米的山坡上，有竖井和矿洞两种遗迹。洞内壁上见有黄铜矿、蓝铜矿、斑铜矿和皮壳状孔雀石。在该井以西200米处有一古代露天采矿场。马石立铁矿遗址有宋代开采铁矿的矿井和平硐。冯家山铜矿遗址于1977年进行考古调查，发现宋代地下和露天采场。冯家山附近还发现炼铜遗址，曾出土两块铜板，共重50余千克。龙角山铜矿遗址，发现大量地下井巷的支护木，年代为南宋。铁山西采场采铁遗址，曾出土几十万斤古代开采的井巷支护木。在铁屎山及周边，曾发掘过几处宋代冶炼遗址，出土大量炼铁地炉和炼渣。（刘煜）

【大悟仙人洞铜矿遗址】 宋元铜矿遗址。位于湖北省大悟县芳畈镇仙人洞。铜矿洞口位于一孤立小山中间，山上还有石寨。矿坑道主巷道为斜巷，走向为南北向，旁有若干支道，坑道门为斜坡式，坑道最宽处10米，最窄处1米。坑道两壁有灯龛。龛宽45厘米、深45厘米、高50厘米，间距5～10米不等。（刘煜）

【郑州古荥河-汉代冶铁遗址】 汉代冶铁遗址。全国重点文物保护单位。位于河南省郑州市西北古荥镇，是西汉中后期至东汉时期冶铁工场遗址。古荥镇距郑州市20多千米，是汉代荥阳城旧址。1975年河南省郑州市博物馆在此发掘，冶铁遗址经初步钻探,南北长400米,东西宽300米,总面积达12万平方米,经过发掘的面积为1 700平方米。遗址出土有两座冶铁竖炉遗迹,以及大量积铁块、鼓风管、矿石、炉渣、制作铁范的陶模等遗物。遗物出土的铁器,有农具、工具、兵器、生活用具、车马器、梯形铁板6种,共320余件,其中2/3是铸造农具,梯形铁板重达几十公斤,铸制,经过脱碳处理,已成为含碳0.10%、含硅0.06%的板材。有些铁器及陶模上有“河一”标记,意味着该作坊是汉代铁官,反映了汉代冶铁的规模和技术水平。(刘煜)

【繁昌新港铁矿遗址】 宋代铁矿遗址。位于安徽省繁昌县新港镇(今繁阳镇)。有小桃冲西山铁矿和里冲铁矿两处宋代采冶遗迹,地表浅部为冲积型鸡窝状铁矿,下部为原生铁矿。小桃冲铁矿遗址分露天开采和地下开采两种。在露采坑窝内,出土有宋代采矿工具铁锤、铁钯、铁镢、竹箕及瓷碗和陶器。地下开采发现竖井和斜巷,竖井内出土有铁锤、铁耙、竹箩等采矿工具。斜巷为木架支护。里冲铁矿遗址发现的采矿方法与小桃冲相同。曾出土宋代开矿用铁锤、铁凿、铁铲、铁镢等。(刘煜)

【鲁山望城岗汉代冶铁遗址】 汉代冶铁遗址。全国重点文物保护单位。位于河南省西南部鲁山县南关、望城岗之间。现存冶铁遗址东西长约1 500米,南北最宽处达500余米,面积近百万平方米。2000—2001年对该遗址进行抢救性考古发掘。发掘区位于遗址北部和西北部,发掘面积近2 000平方米。主要集中在相距约600米的两个区域,即毛家村南和贺楼村南。毛家村坐落在遗址北部,属遗物堆积区,出土有炉渣、炉壁及鼓风管残铁、泥模范块、矿石块及矿石粉等堆积,以及墓葬、陶窑、水井、水渠、贮水池等遗迹。某些使用过、用于铸造铁器的泥模范残块带有字铭,经过初步辨认,有“阳一”、“河□”、“六年”等数种,更多的还需进一步释读。贺楼村南区坐落在整个遗址西北部,是一个以一座冶铁炉为中心的冶炼小区,主要遗迹为一处椭圆形炉基及其相关遗迹。鲁山望城岗冶铁遗址1号炉及其相关遗迹的发掘是继20世纪70年代郑州古荥河-汉代冶铁遗址后又一重大发现。(刘煜)

【阿城金代采铁遗址】 金代采铁遗址。位于黑龙江省哈尔滨市阿城区东南部与五常市毗邻的半山区小岭、五道一带山岭缓坡上。广泛分布着金代早期冶铁遗址。遗址分布区西缘紧濒阿什河滨,共发现古矿洞10余处、古矿井10余处,炼炉群遗迹50余处。阿城金代坑洞深约40余米,最浅也有7米。坑洞由山上往下旋转开凿。据估计,从这些古洞中可能共取走四五十万吨铁矿石。(刘煜)

【临淄齐国冶铁遗址】 齐国冶铁遗址。位于山东省淄博市临淄区西部和北部齐国故城内。故城内发现冶铁、冶铜、铸钱和制骨等4种手工业作坊遗址,其中以冶铁遗址较多,范围较集中的有6处,即小城2处、大城4处,其中小城西部冶铁遗址范围南北长约150米、东西宽约100米,大城南部冶铁遗址约40万平方米,是6处冶铁遗址中规模最大的,遗迹现象也最丰富。在遗址内曾经发现“齐铁官丞”、“齐采铁印”等封泥,可能是汉代的“铁官”所在。(刘煜)

【登封阳城冶铁遗址】 战国汉代冶铁遗址。位于河南省登封市告成镇东门外,亦即东周阳城南关外。面积2.3万平方米,是以铸造农用铁工具为主的铸铁作坊遗址。1977—1978年发掘,发掘面积400余平方米。分战国早期、战国晚期和汉代。战国早期冶铁遗迹包括灰坑和水井。灰坑22个、水井2眼。遗物有熔炉鼓风管残块,模和范。范有工具、兵器、容器、车马器等,还有板材和条材范,用于制造铁锭。战国晚期遗迹有烘范窑1座,退火脱碳炉3个,灰坑19个。遗物有熔炉壁和鼓风管残块、模和范,模中有铸制镬金属模具的设计模。用于制作带钩的叠铸范,用一个模翻出的范,可任意扣合成套并扣合严密,一次浇铸40件,较单合范工效提高一倍。汉代遗迹有熔铁炉基、灰坑、水井,遗物有熔炉残块、模与范、生产工具、生活用具等。汉代铸铁遗址生产规模明显缩小、器物品种明显减少。(刘煜)

【新郑仓城冶铁遗址】 古冶铁遗址。位于河南省新郑市东南仓城村南。面积约4万平方米。试掘出的遗迹有退火脱碳炉基及抽风井和烘范窑1座。遗物中主要有熔炉壁残块、范和铁器等。炉壁结构与登封阳城冶铁遗址相同,但炉外设有架设鼓风管的砖柱。范计有工具、兵器、车马器、条材范,铁器有工具、兵器、车马器、条材与板材。其中1件板材经分析是中国最早的球墨可锻铸铁,说明不少条材与板材已进行过退火脱碳处理。(刘煜)

【古西平冶铁遗址】 战国汉代冶铁遗址。全国重点文物保护单位。位于河南省西平县酒店乡(今出山镇)和舞钢市中部地带。已发现的有酒店乡杨庄遗址、赵庄遗址、铁炉后村遗址及舞钢市许沟遗址、沟头赵遗址、翟庄遗址、圪挡赵遗址、尖山铁矿遗址、铁山庙遗址。均分布有大量铁渣、炉壁残块和少量矿石块,陶瓦片多是战国到汉代的。赵庄遗址炼炉保存尚好,从炉壁筑炉构造看,在战国晚期已应用羼炭粉的黑色耐火材料。据研究,古代著名的《太康地记》记载的九剑中六剑可能均产自古西平遗址群。(刘煜)

【燕下都铸铁冶铁遗址】 战国铸铁冶铁遗址。位于河北省易县战国时期燕下都故城内。在燕下都范围内先后发现11处手工业作坊遗址,其中5号作坊是一处铸造铁工具的作坊遗址,东西宽300米、南北长300米,总面积约9万平方米,勘察时发现较多铁块、炼渣、红烧土等,采集到斧、锛、铲、镰、镬及犁铧、方形铁钻等。21号作坊经过两次挖掘,出土铁器861件,有各种生产工具12种,车马器、兵器、生活工具、防护用具及刑具,还有铁块、圆棒形及条形铁块、锻造的铁板等半成品、铁渣等。21号遗址西部、南部出土大量铸铜器用陶范和铜渣,表明南部以铸铜器为主;北部出土大量碎铁块,铸造使用的陶范、石范,也有铁范出土,以及大量的铁兵器和铁农具,表明是一处制作铁兵器和工具的作坊。经考证,21号作坊时代应定为战国中晚期。燕下都内尚有多处其他手工业作坊,均有铁工具等出土,说明燕国使用铁器已深入各领域,非常普遍,其中生铁铸制或铸后退火的钢铁制品共计23件,占鉴定铁器的72%。(刘煜)

【偃师二里头铸铜遗址】 古铸铜遗址。位于河南省偃师市西南9千米的二里头村南二里头遗址4区并向北波及到5区边缘,较集中在4区中北部的南北宽60米、东西长120米的范围内。面积近1万平方米,延续使用时间在300年左右(公元前1800—前1500)。是中国目前所知年代最早的铸铜遗址,在中国考古学、冶铸史上均有特殊意义。遗址出土有炉渣、炉壁残块、陶范、浇口铜、扉边铜块、绿松石及铜工具等。根据残存炉壁尺寸推测,当时熔炉直径约20厘米、深约18厘米。陶范皆残,范外面刻制合范符号。铜工具有刀、锥、凿、锯,兵器有铜镞等。在遗址中还发现与铸造青铜器有关的遗迹现象,如在一些场地中发现红烧土硬面和铜液洒泼形成的铜渣层,以及带有多层火塘的房屋,后者被认为可能是烘烤、预热陶范的场所。(刘煜)

【郑州商代铸铜遗址】 商代铸铜遗址。位于河南省郑州市郑州商城南、北郊。是商代前期的铸造遗址。铸铜遗址共发现两处,一处是南关外商代铸铜遗址,一处是紫荆山北商代铸铜遗址。南关外商代铸铜遗址位于郑州商城南墙外700米处,1954年秋和1955年春发掘,面积约2 500平方米,遗址内发现铸造场地11处、窑穴28个、烘范窑2座。与铸造有关的遗物有铜矿石、炉壁残块、陶范、熔渣、木炭屑、铜器等。陶范分为生产工具范、武器范、容器范3类,近20种,以工具范为数最多,说明此遗址以铸造生产工具为主。使用时间从二里冈下层二期开始,延续到二里冈上层一期。紫荆山北商代铸铜遗址位于郑州商城北墙外30余米处,1955年、1956年春两次发掘,发掘面积1 450平方米。遗址内发现有6座房基,有大小不等的铸铜场地,面积从0.5～2.5平方米,另有8个灰坑。与铸铜有关的遗物有铜矿石、熔铜坩埚、木炭、熔渣、陶范、残铜器、陶器等。熔铜坩埚有两种:一种是用灰陶大口尊外涂草拌砂泥制作而成;另一种是用粗砂厚胎陶缸作为坩埚,与南关外商代铸铜遗址所用熔铜坩埚基本相同。但南关外商代铸铜遗址还另有一种泥质的坩埚残片。陶范有刀范、镞范、车轴头范、花纹范和容器范等。遗址使用时间是二里冈上层一期。两处铸铜遗址共出土陶范298件,其中工具范占37%,是最主要的器类,显示出这两处作坊是以铸造铜工具为主的。郑州商代铸铜遗址出土遗迹、遗物反映出当时的铸铜技术已达到相当熟练的水平。(刘煜)

【安阳殷墟铸铜遗址】 商代铸铜遗址。位于河南省安阳市西北郊殷墟遗址内。是晚商时期铸铜遗址。包括小屯东北地、苗圃北地、孝民屯东南地、孝民屯村等几处铸铜遗址,以孝民屯村铸铜遗址规模最大。在薛家庄、小屯西北地、小屯南地、大司空南地和王裕口东南地等遗址中,也出土少量陶范。小屯东北地铸铜遗址位于小屯村东北约200余米,面积当在1万平方米以上,属殷墟重点保护的宫殿宗庙区(今殷墟博物苑)内,遗址的年代较早,大概在殷墟一期。20世纪30年代中央研究院历史语言研究所在对殷墟宫庙区大规模发掘时发现,出土有陶范、陶模、铜锈、铜渣和熔炉残块等遗物。重要遗迹有制模场所、原料取土坑等。所出土范背面光滑,多有条形凸起,无榫卯。苗圃北地铸铜遗址占地约1万平方米,1959—1964年期间发掘5 000多平方米。该遗址主体在殷墟二期以后,是以铸造礼器为主的铸铜作坊。发掘出有夯土围墙的房基、烧土硬面、礓石粉硬面等作坊遗迹，以及炉壁、陶范和模、磨石、铜质和骨质工具、木炭、炉渣等遗物。陶范有工具范、兵器范、礼器范3种，其中礼器范最多，有爵、斝、鼎、盉、簋、觚等11种器形，主要为背面粗糙有榫卯的陶范，少量类似于小屯东北地铸铜遗址出土陶范。1960年秋，在孝民屯村西发掘150平方米，出土少量陶范、熔炉残块等铸铜遗物。2000年、2001年春季，在孝民屯村东南发掘5 000余平方米，出土有烘范窑、铜绿硬面等遗迹，以及陶范、模、芯、熔炉、坩埚、陶管、磨石、刻刀等遗物，出土陶范多为礼器，有些可晚至商末周初。2003—2004年，在孝民屯村东发掘6 000余平方米，遗址主体均在殷墟三期以后，有少量二期遗物。重要遗迹有范土备料坑、范泥陈腐坑、陶范或模制作场所、范块阴干坑及与铸铜活动有关的祭祀坑等，出土陶范、模、芯、烧土块、熔炉、坩埚、磨石、刻刀、陶拍、刻针、骨锥等遗物。陶范除礼器外，还包括少量兵器、工具、车马器范。该遗址出土铸铜遗物，数量之多、种类之全，为其他铸铜遗址所不及，可很大程度反映当时生产流程。（刘煜）

【清江吴城商代铸铜遗址】 商代铸铜遗址。位于江西省樟树市（原清江县）西南35千米的吴城村。1973年发现，1973—1975年进行4次较大规模的发掘，发掘面积1 788平方米。发现有石范、铜渣、木炭和铜质、石质、陶质工具。基本成形的石范有103块，多是锛、凿、斧、刀、镞、戈、钺、铎等铸范。石范多为红色粉砂岩，有少量呈灰白色或青灰色，用江西特有的石料凿制而成，部分石范上刻有文字和符号。该遗址是首次在长江以南发现的商代铸铜遗址。（刘煜）

【洛阳北窑西周铸铜遗址】 西周铸铜遗址。位于河南省洛阳市北窑村西南、洛阳火车站正北约200米处。是西周前期青铜器铸造作坊遗址。自1973年发现并试掘后，1975—1979年又多次发掘。遗址面积约14万平方米，发掘面积2 500平方米，出土有房址、窖穴（灰坑）、墓葬、祭祀坑、烧窑等遗迹和大量陶范、熔炉残壁、鼓风管残块、铜器、陶器等遗物。推测熔铜炉分为坩埚式、小型竖炉式、大型竖炉式3种形式，熔炉炉壁采用加砂草拌泥条盘筑而成，炉圈上下有榫卯以便套合。大型竖炉设有风口，风口直径13～14厘米，风口之间成90度角。遗址出土陶范和陶模数以万计。陶模多呈青灰色，质地较硬。内芯则较松软，呈砖红色或青灰色。外范分为二层，内层为浇注面和分型面，厚1厘米左右，质地细腻、坚硬、多呈青灰色；外层（范背）则质粗，有较大颗粒的砂子，呈灰红色，两层组成的总厚度在4厘米左右。在可辨器形的陶范中，以礼器范居多，车马器和兵器范较少见。礼器范主要有鼎、簋、卣、尊、爵、觚、觯、罄、钟范等；车马器范有辖、軎、銮铃、泡饰范；兵器范有戈、镞范。除泡饰范、戈范、镞范是双合范，余均属多合范，在分型面采用三角形榫卯和长方形子母口使范扣合。（刘煜）

【扶风李家村西周铸铜遗址】 西周铸铜遗址。位于陕西省扶风县法门寺镇李家村西，属周原遗址中心区域。2003年春进行试掘，同年秋季又进行发掘，共发掘1 200平方米。在遗址内143个灰坑中出土大量遗物，有陶模、范、炉壁残块、铜块、铜渣、红烧土等。发掘者判断李家村铸铜遗址的使用始自西周早期，沿用至西周晚期，其中西周中晚期陶范遗存最为丰富。出土陶范显示，该铸铜遗址所铸铜器类型有容器、乐器、兵器、车马器四大类，表明是一个综合铸铜作坊。遗址出土陶模的种类也较多，有虎形车辖模、车轭模、车軎模、马镳模以及多种不明器物的模，还有1件小型方鼎陶模。陶模纹饰有虎形纹、夔纹、重环纹、涡纹等。出土陶范背面有合范用的刻槽或标记，合范的榫卯以三角形锥形榫卯为主。炉壁以泥条盘筑而成，已烧成青灰色，局部有“烧流”现象，炉子直径约在80厘米以上。在遗址地层和灰坑中普遍发现有铜渣和红烧土。（刘煜）

【新郑大吴楼铸铜遗址】 春秋战国铸铜遗址。位于河南省新郑市郑韩故城东城东部大吴楼村。是春秋战国时期铸铜作坊遗址，面积达10多万平方米。在春秋文化堆积层中夹有大量铜渣、木炭屑和熔铜炉残块、鼓风管、陶范等遗物、遗迹。出土的熔铜炉残块，仅能看出是炉底或炉壁圈，炉底呈圆形圜底状，炉壁多被烧流。鼓风管也已残破，保存较好的一鼓风管残长21厘米、口径3～5厘米，后部较粗，外附一层草拌泥。出土陶范较多，呈青灰色。主要是镬、铲、镰、锛和凿等生产工具范，镬范数量最多。在战国文化层里，也发现与铸铜有关的熔炉残块、鼓风管、陶范和铜渣等遗物。（刘煜）

【侯马晋国铸铜遗址】 晋国铸铜遗址。位于山西省侯马市牛村古城南东周遗址内。遗址年代定为春秋中期偏晚到战国早期，约相当于公元前600—前

380 年。自 1952 年遗址被发现到 1992 年发掘，发掘总面积 7 000 余平方米。其中 2 号和 22 号两处遗址出土陶范最为丰富，前者出土陶范模 14 117 块，以礼器、乐器范为主，其次有车马具范、生活用具范及少量的工具范。其中模的数量约占 1/3，多数范未经浇注，其中一部分可以配套，少量范已合好待铸。后者出土陶范 24 640 块，以工具范为主，有少量的兵器范、车马具范、空首布范等。位于 22 号遗址西北约 100 米的灰坑(PXH)出土有大量的车马器及带钩范等。54 号遗址出土有 10 万件以上的空首布芯。7 号和 15 号两处遗址曾出土空首布。20 号遗址(石圭作坊遗址)出土有少量贝范。21 号遗址为祭祀性遗址，出土少量环首刀范。1992 年在南距 22 号地点约 200 米处，出土有礼器、车马器、兵器、工具等陶范。2002 年又发掘 460 余平方米，出土大量与青铜冶铸有关的遗物，主要有陶范块和大量炉壁以及鼓风管、坩埚残片。熔炉为内加热式二节或三节炉，炉体由下部的炉盆和上部的炉圈(一层或两层)组成，并设鼓风管鼓风。早期鼓风管为直筒直嘴，晚期则变为牛角形风管。铸铜遗址出土陶范的纹饰种类计有 25 种，其中蟠螭纹最为常见，形式多样，为主体纹饰。纹样和风格的变化与陶范年代的早晚有关。陶范纹样采用圆雕、浮雕、线刻等手法制成，其中以浮雕式数量最多。该遗址的发掘，说明当时铸铜作坊规模巨大、陶范品种类型很多、制作工艺较规范，不同区域有一定分工。据此认为，该遗址是晋都新田一处官营铸铜作坊遗址。(刘煜)

【亳州北关战国铸铜遗址】 战国铸铜遗址。位于安徽省亳州市北关马场街北首涡河南岸。1972 年发现，1981 年试掘。是战国时期属于楚文化的一处铸铜遗址。遗址表面散布着许多陶范、坩埚、纺轮以及一些碎陶件、铜片等。遗迹有 2 个灰坑，灰坑中出土有铜印章、铜带钩、陶印范以及许多饰有夔纹、饕餮纹、云雷纹、回纹的残陶范。(刘煜)

【夏县禹王城庙后辛庄战国铸铁遗址】 战国铸铁遗址。位于山西夏县庙后辛庄北 400 米处。已暴露的面积有 600 平方米左右。是一处以生产铁工具为主的场所。是约战国中、晚期魏之安邑一处铸铁作坊。地层中夹杂有许多铁渣和含铁质的琉璃烧结物等。发现的遗物有锛和锄等农具范、构件范、货币范以及陶罐、陶豆、陶盆、瓦、铁锛等。农具范有锛、斧、镢、锄、刀的外范，还有陶锄模。构件范 2 种，一范铸 6 个或铸 4 个方形长条式构件。货币范是平肩布币范，一范铸 2 个布币。另有铁锛 1 件。(刘煜)

【辉县古共城战国铸铁遗址】 战国铸铁遗址。位于河南省辉县市古共城西北角城墙外约 110 米处。此铸铁遗址使用的年代是战国中晚期，系一处以铸造铁质农具为主的铸铁作坊。遗址东西长 150 米，南北宽 100 米，面积约 1.5 万平方米。遗址出土的遗迹、遗物有烘范窑 1 座、鼓风管 3 件、陶范 29 件、陶支垫 11 件、铁器 36 件和板瓦、筒瓦以及大量铁渣等。烘范窑为半地穴式，由通道、共用火膛、2 个窑室及进火口组成。出土物有锸范、锛范、梯形板状平面范、梯形板状器范、双削刀范及镬内芯、锄内芯。出土的铁器如镬、梯形板状器、镰、锄等，均为铸造而成。(刘煜)

【普安铜鼓山铸铜遗址】 战国秦汉铸铜遗址。位于贵州省普安县青山镇东北约 2 500 米处。遗址面积 4 000 平方米，发掘面积近 1 600 平方米。时代为战国秦汉时期，是一处以生产小型兵器为主、以生产工具和装饰品为辅的铜器铸造作坊。遗址出土有石范 34 件、陶模 7 件、泥芯 2 件、坩埚 3 件。34 件石范中有剑范 4 件、剑身范 1 件、戈范 2 件、钺范 1 件、钺形器范 1 件、刀范 1 件、凿范 2 件、鱼钩范 1 件、铃范 2 件、残范 12 件、浇口范 7 件。出土的陶模有剑茎模 5 件、乳钉纹模 1 件，心形纹模 1 件。(刘煜)

【南阳瓦房庄汉代铸铁遗址】 汉代铸铁遗址。全国重点文物保护单位。位于河南省南阳市北关瓦房庄西北边，其东紧接铸铜遗址。铸铁遗址面积约 2.8 万平方米。1959 年、1960 年对该遗址进行发掘，发掘面积 3 210 平方米。推测铸铁遗址的使用年代上限为西汉初期，下限已到东汉晚期。属于西汉时期的遗迹有熔炉基 4 座、水井 9 眼、水池 3 座；遗物为数量甚多的熔炉耐火砖、熔渣、铸范、鼓风管残块，另有作为原料的梯形铁板和破碎的废旧铁器块、铸制铁器等，其中铸范有地面范、带钩范、镂铧范芯。属于东汉时期的遗迹与遗物较多，有熔炉基 5 座，熔炉耐火砖；鼓风管、鼓风嘴和作为原料的梯形铁板、废旧铁器碎块、浇口铁。遗址出土东汉时期的陶范、陶模 602 件，有犁铧、锸、耧铧、锛、六角釭、锤范、軎范、杈范、斧范等 20 多种，其中车軎范是双堆叠铸范，是中国最早的多层双堆叠铸范。出土东汉时期的烘范窑 4 座，窑的形制基本相同，由窑门、火池、窑膛、烟

囱4部分组成。在铁䦆、犁铧泥模、六角缸泥模上发现有“阳一”铁官铭文,表明此处是汉代南阳郡铁官第1号冶铸作坊。(刘煜)

【韩城芝川镇铸铁作坊遗址】 西汉铸铁作坊遗址。位于陕西省韩城市城南9千米的芝川镇北面。遗址南北长219米、东西宽194米,总面积为42 486平方米。在遗址内断崖上,暴露出许多炉渣、烧土和铁渣块,还有大量的陶范和一些炼炉以及废弃水井等遗迹。炉渣堆积区在遗址东部,厚1.6～2米。陶范堆积区在炉渣堆积区西部,面积约有数百平方米。出土的陶范有䦆范、双䦆范、䦆内芯、锄范、镰范、铲范、双凿范、削范、齿轮范等,且大部分陶范经过使用。据《汉书·地理志》记载,汉武帝元狩四年(公元前119年)实行盐铁官营,在全国设有铁官49处,当时夏阳也设有铁官。汉代韩城名“夏阳”,韩城芝川镇铸铁作坊遗址的发现证实文献的记载,推测这一遗址可能是当时夏阳铁官所管辖的一个作坊。(刘煜)

【西安汉长安城冶铸遗址】 西汉冶铸遗址。位于陕西省西安市未央区六村堡乡相家巷村南。2处冶铸遗址相距100米,均是西汉中晚期,目前尚不能确定是否同一遗址的不同区域。居南一处于1992年秋、冬发掘,发掘面积138.8平方米,包括烘范窑窑址、冶铸遗迹和5个废料堆积坑。3座烘范窑均为半地穴式,共用一个前室。5个废料堆积坑出土有大量的叠铸陶范、坩埚及废铁渣、铁块。叠铸陶范按器型可分为8类,包括圆形轴套范、六角承范、带扣范、齿轮范、权范等。圆形轴套范、六角承范、齿轮范上有不同的铭文。居北一处于1996年春季发掘,出土遗迹包括烘范窑1座、废料堆积坑3个;出土有大量叠铸范残块、陶饼、坩埚残片、筒瓦、瓦当等遗物。陶范有圆形轴套范、六角承范、马衔范、带扣范、车軎范等。(刘煜)

【夏县禹王城汉代铸铁遗址】 西汉铸铁遗址。位于山西省夏县禹王城手工业作坊遗址内。时代为西汉中、晚期。是以铸造铁容器如罐、盆、甑、釜为主的铸铁作坊。据考证禹王城即古安邑,亦即东周时期魏国国都,秦汉及晋河东郡治。铸铁遗址出土遗物较为丰富,有陶范、铁渣、炉渣、炉壁残块、铁臿、陶器、建筑材料、半两钱、五铢钱等,其中陶范种类有铧范、铲范、六角承范、釜盆类容器范、车軎范、圆承范。出土陶范上多有“东五十升”、“东三五升”或“东三”的铭文,铭文或为划写或为戳记。“东三”应是河东郡铁官所辖第3号冶铸作坊的简称,由此可知“东三”设在汉代河东郡郡治即今禹王城遗址内。(刘煜)

【桑植朱家台汉代铁器铸造作坊遗址】 汉代铁器铸造作坊遗址。位于湖南省桑植县城西澧水西岸。是澧水上源地区及江西地区首次发掘的铁器铸造作坊。作坊使用年代应在西汉晚期到东汉前期,最迟至东汉中期偏早。铸铁遗址占地约1.3万多平方米,为官营铸铁作坊。由朱家大田作坊遗址和菜园作坊遗址组成。前者从1992年5月至1995年6月连续发掘4次。作坊遗迹主要有炉基、土墩(操作台)、水井、石板路等。出土有铁坩埚2件、陶䦆范2件,石刀范1件和勺、䦆、斧、锄、锛、铲等34件铁器。在土墩地面上有一堆生铁料,约重100余千克。后者1995年7—8月发掘。由熔铁炉、土墩操作台、水井、水池、水沟、道路和房基等组成。熔铁炉由土墩、炉壁鼓风道组成,为圆桶形,陶质炉壁。另出土有陶斧范1件、陶䦆范2件、陶鋆模1件、铁䦆范2件、铁坩埚2件和勺、锄、锸、镢、锛、斧、矛、剑、镞等铁器65件。(刘煜)

【新安上孤灯汉代铸铁遗址】 汉代铸铁遗址。位于河南省新安县城西北15千米处上孤灯村东地。此遗址的年代约当西汉晚期至新莽时期。遗址现存南北长200米、东西宽300米,总面积约6万平方米。遗址内随处可见铁渣、炉壁残块、陶片等遗物,并有一窖藏坑,坑内出土有铁范83件(块)、陶范,还有熔炉耐火砖、范托、陶盆、陶罐、筒瓦、板瓦等。83件(块)铁范中73件为完整的器物,其中铲范11件,可配合5套,每套由上范、下范和内芯套合而成;锄范3件,即上范、下范和内芯配成的一套完整的锄范;犁铧范57件,配成完整的犁铧范13套。在3件铲范和5件锄范上带有“弘一”铭文,一件铁犁铧范上带有“弘二”铭文。新安县在汉代属弘农郡,铁范上的铭文表明该遗址是汉代弘农郡设立的官营铸铁作坊,且以铸造铁农具为主。(刘煜)

【温县西招贤村汉代铸铁遗址】 汉代铸铁遗址。位于河南省温县城西15千米的西招贤村。遗址面积1万平方米,是汉代铸造铁器的作坊。1974年进行钻探发掘,地表散存大量汉代陶片、铁渣、炉砖、红烧土和碎范块等,遗址内发现有1座烘范窑,烘范窑的年代应属于东汉早期。窑室内保存500多套已烘好的叠铸范。其中有300多套基本完整，共有16类、36种器型，主要是铸造车马器的陶范，如轴承范、车軎范、车销范、革带扣范、马衔范、权范等。西招贤村汉代铸造遗址是迄今出土的铸范数量最多、保存最为完整的铸铁遗址。（刘煜）

【南阳瓦房庄汉代铸铜遗址】 汉代铸铜遗址。位于河南省南阳市瓦房庄汉代手工业作坊遗址的东南部。是铸造车马饰物和日常用器的处所。铸铜遗址与铸铁遗址、制陶遗址构成瓦房庄汉代手工业作坊遗址。铸铜遗址东西宽52米，南北长60米，面积3 120平方米，发掘面积64.5平方米。遗址内出土的遗迹和遗物有灰坑、铁工具、铁农具、陶范、陶模、铜渣、草木灰、陶器等。陶范有马衔范、盖弓帽范、单泡范、双泡范、单环范、双环范、四环范、兽形范、簪饰范、乳丁范等，多为夹砂灰陶或夹砂红陶，且范上设有三角形榫卯用以合范，个别范上还粘附有铜渣。瓦房庄汉代铸铜遗址是西汉时期一处重要的铸铜手工业作坊。（刘煜）

【荥阳楚村元代铸造遗址】 元代铸造遗址。位于河南省荥阳市东南20千米的楚村西南处。是铸造农具为主的元代铸造遗址。遗址重点区东西宽60米、南北长80余米，面积约5 000平方米。1981年进行调查与试掘，发掘面积40平方米。发现的铸造作坊遗物有坩埚、铜模、残炉壁、炼渣、陶窑等。坩埚碎片较多，大都经过使用，内外壁都有熔融痕迹，并粘有炉渣及煤块。未发现熔炉基址，但发现有许多不同部位的炉壁残块。铜模17件，总重约18.9公斤，其中有犁镜模1套2件、犁铧模1件、犁铧芯盒1套2件、耧铧模2件、耧铧芯盒2套4件、耙齿模2件、莲花饰模2件、桥形器模1件、犁底模1件。在遗址断崖上发现很多陶窑，清理3座。窑的形制基本相同，由窑门、火池、窑膛及后壁上烟道组成，窑内出土物多为陶器。（刘煜）

文献资料

【大冶赋】 书名。南宋著名学者洪咨夔（1176—1236）所撰。作于南宋宁宗嘉泰二年（1202年），系用赋体创作，全赋仅2 701字，是专门描述中国古代矿冶史、钱币史、矿冶技术和铸钱工艺的珍贵文献。（刘煜）

考古绘图和摄影

【考古绘图】 将制图学应用于考古学的一门制图技术。依据测绘制图、技术制图等相关的国家标准，形成适合考古学的制图体例，用以准确记录和说明考古发掘材料及文物资料，是考古学研究的基本方法之一。主要采用正投影法（第三角画法）制图，必要时也采用斜投影法或透视投影法制图。随着科学技术的进步，考古绘图方法由手工制图向计算机制图方式转变，且逐步向科学化、规范化、数字化迈进，更好地为考古学研究服务。（刘方 王苹）

【考古图样】 通过考古绘图技术绘制的各种图样。分为“遗迹图”和“器物图”两大类。详“遗迹图”（12页）、“器物图”（12页）。

【展开图】 将遗迹和遗物表面在平面上摊平后得

圆柱体形遗物表面展开图示例

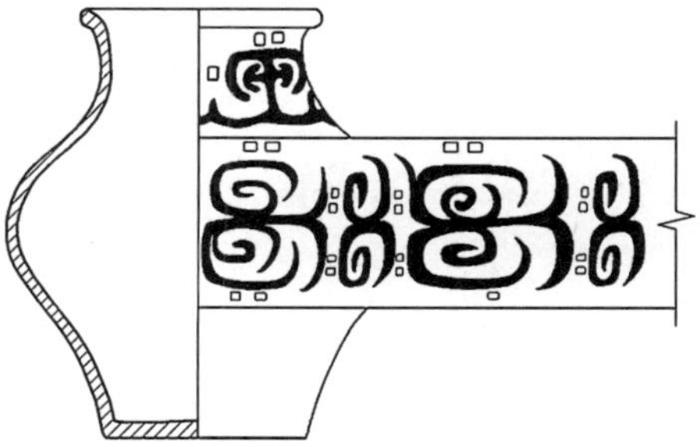

(a)

(b)

球面形遗物表面展开图示例

到的考古图样。遗物表面纹饰展开图可分为两类：平面、柱面和锥面等可以摊平的表面是可展开曲面；球面和圆环面等不能摊平的表面是不可展开曲面。圆柱体（包括棱柱）表面展开图为一矩形，这个矩形的边长分别为柱体的高和周长，正圆锥体、圆锥台表面展开图为一扇形。对于不可展开曲面，可做近似展开图或展开示意图，球面纹饰可作分段展开，几段都是正圆锥、圆锥台的近似展开图；也可作整体展开，纹饰带上、下两部分有较大变形，可作为纹饰结构的展开示意图。（刘方　王苹）

【复原图】 指对残存遗迹、遗物进行局部或整体复原的考古图样。遗迹的复原是根据现存基址平面、剖面图作出整体的二维和三维的复原图。遗物的复原一般是指旋转体一类的器皿残片进行器形局部或整体的复原。多为正投影图。（刘方　王苹）

【直角坐标绘图法】 利用直角坐标系对遗物测量绘图的方法。用坐标纸和直立的三角板构成一组直角坐标系，通过移动三角板，测量出遗物上若干控制点的坐标值，并在图纸上标出对应的控制点，再对照原物连接各点，绘制出正投影图形。为绘制各类遗物的基本方法之一。（刘方　王苹）

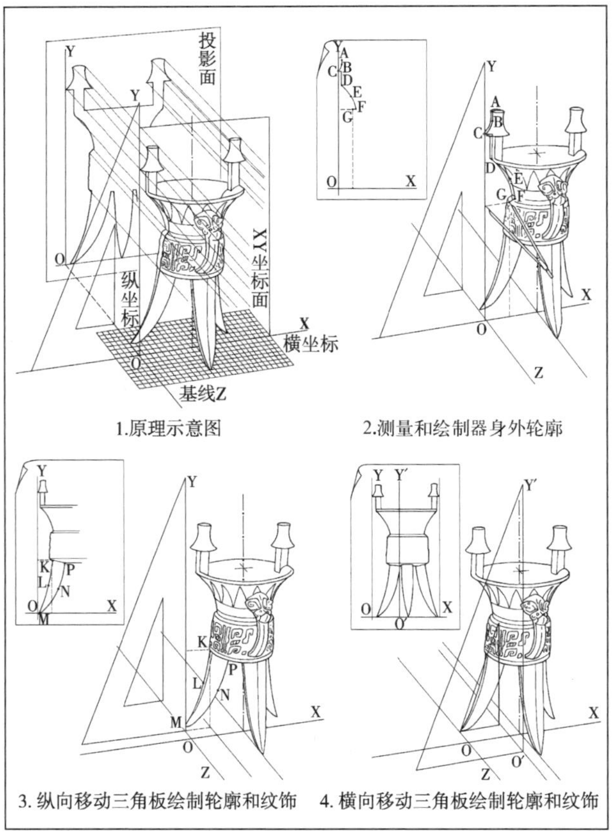

直角坐标绘图法示意图

【轴对称绘图法】 利用对称轴对遗物测量绘图的方法。在对称型遗物上选择若干控制点，分别测量所在高度与通宽，在图纸上画出中轴线及相应控制点的高度线，逐一按各控制点处的通宽自轴分别向两侧各截一半，得到若干组对称点，再对照原物连接各点，绘制出正投影图形。（刘方　王苹）

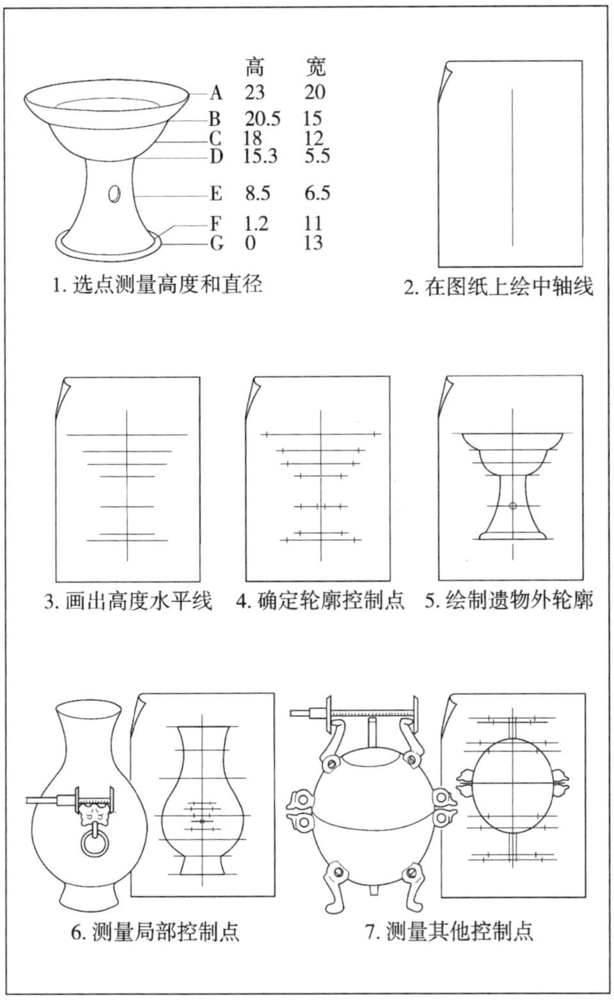

轴对称绘图法示意图

【灯光投影绘图法】 利用灯光投影对遗物进行绘图的方法。一般光源与遗物之间要保持较远的距离，使得遗物的中心投影接近其平行投影，勾出投影轮廓，再经过缩小比例及误差校正，最后绘制出遗物外轮廓的正投影图形。（刘方　王苹）

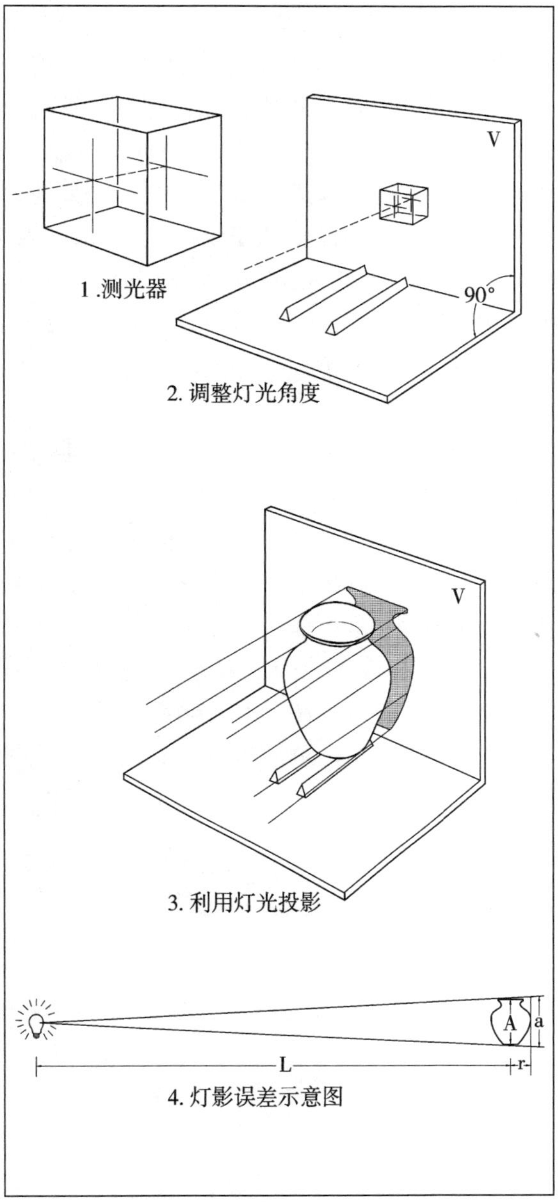

灯光投影绘图法示意图

【数字摄影制图法】 指利用数字单反相机拍摄数字图像，通过计算机进行考古绘图的方法。一般选择长焦或微距镜头，对不同遗迹、遗物在一定距离进行垂直或水平拍摄，获得接近于正投影的图像，再通过计算机调整变形校正图像，并绘制出正投影图。为一种较为实用、快捷、精确的考古绘图方法。（刘方　王苹）

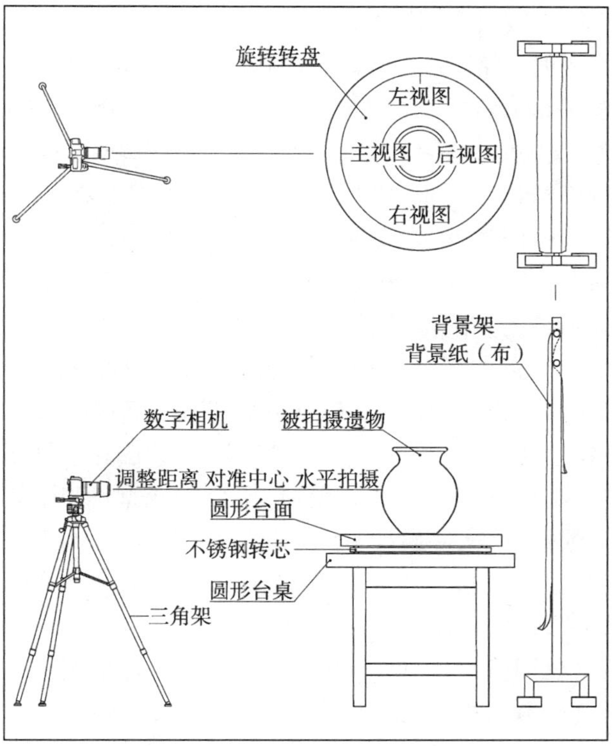

数字摄影制图法拍摄遗物示意图

【完全正交摄影绘图法】 利用数字相机、完全正交摄影装置和计算机进行室内遗物绘图的方法。完全正交摄影装置是用放射线镜的远心光学系统研制而成，所拍摄的照片，可把遗物的中心投影转换为平行投影。首先将遗物放在该装置的入摄口前，通过半透光镜、凹面镜、反射镜及伸缩式镜头的光学作用，使遗物形成正投影图像显示在数字相机中，然后输入到计算机里进行绘制，最后得到遗物的正投影图。（刘方　王苹）

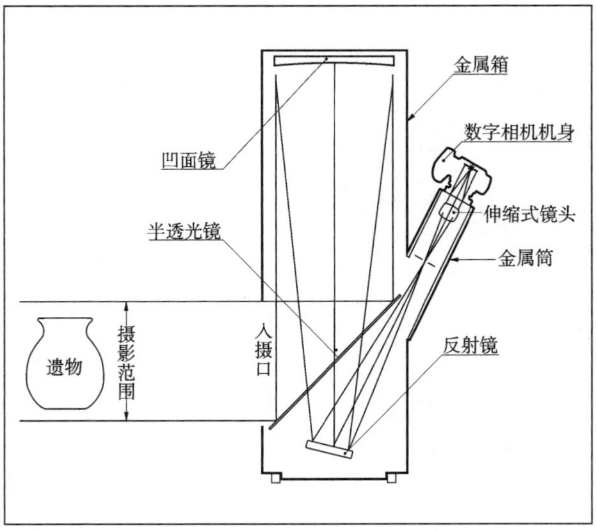

完全正交摄影绘图法拍摄遗物示意图

【计算机图形图像文件格式】 即计算机文件所采用的存储图形、图像信息的数据编码和存储方式。在 Windows 下一般可从文件后缀名来区分，其中常见文件格式包括 BMP、GIF、JPEG、JPEG2000、TIFF、PNG、PSD、PDF、EPS、AI、CDR、DWG、DXF 等。计算机图形、图像文件大致可分为两大类：一类称为“位图”（亦称“栅格图”或“像素图”），其图像质量依赖的是图像分辨率，最适于色彩、阴影或形状变化复杂的图像，如照片、绘画等，文件格式包括 BMP、GIF、JPEG、JPEG2000、TIFF、PNG、PSD、PDF、EPS 等。另一类称为“矢量”，其图像质量与图像分辨率无关，放大无损，适合于线型图、图表、图形设计、文字设计、标志设计、版式设计和计算机辅助设计等，文件格式包括 BW、AI、CDR、DWG、DXF、DXB 等。（张蕾）

【位图格式】 见“计算机图形图像文件格式”。

【矢量格式】 见“计算机图形图像文件格式”。

【计算机绘图软件】 计算机绘图是研究用计算机绘制图形图像的原理、方法和技术的学科，计算机绘图软件则是计算机系统中实现计算机绘图的必备程序。具有代表性的计算机绘图软件包括计算机辅助设计和计算机制图的标准软件——AutoCAD；位图图像处理软件——AdobePhotoshop；矢量图像处理软件——AdobeIllustrato、AdobeFreeHand、CorelDRAW；三维图像处理软件——3DMAX、Maya。在考古绘图中可用计算机绘图软件取代传统手工绘图方式，使考古绘图高效、规范并实现图形图像的数字化、信息化管理。（张蕾）

【考古摄影】 使用照相机对考古调查、发掘现场和出土文物进行拍摄、获取考古调查、发掘过程和文物各种特征的影像资料的技术和方法。包括野外摄影和文物摄影两部分。对拍摄角度、光线、构图等要求都很高，必须能反映拍摄对象所蕴含的考古文化特征，所拍摄照片一般作为资料存档或发表论文、报告时制作图版。随着现代科技的发展和考古研究的深入，也应用于考古绘图和数字摄影测量学等工作中。（刘建国）

附　录

附录一：

中国考古学大事记
（1899—2012）

1899 年

金石学家王懿荣等留意到并搜集甲骨上的契刻文字。后经有关学者察访，确认出自河南安阳县小屯村（今属安阳市殷都区）。

1900 年

5 月　甘肃敦煌石窟发现储存约 4.5 万多件古代经书、写本、文书、画卷和其他文物的“藏经洞”。1905—1915 年，经道士王圆箓之手，被俄国、英国、法国、日本等国探险学者骗购 3 万余件。同时，中国学者掀起敦煌文书研究的热潮，后于 1930 年提出“敦煌学”的概念。

本年　章太炎、梁启超等学者在自己的史学著作中，首次介绍西方考古学家进行史前时期研究的情况。

瑞典学者斯文·赫定自 1899 年第二次进入新疆罗布泊考察，于本年发现并发掘古楼兰遗址，获得许多佉卢文和汉文文书及弓箭、玻璃杯、丝织品、毛织物等文物（考察至 1901 年）。

1901 年

英籍学者 M·A·斯坦因自 1900 年 5 月首次进入新疆考察，于本年发掘于阗县（今于田县）附近的尼雅遗址和斯文·赫定发现的丹丹乌里克寺院遗址。

1902 年

日本大谷光瑞考察队调查新疆克孜尔石窟和库木吐喇石窟，窃取一部分壁画（考察至 1903 年）。

德国考察队由 A·格林韦德尔率领首次进入新疆，在吐鲁番厅（今吐鲁番市）和库车州（今库车县）调查发掘（考察至 1903 年）。

1903 年

金石学家刘鹗所编《铁云藏龟》6 册出版，收入刻辞甲骨 1 058 片。

1904 年

文字学家孙诒让出版论及甲骨文单字的《名原》一书，并撰写最早专门考释甲骨文的名著《契文举例》2 卷。

德国考察队由 A·冯·勒科克率领第二次进入新疆活动，在吐鲁番厅和哈密厅（今哈密市）调查发掘；次年由格林韦德尔和勒科克率领第三次进入新疆活动（考察至 1907 年）。三次考察窃取的文物，最重要的是克孜尔石窟和柏孜里克石窟的大量壁画。

1905 年

日本学者鸟居龙藏深入整个辽东半岛及东北大部分地区，进行考古调查和发掘。

1906 年

斯坦因第二次进入新疆考察，发掘楼兰遗址、米兰遗址及甘肃敦煌县（今敦煌市）附近的汉代烽燧遗址，并从敦煌石窟骗购大量写本文书和其他文物（考察至 1909 年）。

法国中亚考察委员会派遣伯希和进入新疆活动，发掘巴楚州（今巴楚县）和库车州附近的遗址，调查克孜尔石窟和库木吐喇石窟。1908 年进入甘肃，骗购敦煌藏经洞写本文书的精品约

5 000 件(考察至 1909 年)。

日本大谷光瑞考察队派遣橘瑞超在新疆天山南北和吐鲁番厅调查,1909 年在楼兰遗址获取李柏文书;1910 年发掘楼兰遗址和阿斯塔那墓地;1912 年从甘肃敦煌石窟骗购一批写本文书。

俄国探险家 П・К・科兹洛夫率领的考察队在内蒙古西部调查发掘西夏至元代的黑城遗址。

1910 年

金石学家罗振玉出版《殷商贞卜文字考》1 卷,指出甲骨文出土地实为安阳小屯,并根据卜辞中有殷帝王名谥十余,断定"卜辞实为殷王朝之遗物","其地实为殷墟"。

日本学者滨田耕作调查发掘奉天(今辽宁)金州厅刁家屯(今属大连市旅顺口区)等地的汉墓(考察至 1912 年)。

1913 年

斯坦因第三次进入西北考察,调查发掘甘肃敦煌县、酒泉县(今酒泉市肃州区)和额济纳河流域的汉代烽燧遗址、西夏至元代的黑城遗址、吉木萨尔唐北庭都护府城址,以及新疆吐鲁番厅的高昌古城和阿斯塔那墓地(考察至 1915 年)。

1914 年

法国传教士桑志华开展黄河流域及白河沿岸的古生物学和石器时代考古调查工作。

俄国佛学家 С・Ф・奥尔登堡率领的考察队在甘肃敦煌县进行测绘。至 1915 年,劫去一批敦煌写本文书和壁画。

1917 年

学者王国维发表《殷卜辞中所见先公先王考》、《殷卜辞中所见先公先王续考》,证实《史记》、《世家》等对殷先公先王的记载确系实录,撞开商史研究的大门。

1919 年

桑志华在热河林西县(今属内蒙古)、赤峰县(今内蒙古赤峰市红山区)一带发现若干新石器时代遗址。

1920 年

桑志华在甘肃庆阳县(今庆城县)晚更新世地层中发现 3 件旧石器时代晚期的打制石器。

1921 年

8 月 北洋政府矿政顾问、瑞典地质学家安特生等在直隶房山县(今北京市房山区)周口店考察,发现"北京猿人"遗址,由奥地利学者师丹斯基发掘出第一颗北京人牙齿化石。1926 年,这一重要发现被公布于世。

秋 安特生与地质学家袁复礼首次发掘河南渑池仰韶遗址,由此提出"仰韶文化"的命名。同年,安特生等发掘奉天锦西沙锅屯洞穴遗址(今属葫芦岛市南票区)。

北京历史博物馆发掘直隶(今河北)巨鹿宋代故城遗址。

1922 年

北京大学研究所国学门成立,马衡任考古学研究室主任。

日本学者常盘大定调查直隶邯郸县附近的南北响堂山石窟(今属邯郸市峰峰矿区)。

法国传教士桑志华和德日进在内蒙古乌审旗发现并发掘萨拉乌苏遗址,获得一批旧石器和一颗人类牙齿化石;后又在甘肃灵武县(今宁夏灵武市)发现水洞沟旧石器时代晚期遗址,一并命名为"河套文化"(工作至 1923 年)。

1923 年

春 安特生等前往青海、甘肃,对青海湖沿岸、湟水与洮河等地区进行调查,发掘青海西宁朱家寨遗址。至 1924 年秋,先后发现甘肃临洮县灰嘴山、辛店、马家窑、寺洼山,和政县半山,广河县齐家坪,民勤县沙井和青海民和县(今民和回族土族自治县)马厂塬等一大批遗址。并在

1925 年出版的《甘肃考古记》一书中，将甘青地区的远古文化划分为齐家、仰韶、马厂、辛店、寺洼、沙井六期。后“六期说”被中国学者否定。

10 月 考古学家李济赴河南新郑县(今新郑市)调查春秋铜器出土情况，并作试掘。

秋、冬 马衡去河南调查新郑县春秋青铜器出土情况及洛阳汉魏故城南出土石经的太学遗址。

1925 年

美国中亚探险队纳尔逊一行前往三峡地区调查史前遗迹(调查进行至 1926 年)。

1926 年

清华学校(今清华大学)国学研究院与美国弗利尔美术馆合作，由李济、袁复礼开展山西汾河流域的考古调查，并发掘夏县西阴村遗址。这是第一次由中国学者主持的考古发掘，并开创探沟、探方发掘与纵、横、深三点记录出土物的方法。

1927 年

中国地质调查所(今南京地质博物馆)与北京协和医学院合作，由中国学者李捷和瑞典学者 B·步林负责、加拿大学者步达生主持，开始对周口店遗址进行大规模发掘。清理堆积物 3 000 立方米，获得化石材料 500 箱。又发现一颗完好的人牙化石，经步达生研究，命名为“中国猿人北京种”，俗名“北京人”。

中国学术团体协会与瑞典学者斯文·赫定等合组中瑞西北科学考察团(徐炳昶和斯文·赫定分别任中、瑞方团长)，经内蒙古前往新疆，进行包括考古学在内的多学科综合考察。其中在内蒙古百灵庙(今属达尔罕茂明安联合旗)至新疆沿途的 327 个地点采集 100 多箱史前遗物；在额济纳河流域发现汉代大小城堡 10 余处，烽火台 100 多处，发掘到 1 万多支木简(即轰动世界的“居延汉简”)及“永元兵器簿”和“居延笔”等珍贵文物；黄文弼在新疆考察了汉唐时期的各种城堡、寺庙、沟渠和屯戍遗址，发掘了罗布泊北岸汉代烽燧遗址等(考察持续至 1933 年)。

日本东亚考古学会滨田耕作、原田淑人等约请北京大学考古学会马衡、沈兼士等合组东方考古学会，共同发掘奉天旅大半岛貔子窝附近的单砣子等遗址(今属普兰店市)。后中国学者陆续退出。

1928 年

春 吴金鼎发现山东历城龙山镇城子崖遗址(今属章丘市)，后又进行 5 次考察。确认这里发现的油光黑陶片是在仰韶文化遗存中从未见过的。

8 月 新成立的历史语言研究所派遣董作宾前往河南安阳殷墟调查，并于 10 月 7 日起在小屯村进行殷墟遗址的第一次发掘，揭露面积 280 平方米，获甲骨文 854 片。这是历史语言研究所成立后开展的首次考古发掘。

本年 杨钟健主持周口店遗址的发掘工作，清理堆积物 2.8 万立方米，又发现两件北京人下颌骨，其中 1 件下颌骨上还保存 3 颗完整的臼齿。

1929 年

李济任历史语言研究所考古学组主任，主持殷墟第二、三次发掘，出土的甲骨中有著名的“大龟四版”；并创办《安阳发掘报告》。

中国地质调查所成立新生代研究室，聘请步达生为名誉主任，派遣裴文中负责周口店遗址的发掘工作。12 月 2 日下午发现第一个北京猿人头盖骨，震动国际学术界。

1930 年

历史语言研究所考古学组梁思永前往东北，调查试掘昂昂溪史前遗址，又去西喇木伦河和老哈河流域进行考古调查。

北京大学考古学会和 1929 年成立的北平研究院史学研究会等单位合组燕下都考古团，由马衡率领调查发掘燕下都遗址。

陈万里在浙江进行古代越窑和龙泉窑遗址的调查。

山西公立图书馆(今山西省图书馆)与美国弗利尔美术馆合作,发掘山西万泉(今万荣)阎子圪塔汉汾阴后土祠遗址。

1931 年

春 梁思永参加李济主持的殷墟第四次发掘,改进发掘方法,进行大面积揭露。董作宾、郭宝钧等进行殷墟第五次发掘,发现并确认殷代夯土建筑基址,使殷墟为商代后期都城说增加一条确凿的证据。从此,成片揭露殷代夯土基址,寻找、复原殷代宫殿、宗庙基址,成为与寻找甲骨文同等重要的发掘任务。

4 月 梁思永、吴金鼎、刘燿(1938 年后化名“尹达”)第一次发掘河南安阳后岗遗址,揭露面积 216 平方米,开创按自然层位下挖、记录出土物的方法,首次发现龙山文化的白灰面和小屯与龙山文化年代关系的线索。

裴文中主持发掘周口店遗址“鸽子堂”洞穴,首次发现大批人工打制的石器,解决了北京人制作石器工具问题,并继 1930 年后又发现人类用火遗迹,进一步确立直立人在人类进化序列中的地位。

山西公立图书馆、国立北平大学女子师范学院(今北京师范大学)研究所与美国弗利尔美术馆合作,发掘山西万泉荆村仰韶文化遗址。

冬 梁思永等对安阳后冈遗址进行第二次发掘,揭露面积 385 平方米,首次确定仰韶文化层在下、龙山文化层居中、小屯殷墟文化层在上的 3 个依次叠压的地层关系(即“三叠层”),一举确定殷墟文化、龙山文化与仰韶文化的年代关系,为中国新石器时代考古的年代学研究奠定了基础。后刘燿、吴金鼎依据后岗发现三叠层的经验,在殷墟和河南浚县大赉店等遗址上,又多次发现小屯、龙山和仰韶文化上下叠压的地层关系。

1932 年

李济、董作宾分别主持殷墟第六、七次发掘。其中在第六次发掘揭露的一座 30 米长、10 米宽的基址上,有排列整齐的柱础石,明确了以往发现于夯土台上石块的作用。

中央研究院与河南省政府合组河南古迹研究会,由郭宝钧主持发掘河南浚县辛村西周时期卫国贵族墓地。

刘燿、吴金鼎等发掘河南浚县大赉店新石器时代遗址。

中国营造学社梁思成等调查山西大同云冈石窟。

裴文中主持周口店遗址发掘,改革发掘方法,将漫掘作业改成以探沟和探方发掘、记录出土物的考古发掘方法。

1933 年

裴文中继续主持周口店遗址的发掘,发现比北京人年代更早的周口店第 13 地点和属旧石器时代晚期的山顶洞人及其葬地,出土 3 个完整的晚期智人头骨化石、部分躯干骨、少量石器和一批装饰品。

郭宝钧主持殷墟第八次发掘,在小屯村北继续揭露夯土建筑基址。

刘燿在安阳后冈发掘,第一次发现带两条墓道的大墓,墓中四隅殉葬人头 28 个,首次了解到大墓填土通常被夯实。

日本东亚考古学会在东北发掘渤海上京龙泉府遗址。日本人还发掘顾乡屯地点,调查辽代帝陵。

北平研究院史学研究会考古组由徐炳昶率领前往陕西关中地区调查周秦遗址,在宝鸡至长安地段内发现包括宝鸡斗鸡台遗址在内的 7 处遗址。

董作宾调查山东临淄齐国故城和滕县(今滕州)滕国故城。

1934 年

春　董作宾主持殷墟第九次发掘,在小屯村北和侯家庄南地发掘夯土建筑基址,在侯家庄南地还发现墓葬和包括"大龟七版"的有字甲骨。

华西大学博物馆试掘四川广汉月亮湾遗址。

北平研究院史学研究会考古组徐炳昶、何士骥、苏秉琦等发掘陕西宝鸡斗鸡台遗址。其中在戴家沟东区揭露近 1 000 平方米,发现 56 座周代小墓,有 40 座墓随葬有陶鬲,是当时出土陶鬲数量最多的一处墓地。后苏秉琦通过对陶鬲的研究,确立 45 座为西周或早于西周的周人墓,拓宽了中国考古学中器物类型学研究的途径。同年还发掘陕西西安唐中书省遗址,发现宋吕大防刻唐大明宫、兴庆宫图残石。

10 月　历史语言研究所考古学组调查河南巩县(今巩义)广武遗址,发掘青台、峨眉岭遗址。

秋　历史语言研究所考古学组梁思永第一次主持的殷墟第十次发掘,前后 3 个月在西北岗王陵区揭露 3 000 多平方米。其中在西区发现 4 座被盗的大墓,出土精致的刻纹石块、白陶器皿等,由此确定这里是一组王室墓葬。在东区发现 63 座祭祀坑(小墓),出土许多保存完好的青铜器。并沿洹水上游调查遗址。

11 月　历史语言研究所考古学组李景聃、王湘前往安徽寿县朱家集,调查寿县楚器出土地李三孤堆及寿县境内新石器时代遗址和寿春故城等遗址。

1935 年

2 月　历史语言研究所考古学组开展对豫北的调查。

春　梁思永主持殷墟第十一次发掘,在西北岗王陵区发掘 8 000 多平方米,在西区清理上次发现的 4 座大墓,在东区清理 411 座小墓(祭祀坑)及车坑、马坑等。夏鼐、高去寻也参加发掘。

6 月　郭宝钧主持发掘河南汲县(今卫辉)山彪镇战国墓。并开展对汲县、偃师的调查。

9 月　梁思永主持殷墟第十二次发掘,第三次发掘西北岗王陵区,揭露面积近 1 万平方米,又在西区清理 4 座大墓,在东区发掘 3 座大墓和 75 座小墓(祭祀坑)。西北岗王陵区的 3 次发掘,共揭露清理大墓 11 座和祭祀坑(小墓)1 200 多座。11 座大墓都被多次盗掘,但出土文物仍属殷墟前十五次发掘中的精品,其中有 M1004 号墓出土的两件分别重 110 公斤和 60 公斤的"牛鼎"和"鹿鼎"。西北岗王陵的 3 次发掘,是 20 世纪 50 年代以前中国规模最大的考古发掘。

11 月　郭宝钧主持发掘河南辉县琉璃阁战国墓(1937 年 3 月继续发掘)

本年　裴文中在广西调查发现并发掘武鸣县苞桥、芭勋、腾翔和桂林县(今桂林市象山区)附近等 4 处洞穴遗址。

中央古物保管委员会调查江苏南京市附近的六朝陵墓和河南洛阳龙门、安阳宝山等石窟。

北平研究院史学研究会调查河北邯郸南北响堂山石窟。

日本东亚考古学会发掘热河赤峰(今属内蒙古)红山后遗址。日本人还在东北发掘通沟高句丽壁画墓(发掘工作延续到 1936 年)。

1936 年

3 月　郭宝钧主持殷墟第十三次发掘,在小屯北地发掘宫殿宗庙建筑基址。6 月 12 日发现 YH127 号甲骨坑,并开创田野考古发掘中套箱获取不易清理珍贵文物的方法,将 YH127 号甲骨坑套箱运回南京清理。YH127 号甲骨坑共出土刻辞甲骨 17 096 片,占殷墟前十五次发掘所获 24 900 多片刻辞甲骨 2/3 多,其中完整卜甲近 300 版。

5 月　梁思永、刘燿发掘山东日照两城镇遗址。

8 月　《田野考古报告》创刊(1947 年改名《中国考古学报》,1953 年再改名《考古学报》)。

9 月　梁思永主持殷墟第十四次发掘，继续发掘小屯北地宫殿宗庙建筑基础，并在大司空村南地发掘殷代遗址、墓葬和战国墓。

10 月　李景聃、赵青芳等调查发掘河南永城造律台、黑孤堆龙山文化遗址。历史语言研究所考古学组与国立北平图书馆（今中国国家图书馆）合作，发掘洛阳石经。

10—11 月　贾兰坡主持周口店遗址发掘，又发现 3 个北京人头骨化石。至 1937 年，周口店遗址发掘被迫中断。前后 10 年发掘所获北京人和山顶洞人化石等珍贵文物与资料，在 1941 年 12 月 7 日珍珠港事件爆发前后，被美国人弄得下落不明。

11 月　西湖博物馆施昕更在浙江余杭县（今杭州市余杭区）良渚镇附近发掘几处史前遗址，发现与龙山文化相似又有显著区别的新石器时代遗存，后被命名为“良渚文化”。

本年　日本京都东方文化研究所水野清一、长广敏雄调查响堂山石窟、天龙山石窟和龙门石窟。

1937 年

3 月　石璋如主持殷墟第十五次发掘，在小屯村北发掘宫殿宗庙建筑基址，至 6 月结束。1928 年秋至 1937 年夏，殷墟 15 次发掘中对宫殿宗庙建筑基址的发掘占 9 次（即第四至第九、第十三至第十五次），发掘地点近 10 处。其中以小屯村北的为主，发掘 2 万多平方米，揭露出 50 多座建筑基址，由北而南分为三大片，称为“甲组”、“乙组”、“丙组”；另有铸铜场所及小墓、车马坑等祭祀遗迹。

春　中国地质调查所与历史语言研究所合组西康古迹考察团，由安特生、祁延霈率领前往今甘孜地区的道孚、炉霍一带调查史前遗址。

7 月　梁思成等在山西五台县发现唐大中十一年（公元 857 年）所建佛光寺大殿。为当时所知年代最早的中国古代木构建筑。

本年　日本京都东方文化研究所水野清一、长广敏雄等从本年起 8 次前往山西，对大同云冈石窟进行调查和实测，发掘第 9、10、19、20 等窟和冈上的北魏佛寺遗址与阳高汉墓等（工作延续至 1944 年）。

日本东亚考古学会发掘元上都遗址。

1938 年

秋　冯汉骥在四川西北部岷江上游羌族地区调查古代的石棺葬。

日本人原田淑人调查北魏平城遗址。

11 月　历史语言研究所与中央博物院筹备处合组苍洱古迹考察团，由吴金鼎、曾昭燏等人在云南大理县（今大理市）附近调查马龙、龙泉、下关、佛顶等史前遗址，以及南诏时期五华楼、太和城等遗址（调查工作延续至 1939 年 1 月）。

1939 年

3 月　吴金鼎、曾昭燏等发掘大理县附近马龙遗址，9 月发掘清碧溪遗址，10 月发掘佛顶等遗址，11 月发掘中和寺、龙泉峰等遗址。

1940 年

3 月　吴金鼎、曾昭燏等发掘大理点苍山、白云等遗址。

本年　日本东亚考古学会和东亚文化协议会在华北地区活动，由原田淑人主持发掘河北邯郸赵王城。

日本人关野雄又调查山东临淄齐国故城和滕县滕国、薛国故城（直至 1941 年）。此间，还有其他日本人在周口店和殷墟等地进行发掘，但无重要收获。

1941 年

3 月　历史语言研究所、中央博物院筹备处、中国营造学社合组川康古迹考察团，由吴金鼎率领调查四川新津、彭山等县境内遗址。

7月　川康古迹考察团由吴金鼎主持发掘四川彭山江口镇汉代崖墓，参加工作的有夏鼐、高去寻、曾昭燏等。11月发掘彭山砦子山崖墓，翌年3月继续发掘。

1942年

4月　尹达在陕西延安县附近大砭沟(今属延安市宝塔区)发现龙山文化遗址。

本年　历史语言研究所与中央博物院筹备处、四川省立博物馆合作，由吴金鼎主持发掘成都市附近五代前蜀皇帝王建墓。发掘进行至1943年，冯汉骥、王振铎等参加发掘工作。

日本人原田淑人发掘山东曲阜汉鲁灵光殿遗址。

1943年

历史语言研究所、中央博物院筹备处等单位于1942年合组西北史地考察团，由劳榦、石璋如考察甘肃敦煌县附近和额济纳河流域汉代长城和烽燧遗址。本年发掘敦煌古董滩遗址和察克图烽燧遗址。

1944年

5月　历史语言研究所、中央博物院筹备处、中国地理研究所、北京大学文科研究所合组西北科学考察团。史地组由向达、夏鼐、阎文儒参加，开始调查甘肃敦煌、洮沙(今临洮)、民勤等地，发掘敦煌老爷庙等魏晋和唐代墓地。

10月　西北科学考察团夏鼐等调查甘肃敦煌县附近汉代阳关、玉门关及其以东长城、烽燧遗址。

1945年

1月　夏鼐等发掘甘肃大方盘长城遗址。

5月　夏鼐等在河西走廊和洮河流域进行考古调查。夏鼐发掘甘肃宁定(今广河)阳洼湾齐家文化墓地，首次清理齐家文化的两座墓葬，并以墓葬与墓内填土中发现两块极为破碎的甘肃仰韶文化彩陶片的层位关系，确认仰韶文化早于齐家文化，纠正被安特生颠倒二者年代关系的错误，为建立黄河流域新石器文化正确年代序列奠定了基础。

6月　夏鼐等调查甘肃民勤沙井遗址。

11月　夏鼐等在甘肃武威县(今武威市凉州区)发掘唐代吐谷浑慕容氏墓葬。

1946年

尹达在河北邯郸县(今邯郸市丛台区)附近清理一座汉墓，第一次发现散乱的玉衣片。

1947年

裴文中等开展对甘肃渭河、汉水上游、洮河流域、河西走廊和兰州市附近以及青海湟水流域和青海湖附近地区史前遗址的考古调查与试掘(工作持续至1948年)。

1948年

东北师范大学历史系试掘吉林西团山石棺墓(今属吉林市船营区)。

1949年

春　原历史语言研究所(以下简称"史语所")李济、石璋如等在台湾调查台北圆山贝丘、台中埔里与营浦等遗址，并发掘台中埔里遗址。

9月　在裴文中指导下，由贾兰坡、刘宪亭负责恢复中断12年的周口店遗址的发掘。新发掘125立方米的原生堆积物，又发现3枚北京人牙齿化石。

11月　中国科学院接收前北平研究院史学研究所和前中央研究院历史语言研究所北平图书史料整理处，酝酿成立考古研究所。

1950年

4月　12日，中国科学院派出由郭宝钧率领的发掘团前往河南，重新进行因抗日战争爆发而中断13年之久的安阳殷墟发掘。发掘工作历时60天，主要收获是发掘武官村大墓和祭祀坑。

5月　19日，中央人民政府政务院总理周恩来根据中国科学院院长郭沫若的提名，任命郑振铎为考古研究所所长，梁思永、夏鼐为副所长，由此开始考古研究所的筹备工作。8月1日正式成立。

7月 文化部文物局派裴文中率领的雁北文物勘察团前往山西北部，进行古代遗址、墓地、石窟和古建筑的勘察。

9月 裴文中率领东北考古发掘团再次发掘吉林西团山石棺墓。后将分布于吉林、长春地区的这种青铜时代遗存称作“西团山文化”。

10月 2日，夏鼐任团长、郭宝钧任副团长、苏秉琦任秘书的发掘团前往河南辉县，进行考古研究所成立后首次田野发掘。参加工作的有当时考古研究所能去野外的全部人员，除夏、郭、苏外，还有安志敏、石兴邦、王伯洪、王仲殊、马得志、赵铨、徐智铭、白万玉、魏善臣等共计12人。在琉璃阁的发掘中，第一次找到早于安阳殷墟的商代遗迹，第一次成功地剔剥出战国木车的痕迹。又在固围村发掘3座战国时期魏国王室大墓(发掘进行至1951年1月23日)。

是月 南京博物院由曾昭燏主持发掘江苏江宁县(今南京市江宁区)牛首山附近南唐二主陵墓(发掘持续至1951年)。

本年 故宫博物院陈万里等开展对古代窑址的调查。本年主要调查河南临汝县(今汝州市)几个地点。

1951年

4月 15日，夏鼐率领安志敏、王仲殊、马得志等，前往河南西部地区进行为期3个月的考古调查。对渑池县仰韶村、不召寨和成皋县(今荥阳市)青台、点军台等史前遗址作调查试掘。开始提出仰韶文化的分期和仰韶、龙山两种文化的关系等问题。又因郑州市附近的调查，确认二里冈遗址是早于安阳殷墟的一处重要商代遗址。

同日，苏秉琦率领石兴邦、王伯洪、白万玉等，前往陕西长安县(今西安市长安区)沣河沿岸进行为期两个多月的考古调查，对客省庄、马王村、斗门镇及附近一些遗址作调查试掘。在客省庄首次发现年代晚于仰韶文化的一种史前文化，后被命名为“客省庄二期文化”。

华东文物工作队赵青芳在江苏淮安县(今淮安市淮安区)发现青莲岗新石器时代遗址。

6月 文化部文物局派赵正之、宿白等对甘肃敦煌石窟进行全面勘察(9月结束)。

8月 安志敏、石兴邦、王仲殊、马得志等在北京市西郊董四墓村发掘明代万历、天启二帝嫔妃墓(11月结束)。

10月 夏鼐率领考古研究所湖南调查发掘团前往长沙市近郊，进行古代墓葬清理发掘。这次发掘为解决当地战国两汉墓葬分期、阐明楚文化特点取得初步成果。

史语所在台湾调查台北哄里岸江头遗址。

本年 四川资阳县(今资阳市雁江区)黄鳝溪出土人类头骨化石，经鉴定属晚期智人，被命名为“资阳人”。

南京博物院发掘江苏江宁县湖熟镇附近相当于西周时期的遗址。

东北博物馆(今辽宁省博物馆)李文信等在辽宁辽阳市北郊棒台子、三道壕(今属辽阳市太子河区)清理3座汉魏时期的壁画墓。

1952年

3月 河南省文管会、中国科学院考古研究所及文化部文物局等配合河南禹县(今禹州)白沙水库工程，发掘战国至唐宋时期的墓葬。其中3座宋墓仿木建筑结构复杂，壁画内容丰富，是同类宋墓中保存较好的一组(河南省文管会的工作始于1951年)。

5—6月 安志敏等前往河北唐山市贾各庄(今属滦县)，发掘战国两汉时期墓葬，获得对研究燕国文化有一定价值的资料。

8月 11日，文化部文化局、中国科学院考古研究所、北京大学历史系联合举办考古工作人员训练班，对各省新建文物单位中从事考古工作的干部进行为期3个月的短期培训。至1955年，共举办4期，培训学员341人。裴文中兼任历届训练班的主任，夏鼐、裴文中、贾兰坡、郭宝钧、苏秉琦、宿白、安志敏、石兴邦、王仲殊等为训练班讲课，并辅导田野发掘实习。

9月 文化部文物局派出由吴作人、常书鸿率领的勘察团，对甘肃永靖炳灵寺石窟进行全面勘察。

10月 文化部文物局与中国科学院考古研究所共同支持北京大学历史系创办考古专业，由中国科学院考古研究所苏秉琦兼任北京大学历史系考古教研室主任。

10—11月 安志敏等辅导第一届考古训练班部分学员在河南郑州市二里冈进行古代遗址发掘实习中，从地层学上解决二里冈商代文化的相对年代问题。

本年 江苏徐州市郊茅村发现一座东汉晚期的画像石墓，王献唐、王振铎等前往调查。后在画像石上找到熹平四年(公元175年)的铭刻。

山西省文管会发现并开始发掘侯马春秋时期晋城遗址。

1953年

3—4月 中国科学院考古研究所在河南安阳县大司空村(今属安阳市殷都区)发掘一批殷代小型墓葬。

河南郏县太仆乡发现190多件春秋时代的铜器。

华东文物工作队罗宗真发掘江苏宜兴晋周处及其家族墓地。

4—5月 文化部文物局、中国科学院考古研究所和洛阳文管会(后改名"河南省文化局文物工作队第二队")合组洛阳地区考古发掘队，由裴文中、夏鼐等分任发掘队正、副队长，发掘洛阳烧沟汉墓，为中原地区汉墓的编年研究积累了丰富资料。

7月 文化部文物局派出麦积山石窟勘察团，对甘肃天水麦积山石窟进行摄影、测绘、临摹等工作。

湖南省文管会在湖南长沙市仰天湖清理一座保存较好的战国时期木椁墓，第一次发现"遣策"竹简。

8月 福建省文管会调查发现北宋初期木构建筑福州华林寺大殿。

10—11月 中国科学院考古研究所石兴邦等对陕西长安县沣河两岸进行较为广泛的考古调查。

11月 史语所与台湾大学考古人类学系发掘台北圆山贝丘遗址。后来命名为"圆山文化"。

河北兴隆县发现70多件战国铁范。

本年 郑州市文物工作组(1954年改名"河南省文化局文物工作队第一队")依据上一年的工作线索，开始配合基本建设在河南郑州市区进行清理发掘。通过二里冈、人民公园两遗址出土物和层位关系的比较，判定二里冈遗址早于安阳小屯的商代较早遗存。

陕西绥德县发现东汉永元十二年(公元100年)铭刻的王得元墓，系陕北第一次发现画像石墓。

华东文物工作队清理山东梁山县后银山一座东汉晚期壁画墓。

河南洛阳市发掘数十座晋墓，其中有元康九年(公元299年)的徐美人墓。

陕西省文管会调查关中唐十八陵。历年来进行重点勘察的有献陵、昭陵、乾陵、桥陵、建陵。

文化部文物局与山西省文管会组成勘察团，在山西勘察发现37处古代建筑。其中有中国已知年代最早的唐建中三年(公元782年)所建五台南禅寺大殿，以及平遥镇国寺大殿(五代)、永济永乐宫(元代)等多处重要古代建筑。

1954年

1月 中国科学院考古研究所马得志等在河南安阳县大司空村东南地发掘殷代遗址、墓葬和战国墓，清理完整的车马坑一座。

史语所发掘台中大甲麻头路贝丘遗址。

3月 中国科学院考古研究所石兴邦等沿陕西长安县沣河两岸进行考古调查，并在普渡村发掘两座西周墓。

3—5月 华东文物工作队和山东省文管会在山东沂南县北寨村发掘一座大型画像石墓。

4月 中国科学院考古研究所、北京大学、文化部文物局等单位共同组织工作队，由郭宝钧主持、阎文儒等参加，在河南洛阳市有计划地勘察东周王城、汉魏故城和隋唐东都城，并发掘东汉河南县城遗址（1955年4—6月、1956年11月继续发掘）。

史语所第二次发掘台北圆山贝丘遗址。

6月 江苏丹徒县（今镇江市丹徒区）烟墩山出土西周早期的宜侯夨簋等铜器12件。

夏 热河省博物馆筹备组发掘赤峰大营子辽庆历九年（公元959年）驸马赠卫国王墓。

9月 中国科学院古脊椎动物研究室贾兰坡主持开始发掘山西襄汾丁村旧石器时代遗址，发现“丁村人”化石，并在多个地点发现旧石器。

第三届考古工作人员训练班在陕西西安半坡遗址进行田野考古实习。后由中国科学院考古研究所石兴邦主持进行大规模发掘。至1957年告一段落，第一次较为全面地揭露仰韶文化聚落遗址，并由此确认仰韶文化的半坡类型。

中国科学院考古研究所、河南省文物工作队二队共同发掘河南洛阳中州路东周墓地。至1955年春，共发掘东周墓260座，经苏秉琦主持对西二段墓葬进行的分期研究，为中原地区东周墓葬的断代提供了标尺。

11月 陕西省文管会在长安县普渡村发掘一座西周墓，出土有穆王生称铭文的铜盉及3件一组的编钟等铜器。

冬 湖北省文管会配合湖北京山石龙过江水库工程，发现屈家岭遗址。

本年 福建省文管会等单位开始发掘闽侯昙石山遗址。其中下层新石器时代遗存，后被命名为“昙石山文化”。

山西洪洞县坊堆村首次发现西周时期有字卜骨。

西南博物院等单位在四川巴县（今重庆市巴南区）冬笋坝、昭化县（今广元市元坝区）宝轮院发掘一批年代相当于战国晚期至西汉初期的船棺葬。

河北省文管会发掘望都县附近两座东汉壁画墓（发掘持续至1955年）。

陕西省文管会在西安市东郊发掘隋大业六年（公元610年）姬威墓。后多年在西安市附近发掘隋唐墓，总计约2 000多座。

北京历史博物馆、河北省文管会发掘河北曲阳修德寺遗址，获北魏至唐石刻造像2 200躯，其中247躯有纪年铭。

1955年

2月 中国科学院考古研究所王伯洪主持发掘陕西长安沣西客省庄遗址和沣东斗门镇附近遗址。在客省庄遗址的发掘收获进一步确认“客省庄二期文化”（发掘进行至10月）。

浙江余姚县（今余姚市）发现北宋木构建筑保国寺大殿。

中国科学院考古研究所与湖北省文管会合组石龙过江水库指挥部文物工作队，由张云鹏主持发掘京山屈家岭与天门石家河遗址。后来将两遗址代表的文化遗存分别命名为“屈家岭文化”和“石家河文化”。

3月 云南省博物馆发掘晋宁石寨山西汉时期滇王和其他王室贵族墓葬。

陕西郿县（今眉县）李家村出土一组西周中期盠贵族的铜器。

5月 安徽省文管会、博物馆在寿县西门外清理春秋晚期蔡昭侯墓，收集大批青铜礼器和乐器。

秋 河南省文物队由安金槐主持在郑州市白家庄发现商代前期夯土城墙。后经多年勘察发掘，查明城墙周长6 960米，并在城内东北部发现宫殿基址。

10月 文化部、中国科学院合组黄河水库考古工作队，由夏鼐、安志敏兼任正、副队长，各省文物单位抽调40余名队员，分10个组由洛阳市出发，进行三门峡水库区的考古调查。

冬 河南省文化局文物队在安阳市小屯东南地发掘殷代遗址，得刻辞卜骨1片。

本年 甘肃省文管会发掘兰州白道沟坪马家窑文化马厂期制陶窑场。

南京博物院由赵青芳主持发掘南京北阴阳营新石器时代遗址(今属南京市鼓楼区)。

热河凌源县(今辽宁凌源市)马厂沟发现一处西周窖藏,出土匽侯盂等铜器。后又在附近北洞、山湾子、小波汰沟等地发现西周铜器窖藏。

东北博物馆发掘辽阳三道壕西汉村落遗址。

广州市文管会在广州市华侨新村等地发掘汉墓,其中许多可能属南越王国的贵族和官吏墓。

湖北省文管会及武汉市文管会在武汉地区发掘东吴和南朝时期的若干纪年墓(发掘工作延续到1956年)。

1956年

1月 黄河水库考古队俞伟超等进行三门峡漕运遗迹的全面勘察。

2月 中国科学院、文化部共同召开考古工作会议,总结新中国成立6年来考古工作的成就,讨论今后的努力方向。

3月 浙江省文管会发掘吴兴钱山漾遗址。1958年2、3月进行第二次发掘,发现包括稻谷、丝麻织物在内的大批良渚文化遗存。

4月 中国科学院考古研究所王伯洪主持开始大规模发掘陕西长安张家坡西周遗址和墓葬。至1957年,共发掘4个季度、6 000平方米。此项发掘收获初步建立西周考古的断代标尺。

黄河水库考古队在河南陕县刘家渠发掘一批汉代、隋唐和宋金时期的中型墓葬(发掘工作进行至10月)。

5月 中国科学院考古研究所与北京市文化局合组长陵发掘委员会工作队,在夏鼐主持下开始进行明定陵的发掘(发掘工作进行至1958年7月)

安志敏主持黄河水库考古队在甘肃刘家峡水库区及其附近黄河、洮河、大夏河流域和山丹四坝滩的考古调查。

辽宁省西丰县西岔沟发现汉代匈奴或东胡族墓地,发掘墓葬63座,出土文物1.3万多件。

9月 安志敏主持黄河水库考古队对河南陕县庙底沟遗址进行大规模发掘。后据此提出“仰韶文化庙底沟类型”和“庙底沟二期文化”的命名。

湖北长阳县(今长阳土家族自治县)下钟家湾一处洞穴堆积中,发现属于早期智人的上颌骨化石,后命名为“长阳人”。

9—11月 中国科学院考古研究所与文化部文物局,山西省文管会合组考古队,发掘侯马晋国新田都城遗址。

10月 中国科学院考古研究所由王仲殊主持开展西安汉长安城址的勘察发掘工作,发掘宣平门、霸城门、西安门、直城门,判明城墙范围和其他城门位置(发掘工作延续到1958年)。

11月 黄河水库考古队林寿晋等在河南陕县上村岭发掘西周晚期至春秋早期虢国贵族墓地。本年发掘虢太子墓。1957年扩大发掘,共清理墓葬200多座。

本年 山东省博物馆发掘益都(今青州)苏埠屯商代晚期墓地。至1966年的发掘中,发现两座大型墓、两座中型墓和一座车马坑。其中大墓墓主可能是仅次于商王的方伯一类的人物。

安徽省博物馆清理安庆棋盘山元尚书右丞相范文虎墓。

中国建筑科学院建筑历史与理论研究室调查浙江宁波保国寺大殿,判明其建造年代应在北宋大中祥符年间(公元1008—1016年)。

1957年

3月 河南省文物工作队由裴明相主持在信阳县(今信阳市平桥区)长台关发掘两座规模较大的战国中期楚墓,出土大量漆木器。

中国科学院考古研究所西安唐城队马得志等开始对唐大明宫遗址进行勘察发掘。至1959年

5 月，基本判明大明宫宫城范围、城门位置，以及主要宫殿和池、渠分布情况，并且发掘麟德殿、玄武门、重玄门等遗址。

4 月　黄河水库考古队由安志敏主持发掘河南陕县三里桥遗址，并在陕县后川及三门峡市发掘一批东周、秦汉、唐宋墓葬。

9 月　中国科学院考古研究所黄文弼率领考古队去新疆考察。在为期一年里行程 7 000 余千米，调查哈密、伊犁、焉耆、库车和阿克苏、喀什、和阗(今和田)等地古城、寺庙等遗址 127 处。

9—11 月　甘肃省博物馆发掘武威皇娘娘台遗址，第一次发现齐家文化 11 件红铜器。1959 年夏、冬又进行两次发掘，发现一批红铜器及卜骨等，清理一座齐家文化的一男二女合葬墓。

本年　北京大学考古专业发掘内蒙古赤峰红山后遗址。

北京大学考古实习队由宿白率领，与河北省文物队合作发掘邯郸涧沟和龟台寺遗址，又调查实测南北响堂山石窟，并发现小响堂山石窟。

中国科学院考古研究所西安研究室发掘隋大业四年(公元 608 年)李静训墓、唐开元十一年(公元 728 年)鲜于庭海墓。

河南省文物队在洛阳市西郊发掘一座西汉晚期的壁画墓，前室顶脊绘日、月、星象图。

山西省文管会在太原市郊发掘明宣德三年(公元 1428 年)晋郡王朱济熇墓。

浙江省文管会开展余姚县上林湖滨海地区瓷窑址调查。

苏州市文物保管委员会清理虎丘云岩寺塔塔身，判明建塔时间为公元 959—961 年，发现五代吴越国所造金涂塔等佛教文物。

1958 年

春　中国科学院考古研究所重新组建安阳工作队，长期进行殷墟考古发掘。本年春在花园庄东南地、梅园庄南地、大司空村东南地和白家庄东北地发掘殷代遗址和墓葬。秋，发掘人员增至 70 多人，在今考古所安阳工作站院墙内进行大规模的居住址发掘。

5 月　黄河水库考古队陕西分队发掘华阴横阵遗址，发现 3 座仰韶文化半坡类型的大坑套多个小坑复合式多人合葬坑，为研究当时的家庭形态提供重要资料。还发现一批庙底沟二期文化遗存及其与客省庄二期文化的地层叠压关系(秋季和翌年继续发掘)。

中国科学院考古研究所长江队开展湖北丹江口水库区考古工作。

5—6 月　黄河水库考古队山西分队发掘芮城东庄村遗址，为研究仰韶文化半坡类型与庙底沟类型的关系提供资料。

6 月　广东曲江县(今韶关市曲江区)马坝乡狮子岩洞穴中发现属早期智人的化石，为一头骨的颅顶部分，后命名为“马坝人”。

中国科学院考古研究所长江队由张海鹏主持发掘湖北蕲春毛家嘴西周木构建筑基址。

中国科学院考古研究所西安唐城队由马得志主持发掘唐长安兴庆宫遗址。至本年 12 月，发掘出宫城西南部城墙、勤政务本楼基址和其他建筑遗迹。

8 月　中国科学院考古研究所渭河队由赵学谦主持开始进行陕西宝鸡北首岭遗址大规模发掘。发掘工作持续至 1960 年秋，5 个季度发掘面积共计 4 500 平方米，揭露保存较完整的仰韶文化聚落址。

秋　黄河水库考古队陕西分队华县队由张忠培主持发掘华县元君庙遗址，揭露仰韶文化半坡类型的一处墓地及其 57 座墓葬。

中国科学院考古研究所洛阳考古队和黄河水库考古队河南分队分别发掘河南洛阳东干沟、陕县七里铺遗址。两地文化遗存均与郑州洛达庙遗址接近，后被确认属二里头文化。

9 月　广西柳江县通天岩洞穴中发现属晚期智人的化石，包括一个头骨、两段股骨，还有髋骨、骶骨和椎骨，后命名为“柳江人”。

10 月　中山大学、广东省博物馆分别调查广东南海西樵山大型采石场和石器制作地。至 1987 年，又进行过 10 多次调查。

中国科学院考古研究所西安汉城队由黄展岳主持开始进行汉长安城南郊礼制建筑群的发掘。至 1961 年，共发掘 12 座排列有序、形制相同的方形建筑基址，据考订应为王莽所建"九庙"。

10—11 月　黄河水库考古队甘肃分队发掘永靖张家嘴遗址，发现辛店文化晚于齐家文化的地层证据。

12 月　河南省文化局文物工作队发现并发掘巩县铁生沟汉代冶铁遗址。

本年　南京市文物保管委员会发掘东晋颜氏族葬墓地。

河南省文物队清理邓县（今邓州市）学庄村一座南朝时期画像砖墓。

河北省文物队发掘金代初期巨鹿郡王时立爱及其子时丰墓。

江西省文管会发掘明嘉靖年间（公元 1522—1566 年）的益庄王朱厚烨墓。后又发掘益端王、益宣王、益定王等墓。

河北省文物队发掘北宋至元磁州窑系的邯郸观台窑址。

1959 年

1 月　中国科学院考古研究所和文化部文物局召开 13 省市考古人员参加的编写 10 年考古座谈会。

中国科学院和长江流域规划办公室组成的长江流域规划办公室文物考古队发掘湖北均县（今丹江口）朱家台遗址。

3 月　中国科学院考古研究所渭水队在陕西省邠县（今彬县）、乾县、凤翔、兴平、周至、宝鸡，甘肃省陇西、武山、天水等地进行广泛的考古调查，发现新石器时代、西周和汉唐时期遗址 220 处。

浙江省文管会发掘嘉兴马家浜遗址，后将以此为代表的新石器时代遗存命名为"马家浜文化"。

中国科学院考古研究所丰镐队开展陕西丰镐遗址的勘测与发掘。

春　中国科学院考古研究所安阳队发掘后冈、大司空村新石器时代遗存，以及苗圃北地殷代铸铜遗址。发掘工作持续至 1964 年，发现大量与熔、铸铜有关的实物资料。

中国科学院考古研究所洛阳队进行隋唐东都城址的勘察与发掘，发掘皇城南面西侧右掖门遗址。

4 月　中国科学院考古研究所青海队与青海省文管会合作，发掘都兰诺木洪塔温塔里哈青铜时代遗址。

4—5 月　中国科学院考古研究所徐炳昶率领夏墟调查组，前往河南西部登封、禹县、巩县、偃师等地区进行探查。在偃师二里头发现年代早于郑州二里冈文化、晚于河南龙山文化的大面积遗址。后由考古研究所洛阳队对二里头遗址作长时间大规模发掘。这种以二里头遗址为代表的遗存，后被命名为"二里头文化"。

5 月　黄河水库考古队发掘甘肃永靖大何庄齐家文化聚落遗址（今属临夏县），发现白灰面房基、用于祭祀的"石圆圈"，以及窖穴与墓葬等，丰富了对齐家文化的认识（发掘工作持续至 11 月）。

中国科学院考古研究所安阳队在后岗南坡发现一座殷代晚期的圆形祭祀坑。后分三次清理，共发掘 73 个个体的人骨，以及青铜器、玉器、陶器和骨器等。

6 月　山东省文管处、济南市博物馆合作，发掘大汶口附近宁阳堡头村新石器时代墓地，揭露墓葬 100 多座，后由此提出"大汶口文化"的命名。

6—7 月　黄河水库考古队陕西分队勘察陕西华阴、大荔魏长城遗址，勘察发掘华阴晋城遗址。

夏　中国科学院考古研究所西安唐城队马得志等在陕西省文管会 1957 年勘测基础上，对唐长安外郭城、宫城、皇城的范围、主要街道和里坊重新进行普探，并对东市和西市遗址作部分发掘（工作进行至 1960 年底）。

7月 四川省博物馆发掘巫山(今属重庆)大溪遗址,后将以此为代表的新石器时代遗存命名为“大溪文化”(1975—1976年又进行发掘)。

秋 中国科学院考古研究所西安唐城队着手进行大明宫北部的全面勘察。至1960年底,基本探明大明宫内宫殿分布情况。从本年冬至1960年底,又发现大明宫主殿——含元殿为中心的建筑群。

文化部文物局派出由宿白等组成的西藏文物调查组,前往拉萨、日喀则、江孜、山南、穷结(今琼结)等地区进行文物调查。

10月 长江流域规划办公室文物考古队发掘湖北郧县青龙泉遗址,判明屈家岭文化的相对年代居于仰韶文化和龙山文化相当的遗存之间(发掘工作持续至1963年5月)。

黄河水库考古队甘肃分队发掘临夏秦魏家齐家文化墓地。至1960年5月,全部揭露该墓地的南北两片9排138座墓葬。

新疆维吾尔自治区博物馆调查发掘民丰尼雅遗址、巴楚脱库孜沙来遗址等,又发掘吐鲁番阿斯塔那北区的高昌墓葬。

本年 北京大学考古专业试掘陕西华县老官台遗址,后来据此提出“老官台文化”一名。

北京大学考古专业发掘河南洛阳王湾遗址,发现仰韶文化和龙山文化的多层次堆积,提出关于当地新石器时代文化发展谱系的意见(翌年春继续发掘)。

河北省文物队发掘磁县下潘汪、武安赵窑等新石器时代遗址(翌年继续发掘)。

四川彭县(今彭州市)竹瓦街发现商末周初铜器窖藏。

安徽省文物队在屯溪市(今黄山市屯溪区)郊发掘两座具有明显地方特点的西周土墩墓,随葬大量釉陶器和一些青铜器。

陕西省考古研究所开始进行凤翔秦都雍城的调查、试掘工作。

甘肃省博物馆发掘武威磨嘴子西汉晚期墓葬,发现3本9篇《仪礼》简册及“王杖十简”。

河南省文物队发掘南阳瓦房庄汉代冶铁遗址(翌年继续发掘)。

河北省文物队发掘定县(今定州)北庄东汉中山简王刘焉墓。这是一座以石材为“题凑”的砖室墓。

福建省文管会开始发掘崇安(今武夷山市)汉代城址。

吉林省博物馆开始发掘敦化六顶山渤海墓葬。

内蒙古自治区文物队等单位合组辽中京发掘委员会,对宁城辽中京遗址进行全面勘察和重点发掘(翌年继续工作)。

南京博物院发掘淮安宋代杨氏墓群,其中两座墓有壁画,并出土一批漆器。

山西省文管会发掘侯马金大安二年(公元1210年)董氏兄弟雕砖墓。发现的杂剧俑和戏台模型是中国古代戏曲史的重要资料。

南京市文管会发掘明定远王沐晟墓,调查已被盗的黔宁王沐英墓。

南京博物院在宜兴县(今宜兴市)均山小碗窑发掘吴晋时期青瓷窑址。

陕西省考古研究所发掘铜川县(今铜川市耀州区)黄堡镇附近唐宋耀州窑址。

甘肃省进行文物普查,发现庆阳寺沟石窟寺现存大小窟龛285个,创建于北魏永平二年(公元509年)。

1960年

3月 中国科学院考古研究所山东队与山东省文管处合作,发掘潍坊姚官庄龙山文化遗址(发掘进行至7月)。

4月 中国科学院考古研究所内蒙古队试掘赤峰药王庙、夏家店遗址,将当地青铜文化区分为相当于夏商时期的夏家店下层文化和相当于西周春秋时期的夏家店上层文化(发掘进行至6月)。

河南省文物队发掘巩县稍柴二里头文化遗址。

云南省博物馆对晋宁石寨山滇墓进行第四次发掘。

4—5 月　中国科学院考古研究所安阳队安志敏等发掘小南海洞穴遗址，发现旧石器时代晚期以小型石器为特征的文化遗存。

中国科学院考古研究所山东队发掘平度东岳石村遗址，后将以此为代表的文化遗存命名为“岳石文化”。

5 月　中国科学院考古研究所山西队发掘芮城西王村遗址，后由此提出仰韶文化西王村类型的命名(发掘进行至 7 月)。

6 月　中国科学院古脊椎动物与古人类研究所由贾兰坡主持发掘山西芮城县匼河一带旧石器时代遗址，获一批旧石器时代早期石制品。后又发掘宁夏灵武水洞沟遗址，获旧石器时代晚期石制品约 2 000 件。

南京博物院第一次发掘江苏邳县(今邳州)刘林遗址，发掘一批大汶口文化墓葬(1963 年再次发掘)。

6—7 月　黄河水库考古队甘肃分队发掘临夏姬家川遗址，再次发现辛店文化晚于齐家文化的地层关系。

8 月　陕西省文管会发掘为唐乾陵陪葬的永泰公主墓(发掘持续至 1962 年)。

9 月　黄河水库考古队甘肃分队发掘临夏马家湾遗址，首次发现马家窑文化马厂类型的住房基址(发掘进行至 11 月)。

10 月　侯马市考古发掘委员会发掘队发掘牛村古城南面东周时期铸铜遗址(发掘进行至 1961 年 5 月)。

11 月　上海博物馆发掘青浦崧泽新石器时代遗址，发现一批墓葬，后由此提出“崧泽文化”的命名。

本年　陕西省考古研究所开始发掘西乡李家村遗址，发现年代早于仰韶文化的新石器时代遗存(翌年继续发掘)。

长江流域规划办公室文物考古队再次发掘湖北郧县大寺、均县朱家台和乱石滩遗址，为探讨当地与黄河流域新石器文化的关系提供重要资料。

中国科学院考古研究所洛阳队在二里头遗址中部钻探出一片面积约 1 万平方米的夯土遗迹。

内蒙古自治区文物队在满洲里市扎赉诺尔发掘一批年代约当公元 1 世纪的少数民族墓葬，有人推测其族属为拓跋鲜卑。

河南省文物队根据 1960 年调查发现的线索，发掘密县(今新密市)打虎亭两座相连的东汉大型画像石墓和壁画墓。

山东省博物馆发掘安丘董家村东汉晚期大型画像石墓。

南京博物院在南京市西善桥宫山北麓发掘一座南朝大墓，在墓壁上发现嵌砌有以“竹林七贤”为题材的巨幅拼镶砖画；南京市文管会在富贵山发现晋恭帝玄宫石碣。此后 20 年间，两单位在南京市及丹阳县(今丹阳市)境陆续发掘 10 座南朝大墓，据考订应为晋恭帝及南朝齐、梁、陈帝王陵墓。

广东省博物馆发掘韶关市附近唐张九龄墓。

河南省文物队调查鹤壁市矿区，发现北宋晚期煤矿遗迹。

厦门大学人类博物馆在福建建阳县(今建阳市)芦花坪发掘宋代建窑遗址。1971 年再次发掘。

河北省文物队发掘井陉柿庄金代尹氏家族墓群。

山西省文管会在芮城永乐宫旧址发掘元代全真教重要人物宋德方、潘德冲墓。

陕西省考古研究所调查褒斜道石门附近栈道遗迹及历代石刻。

1961 年

4—6 月 中国科学院考古研究所内蒙古队发掘宁城南山根遗址，进一步肯定夏家店下层文化与夏家店上层文化的相对年代。

6 月 中国科学院古脊椎动物与古人类研究所贾兰坡主持发掘山西芮城西侯度遗址，发现一批早更新世的石制品。

10 月 中国科学院考古研究所丰镐队清理因筑路发现的张家坡西周铜器窖藏，出土铜器 53 件。其中有铭文的 11 种共 32 件，40 字以上的 10 件，最多 99 字。

本年 江西省文管会在修水县山背村附近调查，并试掘跑马岭遗址。后据此发现新石器时代遗存，提出“山背文化”的命名。

北京大学考古实习队发掘北京昌平雪山遗址，发现龙山文化遗存及年代更早的雪山一期文化遗存。

中国科学院考古研究所丰镐队在陕西长安县沣河以东地区进行广泛调查勘测汉昆明附近斗门镇、花园村、白家庄和洛水村一带的西周遗址（勘察进行至 1962 年）。

河北省文物队开始对燕下都进行全面勘察和重点试掘。

中国科学院考古研究所西安汉城队进一步勘察汉长安城遗址，探明城内主要干道的形制，长乐宫、未央宫、桂宫及城西建章宫的范围（勘察进行至 1962 年）。

新疆考古研究所发掘伊犁地区（今伊犁哈萨克自治州）昭苏县境的土墩墓，初步推断可能是汉代乌孙人墓葬。又调查北疆石人石棺墓。

内蒙古自治区文物队在陈巴尔虎旗完工地区发掘一批年代可能早于公元 1 世纪的少数民族墓葬。

中国科学院考古研究所西安唐城队对唐长安城城墙、街道、坊市作全面复查与核实，据以绘制唐长安城遗址实测图与复原图。并多次发掘西市等遗址。

中国科学院考古研究所洛阳唐城队进一步勘察隋唐洛阳城遗址。至 1963 年 6 月，对洛河南北两岸街道和里坊分布以及市场位置进行了全面探查，并对个别坊里作重点勘察（1965 年秋又对其进行复查）。

北京市文物队发掘辽应历八年（公元 958 年）赵德钧墓。

中国科学院考古研究所业务人员上百人调往陕西、山西、山东、江苏、浙江、福建、湖北、内蒙古、青海、新疆等地区的文物单位以及其他单位。

1962 年

2 月 陕西省文管会开展临潼秦始皇陵园的勘察工作。

5 月 中国科学院考古研究所内蒙古队发掘巴林左旗富河沟门遗址，后由此命名为“富河文化”。同时又发掘南杨家营子遗址，从地层上表明富河文化的年代晚于红山文化（发掘进行至 7 月）。

夏 中国科学院考古研究所洛阳队开展汉魏洛阳城址勘察工作，经钻探、试掘，初步探明大城垣墙、门阙、街道、城壕的位置，宫城、金墉城、永宁寺及城南“三雍”遗址大致范围。1963 年进一步勘察。

9 月 中国科学院考古研究所山东队发掘曲阜西夏侯遗址。第一次从地层上明确大汶口文化的年代早于山东龙山文化（1963 年 10—11 月进行第二次发掘）。

秋 中国科学院考古研究所安阳队发掘大司空村等遗址，根据地层关系，将殷墟文化进一步划分为早晚相承的 4 期。

本年 江西省文管会发掘万年仙人洞遗址，当时估计其早期文化遗存的年代在公元前 5000 年以前（1964 年进行第二次发掘）。

甘肃省博物馆发掘武山石岭下遗址，后将其文化遗存作为马家窑文化早期阶段的“石岭下类型”。

中国科学院考古研究所、陕西省考古研究所、陕西省文管会合作发掘岐山礼村遗址。翌年，陕西省考古研究所在岐山县境进行调查发掘，中国科学院考古研究所在扶风县境调查齐家、庄白、召陈、康家等遗址，并发掘齐家村遗址。

广东省博物馆在清远县(今清远市)境发掘一座年代相当于东周时期的墓葬，出土有略具地方特点的青铜容器。后这类墓葬在德庆、肇庆、四会及广西恭城等地也有发现。

陕西省文管会开始勘察汉武帝茂陵。后陆续勘察西汉诸陵。

吉林省博物馆对集安县(今集安市)洞沟地区高句丽墓群，以及邻近的关隘、城堡遗址，进行全面普查。后陆续发掘多座。

内蒙古自治区文物队对辽上京遗址进行勘测。

河北省文物队发掘曲阳涧磁村宋定窑遗址。

1963 年

4 月　中国科学院考古研究所内蒙古队发掘赤峰蜘蛛山遗址，发现红山文化、夏家店下层文化、夏家店上层文化和战国至汉初的 4 层文化堆积。

7 月　中国科学院古脊椎动物与古人类研究所在陕西蓝田县陈家窝村发现一件直立人下颌骨化石，地质年代属中更新世。

敦煌文物研究所发掘莫高窟窟前殿堂遗址，清理出一批五代、宋、西夏和元代的佛寺遗迹。

9—11 月　中国科学院考古研究所派出东北考古队，前往东三省和内蒙古东部地区进行广泛的调查发掘。其中第一组在沈阳、鞍山、抚顺、大连、旅顺(今大连市旅顺口区)、金县(今大连市金州区)和赤峰、宁城等地，调查新石器时代与青铜时代遗址和墓地；第二组在吉林、集安、延吉、和龙、敦化、珲春和桓仁、宁安等地，调查高句丽时代与渤海时代的遗址(城址)和墓地。

冬　文化部文物局四川省文管会在四川江油县(今江油市)窦圌山云岩寺发现南宋淳熙八年(公元 1181 年)所建飞天藏殿。

本年　中国科学院古脊椎动物与古人类研究所发掘山西朔县(今朔州)峙峪旧石器时代晚期遗址，后将其文化遗存命名为“峙峪文化”。

南京博物院发掘江苏邳县大墩子遗址。

北京大学考古专业与甘肃省博物馆合作发掘兰州青岗岔遗址，发现相当完好的马家窑文化半山类型的房址。

陕西宝鸡贾村出土一批西周铜器，其中的何尊有铭文 122 字，内容涉及成王营建洛邑事。

四川大学历史系和四川省博物馆试掘广汉月亮湾遗址，再次发现圭、璋、琮、璧等玉石器。

云南省博物馆发掘昭通后海子东晋太元年间的霍承嗣墓，墓内壁画反映当时云南的民族关系情况。

河南省文物队发掘焦作市附近金代雕砖、壁画和画像石墓。

河南省文物队在鹤壁市境汤、淇两河沿岸发掘宋元时期民间窑址。

甘肃省文物队再次调查炳灵寺石窟，在第 169 窟第一次发现十六国时期西秦建弘元年(公元 420 年)的墨书题记。

1964 年

春　中国科学院考古研究所洛阳队在汉魏洛阳故城南郊发掘东汉时期刑徒墓地。

中国科学院考古研究所东北队一组在辽宁旅大地区发掘将军山、楼上、岗上、尹家村、双砣子等新石器时代和青铜时代遗址；东北队二组发掘黑龙江宁安县(今宁安市)境内渤海上京龙泉府遗址和吉林敦化六顶山渤海贵族墓地。秋季继续发掘。

5 月　中国科学院古脊椎动物与古人类研究所由贾兰坡主持，发掘陕西蓝田公王岭遗址，先后发现早更新世的直立人牙齿和头骨化石，后经测定，其年代距今100多万年，称为“蓝田人”。

山东省文管处、山东省博物馆开始对临淄齐国故城进行全面勘察和重点发掘。

冬 中国科学院古脊椎动物与古人类研究所由裴文中主持，开始发掘贵州黔西观音洞遗址，后将其石制品等文化遗存命名为“观音洞文化”。

本年 台湾大学考古人类学系发掘台北市郊大坌坑遗址，上层遗存属圆山文化，下层遗存被命名为“大坌坑文化”。

中国科学院考古研究所洛阳二队从1960年以来进行的二里头遗址发掘，已进行8个季度，共揭露8 000余平方米。遗址中部发现大片夯土遗迹，经连年发掘确认其为一处宫殿基址（1号宫殿基址）。

洛阳市文管会开始清理洛阳市东郊庞家沟一带西周墓地（工作进行至1996年夏）。

南京博物院在江苏六合县（今南京市六合区）程桥附近，第一次发现并发掘春秋晚期吴国贵族墓葬。

河南省文物队开始对新郑郑韩故城进行全面勘察和重点发掘。

四川大学历史系在川西北理县、汶川地区调查发现一批石棺葬，墓主可能属汉代西南夷中的冉駹人。

云南省文物队在祥云县大波那发掘一座木椁铜棺墓。

北京市西郊八宝山附近发现汉幽州书佐秦君神道阙残石。

南京市文管会清理东晋太宁元年（公元323年）谢鲲残墓。

河北省文物队发掘定县北魏太和五年（公元481年）塔基。

甘肃省博物馆发掘唐延载元年（公元694年）所建泾川大云寺塔基及其地宫，出土金棺银椁等文物。

云南省文物队勘测唐代南诏国都太和城遗址。

南京工学院（今东南大学）建筑系调查、实测河南巩县北宋帝陵。

中国科学院考古研究所与北京市文物工作队合作组建元大都考古队，由徐苹芳主持进行元大都遗址勘察和发掘。截至1966年初，先后勘察元大都城郭、街道、河湖水系等遗迹，并发掘几处不同类型的居住遗址。

1965年

1月 南京市文物保管委员会在南京市象山发现东晋琅琊王氏族墓群。本年发掘咸康七年（公元341年）王兴之夫妇墓，后又发掘其他几座墓葬。

春 中国科学院考古研究所安阳队在安阳市豫北纱厂发掘遗址与墓葬，其中有车马坑和一条墓道的大墓各一座。

中国科学院考古研究所东北队一组发掘辽宁沈阳市郑家洼子、肇工街两地青铜时代墓葬；东北队二组勘察吉林集安县附近高句丽遗址和墓葬。

5月 1日，地质部地质研究所考察组在云南元谋县上那蚌村附近发现两枚属直立人阶段的人类牙齿化石，后命名为“元谋直立人”。又经多次发掘，发现少量石制品、大量炭屑及丰富的动物化石，判明其层位地质年代为早更新世；后经多次测定其层位年代，为距今170万年左右。

8月 陕西省文管会在咸阳市杨家湾村北汉高祖长陵两座陪冢近旁，发掘10座从葬坑，出土2 600多件彩绘陶俑。

秋 元大都考古队在北京市新街口附近后英房发掘一所大型住宅遗址。

10月 湖北省博物馆在江陵县（今荆州市荆州区）楚纪南城附近望山和沙冢发掘3座楚墓，出土越王勾践剑等珍贵文物。

11月 山西省考古研究所在侯马晋国故城南发掘一处春秋晚期盟誓遗址，发现1 000多片朱书

“盟书”。

12月 中国科学院考古研究所建成碳十四断代实验室，开始测定出中国第一批考古标本年代数据。

本年 南京博物院发掘铜山丘湾商代社祀遗址。

沈阳故宫博物馆在沈阳市郑家洼子发掘一批青铜短剑墓，出土较多的青铜兵器、用具和马饰。

北京市文物队在北京市西郊八宝山附近发掘西晋永嘉元年（公元307年）王浚妻华芳墓。

山西大同市博物馆发掘北魏太和八年（公元484年）琅琊王司马金龙墓。

洛阳市博物馆发掘北魏建义元年（公元528年）常山王元邵墓。

辽宁省博物馆发掘北燕冯素弗墓。

1966年

春 中国科学院古脊椎动物与古人类研究所在周口店北京猿人遗址发现一头盖骨断片，与1934年出土的5号头盖骨碎片拼接成一个较完整的中年男性头盖骨。

中国科学院考古研究所元大都队在北京市进行金中都遗址的勘察，探明外郭城、宫城和皇城范围，城门位置，以及主要宫殿、街道等遗迹。

本年 西藏喜马拉雅山南坡聂拉木县附近发现打制石器。

1967年

湖南省博物馆对澧县梦溪三元宫遗址进行小规模试掘。

甘肃省博物馆发掘灵台白草坡西周墓。

湖北省鄂城县博物馆清理东吴孙将军墓。

湖北省黄石市西塞山发现宋代钱窖，出土铜钱22万斤。这是明代以来当地第六次发现钱窖。

长江流域规划办公室文物考古队开始调查长江上游历史上洪水和枯水的碑刻等有关资料。翌年继续进行。

1968年

6月 中国科学院考古研究所、河北省文物队合作发掘满城县陵山因部队施工发现的两座大型汉墓。其中1号墓为中山靖王刘胜、2号墓为刘胜之妻窦绾。两墓第一次出土保存较好并完整复原的“金缕玉衣”。

本年 台湾大学考古人类学系发掘台东县长滨乡八仙洞遗址，其第三层属旧石器时代晚期遗存，命名为“长滨文化”。

1969年

春 中国科学院考古研究所安阳队在殷墟西区进行大规模的钻探和发掘。至1977年，先后发掘分属若干墓区的934座商代小型墓葬和5座车马坑。

夏 中国科学院考古研究所元大都队发掘北京西直门拆除工程中发现的元和义门瓮城城门遗址。又在雍和宫后发掘一处元代住宅遗址。

10月 甘肃省博物馆清理武威县雷台一座东汉晚期砖室墓，出土一批铜车马武士仪仗俑及铜奔马等珍贵文物。

1970年

4月 中国科学院考古研究所与四川省博物馆合组成都明墓发掘队，在凤凰山发掘朱元璋之孙、蜀世子朱悦燫墓（发掘进行至6月）。

秋 长江流域规划办公室文物考古队第二次组织水文考古队，对长江宜昌至重庆段进行历史水文的调查工作。

10月 陕西西安市南郊何家村发现唐代金银器窖藏，出土金银器皿205件，是历年出土唐代金银器最多的一批。

本年 陕西省文管会等单位开始发掘咸阳杨家湾汉高祖长陵两座陪冢，墓主可能是周勃和周亚夫。

山东省博物馆在曲阜县(今曲阜市)九龙山发掘4座属鲁恭王一系的西汉大型崖墓。
山东省博物馆在邹县(今邹城市)九龙山发掘明太祖朱元璋子鲁荒王朱檀墓。
南京市博物馆发掘明洪武四年(公元1371年)东胜侯汪兴祖墓。

1971年

1月 河南省博物馆、洛阳市博物馆开始对1969年发现的隋唐东都城内含嘉仓进行钻探发掘。判明三仓城范围、粮窖分布和结构,发现粮窖259座,估计一座粮窖可能藏粮约50万斤。

春 中国科学院考古研究所安阳队发掘后冈仰韶文化遗址、30多座殷代和战国墓葬。其中铲探到殷代带墓道大墓4座,发掘3座。

7月 陕西省文管会等单位发掘为唐太宗昭陵陪葬的尉迟敬德墓,为唐高宗和武则天乾陵陪葬的章怀太子墓、懿德太子墓。

12月 中国科学院考古研究所安阳队在小屯西地发掘,发现21片较完整的卜用牛肩胛骨,其中10片有刻辞。

本年 中国科学院古脊椎动物与古人类研究所发掘湖北大冶石龙头洞穴遗址,出土一批旧石器时代早期文化遗存。
台湾台南县左镇乡菜寮溪发现一块人类右顶骨残片,后又陆续发现顶骨、额骨和牙齿,被称作"左镇人"。
河南省博物馆发掘淅川下王岗遗址,发现仰韶、屈家岭、河南龙山文化3个时期的遗存。后发现长80多米的仰韶文化多间组成的长屋。
山东省博物馆等单位发掘邹县野店大汶口文化遗址(翌年继续发掘)。
广西壮族自治区文物队在合浦县望牛岭发掘一座西汉晚期木椁墓。
四川省博物馆、成都市文管会清理五代后蜀皇帝孟知祥墓。
中国科学院考古研究所为阿尔巴尼亚修复两部世界闻名的"培拉特圣经古抄本"羊皮书。

1972年

3—4月 中国科学院考古研究所安阳队在孝民屯南地发掘、在安阳首次完整地剥剔出一辆殷代木车。
中国科学院考古研究所北京队与北京市文管处合作,由徐苹芳主持发掘后英房元代遗址主院和西院。后又发掘安定门、鼓楼豁口等地元代居住遗址10余处(工作进行至1974年)。

4月 山东省博物馆发掘临沂银雀山两座西汉墓,出土《孙子兵法》、《孙膑兵法》、《元光元年历谱》等竹简。

5月 湖南省博物馆、中国科学院考古研究所等单位发掘长沙马王堆西汉早期长沙国丞相轪侯利仓及其家属的3座大型木椁墓,发现保存完好的女尸、丝织衣物、帛书、帛画和漆器(发掘清理工作进行至1973年)。

7月 史语所由张光直主持开展"台湾省浊水、大肚两溪流域自然与文化史科际研究计划"(该项课题进行至1974年)。

8月 内蒙古自治区文物队和博物馆发掘和林格尔东汉晚期壁画墓,墓主官至"使持节乌桓校尉"(发掘清理至1973年)。

秋 中国科学院考古研究所二里头队继续发掘二里头遗址,将前已发掘的1号宫殿基址全部揭露(发掘进行至1973年秋季)。
甘肃省博物馆展开额济纳河流域汉代烽燧遗址的勘察,并发掘破城子甲渠候官、甲渠第四燧和肩水金关三遗址,新获木简2.3万余支。

10月 南京博物院开始发掘吴县草鞋山遗址(今属苏州市吴中区)。至1973年7月,两次发掘1 050平方米,发现马家浜文化、崧泽文化、良渚文化的大批遗存,首次确认良渚文化的玉器。
中国科学院考古研究所西安唐城队发掘唐长安外部城南面正中的明德门遗址(发掘进行至

1973 年 1 月)。

11 月 云南省博物馆发掘元谋大墩子新石器时代遗址(发掘进行至 1973 年 1 月)。

河北藁城台西村商代遗址发现一件铁刃铜钺，后经北京钢铁学院(今北京科技大学)鉴定分析，判定铁刃系用陨铁锻成。

冬 中国科学院古脊椎动物与古人类研究所发掘贵州桐梓岩灰洞遗址，发现两枚牙齿化石。

本年 中国科学院古脊椎动物与古人类研究所发掘四川汉源县富林镇附近旧石器时代晚期遗址，后由此命名为“富林文化”。

西安半坡博物馆开始发掘临潼姜寨仰韶文化遗址。至 1979 年底，11 次发掘面积 1.7 万多平方米，全面揭露出一座半坡类型聚落址。

郑州市博物馆开始发掘大河村遗址，发现保存较好的仰韶文化多间相连的地面建筑址。

黑龙江省博物馆发掘密山县(今密山市)兴凯湖畔新开流遗址，属以渔猎为主的新石器时代遗存，命名为“新开流文化”。

山东省博物馆发掘临淄河崖头春秋晚期石椁大墓，该墓殉葬坑埋马 600 多匹。

河北省文管处、邯郸市文保所钻探判明赵都邯郸外郭城范围，西南与“赵王城”邻近。

四川省博物馆在涪陵县(今重庆市涪陵区)小田溪发掘 3 座巴国贵族墓，出有巴蜀式青铜器和中原式青铜编钟、带铭文秦戈等。

甘肃省博物馆在武威县旱滩坡发掘一座东汉早期墓葬，出土一批医药简牍。

甘肃省博物馆开始在嘉峪关市新城地区发掘魏晋时期墓葬。至 1977 年共发掘 16 座，其中 7 座墓的壁画或画砖内容，反映出当时河西地区社会生活特点。

陕西省文管会和昭陵文管所发掘为唐太宗昭陵陪葬的张士贵、郑仁泰、阿史那忠及临川公文、越王李贞等人墓葬。

宁夏博物馆调查贺兰山东麓西夏王陵。

贵州省博物馆发掘遵义高坪播州土司杨氏家族墓地。

浙江省博物馆开始在上虞县(今上虞市)境曹娥江两岸调查，发现许多东汉至宋代陶瓷窑址。

景德镇陶瓷历史博物馆试掘五代至明末湖田窑址。

1973 年

6 月 广西博物馆、桂林市文管会发掘桂林甑皮岩洞穴遗址，发现一批公元前 7000—前 5000 年的新石器文化遗存(发掘进行至 9 月)。

中国科学院考古研究所与黑龙江省博物馆合组黑龙江流域考古队，进行东北边境地区田野考古工作，发掘年代相当于南北朝至唐代绥滨同仁遗址(发掘进行至 10 月)。

9 月 山西省文物工作委员会发掘沁水县境中条山区下川盆地细石器地点，获大批旧石器时代晚期后一阶段的文化遗存，后称为“下川文化”。

秋 中国科学院考古研究所安阳队在安阳市小屯南地发掘，发现 7 000 多片卜骨和卜甲，其中有刻辞的甲骨 5 041 片。这是自 1928 年开展殷墟发掘以来，第二次集中大批量出土甲骨文，对甲骨文断代有重要意义(发掘工作继续进行至 12 月)。本年还发掘北辛庄南地骨料坑。

中国科学院考古研究所与北京市文物管理处合组琉璃河考古队，根据 1972 年发现的线索，探明琉璃河黄土坡附近西周早期燕国墓地，并开始大规模发掘，接连发现带有“匽侯”铭文的铜器，还发现西周时期城址，为探寻周初燕都提供线索。

中国科学院考古研究所洛阳队继续发掘汉魏洛阳城南太学遗址(发掘工作断续至 1980 年)。

10 月 沈阳市文物管理办公室发掘沈阳新乐遗址，发现一批煤精制品及细石器、石磨盘与石磨棒、陶器等。1978 年 5—11 月又发掘清理一座保存较好的房址。经测定，其年代距今 7 000 年前后。命名为“新乐文化”。

湖北大冶县(今大冶市)铜绿山发现东周时期铜矿遗址。11 月,湖北省博物馆等单位开始发掘。

中国科学院考古研究所西安唐城队勘察发掘青龙寺遗址,揭露青龙寺西部一座殿堂遗址和一座塔基。1979—1980 年继续勘察发掘,进一步判明青龙寺范围及布局情况。

10—11 月 中国科学院考古研究所山东队与潍坊地区艺术馆合作,发掘潍县鲁家口遗址(今属潍坊市寒亭区)。发现 11 座龙山文化地面建筑基址。

11 月 浙江省文管会、博物馆开始发掘余姚河姆渡遗址,发现年代接近公元前 5000 年的大片木构干栏式建筑遗迹、栽培稻遗存和大量特征鲜明的文化遗物,后命名为“河姆渡文化”。这一发现改变了只有黄河流域才是中华远古文化摇篮的传统观点,并表明栽培稻的起源在距今 7 000 年以前。

夏鼐、王冶秋率领中国文物考古代表团赴英国伦敦出席中国在境外举办的“中华人民共和国出土文物展览”开幕式。

本年 内蒙古博物馆在呼和浩特市大窑村附近发现旧石器时代石器制作场。

辽宁省博物馆发掘阜新胡头沟红山文化墓葬,首次在墓中出土红山文化玉器。

广东省博物馆开始发掘曲江石峡遗址。至 1976 年清理新石器时代晚期墓葬 64 座,出土一批陶、石、玉器。1977 年据此命名为“石峡文化”。

山东省博物馆发掘日照东海峪遗址,从地层上找到大汶口文化过渡到山东龙山文化的证据(发掘延续至 1975 年)。

云南省博物馆发掘宾川白羊村遗址(翌年继续发掘)。

河南省博物馆文物队从本年起至 1978 年,在郑州商城东北发现数十处二里冈期夯土台基,已发掘的 3 座都长数十米、宽十余米,有成排柱础,进一步表明是当时的宫殿区。

河北省文管处发掘藁城台西商代遗址,判明其早期遗存与二里冈上层接近,晚期遗存与殷墟前期大致相当(1974 年继续发掘)。

内蒙古自治区文物队发掘杭锦旗桃红巴拉战国早期匈奴墓。

陕西省文管会、咸阳地区文管会、咸阳市博物馆等单位合作,开始进行秦咸阳宫遗址的大规模发掘。

湖北省博物馆等单位合作在江陵县凤凰山发掘 8 座西汉文景时期墓葬,出土一批简牍,反映出当时田租、赋税等方面情况(发掘持续至 1975 年)。

山东省博物馆发掘临淄北朝崔氏墓地(共 14 座)。

山西省文物工作委员会发掘寿阳北齐河清元年(公元 562 年)顺阳王库狄迴洛墓。

陕西省文管会在三原县发掘为唐高祖献陵陪葬的贞观四年(公元 630 年)李寿墓。

安徽省博物馆清理合肥市东郊北宋包拯及其家族墓地。

河南省文物队发掘禹县钧台及八卦洞附近宋代钧窑遗址。

1974 年

3 月 陕西省文管会开始对秦始皇陵陵园进行全面复查,发现通往地宫的甬道和陵墓东侧的兵马俑坑。

广东省博物馆在西沙群岛进行考古调查,发现一批唐宋时期中国人民开发南海诸岛的遗存(1975 年继续调查)。

春 中国科学院考古研究所内蒙古队开始发掘敖汉旗大甸子墓地。至 1977 年,发掘夏家店下层文化墓葬近 700 座。一些大墓中出土的鬶、爵等陶器形制与二里头文化相似,某些彩绘陶纹饰图案与商周铜器有某种联系。

4 月 福建省博物馆等单位发掘泉州湾后渚港一艘南宋末年海船,舱内发现有出产于南洋诸国的香料和胡椒等。

7月 青海省文管处、中国科学院考古研究所青海队合作,开始大规模发掘乐都柳湾墓地。至1978年共发掘墓葬1 500座,其中半数以上属马家窑文化马厂类型,其次属半山类型和齐家文化,少数为辛店文化。这是中国史前时期考古中成批发掘墓葬最多的地点。

8月 北京市文物管理处发掘大葆台1号大型汉墓。1975年4月发掘2号墓。在1号墓中首次发现保存完整的“黄肠题凑”结构。两墓可能是西汉后期广阳顷王刘建夫妇合葬墓。

9月 中国科学院考古研究所山东队、潍坊地区艺术馆合作发掘胶县(今胶州)三里河遗址,发现一批大汶口文化晚期和龙山文化的墓葬,清理确认一座大汶口文化晚期的室内地窖式粮仓(1975年继续发掘)。

中国科学院考古研究所、山西省文物工作委员会、中国历史博物馆(今中国国家博物馆)合作,开始发掘夏县东下冯遗址(1979年结束)。其主体遗存被称为“二里头文化东下冯类型”。

秋 湖北省博物馆、北京大学考古专业合作勘察发掘黄陂盘龙城商代中期城址,揭露城内东北部一座宫殿基址和城址附近贵族墓地。1963年曾在此发掘两座商时期的墓葬。

11月 河北省文管处开始调查战国时期中山国晚期都城灵寿故址,发掘中山国墓葬,两座为王陵。1号墓主为中山王嚳,出土包括“中山王陵兆域图”铜版在内的随葬品达1.9万余件。其中铁足大鼎、方壶和中山王所作圆壶,共有铭文1 101字,说明中山王世系及有关史实,合称“中山三器”(发掘进行至1978年)。

冬 中国科学院考古研究所洛阳队在汉魏故城南郊发掘汉晋时期灵台遗址。这是中国已发掘的一座年代最早的天文观测台遗迹(发掘进行至1975年春季)。

本年 辽宁省博物馆开始发掘营口金牛山旧石器时代遗址(今属大石桥市)。

甘肃省博物馆发掘兰州王保保城马家窑文化墓地。

陕西省宝鸡市博物馆开始发掘茹家庄弜国墓地。本年发掘的两座西周昭、穆时期墓葬,墓主为弜伯及其夫人井姬(翌年继续发掘)。

湖南省博物馆发掘长沙陡壁山西汉文景时期某代长沙王后曹𡺚墓(发掘进行至1975年)。

洛阳博物馆发掘北魏孝昌二年(公元526年)江阳王元乂墓,墓顶绘有星象图。

宁夏回族自治区博物馆发掘西夏王陵中的8号陵。

河北省文管处在宣化县下八里村(今属张家口市宣化区)发掘辽天庆六年(公元1116年)张世卿墓,墓顶绘有天文图。

辽宁省博物馆发掘法库叶茂台辽代中期墓群。其中7号墓出有保存较好的丝织衣物、漆器和绢画等,石棺之外罩有木质“棺床小帐”。

1975年

3月 湖北省博物馆约请河南、湖南、上海等省市文博单位及北京大学、四川大学、厦门大学、南京大学、吉林大学等考古专业,共同进行楚都纪南城大规模勘察和发掘工作,初步判明整个城垣构筑情况及城内夯土建筑基址分布,发掘西垣一座城门和30号宫殿基址。

春 中国科学院考古研究所河南二队发掘临汝(今汝州)煤山遗址,提出河南龙山文化煤山类型概念,并分为一、二期,认为二里头文化是从煤山类型一、二期直接发展而来(秋季继续发掘)。

秋 中国科学院古脊椎动物与古人类研究所根据1974年雁北调查发现的线索,发掘山西阳高许家窑旧石器时代遗址。1976年、1977年、1979年又进行发掘。发现人化石20件,分属10多个不同个体,石制品1.4万余件,其年代约距今10万年,分别命名为“许家窑人”和“许家窑文化”。

中国科学院考古研究所山东队与济宁地区文化局合作,开始发掘兖州王因遗址。至1978年共揭露大汶口文化早期墓葬近900座,其中有不少同性合葬和不同性别年龄的多人二次合葬。

中国科学院考古研究所西安汉城队开始勘察发掘长乐、未央二宫之间武库遗址。发现平面呈长方形的围墙和7座大型库房基址,发掘的两座出土大量铁质兵器。

12月　湖北省博物馆发掘云梦县睡虎地的12座秦汉墓,其中一座出土110余枚记有秦始皇时期法律等内容的竹简。

本年　中国科学院古脊椎动物与古人类研究所在湖北郧县龙骨洞发现属直立人阶段的人类牙齿化石和石制品。

黑龙江右岸呼玛县十八站发现一处旧石器时代遗址,出土千余件石制品,这是中国发现的纬度最高的一处旧石器时代遗址。

洛阳市博物馆开始发掘洛阳市北窑附近西周铸铜遗址。

陕西省岐山县董村发现一处西周中期铜器窖藏,所出铜器中有反映当时土地交换和纠纷等情况的"裘卫四器"。

山东省博物馆等单位发掘莒南县大店镇附近两座莒国贵族墓葬。

广州市文管处发掘广州市内一处秦汉时期遗址。

云南省博物馆在楚雄县(今楚雄市)万家坝发掘79座古墓,出有铜鼓、羊角状纽钟及自成一系的兵器和工具。墓主可能是汉代以前西南夷中的靡莫之属或昆明人。

四川省西昌、冕宁、喜德、德昌等地发现并发掘数十座大石墓。墓主可能是汉代西南夷中的邛都人。

河北磁县发现北齐武平七年(公元576年)高润墓。

南京博物院、扬州市博物馆等单位在扬州市西扫垢山发掘唐代金属熔铸和雕刻制骨的手工业作坊遗址。1977—1978年继续发掘。

福建省博物馆发掘福州南宋淳祐三年(公元1243年)黄昇墓,出土大量保存良好的丝织衣物。

江苏省金坛县文化馆在茅山东麓黑龙岗发掘南宋景定二年(公元1261年)周瑀墓,尸体完好,出土大量丝织衣物和一轴绢本牒文。

辽宁省博物馆在鞍山市郊千山脚下发掘明代崔源及其家族的19座墓。其墓志记载有与奴尔干都司有关的史实。

1976年

3月　陕西省文管会、北京大学和西北大学考古专业等单位共同进行周原遗址的大规模勘察发掘。在岐山县凤雏村揭露一处西周中晚期完整院落址,并在一个窖穴中发掘1.7万片卜甲和卜骨,刻辞的近300片、600多字;在扶风县召陈村发现15座西周中晚期大型宫殿式建筑基址;在庄白村发现一处西周铜器窖藏,出土包括史墙盘等微氏家族铜器群在内的103件铜器(发掘持续至12月)。

4—6月　中国科学院考古研究所安阳队在殷墟王陵区1400号大墓和武官村大墓的南面,揭露埋有上千人牲的191座祭祀坑,并发掘武官村大墓南墓道。

5月　中国科学院考古研究所安阳队在小屯村西北发掘"妇好"墓,出土大批精美的铜器和玉器,是殷墟现已发掘的王室墓葬中保存最完整的一座。

11月　河北省文管处发掘武安磁山遗址,获得一批距今七八千年的文化遗存,并发现大量贮藏粟粒的地窖式粮仓,后被命名为"磁山文化"(发掘进行至翌年4月)。

冬　河南省安阳地区文管会发掘汤阴白营遗址,发现河南龙山文化时期排列有序的大批房址(1977年、1978年继续发掘)。

本年　山东省昌潍地区文物管理组发掘诸城呈子遗址,发现一批大汶口文化和龙山文化的遗存(翌年继续发掘)。

陕西临潼县(今西安市临潼区)段村发现一处西周铜器窖藏,其中有武王征商史实的利簋。

广西壮族自治区文物队在贵县罗泊湾(今属贵港市港北区)发掘一座西汉前期木椁墓(1号),椁室底板下殉葬7人,出土较多的铜器和漆器。许多漆器上烙印"布山"等戳印。后又发掘2号墓。

洛阳市博物馆发掘邙山南麓烧沟村西汉晚期卜千秋壁画墓。

天津市文物管理处在武清县(今武清区)发掘东汉延熹八年(公元165年)雁门太守鲜于璜墓(1973年曾出土该墓墓碑)。

新疆维吾尔自治区博物馆调查并发掘帕米尔高原塔什库尔干塔吉克自治县附近香宝宝墓地,又在乌鲁木齐市阿拉沟发掘几座另具特点的竖穴木椁墓(发掘进行至1977年),墓主可能与汉代西域的塞种人有关。

山西省文物工作委员会等单位在大同市方山清理发掘北魏太和十四年(公元490年)入葬的文明皇太后冯氏永固陵,调查孝文帝寿陵"万年堂"。

福建省博物馆、厦门大学历史系等单位发掘德化宋元之际屈斗宫窑址。

云南省博物馆在加固维修大理崇圣寺三塔工程中,清理三塔塔顶和塔基时,发现大批大理时期佛教文物。

1977年

3月　山东省博物馆等单位对曲阜鲁国故城进行较大规模勘察发掘(发掘进行至1978年)。

3—4月　中国科学院考古研究所洛阳二队与商丘地区文管会合作,发掘永城王油坊遗址和柘城商代遗址,前者是豫东地区发掘面积较多的一处河南龙山文化遗址,由此提出"王油坊类型"。

春　开封地区文管会、郑州大学考古专业发掘新郑裴李岗遗址,发现距今七八千年的文化遗存,后被命名为"裴李岗文化"(翌年继续发掘),由此展开裴李岗文化的全面探索研究。

河南省博物馆文物队、中国历史博物馆考古部合作,开始发掘登封王城岗遗址。至1981年春揭露面积8 000多平方米,发现两座面积分别约1万平方米、东西相连的河南龙山文化中、晚期城址。

中国科学院考古研究所北京队与北京市地质局水文一大队合组地震考古组,开展北京地区历史地震调查工作(工作进行至1978年10月)。

4月　中国科学院考古研究所安阳队在妇好墓附近发掘两座殷代贵族墓,其中一座随葬品较多,铜器有"子渔"等铭文。又在白家坟西北地清理带墓道的大墓4座。

秋　中国科学院考古研究所宝鸡队对北首岭遗址进行补充发掘,明确遗址下层堆积的文化面貌(翌年春继续发掘)。

中国科学院考古研究所二里头队在二里头遗址中部发掘2号宫殿式建筑基址,形制与1号宫殿基址相仿,也是周绕回廊的建筑,同样始建于二里头三期。建筑基址后部还发现一座同时期的大墓(发掘进行至1978年底)。

10—12月　河南省博物馆文物队发掘密县莪沟遗址,出土遗存文化面貌与裴李岗遗址的相同(翌年3—5月继续发掘)。

本年　湖北省博物馆、孝感地区博物馆等单位发掘黄陂鲁台山两周遗址和墓葬,发现西周早期带墓道的墓和有铭铜器(发掘工作延续至1978年)。

陕西省文管会开始勘察位于凤翔雍城遗址南面的春秋时期秦公陵园,经持续10年的勘察,共发现13座秦公陵园。开始发掘规模最大的1号大墓。

安徽省文物队、阜阳地区博物馆发掘阜阳双古堆西汉汝阴侯墓,出土《仓颉篇》、《诗经》、《周易》等竹简和其他重要文物。

青海省文管处考古队发掘大通上孙家汉墓,其中一座是入居中原已久的南匈奴首领,随葬有“汉匈奴归义亲汉长”铜印。

贵州省博物馆在赫章县可乐地区发掘近200座墓葬,可能是与汉代西南夷夜郎有关的文化遗存(翌年继续发掘)。

浙江省文管会在上虞县帐子山发现两座东汉时期龙窑残基。

1978年

3月 陕西大荔县解放村甜水沟发现一具保存相当完整的早期智人头骨化石。同年10、11月和1980年秋,西北大学地质系、中国科学院古脊椎动物与古人类研究所两次发掘获得一大批石制品和动物化石,并确定其埋藏的地质时代为中更新世末期。

春 中国社会科学院考古研究所山西队与临汾地区文化局合作,开始大规模发掘襄汾陶寺遗址。至1985年,揭露面积8 000平方米,由此确认龙山文化的陶寺类型(后又提出“陶寺文化”一名),墓地部分发掘的1 300多座墓葬,等级差别十分明显。少数大墓使用木棺,棺内铺硃砂,随葬鼍鼓、土鼓、石磬、龙盘等彩绘陶器与木器、玉石器及猪下颌骨等,其规格似接近“王墓”。遗址中还出土朱书在陶器残件上的“文字”。

4月 中国社会科学院考古研究所西安汉城队发掘长乐宫第1号建筑遗址,据位置、布局并结合文献记载分析,可能是长信宫。

5月 西藏自治区文管会、四川大学考古专业共同发掘昌都卡若新石器时代遗址,发现许多石砌房基。这是在西藏高原进行的第一次考古发现,后由此命名为“卡若文化”(1979年继续发掘)。

中国社会科学院考古研究所安阳队在殷墟王陵区西部几座“亚”字形大墓间隙处,发掘一座殷墟早期“甲”字形大墓,出土盗余物品中有800余片白陶碎块,数量超过此前殷墟发掘所获白陶的总和。另还发掘40座祭祀坑。

湖北省博物馆等单位发掘随县擂鼓墩曾侯乙墓(今属随州市曾都区)。其木构椁室面积达200平方米,出土各种礼、乐、车、兵等青铜器总重量达10余吨。其中一套曾侯乙编钟有60多件,挂在一座曲尺形三层钟架上,总音域跨至5个八度,可以“旋宫转调”。该墓木构椁室规模之大,出土文物数量之多、制作之精,都是已知战国墓中前所未见的。

8月 中国社会科学院考古研究所泾渭队开展“先周文化探索”的研究。至1979年,在泾渭地区踏察古文化遗址数百处,对先周文化遗址分布状况有初步了解和认识。

秋 中国社会科学院考古研究所山东队与山东滕县博物馆合作发掘北辛遗址,发现地层关系和文化特点上明显早于大汶口文化而又有承传关系的北辛文化(发掘进行至1979年)。

中国科学院考古研究所湖北队发掘枝江关庙山遗址,首次发现保存较好的大溪文化地面建筑,并从地层上再次证实大溪文化、屈家岭文化和石家河文化的相对年代(发掘进行至1980年秋)。

本年 辽宁省博物馆、本溪市博物馆发掘本溪庙后山旧石器时代洞穴遗址(发掘延续至1982年)。

中国科学院古脊椎动物与古人类研究所在萨拉乌苏河沿岸大沟湾附近调查发掘,获得19件人类化石,其中6件出自晚更新世原生地层中(发掘延续至1980年)。

甘肃省博物馆开始发掘秦安大地湾遗址,连续6年发掘近1.5万平方米,发现280多座房址及大量窖穴、陶窑和墓葬。其中遗址下层年代为距今七八千年,后由此提出“大地湾一期文化”的命名。1983年在此发现一座仰韶文化晚期“殿堂式”建筑,其地面用料礓石烧制的人造轻骨料与胶凝材料铺设,相当于现今100号砂浆水泥地面的强度。

辽宁省旅顺博物馆发掘长海广鹿岛小珠山遗址,初步建立辽东半岛新石器时代文化年代序列。

山东省博物馆发掘沂水县刘家店子两座春秋晚期莒国贵族墓葬。其中一座殉人30多具,随葬有55件青铜礼器和38件编钟等乐器。

河南省博物馆文物队等单位发掘淅川县下寺一处布局很有规律的春秋中晚期楚国贵族墓地，揭露墓葬25座、车马坑5座(发掘进行至1979年)。

湖北省荆州地区博物馆在江陵县天星观发掘一座战国中期楚墓，随葬品尚存编钟、编磬及反映墓主身份为封君的竹简等。

河南省博物馆文物队发掘固始县侯古堆一座战国初期贵族墓及藏器坑。藏器坑中有宋景公为其妹句吴夫人所作的簠(发掘进行至1979年)。

河北省文管处、邯郸地区文保所和邯郸市文保所共同勘察邯郸、永年二县5处赵国王陵。

湖南省博物馆在长沙市象鼻山发掘一座西汉文景时期某代吴氏长沙王墓，墓室采用"黄肠题凑"结构。

河南省博物馆文物队发掘唐河新店新莽天凤五年(公元18年)冯君孺人墓。

河北磁县发现东魏高欢子媳茹茹公主墓，出土彩绘俑1 000余件。

南京博物院开展隋唐扬州城考察工作，发掘扬州北郊蜀岗上子城遗迹，发现罗城内唐代河道与木桥。

湖南省博物馆、长沙市文物组试掘唐代铜官窑址。

中国社会科学院考古研究所西安唐城队在陕西麟游县调查、发掘唐九成宫遗址，发现一座三面出廊的建筑基址，以及与之相连的左、右两阁(发掘进行至1980年)。

江苏省苏州市文管会清理瑞光寺塔第三层塔心窨穴，发现北宋大中祥符六年(公元1013年)真珠舍利宝塔及北宋初期刻本经卷等文物。

浙江省宁波市文管会在宁波市东门口发现宋代海运码头3个造船工场和1艘海船，以及大量宋元时期龙泉瓷器。

陕西省咸阳地区文管会发掘户县张良寨元代贺仁杰家族墓地。

1979年

4月　中国考古学会成立大会在陕西西安市召开，产生第一届理事会，推选夏鼐为理事长，裴文中、尹达、苏秉琦为副理事长，王仲殊为秘书长。

春　中国社会科学院考古研究所河南一队发掘新郑裴李岗遗址，揭露面积2 000余平方米，连同前两次发掘共清理墓葬100多座，丰富了裴李岗文化的内涵(秋季继续发掘)。

安徽省文物考古队开始发掘潜山薛家岗遗址。至1980年春季，发掘面积1 200余平方米，清理新石器时代墓葬103座，出土陶、石、玉器千余件，后被命名为"薛家岗文化"。

中国社会科学院考古研究所安阳队再次发掘后冈遗址，发现较多龙山文化的建筑址。

中国社会科学院考古研究所洛阳队发掘汉魏故城内北魏永宁寺中心建筑木塔基址和寺院南门等基址，判明基址建筑形制，获得大量与佛教有关的泥质塑像。

8月　北京大学考古专业、中国社会科学院考古研究所及烟台地区文管会等单位，从本年起分别或共同在烟台、潍坊两个地区许多县、市，进行广泛调查和典型发掘。至1985年，初步建立胶东半岛新石器时代文化的年代序列。

秋　中国社会科学院考古研究所武功队发掘陕西武功浒西庄遗址，发现庙底沟二期文化的多座半地穴房基及墓葬等，丰富了关中西部地区庙底沟二期文化的内涵。

中国社会科学院考古研究所泾渭队发掘甘肃陇东镇原常山遗址，其中常山下层文化遗存与齐家文化、客省庄二期文化既有密切关系，文化性质又不相同，由此提出"常山下层文化"一名。

中国社会科学院考古研究所山东队与烟台市文管会合作，发掘牟平照格庄遗址，丰富了岳石文化的内涵。

北京大学考古专业、山西省考古研究所共同对晋南翼城、曲沃两县进行旨在探索早期晋国考古复查和试掘;发掘翼城、曲沃两县交界处天马-曲村遗址。

中国社会科学院考古研究所西安唐城队再次发掘唐长安城内青龙寺遗址,弄清东西并列的两个伽蓝院落布局情况。

11 月 浙江省文物考古研究所等单位发掘桐乡罗家角遗址,发现马家浜文化早期遗存,经测定,年代距今 7 000 年左右。出土物中包括稻米等大量稻作文化遗存(发掘进行至 1980 年1 月)。

冬 中国社会科学院考古研究所、湖北省黄石市博物馆再次发掘大冶铜绿山东周矿冶遗址。在一个地点揭露几十条巷道,进一步了解该处矿井结构及采掘情况。又发掘一处冶炼遗址,并仿建发现的古代炼炉,进行炼铜模拟试验。

本年 吉林省考古学会、黑龙江省文物博物馆学会、安徽省考古学会、山东省考古学会、河南省考古学会、湖北省考古学会、湖南省考古学会、陕西省考古学会、青海省考古学会相继成立。

河北省文管处、吉林大学考古专业等单位发掘蔚县筛子绫罗、庄窠、三关等遗址。

河南省博物馆文物队发掘淮阳平粮台龙山文化晚期城址。同时还发现楚国都陈期间在此城址废墟上埋葬的贵族大墓(翌年继续发掘)。

河南省信阳地区文管会在罗山县蟒张发掘十多座商代墓葬。各墓所出铜器往往有"息"字族氏符号(翌年继续发掘)。

四川省博物馆在川、甘、陕交界处青川县郝家坪发掘 72 座战国中晚期墓(发掘进行至 1980 年)。

南京博物院在高邮县(今高邮市)天山发掘两座西汉中晚期某代广陵王或王后大墓,墓内的"黄肠题凑"结构保存较好(发掘进行至 1980 年)。

甘肃省博物馆文物队等单位共同进行敦煌县境 71 座汉代烽燧遗址的调查,在马圈湾遗址发掘 1 900 平方米,出土简牍 1 217 枚。

山西省考古研究所、太原市文管会共同发掘北齐武平元年(公元 570 年)东安王娄叡墓。该墓规模宏大、壁画内容丰富,又出土大批精致的陶俑(发掘延续到 1981 年)。

中国社会科学院考古研究所新疆队在昌吉回族自治州吉木萨尔、奇台等东部六县进行较大规模的考古调查,发现一批古城和墓葬。对吉木萨尔附近唐北庭都护府城址进行踏察和实测。又在北庭都护府城西发现一座高昌回鹘时期佛寺遗址,对其南面配殿、僧房等建筑遗迹和北面洞窟进行发掘,揭露面积 3 000 多平方米,出土大批精美壁画、塑像等珍贵文物(发掘进行至 1980 年)。

西藏自治区文管会和新疆维吾尔自治区文管会共同调查西藏阿里地区古格王国遗址。

中国社会科学院考古研究所、浙江省文物考古研究所、中国历史博物馆考古部、故宫博物院、上海博物馆等单位开始分别进行对龙泉窑址的大规模发掘(翌年继续进行)。

1980 年

4 月 中国社会科学院考古研究所洛阳队在汉魏故城南面太学遗址附近进行发掘,出土汉石经残石 600 余块,其中 96 块有字,内容多属《仪礼》,为复原经碑排列次第提供新的物证。

5—7 月 中国社会科学院考古研究所泾渭队发掘甘肃庄浪徐家碾遗址,清理 104 座寺洼文化墓葬,出土各类器物 2 000 余件。这是对寺洼文化遗存发掘规模最大、收获最多的一次,丰富了对寺洼文化面貌及其与辛店文化和周文化关系的认识。

夏 中国社会科学院考古研究所安阳队在三家庄东地发掘殷墟早期墓葬和其他遗迹。根据地层关系判定,此次发掘的若干墓葬和过去发掘的 388 号墓、331 号墓,年代均早至大司空村一期以前。

秋 中国社会科学院考古研究所泾渭队开始进行长武碾子坡遗址的发掘。至 1986 年连续发掘 7 个年度,揭露面积 7 000 余平方米,主要遗存是先周时期居住遗迹和墓葬,并根据地层关系将遗存分为早、晚两期，为先周文化研究提供丰富的资料。

11月　四川省文管会、四川省博物馆等单位发掘广汉三星堆遗址，年代相当于中原地区的龙山文化至商代，并发现建筑群基址和城墙迹象，大致确定遗址分布范围达12平方公里(发掘延续到1985年)。

本年　内蒙古自治区考古学会、江苏省考古学会相继成立。

中国科学院古脊椎动物与古人类研究所在安徽和县陶店镇汪家山发现体质特征属直立人阶段的人类化石，其中有保存较完整的头盖骨，后被命名为“和县人”(翌年继续发掘)。

内蒙古自治区社会科学院蒙古史研究所等单位发掘包头阿善遗址，发现的不同层位文化面貌分别与仰韶文化和龙山文化有相似之处。

中国社会科学院考古研究所在二里头遗址Ⅲ区进行发掘，发现一座中型夯土基址(发掘进行至1981年)。

陕西省宝鸡市博物馆发掘竹园沟西周墓地，共发掘18座墓和3座车马坑(翌年继续发掘)。

河南省博物馆文物队在温县武德镇发掘春秋晚期盟誓遗址(发掘延续到1982年)。

四川省博物馆等单位在新都县(今成都市新都区)晒坝发掘一座战国前期有墓道的木椁墓，墓主应是蜀国贵族。

陕西省文物考古研究所秦俑考古队在秦始皇陵西侧发掘一座大型陪葬坑，发现两乘二分之一比例的铜车马模型。

中国社会科学院考古研究所对地处陕西临潼县境秦汉栎阳城遗址进行钻探和试掘，判明城址的范围，西、南两面城墙和3座城门位置，发现13条道路和一些建筑遗址，并进行重点试掘。还调查城址附近墓地，钻探汉太上皇陵(工作进行至1981年)。

中国社会科学院考古研究所西安汉城队勘察发掘汉长安城未央宫遗址。初步探明未央宫前殿遗址范围和形制，勘探了天禄、石渠二阁和沧池遗址。在未央宫前殿A区发掘，出土百余枚汉代木简。又对椒房殿遗址进行大规模发掘，这是中国考古学上首次发掘的皇后宫殿遗址(发掘进行至1982年)。

福建省博物馆继续勘探发掘崇安县(今武夷山市)境汉代城址，认定其为西汉时期所建(翌年继续发掘)。

陕西省考古研究所在华阴县(今华阴市)瓦渣梁发掘西汉时期华仓遗址。

内蒙古自治区呼伦贝尔盟文物站考察大兴安岭北部嘎仙洞，在洞内发现北魏太平真君四年(公元443年)遣使致祭刻石，判定其为拓跋鲜卑先祖旧墟石室。

吉林省集安县文管所对高句丽时期国内城遗址进行实测，并发掘城址附近的墓葬。

吉林省文物队在和龙县(今和龙市)发掘渤海贞孝公主墓。

河北省临城、内丘二县交界磁窑沟等地发现唐代烧造白瓷的邢窑址。

江西省文物队等单位在吉安县(今吉安市)发掘宋元时代吉州窑遗址(翌年继续发掘)。

1981年

3月　陕西省雍城考古队在凤翔县马家庄发掘春秋时期秦国宗庙遗址。至1984年初，发掘7 000多平方米，揭露3组建筑群及大量祭祀坑。其中两组是目前发现的保存最好的先秦宗庙建筑群，一组为寝宫基址。

春　中国社会科学院考古研究所武功队发掘赵家来遗址，发现客省庄二期文化多座半地穴式和窑洞式房基，并从地层上明确客省庄二期文化晚于庙底沟二期文化(发掘进行至1982年春)。

中国社会科学院考古研究所与北京市文物队再次合作，大规模发掘琉璃河西周墓地。至1986年，揭露300多座西周墓及多座车马坑，探明董家林一带燕国早期都城城墙范围。

4月　中国社会科学院考古研究所安阳队在孝民屯发掘一座保存较好的殷代车马坑，是为殷墟发掘中发现的第 18 辆木车，并加以复原。

6 月 中国社会科学院考古研究所内蒙古队与敖汉旗文化馆合作，调查老哈河中游右岸红山文化遗址群等，并发掘四道湾、五道湾和七道湾的灰沟、房址和窑址，首次发现红山文化居室葬。

夏 中国社会科学院考古研究所内蒙古队发掘敖汉旗周家地夏家店上层文化墓地。这是夏家店上层文化发掘最多的一处墓地，墓葬排列有序、随葬器物丰富。有的墓保存较好，所出发辫、麻布覆面、缀铜饰革带等，尤为难得。

7 月 史语所考古学组进行台湾浊水溪上游河谷的调查与发掘。

秋 中国社会科学院考古研究所甘青队开始对天水师赵村遗址进行发掘。至 1989 年秋，断续发掘 13 个季度。文化遗存包括北首岭下层，仰韶文化半坡、庙底沟类型，马家窑文化马家窑、半山、马厂类型，以及齐家文化，代表陇东史前文化完整发展序列。

10 月 中国社会科学院考古研究所山东队在滕县（今滕州市）前掌大村发现一处较重要商代晚期墓地。本年发掘的几座墓中，有一座墓室东、南两侧带墓道，并发现人殉（发掘进行至 12 月）。

本年 辽宁省考古博物馆学会、楚文化研究会、中国古陶瓷研究会（2003 年更名为中国古陶瓷学会）相继成立。

中国社会科学院考古研究所内蒙古队与敖汉旗文化馆合作，在该旗南部进行文物普查，发现分布密集的 2 000 余地点，其中包含若干新的文化遗存（调查进行至 1983 年）。

陕西省考古研究所开始发掘临潼康家龙山文化聚落址。至 1985 年秋，清理成排分布的房址 41 座、窑址 1 座、石灰坑 2 座等遗迹。

青海省文物考古队进行青海湖环湖考察，发现数处卡窑文化遗址。又调查海晏三角城、共和铁卜恰古城等遗址。

陕西省宝鸡市考古队发掘武功郑家坡遗址（发掘工作延续到 1983 年）。

陕西省周原考古队发掘扶风刘家墓地，为研究先周和西周早期文化遗存提供了新的资料。

河南省文物研究所在淮阳县马鞍冢发掘两座大型楚墓、两座大型车马坑，发现 31 乘青铜构件较精的马车。

湖北省博物馆江陵考古工作站开始发掘江陵九店砖瓦厂楚墓。

陕西省咸阳地区文管会等单位在茂陵东侧 1 号无名冢侧发掘一座从葬坑，所出青铜容器多有“阳信家”刻记，又出鎏金铜马等物。

中国社会科学院考古研究所西安唐城队发掘大明宫清思殿遗址、三清殿遗址。两处建筑原都相当豪华。特别是三清殿为大型高台建筑，出土琉璃瓦残件和鎏金铜饰，在大明宫的发掘中尚无前例。

陕西省文管会在高陵县白家嘴村西发掘唐代东渭桥遗址。

北京市文物队发掘北京八宝山辽统和十三年（公元 995 年）韩佚及其妻合葬墓。

内蒙古自治区乌兰察布盟文物站发掘察哈尔右旗墓地。其中 6 号墓所出女尸，身着多层丝织葬服及保存较完整的铜丝网络。

内蒙古自治区哲里木盟博物馆对霍林河地区金代界壕边堡遗址进行勘察和发掘。

1982 年

春 中国社会科学院考古研究所河南一队发掘新郑沙窝李、唐户村两遗址，主要遗存均属裴李岗文化。

辽宁省博物馆继 1979 年秋，在喀喇沁左翼蒙古族自治县再次大规模发掘东山嘴红山文化遗址，发现大型石砌建筑群基址、大小不同的陶塑人像残块及完整人骨架等遗存，应是当时大型祭祀遗迹。

7 月 中国社会科学院考古研究所内蒙古队发掘巴林右旗那斯台和狐狸井子两处红山文化遗址，发现白灰面房址。

秋　中国社会科学院考古研究所陕西六队发掘临潼白家村遗址。其文化遗存内含单纯，出土遗物丰富，属新石器时代较早期，文化特征与大地湾下层基本相同，后由此提出“白家文化”一名(发掘进行至1983年春季)。

中国社会科学院考古研究所山东队发掘长岛砣矶岛大口遗址。其早期遗存具有龙山文化风格，晚期遗存与岳石文化相似。

中国社会科学院考古研究所二里头队在过去工作较少的二里头遗址Ⅸ区进行发掘，发现年代属于二期的大型夯土建筑基址、小型房基和墓葬等。

中国社会科学院考古研究所西安汉城队对位于西安市东南的汉宣帝杜陵进行勘察和发掘。勘察杜陵及王皇后陵的陵区。对两陵陵园的围墙和8座门址，进行钻探和发掘。又对两陵寝殿、杜陵便殿和杜陵两座陪葬坑，进行大规模发掘，明确布局情况(发掘进行至1984年)。

中国社会科学院考古研究所洛阳汉魏城队在偃师县(今偃师市)南蔡庄、潘屯村一带进行勘探，初步判明晋武帝峻阳陵和晋文帝崇阳陵的位置，又发掘两座具有一定规模的晋墓。

中国社会科学院考古研究所西安唐城队在大明宫范围内发掘含元殿翔凤阁下的朝堂遗址。

10—11月　南京博物院发掘武进寺墩3、4号良渚文化墓葬，其中3号墓出土玉琮、璧57件，由此提出良渚文化“玉敛葬”问题。

11月　上海市文管会根据1979年对青浦福泉山遗址试掘线索，又清理一座良渚文化墓葬，出土玉、石、陶器等119件。

本年　山东省临沂地区文管会在临沂县(今临沂市)凤凰岭的发掘中，发现大量细石器。后中国社会科学院考古研究所在临沂、临沭、郯城、日照等地进行广泛调查，发现多处细石器遗址(工作延续到1983年)。

湖北省博物馆发掘秭归柳林溪遗址，发现新石器时代中期偏晚阶段文化遗存。

山东省滕县博物馆在滕县庄里西村发掘一座西周早期的滕侯墓，出土滕侯所作鼎等铜器。

江苏省镇江市博物馆在丹徒县(今镇江市丹徒区)大港镇母子墩发掘一座西周早期土墩墓，随葬较多具有浓厚地方色彩的青铜器和原始瓷器。

浙江省文物考古所等单位在绍兴市坡塘狮子山清理一座有墓道的战国初期墓葬。出土1 000多件随葬品，有带铭文的铜器、铜质房屋模型、青铜礼器、玉器。

湖北荆州地区博物馆在江陵县马山发掘一座战国中晚期木椁墓，出土19件保存完整的丝织衣物。

1983年

1月　山西省考古研究所、晋东南地区文化局在潞城县(今潞城市)西流公社古城村发现东周古城址，并在潞河村清理一座积石积炭、一椁重棺的战国初期墓葬，出土青铜礼器60余件。

春　辽宁省博物馆等单位发掘东沟(今东港)后洼新石器时代遗址。至1984年，揭露近2 000平方米。出土物中有人头雕像、猪首、鸟首等动物雕像的滑石雕刻品(1989年进行第二次发掘)。

4—5月　中国社会科学院考古研究所洛阳汉魏城队在偃师县西配合基建工程进行考古勘探，发现一座年代不晚于二里冈期的商代早期城址，即偃师商城，规模宏大、保存较好，被认为可能是汤都西亳。秋，由该所河南二队进一步勘察，肯定钻探发现的城墙范围、7座城门和若干条大道，以及3处大型建筑基址群。

4—11月　河北省文物研究所等单位继1982年再次发掘满城要庄西周遗址，共清理墓葬百余座，并在一灰坑中发现一件铁器。

5—6月　江西省文物工作队发掘靖安郑家坳新石器时代墓地。

宁夏博物馆在同心县任庄村明代王陵区发掘庆靖王朱栴墓和庆康王朱秩煃墓。

6 月　中国社会科学院考古研究所内蒙古队发掘敖汉旗柳南墓地 17 座墓葬(1982 年普查时已清理 4 座)。发现火葬习俗和随葬泥质红陶罐、圈足钏和夹砂灰褐陶绳纹罐、石钺等,代表一种新的青铜时代早期遗存。

6—8 月　辽宁省博物馆发掘海城小孤山旧石器时代晚期遗址,出土物中有 3 枚骨针和一枚骨制鱼叉。这是继山顶洞遗址后第二次在旧石器时代晚期遗址中发现这类遗物。

6—11 月　青海省文物考古队在都兰县热水镇发掘一批吐蕃贵族墓葬。

7—8 月　浙江省文物考古研究所发现并发掘杭州五代钱氏捍海塘遗迹。

8 月　广州市文管会、广东省博物馆、中国社会科学院考古研究所合作,发掘广州象岗山第二代南越王墓,是发掘的第二座未被盗掘的西汉诸侯王墓(发掘进行至 10 月)。

北京市文物工作队发掘海淀区公主坟复兴路北端元代白琉璃窑址,发现的白琉璃及其他诸色琉璃建筑构件,为研究元大都琉璃建筑构件产地提供重要依据。

8—10 月　内蒙古博物馆、北京大学考古专业共同发掘呼和浩特市东郊大窑村南山旧石器时代石器制造场。

9 月　黑龙江省文物考古工作队、博物馆等单位继 1982 年第二次发掘哈尔滨阎家岗旧石器时代晚期遗址。至 1984 年,发现两处用大型动物骨骼建造的窝棚遗迹及晚期智人头骨碎片,6 件石制品等文化遗存。

中国社会科学院考古研究所内蒙古队前往额济纳旗居延海地区,进行汉代烽燧遗址的调查与试掘。

辽宁省文物考古研究所开始发掘凌源、建平两地交界处牛河梁红山文化遗址。至 1985 年,发现一座祭祀性建筑址及 10 多处数十座巨型积石冢。祭祀址出土各种泥塑像残件及嵌玉片为睛的人头像,积石冢内墓葬出土一批玉器。

黑龙江省文物工作队发掘萝北县团结砖厂靺鞨墓地。

南京市博物馆发掘南京明代靖海侯、海国公吴祯墓。

9—12 月　南京博物院发掘吴县五峰山东周时期石室土墩遗址(今属苏州市吴中区)。

宁夏博物馆发掘固原深沟村北周柱国大将军大都督李贤夫妇合葬墓,随葬品中有波斯萨珊王朝时期的工艺品。

秋　河南省文物研究所发掘禹县阎砦龙山文化遗址,在一座墓中出土残为两节的石磬。

湖北省荆州地区博物馆等单位发掘钟祥六合遗址,清理的 25 座石家河文化瓮棺,大都随葬有玉石器。

北京大学考古学系发掘山东长岛珍珠门遗址,发现一批商代晚期阶段的土著文化遗存,后由此提出“珍珠门文化”一名。

中国社会科学院考古研究所丰镐队在陕西长安县沣西客省庄附近,发掘一座西周时期大型建筑基址,残存面积 1 800 多平方米。连同附近钻探发现和 1977—1978 年发掘的基址,合计已有 14 座(发掘进行至 1984 年春季)。

中国社会科学院考古研究所新疆队与巴音郭楞蒙古自治州文管所合作,对其九县一市进行大规模考古调查,行程 2 万多千米,发现各类遗址、古城和墓葬 200 余处。还发掘和静察吾乎沟青铜时代和早期铁器时代墓地。后又多次发掘,由此提出“察吾乎沟文化”一名。

中国社会科学院考古研究所与河北省文物研究所合组邺城考古队,进行邺城遗址的勘察发掘。本年判定邺北城西城墙位置,探明东、南两面城墙和北城墙一部分;又探出横穿全城的东西大道和 3 条南北大道,以及宫殿区内 14 座台基(部分工作进行至 1984 年)。

中国社会科学院考古研究所西安唐城队在唐大明宫内翰林院遗址南部进行发掘,发现两座厅堂建筑基址和 3 座附属建筑基址(发掘进行至 1984 年)。

10月　湖北省博物馆发掘宜都城背溪遗址，发现年代早于大溪文化的文化遗存，后由此提出“城背溪文化”一名。

10—11月　中国科学院古脊椎动物与古人类研究所、安徽省文物工作队根据1982年发现的线索，发掘巢县（今巢湖）银山旧石器时代遗址，发现一块人类上颌骨化石，地质时代为中更新世。

10—12月　郑州市博物馆发掘荥阳青台仰韶文化遗址，在两座仰韶文化中晚期瓮棺中发现丝织品和麻织品残件。

河北省文物研究所发掘中山国灵寿城址中部的制陶、铸铜铁等手工业作坊遗址。

11月　湖北省博物馆在江陵县九店发掘76座楚墓，其中246号墓出土1件完整的天平和5件砝码。

11—12月　河北省文物研究所恢复中断10年的藁城台西商代遗址的发掘，清理墓葬15座，出土物中有漆木器残片、炭化麻布残片等。

12月　上海博物馆再次发掘青浦福泉山新石器时代遗址，揭露面积1 000多平方米，又发现一批良渚文化墓葬，并且确认这里是良渚文化时期堆筑的土台，由此引发探寻发掘良渚文化高土台墓地（发掘进行至翌年1月）。

冬　湖南省博物馆发掘华容车轱山遗址，文化堆积包括大溪文化、屈家岭文化和相当于龙山文化的3个层次。

本年　中国社会科学院考古研究所内蒙古队发掘敖汉旗兴隆洼聚落遗址，发现的器物群具有鲜明特征，地层关系早于红山文化，属新石器时代中期，命名为“兴隆洼文化”。发掘进行至1986年后暂告一段落。

北京大学考古学系、烟台地区文管会等单位发掘山东长岛北庄新石器时代遗址。

中国历史博物馆考古部发掘山西垣曲古城东关遗址，发现一批庙底沟二期文化等遗存。

中国社会科学院考古研究所山西队与临汾地区文化局合作，进行陶寺遗址Ⅲ区居住址的发掘。发现较为丰富的龙山文化陶寺类型和庙底沟二期文化遗存，并找到判定二者相对年代的地层证据（发掘进行至1984年）。

内蒙古自治区文物工作队继1982年第二次发掘凉城老虎山新石器时代遗址。

内蒙古自治区文物工作队第四次发掘伊金霍洛旗朱开沟遗址，揭露2 000余平方米，获得一批青铜时代文化遗存。

史语所在台湾澎湖县马公市发现一处贝丘遗址。

中国社会科学院考古研究所丰镐队在陕西长安县张家坡的发掘中，首次发现出有商代铜器的先周时期墓葬。

琉璃河考古队在琉璃河西周墓地发掘一批墓葬和车马坑。其中1046号墓为有一条斜坡墓道的大墓；附近葬的车马坑，埋5辆车、14匹马，并发现木质伞盖，为车制研究增添了新资料。

陕西省考古研究所继续发掘秦都雍城遗址。至本年底，基本弄清城墙基址范围及宫殿、宗庙、陵墓分布情况。

1984年

1月　湖北省荆州地区博物馆在江陵张家山发掘3座汉初墓葬，出土1 600余枚竹简，内容有《遣策》、《历谱》、《日书》、《律令》（28种），以及《脉书》、《引书》、《算数书》、《盖庐》、《秦谳书》等5部佚书。

1—6月　四川省文管会考古队等单位发掘广汉东汉“雒城”，清理砖包城墙。

3—5月　中国社会科学院考古研究所河南二队在偃师商城南部正方形“宫城”之内，发掘一座以正殿为中心的封闭式宫殿建筑基址（4号宫殿），地层关系表明其使用年代早于二里冈上层。又发掘东城墙的一座城门基址和大型石砌排水沟。

4—5月　湖北省博物馆继1983年冬，第二次发掘宜都城背溪新石器时代中期遗址。同时还发掘宜都枝城北新石器时代遗址。

5—8月 四川省文管会考古队在炉霍县充古村发掘相当于春秋时期的石棺墓275座,出土上千件细石器及毛麻织品、铜戈、骨针、陶器等。又在茂汶县撮箕山(今属茂县)发掘战国时期的石棺墓62座。

南京博物院等单位发掘丹徒背山顶春秋墓,出土青铜器等413件。其中有铜编钟一套7件,有铭文铜器15件,既有徐器,又有吴器。

6月 中国社会科学院考古研究所安阳队在孝民屯南发掘的一座殷墟晚期墓葬(M1713),出土可肯定为帝辛时期的纪年铭铜鼎及其他铜器,并有较多的陶器同出。这在殷墟考古发掘中尚属首次。

安徽省文物研究所等单位发掘马鞍山东吴左大司马右军师朱然墓,出土一批漆木器与瓷器等。是目前发掘的东吴墓葬中,墓主身份最高的一座。

6—11月 吉林省文物考古研究所等单位发掘集安禹山高句丽墓葬。至1985年8月,共清理积石墓、土坑墓115座。

7月 浙江省文物考古研究所等单位开始发掘绍兴市沈园西部宋代园林遗址。至1986年6月,揭露面积1 200平方米,确认此为宋代沈园。

7—9月 湖南省博物馆等单位发掘古丈白鹤湾战国楚墓。

8月 洛阳市文物工作队在漯河一带发掘4座西周车马坑。

9—10月 北京大学考古系发掘辽宁营口金牛山旧石器时代遗址,发现一具早期智人阶段成年男性头骨和大部分体骨与四肢骨50余件,局部保留有直立人特征,后来测定同层位年代,约距今23万~28万年。是发现的这一阶段骨骼最多的一具人骨化石。

9—11月 中国社会科学院考古研究所、北京市文物工作队勘察并发掘琉璃河墓地附近的董家林城址,判明城墙营建年代为西周早期。

9—12月 山东省文化厅等单位发掘寿光边线王遗址,发现龙山文化中晚期的城址。

中国社会科学院考古研究所安阳队在武官村北清理早年盗掘出土司母戊大鼎的260号单墓道残墓,以及大墓两侧的几座祭祀坑。

山东大学考古学系发掘济南大辛庄商代遗址。

秋 北京大学考古学系第四次发掘山东长岛北庄新石器时代遗址,新发现30多座房址中,不少房屋地面有埋人现象。

中国社会科学院考古研究所丰镐队在沣西张家坡首次发掘双墓道高级贵族大墓。大墓被盗掘一空,与之并列的一墓出有井叔编钟,后在附近发掘的几座墓又出土井叔铜器,表明当地原是井叔家族墓地,大墓墓主应为井叔。

10月 中国社会科学院考古研究所内蒙古队发掘敖汉旗小山遗址,房址内出土刻划猪首、鹿首和鸟首图案的陶尊(翌年继续发掘)。

河南省文物研究所等单位在巩县清理宋太宗元德孝皇后陵地宫(工作进行至翌年8月)。

10—11月 湖南省博物馆发掘怀化高坎垅遗址,发现的屈家岭文化遗存是目前所知其最南端的分布点。

10—12月 中国社会科学院考古研究所洛阳汉魏城队勘察北魏洛阳外郭城遗址。本年发现外郭城西墙4 000余米(20世纪60年代曾发现北墙1 000余米),1985年又发现东墙1 000余米,证实外郭城确实存在。

11月 四川省文管会等单位在珙县麻塘坝"棘人悬棺"集中分布地发掘悬棺30座。

11—12月 广西壮族自治区文物工作队等单位发掘合浦汉墓,发现以磨刀石随葬的西欧族葬俗。

12月 江西省文物工作队发掘九江神墩商周时期遗址。

江苏省徐州市博物馆发掘徐州狮子山西汉兵马俑坑。至1985年10月,已发现5个兵马俑坑。

本年　河北省文物考古学会、山西省考古学会相继成立。

北京市文物工作队等单位开始发掘平谷北埝头、上宅新石器时代遗址。

陕西省考古研究所自1983年以来连续发掘南郑龙岗寺新石器时代遗址，全面揭露一处仰韶文化半坡类型墓地，清理墓葬430多座。

新疆社会科学院考古研究所发掘巴里坤兰州湾子距今3 000年前石构建筑遗址，发现灶址、大型铜器、炭化小麦粒、马与羊骨等。

福建省博物馆等单位继续发掘崇安汉城遗址。至1986年8月，揭露4 000多平方米，发现大型建筑基址及大批建筑材料等。

山西省文物局平朔考古队自1983年以来，在朔县北旺庄发掘汉墓1 400余座。

中国社会科学院考古研究所洛阳汉魏城队在汉魏洛阳大城东、西、北3面城墙上进行试掘，发现有与该城始建有关的早期城墙夯土遗迹。在汉至晋代洛阳城下，至少有3座规模不同、时代早晚有异的古城叠压在一起，分别始建或增扩于西周、东周和秦代。本年还在大城北墙上发掘一座始建于魏晋时期马面遗址。

中国社会科学院考古研究所河南二队在偃师县杏园发掘一批东汉、魏晋和唐代墓葬。

中国社会科学院考古研究所浙江队与浙江省文物考古研究所、杭州市园林管理局合作，进行南宋临安城皇城部分的考察。并钻探发掘南宋官窑遗址(翌年继续考察)。

四川省文管会等单位发掘邛崃十方堂邛窑遗址。至1986年，先后在5个窑包清理隋至南宋龙窑6座、马蹄形窑3座，出土一大批邛窑产品。

内蒙古文物工作队自1983年以来，连续发掘额济纳旗西夏至元黑城遗址，清理房址287座，墓葬70余座，发现大量文书残卷和残页、丝织品残件、元代纸钞及北元天元二年(1380年)铜印等。出自总管府“档案库”内的文书有公文、书信、契约、诉状、账册、医方、日历、典籍、佛经等，多数为汉文，也有少量西夏文、畏吾体蒙古文、八思巴文、藏文、波斯文等。确认黑城有西夏时期内城、元时期外城(亦集乃路故城)两座城圈。

中国社会科学院考古研究所发掘宁夏灵武磁窑堡瓷窑址，发现西夏至元代的窑炉和作坊遗迹，以及大量瓷器、窑具等(发掘进行至1986年)。

1985年

1月　山西省考古研究所、灵石县文化局在灵石县旌介村发掘两座商代方国首领的墓葬，出土青铜器与玉器138件，青铜器上的族徽表明这里在商代可能是一方国所在地。

2—4月　江苏省连云港市博物馆发掘灌云大伊山新石器时代遗址，清理距今约6 000年的石板墓38座；1986年，由南京博物院继续发掘，又清理石板墓24座。

3—5月　中国社会科学院考古研究所山东队发掘滕县前掌大商代墓地。本年发掘的9座墓中，有3座规模稍大的“甲”字形墓。

3—7月　西北大学历史系考古专业发掘宝鸡石咀头遗址，清理客省庄二期文化房址15座。

春　吉林大学历史系考古专业发掘农安左家山新石器时代遗址，发现一批距今7 000～4 000年的文化遗存。

中国社会科学院考古研究所河南二队发掘偃师商城宫城内5号宫殿基址。

4月　江苏省镇江市博物馆在谏壁王家山清理一座东周墓，出土具有江南地区特色的青铜器近百件。

4—7月　中国社会科学院考古研究所西安唐城队发掘西明寺遗址，部分揭露主院和东南、西南两院，在主院内发现一座殿址和回廊，出土100多躯鎏金铜佛和带“西明寺”铭文的石质茶碾子(下半年继续发掘)。

5月　陕西省临潼县博物馆发掘唐庆山寺舍利塔基地宫，出土一批金银器、铜器、铁器、玻璃器、瓷器与三彩器等文物精品和5幅壁画。

5—11月 河北省文物研究所发掘曲阳北镇村定窑遗址,发现唐、宋、金时期产品。

夏 西藏自治区文管会发掘扎囊加日村、斯孔村吐蕃时期墓葬,考察札达古格王国遗址和托林寺、科迦寺。

6月 19日,夏鼐逝世。

7—9月 宁夏回族自治区博物馆发掘同心倒墩子汉代匈奴墓群。

8月 湖北省荆州地区博物馆在江陵张家山发掘两座西汉木椁墓,再次出土竹简1 130多枚,内容有《日书》、《功令》、《盗跖》、《七年质日》及汉律令与遣策等。

9—10月 中国社会科学院考古研究所新疆队与巴音郭楞蒙古自治州文管所合作,发掘轮台群巴克墓地。文化性质与察吾呼沟墓地属同一系统(1986、1987两年8—11月继续发掘)。

9—11月 江苏省常州市博物馆、中山大学人类学系继1972年、1974年、1978年后,第四次发掘常州圩墩遗址,清理马家浜文化、崧泽文化墓葬39座,发现炭化稻米及船橹、桨、点种棒、铲、锥、凿、矛等一批木器。

秋 北京市文物研究所在延庆军都山南麓发掘葫芦沟春秋战国之际山戎墓地,发现具有北方游牧民族特色的青铜兵器等一大批文物。

中国社会科学院考古研究所河南二队探查和实测偃师缑氏镇武则天元子李弘的唐恭陵陵园,其建筑遗迹和陵园石刻都较完整。

10月 广西壮族自治区文物工作队等单位发掘武鸣马头先秦墓葬。至翌年4月,清理墓葬436座,出土文物1 200多件,是继1974年发掘平乐银山岭战国墓群后又一重要收获。

10—11月 内蒙古自治区文物工作队发掘察哈尔右翼前旗庙子沟新石器时代墓地,发现一批相当于仰韶文化晚期,具浓厚地域特色的新石器文化遗存。

云南省博物馆发掘永仁维的史前石棺墓地。

10—12月 福建省博物馆发掘平潭南垅壳丘头新石器时代贝丘遗址。

中国社会科学院考古研究所洛阳汉魏城队发掘北魏建春门遗址。这是第一次发掘汉魏洛阳城的城门。

11月 四川省文管会等单位发掘荥经同心村巴蜀船棺墓,清理墓葬25座,出土青铜器、陶器700多件(发掘进行至翌年5月)。

12月 南京博物院、上海大学文学院等单位发掘吴县三山岛旧石器时代晚期遗址(今属苏州市吴中区)。

湖南省长沙市文物普查工作队发掘长沙南托乡大塘遗址,发现一批距今约7 000年的文化遗存,其中陶器上有用戳印篦点连成的细线组成塔形建筑、山峰形图案。

广东省博物馆等单位发掘珠海淇澳岛东澳湾遗址,发现一批新石器时代的灶坑遗迹等。

四川省文物考古研究所、成都市博物馆发掘成都十二桥商周时期大型木结构建筑遗址(发掘进行至翌年12月)。

湖北省文物考古研究所发掘阳新港下东周古矿冶遗址,发现3个竖井、2处采矿场、多条平巷。

本年 中国科学院古脊椎动物与古人类研究所发掘四川巫山(今属重庆)龙骨坡旧石器时代早期洞穴遗址。至1988年,发现大批早更新世早期的动物化石及一块属性(猿、猿人)有争议的下颌骨等(1998年再次发掘)。

中国社会科学院考古研究所邺城队对地面已无痕迹的邺南城进行勘探发掘,探明东、南、西3面城墙及护城河、8座城门及主干大道。又发现10多处夯土台基(1986年继续进行)。

史语所在台湾澎湖县白沙岛发现南宋时期汉人建筑遗迹。

1986年

3—5月 山东大学历史系考古专业第五次发掘泗水尹家城遗址,清理的墓葬中有几座是带棺椁葬具的龙山文化大型墓葬。

南京市博物馆在南京市郊司家山发掘东晋谢氏墓地谢球墓。

3—6月 西北大学历史系考古专业在西安市老牛坡发掘商代墓葬30座、车马坑1座、马坑1座、陶窑2座。

春 中国社会科学院考古研究所安阳队将20世纪50年代在小屯村西发现的大灰沟探寻清楚。这条走向呈曲尺形的灰沟,两端与转折的洹水相接,构成环绕殷代宫殿区的防卫沟。

5—7月 浙江省文物考古研究所发掘余杭反山良渚文化高台墓地,清理11座墓葬,出土以玉器为主的1 200多件(组)随葬品,其中有施刻"神人兽面"纹、重达6.5公斤的大玉琮,展示了良渚文化高超的制玉工艺技术。被评为"七五"期间全国十大考古新发现。

5—8月 南京博物院发掘武进东周淹城遗址。

5—9月 陕西省考古研究所经10年发掘,开始清理凤翔南指挥村秦公陵园秦景公大墓墓室,发现180多具人殉、人牲的棺椁或箱匣,出土10多件铁铲、铁锸等文物3 000多件。石质编磬残块上有铭文"龚□是嗣高阳有灵"8字。

6月 河南省文物研究所在原郑州商城外围,发现商城外城墙,确认郑州商城由外城郭、内城墙组成。

6—7月 中国社会科学院考古研究所内蒙古队发掘敖汉旗赵宝沟遗址,发现数十座半地穴房基和丰富的遗物。遗存的整体特征与本地区已知的几种文化有所不同,后命名为"赵宝沟文化"。

6—8月 内蒙古文物考古研究所发掘奈曼旗青龙山辽代陈国公主与其夫合葬墓,出土银丝网络、凤纹银冠、鎏金面罩等千余件契丹文物,壁画绘有公主、驸马的乘骑侍从、男女仆役及花草图案,反映出汉与契丹民族交融关系。被评为"七五"期间全国十大考古新发现。

6—9月 黑龙江省文物考古研究所、吉林大学历史系考古专业合作,发掘肇源白金宝青铜和早期铁器时代遗址。

6—10月 甘肃省文物考古研究所发掘天水放马滩秦汉墓,发现2幅行政区划图、5幅地形图,以及记有《日书》等内容的竹简470枚等一批文物。

6—12月 河南省文物研究所等单位发掘郾城郝家台遗址,确认龙山文化城址。

7—9月 四川省文管会发掘广汉三星堆商时期早期蜀国两座祭祀坑,出土金杖、金面罩、大型铜人立像、铜人头像、青铜龙虎尊、玉璋、象牙等珍贵文物近千件。被评为"七五"期间全国十大考古新发现。1988年、1989年又发掘三星堆遗址城墙。

8—9月 西藏自治区文管会发掘昌都小恩达新石器时代遗址。

9—10月 山西省考古研究所发掘长治小神村新石器时代遗址,首次在晋东南地区发现龙山文化时期房址等文化遗存。

9—11月 安徽省文物考古研究所自1985年以来,发掘定远侯家寨新石器时代遗址,发现一批距今7 000年前后的文化遗存,后提出"侯家寨文化"一名。

9—12月 江苏省徐州市博物馆、南京大学历史系考古专业合作,发掘徐州北洞山西汉楚王陵,出有"楚御府印"、"楚邸"、"楚武库印"等11枚铜印等。

秋 中国社会科学院考古研究所陕西六队发掘蓝田泄湖遗址。发现仰韶文化半坡、庙底沟类型叠压关系,又有西王村类型和庙底沟二期文化遗存(1987年继续发掘)。

中国社会科学院考古研究所北京队等单位在房山琉璃河发掘一座墓室四角有墓道的西周早期燕侯墓。该墓形制独特,被严重盗掘,幸存两件西周有铭铜器,记述了周初封燕的史实。

中国社会科学院考古研究所洛阳唐城队在对宫城中轴线上夯土台基已作全面钻探基础上,发掘武则天时期明堂遗址。

10—11月 湖南省文物考古研究所等单位发掘临澧胡家屋场遗址,发现皂市下层文化遗存。

10—12 月 中国科学院古脊椎动物与古人类研究所发掘贵州桐梓马鞍山旧石器时代遗址。

11 月 湖北省文物考古研究所等单位发掘荆门包山 2 号墓，出土随葬品 500 多件，以及以卜筮祭祷简为主要内容的竹简 444 支、1.5 万余字。

11—12 月 安徽省文物考古研究所等单位发掘巢湖银山旧石器时代遗址，继 1982—1983 年发现人类枕骨和上颌骨化石之后，又发现一枚人类牙齿化石。

河南省文物研究所发掘濮阳胡村东周戚城遗址。春秋时期诸侯多次会盟于此。

12 月 云南省博物馆等单位在保山圹子沟发掘全新世早期后旧石器文化遗址，出土一批晚期智人头骨等化石和石制品、骨角器等。

上海博物馆第三次发掘青浦福泉山良渚文化高台墓地。至 1988 年 1 月，清理良渚文化墓葬 22 座，发现木板葬具、人殉、祭祀等重要遗迹。

河南省文物研究所发掘灵宝秦汉函谷关东门内井式窖藏箭库遗址。

本年 中国社会科学院考古研究所河南一队发掘郑县水泉遗址。至 1988 年，共揭露 1 000 多平方米，清理 120 座裴李岗文化墓葬和丰富的遗物。发现墓地祭祀坑和陶祖。

中国社会科学院考古研究所甘肃队发掘天水西山坪遗址。遗址文化堆积情况与师赵村相仿，呈现较为完整的文化序列，并且发现北首岭下层叠压大地湾一期文化地层关系（发掘进行至 1990 年）。

中国社会科学院考古研究所湖北队发掘黄梅塞墩遗址，上百座墓葬所出丰富遗物，多与宿松黄鳝嘴遗存和薛家岗文化相近，属于同一文化系统（发掘进行至 1988 年）。

山东省文物考古研究所对寿光边线王龙山文化城址进行第四、五次发掘，确认内外两圈城墙。

中国社会科学院考古研究所二里头队在二里头遗址发掘铸铜、制骨等手工业作坊遗迹。

中国社会科学院考古研究所西安汉城队发掘未央宫中央官署遗址。出土刻字骨签 5.7 万枚，记录有物品名称、数量和纪年、工官等内容，系汉代考古学的重大发现。

中国社会科学院考古研究所洛阳汉魏城队勘探北魏洛阳东、西外郭城墙、郭城内主干大道和部分漕渠，并试掘外郭城墙（工作断续至 1989 年）。

陕西省考古研究所铜川工作站发掘耀州窑遗址，发现五代仿金银器、刻有“官”款的青瓷器。

1987 年

2—11 月 陕西省考古研究所、宝鸡市文化局、扶风县博物馆发掘扶风法门寺塔基及封闭于唐懿宗咸通十四年（公元 873 年）的地宫，出土一批金银器、琉璃器、秘色瓷、丝织品等唐王室供养品和 4 枚舍利、金杖等佛教文物。被评为“七五”期间全国十大考古新发现。

3 月 北京大学考古学系、河北省文物研究所发掘磁县观台镇磁州窑遗址。

3—6 月 河南省文物研究所等单位自 1983 年以来，连续发掘舞阳贾湖裴李岗文化遗址。累计揭露 40 多座房址和 300 多座墓葬，发现 7 孔笛形骨管乐器、龟甲响器、甲骨契刻符号等。20 世纪 90 年代还发现一批栽培稻遗存。

3—11 月 宁夏文物研究所、中国历史博物馆考古部合作，相继发掘海原菜园村林子梁、瓦罐嘴、切刀把、马樱子梁等新石器时代遗址，发现一批窑洞式房址和墓葬（翌年继续发掘）。

3—12 月 河北省文物研究所等单位自 1985 年以来，连续发掘曲阳定窑遗址。这是继 1962 年以来的再次大规模发掘，发现“尚药局”、“尚食局”、“龙”、“花”、“李小翁”等字样的瓷片。

春 安徽省文物考古研究所发掘含山凌家滩新石器时代墓地，清理 16 座墓葬，出土玉人、玉龟、刻纹玉片等大批距今 5 300 年前的玉器。（秋季继续发掘）。

4—5 月 中国社会科学院考古研究所西安唐城队在大明宫含元殿东侧发掘含耀门遗址。门址规模较大，门外有东、西墙夹道。

4—6 月 中国社会科学院考古研究所河北队与河北省文物研究所合作，在磁县湾漳发掘一座北朝大墓。该墓规模宏大，墓室青石铺地、绘有壁画，出土劫余文物有2 000件制作较精的陶俑等；甬道一端门墙，有保存较好的巨幅朱雀壁画。凡此都是目前所知北朝墓葬中规格最高的，墓主应是东魏、北齐王室高级成员。

5月　甘肃省文物考古研究所、吉林大学考古学系合作，发掘民乐东灰山四坝文化遗址，清理墓葬249座，并发现小麦遗存。

5—6月　浙江省文物考古研究所发掘余杭瑶山良渚文化祭坛墓地，清理一座中心为三色土构筑、面积约400平方米的祭坛、玉器墓12座。1998年发现整个祭坛面积达5 000平方米。被评为“七五”期间全国十大考古新发现。

5—8月　甘肃省文物考古研究所在敦煌新店台、佛爷庙湾，继1960年、1970年、1984年后，第四次发掘晋至隋唐时期墓葬，清理墓葬116座，其中西晋末前凉初的133号壁画墓有佛道二教的神话传说图等。

5—11月　新疆文物考古研究所在和静县察吾呼沟对前已发现的5个墓地1 700多座墓葬再次进行发掘。至1988年12月，发掘近300座，出土青铜器、铁器、陶器、木器、骨器等2 000多件，测定年代早至公元前1000年左右，由此肯定“察吾呼沟文化”的命名。

5—12月　湖南省文物考古研究所等单位在沅水、澧水流域发现30多处旧石器地点群。

6月　河南省濮阳地区文管会发掘濮阳西水坡遗址，发现仰韶文化蚌壳摆塑的3组龙、虎等图案及完整人骨架等遗迹。翌年河南省文物研究所参与发掘，又发现1组蚌塑图案。

山东省文物考古研究所等单位在临朐县西朱封发掘一座龙山文化大型木椁墓。

6—11月　宁夏文物考古研究所发掘固原县(今固原市)南郊隋代正议大夫史射勿墓葬，出土波斯银币等文物。

7月　中国社会科学院考古研究所内蒙古队发掘敖汉旗小河西遗址，发现一种新石器时代较早的文化遗存。

河南省文物研究所在新安县上孤灯村发现一座汉代铁范窖藏，出土80多件农具铁范中，有“弘一”、“弘二”字铭。

7—9月　宁夏文物考古研究所在固原县彭堡于家庄发掘春秋战国时期西戎墓群。

7—12月　河南省文物研究所首次发掘20世纪50年代发现的宝丰清凉寺宋代汝官窑址，出土300多件较完整的瓷器中，20余件为宫廷御用品(1988年、1989年继续发掘)。被评为“七五”期间全国十大考古新发现。

8月　新疆社会科学院考古研究所在呼图壁县康家石门子发现约公元前1000年的大型生殖崇拜岩刻画。

中国社会科学院考古研究所洛阳汉魏城队在汉魏故城以西陈屯新村附近发掘一处东汉时期王侯级大墓和陵园大型建筑遗址(发掘工作进行至1989年)。

8—9月　宁夏文物考古研究所继1986年，第二次发掘银川西夏陵邑遗址，清理中心大殿附属建筑。同时还发掘西夏陵13号陵园东碑亭遗址。

9月　中国社会科学院考古研究所山西队与山西省考古所等单位合作，发掘临猗程村东周墓地。大型墓出土成套编钟、编磬、列鼎和其他青铜礼器(翌年继续发掘)。

河北省文物研究所在卢龙县范庄发掘大型西汉积炭木椁墓，墓主蔡文可能是汉初侯爵或郡守一级武官。

10月　厦门大学人类学系、江西省文物工作队等单位合作，发掘新余拾年山新石器时代遗址。

中国社会科学院考古研究所西安汉城队在未央宫西北部发掘4号建筑遗址(A区)。遗址中部为保存较好的主体建筑，包括南、北相邻的两座大型殿址。殿址南、北各有一个院落，东、西两侧又有一些附属建筑。该遗址保存之完好、建筑之考究为以往发掘古代宫殿建筑遗址中所少见,应是少府一处官署(发掘进行至 1988 年 3 月)。

10—12 月 河南省文物研究所在西平县酒店乡杨庄村发掘战国冶铁遗址,发现一座目前所知年代最早的冶铁炉。

本年 中国社会科学院考古研究所西安汉城队勘探汉长安城东市、西市遗址,确定二市地望、范围,究明布局形制,解决了长期以来学术界关于东市、西市的争议。

中国社会科学院考古研究所、南京博物院、扬州市文化局合组扬州考古队,开展唐代扬州城考古工作。至 1993 年,查清唐代扬州城圈范围,罗城和子城内街道、河流,发掘一段唐代大型木构排水沟。被评为 1993 年全国十大考古新发现。

1988 年

1 月 南京博物院在南京市东北郊梁朝萧氏王族聚葬区发掘梁朝桂阳王萧象墓。

1—2 月 台湾大学人类学系在台东县马武窟发掘一座史前墓葬,获得一具完整人骨架,其生前有拔牙习俗。

3 月 河南省文物研究所自 1986 年以来,第三次发掘平顶山北滍村应国墓地。

春 中国社会科学院考古研究所山东队发掘兖州西桑园遗址,发现北辛文化遗存。

4 月 湖南省岳阳地区博物馆在华容县城关发掘一座宋代墓葬,出土一具身着 15 件袍服的女尸及 11 床丝面棉被、30 余件衣物等。

4—10 月 河北省文物研究所继 1986 年、1987 年后,第三次大规模发掘北戴河金山嘴秦汉大型建筑遗址,揭露大型院落 3 座,发现大型夔纹瓦当等,证实此为秦汉行宫建筑。被评为“七五”期间全国十大考古新发现。

5 月 中国社会科学院考古研究所陕西六队发掘子长栾家坪遗址,有仰韶文化庙底沟类型和庙底沟二期文化遗存。

广西壮族自治区文物工作队等单位自 1987 年 3 月以来,再次发掘合浦文昌塔汉墓群。

黑龙江省文物考古研究所发掘阿城城子村金代齐国王墓,出土一批金代织金锦、织金绸、织金绢、印金罗、素绢、绫、纱等服饰。

贵州省博物馆发掘遵义流水堰明代播州杨辉墓。

5—7 月 上海市文管会发掘金山亭林良渚文化墓地(翌年继续发掘)。

安徽省文物考古研究所开始发掘南陵县江木冲和铜陵市木鱼山一带西周晚期至汉代炼铜和采铜遗址。

6—7 月 河南省信阳地区文管会在光山县宝相寺发掘一座春秋墓葬,出土“黄季佗”戈和百余件金属弹簧等,是至今发现的年代最早的金属弹簧。

7 月 河南省文物研究所、河南省古建筑研究所发掘邓县北宋胜寺塔地宫,出土石函、银椁、铜棺、佛顶骨与佛牙、玻璃瓶、舍利子等一批佛教文物。

8—10 月 浙江省文物考古研究所发掘海宁荷叶地良渚文化圜丘土墩墓地。

8—11 月 山西省考古研究所等单位发掘大同张女坟平城期间大型北魏墓群,出土波斯鎏金银器、玻璃器等。

9—11 月 中国社会科学院考古研究所内蒙古队发掘敖汉旗榆树山和西梁遗址,充实对“小河西文化遗存”内涵和特征的认识。

11—12 月 湖南省文物考古研究所发掘澧县彭头山新石器时代中期遗址,其年代约距今 8 500 ~ 7 500 年,命名为“彭头山文化”。

冬 安阳队在小屯村东北邻近洹水处,即 20 世纪 30 年代发掘的建筑基址群南面,发掘一处面积 5 000 平方米的建筑基址。该基址由南、西、北三座连成一体,平面呈“凹”字形,建造年代当不晚于武丁时期(发掘进行至 1991 年秋)。被评为“七五”期间全国十大考古新发现。

本年　浙江省考古学会成立。

台湾大学人类学系在台东县卑南发掘石板棺史前墓葬，出土一批玉器。

中国社会科学院考古研究所河南二队在偃师商城遗址钻探东、北、西3面城墙外护城壕，发掘5号建筑基址上层廊庑。

陕西省考古研究所自1982年以来，连续发掘凤翔秦雍城遗址，发现南北向、东西向大道各4条，及25个坊中17个坊内建筑基址等。

山西省考古研究所、太原市文管会自1987年7月以来，在太原市金胜村发掘古墓600多座，其中一座为春秋晋国赵卿大墓，出土7鼎等随葬品3 134件，附葬车马坑内有木质独辕车17辆、马44匹。是发掘的首座保存完好的赵卿大墓。

河南省文物研究所发掘新郑韩陵Ⅴ区葬马坑，出土葬马56匹。

中国社会科学院考古研究所西安汉城队发掘未央宫西南角楼基址。基址平面呈曲尺形，东、北两端与宫墙相连。这是中国第一个全面发掘的宫城角楼遗址。

河南省周口地区文物工作队发掘淮阳北关东汉王侯墓，出土1 800余片银缕玉衣片、重两吨四面刻画像的石仓楼。

陕西省文管会自1985年以来，连续发掘临潼唐代华清宫遗址，清理出星辰汤、太子汤、贵妃汤、莲花汤和尚食汤等5个石砌浴池。

1989年

3月　河南省文物研究所在宝丰县蛮子营村发现一座汝窑瓷器窖藏，出土北宋汝瓷40余件，加上1987年在清凉寺汝官窑址出土的20余件，发掘出土的北宋汝瓷数量已超过传世品总和。被评为“七五”期间全国十大考古新发现。

春　中国社会科学院考古研究所河北队与河北省文物所合作，发掘磁县湾漳北朝大墓墓道部分。两壁的彩绘壁画，内容为仪仗队伍，总面积300平方米；地面彩绘，内容为莲花和缠枝花草，面积120平方米。

4—5月　中国社会科学院考古研究所山东队发掘汶上贾柏北辛文化遗址。对泰山南麓汶上、兖州、宁阳3地调查，发现37处细石器遗址。

5月　江苏省南京市博物馆在南京市西善桥发掘南朝梁、陈时期陈侍中、中权大将军黄法氍墓，其墓志字体已与隋唐楷书无异。

7月　陕西省考古研究所在西安市白鹿塬发掘隋唐墓葬，发现唐代韦氏家族墓地，出土一批金银器。

8—11月　山西省考古研究所、吉林大学考古学系等单位第二次发掘忻州游邀遗址，发现仰韶文化庙底沟类型、二里头文化等遗存。

9月　辽宁省文物考古研究所在凤城县(今凤城市)管家村东山上发现成排成群大石盖墓群，发掘11座。系辽东地区首次发现大石盖墓。

9—11月　安徽省文物考古研究所发掘南陵江木冲古铜矿遗址，清理西周晚至春秋时期3座炼铜炉。

宁夏文物考古研究所发掘固原马庄春秋战国墓地。

9—12月　南京博物院等单位发掘高淳朝墩头新石器时代至周代遗址，出土1件约距今5 000年的人形玉雕。

江西省文物工作队在新干县大洋洲发掘一座大型商墓，出土随葬品近千件。其中青铜器480余件，有工具、兵器、礼乐器、饪食器等。耳上立虎大型铜方鼎、耳上立鹿大型铜甗、纽钟、提梁方卣等为首次发现。展示了商时期在南方地区已充分发展的方国文明。被评为“七五”期间全国十大考古新发现。

秋　中国社会科学院考古研究所山东队发掘临朐西朱封两座龙山文化晚期大型墓葬。两墓均有施彩绘的棺椁，出土制作精致的玉器和蛋壳黑陶器物。

中国社会科学院考古研究所安阳队在小屯村发掘,发现刻辞甲骨 294 片。

10—12 月 南京博物院继 1953 年、1987 年后,第三次发掘新沂花厅大汶口文化墓地,在清理的 40 座墓葬中,5 座大墓有人殉现象,除出土大汶口文化遗存外,还发现良渚文化的玉器与陶器。

北京大学考古学系、湖北省文物考古研究所、荆州地区博物馆合作,发掘天门石河遗址群,确认屈家岭文化至石家河文化的城址。

湖北省文物考古研究所等单位发掘宜城罗岗春秋楚国车马坑。

湖北省文物考古研究所发掘云梦龙岗秦汉墓地,发现《禁苑律》等秦简。

11—12 月 中国社会科学院考古研究所洛阳唐城队在东周城址东墙外发掘两座战国晚期中型墓。其中一座出土编钟、编磬、列鼎和其他青铜礼器,以及兵器、车马器等。又在发掘唐应天门内一座残房基时发现 10 支玉册,其中 6 支属唐哀帝即位册文。

12 月 河南省文物研究所发掘汝州洪山庙遗址,发现一座埋有不少于 136 具瓮棺的仰韶文化丛葬墓。

中国社会科学院考古研究所与福建省博物馆合作,在建阳县(今建阳市)发掘宋代为皇室烧制“供御”瓷茶盏的建窑遗址,清理出长 135 米许的龙窑址(发掘进行至 1990 年 4 月)。

本年 福建省考古博物馆学会成立。

河北省文物研究所等单位自 1987 年以来,连续发掘迁安爪村旧石器时代晚期遗址,发现细石器、骨针及柄上有刻划纹饰的骨锥。

山东省文物考古研究所发掘淄博后李遗址,发现一批新石器时代中期文化遗存。后命名为“后李文化”。

江西省文物工作队于 1988 年在瑞昌县(今瑞昌市)夏坂乡铜岭发现商周铜矿开采遗址。本年清理立井 48 口、平巷 6 条,以及探矿、选矿、工棚、木作业、排水等设施遗迹。后又连续多年进行发掘,是中国目前发掘的年代最早、保存较完整的一处采矿遗址。

山西省考古研究所在闻喜县上郭村发掘西周晚期至春秋早期墓葬,发现“刖人守囿挽车”。

陕西省考古研究所在咸阳市沙河发掘汉唐木桥。

中国社会科学院考古研究所洛阳汉魏城队曾在外郭城西墙内发现 3 条东西向大道和“阳渠”水道,今又在东墙内发现相同遗迹。肯定外郭城确为北魏时期所筑。

辽宁省朝阳市博物馆清理北塔天宫与地宫,发现置舍利的金塔、银菩提树、玻璃瓶等数百件辽代佛教密宗文物。

辽宁省文物考古研究所自 1986 年以来,在绥中县九门口连续发掘明长城遗址,清理横跨九江河过河城桥的“一片石”、8 座巨大桥墩及水门、桥两侧围城等遗迹。

1990 年

1 月 史语所在台北县发掘万里加投史前遗址。3 月、10 月又两次发掘龟子山史前遗址。

2—5 月 河南省文物研究所、三门峡市文物工作队发掘上村岭虢国墓地,清理墓葬 4 座和车马坑 1 座,出土文物 6 500 多件。其中 2001 号墓为虢国国君虢季墓,出土文物 3 200 余件;在 1 700 余件青铜器中,30 余件有“虢季”铭文,一件铜柄铁剑系人工冶铁制品,为中国最早的人工冶铁实物。被评为 1990 年全国十大考古新发现。

3 月 中国社会科学院考古研究所西安唐城队发掘麟游隋仁寿宫唐九成宫 37 号殿址。至 1994 年 9 月,该殿址全部揭露,保存较好,绝大多数的础石和殿阶基石构件都未被扰动。该殿址的发现填补了中国建筑史上隋代宫殿建筑的空白。被评为 1994 年全国十大考古新发现、“八五”期间全国十大考古新发现。

3—11 月 中国社会科学院考古研究所偃师商城队发掘偃师商城遗址,在东城墙内侧清理二里冈上、下层时期墓葬 13 座。钻探西城墙南段,发现城墙“豁口”一处(后编号为“西一城门”)及石块结构的水道。

3—12 月 山东省文物考古研究所继 20 世纪 30 年代后，再次发掘章丘城子崖遗址，确认龙山文化城址、岳石文化城址和周代城垣。其中龙山文化城址面积约 20 万平方米。被评为 1990 年全国十大考古新发现、“七五”期间全国十大考古新发现。

中国社会科学院考古研究所西安汉城队发掘汉长安城陶俑窑址 3 组 21 座，出土数千件“裸体”陶俑，系“东园秘器”产品。这是中国首次发掘的汉代专门烧制“裸体”陶俑的官窑。被评为 1990 年全国十大考古新发现。

4 月 中国社会科学院考古研究所湖北队发掘枣阳雕龙碑遗址，揭露出一批距今约 6 000 ~4 600 年的房址。

新疆文物考古研究所在拜城克孜尔千佛洞，清理一批僧徒居住的“毗诃罗”窟、礼佛的“支提窟”和窟前遗址。发现的彩绘泥塑造像具有犍陀罗艺术风格。

4—5 月 河北省文物研究所、中国科学院古脊椎动物与古人类研究所等单位合作，第二次发掘玉田孟家泉旧石器时代晚期遗址，发现个别石器有局部磨痕。

中国社会科学院考古研究所甘青队继续发掘天水西山坪遗址，在不同文化层取样进行孢粉分析。

中国社会科学院考古研究所山东队继续发掘汶上东贾柏遗址，清理一批北辛文化房址与墓葬。

中国社会科学院考古研究所二里头队在Ⅵ区发掘，发现夯土基址。10—12 月在Ⅸ区进行磁探和铲探，发现大片建筑基址，并清理一座出土物较为丰富的硃砂墓。

5 月 中国科学院古脊椎动物与古人类研究所、福建省博物馆等单位合作，发掘漳州莲花池山旧石器地点。

陕西省考古研究所在咸阳市张家湾发掘西汉阳陵大型随葬陶俑坑，在 9.6 万平方米范围有 14 排 24 座，对部分坑的局部清理，发现大批陶俑及两辆木车马等。被评为 1990 年全国十大考古新发现。

徐州市博物馆自 1989 年 5 月以来发掘驮篮山西汉墓，发现可能属西汉早期分封于彭城的楚王夫妇的“同茔异穴”陵寝。

5—6 月 湖北省文物考古研究所等单位发掘郧县曲远河口学堂梁子旧石器时代遗址，在 1989 年发现人头骨化石附近又发现一具人头骨化石，命名为“郧县人”，后经测定同层位遗存，其年代约在距今 50 万年前。被评为 1990 年全国十大考古新发现、“七五”期间全国十大考古新发现。

山东省文物考古研究所等单位在淄博后李官庄遗址发掘一座春秋车马坑和 2 号战国大墓。车马坑长 31 米、宽约 4 米，内葬 10 辆车、32 匹马，为迄今发现规模最大、保存最好的春秋车马坑。被评为 1990 年全国十大考古新发现。

6 月 山东省文物考古研究所发掘章丘女郎山大型战国墓葬。同时还发掘一批宋、元、明壁画墓。

7—9 月 宁夏文物考古研究所在修缮贺兰宏佛塔过程中，在天宫中发现数十件彩塑佛像残件、以千计的西夏文木质雕板残块、数十幅丝织物胶漆彩画残片等罕见珍贵文物。被评为 1990 年全国十大考古新发现。

8—9 月 中国社会科学院考古研究所西藏队与西藏自治区文物局合作，发掘拉萨曲贡遗址。工作延续至 1992 年 7 月，是西藏腹地首次进行的大规模考古发掘。发现一批距今三四千年的史前文化遗存，命名为“曲贡文化”。被评为 1991 年全国十大考古新发现。

8—11 月 浙江省文物考古研究所发掘余杭庙前遗址，清理一批良渚文化墓葬和木构窖穴等遗迹。

郑州大学历史系考古专业等单位发掘杞县鹿台岗遗址，发现两处与天象有关的祭祀活动遗迹。

9月 北京市文物研究所在右安门外发掘金中都水关遗址，其建造年代约早于卢沟桥40年，是解决金中都城内水系流向问题的重要实物依据（工作持续至1991年）。被评为1991年全国十大考古新发现。同年，还发掘金中都宫殿基址。

9—12月 江西省文物考古研究所在吉安市石坑村发掘五代至明代天玉窑遗址，揭露反映制瓷工序全流程的种种遗迹。

10月 中国社会科学院考古研究所四川队发掘广元中子铺营盘梁新石器时代细石器遗址。这是在长江流域首批发现的细石器遗存。翌年5月继续发掘。

中国社会科学院考古研究所安阳队发掘郭家庄160号墓中型墓葬，出土随葬品353件。在41件青铜礼器中，绝大多数器物上铸有铭文。是自1976年发掘妇好墓以来发现的又一座重要的殷代高级贵族墓葬。被评为1990年全国十大考古新发现、“七五”期间全国十大考古新发现。

河北省文物研究所等单位发掘宣化下八里辽代韩师训壁画墓。

10—11月 河北省文物研究所等单位发掘迁西西寨赵宝沟文化遗址，发现堆放的陶器及石雕人头像等与祭祀活动有关的遗迹。

中国社会科学院考古研究所丰镐队发掘长安新旺村西周制骨作坊遗址。

中国社会科学院考古研究所邺城队发掘邺北城西斜墙遗迹，发现时代相当于东周时期的城墙遗迹，确定这一带应是邺城最早建城区域；又在此发现属于东汉至曹魏时期城墙的排水设施。

10—12月 湖南省文物考古研究所再次发掘澧县汤家岗新石器时代遗址，发现年代早于大溪文化的刻纹白陶、稻米等遗存，后据此提出“汤家岗文化”一名。

南京博物院等单位发掘昆山赵陵山新石器时代遗址。至1991年冬，揭露出一座面积近3 000平方米、厚约4米的良渚文化土筑高台，发现墓葬68座，其中有身首异处的“杀殉”墓及人殉现象。发现的大墓中，77号墓随葬125件玉器及数十件陶器，为良渚文化早期为数不多的大墓之一。被评为1990年全国十大考古新发现。

香港中文大学中国文化研究所中国考古艺术研究中心、中山大学人类学系考古专业合作，发掘南丫岛大湾新石器时代及战国时期遗址。

湖南省文物考古研究所第三次发掘靖州斗篷坡新石器时代至商代遗址。

山西省考古研究所发掘离石马茂庄东汉画像石墓。

中国社会科学院考古研究所洛阳唐城队发掘洛阳隋唐宫城应天门东阙遗址。这是中国对古代宫外阙遗址的首次发掘。被评为1990年全国十大考古新发现。

辽宁省文物考古研究所等单位在宽甸满族自治县虎山发掘7 000平方米长城，确认明代长城东端起点在虎山南麓鸭绿江边。

11月 甘肃省文物考古研究所在河西走廊西部发掘西汉敦煌郡效谷悬泉置遗址。至1991年11月，发现简牍1.5万余枚，纸、木等类文物2 650余件，文字内容包括大量邮驿文书、簿籍简牍、诏书、律等，首次发现墨书文字的西汉麻纤维纸。被评为1991年全国十大考古新发现、“八五”期间全国十大考古新发现。

11—12月 湖南省文物考古研究所等单位发掘沅陵太常楚汉墓葬，出土的一组5件铜砝码中，有1件刻有文字。

广东省文物考古研究所等单位第四次发掘五华狮雄山南越国赵佗长乐台遗址。

12月 湖北省文物研究研究所等单位发掘武昌龙泉山明楚昭王墓（今属武汉市江夏区）。

本年 江西省考古学会成立。

山西省考古研究所发掘右玉善家堡汉代匈奴墓群。

陕西省考古研究所在咸阳国际机场发掘北周上柱国骠骑大将军若干云墓、唐武德四年（公元

621 年）蜀国公太夫人贺氏墓、唐开元九年（公元 721 年）燕国夫人墓。

陕西省考古研究所发掘铜川黄堡镇耀州窑址，发掘出密集连片的五代、宋、金、元作坊 23 座、窑炉 16 座。

1991 年

3 月　史语所考古组等单位发掘台北县八里十三行史前遗址。

3—7 月　山西省考古研究所发掘永济古蒲津渡遗址，出土唐蒲津渡浮桥的 4 尊铁牛和两座镇河铁山。

3—11 月　中国社会科学院考古研究所邺城队继续钻探发掘邺北城遗址，发现邺北城中墙夯土遗迹及凤阳门大道和中阳门大道之间南北向大道遗迹，确定该道路时代和规模。

4—6 月　中国社会科学院考古研究所山东队第四次发掘滕州前掌大墓地，清理 5 座商代晚期墓葬。其中在一座“中”字形大墓上发现享堂建筑基址。

4—12 月　安徽省文物考古研究所等单位在南陵县西边冲、刘家井发掘东周炼铜遗址。

5 月　山西省考古研究所发掘翼城枣园新石器时代遗址，获得山西地区迄今所知年代最早（约距今 7 000 年）的新石器文化遗存。

5—6 月　中国社会科学院考古研究所丰镐队在客省庄清理 4 座西周陶窑址。结合以往在其附近发现的窑址及水井，推断这里应是当时一处制陶作坊。

5—7 月　中国社会科学院考古研究所新疆队发掘奇台五马场遗址，这是在天山以北地区首次成规模发掘的集住房、窖穴、墓葬为一地的早期铁器时代村落址。

5—8 月　内蒙古文物考古研究所发掘克什克腾旗南台子遗址，发现距今七八千年的新石器时代中期文化遗存。

5—10 月　辽宁省文物考古研究所等单位在桓仁满族自治县米仓沟发掘一座高句丽壁画大墓。

6 月　中国社会科学院考古研究所甘青队发掘武山傅家门遗址。至 1993 年，共进行 5 次发掘，发现一批石岭下类型、马家窑类型和齐家文化遗存。其中长方形祭祀坑和阴刻符号的陶器与带有刻划符号的卜骨为石岭下类型的首次发现。

江苏省苏州博物馆等单位继 1986 年、1988 年、1989 年，再次发掘吴江龙南新石器时代遗址，发现沿河分布的良渚文化聚落址。

浙江省文物考古研究所发掘余杭汇观山良渚文化祭坛墓地。祭坛面积近 1 600 平方米，除清理剩余的 4 座大墓外，还发现 3 座祭祀坑。其中一座大墓仅石钺就出土 48 件。被评为 1991 年全国十大考古新发现。

6—8 月　中国社会科学院考古研究所洛阳汉魏城队与洛阳古墓博物馆合作，清理已遭严重盗掘的北魏宣武帝景陵。

6—12 月　河北省文物考古研究所等单位在定州新建铁路货场工程中，发掘一处商代方国贵族墓地，清理的 42 座商代墓葬，随葬品以铜器为主，据对铜器徽号文字的考证，推测这里是商代要族——又族封地。被评为 1991 年全国十大考古新发现。

夏　西藏文管会、四川大学考古专业等单位开展西藏雅鲁藏布江中游、拉萨河流域的考古调查，发现一批石器时代遗址、吐蕃时期墓群及寺院等。

7—8 月　陕西省考古研究所发掘泾阳高家堡商末墓葬，出土的一批青铜器中，部分有“父戊”、“父丁”等铭文和族徽。

7—10 月　内蒙古文物考古研究所继 1988 年、1989 年，第三次发掘林西白音长汗新石器时代遗址。已揭露 7 000 平方米，占遗址的 80% 以上，发现兴隆洼文化南北两个聚落区 56 座房址，一房址灶坑旁出土一石雕女性人像。

沈阳市新乐遗址博物馆第四次发掘新乐新石器时代遗址，清理新乐文化房址 5 座。

河南省文物研究所等单位继 1979 年、1990 年，第三次发掘罗山天湖村商周墓地，又获得一批商代方国——息国的青铜器等文物。

8 月 中国社会科学院考古研究所洛阳唐城队发掘隋唐洛阳城东城内宋代衙署庭园遗址。发掘表明园内殿、楼、廊、榭布局和谐,明暗水道交织如网,砖石道路四通八达(发掘进行至翌年春季)。被评为 1992 年全国十大考古新发现。

8—9 月 宁夏文物考古研究所清理贺兰山群寺沟西夏方塔废墟,发现西夏文和汉文佛经、文书,西夏文木牌,印花、贴花和绣花的丝织品、舍利子等一批文物。

8—11 月 河北省文物研究所等单位发掘昌黎渟泗涧旧石器时代遗址,获旧石器时代末期一批遗存。

8—12 月 山东大学考古专业发掘邹平丁公龙山文化城址,城址平面近方形,面积 10 多万平方米,城墙宽约 20 米,现存高 1.5～2 米。被评为 1991 年全国十大考古新发现。1992 年发现出自一龙山文化灰坑的陶片上有 11 个刻划文字(符号)。1993 年发现内城。

9—10 月 黑龙江省文物考古研究所在宁安县(今宁安市)三陵乡唐代渤海国王陵区内,首次发掘一座渤海国大型石室壁画墓。被评为 1991 年全国十大考古新发现。后又发掘渤海上京官衙遗址。

10 月 中国社会科学院考古研究所安徽队发掘宿县小山口与古台寺遗址(今属宿州市埇桥区),发现属新石器时代中期文化遗存。

中国社会科学院考古研究所安阳队在殷墟花园村东地发掘,发现一个殷墟早期甲骨坑(H3),经套箱取回室内清理,出土甲骨 1 583 片,其中刻辞甲骨 579 片,完整的刻辞卜甲达 300 多版。卜辞内容以祭祀、天气、田猎、疾病等为主,尤以祭祀祖先的卜辞最多。这是继 1936 年、1973 年以来,殷墟刻辞甲骨的第三次重大发现。被评为 1991 年全国十大考古新发现。

10—11 月 河南一队发掘汝州李楼遗址,获得一批河南龙山文化晚期与二里头文化遗存(1992 年继续发掘)。

中国社会科学院考古研究所西安汉城队在汉长安城西北部发掘 5 座民营陶窑。

10—12 月 山东省济南市文化局文物处等单位发掘章丘小荆山新石器时代遗址,获得一批新石器时代中期文化遗存。

湖南省文物考古研究所发掘祁阳高庙新石器时代遗址。

中国社会科学院考古研究所偃师商城队发掘商城内第 2 号建筑基址,确认其为仓储之所。同时发现商城南城墙,肯定了商城范围。

江西省文物考古研究所等单位自 1988 年以来,连续发掘瑞昌铜岭商周矿冶遗址,揭露 2 400 多平方米,发现 102 口古矿井、18 条巷道、2 座冶炼炉、7 处采掘坑等遗迹及一批采矿工具和生活用具。是目前中国所见最早的大型铜矿开采冶炼遗址。被评为 1991 年全国十大考古新发现。

11—12 月 湖南省文物考古研究所发掘澧县孙家岗新石器时代晚期墓地,出土玉凤、玉龙等一批玉器。

安徽省文物考古研究所在天长县三角圩发现一座战国墓和 24 座西汉早、中期墓。其中 1 号墓墓主为西汉广陵王谒官桓平,出土大量漆器、玉器、铜器、5 枚印章,以及包括斧、锯、铲、钻、凿、锉、墨斗线陀、水准仪等在内的一套 28 件木工工具(发掘进行至翌年 4 月)。被评为 1992 年全国十大考古新发现。

12 月 河南省文物研究所自 1990 年 10 月以来,持续发掘淇县朝歌故城。

洛阳市文物工作队在洛阳市北郊邙山南坡发掘西周鱼窖群(翌年 4 月结束)。

洛阳市文物工作队在西工区发掘一座大型东周墓。

云南省文物考古研究所发掘江川李家山西汉中晚期至东汉初期滇文化墓葬 58 座,其中 6 座贵族墓葬俗奇特,随葬品种浩繁,首次在滇文化中发现以金、玉、玛瑙、绿松石等制成珠、管扣缀在织物或毛皮上而成的“珠襦”(发掘进行至翌年 6 月)。被评为 1992 年全国十大考古新发现。

本年　贵州省博物馆、中国科学院古脊椎动物与古人类研究所等单位发掘安龙观音洞石器时代遗址，发现距今1万～5 000年的文化遗存。

中国社会科学院考古研究所安阳队发掘后岗西北部两座殷代“中”字形大墓，虽被多次盗掘，仍出土铜器、陶器、石器140余件。

河南省文物研究所、三门峡市文物工作队联合发掘上村岭虢国墓地，又清理一座虢国国君墓葬(2009号)，出土铜、玉、铁、毛织物等类文物3 000余件，其中200余件大型青铜礼器上，大部分铸有虢仲作器字样。被评为1991年全国十大考古新发现。

河南省文物研究所继续发掘平顶山北滍村应国墓地，发现一座应伯墓，出土一批青铜礼器。

河南省文物研究所自1990年以来，在淅川县丹江口水库区内发掘春秋战国楚墓50余座。在和尚岭发掘的4座大墓中，1号大墓3件铜鼎铸于公元前605年前，铭文为“克黄之鼎”，墓主为楚箴尹克黄；2号大墓出有7鼎、8编钟、9镈钟等青铜器(发掘进行至翌年6月)。被评为1992年全国十大考古新发现。

湖北省荆门市博物馆勘察荆门纪山寺楚陵园遗址。

河南省商丘地区文物工作队自1987年以来，连续在永城县(今永城市)芒山镇汉梁国王陵区内发掘。清理梁孝王大型石室王陵，出土2 000余件鎏金铜车马饰。在柿园汉墓内发现汉代级别最高的壁画，以及约2 500块封堵墓道及甬道的黄肠石、1万余件鎏金铜车马饰等。被评为1991年全国十大考古新发现。

中国社会科学院考古研究所与河北省文物研究所合作，对1989年发掘磁县湾漳北齐墓揭取壁画进行修复保护，采用木框架托背、三甲树脂渗透加固等方法使壁画恢复原貌。

福建省文管会考古队发掘莆田林泉院南少林寺遗址。

1992年

1月　北京大学考古学系、山西省考古研究所联合发掘曲沃天马-曲村晋侯墓地。至本年底，清理7座晋侯及夫人墓，出土劫余的带有晋侯铭文的铜壶、簋、鼎及兔形尊等大批青铜器精品和玉石器，确认天马-曲村遗址为西周至东周初期一处晋国都邑。被评为1992年全国十大考古新发现。

中国社会科学院考古研究所浙江队与浙江省文物考古研究所、杭州市文物考古所合作，再次发掘南宋临安皇城址，发掘结果证实南宋《咸淳临安志》皇城图上所绘地形是正确的(工作进行至翌年1月)。

3月　山东省文物考古研究所开始勘察临淄田旺龙山文化城址，面积约18万平方米。

春　中国社会科学院考古研究所湖北队发掘枣阳雕龙碑遗址，首次发现距今5 000年前的推拉式门道的房址(秋季和翌年继续发掘)。

四川省阿坝藏族羌族自治州文管所等单位发掘茂县牟托村战国石棺墓，出土一批西周至战国早期风格的青铜器。

4月　河南省文物研究所发掘荥阳蝙蝠洞旧石器时代洞穴遗址。

洛阳市第二文物工作队在伊川县大元东村发掘一座元代壁画墓。

4—5月　中国科学院古脊椎动物与古人类研究所等单位开始发掘贵州盘县大洞旧石器时代洞穴遗址。至1993年5月，两次发掘共清理92平方米，发现人类活动遗迹及分属4个个体的人牙化石、2 000余件石制品，近万件动物化石。被评为1993年全国十大考古新发现。

中国社会科学院考古研究所安阳队发掘殷墟刘家庄北地，发现5座车马坑。其中两座保存完整，车厢近圆角长方形(或称“椭圆形”)，发现的车轼将车轼出现的历史提前到殷代。

4—6月　湖北省文物考古研究所在天门石家河城址邓家湾遗址发掘，确认石家河城年代属屈家岭文化中期至石家河文化中期。

4—7 月　中国社会科学院考古研究所福建队与福建省博物馆合作，自 1989 年以来连续发掘建阳建窑遗址。共发掘五代至元代窑址 10 座、作坊遗址一处，获得大批建窑瓷器标本。

4—8 月　洛阳市第二文物工作队在伊川县鸦岭发掘唐齐国太夫人墓，出土的 1 659 件文物中，有 21 件金银器。

5 月　陕西省宝鸡市考古工作队发掘益门村秦墓 1 座，出土一批金器、玉器、铜器、铁器，以及饰有原始玻璃珠、绿宝石的金柄铁剑。

5—9 月　洛阳市文物工作队在洛阳市南郊花园村发掘唐睿宗贵妃豆卢氏墓。

5—10 月　青海省文物考古研究所继 1991 年，再次发掘西宁沈那齐家文化遗址，发现齐家文化的铜矛和铜指环。

7—9 月　中国社会科学院考古研究所西安唐城队第二次发掘唐代名刹西明寺遗址，揭露面积近 7 500 平方米，加上 1985 年第一次发掘揭露的 7 500 平方米，已揭露西明寺址的八分之一。

7—10 月　中国社会科学院考古研究所内蒙古队再次大规模发掘敖汉旗兴隆洼遗址，清理房址 66 间、墓葬 11 座及环绕房址的围壕等，进一步揭露兴隆洼聚落址布局。1993 年 6—11 月又进行大规模发掘。兴隆洼遗址是中国首次将围壕、房址和灰坑等遗迹大体完整揭露的距今七八千年的聚落遗址，被评为 1992 年全国十大考古新发现、“八五”期间全国十大考古新发现。

河南省文物研究所在巩义市勘察试掘宋真宗永定陵上宫遗址。后于 1993、1994 两年 3—7 月，勘察北宋皇陵其余 7 座皇陵和 22 座皇后陵。1995 年 1—9 月，又发掘永定陵禅院。

7—12 月　河南省文物研究所等单位开始发掘辉县孟庄龙山文化城址。城址平面为方形，面积 16 万平方米。城内除龙山文化堆积外，还有二里头文化、商周文化堆积。

9 月　浙江省文物考古研究所在余杭良渚莫角山遗址发掘一座良渚文化时期大型建筑基址，确认面积约 30 万平方米的莫角山遗址为目前所知良渚文化中规模最大的遗址（发掘进行至翌年 7 月）。被评为 1993 年全国十大考古新发现、“八五”期间全国十大考古新发现。

9—10 月　内蒙古文物考古研究所会同赤峰市博物馆等单位在阿鲁科尔沁旗朝克图山发掘卒于辽太宗会同四年（公元 941 年）的辽代早期契丹族显贵耶律羽墓，墓内遍绘壁画，墓志数千字记述墓主生平及其先祖情况，可补史书之缺。

9—11 月　中山大学人类学系、江西省文物考古研究所等单位第七次发掘吴城遗址，发现吴城二期祭祀宗教活动遗迹。

9—12 月　江西省文物考古研究所、北京大学考古学系合作调查、发掘丰城洪州窑窑址，首次发现隋代龙窑窑址和南朝早期匣钵窑具。

10 月　湖北省荆州地区博物馆、北京大学考古学系在江陵郢北村鸡公山旧石器时代遗址发掘，清理出距今四五万年前或更早一些的古人类活动面，发现 5 个由砾石围成的圆圈及数万件石制品。

10—11 月　北京大学考古学系、地质系、城市与环境学系等单位发掘河南驻马店杨庄龙山文化时期与二里头文化遗址。

中国社会科学院考古研究所西安汉城队发掘汉长安城铸币遗址，获大量遗物。1997 年春，对铸币遗址继续发掘。

洛阳市第二文物工作队在洛阳市浅井头村发掘 1 座西汉壁画墓，壁画升仙图、云气图保存完好。

10—12 月　南京博物院、扬州市博物馆联合发掘兴化南荡新石器时代遗址，发现龙山文化王油坊类型的文化遗存。

安徽省文物考古研究所发掘濉溪古城村东汉大型画像石墓。

中国社会科学院考古研究所洛阳唐城队发掘隋唐洛阳城履道坊白居易故居遗址（翌年继续

发掘)。

11—12 月 湖南省文物考古研究所发掘澧县乌鸦山旧石器时代遗址。

山东省文物考古研究所开始发掘枣庄建新遗址,翌年 2—5 月第二次发掘。共揭露大汶口文化房址 27 座、墓葬 92 座、陶窑 1 座、水井 1 口。是海岱地区大汶口文化成批房址与墓地的首次发现。

12 月 安徽省文物考古研究所继 1988 年后,第二次发掘宣州向阳旧石器时代遗址。该遗址为水阳江旧石器地点群代表。

冬 湖南省文物考古研究所、澧县文管会继 1991 年冬对澧县南岳村城头山遗址试掘,确认其为屈家岭文化城址后,开展进一步发掘,城整体形状为近圆形的八边形,城内面积 76 550 平方米,探明护城河、城垣和东、南、北 3 座城门及城内台基。被评为 1992 年全国十大考古新发现(翌年冬继续发掘)。

湖北省荆州博物馆自 1990 年 6 月以来,连续发掘石首走马岭屈家岭文化城址。

本年 海南省博物馆等单位发掘三亚落笔洞石器时代遗址,发现 8 枚人牙化石和一批石制品,地质年代为晚更新世末至全新世初(翌年继续发掘)。

河南省文物研究所郑州工作站在花园新村发现并清理出郑州商城外郭城墙西南拐弯处百余米。

河南省文物研究所继续发掘平顶山应国墓地,7 座西周中期墓大都出土有铭铜器。还清理一批东周时期楚式墓和汉墓。

山东省文物考古研究所勘探临淄田齐王陵,发现"甲"字形、"中"字形、曲尺形附葬墓 74 座,以及车马坑、器物坑。在青州市东高镇新发现 3 处 5 座台顶有圆形封土的大墓(1993 年继续勘探)。

辽宁省文物考古研究所自 1984 年以来,在绥中姜女石遗址群中石碑地进行全面勘探和发掘。至 1997 年,揭露一座外轮廓呈曲尺形、内部以连续的围墙分成 10 个小区的苑囿性质的秦汉行宫遗址。被评为 1997 年全国十大考古新发现。

陕西省考古研究所自 1991 年以来勘察、发掘汉景帝阳陵从葬坑。

湖北省文物考古研究所等单位在鄂州市塘角头发掘东吴至南朝时期墓葬 11 座,其中 2 号墓出有"永安四年"(公元 261 年)铭文砖,墓中出土的大批瓷器与陶器等,为研究鄂城六朝墓及区分吴、晋墓葬特点,提供了明确依据。

1993 年

2—5 月 山东省文物考古研究所第二次发掘枣庄建新新石器时代遗址。

2—7 月 长沙市文物工作队等单位在望城县(今长沙市望城区)坡古坟垸发掘一座西汉某代长沙王王后墓,葬制采用黄肠题凑,出土金、银、漆、玉等盗余文物 2 000 余件,首次发现"筑"这种乐器的实物。被评为 1993 年全国十大考古新发现。

3 月 湖北省文物考古研究所发掘宜昌杨家湾新石器时代遗址,发现一批大溪文化时期陶器刻划符号(发掘进行至翌年 6 月)。

新疆文物考古研究所与法国科研中心 315 所合作,依据 1991 年调查所获线索,发掘于田喀拉墩遗址。清理一处公元 4—5 世纪的佛寺遗址,测绘了遗址区灌溉网系统。

河北省文物研究所等单位再次发掘宣化下八里村辽壁画墓(今属张家口市宣化区),清理辽代晚期汉族张氏贵族墓葬 5 座,墓中壁画达 156 平方米。被评为 1993 年全国十大考古新发现。

4 月 湖南省文物考古研究所发掘石门燕儿洞旧石器时代晚期遗址,发现 3 枚人牙、1 块颌骨等人类化石,以及一批石制品,1990 年试掘时曾发现 1 件人类股骨化石。

浙江省余杭县文管会办公室发掘余杭星桥良渚文化墓葬。其中 2 号墓出土的 175 件玉石器中，石钺达132件，是目前出土石钺最多的史前墓葬。

中国社会科学院考古研究所洛阳唐城队继1989年以来，连续发掘唐上阳宫遗址和隋唐陶光园南部遗址。揭露上阳宫廊房、水榭、水池、假山、砖砌护岸、卵石路面等遗迹，出土大量唐代文物，对研究唐代宫廷园林建筑艺术有重要价值（发掘进行至12月）。

4—6月 南京博物院等单位自1993年4月开始发掘高邮龙虬庄新石器时代遗址，发现距今7 000～5 000年的文化遗存和炭化稻米，初步建立江淮东部地区新石器时代文化发展序列。被评为1993年全国十大考古新发现。

浙江省文物考古研究所等单位发掘海宁大坟墩良渚文化小型祭坛墓地，清理墓葬13座。

4—12月 辽宁省文物考古研究所自1986年以来，连续6次发掘阜新查海新石器时代中期聚落址，已揭露面积6 500平方米，清理房址39座，居室葬5座，出土物有陶、石、骨器外，还有玉器，文化面貌与兴隆洼文化接近。

5月 苏州市博物馆等单位发掘常熟罗墩良渚文化土墩墓地，清理墓葬14座（翌年10月继续发掘）。

5—6月 中国社会科学院考古研究所山东队发掘日照尧王城遗址，发现一批龙山文化房址和大汶口文化晚期两块带刻划符号的尊形器残陶片，扩大了这种刻符陶尊的分布范围。

云南省文物考古研究所继1964年后，第二次发掘安宁太极山古墓群。清理墓葬40座，出土的石范、铜鼓等青铜器、陶器，丰富了滇文化内涵。

5—7月 西北大学文博学院考古专业自1984年以来，第六次发掘扶风案板遗址，发现一座仰韶文化带前廊的大型房址，面积达160平方米。

中国历史博物馆自1991年以来连续进行绥中元代沉船水下考古调查，测量船体，发掘出水110余件完好的磁州窑瓷器与铁器。被评为1993年全国十大考古新发现。

5—10月 吉林省文物考古研究所发掘帽儿山夫余遗址。其中一座墓中出土木胎包铜马镫、鞍桥，以及金、银、漆器等文物。

6—9月 内蒙古文物考古研究所再次发掘阿鲁科尔沁旗契丹皇族耶律羽之家族墓地。清理10座大中型墓葬，发现耶律羽之的儿子耶律甘露、孙子耶律元宁、重孙耶律道清三合墓志，并首次在辽墓中发现精制的殉车。

6—11月 湖北省文物考古研究所发掘黄梅焦墩遗址，发现约距今6 000年的一批卵石摆塑的动物图案，种类似有龟、鱼、龙、蛇、羊（鹿）等，其中龙长约4.46米、宽2.28米。

7月 山西省考古研究所在太原市南郊晋阳湖畔发掘一座战国早期七鼎墓及其附近车马坑，墓主可能是赵国某卿。

中国社会科学院考古研究所四川队进行川西北至甘青地区“丝绸之路河南道”专题考古调查，发现栈道、古城、关堡、墓葬、石刻、遗址等，从考古角度证实了这条丝绸之路河南道的存在和基本走向及路线，弥补了文献记载的不足（工作进行至9月）。

内蒙古文物考古研究所在阿鲁科尔沁旗朝克图山东部发掘契丹贵族耶律祺墓，出有汉文和契丹大字墓志。大字墓志志文近3 000字，是迄今为止仅有的六合契丹大字墓志中字数最多的一合。耶律祺即为《辽史》所载耶律阿思。1996年9月发掘耶律祺叔父兀没墓，出有契丹小字墓志。

7—8月 中国社会科学院考古研究所西藏队与西藏自治区文管会合作，发掘朗县列山吐蕃墓地，发掘墓葬5座及多处祭祀遗迹，出土墨书或刻划藏文字母的木构件与陶片。这是列山吐蕃墓地的第一次发掘，并以航空测量照片与地面实测相结合绘制出带等高线的墓地墓葬分布图，确认墓葬总数逾210座。还对琼结藏王墓进行勘测。

9月 黑龙江省文物考古研究所、加拿大阿尔伯达省立博物馆合作，发掘五常学田旧石器时代晚期遗址(1996 年 9 月再次发掘)。

10 月　山东省文物考古研究所等单位在淄博市临淄区淄河店田齐王陵区西北部，发掘 3 座已被盗的战国晚期“甲”字形大墓(发掘进行至翌年 1 月)。

10—12 月　辽宁省文物考古研究所发掘宽甸虎山高句丽泊汋城址，出土一批有特色的铁器，其时代不晚于东晋十六国时期。

11 月　山东省文物考古研究所发掘滕州薛国故城，发现叠压于春秋薛国故城小城下的商周城址和龙山文化城址(发掘进行至翌年 5 月)。

河北省文物研究所等单位发掘献县陵上寺村 36 号西汉沙间国王室墓(发掘进行至翌年 5 月)。

12 月　中国社会科学院考古研究所、中国科学院古脊椎动物与古人类研究所、北京大学考古学系、吉林大学考古学系等 18 家科研单位和大学开始进行三峡工程淹没区考古调查与发掘。至 1994 年 7 月，调查、发掘遗址 200 余处，包括旧石器时代遗址，重庆忠县猿井沟、巫山魏家梁子、奉节老官庙等新石器时代遗址，巫山双堰塘青铜时代遗址，以及汉代朐忍县城、南浦县城、云阳县龙角等地崖墓等(三峡工程淹没区考古发掘工作延续进行至 21 世纪)。被评为 1994 年全国十大考古新发现、“八五”期间全国十大考古新发现。

上海市文管会考古部继 1960 年、1966 年后，第三次发掘闵行马桥遗址，发现良渚文化、马桥文化大批文化遗存，丰富了马桥文化内涵(发掘延续至 1995 年)。

河南南阳地区文物研究所等单位在桐柏县左庄村发掘 4 座春秋中晚期墓葬，其中 1 号墓出土青铜器 31 件、玉器 400 多件，以及漆器等，是该地区继淅川下寺楚墓后又一重要发现(发掘进行至翌年 2 月)。

本年　中国科学院古脊椎动物与古人类研究所等单位在广西百色盆地开展旧石器时代考古，发掘百色百谷、田东坛河等旧石器时代遗址，在原生地层中找到与石制品共存、约距今 70 万年的玻璃质陨石。

北京大学考古学系、山西省考古研究所在曲沃天马-曲村晋侯墓地，发掘 62 号、63 号、64 号 3 座大墓，其中 64 号墓为晋侯邦父墓，62 号、63 号可能是晋侯邦父两位夫人墓。这是一组未被盗掘、有铜器铭文可确知墓主的大型晋国国君及其夫人墓葬。被评为 1993 年全国十大考古新发现。

河南省文物考古研究所发掘永城保安山 2 号汉墓，该墓为斩山为椁、穿山为藏的大型崖墓，由 2 条墓道、3 条甬道、31 个侧室、前堂、后室、回廊及天井等组成，全长 180 余米，最宽 70 余米，总面积 1 550 平方米。为迄今发掘的规模最大的西汉诸侯王墓。

山西省考古研究所等单位自 1992 年发掘云冈第 20 窟窟前遗址后，又发掘云冈第 3 窟(北魏未凿完的大型洞窟)窟前遗址，发现北魏时期遗迹和一批石雕造像。被评为 1993 年全国十大考古新发现。

1994 年

1 月　北京大学考古学系、南京市博物馆合作发掘南京汤山葫芦洞遗址，继 1993 年发现 2 件直立人头盖骨化石后，又发现 1 枚直立人牙齿化石和 4 000 余件动物化石，时代属中更新世。被评为 1994 年全国十大考古新发现、“八五”期间全国十大考古新发现。

3 月　江苏省徐州市博物馆发掘徐州市北郊簸箕山顶部西汉宛朐侯刘埶墓，这是发现的第一座保存完整的被诛杀的西汉早期刘氏家族列侯墓葬。

3—11 月　甘肃省文物考古研究所发掘礼县大堡子山秦国公墓制墓地，清理 3 座大墓、9 座中小型墓。3 座大墓分别长为 36.5 米、88 米、115 米，出土劫余文物有玉器、漆器、大量马饰及 12 乘车马痕。

4 月　浙江省文物考古研究所等单位发掘余姚鲞架山新石器时代遗址,丰富了河姆渡文化内涵。

4—5 月　山东省烟台市文管会等单位发掘海阳嘴子前一座春秋墓葬,出土九钟、七鼎、盂、甗等青铜礼器和铜兵器、漆木器、玉石器等。铜器铭文表明墓主是位与齐国陈(田)氏关系密切的贵族。

5 月　河北省文物研究所自 1991 年 10 月以来,连续发掘获鹿(今鹿泉)高庄汉墓,出土盗余随葬品 8 000 余件,一些铜器上有"常山"、"常食"、"常山食官"刻铭,可能是汉常山国王室墓。

陕西省考古研究所发掘西安隋灞桥遗址,清理出 3 孔桥洞和 4 座桥墩。被评为 1994 年全国十大考古新发现。

5—10 月　北京大学考古学系、山西省考古研究所第五次发掘曲沃天马-曲村晋侯墓地,又清理晋侯及其夫人墓 5 座、祭祀坑 2 座。累计 1992 年以来发掘晋侯墓地,共清理 8 组 17 座大墓,其中 10 座保存完整。其年代在西周昭穆之际至春秋约近 200 年间。被评为"八五"期间全国十大考古新发现。

6 月　辽宁省文物考古研究所等单位第七次发掘阜新查海新石器时代中期遗址,清理 16 座房址及龙形雕塑等遗迹(发掘进行至翌年 1 月)。

6—8 月　河南省文物考古研究所在新蔡县葛陵发掘楚宣王时期平夜君墓,墓葬平面呈"甲"字形,其规模为楚墓中罕见,出土物中有大批竹简。

6—12 月　北京大学考古学系等单位自 1992 年以来,连续发掘河南邓州八里岗新石器时代聚落遗址,揭露排房 30 余座、窖穴 300 多座、墓葬 110 余座,获得仰韶文化至石家河文化时期大批文化遗存。被评为 1994 年全国十大考古新发现(1996 年 7 月至 1997 年 1 月继续发掘)。

夏　中国社会科学院考古研究所西藏队与西藏自治区文管会合作,发掘贡嘎昌果沟新石器时代遗址。发掘工作断续至 1996 年,为研究雅鲁藏布江中游地区的史前文化提供了资料。

7—9 月　辽宁省文物考古研究所、北京大学考古学系第十次发掘营口金牛山旧石器时代遗址,发现 1 万余件动物化石、200 多件石制品及灰堆和烧骨。

7—10 月　甘肃省文物考古研究所继 1984 年、1986 年后,第三次发掘西峰南佐疙瘩渠仰韶文化大型建筑址,其东西宽约 18 米、南北长约 35 米、室内面积约 630 平方米,是已发现的仰韶文化建筑址中规模最大的一座。

8 月　河北省文物研究所自 1992 年以来,第三次发掘阳原岑家湾旧石器时代遗址,发现的石制品,部分可拼合,其时代属早更新世。

9 月　湖北省文物考古研究所发掘武穴鼓山新石器时代遗址,清理墓葬 244 座,其文化面貌具有长江中游大溪文化与屈家岭文化、长江下游薛家岗文化与北阴阳营文化的多种因素(发掘进行至翌年 6 月)。

陕西省考古研究所等单位发掘咸阳市陈马村北周武帝与皇后合葬的孝陵。这是陕西省发掘的第一座帝陵(发掘进行至翌年 1 月)。

9—10 月　内蒙古文物考古研究所等单位在阿鲁科尔沁旗宝山发掘 2 座辽代早期契丹贵族墓。其中 1 号墓为辽"大少君"之子勤德,2 号墓墓室及石房满绘壁画及诗词、题记,反映契丹贵族日常生活及神话故事、花鸟等内容,为辽早期绘画艺术的重要发现(1996 年继续发掘)。被评为 1994 年全国十大考古新发现。

秋　中国社会科学院考古研究所安徽队自 1989 年以来,连续 8 次发掘蒙城尉迟寺遗址,清理大汶口文化时期房址 31 间,构成 3 组排房建筑群体,墓葬 156 座,由此提出大汶口文化尉迟寺类型。被评为 1994 年全国十大考古新发现。

10 月　中国社会科学院考古研究所开展胶东半岛贝丘遗址环境考古。至 1996 年 10 月,调查 20 个贝丘遗址,试掘 3 处遗址。

10—11 月　山西省考古研究所发掘夏县西阴村遗址,获得较 1926 年在此发掘更丰富的仰韶文化庙底沟类型的遗存。

郑州市文物考古研究所发掘郑州商城外城墙。

10—12 月 中国社会科学院考古研究所偃师商城队发掘西城墙 1 号城门址。门道宽 3.2 米、门道下铺设一条石质排水道。翌年春季，全面揭露西城墙 1 号城门址，清理出城墙外侧与城墙同一走向的大道、护城壕、从护城壕经由城门通向城内地下垒石排水道，获取较为完整的商代都城城门址结构的资料。

中国社会科学院考古研究所山东队第五次发掘滕州前掌大遗址，在遗址南地探明一处商末至西周早期贵族墓地。并清理墓葬 11 座、殉马坑 2 座等，出土青铜器 200 多件，11 号墓中出土的 13 件铜胄为同时期墓中罕见。被评为 1994 年全国十大考古新发现。

中国社会科学院考古研究所洛阳汉魏城队发掘永宁寺遗址，新出土一批与永宁寺院中心建筑木塔有关的泥塑佛像残块，揭露永宁寺西门址为一平面呈“凸”字形的大型夯土台基。首次明确该院东、西门址位置与规模。

11 月 江苏省苏州市博物馆等单位发掘真山战国墓葬群中位于主峰的 9 号墓。该墓凿山为穴、二椁三棺，出土盗余玉敛葬物品及漆盒、原始青瓷器等（发掘进行至翌年 4 月）。

11—12 月 陕西省西安市文物局文物处、西安市文物保护考古所勘察秦阿房宫遗址，明确前殿遗址、前殿广场、上天台遗址的范围。

12 月 郑州市文物考古研究所自 1990 年 9 月以来，连续发掘郑州织机洞旧石器时代中晚期遗址，发现用火遗迹 10 余处、石制品 2 万余件。

南京博物院等单位第五次发掘江苏武进寺墩良渚文化墓地。发现的 5 号墓与以前清理的 3 号、4 号墓排成一列，出土一批玉器与陶器（发掘进行至翌年 1 月）。

本年 青海省文化厅文物处发掘同德宗日新石器时代遗址，清理墓葬 180 余座，出土舞蹈人像彩陶盆（翌年继续发掘）。

河南省文物研究所自 1992 年以来，连续发掘辉县孟庄遗址，发现龙山文化、二里头文化、商代 3 座叠压的城址。被评为 1994 年全国十大考古新发现。

河南省文物研究所等单位自 1992 年以来，连续发掘永城汉梁孝王寝园。寝园南北长 110 米、东西宽 60 米，由大门、前庭、寝殿、回廊、前堂、后室、庖厨及园墙和完整的排水系统组成。被评为 1994 年全国十大考古新发现、“八五”期间全国十大考古新发现。

江苏省镇江博物馆考古研究所开展镇江古城考古工作，发现三国时期所建铁瓮城南城墙、六朝造船工场遗址、唐代独木舟等。

1995 年

1 月 福建省博物馆发掘建阳建瓯宋代北苑御焙遗址，是中国首次发掘的古代制茶遗址（冬季继续发掘）。

1—6 月 陕西省考古研究所等单位在礼泉东坪村发掘唐昭陵陪葬墓之一新城公主墓。

2—9 月 湖北省文物考古研究所发掘江陵九店东周墓，清理墓葬 900 多座（翌年继续发掘）。

2—11 月 陕西省考古研究所发掘乾陵陵园乳峰双阙、朱雀门双阙、无字碑亭与述圣记亭基址。

2—12 月 陕西省考古研究所等单位发掘富平南陵村唐懿太子李重俊墓。

3 月 中国社会科学院考古研究所安徽队继续发掘蒙城尉迟寺遗址，又发现 3 种大口陶尊刻符图案。确认遗址围壕是与大批房址同时期聚落围壕。至 5 月，尉迟寺遗址经 6 年 11 次发掘，第一阶段田野发掘工作告一段落。

南京博物院、徐州汉兵马俑博物馆自 1994 年 12 月开始，合作发掘徐州狮子山西汉楚王陵，陵墓凿山为藏，全长 117 米，出土文物 1 500 余件，其中涉及楚王宫廷官员、属县官员及军队将军等人银质或铜质印章 150 余方。墓主可能为汉景帝时第三代楚王刘戊。被评为 1995 年全国十大考古新发现。

中国社会科学院考古研究所西安唐城队实施联合国教科文组织及日本政府与中国政府确立的合作保护唐长安大明宫含元殿遗址的项目，对含元殿及其附属建筑址进行全面揭露，发掘面积2.7万平方米，工作中使用探地雷达等现代手段，对含元殿柱网布置、三层大台形制、龙尾道位置、建殿时砖瓦窑址、殿前广场等问题形成新的认识（发掘工作进行至1996年12月）。

北京市文物研究所在宣武区白纸坊发掘金中都太液池（今属西城区）。

3—5月 河南省文物考古研究所、郑州大学文博学院等单位合作发掘郑州小双桥商代遗址，揭露商代高台型夯土建筑基址、大批祭礼祀坑及与铸铜有关的遗存等。这里可能是商王仲丁时都城隞故址或是其宗庙遗址。被评为1995年全国十大考古新发现。

3—6月 山东大学历史系考古专业发掘长清仙人台遗址，发现6座西周晚期至春秋晚期郭国贵族墓葬，出土青铜礼器、乐器、玉器、陶器等320件（套）。被评为1995年全国十大考古新发现。

北京市文物研究所在房山区良乡广阳城村勘探汉广阳城城址，探明城墙、4座城门及城内道路情况。

3—7月 四川省文物考古研究所等单位发掘绵阳双包山2号汉墓，出土漆马、经络俑等文物1 000余件。

河南省文物考古研究所发掘郑州商城宫城墙和城市供水设施，供水设施由蓄水池、供水管道和汲水井等组成。

4—5月 浙江省文物考古研究所等单位继1991年、1993年后，第三次发掘慈溪上林湖越窑等遗址，发现一座晚唐龙窑及刻有“会昌三年”（公元843年）的匣钵。

5—6月 中国历史博物馆、山西省考古研究所等单位发掘垣曲古城南关商代城址西城门（秋季继续发掘）。

5—7月 浙江省文物考古研究所等单位发掘海宁佘墩庙良渚文化墓地，清理墓葬27座，出土玉、石、陶器260余件（组）。首次发现以石镰、耘田器等工具随葬现象。

5—8月 浙江省杭州市文物考古研究所在杭州市中山南路一带发掘始建于南宋高宗绍兴四年（公元1134年）的太庙遗址，清理出90余米长的东围墙、东门门址、太庙夯土台基及由门通往台基的砖砌道路，围墙外接用“香糕砖”竖砌的南宋“御街”。被评为1995年全国十大考古新发现。

6—9月 陕西省考古研究所等单位在洛南盆地和腰市盆地发现38处旧石器地点，后发掘洛南花石浪龙牙洞旧石器时代洞穴遗址，获石制品3.5万余件，地质时代属中更新世（发掘工作延续至1997年）。被评为1997年全国十大考古新发现。

6—12月 广州市文物考古研究所经钻探发掘发现南越国宫署遗址，揭露一座面积约4 000平方米的石构水池。池底用河卵石及碎石平铺，其西、南两侧斜边采用石板作冰裂状斗合铺砌，在中国尚属首见。被评为1995年全国十大考古新发现。

7—8月 中国社会科学院考古研究所与山西省文物考古研究所、中国科学院古脊椎动物与古人类研究所合作，发掘山西朔州南磨细石器遗址，发现旷野灶址。

7—9月 新疆文物考古研究所发掘乌苏安集海村古墓、和静巴音布鲁克草原古墓。前者约当战国晚期至西汉早期的塞克文化或乌孙文化遗存，后者亦与塞克或乌孙文化有关。

7—11月 新疆文物考古研究所在交河故城附近沟西台地发现旧石器地点，填补了新疆地区旧石器文化的空白。

河北省文物研究所等单位在曲阳县燕川村西坟山上发掘五代早期壁画墓。据墓志，墓主为死于天赞二十年（公元922年）的北平王王处直，墓中出土有盛唐遗风的汉白玉石彩绘高浮雕“散乐”、“奉侍”仕女群雕像，弥足珍贵。

8月 宁夏文物考古研究所、美国山间考古研究所合作，开展青铜峡鸽子山盆地石器时代遗址的调查，发现 7 处石器地点，获得距今 1 万年前后一批石制品(翌年 8 月继续调查)。

8—9 月　内蒙古文物考古研究所等单位发掘赤峰松山辽金元时期缸瓦窑遗址(翌年继续发掘)。

8—10 月　浙江省文物考古研究所、北京大学考古学系、日本上智大学合作发掘桐乡普安桥良渚文化遗址(发掘延续至 1998 年)。

9 月　中国社会科学院考古研究所山东队第七次发掘滕州前掌大遗址，清理商代晚期墓葬 22 座、祭祀坑及 3 座车马坑等。其中 3 座车马坑是山东境内商代晚期车马坑的首次发现(发掘进行至 12 月)。

9—11 月　北京大学考古学系、江西省文物考古研究所、美国安德沃考古基金会合作，在 1962 年、1964 年两次发掘基础上，自 1993 年以来，又两次发掘万年仙人洞和吊桶环遗址，发现旧石器时代晚期、旧石器时代向新石器时代过渡期、新石器时代早期连续叠压的地层及其大批石制品与动物骨骼，以及距今 1.2 万年的陶片和水稻植硅石(1999 年再次发掘)。被评为 1995 年全国十大考古新发现、"八五"期间全国十大考古新发现。

10 月　河北省文物研究所发掘燕下都遗址南解村战国晚期 1 号人头骨丛葬墓，清理出人头骨 300 余个，连同破坏的估计约 1 000 余个，推测这里 14 座人头骨丛葬墓掩埋的人头骨总数在数万个。

山东省文物局、山东大学考古专业等单位在长清双乳山发掘西汉济北王刘宽陵墓，墓葬凿山为陵，出土玉覆面、玉枕等文物 2 000 余件，是又一座未被盗掘的西汉诸侯王陵(发掘进行至翌年 7 月)。被评为 1996 年全国十大考古新发现。

陕西省考古研究所在蒲城县桥陵村发掘唐桥陵陪葬墓之一、唐惠庄太子李为墓。

湖北省清江隔河岩考古队发掘长阳香炉石遗址，出土一批遗物可能与早期巴文化有关。

中国社会科学院考古研究所西安汉城队发掘汉长安城北宫南面官办砖瓦窑址，清理窑址 3 组 11 座，对研究汉代陶窑形制变化有重要作用。同时试掘北宫遗址，解决了北宫的时代、地望、范围等长期以来的学术悬案。

新疆维吾尔自治区文物考古研究所为主的中日尼雅遗址联合考察队发掘汉晋时期精绝国故址，清理一处聚落址、一处小型佛寺遗址、8 座贵族墓，出土包括"王侯合昏(婚)千秋万岁宜子孙"等各种吉祥语的 10 余种织锦，是 20 世纪尼雅考古中收获最丰硕的一次。被评为 1995 年全国十大考古新发现。

10—12 月　湖南省文物考古研究所继 1993 年 11 月后，第二次发掘道县玉蟾岩遗址，在距今 1 万年前的地层中出土 4 枚稻谷和一堆可复原成尖圜底釜的陶片，对探索中国稻作农业和制陶的起源，具有极为重要的价值。被评为 1995 年全国十大考古新发现。

山东省文物考古研究所发掘阳谷景阳冈龙山文化城址。1996 年春、秋两季继续发掘。

中国社会科学院考古研究所新疆队与新疆巴音郭楞蒙古自治州文管所合作，发掘且末加瓦艾日克墓地，清理墓葬 12 座，获取人骨标本近 50 个(翌年秋季继续发掘)。

11 月　新疆维吾尔自治区文物考古研究所发掘尉犁营盘汉晋墓地。至 1997 年 5 月，清理墓葬 110 座，出土一批十分难得的毛纺织品、贴金织物等文物。被评为 1997 年全国十大考古新发现。

中国社会科学院考古研究所扬州队发掘扬州城，揭露一座宋代扬州西城门。该城门址是在五代(周小城)城门基础上修建的，经北宋、南宋至明清，位置未变，解决了唐末五代至明清各代城址演变关系。宋代扬州西门为砖砌券顶，是中国发现的年代最早的砖砌洞顶的城门。连同 1993 年以来对宋大城、宝祐城、夹城等扬州宋三城的钻探及宋大城西门的发掘成果。被评为"八五"期间全国十大考古新发现。

11—12 月　湖北省文物考古研究所发掘郧县曲远河口古人类遗址，确认 1990 年发现人类头骨化石的层位，出土一批石制品。

南京博物院等单位自 1992 年 11 月起，连续数个冬季发掘苏州唯亭草鞋山新石器时代水田遗迹。揭露两片水稻田块。

山东省文物考古研究所发掘广饶傅家遗址,揭露大汶口文化房址5座,墓葬100多座(翌年继续发掘)。

本年 中国科学院古脊椎动物与古人类研究所在四川丰都县(今属重庆市)烟墩堡山梁上发掘旧石器时代遗址。至1996年,揭露面积800平方米,出土石制品1 200多件,部分还能拼合,石器特征可能代表(更新世晚期)一种新的旧石器文化。被评为1996年全国十大考古新发现。

国家文物局考古领队培训班自1993年9月以来,连续发掘河南郑州西山城址,揭露面积6 000余平方米,发现确认一座仰韶文化晚期的城址,城墙采用方块板筑法夯筑而成。被评为1995年全国十大考古新发现。

中国社会科学院考古研究所安阳队在大司空村东、武官村北、郭家湾北、郭家庄东和梅园庄东5个地点清理墓葬300多座。在梅园庄东发掘车马坑两座,其中一坑内埋一辆整车(二马)和一辆残破的车,另一座车马坑的车厢内发现青铜工具、武器等。

辽宁省文物考古研究所自1993年5月起,连续发掘朝阳北塔三燕至辽代建筑址,发现北魏前期文成文明皇后冯氏所建"思燕佛图"塔寺建筑遗址。

敦煌研究院石窟考古研究所自1988年以来,6次发掘莫高窟北区洞窟,清理的250个洞窟,分属僧房窟、禅窟、瘗窟、仓库窟、礼佛窟,其中僧房窟、瘗窟、仓库窟3种,是新发现的洞窟。

黑龙江省文物考古研究所自1992年以来连续发掘宁安渤海镇虹鳟鱼场北靺鞨至渤海时期的墓群,清理墓葬323座、祭坛7座,是出土文物最丰富的一批靺鞨、渤海时期墓葬,弥补了渤海国的资料匮乏。被评为1995年全国十大考古新发现。

1996年

1—7月 山东省文物考古研究所发掘临淄相家村北战国墓地,清理6座"甲"字形大墓。

2月 上海市文管会考古部发掘嘉定法华塔地宫,清理明代和宋元时期两个地宫。又发掘松江李塔明代地宫。

2—5月 江苏省徐州市博物馆在徐州市北郊刘楼镇火山发掘西汉文景时期刘和墓,墓主身穿银缕玉衣,头枕玉枕、有七窍塞,前、后、左、右、上、下置各种玉饰,保存相当完整。

2—12月 四川省文物考古研究所等单位在华蓥市昭勋村发掘南宋著名抗金人士、少师安丙及其家族5座墓葬,其中安丙及夫人李氏墓葬以巨石仿造房屋建成,进深三进,墓志志文达5 000余字,可与《宋史·安丙传》相互印证。被评为1996年全国十大考古新发现。

3—5月 中国社会科学院考古研究所与香港中文大学考古艺术研究中心、广州中山大学人类学博物馆合作,发掘香港南丫岛大湾新石器时代遗址。

4—5月 海南省文物保护管理办公室、中国历史博物馆、广东省文物考古研究所合作,进行西沙群岛18座岛、4个沙洲、4个环礁的陆上与水下文物普查,发现从唐代直至明清时期文物1 800多件,并在珊瑚岛东北礁盘水下6米处发现一艘沉船和一批石雕作品。

4—11月 浙江省文物考古研究所发掘嘉兴南河浜新石器时代遗址,发现一批崧泽文化和良渚文化墓葬。

山东省淄博市文物局、淄博市博物馆等单位发掘桓台史家遗址,清理一段龙山文化城墙墙基及一座岳石文化大型木架结构祭祀器物窖藏等。发现岳石文化晚期和商代晚期的刻字卜骨。1995年曾在此发现商代铜器墓。

5月 中国社会科学院考古研究所偃师商城队对Ⅱ区大城东北隅进行大规模发掘。至1997年5月,清理出商代早期城墙、城壕、道路、双轮车车辙、排水沟、墓葬、夯土围墙、陶窑及与制铜作坊有关的大量遗存。发现的车辙,将中国使用双轮车的历史推前至商代早期。本年还发掘Ⅳ区和位于宫城北部的"大灰沟"。确证横亘偃师商城中部古河道是汉魏时期形成的。

5—6 月　辽宁省文物考古研究所等单位发掘葫芦岛杨家洼新石器时代遗址，清理出两条似龙图案的黄土堆塑。

云南省文物考古研究所等单位继 1955—1960 年后，第五次发掘晋宁石寨山滇文化墓葬，清理中小型墓葬 36 座，出土一批造型新颖的青铜器。

5—8 月　宁夏中日原州古墓考古队发掘固原县西郊北周田弘墓，墓中壁画保存较好，出土物中有 4 枚东罗马金币和一批玻璃器。

5—10 月　辽宁省文物考古研究所勘察发掘位于桓仁满族自治县五女山上的高句丽早期山城，明确山城范围、结构、平面布局，出土一大批高句丽早期活动遗存。

5—11 月　辽宁省文物考古研究所发掘牛河梁第二地点 4 号积石冢，清理墓葬 10 座，其中在 8 号墓中出土斜口筒形玉器与红陶双耳罐、黑陶盆，是首次发现红山文化陶器与玉器共存的墓葬。

6 月　西藏自治区文物局、陕西省考古研究所在西藏扎达县对古格王国都城遗址进行首次发掘，清理甘珠尔拉康两座小殿堂遗址和两座窟前建筑遗址。

6—7 月　安徽省文物考古研究所等单位发掘巢湖放王岗西汉吕柯墓，出土铜器、漆木器、铁器、铅制品等文物 800 多件。

7 月　湖南省文物考古研究所发掘临澧竹马村史前遗址，发现一处旧石器时代末期的建筑遗迹。

中国社会科学院考古研究所新疆队再次发掘且末加瓦艾日克墓地，至此已将该墓地 29 座墓葬全部清理，获得一批丝、毛、麻织物。墓地年代相当于中原的战国至魏晋时期（发掘工作进行至 9 月）。

7—9 月　内蒙古文物考古研究所发掘元上都 1 号宫殿基址。

7—10 月　中国社会科学院考古研究所内蒙古队与吉林大学考古学系、内蒙古文物考古研究所联合组成赤峰考古队，开展半支箭河中游一带聚落考古。本年发掘喀喇沁旗大山前夏家店下层文化遗址。

8—9 月　新疆文物考古研究所与日本早稻田大学合作，继 1994 年、1995 年后，再次发掘吐鲁番交河沟西墓地，清理墓葬 32 座，出土一批麴氏高昌-唐西州时期遗物。

9—11 月　中国历史博物馆、山西省考古研究所等单位开始对垣曲古城南关商城内宫殿基址进行大面积发掘，揭露出南北两块夯土台基。

湖南省长沙市文物工作队在市五一广场东南侧走马楼发掘，在 22 号古井中发现 10 多万枚三国吴嘉禾元年至六年（公元 232—238 年）长沙郡纪年简牍，有券书、司法文书、人名民簿、名刺和官刺、账簿等。被评为 1996 年全国十大考古新发现。

9—12　贵州省博物馆继 1991 年、1995 年以来，第三次发掘安龙观洞石器时代遗址，出土一批距今 8 000 多年的文化遗存。

成都市文物考古工作队与四川大学考古专业等单位在成都平原发现 5 座新石器时代末期城址，分别是新津宝墩、都江堰芒城、温江鱼凫城、郫县古城、崇州环河古城。被评为 1996 年全国十大考古新发现。

江苏省镇江古城考古研究所在宋代市河（今剪子巷）东侧发掘宋代“泥孩儿”作坊遗址，出土一批儿童造型的“泥孩儿”杂剧或说唱故事中的人物，以及楼、亭、工具与印模等泥塑艺术品。

秋　中国社会科学院考古研究所北京队与北京市文物研究所、北京大学考古学系合作，在 1996 年发掘基础上，继续发掘房山琉璃河西周燕都遗址。解剖城墙两处，出土卜甲数十片，其中一片刻有“成周”二字。

10 月　中国社会科学院考古研究所偃师商城队对宫殿区进行大规模发掘，揭露面积 7 200 平方米，清理规模庞大的第 2 号宫殿基址和第 1 号、3 号、7 号宫殿部分基址，以及不同时期宫殿区的部分遗迹。第 2 号宫殿基址形制、结构有别于以往所发现的宫殿基址。发掘工作继续至 2000

年春，揭露面积增至1万余平方米。

山东省青州市博物馆在青州市龙兴寺发掘，发现一处佛教造像窖藏，埋藏北魏至北宋时期石、玉、陶、铁、木及泥塑等类佛教造像200余尊，是迄今中国发现数量最多的佛教造像群之一。其中北齐时期石造像大都施彩绘和贴金，保存较为完好。被评为1996年全国十大考古新发现。

10—11月 南京博物院考古研究所自1993年起，连续发掘金坛三星村新石器时代遗址。发现的一大批距今6 500～5 500年的文化遗存，有助于认识宁镇与太湖接壤地区原始文化面貌。

新疆文物考古研究所与法国科研中心315研究所合作，调查发掘克里雅河下游圆沙古墓群。

11—12月 中山大学人类学系、广东省文物考古研究所等单位发掘英德云岭牛栏洞石器时代洞穴遗址，1998年7—8月进行第二次发掘，发现一批距今1.2万～8 000年前后的文化遗存。

12月 湖南省文物考古研究所再次发掘澧县城头山新石器时代城址，确认大溪文化时期城墙，揭露汤家岗文化时期两丘水稻田，出土一批稻作文化遗存（发掘进行至1997年12月）。被评为1997年全国十大考古新发现。

河南省文物考古研究所自1993年5月后，连续发掘新郑郑韩故城郑国祭祀遗迹，清理青铜礼乐器坑16座、殉马坑39座，出土礼乐器334件，是郑国青铜器的又一次集中发现（发掘进行至1997年12月）。被评为1997年全国十大考古新发现。

本年 洛阳市文物工作队、郑州大学考古学系等单位在孟津县黄河小浪底水库库区大规模发掘妯娌遗址，揭露主要由居住区、石器工场及仓窖区、墓葬区等组成的仰韶文化聚落址，清理的65座墓葬中，最大一座墓坑长5.15米、宽4.04米，墓主为男性，随葬品中有璧、钺等“礼器”。被评为1996年全国十大考古新发现。

河南省文物研究所、平顶山市文管会自1986年以来，在平顶山市北滍阳岭持续发掘西周早期至春秋早期应国贵族墓地，清理墓葬42座，出土的青铜器及其铭文，是研究应国世系及与申、邓等国的联姻与结盟的重要资料。被评为1996年全国十大考古新发现。

福建省博物馆在福州市北郊新店村古城发掘战国晚期至西汉初期的城址，发掘者推测其为闽越故城。

辽宁省文物考古研究所等单位自1993年以来，连续发掘北票喇嘛洞魏晋十六国时期鲜卑贵族墓地，获得一批鲜卑族特色的文物。其中17号墓出土一套由头盔、铁甲和马具组成的甲骑具装。被评为1996年全国十大考古新发现。

青海省文物考古研究所自1982年以来，持续发掘都兰热水乡吐蕃墓群，清理吐蕃统治下的吐谷浑人墓葬60座，其中血渭1号墓陪葬遗迹占地面积约1 500平方米。出土物中有唐代中原制造的各种丝织品和西域风格的粟特锦。被评为1996年全国十大考古新发现。

河南省商丘地区文物工作队在永城县隋唐大运河故道上发掘一艘唐代木船，船长24米、宽5米、深1.4米，出土一批瓷器。

1997年

1—4月 宁波市文物考古研究所发掘唐宋明州子城遗址，出土的唐波斯陶及越窑、长沙窑、龙泉窑、磁州窑等产品，证实明州港城是海上陶瓷之路重要集散地。

1—5月 广州市文物考古研究所在猫儿岗发掘一座西汉大型木椁墓，出土一批漆木器和各种果核与粮食标本，漆器上文字表明南越国有自己的漆器制造业。

1—8月 中国科学院古脊椎动物与古人类研究所、北京市文物研究所等单位发掘1996年底发现的北京市王府井东方广场旧石器时代晚期遗址。揭露892平方米，发现1 000余件石制品和400余件骨制品。并由中国社会科学院考古研究所实施面积约400平方米的遗址起取、回放保护工作。

3月 中国社会科学院考古研究所二里头队配合“夏商周断代工程”中“二里头文化分期及夏商分

界”专题，发掘二里头Ⅴ区和Ⅱ区，获得二里头遗址一期至四期及二里冈期商文化连续地层并采集系统测年标本，这在二里头遗址发掘史上尚属首次(发掘工作进行至7月)。

中国社会科学院考古研究所丰镐队配合“夏商周断代工程”中“丰镐遗址的分期断代”课题，继1996年秋的工作，对丰镐遗址进行钻探和重点发掘。至1998年冬，发现多组从先周晚期到西周晚期系列地层关系及其一批墓葬、灰坑等遗存，尤其是以H18为代表的典型先周晚期遗存的发现及系列碳十四测年样品的采集，对商周分界点——“武王伐纣”年代的确定具有重要意义。H18被作为标准考古文化层受到保护。

3—6月　江苏省南京市博物馆在南京市富贵山晋东陵一带发掘6座东晋及南朝时期的皇室成员或重臣墓葬，出土银碗托玻璃罐、琥珀狮、炭精狮等具有域外特色的一批文物。

3—12月　河南省文物考古研究所发掘新郑郑韩故城韩宫城遗址，发现韩宗庙中心建筑基址。

春　湖北省文物考古研究所第二次发掘神农架犀牛洞旧石器时代遗址。

4月　中国社会科学院考古研究所广西队与广西自治区文物队合作，发掘邕宁顶蛳山遗址，发现三期文化遗存。其中第一期遗存年代在距今9 000年以前；第二期、第三期文化发现墓葬300多座，以各种形式的屈肢葬和肢解葬为其主要特征，获得一批完整的史前人骨资料，后将第二期文化遗存命名为“顶蛳山文化”(发掘工作断续至1999年12月)。被评为1997年全国十大考古新发现。

中国社会科学院考古研究所偃师商城队发现并确认最初营建商城城垣的小城，究明过去所知商城(大城)是在小城基础上扩建而成。偃师商城早期城址的发现，为商城布局与变迁、建城年代等研究，提供了极为重要的资料，成为夏商分界的界标(小城城墙发掘工作进行至1998年5月)。被评为1997年全国十大考古新发现。

中国社会科学院考古研究所与美国哈佛大学人类学系合组的中美联合考古队第五次发掘柘城山台寺遗址。至6月发掘告一段落，发现龙山文化时期大型夯土台基及岳石文化、殷墟文化遗存。同时探明商丘东周古城范围，东西长约3 600米，南北宽约3 000米。

中国社会科学院考古研究所邺城队在邺南城和邺北城之间隔墙上钻探，探明墙的走向，并发现墙南侧保存较好的里外包砖的6座马面(钻探工作进行至11月)。

4—5月　河南省文物考古研究所配合“夏商周断代工程”，第四次发掘禹州瓦店龙山文化遗址，出土物中有玉器、大卜骨等。

4—6月　浙江省文物考古研究所发掘遂昌好川良渚文化晚期墓地，首次在浙西南地区发现一批丰富的良渚文化晚期遗存。

4—7月　河南省文物考古研究所在郑韩故城发掘一座春秋时期车马坑，内葬车4辆、马16匹、狗1条，各车均可复原，是研究郑国车制的重要资料。

4—12月　河南省文物考古研究所等单位在鹿邑县太清宫发掘西周初年长子口大墓、东周遗址及春秋时期马坑、唐宋建筑等。其中长子口大墓殉人14个，出土青铜器、玉石器、原始瓷器与陶器等1 000多件，一些铜礼器有铭文“长子口”。

5—6月　长沙市文物工作队在市五一广场发掘中，发现一批东汉时期简牍。

5—7月　浙江省文物考古研究所发掘海盐龙潭港良渚文化墓地，在12号墓中发现漆盒痕迹。

5—11月　辽宁省文物考古研究所发掘北票康家屯夏家店下层文化石城址。城址平面呈长方形，城内由17道石墙分割成若干院区，发现城墙外侧似“马面”的石建筑及城门外石砌门垛等遗迹(翌年继续发掘)。被评为1998年全国十大考古新发现。

5—12月　河北省文物研究所发掘邢台葛家庄邢侯墓地，清理西周及春秋时期墓葬40多座，其中西周“甲”字形大墓随葬6辆车，附葬马坑4座。

6月　30日，苏秉琦逝世。

6—10 月 中国社会科学院考古研究所、内蒙古自治区文物考古研究所、吉林大学考古学系合组的赤峰队继续发掘大山前遗址。发现大量与祭祀等礼仪性活动有关的遗迹，为进一步说明赤峰地区所发现为数众多的夏家店下层文化遗址属性提供重要依据（翌年继续发掘）。

6—12 月 陕西省考古研究所、北京大学考古学系配合“夏商周断代工程”中“武王伐纣年代研究”课题，发掘武功郑家坡先周遗址。

7—8 月 河北省文物研究所等单位继 1985 年后，再次发掘易县北福地新石器时代遗址，发现与磁山文化接近的甲、乙两类文化遗存。

7—9 月 黑龙江省文物考古研究所发掘阿城交界镇旧石器时代洞穴遗址，出土一批距今 17 万年前后的石制品。

河北省文物研究所等单位继 1987 年后，再次发掘徐水南庄头新石器时代早期文化遗址，出土距今 1 万年前后的 40 余片陶片等遗物。

7—12 月 陕西省考古研究所发掘华县泉护村新石器时代遗址，揭露面积近 2 400 平方米，发现一大批仰韶文化庙底沟类型的文化遗存，并发现炭化稻米。这是继 1959 年后，对该遗址又一次大规模发掘。

广州市文物考古研究所再次发掘南越国宫署御苑遗址，揭露一条连接大石池的石渠。被评为 1997 年全国十大考古新发现。

8 月 内蒙古自治区文物考古研究所对巴林左旗林东镇辽上京城址进行勘察试掘。

8—9 月 山东省文物考古研究所自 1991 年、1993 年以来，第三次发掘章丘西河新石器时代中期遗址，揭露后李文化房址 69 座。被评为 1997 年全国十大考古新发现。

9 月 中国社会科学院考古研究所与香港特别行政区民政事务局古物古迹办事处合作，对香港马湾岛东湾仔遗址进行大规模发掘。在为期两个月内，发掘面积 1 500 余平方米，清理墓葬 20 座，获得大批新石器时代至青铜时代早期的遗物。这是香港地区规模最大的一次考古发掘。被评为 1997 年全国十大考古新发现。

中国社会科学院考古研究所内蒙古队与呼伦贝尔盟民族博物馆合作，调查海拉尔河北岸古代遗址（墓地），在谢尔塔拉第四地点发现约当中原春秋战国时期的青铜器。

中国社会科学院考古研究所与日本奈良县国立文化财研究所合组的中日联合考古队发掘汉长安城桂宫第 2 号建筑址 A 区。

9—12 月 南京市文物局等单位发掘高淳薛城遗址，首次在古丹阳大泽之滨发现一批距今 6 000 多年的文化遗存。

山西省考古研究所发掘平陆龙岩村唐宋集津仓遗址。

10 月 湖北省荆州地区博物馆自 1996 年春，再次发掘阴湘城遗址，清理一段屈家岭文化城墙和大溪文化壕沟，在屈家岭文化陶缸上发现两个刻划符号。

北京大学考古学系发掘重庆忠县哨棚嘴新石器时代至周代遗址。

10—11 月 中国社会科学院考古研究所安阳队配合“夏商周断代工程”，在洹北花园庄发掘，发现早于大司空一期、晚于郑州二里冈白家庄期的商代遗址，填补了郑州商城至安阳殷墟之间的年代缺环。

10—12 月 中国社会科学院考古研究所洛阳汉魏城队继 1995 年的工作，发掘金墉城城垣，对金墉城甲、乙、丙 3 座小城有新的认识。确定魏晋时期金墉城当即汉晋洛阳大城西北角内丙城，印证有关文献中对该城为曹魏初期所筑的记载。

成都市文物考古研究所在琉璃乡潘家沟村发掘明蜀王、王妃墓。

四川省文物考古研究所发掘重庆忠县中坝遗址，首次找到三星堆文化、老官庙下层文化、哨棚嘴文化的地层叠压关系，以及东周时期房址 48 座、墓葬 23 座、汉代龙窑 5 座（发掘进行至翌年底)。被评为1998年全国十大考古新发现。

12月　山东邹城市文物管理局在庙东村清理一座早年被盗的东汉墓葬,出有银缕玉衣残片等文物。

本年　湖南文物考古研究所自1993年以来,6次发掘澧县八十垱新石器时代中期遗址,发现当时壕沟与围墙圈围聚落址及其房址,清理百余座墓葬,发现万余粒稻谷与稻米。

中国社会科学院考古研究所北京队与北京市文物研究所、北京大学考古学系合作,发掘琉璃河遗址一处夯土基址,肯定以往钻探出的这类遗迹为西周早期夯土基址。

陕西省考古研究所对汉景帝阳陵进行全面勘探,探明阳陵陵园东西长6千米、南北宽1～3千米,由帝陵、后陵、南北区从葬坑、刑徒墓地、陵庙等礼制建筑、陪葬墓及阳陵邑等几大部分组成。

中国社会科学院考古研究所洛阳唐城队继1996年的工作,发掘隋唐洛阳城宣仁门、永通门和圆壁城南门,为寻找上东门、承福门、含嘉门具体位置,复原洛阳北里坊区和东城平面布局有重要意义。

中国社会科学院考古研究所洛阳唐城队与洛阳市文物一队合作,开始发掘定鼎门遗址。

1998年

2月　中国社会科学院考古研究所与日本奈良县国立文化财考古研究所合组的中日联合考古队继续发掘西安汉城桂宫2号遗址A区。9—12月发掘桂宫2号遗址B区。本年两次发掘揭露面积9 000平方米。翌年春继续发掘,将桂宫第2号建筑址基本全部揭露。

2—12月　山西省考古研究所侯马工作站发掘侯马虒祁东周遗址,清理墓葬600余座、祭祀坑700余座、陶窑3座。

3—9月　洛阳市第二文物工作队、山西省考古研究所合作,在对山西平陆、夏县、垣曲三县黄河北岸小浪底水库淹没区调查中,发现总长5 000余米的黄河古栈道遗迹。洛阳市文物工作队还发掘位于小浪底水利枢纽上游的汉代大型建筑遗址,其可能具有仓储转运和军事守备双重作用。被评为1998年全国十大考古新发现。

春　中国社会科学院考古研究所山西队发掘临汾下靳村陶寺文化墓地,清理墓葬53座。5—8月,山西省考古研究所等单位又在此发掘墓葬480座。墓葬随葬品以玉石器为主。

4月　浙江省文物考古研究所、绍兴县文保所合作,自1996年9月以来连续发掘绍兴里木栅村印山越国王陵。陵园面积约10万平方米,墓葬为带大长墓道的长方形竖穴岩坑木椁(室)墓,葬具为巨大的独木棺。被评为1998年全国十大考古新发现。

新疆文物考古研究所在楼兰遗址LE古城附近清理一座汉晋时期墓葬,出土彩棺、毛毯、漆器等文物。

4—7月　中国社会科学院考古研究所邺城队发掘邺城水涵洞,为砖券结构,长约27米、内宽2.8米、复原内高4.5米,其规模在目前发现的魏晋南北朝时期同类遗迹中是最大的。另在南郊发现一处大型夯土遗迹,抢救清理隋赵凯墓。赵凯墓墓志中记载有与邺城庄严寺和明堂的位置关系。

5月　南京博物院与金坛市文管会合作,自1993年以来连续发掘金坛三星村新石器时代遗址,清理墓葬1 001座,房址4处,灰坑55个,出土陶、石、玉、骨角器4 000余件,以及栽培稻遗存。发现年代最早的刻印云雷纹的彩陶豆。

5—12月　浙江省杭州市文物考古所发掘老虎洞宋元时期窑址,其南宋窑址可能是修内司窑。

6—12月　洛阳市文物工作队发掘北窑旧石器时代遗址,发现距今10万～3万年的一批石制品。

江苏省南京市博物馆在南京市东郊仙鹤观南麓、北郊象山中段发掘东晋明臣高崧家族3座墓葬和东晋豪族王氏家族3座墓葬。出自高崧家族墓中的30余件玉器,是六朝玉器的集中出土。被评为1998年全国十大考古新发现。

7—11 月 辽宁省文物考古研究所牛河梁工作站第二次发掘牛河梁红山文化遗址第 5 地点，首次在红山文化积石冢中发现一批祭祀坑。

8—10 月 宁夏文物考古研究所等单位发掘西夏陵区 3 号陵园西碑亭遗址，出土西夏文碑刻残件 700 余块。

9 月 河北省文物研究所、北京大学考古学系合作，自 1995 年 8 月以来连续发掘阳原泥河湾盆地于家沟、马鞍山等 10 个旧石器时代遗址和姜家梁新石器时代遗址和墓地。在于家沟遗址发现距今 1.4 万～5 000 年的文化层剖面、年代超过万年的陶片。被评为 1998 年全国十大考古新发现。

中国社会科学院考古研究所山东队第八次发掘滕州前掌大遗址，清理墓葬 40 座，车马坑 2 座，获得一批青铜礼器、玉器、陶器等（发掘进行至翌年 1 月）。

云南省文物考古研究所、昆明市博物馆、官渡区博物馆联合在官渡区羊甫头发掘，清理滇文化墓葬 488 座、东汉时期墓葬 36 座，出土青铜工具、兵器、家具和大量漆木器、玉石器、金银器等 4 000 余件。其中大量保存完好的漆木器为云南地区首次出土（发掘进行至翌年 6 月）。被评为 1998 年全国十大考古新发现。

9—10 月 新疆维吾尔自治区博物馆自 1985 年以来，第四次发掘且末扎滚鲁克 1 号墓地，清理约当东周至东晋时期墓葬 58 座，出土一批毛质服饰，以及少量丝质、棉质服饰、皮质靴鞋和木、陶器等。

北京市文物研究所在颐和园发掘元代耶律铸夫妇合葬墓。

9—11 月 中国科学院古脊椎动物与古人类研究所、安徽省文物考古研究所等单位发掘繁昌人字洞旧石器遗址，发现早更新世早期几十件以赤铁矿石为主的石制品和一批动物化石，动物群化石以第三纪残留种类较多，绝灭种占 95%，推测年代在距今 240 万～200 万年。翌年发掘又发现一批石制品和完整的动物骨架化石等。

9—12 月 浙江省文物考古研究所、北京大学考古学系、慈溪市文管会联合，第二次大规模发掘慈溪上林湖寺龙口越窑窑址。首次发现南宋越窑龙窑窑炉和作坊遗迹，获得自唐末五代至南宋初期的各类瓷器 3 万余件（片）和大量窑具。被评为 1998 年全国十大考古新发现。

黑龙江省文物考古研究所等单位开展“七星河流域汉魏遗址群聚落考古”，发掘位于三江平原的友谊凤林汉魏城址（翌年继续发掘）。

陕西省西安市文物保护考古所清理仙游寺舍利塔天宫与地宫，发现 10 枚隋代仁寿舍利。

10 月 湖北省文物考古研究所发掘三峡库区秭归东门头遗址，发现距今 7 000 年前后的“太阳与人”石刻。

四川大学三峡考古队发掘云阳（今属重庆）李家坝遗址，清理 46 座战国至西汉时期土坑墓等遗迹，部分墓有殉人、殉头现象，出土大批战国时期巴蜀文化青铜器（发掘进行至翌年 1 月）。被评为 1998 年全国十大考古新发现。

陕西省长安县文管会在韦曲镇北塬清理北朝韦彧夫妇合葬墓。

10—11 月 湖南省文物考古研究所发掘澧县鸡叫城史前城址。

安徽省文物考古研究所第二次发掘含山凌家滩新石器时代遗址，揭露新石器时代晚期祭坛 1 座、墓葬 44 座，一些大墓中出土玉人、龙、鹰、璜、璧、钺、喇叭形饰等玉器及石钻。被评为 1998 年全国十大考古新发现。

12 月 中国社会科学院考古研究所与澳大利亚拉筹伯大学考古学系合组中澳联合考古队，开始以聚落形态考古为目的、以伊洛河支流的坞罗河为中心的拉网式考古调查（工作断续至 2001 年）。

山东省文物考古研究所在沂南县西岳庄发掘春秋时期四椁一棺大墓，墓主可能是阳国国君。

洛阳市文物工作队在洛河河床，发现隋唐时期“月陂”遗迹。

冬 福建省博物馆第三次发掘福州新店古城，发现战国晚期冶铁遗址和汉初西城墙。

本年　湖北省文物考古研究所发掘应城门板湾新石器时代遗址，发现屈家岭文化城址和一座保存完好的土坯砖筑大型房址等。

陕西省考古研究所秦始皇陵考古队对秦始皇陵园进行大规模勘探，发现11座陪葬坑，发掘面积近800平方米的百戏陶俑陪葬坑，出土一批铜缕石甲胄的K9801陪葬坑（发掘进行至1999年）。

陕西省考古研究所阳陵考古队在汉阳陵园内封土周围，探明81座从葬坑，对13号从葬坑局部发掘，出土大量彩绘铠甲武士俑、动物俑群，并发掘南门阙遗址。

陕西省考古研究所等单位发掘神木大保当汉代塞外城址及画像石墓。城址面积约28万平方米，附近有墓群4处，系北方地区保存相当完整的汉代聚落遗址，并发现反映匈汉两族和睦相处的遗存。

中国社会科学院考古研究所洛阳唐城队与洛阳市文物一队合作，继续发掘定鼎门遗址，发现隋、唐、北宋3个时期相互叠压的门址。还发掘宋代西京宫殿遗址。

1999年

1—5月　成都市文物考古研究所发掘明蜀定王次妃王氏墓。

2—3月　四川省泸州市文管所和泸州市博物馆在泸州大曲老窖池附近，清理晚唐至元初古窑址堆积一处，出土一批陶瓷酒具。

3—4月　南京市博物馆在南京师范大学仙林新校区发掘东晋广平李氏家族墓地，发现年代最早的带盖墓志。

成都市文物考古研究所、四川省文物考古研究所、四川省博物馆发掘成都水井街明清时期酒坊遗址，其为“前店后坊”布局形式，揭露的遗迹反映出酿酒工艺的全过程。被评为1999年全国十大考古新发现。

3—5月　中国社会科学院考古研究所西安唐城队发掘唐长安城圜丘遗址，弄清唐圜丘形制是四层圆台，各层设十二陛阶；整个坛体素土夯筑，坛壁抹有白灰面。

3—12月　中国社会科学院考古研究所偃师商城队对偃师商城再次开展大规模发掘。揭露宫殿区北部“大水池”及其垒石结构进出水道（翌年继续发掘）。

4月　南京市文物研究所等单位在明孝陵陵域内发现六朝刘宋孝武帝期间在钟山上建造的“北郊坛”。

4—5月　湖北省潜江市博物馆调查试掘潜江龙湾遗址，发现东周时期四大群体19座大型夯土台基。首次发现春秋时期三层台宫殿基址（翌年继续发掘）。被评为2000年全国十大考古新发现。

4—7月　香港特别行政区古物古迹办事处等单位发掘西贡蚝涌遗址，发现新石器时代石器加工场，以及唐宋明清文化层。

浙江省宁波市文物考古研究所在月湖发掘南宋“平”字则（测）水碑（亭）、宋代明州“都酒务”作坊和北宋政和七年（公元1117年）批准建立的高丽使馆（商务）遗址。

5月　河南省文物考古研究所配合“夏商周断代工程”，自1998年9月以来大规模发掘郑州商城宫殿区，发现有助于夏商分界研究的一组有叠压关系的房址、夯土基址、灰坑等遗迹。

5—7月　浙江省文物考古研究所等单位在嘉兴三星村高墩遗址发掘良渚文化一座小型高土台和一批墓葬，以及马桥文化遗存。

5—10月　辽宁省文物考古研究所、本溪博物馆、桓仁满族自治县文管所联合发掘桓仁五女山高句丽早期山城。搞清山城范围、布局与结构及建筑特点和施工方法。被评为1999年全国十大考古新发现。

5—11月　安徽省文物考古研究所在濉溪柳孜镇大运河故道南侧发掘，发现8艘唐代沉船和宋代石建筑码头1座。清理的3艘沉船，1号船为木板结构，2号船为独木舟。出土一批唐宋以来各窑口的精美瓷器。被评为 1999 年全国十大考古新发现。

6 月　中国社会科学院考古研究所内蒙古队与内蒙古文物考古研究所发掘扎鲁特旗浩特花等数处辽代墓地,发现双层壁画墓与“十”字形墓室的辽墓。

6—8 月　湖南省文物考古研究所发掘沅陵虎溪山 1 号汉墓,出土文物 500 余件、竹简近千枚。竹简内容有图书、刑德、黄籍、“美食方”四大类。墓主系长沙王吴臣之子、第一代沅陵侯,死于文帝后元二年(公元前 16 年)。被评为 1999 年全国十大考古新发现。

江西省文物考古研究所在景德镇湖田窑 H 区发掘,清理元代天井、水井、窑炉等遗迹,出土宋、元、明陶瓷标本 7 万余件(片)。

6—10 月　河北省文物研究所、张家口市文物管理处、张北县文物保管所联合发掘张北元中都遗址,发现内、中、外三重相套的城垣和内城中心宫殿台基、宫城门道、夯筑角台等。被评为 1999 年全国十大考古新发现。

夏　陕西省考古研究所秦始皇陵工作站在第 2 号秦俑坑清理出一批彩绘跪俑。

7 月　山西省考古研究所、太原市文物局、晋源区文物局联合发掘晋源区隋代虞弘墓,其汉白玉石椁浮雕具有中亚民族文化特色的人物、服饰、器皿及花鸟等图案,且施以彩绘或描金。被评为 1999 年全国十大考古新发现。

7—8 月　山东省济南市考古研究所在章丘市洛庄发掘一座汉代诸侯王墓陪葬坑。

7—9 月　浙江省文物考古研究所等单位发掘海盐周家浜良渚文化遗址,揭露两座小型高土台和 35 座墓葬,发现玉背象牙梳等一批玉器和陶器。

8—11 月　陕西省考古研究所在蒲城县西山村发掘唐代高力士墓。

9—12 月　中国社会科学院考古研究所丰镐・周原队与北京大学考古文博院、陕西省考古研究所人员合作,发掘周原遗址,揭露面积 6 000 平方米。在扶风县云塘村发现一组西周时期大型宗庙建筑基址群,又在齐家村东发现一条宽近 10 米、有九道车辙痕的道路。这是继 1976 年以来对周原遗址的又一次大规模发掘(翌年继续发掘云塘村建筑基址群)。

秋　中国社会科学院考古研究所河南一队与河南省文物考古研究人员合作,发掘灵宝北阳平遗址,面积达 90 万平方米,文化堆积以仰韶文化庙底沟类型为主。

10 月　南京博物院等单位自 1996 年以来,第三次发掘连云港藤花落遗址,确认龙山文化内外两重城垣、内城三处夯土台基,以及水稻田遗迹(发掘进行至翌年 5 月)。被评为 2000 年全国十大考古新发现。

郑州市文物考古研究所发掘郑州洼刘遗址,发现一批西周早期墓葬,其中贵族墓中出土一批铸有铭文或族徽的青铜器。

吉林省文物考古研究所自 1997 年 5 月以来,连续发掘通化万发拨子遗址。区分出自新石器时代至高句丽时期 6 种新的文化类型,发现的土坑墓、石板墓、积石墓等 7 种墓型,基本建立从石板墓到积石墓的发展序列。被评为 1999 年全国十大考古新发现。

陕西省考古研究所在咸阳原北周皇家陵园发掘乌六浑、宇文通、权白女 3 座大型墓葬。

11 月　南京博物院、无锡市博物馆、江阴博物馆联合发掘江阴高城墩新石器时代遗址,揭露一处良渚文化高台墓地,清理 13 座大、中型良渚文化早中期墓葬,出土玉器 155 件(组)(发掘进行至翌年 1 月)。被评为 1999 年全国十大考古新发现。同时还发现确认了青铜时代佘城城址。

12 月　河南省文物考古研究所自 1998 年 10 月以来,大规模发掘渑池关家遗址,初步揭露出仰韶文化庙底沟类型一处聚落址。

陕西省考古研究所在西安市北郊发掘一座战国晚期铸铜工匠墓。

四川省成都市文物考古工作队在都江堰市金凤乡发掘宋代“金凤窑”,已探明 33 座窑炉、10 处作坊区、6 处废品堆积场(工作进行至翌年 5 月)。

中国社会科学院考古研究所、甘肃省文物考古研究所等单位联合发掘武威白塔寺遗址，清理出萨班灵骨塔、元明两代白塔台基。

本年 河南省文物考古研究所自1997年以来，在新密市古城寨发现一座面积约17余万平方米的龙山文化城址，以及城内大型夯土基址，还清理出二里头文化、二里冈文化、殷墟文化等各种遗迹（翌年继续发掘）。被评为2000年全国十大考古新发现。

陕西省考古研究所等单位继1996年后，第二次发掘神木新华遗址，发现龙山时代晚期及中原夏时期一批房址、墓葬与陶窑和1座玉器祭祀坑。

河南省文物考古研究所、焦作市文物工作队联合发掘焦作府城商代早期遗址。发现的商代早期城址，平面呈方形，面积约9万平方米，城墙保存高度约2～3米，城内已发现4处夯土基址。这是继郑州商城、偃师商城后发现的又一座商代早期城址。被评为1999年全国十大考古新发现。

中国社会科学院考古研究所安阳队在洹河北岸及殷墟遗址进行大规模的钻探和发掘。在洹河北岸，继续1998年的工作，进一步探明深埋于地表以下2.6米的商代城址，其面积约400万平方米以上，年代早于大司空一期、晚于郑州商城，是继1983年发现偃师商城以来商代都城考古的重大收获。

西北大学文博学院自1998年以来，在陕西城固县发掘宝山遗址商时期一批建筑址和墓葬。

山西省考古研究所在长子县鲍店镇发掘一座大型战国墓，出土9件一套的列鼎等青铜礼器、兵器、车马器、玉器、乐器、漆器等文物。

山东省济南市考古研究所、山东大学考古学系合作发掘平阴西山墓地，出土汉代彩绘陶马、人俑等。

中国社会科学院考古研究所新疆队发掘拜城多岗墓地，清理土墩墓99座。

2000年

1月 福建省博物馆等单位自1999年9月以来，发掘三明万寿岩灵峰洞和船帆洞遗址，分别发现一批约距今18万年和3万～1万年的石制品。被评为2000年全国十大考古新发现。

1—3月 广东省深圳市文管会等单位第二次发掘宝安铁仔山古墓群，清理东晋至明清墓葬248座。

2—3月 山西省考古研究所侯马工作站在晋都新田附近完整地揭露出一处祭祀遗址，清理祭祀坑114座。至此，在晋都新田附近已发现9个祭祀遗址群。

2—6月 四川省文物考古研究所等单位在三台县郪江调查，连同以往历次调查共发现51个崖墓群1 638座汉晋崖墓。

3月 陕西省考古研究所发掘蒲城唐让帝惠陵，是中国首次发掘的唐代帝后合葬墓。

中国社会科学院考古研究所、南京博物院、扬州市文化局继续合作，发掘扬州唐宋城东门遗址，发现宋代双瓮城。

3—7月 中国社会科学院考古研究所山西队在襄汾陶寺遗址钻探，发现陶寺文化城墙。

3—12月 中国社会科学院考古研究所河南二队在偃师商城宫城北部发现大规模的祭祀场和祭祀坑。

春 山东省文物考古研究所等单位自1995年以来，持续发掘五莲丹土大汶口文化、龙山文化早期和龙山文化中晚期由内及外的3个城圈。

5—7月 四川省文物考古研究所发掘汶川姜维城遗址，发现新石器时代晚期文化遗存。

陕西省考古研究所发掘西安大明宫乡北周安伽墓。该墓长40米，为多天井砖砌单室壁画墓，壁画内容可能与祆教有关，是目前北朝时期唯一一座萨保墓。其浅浮雕彩绘贴金围屏石塌有突厥化粟特人文化特色。

甘肃省文物考古研究所发掘华池双塔寺遗址，发现金代寺院建筑遗址及经幢、造像、建筑构件等一批文物。

5—8 月 杭州市文物考古研究所发掘南宋临安府治遗址，发现诵读书院厅堂、西厢房、庭院、天井、水井等遗迹。被评为 2000 年全国十大考古新发现。

5—9 月 中国社会科学院考古研究所甘青队发掘民和喇家遗址，发现齐家文化 3 座房址及死于房内的 20 多具人骨架等灾难遗迹。

5—12 月 浙江省文物考古研究所等单位发掘衢县葱洞、观音洞新石器时代洞穴遗址（今属衢州市衢江区）。

6 月 山西省考古研究所、大同市考古研究所发掘雁北师院北魏墓群，其中 5 号墓有“太和元年”题记的北魏早期仿木结构石椁、壁画。

6—8 月 中国社会科学院考古研究所、内蒙古文物考古研究所合作，发掘扎鲁特旗石门沟和水泉沟辽墓 18 座。发现正面为汉文佛经（700 余字）、背面为契丹小字“室鲁太师墓志碑”（约 300 字）的纪年石碑，以及工笔画帛画等。

6—10 月 河南省文物考古研究所在宝丰汝窑遗址发掘汝官窑瓷器烧造区，发现一批传世品中罕见的新器型。被评为 2000 年全国十大考古新发现。

夏 河南省文物考古研究所自 1999 年冬以来，在郑州小双桥遗址中心区域进行大面积补充发掘，发现商代夯土墙基、夯土建筑基址、木骨泥墙房基及用于奠基和祭祀的人骨架 160 余具、丛葬坑两座。

黑龙江省文物考古研究所等单位发掘宝清七星河畔炮台山古城，发现汉魏时期“北斗七星”祭祀遗址。

江苏省镇江考古所在北固山后峰勘察发现始建于唐代的甘露寺遗址。

7—9 月 内蒙古文物考古研究所等单位发掘东乌珠穆沁旗金斯太旧石器时代晚期至青铜时代洞穴遗址。

四川省成都市文物考古研究所在成都市商业街发掘相当于战国早期大型多棺合葬船棺、独木棺墓葬，推测其为古蜀国开明王朝王族或蜀王家族墓地。被评为 2000 年全国十大考古新发现。

7—10 月 黑龙江省文物考古研究所等单位发掘渤海上京龙泉府第 3 号、第 4 号宫殿址。

7—11 月 辽宁省文物考古研究所再次发掘北票金岭寺魏晋时期建筑群址。

8 月 南京博物院发掘江阴祁头山遗址，发现马家浜文化墓葬 132 座（发掘进行至翌年 1 月）。

9 月 河北省文物研究所等单位自 1998 年以来，连续发掘井陉窑遗址，发现金代戳印点彩戳模。

9—10 月 中国社会科学院考古研究所内蒙古队等单位调查敖汉旗城子山遗址和鸭鸡山遗址，发现夏家店下层文化超大规模的祭祀遗址群。

贵州省文物考古研究所等单位在赫章县可乐乡发掘战国秦汉时期可能是古夜郎国的墓葬 80 座，出土一批铜器与铁器。

内蒙古文物考古研究所等单位继 1999 年后，第二次发掘额济纳旗居延遗址，发现简牍 300 余枚。

秋 中国社会科学院考古研究所和日本奈良国立文化财研究所继续合作，发掘汉长安城桂宫 4 号建筑址（翌年春继续发掘）。

10—11 月 宁夏文物考古研究所继续发掘西夏陵 3 号陵园，清理月城东墙、陵城东南角阙和东门。

安徽省文物考古研究所第四次发掘含山凌家滩遗址，发现 3 000 平方米的新石器时代红陶块铺装的大型广场。

北京大学考古学系、山西省考古研究所第六次发掘曲沃天马-曲村晋侯墓地，在墓地的中心位置又发掘两座一组晋侯及其夫人墓。

11 月 浙江省文物考古研究所发掘余杭文家山良渚文化墓地，清理墓葬 16 座。

上海市文管会考古部继1999年后，再次发掘松江广富林遗址，发现良渚文化墓地及中原王油坊类型文化遗存(发掘进行至翌年1月)。

江西省文物考古研究所首次发掘鹰潭角山商代窑址，出土一批原始青瓷。

12月 中国社会科学院考古研究所安阳队在殷墟花园庄东地发掘54号墓，出土青铜器、玉器等随葬品570余件，是殷墟发现的又一座未被盗掘的商代晚期贵族墓(发掘进行至翌年2月)。

冬 中国社会科学院考古研究所、广西壮族自治区文物队等单位发掘临桂大岩洞穴遗址，发现旧、新石器时代过渡阶段石制品、非容器陶制品等文化遗存(翌年继续发掘)。

本年 河北省文物研究所等单位发掘平泉化子洞旧石器时代晚期遗址。

河南省文物考古研究所等单位发掘三门峡李家窑遗址，发现虢都上阳城。

广东省文物考古研究所在罗县横岭山、沙岭山、岭嘴头等地发掘西周晚期至东周时期墓葬300多座，出土大量青铜礼器。被评为2000年全国十大考古新发现。

北京市文物研究所在石景山区老山发掘一座西汉诸侯王室墓。

山东大学考古学系、济南市考古研究所继续发掘章丘洛庄汉墓陪葬坑，累计已发现陪葬坑和祭祀坑32座。新发现的乐器陪葬坑出土编磬达107件。被评为2000年全国十大考古新发现。

河南省文物考古研究所发掘鲁山望城岗汉代冶铁遗址，清理出椭圆形冶铁高炉炉基及其系统遗迹。

甘肃省文物考古研究所第六次发掘敦煌佛爷庙湾魏晋至唐代墓群，发现西晋、北凉、唐3个时期墓葬324座。

南京市文物研究所等单位在钟山山顶上发掘六朝北郊坛2号祭坛，发现一处附属建筑。结合1999年发掘的1号祭坛，3组建筑南北长达300多米。被评为2000年全国十大考古新发现。

河南省文物考古研究所发掘登封法王寺2号塔地宫，发现唐代文物20多件，以及真身坐化像。

新疆库车县新发现阿艾1号石窑。石窑建于公元8世纪，属汉僧石窟风格，有密教文化成分。正壁壁画保存较好，风格类似莫高窟盛唐或中唐时期作品。

湖南省文物局等单位在湘西发现明清边墙。边墙长180余千米，附属设施多处，构成完整的防御体系。

2001年

1—5月 河南省文物考古研究所等单位发掘三门峡虢都上阳城，在宫城内揭露出一座面积约478平方米的大型夯土建筑基址。

2月 香港古物古迹办事处等单位发掘西贡蚝涌新石器时代遗址。

2—6月 重庆市博物馆考古部等单位发掘丰都玉溪坪遗址，发现属三峡地区较早的新石器时代文化存。

春、秋 四川大学考古学系发掘重庆云阳明月坝遗址，发现一处唐宋时期的集镇遗址。

4月 中国社会科学院考古研究所自2000年10月以来，发掘汉长安城桂宫4号遗址。

4—5月 湖北省文物考古研究所发掘钟祥明代梁庄王墓，出土大批珍贵文物，是继定陵发掘以来明代陵墓的重要发现。

4—10月 中国社会科学院考古研究所开始对安徽蒙城尉迟寺遗址进行第二阶段发掘。至2003年，基本揭露尉迟寺大汶口文化晚期聚落址内房址，明确其聚落结构。

吉林省文物考古研究所发掘出集安国内城高句丽城址，清理出规模宏伟的宫殿遗址。

宁夏文物考古研究所发掘西夏陵区3号陵园月城、角阙、献殿、陵塔基址、城垣及城门屋等部分遗址。

4—11 月　河南省文物考古研究所发掘新郑郑韩故城墓地，发现一座葬车 22 辆的大型车马坑。

4—12 月　中国社会科学院考古研究所发掘二里头遗址，发现围绕宫殿基址的道路等。

5—7 月　浙江省文物考古研究所再次发掘出萧山跨湖桥遗址，发现距今 7 000 多年的一批文化遗存，后命名为“跨湖桥文化”。被评为 2001 年度全国十大考古新发现。2002 年 10—12 月第三次发掘，新发现跨湖桥文化的一艘独木舟，为中国目前发现的年代最早的独木舟。

5—11 月　新疆文物考古研究所发掘轮台汉代西域都护府遗址。

5—12 月　陕西省考古研究所、秦始皇兵马俑博物馆发掘秦始皇陵园 K0006、K0007 大型陪葬坑。

7 月　浙江省文物考古研究所自 2000 年 2 月以来，发掘杭州雷峰塔遗址和地宫，塔基与地宫保存完好，为五代吴越国末年遗存。地宫内出土 70 余件珍贵文物，包括一尊高 68 厘米的鎏金铜坐像、纯银阿育王塔及其内装“佛螺髻发”的金棺等。被评为 2001 年度全国十大考古新发现。

7—10 月　黑龙江省文物考古研究所等单位发掘宁安渤海上京龙泉府宫城第四、第五宫殿遗址。

8—11 月　中国社会科学院考古研究所等单位再次发掘青海民和喇家遗址，进一步证实该聚落曾遭受的诸如地震、洪水等灾难现象。被评为 2001 年度全国十大考古新发现。

9—12 月　北京大学考古文博院、河南省文物考古研究所发掘禹州神垕钧窑遗址，发现北宋晚期至元代 8 座窑炉、3 座澄泥池等，出土数千件完整或可复原的瓷器与窑具。一座土洞式长形分室式窑炉为北方地区的首次发现。被评为 2001 年度全国十大考古新发现。

11 月　中国科学院古脊椎动物与古人类研究所自 1998 年以来，发掘重庆丰都井水湾旧石器时代遗址 1 600 多平方米，获大批石制品，是三峡库区保存较好的一处旧石器时代旷野遗址。

本年　山西省考古研究所等单位对吉县柿子滩 20 个地点进行发掘，发现距今 2 万～1 万年间的旧石器时代晚期篝火，以及一大批石制品。被评为 2001 年度全国十大考古新发现。

中国社会科学院考古研究所等单位再次发掘桂林甑皮岩遗址，明确分属新石器时代早、中、晚期的文化面貌。

成都市文物考古研究所发掘出茂县营盘山遗址，发现距今 5 500 多年的文化遗存。

中国社会科学院考古研究所自 1999 年以来对襄汾陶寺遗址开展第二阶段发掘，发现陶寺文化早期与中期两座城址，后确认面积分别为 56 万、280 万平方米。是已发现的公元前 2 000 年以前规模最大的城址之一。

广东省文物考古研究所等单位发掘深圳屋背岭商时期遗址，清理墓葬 34 座，获大批随葬品，是岭南地区发现的规模最大的商时期墓地。被评为 2001 年度全国十大考古新发现。

成都市文物考古研究所发掘成都金沙遗址，发现金器、铜器、玉石器 2 000 多件，象牙数以吨计。文化面貌与三星堆文化相同，证实这里是继三星堆后的古蜀国都邑。被评为 2001 年度全国十大考古新发现。

贵州省文物考古研究所发掘赫章可乐遗址，清理墓葬 108 座，发现用铜釜套于人骨头上的“套头葬”等特殊葬俗，发现一批青铜兵器与装饰品，为探索古夜郎国提供重要资料。被评为 2001 年度全国十大考古新发现。

杭州市文物考古研究所发掘杭州南宋恭圣仁烈皇后宅遗址，全面揭露正房、后房、庭院、东西两庑和夹道。房屋开间与庭院中假山，规模宏大。被评为 2001 年度全国十大考古新发现。

杭州市文物考古研究所经 3 次发掘杭州老虎洞南宋官窑址，获得一大批宋代至元代 3 个时期完整或可复原的瓷器和窑具，尤其是南宋宫廷用具，为解决南宋修内司官窑问题提供了重要证据。被评为 2001 年度全国十大考古新发现。

江西省文物考古研究所发掘新建明宁靖王夫人吴氏墓，棺内尸身、着装、装饰品等随葬品保存基本完好。

2002 年

2—12 月 中国社会科学院考古研究所等单位发掘唐大明宫太液池遗址。

3 月 宁波市文物考古研究所自 2001 年以来，发掘元代庆元路永丰库遗址，发现宋元明时期大型衙署仓储区遗址。被评为 2002 年度全国十大考古新发现。

3—5 月 贵州省文物考古研究所发掘普安铜鼓山战国秦汉时期遗址，发现一处铸造铜器的作坊遗址。

3—6 月 山东省文物考古研究所发掘日照海曲西汉至魏晋时期墓地，清理墓葬 92 座，出土物中有 400 件漆木器，为北方地区所鲜见。被评为 2002 年度全国十大考古新发现。

3—12 月 四川大学历史文化学院考古学系发掘重庆云阳李家坝遗址，发现一批战国时期墓葬。

4—12 月 湖南省文物考古研究所发掘湘西龙山里耶战国秦汉城址，在 1 号井出土 3.6 万多枚秦代简牍。是秦简的又一次重大发现。被评为 2002 年度全国十大考古新发现。

5—7 月 河南省文物考古研究所再次发掘宝丰清凉寺汝窑遗址。

5—8 月 辽宁省文物考古研究所发掘阜新王坟沟和马掌洼辽代外戚萧氏家族墓地。

5—11 月 黑龙江省文物考古研究所发掘阿城刘秀屯金代宫殿遗址，揭露的金上京朝日殿是宋金时期最大的皇家宫殿。被评为 2002 年度全国十大考古新发现。

内蒙古自治区文物考古研究所等单位发掘察哈尔右翼前旗集宁路元代古城遗址，发现 2 000 多件分属定窑、钧窑、磁州窑、耀州窑、龙泉窑、建窑、吉州窑等窑口的瓷器。2003 年又大规模发掘，揭露出城址中部道路两旁大批房址。被评为 2003 年度全国十大考古新发现。

6 月 南京博物院考古研究所等单位自 2000 年以来，发掘无锡彭祖墩遗址，发现马家浜文化与马桥文化的大批遗存。

中国社会科学院考古研究所自 2001 年 10 月以来，发掘汉魏洛阳故城宫城阊阖门遗址。

江西省文物博古研究所发掘进贤李渡元至清代烧酒作坊遗址。被评为 2002 年度全国十大考古新发现。

7 月 南京博物院考古研究所自 2001 年以来，发掘宜兴骆驼墩马家浜文化遗址。

西藏自治区博物馆发掘加查达拉岗布寺遗址。

7—9 月 黑龙江文物考古研究所发掘讷河神泉旧石器时代晚期遗址，获 3 000 余件石制品。

7—10 月 河北省文物研究所发掘阳原泥河湾马圈沟旧石器时代早期遗址，获大量距今 150 万年以前的石制品。

9 月 湖北省文物考古研究所发掘枣阳九连墩战国楚墓，清理两座大墓与两座大型车马坑。

9—11 月 安徽省文物考古研究所等单位发掘繁昌窑遗址。

9—12 月 重庆市文物考古所发掘涪陵小田溪战国时期墓群，丰富了巴文化的资料。

湖北省文物局、武汉大学考古与博物馆学系等单位发掘巴东旧县坪遗址，发现六朝时期城墙与城门、隋唐时期县衙与仓库、北宋衙门等遗迹。被评为 2002 年度全国十大考古新发现。

10—11 月 中国科学院古脊椎动物与古人类研究所、浙江省文物考古研究所在安吉县和长兴县发现 30 多处旧石器地点。

中国社会科学院考古研究所发掘河南偃师灰嘴遗址，发现二里头文化的石器加工地。

10—12 月 广西壮族自治区文物工作队发掘百色革新桥新石器时代遗址，发现一处大型石制品加工场。被评为 2002 年度全国十大考古新发现。

中国社会科学院考古研究所发掘太原童子寺佛寺遗址。

11 月 南京博物院考古研究所发掘泗阳大青墩西汉泗水王冢。

新疆维吾尔自治区文物考古研究所发掘策勒丹丹乌里克遗址唐代佛寺。

11—12 月 山东大学考古系对日照地区进行第八次区域系统调查。

12 月 广西壮族自治区文物工作队发掘百色上宋旧石器时代遗址，出土 200 多件石制品和 90 件玻璃陨石，为确定百色盆地所发现众多旧石器地点的年代，提供重要依据。

山西省考古研究所、太原市文物考古研究所发掘王家峰北齐徐显秀墓，全墓彩色壁画保存基本完好，色彩斑斓如新，有粟特或波斯风格的图案。被评为2002年度全国十大考古新发现。

本年　中国社会科学院考古研究所自2001年以来，发掘洹北商城宫殿基址，揭露一座面积约1.6万平方米的1号基址。

陕西省考古研究所发掘汉阳陵邑遗址及阳陵陪葬墓园与帝陵丛葬坑。

中国社会科学院考古研究所、河北省文物考古研究所发掘临漳邺城遗址东魏、北齐木塔基址，获塔基砖函、彩绘佛像等重要遗物。被评为2002年度全国十大考古新发现。

吉林省文物考古研究所等单位发掘延边和龙西古城渤海中京显德府故址，获大量建筑遗存。被评为2002年度全国十大考古新发现。

2003年

2—3月　新疆维吾尔自治区文物考古研究所发掘楼兰魏晋墓葬。

江西省文物考古研究所发掘鹰潭角山商代窑址。

洛阳市文物工作队自2002年以来，发掘洛阳东周王城，发现大型“甲”字形墓葬与车马坑等。

3—5月　新疆维吾尔自治区文物考古研究所等单位发掘鄯善洋海墓地，清理青铜时代晚期至早期铁器时代墓葬500多座。出土干尸，以及大批陶器、铜器、铁器、皮革制品、毛织物和900多件木器。

内蒙古自治区文物考古研究所发掘通辽吐尔基山契丹贵族墓葬，该墓保存完整，彩绘木棺等为辽代考古的重要发现。被评为2003年度全国十大考古新发现。

3—6月　浙江省文物考古研究所发掘余杭卞家山良渚文化遗址，发现码头等遗存。

山东大学考古系、山东省文物博古研究所再次发掘济南大辛庄商代遗址。

3—7月　四川省文物考古研究所发掘宣汉罗家坝东周时期遗址，在一座祭祀坑中出土一批青铜礼器和兵器。

3—8月　山西省考古研究所发掘大同北魏皇家建筑遗址。

4—5月　中国国家博物馆考古部再次发掘垣曲商城遗址宫殿区，揭露2号宫殿基址。

4—6月　浙江省文物考古研究所发掘东阳派园大型春秋越国土墩木椁墓。9月还发掘温州瓯燕本周土墩墓，出土一批铜器。

5月　南京市博物馆自2001年以来，发掘六朝都城建康城，发现道路、城墙、桥梁等。

5—7月　山西省考古研究所发掘侯马虎祁东周遗址，发现一批墓葬及祭祀遗存。

山东省文物考古研究所发掘临沂洗池晋墓，发现两座大中型墓，其中一座保存完整，出土“正始二年”（公元241年）铜弩机等文物250余（套）。被评为2003年度全国十大考古新发现。

5—8月　河北省文物研究所发掘内丘邢窑遗址。

5—11月　辽宁省文物考古研究所自2002年以来，发掘牛河梁遗址群第16地点积石冢，发现中心大墓及一批中小型墓葬。被评为2003年度全国十大考古新发现。

6月　中国科学院古脊椎动物与古人类研究所发掘北京周口店田园洞遗址，发现旧石器时代晚期现代智人化石。

6—8月　中国社会科学院考古研究所、云南省考古研究所等单位发掘耿马石佛洞新石器时代遗址。

西安市文物保护考古所发掘北周贵族史君墓。

7—9月　中国科学院古脊椎动物与古人类研究所、宁夏回族自治区文物考古研究所发掘灵武水洞沟旧石器时代遗址。

内蒙古自治区文物考古研究所发掘赤峰缸瓦窑辽金时期瓷窑址。还发掘莫力达瓦达斡尔族自治旗金界壕1号边遗址。

7—10月　陕西省考古研究所发掘佳县石摞摞山史前城址。

7—11 月 辽宁省文物考古研究所发掘朝阳三燕、北魏、隋唐和辽代城址。2004 年继续发掘，确定三燕龙城所在。被评为 2004 年度全国十大考古新发现。

7—12 月 河南省文物考古研究所发掘平顶山应国墓地，发现保存完好的 321 号战国楚墓。

河南省文物考古研究所发掘内黄三杨庄汉代聚落遗址(发掘至 2005 年)。被评为 2005 年度全国十大考古新发现。

河北省文物研究所发掘张北元中都遗址。

8—11 月 中国社会科学院考古研究所第三次发掘内蒙古敖汉旗兴隆沟遗址第一地点，清理一批兴隆洼文化房址与居室葬，发现一批炭化粟，还发现成年男性合葬墓。

秋 山西省考古研究所发掘芮城清凉寺遗址，揭露一处陶寺文化墓地。2004 年继续发掘。被评为 2004 年度全国十大考古新发现。

10—11 月 中国社会科学院考古研究所开展对辽代祖陵的考古工作。至 2008 年，发掘出祖陵陵园内陵寝建筑基址。

10—12 月 河北省文物研究所发掘易县北福地遗址，发现新石器时代中期文化遗存。2004 年继续发掘。被评为 2004 年度全国十大考古新发现。

北京大学考古文博学院、江西省文物考古研究所、景德镇市陶瓷考古研究所发掘景德镇珠山明清御窑。被评为 2003 年度全国十大考古新发现。

11 月 湖南省文物考古研究所、长沙市文物考古研究所发掘宁乡炭河里西周时期遗址，发现大型建筑基址。2004 年继续发掘。被评为 2004 年度全国十大考古新发现。

11—12 月 山东省文物考古研究所等单位自 2002 年 11 月以来，发掘章丘危山汉代墓葬陪葬坑及陶窑址。被评为 2003 年度全国十大考古新发现。

本年 成都市文物考古研究所发掘大邑盐店和高山史前城址。

上海市文物管理委员会考古部再次发掘松江广富林遗址。2005 年、2008 年又大规模发掘，发现一批王油坊类型遗存。

中国社会科学院考古研究所、郑州市文物考古研究所再次发掘新密新砦遗址，发现龙山文化及二里头文化时期城址。

郑州市文物考古研究所自 2002 年以来，发掘荥阳大师姑二里头文化城址，是首次发现的二里头文化城址。被评为 2003 年度全国十大考古新发现。

新疆维吾尔自治区文物考古研究所自 2002 年以来，发掘若羌罗布泊小河墓地，清理公元前 1800 年前后的 37 座墓葬和两处祭祀遗址，出土一批木器，小铜片等重要遗物。被评为 2004 年度全国十大考古新发现。

中国社会科学院考古研究所、北京大学考古文博学院、陕西省考古研究所发掘扶风周原李家西周铸铜作坊遗址。被评为 2003 年度全国十大考古新发现。

陕西省考古研究所发掘眉县杨家村遗址，发现西周青铜器窖藏。被评为 2003 年度全国十大考古新发现。

中国社会科学院考古研究所、西安市文物保护考古所自 2002 年以来，发掘阿房宫遗址。

中国社会科学院考古研究所自 2002 年以来，发掘汉长安城长乐宫遗址。

陕西省考古研究所发掘唐昭陵北司马门遗址。被评为 2003 年度全国十大考古新发现。

北京市文物研究所等单位发掘圆明园长春园宫门区与含经堂遗址。

2004 年

2—3 月 山东大学东方考古研究中心自 2000 年以来，第三次发掘重庆开县余家坝战国巴人墓地。

2—4 月 山西省考古研究所发掘新绛孝陵庙底沟二期文化大型陶窑群，在 700 多平方米范围内揭露 6 组 43 座陶窑，以及房址、工作坑等作坊遗迹。

2—7 月 浙江省文物考古研究所等单位发掘余姚田螺山河姆渡文化遗址。

3—8 月 陕西省考古研究所发掘凤翔孙家南头西汉汧河码头仓储遗址。

4—5 月 陕西省考古研究所发掘横山寨山与青龙山史前石墙聚落址。

4—11 月 中国社会科学院考古研究所发掘山西襄汾陶寺遗址，发现半圆形大型建筑基址。

5 月 湖北省文物考古研究所发掘大冶鄂王城战国城址。2003 年以来还发掘大冶五里界春秋城址。6 月发掘大冶草王嘴西汉城址。

5—6 月 安徽省文物考古研究所发掘黄山蒋家山新石器时代遗址。

长沙市文物考古研究所发掘长沙东牌楼遗址，在 J7 东汉水井中发现一批东汉纪年简牍。

5—8 月 徐州市博物馆发掘土山汉王陵采石场。

5—11 月 黑龙江省文物考古研究所发掘渤海上京龙泉府 2 号宫殿廊庑基址、1 号街址、外城正南门，以及三陵 3 号墓。

6—7 月 西藏自治区文物局、四川大学历史文化学院考古系对西藏噶尔县进行考古调查，发现 10 多处石器地点和遗址，以及墓地和琼隆古城。还调查札达列石遗迹和哈拉古格王朝时期佛寺遗址。

6—12 月 湖北省文物考古研究所发掘郧西黄龙洞遗址，发现晚期智人化石及一批石制品，测定年代数据为距今 9.4 万年。是目前所知东亚年代最早的晚期智人。

7 月 浙江省文物考古研究所自 2002 年以来，发掘海盐仙县坛庙崧泽文化与良渚文化遗址。发现高台墓地和一批墓葬与 50 余个祭祀坑，以及土坯建材。

7—9 月 广东省文物考古研究所发掘电白山兜村隋谯国夫人冼氏墓。

江西省文物考古研究所发掘景德镇湖田窑址。本年还发掘丰城港塘洪州窑遗址和玉山县渎口唐宋窑址。

8—10 月 黑龙江省文物考古研究所等单位发掘渤海上京龙泉府宫城 50 号宫殿遗址。

10 月 中国科学院古脊椎动物与古人类研究所对丹江口水库区调查发现 35 处旧石器地点。自 1994 年以来在丹江水库区已发现 86 处旧石器地点。

浙江省文物考古研究所发掘浦江上山遗址，发现距今 8 000 年前的新石器时代文化遗存及栽培稻遗存。

浙江省文物考古研究所自 2003 年以来，发掘平湖庄桥坟良渚文化遗址，清理墓葬 236 座，发现带木质犁底的组合式石犁。

10—11 月 辽宁省文物考古研究所、沈阳市文物考古研究所发掘法库叶茂台辽墓，出土壁画及契丹小字墓字等。

10—12 月 贵州省文物考古研究所、四川大学历史文化学院考古系自 2004 年以来，发掘威宁中水遗址，发现新石器时代、商周时期遗存，以及春秋战国墓地。被评为 2005 年度全国十大考古新发现。

中国社会科学院考古研究所发掘汉长安城长乐宫凌室建筑址。

甘肃省文物考古研究所等单位发掘礼县鸾亭山大型汉代祭祀遗址，出土玉圭、玉璧、玉人等祭天用玉。

本年 上海博物馆考古部再次发掘青浦崧泽遗址。

中国社会科学院考古研究所发掘二里头遗址中心区域，明确宫城城墙及外侧道路，揭露宫城内 7 号、8 号夯土基址，以及一处绿松石器作坊址，清理出墓葬中整取的绿松石龙形器。被评为 2004 年度全国十大考古新发现。

南京博物院考古研究所等单位自 2003 年以来，发掘无锡鸿山越国贵族墓地，清理 7 座土墩墓，出土 2 000 多件珍贵文物。被评为 2004 年度全国十大考古新发现。

浙江省文物考古研究所发掘长兴鼻子山与安吉龙山战国越国上层贵族大墓。

广州市文物考古研究所自2003年以来,发掘南汉德陵与康陵。被评为2004年度全国十大考古新发现。

杭州市文物考古研究所发掘严官巷南宋临安城御街遗址。被评为2004年度全国十大考古新发现。

四川省文物考古研究所发掘绵竹城关镇剑兰春酒坊遗址。被评为2004年度全国十大考古新发现。

2005年

3月 广州市文物考古研究所自2004年以来,发掘农林东路南越国“人”字顶大墓。秋季又发掘中山四路南越国和南汉建筑遗址。

3—6月 浙江省文物考古研究所发掘湖州钱山漾遗址,发现良渚文化末期及广富林文化等遗存,揭露一座290平方米的八室大型套间式地面建筑。

3—9月 湖南省文物考古研究所发掘湘西洪江高庙遗址,发现距今7 000年前后的祭祀场所及大批遗存。被评为2005年度全国十大考古新发现。

3—12月 浙江省文物考古研究所发掘嵊州小黄山遗址,发现新石器时代中期一批遗存。被评为2005年度全国十大考古新发现。

4月 洛阳市文物工作队自2004年以来,发掘马坡隋代仓窑遗址。

4—9月 南京博物院考古研究所发掘句容、金坛周代土墩墓群,揭示土墩墓营造过程,发现船棺葬具、石床及木构“人”字形墓上建筑。被评为2005年度全国十大考古新发现。

4—12月 陕西省考古研究所发掘韩城梁带村墓地,清理的几座诸侯级墓葬及其车马坑,表明这里可能是芮国墓地。被评为2005年度全国十大考古新发现。

5月 中国科学院古脊椎动物与古人类研究所、山东省文物考古研究所发掘沂源扁扁洞遗址,发现后李文化及更早的遗存。

云南省文物考古研究所自2004年以来,发掘大理太和城遗址。

6月 河南省文物考古研究所发掘平顶山蒲城店龙山文化时期与二里头文化城址。

6—11月 内蒙古自治区文物考古研究所发掘赤峰三座店夏家店下层文化石城址。

6—12月 河南省文物考古研究所发掘鹤壁刘庄遗址,发现仰韶文化大司空类型聚落址和先商文化大型墓地。被评为2005年度全国十大考古新发现。

7月 大同市考古研究所发掘大同沙岭北魏壁墓地,发现一座保存完整的壁画纪年墓。被评为2005年度全国十大考古新发现。

7—11月 山东省文物考古研究所等单位继1984年后,再次发掘蓬莱水城3条元明时期古船。

8—11月 北京大学考古文博学院、北京市文物研究所继2001年以来,第三次发掘门头沟东胡林遗址,发现距今1万年前后的墓葬、火塘等重要遗存。

9月 中国社会科学院考古研究所发掘唐大明宫丹凤门遗址。

宁夏回族自治区文物考古研究所发掘银川山嘴沟西夏石窑,发现一批西夏佛经、文书、丝织品、唐卡等珍贵文物。

9—10月 辽宁省文物考古研究所发掘抚顺河夹心战国至汉代石棚与石板墓地。

9—11月 辽宁省文物考古研究所发掘新宾永陵汉代至高句丽与辽金时期城址。

9—12月 福建省闽越王城博物馆发掘浦城管九村商周时期土墩墓30座,出土原始青瓷器、青铜器、陶器200余件。2006年继续发掘。被评为2006年度全国十大考古新发现。

10—12月 福建博物院发掘浦城猫耳弄山商周窑址,发现圆形窑、椭圆形和长条形龙窑9座。被评为2005年度全国十大考古新发现。

中国社会科学院考古研究所发掘汉长安城长乐宫中心建筑址。

11 月 福建博物院考古研究所发掘漳州莲花池山旧石器时代遗址。

中国社会科学院考古研究所陕西省考古研究所自 2004 年以来,发掘宜川龙王辿旧石器时代晚期遗址,发现一批细石器、1 件刃部磨制的石铲等。

本年 北京大学考古文博学院、山东省文物考古研究所自 2001 年以来,发掘临淄桐林遗址,确认遗址的面积达 230 万平方米。

山西省考古研究所发掘绛县横水西周墓地。被评为 2005 年度全国十大考古新发现。

中国社会科学院考古研究所自 2003 年以来,发掘新疆于田流水青铜时代墓地。

2006 年

1—9 月 山西省考古研究所发掘黎城西关西周墓地,清理的一批墓葬中有"甲"字形大墓。

2—3 月 海南省文物考古研究所发掘陵水石贡新石器时代遗址。

2—4 月 深圳市文物考古鉴定所发掘咸头岭遗址,发现公元前 5000—前 4000 年前后的彩陶、白陶等大批遗存。被评为 2006 年度全国十大考古新发现。

2—10 月 江西省文物考古研究所发掘景德镇铜锣山、道塘里、凤凰山 3 处宋代窑址。

3—5 月 云南省文物考古研究所发掘富源大河旧石器时代洞穴遗址,获人牙化石 1 枚、石制品 1 400 多件、动物化石 150 多件,以及人工垫石地面。被评为 2006 年度全国十大考古新发现。

3—5 月 中国社会科学院考古研究所、河南省文物考古研究所自 2000 年以来,连续发掘灵宝西坡遗址,发现仰韶文化庙底沟类型的大型房址与墓葬。被评为 2006 年度全国十大考古新发现。

3—8 月 河北省文物考古研究所等单位发掘易县与徐水燕南长城。

3—10 月 长沙市文物考古研究所发掘望城风篷岭西汉长沙国王后墓。

3—12 月 河南省文物考古研究所发掘许昌灵井旧石器时代晚期遗址,发现石制品与骨制品近 2 万件。2007 年发掘又发现 1 具较完整的人类头骨化石。被评为 2007 年度全国十大考古新发现。

3—12 月 安徽省文物考古研究所发掘六安双墩大型汉墓及西汉六安国王陵区。被评为 2006 年度全国十大考古新发现。

4—6 月 南京市博物馆发掘南京明代通济门瓮城遗址。

4—7 月 新疆维吾尔自治区文物考古研究所发掘高昌故城西门址与大佛寺。

5 月 成都市文物考古研究所自 2005 年以来,发掘邛崃邛窑遗址。

江西省文物考古研究所发掘德安望夫山宋代壁画墓。

5—10 月 陕西省考古研究所等单位发掘西藏萨迦北寺遗址并整理北寺出土经书。

5—11 月 四川省文物考古研究所发掘汉源麦坪新石器时代遗址。

6 月 中国社会科学院考古研究所自 2005 年以来,发掘唐大明宫含元殿殿前遗址。

7—9 月 河南省文物考古研究所发掘荥阳胡村晚商墓地,出土一批"舌"字铭文铜器。

8 月 南京市博物馆自 2005 年 12 月以来,发掘江宁上坊孙吴墓。

8—12 月 北京大学考古文博学院、甘肃省文物考古研究所等 5 家单位发掘礼县大堡子山春秋战国时期遗址,发现大型乐器坑等祭祀遗迹、大型建筑基址与墓葬等。被评为 2006 年度全国十大考古新发现。

陕西省考古研究所再次调查华阴魏长城。

甘肃省文物考古研究所发掘张家川马家塬战国时期墓地,出土的随葬车装饰豪华,一些随葬品具有北方草原文化特征。被评为 2006 年度全国十大考古新发现。

上海博物馆考古研究部自 2002 年以来,发掘普陀区志丹苑元代水闸。被评为 2006 年度全国十大考古新发现。

9 月 山西省考古研究所自 2005 年以来,发掘曲沃羊舌村晋侯墓地。

9—11 月 辽宁省文物考古研究所发掘凤城高句丽凤凰山山城。

9—12 月 广东省文物考古研究所发掘佛山古椰史前贝丘遗址。被评为 2006 年度全国十大考古新发现。

浙江省文物考古研究所发掘温岭塘山西汉东瓯国城址和贵族墓葬。

浙江省文物考古研究所发掘上虞尼姑婆山三国西晋窑址。

浙江省文物考古研究所等单位发掘龙泉窑大窑枫洞岩窑址。

10 月 宁夏回族自治区文物考古研究所自 2005 年以来,发掘固原开城元代安西王府宫城遗址。

11 月 陕西省考古研究所自 2004 年以来,发掘长安神禾塬战国秦陵园遗址。

本年 山西省考古研究所自 2004 年以来,发掘柳林高红商周时期遗址,发现李家崖文化几处夯土建筑基址。被评为 2006 年度全国十大考古新发现。

陕西省考古研究所对乾陵陵园乾陵宫城、内宫城门等进行钻探与清理。

陕西省考古研究所等单位自 2004 年以来,对唐顺陵陵园遗址进行钻探与试掘。

中国社会科学院考古研究所发掘扬州唐罗城遗址,发现可能是扬吴“光孝院”遗存。

2007 年

2—12 月 中国社会科学院考古研究所再次发掘隋唐洛阳城定鼎门遗址。

3—10 月 湖北省文物考古研究所发掘郧县辽瓦店子遗址,发现大批商周时期遗存。被评为 2006 年度全国十大考古新发现。

3—11 月 河北省考古保护中心发掘磁县东武仕秦代遗址。

3—12 月 河南省文物考古研究所第二次大规模发掘荥阳关帝庙遗址,发现商代晚期小型聚落址。被评为 2006 年度全国十大考古新发现。

4—11 月 广东省文物考古研究所等单位自 1989 年以来,发掘阳江海域“南海 1 号”宋代沉船,并整体打捞出水。2007 年夏又发掘汕头南澳三点金海域“南海 2 号”沉船。

5 月 江西省文物考古研究所发掘莲花西汉安成侯墓。

江西省文物考古研究所自 2006 年以来,发掘吉安吉州窑遗址,明确吉州窑分布范围。

5—7 月 中国科学院古脊椎动物与古人类研究所、天津市文化遗产保护中心发掘蓟县东营坊旧石器时代晚期遗址,获石制品 2 000 余件。

安徽省文物考古研究所第五次发掘含山凌家滩遗址,发现一座大型墓,随葬玉石器 330 多件。

5—11 月 中国社会科学院考古研究所发掘汉魏洛阳城两周墓葬。

6—9 月 新疆维吾尔自治区文物考古研究所、西北大学文化遗产与考古学研究中心自 2006 年以来,发掘巴里坤东黑沟遗址,发现一处公元前 2000 年前后的游牧文化聚落址。被评为 2007 年度全国十大考古新发现。

6—10 月 内蒙古自治区文物考古研究所发掘扎鲁特旗宝力皋吐新石器时代墓地。

6—12 月 山东大学考古系发掘河南博爱西金城史前城址。

8—9 月 新疆维吾尔自治区文物考古研究所发掘库车友谊路晋十六国时期砖室墓。被评为 2007 年度全国十大考古新发现。

9—10 月 江西省文物考古研究所发掘高安华林宋元明造纸坊遗址。

9—12 月 河南省文物考古研究所再次发掘禹州瓦店新石器时代遗址。

10—12 月 湖南省文物考古研究所再次发掘安乡汤家岗新石器时代遗址。

福建博物院、中国国家博物馆水下考古研究中心发掘平潭大练岛西部海域元代沉船遗址。

11 月 浙江省文物考古研究所自 2006 年以来,发掘余杭良渚城址。被评为 2007 年度全国十大考古新发现。

荆州博物馆发掘荆州谢家桥 1 号汉墓,出土一批丝织品。

本年 郑州市文物考古研究所自 2006 年以来,发掘新郑唐户遗址,发现裴李岗文化大型居住址,揭露房址 63 座。被评为 2007 年度全国十大考古新发现。

安徽省文物考古研究所发掘固镇垓下、怀宁孙家城遗址，分别发现史前城址。

江西省文物考古研究所发掘靖安李洲坳大型东周墓葬，有 47 具棺木，出土竹木器、漆器、青铜器、纺织品、玉器等 650 余件。被评为 2007 年度全国十大考古新发现。

湖北省文物考古研究所、荆州博物馆自 2006 年以来，发掘荆州熊家冢楚墓，清理一批车马坑和殉葬墓。

洛阳市第二文物工作队调查偃师东汉帝陵和洛阳邙山墓群。被评为 2007 年度全国十大考古新发现。

中国社会科学院考古研究所发掘河北磁县北朝东魏皇族元祜墓，河南省文物考古研究所发掘安阳固岸东魏北齐墓地。被评为 2007 年度全国十大考古新发现。

河南省文物考古研究所自 2006 年以来，发掘叶县文集宋元集镇遗址。

2008 年

1 月　南京博物院等单位对江苏邳州梁王城遗址进行第三次大规模抢救性发掘。至 2009 年初，清理大汶口文化墓葬 142 座。自 2004 年 4 月以来，该遗址已发掘 10 200 平方米。

1—5 月　云南省文物考古研究所等单位发掘剑川海门口遗址，发现大型水滨木构干栏式建筑聚落址，出土铜器和铸铜石范。被评为 2008 年度全国十大考古新发现。

2—10 月　陕西省考古研究所、北京大学考古文博学院自 2004 年以来，发掘岐山周公庙遗址。发现周代大中小型墓葬区、居住区、铸铜作坊，以及 7 651 块卜甲。被评为 2008 年度全国十大考古新发现。

3 月　湖北省文物考古研究所发掘孝感叶家庙新石器时代末期聚落址，发现有城址、城外墓地，以及杨家嘴与何家埠附属遗址。遗址总面积超过 56 万平方米(发掘工作延续至 2009 年 6 月)。

5 月　北京市文物考古研究所自 2007 年 4 月以来，发掘通惠河及玉河遗址，东不压桥及澄清中闸遗址。

5—10 月　辽宁省文物考古研究所发掘辽阳市苗圃汉魏时期墓地。

6 月　山西省考古研究所自 2007 年 9 月以来，发掘翼城大河口西周墓地，发现侯伯一级墓葬。

6—8 月　山西省考古研究所抢救性发掘大同市南郊 10 座北魏墓，其中一座系北魏和平二年(公元 461 年)下葬的壁画墓。

7—11 月　甘肃省文物考古研究所、西北大学文化遗产与考古学研究中心发掘临潭陈旗磨沟齐家文化墓地，发现多种葬俗与金器，以及发展为寺洼文化的线索。被评为 2008 年度全国十大考古新发现。

8 月　安徽省文物考古研究所自 2006 年以来，发掘蚌埠双墩 1 号春秋墓葬。该墓结构奇特，出土钟离国青铜器。被评为 2008 年度全国十大考古新发现。

10 月　贵州省文物考古研究所抢救性发掘贞丰孔明坟新石器时代遗址，发现石器制作场遗迹(发掘工作进行至 2009 年 1 月)。

10—12 月　湖南省文物考古研究所等单位抢救性发掘湘阴青山大溪文化遗址。

11—12 月　中国社会科学院考古研究所发掘十六国至北朝时期长安城宫城 2 号建筑(宫门)遗址。

北京市文物研究所发掘大兴区黄村镇西北部辽金时期塔林遗址，清理塔基 25 座，出土的经幢题记上年号与北京一些地点的变迁，反映出辽宋金时期的史实。

12 月　上海市文物管理委员会考古研究部开始对青浦福泉山遗址土墩外围区域进行勘探性发掘，在吴家场发现一处良渚文化墓地。经 2009—2012 年的发掘，在清理的一批良渚文化墓葬中，有几座为高等级墓葬。并对 M207 实施实验室考古清理，提取了象牙权杖、人头盖骨碗等重要文物。

本年　陕西省考古研究所自 2004 年以来，发掘高陵杨官寨仰韶文化遗址，发现庙底沟类型、面积达

24万平方米的环壕聚落。被评为2008年度全国十大考古新发现。

内蒙古自治区文物考古研究所发掘扎鲁特旗昆都岭遗址，发现小河沿文化墓地。

新疆文物考古研究所自2006年以来，抢救性发掘乌鲁木齐萨恩萨依墓地，清理公元前3800年左右至汉唐时期墓葬180座。

中国社会科学院考古研究所安阳工作队发掘洹北商城2号宫殿基址。

中国社会科学院考古研究所发掘安阳殷墟刘家庄北地遗址。

山东省文物考古研究所、北京大学文博学院自2003年以来，发掘寿光双王城水库商周时期盐业遗址群。被评为2008年度全国十大考古新发现。

郑州市文物考古研究所自2005年以来，发掘荥阳娘娘寨两周时期城址。城址总面积近100万平方米。至2008年底，已发掘1.5万平方米，发现内外城墙、城门、夯土基址、道路、排水设施，以及墓葬、陶窑、土灶等遗迹。

南京博物院考古研究所自2007年以来，发无锡阖闾城遗址，发现面积约2.94平方千米的外城等重要遗迹。被评为2008年度全国十大考古新发现。

河北省文物考古研究所自2005年以来，发掘赵邯郸故城王城遗址。

河南省文物考古研究所发掘新郑胡庄墓地，发现战国晚期韩王及王后陵墓。被评为2008年度全国十大考古新发现。

浙江省文物考古研究所发掘德清亭子桥战国原始瓷窑址。

陕西省考古研究所发掘西安曲江西汉墓。

重庆市考古研究所发掘忠县将军村汉至六朝家族墓葬。

成都市文物考古研究所自2007年以来，发掘成都江南馆街唐宋街坊遗址。被评为2008年度全国十大考古新发现。

宁夏回族自治区文物考古研究所发掘银川西夏王陵6号陵地面遗迹。

山东省文物考古研究所、中国文化遗产研究院调查、发掘山东汶上京杭大运河南旺分水枢纽及龙王庙遗址。

南京市博物馆自2007年以来，发掘南京大报恩寺遗址。

2009年

1—6月 陕西省考古研究院抢救性发掘韩城盘乐宋代壁画墓，壁画保存完好，有中医实景图、佛祖涅槃图、杂剧图。

2月 洛阳市文物工作队开始发掘洛阳中州东路北西周祭祀坑。

2—5月 陕西省考古研究院发掘富县桦沟口秦直道遗址，揭露直道遗存50米及多处建筑基址。被评为2009年度全国十大考古新发现。

陕西省考古研究院抢救性发掘长安夏殿元代刘黑马家族墓地。刘黑马是元太宗窝阔台所立汉军三万户之首。

2—8月 河北省文物研究所抢救性发掘磁县刘庄村附近北齐高孝绪壁画墓。

2—11月 河南省文物考古研究所发掘淇县宋庄东周墓地，清理的9座东周墓中有6座为“甲”字形墓。

4月 云南省文物考古研究所自2008年10月以来，第二次发掘澄江金莲山墓地，清理石寨山文化墓葬266座。2006年3—5月第一次发掘曾清理墓葬144座。

河南省文物考古研究所自2008年8月以来，抢救性发掘宋太宗永熙陵附葬墓周王(宋真宋第二子)墓。

4—9月 吉林省文物考古研究所发掘白城永平金代高等级建筑基址。

4—10月 安徽省文物考古研究所自2007年以来，发掘固镇垓下新石器时代及汉代遗址，发现大汶口文化晚期城址。被评为2009年度全国十大考古新发现。

4—11 月　内蒙古自治区文物考古研究所发掘赤峰二道井子夏家店下层文化聚落遗址，全面揭露一座完整的聚落址。被评为 2009 年度全国十大考古新发现。

4—12 月　陕西省考古研究院、咸阳市文物考古研究所对汉元帝渭陵、汉惠帝安陵和哀帝义陵开展大规模考古调查、勘探和测绘工作，发掘汉武帝茂陵陵园内两座外藏坑。被评为 2009 年度全国十大考古新发现。

5 月　中国社会科学院考古研究所联合日本国立文化财奈良文化财研究所，自 2008 年 4 月以来发掘洛阳汉魏故城北魏宫城 2 号建筑基址，其系一座三门道殿堂式门址，是继 2001—2002 年宫城阊阖门遗址发掘后，北魏宫城遗址的又一重要发现。

6—9 月　四川省文物考古研究院发掘屏山向家坝库区叫化岩遗址，发掘面积 2 500 平方米，发现一批新石器文化遗存和 14 座战国西汉时期墓葬。

7 月　中国社会科学院考古研究所自 2008 年 11 月以来，发掘香港屯门扫管笏遗址，发掘面积 4 000 余平方米。发现商周时期、东周时期、汉代以及明清等 4 个时期文化遗存。

辽宁省文物考古研究所发掘阜新代海青铜时代墓地，清理墓葬 62 座。

四川省文物考古研究院发掘茂县城关粮站战国至东汉时期石棺墓葬群，清理墓葬 54 座。

陕西省考古研究院发掘富县广家寨寺院遗址北朝至宋代佛教造像。

8—12 月　北京大学考古文博学院、郑州市文物考古研究院联合发掘新密李家沟石器时代遗址，发现旧石器时代晚期向新石器时代过渡的地层关系和一批石制品等，测年数据为距今 10 500 ~ 8 600 年左右。被评为 2009 年度全国十大考古新发现。

9 月　西安市文物保护考古所发掘西安市南郊西兆余村唐司农卿秦守一墓，出土庑殿式石椁，以及由 18 件三彩骑马俑和 30 件三彩俑组成的仪仗俑队。

9—12 月　河北省文物研究所、北京大学考古文博学院发掘曲阳定窑遗址，判定定窑始烧时代在中晚唐时期，发现五代、宋代、金代窑炉和贡御器物。被评为 2009 年度全国十大考古新发现。

10 月　浙江省文物考古研究所自 2007 年 4 月以来，发掘安吉上马山西周至春秋时期土墩墓 57 座，汉代墓葬 300 多座。

10—12 月　江西省文物考古研究所继 2007 年 9—10 月后，再次发掘高安华林宋元明造纸作坊遗址。被评为 2009 年度全国十大考古新发现。

11 月　陕西省考古研究院自 2008 年以来，发掘咸阳国际机场附近汉至明清墓葬 259 座，其中有北周上大将军鹿基诞夫妇墓，以及唐天宝前后五天井砖室墓。

12 月　山东省文物考古研究所自 2008 年 10 月以来，发掘高青陈庄西周时期城址与贵族墓地，出土一批带有铭文的铜器、玉器、刻辞卜甲等重要文物。被评为 2009 年度全国十大考古新发现。

南京博物院自 2008 年 12 月以来，对张家港黄泗浦遗址进行两次抢救性发掘，揭露古庄安镇部分遗迹。2011 年再次发掘，揭露唐宋时期仓廒、房址、水井、道路等遗迹。

本年　河南省文物考古研究所自 2008 年以来，发掘正阳闰楼商代墓地，清理商墓 142 座，出土一批商代青铜器、玉器等重要文物。

陕西省考古研究院复探雍城秦公陵园 1 号和 6 号陵园。

河南省文物考古研究所自 2008 年 12 月以来，发掘安阳西高穴 2 号东汉末期大墓（今属安阳县），据出土物推测为曹操高陵。被评为 2009 年度全国十大考古新发现。

西安市文物保护考古所发掘长安凤栖原汉至元明墓葬 50 座。其中有隋仁寿三年（公元 603 年）魏左光禄大夫平原侯长孙公之妻薛氏墓和隋大业二年开府仪同三司、东宫右武卫副率、平原公柴恽墓。

2010 年

1 月　江苏省考古研究所自 2008 年 8 月以来，发掘张家港东山村新石器时代遗址，发现崧泽文化早中期一批大型墓葬。被评为2009年度全国十大考古新发现。

2月 河南省文物考古研究所、北京大学考古文博学院自2009年9月以来，联合发掘禹州瓦店遗址，发现王湾三期文化晚期环壕，面积达40余万平方米，并发现两处面积达近千平方米的大型建筑基址。

中国社会科学院考古研究所汉唐研究室与北京大学考古文博学院自2009年10月以来，联合发掘赞皇西高北朝赵郡李氏家族墓地。

3—8月 安阳市文物考古研究所发掘殷墟刘家庄北地遗址，发现商代墓葬69座及6座房址。

安徽省文物考古研究所发掘铜陵师姑墩遗址，发现一批商周时期与矿冶有关的遗存。

湖南省文物考古研究所与湘潭市博物馆、武汉大学历史学院合组长沙铜官窑考古工作队，发掘长沙铜官窑谭家坡1号龙窑(Y38)，继1983年发掘后在Y38西侧又揭露出大批窑场制瓷遗存。2011年又发掘陈家坪窑区与石渚湖北岸房屋建筑遗存。

3—9月 中国社会科学院考古研究所洛阳唐城队与洛阳市文物工作队组成联合考古队，发掘隋唐洛阳城应天门西阙遗址。

3—12月 山东大学历史文化学院考古系、山东省文物考古研究所、济南市考古研究所再次发掘济南大辛庄商代遗址、清理商代墓葬136座，出土一批青铜器，并新见族徽铭文。被评为2010年度全国十大考古新发现。

春 西安市文物保护考古所发掘长安郭杜唐代百济移民祢氏家族墓。

4月 四川省文物考古研究院自2006年以来，连续大面积发掘汉源麦坪遗址，发现新石器时代至商周时期房址、墓葬等遗存。

4—7月 广东省文物考古研究所与中国文化遗产研究院联合组成水下考古队，发掘“南澳1号”明代沉船。被评为2010年度全国十大考古新发现。

4—12月 上海博物馆考古研究部抢救性发掘松江广富林遗址，发现一批崧泽文化、良渚文化、广富林文化遗存。这是继1999—2009年后广富林遗址的再次发掘。

5月 洛阳市第二文物工作队自2009年2月以来，抢救性发掘邙山东汉曹魏、西晋、北魏、唐宋墓葬177座，包括2座东汉晚期帝陵及其陵园、1座大型曹魏贵族(曹休)墓。

5—7月 西安市文物保护考古所发掘长安韦曲高望堆西魏北周长孙家族墓。

5—12月 湖南省文物考古研究所第四次发掘永顺老司城遗址，清理彭世麒、彭宗舜、彭翼南土司墓。被评为2010年度全国十大考古新发现。

6月 吉林省文物考古研究所发掘和龙大洞旧石器时代晚期旷野遗址，发现一批细石器和1件角锥状磨制石器。

陕西省考古研究院自2009年8月以来，抢救性发掘蓝田新街新石器时代遗址，揭露的仰韶文化晚期房址(F3)内的一座奠基坑为马坑。在仰韶文化灰坑中出土粟和大米的朽灰，还发现仰韶文化晚期至龙山早期阶段的陶砖。

6—10月 四川省文物考古研究院发掘宜宾沙坝战国至西汉墓地。

7月 湖南省文物考古研究所抢救性发掘桂阳刘家岭宋代壁画墓。

7—9月 四川省文物考古研究院抢救性发掘简阳龙垭旧石器时代晚期遗址。

宁夏回族自治区文物考古研究所抢救性发掘彭阳海子塬北魏隋唐墓地，清理墓葬20座。在小型平民墓中出土萨珊卑斯银币。

8—12月 陕西省考古研究院发掘白水下河新石器时代遗址，揭露仰韶文化庙底沟类型两座五边形大型房址。

9月 郑州市文物考古研究院发掘新郑望京楼遗址，发现二里头文化及二里冈文化城址及其外城，外城面积达168万平方米。被评为2010年度全国十大考古新发现。

山东省文物考古研究所与菏泽市文物处联合组成考古队，发掘菏泽市国贸中心建筑工地元代沉船，出土大批瓷器。

10 月 浙江省文物考古研究所发掘桐庐方家洲新石器时代玉石器加工场。

11 月 郑州市文物考古研究院发掘登封唐庄两座宋代壁画墓。

南京市博物馆自 2007 年 2 月以来，发掘南京明代大报恩寺遗址，清理沿用自北宋长干寺地宫的明代琉璃塔基与地宫。被评为 2010 年度全国十大考古新发现。

12 月 河南省文物考古研究所自 2008 年 5 月以来，发掘淅川龙山岗（原称“黄楝树”）新石器时代遗址。发现仰韶文化晚期、屈家岭文化、石家河文化、王湾三期文化以及西周与汉代遗存。

河南省文物考古研究所自 2009 年 3 月以来，发掘淅川下寨遗址，发现仰韶文化环壕聚落，以及石家河文化、王湾三期文化遗存。

北京大学考古文博学院和郑州市文物考古研究院自 2009 年以来，联合发掘新郑赵庄、登封西施旧石器时代晚期遗址。

本年 新疆文物考古研究所发掘尼勒克汤巴勒伊墓地和特克斯库克苏河西 2 号墓群，出土一批距今 3 300 年前后具有安德罗诺文化特点的铜装饰品与陶器。

江西省文物考古研究所、厦门大学历史系考古专业自 2009 年以来，联合发掘靖安老虎墩新石器时代末期遗址。

浙江省文物考古研究所调查东苕溪中游地区，在德清龙山、湖州南山发现 20 多处商时期原始瓷窑址群。

山西省考古研究所在 2008 年 9—12 月对翼城大河口西周霸国墓地进行全面普探的基础上，2009 年 5 月以来抢救性发掘 1.5 万平方米，发现 615 座墓葬、22 座车马坑，清理 305 座墓葬，出土一批铜礼器，以及金器和 1 件漆木俑。被评为 2010 年度全国十大考古新发现。

甘肃省文物考古研究所自 2006 年以来连续发掘张家川马家塬西戎贵族墓，自 2009 年以来发掘秦安王家洼西戎贵族墓。

中国社会科学院考古研究所与苏州市考古研究所自 2009 年秋合组联合考古队以来，开展对吴中区木渎镇、胥口镇和穹窿山风景区内 25 平方千米的区域调查，2010 年 3 月开始选择性发掘，发现春秋时期大型古城址。被评为 2010 年度全国十大考古新发现。

西安市文物保护考古所发掘西安市南郊凤栖塬西汉宣帝时大司马卫将军张安世家族墓地。被评为 2010 年度全国十大考古新发现。

陕西省考古研究院自 2009 年 9 月以来，发掘蓝田支家沟大型西汉墓。

陕西省考古研究院发掘咸阳底张十六国至唐代墓群，其中一座系十六国时大型二天井双室土洞墓。

中国社会科学院考古研究所边疆考古研究中心与吐鲁番研究院、龟兹石窟研究院组成联合考古队，对鄯善吐峪沟石窟进行保护性发掘，清理礼拜、禅窟、僧房窟等洞窟 56 处和一处塔殿遗址以及一处高昌回鹘时期地面佛寺。新发现壁画 200 平方米，出土一批经书写本残片和回鹘文印刷品残片，还有绢画残片。被评为 2010 年度全国十大考古新发现。

陕西省考古研究院、西安市文物保护考古所自 2006 年以来，发掘蓝田五里头北宋吕氏家族墓园。被评为 2010 年度全国十大考古新发现。

中国社会科学院考古研究所内蒙古第二工作队和内蒙古自治区文物考古研究所自 2007 年组成联合考古队，发掘巴林左旗辽祖陵。本年 7—10 月又发掘黑龙门址（1 号门址）和 4 号建筑基址（献殿）。

2011 年

1 月 浙江省文物考古研究所自 2010 年 3 月以来，发掘良渚古城外围东北段长条形台地——美人地遗址，发现河道河岸遗迹以及临河的建筑遗存。

广东省文物考古研究所自2010年9月以来发掘博罗曾屋岭春秋时期墓地，清理墓葬85座。

1—2月 湖北省文物考古研究所抢救性发掘随州叶家山西周早期曾侯墓地，出土一批西周早期曾侯铜器。被评为2010年度全国十大考古新发现。

2—4月 四川省文物考古研究院发掘宜宾喜捷槽坊头明代酿酒作坊遗址。

3—11月 陕西省考古研究院、宝鸡市考古工作队与宝鸡先秦陵园博物馆联合组成雍城考古队，重新启动秦雍城城内道路系统考古工作。

3—12月 北京市文物研究所发掘通州古城遗址。

春 中国社会科学院考古研究所自2010年春季以来，发掘偃师二里头遗址宫殿区，发现二里头文化早期大型夯土基址(5号基址)与巨型坑。

春、秋 中国国家博物馆田野考古研究中心与山西省考古研究所、运城市文物保护研究所组成联合考古队，发掘绛县周家庄遗址，发现龙山时期环壕、房址、陶窑墓地及较大型墓葬、祭祀坑等重要遗存。

4—8月 北京大学考古文博学院与郑州市文物考古研究院合作发掘郑州老奶奶庙旧石器时代遗址，获得一批距今4万年前后的石制品及多处用火、活动遗迹。被评为2010年度全国十大考古新发现。

4—8月 陕西省考古研究院在前期钻探的基础上发掘杨陵邰城汉代铸铁作坊遗址。

4—12月 陕西省考古研究院发掘黄陵寨头河战国戎人墓地，清理墓葬90座、方坑3座。

5月 云南省文物考古研究所自2010年底以来，发掘澄江学山青铜时代遗址与明代澄江府衙署建筑基址。

西安市文物保护考古所发掘西安元代张达夫及其夫人墓。

7—10月 中国社会科学院考古研究所内蒙古二队和内蒙古自治区文物考古研究所组成辽上京城联合考古队，首次大规模发掘位于巴林左旗林东镇东南的辽上京城遗址，揭露皇城西门——乾德门遗址。

9—10月 鄂尔多斯青铜器博物馆与中国科学院古脊椎动物与古人类研究所组成联合考古队，发掘鄂尔多斯乌兰木伦旧石器时代遗址第1地点和第2地点，出土石制品4 300多件，有多组石制品可以拼合组合。其中第1地点的测年数据在距今3万~7万年。

9—12月 北京大学考古文博学院与河南省文物考古研究所组成联合考古队发掘禹州闵庄钧窑遗址，发现北宋至明代一批瓷器及6座窑炉。

湖北省文物考古研究所抢救性发掘随州义地岗春秋时期曾国曾公子去疾墓。

10—11月 甘肃省文物考古研究所在2007年、2008年调查的基础上发掘肃北马鬃山玉矿遗址，发现一批汉代文化遗存。

11月 四川省文物考古研究院自2010年6月以来，4次发掘宜宾石柱地新石器时代至汉代以及明清遗址，获得一批距今4 500年前后具有地域特色的文化遗存。清理一批战国晚期至西汉初期蜀人墓葬。被评为2010年度全国十大考古新发现。

中国社会科学院考古研究所自2010年10月以来，发掘汉魏洛阳故城北魏宫城5号建筑遗址。

11—12月 湖南省文物考古研究所与北京大学、美国哈佛大学、波士顿大学共同组队，执行为期3年的“中美合作稻作农业起源研究项目”，发掘临澧杉龙岗遗址，开展考古学、年代学、地质学、环境学、动物学、植物学等多学科合作研究。发现炭化稻米等一批彭头山文化遗存。

12月 陕西省考古研究院、中国科学院古脊椎动物与古人类研究所、洛南县博物馆、南京大学联合组队，发掘洛南盆地孟洼和张豁口旧石器时代遗址，发现包括手斧、薄刃斧在内的2万余件石制品。

第三次全国文物普查工作自2007年4月开展以来，经过近5年的工作，圆满完成。全国共登记不可移动文物766 722处(不包括港澳台地区),新发现登记不可移动文物536 001处,复查登记不可移动文物230 721处。其中古遗址类193 282处,古墓葬类139 458处,古建筑类263 885处,石窑寺及石刻类24 422处,近现代重要史迹及代表性建筑类141 449处,其他类4 226处。

本年 福建博物院发掘漳平奇和洞遗址,发现旧石器时代晚期至新石器时代早期文化遗存。被评为2010年度全国十大考古新发现。

内蒙古自治区文物考古研究所联合吉林大学边疆考古研究中心自2010年5—9月以来,再次发掘通辽哈民史前聚落遗址,揭露约距今5 000年前的房址43座、墓葬6座、灰坑33座、环壕1条。在7座房屋中发现较完整的房屋顶部木质结构,几座房址中有凌乱堆弃的大量人骨遗骸,最多达97具。被评为2010年度全国十大考古新发现。

浙江省文物考古研究所自2008年10月以来发掘余杭玉架山遗址,发现由多条环壕组成的环壕聚落。被评为2010年度全国十大考古新发现。

甘肃省文物考古研究所与中国社会科学院考古研究所、北京科技大学冶金与材料史研究所、西北大学自2010年以来,联合发掘张掖西城驿遗址,发现马家窑文化马厂类型晚期至四坝文化房址、墓葬、小型铜器及大量与冶炼相关的遗存。

甘肃省文物考古研究所、陕西省考古研究院、中国国家博物馆、北京大学考古文博学院、西北大学文博学院自2004年合组课题组,开展早期秦文化调查、发掘与研究项目。2010年以来连续勘探、发掘清水李崖遗址,发现寺洼文化墓葬与西周秦墓共处同一遗址,还有二者并穴合葬现象,还发现北魏时期清水郡城址。

辽宁省文化厅组织省、市、县文物考古部门对建昌东大杖子墓地进行全面勘探,并发掘战国晚期燕文化的M40大型木椁墓。被评为2010年度全国十大考古新发现。东大杖子墓地曾在2000—2005年多次抢救性发掘42座墓葬。

南京博物院自2009年9月以来,抢救性发掘盱眙大云山汉墓,揭露一处完整的西汉江都王陵园。被评为2010年度全国十大考古新发现。

山东省文物考古研究所抢救性发掘定陶灵圣湖汉代大型"黄肠题凑"墓葬,这是中国目前发现的保存最为完整的大型"黄肠题凑"墓葬。

云南省文物考古研究所发掘广南牡宜西汉时期句町国贵族墓。

山西省考古研究所与云冈研究院、大同市考古研究所组成联合考古队,自2010年以来发掘云冈石窟窟顶北魏辽金佛教寺院遗址。被评为2010年度全国十大考古新发现。

郑州市文物考古研究院自2010年以来,开展隋唐大运河郑州段调查工作。

重庆市文物考古研究所自2010年4月以来,3次发掘渝中老鼓楼宋至明清衙署遗址。

山东省文物考古研究所自2010年8月以来,发掘聊城京杭大运河七级码头、土桥闸与南旺分水枢纽遗址。被评为2010年度全国十大考古新发现。

2012年

1月 中国社会科学院考古研究所和河北省文物研究所合组的邺城考古队自2011年10月以来发掘邺南城南郭城区内的习文乡赵彭城北朝佛寺遗址,并于1月发掘邺南城东外郭城区内的习文乡北吴庄北地佛教造像埋藏坑,出土佛教造像约3 000块。造像的时代多数为东魏北齐,个别为北魏晚期和隋唐时期,有题记的造像达200余件。大多数造像表面残存有贴金和彩绘痕迹。以中小型汉白玉背屏像为主,还有部分大中型单体圆雕造像,题材涉及释迦、弥勒、药师、卢舍那、观世音、思惟太子以及释迦多宝等。

2—7月 山东省文物考古研究所抢救性发掘沂水纪王崮春秋墓葬。墓室与车马坑共凿于一个岩坑中,南北长约40米,东西宽约13米。为两椁重棺,出土包括7尊鼎的一批青铜器,其中铜鼎、铜盂有铭文，可能是某位诸侯或其夫人之墓。

2—8月 由上海博物馆主持，联合复旦大学、上海大学、南京大学、山东大学和宁波市文物考古研究所共同组成考古队对松江广富林遗址再次进行抢救性发掘，揭露面积14 190平方米，发现崧泽文化黄土台、良渚文化墓地、广富林文化房址等遗存。

2—12月 重庆市文化遗产研究院发掘渝中老鼓楼衙署遗址，发现保护完好、纪年明确的南宋高级衙署。被评为2012年度全国十大考古新发现。

3—5月 新疆维吾尔自治区文物考古研究所配合对吐鲁番巴达木村北部胜金口石窟崖体抢险加固工程，首次发掘胜金口窟，继20世纪初之后，首次了解到胜金口石窟由南寺院、北寺院、中区居址组成，并新发现一批纸质汉文、回鹘文和吐鲁番文文书，以及壁画等遗物。

3—9月 四川省文物考古研究院配合向家坝水电站建设，抢救性发掘宜宾屏山骆家沟汉代遗址，清理居住区、手工业区和墓葬区的部分遗存，揭示了金沙江下游北岸地区汉代乡村聚落的状况。

4月 自2011年12月以来，四川省文物考古研究院抢救性发掘德阳罗江周家坝战国船棺墓地，清理船棺墓70座、土坑墓13座。并在墓地南部区域发现与船棺墓地同时期、同族属的遗址。

贵州省文物考古研究所发掘遵义市龙岩山东麓海龙囤“新王宫”，证实其毁于明“平播之役”。被评为2012年度全国十大考古新发现。

4—6月 天津市文化遗产保护中心抢救性发掘北辰张湾村明代沉船遗址，发现3艘木质沉船。沉船中有人骨，可能与北运河天津段上蒲口村与下蒲村之间弯多流急、易发生事故有关。

4—7月 山东省文物考古研究所发掘临淄齐国故城10号宫殿建筑遗址。

4—11月 河南省文物考古研究所抢救性发掘南阳文坎遗址，清理东周楚墓45座，出土一批青铜器与玉器。

5月 南阳市文物考古研究所勘探南阳夏响铺周代鄂国贵族墓地，清理墓葬19座，出土一批青铜器、漆器等，在铜器上有“鄂侯”、“鄂侯夫人”、“养伯辅”铭文。

5—8月 沈阳市文物考古研究所发掘沈阳沈河清代“汗王宫”遗址。

5—9月 洛阳市文物考古研究院发掘洛阳栾川孙家洞旧石器时代遗址，发现中更新世直立人(猿人)的6颗牙齿化石。被评为2012年度全国十大考古新发现。

四川省文物考古研究院继2011年9—11月以来，第二次发掘金川刘家寨新石器时代遗址，两次发掘面积3 500平方米，发现一批与仰韶文化晚期及马家窑文化有联系的文化遗存。被评为2012年度全国十大考古新发现。

北京市文物研究所配合北京大兴清代南苑德寿寺复建工程发掘德寿寺遗址，清理出山门、钟鼓楼、佛殿、大佛殿、御座房等寺庙建筑基址，出土的石构件上刻有“旧宫”两字。

5—11月 宁夏文物考古研究所配合“西气东输”三线工程，第四次发掘中卫沙坡头常乐汉代墓地，清理汉墓24座。其中两座墓保存较好。一座(M7)为男女合墓，男者约60岁，表现出典型欧罗巴人种特征，女者约40岁。另一座(M17)随葬品中有鸠杖。

5—12月 河北省文物研究所发掘内丘邢窑遗址，发现北朝至清代的窑炉、墓葬、井、灰沟、灰坑等，出土瓷器和窑具残片数以20万计。被评为2012年度全国十大考古新发现。

6月 云南省文物考古研究所、北京大学文博学院等单位自2011年11月以来发掘江川光坟头遗址，发现一批新石器时代与青铜时代的文化遗存。

杭州市文物考古研究所自2011年3月以来对杭州萧山柴岭山、蜈蚣山土墩墓群进行抢救性发掘，清理商至战国时期土墩墓37座，出土一批原始瓷器、印纹硬陶器、陶器、青铜器、玉器和石器等遗物。

陕西省考古研究院、宝鸡市考古研究所等单位发掘宝鸡石鼓山西周贵族墓，出土随葬品101件(组)。铜礼器有14类31件，有冉父乙卣、户彝、父癸尊、父甲壶、亚羌父乙罍、父癸爵等有铭铜器。其中"户"族器物一套6件。

山东省文物考古研究所自2010年10月以来发掘定陶灵圣湖大型汉墓,是目前发现的规模最大、保存最好、规格最高的大型"黄肠题凑"墓葬。被评为2012年度全国十大考古新发现。

6—8月 新疆维吾尔自治区文物考古研究所配合若羌米兰遗址的抢险加固工程,对米兰遗址进行前期发掘,揭露面积2 000平方米,出土吐蕃文木简等各类文物300余件。

6—9月 中国社会科学院考古研究所发掘新疆温泉阿敦乔鲁早期青铜时代遗址和墓地,清理大型房址3座、石板墓9座,出土一批陶、石、铜器和金耳环、石人等遗物。被评为2012年度全国十大考古新发现。

国家文物局水下文化遗产保护中心、广东省文物考古研究所、广东省博物馆等单位合组的"南澳1号考古队"自2010年以来继续发掘南澳1号沉船,抢救出水文物近6 000件,其中瓷器5 457件,以漳州窑和景德镇窑系为主,大都为青花,部分为五彩。

7—10月 中国社会科学院考古研究所和内蒙古文物考古研究所合组的辽上京城联合考古队发掘巴林左旗辽上京皇城西北坡佛寺遗址。被评为2012年度全国十大考古新发现。

8月 自2010年6月以来,西安市文物保护考古研究院在长安韦曲高望堆村西发掘清理北周张氏家族墓地。其中3座分别为天和二年(567年)张猥墓、建德元年(572年)张政墓、天和六年(571年)张盛墓。张政与张盛分别为张猥的长子与三子,张政诏授镇远将军、张盛赠平东将军宜州刺史。

8—11月 南京市博物馆考古部配合南京市瑞金路小学基建工程,发掘了一处大型高等级明代桥梁建筑基址,经考证为明代皇城外御河上的白虎桥。

本年 南京博物院考古研究所自2010年以来发掘泗洪顺山集遗址,揭露面积2 750平方米,发现一处距今8 000～7 000年前后的环壕聚落,清理房址52座、灰坑26个、灰沟6条、灶类遗迹3处、大面积红烧土堆积及狗坑各1处、墓葬92座,出土陶、石、玉骨器近400件。被评为2012年度全国十大考古新发现。

吉林大学边疆考古研究中心与吉林省文物考古研究所自2011年以来对大安市红岗子乡永台村西北后套木嘎遗址进行区域性考古调查和发掘,揭露面积2 355平方米,发现距今6 500多年以来的3个时期的新石器文化遗存,以及西周时期至辽金时期的文化遗存。

浙江省文物考古研究所继续余姚田螺山遗址的第五次发掘,发现河姆渡文化不同阶段的木构建筑遗迹、稻田、多处鱼骨堆(坑)、牛头骨、鹿角、龟甲壳、稻谷壳堆、木屑堆、白泥坑、橡子和菱角储藏及处理坑,以及象纹雕刻木板、独木梯、双鸟木雕神器、木磨盘、木豆形器、长剑形木器等遗存,还有可能是年代最早的人工栽种的茶树遗存等。

浙江省文物考古研究所自2010年2月以来对杭州余杭茅山遗址进行第二、三期发掘,揭露面积21 000平方米,发现马家浜文化至广富林文化时期的大批文化遗存。其中有马家浜文化房址、良渚文化墓地、良渚文化水稻田、广富林文化农耕层与牛脚印,以及包括良渚文化独木舟的1 600余件陶、石、玉、木等遗物。

浙江省文物考古研究所自2011年3月以来对海宁皇坟头遗址再次进行抢救性发掘,揭露面积3 700平方米,发现崧泽文化与良渚文化时期土台4个,清理崧泽文化墓葬3座、良渚文化墓葬111座,出土陶、石、玉、骨器及象牙器等随葬品1 600余件。其中有良渚文化的七孔石刀。

陕西省考古研究院等单位自2011年以来对神木石峁遗址进行区域系统调查与重点发掘,发现确认一处距今4 000年前后、面积约400万平方米的石砌城址。城址由皇城台、内城、外城组成,并清理出类似瓮城形式的东城门、马面、人头奠基坑等重要现象。被评为2012年度全国十大考古新发现。

河南省文物考古研究所自2009年以来对信阳楚城阳城遗址进行系统的调查、勘探，确认城址的年代为战国时期。

山东省文物考古研究所、北京大学考古文博学院、济南市考古研究所自2009年以来发掘章丘东平陵城汉代制铁作坊遗址。出土一批铁条材、铁器、陶范、鼓风管及炉壁等。

河南省文物考古研究所自2011年12月以来发掘浚县大伾山北麓隋代黎阳仓遗址。

南京博物院、徐州博物馆、镇江博物馆等单位组成的联合考古队自2011年以来发掘盱眙泗州城遗址，发掘面积2万余平方米，证实历经唐、宋、元、明、清五朝在清康熙十九年(1680年)被洪水淹没的泗州城的存在。

国家文物局水下文化遗产保护中心继2011年以来完成对浙江宁波小白礁1号道光年间沉船遗址的发掘，出水文物600多件，以青花瓷器为主，发现铜钱、西班牙银币、“源合盛记”印章。

(朱乃诚)

附录二：

全国重点文物保护单位名录

说明： 截至2013年底，中华人民共和国国务院共批准、公布了七批全国重点文物保护单位。本名录收录了其中与中国考古学关系紧密的古遗址、古墓葬、石窟寺、石刻及其他四个大类，共分为七个表。各表中重点文物保护单位的排列顺序、名称依据当年国务院公布的文本，有俗称和子项目的单位名称放在正式名称后的括号内。重点文物保护单位的地址均用今地名（以中华人民共和国民政部2013年公布资料为准）。全国重点文物保护单位中有并入项目者，在"备注"栏中列入并入项目的名称和年代。个别新增项目因并入本表未收录的类别而单独置于各批次相应类别之后。

表1　第一批全国重点文物保护单位

一、古遗址（26处）					
序号	批　次	名　　称	时　　代	地　　址	备　　注
1	第一批	周口店遗址	旧石器时代	北京市房山区	
2	第一批	丁村遗址	旧石器时代	山西省襄汾县	
3	第一批	仰韶村遗址	新石器时代	河南省渑池县	
4	第一批	半坡遗址	新石器时代	陕西省西安市	
5	第一批	城子崖遗址	新石器时代	山东省章丘市	
6	第一批	郑州商代遗址	商	河南省郑州市	
7	第一批	殷墟	殷	河南省安阳市	
8	第一批	丰镐遗址	周	陕西省西安市	
9	第一批	临淄齐国故城	周	山东省淄博市	
10	第一批	曲阜鲁国故城	周至汉	山东省曲阜市	
11	第一批	侯马晋国遗址	东周	山西省侯马市	
12	第一批	楚纪南故城	东周	湖北省荆州市	2006年雨台山墓群、天星观墓群并入
13	第一批	郑韩故城	东周	河南省新郑市	2006年韩王陵并入
14	第一批	赵邯郸故城	战国	河北省邯郸市	
15	第一批	燕下都遗址	战国	河北省易县	2013年丛葬墓群并入
16	第一批	阿房宫遗址	秦	陕西省西安市	
17	第一批	汉长安城遗址	西汉	陕西省西安市	2001年兆伦铸钱遗址并入
18	第一批	汉魏洛阳故城	东汉至北魏	河南省洛阳市	1996年辟雍碑并入
19	第一批	高昌故城	高昌	新疆维吾尔自治区吐鲁番市	

（续表）

序号	批　次	名　　称	时　　代	地　　址	备　　注
20	第一批	雅尔湖故城	高昌	新疆维吾尔自治区吐鲁番市	2001年交河故城沟西沟北墓地及雅尔湖石窟并入
21	第一批	大明宫遗址	唐	陕西省西安市	
22	第一批	太和城遗址（包括南诏德化碑）	南诏	云南省大理市	
23	第一批	渤海国上京龙泉府遗址	渤海	黑龙江省宁安市	2006年渤海国三灵坟并入
24	第一批	辽上京遗址	辽	内蒙古自治区巴林左旗	
25	第一批	辽中京遗址	辽	内蒙古自治区宁城县	
26	第一批	古格王国遗址	约为公元10世纪中期至17世纪初	西藏自治区扎达县	
二、古墓葬（19处）					
序号	批　次	名　　称	时　　代	地　　址	备　　注
1	第一批	黄帝陵		陕西省黄陵县	
2	第一批	孔林	东周	山东省曲阜市	
3	第一批	秦始皇陵	秦	陕西省西安市	
4	第一批	茂陵	西汉	陕西省兴平市	汉武帝刘彻墓
5	第一批	霍去病墓	西汉	陕西省兴平市	
6	第一批	辽阳壁画墓群	汉至晋	辽宁省辽阳市	2006年北园3号墓、鹅房壁画墓并入,2013年东门里壁画墓、北园2号墓、南郊路壁画墓、三道壕3号墓并入
7	第一批	洞沟古墓群（包括好太王碑）	高句丽	吉林省集安市	2001年长川古墓群和采石场遗址并入
8	第一批	封氏墓群	北魏至隋	河北省景县	
9	第一批	昭陵	唐	陕西省礼泉县	唐太宗李世民墓
10	第一批	乾陵	唐	陕西省乾县	唐高宗李治与武则天合葬墓
11	第一批	顺陵	唐	陕西省咸阳市	武则天之母杨氏墓
12	第一批	六顶山古墓群	渤海	吉林省敦化市	
13	第一批	藏王墓	公元7—9世纪	西藏自治区琼结县	公元7世纪藏王松赞干布等藏王的墓葬
14	第一批	王建墓	五代前蜀	四川省成都市	
15	第一批	岳飞墓	南宋	浙江省杭州市	
16	第一批	明孝陵	明	江苏省南京市	2006年明功臣墓并入
17	第一批	十三陵	明	北京市昌平区	
18	第一批	清东陵	清	河北省遵化市	
19	第一批	清西陵	清	河北省易县	

（续表）

三、石窟寺(14处)					
序号	批　次	名　　称	时　　代	地　　址	备　　注
1	第一批	云冈石窟	北魏	山西省大同市	
2	第一批	莫高窟(包括西千佛洞)	北魏至元	甘肃省敦煌市	
3	第一批	榆林窟	北魏至元	甘肃省瓜州县	1996年东千佛洞石窟并入
4	第一批	龙门石窟(包括白居易墓)	北魏至唐	河南省洛阳市	
5	第一批	麦积山石窟	北魏至明	甘肃省天水市	2006年天水市仙人崖石窟、清水县鲁恭姬造像碑并入
6	第一批	炳灵寺石窟	北魏至明	甘肃省永靖县	
7	第一批	响堂山石窟	东魏、北齐至元	河北省邯郸市	
8	第一批	克孜尔千佛洞	4—8世纪	新疆维吾尔自治区拜城县	传开凿于3世纪,2006年温巴什石窟、台台尔石窟并入
9	第一批	库木吐喇千佛洞	5—11世纪	新疆维吾尔自治区库车县	传开凿于3世纪,2006年托乎拉克艾肯石窟并入
10	第一批	皇泽寺摩崖造像	南北朝至唐宋	四川省广元市	
11	第一批	广元千佛崖摩崖造像	唐、宋	四川省广元市	2006年观音岩石窟并入
12	第一批	北山摩崖造像(包括佛湾、观音坡、佛耳峰、营盘山)	唐、宋	重庆市大足区	1996年南山-石篆山摩崖造像及多宝塔并入
13	第一批	宝顶山摩崖造像(包括大佛湾、小佛湾、广大山、龙潭、松林坡)	宋	重庆市大足区	1996年石门山摩崖造像并入
14	第一批	石钟山石窟(包括石钟寺、狮子关、沙登)	南诏、大理	云南省剑川县	
四、石刻及其他(11处)					
1	第一批	西安碑林	汉至近代	陕西省西安市	
2	第一批	爨宝子碑	东晋	云南省曲靖市	
3	第一批	爨龙颜碑	南朝	云南省陆良县	
4	第一批	药王山石刻	隋至明	陕西省铜川市	
5	第一批	段氏与三十七部会盟碑	大理	云南省曲靖市	
6	第一批	重修护国寺感应塔碑(西夏碑)	西夏	甘肃省武威市	
7	第一批	苏州文庙内宋代石刻	南宋	江苏省苏州市	2001年苏州文庙并入,合并称苏州文庙及石刻
8	第一批	溪州铜柱	五代	湖南省永顺县	
9	第一批	峨眉山圣寿万年寺铜铁佛像	宋至明	四川省峨眉山市	2006年并入新增峨眉山古建筑群
10	第一批	沧州铁狮子	后周	河北省沧州市	
11	第一批	保圣寺罗汉塑像	北宋	江苏省苏州市	

表 2　第二批全国重点文物保护单位

一、古遗址(10 处)

序号	批　次	名　　称	时　　代	地　　址	备　　注
1	第二批	元谋猿人遗址	旧石器时代早期	云南省元谋县	
2	第二批	蓝田猿人遗址	旧石器时代	陕西省蓝田县	
3	第二批	大汶口遗址	新石器时代	山东省泰安市	
4	第二批	河姆渡遗址	新石器时代	浙江省余姚市	
5	第二批	周原遗址	西周	陕西省扶风县、岐山县	
6	第二批	铜绿山古铜矿遗址	周至汉	湖北省大冶市	
7	第二批	丸都山故城	高句丽	吉林省集安市	2001 年国内城并入，合称丸都山城与国内城
8	第二批	湖田古瓷窑址	五代至明	江西省景德镇市	2001 年高岭瓷土矿遗址并入
9	第二批	金上京会宁府遗址	金	黑龙江省哈尔滨市	2013 年“驸马城”遗址、小城子遗址、刘秀屯宫殿基址、半拉城遗址并入
10	第二批	明中都皇故城及皇陵石刻	明	安徽省凤阳县	2006 年明中都城附属建筑并入

二、古墓葬(7 处)

序号	批　次	名　　称	时　　代	地　　址	备　　注
1	第二批	司马迁墓和祠	西汉至宋	陕西省韩城市	
2	第二批	杨粲墓	宋	贵州省遵义市	
3	第二批	宋陵	北宋	河南省巩义市	
4	第二批	李时珍墓	明	湖北省蕲春县	
5	第二批	郑成功墓	清	福建省南安市	
6	第二批	清昭陵	清	辽宁省沈阳市	
7	第二批	成吉思汗陵	1954 年迁建	内蒙古自治区伊金霍洛旗	

三、石窟寺、石刻及其他(7 处)

序号	批　次	名　　称	时　　代	地　　址	备　　注
1	第二批	巩县石窟	北魏至宋	河南省巩义市	
2	第二批	须弥山石窟	北朝至唐	宁夏回族自治区固原市	
3	第二批	乐山大佛	唐	四川省乐山市	2006 年灵宝塔并入
4	第二批	柏孜克里克千佛洞	唐至元	新疆维吾尔自治区吐鲁番市	2006 年胜金口石窟并入
5	第二批	飞来峰造像	五代至元	浙江省杭州市	2006 年西湖南山造像并入
6	第二批	常德铁幢	宋	湖南省常德市	
7	第二批	地藏寺经幢	大理	云南省昆明市	

表 3 第三批全国重点文物保护单位

一、古遗址(49 处)					
序号	批 次	名 称	时 代	地 址	备 注
1	第三批	腊玛古猿化石地点		云南省禄丰县	
2	第三批	西侯度遗址	旧石器时代	山西省芮城县	
3	第三批	金牛山遗址	旧石器时代	辽宁省大石桥市	
4	第三批	和县猿人遗址	旧石器时代	安徽省和县	
5	第三批	水洞沟遗址	旧石器时代	宁夏回族自治区灵武市	
6	第三批	穿洞遗址	旧石器时代	贵州省普定县	
7	第三批	大窑遗址	旧石器时代	内蒙古自治区呼和浩特市	
8	第三批	磁山遗址	新石器时代	河北省武安市	
9	第三批	大地湾遗址	新石器时代	甘肃省秦安县	
10	第三批	马家窑遗址	新石器时代	甘肃省临洮县	
11	第三批	马厂塬遗址	新石器时代	青海省民和回族土族自治县	
12	第三批	陶寺遗址	新石器时代	山西省襄汾县	
13	第三批	平粮台古城遗址	新石器时代	河南省淮阳县	
14	第三批	屈家岭遗址	新石器时代	湖北省京山县	
15	第三批	牛河梁遗址	新石器时代	辽宁省凌源市、建平县	
16	第三批	昂昂溪遗址	新石器时代	黑龙江省齐齐哈尔市	
17	第三批	二里头遗址	夏、商	河南省偃师市	
18	第三批	尸乡沟商城遗址	商	河南省偃师市	
19	第三批	盘龙城遗址	商	湖北省武汉市	
20	第三批	三星堆遗址	商周	四川省广汉市	
21	第三批	琉璃河遗址	西周	北京市房山区	
22	第三批	薛城遗址	东周	山东省滕州市	
23	第三批	淹城遗址	东周	江苏省常州市	
24	第三批	秦雍城遗址	东周	陕西省凤翔县	
25	第三批	禹王城遗址	东周至汉	山西省夏县	
26	第三批	中山古城遗址	战国	河北省平山县	
27	第三批	秦咸阳城遗址	战国至秦	陕西省咸阳市	
28	第三批	姜女石遗址	秦、汉	辽宁省绥中县	
29	第三批	居延遗址	汉	内蒙古自治区额济纳旗、甘肃省金塔县	2001 年黑城遗址并入

（续表）

序号	批 次	名 称	时 代	地 址	备 注
30	第三批	玉门关及长城烽燧遗址（包括大方盘、小方盘）	汉	甘肃省敦煌市	
31	第三批	楼兰故城遗址	汉至晋	新疆维吾尔自治区若羌县	
32	第三批	西海郡故城遗址	汉至南北朝	青海省海晏县	
33	第三批	邺城遗址	曹魏至北齐	河北省临漳县	
34	第三批	嘎仙洞遗址	北魏	内蒙古自治区鄂伦春自治旗	
35	第三批	平城遗址	北魏	山西省大同市	
36	第三批	隋唐洛阳城遗址	隋、唐	河南省洛阳市	
37	第三批	北庭故城遗址	唐	新疆维吾尔自治区吉木萨尔县	
38	第三批	北宋东京城遗址	北宋	河南省开封市	1996年繁塔、延庆观并入
39	第三批	蒲与路故城遗址	金	黑龙江省克东县	
40	第三批	元上都遗址	元	内蒙古自治区正蓝旗	2013年元上都遗址（扩展项目）并入
41	第三批	圆明园遗址	清	北京市海淀区	
42	第三批	上林湖越窑遗址	东汉至宋	浙江省慈溪市	2006年寺龙口和开刀山窑遗址并入，2013年白洋湖、里杜湖越窑遗址并入
43	第三批	什邡堂邛窑遗址	隋至宋	四川省邛崃市	2006年大渔村和瓦窑山窑址并入
44	第三批	长沙铜官窑遗址	唐至宋	湖南省望城县	
45	第三批	涧磁村定窑遗址	唐至元	河北省曲阳县	
46	第三批	黄堡镇耀州窑遗址	唐至元	陕西省铜川市	2006年陈炉窑址并入
47	第三批	钧台钧窑遗址	宋	河南省禹州市	2006年神垕钧窑址并入，合称禹县钧窑址
48	第三批	大窑龙泉窑遗址	宋至明	浙江省龙泉市	2013年上垟窑址并入
49	第三批	屈斗宫德化窑遗址（包括浔中、盖德、三班）	宋至明	福建省德化县	2006年南安市南坑窑址并入
二、古墓葬（29处）					
序号	批 次	名 称	时 代	地 址	备 注
1	第三批	八岭山古墓群	东周至明	湖北省荆州市	
2	第三批	擂鼓墩古墓群	战国	湖北省随州市	
3	第三批	田齐王陵	战国	山东省淄博市	
4	第三批	长陵	西汉	陕西省咸阳市	
5	第三批	杜陵	西汉	陕西省西安市	

（续表）

序号	批 次	名 称	时 代	地 址	备 注
6	第三批	中山靖王墓（满城汉墓）	西汉	河北省满城县	
7	第三批	广武汉墓群	汉	山西省山阴县	
8	第三批	张衡墓	东汉	河南省南阳市	
9	第三批	麻浩崖墓	东汉至南北朝	四川省乐山市	
10	第三批	打虎亭汉墓	东汉	河南省新密市	
11	第三批	张仲景墓及祠	东汉	河南省南阳市	
12	第三批	阿斯塔那古墓群	晋至唐	新疆维吾尔自治区吐鲁番市	
13	第三批	磁县北朝墓群	北朝	河北省磁县	
14	第三批	桥陵	唐	陕西省蒲城县	
15	第三批	龙头山古墓群	渤海	吉林省和龙县	
16	第三批	南唐二陵	五代	江苏省南京市	
17	第三批	司马光墓	北宋	山西省夏县	
18	第三批	辽陵及奉陵邑（包括祖陵及祖州城、庆陵及庆州城）	辽	内蒙古自治区巴林左旗、巴林右旗	2001 年怀陵及奉陵邑并入
19	第三批	西夏陵	西夏	宁夏回族自治区银川市	
20	第三批	僰人悬棺葬（墓）	宋至清	四川省珙县	
21	第三批	伊斯兰教圣墓	元	福建省泉州市	
22	第三批	奢香墓	明	贵州省大方县	
23	第三批	苏禄王墓	明	山东省德州市	
24	第三批	显陵	明	湖北省钟祥市	2001 年元祐宫并入
25	第三批	徐光启墓	明	上海市徐汇区	
26	第三批	李自成墓	清	湖北省通山县	
27	第三批	永陵	清	辽宁省新宾满族自治县	
28	第三批	福陵	清	辽宁省沈阳市	
29	第三批	阿巴和名麻札（墓）	清	新疆维吾尔自治区喀什市	
三、石窟寺、石刻及其他（28 处）					
序号	批 次	名 称	时 代	地 址	备 注
1	第三批	孔望山摩崖造像	东汉	江苏省连云港市	
2	第三批	北石窟寺	北魏至宋	甘肃省庆阳市	
3	第三批	南石窟寺	北魏至唐	甘肃省泾川县	
4	第三批	万佛堂石窟	北魏	辽宁省义县	
5	第三批	驼山石窟	北周至唐	山东省青州市	2013 年云门山石窟及石刻并入

（续表）

序号	批　次	名　　称	时　　代	地　　址	备　　注
6	第三批	南龛摩崖造像	隋至宋	四川省巴中市	2001年水宁寺摩崖造像，西龛、北龛摩崖造像并入
7	第三批	千佛崖造像（包括龙虎塔、九顶塔）	唐至明	山东省济南市	
8	第三批	大佛寺石窟	唐	陕西省彬县	
9	第三批	卧佛院摩崖造像	唐	四川省安岳县	2006年与安岳石窟合并，称安岳石窟
10	第三批	钟山石窟	北宋	陕西省子长县	
11	第三批	通天岩石窟	宋至明	江西省赣州市	
12	第三批	将军崖岩画	新石器时代	江苏省连云港市	
13	第三批	花山岩画	战国至东汉	广西壮族自治区宁明县	
14	第三批	亚沟石刻	金	黑龙江省哈尔滨市	
15	第三批	南京南朝陵墓石刻	南朝	江苏省南京市	
16	第三批	丹阳南朝陵墓石刻	南朝	江苏省丹阳市	1996年梁南康简王萧绩墓石刻并入
17	第三批	老君岩造像	宋	福建省泉州市	2001年清源山石造像群并入，合并称清源山石造像
18	第三批	云峰山、天柱山摩崖石刻	北魏	山东省莱州市、平度市	
19	第三批	铁山、岗山摩崖石刻	北周	山东省邹城市	2006年葛山和峄山摩崖石刻并入
20	第三批	白鹤梁题刻	唐至清	重庆市涪陵区	
21	第三批	浯溪摩崖石刻	唐至清	湖南省祁阳县	
22	第三批	袁滋题记摩崖石刻	唐	云南省盐津县	
23	第三批	怡亭铭摩崖石刻	唐	湖北省鄂州市	
24	第三批	九日山摩崖石刻	宋	福建省南安市	
25	第三批	焦山碑林	南朝至清	江苏省镇江市	
26	第三批	大金得胜陀颂碑	金	吉林省扶余县	
27	第三批	松江唐经幢	唐	上海市松江区	
28	第三批	南诏铁柱	南诏	云南省弥渡县	

表4　第四批全国重点文物保护单位

一、古遗址（56处）					
序号	批　次	名　　称	时　　代	地　　址	备　　注
1	第四批	龙骨坡遗址	更新世	四川省巫山县	
2	第四批	许家窑-侯家窑遗址	旧石器时代	山西省阳高县、河北省阳原县	
3	第四批	鸡公山遗址	旧石器时代	湖北省荆州市	

（续表）

序号	批　次	名　　称	时　　代	地　　址	备　　注
4	第四批	大洞遗址	旧石器时代	贵州省盘县	
5	第四批	西阴村遗址	新石器时代	山西省夏县	
6	第四批	兴隆洼遗址	新石器时代	内蒙古自治区敖汉旗	
7	第四批	查海遗址	新石器时代	辽宁省阜新蒙古族自治县	
8	第四批	良渚遗址	新石器时代	浙江省杭州市、德清县	
9	第四批	薛家岗遗址	新石器时代	安徽省潜山县	
10	第四批	北庄遗址	新石器时代	山东省长岛县	
11	第四批	丹土遗址	新石器时代	山东省五莲县	
12	第四批	西山遗址	新石器时代	河南省郑州市	
13	第四批	王城岗及阳城遗址	新石器时代至东周	河南省登封市	
14	第四批	羑里城遗址	新石器时代、商、周	河南省汤阴县	
15	第四批	石家河遗址	新石器时代	湖北省天门市	
16	第四批	雕龙碑遗址	新石器时代	湖北省枣阳市	
17	第四批	城头山遗址	新石器时代	湖南省澧县	
18	第四批	石佛洞遗址	新石器时代	云南省耿马傣族佤族自治县	
19	第四批	卡若遗址	新石器时代	西藏自治区昌都县	
20	第四批	姜寨遗址	新石器时代	陕西省西安市	
21	第四批	齐家坪遗址	新石器时代	甘肃省广河县	
22	第四批	大甸子遗址	青铜时代	内蒙古自治区敖汉旗	
23	第四批	白金宝遗址	青铜时代	黑龙江省肇源县	
24	第四批	旌介遗址	商	山西省灵石县	
25	第四批	吴城遗址	商	江西省樟树市	
26	第四批	曲村-天马遗址	周	山西省曲沃县、翼城县	
27	第四批	大工山-凤凰山铜矿遗址	西周至宋	安徽省南陵县、铜陵市	
28	第四批	蔡国故城	西周、春秋	河南省上蔡县	2006 年上蔡楚国贵族墓地并入
29	第四批	酒店冶铁遗址	战国、汉	河南省西平县	
30	第四批	戚城遗址	春秋	河南省濮阳市	
31	第四批	郑国渠首遗址	战国	陕西省泾阳县	

（续表）

序号	批　次	名　　称	时　　代	地　　址	备　　注
32	第四批	魏长城遗址	战国	陕西省华阴市、大荔县、韩城市	
33	第四批	北戴河秦行宫遗址	秦	河北省秦皇岛市	
34	第四批	固阳秦长城遗址	秦	内蒙古自治区固阳县	
35	第四批	秦代造船遗址、南越国宫署遗址及南越文王墓	秦、西汉	广东省广州市	2006年南越国木构水闸遗址并入
36	第四批	五女山山城	高句丽	辽宁省桓仁满族自治县	2006年米仓沟墓、上古城子墓群并入
37	第四批	凤凰山山城	高句丽	辽宁省凤城市	
38	第四批	城村汉城遗址	汉	福建省武夷山市	
39	第四批	甘泉宫遗址	汉	陕西省淳化县	
40	第四批	骆驼城遗址	汉至唐	甘肃省高台县	2001年骆驼城墓群并入
41	第四批	尼雅遗址	西汉至西晋	新疆维吾尔自治区民丰县	
42	第四批	洪州窑遗址	东晋至唐	江西省丰城市	
43	第四批	统万城遗址	十六国	陕西省靖边县	
44	第四批	磁州窑遗址	北齐、隋、宋、元	河北省邯郸市、磁县	
45	第四批	苏巴什佛寺遗址	南北朝至唐	新疆维吾尔自治区库车县	2006年阿艾石窟并入
46	第四批	邢窑遗址	隋至五代	河北省内丘县、临城县	
47	第四批	隋大兴唐长安城遗址（包括青龙寺遗址）	隋、唐	陕西省西安市	
48	第四批	隋仁寿宫唐九成宫遗址	隋、唐	陕西省麟游县	
49	第四批	灞桥遗址	隋至元	陕西省西安市	
50	第四批	锁阳城遗址	隋、唐	甘肃省瓜州县	2006年锁阳城墓群并入，2013年锁阳城古渠道遗址并入
51	第四批	渤海中京城遗址	渤海	吉林省和龙市	
52	第四批	扬州城遗址	隋至宋	江苏省扬州市	
53	第四批	华清宫遗址	唐	陕西省西安市	
54	第四批	缸瓦窑遗址	辽	内蒙古自治区赤峰市	
55	第四批	钓鱼城遗址	宋、元	四川省合川市	
56	第四批	敖伦苏木城遗址	元	内蒙古自治区达尔罕茂明安联合旗	

（续表）

二、古墓葬(22 处)					
序号	批 次	名 称	时 代	地 址	备 注
1	第四批	大伊山石棺墓	新石器时代	江苏省灌云县	
2	第四批	石棚山石棚	青铜时代	辽宁省盖州市	
3	第四批	虢国墓地	周	河南省三门峡市	
4	第四批	纪山楚墓群	东周	湖北省荆门市	
5	第四批	献县汉墓群	汉	河北省献县	
6	第四批	帽儿山墓地	汉	吉林省吉林市	
7	第四批	汉楚王墓群	汉	江苏省徐州市、铜山县	2006 年徐州汉代采石厂遗址并入
8	第四批	汉梁王墓群	西汉	河南省永城市	
9	第四批	合浦汉墓群	汉	广西壮族自治区合浦县	
10	第四批	郪江崖墓群	汉	四川省三台县	
11	第四批	曹植墓	三国	山东省东阿县	
12	第四批	武侯墓	三国	陕西省勉县	
13	第四批	泰陵	隋	陕西省咸阳市	
14	第四批	永陵	西魏	陕西省富平县	
15	第四批	热水墓群	唐	青海省都兰县	
16	第四批	下八里墓群	辽	河北省张家口市	2006 年下八里二区辽墓并入
17	第四批	明祖陵	明	江苏省盱眙县	
18	第四批	潞简王墓	明	河南省新乡市	
19	第四批	海瑞墓	明	海南省海口市	
20	第四批	明蜀王陵	明	四川省成都市	2006 年朱悦燫墓并入
21	第四批	大禹陵	清	浙江省绍兴市	
22	第四批	炎帝陵	清	湖南省炎陵县	
三、石窟寺及石刻(10 处)					
序号	批 次	名 称	时 代	地 址	备 注
1	第四批	森木塞姆千佛洞	晋至宋	新疆维吾尔自治区库车县	2006 年玛扎伯哈石窟并入
2	第四批	马蹄寺石窟群	十六国至清	甘肃省肃南裕固族自治县	
3	第四批	灵泉寺石窟	东魏至宋	河南省安阳县	
4	第四批	龙山石窟	元	山西省太原市	
5	第四批	贺兰山岩画		宁夏回族自治区贺兰县	
6	第四批	龙兴观道德经幢	唐	河北省易县	

（续表）

序号	批　次	名　　称	时　　代	地　　址	备　　注
7	第四批	天护陀罗尼经幢	唐	河北省石家庄市	
8	第四批	瑞岩弥勒造像	元	福建省福清市	
9	第四批	千唐志斋石刻	西晋至民国	河南省新安县	
10	第四批	草庵石刻	元	福建省晋江市	

表5　第五批全国重点文物保护单位

一、古遗址（145处）					
序号	批　次	名　　称	时　　代	地　　址	备　　注
1	第五批	金中都水关遗址	金	北京市丰台区	
2	第五批	泥河湾遗址群	旧石器时代	河北省阳原县	
3	第五批	南庄头遗址	新石器时代	河北省徐水县	
4	第五批	西寨遗址	新石器时代	河北省迁西县	
5	第五批	代王城遗址	春秋至汉	河北省蔚县	2013年代王城墓群并入
6	第五批	井陉窑遗址	隋至清	河北省井陉县	
7	第五批	元中都遗址	元	河北省张北县	
8	第五批	柿子滩遗址	旧石器时代	山西省吉县	
9	第五批	东下冯遗址	新石器时代至商	山西省夏县	
10	第五批	晋阳古城遗址	春秋至五代	山西省太原市	
11	第五批	蒲津渡与蒲州故城遗址	唐至明	山西省永济市	
12	第五批	曲回寺石像冢	唐	山西省灵丘县	
13	第五批	萨拉乌苏遗址	旧石器时代	内蒙古自治区乌审旗	
14	第五批	岱海遗址群	新石器时代	内蒙古自治区凉城县	
15	第五批	庙子沟遗址	新石器时代	内蒙古自治区察哈尔右翼前旗	
16	第五批	架子山遗址群	青铜时代	内蒙古自治区喀喇沁旗	
17	第五批	大井古铜矿遗址	青铜时代	内蒙古自治区林西县	
18	第五批	城子山遗址	青铜时代	内蒙古自治区敖汉旗	
19	第五批	和林格尔土城子遗址	汉至唐	内蒙古自治区和林格尔县	
20	第五批	黑山头城址	金、元	内蒙古自治区额尔古纳市	

（续表）

序号	批 次	名 称	时 代	地 址	备 注
21	第五批	金界壕遗址	金	内蒙古自治区呼伦贝尔市、兴安盟、通辽市、赤峰市、乌兰察布市、包头市，黑龙江省甘南县、龙江县、齐齐哈尔市	2006年河北省丰宁满族自治县金界壕遗址并入
22	第五批	应昌路故城遗址	元	内蒙古自治区克什克腾旗	
23	第五批	海城仙人洞遗址	旧石器时代	辽宁省海城市	
24	第五批	新乐遗址	新石器时代	辽宁省沈阳市	
25	第五批	东山嘴遗址	新石器时代	辽宁省喀喇沁左翼蒙古族自治县	
26	第五批	汉书遗址	青铜时代	吉林省大安市	
27	第五批	西团山遗址	青铜时代	吉林省吉林市	
28	第五批	万发拨子遗址	战国至晋	吉林省通化市	
29	第五批	二龙湖古城遗址	战国	吉林省梨树县	
30	第五批	罗通山城	汉至魏、晋	吉林省柳河县	
31	第五批	八连城遗址	唐、五代	吉林省珲春市	
32	第五批	宝山-六道沟冶铜遗址	唐、五代	吉林省临江市	
33	第五批	塔虎城	辽、金	吉林省前郭尔罗斯蒙古族自治县	
34	第五批	三江平原汉魏时期遗址	汉、魏	黑龙江省佳木斯市、双鸭山市、友谊县、宝清县、富锦市	2006年宝清县青龙山城址、集贤县东辉遗址并入
35	第五批	奥里米城址	金	黑龙江省绥滨县	
36	第五批	八里城遗址	金	黑龙江省肇东市	
37	第五批	福泉山遗址	新石器时代	上海市青浦区	
38	第五批	龙虬庄遗址	新石器时代	江苏省高邮市	
39	第五批	罗家角遗址	新石器时代	浙江省桐乡市	
40	第五批	马家浜遗址	新石器时代	浙江省嘉兴市	
41	第五批	下菰城遗址	春秋	浙江省湖州市	
42	第五批	临安城遗址	南宋	浙江省杭州市	
43	第五批	铁店窑遗址	宋、元	浙江省金华市	
44	第五批	陈山遗址	旧石器时代	安徽省宣城市	
45	第五批	凌家滩遗址	新石器时代	安徽省含山县	
46	第五批	尉迟寺遗址	新石器时代	安徽省蒙城县	
47	第五批	寿春城遗址	战国	安徽省寿县	
48	第五批	寿州窑遗址	南朝至唐	安徽省淮南市	

（续表）

序号	批　次	名　　称	时　　代	地　　址	备　　注
49	第五批	柳孜运河码头遗址	唐至宋	安徽省濉溪县	
50	第五批	繁昌窑遗址	宋	安徽省繁昌县	
51	第五批	万寿岩遗址	旧石器时代	福建省三明市	
52	第五批	昙石山遗址	新石器时代至商、周	福建省闽侯县	
53	第五批	建窑遗址	唐至宋	福建省建阳市	2006年武夷山市遇林亭窑址并入
54	第五批	仙人洞、吊桶环遗址	新石器时代	江西省万年县	
55	第五批	筑卫城遗址	新石器时代至东周	江西省樟树市	
56	第五批	铜岭铜矿遗址	商、周	江西省瑞昌市	
57	第五批	吉州窑遗址	宋、元	江西省吉安县	
58	第五批	西河遗址	新石器时代	山东省章丘市	
59	第五批	桐林遗址	新石器时代	山东省淄博市	
60	第五批	丁公遗址	新石器时代	山东省邹平县	
61	第五批	景阳冈遗址	新石器时代	山东省阳谷县	
62	第五批	安邱堌堆遗址	新石器时代至商	山东省菏泽市	
63	第五批	即墨故城遗址	东周至北齐	山东省平度市	
64	第五批	裴李岗遗址	新石器时代	河南省新郑市	
65	第五批	贾湖遗址	新石器时代	河南省舞阳县	
66	第五批	八里岗遗址	新石器时代	河南省邓州市	
67	第五批	北阳平遗址	新石器时代	河南省灵宝市	
68	第五批	庙底沟遗址	新石器时代	河南省三门峡市	
69	第五批	大河村遗址	新石器时代	河南省郑州市	
70	第五批	孟庄遗址	新石器时代至商、周	河南省辉县市	
71	第五批	古城寨城址	新石器时代	河南省新密市	
72	第五批	府城遗址	商	河南省焦作市	
73	第五批	番国故城遗址	东周	河南省固始县	
74	第五批	城阳城址	东周	河南省信阳市	
75	第五批	古荥冶铁遗址	汉	河南省郑州市	2006年与荥阳故城合并，通称荥阳故城
76	第五批	黄冶三彩窑址	唐	河南省巩义市	2006年与巩义窑址合并，通称巩义窑址
77	第五批	清凉寺汝官窑遗址	宋	河南省宝丰县	
78	第五批	鹿邑太清宫遗址	宋、金	河南省鹿邑县	
79	第五批	学堂梁子遗址	旧石器时代	湖北省郧县	

（续表）

序号	批 次	名 称	时 代	地 址	备 注
80	第五批	关庙山遗址	新石器时代	湖北省枝江市	
81	第五批	门板湾遗址	新石器时代	湖北省应城市	
82	第五批	走马岭遗址	新石器时代	湖北省石首市	
83	第五批	阴湘城遗址	新石器时代	湖北省荆州市	
84	第五批	磨盘山遗址	东周	湖北省当阳市	
85	第五批	龙湾遗址	东周	湖北省潜江市	
86	第五批	鄂王城城址	东周	湖北省大冶市	
87	第五批	季家湖城址	东周	湖北省宜昌市	
88	第五批	楚皇城城址	东周至秦、汉	湖北省宜城市	
89	第五批	湖泗瓷窑址群	五代至明	湖北省武汉市	
90	第五批	玉虚宫遗址	明	湖北省丹江口市	
91	第五批	玉蟾岩遗址	新石器时代	湖南省道县	
92	第五批	彭头山遗址	新石器时代	湖南省澧县	
93	第五批	八十垱遗址	新石器时代	湖南省澧县	
94	第五批	老司城遗址	五代至清	湖南省永顺县	
95	第五批	石峡遗址	新石器时代	广东省韶关市	2006年马坝人遗址并入
96	第五批	莲花山古采石场	西汉至清	广东省广州市	
97	第五批	笔架山潮州窑遗址	宋	广东省潮州市	
98	第五批	落笔洞遗址	旧石器时代	海南省三亚市	
99	第五批	百谷和高岭坡遗址	旧石器时代	广西壮族自治区百色市、田东县	
100	第五批	甑皮岩遗址	新石器时代	广西壮族自治区桂林市	
101	第五批	顶蛳山遗址	新石器时代	广西壮族自治区南宁市	
102	第五批	高家镇遗址	旧石器时代	重庆市丰都县	
103	第五批	罗家坝遗址	新石器时代至东汉	四川省宣汉县	
104	第五批	成都平原史前城址	新石器时代	四川省成都市、新津县、郫县、都江堰市、崇州市	
105	第五批	十二桥遗址	商至西周	四川省成都市	
106	第五批	汉庄城址	汉	云南省保山市	
107	第五批	黔西观音洞遗址	旧石器时代	贵州省黔西县	
108	第五批	可乐遗址	战国至汉	贵州省赫章县	
109	第五批	拉加里王宫遗址	13世纪至18世纪	西藏自治区曲松县	

（续表）

序号	批　次	名　　称	时　　代	地　　址	备　　注
110	第五批	甜水沟遗址	旧石器时代	陕西省大荔县	
111	第五批	花石浪遗址	旧石器时代	陕西省洛南县	
112	第五批	元君庙-泉护村遗址	新石器时代	陕西省华县	
113	第五批	康家遗址	新石器时代	陕西省西安市	
114	第五批	老牛坡遗址	新石器时代至商	陕西省西安市	
115	第五批	栎阳城遗址	战国至汉	陕西省西安市	
116	第五批	京师仓遗址	西汉	陕西省华阴市	
117	第五批	良周遗址	秦、汉	陕西省澄城县	
118	第五批	东渭桥遗址	唐	陕西省高陵县	
119	第五批	玉华宫遗址	唐	陕西省铜川市	
120	第五批	南佐遗址	新石器时代	甘肃省庆阳市	
121	第五批	大堡子山遗址及墓群	西周至春秋	甘肃省礼县	
122	第五批	黑水国遗址	汉至魏、晋	甘肃省张掖市	
123	第五批	悬泉置遗址	汉至魏、晋	甘肃省敦煌市	
124	第五批	许三湾城及墓群	汉至唐	甘肃省高台县	
125	第五批	白塔寺遗址	元	甘肃省武威市	
126	第五批	喇家遗址	新石器时代	青海省民和回族土族自治县	
127	第五批	塔温搭里哈遗址	青铜时代	青海省都兰县	
128	第五批	开城遗址	元	宁夏回族自治区固原市	
129	第五批	奴拉赛铜矿遗址	青铜时代	新疆维吾尔自治区尼勒克县	
130	第五批	圆沙古城	汉	新疆维吾尔自治区于田县	
131	第五批	克孜尔尕哈烽燧	汉	新疆维吾尔自治区库车县	
132	第五批	孔雀河烽燧群	汉至晋	新疆维吾尔自治区尉犁县	
133	第五批	罗布泊南古城遗址	汉至晋	新疆维吾尔自治区若羌县	
134	第五批	莫尔寺遗址	汉至唐	新疆维吾尔自治区疏附县	
135	第五批	托库孜萨来遗址	汉至唐	新疆维吾尔自治区巴楚县	
136	第五批	米兰遗址	汉至唐	新疆维吾尔自治区若羌县	

（续表）

序号	批 次	名 称	时 代	地 址	备 注
137	第五批	安迪尔古城遗址	汉至唐	新疆维吾尔自治区民丰县	
138	第五批	石头城遗址	晋至清	新疆维吾尔自治区塔什库尔干塔吉克自治县	
139	第五批	七个星佛寺遗址	晋至宋	新疆维吾尔自治区焉耆回族自治县	
140	第五批	热瓦克佛寺遗址	南北朝	新疆维吾尔自治区洛浦县	
141	第五批	白杨沟佛寺遗址	唐	新疆维吾尔自治区哈密市	
142	第五批	大河古城	唐	新疆维吾尔自治区巴里坤哈萨克自治县	
143	第五批	乌拉泊古城	唐至元	新疆维吾尔自治区乌鲁木齐县	
144	第五批	台藏塔遗址	唐至宋	新疆维吾尔自治区吐鲁番市	
145	第五批	御码头遗址	清	江苏省宿迁市	并入第五批全国重点文物保护单位龙王庙行宫
二、古墓葬(50 处)					
序号	批 次	名 称	时 代	地 址	备 注
1	第五批	景泰陵	明	北京市海淀区	
2	第五批	赵王陵	战国	河北省邯郸县、永年县	
3	第五批	汉中山王墓	汉	河北省定州市	
4	第五批	逯家庄壁画墓	东汉	河北省安平县	
5	第五批	北齐高氏墓群	北朝至隋	河北省景县	
6	第五批	梳妆楼元墓	元	河北省沽源县	
7	第五批	马茂庄墓群	东汉	山西省离石市	
8	第五批	方山永固陵	北魏	山西省大同市	
9	第五批	马村砖雕墓	宋、金	山西省稷山县	
10	第五批	宝山、罕苏木墓群	辽	内蒙古自治区阿鲁科尔沁旗	
11	第五批	析木城石棚	青铜时代	辽宁省海城市	
12	第五批	叶茂台辽墓	辽	辽宁省法库县	
13	第五批	干沟子墓群	战国至西汉	吉林省长白朝鲜族自治县	
14	第五批	完颜希尹家族墓地	金	吉林省舒兰市	

（续表）

序号	批　次	名　　称	时　　代	地　　址	备　　注
15	第五批	普哈丁墓	宋	江苏省扬州市	
16	第五批	淳泥国王墓	明	江苏省南京市	
17	第五批	浙南石棚墓群	商、周	浙江省瑞安市、平阳县、苍南县	
18	第五批	印山越国王陵	春秋、战国	浙江省绍兴县	
19	第五批	临安吴越国王陵	五代	浙江省临安市	2006年杭州市吴汉月墓并入，合并称吴越国王陵
20	第五批	皖南土墩墓群	西周至春秋	安徽省南陵县、繁昌县	
21	第五批	曹氏家族墓群	东汉、三国	安徽省亳州市	
22	第五批	朱然家族墓地	三国	安徽省马鞍山市	
23	第五批	仙水岩崖墓群	春秋、战国	江西省鹰潭市	
24	第五批	汉济北王墓	西汉	山东省济南市	
25	第五批	北寨墓群	东汉	山东省沂南县	
26	第五批	汉鲁王墓	西汉	山东省曲阜市、邹城市	
27	第五批	邙山陵墓群	汉至北魏	河南省洛阳市、孟津县	
28	第五批	恭陵	唐	河南省偃师市	
29	第五批	后周皇陵	五代	河南省新郑市	
30	第五批	朱载堉墓	明	河南省沁阳市	
31	第五批	明楚王墓	明	湖北省武汉市	
32	第五批	成都古蜀船棺合葬墓	东周	四川省成都市	
33	第五批	江口崖墓	汉	四川省彭山县	2006年江渎崖墓并入
34	第五批	安丙家族墓地	南宋	四川省华蓥市	
35	第五批	石寨山古墓群	战国至汉	云南省晋宁县	
36	第五批	李家山古墓群	战国至汉	云南省江川县	
37	第五批	烈山墓地	唐	西藏自治区朗县	
38	第五批	吉堆吐蕃墓群	唐	西藏自治区洛扎县	2006年门塘·得乌琼石刻并入
39	第五批	西汉帝陵	西汉	陕西省咸阳市、西安市	
40	第五批	唐代帝陵	唐	陕西省富平县、蒲城县、三原县、泾阳县、礼泉县、乾县	
41	第五批	果园-新城墓群	魏至唐	甘肃省酒泉市、嘉峪关市	
42	第五批	汪氏家族墓地	元至明	甘肃省漳县	

（续表）

序号	批 次	名 称	时 代	地 址	备 注
43	第五批	雷台汉墓	东汉	甘肃省武威市	
44	第五批	三海子墓葬及鹿石	青铜时代	新疆维吾尔自治区青河县	
45	第五批	焉不拉克古墓群	青铜时代	新疆维吾尔自治区哈密市	
46	第五批	察吾乎古墓群	青铜时代至春秋	新疆维吾尔自治区和静县	
47	第五批	切木尔切克石人及石棺墓群	青铜时代至汉、魏	新疆维吾尔自治区阿勒泰市	
48	第五批	扎滚鲁克古墓群	青铜时代至魏、晋	新疆维吾尔自治区且末县	
49	第五批	山普拉古墓群	汉至晋	新疆维吾尔自治区洛浦县	
50	第五批	吐虎鲁克·铁木尔汗麻扎	元	新疆维吾尔自治区霍城县	

三、石窟寺及石刻(31 处)

序号	批 次	名 称	时 代	地 址	备 注
1	第五批	大观圣作之碑	宋	河北省赵县	
2	第五批	大唐清河郡王纪功载政之颂碑	唐	河北省正定县	
3	第五批	天龙山石窟	东魏至唐	山西省太原市	
4	第五批	国山碑	三国	江苏省宜兴市	
5	第五批	千佛崖石窟及明征君碑	六朝、唐	江苏省南京市	
6	第五批	仙都摩崖题记	唐至近代	浙江省缙云县	
7	第五批	宝成寺麻曷葛剌造像	元	浙江省杭州市	
8	第五批	东钱湖石刻	宋至明	浙江省宁波市	2013 年与东钱湖墓群合并，称东钱湖墓葬群
9	第五批	梵天寺经幢	五代	浙江省杭州市	
10	第五批	天柱山山谷流泉摩崖石刻	宋至清	安徽省潜山县	
11	第五批	鼓山摩崖石刻	宋至近代	福建省福州市	
12	第五批	泰山石刻	北齐至唐	山东省泰安市	
13	第五批	白佛山石窟造像	隋、唐	山东省东平县	
14	第五批	鸿庆寺石窟	北魏	河南省义马市	
15	第五批	小南海石窟	北齐	河南省安阳县	
16	第五批	大丕山摩崖大佛及石刻	北朝至明	河南省浚县	
17	第五批	受禅碑与受禅台	三国	河南省临颍县	
18	第五批	大唐嵩阳观纪圣德感应之颂碑	唐	河南省登封市	
19	第五批	七星岩摩崖石刻	唐至近代	广东省肇庆市	

（续表）

序号	批　次	名　　称	时　　代	地　　址	备　　注
20	第五批	桂林石刻	唐至清	广西壮族自治区桂林市	
21	第五批	毗卢洞石刻造像	宋	四川省安岳县	
22	第五批	元世祖平云南碑	元	云南省大理市	
23	第五批	沧源崖画	新石器时代	云南省沧源佤族自治县	
24	第五批	重阳宫祖庵碑林	元至清	陕西省户县	
25	第五批	慈善寺石窟	隋、唐	陕西省麟游县	
26	第五批	西峡颂摩崖石刻	汉	甘肃省成县	
27	第五批	水帘洞-大像山石窟	北朝至唐	甘肃省武山县、甘谷县	
28	第五批	天梯山石窟	北朝至唐	甘肃省武威市	
29	第五批	文殊山石窟	北朝至西夏	甘肃省肃南裕固族自治县	2013 年文殊山后山千佛洞、古佛洞并入
30	第五批	克孜尔尕哈石窟	北朝至唐	新疆维吾尔自治区库车县	
31	第五批	平定准噶尔勒铭碑	清	新疆维吾尔自治区昭苏县	

表 6　第六批全国重点文物保护单位

一、古遗址(221 处)					
序号	批　次	名　　称	时　　代	地　　址	备　　注
1	第六批	元大都城墙遗址	元	北京市朝阳区、海淀区	
2	第六批	十字寺遗址	元	北京市房山区	
3	第六批	天妃宫遗址	元至清	天津市河东区	
4	第六批	爪村遗址	旧石器时代	河北省迁安市	
5	第六批	石北口遗址	新石器时代	河北省永年县	
6	第六批	北福地遗址	新石器时代	河北省易县	
7	第六批	钓鱼台遗址	新石器时代	河北省曲阳县	
8	第六批	台西遗址	商	河北省藁城市	
9	第六批	东先贤遗址	商	河北省邢台县	
10	第六批	南阳遗址	周	河北省容城县	
11	第六批	讲武城遗址	战国至汉	河北省磁县	
12	第六批	常山郡故城	汉	河北省元氏县	
13	第六批	土城子城址	南北朝	河北省尚义县	
14	第六批	边关地道遗址	宋	河北省永清县	2013 年宋辽边关地道并入

（续表）

序号	批 次	名 称	时 代	地 址	备 注
15	第六批	会州城	辽至明	河北省平泉县	
16	第六批	刘伶醉烧锅遗址	金至元	河北省徐水县	
17	第六批	九连城城址	金至元	河北省沽源县	
18	第六批	海丰镇遗址	金	河北省黄骅市	
19	第六批	小宏城遗址	元	河北省沽源县	
20	第六批	大名府故城	宋	河北省大名县	
21	第六批	塔水河遗址	旧石器时代	山西省陵川县	
22	第六批	上郭城址和邱家庄墓群	周至汉	山西省闻喜县	
23	第六批	南村城址	战国至晋	山西省方山县	
24	第六批	黄河栈道遗址	汉至清	山西省平陆县	
25	第六批	霍州窑址	宋至元	山西省霍州市	
26	第六批	洪山窑址	宋至清	山西省介休市	
27	第六批	阿善遗址	新石器时代	内蒙古自治区包头市	
28	第六批	赵宝沟遗址	新石器时代	内蒙古自治区敖汉旗	
29	第六批	红山遗址群	新石器至青铜时代	内蒙古自治区赤峰市	
30	第六批	夏家店遗址群	新石器时代至战国	内蒙古自治区赤峰市	
31	第六批	朱开沟遗址	新石器时代至商	内蒙古自治区伊金霍洛旗	
32	第六批	秦直道遗址	秦	内蒙古自治区鄂尔多斯市、陕西省旬邑县	
33	第六批	麻池城址和召湾墓群	汉	内蒙古自治区包头市	
34	第六批	黑城城址	汉	内蒙古自治区宁城县	
35	第六批	朔方郡故城	汉	内蒙古自治区磴口县、巴彦淖尔市	
36	第六批	霍洛柴登城址	汉	内蒙古自治区杭锦旗	
37	第六批	克里孟城址	汉至南北朝	内蒙古自治区察哈尔右翼后旗	
38	第六批	沃野镇故城	汉至南北朝	内蒙古自治区乌拉特前旗	
39	第六批	白灵淖尔城址	南北朝	内蒙古自治区固阳县	

（续表）

序号	批　次	名　　称	时　　代	地　　址	备　　注
40	第六批	十二连城城址	隋至唐	内蒙古自治区准格尔旗	
41	第六批	城川城址	唐	内蒙古自治区鄂托克前旗	
42	第六批	查干浩特城址	辽至明	内蒙古自治区阿鲁科尔沁旗	
43	第六批	安答堡子城址	金至元	内蒙古自治区达尔罕茂明安联合旗	
44	第六批	净州路故城	金至元	内蒙古自治区四子王旗	
45	第六批	砂井路总管府故城	元	内蒙古自治区四子王旗	
46	第六批	巴彦乌拉城址	元	内蒙古自治区鄂温克族自治旗	
47	第六批	庙后山遗址	旧石器时代	辽宁省本溪满族自治县	
48	第六批	高台山遗址	新石器时代	辽宁省新民市	
49	第六批	石台子山城	汉至唐	辽宁省沈阳市	
50	第六批	赫图阿拉故城	明	辽宁省新宾满族自治县	
51	第六批	百草沟遗址	战国至晋	吉林省汪清县	
52	第六批	自安山城	南北朝	吉林省通化市	
53	第六批	龙潭山城	晋	吉林省吉林市	
54	第六批	苏密城	唐	吉林省桦甸市	
55	第六批	城山子山城	唐	吉林省敦化市	
56	第六批	磨盘村山城	唐至金	吉林省图们市	
57	第六批	偏脸城城址	辽至金	吉林省梨树县	
58	第六批	秦家屯城址	辽至金	吉林省公主岭市	
59	第六批	城四家子城址	辽至元	吉林省白城市	
60	第六批	叶赫部城址	明	吉林省四平市	
61	第六批	辉发城址	明	吉林省辉南县	
62	第六批	五排山城址	战国至汉	黑龙江省东宁县	
63	第六批	小四方山城址	战国至金	黑龙江省穆棱市	
64	第六批	雁窝岛城址	隋	黑龙江省宝清县	
65	第六批	塔子城址	辽	黑龙江省泰来县	
66	第六批	瓦里霍吞城址	辽至清	黑龙江省桦川县	
67	第六批	桃温万户府故城	元	黑龙江省汤原县	

（续表）

序号	批 次	名 称	时 代	地 址	备 注
68	第六批	莽吉塔站故城	明	黑龙江省抚远县	
69	第六批	南京人化石地点	旧石器时代	江苏省南京市	
70	第六批	藤花落遗址	新石器时代	江苏省连云港市	
71	第六批	大墩子遗址	新石器时代	江苏省邳州市	
72	第六批	花厅遗址	新石器时代	江苏省新沂市	
73	第六批	三星村遗址	新石器时代	江苏省金坛市	
74	第六批	骆驼墩遗址	新石器时代	江苏省宜兴市	
75	第六批	青墩遗址	新石器时代	江苏省海安县	
76	第六批	绰墩遗址	新石器时代至周	江苏省昆山市	
77	第六批	天目山遗址	周	江苏省泰州市	
78	第六批	宜兴窑址	晋至清	江苏省宜兴市	
79	第六批	钟山建筑遗址	南北朝	江苏省南京市	
80	第六批	明故宫遗址	明	江苏省南京市	
81	第六批	龙江船厂遗址	明	江苏省南京市	
82	第六批	跨湖桥遗址	新石器时代	浙江省杭州市	
83	第六批	上山遗址	新石器时代	浙江省浦江县	
84	第六批	谭家湾遗址	新石器时代	浙江省桐乡市	
85	第六批	南河浜遗址	新石器时代	浙江省嘉兴市	
86	第六批	钱山漾遗址	新石器时代至周	浙江省湖州市	
87	第六批	茅湾里窑址	周至战国	浙江省杭州市	
88	第六批	富盛窑址	周至战国	浙江省绍兴县	
89	第六批	递铺城址	春秋至南北朝	浙江省安吉县	2013年与龙山越国贵族墓群合并，称安吉古城遗址、龙山越国贵族墓群
90	第六批	小仙坛窑址	汉	浙江省上虞市	
91	第六批	郊坛下和老虎洞窑址	宋至元	浙江省杭州市	
92	第六批	永丰库遗址	元	浙江省宁波市	
93	第六批	人字洞遗址	旧石器时代	安徽省繁昌县	
94	第六批	临涣城址	战国	安徽省濉溪县	
95	第六批	北苑御焙遗址	宋	福建省建瓯市	
96	第六批	磁灶窑址	宋至元	福建省晋江市	
97	第六批	德济门遗址	宋至明	福建省泉州市	
98	第六批	南胜窑址	明至清	福建省平和县	
99	第六批	樊城堆遗址	新石器时代	江西省樟树市	

（续表）

序号	批　次	名　　称	时　　代	地　　址	备　　注
100	第六批	牛头城址	商至周	江西省新干县	
101	第六批	白口城址	汉至南北朝	江西省泰和县	
102	第六批	李渡烧酒作坊遗址	元至清	江西省进贤县	
103	第六批	御窑厂窑址	明至清	江西省景德镇市	
104	第六批	沂源猿人遗址	旧石器时代	山东省沂源县	
105	第六批	北辛遗址	新石器时代	山东省滕州市	
106	第六批	王因遗址	新石器时代	山东省兖州市	
107	第六批	贾柏遗址	新石器时代	山东省汶上县	
108	第六批	小荆山遗址	新石器时代	山东省章丘市	
109	第六批	东岳石遗址	新石器时代	山东省平度市	
110	第六批	白石村遗址	新石器时代	山东省烟台市	
111	第六批	两城镇遗址	新石器时代	山东省日照市	
112	第六批	尧王城遗址	新石器时代	山东省日照市	
113	第六批	东海峪遗址	新石器时代	山东省日照市	
114	第六批	后李遗址	新石器时代	山东省淄博市	
115	第六批	三里河遗址	新石器时代	山东省胶州市	
116	第六批	傅家遗址	新石器时代	山东省广饶县	
117	第六批	教场铺遗址	新石器时代	山东省茌平县	
118	第六批	归城城址	周	山东省龙口市	
119	第六批	郯国故城	周至汉	山东省郯城县	
120	第六批	邾国故城	周至汉	山东省邹城市	
121	第六批	偪阳故城	周至晋	山东省枣庄市	
122	第六批	东平陵故城	汉	山东省章丘市	
123	第六批	中陈郝窑址	南北朝至清	山东省枣庄市	
124	第六批	龙华寺遗址	南北朝至隋	山东省博兴县	
125	第六批	寨里窑址	南北朝至唐	山东省淄博市	
126	第六批	织机洞遗址	旧石器时代	河南省荥阳市	
127	第六批	杨台寺遗址	新石器时代	河南省驻马店市	
128	第六批	瓦店遗址	新石器时代	河南省禹州市	
129	第六批	石固遗址	新石器时代	河南省长葛市	
130	第六批	郝家台遗址	新石器时代	河南省漯河市	
131	第六批	王油坊遗址	新石器时代	河南省永城市	
132	第六批	李庄遗址	新石器时代	河南省柘城县	
133	第六批	王湾遗址	新石器时代	河南省洛阳市	

（续表）

序号	批 次	名 称	时 代	地 址	备 注
134	第六批	鹿台岗遗址	新石器时代至周	河南省杞县	
135	第六批	新砦遗址	新石器时代至夏	河南省新密市	
136	第六批	唐户遗址	新石器时代至周	河南省新郑市	
137	第六批	蒲城店遗址	新石器时代至汉	河南省平顶山市	
138	第六批	大师姑城址	夏至商	河南省荥阳市	
139	第六批	小双桥遗址	商	河南省郑州市	
140	第六批	宋国故城	周	河南省商丘市	
141	第六批	卫国故城	周	河南省淇县	
142	第六批	黄国故城	周	河南省潢川县	
143	第六批	共城城址	周	河南省辉县市	
144	第六批	滑国故城	周	河南省偃师市	
145	第六批	叶邑故城	周	河南省叶县	
146	第六批	轵国故城	周	河南省济源市	
147	第六批	下河湾冶铁遗址	战国至汉	河南省泌阳县	
148	第六批	望城岗冶铁遗址	汉	河南省鲁山县	
149	第六批	瓦房庄冶铁遗址	汉	河南省南阳市	
150	第六批	三杨庄遗址	汉	河南省内黄县	
151	第六批	山阳故城	汉	河南省焦作市	
152	第六批	段店窑址	唐至宋	河南省鲁山县	
153	第六批	大周封祀坛遗址	唐	河南省登封市	
154	第六批	扒村窑址	宋至元	河南省禹州市	
155	第六批	当阳峪窑址	宋	河南省修武县	
156	第六批	张公巷窑址	金至元	河南省汝州市	
157	第六批	建始直立人遗址	旧石器时代	湖北省建始县	
158	第六批	马家垸遗址	新石器时代	湖北省沙洋县	
159	第六批	陶家湖遗址	新石器时代	湖北省应城市	
160	第六批	鸡鸣城遗址	新石器时代	湖北省公安县	
161	第六批	邓国故址	周	湖北省襄阳市	
162	第六批	施州城址	宋	湖北省恩施市	
163	第六批	唐崖土司城址	元至清	湖北省咸丰县	
164	第六批	容美土司遗址	明至清	湖北省鹤峰县	
165	第六批	高庙遗址	新石器时代	湖南省洪江市	

（续表）

序号	批　次	名　　称	时　　代	地　　址	备　　注
166	第六批	炭河里遗址	周	湖南省宁乡县	
167	第六批	舜帝庙遗址	宋	湖南省宁远县	
168	第六批	宝镜湾遗址	新石器至青铜时代	广东省珠海市	
169	第六批	白莲洞遗址	旧石器至新石器时代	广西壮族自治区柳州市	
170	第六批	鲤鱼嘴遗址	旧石器至新石器时代	广西壮族自治区柳州市	
171	第六批	感驮岩遗址	新石器时代至战国	广西壮族自治区那坡县	
172	第六批	秦城遗址	秦至晋	广西壮族自治区兴安县	
173	第六批	智城城址	唐	广西壮族自治区上林县	
174	第六批	甘泉岛遗址	唐至宋	海南省三沙市	
175	第六批	北礁沉船遗址	唐至清	海南省三沙市	
176	第六批	儋州故城	唐至清	海南省儋州市	
177	第六批	营盘山和姜维城遗址	新石器时代	四川省茂县、汶川县	
178	第六批	金沙遗址	商至周	四川省成都市	
179	第六批	大洋堆遗址	周至战国	四川省西昌市	
180	第六批	城坝遗址	战国至汉	四川省渠县	
181	第六批	剑门蜀道遗址	战国至清	四川省广元市、剑阁县	
182	第六批	严道城址	汉	四川省荥经县	
183	第六批	老君山硝洞遗址	明至清	四川省江油市	
184	第六批	剑南春酒坊遗址	清	四川省绵竹市	
185	第六批	宁谷遗址	汉	贵州省安顺市	
186	第六批	万山汞矿遗址	唐至清	贵州省铜仁市	
187	第六批	白羊村遗址	新石器时代	云南省宾川县	
188	第六批	巄屽图山城址	唐	云南省巍山彝族回族自治县	
189	第六批	龙岗寺遗址	旧石器时代至汉	陕西省南郑县	
190	第六批	石峁遗址	新石器时代	陕西省神木县	
191	第六批	石摞摞山遗址	新石器时代	陕西省佳县	
192	第六批	李家村遗址	新石器时代	陕西省西乡县	
193	第六批	北首岭遗址	新石器时代	陕西省宝鸡市	

（续表）

序号	批 次	名 称	时 代	地 址	备 注
194	第六批	东龙山遗址	新石器时代至汉	陕西省商洛市	
195	第六批	横阵遗址	新石器时代	陕西省华阴市	
196	第六批	凤凰山遗址	商至周	陕西省岐山县	
197	第六批	李家崖城址	商至周	陕西省清涧县	
198	第六批	梁带村遗址	周	陕西省韩城市	
199	第六批	杨家村遗址	周	陕西省眉县	
200	第六批	法门寺遗址	南北朝至清	陕西省扶风县	
201	第六批	麟州故城	唐至明	陕西省神木县	
202	第六批	林家遗址	新石器时代	甘肃省东乡族自治县	
203	第六批	牛门洞遗址	新石器至青铜时代	甘肃省会宁县	
204	第六批	寺洼遗址	新石器至青铜时代	甘肃省临洮县	
205	第六批	西河滩遗址	新石器至青铜时代	甘肃省酒泉市	
206	第六批	火烧沟遗址	青铜时代	甘肃省玉门市	
207	第六批	破城子遗址	汉至唐	甘肃省瓜州县	
208	第六批	八卦营城址	汉至晋	甘肃省民乐县	2013 年八卦营墓群并入
209	第六批	八角城城址	唐至明	甘肃省夏河县	
210	第六批	永泰城址	明	甘肃省景泰县	
211	第六批	柳湾遗址	新石器至青铜时代	青海省乐都县	
212	第六批	沈那遗址	新石器至青铜时代	青海省西宁市	
213	第六批	鸽子山遗址	旧石器时代	宁夏回族自治区青铜峡市	
214	第六批	菜园遗址	新石器时代	宁夏回族自治区海原县	
215	第六批	照壁山铜矿遗址	汉	宁夏回族自治区中卫市	
216	第六批	灵武窑址	宋至明	宁夏回族自治区灵武市	
217	第六批	张家场城址	汉	宁夏回族自治区盐池县	
218	第六批	丹丹乌里克遗址	南北朝至唐	新疆维吾尔自治区策勒县	

（续表）

序号	批　次	名　　称	时　　代	地　　址	备　　注
219	第六批	麻扎塔格戍堡址	唐	新疆维吾尔自治区墨玉县	
220	第六批	通古斯巴西城址	唐	新疆维吾尔自治区新和县	
221	第六批	壮士所城、白湾堡和巡检司遗址	明、清	浙江省苍南县	并入第四批全国重点文物保护单位蒲壮所城
二、古墓葬(79 处)					
序号	批　次	名　　称	时　　代	地　　址	备　　注
1	第六批	金陵	金	北京市房山区	
2	第六批	利玛窦和外国传教士墓地	明至清	北京市西城区	
3	第六批	袁崇焕墓和祠	明至民国	北京市崇文区	
4	第六批	邢国墓地	周	河北省邢台市	
5	第六批	所药村壁画墓	汉	河北省望都县	
6	第六批	隆尧唐祖陵	唐	河北省隆尧县	
7	第六批	张柔墓	元	河北省满城县	
8	第六批	怡贤亲王墓	清	河北省涞水县	
9	第六批	纪晓岚墓地	清	河北省沧县	
10	第六批	崔家河墓群	周	山西省夏县	
11	第六批	沙梁坡墓群	汉	山西省天镇县	
12	第六批	古城堡墓群	汉	山西省阳高县	
13	第六批	王家峰墓群	南北朝	山西省太原市	
14	第六批	什贴墓群	南北朝	山西省晋中市	
15	第六批	栗毓美墓	清	山西省浑源县	
16	第六批	扎赉诺尔墓群	汉	内蒙古自治区满洲里市	
17	第六批	王昭君墓	汉	内蒙古自治区呼和浩特市	
18	第六批	韩匡嗣家族墓地	辽	内蒙古自治区巴林左旗	
19	第六批	吐尔基山墓	辽	内蒙古自治区科尔沁左翼后旗	
20	第六批	萧氏家族墓	辽	内蒙古自治区奈曼旗	
21	第六批	张应瑞家族墓地	元	内蒙古自治区翁牛特旗	
22	第六批	袁台子墓	晋	辽宁省朝阳县	
23	第六批	冯素弗墓	十六国	辽宁省北票市	

（续表）

序号	批 次	名 称	时 代	地 址	备 注
24	第六批	辉发河上游石棚墓	周	吉林省梅河口市、柳河县	
25	第六批	刀背山墓地	新石器时代	黑龙江省鸡西市	
26	第六批	鸿山墓群	周	江苏省无锡市	
27	第六批	徐州墓群	汉	江苏省徐州市	
28	第六批	象山王氏家族墓地	晋	江苏省南京市	
29	第六批	东阳土墩墓群	周	浙江省东阳市	
30	第六批	高氏家族墓地	明	浙江省乐清市	
31	第六批	于谦墓	明至清	浙江省杭州市	
32	第六批	李白墓	唐	安徽省当涂县	
33	第六批	武夷山崖墓群	青铜时代	福建省武夷山市	
34	第六批	朱熹墓	宋	福建省建阳市	
35	第六批	朱轼墓	清	江西省高安市	
36	第六批	嘴子前墓群	周	山东省海阳市	
37	第六批	萧王庄墓群	汉	山东省济宁市	
38	第六批	洗砚池墓群	晋	山东省临沂市	
39	第六批	崔芬墓	南北朝	山东省临朐县	
40	第六批	韩氏家族墓地	唐	山东省莘县	
41	第六批	明鲁王墓	明	山东省邹城市	
42	第六批	应国墓地	周至汉	河南省平顶山市	
43	第六批	许慎墓	汉	河南省漯河市	
44	第六批	韩愈墓	唐	河南省孟州市	
45	第六批	范仲淹墓	宋	河南省伊川县	
46	第六批	欧阳修墓	宋	河南省新郑市	
47	第六批	李诫墓	宋	河南省新郑市	
48	第六批	青山墓群	周	湖北省枝江市	
49	第六批	九连墩墓群	战国	湖北省枣阳市	
50	第六批	关陵	三国	湖北省当阳市	
51	第六批	南汉二陵	五代	广东省广州市	
52	第六批	藤桥墓群	唐至明	海南省三亚市	
53	第六批	凉山大石墓群	战国至汉	四川省德昌县、喜德县	
54	第六批	瑞峰崖墓群	汉	四川省青神县	
55	第六批	塔梁子崖墓群	汉	四川省中江县	
56	第六批	黄伞崖墓群	汉	四川省宜宾县	

（续表）

序号	批　次	名　　称	时　　代	地　　址	备　　注
57	第六批	孟知祥墓	五代	四川省成都市	
58	第六批	石城山崖墓群	宋至明	四川省宜宾县	
59	第六批	泸县宋墓	宋	四川省泸县	
60	第六批	交乐墓群	汉	贵州省兴仁县	
61	第六批	八塔台墓群	周至明	云南省曲靖市	
62	第六批	营盘村墓群	明至清	云南省永胜县	
63	第六批	查木钦墓群	唐	西藏自治区拉孜县	
64	第六批	秦东陵	秦	陕西省西安市	
65	第六批	张骞墓	汉	陕西省城固县	
66	第六批	明秦王墓	明	陕西省西安市	
67	第六批	蔡伦墓和祠	清	陕西省洋县	
68	第六批	明肃王墓	明	甘肃省榆中县	
69	第六批	楼兰墓群	新石器时代至晋	新疆维吾尔自治区若羌县	
70	第六批	五堡墓群	青铜时代	新疆维吾尔自治区哈密市	
71	第六批	洋海墓群	青铜时代至唐	新疆维吾尔自治区鄯善县	
72	第六批	阿日夏特石人墓	隋至唐	新疆维吾尔自治区温泉县	
73	第六批	麻赫穆德·喀什噶里墓	元	新疆维吾尔自治区疏附县	
74	第六批	速檀·歪思汗麻扎	明	新疆维吾尔自治区伊宁县	
75	第六批	叶尔羌汗国王陵	明	新疆维吾尔自治区莎车县	
76	第六批	艾比甫·艾洁木麻扎	清	新疆维吾尔自治区阿图什市	
77	第六批	哈密回王墓	清至民国	新疆维吾尔自治区哈密市	
78	第六批	灵照墓	宋至元	海南省澄迈县	并入第四批全国重点文物保护单位美榔双塔
79	第六批	陈道叙周氏墓	宋	海南省澄迈县	并入第四批全国重点文物保护单位美榔双塔

三、石窟寺及石刻(63处)

序号	批　次	名　　称	时　　代	地　　址	备　　注
1	第六批	千像寺造像	辽	天津市蓟县	
2	第六批	五礼记碑	唐至宋	河北省大名县	

（续表）

序号	批 次	名 称	时 代	地 址	备 注
3	第六批	宋璟碑	唐	河北省沙河市	
4	第六批	大佛顶尊胜陀罗尼经幢	金	河北省卢龙县	
5	第六批	羊头山石窟	南北朝至唐	山西省高平市	
6	第六批	碧落寺	南北朝至民国	山西省泽州县	
7	第六批	金灯寺石窟	明	山西省平顺县	
8	第六批	阴山岩画	新石器至青铜时代	内蒙古自治区乌拉特前旗、乌拉特后旗、乌拉特中旗、磴口县	
9	第六批	真寂之寺石窟	辽	内蒙古自治区巴林左旗	
10	第六批	阿什哈达摩崖	明	吉林省吉林市	
11	第六批	天下第二泉庭院及石刻	唐至清	江苏省无锡市	
12	第六批	顾渚贡茶院遗址及摩崖	唐至宋	浙江省长兴县	
13	第六批	安国寺经幢	唐	浙江省海宁市	
14	第六批	法隆寺经幢	唐	浙江省金华市	
15	第六批	齐云山石刻	宋至清	安徽省休宁县	
16	第六批	栖云洞造像	宋至明	福建省罗源县	
17	第六批	显应宫泥塑	明至清	福建省长乐市	
18	第六批	灵济宫碑	明	福建省闽侯县	
19	第六批	秀峰摩崖	唐至民国	江西省星子县	
20	第六批	泷冈阡表碑	宋	江西省永丰县	
21	第六批	大智彭氏家族石刻	明	江西省安福县	
22	第六批	西天寺造像	南北朝	山东省淄博市	
23	第六批	洪顶山摩崖	南北朝	山东省东平县	
24	第六批	圣经山摩崖	金至元	山东省文登市	
25	第六批	青天河摩崖	南北朝至唐	河南省博爱县	
26	第六批	西明寺造像碑	南北朝	河南省新乡县	
27	第六批	升仙太子碑	唐	河南省偃师市	
28	第六批	崇唐观造像	唐	河南省登封市	
29	第六批	元次山碑	唐	河南省鲁山县	
30	第六批	云梦山摩崖	宋至民国	河南省淇县	
31	第六批	彼岸寺碑	宋	河南省漯河市	
32	第六批	刘碑寺碑	南北朝	河南省登封市	
33	第六批	唐兀公碑	元	河南省濮阳县	

（续表）

序号	批　次	名　　称	时　　代	地　　址	备　　注
34	第六批	三游洞摩崖	唐至民国	湖北省宜昌市	
35	第六批	仙佛寺石窟	唐	湖北省来凤县	
36	第六批	东坡赤壁	明至民国	湖北省黄冈市	
37	第六批	慈孝沟“采皇木”摩崖	明	湖北省竹溪县	
38	第六批	阳华岩摩崖	唐至清	湖南省江华瑶族自治县	
39	第六批	却金亭碑	明	广东省东莞市	
40	第六批	柳侯祠碑刻	宋至民国	广西壮族自治区柳州市	
41	第六批	潼南大佛寺摩崖造像	隋至清	重庆市潼南县	2013 年千佛寺摩崖造像并入
42	第六批	涞滩二佛寺摩崖造像	宋	重庆市合川区	
43	第六批	蒲江石窟	南北朝至清	四川省蒲江县	
44	第六批	邛崃石窟	唐至宋	四川省邛崃市	
45	第六批	博什瓦黑岩画	唐至宋	四川省昭觉县	
46	第六批	荣县大佛石窟	唐	四川省荣县	
47	第六批	夹江千佛岩石窟	唐	四川省夹江县	
48	第六批	通江千佛岩石窟	唐	四川省通江县	
49	第六批	牛角寨石窟	唐	四川省仁寿县	
50	第六批	卧龙山千佛岩石窟	唐	四川省梓潼县	
51	第六批	孟孝琚碑	汉	云南省昭通市	
52	第六批	王仁求碑	唐	云南省安宁市	
53	第六批	马哈只墓碑	明	云南省晋宁县	
54	第六批	灵岩寺摩崖	汉至民国	陕西省略阳县	
55	第六批	石泓寺石窟	隋至明	陕西省富县	
56	第六批	杨珣碑	唐	陕西省扶风县	
57	第六批	万安禅院石窟	宋	陕西省黄陵县	
58	第六批	云崖寺和陈家洞石窟	南北朝至明	甘肃省庄浪县	
59	第六批	木梯寺石窟	南北朝至元	甘肃省武山县	
60	第六批	王母宫石窟	南北朝	甘肃省泾川县	
61	第六批	《新修白水路记》摩崖	宋	甘肃省徽县	
62	第六批	贝大日如来佛石窟寺和勒巴沟摩崖	唐	青海省玉树县	
63	第六批	吐峪沟石窟	南北朝至唐	新疆维吾尔自治区鄯善县	

表 7 第七批全国重点文物保护单位

一、古遗址(519 处)					
序号	批 次	名 称	时 代	地 址	备 注
1	第七批	延庆古崖居	明以前	北京市延庆县	
2	第七批	四方洞遗址	旧石器时代	河北省承德市	
3	第七批	化子洞遗址	旧石器时代	河北省平泉县	
4	第七批	孟家泉遗址	旧石器时代	河北省玉田县	
5	第七批	筛子绫罗遗址	新石器时代	河北省蔚县	
6	第七批	三各庄遗址	新石器时代	河北省任丘市	
7	第七批	哑叭庄遗址	新石器时代至东周	河北省任丘市	
8	第七批	万军山遗址	新石器时代、商	河北省迁安市	
9	第七批	庄窠遗址	新石器时代、商	河北省蔚县	
10	第七批	三关遗址	新石器时代、商、战国	河北省蔚县	
11	第七批	南城村遗址	新石器时代、商、汉	河北省磁县	
12	第七批	涧沟遗址	新石器时代、商、汉	河北省邯郸县	
13	第七批	补要村遗址	新石器时代、商、唐	河北省临城县	
14	第七批	顶子城遗址	夏至周	河北省平泉县	
15	第七批	龟地遗址	夏至周	河北省唐山市	
16	第七批	北放水遗址	夏、东周、汉	河北省唐县	
17	第七批	要庄遗址	商至周	河北省满城县	
18	第七批	伏羲台遗址	商、周、汉	河北省新乐市	
19	第七批	西张村遗址	西周	河北省元氏县	
20	第七批	柏人城遗址	西周至东周	河北省隆尧县	
21	第七批	鹿城岗城址	东周	河北省邢台县	
22	第七批	固镇古城遗址	东周至东汉	河北省武安市	
23	第七批	付将沟遗址	战国至汉	河北省兴隆县	
24	第七批	东垣古城遗址	战国至汉	河北省石家庄市	
25	第七批	武垣城址	战国至汉、隋唐	河北省肃宁县	
26	第七批	东黑山遗址	战国、汉	河北省徐水县	
27	第七批	古宋城址	汉	河北省赵县	
28	第七批	冀州古城遗址	汉	河北省冀州市	
29	第七批	后底阁遗址	北朝至唐	河北省南宫市	
30	第七批	临清古城遗址	北魏至金	河北省临西县	

（续表）

序号	批　次	名　　称	时　　代	地　　址	备　　注
31	第七批	隆化土城子城址	北魏至元	河北省隆化县	
32	第七批	禅果寺遗址	南北朝	河北省武安市	
33	第七批	沧州旧城	唐至宋	河北省沧县	
34	第七批	板厂峪窑址群遗址	明	河北省抚宁县	
35	第七批	古交遗址	旧石器时代	山西省古交市	
36	第七批	匼河遗址	旧石器时代	山西省芮城县	
37	第七批	梁村遗址	新石器时代	山西省祁县	
38	第七批	坡头遗址	新石器时代	山西省芮城县	
39	第七批	金胜庄遗址	新石器时代	山西省芮城县	
40	第七批	东庄遗址	新石器时代	山西省芮城县	
41	第七批	西王村遗址	新石器时代	山西省芮城县	
42	第七批	周家庄遗址	新石器时代	山西省绛县	
43	第七批	古魏城遗址	周	山西省芮城县	
44	第七批	下阳城遗址	周	山西省平陆县	
45	第七批	虞国古城遗址	周	山西省平陆县	
46	第七批	虞坂古盐道	西周、明	山西省平陆县	
47	第七批	程村遗址	东周	山西省临猗县	
48	第七批	娄烦古城遗址	东周	山西省娄烦县	
49	第七批	猗氏故城	西汉	山西省临猗县	
50	第七批	玉壁城遗址	北朝	山西省稷山县	
51	第七批	蘑菇山北遗址	旧石器时代	内蒙古自治区满洲里市	
52	第七批	金斯太洞穴遗址	旧石器时代、商	内蒙古自治区东乌珠穆沁旗	
53	第七批	辉河水坝遗址	新石器时代	内蒙古自治区鄂温克族自治旗	
54	第七批	哈克遗址	新石器时代	内蒙古自治区呼伦贝尔市	
55	第七批	白音长汗遗址	新石器时代	内蒙古自治区林西县	
56	第七批	兴隆沟遗址	新石器时代	内蒙古自治区敖汉旗	
57	第七批	魏家窝铺遗址	新石器时代	内蒙古自治区赤峰市	
58	第七批	富河沟门遗址	新石器时代	内蒙古自治区巴林左旗	
59	第七批	寨子圪旦遗址	新石器时代	内蒙古自治区准格尔旗	

（续表）

序号	批　次	名　　称	时　　代	地　　址	备　　注
60	第七批	草帽山遗址	新石器时代	内蒙古自治区敖汉旗	
61	第七批	马架子遗址	新石器时代、夏、商、周	内蒙古自治区喀喇沁旗	
62	第七批	三座店石城遗址	夏至商	内蒙古自治区赤峰市	
63	第七批	二道井子遗址	夏至商	内蒙古自治区赤峰市	
64	第七批	太平庄遗址群	夏至商	内蒙古自治区赤峰市	
65	第七批	尹家店山城遗址	夏至商	内蒙古自治区赤峰市	
66	第七批	南山根遗址	周	内蒙古自治区宁城县	
67	第七批	奈曼土城子城址	战国至秦汉	内蒙古自治区奈曼旗	
68	第七批	云中郡故城	战国至隋唐	内蒙古自治区托克托县	
69	第七批	浩特陶海城址	辽	内蒙古自治区陈巴尔虎旗	
70	第七批	灵安州遗址	辽	内蒙古自治区库伦旗	
71	第七批	豫州城遗址及墓地	辽	内蒙古自治区扎鲁特旗	
72	第七批	韩州城遗址	辽	内蒙古自治区科尔沁左翼后旗	
73	第七批	饶州故城址	辽	内蒙古自治区林西县	
74	第七批	武安州遗址	辽、金、元	内蒙古自治区敖汉旗	
75	第七批	宁昌路遗址	辽、金、元	内蒙古自治区敖汉旗	
76	第七批	吐列毛杜古城遗址	金	内蒙古自治区科尔沁右翼中旗	
77	第七批	四郎城古城	金、元、明	内蒙古自治区锡林郭勒盟正蓝旗	
78	第七批	燕家梁遗址	元	内蒙古自治区包头市	
79	第七批	新忽热古城址	元、明	内蒙古自治区乌拉特中旗	

（续表）

序号	批　次	名　　称	时　　代	地　　址	备　　注
80	第七批	前阳洞穴遗址	旧石器时代	辽宁省东港市	
81	第七批	后洼遗址	新石器时代	辽宁省东港市	
82	第七批	沙锅屯遗址	新石器时代	辽宁省葫芦岛市	
83	第七批	小珠山遗址	新石器时代	辽宁省长海县	
84	第七批	双砣子遗址	新石器时代至商	辽宁省大连市	
85	第七批	五连城城址	夏至商	辽宁省建平县	
86	第七批	团山遗址	春秋至战国	辽宁省开原市	
87	第七批	永陵南城址	汉至魏晋	辽宁省新宾满族自治县	
88	第七批	高俭地山城	汉至唐	辽宁省桓仁满族自治县	
89	第七批	高丽城山城	汉至唐	辽宁省盖州市	
90	第七批	巍霸山城（含清泉寺）	汉至唐	辽宁省普兰店市	
91	第七批	下古城子城址	汉至唐	辽宁省桓仁满族自治县	
92	第七批	燕州城山城	汉至唐	辽宁省灯塔市	
93	第七批	邰集屯城址	汉、辽	辽宁省葫芦岛市	
94	第七批	边牛山城址	汉、金	辽宁省本溪市	
95	第七批	大黑山山城	魏晋至唐	辽宁省大连市	
96	第七批	得利寺山城	魏晋至唐	辽宁省瓦房店市	
97	第七批	城子山山城	唐至辽、金	辽宁省西丰县	
98	第七批	四面城城址	辽、金	辽宁省昌图县	
99	第七批	江官屯窑址	辽、金	辽宁省辽阳县	
100	第七批	八家子城址	辽至元	辽宁省建平县	
101	第七批	东京城城址	明	辽宁省辽阳市	
102	第七批	石人沟遗址	旧石器时代	吉林省和龙市	
103	第七批	新屯子西山遗址	旧石器时代	吉林省抚松县	
104	第七批	寿山仙人洞遗址	旧石器时代	吉林省桦甸市	
105	第七批	向阳南岗遗址	新石器时代至战国	吉林省镇赉县	
106	第七批	后太平遗址群	新石器时代、商至战国	吉林省双辽市	
107	第七批	双塔遗址	新石器时代、战国	吉林省白城市	
108	第七批	余富遗址	周至汉	吉林省磐石市	
109	第七批	五家子遗址	东周	吉林省长春市	

（续表）

序号	批 次	名 称	时 代	地 址	备 注
110	第七批	大青山遗址	东周	吉林省公主岭市	
111	第七批	龙岗遗址群	战国至汉	吉林省通化县	
112	第七批	赤柏松古城址	西汉	吉林省通化县	
113	第七批	萨其城址	唐	吉林省珲春市	
114	第七批	温特赫部城址与裴优城址	唐、金	吉林省珲春市	
115	第七批	春捺钵遗址群	辽	吉林省乾安县	
116	第七批	石头城子古城址	辽、金	吉林省扶余县	
117	第七批	嘎呀河城址	辽、金	吉林省舒兰市	
118	第七批	揽头窝堡遗址	金	吉林省德惠市	
119	第七批	前进古城址	金	吉林省蛟河市	
120	第七批	五家子城址	金	吉林省公主岭市	
121	第七批	乌拉街沿江古城址	金、明、清	吉林省吉林市	
122	第七批	乌拉部故城址	明至清	吉林省吉林市	
123	第七批	小拉哈遗址	新石器时代至战国	黑龙江省肇源县	
124	第七批	王脖子山遗址群	新石器时代至汉	黑龙江省巴彦县	
125	第七批	老龙头遗址	西周至春秋	黑龙江省齐齐哈尔市	
126	第七批	庆华古山寨遗址	战国至汉	黑龙江省宾县	
127	第七批	团结遗址	战国至唐	黑龙江省东宁县	
128	第七批	中兴城址	辽、金	黑龙江省绥滨县	
129	第七批	土城子遗址	金	黑龙江省依兰县	
130	第七批	郝家城子古城遗址	金	黑龙江省兰西县	
131	第七批	墨尔根至漠河古驿站驿道	清	黑龙江省呼玛县、塔河县、漠河县、嫩江县	
132	第七批	鄂伦春神泉祭坛遗址	清	黑龙江省逊克县	
133	第七批	宁古塔将军驻地旧城遗址	清	黑龙江省海林市	
134	第七批	崧泽遗址	新石器时代	上海市青浦区	
135	第七批	上海马桥遗址	新石器时代至商	上海市闵行区	
136	第七批	广富林遗址	新石器时代、东周	上海市松江区	
137	第七批	志丹苑元代水闸遗址	元	上海市普陀区	
138	第七批	中华曙猿化石地点	旧石器时代	江苏省溧阳市	
139	第七批	青莲岗遗址	新石器时代	江苏省淮安市	

（续表）

序号	批　次	名　　称	时　　代	地　　址	备　　注
140	第七批	薛城遗址	新石器时代	江苏省高淳县	
141	第七批	草鞋山遗址	新石器时代	江苏省苏州市	
142	第七批	东山村遗址	新石器时代	江苏省张家港市	
143	第七批	赵陵山遗址	新石器时代	江苏省昆山市	
144	第七批	西溪遗址	新石器时代	江苏省宜兴市	
145	第七批	刘林遗址	新石器时代	江苏省邳州市	
146	第七批	城上村遗址	新石器时代至周	江苏省句容市	
147	第七批	梁王城遗址	新石器时代至战国	江苏省邳州市	
148	第七批	佘城遗址	夏至周	江苏省江阴市	
149	第七批	葛城遗址	西周至春秋	江苏省丹阳市	
150	第七批	晓店青墩遗址	西周、汉	江苏省宿迁市	
151	第七批	阖闾城遗址	春秋	江苏省无锡市、常州市	
152	第七批	固城遗址	春秋至汉	江苏省高淳县	
153	第七批	曲阳城遗址	汉	江苏省东海县	
154	第七批	铁瓮城遗址	东汉	江苏省镇江市	
155	第七批	黄泗浦遗址	南朝至宋	江苏省张家港市	
156	第七批	大报恩寺遗址	东晋至清	江苏省南京市	
157	第七批	泗州城遗址	唐至清	江苏省盱眙县	
158	第七批	宋元粮仓遗址	宋至清	江苏省镇江市	
159	第七批	太仓海运仓遗址	元	江苏省太仓市	
160	第七批	大窑路窑群遗址	明至清	江苏省无锡市	
161	第七批	蜀山窑群	明至清	江苏省宜兴市	
162	第七批	乌龟洞遗址	旧石器时代	浙江省建德市	
163	第七批	上马坎遗址	旧石器时代	浙江省安吉县	
164	第七批	七里亭遗址	旧石器时代	浙江省长兴县	
165	第七批	小古城遗址	新石器时代	浙江省杭州市	
166	第七批	田螺山遗址	新石器时代	浙江省余姚市	
167	第七批	鲻山遗址	新石器时代	浙江省余姚市	
168	第七批	曹湾山遗址	新石器时代	浙江省温州市	
169	第七批	庄桥坟遗址	新石器时代	浙江省平湖市	
170	第七批	新地里遗址	新石器时代	浙江省桐乡市	
171	第七批	小黄山遗址	新石器时代	浙江省嵊州市	
172	第七批	好川遗址	新石器时代	浙江省遂昌县	

（续表）

序号	批 次	名 称	时 代	地 址	备 注
173	第七批	塔山遗址	新石器时代至周	浙江省象山县	
174	第七批	昆山遗址	新石器时代至周	浙江省湖州市	
175	第七批	德清原始瓷窑址	商至战国	浙江省德清县	
176	第七批	大溪东瓯古城遗址	西汉	浙江省温岭市	
177	第七批	城山古城遗址	东汉	浙江省长兴县	
178	第七批	凤凰山窑址群	三国至晋	浙江省上虞市	
179	第七批	泗洲造纸作坊遗址	宋	浙江省富阳市	
180	第七批	天目窑遗址	宋至元	浙江省临安市	
181	第七批	小南海石室	宋至清	浙江省龙游县	
182	第七批	云和银矿遗址	明	浙江省云和县	
183	第七批	花岙兵营遗址	明至清	浙江省象山县	
184	第七批	毛竹山、官山遗址	旧石器时代	安徽省宁国市	
185	第七批	银山智人遗址	旧石器时代	安徽省巢湖市	
186	第七批	双墩遗址	新石器时代	安徽省蚌埠市	
187	第七批	禹会村遗址	新石器时代	安徽省蚌埠市	
188	第七批	石山孜遗址	新石器时代	安徽省淮北市	
189	第七批	小山口遗址	新石器时代	安徽省宿州市	
190	第七批	古台寺遗址	新石器时代	安徽省宿州市	
191	第七批	孙家城遗址	新石器时代至商	安徽省怀宁县	
192	第七批	张四墩遗址	新石器时代至周	安徽省安庆市	
193	第七批	垓下遗址	新石器时代、汉	安徽省固镇县	
194	第七批	牯牛山城址	西周至春秋	安徽省南陵县	
195	第七批	榉根关古徽道	唐至清	安徽省石台县	
196	第七批	古井贡酒酿造遗址	宋至清	安徽省亳州市	
197	第七批	徽杭古道绩溪段和古徽道东线郎溪段	宋至民国	安徽省绩溪县、郎溪县	
198	第七批	莲花池山遗址	旧石器时代	福建省漳州市	
199	第七批	奇和洞遗址	旧石器时代至新石器时代	福建省漳平市	
200	第七批	南山遗址	新石器时代至商周	福建省明溪县	
201	第七批	池湖遗址	新石器时代、商周	福建省光泽县	

（续表）

序号	批　次	名　　称	时　　代	地　　址	备　　注
202	第七批	猫耳山遗址	商	福建省浦城县	
203	第七批	庵山沙丘遗址	商至周	福建省晋江市	
204	第七批	平潭海坛海峡水下遗址	五代至清	福建省平潭县	
205	第七批	中村窑遗址	宋至明	福建省三明市	
206	第七批	拾年山遗址	新石器时代	江西省新余市	
207	第七批	社山头遗址	新石器时代至周	江西省广丰县	
208	第七批	角山板栗山遗址	商	江西省鹰潭市	
209	第七批	界埠粮仓遗址	战国	江西省新干县	
210	第七批	鄡阳城遗址	汉	江西省都昌县	
211	第七批	宝山金银矿冶遗址	唐	江西省金溪县	
212	第七批	银山银矿遗址	唐、宋	江西省德兴市	
213	第七批	七里镇窑址	唐至明	江西省赣州市	
214	第七批	包家金矿遗址	唐至明	江西省上饶县	
215	第七批	凤凰山铁矿遗址	唐至明	江西省分宜县	
216	第七批	白舍窑遗址	宋	江西省南丰县	
217	第七批	蒙山银矿遗址	宋、元、明	江西省上高县	
218	第七批	华林造纸作坊遗址	宋、元、明	江西省高安市	
219	第七批	丽阳窑址	元至明	江西省景德镇市	
220	第七批	建新遗址	新石器时代	山东省枣庄市	
221	第七批	南王绪遗址	新石器时代	山东省蓬莱市	
222	第七批	野店遗址	新石器时代	山东省邹城市	
223	第七批	青堌堆遗址	新石器时代	山东省梁山县	
224	第七批	大朱家村遗址	新石器时代	山东省莒县	
225	第七批	西朱封遗址	新石器时代至夏	山东省临朐县	
226	第七批	史家遗址	新石器时代至商	山东省桓台县	
227	第七批	北沈遗址	新石器时代至战国	山东省淄博市	
228	第七批	北沟头遗址	新石器时代、周、汉	山东省临沭县	
229	第七批	西夏侯遗址	新石器时代、商	山东省曲阜市	
230	第七批	尚庄遗址	新石器时代、商、周、汉	山东省茌平县	
231	第七批	前掌大遗址	新石器时代、商至周、汉	山东省滕州市	

（续表）

序号	批 次	名 称	时 代	地 址	备 注
232	第七批	双王城盐业遗址群	新石器时代、商、西周、金、元	山东省寿光市	
233	第七批	嬴城遗址	新石器时代、商、汉	山东省莱芜市	
234	第七批	西皇姑庵遗址	新石器时代、西周	山东省胶州市	
235	第七批	西吴寺遗址	新石器时代、周	山东省兖州市	
236	第七批	赵家庄遗址	新石器时代、东周	山东省胶州市	
237	第七批	魏家庄遗址	新石器时代、东周	山东省临朐县	
238	第七批	杭头遗址	新石器时代、春秋、战国、汉	山东省莒县	
239	第七批	五村遗址	新石器时代、战国、汉	山东省广饶县	
240	第七批	小谷城故城遗址	新石器时代、汉	山东省临沂市	
241	第七批	丰台盐业遗址群	周、汉、金	山东省潍坊市	
242	第七批	照格庄遗址	夏、商	山东省烟台市	
243	第七批	大辛庄遗址	商	山东省历城区	
244	第七批	南河崖盐业遗址群	商周	山东省广饶县	
245	第七批	陈庄-唐口遗址	西周至战国	山东省高青县	
246	第七批	杨家盐业遗址群	周	山东省沾化县	
247	第七批	牟国故城遗址	周至汉	山东省莱芜市	
248	第七批	鄫国故城遗址	周、汉	山东省苍山县	
249	第七批	杞国故城遗址	春秋至汉	山东省潍坊市	
250	第七批	南武城故城遗址	春秋至南北朝	山东省平邑县	
251	第七批	费县故城遗址	春秋、汉、北魏	山东省费县	
252	第七批	西沙埠遗址	战国至汉	山东省莱西市	
253	第七批	琅琊台遗址	秦	山东省胶南市	
254	第七批	昌邑故城址	西汉	山东省巨野县	
255	第七批	祓国都城遗址	汉	山东省胶州市	
256	第七批	青州龙兴寺遗址	南北朝至明	山东省青州市	
257	第七批	磁村瓷窑址	唐至元	山东省淄博市	
258	第七批	板桥镇遗址	宋至清	山东省胶州市	
259	第七批	萧城遗址	宋	山东省冠县	
260	第七批	土桥闸	明	山东省聊城市	
261	第七批	七里坪遗址	旧石器时代	河南省栾川县	

（续表）

序号	批　次	名　　称	时　　代	地　　址	备　　注
262	第七批	北窑遗址	旧石器时代	河南省洛阳市	
263	第七批	灵井“许昌人”遗址	旧石器时代	河南省许昌县	
264	第七批	杏花山与小空山遗址	旧石器时代	河南省南召县	
265	第七批	李家沟遗址	旧石器时代至新石器时代	河南省新密市	
266	第七批	尚岗杨遗址	新石器时代	河南省郑州市	
267	第七批	后庄王遗址	新石器时代	河南省郑州市	
268	第七批	青台遗址	新石器时代	河南省荥阳市	
269	第七批	秦王寨遗址	新石器时代	河南省荥阳市	
270	第七批	人和寨遗址	新石器时代	河南省新郑市	
271	第七批	土门遗址	新石器时代	河南省伊川县	
272	第七批	桥北村遗址	新石器时代	河南省嵩县	
273	第七批	西王村遗址	新石器时代	河南省洛宁县	
274	第七批	白营遗址	新石器时代	河南省汤阴县	
275	第七批	不召寨遗址	新石器时代	河南省渑池县	
276	第七批	徐堡古城址	新石器时代	河南省温县	
277	第七批	许由寨遗址	新石器时代	河南省鄢陵县	
278	第七批	刘庄遗址	新石器时代	河南省鄢陵县	
279	第七批	阿岗寺遗址	新石器时代	河南省舞阳县	
280	第七批	黄山遗址	新石器时代	河南省南阳市	
281	第七批	太子岗遗址	新石器时代	河南省邓州市	
282	第七批	造律台遗址	新石器时代	河南省永城市	
283	第七批	董桥遗址	新石器时代	河南省西平县	
284	第七批	台子寺遗址	新石器时代	河南省驻马店市	
285	第七批	天堂寺遗址	新石器时代	河南省汝南县	
286	第七批	段寨遗址	新石器时代	河南省郸城县	
287	第七批	西金城遗址	新石器时代	河南省博爱县	
288	第七批	李楼遗址	新石器时代至夏	河南省汝州市	
289	第七批	花地嘴遗址	新石器时代至夏	河南省巩义市	
290	第七批	煤山遗址	新石器时代至夏	河南省汝州市	
291	第七批	曲梁遗址	新石器时代至夏、商、汉	河南省新密市	
292	第七批	商村遗址	新石器时代至商、周	河南省武陟县	

（续表）

序号	批 次	名 称	时 代	地 址	备 注
293	第七批	娘娘寨遗址	新石器时代至周	河南省荥阳市	
294	第七批	段岗遗址	新石器时代至春秋	河南省杞县	
295	第七批	小李庄遗址	新石器时代至南北朝	河南省宝丰县	
296	第七批	稍柴遗址	新石器时代、夏	河南省巩义市	
297	第七批	大赉店遗址	新石器时代、商	河南省鹤壁市	
298	第七批	西水坡遗址	新石器时代、东周、汉	河南省濮阳县	
299	第七批	文集遗址	新石器时代、金、元	河南省叶县	
300	第七批	八里桥遗址	夏	河南省方城县	
301	第七批	南洼遗址	夏商至唐宋	河南省登封市	
302	第七批	望京楼遗址	夏、商	河南省新郑市	
303	第七批	南顿故城	夏、商、汉	河南省项城市	
304	第七批	柘城孟庄遗址	商	河南省柘城县	
305	第七批	琉璃阁遗址	商周至汉	河南省辉县市	
306	第七批	邘国故城	商、周、汉	河南省沁阳市	
307	第七批	蒋国故城	西周至战国	河南省淮滨县	
308	第七批	祭伯城	周	河南省郑州市	
309	第七批	濮阳卫国故城	周	河南省濮阳县	
310	第七批	洛阳东周王城	东周	河南省洛阳市	
311	第七批	华阳故城	东周	河南省新郑市	
312	第七批	鄢国故城	东周	河南省鄢陵县	
313	第七批	十二连城	东周	河南省长葛市	
314	第七批	京城古城址	东周	河南省荥阳市	
315	第七批	新郑苑陵故城	东周、秦、汉	河南省新郑市	
316	第七批	父城遗址	东周、汉	河南省宝丰县	
317	第七批	葛陵故城	东周、汉	河南省新蔡县	
318	第七批	启封故城	春秋	河南省开封县	
319	第七批	沈国故城	春秋至汉	河南省平舆县	
320	第七批	刘国故城	春秋、汉	河南省偃师市	
321	第七批	舞钢冶铁遗址群	战国至汉	河南省舞钢市	
322	第七批	宜阳韩都故城	战国、秦、汉	河南省宜阳县	
323	第七批	汉霸二王城	秦	河南省荥阳市	

（续表）

序号	批　次	名　　称	时　　代	地　　址	备　　注
324	第七批	新安函谷关	西汉	河南省新安县	
325	第七批	铁生沟冶铁遗址	汉	河南省巩义市	
326	第七批	芒砀山汉代礼制建筑基址	汉	河南省永城市	
327	第七批	柘城故城	汉	河南省柘城县	
328	第七批	汉魏许都故城	汉、魏	河南省许昌县	
329	第七批	沙门城址	汉、宋、金	河南省延津县	
330	第七批	大运河商丘南关码头遗址	隋至宋	河南省商丘市	
331	第七批	邓窑遗址	唐至元	河南省内乡县	
332	第七批	密县瓷窑遗址	唐、宋	河南省新密市	
333	第七批	宋陵采石场	北宋	河南省偃师市	
334	第七批	严和店窑址	宋	河南省汝州市	
335	第七批	长阳人遗址	旧石器时代	湖北省长阳土家族自治县	
336	第七批	梅铺猿人遗址	旧石器时代	湖北省郧县	
337	第七批	黄龙洞遗址	旧石器时代	湖北省郧西县	
338	第七批	桂花树遗址	新石器时代	湖北省松滋市	
339	第七批	叶家庙遗址	新石器时代	湖北省孝感市	
340	第七批	城河遗址	新石器时代	湖北省沙洋县	
341	第七批	龙王山遗址	新石器时代	湖北省荆门市	
342	第七批	大路铺遗址	新石器时代、商、周	湖北省阳新县	
343	第七批	七里河遗址	新石器时代、周、汉	湖北省房县	
344	第七批	毛家咀遗址	西周	湖北省蕲春县	
345	第七批	安居遗址	周、汉	湖北省随县	
346	第七批	草店坊城遗址	周、汉	湖北省孝昌县	
347	第七批	郭家岗遗址	东周	湖北省宜城市	
348	第七批	孙郭胡城址	战国	湖北省咸宁市	
349	第七批	南襄城遗址	战国至汉	湖北省远安县	
350	第七批	新店土城遗址	战国、西汉	湖北省赤壁市	
351	第七批	郢城遗址	秦、汉	湖北省荆州市	
352	第七批	吴王城遗址	三国	湖北省鄂州市	
353	第七批	南漳山寨群	明至清	湖北省南漳县	
354	第七批	李来亨抗清遗址	明至清	湖北省兴山县	
355	第七批	虎爪山遗址	旧石器时代	湖南省津市市	
356	第七批	鸡公垱遗址	旧石器时代	湖南省澧县	

（续表）

序号	批 次	名 称	时 代	地 址	备 注
357	第七批	十里岗遗址	旧石器时代	湖南省澧县	
358	第七批	汤家岗遗址	新石器时代	湖南省安乡县	
359	第七批	三元宫遗址	新石器时代	湖南省澧县	
360	第七批	孙家岗遗址	新石器时代	湖南省澧县	
361	第七批	鸡叫城遗址	新石器时代	湖南省澧县	
362	第七批	丁家岗遗址	新石器时代	湖南省澧县	
363	第七批	划城岗遗址	新石器时代	湖南省安乡县	
364	第七批	涂家台遗址	新石器时代	湖南省南县	
365	第七批	皂市遗址	新石器时代至商、周	湖南省石门县	
366	第七批	不二门遗址	商、周	湖南省永顺县	
367	第七批	铜鼓山遗址	商、春秋	湖南省岳阳市	
368	第七批	申鸣城遗址	东周	湖南省临澧县	
369	第七批	罗子国城遗址	东周	湖南省汨罗市	
370	第七批	四方城遗址	战国至汉	湖南省保靖县	
371	第七批	采菱城遗址	战国至汉	湖南省桃源县	
372	第七批	舂陵侯城遗址	秦至汉	湖南省宁远县	
373	第七批	泠道故城遗址	西汉	湖南省宁远县	
374	第七批	魏家寨古城遗址	汉	湖南省保靖县	
375	第七批	里耶大板遗址与墓群	汉	湖南省龙山县	
376	第七批	索县汉代城址	汉	湖南省常德市	
377	第七批	衡州窑	唐至宋	湖南省衡阳市	
378	第七批	云集窑	唐至元	湖南省衡南县	
379	第七批	允山玉井古窑址	宋	湖南省江永县	
380	第七批	羊峰古城遗址	宋	湖南省永顺县	
381	第七批	鬼崽岭遗址	宋至清	湖南省道县	
382	第七批	水口山铅锌矿冶遗址	宋至清	湖南省常宁市	
383	第七批	羊舞岭古窑址	宋至清	湖南省益阳市	
384	第七批	醴陵窑	宋至民国	湖南省醴陵市	
385	第七批	茶陵古城墙	南宋至清	湖南省茶陵县	
386	第七批	大矶头遗址	清	湖南省岳阳市	
387	第七批	独石仔洞穴遗址	旧石器时代至新石器时代	广东省阳春市	
388	第七批	古椰贝丘遗址	新石器时代	广东省佛山市	
389	第七批	蚝岗贝丘遗址	新石器时代	广东省东莞市	

（续表）

序号	批　次	名　　称	时　　代	地　　址	备　　注
390	第七批	柳城巨猿洞	旧石器时代	广西壮族自治区柳城县	
391	第七批	布兵盆地洞穴遗址群	旧石器时代	广西壮族自治区田东县	
392	第七批	那赖遗址	旧石器时代	广西壮族自治区田阳县	
393	第七批	晓锦遗址	新石器时代	广西壮族自治区资源县	
394	第七批	大浪古城遗址	汉	广西壮族自治区合浦县	
395	第七批	草鞋村遗址	汉	广西壮族自治区合浦县	
396	第七批	越州故城	南朝	广西壮族自治区浦北县	
397	第七批	中和窑址	宋	广西壮族自治区藤县	
398	第七批	信冲洞遗址	旧石器时代	海南省昌江黎族自治县	
399	第七批	珠崖岭城址	汉至唐	海南省海口市	
400	第七批	华光礁沉船遗址	宋至清	海南省三沙市	
401	第七批	天生城遗址	南宋至清	重庆市万州区	
402	第七批	老鼓楼衙署遗址	南宋至清	重庆市渝中区	
403	第七批	重庆冶锌遗址群	明至清	重庆市丰都县、石柱土家族自治县	
404	第七批	哈休遗址	新石器时代	四川省马尔康县	
405	第七批	罕额依新石器时代文化遗址和汉代石棺葬墓群	新石器时代、汉	四川省丹巴县	
406	第七批	雒城遗址	汉	四川省广汉市	
407	第七批	江南馆街街坊遗址	唐至宋	四川省成都市	
408	第七批	玉堂窑址	唐、北宋	四川省都江堰市	
409	第七批	神臂城遗址	南宋	四川省合江县	
410	第七批	永平堡古城	明	四川省北川羌族自治县	
411	第七批	五粮液老窖池遗址	明至清	四川省宜宾市	
412	第七批	龙广观音洞遗址	旧石器时代至新石器时代	贵州省安龙县	
413	第七批	普安铜鼓山遗址	战国至西汉	贵州省普安县	
414	第七批	元谋古猿化石地点	旧石器时代	云南省元谋县	

（续表）

序号	批 次	名 称	时 代	地 址	备 注
415	第七批	大河遗址	旧石器时代	云南省富源县	
416	第七批	玉水坪遗址	旧石器时代至新石器时代	云南省兰坪白族普米族自治县	
417	第七批	大墩子遗址	新石器时代	云南省元谋县	
418	第七批	海门口遗址	新石器时代至夏、商、周	云南省剑川县	
419	第七批	银梭岛遗址	新石器时代至商	云南省大理市	
420	第七批	玉溪窑址	元至明	云南省玉溪市	
421	第七批	小恩达遗址	新石器时代	西藏自治区昌都县	
422	第七批	皮央和东嘎遗址	宋至明	西藏自治区札达县	
423	第七批	洛南盆地旧石器地点群	旧石器时代	陕西省洛南县	
424	第七批	龙王辿遗址	旧石器时代	陕西省宜川县	
425	第七批	杨家坟山遗址	旧石器时代	陕西省黄龙县	
426	第七批	何家湾遗址	新石器时代	陕西省西乡县	
427	第七批	杨官寨遗址	新石器时代	陕西省高陵县	
428	第七批	鱼化寨遗址	新石器时代	陕西省西安市	
429	第七批	南沙遗址	新石器时代至商	陕西省华县	
430	第七批	碾子坡遗址	新石器时代至西周	陕西省长武县	
431	第七批	紫荆遗址	新石器时代至西周	陕西省商洛市	
432	第七批	水沟遗址	新石器时代至战国	陕西省凤翔县	
433	第七批	宝山遗址	新石器时代、商	陕西省城固县	
434	第七批	益家堡遗址	新石器时代、商	陕西省扶风县	
435	第七批	古邰国遗址	新石器时代、商、周	陕西省咸阳市、扶风县	
436	第七批	桥镇遗址	新石器时代、西周	陕西省宝鸡市	
437	第七批	西峪遗址	新石器时代、秦汉	陕西省周至县	
438	第七批	下河西遗址	新石器时代、汉	陕西省白水县	
439	第七批	郑家坡遗址	商	陕西省武功县	
440	第七批	赵家台遗址	商、西周	陕西省岐山县	
441	第七批	茹家庄遗址	西周	陕西省宝鸡市	

（续表）

序号	批　次	名　　称	时　　代	地　　址	备　　注
442	第七批	十二连城烽火台遗址	东周至明	陕西省潼关县	
443	第七批	徵邑漕仓遗址	春秋至西汉	陕西省蒲城县	
444	第七批	刘家营遗址	战国至秦汉	陕西省安康市	
445	第七批	秦直道起点遗址	秦	陕西省淳化县	
446	第七批	秦直道遗址延安段	秦	陕西省黄陵县、富县、甘泉县、志丹县	
447	第七批	役祤宫遗址	秦至西汉	陕西省铜川市	
448	第七批	成山宫遗址	秦、汉	陕西省眉县	
449	第七批	沙河古桥遗址	秦、汉	陕西省咸阳市	
450	第七批	银州故城	秦、汉、唐	陕西省横山县	
451	第七批	建章宫遗址	西汉	陕西省西安市	
452	第七批	圜丘遗址	唐	陕西省西安市	
453	第七批	潼关故城	唐至明	陕西省潼关县	
454	第七批	尧头窑遗址	唐至清	陕西省澄城县	
455	第七批	铁边城遗址	北宋	陕西省吴起县	
456	第七批	安仁瓷窑遗址	宋至元	陕西省旬邑县	
457	第七批	代来城城址	宋、明、清	陕西省榆林市	
458	第七批	牛角沟遗址	旧石器时代	甘肃省泾川县	
459	第七批	狼叫岇遗址	旧石器时代、新石器时代	甘肃省武山县	
460	第七批	半山遗址	新石器时代	甘肃省广河县	
461	第七批	然闹遗址	新石器时代	甘肃省迭部县	
462	第七批	磨沟遗址(含墓群)	新石器时代至商	甘肃省临潭县	
463	第七批	新庄坪遗址	新石器时代至商	甘肃省积石山保安族东乡族撒拉族自治县	
464	第七批	边家林遗址	新石器时代至商	甘肃省康乐县	
465	第七批	西山遗址	新石器时代至商	甘肃省灵台县	
466	第七批	缸缸洼遗址	新石器时代、夏、商	甘肃省金塔县	
467	第七批	火石梁遗址	新石器时代、商	甘肃省金塔县	
468	第七批	李崖遗址	新石器时代、商、周、汉	甘肃省清水县	
469	第七批	石沟坪遗址	新石器时代、西周、春秋、汉	甘肃省礼县	

（续表）

序号	批 次	名 称	时 代	地 址	备 注
470	第七批	桥村遗址	新石器时代、西周、汉	甘肃省灵台县	
471	第七批	马家塬遗址	新石器时代、战国	甘肃省张家川回族自治县	
472	第七批	砂锅梁遗址	夏、商	甘肃省玉门市	
473	第七批	东灰山遗址	夏、商	甘肃省民乐县	
474	第七批	辛店遗址	商周	甘肃省临洮县	
475	第七批	三角城遗址	西周至春秋	甘肃省金昌市	
476	第七批	秦直道遗址庆阳段	秦	甘肃省正宁县、宁县、合水县、华池县	
477	第七批	成纪故城遗址	秦至宋	甘肃省静宁县	
478	第七批	六工城遗址	汉至唐	甘肃省瓜州县	
479	第七批	草沟井城址	汉至明	甘肃省肃南裕固族自治县	
480	第七批	宗日遗址	新石器时代	青海省同德县	
481	第七批	塔里他里哈遗址	商至周	青海省都兰县	
482	第七批	虎台遗址	十六国	青海省西宁市	
483	第七批	门源古城	宋	青海省门源回族自治县	
484	第七批	贡萨寺旧址与宗喀巴大殿	清	青海省治多县	
485	第七批	页河子遗址	新石器时代	宁夏回族自治区隆德县	
486	第七批	固原古城遗址	汉至清	宁夏回族自治区固原市	
487	第七批	省嵬城址	宋	宁夏回族自治区石嘴山市	
488	第七批	七营北嘴城址	宋至明	宁夏回族自治区海原县	
489	第七批	柳州城址	宋至明	宁夏回族自治区海原县	
490	第七批	大营城址	宋至明	宁夏回族自治区固原市	
491	第七批	兴武营城址	明	宁夏回族自治区盐池县	
492	第七批	骆驼石旧石器遗址	旧石器时代	新疆维吾尔自治区塔城地区	
493	第七批	岳公台-西黑沟遗址群	春秋至战国	新疆维吾尔自治区巴里坤哈萨克自治县	

（续表）

序号	批　次	名　　称	时　　代	地　　址	备　　注
494	第七批	龟兹故城	西汉至宋	新疆维吾尔自治区库车县	
495	第七批	石人子沟遗址群	汉	新疆维吾尔自治区巴里坤哈萨克自治县	
496	第七批	营盘古城及古墓群	汉至晋	新疆维吾尔自治区尉犁县	
497	第七批	喀拉墩遗址	汉至南北朝	新疆维吾尔自治区于田县	
498	第七批	乌什喀特古城遗址	汉至唐	新疆维吾尔自治区新和县	
499	第七批	石城子遗址	东汉	新疆维吾尔自治区奇台县	
500	第七批	达玛沟佛寺遗址	南北朝	新疆维吾尔自治区策勒县	
501	第七批	克斯勒塔格佛寺遗址	唐	新疆维吾尔自治区柯坪县	
502	第七批	兰城遗址	唐	新疆维吾尔自治区和硕县	
503	第七批	唐王城遗址	唐	新疆维吾尔自治区库车县	
504	第七批	阿萨古城遗址	唐至宋	新疆维吾尔自治区鄯善县	
505	第七批	达勒特古城遗址	唐至元	新疆维吾尔自治区博乐市	
506	第七批	唐朝墩古城遗址	唐至元	新疆维吾尔自治区奇台县	
507	第七批	夏塔古城遗址	唐至元	新疆维吾尔自治区昭苏县	
508	第七批	昌吉州境内烽燧群	唐至清	新疆维吾尔自治区木垒哈萨克自治县、奇台县、吉木萨尔县、阜康县、昌吉市、呼图壁县、玛纳斯县	
509	第七批	古代吐鲁番盆地军事防御遗址	唐至清	新疆维吾尔自治区吐鲁番市、托克逊县、鄯善县	
510	第七批	哈密境内烽燧遗址	唐至清	新疆维吾尔自治区哈密市、巴里坤哈萨克自治县、伊吾县	

（续表）

序号	批　次	名　　称	时　　代	地　　址	备　　注
511	第七批	柳中古城遗址	唐至清	新疆维吾尔自治区鄯善县	
512	第七批	道尔本厄鲁特森木古城遗址	明	新疆维吾尔自治区塔城地区	
513	第七批	惠远新、老古城遗址	清	新疆维吾尔自治区霍城县	
514	第七批	阔纳齐兰遗址	清	新疆维吾尔自治区柯坪县	
515	第七批	伊犁清代卡伦遗址	清	新疆维吾尔自治区霍城县、察布查尔锡伯自治县	
516	第七批	茶马古道	唐至民国	四川省、云南省、贵州省	
517	第七批	房山大白玉塘采石场遗址	隋至清	北京市房山区	并入第一批全国重点文物保护单位房山云居寺塔及石经
518	第七批	功臣寺遗址	唐、五代	浙江省临安市	与第五批全国重点文物保护单位功臣塔合并，称功臣塔及功臣寺遗址
519	第七批	泸州老窖窖池群及酿酒作坊	明、清	四川省泸州市	并入第四批全国重点文物保护单位泸州大曲老窖池
二、古墓葬(186 处)					
序号	批　次	名　　称	时　　代	地　　址	备　　注
1	第七批	林村墓群	战国至汉	河北省邯郸县	
2	第七批	无极甄氏墓群	东汉至北朝	河北省无极县	
3	第七批	赞皇李氏墓群	北朝	河北省赞皇县	
4	第七批	宋祖陵	五代、宋	河北省清苑县	
5	第七批	王处直墓	五代	河北省曲阳县	
6	第七批	石羊石虎墓群	辽至金	河北省平泉县	
7	第七批	杨赟家族墓地	元至清	河北省蔚县	
8	第七批	冯古庄墓地	西周	山西省新绛县	
9	第七批	山王墓地	西周	山西省河津市	
10	第七批	横北倗国墓地	西周	山西省绛县	
11	第七批	西周黎侯墓群	西周至春秋	山西省黎城县	
12	第七批	羊舌墓地	西周至春秋	山西省曲沃县	
13	第七批	薛嵩墓	唐	山西省夏县	
14	第七批	东龙观墓群	宋、金、元	山西省汾阳市	
15	第七批	南宝力皋吐古墓地	新石器时代	内蒙古自治区扎鲁特旗	

（续表）

序号	批　次	名　　称	时　　代	地　　址	备　　注
16	第七批	小黑石沟墓群	西周至战国	内蒙古自治区宁城县	
17	第七批	团结墓地	东汉	内蒙古自治区呼伦贝尔市	
18	第七批	和林格尔东汉壁画墓	东汉	内蒙古自治区和林格尔县	
19	第七批	谢尔塔拉墓地	唐至五代	内蒙古自治区呼伦贝尔市	
20	第七批	奈林稿辽墓群	辽	内蒙古自治区库伦旗	
21	第七批	耶律祺家族墓	辽	内蒙古自治区阿鲁科尔沁旗	
22	第七批	耶律琮墓	辽	内蒙古自治区喀喇沁旗	
23	第七批	沙日宝特墓群	辽	内蒙古自治区阿鲁科尔沁旗	
24	第七批	砧子山古墓群	元	内蒙古自治区多伦县	
25	第七批	恩格尔河墓群	元	内蒙古自治区苏尼特左旗	
26	第七批	和硕端静公主墓	清	内蒙古自治区喀喇沁旗	
27	第七批	四平山积石墓地	新石器时代	辽宁省大连市	
28	第七批	马城子墓地	夏至西周	辽宁省本溪满族自治县	
29	第七批	东山大石盖墓	夏、商	辽宁省凤城市	
30	第七批	石棚沟石棚	夏、商	辽宁省普兰店市	
31	第七批	岗上楼上墓地	西周至春秋	辽宁省大连市	
32	第七批	东大杖子古墓群	战国	辽宁省建昌县	
33	第七批	望江楼墓地	西汉至东汉	辽宁省桓仁满族自治县	
34	第七批	营城子汉墓群	汉	辽宁省大连市	
35	第七批	辽阳苗圃汉墓群	汉、魏	辽宁省辽阳市	
36	第七批	雅河流域墓群	汉至唐	辽宁省桓仁满族自治县	
37	第七批	冯家堡子墓地	汉至唐	辽宁省桓仁满族自治县	
38	第七批	施家沟墓地	汉至唐	辽宁省抚顺市	
39	第七批	喇嘛洞墓地	三国至晋	辽宁省北票市	

（续表）

序号	批 次	名 称	时 代	地 址	备 注
40	第七批	龙岗墓群	辽	辽宁省北镇市	
41	第七批	关山辽墓	辽	辽宁省阜新蒙古族自治县	
42	第七批	东京陵	明	辽宁省辽阳市	
43	第七批	小西山石棺墓群	商至周	吉林省磐石市	
44	第七批	鸭绿江上游积石墓群	汉至唐	吉林省白山市	
45	第七批	江沿墓群	汉至唐	吉林省通化市	
46	第七批	友谊村墓群	金	吉林省梨树县	
47	第七批	金坛土墩墓群	商周	江苏省金坛市	
48	第七批	春城土墩墓群	商周	江苏省句容市	
49	第七批	烟墩山墓地	西周	江苏省镇江市	
50	第七批	尹湾汉墓	汉	江苏省东海县	
51	第七批	三庄墓群	汉	江苏省泗阳县	
52	第七批	庙山汉墓	汉	江苏省仪征市	
53	第七批	上坊孙吴墓	三国	江苏省南京市	
54	第七批	仙鹤观六朝墓地	三国、晋、南北朝	江苏省南京市	
55	第七批	顾炎武墓及故居	清	江苏省昆山市	
56	第七批	绍兴越国贵族墓群	春秋至战国	浙江省绍兴县	
57	第七批	长安画像石墓	汉至三国	浙江省海宁市	
58	第七批	吕祖谦及家族墓	宋	浙江省武义县	
59	第七批	宋六陵	南宋	浙江省绍兴县	
60	第七批	赵孟頫墓	元	浙江省德清县	
61	第七批	吴镇墓	元	浙江省嘉善县	
62	第七批	建平镇土墩墓群	西周至战国	安徽省郎溪县	
63	第七批	双墩春秋墓	春秋	安徽省蚌埠市	
64	第七批	六安汉代王陵墓地	西汉	安徽省六安市	
65	第七批	淮南王刘安家族墓地	汉	安徽省寿县	
66	第七批	古城汉墓	东汉	安徽省濉溪县	
67	第七批	程端忠墓	宋	安徽省金寨县	
68	第七批	化明塘严氏墓	明	安徽省五河县	
69	第七批	汤和墓	明	安徽省蚌埠市	
70	第七批	张廷玉墓	清	安徽省桐城市	
71	第七批	浦城土墩墓群	西周至春秋	福建省浦城县	
72	第七批	陈政墓和陈元光墓	唐至宋	福建省漳州市	

（续表）

序号	批　次	名　　称	时　　代	地　　址	备　　注
73	第七批	李洲坳东周墓葬	东周	江西省靖安县	
74	第七批	吴平墓群	西汉至隋	江西省樟树市	
75	第七批	紫金城城址与铁河古墓群	汉	江西省新建县	
76	第七批	吉水东吴墓	三国	江西省吉水县	
77	第七批	文天祥墓	元	江西省吉安市	
78	第七批	谭纶墓	明	江西省宜黄县	
79	第七批	朱权墓与乐安王墓	明	江西省新建县	
80	第七批	明益藩王墓地	明	江西省南城县	
81	第七批	村里集城址及墓群	西周至战国	山东省蓬莱市	
82	第七批	临淄墓群	周至汉	山东省淄博市	
83	第七批	防山墓群	周、汉	山东省曲阜市	
84	第七批	孟母林墓群	东周至清	山东省曲阜市	
85	第七批	程家沟古墓	战国	山东省青州市	
86	第七批	定陶王墓地（王陵）	汉	山东省定陶县	
87	第七批	安丘董家庄汉画像石墓	东汉	山东省安丘市	
88	第七批	留村石墓群	元	山东省荣成市	
89	第七批	明德王墓地	明	山东省济南市	
90	第七批	宋庄东周贵族墓地	东周、汉	河南省淇县	
91	第七批	固岸墓地	战国至宋	河南省安阳县	
92	第七批	苌村汉墓	汉	河南省荥阳市	
93	第七批	刘崇墓	汉	河南省淮阳县	
94	第七批	后士郭壁画墓	东汉	河南省新密市	
95	第七批	徐堌堆墓群	东汉	河南省商丘市	
96	第七批	洛南东汉帝陵	东汉	河南省偃师市	
97	第七批	安阳高陵	东汉	河南省安阳县	
98	第七批	汉献帝禅陵	东汉	河南省修武县	
99	第七批	魏明帝高平陵	三国	河南省汝阳县	
100	第七批	后晋显陵	五代	河南省宜阳县	
101	第七批	后汉皇陵	五代	河南省禹州市	
102	第七批	程颐、程颢墓	北宋	河南省伊川县	
103	第七批	许衡墓	元	河南省焦作市	
104	第七批	明周王墓	明	河南省禹州市	
105	第七批	苏家垄墓群	东周	湖北省京山县	
106	第七批	安乐堰墓群	东周	湖北省南漳县	
107	第七批	马山墓群	东周	湖北省荆州市	

（续表）

序号	批 次	名 称	时 代	地 址	备 注
108	第七批	霸王坟墓群	战国	湖北省老河口市	
109	第七批	腰子仑春秋墓群	东周	湖南省桃江县	
110	第七批	网岭墓群	东周至汉晋	湖南省攸县	
111	第七批	九里楚墓群	战国	湖南省临澧县	
112	第七批	里耶麦茶战国墓群	战国	湖南省龙山县	
113	第七批	骑龙岗古墓群	战国至汉	湖南省慈利县	
114	第七批	义帝陵	秦	湖南省郴州市	
115	第七批	马王堆汉墓	西汉	湖南省长沙市	
116	第七批	汉代长沙王陵墓群	汉	湖南省长沙市	
117	第七批	青山崖墓群	汉晋	湖南省临澧县	
118	第七批	南禅湾晋墓群	西晋	湖南省安乡县	
119	第七批	龙窖山堆石墓群	隋至明	湖南省临湘市	
120	第七批	张南轩墓(含张浚墓)	宋	湖南省宁乡县	
121	第七批	陶澍墓	清	湖南省安化县	
122	第七批	曾国藩墓	清	湖南省长沙市	
123	第七批	隋谯国夫人冼氏墓	隋	广东省电白县	
124	第七批	清真先贤古墓	唐	广东省广州市	
125	第七批	唐氏墓群	宋至清	广东省雷州市	
126	第七批	凤腾山古墓群	清	广西壮族自治区环江毛南族自治县	
127	第七批	荆竹坝岩棺群	战国至汉	重庆市巫溪县	
128	第七批	汇南墓群	汉至六朝	重庆市丰都县	
129	第七批	青川郝家坪战国墓群	战国	四川省青川县	
130	第七批	河边九龙山崖墓群	汉	四川省绵阳市	
131	第七批	合江崖墓群	东汉	四川省合江县	
132	第七批	顺河崖墓群	东汉	四川省内江市	
133	第七批	铁佛寺崖墓群	东汉	四川省安岳县	
134	第七批	七个洞崖墓群	东汉	四川省长宁县	
135	第七批	罗盘嘴墓群	宋	四川省泸县	
136	第七批	南广河流域崖墓群及石刻	明	四川省高县	
137	第七批	务川大坪墓群	汉	贵州省务川仡佬族苗族自治县	
138	第七批	兴义万屯墓群	东汉	贵州省兴义市	
139	第七批	平坝棺材洞	唐至民国	贵州省平坝县	
140	第七批	惠水仙人桥洞葬	明至清	贵州省惠水县	

（续表）

序号	批　次	名　　称	时　　代	地　　址	备　　注
141	第七批	黔南水族墓群	明至清	贵州省三都水族自治县、荔波县	
142	第七批	小冲墓群	明至民国	贵州省盘县	
143	第七批	明十八先生墓	清	贵州省安龙县	
144	第七批	万家坝古墓群	周	云南省楚雄市	
145	第七批	金莲山、学山遗址群	春秋至汉	云南省澄江县	
146	第七批	罗汉山古墓群	东汉至唐	云南省曲靖市	
147	第七批	瓦石悬棺	唐	云南省威信县	
148	第七批	顺荡火葬墓群	明	云南省云龙县	
149	第七批	窦皇后陵	西汉	陕西省西安市	
150	第七批	凤栖原西汉家族墓地	西汉	陕西省西安市	
151	第七批	汉云陵	西汉	陕西省淳化县	
152	第七批	走马梁汉墓群	汉	陕西省榆林市	
153	第七批	薄太后陵	汉	陕西省西安市	
154	第七批	杨桥畔汉代城址与墓地	汉	陕西省靖边县	
155	第七批	商洛崖墓群	汉至清	陕西省商洛市、洛南县、镇安县、柞水县、丹凤县、商南县、山阳县	
156	第七批	永垣陵	晋	陕西省白水县	
157	第七批	北周成陵	南北朝	陕西省富平县	
158	第七批	李重俊墓	唐	陕西省富平县	
159	第七批	唐惠陵	唐	陕西省蒲城县	
160	第七批	兴宁陵	唐	陕西省咸阳市	
161	第七批	永康陵	唐	陕西省三原县	
162	第七批	李茂贞墓	五代	陕西省宝鸡市	
163	第七批	蓝田吕氏家族墓地	北宋	陕西省蓝田县	
164	第七批	宁强羌人墓地	宋至清	陕西省宁强县	
165	第七批	李氏家族墓地	清	陕西省大荔县	
166	第七批	磨咀子和五坝山墓群	新石器时代、汉、晋	甘肃省武威市	
167	第七批	放马滩墓群	战国至西汉	甘肃省天水市	
168	第七批	甲子墩墓群	汉至魏晋	甘肃省张掖市	
169	第七批	旱滩坡墓群	汉至晋	甘肃省武威市	
170	第七批	踏实墓群	东汉至唐	甘肃省瓜州县	
171	第七批	高昌王和西宁王墓	元	甘肃省武威市	

（续表）

序号	批 次	名 称	时 代	地 址	备 注
172	第七批	杂涅墓群	唐	青海省玉树县	
173	第七批	玉树古墓群	唐	青海省治多县、玉树县、称多县	
174	第七批	街子拱北	清	青海省循化撒拉族自治县	
175	第七批	固原北朝隋唐墓地	北朝至唐	宁夏回族自治区固原市	
176	第七批	窨子梁唐墓	唐	宁夏回族自治区盐池县	
177	第七批	小河墓地	前2000—前1500年	新疆维吾尔自治区若羌县	
178	第七批	阔科克古墓群	青铜时代	新疆维吾尔自治区布尔津县	
179	第七批	拜其尔墓地	青铜时代	新疆维吾尔自治区伊吾县	
180	第七批	大喀纳斯景区墓葬群	青铜时代至铁器时代	新疆维吾尔自治区布尔津县	
181	第七批	赛里木湖古墓群	青铜时代、汉至唐	新疆维吾尔自治区博乐市	
182	第七批	阿日夏特科克石围及石堆墓群	春秋至战国	新疆维吾尔自治区温泉县	
183	第七批	阿敦乔鲁石棚古墓群及岩画群	春秋至战国	新疆维吾尔自治区温泉县	
184	第七批	库车友谊路墓群	晋、十六国	新疆维吾尔自治区库车县	
185	第七批	小洪纳海石人墓	隋、唐	新疆维吾尔自治区昭苏县	
186	第七批	默拉纳额什丁麻扎	明	新疆维吾尔自治区库车县	

三、石窟寺及石刻(110处)

序号	批 次	名 称	时 代	地 址	备 注
1	第七批	朱山石刻	汉、唐	河北省永年县	
2	第七批	封龙山石窟	南北朝至明	河北省元氏县	
3	第七批	水浴寺石窟	南北朝至明	河北省邯郸市	
4	第七批	八会寺刻经	隋	河北省曲阳县	
5	第七批	邢台道德经幢	唐	河北省邢台市	
6	第七批	卧佛寺摩崖造像	北宋	河北省唐县	
7	第七批	法华洞石窟	宋至清	河北省武安市	

（续表）

序号	批　次	名　　称	时　　代	地　　址	备　　注
8	第七批	瑜伽山摩崖造像	宋、明	河北省平山县	
9	第七批	木兰围场御制碑、摩崖石刻	清	河北省围场满族蒙古族自治县、隆化县	
10	第七批	开河寺石窟	南北朝至隋	山西省平定县	
11	第七批	石马寺石窟	南北朝至唐	山西省昔阳县	
12	第七批	七里脚千佛洞石窟	南北朝至唐	山西省隰县	
13	第七批	南涅水石刻	南北朝至宋	山西省沁县	
14	第七批	桌子山岩画群	新石器时代	内蒙古自治区鄂托克旗、乌海市	
15	第七批	克什克腾岩画群	新石器时代至南北朝	内蒙古自治区克什克腾旗	
16	第七批	曼德拉山岩画群	新石器时代至清	内蒙古自治区阿拉善右旗	
17	第七批	广化寺造像	明至清	内蒙古自治区土默特左旗	
18	第七批	庆云摩崖石刻	金	吉林省梅河口市	
19	第七批	清追封和硕忠亲王碑	清	吉林省前郭尔罗斯蒙古族自治县	
20	第七批	东连岛东海琅琊郡界域刻石	汉	江苏省连云港市	
21	第七批	惠山寺经幢	唐、宋	江苏省无锡市	
22	第七批	郁林观石刻群	唐至清	江苏省连云港市	
23	第七批	第一山题刻	宋至民国	江苏省盱眙县	
24	第七批	阳山碑材	明	江苏省南京市	
25	第七批	仙居古越族岩画群	春秋、战国	浙江省仙居县	
26	第七批	南明山摩崖题刻	晋至民国	浙江省丽水市	
27	第七批	大佛寺石弥勒像和千佛岩造像	南北朝	浙江省新昌县	
28	第七批	石门洞摩崖题刻	南北朝至民国	浙江省青田县	
29	第七批	龙兴寺经幢	唐	浙江省杭州市	
30	第七批	惠力寺经幢	唐	浙江省海宁市	
31	第七批	柯岩造像及摩崖题刻	宋、清	浙江省绍兴县	
32	第七批	南山造像	元	浙江省杭州市	
33	第七批	琅琊山摩崖石刻及碑刻	唐至民国	安徽省滁州市	
34	第七批	浮山摩崖石刻	唐至民国	安徽省枞阳县	
35	第七批	齐山摩崖石刻	唐至民国	安徽省池州市	
36	第七批	黄山摩崖石刻群	唐至中华人民共和国	安徽省黄山市	

（续表）

序号	批 次	名 称	时 代	地 址	备 注
37	第七批	仙字潭摩崖石刻	新石器时代至周	福建省华安县	
38	第七批	乌石山、于山摩崖石刻及造像	唐至中华人民共和国	福建省福州市	
39	第七批	西资寺石佛造像	宋	福建省晋江市	
40	第七批	南天寺石佛造像和摩崖石刻	宋、明	福建省晋江市	
41	第七批	罗田岩石刻	北宋至民国	江西省于都县	
42	第七批	南岩石窟	宋	江西省弋阳县	
43	第七批	皇圣卿阙、功曹阙	汉	山东省平邑县	
44	第七批	丈八佛	南北朝	山东省博兴县	
45	第七批	长清莲花洞石窟造像	南北朝至唐	山东省济南市	
46	第七批	棘梁山石刻	南北朝至宋	山东省东平县	
47	第七批	景灵宫碑	宋	山东省曲阜市	
48	第七批	大泽山石刻及智藏寺墓塔林	宋至民国	山东省平度市	
49	第七批	萧大亨墓地石刻	明	山东省泰安市	
50	第七批	水泉石窟	南北朝	河南省偃师市	
51	第七批	万佛山石窟	南北朝	河南省洛阳市	
52	第七批	田迈造像	南北朝	河南省淇县	
53	第七批	禅静寺造像碑	南北朝	河南省长葛市	
54	第七批	洪谷寺塔与千佛洞石窟	南北朝至明	河南省林州市	
55	第七批	香泉寺石窟	南北朝至清	河南省卫辉市	
56	第七批	窄涧谷太平寺石窟	南北朝至清	河南省沁阳市	
57	第七批	尊胜陀罗尼经幢	唐	河南省新乡市	
58	第七批	陀罗尼经幢	五代	河南省卫辉市	
59	第七批	大宋新修会圣宫铭碑	北宋	河南省偃师市	
60	第七批	新乡文庙大观圣作之碑	北宋	河南省新乡市	
61	第七批	佛沟摩崖造像	宋	河南省方城县	
62	第七批	水南关清真寺阿文碑	元	河南省沁阳市	
63	第七批	慈云寺石刻	元至清	河南省巩义市	
64	第七批	赤壁摩崖石刻	宋、明、清	湖北省赤壁市	
65	第七批	李曾伯纪功铭	南宋	湖北省襄阳市	
66	第七批	侍郎坦摩崖石刻群	南北朝至清	湖南省永兴县	
67	第七批	南岳摩崖石刻	南北朝至民国	湖南省衡阳市	
68	第七批	朝阳岩石刻	唐至民国	湖南省永州市	
69	第七批	苏仙岭摩崖石刻群	唐至民国	湖南省郴州市	

（续表）

序号	批　次	名　　称	时　　代	地　　址	备　　注
70	第七批	禹王碑	宋	湖南省长沙市	
71	第七批	淡岩石刻	宋至民国	湖南省永州市	
72	第七批	龙龛岩摩崖石刻	唐、清、民国	广东省罗定市	
73	第七批	丹霞山摩崖石刻	宋至民国	广东省仁化县	
74	第七批	百寿岩石刻	宋至民国	广西壮族自治区永福县	
75	第七批	会仙山摩崖石刻	宋至民国	广西壮族自治区宜州市	
76	第七批	石门大佛寺摩崖造像	宋至元	重庆市江津区	
77	第七批	瞿塘峡摩崖石刻	南宋至民国	重庆市奉节县	
78	第七批	弹子石摩崖造像	元至清	重庆市南岸区	
79	第七批	北周文王碑及摩崖造像	南北朝至清	四川省成都市	
80	第七批	鹤鸣山道教石窟寺及石刻	南北朝至民国	四川省剑阁县	
81	第七批	睏佛寺摩崖造像	隋至宋	四川省乐至县	
82	第七批	冲相寺摩崖造像	隋至清	四川省广安市	
83	第七批	郑山、刘嘴摩崖造像	唐	四川省丹棱县	
84	第七批	碧水寺摩崖造像	唐	四川省绵阳市	
85	第七批	禹迹山摩崖造像	唐	四川省南部县	
86	第七批	半月山摩崖造像	唐	四川省资阳市	
87	第七批	白乳溪石窟	唐	四川省通江县	
88	第七批	能仁寺摩崖造像	唐至宋	四川省仁寿县	
89	第七批	穆日玛尼石经墙	唐至清	四川省石渠县	
90	第七批	中岩寺摩崖造像	唐至清	四川省青神县	
91	第七批	大像山摩崖造像	唐至清	四川省阆中市	
92	第七批	翔龙山摩崖造像	唐至民国	四川省内江市	
93	第七批	玉蟾山摩崖造像	宋至明	四川省泸县	
94	第七批	冒水村摩崖造像	宋至清	四川省仁寿县	
95	第七批	清凉洞摩崖造像	明	四川省叙永县	
96	第七批	敖氏和罗氏墓群石刻	清	贵州省金沙县	
97	第七批	金沙江岩画	旧石器时代至新石器时代	云南省香格里拉县、玉龙纳西族自治县	
98	第七批	大王岩岩画	新石器时代至周	云南省麻栗坡县	
99	第七批	观音阁石刻造像	北宋、清	云南省永胜县	
100	第七批	其多山洞穴岩画	新石器时代至唐	西藏自治区班戈县	

（续表）

序号	批 次	名 称	时 代	地 址	备 注
101	第七批	宜君石窟群	南北朝至唐	陕西省宜君县	
102	第七批	清凉山万佛洞石窟及琉璃塔	宋、元、明	陕西省延安市	
103	第七批	大黑沟岩画	战国至汉	甘肃省肃北蒙古族自治县	
104	第七批	黑山岩画	战国至明	甘肃省嘉峪关市	
105	第七批	石拱寺石窟	北魏至隋	甘肃省华亭县	
106	第七批	五个庙石窟	南北朝、五代、宋	甘肃省肃北蒙古族自治县	
107	第七批	石空寺石窟	宋至明	甘肃省镇原县	
108	第七批	和日寺石经墙及和日寺	清	青海省泽库县	
109	第七批	康家石门子岩雕刻画	周	新疆维吾尔自治区呼图壁县	
110	第七批	伯西哈石窟	唐至宋	新疆维吾尔自治区吐鲁番市	

附录三:

第一批国家考古遗址公园名单和立项名录

第一批国家考古遗址公园名单(共12项)

北京 圆明园考古遗址公园
周口店考古遗址公园
吉林 集安高句丽考古遗址公园
江苏 鸿山考古遗址公园
浙江 良渚考古遗址公园
河南 殷墟考古遗址公园
隋唐洛阳城考古遗址公园
四川 三星堆考古遗址公园
金沙考古遗址公园
陕西 阳陵考古遗址公园
秦始皇陵考古遗址公园
大明宫考古遗址公园

第一批国家考古遗址公园立项名单(共23项)

山西 晋阳古城考古遗址公园
辽宁 牛河梁考古遗址公园
吉林 渤海中京考古遗址公园
江苏 扬州城考古遗址公园
江西 御窑厂考古遗址公园
山东 南旺枢纽考古遗址公园
曲阜鲁国故城考古遗址公园
大汶口考古遗址公园
河南 汉魏洛阳故城考古遗址公园
郑州商城考古遗址公园
三杨庄考古遗址公园
湖北 楚纪南城(含八岭山、熊家冢)考古遗址公园
湖南 长沙铜官窑考古遗址公园
里耶古城考古遗址公园

老司城考古遗址公园

广西　靖江王府及王陵考古遗址公园

甑皮岩考古遗址公园

贵州　可乐考古遗址公园

陕西　汉长安城考古遗址公园

秦咸阳城考古遗址公园

甘肃　锁阳城考古遗址公园

新疆　北庭故城考古遗址公园

重庆　钓鱼城考古遗址公园

附录四：

全国各省区考古学会名录

名　　称	成立时间	主 管 单 位	地　　址	邮　　编
河北省文物考古学会	1985 年	河北省文物研究所	石家庄市建华南大街 82 号	050031
山西省考古学会	1985 年	山西省考古研究所	太原市文庙	030001
内蒙古自治区考古学会	1980 年	内蒙古自治区文物考古研究所	呼和浩特市展览馆东街	010010
黑龙江省文物博物馆学会	1979 年	黑龙江省文物考古研究所	哈尔滨市南岗区宣德街 44 号	150008
吉林省考古学会	1979 年	吉林省文物考古研究所	长春市浦东路 22 号	130033
辽宁省考古博物馆学会	1981 年	辽宁省文物考古研究所	沈阳市和平区九纬路 19 号甲	110003
山东省考古学会	1979 年	山东省文物考古研究所	济南市上新街 51 号	250012
江苏省考古学会	1980 年	南京博物院	南京市中山门内	210016
安徽省考古学会	1979 年	安徽省文物考古研究所	合肥市金寨路 469 号	230061
浙江省考古学会	1988 年	浙江省文物考古研究所	杭州市假山路假山村 26 号	310006
江西省考古学会	1990 年	江西省文物考古研究所	南昌市新州路 2 号 江西省文物考古研究所转	330025
福建省考古博物馆学会	1989 年	福建博物院	福州市西湖公园内	350001
河南省考古学会	1979 年	河南省文物考古研究所	郑州市陇海北三街 9 号	450003
湖北省考古学会	1979 年	湖北省文物考古研究所	武汉市东湖风景区	430077
湖南省考古学会	1979 年	湖南省文物考古研究所	长沙市东风二村巷 18 号	410008
陕西省考古学会	1979 年	陕西省考古研究院	西安市乐游路 3 号	710054
青海省考古学会	1979 年	青海省文物考古研究所	西宁市城东区为民巷 43 号	810007
楚文化研究会	1981 年	湖北省文物考古研究所	武汉市武昌区东湖路天鹅村 《江汉考古》编辑部转	430077
中国古陶瓷学会	1981 年（原名中国古陶瓷研究会，2003 年更为现名）	故宫博物院	北京市景山前街	100009

附录五：

全国考古发掘单位名录
（不包括港澳台地区）

单　位　名　称	单　位　地　址	主管单位	邮　编
中国社会科学院考古研究所	北京市王府井大街27号	中国社会科学院	100710
中国科学院古脊椎动物与古人类研究所	北京市西城区西直门外大街142号	中国科学院	100044
中国国家博物馆	北京市东城区东长安街16号	文化部	100006
中国文化遗产研究院	北京市朝阳区北四环东路高原街2号	国家文物局	100029
北京市文物研究所	北京市西城区地安门西大街26号	北京市文物局	100009
天津市文化遗产保护中心	河北省天津市河东区大直沽中路	天津市文物局	300170
河北省文物研究所	河北省石家庄市建华南大街82号	河北省文物局	050031
山西省考古研究所	山西省太原市迎泽区文庙巷22号	山西省文物局	030001
内蒙古自治区文物考古研究所	内蒙古自治区呼和浩特市赛罕区展览馆东路南巷1号	内蒙古自治区文化厅	010011
辽宁省文物考古研究所	辽宁省沈阳市和平区九纬路19号甲	辽宁省文化厅	110003
沈阳市文物考古研究所	辽宁省沈阳市于洪区北塔街27号	沈阳市文物局	110032
吉林省文物考古研究所	吉林省长春市经济技术开发区浦东路22号	吉林省文化厅	130033
黑龙江省文物考古研究所	黑龙江省哈尔滨市南岗区宣德街44号	黑龙江省文化厅	150008
上海博物馆	上海市人民大道201号	上海市文物管理委员会	200002
南京博物院	江苏省南京市中山东路321号	江苏省文物局	210016
南京市博物馆	江苏省南京市朝天宫4号	南京市文化局（文物局）	210004
苏州市考古研究所	江苏省苏州市干将路712号	苏州市文化广播电视管理局	215001
无锡市文化遗产保护和考古研究所	江苏省无锡市复兴路122号	无锡市文化广电新闻出版局	214000
徐州博物馆	江苏省徐州市和平里101号	徐州市文物局	221009
浙江省文物考古研究所	浙江省杭州市假山路假山新村26号	浙江省文物局	310014
宁波市文物考古研究所	浙江省宁波市月湖景区大方岳第内	宁波市文化广电新闻出版局	315010
杭州市文物考古研究所	浙江省杭州市上城区粮道山18号	杭州市园林文物局	310002
安徽省文物考古研究所	安徽省合肥市金寨路469号	安徽省文化厅	230061

（续表）

单 位 名 称	单 位 地 址	主 管 单 位	邮 编
福建博物院	福建省福州市鼓楼区湖头街 96 号	福建省文化厅	350001
江西省文物考古研究所	江西省南昌市新洲路 2 号	江西省文物局	330008
山东省文物考古研究所	山东省济南市上新街 51 号	山东省文化厅	250012
烟台市博物馆	山东省烟台市毓岚街 2 号	烟台市文物局	264001
济南市考古研究所	山东省济南市市中区长春观街 1 号	济南市文物局	250012
河南省文物考古研究所	河南省郑州市陇海北三街 9 号	河南省文物管理局	450000
洛阳市文物考古研究院	河南省洛阳市周公路 21 号	洛阳市文物管理局	471000
郑州市文物考古研究院	河南省郑州市建设路 31 号	郑州市文化局	450052
湖北省文物考古研究所	湖北省武汉市东湖路 156 号	湖北省文物事业管理局	430077
荆州博物馆	湖北省荆州市荆中路 134 号	荆州市文物局	434020
武汉市文物考古研究所	湖北省武汉市汉口青年路 373 号	武汉市文化局	430023
湖南省文物考古研究所	湖南省长沙市东风二村巷 18 号	湖南省文物局	410008
长沙市文物考古研究所	湖南省长沙市中山路 74 号	长沙市文化局	410005
广东省文物考古研究所	广东省广州市水荫四横路 32—34 号演音大楼八楼	广东省文物局	510075
深圳市文物考古鉴定所	广东省深圳市红岭中路 2017 号	深圳市文化局	518028
广州市文物考古研究所	广东省广州市文德北路 146 号五楼	广州市文化局	510030
珠海市博物馆	广东省珠海市吉大景山路 191 号九州城	珠海市文体旅游局	519015
广西文物考古研究所	广西壮族自治区南宁市民主路 12 号区展览馆内	广西壮族自治区文物局	530023
广西壮族自治区自然博物馆	广西壮族自治区南宁市人民东路 1—1 号	广西壮族自治区文化厅	530012
海南省文物考古研究所	海南省海口市海秀中路 98 号	海南省文化广电出版体育厅	570206
重庆市文物考古所	重庆市渝中区枇杷山正街 72 号	重庆市文物局	400013
重庆中国三峡博物馆	重庆市渝中区人民路 236 号	重庆市文物局	400015
四川省文物考古研究院	四川省成都市人民南路四段 5 号	四川省文化厅	610041
成都市文物考古研究所	四川省成都市十二桥路 18 号	成都市文化局	610071
贵州省文物考古研究所	贵州省贵阳市北京路 168 号	贵州省文物局	550004
云南省文物考古研究所	云南省昆明市人民西路春苑小区春明里 15 幢 1 单元	云南省文物局	650032
西藏自治区文物保护研究所	西藏拉萨市天海路 24 号	西藏自治区文物局	850000
陕西省考古研究院	陕西省西安市雁塔区乐游路 31 号	陕西省文物局	710054
西安市文物保护考古所	陕西省西安市友谊西路 68 号	西安市文物局	710068
秦始皇兵马俑博物馆	陕西省西安市临潼区秦始皇兵马俑博物馆	陕西省文物局	710600

（续表）

单 位 名 称	单 位 地 址	主管单位	邮 编
甘肃省文物考古研究所	甘肃省兰州市城关区和平路165号	甘肃省文物局	730000
青海省文物考古研究所	青海省西宁市城东区为民巷15号	青海省文物管理局	810007
宁夏回族自治区文物考古研究所	宁夏回族自治区银川市利民街113号	宁夏回族自治区文物局	750001
新疆维吾尔自治区文物考古研究所	新疆维吾尔自治区乌鲁木齐市北京南路附4号	新疆维吾尔自治区文化厅	830011
北京大学	北京市海淀区颐和园路5号	教育部	100871
吉林大学	吉林省长春市前进大街2699号	教育部	130012
南京大学	江苏省南京市汉口路22号	教育部	210093
四川大学	四川省成都市望江路29号文科楼四楼历史文化学院考古系	教育部	610064
西北大学	陕西省西安市太白北路229号	陕西省教育厅	710069
山东大学	山东省济南市山大南路27号	教育部	250100
郑州大学	河南省郑州市高新区科学大道100号	河南省教育厅	450001
武汉大学	湖北省武汉市武昌区珞珈山	教育部	430072
中山大学	广东省广州市新港西路135号	教育部	510275
厦门大学	福建省厦门市思明南路422号	教育部	361005
南京师范大学	江苏省南京市仙林大学城文苑路1号	江苏省教育厅	210046
山西大学	山西省太原市坞城路92号	山西省教育厅	030006
中国人民大学	北京市海淀区中关村大街59号	教育部	100872

词目笔画索引

说 明

一、本索引收录本书中的全部词目，词目右边的数字表示该词目所在正文的页码。

二、本索引按词目第一个字的笔画排列，首字画数相同的，按第一、二笔的笔形及字形结构（左右、上下、包围、整体）排列；同首字的，按词目字数多少排列；同字数的，按第二字的笔画笔顺分先后，第二字相同的，依第三字，余类推。

三、一、丨、丿、丶、→以外的笔形作如下处理：提（㇀）归入横（一），捺（㇏）归入点（丶），笔形带钩或曲折的（如㇆㇇㇄乙㇈乚）等都归入折（→）。

一 画

二 画

［一］

[丨]

[丿]

[乛]

三　画

[一]

四　画

[一]

[丶]

五 画

[一]

[丨]

[丿]

六　画

[一]

[乛]

七 画

[一]

［丨］

八 画

[一]

[一]

九 画

[一]

[丨]

[丿]

[丶]

[丶]

[⁻]

十一画

[一]

[丨]

[丿]

[乛]

十二画

[一]

[乛]

十三画

[一]

十四画

十五画

[丶]

十八画及以上

外文·数字

图书在版编目(CIP)数据

中国考古学大辞典 / 王巍总主编.—上海:上海辞书出版社,2014.3(2025.7重印)

ISBN 978-7-5326-4027-0

Ⅰ.①中... Ⅱ.①王... Ⅲ.①考古学—中国—词典 Ⅳ.①K87

中国版本图书馆CIP数据核字(2013)第251623号

中国考古学大辞典

王 巍 总主编

责任编辑/王圣良 赵 航 王成伟 刘大立 封面设计/姜 明

上海世纪出版集团

上海辞书出版社®出版发行 (www.cishu.com.cn)

上海市闵行区号景路159弄B座(邮政编码:201101)

上海中华商务联合印刷有限公司印刷

开本 889毫米×1194毫米 1/16 印张 59.75 插页 23 字数 1 763 000

2014年3月第1版 2025年7月第12次印刷

ISBN 978-7-5326-4027-0/K·932

定价:398.00元